Burgi/Habersack
Handbuch Öffentliches Recht des Unternehmens

Öffentliches Recht des Unternehmens

Handbuch

Herausgegeben von
Prof. Dr. Martin Burgi
Ludwig-Maximilians-Universität München
Lehrstuhl für Öffentliches Recht, Wirtschaftsverwaltungsrecht,
Umwelt- und Sozialrecht

Prof. Dr. Mathias Habersack
Ludwig-Maximilians-Universität München
Lehrstuhl für Bürgerliches Recht und Unternehmensrecht

Bearbeitet von den Herausgebern

und

RA Dr. Stefan Altenschmidt, LL.M.; Prof. Dr. Florian Becker, LL.M.;
Prof. Dr. Dr. Wolfgang Durner, LL.M.; Dr. Andreas Gaß; Dr. Karsten Hardraht;
Prof. Dr. Ann-Katrin Kaufhold; Prof. Dr. Jens Koch; Prof. Dr. Christoph Krönke;
Wiss. Mit. Johannes Linnartz; Prof. Dr. Markus Ludwigs; Prof. Dr. Thomas Mann;
RA Dr. Felix Siebler, LL.M.; RA Prof. Dr. Birgit Spießhofer, M. C. J.;
Prof. Dr. Christoph Teichmann; Prof. Dr. Christian Walter;
Prof. Dr. Daniel Wolff, LL.M.

2023

Zitiervorschlag:
Burgi/Habersack Unternehmens ÖffRHdB/Bearbeiter § … Rn. …

ISBN 978 3 406 79097 3

© 2023 Verlag C. H. Beck oHG
Wilhelmstraße 9, 80801 München
Satz: Druckerei C. H. Beck Nördlingen
(Adresse wie Verlag)
Druck: Westermann Druck Zwickau GmbH
Crimmitschauer Straße 43, 08058 Zwickau

chbeck.de/nachhaltig

Gedruckt auf säurefreiem, alterungsbeständigem Papier
(hergestellt aus chlorfrei gebleichtem Zellstoff)

Verzeichnis der Bearbeiterinnen und Bearbeiter

RA Dr. Stefan Altenschmidt, LL.M. (Nottingham)
Luther, Düsseldorf

Prof. Dr. Florian Becker, LL.M. (Cambridge)
Universität Kiel

Prof. Dr. Martin Burgi
LMU München

Prof. Dr. Dr. Wolfgang Durner, LL.M. (London)
Universität Bonn

Dr. Andreas Gaß
Direktor beim Bayerischen Gemeindetag, München

Prof. Dr. Mathias Habersack
LMU München

Dr. Karsten Hardraht
Chefsyndikus der KfW, Frankfurt a. M.

Prof. Dr. Ann-Katrin Kaufhold
LMU München

Prof. Dr. Jens Koch
Universität zu Köln

Prof. Dr. Christoph Krönke
Universität Bayreuth

Wiss. Mit. Johannes Linnartz
Universität zu Köln

Prof. Dr. Markus Ludwigs
Universität Würzburg

Prof. Dr. Thomas Mann
Universität Göttingen

RA Dr. Felix Siebler, LL.M. (Nottingham)
Watson, Farley & Williams, München

RA Prof. Dr. Birgit Spießhofer, M. C. J. (New York Univ.)
Dentons, Berlin

Prof. Dr. Christoph Teichmann
Universität Würzburg

Prof. Dr. Christian Walter
LMU München

Prof. Dr. Daniel Wolff, LL.M. (Yale)
Universität Augsburg

Vorwort

Wenn von „Unternehmensrecht" die Rede ist, bezieht sich dies herkömmlich auf die rechtlichen Vorgaben und Rahmenbedingungen des Gesellschaftsrechts für die Organisation und Führung von Unternehmen. Unabhängig davon finden sich Werke, die sich mit den Unternehmen in öffentlicher Trägerschaft (den öffentlichen Unternehmen) beschäftigen.

Im Hinblick auf die *privatwirtschaftlichen Unternehmen* gibt es freilich auch verwaltungsrechtliche Vorgaben, die nicht die wirtschaftliche Tätigkeit des Unternehmens betreffen, sondern das Unternehmen selbst und damit insbesondere seine Organisation. Diese Vorgaben sind regulatorischer Art (ua Datenschutzrecht, Finanzaufsichtsrecht, Energierecht). Durch die massiv forcierten Pflichten zur Entwicklung und Orientierung an Nachhaltigkeitskriterien (ESG) wächst dieser Bestand. Zwar sind hier zentrale Elemente auch im Gesellschaftsrecht verankert, vermehrt werden die Unternehmen aber auch mit Verwaltungsbehörden konfrontiert sein, etwa im Lieferkettenrecht (sog. Public Enforcement). Ein Desiderat ist die Entfaltung des verfassungsrechtlichen Schutzes, den die Unternehmen sowohl auf europäischer als auch auf der Ebene des Grundgesetzes genießen.

Naturgemäß zahlreicher sind die verwaltungsrechtlichen Vorgaben für die Organisation und Führung von *öffentlichen Unternehmen* auf allen staatlichen Ebenen, während das Verfassungsrecht dort weniger als Schutz-Grundlage, sondern als Quelle von Einwirkungspflichten der staatlichen Träger relevant ist. Insoweit soll es ebenfalls ausschließlich um Fragen der Organisation und der Unternehmensführung sowie um die dort noch einmal gesteigerte Pflicht zur Nachhaltigkeit gehen.

Ein Buch, dessen Gegenstand noch gar nicht allgemein erkannt ist und zudem bestehende Fachgrenzen überwindet, bedarf einer konzeptionellen Grundlage (siehe § 1) und herausragender Mitautorinnen und Mitautoren aus Wissenschaft und Praxis, die sich für diese Herausforderung öffnen – und sodann einer Leserschaft, deren Anregungen zur Verbesserung und ggf. Erweiterung schon jetzt willkommen sind.

Die Bearbeitungen befinden sich auf dem Rechtsstand des 1. März 2023.

Die beiden Herausgeber danken an ihren Lehrstühlen *Edith Bätza, Lisa Hagen, Patrick Zimmermann* und *Lea Lauer* (Prof. Burgi) sowie *Friederike Lutz* (Prof. Habersack). Auf Seiten des Verlages ist Herrn *Dr. Rolf-Georg Müller* für seine Aufgeschlossenheit und Frau *Saskia Henze-Wiskow* für die stets umsichtige Betreuung zu danken.

München, im April 2023

Martin Burgi   Mathias Habersack

Inhaltsübersicht

Verzeichnis der Bearbeiterinnen und Bearbeiter V
Vorwort VII
Inhaltsverzeichnis XI
Abkürzungsverzeichnis XXIII
Verzeichnis der abgekürzt zitierten Literatur XXXI

Teil 1: Weiterentwicklungen des Unternehmensrechts

§ 1 Öffentliches Recht des Unternehmens: Bedeutung und Elemente *(Burgi)* ... 1
§ 2 Privatrechtliche Vorgaben für Organisation und Unternehmensführung im Überblick *(Habersack)* 15
§ 3 Völker- und europarechtlicher Rahmen von Nachhaltigkeit *(Walter)* 31
§ 4 Privatrechtliche Gemeinwohl-, insbesondere Nachhaltigkeitsvorgaben betreffend das Unternehmen *(Habersack)* 43
§ 5 Corporate Social Responsibility – neue Formen normativer Steuerung im globalen Ordnungsrahmen *(Spießhofer)* 71

Teil 2: Verfassungsrechtlicher Schutz des privatwirtschaftlichen Unternehmens

§ 6 Schutz des privatwirtschaftlichen Unternehmens im Recht der Europäischen Union *(Wolff)* 103
§ 7 Schutz des privatwirtschaftlichen Unternehmens unter dem Grundgesetz *(Burgi)* 129

Teil 3: Verwaltungsrechtliche Vorgaben betreffend das privatwirtschaftliche Unternehmen

Kapitel 1: Nachhaltigkeit 153

§ 8 Umweltrechtliche Nachhaltigkeitsvorgaben *(Durner)* 153
§ 9 Ansätze verwaltungsrechtlicher Vorgaben betreffend Soziales und Governance *(Burgi)* 181
§ 10 Verwaltungsrechtliche Vorgaben für Lieferketten (Public Enforcement) *(Altenschmidt)* 191
§ 11 Nachhaltige Unternehmensführung im Vergaberecht *(Burgi)* 215
§ 12 Nachhaltige Unternehmensführung in der KfW-Förderung *(Hardraht)* 227

Kapitel 2: Regulatorische Vorgaben 241

§ 13 Datenschutzrechtliche Vorgaben betreffend das privatwirtschaftliche Unternehmen *(Krönke)* 241
§ 14 Verwaltungsrechtliche Vorgaben betreffend das Finanzunternehmen (inklusive Sustainable Finance Regulierung) *(Kaufhold)* 267
§ 15 Verwaltungsrechtliche Vorgaben betreffend das Energieunternehmen *(Ludwigs)* 293
§ 16 Verwaltungsrechtliche Vorgaben betreffend das Unternehmen mit staatlicher Minderheitsbeteiligung und ihre gesellschaftsrechtliche Umsetzung *(Koch)* .. 335
§ 17 Sonderregelungen im Zuge von staatlichen Stabilisierungsmaßnahmen in der Krise *(Koch/Linnartz)* 367

Teil 4: Organisationsrecht des Öffentlichen Unternehmens

§ 18 Europa- und verfassungsrechtlicher Rahmen des Öffentlichen Unternehmens *(Burgi)* 385

§ 19 Verwaltungsrechtliche Organisationsvorgaben betreffend das Öffentliche Unternehmen auf Bundes- und Landesebene *(Mann)* 409

§ 20 Verwaltungsrechtliche Organisationsvorgaben für Landesförderbanken, Landesbanken und Sparkassen *(Becker)* 457

§ 21 Verwaltungsrechtliche Organisationsvorgaben betreffend das Öffentliche Unternehmen in kommunaler Trägerschaft *(Gaß)* 485

§ 22 Verwaltungsrechtliche Organisationsvorgaben betreffend das Öffentliche Unternehmen in Öffentlich-Privater Partnerschaft (PPP) *(Siebler)* 551

§ 23 Verfassungs- und verwaltungsrechtliche Vorgaben für Informationsbeziehungen betreffend das Öffentliche Unternehmen *(Burgi)* .. 569

§ 24 Verwaltungsrechtliche Nachhaltigkeitsvorgaben betreffend das Öffentliche Unternehmen *(Burgi)* 589

§ 25 Umsetzung der verwaltungsrechtlichen Vorgaben betreffend das Öffentliche Unternehmen im Gesellschaftsrecht *(Teichmann)* 601

Sachverzeichnis 637

Inhaltsverzeichnis

Verzeichnis der Bearbeiterinnen und Bearbeiter	V
Vorwort	VII
Inhaltsübersicht	IX
Abkürzungsverzeichnis	XXIII
Verzeichnis der abgekürzt zitierten Literatur	XXXI

Teil 1: Weiterentwicklungen des Unternehmensrechts

§ 1 Öffentliches Recht des Unternehmens: Bedeutung und Elemente *(Burgi)*	1
I. Gegenstand	1
II. Das (europäische) Verfassungsrecht als übergreifender Rahmen	3
III. Deutsches und europäisches Verwaltungsrecht	3
IV. Verwirklichung des Gemeinwohls durch Öffentliches Recht und durch Privatrecht	4
1. Im Hinblick auf die öffentlichen Unternehmen	4
2. Im Hinblick auf die privatwirtschaftlichen Unternehmen	5
V. Verwaltungsrechtliche Vorgaben für private Unternehmen	9
1. Privatwirtschaftliche Unternehmen als neu entdeckter Steuerungsgegenstand und als Steuerungsressource	9
2. Rechtsquellen und Regelungskontexte	10
3. Regelungsgegenstände	11
VI. Verwaltungsrechtliche Vorgaben für Öffentliche Unternehmen	13
§ 2 Privatrechtliche Vorgaben für Organisation und Unternehmensführung im Überblick *(Habersack)*	15
I. Einführung	15
II. AG und GmbH	16
1. Übereinstimmende Strukturmerkmale	16
2. Strukturunterschiede	19
3. Fazit	28
III. SE, KGaA und KG	28
1. SE	28
2. KGaA	29
3. KG	30
§ 3 Völker- und europarechtlicher Rahmen von Nachhaltigkeit *(Walter)*	31
I. Der „regulatory turn" im modernen Völkerrecht	31
II. Nachhaltigkeit als Begriff und Konzept des Völkerrechts	32
1. Von Stockholm über den Brundtland-Bericht nach Rio und Johannesburg: Die Herausbildung und Veränderung des Konzepts der Nachhaltigkeit	33
2. Nachhaltigkeit und Völkervertragsrecht	34
3. Nachhaltigkeit als übergeordnetes Strukturprinzip des Umweltvölkerrechts	34
4. Nachhaltigkeit als weiche Verpflichtung (soft law)	35
III. Der normative Inhalt des Nachhaltigkeitsprinzips	36
IV. Adressaten völkerrechtlicher Nachhaltigkeitspflichten	36
1. Staatliche Stellen (Gesetzgeber, Behörden, Gerichte)	36
2. Privatrechtssubjekte in der innerstaatlichen Ordnung	37

Inhaltsverzeichnis

3. Insbesondere: Öffentliche Unternehmen	38
4. Innerstaatliche Wirkungen von soft law	39
V. Nachhaltigkeit im Unionsrecht	39
1. Nachhaltigkeit im Primärrecht	39
2. Nachhaltigkeit im Sekundärrecht	40
VI. Fazit: Völker- und europarechtliche Prägung einer nachhaltigen Unternehmensführung	41

§ 4 Privatrechtliche Gemeinwohl-, insbesondere Nachhaltigkeitsvorgaben betreffend das Unternehmen *(Habersack)* 43

    I. Grundlagen 44
        1. Kontext 44
        2. Abgrenzung 45
        3. Nachhaltigkeitsvorgaben im Überblick 46
    II. Normadressaten 46
        1. Vergütungsbezogene Vorgaben 47
        2. Erklärung zum DCGK 47
        3. Mitbestimmung, Geschlechterquoten, Zielgrößen 47
        4. Lieferkettenverantwortung 48
        5. Nichtfinanzielle Erklärung 48
    III. Legitimation und Typologie nachhaltigkeitsbezoger Vorgaben 49
        1. Internalisierung externer Effekte 49
        2. Typologie 50
    IV. Organisationsverfassungsbezogene Vorgaben 51
        1. Mitbestimmung 51
        2. Geschlechterquoten und Zielgrößen 51
    V. Sorgfaltspflichten der Unternehmen 52
        1. LkSG 52
        2. Vorschlag einer Sorgfaltspflichten-Richtlinie 53
    VI. Sorgfaltspflichten der Geschäftsleiter 54
        1. Legalitätspflicht 54
        2. Organisationspflichten 56
        3. Leitungsermessen im Rahmen unternehmerischer Entscheidungen 57
    VII. Marktbezogene Instrumente 64
        1. Nichtfinanzielle Erklärung 64
        2. Erklärung zum DCGK 67
        3. Organvergütung 68
    VIII. Fazit und Ausblick 69

§ 5 Corporate Social Responsibility – neue Formen normativer Steuerung im globalen Ordnungsrahmen *(Spießhofer)* 71

    I. Worum geht es bei Corporate Social Responsibility (CSR)? 72
        1. Funktion 72
        2. Definition? 73
        3. Konzeption 75
    II. „Anwendungsbereich" – Der Unternehmensbegriff 78
        1. Der Unternehmensbegriff internationaler CSR-Instrumente (Überblick) 78
        2. Funktional-teleologischer Unternehmensbegriff 80
        3. Das Unternehmen als Verantwortungsverbund (Group Responsibility) 81
    III. CSR – neue Formen normativer Steuerung 84
        1. Wer steuert? 84

2. Wesentliche Steuerungsansätze (Genese, Ausformung, Wirkung)	85
3. Herausforderungen	98
IV. Ausblick: Brauchen wir einen neuen Rechtsbegriff?	100

Teil 2: Verfassungsrechtlicher Schutz des privatwirtschaftlichen Unternehmens

§ 6 Schutz des privatwirtschaftlichen Unternehmens im Recht der Europäischen Union *(Wolff)*	103
I. Einführung	104
II. Gemeinsamkeiten und Unterschiede zwischen den Debatten auf nationaler und unionaler Ebene	104
III. Primärrechtliche Maßstäbe: Grundfreiheiten und Grundrechte	105
1. Die (Wirtschafts-)Grundrechte der GRC	106
2. Die Grundfreiheiten des Binnenmarktes	122
IV. Rechtsschutz	125
1. Rechtsschutz durch den Gerichtshof der Europäischen Union	126
2. Rechtsschutz durch das Bundesverfassungsgericht	127
§ 7 Schutz des privatwirtschaftlichen Unternehmens unter dem Grundgesetz *(Burgi)*	129
I. Relevante Grundrechte	130
1. Grundrechte des Unternehmens: Berufsfreiheit, Gesellschaftseigentum und Vereinigungsfreiheit	130
2. Anteilseigentum (Art. 14 GG)	134
II. Übergreifende Aspekte	135
1. Differenzierung nach der Unternehmensgröße bzw. einem personalen Bezug?	135
2. Charakteristika der hier infrage stehenden Eingriffe	137
3. Vorbehalt des Gesetzes	138
4. Übergreifende Aspekte der materiellen Rechtfertigung	139
III. Schutzgegenstände und Rechtfertigungsprüfung bei Art. 12 Abs. 1 GG	142
1. Differenziertere Betrachtung des Schutzbereichs der Berufsausübungsfreiheit	142
2. Kreis und notwendiges Gewicht der Gemeinwohlbelange	144
3. Verhältnismäßigkeitsmaßstab und Kontrolldichte	144
4. Zusätzliche Hinweise zu einzelnen Regelungsgegenständen	146
IV. Gegebenenfalls hinzutretende Schutzwirkungen der Eigentumsgarantie	148
1. Schutzwirkung gegenüber allgemeinen Regelungen des Gesellschaftsrechts	148
2. Schutzwirkung gegenüber organbezogenen gesellschaftsrechtlichen Gemeinwohlvorgaben	148
3. Schutzwirkung gegenüber Maßnahmen der rechtlichen Entflechtung	149
4. Finanzielle Ausgleichspflicht als Merkposten für die Zukunft	149
V. Rechtsschutz	151

Inhaltsverzeichnis

Teil 3: Verwaltungsrechtliche Vorgaben betreffend das privatwirtschaftliche Unternehmen

Kapitel 1: Nachhaltigkeit 153

§ 8 Umweltrechtliche Nachhaltigkeitsvorgaben *(Durner)* 153
- I. Nachhaltigkeit als Aufgabe von Staat, Gesellschaft und Unternehmen ... 154
- II. Betriebsorganisation und Eigenüberwachung als unternehmerische Kernpflichten 155
  1. Ergänzung des materiellen Umweltrechts um eine unternehmensbezogene Innenperspektive 155
  2. Die Ausstrahlung der materiellen Pflichten des Umweltrechts in das Unternehmen 157
  3. Organisatorische Konsequenzen des materiellen Umweltrechts 158
  4. Gesetzliche Akzentuierungen der Pflicht zu umweltgerechter Betriebsorganisation 159
  5. Informale Standards, insbesondere die ISO 14001 über Umweltmanagementsysteme 159
  6. Sanktionen und Rechtsschutz 160
- III. Gesetzliche Ausformungen der Eigenüberwachungspflicht 161
  1. Eigenüberwachung im Immissionsschutzrecht 161
  2. Eigenüberwachung im Wasserrecht 163
  3. Eigenüberwachung im Störfallrecht 164
  4. Sanktionen und Rechtsschutz 164
- IV. Die Organisationspflicht zur Bestellung von Umweltschutzbeauftragten . 164
  1. Der Immissionsschutzbeauftragte nach den §§ 53 ff. BImSchG 165
  2. Der Gewässerschutzbeauftragte nach den §§ 64 ff. WHG 166
  3. Der Störfallbeauftragte nach den §§ 58a ff. BImSchG 167
  4. Weitere Ausprägungen – Verallgemeinerungspotential 167
  5. Multifunktionalität in der Praxis 168
  6. Sanktionen und Rechtsschutz 168
- V. Unternehmenspflichten zur Information über Nachhaltigkeit 169
  1. Der rechtliche Trend zu einer umfassenden Nachhaltigkeitsberichterstattung 169
  2. Mitteilungspflichten zur Betriebsorganisation gegenüber der Überwachungsbehörde 169
  3. Weitere Pflichten zur Information der Behörden und der Öffentlichkeit 170
  4. Sanktionen und Rechtsschutz 171
- VI. Das sog. Öko-Audit und andere Formen der betrieblichen Zertifizierung   171
  1. Die EMAS III-Verordnung als zentrales Instrument des Nachhaltigkeitsaudits 171
  2. Das Auditierungsverfahren 172
  3. Rechtsfolgen der Auditierung 174
  4. Sanktionen und Rechtsschutz 175
- VII. Ökologische Pflichten in der unternehmerischen Lieferkettenverantwortung 175
- VIII. Umweltrechtsfragen des Arbeitsrechts 176
  1. Nachhaltigkeit und technischer Arbeitsschutz 177
  2. Mitbestimmung in Nachhaltigkeitsfragen 177
- IX. Umweltrechtliche Vorgaben zur Unternehmens- und Aktionärsstruktur . 178
- X. Die Bilanz aus Sicht der Unternehmen 179

Inhaltsverzeichnis

§ 9 Ansätze verwaltungsrechtlicher Vorgaben betreffend Soziales und Governance *(Burgi)* 181
    I. Gegenwärtiges Spektrum 181
    II. Begriffe und ihre Relevanz 182
        1. Soziale Nachhaltigkeitskriterien 182
        2. Governancebezogene Nachhaltigkeitskriterien 183
    III. Auswahl bestehender organisationsbezogener Pflichten 184
        1. Einrichtung von Beauftragten oder Verantwortlichen 184
        2. Pflichten zur (teilweisen) Ausrichtung der Geschäftsorganisation an bestimmten öffentlichen Interessen 185
        3. Vorgaben zur Entflechtung 185
    IV. Überblick: An die privatrechtlichen Organisationsvorgaben des LkSG anknüpfende verfahrensrechtliche Pflichten (Public Enforcement) 186
    V. Bevorstehende und perspektivische Erweiterung verwaltungsrechtlicher Vorgaben 187
        1. Vorschlag einer Sorgfaltspflichten-Richtlinie 187
        2. Ausblick: Ausrichtung der Geschäftsleiterpflichten auf vorab definierte Gemeinwohlbelange jenseits von Lieferkette und Sorgfaltspflichtenkonzept? 190

§ 10 Verwaltungsrechtliche Vorgaben für Lieferketten (Public Enforcement) *(Altenschmidt)* 191
    I. Die menschenrechtliche Inpflichtnahme von Unternehmen 191
    II. Menschenrechtliche Sorgfaltspflichten als Gegenstand des Wirtschaftsverwaltungsrechts 193
    III. Anwendungsbereich des Lieferkettensorgfaltspflichtengesetzes 195
    IV. Die unternehmerischen Sorgfaltspflichten nach LkSG 196
        1. Grundsätze der Sorgfaltspflichten 196
        2. Geschützte Rechtspositionen 197
        3. Die menschenrechtlichen Sorgfaltspflichten im Überblick 198
    V. Public Enforcement: Verwaltungsbehördliche Durchsetzung und Sanktionierung 200
        1. Berichtspflichten der Unternehmen 200
        2. Weitere behördliche Kontrolle und Durchsetzungsbefugnisse 201
        3. Wirtschaftsverwaltungsrechtliche Sanktionen bei Pflichtverletzungen 209
    VI. Ausblick: Europäische Nachhaltigkeits- und Lieferkettenrichtlinie 212

§ 11 Nachhaltige Unternehmensführung im Vergaberecht *(Burgi)* 215
    I. Vergaberecht als Grundlage organisationsbezogener Pflichten bei einer sog. strategischen Beschaffung 215
        1. GWB-Vergaberecht 216
        2. In den Landesvergabegesetzen 220
        3. Im Rechtsrahmen für die Vergabe von Finanzanlagen und Sponsoring 220
    II. Vergaberecht und Lieferkettenrecht 223
        1. Lieferkettenrecht als potenzielles Reservoir organisationsbezogener Pflichten außerhalb des Anwendungsbereichs des LkSG 223
        2. Öffentliche Unternehmen als öffentliche Auftraggeber und zugleich Unternehmen iSv § 1 Abs. 1 LkSG: Übersetzung der im LkSG begründeten organisationsbezogenen Pflichten in Kategorien des Vergaberechts 223
        3. Vergaberecht als Sanktionsinstrument bei Verstößen gegen das LkSG . 224

XV

Inhaltsverzeichnis

§ 12 Nachhaltige Unternehmensführung in der KfW-Förderung *(Hardraht)*	227
I. Einleitung	227
II. Die KfW als transformative Förderbank	227
1. Förderbank des Bundes	227
2. Nachhaltigkeit im Kontext der Transformationsaufgabe der KfW	229
III. Nachhaltigkeitsanforderungen	230
1. Vorbemerkung	230
2. Quellen	231
3. Übergeordnete Ausschlüsse und Anforderungen	231
4. Nachhaltigkeitsanforderungen an die Führung der finanzierten Unternehmen	232
5. Nichteinhaltung von Anforderungen	237
Kapitel 2: Regulatorische Vorgaben	**241**
§ 13 Datenschutzrechtliche Vorgaben betreffend das privatwirtschaftliche Unternehmen *(Krönke)*	241
I. Einführung	242
II. Rechtliche Rahmenbedingungen im Überblick	243
1. Einfachrechtliche Datenschutzregime	243
2. Vorgaben aus Grundrechten Dritter	244
III. Datenschutzrechtliche Organisationspflichten	245
1. Adressaten datenschutzrechtlicher Organisationspflichten im Unternehmen	245
2. Inhalte datenschutzrechtlicher Organisationspflichten im Unternehmen	249
IV. Verfahrensrechtliche Vorgaben	262
1. Einwirkungen der hoheitlichen Datenschutzaufsicht	262
2. Einbindung der Unternehmen selbst	263
V. Sanktionen	263
VI. Rechtsschutz	264
VII. Datenschutzrechtliche Zugriffe auf das Unternehmen in der Bilanz	264
§ 14 Verwaltungsrechtliche Vorgaben betreffend das Finanzunternehmen (inklusive Sustainable Finance Regulierung) *(Kaufhold)*	267
I. Einleitung: Öffentliches Finanzmarktrecht ist Verfahrens- und Organisationsrecht	268
II. Rechtsgrundlagen und Normadressaten: Die „Grundgesetze" für Finanzunternehmen	270
III. Regelungsziele: Funktionsfähige Finanzmärkte, Ein- und Anlegerschutz, Nachhaltigkeit	271
IV. Organisationsbezogene Pflichten: Eigenkapital- und Governance-Anforderungen	272
1. Überblick	272
2. Quantitative Eigenkapitalanforderungen	272
3. Tätigkeitsspezifische Governance-Anforderungen	278
4. Sanktionen und Rechtsschutz	286
V. Verfahrenspflichten	286
1. Informationspflichten: Das Melde- und Offenlegungsregime	286
2. Sanierungsplanung	291
3. Sanktionen und Rechtsschutz	291
VI. Fazit und Ausblick	292

§ 15 Verwaltungsrechtliche Vorgaben betreffend das Energieunternehmen *(Ludwigs)*	293
I. Grundlagen	294
1. Ausgangspunkt	294
2. Disaggregierter Regulierungsansatz und Netzinfrastrukturen	295
3. Ausmaß der unionsrechtlichen Vorprägung	296
4. Behördenstruktur	298
5. Rechtsschutz	298
6. Gang der weiteren Darstellung	299
II. Entflechtungsregime	299
1. Grundgedanke, ökonomische Logik und Verhältnis zur Sektorenkopplung	299
2. Unionsrechtliche Direktiven und nationale Umsetzung	301
3. Vorgaben für alle vertikal integrierten Unternehmen	301
4. Besondere Vorgaben für Betreiber von Verteilernetzen und Gasspeicheranlagen sowie für Transportnetzeigentümer	303
5. Besondere Vorgaben für Transportnetzbetreiber	309
6. Betreiber von Wasserstoffnetzen	316
7. Durchsetzung, Sanktionierung und Rechtsschutz	317
III. Vorgaben zum Betrieb von Energieanlagen und zur Netzplanung	319
1. Informationstechnische Sicherheit	319
2. Schutz europäisch kritischer Anlagen	320
3. Vermeidung schwerwiegender Versorgungsstörungen	321
4. Netzplanung	322
IV. Vertikales (internes) Diskriminierungsverbot	323
V. Vorgaben außerhalb des Netzbereichs	324
1. Internes Verbraucherbeschwerdemanagement und Schlichtungsstelle	324
2. Durchführung von Energieaudits	325
3. Schwerpunkte energierechtlicher Compliance	327
4. Pflicht zur Bürger- und Gemeindebeteiligung	328
5. Treuhandverwaltung, Kapitalmaßnahmen und Enteignung	330
VI. Synthese	332
§ 16 Verwaltungsrechtliche Vorgaben betreffend das Unternehmen mit staatlicher Minderheitsbeteiligung und ihre gesellschaftsrechtliche Umsetzung *(Koch)*	335
I. Einführung	336
II. Verfassungsrechtliche Vorgaben	337
1. Angemessenheit als Einfallstor für verfassungsrechtliche Wertungen	337
2. Zulässigkeit und Anforderungen nach dem Demokratieprinzip	338
3. Pflicht zur Verfolgung eines öffentlichen Zwecks	343
4. Grundrechtsberechtigung und -verpflichtung	344
III. Konkretisierungen der Angemessenheitsvorgabe	345
1. Generalisierender Ansatz	345
2. Vorgaben auf Bundesebene	345
3. Vorgaben auf Landesebene	345
IV. Möglichkeiten zur Einflussnahme aus einer Minderheitsbeteiligung	346
1. Einflussnahme aus einem Aufsichts-/Überwachungsgremium	346
2. Informationsversorgung der öffentlichen Hand	355
3. Sonstige Möglichkeiten der Einflussnahme	357
V. Die staatliche Minderheitsbeteiligung im unternehmerischen Alltag	358
1. Privatautonome Bindungen	358
2. §§ 394, 395 AktG	358

Inhaltsverzeichnis

3. §§ 53, 54 HGrG	359
4. Informationsfreiheits- und Transparenzgesetze	359
5. Presserechtliche Überlagerungen	360
6. Parlamentarisches Frage- und Informationsrecht	360
7. Public Corporate Governance Kodex	360
VI. Das VW-Gesetz als gesetzliche Ausgestaltung der Minderheitsbeteiligung	360
1. Allgemeine Grundsätze	360
2. Die Entstehungsgeschichte des VW-Gesetzes	361
3. Europäische Kommission vs. Bundesrepublik Deutschland	362
4. Urteilsdeutung und nationale Umsetzung	363
5. Fortdauer der juristischen Diskussion	364

§ 17 Sonderregelungen im Zuge von staatlichen Stabilisierungsmaßnahmen in der Krise *(Koch/Linnartz)* ... 367
- I. Einleitung ... 368
- II. Rechtsrahmen für Stabilisierungsmaßnahmen in der Krise ... 368
  1. StFG und WStBG ... 368
  2. Rechtsnatur des WSF ... 369
  3. Die verschiedenen Stabilisierungsmaßnahmen nach dem StFG ... 370
  4. Vereinbarkeit mit europäischem Beihilferecht ... 371
- III. Anforderungen und Ausgestaltung einer Stabilisierungsmaßnahme ... 372
  1. Anforderungen im Einzelnen ... 372
  2. Festsetzung der Bedingungen für den Einzelfall ... 374
- IV. Modifikationen des Gesellschaftsrechts durch das WStBG ... 377
  1. Aktienrecht ... 377
  2. GmbH-Recht ... 378
  3. Sonstige Modifikationen ... 378
- V. Rechte und Pflichten während einer Stabilisierungsmaßnahme ... 378
  1. Rechte und Pflichten des WSF ... 378
  2. Umsetzung der Auflagen und Bedingungen ... 380
  3. Rechtsfolgen eines Verstoßes gegen Auflagen und Bedingungen ... 382
- VI. Beendigung einer Stabilisierungsmaßnahme ... 382
- VII. Stabilisierungsmaßnahmen nach dem Energiesicherungsgesetz (EnSiG) ... 383
- VIII. Ausblick ... 384

Teil 4: Organisationsrecht des Öffentlichen Unternehmens

§ 18 Europa- und verfassungsrechtlicher Rahmen des Öffentlichen Unternehmens *(Burgi)* ... 385
- I. Begriff und Problemhorizont des Öffentlichen Unternehmens ... 386
- II. Funktionen und Bedeutung ... 387
- III. Anforderungen an Gründung und Trägerstrukturen ... 389
  1. Relevante Nachteile der Verselbstständigung ... 389
  2. Bei Eigengesellschaften ... 390
  3. Bei gemischt-öffentlichen Unternehmen ... 391
  4. Bei gemischt-wirtschaftlichen Unternehmen (PPP) ... 392
  5. Bilanz ... 393
- IV. Anforderungen an die Wahl der privatrechtlichen Organisationsform(en) ... 393
  1. Stärken und Schwächen der privatrechtlichen Organisationsform(en) aus der Perspektive des Öffentlichen Rechts ... 393
  2. Formenwahlfreiheit innerhalb weniger verfassungsrechtlicher Grenzen ... 394
  3. Bilanz ... 396

Inhaltsverzeichnis

V. Höherrangiger Rechtsrahmen von Einwirkungspflicht und Einwirkungsrechten (Public Corporate Governance)	396
1. Ausgangspunkt: Fortbestehende Bindungen aus dem höherrangigen Recht	396
2. Konsequenzen: Zweckprogrammierung und Einwirkungspflicht	401
3. Höherrangiger Rechtsrahmen von Einwirkungsrechten	403
§ 19 Verwaltungsrechtliche Organisationsvorgaben betreffend das Öffentliche Unternehmen auf Bundes- und Landesebene *(Mann)*	**409**
I. Einführung	410
II. Rechtlicher Bezugsrahmen	411
1. Haushaltsgrundsätzegesetz (HGrG)	411
2. BHO/LHO	413
3. PCGK des Bundes und der Länder	414
III. Bundes-/Landesbetriebe, § 26 BHO/LHO	419
1. Einrichtung von Bundes- oder Landesbetrieben	419
2. Wirtschaftsplan	420
3. Landesrechtliche Abweichungen	420
IV. Privatrechtliche Organisationsform	421
1. Zugangsvoraussetzungen für die Privatrechtsform (§ 65 BHO/LHO)	422
2. Rechtsformbezogene Sonderfragen	427
3. Flankierende Bestimmungen des B-PCGK zu Gremienzusammensetzung	428
4. Steuerung des Unternehmens	434
5. Compliance	452
V. Juristische Personen des öffentlichen Rechts	454
1. Einführung	454
2. Verhältnis § 112 Abs. 2 BHO zu § 105 Abs. 1 BHO	455
3. Anwendbare Vorschriften der BHO	455
4. Beteiligung an privatrechtlichem Unternehmen	455
5. PCGK	456
VI. Gemischt-öffentliche Unternehmen	456
§ 20 Verwaltungsrechtliche Organisationsvorgaben für Landesförderbanken, Landesbanken und Sparkassen *(Becker)*	**457**
I. Öffentliche Kreditinstitute in dem „Drei-Säulen-System"	458
II. Öffentliche Kreditinstitute als Anstalten des öffentlichen Rechts	458
1. Wahlfreiheit und gesetzliche Vorgaben	458
2. Rollenverteilung in der Anstalt des öffentlichen Rechts	459
III. Äußere Organisation und Auftrag	462
1. Sparkassen	462
2. Landesbanken	463
3. Förderbanken	466
IV. Innere Organisation	468
1. Organstruktur	468
2. Leitungs- und Vertretungsorgan	468
3. Aufsichtsorgan	470
4. Träger und Trägerversammlungen	476
5. Beiräte	479
V. Aufsicht und Kontrolle	480
1. Wirtschaftsverwaltungsrechtliche Aufsicht durch BaFin, Bundesbank oder EZB	480

Inhaltsverzeichnis

2. Verwaltungsorganisatorische Aufsicht des Landes	481
3. Kontrolle durch den Rechnungshof des Landes	482

§ 21 Verwaltungsrechtliche Organisationsvorgaben betreffend das Öffentliche Unternehmen in kommunaler Trägerschaft *(Gaß)* 485

 I. Einführung: Kommunale Unternehmen im supranationalen und nationalen Regelungsgeflecht, Untersuchungsgegenstand 487
 II. Kommunale Selbstverwaltung und ihre Grenzen 488
  1. Kommunales Selbstverwaltungsrecht 488
  2. Bindung an den öffentlichen Zweck 490
  3. Die Wahlfreiheit der Organisations- und Handlungsformen 490
 III. Landesrecht als einschlägiges Recht und der Einfluss des Gesellschaftsrechts 492
 IV. Verwaltungsrechtliche Organisationsvorgaben 494
  1. Gegenstand und Adressaten der Vorgaben 494
  2. Allgemeine Vorgaben betreffend die Gründung und den Bestand kommunaler Unternehmen 500
  3. Vorgaben für Unternehmen in Privatrechtsform 510
  4. Vorgaben in Bezug auf mittelbare Beteiligungen 516
  5. Vorgaben betreffend die Rechtsformenwahl 517
  6. Sonstige Vorgaben 518
 V. Verwaltungsrechtliche Vorgaben an die Führung kommunaler Unternehmen 520
  1. Vorgaben betreffend die kommunale Vertretung in den Unternehmensorganen 520
  2. Einrichtung eines Beteiligungsmanagements 527
  3. Grundsätze für die Führung kommunaler Unternehmen 528
  4. Erweiterte Unternehmensplanung, Rechnungslegung und Prüfung ... 532
  5. Vorgaben für Öffentlichkeit und Publizität 541
 V. Sanktionen und Rechtsschutz 545
  1. Rechtsschutz der Kommunen und kommunaler Anstalten des öffentlichen Rechts gegen aufsichtliche Maßnahmen 546
  2. Rechtsschutz kommunaler Unternehmen gegen Steuerungs- und Kontrollmaßnahmen seitens der Kommune 546
  3. Rechtsschutz Privater gegen die kommunalwirtschaftliche Betätigung . 547

§ 22 Verwaltungsrechtliche Organisationsvorgaben betreffend das Öffentliche Unternehmen in Öffentlich-Privater Partnerschaft (PPP) *(Siebler)* 551

 I. Bedeutung von Öffentlich-Privaten Partnerschaften in Deutschland 552
 II. Begriff und Ausgestaltungsformen von Öffentlich-Privaten Partnerschaften 553
  1. Begriffliche Einordnung 553
  2. Differenzierung der Ausgestaltungsformen 554
  3. Ableitung von praxistypischen Modellen 555
 III. Rechtsrahmen für die Begründung von Öffentlich-Privaten Partnerschaften 557
  1. Gesetzliche Zulässigkeit für Form der Aufgabenwahrnehmung 557
  2. Haushaltsrechtliche Anforderungen an die Betätigung 559
  3. Keine spezifischen strukturellen Vorgaben für die Organisationsausgestaltung 561
  4. Steuerungsanforderungen an das Kooperationsverhältnis 561
 IV. Ausschreibungspflicht von Öffentlich-Privaten Partnerschaften 562
  1. Anwendbarer Vergaberechtsrahmen 562

2. Vergaberechtliche Einordnung öffentlich-privater Partnerschaften	563
3. Projektgesellschaft als öffentlicher Auftraggeber oder Sektorenauftraggeber	566

§ 23 Verfassungs- und verwaltungsrechtliche Vorgaben für Informationsbeziehungen betreffend das Öffentliche Unternehmen *(Burgi)* .. 569
    I. Informationen als Voraussetzung der Einwirkung und als Instrument der externen Kontrolle 570
        1. Funktionen 570
        2. Akteure 571
    II. Einwirkung über Berichterstattung durch das Unternehmen (Überblick) 572
    III. Einwirkung über Informationsbeschaffung durch beteiligungsführendes Ministerium bzw. Bürgermeister 573
        1. Verfassungsrechtliche Vorgaben 573
        2. Verwaltungsrechtliche Vorgaben 579
        3. Kommunalspezifische Besonderheiten 582
    IV. Externe Kontrolle über Berichterstattung und Auskunftspflichten (Überblick) 585
        1. Bundesrechnungshof und Rechnungshöfe der Länder 586
        2. Bürger und Presse 587

§ 24 Verwaltungsrechtliche Nachhaltigkeitsvorgaben betreffend das Öffentliche Unternehmen *(Burgi)* 589
    I. Spektrum und Entwicklungsperspektiven 589
    II. Klimaschutz 591
        1. Vorgaben auf Bundesebene 591
        2. Vorgaben auf Landesebene und für kommunale Unternehmen 592
    III. Gleichstellung und Diversity 593
        1. Vorgaben auf Bundesebene 593
        2. Vorgaben auf Landesebene 595
        3. Zusätzliche Vorgaben betreffend kommunale öffentliche Unternehmen 596
    IV. Vergütungsbezogene Vorgaben 597
        1. Ausgangslage im Gesellschaftsrecht 597
        2. Vorgaben auf Bundesebene (B-PCGK) 597
        3. Vorgaben auf Landesebene 598
        4. Vorgaben für die kommunale Ebene 599

§ 25 Umsetzung der verwaltungsrechtlichen Vorgaben betreffend das Öffentliche Unternehmen im Gesellschaftsrecht *(Teichmann)* 601
    I. Grundlagen 602
        1. Das öffentliche Unternehmen 603
        2. Organisationsformen für öffentliche Unternehmen 603
        3. Wahlfreiheit der Organisationsformen 605
    II. Entscheidungsparameter bei Auswahl der geeigneten Rechtsform 606
        1. Verwaltungsrechtliche Vorgaben 606
        2. Gesellschaftsrechtliche Entscheidungsparameter 607
    III. Gründung einer privatrechtlichen Organisationsform 610
        1. Subsidiarität der öffentlichen Leistungserbringung 611
        2. Unternehmensgründung in Form der Kapitalgesellschaft 611
        3. Verfolgung eines öffentlichen Zwecks 614
    IV. Einwirkungsmöglichkeiten der Anteilseigner 618
        1. Allgemeine Zuständigkeiten der Anteilseigner 618
        2. Personalhoheit der Anteilseignerversammlung 620

Inhaltsverzeichnis

3. Beschlussfassung in der Anteilseignerversammlung	622
4. Konzernrechtlich fundierte Einflussnahme	624
V. Überwachung der Geschäftsführung durch den Aufsichtsrat	626
1. Grundmodell des Aktienrechts	626
2. Der Aufsichtsrat in der GmbH	627
3. Weisungsfreie und eigenverantwortliche Mandatsausübung	627
4. Mitbestimmung der Arbeitnehmer im Aufsichtsrat	628
VI. Informationsordnung	630
1. Weitergabe von Informationen an die Aktionäre	631
2. Informationsfluss vom Vorstand zum Aufsichtsrat	632
3. Umgang mit vertraulichen Informationen	632
4. Informationsordnung in der GmbH	635
VII. Fazit	636
Sachverzeichnis	637

Abkürzungsverzeichnis

aA	andere(r) Ansicht/Auffassung
Abb.	Abbildung
abgedr.	abgedruckt
Abk.	Abkommen
ABl.	Amtsblatt
abl.	ablehnend
Abs.	Absatz
abschl.	abschließend
Abschn.	Abschnitt
abw.	abweichend
abwM	abweichende Meinung
abzgl.	abzüglich
aE	am Ende
aF	alte Fassung
aG	auf Gegenseitigkeit
AG	Aktiengesellschaft; Amtsgericht
allg.	allgemein
allgA	allgemeine Ansicht
allgM	allgemeine Meinung
Alt.	Alternative
aM	andere Meinung
amtl.	amtlich
Änd.	Änderung
ÄndG	Änderungsgesetz
ÄndVO	Änderungsverordnung
Anh.	Anhang
Anl.	Anlage
Anm.	Anmerkung
ArbG	Arbeitsgericht
Arch.	Archiv
Arg.	Argumentation
Art.	Artikel
AT	Allgemeiner Teil
aufgeh.	aufgehoben
Aufl.	Auflage
Aufs.	Aufsatz
ausdr.	ausdrücklich
ausf.	ausführlich
ausl.	ausländisch
ausschl.	ausschließlich
Az.	Aktenzeichen
BAG	Bundesarbeitsgericht
BAnz.	Bundesanzeiger
Bay.	Bayern
bay.	bayerisch
Bbg.	Brandenburg

Abkürzungsverzeichnis

bbg.	brandenburgisch
Bd.	Band
Bde.	Bände
Bearb.	Bearbeiter, Bearbeitung
bearb.	bearbeitet
Begr.	Begründung
begr.	begründet
Beil.	Beilage
Bek.	Bekanntmachung
Bekl.	Beklagte(r)
bekl.	beklagt
Bem.	Bemerkung
Ber.	Berichtigung
ber.	berichtigt
bes.	besonders
Beschl.	Beschluss
Bespr.	Besprechung
bespr.	besprochen
bestr.	bestritten
Bet.	Beteiligte(r)
bet.	beteiligt
Betr.	Betreff
betr.	betrifft, betreffend
BFH	Bundesfinanzhof
BGBl.	Bundesgesetzblatt
BGH	Bundesgerichtshof
Bl.	Blatt
Bln.	Berlin
bln.	berlinerisch
BPatG	Bundespatentgericht
BR	Bundesrat
BRD	Bundesrepublik Deutschland
BR-Drs.	Bundesrats-Drucksache
Brem.	Bremen
brem.	bremisch
BRH	Bundesrechnungshof
BR-Prot.	Bundesrats-Protokoll
BSG	Bundessozialgericht
Bsp.	Beispiel
bspw.	beispielsweise
BStBl.	Bundessteuerblatt
BT	Bundestag; Besonderer Teil
BT-Drs.	Bundestags-Drucksache
BT-Prot.	Bundestags-Protokoll
Buchst.	Buchstabe
BVerfG	Bundesverfassungsgericht
BVerwG	Bundesverwaltungsgericht
BW	Baden-Württemberg
bw.	baden-württembergisch
bzgl.	bezüglich
bzw.	beziehungsweise

Abkürzungsverzeichnis

ca	circa
ders.	derselbe
dgl.	dergleichen, desgleichen
dh	das heißt
dies.	dieselbe
diesbzgl.	diesbezüglich
diff.	differenziert, differenzierend
Dig.	Digesten
Diss.	Dissertation
div.	diverse
Dok.	Dokument
Drs.	Drucksache
dt.	deutsch
DVO	Durchführungsverordnung
E	Entwurf
EGMR	Europäischer Gerichtshof für Menschenrechte
ehem.	ehemalig/e/er/es
Einf.	Einführung
einhM	einhellige Meinung
Einl.	Einleitung
einschl.	einschließlich
EL	Ergänzungslieferung
Empf.	Empfehlung
endg.	endgültig
engl.	englisch
Entsch.	Entscheidung
Entschl.	Entschluss
entspr.	entspricht, entsprechend
EP	Europäisches Parlament
ER	Europäischer Rat
Erg.	Ergebnis, Ergänzung
erg.	ergänzend
Erkl.	Erklärung
Erl.	Erlass, Erläuterung
Erwgr.	Erwägungsgrund
etc	et cetera (und so weiter)
EuG	Gericht erster Instanz der Europäischen Gemeinschaften
EuGH	Europäischer Gerichtshof
eur.	europäisch
eV	eingetragener Verein
evtl.	eventuell
EWIV	Europäische wirtschaftliche Interessenvereinigung
EWR	Europäischer Wirtschaftsraum
EZB	Europäische Zentralbank
f., ff.	folgende Seite bzw. Seiten
FamG	Familiengericht
FG	Finanzgericht; Festgabe
Fn.	Fußnote
FS	Festschrift

Abkürzungsverzeichnis

G	Gesetz
GBl.	Gesetzblatt
GbR	Gesellschaft bürgerlichen Rechts
GE	Gesetzesentwurf
geänd.	geändert
geb.	geboren
gem.	gemäß
ges.	gesetzlich
gewöhnl.	gewöhnlich
ggf.	gegebenenfalls
gGmbH	gemeinnützige Gesellschaft mit beschränkter Haftung
ggü.	gegenüber
glA	gleicher Ansicht
GmbH	Gesellschaft mit beschränkter Haftung
GMBl.	Gemeinsames Ministerialblatt
GmS-OBG	Gemeinsamer Senat der obersten Gerichtshöfe des Bundes
Grdl.	Grundlage
grdl.	grundlegend
grds.	grundsätzlich
GS	Gedenkschrift, Gedächtnisschrift
GVBl.	Gesetz- und Verordnungsblatt
GVOBl.	Gesetz- und Verordnungsblatt
hA	herrschende Ansicht/Auffassung
HdB	Handbuch
Hess.	Hessen
hess.	hessisch
hins.	hinsichtlich
hL	herrschende Lehre
hM	herrschende Meinung
Hmb.	Hamburg
hmb.	hamburgisch
Hrsg.	Herausgeber
hrsg.	herausgegeben
Hs.	Halbsatz
idF	in der Fassung
idR	in der Regel
idS	in diesem Sinne
iE	im Einzelnen
iErg	im Ergebnis
ieS	im engeren Sinne
IGH	Internationaler Gerichtshof
iHd	in Höhe des/der
IHK	Industrie- und Handelskammer
iHv	in Höhe von
Inf.	Information
insbes.	insbesondere
insges.	insgesamt
int.	international
iRd	im Rahmen des/der
iRv	im Rahmen von

Abkürzungsverzeichnis

iS	im Sinne
iSd	im Sinne des/der
iSv	im Sinne von
iÜ	im Übrigen
iVm	in Verbindung mit
iW	im Wesentlichen
iwS	im weiteren Sinne
iZw	Im Zweifel
jew.	jeweils
Jh.	Jahrhundert
jur.	juristisch
Kap.	Kapitel, Kapital
Kom.	Komitee, Kommission
KöR	Körperschaft des öffentlichen Rechts
krit.	kritisch
Lfg.	Lieferung
LG	Landgericht
Lit.	Literatur
lit.	litera
Ls.	Leitsatz
LSA	Sachsen-Anhalt
LSG	Landessozialgericht
lt.	laut
LT-Drs.	Landtags-Drucksache
LT-Prot.	Landtags-Protokoll
mÄnd	mit Änderungen
mAnm	mit Anmerkung
mablAnm	mit ablehnender Anmerkung
mkritAnm	mit kritischer Anmerkung
mzustAnm	mit zustimmender Anmerkung
Mat.	Materialien
maW	mit anderen Worten
max.	maximal
MBl.	Ministerialblatt
mBespr	mit Besprechung
mE	meines Erachtens
mind.	mindestens
Mio.	Million(en)
Mitt.	Mitteilung(en)
mN	mit Nachweisen
Mrd.	Milliarde(n)
mtl.	monatlich
MV	Mecklenburg-Vorpommern
mv	mecklenburg-vorpommerisch
mwH	mit weiteren Hinweisen
mwN	mit weiteren Nachweisen
mWv	mit Wirkung vom

Abkürzungsverzeichnis

nachf.	nachfolgend
Nachw.	Nachweise
Nds.	Niedersachsen
nds.	niedersächsisch
nF	neue Fassung
Nov.	Novelle
Nr.	Nummer
nrkr	nicht rechtskräftig
NRW	Nordrhein-Westfalen
nrw	nordrhein-westfälisch
nv	nicht veröffentlicht
o.	oben, oder
oÄ	oder Ähnliche/s
öffentl.	öffentlich
o. g.	oben genannte(r, s)
OHG	Offene Handelsgesellschaft
OLG	Oberlandesgericht
oV	ohne Verfasser
OVG	Oberverwaltungsgericht
Prot.	Protokoll
rd.	rund
RefE	Referentenentwurf
RegE	Regierungsentwurf
RhPf	Rheinland-Pfalz
rhpf	rheinland-pfälzisch
rkr.	rechtskräftig
RL	Richtlinie
Rn.	Randnummer
Rs.	Rechtssache
Rspr.	Rechtsprechung
S.	Seite(n), Satz
s.	siehe
s. a.	siehe auch
Saarl.	Saarland
saarl.	saarländisch
Sachs.	Sachsen
sächs.	sächsisch
sachsanh	sachsen-anhaltinisch
SchlA	Schlussantrag
SchlH	Schleswig-Holstein
schlh	schleswig-holsteinisch
Schr.	Schrifttum, Schreiben
Sen.	Senat
SG	Sozialgericht
Slg.	Sammlung
sog.	sogenannt
st.	ständig

Abkürzungsverzeichnis

Stellungn.	Stellungnahme
StGH	Staatsgerichtshof
Stichw.	Stichwort
str.	streitig, strittig
stRspr	ständige Rechtsprechung
teilw.	teilweise
Thür.	Thüringen
thür.	thüringisch
u.	und, unter, unten
ua	und andere, unter anderem
uÄ	und Ähnliches
UAbs.	Unterabsatz
UAbschn.	Unterabschnitt
uam	und anderes mehr
uÄm	und Ähnliches mehr
überw.	überwiegend
Übk.	Übereinkommen
umfangr.	umfangreich
umstr.	umstritten
unstr.	unstreitig
unv.	unverändert, unveränderte Auflage
unveröff.	unveröffentlicht
unzutr.	unzutreffend
Urk.	Urkunde
Urt.	Urteil
usw	und so weiter
uU	unter Umständen
uvam	und vieles anderes mehr
uvm	und viele mehr
v.	vom, von
va	vor allem
Var.	Variante
vAw	von Amts wegen
Verf.	Verfasser, Verfassung, Verfahren
VerfG	Verfassungsgericht
VerfGH	Verfassungsgerichtshof
Verh.	Verhandlung
Veröff.	Veröffentlichung
vertragl.	vertraglich
Verw.	Verwaltung
Vfg.	Verfügung
VG	Verwaltungsgericht
VGH	Verwaltungsgerichtshof
vgl.	vergleiche
vH	von Hundert
VO	Verordnung
Voraufl.	Vorauflage
Vorb.	Vorbemerkung

Abkürzungsverzeichnis

vorl.	vorläufig
Vorschr.	Vorschrift
vs.	versus
Wiss.	Wissenschaft
wiss.	wissenschaftlich
wN	weitere Nachweise
zahlr.	zahlreich
zB	zum Beispiel
Ziff.	Ziffer
zit.	zitiert
zT	zum Teil
zul.	zuletzt
zusf.	zusammenfassend
zust.	zustimmend
zutr.	zutreffend
zw.	zweifelhaft
zzgl.	zuzüglich
zzt.	zurzeit

Verzeichnis der abgekürzt zitierten Literatur

Werkabkürzung	**Werk**
Altmeppen	Altmeppen, GmbHG, Kommentar, 10. Aufl. 2021
Badura Wirtschaftsverfassung	Badura, Wirtschaftsverfassung und Wirtschaftsverwaltung, Monografie, 4. Aufl. 2011
Baumbach/Hopt	Hopt, Handelsgesetzbuch: HGB, Kommentar, 41. Aufl. 2022
Baumbach/Hueck	Baumbach/Hueck, GmbHG, Kommentar, 23. Aufl. 2022
Bayer/Habersack AktR im Wandel	Bayer/Habersack, Aktienrecht im Wandel, Handbuch, 1. Aufl. 2007
Becher Umweltschutz	Becher, Umweltschutz und technische Sicherheit im Unternehmen – 9. Trierer Kolloquium zum Umwelt- und Technikrecht vom 19. bis 21. September 1993, 1994
BeckOGK (+ Gesetz)	Henssler, Beck-online.Großkommentar zum Aktiengesetz, München, Stand: 1.7.2022
	Henssler, Beck-online.Großkommentar zum Bilanzrecht, München, Stand: 15.9.2021
BeckOK GG	Epping/Hillgruber, BeckOK Grundgesetz, Kommentar, 52. Aufl. 2022
BK GG	Kahl/Waldhoff/Walter, Bonner Kommentar zum Grundgesetz, Kommentar, 216. Aufl. 2022
Burgi KommunalR	Burgi, Kommunalrecht, Lehrbuch, 6. Aufl. 2019
Burgi/Möslein	Burgi/Möslein, Zertifizierung nachhaltiger Kapitalgesellschaften, 1. Aufl. 2021
Calliess/Ruffert	Calliess/Ruffert, EUV/AEUV, Kommentar, 6. Aufl. 2022
Cronauge Kommunale Unternehmen	Cronauge, Kommunale Unternehmen, Handbuch, 6. Aufl. 2016
Dauses/Ludwigs EU-WirtschaftsR-HdB	Dauses/Ludwigs, Handbuch des EU-Wirtschaftsrechts, Handbuch, 56. Aufl. 2022
DGM	Dörr/Grote/Marauhn, EMRK/GG Konkordanzkommentar zum europäischen und deutschen Grundrechtsschutz, Kommentar, 3. Aufl. 2022
Dreier	Dreier, Grundgesetz-Kommentar, Kommentar, Band 1, 2, 3, 3. Aufl. 2013 ff.
Dürig/Herzog/Scholz	Dürig/Herzog/Scholz, Grundgesetz-Kommentar, Kommentar, 98. Aufl. 2022
EFP BesVerwR I	Ehlers/Fehling/Pünder, Besonderes Verwaltungsrecht, Handbuch, Band 1, 4. Aufl. 2019
Ehlers GRC	Ehlers, Europäische Grundrechte und Grundfreiheiten, 4. Aufl. 2015

Verzeichnis der abgekürzt zitierten Literatur

Ehlers/Pünder AllgVerwR	Ehlers/Pünder, Allgemeines Verwaltungsrecht, Lehrbuch, 16. Aufl. 2022
Ehlers/Schoch RS ÖffR	Ehlers/Schoch, Rechtsschutz im Öffentlichen Recht, Lehrbuch, 2021
Emmerich/Habersack	Emmerich/Habersack, Aktien- und GmbH-Konzernrecht, Kommentar, 10. Aufl. 2022
EnzEuR I	Hatje, Armin/Müller-Graff Peter-Christian, Enzyklopädie Europarecht: EnzEuR, Bd. 1: Europäisches Organisations- und Verfassungsrecht, Handbuch, 2. Aufl. 2022
EnzEuR II	Grabenwarter, Christoph, Enzyklopädie Europarecht: EnzEuR, Bd. 2: Europäischer Grundrechteschutz, Handbuch, 2. Aufl. 2022
EnzEuR III	Leible/Terhechte, Enzyklopädie Europarecht: EnzEuR, Band 3: Europäisches Rechtsschutz- und Verfahrensrecht, Handbuch, 2. Aufl. 2021
EnzEuR IV	Müller-Graff, Peter-Christian, Enzyklopädie Europarecht: EnzEuR, Bd. 4: Europäisches Binnenmarkt- und Wirtschaftsordnungsrecht, 2. Aufl. 2021
EnzEuR V	Ruffert, Matthias, Enzyklopädie Europarecht: EnzEuR, Bd. 5: Europäisches Sektorales Wirtschaftsrecht, 2. Aufl. 2020
EnzEuR VI	Gebauer/Teichmann, Enzyklopädie Europarecht: EnzEuR, Band 6: Europäisches Privat- und Unternehmensrecht, Handbuch, 2. Aufl. 2022
EnzEuR VII	Schlachter/Heinig, Enzyklopädie Europarecht: EnzEuR, Band 7: Europäisches Arbeits- und Sozialrecht, Handbuch, 2. Aufl. 2021
Fabry/Augsten Öffentl. Unternehmen-HdB	Fabry/Augsten, Handbuch Unternehmen der öffentlichen Hand, Handbuch, 2. Aufl. 2011
Fehling/Ruffert RegulierungsR	Fehling/Ruffert, Regulierungsrecht, Monografie, 1. Aufl. 2010
FK-EUV/GRC/AEUV	Pechstein/Nowak/Häde, Frankfurter Kommentar zu EUV, GRC und AEUV, Kommentar, Band 1, 2, 3, 4, 1. Aufl. 2017
Friauf/Höfling	Friauf/Höfling, Berliner Kommentar zum Grundgesetz, Kommentar, 1. Aufl. 2022
Frotscher/Kramer WirtschaftsVerfassungsR	Frotscher/Kramer, Wirtschaftsverfassungs- und Wirtschaftsverwaltungsrecht, Lehrbuch, 7. Aufl. 2019
GKK	Geiger/Khan/Kotzur, EUV/AEUV, Kommentar, 7. Aufl. 2023
Grabitz/Hilf/Nettesheim	Grabitz/Hilf/Nettesheim, Das Recht der Europäischen Union, Kommentar, 76. Aufl. 2022
Grigoleit	Grigoleit, AktG – Aktiengesetz, Kommentar, 2. Aufl. 2020
GroßkommAktG	Hirte/Mülbert/Roth, AktG, Kommentar, Band 1, 2/1, 2/2, 4/1, 4/2, 5, 7/1, 7/2, 7/3, 12, 5. Aufl. 2015 ff.
GSH	von der Groeben/Schwarze/Hatje, Europäisches Unionsrecht, Kommentar, 7. Aufl. 2015

Verzeichnis der abgekürzt zitierten Literatur

Habersack/ Drinhausen	Habersack/Drinhausen, SE-Recht, Kommentar, 3. Aufl. 2022
Habersack/Henssler	Habersack/Henssler, Mitbestimmungsrecht, Kommentar, 4. Aufl. 2018
Habersack/Verse EuGesR	Habersack/Verse, Europäisches Gesellschaftsrecht, Lehrbuch, 5. Aufl. 2019
HCL	Habersack/Casper/Löbbe, GmbHG Großkommentar, Kommentar, Band 1, 2, 3. Aufl. 2019 ff.
HK-UnionsR	Vedder/Heintschel von Heinegg, Europäisches Unionsrecht, Kommentar, 2. Aufl. 2018
HKMS	Hachmeister/Kahle/Mock/Schüppen, Bilanzrecht, Kommentar, 3. Aufl. 2022
HMPG VerfassungsR-HdB	Herdegen/Masing/Poscher/Gärditz, Handbuch des Verfassungsrechts, Handbuch, 1. Aufl. 2021
Holoubek/ Lienbacher	Holoubek, Michael/Lienbacher, Georg, Charta der Grundrechte der Europäischen Union, Kommentar, 2. Aufl. 2019
HSV VerwR	Hoffmann-Riem/Schmidt-Aßmann/Voßkuhle, Grundlagen des Verwaltungsrechts, Personal, Finanzen, Kontrolle, Sanktionen, Staatliche Einstandspflichten, Handbuch, Band I, II, III, 2. Aufl. 2012 ff.
HUR Kommunal-Unternehmen-HdB	Hoppe/Uechtritz/Reck, Handbuch Kommunale Unternehmen, Handbuch, 3. Aufl. 2012
Jarass/Pieroth	Jarass/Pieroth, Grundgesetz für die Bundesrepublik Deutschland: GG, Kommentar, 17. Aufl. 2022
Jarass GRCh	Jarass, Charta der Grundrechte der Europäischen Union: GRCh, Kommentar, 4. Aufl. 2021
K. Schmidt/Lutter	K. Schmidt/Lutter, AktG, Kommentar, 4. Aufl. 2020
Kahl/Ludwigs	Kahl/Ludwigs, Handbuch des Verwaltungsrechts, Handbuch, Band 1, 2, 1. Aufl. 2021
Karpenstein/Mayer	Karpenstein/Mayer, EMRK, Kommentar, 3. Aufl. 2022
KBLW	Kremer/Bachmann/Lutter/von Werder, DCGK – Deutscher Corporate Governance Kodex, Kommentar, 8. Aufl. 2021
KKM ÖffWettbR	Kirchhof/Korte/Magen, Öffentliches Wettbewerbsrecht – Neuvermessung eines Rechtsgebiets, Handbuch, 1. Aufl. 2014
Kluth ÖffWirtschaftsR	Kluth, Öffentliches Wirtschaftsrecht, Lehrbuch, 1. Aufl. 2019
Koch	Koch, Aktiengesetz, Kommentar, 16. Aufl. 2022
LHT	Lutter/Hommelhoff/Teichmann, SE-Kommentar SE-VO – SEAG – SEBG – Arbeitsrecht – Steuerrecht – Konzernrecht, Kommentar, 2. Aufl. 2015
Lutter/Hommelhoff	Lutter/Hommelhoff, GmbH-Gesetz, Kommentar, 21. Aufl. 2022
Mann/Püttner Kommunale Wissenschaft-HdB	Mann/Püttner, Handbuch der kommunalen Wissenschaft und Praxis, Handbuch, Band 1, 2, 3. Aufl. 2007 ff.

Verzeichnis der abgekürzt zitierten Literatur

Marsch-Barner/Schäfer AG-HdB	Marsch-Barner/Schäfer, Handbuch börsennotierte AG, Handbuch, 5. Aufl. 2022
Maurer/Waldhoff AllgVerwR	Maurer/Waldhoff, Allgemeines Verwaltungsrecht, Lehrbuch, 20. Aufl. 2020
MHdB GesR IV	Hoffmann-Becking, Münchener Handbuch des Gesellschaftsrechts, Band 4: Aktiengesellschaft, Handbuch, 5. Aufl. 2020
MKS	von Mangoldt/Klein/Starck, Grundgesetz, Kommentar, Band 1, 2, 3, 7. Aufl. 2018
MüKoAktG	Goette/Habersack/Kalss, Münchener Kommentar zum Aktiengesetz: AktG, Kommentar, Band 1, 2, 4, 5, 6, 7, 5. Aufl. 2019 ff.
MüKoGmbHG	Fleischer/Goette, Münchener Kommentar zum Gesetz betreffend die Gesellschaften mit beschränkter Haftung: GmbHG, Kommentar, Band 1, 2, 3, 4. Aufl. 2022 ff.
MüKoHGB	Schmidt, Karsten/Ebke, Werner F., Münchener Kommentar zum Handelsgesetzbuch, Band 4: §§ 238-342e HGB, 4. Aufl. 2020.
NK-EuGRCh	Meyer/Hölscheidt, Charta der Grundrechte der Europäischen Union, Kommentar, 5. Aufl. 2019
Ruthig/Storr ÖffWirtschaftsR	Ruthig/Storr, Öffentliches Wirtschaftsrecht, Lehrbuch, 5. Aufl. 2020
RVJ	Raiser/Veil/Jacobs, Mitbestimmungsgesetz und Drittelbeteiligungsgesetz, Kommentar, 7. Aufl. 2020
Sachs	Sachs, Grundgesetz: GG, Kommentar, 9. Aufl. 2021
Schmidt/Wollenschläger ÖffWirtschaftsR	Schmidt/Wollenschläger, Kompendium Öffentliches Wirtschaftsrecht, Lehrbuch, 5. Aufl. 2020
Schmidt ÖffWirtschaftsR AT	Schmidt, Öffentliches Wirtschaftsrecht, Allgemeiner Teil, Lehrbuch, 1. Aufl. 1990
Schmidt ÖffWirtschaftsR BT	Schmidt, Öffentliches Wirtschaftsrecht, Besonderer Teil, Lehrbuch, 1. Aufl. 1995
SKB	Schmidt-Bleibtreu/Klein/Bethge, Bundesverfassungsgerichtsgesetz, Kommentar, 61. Aufl. 2021
Schoch BesVerwR	Schoch, Besonderes Verwaltungsrecht, Lehrbuch, 1. Aufl. 2018
Scholz	Scholz, GmbH-Gesetz, Kommentar, Band 1, 2, 3, 13. Aufl. 2022 ff.
Schulte/Kloos ÖffWirtschaftsR-HdB	Schulte/Kloos, Handbuch Öffentliches Wirtschaftsrecht, Handbuch, 1. Aufl. 2016
Schwarze	Schwarze, EU-Kommentar, Kommentar, 4. Aufl. 2019
Staub	Grundmann/Habersack/Schäfer, Handelsgesetzbuch: HGB, Band 5: §§ 238-289a, Kommentar, Band 5, 6. Aufl. 2021
Stern/Becker	Stern/Becker, Grundrechte-Kommentar, Kommentar, 3. Aufl. 2018
Stober/Eisenmenger ÖffWirtschaftsR BT	Stober/Eisenmenger, Öffentliches Wirtschaftsrecht – Besonderer Teil, Lehrbuch, 17. Aufl. 2019

Verzeichnis der abgekürzt zitierten Literatur

Stober/Korte ÖffWirtschaftsR AT	Stober/Korte, Öffentliches Wirtschaftsrecht – Allgemeiner Teil, Lehrbuch, 19. Aufl. 2018
Streinz	Streinz, EUV/AEUV, Kommentar, 3. Aufl. 2018
Streinz EuropaR	EuropaR Streinz, Rudolf, Europarecht, Lehrbuch, 12. Aufl. 2023
v. Münch/Kunig	von Münch/Kunig, Grundgesetz: GG, Kommentar, Band 1, 2, 7. Aufl. 2021
VEM VerwR	Voßkuhle/Eifert/Möllers, Grundlagen des Verwaltungsrechts, Band 1 und 2, 3. Aufl. 2022
WBSK VerwR I	Wolff/Bachof/Stober/Kluth, Verwaltungsrecht, Lehrbuch, Band 1, 13. Aufl. 2017
WSG Komm. Unternehmen	Wurzel/Schraml/Gaß, Rechtspraxis der kommunalen Unternehmen, Handbuch, 4. Aufl. 2021
WSH PPP	Weber/Schäfer/Hausman, Praxishandbuch Public Private Partnership, 2. Aufl. 2018
Ziekow ÖffWirtschaftsR	Ziekow, Öffentliches Wirtschaftsrecht, Lehrbuch, 5. Aufl. 2020

Teil 1: Weiterentwicklungen des Unternehmensrechts

§ 1 Öffentliches Recht des Unternehmens: Bedeutung und Elemente

Prof. Dr. Martin Burgi

Übersicht

	Rn.
I. Gegenstand	1
II. Das (europäische) Verfassungsrecht als übergreifender Rahmen	6
III. Deutsches und europäisches Verwaltungsrecht	9
IV. Verwirklichung des Gemeinwohls durch Öffentliches Recht und durch Privatrecht	13
1. Im Hinblick auf die öffentlichen Unternehmen	13
2. Im Hinblick auf die privatwirtschaftlichen Unternehmen	15
a) Gewinnorientierte Unternehmen	15
b) Gesellschaftsrecht als Rahmen gemeinwohlverträglich ausgeübter Privatautonomie	16
c) Gemeinwohlverwirklichung durch Privatrecht, insbesondere Gesellschaftsrecht	19
d) Verwaltungsrecht als zusätzliche Schicht des Unternehmensrechts	25
V. Verwaltungsrechtliche Vorgaben für private Unternehmen	29
1. Privatwirtschaftliche Unternehmen als neu entdeckter Steuerungsgegenstand und als Steuerungsressource	30
2. Rechtsquellen und Regelungskontexte	35
a) Rechtsquellen	35
b) Regelungskontexte	37
3. Regelungsgegenstände	40
a) Organisationsbezogene Pflichten	40
b) Hieran oder an privatrechtliche Organisationsvorgaben geknüpfte (Public Enforcement) bzw. selbstständig normierte verfahrensrechtliche Pflichten und Rechte	41
c) Sanktionen	43
d) Rechtsschutz	44
VI. Verwaltungsrechtliche Vorgaben für Öffentliche Unternehmen	45

Literatur

Burgi, Nachhaltigkeit als Bürokratielast für KMU, WiVerw 2021, 97; *Burgi,* Rechtsregime, in VEM VerwR I, S. 1313; *Habersack,* Gemeinwohlbindung und Unternehmensrecht, AcP 220 (2020), 594; *Habersack,* Staatliche und halbstaatliche Eingriffe in die Unternehmensführung, 69. DJT 2012, Bd. I, Gutachten E, München, 2022; *Harbarth,* Nachhaltigkeit im Rahmen unternehmerischer Entscheidungen, FS Ebke, München, 2021, 307; *Hellgardt/Jouannaud,* Nachhaltigkeitsziele und Privatrecht, AcP 222 (2022), 163; *Rast,* Unternehmerische Organisationsfreiheit und Gemeinwohlbelange, Tübingen 2022; *Rehbinder,* Umweltsichernde Unternehmensorganisation, ZHR 165 (2001), 1; *Schmidt-Aßmann/Schöndorf-Haubold,* in VEM VerwR I, S. 247; *Schön,* „Nachhaltigkeit" in der Unternehmensberichterstattung, ZfPW 2022, 207; *Spindler,* Unternehmensorganisationspflichten. Zivilrechtliche und öffentlich-rechtliche Regelungskonzepte, Köln, 2001, unveränderte Auflage, Göttingen 2011; *Winner,* Der öffentlich-rechtliche Vollzug von Gesellschaftsrecht, ZÖR (2010), 553.

I. Gegenstand

Das **Öffentliche Recht** im Sinne von europäischem und nationalem Verfassungs- und Verwaltungsrecht hat auf den ersten Blick mit dem Unternehmensrecht wenig zu tun. Üblicherweise wird das Recht der Organisation und Führung von Unternehmen aus der Perspektive des Gesellschaftsrechts betrachtet, soweit es sich nicht um Unternehmen in

1

2   Origineller ist die Erkenntnis, dass es mit signifikant wachsender Bedeutung **auch für privatwirtschaftliche Unternehmen** verwaltungsrechtliche Vorgaben gibt, die nicht deren wirtschaftliche Tätigkeit nach außen betreffen (wie beispielsweise das BImSchG, die GewO, das TEHG oder das EnWG), sondern das Unternehmen selbst (also die Innensteuerung).[1] Diese Vorgaben zielen sowohl auf die **Aufbau- als auch auf die Ablauforganisation**.[2] Sie betreffen zunächst die Beziehungen zwischen der Führung und den Leitungsorganen des Unternehmens sowie zu seinen Eigentümern und sonstigen Akteuren (zumeist als „Unternehmensverfassung" bezeichnet).[3] Einbezogen werden müssen aber auch etwaige Vorgaben für die nachgeordneten Unternehmensebenen; dadurch, dass teilweise auch diese erfasst werden, wird noch tiefer in die Organisationsautonomie des Unternehmens eingegriffen.[4]

3   Zeitlich voraus und sachlich getrennt hiervon erfolgen verwaltungsrechtliche Vorgaben für den Erwerb von bzw. die Beteiligung an Unternehmen. Zu nennen sind zunächst Vorgaben für die **Investitionskontrolle.** Sie sind in den vergangenen Jahren in rascher Folge auf europäischer (VO 2019/452; FDI Screening-Verordnung)[5] und nationaler Ebene (zuletzt durch die 17. Novelle zur AWV; v. a. §§ 55 ff., 60 ff. AWV)[6] verschärft worden und werfen interessante Fragen hinsichtlich des verwaltungsrechtlichen Instrumentariums[7] sowie der Vereinbarkeit mit den Grundfreiheiten des AEUV und den Grundrechten der EU-Grundrechtecharta und des GG auf.[8] Den Gegenstand dieser Vorgaben bilden aber nicht Organisation und Führung von Unternehmen, sondern deren Eigentümerstruktur. Entsprechendes gilt für die Vorgabe, Anwohner und Standortgemeinden an Windparkprojektgesellschaften zu beteiligen.[9]

4   Verwaltungsrechtliche Vorgaben im hier zugrunde liegenden Verständnis betreffen die verschiedensten öffentlichen Interessen des Staates bzw. der EU. Mit ihnen werden einmal spezifische regulatorische Anliegen verfolgt, wie im Datenschutzrecht (§ 13), im Finanzsektor (§ 14) und im Hinblick auf Energieunternehmen (§ 15), ferner bei privatwirtschaftlichen Unternehmen mit staatlicher Minderheitsbeteiligung (§ 16) und im Sonderregime für staatliche Beteiligungen in der Krise (§ 17). Daneben, und verstärkt, geht es um die Orientierung an Nachhaltigkeitskriterien („ESG"). Dabei werden in diesem Handbuch ökologische (§ 8), sozial- und governancebezogene (§ 9) bzw. menschenrechtsbezogene (Lieferkettenrecht; § 10) Nachhaltigkeitskriterien ausführlich betrachtet. Dieser Komplex hat durch Entwicklungen und Vorgaben des Völkerrechts (§ 4) ebenso einen Schub erhalten wie durch die (vielfach daneben Geltung beanspruchenden) neueren Ansätze normativer Steuerung unter dem Stichwort „Corporate Social Responsibility" (§ 5).[10] All das ist Ausfluss eines (teilweise global, jedenfalls europaweit und insbesondere auch in der Bundesrepublik) **veränderten politischen Grundverständnisses.**

5   Die gegenwärtig sehr stark im Vordergrund der juristischen Diskussion stehenden Themen „Nachhaltigkeit" bzw. „ESG" bilden daher einen wichtigen Gegenstand dieses Handbuchs. Deutlich wird aber auch, dass sie zusammen mit verschiedenen anderen (älteren oder auch neueren) Entwicklungen gesehen und dementsprechend (ebenso wie diese) rechts-

---

[1] Vgl. Rehbinder ZHR 165 (2001), 1 (3); Schön ZfPW 2022, 207 (223).
[2] Zu dieser klassischen Unterscheidung Spindler, Unternehmensorganisationspflichten, 2011, 13. Ausführlicher und mit zahlreichen Nachweisen Rast, Organisationsfreiheit, 22 ff.
[3] Vgl. nur Binder ZGR 2015, 667 (670).
[4] Vgl. nur Wiedemann, Gesellschaftsrecht, Bd. I, 1980, 17, 83, 308, 311; Rehbinder ZHR 165 (2001), 1 (5).
[5] ABl. EU L 79, 1.
[6] Begründung BT-Drs. 19/29216, 19.
[7] Zu ihnen Ehlers, FS Wolfgang 2018, 41 (57 ff.); von Brevern BB 2022, 131 (134 ff.).
[8] Zuletzt von Kalben ZHR 186 (2022), 586 (600 ff.).
[9] Näher dennoch → § 8 Rn. 78, → § 15 Rn. 71.
[10] Vgl. dazu hier vorerst nur Schön ZfPW 2022, 207 (210).

dogmatisch verarbeitet werden müssen. In diesem Handbuch geht es mithin **auch, aber nicht nur** um die Themen **Nachhaltigkeit/ESG.** Das Gesamtbild und die Dimensionen eines „Öffentlichen Rechts des (privatwirtschaftlichen bzw. des öffentlichen) Unternehmens" bildet den Inhalt dieses einleitenden Abschnitts. Sowohl die relevanten Begriffe als auch die einzelnen Pflichten und Rechte werden in den weiteren Beiträgen bereichsspezifisch heruntergebrochen bzw. konkretisiert.

II. Das (europäische) Verfassungsrecht als übergreifender Rahmen

Während die Rechtsregime des Privatrechts (hier insbesondere des Gesellschaftsrechts) und des Verwaltungsrechts auf der Ebene des einfachen Rechts angesiedelt sind, bildet selbstverständlich das Verfassungsrecht einen übergreifenden Rahmen[11] sowohl für das Privatrecht als auch für das Öffentliche Recht. Den Gegenstand dieses Handbuchs bildet insoweit das **Verfassungsrecht der Unternehmensverfasstheit,** das bislang wissenschaftlich sowohl auf der Ebene des GG als auch auf der europäischen Ebene eher unterbelichtet ist. Auf beiden Ebenen geht es um Legitimation, Kanalisierung und Begrenzung und insbesondere auch um die Begründung subjektiver Rechte des Einzelnen, hier der einzelnen Unternehmen. Sowohl im europäischen Recht als auch im GG werden überdies spezifische Rechtsschutzmöglichkeiten, insbesondere im Verfahren der Verfassungsbeschwerde, bereitgestellt.

Die beiden Normebenen stehen nicht beziehungslos nebeneinander. Vielmehr ist auch dieser Teil der Wirtschaftsverfassung als ein **Verbund zwischen europäischer „Verfassung" und grundgesetzlicher Wirtschaftsverfassung** zu begreifen.[12] Dies bedeutet, dass es Wechselwirkungen und Überschneidungen, insbesondere aber auch Schutzverstärkungen und (wie bereits erwähnt) zusätzliche Rechtsschutzmöglichkeiten gibt.

Im Hinblick auf **die privatwirtschaftlichen Unternehmen** ist nach dem **Schutz** zu fragen, den diese bei der Wahl und Ausgestaltung ihrer Organisation genießen. Dies betrifft ihren verfassungsrechtlichen Status sowohl gegenüber herkömmlichen Maßnahmen des Gesellschaftsrechts als auch gegenüber den durch Staat bzw. EU jenen Unternehmen auferlegten Gemeinwohlbindungen, gleichgültig, ob diese über das Privatrecht oder über das Verwaltungsrecht bewirkt werden. Darum geht es im Teil 2. Bei den öffentlichen Unternehmen ist das Verfassungsrecht weniger als Schutzgrundlage, sondern als Quelle von Einwirkungspflichten relevant (→ § 18 Rn. 1 ff.).

III. Deutsches und europäisches Verwaltungsrecht

Unter Verwaltungsrecht versteht man zum einen das **Recht der Verwaltung,** dh das für die Tätigkeit, das Verfahren und die Organisation der Verwaltung geltende Recht.[13] Auch öffentliche Unternehmen gehören zur Verwaltung, und zwar nicht nur dann, wenn sie in öffentlich-rechtlicher Form organisiert sind (wie die Körperschaften und Anstalten), sondern auch, wenn es sich um vollständig dem Staat gehörende privatrechtliche Organisationseinheiten (Eigengesellschaften) oder auch nur um von ihm beherrschte Organisationseinheiten (gemischtwirtschaftliche Unternehmen) handelt (→ § 18 Rn. 15 ff. bzw. → § 18 Rn. 21 ff.). Sie sind das Ergebnis einer sog. Organisationsprivatisierung, durch die nicht die betroffenen Aufgaben selbst, sondern lediglich die Organisation bei ihrer Wahrnehmung in privatrechtliche Formen überführt worden ist.[14] Das „Recht der Verwaltung" setzt sich aus öffentlich-rechtlichen Vorschriften, aber auch aus privatrechtlichen Vorschriften, die die Verwaltung in bestimmten Situationen zu beachten hat (Vertragsrecht, Gesellschaftsrecht, GWB-Vergaberecht etc.), zusammen.

---

[11] VEM VerwR/Schmidt-Aßmann/Schöndorf-Haubold § 5 Rn. 10.
[12] Kahl/Ludwigs/Kotzur Handbuch des Verwaltungsrechts, 2021, § 58 Rn. 23 f.
[13] Maurer/Waldhoff AllgVerwR § 4 Rn. 36 ff.
[14] Ehlers/Pünder AllgVerwR/Burgi § 7 Rn. 10 f.

10 Aus der Perspektive der Adressaten der Verwaltungstätigkeit ist **Verwaltungsrecht in einem engeren Sinne** das Recht derjenigen, die durch Normen gegenüber der Verwaltung berechtigt oder verpflichtet werden. Im vorliegenden Zusammenhang sind dies die Unternehmen, denen in Bezug auf ihre Organisation und ihre Führung zahlreiche Pflichten auferlegt, aber auch Rechte eingeräumt werden. Dabei gibt es spezifische Verfahrensregeln (insbesondere des VwVfG) und Sanktionsmöglichkeiten. Umgekehrt verfügen die Unternehmen zur Durchsetzung ihnen eingeräumter Rechte in Gestalt der Verwaltungsgerichtsbarkeit über spezifische Rechtsschutzmöglichkeiten. Das Verwaltungsrecht in diesem Sinne umfasst die Gesamtheit der geschriebenen und ungeschriebenen Rechtssätze des Öffentlichen Rechts, mit Ausnahme des Verfassungsrechts und des Staatsrechts.[15] Verwendet die Verwaltung zur Organisation eines öffentlichen Unternehmens die durch das Privatrecht bereitgestellten Organisationsformen der GmbH oder der AG, dann ergibt sich ein Verbund aus öffentlich-rechtlichen Vorgaben mit jenen privatrechtlichen, organisationsbezogenen Vorgaben.

11 Teilweise hat man es allein mit Verwaltungsrecht rein nationalen Ursprungs zu tun. Gerade in den Rechtsbeziehungen gegenüber privaten, vielfach europa- oder gar weltweit tätigen Unternehmen ist vermehrt das **europäische Verwaltungsrecht** von Bedeutung. Dieses wird am Ende einer längeren wissenschaftlichen Entwicklung heute in drei verschiedenen Dimensionen entfaltet: Das EU-Eigenverwaltungsrecht (direkter Vollzug von EU-Recht durch die EU-Verwaltung) (1), das insbesondere durch Verordnungen oder Richtlinien europäisierte, aber weiterhin teilweise fortgeltende nationale Verwaltungsrecht (indirekter Vollzug; (2)) und sodann Rechtsnormen, die einen Verbund zwischen der europäischen und der nationalen Verwaltungstätigkeit konstituieren, wie es beispielsweise im Öffentlichen Finanzmarktrecht der Fall ist.[16] Hierbei handelt es sich um eine neuartige Form der Mischverwaltung.[17]

12 Keiner besonderen Betrachtung bedarf das **Internationale Verwaltungsrecht**,[18] da weder das zu diesem zählende Verhältnis zwischen den Verwaltungen einzelner Staaten noch die Verwaltungstätigkeit von internationalen Organisationen zum Thema der Unternehmensorganisation einen spezifischen Bezug haben.

IV. Verwirklichung des Gemeinwohls durch Öffentliches Recht und durch Privatrecht

1. Im Hinblick auf die öffentlichen Unternehmen

13 Ganz selbstverständlich ist der Akteur „Staat" ausschließlich als Instrument des Gemeinwohls konstituiert. Während die Privaten im Gemeinwohlinteresse handeln können, muss der Staat im Interesse des Gemeinwohls handeln, während ihm die Verfolgung anderer Zwecke von vornherein verwehrt ist. Die **zentrale Funktion des Öffentlichen Rechts** (hier: des Verwaltungsrechts) besteht mithin in der Festlegung der Ziele, Aufgaben und Mittel des Staatshandelns im Prozess der Gemeinwohlverwirklichung, der Legitimation, Begründung und Durchsetzung der getroffenen Entscheidungen (in Ausübung des Gewaltmonopols) und der Konstituierung und Begrenzung der staatlichen Machtbefugnisse.[19] Daran ändert sich nichts, wenn er selbst als Unternehmer agiert, auch nicht, wenn er hierbei die Organisations- und Handlungsformen des Privatrechts nutzt. Seine, dh, die öffentlichen Unternehmen sind Instrumente zur Verwirklichung des Gemeinwohls, die neben seine anderen Instrumente (Erlass von Verwaltungsakten, Gewährung von Subventionen etc.) treten (→ § 18 Rn. 5).

---

[15] Ehlers/Pünder AllgVerwR/Ehlers § 3 Rn. 1 ff.
[16] Kahl/Ludwigs/Ludwigs Handbuch des Verwaltungsrechts, 2021, § 36 Rn. 2 ff.
[17] Sydow, Verwaltungskooperation in der EU, 2004, 125 ff., 218 ff.; ausführlich Kahl Der Staat 50 (2011), 253.
[18] Vertiefend VEM VerwR/Goldmann § 6 Rn. 1 ff.
[19] Zuletzt VEM VerwR/Burgi § 18 Rn. 7.

Die öffentlichen Unternehmen sind dadurch von vornherein und ganz selbstverständlich auch im Hinblick auf ihre Organisation und ihre Führung Vorgaben des Verwaltungsrechts unterworfen, denen privatwirtschaftliche Unternehmen nicht unterworfen sind. Zusätzlich zieht die etwaige **Wahl privatrechtlicher Organisationsformen** durch diese Unternehmen (bzw. ihre Träger) die Anwendbarkeit derjenigen Gemeinwohlorientierungen nach sich, die (mit zunehmender Tendenz; dazu sogleich → Rn. 19) im Privatrecht verankert sind. So haben beispielsweise auch öffentliche Unternehmen nachhaltigkeitsbezogene Berichtspflichten nach dem HGB oder dem AktG zu beachten (→ § 2 Rn. 4 ff.). Konkret im Hinblick auf Vorgaben im Interesse der Nachhaltigkeit werden diese, alle Unternehmen treffenden Nachhaltigkeitspflichten im Hinblick auf öffentliche Unternehmen aber durch dort teilweise bestehende spezifische Nachhaltigkeitspflichten (→ § 24 Rn. 9 ff.) ergänzt. 14

2. Im Hinblick auf die privatwirtschaftlichen Unternehmen

a) Gewinnorientierte Unternehmen. Gegenstand dieses Handbuchs sind diejenigen privatwirtschaftlichen Unternehmen, die primär zum Zwecke der Gewinnerzielung gegründet wurden, also **erwerbswirtschaftlich** tätig sind. Aus dem breiten Arsenal der Rechtsformen des Gesellschaftsrechts bedienen sie sich ganz überwiegend den Formen der AG und der GmbH (→ § 2 Rn. 4 ff.). Ausgeblendet werden gemeinnützige Unternehmen und sonstige Non-Profit-Organisationen des sog. Dritten Sektors[20] und auch die neuerdings und verstärkt seit dem Koalitionsvertrag der amtierenden Bundesregierung diskutierten neuen Gesellschaftsformen, insbesondere die der „Gesellschaft mbH mit gebundenem Vermögen (GmbH-gebV)".[21] 15

b) Gesellschaftsrecht als Rahmen gemeinwohlverträglich ausgeübter Privatautonomie. Im freiheitlich verfassten Staat ist Gemeinwohl das, was der Staat in seiner demokratisch legitimierten Letztverantwortung als Gemeinwohl festlegt, der „gute Zustand des Gemeinwesens und des Gedeihens aller seiner Glieder".[22] Wie bereits festgestellt (→ Rn. 13), ist der **Staat durchgängig dem Gemeinwohl** verpflichtet, mithin nicht nur dann, wenn er Vorschriften des Öffentlichen Rechts erlässt, sondern auch dann, wenn er rechtsetzend im Bereich des Privatrechts tätig wird. 16

In dem hier primär einschlägigen Teil des Privatrechts – dem Gesellschaftsrecht – geht es klassisch und unverändert in erster Linie um die Garantie der unternehmerischen Freiheit der sich zu Gesellschaften zusammenschließenden Einzelnen; die primäre Funktion des privaten Gesellschaftsrechts besteht darin, der Vertrags- und Organisationsfreiheit der Privatrechtssubjekte organisatorische Angebote bereitzustellen, (gleichsam als Inhaltsbestimmungen) und bestimmte Schranken zu ziehen, an die sich diese bei der Entfaltung ihrer unternehmerischen Freiheit halten müssen. Eine Verpflichtung auf das **Gemeinwohl** findet insoweit nicht statt. Es wird **nur mittelbar** dadurch **gefördert,** dass sich die privaten Unternehmen innerhalb der ihnen gezogenen Grenzen halten, in aller Regel auch der Allgemeinheit zugutekommende Produkte bzw. Dienstleistungen herstellen bzw. erbringen und nicht zuletzt die Finanzierung des Staates vermittels des Steueraufkommens sicherstellen.[23] 17

Das Gesellschaftsrecht gibt mithin nicht selbst Ziele vor, sondern bildet einen **Rahmen für die Verwirklichung der privatautonom gesetzten Ziele** der einzelunternehmerisch tätigen Personen. Seine angestammte Funktion besteht darin, die Verpflichtung der Leitungsorgane des Unternehmens auf das Unternehmensinteresse sicherzustellen und die 18

---

[20] Zum Einstieg Weitemeyer in Burgi/Möslein, Zertifizierung, 177 (178 ff.).
[21] Diff. Fischer/Fischer BB 2020, 2122 ff.; kritisch Habersack GmbHR 2020, 992 ff.; Hüttemann/Schön DB 2021, 1356; weiterführend und sowohl funktional als auch international vergleichend Fleischer ZIP 2022, 345.
[22] Isensee/Kirchhof/Isensee HdbStR, Bd. IV, 3. Aufl. 2006, § 71 Rn. 2; Burgi, Funktionale Privatisierung und Verwaltungshilfe, 1999, 28.
[23] Vgl. Schweitzer AcP 2020 (2020), 544 (549 f.); VEM VerwR/Burgi § 18 Rn. 13.

teilweise konfligierenden (aber stets privaten) Interessen der einzelnen Akteure innerhalb des Unternehmens zu koordinieren.[24] Weitere Regelungsintentionen gelten dem Schutz von Anteilsminderheiten sowie von Gläubigern, also wiederum von Akteuren, die sich letztendlich in Ausübung ihrer Privatautonomie dazu entschieden haben, rechtliche Beziehungen mit der betroffenen Gesellschaft einzugehen.[25]

19 **c) Gemeinwohlverwirklichung durch Privatrecht, insbesondere Gesellschaftsrecht. aa) Phänomene.** Staatlich auferlegte Bindungen, die nicht lediglich in der geschilderten Weise mittelbar bzw. unspezifisch,[26] sondern dem Unternehmen als Ziele seines Handelns auferlegt werden, bedeuten demgegenüber eine Art **Indienstnahme des Gesellschaftsrechts** zur Gemeinwohlverwirklichung. Hier geht es um öffentliche Belange, denen sich das Unternehmen aus eigenem Antrieb nicht oder in anderer Weise und Intensität gewidmet hätte. Diese Belange stellen sich aus der Sicht des Unternehmens als externe Belange dar.[27] In dem Maße, in dem die Investoren, die Kunden und die allgemeine Öffentlichkeit die Berücksichtigung jener Belange von einem Unternehmen verlangen, kann es perspektivisch jedoch zu einem „Gleichlauf von Aktionärs- und Gemeinwohlinteressen"[28] kommen und werden die betroffenen Belange des Gemeinwohls gleichsam internalisiert.

20 Dass das Privatrecht nicht mehr ausschließlich als das Recht der Freiheit des Einzelnen (als Teil der Gesellschaft) und getrennt vom Staat angesehen werden kann, sondern dass es *auch* eine **Steuerungsfunktion**[29] bzw. eine **Regulierungsfunktion**[30] haben kann, ist seit längerem in der Privatrechtswissenschaft anerkannt. Hinsichtlich der Reichweite und des Verhältnisses der verschiedenen Funktionen zueinander besteht großer Forschungsbedarf, dem insbesondere auf der Zivilrechtslehrertagung 2019[31] mit wichtigen Beiträgen Rechnung getragen wurde. Dies betrifft mit den Stichwörtern Verbraucherschutz und Diskriminierungsverbote seit langem das Vertragsrecht,[32] hat mittlerweile aber auch das Sachenrecht erfasst, in dem beispielsweise das Ziel einer effizienten und schonenden Ressourcennutzung (durchaus unvermutet) im Umfeld des Nießbrauchsrechts oder auch in den §§ 912, 1004 BGB verankert ist[33] und das Nachbarrecht nach § 906 seit jeher Möglichkeiten zur Bewältigung von Umweltbeeinträchtigungen enthält.

21 Das im Mittelpunkt dieses Handbuchs stehende Gesellschaftsrecht (§ 3) bildet mithin nicht das einzige, sondern eines von mehreren Anwendungsgebieten einer **„Publifizierung des Privatrechts"**[34] und das auch nicht erst seit CSR und Nachhaltigkeit. Bereits die in den 1970er Jahren eingeführte quasi-paritätische Mitbestimmung[35] diente nicht lediglich dem Ausgleich unterschiedlicher Interessen unter Privaten, sondern stellt bereits einen Anwendungsfall der Verwirklichung des Gemeinwohls (v. a. politische Sicherung der Marktwirtschaft) durch Instrumente des Gesellschaftsrechts dar (→ § 4 Rn. 23). Entsprechendes gilt für die vor einigen Jahren in das Gesellschaftsrecht eingefügten Diversity-

---

[24] Grundlegend Rittner, Unternehmerfreiheit und Unternehmensrecht, 1998, 78; Hemeling ZHR 175 (2011), 368 (387); Rast, Organisationsfreiheit, 32 ff.
[25] Vgl. wiederum Rittner, Unternehmensfreiheit und Unternehmensrecht, 1998, 39 f.; Schweitzer AcP (2020), 544 (552 f.).
[26] Vgl. Rast, Organisationsfreiheit, 34.
[27] VEM VerwR/Burgi § 18 Rn. 8; Binder ZGR 2015, 667 (692); vgl. auch Engel, FS Mestmäcker, 1996, 119 (120).
[28] Schön ZHR 180 (2016), 279 (285).
[29] Grundlegend Wagner AcP 206 (2006), 352; Poelzig, Normdurchsetzung durch Privatrecht, 2012.
[30] Hellgardt, Regulierung und Privatrecht, 2016, 558 u.ö.
[31] Wagner/Dauner-Lieb AcP 220 (2020), 453 ff.; zur Orientierung über den Stand der wissenschaftlichen Auseinandersetzung auch Hönn JZ 2021, 693.
[32] Vgl. Hellgardt, Regulierung und Privatrecht, 2016; Latzel, Verhaltenssteuerung, Rechts- und Privatautonomie, 2020; Hönn JZ 2021, 693 (694 ff.) mwN und zuvor schon Möslein, Dispositives Recht, 2011.
[33] Näher Hellgardt/Jouannaud AcP 222 (2022), 163 (203 ff.); zuletzt Schirmer, Nachhaltiges Privatrecht, 2023.
[34] Podszun, Wirtschaftsordnung durch Zivilgerichte, 2014.
[35] BVerfGE 50, 290.

Bestimmungen (→ § 4 Rn. 24) und die mit dem Anliegen einer Verbesserung der „Governance" formulierten Anforderungen an die Zusammensetzung des Aufsichtsrats (insbesondere das Erfordernis einer bestimmten Anzahl unabhängiger Mitglieder).[36]

bb) Nachhaltigkeit durch Gesellschaftsrecht. Die aktuellen Erscheinungsformen der Indienstnahme des Gesellschaftsrechts für das Gemeinwohl und damit der Organisation von Unternehmen bündeln sich im Begriff der „Nachhaltigkeit".[37] Unter Orientierung an den von den UN im Jahr 2015 verabschiedeten „17 Sustainable Development Goals" (SDGs) und der „Deutsche(n) Nachhaltigkeitsstrategie",[38] umfasst „Nachhaltigkeit" die Faktoren „Environmental", „Social" und „Governance" **(ESG).** Unverändert am stärksten ist der Faktor „Environmental", mit dem sich die klassische Leitidee von Nachhaltigkeit im Sinne des Maßhaltens zur langfristigen Ressourcenschonung verbindet.[39] Wie in den nachfolgenden Beiträgen dieses Handbuchs im Einzelnen analysiert wird, hat das schon länger wirkende Thema der Nachhaltigkeit durch den Politikansatz des „Sustainable Finance" (→ § 14 Rn. 6), ausgehend von der VO (EU) 2020/852[40] über die Einrichtung eines Rahmens zur Erleichterung nachhaltiger Investitionen (**Taxonomie-Verordnung** mit nachfolgenden Rechtsakten)[41] einen signifikanten Entwicklungsschub erfahren. Hierbei geht es um eine neue Ausrichtung der Kapitalflüsse hin zu nachhaltigen Investitionen, und zwar auf der Grundlage eines einheitlichen Klassifikationssystems für nachhaltige Tätigkeiten. Wenngleich primäre Pflichtenadressaten innerhalb des damit geschaffenen Systems Fondsverwalter und institutionelle Anleger sind, wird mittelbar jedes auf externe Finanzierung angewiesene produzierende oder dienstleistende Unternehmen aus der Realwirtschaft erfasst.[42]

Die bislang vergleichsweise unspezifisch im Nachhaltigkeitsfaktor „Social" verortete Beachtung von Menschenrechten entlang der **Lieferkette** erfährt einen durch das Lieferkettensorgfaltspflichtengesetz (LkSG) vom 16.7.2021[43] bewirkten weiteren Schub der Publifizierung des Gesellschaftsrechts (im Verbund mit flankierenden Vorgaben im Verwaltungsrecht),[44] der durch die kommende Sorgfaltspflichten-Richtlinie[45] verstärkt werden wird (→ § 9 Rn. 20; § 10 Rn. 70 ff.).[46] In der Summe hat all dies zu konkreten gesetzlichen Nachhaltigkeitsanforderungen nicht nur in dem im Mittelpunkt dieses Buches stehenden Verwaltungsrecht, sondern auch im Gesellschafts- und im Kapitalmarktrecht geführt. Sie werden in § 4 entfaltet.[47]

Der Nachhaltigkeitsbegriff inklusive Orientierung an den ESG-Faktoren ist entwicklungsoffener als der schon länger etablierte Begriff der **Corporate Social Responsibility** (CSR; → § 5 Rn. 3 f.), der freilich in der CSR-Richtlinie der EU (RL 2014/96/EU)[48] und in den Vorschriften (v.a.) der §§ 289b – 289e, 315b – 315d HGB konkreten Niederschlag in Gestalt bilanzrechtlicher Berichtspflichten gefunden hat.[49] Auch im Recht der

---

[36] Vgl. Hellgardt/Unger ZHR 183 (2019), 406 (420 ff.); Habersack AcP 220 (2020), 594 (618 f.).
[37] So auch Harbarth, FS Ebke, 2021, 307; wegweisend Halfmeier AcP 216 (2016), 717; Schirmer ZEuP 2021, 35; Bach/Kieninger JZ 2021, 1088 (im Hinblick auf das Privatrecht insgesamt sowie im Hinblick auf das Gesellschaftsrecht Habersack AcP 220 (2020), 594; Fleischer DB 2022, 37; Hellgardt/Jouannaud AcP 222 (2022), 163; Weller/Benz ZGR 2022, 563 (565 ff.).
[38] Bundesregierung, Deutsche Nachhaltigkeitsstrategie Weiterentwicklung 2021, 2021; zu den Begriffen → § 9 Rn. 7.
[39] Grundlegend aus öffentlich-rechtlicher Sicht Kahl (Hrsg.), Nachhaltigkeit durch Organisation und Verfahren, 2016; Kment, Die Neujustierung des Nachhaltigkeitsprinzips im Verwaltungsrecht, 2019, 5 ff.; Ekardt, Theorie der Nachhaltigkeit, 3. Aufl. 2021; Burgi WiVerw 2021, 97.
[40] ABl. EU L 198, 13.
[41] Vgl. hier nur Derksen JZ 2022, 695.
[42] Vgl. vorerst nur Burgi/Möslein/Veil, Zertifizierung, 319.
[43] BGBl. 2021 I, 2959.
[44] Kritisch insoweit Schall ZIP 2021, 1241 (2050).
[45] Vorschlag der Kommission (EU) 2019, 1937 (COM (2022) 71 final).
[46] Monographisch Brunk, Menschenrechtscompliance. Eine Untersuchung menschenrechtlicher Verhaltenspflichten von Unternehmen und ihre Umsetzung im Gesellschaftsrecht, 2022.
[47] Zuletzt monographisch: Mittwoch, Nachhaltigkeit und Unternehmensrecht, 2022.
[48] ABl. EU L 330/1.
[49] Zu ihnen Schön ZfPW 2022, 207; Strohn ZHR 185 (2021), 629 (632).

Organvergütung sind CSR-Elemente erkennbar, etwa in § 87 Abs. 1 S. 2 AktG (→ § 4 Rn. 65). Diese Entwicklungen müssen selbstverständlich einbezogen werden (→ § 4 Rn. 60). Die bereits angedeutete zunehmende Internalisierung von ursprünglich extern begründeten Gemeinwohlbelangen gelangt in der ESG-Begrifflichkeit jedenfalls besser zum Ausdruck als im CSR-Konzept, das seinen Ausgangspunkt in einer starken Stakeholder-Orientierung hat.[50]

25 **d) Verwaltungsrecht als zusätzliche Schicht des Unternehmensrechts.** Unter den Begriff des Unternehmensrechts fallen im Anschluss an K. Schmidt[51] und Windbichler[52] die Gesamtheit der Rechtsnormen, die für das Zusammenwirken von Arbeitnehmern, Kapitalgebern und Managern in der abgegrenzten Einheit Unternehmen sowie für die Außenbeziehungen dieser meist gesellschaftsrechtlich abgegrenzten Einheit zur Verfügung stehen. Damit ist auch die Außenbeziehung zu den im Mittelpunkt dieses Handbuchs stehenden Hoheitsträgern eingeschlossen. Das hier zugrunde gelegte Verständnis von Unternehmensrecht ist ein rein gegenständliches; anders als teilweise in den 1970er und 1980er Jahren vertreten, liegt ihm kein auf die Überwindung der auf die Unternehmensträger fixierten Perspektive des Gesellschaftsrechts hinarbeitendes rechtspolitisches Anliegen zugrunde.[53] **Der Kernbestand** des Unternehmensrechts ist und bleibt das **Gesellschaftsrecht,** seit jeher sind daneben aber Teile des Bürgerlichen Rechts, des Handelsrechts, des Bilanzrechts, des Kartell- und Wettbewerbsrechts, des Arbeitsrechts sowie des Insolvenzrechts und des Steuerrechts als weitere Schichten des Unternehmensrechts anerkannt; das Wirtschaftsstrafrecht soll an dieser Stelle ausgeblendet bleiben.

26 Bereits in dieser Aufzählung sind verwaltungsrechtliche Elemente enthalten, die im Finanzmarktrecht im Hinblick auf Banken, Versicherungen und andere Dienstleister **seit jeher** unter dem Begriff **„Aufsichtsrecht"** gebündelt werden. Damit sind insbesondere mit dem Ziel der Schaffung und Ausgestaltung von Risikomanagementsystemen erhebliche Auswirkungen auf die Organisation und Führung von Unternehmen und damit wiederum auf das jeweils einschlägige Gesellschaftsrecht verbunden.[54] Sie wurden lange Zeit nahezu ausschließlich aus privatrechtlicher Perspektive (und durch Privatrechtswissenschaftler) analysiert. Mit dem massiven Ausbau und gleichzeitiger Intensivierung bzw. Weiterentwicklung zu einem eigenständigen Teil des Regulierungsrechts ist das Bewusstsein für den Verbund von Öffentlichem Recht und Privatrecht sowie für die Notwendigkeit einer funktionalen Analyse der „hybriden Regulierungsinstrumente im Finanzmarktrecht" deutlich gestiegen.[55]

27 In diesem Handbuch geht es darum, die Bedeutung des Verwaltungsrechts als einer **weiteren, zusätzlichen Schicht** des Unternehmensrechts im Hinblick auf privatwirtschaftliche (also nicht nur öffentliche) Unternehmen und mit Relevanz weit über das herkömmliche, im Wesentlichen „nur" die Finanzunternehmen adressierende Aufsichtsrecht hinaus, zu analysieren. Dies geschieht im Ausgangspunkt vollkommen wertungsfrei. Teilweise anzutreffende Diagnosen wie die einer angeblichen „Überlagerung des Gesellschaftsrechts"[56] oder der Gefahr einer „fremdbestimmten Unternehmensorganisation"[57] erscheinen ebenso vorschnell wie die Hoffnung, dass Private „ihre Interessen am besten selbst einschätzen" könnten.[58] Ob diese oder andere Wertungen berechtigt sind, muss die Analyse der einzelnen verwaltungsrechtlichen Vorgaben, die im Teil 3 dieses Handbuchs

---

[50] Jaspers AG 2022, 309 (311).
[51] K. Schmidt, Gesellschaftsrecht, 4. Aufl. 2002, § 1 II 4b.
[52] Windbichler, Gesellschaftsrecht, 24. Aufl. 2017, § 1 Rn. 6 ff.
[53] Wie etwa bei T. Raiser, Das Unternehmen als Organisation, 1969; zur Entwicklung auch Rittner, FS Peltzer, 2001, 367; diff. Ballerstedt, FS Duden, 1977, 15. Zur historischen Entwicklung der Gemeinwohlbindung von Aktiengesellschaften Mittwoch, Nachhaltigkeit und Unternehmensrecht, 2022, 296 ff.
[54] Vgl. Dreher ZGR 2010, 496; Winner, ZÖR 2010, 553; Weber-Rey ZGR 2010, 543 ff.
[55] Vgl. hier nur Augsberg Die Verwaltung 49 (2016) 369; näher → § 14 Rn. 3.
[56] Schneider ZGR 1996, 225.
[57] Dreher AG 2006, 213 (223).
[58] Trute DVBl. 1996, 950 (958 f.); Schweitzer AcP 220 (2020), 544 (549 f.).

detailliert erfolgen soll, erweisen. Im Ausgangspunkt kann mE nicht bestritten werden, dass das Verwaltungsrecht heute eine zusätzliche Schicht des Unternehmensrechts (neben anderen und bei unveränderter Hauptsächlichkeit des Gesellschaftsrechts) bildet.

Allein dadurch, dass diese weitere Schicht unter dem Dach des „Unternehmensrechts" angesiedelt ist, ergibt sich aus wissenschaftlicher Sicht die Notwendigkeit (und die Möglichkeit), **Wechselwirkungen innerhalb der einzelnen Teilschichten,** insbesondere zwischen dem Verwaltungsrecht und dem Gesellschaftsrecht, zu analysieren, Stärken und Schwächen sowie Dysfunktionalitäten einzubeziehen. Beide Schichten müssen von vornherein in ihrem funktionellen Ineinandergreifen erfasst, analysiert und ggf. kritisch weiterentwickelt werden. Das Ziel dieser Bemühungen muss es sein, die Handlungsrationalität beider Rechtsregime (des Privatrechts und des Öffentlichen Rechts) zu nutzen und miteinander im Interesse der jeweiligen Gemeinwohlbelange, aber auch im Interesse der Freiheit der betroffenen Unternehmen zu kombinieren. Ein solches Verständnis entspricht sowohl den neueren privatrechtswissenschaftlichen Ansätzen für das Verhältnis der beiden Rechtsregime[59] als auch der in der sog. Neuen Verwaltungsrechtswissenschaft leitenden Perspektive eines „Verbunds" von Öffentlichem Recht und Privatrecht.[60]

V. Verwaltungsrechtliche Vorgaben für private Unternehmen

Nicht nur das Gesellschaftsrecht, sondern auch und erst recht das Verwaltungsrecht wird in neuerer Zeit vermehrt zur Verwirklichung von Gemeinwohlbelangen über organisationsbezogene Ansätze genutzt. Dies liegt auf der Hand, da das Verwaltungsrecht gleichsam die Primärverantwortung für das Gemeinwohl trägt (→ Rn. 13). Aus der Sicht der einzelnen Unternehmen sind die diesbezüglichen **Vorgaben** nicht nur **extern** begründet, sondern sie bleiben es auch, da sie anders als die gesellschaftsrechtlichen Vorgaben nicht in die Funktionslogiken des Marktes eingebettet sind. Zudem treten neben die eigentlichen Vorgaben ihrerseits externe Durchsetzungs- und Sanktionsmechanismen, hinter denen letztlich das Gewaltmonopol des Staates steht.

1. Privatwirtschaftliche Unternehmen als neu entdeckter Steuerungsgegenstand und als Steuerungsressource

Private Unternehmen werden zu einem Gegenstand verwaltungsrechtlicher Steuerung, indem der Staat bzw. die EU in den verschiedensten Rechtsquellen und Rechtskontexten sowie zugunsten verschiedener Gemeinwohlbelange in Bezug auf ihre Organisation Pflichten statuiert. Anders als das Gesellschaftsrecht ist das Verwaltungsrecht nicht an der Konstituierung der Unternehmen beteiligt. Sein organisatorischer Zugriff besteht ausschließlich in der **Auferlegung von organisationsbezogenen Gemeinwohlbindungen,** dh in einem Zugriff steuernden und regulierenden Charakter. Dieser Zugriff ergänzt die bereits seit jeher bestehenden, zahlreichen Vorgaben für die Außentätigkeit des Unternehmens.

Indem der Staat bzw. die EU nun an die Organisation und die Führung der Unternehmen anknüpfen, also an deren Innensteuerung, begreifen sie die privaten Unternehmen als Mittel zur Verwirklichung bestimmter öffentlicher Interessen, dh, sie ziehen diese in den Zusammenhang der Erfüllung ihrer eigenen Aufgaben. Die privatwirtschaftlichen Unternehmen werden mithin als **Steuerungsressource** genutzt. In Anknüpfung an frühe systemtheoretische Überlegungen von Teubner[61] soll das Unternehmen in die Lage versetzt werden, seine Auswirkungen auf die Unternehmensumwelt selbst zu reglementieren. Statt der Vorgabe bestimmter Ergebnisse durch Ordnungsrecht oder gar Plan wird dem Unternehmen als gesellschaftlichem Teilsystem so die Verarbeitung möglicher negativer Folgen

---
[59] Vgl. nur Hellgardt, Regulierung und Privatrecht, 2016, 7 f.; ähnlich Schweitzer AcP 220 (2020) 544 ff.
[60] Ausführlich VEM VerwR/Burgi § 18 Rn. 34 ff.; daran anknüpfend Schlacke VVDStRL 79 (2020), 169 (197 ff.); Kahl/Ludwigs/Wollenschläger Handbuch des Verwaltungsrechts I, 2021, § 15 Rn. 46 ff.
[61] Teubner ARSP 68 (1982), 13; Teubner ZGR 1983, 34; aktuell VEM VerwR/Eifert § 19 Rn. 99 ff.

seiner Tätigkeit für andere Teilsysteme und das Gesamtsystem ermöglicht. Das Unternehmen wird mithin als eine lernende Organisation begriffen,[62] die weiterhin eigenverantwortlich handeln, ihre Funktionslogik aber gleichzeitig und zum beiderseitigen Nutzen in den Dienst von Staat bzw. EU stellt.[63]

32 Anders als bei der inhaltsbezogenen Außensteuerung, die dem Verhalten der Unternehmen gilt, werden hier nicht die Ergebnisse des unternehmerischen Handels **determiniert,** sondern die **Strukturen** zur Erarbeitung jener Ergebnisse. Dabei ist freilich zu berücksichtigen, dass, wie in jeder Organisation, eine gewisse Eigenlogik freigesetzt wird und dass weitere Aspekte wie Personalstruktur, Zeitbudget etc. einbezogen werden müssen.[64]

33 Mit diesem Konzept verbindet sich aber nicht nur die (berechtigte) Hoffnung auf eine **insgesamt verbesserte Gemeinwohlbilanz** infolge des idealerweise kooperativen Zusammenwirkens von Staat/EU und Unternehmen, sondern die beiden Ersteren können überdies mit einer Entlastung ihrer eigenen Organisation rechnen, die sich infolgedessen an anderer Stelle den zu verwirklichenden öffentlichen Interessen widmen können. Indem beispielsweise einem Unternehmen vorgeschrieben wird, einen Datenschutzbeauftragten bzw. einen Betriebsbeauftragten für Umweltschutz einzurichten, kann die behördliche Überwachung der Einhaltung von datenschutz- bzw. umweltrechtlichen Vorgaben ein Stück zurückgenommen werden. Die organisationsbezogenen verwaltungsrechtlichen Vorgaben ergänzen damit das aus ordnungsrechtlichen Maßnahmen, ökonomischen Instrumenten wie Abgaben oder Emissionsrechten bzw. Subventionen bestehende Handlungsarsenal des modernen Staates. Teilweise können die Vollzugsdefizite des Ordnungsrechts kompensiert werden.[65]

34 Wie das Beispiel des Betriebsbeauftragten für Umweltschutz zeigt, handelt es sich interessanterweise auch hier (wie bereits im Gesellschaftsrecht diagnostiziert; → Rn. 20) nicht um ein gänzlich neues Phänomen. Im Zuge der vermehrten Orientierung am Leitbild der Nachhaltigkeit einerseits, des Ausbaus regulatorischer Steuerungskonzepte in gleich mehreren Sektoren (Finanzwesen, Netzwirtschaften) andererseits, ist aber eine signifikante Schubwirkung eingetreten, die nun erstmals die gemeinsame Analyse all dieser Phänomene in einem Handbuch notwendig macht.

2. Rechtsquellen und Regelungskontexte

35 a) **Rechtsquellen.** Verwaltungsrechtliche Vorgaben für Organisation und Führung privatwirtschaftlicher Unternehmen können in **sämtlichen anerkannten Rechtsquellen** des primären und sekundären Unionsrechts und des nationalen Rechts zu finden sein. Neben den herkömmlichen Rechtsquellen Verordnung und Richtlinie (vgl. Art. 288 Abs. 2 u. 288 Abs. 3 AEUV) sowie Beschluss und Empfehlung (vgl. Art. 288 Abs. 4 AEUV u. 288 Abs. 5 AEUV) bzw. den Parlamentsgesetzen, den Rechtsverordnungen und den Satzungen der Selbstverwaltungskörperschaften in Deutschland treten eine Reihe weiterer Rechtsakte, die man als Ausfluss exekutivischer Rechtsetzung ansehen kann.

36 Dies betrifft auf EU-Ebene Mitteilungen und Verhaltenskodizes und auf nationaler Ebene herkömmliche Verwaltungsvorschriften, Geschäftsordnungen, aber auch **Verwaltungsvorschriften neueren Typs,** wie die von der hA[66] als sog. norminterpretierende Verwaltungsvorschrift qualifizierten „Rundschreiben" der BaFin, durch die eine ganze Reihe organisatorischer Vorgaben gegenüber Finanzunternehmen statuiert werden (→ § 14 Rn. 16 ff.). Unter bestimmten Voraussetzungen können auch allgemeine Rechtsgrundsätze, Richterrecht und Gewohnheitsrecht und privatverbandliche bzw. **halbstaatliche Standardsetzungen,** soweit sie administrativ anerkannt sind, relevante Rechtsquellen des

---

[62] Näher Junker, Gewährleistungsaufsicht über Wertpapierdienstleistungsunternehmen, 2003, 31 f.
[63] Hierzu Di Fabio VVDStRL 56 (1997), 235 (238); Schmidt-Preuß VVDStRL 56 (1997), 160 (162).
[64] Vgl. bereits T. Raiser, Das Unternehmen als Organisation, 1969, 103 f.; Schuppert, Verwaltungswissenschaft, 2000, 581 ff.
[65] Vgl. Rast, Organisationsfreiheit, 242 f.
[66] BGH NZG 2008, 300 (303); Gurlit ZHR 177 (2013), 862 (897).

Verwaltungsrechts bilden.⁶⁷ Während der Deutsche Corporate Governance Kodex als Rechtsquelle des Privatrechts anzusehen ist (zu seinen einschlägigen Aussagen daher → § 4 Rn. 63),⁶⁸ ist der „Public Corporate Governance Kodex" zwar eine Rechtsquelle des Verwaltungsrechts, entfaltet aber ausschließlich Wirkungen für öffentliche Unternehmen.

b) Regelungskontexte. Rechtssystematisch, insbesondere aber auch um die jeweilige Belastungswirkung gegenüber den betroffenen Unternehmen zutreffend einschätzen zu können, ist nach dem jeweiligen Regelungskontext anhand der Grobunterscheidung Eingriff/Leistung zu differenzieren. Ferner gibt es verwaltungsrechtliche Vorgaben, die sich unmittelbar aus dem **Gesetz** ergeben und andere, die **erst durch Verwaltungshandeln** umgesetzt werden, beispielsweise wenn die Einhaltung einer bestimmten Organisationspflicht durch ein Unternehmen zur Voraussetzung für die Erteilung einer Genehmigung gemacht wird oder die Nichtbeachtung entsprechender Pflichten eine nachträgliche Anordnung seitens der zuständigen Verwaltungsbehörde nach sich zieht. 37

Die größte Belastungswirkung geht von verwaltungsrechtlichen Vorgaben im Zusammenhang mit **staatlichen Eingriffen** aus. Sie betreffen unmittelbar die unternehmerische Autonomie und deren Kernbereich der Innensteuerung, indem beispielsweise zur Entflechtung innerhalb eines Konzernverbunds oder zur Bestellung von Beauftragten verpflichtet wird bzw. Risikomanagement- bzw. Mitteilungssysteme etabliert werden müssen. Die Ermittlung der Belastungswirkung in diesen Eingriffskontexten hängt davon ab, wie detailliert die durch Staat/EU gesetzten Vorgaben gehalten sind. Das Spektrum kann hier von einer bloßen Rahmensteuerung über die Vorgabe von Prinzipien und Meilensteinen bis hin zur Eins-zu-eins-Vorgabe konkreter Organisationsstrukturen reichen.⁶⁹ Auch macht es einen Unterschied, ob eine bestimmte verwaltungsrechtliche Vorgabe präventiv oder repressiv, kurzfristig oder dauerhaft angelegt ist, ferner, ob mit ihr an bestehende, im Gesellschaftsrecht bereits begründete Organisationsstrukturen angeknüpft oder die Schaffung gänzlich neuer Organisationsstrukturen verlangt wird. 38

Organisationsbezogene verwaltungsrechtliche Vorgaben können auch im Zusammenhang mit **Leistungen** begründet werden, wenn deren Gewährung von der Beachtung jener Vorgaben abhängig gemacht wird. Dies betrifft die Verknüpfung mit der Vergabe öffentlicher Aufträge (→ § 11 Rn. 2) bzw. dem Erhalt von Subventionen (→ § 12 Rn. 1), aber auch Erscheinungsformen wie die, dass ein Sponsoring der öffentlichen Hand nur Unternehmen ermöglicht wird, deren Finanzierungsstruktur den Vorgaben der Taxonomie-VO entspricht und der Rückzug einer Gemeinde aus Anlageformen jenseits dieser VO gehören hierher, weil es sich insoweit um „Vergabeentscheidungen" in einem weiteren, nicht unmittelbar vom GWB-Vergaberecht umfassten Sinne handelt, die für die betroffenen Unternehmen ebenfalls erhebliche Auswirkungen haben können (→ § 11 Rn. 24). Gleichfalls als Voraussetzung für benötigte staatliche Unterstützungsleistungen enthalten die Stabilisierungsmaßnahmen in den aktuellen Krisensituationen (→ § 17 Rn. 26 ff.) teilweise organisationsbezogene Vorgaben. 39

3. Regelungsgegenstände

a) Organisationsbezogene Pflichten. Das Arsenal der organisationsbezogenen Pflichten qua verwaltungsrechtlicher Vorgabe ist außerordentlich **vielfältig** und kann im Einzelnen nur innerhalb des jeweiligen Sachzusammenhangs (Regulierungsrecht, umweltrechtliche Nachhaltigkeitsvorgaben, Vorgaben für Social und Governance, Datenschutzrecht) entfaltet werden. Teilweise ergeben sich Organisationspflichten aus primär die Außentätigkeit adressierenden verwaltungsrechtlichen Vorgaben (wie zB die Einrichtung eines Überwachungssystems innerhalb des Unternehmens als Folge der Pflicht zur Vermeidung von Luftver- 40

---

67 Zum Gesamtspektrum VEM VerwR/Ruffert § 17 Rn. 30 ff.
68 Zuletzt zur „Sustainable Corporate Governance" Spießhofer NZG 2022, 435.
69 Systematisierend Rast, Organisationsfreiheit, 264 ff.

unreinigungen). Vielfach gibt es aber auch explizite, „nur" auf die Organisation bezogene Pflichten, wie beispielsweise die Pflicht zur Bestellung eines Umwelt- oder Datenschutzbeauftragten. Die nachfolgende Aufzählung dient der groben Orientierung.[70]

- Pflichten zur Einrichtung bestimmter Stellen (Beauftragte bzw. Verantwortliche für bestimmte Belange des (auch) öffentlichen Interesses).
- Pflicht zur (teilweisen) Ausrichtung der Geschäftsorganisation zwecks Beachtung bestimmter öffentlicher Interessen (Risikomanagementsysteme, Compliance-Strukturen)
- Vorgaben zur Entflechtung (sog. Unbundling), entweder innerhalb des Unternehmens (zB Pflichten zur Errichtung von sog. Chinese Walls oder von Vertraulichkeit bei der Inanspruchnahme von Shared Services, Einrichtung getrennter Geschäftsbereiche) oder mit Auswirkungen auf die gesamte Organisationsstruktur des Unternehmens, wie zB nach Inkrafttreten von § 32f Abs. 3 des Referentenentwurfs zur 11. GWB-Novelle. Diese Vorgaben können von der bloß buchhalterischen Entflechtung, über die rechtliche Entflechtung bis hin zur eigentumsrechtlichen Entflechtung bzw. zur Schaffung neuer organisatorischer Gestaltungen (wie zB des sog. Unabhängigen Systembetreibers nach § 9 EnWG oder – für Krisenzeiten – die sog. Treuhandverwaltung (→ § 17 Rn. 49)) reichen. Steht gar eine eigentumsrechtliche Entflechtung in Frage[71], geht es nicht mehr um die Organisation und Führung, sondern um die Eigentumsstruktur des Unternehmens, was außerhalb des Untersuchungsrahmens des Handbuchs liegt (→ vgl. bereits Rn. 3).
- Pflichten auf der Ebene der Organe können die Einrichtung an sich fakultativer Organe (etwa eines Aufsichtsrats wie im Falle von § 18 Abs. 2 S. 1 KAGB), eine bestimmte Organgröße und die Bestellung einzelner Organmitglieder mit Zuständigkeit für einen bestimmten öffentlichen Belang beinhalten. Hierher gehören auch Vorgaben für einzelne Ausschüsse innerhalb der Unternehmensorganisation und eine veränderte Kompetenzordnung (so im Zuge von Stabilisierungsmaßnahmen; → § 17 Rn. 37 ff.).
- Eine letzte Gruppe bilden Vorgaben für die Rechtsformwahl. So beschränkt etwa § 8 Abs. 2 VAG die zulässigen Rechtsformen für Versicherungsunternehmen auf AG, SE und die spezielle Rechtsform des Versicherungsvereins auf Gegenseitigkeit und verbietet § 2b Abs. 1 KWG erlaubnispflichtigen Kreditinstituten die Rechtsform des Einzelkaufmanns.

41 b) Hieran oder an privatrechtliche Organisationsvorgaben geknüpfte (Public Enforcement) bzw. selbstständig normierte verfahrensrechtliche Pflichten und Rechte. Im sachlichen Zusammenhang mit verwaltungsrechtlichen Vorgaben für die Organisation und Führung privatwirtschaftlicher Unternehmen werden vielfach verfahrensrechtliche Strukturen begründet, dh, die Notwendigkeit, gegenüber nationalen und/oder europäischen Verwaltungsbehörden zu interagieren. Selbstverständlich entstehen innerhalb solcher **verfahrensrechtlicher Beziehungen** auch Rechte der Unternehmen, beispielsweise gegenüber Eingriffsmaßnahmen staatlicher Überwachungsbehörden. Typische Verfahrenspflichten bestehen in der Abgabe von Mitteilungen, der Erstellung von Berichten und bei der Mitwirkung an Kontroll- und Überwachungsmaßnahmen, aus denen sich wiederum Pflichten zur Änderung organisatorischer Strukturen ergeben können.

42 Verfahrensrechtliche Pflichten können zum einen **selbstständig,** dh ohne einen Bezug zu einer zuvor statuierten organisationsbezogenen Pflicht, bestehen. Sie können aber auch **akzessorisch** bezogen sein auf die zu a) dargestellten organisationsbezogenen Pflichten qua Verwaltungsrecht oder auf organisationsbezogene Vorgaben, die dem Privatrecht entstammen. Ein aktuell besonders bedeutsames Beispiel hierfür bildet das LkSG. Dieses statuiert privatrechtliche Sorgfaltspflichten zum Schutz von Menschenrechten und Umweltbelangen, die ua die Einrichtung eines Risikomanagements (§ 4 LkSG) und die Verankerung von Präventionsmaßnahmen und Beschwerdeverfahren innerhalb der Organisationsstruktur des Unternehmens vorsehen (§§ 6 Abs. 1, 8 Abs. 1 LkSG). Daran geknüpft ist dann die

---
[70] Im Anschluss an Rast, Organisationsfreiheit, 55 ff.
[71] Dazu Schmidt-Preuß RdE 2019, 149 (152 f.).

Verfahrenspflicht der jährlichen Berichterstattung nebst Veröffentlichung im Internet (§ 10 Abs. 2 LkSG) und die Unterwerfung unter zahlreiche Kontrollmaßnahmen (§§ 13 ff. LkSG) seitens des Bundesamts für Wirtschaft und Ausfuhrkontrolle (BAFA), dem wiederum ein umfangreiches Arsenal zum repressiven Vorgehen bei festgestellten Verstößen eingeräumt wird. Während die ursprünglich angedachte privatrechtliche Haftung der betroffenen Unternehmen nicht verwirklicht worden ist, hat man sich mithin für einen verwaltungsrechtlichverfahrensrechtlichen Ansatz, der durchaus zutreffend als **"Public Enforcement"** charakterisiert werden kann, entschieden.[72] (→ § 10 Rn. 28).

c) Sanktionen. Zur Absicherung sowohl der organisationsbezogenen als auch der verfahrensrechtlichen Pflichten stellt das Öffentliche Recht das Sanktionensystem des Ordnungswidrigkeitenrechts zur Verfügung. Viele Verstöße gegen verwaltungsrechtliche Organisationsvorgaben im Sinne dieses Handbuchs sind mithin **bußgeldbewehrt**. Unabhängig davon eröffnet das Verwaltungsvollstreckungsrecht Möglichkeiten der Durchsetzung von Handlungs- und Unterlassungspflichten der Unternehmen im Anschluss an ein Verwaltungsverfahren im zu b) beschriebenen Sinne. 43

d) Rechtsschutz. Während gegenüber Bußgeldbescheiden der im OWiG vorgezeichnete Rechtsweg zum Amtsgericht bzw. (im Wege der Rechtsbeschwerde) zum Oberlandesgericht eröffnet ist (§§ 67, 79 ff. OWiG), können belastende Maßnahmen der Verwaltungsbehörden vor den Verwaltungsgerichten angegriffen bzw. zu Unrecht verweigerte Begünstigungen dort begehrt werden. Das Vergaberecht stellt mit dem Nachprüfungsverfahren nach § 155 ff. GWB einen eigenständigen Rechtsschutzmechanismus im Falle einer Verknüpfung organisationsbezogener Vorgaben mit der Vergabe öffentlicher Aufträge zur Verfügung. Wie bereits erwähnt (→ Rn. 6), kommen das Rechtsschutzinstrument der Verfassungsbeschwerde zum BVerfG nach Art. 93 Abs. 1 Nr. 4a GG sowie der Rechtsschutz vor den europäischen Gerichten hinzu. 44

VI. Verwaltungsrechtliche Vorgaben für Öffentliche Unternehmen

Öffentliche Unternehmen bilden einen seit jeher bekannten Steuerungsgegenstand des Verwaltungsrechts und überdies nicht nur eine Steuerungsressource, sondern ein Instrument zur unmittelbaren Verwirklichung von Verwaltungsaufgaben (→ § 18 Rn. 5). Die hier relevanten Rechtsquellen betreffend die Organisation und Führung der Unternehmen ergeben sich va aus der BHO und den Landeshaushaltsordnungen sowie den entsprechenden Vorschriften in den Kommunalgesetzen der Länder. Hinzu tritt der Public Corporate Governance Kodex und auf der Ebene des AEUV findet sich in Art. 106 AEUV eine explizit auf diese Unternehmen bezogene Vorschrift. Wie bereits erwähnt (→ Rn. 19), werden die verwaltungsrechtlichen Vorgaben teilweise ergänzt durch privatrechtliche Regelungen, und zwar dann, wenn ein öffentliches Unternehmen in einer der Rechtsformen des Gesellschaftsrechts geführt wird. All das wird gebündelt im Teil 4 des Handbuchs behandelt. 45

---

[72] Anschaulich Schmidt CCZ 2022, 214 ff.; übergreifend Burgi ZHR 186 (2022), 779.

§ 2 Privatrechtliche Vorgaben für Organisation und Unternehmensführung im Überblick

Prof. Dr. Mathias Habersack

Übersicht

	Rn.
I. Einführung	1
II. AG und GmbH	4
1. Übereinstimmende Strukturmerkmale	4
a) Körperschaften mit beschränkter Haftung	4
b) Zweckoffenheit und Kaufmannseigenschaft von AG und GmbH	9
c) Gesellschaftszweck und Unternehmensgegenstand	11
d) Grundsatz der Fremdorganschaft	14
2. Strukturunterschiede	15
a) Überblick	15
b) Satzungsstrenge vs. Satzungsdispositivität	17
c) Geschäftsführungsdistanz der Aktionäre vs. Allzuständigkeit der GmbH-Gesellschafter	20
d) Konzernierung: Öffnung für nachteilige Einflussnahme vs. treupflichtbasiertes Schädigungsverbot	23
e) Obligatorischer AG-Aufsichtsrat vs. Organisationsermessen der GmbH-Gesellschafter	33
f) Mitbestimmung und Diversity	35
g) Hauptversammlungsgebundene Aktionärsinformation vs. umfassendes Informationsrecht des GmbH-Gesellschafters	45
h) Börsentauglichkeit von Aktien vs. Fungibilitätsbeschränkungen des GmbH-Rechts	47
3. Fazit	49
III. SE, KGaA und KG	50
1. SE	50
2. KGaA	54
3. KG	56

Literatur

Fleischer, Corporate Purpose: Ein Management-Konzept und seine gesellschaftsrechtlichen Implikationen, ZIP 2021, 5; Habersack, Private public partnership: Gemeinschaftsunternehmen zwischen Privaten und der öffentlichen Hand, ZGR 1996, 544; Habersack, Corporate Governance-Belange und Arbeitnehmerbelange im Rahmen des § 111 Abs. 4 Satz 2 AktG, ZHR 178 (2014), 131; Habersack, „Corporate Purpose", FS Windbichler, 2020, 707; Habersack/Kersten, Chancengleiche Teilhabe an Führungspositionen in der Privatwirtschaft – Gesellschaftsrechtliche Dimensionen und verfassungsrechtliche Anforderungen, BB 2014, 2819; Habersack/Zickgraf, Deliktsrechtliche Verkehrs- und Organisationspflichten im Konzern, ZHR 182 (2018), 252; Hommelhoff, Welche Rechtsform für die Eisenbahn des Bundes? Zum Anteilsinhaber-Einfluss nach Aktien- und GmbH-Recht, FS Böcking, 2021, 99; Koch, Informationsweitergabe und Informationsasymmetrien im Gesellschaftsrecht, ZGR 2020, 183; Kuntz, Corporate Purpose, ZHR 186 (2022), 652; Oetker, Die zwingende Geschlechterquote für den Aufsichtsrat – vom historischen Schritt zur Kultivierung einer juristischen terra incognita, ZHR 179 (2015), 707; Schäfer, Rechte und Pflichten des privaten Großaktionärs, ZHR 185 (2021), 226; Schön, Der Einfluß öffentlich-rechtlicher Zielsetzungen auf das Statut privatrechtlicher Eigengesellschaften der öffentlichen Hand, ZGR 1996, 429; Spindler, Regelungen für börsennotierte vs. Regeln für geschlossene Gesellschaften – Vollendung des Begonnenen?, AG 2008, 598.

I. Einführung

Nicht nur privatwirtschaftliche Unternehmen agieren in den Rechtsformen des Privatrechts. Gleiches gilt vielmehr auch für die öffentliche Hand, soweit sie eine Minderheitsbeteiligung an einem privatwirtschaftlichen Unternehmen erwerben oder gar ein verselbst- 1 ständigtes öffentlichen Unternehmen gründen und leiten will.[1] Vorbehaltlich besonderer Bestimmungen, wie sie sich namentlich in §§ 394, 395 AktG für den Umgang mit vertraulichen Informationen durch ein auf Veranlassung einer Gebietskörperschaft in den Aufsichtsrat einer AG, SE oder KGaA gewähltes oder entsandtes Aufsichtsratmitglied finden,[2] ist deshalb die öffentliche Hand als Gründer und Gesellschafter auf die **Rechtsformen des privaten Gesellschaftsrechts** und das durch diese Rechtsformen eröffnete **Einwirkungspotential** verwiesen.[3] Privates Gesellschaftsrecht vermag damit, dies ist die unweigerliche Konsequenz, indirekt insbesondere der Gründung verselbständigter öffentlicher Unternehmen **Schranken** zu setzen: Lassen sich die vielfältigen unions-, verfassungs- und verwaltungsrechtlichen Vorgaben, denen die öffentliche Hand unterliegt, mit privatrechtlichen Organisationsformen nicht lückenlos umsetzen, muss die öffentliche Hand ggf. auf Regie- oder Eigenbetriebe setzen; die Wahl eines privatrechtlich verfassten Rechtsträgers als Instrument staatlichen Handelns kommt dann nicht in Betracht.

2   Vor diesem Hintergrund sind im Folgenden die privatrechtlichen Vorgaben für Gründung, Organisation und Führung einer **GmbH** oder **AG** darzustellen, mithin derjenigen Rechtsträger privaten Rechts, denen für den Bereich der privatwirtschaftlichen Unternehmen die größte Bedeutung zukommt und derer sich auch die öffentliche Hand vorzugsweise – wenn nicht gar ausschließlich – bedient, wenn sie die Erledigung von Verwaltungsaufgaben privatrechtlich verfassten Rechtsträgern überträgt, und die auch im Übrigen in der Praxis dominieren.[4]

3   Abschließend sollen weitere Rechtsformen in die Betrachtung einbezogen werden, die zwar im privatwirtschaftlichen Bereich durchaus bedeutsam sind, denen indes im Zusammenhang mit Beteiligungen der öffentlichen Hand keine oder allenfalls marginale praktische Bedeutung zukommen dürfte, die aber auch insoweit zumindest von Fall zu Fall eine Gestaltungsalternative zur AG oder GmbH darstellen können. In erster Linie gilt dies für die **Europäische Gesellschaft (SE)**, und zwar nicht zuletzt vor dem Hintergrund, dass diese Rechtsform die Wahl zwischen einer (dem deutschen Aktienrecht zugrunde liegenden) dualistischen und einer (vor allem im anglo-amerikanischen Rechtskreis begegnenden) monistischen Organisationsverfassung bietet und damit zusätzliche Gestaltungsspielräume eröffnet. Gestaltungsspielräume eröffnen auch die Rechtsformen der **KGaA** und der **KG**, und bei beiden lässt sich die unbeschränkte Haftung dadurch vermeiden, dass die Rolle des persönlich haftenden Gesellschafters durch eine Kapitalgesellschaft – etwa eine GmbH – eingenommen wird. Die wesentlichen Merkmale dieser Rechtsformen sollen deshalb immerhin in ihren Grundzügen skizziert werden.

II. AG und GmbH

1. Übereinstimmende Strukturmerkmale

4   **a) Körperschaften mit beschränkter Haftung. aa) Mindestkapital als „Preis" für Haftungsbeschränkung.** AG und GmbH verfügen jeweils über eigene Rechtspersönlichkeit (§ 1 Abs. 1 S. 1 AktG, § 13 Abs. 1 GmbHG) und sind mitgliedschaftlich geprägt, sind also Körperschaften des privaten Rechts. Für beide gilt, dass Beschlüsse der Gesellschafter mit einfacher Mehrheit gefasst werden können, soweit nicht Gesetz oder Satzung ein davon abweichendes Mehrheitserfordernis vorsehen (§ 133 Abs. 1 AktG, § 47 Abs. 1 GmbHG).

5   Beide Rechtsformen bieten ihren Mitgliedern – und damit auch der öffentlichen Hand, soweit sie sich in die Gesellschafterstellung begibt – das Privileg der Haftungsbeschränkung

---

[1] Näher zu dieser Unterscheidung, zu unions- und verfassungsrechtlichen Hintergründen sowie zu Vor- und Nachteilen privatrechtlicher Organisationsformen aus Sicht des öffentlichen Rechts → § 18 Rn. 12 ff.
[2] → § 16 Rn. 83; → § 25 Rn. 2 ff.
[3] Näher → § 25 Rn. 73 ff.
[4] Zu Zahlen s. für die AG → Rn. 16, für die GmbH Kornblum GmbHR 2021, 681 ff.; HCL/Ulmer/Habersack Einl. A Rn. 102 ff.

(§ 1 Abs. 1 S. 2 AktG, § 13 Abs. 2 GmbHG), schließen also eine persönliche Haftung der Mitglieder für die Gesellschaftsschulden, wie sie für die Personengesellschaften kennzeichnend ist (§§ 128 ff. HGB[5]), aber auch Körperschaften nicht gänzlich fremd ist (§ 278 Abs. 1 AktG[6]), aus und verweisen die Gesellschaftsgläubiger auf das Gesellschaftsvermögen. Der „Preis", den die Gesellschafter für das Haftungsprivileg schulden, besteht in der ordnungsgemäßen Aufbringung eines **Garantiekapitals,** das sich bei der AG auf mindestens EUR 50.000 (§ 7 AktG) und bei der GmbH auf mindestens EUR 25.000 (§ 5 Abs. 1 GmbHG) belaufen muss und das den Gesellschaftsgläubigern jedenfalls im Zeitpunkt der Eintragung der Gesellschaft ungeschmälert als Haftungsgrundlage zur Verfügung stehen muss.[7] Für öffentliche Unternehmen eher weniger bedeutsam dürfte die Unternehmergesellschaft (haftungsbeschränkt) sein, die nach § 5a Abs. 1 GmbHG über ein Mindestkapital verfügt, das sich zwischen einem Euro und EUR 24.999 bewegt, und im Gegenzug nach Maßgabe des § 5a Abs. 3 GmbHG eine gesetzliche Rücklage zu bilden hat, über die das gesetzliche Mindestkapital des § 5 Abs. 1 GmbHG gleichsam „anzusparen" ist.

Die Regeln über die Aufbringung des Kapitals im Allgemeinen und über die Leistung **6** von Sacheinlagen im Besonderen (§ 27 AktG, § 19 GmbHG) unterscheiden sich seit den Reformen der Jahre 2008[8] und 2009[9] nur noch im Detail. Auch die Regeln über die Kapitalerhaltung (§ 57 AktG, § 30 GmbHG) haben sich seitdem einander angenähert (§ 57 Abs. 1 S. 3, 4 AktG, § 30 Abs. 1 S. 2, 3 GmbHG), sieht man ab von dem nach wie vor **divergierenden Schutzniveau** – Ausschüttung allein des förmlich festgestellten Bilanzgewinns (§ 57 Abs. 3 AktG) einerseits, Bindung nur des zur Deckung des Stammkapitals erforderlichen Vermögens (§ 30 Abs. 1 S. 1 GmbHG) andererseits –, das freilich weniger materieller als formeller, das Ausschüttungsverfahren betreffender Art ist.[10]

bb) Nur ausnahmsweise Außenhaftung der Gesellschafter. Der Grundsatz der „be- **7** schränkten" Haftung – genauer: der Grundsatz der Nichthaftung der Mitglieder für die Gesellschaftsschulden – gilt für AG und GmbH nahezu ausnahmslos. Lässt man die an die (heute kaum mehr begegnende[11]) Eingliederung einer AG anknüpfende, in § 322 AktG geregelte Haftung der Hauptgesellschaft für die Verbindlichkeiten der eingegliederten Gesellschaft sowie Fälle der Vermögensvermischung[12] außer Betracht, so sind die Gesellschaftsgläubiger durchweg auf die Inanspruchnahme der Gesellschaft verwiesen. Dies gilt selbst in Fällen, in denen der Gesellschaft auf Veranlassung der Gesellschafter das für ihren Fortbestand unerlässliche Vermögen entzogen wird; derlei „existenzvernichtende", die **Schuldendeckungsfähigkeit** der Gesellschaft beseitigende und den Nachrang des Eigenkapitals in der Liquidation missachtende Eingriffe führen zwar nach der neueren Rechtsprechung des BGH zur Haftung der GmbH-Gesellschafter aus § 826 BGB, doch soll die Haftung selbst bei Masselosigkeit nur gegenüber der GmbH bestehen.[13] Tatsächlich deutet auch § 117 Abs. 1 AktG in Richtung Innenhaftung, haftet doch nach dieser Vorschrift (die deliktsrechtlichen Charakter hat[14]) ein jeder, der schädigend auf die AG einwirkt, grundsätzlich nur der Gesellschaft auf Ersatz des dieser zugefügten Schadens.

---

[5] Zur analogen Anwendung der §§ 128 ff. HGB auf die Außengesellschaft bürgerlichen Rechts s. BGHZ 146, 341; BGHZ 154, 370; zur – im Ergebnis unveränderten – Rechtslage nach dem (am 1.1.2024) in Kraft tretenden Gesetz zur Modernisierung des Personengesellschaftsrechts (MoPeG) vom 10.8.2021 (BGBl. 2021 I 3436) s. Schäfer/Habersack, Das neue Personengesellschaftsrecht, 2022, § 4 Rn. 20 ff.
[6] Zur KGaA s. noch → Rn. 54 f.
[7] Näher zur Haftungssituation vor und bei Eintragung HCL/Ulmer/Habersack GmbHG § 11 Rn. 98 ff., 122 ff.
[8] Gesetz zur Modernisierung des GmbH-Rechts und zur Bekämpfung von Missbräuchen (MoMiG) vom 23.10.2008, BGBl. 2008 I 2026.
[9] Gesetz zur Umsetzung der Aktionärsrechterichtlinie (ARUG I) vom 30.7.2009, BGBl. 2009 I 2479.
[10] Näher HCL/Habersack GmbHG § 30 Rn. 18 ff.
[11] Dazu BGHZ 165, 85 (91 ff.); BGHZ 173, 246 Rn. 27.
[12] Dazu BGHZ 165, 85 (91 ff.); BGHZ 173, 246 Rn. 27.
[13] BGHZ 173, 246; näher Emmerich/Habersack/Habersack AktG Anh. § 318 Rn. 33 ff.
[14] BGH NJW 1992, 3167 (3172); Koch AktG § 117 Rn. 2.

8 Freilich soll nicht verschwiegen werden, dass Gesetzgeber und Rechtsprechung von Fall zu Fall eine rechtsträgerübergreifende Haftung anerkannt und damit den Trennungsgrundsatz relativiert haben. Das wichtigste Beispiel bildet die **Kartelldeliktshaftung** aus § 33 Abs. 1 GWB, mithin die Haftung eines Kartellanten gegenüber den Kartellgeschädigten. Sie knüpft – wie auch die Bebußung – an das kartellrechtswidrig agierende „Unternehmen" an und kann deshalb nach Ansicht des EuGH auch Gesellschafter und Tochtergesellschaften treffen, sofern diese mit der an sich verantwortlichen Gesellschaft eine wirtschaftliche Einheit bilden.[15] Unklar ist, ob und, wenn ja, unter welchen Voraussetzungen Gesellschafter für einen Verstoß der Gesellschaft gegen die Datenschutzgrund-VO haften.[16] Nicht a priori ausgeschlossen, wenn auch nur ausnahmsweise anzuerkennen ist, um ein weiteres Beispiel anzuführen, die Deliktshaftung des Gesellschafters für ein auf Ebene der Gesellschaft begangenes Delikt.[17] In all' diesen Fällen gründet die Haftung des Gesellschafters allerdings nicht auf der Gesellschafterstellung als solcher, sondern auf der Annahme, dieser habe in eigener Person einen entsprechenden Haftungstatbestand verwirklicht.[18]

9 **b) Zweckoffenheit und Kaufmannseigenschaft von AG und GmbH.** Eine weitere Gemeinsamkeit von AG und GmbH besteht darin, dass beide Gesellschaften zu jedem gesetzlich zulässigen Zweck und damit nicht nur zum Zwecke der Gewinnerzielung, sondern auch zur Verfolgung **ideeller Zwecke** gegründet werden können. Für die GmbH wird dies in § 1 GmbHG ausdrücklich hervorgehoben; zudem berechtigt § 4 S. 2 GmbHG die gemeinnützige GmbH, in ihrer Firma den Gemeinnützigkeitsstatus ausdrücklich durch die Verwendung des Rechtsformzusatzes „gGmbH" zum Ausdruck zu bringen. Für die AG fehlt es zwar an einer Parallelvorschrift zu § 4 S. 2 GmbHG; dass aber auch eine AG mit ideeller oder gemeinnütziger Zwecksetzung gegründet werden kann, ist unstreitig.[19]

10 Eng mit der Öffnung für jeden gesetzlich zulässigen Zweck zusammen hängt, dass AG und GmbH **Formkaufleute** iSv § 6 Abs. 2 HGB sind, mithin auch dann, wenn sie kein Handelsgewerbe iSv §§ 1, 2 HGB betreiben, über Kaufmanseigenschaft verfügen und in der Folge dem HGB unterliegen (§ 3 Abs. 1 AktG, § 13 Abs. 3 GmbHG).

11 **c) Gesellschaftszweck und Unternehmensgegenstand.** Sowohl für AG als auch für GmbH gilt, dass der Gesellschaftszweck von dem Unternehmensgegenstand zu unterscheiden ist; zwischen beiden besteht nach herrschender Meinung eine **Mittel-Zweck-Relation**.[20] Während der Unternehmensgegenstand nach § 23 Abs. 3 Nr. 2 AktG, § 3 Abs. 1 Nr. 2 GmbHG notwendiger Bestandteil der Satzung ist, ist die Angabe des Gesellschaftszwecks in der Satzung entbehrlich; nach herrschender Meinung ist beim Fehlen satzungsmäßiger Zweckangabe der Gewinnerzielungszweck zu vermuten.[21] Die Änderung des Unternehmensgegenstands erfolgt gemäß § 179 Abs. 2 AktG, § 53 Abs. 2 GmbHG durch Mehrheitsbeschluss. Hingegen findet auf die Änderung des Gesellschaftszwecks § 33 Abs. 1 S. 2 BGB entsprechende Anwendung, so dass es der Zustimmung aller Aktionäre bzw. Gesellschafter bedarf.[22]

12 In der Ausgestaltung des Unternehmensgegenstands sind jedenfalls die GmbH-Gesellschafter frei. Aber auch in der AG schließt es das Leitungsermessen des Vorstands

---

[15] Dazu EuGH ZIP 2010, 392 Rn. 54 ff.; EuGH NJW 2019, 1197; EuGH WM 2021, 277.
[16] Spindler DB 2016, 937 (946 f.); Neun/Lubitzsch BB 2017, 1538 (1540 ff.); Faust/Spittka/Wybitul ZD 2016, 10 ff.; zur Datenschutz-Compliance Dönch BB 2016, 962 ff.
[17] BGH NZG 2013, 279 Rn. 14 ff.; BGH GRUR 2012, 1279 Rn. 45; näher Habersack/Zickgraf ZHR 182 (2018), 252 ff.
[18] Emmerich/Habersack/Habersack § 311 Rn. 92 mwN.
[19] Koch AktG § 23 Rn. 22.
[20] GroßkommAktG/Röhricht/Schall § 23 Rn. 125 ff.; Koch AktG § 23 Rn. 22 mwN; zur insbes. bei kommunalen Unternehmen häufig fehlenden Trennschärfe → § 25 Rn. 56 ff.; zu dem vom Gesellschaftszweck zu unterscheidenden „Corporate Purpose" s. Fleischer ZIP 2021, 5 ff.; Habersack, FS Windbichler, 2020, 707 ff.; Kuntz Corporate Purpose, ZHR 186 (2022), 652 ff.
[21] GroßkommAktG/Röhricht/Schall § 23 Rn. 127 mwN.
[22] Koch AktG § 179 Rn. 33 mwN.

(→ Rn. 20) nicht aus, den Unternehmensgegenstand – und damit zugleich den Rahmen, innerhalb dessen der Vorstand die Gesellschaft zu leiten hat (§ 82 Abs. 2 AktG) – zu limitieren und beispielsweise die Herstellung einer bestimmten Produktgattung, ein bestimmtes Produktionsverfahren oder auch das Betreten bestimmter räumlicher Märkte zu untersagen oder umgekehrt vorzuschreiben.[23] Die in den neunziger Jahren geführte Debatte über das Ziel eines Atomausstiegs der HEW war denn auch primär vor dem Hintergrund zu sehen, dass dieses Ziel durch Satzungsänderung vorgegeben wurde, mithin nicht schon in der Ursprungssatzung der Gesellschaft enthalten war und deshalb möglicherweise Rückwirkungen auf den auf Gewinnerzielung gerichteten Zweck der Gesellschaft hatte.[24] Lässt man derlei Besonderheiten außer Betracht, bildet aber der Unternehmensgegenstand sehr wohl ein Vehikel, über das die Aktionäre den Gesellschaftsorganen mittelbar die Berücksichtigung etwa von Menschenrechts-, Klima-, Umwelt- und sonstigen **Nachhaltigkeitsaspekten** – sowie ganz allgemein von Gemeinwohlbelangen – auferlegen können, und zwar auch dann, wenn die Rentabilität der Gesellschaft ohne Berücksichtigung solcher Aspekte zumindest mittelbar gesteigert werden könnte.[25]

Davon zu unterscheiden sind Satzungsregeln, die dem Vorstand innerhalb des gegenständlich umschriebenen Handlungsrahmens bestimmte **Zielvorgaben** oder weltanschauliche Präferenzen auferlegen; sie sind – mit der Ausnahme für sog. Tendenzunternehmen iSv § 1 Abs. 4 MitbestG[26] – bedenklich und im Allgemeinen unzulässig.[27] **13**

d) Grundsatz der Fremdorganschaft. Für AG und GmbH gilt der Grundsatz der Fremdorganschaft: Während bei den Personengesellschaften Geschäftsführung und organschaftliche Vertretung mitgliedschaftliche Pflichtrechte bilden und deshalb den Mitgliedern vorbehalten sind, gilt für AG und GmbH, dass Vorstandsmitglieder und Geschäftsführer Gesellschafter sein können, aber nicht müssen. Für die GmbH wird dies explizit in § 6 Abs. 3 S. 1 GmbHG verlautbart; für die AG ist die Geltung des Grundsatzes der Fremdorganschaft gleichfalls anerkannt.[28] Während jedenfalls für die nicht dem MitbestG unterliegende GmbH anerkannt ist, dass der **Gesellschaftsvertrag** die Gesellschafterstellung der Geschäftsführer voraussetzen und damit den Grundsatz der Selbstorganschaft einführen kann,[29] ist zwar für die AG und für die dem paritätisch mitbestimmte GmbH auf das Auswahlermessen des Aufsichtsrats Rücksicht zu nehmen; auch dieses schließt indes eine Satzungsregelung, wonach ein Vorstandsmitglied[30] Aktionär zu sein hat, keinesfalls a priori aus.[31] **14**

2. Strukturunterschiede

a) Überblick. Die nach allem durchaus existenten gemeinsamen Strukturmerkmale von AG und GmbH setzen bei Lichte betrachtet nur einen äußeren Rahmen, innerhalb dessen die beiden Rechtsformen gänzlich unterschiedliche Wege gehen. Davon betroffen sind namentlich die gesellschaftsvertragliche Gestaltungsfreiheit, der Einfluss der Anteilseigner auf die Geschäftsführung, das Informationsrecht der Anteilseigner und die Fungibilität der Anteile. Eine gewisse Annäherung hinsichtlich der Organisationsverfassung geht zwar mit **15**

---

[23] Näher GroßkommAktG/Röhricht/Schall § 23 Rn. 116 ff. mwN; s. aber auch OLG Stuttgart AG 2006, 727 (728) – Smart/Maybach: Unzulässigkeit des satzungsmäßigen Verbots der Produktion von Autos bestimmter Marken.
[24] Dazu Habersack ZGR 1996, 544 (553 f., 560 f.); Martens, FS Kellermann, 1991, 271 ff.
[25] Näher Habersack ZGR 1996, 544 (551 ff.); Habersack, FS Windbichler, 2020, 707 (715 ff.); Schön ZGR 1996, 429 (435 ff.).
[26] Speziell zu ihnen MüKoAktG/Spindler AktG § 82 Rn. 35.
[27] Umstr., s. Koch AktG § 82 Rn. 10; GroßkommAktG/Habersack/Foerster AktG § 82 Rn. 26; MüKo-AktG/Spindler AktG § 82 Rn. 35; näher Habersack, FS Windbichler, 2020, 707 (717); großzügiger OLG Stuttgart AG 2006, 727 (728); BeckOGK/Fleischer AktG § 82 Rn. 33.
[28] Grigoleit/Grigoleit AktG § 76 Rn. 110.
[29] HCL/Paefgen GmbHG § 35 Rn. 27.
[30] Zu Aufsichtsratsmitgliedern s. § 100 Abs. 4 AktG und dazu MüKoAktG/Habersack § 100 Rn. 58 mwN.
[31] Grigoleit/Grigoleit AktG § 76 Rn. 117.

den Vorschriften über die **unternehmerische Mitbestimmung** einher. Diese verlangen auch von der GmbH die Bildung eines Aufsichtsrats, dem unter Geltung des MitbestG sogar die Kompetenz zukommt, die Geschäftsführer der GmbH zu bestellen und abzuberufen sowie die entsprechenden Anstellungsverträge zu schließen und zu beenden; ungeachtet des damit verbundenen weitreichenden Eingriffs in die Kompetenzen der Gesellschafter verfügen diese allerdings auch in der paritätisch mitbestimmten GmbH nach wie vor über Grundlagenkompetenz und Allzuständigkeit, so dass wesentliche Strukturunterschiede zwischen AG und GmbH unangetastet bleiben.

16 Bei Lichte betrachtet gründen die angedeuteten und im Folgenden näher zu entfaltenden Strukturunterschiede auf der Vorstellung des Gesetzgebers, dass die **GmbH-Gesellschafter** (wenn auch nicht im steuerrechtlichen Sinne) **Mitunternehmer** sind, die zwar Haftungsbeschränkung in Anspruch nehmen möchten, denen indes das Rechtskleid des Aktienrechts zu aufwändig und komplex ist, während die **Aktionäre** in erster Linie **Kapitalanleger** sind und mit dem operativen Geschäft der Gesellschaft nicht behelligt werden möchten. Dass dieses Bild der Realität insbesondere des Aktienwesens nicht vollauf entspricht, wird deutlich, wenn man berücksichtigt, dass von den ca. 8.500 Aktiengesellschaften gerade einmal rund 500 über Börsennotierung iSv § 3 Abs. 2 AktG verfügen und die große Masse der Aktiengesellschaften eine überschaubare Zahl an Aktionären aufweist.[32] Das gesetzgeberische Leitbild der AG und des Aktionärs folgt damit einer Erscheinungsform der AG, die zwar volkswirtschaftlich überaus bedeutsam, ihrer puren Anzahl nach hingegen eine klare Minderheitsposition einnimmt;[33] immerhin lässt sich zugunsten des aktienrechtlichen Modells anführen, dass auch eine nicht börsennotierte AG jederzeit ihren Status ändern und Publikumsgesellschaft werden kann.

17 **b) Satzungsstrenge vs. Satzungsdispositivität.** Das gesetzgeberische Leitbild der AG und des Aktionärs kommt überdeutlich in der Vorschrift des § 23 Abs. 5 AktG zum Ausdruck, dessen Satz 1 vom AktG abweichende Satzungsbestimmungen nur insoweit erlaubt, als dies im Gesetz ausdrücklich zugelassen ist, und dessen Satz 2 ergänzende Satzungsbestimmungen zulässt, soweit nicht das Gesetz eine abschließende Regelung enthält (was über weite Bereiche der Fall ist). Zusätzlich verstärkt wird dieser Grundsatz der Satzungsstrenge durch die Mitbestimmungsgesetze, die ihrerseits zwingenden Charakter haben und damit die ohnehin nicht sonderlich großen Gestaltungsspielräume, die das AktG offeriert, weiter beschränken.[34] Der hinter § 23 Abs. 5 AktG stehende Gedanke ist freilich durchaus berechtigt: Die **Standardisierung** sorgt für die Verkehrsfähigkeit der Aktie und erspart es insbesondere Kleinanlegern, vor ihrer Investitionsentscheidung Erkundigungen über die Gesellschaft anzustellen, deren Aufwand außer Verhältnis zum beabsichtigten Investment wäre.[35]

18 Im diametralen Gegensatz hierzu bestimmt § 45 GmbHG, dass sich die Rechte der Gesellschafter in den Angelegenheiten der Gesellschaft sowie Ausübung dieser Rechte vorbehaltlich gesetzlicher Bestimmungen nach dem Gesellschaftsvertrag richten, und die Vorschriften der §§ 46 bis 51 GmbHG nur „in Ermangelung besonderer Bestimmungen des Gesellschaftsvertrages" Anwendung finden. Dabei ist es in erster Linie eine Frage der terminologischer Natur, ob die Entscheidungskompetenz der Gesamtheit der Gesellschafter oder der Gesellschafterversammlung als solcher zukommt, ob also die GmbH überhaupt über ein Organ „Gesellschafterversammlung" verfügt; richtigerweise ist das zu bejahen.[36] Unabhängig davon fällt die terminologische Distanz des GmbHG zum Aktien-

---

[32] Zu Zahlen s. für die AG MüKoAktG/Habersack AktG Einl. Rn. 11, für die GmbH Kornblum GmbHR 2021, 681 ff.; HCL/Ulmer/Habersack Einl. A Rn. 102 ff.
[33] Zur rechtspolitischen Debatte s. Bayer Gutachten E für den 67. DJT, 2008, S. E.1 ff.
[34] Koch AktG § 23 Rn. 1; näher Bayer Gutachten E für den 67. DJT, 2008, S. E.81 ff.; krit. Spindler AG 2008, 598 (600 ff.).
[35] Koch AktG § 23 Rn. 1; näher Bayer Gutachten E für den 67. DJT, 2008, S. E.81 ff.; krit. Spindler AG 2008, 598 (600 ff.).
[36] Näher HCL/Hüffer/Schäfer GmbHG § 45 Rn. 6 f. mwN.

recht auf: Während das AktG die korporationsrechtliche Grundlage der AG durchweg als „Satzung" bezeichnet, spricht das GmbHG ganz überwiegend – ausgenommen insbesondere die amtlichen Überschriften zu §§ 53, 54 GmbHG – von dem Gesellschaftsvertrag, der freilich schon mit Blick auf den körperschaftlichen Charakter auch der GmbH Satzungsqualität zukommt. Klar ist jedenfalls, dass der in § 45 GmbHG zum Ausdruck kommende Grundsatz der Satzungsautonomie vor dem Hintergrund zu sehen ist, dass der **GmbH-Anteil nicht** in einem **Wertpapier** verkörpert ist und deshalb nicht an der Börse gehandelt werden kann, seine Übertragung vielmehr nach § 15 Abs. 3 GmbHG notarieller Beurkundung bedarf, die wiederum sicherstellt, dass sich der Anteilserwerber über die mit der Gesellschafterstellung verbundenen Rechte und Pflichten informieren kann (→ Rn. 47 f.).

Auch der aktienrechtliche Grundsatz der Satzungsstrenge lässt zwar die Zulässigkeit **19** **schuldrechtlicher Nebenabreden** der Aktionäre unberührt, und tatsächlich begegnen derlei Abreden – insbesondere über die Koordinierung des Stimmverhaltens – allenthalben. Die mögliche Reichweite solcher Abreden ist freilich im Aktienrecht naturgemäß reduziert, nachdem die Hauptversammlung über Fragen der Geschäftsführung nicht Beschluss zu fassen hat (→ Rn. 20). Ganz unabhängig von der möglichen Reichweite solcher Abreden unter den Gesellschaftern darf im Übrigen nicht verkannt werden, dass sie nicht am korporationsrechtlichen Charakter gesellschaftsvertraglicher Regeln teilnehmen[37] und deshalb Rechtsnachfolger eines schuldrechtlich gebundenen Gesellschafters nicht binden.

c) Geschäftsführungsdistanz der Aktionäre vs. Allzuständigkeit der GmbH-Ge- 20 sellschafter. Dem gesetzgeberischen Leitbild der AG und des Aktionärs entspricht es, dass der Vorstand nach § 76 Abs. 1 AktG die Gesellschaft unter eigener Verantwortung und damit **frei von Weisungen** zu leiten hat. Flankiert wird dieser Grundsatz durch § 111 Abs. 4 S. 1 AktG, wonach dem Aufsichtsrat Maßnahmen der Geschäftsführung nicht übertragen werden können,[38] sowie vor allem durch § 119 Abs. 1, 2 AktG. Nach § 119 Abs. 1 beschließt die Hauptversammlung (nur) in den in Gesetz oder Satzung ausdrücklich bestimmten Fällen.[39] § 119 Abs. 2 AktG ergänzt, dass die Hauptversammlung über Fragen der Geschäftsführung nur beschließen kann, wenn der Vorstand es verlangt. Ein solches Verlangen wird der Vorstand mit Blick auf § 93 Abs. 4 S. 1 AktG in Erwägung ziehen, wonach eine Ersatzpflicht der Vorstandsmitglieder aus § 93 Abs. 2 AktG wegen sorgfaltswidriger Geschäftsführung nicht eintritt, wenn die Handlung auf einem gesetzmäßigen Beschluss der Hauptversammlung beruht.[40] Das Recht, Geschäftsführungsmaßnahmen zu initiieren und mit den Vorstand bindender Wirkung zu beschließen, hat die Hauptversammlung hingegen nicht. Ihr Einfluss auf die Geschäftsführung ist, von der Befugnis zur Ausgestaltung des Unternehmensgegenstands und des Gesellschaftszwecks (→ Rn. 11 ff.) sowie von § 119 Abs. 2 AktG abgesehen, repressiver Natur und erschöpft sich im Wesentlichen in der Entscheidung über die Entlastung der Vorstands- und Aufsichtsratsmitglieder nach § 120 Abs. 1 S. 1 AktG.

Komplett anders ist die Ausgangslage im GmbH-Recht. Die GmbH-Gesellschafter **21** können nicht nur im Gesellschaftsvertrag bestimmen, dass der Vorstand bestimmte Maßnahmen der Geschäftsführung nur mit ihrer Zustimmung vornehmen darf; sie können vielmehr auch unabhängig von einer solchen gesellschaftsvertraglichen Regelung und damit ad hoc Geschäftsführungsangelegenheiten wie auch Entscheidungen über die

---

[37] Näher HCL/Ulmer/Löbbe GmbHG § 3 Rn. 114 ff. (118); s. aber auch BGH NJW 1983, 1910 (1911) und BGH NJW 1987, 1890 (1891): Anfechtbarkeit eines gegen eine sämtliche Gesellschafter bindende schuldrechtliche Nebenabrede bindenden Beschlusses der GmbH-Gesellschafterversammlung.
[38] Dazu noch → Rn. 33, ferner → § 25 Rn. 108 ff.
[39] Zu „ungeschriebenen" Zuständigkeiten der Hauptversammlung s. BGHZ 83, 122 – Holzmüller; BGHZ 159, 30 – Gelatine; Koch AktG § 119 Rn. 16 ff.; Emmerich/Habersack/Habersack AktG Vor § 311 Rn. 33 ff.
[40] Zum „say on pay" gem. § 120a AktG sowie zur Frage eines „say on climate" → § 4 Rn. 72.

strategische Entwicklung und die Verfolgung von Allgemeinbelangen an sich ziehen und hierüber Beschlüsse fassen, die die Geschäftsführer sodann zu vollziehen haben.[41] Diese „Allzuständigkeit" der Gesellschafter, der die **Weisungsbindung der Geschäftsführer** entspricht, begründet ein **hierarchisches Verhältnis,** das seinen Ausdruck auch in der Vorschrift des § 38 Abs. 1 GmbHG findet, wonach ein Geschäftsführer jederzeit und unabhängig vom Vorliegen eines wichtigen Grundes abberufen werden kann (→ § 25 Rn. 84 ff.).

22 Demgegenüber lässt sich für die AG ein hierarchisches Verhältnis der Organe nicht feststellen, fehlt es doch, wie dargelegt, sowohl dem Aufsichtsrat als auch der Hauptversammlung an Weisungsrecht und Geschäftsführungsbefugnis; dem entspricht es im Übrigen, dass ein Vorstandsmitglied nach § 84 Abs. 4 AktG nur aus wichtigem Grund **abberufen** werden kann.

23 **d) Konzernierung: Öffnung für nachteilige Einflussnahme vs. treupflichtbasiertes Schädigungsverbot.** Es gehört zu den Besonderheiten des deutschen Aktienrechts, dass es mit den **§§ 15 ff., §§ 291 ff. AktG** umfangreiche Vorschriften über verbundene Unternehmen und damit insbesondere über abhängige und konzernierte Aktiengesellschaften verfügt. Bedeutsam ist insoweit vor allem die Unterscheidung zwischen dem unternehmensvertraglich fundierten Unternehmensverbund auf der einen Seite und einfachen Abhängigkeitsverhältnissen iSv § 17 AktG (für die es allein auf die Möglichkeit des beherrschenden Einflusses und nicht auf die Ausübung dieses Einflusses ankommt) und – durch den Übergang zu einheitlicher Leitung gekennzeichneten – „faktischen" Konzernverhältnissen iSv § 18 Abs. 1 S. 1 AktG auf der anderen Seite.[42]

24 **aa) Unternehmensverträge.** Um mit den Unternehmensverträgen zu beginnen, so sind vor allem der Beherrschungsvertrag und der Gewinnabführungsvertrag bedeutsam. Beide greifen erheblich in die Organisationsverfassung der AG ein und haben deshalb **organisationsrechtlichen und satzungsüberlagernden Charakter,** der sich wiederum in den in §§ 293, 294 AktG geregelten Erfordernissen der Mitwirkung der Aktionäre und der Eintragung in das Handelsregister widerspiegelt und den satzungsüberlagernden Charakter solcher Verträge zum Ausdruck bringt.[43]

25 Der Beherrschungsvertrag ist nach § 291 Abs. 1 S. 1 AktG dadurch gekennzeichnet, dass die Gesellschaft ihre Leitung einem anderen Unternehmen – dem Vertragspartner – unterstellt und diesem ein umfassendes **Weisungsrecht** nach Maßgabe des § 308 AktG einräumt. Dieses Weisungsrecht umfasst auch nachteilige Maßnahmen und verdrängt das die Organisationsverfassung der AG kennzeichnende Leitungsermessen des Vorstands; die Leitung der Gesellschaft geht damit der Sache nach auf das herrschende Unternehmen (nicht auf die Hauptversammlung) über.

26 Durch den Gewinnabführungsvertrag verpflichtet sich die Gesellschaft nach § 291 Abs. 1 S. 1 AktG, ihren ganzen Gewinn an ein anderes Unternehmen abzuführen; der Gewinn wird mit anderen Worten abweichend von § 58 AktG nicht pro rata an sämtliche Aktionäre, sondern an den Vertragspartner (oder auch an einen Dritten) abgeführt. Die große Bedeutung des Gewinnabführungsvertrags basiert auf den Regeln über die steuerliche **Organschaft;** insbesondere setzen §§ 14 ff. KStG für die Begründung einer ertragsteuerlichen Organschaft den Abschluss eines Gewinnabführungsvertrags voraus.[44]

27 Die „Kehrseite" aus Sicht des zur Erteilung von Weisung und zum Bezug des Gewinns berechtigten Vertragspartners besteht in der **Verlustausgleichspflicht** gem. § 302 AktG gegenüber dem abhängigen Unternehmen (und damit dem Übergang des unternehmeri-

---

[41] Eingehend dazu sowie zu Vorlagepflichten der Geschäftsführer Noack/Haas/Servatius/Noack GmbHG § 46 Rn. 89 ff.
[42] S. zum Folgenden auch → § 25 Rn. 99 ff.
[43] BGHZ 103, 1 (4 f.); BGHZ 105, 324 (331).
[44] Näher dazu sowie zur gewerbe- und umsatzsteuerlichen Organschaft Emmerich/Habersack/Habersack Einl. Rn. 48.

schen Risikos), der Pflicht, bei Beendigung des Vertrags den Gläubigern der abhängigen Gesellschaft nach § 303 AktG Sicherheit zu leisten, sowie den Ausgleichs- und Abfindungsverpflichtungen aus §§ 304, 305 AktG gegenüber außenstehenden Aktionären.

Das GmbHG enthält keinerlei Vorschriften über verbundene Unternehmen. Doch besteht Einvernehmen darüber, dass die aktienrechtlichen Regeln über den Beherrschungs- und den Gewinnabführungsvertrag – wenn auch unter Berücksichtigung rechtsformspezifischer Besonderheiten – **analoge Anwendung** finden.[45] Namentlich der Abschluss eines Beherrschungsvertrags verändert die Organisationsverfassung der GmbH freilich nicht annähernd so grundlegend wie die der AG: Da die Geschäftsführer ohnehin weisungsgebunden sind (→ Rn. 20 ff.), geht mit ihm nur, aber immerhin der Übergang des Weisungsrechts von der Gesellschafterversammlung auf das herrschende Unternehmen einher; zudem umfasst das Weisungsrecht entsprechend § 308 Abs. 1 AktG auch die Befugnis zur Erteilung **nachteiliger Weisungen**. 28

bb) Einfache Abhängigkeit, „faktischer" Konzern. Signifikant unterscheiden sich Aktien- und GmbH-Recht in Bezug auf vertragslose Unternehmensverbindungen und damit bei einfacher Abhängigkeit (§ 17 AktG) und „faktischer" Konzernierung (§ 18 Abs. 1 S. 1 AktG). 29

Das AktG hält insoweit mit seinen §§ 311 ff. besondere Vorschriften bereit, denen eine „konzernoffene" Haltung eigen ist: Dem herrschenden Unternehmen wird es in § 311 Abs. 1, 2 AktG gestattet, nachteilig auf die abhängige Gesellschaft einzuwirken, sofern es sich zum Ausgleich der ex ante zu erwartenden Nachteile bereiterklärt. Der Vorstand der abhängigen Gesellschaft hat nach § 312 AktG einen **Abhängigkeitsbericht** zu erstellen, der sämtliche Verbundbeziehungen zu dokumentieren hat und der nach §§ 313, 314 AktG durch den Aufsichtsrat und den Abschlussprüfer – letzteres allerdings nach herrschender Meinung nur, soweit die Gesellschaft nach § 316 Abs. 1 S. 1 HGB der Pflicht zur Abschlussprüfung unterliegt[46] – zu prüfen ist. §§ 317, 318 AktG verpflichten das herrschende Unternehmen und seine Geschäftsleiter sowie die Organmitglieder der abhängigen Gesellschaft bei Verletzung ihrer konzernrechtlichen Pflichten zu Schadensersatz; bedeutsam ist das, wenn es zu nachteiliger Einflussnahme kommt, ohne dass die Nachteile nach Maßgabe des § 311 Abs. 2 AktG ausgeglichen werden. 30

Für die abhängige oder „faktisch" konzernierte GmbH fehlt es an besonderen Vorschriften, und diese Lücke ist – anders als für das Recht des Vertragskonzerns – auch nicht durch analoge Anwendung der aktienrechtlichen Vorschriften (konkret: der §§ 311 ff. AktG, → Rn. 30) zu schließen.[47] Statt dessen greift die ganz herrschende Meinung auf **allgemeine Grundsätze** und damit neben dem Gleichbehandlungsgrundsatz des § 53a AktG (analog) insbesondere auf die mitgliedschaftliche Treupflicht des Gesellschafters gegenüber der Gesellschaft und seinen Mitgesellschaftern sowie ein hieraus herzuleitendes Schädigungsverbot zurück.[48] Dem Interesse des Gesellschafters (mag er über beherrschenden Einfluss verfügen oder nicht) dienende nachteilige Einflussnahme auf die GmbH gegen die Zusage von Nachteilsausgleich, wie sie auf Grundlage des § 311 AktG gegenüber einer abhängigen AG statthaft ist (→ Rn. 30), ist damit ausgeschlossen. Schädigende Einflussnahme macht vielmehr den Gesellschafter gegenüber der GmbH und, soweit die Mitgesellschafter einen über den Reflexschaden hinausgehenden Eigenschaden erleiden, auch diesen gegenüber schadensersatzpflichtig; überdies haftet der sich dem Einfluss öffnende Geschäftsführer nach § 43 Abs. 2 GmbHG auf Schadensersatz. Erfolgt die Einflussnahme im Wege der Beschlussfassung der Gesellschafterversammlung (insbesondere durch Weisungsbeschluss), kann ein überstimmter Gesellschafter den Beschluss unter Hinweis auf seinen 31

---

[45] BGHZ 105, 324 (342 ff.); BGHZ 223, 13 Rn. 15 ff.
[46] Koch AktG § 313 Rn. 2; MüKoAktG/Altmeppen AktG § 313 Rn. 13 f.; aA – für Pflichtprüfung des Abhängigkeitsberichts auch bei der kleinen AG – Emmerich/Habersack/Schürnbrand AktG § 313 Rn. 6 f.
[47] BGHZ 65, 15 (18); BGHZ 93, 330 (340); BGHZ 149, 10 (16).
[48] BGHZ 65, 15 (18 f.); HCL/Leuschner GmbHG Anh. § 77 Rn. 105 ff.; Noack/Servatius/Haas/Beurskens GmbHG KonzernR Rn. 42 mwN.

treuwidrigen Charakter nach § 243 AktG analog anfechten.[49] Zumal vor dem Hintergrund des umfassenden Informationsrechts des GmbH-Gesellschafters (→ Rn. 45) und der Befugnis, den Schadensersatzanspruch der GmbH im Wege der actio pro socio zu verfolgen,[50] erweist sich die über eine opponierende Minderheit verfügende GmbH bei Lichte betrachtet als Konzernglied weniger gut geeignet als eine abhängige AG mit außenstehenden Aktionären.

32 Anderes gilt in Fällen, in denen die GmbH nur über einen Gesellschafter verfügt oder die **GmbH-Gesellschafter einvernehmlich** agieren. In diesem Fall lässt sich nach ganz herrschender, insbesondere auch vom BGH geteilter Ansicht ein Verbot der schädigenden Einflussnahme nicht begründen; auch können sich die Gesellschafter im Grundsatz über Satzungsvorgaben (etwa die durch den Unternehmensgegenstand gezogenen Schranken) hinwegsetzen und den Geschäftsführer zu gegenstandsfremden Geschäften anweisen.[51] Der Geschäftsführer wiederum bleibt von der Schadensersatzhaftung gegenüber der GmbH verschont, soweit er in Ausführung eines Weisungsbeschlusses handelt. Grenzen werden der Mehrheitsmacht allein durch die **gläubigerschützenden Bestimmungen** und damit insbesondere durch die Kapitalerhaltungsregeln der §§ 30, 31 GmbHG sowie durch das schon erwähnte Verbot des „existenzvernichtenden" Eingriffs (→ Rn. 7) gesetzt; insoweit kann sich nach § 43 Abs. 3 S. 3 GmbHG, § 15 Abs. 5 InsO auch der Geschäftsführer nicht auf seine Weisungsbindung berufen. Vorbehaltlich dieser Schranken eignet sich die GmbH mit nur einem Gesellschafter oder einvernehmlich agierenden Gesellschaftern hervorragend als Konzernglied.

33 e) **Obligatorischer AG-Aufsichtsrat vs. Organisationsermessen der GmbH-Gesellschafter.** Der Distanz der Hauptversammlung zur Geschäftsführung entspricht es, dass eine jede AG über einen Aufsichtsrat verfügen muss, der nach § 111 Abs. 1 AktG den Vorstand zu überwachen (und auch zu beraten[52]) hat und der auch nach Maßgabe der §§ 84, 87 AktG über **Personal- und Vergütungshoheit** in Bezug auf die Vorstandsmitglieder verfügt. Teilhabe an der Geschäftsführung vermitteln dem Aufsichtsrat insbesondere die Zustimmungsvorbehalte nach § 111 Abs. 4 S. 2, § 111b Abs. 2 AktG, die freilich nur ein Vetorecht begründen und die Leitungsautonomie des Vorstands nicht antasten.[53]

34 § 52 Abs. 1 GmbHG überlässt es hingegen vorbehaltlich mitbestimmungsrechtlicher Sondervorschriften den Gesellschaftern, ob sie ungeachtet ihrer Allzuständigkeit in Geschäftsführungsangelegenheiten, der Zulässigkeit von Weisungsbeschlüssen und eines umfassenden Informationsrechts (→ Rn. 21; → Rn. 45) einen Aufsichtsrat einrichten. Auf einen solchen fakultativen Aufsichtsrat finden dann zwar nach § 52 Abs. 1 GmbHG im Wesentlichen die aktienrechtlichen Vorschriften über den Aufsichtsrat Anwendung, dies allerdings wiederum nur, „soweit nicht im Gesellschaftsvertrag ein anderes bestimmt ist." Auch wenn sich die GmbH-Gesellschafter für die Einrichtung eines Aufsichtsrats entscheiden, haben sie deshalb hinsichtlich der Aufgaben, Befugnisse und Zusammensetzung dieses Organs sowie der Rechtsstellung seiner Mitglieder **weitestgehenden Gestaltungsspielraum**. Von § 52 Abs. 1 GmbHG unberührt bleibt im Übrigen die Befugnis der Gesellschafter, neben oder anstelle eines Aufsichtsrats einen in erster Linie beratenden Beirat einzusetzen.[54]

35 f) **Mitbestimmung und Diversity. aa) Mitbestimmung.** Es war schon darauf hinzuweisen, dass die Vorschriften über die unternehmerische Mitbestimmung die Organisati-

---

[49] Näher zu den minderheitenschützenden Instrumenten sowie zu den Folgen nachteiliger Einflussnahme Emmerich/Habersack/Habersack AktG Anh. § 318 Rn. 24 ff. mwN.
[50] BGH ZIP 2013, 1376 Rn. 16 ff.
[51] BGHZ 119, 257 (262); BGHZ 122, 333 (333); HCL/Leuschner GmbHG Anh. § 77 Rn. 142 f.
[52] BGHZ 114, 127 (130).
[53] Zur davon abweichenden Konzeption noch des § 246 Abs. 3 HGB aF sowie zur historischen Entwicklung Habersack ZHR 178 (2014), 131 ff.
[54] HCL/Heermann GmbHG § 52 Rn. 308 ff.

onsverfassungen von AG und GmbH einander angenähert haben. Unternehmerische Mitbestimmung vollzieht sich hierzulande – genauer: bei den Gesellschaften deutschen Rechts[55] – nämlich im **Aufsichtsrat** der Gesellschaft. Soll eine Gesellschaft der Mitbestimmung unterliegen, benötigt sie deshalb einen Aufsichtsrat. Lässt man die besonderen Mitbestimmungsregeln für die Montanindustrie sowie für Gesellschaften, die aus einer grenzüberschreitenden Verschmelzung, Umwandlung (Formwechsel) oder Spaltung hervorgegangen sind, außer Betracht,[56] so sind es das DrittelbG und das MitbestG, die die Mitbestimmung der Arbeitnehmer regeln. Beide Gesetze legen in ihrem § 1 Abs. 1 jeweils ihren Anwendungsbereich fest und beziehen in diesen – neben der KGaA und der Genossenschaft sowie (dies allerdings nur das DrittelbG) den VVaG – sowohl die AG als auch die GmbH ein.

Was zunächst das **DrittelbG** anbelangt, so erfasst es die GmbH, wenn diese in der Regel mehr als 500 Arbeitnehmer hat; eine solche GmbH hat dann nach § 1 Abs. 1 Nr. 3 DrittelbG einen Aufsichtsrat zu bilden. Für die AG unterscheidet § 1 Abs. 1 Nr. 1 DrittelbG zwischen vor dem 10.8.1994 gegründeten Altgesellschaften und am oder nach dem 10.8.1994 gegründeten Neugesellschaften. Neugesellschaften unterliegen nur dann der Mitbestimmung nach dem DrittelbG, wenn sie in der Regel mehr als 500 Arbeitnehmer haben. Altgesellschaften unterliegen hingegen auch dann der Mitbestimmung, wenn sie weniger Arbeitnehmer haben, sofern es sich nicht um eine Familiengesellschaft handelt; eine solche liegt vor, wenn Aktionär eine einzelne natürliche Person ist oder die Aktionäre untereinander iSv § 15 Abs. 1 Nr. 2 bis 8, Abs. 2 AO verwandt oder verschwägert sind. 36

Der Name des Gesetzes bringt zum Ausdruck, dass der Aufsichtsrat nach § 4 Abs. 1 DrittelbG zu einem Drittel aus Arbeitnehmervertretern bestehen muss. Zusammensetzung und Kompetenzen des Aufsichtsrats bestimmen sich für die AG nach dem AktG, für die GmbH hingegen nach den in § 1 Abs. 1 Nr. 3 DrittelbG explizit angeführten aktienrechtlichen Vorschriften. Diese umfassen nicht §§ 84, 87 AktG, so dass dem Aufsichtsrat der drittelmitbestimmten GmbH keine Personalhoheit gegenüber den Geschäftsführern zukommt, diese vielmehr nach § 46 Nr. 5 GmbHG – ebenso wie das Weisungsrecht in Geschäftsführungsangelegenheiten (→ Rn. 21) – der Gesellschafterversammlung verbleibt. Nach § 2 Abs. 2 DrittelbG werden Arbeitnehmer eines **verbundenen Unternehmens** nur dann dem herrschenden Unternehmen zugerechnet, wenn zwischen beiden ein Beherrschungsvertrag iSv § 291 Abs. 1 AktG oder gar ein Eingliederungsverhältnis iSv §§ 319 ff. AktG besteht. Damit lässt sich die unternehmerische Mitbestimmung nach dem DrittelbG unschwer dadurch vermeiden, dass die Konzernspitze (wenn sie nicht Altgesellschaft in der Rechtsform der AG ist) und die von ihr abhängigen Tochter- und Enkelgesellschaften jeweils über weniger als 501 Arbeitnehmer verfügen und auf Beherrschungsverträge und Eingliederungen verzichtet wird. 37

Das **MitbestG** erfasst Gesellschaften in der Rechtsform einer AG oder GmbH (ebenso wie KGaA und Genossenschaft) mit in der Regel mehr als 2000 Arbeitnehmern. Nach § 5 Abs. 1 MitbestG gelten Arbeitnehmer von Konzernunternehmen iSv § 18 Abs. 1 AktG als Arbeitnehmer des herrschenden Unternehmens; es kommt also unabhängig vom Abschluss eines Beherrschungsvertrags zu einer konzernweiten Zurechnung von Arbeitnehmern. Dies schließt es nicht aus, dass das MitbestG oder das DrittelbG auch auf Ebene der Tochter- oder Enkelgesellschaft eingreift. 38

Bildung und Zusammensetzung des Aufsichtsrats sowie Bestellung und Abberufung seiner Mitglieder bestimmen sich nach § 6 Abs. 2 MitbestG in erster Linie nach §§ 7 ff. MitbestG und im Übrigen – auch für die GmbH – nach aktienrechtlichen Grundsätzen. Nach § 7 Abs. 1 MitbestG besteht der Aufsichtsrat je nach Zahl der Arbeitnehmer aus 12, 16 oder 20 Mitgliedern, von denen **je die Hälfte Anteilseigner- und Arbeitnehmervertreter** sind; die vom MitbestG erfassten Gesellschaften unterliegen also der paritätischen 39

---

[55] Zur SE → Rn. 50 ff.
[56] Für einen Überblick s. MüKoAktG/Habersack AktG § 96 Rn. 10 ff., 24 f.

Mitbestimmung.[57] Für ein leichtes Übergewicht der Anteilseignerseite sorgt allerdings § 29 Abs. 2 MitbestG, der im Falle eines Patts eine erneute Abstimmung anordnet, bei der dem Aufsichtsratsvorsitzenden – dessen Wahl wiederum in § 27 MitbestG geregelt ist und der im Allgemeinen Anteilseignervertreter ist – ein Zweitstimmrecht zukommt.

40 Ein Unterschied zum DrittelbG besteht auch hinsichtlich der **Kompetenzen** des Aufsichtsrats. Nach § 31 MitbestG obliegen nämlich Bestellung und Abberufung der Mitglieder des geschäftsführenden Organs (und damit auch der GmbH-Geschäftsführer) nebst Abschluss und Beendigung der Anstellungsverträge dem Aufsichtsrat; zudem kann der GmbH-Geschäftsführer nach § 31 Abs. 1 S. 1 MitbestG iVm § 84 Abs. 4 S. 1 AktG nur aus wichtigem Grund abberufen werden. Nicht zuletzt die Verlagerung der Personalhoheit von der Gesellschafterversammlung auf den mitbestimmten Aufsichtsrat und die Abbedingung des 38 Abs. 1 GmbHG greifen zwar in die Organisationsverfassung der GmbH nicht unerheblich ein. Nach wie vor verbleibt allerdings der Gesellschafterversammlung auch in der paritätisch mitbestimmten GmbH das **Weisungsrecht** gegenüber den Geschäftsführern,[58] was auch die paritätisch mitbestimmte GmbH nach wie vor signifikant von der AG unterscheidet. Die gilt ungeachtet des § 33 MitbestG, dem zufolge in der paritätisch mitbestimmten Gesellschaft (und damit auch in der GmbH) als gleichberechtigtes Mitglied des geschäftsführenden Organs ein Arbeitsdirektor zu bestellen ist.

41 Einer der Anachronismen des deutschen Mitbestimmungsrechts besteht darin, dass nur **im Inland beschäftigte Arbeitnehmer** über aktives und passives Wahlrecht verfügen.[59] Nachdem die Entscheidungen des Aufsichtsrats freilich die im Ausland beschäftigten Arbeitnehmer gleichermaßen betreffen, sorgt dieses herrschende Verständnis nicht nur für zusätzliche Interessenkonflikte innerhalb des Aufsichtsrats, sondern erscheint auch sub specie der Art. 18, 45 AEUV als problematisch.[60] Der EuGH hat dem deutschen Territorialitätsgrundsatz allerdings unionsrechtliche Unbedenklichkeit bescheinigt.[61]

42 **bb) Geschlechterquoten und Zielgrößen.** Eng mit den Vorschriften über die unternehmerischen Mitbestimmung verknüpft sind die Regelungen über Diversity, nämlich die Zielgrößenregelungen in §§ 76 Abs. 4, 111 Abs. 5 AktG, §§ 36, 52 Abs. 2 GmbHG und die Vorgaben der §§ 76 Abs. 3a, 96 Abs. 2 AktG zu Geschlechterqoten – dies weniger in der Sache als deshalb, weil alle diese Vorschriften daran anknüpfen, dass die Gesellschaft der unternehmerischen Mitbestimmung unterliegt.

43 Was zunächst §§ 76 Abs. 4, 111 Abs. 5 AktG, §§ 36, 52 Abs. 2 GmbHG anbelangt, so sind sie auf Gesellschaften anwendbar, die der **Mitbestimmung** – insbesondere nach dem MitbestG oder dem DrittelbG – unterliegen. Nach § 76 Abs. 4 AktG, § 36 GmbHG haben der Vorstand bzw. die Geschäftsführer Zielgrößen für den Frauenanteil in den beiden Führungsebenen unterhalb des geschäftsführenden Organs festzulegen, die den angestrebten Frauenanteil an der jeweiligen Führensebene beschreiben. Die Festlegung von Zielgrößen für den Frauenanteil in Vorstand und Aufsichtsrat der AG ist nach § 111 Abs. 5 AktG Sache des Aufsichtsrats; nach § 52 Abs. 2 GmbHG liegt die diesbezügliche Zuständigkeit für die drittelmitbestimmte GmbH bei der Gesellschafterversammlung und für die paritätisch mitbestimmte GmbH beim Aufsichtsrat. Durchweg gilt, dass die Festlegung einer Zielgröße von Null zwar möglich ist, aber einer klaren und verständlichen Begründung bedarf.

44 Feste Geschlechterquoten sieht bislang nur das Aktienrecht vor, und auch dies nur für Gesellschaften, die **sowohl börsennotiert** iSv § 3 Abs. 2 AktG (→ Rn. 47) sind **als auch** der **paritätischen Mitbestimmung** nach dem MitbestG oder den Montanmitbestimmungsgesetzen unterliegen. So muss nach § 76 Abs. 3a AktG bei einer solchen Gesellschaft, deren Vorstand aus mehr als drei Personen besteht, mindestens eine Frau und mindestens

---

[57] Zur Verfassungskonformität s. BVerfGE 50, 290 ff.
[58] BVerfGE 50, 290 (346); BGHZ 89, 48 (57); näher Habersack/Henssler/Habersack MitbestG § 30 Rn. 19 f. mwN.
[59] LG Berlin AG 2015, 587; LG München I AG 2016, 49.
[60] Näher Habersack/Henssler/Henssler MitbestG § 3 Rn. 40 ff. mwN.
[61] EuGH NJW 2017, 2603.

ein Mann Mitglied des Vorstands sein. Der Aufsichtsrat einer solchen Gesellschaft muss sich nach § 96 Abs. 2 AktG zu mindestens 30 Prozent aus Frauen und zu mindestens 30 Prozent aus Männern zusammensetzen.[62]

g) Hauptversammlungsgebundene Aktionärsinformation vs. umfassendes Informationsrecht des GmbH-Gesellschafters. Der Nähe der GmbH-Gesellschafter zu Geschäftsführungsangelegenheiten, insbesondere der Grundsatz der Allzuständigkeit und die Weisungsbindung des GmbH-Geschäftsführers, trägt **§ 51a Abs. 1 GmbHG** dadurch Rechnung, dass er jedem Gesellschafter ein umfassendes und jederzeit ausübbares, zudem nicht abdingbares Informationsrecht in allen Angelegenheiten der Gesellschaft zuspricht, das auch die Einsicht der Bücher und Schriften der Gesellschaft umfasst. Auskunft und Einsicht dürfen nach § 51a Abs. 2 GmbHG nur verweigert werden, wenn zu besorgen ist, dass der Gesellschafter sie zu gesellschaftsfremden Zwecken verwenden und dadurch der Gesellschaft oder einem verbundenen Unternehmen einen nicht unerheblichen Nachteil zufügen wird.

45

Der Aktionär hat hingegen nur das hauptversammlungsgebundene Auskunftsrecht des **§ 131 AktG**. Für besondere Beschlussgegenstände sehen das AktG und das UmwG noch Informationspflichten der Gesellschaft vor, etwa in § 293f AktG im Zusammenhang mit dem Abschluss eines Unternehmensvertrags. Ein unterjährig und anlassunabhängig ausübbares Informationsrecht des Aktionärs ist dem Gesetz hingegen fremd. Für **informationelle Gleichbehandlung** sorgt § 131 Abs. 4 AktG, wonach eine Auskunft, die einem Aktionär außerhalb der Hauptversammlung gegeben worden ist, jedem anderen Aktionär auf dessen Verlangen in der Hauptversammlung zu geben ist, auch wenn sie zur sachgemäßen Beurteilung eines Tagesordnungspunkts nicht erforderlich ist. Umstritten ist, ob und inwieweit die Informationsweitergabe an bedeutende Aktionäre, insbesondere institutionelle Anleger, sachlich gerechtfertigt ist und in der Folge kein Nachinformationsrecht aus § 131 Abs. 4 AktG auslöst.[63] Weithin anerkannt ist dagegen, dass die §§ 311 ff. AktG vorrangig sind und die Informationsweitergabe an ein herrschendes Unternehmen zwar im Abhängigkeitsbericht nach § 312 AktG zu verlautbaren ist und etwaige mit der Informationsweitergabe verbundene Nachteile nach § 311 Abs. 2 AktG auszugleichen sind, die außenstehende Aktionäre indes kein Nachinformationsrecht aus § 131 Abs. 4 AktG haben.[64]

46

h) Börsentauglichkeit von Aktien vs. Fungibilitätsbeschränkungen des GmbH-Rechts. Die Mitgliedschaft des Aktionärs ist typischerweise in der Aktie verbrieft, die wiederum **Inhaber- oder Orderpapier** ist, über das nach sachenrechtlichen Grundsätzen verfügt werden kann; mag auch die sachenrechtliche Fundierung insbesondere in Fällen, in denen das Recht auf Einzelverbriefung nach § 10 Abs. 5 AktG ausgeschlossen ist und statt Einzelurkunden nur eine Globalurkunde existiert, überprüfungsbedürftig sein,[65] so entspricht sie doch der ganz herrschenden, insbesondere auch vom BGH geteilten Ansicht.[66] In der Folge kann das Eigentum an der Aktie auch vom Nichtberechtigten erworben werden, im Falle von Inhaberaktien nach § 935 Abs. 2 BGB sogar, wenn die Aktie dem Berechtigten abhandengekommen ist. Damit eignet sich die Aktie für den Handel an der Börse. Für börsennotierte Gesellschaften – mithin Gesellschaften, deren Aktien zum Handel an einem geregelten Markt zugelassen sind (§ 3 Abs. 2 AktG) – enthält denn auch das AktG eine Reihe besonderer Vorschriften, insbesondere im Zusammenhang mit der Vergütung der Organmitglieder → § 4 Rn. 65 ff.).

47

---

[62] Zu allen Einzelheiten Oetker ZHR 179 (2015), 707 ff.; zur verfassungsrechtlichen Problematik Habersack/Kersten BB 2014, 2819 ff.
[63] Näher dazu Koch ZGR 2020, 183 (208 ff.); Schäfer ZHR 185 (2021), 226 (228 ff.).
[64] Näher und mwN (auch zu Stimmen, die auf einheitliche Leitung abstellen) Koch AktG § 131 Rn. 72; Emmerich/Habersack/Habersack AktG § 312 Rn. 5.
[65] MüKoBGB/Habersack BGB Vor § 793 Rn. 36; näher Einsele Wertpapierrecht als Schuldrecht, 1995, 172 ff., 561 ff.; Habersack/Ehrl ZfPW 2015, 312 (344 ff.).
[66] BGHZ 160, 121 (124, 126); BGH NZG 2013, 903 Rn. 14; BGH ZIP 2015, 2286 Rn. 15 ff. mwN.

48 Für die heute sehr verbreiteten Namensaktien sieht § 67 AktG allerdings nicht nur die Eintragung der Aktionäre in einem von der Gesellschaft zu führenden **Aktienregister** vor. § 68 Abs. 2 AktG gestattet es vielmehr auch, die Übertragung solcher Aktien an die Zustimmung der Gesellschaft zu binden und hierdurch der Gesellschaft Einfluss auf die Zusammensetzung ihres Aktionariats zu verschaffen. Im Ergebnis nähert sich in diesem Fall die Fungibilität der Aktie derjenigen des Geschäftsanteils an. Nach § 15 Abs. 1 GmbHG ist nämlich der Geschäftsanteil veräußerlich und vererblich. Fungibilitätshemmend wirken das Erfordernis notarieller Beurkundung des Verpflichtungs- und Verfügungsgeschäfts (§ 15 Abs. 3, 4 GmbHG), aber auch die in § 15 Abs. 5 GmbHG ausdrücklich anerkannte und in der Praxis hochbedeutsame **Vinkulierung** des Geschäftsanteils. Obgleich die Mitgliedschaft in der GmbH nicht in einem Wertpapier verköpert ist und damit ein Börsenhandel nicht stattfinden kann, sieht § 16 Abs. 3 GmbHG die auf Eintragung in der Gesellschafterliste (§ 16 Abs. 1 GmbHG, § 40 GmbHG) basierende Möglichkeit des gutgläubigen Erwerbs des Anteils vor. Für Familiengesellschaften und vergleichbare Erscheinungsformen personalistisch strukturierter Gesellschaften sind deshalb die Unterschiede zwischen AG und GmbH in Bezug auf die Anteilsübertragung im praktischen Ergebnis nicht sonderlich signifikant.

3. Fazit

49 Kehrt man zu der einleitend (→ Rn. 1 f.) aufgeworfenen Frage zurück, ob und mit welcher Rechtsform sich die vielfältigen unions-, verfassungs- und verwaltungsrechtlichen Vorgaben, denen die öffentliche Hand unterliegt, mit privatrechtlichen Organisationsformen umsetzen lassen, so hat sich gezeigt, dass die **GmbH** aufgrund der ihr eigenen Satzungsdispositivität, der Allzuständigkeit der Gesellschafter und der Weisungsbindung der Geschäftsführer jedenfalls dann **uneingeschränkt geeignet** ist, wenn sie nur über einen Gesellschafter verfügt (die öffentliche Hand also keinen Mitgesellschafter zulässt) oder die Gesellschafter einvernehmlich agieren. Bei der AG hingegen ist der Einfluss der öffentlichen Hand auf die Geschäftsführung deutlich weniger stark ausgeprägt: Leitungsermessen des Vorstands und Geschäftsführungsdistanz der Hauptversammlung sorgen dafür, dass die Aktionäre allenfalls mittelbar – nämlich über den Aufsichtsrat – Einfluss auf den Vorstand nehmen können.[67] Auch das Aktienrecht lässt allerdings die Konzernierung der Gesellschaft zu und erweist sich bei Lichte betracht sogar als konzernfreundlicher als die GmbH mit einer opponierenden Minderheit.

III. SE, KGaA und KG

1. SE

50 Von den weiteren Rechtsformen, die das Kapitalgesellschaftsrecht zur Verfügung stellt, dürfte aus Sicht der öffentlichen Hand am ehesten die Societas Europaea (SE) in Betracht kommen. Ihre organisationsrechtlichen Grundlagen finden sich in der **SE-VO** vom 8.10.2001,[68] deren Art. 9 Abs. 1 lit. c in Bezug auf die nicht in der Verordnung geregelten Bereiche auf die aktienrechtlichen Vorschriften des Sitzstaates – und damit für eine in Deutschland registrierte SE auf das AktG – verweist. Die SE-VO wird wird auf unionsrechtlicher Ebene durch die **SE-Ergänzungsrichtlinie** vom 8.10.2001[69] ergänzt, die die

---

[67] S. am Beispiel der Deutsche Bahn AG Hommelhoff, FS Böcking, 2021, 99 (101 ff.), dort auch Vergleich mit einer GmbH-Verfassung; s. ferner die Antwort des Staatsministeriums der Finanzen, für Landesentwicklung Heimat auf eine Anfrage betreffend die Umwandlung der Flughafen München GmbH in eine Aktiengesellschaft, Bayerischer Landtag-Drs. 176418.
[68] Verordnung (EG) Nr. 2157/2001 des Rates vom 8.10.2001 über das Statut der Europäischen Gesellschaft (SE), ABl. Nr. L 294/1.
[69] Richtlinie (EG) Nr. 2001/86 des Rates vom 8.10.2001 zur Ergänzung des Statuts der Europäischen Gesellschaft hinsichtlich der Beteiligung der Arbeitnehmer, ABl. Nr. L 294/22.

Beteiligung der Arbeitnehmer und damit insbesondere die unternehmerische Mitbestimmung in der SE regelt. An die Mitgliedstaaten gerichteten Regelungsaufträgen und Wahlrechten aktienrechtlicher Art ist der deutsche Gesetzgeber in dem SE-Ausführungsgesetz (SEAG) nachgekommen, während die SE-Ergänzungsrichtlinie hierzulande durch das SE-Beteiligungsgesetz (SEBG) umgesetzt worden ist.[70] Die SE teilt nach Art. 1 Abs. 2 S. 1, Abs. 3 SE-VO die Rechtsnatur der AG, ist also Körperschaft des privaten Rechts mit einem in Aktien zerlegten Grundkapital (es muss nach Art. 4 Abs. 2 SE-VO mindestens EUR 120.000.- betragen); nach Art. 1 Abs. 2 S. 2 SE-VO haften die Aktionäre nicht persönlich für die Gesellschaftsschulden. Der Zugang zur Rechtsform der SE ist – anders als der zur AG – limitiert; Art. 2, Art. 3 Abs. 2 SE-VO regelt die Möglichkeiten der Gründung abschließend.[71]

Gegenüber einer AG deutschen Rechts bietet die SE zunächst den Vorteil, dass sie die Wahl zwischen einer **dualistischen** und einer **monistischen Organisationsverfassung** bietet und damit zusätzliche Gestaltungsspielräume eröffnet. Die monistisch verfasste SE ist nach Art. 43 ff. SE-VO, §§ 20 ff. SEAG dadurch gekennzeichnet, dass sie nicht über ein je eigenes Leitungs- und Aufsichtsorgan, sondern nur über einen Verwaltungsrat verfügt, dem nach Maßgabe des § 40 SEAG geschäftsführende Direktoren und nicht geschäftsführende Direktoren angehören. Aufgaben und Befugnisse des Verwaltungsrats sind in Art. 43 Abs. 1 S. 1 SE-VO geregelt und umfassen insbesondere Leitung und Überwachung der Gesellschaft. Schon deshalb dürfte sich die monistische Verfassung nur für die mitbestimmungsfreie SE eignen. 51

Die geschäftsführenden Direktoren sind zwar nach § 44 Abs. 2 SEAG im Verhältnis zu den nicht geschäftsführenden Direktoren weisungsgebunden. Auch für die monistisch verfasste SE bleibt es aber dabei, dass die **Hauptversammlung** nicht von sich aus über Angelegenheiten der Geschäftsführung Beschluss fassen kann und insbesondere nicht über ein Weisungsrecht gegenüber dem Verwaltungsrat oder den geschäftsführenden Direktoren verfügt (→ Rn. 20). So gesehen vereint die monistisch verfasste SE Elemente der AG (Geschäftsführungsdistanz der Aktionäre) mit der der GmbH (Weisungsbindung der eigentlichen Geschäftsführer – freilich nicht gegenüber den Gesellschaftern, sondern gegenüber dem Verwaltungsrat und damit insbesondere den nicht geschäftsführenden Direktoren). 52

Auch in Bezug auf die unternehmerische **Mitbestimmung** weist die SE einige Besonderheiten gegenüber der AG oder GmbH auf, die hier nicht im Detail entfaltet werden können.[72] Hervorgehoben sei zunächst die Möglichkeit, nach Maßgabe der §§ 21 ff. SEBG eine Beteiligungsvereinbarung zu schließen, die die Beteiligungsrechte der Arbeitnehmer im Einzelnen regelt. Unterbleibt dies, greift die Auffangregelung der §§ 34 ff. SEBG, die sich zwar – abhängig von der Gründungsform und dem Anteil der bislang über Mitbestimmungsrechte verfügenden Arbeitnehmer – am bisherigen Mitbestimmungsstatus orientiert, indes in nicht wenigen Details von der Mitbestimmung nach dem MitbestG und dem DrittelbG abweicht; dies gilt namentlich hinsichtlich des aktiven und passiven Wahlrechts, das – anders als nach MitbestG und DrittelbG (→ Rn. 41) – nach § 36 SEBG nicht nur im Inland beschäftigten Arbeitnehmern zukommt. 53

2. KGaA

Die KGaA ist nach § 278 Abs. 1 AktG Gesellschaft mit eigener Rechtspersönlichkeit, also **Körperschaft**, verfügt aber über **zwei Kategorien von Gesellschaftern,** nämlich über zumindest einen persönlich haftenden Gesellschafter (den Komplementär) und über die das Privileg der Haftungsbeschränkung genießenden Kommanditaktionäre. Die Rechtsstellung des Komplementärs beurteilt sich nach § 278 Abs. 2 AktG nach den Vorschriften über die KG; im Ergebnis bedeutet dies, dass die KGaA nicht über einen Vorstand verfügt, die 54

---

[70] Näher zu den Rechtsquellen Habersack/Verse EuGesR § 13 Rn. 10 ff.
[71] Näher Habersack/Verse EuGesR § 13 Rn. 20 ff.
[72] Näher Habersack/Verse EuGesR § 13 Rn. 36 ff.

organschaftliche Geschäftsführungs- und Vertretungsbefugnis vielmehr dem Komplementär zusteht.[73] Obgleich auch die KGaA nach § 278 Abs. 3 AktG iVm §§ 95 ff. AktG, § 287 AktG einen Aufsichtsrat zu bilden hat, hat dieser – verglichen mit dem Aufsichtsrat der AG – erheblich eingeschränkte Befugnisse: Es fehlen ihm insbesondere die Personalhoheit gegenüber dem geschäftsführenden Organ und die Befugnis, Zustimmungsvorbehalte iSd § 111 Abs. 4 S. 2 AktG zu begründen.[74]

55 Die Rolle des **Komplementärs** kann durch eine juristische Person, insbesondere eine GmbH, eingenommen werden,[75] so dass die Rechtsform der KGaA durchaus die Möglichkeit der **Haftungsbeschränkung** bietet und dies mit einer überaus flexiblen, zu einem Gutteil personengesellschaftsrechtlichen Grundsätzen folgenden Organisationsverfassung sowie einem zu einem reinen Überwachungsorgan degradierten Aufsichtsrat einhergeht.[76]

3. KG

56 Eine Gestaltungsalternative sowohl zur GmbH als auch zur KGaA bildet die KG, mithin eine Personenhandelsgesellschaft, die über zumindest einen persönlich, nämlich nach §§ 128 ff., 161 Abs. 2 HGB haftenden Gesellschafter (den Komplementär) sowie über die nur in Höhe der in das Handelsregister eingetragenen Haftsumme (§ 171 HGB) haftenden Kommanditisten verfügt. Wie bei der KGaA kann auch bei der KG, wie beispielsweise § 19 Abs. 2 HGB bestätigt, die Rolle des **Komplementärs** durch eine **juristische Person** eingenommen werden. Hinsichtlich des Innenverhältnisses genießen die Gesellschafter ein hohes Maß an Gestaltungsfreiheit.

57 Anders als AG, GmbH und KGaA unterliegt die KG als solche weder dem MitbestG noch dem DrittelbG. Wird allerdings die Komplementärstellung durch eine Kapitalgesellschaft eingenommen, sind dieser nach Maßgabe des § 4 MitbestG die Arbeitnehmer der KG zuzurechnen, so dass gegebenenfalls auf Ebene der Komplementärin ein **mitbestimmter Aufsichtsrat** zu bilden ist.

---

[73] Näher Koch AktG § 278 Rn. 11 ff.
[74] Dazu sowie zu weiteren Beschränkungen der Aufsichtsratsbefugnisse Koch AktG § 278 Rn. 15.
[75] S. § 279 Abs. 2 AktG, ferner BGHZ 134, 392 ff.
[76] Zur Mitbestimmung in der GmbH & Co. KGaA s. namentlich BGHZ 134, 392 (400), aber auch Habersack/Henssler/Habersack MitbestG § 1 Rn. 40 f. mwN.

§ 3 Völker- und europarechtlicher Rahmen von Nachhaltigkeit

Prof. Dr. Christian Walter

Übersicht

	Rn.
I. Der „regulatory turn" im modernen Völkerrecht	1
II. Nachhaltigkeit als Begriff und Konzept des Völkerrechts	5
1. Von Stockholm über den Brundtland-Bericht nach Rio und Johannesburg: Die Herausbildung und Veränderung des Konzepts der Nachhaltigkeit	6
2. Nachhaltigkeit und Völkervertragsrecht	9
3. Nachhaltigkeit als übergeordnetes Strukturprinzip des Umweltvölkerrechts	10
4. Nachhaltigkeit als weiche Verpflichtung (soft law)	12
III. Der normative Inhalt des Nachhaltigkeitsprinzips	15
IV. Adressaten völkerrechtlicher Nachhaltigkeitspflichten	16
1. Staatliche Stellen (Gesetzgeber, Behörden, Gerichte)	17
2. Privatrechtssubjekte in der innerstaatlichen Ordnung	20
3. Insbesondere: Öffentliche Unternehmen	21
4. Innerstaatliche Wirkungen von soft law	25
V. Nachhaltigkeit im Unionsrecht	27
1. Nachhaltigkeit im Primärrecht	27
2. Nachhaltigkeit im Sekundärrecht	29
VI. Fazit: Völker- und europarechtliche Prägung einer nachhaltigen Unternehmensführung	34

Literatur

v. Arnauld, Völkerrecht, Heidelberg 2023; Boyle/Freestone (Hrsg.), International Law and Sustainable Development: Past Achievements and Future Challenges, Oxford 1999; Birnie/Boyle/Redgwell, International Law and The Environment, Oxford 2021; Calliess, Rechtsstaat und Umweltrecht, Tübingen 2001; Epiney/Scheyli, Strukturprinzipien des Umweltvölkerrechts, Baden-Baden 1998; Fitzmaurice/Wong/Crampin, International Environmental Law, Cheltenham 2022; Frenz/Unnerstall, Nachhaltige Entwicklung im Europarecht, Baden-Baden 1999; Gehne, Nachhaltige Entwicklung als Rechtsprinzip, Tübingen 2011; Gehring/Cordonier Segger (Hrsg.), Sustainable Development in World Trade Law, The Hague 2005; Huck, Sustainable Development Goals, Baden-Baden 2022; Kahl (Hrsg.), Nachhaltigkeit als Verbundbegriff, Tübingen 2008; Kahl/Gärditz, Umweltrecht, München 2022; Knauff, Der Regelungsverbund: Recht und Soft Law im Mehrebenensystem, Tübingen 2010; Krämer/Orlando (Hrsg.), Principles of Environmental Law, Cheltenham 2018; Marx/van Calster/Wouters/Otteburn/Lica (Hrsg.), Research Handbook on Global Governance, Business and Human Rights Cheltenham 2022; Meßerschmidt, Europäisches Umweltrecht, München 2011; Monnheimer, Due Diligence Obligations in International Human Rights Law, Cambridge 2021; Sands/Peel, Principles of International Environmental Law, Cambridge 2018; Mittwoch, Nachhaltigkeit und Unternehmensrecht, Tübingen 2022; Sauer, Staatsrecht III, München 2022; Segger/Khalfan, Sustainable Development Law, Oxford 2004; Spießhofer, Unternehmerische Verantwortung, Baden-Baden 2017; Tietje, Internationales Wirtschaftsrecht, Berlin Boston 2022; Voigt, Sustainable Development as a Principle of International Law: Resolving Conflicts between Climate Measures and WTO Law, Leiden Boston 2009; Vordermayer, Non-Regression in International Law, Cambridge 2020

I. Der „regulatory turn" im modernen Völkerrecht[*]

Das klassische Verständnis des Völkerrechts ist das eines Rechts der Beziehungen zwischen Staaten. Dieses Verständnis ist bis heute für weite Teile des Völkerrechts zutreffend. Aber auch wenn die verbindliche Regelung zwischenstaatlicher Beziehungen nach wie vor einen großen Teilbereich des Völkerrechts ausmacht, so ist doch nicht zu übersehen, dass insbesondere nach dem Ende des Zweiten Weltkriegs weitere Regelungsfunktionen hinzugetreten sind. Besonders offensichtlich ist das im Bereich des internationalen Menschenrechtsschutzes oder des Völkerstrafrechts. Beides sind Rechtsgebiete, in denen Individuen Adres- 1

---

[*] Für Hilfe bei der Recherche und wichtige kritische Hinweise danke ich Narin Nosrati.

saten von Rechten oder Pflichten aus dem Völkerrecht sind, also **nicht mehr allein Rechtsbeziehungen zwischen Staaten geregelt werden.** Diese Entwicklung beschränkt sich aber keineswegs auf den Menschenrechtsschutz und das Völkerstrafrecht, sondern sie betrifft gerade auch das Wirtschafts- und Umweltvölkerrecht.[1]

2 Für dieses ist darüber hinaus eine Tendenz zur **ebenenübergreifenden Regulierung** bestimmter Sachmaterien zu beobachten. Kennzeichen dieser Entwicklung ist die Formulierung bestimmter (globaler) Gemeinwohlanliegen, die nicht durch das Völkerrecht allein, sondern nur im Zusammenwirken völkerrechtlicher, unionsrechtlicher und innerstaatlicher Instrumente verwirklicht werden können (→ § 1 Rn. 7). Mit dieser Entwicklung gehen Veränderungen des Völkerrechts einher, hinter denen eine neue, zusätzliche Funktion sichtbar wird: Neben die verbindliche Regelung zwischenstaatlicher Beziehungen und die Zuerkennung von Rechten und Pflichten für Privatrechtssubjekte tritt die Entwicklung des Völkerrechts zu einem Steuerungsinstrument, mit dem globale Anliegen (Klimaschutz, Korruptionsbekämpfung, Stabilität der Finanzmärkte, Begrenzung des Waffenhandels, etc.) verfolgt werden. Man kann insoweit von einem „regulatory turn" im modernen Völkerrecht sprechen.[2]

3 Die neue Funktion „Regulierung" bewirkt Veränderungen bei den Instrumenten. Im klassischen zwischenstaatlichen völkerrechtlichen Vertrag steht die Formulierung materieller Verpflichtungen im Vordergrund. Für die Erreichung eines Regulierungsziels müssen neben materiellen Vorgaben aber vor allem intelligente Anreizmechanismen geschaffen werden, durch welche die Vertragsparteien dazu angehalten werden, auf die Zielerreichung hinzuarbeiten. Die Erarbeitung solcher Anreiz- und Überwachungsmechanismen stellt eine zentrale Aufgabe moderner völkerrechtlicher Regulierung dar. Dabei entstehen – teilweise unter Einbeziehung privater Akteure – **hybride Steuerungsformen,** deren Zuordnung zum klassischen Kanon völkerrechtlicher Rechtsquellen schwerfällt.[3] Zu nennen sind etwa der UN Global Compact, die UN-Leitprinzipien für Wirtschaft und Menschenrechte oder auch die OECD-Leitsätze für Multinationale Unternehmen (im Einzelnen → § 5 Rn. 46 ff.).

4 Folge dieser Entwicklung ist, dass die **normativen Strukturen diffuser werden,** weil neben die klassische völkervertragliche Bindung von Staaten im Außenverhältnis weitere Wirkungen namentlich auch indirekter Art treten, mit denen das Völkerrecht Einfluss auf die Ausgestaltung innerstaatlicher Rechtsverhältnisse im Anwendungsbereich des jeweiligen Regulierungsanliegens nimmt. Dabei können die Regulierungsanliegen unterschiedlich konkret ausgestaltet sein. Es finden sich recht konkrete Ziele (zB Begrenzung der Erderwärmung auf möglichst nicht mehr als 1,5°C des vorindustriellen Niveaus nach Art. 2 Abs. 1 lit. a Pariser Abkommen), aber auch ein allgemeines Anliegen wie „Nachhaltigkeit" kann als völkerrechtliche Vorgabe formuliert werden, die in die innerstaatliche Rechtsordnung hineinwirkt.

II. Nachhaltigkeit als Begriff und Konzept des Völkerrechts

5 Die Wurzeln des Nachhaltigkeitsbegriffs in der Forstwirtschaft des 18. Jahrhunderts sind bekannt.[4] Ebenso ist bekannt, dass Nachhaltigkeit seit den 1970er Jahren zu einem Schlüsselbegriff des Umweltvölkerrechts wurde. Hier geht es weniger darum, diese Begriffsgeschichte im Einzelnen nachzuzeichnen.[5] Wichtig ist vielmehr die sich aus der Entwick-

---

[1] Etwa Tietje in Tietje Internationales Wirtschaftsrecht § 1 Rn. 5; Sands/Peel, Principles of International Environmental Law, 13.
[2] Cogan Harvard Journal of International Law 52 (2011), 321 ff.
[3] Grundlegend für die Veränderung bei den Instrumenten Knauff, Der Regelungsverbund: Recht und Soft Law im Mehrebenensystem; speziell mit Blick auf Steuerung durch Völkerrecht: Walter ZaöRV 76 2016, 363 (368 ff. und 378 ff.).
[4] Klippel/Otto in Kahl Nachhaltigkeit als Verbundbegriff, 39 (44 ff.).
[5] Siehe dafür Beyerlin in R. Wolfrum (ed.), Enforcing Environmental Standards: Economic Mechanisms as Viable Means?, 95 (96 ff.).

lung auf völkerrechtlicher Ebene ergebende normative Bedeutung des Konzepts der Nachhaltigkeit herauszuarbeiten.[6]

1. Von Stockholm über den Brundtland-Bericht nach Rio und Johannesburg: Die Herausbildung und Veränderung des Konzepts der Nachhaltigkeit

Im Ausgangspunkt ist Nachhaltigkeit ein entwicklungspolitisches Konzept, das erst in der Folge um den Aspekt der ökologischen Zukunftsverantwortung ergänzt wurde.[7] Diese Akzentsetzung auf der Entwicklungspolitik wird an einer Reihe von zentralen Stellen der Abschlusserklärung des Weltumweltgipfels in Stockholm 1972 deutlich.[8] Schon damals ist auch der dahinterstehende **Zielkonflikt zwischen wirtschaftlichem Wachstum und Umweltschutz** deutlich erkennbar. In der Folge war es vor allem der Abschlussbericht „Our Common Future", den die World Commission on Environment and Development 1985 vorlegte, der für den Ausgleich der sich tendenziell widerstreitenden Ziele Entwicklung und Umweltschutz das Konzept der „nachhaltigen Entwicklung" (sustainable development) prägte. In diesem, nach der Kommissionsvorsitzenden und ehemaligen norwegischen Ministerpräsidentin Gro Harlem Brundtland, meist als Brundtland-Bericht bezeichneten Dokument, wird nachhaltige Entwicklung als Konzept des Interessenausgleichs in drei Dimensionen entfaltet: zwischen entwickelten und weniger entwickelten Ländern, zwischen Umweltschutz und wirtschaftlichem Wachstum und schließlich zwischen Gegenwart und Zukunft.[9] In der Gesamtschau erscheint **nachhaltige Entwicklung dabei als eine Art Zielvorgabe,** deren genauere normative Bedeutung damit freilich nicht geklärt ist. 6

Mit der Abschlusserklärung des zweiten Weltumweltgipfels (UN-Konferenz für Umwelt und Entwicklung, Rio de Janeiro 1992) fand das Konzept der Nachhaltigkeit Eingang in die mit der Schlusserklärung formulierten sog. Rio-Prinzipien. Prinzip 27 der Abschlusserklärung lautet: „Die Staaten und Völker müssen in gutem Glauben und im Geist der Partnerschaft bei der Erfüllung der in dieser Erklärung enthaltenen Grundsätze sowie bei der Weiterentwicklung des Völkerrechts auf dem Gebiet der nachhaltigen Entwicklung zusammenarbeiten." Der dritte Weltumweltgipfel (Johannesburg 2002) trägt die Nachhaltigkeit sogar in seinem Titel: „World Summit on Sustainable Development".[10] Eine Konkretisierung in Form von 17 Einzelzielen erfolgte durch die „2030 Agenda for Sustainable Development", welche die Generalversammlung am 21. Oktober 2015 annahm.[11] Auf der Grundlage dieser Dokumente werden **üblicherweise drei „Pfeiler" ausgemacht, auf denen Nachhaltigkeit ruht:** Umweltschutz, wirtschaftliche Entwicklung und Rücksicht auf soziale Belange.[12] Diese Trias prägt auch die innerstaatliche Diskussion.[13] 7

Die Aufnahme des Nachhaltigkeitsprinzips in Abschlusserklärungen und Generalversammlungsresolutionen beantwortet noch nicht die **Frage seiner normativen Bedeutung.** Diese Dokumente sind keine völkerrechtlich verbindlichen Verträge. Sie bleiben deshalb aus sich selbst heraus juristisch-normativ unverbindlich, auch wenn ihnen eine hohe moralische und politische Dignität zukommt.[14] Damit ist das Dilemma umschrieben, das sich aus völkerrechtlicher Sicht mit dem Prinzip der Nachhaltigkeit verbindet: Einerseits 8

---

[6] Zur Entwicklungsgeschichte des Umweltvölkerrechts siehe Sands/Peel, Principles of International Environmental Law Kapitel 2, 21 ff.
[7] Gärditz in Kahl Nachhaltigkeit als Verbundbegriff, 137 (137 f.).
[8] Siehe etwa Ziff. 4 der Präambel und die Prinzipien 9 und 10 der Abschlusserklärung.
[9] Siehe insbes. Teil 1, Kapitel 2, das den Titel „Towards Sustainable Development" trägt.
[10] Vgl. auch die abschließende „Johannesburg Declaration on Sustainable Development" (UN Doc. A/CONF.199/20) vom 4. September 2002.
[11] GA-Res. 70/1 vom 21.10.2015.
[12] Siehe beispielsweise Cordonier Segger/Khalfan, Sustainable Development Law, 51 ff; Fitzmaurice/Wong/Crampin, International Environmental Law, 16; Frenz, Europäisches Umweltrecht, 2 Rn. 6; Kahl in Kahl Nachhaltigkeit als Verbundbegriff, 9.
[13] Siehe etwa Rehbinder NVwZ 2002, 657 ff.
[14] Dazu sogleich nochmals näher → Rn. 12 f.

steht seine herausragende internationale Bedeutung ganz außer Frage. Sie wird in Einordnungen als „Dreh- und Angelpunkt" oder „Fundamentalsatz" des Umweltvölkerrechts oder in der Rede von der „normativen Sogwirkung" deutlich, die es entfalte.[15] Andererseits ist nicht zu übersehen, dass gerade diese Wendungen eine gewisse Verlegenheit zum Ausdruck bringen, vermeiden sie doch allesamt eine klare Einordnung des Nachhaltigkeitsprinzips in die klassischen Rechtsquellen.

2. Nachhaltigkeit und Völkervertragsrecht

9 Für die Entwicklung des Nachhaltigkeitsprinzips nach der Rio-Erklärung ist kennzeichnend, dass eine Reihe konkreter umweltvölkerrechtlicher Verträge das Prinzip explizit aufgreifen und daraus – freilich meist sehr allgemeine – Verpflichtungen ableiten. Wo das der Fall ist, kann am **Charakter der Nachhaltigkeit als hartem, verbindlichem Recht kein Zweifel** bestehen. Ein gutes Beispiel hierfür bildet Art. 2 des Übereinkommens über biologische Vielfalt. Nach dieser Vorschrift bedeutet „nachhaltige Nutzung" die Nutzung von Bestandteilen der biologischen Vielfalt in einer Weise und in einem Ausmaß, die nicht zum langfristigen Rückgang der biologischen Vielfalt führen, wodurch ihr Potential erhalten bleibt, die Bedürfnisse und Wünsche heutiger und künftiger Generationen zu erfüllen.[16] Eine Einbeziehung in das Vertragsrecht – wenngleich ohne nähere inhaltliche Definition – findet sich auch in Art. 2 Abs. 1 und Art. 4 Abs. 1 des Pariser Abkommens oder auch in Art. 3 Nr. 4 der Klimarahmenkonvention. In den genannten Beispielsfällen bedarf die konkrete normative Bedeutung des Nachhaltigkeitsprinzips weiterer Klärung. Seine Qualifikation als verbindliches Recht steht aber außer Frage.

3. Nachhaltigkeit als übergeordnetes Strukturprinzip des Umweltvölkerrechts

10 Ganz offensichtlich bleiben die Wirkungen des Nachhaltigkeitsprinzips aber nicht auf den gerade beschriebenen, relativ engen Bereich einzelner völkerrechtlicher Verträge beschränkt. Gerade seine herausgehobene Bedeutung in den Abschlusserklärungen der Weltgipfel von 1992 und 2002 und die Konkretisierung in Einzelziele in der 2030 Agenda for Sustainable Development zeigen, dass die **Wirkung deutlich über einzelne umweltvölkerrechtliche Verträge hinausreicht.** Dies wird durch einen Blick in die internationale Rechtsprechung bestätigt. So stufte der IGH bereits in dem 1997 entschiedenen Gabčíkovo Nagymaros-Fall das Nachhaltigkeitsprinzip als rechtlich relevant ein, wenngleich er weder den rechtlichen Status näher thematisierte noch gar einen bestimmten Inhalt zugrunde legen wollte.[17] Diese Zurückhaltung des IGH zeigt sich auch in späteren Entscheidungen.[18] Namentlich das Schiedsgericht im Iron Rhine-Fall hat dagegen das Nachhaltigkeitsprinzip mit dem gewohnheitsrechtlich sicher anerkannten Schädigungsverbot verknüpft und daraus verfahrensrechtliche Konsequenzen gezogen. Es bestehe eine Pflicht, „angemessene Umweltmaßnahmen in die Konzeption und Durchführung von

---

[15] Ong The Irish Yearbook of International Law 1 (2006), 3 (25); Vinuales RECIEL 22 (2013), 3 (6).

[16] BGBl. 1993 II S. 1741 (1745 f.); in Kraft getreten am 21.3.1994 (Bek. v. 31.3.1995, BGBl. II S. 350).

[17] „Throughout the ages, mankind has, for economic and other reasons, constantly interfered with nature. In the past, this was often done without consideration of the effects upon the environment. Owing to new scientific insights and to a growing awareness of the risks for mankind – for present and future generations – of pursuit of such interventions at an unconsidered and unabated pace, new norms and standards have been developed, set forth in a great number of instruments during the last two decades. Such new norms have to be taken into consideration, and such new standards given proper weight, not only when States contemplate new activities but also when continuing with activities begun in the past. *This need to reconcile economic development with protection of the environment is aptly expressed in the concept of sustainable development.*" IGH, Case concerning the Gabčíkovo-Nagymaros Projekt, ICJ Rep. 1997, 7, para. 140 (Hervorhebung vom Verfasser).

[18] Siehe die eher vorsichtigen Formulierungen in IGH, Case concerning Pulp Mills on the River Uruguay (Argentina v. Uruguay), Judgment (20 April 2010), ICJ Report (2010) 14, paras. 75, 177; Order (13 July 2006), ICJ Report (2006) 113, para. 80; siehe zum Ganzen *M. Vordermayer*, Non-Regression in International Environmental Law, Cambridge UK 2020, 468.

wirtschaftlichen Aktivitäten zu integrieren."[19] Es kann vor diesem Hintergrund nicht überraschen, dass die Verpflichtung zur Vornahme einer Umweltverträglichkeitsprüfung recht weitgehend nicht nur als vertragliche Pflicht, sondern als Bestandteil des Völkergewohnheitsrechts angesehen wird.[20] Man kann diese Pflicht ohne Weiteres als verfahrensrechtliche Ausprägung des Nachhaltigkeitsprinzips verstehen,[21] auch wenn dieses selbst bislang nur eher vereinzelt als geltendes Gewohnheitsrecht eingeordnet wird.[22]

An diesen Beispielen zeigt sich die **Funktionsweise der Nachhaltigkeit als Strukturprinzip des Umweltvölkerrechts.**[23] Allein ihre Aufnahme in die Präambel des WTO-Übereinkommens beeinflusst nach der Entscheidungspraxis des Appellate Body die Interpretation des materiellen Welthandelsrechts,[24] sie strahlt in die aktuelle Interpretation vertraglicher Menschenrechtsgarantien aus, wenn unter dem Stichwort des „greening of human rights" die Menschenrechte zur Durchsetzung umweltvölkerrechtlicher Ziele herangezogen werden,[25] und sie lässt sich schließlich auch für einen Ausgleich wirtschaftlicher und sozialer Interessen im Investitionsschutzrecht fruchtbar machen.[26] Nachhaltigkeit trägt so zu einer eigenen, **neuen Systematisierung im Völkerrecht insgesamt** bei.[27] 11

4. Nachhaltigkeit als weiche Verpflichtung (soft law)

Die bisherige Darstellung zielte darauf ab, das Prinzip der Nachhaltigkeit der traditionellen 12
völkerrechtlichen Rechtsquellenlehre zuzuordnen. Es ging also um rechtsverbindliche Vorgaben zur Nachhaltigkeit. Von solchen harten Normen wird im Völkerrecht seit längerem sog. „soft law" unterschieden. Darunter versteht man **Verpflichtungen, die sich nicht auf verbindliche Rechtssätze gründen, sondern in erster Linie politischer Natur sind.**[28] Die Abschlusserklärungen der Weltumweltgipfel von Rio und Johannesburg oder die 2030 Agenda for Sustainable Development, die als Resolution der UN-Generalversammlung verabschiedet wurde,[29] sind typische Beispiele für solche Verpflichtungen politischer und moralischer Natur. Soweit sich darin der Charakter der Nachhaltigkeit als Strukturprinzip ausdrückt, verstärken und unterstreichen sie lediglich dessen Bedeutung als verbindliches Recht.

Es finden sich aber im Bereich des soft law der Nachhaltigkeit durchaus auch konkrete 13
Einzelausprägungen, die über den Bereich des verbindlichen harten Rechts hinausreichen oder zumindest Konkretisierungen vornehmen, die sich nicht unmittelbar aus dem Grundsatz der Nachhaltigkeit selbst ergeben. So enthalten die 17 Sustainable Development Goals der 2030 Agenda teilweise sehr konkrete Quantifizierungen von Einzelzielen, die sicher

---

19 Arbitration Regarding the Iron Rhine (Ijzeren Rijn) Railway between the Kingdom of Belgium and the Kingdom of the Netherlands, Urt. v. 24.5.2005, XXVII RIAA 35, para. 222.
20 IGH, Case on Pulp Mills on the River Uruguay (Argentina v. Uruguay), Judgment, ICJ Reports 2010, 14, para. 204; Sands/Peel, Principles of International Environmental Law 657 ff.; Epiney, Environmental Impact Assessment, MPEPIL (2009), Rn. 47 ff.; Kahl/Gärditz Umweltrecht 393, Rn. 886.
21 Gärditz (Fn. 7), 173.
22 Für eine Geltung als Völkergewohnheitsrecht: Calliess, Rechtsstaat und Umweltstaat, 143 f.; Cordonier Segger/Khalfan, Sustainable Development Law, 95 ff.; dagegen Beyerlin, Umweltvölkerrecht, 18, Rn. 37; Dupuy/Vinuales, International Environmental Law, 81; Epiney/Scheyli, Strukturprinzipien des Umweltvölkerrechts, 77 ff.; Gärditz, Nachhaltigkeit und Völkerrecht, 168 f.
23 Epiney/Scheyli, Strukturprinzipien des Umweltvölkerrechts, 82 ff.; Gehne, Nachhaltige Entwicklung als Rechtsprinzip, 54 ff.; Voigt, Sustainable Development as a Principle of International Law: Resolving Conflicts between Climate Measures and WTO Law, 145 ff.
24 United States – Import Prohibition of Certain Shrimp and Shrimp Products – AB-1998-4 – Report of the Appellate Body, WT/DS58/AB/R, vom 12.10.1998, paras. 129, 131; näher Avafia in Gehring/Cordonnier Segger, Sustainable Development in World Trade Law, 259 (266 f.).
25 Van der Bank/Van der Bank OIDA International Journal of Sustainable Development 7 (2014), No. 10, 53 ff.
26 Schill ZaöRV 72 2012, 261 (300).
27 Gärditz in Kahl Nachhaltigkeit als Verbundbegriff, 137 (169).
28 Siehe näher v. Arnauld, Völkerrecht, Rn. 280 f.; Knauff, Der Regelungsverbund: Recht und Soft Law im Mehrebenensystem, 214 ff.
29 GA-Res. 70/1 vom 21.10.2015.

nicht als Auslegungsergebnis des allgemeinen Nachhaltigkeitsprinzips verstanden werden können.[30] Auch werden private Wirtschaftsunternehmen direkt adressiert und aufgefordert, ihre Innovationskraft in den Dienst nachhaltiger Entwicklung zu stellen.[31]

14 Besondere Aufmerksamkeit hat in den vergangenen Jahren der Bereich Wirtschaft und Menschenrechte erfahren. Unter dem Stichwort der **Corporate Social Responsibility** ist eine Reihe von Grundsätzen entwickelt worden, mit denen wirtschaftlicher Erfolg und soziale Standards in ein angemessenes Verhältnis gebracht werden sollen. Bislang ist es in diesem Bereich auf völkerrechtlicher Ebene nicht zur Schaffung verbindlicher Normen in Form eines völkerrechtlichen Vertrags gekommen. Der Menschenrechtsrat der Vereinten Nationen hat aber hierzu bereits im Jahr 2014 eine Open-ended Intergovernmental Working Group eingesetzt.[32] Seit August 2021 liegt der dritte Entwurf eines Vertragstextes vor. Schwerpunkte liegen auf der Rechtsdurchsetzung und den Opferrechten. Aber es ist derzeit nicht absehbar, wann und mit welchem Verbreitungsgrad ein solcher Vertrag in Kraft treten könnte.[33] Vor diesem Hintergrund entfalten vorhandene soft law-Instrumente wie der UN Global Compact, die UN-Leitprinzipien für Wirtschaft und Menschenrechte oder auch die OECD-Leitsätze für Multinationale Unternehmen weiterhin erhebliche praktische Wirkung, auch wenn sie rechtlich unverbindlich sind (→ § 5 Rn. 46 ff.).[34]

III. Der normative Inhalt des Nachhaltigkeitsprinzips

15 In der gerade beschriebenen Wirkung als übergeordnetes Strukturprinzip des Umweltvölkerrechts wird die normative Stoßrichtung der Nachhaltigkeit als Rechtsprinzip deutlich: Aus ihr lassen sich unmittelbar weder konkrete Grenzwerte für Emissionen noch bestimmte Einzelmaßnahmen ableiten, die in einem gegebenen Kontext zu ergreifen wären. Das Nachhaltigkeitsprinzip entfaltet seine **Wirkung vielmehr im Hintergrund, als allgemeine Direktive, als Zielvorgabe und als systematisierende Klammer.** Daneben gibt es politische Versprechen, die aus soft law-Instrumenten resultieren und deren praktische Wirkung von der Aufnahme und Umsetzung durch andere Akteure abhängig ist. Aus der damit umschriebenen Leit- und Interpretationsfunktion folgt, dass das Nachhaltigkeitsprinzip auf Institutionen und Verfahren angewiesen ist, die ihm Wirkung verleihen. Dabei ist eine zentrale Frage, wer eigentlich Adressat völkerrechtlicher Verpflichtungen zur Nachhaltigkeit ist.

IV. Adressaten völkerrechtlicher Nachhaltigkeitspflichten

16 Das Völkerrecht adressiert zunächst einmal die Staaten als Völkerrechtssubjekte. Für die gerade beschriebenen Pflichten aus dem Grundsatz der Nachhaltigkeit bedeutet dies, dass sie eine Bindung der Bundesrepublik Deutschland im Außenverhältnis bewirken. Welche Folgen daraus für die innerstaatliche Rechtsordnung abzuleiten sind, bedarf näherer Betrachtung.

1. Staatliche Stellen (Gesetzgeber, Behörden, Gerichte)

17 Soweit Pflichten aus dem Nachhaltigkeitsprinzip auf völkerrechtlichen Verträgen beruhen, gelten die allgemeinen **Grundsätze für die Rezeption von Völkervertragsrecht nach Art. 59 Abs. 2 GG als einfaches Bundesrecht.** Die oben angesprochenen Nachhaltig-

---

[30] Dazu Huck, Sustainable Development Goals.
[31] GA-Res. 70/1 vom 21.10.2015, Rn. 67.
[32] UN Doc. A/HRC/26/L.22/Rev.1 vom 25.6.2014; dazu de Schutter Business and Human Rights Journal 1 (2015), 41 ff.
[33] McConnell ICLQ 66 (2017) 143 ff.; Mares, United Nations Draft Treaty on Business and Human Rights: An Analysis of its Emergence, Development and Potential, in Marx/van Calster/ Wouters/Otteburn/Lica (eds.), Research Handbook on Global Governance, Business and Human Rights, 22 ff.
[34] Dazu im Überblick Sands/Peel, Principles of International Environmental Law, 92 ff.

keitspflichten aus der Biodiversitätskonvention werden demnach grundsätzlich über das deutsche Zustimmungsgesetz zur Biodiversitätskonvention innerstaatlich anwendbar.[35] Um eine Rechtsanwendung durch Behörden und Gerichte im Einzelfall zu ermöglichen, müssten die Vertragsbestimmungen darüber hinaus so konkret gefasst sein, dass sie „self-executing" sind, dh keiner näheren Ausgestaltung durch den Gesetzgeber bedürfen.[36] Das wird man für die Nachhaltigkeitsvorgaben in aller Regel verneinen müssen, weil die entsprechenden Vertragsbestimmungen so allgemein gehalten sind, dass sie primär den Gesetzgeber adressieren.[37]

Allerdings sind auch für solche Normen mittelbare Wirkungen bei der Rechtsanwendung denkbar. Gerade wenn es sich – wie das beim Nachhaltigkeitsprinzip der Fall ist – um Normen mit Zielcharakter handelt, dann entfalten sie ungeachtet ihrer fehlenden unmittelbaren Anwendbarkeit gleichwohl indirekte **Wirkung als Auslegungsleitlinien bei der Anwendung sonstigen innerstaatlichen Rechts.**[38] Das Zustimmungsgesetz nach Art. 59 Abs. 2 GG bewirkt hier also eine bundesrechtliche Bindung der Gerichte an den Nachhaltigkeitsgrundsatz als Auslegungsmaxime und Zielvorgabe. Diese innerstaatliche Perspektive trifft sich mit Überlegungen zur Wirkung der Nachhaltigkeit als Interpretationsdirektive für die Gerichtsbarkeit, die bei der konkreten Rechtsanwendung einen Ausgleich zwischen widerstreitenden Interessen im Sinne der Nachhaltigkeit herbeiführen müsse.[39] 18

Darüber hinaus ist der **Gesetzgeber** nach dem Grundsatz der Völkerrechtsfreundlichkeit des Grundgesetzes gehalten, völkerrechtliche Verpflichtungen im Rahmen der Gesetzgebung zu beachten.[40] Soweit man neben der vertraglichen Bindung auch eine völkergewohnheitsrechtliche Geltung des Nachhaltigkeitsprinzips annimmt,[41] erfolgt die Rezeption über Art. 25 GG. An den Bindungswirkungen für Gesetzgeber, Behörden und Gerichte ändert sich dadurch im praktischen Ergebnis nichts. Wegen der formalen Vorrangstellung des Völkergewohnheitsrechts gegenüber dem einfachen Bundesgesetz[42] ist die Bindung des Gesetzgebers aber deutlicher als beim Vertragsrecht. 19

2. Privatrechtssubjekte in der innerstaatlichen Ordnung

Für das Unternehmensrecht stellt sich die Frage, ob auch eine **unmittelbare Bindung privater Akteure an völkerrechtliche Nachhaltigkeitspflichten** möglich ist. Dabei ist zwischen der grundsätzlichen Möglichkeit des Bestehens solcher Pflichten und ihrer konkreten Existenz im gegenwärtig geltenden Völkerrecht zu unterscheiden. Grundsätzlich ist es möglich, auf völkerrechtlicher Ebene Normen zu schaffen, die unmittelbar Privatrechtssubjekte berechtigen oder verpflichten. Das ist etwa beim internationalen Menschenrechtsschutz (Berechtigung) oder im Völkerstrafrecht (Verpflichtung) der Fall. Sind diese Normen hinreichend präzise formuliert, also „self-executing", so werden sie über Art. 59 Abs. 2 GG bei Verträgen und über Art. 25 Satz 2 GG im Falle von Völkergewohnheitsrecht innerstaatlich anwendbar. Für die bislang auf völkerrechtlicher Ebene existierenden Nachhaltigkeitsverpflichtungen ist allerdings anzunehmen, dass es ihnen an der für die unmittelbare innerstaatliche Anwendbarkeit notwendigen Konkretisierung fehlt. Rein private Rechts- 20

---

[35] BGBl. 1993 II S. 1741 (1745 f.); in Kraft getreten am 21.3.1994 (Bek. v. 31.3.1995, BGBl. II S. 350).
[36] Näher Sauer, Staatsrecht III, Rn. 15 ff.
[37] Vgl. bereits → Rn. 15.
[38] Sauer, Staatsrecht III, Rn. 16.
[39] Grundlegend hierzu Lowe in Boyle/ Freestone (eds.), International Law and Sustainable Development: Past Achievements and Future Challenges, 19 (31); Boyle/Redgwell, International Law and the Environment, 129; Barral in Krämer/Orlando (eds.), Principles of Environmental Law, 103 (110 f.); Voigt, Sustainable Development as a Principle of International Law: Resolving Conflicts between Climate Measures and WTO Law, 374 f., 183 ff.
[40] Payandeh JÖR 57 2009, 465 (487 f.).
[41] Die Frage ist in der völkerrechtlichen Literatur umstritten, siehe oben Rn. 10 aE. Der IGH hat in den oben genannten Fällen (→ Rn. 10) eine Aussage zu dieser Frage vermieden.
[42] v. Arnauld, Völkerrecht, Rn. 521.

subjekte unterliegen damit keiner direkten rechtlichen Bindung aus dem völkerrechtlichen Nachhaltigkeitsprinzip. Es bedarf vielmehr einer konkretisierenden Umsetzung durch den staatlichen Gesetzgeber.

3. Insbesondere: Öffentliche Unternehmen

21 Eine besondere Stellung unter den Adressaten nehmen die öffentlichen Unternehmen ein. Selbstverständlich sind sie ebenso Adressaten von Nachhaltigkeitspflichten wie das bei rein privaten Unternehmen der Fall ist. Wegen ihrer Eigenschaft als öffentliche Unternehmen kann man aber über eine stärkere direkte Bindung aus völkerrechtlichen Pflichten Deutschlands im Außenverhältnis nachdenken. Das Bundesverfassungsgericht hat in seiner Görgülü-Entscheidung dem in Art. 20 Abs. 3 GG garantierten Rechtsstaatsprinzip die Verpflichtung aller „staatlichen Organe" entnommen, die Gewährleistungen der Europäischen Menschenrechtskonvention im Rahmen des methodisch Zulässigen bei der Auslegung und Anwendung des einfachen Rechts zu berücksichtigen.[43] Diese **Berücksichtigungspflicht** ist zudem mit einer auf das parallele Grundrecht des Grundgesetzes gestützten Verfassungsbeschwerde prozessual durchsetzbar.[44]

22 Nun wird man öffentliche Unternehmen nicht ohne Weiteres mit den in der Entscheidung angesprochenen „staatlichen Organen" gleichsetzen können. Es besteht in der Literatur aber eine starke Tendenz, die Bindung aus Art. 1 Abs. 3 GG (→ § 18 Rn. 42 und 50), die formal auch nur Gesetzgebung, vollziehende Gewalt und Rechtsprechung betrifft, weit zu verstehen und sie auf alle Ausübungs- und Erscheinungsformen staatlicher Gewalt zu erstrecken.[45] Dem korrespondiert die Rechtsprechung des Bundesverfassungsgerichts in der Fraport-Entscheidung, wenn dort eine weitgehende **Bindung öffentlicher Unternehmen an die Grundrechte** angenommen wird.[46] Diese Bindung lässt sich dahin zusammenfassen, dass vom Staat beherrschte Unternehmen stets grundrechtsgebunden sind, wobei für die Beherrschung auf das Beteiligungsverhältnis und gegebenenfalls auch auf die sonstigen vertraglichen Vereinbarungen abzustellen ist.[47]

23 Der in dieser Rechtsprechung und Literatur zur Grundrechtsbindung vertretene Grundansatz lässt sich auch auf **völkerrechtliche Verpflichtungen Deutschlands im Außenverhältnis** übertragen. Das muss jedenfalls dann gelten, wenn diese Verpflichtungen ihrerseits eine grundrechtliche Dimension haben, also materiell in den Anwendungsbereich von Art. 1 Abs. 3 GG fallen.

24 Für den Bereich der hier angesprochenen Nachhaltigkeitspflichten ist darüber hinaus Art. 20a GG zu berücksichtigen. Diese Bestimmung des Grundgesetzes verpflichtet nach herrschender Meinung ebenfalls die Staatsgewalt in allen ihren Erscheinungsformen.[48] Wenn dem so ist, dann muss sie in ganz vergleichbarer Weise für öffentliche Unternehmen gelten, wie das bei Art. 1 Abs. 3 GG angenommen wird. Diese Überlegungen sprechen für eine **unmittelbare Bindung öffentlicher Unternehmen an völkerrechtliche Nachhaltigkeitsverpflichtungen.** Dies bedeutet konkret, dass der Nachhaltigkeitsgrundsatz als umweltvölkerrechtliches Strukturprinzip bei der Führung öffentlicher Unternehmen zugrunde zu legen ist.

---

[43] BVerfGE 111, 307 (Ls. 1, 315 ff.).
[44] BVerfGE 111, 307 (328 ff.).
[45] BK-GG/Kahl GG Art. 1 Rn. 219.
[46] BVerfGE 128, 226 (244 ff.).
[47] Überzeugend BK-GG/Kahl GG Art. 1, Rn. 289; eine Gegenansicht will die Grundrechtsbindung auf die staatlichen (oder ggfls. kommunalen) Anteilseigner beschränken, was aber zu Rechtsschutzlücken wegen der möglicherweise beschränkten Einwirkungsmöglichkeiten führen kann und deshalb abzulehnen ist (siehe im Einzelnen BK-GG/Kahl Art. 1, Rn. 291).
[48] Landmann/Rohmer UmwR/Gärditz GG Art. 20a Rn. 27; v. Münch/Kunig/Sommermann GG Art. 20a Rn. 18.

4. Innerstaatliche Wirkungen von soft law

Es wurde bereits betont, dass es sich bei soft law um rechtlich unverbindliche Vorgaben 25 handelt.[49] Dementsprechend kann soft law auch keine harte Wirkung in der innerstaatlichen Rechtsordnung entfalten. Dies bedeutet nun aber nicht, dass soft law notwendig wirkungslos bleibt. So kann der **Gesetzgeber** völkerrechtliche soft law-Versprechen aufgreifen und innerstaatlich mit verbindlichen Regelungen umsetzen. Die geplante **Corporate Sustainability Due Diligence-Richtlinie der Europäischen Union** (→ § 9 Rn. 20) ist ein Beispiel hierfür.[50] Auch das deutsche **Lieferkettensorgfaltspflichtengesetz**[51] lässt sich klar auf internationale Vorgaben aus dem Bereich des soft law zurückführen (→ § 10 Rn. 10).[52]

Neben eine solche „harte" Umsetzung durch verbindliches Unionsrecht und innerstaat- 26 liches Recht treten weitere indirekte Wirkungen auf die Unternehmensführung selbst. Im Rahmen sog. Multistakeholder-Prozesse ist auch der private Wirtschaftssektor in die Erarbeitung völkerrechtlicher soft law-Verpflichtungen eingebunden.[53] Es ist deshalb nicht nur möglich, sondern sogar intendiert, dass **(freiwillige) Umsetzungsreaktionen durch die Unternehmen selbst** erfolgen.[54] Von daher lassen sich auch Selbstverpflichtungen von Unternehmen im Rahmen einer von ihnen ohne bestehende Rechtspflicht eingeführten nachhaltigen Unternehmensführung als mittelbare Wirkungen von völkerrechtlichem soft law ausmachen (→ § 5 Rn. 46 ff.).

V. Nachhaltigkeit im Unionsrecht

1. Nachhaltigkeit im Primärrecht

Im Unionsrecht ist der Begriff der Nachhaltigkeit inzwischen auf der Ebene des Primär- 27 rechts verankert.[55] So wirkt die Union nach der Präambel des EUV und vor allem nach **Art. 3 Abs. 3 UAbs. 1 Satz 1 EUV** auf eine „nachhaltige Entwicklung Europas" hin, worunter ausweislich der konkret genannten Einzelelemente (Wirtschaftswachstum, Preisstabilität, wettbewerbsorientierte, soziale Marktwirtschaft, Vollbeschäftigung, hohes Maß an Umweltschutz und bessere Umweltqualität) genau jene Zieltrias angesprochen ist, die auch dem völkerrechtlichen Konzept der Nachhaltigkeit zugrunde liegt.[56] Außerdem nehmen die **sog. Querschnittsklausel zum Umweltschutz** (Art. 11 AEUV) und **Art. 37 GR-Charta** in nahezu wortidentischer Formulierung auf den Grundsatz der Nachhaltigkeit Bezug, um Umweltschutz angemessen in die Politik der Union zu integrieren.[57]

Auch wenn die beiden zuletzt genannten Bestimmungen vornehmlich den Umwelt- 28 aspekt adressieren,[58] so macht doch jedenfalls der grundlegende Charakter von Art. 3 EUV deutlich, dass die **soziale Dimension im Nachhaltigkeitskonzept des Unionsrecht einen gleichberechtigten Platz** hat. So betont die Kommission seit einigen Jahren

---

[49] → Rn. 12.
[50] Vorschlag der Kommission (EU) COM (2022) 71 final.
[51] BGBl. 2021 I 2959; dazu etwa Nedelcu/Schäferling, GYBIL 64 (2021), 443 ff.; Wagner/Ruttloff NJW 2021, 2145 ff.
[52] Siehe die Hinweise in der Begründung für den Gesetzentwurf der Bundesregierung, BT-Drs. 19/28649, 23.
[53] Spießhofer NZG 2018, 441 (445); siehe auch Ziel 17 der Sustainable Development Goals, dazu Huck, Sustainable Development Goals, 620, Rn. 11 ff.
[54] Spießhofer, Unternehmerische Verantwortung, 630 ff.
[55] Explizit geschah dies mit dem Amsterdamer Vertrag 1999, zur Entwicklung des Normbestandes auf Ebene des Unionsrechts Frenz/Unnerstall, Nachhaltige Entwicklung im Europarecht, 153 ff.; Meßerschmidt, Europäisches Umweltrecht, 61, Rn. 2 ff.
[56] Siehe dazu etwa Calliess/Ruffert/Ruffert EUV Art. 3 Rn. 23; sowie → Rn. 7.
[57] Meßerschmidt, Europäisches Umweltrecht, 67, Rn. 18 ff.; schon die Vorgängervorschrift des Art. 11 AEUV wurde als unionsrechtliches Instrument zur Umsetzung des umweltvölkerrechtlichen Prinzips der Nachhaltigkeit verstanden, Calliess DVBl. 1998, 559 ff.
[58] Für diese Beschränkung bei Art. 11 AEUV, explizit Streinz/Kahl AEUV Art. 11 Rn. 22.

verstärkt den sozialen Aspekt ihrer Nachhaltigkeitspolitik.[59] Internationale Dimension entfalten diese Bestrebungen in der geplanten Corporate Sustainability Due Diligence-Richtlinie der Europäischen Union,[60] die – vergleichbar mit entsprechenden mitgliedstaatlichen Maßnahmen[61] – einen besonderen Akzent auf den Schutz grundlegender menschenrechtlicher Standards entlang der Lieferkette legen soll (→ § 9 Rn. 20).[62]

2. Nachhaltigkeit im Sekundärrecht

29 Damit ist bereits die Nachhaltigkeit im Sekundärrecht der Europäischen Union angesprochen. Lange Zeit lag ein deutlicher Schwerpunkt der europäischen Rechtsetzung im Bereich Nachhaltigkeit auf dem Umweltaspekt.[63] Dementsprechend durchzieht der Nachhaltigkeitsgrundsatz alle Bereiche der EU-Umweltpolitik. Eine umfassende Bestandsaufnahme würde den Rahmen dieses Beitrags sprengen. Das für Unternehmen derzeit wichtigste Programm dürfte der sog. **Green Deal** sein, der von der Kommission 2019 veröffentlicht wurde, und sich inzwischen in einer Reihe von Sekundärrechtsakten niederschlägt, die insgesamt auf eine nachhaltige Unternehmensführung hinwirken sollen.[64] Dabei treten inzwischen neben die ursprünglich stark umweltrechtliche Akzentuierung **zunehmend auch soziale Ziele.**

30 Die konkreten klimapolitischen Gesetzgebungsziele sind vor allem im „Europäischen Klimagesetz"[65] zusammengefasst und im **Maßnahmenpaket „Fit für 55"** konkretisiert, dessen Ziel eine Minderung der Netto-Treibhausgasemissionen bis 2030 um mindestens 55% ist.[66] Konkret vorgeschlagen wurden unter anderem eine Reform des Emissionshandelssystems,[67] eine Änderung der Einbeziehung des Luftverkehrs in den Emissionshandel[68] und eine Änderung des Rechtsrahmens für den Sektor Landnutzung, Forstwirtschaft und Landwirtschaft.[69]

31 Im Vordergrund der unternehmensbezogenen Maßnahmen des Green Deal steht ein **Ausbau nachhaltigkeitsbezogener Berichtspflichten.** Derartige Berichtspflichten ge-

---

[59] Siehe etwa Mitteilung der Kommission an das Europäische Parlament, den Europäischen Rat, den Rat, den Europäischen Wirtschafts- und Sozialausschuss und den Ausschuss der Regionen – Der europäische Grüne Deal (COM(2019) 640 final, 2; Mitteilung der Kommission an das Europäische Parlament, den Rat, den Europäischen Wirtschafts- und Sozialausschuss und den Ausschuss der Regionen – Ein starkes soziales Europa für einen gerechten Übergang, COM(2020) 14 final, 3, 7.
[60] Siehe den Vorschlag vom 23.2.2022 für eine Richtlinie über die Sorgfaltspflichten von Unternehmen im Hinblick auf Nachhaltigkeit und zur Änderung der Richtlinie (EU) 2019/1937, COM(2022) 71 final.
[61] Siehe oben Rn. 25.
[62] Siehe dazu insgesamt Monnheimer, Due Diligence Obligations in International Human Rights Law, 307 ff.
[63] Siehe Frenz/Unnerstall, Nachhaltige Entwicklung im Europarecht, 165, 182 ff.; Meßerschmidt, Europäisches Umweltrecht, 499 ff.; Mittwoch, Nachhaltigkeit und Unternehmensrecht, 77 ff.
[64] Mitteilung der Kommission an das Europäische Parlament, den Europäischen Rat, den Rat, den Europäischen Wirtschafts- und Sozialausschuss und den Ausschuss der Regionen – Der europäische Grüne Deal (COM(2019) 640 final; s. dazu den Überblick unter https://commission.europa.eu/publications/delivering-european-green-deal_de; Franzius, KlimR 2022, 2.
[65] Verordnung (EU) 2021/1119 des Europäischen Parlaments und des Rats vom 30.6.2021, ABl. L 243, 1.
[66] Mitteilung der Kommission zu Fit-for-55 vom 14.7.2021, COM(2021), 550 final; s. dazu Frenz, UPR 2021, 338.
[67] Vorschlag vom 14.7.2021 für eine Richtlinie zur Änderung der Richtlinie 2003/87/EG über ein System für den Handel mit Treibhausgaszertifikaten in der Union, des Beschlusses (EU) 2015/1814 über die Einrichtung und Anwendung einer Marktstabilitätsreserve für das System für den Handel mit Treibhausgaszertifikaten in der Union und der Verordnung (EU) 2015/757COM(2021) 551 final.
[68] Vorschlag vom 14.7.2021 für eine Richtlinie zur Änderung der Richtlinie 2003/87/EG in Bezug auf den Beitrag der Luftfahrt zum gesamtwirtschaftlichen Emissionsreduktionsziel der Union und die angemessene Umsetzung eines globalen marktbasierten Mechanismus, COM(2021) 552 final.
[69] Vorschlag vom 14.7.2021 für eine Verordnung zur Änderung der Verordnung (EU) 2018/841 hinsichtlich des Geltungsbereichs, der Vereinfachung der Compliance-Vorschriften, der Festlegung der Zielwerte der Mitgliedstaaten für 2030 und der Verpflichtung, bis 2035 gemeinsam Klimaneutralität im Sektor Landnutzung, Forstwirtschaft und Landwirtschaft zu erreichen, und zur Änderung der Verordnung (EU) 2018/1999 hinsichtlich der Verbesserung der Überwachung, der Berichterstattung, der Verfolgung der Fortschritte und der Überprüfung, COM(2021) 554 final.

hen zurück in das Jahr 2014, betreffen aber zunächst nur große kapitalmarktorientierte Unternehmen, Banken und Versicherungen.[70] Sie wurden ab 2022 mit der Richtlinie über die Nachhaltigkeitsberichterstattung von Unternehmen (Corporate Sustainability Reporting Directive) ausgebaut.[71] Durch die neue Richtlinie wird der Kreis der von den Berichtspflichten betroffenen Unternehmen ausgeweitet (namentlich werden ab dem 1.1.2026 auch kapitalmarktorientierte kleine und mittlere Unternehmen einbezogen) und die Berichtspflichten werden detaillierter ausgestaltet (→ § 4 Rn. 57). Die Richtlinie gibt jetzt beispielsweise vor, dass unter anderem Informationen zu den sozialen Themen Gleichstellung, Arbeitsbedingungen und Menschenrechte sowie zu Governance-Fragen inklusive Lobbying-Aktivitäten veröffentlicht werden müssen.[72]

Ein weiteres wichtiges umweltpolitisches Lenkungsinstrument stellt die **sog. Taxonomie** dar.[73] Mit der Taxonomie-Verordnung will die EU vor allem durch Transparenzanforderungen erreichen, dass Investitionen anhand von Nachhaltigkeitskriterien erfolgen. Art. 9 der Taxonomie-Verordnung[74] gibt dafür sechs Umweltziele vor, denen nachhaltige Investitionen dienen sollen (Klimaschutz; Anpassung an den Klimawandel; nachhaltige Nutzung und Schutz von Wasser- und Meeresressourcen; Übergang zu einer Kreislaufwirtschaft; Vermeidung und Verminderung der Umweltverschmutzung; Schutz und Wiederherstellung der Biodiversität und der Ökosysteme). Diesen Zielen korrespondieren unternehmerische Transparenzpflichten (Art. 5–8 der Verordnung). Vergleichbare Offenlegungspflichten bestehen bei Finanzmarktdienstleistungen.[75]

32

Praktisch alle der genannten Rechtsakte aus dem Unionsrecht nehmen in ihren Präambeln Bezug auf die Ebene des Völkerrechts, indem sie dort bestehende Nachhaltigkeitsverpflichtungen ansprechen und verdeutlichen, dass sie **in Reaktion auf diese Vorgaben aus dem Völkerrecht erlassen** werden. Hieran kann man erkennen, wie Vorgaben, die meist auf der Ebene des Völkerrechts noch im Bereich des unverbindlichen soft law anzusiedeln sind, durch unionale Rechtssetzungsakte verbindlich werden. Neben solche Akte des Unionsgesetzgebers tritt die innerstaatliche Gesetzgebung, die teilweise Vorgaben des Unionsgesetzgebers weiter konkretisiert, teilweise aber auch eigene Akzente setzt.

33

VI. Fazit: Völker- und europarechtliche Prägung einer nachhaltigen Unternehmensführung

Obwohl das Völkerrecht Unternehmen nur in wenigen Bereichen direkt rechtsverbindlich adressiert, entfalten seine materiellen Nachhaltigkeitsvorgaben doch eine ganz erhebliche indirekte Wirkung. Diese äußert sich in verbindlichen Regelungen des Unionsgesetzgebers und der Mitgliedstaaten, mit denen auf völkerrechtliche Vorgaben nicht selten auch dann reagiert wird, wenn diese gar nicht in rechtsverbindlicher Form ausgestaltet sind, sondern mit Instrumenten des soft law verfolgt werden. Dem im Hintergrund stehenden völkerrechtlichen Nachhaltigkeitsgrundsatz kommt dann in der Anwendung durch die innerstaatliche Gerichtsbarkeit eine **interpretationslenkende Funktion** zu. Immer wieder werden außerdem „weiche" völker- und unionsrechtliche Vorgaben auch von den Unter-

34

---

[70] Richtlinie 2014/95/EU vom 22. Oktober 2014 zur Änderung der Richtlinie 2013/34/EU im Hinblick auf die Angabe nichtfinanzieller und die Diversität betreffender Informationen durch bestimmte große Unternehmen und Gruppen, ABl. EU 2014 L 330, 1; die Umsetzungsfrist lief bis 6.12.2016, die Berichtspflichten griffen erstmals ab dem Geschäftsjahr 2017 (vgl. Art. 4 Abs. 1 der Richtlinie).
[71] Richtlinie des Europäischen Parlaments und des Rates vom 14. Dezember 2022 zur Änderung der Verordnung (EU) Nr. 537/2014 und der Richtlinien 2004/109/EG, 2006/43/EG und 2013/34/EU hinsichtlich der Nachhaltigkeitsberichterstattung von Unternehmen, ABl. EU 2022 L 322, 15.
[72] Siehe insbesondere die neu gefassten Art. 29a und 29b der Richtlinie 2013/34/EU.
[73] Dazu Wellerdt EuZW 2021, 834 ff.
[74] Verordnung (EU) 2020/852 vom 18. Juni 2020 über die Einrichtung eines Rahmens zur Erleichterung nachhaltiger Investitionen und zur Änderung der Verordnung (EU) 2019/2088, ABl. EU 2020 L 198, 13.
[75] Verordnung (EU) 2019/2088 vom 27. November 2019 über nachhaltigkeitsbezogene Offenlegungspflichten im Finanzdienstleistungssektor, ABl. EU 2019 L 317, 1.

nehmen selbst ihrer Unternehmensführung zugrunde gelegt, wie gerade die Selbstverpflichtungen im Bereich der Corporate Social Responsibility zeigen.

35 Insgesamt erweist sich die Steuerung der Nachhaltigkeitspolitik durch das Völkerrecht damit zwar einerseits als **weicher und indirekter, als das bei innerstaatlichen Regulierungsinstrumenten üblicherweise der Fall** ist. Da sie andererseits aber inzwischen in fast alle Bereiche des Unternehmensrechts ausstrahlt (das Beispiel der Taxonomie zeigt, dass dies bis ins Bilanzrecht reicht), sollte ihre **Bedeutung aber auf keinen Fall unterschätzt** werden.

§ 4 Privatrechtliche Gemeinwohl-, insbesondere Nachhaltigkeitsvorgaben betreffend das Unternehmen

Prof. Dr. Mathias Habersack

Übersicht

	Rn.
I. Grundlagen	1
1. Kontext	1
2. Abgrenzung	3
3. Nachhaltigkeitsvorgaben im Überblick	6
II. Normadressaten	7
1. Vergütungsbezogene Vorgaben	8
2. Erklärung zum DCGK	10
3. Mitbestimmung, Geschlechterquoten, Zielgrößen	11
4. Lieferkettenverantwortung	14
5. Nichtfinanzielle Erklärung	16
III. Legitimation und Typologie nachhaltigkeitsbezoger Vorgaben	18
1. Internalisierung externer Effekte	18
2. Typologie	20
a) Organisationsverfassungsbezogene Vorgaben	20
b) Zwingendes Recht und Sorgfaltspflichten	21
c) Marktbasierte Instrumente	23
IV. Organisationsverfassungsbezogene Vorgaben	24
1. Mitbestimmung	24
2. Geschlechterquoten und Zielgrößen	25
V. Sorgfaltspflichten der Unternehmen	26
1. LkSG	26
2. Vorschlag einer Sorgfaltspflichten-Richtlinie	31
VI. Sorgfaltspflichten der Geschäftsleiter	33
1. Legalitätspflicht	33
2. Organisationspflichten	38
3. Leitungsermessen im Rahmen unternehmerischer Entscheidungen	40
a) Business Judgment Rule	40
b) Zur Frage der Gemeinwohlbindung der AG	42
VII. Marktbezogene Instrumente	56
1. Nichtfinanzielle Erklärung	56
a) Rechtsgrundlagen	56
b) Zielsetzung und Wirkungsmechanismus	59
2. Erklärung zum DCGK	63
3. Organvergütung	66
a) Vergütungsstruktur	66
b) Vergütungsbericht	67
c) Say on Pay	68
VIII. Fazit und Ausblick	71

Literatur

Bachmann, CSR-bezogene Vorstands- und Aufsichtsratspflichten und ihre Sanktionierung, ZGR 2018, 231; Bettermann/Hoes, Der Entwurf der Europäischen Corporate Sustainability Due Diligence-Richtlinie – Vergleich zum deutschen Lieferkettensorgfaltspflichtengesetz, WM 2022, 697; Biller, Die Auswirkungen von Art. 8 der Taxonomie-Verordnung auf Inlandsemittenten und deren (vermeintliche) Pflicht zur nichtfinanziellen Berichterstattung, AG 2022, 612; Brunk, Menschenrechtscompliance, 2022; Burchardi, Lieferkettensorgfaltspflichten: Risiken für die Unternehmensleitung, NZG 2022, 1467; Conac, The reform of articles 1833 on social interest and 1835 on the purpose of the company of the French Civil Code: recognition or revolution, FS K. Schmidt, 2019, Bd. I, 213; Fleischer, Corporate Social Responsibility – Vermessung eines Forschungsfeldes aus rechtlicher Sicht, AG 2017, 509; Fleischer, Unternehmensinteresse und intérêt social: Schlüsselfiguren aktienrechtlichen Denkens in Deutschland und Frankreich, ZGR 2018, 703; Fleischer, Benefit Corporations zwischen Gewinn- und Gemeinwohlorientierung: Eine rechtsvergleichende Skizze, FS

K. Seibert, 2019, 219; Fleischer, Corporate Purpose: Ein Management-Konzept und seine gesellschaftsrechtlichen Implikationen, ZIP 2021, 5; Fleischer, Klimaschutz im Gesellschafts-, Bilanz- und Kapitalmarktrecht, DB 2022, 37; Fleischer, Zivilrechtliche Haftung im Halbschatten des Lieferkettensorgfaltspflichtengesetzes, DB 2022, 920; Fleischer, Die US-amerikanische Benefit Corporation als Referenz- und Vorzeigemodell im Recht der Sozialunternehmen, AG 2023, 1; Habersack, Staatliche und halbstaatliche Eingriffe in die Unternehmensführung, Gutachten E zum 69. DJT, 2012; Habersack, Gemeinwohlbindung und Unternehmensrecht, AcP 220 (2020), 594; Habersack, „Corporate Purpose", FS Windbichler, 2020, 707; Habersack/Ehrl, Verantwortlichkeit inländischer Unternehmen für Menschenrechtsverletzungen durch ausländische Zulieferer, AcP 219 (2019), 155; Habersack/Kersten, Chancengleiche Teilhabe an Führungspositionen in der Privatwirtschaft – Gesellschaftsrechtliche Dimensionen und verfassungsrechtliche Anforderungen, BB 2014, 2819; Habersack/Zickgraf, Deliktsrechtliche Verkehrs- und Organisationspflichten im Konzern, ZHR 182 (2018), 252; Harbarth, Aktienrecht, Gemeinwohl und Vergütungsparameter, ZGR 2018, 379; Harbarth, „Corporate Sustainability Due Diligence-Richtlinie – (Kein) Systembruch im deutschen Aktienrecht?, AG 2022, 633; Harbarth, Die Aktiengesellschaft im Wandel der Zeit zwischen Wirtschaftlichkeit und Gemeinwohl, ZGR 2022, 533; Harnos/Holle, Say on Climate, AG 2021, 853; Hell, Offenlegung nichtfinanzieller Informationen, 2020; Hennrichs, Die Grundkonzpeption der CSR-Berichterstattung und ausgewählte Problemfelder, ZGR 2018, 206; Hommelhoff, Nichtfinanzielle Ziele in Unternehmen von öffentlichem Interesse – Die Revolution über das Bilanzrecht, FS B. Kübler, 2015, 291; Hommelhoff, CSR-Vorstands- und Aufsichtsratspflichten, NZG 2017, 1361; Hübner/Habrich/Weller, Corporate Sustainability Due Diligence, NZG 2022, 644; Kahl/Weller (Hrsg.), Climate Change Litigation, 2021; Kirschhöfer, Europäische Transparenzvorgaben im Lichte der Nachhaltigkeit, WM 2021, 1624; König, Die geplante EU-Richtlinie über Nachhaltigkeitspflichten von Unternehmen, NZG 2022, 1186; Korch, Überprüfungs- und Aktualisierungspflichten nach dem Lieferkettensorgfaltspflichtengesetz, NJW 2022, 2065; Kuntz, Corporate Purpose, ZHR 186 (2022), 652; Lutz-Bachmann/Vorbeck/Wengenroth, Menschenrechte und Umweltschutz – der Regierungsentwurf eines Sorgfaltspflichtengesetzes, BB 2021, 906; Mittwoch, Nachhaltigkeit und Unternehmensrecht, 2022; Mittwoch/Wetenkamp/Bleier, Unternehmensrechtliche Nachhaltigkeit und ESG, NJW 2022, 3601; Mock, Berichterstattung über Corporate Social Responsibility nach dem CSR-Richtlinie-Umsetzungsgesetz, ZIP 2017, 1195; Mock/Mohamed, Say on Human Rights – zur Beachtung von Menschenrechten im aktienrechtlichen Organisationsgefüge, NZG 2022, 350; Mülbert, Soziale Verantwortung von Unternehmen im Gesellschaftsrecht, AG 2009, 766; Nietsch, Internationale Nachhaltigkeits-Governance, KlimaRZ 2022, 22; Nietsch, Von der nichtfinanziellen Berichterstattung zur Nachhaltigkeitsberichterstattung – Eine Momentaufnahme zum Vorschlag der Corporate Sustainability Reporting Directive, ZIP 2022, 449; Nietsch/Wiedmann, Der Vorschlag zu einer europäischen Sorgfaltspflichten-Richtlinie im Unternehmensbereich (Corporate Sustainability Due Diligence Directive), CCZ 2022, 125; Oetker, Die zwingende Geschlechterquote für den Aufsichtsrat – vom historischen Schritt zur Kultivierung einer juristischen terra incognita, ZHR 179 (2015), 707; Paefgen, Haftung für die Verletzung von Pflichten nach dem neuen Lieferkettensorgfaltspflichtengesetz, ZIP 2021, 2006; Pordzik, Transsubjektive Deliktsverantwortlichkeit, 2022; Rast, Unternehmerische Organisationsfreiheit und Gemeinwohlbelange – Phänomenologie, Typologisierung und Grenzen des staatlichen Zugriffs auf die Organisationsstruktur privater Unternehmen, 2022; Roth/Ekkenga, Stewardship und Corporate Governance bei Emission von Green Bonds, AG 2021, 409; Rothenburg/Rogg, Die Umsetzung des Lieferkettensorgfaltspflichtengesetzes im Konzern, AG 2022, 257; Schön, Der Zweck der Aktiengesellschaft – geprägt durch europäisches Gesellschaftsrecht?, ZHR 180 (2016), 279; Schön, Informationspflichten der Unternehmensleitung zwischen Aktionärsinteresse, Kapitalmarktinformaton und sozialer Verantwortung, FS K. Schmidt, 2019, Bd. II, 391; Schön, „Nachhaltigkeit" in der Unternehmensberichterstattung, ZfPW 2022, 207; Seibert, Die Dialektik der Frauenquote, FS Baums, 2017, 1133; Spießhofer, Die neue europäische Richtlinie über die Offenlegung nichtfinanzieller Informationen – Paradigmenwechsel oder Papiertiger?, NZG 2014, 1281; Spießhofer, Unternehmerische Verantwortung, 2017; Spießhofer, Compliance und Corporate Social Responsibility, NZG 2018, 441; Spindler, Verantwortlichkeit und Haftung in Lieferketten – das Lieferkettensorgfaltspflichtengesetz aus nationaler und europäischer Perspektive, ZHR 186 (2022), 67; Steuer, Klimazielle im Unternehmensrecht, ZIP 2023, 13; J. Vetter, Geschäftsleiterpflichten zwischen Legalität und Legitimität, ZGR 2018, 338; Wagner, Haftung für Menschenrechtsverletzungen, RabelsZ 80 (2016), 717; Weller/Fischer, ESG-Geschäftsleiterpflichten, ZIP 2022, 2253; Weller/Hoppmann, Environment Social Governance (ESG) – Neue Kompetenzen der Hauptversammlung?, AG 2022, 640; Weller/Kaller/Schulz, Haftung deutscher Unternehmen für Menschenrechtsverletzungen im Ausland, AcP 216 (2016), 387; Weller/Nasse, Unternehmensorganisation zum Schutz der Menschenrechte: Eine neue Verkehrspflicht in § 823 Abs. 1 BGB, FS Ebke, 2021, 1071.

I. Grundlagen

1. Kontext

1 Privatrechtliche Nachhaltigkeitsvorgaben für die Unternehmensführung erscheinen als Kind unserer Zeit, sind aber bei Lichte betrachtet doch nicht prinzipiell neu, wenn man sich vor Augen führt, dass im Aktienrecht seit jeher über die Frage diskutiert wird, an

welchem und wessen Interesse der Vorstand im Rahmen die ihm obliegende Unternehmensleitung auszurichten hat und ob und inwieweit er hierbei neben den Belangen der Anteilseigner (Aktionäre) auch die Interessen anderer „stakeholder", darunter auch öffentliche Interessen, berücksichtigen darf oder vielleicht sogar berücksichtigen muss. Die Antworten auf diese Fragen sind im historischen Rückblick nicht erst seit Inkrafttreten des ADHGB – der ersten Kodifikation des Aktienrechts auf Bundesebene – im Jahr 1861 durchaus unterschiedlich ausgefallen (→ Rn. 48 ff.). Doch muss man gar nicht so weit zurückdenken. Allein das 21. Jahrhundert wartet mit durchaus gegenläufigen Konzepten auf, war doch bis zum Ausbruch der Finanzkrise – verkörpert in der Lehmann-Insolvenz im Jahr 2008 – das shareholder value-Konzept durchaus populär, bis die heute dominierenden **interessenpluralen Konzepte** die Oberhand zurückgewonnen haben.[1] Noch bei der Bewältigung der Finanzkrise ging es freilich in erster Linie darum, die Unternehmen von der seinerzeit verbreiteten Kurzfristigkeit unternehmerischen Handelns – dem „short termism" – wegzubringen und – im ureigenen Interesse des Unternehmens, aber auch zur Sicherung der Stabilität des Finanzsystems – das Interesse an dauerhafter Rentabilität zum Maßstab unternehmerischen Handelns zu machen. In der jüngeren Vergangenheit steht der Begriff der Nachhaltigkeit hingegen in erster Linie für **klimabewusstes und ressourcenschonendes Wirtschaften:** Gesellschafts- und bilanzrechtliche Vorschriften verstehen sich danach auch als Instrumente im Kampf gegen den Klimawandel.[2]

Nachhaltigkeitsvorgaben dürfen jedenfalls auch als Ausprägung der Debatte über die Unternehmensziele und die soziale Verantwortung der Unternehmen verstanden werden.[3] Gewiss lassen sich gesetzliche Nachhaltigkeitsvorgaben vielfach auch mit dem eigenen Interesse der einzelnen Gesellschaft an Sicherung ihrer dauerhaften Rentabilität und ihrer Reputation erklären. Ein für sämtliche Nachhaltigkeitsvorgaben und sämtliche Branchen überzeugendes Erklärungsmuster kann darin freilich nicht erblickt werden, weshalb es im Folgenden jedenfalls auch um die Überlagerung des Kapitalgesellschaftsrechts durch spezifische, nämlich nachhaltigkeitsbezogene öffentliche Interessen und deren Durchsetzung mit privatrechtlichen Instrumenten – mithin um das **private enforcement von Gemeinwohlbelangen** – geht.

2. Abgrenzung

Insbesondere kapitalmarktorientierte Gesellschaften (→ Rn. 15) sehen sich heute nicht nur mit zahlreichen Vorgaben konfrontiert, die ihre Binnenorganisation und ihr Kommunikationsverhalten betreffen. Sie sind vielmehr zumindest mittelbar auch durch die nachhaltigkeitsbezogene Regulierung ihrer **Investoren** und der zwischen Kapitalgeber und finanzierte Gesellschaft tretenden **Intermediäre** betroffen. Die – hierzulande durch das ARUG II[4] in §§ 134a ff. AktG umgesetzte – Richtlinie (EU) 2017/828 nimmt gezielt **institutionelle Anleger** in den Blick und macht es diesen insbesondere zur Pflicht, eine „Mitwirkungspolitik" zu entwickeln und zu veröffentlichen, in der unter anderem auf die „Überwachung wichtiger Angelegenheiten der Portfoliogesellschaften einzugehen ist (§ 134b Abs. 1 Nr. 2 AktG), und über die Umsetzung dieser Politik zu berichten (§ 134b Abs. 2 AktG). Bereits im Frühjahr 2018 hat die EU-Kommission als Teil ihrer CSR-Strategie ihren Aktionsplan zur Finanzierung nachhaltigen Wachstums sowie daran anknüpfende Verordnungsvorschläge vorgelegt.[5] Der Plan zielt nicht nur auf eine verbesserte Kennzeichnung „umweltfreund-

---

[1] Für einen Überblick s. Koch AktG § 76 Rn. 28 ff.; BeckOGK AktG/Fleischer § 76 Rn. 29 ff.
[2] Näher zum Begriff der Nachhaltigkeit und dessen Entwicklung Schön ZfPW 2022, 207 (208 ff.).
[3] Zur aktuellen Debatte und deren Entwicklung s. Habersack AcP 220 (2020), 594 (603 ff., 622 ff.); Harbarth ZGR 2022, 533 (535 ff.); Kuntz ZHR 186 (2022), 652 (657 ff.); monografisch Mittwoch, Nachhaltigkeit und Unternehmensrecht, 2022, passim, insbes. 109 ff., 285 ff.; für eine Einordnung in die globale, europäische und nationale Nachhaltigkeitspolitik s. Schön ZfPW 2022, 207 (211 ff.).
[4] Gesetz zur Umsetzung der zweiten Aktionärsrechterichtlinie vom 30.7.2019, BGBl. 2019 I 2637.
[5] Aktionsplan der Kommission: Finanzierung nachhaltigen Wachstums, COM(2018) 97 final vom 17.3.2018; näher dazu Bortenlänger/Heldt, FS Seibert, 2019, 147 ff.; Bueren ZGR 2019, 813 ff.; Könd-

4 Eine weitere Abgrenzung betrifft die **Corporate Social Responsibility (CSR)** von Unternehmen im Allgemeinen. Ihr Gegenstand ist einerseits spezieller, andererseits weiter als der Aspekt der Nachhaltigkeit: Während Nachhaltigkeit ein allgemeines Anliegen der Rechtsordnung ist und sich keineswegs nur an Unternehmen richtet und vermittels spezifisch bilanz- und gesellschaftsrechtlicher Instrumente verwirklicht werden soll, geht es bei der Corporate Social Responsibility um die Verantwortlichkeit eines bestimmten Akteurs, nämlich der Corporation, und damit um ein Anliegen spezifisch gesellschafts- und bilanzrechtlicher Natur; dieses zielt freilich nicht nur auf Nachhaltigkeit im eigentlichen Sinne, sondern ganz allgemein auf den Schutz von Stakeholder-Interessen und damit insesondere auf den Schutz von Arbeitnehmerbelangen und von Menschenrechten, aber eben auch von Umweltbelangen.[7] Verwirklicht wird dieses Anliegen zunächst durch die in Umsetzung unionsrechtlicher Vorgaben (→ Rn. 56) geregelten bilanzrechtlichen Berichtspflichten. Hinzu kommen Regelungen zur **Lieferkettenverantwortung** der Unternehmen; für das deutsche Recht finden sie sich in dem LkSG vom 16.7.2021,[8] für das europäische Recht zeichnet sich eine Sorgfaltspflichten-Richtlinie ab (→ Rn. 15, 31 f., 39, 46). Unberührt bleiben schließlich die allgemeinen Sorgfaltspflichten der Mitglieder des Leitungs- und Überwachungsorgans.

5 Alle diese Instrumente[9] bilden auch den Gegenstand des vorliegenden Kapitels; die der CSR-Regulierung eigenen **regulierungstheoretischen Fragen** im Zusammenhang mit der Steuerung der unternehmerischen Verantwortung von Unternehmen werden hingegen in § 5 dieses Handbuchs dargestellt.

3. Nachhaltigkeitsvorgaben im Überblick

6 Nachhaltigkeitsvorgaben betreffen nicht nur, aber vor allem die AG im Allgemeinen und die börsennotierte AG im Besonderen (→ Rn. 8). Sie finden sich im AktG und im HGB, aber auch im Deutschen Corporate Governance Kodex,[10] zumal nach dessen Reform im Jahr 2022. Inhaltlich geht es um die Besetzung von Vorstand und Aufsichtsrat und damit um die unternehmerische Mitbestimmung der Arbeitnehmer sowie um Geschlechterquoten, um die Vergütung und Sorgfaltspflichten der Vorstands- und Aufsichtsratsmitglieder, um die CSR-Berichtspflichten sowie um die Lieferkettenverantwortung der Unternehmen und ihrer Organmitglieder. De lege ferenda geht es um die Einflussnahme der Aktionäre auf die Nachhaltigkeitsstrategie der Gesellschaft und damit insbesondere um die Ergänzung des in § 120a AktG geregelten „say on pay" um ein **„say on climate"** oder **„say on ESG"**, zumindest auf unionsrechtlicher Ebene aber auch um die Betonung von Nachhaltigkeitsaspekten im Zusammenhang mit dem Leitungsermssen der Geschäftsleiter von Kapitalgesellschaften.

II. Normadressaten

7 Der persönliche Anwendungsbereich der Nachhaltigkeitsvorgaben ist reichlich **disparat**. Es ist bereits angedeutet worden, dass sich die Vorgaben zwar in erster Linie an den

---

gen, FS K. Schmidt, 2019, Bd. I, 671 ff.; Möslein/Mittwoch WM 2019, 481 ff.; Lanfermann BB 2019, 2219 ff.
[6] Zur Taxonomie-Verordnung → Rn. 58.
[7] Dazu sowie zur Einordnung in die ESG-Debatte Schön ZfPW 2022, 207 (210 f.).
[8] BGBl. 2021 I 2959.
[9] Für einen Überblick s. auch Mittwoch/Wetenkamp/Bleier NJW 2022, 3601 ff.
[10] Zum Public Corporate Governance Kodex → § 24 Rn. 38 ff.

organisierten Kapitalmarkt in Anspruch nehmende Kapitalgesellschaften richten, bisweilen aber auch einen darüber hinausgehenden Anwendungsbereich haben und insbesondere auch die geschlossene Kapitalgesellschaft und damit die nicht börsennotierte AG und die (per se nicht börsennotierte) GmbH erfassen. Im Einzelnen ist wie folgt zu unterscheiden:

1. Vergütungsbezogene Vorgaben

Nur an **börsennotierte Gesellschaften** richten sich die vergütungsbezogenen Vorgaben 8 der § 87 Abs. 1 S. 2, 3, § 87a, § 113 Abs. 3, § 120a Abs. 1, § 162 AktG. Börsennotiert sind nach § 3 Abs. 2 AktG Gesellschaften, deren Aktien zu einem Markt zugelassen sind, der von staatlich anerkannten Stellen geregelt und überwacht wird, regelmäßig stattfindet und für das Publikum mittelbar oder unmittelbar zugänglich ist. Erfasst wird danach nur der Handel im **regulierten Markt** iSd §§ 32 ff. BörsG, nicht dagegen der Handel im Freiverkehr iSd § 48 BörsG, im KMU-Wachstumsmarkt iSd § 48a BörsG oder einem Handelssystem iSd § 48b BörsG.[11] Der regulierte Markt wiederum muss auf ganz spezifische Weise in Anspruch genommen werden: Es müssen die **Aktien der Gesellschaft,** nicht irgendein sonstiges von der Gesellschaft begebenes Finanzinstrument – etwa eine Anleihe – zum Handel zugelassen sein.[12]

§ 87 Abs. 1 S. 2, § 87a, § 113 Abs. 3, § 120a Abs. 1, § 162 AktG erfassen neben der AG 9 auch die **SE**[13] (→ § 2 Rn. 50 ff.); auf die **KGaA** (→ § 2 Rn. 54 f.) finden die die Vergütung der Vorstandsmitglieder betreffenden Vorschriften hingegen in Ermangelung eines Vorstands keine Anwendung.[14]

2. Erklärung zum DCGK

Über einen geringfügig erweiterten Anwendungsbereich verfügt § 161 Abs. 1 AktG. Die 10 dort geregelte Pflicht zur Abgabe einer Erklärung zum DCGK betrifft nach S. 1 der Vorschrift Vorstand und Aufsichtsrat der börsennotierten Gesellschaft; S. 2 bezieht aber zusätzlich Vorstand und Aufsichtsrat einer Gesellschaft ein, die ausschließlich **andere Wertpapiere** als Aktien zum Handel an einem organisierten Markt iSd § 2 Abs. 11 WpHG ausgegeben hat und deren Aktien auf eigene Veranlassung über ein **multilaterales Handelssystem** iSd § 2 Abs. 8 S. 1 Nr. 8 WpHG gehandelt werden.[15] Die Erklärungspflicht gem. § 161 AktG findet im Übrigen nicht nur auf die AG, sondern auch auf die SE und die KGaA Anwendung.[16]

3. Mitbestimmung, Geschlechterquoten, Zielgrößen

Während das MitbestG, das DrittelbG und die Montanmitbestimmungsregeln AG, KGaA 11 und GmbH ganz unabhängig von der Inanspruchnahme des Kapitalmarktes erfassen und allein auf die **Zahl der Arbeitnehmer** abstellen (→ § 2 Rn. 35 ff.) und das Mitbestimmungsstatut der SE nach §§ 21 ff., 34 ff. SEBG gleichfalls unabhängig von der Inanspruchnahme des Kapitalmarktes ist, vielmehr durch die Mitbestimmungsvereinbarung oder eine auf das Mitbestimmungsstatut der an der Gründung der SE beteiligten Gesellschaften verweisende Auffangregelung bestimmt wird, richten sich die fixen Geschlechterquoten für Vorstand (§ 76 Abs. 3a AktG) und Aufsichtsrat (§ 96 Abs. 2 AktG) nur an Gesellschaften, die **börsennotiert und** zudem **paritätisch mitbestimmt** sind, also dem MitbestG oder

---

[11] OLG München NZG 2008, 755 (758).
[12] Näher BeckOGK AktG/Drescher AktG § 3 Rn. 6.
[13] S. für die dualistisch verfasste SE Art. 9 Abs. 1 lit. c) SE-VO; für die monistisch verfasste SE § 40 Abs. 8 SEAG; dazu Habersack/Drinhausen/Verse SEAG § 40 Rn. 63 ff. mwN.
[14] BeckOGK AktG/Bachmann AktG § 283 Rn. 3.
[15] Näher Koch AktG § 161 Rn. 6b; MüKoAktG/Goette AktG § 161 Rn. 61; s. ferner Begr. RegE, BT-Drs. 16/10067, 104.
[16] Zur Anwendbarkeit der Empfehlungen des DCGK auf die KGaA s. Vollertsen, Corporate Governance der börsennotierten KGaA, 2019, 241 ff.

der Montanmitbestimmung unterliegen. Die Zielgrößenbestimmungen der § 76 Abs. 4, § 111 Abs. 5 AktG finden hingegen auf Gesellschaften Anwendung, die entweder **börsennotiert** sind **oder** dem MitbestG, der Montanmitbestimmung oder dem DrittelbG unterliegen, mithin **mitbestimmt** sind.

12   All' dies gilt uneingeschränkt für die AG. Für die **SE** enthalten § 16 Abs. 2, § 17 Abs. 2, § 24 Abs. 2, § 40 Abs. 2 SEAG Quotenvorgaben; die Zielgrößenbestimmungen finden für die dualistisch verfasste SE über Art. 9 Abs. 1 lit. c SE-VO und für die monistisch verfasste SE über § 22 Abs. 6 6 SEAG Anwendung.[17] Auf die **KGaA** finden über § 278 Abs. 3 AktG die Quoten des § 96 Abs. 2 und die Zielgrößenbestimmung des § 111 Abs. 5 AktG, soweit sie sich auf den Aufsichtsrat bezieht, Anwendung, ferner die Zielgrößenbestimmung des § 76 Abs. 4 AktG.

13   Dem **GmbHG** sind fixe Geschlechterquoten fremd. Die Zielgrößenbestimmungen der § 36, § 52 Abs. 2 GmbHG stellen, da die GmbH nicht börsennotiert iSd § 3 Abs. 2 AktG sein kann, allein darauf ab, dass die Gesellschaft mitbestimmt ist.

4. Lieferkettenverantwortung

14   Das LkSG wählt einen Ansatz, der dem der deutschen Mitbestimmungsgesetze vergleichbar ist: Abgestellt wird weder auf Kapitalmarktorientierung noch gar auf Börsennotierung, sondern allein auf die Zahl der **im Inland beschäftigten Arbeitnehmer,** die sich nach § 1 Abs. 2 S. 1, 3 LkSG zunächst auf mindestens 3.000 und ab 1.1.2024 auf mindestens 1.000 belaufen muss; anders als im Rahmen der Mitbestimmungsgesetze kommt es auf die Rechtsform der Gesellschaften nicht an.

15   Auch die sich abzeichnende **Sorgfaltspflichten-Richtlinie (CSDD-E)** idF des Kommissionsvorschlags vom 23.2.2022[18] und sodann des am 30.11.2022 auf Ratsebene gebilligten Vorschlags der tschechischen Ratspräsidentschaft v. 16.9.2022[19] (→ Rn. 31 f., 39, 46) verzichtet auf das Erfordernis der Börsennotiertung oder Kapitalmarktorientierung. Art. 2 Abs. 1 lit. a CSDD-E stellt vielmehr darauf ab, dass das nach dem Recht eines Mitgliedsstaates gegründete Unternehmen im letzten Geschäftsjahr, für das ein Jahresabschluss erstellt wurde, im Durchschnitt mehr als 500 Beschäftigte und einen weltweiten Nettoumsatz von mehr als 150 Mio. Euro erzielt hatte; für bestimmte Branchen (insbesondere Herstellung von Textilien, Land- und Forstwirtschaft, Gewinnung mineralischer Ressourcen) sowie für in einem Drittstaat gegründete Unternehmen begnügt sich Art. 1 Abs. 1 lit. b, Abs. 2 mit weniger anspruchsvollen Kennzahlen.

5. Nichtfinanzielle Erklärung

16   Wieder anders ist der Ansatz der Pflicht zur Abgabe einer nichtfinanziellen Erklärung nebst der daran anknüpfenden Berichtspflichten nach Art. 8 Taxonomie-VO (→ Rn. 58). Sie gehen auf eine Änderungsrichtlinie zur Bilanzrichtlinie[20] zurück und richten sich an **Unternehmen von öffentlichem Interesse.** Art. 2 Bilanzrichtlinie versteht darunter

---

[17] Habersack/Drinhausen/Seibt SE-VO Art. 39 Rn. 5b ff., Art. 40 Rn. 44 ff.; Habersack/Drinhausen/Verse SEAG § 24 Rn. 10 ff.

[18] Vorschlag für eine Richtlinie des Europäischen Parlaments und des Rates über die Sorgfaltspflichten von Unternehmen im Hinblick auf Nachhaltigkeit und zur Änderung der Richtlinie (EU) 2019/1937, COM (2022) 71 final, abrufbar unter https://eurlex.europa.eu/resource.html?uri=cellar:bc4dcea4-9584-11ec-b4e4-01aa75ed71a1.0007.02/DOC_1&format=PDF; näher dazu Bettermann/Hoes WM 2022, 697 ff.; Hübner/Habrich/Weller NZG 2022, 644 ff.; König NZG 2022, 1186 ff.; Nietsch/Wiedmann CCZ 2022, 125 ff.; Steuer ZIP 2023, 13 (21 ff.); Ausschüsse Handelsrecht, CSR und Compliance sowie Menschenrechte des DAV, NZG 2022, 909 ff.

[19] Vorschlag für eine Richtlinie des Europäischen Parlaments und des Rates über die Sorgfaltspflichten von Unternehmen im Hinblick auf Nachhaltigkeit und zur Änderung der Richtlinie (EU) 2019/1937, 2022/0051(COD), abrufbar unter https://data.consilium.europa.eu/doc/document/ST-15024-2022-REV-1/de/pdf.

[20] Richtlinie 2014/95/EU vom 22.10.2014 zur Änderung der Bilanzrichtlinie 2013/34/EU, ABl. 2014 L 330/1; dazu Spießhofer NZG 2014, 1281 ff.

neben Kreditinstituten und Versicherungsunternehmen Gesellschaften, die dem Recht eines Mitgliedstaats unterfallen und deren Wertpapiere – nicht notwendigerweise Anteilsscheine – zum Handel am organisierten Kapitalmarkt zugelassen sind, mithin **kapitalmarktorientierte Gesellschaften im Sinne des § 264d HGB** mit Sitz in der EU. Nach Art. 19a Bilanzrichtlinie müssen derlei Unternehmen, wenn sie überdies mehr als 500 Arbeitnehmer haben und entweder ihre Bilanzsumme 20 Mio. Euro oder die Summe ihrer Nettoumsatzerlöse 40 Mio. Euro übersteigt, durch die Mitgliedstaaten zur Abgabe einer – auch CSR-Erklärung genannten – nichtfinanziellen Erklärung verpflichtet werden (→ Rn. 56 ff.); hinzu kommt nach Maßgabe des Art. 29a Bilanzrichtlinie die Pflicht zur Abgabe einer entsprechenden nichtfinanziellen Konzernerklärung. Die **Änderungsrichtlinie vom 14.12.2022**[21] hat nicht nur die Berichtspflichten in inhaltlicher Hinsicht verschärft, sondern auch den persönlichen Anwendungsbereich erheblich ausgeweitet (→ Rn. 57).

Hierzulande sind die entsprechenden Berichtspflichten durch das **CSR-Richtlinie-Umsetzungsgesetz vom 11.4.2017**[22] für die einzelnen Kategorien der Unternehmen von öffentlichem Interesse gesondert geregelt worden, nämlich für kapitalmarktorientierte Gesellschaften, die die einschlägigen Kennziffern (Bilanzsumme oder Nettoumsatzerlöse, Zahl der Arbeitnehmer) erfüllen, in §§ 289b f., §§ 315b f. HGB, für Kreditinstitute in § 340a Abs. 1a, § 340i Abs. 5 HGB und für Versicherungsunternehmen in § 341a Abs. 1a, § 341j Abs. 4 HGB. Auch das deutsche Recht definiert allerdings in § 316a Abs. 1 S. 2 HGB für die Zwecke der Abschlussprüfung das Unternehmen von öffentlichem Interesse und verweist auf diese Definition auch in anderem Zusammenhang, etwa in § 107 Abs. 4 AktG. 17

III. Legitimation und Typologie nachhaltigkeitsbezoger Vorgaben

1. Internalisierung externer Effekte

Die Legitimation nachhaltigkeitsbezogener Vorgaben wird nur noch selten hinterfragt. Lässt man verfassungs- und unionsrechtliche Schranken[23] wie auch verfassungsrechtliche Schutzpflichten (insbesondere aus Art. 2 Abs. 2 S. 1) und die Staatszielbestimmung des Art. 20a GG beiseite,[24] verfügt der Gesetzgeber gewiss über einen weitreichenden Gestaltungsspielraum, so dass es ihm unbenommen bleibt, privaten Akteuren – und damit insbesondere Kapitalgesellschaften – die Berücksichtigung von Nachhaltigkeitsstandards aufzugeben. Zu derlei Regelungen besteht denn auch durchaus Anlass, wenn man die mit unternehmerischem Handeln verbundenen Auswirkungen auf Gemein- und Privatgüter und die Tatsache berücksichtigt, dass das Grundgesetz „zum Schutz des Klimas irgendwann" eine „klimaneutrale Lebens- und Wirtschaftsweise" gebietet.[25] 18

Ganz allgemein geht es darum, **externe Effekte** in den Blick zu nehmen und den Verursacher solcher Externalitäten – paradigmatisch: negative Klima- und Umwelteffekte, aber auch Menschenrechtsverletzungen innerhalb der Lieferkette – dazu zu veranlassen, diese externen Effekte in seine Entscheidungsprozesse und sein Nutzen-Kosten-Kalkül einzubeziehen, mithin zu **internalisieren.**[26] Idealerweise gelingt dies, wenn die privaten Akteure dafür sensibilisiert werden, dass der Aufwand für Klimaschutz und sonstige CSR- 19

---

[21] Richtlinie (EU) 2022/2464, ABl. 2022 L 322/15.
[22] BGBl. 2017 I, 802.
[23] Dazu → § 6 Rn. 4 ff.; → § 7 Rn. 3 ff.; Habersack AcP 220 (2020), 594 (614 ff.); eingehend im Zusammenhang mit unternehmensorganisationsbezogenen Vorgaben Rast, Unternehmerische Organisationsfreiheit und Gemeinwohlbelange, 2022, 309 ff.; zur Verfassungskonformität des MitbestG s. BVerfGE 50, 290 = NJW 1979, 699; zur Debatte über die Verfassungskonformität fixer Geschlechterquoten s. Habersack/Kersten BB 2014, 2819 ff. mwN.
[24] Dazu BVerfG NJW 2021, 1723 ff.
[25] BVerfG NJW 2021, 1723 Rn. 118.
[26] Näher Habersack/Ehrl AcP 219 (2019), 155 (158 ff.) mwN; zum Verhältnis zwischen öffentlich-rechtlichen Vorgaben und privatrechtlichen Steuerungsinstrumenten am Beispiel der Klimapolitik Schön ZfPW 2022, 207 (224 ff.).

Belange nicht nur der Allgemeinheit, sondern letztlich auch ihnen selbst zugute kommt, und sei es auch nur, weil sich die Investoren gleichfalls diese Belange zu eigen und ihre Investitionsentscheidung von den Klimaschutz- und CSR-Aktivitäten des Unternehmens abhängig machen. Bereits Art. 1 der Umwelthaftungsrichtlinie aus dem Jahr 2004 spricht dieses Ziel an, wenn er betont, „auf der Grundlage des Verursacherprinzips einen Rahmen für die Umwelthaftung zur Vermeidung und Sanierung von Umweltschäden zu schaffen."[27]

2. Typologie

20 a) **Organisationsverfassungsbezogene Vorgaben.** In der Organisationsverfassung der AG und GmbH sind nachhaltigkeitsbezogene Vorgaben und Mechanismen bislang nicht sonderlich ausgeprägt. Sieht man von Empfehlungen des DCGK ab (→ Rn. 63 ff.), so lassen sich in erster Linie die Vorgaben des **Mitbestimmungsrechts** (→ Rn. 24) und die **Geschlechterquoten** (nebst Zielgrößenbestimmungen, → Rn. 25) anführen. Im Vordergrund stehen insoweit zwar gesellschaftspolitische Anliegen anderer Art.[28] Einen – wenn auch entfernteren – Nachhaltigkeitsbezug kann man allerdings auch dem Mitbestimmungsrecht und den Geschlechterquoten nicht absprechen.

21 b) **Zwingendes Recht und Sorgfaltspflichten.** Höchste Durchsetzungskraft haben gewiss zwingende Vorschriften, mit denen der Gesetzgeber die Freiheit zum unternehmerischen Handeln begrenzt, indem er etwa technische Standards vorgibt oder den **Ausstoß von Emissionen** reguliert und limitiert. Dass derlei Ge- und Verbote die Normadressaten binden und diese im Falle eines Fehlverhaltens sanktioniert werden können, versteht sich. Zu einem Thema des Gesellschaftsrechts werden derlei Ge- und Verbote allerdings, wenn man die Geschäftsleiter der Normadressaten – mithin die Mitglieder des Vorstands der AG und die Geschäftsführer der GmbH – in den Blick nimmt und nach deren spezifisch gesellschaftsrechtlichen Pflichten im Zusammenhang mit derlei Ge- und Verboten fragt. Die Rede ist insoweit von der **Legalitätspflicht** und der daraus herzuleitenden **Complianceverantwortung** der Geschäftsleiter (→ Rn. 33 ff.).

22 Ganz ähnlich ist die Wirkweise von **menschenrechts-, umwelt- und klimabezogenen Sorgfaltspflichten,** wie sie sich auf europäischer Ebene abzeichnen und bereits im LkSG geregelt sind: Sie richten sich an das **Unternehmen,** doch obliegt es im Innenverhältnis den Geschäftsleitern, für die Beachtung dieser Pflichten zu sorgen. Der Kommissionsvorschlag einer Sorgfaltspflichtenrichtlinie (→ Rn. 31 ff.) geht freilich darüber hinaus und und zielt explizit auf mitgliedstaatliche Regelungen, die sicherstellen, dass die Geschäftsleiter die Folgen ihrer Entscheidungen für Nachhaltigkeitsaspekte berücksichtigen. Dies verweist bei Lichte betrachtet auf das **unternehmerische Ermessen** der Geschäftsleiter im Rahmen rechtlich nicht gebundener Entscheidungen und damit auf die nicht nur hierzulande intensiv geführte Diskussion über Befugnis oder gar Pflicht der Geschäftsleiter, im Rahmen ihres Leitungsermessens Gemeinwohlbelange zu berücksichtigen (→ Rn. 48 ff.). Unberührt bleiben die allgemeinen **Organisationspflichten** der Geschäftsleiter und damit insbesondere auch die Pflicht zur Identifizierung und Bewertung von Klimarisiken; auch diese Pflichten werden in dem Kommissionsvorschlag adressiert (→ Rn. 39).

23 c) **Marktbasierte Instrumente.** Nachhaltigkeitsaspekte sucht der Gesetzgeber auch über marktbasierte Instrumente zu verwirklichen. Hierzu zählen in erster Linie die **CSR-Berichtspflichten,** die die Marktgegenseite über Konzepte des berichtspflichtigen Unternehmens zu CSR-relevanten Aspekten informieren sollen (→ Rn. 56 ff.), aber auch die Pflicht zur Abgabe einer **Entsprechenserklärung** betreffend die Empfehlungen des

---

[27] Richtlinie 2004/35/EG vom 30.4.2004 über Umwelthaftung zur Vermeidung und Sanierung von Umweltschäden, ABl. 2004 L 143/56.
[28] Zu dieser Entwicklung s. bereits Habersack, Gutachten E zum 69. DJT, 2012, 33 ff. mwN; im Zusammenhang mit den Geschlechterquoten Seibert, FS Baums, 2017, 1133 ff.

DCGK, die nicht zuletzt seit der Kodexreform von 2022 einen starken Nachhaltigkeitsbezug hat (→ Rn. 63 ff.). Marktbasiert sind auch die Vorgaben zur **Vergütung** der Vorstands- und Aufsichtsratsmitglieder der börsennotierten AG; dies gilt nicht nur für die Pflicht zur Erstattung eines Vergütungsberichts gemäß § 162 AktG und für das Vergütungsvotum der Hauptversammlung gemäß § 120a AktG, sondern auch für die Vorgabe des § 87 Abs. 1 S. 2 AktG, die Vergütungsstruktur auf eine langfristige und nachhaltige Entwicklung der Gesellschaft auszurichten (→ Rn. 66 ff.).

IV. Organisationsverfassungsbezogene Vorgaben

1. Mitbestimmung

Zu den Nachhaltigkeitsvorgaben gehören, wie dargelegt, auch Regeln zur Organisationsverfassung der Gesellschaft. Während der DCGK explizit empfiehlt, dass das Kompetenzprofil des Aufsichtsrats auch Expertise zu den für das Unternehmen bedeutsamen Nachhaltigkeitsfragen umfasst (→ Rn. 64), finden sich im Gesetz keine diesbezüglichen Vorgaben. Einen gewissen Nachhaltigkeitsbezug haben allerdings die Gesetze über die unternehmerische Mitbestimmung (→ § 2 Rn. 35 ff.), die sich als **Sozialordnungsrecht** verstehen, indem sie auf die Ordnung von Kapital und Arbeit bezogene Grundsatzregelungen enthalten.[29] Das BVerfG betont zum einen die der Menschenwürde der Arbeitnehmer Rechnung tragende Milderung der Fremdbestimmung, zum anderen die Integrationswirkung der Mitbestimmung und die soziale Legitimation der Unternehmensleitung.[30] Dem entspricht es, dass nach nunmehr ständiger Rechtsprechung des BGH Satzungsänderungen, die mit dem MitbestG unvereinbar sind, nach § 241 Nr. 3 AktG wegen des öffentlichen Interesses an Durchsetzung der mitbestimmungsrechtlichen Vorgaben nichtig sind.[31] Der darin zum Ausdruck kommende, auch vom BVerfG anerkannte **Gemeinwohlbezug** der unternehmerischen Mitbestimmung hat jedenfalls insoweit auch einen Nachhaltigkeitsbezug, als die Teilhabe der Arbeitnehmer an den Entscheidungen des Aufsichtsrats die Betroffenheit nicht nur der Aktionäre, sondern auch anderer stakeholder durch die unternehmerische Tätigkeit unterstreicht und das Interesse an langfristiger Rentabiität des Unternehmens institutionell absichert.

2. Geschlechterquoten und Zielgrößen

Auch mit den Geschlechterquoten verfolgt der Gesetzgeber „in erster Linie" gesellschaftspolitische Ziele.[32] Angestrebt wird eine signifikante Verbesserung des Frauenanteils an Führungspositionen und damit letztlich Geschlechterparität.[33] Dies wiederum diene dem Ziel der **Nachhaltigkeitsstrategie** der Bundesregierung, die Entgeltlücke zwischen Frauen und Männern von derzeit 22 Prozent bis 2020 auf 10 Prozent zu reduzieren.[34] Zur Erreichung dieses Ziels sei die Aufhebung der „vertikalen Segregation des Arbeitsmarktes"[35] erforderlich. Die Erhöhung des Anteils von Frauen an Führungspositionen könne insoweit positive Auswirkungen haben, zumal davon ein Signal der Ermutigung an alle Frauen ausgehe, einen beruflichen Aufstieg anzustreben.[36] Auch könne der Wirtschaftsstandort Deutschland und die Wettbewerbsfähigkeit der Unternehmen durch die Erhöhung

---

[29] BVerfGE 25, 392 (404, 407) = NJW 1969, 1203; näher Habersack/Henssler/Habersack MitbestG Einl. Rn. 37 ff., Wißmann/Kleinsorge/Schubert/Wißmann, Mitbestimmungsrecht, 5. Aufl. 2017, MitbestG Vor § 1 Rn. 2 ff.
[30] BVerfG 50, 290 (350 f.) = NJW 1979, 699.
[31] BGHZ 83, 106 (109 ff.) = NJW 1982, 1525; BGHZ 83, 151 (153 ff.) = NJW 1982, 1530; BGHZ 89, 48 (50) = NJW 1984, 733.
[32] Seibert, FS Baums, 2017, 1133 ff. (1144).
[33] Begr. RegE, BT-Drs. 18/3784, 40 ff.; näher zu den Regelungszielen Seibert, FS Baums, 2017, 1133 ff.
[34] Begr. RegE, BT-Drs. 18/3784, 42.
[35] Begr. RegE, BT-Drs. 18/3784, 42.
[36] Begr. RegE, BT-Drs. 18/3784, 42.

des Frauenanteils in Führungspositionen gesteigert werden. Dies sei vor allem deshalb der Fall, weil ausweislich einschlägiger Studien die heterogene Zusammensetzung in Führungsgremien – Diversität – einen **besseren Entscheidungsprozess** gewährleiste und damit wiederum bessere wirtschaftliche Ergebnisse einhergingen, nicht zuletzt auch wegen der hohen Außenlegitimationspflicht insbesondere von Unternehmen, deren „Fokus" auf dem Privatkundengeschäft liege, sowie einer erhöhten Innenlegitimationspflicht.[37]

V. Sorgfaltspflichten der Unternehmen

1. LkSG

26 Das LkSG verpflichtet in seinem § 3 Abs. 1 S. 1 Unternehmen, in ihren Lieferketten – davon erfasst sind nach § 2 Abs. 5 LkSG neben dem eigenen Geschäftsbereich des Unternehmens (definiert in § 2 Abs. 6 LkSG) das Handeln mittelbarer und unmittelbarer Zulieferer iSv. § 2 Abs. 7, 8 LkSG – die in §§ 4 ff. LkSG festgelegten **menschenrechtlichen und umweltbezogenen Sorgfaltspflichten** in angemessener Weise zu beachten mit dem Ziel, menschenrechtlichen und umweltbezogenen Risiken vorzubeugen oder sie zu minimieren oder die Verletzung menschenrechtsbezogener oder umweltbezogenere Pflichten zu beenden. Hierzu gehören nach § 3 Abs. 1 S. 2 LkSG nicht nur, aber insbesondere die Einrichtung eines Risikomanagements gem. § 4 Abs. 1 LkSG, die Durchführung regelmäßiger Risikoanalysen gem. § 5 LkSG, die Verankerung von Präventionsmaßnahmen im eigenen Geschäftsbereich gem. § 6 Abs. 1, 3 LkSG und gegenüber unmittelbaren Zulieferern gem. § 6 Abs. 4 LkSG und die Umsetzung von Sorgfaltspflichten in Bezug auf Risiken bei mittelbaren Zulieferern gem. § 9 LkSG.[38]

27 Als **menschenrechtliches Risiko** bezeichnet § 2 Abs. 2 LkSG einen Zustand, bei dem aufgrund tatsächlicher Umstände mit hinreichender Wahrscheinlichkeit ein Verstoß gegen eines der in § 2 Abs. 2 LkSG im Einzelnen aufgelisteten Verbote droht, darunter insbesondere näher definierte Verbote von Kinderarbeit, von Zwangsarbeit und Sklaverei, das Verbot der Missachtung arbeitsschutzrechtlicher Bestimmungen und das Verbot des Vorenthaltens eines angemessenen Lohns. Ein **umweltbezogenes Risiko** ist nach § 2 Abs. 3 LkSG ein Zustand, bei dem auf Grund tatsächlicher Umstände mit hinreichender Wahrscheinlichkeit ein Verstoß gegen eines der in § 2 Abs. 3 LkSG aufgelisteten Verbote droht, darunter insbesondere Verbote betreffend den Umgang mit Abfällen und betreffend die Herstellung von Chemikalien und von mit Quecksilber versetzten Produkten. Allgemeine **klimabezogene Risiken** werden vom LkSG nicht erfasst; insbesondere enthält das Gesetz keine Vorgaben zur Treibhausgasemission.

28 § 3 Abs. 2 LkSG regelt die **angemessene Weise eines sorgfaltsgemäßen Handelns** und verweist insoweit insbesondere auf Art und Umfang der Geschäftstätigkeit des Unternehmens, das Einflussvermögen des Unternehmens auf den unmittelbaren Verursacher eines menschenrechtlichen oder umweltbezogenen Risikos oder der Verletzung menschenrechtsbezogener oder umweltbezogener Pflichten, die typischerweise zu erwartende Schwere, Umkehrbarkeit und Wahrscheinlichkeit der Verletzung sowie die Art des Verursachungsbeitrags des Unternehmens.

29 Auf Einzelheiten zu den Sorgfaltspflichten sowie zu den in §§ 12–24 LkSG geregelten Durchsetzungs- und Sanktionsmechanismen (behördliche Kontrolle und Durchsetzung gem. §§ 12 ff. LkSG, Ausschluss von der Vergabe öffentlicher Aufträge gem. § 22 LkSG, Zwangs- und Bußgelder gem. §§ 23 f. LkSG) kommt es insoweit nicht an.[39] Für die

---

[37] Begr. RegE, BT-Drs. 18/3784, 42.
[38] Näher Korch NJW 2022, 2065 ff.
[39] Näher zum LkSG → § 10 Rn. 10 ff.; Burchardi NZG 2022, 1467 ff.; Lutz-Bachmann/Vorbeck/Wengenroth BB 2021, 906 ff.; Spindler ZHR 186 (2022), 67 f.; zur Umsetzung im Konzern Rothenburg/Rogg AG 2022, 257 ff.; zur Debatte im Vorfeld Habersack/Ehrl AcP 219 (2019), 155; Wagner RabelsZ 80 (2016), 717 ff.; Weller/Kaller/Schulz AcP 216 (2016), 387 ff.; monografisch Brunk, Menschenrechtscompliance, 2022; Pordzik, Transsubjektive Deliktsverantwortlichkeit, 2022.

Zwecke der vorliegenden Darstellung wesentlich ist, dass das LkSG in erster Linie auf **behördliche Durchsetzungsmechanismen** setzt. Hinsichtlich einer **zivilrechtlichen Haftung** findet sich dagegen in § 3 Abs. 3 LkSG die Feststellung, dass eine Verletzung der Pflichten aus dem LkSG „keine zivilrechtliche Haftung" begründet, eine unabhängig von dem LkSG begründete Haftung aber unberührt bleibt. § 11 Abs. 1 LkSG ergänzt § 3 Abs. 3 LkSG um eine Regelung zur **Prozessstandschaft:** Wer geltend macht, in einer überragend wichtigen geschützten Rechtsposition aus § 2 Abs. 1 LkSG – und damit in einer sich aus den in den Nummern 1 bis 11 der Anlage zum LkSG aufgelisteten Übereinkommen zum Schutz der Menschenrechte ergebenden Rechtsposition – verletzt zu sein, kann zur gerichtlichen Geltendmachung seiner Rechte einer inländischen Gewerkschaft oder Nichtregierungskommission die Ermächtigung zur Prozessführung erteilen.

Mit § 3 Abs. 3 LkSG steht nicht nur fest, dass das LkSG als solches **keine Schutzgesetze** 30 im Sinne des § 823 Abs. 2 BGB begründet.[40] Die in den Materialien verlautbarte Absicht des Gesetzgebers, „keine zusätzlichen zivilrechtlichen Haftungsrisiken für Unternehmen zu schaffen", die neuen Sorgfaltspflichten vielmehr „im Verwaltungsverfahren und mit Mitteln des Ordnungswidrigkeitsrechts" durchzusetzen und zu sanktionieren,[41] schließt vielmehr auch jegliche **„Ausstrahlung"** des LkSG auf das Deliktsrecht und damit insbesondere die Herleitung deliktischer Verkehrspflichten aus dem LkSG aus.[42] Dies deckt sich mit der vor Verabschiedung des LkSG entwickelten Feststellung, dass sich ein an die Verletzung menschenrechtlicher und umweltbezogener Pflichten innerhalb der Lieferkette anknüpfender Haftungstatbestand von den konzeptionellen Grundlagen der §§ 823 ff. BGB verabschieden würde und deshalb allenfalls als ultima ratio und damit nur bei Versagen anderweitiger Mechanismen zur Durchsetzung von Menschenrechtsgewährleistungen erwogen werden sollte.[43] Insbesondere würde sich eine entsprechende Haftung von dem Grundsatz verabschieden, dass sich, wie nicht zuletzt §§ 831, 832 BGB zeigen, deliktsrechtlich relevante Sorgfaltsanforderungen auf die eigene Sphäre beschränken und die Annahme, es bestünden Verkehrspflichten auch in Bezug auf Dritte, dem Vertrauensgrundsatz und dem Rechtsträgerprinzip zuwiderlaufen würde.[44]

2. Vorschlag einer Sorgfaltspflichten-Richtlinie

Hat der Gesetzgeber somit gut daran getan, in erster Linie auf verwaltungs- und ordnungs- 31 widrigkeitsrechtliche Instrumente zu setzen, so könnte er sich alsbald zur Kurskorrektur gezwungen sehen. Nach Art. 22 Abs. 1 CSDD-E (→ Rn. 15) haben die Mitgliedstaaten nämlich sicherzustellen, dass Unternehmen für die einer natürlichen oder juristischen Person **entstandenen Schäden haften,** wenn sie ihre Pflichten aus Art. 7, 8 CSDD-E zur Vermeidung potentieller negativer Auswirkungen auf Umwelt oder Menschenrechte und zur Behebung solcher Auswirkungen verletzt haben und durch das Versäumnis das nach nationalem Recht geschütze rechtliche Interesse der natürlichen oder juristischen Person beschädigt wurde.

Die Brisanz einer derartigen Haftung wird deutlich, wenn man bedenkt, dass die 32 betroffenen Unternehmen nach Art. 6 Abs. 1 CSDD-E geeignete Maßnahmen ergreifen sollen, um tatsächliche und potentielle negative Auswirkungen auf die Menschenrechte und die Umwelt zu ermitteln, die sich „aus ihrer eigenen Geschäftstätigkeit sowie der ihrer

---

[40] Begr. Rechtsausschuss, BT-Drs. 19/30505, 39; Spindler ZHR 186 (2022), 67 (94 f.).
[41] Begr. Rechtsausschuss, BT-Drs. 19/30505, 39.
[42] Näher Fleischer DB 2022, 920 (921 ff.); Spindler ZHR 186 (2022), 67 (95 ff.); offener Paefgen ZIP 2021, 2006 (2010 ff.).
[43] Habersack/Ehrl AcP 219 (2019), 155, 190 ff. (205); ebenso Wagner, RabelsZ 80 (2016), 717 (780 f.); für Konzernkonstellationen auch Fleischer/Danninger, DB 2017, 2849 (2856 f.); aA Payandeh, FS K. Schmidt, 2019, Bd. II, 131 (139 ff.).
[44] Wagner RabelsZ 80 (2016), 717 (757 ff.); Habersack/Ehrl AcP 219 (2019), 155, 190 ff.; zu den entsprechenden Zurechnungs- und Wertungskriterien im Zusammenhang mit der Frage einer Delikshaftung für das Verhalten von Tochtergesellschaften Habersack/Zickgraf ZHR 182 (2018), 252 (273 ff.).

Tochterunternehmen und – sofern sie mit ihren Aktivitätsketten in Verbindung stehen – der ihrer Geschäftspartner ergeben." Damit aber zielt der Richtlinienvorschlag auf eine weitgehende, etablierten Grundsätzen zuwiderlaufende **Einstandspflicht für das Fehlverhalten von Tochterunternehmen und Vertragspartnern** – und dies vor dem Hintergrund, dass der Kreis der negativen Auswirkungen auf die Umwelt und auf die Menschenrechte in Art. 3 lit. b, c CSDD-E iVm Anhang I und II CSDD-E sehr weit gezogen wird. Nachdem der Richtlinenvorschlag auch auf das public enforcement setzt (→ § 10 Rn. 72), erscheint eine solch weitreichende zivilrechtliche Haftung als überschießend.[45]

VI. Sorgfaltspflichten der Geschäftsleiter

1. Legalitätspflicht

33 Dass die Kapitalgesellschaft an die an sie gerichteten gesetzlichen Ge- und Verbote und damit insbesondere an **umwelt- und klimarechtliche Vorgaben** gebunden ist, bedarf keiner Hervorhebung.[46] Davon zu unterscheiden ist allerdings die – als Legalitätspflicht bezeichnete – Pflicht der Geschäftsleiter (mithin der Vorstandsmitglieder und Geschäftsführer),[47] für rechtmäßiges Verhalten der AG im Außenverhältnis zu sorgen.[48] Diese Pflicht ist Teil der den Geschäftsleitern nach § 93 Abs. 1 S. 1 AktG, § 43 Abs. 2 GmbHG obliegenden Sorgfaltspflicht und besteht damit im **Innenverhältnis zur Gesellschaft**.[49] Sie nimmt ihren Ausgangspunkt in der Gesetzesbindung der Gesellschaft und ist somit abgeleiteter Natur. Sie ist als solche, soweit ersichtlich, einhellig anerkannt,[50] mögen auch nicht wenige Folgefragen äußerst umstritten sein, etwa die Frage, welche Anforderungen an Rechtsrat zu stellen sind, soll dieser das Vorstandsmitglied enthaften,[51] und die Frage, ob bei einem aus dem Unternehmen heraus begangenen Regelverstoß die Pflichtwidrigkeit des Vorstandshandelns festeht und das Vorstandsmitglied nur noch unter Hinweis auf fehlendes Verschulden einer Haftung entgegen kann.[52]

34 Die Legalitätspflicht umfasst zum einen die Pflicht, das eigene – der AG zurechenbare – Organhandeln an den für die AG geltenden Ge- und Verboten auszurichten, zum anderen die Pflicht, innerhalb des Unternehmens Regelbefolgung – mithin **Compliance** – sicherzustellen, indem entsprechende Risiken erfasst und nach Kräften minimiert werden.[53] Das neuere Schrifttum spricht in Bezug auf die Sicherstellung regelkonformen Verhaltens der Arbeitnehmer und sonstiger Hilfspersonen von der Legalitätskontrollpflicht oder, gleich-

---

[45] So auch Ausschüsse Handelsrecht, CSR und Compliance sowie Menschenrechte des DAV, NZG 2022, 909 (915 f.); unkrit. Bettermann/Hoes WM 2022, 697 (702 f.); Nietsch/Wiedmann CCZ 2022, 125 (132 f.); Hübner/Habrich/Weller NZG 2022, 644 (648 f.).
[46] Zum Zusammenspiel zwischen öffentlich-rechtlichen Vorgaben und privatrechtlichen Steuerungsinstrumenten s. am Beispiel der Klimapolitik Schön ZfPW 2022, 207 (224 ff.).
[47] Zur Compliance-Verantwortung und damit zur Pflicht des Aufsichtsrats zur Überwachung der Einhaltung der Legalitäts- und Legalitätskontrollpflicht des Vorstands s. Habersack AG 2014, 1 ff.
[48] Näher zum Folgenden bereits Habersack AcP 220 (2020), 594 (648 ff.).
[49] Näher GroßkommAktG/Hopt/Roth AktG § 93 Rn. 74 ff., 132 ff.; MüKoAktG/Spindler AktG § 93 Rn. 86 ff.
[50] Vgl. BGH NJW 2012, 3439 Rn. 22 ff.; BGH NZG 2011, 1271 Rn. 16 ff.; BGH ZIP 2010, 1892, 1894; BGH ZIP 2010, 2239, 2241; BGHZ 133, 370, 375; BGH NJW 1988, 1321, 1323; LG München I NZG 2014, 345 ff.; GroßkommAktG/Hopt/Roth AktG § 93 Rn. 74 ff., 132 ff.; MüKoAktG/Spindler AktG § 93 Rn. 86 ff.; KölnKommAktG/Mertens/Cahn AktG § 93 Rn. 71; BeckOGK AktG/Fleischer AktG § 93 Rz. 23 ff.; Bayer, FS K. Schmidt, 2009, 85 (90 f.); Habersack, FS Schneider, 2011, 429 ff.; Spindler, FS Canaris, Bd. II, 2007, 403 (412 ff.); Thole ZHR 173 (2009), 504 (509 ff.); Verse ZHR 175 (2011), 401 ff.; krit. Ihrig WM 2004, 2098 (2105).
[51] BGH NZG 2011, 1271 Rn. 16 ff.; BGH NZG 2015, 792 Rn. 35.
[52] BGH NZG 2011, 1271 Rn. 16 ff. verneint das Verschulden; anders wohl BGHZ 202, 26 Rn. 23 = NZG 2014, 1058.
[53] Hauschka ZIP 2004, 877 ff.; U. H. Schneider ZIP 2003, 645 ff.; Harbarth ZHR 179 (2015), 136 (142 ff.); Nietsch ZHR 180 (2016), 733 ff.; zu den diesbezüglichen Pflichten des Aufsichtsrats s. Habersack AG 2014, 1 ff.

sinnig, von der Legalitätsdurchsetzungs- oder Legalitätsorganisationspflicht.[54] Damit wird zum Ausdruck gebracht, dass das Vorstandmitglied der AG zwar sein eigenes Verhalten vollständig planen und kontrollieren kann, weshalb es angemessen ist, es insoweit einer allein unter dem Vorbehalt eines entschuldbaren Rechtsirrtums stehenden Verantwortung für die Rechtmäßigkeit seines Verhaltens zu unterstellen, dass es indes in Bezug auf andere für die Gesellschaft handelnde Rechtssubjekte nur begrenzten Einfluss auf deren Verhalten für die Gesellschaft hat und es ihm deshalb insoweit allein obliegen kann, **Vorkehrungen** dahingehend zu treffen, dass Fehlverhalten möglichst unterbunden wird.

Was den **Geltungsgrund** anbelangt, so besteht weitgehend Einvernehmen darüber, dass sich Legalitäts- und Legalitätskontrollpflicht jedenfalls nicht ohne Weiteres aus der Bindung der Organmitglieder an das im Allgemeinen auf Gewinnerzielung gerichtete Formalziel der Gesellschaft und dem Unternehmensinteresse herleiten lassen. Dies folgt schon daraus, dass die Gesetzesbindung der AG dem Formalziel der Gesellschaft und dem Unternehmensinteresse gleichsam vorgelagert und diesem gegenüber vorrangig ist; das Unternehmensinteresse verwirklicht sich mit anderen Worten innerhalb des durch Gesetz und Recht vorgegebenen Rahmens.[55] Der grundsätzlichen Anerkennung der Legalitätspflicht entspricht es wiederum, dass Leitungsermessen des Geschäftsleiters nur innerhalb der durch Gesetz[56] gesteckten Grenzen besteht; die **Business Judgment Rule** des § 93 Abs. 1 S. 2 AktG (→ Rn. 39 f.) schützt, anders gewendet, **nur rechtmäßige Entscheidungen** der Geschäftsleiter.[57] 35

Ungeachtet des Vorrangs der Gesetzesbindung der AG besteht zwar ein Gleichlauf zwischen Legalitätspflicht und Unternehmensinteresse, soweit der Regelverstoß für die Gesellschaft per saldo, dh. auch unter Berücksichtigung etwaiger Vorteile, von Nachteil ist, insbesondere aufgrund von Geldbußen, Schadensersatzpflichten oder Reputationseinbußen.[58] Denkbar und gewiss nicht bloße Theorie ist freilich, dass ein Regelverstoß aller Voraussicht nach unentdeckt bleibt oder im Falle der Aufdeckung zumindest die zu erwartenden Sanktionen hinter den Vorteilen der Gesellschaft zurückbleiben. Zumindest für derlei Fälle eines „efficient breach of law", eines „nützlichen Gesetzesverstoßes"[59], wird die **Parallelität von Gesetzesbindung und Unternehmensinteresse durchbrochen:** Die allgemeine Schadensabwendungspflicht des Vorstands vermag es dann für sich genommen nicht zu erklären, dass der Vorstand zum Besten der Gesellschaft handelt, wenn sich die externen Effekte der Missachtung des Gesetzes nicht in einem wirtschaftlichen Nachteil des Normadressaten – der einzelnen Gesellschaft – niederschlagen und deshalb der Gesetzesverstoß lukrativer ist als die Gesetzesbefolgung.[60] Nur wenn man auch insoweit Existenz und Vorrang der Legalitätspflicht bejaht, lässt sich begründen, dass der Vorstand pflichtwidrig handelt. Dem verantwortlichen Vorstandsmitglied bliebe es dann zwar unbenommen, gegenüber seiner Inanspruchnahme auf Schadensersatz den Einwand des Vor- 36

---

[54] Vgl. Koch AktG § 76 Rn. 13; GroßkommAktG/Kort § 91 Rn. 123, 179 ff.; Bachmann ZIP 2014, 570 (581); Grigoleit, FS K. Schmidt, 2019, 367; Harbarth ZHR 179 (2015) 136 (147 ff.); Thole ZHR 173 (2009), 504 (509 ff.); näher Breitenfeld, Die organschaftliche Binnenhaftung der Vorstandsmitglieder für gesetzwidriges Verhalten, 2016, 61 ff., Brock, Legalitätsprinzip und Nützlichkeitserwägungen, 2017, 58 ff., Holle, Legalitätskontrolle, 2014, 59 ff., jew. mwN.

[55] Vgl. Fleischer ZIP 2005, 141 (148); Grigoleit, FS K. Schmidt, 2019, 367 (369 f.); Holle, Legalitätskontrolle, 2014, 52 ff.; Thole ZHR 173 (2009), 504 (517 f.); nur im Ergebnis Langenbucher, FS Lwowski, 2014, 333 (334) („Fiktion eines Rechtsbefolgungswillens der Gesellschafter"); Kort NZG 2012, 926 („Allgemeinwohlbindung").

[56] Dem Gesetz steht die Satzung, nicht dagegen der Vertrag gleich, s. § 243 Abs. 1 AktG, ferner Habersack, FS Schneider, 2011, 429 (431 f.).

[57] Koch AktG § 93 Rn. 35; s. ferner Paefgen AG 2004, 245 (251); Thole ZHR 173 (2009), 504 (516).

[58] Bicker AG 2014, 8 (9); Fleischer ZIP 2005, 141 (144); Grigoleit, FS K. Schmidt, 2019, 367 (369 f.); Habersack, FS Schneider, 2011, 429 (433 f.); Thole ZHR 173 (2009), 504 (517 f.).

[59] Der Begriff der „nützlichen" Pflichtverletzung ist, soweit ersichtlich, von Haas eingeführt worden, s. Haas in: Michalski, GmbHG, 2002, § 43 Rn. 50; s. ferner Fleischer ZIP 2005, 141 ff.

[60] S. bereits Habersack, FS Schneider, 2011, 429 (433 f.); Thole ZHR 173 (2009), 504 (517 f.); ferner Grigoleit, FS K. Schmidt, 2019, 367 (369 f.); am Beispiel der Klimapolitik Schön ZfPW 2022, 207 (225 ff.).

teilsausgleichs zu erheben;⁶¹ selbst wenn ein entsprechender Nachweis geführt werden könnte,⁶² blieben allerdings das Vorliegen einer Pflichtverletzung und damit die Möglichkeit der Abberufung und die Gefahr der Entlastungsverweigerung unberührt.

37 Zur Begründung einer umfassenden Legalitätspflicht bedarf es deshalb, wie an anderer Stelle näher dargelegt worden ist, des Rückgriffs auf das **Allgemeininteresse an Regelbefolgung** und damit im Zusammenhang stehende Überlegungen generalpräventiver Art;⁶³ da die juristische Person auch im Zusammenhang mit der Regelbefolgung auf das Handeln natürlicher Personen angewiesen ist,⁶⁴ würde es Fehlanreize setzen, wollte man dem Vorstand einen „nützlichen Gesetzesverstoß" gestatten mit der Folge, dass er weder für die ökonomischen Folgen der Gesetzesverletzung einzustehen hätte noch der moralischen Last einer für eigene Rechnung begangenen Gesetzesverletzung unterliegen würde.⁶⁵ Damit zeigt sich in aller Deutlichkeit, dass Instrumente wie namentlich die Etablierung einer schadensersatzbewehrten Sorgfaltspflicht bemüht werden, um das öffentliche Interesse an Regelbefolgung durch die AG gegenüber dem Unternehmensinteresse der AG und einem etwaigen Interesse der Aktionäre an Generierung von Rendite durch Regelverstöße abzuschirmen, und hierdurch zum **„private enforcement" gesetzlicher Regeln** beitragen. Es liegt auf der Hand, dass dies im Zusammenhang mit gesetzlichen Ge- und Verboten, denen es um die Internalisierung nachteiliger Auswirkungen auf Klima und Umwelt geht, von herausragender Bedeutung ist.

2. Organisationspflichten

38 Zu der Legalitätskontrollpflicht der Geschäftsleiter treten weitere Organisationspflichten, die gleichfalls Nachhaltigkeitsaspekte umfassen können und auch tatsächlich umfassen werden. So hat nach § 91 Abs. 2 AktG der Vorstand Maßnahmen zur Früherkennung von den Bestand der Gesellschaft gefährdenden Entwicklungen zu treffen; für die GmbH kann nichts anderes gelten. Geht es hierbei vor allem um die Früherkennung des Insolvenzrisikos,⁶⁶ so verpflichtet die durch das FISG⁶⁷ eingefügte Vorschrift des § 91 Abs. 3 AktG den Vorstand einer börsennotierten Gesellschaft darüber hinaus ausdrücklich dazu, ein im Hinblick auf den Umfang der Geschäftstätigkeit angemessenes und wirksames internes Kontrollsystem und **Risikomanagementsystem** einzurichten.⁶⁸ Die Materialien weisen zu Recht darauf hin, dass sich bereits aus § 93 Abs. 1 S. 1 AktG die Pflicht zur Einrichtung entsprechender Kontrollsysteme ergeben kann und je nach Größe und Risikoneigung der Gesellschaft tatsächlich ergibt,⁶⁹ und dies nicht nur für börsennotierte Aktiengesellschaften. Auch soweit den Geschäftsleitern die Einrichtung von Kontrollsystemen vorgegeben ist, verfügen sie immerhin hinsichtlich der Ausgestaltung im Einzelnen über einen Ermessens-

---

⁶¹ BGH NJW 2013, 1958 Rn. 26 (betr. gegenstandsfremde Zinsderivatgeschäfte); BGH NZG 2011, 1271 Rn. 31 (fehlerhafte Kapitalerhöhung).
⁶² Zur Darlegungs- und Beweislast des Vorstandsmitglieds s. BGH NJW 2013, 1958 Rn. 29 mwN.
⁶³ Habersack, FS Schneider, 2011, 429 (435); Habersack AcP 220 (2020), 594 (650 ff.); so auch BeckOGK AktG/Fleischer § 93 AktG Rz. 29; Grigoleit, FS K. Schmidt, 2019, 367 (371 ff.); Verse ZHR 175 (2011), 401 (405 f.); Betonung der Gläubigerinteressen bei Thole ZHR 173 (2009), 504 (514 ff.); weiterführend Chr. Weber, Organpflicht und Rechtsdurchsetzung, Geschäftsleiterpflichten im Innenverhältnis zwischen privatautonomer Zweckverfolgung und Normvollzug im öffentlichen Interesse Habilitationsschrift München, 2019, passim, insbes. §§ 9 ff.; krit. Brock, Legalitätsprinzip und Nützlichkeitserwägungen, 2017, 58 ff., 112 ff.; Hellgardt, FS Hopt, 2020, 403 ff.
⁶⁴ Zutr. Betonung der „strukturellen Komplexität" von Unternehmen und der „multipersonalen Diffusion der Entscheidungsverantwortung in fremdorganschaftlich strukturieren Gremien" bei Grigoleit, FS K. Schmidt, 2019, 367 (372 f.).
⁶⁵ Habersack, FS Schneider, 2011, 429 (435); s. zuvor bereits Thole ZHR 173 (2009), 504 (516 f.) mwN zum US-amerikanischen Schrifttum; ferner Spindler, FS Canaris, Bd. II, 2007, 403 (412).
⁶⁶ Koch AktG § 91 Rn. 7 mwN.
⁶⁷ Gesetz zur Stärkung der Finanzmarktintegrität vom 3.6.2021, BGBl. 2021 I, 1534.
⁶⁸ Näher zu Inhalt und Abgrenzung der in § 91 Abs. 3 AktG geregelten und nicht geregelten Systeme Koch AktG § 91 Rn. 15 ff.
⁶⁹ Begr. RegE, BT-Drs. 19/26966, 115.

spielraum, wobei umstritten ist, ob dieser aus § 93 Abs. 1 S. 2 AktG folgt oder unabhängig von dieser Vorschrift besteht.[70]

Ungeachtet der durch § 91 Abs. 3 AktG aufgeworfenen Abgrenzungsfragen sollte jedenfalls feststehen, dass die Geschäftsleiter **menschenrechts- und umweltbezogene Risiken** zu erfassen haben; §§ 4 ff. LkSG sehen denn auch explizit entsprechende Organisationspflichten der Unternehmen vor (→ Rn. 25 ff.), deren Einhaltung im Innenverhältnis zur Gesellschaft den Geschäftsleitern obliegt.[71] Was **Klimarisiken** anbelangt, so haben nach Art. 15 CSDD-E (→ Rn. 15) die Mitgliedstaaten dafür zu sorgen, dass Unternehmen mit Sitz in der EU oder einem Drittstaat, die die Schwellenwerte des Art. 2 Abs. 1 lit. a, Abs. 2 lit. a CSDD-E erfüllen, einen **Klimaplan** festlegen, mit dem sie sicherstellen, dass das Geschäftsmodell und die Strategie des Unternehmens mit dem Übergang zu einer nachhaltigen Wirtschaft und der Begrenzung der Erderwärmung auf 1,5 Grad gemäß dem **Paris-Übereinkommen** vereinbar sind. In diesem Plan ist darauf einzugehen, inwieweit der Klimawandel ein Risiko für die Unternehmenstätigkeit darstellt bzw. sich darauf auswirkt. Bildet der Klimawandel ein Hauptrisiko oder eine Hauptauswirkung der Unternehmenstätigkeit, sind die Unternehmen zu verpflichten, **Emissionsreduktionsziele** in den Plan aufzunehmen. Der Richtlinienvorschlag wirft eine Reihe von Detailfragen auf, insbesondere auch im Verhältnis zu den neu gefassten CSR-Berichtspflichten (→ Rn. 56).[72] Er unterstreicht aber die Bedeutung von Klimarisiken und die schon heute bestehende Erwartung der Investoren, dass jedenfalls börsennotierte Gesellschaften einen Klimaplan vorlegen.[73] Auch für die Pflicht aus Art. 15 CSDD-E gilt im Übrigen, dass ihre Erfüllung im Innenverhältnis zur Gesellschaft den Geschäftsleitern obliegt.[74] **39**

3. Leitungsermessen im Rahmen unternehmerischer Entscheidungen

a) Business Judgment Rule. Während die Geschäftsleiter der Kapitalgesellschaft zur Einhaltung gesetzlicher und satzungsmäßiger Vorgaben verpflichtet sind, kommt ihnen jenseits der durch Gesetz und Satzung gesteckten Grenzen unternehmerisches Ermessen zu. Für die Mitglieder des **Vorstands der AG** ist dies in § 93 Abs. 1 S. 2 AktG explizit geregelt; nach dieser sog. Business Judgment Rule handelt das Vorstandsmitglied nicht sorgfaltswidrig, wenn es bei einer unternehmerischen Entscheidung vernünftigerweise annehmen durfte, auf der Grundlage angemessener Informationen zum Wohle der Gesellschaft zu handeln. Über § 116 S. 1 AktG findet die Businss Judgement Rule auch auf unternehmerische Entscheidungen des **Aufsichtsrats** Anwendung, etwa auf die Entscheidung über die Zustimmung zu zustimmungspflichten Geschäften.[75] Für den **GmbH-Geschäftsführer** und die Mitglieder des GmbH-Aufsichtsrats (§ 52 Abs. 1 GmbHG) gilt § 93 Abs. 1 S. 2 AktG entsprechend.[76] Aufgrund der Weisungsbindung des Geschäftsführers und der Allzuständigkeit der Gesellschafterversammlung liegt die Unternehmensleitung allerdings der Sache nach zu einem Gutteil in den Händen der Gesellschafter (→ § 2 Rn. 20 ff.), weshalb im Folgenden vor allem die AG in den Blick zu nehmen ist. **40**

Da sich unternehmerische Entscheidungen dadurch auszeichnen, dass sie rechtlich nicht gebunden sind und über **Prognosecharakter** verfügen,[77] kommt den Geschäftsleitern die **41**

---

[70] Näher GroßkommAktG/Hopt/Roth AktG § 93 Rn. 116 ff.; Koch AktG § 93 Rn. 29.
[71] Näher Burchardi NZG 2022, 1467 ff.
[72] Näher dazu Ausschüsse Handelsrecht, CSR und Compliance sowie Menschenrechte des DAV, NZG 2022, 909 (912 ff.); König NZG 2022, 1186 (1190 f.); Steuer ZIP 2023, 13 (21 ff.).
[73] Näher Steuer ZIP 2023, 13 ff.; ferner Ausschüsse Handelsrecht, CSR und Compliance sowie Menschenrechte des DAV, NZG 2022, 909 (913), dort auch die berechtigte Forderung nach Standardisierung der Inhalte eines Klimaplans.
[74] Für explizite Statuierung entsprechender Sorgfaltspflichten bereits Habersack/Ehrl, in: Kahl/Weller, Climate Change Litigation, 2021, 447 (464 f.); Habersack/Ehrl AcP 219 (2019), 155 (207 f.).
[75] BGHZ 219, 193 Rn. 50 = NZG 2018, 1189 mwN.
[76] Näher Noack/Servatius/Haas/Beurskens GmbHG § 43 Rn. 33 ff.
[77] Näher zu Begriff und Erscheinungsformen unternehmerischer Entscheidungen Grigoleit/Grigoleit/Tomasic AktG § 93 Rn. 42 f.; Koch AktG § 93 Rn. 35 ff.

Aufgabe zu, über „Ob" und „Wie" solcher Maßnahmen zu entscheiden. Dass sie hierbei mit der Sorgfalt eines ordentlichen und gewissenhaften Geschäftsleiters zu agieren haben, versteht sich. Sinn und Zweck der Business Judgment Rule ist es denn auch, den Geschäftsleitern einen „sicheren Hafen" dergestalt zu offerieren, dass eine Sorgfaltspflichtverletzung jedenfalls dann nicht vorliegt, wenn die Voraussetzungen der Regel erfüllt sind. Diese Voraussetzungen sind wiederum – nicht zuletzt wegen des prognostischen Einschlags der unternehmerischen Entscheidung und zur Vermeidung einer Erfolgshaftung der Geschäftsleiter – stark prozeduraler Natur und betreffen in erster Linie die **Informationsgrundlage** der Entscheidung und die **Freiheit von Interessenkonflikten.**[78] Ganz unabhängig von allen Details lässt sich jedenfalls sagen, dass sich die Geschäftsleiter im Rahmen ihres Ermessens immer wieder mit der Frage konfrontiert sehen, ob und inwieweit sie auf **Gemeinwohl- und Nachhaltigkeitsbelange** Rücksicht nehmen dürfen oder sogar müssen.

42 b) Zur Frage der Gemeinwohlbindung der AG. aa) Entwicklung. Besonders intensiv – mit Blick auf die Leitungsautonomie des Vorstands und die Distanz der Aktionäre zur Geschäftsführung ist dies nicht weiter verwunderlich – wird die Frage einer Gemeinwohlbindung seit jeher für das Aktienrecht diskutiert. Die Entwicklung des deutschen Rechts kann hier nicht in allen Einzelheiten nachgezeichnet werden.[79] Nicht unerwähnt bleiben darf allerdings ein Hinweis auf das **Aktiengesetz 1937:**[80] Es hat die Hauptversammlung ihres Einflusses auf die Geschäftsführung beraubt,[81] dem Aufsichtsrat jegliche Weisungsrechte gegenüber dem Vorstand genommen und ihn statt dessen auf die Möglichkeit der Einführung von Vetorechten verwiesen,[82] innerhalb des Vorstands dem Vorstandsvorsitzenden in § 70 Abs. 2 bei Meinungsverschiedenheiten das Recht zur Alleinentscheidung zugesprochen und in seinem § 70 Abs. 1 im Zusammenhang mit der Leitungsaufgabe des Vorstands (der nach einem nicht vom Gesetzgeber aufgegriffenen Vorschlag der Akademie für Deutsches Recht als „Führer" bezeichnet werden sollte[83]) die Bindung an den *„gemeinen Nutzen von Volk und Reich"* betont.[84] Der gleichsam „offiziöse" *Schlegelberger'sche* Kommentar zum AktG 1937 erblickt in dieser Gemeinwohlformel eine *„oberste Richtschnur"*, *„die auf dem nationalsozialistischen Grundsatz, daß Gemeinnutz vor Eigennutz geht, beruht und diesen Grundsatz zu einem integrierenden Bestandteil des Rechts der kapitalistischen Unternehmensform macht."*[85]

---

[78] Näher zu Funktion, Voraussetzungen und Rechtsfolgen des § 93 Abs. 1 S. 2 AktG Grigoleit/Grigoleit/Tomasic AktG § 93 Rn. 35 ff.; Koch AktG § 93 Rn. 26 ff.

[79] Näher Habersack AcP 220 (2020), 594 (603 ff.); Harbarth ZGR 2022, 533 (535 ff.); Mittwoch, Nachhaltigkeit und Unternehmensrecht, 2022, 296 ff.; ferner die Beiträge in Bayer/Habersack, Aktienrecht im Wandel, Bd. I: Entwicklung des Aktienrechts, 2007.

[80] Eingehend zur Entstehungsgeschichte und den Hintergründen Thiessen in Görtemaker/Safferling (Hrsg.), Die Rosenburg, 2. Aufl. 2013, 236 ff.; ferner Bayer/Engelke, in: Bayer/Habersack, Aktienrecht im Wandel, Bd. I: Entwicklung des Aktienrechts, 2007, Kapitel 15; zur Debatte nach 1933 Riechers, Das „Unternehmen an sich", 1996, 154 ff.

[81] In Übereinstimmung mit § 119 Abs. 2 AktG 1965 konnte die Hauptversammlung über Geschäftsführungsangelegenheiten nach § 103 Abs. 2 AktG 1937 nur auf Verlangen des Vorstands beschließen; näher Fleischer in Bayer/Habersack, Aktienrecht im Wandel, Band II: Grundsatzfragen des Aktienrechts, 2007, Kapitel 9 Rn. 8 ff.

[82] Zur Rechtslage unter Geltung des HGB 1900 s. Staub/Pinner HGB, 12./13. Aufl. 1926, HGB § 246 Anm. 10; näher Habersack ZHR 178 (2014), 131 (133 ff.).

[83] Kißkalt ZAkDR 1934, 30.

[84] Zum engen Zusammenhang zwischen der Entmachtung der Hauptversammlung und der Gemeinwohlklausel des § 70 Abs. 1 AktG 1937 s. Thiessen in Görtemaker/Safferling, Die Rosenburg, 2. Aufl. 2013, 239 f. mwN.

[85] Schlegelberger/Quassowski/Herbig/Geßler/Hefermehl AktG, 3. Aufl. 1939, AktG § 70 Anm. 5; s. ferner Schlegelberger/Quassowski/Herbig/Geßler/Hefermehl AktG, 3. Aufl. 1939, AktG § 70 Anm. 8: „Die Gesellschaft muß sich wirtschaftspolitisch dem allgemeinen Volkswirtschaft eingliedern; die Belange der Gesellschaft haben sich denen von Volk und Reich unterzuordnen. Der Vorstand hat stets zu beachten, daß die ihm anvertrauten Vermögenswerte nicht allein die Belange der Aktionäre und der Gläubiger der Gesellschaft berühren, sondern daß sie zugleich Bestandteile unseres Volksvermögens sind, an desen Erhaltung und Mehrung das ganze deutsche Volk beteiligt ist." Demgegenüber spricht Kropff (in:

Das AktG 1965 hat zwar an der Entscheidung, dem Vorstand die Leitung der Gesellschaft **43** frei von Weisungen der Hauptversammlung und des Aufsichtsrats zu übertragen, festgehalten, doch war die Frage, ob auch in § 76 Abs. 1 AktG eine Gemeinwohlklausel nach Art derjenigen in § 70 Abs. 1 AktG 1937 aufzunehmen war, Gegenstand intensiver Debatten.[86] Die Gesetz gewordene Fassung des § 76 Abs. 1 AktG belässt es bei dem Grundsatz der eigenverantwortlichen Leitung der Gesellschaft durch den Vorstand, doch lässt sich trefflich darüber streiten, ob dieser textlichen Enthaltsamkeit auch eine solche in der Sache entspricht.[87] Die Materialien sind bei Lichte betrachtet wenig ergiebig, dürften aber doch für eine Öffnung für Gemeinwohlbelange sprechen.[88]

Nach wie vor gilt, dass § 76 Abs. 1 AktG, soweit er den Vorstand zur eigenverantwort- **44** lichen, dh weisungsfreien Leitung der Gesellschaft berechtigt und verpflichtet, zugleich die Gesellschaft gegenüber den Aktionären und sonstigen Interessenträgern abschirmt und dafür sorgt, dass die berechtigten **Belange aller relevanten Interessengruppen** in das unternehmerische Ermessen des Vorstands einfließen.[89] Hierin hat bereits *Haussmann* den berechtigten Kern des *„Unternehmens an sich"* erblickt.[90] Zwanzig Jahre später hat *Ballerstedt* den Aktionär als eine Person bezeichnet, die sein Eigentum einem bestimmten öffentlichen, will sagen: allen relevanten Interessen dienenden und damit „überprivaten" Zweck überführt hat.[91] *Flume* bringt es sodann auf den Punkt wenn er ausführt, dass bei der Aktiengesellschaft seit dem AktG 1937 die Aktionäre nicht über das Unternehmensinteresse zu bestimmen haben, ja sie nicht einmal der unmittelbare Bezugspunkt für die Verfolgung des Unternehmensinteresses durch die Organe der Aktiengesellschaft sind und, wenn man nur berücksichtigt, dass das Gesellschaftsinteresse bei der AG nicht identisch ist mit dem Aktionärsinteresse, Unternehmens- und Gesellschaftsinteresse dasselbe sind.[92]

Der **Abschirmeffekt des § 76 Abs 1 AktG** zeigt sich denn auch überdeutlich daran, **45** dass es selbst in der **Einpersonen-AG** und in der abhängigen, dh von einem „Unternehmen" beherrschten AG bei der eigenverantwortlichen Leitung der Gesellschaft durch den Vorstand bleibt[93] und erst der Abschluss eines Beherrschungsvertrags dem herrschenden Unternehmen das Recht verschafft, dem Vorstand der abhängigen Gesellschaft Weisungen zu erteilen, und zwar nach § 308 Abs. 1 S. 2 AktG im Zweifel auch solche, die für die abhängige Gesellschaft nachteilig sind, indes den Belangen des herrschenden Unternehmens oder eines anderen verbundenen Unternehmens dienen.

Fleischer/Koch/Kropff/Lutter, 50 Jahre Aktiengesetz, 2016, 1, 3) der Gemeinwohlklausel „konkrete normative Bedeutung" ab.

[86] Dazu Thiessen in Görtemaker/Safferling (Hrsg.), Die Rosenburg, 2. Aufl. 2013, 236 ff.; Kropff in Fleischer/Koch/Kropff/Lutter, 50 Jahre Aktiengesetz, 2016, 1 (2 f.); Koch in Fleischer/Koch/Kropff/Lutter, 50 Jahre Aktiengesetz, 2016, 65 (66 ff., 73 ff.); Mittwoch, Nachhaltigkeit und Unternehmensrecht, 2022, 315 ff.

[87] Für Fortgeltung der Gemeinwohlklausel des § 70 Abs. 1 AktG 1937 namentlich Koch in Fleischer/Koch/Kropff/Lutter, 50 Jahre Aktiengesetz, 2016, 65 (74 f.); Raisch, FS Hefermehl, 1976, 347 (352 f.); Schilling, FS Geßler, 1971, 159 (168 f.); gegen Fortgeltung Rittner, FS Geßler, 1971, 139, (142 f., 158), der freilich aus Art. 14 Abs. 2 GG die Gemeinwohlbindung der Gesellschaft herleitet; MüKoAktG/Spindler AktG § 76 Rn. 64 ff., freilich unter Betonung der dennoch bestehenden Sozialbindung der Gesellschaft; zurückhaltend bis ablehnend GroßkommAktG/Kor AktG § 76 Rn. 94; Kort NZG 2012, 926 (928); Mülbert AG 2009, 766 (770); Grigoleit/Grigoleit AktG § 76 Rn. 19; Zöllner AG 2003, 2 (7); differenzierend Vetter ZGR 2018, 338, (341 ff., 350 ff.): gegen Pflicht, aber für Befugnis zur Berücksichtigung von Gemeinwohlbelangen).

[88] Näher Habersack AcP 220 (2020), 594 (608 ff.).

[89] Raisch, FS Hefermehl, 1976, 347 (363); näher Habersack AcP 220 (2020), 594 (608 ff.).

[90] Hausmann Bank-Archiv XXX (1930/31), 57 (64): „Alle Einzelinteressen in der A. G. sind nur relativ frei, weil sie an das Gesamtinteresse aller gebunden sind. … Dieses Gesamtinteresse … ist nicht das der Aktionäre allein, sondern aller in der Aktiengesellschaft und ihrer Form verbunden Interessen, zB auch der Gläubigerinteressen. Es ist das Interesse des in der Aktiengesellschaftsform in Erscheinung tretenden lebenden Organismus des Unternehmens"; näher dazu Netter, FS Pinner, 1932, 507, 563 ff.

[91] Ballerstedt JZ 1951, 486 (489 f.); in diesem Sinne auch Raisch, FS Hefermehl, 1976, 347 (363).

[92] Flume, Allgemeiner Teil des Bürgerlichen Rechts, Band I/2: Die juristische Person, 1983, 59.

[93] BeckOGK AktG/Fleischer § 76 Rn. 57; speziell für die abhängige AG BGHZ 179, 71 Rn. 13; Emmerich/Habersack/Habersack AktG § 311 Rn. 10, 70 mwN.

46 Die **Debatte** einer Gemeinwohlbindung der Geschäftsleiter begegnet natürlich **nicht nur hierzulande**. So schreibt § 70 Abs. 1 des österreichischen AktG dem Vorstand vor, die Gesellschaft so zu leiten, *„wie das Wohl des Unternehmens unter Berücksichtigung der Interessen der Aktionäre und der Arbeitnehmer sowie des öffentlichen Interesses es erfordert".*[94] In der Schweiz scheint im Streit zwischen einem Shareholder Value-Ansatz und einem Stakeholder Value-Ansatz ein Kompromiss in Form eines *„Triple Bottom Line Ansatzes"* gefunden zu sein. Danach wird der Unternehmenserfolg nicht nur durch das finanzielle Resultat, sondern auch durch die Leistungen im Dienst der Allgemeinheit und der Arbeitnehmer sowie schließlich durch Rücksichtnahme auf Umweltbelange bestimmt.[95] Frankreich hat jüngst in Art. 1833 Abs. 2 Code Civil die Bindung der Gesellschaften an den intérêt social und die Berücksichtigung von Sozial- und Umweltaspekten betont.[96] Für das englische Gesellschaftsrecht schreibt Sec. 172 Companies Act bereits seit 2006 die Berücksichtigung der langfristen Konsequenzen und Auswirkungen der geschäftlichen Tätigkeit auf Allgemeinheit und Umwelt vor.[97] Nach **Art. 25 Abs. 1 CSDD-E** idF des Kommissionsvorschlags (→ Rn. 15) ist schließlich sicherzustellen, dass die Geschäftsleiter bei Ausübung ihrer Pflicht, im besten Interesse des Unternehmens zu handeln, „die kurz-, mittel- und langfristigen Folgen ihrer Entscheidungen für Nachhaltigkeitsaspekte berücksichten, gegebenenfalls auch die Folgen für Menschenrechte, Klimawandel und Umwelt." Es ist unklar, ob dieser Vorschlag nur auf Verlautbarung der nach deutschem Recht ohnehin geltenden Rechtslage abzielt oder das unternehmerische Ermessen der Geschäftsleiter durch Statuierung **materieller Vorgaben** einschränkt und die Vorstellung, dass sich Nachhaltigkeitsbelange allein aus dem Unternehmensinteresse herleiten lassen, durchbricht.[98] Nachdem der Ratsvorschlag vom 30.11.2022 allerdings ohnehin eine dem Art. 25 Abs. 1 entsprechende Vorschrift nicht mehr vorsieht, bleibt die weitere Entwicklung abzuwarten.

47 Die Gesellschaftsrechte zahlreicher EU-Mitgliedstaaten kennen darüber hinaus Sondervorschriften für weder gemeinnützige noch am Shareholder Value orientierte, vielmehr Sozial- und Nachhaltigkeitsstandards berücksichtigende Gesellschaften,[99] darunter namentlich Italien mit der *società benefit*.[100] In den USA ist die **(Public) Benefit Corporation** seit 2010 in zahlreichen einzelstaatlichen Gesellschaftsrechten verankert und seitdem in der Praxis sehr verbreitet.[101] Sie ist dadurch gekennzeichnet, dass das Board of Directors neben dem Gewinninteresse der Aktionäre (zumeist in der Satzung verankerte) Gemeinwohlbelange sowie Stakeholderbelange zu berücksichtigen hat. Aber auch für die herkömmliche *Public Corporation* haben zahlreiche Einzelstaaten (bislang allerdings nicht Delaware) sog. *Corporate Constituency Statutes* eingeführt, denen zufolge das Management zwar nicht verpflichtet, wohl aber befugt ist, im Rahmen des *business judgment* Gemeinwohl- und Stakeholderbelange zu berücksichtigen.[102] Sec. 135 des indischen Companies Act verpflichtet,

---

[94] Dazu MüKoAktG/Kalss § 76 Rn. 161 ff.
[95] Näher Kunz SZW/RADA 2018, 253, 258 f., der sich in Zweifelsfällen für einen Vorrang der Aktionärsinteressen ausspricht.
[96] Dazu Conac, FS K. Schmidt, 2019, Bd. I, 220 ff.; Fleischer ZGR 2018, 703 (729 f.).
[97] Dazu Fleischer ZGR 2017, 411 (419 ff.); Spießhofer, Unternehmerische Verantwortung, 2017, 523 f.; zu dem im November 2016 vorgelegten Green Paper „Corporate Governance Reform", das insbesondere „the stakeholder voice at board level in large UK companies" stärken will, s. Habersack ZHR 181 (2017), 603 (617).
[98] Näher dazu sowie zu Art. 26 des Kommissionsvorschlags einer Sorgfaltspflichten-Richtlinie Burchardi NZG 2022, 1467 ff.; Harbarth AG 2022, 633 ff.; König NZG 2022, 1186 (1191 f.); Weller/Fischer ZIP 2022, 2253 (2258 ff.); Ausschüsse Handelsrecht, CSR und Compliance sowie Menschenrechte des DAV, NZG 2022, 909 (916 ff.).
[99] Fici, A European Study for Social and Solidarity-Based Enterprise, 2017, 15 ff.; dazu sowie zu dem seitens des Europäischen Parlaments erwogenen „Statut für soziale und solidaritätsbasierte Unternehmen" Möslein ZRP 2017, 175 ff.
[100] Vgl. Angelici Rivista della società 2018, 3 ff.; Fleischer, FS Seibert, 2019, 219, 229 f.
[101] Näher Fleischer AG 2023, 1 ff.; Fleischer, FS Seibert, 2019, 220 ff.; Spießhofer, Unternehmerische Verantwortung, 2017, 523 f.
[102] Näher Greczy/Jeffers/Musto/Tucker Harvard Business Law Review 5 (2015), 73 ff.; McDonell William Mitchell Law Review 30 (2004), 1227 ff.; ferner Fleischer AG 2017, 509 (513) mit Abdruck der ein-

um ein letztes Beispiel anzuführen, große Kapitalgesellschaften, jährlich mindestens 2 % des Reingewinns für von ihr festgelegte CSR-Belange zu investieren.[103]

bb) Befugnis zur Förderung gesellschaftsfremder Gemeinwohlbelange. Eine Pflicht 48 des Vorstands, im Rahmen seines Leitungsermessens und damit jenseits gesetzlicher Ge- und Verbote Gemeinwohlbelange aktiv zu fördern, ist allerdings mit der hM abzulehnen.[104] Selbstverständlich obliegt es der Gesellschaft, gesetzliche Ge- und Verbote und damit **vom Gesetzgeber als verbindlich eingestufte Gemeinwohlbelange** zu achten; hieran knüpft die Legalitätspflicht der Geschäftsleiter an (→ Rn. 33 ff.). Doch zeigt dies nur, dass es der Staat – anders als ein anderer Stakeholder – in der Hand hat, innerhalb der durch das Grundgesetz gesteckten Grenzen die Aktiengesellschaft auf Wahrung seiner Interessen und damit der Allgemeinbelange zu verpflichten. Eine über die Regelbefolgung hinausgehende, notwendigerweise diffus bleibende Pflicht des Vorstands, sein Leitungsermessen unmittelbar und ohne Rücksicht auf Eigenbelange der Gesellschaft an Gemeinwohlbelangen auszurichten, indem er etwa darauf verzichtet, steuerliche Gestaltungsmöglichkeiten auszuschöpfen oder Produktionsstandorte in Niedriglohnländer zu verlegen, lässt sich dagegen aus § 76 Abs. 1 AktG nicht herleiten.[105]

An diesem Befund haben auch die CSR-Berichtspflichten[106] nichts geändert, sie setzen 49 vielmehr darauf, dass sich die berichtspflichtigen Unternehmen nicht zuletzt aus **Reputationserwägungen** und damit im eigenen Interesse Nachhaltigkeitsinteressen insbesondere der Investoren und der Marktgegenseite zu eigen machen, und damit auf Marktmechanismen (→ Rn. 56 ff.). Dieser Ansatz lässt sich sogar verallgemeinern. Auch dem Vorstand einer nicht berichtspflichtigen Gesellschaft obliegt es regelmäßig, bei Vornahme unternehmerischer Entscheidungen die Auswirkungen seines Handelns auf die in §§ 289b f., §§ 315b f. HGB angesprochenen Allgemeinbelange zu bedenken, und Entsprechendes gilt ganz allgemein für Auswirkungen auf sonstige Allgemeinbelange. So wird der Vorstand einen Produktionsstandort in einer strukturschwachen Region kaum schließen dürfen, ohne zuvor die „politischen" Folgen und die Auswirkungen auf die Reputation der Gesellschaft zu bedenken. Gelangt er allerdings zu der Überzeugung, dass die unmittelbaren wirtschaftlichen Folgen in Form reduzierter Lohnkosten es rechtfertigen (oder vielleicht sogar gebieten), die „politischen" Folgen in Kauf zu nehmen, so wird diese Entscheidung im Allgemeinen – das Vorliegen der Voraussetzungen des § 93 Abs. 1 S. 2 AktG unterstellt – vom **unternehmerischen Ermessen** gedeckt sein. Eine Pflicht, das solchermaßen ausgeübte Ermessen zu korrigieren und den wirtschaftlichen Interessen der Gesellschaft zuwider eine am Gemeinwohlinteresse orientierte Entscheidung zu treffen, lässt sich nicht begründen. Geboten ist allein, etwaige durch die konkrete unternehmerische Entscheidung betroffene Allgemeinbelange und deren Rückwirkungen auf die Gesellschaft im Rahmen der dem Vorstand abverlangten Abwägungsentscheidung zu berücksichtigen.

Allgemeinbelange nehmen so gesehen keine Sonderrolle ein. Sie bilden vielmehr einen 50 **Bestandteil der Informationsgrundlage,** die sich der Vorstand verschaffen muss, will er das Privileg der Business Judgment Rule des § 93 Abs. 1 S. 2 AktG genießen.[107] Die **Gewichtung** der Allgemeinbelange nebst der Rückwirkungen auf die Gesellschaft ist

---

schlägigen Sec. 717(b) New York Business Corporation Act; ferner Spießhofer, Unternehmerische Verantwortung, 524 mwN.
[103] Dazu Fleischer AG 2017, 509 (523) (mit Abdruck der Vorschrift in Fn. 213).
[104] Kölner Komm AktG/Mertens/Cahn AktG § 76 Rn. 33 f.; Fleischer AG 2017, 509 (521 f.); Habersack AcP 220 (2020), 594 (626 ff.); Harbarth ZGR 2022, 533 (545 ff.); J. Vetter ZGR 2018, 338 (341 f.); Weller/Fischer ZIP 2022, 2253 ff.; für Einführung einer allgemeinen nachhaltigkeitsbezogenen Sorgfaltspflicht s. aber auch Mittwoch, Nachhaltigkeit und Unternehmensrecht, 2022, 347 ff. (357 ff.).
[105] Näher am Beispiel „aggressiver Steuerplanung" Schön, FS Hoffmann-Becking, 2013, 1085 (1095 ff.); ferner Harbarth ZGR 2022, 533 (545 ff.).
[106] Zu Art. 25 Abs. 1 des Vorschlags einer Sorgfaltspflichten-Richtlinie idF des Kommissionsvorschlags vom 23.2.2022 s. aber → Rn. 46.
[107] Allg. dazu → Rn. 40 f.; ferner BGH NZG 2017, 116 Rn. 34.

dagegen Teil der Abwägungsentscheidung und hält der Inhaltskontrolle schon dann Stand, wenn sie aus der im Rahmen des § 93 Abs. 1 S. 2 AktG maßgebenden ex ante-Sicht nicht als unvertretbar erscheint.[108]

51 Der **II. Zivilsenat des BGH** hält sich allerdings recht bedeckt, wenn er in seinem Urteil vom 10.7.2018 am Beispiel der Sanierung eines denkmalgestützten Gebäudes durch eine kommunale Aktiengesellschaft ausführt, dass ein wirtschaftlich unmittelbar nachteiliges Geschäft vorgenommen werden darf, *„wenn vernünftigerweise langfristige Vorteile zu erwarten sind"*, und in diesem Zusammenhang darauf hinweist (ohne sich diese Position zu Eigen zu machen), dass *„in diesem Rahmen auch die Berücksichtigung von Gemeinwohlbelangen bei unternehmerischen Entscheidungen befürwortet"* werde.[109] Sieht man von vereinzelten Stimmen ab, die die Zulässigkeit einer Förderung von Gemeinwohlbelangen davon abhängig machen, dass sich die positiven Folgen für den Unternehmenswert quantifizieren lassen und der Barwert der erwarteten Zahlungsüberschüsse die Opportunitätskosten übersteigt,[110] lassen sich in der Tat zahlreiche gewichtige Literaturstimmen anführen, die auf eine ökonomische Rechtfertigung der dem Gemeinwohl dienenden Aufwendungen gänzlich verzichten.[111] Die unterschiedlichen Akzentuierungen hängen eng mit dem vom jeweiligen Lager befürworteten Leitungskonzept zusammen: Wer ein eher strenges Shareholder Value-Konzept verfolgt, wird auf konkreter Quantifizierbarkeit der mit gemeinwohlorientiertem Verhalten verbundenen Vorteile für die Gesellschaft bestehen,[112] wer ein moderates Shareholder Value-Konzept verfolgt und in diesem Rahmen einen prinzipiellen Gewichtungsvorrang der Aktionärsinteressen betont, wird pauschal auf ökonomischer Rechtfertigung der Gemeinwohlförderung bestehen,[113] und wer der Lehre vom Unternehmensinteresse folgt, wird auf die Darlegung positiver Auswirkungen verzichten, dem Vorstand ein weitreichendes Ermessen zubilligen und dieses im Wesentlichen durch die Pflicht begrenzen, für die dauerhafte Rentabilität des Unternehmens zu sorgen.[114]

52 Indes griffe es zu kurz, wollte man die Anforderungen an die Rechtfertigung gemeinwohlorientierten Handelns aus Begrifflichkeiten und Schlagworten herleiten.[115] Neben der entstehungsgeschichtlich belegbaren (→ Rn. 43) und durch die CSR-Berichtspflichten bestätigten (→ Rn. 56 ff.) grundsätzlichen Offenheit des § 76 Abs. 1 AktG gegenüber Allgemeinbelangen kommt vielmehr der mit dem Grundsatz der eigenverantwortlichen Leitung einhergehenden Abschirmung der Gesellschaft gegenüber den Interessen der Aktionäre (unter Einschluss des herrschenden Unternehmens und des Alleinaktionärs!) und sonstiger Stakeholder (→ Rn. 42 ff.) auch insoweit entscheidende Bedeutung zu. Diese Abschirmung schließt es nicht nur aus, die Zulässigkeit gemeinwohlorientierten Handelns von der Quantifizierbarkeit der damit für die Gesellschaft verbundenen Vorteile abhängig zu machen,[116] sondern muss ganz allgemein mit einem breiten Ermessensspielraum des Vorstands in der Frage einhergehen, **welcher Aufwand für welche Allgemeinbelange** betrieben und auf welche Renditesteigerungen zugunsten welcher Allgemeinbelange verzichtet wird.[117] Dafür spricht auch der schon erwähnte Umstand, dass insbesondere **institutionelle Investoren** ihrerseits CSR-Konzepte verfolgen und deshalb die Berücksichtigung von

---

[108] Koch AktG § 93 Rn. 31 ff mwN.
[109] BGH NZG 2018, 1189 Rn. 54 mwN.
[110] So namentlich Mülbert AG 2009, 766 (772 f.).
[111] So namentlich Kölner Komm AktG/Mertens/Cahn AktG § 76 Rn. 15 ff. (19), 33 ff. (35); MüKoAktG/Spindler AktG § 76 Rn. 105 f.; Simons ZGR 2018, 316 (329 ff.); Ulmer AcP 202 (2002), 143 (155 ff.).
[112] So namentlich Mülbert AG 2009, 766 (772 f.).
[113] So namentlich BeckOGK AktG/Fleischer AktG § 76 Rn. 38 f.; K. Schmidt/Lutter/Seibt AktG § 76 Rn. 42 f.
[114] So namentlich KölnKommAktG/Mertens/Cahn AktG § 76 Rn. 15 ff. (19), 33 ff. (35); MüKoAktG/Spindler AktG § 76 Rn. 105 f.; ferner Habersack/Henssler/Habersack MitbestG § 25 Rn. 94.
[115] S. bereits J. Vetter ZGR 2018, 338 (347 f.); Habersack AcP 220 (2020), 594 (635).
[116] So aber Mülbert AG 2009, 766 (772 f.).
[117] So namentlich KölnKommAktG/Mertens/Cahn AktG § 76 Rn. 35; Koch AktG § 76 Rn. 42 ff.; MüKoAktG/Spindler AktG § 76 Rn. 105; Habersack/Henssler/Habersack MitbestG § 25 Rn. 94; Ulmer AcP 202 (2002), 143 (155 ff.); J. Vetter ZGR 2018, 338 (346 ff.) mwN.

Gemeinwohlbelangen durch die Gesellschaft unterstützen, so dass von einem einheitlichen Aktionärsinteresse an (kurzfristiger) Gewinnmaximierung nicht mehr die Rede sein kann und ein strikter Gegensatz zwischen Shareholder Value- und Stakeholer Value-Denken nicht mehr besteht.[118]

Vor diesem Hintergrund ist es ein zentraler Bestandteil des Leitungsermessens des Vorstands, im Einzelfall und unter Abwägung divergierender Interessen eine am Gesellschaftswohl ausgerichtete Entscheidung zu treffen. Wo die Grenzen einer Förderung von Gemeinwohlbelangen durch die Gesellschaft im Einzelnen verlaufen, kann und braucht hier nicht im Einzelnen ausgelotet zu werden.[119] Der Vorstand hat jedenfalls das **Minimalziel der dauerhaften Rentabilität** des von der Gesellschaft betriebenen Unternehmens zu beachten und in der Folge sein Engagement auf ein unter Berücksichtigung von Größe und Finanzlage der Gesellschaft angemessenes Maß zu begrenzen.[120] Darüber hinaus hat er die Anforderungen, die § 93 Abs. 1 S. 1, 2 AktG an die Einzelfallentscheidung stellt, zu beachten. Hierzu gehört neben der Schaffung einer hinreichenden, auch die Rückwirkungen gemeinwohlorientierten Handelns auf die Gesellschaft berücksichtigenden Informationsgrundlage (→ Rn. 41) insbesondere die ausschließliche Orientierung am Gesellschaftswohl und damit der sachgerechte Umgang mit etwaigen Interessenkonflikten.[121] Unerheblich ist, ob die Aktionäre, wurde die Gesellschaft auf die Förderung von Gemeinwohlbelangen verzichten, ihrerseits imstande wären, die dann möglicherweise erhöhte Dividende zur Förderung des Gemeinwohls einzusetzen; Gemeinwohlaktivitäten der Gesellschaft unterliegen mit anderen Worten keinem Subsidiaritätsgrundsatz. 53

Im Übrigen dürfte die Debatte über die Notwendigkeit einer ökonomischen Rechtfertigung von gemeinwohlfördernden Maßnahmen über weite Bereiche theoretischer Natur sein.[122] Berücksichtigt man die **Bewertungsschwierigkeiten,** die sich in diesem Zusammenhang stellen,[123] kann nämlich eine ökonomische Rechtfertigung kaum über floskelartige Reputationserwägungen hinausgehen. Dies steht, wie dargelegt, der Zulässigkeit gemeinwohlfördernder Aktivitäten nicht entgegen, zeigt aber, dass auch diejenigen Stimmen, die auf eine ökonomische Rechtfertigung Wert legen (ohne eine Bezifferung zu verlangen), letztlich auf die Plausibilisierung des Reputationsgewinns durch den Vorstand vertrauen müssen. Sieht der Vorstand von der Schließung eines Standorts ab, verzichtet er auf das exzessive Ausnutzen von Steuerschlupflöchern oder gründet er eine der Kulturförderung verpflichtete Stiftung, lässt sich der finanzielle Aufwand der Maßnahme im Allgemeinen verlässlich ermitteln – ihm steht jeweils „nur" ein Profit in Form einer Vermeidung eines Reputationsverlusts sowie gegebenenfalls der Erzielung eines Reputationsgewinns gegenüber, dessen Gewichtung nach § 76 Abs. 1 AktG Sache des Vorstands ist. 54

Zum Schwur kommt die Streitfrage deshalb allenfalls in Fällen, in denen die Gesellschaft auf die **öffentlichkeitswirksame Verlautbarung ihrer Gemeinwohlaktivitäten** ver- 55

---

[118] Habersack AcP 220 (2020), 594 (635 f.); J. Vetter ZGR 2018, 338 (360 f.); ferner Schön, FS K. Schmidt, 2019, Bd. II, 391 (405 ff.).

[119] Aus der Kommentarliteratur namentlich GroßkommAktG/Kort AktG § 76 Rn. 106 ff.; KölnKomm AktG/Mertens/Cahn AktG § 76 Rn. 33 ff.; MüKoAktG/Spindler AktG § 76 Rn. 101 ff.; BeckOGK AktG/Fleischer AktG § 76 Rn. 45; ferner Fleischer AG 2001, 171 ff.; Mertens AG 2000, 157 ff.; J. Vetter ZGR 2018, 338 (366 ff.); Rittner, FS Geßler, 1971, 139 (154 ff.); zu den strafrechtlichen Risiken (Untreue) s. BGH NJW 2002, 1585 ff.; LG Bonn NJW 2001, 1736.

[120] Vgl. im Zusammenhang mit Spenden BGH NJW 2002, 1585, 1587; allg. Kölner Komm AktG/Mertens/Cahn AktG § 76 Rn. 21 ff.; Koch AktG § 76 Rn. 34 mwN.

[121] Näher Kölner Komm AktG/Mertens/Cahn AktG § 76 Rn. 34; allg. zum Umfang mit Interessenkonflikten im Zusammenhang mit § 93 Abs. 1 S. 2 AktG Großkomm AktG/Hopt/Roth AktG § 93 Rn. 90 ff.

[122] Ähnlich J. Vetter ZGR 2018, 338 (346).

[123] Näher Hirte/Mock, FS Großfeld, 2019, 187 (193 ff.); Gutsche/Gratwohl/Fauser IRZ 2015, 455 ff.; s. ferner Strate, Möglichkeiten und Grenzen der betriebswirtschaftlichen Prüfung von nichtfinanziellen Informationen, 2016, passim.

zichtet.[124] Sofern die gesellschaftsinterne Zuständigkeitsordnung gewahrt,[125] gesellschaftsinterne Transparenz gewährleistet ist[126] und Sachgründe für die Nichtbefolgung der Devise „*Tue Gutes und rede darüber*" vorliegen, wird man auch eine solche Form der Gemeinwohlförderung als vom Leitungsermessen gedeckt ansehen können.[127]

VII. Marktbezogene Instrumente

1. Nichtfinanzielle Erklärung

56 **a) Rechtsgrundlagen.** Innerhalb der Gruppe der marktbezogenen Nachhaltigkeitsinstrumente sind die durch das **CSR-Richtlinie-Umsetzungsgesetz vom 11.4.2017** in das deutsche Recht eingeführten CSR-Berichtspflichten von herausragender Bedeutung. Sie sind, wie bereits erwähnt (→ Rn. 17), für kapitalmarktorientierte Gesellschaften in §§ 289b f., 315b f. HGB, für Kreditinstitute in §§ 340a Abs. 1a, 340i Abs. 5 HGB und für Versicherungsunternehmen in §§ 341a Abs. 1a, 341j Abs. 4 HGB geregelt und gehen auf **Art. 19a, 29a Bilanzrichtlinie**[128] zurück.[129] Danach müssen Unternehmen von öffentlichem Interesse iSv. Art. 2 Bilanzrichtlinie (→ Rn. 16), wenn sie mehr als 500 Arbeitnehmer haben und entweder ihre Bilanzsumme 20 Mio. Euro oder die Summe ihrer Nettoumsatzerlöse 40 Mio. Euro übersteigt, durch die Mitgliedstaaten zur Abgabe einer – auch CSR-Erklärung genannten – nichtfinanziellen Erklärung sowie einer entsprechenden Konzernerklärung verpflichtet werden, die sich mindestens auf Umwelt-, Sozial- und Arbeitnehmerbelange, auf die Achtung der Menschenrechte und auf die Bekämpfung von Korruption und Bestechung zu beziehen hat und insoweit unter anderem die von der Gesellschaft oder vom Konzern verfolgten Konzepte einschließlich der angewandten Due-Diligence-Prozesse, die Ergebnisse dieser Konzepte sowie die wesentlichen Risiken, die mit der Geschäftstätigkeit (einschließlich der Geschäftsbeziehungen) verknüpft sind und die sehr wahrscheinlich schwerwiegende negative Auswirkungen auf die den Gegenstand der Erklärung bildenden Aspekte haben oder haben werden, darlegen muss.

57 Die bereits erwähnte **Änderungsrichtlinie vom 14.12.2022** (→ Rn. 16) hat die Berichtspflichten in inhaltlicher Hinsicht verschärft[130] und den persönlichen Anwendungsbereich erheblich ausgeweitet; unter Ausblendung von auf Details und des in zeitlicher Hinsicht abgestuften Inkrafttretens lässt sich sagen, dass die Berichtspflichten künftig **sowohl** auf **kapitalmarktorientierte** Unternehmen (sofern diese nicht Kleinstunternehmen sind) **als auch** – unabhängig von der Kapitalmarktorientierung – auf **große Unternehmen** Anwendung finden.[131] Entfallen ist der „comply or explain"-Ansatz: Können die berichtspflichtigen Unternehmen bislang erklären, über kein CSR-Konzept zu verfügen (→ Rn. 60), so soll die Verlautbarung von CSR-Konzepten künftig mehr oder weniger verpflichtend sein.[132]

58 Eine Ausweitung haben die CSR-Berichtpflichten im Übrigen bereits durch **Art. 8 Abs. 2 Taxonomie-VO**[133] erfahren. Nach Art. 8 Abs. 1 dieser Verordnung hat ein nach Art. 19a, 29a Bilanzrichtlinie berichtspflichtiges Unternehmen[134] in seine nichtfinanzielle Erklärung oder konsolidierte nichtfinanzielle Erklärung Angaben darüber aufzunehmen,

---

[124] So auch J. Vetter ZGR 2018, 338 (346).
[125] Näher am Beispiel von Spenden J. Vetter ZGR 2018, 338 (370 f.).
[126] Dazu aus strafrechtlicher Sicht BGH NJW 2002, 1585 (1587).
[127] So auch J. Vetter ZGR 2018, 338 (346 ff.).
[128] Richtlinie 2014/95/EU vom 22.10.2014 zur Änderung der Richtlinie 2013/34/EU, ABl. 2014 L 330/1; dazu Spießhofer NZG 2014, 1281 ff.
[129] Zur Entwicklung und Konzeption s. Schön ZfPW 2022, 207 (214 ff.).
[130] Näher Nietsch ZIP 2022, 449 (452 ff.).
[131] Näher Nietsch ZIP 2022, 449 (451 f.).
[132] Nietsch ZIP 2022, 449 (455 f.).
[133] Verordnung (EU) 2020/852 vom 18.6.2020 über die Einrichtung eines Rahmens zur Erleichterung nachhaltiger Investitionen und zur Änderung der Verordnung (EU) 2019/2088, ABl. 2020 L 198/13.
[134] Näher zum Anwendungsbereich, insbesondere zur Frage, ob auch Emittenten aus Drittstaatn erfasst sind, s. Biller AG 2022, 612.

„wie und in welchem Umfang die Tätigkeiten des Unternehmens mit Wirtschaftstätigkeiten verbunden sind, die als ökologisch nachhaltige Wirtschaftstätigkeiten gemäß Artikel 3 und Artikel 9 der vorliegenden Verordnung einzustufen sind." Art. 8 Abs. 2 Taxonomie-VO präzisiert dies dahingehend, dass Nicht-Finanzunternehmen insbesondere den Anteil ihrer Umsatzerlöse und ihrer Investitions- und Betriebsausgaben anzugeben haben, der auf Wirtschaftstätigkeiten entfällt, die als ökologisch nachhaltige gemäß Art. 3, Art. 9 Taxonomie-VO einzustufen sind.

b) Zielsetzung und Wirkungsmechanismus. Die CSR-Berichtspflichten sollen nicht nur die **Transparenz** über ökologischen und sozialen Belange gewidmeten Aktivitäten der Unternehmen erhöhen und die Vergleichbarkeit der CSR-Erklärungen verbessern, sondern ausweislich der Erwägungsgründe zur CSR-Richtlinie zugleich **nachhaltiges Wirtschaften** dadurch **fördern**, dass *„langfristige Rentabilität mit sozialer Gerechtigkeit und Umweltschutz verbunden wird."*[135] Dem kommt umso größere Bedeutug zu, als sich die Berichtspflichten nicht auf die Sphäre der berichtspflichtigen Unternehmen selbst beschränkt, die berichtspflichtigen Unternehmen vielmehr ihre gesamte **Liefer- und Wertschöpfungskette** in ihre CSR-Konzepte, über die sie zu berichten haben, einbeziehen und deshalb insbesondere von ihren Konzerntöchtern und Lieferanten entsprechende Information abfragen sowie gegebenenfalls Verpflichtungserklärungen in Bezug auf die geschützten CSR-Aspekte einholen müssen, um diese sodann für die Zwecke ihrer eigenen CSR-Erklärung verwerten zu können.[136]

Konzeptionell setzen die CSR-Richtlinie und das HGB allerdings – noch – auf eine „raffinierte"[137] **mittelbare Verhaltenssteuerung**.[138] Denn wer über Konzepte berichten muss und nicht erklären möchte, keine Konzepte zu verfolgen, muss solche Konzepte sowie die entsprechenden Prozesse erst einmal ausarbeiten und implementieren.[139] Zur Incentivierung der Unternehmen greift der europäische Gesetzgeber deshalb (noch, → Rn. 61) auf das bekannte **comply or explain-Modell** zurück, das durch Transparenz und die damit verbundenen Auswahl- und Steuerungsprozesse der angesprochenen Marktteilnehmer Anreize zur Selbstregulierung und Verbesserung der eigenen Aktivitäten des berichtspflichtigen Unternehmens schaffen will.[140] Die CSR-Berichtspfichten erzeugen damit durchaus einen „sanften Druck" auf die berichtspflichtigen Unternehmen, sich eine CSR-Politik zu geben und sich so zu einem „good corporate citizen" zu entwickeln und das Nachhaltigkeitsinteresse sich nicht nur zu eigen zu machen, sondern es überdies in ihrer Liefer- und Wertschöpfungskette durchzusetzen. Sie setzen, und das ist entscheidend, darauf, dass sich die berichtspflichtigen Unternehmen nicht zuletzt aus **Reputationserwägungen** und damit im eigenen Interesse entsprechende Erwartungshaltungen insbesondere der **Investoren** und der **Marktgegenseite** zu eigen machen,[141] und damit auf Markt-

---

[135] Erwägungsgrund Nr. 3 Richtlinie 2014/95/EU vom 22.10.2014 zur Änderung der Richtlinie 2013/34/EU, ABl. 2014 L 330/1; s. ferner Begr. RegE, BT-Drs. 18/9982 S. 26: „Durch die neuen Vorgaben für die Berichterstattung kann mittelbar auch das Handeln der Unternehmen beeinflusst und ein Anreiz geschaffen werden, nichtfinanziellen Belangen und damit verbundenen Risiken, Konzepten und Prozessen stärkeres Gewicht in der Unternehmensführung beizumessen"; s. dazu Hommelhoff NZG 2015, 1329 f.; eingehend zur Entwicklung der CSR-Debatte Spießhofer, Unternehmerische Verantwortung, 2017, 45 ff.; ferner Paefgen, FS K. Schmidt, 2019, Bd. II, 105 ff.; Schön ZfPW 2022, 207 (228 ff.); Hell, Offenlegung nichtfinanzieller Informationen, 2020, passim, insbes. 9 ff., 121 ff.
[136] Näher zu Konzept, Inhalt und Schranken der Berichtspflichten Schön ZfPW 2022, 207 (239 ff.); s. ferner Hirte/Mock, FS Großfeld, 2019, 187 (191); Hecker/Bröcker, AG 2017, 761 (762), die von ca. 540–550 berichtspflichtigen Unternehmen ausgehen.
[137] Schön, ZHR 180 (2016), 279 (283).
[138] Näher zum Folgenden bereits Habersack AcP 220 (2020), 594 (627 ff.); zu den konzeptionellen Grundlagen der CSR-Berichtspflichten seitdem namentlich Schön ZfPW 2022, 207 (230 ff.); Hell, Offenlegung nichtfinanzieller Informationen, 2020, 93 ff.
[139] Zutreffend Hennrichs, ZGR 2018, 206 (209); Schön, ZHR 180 (2016), 279 (283).
[140] Kroker, CCZ 2015, 120 (123); Spießhofer, NZG 2018, 441 (444); allg. zur Funktionsweise des comply or explain-Mechanismus Habersack, Gutachten E zum 69. DJT, 2012, 50 ff.
[141] Näher zu den Informationsadressaten Schön ZfPW 2022, 207 (232 ff.).

mechanismen; damit nimmt das CSR-Regime zugleich Unvollkommenheiten in Kauf, wie sie sich daraus ergeben, dass Nachhaltigkeits- und Allgemeinerwägungen keineswegs flächendeckend zu den entscheidenden Wettbewerbsparametern gehören. Eine Pflicht der berichtspflichtigen Gesellschaften, CSR-Belange tatsächlich zu verfolgen, lässt sich jedenfalls derzeit nicht begründen.[142] § 289c Abs. 4 HGB bringt dies klar zum Ausdruck, indem er die Gesellschaft, wenn sie in Bezug auf einen oder mehrere CSR-Aspekte kein Konzept verfolgt, verpflichtet, dies in der nichtfinanziellen Erklärung klar und begründet zu erläutern.

61   So gesehen ist die Änderungsrichtlinie vom 13.12.2022 (→ Rn. 16) in rechtlicher Hinsicht von durchaus grundsätzlicher Bedeutung, zielt sie doch auf eine Beseitigung des comply or explain-Modells ab. Tatsächlich haben allerdings bereits 2015 rund 90 % der DAX 30-Gesellschaften auf freiwilliger Basis Nachhaltigkeitsberichte veröffentlicht.[143] Die diesbezügliche Erwartungshaltung der Investoren dürfte sich seit Inkrafttreten des CSR-Regimes noch deutlich vergrößert haben, und zwar ganz unabhängig von den nun bestehenden gesetzlichen Berichtspflichten;[144] man denke nur an die Klimadebatte. Schon jetzt sehen die Investitionsleitlinien großer institutioneller Investoren Standards für nachhaltiges und ethisches Investmentverhalten vor.[145] So war vor wenigen Jahren zu lesen, dass sich der Norwegische Staatsfonds NBIM, der ein Vermögen von rund 9 Billionen Dollar verwaltet, aus 240 Unternehmen zurückgezogen hat, da diese seinen Prinzipien für verantwortungsvolles Management nicht genügt haben.[146] Aber auch Endverbraucher und Arbeitnehmer (und damit insbesondere auch Stellenbewerber) ziehen, wiewohl sie nicht zu den eigentlichen Adressaten der Berichterstattung gehören, CSR-Belange häufig in ihre rechtsgeschäftlichen Aktivitäten ein und nehmen damit ein wichtiges Schiedsrichteramt wahr. Hieraus wie auch aus der Erwartungshaltung der Investoren erklärt sich das Verlangen nach einem über die Gewinnerzielung hinausgehenden **Corporate Purpose**.[147]

62   Schon mit Blick auf den andernfalls drohenden Reputationsschaden dürfte es nach allem nicht allzu realistisch sein, dass eine Unternehmen von öffentlichem Interesse, insbesondere eine kapitalmarktorientierte Gesellschaft, verlautbart, über keinerlei CSR-Konzept zu verfügen. Der Vorstand einer der CSR-Berichtspflicht unterliegenden Gesellschaft hat vielmehr die auf vielfältige Art und Weise an die Gesellschaft herangetragenen Allgemeinbelange in seine Entscheidung über „Ob" und „Wie" eines CSR-Konzepts einzubeziehen und diese sodann an den Folgen insbesondere für Reputation und Finanzierung der Gesellschaft, Absatz der Produkte und Dienstleistungen sowie Arbeitsklima und Attraktivität als Arbeitgeber auszurichten. Die durch die CSR-Berichtspflichten verfolgten Allgemeininteressen fließen mit anderen Worten nur, aber immerhin mittelbar, nämlich **vermittelt**

---

[142] S. für die in Umsetzung der CSR-Richtlinie in §§ 289c, 315c HGB geregelten Berichtspflichten Begr. RegE, BR-Drs. 547/16, 53 („Die Kapitalgesellschaft muss … selbst entscheiden, wie sie mit nichtfinanziellen Themen umgehen möchte und ob und wie sie diesbezüglich ein Konzept entwickelt und umsetzt."); ferner Beschlussempfehlung Rechtsausschuss zum Grünbuch Europäischer Corporate Governance-Rahmen, BT-Drs. 17/6506, 4 („… muss unternehmerische Verantwortung stets freiwillig wahrgenommen werden. Eine gesetzliche Verpflichtung zur sozialen Verantwortung … widerspricht dem Grundgedanken des freiverantwortlichen gesellschaftlichen Engagements und lehnen wir daher ab."); ferner Bachmann ZGR 2018, 231 (235 f.); Fleischer AG 2017, 509 (522); Mock ZIP 2017, 1195 (1196); Paefgen, FS K. Schmidt, 2019, Bd. II, 105 (115 f.); Schön ZHR 180 (2016), 279 (285 ff.); J. Vetter ZGR 2018, 338 (343); aA – für Anerkennung nichtfinanzieller Ziele als eigenständige Unternehmensziele – Hommelhoff, FS B. Kübler, 2015, 291 (295 ff.); Hommelhoff NZG 2017, 1361 (1362); s. ferner Hommelhoff, FS Seibert, 2019, 371 ff.
[143] Hecker/Bröcker AG 2017, 761 (762).
[144] Näher Schön ZfPW 2022, 207 (219 ff.).
[145] S. zB Vanguard, Global investment stewardship principles, https://corporate.vanguard.com/content/dam/corp/research/pdf/Global%20investment%20stewardship%20principles_final_112021.pdf (zuletzt abgerufen am 15.4.2023).
[146] Börsen-Zeitung Nr. 124/2019 vom 3.7.2019, S. 13; dazu und zu weiteren Investoren J. Vetter ZGR 2018, 338, 360 f.
[147] Näher dazu Fleischer ZIP 2021, 5 ff.; Habersack, FS Windbichler, 2020, 707 ff.; Kuntz ZHR 186 (2022), 652 ff.; ferner Storck Börsen-Zeitung Nr. 53/2019 v. 16.3.2019, 6.

durch entsprechende Eigeninteressen der Gesellschaft, und nur „passgenau", nämlich zugeschnitten auf die Gegebenheiten der konkreten Gesellschaft, in die Leitungsentscheidung des Vorstands ein. So gesehen zielen die CSR-Berichtspflichten auf einen Gleichlauf von Gesellschafts- und Allgemeininteresse, nicht dagegen auf eine Pflicht des Vorstands, bei Wahrnehmung seiner Leitungsaufgabe Allgemeinbelange auch unabhängig von deckungsgleichen Gesellschaftsbelangen zu berücksichtigen.

2. Erklärung zum DCGK

Auch der Deutsche Corporate Governance Kodex enthält Nachhaltigkeitsvorgaben, zumal in seiner überarbeiteten Fassung aus dem Jahr 2022. Diese Vorgaben finden sich in Empfehlungen, die zwar nicht bindend sind, zu denen allerdings Vorstand und Aufsichtsrat der börsennotierten und einer ihr gleichgestellten Gesellschaft (→ Rn. 10) jährlich nach Maßgabe des § 161 Abs. 1 S. 1 AktG zu erklären haben, dass den Empfehlungen entsprochen wurde und wird oder welche Empfehlungen nicht angewendet wurden oder werden und warum nicht. Dieses Prinzip des **comply or explain** überlässt es also dem jeweiligen Emittenten, ob und inwieweit er die Kodexempfehlungen beachtet; soweit die Empfehlungen nicht beachtet werden, ist dies allerdings offenzulegen und zu begründen. Die Entsprechenserklärung, die nach § 161 Abs. 2 AktG auf der Internetseite der Gesellschaft dauerhaft öffentlich zugänglich zu machen ist, soll einen Bestandteil der **Informationsgrundlage der Kapitalmarktteilnehmer** – auch potentieller Investoren – bilden und ihnen ein Urteil insbesondere über die Corporate Governance der jeweiligen Gesellschaft ermöglichen. Dem liegt die Vorstellung zugrunde, dass die Corporate Governance eines Emittenten von den Kapitalmarktteilnehmern zur Kenntnis genommen und in Form von Risikozuschlägen und -abschlägen „eingepreist" wird.[148] Mag auch eine Abweichung von den Kodexempfehlungen durchaus im System des § 161 AktG angelegt sein,[149] so hat der Gesetzgeber mit der Erklärungspflicht durchaus auch ein Durchsetzungsinteresse verfolgt.[150] Diesem Durchsetzungsinteresse entspricht nicht zuletzt aufgrund des immensen Einflusses professioneller Stimmrechtsberater[151] ein erheblicher **Befolgungsdruck** und damit eine im Allgemeinen sehr hohe Akzeptanz der Kodexempfehlungen.[152]

63

Vor diesem Hintergrund war es nicht sonderlich überraschend, dass die **Kodexreform 2022** vor allem Nachhaltigkeitsaspekte aufgegriffen hat.[153] Schon die Präambel, die den Anspruch erhebt, das geltende Recht wiederzugeben, adressiert die gesellschaftliche Verantwortung der Unternehmen und weist darauf hin, dass Sozial- und Umweltfaktoren den Unternehmenserfolg beeinflussen und die Tätigkeiten des Unternehmens Auswirkungen auf Mensch und Umwelt haben, was wiederum von Vorstand und Aufsichtsrat bei Führung und Überwachung des Unternehmens zu beachten sei. Hieran anknüpfend empfiehlt A.1 DCGK, dass der Vorstand die mit den **Sozial- und Umweltfaktoren verbundenen Risiken und Chancen** für das Unternehmen sowie die ökologischen und sozialen Auswirkungen der Unternehmenstätigkeit systematisch identifiziert und bewertet, dass in der Unternehmensstrategie auch **ökologische und soziale Ziele** angemessen berücksichtigt werden und dass die Unternehmensplanung neben finanziellen auch nachhaltigkeitsbezogene Ziele umfassen soll. A.3 DCGK empfiehlt, dass das interne Kontroll- und das Risikomanagementsystem, soweit nicht ohnehin gesetzlich geboten, auch nachhaltigkeitsbezogene Ziele abdecken. Nach C.1 S. 3 DCGK soll das Kompetenzprofil des

64

---

[148] Näher Habersack, Gutachten E zum 69. DJT, 2012, 50 ff.
[149] Vgl. Begr. RegE, BT-Drs. 14/8769, 21: Den Gesellschaften soll es ermöglicht werden, „einen auf die unternehmensindividuellen Verhältnisse zugeschnittenen eigenen `Code of Best Practice` zu entwickeln und dem Kapitalmarkt gegenüber offen zu legen. Die Gleichwertigkeit solcher Abweichungen zu bewerten, bleibt dem Kapitalmarkt überlassen."
[150] Koch AktG § 161 Rn. 1.
[151] Dazu Zetzsche/Preiner AG 2014, 685 ff.
[152] Näher v. Werder/Danilov/Schwarz DB 2021, 2097 ff.
[153] Zur Reform s. Gesellschaftsrechtliche Vereinigung (VGR), AG 2022, 239 ff.

Aufsichtsrats auch **Expertise** zu den für das Unternehmen bedeutsamen Nachhaltigkeitsfragen umfassen.

65 Obgleich diese Empfehlungen zu einem gewissen Teil ohnehin geltende, nämlich aus § 93, § 116 AktG herzuleitende Grundsätze umschreiben, dürften sie den Druck auf die erklärungspflichtigen Gesellschaften, ihre **Nachhaltigkeitsstrategie** zu reflektieren und gegebenenfalls anzupassen, um sich so als „Good Corporate Citizen" zu präsentieren, nicht unerheblich erhöhen; dies wiederum ist nicht nur Selbstzweck, sondern Instrument zur Steuerung des Anlageverhaltens der Kapitalmarktteilnehmer.

3. Organvergütung

66 **a) Vergütungsstruktur.** Zur Stimulierung nachhaltigen Verhaltens eignen sich unzweifelhaft auch Vergütungsregeln, und zwar in erster Linie solche, die die für die Unternehmensleitung und damit die strategische Ausrichtung der Gesellschaft verantwortlichen Vorstandsmitglieder betreffen.[154] Hierzu zählt insbesondere § 87 Abs. 1 S. 2 AktG, wonach die Struktur der Vorstandsvergütung bei börsennotierten Gesellschaften auf eine **nachhaltige und langfristige Entwicklung** der Gesellschaft auszurichten ist. Obgleich nicht unbestritten,[155] dürfte doch viel dafür sprechen, die Nachhaltigkeitsvorgabe im Sinne einer Pflicht des Aufsichtsrats zu begreifen, bei Festlegung der Vergütungsstruktur auch soziale und ökologische Aspekte zu berücksichtigen.[156] An § 87 Abs. 1 S. 2 AktG anknüpfend bestimmt § 87a Abs. 1 S. 2 Nr. 4 AktG zwar, dass das vom Aufsichtsrat der börsennotierten Gesellschaft zu beschließende System zur Vergütung der Vorstandsmitglieder alle finanziellen und nichtfinanziellen Leistungskriterien für die Gewährung variabler Vergütungsbestandteile anzugeben und zu erläutern hat, wie diese Kriterien zur Förderung der Unternehmensziele beitragen. Eine zwingende Vorgabe, nichtfinanzielle Leistungskriterien festzulegen und hieran Vergütungsbestandteile zu koppeln, lässt sich der Vorschrift allerdings nicht entnehmen.[157] Dessen ungeachtet haben sich in der Vergütungspraxis nichtfinanzielle Ziele etabliert.[158]

67 **b) Vergütungsbericht.** Auch in dem Vergütungsbericht, den Vorstand und Aufsichtsrat einer börsennotierten Gesellschaft hinsichtlich der jedem einzelnen Vorstands- und Aufsichtsratsmitglied gewährten und geschuldeten Vergütung jährlich zu erstellen haben, sind nach Maßgabe des § 162 Abs. 1 S. 2 Nr. 1 Angaben zu etwaigen **variablen Vergütungsbestandteilen** und zur **Anwendung der Leistungskriterien** zu machen.

68 **c) Say on Pay.** Das ARUG II[159] hat den Aktionären die Mitsprache hinsichtlich des Systems der Vorstandsvergütung[160] ermöglicht: War bislang die Festsetzung der Vorstandsvergütung Sache allein des Aufsichtsrats, so sieht § 120a Abs. 1 AktG nun ein Votum der Hauptversammlung der börsennotierten Gesellschaft über das vom Aufsichtsrat vorgelegte **Vergütungssystem** für die Vorstandsmitglieder vor, und zwar bei jeder wesentlichen Veränderung des Systems, mindestens jedoch alle vier Jahre. Darüber hinaus hat die Haupt-

---

[154] Bei den Aufsichtsratsmitgliedern dominiert in der Praxis der börsennotierten Gesellschaften die Festvergütung, s. MüKoAktG/Habersack AktG § 113 Rn. 8; zu § 113 Abs. 3 S. 3, § 87a Abs. 1 S. 2 AktG s. MüKoAktG/Habersack AktG § 113 nF Rn. 18; Grigoleit/Grigoleit/Tomasic AktG § 113 Rn. 15.
[155] S. namentlich MüKoAktG/Spindler AktG § 87 Rn. 79; eingehend Harbarth ZGR 2018, 379 (385 ff.) mwN.
[156] Vgl. Rechtsausschuss, BT-Drs. 19/15153, 55; Grigoleit/Schwennicke AktG § 87 Rn. 20; BeckOGK AktG/Fleischer AktG § 87 Rn. 33 ff. (36) mwN; krit. Florstedt ZIP 2020, 1 (3); H.
[157] Koch AktG § 87a Rn. 7 mwN.
[158] Koch AktG § 87 Rn. 25; C. Arnold/Herzberg/Zeh AG 2021, 141 Rn. 5 ff.; Velte DB 2021, 1054 (1056 f.).
[159] Gesetz zur Umsetzung der zweiten Aktionärsrechterichtlinie vom 30.7.2019, BGBl. 2019 I 2637.
[160] Die Festsetzung der Aufsichtsratsvergütung war nach § 113 AktG schon immer Sache der Aktionäre; für die börsennotierte Gesellschaft hat allerdings das ARUG II in § 113 Abs. 3 AktG auch unabhängig von Änderungen der Vergütungsstruktur oder der Vergütungshöhe die turnusmäßige Beschlussfassung der Hauptversammlung über die Vergütung der Aufsichtsratsmitglieder (System und Höhe) eingeführt; näher dazu Habersack, FS Hopt, 2020, 333 (337 ff.).

versammlung der börsennotierten Gesellschaft nach § 120a Abs. 4 AktG über die Billigung des **Vergütungsberichts** für das vorausgegangene Geschäftsjahr zu beschließen.[161]

Für beide Beschlüsse gilt, dass sie **weder Rechte noch Pflichten** begründen (§ 120a Abs. 1 S. 2, Abs. 4 S. 2 AktG) und nicht nach § 243 AktG anfechtbar sind (§ 120a Abs. 1 S. 3, Abs. 4 S. 2 AktG). Das „Say on Pay" der Hauptversammlung lässt maW Vergütungsansprüche und Sorgfaltspflichten der Organmitglieder, aber auch die Zuständigkeit des Aufsichtsrats für die Festsetzung der Vorstandsvergütung unberührt.[162] Wird das Vergütungssystem **nicht gebilligt,** ist der Hauptversammlung nach § 120a Abs. 3 AktG spätestens in der darauf folgenden ordentlichen Hauptversammlung ein überprüftes, nicht zwangsläufig auch überarbeitetes[163] Vergütungssysstem zum Beschluss vorzulegen. Tatsächlich ist es aber kaum vorstellbar, dass der Aufsichtsrat der nächsten Hauptversammlung ein nicht überarbeitetes Vergütungssystem vorlegt.

Hinsichtlich des **Vergütungsberichts** bestimmt § 162 Abs. 1 S. 2 Nr. 6 AktG, dass im 70 nächsten Bericht zu erläutern ist, wie der Beschluss der Hauptversammlung nach § 120a Abs. 4 AktG berücksichtigt wurde.

69

VIII. Fazit und Ausblick

Schon jetzt sehen sich insbesondere kapitalmarktorientierte oder große Gesellschaften 71 einem Bündel gesellschafts- und bilanzrechtlicher Nachhaltigkeitsvorgaben ausgesetzt, die auf die Corporate Goverenance dieser Gesellschaften und die Sorgfaltspflichten der Geschäftsleiter (und mittelbar auch der Aufsichtsratsmitglieder) einwirken und dafür sorgen, dass insbesondere mit ihrer Geschäftstätigkeit verbundene klima-, umwelt- und menschenrechtsbezogene Risiken Eingang in Unternehmensstrategie, Risikomanagement und Leitungsermessen der Geschäftsleiter Eingang finden. Auch mit Reform der CSR-Richtline und Erlass einer Sorgfaltspflichten-Richtlinie dürfte die **Debatte nicht beendet** sein.

Auf nationaler Ebene wird denn auch über die Einführung eines **„Say on Climate"** 72 und damit – in Anlehnung an § 120a AktG – über ein obligatorisches und rechtlich unverbindliches Votum der Hauptversammlung zur Nachhaltigkeits- und Klimastrategie der börsennotierten Gesellschaft diskutiert.[164] Die Diskussion ist vor dem Hintergrund zu sehen, dass die Entscheidung über „Ob" und „Wie" des CSR-Konzepts ebenso wie die Entscheidung über gemeinwohlfördernde Aktivitäten Geschäftsführungsangelegenheiten und damit Sache des Vorstands sind.[165] Die Hauptversammlung verfügt de lege lata nicht über Beschlusskompetenz.[166] Sieht man von der Beschlussfassung über die Entlastung der Organmitglieder, von der freiwilligen Vorlage durch den Vorstand nach § 119 Abs. 2 AktG und der – in ihrer Reichweite allerdings umstrittenen[167] – Befugnis zur Aufnahme von Gemeinwohl- und Klimabelangen in den satzungsmäßigen Unternehmensgegenstand ab, können die Aktionäre derzeit vielmehr nur über den Aufsichtsrat Einfluss auf die CSR- und Klimapolitik der Gesellschaft nehmen: Die Satzung oder der Aufsichtsrat kann nach Maßgabe des § 111 Abs. 4 S. 2 AktG CSR-Maßnahmen an die Zustimmung des Aufsichts-

---

[161] Für kleine und mittelgroße Gesellschaften iSv. § 267 Abs. 1, 2 HGB sieht § 120a Abs. 5 AktG eine Erleichterung vor.
[162] Begr. RegE, BT-Drs. 19/9739, 93; zur umstr. Frage, ob der Aufsichtsrat nach § 119 Abs. 2 AktG die eigentliche Vergütungsentscheidung der Hauptversammlung zur Zustimmung vorlegen kann, s. Koch AktG § 120a Rn. 5 mwN.
[163] Begr. RegE, BT-Drs. 19/9739, 94; Koch AktG § 120a Rn. 9 mwN.
[164] Dazu Harnos/Holle AG 2021, 853 ff.; J. Vetter Börsen-Zeitung v. 14.5.2022 (Nr. 93/2022), 9; Weller/Hoppmann AG 2022, 640 ff.; s. ferner Mock/Mohamed NZG 2022, 350 ff.
[165] Näher dazu sowie zur Rolle des Aufsichtsrats Bachmann ZGR 2018, 231 (235 ff.).
[166] Koch AktG § 119 Rn. 13 mwN; näher Fleischer AG 2001, 171 (177); Mülbert AG 2009, 766 (772); J. Vetter ZGR 2018, 338 (364 f.).
[167] Näher dazu BeckOGK AktG/Fleischer § 76 Rn. 47; Koch AktG § 82 Rn. 10; Fleischer AG 2017, 509 (514); Kort NZG 2012, 926 (930); Habersack AcP 220 (2020), 594 (638 f.); Harbarth ZGR 2018, 379 (395); Müller-Michaels/Ringel AG 2011, 101, 112; Mülbert AG 2009, 766 (772); Spindler, FS Hommelhoff, 2012, 1133 (1141 f.); J. Vetter ZGR 2018, 338, 371 f.

73 Ein Klima- oder Nachhaltigkeitsvotum der Hauptversammlung wäre jedenfalls dirigistischen Eingriffen in die Organisationsverfassung vorzuziehen, etwa der Vorgabe, dass der Aufsichtsrat einer börsennotierten oder kapitalmarktorientierten über einen **Vertreter des öffentlichen Interesses** verfügen muss; ein solcher Eingriff sähe sich nicht nur unionsrechtlichen Bedenken ausgesetzt, sondern wäre auch in der Sache überschießend.[168] Gleichfalls bedenklich wäre die Ersetzung des geltenden comply or explain-Ansatzes (→ Rn. 60) durch Statuierung einer allgemeinen CSR-Förderpflicht.[169] Mit ihm würde das auf Eigenverantwortung und Autonomie gründende marktwirtschaftliche Modell verlassen und der Normadressat partiell zu einem Verwalter öffentlicher Belange degradiert; auch die reformierte CSR-Richtlinie geht wohl nicht so weit, sondern verpflichtet allein zur Veröffentlichung eines – wie auch immer gearteten – CSR-Konzepts (→ Rn. 61).

---

[168] S. bereits Habersack AcP 220 (2020), 594 (621 f.).
[169] S. bereits Habersack/Ehrl AcP 219 (2019), 155 (207 f.).

§ 5 Corporate Social Responsibility – neue Formen normativer Steuerung im globalen Ordnungsrahmen

Prof. Dr. Birgit Spießhofer, M. C. J. (New York Univ.)

Übersicht

	Rn.
I. Worum geht es bei Corporate Social Responsibility (CSR)?	1
1. Funktion	1
2. Definition?	3
3. Konzeption	10
II. „Anwendungsbereich" – Der Unternehmensbegriff	20
1. Der Unternehmensbegriff internationaler CSR-Instrumente (Überblick)	21
2. Funktional-teleologischer Unternehmensbegriff	27
3. Das Unternehmen als Verantwortungsverbund (Group Responsibility)	32
III. CSR – neue Formen normativer Steuerung	42
1. Wer steuert?	43
2. Wesentliche Steuerungsansätze (Genese, Ausformung, Wirkung)	46
a) International Governmental Organisations	47
b) Standardsetzung privater Organisationen (ISO 26000 Leitfaden)	73
c) Inpflichtnahme Privater	79
d) Selbstregulierung	84
e) „Smart Mix"	86
3. Herausforderungen	90
a) Legitimation und Legitimität	90
b) Komplexitätsreduktion	91
c) Keine Exklusivität nationalstaatlicher Steuerungsmacht	93
IV. Ausblick: Brauchen wir einen neuen Rechtsbegriff?	96

Literatur

Abbott, Strengthening the Transnational Regime Complex for Climate Change, TEL (2014), 57; Arnauld, Völkerrecht, 4. Auflage 2019; Asmussen, Haftung für CSR, 2020; Backer, Are Supply Chains Transnational Legal Orders? UCIJITCL (1) 2015, 1; ders., Private Actors and Public Governance Beyond the State: The Multinational Corporation, the Financial Stability Board, and the Global Governance Order, IJGLS 18 (2011), 751; ders., China's Corporate Social Responsibility With National Characteristics: Coherence and Dissonance With the Global Business and Human Rights Project, in: Martin/Bravo (Hg.), The Business and Human Rights Landscape, 2016, 530; Bowen, Social Responsibilities of the Businessman, 1953; Burgi/Möslein (Hg.) Zertifizierung nachhaltiger Kapitalgesellschaften, 2021; Cafaggi, The Regulatory Functions of Transnational Commercial Contracts: New Architectures, FILJ 36 (2013), 1557; Cafaggi/Renda/Schmidt, Transnational Private Regulation, in: OECD (Hg.): International Regulatory Cooperation: Case Studies, Vol 3. 2013, 9; Calliess (Hg.), Transnationales Recht, 2014; Curbach, Die Corporate-Social-Responsibility-Bewegung, 2009; Dearborn, Enterprise Liability: Reviewing and Revitalizing Liability for Corporate Groups, 97 CAL. L. Rev. (2009), 195; Diller, Private Standardization in Public International Lawmaking, 33 Mich. J. Int'l L. (2012), 480; Fleischer/Kalss/Vogt, Corporate Social Responsibility, 2018; Eccles/Spießhofer, Integrated Reporting for a Re-Imagined Capitalism, Harvard Business School, Working Paper 16–032; Eijsbouts, Corporate Responsibility, beyond voluntarism. Regulatory Options to Reinforce the Licence to Operate, 2011; ders., Corporate Codes as Private Co-regulatory Instruments in Corporate Governance and Responsibility and Their Enforcement, IJGLS 24 (2017), 1; Franzius, Transnationalisierung des Europarechts, in: Calliess (Hg.), Transnationales Recht, 2014, 403; Geiger, Grundgesetz und Völkerrecht mit Europarecht, 6. Auflage 2013; Görgen, Unternehmerische Haftung in transnationalen Menschenrechtsfällen, 2019; Grabosch, Unternehmen und Menschenrechte. Gesetzliche Verpflichtungen zur Sorgfalt im weltweiten Vergleich, 2019; Grimm, Die Zukunft der Verfassung II. Auswirkungen von Europäisierung und Globalisierung, 2012; Habersack, Staatliche und halbstaatliche Eingriffe in die Unternehmensführung, 69. DJT 2012 Gutachten E; ders., Gemeinwohlbindung und Unternehmensrecht, AcP 220 (2020), 594; Habersack/Ehrl, Verantwortlichkeit inländischer Unternehmen für Menschenrechtsverletzungen durch ausländische Zulieferer – de lege lata und de lege ferenda, AcP 219 (2019), 155; Haider, Haftung von transnationalen Unternehmen und Staaten für Menschenrechtsverletzungen, 2019; Heidbrink, Kritik der Verantwortung. Zu den Grenzen verantwortlichen Handelns in komplexen Kontexten, 2003; Heinichen, Unternehmensbegriff und Haftungsnachfolge im Europäischen Kartellrecht, 2011; Herdegen, Internationales Wirtschaftsrecht, 12. Auflage 2020; Kasolowsky/Voland, Die OECD-Leitsätze für Multinationale Unternehmen und ihre Durchsetzung im Wege von Beschwerdeverfahren vor der Nationalen Kontaktstelle, NZG 2014, 1288; Kemmerer/Möllers/Steinbeis/Wagner, Choice Architecture in Democracies. Exploring the Legitimacy of Nudging, 2016; Kerr/Janda/Pitts, Corporate Social Responsibility, 2009; Klein, Universalität der Menschenrechte, FS Paul Kirchhof, 2013, Bd. I, 475; Knauff, Der Regelungsverbund. Recht und Soft Law im Mehrebenensystem, 2010; Köndgen, Privatisierung des Rechts. Private Governance zwischen Deregulierung und Rekonstitutionalisierung, AcP 206 (2006), 477; Kokott/Vesting, Die Staatsrechtslehre und die Veränderung ihres Gegenstandes: Konsequenzen von Europäisierung und Internationalisierung, VVDStRL 63 (2004), 7; Krajewski/Saage-Maaß, Die Durchsetzung menschenrechtlicher Sorgfaltspflichten von Unternehmen, 2018; Ladeur/Viellechner, Die transnationale Expansion staatlicher Grundrechte. Zur Konstitutionalisierung globaler Privatrechtsregimes, AVR 46 (2008), 42; Leuschner, Das Konzernrecht des Vereins, 2011; Leyens, Comply or Explain im Europäischen Privatrecht – Erfahrungen im Europäischen Gesellschaftsrecht und Entwicklungschancen des Regelungsansatzes, ZEuP 2016, 388; Muchlinski, Multinational Enterprises & The Law, 2.Aufl. 2007; Mülhens, Der sogenannte Haftungsdurchgriff im deutschen und englischen Recht, 2006; Nordhues, Die Haftung der Muttergesellschaft und ihres Vorstands für Menschenrechtsverletzungen im Konzern, 2019; Nowrot, Normative Ordnungsstruktur und private Wirkungsmacht. Konsequenzen der Beteiligung transnationaler Unternehmen an den Rechtssetzungsprozessen im internationalen Wirtschaftssystem, 2006; Osieka, Zivilrechtliche Haftung deutscher Unternehmen für menschenrechtsbeeinträchtigende Handlungen ihrer Zulieferer, 2014; Payandeh, Deliktische Haftung von Unternehmen für transnationale Menschenrechtsverletzungen, FS für Karsten Schmidt, Bd. II, 131; Pauwelyn/Wessel/Wouters, The Exercise of Public Authority Through Informal International Lawmaking: An Accountability Issue? Jean Monnet Working Paper 06/2011, 4; Quack, Governance durch Praktiker. Vom privatrechtlichen Vertrag zur transnationalen Rechtsnorm, in: Botzem/Hofmann u.a., Governance als Prozess, 2009, 575; Raiser, Das Unternehmen als Organisation. Kritik und Erneuerung der juristischen Unternehmenslehre, 1969; Rautenstrauch/Suttner, Die EU Anti-BEPS-Richtlinie: Überblick und künftige Anpassungsnotwendigkeiten im deutschen Recht, BB 2016, 2391; Scharlau, Socially Responsible Investment, 2009; Schmalenbach, Multinationale Unternehmen und Menschenrechte, AVR 39 (2001), 57; Schneider/Schmidpeter (Hg.) Corporate Social Responsibility. Verantwortungsvolle Unternehmensführung in Theorie und Praxis, 2. Aufl. 2015; Schuppert, Governance und Rechtssetzung. Grundfragen einer modernen Regelungswissenschaft, 2011; ders., Das Recht des Rechtspluralismus, AöR 142 (2017), 614; Späth/Werner, Die Okpabi-Entscheidung des Supreme Court of the UK zur internationalen Konzernhaftung aus rechtsvergleichender Sicht, CCZ 2021, 241; Spießhofer, Unternehmerische Verantwortung, FS Paul Kirchof, 2013, Bd. II, 1235; dies., Die neue europäische Richtlinie über die Offenlegung nichtfinanzieller Informationen – Paradigmenwechsel oder Papiertiger? NZG 2014, 1281; dies., Wirtschaft und Menschenrechte – rechtliche Aspekte der Corporate Social Responsibility, NJW 2014, 2473; dies., Corporate Social Responsibility – „Indienstnahme" von Unternehmen für gesellschaftspolitische Aufgaben? In: Gesellschaftsrecht in der Diskussion 2016, 2017, 61; dies., Unternehmerische Verantwortung. Zur Entstehung einer globalen Wirtschaftsordnung, 2017; dies., Die Transnationalisierung des Klimaschutzrechts, AVR 57 (2019), 26; dies., Globaler Ordnungsrahmen für CSR, in: Nietsch, Corporate Social Responsibility Compliance 2021, 61; dies., Sustainable Corporate Governance, NZG 2022, 435; Stumpp, Nachhaltigkeitsratingagenturen, 2022; Veil/Deckert/Kämmerer/Vogt, Nachhaltige Kapitalanlagen durch Finanzmarktregulierung, 2019; Voland, Unternehmen und Menschenrechte – vom Soft Law zur Rechtspflicht, BB 2015, 67; Ward, ISO 26000 International Guidance Standard on Social Responsibility: Implications for Public Policy and Transnational Democracy, Theoretical Inquiries in Law 12 (2011), 665; Weidmann, Der Beitrag der OECD-Leitsätze für multinationale Unternehmen zum Schutz der Menschenrechte, 2014.

I. Worum geht es bei Corporate Social Responsibility (CSR)?

1. Funktion

1 CSR ist eine Reaktion auf die Globalisierung der Wirtschaft und die nicht zuletzt dadurch gestiegene Macht von Unternehmen, die die Forderung nach einer korrespondierenden Übernahme von Verantwortung auslöste.[1] Das herkömmliche nationale und europäische Recht formuliert zwar Standards verantwortungsbewussten Wirtschaftens, kann jedoch aufgrund seiner territorialen Begrenzung und völkerrechtlich limitierten extraterritorialen Wirkungsmacht[2] globale Wirtschaftsprozesse nicht angemessen steuern. Eine Übertragung nationalstaatlicher Strukturen auf die globale Ebene in Gestalt einer Weltregierung und eines Weltrechts ist weder möglich noch wünschenswert. Anderseits können die herkömmlichen völkerrechtlichen Instrumente, insbesondere völkerrechtliche Verträge in ihrer traditionellen Form, den sich dynamisch entwickelnden transnationalen Normierungsbedarf

---

[1] Grundlegend Habersack/Ehrl AcP 219 (2019), 155 ff.
[2] Vgl. Herdegen S. 25 ff.

nicht (allein) befriedigen, da die Verhandlungen langwierig sind, die Wirkmächtigkeit der Verträge von der Ratifikation durch die Nationalstaaten abhängt und häufig nicht mehr als ein kleinster gemeinsamer Nenner erreichbar ist.[3] Eine unmittelbare Drittwirkung völkerrechtlicher, insbesondere menschenrechtlicher und umweltrechtlicher Konventionen, gegenüber Unternehmen wird von der hM grundsätzlich nicht anerkannt.[4] Darüber hinaus nutzten die Unternehmen das deutliche Gefälle hinsichtlich sozialer, ökologischer und Governance-Standards zwischen Global North und Global South aus, was zu unerträglichen Zuständen in der Dritten Welt führte.[5] Diese rechtlichen und faktischen „Governance Gaps" sind maßgeblicher Grund und Treiber der CSR-Diskussion.

Die juristische[6] Kernfrage von CSR ist, wie ein globaler öko-sozialer Ordnungsrahmen 2 für globales Wirtschaften geschaffen werden kann und welchen Beitrag Unternehmen hierzu leisten sollen. Es geht um die Neubestimmung der Rolle von Unternehmen und ihrer Verantwortung in der Globalisierung.[7] Compliance im Sinne der Einhaltung des jeweiligen staatlichen Rechts ist nicht mehr ausreichend.[8] Vielmehr bedarf es einer globalen, transnational wirksamen öko-sozialen Rahmenordnung, die globales Wirtschaften einhegt und, nicht zuletzt auch im Interesse der Wirtschaft, ein „level playing field" schafft. Konsequenz dieser Entwicklung ist, dass die Grenzen unternehmerischen Wirtschaftens von Legalität zu Legitimität, von einer „legal license to operate" zu einer „social license to operate" verschoben werden.[9]

2. Definition?

Corporate Social Responsibility hat viele „Definitionen" erfahren.[10] Der Begriff wurde 3 1953 erstmalig von Bowen in seiner Schrift „Social Responsibilities of the Businessman"[11] geprägt, in der die Frage aufgeworfen wurde, welche gesellschaftliche Verantwortung man vernünftigerweise von Geschäftsleuten erwarten kann. In der Folgezeit verlagerte sich der Fokus von der individuellen zur korporativen unternehmerischen Verantwortung.

Die Europäische Union griff das Thema CSR 2001 auf und umschrieb CSR zunächst 4 als ein „Konzept, das den Unternehmen als Grundlage dient, auf **freiwilliger** Basis soziale Belange und Umweltbelange in ihre Unternehmenstätigkeit und in die Wechselbeziehungen mit den Stakeholdern zu integrieren."[12] Die allein auf Freiwilligkeit abstellende Konzeption erwies sich jedoch als nur begrenzt wirkmächtig.[13] Im Rahmen der Strategie Europa 2020 und infolge der Verwerfungen der globalen Finanzkrise sowie in Abstimmung mit den neuen CSR-Konzeptionen der Vereinten Nationen (UN)[14], der Organisation für wirtschaftliche Zusammenarbeit und Entwicklung (OECD)[15] und der

---

3   Zu neuen Ansätzen im Klimavölkerrecht vgl. Spießhofer AVR 57 (2019), 26 ff.
4   Arnauld S. 284 ff. mwN.; vgl. auch Schmalenbach AVR 39 (2001), 57 (64 f); der Supreme Court of Canada hat jedoch in seiner Entscheidung vom 28.2.2020 in Nevsun Resources Ltd. v. Araya (2020 SCC 5) es für möglich angesehen, dass völkergewohnheitsrechtliche Verpflichtungen auf Unternehmen anwendbar sind, die mit einer common law cause of action durchgesetzt werden können.
5   Vgl. die Berichte des Business & Human Rights Resource Centre, www.business-humanrights.org.
6   Zu wirtschaftsethischen, politikwissenschaftlichen, soziologischen, ökonomischen und kommunikationswissenschaftlichen Ansätzen vgl. Schneider/Schmidpeter Corporate Social Responsibility 2. Aufl. 2015.
7   Eingehend Spießhofer Unternehmerische Verantwortung S. 25 ff., 505 ff.
8   Zu neueren Ansätzen eines erweiterten Verständnisses juristischer Steuerung vgl. VEM VerwR/Voßkuhle § 1 Rn. 15 ff. mwN; zur Erweiterung der rechtswissenschaftlichen Befassung auf Soft Law Knauff, S. 211 ff.; zu Nudging vgl. die Beiträge in Kemmerer/Möllers/Steinbeis/Wagner.
9   Vgl. Eijsbouts, Corporate Responsibility, beyond voluntarism. Regulatory Options to Reinforce the Licence to Operate.
10 Vgl. Spießhofer Unternehmerische Verantwortung S. 27 ff. mwN.
11 Bowen, Social Responsibilities of the Businessman, 1953.
12 Grünbuch Europäische Rahmenbedingungen für die soziale Verantwortung der Unternehmen, KOM (2001) 366, 8.
13 Vgl. Mitteilung der Kommission, Eine neue EU-Strategie (2011–2014) für die soziale Verantwortung der Unternehmen (CSR), KOM (2011) 681, Ziff. 1, 2.
14 UN-Leitprinzipien für Wirtschaft und Menschenrechte, 2011.
15 OECD Leitsätze für Multinationale Unternehmen, Ausgabe 2011.

International Organization for Standardization (ISO)[16] stellte auch die EU-Kommission ein neues Verständnis von CSR vor. In ihrer Mitteilung „Eine neue EU-Strategie (2011–2014) für die soziale Verantwortung der Unternehmen (CSR)" vom 25. Oktober 2011 legte sie eine **neue Definition** vor, wonach CSR „die Verantwortung von Unternehmen für ihre Auswirkungen auf die Gesellschaft" ist.[17] Diese weite Umschreibung wurde weiter qualifiziert: Die Einhaltung geltenden Rechts **(Compliance)** soll das **Minimum** unternehmerischer Verantwortung sein. Um ihrer Verantwortung vollumfänglich gerecht zu werden, sollen Unternehmen darüber hinaus Prozesse einführen, die soziale, ökologische, wirtschaftsethische, menschenrechtliche und Verbraucherbelange in enger Zusammenarbeit mit ihren Stakeholdern in ihre Strategie und ihre Aktivitäten integrieren. Für dieses Themenspektrum hat sich in der Praxis das Acronym **ESG** (Environment, Social, Governance) durchgesetzt, das teilweise auch synonym mit dem Begriff CSR verwandt wird.

5 Die unternehmerische Verantwortung hat sowohl eine **positive** Zielsetzung, ie für ihre Eigentümer, aber auch alle anderen Stakeholder und die Allgemeinheit den „shared value" zu maximieren, als auch eine **negative,** ie ihre möglichen schädlichen Auswirkungen zu identifizieren, zu verhindern, zu minimieren und zu kompensieren. CSR wird mithin nicht als Gegensatz zum Shareholder Value begriffen, sondern als integrale Voraussetzung für seine Förderung und langfristige Gewährleistung. Der rechtspolitische Diskurs zur Einführung europäischer und nationaler Gesetzgebung konzentriert sich jedoch ausschließlich auf die negative Dimension.

6 Die EU-Kommission betont den **multidimensionalen Charakter** von CSR nicht nur in thematischer Hinsicht,[18] sondern auch in instrumenteller und organisatorischer. Die Unternehmen sollen bei der Entwicklung von CSR federführend sein, die staatlichen Stellen sollen sie unterstützen und eine intelligente Kombination aus freiwilligen Maßnahmen und Vorschriften, Marktanreizen und Rechenschaftspflichten einsetzen (**„smart mix"**). Gewerkschaften und Zivilgesellschaft, Verbraucher und Investoren sowie die Medien sollen jeweils auf ihre Weise auf verantwortliches Verhalten von Unternehmen hinwirken. Sie sollten jedoch auch selbst, und zwar auch im Umgang mit Unternehmen, soziale Verantwortung zeigen.[19] Dieser Aspekt, dass nicht nur kommerzielle Unternehmen, sondern auch zivilgesellschaftliche Organisationen CSR-Verantwortung haben, ist im polarisierten rechtspolitischen Diskurs weitgehend untergegangen.

7 Die EU-Kommission konkretisierte die über Compliance hinausgehenden **„Erwartungen"** in einem umfassenden Aktionsplan 2011–2014. Dazu gehörte die „Erwartung", dass alle großen europäischen Unternehmen sich verpflichten, mindestens den UN Global Compact (UNGC)[20], die OECD Leitsätze für Multinationale Unternehmen (OECD Leitsätze)[21] oder ISO 26000 Leitfaden zur gesellschaftlichen Verantwortung von Organisationen (ISO 26000)[22] bei der Entwicklung ihrer CSR-Strategie zu berücksichtigen. Alle europäischen Unternehmen sollen die Dreigliedrige Grundsatzerklärung über multinationale Unternehmen und Sozialpolitik der Internationalen Arbeitsorganisation (ILO)[23] sowie die Menschenrechte entsprechend der UN-Leitprinzipien für Wirtschaft und Menschen-

---

[16] ISO 26000:2010 Leitfaden zur gesellschaftlichen Verantwortung von Organisationen.
[17] KOM (2011) 681, Ziff. 3.1.
[18] Sie erwähnt neben den klassischen CSR-Themen Menschenrechte, Umwelt, Integrität auch die drei Grundsätze verantwortungsvollen Handelns im Steuerbereich (Transparenz, Informationsaustausch und fairer Steuerwettbewerb) in den zwischenstaatlichen Beziehungen; KOM (2011) 681, Ziff. 3.3; vgl. zum Formen- und Instrumentenmix im Verwaltungsrecht VEM VerwR/Michael § 40 Rn. 4 ff.
[19] KOM (2011) 681, Ziff. 3.4.
[20] https://www.globalcompact.de/ueber-uns/united-nations-global-compact.
[21] Oktober 2011, https://www.oecd.org/berlin/publikationen/oecd-leitsaetze-fuer-multinationale-unternehmen.htm.
[22] https://www.bmas.de/DE/Service/Publikationen/a395-csr-din-26000.html.
[23] 5. Aufl. 2017, https://www.ilo.org/wcmsp5/groups/public/—ed_emp/—emp_ent/documents/publication/wcms_579897.pdf.

rechte (UNLP)[24] respektieren. Die Mitgliedstaaten sollen Nationale Aktionspläne zur Umsetzung der UNLP entwickeln.[25]

CSR, insbesondere Menschenrechte und Klimawandel werden als **Querschnittsmaterie** angesehen, die nicht nur in allen EU-Politiken berücksichtigt werden soll.[26] Vielmehr wird die EU-Kommission auch aufgefordert, über die Europäische Union hinaus zu wirken, insbesondere die Auswirkungen auf die soziale, ökologische und menschenrechtliche Dimension bei der Umsetzung multilateraler Abkommen zu berücksichtigen. CSR- und Nachhaltigkeitsaspekte sollen zudem in den **internationalen Handelsabkommen und Handelspolitiken der EU** weitergehend als bislang Berücksichtigung finden.[27]

Aus dem Vorstehenden wird deutlich, dass eine „Definition" von CSR weder möglich noch zielführend ist. CSR kann als Schlüsselbegriff oder als orientierendes und suggestives Leitbild in der rechtspolitischen Diskussion um eine Neubestimmung der Rolle und Verantwortung von Unternehmen verstanden werden.[28] Entscheidend sind jedoch, insbesondere für die normative Fragestellung, die hinter diesem Begriff stehenden Konzeptionen.

3. Konzeption

Curbach umreißt die konzeptionelle Frage anschaulich.

„CSR ist „ein konzeptueller Schlauch ohne Wein. Mit anderen Worten: Wenn man nicht konkret benennt und normativ festlegt, für **was und wen, und wem gegenüber** Unternehmen Verantwortung haben, dann bleibt das CSR-Konzept vollkommen interpretationsoffen. (…) 'Verantwortung' bezeichnet (…) bestimmte **normativ-kulturelle Soll-Erwartungen,** die an eine bestimmte Rolle bzw. an einen Status von Unternehmen in einer Gesellschaft geknüpft sind. Eine Definition von 'gesellschaftlicher Unternehmensverantwortung' oder 'CSR' kann also zwangsläufig nur im Rückgriff auf **konkrete normative, politische und kulturelle Interpretationen und Inhalte von Rollenerwartungen** einer Gesellschaft an Unternehmen getroffen werden."[29]

Damit ist die entscheidende Frage, **wer** diese „Erwartungen" nach welchen **Maßstäben** und mit Hilfe welcher normativen **Instrumente** definiert, sowie um- und durchsetzt. Es stellt sich auch die Frage nach der **Legitimation** und **Legitimität** sowohl des Normentwicklungsprozesses und der daran beteiligten Akteure als auch der sich in der Norm kristallisierenden Sollensvorstellungen. Dementsprechend ist die Jurisprudenz als Steuerungswissenschaft[30] gefordert. Sie muss sich der empirisch unterlegten[31] Erkenntnis öffnen, dass die Steuerung insbesondere transnationaler Sachverhalte nicht (nur) durch die traditionellen Instrumente der öffentlichen und privaten Rechtssetzung, insbesondere durch Gesetz

---

[24] https://www.auswaertigesamt.de/blob/266624/b51c16faf1b3424d7efa060e8aaa8130/un-leitprinzipien-de-data.pdf.
[25] KOM (2011) 681, Ziff. 4.8, Aktionsplan A, B, C, D, E.
[26] Vgl. European Parliament, Corporate liability for serious human rights abuses in third countries (2015/2315(INI)), Ziff. 27 ff.
[27] Vgl. European Parliament (2015/2315(INI)), Ziff. 30; das EP hatte bereits im Jahr 2006 entschieden, Handelsabkommen nur noch zuzustimmen, wenn sie eine Menschenrechtsklausel enthalten (v. 14.12.2006, EP-Dok. A 6-4/2006).
[28] Vgl. VEM VerwR/Voßkuhle § 1 Rn. 40 ff.; Spießhofer Unternehmerische Verantwortung S. 31 ff. mwN.
[29] Curbach S. 25 f. (Hervorh. d. Verf.).
[30] Nowrot S. 419 f. mwN; VEM VerwR/Voßkuhle § 1 Rn. 16 ff.; die juristische Diskussion in Deutschland betrachtet das Thema CSR primär durch die Brille des europäischen und nationalen Rechts, vgl. Asmussen, Haftung für CSR, 2020; Fleischer/Kalss/Vogt, Corporate Social Responsibility, 2018; Görgen, Unternehmerische Haftung in transnationalen Menschenrechtsfällen, 2019; Habersack/Ehrl AcP 219 (2019), 155 ff.; Haider, Haftung von transnationalen Unternehmen und Staaten für Menschenrechtsverletzungen, 2019; Krajewski/Saage-Maaß, Die Durchsetzung menschenrechtlicher Sorgfaltspflichten von Unternehmen, 2018; Nordhues, Die Haftung der Muttergesellschaft und ihres Vorstands für Menschenrechtsverletzungen im Konzern, 2019; Osieka, Zivilrechtliche Haftung deutscher Unternehmen für menschenrechtsbeeinträchtigende Handlungen ihrer Zulieferer, 2014; Payandeh, FS für Karsten Schmidt, S. 131 ff.; Veil/Deckert/Kämmerer/Vogt, Nachhaltige Kapitalanlagen durch Finanzmarktregulierung, 2019.
[31] Vgl. Spießhofer Unternehmerische Verantwortung Teil A.

und Vertrag, erfolgt und erfolgen kann.[32] Im Rahmen der CSR-Diskussion ist vielmehr ein Spektrum **neuer Steuerungsmechanismen** entwickelt worden, die, soweit sie normativ wirken, als „Soft Law" im weitesten Sinne qualifiziert werden.[33] CSR beinhaltet zudem multiple **Entgrenzungen**[34] und **Umwertungen**[35] bestehender Instrumente:[36]

12 Im transnationalen Kontext sollen multinationale Unternehmen und andere sog. „non-state actors" neue, seither nur den Staaten obliegende Aufgaben im Public Policy-Bereich übernehmen und entsprechende Vorgaben in ihre Organisation und Prozesse **internalisieren**.[37]

13 Rechtlich und/oder ökonomisch machtvolle Akteure wie Investoren, Financiers, Exportkreditagenturen und Mitglieder von Wertschöpfungsketten werden **instrumentalisiert**. Sie sollen mit denen ihnen jeweils zur Verfügung stehenden gesellschafts- und vertragsrechtlichen Mitteln und Marktmechanismen über ihre wirtschaftlichen Interessen hinaus Umwelt, Menschenrechte und Integrität befördern. Dies verändert nicht nur die Rolle der Akteure, die zu Regelsetzern und -durchsetzern neben und in Konkurrenz zu staatlicher Governance werden,[38] sondern auch den Charakter der Instrumente, insbesondere vertraglicher Vereinbarungen, die zu Governance-Tools werden.[39]

14 **Neue Unternehmensformen** werden kreiert, die Gemeinwohlanliegen[40] gleichrangig mit ökonomischen Interessen zum Unternehmenszweck erheben („Public Benefit Corporations")[41] oder in Gestalt einer GmbH mit gebundenem Vermögen[42] dessen Verfügbarkeit für eine langfristige Unternehmensentwicklung sicherstellen wollen.

15 Das **Unternehmensinteresse** wird in Richtung einer verstärkten Berücksichtigung von langfristigen Aspekten und Stakeholderinteressen neu justiert.[43] **Treuepflichten** („fiduciary duties") institutioneller Investoren, die herkömmlich an einer optimalen Steigerung des Returnoninvestment orientiert waren, werden dahingehend erweitert, dass ein weites, Nachhaltigkeits-Kriterien umfassendes Verständnis wertbildender Faktoren zugrunde gelegt wird.[44]

16 Die **Unternehmensberichterstattung** hat nicht mehr nur die Darstellung der Werthaltigkeit des Unternehmens zum Gegenstand. Vielmehr hat seit der CSR-Reporting-Richtlinie[45] auch in der EU ein **Paradigmenwechsel** dahingehend stattgefunden, dass Reporting nicht mehr nur der Information dient, sondern auch der Transformation der Unternehmen hin zu mehr Nachhaltigkeit. Es geht um „know and show" hinsichtlich des Unternehmens und seiner Lieferkette, um Rechenschaftslegung nicht nur gegenüber dem Kapitalmarkt, sondern auch gegenüber der Zivilgesellschaft und Öffentlichkeit, und zwar

---

[32] Vgl. VEM VerwR/Voßkuhle § 1 Rn. 10 ff., zu der Fortentwicklung der Verwaltungsrechtswissenschaft zu einer internationalen Rahmenbedingungen besser gerecht werdenden handlungs- und wirkungsorientierten Steuerungswissenschaft; grundlegend VEM VerwR/Burgi § 18 zu den Rechtsregimen des Öffentlichen Rechts, Privat- und Strafrechts und ihres Verbunds; Knauff S. 211 ff. zu der zunehmenden Bedeutung von Soft Law; zu Nudging vgl. die Beiträge in Kemmerer/Möllers/Steinbeis/Wagner.
[33] Vgl. Knauff S. 211 ff.; Nowrot S. 419, 424 ff.; Spießhofer Unternehmerische Verantwortung S. 583 ff.
[34] Vgl. Franzius S. 403, 405 ff.
[35] Vgl. Backer UCIJITCL (1) 2015, 1 ff.; Cafaggi FILJ 36 (2013), 1557 ff.; Eccles/Spießhofer, Working Paper 16–032.
[36] Spießhofer NZG 2022, 435 (436 f).
[37] Vgl. Spießhofer Unternehmerische Verantwortung S. 630 ff. mwN.
[38] Vgl. Spießhofer Unternehmerische Verantwortung S. 151 ff., 630 ff. mwN.
[39] Vgl. Cafaggi FILJ 36 (2013), 1557 ff.; zum Verbund Öffentliches Recht/Privatrecht und seine Relationen VEM VerwR/Burgi § 18 Rn. 35 ff.
[40] Grundlegend Habersack, AcP 220 (2020), 594 ff.
[41] Vgl. Möslein/Mittwoch RabelsZ 80 (2016), 399 ff.
[42] https://www.gesellschaftmit-gebundenem-vermoegen.de.
[43] Vgl. Deutscher Corporate Governance Kodex 2022 Präambel, https://www.dcgk.de/files/dcgk/usercontent/de/download/kodex/220517_Deutscher_Corporate_Governance_Kodex_2022.pdf.
[44] Vgl. Spießhofer Unternehmerische Verantwortung S. 369 ff.; Mitteilung der Kommission (KOM (2021) 188 final, sowie Delegated Acts on sustainability preferences, fiduciary duties and product governance, https://ec.europa.eu/info/publications/210421-sustainable-finance-communication_en#csrd.
[45] RL 2014/95/EU ABl. EU v. 15.11.2014, L 330, 1 ff.

§ 5 Corporate Social Responsibility

nicht nur über die Werthaltigkeit des Unternehmens, sondern auch über seine öko-sozialen Auswirkungen, und damit um „private enforcement" von CSR-Compliance im Unternehmensverbund und seinen Wertschöpfungsketten.[46]

Der **unternehmerische Verantwortungsbereich** wird erheblich **erweitert** gegenüber der herkömmlichen Verantwortung für Binnenbereich und eng begrenzter Drittverantwortung.[47] Das gesellschaftsrechtliche Trennungsprinzip wird perforiert.[48] Wegbereiter sind zum einen der UN Global Compact[49], der eine ESG-Verantwortung für den „Einflussbereich" des Unternehmens statuiert. Noch umfassender ist die Verantwortungskonzeption der UNLP[50]. Danach ist ein Unternehmen für alle negativen Auswirkungen verantwortlich, die es verursacht, zu denen es im weitesten Sinne beiträgt, oder mit denen es durch seine Produkte, Dienstleistungen oder Geschäftskontakte direkt verbunden ist.[51] Diese weite Verantwortung für von Dritten (unmittelbar) verursachte negative Auswirkungen, die in Sorgfaltspflichten („Due Diligence") übersetzt wird,[52] hat nicht nur in anderes Soft Law wie die OECD Leitsätze Eingang gefunden,[53] sondern auch in vielfältiger Weise in EU- und nationale Regulierung wie die CSR-Reporting-Richtlinie[54] und den Entwurf der Corporate Sustainability Reporting Richtlinie[55], den Entwurf der Corporate Sustainability Due Diligence Richtlinie[56] und das Lieferkettensorgfaltspflichtengesetz[57]. Dabei wurde der Begriff der „Due Diligence", die herkömmlich als Überprüfung des Unternehmens, seiner Rechtskonformität und Werthaltigkeit verstanden wird, einem konzeptionellen Paradigmenwechsel dahingehend unterzogen, dass nunmehr auch Risiken für die Menschenrechte Dritter erfasst sein sollen und damit Sorgfaltspflichten für deren Vermeidung, Milderung und Wiedergutmachung begründet werden.[58]

Der „Ordnungsrahmen" ist hinsichtlich der Struktur und der determinierenden Akteure **polyzentrisch**,[59] hinsichtlich der Instrumente **pluriform** („smart mix")[60] und umfasst insbesondere Soft und Hard Law, aber auch edukatorische sowie die Reputation betreffende und Marktmechanismen.[61] Es stellt sich die Frage nach der angemessenen Abgrenzung von private und (demokratisch legitimierter) public Governance sowie der sinnvollen Orchestrierung der Akteure und Instrumente.[62] Diese Fragen werden im gegenwärtigen fragmentierten Diskurs allenfalls punktuell thematisiert und sind auch keiner einfachen Lösung zugänglich.[63]

Bevor die unter CSR entstandenen neuen Formen normativer Steuerung einer genaueren Betrachtung unterzogen werden, soll im Folgenden der Frage nachgegangen werden, auf welche Unternehmen CSR „Anwendung" findet, insbesondere, ob öffentliche und private Unternehmen erfasst sind.

---

46 Vgl. Spießhofer NZG 2014, 1281 ff.
47 Vgl. Spießhofer NZG 2022, 435 (436).
48 Vgl. Spießhofer Unternehmerische Verantwortung S. 489 ff. mwN.
49 https://www.globalcompact.de; vgl. Spießhofer Unternehmerische Verantwortung S. 66 ff.
50 Vgl. Spießhofer Unternehmerische Verantwortung S. 109 ff.
51 Prinzip 13 UNLP.
52 Prinzip 15 UNLP.
53 Weidmann S. 187 ff.
54 RL 2014/95/EU ABl. EU v. 15.11.2014, L 330, 1 ff.
55 KOM (2021) 189 final.
56 KOM (2022) 71 final.
57 BGBl. I 2021, 2959.
58 Vgl. Spießhofer Unternehmerische Verantwortung S. 139 mwN.
59 Spießhofer Unternehmerische Verantwortung S. 663 ff. mwN.
60 Vgl. Spießhofer Unternehmerische Verantwortung S. 613 ff.; vgl. auch VEM VerwR/Michael § 40 Rn. 4 ff.
61 Vgl. Mitteilung der EU-Kommission KOM (2011) 681 final.
62 Vgl. Abbott TEL (2014), 57 (83); Schuppert AöR 142 (2017), 614 (620 ff); vgl. auch VEM VerwR/Burgi § 18 Rn. 34 ff.
63 Vgl. Ladeur/Viellechner AVR 46 (2008), 42 (52); Spießhofer AVR 57 (2019), 26 (30 f. mwN); VEM VerwR/Eifert § 19 Rn. 52 ff.

II. „Anwendungsbereich" – Der Unternehmensbegriff

20 Die Konzeption des Unternehmens bestimmt, wer CSR-Verantwortung tragen soll, dh den subjektiven Geltungsbereich des Verantwortungspostulats.[64] In der CSR-Diskussion wird der Unternehmensbegriff grundsätzlich weit verstanden, im rechtspolitischen Diskurs um europäisches und nationales CSR-Recht jedoch weitgehend auf kommerzielle Unternehmen in privater Trägerschaft verengt. Zudem soll das Verantwortungssubjekt nicht nur das einzelne Unternehmen als juristische Person sein, sondern der rechtlichwirtschaftlich-faktische Verbund.[65]

1. Der Unternehmensbegriff internationaler CSR-Instrumente (Überblick)

21 Die CSR-Diskussion hat (bislang) keinen einheitlichen Unternehmensbegriff hervorgebracht.[66] Dem Begriff **Corporate** Social Responsibility und dem Konnex mit grenzüberschreitendem Wirtschaften entsprechend, standen zunächst Transnational Corporations[67] und Multinational Enterprises[68] im Vordergrund. Der folgende Überblick über die Unternehmensdefinitionen und -beschreibungen der maßgeblichen internationalen sektorübergreifenden CSR-Instrumente zeigt indessen eine Tendenz zu einem **weiten, funktionalen, teleologisch** am Schutzzweck und faktisch vorhandenen Geschäftsbetrieb orientierten **Unternehmensbegriff,** unabhängig von Rechtsform, Rechtspersönlichkeit, Eigentümerstruktur und Gewinnerzielungsabsicht, bei Unternehmensgruppen jedoch eine gemeinsame Strategie und Steuerung voraussetzend.

22 Bereits der Draft UN Code of Conduct (1990) definierte **Transnational Corporation** weit als eine Organisation, die, unabhängig von Herkunftsland, Rechtsfähigkeit und Rechtsform, Art des Eigentümers und der Geschäftstätigkeit, mehrere Einheiten in verschiedenen Ländern umfasst und über ein System der Entscheidungsfindung verfügt, das eine gemeinsame Strategie und Steuerung der Einheiten erlaubt.[69] Der UNGC enthält zwar keine Definition, wird jedoch von **Organisationen** im weitesten Sinn unterzeichnet, dh von kommerziellen und Non-Profit-Unternehmen, NGOs, Wirtschafts- und Arbeitnehmerverbänden, wissenschaftlichen Institutionen, Organisationen des öffentlichen Sektors und Kommunen.[70] Die UNLP enthalten, entgegen dem ursprünglichen Entwurf[71], keine explizite Definition. Der Unternehmensbegriff wird jedoch vom Schutzzweck her weit verstanden und umfasst auch Non-Profit-Organisationen und öffentliche Unternehmen, soweit sie wie Wirtschaftsunternehmen agieren, Mitarbeiter führen, Eigentum besitzen und Transaktionen vornehmen.[72] Dieser weite Ansatz wurde zwischenzeitlich bestätigt durch die (selbstverständliche) Anwendung der UNLP auf Non-Profit-Organisationen wie bspw die Anwaltsorganisationen[73] und die FIFA[74].

23 Die ILO Tripartite Declaration of Principles concerning Multinational Enterprises and Social Policy enthält lediglich eine (nicht abschließende) Umschreibung dessen, was unter **Multinational Enterprise** zu verstehen ist in dem Sinne, dass jedenfalls solche Unterneh-

---

[64] Zum Unternehmensbegriff grundlegend Raiser S. 13 ff.; Heinichen S. 75 ff. zur Kartellrechtsfähigkeit von Unternehmen; Heidbrink S. 200 ff.
[65] Vgl. dazu Spießhofer Unternehmerische Verantwortung S. 489 ff.
[66] Eingehend Spießhofer Unternehmerische Verantwortung S. 467 ff.
[67] Draft UN Code of Conduct on Transnational Corporations, vgl. Spießhofer Unternehmerische Verantwortung S. 62 ff.
[68] OECD Leitsätze für Multinationale Unternehmen, Edition 2011.
[69] § 1 Draft UN Code of Conduct, vgl. Spießhofer Unternehmerische Verantwortung S. 62 ff. mwN; vgl. Heinichen S. 44 f. zur ähnlichen Unternehmensdefinition im Kartellrecht (Art. 101, 102 AEUV).
[70] Vgl. http://www.globalcompact.org.
[71] Der Entwurf der UNLP hatte noch eine Definition versucht. Danach sollte „*Business Enterprise*" weit definiert werden als: „all companies, both transnational and others, regardless of sector or country of domicile or operation, of any size, ownership form or structure" (Draft GPs Definitions).
[72] Vgl. Spießhofer Unternehmerische Verantwortung S. 144 ff. mwN.
[73] Siehe Spießhofer Unternehmerische Verantwortung S. 440 ff.
[74] https://www.fifa.com/de/social-impact/human-rights.

men erfasst sein sollen, die in einem anderen Staat Produktions-, Service-, Handels- oder sonstige Einrichtungen unterhalten.[75] Von dem funktionalen Ansatz werden grundsätzlich alle transnationalen Organisationen erfasst, die Arbeitgeber sind und Arbeitnehmer haben, dh auch nicht-kommerzielle Organisationen. Nationale Unternehmen sind zwar nicht primärer Adressat der Tripartite Declaration, werden jedoch über die Gleichbehandlungsklausel miterfasst.[76]

Auch die OECD Leitsätze folgen einem weiten Unternehmensverständnis, halten jedoch eine genaue Definition des Begriffs **Multinational Enterprise** für nicht erforderlich,[77] da sie lediglich Empfehlungen enthielten, die „open-ended descriptions" erlaubten.[78] Die Frage, ob nur Unternehmen mit einem „business nexus/investment nexus" erfasst sein sollten, und ob „business nexus" den Anwendungsbereich auf kommerzielle Unternehmen beschränkt, kann (mittlerweile) als dahingehend geklärt angesehen werden, dass dies kein Kriterium (mehr) ist und daher auch Non-Profit-Organisationen erfasst sind.[79] Im Übrigen sollen die OECD Leitsätze mittelbar auch nationale Unternehmen erfassen, indem sie als Good Practice für alle angesehen werden.[80] 24

ISO 26000 erfasst jede Art von **Organisation**[81] im weitesten Sinne, unabhängig von Rechtsform, Größe und Standort, dh neben kommerziellen auch Non-Profit-Unternehmen sowie staatliche und kirchliche Einrichtungen; nur hoheitliches staatliches Handeln ist ausgenommen.[82] 25

Die Global Reporting Initiative (GRI) konstatiert, dass alle **Organisationen** und Unternehmen einschließlich staatlicher Stellen CSR-relevante Tätigkeiten ausführen und es daher keinen Grund gibt, warum diesbezügliche Transparenz- und Rechenschaftspflichten nicht auch für sie gelten sollten. GRI hat dies ua durch eigene NGO Sector Disclosures umgesetzt.[83] 26

---

[75] „To serve its purpose this Declaration does not require a precise legal definition of multinational enterprises (…). Multinational enterprises *include* enterprises, whether they are of *public, mixed or private ownership, which own or control production, distribution, services or other facilities outside the country in which they are based.* (…) Unless otherwise specified, the term „multinational enterprise" is used in this Declaration to designate *the various entities (parent companies or local entities or both or the organization as a whole)* according to the distribution of responsibilities among them, in the *expectation that they will cooperate and provide assistance to one another* as necessary to facilitate observance of the principles laid down in the Declaration." (Art. 6 Tripartite Declaration. (Hervorh. d. Verf.)).

[76] „The principles laid down in this Declaration do not aim at introducing or maintaining inequalities of treatment between multinational and national enterprises. They reflect good practice for all. Multinational and national enterprises, wherever the principles of this Declaration are relevant to both, should be subject to the same expectations in respect of their conduct in general and their social practices in particular."(Art. 11).

[77] „*A precise definition is not required* for the purposes of the Guidelines. These enterprises operate in *all sectors* of the economy. They usually comprise companies or other entities established in *more than one country* and so linked that they may coordinate their operations in various ways. While one or more of these entities may be able to exercise a *significant influence* over the activities of others, their degree of autonomy within the enterprise may vary widely from one multinational enterprise to another. *Ownership* may be private, State or mixed. The Guidelines are addressed to *all the entities within the multinational enterprise* (parent companies and/or local entities). According to the actual distribution of responsibilities among them, the different entities are expected to *co-operate* and to *assist* one another to facilitate observance of the Guidelines."(OECD Guidelines, Teil I, I. 4. (Hervorh. d. Verf.)).

[78] Vgl. bspw OECD „Scope and application of 'business relationships' in the financial sector under the OECD Guidelines for Multinational Enterprises", 26–27 June 2014, 2 f., 5.

[79] Vgl. Spießhofer Unternehmerische Verantwortung S. 184 ff.; Weidmann, S. 191 f.

[80] OECD Leitsätze, Teil I, I. 4., 5.

[81] Definition in ISO 26000, 2.12.

[82] Dieser weite Anwendungsbereich ist konsistent mit ISO 9000 ff. und ISO 14000 ff.; vgl. Spießhofer Unternehmerische Verantwortung S. 230 ff.

[83] „(…) NGOs are prominent among those calling upon other sectors to be held accountable for their impacts on sustainable development. The Guidelines and the NGO Sector Disclosures are intended to enable NGOs to demonstrably meet the same standards of transparency and disclosure of positive and negative impacts of performance that are asked of other sectors. And in this process it is intended that the legitimacy and credibility of NGOs as key contributors to sustainable development be affirmed." Sec. 2.2 NGO Sector Disclosures.

2. Funktional-teleologischer Unternehmensbegriff

27 Der vorstehende Überblick unterstützt die Erkenntnis, dass die Definition des „Unternehmens" nicht über einen Wesensbegriff erfolgen kann, sondern maßgeblich vom Kontext abhängt.[84] Dementsprechend unterscheiden sich die Unternehmensbegriffe zB des Aktien-, Steuer-, Kartell- und öffentlichen Wirtschaftsrechts.[85] Auch der CSR-Unternehmensbegriff muss daher vom Kontext her entwickelt werden.

28 Zunächst ist zu fragen, ob der CSR-Unternehmensbegriff institutionell oder funktional zu verstehen ist. Der **institutionelle** Unternehmensbegriff knüpft statisch an die Form der wirtschaftlichen Organisation oder ihre Ausstattung mit personellen und sachlichen Mitteln an. Er ist meist mit dem Rechtsbegriff der juristischen Person identisch.[86] Der **funktionale** Unternehmensbegriff orientiert sich an der geschäftlichen Betätigung und am Schutzzweck der betreffenden Norm, unabhängig von der Rechtspersönlichkeit, Rechtsform und Art der Finanzierung des Unternehmens.[87]

29 Die CSR-Instrumente verfolgen den Zweck, nachhaltiges und verantwortungsvolles Wirtschaften im weitesten Sinne zu gewährleisten. Dementsprechend steht nicht das Unternehmen als Sach- und Personengesamtheit mit eigener Rechtspersönlichkeit im Vordergrund, dh ein institutionelles Unternehmensverständnis. Vielmehr knüpfen die CSR-Anforderungen funktional an die **geschäftliche Tätigkeit** im weitesten Sinne an, die die vorgenannten Schutzgüter gefährden (oder fördern) kann. Die meisten Organisationen nehmen in irgendeiner Form am Geschäftsverkehr teil, indem sie bspw Geschäftsräume und Inventar kaufen oder mieten, Mitarbeiter beschäftigen, Waren beschaffen, die Umwelt durch Abfall, Abwasser oder Abgase beeinflussen, wirtschaftliche Absprachen treffen, Steuern bezahlen, in Korruption, Betrug, Geldwäsche oder Interessenkonflikte und intransparentes Geschäftsgebaren verwickelt sein können. Vom Schutzgut her gesehen ist es unerheblich, ob es von einer Aktiengesellschaft, einer NGO, einer kirchlichen Einrichtung oder einer staatlichen Organisation beeinträchtigt wird.

30 Auch wenn im CSR-Kontext nicht die selbständige Teilnahme am Wettbewerb im Vordergrund steht, kann gleichwohl der jedwede geschäftliche Tätigkeit erfassende weite funktionale Unternehmensbegriff des Wettbewerbsrechts Hinweise für eine Abgrenzung auch im CSR-Bereich geben.[88] Die rein **private Tätigkeit** dürfte danach **nicht** umfasst sein, da sie schon begrifflich über CSR oder Responsible „Business" und synonyme Bezeichnungen hinausgeht. **Abhängig Beschäftigte** können zwar in die Erfüllung der Unternehmenspflichten rollenspezifisch eingebunden sein, ihr Verhalten dem Unternehmen zugerechnet werden, sie werden dadurch jedoch nicht selbst zum Unternehmen. **Staatliche und intergouvernementale Stellen** können in privatrechtlicher oder öffentlich-rechtlicher Form am Geschäftsverkehr teilnehmen und die CSR-Schutzgüter beeinflussen, so dass sie grundsätzlich als Unternehmen in diesem Kontext angesehen werden können. Die Frage ist, ob, wie von den Unternehmensdefinitionen des Wettbewerbsrechts und ISO 26000 vorgesehen, **hoheitliche Tätigkeit** wie bspw polizeiliche per se ausgeschlossen sein sollte, da auch sie CSR-Schutzgüter wie die Menschenrechte oder die Umwelt tangieren kann. Allerdings würde die „geschäftliche" Tätigkeit dann jede Form der Aufgabenerfüllung erfassen. CSR-Anforderungen könnten dann öffentlich-rechtliche Vorgaben auch im originär hoheitlichen Kernbereich überlagern. Dies dürfte den Geschäftsbegriff wohl überdehnen und in den Kern nationaler Souveränität eingreifen.

31 Vom Schutzzweck her gesehen muss die geschäftliche Tätigkeit im CSR-Kontext, analog zum wettbewerbsrechtlichen Unternehmensbegriff, jedoch **weder nachhaltig noch plan-**

---

[84] Vgl. Leuschner, S. 66 ff.
[85] Vgl. Spießhofer Unternehmerische Verantwortung S. 472 ff. mwN.
[86] Vgl. Heinichen S. 36 f.; Raiser S. 166 ff.
[87] Vgl. Heinichen S. 65 ff. zum wettbewerblichen Unternehmensbegriff.
[88] Vgl. Spießhofer Unternehmerische Verantwortung S. 473 f. mwN.

mäßig sein noch erfordert sie Rechtsfähigkeit, da auch faktisches und sporadisches Verhalten die Schutzgüter beeinträchtigen kann. Auch ist die Absicht der **Gewinnerzielung** nicht konstitutiv für die Teilnahme an geschäftlichen Aktivitäten. Damit ist der Begriff des Unternehmens im CSR-Kontext, ähnlich dem des Wettbewerbsrechts, weit und funktional zu verstehen und kann mithin neben kommerziellen auch Non-Profit-Organisationen sowie staatliche und intergouvernementale Stellen und Unternehmen im weitesten Sinn umfassen. Nur der genuin hoheitliche Bereich dürfte nicht als geschäftliche Tätigkeit einzuordnen sein.

3. Das Unternehmen als Verantwortungsverbund (Group Responsibility)

Eine wesentliche Forderung der CSR-Diskussion ist die Ausdehnung des Verantwortungsbereichs auf den Unternehmensverbund, insbesondere auf Beteiligungsunternehmen und Unternehmen in der Wertschöpfungskette. Dies reflektiert der in verschiedenen CSR-Instrumenten verankerte **weite Unternehmensbegriff,** der mehrere juristische Personen umfassen kann, sofern eine einheitliche, koordinierte oder konzertierte Steuerung oder eine rechtliche Verfasstheit als eigenständige Einheit vorliegt.[89] Nicht geklärt ist die Frage, ob diese Umschreibung nur Beteiligungsunternehmen oder auch gesellschaftsrechtlich unabhängige Geschäftspartner erfassen kann, zu denen nur vertragliche oder wirtschaftlich-faktische Beziehungen bestehen. Über Beteiligungsunternehmen hinaus geht die im UNGC statuierte Verantwortung für die **Sphere of Influence,** die auf rechtlichen oder faktischen Einfluss abstellt und damit einen gesellschaftsrechtlich vermittelten Einfluss für die Begründung und Reichweite der Verantwortung nicht zwingend voraussetzt.[90] Noch weitergehend ist die Konzeption der Sorgfaltspflichten der UNLP, die den Verantwortungsradius der **Due Diligence** über das Unternehmen hinaus auf alle Beteiligungsunternehmen sowie Geschäftskontakte ausdehnt, die nur „direkt verbunden" sind mit ihm, seinen Produkten oder Dienstleistungen. Ein wie auch immer vermittelter Einfluss ist für die Begründung dieser Verantwortung nicht erforderlich. 32

Diesen weiten, über das Unternehmen als juristische Person hinausgehenden Verantwortungskonzeptionen steht grundsätzlich der mit der Zulassung von Unternehmen als rechtlich selbständigen Personen verbundene gesellschaftsrechtliche **Trennungsgrundsatz** entgegen.[91] Danach ist ein Unternehmen als Rechtsperson grundsätzlich nur für eigenes Handeln (oder Unterlassen) haftbar, nicht jedoch für das anderer rechtlich selbständiger Einheiten. Es ist auch grundsätzlich nur der Zugriff auf das eigene Vermögen eröffnet, nicht der Durchgriff auf das anderer verbundener Gesellschaften.[92] Der Trennungsgrundsatz fördert durch die damit verbundene Haftungsbegrenzung unternehmerische Betätigung, sozialisiert jedoch auch partiell die damit verbundenen Lasten. Dies wird nicht zuletzt aufgrund der vielfachen wirtschaftlich-organisatorischen Überlagerungen der rechtlichen Trennung als unbillig kritisiert, verbunden mit der Forderung, dass die wirtschaftlichen Nutznießer grundsätzlich auch die Lasten übernehmen sollten.[93] 33

Ein bislang juristisch noch wenig reflektierter, hier nicht zu vertiefender Aspekt ist das Phänomen, dass große, insbesondere US-amerikanische Fondsgesellschaften (aber auch Staatsfonds) in großem Umfang Unternehmensanteile erwerben und das Markt- und Wettbewerbsverhalten nicht nur der individuellen Unternehmen, sondern ganzer Branchen von 34

---

[89] Vgl. die Unternehmensdefinitionen im Draft UN Code of Conduct, in den OECD Leitsätzen, sowie bei ISO 26000, Spießhofer Unternehmerische Verantwortung S. 63, 184 ff., 230 f.
[90] Vgl. Spießhofer Unternehmerische Verantwortung S. 68 f.
[91] Zum Trennungsprinzip im deutschen und englischen Recht eingehend Mülhens S. 23 ff.
[92] Vgl. Muchlinski S. 308 ff. §§ 1 Abs. 1 AktG, 13 Abs. 2 GmbHG, 171 Abs. 1 HGB: den Gläubigern der Gesellschaft haftet grundsätzlich nur das Gesellschaftsvermögen.
[93] Vgl. Kerr/Janda/Pitts S. 597 f.; Skinner S. 24 ff., fordert deshalb eine gesetzliche Regelung, die den Trennungsgrundsatz unter bestimmten Voraussetzungen durchbricht (schwerwiegende Menschenrechts- und Umweltverletzungen, „high-risk host country", kein angemessener Rechtsschutz im Gastland, komplexe Unternehmensstrukturen, die eine Zuordnung der Verantwortung schwierig machen, Unterfinanzierung der Tochtergesellschaft).

der Eigentümerebene her koordinieren und steuern.[94] Damit wird die rechtliche Selbständigkeit durch eine weitere wirtschaftlich-faktische Verbindungsschicht und neue Formen der Marktmacht überlagert, die nicht nur die Frage nach neuen Kontrollmechanismen und einem weiteren Bezugshorizont des Kartellrechts aufwerfen.[95] Sie dünnen auch die Legitimation des Trennungsgrundsatzes weiter aus. Zudem machen sie die Ambivalenz deutlich, dass einerseits die immense (und zunehmende)[96] wirtschaftliche Macht dieser Unternehmen durch die Forderung nach **Responsible Investment** als Hebel zur Durchsetzung gesellschaftspolitischer CSR-Ziele eingesetzt werden kann. Andererseits wird damit aber diesen Unternehmen zusätzlich zu ihrer wirtschaftlichen auch noch politische Definitions- und Durchsetzungsmacht zugewiesen, die weder demokratisch legitimiert ist noch einer Kontrolle unterliegt.

35 Aus den zahlreichen Ansätzen einer **Group** und **Parent Responsibility** und eines **Haftungsdurchgriffs** im weiteren Sinne[97] sollen im Folgenden zwei Konzeptionen näher beleuchtet werden, die Durchschlagskraft entfaltet haben: die Konzeption der **wirtschaftlichen Einheit** sowie die der **Sorgfaltspflichten**.

36 Die Konzeption der **wirtschaftlichen Einheit** findet sich im europäischen Beihilfe- und Kartellrecht, wo Kriterien für die Annahme einer wirtschaftlichen Einheit mit der Konsequenz einer Gruppenverantwortung ausformuliert wurden.[98] In ähnlicher Weise leitet die angelsächsische „**Enterprise Entity**"-Doktrin eine Haftung der Muttergesellschaft aus wirtschaftlicher Integration mit der Tochtergesellschaft ab.[99] Die CSR-Diskussion hat diesen Ansatz aufgenommen, der mittlerweile in **§ 2 Abs. 6 S. 3 LkSG**[100] Niederschlag gefunden hat. Danach zählt in verbundenen Unternehmen zum eigenen Geschäftsbereich der Obergesellschaft auch eine konzernangehörige Gesellschaft, wenn die Obergesellschaft über die konzernangehörige Gesellschaft einen „bestimmenden Einfluss" ausübt. Insofern wird eine Konzernverantwortung der Obergesellschaft begründet, wobei sich die Frage stellt, was als „bestimmender Einfluss" zu qualifizieren ist.

37 Das Vorliegen eines „**bestimmenden Einflusses**" ist anhand einer **Gesamtwürdigung** aller erheblichen Aspekte des Einzelfalls zu beurteilen. Das bloße Vorliegen eines Konzernverhältnisses genügt nicht. Vielmehr bedarf es weiterer Umstände, die für eine bestimmenden Einfluss sprechen können, wie bspw

– eine hohe Mehrheitsbeteiligung an der Tochtergesellschaft,
– das Bestehen eines konzernweiten Compliance-Systems,
– die Übernahme von Verantwortung für die Steuerung von Kernprozessen im Tochterunternehmen,

---

[94] Vgl. Ockenfels/Schmalz, Die stille Gefahr für den Wettbewerb, F.A.Z., 29.7.2016 (unter Verweis auf verschiedene Studien): Blackrock, der größte Vermögensverwalter der Welt, verwaltet ca. 4.700 Mrd. USD. Vanguard verwaltet 3.200 Mrd. USD, Fidelity 2.000 Mrd. USD. In USA ist Blackrock der größte Anteilseigner von einem Fünftel aller börsennotierten Unternehmen, in Deutschland von mehr als einem Drittel der DAX Konzerne. Mit der Eigentümerstruktur verändert sich das Wettbewerbsverhalten der im Portfolio gebündelten Unternehmen in Richtung Reduzierung des Wettbewerbs.
[95] So Ockenfels/Schmalz, Die stille Gefahr für den Wettbewerb, F.A.Z., 29.7.2016.
[96] Ockenfels/Schmalz, Die stille Gefahr für den Wettbewerb, F.A.Z., 29.7.2016: Die mit dem Wachstum der Fondsgesellschaften verbundenen Wettbewerbsbeschränkungen führen zu höheren Unternehmensgewinnen. Von diesen profitieren hauptsächlich die amerikanischen Investoren, die dadurch immer weiter wachsen können – was wiederum das Wettbewerbsproblem verschärft. Obwohl sich alle Beteiligten marktgerecht verhalten, droht die steigende Macht der Großinvestoren im Finanzmarkt die Fundamente der Marktwirtschaft auszuhöhlen. Zudem gewinnen sie an politischem Einfluss.
[97] Eingehend zu Group Liability Muchlinski S. 307 ff.; Dearborn, CAL. L. Rev. (2009), 195 ff., auch zu rechtlichen Ansätzen für Gruppenverantwortung in verschiedenen Ländern; vgl. Spießhofer Unternehmerische Verantwortung S. 491 (Durchgriffshaftung/Piercing the Corporate Veil), S. 491 f. (Agency Theory, Vicarious Liability), S. 493 ff. (Unternehmen als wirtschaftliche Einheit, Enterprise Liability), S. 498 f. (Betreiber-Verantwortung), S. 499 ff. (Drittbezogene Sorgfaltspflichten), S. 501 f. (Vertrags-, Garanten- und faktischer Verbund).
[98] Vgl. Spießhofer Unternehmerische Verantwortung S. 493 ff. mwN.
[99] Vgl. Spießhofer Unternehmerische Verantwortung S. 497 f. mwN.
[100] Lieferkettensorgfaltspflichtengesetz (LkSG) v. 16.7.2021 BGBl I 2959.

– eine Rechtskonstellation, in der die Möglichkeit der Einflussnahme angelegt ist,
– personelle Überschneidungen in der Geschäftsführungsebene,
– ein bestimmender Einfluss auf das Lieferkettenmanagement der Tochtergesellschaft,
– die Einflussnahme über die Gesellschafterversammlung,
– ein Gleichlauf der Geschäftsbereiche.[101]

Eine unmittelbare Haftung für Drittverhalten kann auch dadurch begründet werden, dass eine **eigene Sorgfaltspflicht der Muttergesellschaft** oder eines anderweitig dominanten Unternehmens für CSR-Verstöße der Tochtergesellschaft oder anderer Geschäftspartner, insbesondere in der Lieferkette, angenommen wird. Dies ist der Grundansatz der UNLP und, ihnen folgend, des LkSG, die vor allem eine effektive Prävention und damit Durchsteuerung, aber auch eine Minderung von und Kompensation für nicht vermeidbare negative menschenrechtliche Auswirkungen eigenen Verhaltens sowie aller Personen und Unternehmen verlangen, die mit dem Unternehmen, seinen Produkten oder Dienstleistungen „direkt verbunden" sind. 38

Britische Gerichte haben in jüngerer Zeit in einigen Entscheidungen eine eigene Sorgfaltspflicht (und damit Haftung) von Muttergesellschaften gegenüber Personen, für deren Schäden an sich Tochtergesellschaften verantwortlich waren, aus allgemeinem Deliktsrecht abgeleitet. In der Grundsatzentscheidung **Chandler v. Cape plc**[102] wurde die Muttergesellschaft für Asbestose bei Mitarbeitern der Tochtergesellschaft haftbar gemacht. Das Gericht sah einen Schadenersatzanspruch der Mitarbeiter aufgrund einer eigenen Sorgfaltspflicht der Muttergesellschaft ihnen gegenüber als begründet an aufgrund folgender Fakten: (1) das Geschäft von Mutter- und Tochtergesellschaft war hinsichtlich der relevanten Asbestosethematik gleich, (2) die Muttergesellschaft hat oder sollte überragendes Wissen über die gesundheitlichen Aspekte in der Asbestindustrie haben, (3) das Arbeitsschutzsystem der Tochtergesellschaft war nicht sicher und die Muttergesellschaft wusste dies oder hätte es wissen müssen, und (4) die Muttergesellschaft musste davon ausgehen, dass die Tochtergesellschaft oder ihre Mitarbeiter sich darauf verlassen würden, dass sie das überragende Wissen über Gesundheitsgefahren von Asbest zum Schutz (auch) dieser Mitarbeiter nutzen würde.[103] Dieser Test für Parent Liability wurde später auch von niederländischen Gerichten hinsichtlich einer Haftung der Shell-Muttergesellschaft für Umweltschäden, zu denen ihre nigerianische Tochtergesellschaft beigetragen hatte, im Rahmen des nigerianischen Common Law angewandt.[104] 39

In **Lungowe v. Vedanta Resources plc**[105], in dem es um Umweltverschmutzung durch ein Tochterunternehmen ging, wurde auf folgende Kriterien für die Begründung einer Sorgfaltspflicht und eigenen Haftung der Muttergesellschaft abgestellt: (1) die Muttergesellschaft veröffentlichte einen umfassenden Nachhaltigkeitsbericht, der die Überwachung der Tochtergesellschaften durch die Muttergesellschaft besonders betonte, (2) sie hatte eine Vereinbarung mit der Tochtergesellschaft, nach der sie verschiedene Dienstleistungen für die Tochtergesellschaft, ua Trainings, zu erbringen hatte, (3) die Muttergesellschaft erbrachte Health, Safety, Environment-Trainings für die gesamte Gruppe, (4) sie finanzierte die Tochtergesellschaft, (5) sie veröffentlichte mehrere Statements, die ihre Verpflichtung betonten, Umweltrisiken und technische Mängel in der Infrastruktur der Tochtergesellschaft zu beheben, und (6) sie übte faktisch Kontrolle über die Tochtergesellschaft aus. In **Okpabi v. Royal Dutch Shell plc**[106] wurden die Kriterien des Vedanta-Falls zugrundegelegt. Konzernweit geltende Leitlinien allein sollen nicht ausreichen, um Kon- 40

---

[101] Vgl. BT-Drs. 19/30505, 37.
[102] Chandler v. Cape PLC, No. (2012) EWCA Civ 525.
[103] Chandler v. Cape PLC, No. (2012) EWCA Civ 525, England and Wales App.
[104] Vgl. Rechtbank Den Haag Urt. v. 30.1.2013, https://uitspraken.rechtspraak.nl/inziendocument?id=ECLI:NL:RBDHA:2013:BY9854; dazu und zu weiteren Klagen Spießhofer Unternehmerische Verantwortung S. 301 ff.
[105] Judgment of 10 Apr 2019, (2019) UKSC 20.
[106] UK Supreme Court (2021) UKSC 3; vgl. dazu Späth/Werner CCZ 2021, 241.

trolle zu begründen. Vielmehr soll es für die Haftung der Muttergesellschaft darauf ankommen, dass sie sie auch faktisch steuernd durchsetzt. Genau das ist jedoch der Sinn und Zweck vieler konzernübergreifender Divisionsstrukturen und Compliancemanagementsysteme und iÜ von internationalen CSR-Normen und CSR-Gesetzen wie dem LkSG gefordert.

41 Unternehmen navigieren damit **zwischen Skylla und Charybdis:** Kommen sie den von CSR-Normen geforderten Sorgfaltspflichten nicht nach, dann sollen sie vor Behörden und Gerichten,[107] vor den OECD Nationalen Kontaktstellen oder in den „Courts of public opinion" verantwortlich gemacht werden können – kommen sie ihnen durch intensive Durchsteuerung im Konzern oder in der Wertschöpfungskette nach, zeigt die zunehmende Zahl von Gerichtsverfahren, dass sie dadurch die Tür zu einer Haftung der Muttergesellschaft und zu Klagen vor Gerichten in deren Heimatländern öffnen. Für Unternehmen ist es daher eine Gratwanderung, wie sie im Gesamtkonzern und in der Lieferkette Nachhaltigkeitsvorgaben verankern und durchsetzen, ohne zugleich eine maßgebliche Kontrolle zu begründen und damit den „Haftungsdurchgriff" auf die Muttergesellschaft zu eröffnen.

III. CSR – neue Formen normativer Steuerung

42 Unternehmerische Verantwortung ist ein altes Thema mit neuen Dimensionen, das mittlerweile in EU-Richtlinien[108], EU-Verordnungen[109] sowie nationalen Gesetzen[110] und Corporate Governance Kodizes[111] Niederschlag findet. Die Verankerung in herkömmlichen rechtlichen Instrumenten ist jedoch nur eine Dimension des „smart mix" von CSR. In der CSR-Diskussion sind darüber hinaus in neuen Verfahren mit neuen Akteuren neue Instrumente entwickelt worden, die normative Vorgaben unternehmerischen öko-sozialen Sollens definieren. Die entscheidenden Fragen, die im Folgenden nur skizziert werden können,[112] sind:

1. **wer** steuert,
2. mit Hilfe welcher normativen **Instrumente** und wie ist deren Genese, Ausformung und Wirkung, und
3. was sind die **Herausforderungen.**

1. Wer steuert?

43 Die Frage, wer (derzeit) CSR-Vorgaben setzt, um- und durchsetzt wird durch die folgende Skizze veranschaulicht:

---

[107] Vgl. §§ 11 ff. LkSG.
[108] Vgl. bspw CSR-Reporting-Richtlinie, RL 2014/95/EU ABl. EU v. 15.11.2014 L 330, 1.
[109] Vgl. Holzhandelsverordnung VO (EU) 2010/995, ABl. EU v. 12.12.2010 L 295, 23; Konfliktmineralienverordnung VO (EU) 2017/821, ABl. EU v. 19.5.2017 L 130, 1; Taxonomieverordnung VO (EU) 2020/852 ABl. EU v. 22.6.2020, L 198, 13; Sustainable Finance Package, https://ec.europa.eu/info/publications/210421-sustainable-finance-communication_en; Green New Deal, https://ec.europa.eu/info/strategy/priorities-2019-2024/european-green-deal_de.
[110] Vgl. Überblick bei Grabosch; Loi n° 2017-399 du 27 mars 2017 relative au devoir de vigilance des sociétés mères et des entreprises donneuses d'ordre, https://www.legifrance.gouv.fr/loda/id/JORFTEXT000034290626/; Gesetz über die unternehmerischen Sorgfaltspflichten in Lieferketten BGBl. I v. 22.7.2021', 2959; UK Modern Slavery Act 2015, https://www.legislation.gov.uk/ukpga/2015/30/contents/enacted.
[111] Einer der ersten, der CSR aufnahm, war der Niederländische Corporate Governance Kodex 2008, https://www.mccg.nl/dutchcorporate-governance-code; vgl. auch DCGK 2022.
[112] Eingehend Spießhofer Unternehmerische Verantwortung.

```
                    IGO           NGO
                 (UN, OECD)  (lokal, international)
         EU
                                              Investoren
Staat
                    ┌─────────────────┐
                    │                 │
Exportkredit-       │   Unternehmen   │       Financiers
agenturen           │                 │
                    └─────────────────┘
                                              Branchen-
                                              verbände
   private
   Standardsetzer          Vertragspartner
   (ISO, IdW)    Rating-   (Kunden, Auftraggeber,
                 agenturen  Rechtsanwälte)
```

Neben Staat und EU sowie dem Unternehmen selbst gibt es eine Vielzahl von privaten **44**
und öffentlichen Akteuren, die CSR-Standards setzen und mit den ihnen jeweils zur
Verfügung stehenden Mitteln durchsetzen. Dazu gehören insbesondere die Vereinten
Nationen und die OECD als Intergovernmental Organisations (IGO), zivilgesellschaftliche
Organisationen (Non-Governmental Organisations – NGO), Investoren und Financiers als
marktmächtige Akteure, Branchenverbände für ihre Mitglieder, Vertragspartner im Rahmen des Lieferkettenmanagements, Ratingagenturen[113], private Standardisierungsorganisationen wie ISO sowie Exportkreditagenturen, die ESG-Faktoren bei der Entscheidung über die Förderung sowie in den sie umsetzenden Verträgen berücksichtigen.

EU und Nationalstaaten greifen zwar zunehmend CSR-Themen auf und setzen sie in **45**
Regulierung (mit extraterritorialem Wirkungsanspruch) um. Dies führt jedoch nicht zu
einer Verdrängung der anderen Akteure, insbesondere, soweit es um globale unternehmerische Aktivitäten geht. Die Crux ist, dass die CSR-Anforderungen nicht homogen sind,
nicht einmal innerhalb der einzelnen Akteursgruppen (wie bspw der Ratingagenturen).
Die Konsequenz ist eine Anarchie und ein Mangel an Rechtssicherheit, verbunden mit
komplexen Complianceanforderungen und hohen Kosten.[114]

2. Wesentliche Steuerungsansätze (Genese, Ausformung, Wirkung)

Im Folgenden sollen einige der CSR-Instrumente exemplarisch hinsichtlich Genese, Aus- **46**
formung und Wirkung einer genaueren Betrachtung unterzogen werden.[115]

a) International Governmental Organisations. International Governmental Organisa- **47**
tions (IGO) wie die Vereinten Nationen und die OECD übersetzen Menschenrechts- und
Umweltkonventionen, die grundsätzlich keine Drittwirkung gegenüber Unternehmen
haben,[116] in transnationales Soft Law,[117] das an Stelle oder neben die Umsetzung der
Konventionen durch die Staaten tritt und Prinzipien und Leitlinien für verantwortungsvolle
Unternehmensführung definiert, und zwar auf einer **gleitenden Skala von Verbindlich-**

---

[113] Vgl. dazu eingehend Stumpp, Nachhaltigkeitsratingagenturen.
[114] Vgl. Spießhofer Unternehmerische Verantwortung S. 613 ff. mwN.
[115] Eingehend Spießhofer Unternehmerische Verantwortung S. 61 ff., und S. 613 ff. zum „Smart Mix"
(Governance by/with/without Government); vgl. auch VEM VerwR/Eifert § 19 Rn. 52 ff. zur hoheitlich regulierten gesellschaftlichen Selbstregulierung.
[116] Vgl. Spießhofer Unternehmerische Verantwortung S. 78 f. mwN.
[117] Zum schillernden Begriff des Soft Law vgl. Spießhofer Unternehmerische Verantwortung S. 583 mwN.

keit zwischen freiwillig und rechtsverbindlich.[118] Von besonderer Bedeutung sind der UNGC, die UNLP und die OECD Leitsätze.

48 **aa) UN Global Compact.** Der UNGC[119] ist eine Vereinbarung, allerdings kein intergouvernementaler völkerrechtlicher Vertrag, vielmehr eine **Public-Private-Partnership** zwischen UN und unterzeichnenden Organisationen, die CSR-Vorgaben für den Binnen- und Einflussbereich von Unternehmen festlegt. Initiator und Verkünder war der UN-Generalsekretär, der den UNGC zusammen mit ILO, United Nations Environment Program (UNEP) und OHCHR[120] ausarbeitete. Er informierte am 27. März 2000 die Generalversammlung über den UNGC durch seinen Bericht „We the peoples: the role of the United Nations in the twenty-first century"[121]. Die Generalversammlung nahm den in diesem Bericht enthaltenen UNGC zunächst (nur) zur Kenntnis. Sie berücksichtigt, unterstützt und mandatiert jedoch seitdem den UNGC, seine Instrumente und Organe in zunehmendem Maße im Rahmen der Entwicklung ihrer Strategie „Towards a global partnership".[122] Damit erfährt der UNGC eine wachsende Bestätigung und Einbindung und damit Legitimation durch die Generalversammlung. Daneben leitet der UNGC seine Legitimation aus einer Bezugnahme auf UN-Instrumente, insbesondere Menschenrechts- und Umweltkonventionen, und aus einer freiwilligen Unterwerfung seitens der Unternehmen ab.

49 Der UNGC umfasst **zehn programmatisch gehaltene Grundprinzipien,** die die Bereiche Menschenrechte, Arbeitsschutz, Umwelt und Anti-Korruption betreffen. Der UNGC fordert Unternehmen auf, sich zu diesem Katalog von Grundwerten zu bekennen, sie zu unterstützen und innerhalb ihres Einflussbereichs (**„sphere of influence"**) in die Praxis umzusetzen. Der UNGC ist mittlerweile von tausenden von Unternehmen und Organisationen unterzeichnet worden.[123] Mit der Unterzeichnung verpflichten sich die Organisationen zur Befolgung dieser Grundprinzipien sowie dazu, einen jährlichen Bericht über ihre Fortschritte bei der Implementierung der zehn Prinzipien einzureichen (Communication on Progress – COP). Die einzige Sanktion ist der (veröffentlichte) Ausschluss aus dem UNGC, wenn ein Unternehmen diesen Verpflichtungen nicht nachkommt. Ab 2023 ist die COP in standardisierter Form in Gestalt eines ausgefüllten Fragebogens einzureichen, der veröffentlicht wird.[124] Der UNGC setzt mithin auf Disclosure, Reporting, „peer pressure" und „name and shame".

50 Die rudimentäre Verantwortungsmatrix des UNGC wurde zwischenzeitlich durch eine Vielzahl von Guidelines, „Best Practices" und „Tools" weiter ausformuliert.[125] Der Kompetenzbereich der UNGC-Institutionen wurde zudem über die „zehn Gebote" hinaus auf weitere Instrumente wie Corporate Sustainability Reporting[126] und die 2030 Agenda for Sustainable Development[127] erweitert.

51 Die 2015 von den Vereinten Nationen verabschiedete 2030 Agenda for Sustainable Development enthält als Kernstück die 17 Sustainable Development Goals (SDG), die ökonomische, soziale und ökologische Ziele, weiter ausformuliert in 169 Unterzielen, festlegen.[128] Neben den inhaltlichen Vorgaben verlangt SDG 17 „Partnerships for the

---

[118] Zur Problematik der Konkurrenz vgl. Spießhofer Unternehmerische Verantwortung S. 147 ff.
[119] Dazu eingehend *Spießhofer* Unternehmerische Verantwortung S. 66 ff.
[120] Office of the High Commissioner on Human Rights.
[121] A/54/2000, S. 27.
[122] Während die Generalversammlung zunächst nur in allgemeiner Form vom UNGC Notiz nahm, A/Res/55/215 v. 21.12.2000, A/Res/56/76 v. 11.12.2001, bezog sie später auch die diesbezüglichen Initiativen ein, insbesondere die darauf gründenden „Guidelines on a Principle-based Approach to the Cooperation between the United Nations and the Business Sector" und machte sich das UNGC-System zu eigen durch explizite Unterstützung, Anerkennung und Auftragserteilungen, A/Res/70/224 v. 4.12.2015.
[123] Vgl. http://www.globalcompact.org.
[124] https://www.unglobalcompact.org/participation/report/cop.
[125] https://www.unglobalcompact.org/what-is-gc/our-work/all.
[126] A/Res/70/224 v. 4.12.2015.
[127] A/Res/70/1 „Transforming our world: the 2030 Agenda for Sustainable Development", 25.9.2015.
[128] https://sustainabledevelopment.un.org/?menu=1300.

Goals". Dies reflektiert die die gesamte CSR-Diskussion durchziehende Grundlinie, dass Staaten und private Akteure wie Unternehmen und zivilgesellschaftliche Organisationen Verantwortung tragen und in vielfältiger Weise zusammenarbeiten müssen, um diese interdependenten Ziele zu erreichen. Nachhaltigkeit wird sowohl inhaltlich als auch prozedural umfassend verstanden. Die Ziele sollen insgesamt optimal verwirklicht werden, was aber angesichts möglicherweise konfligierender Vorgaben Abwägungen erforderlich macht. Die SDG sind grobe Orientierungsziele, die eine Umsetzung in konkrete Politiken und Maßnahmen erfordert. Dies wirft Fragen der Konkretisierungshoheit, Legitimation und Orchestrierung auf.

Zur Weiterentwicklung und Implementierung des UNGC wurde eine **Multilevel-,** 52 **Netzwerk- und Public-Private-Governance** Struktur etabliert, die von der UN-Ebene bis auf die Landesebene reicht, funktional ausdifferenziert in Grundsatz- bis Tagesfragen, Policyentwicklung und -umsetzung, mit Kooperations- und Mitbestimmungsregeln auf (weitgehend) informeller partizipatorischer Grundlage. Der UNGC versucht mithin die Grundlagen für einen **globalen Ordnungsrahmen** zu schaffen, der nicht „legal" im Sinne von Hard Law ist. Vielmehr wird durch normative Prinzipien in Verbindung mit weichen Instrumenten eine Verhaltenssteuerung aufgebaut, die im Laufe der Zeit durch den Beitritt weiterer Organisationen quantitativ verbreitert und durch zunehmende Ausdifferenzierung mittels weiterer Instrumente, insbesondere die UNLP und SDG, sukzessive qualitativ verdichtet wird und zu einer Neuformulierung des globalen öko-sozialen Verhaltenskodex führen soll. Die Governance-Struktur ist dynamisch auf kontinuierliche Weiterentwicklung angelegt („living document"). Sie ist kooperativ, nicht nur im Verhältnis zur Generalversammlung, sondern auch im Verhältnis zu Regierungen und zum privaten Sektor.

Auch wenn der UNGC für Unternehmen nur im Falle der Unterzeichnung unmittelbare 53 **Wirkung** entfaltet, hat er gleichwohl darüber hinaus systembildende Bedeutung. Er kann, im Verein mit zahlreichen anderen Instrumenten, zur Ausbildung eines globalen CSR-Ordnungsrahmens beitragen. Hinzu kommt, dass in öffentlichen Auseinandersetzungen Unterzeichner an ihren UNGC-Versprechen festgehalten werden.[129] Darüber hinaus hat der UNGC (ebenso wie die OECD und andere Organisationen) durch ein Memorandum of Understanding eine **Kooperation** mit der Global Reporting Initiative (GRI), einem ursprünglich von zwei Non-Profit-Organisationen etablierten Reporting Framework,[130] begründet. Dadurch werden einerseits die CSR-Prinzipien des UNGC in das GRI-Reporting integriert, andererseits empfiehlt der UNGC seinen Mitgliedsunternehmen, GRI für die Communication on Progress (COP) zu nutzen[131] und orientiert das ab 2023 verbindliche Reportingformat an GRI.[132]

bb) UN-Leitprinzipien für Wirtschaft und Menschenrechte. Nach mehreren nicht 54 erfolgreichen Anläufen, das Thema Wirtschaft und Menschenrechte zu regeln,[133] wurde 2005 Prof. John Ruggie zum UN Special Representative on the Issue of Human Rights and Transnational Corporations and Other Business Enterprises (SRSG) ernannt,[134] der in einem mehrjährigen Verfahren mit einer Vielzahl von Konsultationen und Zwischenberichten die UNLP entwickelte.[135] Mit Resolution vom 16. Juni 2011 unterstützte („endor-

---

[129] Vgl. bspw. den Vorwurf der australischen Grünen, dass Siemens mit der Lieferung von Signalanlagen für die Bahnstrecke des australischen Kohleprojekts Carmichael „mindestens den Geist, wenn nicht den Vertragstext" des UNGC brechen würde; F. A. Z. v. 14.1.2020.
[130] Vgl. Spießhofer Unternehmerische Verantwortung S. 398 ff.
[131] Vgl. Verbindungen schaffen: Nutzung der GRI G4 Leitlinien zur Berichterstattung über die Global Compact Prinzipien, https://www.globalcompact.de/migrated_files/wAssets/docs/Reporting/verbindungen_schaffen-nutzung_der_GRI_G4_leitlinien_zur_berichterstattung_ueber_die_Global_Compact_Prinzipien.pdf.
[132] https://www.globalcompact.de/news/meldung/aktuelle-informationen-zur-neuen-cop-berichterstattung-ab-2023-verpflichtend.
[133] Vgl. Spießhofer Unternehmerische Verantwortung S. 61 ff.
[134] ECOSOC 22.2.2006, E/CN.4/2006/97, S. 3.
[135] Vgl. Spießhofer Unternehmerische Verantwortung S. 91 ff.

ses") der UN-Menschenrechtsrat die UNLP.[136] Aus dieser „Unterstützung" wird abgeleitet, dass die UNLP, auch wenn sie nicht rechtsverbindlich sind, gleichwohl verbindliches Soft Law sein sollen im Sinne eines **„Standards erwarteten Verhaltens"**, und zwar ohne einen wie auch immer gearteten Unterwerfungsakt seitens des Unternehmens oder eines gesetzgeberischen Umsetzungsakts.[137]

55 Die UNLP befassen sich im Gegensatz zum UNGC nicht mit dem gesamten CSR-Spektrum, sondern nur mit dem Thema **Menschenrechte**. Sie haben jedoch andere CSR-Leitlinien über den Menschenrechtsbereich hinaus beeinflusst. Die UNLP implementieren die drei Säulen des „Protect, Respect, and Remedy Framework"[138]:

(1) die staatliche Verpflichtung („duty") zum Schutz der Menschenrechte, auch gegen Beeinträchtigungen durch Unternehmen **(„protect")**,
(2) die unternehmerische Verantwortung („responsibility"), die Menschenrechte zu respektieren **(„respect")**, und
(3) die Verpflichtung, effektiven Rechtsschutz zu gewähren **(„remedy")**.

56 Diese drei Säulen sollen zu einem System verbunden werden, wobei der Schwerpunkt der folgenden Betrachtung auf der zweiten Säule liegen soll.

57 Die zweite, unternehmensgerichtete Säule der UNLP sieht vor, dass erstens Unternehmen grundsätzlich **alle Menschenrechte respektieren** sollen und zweitens dies mit Hilfe von **Due Diligence** gewährleisten sollen. Die Due Diligence soll den Unternehmen Aufschluss geben über ihre „negativen Auswirkungen" auf „die Menschenrechte", die sie selbst verursachen **(„cause")**, zu denen sie beitragen **(„contribute")** sowie mit denen sie direkt verbunden sind **(„directly linked")** über Geschäftspartner, Aktivitäten und Produkte. Diese Verantwortung soll die gesamte Wertschöpfungskette umfassen, unabhängig davon, welchen Einfluss das Unternehmen auf die Dritten hat und haben kann.

58 Die UNLP kreieren einerseits einen **sehr weiten Verantwortungsbereich**, andererseits erfassen sie aber **nur die negativen Auswirkungen** unternehmerischen Handelns, nicht jedoch die möglichen positiven. Es geht um Risk Assessment, und zwar nicht nur hinsichtlich möglicher negativer Folgen für das Unternehmen, sondern vor allem um die Risiken für die Menschenrechte tatsächlich oder potentiell Betroffener und um die Begründung einer Sorgfaltspflicht zu deren Schutz.

59 Die an Unternehmen gerichtete Forderung, **„alle Menschenrechte zu respektieren"** unterstellt einen global gültigen, feststehenden und evidenten Kodex. Dies ist jedoch in dieser Allgemeinheit nicht zutreffend.[139] Die Menschenrechte sind ein vielschichtiges, mitnichten kohärentes Konglomerat von Konventionen und Instrumenten auf UN-, regionaler und nationaler Ebene. Menschenrechtskonventionen bedürfen für ihre territoriale Geltung grundsätzlich nationaler Ratifikation und im Regelfall der Konkretisierung durch nationales Recht,[140] wobei den Staaten bspw nach der stRspr des EGMR grundsätzlich[141] eine „margin of appreciation", dh ein politischer Umsetzungs- und Gestaltungsspielraum zu-

---

[136] A/HRC/RES/17/4 („endorses"); dazu eingehend Spießhofer Unternehmerische Verantwortung S. 91 ff.; Spießhofer NJW 2014, 2473 ff.
[137] The Corporate Responsibility to Respect Human Rights. An Interpretive Guide S. 13 f: „The responsibility to respect human rights ... exists over and above legal compliance, constituting a global standard of expected conduct applicable to all businesses in all situations." http://www.ohchr.org/Documents/Publications/HR.PUB.12.2_En.pdf.
[138] Vom 7. April 2008, A/HRC/815.
[139] Eingehend dazu Spießhofer Unternehmerische Verantwortung S. 73 ff.
[140] Ausnahmsweise können Menschenrechte auch zwischen Privaten unmittelbar anwendbar sein, wenn sie „self-executing" oder mit „unmittelbarer Drittwirkung" ausgestattet sind; vgl. Spießhofer, FS Paul Kirchhof, S. 1235 (1241 f. mwN).
[141] Ein nationaler Umsetzungsspielraum besteht nur dann nicht, wenn es sich um zwingendes Völkerrecht (ius cogens) handelt, das erga omnes, dh gegenüber allen Völkerrechtssubjekten wirkt. Allerdings ist der Kreis der dadurch erfassten Rechte im Wesentlichen auf das Verbot des Genozids, der Folter, der Sklaverei, der Leibeigenschaft und der willkürlichen Tötung sowie auf die Garantie eines Mindestmaßes an fairem Verfahren begrenzt. Vgl. Klein, S. 475 (479); Geiger, S. 362 f.

steht. Die Konkretisierung ist danach (legitimerweise) zeit- und raumabhängig und kann von Land zu Land variieren.[142]

Die Menschenrechtskonventionen sind schon wegen ihrer Ratifizierungs- und Konkretisierungsbedürftigkeit und der in bestimmtem Rahmen legitimerweise unterschiedlichen nationalen Umsetzung **nur begrenzt universell**.[143] Die Menschenrechtsvorgaben der Vereinten Nationen, des Europarats und der EU-Grundrechtecharta sind zudem nicht identisch, sondern enthalten bspw beim Thema Kinderarbeit unterschiedliche Flexibilitäten. In anderen Kulturkreisen wie im Islam gibt es eigene Menschenrechtserklärungen und -konventionen, die menschenrechtliche Gewährleistungen unter weitgehende Schariavorbehalte stellen.[144] In China werden die Menschenrechte primär als Verpflichtung des Staates, nicht als subjektiv-öffentliche Rechte der Bürger verstanden.[145] 60

Die Menschenrechtskonventionen verbieten iÜ nur eine „**Verletzung**", nicht jedoch jede negative Auswirkung auf Menschenrechte, an die die UNLP anknüpfen. Eine Menschenrechtsverletzung setzt zum einen eine negative Auswirkung auf den Schutzbereich voraus sowie keine Rechtfertigung durch legitime Schranken, insbesondere Rechte Dritter oder Interessen der Allgemeinheit. Wie schwierig die Feststellung einer Menschenrechtsverletzung allein in Europa sein kann, zeigt das Spannungsverhältnis zwischen BVerfG, EuGH und EGMR, die die menschenrechtlichen Instrumente des Grundgesetzes, der EU-Grundrechtecharta und der Europäischen Menschenrechtskonvention autoritativ auslegen, und nicht immer zu gleichen Ergebnissen kommen. 61

Die **UNLP überspielen** diese **differenzierte Menschenrechtsdogmatik** in mehrfacher Hinsicht: (1) Für Unternehmen gilt eine Bindung an alle Menschenrechte, während Staaten nur insoweit verpflichtet sind, als sie die entsprechenden Konventionen unterzeichnet und ratifiziert haben. (2) Die UNLP knüpfen an die „negative Auswirkung" und nicht an die „Verletzung" von Menschenrechten an. Sie verlagern damit die Verantwortung deutlich vor von einer Rechtsverletzung, die früher die Grenze unternehmerischer Freiheit war, in den Bereich des Risikos. (3) Sie bezeichnen sich zwar als „Standard erwarteten Verhaltens", geben den Unternehmen aber keinen abschließenden Katalog von Menschenrechten in konkretisierter Form oder wenigstens als Minimumanforderung an die Hand. Sie sind mithin kein „Standard" im Sinne eindeutiger Verhaltensvorgaben. Vielmehr wird Unternehmen empfohlen, sich „insbesondere" an der Charta der Menschenrechte und weiteren UN- und ILO-Konventionen zu orientieren.[146] Damit verlagern sie die erforderliche Konkretisierung der programmatisch weiten Menschenrechtskonventionen und die Abstimmung zwischen nicht kohärenten Menschenrechtskonventionen verschiedener Provenienz von staatlichen Instanzen auf Unternehmen, die dafür weder demokratisch legitimiert noch autorisiert sind. Sie werden zum Regulator für sich selbst, verbundene Unternehmen und ihre Wertschöpfungskette.[147] (4) Die UNLP dehnen den Verantwortungsbereich auch insofern erheblich aus, als Unternehmen auch für Drittverhalten verantwortlich sein sollen, zu dem sie in einem weiten Sinne „beitragen" oder mit dem sie über ihre Produkte, Aktivitäten oder Geschäftskontakte „direkt verbunden" sind. Die Frage, inwieweit sie überhaupt Einfluss auf die Dritten haben, soll erst bei der Verhältnismäßigkeit der von ihnen zu fordernden Maßnahmen eine Rolle spielen, nicht bei der Begründung von Verantwortung.[148] 62

---

[142] Vgl. bspw. zu einem französischen Gesetz, das das Tragen von Burkas im öffentlichen Raum verbot, die Entscheidung des Europäischen Gerichtshofs für Menschenrechte S. A. S. v. France Urt. v. 1.7.2014, Appl. no. 43835/11, http://hudoc.echr.coe.int/eng?i=001-145466#{„itemid":[„001-145466"]}.
[143] Vgl. Klein, S. 475 ff.
[144] Vgl. die *Kairoer Erklärung der Menschenrechte im Islam* der Organisation der Islamischen Konferenz vom 5. August 1990 sowie die *Arabische Charta der Menschenrechte,* die 2008 rechtswirksam wurde; eingehend zu den unterschiedlichen Ansätzen im christlich, islamisch und konfuzianisch geprägten Kulturkreis Spießhofer Unternehmerische Verantwortung S. 539 ff.
[145] Backer in Martin/Bravo S. 530 (536 ff.).
[146] The Corporate Responsibility to Respect Human Rights. An Interpretive Guide S. 10 ff.
[147] Eingehend Spießhofer Unternehmerische Verantwortung S. 91 ff., 632 ff.
[148] Krit. Spießhofer Unternehmerische Verantwortung S. 109 ff.

63 **Due Diligence** verlangt nach den UNLP: (1) dass Unternehmen ihre Verpflichtung, die Menschenrechte zu respektieren, in einer **Grundsatzerklärung**[149] zum Ausdruck bringen, die ua ihre menschenrechtlichen Erwartungen an Personal[150] und Geschäftspartner festlegt und veröffentlicht werden soll; (2) dass Unternehmen **Human Rights Impact Assessments** durchführen, die Menschenrechte in alle Geschäftsbereiche integrieren und in regelmäßigen **Audits** ihre Performance überprüfen;[151] (3) dass die Ergebnisse dieser Audits und die Maßnahmen, die das Unternehmen ergreift, **publiziert** werden.[152]

64 Die UNLP verlangen, dass negative menschenrechtliche Auswirkungen **vermieden, gemindert** oder **wieder gut gemacht** werden.[153] Dies bedeutet eine **umfassende Einstandspflicht** für „negative Auswirkungen" (in Soft Version), die deutlich über die idR an „Rechtsverletzungen" anknüpfenden differenzierten staatlichen Haftungs- und Verantwortungsregime des privaten und des öffentlichen Rechts hinaus geht. Sie wird nur insofern von Verhältnismäßigkeitsüberlegungen eingeschränkt, als Umfang und Reichweite der Due Diligence von der Risikostruktur des Unternehmens und des jeweiligen Landes, der Größe des Unternehmens und der Art und des Kontexts seiner Geschäftstätigkeit abhängig sein sollen.[154] Die „Erwartung" von Sorgfalt kann iÜ zu der „im Verkehr üblichen Sorgfalt" werden und damit Eingang finden in das Straf- und Schadenersatzrecht („soft law with hard sanctions").[155]

65 Die UNLP haben aufgrund ihres, aus dem „Endorsement" des UN-Menschenrechtsrats abgeleiteten Anspruchs, der globale Standard menschenrechtlich erwarteten Verhaltens zu sein, unterschiedliche **Wirkungen** entfaltet. Viele Unternehmen orientieren sich bei der Ausgestaltung ihrer Policies und Codes of Conduct für das eigene Unternehmen und die Wertschöpfungskette (zumindest auch) an den UNLP.[156] Das Unternehmen tritt dabei funktional an die Stelle des Gesetzgebers. Rechtssicherheit ist jedoch aufgrund der Weite der Menschenrechte kaum zu erreichen, zumal es an einer Instanz mit Konkretisierungs- und Deutungshoheit fehlt. Zudem treffen in den Wertschöpfungsketten unterschiedliche Konkretisierungen in Gestalt inkohärenter Codes of Conduct aufeinander, die Dilemmata kreieren und einen erheblichen Verhandlungs- und Complianceaufwand verursachen.[157]

66 Die UNLP haben jedoch darüber hinaus systembildende Wirkungen entfaltet. Der SRSG kontaktierte verschiedene andere Organisationen und verlangte, dass sie die UNLP in ihre Standards integrieren. Die OECD hat dem Folge geleistet, indem sie ua ein gesondertes Kapitel Menschenrechte in die OECD Leitsätze aufgenommen hat und die Due Diligence-Konzeption in die meisten anderen ESG-Kapitel über den Menschenrechtsbereich hinaus integriert hat. Dadurch wurde auch für Verstöße gegen menschenrechtliche Gewährleistungen das Durchsetzungs- und Beschwerdeverfahren vor den Nationalen Kontaktstellen nach den OECD Leitsätzen eröffnet.[158] ISO 26000 hat die Verantwortungskonzeption der UNLP mit Einschränkungen übernommen,[159] ebenso GRI. Sektorspezifische Initiativen orientieren sich an den UNLP.[160] Die Nationalen Aktionspläne für Wirt-

---

[149] UNLP Ziff. 16.
[150] Vgl. für den Bereich der Korruption die „Business Conduct Guidelines" im Fall Siemens, dazu LG München I, NZG 2014, 345.
[151] UNLP Ziff. 17–20.
[152] UNLP Ziff. 21.
[153] UNLP 15, 22.
[154] UNLP Nr. 14, 17. Ähnlich LG München I hinsichtlich der Anforderungen an eine angemessene Complianceorganisation NZG 2014, 345.
[155] Str. für das deutsche Recht, vgl. Habersack/Ehrl AcP 219 (2019), 155 (190 ff); Payandeh, FS Karsten Schmidt, S. 131 (139 ff); Spießhofer in Gesellschaftsrecht in der Diskussion, S. 61 (71 ff).
[156] Vgl. BASF Responsibility for Human Rights, https://report.basf.com/2021/en/managements-report/sustainability-along-the-value-chain/valuing-and-respecting-people/responsibility-for-human-rights.html.
[157] Vgl. Spießhofer Unternehmerische Verantwortung S. 416 ff.
[158] Vgl. Spießhofer Unternehmerische Verantwortung S. 197 ff.
[159] Vgl. Spießhofer Unternehmerische Verantwortung S. 227 ff.
[160] Bspw das Textilbündnis, https://www.textilbuendnis.com/portrait-textilbuendnis/.

schaft und Menschenrechte und nationale Gesetzgebung wie das französiche Loi de vigilance[161] und das deutsche Lieferkettensorgfaltspflichtengesetz (LkSG)[162] sowie der Entwurf der EU Corporate Sustainability Due Diligence Richtlinie[163] sollen die UNLP umsetzen, sie zu konkreten Verhaltensvorgaben ausformulieren und sanktionsbewehrt „erhärten". Dieses **„Alignment"** anderer Instrumente führt zu einer (jedenfalls teilweisen) Harmonisierung nicht nur der inhaltlichen Vorgaben, sondern auch der Due Diligence als Sorgfaltspflicht und Durchsetzungsmethode, die Internalisierung und Instrumentalisierung verbindet.

cc) OECD Leitsätze für Multinationale Unternehmen. Die OECD hat bereits 1976 Leitsätze für multinationale Unternehmen erstellt. Es handelt sich dabei um **Empfehlungen** der Regierungen an die multinationalen Unternehmen, die in den Teilnehmerstaaten ihren Sitz haben. Sie sollen jedoch für deren gesamtes weltweites Wirtschaften gelten. Diese „Empfehlungen" sollen ebenfalls (ohne einen weiteren Adoptionsakt seitens der Unternehmen) unmittelbar verbindlich, wenngleich nicht rechtsverbindlich sein (Soft Law). Die OECD Leitsätze sind der einzige multilateral vereinbarte und alle wesentlichen CSR-Aspekte umfassende Kodex, zu dessen Förderung sich die Regierungen verpflichtet haben. 67

Die Leitsätze wurden zuletzt am 25. Mai 2011 aktualisiert.[164] Zu den Neuerungen, die die UNLP rezipieren, gehören insbesondere ein neues Kapitel IV über Menschenrechte, die Einführung der Due Diligence-Verpflichtung für alle wesentlichen CSR-Bereiche sowie Empfehlungen zu einem verantwortungsvollen Management der Lieferkette. Die OECD Leitsätze gehen teilweise über die UN-Initiativen hinaus, da sie nicht nur spezifizierter sind, sondern neben Umwelt, Beschäftigung und Verbraucherinteressen auch weitere Themen wie Transparenz, Wissenschaft, Wettbewerb und Besteuerung sowie die **negative und positive** Verantwortungsdimension umfassen. Sie verpflichten die Teilnehmerstaaten zur Einrichtung **Nationaler Kontaktstellen**[165], deren Aufgabe die Förderung und Umsetzung der OECD Leitsätze und insbesondere die Streitschlichtung zwischen Betroffenen oder zivilgesellschaftlichen Organisationen und multinationalen Unternehmen ist. 68

Die OECD Leitsätze werden durch eine Vielzahl von OECD-Instrumenten flankiert, die die einzelnen Verantwortungsbereiche, teilweise in rechtlich bindender Form, ausformulieren. So wird der Bereich **Korruption** durch die OECD Convention on Combating Bribery of Foreign Public Officials in International Business Transactions[166] und eine Reihe von Recommendations für bestimmte Bereiche wie Lobbying, Public Procurement und Export Credits, durch Guidelines und Tools über bspw Public Sector Integrity oder interne Kontrollen, durch Declarations, Initiatives und Publikationen weiter konkretisiert.[167] Die Vorgaben zu **Umwelt** werden durch verschiedene Instrumente ua zu Biodiversity, Climate Change,[168] zu Chemical Safety and Biosafety[169] und Green Growth and Sustainable Development[170] ausgestaltet. Das **Wettbewerbs**kapitel wird ergänzt durch eine Reihe von Dokumenten, die wesentliche Aspekte des Wettbewerbs abdecken.[171] Der Bereich **Steuern** wird ua flankiert durch die Convention on Mutual Administrative Assistance in Tax Matters und die Transfer Pricing Guidelines.[172] Grundlegend für die Thematik der Ge- 69

---

[161] Loi n° 2017-399 du 27 mars 2017 relative au devoir de vigilance des sociétés mères et des entreprises donneuses d'ordre, https://www.legifrance.gouv.fr/loda/id/JORFTEXT000034290626/.
[162] BGBl. 2021 I 2959.
[163] KOM (2022) 71 final.
[164] OECD-Leitsätze für multinationale Unternehmen, Ausgabe 2011. Dazu eingehend Weidmann; Kasolowsky/Voland NZG 2014, 1288 ff.
[165] In Deutschland ist die NKS beim Bundesministerium für Wirtschaft und Klimaschutz angesiedelt.
[166] In Kraft getreten am 21.11.1997.
[167] Vgl. http://www.oecd.org/corruption/keyoecdanti-corruptiondocuments.htm.
[168] Vgl. http://www.oecd.org/environment/.
[169] Vgl. http://www.oecd.org/chemicalsafety/.
[170] Vgl. http://www.oecd.org/greengrowth/.
[171] Vgl. http://www.oecd.org/competition/.
[172] Vgl. http://www.oecd.org/tax/.

winnverlagerung durch Unternehmen in Niedrigsteuerländer ist der Base Erosion and Profit Shifting Plan (BEPS)[173], dessen Vorgaben ua seitens der EU[174] und ihrer Mitgliedstaaten[175] regulatorisch umgesetzt und ausgeformt werden. Der Bereich **Arbeit und Sozialbeziehungen** wird nicht nur durch Verweisungen auf relevante ILO Dokumente[176], sondern auch durch OECD-Instrumente[177] weiter spezifiziert. Zudem hat die OECD eine Guidance zu **Konfliktmineralien** entwickelt.[178] Die G20/OECD Principles of **Corporate Governance**[179] und die Guidelines on Corporate Governance of State-Owned Enterprises[180] enthalten differenzierte Empfehlungen für den Governance-Bereich.[181]

70   Die OECD Leitsätze sind mithin in einen ausdifferenzierten normativen Rahmen und „Body of Hard and Soft Law" eingebettet, der die einzelnen Teilaspekte der Leitsätze weiter spezifiziert. Hinzu kommen vielfältige **Verschränkungen** und Vernetzungen mit Instrumenten anderer Institutionen, die OECD-Vorgaben aufgreifen und umsetzen,[182] mit ihnen verkoppelt werden[183] oder sie komplementieren.[184] Es entsteht so ein aus öffentlichen und privaten Akteuren und Instrumenten unterschiedlichen Bindungsgrads bestehender Ordnungsrahmen, dessen Elemente sich gegenseitig beeinflussen, ergänzen und dynamisch weiterentwickeln.[185]

71   Die OECD Leitsätze beanspruchen **Verbindlichkeit** ohne Unterwerfungsakt seitens der Unternehmen. Viele Unternehmen und Brancheninitiativen richten ihre CSR-Strategien (zumindest auch) an den OECD Leitsätzen aus.[186] Im Gegensatz zu UNGC und UNLP haben die OECD Leitsätze mit dem Nationalen Kontaktstellenverfahren zudem einen Durchsetzungsmechanismus mit Beschwerdeverfahren und sind damit, in der Intensität abhängig von der jeweiligen nationalen Ausgestaltung,[187] justiziabel.[188]

72   Beispielhaft für ein **hybrides Normsystem** sind die Regelungen über Konfliktmineralien.[189] Im Zentrum steht die OECD Due Diligence Guidance for Responsible Supply Chains of Minerals from Conflict-Affected and High-Risk Areas (OECD Due Diligence Guidance).[190] Sie fungiert als Rahmenordnung und Modellnorm für die US-amerikanische Regelung des Sec. 1502 Dodd-Frank Act,[191] für die EU-Konfliktmineralienverordnung[192], die Chinese Due Diligence Guidelines for Responsible Mineral Supply Chains[193] und für private Normierungsinitiativen[194]. Ihre Vorgaben werden von der auf völkervertragsrechtlicher Basis etablierten International Conference on the Great Lakes Region (ICGLR) rezipiert, abgewandelt und weiterentwickelt.[195] Die OECD Due Diligence Guidance führt

---

[173] 2013, https://www.oecd.org/ctp/BEPSActionPlan.pdf.
[174] Vgl. Richtlinie EU/2016/1164, ABl. EU L 193 v. 19.7.2016, 1.
[175] Vgl. Rautenstrauch/Suttner BB 2016, 2391 ff.
[176] Vgl. OECD-Leitsätze, Teil I, V., Erläuterungen 47–59.
[177] Vgl. http://www.oecd.org/employment/.
[178] Dazu eingehend Spießhofer Unternehmerische Verantwortung S. 319 ff.
[179] September 2015, http://www.oecd.org/daf/ca/Corporate-Governance-Principles-ENG.pdf.
[180] 2015 edition, http://www.oecd.org/corporate/guidelines-corporate-governance-SOEs.htm.
[181] Vgl. Backer IJGLS 18 (2011), 751 (773 ff), zum OECD Corporate Governance System.
[182] Bspw. bei BEPS seitens der EU und der EU-Mitgliedstaaten oder im Bereich der Konfliktmineralien, dazu Spießhofer Unternehmerische Verantwortung S. 319 ff.
[183] Bspw. die Verweisung auf ILO-Instrumente oder die Aufnahme der UNLP.
[184] Bspw. die OECD/GRI Partnership zu Reporting.
[185] Vgl. Cafaggi/Renda/Schmidt, S. 9 ff.
[186] Vgl. Textilbündnis, https://www.textilbuendnis.com/portrait-textilbuendnis/.
[187] Vgl. Spießhofer Unternehmerische Verantwortung S. 197 ff.
[188] Vgl. Weidmann S. 249 ff.
[189] Dazu eingehend Spießhofer Unternehmerische Verantwortung S. 319 ff.
[190] 3rd ed. 2016, https://www.oecd.org/corporate/mne/mining.htm; vgl. Spießhofer Unternehmerische Verantwortung S. 328 ff.
[191] Vgl. dazu Spießhofer Unternehmerische Verantwortung S. 320 ff.
[192] VO (EU) 2017/821, ABl. EU L 130 v. 19.5.2017, 1.
[193] Vgl. Spießhofer Unternehmerische Verantwortung S. 331 f.
[194] Vgl. Spießhofer Unternehmerische Verantwortung S. 332 ff.
[195] Sie ist ihrerseits ein hybrides System, bestehend aus einem völkerrechtlichen Vertrag und verschiedenen Public-Private-Governanceinstrumenten, vgl. Spießhofer Unternehmerische Verantwortung S. 335 ff.

in gewissem Umfang zu einer Harmonisierung der internationalen und regionalen Regelungen und privaten Standards.

b) Standardsetzung privater Organisationen (ISO 26000 Leitfaden). ISO hat einen 73 anderen CSR-Ansatz gewählt als UN und OECD. Am Anfang standen technische Detailregelungen, insbesondere im Produkt- und Arbeitssicherheitsbereich, die um themen- und bereichsspezifische Management-Standards ergänzt wurden.[196] Schließlich wurde mit ISO 26000:2010 in einem zehnjährigen Prozess ein umfassender Leitfaden entwickelt, der das Thema unternehmerischer Verantwortung in seiner ganzen Breite erfassen und definieren sollte. Im Rahmen der nationalen Umsetzungen erfolgten Spezifizierungen bis hin zur Entwicklung von zertifizierbaren Managementstandards für gesellschaftliche Verantwortung.[197]

Eine grundsätzliche Frage war, ob ISO als primär technische Normierungsorganisation 74 überhaupt für CSR **zuständig** sein sollte und ob die für technische Normen angemessenen expertendominierten Verfahren auch für die Bildung von Public-Policy-Normen wie ISO 26000 sachgerecht sind.[198] Unterstützer betonten, dass ISO eine Organisation sei, die auf eine lange Erfahrung mit internationaler Normsetzung zurückblicke und mit 163 mitgliedsstaatlichen Organisationen eine weltumspannende Verbreitung habe. Sie verfüge über eingespielte Prozesse, die die Repräsentation wesentlicher Stakeholder berücksichtigen und grundsätzlich allen Mitgliedsorganisationen offenstehen, insbesondere auch denen aus Entwicklungsländern.[199]

Zur Erarbeitung des Leitfadens wurde eine Working Group on Social Responsibility 75 (WGSR) eingerichtet, die aus Experten bestand, die **sechs Stakeholdergruppen** repräsentierten: Konsumenten, staatliche Stellen, Wirtschaft, Arbeitnehmer, NGOs sowie die Sammelgruppe Dienstleistung, Beratung, Forschung, Wissenschaft und Sonstige.[200] Die nationalen Normungsorganisationen, in Deutschland das Deutsche Institut für Normung (DIN), sollten Spiegelkomitees einrichten, in denen die Stakeholdergruppen repräsentiert sein sollten und in denen die nationalen Positionen zu den ISO-Verhandlungen und -vorschlägen geformt wurden.[201] Für die Verhandlungen auf internationaler Ebene wurden von den nationalen Normungsorganisationen und von sog. D-Liaison Organisationen Experten benannt, die die verschiedenen Stakeholdergruppen repräsentieren sollten.[202] ISO unterzeichnete zudem **Memoranda of Understanding** (MoU) mit der ILO, dem UNGC und der OECD, um sich deren Kooperation bei der Erarbeitung des ISO 26000 Standards zu versichern und Kohärenz mit deren Regelwerken zu gewährleisten.[203] Die MoUs differierten in verschiedener Hinsicht. Das ILO MoU enthielt die weitestgehenden Forderungen.[204] Die ISO-Normen mussten in jeder Beziehung „fully consistent" mit ILO-Arbeitsstandards sein.[205] Hinsichtlich möglicher Aktivitäten der ISO nach Veröffentlichung der Norm legte das MoU fest, dass ISO 26000 nicht nur der weiteren Verbreitung von ILO-Standards dienen sollte. Internationale Arbeitsstandards sollten im Konfliktfall auch Vorrang genießen vor ISO-Standards.[206] Die ILO wollte sicherstellen, dass sich die ILO-Arbeitsstandards in jedem Fall durchsetzen bzw sich ISO jeder Regelung enthält, soweit ILO-Themen in einem repräsentativen politischen oder Gesetzgebungsprozess behandelt werden.[207]

---

[196] Vgl. Spießhofer Unternehmerische Verantwortung S. 266 ff.
[197] DS 49001 zertifizierbares Managementsystem für CSR.
[198] Vgl. Diller 33 Mich. J. Int'l L. (2012), 480 (515 ff.).
[199] Vgl. Ward, S. 665 (670).
[200] Zu streitigen Fragen der Repräsentation vgl. Spießhofer Unternehmerische Verantwortung S. 223 ff.
[201] Vgl. Ward, S. 665 (673 ff.).
[202] Vgl. Diller Mich. J. Int'l L. (2012), 480 (493); Ward, ISO 26000/Implications, S. 665, 678 f.
[203] Vgl. Ward, S. 665 (678 ff.); Diller Mich. J. Int'l L. (2012), 480 (499 ff.); vgl. Spießhofer Unternehmerische Verantwortung S. 226 f. mwN.
[204] Memorandum of Understanding Between International Labor Organisation and International Organisation for Standardization in The Field of Social Responsibility, signed on 4 March 2005.
[205] Vgl. Ward, S. 665 (690 f.).
[206] Art. 2.2, 2.3. MoU ILO/ISO.
[207] Art. 2.4. MoU ILO/ISO.

76 Ziff. 2.18 ISO 26000:2010 definiert **gesellschaftliche Verantwortung** als

„Verantwortung einer Organisation (…) für die Auswirkungen (…) ihrer Entscheidungen und Aktivitäten auf die Gesellschaft und die Umwelt (…) durch transparentes und ethisches Verhalten (…), das
– zur nachhaltigen Entwicklung (…), Gesundheit und Gemeinwohl eingeschlossen, beiträgt;
– die Erwartungen der Anspruchsgruppen (…) berücksichtigt;
– anwendbares Recht einhält und im Einklang mit internationalen Verhaltensstandards (…) steht; und
– in der gesamten Organisation (…) integriert ist und in ihren Beziehungen gelebt wird.[208]

77 Entsprechend den OECD Leitsätzen und im Gegensatz zu den UNLP umfasst die ISO-Verantwortungskonzeption die **positive und negative Verantwortungsdimension** und verfolgt eine umfassende Nachhaltigkeitsagenda.[209] Das Thema gesellschaftliche Verantwortung soll zwar nicht abschließend[210], aber vollumfänglich erfasst werden. Die Verantwortungskonzeption rezipiert den Ansatz der UNLP, modifiziert ihn jedoch in verschiedener Hinsicht, insbesondere behält sie, ähnlich dem UNGC, die Konzeption des Einflussbereichs („sphere of influence") bei.

78 ISO 26000 beansprucht im Gegensatz zu UNLP und OECD Leitsätzen explizit **keine Verbindlichkeit.** Die Norm weist ausdrücklich darauf hin, dass sie insbesondere nicht als Ausdruck von Völkergewohnheitsrecht gewertet werden oder als Grundlage für „legal actions" dienen will.[211] Allerdings hat dies keinen Dritte bindenden Effekt, insbesondere schließt es nicht aus, dass die Norm als (weitere) Begründung für die „im Verkehr übliche Sorgfalt" herangezogen wird. ISO 26000 soll auch **keine zertifizierbare Managementsystem-Norm** wie ISO 9001 oder ISO 14001 sein.[212] In einigen Ländern wurde jedoch im Rahmen der nationalen Umsetzung ein zertifizierbarer Standard entwickelt, der entsprechend von Unternehmen angewandt wird.[213]

79 c) Inpflichtnahme Privater. Eines der Grundaxiome der CSR-Diskussion ist, in Anbetracht der territorial begrenzten Steuerungsmöglichkeiten der Staaten ökonomisch, rechtlich oder faktisch machtvolle nicht-staatliche Akteure in die Pflicht zu nehmen, um CSR- oder ESG-Anforderungen durchzusetzen.[214] Dabei werden unterschiedliche Ansätze verfolgt, von denen hier nur einige skizziert werden können.[215]

80 Investoren, insbesondere institutionelle wie Staats- und Pensionsfonds, werden unter der Überschrift „Responsible Investment" in zweifacher Weise angesprochen: Sie sollen zum einen über bewusste, ESG-Kriterien berücksichtigende Investmententscheidungen bei der Portfolioselektion ihre Investitionen in Richtung nachhaltiger Unternehmen steuern („negative screening, positive screening, best-in-class-ranking")[216]; zudem sollen sie ihre Gesellschafterfunktion aktiv wahrnehmen und ESG-Verantwortung bei den investierten Unternehmen durchsetzen.[217] Dies hat in den UN Principles for Responsible Investment (UNPRI) seinen frühen Niederschlag gefunden und ist in ähnlicher Weise in den UN Principles for Sustainable Insurance (UNPSI) für die Versicherungswirtschaft aufgegriffen worden,[218] denen sich Unternehmen jeweils unterwerfen. UNPRI hat ein privat inkorporiertes Governancesystem entwickelt, getragen von der relevanten Industrie, das für Normfortbildung, -proliferation und -implementation sorgen soll, und das interne

---

[208] Eingehend zur Verantwortungskonzeption Spießhofer Unternehmerische Verantwortung S. 232 ff.
[209] Vgl. ISO 26000, Ziff. 3.3.5. zur Beziehung zwischen nachhaltiger Entwicklung und gesellschaftlicher Verantwortung.
[210] ISO 26000 Ziff. 3.1.
[211] Vgl. ISO 26000 Kap. 1 Anwendungsbereich.
[212] Vgl. die deutsche DIN ISO 26000:2011-01, Einleitung.
[213] Vgl. DS 49001; grundlegend Burgi/Möslein, Zertifizierung nachhaltiger Kapitalgesellschaften, 2021.
[214] Vgl. Spießhofer in Gesellschaftsrecht in der Diskussion, S. 61 ff.
[215] Eingehend dazu Spießhofer Unternehmerische Verantwortung S. 311 ff.
[216] Vgl. Scharlau S. 18 ff.
[217] Vgl. Scharlau S. 43 ff.
[218] Vgl. Spießhofer Unternehmerische Verantwortung S. 362 ff.

Aspekte (Investitionsauswahl) und externe (Steuerung der Targets) umfasst.[219] UNPRI und UNPSI enthalten die grundlegenden Prinzipien, auf denen das EU-Gesetzgebungspaket zu Sustainable Finance[220] mit seinem Kernstück, der Taxonomieverordnung[221], aufbaut.

Der öffentliche und private **Finanzsektor** (näher → § 14 Rn. 14) wird instrumentalisiert, Finanzströme zur Förderung von Nachhaltigkeit einzusetzen. World Bank[222] und International Finance Corporation[223] haben jeweils Rahmenwerke entwickelt, die die Vergabe von Finanzierungen an ESG-Faktoren orientieren. Private Banken haben sich den Equator Principles[224] verpflichtet, die, den Performance Standards on Environmental and Social Sustainability der International Finance Corporation[225] folgend, ein Risk Management Framework für den Umgang mit ESG-Risiken im Rahmen der Projektfinanzierung vorgeben.[226] Die Equator Principles verpflichten die teilnehmenden projektfinanzierenden Banken nicht nur zur Einhaltung bestimmter prozeduraler und materieller Kriterien bei der Kreditvergabe, sondern auch zu ihrer Verankerung in den Darlehensverträgen.[227] Auch hier bilden sich durch „Alignment"-Prozesse Branchenstandards aus. Eine weitere Form weicher Steuerung in Richtung Nachhaltigkeit sind ESG-**Ratings,** Rankings, Benchmarkings und Nachhaltigkeitsindizes wie die Dow Jones Sustainability Indizes[228], an die Vorstandsvergütungen geknüpft werden, oder das ESG-Ranking nach dem Ecovadis Framework[229], das von vielen Unternehmen mittlerweile zur Voraussetzung für eine Auftragsvergabe gemacht wird.[230] 81

Vertragspartner werden durch die weite Verantwortungskonzeption der UNLP und ihrer Umsetzung in Sorgfaltspflichten (verstärkt durch darauf basierende EU- und nationale Gesetzgebung) verpflichtet, ihre ESG-Vorstellungen für ihr Unternehmen und ihre gesamten Wertschöpfungsketten zu formulieren und durchzusetzen. Social Media Unternehmen wie Facebook werden gesetzlich in die Pflicht genommen,[231] im Rahmen von Selbstregulierung durch „Community Standards"[232] und deren Durchsetzung gegenüber ihren Nutzern ihrer unternehmerischen Verantwortung zum Schutz menschenrechtlicher Gewährleistungen bspw gegen „hate speech" gerecht zu werden.[233] 82

NGOs haben sich, teilweise finanziert durch staatliche Stellen, als einflussreiche Gegenspieler transnationaler Unternehmen etabliert, die nicht nur in vielfältiger Weise eigene Vorstellungen von Standards nachhaltiger Unternehmensführung formulieren, sondern sie auch als Stakeholder im Rahmen von Gesetzgebungsverfahren oder in Stakeholder-Beiräten gegenüber der Geschäftsleitung[234] zu Gehör bringen sowie durch strategic litigation[235] 83

---

[219] Vgl. Spießhofer Unternehmerische Verantwortung S. 362 ff.
[220] https://ec.europa.eu/info/publications/210421-sustainable-finance-communication_en.
[221] VO (EU) 2020/852 ABl. L 198 v. 22.6.2020, S. 13 ff.
[222] https://www.worldbank.org/en/projects-operations/environmental-and-social-policies, vgl. Spießhofer Unternehmerische Verantwortung S. 352 f.
[223] https://www.ifc.org/wps/wcm/connect/Topics_Ext_Content/IFC_External_Corporate_Site/Sustainability-At-IFC/Policies-Standards/Performance-Standards, vgl. Spießhofer Unternehmerische Verantwortung S. 353 ff.
[224] https://equator-principles.com, vgl. Spießhofer Unternehmerische Verantwortung S. 356 ff.
[225] https://www.ifc.org/wps/wcm/connect/Topics_Ext_Content/IFC_External_Corporate_Site/Sustainability-At-IFC/Policies-Standards/Performance-Standards.
[226] Vgl. Spießhofer Unternehmerische Verantwortung S. 356 ff.
[227] Vgl. Spießhofer Unternehmerische Verantwortung S. 356 ff.
[228] https://www.spglobal.com/spdji/en/indices/esg/dow-jones-sustainability-world-index/#overview; vgl. dazu Stumpp Nachhaltigkeitsratingagenturen.
[229] https://ecovadis.com/de/.
[230] Vgl. Spießhofer Unternehmerische Verantwortung S. 377 ff.
[231] Vgl. Gesetz zur Verbesserung der Rechtsdurchsetzung in sozialen Netzwerken (Netzwerkdurchsetzungsgesetz) v. 1.9.2017 (BGBl. I 3352), zul. geändert d. Art. 1 Ges. v. 3.6.2021 (BGBl. I 1436).
[232] https://transparency.fb.com/de-de/policies/community-standards/.
[233] Vgl. Spießhofer Unternehmerische Verantwortung S. 633 ff.
[234] Vgl. bspw https://group.mercedes-benz.com/nachhaltigkeit/grundlagen/integritaet/beirat.html.
[235] Vgl. Milieudefensie et al. v. Royal Dutch Shell Urt. v. 26.5.2021 – C/09/571932 /HA ZA 19–379; BVerfGE 157, 30.

und in den Courts of public opinion[236] durchsetzen. NGOs haben zudem bspw durch die Gründung der Global Reporting Initiative (GRI) einen weltweit akzeptierten Standard für Nachhaltigkeitsberichterstattung entwickelt.[237]

84 **d) Selbstregulierung.** Die Selbstregulierung betrifft zunächst die CSR-Normbildung, -implementation und -durchsetzung innerhalb des **einzelnen Unternehmens**.[238] Die Corporate Governance[239] besteht in der Regel aus allgemeinen, alle CSR-Themen umfassenden und/oder themenspezifischen Codes of Conduct[240] (bspw. Menschenrechte oder Korruption betreffend) und ihrer Implementation sowie aus Compliancemanagementsystemen und deren arbeitsvertraglicher Verankerung einschließlich (internem und externem) Reporting, Audits, Zertifizierungen und Beschwerdeverfahren. Sie sind meist an internationalen Regelwerken wie UNGC, UNLP oder OECD Leitsätzen orientiert und setzen sie – ohne Zwischenschaltung eines nationalen Gesetzgebers – in unternehmensinterne Vorgaben um. Diese interne Governance dient im Wesentlichen der Steuerung des allgemeinen Verhaltens der für das Unternehmen tätigen Mitarbeiter, um die CSR-Compliance des Unternehmens als solchem zu gewährleisten. Diese Form der Steuerung kann auch die **Unternehmensgruppe** umfassen.[241] Unternehmensintern wirken (zunächst) auch ESG-Leitlinien für die Ausführung bestimmter Aufgaben wie bspw. für die Entscheidung über eine Kreditvergabe (Responsible Finance) oder über Investitions- und Anlageentscheidungen im Fondsbereich (Responsible Investment).[242]

85 Unternehmen gleicher oder verschiedener **Branchen** formen, bspw zur Ausbildung einheitlicher Standards im Umgang mit Korruption[243], themenspezifische Zusammenschlüsse, die häufig der weiteren Konkretisierung von allgemeinen Prinzipien zu Verhaltensstandards und ihrer Implementierung dienen.[244] Branchenverbände formulieren die Anforderungen bspw des UN Global Compact[245] oder der Sustainable Development Goals für ihren Wirtschaftssektor weiter aus, teilweise verbunden mit eigenen Überprüfungs- und Zertifizierungsprozessen.[246] Sie entwickeln branchenspezifische CSR-Codes of Conduct, bisweilen ergänzt um Durchsetzungsinstrumente wie (branchenninternes oder externes) Reporting, Audits und Assurances.[247] Nichteinhaltung der Vorgaben kann mit „name and shame" oder Ausschluss geahndet werden. Die International Bar Association (IBA) hat bspw für alle Anwälte weltweit ein Anti-Money Laundering Forum eingerichtet und in

---

[236] Vgl. bspw. den institutionalisierten Pranger von https://www.business-humanrights.org/de/.
[237] https://www.globalreporting.org; vgl. Spießhofer Unternehmerische Verantwortung S. 398 ff.
[238] Vgl. bspw. den Code of Conduct der BASF SE, https://www.basf.com/global/en/who-we-are/organization/management/code-of-conduct.html.
[239] Für ein weites Verständnis, CSR umfassend vgl Spießhofer NZG 2022, 435 ff.
[240] Die Codes of Conduct können autonom entworfen sein, Branchenleitlinien aufnehmen oder internationalen Vorgaben wie den OECD Leitsätzen, ISO 26000, den UNLP oder dem UNGC folgen. Sie können auch von Geschäftspartnern oktroyiert sein. Zu Corporate Codes als „co-regulatory instruments, mandated by soft and hard law as meta-regulation" eingehend Eijsbouts, IJGLS 24 (2017), 1 ff., der auf die „paradigmatic changes" hinweist: „first, adoption of a code as corporate governance and CSR instrument is for many companies no longer voluntary, and, second, the content of the code is no longer optional in many respects."
[241] Zu den ambivalenten Konsequenzen dieser Steuerung, insbesondere hinsichtlich der möglichen Begründung einer Haftung der steuernden Muttergesellschaft siehe Spießhofer Unternehmerische Verantwortung S. 489 ff.
[242] Beide haben neben diesem binnenorientierten Anwendungsbereich noch einen fremdregulierenden, vgl. Spießhofer Unternehmerische Verantwortung S. 343 ff.
[243] Vgl. Partnering against Corruption Initiative des World Economic Forum, https://www.weforum.org/communities/partnering-against-corruption-initiative.
[244] Vgl. Schuppert S. 201 ff., zu verschiedenen Formen der Standardsetzung als „Regulatory Governance"; Köndgen AcP 206 (2006), 477 (479 f.).
[245] Vgl. Together for Sustainability (TfS), das globale Netzwerk von 33 Chemieunternehmen, https://tfs-initiative.com.
[246] Vgl. International Council on Mining & Metals, https://www.icmm.com/en-gb/about-us/member-requirements/mining-principles.
[247] Bspw International Council for Mining and Metals, vgl. Spießhofer Unternehmerische Verantwortung S. 313 ff.

Kooperation mit der American Bar Association (ABA) und dem Council of Bars and Law Societies of Europe (CCBE) einen Money Laundering Prevention Guide entwickelt.[248] Während diese Art von Guidance Rat für den Umgang mit gesetzlichen Vorgaben gibt, geht der IBA Practical Guide on Business and Human Rights for Business Lawyers darüber hinaus, indem er aus den UNLP originär einen „standard of expected behaviour" für die Legal Profession, dh normativ einen professionellen Verhaltensstandard entwickelt, und zwar mit intendierter Wirkung über die IBA und ihre Mitglieder hinaus. Dieser Standard ändert zwar in einem formalen Sinne die bestehenden gesetzlichen und standesrechtlichen Vorgaben nicht, erhebt jedoch den Anspruch, Best Practice für die gesamte Legal Profession zu sein. Er kann elementare Auswirkungen auf die Rolle des Anwalts (vom Dienstleister zum Gatekeeper des Mandanten), seine Aufgabe (nicht nur Legalität, sondern Legitimität als Richtschnur der Beratung) und den rechtsstaatlich geforderten Zugang zum Recht (Ablehnung von Mandanten mit „negative human rights impacts") haben. Im Hinblick auf Nichtmitglieder wird die Grenze zur Fremdregulierung überschritten.[249]

e) „Smart Mix". Die vorstehenden Ausführungen belegen den von der EU-Kommission angesprochenen multidimensionalen Charakter von CSR in thematischer, instrumenteller und organisatorischer Hinsicht („smart mix"). Sie zeigen auch die Bandbreite **normativer Innovation,** die im Bereich zwischen freiwillig und rechtsverbindlich eine Fülle verhaltenssteuernder Instrumente mit eigenen Implementations- und Durchsetzungsmechanismen hervorgebracht hat, die sich mit anderen, auch rechtsverbindlichen Instrumenten zum System verdichten können. Eine Fallgestaltung ist, dass Soft Law **in Hard Law überführt** wird. Die OECD Guidance zu Konfliktmineralien war die Grundlage für die EU-KonfliktmineralienVO, Sec. 1502 Dodd-Frank-Act und das hybrid ausgestaltete Great Lakes System.[250] Die UNLP sind die Basis für das französische Loi de vigilance, das deutsche Lieferkettensorgfaltspflichtengesetz und den Entwurf der EU Corporate Sustainability Due Diligence Richtlinie. Soft Law kann sich auch mit Hard Law zu einem **hybriden Regime** verbinden. Ein Anwendungsfall ist die CSR-Reporting-Richtlinie und das nationale Umsetzungsrecht, die die Berichtspflicht rechtsverbindlich einführen, jedoch hinsichtlich der Reportingstandards auf Soft Law verweisen.[251] Menschenrechte und Umweltschutz werden zudem **„privatisiert"** und Soft Law **„erhärtet"** zu rechtsverbindlichen oder rechtlich sanktionierbaren Vorgaben, indem bspw internationale CSR-Leitlinien umsetzende Codes of Conduct zum Bestandteil von Compliance- und Reportingsystemen oder sonstigen ESG-bezogenen Veröffentlichungen werden, die als „Greenwashing" oder wegen sonstiger irreführender Angaben mit rechtlichen Mitteln angegriffen werden können.[252] CSR-Vorgaben werden zum Bestandteil von Liefer- und Finanzierungsverträgen und können damit vor staatlichen oder Schiedsgerichten durchgesetzt werden.[253] Zudem kann die für die Fahrlässigkeitstatbestände des Haftungs- und Strafrechts erforderliche Verletzung der im Verkehr üblichen Sorgfalt durch den Sorgfaltsmaßstab der UNLP und anderer CSR-Normen determiniert werden **(„soft law with hard sanctions").**[254]

Soft law kann jedoch auch mit anderen weichen Durchsetzungsmechanismen verknüpft werden **(„soft law with soft sanctions").** CSR-Normen haben teilweise eigene Durchsetzungsmechanismen (bspw Reportingverpflichtungen) und Sanktionen (zB Ausschluss

---

[248] http://www.anti-moneylaundering.org; vgl. auch Quack S. 575 ff.
[249] Vgl. Spießhofer Unternehmerische Verantwortung S. 440 ff.
[250] Vgl. Spießhofer Unternehmerische Verantwortung S. 319 ff.
[251] Vgl. Voland BB 2015, 67 (73 f.).
[252] Vgl. das Vorgehen US-amerikanischer und deutscher Behörden gegen DWS wegen des Vorwurfs des ESG-Greenwashings, F. A. Z. 1.6.2022; zum marken- und lauterkeitsrechtlichen Rahmen einer Zertifizierung vgl. Glöckner in Burgi/Möslein S. 75 ff.
[253] Zu den mit dieser „Privatisierung" verbundenen Fragen eingehend Spießhofer Unternehmerische Verantwortung S. 630 ff.; vgl. auch The Hague Rules on Business and Human Rights Arbitration 12/2019, https://www.cilc.nl/cms/wp-content/uploads/2019/12/The-Hague-Rules-on-Business-and-Human-Rights-Arbitration_CILC-digital-version.pdf.
[254] Vgl. Payandeh, FS Karsten Schmidt, S. 131 (139 ff. mwN).

und „name and shame"), teilweise verbinden sie sich mit den Durchsetzungssystemen anderer Instrumente wie bspw die Rezeption der UNLP durch die OECD Leitsätze, die deren Durchsetzungsmechanismus (Nationale Kontaktstellenverfahren)[255] eröffnet, oder die Partnerschaft von UNGC mit GRI.[256] Zudem erweisen sich die „Courts of public opinion", der moderne Pranger, in Zeiten des Internets und einer zunehmenden Bedeutung der Reputation als Erfolgsfaktor als durchaus effizient, zumal nur in Ausnahmefällen eine Überprüfung der sachlichen Berechtigung der Anschuldigungen möglich ist.[257]

88 Ein wichtiger Bestandteil des Systems sind **effektive Durchsetzungsmechanismen.** Neben herkömmlicher Rechtsdurchsetzung vor staatlichen Gerichten sind weitere staatliche und private Mechanismen vorgesehen, die alternativ oder kumulativ genutzt werden können.[258] Dies kann zu Rechtsunsicherheit führen. So können neben staatlichen Gerichten auch die Nationalen Kontaktstellen (NKS) nach den OECD Leitsätzen und private Schiedsgerichte nach The Hague Rules on Business and Human Rights Arbitration"[259] darüber befinden, ob Unternehmen Menschenrechte verletzen. Sie sind weder an die engen Zuständigkeitsvorschriften nationaler Prozessrechte und die Vorgaben des IPR gebunden, noch an die spezifische Ausformulierung menschenrechtlicher Gewährleistungen durch nationale Gesetzgeber und Gerichte.

89 Eine andere, im jeweiligen rechtspolitischen Kontext zu diskutierende Frage ist, welcher Mix im Einzelfall „**smart**" ist, dh, welche Steuerungsinstrumente in einer bestimmten Konstellation und Kombination sinnvoll und zielführend sind. Die Bedeutung dieser Frage zeigt ua die Diskussion um harte nationale Lieferkettengesetze mit extraterritorialem Wirkungsanspruch statt transnationalem Soft Law, das auf unterschiedliche kulturelle und politische Herausforderungen flexibler reagieren kann und eine Entwicklung über Zeit erlaubt.[260] Es ist auch zu hinterfragen, inwiefern eine EU-Konfliktmineralienverordnung zur Verbesserung der komplexen menschenrechtlichen Situation im Kongo sinnhaft ist, die sich mit dem vielschichtigen public-private-Governance-System der Great Lakes Region, das ebenfalls auf der OECD Guidance über Konfliktmineralien beruht, nicht auseinandersetzt.[261] Ein Comply or Explain-Ansatz kann in komplexen transnationalen Sachverhalten Verhaltenssteuerung bewirken und zugleich die nötige Flexibilität, Entwicklungsoffenheit und Lernerfahrung gewährleisten, um die durch harte Regulierung kreierten Dilemmata zu vermeiden.[262]

3. Herausforderungen

90 **a) Legitimation und Legitimität.** Die im CSR-Diskurs entwickelte Governance ist eine Multiebenen-, Multiakteur- und Multiinstrumental-Governance, die sich weder linear noch systematisch entwickelt, sondern (partiell) anarchisch, polyzentrisch und evolutionär, charakterisiert durch Normbildungsprozesse „top-down" und „bottom-up" sowie durch multiple horizontale und vertikale Koordinations-, Kooperations-, Rezeptions- und Abstimmungsprozesse. Vom Staat her gesehen, findet sich ein Mix aus Governance by, with

---

[255] Vgl. dazu Kasolowsky/Voland NZG 2014, 1288 ff.; Spießhofer Unternehmerische Verantwortung S. 197 ff.
[256] https://csr-news.net/news/2010/08/04/gri-global-compact-kooperation/.
[257] Neben ad-hoc Anklagen gibt es institutionalisierte „Courts" wie die Website des Business & Human Rights Resource Center, auf der menschenrechtliche Vorwürfe gegen Unternehmen und deren Antwort oder Nicht-Antwort veröffentlicht werden; https://business-humanrights.org. Zudem gibt es unternehmensspezifische „Courts" wie das International Monsanto Tribunal; http://de.monsantotribunal.org.
[258] Die dritte Säule der UNLP ist „access to remedy" (UNLP 25–31); sie umfasst „judicial mechanisms" und „non-judicial grievance mechanisms", insbesondere „company-level mechanisms" wie Mediation, Beschwerdemöglichkeiten, Whistleblowing und „state-based non-judicial mechanisms" wie die OECD NKS-Verfahren.
[259] https://www.cilc.nl/project/the-hague-rules-on-business-and-human-rights-arbitration/.
[260] Vgl. Spießhofer in Nietsch, S. 61 (77 ff.).
[261] Krit. Spießhofer Unternehmerische Verantwortung S. 319 ff. mwN.
[262] Vgl. bspw Art. 19a Abs. 1, 29a Abs. 1 CSR-Reporting-RL; vgl. auch Habersack 69. DJT 2012 Gutachten E, E 44 ff.; Leyens, ZEuP 2016, 388 ff.

und without Government.[263] Aus Unternehmenssicht stellt sich die Frage, wer sind die Verantwortung definierenden „Normentrepreneure" und mit welchem Recht determinieren sie öko-soziale Sollens-Vorgaben, dh, es stellen sich Fragen der eigenmächtigen Kompetenzerweiterung[264], der Legitimation der Akteure sowie der Legitimität des Normentwicklungsprozesses und seines Ergebnisses, die hier nicht vertieft werden können.[265] Kennzeichnend für den CSR-Prozess ist ein gewisser Pragmatismus, der, der Rechtsbildung im Common Law folgend, den Normierungsbedarf über die Frage der Legitimation der Akteure und Verfahren stellt und darauf vertraut, dass sich eine öko-soziale Ordnung durch eine Vielzahl von Prozessen herausbildet, die Akzeptanz erfahren wird. Wichtig ist dafür eine breite Abstützung in repräsentativ aufgestellten Multi-Stakeholder-Foren und mehr oder weniger informellen Konsultationsverfahren, die die fehlende parlamentarische Legitimation kompensieren sollen.

b) Komplexitätsreduktion. Wie oben gezeigt ist die gegenwärtige CSR-Situation durch eine Vielzahl von Normierungsansätzen gekennzeichnet, die allerdings meist nicht isoliert nebeneinanderstehen. Vielmehr erfolgt eine Reduktion der Komplexität ua durch Rezeption (UNLP seitens der OECD Leitsätze), Kooperation (UNGC mit GRI), Abstimmung (Equator Principles folgen IFC Performance Standards), Modellnormen (OECD Due Diligence Guidance zu Konfliktmineralien für EU-, US-, Chinesisches und Great Lakes-Regime), Verständigung auf oder Durchsetzung von Best Practices (Branchenstandards oder GRI als weit verbreiteter Reportingstandard). 91

Ein Beispiel für die Entwicklung eines globalen Standards ist die Etablierung der International Sustainability Standards Board (ISSB) für nicht-finanzielles Reporting, die ua die Climate Disclosure Standards Board (CDSB) und die Value Reporting Foundation aufnimmt, die ihrerseits das Integrated Reporting Framework sowie SASB Standards konsolidiert und mit GRI eine Partnerschaftsvereinbarung einging, um Interoperabilität der Standards zu gewährleisten.[266] Die neuen europäischen Reporting-Standards, die auf der Basis des Entwurfs der Corporate Sustainability Reporting Richtlinie entwickelt werden sollen, sollen mit diesen internationalen Standards abgestimmt werden.[267] 92

c) Keine Exklusivität nationalstaatlicher Steuerungsmacht. CSR ist paradigmatisch für den „inneren Bedeutungsschwund" der Nationalverfassungen in der postnationalen Konstellation.[268] CSR führt zu einer **Perforierung nationalstaatlicher Steuerungsmacht** durch Internationalisierung, Privatisierung und Informalisierung normativer Steuerung.[269] Der Staat wird in seiner normativen Bedeutung relativiert und mutiert von „dem" zu „einem" Akteur. Im CSR-Diskurs werden mit der Begründung, „Governance Gaps" schließen zu wollen, in erheblichem Umfang Normsetzungs- und -durchsetzungsfunktionen im Ordre-Public-Bereich auf die supra- und internationale Ebene sowie auf private Akteure verlagert. Die Informalisierung der Normierung (Soft Law) und die Nutzung privater Strukturen und Instrumente sind die Mechanismen, die dies ermöglichen. 93

In vielfältiger Weise wird die nationale **Souveränität** überspielt und eingeschränkt, ua durch extraterritorial wirkendes Recht dominanter Staaten[270] oder durch die Usurpation von CSR-Normierung seitens internationaler und supranationaler öffentlicher und privater Organisationen, in denen nationale Stellen, wenn überhaupt, mit-gestalten. Private Re- 94

---

[263] Eingehend Spießhofer Unternehmerische Verantwortung S. 613 ff.
[264] Vgl. Knauff S. 399 ff.
[265] Vgl. dazu Spießhofer Unternehmerische Verantwortung S. 583 ff. mwN zu Soft Law, S. 608 ff. zu den Governancekonstellationen.
[266] https://www.valuereportingfoundation.org/news/ifrs-foundation-announcement/.
[267] https://www.efrag.org/Assets/Download?assetUrl=%2Fsites%2Fwebpublishing%2FSiteAssets%2FCOP26%2520EU%2520side%2520event%2520-%25204%2520Nov%2520-%2520PTF%2520ESRS%2520overview%2520%28transcript%29.pdf&AspxAutoDetectCookieSupport=1.
[268] Grimm, S. 190 ff.
[269] Grimm, S. 195; vgl. auch Kokott/Vesting VVDStRL 63 (2004), 7 ff., 41 ff.
[270] Vgl. Spießhofer Unternehmerische Verantwortung S. 426 ff.

gime, die private Akteure als „Gatekeeper" in die Pflicht nehmen, wie das Lieferketten-Management, Responsible Finance und Responsible Investment verlangen private Normsetzung und -durchsetzung, die nicht nur untereinander, sondern auch mit staatlicher Politikgestaltung konfligieren kann und damit die Frage nach dem Primat der Politik auslöst. Wenn aufgrund von ESG-Verpflichtungen keine Kohlekraftwerke mehr finanziert und versichert werden, ist der Staat, der im Gegensatz zu den Privaten auch die Versorgungssicherheit zu gewährleisten hat, in seinen Handlungsoptionen eingeschränkt. Die OECD-NKS-Verfahren und die Schiedsgerichtsbarkeit zu Business and Human Rights verlangen eigenständige Bewertungen im Ordre-Public-Bereich, die zwar nationalstaatliche Verfahren und ihre Entscheidungen formal unangetastet lassen. Sie eröffnen jedoch separate neue Regime, die materiell zu den staatlichen in Konkurrenz treten und nach eigenen Maßstäben definieren, was für einen bestimmten Sachverhalt in einem Staat „Recht" ist.

95   Die CSR-Diskussion zeigt, in welchem Ausmaß bereits ein **transnationaler Ordre Public** entstanden ist, und zwar außerhalb formaler Kompetenzübertragungen auf internationale und supranationale Institutionen[271] und weit jenseits einer privaten Rechtsetzungsmacht, die von staatlicher Autorität abgeleitet und durch sie im Rahmen der üblichen Methoden (Incorporation, Deference, Delegation) domestiziert wird.[272] Damit einher geht eine **Marginalisierung der parlamentarischen Demokratie,** insbesondere des Parlaments, das nur noch befasst wird, wenn Hard Law erforderlich ist.[273] Selbst dann ist der politische Gestaltungsrahmen des Parlaments nicht nur durch die Europäische Union, sondern durch eine Vielzahl von internationalen Absprachen auf Regierungsebene[274] begrenzt. Die nicht-staatliche Normsetzung, -durchsetzung und -adjudikation impliziert auch, dass das **Rechtsstaatsprinzip**, insbesondere in seinen Ausprägungen der Rechtsklarheit und Rechtssicherheit und der Justizgewährung, erodiert.[275] Andererseits ist der Sinn der nicht-staatlichen Mechanismen, als insuffizient empfundene staatliche zu kompensieren und menschenrechtlichen Gewährleistungen zur Durchsetzung zu verhelfen.[276]

IV. Ausblick: Brauchen wir einen neuen Rechtsbegriff?

96   Der vorstehend skizzierte Befund zeigt, dass aufgrund der vielfältigen tatsächlichen oder möglichen, zwingenden und optionalen strukturellen Koppelungen von CSR-Standards mit staatlichem, europäischem und internationalem Recht und der fließenden Grenzen zwischen Recht (Hard Law) und CSR-Normen (Soft Law) Rechtswissenschaft, Rechtsberatung und Gerichte sich einer Befassung mit normativen CSR-Instrumenten nicht (mehr) entziehen können. Bereits die Evidenz dieses faktischen Befundes und einer vielfach praktisch nicht möglichen sauberen Separierung von Hard und Soft Law verlangt daher eine Erweiterung des Zuständigkeits- und Befassungsbereichs der Jurisprudenz über staatlich gesetztes oder autorisiertes Recht hinaus.[277]

97   Die Frage ist, ob die schillernde „Verlegenheitskategorie" des Soft Law,[278] die, der Realität Rechnung tragend, zwischen „Recht" und „Nicht-Recht" einen neuen Bereich anerkannter, wenngleich anders generierter und funktionierender Normativität markiert, einer separaten dogmatischen Aufarbeitung zugeführt werden sollte, oder ob, die Interdependenz der verschiedenen normativen Instrumente und die transnationale Erweiterung

---

[271] Vgl. Knauff S. 253 ff.
[272] Vgl. Calliess/Maurer in Calliess, S. 1 (14).
[273] Vgl. bspw. die Erstellung Nationaler Aktionspläne für Wirtschaft und Menschenrechte durch die nationalen Regierungen nach den Vorgaben der UN-Working Group, Spießhofer Unternehmerische Verantwortung S. 155 ff.
[274] ZB durch die Financial Stability Board, die von den G 20 Staaten als „regulatory body" kreiert wurde.
[275] Vgl. Knauff, S. 417 ff.
[276] Zur Ambivalenz des Soft Law Knauff S. 417 ff.
[277] Vgl. Knauff S. 17 ff.; Pauwelyn/Wessel/Wouters, 4 (40); eingehend Spießhofer Unternehmerische Verantwortung S. 574 ff.
[278] Vgl. Spießhofer Unternehmerische Verantwortung S. 583 ff.

und Umwertung herkömmlicher rechtlicher Steuerung berücksichtigend, über einen neuen Rechtsbegriff diskutiert werden muss, der über den etatistischen[279] hinausgeht und sich dem des anglo-amerikanischen Common Law[280] annähert.

Savigny hat bereits 1814 in seiner Schrift „Vom Beruf unsrer Zeit für Gesetzgebung und Rechtswissenschaft" ausgeführt, dass mitnichten alles Recht aus Vorschriften der höchsten Staatsgewalt entsteht und die Rechtswissenschaft lediglich den Inhalt der Gesetze zum Gegenstand hat, vielmehr sei das Recht das Leben der Menschen selbst. 200 Jahre später ist Savigny wieder (oder immer noch?) modern. Aus historischer Sicht gab es Recht vor und unabhängig von einem Nationalstaat. Erweist sich die herkömmliche staatsorientierte Definition von Recht als nicht (mehr) ausreichend, weil sie manifeste Änderungen der Rechtswirklichkeit nicht erfassen kann, so ist es notwendig, sich der Frage einer Erweiterung des Rechtsbegriffs zu stellen. Dies gilt insbesondere, wenn die informellen Normen „systemrelevant" sind, weil sie staatliche Kompetenzzuweisungen überspielen, in grundrechtlich verbürgte Freiheitsräume eingreifen oder parlamentarisch-demokratische Rechtsbildungsprozesse umgehen, präjudizieren, konterkarieren oder ersetzen. Sie müssen schon allein deshalb vom juristischen Radar erfasst werden. Werden sie kategorisch als „Nicht-Recht" ausgegrenzt oder in das juristische Niemandsland des „Soft Law" verwiesen, findet diese dringend notwendige Auseinandersetzung nicht statt. Der akademische Bereich kann sich auf eine Befassung nur mit staatsdeterminiertem Recht zurückziehen, nicht jedoch der Praktiker, von dem der Mandant eine holistische Beratung erwartet.[281]

98

---

[279] Vgl. Spießhofer Unternehmerische Verantwortung S. 580 ff.
[280] Vgl. Spießhofer Unternehmerische Verantwortung S. 587 ff. mwN zu pluralistischen, anthropologischen und relativen Rechtsbegriffen.
[281] Vgl. Spießhofer Editorial IWRZ 4/2018.

Teil 2: Verfassungsrechtlicher Schutz des privatwirtschaftlichen Unternehmens

§ 6 Schutz des privatwirtschaftlichen Unternehmens im Recht der Europäischen Union

Prof. Dr. Daniel Wolff, LL.M. (Yale)

Übersicht

	Rn.
I. Einführung	1
II. Gemeinsamkeiten und Unterschiede zwischen den Debatten auf nationaler und unionaler Ebene	2
III. Primärrechtliche Maßstäbe: Grundfreiheiten und Grundrechte	4
1. Die (Wirtschafts-)Grundrechte der GRC	7
a) Anwendungsbereich der GRC, Art. 51 Abs. 1 GRC	9
b) Die unternehmerische Freiheit, Art. 16 GRC	11
c) Das Eigentumsrecht, Art. 17 GRC	63
d) Die Vereinigungsfreiheit, Art. 12 GRC	68
2. Die Grundfreiheiten des Binnenmarktes	72
a) Verhältnis zu den Wirtschaftsgrundrechten der GRC	73
b) Maßstäbe	82
IV. Rechtsschutz	87
1. Rechtsschutz durch den Gerichtshof der Europäischen Union	88
2. Rechtsschutz durch das Bundesverfassungsgericht	96

Literatur

Amtenbrink, Fabian/Davies, Gareth/Kochenov, Dimitry/Lindeboom, Justin (Hrsg.), The Internal Market and the Future of European Integration – Essays in Honour of Laurence W. Gormley, 2019 (zit. ADKL Internal Market); Becher, Dieter (Hrsg.), Umweltschutz und technische Sicherheit im Unternehmen – 9. Trierer Kolloquium zum Umwelt- und Technikrecht vom 19. bis 21. September 1993, 1994 (zit. Becher Umweltschutz); Binder, Vorstandshandeln zwischen öffentlichem und Verbandsinteresse – Pflichten- und Kompetenzkollisionen im Spannungsfeld von Bankaufsichts- und Gesellschaftsrecht, ZGR 2013, 760; Blanke, Verfassungs- und unionsrechtliche Gewährleistung der Unternehmerfreiheit und ihre Schranken, in Gesellschaft für Rechtspolitik Trier/Institut für Rechtspolitik der Universität Trier (Hrsg.), Bitburger Gespräche in München, 2015, Bd. 5, 13; Cloppenburg, Erwerbsgrundrechte im Unionsrecht – Zum Verhältnis der Berufsfreiheit und der unternehmerischen Freiheit in der Charta der Grundrechte der Europäischen Union, 2020; Douglas-Scott, Sionaidh/Hatzis, Nicholas (Hrsg.), Research Handbook on EU Law and Human Rights, Handbuch, 2017 (zit. Research-HdB EU Law); Drechsler, Die Unionsgrundrechte unter dem Einfluss des Prozessrechts – Bestandsaufnahme und Perspektiven im Europäischen Grundrechtsverbund am Beispiel der EU-Wirtschaftsgrundrechte, 2019; Ganglbauer, Das Grundrecht der unternehmerischen Freiheit gem. Art. 16 GRC, in Kahl/Raschauer/Storr (Hrsg.), Grundsatzfragen der europäischen Grundrechtecharta, 2013, 203; Gesellschaft für Rechtspolitik Trier/Institut für Rechtspolitik der Universität Trier (Hrsg.), Bitburger Gespräche in München, Jahrbuch, 2014, Band 4: Energiewende – Brauchen wir eine neue Wende? (zit. Bitburger Gespr. in München IV); Gesellschaft für Rechtspolitik Trier/Institut für Rechtspolitik der Universität Trier (Hrsg.), Bitburger Gespräche in München, Jahrbuch, 2015, Band 5: Die Unternehmerfreiheit im Würgegriff des Rechts? (zit. Bitburger Gespr. in München V); Gundel, Der Schutz der unternehmerischen Freiheit durch die EU-Grundrechtecharta, ZHR 180 (2016), 323; Hellgardt/Unger, Aufsichtsrat und Anteilseigentum – Gesetzliche Anforderungen an die Besetzung des Aufsichtsrats im Spiegel des Eigentumsrechts der Aktionäre, ZHR 183 (2019), 406; Heselhaus, Sebastian/Nowak, Carsten (Hrsg.), Handbuch der Europäischen Grundrechte, Handbuch, 2020 (zit. Eur. GR-HdB); Kahl, Arno/Raschauer, Nicolas/Storr, Stefan (Hrsg.), Grundsatzfragen der europäischen Grundrechtecharta, 2013 (zit. KRS GRC); Kingreen, Der Abstieg der Grundfreiheiten und der Aufstieg der Unionsgrundrechte, FS Jarass, 2015, 51; Merten, Detlef/Papier, Hans-Jürgen (Hrsg.), Handbuch der Grundrechte in Deutschland und Europa, Handbuch, 2010, Band VI/1: Europäische Grundrechte I (HGR VI/1); Rast, Unternehmerische Organisationsfreiheit und Gemeinwohlbelange – Phänomenologie, Typologisierung und Grenzen des staatlichen Zugriffs auf die Organisationsstruktur privater Unternehmen, 2022; Schima, Bernhard, Das Vorabentscheidungsverfahren vor dem EuGH – unter besonderer Berücksichtigung der Rechtslage in Österreich und Deutschland, Monografie, 3. Aufl. 2015 (zit. Schima Vorabentscheidungsverfahren); Schöbener, Die unternehmerische Freiheit in der Europäischen Grundrechtecharta – Ein Wirtschaftsgrundrecht zwischen Formelkompromiss und Gewährleistungseffizienz, in GS Tettinger, 2007, 159; Spindler, Unternehmensorganisationspflichten – Zivilrechtliche und öffentlich-rechtliche Regelungskonzepte, 2. Aufl. 2011; von Bogdandy, Armin/Bast, Jürgen (Hrsg.), Europäisches Verfassungsrecht – Theoretische und dogmatische Grundzüge, 2. Aufl. 2009 (zit. von Bogdandy/Bast Eur. VerfassungsR); Voß, Unternehmenswissen als Regulierungsressource – Der aufsichtsrechtliche Zugriff auf bankinterne Strukturen, 2019.

I. Einführung

1 Die Einbindung der Bundesrepublik Deutschland in die supranationale Ordnung der Europäischen Union hat die Vermehrung rechtlicher Vorgaben für die unternehmerische Tätigkeit sowie für die in diesem Handbuch im Fokus stehende Wahl und Ausgestaltung der Unternehmensorganisation zur Folge. Gleichzeitig erweitert sich allerdings auch der Bestand an **subjektiven Rechten** und Rechtsschutzmöglichkeiten auf **Unternehmensseite,** der in diesem Beitrag näher beleuchtet wird. Dazu werden zunächst Gemeinsamkeiten und Unterschiede zwischen den verfassungsrechtlichen Diskussionen auf deutscher und unionaler Ebene[1] über organisationsbezogene Pflichten für erwerbswirtschaftlich tätige Unternehmen herausgearbeitet (II., → Rn. 2 f.). Im Hauptteil des Beitrags gilt es sodann die primärrechtlichen Maßstäbe für hoheitliche Organisationsvorgaben zu entfalten (III., → Rn. 4 ff.) und schließlich die zur Verfügung stehenden Möglichkeiten vorzustellen, diese subjektiven Rechte gerichtlich geltend zu machen (IV., → Rn. 87 ff.).

II. Gemeinsamkeiten und Unterschiede zwischen den Debatten auf nationaler und unionaler Ebene

2 Wird bereits auf nationaler Ebene beklagt, dass eine übergreifende verfassungsrechtliche Analyse von organisationsbezogenen Regelungen fehlt[2] bzw. sich die Verfassungsdogmatik bislang lediglich einzelfallbezogen und weitgehend oberflächlich mit der Thematik beschäftigt hat,[3] ist der Status Quo der **Debatte** auf Unionsebene noch um einiges **prekärer.** Weder haben die Unionsgerichte primärrechtliche Maßstäbe für organisationsbezogene Regelungen thematisiert, geschweige denn im Einzelnen entfaltet, noch hat sich die Rechtswissenschaft den aufgeworfenen Fragen in nennenswerter Weise gewidmet. Bisweilen verweisen Monographien aus deutscher Feder auf dieses Desiderat sowie auf die Notwendigkeit seiner Füllung durch rechtswissenschaftliche Grundlagenforschung. Unter Rekurs auf die im Vergleich zur deutschen Grundrechtsdogmatik ohnehin deutlich weniger dichte Grundrechts- und Grundfreiheitsdogmatik auf Unionsebene[4] wird nichtsdestotrotz die eigenständige Erarbeitung von **Interpretationsangeboten** für das Unionsprimärrecht gescheut und stattdessen ein „pragmatischer Ansatz" gewählt.[5] Konkret bedeutet dies, dass entweder das Unionsrecht völlig außen vor gelassen oder auf parallele Gewährleistungen und Wertungen im nationalen Recht verwiesen wird, die eine weitgehende Über-

---

[1] Zum umstrittenen Topos des europäischen Verfassungsrechts siehe statt aller von Bogdandy/Bast/ von Bogdandy/Bast Eur. VerfassungsR, 1 ff.
[2] So etwa mit Blick auf Vorgaben im Gesellschafts- und Kapitalmarktrecht Richter ZHR 177 (2013), 577 (588).
[3] Ähnlich Voß, Unternehmenswissen als Regulierungsressource, 228. Eine tiefgehende grundrechtsdogmatische Analyse hat allerdings jüngst Rast, Unternehmerische Organisationsfreiheit und Gemeinwohlbelange, 309 ff. vorgelegt.
[4] Vgl. Voß, Unternehmenswissen als Regulierungsressource, 237; sogar ein weitgehendes Fehlen einer eigenständigen Dogmatik der unionalen Wirtschaftsgrundrechte diagnostiziert Rast, Unternehmerische Organisationsfreiheit und Gemeinwohlbelange, 315.
[5] So Voß, Unternehmenswissen als Regulierungsressource, 238.

tragung der grundgesetzdogmatischen Einsichten auf die Unionsebene rechtfertigen sollen.[6]

Wie aus der folgenden Analyse deutlich werden wird, misslingen entsprechende Parallelwertungen mindestens ebenso häufig wie sie gelingen, finden sich doch auf unionaler Ebene signifikant abweichende Normtexte und **differierende** dogmatische Grund- und gerichtliche **Selbstverständnisse.** Angesichts dessen wird im Weiteren zwar der Seitenblick auf die deutsche Grundrechtsdogmatik nicht gescheut, gleichzeitig aber versucht, die vielfach übergangenen Divergenzen zwischen dem Grundgesetz und dem Primärrecht der Union dogmatisch adäquat abzubilden.

III. Primärrechtliche Maßstäbe: Grundfreiheiten und Grundrechte

Seit jeher stand die wirtschaftliche Integration der Mitgliedstaaten im Zentrum des europäischen Einigungsprozesses. Ziel war und ist es, einen europäischen Binnenmarkt herzustellen und zu erhalten, in dem wirtschaftlicher Wettbewerb (Art. 3 Abs. 3 EUV; Art. 119 Abs. 1, 2 AEUV; Art. 120 AEUV) sowie ein freier Verkehr von Waren, Dienstleistungen und Kapital herrschen und in dem sich Arbeitnehmer und Unternehmen ungehindert bewegen sowie niederlassen können. Zu diesem Zweck statuieren die europäischen Verträge Grundfreiheiten (Art. 28 ff. AEUV) und Wettbewerbsregeln (Art. 101 ff. AEUV), die den „primärrechtliche[n] Kern des wettbewerbsorientierten Binnenmarktkonzepts der Europäischen Union" bilden.[7] Nachdem der Binnenmarkt in den letzten Jahrzehnten weitgehend hergestellt und mitgliedstaatliche Handelshemmnisse umfassend abgebaut wurden,[8] hat die Europäische Union ihren wirtschaftspolitischen Tätigkeitsschwerpunkt verstärkt sekundärrechtlichen Harmonisierungsmaßnahmen zugewandt, die mit der Zeit thematisch immer ausgreifender und regulatorisch dichter geworden sind. Eine primärrechtliche Reaktion auf diese Entwicklung war die zunächst richterlich vorangetriebene Entfaltung von (seinerzeit) gemeinschaftsrechtlichen (Wirtschafts-)Grundrechten aus den gemeinsamen Verfassungsüberlieferungen der Mitgliedstaaten.[9] Diese zwischenzeitlich in der GRC kodifizierten und weiterentwickelten **unionalen Grundrechte** bieten einen gewissen Schutz für die betroffenen Wirtschaftstreibenden und ergänzen insoweit die Grundfreiheiten und Wettbewerbsregeln als **dritte Säule** der unionalen **Wirtschaftsverfassung.**[10]

Weil die Wettbewerbsregeln primär objektives Recht darstellen und insoweit bezüglich der hier interessierenden organisationsbezogenen Pflichten für erwerbswirtschaftlich tätige Unternehmen keine maßgebliche Rolle spielen, liegt der Fokus im Weiteren auf den (Wirtschafts-)Grundrechten der GRC (1.) sowie auf den Grundfreiheiten des Binnenmarktes (2.), die als die zwei **„Referenzdimensionen"** der „Freiheitsgarantie im Wirtschaftsordnungsrecht der Union" bezeichnet werden können, wobei die Grundrechte die „allgemein operative" und die Grundfreiheiten die „speziell transnationale" Dimension darstellen.[11]

Dabei ist von vornherein darauf hinzuweisen, dass sich „das Unternehmen" aus subjektiv-rechtlicher Perspektive **pluraler** darstellt als man dies zunächst vermuten könnte.[12] Mit Blick auf die im Kontext organisationsbezogener Vorgaben durch Staat und EU

---

[6] So etwa Rast, Unternehmerische Organisationsfreiheit und Gemeinwohlbelange, 315; siehe auch Hellgardt/Unger ZHR 183 (2019), 406 (433).
[7] EnzEuR I/Müller-Graff § 9 Rn. 1; ähnlich auch Kingreen, FS Jarass, 51 (52), der unter Verweis auf Art. 26 Abs. 2 AEUV die Grundfreiheiten als Grundpfeiler des Binnenmarktes bezeichnet.
[8] So bereits Schwarze/Everling Wirtschaftsverfassungsrechtliche Garantien für Unternehmen im europäischen Binnenmarkt, 11 (22).
[9] Vgl. EnzEuR IV/Müller-Graff § 1 Rn. 76; siehe auch Cloppenburg, Erwerbsgrundrechte im Unionsrecht, 10.
[10] Ähnlich Nowak EuR 2009, Beiheft 1, 129 (162); Cloppenburg, Erwerbsgrundrechte im Unionsrecht, 8; Schwarze, FS Stern, 429 (432 f.).
[11] So EnzEuR IV/Müller-Graff § 1 Rn. 73; ähnlich auch FK-GRC/Kühling GRC Art. 16 Rn. 1.
[12] Ähnlich im Zusammenhang mit unternehmerischen Entflechtungsvorgaben Baur/Pritzsche/Pooschke DVBl 2008, 483 (486).

besonders bedeutsamen Kapitalgesellschaften sind vielmehr im Weiteren zwei Träger von subjektiven Rechten zu unterscheiden, namentlich die Gesellschaft – als Trägerin des Unternehmens – sowie deren Anteilseigner.[13]

1. Die (Wirtschafts-)Grundrechte der GRC

7 Die Berufsfreiheit (Art. 15 GRC), die unternehmerische Freiheit (Art. 16 GRC) und das Eigentumsrecht (Art. 17 GRC) stellen die grundrechtlichen Pfeiler der Wirtschaftsverfassung der EU dar.[14] Gemeinsam sichern sie **Freiräume** für Wirtschaftstätige, ohne die die Vorzüge einer marktwirtschaftlichen Ordnung nicht zum Tragen kommen können.[15]

8 Die unionalen Wirtschaftsgrundrechte sind es auch, die als **primärrechtliche Abwehrpositionen** gegenüber mitgliedstaatlichen bzw. unionalen Organisationsvorgaben in Betracht kommen (b und c). Ferner ist an die Vereinigungsfreiheit nach Art. 12 GRC zu denken (d). All diese Grundrechtspositionen greifen allerdings von vornherein nur dann, wenn der Anwendungsbereich der GRC nach Art. 51 Abs. 1 GRC eröffnet ist (a).

9 **a) Anwendungsbereich der GRC, Art. 51 Abs. 1 GRC.** Die GRC bindet nach Art. 51 Abs. 1 S. 1 primär Organe, Einrichtungen und sonstige Stellen der EU. In der Folge sind insbesondere auch alle von der Kommission vorgeschlagenen und von Rat und Parlament verabschiedeten **Sekundärrechtsakte**, die organisationsbezogene Regelungen enthalten, am Maßstab der GRC zu messen.

10 Die Mitgliedstaaten sind hingegen gem. Art. 51 Abs. 1 S. 1 GRC „ausschließlich bei der Durchführung" des Unionsrechts an die GRC gebunden. Ob eine nationale Maßnahme der Durchführung des Unionsrechts dient, hängt nach der Rechtsprechung des EuGH davon ab, „ob mit der fraglichen nationalen Regelung die Durchführung einer Bestimmung des Unionsrechts bezweckt wird, welchen Charakter diese Regelung hat und ob mit ihr andere als die unter das Unionsrecht fallenden Ziele verfolgt werden, selbst wenn sie das Unionsrecht mittelbar beeinflussen kann, sowie ferner, ob es eine Regelung des Unionsrechts gibt, die für diesen Bereich spezifisch ist oder ihn beeinflussen kann".[16] Ist die Charta nach diesen Kriterien anwendbar, überlagert sie aufgrund des Anwendungsvorrangs des Unionsrechts dann die nationalen Grundrechte, wenn die unionalen Vorgaben keinen Spielraum belassen und die Anwendung der mitgliedstaatlichen Grundrechte mit den unionsrechtlichen Vorgaben kollidiert.[17] Insoweit hat das immer weitergehende **Ausgreifen** des unionsrechtlichen **Sekundärrechts** nicht nur einen Bedeutungsgewinn der GRC zur Folge, sondern auch „eine Verlagerung des Schutzes der individuellen wirtschaftlichen Freiheit von den nationalen zu den europäischen Grundrechten."[18] Teilweise gestaltet sich allerdings die Frage, ob eine nationale Regelung unionsrechtlich determiniert ist und deshalb der Anwendungs-

---

[13] So auch im grundgesetzlichen Kontext Habersack/Kersten BB 2014, 2819 (2822); Binder ZGR 2013, 760 (790); Thaten, Die Ausstrahlung des Aufsichts- auf das Aktienrecht am Beispiel der Corporate Governance von Banken und Versicherungen, 170 ff.; Rast, Unternehmerische Organisationsfreiheit und Gemeinwohlbelange, 322. Auf die subjektiven Rechte der Organmitglieder, die ebenfalls grundrechtlichen Schutz genießen können, wird hingegen nicht eingegangen; siehe dazu Richter ZHR 177 (2013), 577 (591).

[14] Vgl. Wollenschläger EuZW 2015, 285 (285); KRS/Ganglbauer GRC, 203 (204); Frenz GewArch 2009, 427 (427); Jarass GRCh Art. 16 Rn. 2; Schmidt, Die Unternehmerische Freiheit im Unionsrecht, 2010, 168; ADKL/Wahl Internal Market, 273 (276); Schwarze, FS Stern, 2012, 429 (433). Siehe zu weiteren Charta-Grundrechten mit wirtschaftspolitischer Dimension HGR VI/1/Durner § 162 Rn. 8.

[15] Vgl. statt vieler Jarass, FS Müller-Graff, 1410 (1410). Siehe zur einseitig positiven Konnotation der Wirtschaftsgrundrechte im deutschen europarechtswissenschaftlichen Schrifttum und deren ambivalenter Beurteilung in den Rechtswissenschaften anderer Mitgliedstaaten Drechsler, Die Unionsgrundrechte unter dem Einfluss des Prozessrechts, 24 ff.

[16] EuGH C-198/13, Hernández EuZW 2014, 795 (797 Rn. 37); siehe dazu statt aller und mwN Calliess/Ruffert/Kingreen EUV/AEUV Art. 52 GRC Rn. 8.

[17] Siehe zum Verhältnis der GRC zu den nationalen Grundrechten eingehend Streinz/Streinz/Michl EUV/AEUV GRC Art. 51 GRC Rn. 26 ff.; kritisch zur diesbezüglichen Rspr. des EuGH Wolff, Der Einzelne in der offenen Staatlichkeit, 356 ff.

[18] So zu Recht HGR VI/1/Durner § 162 Rn. 3; iErg auch GSH/Wollenschläger GRC Vorb. Art. 15, 16 GRC Rn. 1.

bereich der GRC eröffnet ist, als kaum beantwortbar, etwa dann, wenn die maßgeblichen Determinierungen sogar innerhalb einzelner Normen unterschiedlich ausfallen.[19]

b) Die unternehmerische Freiheit, Art. 16 GRC. Jedes marktwirtschaftliche System mit freiem Wettbewerb setzt ein Mindestmaß an wirtschaftlichem Freiraum für Unternehmen zwingend voraus. Vor diesem Hintergrund ist es begrüßenswert, dass das Unionsrecht in **Art. 16 GRC** eine eigenständige Garantie der **unternehmerischen Freiheit** vorsieht, die insoweit mit dem Leitbild der sozialen Markwirtschaft des EUV korrespondiert.[20] Diese Grundrechtsgarantie ist es auch, die normtextlich als naheliegendstes Schutzinstrument gegenüber organisationsbezogenen Pflichten für erwerbswirtschaftlich tätige Unternehmen erscheint. 11

aa) Schutzintensität von Art. 16 GRC und die Abgrenzung zu Art. 15 GRC. Da die GRC anders als das Grundgesetz zwischen der Berufsfreiheit (Art. 15) und der unternehmerischen Freiheit (Art. 16) unterscheidet, muss zunächst geklärt werden, wie die beiden Gewährleistungen voneinander **abzugrenzen** sind. Diese Abgrenzung ist nicht nur von rein akademischem, sondern auch praktischem Interesse, da das Schutzniveau beider Bestimmungen zumindest nach herrschender Auffassung des EuGH nicht übereinstimmt.[21] 12

Der Wortlaut von Art. 16 GRC unterscheidet sich deutlich von dem der anderen Wirtschaftsgrundrechte und legt eine vergleichsweise geringe Schutzwirkung nahe. Ob und wie diese allerdings dogmatisch zu Buche schlägt, ist Gegenstand intensiver Kontroversen. Diese haben ihren Grund wiederum nicht zuletzt darin, dass die finale Formulierung von Art. 16 GRC das **kompromisshafte Ergebnis** diametral entgegenstehender politischer Interessen im Europäischen Konvent war.[22] 13

Während der Wortlaut von Art. 15 Abs. 1 GRC unzweideutig zum Ausdruck bringt, dass es sich dabei um ein Recht („jeder hat das Recht") im Sinne von Art. 52 Abs. 1 bis Abs. 4 GRC handelt, könnte man mit Blick auf den deutlich zurückhaltender formulierten Wortlaut von Art. 16 GRC („Die unternehmerische Freiheit wird nach dem Unionsrecht und den einzelstaatlichen Rechtsvorschriften und Gepflogenheiten anerkannt") erstens zu der Einschätzung kommen, dass Art. 16 GRC einen umsetzungsbedürftigen und unmittelbar nicht einklagbaren Grundsatz im Sinne von Art. 52 Abs. 5 GRC darstellt. Eine nähere grammatikalische, systematische und historisch-genetische Analyse der Norm spricht allerdings dafür, **Art. 16 GRC als (Grund-)Recht** einzustufen,[23] was letztlich auf Ebene der Unionsorgane auch nie streitig war und vom EuGH in seiner grundlegenden Entscheidung in der Rs. Sky Österreich – wenn auch mehr implizit als explizit – klargestellt wurde.[24] 14

Zweitens ließe sich mit vereinzelten Stimmen in der Literatur daran denken, die Formulierung der Anerkennung der unternehmerischen Freiheit „nach dem Unionsrecht und den einzelstaatlichen Rechtsvorschriften und Gepflogenheiten" unter Berücksichtigung ihrer Genese als **Ausgestaltungsvorbehalt** zu deuten, womit Art. 16 GRC den Charakter eines normgeprägten Grundrechts erhielte,[25] oder als einen den horizontalen Schrankenvorbehalt des Art. 52 Abs. 1 GRC ergänzenden vertikalen Schrankenvorbehalt.[26] Gegen Ersteres spricht die teleologische Erwägung, dass andernfalls Mitgliedstaaten im Rahmen der 15

---

[19] Siehe dazu Rast, Unternehmerische Organisationsfreiheit und Gemeinwohlbelange, 315 mwN.
[20] Vgl. Frenz GewArch 2009, 427 (427); Schwarze, FS Stern, 2012, 429 (433); siehe auch Storr, FS Berka, 219 (220); ADKL/Wahl Internal Market, 273 (273).
[21] Vgl. dazu Gundel ZHR 180 (2016), 323 (335); siehe auch KRS/Ganglbauer GRC, 203 (208).
[22] Siehe dazu etwa Schöbener, GS Tettinger, 159 (170); Gundel ZHR 180 (2016), 323 (325); KRS/Ganglbauer, 203 (209).
[23] Siehe dazu statt vieler Schöbener, GS Tettinger, 159 (165); Cloppenburg, Erwerbsgrundrechte im Unionsrecht, 197; KRS/Ganglbauer GRC, 203 (215 f.); GSH/Wollenschläger GRC Art. 16 Rn. 1.
[24] Siehe EuGH C-283/11, Sky Österreich, EuZW 2013, 347 (349 Rn. 41 ff.); siehe dazu ADKL/Wahl Internal Market, 273 (315).
[25] Michl, Unionsgrundrechte aus der Hand des Gesetzgebers, 2018, 259 ff. im Anschluss an Große Wentrup, Die Europäische Grundrechtecharta im Spannungsfeld der Kompetenzverteilung zwischen Europäischer Union und Mitgliedstaaten, 90 ff.; wohl auch NK-EuGRCh/Bernsdorff GRC Art. 16 Rn. 17.
[26] Siehe dazu KRS/Ganglbauer GRC, 203 (216 ff.); Cloppenburg, Erwerbsgrundrechte im Unionsrecht, 199.

Durchführung des Unionsrechts den Schutzbereich der unternehmerischen Freiheit abweichend voneinander bestimmen könnten.[27] Entsprechend hat auch der EuGH in der Rs. Sky Österreich die Bezugnahme auf das „Unionsrecht" und die „einzelstaatlichen Rechtsvorschriften und Gepflogenheiten" nicht auf Schutzbereichs-, sondern erst auf Rechtfertigungsebene thematisiert.[28]

16 EuGH und h. L. sind auch einer Interpretation der Bezugnahmeklausel als **vertikalem Schrankenvorbehalt** entgegengetreten.[29] Dies aus systematischen Gesichtspunkten wohl zu Recht, weil in anderen Charta-Gewährleistungen, die entsprechende Formulierungen aufweisen (Art. 9, 10 Abs. 2 und 14 Abs. 3 GRC), ebenso wenig die Normierung einer im Vergleich zu Art. 52 Abs. 1 GRC engeren Schranke angenommen wird.[30] Insoweit bleibt es beim horizontalen Schrankenvorbehalt des Art. 52 Abs. 1 GRC.[31]

17 Während große Teile der (deutschen) Europarechtswissenschaft versuchen, den auffälligen Kontrast der zurückhaltenden Formulierung in Art. 16 GRC gegenüber der kraftvollen Fassung von Art. 15 Abs. 1 GRC[32] durch teleologische und historische Erwägungen zu überspielen,[33] gehen andere Autoren sowie der EuGH unter Rekurs auf Wortlaut, Systematik und Genese zu Recht davon aus, dass Art. 16 GRC im Vergleich zu Art. 15 Abs. 1 GRC einer besonders **weitreichenden Einschränkbarkeit** unterliegt.[34] Der EuGH hat sich zu dieser Frage in der Rs. Sky Österreich geäußert und dort festgestellt, dass die Bezugnahmeklausel Auswirkungen auf die in Art. 52 Abs. 1 S. 2 GRC geforderte Verhältnismäßigkeitsprüfung und zwar dahingehend habe, dass aufgrund dessen eine „Vielzahl von Eingriffen der öffentlichen Gewalt" in die unternehmerische Freiheit gerechtfertigt werden könne.[35] Insoweit wird den Unionsorganen sowie den Mitgliedstaaten bei der Einschränkung der unternehmerischen Freiheit ein besonders **großer Gestaltungsspielraum** eingeräumt.[36] In der Literatur ist überzeugend darauf hingewiesen worden, dass dieses Ergebnis der primärrechtlichen Zielbestimmung einer sowohl wettbewerbsfähigen als auch sozialen Marktwirtschaft entspricht (Art. 3 Abs. 3 UAbs. 1 S. 2 EUV), deren Verwirklichung mit der Regulierung unternehmerischer Tätigkeit verbunden ist. Der damit angesprochene Regelungsbedarf ist bei den von Art. 16 GRC insbesondere geschützten juristischen Personen im Vergleich zu natürlichen Personen, deren wirtschaftliche (Handlungs-)Freiheit primär von Art. 15 GRC geschützt wird, besonders hoch, sind es doch primär Unternehmen, von denen Gefahren privater Machtkonzentration ausgehen.[37]

18 Konstruktiv überzeugt es angesichts der materiell-rechtlichen Statuierung der Bezugnahmeklausel am ehesten, die Schutzwirkungsabsenkung im Rahmen der Verhältnismäßig-

---

[27] So statt vieler Jarass EuGRZ 2011, 360 (363); Storr, FS Berka, 219 (226); Cloppenburg, Erwerbsgrundrechte im Unionsrecht, 199. Ebenfalls gegen die Annahme eines Ausgestaltungsvorbehalts argumentieren Wollenschläger EuZW 2015, 285 (288); Drechsler, Die Unionsgrundrechte unter dem Einfluss des Prozessrechts, 432; KRS/Ganglbauer GRC, 203 (217).
[28] Siehe dazu Cloppenburg, Erwerbsgrundrechte im Unionsrecht, 200.
[29] Vgl. statt aller Gundel ZHR 180 (2016), 323 (342 f.).
[30] Vgl. dazu EnzEuR II/Grabenwarter § 14 Rn. 43.
[31] Vgl. Drechsler, Die Unionsgrundrechte unter dem Einfluss des Prozessrechts, 432.
[32] Vgl. KRS/Ganglbauer GRC, 203 (215).
[33] So etwa Schöbener, GS Tettinger, 159 (175 f.); Frenz GewArch 2009, 427 (427); Wunderlich, FS Schwarze, 304 (326) mwN; Gundel ZHR 180 (2016), 323 (342); GSH/Wollenschläger GRC Art. 16 Rn. 1; Calliess/Ruffert/Ruffert EUV/AEUV GRC Art. 16 Rn. 1; FK-GRC/Kühling GRC Art. 16 Rn. 7, 13; KRS/Ganglbauer GRC, 203 (215 ff.); GA Wahl, C-102/12, Schaible, Rn. 28; siehe auch Bitburger Gespr. in München V/Blanke, 13 (41 und 43), der die Bezugnahmeklausel als „systemwidrig" bezeichnet.
[34] So etwa eingehend Cloppenburg, Erwerbsgrundrechte im Unionsrecht, 201 ff.; HGR VI/1/Durner § 162 Rn. 38; siehe auch GA Bobek, C-134/15, Lidl, Rn. 23, 25 und 39.
[35] EuGH C-283/11, Sky Österreich, EuZW 2013, 347 (349 Rn. 46 f.); siehe dazu etwa Bitburger Gespr. in München V/Blanke, 13 (37).
[36] Siehe dazu GA Bobek, C-134/15, Lidl, Rn. 25; siehe auch Jarass GRCh Art. 16 Rn. 20 mwN.
[37] Siehe zum Ganzen Cloppenburg, Erwerbsgrundrechte im Unionsrecht, 203 ff. mwN. Siehe zur potenziellen Gefahr einer extensiven Auslegung von Art. 16 GRC für die unionale Regulierungstätigkeit Research-HdB EU Law/GPP, 326 (342).

keitsprüfung nicht, wie in Teilen der Literatur vorgeschlagen, (prozessual) durch eine Zurücknahme der Kontrolldichte des EuGH vorzunehmen,[38] sondern durch eine (materiell-rechtliche) **Reduzierung** des in die Verhältnismäßigkeitsprüfung einzustellenden **Grundrechtsgewichts**.[39] Insoweit ist zu kritisieren, dass der EuGH in der Rs. Sky Österreich die von ihm skizzierte Maßstabsabsenkung nicht in erkennbarer Weise im Rahmen der konkret vorgenommenen Verhältnismäßigkeitsprüfung operationalisierte.[40]

Da Art. 16 GRC folglich ein geringeres (Grundrechts-)Gewicht als Art. 15 GRC zukommt, kann die Frage der Abgrenzung der Schutzbereiche von Art. 15 GRC und Art. 16 GRC nicht offengelassen werden. In der Literatur finden sich unterschiedliche Antworten auf die aufgeworfene Frage. Gegenüber denjenigen Stimmen, die für ein identisches Schutzniveau von Art. 15 und Art. 16 GRC plädieren, auf eine Abgrenzung ganz verzichten wollen und ein einheitliches Grundrecht der wirtschaftlichen Betätigungsfreiheit postulieren,[41] und anderen Stimmen, die Art. 16 GRC prinzipiell als Spezialregelung gegenüber Art. 15 GRC ansehen wollen,[42] geht die ganz überwiegende Auffassung davon aus, dass die beiden Grundrechte grundsätzlich **unterschiedliche Schutzbereiche** aufweisen, die freilich nicht vollkommen überschneidungsfrei definierbar sind.[43] 19

Der EuGH hat die Frage noch keiner abschließenden Klärung zugeführt. Stattdessen folgt er regelmäßig und dies ohne Diskussion mit Blick auf die Abgrenzungsfrage der Fassung der Vorlagefrage des eine Vorabentscheidung ersuchenden Gerichts bzw. den Anträgen der Parteien im Rahmen der Nichtigkeitsklage.[44] Lediglich in seiner Entscheidung in der Rs. Lidl aus dem Jahr 2016 hat er sich zur Abgrenzungsfrage näher geäußert, wenn auch weniger klar als es wünschenswert gewesen wäre.[45] Eindeutig der Entscheidung entnehmbar ist zumindest die **Absage** an eine **Idealkonkurrenz** von Art. 15 Abs. 1 GRC und Art. 16 GRC. Als maßgeblichen Abgrenzungsgesichtspunkt scheint die seinerzeit entscheidende Kammer anzusehen, ob es um das „Ob" einer selbstständigen wirtschaftlichen Tätigkeit geht – dann Art. 15 Abs. 1 GRC – oder um das „Wie" einer solchen, das dem Schutzbereich von Art. 16 GRC unterfällt.[46] Zieht man die Schlussanträge des Generalanwalts *Michal Bobek* zusätzlich heran, findet Art. 15 Abs. 1 GRC „im Kern […] eher auf Fälle" Anwendung, „in denen es um natürliche Personen und Fragen des Zugangs zu Arbeit und der Berufswahl geht", während Art. 16 GRC „eher" einschlägig ist „in Bezug auf juristische Personen und die Art und Weise, wie ein bestehendes Unternehmen oder ein bereits gewählter Beruf betrieben oder ausgeübt wird".[47] Damit wird die Grundidee eines im Schrifttum entwickelten Abgrenzungskriteriums aufgegriffen, wonach Art. 15 Abs. 1 GRC einen engen Bezug zur menschlichen Persönlichkeitsentfaltung aufweist, der hingegen bei Art. 16 GRC fehlt.[48] In der Folge können sich juristische Personen ausschließlich auf Art. 16 GRC berufen, während natürliche Personen je nach Fallgestaltung entweder von Art. 15 GRC oder von 20

---

[38] Letzteres scheint mit Blick auf die EuGH-Rechtsprechung KRS/Ganglbauer GRC, 203 (221) anzunehmen; so wohl auch Cloppenburg, Erwerbsgrundrechte im Unionsrecht, 201.
[39] So iErg wohl auch KRS/Ganglbauer GRC, 203 (220 f.); Drechsler EuR 2016, 691 (700).
[40] Darauf ebenfalls hinweisend Gundel ZHR 180 (2016), 323 (343); KRS/Ganglbauer GRC, 203 (220); Drechsler EuR 2016, 691 (700); Michl, Unionsgrundrechte aus der Hand des Gesetzgebers, 246 f.; EnzEuR II/Grabenwarter § 14 Rn. 47; Bilz, Margin of Appreciation der EU-Mitgliedstaaten, 288 f.
[41] So etwa GSH/Wollenschläger GRC Vorb. zu den Art. 15 und 16 GRC Rn. 6.
[42] So etwa Werthmüller, Staatliche Eingriffe in die Aufsichtsratsbesetzung und die Geschlechterquote, 267.
[43] Siehe zu den verschiedenen vertretenen Auffassungen eingehend und übersichtlich GSH/Wollenschläger GRC Vorb. zu den Art. 15 und 16 GRC Rn. 3 ff.
[44] Siehe dazu eingehend Drechsler, Die Unionsgrundrechte unter dem Einfluss des Prozessrechts, 51 ff.
[45] EuGH C-134/15, Lidl, LMuR 2016, 240 (241 f. Rn. 27 ff.); siehe dazu Drechsler, Die Unionsgrundrechte unter dem Einfluss des Prozessrechts, 100 f.
[46] Siehe dazu Drechsler EuR 2016, 691 (696); Drechsler, Die Unionsgrundrechte unter dem Einfluss des Prozessrechts, 101.
[47] GA Bobek, C-134/15, Lidl, Rn. 27; siehe dazu Drechsler EuR 2016, 691 (696); ähnlich EnzEuR II/Grabenwarter § 14 Rn. 25, der objektive (Berufs-)Zulassungsvoraussetzungen als Eingriffe in Art. 16 GRC, subjektive hingegen als Beschränkungen von Art. 15 GRC einordnet.
[48] So etwa KRS/Ganglbauer GRC, 203 (222 f.); kritisch dazu GSH/Wollenschläger GRC Vorb. zu den Art. 15 und 16 GRC Rn. 4; Drechsler EuR 2016, 691 (696).

Art. 16 GRC grundrechtlichen Schutz erhalten.[49] Mit Blick auf Organisationsvorgaben für erwerbswirtschaftlich agierende Unternehmen bedeutet das Vorstehende, dass nicht Art. 15 GRC, sondern **ausschließlich Art. 16 GRC** Schutz zugunsten der betroffenen **Unternehmen** entfaltet.

21 bb) **Schutzbereich.** Während etwa Art. 15 Abs. 1 GRC für „jede Person" gilt, ist der Normtext von Art. 16 GRC mit Blick auf den persönlichen Schutzbereich aufgrund der passivischen Formulierung eher unergiebig.[50] Da es thematisch um „unternehmerische" Freiheit geht, ist allerdings unstreitig, dass neben **natürlichen** Personen auch **juristische** Personen sowie **Personenmehrheiten** zu den Grundrechtsberechtigten gehören,[51] auf die die Judikatur des EuGH zu Art. 16 GRC zugeschnitten scheint.[52] Dazu zählen auch natürliche und juristische Personen aus Drittstaaten.[53]

22 In sachlicher Hinsicht schützt Art. 16 GRC die Entfaltungsmöglichkeit privatwirtschaftlicher Initiative in einer marktwirtschaftlich organisierten Wirtschaftsordnung.[54] Konkret wird die „Freiheit, eine Wirtschafts- oder Geschäftstätigkeit auszuüben"[55] und damit das Recht jedes Unternehmens geschützt, frei über seine wirtschaftlichen, technischen und finanziellen Ressourcen zu verfügen.[56] Vom Schutzumfang des Art. 16 GRC ist somit die unternehmerische **Handlungs- und Dispositionsfreiheit** im umfassenden Sinne erfasst,[57] dh die selbstständige wirtschaftliche Betätigung ist in allen ihren Teilaspekten von der Aufnahme über die Ausübung bis zu ihrer Beendigung geschützt.[58] Die unselbstständige Erwerbstätigkeit fällt demgegenüber ausschließlich in den Schutzbereich von Art. 15 GRC.[59]

23 Mit Blick auf die hier im Mittelpunkt stehenden Organisationspflichten stellt sich die Frage, ob Art. 16 GRC auch die (unternehmerische) **Organisationsfreiheit** schützt, also die Freiheit, die Organisation des Unternehmens sowie die des Unternehmensträgers auszugestalten.[60] Die so verstandene Organisationsfreiheit lässt sich in drei organisationsbezogene Facetten unterteilen:[61]

---

[49] So auch KRS/Ganglbauer GRC, 203 (223).
[50] Vgl. Gundel ZHR 180 (2016), 323 (325); siehe eingehend zu Streitfragen der Grundrechtsträgerschaft im Rahmen von Art. 16 GRC Sasse EuR 2012, 628 (628).
[51] Vgl. Rengeling DVBl 2004, 453 (456); Frenz GewArch 2009, 427 (427 f.); Calliess/Ruffert/Ruffert GRC Art. 16 Rn. 4; Wunderlich, FS Schwarze, 304 (316 f.); Bitburger Gespr. in München V/Blanke, 13 (27); siehe aus der Rspr. EuGH C-314/12, UPC Telekabel Wien, NJW 2014, 1577 (1579 Rn. 49); EuGH C-134/15, Lidl, LMuR 2016, 240 (241 Rn. 26).
[52] Siehe dazu Eur. GR-HdB/Nowak § 35 Rn. 39; im Anschluss daran auch Frenz GewArch 2009, 427 (427 f.).
[53] Siehe zum Ganzen mwN Gundel ZHR 180 (2016), 323 (344); siehe auch Cloppenburg, Erwerbsgrundrechte im Unionsrecht, 188.
[54] So treffend Große Wentrup, Die Europäische Grundrechtecharta im Spannungsfeld der Kompetenzverteilung zwischen Europäischer Union und Mitgliedstaaten, 87; siehe auch Research-HdB EU Law/GPP, 326 (328).
[55] GRC Erläuterungen 2007, TITEL II, Erläut. zu A; darauf Bezug nehmend ohne den Begriff des Unternehmens näher zu konkretisieren EuGH C-283/11, Sky Österreich, EuZW 2013, 347 (349 Rn. 42); siehe dazu Cloppenburg, Erwerbsgrundrechte im Unionsrecht, 174 f.
[56] EuGH C-134/15, Lidl, LMuR 2016, 240 (241 Rn. 27); EuGH C-314/12, UPC Telekabel Wien, NJW 2014, 1577 (1579 Rn. 49); siehe dazu EnzEuR II/Grabenwarter § 14 Rn. 28; Cloppenburg, Erwerbsgrundrechte im Unionsrecht, 179 f.; Jarass GRCh Art. 16 Rn. 10; Bitburger Gespr. in München V/Blanke, 13 (27).
[57] Vgl. Drechsler, Die Unionsgrundrechte unter dem Einfluss des Prozessrechts, 465 und 482; siehe auch Bitburger Gespr. in München V/Blanke, 13 (27).
[58] Siehe dazu KRS/Ganglbauer GRC, 203 (213); GSH/Wollenschläger GRC Art. 16 Rn. 8 jeweils auch mwN aus der Rspr.
[59] Siehe statt aller KRS/Ganglbauer GRC, 203 (209).
[60] So die Definition im vornehmlich grundgesetzlichen Kontext bei Rast, Unternehmerische Organisationsfreiheit und Gemeinwohlbelange, 333.
[61] Siehe zum Folgenden eingehend Rast, Unternehmerische Organisationsfreiheit und Gemeinwohlbelange, 333–338; einzelne Elemente benennen Voß, Unternehmenswissen als Regulierungsressource, 239 f.; Burgi ZHR 181 (2017), 1 (6); BK GG/Burgi GG Art. 12 Abs. 1 Rn. 47; Bitburger Gespr. in München V/Blanke, 13 (24); KRS/Ganglbauer GRC, 203 (210 und 225).

- Erstens ist die Wahl und die Gestaltung der Organisationsstruktur des **Unternehmens (-trägers)** geschützt, wozu neben der Wahl einer bestimmten gesellschaftlichen Rechtsform (sog. Organisationsformfreiheit)[62] auch die Freiheit gehört, die Organisationsstruktur des Unternehmens durch Zusammenschluss mit anderen Unternehmen zu gestalten.
- Die Organisationsfreiheit erfasst zweitens die Ausgestaltung der gesellschaftsrechtlich vorgeprägten Organisationsstruktur auf der Ebene der **Organe**. Diese Facette der Organisationsfreiheit ist insbesondere dann betroffen, wenn die gesellschaftsrechtlich typisierten Organisationsstrukturen verändert oder wenn Vorgaben für die an sich disponible Ausgestaltung der internen Organstrukturen gemacht werden.
- Der dritte organisationsfreiheitliche Teilaspekt betrifft schließlich die Organisation im Unternehmen selbst, also die Gestaltung der Organisationsstruktur **unterhalb** der Ebene der **Organe**.

Während – wenn auch nicht in dieser Differenziertheit – der Faktor „Organisation" zumindest als Schutzgut von Art. 12 Abs. 1 GG allgemein anerkannt ist,[63] findet sich **keine einzige Entscheidung des EuGH,** die organisationsfreiheitliche Fragestellungen im Zusammenhang mit den Wirtschaftsgrundrechten der GRC überhaupt nur thematisiert.[64] Lediglich in einer (!) Randnummer eines Schlussantrags der Generalanwältin *Juliane Kokott* wird ausgeführt, dass Art. 16 (und Art. 17) GRC „ohne Zweifel" das Recht beinhalten, „Unternehmenszusammenschlüsse zu verwirklichen",[65] womit zumindest eine Facette der Organisationsfreiheit angesprochen wird. Auch rechtswissenschaftliche Abhandlungen, die sich eingehend mit der Frage beschäftigen, ob Art. 16 GRC die unternehmerische Organisationsfreiheit schützt, finden sich nicht. Regelmäßig wird sie lediglich begründungslos bejaht.[66]

24

Dafür, dass der Schutzbereich von Art. 16 GRC die Organisationsfreiheit umfasst, spricht, dass sich die Organisationsfreiheit zwanglos der unternehmerischen Dispositionsfreiheit zuordnen lässt,[67] die nach einhelliger Auffassung im Mittelpunkt des Schutzbereichs von Art. 16 GRC steht. Mit anderen Worten: Die unternehmerische Dispositionsfreiheit drückt sich „nicht nur in inhaltlichen Entscheidungen, sondern auch in die Unternehmensorganisation betreffenden strukturellen Festlegungen aus."[68] Dies rührt daher, dass **Unternehmenskonstitution, -struktur und -organisation** der gesamten Wirtschaftstätigkeit des Unternehmens vorausgehen und diese – wenn auch unterschiedlich weitgehend – in Form und Inhalt dauerhaft und querschnittsartig beeinflussen[69] sowie maßgeblich über den **Erfolg** der unternehmerischen Tätigkeit entscheiden.[70] Hinzukommt schließlich, dass Individuen ihre Unternehmensfreiheit aus Art. 16 GRC spätestens im

25

---

[62] BK GG/Burgi GG Art. 12 Abs. 1 Rn. 240.
[63] Vgl. Rast, Unternehmerische Organisationsfreiheit und Gemeinwohlbelange, 325, der allerdings zu Recht darauf hinweist (313), dass der Organisation in der grundgesetzlichen Grundrechtsdogmatik nur äußerst wenig Aufmerksamkeit geschenkt wird.
[64] Einschränkend muss allerdings gesagt werden, dass der EuGH per se deutlich weniger abstrakte Ausführungen zum Schutzbereich der Unionsgrundrechte macht, als man dies etwa vom Bundesverfassungsgericht gewohnt ist; siehe dazu im hiesigen Kontext Voß, Unternehmenswissen als Regulierungsressource, 237.
[65] GA Kokott, C-413/06, Bertelsmann und Sony Corporation of America/Impala, Rn. 214.
[66] So etwa FK-GRC/Kühling GRC Art. 16 Rn. 9; Schmidt, Die Unternehmerische Freiheit im Unionsrecht, 185 f.; Jarass EuGRZ 2011, 360 (362); Schwarze, FS Stern, 2012, 429 (430 und 436); Werthmüller, Staatliche Eingriffe in die Aufsichtsratsbesetzung und die Geschlechterquote, 2017, 268; Jarass GRCh Art. 16 Rn. 10; Voß, Unternehmenswissen als Regulierungsressource, 240; Bitburger Gespr. in München V/Blanke, 13 (24); Gundel ZHR 180 (2016), 323 (350); Cloppenburg, Erwerbsgrundrechte im Unionsrecht, 180; Frenz GewArch 2009, 427 (429); GSH/Wollenschläger GRC Art. 16 Rn. 11; iErg auch Binder ZGR 2013, 760 (790).
[67] So im grundgesetzlichen Kontext Spindler, Unternehmensorganisationspflichten, 445, 453 und 456.
[68] So ebenfalls primär im Kontext des Grundgesetzes Voß, Unternehmenswissen als Regulierungsressource, 239.
[69] Ähnlich Frenz GewArch 2009, 427 (429); siehe auch Rast, Unternehmerische Organisationsfreiheit und Gemeinwohlbelange, 327 ff.
[70] Vgl. Spindler, Unternehmensorganisationspflichten, 453.

21. Jahrhundert vielfach nur noch im Wege des Zusammenschlusses mit anderen Grundrechtsberechtigten wahrnehmen können,[71] sodass die Gestaltungsfreiheit mit Blick auf organisatorische Strukturen für die Wirtschaftstätigkeit generell eine nicht zu unterschätzende Bedeutung hat.

26 **cc) Grundrechtsbeschränkung.** Weder definiert die GRC in Art. 52 Abs. 1 den Begriff der rechtfertigungsbedürftigen Einschränkungen näher, noch hat der EuGH eine differenzierte Eingriffsdogmatik entwickelt. Vielmehr bejahen die Luxemburger Richter eine **Beeinträchtigung des Schutzbereichs** regelmäßig **begründungslos** und fokussieren ihre Ausführungen stattdessen auf die Frage der Eingriffsrechtfertigung. Mit Blick auf Judikate, die noch vor dem Inkrafttreten der GRC ergangen sind, ist ein Grundrechtseingriff und damit eine rechtfertigungsbedürftige Grundrechtseinschränkung dann zu bejahen, wenn ein Grundrechtsverpflichteter eine Regelung trifft, die für den Grundrechtsträger im Hinblick auf die unternehmerischen Aktivitäten einen Nachteil bezweckt oder unmittelbar bewirkt. Erforderlich sind insoweit „hinreichend direkte und bedeutsame Auswirkungen" auf die unternehmerische Freiheit.[72]

27 Organisations- bzw. organisationsstrukturbezogene Vorgaben stellen demnach stets Eingriffe in Art. 16 GRC dar, formulieren sie doch **unmittelbare Anforderungen** an die Unternehmensorganisation(-sstruktur), denen von Art. 16 GRC Berechtigte verpflichtend nachkommen müssen und die dadurch regelmäßig **Auswirkungen** auf ihre Dispositionsfreiheit zeitigen.[73] Die mit Blick auf die grundgesetzliche Grundrechtsdogmatik geführte Diskussion darüber, ob rechtliche Organisationsvorgaben für Unternehmen bisweilen weniger als Eingriffe denn als Ausgestaltungen eines dann als normgeprägt verstandenen Grundrechts anzusehen sind, ist für die unionale Ebene deshalb unergiebig, weil Art. 16 GRC nach dem oben Gesagten gerade keinem Ausgestaltungsvorbehalt unterliegt, insbesondere keinem solchen, der zur Umgehung der Rechtfertigungsanforderungen von Art. 52 Abs. 1 GRC führen würde (→ Rn. 28 ff.).[74] Ferner tragen öffentlich-rechtliche Organisationsvorgaben „unternehmensexterne Gemeinwohlbelange" an die Unternehmen heran, sodass sie anders als die gesellschaftsrechtlich bereitgestellten Rechtsformen nicht der organisationsrechtlichen Entfaltung sowie der Zuordnung wirtschaftlicher Freiheiten dienen. Insoweit passt auch strukturell die im grundgesetzlichen Kontext entwickelte Ausgestaltungsfunktion der Grundrechte nicht zu den hier im Mittelpunkt stehenden öffentlich-rechtlichen Organisationspflichten.[75]

28 **dd) Rechtfertigung, Art. 52 Abs. 1 GRC.** Art. 16 GRC ist wie andere Charta-Grundrechte nicht absolut gewährleistet, sodass Grundrechtsbeschränkungen unter bestimmten Bedingungen gerechtfertigt werden können. Anders als das Grundgesetz sieht die GRC von wenigen Ausnahmen abgesehen (etwa Art. 17 GRC, → Rn. 63 ff.) keine speziellen, sondern stattdessen „nur" einen **allgemeinen Schrankenvorbehalt** in Art. 52 GRC vor, der für alle Grundrechte gilt.[76] Ergänzt wird dieser horizontale Schrankenvorbehalt durch die in Art. 52 Abs. 3 GRC angeordnete Geltung der Schrankenvorbehalte der EMRK, die bei Art. 16 GRC allerdings ins Leere geht, enthält die EMRK doch weder eine Berufs- noch eine Unternehmensfreiheitsgarantie.[77]

---

[71] So bereits mit Blick auf Art. 12 GG Papier DVBl. 1984, 801 (807); im Anschluss auch Rast, Unternehmerische Organisationsfreiheit und Gemeinwohlbelange, 326.
[72] Siehe dazu mwN Jarass GRCh Art. 16 Rn. 13; Frenz GewArch 2009, 427 (430 f.).
[73] IErg wohl auch GSH/Wollenschläger GRC Art. 16 Rn. 11. Siehe eingehend zur Eingriffsthematik, wenn auch im grundgesetzlichen Kontext, Rast, Unternehmerische Organisationsfreiheit und Gemeinwohlbelange, 339 ff.; siehe ferner Voß, Unternehmenswissen als Regulierungsressource, 231.
[74] Vgl. Voß, Unternehmenswissen als Regulierungsressource, 246.
[75] Vgl. Voß, Unternehmenswissen als Regulierungsressource, 245; Rast, Unternehmerische Organisationsfreiheit und Gemeinwohlbelange, 339 f. Siehe ferner → § 1 Rn. 29 ff.
[76] Siehe statt aller im Zusammenhang mit Art. 16 GRC HGR VI/1/Durner § 162 Rn. 17.
[77] Siehe dazu Gundel ZHR 180 (2016), 323 (327 und 341); Bitburger Gespr. in München IV/Schorkopf, 19 (26).

Nach Art. 52 Abs. 1 GRC werden konkret **drei Anforderungen** an die Rechtfertigung von Grundrechtseinschränkungen und damit auch an Eingriffe in die Organisationsfreiheit gestellt. Erstens müssen Grundrechtseinschränkungen „gesetzlich vorgesehen" sein, zweitens muss der grundrechtliche Wesensgehalt geachtet und drittens müssen die Vorgaben des Verhältnismäßigkeitsgrundsatzes eingehalten werden. Letzteres ist dann der Fall, wenn die Grundrechtsbeschränkungen „erforderlich sind und den von der Union anerkannten dem Gemeinwohl dienenden Zielsetzungen oder den Erfordernissen des Schutzes der Rechte und Freiheiten anderer tatsächlich entsprechen." 29

Das Erfordernis einer gesetzlichen Beschränkungsgrundlage nach Art. 52 Abs. 1 S. 1 GRC besagt, dass Grundrechtseinschränkungen entweder **durch** oder **aufgrund** eines **Gesetzes** vorgenommen werden müssen und die jeweilige Rechtsvorschrift **ausreichend bestimmt** zu sein hat.[78] Unbestimmte Regelungen sind aber in gewissen Grenzen hinzunehmen, wenn die Eigenheiten der Materie eine genauere Regelung nicht zulassen.[79] 30

Der nach Art. 52 Abs. 1 S. 1 GRC absolut geschützte grundrechtliche Wesensgehalt ist dann verletzt, wenn die die Grundrechtsbeschränkungen auslösende Maßnahme das Grundrecht als solches infrage stellt.[80] Wann dies im Kontext des Art. 16 GRC allgemein der Fall ist, ist in der Rechtsprechung des EuGH nicht im Einzelnen aufgearbeitet. Anderes ergibt sich auch nicht aus den Entscheidungen in den Rs. Deutsches Weintor, Alemo-Herron und UPC Telekabel Wien. Dort lässt sich der EuGH so verstehen, dass es für die Rechtfertigung von Eingriffen in Art. 16 GRC ausreicht, dass die **Substanz** („substance même") der unternehmerischen Freiheit nicht betroffen ist. Ob eine solche Substanzverletzung vorliegt, ermittelt der EuGH – wie für die Verletzung des Wesensgehalts zu erwarten – **allein** durch die Prüfung der **Eingriffsintensität.** Allerdings zitiert der EuGH Art. 52 Abs. 1 GRC nicht und nutzt in Gestalt des Substanzbegriffs („substance même") auch eine von Art. 52 Abs. 1 GRC („contenu essentiel") abweichende Terminologie, was leider (ausschließlich) in der deutschen Fassung der Urteile nicht zum Ausdruck kommt. Vielmehr wird der unzutreffende, weil anderweitig belegte Begriff des Wesensgehalts verwendet.[81] Auf diese Rechtsprechungslinie sowie ihr Verhältnis zum Charta-Text wird zurückzukommen sein (→ Rn. 59 ff.). 31

Man wird eine Wesensgehaltsverletzung zumindest dann annehmen können, wenn die unternehmerische Tätigkeit ganz verboten wird oder für sie infolge der Grundrechtsbeschränkung keine signifikanten Spielräume mehr verbleiben.[82] Mit Blick auf die Organisationsfreiheit wird konkretisierend bisweilen der **„Kernbereich der Geschäftsführung"** zum Wesensgehalt gezählt, der zB durch die Richtlinie zur Geschlechterquote nicht berührt sei.[83] Fundierte Überlegungen zum Thema finden sich in der existierenden Literatur letztlich nur in der Untersuchung von *Voß*, an die sich spätere Stellungnahmen im grundgesetzlichen Kontext und auch die folgenden Ausführungen anlehnen.[84] 32

Ausgangspunkt eines dogmatischen Operationalisierungsversuchs des Wesensgehalts der in Art. 16 GRC enthaltenen Organisationsfreiheit ist die „Funktion der Unternehmensorganisation als Instrument privat verantworteter unternehmerischer Freiheitsausübung". Ist diese grundsätzlich infrage gestellt, liegt eine Verletzung des Wesensgehalts der in 33

---

[78] Siehe dazu statt aller NK-EuGRCh/Schwerdtfeger GRC Art. 52 Rn. 30 f. mwN.
[79] So Jarass GRCh Art. 16 Rn. 21.
[80] Siehe dazu mwN aus der Rspr. des EuGH NK-EuGRCh/Schwerdtfeger GRC Art. 52 Rn. 34.
[81] Siehe EuGH C-544/10, Deutsches Weintor, EuZW 2012, 828 (830 Rn. 54 ff.); EuGH C-426/11, Mark Alemo-Herron, EuZW 2013, 747 (747 f. Rn. 20 ff.); EuGH C-314/12, UPC Telekabel Wien, NJW 2014, 1577 (1579 Rn. 51 ff.); siehe dazu Michl, Unionsgrundrechte aus der Hand des Gesetzgebers, 243 ff.; Drechsler, Die Unionsgrundrechte unter dem Einfluss des Prozessrechts, 114.
[82] Vgl. Jarass GRCh Art. 16 Rn. 22; Frenz GewArch 2009, 427 (433).
[83] So etwa Werthmüller, Staatliche Eingriffe in die Aufsichtsratsbesetzung und die Geschlechterquote, 269 f.
[84] Siehe Voß, Unternehmenswissen als Regulierungsressource, 273 ff.

Art. 16 GRC enthaltenen Organisationsfreiheit vor. Besagte Funktion hat zwei absolut geschützte Komponenten: den Fortbestand der Unternehmensorganisation als **Wertschöpfungseinheit** und die **instrumentelle Zuordnung** der Unternehmensorganisation zum **Unternehmensträger**.[85]

34 Das Wesensgehaltselement des Fortbestands des Unternehmens als Wertschöpfungseinheit entspricht in etwa dem vom Bundesverfassungsgericht in der Mitbestimmungsentscheidung mit Blick auf Art. 14 GG postulierten Erfordernis der Erhaltung der **Funktionsfähigkeit** des Unternehmens.[86] Die Funktionsfähigkeit ist durch Organisationspflichten dann gefährdet, wenn ein zentraler Zweck der Unternehmensorganisation, nämlich die Herbeiführung delegierter Entscheidungsfindungen, nicht mehr erreicht und ein Zustand der **Entscheidungsunfähigkeit** herbeigeführt wird.[87]

35 Die instrumentelle Zuordnung der Unternehmensorganisation zum Unternehmensträger meint, dass die Unternehmensorganisation auf **privatautonom** definierte Unternehmensziele ausgerichtet ist. Durch öffentlich-rechtliche Organisationsvorgaben werden diese Unternehmensziele durch hoheitlich definierte Gemeinwohlziele überlagert. Diese Überlagerung führt (erst) dann zu einer Verletzung des Wesensgehalts von Art. 16 GRC, wenn nicht mehr die unternehmerischen Zielsetzungen, sondern die hoheitlich vorgegebenen Gemeinwohlgesichtspunkte dominant sind, verliert doch in diesem Moment die Unternehmensorganisation ihren **privatnützigen Instrumentencharakter**. Wann dies der Fall ist, ist anhand einer Analyse der verbleibenden Spielräume für privatautonome Entscheidungen zu bestimmen, die insbesondere auch die kumulativen Effekte verschiedener Organisationsvorgaben einzubeziehen hat.[88]

36 Schließlich fordert die Charta in Art. 52 Abs. 1 S. 2, dass Grundrechtseinschränkungen den Anforderungen des **Verhältnismäßigkeitsgrundsatzes** genügen müssen. Dies ist dann der Fall, wenn die in Rede stehende Maßnahme eine von der Union anerkannte, dem Gemeinwohl dienende Zielsetzung aufweist, zur Zielerreichung geeignet und erforderlich ist und der von der Maßnahme ausgehende Grundrechtseingriff in einem angemessenen Verhältnis zum konkreten Gewicht des verfolgten Ziels steht.[89]

37 Legitime Einschränkungsziele sind nach Art. 52 Abs. 1 S. 2 GRC sowohl dem **Gemeinwohl** dienende Zielsetzungen – etwa Gesundheits- und Umweltschutz[90] – als auch der Schutz der **Rechte anderer**.[91] Besondere Probleme im Zusammenhang mit Organisationspflichten für Unternehmen stellen sich an dieser Stelle nicht.

38 Ferner muss die Grundrechtseinschränkung im Hinblick auf das mit der gegenständlichen Organisationspflicht verfolgte Ziel geeignet und erforderlich sein. Für die Geeignetheit genügt ein Beitrag zur Zielerreichung.[92] Ein solcher **Zielerreichungsbeitrag** wird regelmäßig zu bejahen sein, insbesondere wenn die Organisationspflichten unmittelbar eine materiell-rechtliche Rechtspflicht sekundieren (sog. akzessorische Organisationspflichten),[93] die ihrerseits zur Zielerreichung geeignet ist.[94]

39 Erforderlich ist eine Grundrechtseinschränkung zur Zielerreichung dann, wenn sie nicht über das hinausgeht, was zur Erreichung der verfolgten Ziele in sachlicher und zeitlicher

---

[85] Vgl. zum Ganzen Voß, Unternehmenswissen als Regulierungsressource, 277.
[86] Siehe BVerfGE 50, 290 (352, 357).
[87] Vgl. Voß, Unternehmenswissen als Regulierungsressource, 277 f. unter Verweis auf BVerfGE 50, 290 (352); siehe zur Uneindeutigkeit der Kategorie der Funktionsfähigkeit statt vieler Reiling, Der Hybride, 283; Rast, Unternehmerische Organisationsfreiheit und Gemeinwohlbelange, 402.
[88] Vgl. Voß, Unternehmenswissen als Regulierungsressource, 278; ähnlich Rast, Unternehmerische Organisationsfreiheit und Gemeinwohlbelange, 402 f.
[89] Ähnlich EnzEuR II/Grabenwarter § 14 Rn. 45; KRS/Ganglbauer GRC, 203 (216).
[90] Siehe zu einer Systematisierung unmittelbarer und mittelbarer Zwecksetzungen von Organisationsvorgaben Rast, Unternehmerische Organisationsfreiheit und Gemeinwohlbelange, 208 ff.
[91] Vgl. Jarass GRCh Art. 16 Rn. 23.
[92] Siehe dazu im Zusammenhang mit Art. 16 GRC Jarass GRCh Art. 16 Rn. 24.
[93] → § 1 Rn. 42.
[94] Vgl. im Kontext des Grundgesetzes Spindler, Unternehmensorganisationspflichten, 458 f.

Hinsicht **notwendig** ist. Es darf also keine weniger einschneidenen, gleich wirksamen Mittel geben,[95] die auch Dritte und die Allgemeinheit nicht stärker belasten.[96]

Gehen von den Organisationsvorgaben in signifikanter Weise Wirkungen auf die inhaltliche Tätigkeit aus, stellt sich die Frage, ob es an der **Erforderlichkeit** von Organisationsstrukturvorgaben in Bereichen, in denen Vorgaben für die wirtschaftliche Tätigkeit selbst, also für das Verhalten der Unternehmen, möglich sind, mangelt.[97] Mit anderen Worten: Steht dem Gemeinwohlbelang nicht nur (primär) die Organisationstruktur, sondern die Tätigkeit des Unternehmens entgegen, könnte das Erforderlichkeitsprinzip verlangen, dass der Gemeinwohlbelang mithilfe **tätigkeitsregulierender** Maßnahmen verfolgt wird, nicht hingegen durch Statuierung von Organisationsvorgaben. Gegen einen drohenden Verstoß gegen den Erforderlichkeitsgedanken spricht allerdings, dass keinesfalls ausgemacht ist, dass Eingriffe in die klassische unternehmerische Handlungsfreiheit per se weniger grundrechtsinvasiv ausfallen als Beschränkungen der Organisationsfreiheit.[98] Entsprechende Überlegungen sind vielmehr auf der Ebene der Angemessenheitsprüfung zu verorten, da Organisationsvorgaben vergleichsweise **ineffektive** Instrumente zur Zielverfolgung darstellen können, was zu Lasten der Angemessenheit einer Organisationsvorgabe zu berücksichtigen ist. 40

Eine sowohl Geeignetheit als auch Erforderlichkeit betreffende Herausforderung im Zusammenhang mit Organisationsvorgaben besteht darin, dass der Verhältnismäßigkeitsgrundsatz als Kontrollmaßstab für **punktuelle** Beeinträchtigungen konzipiert ist.[99] Liegt eine solche durch den Eingriffstopos begrifflich gefasste Beeinträchtigung vor, lässt sich das Verhältnis zwischen verfolgtem Zweck und eingesetztem Mittel vergleichsweise gut beurteilen, während sich die empirischen Zusammenhänge zwischen Mittel und Zweck in organisationsrechtlichen Zusammenhängen deutlich **abstrakter** darstellen. Rechtliche Strukturvorgaben wirken nämlich insoweit nur **mittelbar,** als sie einen Rahmen für die privatautonome unternehmerische Wirtschaftstätigkeit spannen. In der Folge sind spezifische Wirkungen und Wirkungsgrade bestimmter organisationsrechtlicher Gestaltungen kaum angebbar.[100] In der Folge fehlt es regelmäßig an den für die Geeignetheits- und die Erforderlichkeitsprüfung notwendigen **Informationen.**[101] 41

Im grundgesetzlichen Zusammenhang reagiert das Bundesverfassungsgericht auf dieses Problem mit der Einräumung von besonders weitgehenden **Einschätzungs- und Prognosespielräumen** des Gesetzgebers. Seine eigene Kontrolle beschränkt das Gericht auf die Einhaltung bestimmter prozeduraler Vorgaben wie etwa Ermittlungs-, Beobachtungs- und Nachbesserungspflichten des Gesetzgebers.[102] Auch wenn bislang – soweit ersichtlich – keine unionsgerichtlichen Entscheidungen zu Organisationspflichten für Unternehmen ergangen sind, reduziert auch der EuGH im Rahmen der Verhältnismäßigkeitskontrolle seine **Kontrollintensität,** wenn besonders komplexe und durch prognostische Elemente geprägte Sachverhaltskonstellationen zu beurteilen sind.[103] So betonte der EuGH etwa in der Rs. Schaible seine eingeschränkte Prüfungsdichte im Rahmen der Verhältnismäßigkeitskontrolle, wenn der Gesetzgeber „politische, wirtschaftliche und soziale Entscheidungen treffen und komplexe Beurteilungen vornehmen muss". Die Prüfung des EuGH 42

---
[95] EuGH C-283/11, Sky Österreich, EuZW 2013, 347 (349 f. Rn. 50).
[96] EuGH C-134/15, Lidl, LMuR 2016, 240 (242 Rn. 33); siehe zum Ganzen etwa Jarass GRCh Art. 16 Rn. 25 mwN.
[97] So etwa im grundgesetzlichen Kontext Deutsches wissenschaftliches Institut der Steuerberater/Kluth, Quo vadis Freiberuflergesellschaft?, 13 (30, 39); vgl. auch Hellgardt, Regulierung und Privatrecht, 622 f.
[98] Vgl. Rast, Unternehmerische Organisationsfreiheit und Gemeinwohlbelange, 373 f.
[99] Vgl. Reiling, Der Hybride, 261.
[100] Vgl. Voß, Unternehmenswissen als Regulierungsressource, 247 f.
[101] Vgl. Voß, Unternehmenswissen als Regulierungsressource, 258 ff.; siehe zu diesem Problem auch Rast, Unternehmerische Organisationsfreiheit und Gemeinwohlbelange, 354 f.
[102] Vgl. Voß, Unternehmenswissen als Regulierungsressource, 255 und 261 unter Verweis auf BVerfGE 50, 290 (333 f.); BVerfGE 111, 333 (355 f.); BVerfGE 127, 87 (116).
[103] So bereits etwa EuGH C-280/93, Deutschland/Rat, NJW 1995, 945 (949 Rn. 90); siehe dazu Voß, Unternehmenswissen als Regulierungsressource, 262.

beschränke sich in solcherart Sachverhaltskonstellationen darauf, zu kontrollieren, ob die Grenzen des Ermessens „**offensichtlich** überschritten" sind.[104]

43 Angesichts der vorstehend thematisierten Herausforderungen, die sich für eine effektive gerichtliche Kontrolle im Rahmen der Geeignetheit- und Erforderlichkeitsprüfung stellen, liegt der **Schwerpunkt** der Verhältnismäßigkeitskontrolle im Zusammenhang mit hoheitlichen Organisationsvorgaben auf der **Angemessenheitsprüfung.**[105] Eine (organisationsrechtliche) Regelung ist dann angemessen, wenn die Beschränkung des Grundrechts nicht außer Verhältnis zu den angestrebten Zielen steht. Dh je größer das Gewicht der mit einer hoheitlichen Maßnahme verfolgten Ziele im konkreten Fall ist, desto intensivere Grundrechtseinschränkungen sind gerechtfertigt.[106]

44 Die Intensität des Eingriffs in die unternehmerische Organisationsfreiheit ist umso höher, je stärker die Dispositions- und Selbstorganisationsmöglichkeit des Grundrechtsträgers beeinträchtigt ist und je weniger sich die Unternehmensorganisation an privatautonom gesetzten Zielen ausrichten kann. Maßgeblich sind damit die **Breite** und **Tiefe,** mit der staatlicherseits auf die Unternehmensorganisation zugegriffen wird.[107] Insoweit sind insbesondere die folgenden **zehn Parameter** bei der Bemessung des Eingriffsgewichts zu berücksichtigen:

45 Erstens sind **punktuelle** Organisationsvorgaben weniger eingriffsintensiv als **umfassende** Organisationsanforderungen, wie etwa die Verpflichtung, ein komplexes Risikomanagementsystem zu schaffen.[108] Wenn punktuelle Organisationsvorgaben freilich mittelbare Auswirkungen auf die sonstige Organisationsstruktur zeitigen, ist dies wiederum intensitätserhöhend zu berücksichtigen.[109]

46 Zweitens ist die Eingriffsschwere vom **Ausmaß der Regelungsintensität** abhängig, da privatautonome Gestaltungsmöglichkeiten mit zunehmender Regelungsdichte minimiert werden, während offen formulierte Organisationspflichten organisatorische Entfaltungsoptionen erhalten.[110] Damit zusammenhängend ist darauf hinzuweisen, dass die Schaffung von Spielräumen für die Unternehmen bei der Befolgung der Organisationsvorgaben (zB durch den Erlass von Rahmenregelungen oder die Vorgabe von Prinzipien statt Regeln) und von Ausnahmetatbeständen (etwa für kleine Unternehmen) eingriffsintensitätssenkend wirken und Unangemessenheitsverdikte verhindern helfen.[111]

47 Drittens ist zu berücksichtigen, ob die Organisationsvorgaben der **ökonomischen Rationalität** des Unternehmens entgegenstehen oder ihr angenähert sind bzw. mit ihr sogar gleichlaufen. Ist Letzteres der Fall, wie etwa zum Teil im Bankenaufsichtsrecht, spricht dies für eine eher niedrigere Eingriffsintensität.[112]

48 Viertens gilt allgemein, dass Grundrechtsbeschränkungen desto schwerer wiegen, je **langanhaltender** die von einem Eingriff ausgehende Belastung ausfällt.[113] Da organisati-

---

[104] EuGH C-101/12, Schaible, LMRR 2013, 109 Rn. 47 ff.; siehe auch EuGH C-157/14, Neptune Distribution, LMuR 2016, 12 (18 f. Rn. 76); siehe dazu Bilz, Margin of Appreciation der EU-Mitgliedstaaten, 289 f.; siehe auch Jarass GRCh Art. 16 Rn. 30; Drechsler, Die Unionsgrundrechte unter dem Einfluss des Prozessrechts, 131.
[105] So auch Voß, Unternehmenswissen als Regulierungsressource, 248.
[106] Siehe dazu mwN Jarass GRCh Art. 16 Rn. 26.
[107] Vgl. Voß, Unternehmenswissen als Regulierungsressource, 264; siehe auch Hemeling ZHR 175 (2011), 368 (387).
[108] Vgl. Voß, Unternehmenswissen als Regulierungsressource, 228; siehe auch Rast, Unternehmerische Organisationsfreiheit und Gemeinwohlbelange, 399.
[109] Vgl. Rast, Unternehmerische Organisationsfreiheit und Gemeinwohlbelange, 391.
[110] Vgl. Voß, Unternehmenswissen als Regulierungsressource, 264 und 272; Rast, Unternehmerische Organisationsfreiheit und Gemeinwohlbelange, 386 f.; iErg auch Becher/Rehbinder Umweltschutz, 29 (66 f.); Jarass GRCh Art. 16 Rn. 27; Möllers, Rechtsgüterschutz im Umwelt- und Haftungsrecht, 1996, 246.
[111] Ähnlich Rast, Unternehmerische Organisationsfreiheit und Gemeinwohlbelange, 382 ff.; siehe dazu auch → § 1 Rn. 38.
[112] Vgl. Voß, Unternehmenswissen als Regulierungsressource, 265.
[113] Vgl. Jarass GRCh Art. 16 Rn. 27 unter Verweis auf EuG, T-13/99, Pfizer, Slg.2002, 11–3305 Rn. 459 f. Insoweit ist zu widersprechen, wenn postuliert wird, dass das Element der Permanenz einer Belastung bei der Eingriffsperspektive unberücksichtigt bleibt; so aber Reiling, Der Hybride, 288.

onsstrukturbezogene Vorgaben von vornherein eine gewisse Permanenz auszeichnen,[114] spricht dies grundsätzlich für eine nicht nur marginale Beeinträchtigung von Art. 16 GRC durch Organisationspflichten für Unternehmen.

Fünftens spielt es für die Eingriffsintensität eine Rolle, ob die Organisationspflicht die **Mikroebene** der Organisationsstruktur im Unternehmen betrifft, also die Ebene der gesellschaftsrechtlich vorgeprägten Organe oder die darunter befindliche und gesellschaftsrechtlich nicht näher determinierte Aufbauorganisation, oder aber die **Makroebene** der Organisationsstruktur des Unternehmens bzw. genauer des Unternehmensträgers, womit die gesellschaftsrechtliche Hülle angesprochen ist.[115] Eingriffe in die Makrostruktur des Unternehmens sind als gewichtiger einzustufen, führen diese doch zu weitergehenderen Veränderungen.[116] 49

Sechstens ist zu berücksichtigen, welche Verbindung die Organisationsvorgabe mit materiell-rechtlichen Vorgaben für das Unternehmen aufweist. Mit anderen Worten: Es spielt eine Rolle, ob es sich um eine originäre oder um eine akzessorische Organisationspflicht handelt. Wenn die staatliche Anforderung an die Organisationsstruktur ausschließlich oder hauptsächlich der besseren **Umsetzung materiell-rechtlicher Vorgaben** dient (zB Verpflichtungen zur Einrichtung von Betriebsbeauftragten) ist im Vergleich zu originären Organisationsvorgaben von einer geringeren Eingriffsintensität auszugehen, da die materiell-rechtlichen Anforderungen unterliegenden Unternehmen ohnehin Maßnahmen ergreifen müssten, um diesen Vorgaben des materiellen Rechts nachzukommen.[117] 50

Betreffen Organisationsvorgaben die Besetzung der Organe (zB Geschlechterquoten für Vorstand oder Aufsichtsrat einer AG), ist siebtens für die Eingriffsintensität danach zu differenzieren, ob es sich um Vorgaben für das **Leitungsorgan** (etwa der Vorstand einer AG) oder für das **Kontrollorgan** (etwa der Aufsichtsrat einer AG) handelt. Eingriffe, die von Vorgaben für die Zusammensetzung des Leitungsorgans ausgehen, sind deshalb schwerwiegender, weil es das Leitungsorgan ist, das im Rahmen seines (Leitungs-)Ermessens von der privatautonomen Entscheidungsfreiheit des Unternehmens Gebrauch macht.[118] 51

Achtens ist zu berücksichtigen, ob und inwieweit die Organisationsvorgaben auch Auswirkungen auf die **eigentliche Wirtschaftstätigkeit** des Unternehmens haben, etwa welche Waren oder Dienstleistungen das Unternehmen anbietet. Der Umfang der entsprechenden Ausstrahlungswirkung ist intensitätserhöhend zu berücksichtigen.[119] Besonders hoch fällt die Ausstrahlungswirkung dann aus, wenn die Organisationspflicht keinen Rand-, sondern einen solchen Unternehmensbereich betrifft, der für die inhaltliche Tätigkeit des Unternehmens von zentraler Bedeutung ist.[120] 52

Damit zusammenhängend sind neuntens die **(Sach- und Personal-)Kosten,** die mit der Befolgung der Organisationspflicht einhergehen, in die Analyse einzustellen, da ein hoher Kostenaufwand Auswirkungen auf die Unternehmenstätigkeit hat und deshalb eingriffsgewichtsteigernd wirkt.[121] 53

Schließlich führen zehntens sog. **Belastungskumulationen**[122] zu einer Intensitätserhöhung des Grundrechtseingriffs.[123] Damit gemeint ist, dass neben der jeweils konkret zur 54

---

[114] Vgl. Rast, Unternehmerische Organisationsfreiheit und Gemeinwohlbelange, 393; siehe dazu auch → § 1 Rn. 38.
[115] Siehe dazu Rast, Unternehmerische Organisationsfreiheit und Gemeinwohlbelange, 378.
[116] So zu Recht Rast, Unternehmerische Organisationsfreiheit und Gemeinwohlbelange, 379.
[117] Vgl. Rast, Unternehmerische Organisationsfreiheit und Gemeinwohlbelange, 380 f.
[118] Vgl. Rast, Unternehmerische Organisationsfreiheit und Gemeinwohlbelange, 379 f.
[119] Vgl. Rast, Unternehmerische Organisationsfreiheit und Gemeinwohlbelange, 395 f.
[120] Vgl. Lutz/Röhl/Schneider ZBB/JBB 2012, 342 (348); Voß, Unternehmenswissen als Regulierungsressource, 264 f.; Rast, Unternehmerische Organisationsfreiheit und Gemeinwohlbelange, 397.
[121] Vgl. Rast, Unternehmerische Organisationsfreiheit und Gemeinwohlbelange, 404 f.
[122] So die Terminologie bei Kromrey, Belastungskumulation, 2018, 10 f.; siehe dazu auch im hiesigen Kontext und mwN Hellgardt/Unger ZHR 183 (2019), 406 (443).
[123] So aus grundgesetzlicher Perspektive auch Hellgardt/Unger ZHR 183 (2019), 406 (442 f.); Habersack AcP 220 (2020), 594 (618).

Beurteilung anstehenden Organisationspflicht auch die Gesamtheit der von hoheitlichen Maßnahmen bewirkten Einschränkungen der Organisationsfreiheit zu berücksichtigen ist, zu denen neben materiell-rechtlichen Anforderungen[124] insbesondere auch andere Organisationsvorgaben zählen. Entscheidend ist für die Bemessung des Eingriffsgewichts letztlich, wie viel von der Organisationsfreiheit unter Berücksichtigung hoheitlicher Vorgaben noch übrig bleibt.

55 Auf der anderen Seite gelten für die Gewichtung des mit der staatlichen Maßnahme verfolgten Ziels grundsätzlich die allgemeinen Kriterien, wie das abstrakte Gewicht des verfolgten Gemeinwohlbelangs, dessen Wichtigkeit im konkreten Fall, der durch die Maßnahme erreichte Realisierungsgrad sowie der Wahrscheinlichkeitsgrad, mit dem die Zielerreichung zu erwarten ist. Mit Blick auf den Wahrscheinlichkeitsgrad der Zielerreichung ist bei Organisationspflichten gewichtsmindernd zu berücksichtigen, dass angesichts der oben beschriebenen Komplexität der Wirkungszusammenhänge (→ Rn. 41 ff.) regelmäßig **unklar** ist, ob und wie genau die verfolgten Gemeinwohlziele durch die organisationsrechtlichen Anforderungen **tatsächlich erreicht** werden (können).[125]

56 Gewichtssteigernd ist hingegen zu berücksichtigen, wenn von den durch die organisationsrechtlichen Regelungen belasteten Unternehmen ein erhöhtes **Gefahr- bzw. Schadenspotenzial** für die verfolgten Gemeinwohlziele ausgeht, wie dies in besonderer Weise etwa bei sog. systemrelevanten Unternehmen bzw. Industrien der Fall ist.[126]

57 **ee) Uneinheitliche Handhabung der Grundrechtsprüfung durch den EuGH.** Zur Vervollständigung des bislang vornehmlich materiell-rechtliche Züge tragenden Bilds von Text und Interpretation von Art. 16 GRC gilt es abschließend auf die sehr **uneinheitliche** Handhabung der Prüfung von Art. 16 GRC durch den EuGH einzugehen.[127]

58 Zunächst ist darauf hinzuweisen, dass die **Kontrolldichte** des **EuGH** bei der Überprüfung mitgliedstaatlicher Maßnahmen regelmäßig **strenger** ausfällt als bei Maßnahmen der Unionsorgane, dh den Organen der Union werden deutlich größere Spielräume belassen, während bei mitgliedstaatlichen Maßnahmen im Rahmen der Rechtfertigungsprüfung „im Grundsatz eine Vollkontrolle" vorgenommen wird.[128] Diese Unterschiede lassen sich dadurch plausibilisieren, dass bei mitgliedstaatlichen Maßnahmen nicht nur die Grundrechte der GRC, sondern auch die Grundfreiheiten einschlägig sind, die zusätzliche integrations- und wirtschaftspolitische Schutzelemente aufweisen und deshalb im Ergebnis einen wohl stärkeren Schutz durch den EuGH genießen (→ Rn. 72 ff.).

59 Ferner zeigt sich mit Blick auf die Handhabung der Rechtfertigungsprüfung bei der Kontrolle unionaler Rechtsakte am Maßstab des Art. 16 GRC, dass sich in der Rechtsprechung zwei unterschiedliche **Rechtsprechungslinien** finden, die kaum miteinander vereinbar scheinen.[129] Zum einen ist dies die wohl vor allem auf den jeweils als Berichterstatter fungierenden tschechischen Richter *Malenovský* zurückgehende **„substance même"-Linie**, für die die Entscheidungen Deutsches Weintor, Alemo-Herron und UPC Telekabel Wien exemplarisch stehen. Wie bereits ausgeführt (→ Rn. 31), wird in diesen Entscheidungen auf die von Art. 52 Abs. 1 S. 2 GRC geforderte Verhältnismäßigkeitsprüfung ganz oder zumindest weitgehend verzichtet. Stattdessen wird anhand der Ermittlung der Eingriffsintensität geprüft, ob die Substanz der unternehmerischen Freiheit durch die streitgegenständliche Maßnahme berührt wurde, was deren Unionsrechtswidrigkeit zur Folge hätte. Auf eine

---

[124] Darauf hinweisend Becher/Rehbinder Umweltschutz, 29 (66).
[125] Ähnlich Spindler, Unternehmensorganisationspflichten, 503; Rast, Unternehmerische Organisationsfreiheit und Gemeinwohlbelange, 393.
[126] Siehe zu diesem Themenkomplex Richter ZHR 177 (2013), 577 (599); Voß, Unternehmenswissen als Regulierungsressource, 269.
[127] Michl, Unionsgrundrechte aus der Hand des Gesetzgebers, 251, spricht gar von „judikativen Irrungen" sowie davon, dass die Rspr. des EuGH zu Art. 16 GRC „aus dogmatischer Sicht ein desaströses Bild" abgebe.
[128] So Bilz, Margin of Appreciation der EU-Mitgliedstaaten, 298; siehe auch Wunderlich, FS Schwarze, 304 (339) mwN.
[129] Siehe zum Folgenden Michl, Unionsgrundrechte aus der Hand des Gesetzgebers, 241 ff.

Zweck-Mittel-Relation und eine Abwägung der Gewichte des von Unionsseite verfolgten Gemeinwohlbelangs und der Grundrechtseingriffsintensität kommt es danach nicht an.[130]

Eine parallel dazu verlaufende, auf den jeweils als Berichterstatter oder Kammerpräsidenten 60 fungierenden deutschen Richter *von Danwitz* zurückgehende Rechtsprechungslinie nimmt eine mitunter **schulmäßige Verhältnismäßigkeitskontrolle** unter Rekurs auf Art. 52 Abs. 1 GRC vor.[131] Sie erscheint als der wohl **dominierende** Rechtsprechungszweig, wurde sie doch mit dem Urteil der Großen Kammer in der Rs. Sky Österreich eingesetzt[132] und hat in zahlenmäßig mehr EuGH-Entscheidungen Niederschlag gefunden.[133]

Entscheidungen aus jüngerer Zeit bemühen sich um die **Verbindung** beider **Recht-** 61 **sprechungslinien,** indem etwa in der Rs. Neptune Distribution nacheinander die im Charta-Text nicht verortbare Substanzverletzungs- neben der Verhältnismäßigkeitskontrolle nach Art. 52 Abs. 1 S. 2 GRC durchgeführt wird,[134] wobei letztere weder der in der Charta angelegten mehrschrittigen Prüfungsstruktur noch der aus Entscheidungen wie Sky Österreich und Schaible gewohnten Prüfungsgenauigkeit entspricht.[135]

Schließlich ist zu beachten, dass der EuGH den Unionsorganen selbst in den der Sky 62 Österreich-Linie zuzuordnenden Judikaten einen vergleichsweise großen Spielraum im Rahmen der verschiedenen Prüfungsstufen der Verhältnismäßigkeitsprüfung einräumt.[136] Konkret weist der EuGH den Unionsorganen in den meisten Politikfeldern einen **Einschätzungsspielraum** bei der Beurteilung empirischer Zusammenhänge im Rahmen der Geeignetheits- und Erforderlichkeitsprüfung zu, sowie einen **Wertungsspielraum** im Hinblick auf die Frage des milderen Mittels im Rahmen der Erforderlichkeitsprüfung als auch mit Blick auf die Gewichtung der gegenüberstehenden Belange im Rahmen der Angemessenheitsprüfung. Der Wertungsspielraum wird durch den EuGH dahingehend operationalisiert, dass er sich auf eine Kontrolle des Verfahrens und der empirischen Grundlagen **(Verfahrensrichtigkeit)** sowie der Vertretbarkeit der getroffenen Wertungen zurückzieht **(Vertretbarkeit).**[137]

c) Das Eigentumsrecht, Art. 17 GRC. Neben dem Schutz der unternehmerischen 63 (Organisations-)Freiheit nach Art. 16 GRC wird die Unternehmensorganisation bisweilen auch als von der unionalen Eigentumsgarantie des Art. 17 GRC geschützt angesehen. Der Gewährleistungsgehalt von Art. 17 GRC stützt sich nach den Charta-Erläuterungen auf Art. 1 des ersten Zusatzprotokolls zur EMRK, sodass die grundrechtliche Schutzwirkung nach Art. 52 Abs. 3 GRC grundsätzlich nicht hinter derjenigen des Eigentumsrechts der Konvention zurückbleiben darf. Überdies ist die **Konventionsgarantie** bei der Auslegung zu berücksichtigen.[138] Allerdings besteht der Grund für die mitunter sehr **weite Auslegung** der Eigentumsgarantie durch den EGMR darin, dass die EMRK keine Berufs- oder Unternehmensfreiheit kennt und der EGMR deshalb das einzige normtextlich verfügbare Wirtschaftsgrundrecht in kompensatorischer Absicht interpretiert.[139]

Während der EGMR eine Art Unternehmensschutz durch die Eigentumsgarantie der 64 Konvention gewährleistet,[140] lässt der EuGH – ebenso wie im Übrigen das Bundesverfas-

---

[130] Siehe dazu eingehend Michl, Unionsgrundrechte aus der Hand des Gesetzgebers, 242–245; siehe auch Drechsler, Die Unionsgrundrechte unter dem Einfluss des Prozessrechts, 113 f.
[131] Siehe dazu Michl, Unionsgrundrechte aus der Hand des Gesetzgebers, 245 ff.
[132] Ein Folgejudikat ist etwa EuGH C-101/12, Schaible, LMRR 2013, 109.
[133] Vgl. Drechsler, Die Unionsgrundrechte unter dem Einfluss des Prozessrechts, 130.
[134] EuGH C-157/14, Neptune Distribution, LMuR 2016, 12 (18 f. Rn. 75 ff.).
[135] Siehe dazu Michl, Unionsgrundrechte aus der Hand des Gesetzgebers, 248 f.
[136] Siehe zum Folgenden Drechsler, Die Unionsgrundrechte unter dem Einfluss des Prozessrechts, 143 ff. mwN; iErg auch Jarass GRCh Art. 16 Rn. 29.
[137] Vgl. Drechsler, Die Unionsgrundrechte unter dem Einfluss des Prozessrechts, 165 und 174.
[138] Vgl. Jarass GRCh Art. 17 Rn. 1.
[139] IErg auch Jarass GRCh Art. 17 Rn. 4.
[140] Siehe etwa EGMR Urt. v. 7.7.1989 –10873/84, Tre Traktörer, Rn. 55; EGMR Urt. v. 18.2.1991 – 12033/86, Fredin, Rn. 47; EGMR Urt. v. 29.11.1991 – 12742/87, Pine Valley Developments Limited, Rn. 56; siehe dazu EnzEuR II/Sonnevend § 15 Rn. 38 mwN.

sungsgericht[141] – wohl nur bei Gefährdungen von **Existenz** bzw. **Funktionsfähigkeit** von Unternehmen einen Eigentumsschutz greifen.[142] Ein prinzipieller Schutz der Unternehmensorganisation durch Art. 17 GRC ist damit abzulehnen, schlägt sich doch der über die „Summe der Bestandteile hinausgehende Mehrwert der Unternehmensorganisation [...] nicht in einem von der Nutzung lösbaren Bestand nieder".[143] Da die Unternehmensorganisation also primär ein Instrument zur Verwirklichung der von Art. 16 GRC geschützten unternehmerischen Freiheit ist, wird sie auch nur von dieser Charta-Garantie geschützt.[144]

65 In der grundgesetzlichen Diskussion ist allerdings seit langem anerkannt, dass (Sach-) Eigentum im Sinne von Art. 14 Abs. 1 S. 1 GG auch das Mitverwaltungs- und Vermögensrechte umfassende Mitgliedschaftsrecht des Aktionärs, das sog. **Anteilseigentum,** abdeckt.[145] Wenn auch der EuGH zu dieser Frage im Zusammenhang mit Art. 17 GRC bislang keine Stellung genommen hat, geht die Literatur ganz überwiegend davon aus, dass auch Art. 17 GRC das Anteilseigentum unter grundrechtlichen Schutz stellt.[146] Dafür spricht der Vergleich mit der EMRK, die, wie gezeigt, nach Art. 52 Abs. 3 S. 1 GRC für die Union einen grundrechtlichen Mindeststandard festlegt und die nach der Rechtsprechung des EGMR zu Art. 1 des ersten Zusatzprotokolls zur EMRK auch das Anteilseigentum schützt.[147] Wird demnach durch die unionsrechtliche Statuierung von Organisationspflichten in Mitgliedschafts- und damit Mitbestimmungsrechte der Anteilseigner eingegriffen, wie dies etwa bei der Einführung von zwingenden Geschlechterquoten für Aufsichtsräte von Aktiengesellschaften der Fall ist,[148] könnte tatsächlich eine Beschränkung des Eigentumsrechts aus Art. 17 GRC in Gestalt des davon erfassten Anteilseigentums vorliegen.[149]

---

[141] Für ein weitergehendes, allerdings bis heute vom Bundesverfassungsgericht nicht anerkanntes Recht am eingerichteten und ausgeübten Gewerbebetrieb im hiesigen Kontext etwa Reiling, Der Hybride, 282.

[142] Siehe etwa EuGH C-210/03, Swedish Match, Slg. 2004, I-11893, Rn. 72 ff.; siehe zum Ganzen Jarass NVwZ 2006, 1089 (1091); Voß, Unternehmenswissen als Regulierungsressource, 241. Grundsätzlich zu der zu verneinenden Frage, ob Art. 17 GRC auch das Recht am eingerichteten und ausgeübten Gewerbebetrieb schützt GSH/Wollenschläger GRC Art. 16 Rn. 16; Calliess/Ruffert/Calliess GRC Art. 17 Rn. 10 jeweils mwN; siehe auch EnzEuR II/Sonnevend § 15 Rn. 55; differenzierend Schwier, Der Schutz der „Unternehmerischen Freiheit" nach Artikel 16 der Charta der Grundrechte der Europäischen Union, 149 ff.

[143] So treffend Voß, Unternehmenswissen als Regulierungsressource, 243. Gleiches gilt im Übrigen auch für Art. 14 GG; wohl aA mit Blick auf Art. 14 GG Engel AöR 118 (1993), 169 (210) mwN.

[144] Vgl. Voß, Unternehmenswissen als Regulierungsressource, 241; ebenso im grundgesetzlichen Kontext Reiling, Der Hybride, 283. Allgemein zum Verhältnis von Art. 16 zu Art. 17 GRC Schwier, Der Schutz der „Unternehmerischen Freiheit" nach Artikel 16 der Charta der Grundrechte der Europäischen Union, 506; Jarass GRCh Art. 16 Rn. 4; Merten/Papier/Durner Handbuch der Grundrechte in Deutschland und Europa Bd. VI/1 § 162 Rn. 22; siehe auch Schmidt, Die Unternehmerische Freiheit im Unionsrecht, 192, der Art. 16 GRC im Kontext unternehmerischer Betätigung als lex specialis gegenüber Art. 17 GRC ansieht. Hingegen wendet der EuGH vielfach beide Grundrechte nebeneinander an; siehe dazu EnzEuR II/Sonnevend § 15 Rn. 30.

[145] Vgl. statt vieler Richter ZHR 177 (2013), 577 (589); Thaten, Die Ausstrahlung des Aufsichts- auf das Aktienrecht am Beispiel der Corporate Governance von Banken und Versicherungen, 170; iErg auch Habersack/Kersten BB 2014, 2819 (2822). Siehe ferner Hellgardt/Unger ZHR 183 (2019), 406 (409 f.), die zu Recht darauf hinweisen, dass das Bundesverfassungsgericht unter den Begriff des Anteilseigentums auch das durch die Mitgliedschaft vermittelte anteilige Eigentum am Gesellschaftsvermögen ansieht, obwohl Eigentümer des Gesellschaftsvermögens ausschließlich die Kapitalgesellschaft ist; siehe dazu auch sowie umfassend zum Begriff des Anteilseigentums Bergbach, Anteilseigentum, 195 ff. und 208; siehe auch Schoppe, Aktieneigentum, 9 ff. Siehe dazu im hiesigen Handbuch → § 7 Rn. 20 ff.

[146] So ausdrücklich etwa NK-EuGRCh/Bernsdorff GRC Art. 17 Rn. 13; GSH/Wollenschläger GRC Art. 17 Rn. 10; Hellgardt/Unger ZHR 183 (2019), 406 (432); FK-GRC/Kühling GRC Art. 17 Rn. 14; iErg auch Werthmüller, Staatliche Eingriffe in die Aufsichtsratsbesetzung und die Geschlechterquote, 273; Schmidt-Preuß EuR 2006, 463 (467); Kaiser/Wischmeyer VerwArch 101 (2010), 34 (51).

[147] Siehe aus jüngerer Zeit ua EGMR Urt. v. 27.9.2001 – 48553/99, Sovtransavto Holding, Rn. 90 ff.; EGMR Urt. v. 7.11.2002 – 30417/96, Tadeusz Olczak, Rn. 60; EGMR Urt. v. 24.11.2005 – Capital Bank AD, Rn. 130 ff.; EGMR Urt. v. 21.10.2003 – 29010/95, Credit and Industrial Bank, Rn. 74 ff.; siehe zum Ganzen Binder ZGR 2013, 760 (790 f.).

[148] Siehe dazu im hiesigen Kontext Hellgardt/Unger ZHR 183 (2019), 406 (406).

[149] So etwa Binder ZGR 2013, 760 (790); iErg auch Werthmüller, Staatliche Eingriffe in die Aufsichtsratsbesetzung und die Geschlechterquote, 273; im grundgesetzlichen Kontext gleichsinnig Thaten, Die Ausstrahlung des Aufsichts- auf das Aktienrecht am Beispiel der Corporate Governance von Banken und Versicherungen, 170.

Diese Grundrechtsbeschränkung der Anteilseigner würde neben die Beschränkung der unternehmerischen Freiheit der Gesellschaft aus Art. 16 GRC treten, die angesichts der unterschiedlichen Grundrechtsberechtigten in **Idealkonkurrenz** zueinander stehen.[150]

Da es sich bei Organisationspflichten nicht um Eigentumsentziehungen (Abs. 1 S. 2), **66** sondern um **Nutzungsregelungen** handelt, müssten im Rahmen der Rechtfertigungsprüfung Art. 52 Abs. 1 GRC sowie Art. 17 Abs. 1 S. 3 GRC beachtet werden, wobei letztere Bestimmung den Verhältnismäßigkeitsanforderungen aus Art. 52 Abs. 1 GRC – zumindest im hiesigen Zusammenhang – nichts Entscheidendes hinzufügt. Insoweit bedarf es auch hier einer gesetzlichen Grundlage für die Grundrechtsschutzbeschränkung und müssten die Vorgaben des Wesensgehaltsvorbehalts und des Verhältnismäßigkeitsgrundsatzes eingehalten werden. Auch mit Blick auf die zurückgenommene Prüfungsdichte des EuGH, wie sie für Art. 16 GRC demonstriert wurde (→ Rn. 12 ff.), finden sich in der Rechtsprechung zu Art. 17 GRC nahezu identische Textbausteine.[151] Insoweit können die zu **Art. 16 GRC** herausgearbeiteten dogmatischen **Strukturen** auch im hiesigen Kontext **Anwendung** finden.

Anders als im Zusammenspiel von Art. 12 Abs. 1 und Art. 14 Abs. 1 GG ist im Zusam- **67** menhang mit Art. 16 und Art. 17 GRC allerdings zu bedenken, dass der von Art. 16 GRC ausgehende Schutz aufgrund der – in Art. 17 GRC nicht enthaltenen – **Bezugnahmeklausel** geringer ausfällt.[152] Insoweit würde der Schutz der Anteilseigner aus Art. 17 GRC im Ergebnis mit Blick auf ein und dieselbe Organisationspflicht stärker ausfallen als derjenige, den Art. 16 GRC zugunsten des Unternehmensträgers entfaltet. Dieses Ergebnis überzeugt weder auf einer **Wertungsebene** noch mit Blick auf den Charakter des Art. 16 GRC als **Spezialgrundrecht** für die unternehmerische Tätigkeit.[153] Insoweit erscheint es überzeugender, die Anteilseigner und ihre Mitbestimmungsrechte ebenfalls als von Art. 16 GRC geschützt anzusehen. Die Differenz zu der Rechtsprechung des EGMR, der diese Rechtsposition der konventionsrechtlichen Eigentumsgarantie zuordnet, lässt sich mit dem Fehlen einer Unternehmensfreiheitsgarantie erklären. Ein Verstoß gegen Art. 52 Abs. 3 GRC läge darin nicht. Insoweit ist Art. 16 GRC somit im Ergebnis als Spezialregelung gegenüber Art. 17 GRC (zumindest) im Zusammenhang mit Organisationspflichten für erwerbswirtschaftlich agierende Unternehmen anzusehen.

d) Die Vereinigungsfreiheit, Art. 12 GRC. Bisweilen wird in der grundgesetzlichen **68** Diskussion auch ein von Unternehmensorganisationspflichten ausgehender Eingriff in die durch Art. 9 Abs. 1 GG gewährleistete **Vereinigungsfreiheit** bejaht.[154] Dabei wird vornehmlich auf eine entsprechende Passage im Mitbestimmungsurteil des Bundesverfassungsgerichts verwiesen, in der das Gericht davon sprach, dass Art. 9 Abs. 1 GG auch „die Selbstbestimmung über die eigene Organisation" schütze.[155]

---

[150] IErg wohl auch Werthmüller, Staatliche Eingriffe in die Aufsichtsratsbesetzung und die Geschlechterquote, 273.

[151] Siehe etwa EuGH C-280/93, Deutschland/Rat, NJW 1994, 945 (949 Rn. 94); EuGH Urt. v. 29.2.1996, C-296/93, Frankreich Kommission, Rn. 31; EuGH Urt. v. 3.9.2002, C-402, 415/05, Kadi, Rn. 360; EuGH Urt. v. 31.1.2019, C-225/17 P, HDSL, Rn. 103.

[152] Ähnlich gelagerte Wertungen für die vielfach gleichzeitig von Organisationspflichten beschränkten Art. 12 Abs. 1 und Art. 14 GG nimmt etwa Spindler, Unternehmensorganisationspflichten, 462 ff. an; im Anschluss daran Junker, Gewährleistungsaufsicht über Wertpapierdienstleistungsunternehmen, 198; Becker YEL 26 (2007), 254 (286). Für eine Differenzierung zwischen der Organisationsstruktur auf der Ebene der Organe, die durch Art. 14 Abs. 1 GG geschützt sein soll, und der Organisationsstruktur auf der Ebene unterhalb der Organe, die den Schutz des Art. 12 Abs. 1 GG genießt Rast, Unternehmerische Organisationsfreiheit und Gemeinwohlbelange, 406.

[153] Die Spezialität von Art. 16 GRC gegenüber Art. 17 GRC im Unternehmenskontext betont allgemein auch FK-GRC/Kühling GRC Art. 17 Rn. 17.

[154] So etwa Spindler, Unternehmensorganisationspflichten, 472 ff.; Junker, Gewährleistungsaufsicht über Wertpapierdienstleistungsunternehmen, 198 f.; Reiling, Der Hybride, 283; Habersack/Kersten BB 2014, 2819 (2822). Siehe dazu → § 7 Rn. 19.

[155] BVerfGE 50, 290 (354).

69 Daran ist bereits zu kritisieren, dass nur der Unternehmensträger und nicht die Unternehmensorganisation eine Vereinigung darstellt. Da die Vereinigungsfreiheit nur die **interne Selbstorganisation** der Vereinigung schützt, kann sie von vornherein nur den Schutz der Binnenorganisation der Gesellschaft als Unternehmensträgerin gewährleisten, nicht hingegen den der Unternehmensorganisation.[156]

70 Eine Art. 9 Abs. 1 GG entsprechende Regelung auf Unionsebene findet sich in **Art. 12 Abs. 1 Var. 2 GRC,** die ebenso wie ihre grundgesetzliche Parallelvorschrift insbesondere die Gründung und den Beitritt zu einer Vereinigung schützt. Eine dem Mitbestimmungsurteil des Bundesverfassungsgerichts entsprechende Entscheidung des EuGH mit Blick auf eine organisationsfreiheitliche Komponente von Art. 12 Abs. 1 Var. 2 GRC ist allerdings bislang nicht ergangen. Ebenso wenig finden sich entsprechende Ansätze in der Literatur. Denkbar erscheint es aber zumindest, dass Art. 12 Abs. 1 Var. 2 GRC **unionsgrundrechtlichen Schutz** vor Organisationspflichten bietet, die die Binnenorganisation des Unternehmensträgers betreffen.[157] Für Eingriffe in die Vereinigungsfreiheit würde dann erneut der horizontale Schrankenvorbehalt des Art. 52 Abs. 1 GRC gelten.

71 Um allerdings auch hier eine Umgehung des in Art. 16 GRC zum Ausdruck kommenden Willens des Primärrechtsgesetzgebers zu verhindern, erscheint es vorzugswürdig, Art. 12 Abs. 1 Var. 2 GRC auf **Konkurrenzebene** im Zusammenhang mit der Organisationsfreiheit von Unternehmen als allgemeinere Regelung hinter Art. 16 GRC **zurücktreten** zu lassen.

2. Die Grundfreiheiten des Binnenmarktes

72 Ausgangspunkt des primärrechtlichen Freiheitsversprechens waren traditionell die **Grundfreiheiten des Binnenmarkts,** also die Warenverkehrsfreiheit (Art. 28 ff. AEUV), die Arbeitnehmerfreizügigkeit (Art. 45 ff. AEUV), die Niederlassungsfreiheit (Art. 49 ff. AEUV), die Dienstleistungsfreiheit (Art. 59 ff. AEUV) sowie die Kapital- und Zahlungsverkehrsfreiheit (Art. 63 ff. AEUV). Da sie ebenso wie die (Wirtschafts-)Grundrechte hoheitliches Handeln beschränken und Individuen unmittelbar subjektive Rechte verleihen sowie große Ähnlichkeiten zu den Grundrechten in puncto Normstruktur aufweisen, muss in einem ersten Schritt der Frage nachgegangen werden, wie sich diese **Individualrechtsgewährleistungen** zueinander verhalten bzw. voneinander unterscheiden (a),[158] bevor auf die eigentlichen grundfreiheitlichen Maßstäbe eingegangen werden kann (b).

73 **a) Verhältnis zu den Wirtschaftsgrundrechten der GRC.** Die primäre Stoßrichtung der Grundfreiheiten ist die Gewährleistung **wirtschaftlicher Effizienz** im Sinne des Prinzips des komparativen Kostenvorteils bzw. des Wettbewerbsprinzips (vgl. Art. 26 Abs. 2 AEUV).[159] Damit dienen sie letztlich nur sekundär der individuellen (wirtschaftlichen) Selbstbestimmung.[160] Die Freiheitssicherung erfolgt vielmehr instrumentell zugunsten **integrations- und wirtschaftspolitischer** Ziele. Dazu passt, dass die individualschützende Wirkung der Grundfreiheiten normtextlich durchaus uneindeutig ist und deshalb vom EuGH erst postuliert werden musste.[161]

74 Die Grundfreiheiten zielen demnach weder auf schlichte Deregulierung,[162] wofür sie allerdings gelegentlich instrumentalisiert wurden, noch vorrangig auf den Schutz vor ungerechtfertigten Freiheitsbeschränkungen, wie dies die Grundrechte der GRC tun,[163]

---

[156] So zu Recht Voß, Unternehmenswissen als Regulierungsressource, 242 f.
[157] Dies bejahend Voß, Unternehmenswissen als Regulierungsressource, 244.
[158] Ähnlich Cloppenburg, Erwerbsgrundrechte im Unionsrecht, 10 f.
[159] Ähnlich Cloppenburg, Erwerbsgrundrechte im Unionsrecht, 14. Diese beiden Facetten hierarchielos nebeneinander stellt EnzEuR IV/Müller-Graff § 1 Rn. 74; ähnlich Ehlers/Ruffert GRC § 19 Rn. 2.
[160] Ähnlich Jarass GRCh Art. 16 Rn. 31.
[161] EuGH C-26/62, Van Gend & Loos, Slg. 1963, 3 (25).
[162] Vgl. Schwarze/Everling Wirtschaftsverfassungsrechtliche Garantien für Unternehmen im europäischen Binnenmarkt, 11 (22).
[163] Vgl. Cloppenburg, Erwerbsgrundrechte im Unionsrecht, 14 f.

sondern auf die Gewährleistung von **diskriminierungsfreier Marktregulierung** und **beschränkungsfreiem Marktzugang.**[164] Dogmatisch wird dieses Ziel dadurch erreicht, dass die Grundfreiheiten einen grundsätzlichen Rechtfertigungszwang für Regelungen hervorrufen, die zu einer Beschränkung grenzüberschreitender wirtschaftlicher Aktivität führen.[165]

Die Grundfreiheiten adressieren im Ausgangspunkt also **protektionistische** Strukturen in den Mitgliedstaaten[166] und entfalten nur bei Vorliegen eines grenzüberschreitenden Sachverhaltsbezugs Wirkung (vgl. etwa Art. 28 Abs. 1 AEUV: „zwischen den Mitgliedstaaten").[167] Angesichts dessen zeigt sich die eigenständige Bedeutung der Grundrechte der GRC dort, wo zwar der Anwendungsbereich der Charta nach Art. 51 Abs. 1 GRC eröffnet, aber kein **grenzüberschreitender Sachverhalt** gegeben ist.[168] Dies ist regelmäßig bei Vorliegen harmonisierenden Sekundärrechts der Fall,[169] hingegen nicht, wenn mitgliedstaatliche Regelungen in Rede stehen.[170] Letzteres rührt daher, dass die GRC nach Art. 51 Abs. 1 S. 1 die Organe der EU durchgängig an die unionalen Grundrechte bindet, die Mitgliedstaaten hingegen „ausschließlich bei der Durchführung des Rechts der Union" (→ Rn. 9 f.). Originärer Verpflichteter der Grundfreiheiten sind hingegen die Mitgliedstaaten,[171] da die ebenfalls an die Grundfreiheiten gebundenen Unionsorgane kaum jemals Handelshemmnisse errichten werden, stehen diese doch dem unionalen Interesse diametral entgegen.[172] 75

Während die Grundfreiheiten zu Beginn des europäischen Integrationsprozesses eine herausragende Rolle einnahmen, haben sie durch den Ausbau harmonisierenden Sekundärrechts und der damit einhergehenden Umstellung von negativen auf positive Integrationsinstrumente an eigenständiger **Bedeutung verloren.** Gleichzeitig gewinnt der Grundrechtsschutz nach Maßgabe der GRC an Relevanz, je mehr die Union wirtschaftspolitische Rahmenbedingungen des Binnenmarktes reguliert und harmonisiert.[173] 76

Vor dem Hintergrund der transnationalen Stoßrichtung der Grundfreiheiten und zunehmender sekundärrechtlicher Harmonisierungen stellen die Grundfreiheiten zumeist **nicht** das passende **Schutzinstrument** von Unternehmen gegenüber hoheitlichen Organisationsvorgaben dar, entspringen diese doch vermehrt dem unionsrechtlichen Sekundärrecht und schränken häufig nicht den Marktzugang, sondern unternehmerische Entscheidungsmöglichkeiten in grundsätzlicher Art und Weise ein.[174] 77

Zur **Überschneidung** der Anwendungsbereiche von Grundfreiheiten und unionalen Wirtschaftsgrundrechten kommt es immer dann, wenn ein Rechtsakt den **grenzüberschreitenden** Wirtschaftsverkehr in Gestalt des **Schutzbereichs** einer der Grundfreiheiten beeinträchtigt.[175] Aus den genannten Gründen wird es sich bei entsprechenden Rechtsakten nahezu ausschließlich um mitgliedstaatliche, nicht hingegen um unionale handeln.[176] 78

---

[164] Ähnlich EnzEuR IV/Müller-Graff § 1 Rn. 74; Cloppenburg, Erwerbsgrundrechte im Unionsrecht, 13, jeweils mwN.
[165] So treffend Ehlers/Ruffert GRC § 19 Rn. 2.
[166] Calliess/Ruffert/Kingreen AEUV Art. 34–36 Rn. 6; im Anschluss auch Cloppenburg, Erwerbsgrundrechte im Unionsrecht, 9.
[167] Vgl. Cloppenburg, Erwerbsgrundrechte im Unionsrecht, 14.
[168] Siehe dazu im Kontext des Art. 16 GRC Gundel ZHR 180 (2016), 323 (332).
[169] Vgl. Wunderlich, FS Schwarze, 304 (320).
[170] Vgl. Gundel ZHR 180 (2016), 323 (331).
[171] Vgl. statt aller EnzEuR II/Grabenwarter § 14 Rn. 1 und 50.
[172] So auch Cloppenburg, Erwerbsgrundrechte im Unionsrecht, 15; siehe für seltene Ausnahmen Möstl EuR 2002, 318 (333).
[173] So bereits HGR VI/1/Durner § 162 Rn. 2; siehe auch Gundel ZHR 180 (2016), 323 (332); eingehend dazu Kingreen, FS Jarass, 51 (58 ff.).
[174] Zum Spezialfall von Sonderrechten des Staates, die diesem überproportionalen Einfluss auf Kapitalgesellschaften einräumen, im hiesigen Kontext Habersack AcP 220 (2020), 594 (621 f.) mwN. Zu niederlassungsfreiheitlichen Herausforderungen aufgrund der lediglich rudimentären Harmonisierung der Gesellschaftsrechte der Mitgliedstaaten statt aller EnzEuR IV/Kainer § 4 Rn. 14.
[175] Ähnlich Cloppenburg, Erwerbsgrundrechte im Unionsrecht, 16.
[176] Ähnlich Jarass GRCh Art. 16 Rn. 7.

Mitgliedstaatliche Beschränkungen der Grundfreiheiten stellen nach der Rechtsprechung des EuGH durchweg Durchführungen des Unionsrechts im Sinne des Art. 51 Abs. 1 S. 1 GRC dar. In der Folge ist der Anwendungsbereich der GRC eröffnet und liegt regelmäßig auch eine Beschränkung eines Wirtschaftsgrundrechts vor.[177]

79 In diesen Fällen, in denen im hier interessierenden Zusammenhang von hoheitlichen Organisationspflichten für Unternehmen vor allem die Niederlassungs- und die Dienstleistungsfreiheit (Art. 56 ff. und Art. 49 ff. AEUV) mit der unternehmerischen Freiheit nach Art. 16 GRC konkurrieren,[178] stellt sich die Frage der Auflösung des **Konkurrenzverhältnisses,** wobei neben der sog. **Idealkonkurrenz,** also der kumulativen Anwendung von Grundrecht und Grundfreiheit, prinzipiell auch der Vorrang von Grundrecht oder Grundfreiheit in Betracht käme.[179] Da die Grundfreiheiten letztlich besondere, nämlich grenzüberschreitende Sachverhaltskonstellationen wirtschaftlicher Betätigung schützen, erscheint ein Spezialitäts- und damit **Vorrangverhältnis** zugunsten der Grundfreiheiten im Falle der gleichzeitigen Anwendbarkeit naheliegend.[180] Die wohl überwiegende Auffassung im Schrifttum sowie der EuGH gehen hingegen grundsätzlich von Idealkonkurrenz zwischen Grundfreiheiten und Wirtschaftsgrundrechten aus.[181]

80 Außerhalb des Bereichs der Wirtschaftsgrundrechte hat der EuGH die Grundrechte bisweilen auch als den Schutz der Grundfreiheiten verstärkend angesehen.[182] Im Zusammenhang mit Wirtschaftsgrundrechten wie Art. 16 GRC würde dies jedoch nicht überzeugen, da die Grundfreiheiten das Schutzgut der wirtschaftlichen Betätigung ohnehin schützen. Insoweit agiert der EuGH konsequent, wenn er in jüngeren Entscheidungen **keine** eigenständige **Wirtschaftsgrundrechtskontrolle** vornimmt, sondern stattdessen auf das Ergebnis der Analyse des streitgegenständlichen Grundfreiheitsverstoßes verweist.[183]

81 Zu beachten ist schließlich, dass der EuGH dann, wenn „nur" die Wirtschaftsgrundrechte Anwendung finden, letztlich eine weniger strenge Prüfung vornimmt, als wenn auch bzw. vorrangig die Grundfreiheiten des Binnenmarktes maßstäblich sind. Dies ist in der Literatur vielfach beobachtet und kritisiert worden,[184] da in der Folge mitgliedstaatliche Maßnahmen durch den EuGH als unionsrechtswidrig eingestuft worden sind, die als unionale Rechtsakte nicht beanstandet worden wären. In einzelnen Fällen kam es sogar dazu, dass vom EuGH verworfene Maßnahmen der Mitgliedstaaten später Eingang ins Unionsrecht fanden und vom EuGH als unionsrechtskonform eingestuft worden sind.[185] Hintergrund dieser **Maßstabsdivergenz** ist letztlich wohl, dass die Grundfreiheiten eben nicht nur die wirtschaftliche Selbstentfaltung schützen, sondern auch die **Integrität** des **Binnenmarktes.** Mit anderen Worten: Mitgliedstaatliche Maßnahmen, die die Grundfreiheiten beschränken, gefährden bzw. schädigen den Binnenmarkt, was

---

[177] Siehe dazu mwN GSH/Wollenschläger GRC Art. 16 Rn. 16.
[178] Zum Verhältnis von Dienst- und Niederlassungsfreiheit zu Art. 16 GRC wie hier EnzEuR II/Grabenwarter § 14 Rn. 50; siehe auch Drechsler, Die Unionsgrundrechte unter dem Einfluss des Prozessrechts, 482; ähnlich HGR VI/1/Durner § 162 Rn. 11.
[179] Vgl. Cloppenburg, Erwerbsgrundrechte im Unionsrecht, 16; siehe dazu auch HGR VI/1/Durner § 162 Rn. 13.
[180] So etwa auch mit Blick auf Art. 15 GRC Wunderlich, FS Schwarze, 304 (319).
[181] So etwa Jarass GRCh Art. 16 Rn. 7; EnzEuR II/Grabenwarter § 14 Rn. 51 jeweils mit Blick auf Art. 16 GRC.
[182] Siehe aus der Rspr. bereits EuGH – C-368/95, Familiapress, GRUR Int 1977, 829 (830 Rn. 27); EuGH – C-260/89, ERT, EuZW 1991, 507 (508 Rn. 43); siehe dazu Cloppenburg, Erwerbsgrundrechte im Unionsrecht, 16 f. mwN.
[183] So grundlegend EuGH – C-390/12, Pfleger EuZW 2014, 597 (600 Rn. 57 ff.); den Wortlaut von Art. 16 GRC sogar als Verweis auf die Niederlassungsfreiheit interpretierend EuGH – C-367/12, Sokoll-Seebacher, EuZW 2014, 307 (308 Rn. 21 f.); siehe dazu Gundel ZHR 180 (2016), 323 (330) mwN. Siehe dazu ferner Michl, Unionsgrundrechte im Bann des Gesetzgebers, 250, der etwa die Entscheidungsgründe in der Rs. AGET Iraklis (C-201/15, NJW 2017, 1723 (1728 f. Rn. 79 ff.)) wegen der darin vorgenommenen Verschmelzung von Grundrechts- und Grundfreiheitsprüfung kritisiert.
[184] Siehe bereits statt aller Schöbener, GS Tettinger, 159 (165).
[185] Siehe dazu sowie zu Beispielen Gundel ZHR 180 (2016), 323 (348).

bei „nur" in Wirtschaftsgrundrechte eingreifenden unionsrechtlichen Maßnahmen nicht der Fall ist.[186]

b) Maßstäbe. Organisationsvorgaben für Unternehmen tangieren potenziell vor allem die Schutzbereiche der Niederlassungsfreiheit oder der Dienstleistungsfreiheit. Die **Niederlassungsfreiheit** (Art. 49 ff. AEUV) gewährleistet natürlichen und juristischen Personen das Recht, in einem anderen Mitgliedstaat als ihrem Heimatstaat eine auf Dauer angelegte selbstständige Tätigkeit auszuüben. Sie garantiert damit eine Freiheit der Standortwahl, die sowohl ein Diskriminierungsverbot (Art. 49 Abs. 2 AEUV) als auch ein Beschränkungsverbot (Art. 49 Abs. 1 AEUV) beinhaltet. 82

Die **Dienstleistungsfreiheit** nach Art. 56 ff. AEUV ergänzt die Niederlassungsfreiheit (und die Arbeitnehmerfreizügigkeit) dahingehend, dass erwerbswirtschaftliche Tätigkeiten auch ohne Wohnsitzverlagerung und damit lediglich vorübergehend grenzüberschreitend ermöglicht werden, wobei auch sie sowohl als Diskriminierungs- als auch als Beschränkungsverbot ausgestaltet ist (Art. 56 Abs. 1 AEUV).[187] 83

Der EuGH hat betont, dass das Beschränkungsverbot der Niederlassungsfreiheit eine geringere Reichweite als dasjenige der Dienstleistungsfreiheit aufweist. Konkret entschied er in der Rs. Säger, dass ein Mitgliedstaat die „Erbringung von Dienstleistungen in seinem Hoheitsgebiet nicht von der Einhaltung aller Voraussetzungen abhängig machen [darf], die für die Niederlassung gelten".[188] Das Beschränkungsverbot gilt bei der Niederlassungsfreiheit also nur soweit es tatsächlich um die **freie Standortwahl** und damit um den Marktzu- und Marktaustritt geht.[189] 84

Beschränkungen der Grundfreiheiten sind alle Maßnahmen, die die Ausübung der durch den Vertrag garantierten Grundfreiheiten behindern oder weniger attraktiv machen können. Nach der Rechtsprechung des EuGH sind entsprechende Beschränkungen (nur) gerechtfertigt, wenn vier kumulative Voraussetzungen erfüllt sind (sog. *Gebhard-Formel*): 85
– Sie müssen in nichtdiskriminierender Weise angewandt werden,
– sie müssen aus zwingenden Gründen des Allgemeininteresses gerechtfertigt sein,
– sie müssen geeignet sein, die Verwirklichung des mit ihnen verfolgten Zieles zu gewährleisten, und
– sie dürfen nicht über das hinausgehen, was zur Erreichung dieses Zieles erforderlich ist.[190]

Zusammengefasst müssen (nationale) Beschränkungsmaßnahmen somit **nichtdiskriminierend** und **verhältnismäßig** sein. Insoweit kann auf die Ausführungen zu Art. 16 GRC verwiesen werden (→ Rn. 28 ff.), wobei die Schutzintensität des EuGH wie gezeigt im Zusammenhang mit Grundfreiheiten über diejenige bei der Grundrechtsprüfung hinausgeht (→ Rn. 81). 86

IV. Rechtsschutz

Da der materiell-rechtliche Schutz durch (Wirtschafts-)Grundrechte und Grundfreiheiten des unionalen Primärrechts wirkungslos bliebe, könnte er nicht gerichtlich geltend gemacht und durchgesetzt werden, muss abschließend auf den **Rechtsschutz** eingegangen werden. Will sich eine grundrechts- bzw. grundfreiheitsberechtigte Entität, also entweder ein Unternehmen oder ein (Unternehmens-)Eigner gegen eine mitgliedstaatliche oder unionale Organisationsvorgabe unter Berufung auf die skizzierten primärrechtlichen Maßstäbe gerichtlich zur Wehr setzen, kommen sowohl Rechtsschutzmöglichkeiten auf **Ebene der Europäischen Union** (1.) als auch auf **nationaler Ebene** (2.) in Betracht. 87

---

[186] Siehe dazu Gundel ZHR 180 (2016), 323 (348 f.).
[187] Siehe zum Ganzen statt aller Streinz EuropaR Rn. 842, 844, 953 ff. und 961 ff.
[188] EuGH C-76/90, Säger NJW 1991, 2693 (2693 Rn. 13).
[189] Siehe dazu statt aller Streinz EuropaR Rn. 846 mwN.
[190] EuGH C-55/94, Gebhard NJW 1996, 579 (581 Rn. 37).

1. Rechtsschutz durch den Gerichtshof der Europäischen Union

88 Auf Unionsebene ist nach Art. 19 Abs. 1 EUV der **Gerichtshof der Europäischen Union,** der aus dem EuGH, dem EuG und (potenziell) den Fachgerichten besteht, für die Wahrung und Auslegung des Unionsrechts zuständig. Konkretisiert werden seine Rechtsprechungskompetenzen in den Art. 251 ff. AEUV. Maßstab seiner Rechtsprechungstätigkeit ist allein das Unionsrecht, nicht hingegen das Recht der Mitgliedstaaten.

89 Unmittelbar können Unternehmen vor allem im Rahmen der **Nichtigkeitsklage** nach Art. 263 Abs. 4 AEUV geltend machen, durch eine **unionsrechtliche,** nicht hingegen durch eine mitgliedstaatliche **Organisationspflicht** in ihren Grundrechten und/oder Grundfreiheiten verletzt zu sein. Gerichtet ist eine solche Klage gegen die den Rechtsakt erlassenden Organe, im hiesigen Zusammenhang insbesondere Europäisches Parlament, Rat und Kommission (vgl. Art. 263 Abs. 1 S. 1 AEUV).

90 Zuständig für Nichtigkeitsklagen von Privaten gegen durch Unionsrechtsakte statuierte Organisationspflichten ist in erster Instanz das EuG und in zweiter Instanz der EuGH (Art. 256 Abs. 1 AEUV). Allerdings werden entsprechende Nichtigkeitsklagen faktisch nie erfolgreich sein. Bei Privaten handelt es sich nämlich um sog. **nicht privilegierte Kläger,** die nach Art. 263 Abs. 4 AEUV nur dann klagebefugt sind, wenn eine der drei folgenden Voraussetzungen erfüllt ist:

91 Klagebefugt sind Private zunächst dann, wenn der Unionsrechtsakt an sie **gerichtet** ist (Var. 1), was vor allem bei Beschlüssen, nicht aber bei den Organisationspflichten statuierenden Verordnungen und Richtlinien der Fall ist. Zweitens ist die Klagebefugnis zu bejahen, wenn der Unionsrechtsakt die Privaten „unmittelbar und individuell" betrifft (Var. 2). Eine **unmittelbare Betroffenheit** liegt vor, wenn die Auswirkungen der Maßnahme eintreten, ohne dass dafür weitere Umstände hinzutreten müssten, wie etwa der Erlass von Umsetzungsakten. An der Unmittelbarkeit fehlt es damit bei nicht vollharmonisierten Richtlinien, die den Mitgliedstaaten einen Umsetzungsspielraum einräumen.[191] Individuell betroffen ist ein Kläger nach der vom EuGH entwickelten sog. *Plaumann-Formel* lediglich dann, wenn die streitgegenständliche Handlung ihn „wegen bestimmter persönlicher Eigenschaften oder besonderer, ihn aus dem Kreis aller übrigen Personen heraushebender Umstände berührt und ihn daher in ähnlicher Weise **individualisiert** wie den Adressaten".[192] Nicht ausreichend ist es danach, dass das klagende Unternehmen ebenso wie andere Unternehmen von einer durch unionales Sekundärrecht statuierten Organisationsvorgabe betroffen ist.

92 Schließlich wird die Zulässigkeitshürde der Klagebefugnis dann genommen, wenn ein **„Rechtsakt mit Verordnungscharakter"** angegriffen wird, der den Kläger unmittelbar betrifft und keine Durchführungsmaßnahmen nach sich zieht (Var. 3). Während das Unmittelbarkeitskriterium ebenso wie in Var. 2 zu verstehen ist, war zunächst streitig, was unter einem Rechtsakt mit Verordnungscharakter zu verstehen ist. Nach der Rechtsprechung des EuGH sind darunter nur solche Rechtsakte erfasst, die keine Gesetzgebungsakte im Sinne des Art. 289 AEUV sind, also Rechtsakte, die nicht in einem Gesetzgebungsverfahren erlassen wurden. Damit sind insbesondere Verordnungen im Sinne von Art. 288 Abs. 2 AEUV nicht unter den Begriff zu subsumieren,[193] sondern lediglich delegierte und Durchführungsrechtsakte nach Art. 290, 291 AEUV, die regelmäßig **keine Organisationspflichten** statuieren werden.

93 Im Ergebnis stellt sich die Nichtigkeitsklage somit für Unternehmen regelmäßig nicht als wirksames Rechtsschutzinstrument gegenüber unionsrechtlich radizierten Organisationspflichten dar. Der EuGH gewährt ihnen vielmehr nur über Umwege Rechtsschutz,

---

[191] Siehe dazu Calliess/Ruffert/Cremer AEUV Art. 263 Rn. 36–38.
[192] EuGH 25/62, Plaumann NJW 1963, 2246 (2246); siehe dazu statt aller Hilf/Hörmann NJW 2003, 1 (2 f.).
[193] EuGH C-583/11, P, Inuit Tapiriit Kanatami ua, EuZW 2014, 22 (23 f. Rn. 58 ff.); siehe dazu statt aller Streinz/Ehricke AEUV Art. 263 Rn. 55.

nämlich durch das sog. **Vorabentscheidungsverfahren** nach Art. 267 AEUV. Konkret muss der Primärrechtsverstoß in einem durch die unternehmerische Nichtbeachtung des Unionsrechtsakts ausgelösten Verfahren vor mitgliedstaatlichen Gerichten geltend gemacht werden, die dem EuGH nach Art. 267 Abs. 1 AEUV Auslegungs- und Gültigkeitsfragen vorlegen können und – handelt es sich bei dem vorlegenden um das letztinstanzlich entscheidende Gericht – nach Art. 267 Abs. 3 AEUV sogar vorlegen müssen.[194]

Geht es um unionsrechtliche Organisationsvorgaben, sind Private auf die skizzierten unionalen Rechtsschutzmöglichkeiten beschränkt, da **mitgliedstaatliche Gerichte** für die Überprüfung der Primärrechtskonformität unionalen Handelns grundsätzlich nicht zuständig sind. Mitgliedstaatliche Gerichte können und müssen aber sehr wohl mitgliedstaatliche Rechtsakte am Maßstab des Primärrechts überprüfen, ist letzteres doch sowohl unmittelbar anwendbar als auch mit Anwendungsvorrang ausgestattet. Insoweit sind die mitgliedstaatlichen Gerichte zu Recht als **Unionsrechtsgerichte** bezeichnet worden.[195] 94

Auch mit Blick auf die Frage der Unionsrechtskonformität einer mitgliedstaatlichen Organisationspflicht kann (Art. 267 Abs. 1 AEUV) bzw. muss (Art. 267 Abs. 3 AEUV) das streitentscheidende mitgliedstaatliche Gericht ein **Vorabentscheidungsverfahren** zum EuGH anstrengen. Da der EuGH allerdings nach Art. 267 Abs. 1 AEUV in ebendiesem Verfahren nur für Gültigkeitsfragen mit Blick auf Unionsrechtsakte und für Auslegungsfragen des Unionsrechts, nicht aber unmittelbar für Fragen der Unionsrechtskonformität mitgliedstaatlicher Rechtsakte zuständig ist, müssen die mitgliedstaatlichen Gerichte die **Vorlagefrage** insoweit abstrakt formulieren, als sie an den EuGH die Frage richten, ob eine dem konkreten mitgliedstaatlichen Rechtsakt entsprechende Maßnahme eine vom Unionsrecht verbotene ist. Seit jeher formuliert der EuGH allerdings unzulässige und zulässige Vorlagefragen eigenständig um.[196] 95

2. Rechtsschutz durch das Bundesverfassungsgericht

Das Bundesverfassungsgericht judiziert grundsätzlich nur am Maßstab des **Grundgesetzes** (vgl. Art. 93 GG), sodass Unternehmen gegenüber mitgliedstaatlichen Organisationspflichten grundsätzlich keine Verstöße gegen das Primärrecht der Union rügen können. Während diese Aussage für die Grundfreiheiten des Binnenmarktes weiterhin gilt, hat sich das Bundesverfassungsgericht jüngst in seiner rechtspolitisch nachvollziehbaren, aber verfassungsdogmatisch äußerst zweifelhaften Entscheidung „Recht auf Vergessen II" selbst das Recht zugesprochen, im Rahmen des Verfassungsbeschwerdeverfahrens nach Art. 93 Abs. 1 Nr. 4a GG auch am Maßstab der **Grundrechte der GRC** zu judizieren. Dazu kommt es mit Blick auf den Anwendungsbereich der Charta (→ Rn. 9 f.) immer dann, wenn das Unionsrecht das nationale deutsche Recht verdrängt (sog. vollständig vereinheitlichter Bereich). Insoweit können Verletzungen der Wirtschaftsgrundrechte der Charta nunmehr auch vor dem Bundesverfassungsgericht geltend gemacht werden.[197] Hingegen sind im sog. gestaltungsoffenen Bereich, in dem das Unionsrecht dem nationalen Recht Spielräume belässt, weiterhin nur die Grundrechte des Grundgesetzes vor dem Bundesverfassungsgericht rügefähig.[198] 96

---

[194] Siehe statt aller Hilf/Hörmann NJW 2003, 1 (3); siehe eingehend zu Art. 267 AEUV Schima Vorabentscheidungsverfahren, passim.
[195] Vgl. bereits Burgi, Verwaltungsprozeß und Europarecht, 1995, 58 f. („Gemeinschaftsrechtsgerichte").
[196] Siehe dazu statt aller Streinz EuropaR Rn. 707 f.
[197] BVerfGE 152, 216 (236 ff. Rn. 50 ff.); kritisch dazu Wolff, Der Einzelne in der offenen Staatlichkeit, 399 ff.
[198] Siehe zum diesbezüglichen Rechtsschutz → § 7 Rn. 82 f.

§ 7 Schutz des privatwirtschaftlichen Unternehmens unter dem Grundgesetz

Prof. Dr. Martin Burgi

Übersicht

	Rn.
I. Relevante Grundrechte	3
1. Grundrechte des Unternehmens: Berufsfreiheit, Gesellschaftseigentum und Vereinigungsfreiheit	3
a) Berufsfreiheit nach Art. 12 Abs. 1 iVm Art. 19 Abs. 3 GG	3
b) Eigentumsgrundrecht der Gesellschaft nach Art. 14 iVm Art. 19 Abs. 3 GG	10
c) Grundrecht der Vereinigungsfreiheit (Art. 9 Abs. 1 GG)	19
2. Anteilseigentum (Art. 14 GG)	20
II. Übergreifende Aspekte	25
1. Differenzierung nach der Unternehmensgröße bzw. einem personalen Bezug?	25
2. Charakteristika der hier infrage stehenden Eingriffe	29
a) Belastungskumulation	29
b) Trickle-Down-Effekt gegenüber KMU	32
3. Vorbehalt des Gesetzes	33
4. Übergreifende Aspekte der materiellen Rechtfertigung	39
a) Vorrang der (regulierten) Selbstregulierung?	39
b) Vorrang von auf die Außentätigkeit zielenden Gemeinwohlvorgaben?	46
III. Schutzgegenstände und Rechtfertigungsprüfung bei Art. 12 Abs. 1 GG	48
1. Differenzierte Betrachtung des Schutzbereichs der Berufsausübungsfreiheit	48
a) Ausübung eines Berufs und unternehmerische Berufsausübung	48
b) Konsequenzen	52
2. Kreis und notwendiges Gewicht der Gemeinwohlbelange	58
3. Verhältnismäßigkeitsmaßstab und Kontrolldichte	60
a) Elemente der Verhältnismäßigkeitsprüfung	60
b) Kein Fall der Indienstnahme	64
c) Erfordernis eines Sachzusammenhangs in Leistungskonstellationen	65
4. Zusätzliche Hinweise zu einzelnen Regelungsgegenständen	66
a) Organisationsbezogene Pflichten	66
b) Verfahrensrechtliche Pflichten und Sanktionen	70
IV. Gegebenenfalls hinzutretende Schutzwirkungen der Eigentumsgarantie	71
1. Schutzwirkung gegenüber allgemeinen Regelungen des Gesellschaftsrechts	72
2. Schutzwirkung gegenüber organbezogenen gesellschaftsrechtlichen Gemeinwohlvorgaben	73
3. Schutzwirkung gegenüber Maßnahmen der rechtlichen Entflechtung	77
4. Finanzielle Ausgleichspflicht als Merkposten für die Zukunft	78
V. Rechtsschutz	82

Literatur
Burgi, Art. 12 Abs. 1, in Kahl/Waldhoff/Walter, Bonner Kommentar zum GG, Februar 2019; Burgi, Nachhaltigkeit als Bürokratielast für KMU, WiVerw 2021, 97; Fest, Zu den verfassungsrechtlichen Vorgaben der Eigentumsgarantie für die Ausgestaltung des Gesellschaftsrechts, FS Hager, 2021, 355; Habersack/Kersten, Chancengleiche Teilhabe an Führungspositionen in der Privatwirtschaft, Gesellschaftsrechtliche Dimensionen und verfassungsrechtliche Anforderungen, BB 2014, 2819; Hellgardt/Unger, Aufsichtsrat und Anteilseigentum, ZHR 183 (2019), 406; Kreuter-Kirchhof, Personales Eigentum im Wandel, 2017; Mülbert/Leuschner, Die verfassungsrechtlichen Vorgaben der Art. 14 GG und Art. 2 Abs. 1 GG für die Gesellschafterstellung – wo bleibt die Privatautonomie?, ZHR 170 (2006), 615; Rast, Unternehmerische Organisationsfreiheit und Gemeinwohlbelange, 2022; Richter, Gute Policey im Aktienrecht, ZHR 177 (2013), 577; Schmidt-Aßmann, Der Schutz des Aktieneigentums durch Art. 14 GG, FS Badura, 2004, 1009; Schön, Der Aktionär im Verfassungsrecht, FS Ulmer, 2003, 1359; Voß, Unternehmenswissen als Regulierungsressource, 2019.

1 Eine die verschiedenen staatlichen Zugriffe auf die Unternehmensorganisation im hier zugrunde gelegten Sinne übergreifende verfassungsrechtliche **Gesamtdarstellung** fehlt, und sie kann auch im Rahmen dieses Handbuchs nicht geleistet werden. Dessen Grundkonzeption entsprechend sollen aber (bislang defizitäre) Differenzierungen vorgenommen, eine Zuordnung der in → § 1 Rn. 40 systematisch entfalteten organisations- und verfahrensbezogenen Pflichten nebst Sanktionen erfolgen und jeweils eine zumindest grobe Einschätzung zur Rechtfertigungsfähigkeit damit etwaigenfalls verbundener Grundrechtseingriffe gegeben werden. Mit *Windbichler*[1] geht es also um eine „Rückkoppelung an ganz grundlegende Strukturüberlegungen", dies aber auf dem aktuellen Stand der Verfassungsrechtsdogmatik.

2 Anders als in der bisherigen wissenschaftlichen Auseinandersetzung (und auch als in der Judikatur des Bundesverfassungsgerichts) liegt der **Schwerpunkt** dabei auf dem Grundrecht der Berufsfreiheit der Unternehmen, während das Anteilseigentum[2] zwar gleichfalls geschärft wird (→ Rn. 20), aber nicht als die wichtigste oder gar einzige Grundlage des verfassungsrechtlichen Schutzes privatwirtschaftlicher Unternehmensverfasstheit angesehen wird.

I. Relevante Grundrechte

1. Grundrechte des Unternehmens: Berufsfreiheit, Gesellschaftseigentum und Vereinigungsfreiheit

3 **a) Berufsfreiheit nach Art. 12 Abs. 1 iVm Art. 19 Abs. 3 GG.** Das Grundrecht der Berufsfreiheit, das im vorliegenden Zusammenhang nicht hinsichtlich der Berufswahl, sondern hinsichtlich der Berufsausübung betroffen ist, umfasst insoweit sämtliche mit der Berufstätigkeit nach Ort, Inhalt, Umfang, Dauer, äußerer Erscheinungsform, Verfahren, Organisation und Mittel zusammenhängenden Aspekte. Eines von mehreren Teilelementen der **Berufsausübungsfreiheit** bildet die Organisationsfreiheit. Diesen Begriff hat das BVerfG eingeführt[3] und verwendet ihn immer wieder, teilweise aber auch alternierend mit dem Begriff der „Unternehmerfreiheit"[4] (→ Rn. 51).

4 Jedenfalls unter die **Organisationsfreiheit** fallen sämtliche Aktivitäten bei der Gründung und Stilllegung von Unternehmen, beim Zusammenschluss mit anderen Unternehmen sowie die Entscheidung über Firma, Standort und Organisationsformen. Dazu gehören selbstverständlich auch die Entscheidungen über die Besetzung und Zusammensetzung der Leitungsorgane. Sämtliche in diesem Handbuch der Organisation und Führung privatwirtschaftlicher Unternehmen zugeordneten Teilaspekte werden mithin hiervon umfasst.[5]

5 Selbstverständlich erfasst der Schutz der Berufsausübungsfreiheit nicht nur die Auferlegung organisations- und darauf bezogener verfahrensrechtlicher Pflichten, sondern auch die **Verhängung von Sanktionen.** Dies gilt auch für das womöglich im Zuge der Umsetzung der CSDDD eingeführte sog. Naming and Shaming (→ § 9 Rn. 24), dh die unter Namensnennung des Unternehmens erfolgende Publikation von Verstößen gegen die Sorgfaltspflichten des Lieferkettenrechts. Denn diese zielt im Sinne der grundlegenden Entscheidung des BVerfG zur amtlichen Verbraucherinformation im Lebensmittelrecht „direkt auf die Marktbedingungen konkret interessierter Unternehmen, indem die Grundlagen der Entscheidungen am Markt zweckgerichtet beeinflusst und so die Markt- und Wettbewerbssituation zum wirtschaftlichen Nachteil der betroffenen Unternehmen verändert" wird.[6]

---

[1] Windbichler NJW 2012, 2625 (2630).
[2] Damit befassen sich die Monographien von Bergbach, Anteilseigentum, 2010, und Schoppe, Aktieneigentum, 2011; vgl. ferner Richter ZHR 177 (2013), 577 (588 ff.).
[3] BVerfGE 50, 290 (363).
[4] BVerfGE 50, 290 (263); dazu auch Stern/Sodan/Möstl/Sodan Staatsrecht IV, 2. Aufl. 2022, 897 f.
[5] Ebenso Dreier/Wieland GG Art. 12 Abs. 1 Rn. 53; Sachs/Mann GG Art. 12 Abs. 1 Rn. 79, jeweils mwN.
[6] BVerfGE 148, 40, 51, Rn. 28; vgl. auch BVerwGE 71, 183 (193 ff.); weiterführend Wollenschläger VerwArch 102 (2011), 20 (37 ff.).

Nach Art. 19 Abs. 3 GG beantwortet sich die Frage, ob sich auch juristische Personen **6** und andere **Personenmehrheiten** auf das Berufsfreiheitsgrundrecht berufen können. Diese Bestimmung erweitert den sich aus Art. 12 Abs. 1 GG ergebenden Schutz und legt zugleich die Voraussetzungen fest, unter denen eine solche Schutzerstreckung infrage kommt.[7] Unstreitig ist das Berufsfreiheitsrecht eines der Grundrechte, das nach seinem „Wesen" auch auf juristische Personen anwendbar ist.[8] Die Bildung und Betätigung von Personenmehrheiten ist gerade im Wirtschaftsleben Ausdruck freier Entfaltung der privaten natürlichen Personen, weswegen der „Durchgriff" auf die hinter den Personenmehrheiten (hier: den Gesellschaften) stehenden Menschen die Erstreckung des Grundrechtsschutzes als „sinnvoll und erforderlich erscheinen" lässt.[9] Das gilt fraglos für die als juristische Personen organisierten Aktiengesellschaften, GmbHs und SEs, aber auch für teilrechtsfähige Organisationseinheiten wie OHGs und Kommanditgesellschaften.[10]

Für die Einbeziehung **ausländischer Unternehmen** ist der **Unternehmenssitz** in **7** Deutschland maßgeblich. Dies bedeutet, dass insbesondere Tochtergesellschaften ausländischer Unternehmen auch den Schutz der Berufsfreiheitsgarantie genießen, was angesichts eines sich dynamisch entwickelnden internationalen Wirtschaftsaustausches von hoher Relevanz ist.[11] Die Gegenauffassung macht darauf aufmerksam, dass Art. 19 Abs. 3 GG zwar eine Erstreckung des Grundrechtsschutzes auf Personenmehrheiten bewirken soll, aber nicht eine schon im Hinblick auf natürliche Personen fehlende Grundrechtsberechtigung konstitutiv begründen könne; andernfalls stünden kollektiv handelnde Ausländer besser als individuell handelnde (da Art. 12 Abs. 1 ein sog. Deutschen-Grundrecht ist).[12] Der Grundrechtsschutz von juristischen Personen, die den Sitz ihrer Muttergesellschaft nicht in Deutschland haben, bemisst sich dann lediglich nach Art. 2 Abs. 1 GG iVm Art. 19 Abs. 3 GG.[13]

Auch diese Auffassung gelangt allerdings im Hinblick auf den besonders wichtigen Fall, **8** dass die **Muttergesellschaft** ihren **Sitz in einem Mitgliedstaat der EU** hat, im Hinblick auf Art. 18, 34, 49 und 56 AEUV zur Anwendbarkeit des Grundrechtsschutzes nach den Maßstäben des Art. 12 Abs. 1 GG.

Unternehmen, die ihren **Sitz außerhalb** Deutschlands haben, können nach dem ein- **9** deutigen Wortlaut des Art. 19 Abs. 3 GG den Schutz der materiellen Grundrechte (unter ihnen Art. 12 Abs. 1 GG) nicht in Anspruch nehmen.[14] Handelt es sich um juristische Person mit einem Sitz in einem Mitgliedstaat der EU, geht das BVerfG seit dem Beschluss vom 19.7.2011[15] explizit von einer „Anwendungserweiterung" des Art. 19 Abs. 3 GG aufgrund des Anwendungsvorrangs des Diskriminierungsverbots nach Art. 18 AEUV und den Grundfreiheiten des Binnenmarkts aus.[16]

**b) Eigentumsgrundrecht der Gesellschaft nach Art. 14 iVm Art. 19 Abs. 3 GG. 10
aa) Schutzgegenstände.** Durch die insbesondere in der zivilrechtlichen Beschäftigung mit dem grundrechtlichen Schutz privatwirtschaftlicher Unternehmen erkennbare Dominanz des Anteilseigentums (→ Rn. 20) droht unterzugehen, dass die unternehmenstragende Gesellschaft auch selbst (wiederum iVm Art. 19 Abs. 3 GG) Träger des Eigentumsgrundrechts ist. Dieses „Gesellschaftseigentum" ist von vornherein **vom Anteilseigentum zu**

---

[7] Ausführlich Huber/Voßkuhle/Huber GG Art. 19 Abs. 3 Rn. 227; diff. Kingreen JöR 65 n.F., 11 ff.; Ackermann JöR 65 n.F., 113 ff.
[8] Zuletzt BVerfGE 95, 173 (181).
[9] BVerfGE 75, 192 (196).
[10] Näher BK GG/Burgi Art. 12 Abs. 1 Rn. 90.
[11] Zu den Einzelheiten der Sitzbestimmung vgl. BVerfG NJW 2018, 2392; Kruchen NZG 2012, 377.
[12] Vgl. statt vieler Huber/Voßkuhle/Huber GG Art. 19 Abs. 3 Rn. 301 ff.
[13] Diff. zum Umgang mit Konstellationen, in denen den Leitungsgremien des ausländischen Unternehmens mehrheitlich Deutsche angehören bzw. dieses von Deutschen beherrscht wird Dürig/Herzog/Scholz GG/Remmert Art. 12 Rn. 87.
[14] BVerfGE 21, 207 (208 f.); BVerfGE 100, 31 (364).
[15] BVerfG NJW 2011, 3428.
[16] Zu den Einzelheiten Huber/Voßkuhle/Huber GG Art. 19 Abs. 3 Rn. 308.

unterscheiden.[17] Die Unterscheidung zwischen Gesellschaftseigentum und Anteilseigentum trägt der (ja gerade im Zivilrecht) begründeten Trennung der Rechtspersönlichkeiten des Anteilseigners einerseits, der Gesellschaft andererseits Rechnung.[18] Während der Anteilseigentümer ua bestimmte Herrschaftsbefugnisse hat, die es ihm ermöglichen, in den Organen der Gesellschaft auf einen bestimmten Umgang mit den Eigentumsgütern der Gesellschaft hinzuwirken, sind diese Güter unmittelbar Bestandteil (nur) des Gesellschaftseigentums. Grund für die jahrzehntelange Unsicherheit im Umgang mit dieser Unterscheidung ist freilich die im Mitbestimmungsurteil des BVerfG insoweit erfolgte „Vernebelung".[19]

11 In jüngeren Entscheidungen hat das BVerfG zutreffenderweise klar unterschieden zwischen dem Schutz der mitgliedschaftlichen Stellung in der Gesellschaft (die das Anteilseigentum vermittelt) und dem Gesellschaftseigentum.[20] Dass es im Atomausstiegsurteil einer Muttergesellschaft für den Fall, dass sie an einer (das betroffene Atomkraftwerk betreibenden) Tochtergesellschaft eine „substanzielle, zwischen 30 und 80% ... liegende Beteiligung" hält, eine „Teilhabe an dem Grundrechtsschutz der Gesellschaft" garantiert hat,[21] ist keine neuerliche Vernebelung. Vielmehr erörtert das Gericht diesen Punkt lediglich im prozessualen Abschnitt, dh innerhalb der sog. Beschwerdefähigkeit, um der Muttergesellschaft eine Berufung auf das (in der Sache aber lediglich der Tochtergesellschaft zukommende) Gesellschaftseigentum zu ermöglichen. Es hat dabei ausdrücklich betont, dass diese Art von Beteiligung nicht zu verwechseln sei mit dem in der Aktie verkörperten Anteilseigentum des Aktionärs.[22]

12 Nach ständiger Rechtsprechung des BVerfG kann der Schutz des Gesellschaftseigentums nicht weitergehen als der Schutz, den seine wirtschaftliche Grundlage genießt.[23] Dieser Schutz umfasst „nur den konkreten **Bestand an Rechten und Gütern**".[24] Bislang (und zuletzt im Atomausstiegsurteil) hat das Gericht offen gelassen, ob das im Bürgerlichen Recht anerkannte sog. Recht am eingerichteten und ausgeübten Gewerbebetrieb auch Eigentumsschutz nach Art. 14 Abs. 1 genieße.[25] Im Atomausstiegsurteil wurde als betroffener „konkrete Bestand an Rechten" insbesondere das bürgerlich-rechtlich konstituierte Eigentum an den Atomanlagen begriffen.[26]

13 Demzufolge ist die teilweise anzutreffende Formulierung, dass es ein „Eigentum am Unternehmen" gebe, abzulehnen.[27] Bei richtigem Verständnis des Mitbestimmungsurteils sind die ein Unternehmen tragenden Gesellschaften in ihrem **Recht auf Gestaltung der inneren Organisation und des Verfahrens der Willensbildung** (konkret im Aufsichtsrat der Gesellschaften) und damit in einer der „Funktionsbedingungen der Garantie des Eigentums" betroffen.[28] Denn zutreffenderweise umfasst das Eigentumsgrundrecht nicht nur die Zuordnung und Nutzung des Eigentums und die Verfügung über das Eigentum, sondern auch das Recht, selbst zu bestimmen, wie die innere Organisation, das Verfahren der Willensbildung und die Führung der Geschäfte ablaufen sollen.[29] Dies bedeutet ganz konkret, dass die im Mittelpunkt dieses Handbuchs stehende Entscheidungsbefugnis über

---

[17] Ebenso BVerfGE 134, 242, Rn. 158 u. 240, aber auch schon das Mitbestimmungsurteil BVerfGE 50, 290 (351 f.); vgl. ferner mit zahlreichen Nachweisen Fest, FS Hager, 355 (361 f.).
[18] Treffend und ausführlich BK GG/Dederer GG Art. 14 Rn. 69; dagegen Schoppe, Aktieneigentum, 105.
[19] BK GG/Dederer Art. 14 Rn. 65; ebenso Isensee/Kirchhof/Leisner HdbStR § 173 Rn. 198 f.
[20] BVerfGE 100, 289 (301 f.); BVerfGE 132, 99 (119).
[21] BVerfGE 143, 246 (312), Rn. 183.
[22] BVerfGE 143, 246 (312), Rn. 183.
[23] BVerfGE 58, 300 (353).
[24] BVerfGE 123, 185 (259).
[25] Seit BVerfGE 17, 232 (247 f.); BVerfGE 123, 186 (259); zuletzt BVerfGE 143, 246, Rn. 240.
[26] BVerfGE 143, 246, Rn. 227, 228 ff., 240.
[27] So etwa Huber/Voßkuhle/Depenheuer/Froese GG Art. 14 Rn. 142. Missverständlich auch insoweit wieder das Mitbestimmungsurteil (BVerfGE 50, 290 (341)).
[28] BVerfGE 50, 290 (352).
[29] So auch BVerfGE 80, 244 (253); BVerfGE 92, 365 (403); BVerfGE 100, 214 (221); BVerfGE 149, 160, Rn. 98; BVerfGE 153, 182, Rn. 326.

die Organisation und die Führung eines Unternehmens auch Bestandteil der durch Art. 14 Abs. 1 GG geschützten Eigentumsgarantie ist.[30]

bb) Verhältnis zur Berufsfreiheitsgarantie. Das Verhältnis der Eigentumsgarantie (hier: in Gestalt des Gesellschaftseigentums) zur Berufsfreiheit wird vom BVerfG bekanntlich anhand der Formel bestimmt, wonach die Eigentumsgarantie das Erworbene, mithin das Ergebnis einer Betätigung, die Berufsfreiheit hingegen den Erwerb, dh die Betätigung selbst schütze.[31] Das Gericht bemüht sich regelmäßig um eine möglichst exklusive Abgrenzung der beiden Freiheitsrechte, wobei es im Rahmen einer „wertenden Betrachtung unter Berücksichtigung des **Schwerpunkts der Maßnahme**"[32] darauf abstellt, ob „ein Akt der öffentlichen Gewalt eher in die Freiheit der individuellen Erwerbs- und Leistungstätigkeit eingreift" oder ob der Akt „mehr die Innehabung und Verwendung vorhandener Vermögensgüter begrenzt".[33] Das nach diesem Maßstab nachrangige Grundrecht tritt dann als subsidiär zurück.

In einigen Fällen lässt es das Gericht allerdings offen, ob neben dem einen auch das andere Grundrecht betroffen ist und verweist auf die für die Rechtfertigung angeblich identischen Maßstäbe, so zuletzt auch wieder im Atomausstiegsurteil.[34] Dies sollte mE nicht vorschnell geschehen, denn mit Blick auf die mögliche staatshaftungsrechtliche Dimension entsprechender Konstellationen kann es durchaus einen Unterschied machen, ob nun die **entschädigungssensiblere Eigentumsgarantie** betroffen ist oder (insoweit) „nur" die Berufsfreiheit, deren Verletzung grundsätzlich nicht zu Entschädigungsansprüchen führt.[35]

In Fällen dieser Art sind mithin beide Grundrechte parallel zu prüfen, dh ist von einer sog. **Idealkonkurrenz** auszugehen, die das Gericht in jüngerer Zeit auch in seinen Entscheidungen zum Gentechnikgesetz[36] und zum Atomausstieg[37] angenommen hat.

Im Hinblick auf die im Rahmen dieses Handbuchs allein interessierenden staatlichen Vorgaben für die Organisation und Führung von Unternehmen ist demnach wie folgt zu differenzieren: Anders als teilweise angenommen ist insoweit nicht stets von einem Zurücktreten der Eigentumsgarantie auszugehen.[38] Knüpft man an die bei → § 1 Rn. 40 vorgenommene Systematik der organisationsbezogenen bzw. hieran orientierten verfahrensrechtlichen Pflichten sowie die Sanktionsbestimmungen an, ist in der Tat davon auszugehen, dass **verfahrensrechtliche Pflichten** sowie **Sanktionen** ausschließlich am Maßstab der **Berufsfreiheitsgarantie** nach Art. 12 Abs. 1 GG zu messen sind. Sicherlich sind auch Pflichten zur Einrichtung bestimmter Stellen innerhalb der Unternehmensorganisation, die Pflicht zur (teilweisen) Ausrichtung der Geschäftsorganisation zwecks Beachtung bestimmter Interessen und die Vorgaben für die Rechtsformwahl im Schwerpunkt Beeinträchtigungen der Freiheit zum Organisieren bzw. Führen des Unternehmens, dh, sie beeinträchtigen die unternehmerische Betätigung, nicht den bereits erworbenen Bestand.

Die Vorschriften des **allgemeinen Gesellschaftsrechts,** die überhaupt erst die Möglichkeit für an wirtschaftlicher Betätigung Interessierte schaffen, sich bestimmter Organisationsformen zu bedienen, sind allerdings als **Inhalts- und Schrankenbestimmung** des Gesellschaftseigentums iSv Art. 14 Abs. 1 GG anzusehen[39] Und auch diejenigen **Entflech-**

---

[30] Klarsichtig zuletzt auch Fest, FS Hager, 355 (361 f.).
[31] Seit BVerfGE 30, 292 (335); zuletzt auch wieder BVerfGE 143, 246 (312).
[32] BVerfGE 121, 317 (345).
[33] Vgl. ferner etwa BVerfGE 84, 133 (155); aus dem Schrifttum vgl. Dreier/Wieland GG Art. 14 Rn. 176, 202.
[34] Vgl. BVerfGE 143, 246 (312); und zuvor BVerfGE 110, 141 (166 f.); BVerfGE 115, 205 (248).
[35] Ausführlich zu Letzterem insoweit Burgi/Krönke VerwArch 109 (2018), 423. Zur Abgrenzungsthematik zwischen Art. 12 u. 14 GG: BK GG/Burgi GG Art. 12 Abs. 1 Rn. 372 ff. mwN.
[36] BVerfGE 128, 1 (82).
[37] BVerfGE 143, 246 (392).
[38] So aber Dreier/Wieland GG Art. 14 Rn. 63; Voß, Unternehmenswissen, 241; zweifelnd auch Spindler, Unternehmensorganisationspflichten, 2011, 464. Wie hier Ossenbühl AöR 115 (1990), 1 (25); Engel AöR 118 (1993), 169 (191).
[39] Vgl. nur BVerfGE 50, 290 (361 f., Mitbestimmungsurteil).

tungsmaßnahmen, die nicht nur kleinere Organisationsmaßnahmen innerhalb des Unternehmens betreffen, sondern Auswirkungen auf die gesamte Organisationsstruktur haben (insbesondere Maßnahmen der rechtlichen Entflechtung wie namentlich im Energierecht (→ § 15 Rn. 15 ff.)), müssen sich richtigerweise an beiden Grundrechten messen lassen. Staatliche Vorgaben für die Organisationsstruktur auf der **Ebene der Organe,** namentlich die Vorgaben (des Gesellschaftsrechts) für Mitbestimmung und Geschlechtergleichbehandlung bzw. Diversity betreffen ebenfalls die Eigentumsgarantie, aber nicht im Hinblick auf das Gesellschaftseigentum, sondern im Hinblick auf das **Anteilseigentum** (dazu sogleich → Rn. 20).

19 c) **Grundrecht der Vereinigungsfreiheit (Art. 9 Abs. 1 GG).** Dieses Grundrecht umfasst das Recht zur Bildung von Handels- und Kapitalgesellschaften und zu Unternehmenszusammenschlüssen.[40] Dazu gehört auch die Freiheit der Mitglieder der Vereinigung, im Rahmen der bereitgestellten Rechtsformen selbst über die eigene Organisation, die eigenen Verfahren und die eigene Führung zu bestimmen.[41] Davon sind nicht erfasst organisations- und verfahrensrechtliche Pflichten unterhalb der Ebene der Organe, wohl aber beispielsweise Vorgaben für die Zusammensetzung des Aufsichtsrats oder etwaigenfalls künftig unternommene Einwirkungen auf die Ebene der Organe.[42] Insoweit besteht ebenfalls **Idealkonkurrenz** zur Berufsfreiheit und zum Gesellschaftseigentum,[43] was im Ergebnis aber (anders als bei der Eigentumsgarantie) deswegen keine greifbaren Konsequenzen zeitigt, weil die Rechtfertigungsanforderungen an einen Eingriff in die Vereinigungsfreiheit nach Art. 9 Abs. 1 GG sich inhaltlich nicht von denen eines Eingriffs in das Grundrecht der Berufsfreiheit nach Art. 12 Abs. 1 GG unterscheiden. Daher wurden beispielsweise auch die Maßnahmen zur chancengleichen Teilhabe in den Leitungsgremien zutreffend an den identischen Maßstäben gemessen.[44] Die Vereinigungsfreiheit dürfte allerdings schwerpunktmäßig betroffen sein bei Anforderungen an die Gründung von Gesellschaften,[45] die aber im vorliegenden Zusammenhang nicht infrage stehen.

2. Anteilseigentum (Art. 14 GG)

20 Nach ständiger (wenngleich im Hinblick auf die Abgrenzung zum Gesellschaftseigentum nicht immer ganz widerspruchsfreier; → Rn. 10) Rechtsprechung des BVerfG umfasst das durch die Eigentumsgarantie des Art. 14 Abs. 1 GG geschützte Eigentum neben dem Sacheigentum auch das gesellschaftsrechtlich vermittelte Eigentum.[46] Diese Eigentumsposition besteht im Gesellschaftsanteil als einem **„Bündel"**[47] von im Gesellschaftsrecht gesetzlich näher festgelegten Rechten des jeweiligen Anteilsinhabers. Das Anteilseigentum ist somit ein durch die Inhalts- und Schrankenbestimmungen des Gesellschaftsrechts vermitteltes[48] Eigentum. Dies gilt sowohl für GmbH-Anteile als auch für Aktien.[49] Vereinzelte Versuche, nicht in der Eigentumsgarantie, sondern in der durch Art. 2 Abs. 1 GG geschützten Privatautonomie den zentralen verfassungsrechtlichen Anker der Gesellschafterstellung zu sehen,[50] konnten sich nicht durchsetzen.

21 Das BVerfG untergliedert das Anteilseigentum in zwei Teile. Der erste Teil umfasst die **vermögensrechtlichen Elemente.** Diese bestehen aus der Privatnützigkeit und aus der

---

[40] Badura DÖV 1990, 353 (355); Ossenbühl AöR 115 (1990), 1 (4).
[41] BVerfGE 50, 290 (354); Papier/Heidebach ZGR 2011, 305 (327).
[42] Ebenso Voß, Unternehmenswissen, 242 f.; Rast, Unternehmerische Organisationsfreiheit, 407.
[43] Ebenso Sachs/Mann GG Art. 12 Rn. 99.
[44] So etwa bei Habersack/Kersten, BB 2014, 2819.
[45] Ebenso Huber/Voßkuhle/Manssen GG Art. 12 Rn. 285; BeckOK GG/Ruffert Art. 12 Rn. 162.
[46] BVerfGE 50, 290 (341; Mitbestimmungsurteil); bereits zuvor BVerfGE 14, 263 (276; Feldmühle); BVerfGE 25, 371 (407; lex Rheinstahl).
[47] Formulierung nach Huber/Voßkuhle/Depenheuer/Froese GG Art. 14 Rn. 142.
[48] So schon BVerfGE 14, 263 (276).
[49] Ausführlich BK GG/Dederer GG Art. 14 Rn. 62 ff.
[50] So etwa Mülbert/Leuschner ZHR 170 (2006), 615.

Verfügungsbefugnis und sind beispielsweise herausgefordert durch gesetzgeberische Maßnahmen betreffend den Ausschluss von Minderheitsaktionären (das sog. Squeeze Out) oder das Delisting (Ausschluss von der Teilnahme am öffentlich-rechtlich organisierten börslichen Handels- und Preisbildungssystem, das nach Auffassung des BVerfGE nicht Gegenstand des Eigentumsschutzes sei).[51]

Im Hinblick auf die Organisation und die Führung von Unternehmen ist der zweite Teil 22 des Anteilseigentums, nämlich die **mitgliedschaftliche Stellung** betroffen. Aus ihr werden eine Reihe von Rechten abgeleitet, die das BVerfG wiederum in zwei Bereiche untergliedert, nämlich die Herrschaftsrechte synonym als Leitungs- und Verfügungsbefugnisse[52] (mit Ausnahme der Veräußerung und Belastung des Anteils) bezeichnet, und vermögensrechtliche Ansprüche. Zu Letzteren gehören die Rechte auf Gewinnbeteiligungen und auf die Abwicklungsquote sowie das Recht auf Bezug neuer Gesellschaftsanteile.[53]

Im folgenden Zusammenhang sind ausschließlich betroffen die sog. **Herrschaftsrechte**, 23 dh die mitgliedschaftsrechtlichen Befugnisse, die durch das Gesellschaftsrecht und die jeweilige Satzung bzw. den jeweiligen Gesellschaftsvertrag den Anteilseigentümern eingeräumt werden. Dazu gehören insbesondere das Stimmrecht in der Anteilseignerversammlung,[54] das Auskunftsrecht in allen Angelegenheiten der Gesellschaft[55] und die Mitwirkung an Entscheidungen über die Art und Weise der Verwaltung des Gesellschaftsvermögens, das freilich in mehrfacher Hinsicht mediatisiert ist.[56] Hierzu gehört namentlich die Befugnis, die Mitglieder des Aufsichtsrats (nach näherer Maßgabe des Gesellschaftsrechts) frei auszuwählen. Das Anteilseigentum ist im vorliegenden Zusammenhang mithin durch diejenigen Maßnahmen betroffen, die unmittelbar die **Organebene** der Unternehmen betreffen, nicht hingegen durch Maßnahmen unterhalb dieser Ebene und auch nicht durch Verfahrenspflichten sowie einzelne Sanktionsmaßnahmen.

Bei der Prüfung der Rechtfertigung staatlicher Maßnahmen am Maßstab der Garantie 24 des Anteilseigentums muss man sich freilich bewusst machen, dass dieses sich in mehrfacher Hinsicht vom Sacheigentum (das bis heute den Umgang mit der Eigentumsgarantie des Art. 14 Abs. 1 GG prägt) unterscheidet. Denn beim Anteilseigentum liegen die „Freiheit zum Eigentumsgebrauch, die Entscheidung über diesen und die Zurechnung der Wirkungen des Gebrauchs in der Person des Eigentümers" nicht in einer Hand.[57] Namentlich bei der Kapitalgesellschaft fallen der Gebrauch des Eigentums und die Verantwortung für diesen Gebrauch auseinander. Die Einschätzung, dass das Aktieneigentum einen geringeren personalen Bezug aufweist als das Sacheigentum, ist daher zutreffend, was aber nichts daran ändert, dass auch das Anteilseigentum verfassungsrechtlich durch die Eigentumsgarantie nach Art. 14 Abs. 1 GG geschützt ist.[58]

II. Übergreifende Aspekte

1. Differenzierung nach der Unternehmensgröße bzw. einem personalen Bezug?

Im Hinblick auf das Berufsfreiheitsgrundrecht wird die teilweise in den Anfangsjahren 25 unter dem Grundgesetz vertretene Auffassung, dass Größe bzw. Marktmacht von Unternehmen diese in einen „quasi öffentlich-rechtlichen Status" außerhalb der Grundrechtsberechtigung befördern würden,[59] seit dem Mitbestimmungsurteil des BVerfG aus dem

---

[51] BVerfGE 132, 99, Rn. 59 ff.; Gesamtüberblick über die von diesem ersten Teil des Anteilseigentums möglicherweise erfassten staatlichen Maßnahmen zuletzt bei Fest, FS Hager, 357 ff.
[52] BVerfGE 100, 289 (302); BVerfG NJW 2007, 3268, Rn. 18.
[53] BVerfGE 100, 289 (302).
[54] Ebenso v. Münch/Kunig/Bryde/Wallrabenstein GG Art. 14 Rn. 43.
[55] BVerfG NJW 2000, 129; BVerfG NJW 2000, 349 (350).
[56] Ausführlich Schön, FS Ulmer, 1359 (1371 ff.); Kreuter-Kirchhof, Personales Eigentum, 329 f.
[57] BVerfGE 50, 290 (342).
[58] Ausführlich zu diesen Zusammenhängen Schmidt-Aßmann, FS Badura, 1009 ff.; Kreuter-Kirchhof, Personales Eigentum, 312 ff.
[59] Vgl. Saladin, VVDStRL 35 (1977), 34 ff.

Jahr 1979⁶⁰ nicht mehr vertreten. Das Gericht hat in diesem Urteil explizit festgestellt, dass nicht nur kleine und mittlere Unternehmen den Schutz der Berufsfreiheitsgarantie genießen würden, es hat allerdings auch betont, dass deren Tätigkeit im Vergleich mit der eines Großunternehmens „sehr verschiedene wirtschaftliche Sachverhalte" beträfe. Auch im Hinblick auf die durch Art. 14 Abs. 1 GG geschützten Freiheitspositionen der Gesellschaft bzw. der Anteilseigner gibt es **keinen** an der Unternehmensgröße zu orientierenden **Ausschluss aus dem Schutzbereich**.[61]

26 Ebenso klar ist aber im Hinblick auf beide Grundrechtsgarantien, dass auf der **Ebene der Rechtfertigung** von Eingriffen, dh bei der Bestimmung des Umfangs der Regelungsbefugnisse des Staates gegenüber den Unternehmen, sehr wohl Differenzierungen angebracht sein können. Diese erfolgen aber nicht bereits pauschal und insbesondere nicht allein aufgrund der gewählten Rechtsform.[62] Vielmehr muss genau und anhand des jeweiligen normativen Kontexts bestimmt werden, ob die Regelungsbefugnisse des Staates gegenüber Großunternehmen und Konzernen größer sind als gegenüber kleineren und mittleren Unternehmen. Auch bedeutet die etwaige Annahme einer erleichterten Rechtfertigung nicht, dass pauschal anstelle der sonst notwendigen **Zweck-Mittel-Kontrolle** eine bloße Angemessenheitskontrolle ausreichend wäre.[63] Dies gilt auch im Hinblick auf die hier infrage stehende Organisationsfreiheit der Unternehmen bzw. im Hinblick auf den Umgang mit Anteilseignern. Bei der Eigentumsgarantie ist allerdings zu beachten, dass aufgrund der Notwendigkeit, dass der Gesetzgeber zunächst „Inhalt und Schranken" der geschützten Positionen festlegen muss, von vornherein eine größere Zugriffsbefugnis besteht (dazu noch → Rn. 33).[64]

27 Das BVerfG stellt zur Bestimmung, welcher Faktor für die Erweiterung der staatlichen Regelungsbefugnisse gegenüber größeren Unternehmen maßgeblich sein soll, in seinem Mitbestimmungsurteil auf das Bestehen eines **„personalen Grundzuges"** des Grundrechts (der Berufsfreiheit) ab. Die Berufsfreiheit sei im Falle von Großunternehmen nicht mehr „Element der Ausformung der Persönlichkeit des Menschen, sondern grundrechtliche Gewährleistung eines Verhaltens, dessen Wirkungen weit über das wirtschaftliche Schicksal des eigenen Unternehmens hinausreichen". Letzterer Aspekt ist in der Tat geeignet, eine **(je nach normativem Grundkontext und Eingriffswirkung)** erleichterte Rechtfertigungsfähigkeit zu begründen. Denn in dieser Formulierung klingt an, dass die Größe von Unternehmen zwar nicht pauschal, aber doch typischerweise mehr Schutzbedürfnisse der Außenwelt hervorruft und gleichzeitig von größeren Unternehmen uU mehr verlangt bzw. erwartet werden kann, als von kleineren und mittleren Unternehmen. Die Absenkung des Rechtfertigungsstandards greift dann aber auch nur ein, wenn tatsächlich größere bzw. intensivere „Auswirkungen der Wahrnehmung" des Berufsfreiheitsgrundrechts durch jene Unternehmen infrage stehen.

28 Würde man demgegenüber generell auf den „personalen Grundzug des Grundrechts" abstellen (was bis in die neuere Zeit von verschiedenen Autoren immer wieder befürwortet worden ist),[65] drohte mE die dem Grundgesetz unverändert zugrunde liegende **Unterscheidung zwischen Staat und Gesellschaft** ausgerechnet im wirtschaftlichen Bereich, in dem Eigenverantwortlichkeit, Autonomie und auch Privatnützigkeit zentrale gesellschaftliche Handlungsmotive sind, verschüttet zu werden. Nicht zuletzt würde hierdurch die Funktion gerade der Aktiengesellschaft als Kapitalsammelbecken für größere, im Ge-

---

[60] BVerfGE 50, 290 (330 ff.).
[61] Explizit Schön, FS Ulmer, 1359 (1373).
[62] Grundlegend Badura DÖV 1990, 359 f.
[63] So aber offenbar noch BVerfGE 50, 290 (349 f.); explizit hiergegen zurecht Hellgardt/Unger ZHR 183 (2019), 406 (419).
[64] Dies übersehen Habersack/Kersten, BB 2014, 2819 (2822 f.).
[65] Und zwar sowohl im Hinblick auf das Berufsfreiheitsgrundrecht (vgl. etwa Hilgendorf/Schulze-Fielitz/Lepsius, Selbstreflexion der Rechtswissenschaft, 2021, 69), als auch in Bezug auf die Eigentumsgarantie (Suhr, Eigentumsinstitut und Aktieneigentum, 1966, 83 ff.; Papier VVDStRL 35 (1977), 59 f.; Kreuter-Kirchhof, Personales Eigentum, 44 f., 555 f.).

meinwohlinteresse vielfach unverzichtbare unternehmerische Engagements einerseits missachtet, und andererseits nur der persönlich haftende Kaufmann zum (durchaus auch aus historischer Perspektive) fragwürdigen Ideal erhoben.[66]

2. Charakteristika der hier infrage stehenden Eingriffe

a) Belastungskumulation. Seit der Entscheidung des BVerfG zur GPS-Observation[67] ist anerkannt, dass bei der Prüfung der verfassungsrechtlichen Rechtfertigung von Grundrechtseingriffen bzw. von Inhalts- und Schrankenbestimmungen im Rahmen von Art. 14 Abs. 1 GG im Rahmen der **Verhältnismäßigkeitsprüfung** berücksichtigt werden muss, ob es sich um eine isolierte staatliche Maßnahme handelt, oder ob diese im Zusammenwirken mit anderen Maßnahmen zu einer „Belastungskumulation" führt.[68] Voraussetzung hierfür ist allerdings, dass die verschiedenen, ggf. belastungskumulierenden Maßnahmen innerhalb ein und desselben Realkontexts wirken.[69] Mit einzubeziehen sind belastende Maßnahmen verschiedener Hoheitsträger, dh sowohl Maßnahmen, die vom Bundesgesetzgeber wie vom Landesgesetzgeber, aber auch solche, die von der EU-Ebene ausgehen. 29

Der Ansatz dieses Handbuchs, die organisations- und verfahrensmäßigen Pflichten betreffend das Unternehmen und seine Führung als eigene systematische Kategorie zu begreifen, eröffnet den Blick dafür, dass es sich um Maßnahmen innerhalb eines **einheitlichen** realen und normativen **Sachzusammenhangs** handelt. Kumulieren mehrere dieser Maßnahmen im Hinblick auf ein und denselben Grundrechtsträger, muss dem unmittelbar in der Rechtfertigungsprüfung von Grundrechtseingriffen Rechnung getragen werden, und zwar sowohl im Hinblick auf die Berufsfreiheit und das Gesellschaftseigentum (→ Rn. 10) als auch im Hinblick auf das Anteilseigentum (→ Rn. 20). 30

Soweit ersichtlich bislang ohne Resonanz in der Rechtsprechung ist im wissenschaftlichen Schrifttum bereits die These aufgestellt worden, dass der Gesetzgeber und (im Rahmen noch bestehender Spielräume) die Gerichte gehalten seien, eine andernfalls unverhältnismäßige Einschränkung dieser Freiheitsrechte infolge der Kumulation von Mitbestimmungs-, Unabhängigkeits- und Quotenregelungen zu vermeiden.[70] ME **erhöht** sich bei dieser Ausgangslage jedenfalls die **Rechtfertigungslast** für die im Zuge der neueren (namentlich europäischen) Gesetzgebung zur „Corporate Sustainability Due Dilligence" (→ § 9 Rn. 20) zu erwartenden Maßnahmen in einer Weise, der durch die bisherigen Regelungsvorschläge und die dazu bislang gelieferten Begründungen noch nicht hinreichend Rechnung getragen worden ist. 31

b) Trickle-Down-Effekt gegenüber KMU. Bei der Identifikation von Kumulationseffekten ist im Hinblick auf einzelne organisations- und verfahrensbezogene Pflichten der sog. Trickle-Down-Effekt einzubeziehen. Er entsteht dann, wenn bestimmte Pflichten zwar im Anwendungsbereich auf größere Unternehmen beschränkt werden, das Regelungskonzept aber letzten Endes (und aller Voraussicht nach) von den hiervon erfassten Unternehmen nur sachgerecht umgesetzt werden kann, wenn sie die ihnen auferlegten Pflichten nach unten, dh gegenüber ihren Geschäftspartnern (darunter vielfach kleinere und mittlere Unternehmen) weitergeben. Solches zeigt sich besonders deutlich im **Lieferkettenrecht**.[71] Dieser Effekt ist mehr als nur ein sog. Nudging, weil die großen Unternehmen im ursprünglichen Regelwerk (beispielsweise dem LkSG) dazu angehalten wer- 32

---

[66] Näher Hellgardt/Unger ZHR 183 (2019), 418 f.
[67] BVerfGE 112, 304 (320); in der Folgezeit BVerfGE 114, 196 (242 u. 247); BVerfGE 130, 372 (392).
[68] Vertiefend Kromrey, Belastungskumulation, 2018; vgl. auch Klement AöR 134 (2009), 35 (42); und bereits zuvor Kirchhof NJW 2006, 732 (734); zuletzt Waldhoff GewArch 2018, 133 (137).
[69] Darauf haben auch Hellgardt/Unger ZHR 183 (2019), 442 f., aufmerksam gemacht.
[70] Habersack/Kersten, BB 2014, 2819 (2822 ff.); weiter ausdifferenzierend und auf dem Stand der seither erfolgten gesetzlichen Maßnahmen im Bereich der Gleichstellung Hellgardt/Unger ZHR 183 (2019), 442 ff. (jeweils im Hinblick auf die Vorgaben für die Besetzung des Aufsichtsrats).
[71] Dazu bereits Ehmann/Berg GWR 2021, 287 (292 f.); Burgi WiVerw 2021, 97 (100); beschreibend Dreher ESGZ 2022, 46.

den, in der geschilderten Weise zu verfahren, wollen sie die ihnen auferlegten Sorgfaltspflichten möglichst optimal erfüllen. Zur Umsetzung wählen sie dabei ihrerseits von der Rechtsordnung zur Verfügung gestellte vertragsrechtliche Mechanismen, was mE den Staat als Urheber des Effekts für den gesamten Mechanismus rechtfertigungspflichtig werden lässt.

3. Vorbehalt des Gesetzes

33 Selbstverständlich können sowohl die Berufsfreiheit als auch die Eigentumsgarantie durch gegenläufige Belange des Gemeinwohls nach Abwägung uU überwunden werden, was **Art. 14 Abs. 2 GG** mit der Formulierung „Eigentum verpflichtet" besonders anschaulich zum Ausdruck bringt, sein Gebrauch solle zugleich „dem Wohle der Allgemeinheit dienen". Allerdings bedeutet dies nicht, dass das Unternehmens- bzw. Anteilseigentum oder die Berufsfreiheit von Verfassungsrechts wegen gemeinwohlgebunden wären. Vielmehr ist es im demokratisch-rechtsstaatlich verfassten Gemeinwesen des Grundgesetzes Sache des Gesetzgebers, entsprechende Gemeinwohlbindungen zu konkretisieren und sodann durch „Inhalts- und Schrankenbestimmungen" (Art. 14 Abs. 1 GG) bzw. „Gesetze" (Art. 12 Abs. 1 GG) zu realisieren.[72]

34 Das Erfordernis des „Vorbehalt des Gesetzes" ist problemlos erfüllt, wenn organisationsbezogene Pflichten i. w. S. sowie Sanktionen sich **bereits unmittelbar aus dem Gesetz** selbst ergeben. Bedient sich der Gesetzgeber (wie im Falle des § 161 AktG betreffend die Erklärung zum Corporate Governance Kodex) der Technik des „comply or explain", indem er zur Bestimmung des relevanten Pflichtenkreises auf die Empfehlungen der „Regierungskommission Deutscher Corporate Governance Kodex" verweist und selbst lediglich die Pflicht zur Abgabe einer Erklärung, aber keine organisationsbezogenen Vorgaben statuiert, liegt mithin nicht bereits ein Verstoß gegen das Erfordernis des Vorbehalts des Gesetzes vor.[73] Jedenfalls haben dahingehend geäußerte Bedenken in der Rechtsprechung keinen Niederschlag gefunden. Daran werden auch die im Jahr 2022 aufgenommenen Nachhaltigkeitsvorgaben (→ § 4 Rn. 63) nichts ändern.

35 Wenn organisationsbezogene Vorgaben **erst durch Verwaltungshandeln** umgesetzt werden, hängt die verfassungsrechtliche Beurteilung davon ab, ob es sich um Maßnahmen eingreifenden oder leistenden Charakters handelt (→ § 1 Rn. 37). Im ersten Fall muss sich die Befugnis zum Erlass eines organisationsbezogene Pflichten auferlegenden Verwaltungsaktes auf eine gesetzliche (Parlamentsgesetz oder Verordnung) Grundlage zurückführen lassen, welche nach allgemeinen verwaltungsrechtlichen Grundsätzen im Einzelfall zu ermitteln ist. Das gleiche gilt dann, wenn Verwaltungsbehörden versuchen, immer wieder auftretende Auslegungsfragen durch **Verwaltungsvorschriften** (Richtlinien, Handreichungen etc.) zu konkretisieren. Bleiben sie dabei noch innerhalb der ihnen eröffneten Kompetenz zur Interpretation unbestimmter Rechtsbegriffe, handelt es sich um ein im Interesse der Flexibilität und Einzelfallgerechtigkeit legitimiertes Verhalten. Je weniger die in Verwaltungsvorschriften, Richtlinien, Rundschreiben oder Handreichungen formulierten Verpflichtungen noch auf Anhaltspunkte in den zugrunde liegenden gesetzlichen Grundlagen zurückzuführen sind bzw. wenn trotz parlamentsgesetzlicher Ermächtigung Rechtsverordnungen nicht erlassen werden und stattdessen mit dem (aus Behördensicht) flexibleren Instrument der Verwaltungsvorschriften etc. agiert wird um ganze Wirtschaftssektoren zu steuern, kann im Einzelfall ein Verstoß gegen den Grundsatz vom Vorbehalt des Gesetzes anzunehmen sein.

---

[72] BVerfGE 52, 1 (27); BVerfGE 56, 249 (260); Dürig/Herzog/Scholz/Papier/Shirvani GG Art. 14 Rn. 416; Habersack AcP 220 (2020), 594 (614 f.); Harbarth ZGR 2022, 533 (539 ff.). aA Rittner, FS Gessler, 1971, 139 (146 ff.); Schmidt-Leithoff, Die Verantwortung der Unternehmensleitung, 1989, 155 ff., betreffend die Gemeinwohlbindung von Aktiengesellschaften.
[73] Überzeugend Baums (Hrsg.), Bericht der Regierungskommission Corporate Governance, 2001, Rn. 17; Habersack, 69. DJT, Band I, 2012, E. 53 f.; aA Hoffmann-Becking, FS Hüffer, 2010, 337 (341 f.); Spindler, FS Hopt, 2020, 1205 (1214 f.); skeptisch weiterhin Koch AktG § 161 Rn. 4 mwN.

Dies wird seit längerem teilweise angenommen im Hinblick auf die **Rundschreiben-** 36
praxis der BaFin[74] (näher → § 14 Rn. 51), teilweise auch im Hinblick auf von der
Bundesnetzagentur aufgestellte Vorgaben (→ § 15 Rn. 10). Positiver zu beurteilen sind die
bereits vor Inkrafttreten des LkSG veröffentlichten Erklärungen bzw. „Handreichungen"[75]
der BAFA, die die (freilich ja sehr ausführlichen) gesetzlichen Vorgaben zu den verschiedenen Sorgfaltspflichten der Unternehmen und deren administrative Pflichten gegenüber dem
BAFA (dazu allg. → § 10 Rn. 32 ff.) in von dieser durchaus dankbar wahrgenommener
Intensität konkretisieren.

Wenn organisationsbezogene verwaltungsrechtliche Vorgaben im **Zusammenhang mit** 37
Leistungen begründet werden (beispielsweise wenn die Vergabe einer Wirtschaftssubvention von der Beachtung bestimmter ökologischer oder governancebezogener (Vergütungshöhe) Vorgaben abhängig gemacht wird (→ § 1 Rn. 22), fehlt es in aller Regel an einer
gesetzlichen Grundlage, weil im deutschen Wirtschaftsverfassungsrecht seit Jahrzehnten die
Auffassung vorherrscht, dass die Subventionsgewährung nur ausnahmsweise einen Grundrechtseingriff darstellt.[76] Für ausreichend wird die Verankerung der benötigten Mittel im
Haushaltsgesetz erachtet.

Bei näherer Betrachtung ist indes davon auszugehen, dass dann, wenn der Staat die 38
Einhaltung zusätzlicher Verhaltenspflichten explizit zur Voraussetzung für die Gewährung
einer Subvention macht, er die Berufsfreiheit beeinträchtigt. In neuerer Zeit mehren sich
daher die Stimmen, die in Situationen dieser Art jedenfalls eine materielle Rechtfertigung
verlangen, die den an herkömmliche Grundrechtseingriffe gestellten Anforderungen entspricht.[77] Das BVerwG verlangt für den mit einer Subvention verbundenen Ausschluss von
Angehörigen einer bestimmten religiösen Gruppierung wegen des darin liegenden Eingriffs
in Art. 4 Abs. 1 GG eine gesetzliche Grundlage ohne die Linie, dass Subventionen im
Allgemeinen keiner gesetzlicher Grundlage bedürften, aufzugeben.[78] ME führt dies zu einer
übermäßig starken verfassungsrechtlichen Domestizierung des in den Subventionssachverhalten ja regelmäßig nur als Nebenzweck verwirklichten Gemeinwohlbelangs. Richtigerweise müssen bei dieser Art einer **Konditionalisierung** in materieller Hinsicht die Anforderungen für Eingriffe gelten. Im Hinblick auf das Erfordernis des Vorbehalts des
Gesetzes muss aber weiterhin die parlamentsgesetzliche Grundlage für die eigentliche Subventionierungsentscheidung im Haushaltsgesetz ausreichen. Mit anderen Worten: Erst
dann, wenn sich die Rechtsprechung (mE wünschenswerterweise) zur Erstreckung des
Vorbehalts des Gesetzes auf Wirtschaftssubventionen als solche entschlossen hat, kann ein
entsprechendes Erfordernis auch für die bloße Verfolgung (organisationsbezogener und
anderer) politischer Nebenzwecke verlangt werden.

4. Übergreifende Aspekte der materiellen Rechtfertigung

a) Vorrang der (regulierten) Selbstregulierung? Da die hier infrage stehenden organisa- 39
tionsbezogenen Pflichten nicht die Außentätigkeit, sondern den Innenbereich der Unternehmen betreffen, und der Staat somit in besonderer Weise auf deren Mitwirkungsbereitschaft
und Ressourcenkompetenz angewiesen ist, liegt der Gedanke nahe, dass ein selbstregulatives
Tätigwerden der Unternehmen als vorrangig anzusehen sei. Grundrechtsdogmatisch würde
dies bedeuten, dass die Formulierung staatlicher Vorgaben für die Organisation privatwirtschaftlicher Unternehmen erst dann im Rahmen der Verhältnismäßigkeitsprüfung als „**erforderlich**" anzusehen wäre, wenn zuvor Gelegenheit zur Selbstregulierung gegeben wor-

---

[74] Ausführlich und mit zahlreichen Nachweisen hierzu aktuell Rast, Unternehmerische Organisationsfreiheit, 343 ff.; deutlich großzügiger Gurlit ZHR 177 (2013), 862 (898 ff.).
[75] Zu den Einzelheiten Wagner/Ruttloff, ESG 2022, 193 ff.; Wagner/Ruttloff/Schuler, ESG 2022, 263 ff.
[76] BVerwGE 30, 191 (196 f.); BVerwGE 60, 154 (159 f.); BVerwGE 65, 167 (174); Stober/Korte ÖffWirtschaftsR AT § 7 Rn. 161 ff.
[77] Vgl. Isensee/Kirchhof/Breuer HdbStR VIII § 171 Rn. 96 ff., § 170 Rn. 87 u. 89; EFP BesVerwR/Knauff § 29 Rn. 14 f.; ausführlich Burgi GewArch 2015, 343 (346 f.).
[78] NVwZ 2022, 1644 Rn. 22 bzw. Rn. 9 f.

den ist. Denn es liegt auf der Hand, dass die autonome Veränderung der Organisation und der Führung eines Unternehmens aus dessen Sicht flexibler, näher an eigenen Präferenzen und damit letztlich schonender ist. Aus der Sicht des Staates wiederum kommt es darauf an, (beispielsweise) den Anteil von Frauen in Aufsichtsräten oder den Beitrag von Unternehmen zum Klimaschutz zu erhöhen und nicht, in deren Organisationsautonomie hineinzuschneiden.

40 aa) Erscheinungsformen. Diese Ausgangsüberlegung führt zu der in der Verwaltungsrechtswissenschaft seit mehreren Jahrzehnten untersuchten Kategorie der in irgendeiner Weise „regulierten gesellschaftsrechtlichen Selbstregulierung".[79] Schon die Begrifflichkeit zeigt, dass es bis heute nicht gelungen ist, eine einheitliche Kategorie zu beschreiben, an die bestimmte Rechtsfolgen (etwa die der fehlenden Erforderlichkeit stattdessen erfolgender ordnungsrechtlicher Eingriffe) geknüpft werden könnten. Sinnvollerweise kann als **echte gesellschaftliche Selbstregulierung** ein bestimmtes organisatorisches Verhalten von privatwirtschaftlichen Unternehmen in Reaktion auf ein durch die Öffentlichkeit bzw. politische Entscheidungsträger angemahntes Verhalten (Beispiel: der Frauenanteil in der Wirtschaft müsse erhöht werden) bezeichnet werden. Eine bereits **staatlich veranlasste gesellschaftliche Selbstregulierung** liegt dann vor, wenn der Staat das erhoffte private Verhalten mit Erklärungs- bzw. Begründungspflichten flankiert (wie etwa im Falle des § 161 AktG) bzw. wenn er deutlich macht, dass er im Falle der nicht erfolgenden Selbstregulierung das intendierte Verhalten notfalls auf hoheitlichem, typischerweise gesetzlichem Wege erzwingen würde.[80] Eine eigene Kategorie bildet in diesem Zusammenhang die Verknüpfung staatlicher Rechtsetzung mit privater Rechtsetzung in (insbesondere internationalen) Regelwerken, wie sie ausführlich in → § 5 Rn. 46 ff. dieses Handbuchs dokumentiert und systematisch entfaltet worden ist. Diese Handlungskategorie spielt im internationalen Zusammenhang eine zentrale Rolle, weil dort (anders als im Rechtsraum der EU bzw. der Bundesrepublik) die Alternative des hoheitlichen Zugriffs mangels entscheidungs- und durchsetzungskompetentem Hoheitsträger gar nicht zur Verfügung steht.

41 Bei den meisten organisationsbezogenen Regelungen (allgemeines Gesellschaftsrecht, Mitbestimmungsregeln, verwaltungsrechtliche Vorgaben des Umweltrechts sowie betreffend Soziales und Governance im in → § 9 Rn. 2 f. beschriebenen Sinne) hat man es allerdings **nicht mehr mit einer Selbstregulierung** im soeben beschriebenen Sinne zu tun. Vielmehr definiert der Staat jeweils klar vorgegebene Gemeinwohlbelange und eröffnet den Unternehmen lediglich einen Rahmen, innerhalb dessen ihnen Handlungsspielräume verbleiben. Bei deren Ausnutzung dürfen sie zwar die Gemeinwohlvorgaben übertreffen, bleiben aber inhaltlich an sie zurückgebunden und müssen stets bestimmte organisatorische Grundanforderungen erfüllen, so etwa bei den Pflichten zur Schaffung von Beauftragten, den rechtsformbezogenen Vorgaben und natürlich auch bei den Entflechtungsvorgaben, aber auch bei den Vorgaben zu einer bestimmten Ausrichtung der Unternehmensorganisation.

42 Diese letztgenannten Regulierungen müssen aus grundrechtsdogmatischer Sicht als **herkömmliche Grundrechtseingriffe** gerechtfertigt werden, wobei das Maß des jeweils eröffneten Reaktionsspielraums für die Unternehmen – dh das Maß an Selbstregulierung – selbstverständlich innerhalb der Rechtfertigungsprüfung eine Rolle spielt. Die genannten Maßnahmen können aber nicht einer Gruppe „regulierte gesellschaftliche Selbstregulierung" zugeordnet werden. Dieser Kategorie können nur die echte gesellschaftliche Selbstregulierung und die im vorletzten Absatz beschriebenen ersten beiden Regulierungsformen zugeordnet werden.

---

[79] Ausgehend von den Referaten von Schmidt-Preuß VVDStRL 56 (1997), 160 ff., und Di Fabio VVDStRL 56 (1997), 315 ff.; zuletzt mit zahlreichen weiteren Nachweisen VEM VerwR/Eifert § 19 Rn. 52 ff., 144 ff.; Merk, FS Schmidt-Preuß, 2018, 713 (719 ff.); ferner → § 5 Rn. 84 ff.
[80] Vgl. insoweit Richter ZHR 177 (2013), 577 (603 f.); zuletzt und mit zahlreichen Nachweisen Rast, Unternehmerische Organisationsfreiheit, 306 f.

bb) Beurteilung. Eine übergreifende Aussage des Inhalts, dass die Erforderlichkeit immer 43
schon dann fehlt, wenn nicht zuvor Gelegenheit zur selbstregulativen Änderung in der
Unternehmensorganisation durch öffentlichen/politischen Druck bzw. durch Ankündigung
andernfalls erfolgender gesetzgeberischer Maßnahmen erzeugt worden ist, kann den Wirtschaftsgrundrechten nicht entnommen werden. Ein dahingehendes **zeitliches** Moment
wohnt dem Erforderlichkeitsgebot nicht inne.

In **sachlicher** Hinsicht hängt die Annahme eines Verstoßes gegen das Erforderlichkeits- 44
gebot regelmäßig davon ab, dass das angeblich zu bevorzugende mildere Mittel (hier: eine
Maßnahme der (regulierten) gesellschaftlichen Selbstregulierung) mit gleicher Effektivität
zur Erreichung der verfolgten Gemeinwohlziele beitragen würde. Nun sind Maßnahmen
der Selbstregulierung aber gerade aus staatlicher Sicht durch die fehlende Durchsetzungsfähigkeit und damit typischerweise durch ein geringeres Maß an Effektivität charakterisiert.[81] Ob die zu vermutenden Vorteile der größeren internen Akzeptanz, der besseren
Kenntnis der betriebsinternen Abläufe etc. innerhalb der Erforderlichkeitsprüfung zu Buche
schlagen können, muss der Entscheidung im Einzelfall vorbehalten bleiben. Eine generelle
sachliche Vorrangregel von Maßnahmen der (regulierten) gesellschaftlichen Selbstregulierung ist nicht erkennbar.

Umgekehrt überzeugt es aus grundrechtsdogmatisches Sicht nicht, ein Instrument der 45
gesellschaftlichen Selbstregulierung nach staatlicher Veranlassung (wie der Comply or
Explain-Mechanismus des § 161 AktG) deshalb, weil den Unternehmen im Falle einer
Missachtung regulatorische Konsequenzen drohen, bereits nach den gleichen Maßstäben zu
messen, die an eine unmittelbar gesetzliche Anordnung anzulegen gewesen wären.[82] Für
die Ermittlung des grundrechtlichen Prüfungsmaßstabs macht es eben einen Unterschied,
ob durch eine gesetzliche Regelung ein bestimmtes organisationsbezogenes Verhalten
unmittelbar angeordnet wird oder ob der Gesetzgeber (unter Inkaufnahme der dann
geringeren Durchsetzungsfähigkeit und Effektivität) von den Unternehmen (zumindest
zunächst) lediglich eine Erklärung verlangt; auch insoweit erweist sich § 161 AktG mithin
als verfassungsgemäß (vgl. bereits → Rn. 34).

b) Vorrang von auf die Außentätigkeit zielenden Gemeinwohlvorgaben? Insbeson- 46
dere im Öffentlichen **Finanzmarktrecht** wird teilweise im Schrifttum davon ausgegangen,
dass die vorgefundenen Organisationsgesetzlichkeiten des unternehmerischen Sektors grundsätzlich respektiert werden müssten und ihnen zuzutrauen sei, dass das in sie eingebettete
Unternehmen für die Sicherstellung des Gemeinwohls sorge. Entstehen mögliche Gefährdungen des Gemeinwohls, sei diesen durch Maßnahmen gegen die nach außen gerichtete
Tätigkeit des Unternehmens zu begegnen, etwa durch ein Verbot bestimmter Finanzprodukte oder durch Transparenzpflichten, anstatt durch organisationsbezogene Vorgaben.[83] In
der Tat kann man teilweise durchaus mit Recht die Frage stellen, ob für jeden einzelnen
Gemeinwohlbelang durch den Staat die Schaffung einer Stelle eines Beauftragten vorgegeben
werden muss oder ob es nicht genügt darauf zu vertrauen, dass das Unternehmen durch eine
von ihm als sachgerecht empfundene Organisationsstruktur den ggf. zu verschärfenden
gesetzlichen Vorgaben zur Einhaltung jenes Gemeinwohlbelangs selbst Rechnung trägt.

Als übergreifender Aspekt innerhalb der Prüfung des Erforderlichkeitsgebots **kommt** 47
aber auch der Verweis auf angeblich vorzuziehende staatliche Maßnahmen mit Zielrichtung
auf die Außentätigkeit **nicht in Betracht**. Zum einen sind diese Maßnahmen oftmals nicht
weniger belastend (jedenfalls lässt sich insoweit keine allgemeine Regel ausfindig machen).
Zum andern schränken sie jedenfalls die Flexibilität der Unternehmen in typischerweise
größerem Maße ein.[84] Im Rahmen der Eigentumsgarantie des Art. 14 GG ist der Gesetz-

---

[81] Näher zu den unterschiedlichen Effektivitätsgraden VEM VerwR/Eifert § 19 Rn. 108 mit 106.
[82] So aber Richter ZHR 177 (2013), 577 (603 f.).
[83] Dahingehend Hemeling ZHR 175 (2011), 368 (385); früher bereits Westermann AcP 175 (1975), 375 (399); jüngst Hellgardt, Regulierung und Privatrecht, 622 f.
[84] Darauf macht auch Rast, Unternehmerische Organisationsfreiheit, 373 f., aufmerksam.

geber überdies ausdrücklich zu „Inhalts- und Schrankenbestimmungen" und damit auch zu organisationbezogenen Regeln legitimiert. Im Rahmen der Berufsfreiheitsgarantie nach Art. 12 Abs. 1 GG geht allerdings eine neuere grundrechtsdogmatische Sichtweise dahin, zwischen dem Unternehmen als Organisation und der unternehmerischen Außentätigkeit bereits bei der Bestimmung des Schutzbereichs zu differenzieren, worauf sogleich (→ Rn. 49 ff.) zurückzukommen ist. Damit ist von vornherein sichergestellt, dass sämtlichen Spezifika des jeweils zu rechtfertigenden Einzelfalls und des jeweils relevanten normativen Kontexts innerhalb der gesamten Grundrechtsprüfung (dh im Anschluss an die Eröffnung des Schutzbereichs sowohl beim Erforderlichkeits- als auch beim Angemessenheitsgebot) Rechnung getragen werden kann.

III. Schutzgegenstände und Rechtfertigungsprüfung bei Art. 12 Abs. 1 GG

1. Differenziertere Betrachtung des Schutzbereichs der Berufsausübungsfreiheit

48 a) **Ausübung eines Berufs und unternehmerische Berufsausübung.** Schon seit einiger Zeit wird konstatiert, dass der Umgang der Rechtsprechung des BVerfG mit dem Grundrecht der Berufsfreiheit insbesondere dann, wenn es sich „lediglich" (wie im vorliegenden Zusammenhang) um sog. Berufsausübungsregelungen handelt, teilweise defizitär ist. *Hufen* hat in einem grundlegenden Aufsatz aus dem Jahre 1994 bereits von einer „Erinnerung an ein Grundrecht"[85] gesprochen. Die Zuordnung staatlicher Maßnahmen zur **Kategorie der Berufsausübungsfreiheit** wird auf der Ebene der Rechtfertigung relevant, weil nach der (wenngleich terminologisch, nicht aber in der Sache überwundenen) sog. Drei-Stufen-Lehre Eingriffe in diesen Teil des einheitlichen Berufsfreiheitsgrundrechts bereits dann gerechtfertigt sind, „wenn vernünftige Allgemeinwohlerwägungen" ins Feld geführt werden können und eine (zumeist relativ oberflächlich durchgeführte) Verhältnismäßigkeitsprüfung zu einem positiven Ergebnis führt.[86]

49 Wie an anderer Stelle ausführlicher entfaltet,[87] **ist zu differenzieren** zwischen staatlichen Zugriffen, die sich auf die nach außen gerichtete Tätigkeit des Unternehmens (namentlich seine materiellrechtlichen Handlungspflichten, etwa aus dem Umwelt- oder dem Allgemeinen Wirtschaftsverwaltungsrecht) beziehen, und staatlichen Zugriffen, die auf die Organisation und Führung des Unternehmens einschließlich der internen Betriebsabläufe gerichtet sind.

50 Im Hinblick auf die erstgenannte Zugriffsituation geht es in der Tat um die „Ausübung eines Berufs", im Hinblick auf Zugriffe auf die Organisationsfreiheit liegt der Akzent stärker auf der **„unternehmerischen Berufsausübung"**. Während es bei den unselbstständig beschäftigten Personen in Gestalt des Merkmals „Arbeitsplatz" im Text von Art. 12 Abs. 1 GG eine ausdrückliche terminologische Anknüpfung an den Modus der Berufsausübung gibt, ist der nämliche Schutzgegenstand im Hinblick auf die unternehmerische Berufsausübung bislang gleichsam verschüttet gewesen. Bei den Selbstständigen und den Unternehmen umfasst der Modus der Berufsausübung sämtliche Fragen von deren Organisation, aber auch die Entscheidungen über die Werbung für sich selbst, die Auswahl und den Einsatz des Personals einschließlich dessen Vergütung sowie die Entscheidungen über den Einsatz bzw. Nichteinsatz von Kapital zwecks Erreichung bestimmter unternehmerischer Erfolge.

---

[85] Hufen NJW 1994, 2913.
[86] Ausführlich und mit zahlreichen Nachweisen BK GG/Burgi GG Art. 12 Abs. 1 Rn. 122 ff., 184 ff.
[87] BK GG/Burgi GG Art. 12 Abs. 1 Rn. 45 ff., 208 ff.; ausführlich daran anknüpfend und konkret auf die Organisationsfreiheit bezogen jüngst Rast, Unternehmerische Organisationsfreiheit, 325 ff.; bereits früher hat Ossenbühl AöR 115 (1990), 1, unter dem terminologischen Dach der „Unternehmerfreiheit" verschiedene Teilelemente zu differenzieren versucht; ähnlich auch Hoffmann, Der grundrechtliche Schutz der marktwirtschaftlichen Unternehmenstätigkeit und der gesellschaftsrechtlichen Unternehmensorganisation durch die „Unternehmensfreiheit", 1988.

Das BVerfG selbst hat den organisationsbezogenen Teilgehalt dieser „unternehmerischen 51
Berufsausübung" mit dem Begriff der **„Organisationsfreiheit"** umschrieben.[88] Es verwendet ihn bislang aber ohne daraus konkrete juristische Konsequenzen (auf der Rechtfertigungsebene) zu ziehen, ebenso wie den teilweise ähnlich, teilweise überschneidend verwendeten Begriff der „Unternehmerfreiheit".[89] Sachlich betrachtet, fallen in diesen Teil des Schutzbereichs sämtliche Aktivitäten bei der Gründung und Stilllegung von Unternehmen, beim Zusammenschluss mit anderen Unternehmen sowie die Entscheidungen über Firma, Standort und Organisationsformen, ebenso die Entscheidungen über die Besetzung und Zusammensetzung der Leitungsorgane, mithin sämtliche Aktivitäten, die den Inhalt dieses Handbuchs bilden.

b) Konsequenzen. Auf der Ebene der Rechtfertigung hat dies die Notwendigkeit stärkerer Differenzierung zur Folge. 52

aa) Schärfere Profilierung innerhalb der Verhältnismäßigkeitsprüfung. Im ersten 53
Schritt wirkt die präzisere Bestimmung der Modalitäten der unternehmerischen Berufsausübung in der hier soeben skizzierten Weise der bereits zu beobachtenden Tendenz entgegen, das Grundrecht des Art. 12 Abs. 1 GG insoweit nur für mittelbar beeinträchtigt zu halten.[90] Vor allem aber eröffnet sich durch die Differenzierung zwischen der Ausübung der Berufsfreiheit einerseits, und der unternehmerischen Berufsausübung (ua in Gestalt der Organisationsfreiheit) andererseits, die verfassungsrechtsdogmatische Chance, die betroffenen freiheitlichen Belange von vornherein mit schärferem Profil in die **Abwägung** mit den oftmals sehr unspezifisch aus dem Gemeinwohl abgeleiteten Gegenbelangen stellen zu können. Die nachfolgende Verhältnismäßigkeitsprüfung (→ Rn. 60) wird dadurch präziser, unterschiedliche Gefährdungssituationen können adäquater erfasst werden. Dies würde letztlich den Schutz, den Art. 12 Abs. 1 GG ja auch den Trägern der Berufsausübungsfreiheit verspricht, effektiver lassen.

bb) Vorrang insbesondere gesellschaftsrechtlicher Gemeinwohlvorgaben. In → § 1 54
Rn. 19 wurde gezeigt, wie sich das Privatrecht und das Gesellschaftsrecht schon seit längerem zu einem **Reservoir auch gemeinwohlbezogener Vorgaben** entwickelt hat, besonders exponiert im Hinblick auf die Gemeinwohlziele der Nachhaltigkeit (→ § 4 Rn. 6). So sind beispielsweise die auf die Gleichbehandlung der Geschlechter zielenden Vorgaben ebenso wie Regeln über die Ermittlung einer angemessenen Vergütung sowie die Sorgfaltspflichten des LkSG allesamt privatrechtlicher Natur, was zeigt, dass privatrechtliche Vorgaben fraglos geeignete Mittel zur Verwirklichung bestimmter vom Staat verfolgter Gemeinwohlziele sein können.

Nun kann es für die materielle Rechtfertigung staatlicher Grundrechtseingriffe selbst- 55
verständlich nicht pauschal darauf ankommen, ob eine bestimmte staatliche Maßnahme dem Öffentlichen Recht oder dem Privatrecht zuzuordnen ist. Für ihre Beurteilung aus grundrechtlicher Sicht sind allein die Intensität und die beeinträchtigenden Wirkungen zulasten der jeweils geschützten Grundrechtsträger maßgeblich. Das Grundgesetz ist rechtsregimeneutral.

Allerdings ist der Modus der unternehmerischen Betätigung in bestimmten Organisati- 56
onsformen durch die hierfür maßgeblichen einfachgesetzlichen Strukturen des Gesellschaftsrechts intensiv vorgeprägt. Dadurch kommt diesen eine Art **Vermutungswirkung** des Inhalts zu, die Sicherstellung des Gemeinwohls vorrangig aus sich selbst heraus gewährleisten zu können. Die organisationsbezogene Verwirklichung von Gemeinwohlbelangen über das Gesellschaftsrecht verspricht mehr Sach- und Einzelfallnähe bei der Nutzung der

---
[88] BVerfGE 50, 290 (363).
[89] BVerfGE 50, 290 (363).
[90] So etwa HGR/Schneider, 2013, § 113 Rn. 60, der die Rechtsprechung des BVerfG noch für zu großzügig hält.

Steuerungsressource „Unternehmensorganisation", zugleich ist sie regelmäßig flexibler und damit grundrechtsschonender.

57 Hinzu kommt der Gedanke, dass Vorgaben für die **Zuständigkeitsverteilung** innerhalb der Organe (etwa darüber, wer über die Vergütung von Vorstandsmitgliedern entscheiden soll) eher gerechtfertigt sein können als explizite inhaltliche (zB betreffend die Vergütungshöhe) Vorgaben unmittelbar durch den Staat. Sodann können **verfahrensbezogene Pflichten** als grundsätzlich vorrangig gegenüber unmittelbar organisationsbezogenen Pflichten angesehen werden.

2. Kreis und notwendiges Gewicht der Gemeinwohlbelange

58 Zur Rechtfertigung von Eingriffen in die Berufsausübungsfreiheit bedarf es des Vorliegens eines öffentlichen Zwecks, konkret müssen der staatlichen Maßnahme „vernünftige Allgemeinwohlerwägungen" zugrunde liegen.[91] Den in den nachfolgenden Abschnitten dieses Buches mit verwaltungsrechtlichen Vorgaben umgesetzten Gemeinwohlbelangen des Umwelt- und Klimaschutzes, der Sozial- und Wirtschaftspolitik sowie des Datenschutzes wird man dies ebenso wie den Regulierungsanliegen des Finanzmarkt- und des Energierechts (→ § 15 Rn. 79) **grundsätzlich bescheinigen** können. Dass die vermittels des Gesellschaftsrechts bewirkte Mitbestimmung der Arbeitnehmer sowohl im sozialen Interesse der Arbeitnehmerschaft als auch im Interesse der Akzeptanz und Stabilität der marktwirtschaftlichen Ordnung insgesamt gerechtfertigt ist, hat das BVerfG im Mitbestimmungsurteil festgestellt.[92] Auch dem Ziel der Frauenförderung und den neuerdings vermehrt auch mit Mitteln des Gesellschaftsrechts (→ § 4 Rn. 37) verfolgten Zielen der ökologischen Nachhaltigkeit (Klimaschutz) sowie der Verantwortung für Lieferketten wird man eine hinreichende Gemeinwohlbezogenheit nicht absprechen können. Dazu gesellen sich je nach gewählter regulatorischer Maßnahme gleichsam funktionale Gemeinwohlbelange wie das Ziel, etwaige Vollzugsdefizite materiellrechtlicher Vorgaben oder Steuerungsdefizite des klassischen Ordnungsrechts kompensieren zu wollen.[93]

59 Zweifel daran, ob das auch für Eingriffe in die Berufsausübungsfreiheit notwendige Gewicht des ins Felde geführten Gemeinwohlbelangs jeweils gegeben ist, wären dann angebracht, wenn die bisher bestehenden Vorgaben zur Organvergütung (→ § 4 Rn. 65 ff.) über bloße Verfahrenspflichten und die Orientierung an Nachhaltigkeit und Langfristigkeit hinaus präzisiert und spezifiziert würden. Ziele wie eine allgemein verbesserte soziale Gerechtigkeit oder erhöhte Akzeptanz von **Vergütungen** bei jenen, die hierdurch gar nicht wirtschaftlich betroffen sind (im Gegenteil durch erhöhte Steuerzahlungen der Vergütungsempfänger mittelbar sogar profitieren würden), dürften kaum über ein bloß subjektives Empfinden beim Publikum hinauskommen und somit das notwendige Gewicht verfehlen.[94] Auch etwaige künftige Vorgaben zur Steigerung der **Diversity** in Überwachungs- oder gar Leitungsorganen müssten mehr als bloß die Hoffnung auf verbesserte Unternehmensergebnisse ins Felde führen können und insbesondere deutlich bestimmter gefasst sowie etwaigenfalls auf empirische Befunde, etwa aus anderen Jurisdiktionen, gestützt werden.[95]

3. Verhältnismäßigkeitsmaßstab und Kontrolldichte

60 **a) Elemente der Verhältnismäßigkeitsprüfung.** Im Hinblick auf die Berufsausübungsfreiheit gelten im Hinblick auf alle drei allgemein anerkannten Elemente, dh die Geeignetheit, die Erforderlichkeit und die Angemessenheit (Zumutbarkeit) der staatlichen Maß-

---
[91] BVerfGE 7, 377 (405 f.); BVerfGE 77, 308 (332); BVerfGE 93, 362 (369).
[92] BVerfGE 50, 290 (340 f.); vgl. ferner BVerfG NZG 1999, 537 (542 f.).
[93] Ausführlich dazu Rast, Unternehmerische Organisationsfreiheit, 209 ff., 215 ff.
[94] In dieser Richtung bereits Richter, ZHR 177 (2013), 577 (607).
[95] Erste Ansätze hierzu bei Langenbucher ZGR 2012, 314 (321); skeptisch Hirte, Der Konzern 2011, 519 (521); vertiefend Richter ZHR 177 (2013), 577 (610); Rentsch ZGR 2022, 107.

nahme, keine besonderen Grundsätze.⁹⁶ Konkret **im Hinblick auf organisationsbezogene Vorgaben** kann generell festgestellt werden, dass an die Rechtfertigung umso höhere Anforderungen gestellt werden müssen, je detaillierter die staatlichen Vorgaben sind und je weniger Spielräume sie den betroffenen Unternehmen lassen.⁹⁷

Bei der **Geeignetheit** wird gefragt, ob der jeweils verfolgte Gemeinwohlbelang durch 61 die jeweilige Eingriffsmaßnahme „gefördert werden kann".⁹⁸ Es geht also nicht um das tatsächliche Eintreten eines bestimmten Erfolges. Bereits darin ist ein besonders weiter „Einschätzungs- und Prognosevorrang" des Gesetzgebers angelegt. Mit dieser Formel versucht das BVerfG seit Jahrzehnten zu verhindern, selbst zum Akteur der Wirtschaftspolitik zu werden.⁹⁹ In der Sache handelt es sich um einen Rückzug auf eine reine Vertretbarkeitskontrolle. Maßnahmen müssten schon „objektiv untauglich" bzw. „schlechthin ungeeignet"¹⁰⁰ sein, um durch dieses Prüfraster fallen zu können.

Bei der Prüfungsstufe der **Erforderlichkeit** ist danach zu fragen, ob der jeweilige 62 Gemeinwohlbelang durch ein milderes, die Unternehmen weniger belastendes, aber dennoch gleich geeignetes („wirksames" bzw. „effektives") Mittel erreicht werden kann.¹⁰¹ Auch hierbei wird dem Gesetzgeber ein „Beurteilungs- und Prognosespielraum" eingeräumt, wiederum in bemerkenswert gefestigter Rechtsprechung.¹⁰² Wie bereits festgestellt (→ Rn. 54), kann allerdings der Einsatz gesellschaftsrechtlicher statt verwaltungsrechtlicher Vorgaben ein gleich geeignetes, jedoch milderes Mittel sein. Entsprechendes gilt für verfahrensrechtliche statt sogleich unmittelbar organisationsbezogene Pflichten (→ Rn. 70).

Das Erfordernis der **Angemessenheit** verlangt, dass „bei einer Gesamtabwägung zwi- 63 schen der Schwere des Eingriffs und dem Gewicht und der Dringlichkeit der ihn rechtfertigenden Gründe" unter Einbeziehung der Auswirkungen des jeweiligen Eingriffs auf die Grundrechtsträger einerseits, der Bedeutung der jeweils verfolgten Gemeinwohlbelange mit deren Rang und der Intensität ihrer Gefährdung andererseits noch ein angemessener Ausgleich hergestellt werden kann.¹⁰³ Auch hierbei besteht zumindest ein Typisierungsspielraum¹⁰⁴ im Hinblick auf uU unterschiedlich betroffene Teilgruppen (etwa im Hinblick auf KMU)¹⁰⁵ oder im Hinblick auf besonders „systemrelevante" Unternehmen, etwa im Finanzmarktsektor (→ § 14 Rn. 59). Diese Prüfungsstufe ist auch der Ort zur Bewältigung etwaigenfalls vorliegender Belastungskumulationen (dazu → Rn. 29).

b) Kein Fall der Indienstnahme. Die seit längerer Zeit in der Rechtsprechung des 64 BVerfG anerkannte Modifizierung des allgemeinen Prüfungsrasters im Falle des Vorliegens einer sog. **Indienstnahme** (Berücksichtigung des Grundsatzes der Lastengleichheit, Relevanz der etwaigen Überwälzbarkeit der Lasten auf nachfolgende Wertschöpfungsstufen etc.) greift im vorliegenden Zusammenhang nicht Platz.¹⁰⁶ Denn die im Mittelpunkt dieses Handbuchs stehenden organisationsbezogenen Pflichtenbestimmungen erlegen nicht den privatwirtschaftlichen Unternehmen eigentlich dem Staat obliegende öffentliche Aufgaben auf (und stellen mithin nicht eine Art zwangsweise Privatisierung dar). Vielmehr nutzen sie gerade die Organisationsstruktur der privatwirtschaftlichen Unternehmen als alternative

---

[96] Zu den allgemeinen Anforderungen BeckOK GG/Ruffert GG Art. 12 Rn. 87 ff.; BK GG/Burgi GG Art. 12 Abs. 1 Rn. 208 ff.
[97] So bereits Lange/Wall/Burgi, Risikomanagement nach dem KonTraG 2001, § 4 Rn. 39; Voß, Unternehmenswissen, 264 u. 272; Rast, Unternehmerische Organisationsfreiheit, 386 f.
[98] BVerfGE 25, 1 (17); zuletzt BVerfG NJW 2018, 2111, Rn. 37 ff.
[99] Zuletzt BVerfGE 145, 20 (78 ff.).
[100] BVerfGE 47, 109 (117); BVerfGE 81, 156 (193).
[101] BVerfGE 30, 292 (316); BVerfG NJW 2018, 2111, Rn. 37 ff.
[102] Vgl. nur BVerfGE 77, 84 (109); BVerfGE 145, 20 (80).
[103] BVerfGE 113, 167 (260); BVerfGE 133, 277 (322); BVerfGE 145, 20; ausführlich BK GG/Burgi GG Art. 12 Abs. 1 Rn. 216 ff.; Rast, Unternehmerische Organisationsfreiheit, 378 ff.
[104] BVerfGE 30, 292 (327); BVerfGE 68, 155 (173).
[105] Näher Burgi WiVerwR 2021, 97 (103).
[106] Ausführlich hierzu BK GG/Burgi GG Art. 12 Abs. 1 Rn. 262. Diese Rechtsfigur geht zurück auf Ipsen, FS Kaufmann, 1950, 141 ff.; aus neuerer Zeit Burgi/Krönke VerwArch 109 (2018), 423.

Steuerungsressource (→ § 1 Rn. 30) im Interesse des Gemeinwohls, nicht unmittelbar in Ersetzung sonst dem Staat obliegender Gemeinwohlverpflichtungen.

65 **c) Erfordernis eines Sachzusammenhangs in Leistungskonstellationen.** Werden organisationsbezogene verwaltungsrechtliche Vorgaben zur Voraussetzung für die Gewährung von Leistungen (insbesondere dem Erhalt von Subventionen) gemacht, bedarf es zwar hierfür keiner ausdrücklichen gesetzlichen Grundlage (→ Rn. 38). Die rechtliche Konsequenz des Eingreifens von Art. 12 Abs. 1 GG iVm dem allgemeinen Gleichheitssatz des Art. 3 Abs. 1 GG als Grundlage eines sog. Teilhaberechts (gerichtet auf eine Vergabe anhand vorab bekannt gegebener, ihrerseits grundrechtskonformer Kriterien) erfordert aber einen verhältnismäßigen Sachzusammenhang zwischen der infrage stehenden Leistung (der Subvention) und der zusätzlich statuierten organisationsbezogenen Pflicht.[107] Dem ist im Vergaberecht durch die dort einfachgesetzlich (in Umsetzung europarechtlicher Vorgaben) bestehende Beschränkung auf auftragsspezifische organisationsbezogene Vorgaben bereits normativ Rechnung getragen (→ § 11 Rn. 14). In den normativ nicht in gleicher Weise verfestigten Rechtsbereichen der Subventionsvergabe oder von Vergabeentscheidungen außerhalb der öffentlichen Aufträge (→ § 11 Rn. 24), folgt dieses Erfordernis unmittelbar aus dem Grundgesetz.

4. Zusätzliche Hinweise zu einzelnen Regelungsgegenständen

66 **a) Organisationsbezogene Pflichten. aa) Pflichten zur Einrichtung bestimmter Stellen.** Bei der insbesondere im Umwelt-, aber auch im Datenschutzrecht sowie künftig möglicherweise bei der Verwirklichung sozialer Gemeinwohlziele immer weiter ausgreifenden Pflicht zur Zuordnung bestimmter Stellen (Beauftragter, Verantwortlicher etc.) in der Unternehmensorganisation zu bestimmten Gemeinwohlbelangen hängt die verfassungsrechtliche Beurteilung von der **Breite und Tiefe** der Vorgaben ab. Dies gilt sowohl für die Geeignetheit[108] als auch für die Angemessenheit.[109] Sollen diese Stellen quer zur gegebenen Organisationsstruktur eingerichtet und beispielsweise mit Weisungsfreiheit ausgestattet werden, sind selbstverständlich höhere Anforderungen an die ins Felde geführten Gemeinwohlbelange zu stellen. Weitere Differenzierungskriterien sind die Reichweite der Überformung der unternehmensinternen Zusammenarbeit. Die äußerste Grenze bildet die Funktionsfähigkeit des Unternehmens.[110]

67 **bb) Pflicht zur (teilweisen) Ausrichtung auf öffentliche Interessen.** Innerhalb des Kreises der organisationsbezogenen Pflichten (→ § 1 Rn. 40) besonders problematisch sind Vorgaben, die die inhaltliche Ausrichtung der Unternehmenstätigkeit betreffen. Durch sie wird die von den Unternehmenseigentümern zum Zwecke der Verwirklichung der Privatautonomie geschaffene Organisationseinheit zumindest teilweise umgepolt und funktionalisiert. Dies wäre jedenfalls nicht mehr rechtfertigungsfähig, wenn gar die „grundsätzliche **Privatnützigkeit**" des Unternehmens infrage gestellt wird.[111] Aber auch zuvor muss das Gewicht der ins Felde geführten Gemeinwohlbelange erheblich sein und muss sehr darauf geachtet werden, ob nicht mildere Mittel (organisations- bzw. verfahrensbezogenen Charakters) zur Verfügung gestanden hätten. Dabei spielt wiederum der Aspekt der Belastungskumulation (→ § 6 Rn. 54) eine wichtige Rolle.[112] Hierauf wird insbesondere bei der Umsetzung der über das Sorgfaltspflichtenkonzept des LkSG hinausgehenden, die gesamte Unternehmensorganisation bzw. die Geschäftsleitung auf vorab definierte Gemeinwohl-

---

[107] Vgl. dazu allgemein (dh ohne Bezug zu organisationsbezogenen Pflichten) jüngst BVerwG NVwZ 2022, 1644, Rn. 25 f.
[108] Ausführlich Rast, Unternehmerische Organisationsfreiheit, 359 ff.
[109] Wiederum ausführlich und an zahlreichen Beispielen vertiefend Rast, Unternehmerische Organisationsfreiheit, 388 ff.
[110] Vgl. wiederum Rast, Organisationsfreiheit, 401 f.
[111] Habersack AcP 220 (2020), 594 (619).
[112] Vertiefend Voß, Unternehmenswissen, 278 f.

belange (namentlich des Klimaschutzes) programmierenden Sorgfaltspflichten-Richtlinie und erst recht bei künftigen Vorhaben dieser Art (→ § 9 Rn. 20) sehr genau zu achten sein.

cc) Vorgaben zur nichtrechtlichen Entflechtung und zur Rechtsformenwahl. Insofern bestehen keine Besonderheiten. Es ist aber in besonderer Weise auf den grundsätzlichen Vorrang des Gesellschaftsrechts (→ Rn. 54) sowie darauf zu achten, dass etwaigenfalls in einem bestimmten Sektor begründete Gefährdungen für das Gemeinwohl (insbesondere im Finanzsektor; → § 14 Rn. 12) dann auch nur in diesem Sektor rechtliche Vorgaben auslösen und **keine Blaupausen** für das gesamte Unternehmensrecht entstehen.[113] Auch die mit jeder Entflechtung verbundene Kappung und Erschwerung von Informationsflüssen innerhalb des Unternehmens muss in die Abwägung eingestellt werden,[114] ebenso die etwa im Energierecht (→ § 15 Rn. 21 ff.) bereits erkennbare Belastungskumulation bereits unterhalb der rechtlichen Entflechtung. 68

dd) Pflichten auf der Ebene der Organe. Während die dem Gesellschaftsrecht entstammenden Vorgaben für die Mitbestimmung, die Gleichstellung von Männern und Frauen in den Unternehmensorganen sowie die Anforderungen an die Qualifikation von Aufsichtsräten nachfolgend im Zusammenhang mit der Rechtfertigung von Eingriffen in das Anteilseigentum erörtert werden sollen (→ Rn. 75), betreffen rechtliche Vorgaben für die Organvergütungen ebenso wie die in → § 1 Rn. 40 aufgezählten verwaltungsrechtlichen Vorgaben (Einrichtung an sich fakultativer Organe, Vorgaben für eine bestimmte Organgröße und für die Bestellung einzelner Organmitglieder mit Zuständigkeit für einen bestimmten öffentlichen Belang, Vorgaben für einzelne Ausschüsse sowie veränderte Zuständigkeitsordnung im Zuge von Stabilisierungsmaßnahmen) im Schwerpunkt die Freiheit der unternehmerischen Berufsausübung. Insoweit beanspruchen zunächst aus dem Kreis der allgemeinen Rechtfertigungsparameter der grundsätzliche Vorrang des Gesellschaftsrechts (→ Rn. 54) und der Vorrang verfahrensbezogener Regelungen (→ Rn. 57) in besonderer Weise Gültigkeit. Was den jeweiligen Regelungsgegenstand organbezogener Regelungen betrifft, wird man von einem **Vorrang** von **Vorgaben betreffend das Überwachungsorgan** gegenüber Vorgaben, die die Leitungsorgane betreffen, ausgehen können. Denn im Leitungsorgane manifestiert sich mit besonderer Intensität die freie unternehmerische Entscheidung darüber, welche Zwecke mit welchen Instrumenten und auch mit welchen Personen mit einem Unternehmen verfolgt werden sollen.[115] 69

b) Verfahrensrechtliche Pflichten und Sanktionen. Im Hinblick auf die Sanktionen im Verwaltungsvollstreckungs-, aber insbesondere auch im Ordnungswidrigkeitenrecht gelten die allgemein hierfür anerkannten Grundsätze. Gegenüber neueren gesetzgeberischen Aktivitäten ist in besonderer Weise darauf zu achten, dass die Höhe und Intensität (insbesondere von Bußgeldern) **nicht gleichsam auf Verdacht** gegenüber dem allgemein geltenden Standard nach oben verändert wird. Vielmehr ist hierfür (auch vor dem Hintergrund des allgemeinen Gleichheitssatzes nach Art. 3 Abs. 1 GG) eine zusätzliche Legitimation durch Gemeinwohlbelange und die Einhaltung aller drei Parameter des Verhältnismäßigkeitsprinzips zu verlangen. Im Hinblick auf die nach dem Entwurf einer Sorgfaltspflichtenrichtlinie der EU vorgesehene Prangerwirkung des „Naming and Shaming" (→ § 9 Rn. 24) gilt mE Entsprechendes. 70

---

[113] So bereits Dreher ZGR 2010, 496 (502).
[114] Darauf hat Junker, Gewährleistungsaufsicht über Wertpapierdienstleistungsunternehmen, 2003, 13, aufmerksam gemacht.
[115] Ebenso Werthmüller, Staatliche Eingriffe in die Aufsichtsratsbesetzung und die Geschlechterquote, 2017, 176; Leydecker/Bahlinger NZG 2020, 1212 (1218).

IV. Gegebenenfalls hinzutretende Schutzwirkungen der Eigentumsgarantie

71 Sowohl das Gesellschaftseigentum (wenn es gegenüber der Berufsfreiheit schwerpunktmäßig betroffen ist) als auch das Anteilseigentum (näher → Rn. 20) sichern dem Unternehmen bzw. den Anteilseigentümern einen geschützten Raum an „privatautonomer Rechts- und Wirtschaftsgestaltung … gemäß den Funktionen der auf Privateigentum basierenden Autonomie, dh mit Steuerungs- und Kontrollmechanismen von Gewinnmöglichkeit und Verlust- oder Haftungsrisiko".[116] Die äußerste materiellrechtliche Grenze für sodann durch den Gesetzgeber als „Inhalts- und Schrankenbestimmung" auferlegte Gemeinwohlvorgaben bildet die Sozialbindungsklausel des **Art. 14 Abs. 2 GG**. Eine darüber hinausgehende besondere Sozialpflichtigkeit des Gesellschafts- bzw. des Anteilseigentums existiert nicht.[117] Bei der Prüfung der Rechtfertigung von Eingriffen, die gegenüber dem ursprünglich durch Inhalts- und Schrankenbestimmungen begründeten Status des einzelnen Eigentümers eine Verschlechterung bewirken, gelten zunächst sämtliche oben (→ Rn. 48 ff.) beschriebenen allgemeinen Parameter in gleicher Weise. Neben der dem Gesetzgeber obliegenden Konkretisierung der allgemeinen Sozialpflichtigkeit des Eigentums muss wiederum der Grundsatz der Verhältnismäßigkeit beachtet werden.

1. Schutzwirkung gegenüber allgemeinen Regelungen des Gesellschaftsrechts

72 Durch die allgemeinen, rahmensetzenden Bestimmungen des Gesellschaftsrechts werden sowohl die Gesellschaft als auch das Anteilseigentum konstituiert. Veränderungen an dem einmal begründeten Status sollen einen vermeintlich gerechteren Ausgleich mit den Belangen Außenstehender sowie zwischen den einzelnen Aktionären untereinander[118] herbeiführen. Indem der Gesetzgeber in dieser Weise tätig wird, nimmt er sein Mandat für die Weiterentwicklung der „Inhalts- und Schrankenbestimmungen" wahr. Daraus folgt ein doch vergleichsweise **weiter Gestaltungsspielraum**. Mit der Formulierung, dass der Gesetzgeber bei der Bestimmung von Inhalt und Schranken „nicht gänzlich frei" sei, insinuiert das BVerfG bereits eine Absenkung der sonst für Grundrechtsverkürzungen geltenden Anforderungen.[119] Überschritten wird der Spielraum erst, wenn die Grundentscheidung für ein sozialgebundenes Privateigentum substanziell angegriffen würde.[120]

2. Schutzwirkung gegenüber organbezogenen gesellschaftsrechtlichen Gemeinwohlvorgaben

73 Sowohl die bestehenden Mitbestimmungsregeln als auch die Gleichstellungsvorgaben und die Inkompatibilitätsregelungen der (beispielsweise) §§ 105 Abs. 1, 100 Abs. 2 S. 1 Nr. 4 AktG werden bislang je für sich als noch mit den Vorgaben der Eigentumsgarantie für vereinbar gehalten. Die Grenze zur Verfassungswidrigkeit sehen einige Autoren aber infolge der bestehenden Belastungskumulation als erreicht an (dazu → Rn. 29).

74 Konkret im Hinblick auf die **Unternehmensmitbestimmung** hat das BVerfG im sog. Mitbestimmungsurteil festgestellt, dass die Mitbestimmungsregelungen des Mitbestimmungsgesetzes aus dem Jahr 1976 keine qualitativen Struktur- oder Substanzveränderungen des Anteilseigentums bewirkten, sondern nur eine „quantitative Verstärkung der in der gesellschaftsrechtlichen Vermittlung ohnehin angelegten Fremdbestimmung".[121] Der Gesetzgeber halte sich jedenfalls dann innerhalb der Sozialbindung, wenn die Mitbestimmung nicht dazu führe, dass über das im Unternehmen investierte Kapital gegen den Willen aller Anteilseigner entschieden werden kann, wenn diese nicht aufgrund der Mitbestimmung die Kontrolle über die Führungsauswahl im Unternehmen verlieren und wenn ihnen das Letzt-

---

[116] Dürig/Herzog/Scholz/Papier/Shirvani GGArt. 14 Rn. 609 mit 607.
[117] Vgl. Droege DVBl. 2009, 1415 (1420); Hellgardt/Unger ZHR 183 (2019), 406 (420).
[118] Dazu Hellgardt/Unger ZHR 183 (2019), 406 (415 f.) mwN.
[119] Zuletzt BVerfGE 143, 246 (324); vgl. ferner BVerfG NJW 2007, 3268 (3270).
[120] BVerfG NJW 1999, 1699 (1700); Dreier/Wieland GG Art. 14 Rn. 90.
[121] BVerfGE 50, 290 (342).

entscheidungsrecht belassen werde."[122] Ausdrücklich offen gelassen[123] wurde die Frage, ob eine voll-paritätische Mitbestimmung (in Gestalt der Aufgabe des durch das sog. Zweitstimmrecht des Vorsitzenden gemäß §§ 29 Abs. 2, 31 Abs. 4 MitbestG gewährten Übergewichts der Anteilseignerseite und den Übergang zu dem durch einen „neutralen" Vorsitzenden gekennzeichneten Modell der sog. Montanmitbestimmung[124]) noch statthaft wäre. Richtigerweise wäre die Grenze der privatnützigen Eigentumsverwendung und -verfügung überschritten, wenn den Eigentümern des Unternehmens das Letztentscheidungsrecht fehlen würde.[125]

Im Hinblick auf die **Gleichstellung** von Männern und Frauen wird teilweise bereits unter Berufung auf das Mitbestimmungsurteil „erst recht" die Festlegung von Frauenquoten für zulässig gehalten (da die Auswahl der entsprechenden Person ja auf Entscheidungen der Anteilseigner zurückgehen würde).[126] Vor allem aber besteht hier in Gestalt des Gleichstellungsauftrags nach Art. 3 Abs. 2 S. 2 GG eine explizite Verschiebung des verfassungsrechtlichen Koordinatensystems, was jedenfalls die bislang geschaffenen Gleichstellungsregeln nicht an der Eignungsgarantie scheitern lässt.[127] 75

Auch die **Inkompatibilitätsregelungen** des Gesellschaftsrechts sowie namentlich des Finanzmarktrechts (dazu → § 14 Rn. 38 ff.) halten in ihrer gegenwärtigen Ausgestaltung den Anforderungen der Eigentumsgarantie noch stand.[128] 76

3. Schutzwirkung gegenüber Maßnahmen der rechtlichen Entflechtung

Maßnahmen der rechtlichen Entflechtung, die sich bislang im Recht der Netzregulierung (vgl. § 7 EnWG (→ § 15 Rn. 26 ff.), § 7 TKG und § 10 Abs. 1 PostG) sowie im Finanzregulierungsrecht finden (vgl. zB § 3 Abs. 3 S. 1 Nr. 2 Alt. 2, 25 f. Abs. 1 KWG), müssen strenger als bislang an der Eigentumsgarantie[129] gemessen werden (soweit nicht die EU-Grundrechte einschlägig sind; → § 6 Rn. 9 f.). Denn sie betreffen nicht „nur" die Informationsflüsse bestimmter Arbeitsabläufe innerhalb eines Unternehmenszusammenhangs, sondern die im Ursprung autonom gebildete Einschätzung über die **beste Aufstellung** für ein erfolgreiches Bestehen in den jeweiligen Märkten. Im Rahmen der Verhältnismäßigkeit kann hier tatsächlich (vgl. allgemein → Rn. 60) die Größe des betroffenen Unternehmensverbundes eine Rolle spielen, ebenso die Bereitstellung anderer, vom Unternehmen sodann nach eigener Einschätzung auszuwählender alternativer Regulierungsinstrumente. Entscheidet sich der Gesetzgeber (wie aktuell aus Anlass der 11. GWB-Novelle[130] erwogen) gar für eine eigentumsrechtliche Entflechtung, ist der thematische Rahmen dieses Handbuchs überschritten (vgl. bereits → § 1 Rn. 40). In einem solchen Handlungsszenario erscheint wiederum die Option einer (bloß) rechtlichen Entflechtung als milderes, ggf. verfassungsrechtlich vorzuziehendes Handlungsinstrument. 77

4. Finanzielle Ausgleichspflicht als Merkposten für die Zukunft

Würde der Gesetzgeber in den kommenden Jahren weitere organbezogene Gemeinwohlbindungen im Gesellschaftsrecht statuieren, Maßnahmen der rechtlichen Entflechtung über 78

---

[122] BVerfGE 50, 290 (350); ausführlich und mzN Dürig/Herzog/Scholz/Papier/Shirvani GG Art. 14 Rn. 603 f.; diff. BK GG/Dederer GG Art. 14 Rn. 1069 ff.
[123] BVerfGE 50, 290 (322).
[124] Zu deren Sonderrolle unter dem Aspekt des Art. 3 Abs. 1 GG BVerfG NZG 1999, 537 (543).
[125] So bereits Scholz, Paritätische Mitbestimmung und Grundgesetz, 1974, 93 f.; Badura/Rittner/Rüthers, Mitbestimmungsgesetz 1976 und Grundgesetz, 1977, 297 f.; offener Habersack AcP 220 (2020), 594 (617).
[126] So Papier/Heidebach ZGR 2011, 305 (324).
[127] Zuletzt diff. und mit zahlreichen weiteren Nachweisen Hellgardt/Unger ZHR 183 (2019), 406 (438 ff.).
[128] Ebenso Hellgardt/Unger ZHR 183 (2019), 406 (424 ff., 429 ff.); kritisch hingegen Richter ZHR 177 (2013), 577 (607).
[129] Vgl. neben den Kommentierungen zu den einschlägigen Vorschriften Selmer, Unternehmensentflechtung und GG, 1981; Schmidt-Preuß in Bauer ua, Unbundling in der Energiewirtschaft, 2006, 33 ff.
[130] Stand: Referentenentwurf v. 15.9.2022, www.bmwk.de/Redaktion/DE/Downloads/Wettbewerbspolitik/wettbewerbsdurchsetzungsgesetz-referentenentwurf-bmwk.pdf.

die bisherigen Wirtschaftssektoren hinaus vorsehen oder verwaltungsrechtliche Vorgaben verstärken bzw. neu schaffen, die neben der Berufsfreiheits- auch die Eigentumsgarantie beeinträchtigen (→ Rn. 71), würde deren Schutzdimension (und dies im Unterschied zum Berufsfreiheitsgrundrecht) womöglich auch in finanzieller Hinsicht aktiviert.

79 Denn das BVerfG hat die Rechtsfigur der sog. ausgleichspflichtigen Inhalts- und Schrankenbestimmung (nachfolgend **„ausgleichspflichtige Inhaltsbestimmung"**) mit der sog. Pflichtexemplarsentscheidung vom 14.7.1981 etabliert[131] und seither ständig fortentwickelt, zuletzt in der Entscheidung zum Atomausstieg vom 6.12.2016.[132] Sie betrifft Situationen, in denen der mit einer Inhalts- und Schrankenbestimmung des Eigentums nach Art. 14 Abs. 1 S. 2 GG verfolgte Gemeinwohlzweck den Eingriff zwar grundsätzlich rechtfertigt, es aber ausnahmsweise zu unzumutbaren Belastungen von einzelnen oder Gruppen von Eigentümern kommt. Auch die Rechtsprechung der Fachgerichte hat seit der zweiten Hälfte der 1980er Jahre bis in die Gegenwart in mehreren Entscheidungen vor allem betreffend das Natur- und Denkmalschutzrecht[133] und das Bauplanungsrecht[134] Ausgleichsansprüche nach den Grundsätzen der ausgleichspflichtigen Inhaltsbestimmung anerkannt. Diese Rechtsfigur trägt dem Umstand Rechnung, dass die Eigentumsgarantie eine Bestands-, aber auch eine Wertgarantie beinhaltet, und dies eben nicht nur im Hinblick auf Enteignungen, sondern auch im Hinblick auf Inhalts- und Schrankenbestimmungen. Kann der Gesetzgeber unzumutbare Auswirkungen einer solchen Bestimmung durch andere Maßnahmen (Härtefallklauseln, Ausnahmen und Befreiungen etc.) nicht verhindern, ist von Verfassungsrechts wegen ein finanzieller Ausgleich geboten.[135]

80 Allerdings ist der Gesetzgeber grundsätzlich verpflichtet, Verletzungen der Eigentumsgarantie primär durch materielle und verfahrensrechtliche Vorkehrungen zu vermeiden oder doch so weit als möglich zu reduzieren. Kompensatorische Entschädigungsregelungen kommen daher erst in zweiter Linie in Betracht, spielen aber natürlich bereits eine Rolle bei der Prüfung etwaiger Vorkehrungen zu ihrer Vermeidung.[136] In nahezu allen Entscheidungen findet sich die Formulierung, dass Ausgleichsregelungen nur dann eingreifen würden, wenn ein **„Härtefall"** gegeben sei.[137] Solche Härtefälle können von Inhalts- und Schrankenbestimmungen ausgehende, in Einzelfällen (oder bei bestimmten Gruppen, etwa bei Unternehmen eines bestimmten Sektors, einer bestimmten Größe etc.) eintretende unzumutbare, mithin unangemessene und damit unverhältnismäßige Belastungen sein. Zu dem Aspekt der Schwere der Beeinträchtigung tritt – gleichsam in horizontaler Perspektive – der Aspekt, dass die solchermaßen Betroffenen im Interesse des Wohls der Allgemeinheit eine Art **„Sonderopfer"**[138] zu Gunsten aller anderen in der Gesellschaft erbringen.

81 Die qualitative Komponente (Härtefall) ist auf der Grundlage der bisher vorliegenden Judikate dann erfüllt, wenn dem betroffenen Eigentümer infolge des auferlegten Grundrechtseingriffs „keinerlei sinnvolle Nutzungsmöglichkeit mehr verbleibt".[139] Die quantitative Komponente (Sonderopfer) ist dadurch charakterisiert, dass nicht sämtliche Inhaber des jeweiligen Schutzgegenstands (hier: des Gesellschaftseigentums), sondern nur Einzelne betroffen sein dürfen. Erfasst sind aber auch Fälle, in denen es um einzelne „Gruppen" geht, im Falle des Atomausstiegs etwa die gesamte Branche der Atomkraftanlagenbetreiber. Die Figur der ausgleichspflichtigen Inhaltsbestimmung kommt dem Grundsatz nach daher durchaus auch für die hier infrage stehenden **Beeinträchtigungen der Organisationsfreiheit** als Bestandteil des Gesellschaftseigentums **in Betracht**.

---

[131] BVerfGE 58, 137 (147 ff.).
[132] BVerfGE 143, 246; vertiefend Burgi NVwZ 2019, 585.
[133] Vgl. zB BGH DVBl. 1995, 234; BVerwGE 94, 1.
[134] BGHZ 186, 136.
[135] Bündig Ehlers/Pünder AllgVerwR/Grzeszick § 45 Rn. 44.
[136] Vgl. statt vieler Dürig/Herzog/Scholz/Papier/Shirvani GG Art. 34 Rn. 483; BVerfGE 143, 246.
[137] Paradigmatisch: BVerfGE 100, 226 (244 f.).
[138] So ausdrücklich in BVerfGE 100, 226 (244).
[139] BVerfGE 100, 226 (243); BK GG/Dederer GG Art. 14 Rn. 898.

V. Rechtsschutz

Die Unternehmen können Verstöße gegen die vorstehend beschriebenen grundrechtlichen 82
Schutzgarantien in jedem Gerichtsverfahren, in dessen Mittelpunkt eine staatliche Maßnahme mit Eingriffscharakter steht, vor dem dafür zuständigen **Fachgericht** geltend machen. Dies werden bei öffentlich-rechtlichen Maßnahmen in erster Linie die Verwaltungsgerichte sein. Selbstverständlich sind aber auch die ordentlichen Gerichte zur Prüfung der Grundrechtskonformität von staatlichen Maßnahmen (namentlich Normen) innerhalb privatrechtlicher Streitigkeiten verpflichtet, wenn jene Maßnahmen dort relevante Vorfragen betreffen. Ist ein Fachgericht von der Verfassungswidrigkeit eines Parlamentsgesetzes überzeugt, so ist es nach Art. 100 GG zur Vorlage an das BVerfG verpflichtet. Von ihm für verfassungswidrig erachtete staatliche Vorgaben in Verordnungen oder Satzungen können ebenso wie Verwaltungsvorschriften oder Verwaltungsakte durch das Fachgericht selbstverständlich aus eigener Kompetenz verworfen werden. Bei der Auslegung normativer Vorgaben (des Öffentlichen Rechts wie des Privatrechts) sind die Gerichte nach allgemeinen Grundsätzen zu einer möglichst verfassungskonformen Auslegung verpflichtet.

Unter den Voraussetzungen des Art. 93 Abs. 1 Nr. 4a GG iVm den §§ 13 Nr. 8a, 90 ff. 83
BVerfGG kommt die **Verfassungsbeschwerde** zum BVerfG in Betracht. Sie kann sich unmittelbar gegen Gesetze richten, wenn sich bereits aus diesen eine unmittelbare und gegenwärtige Betroffenheit in der geltend gemachten Grundrechtsposition ergibt; die Verfassungsbeschwerde ist in diesem Fall innerhalb eines Jahres zu erheben (vgl. § 93 Abs. 3 BVerfGG). Hat sich auf gesetzlicher Grundlage die Verletzung des jeweiligen Grundrechts in Maßnahmen von Behörden oder Gerichten manifestiert, gegen die der Rechtsweg eröffnet ist, ist zunächst dieser zu erschöpfen (vgl. § 90 Abs. 2 BVerfGG; die Frist berechnet sich dann nach § 93 Abs. 1 BVerfGG). Unter bestimmten Voraussetzungen kann im Rahmen der Verfassungsbeschwerde neben der im Mittelpunkt stehenden Verletzung der Grundrechte des GG auch eine Verletzung der Wirtschaftsgrundrechte der GRC geltend (→ § 6 Rn. 7 ff.) gemacht werden.

Teil 3: Verwaltungsrechtliche Vorgaben betreffend das privatwirtschaftliche Unternehmen

Kapitel 1: Nachhaltigkeit

§ 8 Umweltrechtliche Nachhaltigkeitsvorgaben

Prof. Dr. Dr. Wolfgang Durner, LL.M. (London)

Übersicht

	Rn.
I. Nachhaltigkeit als Aufgabe von Staat, Gesellschaft und Unternehmen	1
II. Betriebsorganisation und Eigenüberwachung als unternehmerische Kernpflichten	2
1. Ergänzung des materiellen Umweltrechts um eine unternehmensbezogene Innenperspektive	2
2. Die Ausstrahlung der materiellen Pflichten des Umweltrechts in das Unternehmen	6
3. Organisatorische Konsequenzen des materiellen Umweltrechts	10
4. Gesetzliche Akzentuierungen der Pflicht zu umweltgerechter Betriebsorganisation	14
5. Informale Standards, insbesondere die ISO 14001 über Umweltmanagementsysteme	16
6. Sanktionen und Rechtsschutz	19
III. Gesetzliche Ausformungen der Eigenüberwachungspflicht	21
1. Eigenüberwachung im Immissionsschutzrecht	22
a) Hoheitliche Überwachung und Mitwirkungspflichten des Unternehmens	22
b) Gesetzliche Eigenüberwachungspflichten	24
c) Pflicht zur Eigenüberwachung durch behördliche Einzelfallanordnung	25
2. Eigenüberwachung im Wasserrecht	27
3. Eigenüberwachung im Störfallrecht	31
4. Sanktionen und Rechtsschutz	32
IV. Die Organisationspflicht zur Bestellung von Umweltschutzbeauftragten	33
1. Der Immissionsschutzbeauftragte nach den §§ 53 ff. BImSchG	34
a) Aufgaben des Immissionsschutzbeauftragten	35
b) Korrespondierende Pflichten des Unternehmens	36
c) Stellung und Funktion des Immissionsschutzbeauftragten	37
2. Der Gewässerschutzbeauftragte nach den §§ 64 ff. WHG	39
3. Der Störfallbeauftragte nach den §§ 58a ff. BImSchG	41
4. Weitere Ausprägungen – Verallgemeinerungspotential	43
5. Multifunktionalität in der Praxis	45
6. Sanktionen und Rechtsschutz	46
V. Unternehmenspflichten zur Information über Nachhaltigkeit	47
1. Der rechtliche Trend zu einer umfassenden Nachhaltigkeitsberichterstattung	47
2. Mitteilungspflichten zur Betriebsorganisation gegenüber der Überwachungsbehörde	48
3. Weitere Pflichten zur Information der Behörden und der Öffentlichkeit	52
4. Sanktionen und Rechtsschutz	54
VI. Das sog. Öko-Audit und andere Formen der betrieblichen Zertifizierung	55
1. Die EMAS III-Verordnung als zentrales Instrument des Nachhaltigkeitsaudits	56
2. Das Auditierungsverfahren	58
a) Die Einrichtung einer betrieblichen Umweltpolitik	59

	Rn.
b) Die Umwelterklärung und ihre unabhängige Begutachtung	61
c) Validierung der Umwelterklärung und Registrierung des Unternehmens	63
3. Rechtsfolgen der Auditierung	64
4. Sanktionen und Rechtsschutz	66
VII. Ökologische Pflichten in der unternehmerischen Lieferkettenverantwortung	67
VIII. Umweltrechtsfragen des Arbeitsrechts	72
1. Nachhaltigkeit und technischer Arbeitsschutz	73
2. Mitbestimmung in Nachhaltigkeitsfragen	75
IX. Umweltrechtliche Vorgaben zur Unternehmens- und Aktionärsstruktur	78
X. Die Bilanz aus Sicht der Unternehmen	80

Literatur

Becker/Kniep, Die Beauftragten im betrieblichen Umweltschutz – arbeitsrechtliche Aspekte, NZA 1999, 243; Breuer/Kloepfer/Marburger/Schröder (Hrsg.), Umweltschutz und technische Sicherheit im Unternehmen, 1994; Feldhaus, Umweltschutzsichernde Betriebsorganisation, NVwZ 1991, 927; Förtsch/Meinholz, Handbuch Betriebliches Umweltmanagement, 3. Aufl. 2018; Hoffmann, Bausteine für eine „umweltgerechte Unternehmensführung". Im Völkerrecht, Europarecht und nationalen Recht, 2018; Kloepfer, Umweltschutz in und durch Unternehmen – Zu den betriebsorganisatorischen Instrumenten des Umweltschutzes in Deutschland, FS Klaus-Dirk Henke, 2007, S. 161; Kotulla, Umweltschutzbeauftragter, Unternehmen, NuR 2020, 16; Labinsky, Environmental Compliance. Eine rechtsvergleichende Untersuchung der Unternehmensorganisationspflichten in den USA und Deutschland mit Fokus auf dem Umweltrecht, 2019; Meyer, § 30 Umweltschutz, in: Hauschka/Moosmayer/Lösler (Hrsg.), Corporate Compliance, 3. Aufl. 2016, S. 943; Rast, Unternehmerische Organisationsfreiheit und Gemeinwohlbelange, 2022; Rehbinder/Burgbacher/Knieper, Ein Betriebsbeauftragter für Umweltschutz?, 1972; Rehbinder, Umweltschutzsichernde Unternehmensorganisation, ZHR 165 (2001), 1; Reichel/Meyer, Betrieblicher Umweltschutz als Schnittstelle zwischen Arbeitsrecht und Umweltrecht, RdA 2003, 101; Reiling, Der Hybride. Administrative Wissensorganisation im privaten Bereich, 2016; Reinhardt, Die Überwachung durch Private im Umwelt- und Technikrecht, AöR 118 (1993), 617; Rottschäfer, Der Betriebsbeauftragte für den Umweltschutz, 2021; Sander, Der betriebliche Umweltschutzbeauftragte. Ein Beitrag zum Umweltschutz, 1992; Schmidt-Räntsch, Sorgfaltspflichten der Unternehmen – Von der Idee über den politischen Prozess bis zum Regelwerk, ZUR 2021, 387; Shirvani, Das Kooperationsprinzip im deutschen und europäischen Umweltrecht, 2005; Spießhofer, Unternehmerische Verantwortung. Zur Entstehung einer globalen Wirtschaftsordnung, 2017; Spindler, Unternehmensorganisationspflichten. Zivilrechtliche und öffentlich-rechtliche Regelungskonzepte, 2. Aufl. 2011; Wördenweber, Nachhaltigkeitsmanagement. Grundlagen und Praxis unternehmerischen Handelns, 2017.

I. Nachhaltigkeit als Aufgabe von Staat, Gesellschaft und Unternehmen

1 Das moderne Recht begreift Nachhaltigkeit – also das Ziel einer dauerhaften umweltverträglichen, die natürlichen Lebensgrundlagen erhaltenden Entwicklung – als eine gemeinsame Aufgabe von Staat und Wirtschaft. Es verwirklicht damit das traditionelle, in der Bundesrepublik bereits seit dem Umweltprogramm der Bundesregierung von 1971 praktizierte[1] **umweltpolitische Kooperationsprinzip** als eine alle Bereiche von Staat und Gesellschaft aktivierende organisatorisch-instrumentelle Strategie zur Realisierung von Umweltzielen.[2] Nachhaltiges ökologisches Wirtschaften wird damit als genuine Aufgabe der Unternehmen selbst begriffen, auch wenn die Einbindung der Unternehmen in diese Aufgabe zumeist auf staatlicher Steuerung und mehr oder minder „freiwilligem Zwang" beruhen mag. Die Aufstellung solcher umweltrechtlicher Nachhaltigkeitsvorgaben stellt längst ein zentrales Element des Umweltrechts insgesamt dar.[3] Auf der Grundlage dieser Arbeitsteilung sollen sich alle Kräfte im Staat und in der Gesellschaft gemeinsam und kooperativ um eine Verwirklichung der universellen Nachhaltigkeitsziele bemühen, selbst wenn die Letztverantwortlichkeit dafür beim Staat verbleibt. Aus Sicht der Unternehmen lässt sich die Summe all dieser Vorgaben in dem Leitbild einer **umweltgerechten Unter-**

---

[1] Vgl. dazu Shirvani, Kooperationsprinzip, 33 ff.
[2] Näher Kloepfer UmweltR § 4 Rn. 129 ff.; Schink, Symposium für Edzard Schmidt-Jortzig, 2007, 69 ff.; Shirvani, Kooperationsprinzip, 132 ff.
[3] Vgl. bspw. für das Genehmigungsrecht Häfner, Verantwortungsteilung im Genehmigungsrecht, 2010, 21 ff.

nehmensführung** bündeln, durch die der jeweilige Unternehmenszweck auf möglichst umweltschonende Weise (umweltgerecht) verwirklicht werden soll.[4]

II. Betriebsorganisation und Eigenüberwachung als unternehmerische Kernpflichten

1. Ergänzung des materiellen Umweltrechts um eine unternehmensbezogene Innenperspektive

Kennzeichnend für diese Form umweltrechtlicher Nachhaltigkeitsvorgaben ist eine Ergänzung der im Verhältnis von Staat und Bürger geltenden Anforderungen des allgemeinen Umweltrechts um eine **unternehmensbezogene Innenperspektive.**[5] Letztlich wird das ökologische Außenrecht gegenüber den staatlichen Behörden um korrespondierende Vorgaben zur Gestaltung des unternehmerischen Binnenraums flankiert. Diese Regelungsstrategie ist neben dem herkömmlichen ordnungsrechtlichen Instrumentarium behördlicher Ge- und Verbote für den Erfolg der Umweltpolitik immer wichtiger geworden.[6] Es geht nicht mehr allein darum, den Unternehmen ein gesetzliches Anforderungsprofil für ihre Umweltauswirkungen nach außen abzuverlangen, sondern auch den unternehmerischen Binnenraum möglichst umfassend am Ziel der Nachhaltigkeit zu orientieren.[7] 2

Bereits aus Sicht der Unternehmen selbst sprechen vielfältige Erwägungen für eine nachhaltigkeitsbezogene Unternehmensführung.[8] Dennoch resultieren die unmittelbaren Anstöße meist aus staatlichen Vorgaben. Die auf Nachhaltigkeit gerichteten **Einwirkungsmodalitäten** dieser staatlichen Vorgaben sind dabei vielfältig und die entsprechenden Rechtsgrundlagen keineswegs auf die Quellen des Umweltrechts oder überhaupt des öffentlichen Rechts beschränkt. Vielmehr finden sich mittlerweile auch zahlreiche privatrechtliche Nachhaltigkeitsvorgaben, die im Rahmen dieses Handbuchs vertieft an anderer Stelle behandelt werden (→ § 4 Rn. 1 ff.). Unter diesen werden namentlich monetäre Anreize immer wichtiger.[9] So vermittelt die **Taxonomie-Verordnung** der Europäischen Union (→ § 14 Rn. 88 ff.) durch die Schaffung eines „Rahmens zur Erleichterung nachhaltiger Investitionen" ökonomische Signale.[10] Wie andere Rechtsakte begründet sie zudem zunehmend nachhaltigkeitsbezogene Berichtspflichten; diese **Nachhaltigkeitsberichterstattung** soll dann mittelbar auch die Unternehmensführung als solche beeinflussen[11] (→ Rn. 47 ff.). 3

Auch durch die Ökologisierung des **Vergaberechts**[12] (→ § 11 Rn. 2 und 23), durch die Ermöglichung von **Klimaklagen** von Aktionären gegen eine nicht-nachhaltige Unter- 4

---

[4] Eingehend zu diesem Leitbild anhand einzelner „Bausteine" oder Regelungselemente Hoffmann, Bausteine, 65 ff. Daneben finden sich zahlreiche gleichsinnige Formulierungsvarianten, etwa das Ziel der „ökologisch orientierten Unternehmensführung" bei Burschel, Umweltschutz als sozialer Prozeß, 1996, 91 ff.
[5] So Rehbinder ZHR 165 (2001), 1, der eine „Außensteuerung" und eine „staatliche Innensteuerung" unterscheidet.
[6] Kloepfer, FS Henke, 2007, 161.
[7] Vgl. im Überblick Schrader ZUR 2013, 451 ff.
[8] Näher Gabriel in Arnold/Keppler/Knödler/Reckenfelderbäumer, Herausforderungen für das Nachhaltigkeitsmanagement, 2019, 51 ff.; Schütz/Beckmann/Röbken, Compliance-Kontrolle in Organisationen, 2018, 22 ff.; Wördenweber, Nachhaltigkeitsmanagement, 29 ff. Ahrend in Filho, Aktuelle Ansätze zur Umsetzung der UN-Nachhaltigkeitsziele, 2019, 43 ff. spricht insoweit plastisch von einem neuen „Geschäftsmodell Nachhaltigkeit".
[9] Vgl. bilanzierend Ekkenga/Schirrmacher/Schneider NJW 2021, 1509 ff.
[10] Näher Derksen JZ 2022, 695 ff.; noch zum Entwurf Wellerdt EuZW 2021, 834 ff.; der DÖV 2021, 1109 ff.
[11] Zu diesem Komplex findet sich neuerdings eine umfangr. Aufsatzliteratur, ua Banke/Pott ZfU 2022, 1 ff.; Baumüller/Scheid/Needham IRZ 2021, 337 ff.; Kälberer BC 2020, 421 ff. (zur klimabezogenen Berichterstattung); Krakuhn/Hoffmann/Lothholz IRZ 2020, 563 ff.; Lanfermann BB 2020, 1643 ff.; Otter/Reinke/Lüdecke BC 2021, 564 ff.; Rohatschek/Schönharn/Sigl IRZ 2022, 183 ff.; Schön ZfPW 2022, 207 ff.; Stawinoga/Velte DStR 2021, 2364 ff.
[12] Vgl. nur Hattenhauer/Butzert ZfBR 2017, 129 ff.; Hoffmann, Bausteine, 303 ff.; J. P. Schneider NVwZ 2009, 1057 ff.; Wegener NZBau 2010, 273 ff.; zum jüngsten Stand Siegel NZBau 2022, 315 ff.

nehmensführung[13] oder von **Umweltverbänden** auf Unterlassung von oder Entschädigung für Klimaemissionen,[14] durch die immer weniger berechenbaren Risiken des **Haftungsrechts**[15] (→ Rn. 20, 46 und 70) und andere Instrumente wird versucht, Nachhaltigkeit als Investitions- und Unternehmenszweck zu etablieren und zu stärken.[16] Die laufende **FONA-Strategie** „Forschung für Nachhaltigkeit" der Bundesregierung will Unternehmen und Wissenschaft dabei unterstützen, gemeinsam grüne Innovationen voranzutreiben und möglichst schnell wettbewerbsfähig zu machen.[17] Durch solche immer intensivere, vielfältigere und neuere Vorgaben und Signale,[18] die ihrerseits vielfach auf internationale Vorgaben zurückgehen (→ § 3 Rn. 12 ff.), versucht der Gesetzgeber, Unternehmen zur Nachhaltigkeit anzuhalten. Die Unternehmen sehen sich dabei sowohl öffentlich-rechtlichen als auch zivilrechtlichen **Organisationspflichten** gegenüber, die sich vielfach überschneiden.[19] Letztlich verschwimmt dabei auch die traditionelle Unterscheidung von privatem und öffentlichem Recht.

5 Zwar stellt sich bei dem Nebeneinander dieser zum Teil wenig aufeinander abgestimmten und bisweilen kurzlebigen Instrumente zunehmend die Frage, ob die einzelnen gesetzlichen Regelungen untereinander stimmig abgegrenzt sind und sich konsistent ergänzen.[20] Konsistent bleibt jedoch zumindest das durch all jene Initiativen angestrebte Ziel einer **umweltgerechten Unternehmensführung** (→ Rn. 1). Wie vor allem die neuen Pflichten in der unternehmerischen Lieferkettenverantwortung (→ Rn. 67 ff.) verdeutlichen, sollen damit ökologische Verbesserungen auch in solchen Bereichen bewirkt werden, in denen der Gesetzgeber keine spezifischen Vorgaben aufgestellt hat oder noch nicht einmal über eigene Regelungszuständigkeiten verfügt. Letztlich sollen die Unternehmen durch ein Zusammenspiel verwaltungsrechtlicher und unternehmensrechtlicher Vorgaben oder Anreize dazu angehalten werden, Umweltpolitik als eigene Angelegenheit zu begreifen und nicht nur die Vorgaben des Umweltrechts zu beachten, sondern darüber hinausgehend im Sinne einer **Corporate Social Responsibility** (→ § 5) eigene Spielräume und Möglichkeiten für eine nachhaltige Unternehmenspolitik zu nutzen.[21]

---

[13] Näher Duve/Hamana in Kahl/Weller, Climate Change Litigation, 2021, 466 ff.; vgl. auch die Typisierungen bei Keller/Kapoor/Momah SchiedsVZ 2022, 13 (16 ff.).
[14] Vgl. dazu namentlich die spektakuläre Entscheidung des Gerechtshof Den Haag EWeRK 2021, 163 mAnm. Ortlieb zur Klage von Greenpeace Nederland gegen die Shell-Gruppe; allg. Boerstra/Römling EurUP 2022, 30 ff.; Rodi KlimaschutzR-HdB/Franzius § 7 Rn. 5 ff.; Weller/Tran ZEuP 2021, 573 ff.; zu Deutschland die Beiträge bei Kahl/Weller, Climate Change Litigation, 2021, 405 ff.; zusammenfassend Böhm in HVwR III, 2022, § 84 Rn. 93 ff. und Fellenberg NVwZ 2022, 913 (919 f.).
[15] Vgl. dazu allg. I. Ossenbühl, Umweltgefährdungshaftung im Konzern, 1999, und aus jüngerer Zeit Thöne ZUR 2022, 323 ff.; Weller/Tran ZEuP 2021, 573 (579 ff.); zu den kollisionsrechtlichen Zuständigkeiten Kieninger IPRax 2022, 1 ff.; Mankowski, GS Schmehl, 2019, 557 ff.; dazu kritisch etwa MüKoBGB/Wagner BGB § 823 Rn. 893; Gärditz EurUP 2022, 45 ff.
[16] Vgl. dazu Lange BKR 2020, 216 ff.; Grigoleit/Schwennicke § 87 Rn. 20 f.; Wicke DNotZ 2020, 448 ff.; zu weitergehenden Plänen der EU-Kommission Stöbener de Mora NZG 2021, 43 ff.; Velte NZG 2021, 3 ff.
[17] Näheres findet sich im Internet unter https://www.fona.de/de/.
[18] Zu jüngsten Vorhaben der Union etwa Ruttloff/Wagner ESG 2022, 33 sowie Nettesheim, Nachhaltigkeitsberichterstattung, 2022.
[19] Vgl. die Unterscheidungen bei Spindler, Unternehmensorganisationspflichten, 13 ff. Wahl in Schmidt-Aßmann/Hoffmann-Riem, Verwaltungsorganisationsrecht als Steuerungsressource, 1997, 301 ff. spricht insoweit von „Privatorganisationsrecht".
[20] Vgl. nur Rehbinder/Schink UmweltR/Rehbinder Kap. 3 Rn. 362, allg. Lee, Umweltrechtlicher Instrumentenmix und kumulative Grundrechtseinwirkungen, 2013 sowie Schön zfPW 2022, 207 (2022 ff.).
[21] Geier/Hombach BKR 2021, 6 ff. Näher zu diesem „Unternehmensziel Umweltschutz" insgesamt Hoffmann, Bausteine, 147 ff.; zur Corporate Social Responsibility und ihren Rechtsgrundlagen BeckOGK AktG/Fleischer AktG § 76 Rn. 42 f.; Koch AktG § 76 Rn. 35 ff.; eingehend dazu die Monographie von Spießhofer, Unternehmerische Verantwortung; Spießhofer NZG 2018, 441 ff.; Spießhofer NZG 2022, 435 ff.

§ 8 Umweltrechtliche Nachhaltigkeitsvorgaben

2. Die Ausstrahlung der materiellen Pflichten des Umweltrechts in das Unternehmen

Die wichtigsten Impulse für die nachhaltigkeitsgerechte Binnenorganisation des Unternehmens folgen indes derzeit weiterhin aus dem Umweltrecht im engeren Sinne, also aus den gegenüber dem Staat bestehenden primär **materiell-rechtlichen** Umweltverpflichtungen selbst, die allein als genuin **umweltrechtliche Nachhaltigkeitsvorgaben** auch den Gegenstand dieses Kapitels bilden. Diese stellen damit einen Ausschnitt der verwaltungsrechtlichen Anforderungen an Unternehmen jeder Art dar (→ § 1 Rn. 29 ff.). Hinzu treten ergänzend spezifische Nachhaltigkeitsvorgaben, die sich speziell an Öffentliche Unternehmen richten (→ § 23). Das Umweltrecht begründet formelle und materielle Pflichten, die bei einer unternehmerischen Betätigung im Regelfall das Unternehmen selbst oder jedenfalls dessen organisatorische Funktionseinheiten treffen. 6

Formell-rechtlich beantragt das Unternehmen die für seinen Geschäftsbetrieb erforderlichen umweltrechtlichen Genehmigungen, muss die für die Genehmigungserteilung erforderlichen Unterlagen beibringen, Anzeige- und Dokumentationspflichten abarbeiten, vor allem aber auch das materielle Umweltrecht und die der jeweiligen Genehmigung korrespondierenden **Betreiberpflichten** erfüllen. Betreiber in diesem Sinne wiederum ist regelmäßig der Genehmigungsinhaber bzw. derjenige, der bestimmenden Einfluss auf den Anlagenbetrieb ausübt.[22] Allgemeiner gesprochen muss ein Betrieb im Rahmen seiner gesamten unternehmerischen Betätigung dafür sorgen, dass sämtliche einschlägigen Vorgaben des materiellen Umweltrechts beachtet, Umweltschäden vermieden und insbesondere Straftaten bzw. Verstöße gegen das Ordnungswidrigkeitenrecht verhindert werden. Diese materiellen Pflichten des Umweltrechts wirken in vielfacher Hinsicht in das Unternehmen hinein. 7

Den historischen Ausgangspunkt der meisten dieser umweltrechtlichen Anforderungen bildete die Jedermann verpflichtende **materielle Polizeipflicht,** keine Gefahren für Leib, Leben, Eigentum und sonstige Rechte Dritter oder Güter der Allgemeinheit hervorzurufen.[23] Verstöße gegen diese Pflicht sind bis heute Gegenstand der polizei- bzw. ordnungsrechtlichen Generalklauseln, in denen die öffentliche Sicherheit weiterhin ein Schutzgut bildet, dessen Störung oder Gefährdung ein polizeiliches Einschreiten legitimieren kann.[24] Diese allgemeine Polizeipflicht war historischer Ausgangspunkt der modernen differenzierten Umweltpflichten und wurde in zahlreichen drittschützenden Normen des öffentlichen Rechts verselbständigt. 8

Das Standardbeispiel hierfür ist die **immissionsschutzrechtliche Betreiberpflicht** in § 5 Abs. 1 Nr. 1 BImSchG, nach dem genehmigungsbedürftige Anlagen so zu errichten und zu betreiben sind, „… dass schädliche Umwelteinwirkungen und sonstige Gefahren, erhebliche Nachteile und erhebliche Belästigungen für die Allgemeinheit und die Nachbarschaft nicht hervorgerufen werden können."[25] Längst sind aber die einschlägigen Normen um ungleich anspruchsvollere Anforderungen ergänzt worden, die weit über die Gefahrenabwehr hinausgehen und auch auf Umweltvorsorge und Ressourcenschutz abzielen. Exemplarisch verdeutlichen diese Grundpflichten die §§ 5 und 6 USchadG, wonach der Verantwortliche bei einer unmittelbaren Gefahr eines Umweltschadens unverzüglich die erforderlichen **Vermeidungsmaßnahmen** zu ergreifen, bei einem eingetretenen Umweltschaden hingegen die erforderlichen Schadensbegrenzungsmaßnahmen vorzunehmen und ggf. die erforderlichen Sanierungsmaßnahmen durchzuführen hat.[26] 9

---

[22] Landmann/Rohmer UmweltR/Dietlein BImSchG § 5 Rn. 28 ff.
[23] Vgl. zu den Ursprüngen dieser Figur Nitschke, Die materielle Polizeipflicht im Sinne einer Gefahrenabwehrpflicht als verfassungsrechtliche Grundpflicht, 2013, 27 ff. Zur Frage, ob das geltende Polizeirecht eine solche gesetzesunmittelbare materielle Polizeipflicht überhaupt noch kennt, Nitschke, aaO 49 ff.
[24] Vgl. dazu die Aufzählung der einzelnen geschützten Rechtsgüter bei Lisken/Denninger PolR-HdB/Bäcker Teil D Rn. 48 ff.; Möstl, Die staatliche Garantie für die öffentliche Sicherheit und Ordnung, 2002, 128 f.
[25] Näher zu den polizeirechtlichen Ursprüngen dieser Norm Landmann/Rohmer UmweltR/Dietlein BImSchG § 5 Rn. 1 f.
[26] Näher Landmann/Rohmer UmweltR/Beckmann/Wittmann Vorb USchadG Rn. 4 ff.

3. Organisatorische Konsequenzen des materiellen Umweltrechts

10 Vergleichbar einer materiellen Polizeipflicht trifft das Unternehmen somit eine allgemeine ökologische Ordnungspflicht. Diese wiederum bildet – wie in manchen anderen Bereichen des Verwaltungsrechts[27] – auch im Umweltbereich die Grundlage allgemeiner Organisations- und Überwachungspflichten, die das Unternehmen nach dem Maßstab der im Verkehr gebotenen Sorgfalt zu erfüllen hat. Diese allgemeine **Grundpflicht zu umweltgerechter Betriebsorganisation und Eigenüberwachung** wird durch den Staat garantiert und ihre Erfüllung dadurch mit verantwortet.[28] Eine derart staatlich induzierte Eigenüberwachung kann damit auch als eine Form regulierter Selbstregulierung angesehen werden.[29] Sie wird aus der unternehmerischen Binnenperspektive heute vor allem unter den Begriffen des „Nachhaltigkeitscontrolling"[30] oder der **„Compliance"**[31] diskutiert, also des Gesamtkomplexes der Einhaltung rechtlicher Vorgaben. Dabei bildet die Einhaltung des jeweils maßgeblichen Umweltrechts eine der wichtigen Teilaufgaben der Compliance-Verantwortlichen des Unternehmens,[32] der Unternehmensleitung[33] und namentlich der Unternehmensjuristen.[34]

11 In diesem Sinne hat das BVerwG aus den materiellen Anlagenbetreiberpflichten der §§ 5 und 22 BImSchG zur Unterlassung schädlicher Umwelteinwirkungen bereits in den 80er Jahren eine Folgepflicht zur **Selbstüberwachung** abgeleitet, die vor allem in den Binnenraum des Unternehmens wirkt. Jede Betreiberin müsse sich „darüber **Klarheit verschaffen,** ob von ihrer Anlage schädliche Umwelteinwirkungen verursacht werden, damit sie diesen begegnen kann."[35] Das Unternehmen muss sich demnach informatorisch und organisatorisch so aufstellen, dass es seine Betreiberpflichten zu erfüllen vermag.

12 Vergleichbare Anforderungen lassen sich auch aus dem Erfordernis der **immissionsschutzrechtlichen Zuverlässigkeit** ableiten; § 20 Abs. 3 BImSchG ermöglicht insoweit eine Untersagung des Betriebs einer genehmigungsbedürftigen Anlage wegen Unzuverlässigkeit des Betreibers oder Betriebsleiters. Dabei kann die unzureichende Wahrnehmung der immissionsschutzrechtlichen Pflichten im Betrieb – ua durch die Beschäftigung unzuverlässiger Personen im nachgeordneten Bereich – einen Beleg für die Unzuverlässigkeit des Anlagenbetreibers oder Betriebsleiters selbst darstellen.[36] Funktional spricht vieles dafür, als Bezugspunkt für diese immissionsschutzrechtliche Zuverlässigkeit auf das Unternehmen als Ganzes und dessen Organisation abzustellen.[37]

13 Aus beiden Perspektiven – der der Ordnungspflicht und jener der Zuverlässigkeit – folgen je nach konkretem Gefahrpotential organisatorische und prozedurale Folgepflichten, die auf eine **grundsätzliche Pflicht zur Eigenüberwachung** hinauslaufen.[38] In nuce sind

---

[27] Vgl. dazu allg. Ehlers/Pünder AllgVerwR/Ehlers § 1 Rn. 102 f. mwN.
[28] Vgl. dazu Papier in Breuer/Kloepfer/Marburger/Schröder, Unternehmen, 105 ff.
[29] Vgl. dazu Kloepfer/Elsner DVBl. 1996, 964 ff. sowie exemplarisch bereits Johann in Kloepfer, Selbst-Beherrschung im technischen und ökologischen Bereich, 1998, 67 ff.; Hoffmann, Bausteine, 47; anhand der Teilbereiche Abfall und Wasser auch Kahl in Fehling/Ruffert, Regulierungsrecht, 2010, § 13 Rn. 3 ff. und § 14 Rn. 63 ff.
[30] Vgl. nur Hilbert in Englert/Ternès, Nachhaltiges Management, 2019, 521 ff.; Wördenweber, Nachhaltigkeitsmanagement, 47 ff.
[31] Vgl. etwa Dorn, Umweltmanagementsysteme, 2006, 58 ff.; Hoffmann, Bausteine, 70 mit der Erläuterung, es gehe nicht nur um die Einhaltung von Regeln, sondern auch um die mit diesem Ziel „eingeführten Grundsätze, Organisationsformen und Instrumente".
[32] Labinsky, Environmental Compliance; Meyer in Hauschka/Moosmayer/Lösler, Corporate Compliance, 3. Aufl. 2016, § 30 Rn. 5 ff.
[33] BeckHdB GmbH/Hoffmann § 5 Rn. 70; Nietzsch CCZ 2023, 61 ff.; Rehbinder in Breuer/Kloepfer/Marburger/Schröder, Unternehmen, 29 ff.
[34] Ecker ESG 2022, 21 ff.
[35] BVerwG NVwZ 1984, 724.
[36] Jarass BImSchG § 20 Rn. 62.
[37] So überzeugend Lang, Die Zuverlässigkeit von Personen- und Kapitalgesellschaften im Umweltrecht, 1997, 79 ff.
[38] Dolde NVwZ 1995, 943 (945); Feldhaus NVwZ 1991, 927 (928 f.); Frank, Privatisierung staatlicher Aufgaben im Umweltschutz, 1998, 299 ff.; etwas relativierend KHR UmweltR-HdB/Koch/Hofmann § 4

damit – abhängig vom konkreten Schadens- und Risikopotential der jeweiligen Tätigkeit – in jeder Organisation auch ohne spezielle gesetzliche behördliche Anordnung stets geeignete institutionelle Vorkehrungen zu treffen, Messungen und Überwachungen durchzuführen sowie regelmäßige Kontrollen der Handlungsträger vor Ort durch beauftragte Dritte vorzusehen.[39] Das aus dieser Grundpflicht folgende Anforderungsprofil ist in hohem Maße konkretisierungsbedürftig und **situationsabhängig;** dennoch wird bereits das materielle Ordnungsrecht mit dieser Grundpflicht zu einem „Impulsgeber" für eine umweltgerechte Unternehmensorganisation.[40]

4. Gesetzliche Akzentuierungen der Pflicht zu umweltgerechter Betriebsorganisation

Diese organisatorische Grundpflicht wird im weiteren Umweltrecht durch eine ganze Reihe von primär prozeduralen Anforderungen, vereinzelt auch durch materielle Anforderungen an die Selbstüberwachung näher ausgestaltet: Der Gesetzgeber verpflichtet die Unternehmen dabei zur Offenlegung des betriebsinternen Nachhaltigkeitsmanagements (→ Rn. 47 ff.), zur Berufung von besonders qualifizierten Umweltbeauftragten (→ Rn. 33 ff.) oder auch unmittelbar zu bestimmten Formen der Eigenüberwachung (→ Rn. 21 ff.) oder ermutigt sie zur Teilnahme an Audit- und Zertifizierungssystemen (→ Rn. 55 ff.). All diese Vorgaben bleiben jedoch in der Tendenz nur **punktuelle Akzentuierungen,** während die konkrete Umsetzung der allgemeinen Grundpflicht zur umweltgerechten Betriebsorganisation im Übrigen der Eigenverantwortung der Unternehmen auf Grundlage einer nachvollziehbaren Analyse des betrieblichen Gefahrenpotentials überlassen bleibt.[41]

14

Obwohl der Gesetzgeber somit im Bereich der Eigenüberwachung und der Umweltbeauftragten vereinzelt auch konkrete Vorgaben für die Erfüllung der allgemeinen Grundpflicht aufgestellt hat, kennzeichnet die gesetzgeberische Regelungsphilosophie doch der Akzent auf **organisations- und verfahrensrechtlichen Vorgaben** für den Aufbau solcher Strukturen und ergänzend auf behördlichen Anordnungsbefugnissen. Vergleichsweise selten nur enthalten die einschlägigen Rechtsnormen tatsächlich greifbare substantielle Anforderungen, wie eine solche Organisation in ihrer Umsetzung auszusehen hat.[42] Letztlich setzt das Recht der umweltgerechten Betriebsorganisation damit auf eine **indirekte** Form der **Verhaltenssteuerung**[43] und auf „Umweltschutz durch Verfahren" anstelle der Festlegung substantieller Standards.[44]

15

5. Informale Standards, insbesondere die ISO 14001 über Umweltmanagementsysteme

Solche Standards haben sich dementsprechend zum Teil in der Sphäre der Unternehmenswelt selbst herausgebildet und in diversen Soft Law-Dokumenten[45] und brancheninternen Umweltleitlinien ebenso ihren Niederschlag gefunden[46] wie in Vorschlägen der Literatur.[47]

16

Rn. 219 (die Pflicht sei „eine aus der Sachaufgabe folgende Einsicht" und nur „teilweise auch gesetzlich vorgeschrieben").
[39] Zur letztgenannten Überwachung durch private Dritte bei Reinhardt AöR 118 (1993), 617 (627 ff.).
[40] Kloepfer, FS Henke, 2007, 161 (162).
[41] Kloepfer, FS Henke, 2007, 161 (163).
[42] So bereits Knebusch, Die umweltschutzsichernde Betriebs- und Unternehmensorganisation, 2003, 6.
[43] Franzius, Die Herausbildung der Instrumente indirekter Verhaltenssteuerung im Umweltrecht der Bundesrepublik Deutschland, 1999, 179 ff.; Rehbinder, ZHR 165 (2001), 1 (2).
[44] Näher dazu bereits Hagenah, Proreduraler Umweltschutz, 1996.
[45] Vgl. Hoffmann, Bausteine, 88 ff. (dort zur OECD) und 329 ff.
[46] Aus einer allg. Perspektive Schmidt-Räntsch ZUR 2021, 387 ff.
[47] Vgl. aus einem kaum übersehbaren Schrifttum etwa Wilkens, Effizientes Nachhaltigkeitsmanagement, 2007, 5 ff., oder die Kriterien einer nachhaltigkeitsorientierten Aufbau- und Prozessorganisation bei Wördenweber, Nachhaltigkeitsmanagement, 43 ff.

Aus einer unternehmensbezogenen Perspektive liefert bspw. der **Deutsche Nachhaltigkeitskodex** des Rats für Nachhaltige Entwicklung Standards für eine möglichst transparente Berichterstattung zu unternehmerischen Nachhaltigkeitsleistungen.[48] Insgesamt zeigt sich so das Bild einer ausgesprochen hybriden Normstruktur mit einem Nebeneinander unterschiedlichster verbindlicher und unverbindlicher Normquellen.[49]

17 Unter den stärker auf das Umweltrecht und die Unternehmensorganisation abzielenden Umweltmanagementnormen enthält dabei neben und im Zusammenspiel mit dem noch gesondert zu würdigenden EMAS-System (→ Rn. 55 ff.) die von der Internationalen Organisation für Normung (ISO) unter Mitwirkung des Deutschen Instituts für Normung (DIN) entwickelte, erstmals 1996 vorgelegte und 2015 grundlegend überarbeitete Norm **DIN-EN-ISO 14001** über Umweltmanagementsysteme die bedeutendsten Vorgaben.[50] Gleichsinnig mit dem EMAS-System zielt auch dieses Regelwerk ua auf eine Stärkung der Leitungsverantwortung für das Umweltmanagement und enthält zahlreiche formulierte Vorgaben ua zur Erstellung von Ökobilanzen und Umweltkennzahlen, mit denen die Umweltauswirkungen der Unternehmenstätigkeit verbessert werden sollen. Die Norm enthält keine branchenspezifischen konditional formulierten Vorgaben, sondern steuert nach einer plastischen Umschreibung eher wie ein „weltweit konsentiertes Hausaufgabenheft für Lernwillige (Organisationen) mit strukturierter Lösungsanleitung", um Unternehmen beim Aufbau und der ständigen **Optimierung eines Umweltmanagements** zu unterstützen.[51] Sie fordert die Aufstellung unternehmerischer Umweltziele, die Errichtung eines Managementsystems zur Erreichung derselben und die Berücksichtigung dieser Mechanismen in allen Bereichen der Unternehmenspolitik.

18 Als ein durch private Normsetzungsorganisationen erlassenes nicht-amtliches Regelwerk fehlt es der **DIN-EN-ISO 14001** an Rechtsverbindlichkeit; ihre Befolgung beruht im Grundsatz auf **Freiwilligkeit.**[52] Dennoch darf nicht übersehen werden, dass die dortigen Umrisse eines Umweltmanagementsystems sich in der Sache mit jenen organisatorischen Grundpflichten überschneiden, die sich mittelbar bereits aus dem förmlichen materiellen Umweltrecht ergeben. Da die für Normungsgremien geltenden Anforderungen an ihre Zusammensetzung und die Publizität des Normungsverfahrens[53] im Falle der DIN-EN-ISO 14001 gegeben sind,[54] dürfte es grundsätzlich zulässig sein, die Aussagen der Norm bei solchen thematischen Überschneidungen als **Auslegungshilfen** oder gar als antizipiertes Sachverständigengutachten heranzuziehen.[55] So wird die Norm im Zuge der Auslegung des § 52b BImSchG (→ Rn. 48 ff.) bei der Frage nach dem Umfang der nach dieser Norm vorzulegenden Unterlagen fruchtbar gemacht.[56]

6. Sanktionen und Rechtsschutz

19 Auch wenn sich die dargestellte **Grundpflicht zu umweltgerechter Betriebsorganisation und Eigenüberwachung** mittelbar aus den materiellen Anforderungen des Umwelt-

---

[48] Die jeweils aktuelle Fassung dieses erstmals 2011 vorgelegten Empfehlungskatalogs findet sich im Internet unter https://www.deutscher-nachhaltigkeitskodex.de/. Vgl. dazu aus rechtlicher Sicht Hecker/Peters NZG 2012, 55 ff.; Hoffmann, Bausteine, 281 ff. mwN; zur neuen Bedeutung der Nachhaltigkeit in dem allgemeinen Deutschen Corporate Governance Kodex Werder DB 2022, 1755 ff.
[49] So der Befund bei Spießhofer, Unternehmerische Verantwortung, 327 ff.
[50] Näher dazu Hoffmann, Bausteine, 200 ff.; vgl. weiter die praktischen Einführungen durch Förtsch/Meinholz, Handbuch Betriebliches Umweltmanagement, 3. Aufl. 2018, 33 ff.; sowie Reimann, Erfolgreiches Umweltmanagement nach DIN EN ISO 14001:2015, 2. Aufl. 2019; zu den Vorläuferfassungen BMU, ISO 14001 in Deutschland. Erfahrungsbericht, 2001.
[51] Hoffmann, Bausteine, 202.
[52] Hoffmann, Bausteine, 208 sieht in dieser fehlenden Rechtsverbindlichkeit eine „vermeintliche Schwäche der Norm", die „sich in der Praxis aber als ihre eigentliche Stärke" erweise.
[53] Auf diese Gesichtspunkte stellt in sehr allg. Weise BVerwG NVwZ 2008, 675 ab.
[54] Dazu unter Berufung auf die Verfahrensordnungen Hoffmann, Bausteine, 201 f.
[55] So am Bsp. der DIN 4150 VGH München NVwZ-RR 2008, 234 (235).
[56] Landmann/Rohmer UmweltR/Hansmann/Röckinghausen BImSchG § 52b Rn. 17 ff.; zusammenfassend Jarass BImSchG § 52b Rn. 11.

rechts ergibt, ist es praktisch nur in seltenen Fällen vorstellbar, dass diese abstrakte Pflicht als solche den Gegenstand einer behördlichen Anordnung bilden könnte.[57] Behördlich durch Verwaltungsakt **durchsetzbar** sind hingegen vor allem die nachfolgend darzustellenden **gesetzlichen Akzentuierungen** der Pflicht zu umweltgerechter Betriebsorganisation (→ Rn. 21 ff.). Diese Konkretisierungen – etwa die Organisationspflicht zur Bestellung von Umweltschutzbeauftragten – können regelmäßig durch einen entsprechenden Bescheid der zuständigen Überwachungsbehörde auf den Einzelfall bezogen und ggf. vollstreckt werden (→ Rn. 46).

Subjektive Ansprüche des Beauftragten oder Dritter auf eine solche Maßnahme bestehen zwar regelmäßig nicht.[58] Verstöße hiergegen können jedoch im Rahmen einer **zivilrechtlichen Haftung** nach den §§ 823 ff. BGB ein **Verschulden** des Unternehmens begründen.[59] Entsprechendes gilt für die Fahrlässigkeitstatbestände des Umweltstrafrechts.[60] Im Rahmen der allgemeinen Umweltgefährdungshaftung für bestimmte Anlagen nach dem **Umwelthaftungsgesetz** kommt es zwar auf ein solches Verschulden nicht an, doch kann die Ursachenvermutung, die in bestimmten Fällen die haftungsbegründende Kausalität für einen Schadenseintritt unterstellt, nach § 6 Abs. 2 u. 3 UmweltHG durch den Nachweis eines bestimmungsgemäßen Betriebs der Anlage widerlegt werden.[61] Die öffentlich-rechtliche **Verantwortlichkeit nach dem Umweltschadensgesetz** und die daraus folgenden Sanierungspflichten hingegen (→ Rn. 9) setzen bei bestimmten risikobehafteten Tätigkeiten eine Gefährdungsverantwortlichkeit voraus, erfordern jedoch im Übrigen ein Verschulden,[62] das bei einer unzureichenden Betriebsorganisation bejaht werden kann. Diese Verantwortlichkeit wiederum kann durch Verbandsklagen der Umweltverbände effektiv durchgesetzt werden.[63] Zumindest mittelbar kann eine Verletzung der erwähnten Grundpflicht daher erhebliche Konsequenzen nach sich ziehen. **20**

III. Gesetzliche Ausformungen der Eigenüberwachungspflicht

Die Grundpflicht der Betreiber emittierender Anlagen, sich „darüber **Klarheit zu verschaffen,** ob von ihrer Anlage schädliche Umwelteinwirkungen verursacht werden, damit sie diesen begegnen kann"[64] (→ Rn. 11), kann sachgerecht nur durch eine Überwachung der eigenen Tätigkeit und durch regelmäßige Messungen und Wartungen erfüllt werden. Während die Umsetzung dieser Grundpflicht im Regelfall der eigenverantwortlichen Umsetzung durch das Unternehmen selbst überlassen bleibt, finden sich in einigen Bereichen auch gesetzliche Konkretisierungen der jeweils gebotenen Eigenüberwachung. **21**

1. Eigenüberwachung im Immissionsschutzrecht

a) Hoheitliche Überwachung und Mitwirkungspflichten des Unternehmens. Exemplarisch für das gesamte Umweltrecht weist § 52 BImSchG den zuständigen Behörden und ihren Beauftragten die Aufgaben und Befugnisse zu, die Durchführung des Immissionsschutzrechts zu überwachen, die für dessen Einhaltung erforderlichen Maßnahmen zu treffen und erteilte Genehmigungen regelmäßig zu überprüfen und zu aktualisieren. Wie die meisten Umweltgesetze (→ Rn. 27 und 31) verpflichtet das Immissionsschutzrecht die Eigentümer und Betreiber von Anlagen und Anlagengrundstücken in § 52 **22**

---

[57] Behördliche Eingriffe sind nach wohl hA nur bei evidenten Verstößen gegen diese Pflicht denkbar, die Darstellung bei Spindler, Unternehmensorganisationspflichten, 86 ff. mwN.
[58] Jarass BImSchG § 53 Rn. 24.
[59] Näher Kloepfer UmweltR § 6 Rn. 255.
[60] Auch dazu Kloepfer UmweltR § 7 Rn. 17 f.
[61] Näher Salje UmweltHG § 6 Rn. 36.
[62] Petersen USchadG § 3 Rn. 23 ff.
[63] Vgl. exemplarisch BVerwG NVwZ 2021, 1630 ff.; allg. Petersen, Die Umsetzung der Umwelthaftungsrichtlinie im Umweltschadensgesetz, 2008, 210 ff.; Schrader/Hellenbroich ZUR 2007, 289 ff.
[64] BVerwG NVwZ 1984, 724.

Abs. 2 BImSchG zudem zur **Mitwirkung** an dieser **behördlichen Überwachung.** Sie müssen den Angehörigen und Beauftragten der zuständigen Behörde in erforderlichem Maße Zutritt zu den Grundstücken und Gebäuden gewähren, die Vornahme von Prüfungen gestatten, Auskünfte erteilen, Unterlagen vorlegen und ggf. Arbeitskräfte sowie Hilfsmittel bereitstellen.

23 Im Rahmen dieser Überwachung verfügt die zuständige Behörde über vielfältige Kontroll- und Anordnungsmöglichkeiten. Diese ermöglichen es ihr aber keineswegs, das Grundmodell der staatlichen Überwachung einseitig in ein Regime der flächendeckenden Eigenüberwachung oder der privaten Fremdüberwachung umzugestalten. In diesem Sinne hat es die Rechtsprechung bspw. für unzulässig erklärt, einem Anlagenbetreiber eine immissionsschutzrechtliche Nebenbestimmung aufzuerlegen, nach der der laufende Betrieb der Anlage an Hand sämtlicher rechtlicher Anforderungen durch einen externen privaten Sachverständigen regelmäßig überprüft werden sollte[65] (vgl. auch → Rn. 30). Die Begründung derart konkreter **Eigenüberwachungspflichten** bedarf vielmehr stets einer **gesetzlichen Ermächtigung.**

24 **b) Gesetzliche Eigenüberwachungspflichten.** Tatsächlich finden sich im gesamten Immissionsschutzrecht zahlreiche punktuell normierte **konkrete Eigenüberwachungspflichten,** die die staatliche Überwachung flankieren, aber nicht ersetzen.[66] Insbesondere ermöglicht es die Verordnungsermächtigung des § 7 Abs. 1 Satz 1 Nr. 3 BImSchG, die Betreiber von genehmigungsbedürftigen Anlagen zu eigenen oder externen **Messungen von Emissionen und Immissionen** nach bestimmten Verfahren zu verpflichten.[67] Von dieser Befugnis wurde in verschiedensten Verordnungen Gebrauch gemacht, so etwa in den §§ 18–25 der 13. BImSchV über Großfeuerungs-, Gasturbinen- und Verbrennungsmotoranlagen oder in den §§ 21–31 der 44. BImSchV über mittelgroße Feuerungs-, Gasturbinen- und Verbrennungsmotoranlagen. Darüber hinaus finden sich funktional vergleichbare Konkretisierungen der Vorsorgepflicht nach § 5 Abs. 1 Satz 2 BImSchG in der normkonkretisierenden Technischen Anleitung Luft,[68] die in ihrer Ziffer 5.3. für alle genehmigungsbedürftigen Anlagen detaillierte Anforderungen an die Messung und Überwachung der Emissionen aufstellt.[69]

25 **c) Pflicht zur Eigenüberwachung durch behördliche Einzelfallanordnung.** Ergänzt werden diese abstrakt-generellen Vorgaben durch **einzelfallbezogene Anordnungsbefugnisse** der Überwachungsbehörden. Ein Kernelement bilden insoweit die §§ 26 ff. BImSchG im dritten Abschnitt des Gesetzes „Ermittlung von Emissionen und Immissionen, sicherheitstechnische Prüfungen". § 26 BImSchG ermächtigt die zuständige Behörde, aus besonderem Anlass anzuordnen, dass der Betreiber einer Anlage „Art und Ausmaß der von der Anlage ausgehenden Emissionen sowie die Immissionen im Einwirkungsbereich der Anlage durch eine der von der zuständigen Behörde eines Landes bekannt gegebenen Stellen ermitteln lässt". Im Einzelfall kann so auch ein Regime der Überwachung durch Messungen unabhängiger Dritter angeordnet werden.

26 Unabhängig davon kann die Behörde nach Maßgabe des § 28 BImSchG bei genehmigungsbedürftigen Anlagen auch wiederkehrende Messungen und nach § 29 BImSchG unter Wahrung des Grundsatzes der Verhältnismäßigkeit sogar **kontinuierliche Messungen** und Messaufzeichnungen anordnen.[70] Die §§ 29a f. BImSchG ermächtigen die Behörden zudem, Anlagenbetreiber durch Anordnung zu sicherheitstechnischen Prüfungen

---

[65] VGH München NVwZ-RR 2009, 594 ff. m. krit. Anm. Scheidler NuR 2009, 465 ff.; VGH München NVwZ-RR 2010, 746 ff.; Landmann/Rohmer UmweltR/Hansmann/Röckinghausen BImSchG § 52 Rn. 18.
[66] Vgl. dazu auch Kloepfer UmweltR § 5 Rn. 447 ff.
[67] Näher dazu Landmann/Rohmer UmweltR/Dietlein BImSchG § 7 Rn. 45 ff.
[68] Vgl. zu deren rechtsanaloger Wirkung BVerwGE 107, 338 (340 f.).
[69] Näher dazu Rehbinder/Schink UmweltR/Hansmann Kap. 7 Rn. 151 f.
[70] Vgl. aus der Praxis exemplarisch BayVGH ZUR 2015, 242 ff. zur Zulässigkeit der Anordnung kontinuierlicher Messungen bei einer Asphaltmischanlage.

und **Wartungen** zu verpflichten. Bei genehmigungsbedürftigen Anlagen tragen die Betreiber der Anlage nach § 30 Satz 1 BImSchG die Kosten für die Ermittlungen der Emissionen und Immissionen sowie für die sicherheitstechnischen Prüfungen grundsätzlich selbst.

2. Eigenüberwachung im Wasserrecht

Ähnliche Regelungen finden sich im Wasserrecht,[71] vor allem im **Abwasserrecht**.[72] Grundsätzlich geht allerdings auch das WHG von einer **staatlichen Gewässeraufsicht** aus, in deren Rahmen nach § 101 Abs. 1 Nr. 3 WHG lediglich verlangt werden kann, dass – wie bereits im Immissionsschutzrecht (→ Rn. 22 f.) – „Auskünfte erteilt, Unterlagen vorgelegt und Arbeitskräfte, Werkzeuge und sonstige technische Hilfsmittel zur Verfügung gestellt werden". Diese Mitwirkungspflichten ermöglichen jedoch erneut (→ Rn. 23) keine Umwandlung der behördlichen Fremdüberwachung in eine betriebliche Eigenüberwachung.[73]

27

Speziell für **Abwassereinleitungen und Abwasseranlagen** begründet jedoch § 61 WHG in Anknüpfung an älteres Landesrecht weitreichende Grundsatzpflichten zur **Selbst-** oder **Eigenüberwachung**.[74] Nach § 61 Abs. 1 WHG sind solche Einleiter und/oder Betreiber verpflichtet, das Abwasser nach Maßgabe einer konkretisierenden Rechtsverordnung bzw. behördlichen Entscheidung durch fachkundiges Personal selbst zu untersuchen oder durch eine geeignete Stelle untersuchen zu lassen. Der Betreiber einer Abwasseranlage ist gem. § 61 Abs. 2 WHG verpflichtet, ihren Zustand, ihren Betrieb sowie Art und Menge des Abwassers und der Abwasserinhaltsstoffe selbst zu überwachen und dies zu dokumentieren. Diese weitgehenden Pflichten sind eine verfassungskonforme Konkretisierung der allgemeinen Ordnungspflicht der Betreiber[75] und entlasten die staatliche Überwachung in erheblichem Maße.[76] Die nach außen gerichteten materiellen Anforderungen finden sich hier in der Abwasserverordnung und können auf Grundlage der Verordnungsermächtigung des § 61 Abs. 3 WHG um spezifische Anforderungen zur Eigenüberwachung ergänzt werden.[77]

28

Um die Einhaltung dieser Standards innerhalb der Unternehmen sicherzustellen, wird dieses technische Außenprofil vielfach durch das Landesrecht prozedural flankiert. Bereits auf formeller Gesetzesebene normieren zahlreiche **Landeswassergesetze** zusätzliche Pflichten zur Eigenüberwachung des Betriebs bestimmter Anlagen und Tätigkeiten,[78] so etwa die §§ 42, 59 und 94 LWG NRW mit der Verpflichtung zur Selbstüberwachung für Unternehmen der öffentlichen Trinkwasserversorgung und für bestimmte Abwassereinleitungen und Abwasseranlagen.

29

Hinzu treten verschiedene **Eigenüberwachungsverordnungen** der Länder, die teilweise auch gegenständlich über das Bundesrecht hinausgehen. Einen Prototyp bildet etwa die bay. Verordnung zur Eigenüberwachung von Wasserversorgungs- und Abwasseranlagen.[79] Sie verpflichtet die Betreiber von Kleinkläranlagen, die Anlagen ordnungsgemäß selbst zu kontrollieren, fachgerecht warten zu lassen, Mängel umgehend zu beseitigen und sich die Erfüllung dieser Pflichten regelmäßig durch einen privaten Sachverständigen der Wasserwirtschaft bescheinigen zu lassen. In NRW existieren zwei gesonderte Regelwerke, eine Verordnung zur Selbstüberwachung von Abwasseranlagen und eine spezielle Verordnung über Art und Häufigkeit der Selbstüberwachung von kommunalen Abwasserbehand-

30

---

[71] Vgl. im Überblick Kloepfer UmweltR § 14 Rn. 373 ff.
[72] Vgl. dazu den Loseblattkommentar von Kraus (Hrsg), Eigenüberwachung im Abwasserrecht.
[73] GK-WHG/Lau WHG § 101 Rn. 18 in Anknüpfung an SZDK/Gößl WHG § 101 Rn. 31 ff.
[74] Zur Entstehung der Norm SZDK/Gößl WHG § 61 Rn. 1 ff.
[75] BVerwG NVwZ-RR 1994, 172 f.
[76] Czychowski/Reinhardt WHG § 61 Rn. 3; Landmann/Rohmer UmweltR/Ganske WHG § 61 Rn. 2 f.
[77] Näher Landmann/Rohmer UmweltR/Ganske WHG § 61 Rn. 33 ff.
[78] Näher im Überblick Reinhardt AöR 118 (1993), 617 (641 ff.).
[79] Dazu Busse/Kraus/Storz BayBO Art. 41 Rn. 37 ff.

lungsanlagen und -einleitungen.[80] Das Zusammenspiel dieser Regelungen befördert die Entstehung komplexer abwasserbezogener **Compliance-Strukturen**.[81]

3. Eigenüberwachung im Störfallrecht

31 Vergleichbare Instrumente finden sich auch in mehreren anderen Umweltgesetzen, etwa im Kreislaufwirtschaftsgesetz.[82] Ihre konkrete Ausgestaltung ist dabei vom jeweiligen Gefahrpotenzial abhängig. Besonders weitreichende Pflichten enthält insoweit die 12. BImSchV, der **Störfall-Verordnung,** eine Umsetzung von Vorgaben der sog. Seveso-III-Richtlinie (RL 2012/18/EU v. 4.7.2012).[83] Werden in einem Betrieb bestimmte Mengenschwellen gefährlicher Stoffe aus der Stoffliste im Anhang I der 12. BImSchV überschritten, so ist der Betreiber verpflichtet, geeignete Maßnahmen zur Verhütung von Störfällen und zur Begrenzung ihrer Auswirkungen zu ergreifen. Die entsprechenden Betreiberpflichten erfassen Maßnahmen zur Verhinderung und Begrenzung von Störfällen, die Erstellung entsprechender Konzepte, die Erstellung von Sicherheitsberichten sowie von Alarm- und Gefahrenabwehrplänen. Zudem finden sich umfangreiche Folgepflichten zur Information der Öffentlichkeit. Die Feuerwehrgesetze der Länder normieren vielfach flankierende Verpflichtungen zur Vorhaltung einer **Werkfeuerwehr,** die dann auch Gegenstand der immissionsschutzrechtlichen Genehmigungsverfahren werden können.[84]

4. Sanktionen und Rechtsschutz

32 Da gesetzliche Pflichten als solche keinen vollstreckbaren Titel darstellen, bedürfen die gesetzlich normierten speziellen Ausprägungen der Eigenüberwachungspflicht für ihre administrative Durchsetzung zunächst einer im Rahmen der staatlichen Überwachung angeordneten Konkretisierung durch Behördenbescheid. Eigenüberwachungspflichten, die ohnehin im Einzelfall behördlich angeordnet werden, sind hingegen unmittelbar der **Verwaltungsvollstreckung** fähig. Die Betreiber können sich gegen solche Anordnungen nach Maßgabe des Landesrechts durch Widerspruch und Anfechtungsklage zur Wehr setzen.[85] Zudem können entsprechende Verstöße nach den fachgesetzlichen Bußgeldtatbeständen in bestimmten Fällen mit einem Bußgeld belegt werden, so zB nach § 103 Abs. 1 Nr. 11 WHG bei Verstößen gegen die im Rahmen der Selbstüberwachung geltenden Dokumentationspflichten.[86]

IV. Die Organisationspflicht zur Bestellung von Umweltschutzbeauftragten

33 Das gesetzlich am konsequentesten und konkretesten vorgegebene Element der umweltgerechten Organisation und Eigenüberwachung ist die in verschiedenen Umweltgesetzen angeordnete Pflicht, in Unternehmen, die umweltbelastende Tätigkeiten von einigem Gewicht durchführen, Umweltschutzbeauftragte zu bestellen.[87] Aus einer nochmals allgemeineren Perspektive handelt es sich dabei um einen zentralen Unterfall des Betriebsbeauftragten.[88] Diese Beauftragten haben die Funktion, innerhalb des Unternehmens einerseits die Einhaltung der umweltrechtlichen Anforderungen zu überwachen und andererseits durch eine umweltbezogene Beratung der Betriebsleitung und -angehörigen den Umwelt-

---

[80] Näher Spillecke LWG NRW § 59 Rn. 5 ff.
[81] Kahle/Pfannkuch KommJur 2015, 164 ff.
[82] Dazu Kloepfer UmweltR § 21 Rn. 624 ff.
[83] ABl. EU 2012 L 197/1.
[84] Instruktiv VG Magdeburg Urt. v. 27.2.2012 – 1 A 69/10, BeckRS 2012, 49536.
[85] So etwa GK-BImSchG/Lechelt BImSchG § 26 Rn. 51 für den Fall der Anordnung einer Messung.
[86] Näher dazu Landmann/Rohmer UmweltR/von Weschpfennig WHG § 103 Rn. 41 ff.
[87] Näher dazu Kotulla NuR 2020, 16 ff. sowie aus dem älteren Schrifttum Kloepfer DB 1993, 1125 ff. und Reinhardt AöR 118 (1993), 617 (635 ff.); von „Unternehmensbeauftragten" spricht Rehbinder ZHR 165 (2001), 1 (8 ff.).
[88] Rast, Organisationsfreiheit 56 ff.

schutz im Unternehmen insgesamt zu stärken und zu optimieren. Das insoweit bis heute normativ zersplitterte Umweltrecht unterscheidet eine ganze Reihe spezieller Umweltschutzbeauftragter, deren Aufgaben jedoch weitgehend ähnlich umschrieben sind. Vorgestellt werden sollen im Folgenden der **Immissionsschutzbeauftragte** nach §§ 53 ff. BImSchG und der konkretisierenden 5. BImSchV (→ Rn. 34 ff.), der **Gewässerschutzbeauftragte** nach §§ 64 ff. WHG (→ Rn. 39 f.) und der **Störfallbeauftragte** nach §§ 58 a –d BImSchG iVm. der erwähnten 5. BImSchV (→ Rn. 41 f.).

1. Der Immissionsschutzbeauftragte nach den §§ 53 ff. BImSchG

Nach § 53 Abs. 1 Satz 1 BImSchG haben die Betreiber genehmigungsbedürftiger Anlagen 34 einen oder mehrere Immissionsschutzbeauftragte zu bestellen, sofern dies im Hinblick auf die Art oder die Größe der Anlagen wegen der von ihnen ausgehenden Emissionen, der technischen Probleme der Emissionsbegrenzung oder des Schädigungspotentials der Erzeugnisse bei bestimmungsgemäßer Verwendung erforderlich ist. Nähere Angaben zur generellen **Bestellungspflicht** finden sich in der auf Grundlage des § 53 Abs. 1 Satz 2 BImSchG erlassenen Verordnung über Immissionsschutz- und Störfallbeauftragte – der 5. BImSchV – die in ihren §§ 7 bis 10 auch detailliert die **Anforderungen an die Qualifikation und Zuverlässigkeit** von Immissionsschutz- und Störfallbeauftragten normiert.[89] Erforderlich sind der Abschluss eines Studiums auf den Gebieten des Ingenieurwesens, der Chemie oder der Physik sowie bestimmte Fort- und Weiterbildungen. Darüber hinaus kann die zuständige Behörde die Bestellung eines Immissionsschutzbeauftragten gem. § 53 Abs. 2 BImSchG auch im Einzelfall anordnen, wenn sich die Notwendigkeit der Bestellung aus den erwähnten Gesichtspunkten ergibt.

a) **Aufgaben des Immissionsschutzbeauftragten.** Der Immissionsschutzbeauftragte be- 35 rät nach § 54 Abs. 1 BImSchG den Betreiber und die Betriebsangehörigen in Angelegenheiten, die für den Immissionsschutz bedeutsam sein können, ist berechtigt und verpflichtet, auf die Entwicklung und Einführung umweltfreundlicher Verfahren hinzuwirken, durch regelmäßige Kontrollen und Messungen die Einhaltung der immissionsschutzrechtlichen Anforderungen zu überwachen und die Betriebsangehörigen über die von der Anlage verursachten schädlichen Umwelteinwirkungen aufzuklären. Über die hierzu getroffenen und beabsichtigten Maßnahmen erstattet er dem Betreiber nach § 54 Abs. 2 BImSchG einen **jährlichen Bericht.** Soweit sie für den Immissionsschutz bedeutsam sein können, muss der Betreiber zudem nach § 56 BImSchG rechtzeitig vor Entscheidungen über die Einführung von Verfahren und Erzeugnissen sowie vor Investitionsentscheidungen eine **Stellungnahme** des Immissionsschutzbeauftragten einholen und angemessen berücksichtigen. Der Immissionsschutzbeauftragte genießt ferner nach § 57 BImSchG ein prozedural besonders abgesichertes innerbetriebliches Vortragsrecht gegenüber der Geschäftsleitung, wenn er sich mit dem zuständigen Betriebsleiter nicht einigen konnte und er wegen der besonderen Bedeutung der Sache eine Entscheidung der Geschäftsleitung für erforderlich hält. Lehnt die Geschäftsleitung solche Vorschläge ab, so hat sie den Immissionsschutzbeauftragten umfassend über die Gründe ihrer Ablehnung zu unterrichten.

b) **Korrespondierende Pflichten des Unternehmens.** Die korrespondierenden **Pflich-** 36 **ten des Betreibers** regelt § 55 BImSchG. Er hat den oder die Immissionsschutzbeauftragten schriftlich zu bestellen und die ihnen obliegenden Aufgaben genau zu bezeichnen, mehrere Umweltbeauftragte durch Bildung eines **Ausschusses für Umweltschutz** zu koordinieren und der zuständigen Behörde Änderungen dieses Personaltableaus unverzüglich anzuzeigen. Vor allem jedoch muss er nach § 55 Abs. 4 BImSchG den Immissionsschutzbeauftragten bei der Erfüllung seiner Aufgaben **unterstützen,** ihm erforderlichenfalls Hilfspersonal sowie Räume, Einrichtungen, Geräte und Mittel zur Verfügung stellen und

---

[89] Zuvor fanden sich diese Regelungen in der 6. BImSchV – der Verordnung über die Fachkunde und Zuverlässigkeit der Immissionsschutzbeauftragten.

die Teilnahme an Schulungen ermöglichen. Je nach Unternehmenszuschnitt kann das Team des Immissionsschutzbeauftragten so zu einer kleinen innerbetrieblichen Behörde, im Falle großer Unternehmen geradezu zu einer eigenen innerbetrieblichen Sonderverwaltung werden. Der Immissionsschutzbeauftragte darf nach § 58 BImSchG wegen der Erfüllung seiner Aufgaben nicht benachteiligt werden und genießt besonderen Kündigungsschutz.[90]

37 **c) Stellung und Funktion des Immissionsschutzbeauftragten.** Insgesamt werden Stellung und Gestaltungsmacht des Immissionsschutzbeauftragten damit in erster Linie durch **informatorische Befugnisse** geprägt.[91] Rechtlich gesehen verfügt er über keine harte Veto-Position. Bereits diese informatorischen Einwirkungsmöglichkeiten vermitteln indes Immissionsschutzbeauftragten in der tatsächlichen Unternehmenshierarchie zumeist eine durchaus herausgehobene Position. Allerdings beziehen sich die Aufgaben und Pflichten des Immissionsschutzbeauftragten allein auf den **Binnenraum des Betriebs.** Dabei wird ein Rollenbild deutlich, das für sämtliche gesetzlich normierten „Umweltschutzbeauftragten" gilt:[92] Selbst dort, wo die zuständige Behörde im Einzelfall nach § 53 Abs. 2 BImSchG die Bestellung eines Immissionsschutzbeauftragten anordnet, wird dieser von ihr selbst weder eingesetzt noch unmittelbar kontrolliert. Der Immissionsschutzbeauftragte wird nicht Teil oder Vertreter der staatlichen Verwaltung, steht in keinem unmittelbaren Verwaltungsrechtsverhältnis zur Behörde[93] und berichtet dieser auch nicht selbst. Er ist insbesondere **kein Denunziant** gegenüber den staatlichen Stellen.

38 Ganz im Gegenteil besteht seine wichtigste Funktion darin, im eigenen Unternehmen zu wirken und aufzuklären,[94] **betriebliches Wissen** über die maßgeblichen Umweltfragen zu **generieren,**[95] Innovationen und Verbesserungen anzustoßen und das eigene Unternehmen im Falle von Missständen durch deren aktenkundige Dokumentation gewissermaßen „bösgläubig" zu machen.[96] Zumindest durch die Befragung von Mitarbeitern können solche Informationen auch in einem Umweltstrafverfahren berücksichtigt werden.[97] Entgegen der ursprünglichen Skepsis in der Literatur[98] ist die Rolle des Immissionsschutzbeauftragten in der Praxis nicht unerheblich. Bereits die drohende privatrechtliche Haftung oder öffentlich-rechtliche Verantwortlichkeit (→ Rn. 20) verleihen den Empfehlungen des Immissionsschutzbeauftragten letztlich erhebliches Gewicht. Vermutlich gehen die Wirkungen über die eines rein persuasiven Instruments[99] doch erheblich hinaus.

2. Der Gewässerschutzbeauftragte nach den §§ 64 ff. WHG

39 Die Vorgaben zu dem Betriebsbeauftragten für Gewässerschutz in den §§ 64 ff. WHG folgen diesem Regelungsmuster. Die vormaligen Vorschriften knüpften sogar weitgehend unmittelbar an die Vorschriften der §§ 55 – 58 BImSchG über den Immissionsschutzbeauftragten an (→ Rn. 34 ff.). Der seit 2010 geltende § 66 WHG erklärt diese Bestimmungen nunmehr zwar für entsprechend anwendbar, regelt jedoch die Bestellung und die Aufgaben ausdrücklich in den §§ 64 f. WHG.[100] Im Hinblick auf seine **Funktionsweise** gilt das für den Immissionsschutzbeauftragten Gesagte (→ Rn. 35 ff.): Der Gewässerschutzbeauftragte

---

[90] Näher zur arbeitsrechtlichen Stellung Becker/Kniep NZA 1999, 243 f.
[91] Vgl. dazu übergreifend Kaster GewArch 1998, 129 ff.
[92] Näher Kloepfer UmweltR § 5 Rn. 1444 ff.
[93] Becker/Kniep NZA 1999, 243 (244) sprechen von einem „Hilfsorgan des jeweiligen Betriebs".
[94] Vgl. die Unterscheidungen bei Rehbinder ZHR 165 (2001), 1 (9).
[95] Grundlegend dazu Reiling, Der Hybride, 174 ff.
[96] Reinhardt AöR 118 (1993), 617 (636); Rast, Organisationsfreiheit, 62 ff.; ähnlich KHR UmweltR-HdB/Ramsauer § 3 Rn. 116.
[97] MAH AgrarR/Witt/Sandkuhl/Bellinghausen § 24 Rn. 64.
[98] Vgl. nur Ladeur, Das Umweltrecht der Wissensgesellschaft, 1995, 257 ff.
[99] So noch die Einschätzung bei Theißen, Betriebliche Umweltschutzbeauftragte: Determinanten ihres Wirkungsgrades, 1990, 229 ff.
[100] Vgl. zu den heutigen Regelungen Lauer LKRZ 2011, 10 ff.

wird von der Wasserbehörde weder eingesetzt noch unmittelbar kontrolliert und steht in keinem unmittelbaren Verwaltungsrechtsverhältnis zum Staat. Vielmehr überwacht der Gewässerschutzbeauftragte die Einhaltung des Wasserrechts aus einer innerbetrieblichen Perspektive und berät gem. § 65 Abs. 1 Satz 1 WHG den Gewässerbenutzer und die Betriebsangehörigen in Angelegenheiten, die für den Gewässerschutz bedeutsam sein können und die im Normtext konkret umschrieben werden.[101]

Letztlich erfordert diese Aufgabenstellung eine **permanente Kontrolle** der betrieblichen 40 Anlagen und Einleitungen mit dem Ziel einer Aufdeckung und Beseitigung technischer oder organisatorischer Mängel.[102] Oft – etwa in großen Fabriken oder Chemieparks – reichen die innerbetrieblichen Befugnisse des Gewässerschutzbeauftragten über dieses gesetzliche Profil hinaus.[103] Manche Unternehmen ermächtigen den Gewässerschutzbeauftragten sogar zur eigenmächtigen Einschränkung oder Stilllegung von Produktionsanlagen, wenn Überschreitungen der Überwachungswerte drohen. Der Gewässerschutzbeauftragte kann dann allerdings gerade in dieser Eigenschaft Täter einer **Gewässerverunreinigung** nach § 324 StGB werden, wenn er es versäumt, den Betriebsleiter über Betriebsstörungen oder Überschreitungen des Überwachungswertes zu unterrichten und diesem damit die Möglichkeit genommen ist, die Entscheidung über Einschränkung oder Stilllegung der Produktion in eigener Verantwortung rechtzeitig zu treffen.[104]

3. Der Störfallbeauftragte nach den §§ 58a ff. BImSchG

Einen weiteren, ebenfalls im Bundes-Immissionsschutzgesetz geregelten Sonderfall des 41 Umweltschutzbeauftragten liefert der **Störfallbeauftragte** nach den §§ 58a ff. BImSchG. Gem. § 58a sind Betreiber genehmigungsbedürftiger Anlagen zur Bestellung eines oder mehrere Störfallbeauftragter verpflichtet, wenn dies im Hinblick auf die von der Anlage im Falle einer Störung auftretenden Gefahren erforderlich ist. Die abstrakten Kriterien ergeben sich aus der bereits erwähnten konkretisierenden 5. BImSchV (→ Rn. 34). Im Einzelfall kann eine solche Bestellung nach § 58a BImSchG jedoch auch behördlich gefordert werden, wenn die Notwendigkeit einer Bestellung besteht.

Die **Aufgaben des Störfallbeauftragten** sind in § 58b BImSchG erneut ganz ähnlich 42 wie in § 54 Abs. 1 BImSchG (→ Rn. 35) umschrieben, beziehen sich aber vor allem auf die Beratung und Information im Hinblick auf die Sicherheit der Anlage und bekannt gewordene Störungen des bestimmungsgemäßen Betriebs. Auch die Anforderungen an die Fachkunde und Zuverlässigkeit des Störfallbeauftragten nach den §§ 7 ff. der 5. BImSchV sind letztlich dieselben wie die des Immissionsschutzbeauftragten. Für die wechselseitigen Pflichten und Rechte des Störfallbeauftragten und des Betreibers verweist § 58c BImSchG mit kleinen Modifikationen auf die §§ 55, 57 und 58 BImSchG.

4. Weitere Ausprägungen – Verallgemeinerungspotential

Neben den hier vorgestellten Umweltbeauftragten für Immissionsschutz, Gewässerschutz 43 und Störfälle normiert das Umweltrecht funktional vergleichbare und meist auch regelungstechnisch ähnliche Vorgaben für den **Betriebsbeauftragten für Abfall** nach §§ 59 f. KrWG,[105] den **Strahlenschutzbeauftragten** nach §§ 43 ff. StrlSchV, den **Gefahrgutbeauftragten** nach der Verordnung über die Bestellung von Gefahrgutbeauftragten in Unternehmen (GbV) und den **Beauftragten für biologische Sicherheit** nach den §§ 16 ff. GenTSV. Dass diese Parallelvorschriften nicht nur gesetzestechnisch, sondern auch

---
[101] Näher dazu Landmann/Rohmer UmweltR/Hünnekens WHG § 65 Rn. 6 ff.
[102] Näher GK-WHG/Nisipeanu WHG § 65 Rn. 15.
[103] Müggenborg, Umweltrechtliche Anforderungen an Chemie- und Industrieparks, 2008, Rn. 575 ff., dort unter Rn. 235 ff. auch Nachweise zu anderen Formen der koordinierten Eigenüberwachung in Industrieparks.
[104] Landmann/Rohmer UmweltR/Hünnekens WHG § 65 Rn. 30 f.
[105] Näher zu dieser traditionsreichen Institution Schmehl/Klement/Kahle § 59 Rn. 5 ff.

44 Schon frühzeitig wurde diskutiert, die Figur des Betriebsbeauftragten für bestimmte Umweltmedien generell zu einem „Betriebsbeauftragten für Umweltschutz" zu verallgemeinern.[106] Ein bis heute beispielhafter Harmonisierungsvorschlag war der im Dritten Unterabschnitt des Sachverständigenentwurfs zum **Umweltgesetzbuch** normierte **Umweltbeauftragte.** Dieser sollte als eine Art umweltschutzbezogener Betriebsprüfer agieren und gem. § 155 UGB-KomE eine ganze Fülle von Aufgaben erfüllen: Die Beratung des Unternehmens und der Betriebsangehörigen, die Überwachung der Einhaltung der umweltrechtlichen Anforderungen, das Hinwirken auf Verbesserungen, das Anzeigen von Mängeln, die Entwicklung von Maßnahmen zu ihrer Beseitigung, die Aufklärung und Schulung der Betriebsangehörigen und die Dokumentation all dieser Tätigkeiten. Die Unternehmensleitung konnte dem Umweltbeauftragten über diese Aufgaben hinaus insbesondere für die Beseitigung von Störfällen Entscheidungsbefugnisse übertragen. Die folgenden §§ 156 ff. UGB-KomE regelten die Bestellung, Stellung, Fachkunde und Zuverlässigkeit des Umweltbeauftragten.[107]

5. Multifunktionalität in der Praxis

45 Zwar wurden diese Vorschläge bislang vom Gesetzgeber nicht umgesetzt. Auch ohne eine solche legislative Harmonisierung ist es aber möglich, vergleichbare **Synergien in der Praxis** auf der Ebene der Betriebsorganisation zu bewirken.[108] Auch wenn die in den Einzelbestimmungen normierten Qualifikationsanforderungen nicht völlig einheitlich sind, entspricht es zumal in kleineren Unternehmen der Üblichkeit, dass die jeweils einschlägigen Funktionen gebündelt von einer Person oder einer betrieblichen Stelle abgedeckt werden, sodass ein leitender **Betriebsbeauftragter für den Umweltschutz** medienübergreifend die Aufgaben des Betriebsbeauftragten zB für Immissionsschutz, Gewässerschutz und Abfallwirtschaft erfüllt.[109] Dieses organisatorische Vorgehen entspricht letztlich auch am besten dem umweltpolitischen Integrationsprinzip und dessen Ziel einer ganzheitlichen Betrachtung sämtlicher Umweltauswirkungen auf die Umweltmedien Wasser, Boden, Luft, Natur.[110]

6. Sanktionen und Rechtsschutz

46 Auch die Organisationspflichten zur Bestellung von Umweltschutzbeauftragten können regelmäßig durch einen entsprechenden Bescheid der zuständigen Überwachungsbehörde auf den Einzelfall bezogen und ggf. vollstreckt werden. So kann die Pflicht zur Bestellung eines Immissionsschutzbeauftragten (→ Rn. 34) durch behördliche Anordnung konkretisiert und dann im Wege des **Verwaltungszwangs** durchgesetzt werden, wogegen der Betreiber wiederum mit Widerspruch und Anfechtungsklage vorgehen kann.[111] Nur im Wasser- und im Kreislaufwirtschaftsrecht ist die Unterlassung einer Bestellung des Umweltschutzbeauftragten als **Ordnungswidrigkeit** ausgestaltet.[112] Arbeitsgerichtlich durchsetzbar sind hingegen das Benachteiligungsverbot und der Kündigungsschutz des Immissionsschutzbeauftragten nach § 58 BImSchG und den entsprechenden Parallelvorschriften. Die

---

[106] Wegweisend insoweit die Überlegungen bei Rehbinder/Burgbacher/Knieper, Betriebsbeauftragter, 23 ff.
[107] Näher zu alledem BMU, Umweltgesetzbuch (UGB-KomE). Entwurf der Unabhängigen Sachverständigenkommission zum Umweltgesetzbuch beim Bundesministerium für Umwelt, Naturschutz und Reaktorsicherheit, 1998, 155 ff. und 735 ff., und dazu Hoffmann, Bausteine, 144 ff. mwN auch zu den nachfolgenden Gesetzesentwürfen.
[108] Dafür bereits Rehbinder/Burgbacher/Knieper, Betriebsbeauftragter, 32; Kotulla NuR 2020, 16 (20) spricht von „Personalunion".
[109] Eingehend dazu Rottschäfer, Der Betriebsbeauftragte, 21 ff.
[110] Vgl. nur Di Fabio NVwZ 1998, 329 (330); KHR/Ramsauer § 3 Rn. 55.
[111] Jarass BImSchG § 53 Rn. 22 f.; näher Kotulla NuR 2020, 16 (21 f.).
[112] Näher Kotulla NuR 2020, 16 (18).

Sicherstellung der ordnungsgemäßen Aufgabenerfüllung durch den Umweltschutzbeauftragten selbst erfolgt durch eine Kombination aus Strafvorschriften wie § 324 StGB (→ Rn. 40), die dem Unternehmen verbleibenden arbeitsrechtlichen Sanktionen, ggf. aber auch haftungsrechtlich durch Regress, falls dem Unternehmen durch die pflichtwidrige Nichtmeldung bestehender Mängel ein Schaden entstehen sollte.[113]

V. Unternehmenspflichten zur Information über Nachhaltigkeit

1. Der rechtliche Trend zu einer umfassenden Nachhaltigkeitsberichterstattung

Ein zentrales Element zur Verwirklichung der Nachhaltigkeitsvorgaben sind die Generierung und Weitergabe entsprechender Informationen, namentlich die Berichterstattung gegenüber der Unternehmensleitung und den Eigentümern und Aktionären.[114] Die umweltrechtlichen Nachhaltigkeitsvorgaben können in diesem Sinne ein Stück weit als **Informationsverwaltungsrecht** begriffen werden,[115] das darauf abzielt, im Unternehmen bestimmte Informationen zu erzeugen, diese zu verbreiten, Staat und Gesellschaft verfügbar zu machen und mit alledem das relevante Handeln indirekt zu steuern. Der neuere gesetzgeberische Trend geht dabei hin zu einer verstärkten **Umweltberichterstattung gegenüber der Öffentlichkeit,**[116] obwohl eine allgemeine Pflicht dieser Art bislang gesetzlich noch nicht gilt.[117] Der Trend zur umfassenden betrieblichen Umweltberichterstattung überschneidet sich damit tendenziell mit den Impulsen für eine allgemeine **Nachhaltigkeitsberichterstattung,** die sich ihrerseits jedoch nicht aus dem Umweltrecht, sondern aus dem Unternehmensrecht ergeben (→ Rn. 3).

47

2. Mitteilungspflichten zur Betriebsorganisation gegenüber der Überwachungsbehörde

Für das eigentliche Umweltrecht hingegen ist die modellhafte Zentralnorm der seit 1990 geltende heutige § 52b BImSchG mit seinen **„Mitteilungspflichten zur Betriebsorganisation"**[118] als einzige Bestimmung im Bundes-Immissionsschutzgesetz, welche die Frage der Betriebsorganisation überhaupt erwähnt.[119] Dieser Grundnorm nachgebildete oder vergleichbare Regelungen finden sich in § 58 KrWG und § 66 StrlSchG, bislang jedoch nicht flächendeckend für den Umweltbereich als Ganzes (→ Rn. 51). Auch diese Norm beruht auf der in den materiellen Umweltschutzpflichten implizit mit enthaltenen Prämisse, dass das Unternehmen und seine Abläufe in einer Weise organisiert und überwacht sein müssen, die die Erfüllung des materiellen Umweltrechts sicherstellt (→ Rn. 10 f.). § 52b BImSchG ist eine informationsverwaltungsrechtliche Akzentuierung dieser Grundpflicht.

48

Bei rechtsfähigen Kapital- oder Personengesellschaften, bei denen entweder das vertretungsberechtigte Organ aus mehreren Mitgliedern besteht oder mehrere Gesellschafter

49

---
[113] Vgl. zum letztgenannten Aspekt die Differenzierungen bei Rehbinder ZHR 165 (2001), 1 (15 ff.).
[114] Näher zu dieser „Nachhaltigkeitsberichterstattung" Wördenweber, Nachhaltigkeitsmanagement, 293 ff., sowie die einzelnen Beiträge bei Greiling/Schaefer/Theuvsen, Nachhaltigkeitsmanagement und Nachhaltigkeitsberichterstattung öffentlicher Unternehmen, 2015, 94 ff.; speziell zum Klimaschutz Rodi KlimR 2022, 207 ff.
[115] Dazu vertiefend I. Augsberg, Informationsverwaltungsrecht, 2014; Kloepfer UPR 2005, 41 ff.; Ladeur in Schmidt-Aßmann/Hoffmann-Riem, Verwaltungsrecht in der Informationsgesellschaft, 2000, 225 (233 ff.).
[116] Namentlich als Bestandteil der bereits bestehenden CSR-Berichterstattung, zu dieser Buttenhauser/Figlin IRZ 2022, 289 ff.; Koch AktG § 171 Rn. 8a.
[117] Näher zu alledem Hoffmann, Bausteine, 250 ff.; Banke/Pott ZfU 2022, 1 ff.
[118] Zur Bedeutung dieser Norm für das Organisationsrecht insgesamt Rast, Organisationsfreiheit, 2 und 97 ff. Auch Spindler, Unternehmensorganisationspflichten, 15 ff. und 52 ff. hält diese Bestimmung bzw. ihren älteren Vorläufer in der Strahlenschutzverordnung für das modellhafteste Element öffentlich-rechtlicher Organisationspflichten.
[119] GK-BImSchG/Lechelt/Böhm BImSchG § 52b Rn. 19.

vertretungsberechtigt sind,[120] ist der zuständigen Behörde zunächst anzuzeigen, welches Organ bzw. welcher geschäftsführende Gesellschafter **intern die immissionsschutzrechtlichen Pflichten** des Betreibers der genehmigungsbedürftigen Anlage wahrnimmt, wiewohl die Gesamtverantwortung der Unternehmensleitung insgesamt hiervon unberührt bleibt. Diese nach außen zuständige Person hat dann nach § 52b Abs. 2 BImSchG der Behörde ihrerseits mitzuteilen, „auf welche Weise sichergestellt ist, dass die dem Schutz vor schädlichen Umwelteinwirkungen und vor sonstigen Gefahren, erheblichen Nachteilen und erheblichen Belästigungen dienenden Vorschriften und Anordnungen beim Betrieb beachtet werden." Der **Umfang** der konkret jeweils vorzulegenden Informationen ist umstritten und in hohem Maße **einzelfallabhängig.** Allerdings werden als Auslegungshilfe untergesetzliche Konkretisierungen wie die bereits erwähnte DIN-ISO-Norm 14 001 über Umweltmanagementsysteme (→ Rn. 17) herangezogen und zudem behördliche Konkretisierungen für zulässig gehalten.[121]

50 Trotz der vielfach kritisierten Unschärfe dieser Pflichten[122] wird deutlich, dass § 52b BImSchG selbst zwar keine Organisationspflichten des Betreibers begründet,[123] wohl aber die bereits bestehende allgemeine Betreiberverantwortung anerkennt und erzwingt,[124] die innerhalb des Unternehmens in einer geeigneten Verantwortungszuweisung ihren Niederschlag finden muss.[125] Ihrer Intention nach bestätigt und befördert die Mitteilungspflicht des § 52b Abs. 2 BImSchG damit implizit vor allem eine ihrem Inhalt nach **umweltgerechte Betriebsorganisation.**[126] Regelungstechnisch steht die Norm zugleich idealtypisch für die im Kern bis heute vorherrschende gesetzgeberische Strategie, den Unternehmen keine starren Organisationsmuster vorzugeben, sondern ihnen die Entwicklung eigener maßgeschneiderter Strukturen zu ermöglichen, aber auch abzuverlangen.

51 Da die Funktion der Norm sich letztlich auf das gesamte Umweltrecht erstreckt, ist es nur historisch erklärlich, dass sich ihr Anwendungsbereich auf die gesetzlich normierten Gesetzeszusammenhänge des Immissionsschutzrechts, Kreislaufwirtschaftsrechts und des Strahlenschutzes beschränkt. Der Entwurf der unabhängigen Sachverständigenkommission zum **Umweltgesetzbuch** (→ Rn. 44) wollte in § 170 UGB-KomE die Offenlegung betrieblicher Umweltinformationen für Unternehmen, die zur Bestellung eines Umweltbeauftragten verpflichtet sind, in allgemeiner Form regeln. Solche Unternehmen sollten einmal jährlich über die wesentlichen Auswirkungen der Tätigkeit des Unternehmens auf die Umwelt sowie die Tätigkeit des Umweltbeauftragten öffentlich und mit bestimmten Mindestangaben berichten und die Umwelterklärung und den Umweltbericht auf Anfrage versenden.

3. Weitere Pflichten zur Information der Behörden und der Öffentlichkeit

52 Neben den erwähnten Grundpflichten zur Mitteilung der Betriebsorganisation finden sich zahlreiche weitere Mitteilungspflichten gegenüber der Überwachungsbehörde, die aber – wie die Anzeigepflichten bei bestimmten Tätigkeiten – meist eher das Außenverhältnis zwischen Unternehmen und Staat betreffen.[127] Vor allem die Umweltinformationsrichtlinie (RL 2003/4/EG v. 28.1.2003)[128] und die zu deren Umsetzung erlassenen **Umweltinfor-**

---

[120] Näher zum Adressatenkreis Landmann/Rohmer UmweltR/Hansmann/Röckinghausen BImSchG § 52b Rn. 8.
[121] Näher zu alledem Landmann/Rohmer UmweltR/Hansmann/Röckinghausen BImSchG § 52b Rn. 17 ff.; zusammenfassend Jarass BImSchG § 52b Rn. 11.
[122] Vgl. exemplarisch Manssen GewArch 1993, 280 ff.
[123] So bereits Feldhaus NVwZ 1991, 927 f.; Manssen GewArch 1993, 280 (283); Spindler, Unternehmensorganisationspflichten, 153.
[124] Landmann/Rohmer UmweltR/Hansmann/Röckinghausen BImSchG § 52b Rn. 3.
[125] Vgl. zum Meinungsstand Hoffmann, Bausteine, 182.
[126] So bereits Feldhaus NVwZ 1991, 927 ff.; Landmann/Rohmer UmweltR/Hansmann/Röckinghausen BImSchG § 52b Rn. 3.
[127] Vgl. nur Kloepfer UmweltR § 5 Rn. 178 ff. und 1285 ff.
[128] ABl. EU 2003 L 41/26.

mationsgesetze des Bundes und der Länder führen dazu, dass solche Informationen dann seitens der Behörden grundsätzlich auch Privaten zur Verfügung gestellt werden. Dabei stellt sich dann das aus Unternehmenssicht besonders drängende Probleme des Schutzes von **Betriebs- und Geschäftsgeheimnissen**.[129]

Auch die immissionsschutzrechtlichen Eigenüberwachungspflichten (→ Rn. 22 ff.) haben zugleich eine informationsbezogene Stoßrichtung: So verpflichtet § 27 BImSchG die Betreiber einer genehmigungsbedürftigen Anlage zur Abgabe einer sog. **Emissionserklärung** gegenüber der zuständigen Behörde, die Angaben über Art, Menge, räumliche und zeitliche Verteilung sowie Austrittsbedingungen der Luftverunreinigungen enthalten muss, die von der Anlage in einem bestimmten Zeitraum ausgegangen sind. Näheres regelt die 11. BImSchVO über Emissionserklärungen und Emissionsberichte. Dritten wiederum ist der Inhalt der Emissionserklärung nach § 27 Abs. 3 Satz 1 BImSchG auf Antrag bekannt zu geben. Auf die Binnenorganisation des Unternehmens wirken solche Pflichten aber nur mittelbar. 53

4. Sanktionen und Rechtsschutz

Verstöße gegen die Mitteilungspflichten zur Betriebsorganisation als solche stellen regelmäßig keine Ordnungswidrigkeit dar. Erneut können jedoch auch die gesetzlich normierten Unternehmenspflichten zur Information über Nachhaltigkeit regelmäßig durch einen entsprechenden Bescheid der zuständigen Überwachungsbehörde auf den Einzelfall bezogen und ggf. **vollstreckt** werden, wogegen dann wiederum das Unternehmen mit Widerspruch und Anfechtungsklage vorgehen kann.[130] Entsprechendes gilt, wenn sich eine benannte Person aus Sicht der Behörde als unzulässig erweist.[131] 54

VI. Das sog. Öko-Audit und andere Formen der betrieblichen Zertifizierung

Das sog. Öko-Audit ist ein Unterfall der ökologischen Zertifizierung, also der umweltbezogenen Bewertung eines Betriebs und namentlich der Einhaltung ökologischer Qualitätsstandards durch betriebsexterne Prüfeinrichtungen.[132] Solche Zertifizierungen dienen verschiedenen Zwecken und können **multifunktional** darauf abzielen, die unternehmerischen Umweltstandards zu heben, diese Erfolge öffentlich wirksam zu nutzen,[133] aber auch ggf. mit einer Zertifizierung verbundene ordnungsrechtliche **Privilegierungen** (→ Rn. 64 f.) zu nutzen und staatliche Kontrollen zu reduzieren.[134] Nicht zuletzt dient die Zertifizierung auch der **Umweltinformation**.[135] Auch wenn die Reichweite und die Leistungskraft dieses Ansatzes begrenzt bleiben,[136] bildet die Zertifizierung zweifellos eine Hilfestellung, um ein Unternehmen auf das Ziel der Nachhaltigkeit auszurichten. 55

1. Die EMAS III-Verordnung als zentrales Instrument des Nachhaltigkeitsaudits

Das Flaggschiff dieses Ansatzes ist das europäische **Validierungs- und Zertifizierungssystem EMAS,** das als englische Abkürzung für ein „Eco-Management and Audit Scheme" steht.[137] Rechtsgrundlage dieses im Kern bereits seit 1993 bestehenden Modells ist 56

---

[129] Dazu Kloepfer/Greve NVwZ 2011, 577 ff.; vgl. auch Kment/Pleiner ZUR 2015, 330 ff. sowie zuletzt umfassend Lohmann, Die Dogmatik geheimer Unternehmensinformationen im Umweltrecht, 2022, 126 ff.
[130] GK-BImSchG/Lechelt BImSchG § 52 Rn. 132 ff.
[131] So bereits Schmidt in Breuer/Kloepfer/Marburger/Schröder, Unternehmen, 69 (76).
[132] KHR UmweltR-HdB /Ramsauer § 3 Rn. 118.
[133] Labinsky, Environmental Compliance, 53.
[134] KHR UmweltR-HdB/Ramsauer § 3 Rn. 121.
[135] Rehbinder/Schink UmweltR/Rehbinder Kap. 3 Rn. 353 charakterisiert das Umweltaudit als ein „Informationsinstrument", zugleich aber (Rn. 360) als ein „Organisationsinstrument".
[136] So statt vieler bereits Lübbe-Wolff NVwZ 2001, 481 (489).
[137] Die heute geltende Verordnung hatte mehrere Vorläufer, vgl. dazu und zu den Ursprüngen des Konzepts Kämmerer, Die Umsetzung des Umwelt-Audit-Rechts, 2002, 15 ff.

derzeit die sog. **Umwelt-Audit-Verordnung** oder **EMAS III-Verordnung** (VO (EG) Nr. 1221/2009 v. 25.11.2009).[138] Das EMAS-Modell baut auf Freiwilligkeit und soll Wirtschaftsakteure zu einer umweltgerechten Unternehmensführung, zu regelmäßigen Selbstkontrollen und damit insgesamt zu einer anspruchsvollen ökologischen Unternehmenspolitik anregen. Dies erfordert die Durchführung einer freiwilligen internen Umweltbetriebsprüfung und die Bestätigung ihrer Ordnungsgemäßheit durch unabhängige, zuverlässige und fachkundige **Umweltgutachter**. Vervollständigt wird die Verordnung durch das Umweltauditgesetz (UAG), das sich in seiner heutigen Form aber auf bloße Ergänzungen der EU-Verordnung beschränkt,[139] und durch eine ganze Reihe flankierender Verordnungen.[140]

57 Mit der Einführung des Öko-Audits verbanden sich ursprünglich hohe Erwartungen,[141] ua auch die einer erheblichen Entlastung der staatlichen Überwachung wie auch des Unternehmensstrafrechts.[142] Mittlerweile wird meist eine eher gemischte Bilanz gezogen. Während die Zahl der auditierten Unternehmen unionsweit zunehmend steigt und in einer Umfrage des Umweltbundesamts aus dem Jahr 2012 die große Mehrzahl der befragten Institutionen EMAS als ein „hervorragendes oder gutes System" ansahen, das Transparenz und Glaubwürdigkeit im Umweltbereich herstelle,[143] ist bislang kaum nachweisbar, dass das Instrument wirklich zu einer Steigerung des Umweltschutzniveaus insgesamt geführt hätte.[144] Die EMAS III-Verordnung erhebt gleichwohl den Anspruch, die unter ihren Vorgängerverordnungen geschaffenen Umweltmanagementsysteme hätten sich als wirksame Instrumente zur Förderung des Umweltschutzes in Organisationen erwiesen. Vor allem die immer umfangreicheren staatlichen Impulse gegenüber den Unternehmen zur Etablierung einer **umweltgerechten Unternehmensführung** (→ Rn. 1 ff.) dürften die Beteiligung künftig weiter stärken.

2. Das Auditierungsverfahren

58 Der Ablauf **des mehrstufigen Auditierungsverfahrens** ist in der Verordnung selbst normiert.[145] Den Kerngehalt und das eigentliche Ziel des gesamten Instrumentes bildet dabei die **ökologische Neuausrichtung der Organisation** im Vorfeld der Antragserstellung. Die Registrierung setzt letztlich „eine Unternehmensorganisation voraus, die State of the Art im Compliance-Bereich ist".[146] Dieses Ziel soll jedoch nicht durch zwingende hoheitliche Vorgaben erreicht werden, sondern durch ein zielgerichtetes Auditierungsverfahren.

59 **a) Die Einrichtung einer betrieblichen Umweltpolitik.** Auf einer konzeptionellen Ebene ist ein erster Schritt die **Formulierung der Umweltpolitik** durch die Unternehmensleitung („die oberste Führungsebene einer Organisation"), in der diese ihre Absichten und Ausrichtungen in Bezug auf ihre Umweltleistung formuliert und verdeutlicht, welche konkreten umweltbezogenen Zielsetzungen und Einzelziele angestrebt werden. Dies umfasst vor allem die Einhaltung aller geltenden Umweltvorschriften, über diese hinaus jedoch auch die Verpflichtung zur kontinuierlichen Verbesserung der Umweltleistung (näher die Begriffsbestimmungen in Art. 2 Nr. 1, 2 und 11 f. EMAS III). Idealerweise

---

[138] ABl. EU L 342/1 und dazu Schmidt-Räntsch EurUP 2010, 123 ff.
[139] Näher Langerfeldt NVwZ 2002, 1156, ff.
[140] Vgl. dazu im Überblick Kloepfer UmweltR § 5 Rn. 1514.
[141] Vgl. die differenzierte Analyse bei Nissen, Die EG-Öko-Audit-Verordnung. Determinanten ihrer Wirksamkeit, 1999, 190 ff., der zugleich auf Bedingungen verwies, derer die Erreichung der mit der Verordnung verfolgten umweltpolitischen Ziele bedürfe.
[142] Dazu Hölzen, Auswirkungen des Öko-Audits auf das Umweltstrafrecht, 2011.
[143] Umweltbundesamt, EMAS in Deutschland, Evaluierung 2012.
[144] Kloepfer UmweltR § 5 Rn. 1562.
[145] Näher dazu Kahl/Gärditz UmweltR § 4 Rn. 210 ff.; Kloepfer UmweltR § 5 Rn. 1519 ff.
[146] Labinsky, Environmental Compliance, 226.

verwirklicht diese Neuausrichtung das erwähnte Leitbild einer **umweltgerechten Unternehmensführung** (→ Rn. 1).

Zur eigentlichen Vorbereitung einer erstmaligen Registrierung müssen Unternehmen 60 dann gem. Art. 4 Abs. 1 EMAS III zunächst eine **Umweltprüfung** aller sie betreffenden Umweltaspekte vornehmen und auf deren Grundlage ein **Umweltmanagementsystem** entwickeln und einführen, das der Verwirklichung der umweltbezogenen Ziele dient. Dem folgt eine **Umweltbetriebsprüfung,** die die neu eingeführten Verfahren und ihre Einhaltung bewertet und auf Verbesserungsmöglichkeiten überprüft (Art. 4 Abs. 1 Buchst. c iVm Anhang II Nummer A 5.5 und Anhang III EMAS III).

b) Die Umwelterklärung und ihre unabhängige Begutachtung. Auf der Grundlage 61 dieser Weichenstellungen ist dann abschließend eine **Umwelterklärung** zu erstellen, die vor allem der **Information der Öffentlichkeit** dient und verdeutlichen muss, welche Ergebnisse die Organisation im Hinblick auf ihre Umweltzielsetzungen und -einzelziele erreicht. Bei der Publikation können sich – wie auch bei anderen Mitteilungspflichten (→ Rn. 48 ff.) – Spannungen zum Schutz der unternehmerischen Geheimhaltungsinteressen ergeben.[147] Für alle diese Schritte gelten die detaillierten Konkretisierungen in den Anhängen I-III sowie ggf. sog. „branchenspezifische Referenzdokumente", die die Kommission in Absprache mit den Mitgliedstaaten gem. Art. 46 für einzelne Branchen erarbeitet. Insbesondere müssen solche Organisationen nach Art. 4 Abs. 4 Satz 1 EMAS III den „materiellen oder dokumentarischen Nachweis" erbringen, dass sie alle für sie geltenden Umweltvorschriften einhalten.

Gem. Art. 4 Abs. 5 EMAS III werden dann die ersten drei Dokumente – die erste 62 Umweltprüfung, das Umweltmanagementsystem, das Verfahren für die Umweltbetriebsprüfung und seine Umsetzung – von einem akkreditierten oder zugelassenen Umweltgutachter **begutachtet.** Diesem externen unabhängigen **Umweltgutachter** kommt für die Bewertung der Qualität des gesamten Instruments eine Schlüsselrolle zu.[148] Seine Stellung richtet sich nach dem in Ergänzung zur EMAS III-Verordnung erlassenen Umweltauditgesetz, das in den §§ 4 ff. UAG die Anforderungen an die Zuverlässigkeit, Unabhängigkeit und Fachkunde der **Umweltgutachter,** ihre **Zulassung** und die Aufsicht über sie regelt.[149] Konkretisierungen finden sich in der UAG-Zulassungsverfahrensverordnung und der UAG-Fachkunderichtlinie[150]. Möglich ist auch die Bildung von Umweltgutachterorganisationen nach § 10 UAG, bei denen grundsätzlich ein Drittel der persönlich haftenden Gesellschafter oder Geschäftsführer aus Umweltgutachtern oder vergleichbar qualifizierten Personen bestehen muss.

c) Validierung der Umwelterklärung und Registrierung des Unternehmens. Ge- 63 langt der Umweltgutachter zu der Überzeugung, dass die Vorgaben der Verordnung eingehalten sind, so **validiert** er schließlich die **Umwelterklärung.** Das Vorliegen einer solchen begutachteten und validierten Umwelterklärung ist dann wiederum Voraussetzung für den **Registrierungsantrag** nach Art. 5 EMAS III bei der innerstaatlich zuständigen Stelle. Nach den §§ 32 ff. UAG wird dieses **EMAS-Register** von den Industrie- und Handels- bzw. den Handwerkskammern geführt. Die Eintragung in das EMAS-Register wiederum berechtigt die Unternehmen zur Verwendung eines besonderen Zeichens (vgl. Anhang V der EMAS III) und ist zugleich der Anknüpfungspunkt für eine Reihe fachgesetzlicher Erleichterungen,[151] die nachfolgend dargestellt werden. Nach Art. 6 EMAS III muss für

---

[147] Näher dazu Kloepfer UmweltR § 5 Rn. 1532.
[148] Näher zu seiner Stellung Erbrath, Der Umweltgutachter nach der EMAS-Verordnung als Vollzugsorgan des europäischen und nationalen Umweltrechts, 2001; Sellner/Schnutenhaus NVwZ 1993, 928 ff. Allgemeiner zum Phänomen der Einschaltung privater Experten in Verwaltungsverfahren Ritter in Schmidt-Aßmann/Hoffmann-Riem, Verwaltungsorganisationsrecht als Steuerungsressource, 1997, 207 ff.
[149] Vgl. bereits Lübbe-Wolff NuR 1996, 217 (218 ff.); ferner Landmann/Rohmer UmweltR/Görisch UAG § 4 Rn. 5 f.
[150] BAnz AT v. 16.1.2020 B5.
[151] SZDK/Gößl WHG § 24 Rn. 17.

eine Verlängerung der EMAS-Registrierung das gesamte Umweltmanagementsystem mindestens alle drei Jahre neu begutachtet und validiert werden, damit die Registrierung nicht ausgesetzt oder gestrichen wird. Zudem werden validierte Organisationen zwecks Aufrechterhaltung der Eintragung fortlaufend überprüft.

3. Rechtsfolgen der Auditierung

64 Während vor allem rechtspolitisch immer wieder gefordert wurde, auditierte Unternehmen in möglichst weitem Umfang von bestimmten Anforderungen des Ordnungsrechts freizustellen,[152] verbleiben die tatsächlichen **Privilegierungen** des geltenden Rechts eher **untergeordnet**. Insgesamt sind diese Entlastungen wohl zu schwach, um aus sich heraus hinreichende **Anreize** für eine breite Teilnahme an dem EMAS-System zu setzen,[153] das seinerseits nicht unerhebliche Bürokratielasten begründet.[154] Die entsprechenden Regelungen sind auf eine Vielzahl von Bundes- und Landesgesetzen verstreut.[155] Viele dieser Erleichterungen beziehen sich auf umweltbezogene Informations- und Vorlagepflichten. So werden nach § 2 Satz 1 EMAS-PrivilegV die oben dargestellten Anzeige- und Mitteilungspflichten zur Betriebsorganisation nach § 52b BImSchG und § 58 KrWG (→ Rn. 48 ff.) bzgl. EMAS-Anlagen durch die Bereitstellung des Bescheides zur Standort- oder Organisationseintragung erfüllt. Ebenso sind Auditierungen nach § 4 Abs. 1 Satz 2 der Verordnung über das Genehmigungsverfahren (9. BImSchV) im Rahmen der Prüfung der Vollständigkeit der Antragsunterlagen zu „berücksichtigen", weil die für die Prüfung der Genehmigungsvoraussetzungen erforderlichen Nachweise dort ggf. bereits erbracht wurden.[156] Die Privilegierungen des **Landesrechts** umfassen regelmäßig eine Gebührenermäßigung in immissionsschutzrechtlichen, abfallrechtlichen und wasserrechtlichen Genehmigungsverfahren.

65 Für das Immissionsschutzrecht des Bundes bündelt § 58e BImSchG die Erleichterungen für auditierte Unternehmensstandorte und ermächtigt die Bundesregierung zum Erlass einer entsprechenden Rechtsverordnung, soweit die Anforderungen der EMAS III-Verordnung jenen des Immissionsschutzrechts gleichwertig sind. Erleichterungen können sich nach § 58e Abs. 3 Satz 2 BImSchG namentlich auf Prüfungen, Messungen und Mitteilungspflichten sowie auf die Häufigkeit der behördlichen Überwachung beziehen. Für das Kreislaufwirtschaftsrecht existiert eine parallele Rechtsverordnungsermächtigung in § 61 Abs. 1 KrWG. Die auf Grundlage beider Ermächtigungen erlassene **EMAS-Privilegierungs-Verordnung**[157] reduziert die gesetzlichen Anforderungen an die Anzeige- und Mitteilungspflichten zur Betriebsorganisation und für Betriebsbeauftragte und sieht ua vor, dass die Behörden Messungen nach § 28 Satz 1 Nr. 2 BImSchG erst nach Ablauf eines längeren Zeitraums als drei Jahren anordnen und dem Betrieb gestatten sollen, wiederkehrende Messungen und Funktionsprüfungen nicht zwingend extern, sondern mit eigenem Personal durchzuführen. Eine ebenfalls vergleichbare Verordnungsermächtigung bietet für das Wasserrecht § 24 WHG;[158] diese richtet sich nach § 24 Abs. 3 WHG bis zum Erlass einer bislang ausstehenden Bundesverordnung[159] auch an die Länder, die hiervon auch überwiegend Gebrauch gemacht haben.[160]

---

[152] Vgl. bereits Knopp NVwZ 2001, 1098 ff.; Martens/Moufang NVwZ 1996, 246 ff.
[153] KHR UmweltR-HdB/Ramsauer § 3 Rn. 121.
[154] Vgl. bereits Mann/Müller, Öko-Audit im Umweltrecht, 1994, 39.
[155] Ein jeweils aktueller Überblick findet sich im Internet unter https://www.emas.de/privilegierung.
[156] Feldhaus, Verordnung über das Genehmigungsverfahren, 2007, § 4 Rn. 2.
[157] Zu dieser Landmann/Rohmer UmweltR/Laskowski BImSchG § 58e Rn. 16 ff.; aus Sicht des Abfallrechts Jarass DVBl 2003, 298 ff.; Landmann/Rohmer UmweltR/Kersting KrWG § 61 Rn. 9 ff.
[158] Näher zu den zulässigen Erleichterungen GK-WHG/Keienburg WHG § 24 Rn. 5 ff.
[159] Zu den Gründen Landmann/Rohmer UmweltR/Laskowski WHG § 24 Rn. 14.
[160] SZDK/Gößl WHG § 24 Rn. 29 f.

4. Sanktionen und Rechtsschutz

Praktische Erfahrungen zum Rechtsschutz im Rahmen der Auditierung oder Registrierung 66
liegen kaum vor. Die entscheidende Hürde für die Registrierung des Unternehmens bildet die Validierung der Umwelterklärung durch den Umweltgutachter. Da der **Umweltgutachter** indes nicht als Beliehener, sondern **privatrechtlich** tätig wird,[161] kann gegen seine Stellungnahmen nur auf dem Zivilrechtsweg vorgegangen werden. Verwaltungsgerichtlichen Rechtsschutz können die Umweltgutachter selbst gegen an sie gerichtete Zulassungs- und Aufsichtsmaßnahmen in Anspruch nehmen.[162] Verwaltungsgerichtlich durch ein Unternehmen einklagbar sind zudem die mit der EMAS-Registrierung verbundenen Privilegierungen.[163]

VII. Ökologische Pflichten in der unternehmerischen Lieferkettenverantwortung

Das vielbeachtete **Lieferkettensorgfaltspflichtengesetz** des Bundes (LkSG), das zum 67
1. Januar 2023 in Kraft trat, verwirklicht die Leitprinzipien für Wirtschaft und Menschenrechte der Vereinten Nationen und begründet Sorgfaltspflichten der in Deutschland ansässigen Großunternehmen zur **Vermeidung von Menschenrechtsverletzungen** in Lieferketten. Diese Vorgaben werden in diesem Handbuch vertieft an anderer Stelle behandelt (→ § 10 Rn. 1 ff.). Mittelbar soll mit dem LkSG aber zumindest punktuell auch der Umweltschutz in Drittländern befördert werden, für die der deutsche Gesetzgeber völkerrechtlich mangels Gebietshoheit über keinerlei Gesetzgebungsbefugnisse verfügt. Dabei geht es derzeit nicht um umfassende Nachhaltigkeit, wohl aber vor allem um Anstöße für einen grenzüberschreitenden unternehmerischen Umweltschutz[164] und um die Vermeidung von Verstößen gegen die **Ziele einiger ausgewählter völkerrechtlicher Übereinkommen**.[165] Weitergehende Pflichten sind derzeit lediglich rechtspolitische Weiterentwicklungsperspektiven[166] und dürften vor allem auf europäischer Ebene vorgegeben werden.[167]

Nach § 3 Abs. 1 Satz 1 LkSG sind Unternehmen dazu verpflichtet, in ihren Lieferketten 68
die gesetzlich festgelegten „menschenrechtlichen und **umweltbezogenen Sorgfaltspflichten** in angemessener Weise zu beachten mit dem Ziel, menschenrechtlichen oder **umweltbezogenen Risiken vorzubeugen** oder sie zu minimieren" oder entsprechende Verletzungen zu beenden. Ein menschenrechtliches Risiko im Sinne dieses Gesetzes droht nach § 2 Abs. 2 Nr. 9 LkSG auch bei Verstößen gegen „… das Verbot der Herbeiführung einer schädlichen Bodenveränderung, Gewässerverunreinigung, Luftverunreinigung, schädlichen Lärmemission oder eines übermäßigen Wasserverbrauchs", wenn diese die natürlichen Grundlagen der Nahrungsproduktion erheblich beeinträchtigen, einer Person den Zugang zu einwandfreiem Trinkwasser verwehrt oder zu Sanitäranlagen erschwert oder die Gesundheit einer Person schädigt. Solche Konstellationen sind bspw. im Bereich der wasserintensiven Textilbranche denkbar.

Im Hinblick auf den Umgang mit **Abfall** und der Verschmutzung durch gefährliche 69
Chemikalien verweist § 2 Abs. 3 LkSG sehr allgemein auf mehrere zentrale völkerrecht-

---

[161] Kloepfer UmweltR § 5 Rn. 1544; Schickert, Der Umweltgutachter der EG-Umwelt-Audit-Verordnung, 2001, 169 f. Hoheitlich handelt hingegen nach der UAG-Beleihungsverordnung die Akkreditierungs- und Zulassungsgesellschaft, die die einzelnen Umweltgutachter zulässt.
[162] Näher Kloepfer UmweltR § 5 Rn. 1551 ff.
[163] Vgl. exemplarisch VGH Kassel Urt. v. 24.4.2014 – 6 A 664/13, BeckRS 2014, 52044 und Urt. v. 24.4.2014 – 6 A 839/13, BeckRS 2014, 52252.
[164] Klinger/Reese/Salzborn ZUR 2021, 385.
[165] Schmidt-Räntsch ZUR 2021, 387 (391 und 393).
[166] Vgl. etwa die Forderung nach spezifischen klimaschutzbezogenen Sorgfaltspflichten bei Gailhofer/Verheyen ZUR 2021, 402.
[167] Vgl. zu dem vieldiskutierten europäischen Richtlinienentwurf der Kommission vom Februar 2022 zu unternehmerischen Sorgfaltspflichten im Bereich der Nachhaltigkeit Bomsdorf/Blatecki-Burgert ZRP 2022, 141 ff.; Hexel/Spangler NZG 2022, 881 ff.; Hübner/Habrich/Weller NZG 2022, 644 ff.; Naujoks/Schmidt-Räntsch ZUR 2022, 257 ff.; Wagner/Schuler ESG 2022, 34 ff.

liche Übereinkommen (ua das Minamata-**Übereinkommen** über Quecksilber, das **Stockholmer Übereinkommen** über persistente organische Schadstoffe und das **Basler Übereinkommen** über die Kontrolle der grenzüberschreitenden Verbringung gefährlicher Abfälle und ihrer Entsorgung). Bei all diesen Verweisen lässt der Gesetzgeber nur unzureichend erkennen, welche konkreten Folgen sich aus der Bezugnahme auf die internationalen Übereinkommen ergeben sollen. Die in den zitierten völkerrechtlichen Verträgen normierten Verpflichtungen sind an die Staaten selbst gerichtet, hochabstrakt, werden vielfach erst durch nachfolgende Entscheidungen der Vertragsstaatenkonferenzen konkretisiert und sind zudem in aller Regel innerstaatlich umsetzungsbedürftig.[168] Die Vorgaben dieses deutschen und europäischen Umsetzungsrechts wiederum gelten für die Unternehmen ohnehin und enthalten Pflichten, die sich im Schwerpunkt zwar auf innerstaatliches Verhalten und nicht auf die vorgelagerten Lieferketten beziehen, teilweise jedoch auch auf den Schutz der Umwelt in Drittländern abzielen, wie zB die Wiedereinfuhrverpflichtung für exportierte Abfälle nach den Art. 22 ff. der das Basler Übereinkommen umsetzenden Abfallverbringungsverordnung (VO (EG) Nr. 1013/2006 v. 14.2.2003).[169]

70 Insgesamt begründet das neue Gesetz zahlreiche Auslegungsfragen.[170] Letztlich bedient der Gesetzgeber sich bei all diesen generalklauselartigen Verpflichtungen bewusst einer **regelungstechnischen Unschärfe** und verschiebt die Verantwortung für die Verwirklichung internationaler Umweltschutzabkommen ein Stück weit in die Unternehmen. Die maßgeblichen Pflichten erschöpfen sich dabei keineswegs in nur symbolischer Umweltpolitik.[171] Vielmehr setzt die Unklarheit des geforderten Verhaltens die Unternehmen – namentlich mit Blick auf eine denkbare **Lieferkettenhaftung**[172] (→ § 10 Rn. 6 f.) – wohl durchaus kalkuliert einer rechtsstaatlich zweifelhaften **Rechtsunsicherheit** aus.[173] Blickt man auf die in § 3 Abs. 1 Satz 2 LkSG näher umschriebenen Sorgfaltspflichten, so wird klar, dass es auch hier darum geht, den Bick der **Unternehmenspolitik** ganzheitlich auf Fragen der Nachhaltigkeit zu richten und diesen Anspruch auch in der Unternehmensorganisation und den Abläufen abzubilden. Je stärker sein ökologisches Engagement ausfällt, desto eher dürfte ein Unternehmen dabei im Hinblick auf denkbare Konsequenzen auf der sicheren Seite stehen.

71 Mit diesem Anliegen reiht sich das Gesetz in eine ganze Folge ähnlicher gesetzlicher Anstoßnormen ein (→ Rn. 4 f.). Letztlich soll jedes erfasste Unternehmen eigene **Umweltpolitiken** für die Bereiche Bodenschutz, Wasser, Luft, Lärm, Abfall und Chemikalien ergreifen, soweit diese für die eigenen Lieferketten relevant sind, um so durch flankierende unternehmerische Maßnahmen einen Beitrag zur Bewältigung der aufgeführten Umweltprobleme zu leisten und auch insoweit das Leitbild einer umweltgerechten Unternehmensführung zu verwirklichen (→ Rn. 1 ff.). Verlangt werden dann ua die Einrichtung eines Risikomanagements, die Festlegung betriebsinterner Zuständigkeiten, die Durchführung regelmäßiger Risikoanalysen, die Dokumentation entsprechender Aktivitäten und die **Berichterstattung** hierzu. Während diese einzelnen Schritte als solche zwingend vorgegeben sind, bleiben ihre jeweilige Tiefe und Qualität konkretisierungsbedürftig. Die geforderte Reichweite der LkSG-Pflichten und vor allem die ökologische Leistungskraft dieses Ansatzes insgesamt werden sich erst in der Zukunft erweisen.

VIII. Umweltrechtsfragen des Arbeitsrechts

72 Impulse und Vorgaben für den Umweltschutz im Unternehmen ergeben sich auch aus dem Arbeitsrecht, obwohl dessen **Zielrichtung** keine originär ökologische ist. Hier sind vor

---

[168] Näher dazu Proelß/Durner Abschn. 15 Rn. 33 ff., 44 ff. und 53 ff.
[169] Abl. EU L 190/1; auch Proelß/Durner Abschn. 15 Rn. 30.
[170] So am Beispiel des Begriffs des Begriffs der „Lieferkette" Harings/Zegula CCZ 2022, 165 ff.
[171] Zum Phänomen Lübbe-Wolff in Hansjürgens/Lübbe-Wolff, Symbolische Umweltpolitik, 2000, 25 ff.
[172] Dazu – primär mit Blick auf Beeinträchtigungen der Menschenrechte – Fleischer DB 2022, 920 ff.; Rudkowski CCZ 2020, 352 ff.; Schneider ZIP 2022, 407 ff.; Thomale/Murko EuZA 2021, 40 ff.
[173] Allg. zum Problem Grosche, Die unsichtbare Hand des Staates, 2020.

allem zwei Komplexe zu erwähnen: Zum einen die Nachhaltigkeitsvorgaben, die sich aus dem technischen Arbeitsschutzrecht ergeben (→ Rn. 73 f.), zum anderen die Mitbestimmung in Nachhaltigkeitsfragen des Unternehmens (→ Rn. 75 ff.).

1. Nachhaltigkeit und technischer Arbeitsschutz

Entstehungsgeschichtlich und systematisch sind die Regelungsbereiche des Umweltschutzes 73 und des vor allem **technischen Arbeitsschutzes** miteinander eng verknüpft.[174] Schutzgut des Umweltrechts ist stets auch die menschliche Gesundheit. Das Schnittmengenziel beider Rechtsgebiete ist damit der **Schutz der Arbeitnehmer vor** den **Umweltgefahren** des Betriebs. Vor allem in Genehmigungstatbeständen wird dieser Zusammenhang bisweilen explizit hervorgehoben. So ist nach § 6 Abs. 1 Nr. 2 BImSchG Voraussetzung für die Genehmigung einer Anlage ua, dass der Errichtung und dem Betrieb der Anlage „andere öffentlich-rechtliche Vorschriften und Belange des Arbeitsschutzes" nicht entgegenstehen. Ähnliches gilt für den Genehmigungstatbestand in § 66 Abs. 1 Nr. 4 UVPG.[175]

Allgemeinere Vorgaben für den anlagenbezogenen Arbeitsschutz finden sich seit 2021 in 74 dem neuen **Gesetz über überwachungsbedürftige Anlagen**,[176] nach dem Anlagen mit einem entsprechenden Gefahrpotential so errichtet, geändert und betrieben werden müssen, dass die Sicherheit und der Gesundheitsschutz Beschäftigter und anderer Personen gewährleistet sind.[177] Hinzu treten die Vorgaben der **Verordnung über Sicherheit und Gesundheitsschutz bei der Verwendung von Arbeitsmitteln**.[178] Obwohl beide Gesetzeswerke keine spezifisch umweltbezogenen Anliegen verfolgen, sondern primär der Sicherheit der Beschäftigten dienen, ergeben sich aus Ihnen doch Eigenüberwachungspflichten, die mit denen des eigentlichen Umweltrechts eng verzahnt sind.[179]

2. Mitbestimmung in Nachhaltigkeitsfragen

Umgekehrt vermag auch das Arbeitsrecht seinerseits die Nachhaltigkeitsorganisation im 75 Unternehmen zu beeinflussen. Einen wichtigen Ausschnitt der umweltrechtlichen Nachhaltigkeitsvorgaben für die Unternehmensorganisation bildet der im Betriebsverfassungsgesetz normierte **„betriebliche Umweltschutz"**. Darunter sind nach der ausgesprochen weiten Legaldefinition in § 89 Abs. 3 BetrVG „alle personellen und organisatorischen Maßnahmen sowie alle die betrieblichen Bauten, Räume, technische Anlagen, Arbeitsverfahren, Arbeitsabläufe und Arbeitsplätze betreffenden Maßnahmen zu verstehen, die dem Umweltschutz dienen." Derartige Maßnahmen können gem. § 88 Nr. 1a BetrVG zum Gegenstand freiwilliger **Betriebsvereinbarungen** gemacht werden. Nach dem bloßen Wortlaut könnten damit umweltbezogene Regelungen aller Art – etwa zum Energieverbrauch im Produktionsprozess – festgelegt werden. Aus systematischen und entstehungsgeschichtlichen Erwägungen wird allerdings gefordert, dass solche Vereinbarungen einen **Bezug zu den Arbeitsbedingungen** im Betrieb aufweisen müssen, da dem Betriebsrat durch die Norm trotz der weiten Formulierungen gerade „keine Zuständigkeit für den allgemeinen Umweltschutz" zugewiesen werden sollte.[180]

Unabhängig von solchen freiwilligen Standards hat sich der **Betriebsrat** gem. § 89 76 Abs. 1 Satz 1 BetrVG „dafür einzusetzen, dass die Vorschriften über den Arbeitsschutz und

---

[174] Dazu Kloepfer UmweltR § 1 Rn. 129 ff.; Reichel/Meyer RdA 2003, 101 (102 ff.).
[175] In Betracht kommen insoweit die Vorgaben des Arbeitsschutzgesetzes, die im Rahmen einer Anlagengenehmigung allerdings kaum praktische Relevanz haben, vgl. nur PBH UVPG § 66 Rn. 7.
[176] Zu diesem Schucht ARP 2021, 262 ff.
[177] Näher zu diesen Schutzgütern Ehring/Taeger/Neupert ÜAnlG § 1 Rn. 30 ff.
[178] Zu dieser Wilrich NZA 2015, 1433 ff.
[179] Vgl. zu den Vorläufernormen bereits Müggenborg, Umweltrechtliche Anforderungen an Chemie- und Industrieparks, 2008, Rn. 235 ff.; ferner Ehring/Taeger/Neupert ÜAnlG § 1 Rn. 43.
[180] So Richardi BetrVG/Richardi BetrVG § 88 Rn. 17 mwN unter Bezug auf die im Text zitierte Gesetzesbegründung; ähnlich Reichel/Meyer RdA 2003, 101 (104 f.); Schulze/Volk/Schwartzer ArbRAktuell 2020, 492 (493).

die Unfallverhütung im Betrieb sowie über den betrieblichen Umweltschutz durchgeführt werden." Der Arbeitgeber hat im Gegenzug gem. § 89 Abs. 2 Satz 2 BetrVG „den Betriebsrat auch bei allen im Zusammenhang mit dem betrieblichen Umweltschutz stehenden Besichtigungen und Fragen hinzuzuziehen und ihm unverzüglich die den Arbeitsschutz, die Unfallverhütung und den betrieblichen Umweltschutz betreffenden Auflagen und Anordnungen der zuständigen Stellen mitzuteilen." Während der Gegenstand dieser wechselseitigen Pflichten durch den Bezug auf die weite Definition des § 89 Abs. 3 BetrVG erneut weite Teile des materiellen Umweltrechts umfasst, beschränken sich die Zuständigkeit und die Informationsrechte des Betriebsrats auch hier „auf den **innerbetrieblichen Bereich**", ohne sich auf die Beziehungen zwischen dem Unternehmen und den staatlichen Behörden zu erstrecken.[181]

77 Das Hauptziel dieser Regelungen ist erneut die Verbesserung des betrieblichen Umweltschutzes durch **Informationsaustausch**[182] (→ Rn. 47 ff.). Ihre Wirkweise lässt sich damit als **Mobilisierung des Betriebsrates** für die Durchsetzung des Umweltrechts charakterisieren.[183] Wiederum geht es also um die Schaffung von Anreizen zur Etablierung einer umweltgerechten Unternehmensführung (→ Rn. 1 ff.). Aus gesetzlicher Sicht erfüllt der Betriebsrat damit eine ähnliche Funktion wie die gesetzlich vorgeschriebenen **Umweltschutzbeauftragten** (→ Rn. 33 ff.), die jedoch aufgrund ihrer weitaus größeren Spezialisierung aus Umweltsicht zumeist eine praktisch ungleich bedeutsamere Rolle spielen. Maßgeblich für die Steuerungswirkung des Instruments ist die Frage, wieweit sich der Betriebsrat seiner entsprechenden Zuständigkeit annimmt.[184] Das war zunächst nur selten der Fall.[185] Erst in jüngster Zeit hat das verstärkte Umweltbewusstsein dazu geführt, dass Betriebsräte beginnen, von diesem Instrument nennenswerten Gebrauch zu machen.[186] Gerade das **Zusammenspiel** zwischen den fachlich qualifizierten Umweltschutzbeauftragten und dem demokratisch legitimierten Betriebsrat könnte dabei den betriebsbezogenen Umweltbelangen potentiell nochmals erhöhtes Gewicht und verstärkte Durchsetzungskraft verleihen.[187]

IX. Umweltrechtliche Vorgaben zur Unternehmens- und Aktionärsstruktur

78 Die neueste, in ihrer Grundrechtsintensität tiefgreifendste Form umweltrechtlicher Nachhaltigkeitsvorgaben sind Regelungen zur Unternehmens- und **Aktionärsstruktur.** Diese Instrumente zielen allerdings derzeit nicht auf eine Konkretisierung der allgemeinen Grundpflicht zu umweltgerechter Betriebsorganisation, sondern auf eine Steigerung der **Akzeptanz** bei betroffenen Dritten. Modellhafter Vorreiter ist hier das seit 2016 geltende, an weitergehende Vorbilder in Dänemark angelehnte[188] **Bürger- und Gemeindebeteiligungsgesetz MV.** Es verpflichtet die Betreiber neuer Windkraftanlagen, für jedes neue Projekt eine eigene GmbH zu gründen und mindestens 20 % der Anteile den betroffenen Gemeinden und den natürlichen Personen im 5-km-Umkreis der Windräder zum Kauf anzubieten. Damit reagierte der Gesetzgeber auf die Tatsache, dass der Bau neuer Infrastrukturen – und insbes. der Ausbau der Windkraft (→ § 15 Rn. 71) – bei Standortgemeinden und der Wohnbevölkerung vor Ort auf immer größeren Widerstand stößt und daher die Energiewende an fehlender Akzeptanz zu scheitern droht.[189] Befragungen

---

[181] Richardi BetrVG/Annuß BetrVG § 89 Rn. 13 f.; ErfK/Kania BetrVG § 89 Rn. 3.
[182] Kloepfer, FS Henke, 2007, 161 (170).
[183] In Anlehnung an den berühmten Titel der Dissertation von Masing, Die Mobilisierung des Bürgers für die Durchsetzung des Rechts, 1996.
[184] Reichel/Meyer RdA 2003, 101 (105).
[185] Schiefer/Worzalla NZA 2011, 1396 (1401).
[186] Näher dazu Schulze/Volk/Schwartzer ArbRAktuell 2020, 492 ff.
[187] So bereits Sander, Umweltschutzbeauftragte, 27 f. sowie nunmehr Heimann/Flöter ESG 2022, 138 ff.
[188] Vgl. dazu DENA, Distributed Wind and PV in Denmark and Germany, 2019, 17 f. im Internet unter https://www.dena.de/fileadmin/dena/Publikationen/PDFs/2019/Distributed_Wind_and_PV_in_Denmark_and_Germany.pdf.
[189] Vgl. nur Köck Jb.UTR 2017, 129 ff.; Rodi KlimaschutzR-HdB ZUR 2017, 658 ff.

hatten ergeben, dass die Betroffenen eher bereit wären, die Belastungen der Windkraft zu akzeptieren, wenn sie auch an den hiermit erzeugten Gewinnen partizipieren könnten. Letztlich will der Gesetzgeber so die Wertschöpfung für die Betroffenen konkret erfahrbar machen und den Ausbau der Windkraft durch Schaffung von Akzeptanz befördern.

Die Verfassungskonformität dieses Vorgehens war in vieler Hinsicht umstritten.[190] 2022 erklärte das BVerfG das Regelungsmodell des Bürger- und Gemeindebeteiligungsgesetzes MV jedoch in einer wegweisenden Leitentscheidung (→ § 15 Rn. 72) für **verfassungsgemäß**.[191] **Kompetenzrechtlich** seien Pflichten zur Schaffung einer bestimmten Gesellschafts- und Aktionärsstruktur **kein Gesellschaftsrecht** iSv Art. 74 Abs. 1 Nr. 11 GG, sondern differenziert jenen Regelungszusammenhängen zuzuordnen, denen der Zweck solcher Pflichten entspreche. Damit könnten vergleichbare Regelungen künftig im Rahmen unterschiedlicher umweltrechtrechtlicher Zusammenhänge erlassen werden. Materiell-rechtlich stelle das Gesetz zwar einen schweren Eingriff in das Grundrecht der **Berufsfreiheit** der Windkraftbetreiber nach Art. 12 GG dar (→ § 6 Rn. 7 ff. und § 7 Rn. 3 ff.). Dieser sei jedoch gerechtfertigt, weil der Landesgesetzgeber mit einem plausiblen Konzept Ziele befördere, denen für den Schutz des Klimas und der Grundrechte beträchtliches Gewicht zukäme. Ähnliche Regelungen finden sich auch in anderen Bundesländern und werden seit längerem auch auf Bundesebene diskutiert.[192] Nach der Grundsatzentscheidung zu dem durch das BVerfG explizit als „Pilotprojekt" bezeichneten Landesgesetz könnte diese eingriffsintensive Form der unternehmerischen Binnensteuerung daher künftig weitere Anwendungsfälle finden.[193]

X. Die Bilanz aus Sicht der Unternehmen

Der Überblick dieses Kapitels zu den umweltrechtlichen Nachhaltigkeitsvorgaben verdeutlicht, dass sich Unternehmen mittlerweile auch in ihrem Binnenraum einer Fülle verwaltungsrechtlicher Vorgaben ausgesetzt sehen. Die jüngeren punktuellen Anforderungen an die Unternehmens- und Aktionärsstruktur (→ Rn. 78 f.) bilden allerdings noch seltene Ausnahmefälle. Im Regelfall begründen die vorgestellten Vorgaben lediglich **konkretisierungsbedürftige Grundsatzverpflichtungen:** Der Anlagenbetrieb muss so organisiert sein, dass schädliche Umwelteinwirkungen und sonstige Gefahren für die Allgemeinheit und die Nachbarschaft nicht hervorgerufen werden können (→ Rn. 9). Unternehmen, die umweltbelastende Tätigkeiten von hinreichendem Gewicht durchführen, haben Umweltschutzbeauftragte zu bestellen (→ Rn. 33 ff.). Im Anwendungsbereich der Mitteilungspflichten zur Betriebsorganisation müssen bestimmte Zuständigkeiten und Organisationsstrukturen etabliert und diese an die Aufsichtsbehörde übermittelt werden (→ Rn. 48 ff.). Im Anwendungsbereich des Lieferkettensorgfaltspflichtengesetzes hingegen müssen bestimmte Verfahrensschritte vollzogen, nämlich Risikomanagementverfahren eingeführt und Risikoanalysen durchgeführt und dokumentiert werden (→ Rn. 67 ff.). All dies bleiben im Kern aber bislang eher prozedurale Anreize und **programmatische Impulse** für den Umweltschutz im Unternehmen als eindeutige Maßstäbe für die Organisation des Betriebs.

Deutlich spezifischere Pflichten finden sich vor allem punktuell bei den gesetzlichen Ausformungen der Eigenüberwachungspflicht (→ Rn. 21 ff.). Im Übrigen eröffnen sich den von den erwähnten Vorgaben erfassten Unternehmen zumeist weitreichende Spielräume, die sehr unterschiedlich wahrgenommen werden können. Eine Minimallösung kann

---

[190] Die Verfassungswidrigkeit behaupteten unter verschiedensten Gesichtspunkten etwa Milstein ZUR 2016, 269 ff. und Lege NVwZ 2019, 1000 ff.

[191] BVerfG NVwZ 2022, 861 ff. mAnm. Köck/Wiegand ZUR 2022, 426 ff., krit Erbguth DVBl 2023, 133 ff.

[192] Vgl. nur Pegel EnWZ 2016, 433 (434); Schäfer-Stradowsky EnWZ 2020, 1 f.; Schmidt-Eichstaedt LKV 2018, 1 (3); Wegner, Verfassungsrechtliche Fragen ordnungsrechtlicher Teilhabemodelle am Beispiel des Bürger- und Gemeindebeteiligungsgesetzes Mecklenburg-Vorpommern, 2018; allgemeiner auch Beckers/Ott/Hoffrichter ZUR 2017, 643 ff.

[193] So die plausible Einschätzung bei Köck/Wiegand ZUR 2022, 426 (428).

darin bestehen, die organisatorischen Anforderungen und prozeduralen Arbeitsschritte formal abzuarbeiten, ohne damit inhaltliche Modifikationen zu verbinden.[194] Dieses oftmals mit dem mehrdeutigen Begriff des sog. **Greenwashing** bezeichnete Risiko, dass sich das vorgeschriebene Verfahren in sich selbst erschöpft, ist der anreizorientierten gesetzgeberischen Regelungsstrategie immanent.[195] Im besten Fall jedoch vermitteln die staatlichen Anreize den Akteuren **Anstöße für eine selbstgestaltete** anspruchsvolle **Umweltunternehmenspolitik,** die bestehende Strukturen auf den Prüfstand stellt, um das eigene Geschäftsmodell tatsächlich umweltfreundlicher und nachhaltiger auszurichten. Die ISO 14001 und die EMAS-Verordnung (→ Rn. 18 und 56 ff.) bieten für die Verwirklichung dieses Ziels Hilfen und Orientierung, weisen aber nicht den einzigen gangbaren Weg.

---

[194] Relativ viele der zur Abarbeitung des Lieferkettensorgfaltspflichtengesetzes (→ Rn. 67 ff.) angebotenen Leitfäden und Software-Programme etwa beruhen auf bloßen Checklisten, ob überhaupt zB eigene Umweltpolitiken für Bodenschutz, Wasser, Abfall und Chemikalien bestehen und korrespondierende Zuständigkeiten eingerichtet sind, ohne jedoch irgendwelche inhaltlichen Anforderungen an diese Politiken aufzustellen.

[195] Vgl. dazu nur Ekkenga/Schirrmacher/Schneider NJW 2021, 1509 ff. mit der Grundthese: „Die Instrumentalisierung der Wirtschaft zur Erreichung von Nachhaltigkeitszielen ist ein Abenteuer mit offenem Ausgang." Allg. zum Phänomen bereits Schewe/Nienaber/Buschmann/Liesenkötter ZfU 2012, 1 ff.

§ 9 Ansätze verwaltungsrechtlicher Vorgaben betreffend Soziales und Governance

Prof. Dr. Martin Burgi

Übersicht

	Rn.
I. Gegenwärtiges Spektrum	1
II. Begriffe und ihre Relevanz	2
1. Soziale Nachhaltigkeitskriterien	2
2. Governancebezogene Nachhaltigkeitskriterien	7
III. Auswahl bestehender organisationsbezogener Pflichten	9
1. Einrichtung von Beauftragten oder Verantwortlichen	10
2. Pflichten zur (teilweisen) Ausrichtung der Geschäftsorganisation an bestimmten öffentlichen Interessen	13
3. Vorgaben zur Entflechtung	15
IV. Überblick: An die privatrechtlichen Organisationsvorgaben des LkSG anknüpfende verfahrensrechtliche Pflichten (Public Enforcement)	16
V. Bevorstehende und perspektivische Erweiterung verwaltungsrechtlicher Vorgaben	20
1. Vorschlag einer Sorgfaltspflichten-Richtlinie	20
a) Sorgfaltspflichten für Lieferketten bzw. Wertschöpfungsketten	21
b) Strukturell neu: Organisationsbezogene Pflichten jenseits des Sorgfaltspflichtenkanons	27
2. Ausblick: Ausrichtung der Geschäftsleiterpflichten auf vorab definierte Gemeinwohlbelange jenseits von Lieferkette und Sorgfaltspflichtenkonzept?	29

Literatur

Bettermann/Hoes, Der Entwurf der Europäischen Corporate Sustainability Due Diligence Richtlinie, WM 2022, 697; Brömmelmeyer, Nachhaltigkeit für Energieversorgungsunternehmen, EWeRK 2022, 76; Hübner/Habrich/Weller, Corporate Sustainability Due Diligence, NZG 2022, 644; Nietsch, Internationale Nachhaltigkeits-Governance, KlimaRZ 2022, 22; Nietsch/Wiedmann, Der Vorschlag zu einer europäischen Sorgfaltspflichten-Richtlinie im Unternehmensbereich, CCZ 2022, 125; Rast, Unternehmerische Organisationsfreiheit und Gemeinwohlbelange, 2022; Schmidt, Die Durchschlagskraft des Lieferkettensorgfaltspflichtengesetzes (LkSG), CCZ 2022, 214; Ulmer-Eilfort, Soziale Nachhaltigkeit – Risiken, Auswirkungen, Chancen, ESG 2022, 76.

I. Gegenwärtiges Spektrum

Bislang gibt es (ganz im Unterschied zu den im vorherigen Abschnitt (§ 8) dargestellten umweltrechtlichen Nachhaltigkeitsvorgaben) nur vereinzelte und überwiegend auch nicht konzeptionell auf „Nachhaltigkeit" bezogene verwaltungsrechtliche Vorgaben betreffend die Kriterien „Social" und „Governance". Allerdings ist (ebenso wie im Privatrecht)[1] mit einem Anwachsen des Normenbestandes zu rechnen[2] und auch hier ist im Hinblick auf bereits bestehende Ansätze bereits ein „Präzisierungsbedarf" angemeldet worden.[3] Ein bereits erkennbarer Entwicklungsschub dürfte mit der Verabschiedung der Sorgfaltspflichten-Richtlinie erfolgen (→ Rn. 18). Im Hinblick auf soziale Nachhaltigkeitsfaktoren dürfte der Schwerpunkt der künftigen Entwicklung freilich weniger im Verwaltungsrecht als im (europäischen) Sozial- und Arbeitsrecht liegen.[4] Unter „Verwaltungsrecht" im Sinne dieses Abschnitts wird das **Verwaltungsrecht im engeren,** auf öffentlich-rechtliche Normen

1

---

[1] Insoweit Ulmer-Eilfort ESG 2022, 76 (84).
[2] Interessant zum Gesamtpanorama der Nachhaltigkeits-Governance aus rechtsvergleichender Perspektive Nietsch KlimaRZ 2022, 22.
[3] Vgl. VEM Verw/Eifert § 19 Rn. 107.
[4] Dazu Göpfert/Melles NJW 2022, 2505.

beschränkten **Sinne** verstanden, wohingegen Vorgaben für das Verwaltungshandeln im Vergaberecht (§ 11) bzw. bei der Subventionsvergabe (§ 12) gesondert betrachtet werden, ebenso die spezifischen governancebezogenen Vorgaben für Finanzunternehmen (§ 14) bzw. Energieunternehmen (§ 15) und die Sonderregelungen für staatliche Beteiligungen in der Krise (§ 17).

II. Begriffe und ihre Relevanz

1. Soziale Nachhaltigkeitskriterien

2   Wenn von „ESG" bzw. von „Sozialer Nachhaltigkeit" gesprochen wird, so handelt es sich selbstverständlich erst einmal um Arbeitsbegriffe, nicht etwa um Rechtsbegriffe. Als Arbeitsbegriff umfasst „Soziale Nachhaltigkeit" eine Gruppe von Themen, die mit den Stichwörtern Menschenrechte, Chancengleichheit/Diversity[5] und gerechte Arbeitsbedingungen inklusive Löhne zusammengefasst werden können.[6] Die Sustainable Development Goals (SDGs) im Rahmen des UN Global Compact (→ § 3 Rn. 3) enthalten als globales Zielsystem sieben Ziele, die sich dem Themenfeld des Sozialen zuordnen lassen: 1-No Poverty, 2-Zero Hunger, 3-Health and Wellbeing, 4-Quality Education, 5-Gender Equality, 8-Decent Work and Economic Growth, 10-Reduce Inequalities.[7] Diese Aspekte kommen auch in zahlreichen anderen Regelwerken des sog. soft law vor, wobei aber teilweise unterschiedliche Akzente gesetzt werden. Außer Frage steht, dass die **Übersetzung** dieser thematischen Zielvorstellungen **in normative Vorgaben** um ein Vielfaches **komplexer** ist und wesentlich streitbefangener sein wird als im Hinblick auf die Kriterien der ökologischen Nachhaltigkeit. Jenseits absoluter Mindeststandards wird hier in demokratischen Diskursen im Rahmen der hierfür vorgezeichneten Rechtsetzungsverfahren auf europäischer und nationaler Ebene über die Einzelheiten gerungen werden müssen. Schon deshalb ist nicht mit gleichermaßen durchschlagskräftigen verwaltungsrechtlichen Vorgaben zu rechnen wie bei der ökologischen Nachhaltigkeit.

3   Die **Taxonomie-Verordnung** (VO (EU) 2020/852; → § 1 Rn. 22) verknüpft immerhin bereits die Einstufung unternehmerischer Tätigkeiten als „ökologisch nachhaltig" mit einem sozialen Mindestschutz (in Art. 3 lit. c iVm Art. 18). Demnach gehe es darum, „sicherzustellen, dass die OECD-Leitsätze für multinationale Unternehmen und die Leitprinzipien der Vereinten Nationen für Wirtschaft und Menschenrechte, einschließlich der Grundprinzipien und Rechte aus den acht Kernübereinkommen, die in der Erklärung der Internationalen Arbeitsorganisation über grundlegende Prinzipien und Rechte bei der Arbeit festgelegt sind, und aus der Internationalen Charta der Menschenrechte, befolgt werden". Eine eigenständige normative Festlegung findet sich hier mithin noch nicht.

4   Die von der Kommission gemäß Art. 20 VO (EU) 2020/852 begründete „Plattform für ein nachhaltiges Finanzwesen" hat in ihrem im Februar 2022 vorgelegten **„Bericht zur sozialen Taxonomie"**[8] bereits den Versuch einer immerhin strukturellen Orientierung an der Umwelttaxonomie unternommen. Dabei soll es wiederum weniger um eigenständige Festlegungen als um Bezugnahmen auf internationale Rechtsdokumente gehen. Als erstes Ziel wird hierbei das einer „menschenwürdigen Arbeit" definiert. Zweitens sollen ein „angemessener Lebensstandard und Wohlbefinden für die Verbraucher" erreicht werden und drittens müsse die Taxonomie „der Verwirklichung integrativer und nachhaltiger Gemeinschaften und Gesellschaften dienen". Diese drei Hauptziele sollen durch detailliertere Unterziele konkretisiert werden, ua Gesundheitsvorsorge, faire Wohn- und Lohnver-

---

[5] Dazu ausführlich Rentsch ZGR 2022, 107 ff.
[6] Ähnlich Ulmer-Eilfort ESG 2022, 76 (81 ff.).
[7] Jeweils kommentiert in Huck, Sustainable Development Goals, 2022.
[8] Final Report on Social Taxonomy Platform on Sustainable Finance, EC. Europa. EU: https://ec.europa.eu/info/sites/default/files/business_economy_euro/banking_and_finance/documents/280222-sustainable-finance-platform-finance-report-social-taxonomy.pdf (zuletzt abgerufen am 29.8.2022).

hältnisse oder Datenschutz. Dies unterscheidet sich nach Breite und Intensität des Zugriffs auf die sozialen Themen schon deutlich von den thematischen Festlegungen auf Menschenrechte, Diversity und gerechte Arbeitsbedingungen.

Gleichfalls konkreter wird die Kommission auch in ihrem Vorschlag einer (im November 2022) vom Europäischen Rat angenommenen **„Corporate Sustainability Reporting Directive"**.[9] Danach sollen sich Informationen auf soziale Faktoren wie Chancengleichheit (inklusive Geschlechtergerechtigkeit und Lohngleichheit, Ausbildung und Kompetenzentwicklung sowie Beschäftigung und Inklusion von Menschen mit Behinderung) beziehen, ferner auf verschiedene Aspekte der Arbeitsbedingungen, ua die Vereinbarkeit von Beruf und Privatleben und schließlich auf die Achtung der Menschenrechte, Grundfreiheiten, demokratischen Grundsätze und Standards. In der dem Privatrecht zugehörenden bilanzrechtlichen Vorschrift des § 289c Abs. 2 HGB werden konkret „die Arbeitnehmerbelange und die Sozialbelange" sowie die „Achtung der Menschenrechte" und die „Bekämpfung von Korruption und Bestechung" zu Gegenständen der sog. nichtfinanziellen Berichterstattung erhoben (→ § 4 Rn. 56).[10]

In § 2 des LkSG wird schließlich zwischen „umweltrechtlichen Risiken (§ 2 Abs. 3 LkSG) und „menschenrechtlichen Risiken" (§ 2 Abs. 2 LkSG) unterschieden. In den nachfolgenden Vorschriften dieses Gesetzes werden dann zahlreiche Rechtspflichten normiert, mit dem Ziel, jenen Risiken vorzubeugen, sie zu minimieren oder zu beenden (vgl. insbesondere § 3 Abs. 1 LkSG). Der Kreis der **„menschenrechtlichen Risiken"** iSv § 2 Abs. 2 LkSG wird zum einen durch die gleichsam klassischen Verbote betreffend die Beschäftigung von Kindern, Sklaven und Zwangsarbeitern (Nr. 1–4), die Missachtung des Arbeitsschutzes und der Koalitionsfreiheit (Nr. 5 u. 6) sowie schwerwiegende Umweltverstöße (Nr. 9 u. 10) bzw. den missbräuchlichen Einsatz von Sicherheitskräften (Nr. 11) gebildet. In Nr. 7 findet sich dann (bereits in näherer Konkretisierung) das „Verbot der Ungleichbehandlung in Beschäftigung" (zum Verhältnis zum AGG → § 10 Rn. 20) und in Nr. 8 das „Vorenthalten eines angemessenen Lohns". Mit dem LkSG sind damit aus der ursprünglich bloß thematischen Beschreibung „Soziales" in verschiedenen Tatbeständen konkretisierte Voraussetzungen für das Eingreifen ihrerseits konkreter Rechtsfolgen, auch solche des Verwaltungsrechts (näher → Rn. 16 ff.) geworden.

2. Governancebezogene Nachhaltigkeitskriterien

Auch das Kriterium „Governance" ist im ESG-Kontext (im Unterschied zum ökologischen Kriterium) bislang **vergleichsweise blass geblieben.** Herkömmlich geht es hierbei um das „Zusammenspiel von Vorstand, Aufsichtsrat, Abschlussprüfer und Aktionären".[11] Demnach ist „Corporate Governance das System, nach dem Unternehmen geführt und kontrolliert werden, sowie eine Reihe definierter Beziehungen zwischen der Führung und dem Leitungsorgan eines Unternehmens sowie zu seinen Aktionären und sonstigen Akteuren."[12] Der bereits mehrfach erwähnte DCGK (→ § 4 Rn. 10, 62 ff.) versteht in seiner Präambel Corporate Governance als den „rechtlichen und faktischen Ordnungsrahmen für die Leitung und Überwachung eines Unternehmens", mithin eine moderne Variante des früher gebräuchlicheren Begriffs der „Unternehmensverfassung" (bereits → § 1 Rn. 2).[13]

In verwaltungsrechtlichen Regelungen wird (soweit ersichtlich) hieran bislang noch nicht angeknüpft. Dies dürfte sich aber ändern mit Verabschiedung und daraufhin folgender Umsetzung der **Sorgfaltspflichten-Richtlinie** in nationales Recht (→ Rn. 20 ff.). Im

---

[9] EU-Kommission, Richtlinienvorschlag COM(2021) 189 final vom 21.4.2021; die endgültige Fassung ist in ABl. EU L 322/15 veröffentlicht. Ausführlich dazu Schön ZfPW 2022, 207 (216 ff., 239 ff.).
[10] Ausführlich Hell, Offenlegung nicht finanzieller Informationen, 2020.
[11] Habersack, Staatliche und halbstaatliche Eingriffe in die Unternehmensführung, Gutachten E zum 69. Deutschen Juristentag, 2012, E15.
[12] Europäische Kommission, Grünbuch Europäischer Governance-Rahmen, KOM (2011) 164 endg., 3 f.
[13] Zuletzt Spießhofer NZG 2022, 435.

bereits erwähnten Vorschlag der Kommission werden als governancebezogene Nachhaltigkeit verstanden: „die Rolle der Verwaltungs-, Leitungs- und Aufsichtsorgane des Unternehmens; die Unternehmensethik und Unternehmenskultur; die Verwaltung und Qualität der Beziehungen zu Geschäftspartnern, einschließlich Zahlungspraktiken und die internen Kontroll- und Risikomanagementsysteme des Unternehmens" (vgl. Art. 19b Abs. 2 S. 2 lit. c RL 2013/34/EU idF d. Vorschlags zur Weiterentwicklung zu einer Sorgfaltspflichten-Richtlinie). Auch dies belegt die fortschreitende Konkretisierung bei gleichzeitiger Ausdehnung und Intensivierung der vormals eher abstrakten thematischen Umschreibungen.

III. Auswahl bestehender organisationsbezogener Pflichten

9   Die nachfolgend beschriebenen Pflichten bestehen teilweise schon sehr lange und sind nicht in explizitem Zusammenhang mit dem Konzept der Nachhaltigkeit formuliert worden. Nichtsdestoweniger enthalten sie teilweise soziale, überwiegend aber governancebezogene Inhalte und sind daher zur Illustration des Gesamtpanoramas hilfreich. Vor allem aber könnten sie **möglicherweise** den **Nukleus** für ein künftig (je nach politischer Vorstellung der hierfür zuständigen Institutionen auf europäischer bzw. nationaler Ebene) weiter ausgebautes Verwaltungsrecht der Unternehmensorganisation bilden.

1. Einrichtung von Beauftragten oder Verantwortlichen

10   Neben den in → § 8 Rn. 33 ff. ausführlich dargestellten Umweltschutzbeauftragten und den im Mittelpunkt von → § 13 Rn. 44 ff. stehenden Datenschutzbeauftragten gibt es insbesondere den Tierschutzbeauftragten gemäß § 10 TierSchG iVm § 5 TierSchVersV, dem überdies verschiedene Verfahrenspflichten im Verhältnis zur zuständigen Behörde auferlegt sind,[14] und den sog. Stufenplanbeauftragten nach § 63a AMG, der (wiederum in stetigen Austausch mit den zuständigen Behörden) Informationen zu Arzneimittelrisiken sammeln und austauschen muss.[15] Den meisten dieser (grundsätzlich beliebigen weiteren Themen zuordenbaren) **Beauftragten** bzw. **Verantwortlichen** werden innerbetrieblich Entscheidungs- und/oder Weisungsrechte eingeräumt.

11   Bei Missachtung der Organisationspflicht ist ganz überwiegend ein **Bußgeld** fällig (vgl. z § 44 Abs. 2 Nr. 2 TierSchVersV iVm § 18 Abs. 1 Nr. 3 lit. b TierSchG). Teilweise wird eine je nach Rechtsgebiet erforderliche **Genehmigung** für die nach außen gerichtete Tätigkeit des Unternehmens davon abhängig gemacht, dass die betreffende organisationsbezogene Pflicht erfüllt wird, so beispielsweise nach § 8 Abs. 1 S. 2 Nr. 4 TierSchG. Das Sanktionsregime gehört mithin seinerseits zum Verwaltungsrecht und der Rechtsschutz ist vor den Verwaltungsgerichten zu suchen bzw. nach dem OWiG.

12   Von der Pflicht zur Schaffung neuer Organisationseinheiten innerhalb des Unternehmens ist die **Pflicht zur Bestellung einzelner Organmitglieder** zu unterscheiden, die dann jeweils für einen bestimmten Belang zuständig sind. Beispiele hierfür finden sich (neben dem in diesem Abschnitt nicht näher betrachteten Umwelt- und dem Finanzaufsichtsrecht) im Gewerberecht (Verantwortlicher im Seebewachungsunternehmen; § 4 Abs. 1 S. 2 Nr. 1 SeeBewachV) und im Außenwirtschaftsrecht (Ausfuhrverantwortlicher für Kriegswaffen nach Nr. 1 der Bekanntmachung zu den Grundsätzen der Bundesregierung zur Prüfung der Zuverlässigkeit von Exporteuren von Kriegswaffen und rüstungsrelevanten Gütern).[16] Ihre Aufgaben sind vergleichsweise weniger konkret umschrieben als die der Betriebsbeauftragten. Im Mittelpunkt steht jeweils das präventive Vorgehen gegen Verstöße im Zusammenhang mit der jeweils betroffenen Sachmaterie. Vom jeweiligen normativen

---

[14] Näher Rast, Organisationsfreiheit, S. 81 f.
[15] Näher hierzu Reiling, Der Hybride, 2016, 133 ff.; zu weiteren Erscheinungsformen aus dem Recht der Finanzwirtschaft Rast, Organisationsfreiheit, 95 f.
[16] BAnz AT 19.10.2020 B 3.

Kontext hängt ab, ob diese Verantwortlichen selbst zum Träger von Rechten und Pflichten werden oder ob die Verantwortung hierfür weiterhin ausschließlich beim Unternehmen liegt.[17]

2. Pflichten zur (teilweisen) Ausrichtung der Geschäftsorganisation an bestimmten öffentlichen Interessen

Ein wichtiges Beispiel hierfür findet sich in der klassischen wirtschaftsverwaltungsrechtlichen Materie des Gewerberechts, und zwar seit 2013 in § 31 GewO. Diese Vorschrift knüpft die Gewerbeerlaubnis (hier „Zulassung" genannt) an das Vorliegen einer sachgerechten Organisation. Unternehmen, die ein Bewachungsgewerbe auf Seeschiffen betreiben wollen, müssen gemäß § 31 Abs. 2 S. 1 Nr. 1 GewO „eine betriebliche Organisation und Verfahrensabläufe haben, die insbesondere Maßnahmen zur Sicherstellung der fachlichen und persönlichen Geeignetheit und Zuverlässigkeit der eingesetzten Personen sicherstellen." Anders als sonst im **Gewerberecht** üblich werden also nicht unmittelbar die betroffenen Mitarbeiterinnen und Mitarbeiter auf ihre Zuverlässigkeit und Fachkunde hin überprüft, vielmehr wird ein „unternehmensbezogener" bzw. „organisationsbezogener" Ansatz gewählt.[18] Die Einzelheiten werden in der SeeBewachV konkretisiert. Ähnlich wie in dem deutlich neueren LkSG ist auch hier bereits eine Kontrolle und Prüfung der täglichen Prozesse und der Aufbau- und Ablauforganisation in Gestalt einer Systemprüfung (vgl. § 9 Abs. 2 S. 1 SeeBewachDV) erforderlich und müssen für die Beseitigung festgestellter Mängel im Rahmen dieser Prüfung gemäß § 9 Abs. 4 S. 1 SeeBewachDV relevante Ansprechpartner festgelegt werden. Gemäß § 11 Abs. 2 SeeBewachDV ist eine Stelle einzurichten, an die sich Mitarbeiter wenden können, um drohende oder festgestellte Verstöße zu melden.

Eine **damit vergleichbare Vorschrift** findet sich in § 6d Abs. 1 AEG für Unternehmen, die Eisenbahnverkehrsdienste erbringen wollen. § 19a ChemG schließlich verlangt, dass bestimmte gesundheits- und umweltrelevante Sicherheitsprüfungen von Stoffen oder Gemischen unter Einhaltung der „Grundsätze der Guten Laborpraxis" nach Anhang I zum ChemG durchzuführen sind, welcher wiederum in Abschnitt 2 umfangreiche Organisationsvorgaben enthält.[19] Auch dieser Typ von organisationsbezogenen verwaltungsrechtlichen Vorgaben ist regelmäßig mit der Erlangung erforderlicher Erlaubnisse verknüpft bzw. bußgeldbewehrt.

3. Vorgaben zur Entflechtung

Verwaltungsrechtliche Vorgaben zur Entflechtung innerhalb des Unternehmens (und damit zu einem Teil der internen Governance) finden sich **außer im Energierecht** (→ § 15 Rn. 15 ff.) in teilweise vergleichbarer Intensität auch im Telekommunikationsrecht. So erlaubt § 40 Abs. 1 S. 1 TKG der Bundesnetzagentur, im Einzelfall gegenüber vertikal integrierten Telekommunikationsunternehmen durch eine sog. Regulierungsverfügung (also durch Verwaltungsakt) anzuordnen, dass diese Tätigkeiten im Zusammenhang mit der Bereitstellung bestimmter Zugangsprojekte auf der sog. Vorleistungsebene in einem unabhängig arbeitenden Geschäftsbereich unterzubringen haben. Umstritten ist, ob eine buchhalterische Entflechtung ausreicht, und diskutiert wird, ob neben einer funktionellen sogar eine gesellschaftsrechtliche Trennung erforderlich ist.[20] Eindeutig eine Pflicht zur buchhalterischen Entflechtung enthalten die §§ 7 Nr. 2 und 24 TKG sowie § 10 Abs. 2 PostG.[21] Der intensivste Eingriff in die unternehmerische Organisationsautonomie bildet die Pflicht, einen bestimmten Teil des Gesamtunternehmens gesellschaftsrechtlich voll-

---

[17] Vgl. hierzu Rast, Organisationsfreiheit, 155 ff. mwN.
[18] Vertiefend Ennuschat GewArch 2014, 329 mwN.
[19] Rast, Organisationsfreiheit, 132 f.
[20] Zu allen Einzelheiten mit zahlreichen weiteren Nachweisen Rast, Organisationsfreiheit, 148 f.
[21] Auch insoweit Rast, Organisationsfreiheit, 175 f.

ständig abzutrennen, dh in eine eigenständige Gesellschaft mit eigener Rechtsform zu überführen, die sog. rechtliche Entflechtung. Rechtsgrundlagen hierfür finden sich in § 7 Nr. 1 TKG und in § 10 Abs. 1 PostG.[22]

IV. Überblick: An die privatrechtlichen Organisationsvorgaben des LkSG anknüpfende verfahrensrechtliche Pflichten (Public Enforcement)

16 Das bislang einzige Anwendungsbeispiel für verwaltungsrechtliche Vorgaben betreffend **soziale Kriterien** bildet das in den §§ 12 ff. LkSG errichtete System des Public Enforcement der privatrechtlichen Organisationspflichten (→ § 1 Rn. 42) nach §§ 3 ff. LkSG. Als vom Gesetzgeber typisierend vorgegebene organisationsbezogene Elemente der in § 3 Abs. 1 S. 1 LkSG statuierten allgemeinen „menschenrechtlichen" (und ferner umweltbezogenen; dazu → § 8 Rn. 67 ff.) Sorgfaltspflichten müssen die Unternehmen ein „Risikomanagement" (§ 4 LkSG) einrichten, eine „angemessene Risikoanalyse" (§ 5 LkSG) durchführen, „Präventions- und Abhilfemaßnahmen" (§§ 6 u. 7 LkSG) ergreifen und schließlich ein „Beschwerdeverfahren" (§ 8 LkSG) etablieren. Teil des Risikomanagements nach § 4 Abs. 3 LkSG kann beispielsweise die „Benennung eines Menschenrechtsbeauftragten" sein.[23] All dies soll neben den umweltbezogenen insbesondere den „menschenrechtlichen Risiken" gemäß § 2 Abs. 2 LkSG entgegenwirken, ist also an sozialen Kriterien im eingangs (→ Rn. 2) skizzierten Sinne orientiert (→ § 10 Rn. 18 ff.).

17 Während das LkSG weder eine zivilrechtliche Haftung begründet und insbesondere auch nicht als Schutzgesetz im Sinne des §§ 823 Abs. 2 BGB anzusehen ist (→ § 4 Rn. 28 f.), setzt es zwecks Durchsetzung und ggf. Sanktionierung auf das sog. **Public Enforcement,** dh auf verwaltungsverfahrensrechtliche Pflichten. Hierbei werden in den §§ 12 ff. LkSG in detaillierter Weise die Rechtsbeziehungen zwischen den Unternehmen und dem zuständigen BAFA (§ 19 Abs. 1 S. 1 LkSG) normiert. Nach näherer Maßgabe einer noch zu erlassenden Rechtsverordnung ist dieses zuständig für die Prüfung der nach § 10 LkSG einzureichenden Berichte (§ 13 LkSG) und es trifft nach § 15 LkSG „geeignete und erforderliche Anordnungen und Maßnahmen", um Verstöße gegen Pflichten festzustellen, zu beseitigen oder zu verhindern. In § 15 Nr. 1–3 LkSG werden hierzu verschiedene Befugnisse (etwa Betretensrechte (§ 16 LkSG), die Möglichkeit Personen zu laden sowie Auskunfts- und Herausgabepflichten bzw. Duldungs- und Mitwirkungspflichten (§§ 17 u. 18 LkSG)) normiert. Weitere interessante Instrumente des BAFA bestehen in der Veröffentlichung von „Handreichungen" nach § 20 LkSG sowie eines jährlichen „Rechenschaftsberichts" nach § 21 LkSG, in dem auf festgestellte Verstöße und angeordnete Abhilfemaßnahmen hingewiesen und diese erläutert werden (allerdings ohne die jeweils betroffenen Unternehmen zu benennen). Als Sanktion ist neben einem umfangreichen Bußgeldkatalog (§ 24 LkSG) und einem gegenüber der Vorgabe in § 11 Abs. 3 des VwVG von 25.000 € auf 50.000 € erhöhten Zwangsgeld (§ 23 LkSG) der Ausschluss von der Vergabe öffentlicher Aufträge vorgesehen (in § 22 LkSG; dazu → § 11 Rn. 39 ff.). All das wird ausführlich in → § 10 Rn. 28 ff. erläutert.[24]

18 Anders als in der bevorstehenden Sorgfaltspflichten-Richtlinie (→ Rn. 20 ff.) sind im LkSG keine Vorgaben betreffend die Ausrichtung von Unternehmen im Hinblick auf bestimmte Ziele und auch keine Vorgaben betreffend die Vergütung der Unternehmensleiter vorgesehen, die dann wiederum Gegenstand verwaltungsrechtlicher Handlungsbefugnisse wären. Vielmehr **beschränken sich** die organisationsbezogenen Vorgaben des LkSG auf die **nähere Ausgestaltung der allgemeinen Sorgfaltspflicht** „in ihren Lieferketten". Da unter „Lieferkette" im Sinne des Gesetzes „alle Schritte im In- und Ausland, die zur Herstellung der Produkte und zur Erbringung der Dienstleistungen

---

[22] Vgl. Rast, Organisationsfreiheit, 177 f.
[23] Hierzu Ruttloff/Wagner/Hahn/Freihoff CCZ 2022, 20 ff.
[24] Vgl. ferner (teilweise kritisch im Hinblick auf die Durchschlagskraft dieser Vorgaben) Schmidt CCZ 2022, 214.

erforderlich sind", verstanden werden (vgl. § 2 Abs. 5 LkSG), betreffen die (privatrechtlichen) Organisationspflichten zwar auch menschenrechtliche Risiken im Inland und auch im „eigenen Geschäftsbereich" des Unternehmens (vgl. § 2 Abs. 5 S. 2 Nr. 1 iVm Abs. 6 LkSG). Dies würde es nahelegen, sich damit nicht nur im Abschnitt über das Lieferkettenrecht zu beschäftigen, sondern auch in diesem den allgemeinen verwaltungsrechtlichen Vorgaben betreffend das Soziale gewidmeten Abschnitt. Allerdings sind die in § 2 Abs. 2 LkSG in insgesamt neun Unterpunkten näher präzisierten „menschenrechtlichen Risiken" mE deutlich an weltweit geltenden Mindeststandards orientiert, die durch unternehmerische Tätigkeiten in Deutschland realistischer- (und erfreulicherweise) nicht bedroht erscheinen (Kinderarbeit, Sklaverei etc.); im Hinblick auf das Verbot des Vorenthaltens eines angemessenen Lohns in § 2 Abs. 2 Nr. 8 LkSG wird explizit auf den Maßstab des (in diesem Fall in Deutschland) sowieso „anwendbaren Rechts" verwiesen. Zu dennoch uU entstehenden Konkurrenzverhältnissen zu Normen des nationalen Rechts → § 10 Rn. 45 ff.).

Allerdings kann das Regelungskonzept des LkSG im Hinblick auf soziale Kriterien **19** durchaus als **Nukleus** der Formulierung zusätzlicher, dann sich uU unmittelbar in Deutschland (also nicht nur in im Ausland liegenden Teilen der Lieferkette) verwirklichenden Risiken gesehen werden. Aus Sicht eines entsprechend regelungswilligen Gesetzgebers erscheint es naheliegend, die Kombination aus privatrechtlichen, näher ausgestalteten Sorgfaltspflichten und verwaltungsrechtlichen Vorgaben zu deren Durchsetzung auch auf Vorgaben niedrigerer Maßstabshöhe bzw. von größerer politischer Streitbefangenheit abzusenken. Dann würden sich auf breiterem Format die bereits in → § 10 Rn. 47 ff. angedeuteten verwaltungsrechtlichen Folgefragen stellen, insbesondere die nach der Abstimmung von Maßstabs- wie Durchsetzungsbefugnissen zwischen der (Bundesbehörde) BAFA und den regelmäßig für soziale (und auch die ökologischen) Kriterien zuständigen Landesbehörden etc.

V. Bevorstehende und perspektivische Erweiterung verwaltungsrechtlicher Vorgaben

1. Vorschlag einer Sorgfaltspflichten-Richtlinie

Die Europäische Kommission hat am 23.2.2022 einen Vorschlag für eine Corporate **20** Sustainability Due Diligence Directive vorgelegt (CSDDD; nachfolgend Sorgfaltspflichten-Richtlinie genannt[25]), die strukturell und inhaltlich mit dem LkSG den Ausgangspunkt teilt, dann in mehrfacher Hinsicht aber darüber hinausgeht und überdies auch nicht das letzte Wort in Sachen verwaltungsrechtliche Verfahrenspflichten bezogen auf soziale Kriterien darstellt (dazu → Rn. 29). Sollte der Richtlinienvorschlag die erforderlichen Rechtsetzungsschritte auf der europäischen Ebene durchlaufen und in Kraft treten, würden auf Deutschland erhebliche Umsetzungsanforderungen zukommen, wobei unterstellt werden kann, dass die eigentlichen organisationsbezogenen Pflichten wiederum als privatrechtliche Sorgfaltspflichten begründet würden.

a) Sorgfaltspflichten für Lieferketten bzw. Wertschöpfungsketten. Strukturell ver- **21** gleichbar mit dem LkSG werden die verschiedenen organisationsbezogenen Pflichten als Teileelemente der in Art. 4 des Richtlinienvorschlags zugrunde gelegten Sorgfaltspflichten konstituiert. Sie betreffen ein Risikomanagement (Art. 5 des Richtlinienvorschlags), eine Risikoanalyse (Art. 6 des Richtlinienvorschlags), Präventionsmaßnahmen zwecks Vermeidung potenzieller negativer Auswirkungen (Art. 7 des Richtlinienvorschlags), Abhilfemaßnahmen zur Behebung tatsächlicher negativer Auswirkungen (Art. 8 des Richtlinienvorschlags) und ein Beschwerdeverfahren (ebenfalls Art. 8 des Richtlinienvorschlags; vgl.

---

[25] Vorschlag der Kommission (EU) COM (2022) 71 final; zu den Veränderungsvorschlägen aus Rat und Parlament Stand Ende 2022: Kappler/Dobers ESG 2022, 299.

bereits → § 4 Rn. 30 f. mwN).[26] Ein lediglich terminologischer Unterschied besteht darin, dass nicht von „Lieferketten", sondern von „Wertschöpfungsketten" gesprochen wird. **Deutlich weiter** ist der Richtlinienvorschlag hinsichtlich seines personellen Anwendungsbereichs (→ § 10 Rn. 71). Auch der Kreis der in Bezug genommenen sozialen Kriterien in Gestalt von „Menschenrechten" ist weiter und gemäß Abschnitt 1 des Anhangs, Ziffer 21 fallen auch solche Rechte oder Verbote in den Schutzbereich des Richtlinienvorschlags, die in Abschnitt 2 enthalten sind, soweit dies dem betreffenden Unternehmen erkennbar gewesen wäre und es die Möglichkeit gehabt hätte, entsprechend zu handeln.

22 Der bedeutendste Unterschied des Richtlinienvorschlags gegenüber dem LkSG besteht aber darin, dass nach Art. 22 Abs. 1 die Mitgliedstaaten sicherstellen sollen, dass Unternehmen für Schäden haften müssen, wenn sie die geregelten organisationsbezogenen Pflichten zur Vermeidung potenzieller negativer Auswirkungen und zur Behebung tatsächlicher negativer Auswirkungen verletzt haben und als Folge dieses Versäumnisses negative Auswirkungen eingetreten sind. Anders als beim LkSG wird hier also zusätzlich zum Public Enforcement (dazu gleich → Rn. 23) eine **zivilrechtliche Haftung** für eigenes Fehlverhalten und für das Fehlverhalten von Tochterunternehmen und Vertragspartnern (kritisch bereits → § 4 Rn. 31) geschaffen.

23 All das ist (insofern vergleichbar mit dem LkSG) sowohl auf die „eigenen Tätigkeiten" des Unternehmens bezogen (Art. 1 Abs. 1 lit. a) als auch auf Tätigkeiten im Inland (vgl. Ziffern 14 ff. der Erwägungsgründe). Mit Umsetzung dieses Richtlinienvorschlags würde die bereits skizzierte (→ Rn. 19) mögliche Entwicklung eines **Ausbaus verwaltungsrechtlicher Vorgaben** jenseits der Aktivitäten entlang der Lieferkette und mit womöglich größerer Verstoßwahrscheinlichkeit, also hinsichtlich eines weiteren Anwendungsbereichs und eines bereits größer gewordenen Kreises von Menschenrechten initialisiert. Denn wie schon das LkSG sieht auch der Richtlinienvorschlag ein Public Enforcement in dem Sinne vor, dass einer noch zu bestimmenden (womöglich „unabhängigen"; → § 10 Rn. 73) nationalen „Aufsichtsbehörde" (vgl. Art. 17 des Richtlinienvorschlags) verschiedene, in den Art. 18 ff. zugrunde gelegte Aufsichtsbefugnisse nach dem LkSG einzuräumen sind; es ist davon auszugehen, dass in Deutschland hiermit wiederum das BAFA betraut würde.[27]

24 Bemerkenswert ist die **Erweiterung der Sanktionen** dahingehend, dass jede verhängte Sanktion zu veröffentlichen ist (sog. naming and shaming; vgl. Art. 20 Abs. 4 des Richtlinienvorschlags) und dass Unternehmen, bei denen ein Verstoß festgestellt wurde, nicht nur von öffentlichen Aufträgen, sondern auch von Fördermaßnahmen (vgl. Art. 24 des Richtlinienvorschlags) im Sinne von Wirtschaftssubventionen ausgeschlossen sein sollen.

25 Hinsichtlich der zu schaffenden **Bußgeldbestimmungen** beschränkt sich der Richtlinienvorschlag nicht auf die sonst übliche Formulierung, dass Sanktionen „effektiv, verhältnismäßig und abschreckend" sein müssten (insoweit auch Art. 20 Abs. 1 S. 2 des Richtlinienvorschlags), sondern gibt explizit vor, dass Bußgelder „umsatzbezogen" kalkuliert werden müssen und (wie bereits erwähnt) überdies veröffentlicht werden sollen (Art. 20 Abs. 3 u. 4 des Richtlinienvorschlags).[28]

26 Art. 26 des Richtlinienvorschlags verpflichtet die Mitgliedstaaten überdies dazu, sicherzustellen, dass auch die **Mitglieder der Unternehmensleitung** für die organisationsbezogenen Maßnahmen zur Erfüllung der Sorgfaltspflicht „verantwortlich sind". Dabei müssten „Beiträge von Interessenträgern und Organisationen der Zivilgesellschaft angemessen" berücksichtigt werden, worüber die Mitglieder der Unternehmensleitung wiederum dem Vorstand Bericht zu erstatten haben. Gemäß Art. 26 Abs. 2 des Richtlinienvorschlags bezieht sich dies auch auf die in den Art. 6 (Risikoanalyse) und Art. 7 – 9 (Präventionsmaßnahmen etc.) normierten Teilpflichten des Unternehmens.

---

[26] Neuere Beiträge hierzu: Hübner/Habrich/Weller NZG 2022, 645 ff.; Nietsch/Wiedmann CCZ 2022, 12 ff.; Stöbener de Mora/Noll EuZW 2023, 14.
[27] Zu den einzelnen Befugnissen der behördlichen Durchsetzung Bettermann/Hoes WM 2022, 697 (703 ff.).
[28] Kritisch dazu Nietsch/Wiedmann CCZ 2022, 125 (134).

**b) Strukturell neu: Organisationsbezogene Pflichten jenseits des Sorgfaltspflich- 27
tenkanons.** Bemerkenswerterweise gestaltet der Richtlinienvorschlag aber nicht „nur" Sorgfaltspflichten in der sowieso bereits weit verstandenen Wertschöpfungskette aus. Vielmehr enthält er darüber hinaus **unmittelbar organisationsbezogene ESG-Pflichten.** Auf diesen Unterschied und die klare Abschichtung von Tatbestandsmerkmalen und Rechtsfolgen wird bei der nationalen Umsetzung in besonderer Weise zu achten sein. Wiederum, und in gesteigerter Form, könnte es hier überdies zu einem „Draufsatteln" kommen, dh, in dem bereits im Richtlinienvorschlag enthaltenen Regelungskonzept steckt ein potenzieller Nukleus für soziale und governancebezogene verwaltungsrechtliche Vorgaben für die Unternehmensorganisation.

- Eine Pflicht zur (teilweisen) Ausrichtung der Geschäftsorganisation zwecks Beachtung des öffentlichen Interesses der „Eindämmung des Klimawandels" (entsprechend den Zielen des Pariser Übereinkommens) normiert **Art. 15 Abs. 1 des Richtlinienvorschlags.** Hierdurch werden die Unternehmen zur Festlegung eines „Plans" verpflichtet, mit dem sie sicherstellen, „dass das Geschäftsmodell und die Strategie des Unternehmens mit dem Übergang zu einer nachhaltigen Wirtschaft … vereinbar" ist. In diesem Plan soll „insbesondere" ermittelt (werden), inwieweit der Klimawandel ein Risiko für die Unternehmenstätigkeit darstellt bzw. sich darauf auswirkt. In der Sache geht es darum, zu untersuchen, ob das Unternehmen Klimarisiken ausgesetzt ist oder selbst solche verursacht.[29] Dabei handelt es sich um eine nicht mehr zwingend innerhalb des gesellschaftsrechtlichen Rahmens umzusetzende Pflicht. Vielmehr könnte der deutsche Umsetzungsgesetzgeber auch erwägen, diese Pflicht (ähnlich wie aus dem Regulierungsrecht bekannt; → § 1 Rn. 26), unmittelbar öffentlich-rechtlich vorzugeben. In beiden Fällen würden jedenfalls gemäß Art. 17 Abs. 1 des Richtlinienvorschlags die verfahrensrechtlichen Pflichten gegenüber der zuständigen Behörde (das sog. Public Enforcement) einsetzen.

- In **Art. 15 Abs. 2 des Richtlinienvorschlags** wird diese organisationsbezogene Pflicht zur Aufstellung eines Plans dahingehend präzisiert, dass dann, wenn der Klimawandel als ein „Hauptrisiko oder eine Hauptauswirkung der Unternehmenstätigkeit" ermittelt wurde, die Unternehmen „Emissionsreduktionsziele" in ihren Plan aufnehmen müssen. Durch die Kombination dieser beiden Absätze werden die Unternehmen strukturell in das gleiche Pflichtenprogramm eingesetzt wie die meisten Staaten es in Umsetzung der internationalen Klimaabkommen für den öffentlichen Sektor normiert haben (die Bundesrepublik Deutschland beispielsweise in §§ 3, 9 Bundes-Klimaschutzgesetz). Zur Durchsetzung dieser Pflicht sieht Art. 17 Abs. 1 des Richtlinienvorschlags wiederum das Public Enforcement vor.

- Ohne Public Enforcement und daher aller Voraussicht nach rein gesellschaftsrechtlich umzusetzen (jedoch in der Sache als eine governancebezogene Organisationsvorgabe anzusehen), ist **Art. 15 Abs. 3 des Richtlinienvorschlags.** Er betrifft die Verknüpfung mit der „Festlegung variabler Vergütungen" der Mitglieder der Unternehmensleitung. Diese sollen sich auch an der Erfüllung der Verpflichtungen des Unternehmens nach Art. 15 Abs. 1 und 2 des Richtlinienvorschlags orientieren, und zwar dann, „wenn die variable Vergütung an den Beitrag eines Mitglieds der Unternehmensleitung zur Strategie und zu den langfristigen Interessen und zur Nachhaltigkeit des Unternehmens geknüpft ist."

Obgleich mit „Sorgfaltspflicht der Mitglieder der Unternehmensleitung" überschrieben, 28
handelt es sich schließlich bei **Art. 25 des Richtlinienvorschlags** um eine weitere, jenseits der Sorgfaltspflichten für die Lieferkette, und dh allgemein unternehmensbezogene Organisationspflichten begründende Vorgabe. Gemäß Art. 25 Abs. 1 des Richtlinienvorschlags sollen die Mitgliedstaaten sicherstellen, dass die Mitglieder der Unternehmensleitung „die kurz-, mittel- und langfristigen Folgen ihrer Entscheidungen für Nachhaltigkeitsaspekte berücksichtigen, gegebenenfalls auch die Folgen für Menschenrechte, Klima-

---

[29] Ebenso Bettermann/Hoes WM 2022, 697 (703).

wandel und Umwelt." In Verbindung mit Erwägungsgrund Ziffer 63 S. 2 wird dies näher dahingehend erläutert, dass eine „systematische Berücksichtigung von Nachhaltigkeitsaspekten bei Unternehmensentscheidungen" gefordert sei. Trotz erheblicher Kritik und rechtspolitischer Vorstöße im Vorfeld hat die Kommission an diesem (entgegen sonst gängiger Unternehmenspraxis) auf „Langfristigkeit" abhebenden Normierungsansatz festgehalten.[30] Auch hierauf ist freilich kein Public Enforcement bezogen. Zur Durchsetzung der Vorgabe soll die in Art. 25 Abs. 2 des Richtlinienvorschlags vorgesehene persönliche Haftung nach Maßgabe der allgemein hierfür im jeweiligen Mitgliedstaat bestehenden Vorschriften dienen.

2. Ausblick: Ausrichtung der Geschäftsleiterpflichten auf vorab definierte Gemeinwohlbelange jenseits von Lieferkette und Sorgfaltspflichtenkonzept?

29 Die Europäische Kommission hat im Juli 2020 eine von ihr in Auftrag gegebene Studie mit dem Titel „Study on Directors' Duties and Sustainable Corporate Governance"[31] veröffentlicht, die jenseits des im Kern doch auf die Lieferketten zielenden Sorgfaltspflichtenkonzepts des bereits vorliegenden Richtlinienvorschlags eine Ausrichtung der Pflichten der Leitungen auf mehrere (soziale, ökologische und governancebezogene) Nachhaltigkeitsziele als künftig zu verwirklichende politische Option beschreibt. Dies würde nicht nur **schwierige Fragen** hinsichtlich der Abwägung etwaigenfalls widerstreitender Nachhaltigkeitsziele mit sich bringen (etwa, wenn eine Zurücksetzung von Arbeitnehmerinteressen mit Belangen des Klimaschutzes begründet würde), sondern nur schwer zu den bestehenden Kontroll- und Sanktionsmechanismen des Aktienrechts, insbesondere der Organhaftung nach § 93 Abs. 2 AktG passen. Denn diese ist auf vergleichsweise klare, ggf. haftungsbegründende und justiziable Entscheidungshorizonte des Managements zugeschnitten.[32] Eine seriöse Bewertung ist selbstverständlich erst möglich, wenn solche Überlegungen von der Präsentationsskizze einer Unternehmensberatungsorganisation[33] ihren Weg in einen von autorisierter Stelle verfassten Rechtstext gefunden haben.

30 Nichtsdestoweniger bestätigt der Blick auf diese Studie die bereits im vorherigen Abschnitt enthaltene These (→ Rn. 27), dass der Weg in eine signifikant verstärkte Indienstnahme des Gesellschaftsrechts für Gemeinwohlzwecke, und zwar im Verbund mit einem seinerseits ausgebauten verwaltungsrechtlichen Durchsetzungsmechanismus, eine nicht utopische Entwicklungsperspektive darstellt. **Rechtliche Grenzen im höherrangigen Recht** wären ihrer Verwirklichung spätestens dann gezogen, wenn die Programmierung unternehmerischer Entscheidungen nach Art und Vielfalt der betroffenen Belange und Intensität der Durchsetzungsmechanismen ein bislang der Programmierung der staatlichen Entscheidungstätigkeit vorbehaltenes Niveau erreichen würde. Die Vorstellung, dass Staat und große private Aktiengesellschaften in gleicher Weise und Intensität für die Verwirklichung des Gemeinwohls (und damit auch von Nachhaltigkeitszielen) verantwortlich sein sollen, entspricht nicht dem Grundverständnis der europäischen Wirtschaftsgrundrechte (→ zu ihnen § 6 Rn. 7 ff.) bzw. den Art. 12 und 14 GG (→ § 7 Rn. 3 ff.) und womöglich ließe sich für Aktivitäten dieser Art auch keine tragfähige Kompetenzgrundlage im AEUV finden.

---

[30] Näher Nietsch/Wiedmann CCZ 2022, 125 (135); König NZG 2022, 1186 (1190).
[31] Europäische Kommission, Study on directors' duties and sustainable corporate governance, Final Report, Juli 2020, https://op.europa.eu/de/publication-detail/-/publication/e47928a2-d20b-11ea-adf7-01aa75ed71a1/language-en.
[32] Zu diesen und weiteren Bedenken aus gesellschaftsrechtlicher Sicht Ekkenga/Schirmacher/Schneider NJW 2021, 1509 (1512 f.), auch unter Auswertung internationaler Kritik.
[33] Hier: Ernst & Young.

§ 10 Verwaltungsrechtliche Vorgaben für Lieferketten (Public Enforcement)

Dr. Stefan Altenschmidt, LL.M. (Nottingham)

Übersicht

	Rn.
I. Die menschenrechtliche Inpflichtnahme von Unternehmen	1
II. Menschenrechtliche Sorgfaltspflichten als Gegenstand des Wirtschaftsverwaltungsrechts	5
III. Anwendungsbereich des Lieferkettensorgfaltspflichtengesetzes	10
IV. Die unternehmerischen Sorgfaltspflichten nach LkSG	14
1. Grundsätze der Sorgfaltspflichten	16
2. Geschützte Rechtspositionen	18
3. Die menschenrechtlichen Sorgfaltspflichten im Überblick	21
V. Public Enforcement: Verwaltungsbehördliche Durchsetzung und Sanktionierung	28
1. Berichtspflichten der Unternehmen	30
2. Weitere behördliche Kontroll- und Durchsetzungsbefugnisse	32
a) Allgemeine Verfahrensgrundsätze	34
b) Generalklausel des § 15 S. 1 LkSG	39
c) Befugnisse zur Sachverhaltsermittlung	52
3. Wirtschaftsverwaltungsrechtliche Sanktionen bei Pflichtverletzungen	61
a) Ordnungswidrigkeiten und Bußgelder	62
b) Ausschluss von öffentlichen Aufträgen	69
VI. Ausblick: Europäische Nachhaltigkeits- und Lieferkettenrichtlinie	70

Literatur

Altenschmidt/Helling, LkSG – Lieferkettensorgfaltspflichtengesetz, 1. Aufl. 2022; Brouwer, Noch viele offene Rechts- und Auslegungsfragen zum Lieferkettensorgfaltspflichtengesetz – Hinweise zum VCI-Diskussionspapier zur Umsetzung des LkSG, CCZ 2022, 137; DAV-Ausschüsse, Stellungnahme zum Regierungsentwurf eines Gesetzes über die unternehmerischen Sorgfaltspflichten in Lieferketten, NZG 2021, 546; Edel/Frank/Heine/Heine, Pionierarbeiten in der Lieferkette – Praxisfolgen für das Handels- und Arbeitsrecht (Teil II), BB 2021, 2890; Frank/Edel/Heine/Heine, Pionierarbeiten in der Lieferkette – Praxisfolgen für das Handels- und Arbeitsrecht (Teil I), BB 2021, 2165; Grabosch, Das neue Lieferkettensorgfaltspflichtengesetz, 1. Aufl. 2021; Habersack/Ehrl, Verantwortlichkeit inländischer Unternehmen für Menschenrechtsverletzungen durch ausländische Zulieferer – de lege lata und de lege ferenda, in: AcP 219 (2019), 155 ff.; Hembach, Praxisleitfaden Lieferkettensorgfaltspflichtengesetz, 1. Aufl. 2022; Lichuma, (Laws) Made in the 'First World' A TWAIL Critique of the Use of Domestic Legislation to Extraterritorially Regulate Global Value Chains, ZaöRV 2021, 497; Lutz-Bachmann/Vorbeck/Wengenroth, Menschenrechte und Umweltschutz in Lieferketten – der Regierungsentwurf eines Sorgfaltspflichtengesetzes, BB 2021, 906; Nietsch/Wiedmann, Regierungsentwurf eines Gesetzes über die unternehmerischen Sorgfaltspflichten in der Lieferkette, CCZ 2021, 101; Nietsch/Wiedmann, Adressatenkreis und sachlicher Anwendungsbereich des neuen Lieferkettensorgfaltspflichtengesetz, NJW 2022, 1; Rothermel, LkSG – Lieferkettensorgfaltspflichtengesetz, 1. Aufl. 2022; Rühl/Knauer, Zivilrechtlicher Menschenrechtsschutz? Das deutsche Lieferkettengesetz und die Hoffnung auf den europäischen Gesetzgeber, JZ 2022, 105; Schmidt, Die Durchschlagskraft des Lieferkettensorgfaltspflichtengesetzes (LkSG) in der Schwebe – ein mahnendes Beispiel für zu hektische Gesetzgebung, CCZ 2022, 214; Schmidt-Räntsch, Sorgfaltspflichten der Unternehmen – Von der Idee über den politischen Prozess bis zum Regelwerk, ZUR 2021, 387; Seibt/Vesper-Gräske, Lieferkettensorgfaltspflichtengesetz erweitert Compliance-Pflichten, CB 2021, 357; Stöbener De Mora/Noll, Grenzenlose Sorgfalt – Das Lieferkettensorgfaltspflichtengesetz Teil 1, NZG 2021, 1237; Würz/Birker, Das Lieferkettensorgfaltspflichtengesetz – Regelungen, Anforderungen, Umsetzungen in der Praxis, 1. Aufl. 2022

I. Die menschenrechtliche Inpflichtnahme von Unternehmen

Mit dem ab dem 1.1.2023 anwendbaren Lieferkettensorgfaltspflichtengesetz (LkSG) hat der Gesetzgeber einen für Deutschland neuen Weg beschritten: Erstmals werden Unternehmen umfassend verpflichtet, sich in ihren Lieferketten für den Schutz der Menschenechte einzusetzen. Zu diesem Zweck werden mit dem Gesetz menschenrechtliche Sorgfaltspflichten der Unternehmen begründet. Ihre Durchsetzung ist dabei keine Frage des Zivil- und Zivilprozessrechts und der Geltendmachung von Schadensersatzansprüchen der Betroffenen von Menschenrechtsverletzungen. Vielmehr sind die lieferkettenbezogenen Sorgfaltspflichten wirtschaftsverwaltungsrechtlicher Natur. Sie sind als **Bestandteil des öffentlichen Unternehmensrechts** konzipiert und bestehen vorrangig aus Vorgaben zu Organisations- und Verfahrenspflichten der vom Anwendungsbereich des LkSG erfassten Unternehmen. Deren Beachtung wird behördlich kontrolliert und im Falle der Missachtung sanktioniert. Der Staat nimmt die Unternehmen hierdurch für die Gemeinwohlverwirklichung in die Pflicht (→ § 1 Rn. 13 ff.) – und das mit einer globalen Perspektive.

Die mit den neuen Sorgfaltspflichten erfolgende Nutzbarmachung von Unternehmen für eine weltweite Verbesserung der Menschenrechtslage geht auf die 2011 verabschiedeten UN-Leitprinzipien für Wirtschaft und Menschenrechte zurück (→ § 5 Rn. 66).[1] Diese stellten erstmals die Aufgabe der Staaten heraus, Unternehmen zur Einhaltung von Menschenrechten zu verpflichten. Sie schreiben zugleich den Unternehmen eine Verantwortung zur Beachtung der Menschenrechte zu.[2] Grundgedanke ist hier die Überlegung, Unternehmen dazu anzuhalten, auf mögliche Menschenrechtsverletzungen in ihren Lieferketten als Folge ihres globalen wirtschaftlichen Handelns zu achten. Zugleich soll die **wirtschaftliche Macht von Unternehmen** genutzt werden, um Menschenrechtsverletzungen auch unabhängig von der Bereitschaft des jeweiligen Staates abzustellen bzw. zu minimieren.[3] In gewisser Weise versucht die Staatengemeinschaft hierdurch, ihr nicht seltenes Unvermögen, gegen Menschenrechtsverletzungen politisch und diplomatisch erfolgversprechend vorzugehen, durch die Inpflichtnahme privater Rechtssubjekte zu kompensieren.

Die weltweite Umsetzung der UN-Leitprinzipien für Wirtschaft und Menschenrechte, die als sogenanntes Soft Law weder für Staaten[4] noch für Unternehmen[5] rechtlich verbindlich sind, ist bisher nicht mit großer Zügigkeit erfolgt.[6] Einige Industriestaaten haben zwar nationale und sektorbezogene Lieferkettenregelungen beschlossen.[7] Beispielhaft ist hier Frankreich zu nennen, das im Jahr 2017 das branchenübergreifende **Loi de viligance** einführte[8], welches jedoch hinsichtlich seiner Sanktionsnormen vom conseil constitutionnel teilweise für verfassungswidrig erklärt wurde.[9] Die Europäische Union richtete ihren Blick bisher nur auf sektorale Sorgfaltspflichten. So müssen Holzhändler aufgrund der Verordnung über die Verpflichtungen von Marktteilnehmern, die Holz und Holzerzeugnisse in Verkehr bringen[10], nachweisen, dass das von ihnen gehandelte Holz aus legalen Quellen stammt.[11] Mit der EU-Konfliktmineralienverordnung von 2017[12] wurden für bestimmte konfliktträchtige Mineralien wie Gold gewisse Sorgfaltspflichten für Importeure festgesetzt.[13] Nach

---

[1] Vgl. Altenschmidt/Helling LkSG Einleitung Rn. 5; Grabosch/Grabosch Das neue LkSG § 2 Rn. 14 ff; Hembach Praxisleitfaden LkSG S. 21 ff.; Würz/Birker LkSG S. 15.
[2] Schmidt-Räntsch ZUR 2021, 387.
[3] Wagner/Ruttloff/Wagner/Hahn CB 2021, 89.
[4] Hembach Praxisleitfaden LkSG S. 21; Rühl/Knauer JZ 2022, 105 (106).
[5] Vgl. Habersack/Ehrl AcP 219, 155 (194).
[6] Vgl. Schmidt-Räntsch ZUR 2021, 387; Omari Lichuma ZaöRV 2021, 497.
[7] Australien: Modern Slavery Act 2018; Niederlande: Wet zorgplicht kinderarbeid 2019; USA: California Transparency in Supply Chain Act 2010, Dodd-Frank-Act 2010; Vereinigtes Königreich: Modern Slavery Act 2015.
[8] Vgl. auch Grabosch/Grabosch Das neue LkSG § 8 Rn. 59 ff.
[9] Conseil constitutionnel, Décision n° 2017-750 DC vom 23.3.2017, englischsprachige Fassung abrufbar unter https://www.conseil-constitutionnel.fr.
[10] VO EU/2010/995; die Umsetzung auf nationaler Ebene erfolgte durch das Holzhandels-Sicherungs-Gesetz (HolzSiG).
[11] Eingehend hierzu Henn ZUR 2021, 413 (415); Grabosch/Thalhauser Das neue LkSG § 8 Rn. 82; Rothermel LkSG Teil A. Ziele und historische Entwicklung Rn. 37.
[12] VO EU/2017/821; die Umsetzung auf nationaler Ebene erfolgte durch das Mineralische-Rohstoffe-Sorgfaltspflichten-Gesetz (MinRohSorgG).
[13] Fehse/Markmann EuZW 2021, 113; Grabosch/Thalhauser Das neue LkSG § 8 Rn. 45 ff.; Rothermel LkSG Teil A. Ziele und historische Entwicklung Rn. 38.

einer entsprechenden Initiative des Europäischen Parlaments[14] legte die Kommission allerdings im Februar 2022 einen Richtlinienvorschlag zur Nachhaltigkeit in der Unternehmensführung und Sorgfaltspflichten in der Lieferkette vor (→ Rn. 70 ff.).[15]

In Deutschland setzte die Bundesregierung in der 19. Legislaturperiode zunächst auf der Grundlage eines von ihr 2016 beschlossenen Aktionsplans „Wirtschaft und Menschenrechte" auf freiwillige Bemühungen der Wirtschaft, sich entlang der Lieferketten für den Schutz der Menschenrechte einzusetzen.[16] Da dies nachfolgend aus Sicht der Bundesregierung nur unzureichend erfolgte, erarbeiteten die Bundesministerien für Arbeit und Soziales und für wirtschaftliche Zusammenarbeit und Entwicklung 2020 Eckpunkte für ein nationales Lieferkettengesetz.[17] Nach einer politischen Einigung beschloss die Bundesregierung den Entwurf eines Gesetzes über die unternehmerischen Sorgfaltspflichten zur Vermeidung von Menschenrechtsverletzungen in Lieferketten – Lieferkettensorgfaltspflichtengesetz (LkSG) am 3.3.2021.[18] Der Gesetzentwurf wurde mit einigen Änderungen am 11.6.2021 vom Bundestag verabschiedet und am 22.7.2021 im Bundesgesetzblatt verkündet (mit einem Inkrafttreten weiter Teile erst am 1.1.2023).[19]

II. Menschenrechtliche Sorgfaltspflichten als Gegenstand des Wirtschaftsverwaltungsrechts

Insbesondere die Frage der Durchsetzung der menschenrechtlichen Sorgfaltspflichten von Unternehmen und der Sanktionierung von Pflichtverletzungen war im Vorfeld des Gesetzgebungsbeschlusses des Bundestags zum Lieferkettensorgfaltspflichtengesetz politisch hoch umstritten.[20] Im Grunde standen sich hier zwei Denkschulen gegenüber:

Für die eine Seite ging es stärker um die Begründung zivilrechtlicher Pflichten und die Schaffung von schadensersatzbegründenden Anspruchsgrundlagen zugunsten der von Menschenrechtsverletzungen geschädigten Personen. Schadensersatzansprüche und ihre Durchsetzung werden hier als wesentlicher Bestandteil eines **„Private Enforcements"** menschenrechtlicher Pflichten von Unternehmen verstanden.[21] Das Risiko einer Haftung des Unternehmens und, im Falle gesellschaftsrechtlicher bzw. dienstvertraglicher Pflichtverletzungen, seiner Manager bei einer „non-compliance" mit daraus folgenden wirtschaftlichen Anreizen, sich pflichtgemäß zu verhalten, steht hierbei im Vordergrund.[22]

Im Gesetzgebungsverfahren wurde dieser Ansatz heftig kritisiert[23] und konnte sich letztlich nicht durchsetzen. Der Gesetzgeber entschied sich vielmehr für ein klassisches wirtschaftsverwaltungsrechtliches Instrument mit einem **„Public Enforcement"** der neubegründeten Sorgfaltspflichten.[24] Diese sollen durch eine Behörde im Verwaltungsverfahren und mit Mitteln des Ordnungswidrigkeitsrechts durchgesetzt und sanktioniert werden.[25] Begründet wurde dies mit der im Ausland gemachten Erfahrung einer mangelnden Wirksamkeit zivilrechtlich ausgestalteter Anreizsysteme.[26] Ausdrücklich wird dabei durch § 3 Abs. 3 S. 1 LkSG klargestellt, dass eine Verletzung der Pflichten aus dem Gesetz

---

[14] Entschließung des Europäischen Parlaments vom 10. März 2021 mit Empfehlungen an die Kommission zur Sorgfaltspflicht und Rechenschaftspflicht von Unternehmen (2020/2129(INL); vgl. auch Krebs ZUR 2021, 394 ff.
[15] COM(2022) 71 final vom 23. Februar 2022.
[16] Vgl. Altenschmidt/Helling LkSG Einleitung Rn. 17.
[17] Siehe zum Entwicklungsprozess des Gesetzes Schmidt-Räntsch ZUR 2021, 387 (389 ff.).
[18] BT-Drs. 19/28649.
[19] BGBl. I 2959.
[20] Vgl. Hübner NZG 2020, 1411 (1416); Keilmann/Schmidt WM 2021, 717 (717 ff.).
[21] Vgl. Rothermel LkSG § 3 Rn. 52; Kieninger ZfPW 2021, 252 (254).
[22] Rühl/Knauer JZ 2022, 105 (107).
[23] Vgl. nur BT-Ausschussdrs. 19(11)1136, S. 37, 65 ff., 212, 224.
[24] Rothermel LkSG § 3 Rn. 52; Wagner ZIP 2021, 1095 (1098); Schmidt CCZ 2022, 214 (215).
[25] BT-Drs. 19/30505, S. 38.
[26] Vgl. BT-Drs. 19/30505, S. 32.

keine zivilrechtliche Haftung begründet.[27] Obwohl damit kein neues Haftungsregime für die Verletzung menschenrechtlicher Sorgfaltspflichten geschaffen wurde, betont § 3 Abs. 3 S. 2 LkSG allerdings, dass eine aus anderen Normen folgende zivilrechtliche Haftung unberührt bleibt.[28] Durch das Institut einer neuen Prozessstandschaft (§ 11 LkSG) für Gewerkschaften und andere Nichtregierungsorganisationen soll deren Durchsetzung für die Betroffenen von Menschenrechtsverletzungen sogar erleichtert werden. Relevant ist dies insbesondere auch im Hinblick auf den Eintritt von Rechtsgutverletzungen im Ausland, bei denen wegen der Kollisionsvorgaben des internationalen Privatrechts häufig ausländisches Deliktsrecht anwendbar ist. Über dessen Anwendung ist bei einem deutschen Gerichtsstand von hiesigen Gerichten zu entscheiden.[29]

8   Dogmatisch betrachtet sind die menschenrechtlichen Sorgfaltspflichten und weiteren Vorgaben des LkSG somit vorrangig einer behördlichen Vollzugskontrolle und Sanktionierung unterliegende Regelungen der **Berufsausübung iSd Art. 12 Abs. 1 S. 2 GG.**[30] Es handelt sich kategoriell um Sonderordnungsrecht im Bereich der Wirtschaft, für das der Bund nach Art. 74 Abs. 1 Nr. 11 GG die (konkurrierende) Gesetzgebungsbefugnis hat. Den in seinen Anwendungsbereich einbezogenen Unternehmen werden durch das LkSG Vorgaben für ihre interne Organisation gemacht. Dies gilt insbesondere im Hinblick auf die Einrichtung eines Risikomanagements, die Durchführung von Risikoanalysen und die Dokumentation der unternehmensinternen Gesetzesumsetzung. Hinzu kommt die Etablierung eines verfahrensrechtlichen Verhältnisses mit der für die Kontrolle und Sanktionierung zuständigen Behörde. Dieser ist regelmäßig über die Erfüllung der Sorgfaltspflichten zu berichten; sie kann weitergehende Prüfungen durchführen. Neue privatrechtlich wirkende Sorgfaltspflichten (→ § 1 Rn. 42) lassen sich dem LkSG hingegen bei näherer Analyse kaum entnehmen. Im Kern dürften hierzu gewisse Präventions- und Abhilfepflichten nach den §§ 6 f. LkSG zählen, die einer vertragsrechtlichen Umsetzung bedürfen. Mit der Auferlegung dieser Pflichten macht der Gesetzgeber den Unternehmen folglich Vorgaben für ihr wirtschaftliches Handeln.

9   Grundlegende **verfassungsrechtliche Bedenken** gegen die durch das LkSG erfolgte Auferlegung von menschenrechtlichen und umweltbezogenen Sorgfaltspflichten sind mit Ausnahme einiger Bestimmtheitsfragen im Bereich der Ordnungswidrigkeitentatbestände[31] nicht begründet: Das Gesetz verfolgt einen legitimen Zweck und belastet auch wegen der Beschränkung seines Anwendungsbereichs auf große Unternehmen nicht unverhältnismäßig.[32] Eine andere Frage ist, ob es angesichts zunehmender geopolitischer Spannungen namentlich mit der Volksrepublik China als Deutschlands wichtigstem Handelspartner[33] politisch klug ist, die privatwirtschaftlichen Akteure einer Volkswirtschaft, deren Erfolg und Wohlstand stark von Beziehungen auch zu ausländischen Mächten mit einem kulturell anderen Menschenrechtsverständnis abhängt, mit der Aufgabe eines globalen Einsatzes für den Schutz der Menschenrechte zu belasten und hierdurch auch Abwehrreaktionen dieser Staaten zu provozieren.[34] Gesinnungsethik ist in internationalen Beziehungen nicht immer ein guter Berater. Verfassungsrechtlich lässt sich hieraus freilich

---

[27] Vgl. auch Keilmann/Schmidt WM 2021, 217 (217); Schmidt CCZ 2022, 214 (215).
[28] Vgl. hierzu auch BT-Drs. 19/30505, S. 38; Kamann/Irmscher NZWiSt 2021, 249 (250); Wagner/Ruttloff NJW 2021, 2145 (2150) sowie mit einem instruktiven Überblick zu bestehenden Haftungstatbeständen Habersack/Ehrl AcP 219, 155 (190 ff.).
[29] Vgl. hierzu Altenschmidt/Helling LkSG § 3 Rn. 31 ff.; Hembach Praxisleitfaden LkSG S. 206; Grabosch/Engel Das neue LkSG § 7 Rn. 14.
[30] Altenschmidt/Helling LkSG Einleitung Rn. 3.
[31] Vgl. hierzu die bereits im Gesetzgebungsverfahren bereits im Bundesrat geäußerte Kritik (BR-Drs. 239/1/21, S. 24) sowie Hembach Praxisleitfaden LkSG S. 191 f.; Kamann/Irmscher NZWiSt 2021, 249 (253 f.); Lutz-Bachmann/Vorbeck/Wengenroth BB 2021, 906 (912).
[32] Altenschmidt/Helling LkSG Einleitung Rn. 3.
[33] Vgl. Statistisches Bundesamt, Pressemitteilung Nr. 068 vom 18. Februar 2022, abrufbar unter https://www.destatis.de.
[34] Vgl. Altenschmidt/Helling LkSG § 7 Rn. 22.

unter Berücksichtigung der politischen Gestaltungsfreiheit des Gesetzgebers[35] kein gegen die Vereinbarkeit des LkSG mit den Grundrechten der betroffenen Unternehmen sprechendes Argument gewinnen.

III. Anwendungsbereich des Lieferkettensorgfaltspflichtengesetzes

In persönlicher Hinsicht findet das LkSG ab dem 1.1.2023 nur auf große Unternehmen Anwendung. Diese müssen nach § 1 LkSG ihren Verwaltungs- bzw. satzungsmäßigen Sitz oder ihre Haupt- bzw. Zweigniederlassung in Deutschland haben und dort in der Regel mindestens 3.000 Arbeitnehmer beschäftigen. Dieser Schwellenwert sinkt ab dem 1.1.2024 auf 1.000 Arbeitnehmer. Leiharbeitnehmer sind zu berücksichtigen, wenn sie mindestens sechs Monate im Inland tätig sind. In verbundenen Unternehmen nach § 15 AktG werden nach § 1 Abs. 3 LkSG sämtliche Arbeitnehmer der einzelnen Unternehmen bei der Bestimmung der Arbeitnehmerzahl der Obergesellschaft berücksichtigt.[36] In **Konzernverbünden** können deshalb sowohl Tochter- als auch Obergesellschaften gleichzeitig in den Anwendungsbereich des LkSG fallen und parallel die danach bestehenden Sorgfaltspflichten zu erfüllen haben.[37]

Der Rechtsbegriff des Unternehmens wird **rechtsformneutral** verwendet. Er erfasst jeden unternehmerisch tätigen Rechtsträger. Hierzu gehören auch juristische Personen des öffentlichen Rechts wie Städte und Gemeinden sowie Anstalten, wenn sie am Markt unternehmerisch tätig sind. Damit können auch die Kommunalkonzerne, dh Städte und Gemeinden mit Mehrheitsbeteiligungen an Stadtwerken und anderen Wirtschaftsbetrieben, den Pflichten des LkSG unterliegen.[38] Ausgeschlossen hiervon sind aber die Wahrnehmung von Verwaltungsaufgaben einer Gebietskörperschaft.[39]

Der sachliche Anwendungsbereich des Gesetzes umfasst die Lieferkette der in den Anwendungsbereich des LkSG einbezogenen Unternehmen. Entgegen einer zunächst naheliegenden Vermutung sind allerdings mit diesem Begriff nicht lediglich die Beziehungen eines Unternehmens zu seinen Lieferanten gemeint. Nach § 2 Abs. 5 LkSG bezieht sich der Begriff der Lieferkette vielmehr auf **jede Tätigkeit eines Unternehmens** zur Erreichung des Unternehmensziels – und dies sowohl im Ausland als auch im Inland; die Pflichten des LkSG sind nicht auf Drittlandkonstellationen beschränkt.[40] Produkte und Dienstleistungen eines Unternehmens und dessen Handlungen im eigenen inländischen Geschäftsbereich bis zur Leistungserbringung gegenüber dem Endkunden werden hiervon ebenso erfasst wie das Handeln eines unmittelbaren oder mittelbaren Zulieferers im In- und im Ausland.

Der **Begriff der Zulieferung** geht ebenfalls über das übliche Verständnis hinaus: Er erfasst unter Zugrundelegung der weiten Legaldefinition des § 2 Abs. 7 LkSG neben der Roh- und Betriebsstofflieferung auch Dienstleistungen. Einbezogen sind damit Beratungsleistungen und auch der Paketdienst, der ein Produkt des in den Anwendungsbereich des LkSG einbezogenen Unternehmens an einen Endkunden ausliefert und seine Leistung des Paketversands „zuliefert".[41] Die Unterscheidung zwischen unmittelbaren und mittelbaren Zulieferern richtet sich dabei gem. § 2 Abs. 7 und 8 LkSG danach, ob der Zulieferer Vertragspartner des Unternehmens ist. Sie ist für die Reichweite der Sorgfaltspflichten des Unternehmens und der von ihm im Falle eines menschenrechtlichen Risikos zu ergreifenden Maßnahmen von Bedeutung.

---

[35] Zimmermann/Weiß AVR 58 (2020), 424 (430).
[36] Siehe zur Auslegung dieses Begriffs Nietsch/Wiedmann NJW 2022, 1 (1).
[37] Vgl. Kubis/Tödtmann/Hettich/Charnitzky Arbeitshandbuch § 14 Verbundene Unternehmen, Rn. 282 ff.
[38] Vgl. Nietsch/Wiedmann NJW 2022, 1 (5).
[39] BT-Drs. 19/28649, S. 33.
[40] Vgl. Schäfer ZLR 2022, 22 (47).
[41] Vgl. Altenschmidt/Helling LkSG § 2 Rn. 73; Bundesamt für Wirtschaft und Ausfuhrkontrolle, Risiken ermitteln, gewichten und priorisieren, Handreichung zur Umsetzung einer Risikoanalyse nach den Vorgaben des Lieferkettensorgfaltspflichtengesetzes, S. 7 (Fn. 5).

IV. Die unternehmerischen Sorgfaltspflichten nach LkSG

14 Materielles Kernstück des LkSG ist die Bestimmung von Sorgfaltspflichten der in den Anwendungsbereich des Gesetzes einbezogenen Unternehmen.[42] Entgegen einer Darstellung bereits in der Gesetzesentwurfsbegründung[43], auf die auch große Teile des bisherigen Schrifttums rekurrieren[44], handelt es sich bei ihnen in der Sache allerdings weitgehend **nicht lediglich um Bemühenspflichten.**[45] Die nachfolgend nur im Überblick[46] dargestellten Pflichten sind vielmehr überwiegend auf die Vornahme ganz konkreter Handlungen und unternehmensorganisatorischer bzw. verfahrensbezogener Maßnahmen und die Herbeiführung eines bestimmten Erfolgs gerichtet.[47] Nach dem LkSG müssen sich die Unternehmen in diesem Kontext nicht nur bemühen, die ihnen gesetzlich auferlegten Sorgfaltspflichten zu erfüllen. Sie müssen diese vielmehr strikt beachten und sich pflichtgemäß verhalten. Kommen sie ihren Pflichten nicht nach, können diese verwaltungsbehördlich per Verwaltungszwang durchgesetzt werden. Zudem können gem. § 24 Abs. 1 LkSG im Fall vorsätzlicher oder auch fahrlässiger Pflichtverletzung Bußgelder verhängt werden. Von diesen Tatbeständen werden die meisten der Sorgfaltspflichten der §§ 4 bis 10 LkSG abgedeckt. Auch für ein Eingreifen der Business-Judgement-Rule des § 93 Abs. 1 S. 2 AktG lässt das wegen des vorrangigen Legalitätsprinzips[48] nur wenig Raum.

15 Ausgenommen hiervon sind letztlich nur die Vorgaben zum Umgang mit Menschenrechtsverletzungen durch Zulieferer: Hier schulden die Unternehmen in der Tat nicht den Erfolg der Beendigung der im Machtbereich eines Dritten erfolgenden Verletzung von geschützten Rechtspositionen, sondern müssen sich um diese lediglich bemühen.

1. Grundsätze der Sorgfaltspflichten

16 „Allgemeiner Teil" der menschenrechtlichen und umweltbezogenen unternehmerischen Sorgfaltspflichten ist § 3 Abs. 1 LkSG. Danach sind die in den Anwendungsbereich des Gesetzes einbezogenen Unternehmen dazu verpflichtet, in ihren Lieferketten einschließlich des eigenen Geschäftsbereichs die in den §§ 4 bis 10 LkSG festgelegten menschenrechtlichen und umweltbezogenen **Sorgfaltspflichten in angemessener Weise zu beachten.** Sie haben hierbei das Ziel zu verfolgen, menschenrechtlichen oder umweltbezogenen Risiken vorzubeugen oder sie zu minimieren sowie die Verletzung menschenrechtsbezogener oder umweltbezogener Pflichten zu beenden. Die Sorgfaltspflichten umfassen hierbei mehr als nur eine menschenrechtliche Due Diligence-Prüfung[49] von Lieferanten: Die Unternehmen sollen nicht lediglich bei der Auswahl ihrer Geschäftspartner deren Beachtung der Menschrechte ihrer Mitarbeiter und sonstiger Personen in den Blick nehmen. Vielmehr wird ihnen auferlegt, ihre Lieferketten ständig im Hinblick auf mögliche menschenrechtliche und umweltbezogene Risiken und Verletzungen zu prüfen und im Bedarfsfall mit dem Ziel der Minimierung bzw. Beseitigung festgestellter Risiken und Verstöße einzuschreiten.[50] Von ihnen wird folglich ein aktiver Einsatz für den Schutz der Menschenrechte verlangt.

---

[42] Stöbener de Mora/Noll NZG 2021, 1237 (1240).
[43] BT-Drs. 19/28649, S. 2, 41.
[44] Vgl. nur Wagner/Ruttloff NJW 2021, 2145; Würz/Birker Das LkSG S. 16, 128 f.; Grabosch/Grabosch Das neue LkSG § 2 Rn. 57 f.; mit einem Versuch der Ausdifferenzierung Rothermel LkSG § 3 Rn. 4, 7.
[45] Vgl. Altenschmidt/Helling LkSG § 3 Rn. 8, die in diesem Zusammenhang von einem „Etikettenschwindel" sprechen.
[46] Vgl. eingehender Frank/Edel/Heine/Heine BB 2021, 2165 (2166); Lutz-Bachmann/Vorbeck/Wengenroth BB 2021, 906 (910); Stöbener de Mora/Noll NZG 2021, 1237 (1240); Wagner/Ruttloff NJW 2021, 2145 (2147).
[47] Altenschmidt/Helling LkSG § 3 Rn. 8.
[48] Vgl. Grunert CCZ 2020, 71 (72) mwN.
[49] Spindler ZHR 186 (2022), 67 (69); Gehling/Ott/Lüneborg CCZ 2021, 230 (231).
[50] Vgl. Altenschmidt/Helling LkSG Einleitung Rn. 2; Ehmann ZVertriebsR 2021, 205 (207).

Die Sorgfaltspflichten stehen dabei unter einem **Angemessenheitsvorbehalt,** der in § 3 17
Abs. 2 LkSG näher präzisiert wird.[51] Ob ein unternehmerisches Handeln danach angemessen iSd LkSG ist, soll sich nach der Art und Umfang der Geschäftstätigkeit des Unternehmens und dessen Einflussvermögen auf den unmittelbaren Verursacher eines menschenrechtlichen oder umweltbezogenen Risikos oder der Verletzung einer menschenrechtlichen oder einer umweltbezogenen Pflicht bestimmen. Zu berücksichtigen sind hierbei auch die typischerweise zu erwartende Schwere der Verletzung, die Umkehrbarkeit der Verletzung und die Wahrscheinlichkeit der Verletzung einer menschenrechtsbezogenen oder einer umweltbezogenen Pflicht. Auch die Art des Verursachungsbeitrages des Unternehmens zu dem menschenrechtlichen oder umweltbezogenen Risiko oder zu der Verletzung einer menschenrechtsbezogenen oder einer umweltbezogenen Pflicht ist zu betrachten. Dieser Vorbehalt soll einen flexiblen Ermessens- und Handlungsspielraum bei der Auswahl der geeigneten Maßnahmen sichern und hängt maßgeblich von den individuellen Unternehmens- und Risikosituationen ab.[52]

2. Geschützte Rechtspositionen

Die durch das LkSG geschützten Rechtspositionen sind nach § 2 Abs. 1 LkSG solche, 18
die sich aus den in der Anlage des Gesetzes aufgelisteten internationalen Übereinkommen zum Schutz der Menschenrechte ergeben. Neben den grundlegenden Menschenrechtspakten der Vereinten Nationen werden hier eine Reihe von Abkommen der Internationalen Arbeitsorganisation ILO genannt. Eine besondere Bedeutung, gerade im Hinblick auf die behördlichen Kontroll- und Durchsetzungsmaßnahmen der §§ 14 ff. LkSG, hat in diesem Zusammenhang der Begriff des menschenrechtlichen und umweltbezogenen Risikos. Ein solches **Risiko** ist nach § 2 Abs. 2, 3 LkSG ein Zustand, bei dem auf Grund tatsächlicher Umstände mit hinreichender Wahrscheinlichkeit ein Verstoß gegen gesetzlich genauer bestimmte Verbote aus den in der Anlage des LkSG enumerativ aufgelisteter Menschenrechts- und Umweltschutzabkommen droht. Damit hält der gefahrenabwehrrechtliche Begriff der hinreichenden Wahrscheinlichkeit eine Bedeutung auch im Kontext menschenrechtlicher Sorgfaltspflichten von Unternehmen.[53] Im Unterschied zu einem Risiko ist die **Verletzung** einer menschenrechtlichen oder umweltbezogenen Pflicht dann gegeben, wenn ein Verstoß gegen das Verbot eingetreten ist (§ 2 Abs. 4 LkSG).

Die in § 2 Abs. 2 LkSG statuierten menschenrechtlichen und umweltbezogenen Verbote 19
umfassen neben der **Kinderarbeit** und der **Sklaverei** und **Zwangsarbeit** auch den **Arbeitnehmerschutz** (inkl. der Beachtung von örtlich geltenden Mindestlohnvorgaben), die **Koalitionsfreiheit,** den **Schutz vor Diskriminierungen** in Beschäftigungsverhältnissen, den Schutz der natürlichen **Lebensgrundlagen** (→ § 8 Rn. 68) sowie den Schutz vor dem **Einsatz von Sicherheitskräften.**[54] Einbezogen wird auch der Schutz der Umwelt vor dem unsachgemäßen Gebrauch von **Quecksilber** und anderen **chemischen Stoffen** sowie hinsichtlich des Umgangs mit gefährlichen **Abfällen.** Das **Klima** ist kein gesondert benanntes Schutzgut, kann aber durch den in § 2 Abs. 2 Nr. 9 LkSG enthaltenen Begriff der im Falle bestimmter nachteiliger Auswirkungen verbotenen Luftverunreinigung durchaus als erfasst angesehen werden.[55] Gewisse Bestimmtheitsprobleme kann der Tatbestand des § 2 Abs. 2 Nr. 12 LkSG aufwerfen, der kein spezifisches Verbot aus den völkerrechtlichen Abkommen benennt. Er enthält vielmehr einen Auffangtatbestand und verbietet eines solches Tun oder Unterlassen, das geeignet ist, eine in den Abkommen der

---

[51] Lutz-Bachmann/Vorbeck/Wengenroth BB 2021, 906 (910).
[52] BT-Drs. 19/28649, S. 42.
[53] Vgl. auch Stöbener de Mora/Noll NZG 2021, 1237 (1240), die von einer Anlehnung an das Polizeirecht sprechen.
[54] Vgl. Wagner/Rutloff NJW 2021, 2145 (2146).
[55] So Altenschmidt/Helling LkSG § 2 Rm. 48; aA Seibt/Vesper-Gräske CB 2021, 357 (358).

Anlage zum LkSG geschützte Rechtsposition in schwerwiegender Weise zu beeinträchtigen, wenn dessen Rechtswidrigkeit offensichtlich ist.[56]

20 Die menschenrechtlichen und umweltbezogenen Verbote nach § 2 Abs. 2 LkSG unterliegen keiner räumlichen Beschränkung. Sie sind damit im Hinblick auf Auslandssachverhalte ebenso bedeutsam wie im Inland. Hier erfassen sie zahlreiche Tatbestände, für die das deutsche (Fach-)Recht bereits Verbote und Beschränkungen enthält (→ Rn. 46). Bemerkenswerterweise gehen sie aber gelegentlich auch darüber hinaus: So ist das Verbot der Ungleichbehandlung in Beschäftigungsverhältnissen nach § 2 Abs. 2 Nr. 7 LkSG in Deutschland bereits seit 2006 Regelungsgegenstand des Allgemeinen Gleichbehandlungsgesetzes (AGG). Dieses untersagt Benachteiligungen aus Gründen der Rasse oder wegen der ethnischen Herkunft, des Geschlechts, der Religion oder Weltanschauung, einer Behinderung, des Alters oder der sexuellen Identität. Das **lieferkettensorgfaltspflichtenrechtliche Benachteiligungsverbot** ist hier weiter: Denn § 2 Abs. 2 Nr. 7 LkSG erfasst daneben auch Benachteiligungen aus Gründen der sozialen Herkunft, des Gesundheitsstatus und der politischen Meinung.[57] Die in den Anwendungsbereich des LkSG einbezogenen Unternehmen müssen diese Benachteiligungsverbote in ihrem eigenen Geschäftsbereich im Inland beachten, unbeschadet des diesbezüglich nicht einschlägigen AGG.

3. Die menschenrechtlichen Sorgfaltspflichten im Überblick

21 Nach § 3 Abs. 1 S. 1 LkSG müssen die erfassten Unternehmen die menschenrechtlichen Sorgfaltspflichten der §§ 4 bis 10 LkSG in angemessener Weise beachten. Deutet dies zunächst auf erhebliche unternehmerische Handlungsspielräume bei der Verbesserung der Menschenrechtslage hin, zeigt eine nähere Analyse der einzelnen Pflichtenpositionen größtenteils strikte und teils eher unflexible Vorgaben für die wirtschaftliche Betätigung und deren Organisation:

22 Die Unternehmen müssen danach ein **Risikomanagement** zur Einhaltung der Sorgfaltspflichten einrichten und hierfür zuständige Personen – etwa einen **Menschenrechtsbeauftragten** – benennen (§ 4 LkSG). Für viele Unternehmen wird dabei nicht das Institut eines Risikomanagements, sondern dessen Ausrichtung neu sein. Vorrangiges Ziel des Risikomanagements ist insofern nicht die Vermeidung wirtschaftlicher Schäden und der Beeinträchtigung der Reputation des Unternehmens. Vielmehr geht es nach § 4 Abs. 4 LkSG um die angemessene Berücksichtigung der Interessen der eigenen Beschäftigten, der Beschäftigten innerhalb seiner Lieferketten und die Interessen derjenigen, die in sonstiger Weise durch das wirtschaftliche Handeln des Unternehmens oder durch das wirtschaftliche Handeln eines Unternehmens in seinen Lieferketten in einer geschützten Rechtsposition unmittelbar betroffen sein können.[58] Hier zeigt sich deutlich der Ansatz des Gesetzgebers, Unternehmen durch Organisationspflichten für eine Verbesserung der Menschenrechtslage und damit für das Gemeinwohl in die Pflicht zu nehmen: Die Unternehmen müssen ihr Handeln und ihr internes Gefüge auf dieses Ziel ausrichten. Zum Risikomanagement und hiermit einhergehenden Organisations- und Verfahrenspflichten ebenfalls zu zählen sind das in § 8 LkSG geforderte obligatorische **Beschwerdeverfahren** sowie die in § 10 LkSG angeordneten **Dokumentations- und Berichtspflichten.**

23 Ausgangspunkt für alle weiteren in diesem Zusammenhang von den Unternehmen zu ergreifenden Maßnahmen ist gem. § 5 LkSG eine jährlich sowie anlassbezogen durchzuführende **Risikoanalyse.** Durch diese sollen menschenrechtliche und umweltbezogene Risiken im eigenen Geschäftsbereich der Unternehmen sowie bei seinen unmittelbaren

---

[56] Vgl. BR-Drs. 239/1/21, S. 24; Kamann/Irmscher NZWiSt 2021, 249 (254).
[57] Vgl. Altenschmidt/Helling LkSG § 2 Rn. 36; Grabosch/Schönfelder LkSG § 4 Rn. 36.
[58] Bundesamt für Wirtschaft und Ausfuhrkontrolle, Risiken ermitteln, gewichten und priorisieren, Handreichung zur Umsetzung einer Risikoanalyse nach den Vorgaben des Lieferkettensorgfaltspflichtengesetzes, S. 8.

Zulieferern festgestellt werden.⁵⁹ Die ermittelten Risiken sind anschließend angemessen zu gewichten und zu priorisieren (§ 5 Abs. 2 LkSG).

Wird ein menschenrechtliches oder umweltbezogenes Risiko festgestellt, hat das Unternehmen nach § 6 Abs. 1 LkSG unverzüglich **angemessene Präventionsmaßnahmen** zu treffen. Bestandteil dieser Präventionsmaßnahmen ist zunächst die Abgabe einer Grundsatzerklärung der Unternehmensführung über die Menschenrechtsstrategie des Unternehmens mit Beschreibungen der Verfahren zur Erfüllung der Sorgfaltspflichten, der festgestellten prioritären menschenrechtlichen und umweltbezogenen Risiken sowie der auf der Grundlage der Risikoanalyse festgelegten menschenrechts- und umweltbezogenen Erwartungen an die eigenen Beschäftigten sowie die Zulieferer in der Lieferkette (§ 6 Abs. 2 LkSG). Weiterhin sind nach § 6 Abs. 3 LkSG angemessene Präventionsmaßnahmen zu verankern, für die der Gesetzgeber Regelbeispiele benannt hat. Diese zielen unter anderem auf die Auswahl der Zulieferer und von diesen zu erfolgende vertragliche Zusicherungen der Umsetzung von menschenrechtlichen und umweltbezogenen Standards einschließlich von Schulungs- und Weiterbildungsmaßnahmen sowie angemessener vertraglicher Kontrollmechanismen. Das in den Anwendungsbereich des LkSG einbezogene Unternehmen wird hierdurch juristisch in die Pflicht genommen, mit seinem auffälligen Lieferanten über die festgestellten Risiken zu kommunizieren, auf Verbesserungen zu drängen und dies zivilrechtlich zu sichern.⁶⁰ Dies entspricht dem im Gesetzgebungsverfahren hervorgehobenen Grundsatz „Befähigung vor Rückzug", der auf eine sich bei Fortführung der Geschäftsbeziehungen positiv auf die Menschenrechtslage auswirkende Einbringung der Unternehmen zielt.⁶¹

Bei einer festgestellten Verletzung einer menschenrechtsbezogenen oder umweltbezogenen Pflicht oder dem unmittelbaren Bevorstehen einer solchen hat das Unternehmen nach § 7 LkSG unverzüglich **angemessene Abhilfemaßnahmen** zu ergreifen. Diese müssen im eigenen Geschäftsbereich im Inland zur Beendigung der Verletzung führen (§ 7 Abs. 1 S. 2 LkSG). Liegt eine Pflichtverletzung bei einem unmittelbarer Zulieferer vor, so ist auch diese im Grundsatz unverzüglich zu beenden. Nur soweit dies in absehbarer Zeit nicht gelingt, ist nach § 7 Abs. 2 LkSG ein Konzept zur Beendigung oder Minimierung der Missstände einschließlich eines konkreten Zeitplans zu erstellen.

Bei schwerwiegenden Verletzungen von Menschenrechten oder geschützter Umweltbelange kann gem. § 7 Abs. 3 LkSG als Ultima Ratio auch der **Abbruch der Geschäftsbeziehung** mit dem menschenrechtsverletzenden Zulieferer geboten sein. Insbesondere diese Konsequenz erscheint hart, können hierdurch doch etwa bei einem für das Unternehmen wichtigen oder vielleicht sogar im Hinblick auf seine (Vor-)Produkte bzw. Rohstoffe einzigem Lieferanten erhebliche wirtschaftliche Nachteile entstehen.⁶² Andererseits ist es vor dem Hintergrund des fundamentalen Bekenntnisses des Grundgesetzes zu den *„unverletzlichen und unveräußerlichen Menschenrechten als Grundlage jeder menschlichen Gemeinschaft, des Friedens und der Gerechtigkeit in der Welt"* (Art. 1 Abs. 2 GG) schwerlich akzeptabel, wirtschaftliche Belange als höherwertig zu gewichten und selbst schwerwiegende Menschenrechtsverletzungen hinzunehmen, um deutsche Unternehmen vor Nachteilen im Wettbewerb und einer umsatzschmälernden Beeinträchtigung ihrer Berufsausübungsfreiheit nach Art. 12 Abs. 1 S. 2 GG zu schützen.⁶³ § 7 Abs. 3 LkSG stellt daher eine auch in solchen Konstellationen anwendbare Regel auf: Verfehlt der Grundsatz „Befähigung vor Rückzug" seine Wirkung, ist die Geschäftsbeziehung letztlich zu beenden, wenn dies nicht ohnehin durch § 261 StGB geboten ist. Dies ist jedenfalls bei schwerwiegenden Menschenrechtsverletzungen nicht unverhältnismäßig, da es keinen grundrechtlichen Anspruch da-

---

⁵⁹ Ehmann ZVertriebsR 2021, 141 (146); vgl. auch Rothermel LkSG § 5 Rn. 1 ff.
⁶⁰ Vgl. Altenschmidt/Helling LkSG § 6 Rn. 11 f.
⁶¹ BT-Drs. 19/28649, 49.
⁶² Vgl. Brouwer CCZ 2022, 137 (144); Ehmann/Berg GWR 2021, 287 (293); Schäfer ZLR 2022, 22 (50).
⁶³ Altenschmidt/Helling LkSG § 7 Rn. 21 f.; offen gelassen bei Grabosch/Schönfelder Das neue LkSG § 5 Rn. 115 und Rothermel LkSG § 7 Rn. 26.

rauf gibt, mit Menschenrechtsverletzern weiterhin Geschäfte machen zu können. In der Konsequenz verlangt der Gesetzgeber damit allerdings von Unternehmen mehr als von der Bundesregierung, die regelmäßig auch mit menschenrechtsverletzenden Staaten dauerhafte politische und diplomatische Beziehungen pflegt und diese nicht wegen der Menschenrechtslage abbrechen muss.

27 § 9 LkSG regelt die Pflichten des in den Anwendungsbereich des Gesetzes einbezogenen Unternehmens hinsichtlich eines **mittelbaren Zulieferers.** Erst wenn das Unternehmen substantiierte Kenntnis von einer möglichen Verletzung einer Sorgfaltspflicht bei einem solchen hat, muss es anlassbezogen unverzüglich eine Risikoanalyse durchführen. Es sind dann zudem angemessene Präventionsmaßnahmen gegenüber dem Verursacher zu verankern und ein Konzept zur Verhinderung, Beendigung oder Minimierung der Verletzungen und Risiken zu erstellen und umzusetzen. Auch die Grundsatzerklärung des Unternehmens nach § 6 Abs. 2 LkSG ist gegebenenfalls zu aktualisieren. Die gegenüber unmittelbaren Zuliefern abgeschwächten Sorgfaltspflichten sind durch die regelmäßig fehlenden direkten Vertragsbeziehungen zu mittelbaren Lieferanten begründet.[64]

V. Public Enforcement: Verwaltungsbehördliche Durchsetzung und Sanktionierung

28 Zur Umsetzung der Grundsatzentscheidung des Gesetzgebers, die Beachtung der durch das LkSG neubegründeten Pflichten nicht durch eine zivilrechtliche Haftung und hierdurch begründete wirtschaftliche Risiken für die Unternehmen sicherzustellen, sondern auf ein wirtschaftsverwaltungsrechtliches Konzept der behördlichen **Kontrolle, Durchsetzung und Sanktionierung** anknüpfend an die privatrechtlichen Organisationspflichten der §§ 4 ff. LkSG zu setzen und den Unternehmen hierzu Organisations- und Verfahrensvorgaben zu machen (→ § 1 Rn. 41 ff.), zeigt sich gesetzessystematisch in den Regelungen der §§ 12 ff. LkSG. Der hoheitliche Vollzug des LkSG ist danach dreistufig aufgebaut: Er setzt auf eine Pflicht der Unternehmen zur jährlichen Berichterstattung über ihre Gesetzesumsetzung nebst behördlicher Berichtskontrolle, die neben den im Wirtschaftsverwaltungsrecht üblichen Betretens-, Auskunfts- und Herausgabepflichten der behördlichen Sachverhaltsermittlung und der erst hierdurch ermöglichten Kontrolle der Pflichtenkonformität dient. Auf in diesem Zusammenhang festgestellte Pflichtverletzungen kann die zuständige Behörde Maßnahmen zum Abstellen dieser Rechtsverstöße ergreifen und diese mithilfe des Verwaltungszwangs auch durchsetzen. Schließlich kann ein Pflichtenverstoß durch Bußgelder sanktioniert werden. Diese können auch einen Ausschluss von der Vergabe öffentlicher Aufträge zur Folge haben.

29 Zuständige **Vollzugsbehörde** ist nach §§ 19 Abs. 1, 24 Abs. 5 LkSG eine Bundesoberbehörde, das Bundesamt für Wirtschaft und Ausfuhrkontrolle (BAFA). Dieses ist im Geschäftsbereich des Bundesministeriums für Wirtschaft und Klimaschutz angesiedelt und unterliegt dessen Rechts- und Fachaufsicht (§ 19 Abs. 1 S. 2 LkSG).

1. Berichtspflichten der Unternehmen

30 Ausgangspunkt für die behördliche Kontrolle der Erfüllung der gesetzlichen Vorgaben durch die Unternehmen ist eine regelmäßige **Berichterstattung.** Nach § 10 Abs. 2 S. 1 LkSG müssen die in den Anwendungsbereich des Gesetzes einbezogenen Unternehmen einen jährlichen Bericht über die Erfüllung ihrer Sorgfaltspflichten erstellen und diesen auf ihrer Internetseite veröffentlichen. Der Bericht muss mindestens Darlegungen zu etwaig festgestellten menschenrechtlichen oder umweltbezogenen Risiken bzw. Verletzungen, den von den Unternehmen ergriffenen Maßnahmen zur Erfüllung ihrer Sorgfaltspflichten, zur Bewertung der Auswirkungen und Wirksamkeit dieser Maßnahmen sowie den daraus gezogenen Schlussfolgerungen enthalten (§ 10 Abs. 2 S. 2 LkSG). Soweit ein Unterneh-

---

[64] Vgl. Grabosch/Grabosch Das neue LkSG § 5 Rn. 9 f.; Nietsch/Wiedmann CCZ 2021, 101 (108).

men keine menschenrechtlichen bzw. umweltbezogenen Risiken oder Verletzungen feststellt, muss es dies in dem Bericht plausibel darlegen (§ 10 Abs. 3 LkSG). Der Bericht ist gem. § 12 LkSG dem BAFA zu übermitteln.

Mit der Statuierung dieser Verfahrenspflicht zielt der Gesetzgeber darauf ab, eine **31** möglichst breit angelegte, formalisierte und eingriffsame behördliche Kontrolle der Unternehmen zu ermöglichen.[65] Zu diesem Zweck muss die Behörde den bei ihr eingereichten Bericht gem. § 13 Abs. 1 Nr. 2 LkSG darauf prüfen, ob die gesetzlichen Inhaltanforderungen eingehalten sind und der Bericht plausibel ist.[66] Sind die Mindestvoraussetzungen nicht erfüllt, kann das BAFA eine Nachbesserung innerhalb einer angemessenen Frist fordern und mit den Mitteln des Zwangsgeldes durchsetzen (§ 13 Abs. 2 LkSG). Daneben kommt bei einem unterlassenen, fehlerhaften oder verspäteten Einreichen des Berichts die Verhängung eines Bußgelds nach § 24 Abs. Abs. 1 Nr. 10 bis 12 LkSG in Betracht.

2. Weitere behördliche Kontrolle und Durchsetzungsbefugnisse

Der behördlichen Kontrolle der Unternehmen dienen daneben umfassende **Ermittlungs-** **32** **befugnisse**.[67] Mit ihrer Hilfe soll ausgehend von der Vorgabe des § 14 Abs. 1 LkSG festgestellt werden, ob ein in den Anwendungsbereich des Gesetzes einbezogenes Unternehmen gegen seine gesetzlichen Sorgfaltspflichten verstoßen hat. Es ist hingegen nicht Aufgabe des BAFA, weltweit menschenrechtliche und umweltbezogene Risiken bzw. Verletzungen aufzudecken. Kontrolliert werden deutsche Unternehmen im Hinblick auf die Wahrung der ihnen auferlegten, zu einem großen Teil organisatorisch-bürokratischen Sorgfaltspflichten, und nicht die (potentiellen) Verletzer auf die Einhaltung der diversen internationalen Übereinkommen zum Schutz der Menschenrechte und der Umwelt.[68]

Im Hinblick auf diese gesetzlichen Strukturen ist es daher nicht gerechtfertigt, das BAFA **33** als eine neue Menschenrechtsbehörde zu bezeichnen.[69] Der schutzbedürftige Mensch oder die Umwelt stehen, wie nachfolgend zu zeigen ist, nach den Vorgaben des LkSG nicht im Mittelpunkt des behördlichen Handelns. Dies offenbart sich auch bei einem Blick in das Behördenorganigramm: Hier finden sich neben einem Grundsatzreferat und einem Referat für Ordnungswidrigkeitenverfahren drei Referate für die Kontrolle der Sorgfaltspflichten. Es fehlen hingegen behördliche Organisationseinheiten für eine Erfassung und Kontrolle der Menschenrechtslage in Deutschland und der Welt.[70]

a) Allgemeine Verfahrensgrundsätze. § 14 Abs. 1 LkSG bestimmt als Teil eines be- **34** sonderen Verwaltungsverfahrensrechts[71] die Art und Weise des Beginns eines Verwaltungsverfahrens des BAFA, auf das daneben die allgemeinen Vorgaben des VwVfG anwendbar sind.[72] Die Behörde wird danach zum einen **von Amts wegen nach pflichtgemäßem Ermessen** tätig (Offizial- und Opportunitätsprinzip, § 14 Abs. 1 Nr. 1 LkSG).[73] Sie hat hierbei nach § 19 Abs. 2 LkSG einen **risikobasierten Ansatz** zu verfolgen. Dies bedeutet, dass sich das BAFA bei seiner Kontrolle der Einhaltung der Sorgfaltspflicht durch die Unternehmen auf Sektoren konzentrieren darf, bei denen nach allgemeiner oder behörden-

---

[65] BT-Drs. 19/28649, S. 53.
[66] BT-Drs. 19/28649, S. 53; Niklas/Lex ArbRB 2021, 212 (214).
[67] Wagner/Rutloff NJW 2021, 2145 (2151); Rothermel LkSG § 15 Rn. 1 ff.; Grabosch/Engel/Schönfelder Das neue LkSG § 6 Rn. 23.
[68] Vgl. Altenschmidt/Helling LkSG vor § 12 Rn. 13.
[69] Ehmann ZVertriebsR 2021, 141 (150) spricht von einem neuen „Menschenrechts-Aufsichtsamt", was näher an den gesetzlichen Aufgaben des BAFA nach LkSG liegt, wenn dieser Begriff auf die Aufsicht über die in den Anwendungsbereich des Gesetzes einbezogenen Unternehmen bezogen wird.
[70] Vgl. Bundesamt für Wirtschaft und Ausfuhrkontrolle, Organisationsplan, Stand: 15.8.2022, Internet: www.bafa.de; die Ausstattung des BAFA wird im Hinblick auf seinen Auftrag als unzureichend kritisiert von Grabosch/Engel/Schönfelder Das neue LkSG § 6 Rn. 3 und Kieninger ZfPW 2021, 252 (253).
[71] Seibt/Vesper-Gräske CB 2021, 357 (361).
[72] Seibt/Vesper-Gräske CB 2021, 357 (361).
[73] Vgl. zum Opportunitätsprinzips Wagner/Rutloff/Wagner/Hahn CB 2021, 89 (94).

interner Erfahrung das Risiko für einen Sorgfaltspflichtenverstoß am Größten ist.[74] Im Gesetzgebungsverfahren wurde allerdings aus den Reihen der damaligen Regierungskoalition auch ausdrücklich die Forderung nach flächendeckenden Kontrollen erhoben.[75] Deutlich wird hierdurch der gesetzgeberische Wille, in konsequenter Umsetzung der Entscheidung zugunsten eines wirtschaftsverwaltungsrechtlichen Vollzugskonzepts die Erfüllung der Sorgfaltspflichten durch die Unternehmen behördlich überwachen zu lassen.

35   Zum anderen muss das BAFA aber tätig werden und ein Verwaltungsverfahren einleiten, wenn dies von einer berechtigten Person beantragt wird (**Legalitätsprinzip**).[76] Antragsberechtigt ist nach § 14 Abs. 1 Nr. 2 LkSG jede Person, die substantiiert geltend macht, infolge der Nichterfüllung einer Sorgfaltspflicht in einer geschützten Rechtsposition verletzt zu sein oder dass eine solche Verletzung unmittelbar bevorsteht. Es handelt sich hierbei um ein subjektiv-öffentliches Recht des Antragstellers, das verwaltungsgerichtlich mit einer Leistungsklage geltend gemacht werden kann.[77]

36   Die Anforderungen an die **Antragsbefugnis** werden in der Gesetzesentwurfsbegründung[78] und im Schrifttum[79] zutreffend als eher gering eingeschätzt. In der Regel wird es ausreichen, wenn ein gewisser Zusammenhang zwischen der wirtschaftlichen Tätigkeit des Unternehmens und der geltend gemachten Rechtsverletzung besteht oder zumindest möglich erscheint.[80] Denn das Antragsrecht nach § 14 Abs. 1 Nr. 2 LkSG ist lediglich auf die Eröffnung eines behördlichen Verwaltungsverfahrens gerichtet. Erst in diesem wird dann festzustellen sein, ob überhaupt eine Pflichtverletzung vorliegt.[81] Da jedoch § 14 Abs. 1 Nr. 2 LkSG ausdrücklich davon spricht, dass die behauptete Verletzung infolge der Nichterfüllung einer menschenrechtlichen Sorgfaltspflicht nach den §§ 3 bis 9 LkSG erfolgt sein muss, hat der Antragsteller jedenfalls einen Sachverhalt zu schildern, aus dem sich die Möglichkeit einer Sorgfaltspflichtverletzung sowie einer kausal darauf zurückzuführenden Rechtsverletzung ergibt.[82] Nähere Eingrenzungen des antragsberechtigten Personenkreises hat der Gesetzgeber nicht vorgenommen. So sind Beschäftigte der Unternehmen und ihrer Zulieferer antragsbefugt, daneben aber auch anderweitig in Kontakt mit der wirtschaftlichen Tätigkeit des Unternehmens tretende oder davon betroffene Personen.[83] Dies eröffnet im Falle eines möglichen Verstoßes gegen Mindestlohnvorgaben bei einem zuliefernden Paketdienst (vgl. § 2 Abs. 2 Nr. 8 LkSG) dem dort Beschäftigten ebenso ein Antragsrecht wie dem von einer Zwangsräumung des Siedlungsgebiets eines indigenen Volkes Betroffenen (vgl. § 2 Abs. 2 Nr. 10 LkSG).

37   § 14 LkSG ist neben den Bestimmungen zur Verfahrenseröffnung zugleich eine Aufgabenzuweisungsnorm.[84] Das BAFA wird danach tätig, um die Einhaltung der Sorgfaltspflichten im Hinblick auf mögliche menschenrechtliche und umweltbezogene Risiken sowie Verletzungen einer menschenrechtlichen oder einer umweltbezogenen Pflicht zu kontrollieren und Verstöße gegen die Sorgfaltspflichten festzustellen, zu beseitigen und zu verhindern. Der Verweis auf mögliche menschenrechtliche und umweltbezogene Risiken, die eine hinreichende Wahrscheinlichkeit eines Verstoßes gegen die in § 2 Abs. 2, 3 LkSG genannten Verbote erfordern, enthält in Verbindung mit dem risikobasierten Ansatz des § 19 Abs. 2 LkSG gewisse Beschränkungen der Ermittlungsbefugnisse des BAFA. Die

---

[74] BT-Drs. 19/28649, S. 56.
[75] BT-Drs. 19/30505, S. 33.
[76] BT-Drs. 19/28649, S. 54; Frank/Edel/Heine/Heine BB 2021, 2165 (2170); Wagner/Ruttloff/Wagner/Hahn CB 2021, 89 (94).
[77] Altenschmidt/Helling LkSG § 14 Rn. 20 f.
[78] BT-Drs. 19/28649, S. 54.
[79] Rothermel LkSG § 14 Rn. 10 ff.; Grabosch/Engel/Schönfelder Das neue LkSG § 6 Rn. 19; Frank/Edel/Heine/Heine BB 2021, 2165 (2170); Kamann/Irmscher NZWiSt 2021, 249 (251); Lutz-Bachmann/Vorbeck/Wengenroth BB 2021, 906 (911); Wagner/Ruttloff NJW 2021, 2145 (2150).
[80] BT-Drs. 19/28649, S. 54.
[81] Vgl. Altenschmidt/Helling LkSG § 14 Rn. 22.
[82] Altenschmidt/Helling LkSG § 14 Rn. 15 ff.
[83] BT-Drs. 19/28649, S. 54.
[84] Seibt/Vesper-Gräske CB 2021, 357 (360).

Behörde darf danach **nicht vollständig anlasslos** ermitteln, sondern nur bei Vorliegen einer gewissen Wahrscheinlichkeit für einen Gesetzesverstoß.[85] Die Anforderungen hierfür dürfen freilich nicht überspannt werden, auch unter Berücksichtigung des im Gesetzgebungsverfahrens zum Ausdruck gekommenen Willens einer effektiven Kontrolle der Umsetzung der neuen Sorgfaltspflichten in den Unternehmen (→ Rn. 7). Statthaft wird es insofern sein, die Jahresberichte der Unternehmen nach § 10 Abs. 2 LkSG zum Ausgangspunkt der behördlichen Kontrolle zu nehmen.[86] Ergeben sich hierbei Unplausibilitäten oder Lücken, kann ein genügender Anlass für weitergehende Überprüfungen gegeben sein.

Maßnahmen des BAFA nach LkSG können mit den Mitteln der **Verwaltungsvollstreckung** durchgesetzt werden. Das Zwangsgeld kann abweichend von § 11 Abs. 3 VwVG bis zu 50.000 Euro betragen (§ 23 LkSG). 38

b) Generalklausel des § 15 S. 1 LkSG. Zur Erfüllung seiner Aufgaben stellt der Gesetzgeber dem BAFA mit § 15 S. 1 LkSG eine weitreichende Ermächtigungsgrundlage zur Verfügung. Das BAFA trifft danach die geeigneten und erforderlichen Anordnungen und Maßnahmen, um Verstöße gegen die Pflichten nach den §§ 3 bis 10 LkSG festzustellen, zu beseitigen und zu verhindern. Es handelt sich hierbei um eine klassische **ordnungsrechtliche Generalklausel** zur behördlichen Gefahrenermittlung und Gefahrenabwehr, auch in präventiver Hinsicht. Ihr Anwendungsbereich ist nicht lediglich zur Beseitigung von Rechtsverstößen, sondern auch bereits für behördliche Ermittlungen und die Vollzugskontrolle eröffnet. 39

Hierbei wird man aber nicht von einem Recht zu vollkommen anlasslosen Kontrollen ausgehen können: Ein solches Recht wird dem BAFA ausdrücklich nicht zuerkannt; Bezugspunkt für die Befugniseröffnung sind vielmehr (mögliche) Verstöße gegen die sich aus dem LkSG ergebenden Pflichten und deren Verhinderung. Voraussetzung für die Eröffnung des Anwendungsbereichs des § 15 LkSG ist daher eine **hinreichende Wahrscheinlichkeit** für einen Rechtsverstoß.[87] Hinsichtlich der konkret zu treffenden Maßnahme bzw. Rechtsfolge besteht allerdings ein weites behördliches Ermessen. Der Beachtung des **Verhältnismäßigkeitsgrundsatzes** kommt daher eine gewichtige Bedeutung zu.[88] 40

aa) Regelbeispiele der Anordnungsbefugnisse. Für die nach der Generalklausel möglichen Anordnungen benennt der Gesetzgeber in § 15 S. 2 LkSG Regelbeispiele. Danach kann das BAFA insbesondere **Personen laden** (§ 15 S. 2 Nr. 1 LkSG), das Unternehmen verpflichten, einen Plan zur Behebung der Missstände einschließlich klarer Zeitangaben zu dessen Umsetzung vorzulegen (§ 15 S. 2 Nr. 2 LkSG) und dem Unternehmen konkrete Handlungen zur Erfüllung seiner Pflichten aufgeben (§ 15 S. 2 Nr. 3 LkSG). Während die Ladungsanordnung ein Mittel der Sachverhaltsermittlung ist, zielen die Vorgaben zur Planvorlage und zu konkreten Handlungspflichten auf die Beendigung festgestellter Rechtsverstöße. 41

Mit der Befugnis zur Auferlegung **konkreter Handlungspflichten** nach § 15 S. 2 Nr. 3 LkSG ist dem BAFA ein sehr weitreichendes Instrument in die Hand gegeben worden. Dieses erfasst unterschiedslos alle unternehmerischen Pflichten nach den §§ 3 bis 10 LkSG. Damit sind behördliche Anordnungen zu den unternehmerischen Organisationspflichten etwa zur Einrichtung eines Risikomanagement nach § 4 LkSG, der Dokumentation und Berichterstattung nach § 10 LkSG und zum Beschwerdeverfahren nach § 8 LkSG ebenso möglich wie solche zu Präventionsmaßnahmen nach § 6 LkSG oder Abhilfemaßnahmen nach § 7 LkSG, die eher das wirtschaftliche Handeln eines Unternehmens und den Umgang mit seinen Lieferanten sowie die mit diesen einzugehenden Vertragspflichten betreffen. 42

---

[85] Altenschmidt/Helling LkSG § 19 Rn. 6 f.; aA Frank/Edel/Heine/Heine BB 2021, 2165 (2170).
[86] Vgl. Schmidt CCZ 2022, 214 (215); Niklas/Lex ArbRB 2021, 212 (214).
[87] Altenschmidt/Helling LkSG § 15 Rn. 3; Rothermel LkSG § 15 Rn. 5.
[88] Wagner/Ruttloff/Wagner/Hahn CB 2021, 89 (94).

43 Die nach § 15 S. 2 Nr. 3 LkSG möglichen Anordnungen können folglich tief in die unternehmerische Entscheidungs- und Berufsausübungsfreiheit eingreifen. Der Unternehmensleitung können hierdurch behördlich weitreichende Vorgaben zum angemessenen Handeln gemacht werden.[89] Während der diese Pflicht statuierende § 3 Abs. 2 LkSG noch weitgehende Handlungsspielräume gewährt, können mit Anordnungen nach § 15 S. 2 Nr. 3 LkSG ganz konkrete Handlungen verlangt werden. An diese hoheitlich festgesetzten Pflichten sind Unternehmensleitungen dann nach dem Legalitätsprinzip gebunden. Erfüllen sie die Anordnungen nicht, können diese per **Verwaltungszwang** durchgesetzt werden.

44 Es liegt auf der Hand, dass die damit verbundene Möglichkeit des Eingriffs in die Berufsausübungsfreiheit der Unternehmen nach Art. 12 Abs. 1 S. 2 GG eines Korrektivs durch die sorgfältige Beachtung des **Verhältnismäßigkeitsgrundsatzes** bedarf.[90] Allerdings wird dies bereits gesetzessystematisch nicht so weit gehen können, das BAFA allgemein darauf zu beschränken, den Unternehmen lediglich vorgeben zu dürfen, geeignete Maßnahmen zur Herbeiführung eines konkreten Ziels zu ergreifen, ohne diese näher spezifizieren zu dürfen.[91] Während dieser Ansatz zwar weitgehend die unternehmerische Handlungsfreiheit wahren würde, stehen dem gesetzessystematisch die in § 15 S. 2 Nr. 2 LkSG bereits eingeräumten Befugnisse entgegen. Denn danach kann die Behörde ihre Maßnahmen im Falle einer Pflichtverletzung darauf beschränken, von dem betroffenen Unternehmen die Vorlage eines Plans zur Behebung der Missstände einschließlich klarer Zeitangaben zu dessen Umsetzung zu verlangen. Bei einer solchen Anordnung zur Planvorgabe bleiben unternehmerische Handlungsoptionen und Entscheidungsmöglichkeiten zur Herstellung der Rechtskonformität weitgehend erhalten. Sie dient damit auch der Wahrung der Verhältnismäßigkeit des behördlichen Einschreitens. Reicht eine solche Beschränkung der behördlichen Anordnung indes im konkreten Einzelfall nicht aus, darf die unternehmerische Handlungsfreiheit durch Vorgaben nach § 15 S. 2 Nr. 3 LkSG stärker beschränkt werden. Hierdurch wird auch eine behördliche Vollstreckbarkeit gewährleistet sowie das **Bestimmtheitsgebot** des § 37 Abs. 1 VwVfG gewahrt.[92] Dies schließt allerdings das aus dem Verhältnismäßigkeitsgrundsatz folgende und im Ordnungsrecht anerkannte Recht, der Behörde zur Erfüllung der von dieser festgesetzten Handlungspflicht ein Austauschmittel anzubieten, nicht aus.[93]

45 **bb) Erfordernis einer teleologischen Reduktion bei Inlandssachverhalten.** Die sehr weite Anordnungsbefugnis nach § 15 S. 2 Nr. 3 LkSG zugunsten des Bundesamts für Wirtschaft und Ausfuhrkontrolle wirft in Verbindung mit der Anwendbarkeit des Gesetzes auch auf rein nationale Sachverhalte ohne Auslandsbezug sowie auf den eigenen Geschäftsbereich der Unternehmen eine im Gesetzgebungsverfahren gänzlich unbeleuchtete Frage auf: Darf die Behörde den nach § 1 LkSG pflichtigen Unternehmen auch konkrete Handlungen zur Erfüllung ihrer nach § 7 Abs. 1 Satz 2 LkSG bestehenden Pflicht zur Beendigung der im eigenen Geschäftsbereich erfolgenden Verletzung einer menschenrechtlichen oder umweltbezogenen Pflicht im Inland aufgeben und diese gegebenenfalls per Verwaltungszwang durchsetzen – und können sich Anträge betroffener Personen nach § 14 Abs. 1 Nr. 2 LkSG auf ein behördliches Einschreiten hierauf beziehen? Der Wortlaut des Gesetzes lässt diesbezügliche Zweifel an sich nicht zu, da er sehr allgemein auf die „Pflichten" des Unternehmens abstellt.[94] Damit erfasst er auch die Verpflichtung zum Ergreifen von Abhilfemaßnahmen im eigenen Geschäftsbereich nach § 7 Abs. 1 Satz 2 LkSG, die im Inland zur Beendigung der Verletzung etwa der Pflicht zur Zahlung des gesetzlichen Mindestlohns nach § 2 Abs. 2 Nr. 8 LkSG führen müssen.

---

[89] Spindler ZHR 186 (2022), 67 (93).
[90] Rothermel LkSG § 15 Rn. 5.
[91] So aber DAV-Ausschüsse NZG 2021, 546 (554); Rothermel LkSG § 15 Rn. 9.
[92] Altenschmidt/Helling LkSG § 15 Rn. 11.
[93] Vgl. Dürig/Herzog/Scholz/Grzeszick, Art. 20 Rn. 115.
[94] Vgl. zum Ganzen Altenschmidt/Helling LkSG § 15 Rn. 13 ff.

Bei näherer Analyse der damit verbundenen Konsequenzen ergibt sich somit ein **46** verblüffendes Bild: Die von § 7 Abs. 1 Satz 2 iVm § 2 Abs. 4 und § 2 Abs. 2 Nr. 1 bis 12 sowie § 2 Abs. 3 Nr. 1 bis 8 LkSG erfassten menschenrechtlichen und umweltbezogenen Pflichten sind in Deutschland weitgehend Gegenstand **langjährig etablierter fachrechtlicher Vorgaben mit fachbehördlichen Vollzugszuständigkeiten.** Besonders eindrücklich lässt sich dies am Beispiel des Verbots bestimmter Verhaltensweisen mit Umweltbezug nach § 2 Abs. 2 Nr. 9 LkSG darstellen: Die dort bestimmten Tatbestände der schädlichen Bodenveränderung, der Gewässerverunreinigung oder der schädlichen Lärmemissionen sind Regelungsgegenstände des deutschen Umweltrechts (BBodSchG, BImSchG, WHG) mit (im Regelfall auf Landesebene angesiedelten) Vollzugszuständigkeiten der Bodenschutz-, Immissionsschutz- und Wasserbehörden. Diese haben jeweils Eingriffsbefugnisse (vgl. nur § 10 BBodSchG, § 17 und § 20 BImSchG), um gegen gesundheitsschädigende Wasserverunreinigungen durch ein Unternehmen oder von einem solchen erfolgende schädliche Bodenveränderungen oder Lärmemissionen mit den Mitteln des Ordnungsrechts einzuschreiten.

Hier scheint der Gesetzgeber mit der Ermächtigungsgrundlage des § 15 S. 2 Nr. 3 LkSG **47** jetzt für den eigenen Geschäftsbereich der in den Anwendungsbereich des LkSG einbezogenen Unternehmen eine **Parallelstruktur** mit einer Zuständigkeit des Bundesamts für Wirtschaft und Ausfuhrkontrolle und dortigen Eingriffsbefugnissen geschaffen zu haben.[95] Jedenfalls schließt der Gesetzeswortlaut nicht aus, dass ein solches Unternehmen etwa bei einer bodenschutzrechtlich relevanten Einwirkung auf das für die Trinkwassergewinnung genutzte Grundwasser mit gesundheitsschädigender Wirkung auch vom BAFA in die Pflicht genommen wird und ihm von dort gem. § 15 LkSG bestimmte Abhilfemaßnahmen behördlich vorgegeben werden. Denn ein in den Anwendungsbereich des LkSG einbezogenes Unternehmen ist in einer solchen Konstellation nach § 7 Abs. 1 Satz 2 LkSG verpflichtet, unverzüglich angemessene Abhilfemaßnahmen zu ergreifen, um die Pflichtverletzung iSd LkSG zu beenden oder das Ausmaß der Verletzung zu minimieren. Damit können nach dem Gesetzeswortlaut des LkSG und seiner Systematik auch Konflikte um unzulässig hohe nächtliche Lärmimmissionen im Umfeld von in Deutschland gelegenen Industrie- und Gewerbebetrieben zukünftig menschenrechtliche Risiken und Pflichtverletzungen iSd LkSG darstellen, für die dann neben der örtlich zuständigen Umweltbehörde durch § 15 iVm § 19 Abs. 1 LkSG auch die Vollzugszuständigkeit einer Bundesbehörde begründet ist und dieser Eingriffsbefugnisse zur Verfügung stehen. Der Grundsatz der Landesexekutive nach Art. 87 GG dürfte dem nicht entgegenstehen, da die aus § 19 Abs. 1 S. 1 LkSG folgende sachliche Zuständigkeit des Bundesamts für Wirtschaft und Ausfuhrkontrolle in diesem Kontext ausschließlich wegen des menschenrechtlichen Risikos bzw. der menschenrechtlichen Pflichtverletzung iSd LkSG und nicht bereits wegen der Verletzung materiellen Umweltrechts begründet wird. Der Gesetzgeber des LkSG hat den Bund insofern gem. Art. 87 Abs. 3 S. 1 GG zur bundeseigenen Verwaltung durch eine Bundesoberbehörde berechtigt.

Soweit dieses Konkurrenzverhältnis und die damit offenkundig verbundenen Probleme **48** bisher überhaupt im Schrifttum erkannt wurden, überzeugt der in diesem Zusammenhang vorgeschlagene Lösungsansatz einer Qualifikation des **LkSG als Auffangnorm** mit einem Vorrang bereits bestehender fachbehördlicher Zuständigkeiten oder des Tätigwerdens des BAFAs nur im Einvernehmen mit den Landesfachbehörden[96] nicht. Es gibt hierfür im LkSG keinerlei Regelungen oder jedenfalls systematische Anknüpfungspunkte, aus denen sich derartige Vorrangqualifikationen oder Einvernehmenserfordernisse ableiten ließen. Ebenso fehlen das Konkurrenzverhältnis regelnde Verfahrensvorschriften etwa für den Fall des Nichtherstellens eines Einvernehmens oder eines Nichteinschreitens der zuständigen Fachbehörden.

---

[95] Vgl. Edel/Frank/Heine/Heine BB 2021, 2890 (2894).
[96] Nietsch/Wiedmann NJW 2022, 1 (4).

49 Stringenter ist eine Eingrenzung des seinem Wortlaut nach sehr weiten Anwendungsbereichs des § 15 LkSG im Wege einer **teleologischen Reduktion**.[97] Der Gesetzgeber scheint insofern mit der grammatikalisch weit eröffneten Eingriffsnorm ungewollt über die eigentlich von ihm verfolgte Zielsetzung hinausgegangen zu sein.[98] Mit Blick auf die Gesetzgebungshistorie gibt es keinen Zweifel daran, dass das eigentliche Ziel des LkSG darin besteht, die Menschenrechtslage im Ausland zu verbessern.[99] Hierzu sollen Unternehmen im Hinblick auf ihre globalen Lieferketten Pflichten auferlegt und in die Verantwortung genommen werden.[100] Aus den ausschließlich auf internationale Zusammenhänge abstellenden Gesetzesmaterialien lässt sich hingegen nichts dafür entnehmen, dass der Gesetzgeber dem Bundesamt für Wirtschafts- und Ausfuhrkontrolle bezogen auf rein nationale Sachverhalte mit bereits bestehenden fachrechtlichen Vorgaben und Vollzugszuständigkeiten anderer Behörden die Aufgabe und Funktion etwa einer Art „Superumweltbehörde" auf Bundesebene[101] hat zuweisen wollen.

50 Ausgehend hiervon ist die Befugnis des Bundesamts für Wirtschaft und Ausfuhrkontrolle nach § 15 LkSG **gegenständlich beschränkt:** Es darf bei einer Verletzung der Pflichten nach den §§ 3 bis 10 Abs. 1 Anordnungen und Maßnahmen nur bei einer fehlenden fachrechtlichen Eingriffsgrundlage zugunsten der sachlich zuständigen Fachbehörde treffen.[102] Bodenschutzrechtliche Verfügungen zur Sanierung einer gesundheitsschädigenden Bodenkontamination in Deutschland können somit nicht auf § 15 LkSG gestützt werden. Bei rein inländischen Pflichtverletzungen beschränken sich die Anordnungsbefugnisse des Bundesamts für Wirtschaft und Ausfuhrkontrolle vielmehr auf die Durchsetzung der spezifischen Organisations- und Verfahrensvorgaben des LkSG zum Risikomanagement, zur Risikoanalyse, zum Beschwerdeverfahren sowie zur Dokumentation und Berichterstattung.[103]

51 Freilich wirft dies die Frage auf, was in solchen Konstellationen gilt, in denen im Zusammenhang mit einer menschenrechtlichen Pflichtverletzung im Inland keine Fachbehörde berechtigt ist, einem Unternehmen Vorgaben zur Abhilfe zu machen. Dies ist etwa im Bereich des gesetzlichen Mindestlohns der Fall: Nach dem Mindestlohngesetz (MiLoG) hat der vollzugszuständige Zoll keine Befugnis, dem pflichtwidrig handelnden Arbeitgeber die Zahlung des Mindestlohns verbindlich und vollstreckbar aufzugeben.[104] Die Nichtzahlung des Mindestlohns ist nach LkSG allerdings eine menschenrechtliche Pflichtverletzung (§ 2 Abs. 2 Nr. 8 LkSG). Diese muss im eigenen inländischen Geschäftsbereich eines in den Anwendungsbereich des Gesetzes einbezogenen Unternehmens nach der Vorgabe des § 7 Abs. 1 S. 3 LkSG unverzüglich beendet werden. Kommt das Unternehmen dieser Abhilfepflicht nicht nach, berechtigt § 15 S. 2 Nr. 3 LkSG das BAFA, dem Unternehmen konkrete Handlungen zur Erfüllung seiner Pflichten aufzugeben. Da hierbei kein Konkurrenzverhältnis mit einer anderen inländischen Fachbehörde ersichtlich ist, mangelt es in dieser Konstellation an einer Rechtfertigung dafür, dem BAFA die gesetzlich eingeräumte Anordnungsbefugnis abzusprechen. Es ist auch ansonsten im System des LkSG keine Begründung dafür ersichtlich, warum das BAFA hier nicht handeln dürfte oder warum der von der Nichtzahlung des gesetzlichen Mindestlohns Betroffene diese Verletzung eines Menschenrechts iSd LkSG hinnehmen müsste, ohne die nach LkSG zuständige Behörde im Wege der Geltendmachung des Antragsrechts nach § 14 Abs. 1 Nr. 2 LkSG zum Tätigwerden auffordern zu können. Das Gesetz nimmt inländische Menschenrechtsverletzungen hiervon nicht aus. Das BAFA wird damit bei den in den Anwendungsbereich des LkSG

---

[97] Altenschmidt/Helling LkSG § 15 Rn. 19.
[98] Vgl. BVerfGE 35, 262 (279) zu den Voraussetzungen einer teleologischen Reduktion.
[99] Vgl. BT-Drs. 19/28649, S. 1.
[100] BT-Drs. 19/305050, S. 1.
[101] Altenschmidt/Helling LkSG § 15 Rn. 16.
[102] Altenschmidt/Helling LkSG § 15 Rn. 19.
[103] Altenschmidt/Helling LkSG § 15 Rn. 19.
[104] Vgl. Maschmann NZA 2014, 929 (930).

einbezogenen Unternehmen zur Durchsetzung der Pflicht zur Zahlung des gesetzlichen Mindestlohns nach MiLoG berechtigt sein.

c) Befugnisse zur Sachverhaltsermittlung. Die Generalklausel des § 15 S. 1 LkSG wird 52 im Hinblick auf die der Behörde gem. § 24 Abs. 1 VwVfG von Amts wegen obliegenden Sachverhaltsaufklärung durch Ermächtigungsnormen für besondere Ermittlungsmaßnahmen ergänzt. Es handelt sich hierbei um klassische Handlungsmöglichkeiten einer gefahrenabwehrenden Ordnungsbehörde:

aa) Betretens- und Einsichtnahmerechte. Das BAFA darf danach zur Erfüllung seiner 53 Aufgaben gem. § 16 Nr. 1 LkSG **Betriebsgrundstücke, Geschäftsräume und Wirtschaftsgebäude** der Unternehmen während der üblichen Geschäfts- und Betriebszeiten betreten und besichtigen. Eine derartige Nachschau ist eine Standardmaßnahme der wirtschaftsverwaltungsrechtlichen Überwachung von Unternehmen und anderen Gesetzesunterworfenen.[105] Die von Teilen eines allerdings überwiegend gesellschafts- und zivilrechtlich ausgerichteten Schrifttums geäußerte Kritik, man habe es hier mit einer durchsuchungsähnlichen Kontrolle zu tun, die dem Richtervorbehalt unterliege[106], ist daher nicht gerechtfertigt und überspannt die Anforderungen an sonderordnungsbehördliches Handeln. Nach der Rechtsprechung des Bundesverfassungsgerichts bestehen gegen derartige Nachschauen ohne vorherige richterliche Anordnung wegen der Bestimmung von Betriebs- und Geschäftsräumen zur Aufnahme sozialer Kontakte **keine verfassungsrechtlichen Bedenken,** wenn sie auf einer gesetzlichen Grundlage beruhen und die Grenzen der Verhältnismäßigkeit wahren, sich also insbesondere auf die üblichen Geschäftszeiten beschränken.[107] Anderes gilt nur dann, wenn zielgerichtet nach belastbarem Beweismaterial gesucht wird, wozu aber § 16 Nr. 1 LkSG gerade nicht ermächtigt. Hierzu wäre das BAFA aber im Ordnungswidrigkeitenverfahren berechtigt, allerdings nur nach richterlicher Anordnung (§ 46 Abs. 1 und 2 OWiG iVm § 102 und § 105 Abs. 1 StPO).

Auf Tatbestandsebene schreibt § 16 LkSG nur vor, dass ein Betreten oder eine Einsicht- 54 nahme zur Wahrnehmung der Aufgaben nach § 14 erforderlich sein muss. Durch den Verweis auf die menschenrechtsrechtlichen bzw. umweltbezogenen Risiken in § 14 Abs. 1 Nr. 1 LkSG muss damit als Voraussetzung eine hinreichende Wahrscheinlichkeit für ein Verstoß gegen die Verbote der § 2 Abs. 2, 3 LkSG vorliegen. **Anlassloses Nachschauen** wären unverhältnismäßig, wobei aber angesichts des gesetzgeberischen Willens zu flächendeckenden Kontrollen keine hohen Anforderungen an den Anlass zu stellen sind.[108]

Als Rechtsfolge des § 16 sind das BAFA und seine Beauftragten befugt, Betriebsgrund- 55 stücke bei Unternehmen während der üblichen Geschäfts- oder Betriebszeiten zu betreten und zu besichtigen und geschäftliche Unterlagen und Aufzeichnungen, aus denen sich ableiten lässt, ob die Sorgfaltspflichten eingehalten wurden, einzusehen und zu prüfen. Die Norm räumt der Behörde dabei ein pflichtgemäß auszuübendes Ermessen ein. Wer die Beauftragten sein können, definiert das Gesetz nicht. Aufgrund des Vorbehalts des Art. 33 Abs. 4 GG dürfte eine Beauftragung Privater jedoch ausscheiden.[109] Das Betretensrecht umfasst nur das Umschauen auf dem Grundstück und in den Unternehmensräumlichkeiten; eine **zielgerichtete Suche** nach spezifischen Personen oder Sachen ist nicht zulässig, da sonst die Grenze zur Durchsuchung nach Art. 13 Abs. 2 GG überschritten wäre.[110] Es

---

[105] Vgl. nur § 22 Abs. 2 GastG, § 29 Abs. 2 GewO, § 17 Abs. 2 HwO, §§ 3, 4 SchwarzArbG, § 7 MinRohsorgG; § 15 Abs. 2 HeimG; § 7 AÜG; § 44 Abs. 1 KWG.
[106] Vgl. auch Grabosch/Engel/Schönfelder Das neue LkSG § 6 Rn. 33; Kamann/Irmscher NZWiSt 2021, 249 (252); Lutz-Bachmann/Vorbeck/Wengenroth BB 2021, 906 (912).
[107] BVerfGE 32, 54 (73 ff.).
[108] Vgl. Altenschmidt/Helling LkSG § 16 Rn. 7.
[109] Vgl. Lutz-Bachmann/Vorbeck/Wengenroth BB 2021, 906 (Fn. 37).
[110] Siehe Hembach Praxisleitfaden LkSG S. 188 f.; Maschmann NZA 2014, 929 (934).

besteht die Verpflichtung, den Beginn der Nachschau dem Hausrechtsinhaber oder im Ausnahmefall auch einem anderen Betriebsangehörigen anzumelden.[111] Unter Praktikabilitäts- und Effizienzgesichtspunkten wird es angesichts der inzwischen üblichen Verlagerung vieler betrieblicher Bürotätigkeiten in das „Homeoffice" auch geboten sein, die behördliche Nachschau einige Tage vorher dem Unternehmen anzukündigen, um die Anwesenheit qualifizierter Auskunftspersonen im Betrieb sicherzustellen.[112] Eine gesetzliche Verpflichtung der nach § 4 Abs. 3 LkSG zuständigen Personen, ihren Aufgaben in den Betriebsräumlichkeiten des Unternehmens nachzugehen und dort für behördliche Untersuchungen jederzeit zur Verfügung zu stehen, ist nicht gegeben.

56   Das durch § 16 Nr. 2 LkSG gewährte Einsichtnahmerecht umfasst nur die **Inaugenscheinnahme und Prüfung der Unterlagen** des Unternehmens vor Ort.[113] Die Unterlagen sind dabei von den Betriebsangehörigen vorzulegen; zu einem eigenen Durchsuchen der Unterlagen durch das BAFA ermächtigt § 16 LkSG nicht.[114] Anwendbar bleibt daneben aber die behördliche Geltendmachung der Herausgabepflicht nach § 17 LkSG.

57 **bb) Auskunfts- und Herausgabepflichten.** Nach § 17 LkSG ist das BAFA berechtigt, Unternehmen und nach § 15 S. 2 Nr. 1 LkSG geladene Personen anzuweisen, die Auskünfte zu erteilen und die Unterlagen herauszugeben, die die Behörde zur Durchführung der übertragenen Aufgaben benötigt. Auch hierbei handelt es sich um ein klassisches wirtschaftsverwaltungsrechtliches Ermittlungsinstrument zur Sachverhaltsaufklärung.[115] Die allgemein gehaltene Ermächtigungsnorm wird in § 17 Abs. 2 LkSG durch Regelbeispiele näher präzisiert. Danach müssen die Unternehmen insbesondere Angaben und Nachweise zu den Voraussetzungen des § 1 LkSG, zu der Erfüllung der Sorgfaltspflichten sowie zu den zuständigen unternehmensinternen Personen erbringen. Besonders bemerkenswert ist die Pflichterweiterung des § 17 Abs. 1 S. 2 LkSG: Die Unternehmen müssen auch **Informationen von verbundenen Unternehmen** iSd § 15 AktG sowie unmittelbaren und mittelbaren Zulieferern herausgeben, soweit sie diese zur Verfügung haben oder aufgrund bestehender vertraglicher Beziehungen zur Beschaffung in der Lage sind. Damit wird die Auskunfts- und Herausgabepflicht bis hin zu einer Beschaffenspflicht[116] erweitert. Es dürfte dabei zum einen darauf ankommen, ob die Informationen tatsächlich bei dem Unternehmen vorhanden sind, und zum anderen, ob ein vertraglicher Auskunfts- und Herausgaberecht besteht. Es wird allerdings weder zumutbar noch verwaltungsökonomisch sein, von einem Unternehmen im Bedarfsfall zu verlangen, einen streitigen Auskunftsanspruch gegen ein verbundenes Unternehmen auch gerichtlich geltend zu machen.[117]

58   Nach § 17 Abs. 3 LkSG besteht – vergleichbar mit § 55 StPO[118] – ein partielles **Aussageverweigerungsrecht** bei solchen Fragen, deren Beantwortung den Befragten selbst oder einen (Familien-, nicht aber Betriebs-)Angehörigen der Gefahr strafgerichtlicher Verfolgung oder eines Ordnungswidrigkeitenverfahrens aussetzen würde. Vom Wortlaut ist nur die Aussage- nicht jedoch die Herausgabeverweigerung umfasst.[119] Die Verwaltungsgerichte haben bisher in vergleichbaren Konstellationen eine Ausweitung auf die Herausgabepflicht abgelehnt.[120] Das BAFA hat auf das Aussageverweigerungsrecht hinzuweisen (§ 17

---

[111] BVerwGE 78, 251 (256 f.).
[112] Altenschmidt/Helling LkSG § 16 Rn. 14.
[113] Vgl. Altenschmidt/Helling LkSG § 16 Rn. 16; Rothermel LkSG § 16 Rn. 3.
[114] Vgl. Rothermel LkSG § 16 Rn. 3; Maschmann NZA 2014, 929 (935).
[115] Beispielsweise § 29 Abs. 1 GewO; § 22 GastG; § 17 HwO; § 42 Abs. 2 S. 1 Nr. 5 LFGB; § 44 Abs. 1 S. 1 KWG, § 3 Abs. 1 S. 2 Nr. 1 SchwarzArbG; § 6 MinRohSorgG.
[116] Seibt/Vesper-Gräske CB 2021, 357 (361).
[117] Altenschmidt/Helling LkSG § 17 Rn. 10.
[118] Lutz-Bachmann/Vorbeck/Wengenroth BB 2021, 906 (912).
[119] Altenschmidt/Helling LkSG § 17 Rn. 14.
[120] Vgl. BVerwG MDR 1984, 253 (254); OVG Bautzen GewArch 2013 368 (369); VGH Mannheim Beschl. v. 13.6.2006 – 6 S 517/06, Rn. 7 mwN; VG Berlin NJW 1988, 1105 (1106 f.); auch OLG Hamm Beschl. v. 25.9.1991 – 2 Ss OWi 456/91, Rn. 10, bestätigt von BVerfG Beschl. v. 7.9.1984 – 2 BvR 159/84; aA Gabriel NVwZ 2020, 19 (21); Szesny BB 2010, 1995 (1997).

Abs. 3 S. 2 LkSG). Nach § 17 Abs. 3 S. 3 LkSG bleiben sonstige gesetzliche Auskunfts- und Aussageverweigerungsrechte unberührt. Dazu zählen § 55 StPO, aber auch entsprechende Rechte nach § 43a BRAO, § 18 BNotO, § 43 WPO, § 57 StBerG, §§ 93 Abs. 1 S. 3, 116 S. 2 AktG und § 323 HGB.

cc) Duldungs- und Mitwirkungspflichten. Ergänzt werden diese Befugnisse durch eine **59** in § 18 LkSG angeordnete Duldungs- und Mitwirkungspflicht, durch die die verwaltungsverfahrensrechtliche Mitwirkungslast des § 26 Abs. 2 VwVfG erheblich ausgeweitet wird.[121] Die Unternehmen sowie ihre gesetzlichen und satzungsmäßigen Vertreter müssen danach die Maßnahmen der Behörde und ihrer Beauftragten nach LkSG dulden und an ihnen mitwirken. Während die Duldungspflicht ein passives Behindern oder Erschweren verbietet, ist die Reichweite der Mitwirkungspflicht zur Unterstützung des behördlichen Handelns einzelfallabhängig.[122] Dabei muss aufgrund des Ineinandergreifens des Verwaltungs- und des Ordnungswidrigkeitenverfahrens[123] dem Recht auf Selbstbelastungsfreiheit insbesondere der Mitarbeiter der Unternehmen genügend Rechnung getragen werden. Denn im Verwaltungsverfahren gewonnene Erkenntnisse dürfen grundsätzlich auch im Ordnungswidrigkeitenverfahren verwendet werden.[124] Deshalb wäre es vor dem Hintergrund des **Nemo-tenetur-Grundsatzes** zu weitgehend, von den Leitungspersonen eines Unternehmens iSd § 9 OWiG zu verlangen, durch die Unterstützung eines behördlichen Verfahrens daran mitzuwirken, dass gegen sie später ein Ordnungswidrigkeitenverfahren eingeleitet werden kann.[125]

Daneben greift das **Verbot der Rollenvertauschung**: Das BAFA darf sich nicht **60** bewusst verwaltungsrechtlicher Maßnahmen bedienen, obwohl es bereits einen Anfangsverdacht wegen einer Ordnungswidrigkeit hegt und deshalb ermittelt.[126] Die höheren Anforderungen der StPO dürfen durch ein Zurückgreifen auf das Verwaltungsverfahren nicht unterlaufen werden.[127] Darüber hinaus greift die Mitwirkungspflicht nur dann, wenn das BAFA bereits Maßnahmen eingeleitet hat. Von selbst müssen die Unternehmen jenseits der ihnen nach § 10 LkSG auferlegten Dokumentations- und Berichtspflicht nicht tätig werden.

3. Wirtschaftsverwaltungsrechtliche Sanktionen bei Pflichtverletzungen

Der Gesetzgeber hat sich zur Sicherung der Beachtung der unternehmerischen Sorgfalts- **61** pflichten bewusst für die Androhung wirtschaftsverwaltungsrechtlicher Sanktionen entschieden.[128] Pflichtverletzungen können daher mit den Mitteln des **Ordnungswidrigkeitenrechts** geahndet werden. Zusätzlich können pflichtwidrig handelnde Unternehmen von der Vergabe öffentlicher Aufträge ausgeschlossen werden. Angesichts des eindeutigen gesetzgeberischen Willens, die Beachtung der unternehmerischen Sorgfaltspflichten ausschließlich im Wege der behördlichen Kontrolle und Sanktionierung sicherzustellen, ist von einem robusten Mandat der zuständigen Verwaltungsbehörde und der Rechtfertigung einer strengen und generalpräventiv wirkenden Bußgeld- und Sanktionspraxis auszugehen.[129] Daneben können vollziehbare Anordnungen des Bundesamts für Wirtschaft und Ausfuhrkontrolle mit den Mitteln des Verwaltungszwangs durchgesetzt werden. Der Gesetzgeber hat den maßgeblichen Zwangsgeldrahmen in Abweichung von dem in § 11

---

[121] Rothermel LkSG § 18 Rn. 1; Seibt/Vesper-Gräske CB 2021, 357 (361).
[122] Fehling/Kastner/Störmer/Schwarz Verwaltungsrecht VwVfG § 26 Rn. 41.
[123] Vgl. Kamann/Irmscher NZWiSt 2021, 249 (252); Lutz-Bachmann/Vorbeck/Wengenroth BB 2021, 906 (912); Seibt/Vesper-Gräske CB 2021, 357 (361).
[124] Gabriel NVwZ 2020, 19; Lutz-Bachmann/Vorbeck/Wengenroth BB 2021, 906 (912).
[125] Altenschmidt/Helling LkSG § 18 Rn. 3; Rothermel LkSG § 18 Rn. 4; Grabosch/Engel/Schönfelder Das neue LkSG § 6 Rn. 27.
[126] Vgl. Seibt/Vesper-Gräske CB 2021, 357 (361).
[127] Seibt/Vespe-Gräske CB 2021, 357 (361).
[128] Vgl. BT-Drs. 19/30505, S. 39.
[129] Vgl. Altenschmidt/Helling LkSG § 24 Rn. 1.

Abs. 3 VwVG geregelten Höchstbetrag von 25.000 EUR mit § 23 LkSG auf bis zu 50.000 EUR bestimmt.[130] Der für die Unternehmen scheinbar günstige Verzicht auf ein zivilrechtliches Haftungsregime kommt nicht ohne einen Preis.

62 **a) Ordnungswidrigkeiten und Bußgelder.** Zur Ahndung von Pflichtverletzungen bestimmt § 24 Abs. 1 LkSG einen umfangreichen Katalog von Ordnungswidrigkeitentatbeständen. Bußgeldbehörde ist das Bundesamt für Wirtschaft und Ausfuhrkontrolle (§ 24 Abs. 5 LkSG). Für dessen Handeln sind neben § 24 LkSG die Vorgaben des OWiG maßgeblich.[131]

63 Die Tatbestände des § 24 Abs. 1 LkSG umfassen weitgehend jeden vorsätzlichen oder fahrlässigen Verstoß gegen die in §§ 4 bis 12 LkSG bestimmten unternehmerischen Pflichten. Ordnungswidrig handelt danach etwas derjenige, der eine nicht richtige Risikoanalyse durchführt, Präventions- oder Abhilfemaßnahmen nicht oder nicht rechtzeitig ergreift oder wer den Berichtspflichten nicht nachkommt. Ebenso ist es auch eine Ordnungswidrigkeit, bestimmten vollziehbaren Anordnungen der Verwaltungsbehörde nicht zu entsprechen. Einige der Tatbestände des § 24 Abs. 1 LkSG sind berechtigter Kritik hinsichtlich ihrer Bestimmtheit ausgesetzt.[132] Hier wird die zukünftige Vollzugs- und Gerichtspraxis zeigen, inwiefern Unvereinbarkeiten mit dem verfassungsrechtlichen **Bestimmtheitsgebot** des Art. 103 Abs. 2 GG gegeben sind.

64 § 24 Abs. 1 LkSG sieht allerdings keine gesonderten Tatbestände für die Verletzung der durch das Gesetz geschützten Rechtspositionen und den hierdurch erfolgenden Eingriff in Menschenrechte vor. Eine Sanktionslücke ist damit freilich nicht verbunden: Bei inländischen Taten greifen insofern die jeweiligen fachrechtlichen Vorgaben und die dortigen Ordnungswidrigkeitentatbestände sowie das Strafrecht. Im Ausland erfolgende Rechtsverstöße sind nach dem dortigen Recht zu ahnden. Der Anwendungsbereich des § 24 LkSG ist in räumlicher Hinsicht auf Tatorte beschränkt, die im Inland liegen.[133]

65 Die Ordnungswidrigkeitentatbestände des § 24 Abs. 1 LkSG erfassen Verstöße gegen Pflichten, die Unternehmen iSd § 1 Abs. 1 LkSG treffen. Sie sind damit **Sonderdelikte**,[134] deren Begehung in der Regel das persönliche Merkmal der Unternehmensinhaberschaft verlangt.[135] Aufgrund des das deutsche Ordnungswidrigkeitenrecht prägenden Erfordernisses der persönlichen Vorwerfbarkeit[136] (Schuldprinzip) können aber nur natürliche Personen Täter sein. Bei juristischen Personen und Personengesellschaften kann insofern über § 9 OWiG eine Zurechnung des persönlichen Merkmals auf die Leitungspersonen des Unternehmens, insbesondere die vertretungsberechtigten Organe und Betriebsleiter, stattfinden. Diese sind damit für die Erfüllung der unternehmerischen Sorgfaltspflichten verantwortlich und können bei der Verwirklichung von Ordnungswidrigkeitentatbeständen auch persönlich mit Bußgeldern belegt werden. Bei der im Wirtschaftsleben üblichen und auch notwendigen Delegation der Erfüllung von Pflichten auf Mitarbeiter unterhalb der Ebene der Leitungspersonen reichen allein von diesen erfolgende Pflichtverstöße allerdings nicht aus, um eine Bußgeldverhängung gegen die Leitungsperson (bzw. die juristische Person, § 30 Abs. 1 OWiG) zu begründen. Der Vorwurf des Pflichtenverstoßes muss vielmehr die **Leitungsperson** selbst treffen, was freilich auch bei einem Verstoß gegen die Grundsätze der ordnungsgemäßen Delegation und der Überwachung von Mitarbeitern gegeben sein kann.[137]

---

[130] Gehling/Ott/Lüneborg CCZ 2021, 230 (239); Dohrmann CCZ 2021, 265 (268 f.).
[131] Mitsch NZWiSt 2021, 409; vgl. auch BT-Drs. 19/28649, S. 57 f.
[132] BR-Drs. 239/1/21, S. 23; DAV-Ausschüsse NZG 2021, 546 (555); Kamann/Irmscher NZWiSt 2021, 249 (253 ff.); Lutz-Bachmann/Vorbeck/Wengenroth BB 2021, 906 (912); Spießhofer AnwBl 2021, 534 (537); Stöbener de Mora/Noll NZW 2021, 1285 (1288).
[133] Mitsch NZWiSt 2021, 409 (410).
[134] Vgl. Grabosch/Engel/Schönfelder Das neue LkSG § 6 Rn. 38; Rothermel LkSG § 24 Rn. 3; Mitsch/Rogall Karlsruher Kommentar OWiG, 5. Aufl. 2018, OWiG § 7 Rn. 22.
[135] Grabosch/Engel/Schönfelder Das neue LkSG § 6 Rn. 38; Rothermel LkSG § 24 Rn. 3; Mitsch NZWiSt 2021, 409 (410); vgl. auch BT-Drs. 19/28649, S. 33 und 41.
[136] Vgl. Mitsch NZWiSt 2021, 409 (411 f.).
[137] Vgl. Altenschmidt/Helling LkSG § 24 Rn. 8.

§ 24 Abs. 2 LkSG erlaubt es, für rechtswidrige und schuldhafte Tatbestandsbegehungen 66
sehr hohe Bußgelder festzusetzen. Hier zeigt sich erneut der gesetzgeberische Ansatz, die
Beachtung der unternehmerischen Sorgfaltspflichten durch ein wirtschaftsverwaltungsrechtliches Instrumentarium sicherzustellen: Ein solcher Ansatz ist nur dann effektiv, wenn
ein mögliches Bußgeld auch wirtschaftlich für das rechtsuntreue Unternehmen spürbar ist.
Ein auf Ordnungsrecht gestütztes Regime zur Lenkung des Handelns von Unternehmen
droht zuweilen leerzulaufen, wenn die möglichen Bußgelder für Pflichtverletzungen deutlich günstiger sind als die mit einer Rechtsverletzung verbundenen wirtschaftlichen Vorteile. Je nach Tatbestand sieht das Gesetz daher einen **Bußgeldrahmen** von bis zu
800.000 Euro bei vorsätzlichen Handlungen vor, der aber bei Fahrlässigkeit aufgrund des
§ 17 Abs. 2 OWiG auf die Hälfte reduziert ist.[138] Bei der bei Verletzung unternehmerischer
Pflichten in der Praxis nicht seltenen Festsetzung von Bußgeldern gegen eine juristische
Person als Unternehmensträger (Verbandsgeldbuße) erweitert sich der mögliche Bußgeldrahmen wegen des ausdrücklichen Verweises in § 24 Abs. 1 S. 2 LkSG auf die Voraussetzungen des § 30 Abs. 2 S. 3 OWiG auf das Zehnfache.[139] Damit sind Bußgelder von bis
zu 8 Millionen Euro pro Tat möglich.

Ein besonderes Augenmerk legt das Gesetz daneben auf solche Konstellationen, in denen 67
große Wirtschaftsunternehmen bei bereits eingetretenen oder unmittelbar bevorstehenden
Menschenrechtsverletzungen im eigenen Geschäftsbereich oder bei Zulieferern nicht oder
nicht rechtzeitig Abhilfemaßnahmen ergreifen. In diesen Fällen sind nach § 24 Abs. 3
LkSG bei Unternehmen mit einem durchschnittlichen Jahresumsatz von mehr als 400 Millionen Euro Bußgelder von bis zu 2 Prozent des durchschnittlichen Jahresumsatzes möglich.
Für die Bußgeldbemessung ist dabei auf den **weltweiten Jahresumsatz** der mit dem
Unternehmen als wirtschaftliche Einheit handelnden Personen und Personenvereinigungen
abzustellen (§ 24 Abs. 3 S. 2 LkSG). Diese im Gesetzgebungsverfahren vom Bundesrat[140]
als unverhältnismäßig kritisierte Regelung, die an europarechtliche Vorgaben namentlich
im Bereich des Kartellrechts angelehnt ist[141], wird bei Konzernverbünden unter einheitlicher Leitung zur Anwendung kommen können.[142]

Die konkrete Bemessung des Bußgelds im Einzelfall richtet sich nach den Kriterien des 68
§ 24 Abs. 4 LkSG. Diese sehen eine Berücksichtigung des Vorwurfs und der Beweggründe
und Ziele des Täters ebenso vor wie deren Position innerhalb des Unternehmens oder die
Einrichtung einer Compliance-Organisation mit Vorkehrungen zur Vermeidung und Aufdeckung von Ordnungswidrigkeiten. § 17 OWiG bleibt darüber hinaus anwendbar. Dies
erlaubt auch eine über die Höchstgrenzen des § 24 Abs. 2 LkSG hinausgehende **Abschöpfung** des durch die Tat gezogenen wirtschaftlichen Vorteils.[143]

b) Ausschluss von öffentlichen Aufträgen. Das bereits durch hohe Bußgeldandrohun- 69
gen geprägte System des LkSG wird durch einen ebenfalls Sanktionszwecke verfolgenden
Ausschluss eines rechtsuntreuen Unternehmens von der Vergabe öffentlicher Aufträge
ergänzt. Rechtskräftig festgesetzte Bußgelder müssen gem. § 2 Abs. 1 Nr. 4 WRegG ab
einer Bußgeldhöhe von 175.000 EUR in das **Wettbewerbsregister** eingetragen werden,
das von öffentlichen Auftraggebern bei der Vergabe von öffentlichen Aufträgen mit einem
geschätzten Auftragswert ab 30.000 Euro abgefragt werden muss. Nach § 22 LkSG sollen
Unternehmen, die wegen eines rechtskräftig festgestellten Verstoßes gegen § 24 Abs. 1
LkSG mit einer Geldbuße belegt worden sind, von der Teilnahme an einem Verfahren
über die Vergabe eines Liefer-, Bau- oder Dienstleistungsauftrags der in §§ 99 f. GWB

---
[138] Kamann/Irmscher NZWiSt 2021, 249 (255); Mitsch NZWiSt 2021, 409 (412); Seibt/Vesper-Gräske CB 2021, 357 (362).
[139] Vgl. Mitsch NZWiSt 2021, 409 (412).
[140] BR-Drs. 239/1/21, S. 24.
[141] Vgl. Altenschmidt/Helling LkSG § 24 Rn. 27; Rothermel LkSG § 24 Rn. 24 f.; siehe auch Gehling/Ott/Lüneborg CCZ 2021, 230 (239 f.), die von „drakonischen Strafen" sprechen.
[142] Altenschmidt/Helling LkSG § 24 Rn. 29.
[143] Kamann/Irmscher NZWiSt 2021, 249 (255); Mitsch NZWiSt 2021, 409 (412).

genannten Auftraggeber ausgeschlossen werden (näher → § 11 Rn. 39 ff.). Es handelt sich hierbei um eine **intendierte Ermessensvorschrift**. Der danach mögliche Ausschlusszeitraum darf längstens bis zu drei Jahre betragen, kann aber durch ein Selbstreinigungsverfahren nach § 125 GWB verkürzt werden. Auch hier zeigt sich der dogmatisch klare Ansatz des Gesetzgebers, einen Verstoß gegen die menschenrechtlichen und umweltbezogenen Sorgfaltspflichten des LkSG durch wirtschaftsverwaltungsrechtliche Maßnahmen zu ahnden und Unternehmen bzw. ihre Leitungspersonen hierdurch zur Rechtstreue anzuhalten.

VI. Ausblick: Europäische Nachhaltigkeits- und Lieferkettenrichtlinie

70 Die noch jungen Strukturen und Vorgaben des LkSG werden voraussichtlich bald bereits wieder geändert werden müssen. Grund hierfür ist der auch wegen eines entsprechenden politischen Drucks des Europäischen Parlaments im April 2022 durch die Europäische Kommission vorgelegte Vorschlag für eine **Richtlinie zur Nachhaltigkeit in der Unternehmensführung und Sorgfaltspflichten in der Lieferkette**.[144]

71 Mit dieser Richtlinie sollen den Mitgliedstaaten Vorgaben dazu gemacht werden, in ihrem jeweiligen nationalen Recht Sorgfaltspflichten im Hinblick auf die Auswirkungen unternehmerischen Handelns auf die Menschenrechte und die Umwelt zu verankern. Der Richtlinienvorschlag der Kommission zieht dabei im Unterschied zu § 1 Abs. 1 LkSG bereits den **Anwendungsbereich** der erfassten Unternehmen weiter. Danach sollen menschenrechtliche- und umweltbezogene Sorgfaltspflichten von Unternehmen ab einem Schwellenwert von 500 Beschäftigten und einem Nettoumsatz von mindestens 150 Mio. EUR weltweit begründet werden. In bestimmten ressourcenintensiven Branchen sollen hierfür allerdings bereits 250 Beschäftigte und ein Nettoumsatz von mindestens 40 Mio. EUR weltweit ausreichen. Auch in der EU tätige Unternehmen aus Drittstaaten, die einen entsprechenden Umsatz innerhalb der EU erwirtschaften, sollen nach dem Vorschlag der Kommission in den Anwendungsbereich der Richtlinie fallen. In seinen Grundstrukturen entspricht der Richtlinienvorschlag in wesentlichen Punkten dem System des LkSG. Er enthält eine Reihe vergleichbarer Organisations- und Verfahrenspflichten. Unternehmen sollen danach Risiken für die Menschenrechte und die Umwelt ermitteln und potentielle bzw. tatsächliche Auswirkungen verhindern, abstellen oder jedenfalls minimieren. Ebenso wie im bisherigen deutschen Recht sind auch obligatorische Beschwerdemechanismen und öffentliche Berichterstattungen vorgesehen. Teilweise gehen die im Richtlinienvorschlag enthaltenen Unternehmenspflichten aber auch weiter als das LkSG, etwa im Hinblick auf Vorgaben zu unternehmerischen Beiträgen zum Klimaschutz (Art. 15 des Richtlinienvorschlags; → § 9 Rn. 27).

72 Bemerkenswert ist die im Richtlinienvorschlag enthaltene Kombination eines **Private und Public Enforcements:** Die Kommission möchte den Mitgliedstaaten vorgeben, im nationalen Recht neben den organisatorischen und verfahrensrechtlichen Pflichten für unternehmerisches Handeln auch eine zivilrechtliche Haftung für den Fall von Pflichtverletzungen mit daraus resultierenden Schäden vorzusehen (Art. 22 des Richtlinienvorschlags). Der bisher in § 3 Abs. 3 S. 1 LkSG vorgesehene grundsätzliche Ausschluss einer Haftung wegen einer Verletzung der Vorgaben dieses Gesetzes wäre damit obsolet. Zugleich geht der Vorschlag der Kommission aber auch von einer gewichtigen Rolle von Behörden und damit des Wirtschaftsverwaltungsrechts aus. Die Mitgliedstaaten sollen danach Aufsichtsbehörden zur Überwachung der Pflichtenerfüllung durch die Unternehmen bestimmen. Diese sollen bei Verstößen Sanktionen verhängen, wobei sich finanzielle Sanktionen am Unternehmensumsatz orientieren sollen (Art. 20 Abs. 3 des Richtlinienvorschlags).

---

[144] COM(2022) 71 final vom 23. Februar 2022; vgl. auch die tabellarische Übersicht zum Richtlinienvorschlag bei Rothermel LkSG Teil A Rn. 36.

Während sich dieser Behördenüberwachungs- und Sanktionenansatz im Grundsatz gut 73
mit dem „Public Enforcement"-Konzept des LkSG verträgt, sieht der Richtlinienvorschlag
der Kommission allerdings je nach Verständnis eine wesentliche und für die Praxis der
Rechtsanwendung nicht unbedeutende Abweichung vor: Nach Art. 17 Abs. 8 ihres Vorschlags möchte die Kommission den Mitgliedstaaten vorgeben, die **Unabhängigkeit der Überwachungsbehörden** zu gewährleisten. Derartiges sieht das deutsche Recht bisher für
den Vollzug des LkSG nicht vor. Das hierfür zuständige Bundesamt für Wirtschaft und
Ausfuhrkontrolle ist keine unabhängige Behörde. Es unterliegt vielmehr gem. § 19 Abs. 1
S. 2 LkSG bei der Wahrnehmung seiner Aufgaben der Rechts- und Fachaufsicht durch das
Bundesministerium für Wirtschaft und Klimaschutz, welches diese im Einvernehmen mit
dem Bundesministerium für Arbeit und Soziales ausübt (§ 19 Abs. 1 S. 3 LkSG). Noch
klarer ist die damit erfolgende Bindung der Behörde bei der bloß informatorischen Tätigkeit des BAFA, soweit diese außenpolitische Belange berührt: In diesem Fall bedarf die
Veröffentlichung von Informationen, Hilfestellungen oder Empfehlungen gem. § 20 S. 2
LkSG ausdrücklich der vorherigen Zustimmung des Auswärtigen Amtes.

Sollte sich die Kommission mit ihrem Vorschlag unabhängiger Überwachungsbehörden 74
durchsetzen, könnten diese Bindungen des BAFA an Weisungen und Zustimmungserfordernisse möglicherweise nicht mehr haltbar sein. Denn es ist ausgehend vom vorgelegten
Richtlinienentwurf unklar, ob die von der Kommission vorgeschlagene Unabhängigkeit
lediglich im Hinblick auf Unternehmen und Marktinteressen gegeben sein muss (hierauf
deutet Erwägungsgrund (53) des Richtlinienvorschlags hin), oder ob damit auch eine
Unabhängigkeit von politischen Stellen der Exekutive und der Legislative gemeint ist, wie
sie der Europäische Gerichtshof für bestimmte Bereiche der Regulierung der Energiemärkte als erforderlich ansieht.[145]

Die dann auch im Hinblick auf Bundesregierung und Bundestag zu gewährleistende 75
Unabhängigkeit des BAFA hätte eine ausschließliche Bindung der Behörde an das (europäische und nationale) Recht zur Folge, was einen von politischen Vorgaben und außenpolitischen Erwägungen der Bundesregierung vollständig abgekoppelten Gesetzesvollzug
erlauben könnte. Grundlegende Probleme im Hinblick auf die **demokratische Legitimität** des Behördenhandelns wirft dies zwar wegen der regierungsamtlichen Ernennung
der Behördenleitung und ihres damit abgeleiteten Verhältnisses zu einem demokratischen
Wahlakt nicht auf.[146] Dass mit der behördlichen Unabhängigkeit allerdings schwerwiegende Störungen des Verhältnisses zu ausländischen Staaten verbunden sein könnten, liegt angesichts einer mitunter prekären Menschenrechtslage im Ausland auf der Hand. Verfassungsrechtlich würde dies mit der außenpolitischen Gestaltungsmacht der Bundesregierung[147]
kollidieren können. In diesem Zusammenhang stellt sich auch erneut die bereits zuvor
(→ Rn. 9) aufgeworfene Frage, ob ein solches Konzept ungeachtet der unbestrittenen
Wichtigkeit des globalen Einsatzes für die Menschenrechte in Zeiten zunehmender geopolitischer Spannungen klug und verantwortungsvoll ist. Es bleibt aber zunächst abzuwarten, ob und in welcher Form der Richtlinienvorschlag vom Europäischen Parlament und
dem Rat angenommen wird.

---

[145] EuGH EuZW 2021, 893.
[146] EuGH EuZW 2021, 893 Rn. 124.
[147] Vgl. Voßkuhle/Wischmeyer JuS 2021, 735 (736).

§ 11 Nachhaltige Unternehmensführung im Vergaberecht

Prof. Dr. Martin Burgi

Übersicht

	Rn.
I. Vergaberecht als Grundlage organisationsbezogener Pflichten bei einer sog. strategischen Beschaffung	1
1. GWB-Vergaberecht	3
a) Über das Eignungskriterium „Leistungsfähigkeit"	4
b) Über die Zuschlagskriterien	8
c) Über Ausführungsbedingungen	14
2. In den Landesvergabegesetzen	23
3. Im Rechtsrahmen für die Vergabe von Finanzanlagen und Sponsoring	24
a) Finanzanlagen	25
b) Sponsoring	28
c) Rechtliche Rahmenbedingungen	29
d) Sanktionen und Rechtsschutz	35
II. Vergaberecht und Lieferkettenrecht	36
1. Lieferkettenrecht als potenzielles Reservoir organisationsbezogener Pflichten außerhalb des Anwendungsbereichs des LkSG	36
2. Öffentliche Unternehmen als öffentliche Auftraggeber und zugleich Unternehmen iSv § 1 Abs. 1 LkSG: Übersetzung der im LkSG begründeten organisationsbezogenen Pflichten in Kategorien des Vergaberechts	37
3. Vergaberecht als Sanktionsinstrument bei Verstößen gegen das LkSG	39
a) Bedeutung und Rechtsfolge	39
b) Tatbestandliche Voraussetzungen	43
c) Rechtsschutz	44

Literatur

Beham, Der Ausschluss von der Vergabe öffentlicher Aufträge nach dem Lieferkettensorgfaltspflichtengesetz, GewArch 2022, 402; Burgi, Ökologische und soziale Beschaffung im künftigen Vergaberecht, NZBau 2015, 597; Burgi, Vergaberecht. Systematische Erläuterung für Praxis und Ausbildung, 3. Aufl., München 2021; Burgi/Hampe/Friedrichsmeier, in: Burgi (Hrsg.), Sponsoring der öffentlichen Hand. Rechtsrahmen, Empirie, Regelungsvorschläge, Baden-Baden 2010, S. 71; Freund/Krüger, Das neue Lieferkettensorgfaltspflichtengesetz. Was haben öffentliche Auftraggeber im Vergabeverfahren zu beachten?, NVwZ 2022, 665; Fritz/Klaedtke, Lieferketten im Vergabeverfahren, NZBau 2022, 131; Hembach, Praxisleitfaden Lieferkettensorgfaltspflichtengesetz, Frankfurt am Main 2022; Jasper (Hrsg.), Nachhaltige Vergaben. Green Procurement, München 2022; Koch, Frauenquote und Vergaberecht, ZIP 2012, 1695; Krönke, Sozial verantwortliche Beschaffung nach dem neuen Vergaberecht, VergabeR 2017, 101; Meininger, Möglichkeiten, Grenzen und Praxis des Sponsoring der Öffentlichen Verwaltung, Speyer 2000.

I. Vergaberecht als Grundlage organisationsbezogener Pflichten bei einer sog. strategischen Beschaffung

Das Vergaberecht betrifft in einem weiteren Sinne die Verteilung von Leistungen an Unternehmen. Ebenso wie bei der Subventionsvergabe (→ § 12 Rn. 16 ff.) kann namentlich auch bei der Vergabe von Aufträgen uU eine Verknüpfung mit der Organisation und der Führung der an einem Auftrag interessierten Unternehmen hergestellt werden. Es geht also wiederum um die sog. Innensteuerung (→ § 1 Rn. 2). Außer Betracht bleibt die Einwirkung des Vergaberechts auf die nach außen gerichtete Unternehmenstätigkeit. Kurz gefasst: Es geht um **„Unternehmensrecht qua Vergaberecht"**. **1**

Der Fokus liegt hier ganz auf sozial-[1] und governancebezogenen Nachhaltigkeitskriterien. Ökologische Ziele werden im Rahmen des Vergabewesens typischerweise durch Anforde- **2**

---

[1] Einen Überblick für die Praxis liefert sub specie des Vergabewesens Europäische Kommission, Mitteilung der Kommission. „Sozialorientierte Beschaffung – ein Leitfaden für die Berücksichtigung sozialer Belange

rungen an die Außentätigkeit, zB auf der Ebene der Leistungsbeschreibung (CO_2-freie Omnibusse), aber auch bei den Zuschlagskriterien verfolgt.[2] Aus dem Kreis der **sozialen** und der **governancebezogenen Kriterien** (→ § 9 Rn. 2 ff.) kommen für eine vergaberechtliche Anknüpfung die Gleichberechtigung von Männern und Frauen sowie die Diversity (etwa von Beraterteams) sowie die Vergütungsstrukturen auf den Leitungsebenen der betroffenen Unternehmen in Betracht. Das führt zu der Frage, ob durch das Vergaberecht (iwS) weitergehende Anforderungen als durch das Gesellschaftsrecht (→ § 4 Rn. 11 ff. bzw. Rn. 8 f.) verfolgt werden können. Insoweit geht es darum, dass hier Kriterien jenseits des unmittelbaren Beschaffungsgegenstands verfolgt werden (früher: „vergabefremde Kriterien"[3], heute: sog. strategische Beschaffung[4]).[5]

1. GWB-Vergaberecht

3 Dieser Abschnitt stellt die Rechtslage oberhalb der Schwellenwerte dar. Die Rechtslage unterhalb der Schwellenwerte wird nicht betrachtet, zumal bei Aufträgen, auf die sich die in diesem Handbuch im Fokus stehenden größeren Unternehmen bewerben, in der Regel die **Schwellenwerte** überschritten werden.

4 a) **Über das Eignungskriterium „Leistungsfähigkeit".** Zu den Eignungskriterien zählt nach § 122 Abs. 2 S. 1, 2 Nr. 3 GWB va die **„technische und berufliche Leistungsfähigkeit".** Dadurch ist sicherzustellen, dass die Bewerber oder Bieter „über die erforderlichen personellen und technischen Mittel sowie ausreichende Erfahrungen verfügen, um den Auftrag in angemessener Qualität ausführen zu können" (Art. 58 Abs. 4 UAbs. 1 RL 2014/24/EU und § 46 Abs. 1 S. 1 VgV). Zur (beruflichen) Leistungsfähigkeit rechnen dabei zwar auch die Unternehmensleitung, die gesamte Betriebsorganisation und die Struktur des Unternehmens.[6] Jedoch erfolgt die Prüfung der Leistungsfähigkeit grundsätzlich einzelfall-, auftrags- und betriebsbezogen.[7] Maßgeblich ist danach nur, ob der Bieter zur Durchführung des konkreten Auftrags geeignet ist (vgl. auch § 122 Abs. 4 S. 1 GWB).

5 Die Bereitschaft zur Beachtung der **ILO-Kernarbeitsnormen** oder zur **Förderung der Vereinbarkeit von Beruf und Familie** kann deshalb[8], aber auch aufgrund des abschließenden Katalogs in § 46 Abs. 3 VgV[9] nicht verlangt werden (zur Berücksichtigung im Rahmen von Zuschlagskriterien oder Ausführungsbedingungen → Rn. 8 ff.).[10] Auch § 46 Abs. 3 Nr. 2 VgV (bezüglich der Angabe der technischen Fachkräfte oder der technischen Stellen, die im Zusammenhang mit der Leistungserbringung eingesetzt werden sollen,

---

bei der Vergabe öffentlicher Aufträge (2. Ausgabe)", 26.5.2021, C(2021) 3573 final; aus der Lit. Mohr EuZA 2017, 23 ff.
[2] Vgl. nur Burgi Vergaberecht § 7 Rn. 15; aktuell Jasper, Nachhaltige Vergaben, 2022; Lausen/Pustal NZBau 2022, 3 ff.
[3] Eingehend Grabitz/Hilf/Nettesheim/Burgi Das Recht der Europäischen Union, EL 36 Juli 2008, B 13.
[4] Begrifflich eingeführt von Europäische Kommission, Vorschlag für eine Richtlinie des Europäischen Parlaments und des Rates über die öffentliche Auftragsvergabe v. 20.12.2011, KOM(2011) 896 endg., S. 5 ff., 11 ff.
[5] Zum Ganzen Burgi Vergaberecht § 7.
[6] S. bereits OLG Dresden IBRRS 2002, 2218.
[7] Immenga/Mestmäcker/Kling Wettbewerbsrecht, Bd. 4, 6. Aufl. 2021, GWB § 122 Rn. 52; vgl. auch Burgi/Dreher/Opitz/Opitz Beck'scher Vergaberechtskommentar, Bd. 1, 4. Aufl. 2022, GWB § 122 Rn. 93, wonach die erforderliche Betriebsorganisation regelmäßig erst im Zuschlagsfall sichergestellt sein muss.
[8] Zur fehlenden empirischen Absicherung der Steigerung der unternehmerischen Leistungsfähigkeit durch einen höheren Frauenanteil in Führungsgremien vgl. Koch ZIP 2012, 1695 (1698) mwN.
[9] S. nur Röwekamp/Kus/Portz/Prieß/Hausmann/von Hoff Kommentar zum GWB-Vergaberecht, 5. Aufl. 2020, GWB § 122 Rn. 23.
[10] Noch zum alten Recht: OLG Düsseldorf NZBau 2014, 314 (315); OLG Düsseldorf VergabeR 2014, 803 (805) m. zust. Anm. Hübner; aus der Lit. Ziekow/Völlink/Ziekow Vergaberecht, 4. Aufl. 2020, GWB § 122 Rn. 36. Allg. zur untergeordneten Bedeutung der Eignungskriterien für die sog. strategische Beschaffung Burgi Vergaberecht § 16 Rn. 42.

unabhängig davon, ob diese dem Unternehmen angehören oder nicht, und zwar insbesondere derjenigen, die mit der Qualitätskontrolle beauftragt sind) betrifft ein ausschließlich fachliches Kriterium, das keine Berücksichtigung von sozialen Kriterien zulässt.

Wenn ein Bieter ein Eignungskriterium nicht erfüllt, besteht die **Sanktion** darin, dass sein Angebot vom weiteren Vergabeverfahren auszuschließen ist.[11] Die in den §§ 123, 124 GWB aufgeführten zwingenden bzw. fakultativen **Ausschlussgründe** stellen darüber hinaus generalisierende Tatbestände fehlender Eignung in einem weiteren Sinne dar.[12] Nach § 123 Abs. 1 GWB sind Unternehmen vom Vergabeverfahren auszuschließen, wenn „eine Person, deren Verhalten nach Absatz 3 dem Unternehmen zuzurechnen ist", rechtskräftig wegen einer der genannten Katalogstraftaten verurteilt wurde. Nach § 123 Abs. 3 GWB ist „das Verhalten einer rechtskräftig verurteilten Person [...] einem Unternehmen zuzurechnen, wenn diese Person als für die Leitung des Unternehmens Verantwortlicher gehandelt hat; dazu gehört auch die Überwachung der Geschäftsführung oder die sonstige Ausübung von Kontrollbefugnissen in leitender Stellung". In § 124 Abs. 1 GWB werden fakultative („können") Ausschlussgründe genannt. Im hiesigen Kontext sind vor allem § 124 Abs. 1 Nr. 1 GWB (Verstöße gegen geltende umwelt-, sozial- oder arbeitsrechtliche Verpflichtungen) und § 124 Abs. 1 Nr. 3 GWB (nachweisliche Begehung einer schweren beruflichen Verfehlung im Rahmen der beruflichen Tätigkeit, durch die die Integrität des Unternehmens infrage gestellt wird; zum LkSG → Rn. 39 f.). § 124 Abs. 1 Nr. 3 GWB verweist dabei wiederum auf den Personenkreis nach § 123 Abs. 3 GWB. Insoweit dienen auch die Ausschlussgründe der Durchsetzung einer nachhaltigen Unternehmensführung.

Als **Rechtsschutzinstrument** für Unternehmen, die sich gegen diese organisationsbezogenen Pflichten bei der Vergabe öffentlicher Aufträge wenden wollen, fungiert das Nachprüfungsverfahren nach §§ 155 ff. GWB (→ § 1 Rn. 44).

b) Über die Zuschlagskriterien. Bei der Ermittlung des wirtschaftlichsten Angebots iSv § 127 Abs. 1 S. 1–3 GWB können nach § 127 Abs. 1 S. 4 GWB neben dem Preis und den Kosten auch „qualitative, umweltbezogene oder soziale Aspekte berücksichtigt werden". Dabei geht es um den wertenden Vergleich der einzelnen Angebote anhand der festgelegten und gewichteten Zuschlagskriterien (zur entsprechenden Sanktion bei Nichterfüllung der Zuschlagskriterien (→ Rn. 12).[13] Zu den **(qualitativen)** Zuschlagskriterien können nach Art. 67 Abs. 2 S. 2 lit. b) RL 2014/24/EU und Art. 82 Abs. 2 S. 2 lit. b RL 2014/25/EU auch zählen: „Organisation, Qualifikation und Erfahrung des mit der Ausführung des Auftrags betrauten Personals, wenn die Qualität des eingesetzten Personals erheblichen Einfluss auf das Niveau der Auftragsausführung haben kann". Da es sich hierbei (ebenso wie bei der beruflichen und technischen Leistungsfähigkeit → Rn. 4) aber um „rein fachliche Merkmale" handelt, können zB die Vergütung des Personals oder eine Geschlechterquote hierunter nicht subsumiert werden, zumal diese Instrumente keinen – nachweisbar – „erheblichen Einfluss auf das Niveau der Auftragsausführung" haben.[14]

Eine **Geschlechterquote** kann somit zwar nicht als „qualitativer" Aspekt iSv § 127 Abs. 1 S. 4 GWB berücksichtigt werden. Es ist jedoch möglich, dieses Kriterium unter den Begriff der sozialen Aspekte iSv § 127 Abs. 1 S. 4 GWB zu subsumieren, aber nur für das mit der Ausführung des konkreten Auftrags betraute Personal. Denn nach § 127 Abs. 3 GWB muss stets eine Verbindung mit dem Auftragsgegenstand bestehen.[15] Denn

---

[11] Statt aller Pünder/Schellenberg/Fehling Vergaberecht, 3. Aufl. 2019, GWB § 122 Rn. 7.
[12] Burgi/Dreher/Opitz/Opitz Beck'scher Vergaberechtskommentar, Bd. 1, 4. Aufl. 2022, GWB § 123 Rn. 13.
[13] Vgl. nur Burgi Vergaberecht § 18 Rn. 13, 15.
[14] So Latzel NZBau 2014, 673 (678). Zur Qualität vgl. auch Wittschurky, Das Verhältnis von Eignungs- und Leistungskriterien im europäischen, deutschen und US-amerikanischen Vergaberecht, 2022, 193 ff.
[15] Burgi/Dreher/Opitz/Opitz Beck'scher Vergaberechtskommentar, Bd. 1, 4. Aufl. 2022, GWB § 127 Rn. 100.

nach Erwägungsgrund 97 Abs. 2 RL 2014/24/EU[16] fehlt bei Zuschlagskriterien und Ausführungsbedingungen (dazu sogleich → Rn. 14 ff.) „bezüglich der allgemeinen Unternehmenspolitik" der erforderliche Auftragsbezug. Gem. Erwägungsgrund 97 Abs. 2 RL 2014/24/EU „sollte es öffentlichen Auftraggebern nicht gestattet sein, von Bietern eine bestimmte Politik der sozialen oder ökologischen Verantwortung zu verlangen". Somit ist es ein zulässiges (soziales) Zuschlagskriterium, wenn eine bestimmte Geschlechterquote (typischerweise Frauenquote) für Führungspositionen bei der Ausführung des **konkreten Auftrags** als dann positiv gewertetes Zuschlagskriterium verlangt wird (vgl. Erwägungsgrund 98 Abs. 2 RL 2014/24/EU); unzulässig ist dagegen das Erfordernis einer Geschlechterquote in den Organen des Unternehmens (zB Vorstand und Aufsichtsrat).[17]

10   Die gleiche Differenzierung nach dem Auftragsbezug gilt für die Quoten betreffend den Anteil von **Langzeitarbeitslosen oder Auszubildenden** (vgl. Erwägungsgrund 99 RL 2014/24/EU) etc.[18] Je mehr öffentliche Auftraggeber solche Zuschlagskriterien einsetzen, desto stärker werden voraussichtlich die Bieter ihre Unternehmensorganisation anpassen. Dies könnte dazu führen, dass jene Anforderungen die Unternehmensorganisation mittelbar und langfristig verändern werden.[19]

11   Betrifft die entsprechende Vorgabe dagegen die Unternehmensorganisation als Ganzes, wie zB das Vorhandensein einer **Frauen- bzw. Gleichstellungsbeauftragten,** ist dies kein zulässiges Zuschlagskriterium.[20] Gleiches würde für **Umwelt-, Klima-, Diversitätsbeauftragte** etc. gelten.

12   Erfüllt der Bieter ein auf Nachhaltigkeit bezogenes Zuschlagskriterium nicht oder nur teilweise, wird er – als **Sanktion** – insoweit keine oder zumindest weniger Punkte in der Wertung der Angebote erhalten. Je stärker die Gewichtung nachhaltiger Zuschlagskriterien ist, desto größer ist deren Einfluss auf die Wertungsentscheidung.

13   Als **Rechtsschutzinstrument** für Unternehmen, die sich gegen diese organisationsbezogenen Pflichten bei der Vergabe öffentlicher Aufträge wenden wollen, fungiert das Nachprüfungsverfahren nach §§ 155 ff. GWB (→ § 1 Rn. 44).

14   **c) Über Ausführungsbedingungen.** Das Hauptinstrument bei einer sog. strategischen Beschaffung sind die **Ausführungsbedingungen** (§§ 128 Abs. 2, 129 GWB). Nach § 128 Abs. 2 S. 1 GWB können die öffentlichen Auftraggeber „besondere Bedingungen für die Ausführung eines Auftrags (Ausführungsbedingungen)" festlegen. Ebenso wie bei den Zuschlagskriterien (→ Rn. 9) ist aber auch hier eine Verbindung mit dem Auftragsgegenstand erforderlich (§ 128 Abs. 2 S. 1 GWB iVm § 127 Abs. 3 GWB); Ausführungsbedingungen „bezüglich der allgemeinen Unternehmenspolitik" scheiden aus (→ Rn. 9). Die Ausführungsbedingungen treten dabei – als eine besondere Art von Vertragsbedingungen – neben die die Ausführung der eigentlichen Leistung beschreibenden Vertragsbedingungen.[21] Sie kommen mithin erst nach der Zuschlagserteilung (also der Wertung anhand der Zuschlagskriterien → Rn. 8) zur Geltung.[22]

---

[16] Richtlinie 2014/24/EU des Europäischen Parlaments und des Rates vom 26.2.2014 über die öffentliche Auftragsvergabe und zur Aufhebung der Richtlinie 2004/18/EG, ABl. EU L 94/65.
[17] Vgl. Ziekow/Völlink/Ziekow Vergaberecht, 4. Aufl. 2020, GWB § 127 Rn. 19; Burgi/Dreher/Opitz/Opitz Beck'scher Vergaberechtskommentar, Bd. 1, 4. Aufl. 2022, GWB § 127 Rn. 102. Zum alten Recht Koch ZIP 2012, 1695 (1699) mwN.
[18] Hattenhauer/Butzert ZfBR 2017, 129 (132) mwN. Gegenstand dieses Handbuchs sind erwerbswirtschaftlich tätige Privatunternehmen (→ § 1 Rn. 15), sodass in diesem Abschnitt Sonderregelungen für die Auftragsvergabe an Werkstätten für Menschen mit Behinderungen und Inklusionsbetriebe (vgl. § 118 GWB, § 224 SGB IX) außer Betracht bleiben.
[19] Krit. insoweit Immenga/Mestmäcker/Kling Wettbewerbsrecht, Bd. 4, 6. Aufl. 2021, GWB § 128 Rn. 52.
[20] Vgl. bereits Frenz NZBau 2007, 17 (21).
[21] Vgl. Burgi Vergaberecht § 13 Rn. 3, § 18 Rn. 6.
[22] Vgl. nur Burgi/Dreher/Opitz/Opitz Beck'scher Vergaberechtskommentar, Bd. 1, 4. Aufl. 2022, GWB § 128 Rn. 15 mwN.

Gem. § 128 Abs. 2 S. 2 GWB müssen sich die Ausführungsbedingungen aus der Auf- 15
tragsbekanntmachung oder den Vergabeunterlagen ergeben. **Mögliche Inhalte** sind „insbesondere wirtschaftliche, innovationsbezogene, umweltbezogene, soziale oder beschäftigungspolitische Belange oder de[r] Schutz der Vertraulichkeit von Informationen" (§ 128 Abs. 2 S. 3 GWB).

Eine **Verpflichtung** des öffentlichen Auftraggebers zur Vorgabe von Ausführungsbedin- 16
gungen darf gem. § 129 GWB nur durch Bundes- oder Landesgesetz festgelegt werden. Bundesgesetze bestehen hier bislang allerdings nicht (zu den Landesgesetzen → Rn. 23).

Als **auftragsbezogene Ausführungsbedingung** kann vom öffentlichen Auftraggeber – 17
alternativ zur Regelung als Zuschlagskriterium (Erwägungsgrund 97 Abs. 1 RL 2014/24/EU; → Rn. 9) – die Abgabe von Erklärungen unter anderem zu folgenden Gegenständen verlangt werden[23]: (auch organisatorische) Maßnahmen zur Förderung der Gleichstellung der Geschlechter am Arbeitsplatz, die verstärkte Beteiligung von Frauen am Erwerbsleben sowie (organisatorische) Maßnahmen zur besseren Vereinbarkeit von Beruf und Familie (Erwägungsgrund 98 Abs. 2 RL 2014/24/EU; zu den landesgesetzlichen Regelungen → Rn. 23)[24].

Offen ist, ob – jenseits der Gleichberechtigung der Geschlechter – auch die **Diversity** 18
innerhalb der den Auftrag ausführenden Mehrzahl von Personen (vgl. § 128 Abs. 2 S. 1 GWB iVm § 127 Abs. 3 GWB) eine zulässige Ausführungsbedingung sein kann. Nach Erwägungsgrund 99 RL 2014/24/EU können bei bestehender Verbindung mit dem Auftragsgegenstand auch Maßnahmen „zur Förderung der sozialen Integration von benachteiligten Personen oder Angehörigen sozial schwacher Gruppen unter den für die Ausführung des Auftrags eingesetzten Personen oder zur Schulung im Hinblick auf die für den betreffenden Auftrag benötigten Fähigkeiten" als Zuschlagskriterien oder Ausführungsbedingungen ausgewählt werden. Erwägungsgrund 99 RL 2014/24/EU nennt als Beispiele die Beschäftigung von Langzeitarbeitslosen oder die Umsetzung von Ausbildungsmaßnahmen für Arbeitslose oder Jugendliche.[25] Diese Regelbeispiele („unter anderem") sind nicht abschließend; gleichwohl steht die (aktuelle) soziale Benachteiligung im Vordergrund. Solange mit Kriterien wie zB der ethnischen Herkunft[26], der sexuellen Orientierung, der Religion etc. nicht gleichzeitig („automatisch") auch vergleichbare (soziale) Benachteiligungen im Erwerbsleben einhergehen, ist gegenüber der Formulierung diversitätsorientierter Ausführungsbedingungen also Zurückhaltung geboten.[27]

Sofern aber die Berücksichtigung von Diversity eher bei Beratungsdienstleistungen im 19
Personalbereich oder beispielsweise in Projekten der Sozialarbeit in benachteiligten Stadtteilen (nachweisbar) zu einer besseren Leistung für den öffentlichen Auftraggeber führt, könnte sie zum Gegenstand einer Ausführungsbedingung gemacht werden, dann aber nicht als sozialer, sondern als ein „wirtschaftlicher Belang" iSv § 128 Abs. 2 S. 3 GWB.[28] Somit kann noch nicht abschließend beurteilt werden, inwieweit öffentliche Auftraggeber den von großen Privatunternehmen (va in den USA) inzwischen teilweise eingeschlagenen Richtungswechsel forcieren können.

Von Bedeutung ist, inwieweit der öffentliche Auftraggeber die (internen) **Vergütungs-** 20
regelungen des Auftragnehmers adressieren darf. Dies betrifft mit den sog. Tariftreueerklärungen bzw. der Verpflichtung zur Zahlung eines vergabespezifischen Mindestlohns indes das Arbeits-, nicht das Unternehmensrecht. Mangels Verbindung mit dem Auftrags-

---

[23] S. nur *Krönke* VergabeR 2017, 101 (115 ff.).
[24] Vgl. nur Ziekow/Völlink/Ziekow Vergaberecht, 4. Aufl. 2020, GWB § 128 Rn. 34.
[25] Vgl. Ziekow/Völlink/Ziekow Vergaberecht, 4. Aufl. 2020, GWB § 128 Rn. 34.
[26] Vgl. hierzu ferner die Diskussion, ob die ethnische Herkunft unter das Merkmal der (sozialen) „Herkunft" iSv Art. 3 Abs. 3 GG fällt; befürwortend Fehling/Arnold RdJB 2011, 316 (323) mwN.; ablehnend BeckOK GG/Kischel GG Art. 3 Rn. 227.
[27] In diese Richtung auch Ulmer-Eilfort ESG 2022, 76 (81). Zum Vergleich mit der Frauenförderung auch Antidiskriminierungsstelle des Bundes/Klose, Diversity-Prozesse in und durch Verwaltungen anstoßen, 2015, 42 (46). Jedoch wird die Frauenförderung in Erwägungsgrund 98 Abs. 2 RL 2014/24/EU ausdrücklich genannt, (sonstige) Diversity-Anforderungen jedoch nicht.
[28] Dies ist gegenwärtig aber (noch) umstritten → Rn. 18.

gegenstand (§ 128 Abs. 2 S. 1 GWB iVm § 127 Abs. 3 GWB) scheiden darauf bezogene Vorgaben betreffend die Vergütung von Vorstands- oder Aufsichtsratsmitgliedern aus, denn sie beträfen wiederum die „allgemeine Unternehmenspolitik".

21 Hat der öffentliche Auftraggeber die Abgabe einer auf die Einhaltung einer Ausführungsbedingung gerichtete Erklärung verlangt und gibt der Bieter eine solche Erklärung nicht ab, ist sein Angebot – als **vergaberechtliche Sanktion** – wegen Unvollständigkeit auszuschließen (vgl. § 57 Abs. 1 Nr. 2 VgV).[29] Für den Fall der Nichterfüllung der Ausführungsbedingungen können als **vertragsrechtliche Sanktionen** die Zahlung von Vertragsstrafen oder Sonderkündigungsrechte des öffentlichen Auftraggebers geregelt werden.[30]

22 Als **Rechtsschutzinstrument** für Unternehmen, die sich gegen diese organisationsbezogenen Pflichten bei der Vergabe öffentlicher Aufträge wenden wollen, fungiert das Nachprüfungsverfahren nach §§ 155 ff. GWB (→ § 1 Rn. 44).

2. In den Landesvergabegesetzen

23 Fast alle Länder haben in den vergangenen Jahren eigene Landesvergabegesetze erlassen, die auch die Verfolgung ökologischer und sozialer Zwecke vorsehen.[31] Darüber hinaus finden sich in weiteren Landesgesetzen, zB Landesgleichstellungsgesetzen (→ § 24 Rn. 32 f.), Regelungen zu Vergabeverfahren. Mit dem Gesetz zur Modernisierung des Vergaberechts (Vergabemodernisierungsgesetz – VergRModG) vom 17.2.2016[32] hat der Bund in weitem Umfang von seiner **Gesetzgebungskompetenz** nach Art. 74 Abs. 1 Nr. 11 GG Gebrauch gemacht, sodass sowohl widersprechende als auch gleichlautende landesgesetzliche Regelungen grundsätzlich gesperrt sind.[33] Nach § 129 GWB verfügen die Landesgesetzgeber (neben dem Bundesgesetzgeber) aber ausdrücklich über die Kompetenz, **Ausführungsbedingungen,** die der öffentliche Auftraggeber dem beauftragten Unternehmen verbindlich vorzugeben hat, festzulegen. Keine Gesetzgebungskompetenz für die Länder besteht hingegen bei der Vorgabe von Zuschlagskriterien, da – im Umkehrschluss zu § 129 GWB – bei § 127 GWB gerade eine ausdrückliche Ermächtigung für die Länder fehlt.[34]

3. Im Rechtsrahmen für die Vergabe von Finanzanlagen und Sponsoring

24 In einem weiteren, nicht unmittelbar vom GWB-Vergaberecht umfassten Sinne, kann man auch bei Finanzanlagen oder Sponsoring der öffentlichen Hand von Verteilungs- oder Vergabeentscheidungen sprechen (→ § 1 Rn. 39). Hier gilt eine Art „Vergaberecht light"[35], das sich nicht aus den EU-Richtlinien plus GWB, sondern aus Sondergesetzen bzw. dem höherrangigen Recht ergibt.

25 **a) Finanzanlagen.** Finanzanlagen der öffentlichen Hand kann eine „wesentliche Steuerungs- und Lenkungsfunktion"[36] zukommen.[37] Der Bund[38], verschiedene Länder und

---

[29] Burgi Vergaberecht § 19 Rn. 7.
[30] Burgi Vergaberecht § 19 Rn. 7; zu weiteren Ideen für die effektive Durchsetzung von Ausführungsbedingungen s. ferner Burgi/Nischwitz/Zimmermann NVwZ 2022, 1321 (1328).
[31] Überblick bei Gabriel/Krohn/Neun/Mertens Handbuch Vergaberecht, 3. Aufl. 2021, § 88; Burgi/Dreher/Opitz/Dörr Beck'scher Vergaberechtskommentar, Bd. 1, 4. Aufl. 2022, Einleitung Rn. 109 ff. Die Ausnahmen bilden namentlich Bayern, das kein Landesvergabegesetz hat, und Sachsen, dessen SächsVergabeG nicht die Berücksichtigung dieser Aspekte vorsieht, s. Burgi Vergaberecht § 7 Rn. 17.
[32] BGBl. I 203.
[33] Burgi NZBau 2015, 597 (599).
[34] So bereits Burgi NZBau 2015, 597 (602); Krönke VergabeR 2017, 101 (118).
[35] Begriff nach Burgi NZBau 2005, 610 (613).
[36] SH LT-Drs. 19/2473, 4.
[37] Darüber hinaus geht der „Sustainable Shareholder Activism", bei dem der Anteilseigner „von innen heraus" versucht, eine nachhaltige Unternehmensführung durchzusetzen; eingehend Jaspers AG 2022, 145 ff. Zu den Möglichkeiten zur Einflussnahme aus einer Minderheitsbeteiligung vgl. auch → § 16 Rn. 35 ff.
[38] Dazu überblicksartig Umweltbundesamt, Der Staat und seine Rollen im Kontext von Sustainable Finance, 13.7.2022, https://www.umweltbundesamt.de/der-staat-seine-rollen-im-kontext-von-sustainable#undefined.

Kommunen haben deshalb in der jüngeren Vergangenheit Gesetze oder sog. Anlagerichtlinien erlassen, nach denen sich ihre Finanzanlagen auch an **ESG-Kriterien** orientieren sollen. Damit werden für Unternehmen der Finanzwirtschaft, die hier als Finanzierungspartner mit dem Staat zusammenarbeiten wollen, aber teilweise auch für Unternehmensbeteiligungen spezifische ESG-Anforderungen jenseits des allgemeinen Rahmens der sog. Taxonomie[39] (teilweise jedoch auf diese in den Maßstäben Bezug nehmend) durch Verwaltungs-Vergaberecht vorgegeben. Zum allgemeinen Rahmen → § 14 Rn. 88 ff.

Ein Beispiel ist das Gesetz zur Finanzanlagestrategie Nachhaltigkeit in Schleswig-Holstein 26 **(FINISHG).**[40] Nach § 1 FINISHG ist es Ziel des Gesetzes, die Finanzanlagen des Landes Schleswig-Holstein „unter Beachtung wirtschaftlicher Aspekte verbindlich an ökologischen, sozialen und ethischen Kriterien auszurichten". Nach § 4 Abs. 3 FINISHG ist der Erwerb von Finanzanlagen von Unternehmen ausgeschlossen, die in bestimmten Geschäftsfeldern tätig sind: Förderung und Aufbereitung fossiler Brennstoffe (Nr. 1); Produktion von Atomenergie (Nr. 2); Herstellung von ABC-Waffensystemen oder Antipersonenminen oder von Schlüsselkomponenten für diese Waffensysteme (Nr. 4); allgemein Unternehmen, die „selbst oder deren Zulieferer offensichtlich und systematisch Menschenrechte verletzen oder gegen die Grundsätze verantwortungsvoller Unternehmensführung verstoßen" (Nr. 3). § 4 Abs. 4 FINISHG regelt zudem, dass diejenigen Emittenten von Finanzanlagen bevorzugt werden sollen, „die unter Umwelt-, Sozial- und Unternehmensführungsaspekten führend sind (Best-In-Class-Ansatz)". Der Geltungsbereich erstreckt sich auf alle Finanzanlagen des Landes sowie der landesunmittelbaren Anstalten des öffentlichen Rechts oder der vom Land errichteten Stiftungen des öffentlichen Rechts, soweit das gesamte Finanzanlagenportfolio mindestens eine Million EUR beträgt (§ 2 Abs. 1 und 2 FINISHG). Bereits zuvor wurden im Bund und in einzelnen Ländern für den Bereich der Versorgungsfonds sog. **Anlagerichtlinien** erlassen, die (nahezu) identische[41] oder zumindest ähnliche Ausschlusskriterien vorsehen. Neben den in § 4 Abs. 3 FINISHG genannten Geschäftsfeldern können hierzu insbesondere noch Alkohol, Glücksspiel, Pornographie oder Tabak zählen.

Teilweise beauftragen Gebietskörperschaften oder ihre Sondervermögen einen **(Fi-** 27 **nanz-)Dienstleister** damit, für sie Aktienindizes, die sich an den ESG-Kriterien orientieren, zu konstruieren und zu pflegen.[42] Aufgrund der damit verbundenen umfassenden Pflichten des (Finanz-)Dienstleisters greift der Ausnahmetatbestand des § 116 Abs. 1 Nr. 4 GWB nicht ein, sodass zur Auswahl des (Finanz-)Dienstleisters ein Vergabeverfahren nach dem GWB durchzuführen ist.[43] Insoweit gelten dann die zusätzlichen Maßstäbe des GWB-Vergaberechts (→ Rn. 3 ff.).

b) Sponsoring. Mit dem Abschluss eines Sponsoringvertrags vergibt der Staat die Berech- 28 tigung, den Staat zu sponsern und damit seinen, dh den **Werbewert des Staates** zu nutzen.[44] Ebenso wie bei den Finanzanlagen stellt sich auch hier die Frage, ob Bund, Länder oder Kommunen die Auswahl auf ESG-konforme Sponsoren-Unternehmen beschränken können. Bisher finden sich hierzu allerdings kaum konkrete Regelungen.[45] Das

---

[39] Verordnung (EU) 2020/852 des Europäischen Parlaments und des Rats vom 18.6.2020 über die Einrichtung eines Rahmens zur Erleichterung nachhaltiger Investitionen und zur Änderung der Verordnung (EU) 2019/2088, ABl. EU L 198/13.
[40] Art. 1 des Gesetzes zur Regelung der Finanzanlagestrategie Nachhaltigkeit in Schleswig-Holstein vom 2.12.2021, GVOBl. SH 2021, 1349.
[41] S. etwa Runderlass des Ministeriums der Finanzen des Landes Nordrhein-Westfalen, Allgemeine Anlagerichtlinien für die Verwaltung von Anlagen des Sondervermögens „Pensionsfonds des Landes Nordrhein-Westfalen" durch das Finanzministerium vom 18.7.2019, MBl. NRW 2019, S. 306, Ziffer 4.1 und 5.3.
[42] Zu diesem Praxisbeispiel vgl. Jasper, Nachhaltige Vergaben, 2022, Rn. 707 ff.
[43] Jasper, Nachhaltige Vergaben, 2022, Rn. 715.
[44] Burgi/Burgi/Hampe/Friedrichsmeier Sponsoring der öffentlichen Hand, 2010, 71 (229).
[45] Vgl. etwa Allgemeine Verwaltungsvorschrift zur Förderung von Tätigkeiten des Bundes durch Leistungen Privater (Sponsoring, Spenden und sonstige Schenkungen), BMI vom 11.7.2003 – O 4–634 140 - 1/7, Ziffer 3.4. lit. b: „Geschäftspraktiken und -grundsätze".

GWB-Vergaberecht ist hierauf nicht anwendbar, weil es sich bei einem Sponsoringvertrag mangels finanzieller Gegenleistung des Staates regelmäßig nicht um einen „entgeltlichen Vertrag" iSv § 103 Abs. 1 GWB handelt.[46]

29 **c) Rechtliche Rahmenbedingungen.** Wo das GWB-Vergaberecht nicht anwendbar ist (→ Rn. 3), stellt sich die Frage, anhand welcher Maßstäbe die rechtlichen Grenzen von ESG-Auswahlkriterien zu messen sind. Dabei ist die Diskussion für das **Sponsoring** bislang weiter vorangeschritten:

30 Den ersten Prüfungsmaßstab stellen hier die Grundrechte des GG dar, da der Staat auch beim privatvertraglichen Handeln uneingeschränkt an die Grundrechte gebunden ist (Art. 1 Abs. 3 GG)[47]. Zunächst folgt aus der eingriffsabwehrrechtlichen Dimension der Berufsfreiheit (Art. 12 Abs. 1 GG) kein Anspruch des privaten Bewerbers auf Abschluss eines Sponsoringvertrags mit dem Staat.[48] Zur Bestimmung der Grenzen der Auswahlkriterien ist weiter zu untersuchen, ob im Rahmen des Auswahlverfahrens ein berufsfreiheitliches Teilhaberecht (Art. 12 Abs. 1 GG iVm Art. 3 Abs. 1 GG) besteht.[49]

31 Maßgeblich ist dabei, ob die Bewerber die jeweilige berufliche Tätigkeit ausschließlich im staatlich (bzw. konkret: kommunal) geschaffenen Rahmen ausüben können (faktische staatliche Monopolisierung).[50] Dies ist regelmäßig zu verneinen, da privatwirtschaftliche Unternehmen Zugang zum privaten Werbemarkt (Print, Funk, Film, Fernsehen, Internet etc.) haben und insoweit nicht auf das staatliche Angebot angewiesen sind. In jedem Fall ist aber der allgemeine Gleichheitssatz (Art. 3 Abs. 1 GG) zu beachten.[51] Eine Konkretisierung kann sich durch den Grundsatz der Selbstbindung der Verwaltung ergeben, wenn zB ausgehend von einer Verwaltungsvorschrift zum Sponsoring eine bestimmte Verwaltungspraxis besteht.[52]

32 Der Ausschluss von Unternehmen, die in den genannten Geschäftsfeldern (→ Rn. 31) tätig sind, kann vor allem durch den Umwelt- und Klimaschutz (Art. 20a GG) und das Grundrecht auf Leben und körperliche Unversehrtheit (Art. 2 Abs. 2 S. 1 GG) oder auch das Friedensgebot nach Art. 26 GG **gerechtfertigt werden.** Dies gilt auch – sofern ein grenzüberschreitender Sachverhalt vorliegt – im Hinblick auf die dann hinzutretenden Grundfreiheiten, namentlich die Dienstleistungsfreiheit (Art. 56 AEUV).[53] Als Rechtfertigungsgründe sind auch hier die Gesundheit (Art. 62 AEUV iVm Art. 52 Abs. 1 AEUV) und der Umwelt- und Klimaschutz (als ungeschriebene zwingende Erfordernisse des Allgemeinwohls) einschlägig.

33 Für die **Finanzanlagen** gelten jedenfalls keine strengeren Vorgaben. Denn beim Sponsoring wird immerhin ein staatliches Angebot erst geschaffen bzw. dauerhaft vorgehalten, in dessen Rahmen der Werbewert des Staates genutzt werden soll. Dies erfordert bei mehreren Bewerbern ein Auswahlverfahren.

34 Dagegen betrifft die Finanzanlage den „bloßen" Kauf oder Verkauf von ohnehin am privaten Finanzmarkt vorhandenen Wertpapieren. Insbesondere unterfällt der Tauschwert vermögenswerter Rechte (zB Aktien) nach hM „für sich genommen nicht dem Schutzbereich der Eigentumsfreiheit" und ebenso berühren „hoheitlich bewirkte Minderungen

---

[46] Burgi NZBau 2004, 594 (598); Burgi/Burgi/Hampe/Friedrichsmeier Sponsoring der öffentlichen Hand, 2010, 71 (229); aA etwa *Kasper* DÖV 2005, 11 (13); unklar Meininger, Sponsoring, 2000, 159 f. Zum Meinungsstand Burgi/Dreher/Opitz/Hüttinger Beck'scher Vergaberechtskommentar, Bd. 1, 4. Aufl. 2022, GWB § 103 Rn. 101 ff.
[47] Vgl. nur BVerfG NJW 2016, 3153 (3154 f.) mwN.
[48] Burgi/Burgi/Hampe/Friedrichsmeier Sponsoring der öffentlichen Hand, 2010, 71 (114 ff.).
[49] Ein originäres Leistungsrecht besteht hier erst recht nicht; Burgi/Burgi/Hampe/Friedrichsmeier Sponsoring der öffentlichen Hand, 2010, 71 (117). Zur Unterscheidung vgl. ferner Wolff/Zimmermann WissR 51 (2018), 159 (163 ff.).
[50] Dazu Zimmermann WiVerw 2020, 123 (128); Wolff JURA 2022, 440 (443 f.) mwN.
[51] Burgi/Burgi/Hampe/Friedrichsmeier Sponsoring der öffentlichen Hand, 2010, 71 (241 ff.); vgl. auch Meininger, Sponsoring, 2000, 190.
[52] Burgi/Burgi/Hampe/Friedrichsmeier Sponsoring der öffentlichen Hand, 2010, 71 (242).
[53] Burgi/Burgi/Hampe/Friedrichsmeier Sponsoring der öffentlichen Hand, 2010, 71 (236 f.).

des Tausch- oder Marktwertes eines Eigentumsgutes […] in der Regel nicht das Eigentumsgrundrecht".[54] Durch die staatlichen Finanzanlagen (mit-)verursachte Kursverluste bei nicht nachhaltigen Anlagen iSd jeweiligen Gesetze bzw. Anlagerichtlinien stellen also keinen Eingriff in die **Eigentumsfreiheit** (Art. 14 Abs. 1 GG) der Wertpapierinhaber dar.

d) Sanktionen und Rechtsschutz. Wenn ein Sponsor die erforderlichen Nachhaltigkeitskriterien (→ Rn. 2) nicht erfüllt, wird er nicht ausgewählt. Gleiches gilt für den Anbieter der Wertpapiere bei der staatlichen Finanzanlage. Steht bei der Auswahl eines Sponsors eine Verletzung des Gleichheitssatzes (Art. 3 Abs. 1 GG) im Raum, stellt sich die Frage nach dem Rechtsschutz der abgelehnten konkurrierenden Sponsoringbewerber. Hier gilt im Ausgangspunkt die sog. **Zwei-Stufen-Theorie:**[55] Die Frage der Auswahl (erste Stufe) richtet sich nach dem Öffentlichen Recht, sodass der Verwaltungsrechtsweg eröffnet ist, während die Frage nach der konkreten Ausgestaltung des privatrechtlichen Sponsoringvertrags (zweite Stufe) dem Zivilrechtsweg zuzuordnen ist.[56] 35

II. Vergaberecht und Lieferkettenrecht

1. Lieferkettenrecht als potenzielles Reservoir organisationsbezogener Pflichten außerhalb des Anwendungsbereichs des LkSG

Ein in der Praxis noch kaum realisierter Orientierungsrahmen für Ausführungsbedingungen kann das Gesetz über die unternehmerischen Sorgfaltspflichten zur Vermeidung von Menschenrechtsverletzungen in Lieferketten **(Lieferkettensorgfaltspflichtengesetz – LkSG)** bilden, das als Art. 1 des Gesetzes über die unternehmerischen Sorgfaltspflichten in Lieferketten vom 16.7.2021[57] beschlossen wurde und am 1.1.2023 in Kraft getreten ist (ausführlich → § 10 Rn. 1 ff.). Das LkSG bildet ein Reservoir für soziale und umweltbezogene Organisationspflichten (Risikomanagement etc.). Durch das Vergaberecht könnten auch diejenigen Unternehmen hierzu verpflichtet werden, die vom Anwendungsbereich des LkSG unmittelbar nicht erfasst sind (aber in Lieferketten agieren). Das wäre keine Verweisung, wohl aber eine Nutzung des dort vorgesehenen Pflichtenreservoirs zur Gestaltung von Ausführungsbedingungen. Die Rechtsfolge bei Missachtung wäre dieselbe wie allgemein bei den Ausführungsbedingungen (→ Rn. 21). Freilich müsste man dann auch eine Verteuerung des Auftrags und die schwere Nachprüfbarkeit der Angaben der Bieter durch den Auftraggeber in Kauf nehmen wollen.[58] 36

2. Öffentliche Unternehmen als öffentliche Auftraggeber und zugleich Unternehmen iSv § 1 Abs. 1 LkSG: Übersetzung der im LkSG begründeten organisationsbezogenen Pflichten in Kategorien des Vergaberechts

Davon zu unterscheiden ist der Fall, in dem das LkSG auf **öffentliche Unternehmen** (→ § 24 Rn. 1) anwendbar ist. Der Anwendungsbereich des LkSG gilt nach § 1 Abs. 1 LkSG für Unternehmen „ungeachtet ihrer Rechtsform". Wenn also ein öffentliches Unternehmen gem. § 1 Abs. 1 S. 1 Nr. 2 LkSG mindestens 3.000 Arbeitnehmer (ab 1.1.2024: 1.000 Arbeitnehmer gem. § 1 Abs. 1 S. 3 LkSG) beschäftigt, fällt es auch in den Anwendungsbereich des LkSG.[59] Diese öffentlichen Unternehmen sind dann dazu verpflichtet, im 37

---

54 BVerfGE 105, 17 (30) mwN.
55 Statt vieler BVerwGE 1, 307 (309 f.); Maurer/Waldhoff AllgVerwR § 17 Rn. 13 ff. mwN.
56 Burgi/Burgi/Hampe/Friedrichsmeier Sponsoring der öffentlichen Hand, 2010, 71 (243 f.).
57 BGBl. I 2959.
58 Vgl. Burgi Vergaberecht § 7 Rn. 5.
59 Nach der Gesetzesbegründung BT-Drs. 19/28649, 33 fallen selbst juristische Personen des öffentlichen Rechts, die Verwaltungsaufgaben einer Gebietskörperschaft wahrnehmen, in den Anwendungsbereich des LkSG, sofern sie am Markt unternehmerisch tätig sind. Dabei ist noch unklar, wann das Kriterium der unternehmerischen Tätigkeit am Markt vorliegt. Jedenfalls wird der bloße Einkauf von Leistungen am Markt durch das öffentliche Unternehmen nicht genügen; so zu Recht Fritz/Klaedtke NZBau 2022, 131

Rahmen ihrer eigenen Organisation die Sorgfaltspflichten nach §§ 3 ff. LkSG zu beachten (Risikomanagement, Risikoanalyse, Beschwerdeverfahren etc.).[60] Dazu zählen ferner die Pflichten nach § 6 Abs. 4 LkSG, wonach „angemessene Präventionsmaßnahmen gegenüber den unmittelbaren Zulieferern" verankert werden müssen. Dazu zählen insbesondere „die Berücksichtigung der menschenrechtsbezogenen und umweltbezogenen Erwartungen bei der Auswahl eines unmittelbaren Zulieferers" (Nr. 1), „die vertragliche Zusicherung eines unmittelbaren Zulieferers, dass dieser die von der Geschäftsleitung des Unternehmens verlangten menschenrechtsbezogenen und umweltbezogenen Erwartungen einhält und entlang der Lieferkette angemessen adressiert" (Nr. 2), „die Durchführung von Schulungen und Weiterbildungen zur Durchsetzung der vertraglichen Zusicherungen des unmittelbaren Zulieferers nach Nummer 2" (Nr. 3) und „die Vereinbarung angemessener vertraglicher Kontrollmechanismen sowie deren risikobasierte Durchführung, um die Einhaltung der Menschenrechtsstrategie bei dem unmittelbaren Zulieferer zu überprüfen" (Nr. 4).

38   Da öffentliche Unternehmen bei Vorliegen der Voraussetzungen des **§ 99 Nr. 2 GWB** öffentliche Auftraggeber sind, unterliegen sie bei der Auswahl von Zulieferern dem GWB-Vergaberecht.[61] Konkret bedeutet dies, dass jene Präventionsmaßnahmen in entsprechende Eignungs- und Zuschlagskriterien (§ 6 Abs. 4 Nr. 1 LkSG adressierend) sowie Ausführungsbedingungen und Vertragsbedingungen (§ 6 Abs. 4 Nr. 2–4 LkSG adressierend) zu übersetzen sind. Dadurch wird sichergestellt, dass alle Pflichten des öffentlichen Unternehmens (als Unternehmen iSv § 1 Abs. 1 LkSG und öffentlicher Auftraggeber iSv § 99 Nr. 2 GWB) im Hinblick auf seine „Zulieferer" auch vergaberechtlich abgebildet werden.

3. Vergaberecht als Sanktionsinstrument bei Verstößen gegen das LkSG

39   **a) Bedeutung und Rechtsfolge.** Die Unternehmen im Anwendungsbereich (§ 1 LkSG) des LkSG (→ Rn. 37 und → § 10 Rn. 10 ff.) sind allgemein dazu verpflichtet, in ihren Lieferketten die in den §§ 4–10 LkSG näher konkretisierten „menschenrechtlichen und umweltbezogenen Sorgfaltspflichten in angemessener Weise zu beachten mit dem Ziel, menschenrechtlichen oder umweltbezogenen Risiken vorzubeugen oder sie zu minimieren oder die Verletzung menschenrechtsbezogener oder umweltbezogener Pflichten zu beenden" (§ 3 Abs. 1 S. 1 LkSG). § 22 Abs. 1 S. 1 LkSG sieht für schwerwiegende **Verstöße gegen die Sorgfaltspflichten** (dazu und zu den organisationsbezogenen Rechtsfolgen → § 10 Rn. 69) den Ausschluss von der Teilnahme an Verfahren über die Vergabe von Liefer-, Bau- oder Dienstleistungsaufträgen vor.

40   Dabei handelt es sich um eine Rechtsgrundlage für eine sog. **Vergabesperre**. Mit einer Vergabesperre erklärt der öffentliche Auftraggeber, innerhalb eines bestimmten Zeitraums keine Vertragsbeziehungen (infolge einer Auftragsvergabe) zu einem Bieter eingehen zu wollen.[62] Auf die bisher bestehenden Rechtsgrundlagen für Vergabesperren[63] wird in § 124 Abs. 2 GWB verwiesen; durch Art. 2 des Gesetzes über die unternehmerischen Sorgfaltspflichten in Lieferketten vom 16.7.2021 wird zudem in § 124 Abs. 2 GWB mit Wirkung ab dem 1.1.2023 die Vorschrift des § 22 LkSG ergänzt. § 22 LkSG tritt damit (§ 124 Abs. 2 GWB: „bleiben unberührt") neben die fakultativen Ausschlussgründe in § 124 Abs. 1 GWB (→ Rn. 6). Diese regeln den fakultativen Ausschluss („kann") in einem einzelnen Vergabeverfahren, § 22 LkSG hingegen (als Sollvorschrift) die durch eine einzelne Vergabestelle bzw. koordiniert innerhalb eines Auftraggebers zu verhängende Vergabesperre.[64]

---

(136); gegen Jasper, Lieferkettengesetz: Bindung der öffentlichen Hand, Behörden Spiegel (Online) v. 23.11.2021. Wenn das aber der Fall wäre, käme dem Kriterium keine begrenzende Wirkung mehr zu.
[60] Vgl. dazu und zum Folgenden Fritz/Klaedtke NZBau 2022, 131 (136 f.).
[61] Vgl. Fritz/Klaedtke NZBau 2022, 131 (136 f.); ferner Opitz NZBau 2022, 1 (2).
[62] Allg. Burgi Vergaberecht § 16 Rn. 29; konkret zu § 22 LkSG Wagner/Ruttloff NJW 2021, 2145 (2151); Freund/Krüger NVwZ 2022, 665 (667).
[63] § 21 AEntG, § 98c AufenthG, § 19 MiLoG und § 21 SchwarzArbG.
[64] Näher zu diesen Kategorien Burgi Vergaberecht § 16 Rn. 29. § 22 LkSG ist also lex specialis (ebenso Freund/Krüger NVwZ 2022, 665 (668)), keine „Konkretisierung" von § 124 Abs. 1 Nr. 1 und 3 GWB

Auf der Rechtsfolgenseite besteht für den öffentlichen Auftraggeber bei der Frage nach 41
dem „Ob" des Ausschlusses gem. § 22 Abs. 1 S. 1 LkSG ein **(intendiertes) Ermessen**
(„sollen"), dh, der Ausschluss ist vom LkSG im Grundsatz gewollt, wovon nur ausnahmsweise abgesehen werden darf.[65] Dabei ist der Grundsatz der Verhältnismäßigkeit zu beachten.[66]

Für die Ausschlussfrist gilt nach § 22 Abs. 1 S. 2 LkSG, dass der Ausschluss nur „innerhalb eines angemessenen Zeitraums" von bis zu drei Jahren erfolgen darf; mit dem Nachweis der **Selbstreinigung** nach § 125 GWB ist der Ausschluss auch bereits vor Ablauf der Ausschlussfrist aufzuheben (vgl. § 22 Abs. 1 S. 1 LkSG). Dies korrespondiert mit den Regelungen zur Löschung der Eintragungen im Wettbewerbsregister spätestens nach drei Jahren (§ 7 Abs. 1 S. 3 WRegG) bzw. zur vorzeitigen Löschung wegen Selbstreinigung (§ 8 WRegG).[67]

b) Tatbestandliche Voraussetzungen. Dabei genügt aber nicht jeder rechtskräftig festgestellte Verstoß nach § 24 Abs. 1 LkSG. Vielmehr sollen nur **schwerwiegende Verstöße**[68] Vergabesperren ermöglichen. Nach § 22 Abs. 2 S. 1 LkSG erfordert dies grundsätzlich eine Geldbuße von wenigstens 175.000 EUR. § 22 Abs. 2 S. 2 LkSG regelt für bestimmte Sorgfaltspflichtenverstöße höhere Schwellenwerte, die bei juristischen Personen den Regelfall bilden werden.[69] In das Wettbewerbsregister sind nach dem neuen § 2 Abs. 1 Nr. 4 WRegG[70] dabei die rechtskräftigen Bußgeldentscheidungen einzutragen, die wegen Ordnungswidrigkeiten nach § 24 Abs. 1 LkSG ergangen sind, wenn ein Bußgeld von wenigstens 175.000 EUR festgesetzt worden ist. In § 22 Abs. 3 LkSG ist zudem eine Anhörungspflicht des Bewerbers geregelt.

c) Rechtsschutz. Gegen den Ausschluss im jeweiligen Vergabeverfahren kann sich der 44
Bieter wiederum mit einem **Nachprüfungsverfahren** nach §§ 155 ff. GWB richten.[71]
Die Vergabesperre selbst – also der generelle Ausschluss von Vergabeverfahren des öffentlichen Auftraggebers – kann nur vor den **Zivilgerichten** angegriffen werden: Ist die Vergabesperre rechtswidrig, steht dem Bieter ein **Unterlassungsanspruch** aus § 1004 Abs. 1 S. 2 BGB analog iVm § 823 Abs. 1 BGB wegen eines rechtswidrigen Eingriffs in den eingerichteten und ausgeübten Gewerbebetrieb zu.[72]

(so aber Burgi/Dreher/Opitz/Opitz Beck'scher Vergaberechtskommentar, Bd. 1, 4. Aufl. 2022, GWB § 124 Rn. 127).
[65] Vgl. Siegel VergabeR 2022, 14 (22); Freund/Krüger NVwZ 2022, 665 (670); Hembach, Praxisleitfaden, 2022, 201 f.; Beham GewArch 2022, 402 (402) mwN.; grundlegend zum intendierten Ermessen BVerwGE 72, 1 (6) unter Bezug auf BVerwG Beschl. v. 28.8.1980 – 4 B 67/70, BeckRS 1980, 31250170.
[66] Hembach, Praxisleitfaden, 2022, 205.
[67] Vgl. BT-Drs. 19/28649, 57. Vgl. dazu näher Beham GewArch 2022, 402 (406 f.).
[68] Zu dieser Einordnung s. die Gesetzesbegründung BT-Drs. 19/28649, 57.
[69] Im Einzelnen zu den Schwellenwerten nach § 22 Abs. 2 LkSG iVm § 24 Abs. 2, 3 LkSG Beham GewArch 2022, 402 (403 ff.), wonach der Ausschluss von der Vergabe öffentlicher Ausnahmen in der Regel erst ab einer Bußgeldhöhe von 1.500.000 EUR erfolgen wird.
[70] Angefügt durch Art. 4 des Gesetzes über die unternehmerischen Sorgfaltspflichten in Lieferketten vom 16.7.2021, BGBl. I 2959.
[71] Klarstellend BGH NZBau 2020, 609 (611).
[72] BGH NZBau 2020, 609 (610).

§ 12 Nachhaltige Unternehmensführung in der KfW-Förderung

*Dr. Karsten Hardraht**

Übersicht

	Rn.
I. Einleitung	1
II. Die KfW als transformative Förderbank	2
1. Förderbank des Bundes	2
2. Nachhaltigkeit im Kontext der Transformationsaufgabe der KfW	7
III. Nachhaltigkeitsanforderungen	10
1. Vorbemerkung	10
2. Quellen	11
3. Übergeordnete Ausschlüsse und Anforderungen	14
4. Nachhaltigkeitsanforderungen an die Führung der finanzierten Unternehmen	16
a) Unternehmensbezogene Finanzierungen	18
b) Vorhabensbezogene Finanzierungen	29
5. Nichteinhaltung von Anforderungen	36
a) Sanktionen	36
b) Rechtsschutz	42

Literatur

Fleischer (Hrsg.), Handbuch des Vorstandsrechts, München 2006; Harries, Wiederaufbau, Welt und Wende. 50 Jahre Kreditanstalt für Wiederaufbau – eine Bank mit öffentlichem Auftrag, Frankfurt 1998; Ihrig/Schäfer, Rechte und Pflichten des Vorstandes, 2. Auflage, Köln 2020; Krieger/Schneider (Hrsg.), Handbuch Managerhaftung, 3. Auflage, Köln 2017; Rossi, Handkommentar Informationsfreiheitsgesetz, Baden Baden 2006; Schoch, IFG, 2. Auflage, München 2016; Schönke/Schröder, StGB, 30. Auflage, München 2019; Seyfarth (Hrsg.), Vorstandsrecht, Köln 2016; Siekmann, Die öffentlichen Förderbanken in Deutschland, 2022; Wolff/Bachof/Stober/Kluth, Verwaltungsrecht II, 8. Auflage, München 2021.

I. Einleitung

Die Kreditanstalt für Wiederaufbau, kurz KfW, hat mit den Themen dieses Handbuches in **1** zwei Dimensionen Berührung. Zunächst ist die KfW selbst öffentliches Unternehmen und damit ihrerseits Gegenstand bestimmter rechtlicher Vorgaben (→ § 19 Rn. 132 ff.). Vorliegend soll es um die andere Dimension gehen, um Vorgaben, die die KfW im Rahmen ihrer Förderung im Zusammenhang mit dem Komplex der Nachhaltigkeit selbst setzt. Dabei stehen im Fokus nicht per se Voraussetzungen, die erfüllt werden müssen, um in einem bestimmten Kontext eine Förderung zu erhalten (etwa die Einhaltung bestimmter Energieeffizienzmaßstäbe in der Gebäudeförderung), sondern nur solche, die Auswirkungen auf **Organisation und Führung der geförderten Unternehmen** haben oder haben können. Zur besseren Einordnung solcher Vorgaben werden einleitend insoweit relevante Aspekte zu Rolle und Aufgaben der KfW angesprochen (II.), bevor das Kernthema behandelt wird (III.).

II. Die KfW als transformative Förderbank

1. Förderbank des Bundes

Mit einer Bilanzsumme von rund 550 Mrd. EUR und jährlichen Zusagen in einer Größen- **2** ordnung von 80 bis 85 Mrd. EUR – in Krisenjahren auch darüber[1] – ist die KfW **eine der größten Förderbanken der Welt.** Sie wurde 1948 aus den Mitteln des Marshallplans als

---

* Der Beitrag gibt ausschließlich die persönliche Auffassung des Autors wieder.
[1] Im Pandemiejahr 2020 betrug das Zusagevolumen wegen der Programme zur Krisenbewältigung bspw. 135 Mrd. EUR und im Jahr der durch den russischen Angriffskrieg auf die Ukraine ausgelösten Energiekrise 167 Mrd. EUR.

Anstalt des öffentlichen Rechts gegründet. Das Gründungsgesetz, das Gesetz über die Kreditanstalt für Wiederaufbau (KfW-Gesetz), ist am 5.11.1948 im Kraft getreten und gilt bis heute[2]. An dem gesetzlich festgelegten Grundkapital der KfW sind der Bund mit 80 % und die Länder mit 20 % beteiligt, § 1 Abs. 2 KfW-Gesetz. Sie kann gemäß § 13 Abs. 1 KfW-Gesetz nur durch Gesetz aufgelöst werden und ist dementsprechend nicht insolvenzfähig.[3]

3 Die KfW hat die Aufgabe, im staatlichen Auftrag Fördermaßnahmen, insbesondere Finanzierungen, in verschiedenen im KfW-Gesetz aufgeführten Bereichen durchzuführen (**Förderauftrag;** Sachziel der KfW im Sinne von → § 18 Rn. 8). Zu diesen Bereichen zählen insbesondere Mittelstand, freie Berufe und Existenzgründungen, Risikokapital, Wohnungswirtschaft, Umweltschutz, Infrastruktur, technischer Fortschritt und Innovationen, international vereinbarte Förderprogramme und die entwicklungspolitische Zusammenarbeit, § 2 Abs. 1 Nr. 1 KfW-Gesetz. Hinzu kommen Darlehen und andere Finanzierungsformen an Gebietskörperschaften und öffentlich-rechtliche Zweckverbände, Maßnahmen mit rein sozialer Zielsetzung sowie Maßnahmen zur Bildungsförderung und bestimmte Finanzierungen im Interesse der deutschen und europäischen Wirtschaft, § 2 Abs. 1 Nr. 2 bis 4 KfW-Gesetz, sowie Geschäfte, die der KfW im Einzelfall von der Bundesregierung zugewiesen werden, weil an ihnen ein staatliches Interesse der Bundesrepublik Deutschland besteht, § 2 Abs. 4 KfW-Gesetz. Einen Großteil der inländischen Finanzierungen gewährt die KfW dabei entsprechend § 3 Abs. 1 S. 1 KfW-Gesetz nicht direkt, sondern im Wege der sog. Bankdurchleitung, also über die Refinanzierung einer Bank (die sog. Hausbank), die ihrerseits einen eigenen Kreditvertrag mit dem Fördernehmer (sog. Endkreditnehmer) schließt. Erlaubt sind der KfW ferner alle Geschäfte, die mit der Erfüllung der genannten Aufgaben in direktem Zusammenhang stehen, § 2 Abs. 3 KfW-Gesetz. Zu diesen sog. Zusammenhangsgeschäften zählen insbesondere die Mittelaufnahme der KfW an den globalen Kapitalmärkten, um die für die Darlehensgewährung erforderlichen Mittel zu beschaffen und die in diesem Zusammenhang getätigten Absicherungsgeschäfte; mit einer jährlichen Mittelaufnahme von regelmäßig 75 bis 85 Mrd. EUR gehört die KfW zu den größten Kapitalmarktemittenten weltweit.

4 Die jetzige Ausgestaltung des Förderauftrages ist das Ergebnis eines im Jahr 2002 mit der Europäischen Kommission ausgehandelten Kompromisses zu der Frage, in welchen Tätigkeitsfeldern die KfW die Refinanzierungsvorteile nutzen darf, die mit der in § 1a KfW-Gesetz verankerten Haftung des Bundes für bestimmte Schuldtitel der KfW sowie der den Bund treffenden Anstaltslast[4] verbunden sind. Mit dieser sog. **Verständigung II**[5], einer zweckdienlichen Maßnahme im Sinne von Art. 18 VO (EG) 659/1999[6], die die Bundesrepublik angenommen hat, sind die entsprechenden Vereinbarungen aus dem Jahr 2002 für die Bundesrepublik und die Europäische Kommission verbindlich geworden. Die nationale Umsetzung erfolgte durch die Übernahme der insoweit relevanten Vereinbarungen in das KfW-Gesetz. Die Tätigkeit der KfW hat damit national wie gemeinschaftsrechtlich ein festes Fundament.

5 Die KfW ist tatbestandlich ein Kreditinstitut im Sinne des Kreditwesengesetzes (KWG), von diesem aber gemäß § 2 Abs. 1 Nr. 2 KWG weitestgehend und von der europäischen **Bankenregulierung** gemäß Art. 2 Abs. 5 Nr. 6 CRD IV[7] auf namentlicher Basis voll-

---

[2] Gesetz vom 5.11.1948 (WiGBl. 123) in der Fassung der Neubekanntmachung vom 23.6.1969 (BGBl. I 573), zuletzt geändert durch die 11. Zuständigkeitsanpassungsverordnung vom 19.6.2020 (BGBl. I 1328).
[3] Bei gleicher Ausgangslage wurde eine Klarstellung in das Gesetz über die Landwirtschaftliche Rentenbank aufgenommen, nach der diese nicht insolvenzfähig sei; diese Änderung stellt nach der Gesetzesbegründung keine Änderung in der Sache dar, sh. BT-Drs. 18/6091, 87; aA VG Frankfurt a.M., Urt. v. 11.11.2020 – 2 K 1703/19.F (nicht rechtskräftig).
[4] Vgl. WBSK VerwR II § 86 Rn. 19.
[5] Vom 28.3.2002, KOM C(2002) 1286.
[6] ABl. EG 1999 L 83, 1.
[7] Richtlinie 2013/36/EU des Europäischen Parlaments und des Rates vom 26.6.2013 über den Zugang zur Tätigkeit von Kreditinstituten und die Beaufsichtigung von Kreditinstituten und Wertpapierfirmen, ABl. EG 2013, L 176.

ständig ausgenommen. Hiervon unabhängig wurde im Jahr 2013 mit der Neuaufnahme von § 12a KfW-Gesetz sowie der auf dieser Grundlage erlassenen KfW-Verordnung (KfWV)[8] eine Verpflichtung der KfW statuiert, weiteste Teile der nationalen und europäischen bankaufsichtsrechtlichen Bestimmungen entsprechend anzuwenden. Das prägt die gesamte Aufbau- und Ablauforganisation der KfW, die ua den Mindestanforderungen an das Risikomanagement (MaRisk[9]) genügen muss. Die Aufsicht über die Einhaltung der bankaufsichtlichen Bestimmungen obliegt der Bundesanstalt für Finanzdienstleistungsaufsicht, die hierbei mit der Bundesbank zusammenarbeitet, § 9 Abs. 1 KfWV. Daneben unterliegt die KfW der **Rechtsaufsicht** des Bundesfinanzministeriums, das diese im Benehmen mit dem Bundesministerium für Wirtschaft und Klimaschutz ausübt, § 12 Abs. 1 KfW-Gesetz. Einer Fachaufsicht unterliegt die KfW nicht.

KfW-Förderung wird praktisch ausschließlich durch **privatrechtlich ausgestaltete** **6** **Kredit- und Zuschussverträge** gewährt. Öffentlich-rechtliche Handlungsformen sind auf vereinzelte Programme beschränkt, aktuell allein das vom Bundesministerium für Umwelt, Naturschutz, nukleare Sicherheit und Verbraucherschutz durchgeführte Umweltinnovationsprogramm[10], in dem Förderbescheide erlassen werden. In der Praxis bedeutet das, dass die KfW bankmäßig organisiert, betrieben und beaufsichtigt ist und Rechtsinstitute wie zB das Bankgeheimnis eine wichtige Rolle spielen. Auskunftsansprüchen nach dem Informationsfreiheitsgesetz (IFG) unterliegt die KfW als sog. sonstige Bundeseinrichtung iSv § 1 Abs. 1 Satz 2 IFG konsequenterweise nur dort, wo sie öffentlich-rechtliche Verwaltungsaufgaben wahrnimmt.[11] Vereinfacht gesagt sind in der Konsequenz der gewählten rechtlichen Handlungsformen, der Regulierung und der Beaufsichtigung der Geschäftsaufbau und -ablauf der KfW nicht diejenigen einer Behörde, sondern die einer **Bank.**

2. Nachhaltigkeit im Kontext der Transformationsaufgabe der KfW

Trotz der beschriebenen Stabilität der im KfW-Gesetz verankerten Aufgaben adressiert die **7** KfW **flexibel** den gesellschaftlichen und wirtschaftlichen Förderbedarf. Stand zunächst die Finanzierung des Wiederaufbaus der Bundesrepublik nach dem Ende des 2. Weltkriegs aus Mitteln das Marshall-Plans im Fokus, wurde der Förderauftrag später auf die Entwicklungszusammenarbeit und die Export- und Projektfinanzierung erweitert, der Fokus in der Mittelstands- ebenso wie in der Innovations- und Bildungsförderung geschärft und wurden nach der Wiedervereinigung in großem Umfang Finanzierungen in den damals sog. Neuen Bundesländern dargestellt. Im Koalitionsvertrag der aktuellen Bundesregierung ist die Rolle der KfW als transformative Förderbank benannt, sie prägt sich in den Förderschwerpunkten Klima und Umwelt sowie Digitalisierung und Innovation sowie Aufgaben zur Stärkung der Resilienz im Kontext der aktuellen energiepolitischen und geostrategischen Herausforderungen aus. Neben diese Aufgaben der KfW traten zu jeder Zeit Sonderaufgaben wie etwa in der Finanz- und Wirtschaftskrise 2008/2009, der Corona-Pandemie oder infolge des russischen Angriffskrieges auf die Ukraine.[12]

Nachhaltigkeit spielt bei alledem traditionell eine **zentrale Rolle für die Fördertätig- 8 keit** der KfW. Angelegt ist dies bereits im Förderkatalog in § 2 Abs. 1 Nr. 1 KfW-Gesetz, der ua mit dem Mittelstand, freien Berufen und Existenzgründungen, Risikokapital, Wohnungswirtschaft, Umweltschutz, Infrastruktur sowie technischem Fortschritt und Innovationen Felder in das Zentrum das Handeln der KfW stellt, die aus sich heraus eine nachhaltige Wirkung haben. Entsprechend reichen Fördertätigkeiten mit dem Schwerpunkt Umwelt- und Klimaschutz bis in die 1960er Jahre zurück und wurden insbesondere in den 1980er

---

[8] BGBl. I 3735.
[9] Rundschreiben 10/2021 der Bundesanstalt für Finanzdienstleistungsaufsicht vom 16.8.2021, geändert am 4.5.2022 – Mindestanforderungen an das Risikomanagement.
[10] Programm 230 – Kredit, Merkblatt 600 000 279, sh. auch www.umweltinnovationsprogramm.de.
[11] Sh. explizit Gesetzesbegründung, BT-Drs. 15/4492, 8; ebenso Rossi IFG § 1 Rn. 68; aA VG Frankfurt WM 2020, 229 (nicht rechtskräftig), WM 2023, 672 (nicht rechtskräftig) und Schoch IFG § 1 Rn. 168.
[12] Sh. insgesamt https://www.kfw.de/Über-die-KfW/Förderauftragund-Geschichte/Geschichte-der-KfW/.

Jahren und dann seit Beginn der 2000er Jahre kontinuierlich intensiviert, seit mehr als zehn Jahren mit einem starken Fokus auf der Finanzierung der Energiewende.

9   Eine umfassende und integrierte **Nachhaltigkeitsstrategie** der KfW ist selbstverständlich. Sie leitet sich aus dem Nachhaltigkeitsleitbild der KfW ab und ist eng mit der Geschäftsstrategie verflochten. Der Anteil der Finanzierungen der KfW, der in Umweltthemen fließt, steigt kontinuierlich und lag zuletzt zwischen 40 und 50%, Aktivitäten der KfW werden auf die sog. Sustainable Development Goals (SDGs)[13] geschlüsselt, Leitlinien für die Paris-kompatible und klimaneutrale Finanzierung in den relevanten Wirtschaftssektoren bzw. Finanzierungsgegenständen verabschiedet[14] und verbindlich angewandt, ist eine Menschenrechtserklärung verabschiedet und veröffentlicht[15], das Thema Nachhaltigkeit im Code of Conduct verankert[16] werden im Rahmen der sog. MaRisk-Compliance auf die KfW anwendbare neue rechtliche Anforderungen im ESG-Kontext kontinuierlich umgesetzt und bei bestimmten Projekten Umwelt- und Sozialverträglichkeitsprüfungen gefordert. Hierneben hat Nachhaltigkeit auch im Bankbetrieb der KfW eine herausgehobene Bedeutung, etwa im Gebäudebetrieb, im Einkauf oder der allgemeinen Corporate Social Responsibility. Eine herausgehobene Positionierung der KfW unter Förder- und Entwicklungsbanken in internationalen Nachhaltigkeitsratings ist Folge dieser Maßnahmen.[17]

III. Nachhaltigkeitsanforderungen

1. Vorbemerkung

10   Finanzierungen der KfW werden entsprechend der Ausdifferenzierung ihres Förderauftrages (→ Rn. 3) im nationalen und internationalen Kontext gewährt, direkt oder im Wege der Bankdurchleitung (→ Rn. 3), auf der Grundlage allgemeiner Bedingungen[18] oder individuell ausgehandelter Verträge, für Einzelmaßnahmen an inländischen Gebäuden oder als komplexe internationale Projektfinanzierungen im Rahmen internationaler Bankenkonsortien, für private, gewerbliche oder kommunale Darlehensnehmer ebenso wie für Entwicklungsländer, letzteres bilateral oder gemeinsam mit anderen nationalen oder supranationalen Förderinstitutionen, die Finanzierungen enthalten Beihilfen iSv Art. 107 Abs. 1 AEUV oder sind beihilfenfrei und Programme der KfW werden kontinuierlich angepasst, ebenso wie ihre Nachhaltigkeitsleitlinien laufender Weiterentwicklung unterliegen. Es liegt also auf der Hand, dass eine Darstellung aller denkbaren Nachhaltigkeitsanforderungen, die an die Führung jeglicher finanzierter Unternehmen gestellt werden, nicht zielführend wäre. Die nachfolgende Darstellung arbeitet für die Finanzierung gewerblicher Einheiten[19] durch Förderkredite (Darlehensnehmer) daher bewusst Strukturen heraus und ermöglicht dadurch eine **grundlegende Orientierung,** insbesondere für inländische Finanzierungen; sie kann eine Ermittlung der Nachhaltigkeitsanforderungen im Einzelfall nicht ersetzen.

---

[13] Vgl. https://sdgs.un.org/goals; → § 5 Rn. 51, → § 9 Rn. 2.
[14] Paris-kompatible Sektorleitlinien der KfW Bankengruppe, Bestellnummer 600 000 4964.
[15] Grundsatzerklärung der KfW und ihrer Tochterunternehmen zu Menschenrechten und zu ihrer Menschenrechtsstrategie, sh. https://www.kfw.de/nachhaltigkeit/migration/Menschenrechtserklärung.pdf.
[16] https://www.kfw.de/PDF/Download-Center/kfw-Gesetz/Code-of-Conduct.pdf.
[17] Zu allem vgl. den aktuellen Nachhaltigkeitsbericht der KfW unter https://www.kfw.de/PDF/Download-Center/Konzernthemen/Nachhaltigkeit/Nachhaltigkeitsbericht-2022.pdf. Einen Nachhaltigkeitsbericht veröffentlicht die KfW seit 2006.
[18] Allgemeine Bestimmungen für Investitionskredite, Vertragsverhältnis Hausbank – Endkreditnehmer, Bestellnummer 600 000 2388; Allgemeine Bestimmungen für Investitionskredite – Direktkredit, Bestellnummer 600 000 0310; Allgemeine Geschäftsbedingungen für die Beantragung und Vergabe von Zuschussprodukten der KfW über das KfW-Zuschussportal, Bestellnummer 600 000 4931.
[19] Entsprechend dem Fokus des Handbuches nicht betrachtet werden Finanzierungen der KfW für natürliche Personen, die nicht als Unternehmen zu qualifizieren sind sowie für kommunale Gebietskörperschaften, Gemeindeverbände oder andere Formen der interkommunalen Zusammenarbeit.

2. Quellen

Anforderungen an die Binnenorganisation oder an Verfahren und damit die Governance der Darlehensnehmer im Rahmen der KfW-Förderung, die sich unmittelbar aus **gesetzlichen Bestimmungen** ergeben würden, existieren derzeit nicht. Das KfW-Gesetz macht hierzu keine Vorgaben, sondern enthält die für die KfW als Anstalt des öffentlichen Rechts selbst einschlägigen Regelungen.

Soweit Nachhaltigkeitsanforderungen an die Unternehmensführung im Rahmen der KfW-Förderung bestehen, ergeben sich diese daher aus **KfW-eigenen Quellen,** die teilweise mit dem Bund abgestimmt werden. Dazu zählen insbesondere

– eine ggf. einschlägige Förderrichtlinie[20],
– das Merkblatt für das jeweilige Förderprogramm,
– das Allgemeine Merkblatt zu Beihilfen,[21]
– die Allgemeinen Bestimmungen für Investitionskredite[22],
– die sog. Ausschlussliste, die Vorhaben enthält, die die KfW generell von einer Finanzierung ausschließt bzw. solche, für die sie einzuhaltende Bedingungen vorgibt[23], sowie
– bei individuellen Finanzierungen ergänzend etwaige individuelle Vereinbarungen im Kreditvertrag.

Wie dargestellt (→ Rn. 6) gestaltet die KfW das Förderverhältnis mit Ausnahme eines einzelnen Förderprogramms durchgehend **privatrechtlich,** und zwar auch in Zuschussprogrammen. Die sonst in Förderungen der öffentlichen Hand oft anzutreffenden Allgemeinen Nebenbestimmungen für Zuwendungen zur Projektförderung (ANBest-P)[24] spielen in der Förderung der KfW praktisch keine Rolle.[25] Weil die erwähnten privatrechtlichen Vorgaben von der KfW und damit einem Teil der öffentlichen Hand stammen, zählen sie zwar zum Verwaltungsrecht im weiteren Sinne (→ § 1 Rn. 9) – an der Einordnung als privatrechtlich und etwaiger Rechtsstreitigkeiten als nicht öffentlich-rechtlich iSv § 40 Abs. 1 VwGO ändert dies aber nichts (im Einzelnen → Rn. 42).

3. Übergeordnete Ausschlüsse und Anforderungen

Nachhaltigkeitsziele werden in der KfW-Förderung zunächst dadurch erreicht, dass die erwähnte (→ Rn. 12) **Ausschlussliste** der KfW bestimmte Gegenstände und Zwecke von der Förderung iSv § 2 Abs. 1 KfW-Gesetz ausschließt. Zu den ausgeschlossenen Gegenständen zählen vereinfacht dargestellt unter anderem solche, die

– unter nationale oder internationale Ausstiegs- oder Verbotsbestimmungen fallen oder einem internationalen Bann unterliegen,
– mit einer ohne angemessene Kompensation nach internationalen Standards verbundenen Zerstörung oder erheblichen Beeinträchtigung von besonders schützenswerten Gebieten einherzugehen drohen,

---

[20] ZB die Richtlinien für die Bundesförderung für effiziente Gebäude-Wohngebäude (BEG WG) vom 9.12.2022, BAnz. AT 30.12.2022 oder die Richtlinie des damals sog. Bundesministeriums für Umwelt, Naturschutz nukleare Sicherheit und Verbraucherschutz zur Förderung von Investitionen mit Demonstrationscharakter zur Verminderung von Umweltbelastungen (Umweltinnovationsprogramm) vom 28.2.2023.
[21] Bestellnummer 600 000 0065.
[22] Bestellnummer 600 000 2388 (für durchgeleitete Kredite) bzw. 600 000 0310 (für Direktkredite). Für durchgeleitete Kredite regeln sie das Verhältnis zwischen Durchleitungsbank und Endkreditnehmer, im Fall von Direktkrediten das Verhältnis zwischen KfW und Kreditnehmer. Im Durchleitungsgeschäft gibt es ein ergänzendes Klauselwerk für das Verhältnis zwischen KfW und Durchleitungsbank, die sog. Allgemeinen Bestimmungen für Investitionskredite – Vertragsverhältnis KfW – Kreditinstitute.
[23] https://www.kfw.de/PDF/Download-Center/Konzernthemen/Nachhaltigkeit/Ausschlussliste.pdf.
[24] GMBl. 19/2019, 372.
[25] Ausnahme ist hier das Umweltinnovationsprogramm, wo die ANBest-P über Ziff. 6 der Förderrichtlinie (Fn. 23) anwendbar sind.

– Produktion oder Handel von kontroversen Waffen, radioaktivem Material oder ungebundenem Asbest,
– Atomkraftwerke, Minen mit Uran als wesentlicher Gewinnung, wesentlich mit Kohle befeuerte Kraftwerke, deren relevante Infrastruktur oder den Abbau von Kohle sowie Öl aus Ölschiefer, Teer- oder Ölsanden sowie
– bestimmte Fangmethoden in der Hochseefischerei

15 betreffen.[26] Daneben gibt es in bestimmten Programmen weitere Förderausschlüsse[27]. Ferner bindet die KfW ihr finanzielles Engagement für ausgewählte Sektoren an bestimmte qualitative Bedingungen, zB im Kontext der land- bzw. forstwirtschaftlichen Produktion von Palmöl oder Holz, bei großen Staudamm- und Wasserkraftvorhaben oder bei Vorhaben zur Prospektion, Exploration und Abbau von Gas.[28]

4. Nachhaltigkeitsanforderungen an die Führung der finanzierten Unternehmen

16 Die Führung eines von der KfW finanzierten Unternehmens unterliegt bereits unabhängig von dieser Finanzierung einem – je nach Unternehmen und dessen Gegenstand weiteren oder engeren – Netz an nachhaltigkeitsbezogenen Pflichten. Diese entstammen insbesondere dem Umweltrecht (→ § 8), Vorgaben betreffend Soziales und Governance (→ § 9 Rn. 9 ff.), dem Lieferkettensorgfaltspflichtengesetz (→ § 10 Rn. 14 ff.) oder – wo zutreffend – dem Vergaberecht (→ § 11). Mit Blick auf das **Legalitätsprinzip**[29], dem jede Unternehmensführung und damit auch die Leitungsorgane der Darlehensnehmer der KfW verpflichtet sind, sieht die KfW von einer Doppelung solcher Pflichten im Wege ihrer Wiederholung gegenüber ihren Darlehensnehmern ab. Weiterhin handelt es sich bei den von der KfW finanzierten Zwecken in aller Regel um solche, die sich direkt aus den Nachhaltigkeitszielen der KfW (dazu → Rn. 8 f.) ergeben, etwa dem Erwerb und der Installation besonders energieeffizienter Produktionsanlagen. In der Konsequenz besteht mit Blick auf die Nachhaltigkeitsanforderungen an die Führung des finanzierten Unternehmens ein enger Zusammenhang mit dem jeweiligen Finanzierungszweck bzw. -gegenstand.

17 Eine für den vorliegenden Kontext wesentliche Unterscheidung ist dabei diejenige zwischen Betriebsmittelfinanzierungen (im Folgenden: unternehmensbezogene Finanzierungen) und Investitionsfinanzierungen (im Folgenden: vorhabensbezogene Finanzierungen). Denn während bei **unternehmensbezogenen Finanzierungen** unmittelbare Nachhaltigkeitsanforderungen an die Führung des finanzierten Unternehmens vernünftig sein können (dazu → Rn. 18 ff.), ist das bei **vorhabensbezogenen Finanzierungen** nicht ohne Weiteres der Fall, denn es erscheint fraglich, ob solche unmittelbaren, für den Darlehensnehmer globalen Anforderungen wegen der Finanzierung „nur" eines einzelnen Vorhabens sachgerecht wären. In beiden Fällen können sich aber mittelbare Nachhaltigkeitsanforderungen an die Unternehmensführung ergeben.

18 a) **Unternehmensbezogene Finanzierungen.** Unternehmensbezogene Finanzierungen der KfW betreffen weder direkt noch indirekt ein konkretes Vorhaben (dazu → Rn. 29 ff.), sondern stellen dem Darlehensnehmer Liquidität für verschiedene Zwecke einschließlich der Deckung seines allgemeinen Betriebsmittelbedarfs zur Verfügung. Grund hierfür sind idR übergeordnete förderpolitische Anlässe. Hierunter fallen in erster Linie **Unterneh-**

---

[26] Im Rahmen von Zuweisungen der Bundesregierung gemäß § 2 Abs. 4 KfW-Gesetz oder Weisungen der relevanten Bundesministerien können sich Abweichungen ergeben.
[27] Beispielsweise sind im ERP-Gründerkredit – StartGeld auch solche Förderausschlüsse, die sich aus der hinter dem Programm liegenden Garantie des Europäischen Programms für kleine und mittlere Unternehmen („COSME") ergeben; diese sind weitgehend, aber nicht vollständig identisch mit den KfW-eigenen Förderausschlüssen.
[28] Ausschlussliste der KfW, Ziff. II; https://www.kfw.de/PDF/Download-Center/Konzernthemen/Nachhaltigkeit/Ausschlussliste.pdf.
[29] Vgl. Fleischer HdB VorstandsR/Fleischer § 7 Rn. 4 ff.; Krieger/Schneider Handbuch Managerhaftung/Wilsing § 31 Rn. 19 ff.

mensgründungen sowie **Krisen in der deutschen Wirtschaft** wie zB die Finanz- und Wirtschaftskrise 2008/2009, die Corona-Pandemie 2020 oder die Folgen des russischen Angriffskrieges auf die Ukraine 2022. Gründungsfinanzierungen basieren dabei auf § 2 Abs. 1 Nr. 1 lit. a KfW-Gesetz, während Basis von Krisenprogrammen der KfW idR Zuweisungen der Bundesregierung gemäß § 2 Abs. 4 KfW-Gesetz sind.

aa) Unmittelbare Anforderungen. Von einer Doppelung bereits gesetzlich bestehender Pflichten sieht die KfW wie dargestellt ab (vgl. → Rn. 16). 19

Bei **Gründungsprogrammen** (zB ERP-Gründerkredit – StartGeld[30], ERP-Förderkredit KMU[31], KfW-Förderkredit großer Mittelstand[32]) stellt die KfW keine ergänzenden Nachhaltigkeitsanforderungen an die Führung der finanzierten Unternehmen. Diese Programme zahlen allgemein auf eine breitere unternehmerische Basis sowie eine höhere Anzahl kleiner und mittlerer Unternehmen in Deutschland ein – und damit auf allgemeine wirtschaftliche Nachhaltigkeitsziele. 20

Anders ist es bei den **Krisen-Sonderprogrammen,** etwa dem „KfW-Sonderprogramm 2020"[33] zur Bewältigung der Corona-Krise, dem „KfW-Sonderprogramm UBR 2022"[34] für Finanzierungsbedarfe in der Folge des Ukraine-Krieges sowie dem vom Bund aufgesetzten „Finanzierungsinstrument Margining"[35], welches der Bewältigung bestimmter Herausforderungen auf den Energiemärkten in der Folge des Ukraine-Krieges dient. 21

Nach den Krisen-Sonderprogrammen sind – hier orientiert am KfW-Sonderprogramm UBR 2022 – ab dem Zeitpunkt der Antragstellung bei der KfW bis zur vollständigen Rückzahlung des Kredits 22

– Entnahmen,
– Gewinn- und **Dividendenausschüttungen,**
– die Gewährung von Darlehen der Gesellschaft an die Gesellschafter und die
– die Rückführung von Gesellschafterdarlehen

unzulässig[36], in manchen Programmen wird zudem die **Auszahlung variabler Vergütungsbestandteile** an Mitglieder der Geschäftsleitung ausgeschlossen[37]. Nachhaltigkeit bezieht sich hier also nicht auf die Einhaltung von zB Umweltstandards, sondern die **Sicherung des Finanzierungszwecks und der Rückführbarkeit des Kredits.** Der Finanzierungszweck besteht darin, dass der grundsätzlich gesunde Darlehensnehmer die extern ausgelöste Krisensituation mit Hilfe der zur Verfügung gestellten Liquidität übersteht, indem die Liquidität im Unternehmen bleibt und das Unternehmen wie auch die Arbeitsplätze damit nachhaltig erhalten werden. Nachhaltigkeitsbezug der Vorgaben ist zudem der Bundeshaushalt, da ein Verbleib der Liquidität im Unternehmen neben der Existenz des Darlehensnehmers auch die Rückzahlbarkeit des Kredits sichert und so das Risiko von Inanspruchnahmen des Bundes aus der der KfW in solchen Fällen gestellten Garantie mitigiert. 23

Wegen der im Fall einer Nichteinhaltung der Anforderungen drohenden Konsequenzen (dazu → Rn. 36 ff.) ist mit Blick auf die **Governance des Darlehensnehmers** sicherzustellen, dass während der Laufzeit des Kredites keine gegen die genannten Vorgaben verstoßenden Beschlüsse gefasst werden. Hierfür ist zu empfehlen, dass die den Kredit- 24

---

[30] Programm 067, Merkblatt Bestellnummer 600 000 2258.
[31] Programme 365 und 366, Merkblätter Bestellnummern 600 000 4842 und 600 000 4843.
[32] Programme 375 und 376, Merkblätter Bestellnummern 600 000 4844 und 600 000 4845.
[33] https://www.kfw.de/Presse-Newsroom/Aktuelles/News/Faktenblatt_KfW-Sonderprogramm-2020.pdf; das Programm ist am 30.6.2022 ausgelaufen.
[34] https://www.kfw.de/inlandsfoerderung/Unternehmen/KfW-Sonderprogramm-UBR/.
[35] https://www.bundesfinanzministerium.de/Content/DE/Pressemitteilungen/Finanzpolitik/2022/06/2022-06-17-finanzierungsprogramm-margining.html.
[36] Details siehe Merkblätter zum KfW-Sonderprogramm UBR in seinen Varianten große Unternehmen, Mittelstand und Konsortialfinanzierung (Programme 079, 089 und 807), Bestellnummern 600 000 4970, 600 000 4971, 600 000 4978.
[37] ZB im sog. „Finanzierungsinstrument Margining".

vertrag abschließende Einheit das für die Einhaltung der betreffenden Vorgaben zuständige Organ – idR die Gesellschafterversammlung oder das Aufsichtsorgan – über die Anforderungen unterrichtet und das Organ bzw. dessen Gremiensekretariat diese in seiner Governance, insbesondere den Prozessen hinterlegt und in das Interne Kontrollsystem integriert.

25 **bb) Mittelbare Anforderungen.** Nachhaltigkeitsbezogene Anforderungen an die Binnenorganisation oder Verfahren können sich auch mittelbar **aus Vorgaben der KfW** im Kontext der Darlehensvergabe sowie **aus einem (iwS) regulatorischen Zusammenhang** ergeben. Sie resultieren letztendlich aus den Konsequenzen, die eine Nichteinhaltung solcher Anforderungen hätte (dazu → Rn. 36 ff.) in Verbindung mit der Tatsache, dass insoweit auch Mitteilungspflichten des Darlehensnehmers (dazu → Rn. 26) sowie Prüfungsrechte der KfW[38] und teilweise auch des Bundesrechnungshofes[39] bestehen. Die allgemeinen **Organisationspflichten des Leitungsorgans**[40] des Darlehensnehmers, bei deren Missachtung Schadensersatzpflichten gegenüber dem Unternehmen drohen, umfassen daher auch die Schaffung einer Governance, die die Einhaltung solcher Anforderungen und damit den nachhaltigen Förderzweck sichert sowie den Verbleib der KfW-Mittel im Unternehmen (und damit sein Überleben) gewährleistet.

26 Dabei zu berücksichtigende **Anforderungen der KfW** ergeben sich bei unternehmensbezogenen Finanzierungen **nicht aus dem Finanzierungszweck** als solchem, sondern aus **allgemeinen Vorgaben** der KfW; dazu zählen zB die Pflichten des Darlehensnehmers,
– die Hausbank bzw. die KfW zu unterrichten, wenn sich das Vorhaben oder dessen Finanzierung ändert[41],
– einen Nachweis über die Verwendung der Mittel vorzulegen[42],
– die Erfüllung etwaiger Auflagen nachzuweisen[43],
– die Hausbank bzw. die KfW über wesentliche Vorkommnisse zu informieren, die den Förderzweck beeinflussen können[44] bzw. betreffen[45],
– die Hausbank bzw. die KfW über wesentliche Vorkommnisse zu informieren, die die ordnungsgemäße Bedienung des Kredits gefährden können[46],
– die Hausbank zu informieren, wenn es beim Darlehensnehmer einen Kontrollwechsel gibt[47] oder
– die KfW unverzüglich über alle Änderungen zu unterrichten, die Auswirkungen auf das Risikogewicht des Kreditnehmers nach bankaufsichtsrechtlichen Vorschriften haben[48].

27 Zu **Anforderungen aus einem (iwS) regulatorischen Kontext,** zählen insbesondere solche aus dem **Beihilfenrecht,** soweit die betreffende KfW-Finanzierung Beihilfenelemente enthält. Hierzu zählen vor allem
– Anforderungen aus der VO (EU) 1407/2013[49] (sog. de minimis-Verordnung): Hier muss der Darlehensnehmer ab dem Erhalt einer KfW-Finanzierung, die **de minimis-Beihilfen** enthält, bei Erhalt weiterer de minimis-Beihilfen prüfen, ob er in der Konzernsicht unter Berücksichtigung der von der KfW sowie aller weiteren erhaltenen de minimis-Beihilfen die nach VO (EU) 1407/201 relevante Obergrenze noch einhält. Der Darle-

---

[38] Ziff. 8 AB EKN, Ziff 8 AB Direkt.
[39] Ziff. 15 Abs. 1 AB EKN, Ziff 14 Abs. 3 AB Direkt.
[40] Dazu vgl. Fleischer HdB VorstandsR/Fleischer § 7 Rn. 42; Ihrig/Schäfer, Rechte und Pflichten des Vorstandes Rn. 570 ff.; Seyfarth Vorstandsrecht § 8 Rn. 8.
[41] Ziff. 1 Abs. 1 AB EKN, Ziff 1 Abs. 1 AB Direkt.
[42] Ziff. 1 Abs. 1 AB EKN, Ziff 1 Abs. 1 AB Direkt.
[43] Ziff. 1 Abs. 1 AB EKN, Ziff 1 Abs. 1 AB Direkt.
[44] Ziff. 9 lit. a AB EKN.
[45] Ziff 9 Abs. 1 AB Direkt.
[46] Ziff. 9 lit. a AB EKN, Ziff 9 Abs. 1 AB Direkt.
[47] Ziff. 9 lit. c AB EKN.
[48] Ziff 9 Abs. 3 AB Direkt.
[49] ABl. EU 2013 L 352 in der Fassung der VO (EU) Nr. 2020/972, ABl. EU L 215, 3.

hensnehmer hat hierzu eine entsprechende de minimis-Erklärung[50] abzugeben und die KfW stellt dann eine sog. de minimis-Bescheinigung aus, die mindestens 10 Jahre aufzubewahren ist[51];
– Bestimmungen zur **Kumulierung von Beihilfen,** in erster Linie aus VO (EU) 651/2014[52] (sog. Allgemeine Gruppenfreistellungsverordnung, AGVO): Bei Vorhaben, für die Beihilfen nach der AGVO von einer Genehmigungspflicht nach dem Art. 107 Abs. 1 AEUV freigestellt sind, dürfen Beihilfeempfänger Beihilfen von mehreren Beihilfegebern erhalten, in Summe aber die in der AGVO genannten Beihilfehöchstintensitäten bzw. -beträge nicht überschreiten, Art. 8 Nr. 3 AGVO; die KfW stellt für ihre Förderprodukte sicher, dass die jeweils gültige maximale Beihilfeintensität bzw. der Beihilfehöchstbetrag nicht überschritten wird, hinsichtlich der Kumulierung mit Beihilfen anderer Fördermittelgeber liegt die Verantwortung aber beim Darlehensnehmer, er hat hierzu zudem eine entsprechende Kumulierungserklärung abzugeben[53].

Soweit Pflichten des Darlehensnehmers im vorgenannten Sinne nicht ausschließlich im Vorfeld der Darlehensgewährung einzuhalten sind, muss die Unternehmensleitung wegen der Sanktionsmechanismen für den Fall ihrer Nichteinhaltung (→ Rn. 36 ff.) auch hier **Vorkehrungen für ihre Einhaltung** treffen, um den nachhaltigkeitsbezogenen Finanzierungszweck sowie den Verbleib der Mittel im Unternehmen zu sichern. Abgeleitet aus den angeführten Anforderungen sollten dies Maßnahmen zum Monitoring des Vorhabens und seiner Finanzierung, zur Erstellung von Nachweisen über die Mittelverwendung, zur Weitergabe von Informationen mit Blick auf relevante Änderungen der Gesellschafterstruktur und – sofern einschlägig – zum Monitoring der Beihilfethemen umfassen. Welche Maßnahmen im Einzelfall erforderlich und angemessen sind, ist **anhand der für die jeweilige Finanzierung verbindlichen Vorgaben** zu ermitteln. Idealerweise bestimmt die Unternehmensleitung eine Einheit oder Person, die für die Ermittlung dieser Anforderungen und für die Implementierung der entsprechenden Prozesse – unter Einschluss einer Integration in das Interne Kontrollsystem des Hauses – verantwortlich ist und etabliert so ein entsprechendes Compliance Management System. 28

b) Vorhabensbezogene Finanzierungen. Bei vorhabensbezogenen Finanzierungen geht es in erster Linie darum, dass das Vorhaben den konkreten sachbezogenen Förderbedingungen entspricht. Ein Vorhabensbezug kann sich dabei direkt oder indirekt ergeben. 29

Ein **direkter Vorhabensbezug** liegt beispielsweise vor, wenn sich die Finanzierung auf die Errichtung eines energieeffizienten Gebäudes, die Installation einer energieeffizienten Produktionsanlage, ein bestimmtes Digitalisierungsvorhaben oder eine konkrete Innovation bezieht. Aktuelle Beispiele für solche Programme sind der Investitionskredit Digitale Infrastruktur[54], die Klimaschutzoffensive für Unternehmen[55], der Investitionskredit nachhaltige Mobilität[56], das Programm Erneuerbare Energien[57], die Bundesförderung für Energie- und Ressourceneffizienz in der Wirtschaft[58] oder das KfW Umweltprogramm[59]. 30

Ein **indirekter Vorhabensbezug** ist gegeben, wenn ein Programm einerseits eine verbindliche Bindung der Mittel auf einen Zweck aus dem Förderkatalog des KfW-Gesetzes enthält, andererseits aber zum Zeitpunkt des Vertragsabschlusses ein konkretes Vorhaben (noch) nicht benannt ist oder das Vorhaben in Bezug auf den Förderzweck übergreifenden 31

---
[50] Formularnummer 600 000 0075.
[51] Sh. Allgemeines Merkblatt zu Beihilfen, Bestellnummer 600 000 0065.
[52] ABl. EU 2014 L 187, 1 in der Fassung der VO (EU) Nr. 2021/1237, ABl. EU L 270, 39.
[53] Formularnummer 600 000 0067.
[54] Programme 206, 239 und 854, Merkblätter Bestellnummern 600 000 4495, 600 000 4871 und 600 000 4511.
[55] Programm 293, Merkblatt Bestellnummer 600 000 4591.
[56] Programme 268 und 269, Merkblätter Bestellnummern 600 000 4893 und 600 000 4894.
[57] Programme 270, 271 und 281, Merkblätter Bestellnummern 600 000 0178 und 600 000 2410.
[58] Programm 295, Merkblatt Bestellnummer 600 000 4389.
[59] Programm 240, Merkblatt Bestellnummer 600 000 2220.

Charakter hat, etwa weil eine Ausrichtung des Geschäftsmodells auf zukunftsfähige Technologien erfolgen soll. Aktuelle Beispiele hierfür sind der ERP-Digitalisierungs- und Innovationskredit[60], das Programm ERP-Mezzanine für Innovation[61] oder der KfW-Kredit für Wachstum[62].

32 **aa) Unmittelbare Anforderungen.** Entsprechend den Ausführungen (→ Rn. 16) stellt die KfW bei vorhabensbezogenen Finanzierungen aktuell **keine über die gesetzlichen Anforderungen hinausgehenden** Nachhaltigkeitsanforderungen an die Führung des finanzierten Unternehmens.

33 **bb) Mittelbare Anforderungen.** Oben (→ Rn. 26) wurden die relevanten **allgemeinen Anforderungen** der KfW sowie solche aus einem (iwS) regulatorischen Kontext (dazu → Rn. 27) dargestellt, die mittelbare Auswirkungen auf die Unternehmensführung haben. Diese gelten gleichermaßen bei Finanzierungen mit Vorhabensbezug.

34 Hinzu kommen **Anforderungen, die sich aus dem finanzierten Vorhaben selbst ergeben.** Hier besteht wegen der Breite der Fördertätigkeit der KfW (dazu → Rn. 3) eine Vielzahl unterschiedlicher Anforderungen in Abhängigkeit vom jeweils geförderten Vorhaben. Exemplarische Anforderungen, die Auswirkungen auf die Binnenorganisation oder Verfahren des Darlehensnehmers haben können, umfassen zB
– die Einhaltung bestimmter Emissionsgrenzen bei bestimmten Schiffen[63],
– die Einhaltung eines bestimmten Maßes an Treibhausgas-Emissionen bei der Produktion bestimmter Stoffe[64],
– die Berücksichtigung eines Mindestmaßes an erneuerbaren Energien bei Fernwärmenetzen[65],
– eine Mindesteffizienz von Elektromotoren oder eine bestimmte Eingangsleistung bei Pumpen[66],
– bei Prozesswärme aus erneuerbaren Energien ein Mindestzeitraum, in dem Messdaten aufgezeichnet werden[67],
– bei Biomasseanlagen eine Dokumentation ua des Biobrennstoffes und der Brennstoffmenge und Aufbewahrung derselben über einen bestimmten Zeitraum hinweg[68],
– die Entwicklung neuer oder substantiell verbesserter Produkte[69],
– eine Ausrichtung des Geschäftsmodells auf zukunftsfähige Technologien, die zu substantiell veränderten Produkten führt[70] oder
– eine deutliche Intensivierung der Digitalisierung[71].

35 Soweit nachhaltigkeitsbezogene Pflichten des Darlehensnehmers im vorgenannten Sinne nicht ausschließlich im Vorfeld der Darlehensgewährung einzuhalten sind, muss die Unter-

---

[60] Programm 380, Merkblatt Bestellnummer 600 000 4011.
[61] Programm 360, Merkblatt Bestellnummer 600 000 4010.
[62] Programm 290, Merkblatt Bestellnummer 600 000 4331.
[63] Programm Klimaschutzoffensive für Unternehmen, Anlage zum Merkblatt Modul A, Bestellnummer 600 000 4913.
[64] Programm Klimaschutzoffensive für Unternehmen, Anlage zum Merkblatt Modul B, Bestellnummer 600 000 4914.
[65] Programm Klimaschutzoffensive für Unternehmen, Anlage zum Merkblatt Modul C, Bestellnummer 600 000 4915.
[66] Programm Bundesförderung für Energie- und Ressourceneffizienz in der Wirtschaft, Anlage zum Merkblatt Modul 1, Bestellnummer 600 000 4386.
[67] Programm Bundesförderung für Energie- und Ressourceneffizienz in der Wirtschaft, Anlage zum Merkblatt Modul 1, Bestellnummer 600 000 4390.
[68] Programm Bundesförderung für Energie- und Ressourceneffizienz in der Wirtschaft, Anlage zum Merkblatt Modul 1, Bestellnummer 600 000 4390.
[69] Programm ERP-Digitalisierungs- und Innovationskredit, Programm 380, Merkblatt Bestellnummer 600 000 4011.
[70] Programm ERP-Digitalisierungs- und Innovationskredit, Programm 380, Merkblatt Bestellnummer 600 000 4011.
[71] KfW-Kredit für Wachstum, Programm 290, Merkblatt Bestellnummer 600 000 4331.

§ 12 Nachhaltige Unternehmensführung in der KfW-Förderung

nehmensleitung wegen der Sanktionsmechanismen für den Fall ihrer Nichteinhaltung (→ Rn. 36 ff.) auch hier **Vorkehrungen für ihre Einhaltung** treffen. Abgeleitet aus den angeführten Beispielen können dies beispielsweise Maßnahmen zur Durchsetzung einer auf Innovationen gerichteten Unternehmensstrategie, zur Aufzeichnung bestimmter Messwerte, zur Überwachung, ob bei einem Austausch von Teilen die Fördervoraussetzungen weiter eingehalten werden oder zur Archivierung bestimmter Unterlagen für einen etwaig vorgegebenen Mindestzeitraum sein. Welche Maßnahmen im Einzelfall erforderlich sind, ist anhand der für die jeweilige Finanzierung verbindlichen Vorgaben zu ermitteln; sie sollten in das oben (→ Rn. 28) erwähnte **Compliance Management System** integriert werden.

5. Nichteinhaltung von Anforderungen

a) Sanktionen. Hält ein Darlehensnehmer der KfW mit dem Darlehen verbundenen 36 Anforderungen nicht ein, kann das **gravierende Auswirkungen** haben. Hintergrund ist, dass es sich bei den von der KfW eingesetzten Mitteln zwar nicht stets um Steuergelder ieS, wohl aber um öffentliche Mittel handelt und einem bestimmten (nachhaltigkeitsbezogenen) Zweck dienen; sie sind vom Fördernehmer daher zweckentsprechend einzusetzen.

Relevant bei den zivilrechtlich vereinbarten **Förderdarlehen** (zur grundsätzlichen Ori- 37 entierung → Rn. 6) ist hierbei das Recht der KfW bzw. der Hausbank, unter bestimmten Voraussetzungen die Auszahlung zu verweigern oder den Kreditvertrag **außerordentlich zu kündigen.** Dieses Recht besteht, wenn

– der Kreditnehmer das Darlehen erlangt, obwohl die Fördervoraussetzungen nicht vorlagen, er das Darlehen nicht dessen Zweck entsprechend verwendet oder die Mittelverwendungsprüfung nicht ermöglicht[72],
– die Voraussetzungen für die Gewährung des Darlehens sich geändert haben oder nachträglich entfallen sind[73],
– der Darlehensnehmer eine mit dem Darlehensvertrag übernommene Verpflichtung verletzt[74] oder
– der Umfang der im Investitionsplan veranschlagten Gesamtausgaben bzw. der Umfang der förderfähigen Kosten sich ermäßigt oder der Anteil der öffentlichen Finanzierungsmittel sich erhöht[75].

Soweit der Darlehensvertrag – wie etwa in der Konsortialvariante des Sonderprogramms 38 UBR (→ Rn. 21) – im Einzelfall zwischen Darlehensnehmer, KfW und weiteren Banken individuell ausgehandelt wird, gelten ähnliche Anforderungen, dort nach Maßgabe des konkreten Vertrages. Im Fall von Zuschussverträgen stehen der KfW ähnliche Kündigungsrechte zu.[76]

Ist Grundlage des Förderdarlehens ausnahmsweise (das betrifft aktuell nur das Umwelt- 39 innovationsprogramm, → Rn. 6) ein **Förderbescheid,** kann dieser unter den Voraussetzungen der §§ 48, 49 VwVfG **zurückgenommen oder widerrufen** werden. Die in der Förderrichtlinie für das Umweltinnovationsprogramm in Verweis genommene Verwaltungsvorschrift zu § 44 BHO[77] stellt in Ziff. 8 auf vergleichbare Tatbestände ab wie die KfW in ihren auf zivilrechtlicher Basis abgewickelten Programmen, insbesondere sind Rücknahme oder Widerruf daher möglich im Fall einer Erwirkung des Zuwendungsbescheides durch unrichtige oder unvollständige Angaben oder im Fall einer nicht zweckentsprechenden Verwendung der Mittel.

---

[72] Ziff. 11 Abs. 1 lit. a AB EKN, Ziff 10 Abs. 1 lit. a AB Direkt.
[73] Ziff. 11 Abs. 1 lit. b AB EKN, Ziff 10 Abs. 1 lit. b AB Direkt.
[74] Ziff. 11 Abs. 1 lit. d AB EKN, Ziff 10 Abs. 1 lit. e AB Direkt.
[75] Ziff. 11 Abs. 1 lit. e AB EKN, Ziff 10 Abs. 1 lit. e AB Direkt.
[76] § 4 Abs. 1 AB Zuschussprodukte (Fn. 18).
[77] GMBl. 2001 16/17/18, 307.

Hardraht

40 Enthält ein KfW-Darlehen **Beihilfenelemente** und entstammen die vom Darlehensnehmer nicht beachteten Anforderungen der de minimis-Verordnung oder der AGVO (vgl. → Rn. 27), kann jeweils die beihilfenrechtliche Freistellungswirkung entfallen, dasselbe gilt bei Beihilfen, die auf der Grundlage genehmigter Beihilfenregelungen[78] gewährt werden, die die Bedingungen der Regelung aber nicht einhalten. In der Konsequenz hat dann gemäß der Rechtsprechung des EuGH nicht nur die KfW – entsprechendes Wissen bei der KfW um die Umstände beim Darlehensnehmer vorausgesetzt – die **Beihilfe zurückzufordern**[79], auch kann die Europäische Kommission gemäß Art. 108 Abs. 2 AEUV einen Rückforderungsbeschluss erlassen und im Fall einer fehlenden oder nicht rechtzeitigen Rückforderung ein Vertragsverletzungsverfahren gegen die Bundesrepublik einleiten; ferner besteht nach der Rechtsprechung des BGH die Gefahr der Nichtigkeit des betreffenden Darlehensvertrages gemäß § 134 BGB iVm Art. 107 Abs. 1 AEUV.[80]

41 Schließlich kann sich für beim Darlehensnehmer handelnde Personen unter bestimmten Umständen eine **Strafbarkeit wegen Subventionsbetruges** gemäß § 264 StGB ergeben. Das gilt, wenn im Rahmen der Antragstellung falsche Angaben gemacht werden, denn die Angaben für die Beantragung von Förderkrediten sind subventionserhebliche Tatsachen im Sinne von § 264 Abs. 1 Nr. 1 StGB[81]. Daher existieren für einige Programme der KfW Listen der insoweit erheblichen Tatsachen[82]. Zudem ist nach § 264 Abs. 1 Nr. 2 StGB strafbar, wer einen Gegenstand oder eine Geldleistung, deren Verwendung durch Rechtsvorschriften oder durch den Subventionsgeber im Hinblick auf eine Subvention beschränkt ist, entgegen der Verwendungsbeschränkung verwendet; dieser untreueähnliche Tatbestand kann dabei schon erfüllt sein, wenn die zweckgebundene Zahlung zunächst ohne Zweckbindung oder Wertsicherung in ein zentrales Cash-Management eingebracht wird[83].

42 **b) Rechtsschutz.** Wie dargestellt (→ Rn. 6) ist die Förderung der KfW **praktisch ausschließlich zivilrechtlich** ausgestaltet. Insoweit ist im Streitfall der **ordentliche Rechtsweg** eröffnet;[84] das gilt auch für Zuschussprogramme, da diese ebenfalls zivilrechtlich ausgestaltet sind.[85]

43 Erachtet ein potentieller Fördernehmer **KfW-Anforderungen als rechtlich unzulässig** und will er auf die Förderung nicht verzichten, kann er in Direktprogrammen der KfW Leistungsklage gegen die KfW auf Abschluss eines Förderdarlehensvertrages ohne die aus seiner Sicht unzulässigen Anforderungen erheben. In bankdurchgeleiteten Programmen ist denkbar, eine entsprechende Leistungsklage gegen die Hausbank zu erheben; hat diese keinen Erfolg – etwa weil die Hausbank erfolgreich geltend macht, zur Mitwirkung an der Gewährung eines KfW-Darlehens rechtlich nicht verpflichtet zu sein –, ist eine gegen die KfW gerichtete negative Feststellungsklage gemäß § 256 Abs. 1 ZPO denkbar, um die Nichtbeachtlichkeit der fraglichen Anforderung feststellen zu lassen. Entscheidungspraxis hierzu gibt es allerdings praktisch nicht; empirisch werden nur (wenige) Leistungsklagen

---

[78] Etwa die „Regelung zur vorübergehenden Gewährung von Beihilfen für niedrigverzinsliche Darlehen und Direktbeteiligungen im Rahmen von Konsortialkrediten im Geltungsbereich der Bundesrepublik Deutschland auf Grundlage des Befristeten Krisenrahmens (BKR) der Europäischen Kommission für staatliche Beihilfen zur Stützung der Wirtschaft infolge der Aggression Russlands gegen die Ukraine („BKR-Bundesregelung Beihilfen für niedrigverzinsliche Darlehen 2022"), https://www.foerderdatenbank.de/FDB/Content/DE/Foerderprogramm/Bund/BMWi/bkr-bundesregelung-darlehen-2022.html.
[79] EuGH Urt. v. 5.3.2019 – C–349/1 (Eesti Pagar), Tz. 92, 95.
[80] BGH Urt. v. 5.12.2012 – I ZR 92/11, BGHZ 196, 254.
[81] Schönke/Schröder/Perron StGB § 264 Rn. 36.
[82] Vgl. zB die sog. Datenliste subventionserhebliche Tatsachen aus dem Kontext des KfW-Sonderprogramms UBR 2022 – große Unternehmen, Bestellnummer 600 000 4973.
[83] Schönke/Schröder/Perron StGB § 264 Rn 49c mwN.
[84] OLG Frankfurt a. M. Urt. v. 25.11.2021 – 1 U 20/21; Beschl. v. 21.9.2020 – 3 W 13/20; Beschl. v. 4.6.2020 – 8 W 16/20; VGH Kassel Beschl. v. 10.3.2020 – 10 E 330/20; Beschl. v. 16.12.2022 – 10 A 622/22; OVG Lüneburg NVwZ-RR 2022, 208.
[85] OLG Frankfurt a. M. Urt. v. 25.11.2021 – 1 U 20/21; Beschl. v. 21.9.2020 – 3 W 13/20; Beschl. v. 4.6.2020 – 8 W 16/20; VGH Kassel Beschl. v. 10.3.2020 – 10 E 330/20; Beschl. v. 16.12.2022 – 10 A 622/22; OVG Lüneburg NVwZ-RR 2022, 208.

angestrengt – und auch dies nur im Kontext von Zuschussprogrammen, hier als Klage gegen die KfW auf Gewährung des fraglichen Zuschusses trotz Nichterfüllung bestimmter Anforderungen, gestützt auf das Argument der Unzulässigkeit dieser Anforderungen. Bei alledem ist das Ermessen der KfW zur Festsetzung von Förderbedingungen sowie zu deren Änderung sehr weit und letztlich nur durch das in Art. 3 Abs. 1 GG verankerte **Willkürverbot** begrenzt[86]; für einen Erfolg in der Sache muss der Kläger insoweit also eine hohe Hürde überwinden.

Denkbar sind Rechtsschutzsituationen auch dann, wenn die KfW (bzw. in durchgeleiteten Programmen die Durchleitungsbank) wegen einer **Pflichtverletzung des Darlehensnehmers** Rechte aus den Allgemeinen Bedingungen (→ Rn. 37) geltend macht, insbesondere das Recht auf Auszahlungsverweigerung oder auf Kündigung aus wichtigem Grund. Im Fall einer Auszahlungsverweigerung müsste der Darlehensnehmer Leistungsklage auf Auszahlung erheben, im Fall einer Kündigung aus wichtigem Grund positive Feststellungsklage gemäß § 256 Abs. 1 ZPO auf Feststellung der Wirksamkeit des Darlehensvertrages. 44

Betrifft die Auseinandersetzung ein auf der Grundlage eines Förderbescheides vergebenes Darlehen aus dem Umweltinnovationsprogramm, ist **der Verwaltungsrechtsweg** gemäß § 40 Abs. 1 VwGO eröffnet. Sind vom Darlehensnehmer für unzulässig gehaltene Anforderungen Gegenstand von Auflagen und können diese nach dem Gehalt des Förderbescheides isoliert angefochten werden, können sie nach erfolgloser Durchführung eines Widerspruchsverfahrens mit der Anfechtungsklage gemäß § 42 Abs. 1 Alt. 1 VwGO angefochten werden. Kommt – was häufig der Fall sein wird – eine isolierte Anfechtung nicht in Betracht, ist statthafte Klageart die Verpflichtungsklage gemäß § 42 Abs. 1 Alt. 2 VwGO mit dem Ziel des Erlasses eines Förderbescheides ohne die fragliche Auflage. Kommt es wegen Verstößen des Darlehensnehmers zu einer Rücknahme oder einem Widerruf des Förderbescheides durch die KfW (§§ 48, 49 VwVfG), kann der Darlehensnehmer hiergegen mit Widerspruch und Anfechtungsklage gemäß § 42 Abs. 1 Alt. 1 VwGO vorgehen. 45

---

[86] BVerwG Beschl. v. 8.4.1997 – 3 C 6/95, BVerwGE 104, 220, 223; Urt. v. 11.5.2006 – 5 C 10/05, BVerwGE 126, 33; OLG Frankfurt a. M. Beschl. v. 13.6.2022 – 23 W 12/22; Beschl. v. 4.7.2022 – 5 W 19/22.

Kapitel 2: Regulatorische Vorgaben

§ 13 Datenschutzrechtliche Vorgaben betreffend das privatwirtschaftliche Unternehmen

Prof. Dr. Christoph Krönke

Übersicht

	Rn.
I. Einführung	1
II. Rechtliche Rahmenbedingungen im Überblick	4
1. Einfachrechtliche Datenschutzregime	5
2. Vorgaben aus Grundrechten Dritter	7
III. Datenschutzrechtliche Organisationspflichten	8
1. Adressaten datenschutzrechtlicher Organisationspflichten im Unternehmen	9
a) Unternehmensträger als datenschutzrechtliche Zurechnungssubjekte	11
b) Mitglieder der Geschäftsleitung als (gemeinsam) Verantwortliche für Organisationspflichtverletzungen?	12
c) Organisationspflichten im Unternehmensverbund	16
2. Inhalte datenschutzrechtlicher Organisationspflichten im Unternehmen	19
a) Allgemeine Organisationspflichten der Verantwortlichen	20
b) Datenschutz durch Technikgestaltung	30
c) Datenschutz durch Aufzeichnung	34
d) Datenschutz durch Kommunikation	38
e) Datenschutz durch Reflexion	43
f) Datenschutz durch Personal	44
IV. Verfahrensrechtliche Vorgaben	48
1. Einwirkungen der hoheitlichen Datenschutzaufsicht	48
2. Einbindung der Unternehmen selbst	49
V. Sanktionen	50
VI. Rechtsschutz	55
VII. Datenschutzrechtliche Zugriffe auf das Unternehmen in der Bilanz	56

Literatur

Baumgartner/Hansch, Der betriebliche Datenschutzbeauftragte, ZD 2019, 99; Däubler/Wedde/Weichert/Sommer (Hrsg.), DS-GVO und BDSG, Kompaktkommentar, 2. Aufl. 2020; Eckhardt/Menz, Bußgeldsanktionen der DS-GVO, DuD 2018, 139; Albers, § 62 Datenschutzrecht, in: Ehlers/Fehling/Pünder (Hrsg.), Besonderes Verwaltungsrecht, Bd. 2, 4. Aufl. 2020, 1330; Forgó/Helfrich/Schneider (Hrsg.), Betrieblicher Datenschutz, Handbuch, 3. Aufl. 2019; Gola (Hrsg.), Datenschutz-Grundverordnung, Kommentar, 2. Aufl. 2018; Gola, Spezifika bei der Benennung behördlicher Datenschutzbeauftragter, ZD 2019, 383; Gossen/Schrammm, Das Verarbeitungsverzeichnis der DS-GVO, ZD 2017, 7; Hamann, Europäische Datenschutz-Grundverordnung – neue Organisationspflichten für Unternehmen, BB 2017, 1090; Hossenfelder, Die DSGVO kommt bald: Top 5 Handlungsempfehlungen zur Umsetzung des neuen Datenschutzrechts, BB 2019, 963; Kazemi, Datenschutzgrundverordnung: Sind Sie vorbereitet?, ZAP 2018, 471; Wybitul, § 96 Beschäftigtendatenschutz, in: Kiel/Lunk/Oetker (Hrsg.), Münchener Handbuch zum Arbeitsrecht, Bd. 1, 5. Auflage 2021, 2111; Kort, Geschäftsleitungsmitglieder von GmbH und AG als datenschutzrechtlich Verantwortliche gem. Art. 4 Nr. 7 DSGVO?, GmbHR 2022, 557; Löschhorn/Fuhrmann, „Neubürger" und die Datenschutz-Grundverordnung: Welche Organisations- und Handlungspflichten treffen die Geschäftsleitung in Bezug auf Datenschutz und Datensicherheit, NZG 2019, 161; Lubba, Just DSGVO?, CCZ 2019, 240 (241); Miño-Vásquez/Suhren, Liability for injuries according to GDPR, DuD 2018, 151; Neun/Lubitzsch, EU-Datenschutz-Grundverordnung – Behördenvollzug und Sanktionen, BB 2017, 1538; Noack, Organisationspflichten und -strukturen kraft Digitalisierung, ZHR 183 (2019), 105; Roßnagel, Innovationen der Datenschutz-Grundverordnung, DuD 2019, 467; Schmidt, Datenschutz-Organisation und -Dokumentation in der Anwaltskanzlei, NJW 2018, 1448; Schmidt, § 3 Das Unternehmen, in: Schmidt (Hrsg.), Handelsrecht: Unternehmensrecht I, Handbuch, 6. Aufl. 2014, 73; Sörup/Batmann, Der betriebliche Datenschutzbeauftragte – Fragen über Fragen?, ZD 2018, 553; Bretthauer, § 2 Verfassungsrechtliche Grundlagen, Europäisches und nationales Recht, in: Specht/Mantz (Hrsg.), Handbuch Europäisches und deutsches Datenschutzrecht,

1. Aufl. 2019, 7; Spindler, Zukunft der Digitalisierung – Datenwirtschaft in der Unternehmenspraxis, DB 2018, 41; Theode, Die neuen Compliance-Pflichten nach der Datenschutz-Grundverordnung, CR 2016, 714; van Rossum/Gardeniers/Borking/Cavoukian/Brans/Muttupulle/Magistrale, Privacy-Enhancing Technologies: The Path to Anonymity, 1998; Veil, Accountability – Wie weit reicht die Rechenschaftspflicht der DSGVO?, ZD 2018, 9; Wächter, Datenschutz im Unternehmen, Handbuch, 6. Aufl. 2021; Wischmeyer/Mohnert, Recht der Informationssicherheit, in: Frenz (Hrsg.), Handbuch Industrie 4.0: Recht, Technik, Gesellschaft, 1. Aufl. 2020, 215; Wenzel/Wybitul, Vermeidung hoher DS-GVO-Bußgelder und Kooperation mit Datenschutzbehörden, ZD 2019, 290; Wybitul/von Gierke, Checklisten zur DSGVO – Teil 2: Pflichten und Stellung des Datenschutzbeauftragten im Unternehmen, BB 2017, 181.

I. Einführung

1 Von den datenrechtlichen Verpflichtungen, die bei der Aufnahme und beim Betrieb eines privatwirtschaftlichen Unternehmens potenziell zu beachten sind,[1] ragen in ihrer Breite und Intensität zweifellos die datenschutzrechtlichen Regelungen zum Schutze personenbezogener Informationen heraus. Wollte man die Einwirkungen des Datenschutzrechts auf privatwirtschaftliche Unternehmen „ungefiltert" erfassen, käme man kaum umhin, eine Einführung in das Datenschutzrecht schlechthin zu verfassen. Da nämlich in **praktisch jedem Unternehmen** – vom multinationalen Digitalkonzern bis hin zum einfachen „Bäcker um die Ecke"[2] – regelmäßig personenbezogene Informationen zu Mitarbeiterinnen und Mitarbeitern, Kundinnen und Kunden und anderen Betroffenen verarbeitet werden, ist Datenschutz[3] zwangsläufig ein Thema für nahezu jeden Unternehmensträger[4].

2 Sucht man nach einem „Filter", mit dem sich aus der Fülle allgemeiner datenschutzrechtlicher Vorgaben das Spezifikum unternehmensbezogener Anforderungen absondern lässt, muss man in Ermangelung eines explizit unternehmensbezogenen Datenschutzrechts unmittelbar an das Wesen des wirtschaftlichen Unternehmens anknüpfen. Als basale „Organisationseinheit" zur Verfolgung bestimmter (unternehmerischer) Zwecke, zu denen in aller Regel zumal die Erwirtschaftung von Gewinn zählt, beruht jedes Unternehmen auf bestimmten Regeln, mit denen die zur Erreichung der Unternehmenszwecke erforderlichen Aufbau- und Ablaufstrukturen gestaltet werden.[5] Wer ein unternehmensbezogenes Datenschutzrecht erfassen und in den Kanon eines „Öffentlichen Unternehmensrechts" eingliedern möchte, muss vor diesem Hintergrund diejenigen (öffentl.-)[6]datenschutzrecht-

---

[1] Die Kom. hat in ihrer Mitt. über die eur. *Datenstrategie* vom 19.2.2020 (KOM (2020) 66 endg.) die Eckpunkte des eur. Datenrechts ausgegeben. Neben die hier zu behandelnden Datenschutzrechtsregime treten demnach künftig insbes. die Regeln des eur. *Datengesetzes* („Data Act"), die sich va an die Hersteller von datengenerierenden Produkten richten (siehe dazu den Verordnungsentwurf der Kom. vom 23.2.2022, KOM (2022) 68 endg.), sowie teilw. die Vorgaben des eur. *Daten-Governance-Gesetzes* („Data Governance Act"), das neben öffentl. Stellen auch bestimmte private Akteure adressiert (siehe dazu den Verordnungsentwurf der Kom. vom 25.11.2020, KOM (2020) 767 endg.). Geplant ist ausweislich der Datenstrategie überdies ein konsolidierendes *„Cloud-Regelwerk"* (vgl. KOM (2020) 66 endg., 21 f.). Darüber hinaus sollen sektor- und bereichsspezifische *Industrie-, Green-Deal-, Mobilitäts-, Gesundheits-, Finanz-, Energie- und Agrardatenräume* geschaffen werden, für die ebenfalls gesonderte Regeln gelten sollen (vgl. KOM (2020) 66 endg., 30 ff.). All diese weiteren datenrechtlichen Regime bleiben im Folgenden ebenso ausgeblendet wie sonstige digitalisierungsrechtlichen Materien, mit denen ebenfalls Organisationspflichten einhergehen können – zB das *IT-Sicherheitsrecht*, vgl. dazu bündig etwa Frenz Industrie 4.0-HdB/Wischmeyer/Mohnert, 215 (222 ff.).
[2] Vgl. zu diesem Bsp. Veil ZD 2015, 347 (347).
[3] Vgl. zum Begriff und zu den Instrumenten des Datenschutzes allg. von Lewinski, Die Matrix des Datenschutzes, 3 ff.
[4] Als persönlich in der datenschutzrechtlichen Pflicht stehender „Verantwortlicher" kommt nicht das Unternehmen, sondern allein der Unternehmensträger bzw. für diesen handelnde Personen in Frage, vgl. dazu ausführlich unten → Rn. 9 ff. Siehe zum Rechtsbegriff „Unternehmen" Schmidt Handelsrecht-HdB[6] § 3 Rn. 1 ff. sowie zur Unterscheidung vom Unternehmensträger § 4 Rn. 1 ff.
[5] Vgl. etwa Spindler, Unternehmensorganisationspflichten, 13 f.
[6] Aufgrund seiner „gedoppelten" Durchsetzungsmechanismen, die sowohl auf (privatrechtliche) Ansprüche ggü. den Verantwortlichen als auch auf (öffentl.-rechtlichen) Behördenvollzug setzen, lässt sich das Datenschutzrecht nicht eindeutig dem Privat- oder dem öffentl. Recht zuordnen (vgl. zur weitgehend müßigen Diskussion etwa Schatzschneider BayVBl 1980, 362 (362 ff.); Spindler GRUR-Beilage 2014, 101 (101); Reimer DÖV 2018, 881 ff.; Denga NJW 2018, 1371 (1371 ff.); Uebele GRUR 2019, 694 ff.; EFP

lichen Pflichten in den Blick nehmen, an denen sich gerade die Aufbau- und Ablauforganisation privatwirtschaftlicher Betätigung als solche messen lassen muss.[7] Gefragt ist – kurz gesagt sowie im Einklang mit der Gesamtkonzeption des vorliegenden Bandes[8] – nach den **datenschutzrechtlichen Organisationspflichten** für privatwirtschaftliche Unternehmen und ihre Einbindung in das (öffentl.-rechtliche) Handlungssystem der Datenschutzverwaltung.

In Beantwortung dieser Frage sollen im Folgenden zunächst die rechtlichen **Rahmenbedingungen** des Datenschutzes als Thema unternehmerischer Organisationspflichten skizziert werden (II.), einschl. grundrechtlicher Determinanten Dritter. Auf dieser Basis lassen sich die wesentlichen Typen datenschutzrechtlicher **Organisationspflichten** ausdifferenzieren (III.). Ergänzend sollen auch die Einbindungen jener Pflichten in das verwaltungsrechtliche Handlungskonzept berücksichtigt werden, namentlich die das Unternehmen betreffenden **verfahrensrechtlichen Vorgaben** (IV.), die ihm drohenden **Sanktionen** im Falle der Nichtbeachtung (V.) sowie die zu Gebote stehenden **Rechtsschutzmöglichkeiten** (VI.). Abschließend wird eine Bilanz der datenschutzrechtlichen Zugriffe auf das Unternehmen gezogen (VII.). 3

II. Rechtliche Rahmenbedingungen im Überblick

Eine Aufarbeitung unternehmensbezogener Datenschutzpflichten muss im Ausgangspunkt zunächst abstecken, welche Datenschutzrechtsquellen bei der Etablierung von Organisationspflichten für privatwirtschaftliche Unternehmen überhaupt relevant sind. Im Überblick speisen sich die Organisationspflichten aus **einfachrechtlichen** Datenschutzregimen (1.) sowie aus Vorgaben **Grundrechten** Dritter (2.). 4

1. Einfachrechtliche Datenschutzregime

Unter den verschiedenen einfachrechtlichen Datenschutzregimen hat va die **Datenschutzgrundverordnung (DSGVO)** herausragende Relevanz. Sie greift immer dann ein, wenn ein Unternehmen mit Sitz oder Marktausrichtung innerhalb der EU (Art. 3 DSGVO) personenbezogene Daten[9] (teil-)automatisiert verarbeitet[10] (Art. 2 Abs. 1 DSGVO) – also 5

BesVerwR/Albers § 62 Rn. 1 ff.). Den Funktionsbedingungen des öffentl. Rechts unterliegt das Datenschutzrecht richtigerweise jedenfalls insoweit, als seine Regeln auf behördliche Durchsetzung angelegt und in das Handlungssystem einer Datenschutzverwaltung eingebunden sind.

[7] Nicht Gegenstand dieses Beitrags sind aus diesem Grunde insbes. datenschutzrechtliche Vorgaben, die sich auf den *Inhalt* unternehmerischer Betätigung beziehen. Vgl. zur Differenzierung zwischen dem Inhalt und den spezifisch unternehmerischen Modalitäten wirtschaftlichen Handelns etwa BK GG/Burgi GG Art. 12 Rn. 45 ff.

[8] Siehe dazu → § 1.

[9] *Personenbezogene Daten* sind nach Art. 4 Nr. 1 DSGVO „alle Informationen, die sich auf eine identifizierte oder identifizierbare natürliche Person (im Folgenden „betroffene Person") beziehen". Im unternehmerischen Kontext weisen nahezu alle persönlichen Angaben zu Anteilseignerinnen und Anteilseignern, Mitarbeiterinnen und Mitarbeitern sowie Kundinnen und Kunden einen Personenbezug auf und machen die dahinterstehende Person zumindest „identifizierbar" iSd Art. 4 Nr. 1 DSGVO, zB der Name, die Wohnanschrift, die Telefonnummer, das Geburtsdatum, die (gekürzte) IP-Adresse, die Namen der von den betroffenen Personen verwendeten Websites etc. Dabei lassen sich die Daten mit BeckOK DatenschutzR/Schild DS-GVO Art. 4 Rn. 3 in folgende Kategorien unterteilen: Identifikationsmerkmale (zB Anschrift, Geburtsdatum sowie Name), äußere Merkmale (zB Augenfarbe, Geschlecht, Gewicht und Größe), innere Zustände (zB Meinungen, Motive, Werturteile, Wünsche und Überzeugungen) sowie sachliche Informationen (zB Vermögens- und Eigentumsverhältnisse, Kommunikations- und Vertragsbeziehungen sowie sonstige Beziehungen der betroffenen Person zu Dritten und ihrer Umwelt).

[10] Der Begriff der *Verarbeitung* wird in Art. 4 Nr. 2 DSGVO definiert und zählt enumerativ Vorgänge „im Zusammenhang mit personenbezogenen Daten wie das Erheben, das Erfassen, die Organisation, das Ordnen, die Speicherung, die Anpassung oder Veränderung, das Auslesen, das Abfragen, die Verwendung, die Offenlegung durch Übermittlung, Verbreitung oder eine andere Form der Bereitstellung, den Abgleich oder die Verknüpfung, die Einschränkung, das Löschen oder die Vernichtung" auf. Innerhalb eines Unternehmens stellt jeder dieser Arbeits- und Kommunikationsschritte eine Datenverarbeitung dar

in Bezug auf den Umgang mit praktisch sämtlichen Informationen (einschl. Kommunikationsvorgängen), die sich auf die Mitarbeiterinnen und Mitarbeiter sowie Kundinnen und Kunden eines Unternehmens sowie seiner Anteilseignerinnen und Anteilseigner (siehe zB § 67e AKtG) beziehen lassen – und kein Ausnahmetatbestand (Art. 2 Abs. 2 DSGVO) vorliegt. Zudem formuliert sie konkrete Anforderungen an das „Ob"[11] und das „Wie"[12] der Verarbeitung von personenbezogenen Informationen im Unternehmen, einschl. spezifischer organisatorischer Maßgaben. In inhaltlich-qualitativer Hinsicht nimmt sie dabei – so viel lässt sich im Vorgriff auf die Ausdifferenzierung der Organisationspflichten im Einzelnen (→ Rn. 19 ff.) bereits an dieser Stelle festhalten – privatwirtschaftliche Unternehmen ua datenverarbeitende Stellen (noch) stärker als die vormals geltende Datenschutzrichtlinie in die Pflicht.[13]

6 Auf unionsrechtlicher Ebene ist die DSGVO für Unternehmen[14] neben der ePrivacy-VO[15] das zentrale datenschutzrechtliche Regelwerk, mit dem – nach dt. Verständnis – die Gewährleistungen der informationellen Selbstbestimmung[16] bzw. – aus eur. Perspektive – des Grundrechts auf Datenschutz nach Art. 8 GRCh gewissermaßen einfachrechtlich „ausbuchstabiert" werden. Auf der Ebene des mitgliedstaatlichen Rechts werden die Regelungen der DSGVO – soweit diese die mitgliedstaatlichen Gesetzgeber in einer der rund 70 Öffnungsklauseln[17] explizit zum Erlass eigener punktueller Datenschutzregeln ermächtigt – durch einzelne Regeln ergänzt. In Deutschland sind dies va die Regelungen des **Bundesdatenschutzgesetzes (BDSG)**. Sie können für unternehmerische Organisationspflichten durchaus relevant sein – so zB § 38 Abs. 1 BDSG, der auch jenseits des Art. 37 Abs. 1 lit. b und c DSGVO die Benennung eines Datenschutzbeauftragten vorschreibt. Eigene substanzielle Regelungsgehalte, die über diejenigen der DSGVO hinausgehen, entfalten die Regelungen des BDSG in Bezug auf Organisationspflichten freilich kaum.

2. Vorgaben aus Grundrechten Dritter

7 Soweit die in den einfachrechtlichen Datenschutzregeln niedergelegten bzw. aus ihnen ableitbaren Organisationspflichten unbestimmte Rechtsbegriffe enthalten (zB bei der Be-

---

und ruft die datenschutzrechtlichen Bindungen auf den Plan. Auch die interne, dienstliche Kommunikation innerhalb einer Gesellschaft unterfällt ohne Abstriche den datenschutzrechtlichen Vorgaben, wenn und soweit sie sich auf eine Person bezieht – man denke bspw. an interne (Online-)Vermerke zum Verhalten bzw. zu Äußerungen einer Kundin bzw. eines Kunden (vgl. dazu BeckOK DatenschutzR/ Schild DS-GVO Art. 4 Rn. 21d; BGH NJW 2021, 2726 (2728 f.)).

[11] Anforderungen an die Zulässigkeit des „Ob" einer Datenverarbeitung ergeben sich prinzipiell aus Art. 6 DSGVO, der für jede Verarbeitung eine gesonderte rechtliche Grundlage – eine Einwilligung (Art. 6 Abs. 1 lit. a DSGVO) oder einen gesetzlichen Verarbeitungstatbestand (Art. 6 Abs. 1 lit. b bis f DSGVO) – verlangt. Für die Verarbeitung sensibler Daten iSv Art. 9 Abs. 1 DSGVO gelten die in dessen Abs. 2 niedergelegten verschärften Anforderungen.

[12] Vorgaben bzgl. der Modalitäten (des „Wie") der Datenverarbeitung sind über die gesamte DSGVO verstreut. Zurückführen lassen sich allesamt auf die in Art. 5 DSGVO niedergeschriebenen „Grundsätze für die Verarbeitung personenbezogener Daten".

[13] Vgl. Hamann BB 2017, 1090 (1090).

[14] Andere sekundärrechtliche Datenschutzregime betreffen va öffentl. Stellen, insbes. die Richtline 2016/ 680 des Europäischen Parlaments und des Rates zum Schutz natürlicher Personen bei der Verarbeitung personenbezogener Daten durch die zuständigen Behörden zum Zwecke der Verhütung, Ermittlung, Aufdeckung oder Verfolgung von Straftaten oder der Strafvollstreckung sowie zum freien Datenverkehr und zur Aufhebung des Rahmenbeschlusses 2008/977/JI des Rates.

[15] Vorschlag für eine Verordnung des Europäischen Parlaments und des Rates über die Achtung des Privatlebens und den Schutz personenbezogener Daten in der elektronischen Kommunikation und zur Aufhebung der Richtlinie 2002/58/EG (Verordnung über Privatsphäre und elektronische Kommunikation), KOM (2017) 10 endg.

[16] Siehe Gola/Pötters DS-GVO Art. 1 Rn. 7 f.

[17] Dabei handelt es sich um Klauseln mit teils sehr unterschiedlichen Zwecken – um fakultative Ermächtigungen, die als Zugeständnis an mitgliedstaatliche Sonderregeln gedacht sind, aber auch um konkretisierungsbedürftige Regelungsaufträge und um kompetenzrechtlich bedingte Zurücknahmen des unionalen Regelungsanspruchs. Vgl. zum ganzen Spektrum der Öffnungsklauseln etwa SHS/Hornung/Spiecker gen. Döhmann DSGVO/BDSG Einl. Rn. 226 ff.

stimmung der „geeignete[n] technische[n] und organisatorische[n] Maßnahmen" zum Schutz der Betroffenenrechte iSv Art. 24 Abs. 1 DSGVO) oder mit Ermessensspielräumen verknüpft sind, werden sie durch grundrechtliche Datenschutzgewährleistungen überlagert. Konkret sind dies die Rechte aus **Art. 7 und 8 GRCh** bei vollständig unionsrechtlich determinierten Pflichten sowie daneben auch das **grundgesetzliche Recht auf informationelle Selbstbestimmung,** soweit die betr. Organisationspflicht nicht vollständig durch das sekundäre Unionsrecht determiniert ist[18] – va also in Bezug auf die in § 38 Abs. 1 BDSG enthaltene Benennungspflicht auch jenseits des Art. 37 DSGVO. Diese grundrechtlichen Gewährleistungen sind bei der Ausfüllung der im einfachen Datenschutzrecht vorgefundenen Auslegungs- und Ermessensspielräume zu beachten, und zwar – als Anwendungsfall der mittelbaren Grundrechtsbindung[19] – gerade auch zu Lasten von Unternehmensträgern. Auslegungsrelevante gegenläufige Belange[20] ergeben sich aus der **Berufsfreiheit** der Unternehmer (Art. 15 und 16 GRCh bzw Art. 12 GG), und zwar in ihrer Ausprägung als „unternehmerische Berufsausübung"[21], die insbes. auch die Organisationsfreiheit der Unternehmensträger verbürgt[22] (siehe zur grundrechtlichen Einordnung unternehmerischer Organisationspflichten allgemein → § 6).

III. Datenschutzrechtliche Organisationspflichten

Aus den einfachrechtlichen Datenschutzregeln und den sie überformenden grundrechtlichen Gewährleistungen lassen sich für die im Rahmen unternehmerischer Betätigung **Verantwortlichen** (1.) eine Reihe konkreter unternehmerischer **Organisationspflichten** ableiten (2.). 8

1. Adressaten datenschutzrechtlicher Organisationspflichten im Unternehmen

Adressat von Organisationspflichten ist entspr. der spezifischen datenschutzrechtlichen Rollenverteilung prinzipiell der **„Verantwortliche" iSv Art. 4 Nr. 7 DSGVO.** Daneben können auch den Auftragsverarbeiter iSv Art. 4 Nr. 8, Art. 28 DSGVO neben dem Verantwortlichen gewisse Organisationspflichten treffen – man denke nur an die Pflicht zur Gewährleistung der Datensicherheit gem. Art. 28 Abs. 3 lit. c iVm Art. 32 DSGVO. Das Pflichtenprogramm des Verantwortlichen ist dennoch ungleich umfangreicher und soll daher im Folgenden im Vordergrund stehen.[23] Auch deswegen ist es in der Praxis freilich wichtig, stets sorgfältig zu bestimmen, ob mit der Einschaltung eines Unternehmens als Auftragnehmer in Bezug auf die von diesem bei der Auftragsausführung vorzunehmenden Informationsverarbeitungen lediglich eine Auftragsverarbeitung einhergeht, ob die Unternehmer je für sich eigenständig Verantwortliche sind, die sich personenbezogene Informa- 9

---

[18] Zwar genießt das primäre und sekundäre Unionsrecht prinzipiell Vorrang ggü. nationalem Recht, einschl. des nationalen Verfassungsrechts. Allerdings hat das BVerfG in seinem Beschl. „Recht auf Vergessen I" (2019) gerade in Bezug auf eine datenschutzrechtliche Konstellation entschieden, dass mitgliedstaatliches Recht auch dann, wenn es der Durchführung von Unionsrecht dient, primär am Maßstab des Grundgesetzes zu messen ist, soweit es unionsrechtlich nicht vollständig determiniert ist, vgl. BVerfGE 152, 152 (1. Ls.).
[19] Der EuGH geht in seiner Rspr. von einer Drittwirkung (Horizontalwirkung) der Grundrechte aus, indem er die einschlägigen Vorschriften „im Lichte" der Grundrechte auslegt, ohne den Begriff der Drittwirkung jedoch explizit zu erwähnen, vgl. mN Jarass GRCh Art. 51 Rn. 36 ff.; zur Drittwirkung der eur. Datenschutzgrundrechte grds. Streinz/Michl EuZW 2011, 384 (386 f.); Specht/Mantz Eur. und dt. Datenschutzrecht-HdB/Bretthauer § 2 Rn. 62 ff.
[20] Bei Datenverwendungen durch Unternehmen müssen die grundrechtlich geschützten Interessen der Betroffenen und der Datenverwender in „praktische Konkordanz" gebracht werden, vgl. Schulte/Kloos ÖffWirtschaftsR-HdB/Wagner § 17 Rn. 81.
[21] Dazu allg. BK GG/Burgi GG Art. 12 Rn. 47.
[22] Vgl. zur Organisationsfreiheit als Teilgehalt der Berufsausübungsfreiheit BVerfGE 50, 290 (363).
[23] Die Figur der sog. Funktionsübertragung dürfte sich mit Inkrafttreten der DSGVO und dem ggü. der RL weiter gefassten Tatbestand der Auftragsverarbeitung erledigt haben, vgl. etwa BeckOK DatenschutzR/Spoerr DS-GVO Art. 28 Rn. 26.

tionen wechselseitig (als „Dritte" iSv Art. 4 Nr. 10 DSGVO) übermitteln, oder ob eine gemeinsame Verantwortlichkeit von Auftraggeber und Auftragnehmer iSv Art. 26 DSGVGO begründet wird.[24]

10   Aus jur. Perspektive kommt das **Unternehmen** als Zusammenfassung von Gegenständen (Sachen und Rechten) richtigerweise **nicht** als datenschutzrechtlich Verantwortlicher oder Auftragsverarbeiter in Betracht. Die Legaldefinition des Verantwortlichen in Art. 4 Nr. 7 DSGVO stellt insofern auf „die natürliche oder juristische Person, Behörde, Einrichtung oder andere Stelle [ab], die allein oder gemeinsam mit anderen über die Zwecke und Mittel der Verarbeitung von personenbezogenen Daten entscheidet"; Auftragsverarbeiter iSv Art. 4 Nr. 8 DSGVO ist entspr. jede „natürliche oder juristische Person, Behörde, Einrichtung oder andere Stelle, die personenbezogene Daten im Auftrag des Verantwortlichen verarbeitet". Im unternehmerischen Kontext kommen als datenschutzrechtliche Zurechnungssubjekte demnach va der **Unternehmensträger** selbst (a) und die Mitglieder der **Geschäftsleitung** (b) in Betracht. Besondere Fragen stellen sich dabei im **Unternehmensverbund** (c).

11   **a) Unternehmensträger als datenschutzrechtliche Zurechnungssubjekte.** Grundsätzlich ist davon auszugehen, dass der **Unternehmensträger** das datenschutzrechtliche Zurechnungssubjekt ist und zumal als Verantwortlicher die unternehmensbezogenen Organisationspflichten zu erfüllen hat. Der Unternehmensträger muss sein Unternehmen demnach organisatorisch so aufstellen, dass er seine datenschutzrechtlichen Organisationspflichten zu erfüllen vermag. Da im Vorliegenden der Fokus auf den Kapitalgesellschaften, namentlich den Aktiengesellschaften (AG) sowie den Gesellschaften mit beschränkter Haftung (GmbH), liegen soll, sind zuvörderst diese aus der Perspektive des Datenschutzrechts typischerweise als die „verantwortlichen" jur. Personen zu betrachten, wenn und soweit sie – nach Maßgabe der privatrechtlichen Zurechnungsnormen[25], insbes. etwa gesellschaftsrechtlich vermittelt über ihre Organe – „über die Zwecke und Mittel der Verarbeitung von personenbezogenen Daten" entscheiden. Dies entspricht, soweit ersichtlich, auch der unternehmerischen Praxis[26] sowie den Vorstellungen des dt. Gesetzgebers[27]. Dem verantwortlichen Unternehmensträger werden mithin unter Rückgriff auf die privatrechtlichen Zurechnungsregeln prinzipiell sämtliche unternehmensbezogenen Verarbeitungen zugerechnet. Dies gilt insbes. für das Handeln weisungsgebundener Arbeitnehmer[28] und der gesetzlichen Vertreter des Unternehmensträgers (insbes. des GmbH-Geschäftsführers, § 35 Abs. 1 S. 1 GmBHG, und des Vorstands einer AG, § 78 Abs. 1 S. 1 AktG), richtigerweise auch für (interne und externe) betriebliche

---

[24] Dabei kommt es darauf an, wie das Verhältnis zwischen den Parteien tatsächlich „gelebt" wird. Führt der Auftragnehmer bestimmte Verarbeitungen nur auf Weisung und nach den Vorgaben des Auftraggebers durch, wird eher eine Auftragsverarbeitung vorliegen. Verarbeiten beide Parteien die relevanten Daten gemeinsam oder unabhängig voneinander, können wiederum beide gemeinsam oder nur einer der Parteien als Verantwortlicher qualifiziert werden. Vgl. Hossenfelder BB 2019, 963 (963).
[25] Auf diese Zurechnungsnormen verwies speziell mit Blick auf Unternehmen bereits Art.-29-Datenschutzgruppe, Stellungnahme 1/2010 zu den Begriffen „für die Verarbeitung Verantwortlicher" und „Auftragsverarbeiter" (00264/10/DE WP 169), 19 f.
[26] Siehe als Bsp. die Datenschutzhinweise (Datenschutzerklärungen) der Aktiengesellschaften BayWa AG abrufbar unter https://www.baywa.com/datenschutz, der Deutschen Börse AG abrufbar unter https://www.deutsche-boerse.com/dbg-de/meta/datenschutz der Deutschen Telekom AG abrufbar unter https://www.telekom.com/de/telekom/datenschutzhinweis-1808, der TUI AG abrufbar unter https://www.tuigroup.com/de-de/meta/datenschutz sowie die der Gesellschaften mit beschränkter Haftung, etwa der ALSO Deutschland GmbH abrufbar unter https://www.also.com/ec/cms5/de_1010/1010/legal/datenschutzerklaerung/index.jsp oder der AVL List GmbH abrufbar unter https://www.avl.com/privacy-policy. Vgl. auch BeckOK DatenschutzR/Schild DS-GVO Art. 4 Rn. 21a.
[27] Vgl. etwa § 67e AktG, der in Bezug auf die Verarbeitung und Berichtigung personenbezogener Daten der Aktionäre davon ausgeht, dass jene Verarbeitungen von den Gesellschaften als solchen vorgenommen werden.
[28] Vgl. etwa Schantz/Wolff/Schantz Das neue Datenschutzrecht C. Rn. 359; DWWS/Weichert EU-DSGVO Art. 4 Rn. 89.

Datenschutzbeauftragte[29] sowie gem. § 79a S. 2 BetrVG jedenfalls nunmehr[30] auch für den Betriebsrat.

b) Mitglieder der Geschäftsleitung als (gemeinsam) Verantwortliche für Organisationspflichtverletzungen? Speziell mit Blick auf die datenschutzrechtlichen Organisationspflichten lässt sich die Frage aufwerfen, ob neben der jur. Person als der Unternehmensträgerin zusätzlich auch das/die zuständige/n Mitglied/er der **Geschäftsleitung** als (gemeinsam) Verantwortliche für durch Pflichtverletzungen verursachte Datenschutzrechtsverstöße einstehen müssen. Gänzlich fernliegend ist diese Überlegung nicht: Das OLG Dresden war in einer Entsch. Ende 2021 in einem deliktsrechtsnahen Fall tatsächlich ohne nähere Begründung davon ausgegangen, dass der Geschäftsführer einer GmbH neben der Gesellschaft Verantwortlicher iSd DSGVO sei.[31]

Bei der Beurteilung dieser Frage ist zunächst aus gesellschaftsrechtlicher Perspektive zuzugestehen, dass die sorgfältige Organisation von Datenschutz und Datensicherheit im Unternehmen – ebenso wie etwa die Organisation der IT-Sicherheit[32] – zu den **Leitungsaufgaben** des AG-Vorstands (§ 76 Abs. 1 AktG)[33] bzw. der GmbH-Geschäftsführer (§ 43 Abs. 1 GmbHG)[34] gehört, mit eingeschränkten Delegationsmöglichkeiten, und im Falle einer Organisationspflichtverletzung zu einer Innenhaftung nach § 93 AktG bzw. § 43 GmbHG ggü. der Gesellschaft führen kann.[35] Die Organisation von IT und Datenschutz im Unternehmen sind insoweit in der Tat im wörtlichen Sinne „Chefsache".[36]

Mit der gesellschaftsrechtlichen Verantwortlichkeit im Innenverhältnis geht indes keineswegs automatisch auch eine datenschutzrechtliche Verantwortlichkeit im Außenverhältnis einher. Bereits nach Maßgabe des dt. Privatrechts kommt ein „Umschlagen" der Innenhaftung in eine Außenhaftung allenfalls in eng umgrenzten Ausnahmefällen in Betracht – es gilt im Grundsatz das Prinzip der **bloßen Innenhaftung,** da die Geschäftsleitung in Unternehmensangelegenheiten in aller Regel für die Gesellschaft handelt (und nicht für sich selbst).[37] Dem Datenschutzrecht mit seiner spezifischen, auf Eindeutigkeit und Transparenz abzielenden Rollenzuweisung (Betroffene Personen – eigenständig/gemeinsam Verantwortliche – Auftragsverarbeiter – Dritte) liegt eine „gesamtschuldnerische" Haftung von Geschäftsleitern und Gesellschaft richtigerweise noch ferner. Sie wäre mit den bestehenden datenschutzrechtlichen Rollen auch kaum vereinbar, zumal sie nicht auf einer echten, gemeinsamen Verantwortlichkeit iSv Art. 26 DSGVO beruhen würde, sondern schlichtweg auf eine „doppelte Verantwortlichkeit" hinausliefe, die den Zweck der datenschutzrechtlichen Verantwortlichkeit – ie die Zuweisung klarer, für die Betroffenen wie auch für

---

[29] Vgl. auch für den externen Datenschutzbeauftragten etwa OLG München NZM 2022, 385 (386); aA zum externen Datenschutzbeauftragten DWWS/Weichert EU-DSGVO Art. 4 Rn. 89c, der allerdings nicht überzeugend darlegen kann, inwieweit der Datenschutzbeauftragte eigenverantwortlich über Zweck und Mittel der Verarbeitung entscheidet.

[30] In Anbetracht der Eigenständigkeit des Betriebsrats bzgl. der Entsch. va über die Mittel der Verarbeitung (zB bei der Datensicherung) war nach Inkrafttreten der DSGVO zeitweise – entgegen der wohl hM und Rspr. des BAG NZA 1998, 385 (385 ff.) – vertreten worden, dass der Betriebsrat ein vom Unternehmen getrennter, eigenständiger Verantwortlicher sei, vgl. etwa LfDI BW, 34. Datenschutz-Tätigkeitsbericht, 2018, 37; dazu Gola/Klug NJW 2019, 2587 (2589); Kühling/Buchner/Hartung DS-GVO Art. 4 Nr. 7 Rn. 11 f. Der Gesetzgeber hat daher in § 79a S. 2 BetrVG klargestellt, dass (weiterhin) der Arbeitgeber die datenschutzrechtliche Verantwortung trägt, vgl. BT-Drs. 19/28899, 22.

[31] Vgl. OLG Dresden ZWH 2022, 126 (126 f.). Die Vorinstanz, das LG Dresden Urt. v. 26.5.2021 – 8 O 1286/19, Rn. 85, hatte zur Verantwortlichkeit des Geschäftsführers datenschutzrechtlich unreflektiert ausgeführt, dass es in Unternehmen – wie in jeder jur. Person – „immer natürliche Personen [gebe], die letztendlich auch die persönliche Verantwortung für ein Tun oder Nichttun zu tragen haben", und, dass diese Verantwortung „nur beschränkt delegierbar" sei und „auch nicht durch die Bestellung eines behördlichen oder betrieblichen Datenschutzbeauftragten abbedungen" werde.

[32] Vgl. Spindler ZGR 2018, 17 (40 ff.).

[33] Vgl. GroßkommAktG/Kort AktG § 76 Rn. 37.

[34] Vgl. Lutter/Hommelhoff/Kleindiek GmbHG § 43 Rn. 30.

[35] Vgl. dazu mwN Noack ZHR 183 (2019), 105 (124 ff.); Kort GmbHR 2022, 557 (561).

[36] Vgl. allg. etwa Noack ZHR 183 (2019), 105 (124 ff.) sowie Spindler DB 2018, 41 (44).

[37] Vgl. dazu Kort GmbHR 2022, 557 (562).

die Verantwortlichen transparenter Rechte und Pflichten – mehr beschädigen als fördern würde. Ein Bedürfnis nach einer Verdoppelung des datenschutzrechtlichen Haftungssubjekts, wie es im Privatrecht teilw. anzuerkennen sein mag, lässt sich der DSGVO für Fälle unternehmensbezogenen Handelns ebenso wenig entnehmen wie für sonstige Fälle, in denen natürliche für jur. Personen handeln.

15 Eine neben die Haftung der Gesellschaft tretende persönliche Verantwortlichkeit der Geschäftsleitung für Rechtsverstöße ist vor diesem Hintergrund lediglich privatrechtlich denkbar. Aus der spezifischen datenschutzrechtlichen Perspektive ist sie richtigerweise abzulehnen.[38]

16 **c) Organisationspflichten im Unternehmensverbund.** Ebenso wie die Frage der Außenhaftung der Gesellschaftsleitung muss auch die Verantwortungsverteilung in Unternehmensverbünden strikt nach Maßgabe der datenschutzrechtlichen Rollenverteilung beurteilt werden. Konzerne oder andere **Unternehmensgruppen** werden nach der DSGVO grds. **nicht als „datenschutzrechtliche Einheit"** angesehen, mit der Folge, dass die datenschutzrechtlichen Zurechnungssubjekte auch im Konzern prinzipiell die **einzelnen Unternehmensträger** bleiben. Ein anderes gilt nur dann, wenn einer Muttergesellschaft (oder einer Tochtergesellschaft) derart substanzielle Entscheidungsbefugnisse bzgl. des Zwecks und der Mittel von Datenverarbeitungen in (anderen) Tochterunternehmen zustehen, dass diese aus sich heraus den Tatbestand des Art. 4 Nr. 7 DSGVO erfüllen und zu einer Verantwortlichkeit (auch) der Konzernmutter (oder -schwester) führen.[39] Es gibt folglich – einerseits – kein generelles datenschutzrechtliches „Konzernprivileg", das einen freien Datenfluss innerhalb eines Konzerns erlauben würde; vielmehr sind auch „konzerninterne" Datenübermittlungen und sonstige Verarbeitungen als legalisierungsbedürftige Datenverarbeitungen zu behandeln.[40] Andererseits treffen den Vorstand bzw. die Geschäftsführer einer Muttergesellschaft im Konzern – parallel zu den gesellschaftsrechtlichen Maßgaben, wonach prinzipiell keine Konzernleitungspflicht besteht[41] – grds. keine datenschutzrechtlichen Pflichten in Bezug auf Datenverarbeitungen in Tochterunternehmen.

17 Für die datenschutzrechtlichen Organisationspflichten im Unternehmensverbund ergeben sich aus diesen Grundsätzen im Wesentlichen zwei Konsequenzen. Den segmentierten, dezentralen Verantwortlichkeiten innerhalb des Unternehmensverbunds müssen die einzelnen Unternehmensträger prinzipiell je für sich durch geeignete organisatorische Maßnahmen Rechnung tragen. Dazu gehören auch **verbundspezifische Organisationsmaßnahmen des einzelnen Unternehmens,** etwa zur Gewährleistung datenschutzkonformer Datenübermittlungen an andere verbundangehörige Unternehmen. Die Leitung der Muttergesellschaft ist demgegenüber prinzipiell **nicht** dazu verpflichtet[42], **verbundbezogene Organisationsmaßnahmen** zu ergreifen oder gar Kontrollmechanismen bzgl. der Verarbeitungen in ihren Tochterunternehmen einzuführen. Eine solche Pflicht lässt sich mE richtigerweise auch nicht sanktionsrechtlich über den in Erwgr. 150 S. 3 DSGVO enthaltenen Verweis auf den kartellrechtlichen Unternehmensbegriff der Art. 101 f. AEUV konstruieren. Dieser Verweis wird – wohl auch seitens der Daten-

---

[38] Vgl. ebenso Kort GmbHR 2022, 557 (561 ff.).
[39] Vgl. FHS Betrieblicher Datenschutz-HdB/SFH Teil VI Kap. 1 Rn. 12 ff., die dazu raten, statt einer Auftragsverarbeitung im Konzern eine gemeinsame Verantwortlichkeit zu vereinbaren, um das zur konzerninternen Datenübermittlung regelmäßig nötige „überwiegende Interesse" (Art. 6 lit. f DSGVO) begründen zu können.
[40] Vgl. Paal/Pauly/Pauly DS-GVO Art. 47 Rn. 1.
[41] Vgl. Grigoleit/Grigoleit AktG § 76 Rn. 91 ff.
[42] Die Konzernmutter *muss* daher nicht über entspr. organisatorische Vorkehrungen auf die Verarbeitungen in den Tochterunternehmen einwirken, sie *darf* es freilich in den Grenzen des datenschutzrechtlich Zulässigen durchaus tun. Soweit sie sich durch Organisationsmaßnahmen Entscheidungsbefugnisse bzgl. der Zwecke und Mittel der betreffenden Verarbeitungen verschafft, rückt sie freilich (auch) selbst in die datenschutzrechtliche Verantwortlichkeit ein und ist dann ggf. zum Erlass verbundbezogener Organisationsmaßnahmen verpflichtet.

schutzaufsichtsbehörden[43] – vielfach als Gebot interpretiert, die kartellrechtliche Konzernhaftung auch auf die Verhängung datenschutzrechtlicher Geldbußen zu übertragen und die **Konzernmutter für Datenschutzrechtsverstöße ihrer Tochtergesellschaften haften** zu lassen, wenn sie nicht beweisen kann, dass sie keinen bestimmenden Einfluss auf das Verhalten der Konzerntochter ausübt.[44] Diese spezielle kartellrechtliche Haftungsdogmatik passt indes in keiner Weise zur Verteilung der materiell-rechtlichen Datenschutzverantwortlichkeiten und zu den (ggü. den Erwgr. vorrangigen)[45] Definitionen des Verantwortlichen in Art. 4 Nr. 7 DSGVO und des Unternehmens in Art. 4 Nr. 18 DSGVO. Eine datenschutzrechtliche Konzernhaftung für Organisationspflichtverletzungen nach kartellrechtlichem Vorbild ist daher richtigerweise abzulehnen. In der Praxis muss allerdings damit gerechnet werden, dass Datenschutzbehörden von einer solchen Haftung ausgehen – wenn auch zu Unrecht.

Unter Wirtschaftlichkeitsgesichtspunkten kann sich die damit umrissene Dezentralität der datenschutzrechtlichen Verantwortlichkeiten durchaus als hinderlich erweisen. Die DSGVO sieht vor diesem Hintergrund gerade für organisatorische Maßnahmen **punktuelle Zentralisierungsoptionen** vor. Dies betrifft insbes. einerseits die in Art. 37 Abs. 2 DSGVO für „Unternehmensgruppen" iSv Art. 4 Nr. 19 DSGVO[46] eingeräumte Möglichkeit der Benennung eines gemeinsamen Datenschutzbeauftragten, sofern von jeder Niederlassung aus der Datenschutzbeauftragte leicht erreicht werden kann. Andererseits sieht Art. 47 Abs. 1 lit. a DSGVO die Genehmigung einheitlicher unternehmensgruppeninterner Datenschutzvorschriften vor, die den Nachw. der Einhaltung datenschutzrechtlicher Vorgaben erleichtern können (Art. 24 Abs. 3 und Art. 32 Abs. 3 DSGVO). 18

2. Inhalte datenschutzrechtlicher Organisationspflichten im Unternehmen

Inhaltlich lassen sich die datenschutzrechtlich bedingten Organisationspflichten für Unternehmen danach ausdifferenzieren, welche Schutzstrategien das Datenschutzrecht in struktureller[47] Hinsicht verfolgt. Neben den allgemeinen Organisationspflichten der Verantwortlichen aus Art. 24 Abs. 1, Art. 25 Abs. 1 und Art. 32 Abs. 1 DSGVO (a) gewährleistet die DSGVO strukturellen Datenschutz va durch Technikgestaltung (b), durch Aufzeichnung (c), durch Kommunikation (d), durch Reflexion (e) und durch Personal (f). 19

a) Allgemeine Organisationspflichten der Verantwortlichen. Aus der Perspektive unternehmensbezogener Organisationspflichten dürfte es ein Spezifikum des Datenschutzrechts darstellen, dass dem Verantwortlichen eine Pflicht zur Umsetzung organisatorischer Maßnahmen zur Gewährleistung datenschutzrechtskonformer Verarbeitungen gleichsam **generalklauselartig** auferlegt wird. So statuiert zunächst Art. 24 DSGVO ganz grds. die „Verantwortung des für die Verarbeitung Verantwortlichen" und gibt diesem in Abs. 1 auf, „unter Berücksichtigung der Art, des Umfangs, der Umstände und der Zwecke der Verarbeitung sowie der unterschiedlichen Eintrittswahrscheinlichkeit und Schwere der Risiken für die Rechte und Freiheiten natürlicher Personen geeignete technische und organisatorische Maßnahmen [umzusetzen], um sicherzustellen und den Nachweis dafür 20

---

[43] Siehe Art.-29-Datenschutzgruppe, Leitlinien für die Anwendung und Festsetzung von Geldbußen im Sinne der Verordnung (EU) 2016/679 (17/DE WP 253), 6.
[44] Vgl. zum Ganzen eing. BeckOK DatenschutzR/Holländer DS-GVO Art. 83 Rn. 8 ff.; Neun/Lubitzsch BB 2017, 1538 (1543); Faust/Spittka/Wybitul ZD 2016, 120 (121 ff.); Kühling/Buchner/Bergt DS-GVO Art. 83 Rn. 28.
[45] Vgl. zu diesem Argument und wie hier FHS Betrieblicher Datenschutz-HdB/SFH Teil VI Kap. 1 Rn. 18 f.
[46] Eine *Unternehmensgruppe* ist demnach „eine Gruppe, die aus einem herrschenden Unternehmen und den von diesem abhängigen Unternehmen besteht".
[47] Vgl. zur Unterscheidung von strukturellen und einzelfallbezogenen Vorgaben des Datenschutzrechts im Ansatz bereits Krönke, Öffentliches Digitalwirtschaftsrecht, 473 ff. und insbes. 480 ff.

erbringen zu können, dass die Verarbeitung gemäß [der DSGVO] erfolgt".[48] Damit begründet die DSGVO in Bezug auf jedwede datenschutzrechtliche Vorgabe, die sich aus den Einzelbestimmungen der Verordnung ergibt, **selbständige Organisationspflichten** des Verantwortlichen, die – im Gegensatz zu unselbständigen Organisationspflichten – auch unabhängig von der Einhaltung datenschutzrechtlicher Einzelvorgaben[49], Beachtung und folglich aktives Tätigwerden beansprucht, und deren Erfüllung gerade in komplexeren Verarbeitungsumgebungen wie einem wirtschaftlichen Unternehmen durchaus erhebliche Anstrengungen erfordert.

21 Wer nun einwendet, dass Art. 24 DSGVO gerade nicht zu den sanktionierbaren Pflichten zählt, die in Art. 83 Abs. 4 und 5 DSGVO aufgeführt sind (dazu → Rn. 50 ff.), übersieht einerseits, dass die allgemeinen Organisationspflichten gleichwohl Gegenstand von (ihrerseits sanktionierbaren) präventiven Untersuchungs- und Abhilfemaßnahmen nach Art. 58 DSGVO sein können (siehe zu diesen Maßnahmen noch eing. → Rn. 48). Andererseits geht der Regelungsgehalt des Art. 24 Abs. 1 DSGVO – bis auf den Gedanken der Nachweispflicht[50] – weitgehend in den ebenfalls generalklauselartig gefassten Bestimmungen des Art. 25 Abs. 1 und des Art. 32 Abs. 1 DSGVO auf,[51] die wiederum in Art. 83 Abs. 4 lit. a) DSGVO aufgeführt sind.

22 Art. 25 Abs. 1 DSGVO, der vielfach zu Unrecht verkürzt nur unter dem Schlagwort „privacy by design" geführt wird, sieht in **datenschutzrechtlicher Konkretisierung** des Art. 24 Abs. 1 DSGVO vor, dass der Verantwortliche unter „Berücksichtigung des Stands der Technik, der Implementierungskosten und der Art, des Umfangs, der Umstände und der Zwecke der Verarbeitung sowie der unterschiedlichen Eintrittswahrscheinlichkeit und Schwere der mit der Verarbeitung verbundenen Risiken für die Rechte und Freiheiten natürlicher Personen [...] sowohl zum Zeitpunkt der Festlegung der Mittel für die Verarbeitung als auch zum Zeitpunkt der eigentlichen Verarbeitung geeignete technische und organisatorische Maßnahmen – wie zB Pseudonymisierung – trifft, die dafür ausgelegt sind, die Datenschutzgrundsätze wie etwa Datenminimierung wirksam umzusetzen und die notwendigen Garantien in die Verarbeitung aufzunehmen, um den Anforderungen dieser Verordnung zu genügen und die Rechte der betroffenen Personen zu schützen". Gleichsam als Pendant zum Thema **Datensicherheit** verlangt Art. 32 Abs. 1 DSGVO, dass der Verantwortliche unter „Berücksichtigung des Stands der Technik, der Implementierungskosten und der Art, des Umfangs, der Umstände und der Zwecke der Verarbeitung sowie der unterschiedlichen Eintrittswahrscheinlichkeit und Schwere des Risikos für die Rechte und Freiheiten natürlicher Personen [...] geeignete technische und organisatorische Maßnahmen [trifft], um ein dem Risiko angemessenes Schutzniveau zu gewährleisten".

23 Wie diese geeigneten organisatorischen Maßnahmen konkret **ausgestaltet** sein müssen, spezifizieren Art. 24 Abs. 1, Art. 25 Abs. 1 und Art. 32 Abs. 1 DSGVO selbst nicht. Sinnvollerweise wird man insoweit zwischen allgemeinen und spezifischen Organisationspflichten unterscheiden müssen.

---

[48] Historisch gesehen, sah der Wortlaut des Art. 24 DSGVO prinzipiell auch Dokumentationspflichten (Art. 22 Abs. 2 DSGVO-E(KOM)) sowie angemessene Überwachungspflichten durch interne oder externe Prüfer hins. der Wirksamkeit der ergriffeneren Maßnahmen vor, siehe Art. 22 Abs. 3 S. 2 DSGVO-E (KOM). Diese haben letzlich allerdings keinen Eingang in Art. 24 DSGVO gefunden. Vgl. dazu BeckOK DatenschutzR/Schmidt/Brink DS-GVO Art. 24 Rn. 1 f.

[49] Dass der Unternehmensträger als Verantwortlicher ggü. dem Betroffenen in Ansehung jeder datenschutzrechtlichen Einzelverpflichtung für die Rechtskonformität haftet (Art. 82 DSGVO) und den Sanktionsregelungen (Art. 83 f. DSGVO) unterliegt – vgl. BeckOK DatenschutzR/Schmidt/Brink DS-GVO Art. 24 Rn. 18 –, ist selbstverständlich, aber kein Thema für unternehmensbezogene Organisationspflichten.

[50] Die Nachweispflicht ist in Art. 24 Abs. 3 DSGVO näher adressiert. Dort wird das Konzept regulierter Selbstregulierung im Datenschutzrecht umgesetzt, indem die Möglichkeit vorgesehen ist, den Nachw. unter Heranziehung von genehmigten Verhaltensregeln und Zertifizierungsverfahren zu erbringen. Vgl. dazu BeckOK DatenschutzR/Schmidt/Brink DS-GVO Art. 24 Rn. 1 ff.

[51] Vgl. zum Verhältnis zwischen Art. 24 Abs. 1 DSGVO einerseits sowie Art. 25 Abs. 1 und Art. 32 DSGVO andererseits etwa Paal/Pauly/Martini DS-GVO Art. 24 Rn. 5.

Aus Art. 24 Abs. 1, Art. 25 Abs. 1 und Art. 32 Abs. 1 DSGVO lassen sich einige **all- 24 gemeine datenschutzrechtliche Organisationspflichten** ableiten, die sich in dieser Form nicht bereits aus anderen Normen der DSGVO ergeben – sozusagen die „**Grundregeln**" einer sorgfältigen Organisation von Datenschutz und Datensicherheit im Unternehmen. Eine gewisse Orientierung bei der Bestimmung dieser Regeln kann – neben den in Art. 24 Abs. 1, Art. 25 Abs. 1 und Art. 32 Abs. 1 DSGVO selbst angeführten[52] – zunächst die (seit Inkrafttreten der DSGVO freilich nicht mehr normativ verbindliche) Anl. zu § 9 S. 1 BDSG aF bieten. Demnach sind insbes. Maßnahmen zu treffen, die je nach Art der zu schützenden personenbezogenen Daten oder Datenkategorien geeignet sind,

1. Unbefugten den Zutritt zu Datenverarbeitungsanlagen, mit denen personenbezogene Daten verarbeitet oder genutzt werden, zu verwehren (**Zutrittskontrolle**),
[Bsp.: va gebäude- und gebäudetraktbezogene Maßnahmen wie die Zutrittskontrolle an einer Pforte bzw. Schleuse, technische Sicherheits- und Überwachungssysteme, etwa durch Kameras, der Einsatz von Wachpersonal etc]
2. zu verhindern, dass Datenverarbeitungssysteme von Unbefugten genutzt werden können (**Zugangskontrolle**)
[Bsp.: va raum- und gerätebezogene Maßnahmen wie Karten- oder Chip-Systeme, geräte- und betriebssystembezogene Passwörter und Kennungssysteme mit entspr. Protokollierung],
3. zu gewährleisten, dass die zur Benutzung eines Datenverarbeitungssystems Berechtigten ausschl. auf die ihrer Zugriffsberechtigung unterliegenden Daten zugreifen können, und dass personenbezogene Daten bei der Verarbeitung, Nutzung und nach der Speicherung nicht unbefugt gelesen, kopiert, verändert oder entfernt werden können (**Zugriffskontrolle**)
[Bsp.: va anwendungsbezogene Maßnahmen wie programm- und dateibezogene Passwörter und Kennungssysteme mit entspr. Protokollierung, ein ausdifferenziertes Zugriffsrechtemanagement mit verschiedenen Rollen und entspr. unterschiedlichen Lese-, Schreib- und Löschrechten],
4. zu gewährleisten, dass personenbezogene Daten bei der elektronischen Übertragung oder während ihres Transports oder ihrer Speicherung auf Datenträger nicht unbefugt gelesen, kopiert, verändert oder entfernt werden können, und dass überprüft und festgestellt werden kann, an welche Stellen eine Übermittlung personenbezogener Daten durch Einrichtungen zur Datenübertragung vorgesehen ist (**Weitergabekontrolle**),
[Bsp.: va speicherungs- und übermittlungsbezogene Maßnahmen wie die Verschlüsselung und Protokollierung von (Meta-)Daten bei Speicherungen und Übermittlungen sowie die Einschränkung, Sperrung oder Vermeidung von physischen und virtuellen Schnittstellen]
5. zu gewährleisten, dass nachträglich überprüft und festgestellt werden kann, ob und von wem personenbezogene Daten in Datenverarbeitungssysteme eingegeben, verändert oder entfernt worden sind (**Eingabekontrolle**),
[Bsp.: va personenbezogene Maßnahmen wie die Identifizierung jeder Person, die Daten eingibt, verändert oder löscht, mittels individueller Kennung und entspr. Protokollierung]
6. zu gewährleisten, dass personenbezogene Daten, die im Auftrag verarbeitet werden, nur entspr. den Weisungen des Auftraggebers verarbeitet werden können (**Auftragskontrolle**),
[Bsp.: va rechtliche Maßnahmen und darauf bezogene Kontrollen wie die vertragl. Festlegung und Sanktionierung der für Datenverarbeitungen geltenden Vorgaben sowie darauf bezogene Kontrollen mittels Dokumentationen, Stichproben usw]

---

[52] Art. 24 Abs. 1 S. 1 DSGVO (iVm Erwgr. 76) nennt sieben unbestimmte Rechtsbegriffe als Faktoren, die der Verantwortliche bei der Umsetzung geeigneter Maßnahmen zur Sicherung der Verarbeitung berücksichtigen muss, nämlich Art, Umf., Umstände und Zwecke der Verarbeitung sowie die unterschiedliche Eintrittswahrscheinlichkeit und Schwere der Risiken für die Rechte und Freiheiten natürlicher Personen. Vgl. dazu allg. BeckOK DatenschutzR/Schmidt/Brink DS-GVO Art. 24 Rn. 19.

7. zu gewährleisten, dass personenbezogene Daten gegen zufällige Zerstörung oder Verlust geschützt sind (**Verfügbarkeitskontrolle**),
[Bsp.: va technikbezogene Maßnahmen wie die regelmäßige und mehrfache Datensicherung auf verschiedenen, auch dezentralen Speichermedien]
8. zu gewährleisten, dass zu **unterschiedlichen Zwecken** erhobene Daten **getrennt verarbeitet** werden können.
[Bsp.: va Systemgestaltungsmaßnahmen wie die logische und/oder physische Trennung von zu unterschiedlichen Zwecken erhobenen Daten][53]

25 **Technische Mindeststandards** oder verbindliche technikbezogene Regeln, wie diese Vorgaben von Unternehmen und anderen Organisationen im Einzelnen konkret umzusetzen sind, existieren indes nicht. Eine gewisse Orientierung bei der **praktischen Umsetzung** kann das von der Konferenz der unabhängigen Datenschutzbehörden des Bundes und der Länder verabschiedete und fortlaufend aktualisierte **Standard-Datenschutzmodell (SDM)** geben.[54] Ausgehend von insges. sieben Gewährleistungszielen arbeitet das SDM heraus, wie sich jene Gewährleistungsziele typischerweise erreichen lassen:[55]

1. **Verfügbarkeit,**
typischerweise zu gewährleisten durch die „Anfertigung von Sicherheitskopien von Daten, Prozesszuständen, Konfigurationen, Datenstrukturen, Transaktionshistorien" etc., den „Schutz vor äußeren Einflüssen (Schadsoftware, Sabotage, höhere Gewalt)", die „Dokumentation der Syntax von Daten", die „Redundanz von Hard- und Software sowie Infrastruktur", die „Umsetzung von Reparaturstrategien und Ausweichprozessen", die „Erstellung eines Notfallkonzepts zur Wiederherstellung einer Verarbeitungstätigkeit" und den Erlass von „Vertretungsregelungen für abwesende Mitarbeitende",

2. **Integrität,**
typischerweise zu gewährleisten durch die „Einschränkung von Schreib- und Änderungsrechten", den „Einsatz von Prüfsummen, elektronischen Siegeln und Signaturen in Datenverarbeitungsprozessen gemäß eines Kryptokonzepts", die „dokumentierte Zuweisung von Berechtigungen und Rollen", das „Löschen oder Berichtigen falscher Daten", das „Härten von IT-Systemen, so dass diese keine oder möglichst wenige Nebenfunktionalitäten aufweisen", „Prozesse zur Aufrechterhaltung von der Aktualität von Daten", „Prozesse zur Identifizierung und Authentifizierung von Personen und Gerätschaften", die „Festlegung des Sollverhaltens von Prozessen und regelmäßiges Durchführen von Tests zur Feststellung und Dokumentation der Funktionalität, von Risiken sowie Sicherheitslücken und Nebenwirkungen von Prozessen", die „Festlegung des Sollverhaltens von Abläufen bzw. Prozessen und regelmäßiges Durchführen von Tests zur Feststellbarkeit bzw. Feststellung der Ist-Zustände von Prozessen" und den „Schutz vor äußeren Einflüssen (Spionage, Hacking)",

3. **Vertraulichkeit,**
typischerweise zu gewährleisten durch die „Festlegung eines Berechtigungs- und Rollenkonzeptes nach dem Erforderlichkeitsprinzip auf der Basis eines Identitätsmanagements durch die verantwortliche Stelle", die „Implementierung eines sicheren Authentifizierungsverfahrens", die „Eingrenzung der zulässigen Personalkräfte auf solche, die nachprüfbar zuständig (örtlich, fachlich), fachlich befähigt, zuverlässig (ggf. sicherheitsüberprüft) und formal zugelassen sind sowie keine Interessenskonflikte bei der Ausübung aufweisen", die „Festlegung und Kontrolle der Nutzung zugelassener Ressourcen insbesondere Kommunikationskanäle", „spezifizierte, für die Verarbeitungstätigkeit ausgestattete Umgebungen (Gebäude, Räume)", die „Festlegung und Kontrolle organisato-

---

[53] Vgl. dazu Schulte/Kloos ÖffWirtschaftsR-HdB/Wagner § 17 Rn. 87, an dessen Darst. sich die vorstehenden Bsp. jew. orientieren.
[54] Vgl. BeckOK DatenschutzR/Schmidt/Brink DS-GVO Art. 24 Rn. 16–17.
[55] Vgl. zum Folgenden Konferenz der unabhängigen Datenschutzbehörden des Bundes und der Länder, Das Standard-Datenschutzmodell (DSM), Version 2.0b, 2020, 31 ff. (abrufbar unter https://www.datenschutz-mv.de/datenschutz/datenschutzmodell/).

rischer Abläufe, interner Regelungen und vertraglicher Verpflichtungen (Verpflichtung auf Datengeheimnis, Verschwiegenheitsvereinbarungen usw.)", die „Verschlüsselung von gespeicherten oder transferierten Daten sowie Prozesse zur Verwaltung und zum Schutz der kryptografischen Informationen (Kryptokonzept)" und den „Schutz vor äußeren Einflüssen (Spionage, Hacking)",

4. **Nichtverkettung,**
typischerweise zu gewährleisten durch die „Einschränkung von Verarbeitungs-, Nutzungs- und Übermittlungsrechten", die „programmtechnische Unterlassung bzw. Schließung von Schnittstellen bei Verarbeitungsverfahren und Komponenten", „regelnde Maßgaben zum Verbot von Backdoors sowie qualitätssichernde Revisionen zur Compliance bei der Softwareentwicklung", eine „Trennung nach Organisations-/Abteilungsgrenzen", eine „Trennung mittels Rollenkonzepten mit abgestuften Zugriffsrechten auf der Basis eines Identitätsmanagements durch die verantwortliche Stelle und eines sicheren Authentifizierungsverfahrens", die „Zulassung von nutzerkontrolliertem Identitätsmanagement durch die verarbeitende Stelle", den „Einsatz von zweckspezifischen Pseudonymen, Anonymisierungsdiensten, anonymen Credentials, Verarbeitung pseudonymer bzw. anonymisierter Daten" und „geregelte Zweckänderungsverfahren",

5. **Transparenz,**
typischerweise zu gewährleisten durch die „Dokumentation im Sinne einer Inventarisierung aller Verarbeitungstätigkeiten gemäß Art. 30 DS-GVO", die „Dokumentation der Bestandteile von Verarbeitungstätigkeiten insbesondere der Geschäftsprozesse, Datenbestände, Datenflüsse und Netzpläne, dafür genutzte IT-Systeme, Betriebsabläufe, Beschreibungen von Verarbeitungstätigkeiten, Zusammenspiel mit anderen Verarbeitungstätigkeiten", die „Dokumentation von Tests, der Freigabe und ggf. der Datenschutz-Folgenabschätzung von neuen oder geänderten Verarbeitungstätigkeiten", die „Dokumentation der Faktoren, die für eine Profilierung, zum Scoring oder für teilautomatisierte Entscheidungen genutzt werden", die „Dokumentation der Verträge mit den internen Mitarbeitenden, Verträge mit externen Dienstleistern und Dritten, von denen Daten erhoben bzw. an die Daten übermittelt werden, Geschäftsverteilungspläne", den Erlass von „Zuständigkeitsregelungen", die „Dokumentation von Einwilligungen, deren Widerruf sowie Widersprüche", die „Protokollierung von Zugriffen und Änderungen", die „Überwachung der Verarbeitung", „Versionierung", die „Dokumentation der Verarbeitungsprozesse mittels Protokollen auf der Basis eines Protokollierungs- und Auswertungskonzepts", die „Dokumentation der Quellen von Daten, bspw. des Umsetzens der Informationspflichten gegenüber Betroffenen, wo deren Daten erhoben wurden sowie des Umgangs mit Datenpannen", die „Benachrichtigung von Betroffenen bei Datenpannen oder bei Weiterverarbeitungen zu einem anderen Zweck", die „Nachverfolgbarkeit der Aktivitäten der verantwortlichen Stelle zur Gewährung der Betroffenenrechte", die „Berücksichtigung der Auskunftsrechte von Betroffenen im Protokollierungs- und Auswertungskonzept" und die „Bereitstellung von Informationen über die Verarbeitung von personenbezogenen Daten an Betroffene",

6. **Intervenierbarkeit,**
typischerweise zu gewährleisten durch „Maßnahmen für differenzierte Einwilligungs-, Rücknahme- sowie Widerspruchsmöglichkeiten", die „Schaffung notwendiger Datenfelder zB für Sperrkennzeichen, Benachrichtigungen, Einwilligungen, Widersprüche, Gegendarstellungen", eine „dokumentierte Bearbeitung von Störungen, Problembearbeitungen und Änderungen an Verarbeitungstätigkeiten sowie an den technischen und organisatorischen Maßnahmen", eine „Deaktivierungsmöglichkeit einzelner Funktionalitäten ohne Mitleidenschaft für das Gesamtsystem", die „Implementierung standardisierter Abfrage- und Dialogschnittstellen für Betroffene zur Geltendmachung und/oder Durchsetzung von Ansprüchen", das „Betreiben einer Schnittstelle für strukturierte, maschinenlesbare Daten zum Abruf durch Betroffene", die „Identifizierung und Authentifizierung der Personen, die Betroffenenrechte wahrnehmen möchten", die „Ein-

richtung eines Single Point of Contact (SPoC) für Betroffene", die „operative Möglichkeit zur Zusammenstellung, konsistenten Berichtigung, Sperrung und Löschung aller zu einer Person gespeicherten Daten" und das „Bereitstellen von Optionen für Betroffene, um Programme datenschutzgerecht einstellen zu können" sowie

7. **Datenminimierung,**

typischerweise zu gewährleisten durch die „Reduzierung von erfassten Attributen der betroffenen Personen", die „Reduzierung der Verarbeitungsoptionen in Verarbeitungsprozessschritten", die „Reduzierung von Möglichkeiten der Kenntnisnahme vorhandener Daten", die „Festlegung von Voreinstellungen für betroffene Personen, die die Verarbeitung ihrer Daten auf das für den Verarbeitungszweck erforderliche Maß beschränken", die „Bevorzugung von automatisierten Verarbeitungsprozessen (nicht Entscheidungsprozessen), die eine Kenntnisnahme verarbeiteter Daten entbehrlich machen und die Einflussnahme begrenzen, gegenüber im Dialog gesteuerten Prozessen", die „Implementierung von Datenmasken, die Datenfelder unterdrücken, sowie automatischer Sperr- und Löschroutinen, Pseudonymisierungs- und Anonymisierungsverfahren", die „Festlegung und Umsetzung eines Löschkonzepts" und den Erlass von „Regelungen zur Kontrolle von Prozessen zur Änderung von Verarbeitungstätigkeiten".

26   Diese Maßnahmen bewegen sich freilich noch immer auf einer vergleichsweise hohen Abstraktionsebene und dürften für die unternehmerische Praxis nur bedingt hilfreich sein. In einem separaten **Referenzmaßnahmenkatalog** veröffentlicht die Datenschutzkonferenz bzw. der Arbeitskreis „Technik" daher sukzessive **konkrete Bausteine,** in denen – quer zu den genannten Gewährleistungszielen – geeignete Einzelmaßnahmen beschrieben werden. Bislang publiziert wurden die Bausteine 11 („Aufbewahren"), 41 („Planen und Spezifizieren"), 42 („Dokumentieren"), 43 („Protokollieren"), 50 („Trennen"), 51 („Zugriffe auf Daten, Systeme und Prozesse regeln"), 60 („Löschen und Vernichten"), 61 („Berichtigen") und 62 („Einschränken der Verarbeitung").[56]

27   Zur **Umsetzung** der beschr. Vorgaben bedarf es in einem Unternehmen, zumal ab einer gewissen Größe, regelmäßig eines umfassenden, planmäßigen **Datenschutzmanagements,** um diesen allgemeinen Organisationspflichten gerecht zu werden. Ein solches kann bspw. an den Grundsätzen über **Compliance Management Systeme** (zB nach IDW PS 980) angelehnt werden.[57] Des Weiteren müssen die gesetzten Maßnahmen regelmäßig **überprüft** und **aktualisiert** werden. Die DSGVO bestimmt insofern keinen festen Zeitrahmen,[58] sondern sieht vor, dass die Prüfung und die Aktualisierung „erforderlichenfalls" vorzunehmen sind. Der für die Datenverarbeitung Verantwortliche hat daher im Rahmen seiner allgemeinen Organisationspflichten ein Verfahren einzurichten, das sicherstellt, dass er geänderten rechtlichen oder tatsächlichen Gegebenheiten im Kontext der Datenverarbeitung in seinem Unternehmen durch Anpassung der organisatorischen Datenschutzregelungen Rechnung tragen kann.[59]

28   Um die Umsetzung der organisationsbezogenen datenschutzrechtlichen Vorgaben **nachweisen** zu können, bietet sich aus Art. 24 Abs. 3, Art. 25 Abs. 3 und Art. 32 Abs. 3 DSGVO ersichtlich insbes.[60] die Ausarbeitung von **Verhaltensregeln** iSv Art. 40 DSGVO an, die gem. Art. 47 Abs. 1 lit. a DSGVO auch für eine ganze Unternehmensgruppe genehmigt werden können, sowie das Durchlaufen von **Zertifizierungsverfahren** iSv Art. 42 DSGVO. Auch wenn der Verordnungsgeber diese Instrumente lediglich als „Gesichtspunkte" zur Erfüllung der Nachweispflichten behandelt und das in ihnen angelegte

---

[56] Abrufbar unter https://www.datenschutz-mv.de/datenschutz/datenschutzmodell/.
[57] Vgl. BeckOK DatenschutzR/Schmidt/Brink DS-GVO Art. 24 Rn. 20–21.
[58] Anders noch im Entwurf des EP, der eine Überprüfung mind. alle zwei Jahre verlangte (Art. 22 Abs. 1a S. 2 DS-GVO-E(EP); dazu P7_TC1-COD (2012) 0011, 43).
[59] Vgl. Paal/Pauly/Martini DS-GVO Art. 24 Rn. 38.
[60] Erwgr. 77 nennt als weitere mögliche „Anleitungen" für den Unternehmer die Befolgung von Leitlinien des Europäischen Datenschutzausschusses (Art. 68 DSGVO) sowie Hinweisen eines Datenschutzbeauftragten (Art. 37 DSGVO).

Konzept der „regulierten Selbstregulierung"[61] daher nicht mit letzter Konsequenz implementiert,[62] dürften sie in der Aufsichtspraxis einen entscheidenden Faktor bei der Beurteilung des Datenschutzes im Unternehmen bilden.

Über diese „Grundregeln" des organisatorischen Datenschutzes hinaus enthält die DSGVO zumal in den Art. 25 ff. DSGVO gesondert konkretisierte, **spezifische Organisationspflichten,** die je eigenen, **besonderen Schutzstrategien** folgen. Diese klingen zwar – zT sehr deutlich – bereits in den allgemeinen Organisationspflichten an (zB die Gewährleistung von Datenschutz durch technische Gestaltungen – dazu sogleich → Rn. 30 ff.), entfalten aber durchaus eigenständige Gehalte. 29

b) Datenschutz durch Technikgestaltung. Eine erste Gruppe spezifischer Organisationspflichten bilden diejenigen Pflichten, die sich im Besonderen auf die im Unternehmen eingesetzten Technologien beziehen. Aufgrund der originär technischen Bezüge von Datenverarbeitungen ist die Unterscheidung von technischen und organisatorischen Maßnahmen dabei freilich, wie eben bereits angesprochen, keineswegs trennscharf möglich – Art. 24 Abs. 1, Art. 25 Abs. 1 und Art. 32 Abs. 1 DSGVO selbst sprechen nicht von ungefähr jeweils von „technische[n] und organisatorische[n] Maßnahmen".[63] Dennoch lassen sich aus dem Gedanken, dass ein effektiver struktureller Datenschutz zumal im Unternehmen bereits bei der **Auswahl und Gestaltung der im Unternehmen eingesetzten Technologien** ansetzen muss, auch jenseits der in den allgemeinen Organisationspflichten aufgehenden technisch-organisatorischen Maßnahmen eigenständige Organisationspflichten des Verantwortlichen ableiten. Dies zeigt sich schon an dem Umstand, dass Art. 25 DSGVO im Allgemeinen als ein „neues Instrument der DSGVO" gehandelt wird,[64] das die bereits seit den 1970er Jahren diskutierten Konzepte wie „privacy by design"[65] und „privacy-enhancing technologies"[66] nun in das geltende Recht überführt habe. Gemeinsam ist jenen Konzepten der Grundgedanke, dass technischen Lösungen zur Bewältigung von Datenverarbeitungen **spezifische Datenschutzrisiken** inhärent sein können, die es durch ebenso spezifische Organisationspflichten **gesondert zu adressieren** 30

---

[61] Vgl. HSV VerwR/Eifert § 19 Rn. 14 f. und 52 ff.; HSV VerwR/Burgi 164 ff.; Beck RundfunkR/Schulz/Held JMStV § 1 Rn. 21 ff.; WHWS Daten- und Persönlichkeitsschutz im Arbeitsverhältnis/Herberger Teil A V. 9. Rn. 28 ff.; Hoffmann-Riem/Schmidt-Aßmann Öffentliches Recht und Privatrecht als wechselseitige Auffangordnungen/Hoffmann-Riem 300 ff.; Hoffmann-Riem AöR 1998, 513 (537 f.); Voßkuhle DIE VERWALTUNG 2001 (Beiheft 4), 197 (197 ff.); Schröder ZD 2012, 418 (418 ff.); Spindler ZD 2016, 407 ff.; Martini NVwZ 2016, 353 (354); Stürmer, Regulierte Selbstregulierung im europäischen Datenschutzrecht, 51 ff.
[62] So SHS/Petri DSGVO Art. 24 Rn. 25.
[63] Eine Differenzierung findet insoweit nur beiläufig statt: Zu den technisch-organisatorischen Maßnahmen werden gemeinhin eher solche gerechnet, die sich auf den Datenverarbeitungsvorgang selbst erstrecken (zB Zugriffskontrolle, Weitergabekontrolle oder Verschlüsselung), rein organisatorische Maßnahmen beziehen sich demgegenüber eher auf den äußeren Ablauf der Datenverarbeitung (zB Protokollierung, Schulungen der Mitarbeiter oder Vieraugenprinzip). Vgl. BeckOK DatenschutzR/Schmidt/Brink DSGVO Art. 24 Rn. 15.
[64] Vgl. nur SHS/Hansen DSGVO Art. 25 Rn. 1.
[65] Siehe eingehend Pohle FIfF-Kommunikation 2015, 41 (41 ff.), der aufzeigt, dass der Begriff „privacy by design" aus der Feder Cavoukian stammt (dazu etwa Cavoukian, The 7 Foundational Principles 2009; abrufbar unter https://www.ipc.on.ca/wp-content/uploads/resources/pbd-implement-7found-principles.pdf) und das Konzept selbst augenscheinlich auf Miller Michigan Law Review 1969, 1089 (1089 ff.) zurückzuführen ist.
[66] Vgl. ebenso Pohle FIfF-Kommunikation 2015, 41 (41 ff.); Anderson, Computer Security Technology Planning Study, abrufbar unter https://csrc.nist.gov/csrc/media/publications/conference-paper/1998/10/08/proceedings-of-the-21st-nissc-1998/documents/early-cs-papers/ande72a.pdf; Goldberg/Wagner/Brewer abrufbar unter https://cypherpunks.ca/~iang/pubs/privacy-compcon97.pdf und eingehend zum Konzept Borking DuD 2001, 607 (610) sowie Borking DuD 1998, 636 (636 ff.), der auf die im Jahr 1995 erschienene „bahnbrechende und richtungsweisende Studie „Privacy-Enhancing Technologies: The Path to Anonymity" hinweist. Die Studie entstand in enger Zusammenarbeit mit TNO/FEL in Den Haag und dem Information and privacy Commissioner der kanadischen Provinz Ontario in Toronto (vgl. RGBCBMM, Privacy-Enhancing Technologies: The Path to Anonymity, 13); siehe zudem Privacy-Enhancing Technologies Volume II abrufbar unter https://silo.tips/download/privacy-enhancing-technologies-the-path-to-anonymity.

gilt. Als eine der Möglichkeiten zur **Umsetzung** dieser Pflichten zur Gewährleistung des Einsatzes datenschutzrechtskonformer Informationstechnologien im Unternehmen nennt Art. 25 Abs. 3 DSGVO die Durchführung genehmigter **Zertifizierungsverfahren** iSv Art. 42 DSGVO und ordnet wiederum an, dass dies mit Blick auf den **Nachweis** der Erfüllung der Organisationspflichten als ein „Faktor" herangezogen werden kann.[67]

31 Auch wenn die Vielfalt und Heterogenität möglicher technischer Lösungen mit spezifischen Datenschutzrisiken es nicht gestatten, allgemeingültige Pflichten zur Technikgestaltung auszuwerfen, können doch **exemplarisch technische Lösungen** genannt werden, die besondere Herausforderungen für die Organisation von Datenschutz im Unternehmen begründen können.

32 Eine praktisch überragend wichtige Lösung zur Bewältigung von Verarbeitungsaufgaben ist insbes. die Nutzung von **Cloud Computing,** als einer besonderen Form des Outsourcings von IT-Leistungen mit zahlr. Unterformen – zB Software as a Service (SaaS), Platform as a Service (PaaS) und Infrastructure as a Service (IaaS) – und Bereitstellungsmodellen – insbes. als öffentl. oder private Cloud, aber auch als Hybridmodell.[68] Dabei wird ein unternehmensexterner Dritter – vereinfacht gesprochen – mit der Bereitstellung bestimmter, nahezu beliebig skalierbarer Funktionalitäten einer IT-Umgebung (zB eine bestimmte Software, eine Plattform oder die Infrastruktur) betraut, die er der Öffentlichkeit (in einer Public Cloud – etwa iRv *Amazon Web Services*) oder lediglich ausgewählten Nutzerinnen und Nutzern exklusiv (in einer Private Cloud) zur Verfügung stellt. Vor allem die dazu nötige kontinuierliche Übermittlung von (auch personenbezogenen) Daten zwischen dem Unternehmen und dem Cloud-Dienstleister, die jew. eigenständige, rechtfertigungsbedürftige Datenverarbeitungen darstellen, sowie die zwischen ihnen vorgenommene Verantwortungsaufteilung, die sich an der datenschutzrechtlichen Rollenverteilung und den damit verbundenen Vorgaben zumal zur Gewährleistung der Vertraulichkeit, Integrität und Verfügbarkeit der Daten[69] messen lassen muss, erfordern typischerweise eine besondere datenschutzrechtliche Sensibilität. Ohne die Möglichkeit zum Rückgriff auf **Cloud-Zertifikate** und darauf bezogene **Gütesiegel**[70] dürfte es gerade für kleinere und mittlere

---

[67] Vgl. auch Paal/Pauly/Martini DS-GVO Art. 25 Rn. 3, der auch die Einhaltung genehmigter Verhaltensregeln als Nachweismöglichkeit betrachtet.
[68] Vgl. dazu und zum Folgenden FHS Betrieblicher Datenschutz-HdB/Schneider Teil VII Kap. 1 Rn. 5 ff.; Schultz/Sarre CR 2022, 281 (281 ff.).
[69] Vgl. FHS Betrieblicher Datenschutz-HdB/Heidrich/Wegener Teil VII Kap. 4 Rn. 17 ff.
[70] Siehe zu den Cloud-Zertifikaten im Allgemeinen etwa Selzer, Datenschutzrechtliche Zulässigkeit von Cloud-Computing-Services und deren teilautomatisierte Überprüfbarkeit, 38 ff. Zu den publiksten Gütesiegeln, denen jeweils ein Zertifizierungsverfahren vorausgeht, zählen „StarAudit" von EuroCloud (abrufbar unter https://www.eco.de/eurocloud/staraudit/), „CSA Security, Trust & Assurance Registry (STAR)" von der Cloud Security Alliance (CSA) (abrufbar unter https://cloudsecurityalliance.org/star/#_overview) sowie „Trusted Cloud Service" vom TÜV Trust IT (abrufbar unter https://www.tuv.com/leistungen/zertifizierungen/zertifizierung-von-cloud-services-trusted-cloud-service/). Betont wird jedoch, dass sich diese Zertifizierungen nicht direkt auf die DSGVO bezogen und mithin den Anforderungen nicht vollumfassend gerecht werden konnten. Mit Blick auf die ersten speziell für das Thema Datenschutz angelegten Zertifizierungen für Cloud Service Provider können nachstehend genannt werden etwa der „Anforderungskatalog Cloud Computing (C5)" des Bundesamts für Sicherheit in der Informationstechnik (BSI) (abrufbar unter https://www.bsi.bund.de/DE/Themen/Unternehmen-und-Organisationen/Informationen-und-Empfehlungen/Empfehlungen-nach-Angriffszielen/Cloud-Computing/cloud-computing_node.html und weitergehend zum Kriterienkatalog siehe https://www.bsi.bund.de/DE/Themen/Unternehmen-und-Organisationen/Informationen-und-Empfehlungen/Empfehlungen-nach-Angriffszielen/Cloud-Computing/Kriterienkatalog-C5/kriterienkatalog-c5_node.html sowie ISO 27001 Zertifizierung auf Basis von IT-Grundschutz siehe https://www.bsi.bund.de/DE/Themen/Unternehmen-und-Organisationen/Standards-und-Zertifizierung/Zertifizierung-und-Anerkennung/Zertifizierung-von-Managementsystemen/ISO-27001-Basis-IT-Grundschutz/iso-27001-basis-it-grundschutz_node.html), der ISO-Standard 27018 „Information technology – Security techniques – Code of practice for protection of personally identifiable information (PII) in public clouds acting as PII processors" (abrufbar unter https://www.iso.org/standard/61498.html), die auf Basis der ISO 27001 eine Zertifizierung ermöglicht, und – als Nachfolger des „Trusted Cloud Data Protection Profile (TCDP)"– die „European Cloud Service Data Protection Certification (auditor)" (abrufbar unter http://auditor-cert.de). Vgl. für diese Auflistung FHS Betrieblicher Datenschutz/Heidrich/Wegener Teil VII Kap. 4 Rn. 69. Vgl. etwa

Unternehmen kaum möglich sein, die für sie iRd Cloud Computings entspringenden datenschutzrechtlichen Organisationspflichten mit beherrschbarem Aufwand zu bewältigen.

Ebenfalls spezifische Herausforderungen ergeben sich aus der Nutzung von datenbasierten Anwendungen **künstlicher Intelligenz (KI)**, die auf der Grdl. von Analysen großer Mengen (auch) personenbezogener Daten im Unternehmen (**"Big Data"**) Korrelationen zwischen Datenpunkten bilden und zum Zwecke der Formulierung deskriptiver und/oder prädiktiver Aussagen genutzt werden können. Vor allem iRd dazu nötigen Analyseverfahren kommt es vielfach zu sehr umfassenden, tendenziell intransparenten und teils zweckändernden Verarbeitungen, die in ein deutliches Spannungsverhältnis zu den Grundsätzen der Datenminimierung, der Transparenz und der Zweckbindung (Art. 5 Abs. 1 lit. a, b und c DSGVO) treten;[71] der automatisierte Abgleich mit den dabei gebildeten Mustern kann überdies die besonderen Anforderungen des Art. 22 DSGVO auslösen. Auch der organisationspflichtkonforme Einsatz dieser Technologien dürfte in der Breite nur möglich sein, wenn sich entspr. **Gütesiegel für "Trusted AI"** durchsetzen.[72]

33

---

zudem das EuroCloud Software as a Service Star Audit, das der Zertifizierung mit dem SaaS Gütesiegel vorausgeht. Der Anforderungskatalog für dieses Zertifizierungsverfahren wurde in enger Abstimmung mit dem Bundesamt für Sicherheit in der Informationstechnik (BSI) erstellt und legt sowohl ein Punktesystem als auch Mindestkriterien für die erfassten Kategorien (wie zB Anbieterprofil oder Sicherheit) fest. In Abhängigkeit vom Umsetzungsgrad erhält die Anwenderin bzw der Anwender verbindliche Aussagen über das Erfüllen der Kategorien durch die Anbieterin bzw den Anbieter, welcher in dem ihr bzw ihm an das Zertifizierungsverfahren anschließend verliehene Gütesiegel fünf verschiedene Gütestufen (ein bis fünf Sterne) erreichen kann (vgl. Giebichenstein/Weiss DuD 2011, 338 (338 f.). Siehe zudem die Übersicht mwN zu den Gütesiegeln SaaS von EuroCloud, CSA Star; TÜV Trust IT abrufbar unter https://www.bsi.bund.de/DE/Themen/Unternehmen-und-Organisationen/Standards-und-Zertifizierung/Zertifizierung-und-Anerkennung/Zertifizierung-von-Managementsystemen/ISO-27001-Basis-IT-Grundschutz/iso-27001-basis-it-grundschutz_node.html.

[71] Vgl. zu den im Kontext von „big data" regelmäßig auftretenden datenschutzrechtlichen Herausforderungen etwa Weichert ZD 2013, 251 (251); Roßnagel ZD 2013, 562 (562 ff.); Ohrtmann/Schwiering NJW 2014, 2984 (2984 ff.); Helbling K&R 2015, 145 (145 ff.); Richter DuD 2015, 735 (735 ff.); Werkmeister/Brandt CR 2016, 233 (237 f.); Ladeur DuD 2016, 360 (360 f.); Culik/Döpke ZD 2017, 226 (228); Hoeren NJW 2017, 1587 (1591); Paal/Hennemann NJW 2017, 1697 (1700 ff.) siehe auch die Beiträge von Hoffmann-Riem Big Data – Regulative Herausforderungen/Hornung 79 und Hoffmann-Riem Big Data – Regulative Herausforderungen/Hermstrüwer 99.

[72] Härtel NuR 2020, 439 (449) weist auf KI-Anwendungen ohne hohes Risiko hin, für die ein EU-Rechtsrahmen etabliert werden könnte, der die freiwillige Kennzeichnung für Entwicklerinnen sowie Entwickler und/oder Betreiberinnen sowie Betreiber von KI-Systemen vorsieht. Im Gegensatz dazu basieren (die folgenden) KI-Gütesiegel weitestgehend auf Selbstverpflichtungen der Wirtschaft. Gütesiegel des KI Bundesverband e.V. (abrufbar unter https://kiverband.de/wpcontent/uploads/2019/04/KIBV_Guetesiegel_110409_o-1.pdf, das keine anerkannten Gütesiegel substituieren, sondern diese speziell in Problembereichen mit KI-Anwendungen ergänzen soll.); zudem vgl. Vorschlag des Deutschen Ethikrats eines Gütesiegels für nachvollziehbar erzeugt, anonymisierte Daten im Jahr 2019 (abrufbar unter https://www.ethikrat.org/fileadmin/Publikationen/Jahresberichte/deutsch/jahresbericht-2017.pdf); siehe auch die Bedeutung von Gütesiegeln für KI im Bericht „Cyber-Sicherheitsstrategie für Deutschland 2016" des deutschen BM des Inneren (abrufbar unter https://www.bmi.bund.de/cybersicherheitsstrategie/BMI_CyberSicherheitsStrategie.pdf) und ähnlich auch Weissbuch der Europäischen Kommission zur Künstlichen Intelligenz 2020, KOM (2020) 65 endg. und auch im Vorschlag für eine Verordnung des Europäischen Parlaments und des Rates zur Festlegung harmonisierter Vorschriften für Künstliche Intelligenz (Gesetz über Künstliche Intelligenz) und zur Änderung bestimmter Rechtsakte der Union KOM (2021) 206 endg. sowie KI-Zertifizierung „made in Germany" bzw. KI.NRW-Flagship-Projekt „Zertifizierte KI", eine aktuelle Entwicklung technischer Prüfverfahren für die Zertifizierung von KI-Systemen durch eine Kooperation zwischen Fraunhofer IAIS sowie dem Bundesamt für Sicherheit in der Informationstechnik BSI (abrufbar unter https://www.ki.nrw/flagships/zertifizierung/); „AI Quality & Testing Hub", ein Projekt des Hessischen Ministeriums für Digitale Strategie und Entwicklung zur Entwicklung eines sektorübergreifenden Ansatzes für Prüfungen von KI-Systemen (abrufbar unter https://digitales.hessen.de/kuenstliche-intelligenz/ki-handlungsfelder/ki-innovation-und-ki-anwendungen-foerdern/ai-quality-testing-hub); ebenso „Software made in Germany", eine Initiative und augenscheinlich noch ein relativ unbekanntes Gütesiegel des Bundesverbandes IT-Mittelstand (BITMi e.V.) für deutsche Software-Anwendungen (abrufbar unter https://www.bitmi.de/leistungen/software-made-in-germany/).

34 **c) Datenschutz durch Aufzeichnung.** Ein wichtiger und eigenständiger Baustein unternehmensbezogener Organisationspflichten zur Gewährleistung eines hinreichenden Datenschutzniveaus ist außerdem der Datenschutz durch Aufzeichnungen iwS. Er hat (mind.) zwei unterscheidbare Funktionen: Im Ausgangspunkt trägt die Aufzeichnung von Verarbeitungstätigkeiten im Unternehmen reflexive, selbstvermöglichende Züge[73] – es geht darum, dass sich das verantwortliche Unternehmen selbst und seine Untergliederungen einen **Überblick** über sämtliche in dem Unternehmen stattfindenden Datenverarbeitungsvorgänge verschaffen kann.[74] Des Weiteren schaffen systematische Aufzeichnungen über Verarbeitungstätigkeiten die **Grundlage** für weitere datenschutzrechtlich relevante Vorgänge, insbes. für die Erfüllung der Informationspflichten ggü. Betroffenen iSd rechtlich gebotenen **Transparenz**,[75] für die Erfüllung der Pflicht zum **Nachweis** einer verordnungskonformen Verarbeitung (vgl. Art. 5 Abs. 2 DSGVO) sowie für die vielfältig ausdifferenzierte **Kooperation mit den Datenschutzbehörden** (vgl. Art. 30 Abs. 4 DSGVO)[76].

35 Einfachrechtlicher Kristallisationspunkt dieses Gedankens ist zuvörderst Art. 30 Abs. 1 DSGVO. Demnach sind datenschutzrechtlich verantwortliche Unternehmen – in ähnlicher Weise auch die Auftragsverarbeiter (vgl. Art. 30 Abs. 2 DSGVO) sowie die Vertreter iSd Art. 4 Nr. 17 DSGVO – ab einer bestimmten Größe[77] bzw. mit bestimmten Verarbeitungstätigkeiten (Art. 30 Abs. 5 DSGVO) dazu **verpflichtet,** im Einklang mit Art. 30 Abs. 3 DSGVO ein schriftliches **Verzeichnis aller Verarbeitungstätigkeiten** zu führen.[78] Der Umfang des Verzeichnisses ist dabei denkbar weit und erfasst sämtliche Verarbeitungsvorgänge, im Unternehmen etwa von der Personaldatenverwaltung (mit Zeiterfassung, Lohnbuchhaltung, Personalinformations- und Entwicklungssystemen etc) über Kundendatenbanken und Customer Relations-Systeme bis hin zu E-Mail- und Internetanschlüssen und Videoüberwachungssystemen eine große Bandbreite von Vorgängen.[79]

36 Daneben lassen sich auch (mittelbar) **„Aufzeichnungsobliegenheiten"** des Verantwortlichen herleiten, und zwar auch unabhängig von den für die Verzeichnispflicht in Art. 30 Abs. 5 DSGVO festgelegten Ausnahmen. Solche Obliegenheiten ergeben sich nicht nur dann, wenn das Datenschutzrecht dem Verantwortlichen spezielle Nachweispflichten auferlegt (zB bzgl. des Vorliegens der Voraussetzungen einer tragfähigen Einwilligung, Art. 7 Abs. 1 DSGVO).[80] Auch aus der **allgemeinen Nachweispflicht des Art. 5 Abs. 2 DSGVO** ergibt sich eine mittelbare Rechenschaftspflicht, die prinzipiell auch für KMUs gilt und dazu führt, dass das Nichtführen eines Verarbeitungsverzeichnisses (bzw. die Entsch. über die Nichtaufnahme einer Verarbeitungstätigkeit in das Verarbeitungsverzeichnis) einer entspr. begründeten Dokumentation bedarf.[81]

---

[73] Konsequenterweise kann das Verarbeitungsverzeichnis als Arbeitsgrundlage für den Datenschutzbeauftragten sowie als Anknüpfungspunkt für eine nach Art. 35 DSGVO erforderliche, ebenfalls reflexive Datenschutz-Folgenabschätzung herangezogen werden, vgl. Gossen/Schramm ZD 2017, 7 (11); Lubba CCZ 2019, 240 (241).
[74] Vgl. dazu Gola/Klug DS-GVO Art. 30 Rn. 1.
[75] Vgl. etwa Art.-29-Datenschutzgruppe, Leitlinien für Transparenz gemäß der Verordnung 2016/679 (17/DE WP 260 rev. 01), 15 ff.; Schmidt NJW 2018, 1448 (1449 f.).
[76] Kazemi ZAP 2018, 471 (472).
[77] Ein Verzeichnis von Verarbeitungstätigkeiten ist idR von jedem Verantwortlichen zu führen, dh in Konzernverbünden von jeder rechtlich selbstständigen Gesellschaft. Wie in einem Konzern allerdings die Berechnung der Mitarbeiterinnen- und Mitarbeiteranzahl erfolgt, ist str. siehe Paal/Pauly/Martini DS-GVO Art. 30 Rn. 26 ff. sowie BeckOK DatenschutzR/Spoerr DS-GVO Art. 30 Rn. 14 ff. Siehe dazu eing. Paal/Pauly/Martini DS-GVO Art. 30 Rn. 26; Spindler/Schuster/Laue DS-GVO Art. 30 Rn. 20 ff. sowie BeckOK DatenschutzR/Spoerr DS-GVO Art. 30 Rn. 15.
[78] Vgl. Eckhardt/Menz DuD 2018, 139 (140); FHS Betrieblicher Datenschutz-HdB/Schild Teil II Kap. 5 Rn. 36 ff.; Schmidt NJW 2018, 1448 (1449 f.); Wächter Datenschutz im Unternehmen-HdB Kap. C. I. Rn. 511 ff.; Albrecht/Jotzo, Das neue Datenschutzrecht der EU, Rn. 18 f.
[79] Vgl. Paal/Pauly/Martini DS-GVO Art. 30 Rn. 5 f.
[80] Siehe dazu eing. Veil ZD 2018, 9 (11).
[81] Siehe Hamann BB 2017, 1090 (1093 f.); Löschhorn/Fuhrmann NZG 2019, 161 (165).

Den Aufzeichnungspflichten und -obliegenheiten sind kraft der Grundsätze der Daten- 37
minimierung und Speicherbegrenzung **datenschutzrechtsimmanente Grenzen** in sach-
lich-personeller und zeitlicher Hinsicht gesetzt. Für die Aufzeichnungen selbst sollte wiederum ein Zugriffs- und Berechtigungskonzept mit Protokollierung umgesetzt werden, um
sicherzustellen, dass nur Berechtigte im erforderlichen Umfang auf das Verzeichnis zugreifen können. Der Grundsatz der Speicherbegrenzung erfordert überdies die Festlegung und
Umsetzung bestimmter Löschfristen.

d) Datenschutz durch Kommunikation. Auch die datenschutzrechtlichen Kommuni- 38
kationspflichten eines Verantwortlichen machen es erforderlich, diesbzgl. organisatorische
Maßnahmen im Unternehmen zu treffen. Zu diff. ist dabei zwischen den Kommunikationsbeziehungen des Unternehmens zu den Betroffenen sowie zu den Datenschutzbehörden.

Als Ausfluss des Datenschutzgrundsatzes der **Transparenz** (Art. 5 Abs. 1 lit. a) DSGVO) 39
sind Unternehmen als datenschutzrechtlich Verantwortliche nach Art. 12 ff. DSGVO zur
Erteilung umfangreicher **Informationen und Auskünfte** an die betroffenen Personen
verpflichtet.[82] Art. 12 Abs. 1 DSGVO selbst, der über Art. 83 Abs. 5 lit. b DSGVO sanktionsbewehrt ist, verpflichtet den Verantwortlichen dazu, „**geeignete Maßnahmen** [zu
treffen], um der betroffenen Person alle Informationen gemäß den Artikeln 13 und 14 und
alle Mitteilungen gemäß den Artikeln 15 bis 22 und Artikel 34, die sich auf die Verarbeitung
beziehen, in präziser, transparenter, verständlicher und leicht zugänglicher Form in einer
klaren und einfachen Sprache zu übermitteln". Um dieser spezifischen Organisationspflicht
nachkommen zu können, muss der Unternehmensträger ggü. betroffenen Kundinnen und
Kunden sowie Mitarbeiterinnen und Mitarbeitern entspr. **Kommunikationssysteme vorhalten,** die das Unternehmen in die Lage versetzen, die benannten Informationen innerhalb
der vorgesehenen Fristen – gem. Art. 12 Abs. 3 DSGVO „unverzüglich", grds. jedenfalls
„innerhalb eines Monats" nach Eingang eines entspr. Antrags – bereitzustellen.

Im Falle einer Verletzung des Schutzes personenbezogener Informationen mit voraus- 40
sichtlich hohem Risiko greift überdies die **aktive Meldepflicht** aus Art. 34 DSGVO ein.
Sie soll den **Betroffenen** in die Lage versetzen, Maßnahmen zur Wahrung seiner Rechte
und Interessen zu ergreifen, einschließlich des Selbstschutzes.

Mit Blick auf die Kommunikationsbeziehungen des Unternehmens zu den **Daten-** 41
schutzbehörden ist va die **Meldepflicht** aus Art. 33 DSGVO Teil des kommunikations-
bezogenen Pflichtenregimes. Sie konkretisiert die allgemeine Kooperationspflicht des Verantwortlichen mit der Aufsichtsbehörde aus Art. 31 DSGVO und steht in engem Zusammenhang mit der soeben erwähnten Meldepflicht ggü. der Betroffenen bzw. dem
Betroffenen nach Art. 34 DSGVO. Gemeinsame Voraussetzung des Eintretens der Meldepflicht ist eine eingetretene und erkannte Verletzung von Normen der DSGVO. Durch die
Meldung an die Behörde soll diese in die Lage versetzt werden, von den aufsichtsrechtlichen Befugnissen gem. Art. 58 DSGVO Gebrauch zu machen, dh, die Meldepflicht ist
insoweit **aufsichtsakzessorisch.**[83]

Damit Unternehmen ihre nach Art. 33 und 34 DSGVO auferlegten Meldepflichten 42
fristgemäß („unverzüglich") erfüllen können, haben sie sicherzustellen, dass (mögliche)
Datenschutz- und Datensicherheitsverletzungen von allen Mitarbeiterinnen und Mitarbeitern im Unternehmen als solche erkannt und unverzüglich an eine zuständige Stelle im
Unternehmen gemeldet werden, die eine Risikoprognose erstellen sowie über die Erfor-

---

[82] Dies sind va der Name und die Kontaktdaten des Verantwortlichen (dh des jeweiligen Unternehmens), die Kontaktdaten des Datenschutzbeauftragten, die Zwecke und Rechtsgrundlage der Verarbeitung, ggf. die berechtigten Interessen iSv Art. 6 Abs. 1 lit. f) DSGVO, der Empfänger oder die Kategorien von Empfängern sowie die Absicht der Übermittlung an Empfänger in Drittland oder int. Organisationen nach Art. 13 DSGVO. Vgl. zum Ganzen Paal/Pauly/Paal/Hennemann DS-GVO Art. 13 Rn. 13 ff.; Wächter Datenschutz im Unternehmen–HdB Kap. C. III. Rn. 605 ff.
[83] Vgl. BeckOK DatenschutzR/Brink DS-GVO Art. 33 Rn. 2; FHS Betrieblicher Datenschutz-HdB/ Schild Teil II Kap. 5, Rn. 51 f.; Paal/Pauly/Martini DS-GVO Art. 33 Rn. 1 f.

derlichkeit einer Meldung an die zuständigen Aufsichtsbehörden und die betroffenen Personen entscheiden kann. Dies setzt wiederum eine entspr. sorgfältige **Organisation des unternehmensinternen Meldesystems** voraus.[84]

43 **e) Datenschutz durch Reflexion.** Ein weiterer wichtiger Baustein in der von der DSGVO geforderten Datenschutzorganisation von Unternehmen ist die in Art. 35 DSGVO für Datenverarbeitungstätigkeiten mit hohem Risikopotenzial vorgeschriebene **Datenschutz-Folgenabschätzung** im **Vorfeld** zu typischerweise besonders **risikoreichen Verarbeitungsvorgängen**[85]. Sie ist – neben der bereits dargestellten Pflicht zur Erstellung von Verarbeitungsverzeichnissen – ein Datenschutzinstrument, das auf eine möglichst umfassende Reflexion der Verarbeitungstätigkeiten durch den Verantwortlichen selbst setzt. Ziel der in Art. 35 Abs. 7 DSGVO inhaltlich näher vorgezeichneten, va auf die **systematische Beschreibung und Bewertung der wesentlichen Verarbeitungsparameter** abzielenden[86] Datenschutz-Folgenabschätzung ist dabei konkret die vom Verantwortlichen selbst zu treffende Feststellung, ob die fragliche Verarbeitungstätigkeit in ihrem technisch-organisatorischen Gesamtzusammenhang[87], ggf. unter Berücksichtigung von umzusetzenden Risikovermeidungs- und Minimierungsmaßnahmen, rechtskonform implementiert werden kann oder unterbleiben muss.[88] Ergibt eine Datenschutz-Folgenabschätzung, „dass die Verarbeitung ein hohes Risiko zur Folge hätte, sofern der Verantwortliche keine Maßnahmen zur Eindämmung des Risikos trifft", muss der für die Verarbeitung Verantwortliche die zuständige **Aufsichtsbehörde** gem. Art. 36 Abs. 1 DSGVO **hinzuziehen.** Die reflexive Folgenabschätzung kann mithin in ein kooperativ gestaltetes konkretes Aufsichtsrechtsverhältnis übergehen.[89] Angesichts des erheblichen Bußgeldrisikos (Bußgelder von bis zu 10.000.000 EUR bzw. zwei Prozent des gesamten weltweit erzielten

---

[84] Gefragt sind insbes. eine gründliche Schulung des Personals, klare Unternehmensrichtlinien zum Datenschutz und eine eindeutige Zuständigkeitsverteilung im Unternehmen, vgl. Hamann BB 2017, 1090 (1095 f.); Wächter Datenschutz im Unternehmen-HdB Kap. C. III. Rn. 621; FHS Betrieblicher Datenschutz-HdB/Schild Teil II Kap. 5, Rn. 51 f. sowie 59 ff.

[85] Art. 35 Abs. 1 DSGVO sieht die Durchführung einer Datenschutz-Folgenabschätzung generell für alle Verarbeitungsformen vor, die voraussichtlich ein „hohes Risiko für die Rechte und Freiheiten natürlicher Personen zur Folge" haben können. Art. 35 Abs. 3 lit. a bis c DSGVO nennen einige Fälle, in denen eine Datenschutz-Folgenabschätzung insbes. erforderlich ist. Dazu zählen umfassende automatisierte und systematische Persönlichkeitsbewertungen (einschl. Profiling), soweit sie als Grundlage für Entsch. mit Rechtswirkungen dienen, die umfangr. Verarbeitung sensibler Daten sowie die „systematische und umfangreiche Überwachung öffentlich zugänglicher Bereiche". Die nationalen Aufsichtsbehörden haben gem. Art. 35 Abs. 4 DSGVO Listen mit weiteren Verarbeitungstätigkeiten zu erstellen sowie zu veröffentlichen, für die nach Art. 35 Abs. 1 DSGVO zwingend eine Datenschutz-Folgenabschätzung durchzuführen ist. Zudem können die Aufsichtsbehörden auch Listen mit unkritischen Verarbeitungsvorgängen erstellen und veröffentlichen (Art. 35 Abs. 5 DSGVO). Vgl. dazu etwa Datenschutzkonferenz (DSK), Kurzpapier Nr. 5 – Datenschutz-Folgenabschätzung nach Art. 35 DS-GVO, Stand: 17.12.2018, 1 ff. (abrufbar unter https://www.datenschutzkonferenz-online.de/media/kp/dsk_kpnr_5.pdf>) und zum Risikobegriff Datenschutzkonferenz (DSK), Kurzpapier Nr. 18 – Risiko für die Rechte und Freiheiten natürlicher Personen, Stand: 26.4.2018 (abrufbar unter <https://www.datenschutzkonferenz-online.de/media/kp/dsk_kpnr_18.pdf); Art.-29-Datenschutzgruppe, Leitlinien zur Datenschutz-Folgenabschätzung (DSFA) und Beantwortung der Frage, ob eine Verarbeitung iSd Verordnung 2016/679 „wahrscheinlich ein hohes Risiko mit sich bringt", WP 248 Rev. 01 17/DE, S. 7 ff.

[86] In Frankr. stellt die frz. Datenschutzbehörde (CNIL) eine Software („PIA", namentlich Privacy Impact Assessment) bereit, die den Verantwortlichen die Möglichkeit bietet, eine Risikofolgenabschätzung systematisch durchzuführen (vgl. auch abrufbar unter https://www.cnil.fr/en/open-source-pia-software-helps-carry-out-data-protection-impact-assesment). Der BayLfD hat eine dt. Übersetzung der App veröffentlicht (abrufbar unter https://www.datenschutz-bayern.de/dsfa/). Siehe detailliert zu den inhaltlichen Mindestanforderungen Paal/Pauly/Martini DS-GVO Art. 35 Rn. 44 ff.; zur Vorbereitungsphase Rn. 45 ff.; zur Bewertungsphase Rn. 48 ff.; zur (Berichts- und) Maßnahmenphase Rn. 54 f. sowie zur Berücksichtigung von Verhaltensregeln aus Art. 40 DSGVO Rn. 56 ff.; Roßnagel DuD 2019, 467 (469).

[87] Art. 35 Abs. 1 DSGVO verweist zwar lediglich auf die „Folgen der vorgesehenen Verarbeitungsvorgänge"; die Ausrichtung am Gesamtkontext des Datenschutzkonzepts ergibt sich jedoch aus dem Ziel der Datenschutz-Folgenabschätzung, risikoreiche Verarbeitungen mit den Anforderungen der DSGVO zu synchronisieren, vgl. Paal/Pauly/Martini DS-GVO Art. 35 Rn. 22.

[88] Vgl. Hamann BB 2017, 1090 (1094); Roßnagel DuD 2019, 467 (469); Hossenfelder BB 2018, 963 (964).

[89] Vgl. zur Rolle der Datenschutzaufsicht insoweit etwa Theode CR 2016, 714 (719).

Jahresumsatzes des vorangegangenen Geschäftsjahrs des Unternehmens), bei Nichtdurchführung der an sich erforderlichen Datenschutz-Folgenabschätzung (vgl. Art. 83 Abs. 4 lit. a DSGVO), scheint es im Fall der Fälle opportun zu sein, vor der Einführung neuer Formen der Datenverarbeitung (zB bei der Einführung von neuen Softwareprogrammen zur Personaldatenverwaltung) eine Datenschutz-Folgenabschätzung nach Vorgabe des Art. 35 DSGVO durchzuführen.[90]

f) Datenschutz durch Personal. Die nachgerade klassische organisationsstrukturbezogene Vorgabe des Datenschutzrechts bildet schließlich die Pflicht, einen Beauftragten als eigenständige, unternehmensinterne Stelle für den Datenschutz zu bestellen. Die Pflicht zur **Beauftragtenbestellung** gilt ganz generell als „Paradebeispiel für [einen] durch Gesetz ausgeübten Organisationszwang".[91] Ihr Zweck liegt in erster Linie darin, eine **Eigenüberwachung** der betr. Organisation, insbes. von privatwirtschaftlichen Unternehmen, zu bewirken.[92] Priorität haben daher die Überwachungsaufgaben des betrieblichen Datenschutzbeauftragten, die sich gem. Art. 39 Abs. 1 lit. b) DSGVO auf die Einhaltung sämtlicher Datenschutzvorschriften sowie der Aufstellung, Umsetzung und Kontrolle der internen „technische[n] und organisatorische[n] Maßnahmen" (Art. 24 Abs. 1, Art. 25 Abs. 1 und Art. 32 Abs. 1 DSGVO) durch das Unternehmen beziehen. Eigene Weisungs- oder Eingriffsbefugnisse erhält der Datenschutzbeauftragte durch die DSGVO zwar nicht; er agiert indes auch selbst gem. Art. 38 Abs. 3 DSGVO weisungsfrei und unabhängig und „berichtet unmittelbar der höchsten Managementebene" des Unternehmens, also des Adressaten der datenschutzrechtlichen Vorgaben, einschließlich der allgemeinen und spezifischen Organisationspflichten. 44

Neben seiner Überwachungsfunktion hat der Datenschutzbeauftragte den Unternehmensträger selbst – also die Geschäftsleitung – sowie die Beschäftigten im Unternehmen im Hinblick auf ihre jeweiligen datenschutzrechtlichen Pflichten zu unterrichten und zu beraten, zumal bei der Durchführung einer Datenschutz-Folgenabschätzung, Art. 39 Abs. 1 lit. a und c DSGVO. Der Datenschutzbeauftragte hat also auch – erg. zu den sonstigen reflexiven Datenschutzinstrumenten – eine **Informations- und Beratungsfunktion.** 45

Zudem ist der Datenschutzbeauftragte zur **Kooperation** mit der Aufsichtsbehörde verpflichtet und hat ihr gem. Art. 39 Abs. 1 lit. d und lit. e DSGVO als Anlaufstelle für alle datenschutzrelevanten Fragen zu Diensten zu stehen. Hierbei soll er als „zentraler Ansprechpartner"[93] und Mittler[94] figurieren. Dabei können potenziell Konflikte mit seinen arbeitsrechtlichen Treuepflichten ggü. dem Unternehmen sowie mit seiner auferlegten Rolle als „Anwalt der Betroffenen" nach Art. 38 Abs. 4 DSGVO auftreten. 46

Mit Blick auf die **Bestellung** und **Ausstattung** des Datenschutzbeauftragten legt die DSGVO einige Rahmenvorgaben fest.[95] Art. 37 DSGVO **verpflichtet** private Unternehmen bzw. Unternehmensgruppen[96] zur Benennung eines (internen oder externen)[97] Daten- 47

---

[90] Vgl. Fn. 40 bei Hamann BB 2017, 1090 (1094); Miño-Vásquez/Suhren DuD 2018, 151 (151); Kühling/Buchner/Bergt DS-GVO Art. 83 Rn. 63 ff. sowie Rn. 94.
[91] Hoffmann, Bausteine für eine „umweltgerechte Unternehmensführung", 171 zit. nach Rast, Unternehmerische Organisationsfreiheit und Gemeinwohlbelange, 56.
[92] Vgl. zu den Eigenüberwachungspflichten von Unternehmen allg. etwa Spindler, Unternehmensorganisationspflichten, 460 und 941; Rehbinder ZHR 165 (2001), 1 (18).
[93] Vgl. etwa Ehmann/Selmayr/Heberlein DS-GVO Art. 39. Rn. 17.
[94] Vgl. BeckOK DatenschutzR/Moos DS-GVO Art. 39 Rn. 20 f.; Baumgartner/Hansch ZD 2019, 99 (99); Wybitul/von Gierke BB 2017, 181 (181 ff.).
[95] Vgl. zum Ganzen etwa Gola ZD 2019, 383 (386 ff.).
[96] Unternehmensgruppen können, wie bereits unter → Rn. 18 dargelegt, gem. Art. 37 Abs. 2 DSGVO einen gemeinsamen (Konzern-)Datenschutzbeauftragten benennen, sofern dieser von jeder Niederlassung aus „leicht erreichbar" ist. Vgl. dazu Hamann BB 2017, 1090 (1096); im Allgemeinen zum Konzerndatenschutz vgl. Wächter Datenschutz im Unternehmen-HdB Kap. C. I. Rn. 457 sowie Rn. 478 ff.; Sörup/Batmann ZD 2018, 553 (553 f.).
[97] Der Datenschutzbeauftragte darf sowohl ein Beschäftigter des Unternehmens sein, aber auch als ein externer Dienstleister zum Datenschutzbeauftragten bestellt werden (Art. 37 Abs. 6 DSGVO). Es bestünde daher prinzipiell auch die Möglichkeit, eine (externe) jur. Person als Datenschutzbeauftragten zu

schutzbeauftragten, wenn ihre Kerntätigkeit entweder in der Durchführung von Verarbeitungsvorgängen besteht, die eine umfangr. regelmäßige und systematische Überwachung von betroffenen Personen erforderlich machen (Art. 37 Abs. 1 lit. b DSGVO), oder wenn sie in der umfangr. Verarbeitung bes. sensibler Daten besteht (Art. 37 Abs. 1 lit. c DSGVO). Darüber hinausgehend sieht § 38 Abs. 1 BDSG (iVm Art. 37 Abs. 4 S. 1 Hs. 2 DSGVO) ferner eine obligatorische Bestellung vor, wenn das Unternehmen regelmäßig mind. 20 Personen ständig mit der automatisierten Verarbeitung personenbezogener Daten beschäftigt, oder wenn es bestimmte qualifizierte Verarbeitungstätigkeiten ausführt.[98] Das Unternehmen hat dem Datenschutzbeauftragten dabei die für die effektive Erfüllung seiner Aufgaben erforderlichen (personellen, sachlichen und zeitlichen) **Ressourcen** zur Seite zu stellen. Sofern es sich beim Datenschutzbeauftragten um eine Mitarbeiterin oder um einen Mitarbeiter des Unternehmens handelt, die bzw. der noch andere Aufgaben und Pflichten zu erfüllen hat (sog. „Teilzeit-Datenschutzbeauftragte/r"), darf es nach Maßgabe des Art. 38 Abs. 6 DSGVO nicht zu Interessenkonflikten kommen.[99] Als unzulässig erachtet wird vor diesem Hintergrund insbes. die Benennung von Geschäftsführern sowie Leitern der IT-, Marketing- oder Personalabteilung.[100] Die Funktion des Leiters einer Rechtsabteilung oder Compliance-Abteilung schließt eine Benennung als Datenschutzbeauftragter dagegen nicht von vornherein aus.[101]

IV. Verfahrensrechtliche Vorgaben

1. Einwirkungen der hoheitlichen Datenschutzaufsicht

48 Die Überwachung der Verarbeitungstätigkeiten privatwirtschaftlicher Unternehmen ruht primär auf den Schultern der **Aufsichtsbehörden,** denen in Anbetracht des typischen Mangels an Übersicht und Kontrolle über die Verarbeitungen seitens der Betroffenen selbst eine zentrale Rolle zukommt.[102] Zur Überwachung speziell der datenschutzrechtlichen Organisationspflichten stehen den Aufsichtsbehörden einerseits das gesamte Repertoire an allgemeinen punktuellen **Untersuchungs- und Abhilfebefugnissen aus Art. 58 Abs. 1 und 2 DSGVO** zu, auf die sie auch mit Blick auf sonstige datenschutzrechtliche Vorgaben zurückgreifen können – vom einfachen Auskunftsersuchen (Art. 58 Abs. 1 lit. a DSGVO) bis hin zur „Nachschau" iRv Datenschutzüberprüfungen (Art. 58 Abs. 1 lit. b DSGVO), von der Verwarnung (Art. 58 Abs. 2 lit. b DSGVO) bis hin zur Verhängung eines Verarbeitungsverbots (Art. 58 Abs. 2 lit. f DSGVO). Darüber hinaus haben die Aufsichtsbehörden auch **(quasi-)normsetzende** Befugnisse, mit denen sie die konkreten Maßstäbe für die abstrakten Organisationspflichten „schärfen" können. Gemeint sind insbes. die Erstellung informeller Leitlinien, förmlicher Stellungn. sowie die vielfältigen Einbindungen der Aufsichtsbehörden in die Selbstregulierungsprozesse: Die Behörden sind insbes. maßgeblich an der Erarbeitung oder wenigstens Billigung von Zertifizierungskriterien (Art. 42

---

bestellen. Zur Unterscheidung zwischen internen und externen Datenschutzbeauftragten siehe etwa Baumgartner/Hansch ZD 2019, 99 (99 ff.).

[98] Gem. § 38 Abs. 1 BDSG „benennen der Verantwortliche und der Auftragsverarbeiter eine Datenschutzbeauftragte oder einen Datenschutzbeauftragten, soweit sie idR mind. 20 Personen ständig mit der automatisierten Verarbeitung personenbezogener Daten beschäftigen. Nehmen der Verantwortliche oder der Auftragsverarbeiter Verarbeitungen vor, die einer Datenschutz-Folgenabschätzung nach Art. 35 der VO (EU) 2016/679 unterliegen, oder verarbeiten sie personenbezogene Daten geschäftsmäßig zum Zweck der Übermittlung, der anonymisierten Übermittlung oder für Zwecke der Markt- oder Meinungsforschung, haben sie unabhängig von der Anzahl der mit der Verarbeitung beschäftigten Personen eine Datenschutzbeauftragte oder einen Datenschutzbeauftragten zu benennen." Siehe dazu etwa Kühling/Buchner/Kühling/Sackmann BDSG § 38 Rn. 2 ff.; Löschhorn/Fuhrmann NZG 2019, 161 (165).

[99] Vgl. etwa Hamann BB 2017, 1090 (1096).

[100] Vgl. Art.-29-Datenschutzgruppe, Leitlinien in Bezug auf Datenschutzbeauftragte („DSB") (16/DE WP 243 rev. 01), 18 f.; Hamann BB 2017, 1090 (1096).

[101] Vgl. Ehmann/Selmayr/Heberlein DS-GVO Art. 38 Rn. 23.

[102] Vgl. dazu Roßnagel, Datenschutzaufsicht nach der EU-Datenschutz-Grundverordnung, 28 f.

Abs. 5, Art. 58 Abs. 3 lit. f DSGVO) sowie an der Genehmigung von Verhaltensregeln (Art. 40 Abs. 5 und 6 DSGVO) beteiligt und konkretisieren die personen- und verhaltensbezogenen Anforderungen, die an akkreditierte Stellen nach Art. 41 und 43 DSGVO zu stellen sind. Des Weiteren bietet insbes. die Aufgabe zur Sensibilisierung der Verantwortlichen nach Art. 57 Abs. 1 lit. d DSGVO den Aufsichtsbehörden die Möglichkeit, im Wege **informeller Beratungstätigkeiten** (zB Weiterbildung oder individuelle Unterstützung bzgl. konkreter Datenschutzrechtsfragen)[103] auf risikoangemessene technische und organisatorische Maßnahmen im Unternehmen hinzuwirken.

2. Einbindung der Unternehmen selbst

Da das Datenschutzrecht in erheblichem Maße auf die Einbindung der Verantwortlichen selbst setzt, um datenschutzrechtskonforme Verarbeitungen und die Implementierung entspr. Organisationsmaßnahmen zu gewährleisten, stehen den Datenschutzbehörden zudem besondere Instrumente zur Verfügung, um an die unternehmerische **Eigenüberwachung** anzuknüpfen. Das Datenschutzrecht statuiert dazu insbes. eine allgemeine **Kooperationspflicht** des Unternehmens in Art. 31 DSGVO[104] sowie zahlr. spezifische Kooperationspflichten[105]. Auch die vielfältigen **Aufzeichnungspflichten** sollen (ua) eine belastbare Grdl. für die Tätigkeit der Aufsichtsbehörden formen. Eine verfahrensmäßige Besonderheit bildet schließlich das **Konsultationsverfahren** nach Art. 36 DSGVO im Nachgang einer Datenschutzfolgenabschätzung. Das Konsultationsverfahren kann in formlose Empf. oder förmliche Anordnungen nach Art. 58 DSGVO münden, die sich auch auf die Ergebnisse der Folgenabschätzung beziehen können, einschließlich etwaiger erforderlicher technisch-organisatorischer Maßnahmen zur Risikoeindämmung (Art. 36 Abs. 2 S. 1 DSGVO). 49

V. Sanktionen

Die mit der DSGVO eingeführten[106] scharfen **behördlichen Sanktionen** für eine Vielzahl von Verletzungen des Datenschutzes sind grds. auch für die Durchsetzung der unternehmensbezogenen Organisationspflichten relevant.[107] Adressat der Sanktionen sind grds. die **Unternehmensträger,** dh die das Unternehmen tragende (jur. oder natürliche) Person. Nach umstr. Ansicht (wohl auch der Datenschutzbehörden) soll im **Unternehmensverbund** allerdings – systemwidrig – die Muttergesellschaft auch für Verstöße ihrer Tochtergesellschaften verantwortlich sein.[108] 50

Sanktionsbewehrt sind insbes. die in Art. 83 Abs. 4 lit. a DSGVO genannten **allgemeinen Organisationspflichten** aus Art. 25 Abs. 1 und Art. 32 Abs. 1 DSGVO sowie die Pflichten zur Führung eines **Verarbeitungsverzeichnisses,** zur **Meldung** von Datenschutzverstößen, zur Durchführung einer **Datenschutz-Folgenabschätzung** und zur Bestellung eines **Datenschutzbeauftragten.** In Art. 83 Abs. 5 lit. b DSGVO ist überdies 51

---

103 Vgl. zu diesen Bsp. Kühling/Buchner/Boehm DS-GVO Art. 57 Rn. 17.
104 Zur eigenständigen Bedeutung dieser Pflicht siehe Paal/Pauly/Martini DS-GVO Art. 31 Rn. 13; KLO Münchener HdB zum Arbeitsrecht/Wybitul § 96 Rn. 243 ff.; Wenzel/Wybitul ZD 2019, 290 (290 ff.).
105 Siehe zB Art. 30 Abs. 4 DSGVO (Bereitstellung der Verarbeitungsverzeichnisse), Art. 33 DSGVO (Meldepflichten), Art. 60 Abs. 10 DSGVO (Meldung umgesetzter Maßnahmen). Vgl. zum Ganzen auch Kühling/Buchner/Hartung DS-GVO Art. 31 Rn. 4.
106 Obwohl auch das vormals geltende Bundesdatenschutzgesetz (BDSG aF) Bußgeldtatbestände für bestimmte Datenschutzverstöße vorsah, hatten dt. Datenschutzbehörden in der Vergangenheit keinen extensiven Gebrauch von ihnen gemacht. Die Resonanz in der Praxis lag daher zwischen „Handeln mit Augenmaß" und „Bußgelder drohen doch gar nicht", vgl. Eckhardt/Menz DuD 2018, 139 (139).
107 Siehe etwa Spindler DB 2018, 41 (44).
108 Wie bereits unter → Rn. 17 dargestellt, ist der für das Sanktionsrecht geltende Unternehmensbegriff insbes. mit Blick auf verbundene Unternehmen umstr. Konkret ist str, ob Geldbußen dem Adressaten nach gegen die Muttergesellschaft und der Höhe nach auf Basis des Konzernumsatzes verhängt werden können, unter Anwendung der im Kartellrecht geltenden Grundsätze. Richtigerweise sind beide Fragen – wie dargestellt – zu verneinen.

Art. 12 DSGVO genannt, aus dem sich ua die Pflicht zur Einrichtung und Vorhaltung eines **Kommunikationssystems** zur Information der Betroffenen ergibt. Die Härte der Sanktionierung hängt dabei in erster Linie von der verletzten Vorschrift ab. Demnach beträgt das „große Bußgeld" nach Art. 83 Abs. 5 DSGVO bis zu 20 Mio. EUR oder im Fall eines Unternehmens bis zu 4% seines gesamten weltweit erzielten Jahresumsatzes des vorangegangenen Geschäftsjahrs – je nachdem, welcher der Beträge höher ist. Daneben kommt das „kleine Bußgeld" bei Verstößen gegen die in Art. 83 Abs. 4 DSGVO Pflichten zur Anwendung und beträgt bis zu 10 Mio. EUR bzw. 2% des Umsatzes. Ganz überw. fallen die unternehmerischen Organisationspflichten demnach unter das „kleine Bußgeld".

52 Zum **Verhältnis** zwischen den Befugnissen zur Verhängung von Geldbußen nach Art. 83 DSGVO und den **Untersuchungs- und Abhilfebefugnissen** aus Art. 58 DSGVO wird in Art. 58 Abs. 2 lit. i DSGVO nahezu beiläufig vorgesehen, dass die Befugnis der Aufsichtsbehörde zur Verhängung von Geldbußen **„zusätzlich zu oder anstelle von"** den übrigen dort genannten Maßnahmen bestehe. Demnach kann bereits ein Erstverstoß gegen die DSGVO ohne vorangehende Verwarnung des Verantwortlichen mit Geldbuße geahndet werden, ohne dass dies per se unverhältnismäßig wäre.[109]

53 Art. 84 DSGVO erlaubt darüberhinausgehend auch die Einführung sonstiger Sanktionen durch die **Mitgliedstaaten** für Verstöße gegen die VO, insbes. durch Bußgeld- und Strafvorschriften (vgl. im dt. Recht §§ 41, 42 und 43 BDSG). Ob diese Öffnungsklausel auch die Möglichkeit schafft, Sanktionen nicht nur gegen das Unternehmen, sondern auch gegen **einzelne Mitarbeiterinnen und Mitarbeiter** einzuführen, ist umstr. Der dt. Gesetzgeber geht ausweislich der Gesetzesbegründung zum BDSG davon aus, dass dies nicht der Fall ist, und hat bislang keine derartigen Vorschriften geschaffen.[110]

54 Freilich können sich Sanktionen nicht allein in der Beziehung zu den Aufsichtsbehörden ergeben. Im letztgenannten Verhältnis zu den Betroffenen **haftet** der Verantwortliche im Schadensfall (!) unbegrenzt für die Einhaltung der Organisationspflichten, Art. 82 Abs. 1 sowie Abs. 2 S. 1 DSGVO, und zwar sowohl für materielle als auch für immaterielle Schäden.[111]

VI. Rechtsschutz

55 Mit Blick auf den Rechtsschutz wirft das unternehmensbezogene Datenschutzrecht keine Besonderheiten auf. Den verantwortlichen Stellen steht gegen organisationspflichtbezogene Untersuchungs- und Abhilfemaßnahmen der Aufsichtsbehörden grds. der Verwaltungsrechtsweg offen. Für Sanktionen sowie für die Schadenshaftung ist demgegenüber die ordentliche Gerichtsbarkeit vorgesehen.

VII. Datenschutzrechtliche Zugriffe auf das Unternehmen in der Bilanz

56 Neben die vielfältigen datenschutzrechtlichen Einzelanforderungen, die der Träger eines Unternehmens im Rahmen seiner individuellen Tätigkeit zu beachten hat, treten seine nicht minder **vielfältigen unternehmensbezogenen Organisationspflichten.** Diese werden nicht nur im Falle von Verstößen gegen einzelne Datenschutzvorschriften relevant, etwa in Gestalt unselbständiger Sorgfaltspflichten, sondern sind ganz **überwiegend selbständig durchsetz-, einklag- und sanktionierbar.** Besonders bemerkenswert sind insoweit die generalklauselartig festgesetzten allgemeinen Organisationspflichten des Verantwortlichen (Art. 24 Abs. 1, Art. 25 Abs. 1 und Art. 32 Abs. 1 DSGVO), die praktisch jede einzelne Datenschutzbestimmung zum Gegenstand einer strukturellen Organisationspflicht werden lassen. Teils darin aufgehend, teils aber auch selbständig normiert sind darüber

---

[109] Vgl. Neun/Lubitzsch BB 2017, 1538 (1540 f.); Paal/Pauly/Frenzel DS-GVO Art. 83 Rn. 6.
[110] Vgl. BT-Drs. 18/11325, 38. Im RefE war dies offenbar noch vorgesehen, vgl. BeckOK DatenschutzR/Holländer DS-GVO Art. 83 Rn. 20.
[111] Vgl. BeckOK DatenschutzR/Schmidt/Brink DS-GVO Art. 24 Rn. 38.

hinaus die spezifischen Organisationspflichten, die sich aus den besonderen Datenschutzstrategien zumal der DSGVO (Datenschutz durch Technikgestaltung, Datenschutz durch Aufzeichnung, Datenschutz durch Kommunikation, Datenschutz durch Reflexion, Datenschutz durch Personal) ergeben. Besondere Herausforderungen ergeben sich dabei durch (systemwidrige) **Verschiebungen der datenschutzrechtlichen Verantwortlichkeiten** in der Praxis: Während die Rspr. diese zT auch auf einzelne Mitglieder der Geschäftsleitung des Unternehmens ausdehnt, konstruieren die Aufsichtsbehörden konzernweite Verantwortlichkeiten nach kartellrechtlichen Grundsätzen, indem sie einer Konzernmutter Datenschutzverstöße ihrer Tochtergesellschaften bei der Verhängung von Sanktionen zurechnen. Insgesamt ist es vor diesem Hintergrund kaum verwunderlich, dass sich das Datenschutzrecht in den vergangenen Jahren in der Beratungspraxis zu einem höchst bedeutsamen Teilgebiet des Wirtschaftsrechts entwickelt hat. Was für die anwaltliche Beratung äußerst lukrativ ist, muss freilich keinen Freiheitsgewinn für die Unternehmen bedeuten. Bei der Interpretation und Handhabung der datenschutzrechtlichen Organisationspflichten sollte daher nicht aus den Augen verloren werden, dass dem zweifellos bestehenden Bedürfnis nach einem effektiven, auch **strukturellen Schutz personenbezogener Daten** auch ein Interesse der Unternehmen an einem **beherrschbaren organisationsrechtlichen Rahmen** gegenübersteht, der unternehmerische Initiative nicht übermäßig beschränkt.

§ 14 Verwaltungsrechtliche Vorgaben betreffend das Finanzunternehmen (inklusive Sustainable Finance Regulierung)

Prof. Dr. Ann-Katrin Kaufhold

Übersicht

	Rn.
I. Einleitung: Öffentliches Finanzmarktrecht ist Verfahrens- und Organisationsrecht	1
II. Rechtsgrundlagen und Normadressaten: Die „Grundgesetze" für Finanzunternehmen	8
III. Regelungsziele: Funktionsfähige Finanzmärkte, Ein- und Anlegerschutz, Nachhaltigkeit	12
IV. Organisationsbezogene Pflichten: Eigenkapital- und Governance-Anforderungen	16
1. Überblick	16
2. Quantitative Eigenkapitalanforderungen	18
a) Funktionen der Eigenkapitalanforderungen	19
b) Eigenkapitalklassen	22
c) Berechnung des Mindesteigenkapitals	23
d) Die Risikokalibrierung als zentrale Stellschraube und die demokratische Notwendigkeit einer gesellschaftlichen Diskussion	30
e) „Deep Uncertainty" als besondere Herausforderung: Die Gewichtung von Klimarisiken	31
f) Kapitalpuffer	36
3. Tätigkeitsspezifische Governance-Anforderungen	38
a) Überblick	39
b) Rechtsgrundlagen der tätigkeitsspezifischen Governance-Anforderungen	41
c) Funktionen der Governance-Anforderungen	47
d) Anforderungen an das Compliance- und Risikomanagement	48
e) Vorgaben für die Leitungsorgane und ihre Mitglieder	61
4. Sanktionen und Rechtsschutz	74
V. Verfahrenspflichten	76
1. Informationspflichten: Das Melde- und Offenlegungsregime	76
a) Überblick	76
b) Meldepflichten	81
c) Offenlegungspflichten	85
d) Insbesondere: Die Pflicht zur Information über Nachhaltigkeitsrisiken nach der Offenlegungs- und der Taxonomie-Verordnung	88
2. Sanierungsplanung	91
3. Sanktionen und Rechtsschutz	94
VI. Fazit und Ausblick	95

Literatur

Bolton et al.: The green swan. Central banking and financial stability in the age of climate change, Basel 2020; Bueren, Sustainable Finance, ZGR 48 (2019), 813 ff.; ders., Die EU-Taxonomie nachhaltiger Anlagen, WM 2020, 1611 ff., 1659 ff.; Bumke, Kapitalmarktregulierung, DV 41 (2008), 227 ff.; Busch/Ferrarini/Grünewald (Hrsg.), Sustainable Finance in Europe, Cham 2021; Casper, Rechtliche Grundlagen und aktuelle Entwicklungen der Compliance am Beispiel des Kapitalmarktrechts, in: Hadding/Hopt/Schimansky (Hrsg.), Verbraucherschutz im Kreditgeschäft, Berlin 2009, S. 140 ff.; Chiu, Regulating (From) the Inside. The Legal Framework for Internal Control in Banks and Financial Institutions, London 2015; de Larosière-Gruppe, Report, Brüssel 2009; FSA: The Turner Review. A regulatory response to the global banking crisis, London 2009; Heitzer, Messing with the Regulator. Gerichtliche Verwaltungskontrolle als Herausforderung am Beispiel des Bankenaufsichtsrechts und des Telekommunikationsrechts, Tübingen 2023; Heitzer/Kaufhold, Managervergütung, Mindestlohn, Mietpreisbremse. Vergütungsregelungen als Steuerungsinstrumente in einer sozialen Marktwirtschaft, Der Staat 60 (2021), S. 353 ff.; Kaufhold, Finanz- und Börsenaufsicht, in: Reiner Schmidt/Ferdinand Wollenschläger (Hrsg.), Kompendium Öffentliches Wirtschaftsrecht, 5. Aufl. Berlin 2019,

§ 14; dies., Klimawissen im Finanzmarktrecht. Zu Transfer und Transformation von ökologischem und ökonomischem Wissen in der Sustainable Finance Regulierung, in: Augsburg/Schuppert (Hrsg.), Wissen und Recht, Baden-Baden 2022, S. 289 ff.; dies., Die Sustainable Finance Regulierung als Demokratieproblem, FS Streinz, Berlin 2023, S. 179 ff.; dies., Systemaufsicht. Anforderungen an die Ausgestaltung einer Aufsicht zur Abwehr systemischer Risiken entwickelt am Beispiel der Finanzaufsicht, Tübingen 2016; Kirschhöfer, Europäische Transparenzvorgaben im Lichte der Nachhaltigkeit, WM 2021, 1624 ff.; Kumpan/Misterek, Nachhaltigkeitsrisiken für Kreditinstitute, ZBB 2023, 1 ff.; Möllers, Green Deal: Greenwashing, Information Overload und der vergessene Good Corporate Citizen als Investor, ZHR 185 (2021) 881 ff.; Möslein/Mittag, Der Europäische Aktionsplan zur Finanzierung nachhaltigen Wachstums, WM 2019, 481 ff.; Renner, Die geplante „European Green Bond"-Verordnung und ihre (international-)privatrechtliche Durchsetzung, ZBB 2023, S. 23 ff.; Stumpp, Die EU-Taxonomie für nachhaltige Finanzprodukte – Eine belastbare Grundlage für Sustainable Finance in Europa?, ZBB 2019, 71 ff.; Thiele, Finanzaufsicht, Tübingen 2014; Veil, Europa auf dem Weg zu einem Green Bond Standard, WM 2020, 1093 ff.; ders., Nachhaltigkeitsförderung durch Finanzmarktrecht, in: Burgi/Möslein (Hrsg.), Zertifizierung nachhaltiger Kapitalgesellschaften, Tübingen 2021, S. 319 ff.; Wissenschaftlicher Beirat beim BMWi, Gutachten. Reform von Bankenaufsicht und Bankenregulierung nach der Finanzkrise, Berlin 2010; Wundenberg, Europäisches Bankenaufsichtsrecht, Tübingen 2022.

I. Einleitung: Öffentliches Finanzmarktrecht ist Verfahrens- und Organisationsrecht

1 Das Klagen über (zu) große **Regulierungslasten** gehört zu den Standardelementen eines jeden Gesprächs mit Vertretern von Finanzinstituten[1]. Nach der weltweiten Finanzkrise der Jahre 2008/2009 ist die Forderung, das regulatorischen Korsett zu lockern, für einen kurzen Moment verstummt. Mittlerweile scheint sich bei der großen Mehrheit der Finanzmarktteilnehmer aber doch wieder ein „Jetzt muss aber auch einmal Schluss sein mit der Bürokratie"-Gefühl breit zu machen. Die jüngsten europäischen Sustainable Finance Rechtsakte und die mit ihnen eingeführten umfangreichen, nachhaltigkeitsbezogenen Offenlegungspflichten[2] tragen gewiss ihren Teil dazu bei.

2 Die Behauptung, Finanzmarktteilnehmer müssten ein besonders dichtes Geflecht von verwaltungsrechtlichen Vorgaben beachten, ist zugleich zutreffend und unzutreffend. Richtig ist einerseits: Finanzinstitute müssen eine außergewöhnlich **große und weiterwachsende Zahl von Anforderungen** an ihre interne Governance und von Pflichten zur Publikation unternehmensinterner Informationen erfüllen, deren Einhaltung von europäischen und nationalen Finanzaufsichtsbehörden überwacht wird. Die schiere Masse dieser viele tausend Seiten füllenden – überwiegend unionsrechtlichen oder unionsrechtlich überformten – Vorschriften ist bemerkenswert. Technizität und Unübersichtlichkeit der Regelungen sind notorisch.

3 **Andererseits:** Die **Tätigkeit** der Finanzunternehmen, also das Anbieten von Finanzdienstleistungen im weiten Sinne, unterliegt *als solche* kaum zwingenden verwaltungsrechtlichen **Vorgaben.** Über die Ausgestaltung entscheiden die Finanzmarktteilnehmer weitgehend frei, ihre Privatautonomie ist insoweit kaum begrenzt. So gibt es zB kaum Verbote bestimmter Finanzprodukte oder -geschäfte, keine Vorgaben für Höchst- oder Mindestzinssätze, für Laufzeiten oder über zu bestellende Sicherheiten. Anders als in vielen Bereichen des öffentlichen Wirtschaftsrechts sucht der Gesetzgeber seine Ziele **praktisch ausschließlich** durch umfangreiche **Verfahrenspflichten und** durch **Vorgaben für die**

---

[1] Die Begriffe „Finanzinstitut" und „Finanzunternehmen" werden in Diskussionen und Analysen des Finanzmarktrechts sowohl als terminus technicus genutzt (vgl. zB die Legaldefinitionen in § 1 Abs. 3 KWG und Art. 4 Abs. 1 Nr. 27 CRR) als auch in untechnischem Sinn verwendet (so zB als Oberbegriff für alle Unternehmen, die Leistungen im Finanzbereich anbieten). Entsprechendes gilt für die Begriffe Finanzmarktteilnehmer, Finanzprodukt, Finanzinstrument, Finanzdienstleistung. Die Liste ließe sich noch weiterführen. Die Unterschiede in der Begriffsverwendung erschweren nicht nur den inter- und intradisziplinären Austausch, sondern schon das rechtsgebietsübergreifende Gespräch innerhalb des Privat- oder Öffentlichen Rechts. Im Folgenden werden die Begriffe im untechnischen Sinne verstanden, wenn nicht ausdrücklich auf konkrete Normen und die dort verwendete Begriffsbedeutung oder -definition Bezug genommen wird.

[2] S. zu diesen Pflichten → Rn. 88 ff. und zur Klage über den „Datenhunger" der Aufsichtsbehörden → Rn. 81 mit Fn. 129.

Unternehmensorganisation zu erreichen. Er reagiert damit insbesondere auf die Dynamik und Komplexität des Finanzsystems als Regelungsgegenstand. Zu den wenigen regelbestätigenden Ausnahmen zählen etwa die Obergrenzen für Großkredite,[3] die Beschränkungen von Leerverkäufen und Credit Default Swaps,[4] das Verbot des Insiderhandels[5] und gegebenenfalls zur Sicherung der Abwicklungsfähigkeit angeordnete institutsspezifische Maßnahmen, zu denen auch die Begrenzung von Risikopositionen oder die Änderung laufender Finanzierungsvereinbarungen zählen kann. Soweit einzelne Finanzprodukte gesetzlich vorstrukturiert sind (wie es etwa für „Europäische Grüne Anleihen" geplant ist[6]), handelt es sich hingegen um legislative Angebote und es steht den Finanzmarktteilnehmern frei, die gesetzliche Form zu nutzen (und damit zu werben) oder eigene Ausgestaltungen zu formen. Eine Sonderrolle nimmt nur das Versicherungsaufsichtsrecht ein, das zum Schutz der Versicherungsnehmer zusätzlich zu den Verfahrens- und Organisationsvorgaben für die Institute detaillierte Vorgaben auch für die von den Versicherungsunternehmen angebotenen Produkte aufstellt.[7] Soweit es aber um Kreditinstitute und Wertpapierfirmen geht, ist die Darstellung der verwaltungsrechtlichen Verfahrens- und Organisationspflichten im Wesentlichen gleichbedeutend mit einer Darstellung der finanzaufsichtsrechtlichen Vorgaben insgesamt. **Öffentliches Finanzmarktrecht ist** insoweit **Verfahrens- und Organisationsrecht.**

Angesichts dessen und weil sich das öffentliche Finanzmarktrecht nicht auf wenigen Seiten vollständig abbilden lässt, kann und soll es im Weiteren allein darum gehen, **Strukturen und Regelungsbausteine** aufzuzeigen. Dies gilt umso mehr, als die Vorschriften für Kreditinstitute, Wertpapierfirmen und Versicherungen zwar viele strukturelle Gemeinsamkeiten kennen, sich im Einzelnen aber nicht unerheblich unterscheiden. Ziel dieses Beitrags ist es daher nicht, zur dogmatischen Ausgestaltung einzelner Vorschriften beizutragen. Vielmehr sollen die legislativen Grundentscheidungen, ihre Ziele und die Konzepte aufgezeigt werden, denen der Gesetzgeber bei der Regulierung der Finanzunternehmen folgt. Damit soll eine Grundlage geschaffen werden für den Vergleich des öffentlichen Unternehmensrechts der Finanzbranche mit den verwaltungsrechtlichen Vorgaben für Unternehmen in anderen Wirtschaftsbereichen. 4

Ausgeklammert bleiben die wiederum speziellen Regelungsregime für die **Anbieter von Marktinfrastrukturen** (wie zB Börsen oder multilateralen Handelssystemen), für **Informationsintermediäre** auf den Kapitalmärkten (wie zB Ratingagenturen) und für **öffentlich-rechtliche Finanzunternehmen** (ie Sparkassen und Landesbanken; siehe § 19). 5

Die Vorschriften, die unter dem Stichwort **„Sustainable Finance"** diskutiert werden, fügen sich demgegenüber trotz ihrer besonderen Zielrichtung und Entwicklung (einstweilen noch) in die allgemeinen Strukturen der finanzaufsichtsrechtlichen Vorgaben ein und sind daher in die Darstellung integriert.[8] Trotz aller Eigenheiten von Nachhaltigkeitszielen und -risiken arbeitet man auch insoweit, jedenfalls bislang, mit bekannten rechtlichen Instrumenten, nutzt also Verfahrens-, insbesondere Offenlegungspflichten und Vorgaben für die unternehmensinterne Governance. 6

Aus den Zielen des Beitrags ergibt sich seine **Gliederung:** Zunächst werden die wesentlichen Rechtsquellen des öffentlichen Finanzmarktrechts und seine Adressaten (II.) sowie 7

---

[3] S. Art. 396 CRR.
[4] S. Art. 12 ff. der VO (EU) Nr. 236/2012, sowie hierzu im Überblick zB Veil/Walla Europäisches und deutsches Kapitalmarktrecht § 25 Rn. 26 ff., 39 ff.
[5] Art. 8, 14 VO (EU) Nr. 596/2014 (Market Abuse Regulation, MAR).
[6] S. Art. 3 ff. des Vorschlags für eine Verordnung des Europäischen Parlaments und des Rates über europäische grüne Anleihen (Green Bond Standard), COM(2021) 391 final, und einführend dazu zuletzt zB Renner ZBB 2023, S. 23 ff.
[7] S. zB §§ 138 ff., 146 ff. VAG.
[8] Ob die Integration der Sustainable Finance Rechtsakte in die bestehenden Strukturen angesichts ihrer spezifischen Funktionen sinnvoll möglich ist, steht auf einem anderen Blatt. Die Diskussion hierüber hat gerade erst begonnen, s. zB zu den Schwierigkeiten einer Integration von ESG-Risiken in die bekannten Risikomodelle Kumpan/Misterek ZBB 2023, 1 (19 ff.) und unten → Rn. 33 ff.

die übergreifenden Ziele der verwaltungsrechtlichen Vorgaben für Finanzinstitute vorgestellt (III.). Auf dieser Grundlage lässt sich untersuchen, wie der Gesetzgeber die benannten Ziele mit Hilfe von Vorgaben für die Organisation der Finanzunternehmen (IV.) und mit Verfahrenspflichten (V.) zu erreichen sucht. Den Abschluss bildet ein Ausblick auf die weitere Entwicklung der verwaltungsrechtlichen Vorgaben betreffend das Finanzunternehmen (VI.).

II. Rechtsgrundlagen und Normadressaten: Die „Grundgesetze" für Finanzunternehmen

8   Ein umfassendes Gesetzbuch für „die Finanzunternehmen" oder „den Finanzmarkt" gibt es nicht. Selbst die klassischerweise unterschiedenen drei Segmente der Finanzbranche (Kreditinstitute, Wertpapierfirmen, Versicherungen) bzw. des Finanzmarkts (Geld-, Kredit- und Kapitalmarkt, Versicherungsmarkt) werden nicht durch jeweils einheitliche Gesetze geregelt. Das öffentliche Finanzmarktrecht findet sich vielmehr verteilt über eine Vielzahl von Rechtsakten, die zudem nicht mit einheitlich definierten Gruppen von Normadressaten (etwa „klassischen" Institutstypen wie Banken, Wertpapierfirmen, Versicherungen) arbeiten, sondern ihre persönlichen wie sachlichen Anwendungsbereiche immer wieder neu zuschneiden, sich dabei teils überschneiden und teils ergänzen. Eine zugleich knappe, präzise und umfassende Antwort auf die Frage, wer die verwaltungsrechtlichen Vorgaben betreffend Finanzunternehmen beachten muss, lässt sich deshalb nicht geben. Als Orientierung können aber die Definitionen in jenen Rechtsakten dienen, die üblicherweise als die **„Grundgesetze" des Banken-, Kapitalmarkt- und Versicherungsaufsichtsrechts**[9] verstanden werden.

9   Den Kern des materiellen[10] **Bankenaufsichtsrechts** bilden die Verordnung (EU) Nr. 575/2013 über Aufsichtsanforderungen für Kreditinstitute (Capital Requirements Regulation, CRR) und das Kreditwesengesetz (KWG), das ua die Vorgaben der Richtlinie 2013/36/EU über den Zugang zur Tätigkeit von Kreditinstituten und die Beaufsichtigung von Kreditinstituten (Capital Requirements Directive, CRD) im deutschen Recht umsetzt. Danach zählt als Kreditinstitut jedenfalls jedes Unternehmen, das „Einlagen oder andere rückzahlbare Gelder des Publikums entgegen[nimmt] und Kredite für eigene Rechnung […] gewähr[t]".[11]

10 Als zentrale Normierung des **Kapitalmarktrechts** kann auch heute noch das Wertpapierhandelsgesetz (WpHG) gelten, das insbesondere die Richtlinie 2014/65/EU über Märkte für Finanzinstrumente (Markets in Financial Instruments Directive, MiFID) in nationales Recht überführt. Daneben kommt der MAR und der Verordnung (EU) Nr. 600/2014 über Märkte für Finanzinstrumente (Markets in Financial Instruments Regulation, MiFIR) wesentliche Bedeutung zu. Vorgaben für Wertpapier(dienstleistungs)-firmen müssen danach insbesondere von all jenen Unternehmen beachtet werden, die auf eigene oder fremde Rechnung mit Finanzinstrumenten, insbesondere Aktien und Anleihen, am Kapitalmarkt handeln.[12]

11 Die verwaltungsrechtlichen **Anforderungen an Versicherungsunternehmen** ergeben sich zuvorderst aus dem Versicherungsaufsichtsgesetz (VAG), das zuletzt 2016 zur Umsetzung der Richtlinie 2009/138/EG betreffend die Aufnahme und Ausübung der Versicherungs- und der Rückversicherungstätigkeit („Solvency-II") umfassend reformiert wurde.

---

[9] In Anlehnung an Hopt ZHR 159 (1995), 135 (135: WpHG ist das „Grundgesetz des Kapitalmarktrechts").

[10] Als „materielles" Banken- und Finanzaufsichtsrechts werden hier sämtliche Anforderungen bezeichnet, die von Banken und Finanzinstituten zu erfüllen sind. Demgegenüber hat das „institutionelle" Finanzaufsichtsrecht nach hiesigem Verständnis die Organisation, Befugnisse und Verfahren der Finanzaufsichtsbehörden zum Gegenstand.

[11] S. Art. 4 Abs. 1 Nr. 1 CRR, § 1 Abs. 1 KWG.

[12] S. § 2 Abs. 10 WpHG, Art. 4 Abs. 1 Nr. 1 MiFID.

§ 14 Verwaltungsrechtliche Vorgaben betreffend das Finanzunternehmen

Sie richten sich an „Erst- oder Rückversicherungsunternehmen, die den Betrieb von Versicherungsgeschäften zum Gegenstand haben und nicht Träger der Sozialversicherung sind".[13] Was ein Versicherungsgeschäft ausmacht, wird im Gesetz nicht definiert. Die deutsche Rechtsprechung hat den Begriff konkretisiert und qualifiziert ein Unternehmen als Versicherungsunternehmen, wenn es gegen Entgelt für den Fall eines unbestimmten Ereignisses bestimmte Leistungen übernimmt, wobei das Risiko auf eine Vielzahl durch die gleiche Gefahr bedrohter Personen verteilt wird und der Risikoübernahme eine auf dem Gesetz der großen Zahl beruhende Kalkulation zugrunde liegt.[14]

III. Regelungsziele: Funktionsfähige Finanzmärkte, Ein- und Anlegerschutz, Nachhaltigkeit

Das Finanzaufsichtsrecht verfolgt traditionell vor allem zwei Ziele:[15] Erstens soll es die **Finanzstabilität,** dh die Stabilität und Funktionsfähigkeit der Finanzmärkte und des Finanzsystems gewährleisten, denn die Leistungsfähigkeit der Gesamtwirtschaft ist nicht zuletzt davon abhängig, dass die Vermittlung zwischen Kapitalgebern und Kapitalnehmern gelingt und verfügbares Kapital effizient alloziert wird. Zweitens sollen die Vermögensinteressen von **Einlegern und Anlegern geschützt** werden. Während beide Ziele im Banken- und Kapitalmarktrecht im Grundsatz gleichgewichtig nebeneinander verfolgt werden und sich gegenseitig bedingen,[16] steht das Versicherungsaufsichtsrecht in erster Linie im Dienst der Versicherungsnehmer und ihres Schutzes.[17] 12

Um die Ziele des System- und Kundenschutzes zu erreichen, sollen mit Hilfe der verwaltungsrechtlichen Verfahrens- und Organisationsvorgaben zum einen die **Solvabilität** und die **Liquidität** der Finanzunternehmen **garantiert** und zum anderen diejenigen **Informationen** für die Finanzmarktteilnehmer **zugänglich** gemacht werden, die für Investitionsentscheidungen benötigt werden. 13

Erst in jüngster Zeit ist die **Gewährleistung von Nachhaltigkeit** als drittes Ziel der Finanzmarktregulierung hinzugetreten. 2018 hat die Europäische Kommission mit ihrem „Aktionsplan: Finanzierung nachhaltigen Wachstums"[18] den Startschuss gegeben für die Ausarbeitung von Rechtsakten, die unter dem Begriff **„Sustainable Finance Regulierung"**[19] zusammengefasst werden. Sie zielen auf die Gestaltung eines in zweifacher Hinsicht „nachhaltigen Finanzwesens": Zum einen soll **Kapital für nachhaltige Wirtschaftstätigkeiten** mobilisiert werden; zum anderen soll das Finanzsystem selbst auf **Nachhaltigkeitsrisiken** vorbereitet und im Interesse der Finanzstabilität sichergestellt werden, dass Finanzunternehmen und -märkte die finanziellen Risiken, die sich aus Klimawandel, Ressourcenknappheit, Umweltzerstörung und sozialen Problemen ergeben, bewältigen können.[20] 14

Soweit sie auf die Förderung nachhaltigen Wirtschaftens zielt, markiert die Sustainable Finance Strategie einen **Paradigmenwechsel** im Bereich des Finanzaufsichtsrechts. Denn 15

---

[13] S. § 7 Nr. 33 VAG.
[14] S. zB BVerwG VersR 1993, 1217 ff.; VersR 1987, 701 (702); VersR 1987, 273 (274); vgl. auch § 1 VVG zu den einen Versicherungsvertrag kennzeichnenden Regelungen.
[15] Zu den Zielen der Finanzmarktregulierung zusammenfassend statt vieler Schmidt/Wollenschläger/Kaufhold Kompendium Öffentliches Wirtschaftsrecht § 14 Rn. 27 ff., sowie BVerfGE 124, 235 (247), jeweils mwN.
[16] Im Einzelnen ist das Verhältnis der Ziele des System- und Anlegerschutzes zueinander umstritten; grundlegend hierzu Hopt, Der Kapitalanlegerschutz im Recht der Banken, 1975, 51 f., 334 ff.; für eine ausführliche Analyse Merkt, Unternehmenspublizität, 2001, 296 ff.; aus jüngerer Zeit für das öffentlich-rechtliche Finanzmarktrecht Fehling/Ruffert/Röhl, Regulierungsrecht, § 18 Rn. 13 ff.
[17] S. § 294 Abs. 1 VAG: „Hauptziel der Beaufsichtigung ist der Schutz der Versicherungsnehmer und der Begünstigten von Versicherungsleistungen."
[18] COM(2018) 97 final, und dazu einführend zB Möslein/Mittag WM 2019, 481 ff.; Busch/Ferrarini/Grünewald Sustainable Finance in Europe 3 ff.
[19] Kritisch zu diesem Begriff angesichts seiner Unschärfen Bueren ZGR 2019, 813 (816 ff.).
[20] COM(2018) 97 final, 3.

insoweit werden erstmals in großem Umfang (verwaltungsrechtliche) Vorgaben normiert, um Zwecke zu erreichen, die außerhalb des Finanzsystems liegen.[21] Die Sicherung der Risikotragfähigkeit von Finanzinstituten auch mit Blick auf Klimarisiken gehört demgegenüber zwar im Prinzip zu den klassischen Funktionen finanzaufsichtsrechtlicher Vorgaben. Gleichwohl müssen die traditionellen Risikomanagementsysteme modifiziert und ergänzt werden, wenn sie insbesondere Umwelt- und Klimarisiken erfassen sollen, weil sich diese Risiken aufgrund ihrer spezifischen Struktur (keine Erfahrungswerte, außergewöhnliche Komplexität aufgrund nicht-linearer, wechselwirkender Dynamiken) nicht ohne Weiteres in die konventionellen Risikokategorien einfügen lassen.[22]

IV. Organisationsbezogene Pflichten: Eigenkapital- und Governance-Anforderungen

1. Überblick

16 Finanzunternehmen müssen vor allem **drei Gruppen von organisationsbezogenen Anforderungen** genügen: (1) Zunächst müssen sie die quantitativen Mindestanforderungen an die Eigenmittelausstattung erfüllen (im Bankenbereich so genannte „Säule 1"). (2) Darüber hinaus müssen sie über eine Geschäftsorganisation verfügen, die gewährleistet, dass alle gesetzlichen Anforderungen eingehalten werden. Insbesondere müssen sie über ein angemessenes Risikomanagementsystem verfügen, das die Risikotragfähigkeit des Instituts garantiert (im Bankenbereich so genannte „Säule 2"). (3) Hinzu kommt schließlich eine Reihe von strukturellen und persönlichen Anforderungen an die Unternehmensleitung.

17 Die beiden letztgenannten Gruppen von Regelungen betreffen jeweils die unternehmensinterne Governance. Der organisatorischen Vorgabe, ein Risikomanagementsystem einzurichten, ist dabei die verfahrensrechtliche Pflicht inhärent, dieses System auch zum bestimmungsgemäßen Einsatz zu bringen. Die einschlägigen Vorschriften entfalten insofern eine **doppelte, ie zugleich organisations- und verfahrensrechtliche Wirkung.** Die Mindestvorgaben für die Eigenkapitalausstattung fügen sich nicht ohne Weiteres in die Differenzierung zwischen (formellen) organisations- und verfahrensbezogenen und (materiellen), von der Ausübung der Gewerbetätigkeit abhängigen Normen. Sie sind insofern tätigkeitsbezogen, als sie – abgesehen von der Erstausstattung, die schon für die Zulassung zum Geschäftsbetrieb erforderlich ist – erst mit der Aufnahme der Unternehmenstätigkeit aktualisiert werden und in ihrer Art und ihrem Umfang von den Verbindlichkeiten abhängig sind, die das Unternehmen eingeht. Andererseits betreffen sie insoweit die innere Gestalt des Unternehmens, als sie in den und mit den Mitteln eines Finanzinstituts zu erfüllen sind. Sie sind in dieser Hinsicht dem „Garantiekapital" nicht unähnlich, das bei der Gründung einer GmbH oder AG aufgebracht werden muss (→ § 2 Rn. 5). Ich werde im Weiteren sowohl Eigenkapital- als auch Governancevorschriften den organisationsbezogenen Vorgaben zuordnen, die Eigenmittelanforderung dabei aber von den Vorschriften für die Corporate Governance differenzieren.

2. Quantitative Eigenkapitalanforderungen

18 Die quantitative Eigenkapitalregulierung gehört zum **Kern der verwaltungsrechtlichen Vorgaben für Finanzunternehmen.** Genügen Finanzinstitute den regulatorischen Anforderungen an die Eigenmittelausstattung nicht, kann die Finanzaufsicht Sanktionen bis hin zum Entzug der Geschäftserlaubnis ergreifen.[23]

---

[21] Vgl. Stumpp ZBB 2019, 71 (74, 80); Bueren ZGR 2019, 813 (856 f.); FS Streinz/Kaufhold, 179 ff.; zu den neuen Wissensbedarfen, die sich aus dem Ziel der Nachhaltigkeitsförderung für die Finanzmarktgesetzgebung ergeben, und der mit den Sustainable Finance Rechtsakten etablierten Wissensordnung, Augsberg/Schuppert/Kaufhold, Wissen und Recht, 2022, 289 ff.

[22] S. hierzu näher → Rn. 31 ff.

[23] S. § 35 Abs. 2 Nr. 8, § 36 Abs. 1, § 45 KWG.

a) Funktionen der Eigenkapitalanforderungen. Als Eigenmittel im regulatorischen 19
Sinne[24] werden allgemein all jene Vermögenswerte eines Finanzinstituts bezeichnet, die
unbelastet und uneingeschränkt sowie sofort verfügbar sind, deshalb Verluste tragen und
den Gläubigern gegebenenfalls als Haftungsmasse dienen können.[25] Mit der Verpflichtung
von Kreditinstituten, Wertpapierfirmen und Versicherungen, Eigenmittel in bestimmtem
Umfang und von bestimmter Qualität vorzuhalten, verfolgt der Gesetzgeber vor allem **zwei Ziele:**

(1) Das Eigenkapital dient zunächst, vereinfacht gesagt, als Puffer oder Notreserve für 20
schlechte Zeiten (**„Verlustausgleichsfunktion"**[26]). Wenn sich Risiken realisieren, die
Finanzinstitute eingegangen sind, mindert das Eigenkapital die Insolvenzanfälligkeit der
Institute und kann zum Ausgleich von Verlusten eingesetzt werden. Das Wissen um die
Eigenkapitalreserven stärkt zugleich das Vertrauen der Gläubiger in die Leistungsfähigkeit
des Instituts und begrenzt damit das systemische Risiko eines Bank-Runs.[27]

(2) Die Vorgabe eines Mindesteigenkapitals wirkt zudem auch deshalb risikobegrenzend, 21
weil der regulatorische Eigenkapitalbedarf in Abhängigkeit nicht nur vom Umfang der
eingegangenen Verpflichtungen bestimmt wird, sondern auch von den Risiken abhängig ist
und mit der Wahrscheinlichkeit wächst, dass sich ein Risiko realisiert (**„Risikobegrenzungsfunktion"**[28]). Auf eine einfache Gleichung gebracht: Je größer das Risiko, desto
teurer ist die Investition und damit mittelbar auch die Unternehmung, in die investiert
wird. Auch auf diesem Weg trägt die Eigenkapitalregulierung zur Stabilisierung der einzelnen Finanzunternehmen und zur Sicherung der Finanzstabilität bei.

b) Eigenkapitalklassen. Welche Vermögensgegenstände als regulatorisches, dh als auch 22
von der Finanzaufsicht anerkanntes Eigenkapital qualifiziert werden, ist detailliert gesetzlich
geregelt.[29] Dabei differenziert der Gesetzgeber zwischen **drei Klassen** von Eigenmitteln,
die sich durch ihre Eignung zum Ausgleich von Verlusten unterscheiden: Die größte
Absorptionsfähigkeit besitzt das **„harte Kernkapital"**, gefolgt vom **„zusätzlichen Kernkapital"** und schließlich dem **„Ergänzungskapital"**. Heute muss jedes Institut zu jedem
Zeitpunkt eine harte Kernkapitalquote von 4,5 %, eine Kernkapitalquote (= hartes Kernkapital + zusätzliches Kernkapital) von 6 % und eine **Gesamteigenkapitalquote** (= hartes
Kernkapital + zusätzliches Kernkapital + Ergänzungskapital) **von 8 %** erfüllen.[30] Insbesondere diese qualitativen Anforderungen an die Zusammensetzung der Eigenmittel wurden
im Nachgang der Finanzkrise wiederholt verschärft. Die quantitative Anforderung an die
Gesamteigenkapitalquote, die in der öffentlichen Diskussion häufig einen prominenten
Platz einnimmt, liegt hingegen bereits seit Ende der 1980er-Jahre und der Vereinbarung
„Basel I" konstant bei 8 %.

c) Berechnung des Mindesteigenkapitals. Welchen Wert die Vermögensgegenstände 23
eines Finanzinstituts haben müssen, um einer Mindesteigenkapitalquote von 8 % zu genü-

---

[24] Zu unterscheiden vom Eigenkapital im bilanziellen Sinne, s. zu dieser Differenzierung BGR/Riepe et al. HdB Bankenaufsichtsrecht, § 7 Rn. 18 f.; Wundenberg Europäisches Bankenaufsichtsrecht § 8 Rn. 24 ff.
[25] S. zB BGR/Riepe et al. HdB Bankenaufsichtsrecht § 7 Rn. 18; EFP/Ohler Besonders Verwaltungsrecht, Bd. 1, § 32 Rn. 54, jeweils mwN.
[26] Wundenberg Europäisches Bankenaufsichtsrecht § 8 Rn. 9; s. zu dieser Funktion ferner zB Schmidt/Wollenschläger/Kaufhold Kompendium Öffentliches Wirtschaftsrecht § 14 Rn. 33; EFP/Ohler Besonders Verwaltungsrecht, Bd. 1, § 32 Rn. 54; BGR/Riepe et al. HdB Bankenaufsichtsrecht § 7 Rn. 19; bisweilen wird das Eröffnen eines Zeitfensters vor der Insolvenz als drittes Ziel der Eigenkapitalregulierung benannt, s. zB Wissenschaftlicher Beirat beim BMWi, Gutachten Nr. 03/10, 2010, 20.
[27] Zur Vertrauensabhängigkeit des Finanzsystems, der daraus folgenden Labilität und dem systemischen Risiko von Bank-Runs eingehend Kaufhold, Systemaufsicht, 2016, 36 ff., 137 ff.; s. ferner zB BVerfGE 124, 235 (246); zum Vertrauensschutz als Leitmotiv des Kapitalmarktrechts Bumke, Die Verwaltung 41 (2008), 227 (232 f.).
[28] Wundenberg Europäisches Bankenaufsichtsrecht § 8 Rn. 11; s. ferner zB EFP/Ohler Besonders Verwaltungsrecht, Bd. 1, § 32 Rn. 54.
[29] S. Art. 25 ff. CRR.
[30] Art. 92 Abs. 1 CRR.

gen, ist, einfach gesagt, von im Wesentlichen **zwei Variablen** abhängig: (1) vom **Volumen der eingegangenen Verbindlichkeiten** und (2) von den **Risiken, mit denen diese Verbindlichkeiten belastet sind,** dh von der Wahrscheinlichkeit, dass eine Forderung nicht beglichen wird, der Preis für ein Wertpapier fällt oder bei der Abwicklung eines Finanzgeschäfts im Finanzinstitut Fehler begangen werden (Kredit-, Marktpreis-, operationelle Risiken).[31] Ein grob skizziertes **Beispiel:**[32] Vergibt ein Kreditinstitut einen Kredit in Höhe von 100.000 € an ein Unternehmen und liegt die Wahrscheinlichkeit, dass dieses Unternehmen das Darlehen nicht zurückzahlen wird, bei 50 %, muss die kreditgebende Bank das Darlehen mit Eigenmitteln in Höhe von 100.000 x 0,5 x 0,08 = 4.000 € unterlegen.

24 Während sich die erste Kennziffer – das Volumen der Verbindlichkeiten – ohne Schwierigkeiten bestimmen lässt, bereitet die **Kalkulation der Risiken** (im Beispiel: 50 %) regelmäßig und seit jeher nicht unerhebliche Schwierigkeiten und ist mit **Unsicherheiten** behaftet. Diese Unsicherheiten könne unterschiedlich groß sein, lassen sich aber niemals ausräumen, weil es stets um die Prognose künftiger Entwicklungen geht und niemand in die Zukunft schauen kann.

25 Finanzinstitute können grundsätzlich zwischen zwei Verfahren wählen, um die Risiken ihrer Investitionen zu kalkulieren, dem so genannten „**Standardansatz**" und dem „**Internal Risk Based**"**-Ansatz** (IRB-Ansatz).[33]

26 **aa) Standardansatz.** Im ersten Fall wird auf **gesetzlich geregelte Risikogewichte** zurückgegriffen: Der Gesetzgeber hat – ausgehend von in der Vergangenheit gesammelten Erfahrungen[34] – für verschiedene Klassen von Schuldnern (Staaten, sonstige öffentliche Einrichtungen, internationale Organisationen, Unternehmen etc.) jeweils Bonitätsstufen normiert und für diese Stufen bestimmte Risikogewichte festgelegt. Die Zuordnung eines Schuldners zu einer Bonitätsstufe ergibt sich entweder unmittelbar aus dem Gesetz oder aus der Bewertung einer zertifizierten Ratingagentur.[35] Den EU-Mitgliedstaaten und der EZB etwa wurden pauschal jeweils Risikogewichte von 0 % zugewiesen,[36] ihnen gewährte Kredite müssen daher gar nicht mit Eigenmitteln unterlegt werden.

27 **bb) IRB-Ansatz.** Institute, die einen IRB-Ansatz nutzen, entwickeln und verwenden **eigene (interne) Verfahren für die Risikogewichtung.** Diese Verfahren müssen von der Finanzaufsicht genehmigt werden, die Ergebnisse der Kalibrierung hingegen werden nicht überprüft.[37] In der Praxis ist der IRB-Ansatz angesichts des Aufwands, der mit der Entwicklung eigener, genehmigungsfähiger Verfahren zur Bewertung von Kredit-, Markt- und operationellen Risiken verbunden ist, faktisch besonders großen Finanzinstituten vorbehalten.[38]

---

[31] S. die Vorschriften von Teil 3 der CRR sowie zB für die Eigenmittelunterlegung von Kreditrisiken detailliert BGR/Riepe et al. Handbuch Bankenaufsichtsrecht § 7 Rn. 70 ff.
[32] S. Augsberg/Kaufhold, Extrajuridisches Wissen im Verwaltungsrecht, 2013, 151 (165).
[33] Art. 111 ff., 142 ff. CRR. S. zu diesen beiden Verfahren knapp im Überblick zB Wundenberg Europäisches Bankenaufsichtsrecht § 8 Rn. 59 ff., 62 ff.; detailliert am Beispiel von Kreditrisiken BGR/Riepe et al. Handbuch Bankenaufsichtsrecht § 7 Rn. 93 ff., 114 ff.; Grieser/Heemann/Andrae, Europäisches Bankenaufsichtsrecht, XIII.
[34] S. zu dieser Basis für die Festlegung der Risikoklassen des Standardansatzes Augsberg/Kaufhold, Extrajuridisches Wissen im Verwaltungsrecht, 151 (164 ff.).
[35] S. Art. 113 ff. CRR.
[36] Art. 114 Abs. 3, 4 CRR.
[37] Art. 143 ff. CRR.
[38] Von den rund 1.500 weniger bedeutenden Instituten in Deutschland nutzen aktuell nur 13 das IRB-Verfahren, von den rund 60 bedeutenden Instituten waren es 15, s. die Angaben von Bundesbank (https://www.bundesbank.de/de/aufgaben/bankenaufsicht/einzelaspekte/eigenmittelanforderungen/kreditrisiko/auf-internen-ratings-basierender-ansatz-598448) und BaFin (https://www.bafin.de/DE/PublikationenDaten/Jahresbericht/Jahresbericht2018/Kapitel8/Kapitel8_1/Kapitel8_1_1/kapitel8_1_1_node.html) und krit. zu der damit verbundenen begrenzten Rezeption von ökonomischem Wissen durch die Finanzaufsicht Augsberg/Kaufhold, Extrajuridisches Wissen im Verwaltungsrecht, 151 (170 ff.).

Die Einführung des IRB-Ansatzes sollte **präzisere,** weil stärker an einzelnen Instituten 28
und Märkten orientierte Risikogewichtungen ermöglichen und zudem Fehlanreizen entgegenwirken. Letztere ergeben sich daraus, dass es für Finanzinstitute besonders lukrativ sein kann, von Unternehmungen derselben regulatorischen Bonitätsstufe das risikoreichere Unternehmen als Investitionsobjekt auszuwählen, weil sich mit dem (vermeintlich) „schwächeren" Geschäftspartner günstigere Konditionen aushandeln lassen.[39] In der Finanzkrise wurde jedoch deutlich, dass viele Finanzinstitute den IRB-Ansatz genutzt haben, um ihre Risiken und die regulatorischen **Eigenmittelanforderungen „kleinzurechnen".**[40] Mit den zurückhaltenden Worten der EU-Kommission: Analysen zeigen, dass Institute „bei der Verwendung interner Modelle die Risiken und somit die Eigenmittelanforderungen leicht unterschätzen können".[41]

Ein wesentliches Element der kriseninduzierten Baseler Abkommen über die Reform der 29
Eigenkapitalregulierung („Basel III") bestand daher in der (sehr umstrittenen[42]) Vereinbarung, einen **„Output Floor"** einzuführen, dh eine Untergrenze für die Eigenkapitalausstattung von Instituten, die den IRB-Ansatz nutzen.[43] In der EU wurde Basel III insoweit bislang nicht umgesetzt. Die EU-Kommission hat nun mit ihrem **Banking Package aus dem Oktober 2021**[44] eine Regelung vorgeschlagen. Danach sollen die mit Hilfe interner Verfahren berechneten, risikogewichteten Eigenmittel immer mindestens 72,5% der Eigenmittelanforderungen betragen, die mit einem standardisierten Ansatz errechnet würden.[45]

d) Die Risikokalibrierung als zentrale Stellschraube und die demokratische Not- 30
wendigkeit einer gesellschaftlichen Diskussion. Welches Risikogewicht einem Akteur zugewiesen wird, ist für seine wirtschaftliche Zukunft von entscheidender Bedeutung. Je größer das zugewiesene Risiko, desto mehr Eigenmittel müssen Finanzinstitute vorhalten, desto teurer sind für sie Kredite und Investitionen, desto höhere Zinsen werden sie für ihr Engagement verlangen, desto schwieriger ist die wirtschaftliche Situation des Akteurs. Umgekehrt kann die Zuordnung eines niedrigen Risikogewichts wie eine Subvention wirken. Bei der **Risikogewichtung** handelt es sich daher um eine **zentrale Stellschraube der Finanzmarktregulierung.** Gleichwohl wird die Diskussion über die Eigenkapitalregulierung und namentlich die Risikokalibrierung – von einer kurzen Phase unmittelbar nach dem Zusammenbruch der weltweiten Finanzmärkte abgesehen – weitgehend abseits einer breiteren Öffentlichkeit geführt. In einem Wirtschaftssystem, in dem die Finanzmärkte der Realwirtschaft zunehmend nicht mehr nur dienen, sondern die wirtschaftliche Entwicklung dominieren oder zumindest mitbestimmen,[46] handelt es sich insoweit um ein gravierendes demokratisches Defizit. Die Förderung von **„financial literacy"**[47] ist deshalb nicht nur im Interesse des Verbraucherschutzes erforderlich, sondern auch zur **Stärkung der Demokratie in Europa.**

---

[39] Vgl. DKB/Brocker HdB Bankrecht § 81 Rn. 30; Kaufhold, Systemaufsicht, 2016, S. 74 f.; Wissenschaftlicher Beirat beim BMWi, Gutachten Nr. 03/10, 2010, 17 f.
[40] Vgl. Wissenschaftlicher Beirat beim BMWi, Gutachten Nr. 03/10, 2010, 18 f.; de Larosière-Gruppe, Report, 2009, Rn. 13 ff.; Acharya et al., Restoring Financial Stability, 82 ff.
[41] Vorschlag zur Änderung der Verordnung (EU) Nr. 575/2013, COM(2021) 664 final, S. 13.
[42] S. den Bericht über die Verhandlungen in Deutsche Bundesbank, Monatsbericht/Januar 2018, S. 77.
[43] BCBS, Basel III: Finalising post-crisis reforms, 2017, S. 137 ff.
[44] Als „Banking Package 2021" werden – hier wie allgemein – zusammenfassend die von der Kommission am 27. Oktober 2021 vorgestellten Vorschläge zur Reform der CRR (COM[2021] 664 final) sowie der CRD (COM[2021] 663 final) bezeichnet.
[45] COM(2021) 664 final, S. 13, 41, 67, 70.
[46] Diese Entwicklung wird vielfach mit dem Begriff „Financialization" eingefangen, s. dazu eingehend zB Krippner, Capitalizing on Crisis, insbes. S. 27 ff., und zusammenfassend jüngst Mittwoch, Nachhaltigkeit und Unternehmensrecht, S. 192 f., jeweils mwN.
[47] S. zum europäischen Programm zur Förderung von financial literacy https://finance.ec.europa.eu/consumer-finance-and-payments/financial-literacy_en.

31 e) „Deep Uncertainty" als besondere Herausforderung: Die Gewichtung von Klimarisiken. Von besonderer Bedeutung ist eine breit geführte Diskussion über die Risikogewichtung, soweit es um die Qualifikation von Klimarisiken geht.[48] Denn hier dürfte **das politische gegenüber dem epistemischen Moment** in der Entscheidungsfindung deutlich **überwiegen.**[49] Zwischen Klimarisiken und den traditionellen Risikotypen besteht insoweit ein struktureller Unterschied.

32 Finanzinstitute können sowohl von den **physischen Folgen des Klimawandels** betroffen sein (etwa von Extremwetterereignissen, wenn diese den Wert von Sicherheiten beeinträchtigen oder zu einer unerwartet großen Inanspruchnahme von Versicherungsleistungen führen) als auch von den so genannten **Transformationsrisiken,** die aus den wirtschaftlichen und gesellschaftlichen Veränderungen im Interesse des Klimaschutzes und den damit einhergehenden Veränderungen der Rentabilität von Unternehmungen erwachsen (etwa von einer Neuregelung der Energieeffizienzstandards für Immobilien, deren Bau kreditfinanziert wurde, oder von gewandelten Bewertungen ökologisch umstrittener Projekte und damit verbundenen Veränderungen der Reputation).[50]

33 Bislang arbeitet die Finanzaufsicht bei der Einstufung von Klimarisiken im Prinzip mit den zuvor beschriebenen[51] traditionellen Instrumenten der Risikobewertung.[52] Umwelt- und Klimarisiken unterscheiden sich von „konventionellen" finanziellen Risiken jedoch durch die andere Dimension von Unsicherheit, die ihnen anhaftet, und dies nicht nur quantitativ, sondern auch qualitativ. Anders als klassische Kredit- und Marktrisiken sind sie mit dem verbunden, was vor allem in der Ökonomie als **„deep uncertainty"** bezeichnet wird.[53] Diese „tiefe Unsicherheit" macht es zumindest praktisch unmöglich, Klimarisiken so verlässlich zu modellieren und zu prognostizieren, dass eine Risikovorsorge auf diesen Modellierungen sinnvollerweise aufbauen könnte und sollte. Das hat vor allem zwei Gründe: Zum einen gibt es **keine Erfahrungswerte,** aus denen auf die Wahrscheinlichkeit künftiger Entwicklungen geschlossen werden könnte. Der „Standardansatz" und die Zuordnung von Verbindlichkeiten zu Bonitätsstufen und Risikogewichten baut bislang aber auf eben solchen historischen Daten auf.[54] Die Finanzaufsicht reagiert auf diesen Mangel an Erfahrungswissen, indem sie Stresstests als zukunftsorientierte Verfahren der Risikoidentifikation und -bewertung einsetzt.[55] Deep uncertainty im Bereich der Klimarisikobewertung ist aber überdies und zum anderen auch eine Konsequenz der Tatsache, dass es von einer **Fülle nichtlinearer** (ua natürlicher, technologischer, gesellschaftlicher, regulatorischer, kultureller) **Dynamiken** abhängt, ob und wie sich Umwelt- und Klimarisiken realisieren, und dass diese Dynamiken ihrerseits wiederum in komplexen Wechselwirkungen zueinanderstehen.[56]

34 In einer solchen Situation tiefer Unsicherheit müssen wirtschaftliche und gesellschaftliche Entwicklungen zum Zwecke der Risikobewertung antizipiert werden, ohne dass sich belastbar bestimmen ließe, mit welcher Wahrscheinlichkeiten die antizipierten Entwicklungen eintreten werden.[57] Die Prognose ist deshalb in weiten Teilen das Ergebnis einer **(politischen) Setzung,** nicht einer Berechnung von Risiken, und kann auch nur dies sein.

---

[48] Hierzu auch FS Streinz/Kaufhold, S. 179 ff.
[49] Vgl. Smolenska/van't Klooster, Journal of Financial Regulation 8 (2022), 51 (67).
[50] Einen Überblick über Typen von C&E-Risiken, denen Banken ausgesetzt sein können, gibt der EZB, Leitfaden zu Klima- und Umweltrisiken, 2020, S. 13.
[51] → Rn. 23 ff., 30.
[52] Zu den mit dem Banking Package 2021 insoweit geplanten spezifischen Vorgaben s. unten.
[53] S. Bolton/Despres et al., The green swan, insbes. S. 23 ff.; Smolenska/van 't Klooster, Journal of Financial Regulation 2022, 51 (64 ff.), sowie zu den daraus folgenden demokratischen Anforderungen an die Regulierung von Klimarisiken FS Streinz/Kaufhold, S. 179 ff. (insbes. 188 ff.).
[54] → 56 ff.
[55] S. zB EBA, Report on Management and Supervision of ESG Risks for Credit Institutions and Investment firms, EBA/Rep/2021/18, insbes. Rn. 123 ff., sowie dazu jüngst zB Kumpan/Misterek ZBB 2023, 1 (17 ff.).
[56] Bolton/Despres et al., The green swan, 23 ff.
[57] Vgl. Smolenska/van't Klooster, Journal of Financial Regulation 8 (2022), 51 (73).

Aus der „unbegrenzten Zahl möglicher Zukünfte" werden einzelne ausgewählt und in Szenarien überführt, auf denen dann die Risikokalibrierung aufbaut.[58] Diese Risikokalibrierung leitet ihrerseits Veränderungen von Wirtschaft und Gesellschaft an, denn sie ist (mit)entscheidend für die Kosten von Investitionen und Krediten und damit für die Zukunftsfähigkeit von wirtschaftlichen Unternehmungen. Sie wirkt damit zumindest in Teilen als sich **selbsterfüllende Prophezeiung.** Deshalb verdienen die Auswahl der „möglichen Zukünfte" und die darauf fußenden Klimarisikobewertungen eine breite gesellschaftliche Debatte – wenn der **verfassungsrechtliche Wesentlichkeitsgrundsatz** eine solche Debatte und eine Entscheidung des Gesetzgebers nicht sogar zwingend verlangt.[59]

Viele Aufsichtsbehörden haben mittlerweile in unverbindlichen **Leitlinien** ihre Vorstellung dazu konkretisiert, wie Nachhaltigkeits- und speziell Klimarisiken von Finanzinstituten im Rahmen des Risikomanagements zu berücksichtigen sind.[60] Zur Kalkulation von ESG-Risiken bei der Berechnung der regulatorischen Eigenkapitalquote verhalten sich diese Leitlinien jedoch überwiegend nicht. Erst recht **fehlt** es bislang an einer **gesetzlichen Regelung.** Die EBA wird jedoch durch die CRR beauftragt, „geeignete Kriterien für die Bewertung von physischen Risiken und Transitionsrisiken, einschließlich der Risiken im Zusammenhang mit dem Wertverlust von Vermögenswerten aufgrund regulatorischer Änderungen" zu ermitteln.[61] Ausgehend von ihrem Bericht, der bis 2025 vorliegen soll, wird die Kommission dann „gegebenenfalls ... einen Gesetzgebungsvorschlag" ausarbeiten.[62]

f) Kapitalpuffer. Zusätzlich zu den stets vorzuhaltenden Eigenmitteln müssen Finanzinstitute so genannte „Kapitalpuffer" – insbes. Kapitalerhaltungspuffer, antizyklische Kapitalpuffer, Kapitalpuffer für systemische Risiken, Kapitalpuffer für systemrelevante Institute – bereitstellen, deren Volumen zwischen den Instituten und über die Zeit variiert.[63] Die Vorgaben für Kapitalpuffer und die allgemeinen Eigenkapitalanforderungen unterscheiden sich vor allem mit Blick auf die Sanktionen, mit denen die Finanzaufsicht auf Verstöße reagieren kann bzw. muss: Zu geringe Eigenmittel können den Entzug der Erlaubnis rechtfertigen, zu geringe Kapitalpuffer können dies nicht. Eine **Verletzung** der Pufferanforderungen wird vielmehr durch **Verbote von Ausschüttungen** oder **Bonuszahlungen** sanktioniert.[64]

Die Regelungen über Kapitalpuffer wurden 2013 in Reaktion auf die letzte weltweite Finanzkrise eingeführt und verfolgen in erster Linie **makroökonomische Ziele.**[65] Sie sollen systemische Risiken verringern, die sich aus Boom-und-Bust-Zyklen oder aus der Bedeutung ergeben, die einzelne Finanzinstitute für die Stabilität des Gesamtsystems besitzen. Zudem sollen sie die prozyklische Wirkung korrigieren, die von der Eigenkapitalregulierung in Verbindung mit dem Fair Value-Prinzip ausgeht,[66] indem sie die Verlustabsorptionsfähigkeit der Institute steigern. Im Unterschied zu den allgemeinen Eigenmittel-

---

[58] FS Streinz/Kaufhold, S. 179 (189).
[59] Dazu etwa FS Streinz/Kaufhold, S. 179 (188 ff.).
[60] S. etwa die Leitlinien der BaFin (Merkblatt zum Umgang mit Nachhaltigkeitsrisiken, 13.1.2020), der österreichischen FMA (Leitfaden zum Umgang mit Nachhaltigkeitsrisiken, 2.7.2020) oder der französischen ACPR (Gouvernance et gestion des risques climatiques par les établissements bancaires: quelques bonnes pratiques, 25.5.2020); s. näher → Rn. 56 ff.
[61] Art. 501c UAbs. 1 lit. b CRR. Die EBA hat 2022 ein Diskussionspapier vorgestellt (EBA, The role of environmental risks in the prudential framework, EBA/DP/2022/02) und wertet derzeit die Stellungnahmen der Stakeholder zu ihren Vorschlägen aus.
[62] Art. 501c UAbs. 2, 3 CRR.
[63] §§ 10c ff. KWG; zu grundrechtlichen Zweifeln an der Zulässigkeit von Kapitalpuffern Kaufhold, Systemaufsicht, 307 ff.
[64] § 10i Abs. 3–9 KWG.
[65] S. BCBS, Basel III: Finalising post-crisis reforms, 2017, S. 137, 144 f., sowie BGR/Neus/Riepe, Handbuch Bankenaufsichtsrecht, § 6 Rn. 42 ff.
[66] Diese „Nebenwirkung" der Eigenkapitalregulierung hat die Finanzkrise 2008/2009 maßgeblich beschleunigt und verschärft, s. Hellwig, De Economist 157 (2009), S. 129 (180); Kaufhold, Systemaufsicht, S. 78 f.; obwohl der Mechanismus schon seit langem bekannt war, s. zB Danielsson/Embrechts et al., An

vorgaben wurden sie in der EU nicht im Verordnungswege maximalharmonisiert, sondern in einer **Richtlinie** geregelt.[67] Die zwischen den Mitgliedstaaten weiterhin bestehenden Unterschiede in der Eigenkapitalregulierung betreffen daher heute ganz überwiegend die Vorgaben für Kapitalpuffer.

3. Tätigkeitsspezifische Governance-Anforderungen

38 Die quantitativen Anforderungen der Eigenkapitalregulierung werden ergänzt durch (häufig als „qualitativ" gekennzeichnete) Vorgaben für die **organisatorische Ausgestaltung** speziell von Finanzunternehmen, die im Bankenaufsichtsrecht auch als die **„zweite Säule"** der Aufsicht bezeichnet werden.

39 a) **Überblick.** Die Governance-Anforderungen des öffentlichen Finanzmarktrechts lassen sich als **tätigkeits- oder finanzspezifisch** qualifizieren, weil sie nur für Unternehmen gelten, die das Bank-, Wertpapier- oder Versicherungsgeschäft betreiben. Sie treten zu den **rechtsformspezifischen** Anforderungen des Gesellschaftsrechts hinzu (→ § 2 Rn. 33 ff.), die sich etwa aus dem Aktien-, GmbH- oder Genossenschaftsrecht ergeben und die unabhängig davon zur Anwendung kommen, welcher Branche ein Unternehmen zuzuordnen ist.[68]

40 Rechtsform- und tätigkeitsbezogene Vorschriften weisen inhaltlich große Ähnlichkeiten, in vielen Bereichen auch mehr oder weniger große Überschneidungsbereiche auf. In mindestens **drei** Hinsichten bestehen jedoch für Unternehmen wie Regulierer relevante **Differenzen:**[69] Ein erster wesentlicher Unterschied besteht darin, dass nur die Vorschriften, die an die Tätigkeit als Finanzinstitut anknüpfen, von der Finanzaufsicht überwacht und durchgesetzt werden[70] und als solche dem Verwaltungsrecht zuzuordnen sind. Zudem verfolgen rechtsform- und tätigkeitsbezogene Governance-Anforderungen, zweitens, je eigene Ziele. Die gesellschaftsrechtlichen Organisationsvorgaben sind in der Regel als Antworten auf das Prinzipal-Agent-Problem konzipiert, sollen also sicherstellen, dass die Leitungsorgane im Unternehmensinteresse handeln und nicht ihre persönlichen Individualinteressen verfolgen.[71] Das finanzmarktrechtliche Governance-Regime verfolgt demgegenüber im Wesentlichen dieselben Ziele wie das Finanzmarktrecht insgesamt, soll also Stabilität und Funktionsfähigkeit des Finanzsystems sowie Ein- und Anleger schützen. Schließlich sind beide Regime, drittens, im Kern unterschiedlichen Ursprungs. Während über das Gesellschaftsrecht weiterhin in erster Linie auf nationaler Ebene entschieden wird, sind das Finanzmarktrecht und seine Governance-Anforderungen weitgehend europäisiert.[72]

41 b) **Rechtsgrundlagen der tätigkeitsspezifischen Governance-Anforderungen.** Verwaltungsrechtliche, dh tätigkeitsspezifische Anforderungen an die organisatorische Ausgestaltung von Finanzinstituten, um die alleine es im Weiteren gehen soll, wurden **erstmals Ende der 1990er-Jahre** normiert. Seither werden sie kontinuierlich erweitert und ausdifferenziert. Einen erheblichen Regulierungsschub gab es auch in diesem Bereich in Reaktion

---

Academic Response to Basel II, 2001; Kashyap/Stein, Economic Perspectives. Federal Reserve Bank of Chicago 28 (2004), S. 18 ff.

[67] Art. 128 ff. CRD.
[68] S. zu dieser Unterscheidung BGR/Benzler/Krieger Handbuch Bankenaufsichtsrecht § 11 Rn. 1 ff.
[69] S. Wundenberg Europäisches Bankenaufsichtsrecht § 12 Rn. 8.
[70] Beide Regime sind insoweit verknüpft, als der Verstoß gegen aufsichtsrechtliche Vorschriften eine zivilrechtliche Schadensverantwortlichkeit begründen kann. Umgekehrt kann die zivilrechtliche Haftung ein Risiko sein, dem bei der Erfüllung der aufsichtsrechtlichen Anforderungen Rechnung zu tragen ist, vgl. zu diesem Zusammenhang, Veil/Wundenberg Europäisches und deutsches Kapitalmarktrecht § 32 Rn. 4 ff.
[71] S. statt vieler HHW/v. Werder Handbuch Corporate Governance 3, 6 ff.
[72] Dieser Unterschied wird herausgearbeitet und betont von Wundenberg, Europäisches Bankenaufsichtsrecht, § 12 Rn. 12; Veil/Wundenberg Europäisches und deutsches Kapitalmarktrecht § 34 Rn. 13, der daher treffend von „Aufsichtsgesellschaftsrecht" spricht.

auf die Finanzkrise.⁷³ Die Sustainable Finance Regulierung hat hingegen bislang zu keiner Ergänzung der allgemein geltenden Anforderungen geführt. Die Institute sind vielmehr aufgerufen, Nachhaltigkeits- und speziell Klimarisiken in die klassischen Risikokategorien zu integrieren, also bei der Anwendung der bestehenden Vorgaben zu berücksichtigen.

Mittlerweile haben die organisatorischen Anforderungen und ihre Konkretisierungen durch die europäischen und nationalen Aufsichtsbehörden einen bemerkenswerten Umfang und **Detaillierungsgrad** erreicht, der den Zugang letztlich Experten vorbehält und auch von diesen eine Fokussierung auf Teilaspekte verlangt. Dass die Vorschriften fortlaufend geändert werden (müssen), verstärkt das hierin liegende **rechtsstaatliche und demokratische Problem** zusätzlich. 42

Den Kern der Governance-Vorgaben für **Kreditinstitute** enthalten die §§ 25a–25f KWG. Danach sind Banken zum einen verpflichtet, angemessene Compliance- und Risikomanagementverfahren einzurichten (§ 25a Abs. 1 S. 1, 3 KWG); zum anderen müssen sie über eine angemessene und transparente Unternehmensstruktur verfügen und die Leitungsorgane sowie ihre Mitglieder müssen den vor allem in §§ 25 c, d KWG normierten strukturellen und persönlichen Anforderungen genügen. 43

Für **Wertpapierdienstleistungsunternehmen** gelten im Grundsatz entsprechende Regelungen. Das ist in §§ 80 f. WpHG sowie Art. 16 Abs. 2 MiFID iVm Art. 21 ff. der Delegierten Verordnung (EU) 2017/565 normiert.⁷⁴ Für kleine und mittelgroße Wertpapierfirmen wurde 2021 ein Sonderregime eingeführt, das in dem zu diesem Zweck neu geschaffenen Wertpapierinstitutsgesetz (WpIG) geregelt ist. 44

Dass schließlich auch **Versicherungen** über wirksame Compliance- und Risikomanagementverfahren verfügen und ihre Leitungsorgane bzw. -personen Strukturvorgaben und Anforderungen an die persönliche Qualifikation genügen müssen, folgt aus §§ 23 ff. VAG. 45

Die verwaltungsrechtlichen Anforderungen an die interne Governance von Finanzunternehmen unterscheiden sich im Detail nicht nur unerheblich, je nachdem um welchen Typ von Finanzinstitut – Kreditinstitut, Wertpapierfirma oder Versicherung – es geht. **In den Grundsätzen** aber bestehen **große Ähnlichkeiten** sowohl bei der Regelungstechnik als auch mit Blick auf die inhaltlichen Anforderungen und die Kontrolle durch die Finanzaufsicht. Nur um diese Grundzüge kann und soll es im Rahmen dieses Beitrags gehen. Ich werde sie am Beispiel der Vorgaben für Kreditinstitute darstellen. 46

c) Funktionen der Governance-Anforderungen. Mit den finanzinstitutsspezifischen Governance-Vorgaben verfolgt der Gesetzgeber im Grundsatz dieselben **Ziele** wie mit dem Finanzaufsichtsrecht insgesamt⁷⁵: Die unternehmensinterne Organisation soll so ausgestaltet werden, dass die Institute keine übermäßigen Risiken eingehen,⁷⁶ ihre Risikotragfähigkeit auf Dauer gewährleistet ist und damit die Funktionsfähigkeit der Märkte sowie die Finanzstabilität gewährleistet und Ein- und Anleger geschützt werden. 47

d) Anforderungen an das Compliance- und Risikomanagement. aa) Grundsätze. Nach § 25a Abs. 1 S. 1 KWG müssen Kreditinstitute über eine „**ordnungsgemäße Geschäftsorganisation**" verfügen, die die Einhaltung der vom Institut zu beachtenden gesetzlichen Bestimmungen und der betriebswirtschaftlichen Notwendigkeiten gewährleistet". Damit wird die öffentlich-rechtliche Pflicht zur Ausgestaltung von solchen unternehmensinternen Regeln und Prozessen normiert, die innerhalb wie außerhalb des Finanzmarktrechts üblicherweise mit dem Begriff der **Compliance** beschrieben und zusammengefasst werden.⁷⁷ 48

---

73 Insbesondere die CRD IV und die MiFiD II sind als Reaktionen auf die Finanzkrise zu verstehen, s. statt vieler Kaufhold, Systemaufsicht, 85 f.; Wundenberg, Europäisches Bankenaufsichtsrecht, § 12 Rn. 86.
74 S. hierzu den Verweis in § 80 Abs. 1 S. 3 WpHG.
75 Dazu → Rn. 12 ff.
76 S. zB Erwägungsgrund 53 zur CRD sowie Erwägungsgrund Nr. 5 zu MiFiD.
77 Zum Compliance-Begriff, den zahlreichen Definitionsversuchen und den verbleibenden Unschärfen statt vieler ausführlich Buff, Compliance, S. 10 ff.; zusammenfassend HHS/Casper, Verbraucherschutz im

49 Für die Gewährleistung wirksamer Compliance-Mechanismen von Kreditinstituten zeichnet deren **Geschäftsleitung verantwortlich** (§ 25a Abs. 1 S. 2 KWG). Mit der Konkretisierung der Geschäftsleiterpflichten durch § 25c Abs. 3–4a KWG wird daher zugleich indirekt bestimmt, was zu den Mindestbestandteilen einer „ordnungsgemäßen Geschäftsorganisation" gehört. Hierzu zählen insbesondere die Festlegung von Grundsätzen der ordnungsgemäßen Geschäftsführung sowie einer nachhaltigen Geschäftsstrategie für das Institut, eine Aufgabentrennung in der Organisation, Maßnahmen zur Verhinderung von Interessenkonflikten sowie Verfahren zur Ermittlung und Sicherung der Risikotragfähigkeit des Instituts.[78] Das Abstraktionsniveau bleibt jedoch auch in diesen Vorschriften hoch. Von herausgehobener Bedeutung sind daher die von den nationalen und europäischen Aufsichtsbehörden erlassenen **Leitlinien für die Anwendung** der Regelungen,[79] die als norminterpretierende Verwaltungsvorschriften rechtlich zwar unverbindlich, aber in ihrer faktischen Bedeutung kaum zu überschätzen sind.[80]

50 Wie alle staatlichen Maßnahmen müssen auch die Governance-Vorgaben dem Grundsatz der **Verhältnismäßigkeit** genügen. Das KWG bringt dies zum Ausdruck, indem es nicht mehr als die „erforderlichen", „hinreichenden", „angemessenen" Maßnahmen verlangt und in § 25 Abs. 1 S. 4 KWG vorgibt, dass insbesondere die Ausgestaltung des Risikomanagements an „Art, Umfang, Komplexität und Risikogehalt der Geschäftstätigkeit" ausgerichtet sein soll.

51 bb) Insbesondere: Angemessenes Risikomanagement. Jede ordnungsgemäße Geschäftsorganisation muss insbesondere ein „**angemessenes und wirksames Risikomanagement** umfassen, auf dessen Basis ein Institut die Risikotragfähigkeit laufend sicherzustellen hat", § 25a Abs. 1 S. 3 KWG. Was ein angemessenes Risikomanagement in diesem Sinne ausmacht, haben EZB, EBA und BaFin wiederum in einer Fülle umfangreicher Verwaltungsvorschriften konkretisiert.[81] Zu den zentralen Elementen der Risikomanagementprozesse, die von den Instituten vorzuhalten sind, zählen **insbesondere** die folgenden **sechs Verfahren:**

– Verfahren zur **Ermittlung der Risikotragfähigkeit** des Instituts (§ 25a Abs. 1 S. 3 Nr. 2, § 25c Abs. 4a Nr. 2 KWG),
– Verfahren zur Umsetzung, Evaluation und gegebenenfalls Anpassung der **Geschäfts- und Risikostrategien** des Instituts (§ 25a Abs. 1 S. 3 Nr. 1, § 25c Abs. 4a Nr. 1 KWG),
– Verfahren (einschließlich Stresstests) zur **internen Kontrolle** und einer darauf gegebenenfalls aufbauenden Modifikation der Risikoentscheidungsprozesse sowie eine interne Revision (§ 25a Abs. 1 S. 3 Nr. 3, § 25c Abs. 4a Nr. 3 KWG),[82]
– eine hinreichende **personelle und technisch-organisatorische Ausstattung** aller Elemente des Risikomanagements (§ 25a Abs. 1 S. 3 Nr. 4, § 25c Abs. 4a Nr. 4 KWG),
– ein **Konzept für Notfälle,** insbesondere auch für IT-Systeme (§ 25a Abs. 1 S. 3 Nr. 5, § 25c Abs. 4a Nr. 5 KWG), und
– **Vergütungssysteme,** die auf eine nachhaltige Entwicklung des Instituts ausgerichtet sind (§ 25a Abs. 1 S. 3 Nr. 6 KWG).

Kreditgeschäft, 140 ff.; Veil/Veil Europäisches und deutsches Kapitalmarktrecht § 32 Rn. 1 ff. sowie zum Verhältnis von Compliance und Risikomanagement Rn. 4 f.
[78] S. § 25c Abs. 3 Nr. 1, Abs. 4a Nr. 1, 2, 3 lit. a, b KWG.
[79] S. insbes. BaFin, Rundschreiben 05/2018 (WA). Mindestanforderungen an die Compliance-Funktion und weitere Verhaltens-, Organisations- und Transparenzpflichten (MaComp), sowie EBA, Guidelines on internal governance under Directive 2013/36/EU. EBA/GL/2017/11, sowie für eine Liste der vielen einschlägigen Leitlinien und zu ihrer Bedeutung und Wirkung BGR/Benzler/Krieger Handbuch Bankenaufsichtsrecht § 11 insbes. Rn. 3 ff.
[80] Hierzu eingehend Heitzer, Messing with the Regulator, 319 ff.
[81] S. hierzu die Nw. bei BGR/Benzler/Krieger Handbuch Bankenaufsichtsrecht § 11 Rn. 14 ff.
[82] Sog. Three-Lines-of-Defence-Modell, s. zB BCBS, Corporate Governance Principles for Banks, Rn. 38 ff.

Übergreifendes Ziel aller Verfahrensbausteine ist die **Gewährleistung der Risikotrag-** 52
fähigkeit des Instituts. Ob ein Institut fähig ist, die von ihm eingegangenen Risiken im Sinne des KWG „zu tragen", ergibt sich aus dem Verhältnis seines aggregierten und gewichteten Gesamtrisikos (Volumen aller Risiken sowie Schadenswahrscheinlichkeit) auf der einen Seite und dem Risikodeckungspotential seines Eigenkapitals auf der anderen Seite.[83] Alle Risiken müssen daher fortlaufend ermittelt, bewertet und mit hinreichendem Kapital unterlegt werden. Wenn und soweit das Eigenkapital des Instituts nicht ausreichend ist, um das Gesamtrisiko zu decken, müssen Risiken ab- oder zusätzliche Eigenmittel aufgebaut werden.

Die Pflicht zur Einrichtung eines Risikomanagements in diesem Sinne bildet das **Gover-** 53
nance-Pendant zu den quantitativen Eigenkapitalvorschriften. Beide Regelungskomplexe sollen die Stabilität der Institute und dazu namentlich ihre Solvabilität gewährleisten, beide verlangen neben der Risikoidentifikation eine Risikogewichtung, dh die Bewertung der Wahrscheinlichkeit eines Schadenseintritts, und beide bestimmen als wesentliche Risikokategorien die Adressenausfall-, Marktpreis-, Liquiditäts- und operationellen Risiken. Aber während die Risikoermittlung und -gewichtung (bzw. die Verfahren zur Identifikation und Bewertung von Risiken) für die Berechnung der quantitativen Eigenkapitalanforderungen vom Staat vorgegeben werden, entscheiden die Institute im Rahmen der „Säule 2" selbst und frei, mit Hilfe welcher Methoden und Prozesse sie ihre Risiken beurteilen (sog. **Internal Capital Adequacy Assessment Process, ICAAP**).[84] Der ICAAP erlaubt damit eine Risikobewertung, die noch weitergehend auf die individuelle Struktur und Geschäftsstrategie des konkreten Instituts abstellt als der IRB-Ansatz.

Die Doppelung der Verfahren zur Bestimmung der vorzuhaltenden Eigenmittel soll die 54
Unsicherheiten und die **Fehleranfälligkeit reduzieren,** die insbesondere der Risikogewichtung – ie der Prognose einer Schadenseintrittswahrscheinlichkeit – in beiden Fällen anhaften. Etwaige Defizite der Bewertungsverfahren sollen wechselseitig kompensiert werden.

cc) Insbesondere: Das Management von Klimarisiken. Wie bei der Anwendung der 55
quantitativen Eigenmittelvorgaben bereitet der Umgang mit Klimarisiken auch bei der Ausgestaltung der institutsinternen Risikomanagementverfahren **erhebliche theoretische wie praktische Schwierigkeiten.**

(1) Der „Leitfaden zu Umwelt- und Klimarisiken" der EZB. *Dass* Klimarisiken in 56
das Risikomanagement integriert werden müssen und insbesondere bei der Bestimmung der erforderlichen Eigenmittelausstattung eines Instituts mit Hilfe des ICAAP zu berücksichtigen sind, hat die EZB bereits mit ihrem „Leitfaden zu Umwelt- und Klimarisiken" vom November 2020 klargestellt: „**Institute sollten Klima- und Umweltrisiken** als Treiber bestehender Risikokategorien **in ihr** bestehendes Rahmenwerk für das **Risikomanagement integrieren,** um sie über einen hinreichend langen Zeitraum zu steuern, zu überwachen und abzumildern, und ihre Regelungen regelmäßig überprüfen. Institute sollten diese Risiken im Rahmen ihres Gesamtprozesses zur Sicherstellung einer angemessenen Kapitalausstattung bestimmen und quantifizieren."[85]

Die Vorgaben der EZB dazu, *wie* Klimarisiken bei der Ermittlung der Risikotragfähig- 57
keit zu berücksichtigen sind, blieben dabei allerdings auf einem hohen Abstraktionsniveau. So sollen Klima- und Umweltrisiken insbesondere **den tradierten Kategorien wesentlicher Risiken** (Adressenausfall-, Markt-, Liquiditäts- und operationellen Risi-

---

[83] S. § 25a Abs. 1 S. 3 und S. 3 Nr. 2 sowie BaFin, Rundschreiben 10/2021 (BA). Mindestanforderungen an das Risikomanagement (MaRisk), AT 4.1., und BaFin/Deutsche Bundesbank, Aufsichtliche Beurteilung bankinterner Risikotragfähigkeitskonzepte und deren prozessualer Einbindung in die Gesamtbanksteuerung („ICAAP") – Neuausrichtung, 2018.
[84] Zum ICAAP detailliert BGR/Riepe et al. Handbuch Bankenaufsichtsrecht § 7 Rn. 525 ff., und zusammenfassend Wundenberg Europäisches Bankenaufsichtsrecht § 11 Rn. 11 f.
[85] EZB, Leitfaden zu Klima- und Umweltrisiken, Erwartung Nr. 7, S. 33.

ken[86]) **zugeordnet** werden; es sind kurz-, mittel- und langfristige Klimarisiken in den Blick zu nehmen, und Klimarisiken sollen quantifiziert werden, auch wenn die dafür erforderlichen Daten nicht verfügbar[87] und daher anspruchsvolle Schätzungen erforderlich sind. Jenseits dieser Basisanforderungen obliegt die Definition der Methoden und Verfahren zur Identifikation und Gewichtung von Klimarisiken den Instituten. Das entspricht den allgemeinen Grundsätzen des ICAAP.

58 Angesichts der besonderen Struktur von Klimarisiken und insbesondere der **tiefen Unsicherheit,** die diese kennzeichnet und von anderen Risikotypen strukturell unterscheidet,[88] stellt sich aber die Frage, ob es angemessen ist und insbesondere dem verfassungsrechtlichen **Wesentlichkeitsgrundsatz** entspricht, das Klimarisikomanagement in dieser Weise den Instituten anzuvertrauen. Wenn die Identifikation und insbesondere die Prognose der Eintrittswahrscheinlichkeit von Klimarisiken, speziell von Transitionsrisiken, keine epistemische Anforderung ist, sondern im Kern nach einer normativen Wertung verlangt, und wenn die Risikogewichtung überdies selbsterfüllend wirken kann, weil sie, salopp gesagt, den Unternehmungen, die als klimarisikobehaftet eingestuft werden, die Finanzierungsgrundlage entzieht – sollte dann nicht der parlamentarische Gesetzgeber zB darüber entscheiden, welche Szenarien die Institute ihrem ICAAP zugrunde zu legen haben?

59 Dass die Integration von Klimarisiken in die Risikomanagementprozesse neben diesen theoretischen Schwierigkeiten erhebliche praktische Probleme bereitet, hat zuletzt der „**Climate Risk Stress Test**" deutlich gemacht, den die **EZB** im Juli 2022 bei den von ihr beaufsichtigten 104 Instituten der Eurozone durchgeführt hat. Danach haben rund 60 % der – wohlbemerkt: bedeutenden, dh regelmäßig systemrelevanten – Banken Klimarisiken noch nicht in ihr Risikomanagement integriert und planen dies auch erst für die mittlere bis ferne Zukunft. Und dies obwohl die am Stresstest beteiligten Banken mehr als 60 % ihrer gesamten, von Nicht-Finanzunternehmen erhaltenen Zinsen bei Geschäften gerade mit jenen 22 Branchen erwirtschafteten, die die meisten Treibhausgase emittieren und deshalb in besonderer Weise Transitionsrisiken ausgesetzt sein dürften.[89]

60 **(2) Das Banking Package 2021.** Angesichts dessen überrascht es nicht, dass auch das Banking Package 2021 und die darin vorgesehene neuerliche **Reform der CRD** die Klimarisikovorsorge adressieren. Erstmalig soll nun im Text der aufsichtlichen Normen selbst explizert werden, dass die Risikomanagementverfahren der Kreditinstitute auch ESG-Risiken erfassen müssen[90] und auf einen Zeithorizont von etwa 10 Jahren (anstelle der bisher üblichen ein bis drei Jahre) ausgerichtet sein müssen.[91] Dabei sollen auch und insbesondere jene **Risiken** zu den ESG-Risiken gezählt werden, die sich **aus einer** „**mangelnden Übereinstimmung** des Geschäftsmodells und der Geschäftsstrategie der Institute **mit den einschlägigen politischen Zielen der Union** oder allgemeineren Trends beim Übergang zu einer nachhaltigen Wirtschaft" ergeben. Das ist bemerkenswert.[92] Denn damit dürfte den Finanzinstituten die Entwicklung jener Zukunftsszenarien abgenommen werden, auf denen die Ermittlung von Transitionsrisiken fußen muss. Grundlage dieser Risikoidentifikation müssen in Zukunft vielmehr die politischen Ziele und Pläne sein, die von der Union für den Übergang zu einer nachhaltigen Wirtschaft entwickelt wurden. Diese Rückbindung der Risikoszenarien an die europäische Politik bedeutet einen erheblichen demokratischen Fortschritt. Denn Szenarien künftiger Risiken entscheiden mit darüber, welche Risiken in Zukunft entstehen. Über die Grundlagen der

---

[86] Vgl. ergänzend zum Reputationsrisiko, das ebenfalls von den Banken zu berechnen ist. Heitzer, Messing with the Regulator, 257 ff. und insb. 279 ff.
[87] Die fehlende Verfügbarkeit der Daten zählt zu den zentralen praktischen Problemen bei der Identifikation und Gewichtung von Klimarisiken, s. zB NGFS, Final report on bridging data gaps.
[88] → Rn. 31 ff.
[89] ECB, Report on Climate Stress Test, S. 5.
[90] Art. 73 f. CRD VI-E.
[91] Art. 87a Abs. 2 CRD VI-E.
[92] S. dazu auch FS Streinz/Kaufhold, S. 179 (188).

Szenarien sollten daher nicht – wie bisher[93] und weiterhin bis zum Inkrafttreten der CRD-Reform – Finanzinstitute oder Aufsichtsbehörden entscheiden, sondern der (europäische) Gesetzgeber. Das wird insbesondere bei der Auswahl der Erkenntnisquellen zu berücksichtigen sein, die für die Ermittlung von „Zielen" und „Trends" der Union im Sinne der zitierten Regelung genutzt werden.

e) Vorgaben für die Leitungsorgane und ihre Mitglieder. Neben die Vorgaben zur Sicherung einer ordnungsgemäßen Geschäftsorganisation treten **Anforderung an die Leitungsorgane** eines Finanzinstituts, an ihr Verhältnis zueinander sowie an ihre Mitglieder, also an die Akteure, die über die Organisation des Geschäftsbetriebs entscheiden. Sie werden ebenfalls von der Finanzaufsicht durchgesetzt und wurden in Reaktion wiederum auf die Finanzkrise erweitert[94], sind heute in ihren wesentlichen Teilen durch europäische Richtlinien determiniert und treten zu rechtsformspezifischen und mitbestimmungsrechtlichen Regelungen hinzu.[95]

Von den Vorgaben für die **Organisation der Unternehmensleitung** (aa) sind die **Qualifikationsanforderungen** an Mitglieder der Leitungsorgane (bb) und die Regelungen über die Ausgestaltung ihrer **Vergütung** (cc) zu unterscheiden.

aa) Vorgaben für die Struktur der Unternehmensleitung. Zu den organisatorischen Kernvorgaben für Finanzinstitute, die sich aus dem Unionsrecht und namentlich der CRD ergeben, zählt die **Trennung von Geschäftsführung und Aufsicht:** „Der Vorsitzende des Leitungsorgans eines Instituts [darf] in seiner Aufsichtsfunktion in diesem Institut nicht gleichzeitig die Funktion des Geschäftsführers wahrnehmen, es sei denn, dies wird von dem Institut begründet und von den zuständigen Behörden genehmigt".[96] Angesichts der durch das deutsche Aktienrecht vorgegebenen dualistischen Organisationsverfassung, der zufolge Geschäftsführung und Unternehmenskontrolle von getrennten Organen ausgeübt werden müssen,[97] entfaltet diese europarechtliche Vorgabe in Deutschland jedoch in der Praxis kaum eigenständige Bedeutung.

Anders verhält es sich mit den unionsrechtlichen Vorgaben zur **Ausschussbildung,** die in § 25d Abs. 7–12 KWG umgesetzt wurden. Hiernach ist das Verwaltungs- oder Aufsichtsorgan von bedeutenden Kreditinstituten iSv § 1 Abs. 3c KWG verpflichtet, „aus seiner Mitte" zumindest die folgenden vier Ausschüsse zu bestellen:

– einen **Risikoausschuss,** der das Leitungsorgan bei der Entwicklung der Risikostrategie des Unternehmens berät und bei der Kontrolle ihrer Umsetzung unterstützt (§ 25d Abs. 8 KWG);
– einen **Prüfungsausschuss,** der das Verwaltungs- bzw. Aufsichtsorgan bei der unternehmensinternen Kontrolle der Finanzberichterstattung unterstützt (§ 25d Abs. 9 KWG);
– einen **Nominierungsausschuss,** der das Verwaltungs- bzw. Aufsichtsorgan bei der Auswahl des Leitungspersonals berät (§ 25d Abs. 11 KWG), sowie
– einen **Vergütungskontrollausschuss,** der die Ausgestaltung der unternehmensinternen Vergütungssysteme überwacht und die Einhaltung der gesetzlichen Vergütungsregelungen kontrolliert, die in Reaktion auf die Finanzkrise deutlich verschärft wurden (→ Rn. 70 ff.).

---

[93] Vgl. hierzu schon Smolenska/van't Klooster, Journal of Financial Regulation 8 (2022), S. 51 (61 f.), die eine gesetzliche Regelung aber für zwar möglich, jedoch nicht (verfassungsrechtlich) zwingend halten.
[94] Defizite der Unternehmensführung und -kontrolle von Finanzinstituten wurden vielfach als eine Ursache der weltweiten Finanzkrise identifiziert, s. de Larosière-Gruppe, Report, 2009, insbes. Rn. 23 f.; FSA, The Turner Review, 2009, S. 92 f.; vgl. auch Erwägungsgrund 53 zur CRD; vgl. auch EBA, Final Report on Guidelines on internal governance under Directive 2013/36/EU, Rn. 2 ("not a direct trigger", but "closely associated" und "questionable").
[95] Zum Verhältnis von rechtsform- und tätigkeitsspezifischen Regelungen BGR/Benzler/Krieger Handbuch Bankenaufsichtsrecht § 11 Rn. 147.
[96] S. Art. 88 Abs. 1 lit. e CRD IV sowie § 25c Abs. 2, § 25d Abs. 3 KWG.
[97] → § 2 Rn. 33 f.

65 **bb) Persönliche Anforderungen an die Mitglieder der Leitungsorgane.** Alle Mitglieder der Geschäftsführung sowie des Verwaltungs- oder Aufsichtsorgans müssen insbesondere „**zuverlässig**" sein, die erforderliche fachliche Eignung besitzen sowie über ausreichend Zeit für die Erfüllung ihrer Aufgaben verfügen (§ 25c Abs. 1, § 25d Abs. 1 KWG).

66 Die finanzmarktrechtliche Voraussetzung der Zuverlässigkeit entspricht der aus dem allgemeinen Gewerberecht bekannten und macht den (auch) **gewerberechtlichen Ursprung** des Finanzaufsichtsrechts deutlich. Zuverlässig ist danach, wer nach dem Gesamteindruck seines persönlichen und geschäftlichen Verhaltens die Gewähr dafür bietet, dass er die Geschäfte in Zukunft sorgfältig und ordnungsgemäß führen wird.[98]

67 Nach § 25c Abs. 1 S. 2, 3 KWG setzt die fachliche Eignung bei jedem einzelnen Mitglied sowohl **theoretische** als auch **praktische Kenntnisse** in den für das konkrete Unternehmen relevanten Geschäften sowie Leitungserfahrung voraus. Eine ausreichende Sachkunde in diesem Sinne ist gem. § 25c Abs. 1 S. 3 KWG zu vermuten, „wenn eine dreijährige leitende Tätigkeit bei einem Institut von vergleichbarer Größe und Geschäftsart" nachgewiesen wird. Die EZB geht demgegenüber mit Blick auf die ihrer Aufsicht unterstellten Institute erst ab einer zehnjährigen Tätigkeit in leitender Stellung („senior management position") bei einem Institut des Finanzsektors von einer ausreichenden Erfahrung für die Übernahme eines CEO-Postens aus.[99]

68 Die Mitglieder von Geschäftsleitung und Verwaltungs- bzw. Aufsichtsorgan müssen überdies „in ihrer Gesamtheit" über ein angemessen breites **Spektrum von Kenntnissen, Fähigkeiten und Erfahrungen** mit Blick auf das konkrete Geschäftsfeld verfügen.[100] Damit wird zum einen der Tatsache Rechnung getragen, dass etwa Universalbanken so vielfältige Geschäftsfelder bedienen, dass kaum von jedem einzelnen Geschäftsführer bzw. Aufsichtsratsmitglied vertiefte Kenntnisse in allen Tätigkeitsbereichen des Instituts erwartet werden können.[101] Zum anderen soll über die Anforderung an das Kollektiv die Diversität der Leitungspersonen gewährleistet und damit dem Phänomen des so genannten „**groupthink**" entgegengewirkt werden.[102] Von einer mit Blick auf Alter, Geschlecht, Ausbildung, beruflichen Hintergrund und geografische Herkunft heterogen besetzten Geschäftsführung erwartet man sich eine umsichtigere Risikostrategie als von einem in diesen Hinsichten homogenen Leitungsorgan.[103]

69 Die **ausreichende zeitliche Verfügbarkeit** von Geschäftsführung und Aufsichtsorgan, die § 25c Abs. 1 S. 1, § 25d Abs. 1 S. 1 KWG verlangen, soll zum einen über die quantitative **Begrenzung von Leitungs- und Aufsichtsratsmandaten** gewährleistet werden.[104] Die Geschäftsleitung eines bedeutenden Instituts etwa kann daher nach § 25c Abs. 2 S. 2 KWG nicht übernehmen, wer bereits in einem anderen Unternehmen als Geschäftsleiter tätig ist oder mehr als zwei Mandate in einem Aufsichts- oder Verwaltungsorgan innehat. Ergänzend gelten die von ESMA und EBA entwickelten qualitativen, im Einzelnen überraschend kleinteiligen Kriterien für die Prüfung, ob das verfügbare Zeitbudget den erforderlichen Zeitaufwand deckt. Zu berücksichtigen sind danach neben Größe, Art, Umfang und Komplexität der Tätigkeiten des Unternehmens etwa auch „die geogra-

---

[98] S. zum Zuverlässigkeitskriterium der §§ 25c, 25d KWG BGR/Benzler/Krieger Handbuch Bankenaufsichtsrecht § 11 Rn. 161, und zur allgemeinen gewerberechtlichen Voraussetzung der Zuverlässigkeit statt vieler Schmidt/Wollenschläger/Korte ÖffWirtschaftsR § 9 Rn. 50 ff. mwN.
[99] ECB, Guide to fit and proper assessments, 2018, 4.1.
[100] § 25c Abs. 1a KWG bzw. § 25d Abs. 2 KWG.
[101] BGR/Benzler/Krieger Handbuch Bankenaufsichtsrecht § 11 Rn. 160.
[102] Das lässt sich den gemeinsamen Leitlinien von ESMA und EBA entnehmen, s. ESMA/EBA, Leitlinien zur Bewertung der Eignung von Mitgliedern des Leitungsorgans und Inhabern von Schlüsselpositionen, EBA/GL/2021/06, Rn. 102 ff.; vgl. ferner Chiu, Regulating (From) the Inside, S. 190 ff.
[103] Vgl. BCBS, Corporate Governance Principles for Banks, 2015, Rn. 47 ff., sowie Wundenberg, Europäisches Bankenaufsichtsrecht, Rn. 34.
[104] S. hierzu im Einzelnen § 25c Abs. 2, § 25d Abs. 3 KWG.

fische Präsenz des Mitglieds und die für die Funktion erforderliche Reisezeit" und das Engagement in gemeinnützigen Organisationen.[105]

cc) Vergütungsregelungen.[106] Die **Finanzkrise der Jahre 2008/2009** hat Schwächen 70
der Vergütungssysteme von Banken deutlich werden lassen, aus denen Gefahren für die Finanzstabilität erwachsen sind.[107] So war die Höhe der Vergütung insbesondere an kurzfristig erzielten Gewinnen orientiert und berücksichtigte allein Erfolge, ohne geschäftliche Misserfolge in gleicher Weise zu sanktionieren. Daraus ergaben sich wirkmächtige Anreize, für den schnellen Erfolg übermäßige Risiken einzugehen, anstatt die Geschäfts- und Risikostrategie an der langfristigen Stabilität eines Instituts auszurichten. Die aus diesem Grund im Nachgang der Krise **erheblich erweiterten** und **ausdifferenzierten öffentlich-rechtlichen Vorgaben** für die Ausgestaltung der Gehälter von Bankmitarbeitern gehen heute über die gesellschaftsrechtlichen Vorgaben (wie zB § 87 Abs. 1 AktG; → § 4 Rn. 8 f., 66) hinaus und betreffen zudem nicht nur die Mitglieder von Leitungs- und Aufsichtsorganen, sondern auch Mitarbeiter auf nachgeordneten Positionen.

In seinen Grundzügen wird auch die Vergütungsregulierung durch das Unionsrecht 71
vorgezeichnet. Die CRD lässt den Mitgliedstaaten in diesem Bereich aber vergleichsweise große **Umsetzungsspielräume** und gestattet insbesondere strengere nationale Vorschriften. Der deutsche Gesetzgeber hat die europäischen Vorgaben in § 25a Abs. 1 S. 3 Nr. 6, Abs. 5 KWG iVm **Institutsvergütungsverordnung** (InstitutsVergV) umgesetzt.

Als **allgemeines Prinzip** gilt danach: Vergütungssysteme müssen „angemesse[n], trans- 72
paren[t] und auf eine nachhaltige Entwicklung des Instituts ausgerichte[t] sein".[108] Insbesondere dürfen keine Anreize gesetzt werden, unverhältnismäßig hohe Risiken einzugehen, und geschäftliche Misserfolge müssen in der variablen Vergütung abgebildet werden.[109]

Das Grundprinzip wird durch eine Reihe von **spezifischen Regelungen** konkretisiert. 73
In der Praxis genießen insbesondere die folgenden Vorgaben (aufgrund ihrer praktischen oder symbolischen Bedeutung) Aufmerksamkeit:

– Die mit Geschäftsleitern vereinbarte Vergütung darf die **„übliche Vergütung"** nicht ohne Grund übersteigen, wobei das „Übliche" mit Blick auf die in vergleichbaren Instituten gezahlten Gehälter zu bestimmen ist.[110]
– Die variablen Vergütungsanteile dürfen grundsätzlich nicht größer sein als 100% der fixen Vergütung (sog. **Bonus Caps**).[111]
– Mitgliedern von Aufsichts- bzw. Verwaltungsorganen dürfen gar keine variablen Vergütungen gezahlt werden.[112]
– Bei **„Risikoträgern"** iSd § 25a Abs. 5b KWG (ie insbesondere bei Mitarbeitern mit „Managementverantwortung für ... die wesentlichen Geschäftsbereiche des Instituts" und bei Mitarbeitern mit einem Gehalt von mindestens 500.000 Euro) muss die Auszahlung von mindestens 40% der variablen Vergütung über einen Zeitraum von mindes-

---

[105] ESMA/EBA, Leitlinien zur Bewertung der Eignung von Mitgliedern des Leitungsorgans und Inhabern von Schlüsselpositionen, EBA/GL/2021/06, Rn. 39 ff., insbes. Nr. 41.
[106] Zur Regulierung von Vergütungen als Kernelement einer sozialen Marktwirtschaft und der systematischen Erfassung bestehender Vergütungsregelungen Heitzer/Kaufhold, Der Staat 60 (2021), S. 353 ff.
[107] Vgl. de Larosière-Gruppe, Report, 2009, Rn. 24; FSA, The Turner Review, 2009, S. 79 ff.; Hellwig in Ständige Deputation des Deutschen Juristentages, 68. DJT, Gutachten E, E 37 f.; eher skeptisch mit Blick auf den Beitrag der Vergütungsregelungen zur Krisenentstehung BGR/Glasow Handbuch Bankenaufsichtsrecht § 12 Rn. 1.
[108] § 25a Abs. 1 S. 3 Nr. 5 KWG.
[109] § 5 Abs. 1 Nr. 1, Abs. 2 InstitutsVergV.
[110] S. § 10 Abs. 1 InstitutsVergV, der an § 87 Abs. 1 AktG angelehnt ist; zur Bestimmung der „üblichen" Vergütung iSd § 87 Abs. 1 AktG zB MüKoAktG/Spindler § 87 Rn. 55 ff.
[111] § 25a Abs. 5 S. 2 KWG; eine Erhöhung auf bis zu 200% der fixen Vergütung ist durch Beschluss der Anteilseigner möglich, s. § 25a Abs. 5 S. 6 KWG.
[112] § 25d Abs. 5 S. 4 KWG.

tens vier Jahren gestreckt werden.[113] Bonuszahlungen müssen zudem reduziert werden, wenn das tatsächliche Geschäftsergebnis des Instituts schlechter ist als das erwartete, das Grundlage war für die Berechnung der variablen Vergütung;[114] bei schwerwiegenden persönlichen Verfehlungen oder Fehlentscheidungen können variable Vergütungsanteile zudem zurückgefordert werden[115].

4. Sanktionen und Rechtsschutz

74 Der Gesetzgeber hat den Aufsichtsbehörden eine Fülle von Befugnissen zur Durchsetzung sowohl der Eigenmittelanforderungen als auch der Vorgaben für die institutsinterne Governance an die Hand gegeben. Hält ein Kreditinstitut nicht ausreichend Eigenkapital vor, können BaFin bzw. EZB[116] Anordnungen erlassen, die von der „begründete[n] Darstellung der Entwicklung der wesentlichen Geschäftsaktivitäten über einen Zeitraum von mindestens drei Jahren"[117] bis hin zum Entzug der Bankerlaubnis[118] als äußerstem Mittel reichen können. Die Befugnisse zur Durchsetzung der Governance-Regelungen wurden im Nachgang der Finanzkrise deutlich erweitert und verschärft. Zum aufsichtlichen Arsenal zählen hier neben Anordnungen zur Beseitigung organisatorischer Mängel[119] auch Abberufungen und Tätigkeitsverbote für Mitglieder der Geschäftsleitung, des Verwaltungs- oder Aufsichtsorgans[120] sowie als ultima ratio erneut der Entzug der Betriebserlaubnis[121].

75 In der Praxis kommt es jedoch nur äußerst selten zum Erlass von Verwaltungsakten. Hinweise und informelle Beanstandungen im Rahmen von Aufsichtsgesprächen sind typischerweise schon ausreichend. Ebenso selten wie förmliche Anordnungen sind gerichtliche Auseinandersetzungen zwischen Aufsichtsbehörden und Finanzinstituten. Anfechtungs- bzw. Nichtigkeitsklagen sind statthaft,[122] werden aber kaum je erhoben. Die Ursachen hierfür sind vielgestaltig.[123] Aus Sicht der Finanzinstitute dürften nicht zuletzt die befürchteten Reputationsschäden gegen die Inanspruchnahme gerichtlichen Rechtsschutzes sprechen.[124]

V. Verfahrenspflichten

1. Informationspflichten: Das Melde- und Offenlegungsregime

76 **a) Überblick.** Die meisten der oben dargestellten organisationsbezogenen Anforderungen sind mit der Pflicht der Finanzinstitute verknüpft, die Aufsichtsbehörden und/oder die anderen Marktteilnehmer darüber zu **informieren,** dass und **wie das Institut seinen Pflichten nachkommt.** So müssen Kreditinstitute beispielsweise sowohl gegenüber den zuständigen Aufsichtsbehörden als auch gegenüber der Öffentlichkeit darüber berichten,

---

[113] § 20 Abs. 1 InstitutsVergV.
[114] § 20 Abs. 4 Nr. 3 InstitutsVergV.
[115] § 18 Abs. 5 S. 3 InstitutsVergV.
[116] Zur Abgrenzung der Zuständigkeiten statt vieler Hufeld/Ohler/Kaufhold EnzEuR Bd. 9 § 17 Rn. 77 ff., 101 ff., 147 ff.
[117] § 45 Abs. 2 Nr. 1 KWG.
[118] § 35 Abs. 2 Nr. 8 KWG.
[119] § 25a Abs. 2 S. 2, § 45b Abs. 1 KWG.
[120] § 36 KWG.
[121] § 35 Abs. 2 Nr. 6 KWG.
[122] Sie entfalten jedoch keine aufschiebende Wirkung, s. § 49 KWG. – Zur schwierigen und noch nicht abschließend geklärten Abgrenzung der Zuständigkeiten von nationalen Gerichten und EuGH bei Klagen gegen Maßnahmen, die innerhalb des Einheitlichen Aufsichtsmechanismus für Banken erlassen wurden, statt vieler Hufeld/Ohler/Kaufhold EnzEuR Bd. 9 § 17 Rn. 151 ff., sowie ausführlich Vossen, Rechtsschutz in der europäischen Bankenaufsicht, 124 ff., 185 ff., 212 ff. und passim.
[123] Eingehend Heitzer, Messing with the Regulator, 3 ff. und speziell zur behördlichen Informalität als Rechtsschutzproblem 307 ff.
[124] S. dazu Heitzer, Messing with the Regulator, 278 ff.

welche regulatorischen Eigenkapitalanforderungen sie zu erfüllen haben und in welchem Umfang sie Eigenmittel vorhalten, ebenso über ihre Governance-Strukturen und ihre Vergütungsregelungen.

Differenzierend nach Adressaten und Funktionen lassen sich **Meldepflichten** (auch: Anzeigepflichten) von **Offenlegungspflichten** (auch: Transparenz- oder Publizitätspflichten) unterscheiden.[125] Meldepflichten bestehen gegenüber Aufsichtsbehörden und sollen in erster Linie deren Kontrolle effektuieren, indem sie die für eine effektive Überwachung erforderlichen Informationen verfügbar machen. Offenlegungspflichten sollen demgegenüber gewährleisten, dass alle Finanzmarktteilnehmer über die für Investitionsentscheidungen relevanten Informationen verfügen; auf diesem Weg soll die Offenlegung die Marktdisziplin und das Marktvertrauen stärken. Melde- wie Offenlegungspflichten sind zT als periodisch, zT als anlassbezogen zu erfüllende Pflichten ausgestaltet.

Die Finanzaufsicht kontrolliert die Einhaltung beider Pflichtengruppen und setzt sie durch. Melde- und Offenlegungspflichten zählen damit zu den verwaltungsrechtlichen Vorgaben – jedoch handelt es sich nicht immer um Vorgaben speziell für Finanzinstitute. Insbesondere Offenlegungspflichten werden zum Teil und in für den Kapitalmarkt zentralen Bereichen allein durch eine bestimmte Tätigkeit im Zusammenhang mit der Teilnahme am Finanzmarkt ausgelöst und setzen nicht (zusätzlich) voraus, dass ein Finanzinstitut handelt. Das gilt etwa für die Prospektpflicht nach der Prospektverordnung, die grundsätzlich von jedem zu erfüllen ist, der ein Wertpapier öffentlich oder an einem geregelten Markt anbietet,[126] also insbesondere auch von realwirtschaftlichen Unternehmen, die sich über den Kapitalmarkt finanzieren. Demgegenüber gelten etwa die aus Art. 431 und 451 CRR folgenden Pflichten, regelmäßig öffentlich über die Eigenmittelausstattung und die Verschuldungsquote zu berichten, nur für Finanzinstitute iSd CRR.[127] Es lassen sich danach **institutsbezogene Informationspflichten,** deren Anwendbarkeit (auch) davon abhängig ist, dass ein bestimmter Akteur handelt, von **ausschließlich tätigkeitsbezogenen Pflichten** unterscheiden, deren Anwendungsbereich allein durch eine für den Finanzmarkt relevante Handlung definiert wird. Dabei haben die tätigkeitsbezogenen Pflichten eine deutlich längere Tradition und bilden den Kern des Kapitalmarktrechts. Gegenstand dieses Beitrags sind gleichwohl allein die institutsbezogenen Anzeige- und Publizitätspflichten, denn nur sie zählen zu den verwaltungsrechtlichen Vorgaben speziell für Finanzinstitute und damit zum Untersuchungsgegenstand dieses Textes.

Zwischen den Melde- und Offenlegungspflichten für die verschiedenen Typen von Finanzinstituten bestehen große strukturelle Ähnlichkeiten bei zugleich signifikanten Unterschieden im Detail. Ich werde die Strukturen – hier wie bei den Organisationspflichten – am **Beispiel von Kreditinstituten** erläutern.

Zu den Anforderungen des Melde- und Offenlegungsregimes ist nach der Finanzkrise die Verpflichtung hinzugetreten, einen Plan zu entwickeln und regelmäßig zu aktualisieren, wie der Bestand des Instituts im Krisenfall gesichert werden kann. Diese Pflicht zur **Sanierungsplanung** tritt als eigenständige verfahrensrechtliche Kategorie neben Melde- und Offenlegungspflichten.

b) Meldepflichten. Möchte man sich einen ersten Eindruck von Vielzahl und Komplexität der Meldungen verschaffen, die Kreditinstitute mit Sitz in Deutschland zu erfüllen haben, dann lohnt ein Blick auf die im „Formular-Center Bankenaufsicht" der Deutschen Bundesbank[128] bereitgestellten Meldebögen. Er macht deutlich: Die Meldepflichten sind ebenso zahl- wie umfangreich. Gleiches gilt im Übrigen für die Kritik am finanzaufsicht-

---

[125] S. zu dieser begrifflichen Differenzierung, die auch der Gesetzgeber nutzt (s. zB Art. 430 ff., Art. 431 ff. CRR sowie § 26a KWG), Wundenberg Europäisches Bankenaufsichtsrecht § 13 Rn. 1 ff.
[126] Art. 1 Verordnung (EU) 2017/1129.
[127] S. zur Definition Art. 4 Abs. 1 Nr. 3 CRR.
[128] https://www.bundesbank.de/de/service/meldewesen/bankenaufsicht-formular-center/meldungen/meldungen-zur-bankenaufsicht-612590.

lichen Meldewesen.¹²⁹ Der **regelmäßige, breite Informationsfluss** zwischen Instituten und Aufsichtsbehörden verwundert allerdings nicht (oder weniger), wenn man berücksichtigt, dass die Finanzaufsicht in der Europäischen Union **im Kern** als **laufende Aufsicht** und nicht als Eröffnungskontrolle konzipiert ist. Das ist die (notwendige) Konsequenz vor allem der Schnelligkeit und der schnellen Wandelbarkeit von Finanztransaktionen, und es unterscheidet die Finanzaufsicht grundlegend von vielen anderen Bereichen der Gewerbeaufsicht.¹³⁰ Den Schwerpunkt der Kontrolle bildet hier nicht die Einrichtung, sondern der Betrieb des Geschäfts. Diese Gewichtung kommt nicht zuletzt in § 33 Abs. 2 KWG zum Ausdruck, wonach die Betriebserlaubnis versagt werden kann, wenn zu befürchten ist, dass die Wirksamkeit der nachfolgenden Kontrollen beeinträchtigt wird.

82   Das Meldewesen ist **nur in Teilen unionsrechtlich harmonisiert.** Die zentralen Regelungen finden sich in § 24 KWG sowie in Art. 430–430c CRR. Letztere werden durch delegierte Rechtsakte konkretisiert. Zudem finden sich Meldepflichten verstreut über die Rechtstexte des Bankenaufsichtsrechts als Annexe zu den „primären" Pflichten, deren Erfüllung es zu gewährleisten gilt.¹³¹

83   Soweit Meldungen **periodisch** abzugeben sind, variieren die Zeitintervalle überwiegend zwischen einem Monat¹³² und einem Jahr¹³³. Um eine klassische **anlassbezogene** Meldepflicht handelt es sich demgegenüber etwa bei der Vorschrift, die Aufsicht über die Vergabe eines Großkredits zu informieren.¹³⁴

84   Die Meldepflichten gelten bisher im Wesentlichen einheitlich für sämtliche Institute. Abstufungen zwischen Instituten verschiedener Größe und Komplexität etwa bei Umfang und Frequenz der zu übermittelnden Informationen sind bislang – anders als bei den Offenlegungspflichten – praktisch nicht vorgesehen. Das war und ist vielfach Gegenstand von Kritik. Mit Art. 430 Abs. 8 CRR wurde der EBA der Auftrag erteilt, Vorschläge zu entwickeln, wie dem **Proportionalitätsgedanken** im Bereich des Meldewesens Rechnung getragen werden kann. Das Banking Package 2021 sieht jedoch keine Reformen an dieser Stelle vor.

85   **c) Offenlegungspflichten.** Publizitätspflichten bilden den **Kern des Kapitalmarktrechts;** manch einer sagt, Kapitalmarktrecht ist Offenlegungsrecht. Berühmt geworden ist insbesondere die Beschreibung von *Loss/Seligman,* wonach sich das Kapitalmarktrecht um „disclosure, again disclosure, and still more disclosure" dreht.¹³⁵ Offenlegungspflichten sollen die Grundlage für informierte Investitionsentscheidungen bilden und werden deshalb zu den **Funktionsbedingungen von (effizienten) Kapitalmärkten** gezählt.¹³⁶ Der Gesetzgeber versteht das Publizitätsregime zudem als Instrument zum **Schutz der Anleger** und seit einigen Jahren auch als Instrument zur **Förderung von nachhaltigen Unternehmungen.**¹³⁷ Ob bzw. inwieweit die Bereitstellung von Informationen tatsächlich zu Effi-

---

[129] Kritiker haben die Finanzaufsichtsbehörden und speziell die EZB deshalb ua als „Datenmonster" bezeichnet und ihren „Datenhunger" angeprangert, s. Münchener Merkur, EZB erschafft neues Datenmonster, 11.2.2016; FAZ, Banken kritisieren Datenhunger der EZB-Aufsicht, 13.10.2015.
[130] S. zu diesen Eigenheiten auch schon Schmidt/Wollenschläger/Kaufhold ÖffWirtschaftsR § 14 Rn. 7 f.; Thiele, Finanzaufsicht, S. 211; Fehling/Ruffert/Röhl Regulierungsrecht § 18 Rn. 49.
[131] S. zB Art. 415 Abs. 1 CRR für die Liquiditätsanforderungen.
[132] S. zB Art. 415 Abs. 1 UAbs. 2 CRR.
[133] S. zB Art. 430a CRR.
[134] S. Art. 394, Art. 430 Abs. 1 lit. c CRR.
[135] Loss/Seligman/Paredes, Securities Regulation, 29; mit Blick auf das deutsche und europäische Kapitalmarktrecht zB Klöhn ZHR 177 (2013), 349 (350 f.), sowie beschreibend Veil/Veil Europäisches und deutsches Kapitalmarktrecht § 16 Rn. 1 ff.
[136] S. grundlegend zum Zusammenhang zwischen der Verfügbarkeit von Informationen und der Effizienz von Kapitalmärkten Akerlof Q.J.Econ. 84 (1970), S. 488 ff.; Fama The Journal of Finance 25 (1970), S. 383 ff.; zur Markteffizienz als Ziel des europäischen Gesetzgebers zB Erwägungsgrund 1 zur Richtlinie 2004/109/EG; Erwägungsgrund 7 zur Verordnung (EU) 2017/1129.
[137] S. zum Anlegerschutz als Ziel der Transparenzvorschriften zB Erwägungsgrund 1 zur Richtlinie 2004/109/EG; Erwägungsgrund 3 zur Verordnung (EU) 2017/1129; zur Nachhaltigkeitsförderung durch Offenlegungspflichten → Rn. 88 ff.

zienzsteigerungen, selbstbestimmten und sachgerechten Investitionsentscheidungen von (Klein)Anlegern und einer Unterstützung grüner Wirtschaftstätigkeiten beiträgt, wird in der ökonomischen und in der rechtswissenschaftlichen Forschung intensiv diskutiert.[138] Einstweilen haben die Zweifel an der Wirksamkeit einer Steuerung durch Informationen aber jedenfalls nicht zu einer Ablösung, sondern lediglich zur Ergänzung der Disclosure-Strategie um einzelne Verbote speziell im Interesse des Anlegerschutzes[139] geführt.

Tätigkeitsbezogene Offenlegungspflichten für Teilnehmer der Kapitalmärkte hat der 86 europäische Gesetzgeber bereits seit Ende der 1970er Jahre erlassen.[140] Die **institutsbezogenen** Offenlegungspflichten der anderen Bereiche des Finanzmarktrechts und speziell des Bankenaufsichtsrecht haben demgegenüber eine deutlich kürzere Geschichte. Publizitätspflichten für Kreditinstitute wurden erst 2004 in die Baseler Abkommen aufgenommen und als so genannte „dritte Säule" des Bankenaufsichtsrechts (neben Mindesteigenkapital- und Governance-Anforderungen) empfohlen.[141] Heute sind die Offenlegungspflichten für Kreditinstitute im Wesentlichen in Art. 431–455 CRR, also in unmittelbar anwendbarem, vollharmonisiertem Unionsrecht geregelt. Die zur Erfüllung von den Instituten publizierten Berichte werden – in Anlehnung an den Ursprung des Transparenzregimes in den Baseler Abkommen und deren Säulenstruktur – als **„Pillar 3-Reports"** bezeichnet. Sie umfassen insbesondere Informationen zur Eigenkapitalausstattung der Institute, zu ihrer Risikogovernance, ihrer Vergütungspolitik und ihrer Verschuldungsquote.[142]

Institutsbezogene Offenlegungspflichten sind in aller Regel **periodisch** zu erfüllen und 87 zwar grundsätzlich jährlich, mitunter halb- oder vierteljährlich.[143] Ein wesentlicher Unterschied zwischen dem Melde- und Publizitätsregime besteht mit Blick auf die Sicherung der **Proportionalität der Anforderungen.** Anders als die Meldevorschriften kennt das Publizitätsregime zwei einfach-gesetzlich verankerte Vorkehrungen zur Gewährleistung der Verhältnismäßigkeit der Informationspflichten: Zum einen müssen nur „wesentliche" Informationen veröffentlicht werden,[144] wobei als wesentlich gilt, was für wirtschaftliche Entscheidungen von Anlegern von Bedeutung ist[145]. Zum anderen variieren die Publikationspflichten mit Blick auf Frequenz und Umfang, je nachdem ob es sich um ein „großes", um ein „kleines und nicht komplexes" oder um ein Institut handelt, das keiner dieser Kategorien zuzuordnen, also von mittlerer Größe und Komplexität ist.[146]

d) Insbesondere: Die Pflicht zur Information über Nachhaltigkeitsrisiken nach 88 **der Offenlegungs- und der Taxonomie-Verordnung.** Offenlegungspflichten bilden auch ein **Kernelement der europäischen Sustainable Finance Regulierung.** Letztere sucht ihre Ziele bisher vor allem durch das Verfügbarmachen von zuverlässigen Informationen über die Nachhaltigkeitswirkungen von Finanzprodukten zu erreichen. Dass es bislang vielfach kaum möglich war, Investitionsentscheidungen an Nachhaltigkeitskriterien aus-

---

[138] S. zu dieser Diskussion den zusammenfassenden Überblick von Veil/Veil Europäisches und deutsches Kapitalmarktrecht § 16 Rn. 5 ff. mit umfangreichen wN.
[139] S. zB Art. 40 ff. MiFIR.
[140] Erstmals mit der Richtlinie 79/279/EWG.
[141] BCBS, Internationale Konvergenz der Eigenkapitalmessung und der Eigenkapitalanforderungen. Überarbeitete Rahmenvereinbarung (Basel II), Juni 2004, Rn. 808 ff. Die EU hat die Empfehlung 2006 mit der Richtlinie 2006/48/EG umgesetzt.
[142] S. für ein Beispiel etwa den „Säule 3-Bericht" der Deutschen Bank (https://investorrelations.db.com/reports-and-events/regulatory-reporting/?language_id=3&kid=ir-de-regulatorische-veroeffentlichungen-htm.redirect-en.shortcut) oder von BNP Parisbas (https://www.bnpparibasfortis.com/investors/financial-reports).
[143] Anlassbezogene Offenlegungspflichten gibt es auch, es handelt sich dabei aber in aller Regel – wie zB bei den Vorschriften über die Ad-hoc Publizität, s. Art. 17 Abs. 1, 8 MAR – um tätigkeitsbezogene, dh nicht spezifisch für Finanzinstitute, sondern für alle Marktteilnehmer geltende Regelungen.
[144] Art. 432 Abs. 1 UAbs. 1 CRR.
[145] S. Art. 432 Abs. 1 UAbs. 2: Informationen sind wesentlich, „wenn ihre Auslassung oder fehlerhafte Angabe die Einschätzung oder Entscheidung eines Nutzers, der sich bei wirtschaftlichen Entscheidungen auf diese Informationen stützt, ändern oder beeinflussen könnte".
[146] S. Art. 433a-433c CRR.

zurichten, weil Anbieter von Finanzprodukten die für eine Nachhaltigkeitsbewertung erforderlichen Informationen nicht (vollständig) publiziert haben, wurde neben dem Fehlen einer verbindlichen und allgemein konsentierten Definition von Nachhaltigkeit als das zentrale Hindernis auf dem Weg zu einem „grüneren" Finanzsystem ausgemacht.[147] Der Europäische Gesetzgeber hat deshalb zum einen mit der **Taxonomie-VO** definiert, welche wirtschaftlichen Aktivität als ökologisch nachhaltig zu qualifizieren sind,[148] und er hat zum anderen weitreichende Pflichten zur Offenlegung von Nachhaltigkeitsstrategien und -risiken nicht allein, aber auch für Finanzinstitute[149] normiert. Auf diese Weise soll Kapital von nicht nachhaltigen und deshalb mit zusätzlichen Risiken belasteten Unternehmungen hin zu „grünen" wirtschaftlichen Tätigkeiten umgeleitet werden.[150]

89 Pflichten von Finanzinstituten zur Information des Marktes über ihre ESG-Risiken und -Strategien sind in der Offenlegungs-VO, der Taxonomie-VO und der CRR normiert.[151] Aus der **Offenlegungs-VO** – dem ersten Rechtsakt der europäischen Sustainable Finance Regulierung – ergeben sich im Kern zwei Publizitätsanforderungen für alle Institute, die Finanzprodukte anbieten: Sie müssen zum einen darüber informieren, welche nachteiligen Nachhaltigkeitsauswirkungen ihre Anlagetätigkeiten (dh ihre eigene Unternehmenstätigkeit sowie die mit ihren Investitionen finanzierten Unternehmungen) haben; zum anderen müssen sie darlegen, welchen Nachhaltigkeitsrisiken die von ihnen angebotenen Finanzprodukte ausgesetzt sind.[152] Soll ein Finanzprodukt als nachhaltig beworben werden, so folgt aus der **Taxonomie-VO** ergänzend die Pflicht anzugeben, inwieweit die wirtschaftlichen Tätigkeiten, zu deren Finanzierung das Produkt beiträgt, „nachhaltig" im Sinne der TaxVO sind.[153] **Art. 449a CRR** schließlich verpflichtet große, kapitalmarktorientierte Institute, eine Reihe von näher definierten ESG-Risiken offenzulegen. Die praktische Bedeutung dieser Norm war aufgrund ihres begrenzten persönlichen Anwendungsbereichs bisher begrenzt. Das Banking Package 2021 sieht jedoch eine Erweiterung dieser Pflicht auf alle Institute vor. Zudem soll erstmals eine Meldepflicht für ESG-Risiken eingeführt werden.[154]

90 Ein wesentliches Problem auch der nachhaltigkeitsbezogenen Offenlegungspflichten besteht darin, zu bestimmen und gegebenenfalls zu quantifizieren, was „Nachhaltigkeitsrisiken" und „nachteilige Nachhaltigkeitsauswirkungen" ausmacht und wie sie zu identifizieren sind.[155] Es gilt nicht nur, eine **Vielzahl unbestimmter Rechtsbegriffe** zu konkretisieren; es ist zudem nicht ohne Weiteres ersichtlich, wie diese Konkretisierung **methodisch** durchzuführen ist und auf welche Erkenntnisse oder Wertungen sie sich stützen kann und soll.

---

[147] Zur fehlenden Verfügbarkeit der für eine nachhaltige Investitionstätigkeit benötigten Informationen Veil WM 2020, 1093 (1093 f.); Kirschhöfer WM 2021, 1624 (1624); zum Fehlen eines verbindlichen Kriterienkatalogs Bueren ZGR 48 (2019), 813 (816); Bueren WM 2020, 1611 (1611), sowie zusammenfassend Augsberg/Schuppert/Kaufhold Wissen und Recht, 289 (296 ff.).

[148] Art. 3 Verordnung (EU) 2020/852 (Taxonomie-VO); einführend zur Taxonomie-VO zB Stumpp ZBB 2019 71 ff.; Derksen JZ 2022, 695 ff.

[149] S. zum Anwendungsbereich der Taxonomie-VO dort Art. 1, wonach neben „Finanzmarktteilnehmern, die Finanzprodukte bereitstellen" auch (realwirtschaftliche) „Unternehmen" erfasst werden, „für die die Verpflichtung gilt, eine nichtfinanzielle Erklärung oder eine konsolidierte nichtfinanzielle Erklärung" iSd Richtlinie 2013/34/EU abzugeben; zur Reichweite der aus der Verordnung (EU) 2019/2088 (Offenlegungs-VO) folgenden Pflichten dort Art. 1: „Finanzmarktteilnehmer und Finanzberater".

[150] S. zB den „Aktionsplan: Finanzierung nachhaltigen Wachstums" der Kommission, COM(2018) 97 final, 2 f., sowie die „Strategie zur Finanzierung einer nachhaltigen Wirtschaft", COM(2021) 390 final, 1 f.

[151] Zum nachhaltigkeitsbezogenen Informationsregime insgesamt zB Möllers ZHR 185 (2021) 881 (892 ff.); Busch/Ferrarini/Grünewald/Busch Sustainable Finance in Europe 397 ff.

[152] S. Art. 4, 7 Offenlegungs-VO (Nachhaltigkeitsauswirkungen) bzw. Art. 3, 5, 6 Offenlegungs-VO (Nachhaltigkeitsrisiken); zu diesen Transparenzpflichten einführend zB Burgi/Möslein/Veil Zertifizierung nachhaltiger Kapitalgesellschaften, 319 (328 ff.); BFG/Driessen Sustainable Finance in Europe 329 (342 f.).

[153] Art. 5 f. TaxVO. Auch auf die Nichterfüllung ist ggf. hinzuweisen, Art. 7 Tax-VO; s. dazu auch Stumpp ZBB (2019), 71 (77 ff.).

[154] S. Art. 430 Abs. 1 UAbs. 1 lit. h CRR-E.

[155] S. Burgi/Möslein/Veil Zertifizierung nachhaltiger Kapitalgesellschaften 319 (329), sowie eingehend zuletzt Kumpan/Misterek ZBB 2023, 1 (9 ff.).

Hier sind weit mehr Fragen offen als geklärt. Ob und welchen Steuerungserfolg die Vorschriften erzielen werden, lässt sich daher heute kaum belastbar einschätzen.

2. Sanierungsplanung

Die Insolvenz einzelner Finanzinstitute kann die Stabilität des gesamten Finanzsystems 91 gefährden. Das hat die letzte Finanzkrise einmal mehr schmerzhaft deutlich gemacht. Die **Systemrelevanz** kann sich zB der besonderen Größe oder Vernetzung eines Instituts ergeben, aber auch aus der Komplexität seiner Geschäfte oder der Tatsache, dass es am Markt nicht ohne Weiteres durch Konkurrenten ersetzt werden könnte.[156] Um die volkswirtschaftlichen Schäden zu verhindern, die man für den Fall der Insolvenz eines systemrelevanten Instituts befürchtete, hat der Staat in der Krise viele Institute mit Steuermitteln in Milliardenhöhe „gerettet".

Ein zentrales Ziel der kriseninduzierten Reformen bestand deshalb darin, die Sanierungs- 92 und Abwicklungsfähigkeit von Finanzinstituten ohne Inanspruchnahme staatlicher Mittel sicherzustellen. Alle potentiell systemrelevanten Institute sind daher heute verpflichtet, **Sanierungspläne** aufzustellen, in denen sie darlegen, wie sie ihre finanzielle Stabilität im Krisenfall (dh bei einer bestandsgefährdenden Verschlechterung ihrer Vermögens-, Finanz- oder Ertragsentwicklung) gewährleisten bzw. wiederherstellen werden.[157] Sind die zuständigen Aufsichtsbehörden nicht überzeugt, dass die anvisierten Maßnahmen ausreichen würden, um den Bestand des Instituts zu sichern, können sie Änderungen insbesondere der institutsinternen Organisation und der Risikostrategie anordnen.[158]

Während Sanierungspläne den Erhalt des Unternehmens im Blick haben, sollen **Ab-** 93 **wicklungspläne** gewährleisten, dass ein Institut in die Insolvenz geführt werden kann, ohne dass sich hieraus Risiken für die Stabilität des Finanzsystems insgesamt ergeben. Abwicklungspläne werden von den Aufsichtsbehörden selbst erstellt.[159] Gelangt eine Behörde dabei zu der Überzeugung, dass ein Institut nicht abwicklungsfähig ist, kann sie Änderungen der organisatorischen Struktur des Unternehmens sowie seiner Geschäfts- und Risikostrategie anordnen, aber auch Vorgaben unmittelbar für den Geschäftsbetrieb machen, zB die Änderung von Finanzierungsvereinbarungen oder die Aufgabe von Risikopositionen verlangen.[160]

3. Sanktionen und Rechtsschutz

Erhalten die Behörden nicht die für eine effektive Kontrolle benötigten Informationen, 94 können sie von weitreichenden Auskunfts-, Prüfungs- und Betretungsrechten Gebrauch machen. Sie können grundsätzlich Auskunft zu „allen Geschäftsangelegenheiten" verlangen und zur Erlangung dieser Informationen die Vorlage von Unterlagen anordnen und Vor-Ort-Prüfungen durchführen. In der Praxis ist das förmliche Vorgehen nach § 44 KWG allerdings ebenso selten wie der Erlass eines Verwaltungsakts zum Zwecke der Durchsetzung von Eigenkapital- oder Governance-Anforderungen.[161] Gegebenenfalls können die nationalen Verwaltungsgerichte bzw. der Europäische Gerichtshof um Rechtsschutz ersucht werden.[162] Die Zahl der gerichtlichen Verfahren, die Maßnahmen der Finanzaufsicht zum Gegenstand haben, ist jedoch notorisch niedrig.[163]

---

[156] Zur systemischen Relevanz einzelner Elemente eines Finanzmarkts und ihren möglichen Ursachen statt vieler Kaufhold, Systemaufsicht, 119 ff., 131 mit umfangreichen wN, und zum systemischen Risiko als Rechtsbegriff 342 ff.; Engel, Systemrisikovorsorge, 21 ff.
[157] §§ 12 ff. SAG.
[158] § 16 Abs. 4–7 SAG.
[159] Art. 8 Abs. 1 Verordnung (EU) 806/2014 (SRM-VO); § 40 Abs. 1 SAG.
[160] Art. 10 Abs. 10–11 SRM-VO; §§ 59 f. SAG.
[161] → Rn. 75.
[162] Widerspruch und Anfechtungsklage entfalten keine aufschiebende Wirkung, § 49 KWG.
[163] Zu den Hintergründen → Rn. 75 mit Fn. 123 f.

VI. Fazit und Ausblick

95 Öffentliches Finanzmarktrecht war und ist Krisenrecht. Krisen waren in der Vergangenheit die zentralen Impulsgeber für die Weiterentwicklung des Rechtsgebiets, und sie dürften es auch in der Zukunft bleiben. Aber mit der Klimakrise dominiert nun erstmals eine (finanz-)wirtschaftsexterne Entwicklung die legislative Agenda. Man braucht keine hellseherischen Fähigkeiten, um zu prognostizieren, dass die wesentlichen Entwicklungsanstöße und Veränderungen in den kommenden Jahren von der **Sustainable Finance Regulierung** ausgehen werden. Ob sich die finanzmarktrechtlichen Instrumente zur Nachhaltigkeitsförderung in die bestehenden systematischen Kategorien einfügen lassen oder aufgrund ihrer eigenständigen Rationalität nach neuen dogmatischen Zugriffen verlangen, lässt sich zum jetzigen, frühen Zeitpunkt der Entwicklung schwer prognostizieren. Absehbar scheint aber bereits, dass der Schwerpunkt der Regulierung weiterhin auf Vorgaben für die institutsinterne Governance und auf Transparenzpflichten liegen wird. Das Verwaltungsrecht des Finanzunternehmens dürfte daher auch in Zukunft im Kern Organisations- und Verfahrensrecht sein.

§ 15 Verwaltungsrechtliche Vorgaben betreffend das Energieunternehmen

Prof. Dr. Markus Ludwigs

Übersicht

	Rn.
I. Grundlagen	1
1. Ausgangspunkt	1
2. Disaggregierter Regulierungsansatz und Netzinfrastrukturen	4
3. Ausmaß der unionsrechtlichen Vorprägung	7
4. Behördenstruktur	10
5. Rechtsschutz	12
6. Gang der weiteren Darstellung	14
II. Entflechtungsregime	15
1. Grundgedanke, ökonomische Logik und Verhältnis zur Sektorenkopplung	15
2. Unionsrechtliche Direktiven und nationale Umsetzung	18
3. Vorgaben für alle vertikal integrierten Unternehmen	20
a) Informationelle Entflechtung	21
b) Buchhalterische Entflechtung	23
4. Besondere Vorgaben für Betreiber von Verteilernetzen und Gasspeicheranlagen sowie für Transportnetzeigentümer	25
a) Verteilernetzbetreiber	26
b) Transportnetzeigentümer und Gasspeicheranlagenbetreiber	33
c) Ladepunkte für Elektromobile	34
5. Besondere Vorgaben für Transportnetzbetreiber	35
a) Eigentumsrechtliche Entflechtung (OU)	37
b) Unabhängiger Systembetreiber (ISO)	39
c) Unabhängiger Transportnetzbetreiber (ITO)	40
d) Grundrechtsfragen	46
6. Betreiber von Wasserstoffnetzen	47
a) Entflechtungsregime nach der EnWG-Novelle 2021	47
b) Ausblick: Dekarbonisierungspaket	48
7. Durchsetzung, Sanktionierung und Rechtsschutz	50
III. Vorgaben zum Betrieb von Energieanlagen und zur Netzplanung	53
1. Informationstechnische Sicherheit	54
2. Schutz europäisch kritischer Anlagen	56
3. Vermeidung schwerwiegender Versorgungsstörungen	57
4. Netzplanung	58
IV. Vertikales (internes) Diskriminierungsverbot	61
V. Vorgaben außerhalb des Netzbereichs	62
1. Internes Verbraucherbeschwerdemanagement und Schlichtungsstelle	63
2. Durchführung von Energieaudits	64
3. Schwerpunkte energierechtlicher Compliance	68
4. Pflicht zur Bürger- und Gemeindebeteiligung	71
5. Treuhandverwaltung, Kapitalmaßnahmen und Enteignung	73
VI. Synthese	79

Literatur (Auswahl)

Adenauer, Betriebsführungsverträge und Unbundling im Energiesektor, 2018; Assmann/Peiffer (Hrsg.), BeckOK EnWG, 6. Edition, Stand: 1.3.2023; Baur/Hampel, Die schlanke Netzgesellschaft – (k)ein Auslaufmodell?, RdE 2011, 385; Baur/Pritzsche/Simon (Hrsg.), Unbundling in der Energiewirtschaft, Köln, 2006; Baur/Salje/Schmidt-Preuß (Hrsg.), Regulierung in der Energiewirtschaft, 2. Aufl. 2016; Beisheim/Edelmann (Hrsg.), Unbundling – Handlungsspielräume und Optionen für die Entflechtung von EVU, 2006; Bourazeri, Verteilernetzentflechtung und Energiewende – Von der schmalen Stadtwerkenetzgesellschaft zum „neutralen market facilitator", RdE 2017, 446; Eder, Entwicklung des Rechts der Entflechtungsvorgaben des EnWG (Unbundling), FS Wolfgang Danner, 2019, 393; Elspas/Graßmann/Rasbach (Hrsg.), EnWG – Kommentar, 2. Aufl. 2023; Gimnich/Zenke/Dessau, Energierechts-Compliance, in: Stober/Ohrtmann

(Hrsg.), Compliance – Handbuch für die öffentliche Verwaltung, 1. Aufl. 2015, § 24; Guckelberger, Energie als kritische Infrastruktur, DVBl. 2015, 1213; Held/Braun/Wiedemann, Zur Rechtsentwicklung der Infrastruktur für ein europäisches Wasserstoffnetzsystem – Quo Vadis Energiewende?, ZNER 2022, 17; Kment, Die Änderung des Energiesicherheitsgesetzes – neue Vorgaben zu Treuhandverwaltung und Enteignung, NJW 2022, 2302; ders. (Hrsg.), Energiewirtschaftsgesetz, 2. Aufl. 2019; Kühling/Rasbach/Busch, Energierecht, 5. Aufl. 2022; Lorenz, Akzeptanzmodelle. Eine rechtliche Analyse im Bereich erneuerbarer Energien, 2022; Lüdemann/Kröger, Neues Aufsichtsregime für die europäischen Stromhandel: Die REMIT – Verordnung, HumFoR 2013, 49; Ludwigs, Unternehmensbezogene Effizienzanforderungen im Öffentlichen Recht, 2013; ders. (Hrsg.), Berliner Kommentar zum Energierecht, Bd. 3: Energieumweltrecht, Energieeffizienzrecht, Energieanlagenrecht, 5. Aufl. 2022; Pisal, Entflechtungsoptionen nach dem Dritten Energiebinnenmarktpaket, 2011; Rademacher, Geschäftsführung und Unternehmensleitung im entflochtenen Energieversorgungskonzern, 2015; Rasbach, Unbundling-Regulierung in der Energiewirtschaft, 2009; Rast, Unternehmerische Organisationsfreiheit und Gemeinwohlbelange, 2022; Säcker, Entflechtung von Netzgeschäft und Vertrieb bei den Energieversorgungsunternehmen: Gesellschaftsrechtliche Möglichkeiten zur Umsetzung des sog. Legal Unbundling, DB 2004, 691; ders., Aktuelle Rechtsfragen des Unbundling in der Energiewirtschaft, RdE 2005, 261; ders./Mohr, Die Entflechtung der Transportnetzbetreiber durch das Modell des „Independent Transmission Operator" (ITO), N&R 2012/Beilage 2; Säcker (Hrsg.), Berliner Kommentar zum Energierecht, Band 1 (Halbband 1 und 2): Energiewirtschaftsrecht, Energieplanungsrecht und Energiesicherungsgesetz, 4. Aufl. 2019; Schade, Energieaudits nach der Novelle des Energiedienstleistungsgesetzes, CuR 2021, 2; Schmidt-Preuß, OU – ISO – ITO: Die Unbundling-Optionen des 3. EU-Liberalisierungspakets, et 9/2009, 82; Schneider/Theobald (Hrsg.), Recht der Energiewirtschaft, 5. Aufl. 2021; Sieberg/Cesarano, Die Zukunft der Regulierung von Wasserstoffnetzen – Ein Ausblick auf die unionsrechtlichen Rahmenbedingungen, RdE 2022, 165; Weise/Brühl, Auswirkungen des neuen IT-Sicherheitsgesetzes auf Betreiber Kritischer Infrastrukturen – Herausforderungen für Strom- und Gasnetzbetreiber bei der verpflichtenden Implementierung eines ISMS nach ISO 27001 ff., CR 2015, 290; de Wyl/Weise/Bartsch, Neue Sicherheitsanforderungen für Netzbetreiber. IT-Sicherheitsgesetz und IT-Sicherheitskatalog, N&R 2015, 23; Zenke/Fischer, Transparenzpflichten nach REMIT und EMIR – Auswirkungen der europäischen Energie- und Finanzmarktregulierung auf Energieversorger, EnWZ 2013, 211.

I. Grundlagen[*]

1. Ausgangspunkt

1 Als ein Charakteristikum des sich herausbildenden Öffentlichen Unternehmensrechts wurde im Eingangskapitel die signifikant wachsende Zahl verwaltungsrechtlicher Vorgaben zur Organisation und Führung privatwirtschaftlicher Unternehmen hervorgehoben (→ § 1 Rn. 2). Den Ausgangspunkt bildete in den 1970er-Jahren die verpflichtende Einführung von **Unternehmens- bzw. Betriebsbeauftragten,** mittels derer die Umsetzung und Erfüllung rechtlicher Außenpflichten beeinflusst werden sollte.[1] Eine Vorreiterrolle kam dem **Umweltrecht** (→ § 8 Rn. 48 ff.) zu, das den Faktor Organisation auch durch die seit 1990 in § 52a BImSchG aF (heute: § 52b BImSchG) statuierten Mitteilungspflichten zur Betriebsorganisation in den Fokus der verwaltungsrechtlichen Analyse rückte.[2] Seit den 1990er-Jahren ist in weiteren Rechtsgebieten, wie dem **Finanzmarktrecht** und dem **Regulierungsrecht,** eine parallele Entwicklung zu verfolgen.[3]

2 Im Rahmen der nachfolgenden Analyse wird die **Innensteuerung von Energieunternehmen,** respektive ihre Aufbau- und Ablauforganisation, in den Blick genommen. Adressiert werden die vielfach als **„Unternehmensverfassung"** bezeichneten „Beziehungen zwischen der Führung und den Leitungsorganen des Unternehmens sowie zu seinen Eigentümern und sonstigen Akteuren" (→ § 1 Rn. 2). Darüber hinaus sind auch etwaige, noch tiefer in die Organisationsautonomie eingreifende Vorgaben für **nachgeordnete**

---

[*] Alle zitierten Internetquellen wurden zuletzt am 9.12.2022 abgerufen.
[1] Instruktiv zur Entwicklung Rast, Unternehmerische Organisationsfreiheit und Gemeinwohlbelange, S. 12 ff., 58 ff. mwN; grundlegend Rehbinder/Burgbacher/Knieper, Ein Betriebsbeauftragter für Umweltschutz?, 1972, S. 10 ff., 23 ff.
[2] Rast, Unternehmerische Organisationsfreiheit und Gemeinwohlbelange, S. 14, 97; näher zu den Mitteilungspflichten zur Betriebsorganisation Hoffmann, Bausteine für eine „umweltgerechte Unternehmensführung", 2018, S. 179 ff.; monographisch Huffmann, Der Einfluss des § 52a BImSchG auf die Verantwortlichkeit im Unternehmen, 1999.
[3] Darauf mit Recht hinweisend Rast, Unternehmerische Organisationsfreiheit und Gemeinwohlbelange, S. 14 ff.

Unternehmensebenen einzubeziehen (→ § 1 Rn. 2). Die Ausführungen konzentrieren sich auf **energiespezifische Regelungen,** die (zumindest auch) Vorgaben betreffend das Energieunternehmen statuieren. Ausgeklammert bleiben hingegen allgemeine Bestimmungen, die Energieunternehmen nur gleichsam miterfassen. Exemplarisch für letztgenannte Konstellation stehen zB die an Finanzmarktteilnehmer gerichtete **Taxonomie-Verordnung** mit Vorgaben für nachhaltige Investitionen[4] (→ § 14 Rn. 88 ff.) oder die allgemein auf eine verpflichtende Nachhaltigkeitsberichterstattung von Unternehmen abzielende neue **Corporate-Social-Responsibility (CSR)-Richtlinie**[5] (→ § 4 Rn. 15, 57). Gleiches gilt für die übergreifenden Regelungen zur Prüfung und Untersagung des Unternehmenserwerbs durch Gebietsfremde im **Außenwirtschaftsgesetz** (AWG) und der hierauf gestützten **Außenwirtschaftsverordnung** (AWV).[6]

Der vom Gesetzgeber bislang nur vereinzelt und in spezifischen Kontexten verwandte **3** Begriff des „Energieunternehmens"[7] soll für die vorliegende Untersuchung in einem weiten Sinne verstanden werden. Hierfür liegt die Anknüpfung an den **funktional-relativen Unternehmensbegriff** des EU-Kartellrechts nahe.[8] Danach ist als Unternehmen „jede eine wirtschaftliche Tätigkeit ausübende Einheit, unabhängig von ihrer Rechtsform, und der Art ihrer Finanzierung" zu qualifizieren.[9] Sofern eine Tätigkeit auf einer der (sogleich zu skizzierenden) Wertschöpfungsstufen der Energiewirtschaft vorliegt (→ Rn. 4 ff.), lässt sich von einem **Energieunternehmen** sprechen.[10]

2. Disaggregierter Regulierungsansatz und Netzinfrastrukturen

Das Ausmaß der verwaltungsrechtlichen Vorgaben betreffend das Energieunternehmen **4** divergiert abhängig von der betrachteten **Wertschöpfungsstufe.** Im Einzelnen kann zwischen der Erzeugung von Strom oder Wasserstoff bzw. der Gewinnung von Erdgas, dem Energie(groß-)handel, dem (großräumigen) Transport bzw. der Verteilung über die Netzinfrastruktur sowie dem Vertrieb an Endkunden differenziert werden.[11] Hinzu tritt die an der Schnittstelle zwischen Verteilung und Vertrieb liegende Messung durch konventionelle (Ferraris-)Zähler oder intelligente Messsysteme (sog. Smart Meter). Die Regulierung kon-

---

[4] Verordnung (EU) 2020/852 des Europäischen Parlaments und des Rates v. 18.6.2020 über die Einrichtung eines Rahmens zur Erleichterung nachhaltiger Investitionen und zur Änderung der Verordnung (EU) 2019/2088, ABl. EU L 198, 13; instruktiv zu den begrenzten Auswirkungen auf die Energiewirtschaft Lamy/Bach EnWZ 2020, 353.
[5] Richtlinie (EU) 2022/2464 des Europäischen Parlaments und des Rates v. 14.12.2022 zur Änderung der Verordnung (EU) Nr. 537/2014 und der Richtllinien 2004/109/EG, 2006/43/EG und 2013/34/EU hinsichtlich der Nachhaltigkeitsberichterstattung von Unternehmen, ABl. EU L 322, 15; zum Kommissionsvorschlag Velte DB 2022, 1081; noch zur „alten" CSR-Richtlinie 2014/95/EU (ABl. EU 2014 L 330, 1) zB Eufinger EuZW 2015, 424; ausführlich zur CSR im Energiesektor Hildebrandt/Landhäußer, CSR und Energiewirtschaft, 2. Aufl. 2019.
[6] Außenwirtschaftsgesetz v. 6.6.2013, BGBl. I 1482; zuletzt geändert durch Gesetz v. 20.12.2022, BGBl. I 2752; Außenwirtschaftsverordnung v. 2.8.2013, BGBl. I 2865; 2021 I 4304; zuletzt geändert durch Gesetz v. 19.12.2022, BGBl. I 2632. Näher zum Auslandserwerb von Netzen insbes. BSS-P/Schmidt-Preuß Regulierung in der Energiewirtschaft Kap. 96 Rn. 37 ff.
[7] Vgl. die Legaldefinitionen in § 2 Nr. 13 EDL-G bzw. § 2 Nr. 4 EWKG SchlH und § 2 Abs. 17 KlimaG BW.
[8] Näher zum Begriff des Unternehmens zB (im Kontext der Rechtskategorie der Unternehmenseffizienz) Ludwigs, Unternehmensbezogene Effizienzanforderungen im Öffentlichen Recht, S. 113 ff.; zur Differenzierung zwischen den Begriffen des Unternehmens, Unternehmers, Unternehmensträgers und des Betriebes (bzw. der Filiale) zuletzt Rast, Unternehmerische Organisationsfreiheit und Gemeinwohlbelange, S. 18 ff. mwN.
[9] StRspr seit EuGH C-41/90 ECLI:EU:C:1991:161, Rn. 21 – Höfner und Elser; ausführlich zum Unternehmensbegriff des europäischen Kartellrechts: W.-H. Roth, FS für Bechtold, 2006, S. 393 ff.
[10] Siehe weitergehend die kontextbezogen divergierenden Legaldefinitionen des Begriffs „Energie" in § 3 Nr. 14 EnWG bzw. § 2 Nr. 3 EDLG.
[11] Zu den unterschiedlichen Wertschöpfungsstufen der Energiewirtschaft etwa Brunekreeft/Keller in Knieps/Brunekreeft, Zwischen Regulierung und Wettbewerb, 2003, S. 131 (135 ff.); Burgi, Neuer Ordnungsrahmen für die energiewirtschaftliche Betätigung der Kommunen, 2010, S. 23 ff.; anschaulich Khan, Innovationsmangement in der Energiewirtschaft, 2016, S. 44 ff.

zentriert sich nach Maßgabe des sog. **disaggregierten Regulierungsansatzes** insbesondere auf die Energienetze als monopolistische Bottlenecks.[12] Durch eine gezielte Zugangs- und Entgeltregulierung sollen die komplementären Teilmärkte kompetitiv organisiert werden. Die dem Netz vor- und nachgelagerten Wertschöpfungsstufen bedürfen daneben keiner sektorspezifischen Regulierung. Folgerichtig fallen die verwaltungsrechtlichen Vorgaben in diesen Bereichen weniger umfangreich und eingriffsintensiv aus. Hierin spiegeln sich Logik und Legitimation der Regulierung, die im **natürlichen Monopol** von Netzen wurzeln, welches eines Korrektivs bedarf.[13]

5   Mit Blick auf die im EnWG[14] regulierten **Netzinfrastrukturen** ist zwischen den Elektrizitäts-, Gas- und Wasserstoffnetzen zu unterscheiden. Das **Stromnetz** als der Übertragung und Verteilung von elektrischer Energie dienendes System, besteht aus unterschiedlichen Spannungsebenen.[15] Während es sich beim **Übertragungsnetz** um ein großräumiges Höchstspannungs- und Hochspannungsverbundnetz handelt (§ 3 Nr. 32 EnWG), sind die **Verteilernetze** auf hoher, mittlerer oder niederer Spannungsebene angesiedelt (§ 3 Nr. 37 EnWG). Neben den vier Übertragungsnetzbetreibern (ÜNB) TenneT, 50Hertz Transmission, Amprion und TransnetBW existieren aktuell 865 Verteilernetzbetreiber.[16] Die beiden Arten von Netzbetreibern werden im EnWG zum Teil unterschiedlich strengen Vorgaben an Organisation und Führung der Unternehmen (ua zur Entflechtung) unterworfen (→ Rn. 20 ff., 25 ff., 35 ff.).

6   Eine Parallele hierzu lässt sich im **Gassektor** feststellen. Dort sind aktuell 16 Fernleitungsnetzbetreiber (FNB) und 702 Verteilernetzbetreiber tätig.[17] Während die **Fernleitung** über ein Hochdruckfernleitungsnetz erfolgt (§ 3 Nr. 19 EnWG), wird die **Verteilung** durch örtliche oder regionale Leitungsnetze realisiert (§ 3 Nr. 37 EnWG).[18] Erst ganz am Anfang steht in Deutschland dagegen der Aufbau einer flächendeckenden **Wasserstoffinfrastruktur**.[19] Hiermit korrespondierend ist auch der Rechtsrahmen noch im Entstehen begriffen, wobei erste Regelungen durch die **EnWG-Novelle 2021** getroffen wurden (→ Rn. 47) und ein die Wasserstoffregulierung umfassendes **Dekarbonisierungspaket** auf der europäischen Agenda steht (→ Rn. 48 f.).

3. Ausmaß der unionsrechtlichen Vorprägung

7   Das Energierecht ist in erheblichem Maße unionsrechtlich überformt, was auch auf die verwaltungsrechtlichen Vorgaben das Energieunternehmen betreffend abstrahlt. Bedeutende Entwicklungsschritte zur Verwirklichung des **Energiebinnenmarktes** bildeten die in den Jahren 1996/98, 2003, 2009 und 2019 auf europäischer Ebene verabschiedeten – aus Bündeln von Richtlinien und Verordnungen bestehenden – Legislativpakete.[20] Den vor-

---

[12] Ausführlich zum Folgenden Knieps, Disaggregierte Regulierung in Netzsektoren, 2007, S. 2 ff.; Knieps, Netzökonomie, 2007, S. 190 ff.; ferner Brunekreeft in Knieps/Brunekreeft, Zwischen Regulierung und Wettbewerb, 2003, S. 25 (33 ff.); Donges/Schmidt in Picot, 10 Jahre wettbewerbsorientierte Regulierung von Netzindustrien in Deutschland, 2008, S. 37 (46 ff.); kompakt Schmidt/Wollenschläger/Ludwigs ÖffWirtschaftsR § 12 Rn. 6; allg. zum Regulierungsbegriff Kahl/Ludwigs VerwaltungsR-HdB/Ruthig § 22 Rn. 1; Schmidt-Preuß, FS Kühne, 2009, S. 329 (330).
[13] Ludwigs NVwZ 2008, 954 (954).
[14] Energiewirtschaftsgesetz v. 7.7.2005, BGBl. I 1970, 3621; zuletzt geändert durch Gesetz v. 4.1.2023, BGBl. I Nr. 9.
[15] Zur Struktur des Stromnetzes und der Unterscheidung von Höchstspannung (380 - 220 kV), Hochspannung (60 – 220 kV), Mittelspannung (6 – 60 kV) und Niederspannung (400 - 230 Volt) zB Pritzsche/Vacha, Energierecht, 2017, § 4 Rn. 217.
[16] BNetzA/BKartA, Monitoringbericht 2022, 2022, S. 42 (mit Stichtag 2.11.2022).
[17] BNetzA/BKartA, Monitoringbericht 2022, 2022, S. 357 (mit Stichtag 2.11.2022).
[18] Eine Besonderheit stellt im Gassektor das zum 1.10.2021 gebildete und von der Trading Hub Europe GmbH (THE) betriebene deutschlandweite Marktgebiet dar; instruktiv zum Marktgebietsverantwortlichen Kühling/Rasbach/Busch, Energierecht, Kap. 5 Rn. 112.
[19] BNetzA, Regulierung von Wasserstoffnetzen. Bestandsaufnahme, Stand: 7/2020, S. 18, dort auch (auf S. 59 f.) zu denkbaren Szenarien einer Fortentwicklung der Wasserstoffnetzstruktur.
[20] Überblick bei EnzEuR V/Ludwigs § 5 Rn. 3 ff., 132 ff.

läufigen Schlusspunkt setzte im Stromsektor das **vierte Elektrizitätsbinnenmarktpaket** vom 5.6.2019.[21] Für den Gassektor ist zwar noch das dritte Legislativpaket aus dem Jahr 2009 in Kraft,[22] der Diskurs über den Kommissionsvorschlag für ein Legislativpaket zu Wasserstoff und dekarbonisiertem Gas vom 15.12.2021[23] nimmt aber zunehmend Fahrt auf. Die Transformation der unionsrechtlichen Vorgaben folgt in Deutschland keinem einheitlichen Muster. Während sich der nationale Gesetzgeber in wichtigen Teilbereichen (wie der für das Energieunternehmen zentral bedeutsamen Entflechtung) auf eine weitgehende **Eins-zu-Eins-Umsetzung** beschränkte, wählte er bei der Zugangs- und Entgeltregulierung den Ansatz einer die Richtlinienvorgaben überschreitenden **Detailnormierung.** Letztgenanntes Modell wurde jüngst vom EuGH für unionsrechtswidrig erklärt.[24]

Außerhalb des Binnenmarktrechts existiert eine Vielzahl weiterer Maßnahmen in den Bereichen **Klimaschutz** und **Energieversorgungssicherheit,** die vor allem im Rahmen des **europäischen Grünen Deal** zur unionsweiten Verwirklichung von Klimaneutralität bis 2050 dynamisch fortentwickelt werden.[25] Darin angelegt sind auch verwaltungsrechtliche Vorgaben an die Organisation und Führung von Energieunternehmen. Exemplarisch hierfür steht die auf nationaler Ebene im Gesetz über Energiedienstleistungen und andere Energieeffizienzmaßnahmen (EDL-G)[26] umgesetzte Regelung zu **Energieaudits** aus der Energieeffizienzrichtlinie (EED) 2012/27/EU[27] (→ Rn. 64 ff.). 8

Ungeachtet der mannigfachen Überlagerung durch das Unionsrecht ist nicht zu verkennen, dass auch Bereiche existieren, die eine **autonom nationale Regelung** erfahren haben. Paradigmatisch hierfür stehen die jüngsten Novellierungen des **Energiesicherungsgesetzes (EnSiG)**[28] als Reaktion auf die Energiekrise im Kontext des Russland- 9

---

[21] Zentrale Bausteine bilden die Richtlinie (EU) 2019/944 des Europäischen Parlaments und des Rates v. 5.6.2019 mit gemeinsamen Vorschriften für den Elektrizitätsbinnenmarkt und zur Änderung der Richtlinie 2012/27/EU (ABl. EU L 158, 125; geändert durch Verordnung [EU] 2022/869 des Europäischen Parlaments und des Rates v. 30.5.2022, ABl. EU L 152, 45), die Verordnung (EU) 2019/943 des Europäischen Parlaments und des Rates v. 5.6.2019 über den Elektrizitätsbinnenmarkt (ABl. EU L 158, 54; geändert durch Verordnung [EU] 2022/869 des Europäischen Parlaments und des Rates v. 30.5.2022, ABl. EU L 152, 45) sowie die Verordnung (EU) 2019/942 des Europäischen Parlaments und des Rates v. 5.6.2019 zur Gründung einer Agentur der Europäischen Union für die Zusammenarbeit der Energieregulierungsbehörden (ABl. EU L 158, 22; geändert durch Verordnung [EU] 2022/869 des Europäischen Parlaments und des Rates v. 30.5.2022, ABl. EU L 152, 45).
[22] Vgl. die Richtlinie 2009/73/EG des Europäischen Parlaments und des Rates v. 13.7.2009 über gemeinsame Vorschriften für den Erdgasbinnenmarkt und zur Aufhebung der Richtlinie 2003/55/EG (ABl. EU L 211, 94; zuletzt geändert durch Verordnung [EU] 2022/869 des Europäischen Parlaments und des Rates v. 30.5.2022, ABl. EU L 152, 45) und die Verordnung (EG) Nr. 715/2009 des Europäischen Parlaments und des Rates v. 13.7.2009 über die Bedingungen für den Zugang zu den Erdgasfernleitungsnetzen und zur Aufhebung der Verordnung (EG) Nr. 1775/2005 (ABl. L 211/36; zuletzt geändert durch Verordnung [EU] 2022/1032 des Europäischen Parlaments und des Rates v. 29.6.2022, ABl. EU L 173, 17).
[23] Vorschlag für eine Richtlinie des Europäischen Parlaments und des Rates über gemeinsame Vorschriften für die Binnenmärkte für erneuerbare Gase und Erdgas sowie Wasserstoff, COM(2021) 803 final (korrigierte Fassung v. 23.11.2022, COM(2021) 803 final/2); Vorschlag für eine Verordnung des Europäischen Parlaments und des Rates über die Binnenmärkte für erneuerbare Gase und Erdgas sowie für Wasserstoff (Neufassung), COM(2021) 804 final (korrigierte Fassung v. 23.22.2022, COM(2021) 804 final/2).
[24] EuGH C-718/18 ECLI:EU:C:2021:662 Rn. 98 ff. – Kommission/Deutschland; statt vieler Ackermann ZEuP 2022, 464; Di Fabio EnWZ 2022, 291; Gundel EnWZ 2021, 339; Ludwigs N&R-Beilage 2/2021; Mussaeus/Küper/Lamott RdE 2022, 9; Schmidt-Preuß EnWZ 2021, 337; Weyer KlimR 2022, 83.
[25] Für einen Überblick zum Europäischen Grünen Deal und dem zu seiner Umsetzung von der EU-Kommission vorgeschlagenen „Fit für 55"-Paket Säcker/Ludwigs/Ludwigs BerlKommEnR Bd. 3 Einl. A Rn. 71 mwN; näher Scheuing/Kamm Renewable Energy Law and Policy Review (RELP) 12 (2022), 4; Schlacke/Wentzien/Thierjung/Köster Oxford Open Energy 1 (2022), 1.
[26] Gesetz über Energiedienstleistungen und andere Energieeffizienzmaßnahmen vom 4.11.2010, BGBl. I 1483; zuletzt geändert durch Gesetz v. 8.8.2020, BGBl. I 1728.
[27] Richtlinie 2012/27/EU des Europäischen Parlaments und des Rates v. 25.10.2012 zur Energieeffizienz, zur Änderung der Richtlinien 2009/125/EG und 2010/30/EU und zur Aufhebung der Richtlinien 2004/8/EG und 2006/32/EG (ABl. EU L 315, 1; zuletzt geändert durch Richtlinie (EU) 2019/944 des Europäischen Parlaments und des Rates v. 5.6.2019, ABl. EU L 158, 125.
[28] Energiesicherungsgesetz v. 20.12.1974, BGBl. I 3681; zuletzt geändert durch Gesetz v. 20.12.2022, BGBl. I 2560.

Ukraine-Kriegs (→ Rn. 73 ff.). Davon umfasst ist in § 17 EnSiG eine bereits wiederholt aktivierte Rechtsgrundlage für die Anordnung einer **Treuhandverwaltung,** die mit einem tiefgreifenden Eingriff in die Organisation und Führung von Unternehmen der Kritischen Infrastruktur verbunden ist. Hiermit eng verknüpft sind eine Ermächtigung zur Anordnung von **Kapitalmaßnahmen** in § 17a EnSiG sowie – als *ultima ratio* – eine **Enteignungsbefugnis** in § 18 EnSiG.

4. Behördenstruktur

10   Die Zuständigkeiten für den Vollzug der verwaltungsrechtlichen Vorgaben gegenüber Energieunternehmen verteilen sich auf unterschiedliche Behörden. Im Zentrum steht die **Bundesnetzagentur (BNetzA)** als selbständige Bundesoberbehörde im Geschäftsbereich des Bundesministeriums für Wirtschaft und Klimaschutz (BMWK).[29] Sie nimmt nach § 54 Abs. 1 und 3 EnWG grundsätzlich die Aufgaben der Regulierungsbehörde im Energiesektor wahr. Daneben existiert in § 54 Abs. 2 EnWG eine enumerative Aufzählung von Zuständigkeiten der **Landesregulierungsbehörden** im Hinblick auf kleinere, nicht über das Gebiet eines Landes hinausreichende Netze. Hiervon umfasst ist auch der Vollzug bestimmter Vorgaben an die Organisation und Führung von Energieunternehmen. Beleg hierfür liefert insbesondere die den Landesregulierern in § 54 Abs. 2 S. 1 Nr. 4 EnWG zugewiesene Überwachung der Entflechtungsvorschriften (→ Rn. 15 ff.) nach § 6 Abs. 1 iVm den §§ 6a bis 7a EnWG.

11   Im Bereich der Regulierung des Netzbetriebs bestehen zudem Zuständigkeiten des **Bundesamtes für Sicherheit in der Informationstechnik (BSI)** – einer Bundesoberbehörde im Geschäftsbereich des Bundesministeriums des Innern und für Heimat[30] – beim Vollzug der Regelungen zur informationstechnischen Sicherheit in § 11 Abs. 1a bis Abs. 1g EnWG (→ Rn. 54 f.). Weitergehend ist in Teilbereichen eine Zuständigkeit des **Bundesministeriums für Wirtschaft und Klimaschutz (BMWK)** eröffnet. Dies gilt namentlich für die Anordnung einer Treuhandverwaltung oder von Kapitalmaßnahmen nach den §§ 17, 17a EnSiG sowie für Enteignungen zur Sicherung der Energieversorgung gemäß den §§ 18 ff. EnSiG (→ Rn. 73 ff.). Zum **Energiehandel** ergeben sich verwaltungsrechtliche Vorgaben betreffend Energieunternehmen im Kontext der sog. REMIT[31]-Verordnung (EU) Nr. 1227/2011[32], für deren Vollzug ein Zusammenspiel der europäischen **Energieagentur ACER** mit der **BNetzA** (die wiederum mit weiteren Stellen zusammenarbeitet) erfolgt (→ Rn. 69). Schließlich besteht eine Zuständigkeit des **Bundesamts für Ausfuhrkontrolle (BAFA)** – als weiterer Bundesoberbehörde im Geschäftsbereich des BMWK[33] – im Hinblick auf die Durchführung von Energieaudits nach Maßgabe des EDL-G (→ Rn. 64 ff.).[34]

5. Rechtsschutz

12   Den **Rechtsschutz** gegen die ganz im Zentrum stehenden Entscheidungen der **BNetzA** (auch beim Vollzug der REMIT-Verordnung) bzw. der **Landesregulierungsbehörden** hat der Gesetzgeber durch abdrängende Sonderzuweisung nach §§ 75 Abs. 4 und 86 Abs. 1 EnWG den **zivilen Kartellgerichten** zugewiesen.[35] Über die **Beschwerde** (§§ 75 bis 85

---

[29] Vgl. § 1 des BNetzA-Gesetzes v. 7.7.2005, BGBl. I 1970, 2009; zuletzt geändert durch Gesetz v. 16.7.2021, BGBl. I 3026.
[30] BSI-Gesetz v. 14.8.2009, BGBl. I 2821; zuletzt geändert durch Gesetz v. 23.6.2021, BGBl. I 1982.
[31] REMIT = Regulation on Wholesale Energy Market Integrity and Transparency.
[32] Verordnung (EU) Nr. 1227/2011 des Europäischen Parlaments und des Rates v. 25.10.2011 über die Integrität und Transparenz des Energiegroßhandelsmarkts, ABl. EU L 326/1.
[33] Gesetz über die Errichtung eines Bundesausfuhramtes (BAusfAmtG) v. 28.2.1992, BGBl. I 376; zuletzt geändert durch Verordnung v. 31.8.2015, BGBl. I 1474.
[34] Nachweis in Fn. 26.
[35] Zur umstrittenen Rechtswegspaltung zwischen dem Energiesektor einerseits und den Sektoren Telekommunikation, Post und Eisenbahnen andererseits vgl. statt vieler Ludwigs, FS Schmidt-Preuß, 2018, S. 689 (700 ff.).

EnWG) entscheidet das für den Sitz der Regulierungsbehörde zuständige OLG. Sofern die BNetzA im Wege der **Organleihe** als Landesregulierungsbehörde tätig wird (wie aktuell in Berlin, Brandenburg, Bremen und Schleswig-Holstein), bestimmt sich die örtliche Zuständigkeit nach dem Sitz der entleihenden Behörde.[36] Die **Rechtsbeschwerde** gegen **Hauptsache**beschlüsse des OLG erfolgt an den BGH (§ 86 EnWG) und bedarf grundsätzlich der Zulassung durch das OLG (§ 86 EnWG) bzw. – auf Nichtzulassungsbeschwerde – durch den BGH (§ 87 EnWG).[37] Nicht statthaft ist die Rechtsbeschwerde gemäß § 86 Abs. 1 EnWG („in der Hauptsache") gegen Entscheidungen im **Eilverfahren**.[38] Der vorläufige Rechtsschutz konzentriert sich mithin bei den Oberlandesgerichten.

Gegen Verwaltungsakte des **BMWK** zur Anordnung von Treuhandverwaltung und Kapitalmaßnahmen im Sinne der §§ 17, 17a EnSiG ist nach allgemeinen Regeln der **Verwaltungsrechtsweg** eröffnet. Für den Rechtsschutz gegen Rechtsverordnungen des BMWK zur Vornahme von Enteignungen nach § 19 EnSiG hat der Gesetzgeber in § 22 EnSiG explizit eine Klagemöglichkeit vor dem BVerwG etabliert (zum Ganzen näher → Rn. 78). Gegen Entscheidungen des **BAFA** zum Energieaudit ist ebenfalls der **Verwaltungsrechtsweg** eröffnet (→ Rn. 65).[39] 13

6. Gang der weiteren Darstellung

Mit Blick auf den Gang der weiteren Darstellung gilt es zunächst das **Entflechtungsregime** des EnWG als „Herzstück" des öffentlichen Unternehmensrechts für Energieunternehmen in den Blick zu nehmen (II.). Daran anknüpfend sind die Vorgaben zum **Betrieb von Energieanlagen** und zur **Netzplanung** (III.) sowie das **vertikale (interne) Diskriminierungsverbot** (IV.) näher zu beleuchten. Abrundend ist nach verwaltungsrechtlichen Vorgaben **außerhalb des Netzbereichs** zu fragen (V.), bevor die Erkenntnisse im Rahmen einer **Synthese** an die im Einleitungskapitel (→ § 1 Rn. 29 ff.) entwickelten übergreifenden Aussagen zum hoheitlichen Zugriff auf die Organisation und Führung privatwirtschaftlicher Unternehmen rückgekoppelt werden (VI.). 14

II. Entflechtungsregime

1. Grundgedanke, ökonomische Logik und Verhältnis zur Sektorenkopplung

Entflechtung (engl. Unbundling)[40] bedeutet allgemein gesprochen, dass bestimmte Organisationseinheiten eines Unternehmens von den anderen Einheiten getrennt werden, um ihre teilweise oder vollständige Unabhängigkeit zu gewährleisten.[41] Einschlägige gesetzliche Vorgaben verfolgen bestimmte Gemeinwohlziele (wie die Herstellung von Wettbewerb) und finden sich insbesondere in den Netzwirtschaften.[42] Im **Energiesektor** erfolgt mit Blick auf vertikal integrierte Unternehmen die Separierung der monopolistischen Bottlen- 15

---

[36] BGHZ 176, 256 Rn. 6 ff.; aA noch OLG Düsseldorf RdE 2007, 163: BNetzA-Sitz.
[37] Näher Kment/Schex EnWG § 86 Rn. 3 f., dort (in Rn. 10) auch zur Ausnahme vom Zulassungserfordernis bei formellen Fehlern iSd § 86 Abs. 4 EnWG.
[38] Deutlich BGH RdE 2009, 185; Kment/Schex EnWG § 86 Rn. 3 f.; anders noch Säcker/Schönborn/Wolf NVwZ 2006, 865 (869 ff.), mit Plädoyer für eine teleologische Reduktion.
[39] Vgl. am Beispiel der Klage gegen eine ablehnende Entscheidung des BAFA über einen Registrierungsantrag von Auditoren nach § 8b EDL-G: Säcker/Ludwigs/Nebel BerlKommEnR Bd. 3 EDL-G § 8n Rn. 27.
[40] Zu den Begrifflichkeiten „Entflechtung", „vertikale Desintegration", „Separierung" und „Unbundling" instruktiv Rasbach, Unbundling-Regulierung in der Energiewirtschaft, S. 24 ff. mwN; in Richtung einer – auch hier zugrunde gelegten – synonymen Verwendung bereits Theobald WuW 2000, 231 (235 ff.); zur Diskussion im deutschen und US-Kartellrecht Müller, Entflechtung und Deregulierung, 2004, S. 36 f.
[41] Ähnlich Rast, Unternehmerische Organisationsfreiheit und Gemeinwohlbelange, S. 139 mwN.
[42] Für eine instruktive Gegenüberstellung der Vorgaben ua im Energie-, Telekommunikations- und Postrecht vgl. Rast, Unternehmerische Organisationsfreiheit und Gemeinwohlbelange, S. 140 ff. (informatorische Entflechtung), S. 144 ff. (organisatorische/operationelle Entflechtung), S. 174 ff. (buchhalterische Entflechtung), S. 177 ff. (rechtliche Entflechtung), S. 182 ff. (eigentumsrechtliche Entflechtung); zum Eisenbahnsektor ausführlich Ludwigs IR 2020, 60.

ecks (Transport und Verteilung) von den wettbewerblich organisierten Bereichen (Erzeugung bzw. Gewinnung, Handel und Vertrieb).[43] Eine Legaldefinition des „vertikal integrierten Unternehmen[s]" enthält § 3 Nr. 38 EnWG. Danach werden im Strom- oder Gassektor tätige Unternehmen bzw. Unternehmensgruppen (im Sinne von Art. 3 Abs. 2 der Fusionskontroll-Verordnung (EG) Nr. 139/2004[44]) erfasst. Im **Elektrizitätsbereich** setzt dies voraus, dass die Normadressaten mindestens eine der Funktionen Übertragung oder Verteilung und mindestens eine der Funktionen Erzeugung oder Vertrieb von Elektrizität wahrnehmen. Im **Erdgassektor** ist die Ausübung mindestens einer der Funktionen Fernleitung, Verteilung, Betrieb einer LNG-Anlage oder Speicherung sowie die gleichzeitige Wahrnehmung einer der Funktionen Gewinnung oder Vertrieb von Erdgas gefordert. Die ursprüngliche **geographische Beschränkung** auf in der Europäischen Union tätige Unternehmen wurde vom EuGH für **unionsrechtwidrig** erklärt[45] und daher zum 29.7.2022 vom nationalen Gesetzgeber[46] aufgehoben. Seither werden von der vertikalen Entflechtung im Energiesektor auch Unternehmensteile in **Drittstaaten** erfasst.

16 Durch das Entflechtungsregime sollen in der Unternehmensstruktur angelegte **Missbrauchspotenziale** unterbunden werden.[47] Dem liegt die Erkenntnis zugrunde, dass die Tätigkeit eines vertikal integrierten Unternehmens aufgrund betriebswirtschaftlicher Anreize mit der Gefahr einer Bevorzugung eigener Unternehmensteile bzw. von Diskriminierungen anderer Unternehmen auf den dem Netz vor- und nachgelagerten Wertschöpfungsstufen verbunden ist. Die Separierung des Netzbetriebs soll derartigen **Quersubventionierungen** und **Diskriminierungen** sowie den hieraus resultierenden **Wettbewerbsverzerrungen** entgegenwirken und **Transparenz** herstellen.[48] Damit bildet die Entflechtung zugleich ein **flankierendes Instrument** zur Effektuierung des Rechts auf Netzzugang und stellt sicher, dass die Preise für die Netznutzung ausschließlich auf Grundlage der vom Netz verursachten Kosten gebildet werden.[49] Hiermit korrespondierend formuliert § 6 Abs. 1 S. 1 EnWG die mit den Unbundlingvorschriften verfolgte und explizit an vertikal integrierte Unternehmen adressierte Verpflichtung zur „Gewährleistung von Transparenz sowie diskriminierungsfreier Ausgestaltung und Abwicklung des Netzbetriebs".[50] Dergestalt erfasst die Entflechtung neben der **Organisationsstruktur** und dem **Aufbau des Netzbetriebs** auch die einzelnen Geschäftsprozesse, mithin die gesamte **Aufbau- und Ablauforganisation**.[51]

17 Zugleich steht das Entflechtungsregime in einem latenten Spannungsverhältnis zur **Sektorenkopplung** als neuem „Schlüsselkonzept für die Energiewende". Hiermit angesprochen ist die gezielte Verbindung und Interaktion energieintensiver Sektoren (zB Strom, Gas, Wärme/Kälte, Verkehr, Industrie und Gebäude) im Wege **direkter Elektrifizierung** bzw. mit Hilfe sog. **Power-to-X-Technologien**.[52] Zwar existiert noch kein konsistentes

---

[43] Allgemein Schmidt/Wollenschläger/Kment ÖffWirtschaftsR § 13 Rn. 65; Ludwigs, Unternehmensbezogene Effizienzanforderungen im Öffentlichen Recht, S. 129.
[44] Verordnung (EG) Nr. 139/2004 des Rates v. 20.1.2004 über die Kontrolle von Unternehmenszusammenschlüssen („EG-Fusionskontrollverordnung"), ABl. EU L 24, 1.
[45] EuGH C-718/18 ECLI:EU:C:2021:662 Rn. 29 ff. – Kommission/Deutschland.
[46] BGBl. 2022 I 1214.
[47] Eingehend zur Legitimation und Funktion der Entflechtungsvorschriften Rasbach, Unbundling-Regulierung in der Energiewirtschaft, S. 29 ff.; konzis Säcker RdE 2005, 261 (261).
[48] Statt vieler EnzEuRV/Ludwigs § 5 Rn. 188; siehe auch Eder, FS Danner, 2019, S. 393 (404).
[49] Näher zum flankierenden Charakter der Entflechtung Ludwigs, Unternehmensbezogene Effizienzanforderungen im Öffentlichen Recht, S. 129; ähnlich Kühling/Rasbach/Busch, Energierecht, Kap. 5 Rn. 9: „`formelle Flanke` der Zugangs- und Entgeltregulierung"; Säcker/Mohr N&R Beilage 2/2012, 1 (1): „Hilfsfunktion".
[50] Zum bloß klarstellenden Charakter von § 6 Abs. 1 S. 1 Alt. 2 EnWG, der auch rechtlich selbständige Netzbetreiber explizit als Normadressaten erfasst, vgl. Kment/Knauff EnWG § 6 Rn. 6, mit Verweis auf die Konzernklausel aus der Legaldefinition des vertikal integrierten Unternehmens in § 3 Nr. 38 EnWG.
[51] Eder, FS Danner, 2019, S. 393 (404).
[52] Ähnlich (allerdings unter fragwürdiger Beschränkung auf den Einsatz von Power-to-X-Technologien) Fridgen/Körner in Gundel/Lange, 10 Jahre Energierecht im Wandel, 2020, S. 33 (35); zur Vielfalt der Definitionsansätze Rodi/Held, Klimaschutzrecht, 2022, § 41 Rn. 8 ff.; zum Konzept der Sektorenkopplung Rodi/Kalis KlimR 2022, 79.

„Recht der Sektorenkopplung", aber eine dynamisch wachsende Zahl verstreuter Regelungen.[53] Zentrale Anwendungsfelder bilden die Verbreitung von **Elektromobilität**[54] und der Hochlauf einer **Wasserstoffwirtschaft**[55]. Demgegenüber verfolgt die Entflechtung das Ziel, neutrale Netze zu schaffen. Sie wirkt daher gerade sektorierend und desintegrierend.[56] Es zählt zu den zentralen Herausforderungen des Gesetzgebers auf europäischer und nationaler Ebene, den auf ein dekarbonisiertes Energiesystem abzielenden Gedanken der Sektorenkopplung mit dem wettbewerbsfördernden Konzept des Unbundling schonend auszugleichen.

2. Unionsrechtliche Direktiven und nationale Umsetzung

Das Entflechtungsregime des EnWG basiert durchgängig auf **unionsrechtlichen Vorgaben.** Diese haben nach ersten Ansätzen im Energiebinnenmarktpaket von 1996/98 eine sukzessive Erweiterung erfahren.[57] Bis zum Inkrafttreten des Dritten Legislativpakets im Jahr 2009 waren auf Unionsebene **vier Grundformen** der Entflechtung etabliert. Hierbei handelt es sich um die informationelle, buchhalterische, rechtliche sowie die operationelle Entflechtung.[58] Im **Verteilernetzbereich** ist dieser Vierklang bis heute maßgeblich.

18

Für die **Übertragungs- und Fernleitungsnetzbetreiber** beinhaltete das dritte Legislativpaket (2009) dagegen gravierende Verschärfungen.[59] Den Mitgliedstaaten wurde die Etablierung von drei gleichberechtigten Modellen eröffnet, um eine wirksame Trennung des Transportnetzbetriebs von der Erzeugung/Gewinnung und Versorgung zu gewährleisten. Namentlich handelt es sich um die eigentumsrechtliche Entflechtung (sog. **Ownership Unbundling**), die Zulassung und Benennung eines unabhängigen Netzbetreibers (sog. **Independent System Operator**) sowie den dritten Ansatz der Einrichtung eines unabhängigen Übertragungs-/Fernleitungsnetzbetreibers (sog. **Independent Transmission Operator**). Diese Entflechtungsformen für Transportnetzbetreiber blieben durch das Vierte Elektrizitätsbinnenmarktpaket im Kern unverändert und sollen auch nach dem am 15.12.2021 von der EU-Kommission vorgeschlagenen **Legislativpaket zu Wasserstoff und dekarbonisiertem Gas** fortgeführt werden.[60] Bei der im Folgenden zu beleuchtenden **Umsetzung** des unionalen Entflechtungsregimes ins nationale Recht beschränkte sich der deutsche Gesetzgeber in weiten Teilen auf eine wörtliche Übernahme der Richtlinienvorgaben (allgemein → Rn. 7).[61]

19

3. Vorgaben für alle vertikal integrierten Unternehmen

Die Umsetzung der unionsrechtlichen Vorgaben für die Strom- und Gasnetzbetreiber erfolgt in Teil 2 des Energiewirtschaftsgesetzes. Dabei ist zwischen den gemeinsamen Vorschriften für alle Netzbetreiber (§§ 6 bis 6d EnWG) und den besonderen Entflechtungsvorgaben für Verteilernetzbetreiber und Gasspeicheranlagenbetreiber (§§ 7 bis 7c EnWG) einerseits sowie für Transportnetzbetreiber (§§ 8 bis 10e EnWG) andererseits zu unterscheiden.

20

---

53 Vgl. für einen Überblick Antoni/Knoll/Bieschke, Regulatorischer Rahmen für eine optimale Sektorenkopplung, 2021; Rodi/Held, Klimaschutzrecht, 2022, § 41.
54 Eingehend zuletzt Säcker/Ludwigs/Helbig/Mayer BerlKommEnR Bd. 3 Teil 2. G.
55 Näher zum Rechtsrahmen des Einsatzes von Wasserstoff und zur Regulierung von Wasserstoffnetzen Büdenbender RdE 2022, 102.
56 Rodi/Held, Klimaschutzrecht, 2022, § 41 Rn. 50 f. (auch zum Folgenden).
57 Zur Entwicklung BSS-P/Ludwigs, Regulierung in der Energiewirtschaft, Kap. 6 Rn. 5 ff., 13 ff. 19 ff.
58 EnzEuR V/Ludwigs § 5 Rn. 189; umfassend Rasbach, Unbundling-Regulierung in der Energiewirtschaft, S. 63 ff., 82 ff., 116 ff., 184 ff., 206 ff., 236 ff.
59 Ausführlich hierzu Pisal, Entflechtungsoptionen nach dem Dritten Energiebinnenmarktpaket, S. 155 ff.; kompakt Schmidt-Preuß et 9/2009, 82; zu den Kommissionsvorschlägen bereits Möllinger, Eigentumsrechtliche Entflechtung der Übertragungsnetze unter besonderer Berücksichtigung des 3. Binnenmarktpaketes für Energie, 2009, S. 161 ff.
60 Zu den weitergehenden Entflechtungsanforderungen an Wasserstoffnetze → Rn. 47.
61 Darauf mit Recht hinweisend Eder, FS Danner, 2019, S. 393 (397); Schneider/Theobald/Schneider Recht der Energiewirtschaft § 2 Rn. 46.

21 **a) Informationelle Entflechtung.** Die in § 6a EnWG geregelte **informationelle Entflechtung** richtet sich nicht nur an vertikal integrierte Unternehmen, sondern auch an alle Transportnetzeigentümer, Netzbetreiber, Gasspeicheranlagenbetreiber sowie Betreiber von LNG-Anlagen. Eine Ausnahme für **De-minimis-Unternehmen** wie bei der operationellen und rechtlichen Entflechtung von Verteilernetzbetreibern (§§ 7 Abs. 2, 7a Abs. 7 EnWG → Rn. 32) kennt § 6a EnWG nicht. Inhaltlich ist zwischen zweierlei Anforderungen zu differenzieren: Nach dem sog. **„ersten Gebot"**[62] haben die Normadressaten unbeschadet gesetzlicher Offenbarungspflichten sicherzustellen, dass die Vertraulichkeit wirtschaftlich sensibler (externer) Informationen[63], von denen sie in Ausübung ihrer Geschäftstätigkeit Kenntnis erlangen, gewahrt wird (§ 6a Abs. 1 EnWG).[64] Kommt es zur Offenlegung von (internen) Informationen über eigene Tätigkeiten, die wirtschaftliche Vorteile bringen können,[65] hat dies nach dem **„zweiten Gebot"** der informationellen Entflechtung in nicht diskriminierender Weise zu erfolgen (§ 6a Abs. 2 S. 1 EnWG). Die Normadressaten haben insbesondere sicherzustellen, dass wirtschaftlich sensible (interne) Informationen gegenüber anderen Teilen des vertikal integrierten Unternehmens vertraulich behandelt werden (§ 6a Abs. 2 S. 2 EnWG).

22 Mit Blick auf die **innere Ordnung** der Energieunternehmen ist festzuhalten, dass die Sicherstellung der Vertraulichkeit geschützter Informationen technische und organisatorische Maßnahmen **(Chinese Walls)** erfordert, die vor einer unzulässigen Preisgabe schützen. Prozessabläufe sind hieran auszurichten und von mehreren Unternehmenseinheiten genutzte **IT-Systeme,** die diskriminierungsrelevante (Nutzer-)Daten enthalten, zB durch geeignete **Systeme der Zugriffsberechtigung** anzupassen.[66] Eine physische Trennung der IT-Systeme wird dagegen grundsätzlich nicht gefordert.[67] Darüber hinaus bedarf es auch außerhalb der EDV beim Einsatz sog. **Shared-Services** entsprechender organisatorischer Vorkehrungen.[68] Schließlich überlagert der Informationsschutz nach § 6a Abs. 1 EnWG **gesellschaftsrechtliche Informationsrechte,** wie sie etwa die Gesellschafter gegenüber dem Geschäftsführer einer GmbH nach § 51a Abs. 1 GmbHG haben.[69] Insgesamt lässt sich aus § 6a Abs. 1 (iVm Abs. 2 S. 2) EnWG eine Organisationspflicht der adressierten Energieunternehmen ableiten, ein **unternehmensinternes Konzept** zur Wahrung der Vertraulichkeit von erlangten, wirtschaftlich sensiblen Informationen zu entwickeln.[70] Schon aus Gründen der Gesetzessystematik können die in § 6a EnWG

---

[62] Begriffsprägend Rasbach, Unbundling-Regulierung in der Energiewirtschaft, S. 210, 228.
[63] Hierzu zählen etwa Daten über einzelne Netznutzer und deren Verbrauchsverhalten; vgl. die instruktiven Beispiele bei Rasbach, Unbundling-Regulierung in der Energiewirtschaft, S. 214; siehe auch die Liste wirtschaftlich sensibler/vorteilhafter Nutzerdaten bei: Regulierungsbehörden des Bundes und der Länder, Gemeinsame Richtlinien zur Umsetzung der informatorischen Entflechtung nach § 9 EnWG (aF) v. 13.6.2007, S. 15 (V.1. Anlage 1).
[64] Zur wettbewerbsschützenden Funktion vgl. BeckOK EnWG/Jenn EnWG § 6a Rn. 12 ff. mwN und kritischer Diskussion weiterer möglicher Schutzzwecke (wie dem Datenschutz).
[65] Vgl. den Nachweis in Fn. 63; zur Unterscheidung externer und interner Information zB Ehrnsperger RdE-Sonderheft 9/2020, 9 (11).
[66] BHH/Hölscher EnWG § 6a Rn. 15; BSS-P/Storr, Regulierung in der Energiewirtschaft, Kap. 92 Rn. 21.
[67] BeckOK EnWG/Jenn EnWG § 6a Rn. 22; Theobald/Kühling/Heinlein/Büsch EnWG § 6a Rn. 37.
[68] BHH/Hölscher EnWG § 6a Rn. 16, mit Verweis ua auf die funktionale oder räumliche Trennung von Verantwortungsbereichen; siehe auch: Regulierungsbehörden des Bundes und der Länder, Gemeinsame Richtlinien zur Umsetzung der informatorischen Entflechtung nach § 9 EnWG (aF) v. 13.6.2007, S. 6; zum Stellenwert von Shared-Services-Einheiten in der Energiebranche Schneider/Ganser et 1/2/2010, 84.
[69] Näher Säcker/Ludwigs/Säcker/Schönborn BerlKommEnR Bd. 1/1 EnWG § 6a Rn. 52, die von einem „teleologisch[en] Vorrang" der netzbezogenen informationellen Entflechtung vor § 51a GmbHG (bzw. § 90 AktG) sprechen; vgl. schon Säcker DB 2004, 691 (693): „lex posterior specialis"; ferner Klees/Spreckelmeyer in Klees/Langerfeldt, Entflechtung in der deutschen Energiewirtschaft, 2004, S. 45 (55 ff.); Koenig/Schellberg/Spiekermann RdE 2007, 72 (74); Pisal, Entflechtungsoptionen nach dem Dritten Energiebinnenmarktpaket, S. 125 ff.; anders Ehricke IR 2004, 170 (172).
[70] EGR/Rasbach EnWG § 6a Rn. 15, dort auch zur umstrittenen Reichweite einer aus § 6a Abs. 1 EnWG resultierenden Dokumentationspflicht.

wurzelnden Organisationspflichten indes nicht so weit reichen, dass allein hieraus ein Gebot zu **organisatorischen Entflechtungsmaßnahmen** im Sinne von § 7a EnWG abgeleitet wird.[71] Anderenfalls würde eine Aushöhlung der **De-minimis-Ausnahme** in § 7a Abs. 7 EnWG drohen (→ Rn. 21).

b) Buchhalterische Entflechtung. Im Zentrum der **buchhalterischen Entflechtung**[72] steht zunächst die in § 6b Abs. 1 S. 1 EnWG normierte Pflicht der Energieunternehmen, ungeachtet ihrer Eigentumsverhältnisse und ihrer Rechtsform einen **Jahresabschluss** und **Lagebericht** nach den für Kapitalgesellschaften geltenden Vorschriften des HGB aufzustellen, prüfen zu lassen und offenzulegen. Hiervon erfasst werden neben den vertikal integrierten Unternehmen auch rechtlich selbständige Netzbetreiber und Betreiber von Gasspeicheranlagen.[73] Diese Normadressaten müssen zudem für die in § 6b Abs. 3 S. 1 Nr. 1–7 EnWG aufgeführten Tätigkeitsbereiche in der **internen Rechnungslegung** getrennte Konten führen, um Diskriminierungen und Quersubventionierungen zu vermeiden.[74] Mit der Erstellung des Jahresabschlusses ist für jeden dieser Tätigkeitsbereiche eine besondere Bilanz sowie eine Gewinn- und Verlustrechnung (Tätigkeitsabschluss) aufzustellen (§ 6b Abs. 3 S. 6 EnWG). Die Prüfung des Jahresabschlusses (durch Abschlussprüfer nach den §§ 316 ff. HGB) erfasst konsequenterweise auch die Einhaltung der Pflichten zur internen Rechnungslegung (§ 6b Abs. 5 S. 1 EnWG). Mit Blick auf die **innere Ordnung** der Energieunternehmen ist allerdings festzuhalten, dass die Vorgaben zur buchhalterischen Entflechtung nicht substanziell in die Organisationsstruktur eingreifen, da die verschiedenen Unternehmensbereiche nur virtuell separiert werden.[75]

Explizite Vorgaben zur Kontoführung und gesonderten Buchführung der Übertragungs- und Verteilernetzbetreiber sind im Übrigen auch noch in weiteren Gesetzen zu finden. Neben den seit 1.1.2023 geltenden §§ 47 und 48 des auf die Finanzierung der Energiewende im Stromsektor abzielenden EnFG (ua mit Regelungen zur Führung eines separaten EEG- bzw. KWKG-Kontos)[76] ist insoweit auf die jüngst im Rahmen der Einführung einer Strompreisbremse etablierten §§ 26 und 27 StromPBG[77] hinzuweisen.

4. Besondere Vorgaben für Betreiber von Verteilernetzen und Gasspeicheranlagen sowie für Transportnetzeigentümer

Neben die für alle Netzbetreiber geltenden gemeinsamen Vorschriften treten in den §§ 7 bis 7c EnWG spezielle Entflechtungsregelungen mit engerem Adressatenkreis. Dabei ist zunächst zwischen den Formen der (gesellschafts-)rechtlichen und der operationellen Entflechtung von Verteilernetzbetreibern in §§ 7, 7a EnWG zu differenzieren (a)). Die

---

[71] Ebenso Rasbach, Unbundling-Regulierung in der Energiewirtschaft, S. 220; Schneider/Theobald/de Wyl/Finke, Recht der Energiewirtschaft, § 4 Rn. 52 ff.; vgl. aber auch den Hinweis bei Säcker/Ludwigs/Säcker/Schönborn BerlKommEnR Bd. 1/1 EnWG § 6a Rn. 45 f., wonach kleinere Verteilernetzbetreiber in Umsetzung der informationellen Entflechtung mittelbar verpflichtet sein können, bestimmte operationelle Entflechtungsmaßnahmen zu ergreifen; ähnlich BSS-P/Storr, Regulierung in der Energiewirtschaft, Kap. 92 Rn. 18.
[72] Monographisch hierzu Poullie, Informationsfunktion der Rechnungslegung und buchhalterische Entflechtung gemäß § 6b Energiewirtschaftsgesetz, 2013, insbes. S. 7 ff.
[73] Zur begrenzten Reichweite der Erstreckung auch auf „rechtlich selbständige Unternehmen, die zu einer Gruppe verbundener Elektrizitäts- oder Gasunternehmen gehören und mittelbar oder unmittelbar energiespezifische Dienstleistungen erbringen" vgl. EGR/Rasbach EnWG § 6b Rn. 2.
[74] Zur Reichweite von § 6b Abs. 3 S. 1 Nr. 1 u. 2 EnWG BGH EnWZ 2022, 362 Rn. 9 ff.; für die Erfassung von Servicegesellschaften BeckOK EnWG/Jenen/Englmann § 6b Rn. 13; aA – entgegen dem Wortlaut von § 6b Abs. 1 S. 1 EnWG („einschließlich") – nur Bronisch/Seyderhelm RdE 2018, 402 (403 ff.).
[75] Überzeugend Kühling, Sektorspezifische Regulierung in den Netzwirtschaften, 2004, S. 339; Kühling/Rasbach/Busch Energierecht Kap. 5 Rn. 11; Rast, Unternehmerische Organisationsfreiheit und Gemeinwohlbelange, S. 174.
[76] Energiefinanzierungsgesetz v. 20.7.2022, BGBl. I 1237; zuletzt geändert durch Gesetz v. 20.12.2022, BGBl. I 2512.
[77] Strompreisbremsegesetz v. 20.12.2022, BGBl. I 2512.

hieraus resultierenden Vorgaben sind nach Maßgabe von § 7b EnWG auch auf bestimmte Gasspeicheranlagenbetreiber und Transportnetzeigentümer anwendbar (b)). Hinzu treten in § 7c EnWG normierte Sonderregelungen im Hinblick auf Ladepunkte für Elektromobile (c)).

26 **a) Verteilernetzbetreiber. aa) Rechtliche Entflechtung.** Ein erheblicher Eingriff in die Unternehmensorganisation geht mit der **gesellschaftsrechtlichen Entflechtung** (sog. Legal Unbundling) einher.[78] Nach § 7 EnWG haben vertikal integrierte Unternehmen den Netzbetrieb in einer **gesellschaftsrechtlich selbständigen Form** zu organisieren. Die nach § 3 Nr. 38 EnWG verbundenen Verteilernetzbetreiber müssen hinsichtlich ihrer Rechtsform unabhängig von anderen Tätigkeitsbereichen der Energieversorgung (namentlich Erzeugung/Gewinnung und Vertrieb) sein. Hierfür steht grundsätzlich der gesamte **Numerus clausus** der im deutschen Recht anerkannten **Gesellschaftsformen** bereit. Erfasst werden neben Kapitalgesellschaften (zB AG und GmbH) auch Personenhandelsgesellschaften (wie OHG, KG oder GmbH & Co. KG) sowie sonstige rechtsfähige juristische Personen des Privatrechts oder des Öffentlichen Rechts (einschließlich unionsrechtlicher Gesellschaftsformen).[79]

27 Durch eine geeignete Ausgestaltung der Netzgesellschaft und deren Beziehungen zur Muttergesellschaft ist sicherzustellen, dass zugleich die Vorgaben über eine **operationelle Entflechtung** in § 7a EnWG gewahrt werden.[80] Mit Blick auf das **Verhältnis der zu entflechtenden Bereiche** erscheinen vor allem zwei Varianten denkbar.[81] Zum einen ist eine Konstruktion möglich, in der das Unternehmen der übrigen Tätigkeitsbereiche als Muttergesellschaft des Verteilernetzbetreibers fungiert **(Netz-Tochter-Modell).**[82] Zum anderen kommt die Organisation als Schwestergesellschaften unterhalb einer Holdinggesellschaft in Betracht **(Holding-Modell).** Anders als beim sog. Ownership Unbundling auf Ebene der Transportnetzbetreiber (→ Rn. 37 f.) ist eine **eigentumsrechtliche Abspaltung** der Verteilnetzsparte eines vertikal integrierten Unternehmens nicht gefordert.[83] Zudem muss auch das Eigentum am Netz nicht auf den Verteilernetzbetreiber übergehen. Dieser kann den Zugriff auf die Infrastruktur über einen **Netzpachtvertrag** erlangen.[84] Ein bloßer **Betriebsführungsvertrag,** der die Verteilernetzbetreiber als Betriebsführer maßgeblich an die Interessen und Vorgaben der Netzeigentümergesellschaft bindet, dürfte den Anforderungen der rechtlichen (bzw. jedenfalls der operationellen) Entflechtung hingegen nicht genügen.[85] Soll der Verteilernetzbetreiber allerdings Eigentümer des Netzes

---

[78] Ebenso die Einschätzung bei Kment/Knauff EnWG § 7 Rn. 2.
[79] Vgl. bereits Koenig/Kühling/Rasbach RdE 2003, 221 (227); s. auch Baur/Hampel RdE 2011, 385 (387); EGR/Rasbach EnWG § 7 Rn. 4.
[80] EGR/Rasbach EnWG § 7 Rn. 1, 4; ferner BSS-P/Bourwieg, Regulierung in der Energiewirtschaft, Kap. 93 Rn. 24 f.; Rast, Unternehmerische Organisationsfreiheit und Gemeinwohlbelange, S. 178.
[81] Instruktiv BeckOK EnWG/Jenn EnWG § 7 Rn. 8 ff.; EFP/Pielow/Benrath/Hoff/Schlegel BesVerwR § 23 Rn. 80; mit weiterer Ausdifferenzierung Pisal, Entflechtungsoptionen nach dem dritten Energiebinnenmarktpaket, S. 107 ff.
[82] Zur umstrittenen Frage, ob auch umgekehrt die Netzgesellschaft als Muttergesellschaft fungieren kann (sog. Netz-Mutter-Modell), vgl. näher Stuhlmacher/Stappert/Schoon/Jansen/Beisheim, Grundriss zum Energierecht, Kap. 1 Rn. 65; Rasbach, Unbundling-Regulierung in der Energiewirtschaft, S. 266; ausführlich Säcker/Ludwigs/Säcker/Schönborn BerlKommEnR Bd. 1/1 EnWG § 7a Rn. 29 ff. mwN und unter Rekurs auf die sich aus den Vorgaben zur operationellen Entflechtung (§ 7a EnWG) ergebenden Hürden; von einer grundsätzlichen Unzulässigkeit des Netz-Mutter-Modells ausgehend BNetzA, Konkretisierung der gemeinsamen Auslegungsgrundsätze der Regulierungsbehörden des Bundes und der Länder zu den Entflechtungsbestimmungen in §§ 6–10 EnWG, 2008, S. 11 ff.; BNetzA Beschl. v. 3.2.2012 – BK7-09–014, S. 11 ff.; großzügiger Schneider/Theobald/de Wyl/Finke, Recht der Energiewirtschaft, § 4 Rn. 131.
[83] Statt aller Kühling/Rasbach/Busch, Energierecht, Kap. 5 Rn. 14.
[84] Näher zum Pachtmodell BSS-P/Bourwieg, Regulierung in der Energiewirtschaft, Kap. 93 Rn. 34 ff.; BPS/Fenzl, Unbundling in der Energiewirtschaft, Kap. 7; Säcker DB 2004, 691 (692 f.); Säcker RdE 2005, 85 (88 f.).
[85] Überzeugend Beisheim in ders./Edelmann, Unbundling – Handlungsspielräume und Optionen für die Entflechtung von EVU, 2006, S. 36 (49); EGR/Rasbach EnWG § 7 Rn. 6; Säcker/Ludwigs/Säcker/

werden, sind vielfältige Rechtskonstruktionen möglich.[86] Im Übrigen steht § 7 EnWG auch einer Zusammenfassung der beiden **Sparten Elektrizität und Gas** in einer Verteilernetzgesellschaft nicht entgegen.[87] Der gemeinsame Betrieb eines Transport- sowie eines Verteilernetzes durch einen **Kombinationsnetzbetreiber** wird in § 6d EnWG unter weiteren Voraussetzungen sogar explizit für zulässig erklärt.[88] Demgegenüber ist es den Betreibern von Elektrizitätsverteilernetzen nach § 7 Abs. 1 S. 2 EnWG explizit untersagt, Eigentümer einer **Energiespeicheranlage** (§ 3 Nr. 15d EnWG) zu sein oder eine solche zu errichten, zu verwalten oder zu betreiben.[89]

Insgesamt wird deutlich, dass die rechtliche Entflechtung für das betroffene vertikal **28** integrierte Unternehmen mit **signifikantem Aufwand** verbunden ist. Dieser beschränkt sich aufgrund des Zusammenspiels mit der operationellen Entflechtung auch nicht auf die erstmalige Entflechtung, sondern erfasst ebenso den laufenden Betrieb der mindestens zwei rechtlich selbstständigen Unternehmen.[90]

bb) Operationelle Entflechtung. Die **operationelle Entflechtung** zielt auf eine Si- **29** cherstellung der Unabhängigkeit von verbundenen Verteilernetzbetreiber im Hinblick auf die Organisation, Entscheidungsgewalt und Ausübung des Netzgeschäfts (§ 7a Abs. 1 EnWG).[91] In **personeller Hinsicht** müssen Mitarbeiter/innen auf **Leitungsebene** (insbes. Geschäftsführung bzw. Vorstand[92]) oder mit **Letztentscheidungsbefugnissen** in besonders diskriminierungsrelevanten Bereichen (zB beim Netzzugang)[93] der Organisationseinheit „Verteilernetzbetreiber" angehören.[94] Sie dürfen überdies nicht zugleich im laufenden Betrieb der Wettbewerbsbereiche des vertikal integrierten Unternehmens beschäftigt sein (§ 7a Abs. 2 Nr. 1 EnWG).[95] Des Weiteren müssen Personen, die **sonstige Tätigkeiten** des Netzbetriebs ausüben (wie reine Sachbearbeiter/-innen), zumindest den fachlichen Weisungen der Leitung des Verteilernetzbetreibers unterstellt sein (§ 7a Abs. 2 Nr. 2

Schönborn BerlKommEnR Bd. 1/1 EnWG § 7a Rn. 31, Säcker RdE 2005, 85 (89); aA mit guten Gründen Adenauer RdE 2019, 324 (329 f.); ders., Betriebsführungsverträge und Unbundling im Energiesektor, S. 298 ff., der den Betriebsführungsvertrag schuldrechtlich als Geschäftsbesorgungsvertrag einordnet und annimmt, dass ein nachträgliches schuldrechtliches Weisungsrecht des Netzeigentümers gegenüber dem Geschäftsbesorger nach §§ 675, 662, 665 BGB abdingbar ist.

[86] Kompakter Überblick bei BSS-P/Storr, Regulierung in der Energiewirtschaft, Kap. 93 Rn. 27 ff., der sowohl auf eine Aufspaltung, Abspaltung oder Ausgliederung nach § 123 Abs. 1 bis 3 UmwG als auch auf rechtsgeschäftliche Übertragungsakte verweist.

[87] Statt vieler BeckOK EnWG/Jenn EnWG § 7 Rn. 17; Säcker/Ludwigs/Säcker/Schönborn BerlKommEnR Bd. 1/1 EnWG § 7 Rn. 34; siehe auch Art. 31 Abs. 10 S. 2 der Elektrizitätsbinnenmarkt-Richtlinie (EU) 2019/944 (Fn. 21).

[88] Zur Zulässigkeit des Betriebs von Netzen unterschiedlicher Sektoren (Strom und Gas) in einer Netzgesellschaft Säcker/Ludwigs/Säcker/Schönborn BerlKommEnR Bd. 1/1 EnWG § 6d Rn. 2; siehe auch Roth, Unbundlingkonforme Netzorganisation, 2006, S. 30; Säcker, Der Independent System Operator, 2007, S. 60.

[89] Zum unionsrechtlichen Hintergrund in Art. 36 Abs. 1 der Elektrizitätsbinnenmarkt-Richtlinie (EU) 2019/944 (Fn. 21) vgl. BeckOK EnWG/Jenn EnWG § 7 Rn. 4a; zur Geltung des Verbots für sämtliche Elektrizitätsverteilernetzbetreiber (auch vertikal integrierte Unternehmen) vgl. Halbig EnWZ 2020, 3; zu den gesetzlichen Ausnahmeregelungen in den §§ 11b und 110 Abs. 1 EnWG im Überblick BeckOK EnWG/Jenn EnWG § 7 Rn. 23 m ff., dort auch zur Unanwendbarkeit der De-minimis-Regelung in § 7 Abs. 2 EnWG im Hinblick auf Energiespeicheranlagen.

[90] Ähnlich BeckOK EnWG/Jenn EnWG § 7 Rn. 24.

[91] Monographisch Setz, Operationelle Entflechtung, 2008, S. 7 ff.

[92] Zur im Einzelnen umstrittenen Erfassung weiterer Personenkreise (wie leitende Angestellte oder Prokurist/-innen) mwN BeckOK EnWG/Jenn EnWG § 7a Rn. 9 ff.

[93] Zur wenig trennscharfen Abgrenzung der Personenkreise BeckOK EnWG/Jenn EnWG § 7a Rn. 13, wonach § 7 Abs. 2 Nr. 1 Alt. 2 EnWG allein zur Schließung etwaiger Regelungslücken dient.

[94] Angehörigkeit meint eine dienst- oder arbeitsvertragliche Zuordnung der Person zum Verteilernetzbetreiber; vgl. statt vieler Kment/Knauff EnWG § 7a Rn. 6 mwN zum Meinungsstand.

[95] Ausführlich zu diesem „Verbot der Doppelzuständigkeiten" EGR/Rasbach EnWG § 7a Rn. 4 ff., dort auch zur fortbestehenden Zulässigkeit der gleichzeitigen Wahrnehmung von Aufsichtsbefugnissen bzw. von Aufgaben in Bereichen außerhalb der Energieversorgung; zur rein funktionalen Betrachtungsweise BeckOK EnWG/Jenn EnWG § 7a Rn. 8.

EnWG).⁹⁶ Bei Einhaltung dieser Vorgaben bleibt auch die Aufrechterhaltung von Querschnittsabteilungen (wie Rechnungswesen oder IT-Systembetreuung) zulässig, die zur Erzielung von Synergien sowohl vom Netzbetrieb als auch von den Bereichen Erzeugung/Gewinnung und Vertrieb genutzt werden (sog. **Shared Services**).⁹⁷ Dies gilt etwa – anders als im Eisenbahnsektor⁹⁸ – für die gemeinsame Nutzung einer **Konzernrechtsabteilung**.⁹⁹ Um die berufliche Handlungsunabhängigkeit der **Leitungsebene** des Verteilernetzbetreibers sicherzustellen und Interessenkonflikte auszuschließen, müssen sowohl das vertikal integrierte Unternehmen als auch der verbundene Verteilernetzbetreiber selbst geeignete Maßnahmen treffen (§ 7a Abs. 3 EnWG). Angesprochen sind hiermit vor allem Fragen der Vertragslaufzeiten von Arbeits-/Dienstverträgen sowie die Vergütung des Leitungspersonals.¹⁰⁰

30   Von zentraler Bedeutung ist, dass die Verteilernetzbetreiber über **tatsächliche Entscheidungsbefugnisse** hinsichtlich der für den Betrieb, die Wartung und den Ausbau des Netzes erforderlichen Vermögenswerte des vertikal integrierten Unternehmens verfügen und diese auch unabhängig von dessen Leitung und anderen betrieblichen Einrichtungen ausüben können (§ 7a Abs. 4 S. 1 EnWG). Zudem ist eine eigene materielle, personelle, technische und finanzielle **(Mindest-)Ausstattung** sicherzustellen (§ 7a Abs. 4 S. 2 EnWG).¹⁰¹ Die fortbestehenden **Einflussmöglichkeiten des vertikal integrierten Unternehmens** bleiben nach § 7a Abs. 4 S. 3 EnWG auf zentrale Unternehmensentscheidungen (wie die Festlegung allgemeiner Verschuldungsobergrenzen) beschränkt und stehen unter dem **Vorbehalt der Erforderlichkeit**. Folgerichtig sind **Weisungen** (der Leitung des vertikal integrierten Unternehmens) gegenüber den Verteilernetzbetreibern enge Grenzen gesetzt. Im Hinblick auf den laufenden Netzbetrieb sind sie sogar durchweg unzulässig (§ 7a Abs. 4 S. 5 Hs. 1 EnWG). Positiv wird vom vertikal integrierten Unternehmen zudem die Aufstellung eines **Gleichbehandlungsprogramms** gefordert (§ 7a Abs. 5 S. 1 EnWG).¹⁰² Für die im Netzbetrieb tätigen Mitarbeiter werden darin verbindliche Maßnahmen zur diskriminierungsfreien Ausübung des Netzgeschäfts (einschließlich möglicher Sanktionen) festlegt. Zur Überwachung der Einhaltung des Programms ist ein vollkommen unabhängiger, mit hinreichenden Ressourcen sowie Informationsbefugnissen ausgestatteter **Gleichbehandlungsbeauftragter** zu benennen. Dieser legt der Regulierungsbehörde jährlich bis zum 31.3. einen von ihm inhaltlich verantworteten Gleichbehandlungsbericht vor und veröffentlicht diesen in nicht personenbezogener Form. Abgerundet wird der Pflichtenkanon des § 7a EnWG schließlich in Absatz 6 durch Vorgaben für eine **getrennte Markenpolitik**.¹⁰³

---

⁹⁶ Sofern das fachliche Weisungsrecht gewährleistet ist, können diese Mitarbeiter organisatorisch und disziplinarisch dem Leiter einer anderen Organisationseinheit (einschließlich der Vertriebsebene) unterstehen, näher EGR/Rasbach EnWG § 7a Rn. 9. Eingehend zum „Energiearbeitsrecht als Sonderbereich des allgemeinen Arbeitsrechts" Büdenbender RdA 2015, 16; monographisch Kaluza, Arbeitsrechtliche Aspekte der Entflechtung in der deutschen Energiewirtschaft, 2012, insbes. S. 162 ff.
⁹⁷ BNetzA (Fn. 82), S. 19; Pritzsche/Vacha, Energierecht, § 5 Rn. 22; EGR/Rasbach EnWG § 7a Rn. 10; weitergehend zur fortbestehenden Zulässigkeit einer „schlanken Netzgesellschaft" auf Verteilernetzebene Baur/Hampel RdE 2011, 385 (386 ff.); strenger Bourazeri RdE 2017, 446 (450).
⁹⁸ Vgl. insoweit das sog. Konzernjuristenurteil des BVerwG zu § 9a Abs. 1 S. 2 Nr. 5 AEG aF, vgl. BVerwGE 137, 58; hierzu Kramer DVBl. 2010, 1052; Wachinger NVwZ 2010, 1343.
⁹⁹ EGR/Rasbach, § 7a Rn. 10; aA nur Bourazeri RdE 2017, 446 (449).
¹⁰⁰ BNetzA (Fn. 82), S. 19.
¹⁰¹ Baur/Hampel RdE 2011, 385 (389), die im Rückschluss aus der begrenzten Anstellungspflicht in § 7a Abs. 2 Nr. 1 EnWG nur eine „gewisse personelle Grundausstattung" zur Erfüllung der Netzbetreiberaufgaben fordern.
¹⁰² Näher zum Gleichbehandlungsmanagement auf Verteilernetzebene BSS-P/Storr, Regulierung in der Energiewirtschaft, Kap. 93 Rn. 71 ff.; siehe auch schon Bourwieg/Horstmann et 5/2006, 72; Stolzenburg IR 2006, 209 ff.; aus einer Compliance-Perspektive Rauch CCZ 2011, 175 (176 ff.).
¹⁰³ Hierzu BGH RdE 2017, 69, wonach „nur ein Verhalten unzulässig ist, das geeignet ist, den Eindruck zu erwecken, dass der Netzbetreiber und das Versorgungsunternehmen identisch sind"; ausführlich Jacob VersorgW 2016, 202; Schneider/Theobald/de Wyl/Finke, Recht der Energiewirtschaft, § 4 Rn. 209 ff.

Insgesamt wird deutlich, dass die **Unternehmensverfassung** durch die Vorgaben zur 31
operationellen Entflechtung in besonderer Weise herausgefordert wird. Paradigmatisch
hierfür stehen auch zwei Problemkreise von hoher praktischer Relevanz, die im Schrifttum
kontrovers diskutiert werden und zugleich die teilweise **Überlagerung des Gesellschaftsrechts** durch das EnWG anschaulich machen.[104] Zum einen betrifft dies die Frage nach
den Auswirkungen der partiellen Weisungsfreiheit des Verteilernetzbetreibers nach § 7a
Abs. 4 S. 5 EnWG auf die **Wahl der Gesellschaftsform.** Insoweit ist an das in § 37 Abs. 1
GmbHG wurzelnde umfassende Weisungsrecht der Gesellschafter einer GmbH gegenüber
deren Geschäftsführer zu erinnern.[105] Hieraus resultiert indes keineswegs die generelle
Unzulässigkeit einer verbundenen **Netz-GmbH**. Vielmehr wird treffend auf die Möglichkeit einer **satzungsmäßigen Einschränkung des Weisungsrechts** der Gesellschafter
nach Maßgabe der energierechtlichen Vorgaben verwiesen.[106] Einer entsprechenden Satzungsregelung bedürfte es zwar nicht, sofern Weisungen, die gegen das Verbot des § 7a
Abs. 4 EnWG verstoßen, ohnehin nach § 134 BGB (in direkter oder analoger Anwendung)
nichtig sein sollten.[107] Mangels abschließender Klärung der Frage erscheint eine entsprechende Satzungsgestaltung aber zumindest aus Gründen der Vorsorge angezeigt.[108] Zum
anderen wird auch die fortbestehende Zulässigkeit von **Unternehmensverträgen** zwischen Verteilernetzgesellschaft und Muttergesellschaft im Sinne des § 291 AktG teils kontrovers diskutiert.[109] Als problematisch stellt sich insbesondere die Vereinbarung eines
Beherrschungsvertrags gemäß § 291 Abs. 1 S. 1 Alt. 1 AktG zugunsten der Muttergesellschaft dar.[110] Die hieraus resultierende Leitungsmacht des herrschenden Unternehmens
im Sinne des § 308 AktG erscheint mit den Vorgaben zur operationellen Entflechtung nur
dann vereinbar, wenn dem Verteilernetzbetreiber nach Maßgabe einer **partiellen Entherrschungsklausel** ein „weisungsfreie[r] Kern zur Sicherung der Unabhängigkeit des Netzgeschäfts" verbleibt.[111]

cc) De-minimis-Ausnahmen. Ausgenommen sowohl von der gesellschaftsrechtlichen 32
als auch von der operationellen Entflechtung sind nach § 7 Abs. 2 und § 7a Abs. 7 EnWG
vertikal integrierte Unternehmen, an deren Verteilernetz weniger als **100 000 Kunden**
unmittelbar oder mittelbar angeschlossen sind.[112] Den Hintergrund der Regelung bildet das

---

[104] Zu weiteren Spannungsfeldern zwischen Energie- und Gesellschaftsrecht am Beispiel der GmbH-Aufsichtsräte in einer Netz-GmbH vgl. Bourwieg/Miller RdE 2008, 230 (231 ff.).
[105] Vgl. noch zur Unzulässigkeit einer gegen die §§ 6, 7a EnWG (als leges speciales) verstoßenden Abberufung des Geschäftsführers einer Netz-GmbH nach § 38 GmbHG Stuhlmacher/Stappert/Schoon/Jansen/Beisheim, Grundriss zum Energierecht, Kap. 1 Rn. 72 ff.; Bourazeri RdE 2017, 446 (450 ff.).
[106] BNetzA, Konkretisierung der gemeinsamen Auslegungsgrundsätze der Regulierungsbehörden des Bundes und der Länder zu den Entflechtungsbestimmungen in §§ 6–10 EnWG, 2008, S. 11.
[107] Dafür zB Ehricke IR 2004, 170 (171 f.); BeckOK EnWG/Jenn EnWG § 7a Rn. 67; BHH/Hölscher EnWG § 7a Rn. 53; Kment/Knauff EnWG § 7a Rn. 18; ausführlich Volz, Das Unbundling in der britischen und deutschen Energiewirtschaft, 2006, S. 169 ff.
[108] Beisheim in ders./Edelmann, Unbundling, 2006, S. 110 (117 ff.); Pisal, Entflechtungsoptionen nach dem Dritten Energiebinnenmarktpaket, S. 119 ff.; Rasbach, Unbundling-Regulierung in der Energiewirtschaft, S. 261 ff.; Formulierungsvorschlag bei Säcker DB 2004, 691 (693); ders. RdE 2005, 85 (89).
[109] Eingehend hierzu etwa bereits Beisheim in Beisheim/Edelmann, Unbundling, 2006, S. 110 (120 ff.); siehe auch Stuhlmacher/Stappert/Schoon/Jansen/Beisheim, Grundriss zum Energierecht, Kap. 1 Rn. 53.
[110] EGR/Rasbach EnWG § 7a Rn. 23, dort auch zum zulässigen Abschluss eines isolierten (nicht mit Weisungsrechten des herrschenden Unternehmens verbundenen) Gewinnabführungsvertrages gem. § 291 Abs. 1 S. 1 Alt. 2 AktG.
[111] Überzeugend Säcker RdE 2005, 85 (86 f.), mit den wörtlichen Zitaten im Text; ihm folgend zB Bourazeri RdE 2017, 446 (453); anders BPS/Simon, Unbundling in der Energiewirtschaft, Kap. 6 Rn. 59 ff., wonach gegen § 7a Abs. 4 EnWG (§ 8 Abs. 4 EnWG aF) verstoßende Weisungen ohnehin nicht befolgt werden müssen; zur Unzulässigkeit von Beherrschungsverträgen iSv § 291 Abs. 1 S. 1 Alt. 1 AktG im ITO-Modelle auf Ebene der Transportnetzbetreiber Säcker/Mohr N&R Beilage 2/2012, 1 (11).
[112] Kritisch zu den Ausnahmen für kleine Netzbetreiber Bourazeri RdE 2017, 446 (448). Zur Berechnung anhand der physischen Anschlüsse (iSv Netzanschlusspunkten) bzw. der bestehenden Vertragsbeziehungen instruktiv Rasbach, Unbundling-Regulierung in der Energiewirtschaft, S. 237 ff.; vgl. den Hinweis bei Büdenbender, RdA 2015, 16 (18), wonach etwa 93 % der Netzbetreiber unter die De-minimis-Regelung fallen.

niedrigere Diskriminierungspotential kleinerer Verteilernetzbetreiber und der dort entstehende (relational) erhöhte Kostenaufwand.[113] Die 100 000 Kunden-Schwelle ist bei einem **Mehrsparten-Unternehmen** für den Strom- und den Gassektor jeweils separat zu ermitteln.[114] Die Bedeutung der De-minimis-Regelungen verringert sich allerdings aufgrund der **Konzernklausel** in § 3 Nr. 38 EnWG erheblich. Danach erfolgt eine – nach Sparten getrennte – Zusammenrechnung der Kunden aller Verteilernetzbetreiber, die Teil ein und desselben vertikal integrierten Unternehmens sind.[115]

33 **b) Transportnetzeigentümer und Gasspeicheranlagenbetreiber.** Nach Maßgabe von § 7b EnWG sind die Regelungen zur rechtlichen und operationellen Entflechtung (§ 7 Abs. 1 bzw. § 7a Abs. 1 bis 5 EnWG) auch auf bestimmte **Eigentümer von Transportnetzen** und Betreiber von **Gasspeicheranlagen** anwendbar. Letztere fallen in den Anwendungsbereich der Vorschrift, wenn sie Teil eines vertikal integrierten Unternehmens (§ 3 Nr. 38 EnWG) sind und der Zugang zur Gasspeicheranlage für einen effizienten Netzzugang im Hinblick auf die Belieferung von Kunden technisch und wirtschaftlich erforderlich ist (was § 28 Abs. 1 S. 2 EnWG für Untergrundspeicher unwiderleglich vermutet[116]).[117] Erstere werden nur insoweit erfasst, als ein **Unabhängiger Systembetreiber (ISO)** im Sinne des § 9 EnWG (→ Rn. 39) benannt wurde.[118] Die **ratio legis** besteht in einer Unterstützung des diskriminierungsfreien Zugangs Dritter zu Gasspeicheranlagen bzw. in der Begrenzung von Risiken für den Wettbewerb auf Ebene der Transportnetzeigentümer.[119] Unanwendbar sind im Übrigen sowohl beim Transportnetzeigentümer als auch beim Betreiber von Gasspeicheranlagen die **De-minimis-Ausnahmen** in § 7 Abs. 2 und § 7a Abs. 7 EnWG sowie die Regelungen betreffend das Kommunikationsverhalten und die **Markenpolitik** aus § 7a Abs. 6 EnWG.

34 **c) Ladepunkte für Elektromobile.** Eine bedeutsame Erweiterung der Entflechtungsvorgaben liegt in der Einbeziehung des Betriebs von **Ladepunkten für Elektromobile** durch den im Zuge der EnWG-Novelle 2021[120] etablierten § 7c EnWG. Hiermit wird der unionsrechtlichen Grundentscheidung für eine primäre Sicherstellung von öffentlich zugänglicher und privater Ladeinfrastruktur über den Markt entsprochen.[121] Die von der Norm adressierten **Verteilernetzbetreiber**[122] dürfen weder Eigentümer von Ladepunkten für Elektromobile sein noch diese entwickeln, verwalten oder betreiben. Im Rahmen eines

---

[113] BT-Drs. 15/3917, 52 f.
[114] Statt vieler Kment/Knauff EnWG § 7 Rn. 7; Säcker/Ludwigs/Säcker/Schönborn BerlKommEnR Bd. 1/1 EnWG § 7 Rn. 9.
[115] Eingehend Mussaeus/Stollmann in PWC GmbH WPG, Regulierung in der deutschen Energiewirtschaft, Bd. I, 5. Aufl. 2020, S. 63 ff.
[116] Zepf/Rademacher RdE 2013, 201 (205), die betonen, dass Untergrundspeichern wegen ihres Volumens eine wesentliche Bedeutung für die strukturierte Belieferung von Endkunden zukommt; zur expliziten Ausnahme in § 28 Abs. 1 S. 2 EnWG für unterirdische Röhrenspeicher Kment/Siegel EnWG § 28 Rn. 11.
[117] Zur umstrittenen Erfassung auch solcher Gasspeicheranlagen, die nicht an Fernleitungsnetze, sondern nur an Verteilnetze angeschlossen sind, vgl. bejahend EGR/Lihs/Eckhardt EnWG § 7b Rn. 7, mit treffendem Verweis auf den klaren Gesetzeswortlaut; aA aber Büdenbender/Rosin RdE 2010, 197 (202).
[118] Die Fokussierung auf den Fall der Benennung eines ISO erklärt sich damit, dass die Transportnetze nur hier im Eigentum des – auch eine andere Funktion als den Netzbetrieb wahrnehmenden – vertikal integrierten Unternehmens verbleiben (BT-Drs. 17/6072, 58). Näher zum ISO und den anderen Modellen (OU und ITO) auf Ebene der Transportnetzbetreiber noch → Rn. 35 ff.
[119] BT-Drs. 17/6072, 58.
[120] Gesetz zur Umsetzung unionsrechtlicher Vorgaben und zur Regelung reiner Wasserstoffnetze im Energiewirtschaftsrecht v. 16.7.2021, BGBl. I 3026.
[121] EGR/Rasbach EnWG § 7c Rn. 1; zum unionsrechtlichen Hintergrund in Art. 33 Abs. 2 bis 4 Elektrizitätsbinnenmarkt-Richtlinie (EU) 2019/944 (Fn. 21) zB Knauff/Pfeifer jM 2021, 456 (459).
[122] Zur Reichweite des Verbots für nicht gesellschaftsrechtlich entflochtene Elektrizitäts-Verteilernetzbetreiber überzeugend EGR/Rasbach EnWG § 7c Rn. 3, wonach sich das Verbot an die „rechtlich unselbständige Organisationseinheit des Stromverteilernetzbetriebs" innerhalb des vertikal integrierten Unternehmens richtet; aA Drouet/Thye IR 2021, 218 (218), nach denen De-minimis-Unternehmen von § 7c EnWG überhaupt nicht erfasst werden sollen; wieder anders BeckOK EnWG/Jenn EnWG § 7c Rn. 22, der gerade umgekehrt annimmt, dass De-minimis-Unternehmen von § 7c EnWG insgesamt erfasst seien,

vertikal integrierten Unternehmens müssen Aufbau und Betrieb von Ladepunkten vielmehr durch die **wettbewerblichen Einheiten** erfolgen.[123] Ausnahmen sind nur bei privaten Ladepunkten für den Eigengebrauch und im Falle eines **regionalen Marktversagens** nach vorheriger Genehmigung der BNetzA vorgesehen.[124] Im Schrifttum wird die unionsrechtlich determinierte Regelung bisweilen kritisch hinterfragt und eine „potenziell [...] retardierende Wirkung" für den Hochlauf der Elektromobilität diagnostiziert.[125]

5. Besondere Vorgaben für Transportnetzbetreiber

In Umsetzung des 2009 auf europäischer Ebene verabschiedeten Dritten Energiebinnenmarktpakets kam es mit der EnWG-Novelle 2011 zu einer deutlichen Verschärfung des Entflechtungsregimes für Transportnetzbetreiber. Den vertikal integrierten Unternehmen in § 8 Abs. 1 EnWG werden die drei gleichberechtigten **Entflechtungsvarianten** der eigentumsrechtlichen Entflechtung (OU), des Unabhängigen Systembetreibers (ISO) und des Unabhängigen Transportnetzbetreibers (ITO) zur Wahl gestellt. Der Anwendungsbereich des **ISO-** und des **ITO-Modells** ist freilich nur in zwei Konstellationen eröffnet, die dem Bestandsschutz dienen. Zum einen werden Transportnetze erfasst, die am 3.9.2009 (Datum des Inkrafttreten des dritten Energiebinnenmarktpakets) im Eigentum eines vertikal integrierten Unternehmens standen.[126] Zum anderen sind die Modelle auch für den am 23.5.2019 (Datum des Inkrafttreten der Gas-Binnenmarkt-Richtlinie (EU) 2019/692) im Eigentum eines vertikal integrierten Unternehmens stehenden Teil des Fernleitungsnetzes wählbar, der Deutschland mit einem Drittstaat verbindet.[127] Sofern keiner dieser beiden Fälle vorliegt, bleibt für den Transportnetzbetreiber nur die Möglichkeit einer **eigentumsrechtlichen Entflechtung** nach § 8 EnWG. Im Schrifttum ist zwar darauf hingewiesen worden, dass die unternehmerische Organisationsfreiheit von dieser nicht im engeren Sinne betroffen sei, weil es „letztlich zur vollständigen Aufspaltung eines Unternehmens kommt".[128] Insoweit gilt es aber bereits zu bedenken, dass sich die beiden Alternativen des ISO und des ITO als besondere Formen der organisatorischen Entflechtung nur vor dem Hintergrund des Hauptmodells begreifen lassen.[129] Zudem erlaubt das EnWG weiter eine Minderheitsbeteiligung am Transportnetzbetreiber, so dass den Vorgaben zur eigentumsrechtlichen Entflechtung eine über die Aufspaltung des vertikal integrierten Unternehmens hinausgehende organisationsrechtliche Wirkung zukommt.

Unabhängig vom gewählten Modell bedarf der Transportnetzbetreiber einer **Zertifizierung** durch die Regulierungsbehörde nach § 4a EnWG bzw. (in Bezug auf Drittstaaten) § 4b EnWG. Im Rahmen des Zertifizierungsverfahrens erfolgt gemäß § 4a Abs. 3 bzw. § 4b Abs. 2 S. 1 EnWG (auch) die Prüfung, ob der Transportnetzbetreiber entsprechend den Vorgaben aus § 8 (OU), § 9 (ISO) oder §§ 10 bis 10e EnWG (ITO) organisiert ist.[130]

---

was allerdings zu einer gesellschaftsrechtlichen Entflechtung „durch die Hintertür" führen würde (EGR/Rasbach EnWG § 7c Rn. 5).
[123] EGR/Rasbach EnWG § 7c Rn. 2.
[124] Näher hierzu BeckOK EnWG/Jenn EnWG § 7c Rn. 23 ff.; vgl. daneben noch die Übergangsvorschrift in § 118 Abs. 34 EnWG sowie die in § 110 Abs. 1 EnWG geregelte Unanwendbarkeit von § 7c Abs. 1 EnWG auf den Betrieb eines geschlossenen Verteilernetzes.
[125] Knauff/Pfeifer jM 2021, 456 (458).
[126] Zur Maßgeblichkeit einer netzbezogenen (gegenüber einer unternehmensbezogenen) Interpretation eingehend Säcker/Ludwigs/Säcker/Schönborn BerlKommEnR Bd. 1/1 EnWG § 6 Rn. 27 ff. mwN und dem Hinweis, dass eine Anwendung der ISO- bzw. ITO-Modelle bei Zugrundelegung einer netzbezogenen Interpretation auch dann erlaubt bleibt, wenn es nach dem Stichtag zu einer (Weiter-)Veräußerung des Transportnetzes kommt; kritischer noch Säcker/Mohr N&R Beilage 2/2012, 1 (5).
[127] Zur netzbezogenen Interpretation auch des Stichtags 23.5.2019 vgl. Kühling/Rasbach/Busch, Energierecht, Kap. 5 Rn. 110.
[128] Rast, Unternehmerische Organisationsfreiheit und Gemeinwohlbelange, S. 182.
[129] Darauf weist auch Rast (Unternehmerische Organisationsfreiheit und Gemeinwohlbelange, S. 182) hin.
[130] Bei der Zertifizierung in Bezug auf Drittstaaten kommt es neben der Einhaltung der Entflechtungsvorschriften auf die Bewertung einer Gefährdung der Energieversorgung seitens des BMWK an (§ 4b Abs. 2 EnWG); zu den hiermit verbundenen Einschränkungen des Auslandserwerbs durch Drittstaatsunterneh-

37 **a) Eigentumsrechtliche Entflechtung (OU).** Die eigentumsrechtliche Entflechtung (sog. Ownership Unbundling bzw. OU) zielt auf eine **zwangsweise Herauslösung** des Transportnetzes aus dem Konzernverbund eines vertikal integrierten Unternehmens.[131] Der Transportnetzbetreiber hat nach § 8 Abs. 2 S. 1 EnWG unmittelbar oder vermittelt durch Beteiligungen Eigentümer des von ihm betriebenen Transportnetzes zu sein.[132] Folgerichtig ist das auf Verteilernetzebene verbreitete **Pachtmodell** (→ Rn. 27) grundsätzlich ausgeschlossen.[133] Nach § 8 Abs. 2 S. 2 und 3 EnWG dürfen zudem **Personen,** die unmittelbar oder mittelbar die Kontrolle über ein Unternehmen aus den Bereichen Erzeugung, Gewinnung oder Vertrieb wahrnehmen, nicht zugleich die unmittelbare oder mittelbare Kontrolle über einen Transportnetzbetreiber oder ein Transportnetz bzw. Rechte an einem Transportnetzbetreiber oder einem Transportnetz ausüben (et *vice versa*).[134]

38 Umstritten ist, ob die zugrunde liegenden unionsrechtlichen Vorgaben der Binnenmarktrichtlinien Strom und Gas auch einer **Minderheitsbeteiligung** ohne bestimmenden Einfluss entgegenstehen.[135] Der **deutsche Umsetzungsgesetzgeber** hat die Befugnis zur Ausübung von Stimmrechten in § 8 Abs. 2 S. 7 Nr. 1 EnWG nur insoweit ausgeschlossen, als dadurch **„wesentliche Minderheitsrechte"** vermittelt werden.[136] Hierunter fallen nach den im Gesetzgebungsverfahren artikulierten Vorstellungen „insbesondere Sperrminoritäten für Satzungsänderungen [§ 179 Abs. 2 AktG], [für] Entscheidungen über Kapitalerhöhungen der Gesellschaft gegen Einlagen [§ 182 Abs. 1 AktG], [für] Beschlüsse über eine bedingte Kapitalerhöhung [§ 193 Abs. 1 AktG] sowie Vetorechte ab einem Anteil von 25 %".[137] Im Übrigen bestimmt § 8 Abs. 2 S. 4 EnWG explizit, dass ÜNB (wie auch Betreiber von Elektrizitätsverteilernetzen nach § 7 Abs. 2 S. 1 EnWG) nicht berechtigt sind, Eigentümer einer Energiespeicheranlage zu sein oder eine solche zu errichten, zu verwalten oder zu betreiben. Hinzu treten weitreichende Vorgaben zur **personellen Entflechtung** im Hinblick auf die Bestellung und Besetzung von Mitgliedern des Aufsichtsrats und der gesetzlichen Organe (§ 8 Abs. 2 S. 5 und 6 EnWG) sowie zum Umgang mit wirtschaftlich sensiblen Informationen bei der Entflechtung (§ 8 Abs. 3 EnWG)[138]. Hervorhebung verdient schließlich § 8 Abs. 2 S. 10 EnWG, wonach die Transportnetzbetrei-

---

men ausführlich BSS-P/Schmidt-Preuß, Regulierung in der Energiewirtschaft, Kap. 96 Rn. 12 ff.; zum konzeptionellen Wandel der sog. Gazprom-Klausel von einem allgemeinen Erwerbsverbot zur beschränkten Zulassung weiterführend Kohm, Auslandserwerb von Transportnetzen im energierechtlichen Rechtsrahmen, 2016, S. 26 ff.

[131] Prägnant Schmidt-Preuß et 9/2009, 82 (82 f.): „Erwerbsverbot und Verkaufszwang"; siehe auch Kühling/Pisal RdE 2010, 161 (163); zur Erstreckung des Anwendungsbereichs auch auf Fälle, in denen sich innerhalb des vertikal integrierten Unternehmens die wettbewerblichen Tätigkeiten nur auf den einen Energieträger (Elektrizität oder Erdgas) und die Transporttätigkeit allein auf den anderen Energieträger (Erdgas oder Elektrizität) konzentrieren: BeckOK EnWG/Jenn EnWG § 8 Rn. 8.

[132] Zur gesetzlichen Ausnahme in § 8 Abs. 2 S. 8 und 9 EnWG (Gründung eines Gemeinschaftsunternehmens) vgl. BeckOK EnWG/Jenn EnWG § 8 Rn. 30 f.

[133] Kühling/Rasbach/Busch, Energierecht, Kap. 5 Rn. 118; Pritzsche/Vacha, Energierecht, § 5 Rn. 34; zu eng begrenzten Ausnahmen BNetzA, Hinweispapier zur Antragsstellung im Zertifizierungsverfahren v. 12.12.2011, BK6-11-157, BK7-11-157, S. 16; BNetzA, Beschl. v. 5.2.2013 – BK7-12-028, S. 13 f.; zustimmend BHH/Hölscher EnWG § 8 Rn. 18; strikter wohl Säcker/Ludwigs/Säcker/Mohr BerlKommEnR Bd. 1/1 EnWG § 8 Rn. 87: „Eine Pachtlösung ist (…) ausgeschlossen".

[134] EnzEuR V/Ludwigs § 5 Rn. 196; zur Bestimmung des Begriffs der „unmittelbaren oder mittelbaren Kontrolle" in Anlehnung an Art. 3 Abs. 2 der Fusionskotrollverordnung (EG) Nr. 139/2004: BHH/Hölscher EnWG § 8 Rn. 26; zur ausnahmsweisen teleologischen Reduktion von § 8 Abs. 2 S. 2 und 3 EnWG für Finanzinvestoren BNetzA, Beschl. v. 9.11.2012 – BK6-12-040, S. 18; hierzu BeckOK EnWG/Jenn EnWG § 8 Rn. 41 ff.; EGR/Hampel/Sack EnWG § 8 Rn. 23.

[135] Näher aus unionsrechtlicher Perspektive EnzEuR V/Ludwigs § 5 Rn. 196.

[136] Kritisch Kühling/Pisal et 1–2/2012, 127 (129 mit Fn. 13); Säcker/Ludwigs/Säcker/Mohr BerlKommEnR Bd. 1/1 EnWG § 8 Rn. 111 ff.; BSS-P/Storr, Regulierung in der Energiewirtschaft, Kap. 94 Rn. 9; darstellend EGR/Hampel/Sack EnWG § 8 Rn. 19.

[137] BT-Drs. 343/11, 145.

[138] Zur hierin liegenden Ergänzung der Regelung über die informationelle Entflechtung in § 6a EnWG statt vieler Kment/Knauff EnWG § 8 Rn. 15.

ber zu gewährleisten haben, dass sie über die finanziellen, materiellen, technischen und personellen **Mittel** verfügen, die erforderlich sind, um die Aufgaben nach Teil 3 Abschnitt 1 bis 3 des EnWG wahrzunehmen.

b) Unabhängiger Systembetreiber (ISO). Eine Alternative zur eigentumsrechtlichen Entflechtung nach § 8 EnWG stellt der in § 9 EnWG geregelte **Unabhängige Systembetreiber (ISO)** dar. Im ISO-Modell darf das zivilrechtliche Eigentum am Netz beim vertikal integrierten Unternehmen verbleiben, während die Entscheidungsgewalt über den Netzbetrieb vollständig auf den ISO als rechtlich selbstständigen und weitestgehend unabhängigen **Treuhänder** übertragen wird (§ 9 Abs. 2 und 3 EnWG).[139] Die Zurverfügungstellung des Netzes kann auf Basis eines **Pachtvertrags** erfolgen.[140] Der Transportnetzeigentümer ist grundsätzlich für die **Finanzierung** des Netzes verantwortlich und trägt – außerhalb von Schäden, die auf den Netzbetrieb als solchen zurückgehen – das **Haftungsrisiko** (§ 9 Abs. 4 und 5 EnWG).[141] Insgesamt ist für das Modell kennzeichnend, dass der Transportnetzeigentümer seine Verfügungsgewalt über das Netz (von der Veräußerungsbefugnis abgesehen) vollständig verliert und ihm nur noch die wirtschaftliche Nutznießung in Gestalt der vom ISO zu zahlenden angemessenen Vergütung[142] verbleibt.[143] Der hieraus resultierende Attraktivitätsmangel spiegelt sich in dem **praktischen Befund,** dass in Deutschland bislang kein einziges Transportnetz durch die Benennung eines Unabhängigen Systembetreibers entflochten wurde.[144]

c) Unabhängiger Transportnetzbetreiber (ITO). Als praktisch weitaus bedeutsamer stellt sich die Organisation als **Unabhängiger Transportnetzbetreiber (ITO)** gemäß §§ 10 bis 10e EnWG dar.[145] Das ITO-Modell verpflichtet weder die vertikal integrierten Unternehmen zur Veräußerung ihrer Transportnetze (wie beim OU), noch fordert es die Benennung eines unabhängigen Netzbetreibers als Treuhänder (wie beim ISO). Sowohl das Transportnetz selbst als auch dessen Betreiber können also Teil des vertikal integrierten Unternehmens bleiben. Stattdessen werden Vorkehrungen getroffen, um die **Unabhängigkeit des ITO** von den Wettbewerbsbereichen Erzeugung bzw. Gewinnung und Vertrieb sicherzustellen. Hiermit geht eine deutliche **Verschärfung** der Vorgaben zur **operationellen und rechtlichen Entflechtung** gegenüber den für Verteilernetzbetreiber geltenden Vorgaben aus §§ 7 und 7a EnWG einher.[146] Dessen ungeachtet behält der **Eigentümer** substanzielle **Einwirkungs- und Kontrollrechte,** woraus sich die besondere Attraktivität des ITO-Modells speist.[147]

---

[139] Vgl. insoweit Säcker et 8/2007, 86 (88); ferner Däuper N&R 2009, 214 (215); Pritzsche/Vacha, Energierecht, § 5 Rn. 40.
[140] Säcker/Ludwigs/Säcker/Mohr BerlKommEnR Bd. 1/1 EnWG § 9 Rn. 2; BSS-P/Storr, Regulierung in der Energiewirtschaft, Kap. 94 Rn. 14; siehe auch schon Koenig/Schreiber/Spiekermann N&R 2008, 7 (8).
[141] EGR/Hampel/Sack EnWG § 9 Rn. 3; Säcker/Ludwigs/Säcker/Mohr BerlKommEnR Bd. 1/1 EnWG § 9 Rn. 52.
[142] Art. 59 Abs. 5 lit. d Elektrizitätsbinnenmarkt-Richtlinie (EU) 2019/944 (Fn. 21) und Art. 41 Abs. 3 lit. d Gasbinnenmarkt-Richtlinie 2009/73/EG (Fn. 21).
[143] Gundel/Germelmann EuZW 2009, 763 (765); EnzEuR V/Ludwigs § 5 Rn. 201; Eder, FS Danner, 2019, S. 393 (395); dezidiert Schmidt-Preuß et 9/2009, 82 (83), der den ISO als „nudum ius" qualifiziert.
[144] BeckOK EnWG/Jenn EnWG § 9 Rn. 3; Küper/Otto/Stephan in PWC GmbH WPG, Regulierung in der deutschen Energiewirtschaft, Bd. I, 5. Aufl. 2020, S. 116; Pritzsche/Vacha, Energierecht, § 5 Rn. 41; Rast, Unternehmerische Organisationsfreiheit und Gemeinwohlbelange, S. 185; vgl. auch schon die Prognose bei Busch N&R 2011, 226 (227 f.).
[145] Siehe insoweit BeckOK EnWG/Jenn EnWG § 10 Rn. 4, wonach sich bislang ua zwölf Fernleitungsnetzbetreiber im Gassektor für das ITO-Modell entschieden haben; grundlegend und umfassend zum ITO-Modell insbes. Säcker/Mohr N&R Beilage 2/2012, 1 (2 ff.).
[146] Ebenso Pritzsche/Vacha, Energierecht, § 5 Rn. 43; ferner Eder, FS Danner, 2019, S. 393 (395); Michaelis/Kemper RdE 2012, 10 (11).
[147] In kritischer Perspektive auf den hohen Umsetzungsaufwand für das vertikal integrierte Unternehmen und die Regulierungsbehörde hinweisend Bartel, Wettbewerbsprobleme auf dem deutschen Energiemarkt durch Unternehmenszusammenschlüsse, 2011, S. 604 ff.

41 Die Vorgaben der §§ 10 bis 10e EnWG sind mit erheblichen Eingriffen in die unternehmerische Organisationsfreiheit verbunden und führen in mehrfacher Hinsicht zu einer „Vollausstattung" des ITO.[148] Erstens müssen gemäß § 10a Abs. 1 S. 2 EnWG alle für den Transportnetzbetrieb erforderlichen Vermögenswerte, einschließlich des Transportnetzes selbst, im Eigentum des ITO stehen (**assetbezogene Vollausstattung**). Der bloße Abschluss eines (Netz-)Pachtvertrages scheidet hier mithin aus. Zweitens setzt § 10a Abs. 2 EnWG (über § 7a Abs. 2 Nr. 1 weit hinausgehend) voraus, dass das **gesamte** für den Betrieb des Transportnetzes erforderliche **Personal** beim Netzbetreiber selbst angestellt ist (**personelle Vollausstattung**).[149] Zwar untersagt der Gesetzeswortlaut nur eine Anstellung „in anderen Gesellschaften des vertikal integrierten Unternehmens".[150] Die zugrundeliegenden Richtlinienbestimmungen lassen aber keinen Zweifel am positiven Anstellungserfordernis beim ITO zu und fordern eine entsprechende richtlinienkonforme Auslegung von § 10a Abs. 2 S. 1 EnWG.[151] Eine Erbringung von Dienstleistungen durch Dritte kommt daher grundsätzlich nur bei mit Hilfstätigkeiten befasstem Personal („ancillary activities personnel"), nicht jedoch im Hinblick auf Kerntätigkeiten („core activities") des ITO in Betracht.[152] Im Übrigen werden auch Arbeitnehmerüberlassungen („Personalleasing") vom ITO an das vertikal integrierte Unternehmen (et *vice versa*) durch § 10a Abs. 2 S. 2 EnWG explizit untersagt. Drittens darf es nach § 10a Abs. 5 EnWG nur in engen Grenzen zur gemeinsamen Nutzung von IT-Systemen oder IT-Infrastruktur durch den ITO und das vertikal integrierte Unternehmen kommen (**IT-bezogene Vollausstattung**).[153] Im Grundsatz ausgeschlossen[154] ist nach § 10a Abs. 3 S. 1 EnWG die Erbringung von Dienstleistungen durch andere Teile des vertikal integrierten Unternehmens für den ITO.[155] Hiermit korrespondierend sieht § 10 Abs. 1 S. 2 Nr. 4 EnWG explizit vor, dass der ITO als **Vollfunktionsunternehmen** insbesondere über eine eigene Rechtsabteilung, Buchhaltung und IT-Betreuung verfügen muss, womit die Nutzung von **Shared Services** entfällt.[156] Zu unterlassen ist gemäß § 10a Abs. 6 EnWG auch die gemeinsame Nutzung von Büro- und Geschäftsräumen.[157] Nach Maßgabe einer grundrechtskonformen Auslegung genügt insoweit eine Trennung durch entsprechende Maßnahmen (wie Verschluss und Verplombung von Durchgangstüren) innerhalb desselben

---

[148] Zu den Vorgaben der Strom- und Gasrichtlinie des dritten Energiebinnenmarktpakets aus dem Jahr 2009 bereits Schmidt-Preuß et 9/2009, 82 (84 f.), dort auch die nachfolgenden Bezeichnungen der unterschiedlichen Formen einer Vollausstattung; hieran anknüpfend bereits EnzEuR V/Ludwigs § 5 Rn. 203; siehe auch Ehrnsperger RdE-Sonderheft 9/2020, 9 (13 f.).
[149] Zum funktionalen Verständnis des Anstellungsbegriffs: BNetzA Beschl. v. 29.1.2020 – BK7-18–051, S. 70.
[150] Näher zB BeckOK EnWG/Jenn EnWG § 10a Rn. 16.
[151] Vgl. Art. 17 Abs. 1 lit. b Gasbinnenmarkt-Richtlinie 2009/73/EG (Fn. 22) bzw. Art. 46 Abs. 1 lit. b Elektrizitätsbinnenmarkt-Richtlinie (EU) 2019/944 (Fn. 21); näher zur Figur der richtlinienkonformen Auslegung Kroll-Ludwigs/Ludwigs ZJS 2009, 7 (8 ff.).
[152] European Commission, Interpretative Note on Directive 2009/72/EC concerning common rules for the internal market in Electricity and Directive 2009/73/EC concerning common rules for the internal market in Natural Gas – The Unbundling Regime v. 22.1.2020, S. 15; vorsichtig erweiternd Säcker/Ludwigs/Säcker/Mohr BerlKommEnR Bd. 1/1 EnWG § 10a Rn. 12 f.; dies. N&R Beilage 2/2012, 1 (6), wonach auch handwerkliche Dienstleistungen von Dritten in Gestalt von Subunternehmer- oder Arbeitnehmerüberlassungsverträgen erbracht werden können, „wenn das eigene Personal – etwa bei Not- oder Eilfällen – überfordert ist".
[153] Kühling/Pisal et 1–2/2012, 127 (132).
[154] Zu eng begrenzten Ausnahmen vgl. BeckOK EnWG/Jenn EnWG § 10a Rn. 29 ff.
[155] In umgekehrter Richtung ist die Erbringung von Dienstleistungen (nur) bei Erfüllung der Voraussetzungen in § 10a Abs. 3 S. 2 Nr. 1 bis 3 EnWG zulässig. Vgl. daneben auch noch das in § 10a Abs. 7 EnWG formulierte Verbot, die Rechnungslegung von denselben Abschlussprüfern prüfen zu lassen.
[156] Rast, Unternehmerische Organisationsfreiheit und Gemeinwohlbelange, S. 185 f.; zu weiteren Aufgabenfeldern, für die ein ITO nach Auffassung der BNetzA über eine eigene Einrichtung verfügen muss, vgl. BeckOK EnWG/Jenn EnWG § 10 Rn. 20.1 (Datenschutz, Controlling, Personal, Einkauf, Bilanzkreismanagement, Finanzprüfung).
[157] Weitergehend § 10b Abs. 5 EnWG zur begrenzten Zulässigkeit von kommerziellen und finanziellen Beziehungen zwischen dem ITO und dem vertikal integrierten Unternehmen.

Gebäudes.¹⁵⁸ Viertens wird dem ITO zur Erfüllung seiner Aufgaben eine eigene Finanzierungsquelle zugewiesen. Nach § 10 Abs. 1 S. 2 Nr. 3 EnWG erhebt er (für sich) alle transportnetzbezogenen Entgelte, worunter insbesondere die Netzentgelte fallen. Allgemein sieht § 10a Abs. 1 EnWG zudem vor, dass der ITO ua über die zur Erfüllung seiner gesetzlichen Pflichten (§§ 11 ff. EnWG) und für den Transportnetzbetrieb erforderlichen finanziellen Mittel verfügen muss (**finanzielle Vollausstattung**).¹⁵⁹ In Ergänzung hierzu bestimmt § 10b Abs. 1 S. 2 EnWG, dass der ITO die Befugnis haben muss, sich zusätzliche Finanzmittel auf dem Kapitalmarkt durch Aufnahme von Darlehen oder im Wege einer Kapitalerhöhung zu beschaffen. Fünftens werden dem ITO in § 10b Abs. 1 S. 1 EnWG „wirksame Entscheidungsbefugnisse" in Bezug auf die für den Betrieb, die Wartung und den Ausbau des Transportnetzes erforderlichen Vermögenswerte des vertikal integrierten Unternehmens zugewiesen (**kompetentielle Vollausstattung**). Hieraus folgt zugleich die Verpflichtung des vertikal integrierten Unternehmens, den ITO bei seiner Etablierung mit allen erforderlichen Mitteln auszustatten.¹⁶⁰ Des Weiteren bestimmt § 10b Abs. 2 S. 2 EnWG ausdrücklich, dass das vertikal integrierte Unternehmen jegliche unmittelbare oder mittelbare Einflussnahme auf das laufende Geschäft des ITO, den Netzbetrieb sowie notwendige Tätigkeiten zur Erstellung des zehnjährigen Netzentwicklungsplans durch den ITO (§§ 12a bis 12f bzw. § 15a EnWG) zu unterlassen hat. Sechstens ist der ITO nach § 10a Abs. 4 EnWG dazu verpflichtet – ua durch die Kommunikation nach außen und seine Markenpolitik – eine eigene Unternehmensidentität aufzubauen. Zur Vermeidung von Verwechslungen muss sich diese erkennbar von der Identität des vertikal integrierten Unternehmens oder eines Teils davon unterscheiden (**marketingorientierte Vollausstattung**).

Weitergehende Regelungen zur Gewährleistung der **organisatorischen Unabhängigkeit** des ITO sowie zur Unabhängigkeit seines **Personals** und der **Unternehmensleitung** treffen die §§ 10b und 10c EnWG.¹⁶¹ Mit Blick auf die **Konzernstruktur** untersagt die Inkompatibilitätsregel des § 10b Abs. 3 S. 1 und 2 EnWG eine wechselseitige Beteiligung zwischen dem ITO und Tochterunternehmen des vertikal integrierten Unternehmens in den Bereichen Erzeugung bzw. Gewinnung oder Vertrieb. **Anteilseigner** der Transportnetzbetreiber muss also unmittelbar die **Konzernmutter** sein.¹⁶² Im Übrigen sind ÜNB gem. § 10b Abs. 3 S. 3 EnWG nicht berechtigt, Eigentümer einer Energiespeicheranlage zu sein oder eine solche zu errichten, zu verwalten oder zu betreiben. Was die **Unabhängigkeit** des **Personals** und der (obersten) **Unternehmensleitung** des ITO betrifft, so finden sich hierzu eine Reihe von Vorgaben in § 10c EnWG.¹⁶³ Neben einem **Vetorecht** zugunsten der Regulierungsbehörde im Hinblick auf die oberste Unternehmensleitung (Abs. 1) sind hier die in § 10c Abs. 2 und 5 EnWG differenziert geregelten vorlaufenden und nachwirkenden **Karenzzeiten** („Cooling-on" bzw. „Cooling-off") für Personen der Unternehmensleitung hervorzuheben.¹⁶⁴ Zur Besei- 42

---

¹⁵⁸ BNetzA, Beschl. v. 5.2.2013 – BK7-12–031, S. 34; BeckOK EnWG/Jenn EnWG § 10a Rn. 61; zum EU-rechtlichen Hintergrund EnzEuR V/Ludwigs § 5 Rn. 203; ferner Kühling/Pisal RdE 2010, 162 [165 f.]; dies. et 1–2/2012, 127 (133); Kühling/Rasbach/Busch, Energierecht, Kap. 5 Rn. 122.
¹⁵⁹ Vgl. auch § 10b Abs. 4 EnWG, wonach der ITO sicherzustellen hat, dass er „jederzeit über die notwendigen Mittel für die Errichtung, den Betrieb und den Erhalt eines sicheren, leistungsfähigen und effizienten Transportnetzes verfügt".
¹⁶⁰ BeckOK EnWG/Jenn EnWG § 10b Rn. 44; Kment/Knauff EnWG § 10b Rn. 17.
¹⁶¹ Zu den unionsrechtlichen Grundlagen bereits EnzEuR V/Ludwigs § 5 Rn. 204.
¹⁶² BSS-P/Storr, Regulierung in der Energiewirtschaft, Kap. 94 Rn. 25.
¹⁶³ Zur Unterscheidung zwischen „oberster Unternehmensleitung" und gesamter „Unternehmensleitung" vgl. die Legaldefinitionen in § 3 Nr. 29b bzw. Nr. 33a EnWG. Zur Erstreckung von § 10c Abs. 2 S. 1 sowie Abs. 3 und 5 EnWG auf die sog. zweite Führungsebene vgl. Mohr N&R 2015, 45 (46 ff.); Säcker/Ludwigs/Säcker/Mohr BerlKommEnR Bd. 1/1 EnWG § 10c Rn. 32 ff.; zum Anwendungsbereich des einschlägigen § 10c Abs. 6 EnWG auch BGH EnWZ 2017, 177; BGH ZNER 2016, 473; BGH EnWZ 2016, 456; BGH EnWZ 2016, 457; BGH EnWZ 2016, 262 (dort auch in Rn. 18 näher zur Vereinbarkeit mit höherrangigem Recht).
¹⁶⁴ De lege ferenda für eine Erstreckung auf die Geschäftsführung von Verteilernetzbetreibern Bourazeri RdE 2017, 446 (453).

tigung einer vom **EuGH** (im Hinblick auf § 10c Abs. 2 EnWG aF) festgestellten **Vertragsverletzung**[165] wurde die bisherige Beschränkung der Karenzregelungen auf diejenigen Teile des vertikal integrierten Unternehmens, die ihre Tätigkeiten im Energiebereich ausübten zum 29.7.2022 aufgehoben.[166] Zu einer Anpassung führte besagtes Urteil des Gerichtshofs auch im Hinblick auf das in § 10c Abs. 4 S. 1 EnWG geregelte **Beteiligungsverbot**. Dieses erstreckt sich auf das Halten von Beteiligungen an Unternehmensteilen des vertikal integrierten Unternehmens und adressiert nunmehr sowohl Personen der Unternehmensleitung als auch (anders als die Veräußerungspflicht in § 10c Abs. 4 S. 2 EnWG aF[167]) die übrigen Beschäftigten des ITO. Des Weiteren verpflichtet die **Vergütungsregelung** in § 10c Abs. 4 S. 2 EnWG den ITO, sicherzustellen, dass die Vergütung von Personen der Unternehmensleitung und der übrigen Beschäftigten des ITO nicht vom wirtschaftlichen Erfolg, insbesondere vom Betriebsergebnis, des vertikal integrierten Unternehmens abhängt.

43 In **institutioneller Hinsicht** sind vor allem die Vorgaben zur Rechtsform, zum Gleichbehandlungsprogramm und -beauftragten sowie zum neuartigen „Aufsichtsorgan" des ITO hervorzuheben.[168] Die zulässigen **Rechtsformen** des ITO ergeben sich aus der Bezugnahme von § 10 Abs. 2 S. 2 EnWG auf Art. 1 der Publizitätsrichtlinie 2009/101/EG[169]. Für Deutschland werden dort die AG, KGaA und die GmbH benannt.[170] Die **Unionsrechtskonformität** der Regelung erscheint mit Blick auf den Elektrizitätssektor zweifelhaft, weil Art. 46 Abs. 3 der Richtlinie (EU) 2019/944[171] für die Rechtsformen des ITO auf Anhang I der Richtlinie (EU) 2017/1132[172] verweist, in dem wiederum für Deutschland nur noch die AG aufgeführt wird.[173]

44 Im Weiteren sieht § 10e EnWG die Festlegung eines von der Regulierungsbehörde zu genehmigenden **Gleichbehandlungsprogramms** vor, das den Mitarbeitern bekannt zu machen ist (Abs. 1). Hierdurch sollen diskriminierende Verhaltensweisen des ITO ausgeschlossen werden. Die Einhaltung des Programms wird fortlaufend durch einen **Gleichbehandlungsbeauftragten** des ITO überwacht (§ 10e Abs. 2), den umfängliche Berichts- und Informationspflichten gegenüber der Regulierungsbehörde treffen (§ 10e Abs. 4 und 5 EnWG).[174] Seine Ernennung erfolgt durch den nach § 10d Abs. 1 EnWG verpflichtend einzurichtenden **Aufsichtsrat** des ITO (im Sinne der §§ 95–116 AktG).[175]

45 Der ITO-Aufsichtsrat verfügt vor allem in den Bereichen **Personal** und **Finanzen** über zentrale Befugnisse.[176] Zum einen hat er gemäß § 10d Abs. 2 S. 1 EnWG über die

---

[165] EuGH C-718/18 ECLI:EU:C:2021:662 Rn. 52 ff. – Kommission/Deutschland.
[166] BGBl. 2022 I 1214.
[167] Vgl. insoweit EuGH C-718/18 ECLI:EU:C:2021:662 Rn. 75 ff. – Kommission/Deutschland; kritisch hierzu bereits (aus teleologischer Sicht) Säcker/Mohr N&R Beilage 2/2012, 1 (14).
[168] Zu den unionsrechtlichen Grundlagen EnzEuR V/Ludwigs § 5 Rn. 205.
[169] Richtlinie 2009/101/EG des Europäischen Parlaments und des Rates v. 16.9.2009, ABl. EU L 258, 11; aufgehoben durch Richtlinie (EU) 2017/1132 des Europäischen Parlaments und des Rates v. 14.6.2017, ABl. EU L 169, 46.
[170] Zur Erfassung auch der Societas Europaea (Europäische Gesellschaft) BNetzA, Zertifizierungsverfahren: Hinweispapier zur Antragstellung v. 12.12.2011, S. 26, unter Rekurs auf das Telos von § 10 Abs. 2 S. 2 EnWG.
[171] Nachweis der Richtlinie (EU) 2019/944 in Fn. 21.
[172] Richtlinie (EU) 2017/1132 des Europäischen Parlaments und des Rates v. 14.6.2017 über bestimmte Aspekte des Gesellschaftsrechts, ABl. EU L 169, 46; zuletzt geändert durch Verordnung (EU) 2021/23 des Europäischen Parlaments und des Rates v. 16.12.2020, ABl. EU L 22, 1.
[173] Darauf hinweisend bereits EnzEuR V/Ludwigs § 5 Rn. 205; die AG als Rechtsform präferierend Säcker, et 11/2009, 80 (81), der auf die mit dem ITO-Modell in einem latenten Spannungsverhältnis stehende starke Stellung der GmbH-Gesellschafterversammlung verweist.
[174] Zum Gleichbehandlungsmanagement beim ITO: BSS-P/Storr, Regulierung in der Energiewirtschaft, Kap. 94 Rn. 52 ff.
[175] Zur konstitutiven Bedeutung des obligatorischen Aufsichtsrats für nicht der Mitbestimmung unterliegende ITO in der Rechtsform einer GmbH vgl. EGR/Sack/Hampel EnWG § 10d Rn. 3; zur Einordnung von § 10d Abs. 1 EnWG als „sektorspezifische Regelung im Gesellschaftsrecht" vgl. BT-Drs. 17/6072, 64.
[176] Darauf hinweisend bereits Schmidt-Preuß et 9/2009, 82 (86).

Ernennung, Bestätigung und Beschäftigungsbedingungen (nur[177]) für Personen der **Unternehmensleitung** (§ 3 Nr. 33a EnWG), einschließlich Vergütung und Vertragsbeendigung, zu befinden. Zum anderen entscheidet der Aufsichtsrat nach § 10d Abs. 2 S. 2 EnWG in expliziter Abweichung von § 119 AktG auch über die Genehmigung der jährlichen und langfristigen **Finanzpläne** des ITO, die Höhe seiner **Verschuldung** und die Höhe der an die Anteilseigner auszuzahlenden **Dividenden**.[178] Demgegenüber sind Entscheidungen zum **laufenden Geschäft** des ITO (insbes. den Netzbetrieb und die Aufstellung des Netzentwicklungsplans) gemäß § 10d Abs. 2 S. 3 EnWG allein von dessen Unternehmensleitung zu treffen. Hiermit kollidierende Maßnahmen sind nach § 134 BGB unwirksam.[179] Angesichts der bedeutsamen Aufgaben des Aufsichtsrats formuliert § 10d Abs. 3 EnWG schließlich Anforderungen an seine Mitglieder.[180] Danach muss die **Mehrheit der Mitglieder des Aufsichtsorgans** nicht den strengen Unabhängigkeitsvorgaben aus § 10c Abs. 1 bis 5 EnWG (in entsprechender Anwendung) genügen, sondern unterliegt lediglich den Transparenzverpflichtungen in § 10c Abs. 1 S. 1 und 2 sowie S. 4 Nr. 2 EnWG.[181] Im Gegensatz zum ISO-Modell verbleiben dem vertikal integrierten Unternehmen damit substanzielle Möglichkeiten der Einflussnahme auf den ITO.[182]

d) Grundrechtsfragen. Lange Zeit stand die Vereinbarkeit der strikten Entflechtungsvorgaben für Transportnetzbetreiber mit den **Grundrechten** im Fokus der wissenschaftlichen Debatte.[183] Ihren Höhepunkt erreichte die Auseinandersetzung mit den Kommissionsvorschlägen für das dritte Energiebinnenmarktpaket aus dem Jahr 2007.[184] Darin waren nur die beiden Modelle der eigentumsrechtlichen Entflechtung und (sofern von den Mitgliedstaaten als Ausnahme gewählt) des ISO als Optionen vorgesehen. Teile des Schrifttums erblickten hierin einen unverhältnismäßigen Eingriff in die EU-Grundrechte der **Eigentumsfreiheit** (Art. 17 GRCh) und der **Berufsfreiheit** (Art. 15 GRCh) bzw. der **unternehmerischen Freiheit** (Art. 16 GRCh) (allg. zu diesen → § 6 Rn. 11 ff., 63 ff.).[185] Mit

46

---

[177] Rademacher, Geschäftsführung und Unternehmensleitung im entflochtenen Energieversorgungskonzern, S. 236 f.; Kment/Knauff EnWG § 10d Rn. 3.
[178] Zur Zulässigkeit eines Gewinnabführungsvertrags zwischen ITO und vertikal integriertem Unternehmen BNetzA Beschl. v. 9.11.2012 – BK7-12-034, S. 30 f.; Beschl. v. 11.4.2013 – BK6-12-004, S. 77; BeckOK EnWG/Jenn EnWG § 10d Rn. 13.
[179] Säcker/Mohr N&R Beilage 2/2012, 1 (15); ebenso Kment/Knauff EnWG § 10d Rn. 5.
[180] Instruktiv zur Größe des Aufsichtsrats (unter Rekurs auf die einschlägigen Regelungen in § 95 AktG bzw. im DrittelbG) EGR/Sack/Hampel EnWG § 10d Rn. 10 mwN zu Ansichten im Schrifttum, die unter Berufung auf den Wortlaut von § 10d Abs. 3 EnWG („die Hälfte […] abzüglich einem Mitglied") eine gerade Anzahl von Mitgliedern des Aufsichtsrats fordern.
[181] Zur kontrovers diskutierten Frage nach dem Ausmaß der Stimmenmehrheit auf Seiten der Interessenvertreter des vertikal integrierten Unternehmens vgl. Schmidt-Preuß (et 9/2009, 82 [86 f.] sowie et 12/2009, 74 f.: maximal zwei Mitglieder) einerseits und Säcker (et 11/2009, 80 f.: maximal ein Mitglied) andererseits (zusammenfassend und mwN Adenauer, Betriebsführungsverträge und Unbundling im Energiesektor, S. 155 ff.). Zur Unabhängigkeit der Arbeitnehmervertreter, die nach dem Mitbestimmungsgesetz Teil des ITO-Aufsichtsrats sind Michaelis/Kemper RdE 2012, 10 (15); explizit bejahend BT-Drs. 17/6072, 64 f.; siehe auch Trümner et 12/2010, 85 (88).
[182] Ebenso Ehrnsperger RdE-Sonderheft 9/2020, 9 (15); BeckOK EnWG/Jenn EnWG § 10d Rn. 30; Rademacher, Geschäftsführung und Unternehmensleitung im entflochtenen Energieversorgungskonzern, S. 240 ff.; Schmidt-Preuß in Storr, Neue Impulse für die Energiewirtschaft, 2012, S. 1 (20 f.); anders Kment/Knauff EnWG § 10d Rn. 7.
[183] Vgl. daneben noch zu kompetenzrechtlichen Bedenken im Hinblick auf Art. 345 AEUV EnzEuR V/ Ludwigs § 5 Rn. 96, 207; Wachovius, Ownership Unbundling in der Energiewirtschaft, 2008, S. 123 ff.; zur Vereinbarkeit mit dem Welthandelsrecht Dralle EnWZ 2014, 483; ders., Ownership Unbundling and Related Measures in the EU Energy Sector, 2018, S. 83 ff. (siehe auch S. 203 ff. zum internationalen Investitionsschutzrecht); für eine (heute nicht mehr geführte) Grundrechtsdiskussion zu den überkommen Entflechtungsvarianten BSS-P/Schmidt-Preuß, Regulierung in der Energiewirtschaft, Kap. 2 Rn. 13 ff.; Rasbach, Unbundling-Regulierung in der Energiewirtschaft, S. 275 ff.
[184] KOM(2007) 528 endgültig bzw. KOM(2007) 529 endgültig.
[185] Baur/Pritzsche/Pooschke/Fischer, Eigentumsentflechtung in der Energiewirtschaft durch Europarecht, 2008, S. 28 ff., 70 ff.; Büdenbender/Rosin, Einführung eines Ownership Unbundling bzw. Independent System Operator in der Energiewirtschaft, 2007, S. 121 ff.; Schmidt-Preuß, et 9/2009, 82 (83 ff.); insbes. zum OU: Müller-Terpitz/Weigl EuR 2009, 348 (360 ff., 369); zwischen OU- und ISO-Modell differen-

der auf Drängen von Deutschland und Frankreich erfolgten Einführung des ITO-Modells als dritter Option konnte die Kritik freilich entschärft werden.[186] Indem sich der deutsche Gesetzgeber bei der Umsetzung des dritten Energiebinnenmarktpakets dafür entschied, die Auswahl zwischen den drei Entflechtungsvarianten den vertikal integrierten Unternehmen zu überlassen (vgl. § 8 Abs. 1 EnWG), beugte er zugleich etwaigen verfassungsrechtlichen Bedenken gegen das OU-/ISO-Modell vor.[187]

6. Betreiber von Wasserstoffnetzen

47 **a) Entflechtungsregime nach der EnWG-Novelle 2021.** Mit dem Gesetz zur Umsetzung unionsrechtlicher Vorgaben und zur Regelung reiner Wasserstoffnetze im Energiewirtschaftsrecht vom 16.7.2021[188] wurde **Wasserstoff** die Rolle eines selbständigen Energieträgers neben Strom und Gas zuerkannt. Im Hinblick auf den erst im Entstehen begriffenen Rechtsrahmen auf europäischer Ebene beschränkte sich der Gesetzgeber allerdings zunächst auf eine nur „rudimentäre Regulierung" im neuen Abschnitt 3b (§ 28j bis § 28q EnWG). Die Anwendbarkeit wird zudem in § 28j Abs. 3 EnWG von einem unwiderruflichen und unbedingten Wahlrecht der Netzbetreiber abhängig gemacht **(Opt-in-Modell)**.[189] Von den regulatorischen Vorgaben werden gemäß §§ 28k und 28m EnWG auch in vierfacher Hinsicht Bestimmungen zur **Entflechtung** von Wasserstoffnetzen umfasst. Danach sind die betroffenen Unternehmen erstens zu einer an § 6b EnWG orientierten **buchhalterischen Entflechtung** verpflichtet. Hierzu zählen die Aufstellung eines Jahresabschlusses und Lageberichts (§ 28k Abs. 1 EnWG) sowie (bei Ausübung von Tätigkeiten neben dem Betrieb von Wasserstoffnetzen) eine getrennte Buchführung (§ 28k Abs. 2 EnWG). Zweitens haben die Betreiber von Wasserstoffnetzen auch die § 6a EnWG nachgebildeten Verpflichtungen zur **informationellen Entflechtung** gemäß § 28m Abs. 2 EnWG einzuhalten. Drittens gibt § 28m Abs. 1 S. 2 EnWG vor, die Unabhängigkeit des Netzbetriebes von der Wasserstofferzeugung, der Wasserstoffspeicherung sowie vom Wasserstoffvertrieb sicherzustellen. Hierin steckt die Forderung nach einer – freilich nicht näher ausbuchstabierten – **operationellen Entflechtung**.[190] Viertens untersagt es § 28m Abs. 1 S. 3 EnWG den Betreibern von Wasserstoffnetzen explizit, „Eigentum an Anlagen zur Wasserstofferzeugung, zur Wasserstoffspeicherung oder zum Wasserstoffvertrieb zu halten oder diese zu errichten oder zu betreiben". Im Schrifttum wird hierin zutreffend das Gebot einer **rechtlichen Entflechtung** im Hinblick auf die genannten Anlagen erblickt.[191]

48 **b) Ausblick: Dekarbonisierungspaket.** Auf **europäischer Ebene** hat die EU-Kommission am 15.12.2021 in ihrem **Legislativpaket** zu **Wasserstoff** und **dekarbonisiertem Gas**[192] spezifische Vorschläge zur Entflechtung des Wasserstofftransports und der Wasser-

---

zierend: Kühling/Hermeier et 1–2/2008, 134 ff.; Storr EuZW 2007, 232 (237); unentschieden: Gundel/Germelmann EuZW 2009, 763 (765); Holznagel/Theurl/Meyer/Schumacher, Ownership Unbundling, 2008, S. 89 f.; die grundrechtliche Zulässigkeit einer eigentumsrechtlichen Entflechtung bejahend Kaiser/Wischmeyer VerwArch 101 (2010), 34 (49 ff.).

[186] Zu den Hintergründen Bourwieg/Antoni et 9/2009, 36 (38 ff.); Schmidt-Preuß et 9/2009, 82 (82); ausführlich Möllinger, Eigentumsrechtliche Entflechtung der Übertragungsnetze unter besonderer Berücksichtigung des 3. Binnenmarktpaketes für Energie, 2009, S. 61 ff.

[187] EnzEuR V/Ludwigs § 5 Rn. 208, dort auch zur Anwendbarkeit der nationalen Grundrechte im Rahmen des bestehenden Umsetzungsspielraums; vgl. ferner Rn. 109 allg. zum anwendbaren Grundrechtsmaßstab (EU-Grundrechte oder nationale Grundrechte) im Lichte der Åkerberg Fransson-Judikatur (EuGH C-617/10 ECLI:EU:C:2013:105) einerseits und der „Recht auf Vergessen"-Judikatur (BVerfGE 152, 152) andererseits.

[188] Nachweis in Fn. 120.

[189] Benrath EnWZ 2021, 195 (200), dort auch das wörtliche Zitat im Satz zuvor.

[190] Ebenso Kühling/Rasbach/Busch, Energierecht, Kap. 5 Rn. 145; EGR/Stelter EnWG § 28m Rn. 3; Senders/Wegner EnWZ 2021, 243 (251); kritisch zu den „sehr oberflächlich und abstrakt gehalten[en]" Vorgaben Sieberg/Cesarano RdE 2021, 297(301).

[191] EGR/Stelter EnWG § 28m Rn. 3.

[192] Nachweise in Fn. 23.

stoffspeicherung von den nicht regulierten Bereichen der Erzeugung und Lieferung unterbreitet.[193] Umfasst werden sowohl die **„vertikale" Entflechtung** innerhalb des Wasserstoffsektors als auch eine **„horizontale" Entflechtung** im Verhältnis zu Aktivitäten in den Sektoren Erdgas und Elektrizität.[194] Dabei erfolgt weder eine Differenzierung zwischen den Netzebenen noch sind De-minimis-Ausnahmen vorgesehen, so dass selbst kleinere lokale Gasverteilernetzbetreiber unter die Vorgaben fallen.[195] Im Übrigen würde das vorgeschlagene Regime auch ansonsten über die bestehenden Entflechtungsregeln im Elektrizitäts- und Erdgassektor hinausgehen und zB den Betrieb des Wasserstoffnetzes gemeinsam mit nicht regulierten Aktivitäten in einem vertikal integrierten Unternehmen (**ITO-Modell**) zeitlich bis zum 31.12.2030 begrenzen.[196] Zudem ist vorgesehen, dass die Übertragung von Vermögenswerten von der Erdgas- auf die Wasserstoffsparte regelmäßig nur zulässig ist, sofern hiermit keine **Quersubventionierung** verbunden ist.[197]

Die rigiden Vorgaben des Dekarbonisierungspakets haben teils scharfe **Kritik** ausgelöst, **49** die eine Umsetzung in dieser Form zweifelhaft erscheinen lässt. Zutreffend wird darauf hingewiesen, dass mit den Vorschlägen „erhebliche Hemmnisse für den Hochlauf der Wasserstoffwirtschaft" verbunden sind.[198] Mit Blick auf die geforderte rechtliche Trennung zwischen Gasnetz- und Wasserstoffnetzbetreibern sowie das strenge Verbot von Quersubventionierungen erscheint insbesondere zweifelhaft, ob ein Um- und Aufbau der zur Verwirklichung der Klimaziele notwendigen Infrastrukturen auf diese Weise gelingen kann.[199]

7. Durchsetzung, Sanktionierung und Rechtsschutz

Mit Blick auf die **Durchsetzung der Entflechtungsregeln** ist festzuhalten, dass die **50** Regulierungsbehörden den Normadressaten gestützt auf § 65 Abs. 1 EnWG die Verpflichtung auferlegen können, ein gegen die §§ 6 ff. bzw. §§ 28k und 28m EnWG verstoßendes Verhalten abzustellen.[200] Darüber hinaus sind sie gemäß § 65 Abs. 2 EnWG auch befugt, Maßnahmen zur Einhaltung der entsprechenden Vorgaben anzuordnen.[201] Die exakte Zuständigkeitsverteilung bemisst sich nach § 54 EnWG. Dort werden die **Landesregulierungsbehörden** zur Überwachung der für die **Verteilernetzbetreiber** geltenden Verpflichtungen aus § 6 Abs. 1 iVm §§ 6a bis 7a EnWG berufen, soweit die Voraussetzungen des § 54 Abs. 2 S. 1 (Nr. 4) und 2 EnWG erfüllt sind. Im Übrigen besteht eine Zuständigkeit der BNetzA gemäß § 54 Abs. 1 und 3 EnWG. Hiervon umfasst werden von vornherein die (in § 54 Abs. 2 Nr. 4 EnWG nicht angesprochenen) **Transportnetzbetreiber** und Betreiber von **Kombinationsnetzen** (§ 6d EnWG iVm §§ 8 ff. EnWG) sowie die

---

[193] Vgl. insbesondere die Art. 62 ff. Gas-RL-E; näher Gätsch/Rath/Ekardt EurUP 2022, 206 (216 ff.); Held/Braun/Wiedemann ZNER 2022, 17 (19 f.); Sieberg/Cesarano RdE 2022, 165 (169 ff.); Weyer EnK-Aktuell 2022, 01021.
[194] Weyer EnK-Aktuell 2022, 01021.
[195] Held/Braun/Wiedemann ZNER 2022, 17 (19).
[196] Siehe Art. 62 Abs. 4 Gas-RL-E; Sieberg/Cesarano RdE 2022, 165 (170); Weyer EnK-Aktuell 2022, 01021.
[197] Vgl. Art. 4 Abs. 1 lit. a Gas-VO-E; Held/Braun/Wiedemann ZNER 2022, 17 (20); für eine Diskussion auf Grundlage des geltenden Rechtsrahmens zB Pielow, Rechtsgutachten zur Vereinbarkeit gemeinsamer Netzentgelte für Erdgas und Wasserstoff mit dem EU-Recht, 2021.
[198] Weyer EnK-Aktuell 2022, 01021; ähnlich Held/Braun/Wiedemann ZNER 2022, 17 (20); siehe auch Gätsch/Rath/Ekardt EurUP 2022, 206 (217); ferner Nationaler Wasserstoffrat, „Legislativpaket zu Wasserstoff und Gasmarktdekarbonisierung" der Europäischen Kommission, Stellungnahme v. 4.2.2022, S. 2 f.
[199] Kritisch im Hinblick auf die geforderte rechtliche Entflechtung auch: Europäischer Wirtschafts- und Sozialausschuss (EWSA), Überarbeitung des dritten Energiepakets für Gas und Maßnahmen zur Verringerung der Methanemissionen, Stellungnahme v. 19.5.2022 (TEN/762), S. 8 (5.5).
[200] Vgl. spezifisch zur buchhalterischen Entflechtung noch § 6c EnWG, der die vom Bundesamt für Justiz administrierte Ordnungsvorschriften der §§ 335 bis 335b HGB auf Verstöße gegen die in § 6b Abs. 1 S. 1 und Abs. 4 niedergelegten Pflichten zur Bekanntmachung von Jahresabschluss/Lagebericht bzw. Tätigkeitsabschluss erstreckt und dergestalt zur effektiven Durchsetzung beitragen soll (EGR/Sack/Hampel EnWG § 6c Rn. 1).
[201] Säcker/Ludwigs/Säcker/Schönborn BerlKommEnR Bd. 1/1 EnWG § 6 Rn. 55.

Betreiber von **Wasserstoffnetzen**.[202] Bei Ausübung ihrer Befugnisse sind die Regulierer im Rahmen einer **grundrechtskonformen Auslegung** „an die Grenzen des den betroffenen Unternehmen technisch, zeitlich und wirtschaftlich Zumutbaren gebunden".[203]

51 Die behördlichen Anordnungen können gemäß § 94 S. 1 EnWG nach den für die Vollstreckung von Verwaltungsmaßnahmen geltenden Vorschriften zwangsweise durchgesetzt werden.[204] Da typischerweise unvertretbare Handlungen in Rede stehen werden, kommt der Anwendung von (wiederholt festsetzbaren) **Zwangsgeldern** zentrale Bedeutung zu.[205] Deren Höhe beträgt nach § 94 S. 3 EnWG mindestens 1.000 EUR und maximal 10 Millionen EUR. Schuldhafte Verstöße gegen vollziehbare Anordnungen nach § 65 Abs. 1 und 2 EnWG begründen gemäß § 95 Abs. 1 Nr. 3 lit. a) EnWG eine **Ordnungswidrigkeit**.[206] Verwaltungsbehörde im Sinne des § 36 Abs. 1 Nr. 1 OWiG ist die nach § 54 EnWG zuständige Regulierungsbehörde (§ 95 Abs. 5 EnWG). Die Höhe des Bußgelds beträgt maximal 100.000 EUR (vgl. § 95 Abs. 2 S. 1 aE EnWG).

52 Gegen **behördliche Anordnungen** nach § 65 Abs. 1 und 2 EnWG ist **Rechtsschutz** im Wege der Beschwerde gemäß § 75 EnWG vor dem für den Sitz der Behörde zuständigen OLG zu erlangen (allgemein → Rn. 12, dort auch zur nachfolgenden Rechtsbeschwerde). Zwar kommt der Beschwerde gemäß § 76 Abs. 1 EnWG grundsätzlich **kein Suspensiveffekt** zu, so dass ein Antrag auf Anordnung der aufschiebenden Wirkung nach § 77 Abs. 3 S. 4 EnWG zu erwägen wäre. Etwas anderes gilt aber dann, wenn die angefochtene Entscheidung der Durchsetzung von **Entflechtungsvorgaben** aus den §§ 7 bis 7b und 8 bis 10d EnWG dient. Auf diese Weise wird ua den mit entsprechenden behördlichen Maßnahmen verbundenen weitreichenden (und nur schwer rückgängig zu machenden) Eingriffen in die Unternehmensstruktur Rechnung getragen.[207] Die Regulierungsbehörde kann hier freilich nach Maßgabe von § 77 Abs. 1 EnWG die sofortige Vollziehung anordnen. Im Übrigen ist auch gegen die Androhung eines **Zwangsmittels** und die Festsetzung desselben gemäß § 18 Abs. 1 VwVG iVm §§ 75 ff. EnWG jeweils die Beschwerde statthaft. Demgegenüber hängt der Rechtsschutz gegen Maßnahmen zur Beitreibung eines Zwangsgeldes von den im Beitreibungsverfahren ergriffenen Maßnahmen ab.[208] Der Rechtsschutz gegen **Bußgeldbescheide** bestimmt sich grundsätzlich nach den allgemeinen Vorschriften in §§ 67 ff. OWiG. Nach § 67 Abs. 1 S. 1 OWiG kann der bzw. die Betroffene gegen den Bußgeldbescheid innerhalb von zwei Wochen nach Zustellung schriftlich oder zur Niederschrift bei der Verwaltungsbehörde, die den Bußgeldbescheid erlassen hat, Einspruch einlegen. Erfolgt im Zwischenverfahren nach § 69 Abs. 2 OWiG keine Abhilfe durch die Regulierungsbehörde, werden die Akten an die zuständige Generalstaatsanwaltschaft beim OLG weitergeleitet. In Abweichung von § 68 OWiG werden in §§ 98 Abs. 1 S. 1, 100 EnWG das für die Beschwerden nach §§ 75 ff. EnWG zuständige OLG und durch § 99 S. 1 EnWG für die Rechtsbeschwerde der BGH für zuständig erklärt.[209]

---

[202] BeckOK EnWG/Kresse EnWG § 54 Rn. 232.
[203] Vgl. die Begründung der Bundesregierung zum Gesetzentwurf zum EnWG 2005 in BT-Drs. 15/3917, 51.
[204] Näher zum hierin liegenden Verweis auf die Verwaltungsvollstreckungsgesetze (VwVG) des Bundes und der Länder zB Säcker/Ludwigs/Staebe BerlKommEnR Bd. 1/2 EnWG § 94 Rn. 1 ff.
[205] Zum Ganzen Säcker/Ludwigs/Säcker/Schönborn BerlKommEnR Bd. 1/1 EnWG § 6 Rn. 55 u. § 6a EnWG Rn. 61; siehe auch BSS-P/Storr, Regulierung in der Energiewirtschaft, Kap. 94 Rn. 79.
[206] Daneben wird auch der Betrieb eines Transportnetzes ohne Zertifizierung (→ Rn. 36) von § 95 Abs. 1 Nr. 1a EnWG als Ordnungswidrigkeit erfasst, die nach § 95 Abs. 2 S. 1 EnWG mit einem Bußgeld bis zu einer Million Euro geahndet werden kann; zur umstrittenen Frage, ob die Zertifizierung als notwendige Voraussetzung für den Netzbetrieb einzuordnen ist, vgl. (im Kontext von § 4a EnWG) verneinend BNetzA Beschl. v. 9.11.2012 – BK6-12-047, S. 23; kritisch hierzu Kühling/Theobald/Hendrich, Energierecht, § 4a EnWG Rn. 24 ff.
[207] BeckOK EnWG/von Rossum § 76 Rn. 6.
[208] Näher zum Rechtsschutz im Hinblick auf Zwangsmittel nach § 94 EnWG Säcker/Ludwigs/Staebe BerlKommEnR Bd. 1/2 EnWG § 94 Rn. 7.
[209] Ausführlich Theobald/Kühling/Boos EnWG § 95 Rn. 59.

III. Vorgaben zum Betrieb von Energieanlagen und zur Netzplanung

Neben dem Entflechtungsregime finden sich im EnWG zahlreiche weitere Regelungen, die verwaltungsrechtliche Vorgaben enthalten. Auswirkungen auf die Organisation und Führung von Energieunternehmen haben insbesondere die Vorgaben zum **Betrieb von Energieanlagen** (zur Definition der Energieanlagen siehe § 3 Nr. 15 EnWG). Die hiermit adressierten Bereiche umfassen zum einen die Gewährleistung der informationstechnischen Sicherheit (1.), den Schutz europäisch kritischer Anlagen (2.) sowie die Vermeidung schwerwiegender Versorgungsstörungen (3.). In einem weiteren Sinne lassen sich zum anderen auch solche Bestimmungen als Vorgaben an die Organisation und Führung von Energieunternehmen begreifen, die auf ein Zusammenwirken der Netzbetreiber bei der Netzplanung (4.) abzielen.

1. Informationstechnische Sicherheit

Der Betrieb eines sicheren Energieversorgungsnetzes umfasst nach § 11 Abs. 1a S. 1 EnWG auch einen angemessenen Schutz gegen Bedrohungen der für einen sicheren Netzbetrieb erforderlichen **Telekommunikations- und EDV-Systeme.**[210] Ein entsprechendes Schutzniveau liegt gemäß § 11 Abs. 1a S. 4 EnWG vor, wenn der durch die Regulierungsbehörde im Benehmen mit dem BSI nach § 11 Abs. 1a S. 2 EnWG zu erstellende Katalog von IT-Sicherheitsanforderungen eingehalten und dies vom Netzbetreiber dokumentiert worden ist.[211] Der aktuelle „**IT-Sicherheitskatalog** gemäß § 11 Absatz 1a Energiewirtschaftsgesetz" der BNetzA aus dem Jahr 2015 sieht die Implementierung eines **Informationssicherheits-Managementsystems (ISMS)** vor, „das den Anforderungen der DIN ISO/IEC 27001 in der jeweils geltenden Fassung genügt und mindestens die (...) Telekommunikations- und EDV-Systeme, die für einen sicheren Netzbetrieb notwendig sind, umfasst".[212] Zu den zentralen Anforderungen der in Bezug genommenen DIN ISO/IEC 27001 zählt – korrespondierend mit der Vorgabe in § 11 Abs. 1a S. 3 EnWG – auch eine kontinuierliche Überprüfung und bedarfsweise Anpassung des ISMS sowie der hiermit verbundenen Maßnahmen. Daneben umfasst der Sicherheitskatalog eine Reihe weiterer Maßnahmen, die sich (wie die Benennung eines **Ansprechpartners IT-Sicherheit**) ebenfalls auf die Organisation und Führung der Energieunternehmen auswirken können.[213]

Während sich § 11 Abs. 1a EnWG an alle Netzbetreiber richtet,[214] regelt § 11 Abs. 1b EnWG weithin parallele Sicherheitsanforderungen für solche **Betreiber von Energieanlagen** (§ 3 Nr. 15 EnWG), die in der BSI-Kritisverordnung[215] als **Kritische Infrastruk-**

---

[210] Zum in § 8d Abs. 2 Nr. 2 und Abs. 3 Nr. 2 BSIG ausgedrückten Vorrang der energierechtlichen Sonderregelungen gegenüber den allgemeinen Bestimmungen des BSIG OLG Düsseldorf RdE 2018, 81 Rn. 38 (noch zu § 8c Abs. 2 Nr. 2 BSIG aF); siehe auch v. Bremen EWeRK 2020, 29 (30 f.); zur Entwicklungsgeschichte von § 11 EnWG: BeckOK EnWG/Knauff EnWG § 11 Rn. 5 ff.
[211] Für eine Einordnung von § 11 Abs. 1a S. 4 EnWG als zwingende Vorgabe, die nur noch die Ergreifung erhöhter, nicht aber anderer Sicherheitsmaßnahmen erlaubt Guckelberger DVBl. 2015, 1213 (1219) in Auseinandersetzung mit de Wyl/Weise/Bartsch N&R 2015, 23 (26); undeutlich EGR/Rauch EnWG § 11 Rn. 75, wonach der IT-Sicherheitskatalog der BNetzA nur eine „unverbindliche Orientierung" bietet.
[212] BNetzA, IT-Sicherheitskatalog gemäß § 11 Absatz 1a Energiewirtschaftsgesetz, Stand: 8/2015, S. 8, dort auch zu den Anforderungen der DIN ISO/IEC 27001; zur Einordnung der Sicherheitskataloge nach § 11 Abs. 1a und Abs. 1b EnWG als Festlegungen gemäß § 29 Abs. 1 EnWG (mit der Folge eines Rechtsschutzes im Wege der Beschwerde nach § 75 EnWG) vgl. Köhler EnWZ 2015, 407 (409 f.); näher zum ISMS Giebichenstein/Schirp CB 2015, 66; Weise/Brühl CR 2015, 290 (292 ff.); de Wyl/Weise/Bartsch N&R 2015, 23 (26 f.); dies. VersorgW 2015, 133.
[213] BNetzA, IT-Sicherheitskatalog gemäß § 11 Absatz 1a Energiewirtschaftsgesetz, Stand: 8/2015, S. 11 f., 14 f.; instruktiv Weise/Brühl CR 2015, 290 (291 ff.).
[214] OLG Düsseldorf RdE 2018, 81 Rn. 35 ff.; v. Bremen EWeRK 2020, 29 (30 f.); Thomale VersorgW 2015, 301 (302).
[215] BSI-Kritisverordnung (BSI-KritisV) v. 22.4.2016, BGBl. I 958; zuletzt geändert durch Verordnung v. 23.2.2023, BGBl. I Nr. 53.

turen (KRITIS) bestimmt wurden[216] und physisch unmittelbar an ein Energieversorgungsnetz angeschlossen sind.[217] Die Normadressaten haben vor allem die im Rahmen einer Allgemeinverfügung der BNetzA[218] formulierten Anforderungen aus dem als Anlage beigefügten „**IT-Sicherheitskatalog** gemäß § 11 Abs. 1b EnWG"[219] des Jahres 2018 zu beachten.[220] Hiervon umfasst ist wiederum die Errichtung eines **ISMS**. Daneben statuiert § 11 Abs. 1c EnWG für alle Netzbetreiber[221] und Betreiber von als KRITIS eingestuften Energieanlagen Meldepflichten gegenüber dem BSI über von ihnen nach § 11 Abs. 1d EnWG und § 8b BSIG benannte „**Kontaktstellen**".[222] Eine weitere verwaltungsrechtliche Vorgabe resultiert aus § 11 Abs. 1e EnWG, der (ergänzt durch die Nachweispflicht in Abs. 1f[223]) die Netzbetreiber und Betreiber von als KRITIS eingestuften Energieanlagen (spätestens ab dem 1.5.2023) zur Verwendung von **Systemen zur Angriffserkennung** verpflichtet. Hiermit soll dem von **Cyber-Angriffen** ausgehenden großen Gefahrenpotential für Staat, Wirtschaft und Gesellschaft Rechnung getragen werden.[224] Abrundend normiert § 11 Abs. 1g EnWG eine Ermächtigung der BNetzA, **kritische Komponenten** (§ 2 Abs. 13 BSIG) direkt oder durch die Festlegung **kritischer Funktionen** im Wege einer Allgemeinverfügung zu bestimmen. Dergestalt wird sichergestellt, dass die Netzbetreiber und Betreiber von als KRITIS eingestuften Energieanlagen die Anforderungen an den erstmaligen Einsatz einer kritischen Komponente nach § 9b BSIG einzuhalten haben.[225] Kommen die Energieunternehmen ihren Pflichten nicht nach, kann die Regulierungsbehörde (zuständig ist nach § 54 EnWG die BNetzA) zum einen **Aufsichtsmaßnahmen** nach § 65 EnWG ergreifen. Zum anderen ermächtigt § 11 Abs. 1a S. 5 EnWG die Regulierungsbehörde explizit dazu, die Einhaltung des IT-Sicherheitskatalogs zu überprüfen.[226] Der **Rechtsschutz** bestimmt sich nach allgemeinen Regeln (→ Rn. 12). Im Übrigen finden sich in § 95 Abs. 1 Nr. 2a und Nr. 2b EnWG zwei einschlägige **Ordnungswidrigkeitentatbestände**, wobei eine Geldbuße nach § 95 Abs. 2 EnWG bis 100.000 EUR betragen kann.[227]

2. Schutz europäisch kritischer Anlagen

56 Spezifische Anforderungen an die Organisationsstruktur von Energieunternehmen formuliert auch die in Umsetzung der EKI-Richtlinie[228] implementierte Regelung des § 12g

---

[216] Vgl. insbes. § 2 Abs. 6 iVm Anhang 1 Teil 3 Spalten B und D BSI-KritisV.
[217] EGR/Rauch EnWG § 11 Rn. 88 ff.
[218] BNetzA, Allgemeinverfügung v. 18.12.2018 zur Erstellung eines IT-Sicherheitskatalogs nach § 11 Abs. 1b Energiewirtschaftsgesetz (EnWG), Az.: 8155_606/607.
[219] BNetzA, IT-Sicherheitskatalog gemäß § 11 Absatz 1b Energiewirtschaftsgesetz, 12/2018, 3.
[220] EGR/Rauch EnWG § 11 Rn. 92.
[221] Klarstellend BT-Drs. 18/11242, 55; zur undeutlichen Fassung von § 11 Abs. 1c S. 1 EnWG aF Guckelberger DVBl. 2015, 1213 (1220).
[222] Näher zur organisatorischen Pflicht der Einrichtung einer „Kontaktstelle" BeckOK EnWG/Knauff EnWG § 11 Rn. 89, 100l ff.
[223] Zur mit der Nachweispflicht aus § 11 Abs. 1f EnWG verknüpften Registrierungspflicht für alle Betreiber von Energieversorgungsnetzen und von als KRITIS eingestuften Energieanlagen in § 11 Abs. 1d EnWG vgl. BT-Drs. 20/1599, 51.
[224] BT-Drs. 19/26106, 1, 79 f., 98; EGR/Rauch EnWG § 11 Rn. 107; zur „Vulnerabilität der Gesellschaft aufgrund von Stromausfällen" Guckelberger DVBl. 2015, 1213 (1213 f.).
[225] BT-Drs. 20/1501, 39.
[226] Weiterführend zu den Folgen einer Schlecht- oder Nichterfüllung der öffentlich-rechtlichen Pflichten EGR/Rauch EnWG § 11 Rn. 61 ff., 81 ff., 93, 108, dort auch zur Frage eines lex specialis-Charakters von § 11 Abs. 1a S. 5 EnWG, zur begrenzten Reichweite von § 30 EnWG sowie zur Möglichkeit der Anordnung eines Zwangsgeldes nach § 94 EnWG.
[227] Näher BeckOK EnWG/Pastohr EnWG § 95 Rn. 17 ff., der auch auf die sich aus § 95 Abs. 5 EnWG ausnahmsweise ergebende Zuständigkeit des BSI für die Verfolgung und Ahndung iSd § 36 Abs. 1 Nr. 1 OWiG in den Fällen von § 95 Abs. 1 Nr. 2b EnWG hinweist.
[228] Richtlinie 2008/114/EG des Rates v. 8.12.2008 über die Ermittlung und Ausweisung europäischer kritischer Infrastrukturen und die Bewertung der Notwendigkeit, ihren Schutz zu verbessern, ABl. EU L 345, 75 (sog. EKI-Richtlinie); näher zum unionsrechtlichen Hintergrund BeckOK EnWG/Winkler/Kelly § 12g Rn. 4 f.; zur Aufhebung der Richtlinie 2008/114/EG mit Wirkung vom 18.10.2024 durch

EnWG aus dem Jahr 2011. Darin wird die Regulierungsbehörde ermächtigt, alle zwei Jahre durch Festlegung nach § 29 EnWG diejenigen Anlagen oder Teile von Anlagen des **Übertragungsnetzes** zu bestimmen, deren Störung oder Zerstörung erhebliche Auswirkungen in zumindest zwei EU-Mitgliedstaaten haben kann. Zum Schutz ihrer derart als „**europäisch kritische Anlage**" eingestuften Infrastruktur sind die Betreiber von Übertragungsnetzen gemäß § 12g Abs. 2 EnWG verpflichtet, **Sicherheitspläne** zu erstellen sowie **Sicherheitsbeauftragte** zu bestimmen und gegenüber der Regulierungsbehörde nachzuweisen. Einzelheiten regelt die auf § 12g Abs. 3 EnWG gestützte Verordnung zum Schutz von Übertragungsnetzen (**ÜNSchutzV**).[229] Danach sollen die Sicherheitsbeauftragten im Bedarfsfall als Kontaktpersonen zur BNetzA fungieren und über den vorbereitenden Bericht der ÜNB nach § 12 Abs. 1 S. 3 EnWG bzw. § 1 ÜNSchutzV sowie die Sicherheitspläne Auskunft erteilen können (§ 3 Abs. 2 ÜNSchutzV). Letztgenannte Sicherheitspläne sind im Anschluss an die behördliche Festlegung europäisch kritischer Anlagen von deren Betreibern aufzustellen und der BNetzA gemäß § 5 ÜNSchutzV zur Bestätigung vorzulegen. Als Mindestangaben sollen die Pläne neben einer Nennung der bestimmten europäisch kritischen Anlagen auch die Ergebnisse von **Risikoanalysen** einschließlich möglicher **Gegenmaßnahmen** und **Verfahren** beinhalten (§ 4 Abs. 1 Nr. 1–3 ÜNSchutzV). Kommen die ÜNB ihren Pflichten nicht nach, kann die Regulierungsbehörde Aufsichtsmaßnahmen nach § 65 EnWG ergreifen, gegen die **Rechtsschutz** nach allgemeinen Regeln (→ Rn. 12) statthaft ist. Zudem finden sich in § 95 Abs. 1 Nr. 3c und Nr. 3d EnWG zwei einschlägige **Ordnungswidrigkeitentatbestände,** wobei eine Geldbuße nach § 95 Abs. 2 EnWG bis 100.000 EUR betragen kann.[230]

3. Vermeidung schwerwiegender Versorgungsstörungen

Die in § 13 EnWG verankerte Systemverantwortung der ÜNB erstreckt sich auch auf eine **57** Vermeidung von schwerwiegenden Versorgungsstörungen. Zu diesem Zweck statuiert § 13 Abs. 9 S. 1 EnWG die Verpflichtung der Betreiber, alle zwei Jahre eine interne **Schwachstellenanalyse** zu erarbeiten und auf dieser Grundlage notwendige Maßnahmen zu treffen.[231] In der Analyse sollen Vorbereitungen für Maßnahmen nach § 13 Abs. 1 und 2 EnWG getroffen werden, um identifizierte Schwachstellen im Gefährdungs- oder Störungsfall bestmöglich ausgleichen zu können.[232] Das **Personal in den Steuerstellen** der ÜNB ist nach § 13 Abs. 9 S. 2 EnWG entsprechend zu unterweisen, um insbesondere den Koordinierungsanforderungen unter Zeitdruck in Notsituationen gewachsen zu sein.[233] Im Übrigen sind ÜNB gemäß § 13 Abs. 9 S. 3 EnWG verpflichtet, der Regulierungsbehörde im zweijährigen Turnus jeweils zum 31.8. über das Ergebnis der Schwachstellenanalyse und die notwendigen Maßnahmen zu berichten. Kommen die Netzbetreiber den Vorgaben

---

die weitergehende Vorgaben treffende Richtlinie (EU) 2022/2557 des Europäischen Parlaments und des Rates v. 14.12.2022 über die Resilienz kritischer Einrichtungen und zur Aufhebung der Richtlinie 2008/114/EG des Rates (ABl. EU L 333, 164) vgl. EGR/Fechner EnWG § 12g Rn. 60 ff. (noch zum Vorschlag der Kommission).

[229] Verordnung zum Schutz von Übertragungsnetzen v. 6.1.2012, BGBl. I 69; zuletzt geändert durch Verordnung v. 31.8.2015, BGBl. I 1474.

[230] Näher Kment/Posser EnWG § 12g Rn. 16.

[231] Eingehend hierzu insbes. Säcker/Ludwigs/König BerlKommEnR Bd. 1/1 EnWG § 13 Rn. 159 ff. Die in § 16 Abs. 5 EnWG enthaltene Parallelregelung für die FNB im Gassektor wurde mit Wirkung vom 27.7.2021 durch das Gesetz v. 16.7.2021 (BGBl. I 3026) aufgehoben. Grund hierfür ist, dass die Erstellung einer Risikobewertung durch Art. 7 der sog. SoS-Verordnung (EU) 2017/1938 v. 25.10.2017 (ABl. EU L 280, 1; zuletzt geändert durch Verordnung [EU] 2022/1032 v. 29.6.2022, ABl. EU L 173, 17) zusammengefasst und nunmehr unionsweit über ENTSOG (dem Verband Europäischer Fernleitungsnetzbetreiber) durchgeführt wird (BeckOK EnWG/Hartung EnWG § 16 Rn. 73). Im Hinblick auf Elektrizitätsverteilnetzbetreiber sieht § 14 Abs. 1 S. 2 EnWG vor, dass diese eine Schwachstellenanalyse nur auf Anforderung der Regulierungsbehörde vorzunehmen haben. Für die Gasverteilnetzbetreiber geht der Verweis in § 16a S. 2 EnWG auf § 16 Abs. 5 EnWG hingegen ins Leere.

[232] BT-Drs. 15/3917, 57.

[233] BT-Drs. 15/3917, 57.

nicht nach, kann die Regulierungsbehörde **Aufsichtsmaßnahmen** zur Einhaltung der Verpflichtungen nach § 65 Abs. 2 EnWG anordnen, gegen die **Rechtsschutz** nach allgemeinen Regeln (→ Rn. 12) statthaft ist.

4. Netzplanung

58 Als verwaltungsrechtliche Vorgaben betreffend das Energieunternehmen lassen sich bei einem weiten Verständnis auch solche Bestimmungen einordnen, die auf ein Zusammenwirken der Marktteilnehmer in Bereichen abzielen, die typischerweise der internen Unternehmensplanung und -organisation[234] zuzuordnen sind. Neben der Verpflichtung zur Einrichtung gemeinsamer **Internetplattformen** durch die Netzbetreiber[235] gilt dies vor allem auf dem Gebiet der **Netzplanung**. Für den **Elektrizitätssektor** folgen hier aus den §§ 12a Abs. 1 S. 1, 12b Abs. 1 S. 1 EnWG[236] die im zweijährigen Turnus bestehenden Verpflichtungen der ÜNB zur Aufstellung eines (von der Regulierungsbehörde zu genehmigenden) gemeinsamen **Szenariorahmens** sowie eines hierauf aufbauenden (von der Regulierungsbehörde zu bestätigenden) gemeinsamen **nationalen Netzentwicklungsplans**.[237] Während ersterer mindestens die „Bandbreite wahrscheinlicher Entwicklungen im Rahmen der klima- und energiepolitischen Ziele der Bundesregierung" abdecken soll, muss letzterer „alle wirksamen Maßnahmen zur bedarfsgerechten Optimierung, Verstärkung und zum Ausbau des Netzes enthalten, die spätestens zum Ende der jeweiligen [im Szenariorahmen festgelegten] Betrachtungszeiträume [...] für einen sicheren und zuverlässigen Netzbetrieb erforderlich sind". Der Netzentwicklungsplan berücksichtigt dabei gemäß § 12b Abs. 1 S. 6 EnWG den **gemeinschaftsweiten zehnjährigen Netzentwicklungsplan** von **ENTSO-E** (dem Verband Europäischer Übertragungsnetzbetreiber) nach Art. 30 Abs. 1 lit. b der Strombinnenmarkt-Verordnung (EU) 2019/943 (zuvor Art. 8 Abs. 3 lit. b der Verordnung [EG] Nr. 714/2009) und vorhandene Offshore-Netzpläne.[238]

59 Im **Gassektor** sind die Fernleitungsnetzbetreiber gemäß § 15a Abs. 1 EnWG in jedem geraden Kalenderjahr zur Erstellung eines (von der Regulierungsbehörde zu prüfenden) gemeinsamen **nationalen Netzentwicklungsplans** verpflichtet, der wiederum an die im Vorjahr durchzuführende Erstellung des (von der Regulierungsbehörde zu bestätigenden) **Szenariorahmens** anknüpft.[239] Der nationale Netzentwicklungsplan muss nach § 15a Abs. 1 S. 2 EnWG „alle wirksamen Maßnahmen zur bedarfsgerechten Optimierung, Verstärkung und zum bedarfsgerechten Ausbau des Netzes und zur Gewährleistung der Versorgungssicherheit enthalten, die in den nächsten zehn Jahren netztechnisch für einen sicheren und zuverlässigen Netzbetrieb erforderlich sind". Er berücksichtigt gemäß § 15a

---

[234] Vgl. zu den wechselseitigen Beziehungen zwischen Planung und Organisation aus betriebswirtschaftlicher Perspektive instruktiv Hammer, Unternehmensplanung, 9. Aufl. 2015, S. 42 ff., 52, der (auf den S. 65 ff.) auch den Charakter der Planung als „zentrales Element der Unternehmensführung" herausarbeitet.

[235] Im Hinblick auf die Betreiber von Übertragungsnetzen ist insoweit zum einen an die Ausschreibung von Ab- und Zuschaltleistung aus ab- und zuschaltbaren Lasten (§ 13 Abs. 6 S. 2 EnWG) sowie die Ausschreibung von Regelenergie (§ 22 Abs. 2 S. 2 EnWG) zu denken. Zum anderen soll die gemeinsame Internetplattform der Betreiber von Elektrizitätsverteilernetzen nach § 14e EnWG die Transparenz der Netzausbauplanung steigern sowie die „Auffindbarkeit, Vereinheitlichung und den Austausch von Daten zum Netzausbau fördern" (BT-Drs. 19/27453, 103).

[236] Beide Normen dienen auch einer Umsetzung der unionsrechtlichen Vorgaben aus Art. 51 Elektrizitätsbinnenmarkt-Richtlinie (EU) 2019/944 (Fn. 21).

[237] Vgl. daneben die mit der EnWG-Novelle 2021 (Nachweis in Fn. 120) in § 14d Abs. 1 S. 1 EnWG – zur Umsetzung von Art. 32 Abs. 3 Elektrizitätsbinnenmarkt-Richtlinie (EU) 2019/944 (Fn. 21) – implementierte Pflicht der Betreiber von Elektrizitätsverteilernetzen, der Regulierungsbehörde im Zwei-Jahres-Turnus (erstmals zum 30.4.2024) einen Plan für ihr jeweiliges Elektrizitätsverteilernetz vorzulegen. Diese Netzausbaupläne bauen gem. § 14d Abs. 1 S. 2, Abs. 3 EnWG auf Regionalszenarien auf, die von den Betreibern von Elektrizitätsverteilernetzen einer Planungsregion unter Einbeziehung der ÜNB erstellt werden.

[238] Nachweis der Verordnung (EU) 2019/943 in Fn. 21; zu ENTSO-E und der Aufstellung des zehnjährigen Netzentwicklungsplans als einer seiner Hauptaufgaben EnzEuRV/Ludwigs § 5 Rn. 150 ff.

[239] Den unionsrechtlichen Hintergrund von § 15a EnWG bildet Art. 22 der Gasbinnenmarkt-Richtlinie 2009/73/EG (Fn. 22).

Abs. 1 S. 5 EnWG den **gemeinschaftsweiten zehnjährigen Netzentwicklungsplan** von **ENTSOG** (dem Verband Europäischer Fernleitungsnetzbetreiber) nach Art. 8 Abs. 3 lit. b der Gasnetzzugangs-Verordnung (EG) Nr. 715/2009.[240]

Zur **Durchsetzung** der aus den beiden nationalen Netzentwicklungsplänen resultierenden Investitionsverpflichtungen ermächtigt der in Umsetzung unionsrechtlicher Vorgaben[241] geschaffene § 65 Abs. 2a EnWG die Regulierungsbehörde zu **dreierlei Maßnahmen.**[242] Diese reichen von einer bloßen Aufforderung zur Investition über die Vergabe der Investition an Dritte nach Ausschreibung bis hin zur – mit der EnWG-Novelle 2021 ergänzten[243] – Verpflichtung der Transportnetzbetreiber zu einer **Kapitalerhöhung.** Letztere hat den „staatlich erzwungenen Eintritt eines Dritten in den Eigentümerkreis des Netzbetreibers" zur Folge und bedeutet einen „massiven Eingriff zu Lasten der Anteilseigner der Gesellschaft".[244] Im Rahmen einer verhältnismäßigkeitswahrenden Auslegung kommt eine solche „Zwangskapitalerhöhung" daher nur als **ultima ratio** in Betracht.[245] Rechtsschutz gegen Anordnungsverfügungen nach § 65 Abs. 2a EnWG ist nach allgemeinen Regeln im Wege von Beschwerde (§ 75 EnWG) und gegebenenfalls Rechtsbeschwerde (§ 86 EnWG) zu erlangen (→ Rn. 12). Im Übrigen können entsprechende Verfügungen gemäß § 94 S. 1 EnWG nach den für die **Vollstreckung** von Verwaltungsmaßnahmen geltenden Vorschriften durchgesetzt werden (→ Rn. 51). Zudem findet sich in § 95 Abs. 1 Nr. 3b EnWG ein einschlägiger **Ordnungswidrigkeitentatbestand,** wobei die Geldbuße nach § 95 Abs. 2 EnWG bis zu einer Million Euro betragen kann.[246]

IV. Vertikales (internes) Diskriminierungsverbot

Verwaltungsrechtliche Anforderungen an die Führung von Energieunternehmen resultieren des Weiteren aus dem im EnWG an mehreren Stellen normierten **vertikalen (= internen) Diskriminierungsverbot.** Hierdurch wird eine Besserstellung verbundener oder assoziierter Unternehmen gegenüber Dritten untersagt. Explizit zum Tragen kommt der **Grundsatz „intern gleich extern"** sowohl bei den Bedingungen für den Netzanschluss (§ 17 Abs. 1 S. 1 EnWG) und beim Zugang zu den vorgelagerten Rohrleitungsnetzen (§ 27 Abs. 1 S. 1 EnWG), als auch im Hinblick auf die Bedingungen und Entgelte für den Netzzugang (§ 21 Abs. 1 S. 1 EnWG) sowie im Rahmen der Beschaffung und Erbringung von Ausgleichsleistungen (§§ 22 Abs. 1 S. 1, 23 S. 1 EnWG).[247] Daneben wird ein vertikales Diskriminierungsverbot in den Netzzugangsanspruch des § 20 Abs. 1 S. 1 EnWG hineingelesen.[248] Der Begriff des **verbundenen Unternehmens** ist verknüpft mit

---

[240] Nachweis der Verordnung (EG) Nr. 715/2009 in Fn. 22; zu ENTSOG und der Aufstellung des zehnjährigen gemeinschaftsweiten Netzentwicklungsplans als einer seiner Hauptaufgaben EnzEuR V/Ludwigs § 5 Rn. 150 ff.

[241] Siehe nunmehr Art. 51 Abs. 7 Elektrizitätsbinnenmarkt-Richtlinie (EU) 2019/944 (Fn. 21) sowie Art. 22 Abs. 7 Gasbinnenmarkt-Richtlinie 2009/73/EG (Fn. 22).

[242] Allgemein und ausführlich zu den Investitionspflichten der Netzbetreiber im Energierecht Strobel, Die Investitionsplanungs- und Investitionspflichten der Übertragungsnetzbetreiber, 2017; Riemer, Investitionspflichten der Betreiber von Elektrizitätsübertragungsnetzen, 2017; grundlegend Burgi in Schmidt-Preuß/Körber, Regulierung und Gemeinwohl, 2016, S. 143 (insbes. S. 166 ff.).

[243] Zum Hintergrund BT-Drs. 19/27453, 136.

[244] Dezidiert kritisch Schmidt-Preuß in Shirvani, Eigentum im Recht der Energiewirtschaft, 2018, S. 9 (18, mit den wörtlichen Zitaten), der überdies auf die Beseitigung des Bezugsrechts der Gesellschafter rekurriert.

[245] Weitergehend für die Annahme eines Verstoßes gegen das Eigentumsgrundrecht (im Hinblick auf die richtlinienrechtlichen Vorgaben) dagegen Schmidt-Preuß in Shirvani, Eigentum im Recht der Energiewirtschaft, 2018, S. 9 (18); siehe auch schon ders. et 9/2009, 82 (87); ferner Gärditz/Rubel N&R 2010, 194 (201); aA Schulze/Janssen/Kadelbach/Hermes, Europarecht, 4. Aufl. 2020, § 36 Rn. 41.

[246] Näher Kment/Posser EnWG § 12g Rn. 16.

[247] Vgl. auch noch die Verbote konzerninterner Privilegierungen in § 10b Abs. 5 S. 1 u. § 10c Abs. 3 S. 2 EnWG.

[248] Statt vieler EGR/Sauer EnWG § 20 Rn. 55, unter treffendem Rekurs auf das übergeordnete Ziel eines wirksamen Wettbewerbs auf den vor- und nachgelagerten Märkten; vgl. zudem die ausdrückliche Ver-

den aktienrechtlichen Bestimmungen in §§ 15 ff., 291 AktG sowie § 271 Abs. 2 HGB, während jener des **assoziierten Unternehmens** an § 311 Abs. 1 S. 1 HGB angelehnt ist.[249] Die explizite Normierung des vertikalen Diskriminierungsverbots in den einschlägigen Bestimmungen erklärt sich im Hinblick darauf, dass das **kartellrechtliche Diskriminierungsverbot** in § 19 Abs. 2 Nr. 1 GWB nach überkommenem Verständnis gerade nicht gegenüber konzernangehörigen Unternehmen zum Tragen kommt.[250] Der Verzicht auf ein solches **Konzernprivileg** im Energierecht korrespondiert mit anderen regulierten Bereichen wie zB dem **Telekommunikationssektor** (vgl. insbesondere § 37 Abs. 2 Nr. 2 und § 50 Abs. 2 Nr. 1 TKG[251]).[252] Die Durchsetzung des vertikalen Diskriminierungsverbots erfolgt nach Maßgabe der jeweils einschlägigen Norm entweder im Wege der Zivilklage vor den **ordentlichen Gerichten** oder durch Aufsichtsmaßnahmen der **Regulierungsbehörde** (insbesondere nach §§ 30 Abs. 2, 31 EnWG; vgl. allgemein zum **Rechtsschutz** → Rn. 12).

V. Vorgaben außerhalb des Netzbereichs

62 Im Fokus der Analyse standen bislang verwaltungsrechtliche Vorgaben, die einen spezifischen Bezug zum Betrieb des Energieversorgungsnetzes aufweisen.[253] Daneben existiert aber auch eine Reihe einschlägiger Regelungen, die über den Netzbereich hinausweisen und **weitere Tätigkeitsfelder** von Energieunternehmen adressieren. Die Bandbreite reicht von Vorschriften zum Verbraucherbeschwerdemanagement (1.) über die verpflichtende Durchführung von Energieaudits (2.) und Compliance-Vorgaben mit Auswirkungen auf die Organisation und Führung von Unternehmen (3.) bis hin zur gesellschaftsrechtlichen Beteiligung von Bürger/innen und Gemeinden an Windenergieanlagen (4.) sowie der Treuhandverwaltung bzw. Enteignung von Energieunternehmen (5.).

1. Internes Verbraucherbeschwerdemanagement und Schlichtungsstelle

63 Das Zielquintett des § 1 Abs. 1 EnWG umfasst seit dem EnWG 2005 auch eine möglichst verbraucherfreundliche Energieversorgung.[254] Als bedeutsame Konkretisierung stellt sich der in den §§ 111a bis 111c EnWG geregelte Umgang von Energieunternehmen mit **Verbraucherbeschwerden** dar. Auf einer ersten Stufe statuiert § 111a EnWG die Verpflichtung der Energieversorgungsunternehmen (§ 3 Nr. 18 EnWG), Messstellenbetreiber (§ 3 Nr. 26b EnWG) und Messdienstleister (vgl. § 9 Abs. 2 MessZV aF[255]) zur Beantwortung entsprechender Beschwerden.[256] Hieraus resultieren zugleich Anforderungen an das **unternehmensinterne Beschwerdemanagement.** Als zweite Stufe der außergericht-

---

neinung eines „Konzernprivileg[s]" im Rahmen der Vergabe von Wegenutzungsrechten iSv § 46 EnWG durch BGH EnWZ 2014, 268 Rn. 31.
[249] Für Einzelheiten vgl. Säcker/Ludwigs/Säcker/Boesche BerlKommEnR Bd. 1/1 EnWG § 17 Rn. 30 f.
[250] Immenga/Mestmäcker/Markert/Fuchs Wettbewerbsrecht Bd. 2 6. Aufl. 2020 GWB § 19 Rn. 103 mwN aus der BGH-Judikatur; kritisch Ostendorf/Grün, WuW 2008, 951 (957 ff.); zur teilweise abweichenden Praxis von EuGH und Kommission im EU-Kartellrecht LMRKM-L/Huttenlauch Kartellrecht 4. Aufl. 2020 AEUV Art. 102 Rn. 24 ff.
[251] Telekommunikationsgesetz v. 23.6.2021, BGBl. I 1858; zuletzt geändert durch Gesetz v. 20.7.2022, BGBl. I 1166.
[252] Darauf hinweisend auch Kment/Gerstner EnWG § 17 Rn. 41.
[253] Vgl. aber zB auch die bereits erörterten Vorgaben für die Betreiber von Energieanlagen in § 11 Abs. 1b EnWG.
[254] Näher (auch zum unionsrechtlichen Hintergrund) EGR/Ludwigs EnWG § 1 Rn. 10, 36 f.; zur Vielfalt normativer Konkretisierungen Alexander EnWZ 2015, 490 (491 ff.); Gundel GewArch 2012, 137 (138 ff.); Hoffmann, Der Schutz verletzlicher VerbraucherInnen in der Energiearmut, 2020, S. 88 ff.; Lange RdE 2012, 41 (42 ff.).
[255] Messzugangsverordnung (MessZV) v. 17.10.2008, BGBl. I 2006; aufgehoben durch Gesetz v. 29.8.2016, BGBl. I 2034.
[256] Zum internen Beschwerdemanagement bei Verbraucherbeschwerden gem. § 111a EnWG vgl. Wagner/Probst IR 2011, 174 (noch zum Gesetzentwurf der Bundesregierung).

lichen Streitbeilegung sieht § 111b EnWG die Anrufung einer anerkannten oder beauftragten **Schlichtungsstelle** vor.[257] Dabei eröffnet das Gesetz zwei Möglichkeiten: Als Alternative gegenüber einer Zuweisung der Aufgabe an eine Bundesoberbehörde oder Bundesanstalt sieht § 111b Abs. 3 bis 5 EnWG die Schaffung einer „privatrechtlich organisierte[n] Einrichtung" vor, die bei Erfüllung der gesetzlichen Voraussetzungen vom BMWK als zentrale Schlichtungsstelle anerkannt werden kann. In Wahrnehmung dieser Option wurde zum 1.9.2011 die Schlichtungsstelle e.V. gegründet.[258] Mitglieder des Trägervereins können neben Verbänden der Unternehmens- und der Verbraucherseite auch Energieversorgungsunternehmen sowie Messstellenbetreiber und Messdienstleister werden.[259] Dergestalt handelt es sich um einen **normativ induzierten Organisationsakt** (auch) der zusammenwirkenden Energieunternehmen.

2. Durchführung von Energieaudits

Zu den spezifisch energierechtlichen, auf die Organisation und Führung von Unternehmen bezogenen verwaltungsrechtlichen Vorgaben zählt des Weiteren die Durchführung sog. **Energieaudits.** Mit diesem Instrument soll ermittelt werden, in welchen Bereichen eines Unternehmens wieviel Energie verbraucht wird und an welchen Stellen Einsparpotenziale bestehen.[260] Hiervon angesprochen werden auch Energieerzeugungsanlagen und Energieversorgungsunternehmen.[261] Auf unionsrechtlicher Ebene sieht die **EED 2012/27/EU**[262] in Art. 8 Abs. 4 vor, dass Unternehmen die keine KMU[263] sind, zumindest alle vier Jahre Energieaudits durchzuführen haben, wobei der erste Durchlauf bis zum 5.12.2015 vorgesehen war.[264] Die Audits müssen kostenwirksam entweder in unabhängiger Weise von qualifizierten und/oder akkreditierten Experten nach Qualifikationskriterien vorgenommen oder durchgeführt und nach nationalem Recht von unabhängigen Behörden überwacht werden. Zur Gewährleistung einer hohen Qualität haben die Mitgliedstaaten Mindestanforderungen auf der Grundlage des Anhangs VI der EED 2012/27/EU festzulegen.[265]

64

Auf nationaler Ebene erfolgt die Umsetzung der Pflicht zur Durchführung von Energieaudits in Nicht-KMU (weitgehend Eins-zu-Eins) in den §§ 8 ff. **EDL-G.**[266] Das Energieaudit selbst muss den inhaltlichen Anforderungen aus § 8a EDL-G entsprechen (wozu ua die Einhaltung der DIN EN 16247-1 zählt[267]), in unabhängiger Weise von externen oder

65

---

[257] Ausführlich Alexander/Grubert VuR 2020, 336.
[258] Hierzu Rüdiger IR 2012, 146; Wolst EnWZ 2013, 455.
[259] Vgl. § 3 Abs. 2 der Satzung Schlichtungsstelle Energie eV v. 1.1.2017; abrufbar unter: https://www.schlichtungsstelle-energie.de/files/sse/content/pdf/Satzung.pdf.
[260] Zur doppelten Funktion der Bereitstellung von Informationen und Formulierung von Vorschlägen für Energieeffizienzverbesserungen vgl. Säcker/Ludwigs/Nebel BerlKommEnR Bd. 3 EDL-G § 8 Rn. 11; Schade CuR 2021, 2 (7). Vgl. auch die Legaldefinitionen des Begriffs „Energieaudit" in Art. 2 Nr. 25 EED 2012/27/EU und § 2 Nr. 4 EDL-G.
[261] Siehe die spezifischen Informationen des BAFA für Energieversorger/Contractoren abrufbar unter: https://www.bafa.de/DE/Energie/Energieberatung/Energieaudit/energieaudit_node.html.
[262] Nachweis in Fn. 27.
[263] Vgl. hierzu den Verweis auf die Empfehlung 2003/361 der Kommission (ABl. EU L 124, 36) in Art. 2 Nr. 26 EED 2012/27/EU. Daneben werden die Mitgliedstaaten in Art. 8 Abs. 2 und 3 EED 2012/27/EU verpflichtet, Programme zu entwickeln, um auch KMU zu ermutigen, sich freiwillig Energieaudits zu unterziehen und Haushalte für den Nutzen derartiger Audits zu sensibilisieren.
[264] Näher zu den Richtlinienvorgaben Hoffmann CuR 2015, 4; kompakt Lendermann EnWZ 2015, 291 (292); BSS-P/Ludwigs, Regulierung in der Energiewirtschaft, Kap. 15 Rn. 23 (dort auch zur Vorläuferregelung in der Energiedienstleistungsrichtlinie 2006/32/EG).
[265] Art. 8 Abs. 1 UAbs. 3, Abs. 5 UAbs. 1, Abs. 6 EED 2012/27/EU.
[266] Vgl. den Nachweis zum EDL-G in Fn. 26; ausführlich Hoffmann CuR 2015, 4; Lendermann EnWZ 2015, 291 (293 ff.); Schade CuR 2015, 104; ders. CuR 2021, 2 sowie Ludwigs/Nebel BerlKommEnR Bd. 3 Teil 2. E.
[267] Hierzu BAFA, Leitfaden zur Erstellung von Energieauditberichten nach den Vorgaben der DIN EN 16247-1 und den Festlegungen des Bundesamtes für Wirtschaft und Ausfuhrkontrolle (BAFA), Stand: 30.11.2020.

unternehmensinternen Personen durchgeführt werden, die gemäß § 8b EDL-G über eine erforderliche Fachkunde verfügen, sowie den Anforderungen an eine aktive Nachweisführung in § 8c EDL-G genügen.[268] Eine **Sanktionierung** von Verstößen gegen die Vorgaben der §§ 8 bis 8c EDL-G bestimmt sich nach Maßgabe der Bußgeldvorschriften in § 12 EDL-G. **Zuständige Behörde** ist gemäß § 12 Abs. 3 EDLG iVm § 36 Abs. 1 Nr. 1 OWiG das **BAFA**. Diesem werden im Übrigen auch beim **Vollzug** der Vorgaben zum Energieaudit im EDL-G weitreichende Aufgaben und Befugnissen eingeräumt.[269] **Rechtsschutz** gegen entsprechende Entscheidungen des BAFA ist nach allgemeinen Regeln vor den Verwaltungsgerichten (gegebenenfalls nach vorheriger Durchführung eines Widerspruchsverfahrens) zu erlangen.[270]

66 Von der Energieauditpflicht **freigestellt** sind gemäß § 8 Abs. 3 EDL-G solche Unternehmen, die zum maßgeblichen Zeitpunkt ein nach DIN EN ISO 50001[271] zertifiziertes **Energiemanagementsystem** oder ein **Umweltmanagementsystem** im Sinne der EMAS III-Verordnung (→ § 8 Rn. 55 ff.)[272] eingerichtet oder mit der Einrichtung begonnen haben. Der nationale Gesetzgeber hat damit in zulässiger Weise von der Freistellungsregelung in Art. 8 Abs. 6 EED 2012/27/EU Gebrauch gemacht und zugleich einen Anreiz für die Etablierung entsprechender Managementsysteme gesetzt.[273] Mit deren Einrichtung gehen die Unternehmen deutlich über die Vorgaben zum Energieaudit im EDL-G hinaus und unterstellen sich einem auf Dauer angelegten Prozess, in dem nicht nur Einsparpotenziale aufgezeigt werden, sondern tatsächlich Maßnahmen zu ergreifen sind.[274] Daneben wurde im Jahr 2019 eine **Bagatellschwelle** zur Entlastung von Nicht-KMU eingeführt, für die sich eine Durchführung von Energieaudits als nicht kostenwirksam darstellt.[275] Der einschlägige § 8 Abs. 4 EDL-G umfasst Unternehmen, deren Gesamtenergieverbrauch über alle Energieträger im Jahr 500000 kWh oder weniger beträgt. Solche Nicht-KMU sind nur zur Übermittlung einer **Online-Erklärung mit Basisdaten** gemäß § 8c Abs. 1 S. 3 und 4 EDL-G verpflichtet.

67 Als Teil des „**Fit für 55**"-Pakets zur Umsetzung des Europäischen Grünen Deal hat die Europäische Kommission am 14.7.2021 nunmehr eine **Neufassung der Energieeffizienz-Richtlinie (EED)** vorgeschlagen.[276] Darin enthalten ist auch ein neuer Art. 11 mit weitergehenden Vorgaben für Energiemanagementsysteme und Energieaudits. Danach soll ua das Kriterium für Energieaudits und Energiemanagementsysteme von der Art der Unternehmen (Nicht-KMU) auf die Höhe des Energieverbrauchs verlagert werden. Darüber hinaus ist für die größten energieverbrauchenden Unternehmen nunmehr die verpflichtende Einrichtung eines **Energiemanagementsystems** vorgesehen. Nachdem der Rat am 27.6.2022 seine allgemeine Ausrichtung zum Kommissionsvorschlag angenommen hat,[277] folgen im nächsten Schritt die Trilog-Verhandlungen. Auf nationaler Ebene wurde im Oktober 2022 zudem der Referentenentwurf des BMWK für ein **Energieeffizienzge-**

---

[268] Kompakt Schade CuR 2021, 2 (3 ff.), der auch den tatsächlichen Ablauf eines Audits nachzeichnet.
[269] Vgl. nur exemplarisch die Regelung zur Nachweisführung der Unternehmen gegenüber dem BAFA in § 8c EDL-G.
[270] Siehe bereits den Nachweis in Fn. 39.
[271] Zu den Unterschieden zwischen einem Energieaudit nach DIN EN 16247-1 (§ 8a Abs. 1 Nr. 1 EnWG) und dem Energiemanagementsystem gemäß DIN EN ISO 50001 Schade CuR 2021, 2 (8 f.).
[272] Verordnung (EG) Nr. 1221/2009 v. 25.11.2009 über die freiwillige Teilnahme von Organisationen an einem Gemeinschaftssystem für Umweltmanagement und Umweltbetriebsprüfung und zur Aufhebung der Verordnung (EG) Nr. 761/2001 sowie der Beschlüsse der Kommission 2001/681/EG und 2006/193/EG, ABl. EU L 342, S. 1, zuletzt geändert durch die Verordnung (EU) 2018/2026 der Kommission v. 19.12.2018, ABl. EU L 158, 1.
[273] Lendermann EnWZ 2015, 291 (294).
[274] BT-Drs. 19/9769, 20; Hoffmann CuR 2015, 4 (5); Ludwigs/Nebel BerlKommEnR Bd. 3 EDL-G § 8 Rn. 19.
[275] BT-Drs. 19/9769, 18; Säcker/Ludwigs/Nebel BerlKommEnR Bd. 3 EDL-G § 8 Rn. 27; Schade CuR 2021, 2 (7).
[276] COM(2021) 558 final.
[277] Rat der EU, Dok.-Nr. 10697/22.

setz (EnEfG) publik.[278] Die darin vorgesehenen §§ 12 ff. EnEfG-E zielen bereits auf eine Umsetzung von Art. 11 der neuen EED.

3. Schwerpunkte energierechtlicher Compliance

Energieunternehmen sind in vielfältiger Weise mit Fragen einer **energierechtlichen Compliance** konfrontiert.[279] Dabei stehen auch verwaltungsrechtliche Vorgaben betreffend die Organisation und Führung von Unternehmen im Fokus. Neben den bereits analysierten Entflechtungsregeln des EnWG (→ Rn. 15 ff.) sind insoweit zunächst die Bestimmungen des **Strom- und Energiesteuerrechts** hervorzuheben. Diese statuieren ua Dokumentations- und Informationspflichten für Stromversorger und Energielieferanten. Hiervon umfasst ist die Führung eines **Belegheftes,** in dem die strom- bzw. energiesteuerrechtlich relevanten Unterlagen gesammelt werden und zu dem das Hauptzollamt Anordnungen treffen kann (§§ 4 Abs. 1 StromStV[280] und 79 Abs. 1 EnergieStV[281]).[282] 68

Daneben existieren auch für den sich auf der Schnittstelle von Energierecht und Kapitalmarktrecht bewegenden **Energiehandel** spezifische Vorschriften für Energieunternehmen. Im Zentrum steht insoweit die **REMIT**-Verordnung (EU) Nr. 1227/2011.[283] Darin werden sowohl **Insiderhandel** als auch **Marktmanipulationen** verboten und eine Verpflichtung zur Veröffentlichung von Insider-Informationen begründet (Art. 3 bis 5 REMIT). Der Anwendungsbereich erfasst in sachlicher Hinsicht grundsätzlich alle **Energiegroßhandelsprodukte** (Art. 1 Abs. 2 iVm Art. 2 Nr. 4 REMIT) und in persönlicher Hinsicht sämtliche relevanten Marktteilnehmer (Art. 2 Nr. 7 REMIT).[284] Zwar treffen die Regelungen keine expliziten Vorgaben betreffend die Organisation und Führung von Energieunternehmen. Angesichts des dichten Regelungsgeflechts im Energiehandel[285] und der weitreichenden Sanktionen im Falle von Verstößen gegen die REMIT-Verordnung (hierzu sogleich) dürften entsprechende Geschäftsmodelle von den Energieunternehmen aber „ein **Mindestmaß an Compliance-Maßnahmen und -Prozessen**" erfordern.[286] Insoweit lässt sich auch von einer **Induzierung selbstregulativer Beiträge** der Energieunternehmen sprechen.[287] Zuständig für die Durchführung der REMIT-Verordnung ist die europäische Energieagentur **ACER**[288] im Zusammenspiel mit den **nationalen Regulierungs-** 69

---

[278] Abrufbar unter https://netzpolitik.org/2022/energieeffizienzgesetz-wie-rechenzentren-klimaneutral-werden-sollen/.
[279] Instruktiver Überblick bei Gimnich/Zenke/Dessau in Stober/Ohrtmann, Compliance, § 24 Rn. 2063 ff.; eingehend Zenke/Schäfer/Brocke, Compliance in Energieversorgungsunternehmen, 2011; zum Verständnis von „Compliance" als „unternehmensinternes präventives Kontroll-System zur Beachtung von Gesetzen und privaten Regeln" vgl. Kahl/Ludwigs VerwaltungsR-HdB/Schmidt-Preuß § 26 Rn. 64.
[280] Stromsteuer-Durchführungsverordnung (StromStV) v. 31.5.2000, BGBl. I 794; zuletzt geändert durch Verordnung v. 11.8.2021, BGBl. I 3602.
[281] Energiesteuer-Durchführungsverordnung (EnergieStV) v. 31.7.2006, BGBl. I 1753; zuletzt geändert durch Gesetz v. 24.5.2022, BGBl. I 810.
[282] Hierzu Gimnich/Zenke/Dessau in Stober/Ohrtmann, Compliance, § 24 Rn. 2067.
[283] Nachweis in Fn. 32; für einen Überblick zur Energiehandelsregulierung, unter Einbeziehung auch der (nicht energiespezifischen) Regelungen der Marktmissbrauchsverordnung (EU) Nr. 596/2014 und der European Market Infrastructure Regulation (EU) Nr. 648/2012, vgl. Köhler in Schwintowski/Scholz/Schuler, Handbuch Energiehandel, 5. Aufl. 2020, S. 601 ff.; ferner Funke/Neubauer CCZ 2012, 6; Günther/Süßmann ER 2016, 118; speziell zur REMIT insbes. Bachert RdE 2014, 361; Funke CCZ 2014, 43; von Hoff EnWZ 2015, 18; Konar ZNER 2015, 7; Lüdemann/Konar ZNER 2015, 81.
[284] Näher Zenke/Fischer EnWZ 2013, 211 (212), dort auch zur Erfassung des börslichen und außerbörslichen Marktes.
[285] Umfassend Schwintowski/Scholz/Schuler, Handbuch Energiehandel, 5. Aufl. 2020; Zenke/Schäfer, Energiehandel in Europa, 4. Aufl. 2017; Schneider/Theobald/Zenke/Dessau, Recht der Energiewirtschaft, § 14.
[286] Überzeugend Gimnich/Zenke/Dessau in Stober/Ohrtmann, Compliance, § 24 Rn. 2070 f. (Fettung durch Verf.).
[287] Grundlegend zur Figur der Induzierung Schmidt-Preuß VVDStRL 56 (1997), 160 (165); Kahl/Ludwigs VerwaltungsR-HdB/Schmidt-Preuß § 26 Rn. 10.
[288] ACER = Agency for the Cooperation of Energy Regulators.

behörden (Art. 7 REMIT).[289] In Deutschland arbeitet die BNetzA mit der Bundesanstalt für Finanzdienstleistungsaufsicht (BAFin), dem Bundeskartellamt (BKartA) sowie den Börsenaufsichtsbehörden und Handelsüberwachungsstellen zusammen (§§ 56 Abs. 1 Nr. 4, 58a, 59 Abs. 1 Nr. 13 EnWG). Bei **Verstößen** gegen die REMIT-Verordnung ist die Regulierungsbehörde gemäß § 65 Abs. 6 EnWG (vgl. zudem § 56 Abs. 1 S. 2 EnWG) zu Aufsichtsmaßnahmen berechtigt, gegen die **Rechtsschutz** im Wege der Beschwerde nach § 75 EnWG vor dem OLG Düsseldorf statthaft ist. Darüber hinaus besteht die Möglichkeit einer Ahndung als Ordnungswidrigkeiten oder Straftaten (§§ 95 Abs. 1b bis 1d, 95a und 95b EnWG).

70 Der energierechtlichen Compliance lassen sich auch die **Emissionshandelssysteme** auf nationaler und europäischer Ebene zuordnen. Sowohl das zur Umsetzung der Emissionshandels-Richtlinie 2003/87/EG[290] erlassene **TEHG**[291] als auch das autonom nationale **BEHG**[292] umfassen eine Vielzahl verwaltungsrechtlicher Pflichten und daran anknüpfende Sanktionsrisiken.[293] Hieraus resultiert der Bedarf nach einer Geschäfts- und Betriebsorganisation, die durch personelle und organisatorische Vorkehrungen sowie präventive Instrumente entsprechende Pflichtverstöße wirksam verhindert.[294] Insoweit fehlt es zwar an imperativen Vorgaben. Die Marktteilnehmer werden aber wiederum im Wege der Induzierung selbstregulativer Beiträge (→ Rn. 69) in Richtung eines **Compliance Management Systems** gesteuert.

4. Pflicht zur Bürger- und Gemeindebeteiligung

71 Das Gelingen der Energiewende hängt nicht zuletzt von der **Akzeptanz** des Ausbaus der erneuerbaren Energien vor Ort ab.[295] Der Bundesgesetzgeber hat hierauf ua in § 6 EEG 2021 mit einer Regelung zur **Partizipation der Kommunen** am Ausbau von Windenergieanlagen an Land und von Freiflächenanlagen reagiert.[296] Die dort vorgesehene Beteiligung ist freilich rein finanzieller Natur, freiwillig und nicht mit Eingriffen in die Unternehmensverfassung verbunden. Einen bedeutenden Schritt weiter geht das **Bürger- und Gemeindenbeteiligungsgesetz (BüGembeteilG MV)** des Landes Mecklenburg-Vorpommern (zu ihm auch → § 8 Rn. 79).[297] Darin werden die Betreiber von Wind-

---

[289] Näher zur Aufsichtsarchitektur Lüdemann/Kröger, HumFoR 2013, 49 (54); Schäfer/Fischer/Dessau in Zenke/Schäfer/Brocke, Corporate Governance, 2. Aufl. 2020, Kap. 18 Rn. 9; zum Aufgabenspektrum von ACER, das neben der Abgabe von Empfehlungen und der Vorlage eines Jahresberichts gegenüber der EU-Kommission (Art. 7 Abs. 3 REMIT) auch die Erhebung von Daten (Art. 8 Abs. 1 REMIT) umfasst vgl. Zenke/Fischer EnWZ 2013, 211 (213).
[290] Richtlinie 2003/87/EG des Europäischen Parlaments und des Rates v. 13.10.2003 über ein System für den Handel mit Treibhausgasemissionszertifikaten in der Gemeinschaft und zur Änderung der Richtlinie 96/61/EG des Rates, ABl. EU L 275, 32; zuletzt geändert durch Verordnung (EU) 2023/435 des Europäischen Parlaments und des Rates v. 27.2.2023, ABl. EU L 63, 1.
[291] Treibhausgas-Emissionshandelsgesetz v. 21.7.2011, BGBl. I 1475; zuletzt geändert durch Gesetz v. 10.8.2021, BGBl. I 3436.
[292] Brennstoffemissionshandelsgesetz v. 12.12.2019, BGBl. I 2728; zuletzt geändert durch Gesetz v. 9.11.2022, BGBl. I 2006.
[293] Vgl. etwa die §§ 29, 30 TEHG und die §§ 20 und 21 BEHG zur Durchsetzung der Berichts- und Abgabepflichten durch das Umweltbundesamt als zuständiger Behörde oder die Bußgeldvorschriften in den § 32 TEHG und § 22 BEHG.
[294] Zum EU-Emissionshandel grundlegend Altenschmidt/Langner CCZ 2009, 138 (142 ff.); knapp Gimnich/Zenke/Dessau in Stober/Ohrtmann, Compliance, § 24 Rn. 2076.
[295] Zur Akzeptanzfrage im Kontext der Windenergieplanung eingehend Kindler, Zur Steuerungskraft der Raumordnungsplanung. Am Beispiel akzeptanzrelevanter Konflikte der Windenergieplanung, 2018, S. 33 ff.
[296] Instruktiv Baur/Lehnert/Vollprecht, KommJur 2021, 361, 401; Salecki/Hirschl ZNER 2021, 329; Sondershaus ZNER 2021, 350; siehe auch Weidinger ZNER 2021, 335.
[297] Bürger- und Gemeindenbeteiligungsgesetz (BüGembeteilG MV) v. 18.5.2016, GVOBl. MV 2016, 258; geändert durch Gesetz v. 26.6.2021, GVOBl. MV S. 1032; auf die Zahlung einer Sonderabgabe an anspruchsberechtigte Gemeinden beschränkt bleibt dagegen das Windenergieabgabengesetz (BbgWindAbgG) v. 19.6.2019 im Land Brandenburg (GVBl. I/19 Nr. 30).

energieanlagen verpflichtet, Windparks nur durch eine eigens hierfür zu gründende **Projektgesellschaft** zu betreiben und den Anwohner/innen sowie standortnahen Gemeinden Gesellschaftsanteile in Höhe von mindestens 20 Prozent zum Kauf zu offerieren (§§ 3 ff. BüGembeteilG MV). Zwar eröffnet das BüGembeteilG den Vorhabenträgern die Möglichkeit, den kaufberechtigten Gemeinden die jährliche Zahlung einer „Ausgleichsabgabe" und den Anwohner/innen den Erwerb eines Sparprodukts als „wirtschaftliche Surrogate" anzubieten (§ 10 Abs. 5 BüGembeteilG MV). Zur Zahlung der Abgabe kommt es aber nur dann, wenn die Gemeinden auf eine gesellschaftsrechtliche Beteiligung an der Projektgesellschaft verzichten (§ 10 Abs. 7 S. 2 BüGembeteilG).

Die **Verfassungskonformität** des BüGembeteilG MV wurde im Schrifttum kontrovers diskutiert.[298] Mit Beschluss vom 23.3.2022 hat das BVerfG die Regelungen im Grundsatz (ausgenommen eine begleitende Informationspflicht) für zulässig erachtet und – mangels Sperrwirkung bundesgesetzlicher Regelungen – sowohl die formelle Verfassungsmäßigkeit als auch die Vereinbarkeit mit Berufsfreiheit (Art. 12 Abs. 1 GG) und Gleichheitssatz (Art. 3 Abs. 1 GG) bejaht.[299] Im Rahmen der zentralen Verhältnismäßigkeitsprüfung betont der Erste Senat zwar sowohl den beträchtlichen Eingriff in die unternehmerische Gestaltungsfreiheit als auch die Minderung des Ertrags der beruflichen Tätigkeit des Vorhabenträgers.[300] Dem stünden aber mit dem Klimaschutz und dem Schutz der Grundrechte vor den Folgen des Klimawandels auch Gemeinwohlziele von beträchtlichem Gewicht gegenüber.[301] Die Entscheidung liegt auf einer Linie mit dem fundamentalen **Klimabeschluss** des BVerfG vom 24.3.2021[302] und verdeutlicht einerseits, dass zwecks Akzeptanzsteigerung tiefgehende Eingriffe in die Unternehmensorganisation von Anlagenbetreibern möglich sind.[303] Andererseits werden grundrechtliche Grenzen deutlich, wenn ein schonender Ausgleich mit den gegenläufigen Interessen der Vorhabenträger gerade damit begründet wird, dass die Pflicht zur Abgabe von Gesellschaftsanteilen **keine Sperrminorität** vermittelt, die das geschäftliche Vorgehen der Gesellschaft blockieren könnte.[304] Dergestalt dürfte zugleich eine äußerste Grenze für künftige verwaltungsrechtliche Vorgaben zu akzeptanzsteigernden Beteiligungen von Kommunen und Bürgern an Energieunternehmen abgesteckt sein.[305] Im Rahmen der jüngsten EEG-Novellen hat es der Bundesgesetzgeber im Übrigen bei einer vorsichtigen Weiterentwicklung des § 6 EEG 2023[306] belassen und auf Regelungen zur gesellschaftsrechtlichen Beteiligung verzichtet.[307]

---

[298] Bejahend Pegel EnWZ 2016, 433 (434); Wegner, Würzburger Studien zum Umweltenergierecht Nr. 8, März 2018, S. 20 ff., 35; siehe auch Wissenschaftliche Dienste des Deutschen Bundestages, Ausarbeitung WD 3 – 3000 – 149/16 v. 7.6.2016; Bovet/Lienhoop ZNER 2015, 227 (231); dezidiert verneinend Lege NVwZ 2019, 1000 (1005); Milstein ZUR 2016, 269 (277 f.); ferner Böhlmann-Balan/Herms Leroux ER 2016, 241 (247); unentschieden Wegner/Sailer ZNER 2018, 497 (503 f.); differenzierend Ott/Schäfer-Stradowsky EnWZ 2016, 68 (76 ff.); eingehend zuletzt Lorenz, Akzeptanzmodelle, 2022, S. 305 ff.
[299] BVerfG NVwZ 2022, 861; hierzu Köck/Wiegand ZUR 2022, 426; Lehnert ZNER 2022, 241; Muckel JA 2022, 875; Rheinschmitt ZUR 2022, 532; Weidinger KlimR 2022, 212.
[300] BVerfG NVwZ 2022, 861 Rn. 135 ff.
[301] BVerfG NVwZ 2022, 861 Rn. 140 ff.
[302] BVerfGE 157, 30 insbes. Rn. 197 ff.; Muckel JA 2022, 875 (878).
[303] Zur hierin liegenden Anerkennung der Akzeptanz bzw. Akzeptanzverbesserung als grundrechtsrelevantem Eingriffszweck vgl. Rheinschmitt ZUR 2022, 532 (536 f.).
[304] BVerfG NVwZ 2022, 861 Rn. 155.
[305] Für eine bundesweite Regelung plädieren Köck/Wiegand ZUR 2022, 426 (428); mit Verweis auf SRU, Klimaschutz braucht Rückenwind: Für einen konsequenten Ausbau der Windenergie an Land, Stellungnahme, 2022, S. 59 ff. (Tz. 203 ff.) und S. 74 f. (Tz. 281 ff.); differenzierte rechtliche Würdigung bei Rheinschmitt ZUR 2022, 532 (539).
[306] Art. 2 Nr. 8 des Gesetzes zu Sofortmaßnahmen für einen beschleunigten Ausbau der erneuerbaren Energien und weiteren Maßnahmen im Stromsektor v. 20.7.2022, BGBl. I 1237.
[307] BGBl. 2022 I 1237; BT-Drs. 20/1630, 3, 141, 174 f.; BT-Drs. 20/2656, 31; vgl. auch Lehnert ZNER 2022, 241 (242), mit zutreffendem Hinweis auf die verfassungsrechtliche Zulässigkeit einer Verbindlichmachung (de lege ferenda) der finanziellen Beteiligung der Kommunen nach § 6 EEG.

5. Treuhandverwaltung, Kapitalmaßnahmen und Enteignung

73 Als besonders tiefgreifende Eingriffe in die Organisation und Führung von Unternehmen stellen sich schließlich die Treuhandverwaltung und Enteignung dar. Im Energiesektor hat das Instrument der **Treuhandverwaltung** im Rahmen des **Russland-Ukraine-Kriegs** praktische Bedeutung erlangt (→ § 17 Rn. 48 ff.). Um eine Liquidation der Gazprom Germania GmbH und ihrer deutschen Tochterunternehmen zu verhindern, ordnete der Bundeswirtschaftsminister am 4.4.2022 zunächst auf Grundlage von § 6 AWG die Einsetzung der BNetzA als Treuhänderin an.[308] Mit der **EnSiG-Novelle** vom 20.5.2022[309] wurde dann in § 17 EnSiG eine zweifelsfreie Rechtsgrundlage für die Treuhandverwaltung von Unternehmen der Kritischen Infrastruktur im Sinne von § 2 Abs. 10 des BSI-Gesetzes[310] im **Energiesektor** geschaffen.[311] Dieser umfasst nach § 2 Abs. 1 BSI-KritisV[312] die Stromversorgung, Gasversorgung, Kraftstoff- und Heizölversorgung sowie die Fernwärmeversorgung.

74 Gestützt auf § 17 EnSiG (als Inhalts- und Schrankenbestimmung gemäß Art. 14 Abs. 1 S. 2 GG) verlängerte das BMWK die Treuhandverwaltung der inzwischen in Securing Energy for Europe GmbH umbenannten **Gazprom Germania**[313] und ordnete eine weitere Treuhandverwaltung der deutschen Rosneft Töchter, Rosneft Deutschland GmbH und RN Refining & Marketing GmbH durch die BNetzA an[314]. Tatbestandlich setzt § 17 Abs. 1 EnSiG die **konkrete Gefahr** (im polizeirechtlichen Sinne) voraus, dass ohne eine Treuhandverwaltung das Unternehmen seine dem Funktionieren des Gemeinwesens im Energiesektor dienenden Aufgaben nicht erfüllen wird, und eine Beeinträchtigung der Versorgungssicherheit droht. Die Anordnung, deren Inhalt durch Regelbeispiele in § 17 Abs. 4 EnSiG vorstrukturiert wird, erfolgt gemäß § 17 Abs. 3 EnSiG im Wege eines **Verwaltungsakts des BMWK.** Dieser wird mit Veröffentlichung im Bundesanzeiger wirksam und ist nach § 17 Abs. 2 EnSiG (verlängerbar) auf längstens sechs Monate zu befristen.

75 Mit der EnSiG-Novelle vom 7.7.2022 wurde zudem ein neuer § 17a EnSiG eingefügt, um für unter Treuhandverwaltung stehende Unternehmen „in Sanierungsverfahren übliche Instrumente zur Optimierung der bilanziellen Situation" zu ermöglichen und dadurch Finanzierungen zu vereinfachen.[315] Hiervon umfasst werden gemäß § 17a Abs. 1 EnSiG Kapitalmaßnahmen in Gestalt von Kapitalerhöhungen, der Auflösung von Kapital- und Gewinnrücklagen oder Kapitalherabsetzungen.[316] Die Anordnung der im Handelsregister einzutragenden Kapitalmaßnahmen erfolgt durch **Verwaltungsakt des BMWK,** der mit

---

[308] BAnz AT 4.4.2022 B13; näher zum Folgenden bereits Ludwigs NVwZ 2022, 1086 (1090 f.).
[309] BGBl. I 730.
[310] Nachweis des BSI-Gesetzes in Fn. 30.
[311] Näher Kment NJW 2022, 2302 (dort auch noch zu Erweiterungen und Einschränkungen des Anwendungsbereichs von Treuhandverwaltung und Enteignung); knapp Marschhäuser juris-PR-UmwR 5/2022 Anm. 1; zur umstrittenen Reichweite von § 6 AWG einerseits Tietje/Borrmann/Ruff VerfBlog 2022/4/07; andererseits Wissenschaftliche Dienste Deutscher Bundestag, Sachstand v. 28.4.2022, WD 5 – 3000 – 056/22, 11.
[312] Nachweis in Fn. 215; zur Heranziehung bei der Konkretisierung von § 2 Abs. 10 BSI-Gesetz vgl. BT-Drs. 20/1501, 36; Kment NJW 2022, 2302 (2302 f.).
[313] BAnz AT 17.6.2022 B15.
[314] BAnz AT 16.9.2022 B1.
[315] BT-Drs. 20/2664, 17.
[316] Vgl. zum (in § 17a Abs. 3 EnSiG konkretisierten) Inhalt der Anordnung Kment NJW 2022, 2880 (2881), der daneben auch den neuen § 29 EnSiG skizziert (der die Grundlage für eine Übernahme von rund 99 % der Anteile des Energieversorgers Uniper SE durch den Bund bildete), der die Durchführung von Stabilisierungsmaßnahmen für Unternehmen erleichtert (und im Wesentlichen auf Bestimmungen des Wirtschaftsstabilisierungsbeschleunigungsgesetz [WStBG] verweist), die selbst oder durch verbundene Unternehmen iSv § 15 AktG kritische Infrastrukturen im Energiesektor betreiben. Näher zum Zusammenspiel von § 29 EnSiG mit den Maßgaben des WStBG → § 17 Rn. 48 ff. Mit dem jüngsten Änderungsgesetz v. 20.12.2022 (BGBl. I 2560) wurde in § 29 Abs. 1a EnSiG ein an den Erhalt von Stabilisierungsmaßnahmen in Form einer Rekapitalisierung geknüpftes Boni- und Dividendenverbot eingeführt. Die Unternehmensleitung und ihre Gesellschafter sollen auf diese Weise effektive Anreize

Veröffentlichung im Bundesanzeiger wirksam wird (§ 17a Abs. 2 S. 1, Abs. 7 EnSiG). Voraussetzung hierfür ist die Existenz einer **konkreten Gefahr** (im polizeirechtlichen Sinne), dass ansonsten der Betrieb des Unternehmens gemäß seiner Bedeutung für das Funktionieren des Gemeinwesens im Sektor Energie nicht fortgeführt werden kann. Dergestalt wird ein differenziertes Eingreifen in die Eigentümerstruktur des unter Treuhandverwaltung stehenden Unternehmens mit den Mitteln des Gesellschaftsrechts ermöglicht. Zugleich erfahren die Anteile der bisherigen Gesellschafter durch die Kapitalmaßnahmen eine Verwässerung oder Entziehung.[317] Praktische Bedeutung hat die Ermächtigung zu Kapitalmaßnahmen nach § 17a EnSiG jüngst bei der am 14.11.2022 vom BMWK angeordneten Überführung der angeschlagenen Securing Energy for Europe GmbH in Bundeseigentum erlangt.[318]

Gleichsam als **ultima ratio** ermächtigt § 18 Abs. 1 und 4 EnSiG zur Vornahme einer **76 Enteignung**, wenn diese zur Sicherung des Funktionierens des Gemeinwesens im Energiesektor sowie zur Aufrechterhaltung der Versorgungssicherheit erforderlich ist und eine zeitlich begrenzte Treuhandverwaltung keine hinreichende Eignung zur Zweckerreichung aufweist.[319] Aus dem Stufenverhältnis zwischen Treuhandverwaltung und Enteignung ergibt sich zugleich, dass auch im Rahmen von § 18 EnSiG das Vorliegen einer **konkreten Gefahr** (im polizeirechtlichen Sinne) zu fordern ist.[320] Die Enteignung erfolgt im Einzelfall durch **Rechtsverordnung des BMWK** im Einvernehmen mit dem Bundesministerium der Finanzen (BMF – §§ 19 Abs. 1, 20 Abs. 1 EnSiG) und ist (deklaratorisch) in das Handelsregister einzutragen (§ 19 Abs. 2 S. 3 EnSiG). Der Kreis der Enteignungsbegünstigten wird durch § 18 Abs. 3 EnSiG auf die Kreditanstalt für Wiederaufbau (KfW) sowie auf juristische Personen des öffentlichen Rechts oder des Privatrechts beschränkt, deren Anteile ausschließlich vom Bund oder von der KfW gehalten werden. Unternehmen, deren Anteile enteignet wurden, sind zudem nach § 20 Abs. 3 S. 1 EnSiG später wieder zu privatisieren. Hiermit wird deutlich gemacht, dass die Aufnahme des Instruments der Enteignung keinen Paradigmenwechsel in Richtung einer dauerhaften Verstaatlichung von Unternehmen im Energiesektor einläuten soll. Nicht zu verkennen ist allerdings, dass es sich bei § 20 Abs. 3 S. 1 EnSiG nur um ein **objektiv-rechtliches Privatisierungsgebot** handelt, während ein Rechtsanspruch durch § 20 Abs. 3 S. 3 EnSiG explizit ausgeschlossen wird. Anders als in § 6 Abs. 2 S. 3 Rettungsübernahmegesetz (RettungsG[321]) wird den enteigneten Eigentümern auch kein Recht auf bevorzugten Erwerb eingeräumt.[322]

Rechtsschutz gegen die Anordnung einer **Treuhandverwaltung** bzw. von **Kapital- 77 maßnahmen** ist nach § 17 Abs. 6 bzw. § 17a Abs. 8 EnSiG im Wege der **Anfechtungsklage** (bzw. über Eilanträge im Sinne von §§ 80 und 80a VwGO) vor dem erst- und

---

erhalten, eine schnellstmögliche Beendigung der Stabilisierungsmaßnahme herbeizuführen (BT-Drs. 20/ 4683, S. 109).
[317] BT-Drs. 20/2664, 17.
[318] Anordnung v. 14.11.2022, BAnz AT 14.11.2022 B9.
[319] BT-Drs. 20/1501, 37, dort auch zur Anlehnung der §§ 18–23 EnSiG an das Gesetz zur Rettung von Unternehmen zur Stabilisierung des Finanzmarktes (Rettungsübernahmegesetz) v. 7.4.2009 (BGBl. I 725, 729); näher Kment NJW 2022, 2302 (2305), mit dem zutreffenden Hinweis, dass auch sonstige mildere (und gleich geeignete) Mittel zu prüfen sind, wie insbesondere ein freihändiger Erwerb. Vgl. daneben noch den mit der EnSiG-Novelle v. 25.11.2022 (BGBl. I 2102) aufgenommenen § 23a EnSiG. Dieser schafft zum einen eine Rechtsgrundlage für die Enteignung beweglicher Sachen (durch Verwaltungsakt des BMWK im Einvernehmen mit dem BMF), die zur Errichtung von Erdgasleitungen erforderlich sind. Zum anderen wird dem BMWK hier (erneut im Einvernehmen mit dem BMF) die Befugnis eingeräumt, durch Verwaltungsakt den Zugang zu Unterlagen und deren Nutzbarkeit anzuordnen, soweit dies die Errichtung von Erdgasleitungen ermöglicht oder beschleunigen kann.
[320] Überzeugend Kment NJW 2022, 2302 (2303).
[321] Rettungsübernahmegesetz v. 7.4.2009, BGBl. I 725, 729; zuletzt geändert durch Gesetz v. 20.12.2022, BGBl. I 2752.
[322] Kment NJW 2022, 2302 (2306) mwN und dem ergänzenden Hinweis, dass ein Rückübertragungsanspruch der enteigneten Eigentümer auch nicht aus Art. 14 GG hergeleitet werden kann.

letztinstanzlich zuständigen **BVerwG** zu ersuchen, wobei die aufschiebende Wirkung ausgeschlossen wird. Aus Gründen der Sicherheit des Rechtsverkehrs entscheidet das BVerwG abweichend von § 113 Abs. 1 S. 1 VwGO auch darüber, inwieweit vorgenommene Rechtshandlungen im Falle einer Aufhebung der Treuhandverwaltung bzw. der Kapitalmaßnahme wirksam bleiben können (§ 17 Abs. 6 S. 3 bzw. § 17a Abs. 8 S. 3).[323] § 17 Abs. 7 und § 17a Abs. 5 und 6 EnSiG treffen schließlich **Entschädigungsregelungen**. Während hierfür im Rahmen von § 17a EnSiG die Anordnung einer Kapitalmaßnahme ausreicht,[324] wird in § 17 EnSiG vorausgesetzt, dass die Rechtswirkungen der Treuhandanordnung über die Sozialbindung des Eigentums nach Art. 14 Abs. 2 GG hinausgehen.[325]

78 Für Rechtsverordnungen des BMWK zur Vornahme einer **Enteignung** hat der Gesetzgeber in § 22 EnSiG explizit einen Rechtsbehelf binnen zwei Wochen nach Verkündung geschaffen.[326] Erklärt das wiederum im ersten und letzten Rechtszug zuständige BVerwG die Rechtsverordnung mit allgemeiner Verbindlichkeit für unwirksam (§ 22 Abs. 1 und 3 EnSiG), müssen die ehemaligen Eigentümer und deren Rechtsnachfolger innerhalb eines Monats nach Veröffentlichung der Entscheidung einen Antrag bei dem Enteignungsbegünstigten stellen, um eine **Rückübertragung Zug um Zug** gegen Rückzahlung der gewährten Entschädigung zu veranlassen (Art. 22 Abs. 4 EnSiG). Die verfassungsrechtlich geforderte **Enteignungsentschädigung** (Art. 14 Abs. 3 S. 2 GG) bemisst sich im Übrigen vorliegend nach dem Verkehrswert des Enteignungsgegenstands und ist durch Zahlung eines Geldbetrags zu leisten (§ 21 Abs. 3 S. 1, Abs. 4 S. 1 EnSiG). Für Streitigkeiten über die Höhe der Entschädigung besteht nach § 22 Abs. 7 EnSiG eine erst- und letztinstanzliche Zuständigkeit des **BGH**.

VI. Synthese

79 Bei einer Gesamtschau ist sowohl auf europäischer als auch (vielfach umsetzungsbedingt) auf nationaler Ebene eine beständige Fortentwicklung und zunehmende Ausdifferenzierung verwaltungsrechtlicher Vorgaben gegenüber Energieunternehmen beobachten. Das Spektrum der verfolgten **Gemeinwohlzwecke** reicht von der Herstellung von **Wettbewerb** (→ Rn. 15) über den Schutz kritischer Infrastrukturen zwecks Gewährleistung von **informationstechnischer Sicherheit** (→ Rn. 54 f.) und **Versorgungssicherheit** (→ Rn. 59, 74, 76) bis hin zum **Klima-** und **Verbraucherschutz** (→ Rn. 8, 72 und → Rn. 63). Die zur Verwirklichung eingesetzten **Instrumente** wirken gleichsam von außen mit bisweilen hoher Eingriffsintensität auf die innere Ordnung der Energieunternehmen ein. Im Zentrum steht nicht die Determinierung der Ergebnisse des unternehmerischen Handels, sondern die **(Organisations-)Struktur** zu ihrer Erarbeitung (allgemein → § 1 Rn. 32). Einschlägige Regelungen des sich derart herausbildenden Öffentlichen Unternehmensrechts für private Unternehmen finden sich in allen anerkannten **Rechtsquellen** auf nationaler und unionaler Ebene (insbesondere im EU-Sekundärrecht sowie in formellen Gesetzen und Rechtsverordnungen). Die dort angelegten verwaltungsrechtlichen Vorgaben

---

[323] Vgl. BT-Drs. 20/1501, 36 f., wo als Beispiel Beschlüsse genannt werden, die der Treuhänder in Ausübung der Stimmrechte aus den Anteilen an dem unter Treuhandverwaltung stehenden Unternehmen gefasst hat; siehe auch BT-Drs. 20/2664, 18.

[324] Für eine Einordnung der Anordnung von Kapitalmaßnahmen als Administrativenteignung BT-Drs. 20/2664, 18; ebenso Kment NJW 2022, 2880 (2881), der zudem auf die inhaltlichen Parallelen zwischen § 17a Abs. 6 EnSiG und § 21 Abs. 3 bis 5 EnSiG rekurriert und den expliziten Verweis auf die Regelungen zur Enteignungsentschädigung in § 21 Abs. 1 S. 2 und 3 EnSiG durch § 17a Abs. 5 S. 2 EnSiG hervorhebt.

[325] Kritisch mit Blick auf die in § 17 Abs. 7 S. 2 bis 4 EnSiG vorgesehenen Verfahrensregelungen zur Festsetzung des Ausgleichs Kment NJW 2022, 2302 (2304 f.).

[326] Näher Kment NJW 2022, 2302 (2306 f.), dort auch zum einstweiligen Rechtsschutz nach § 22 Abs. 6 EnSiG. Für den Rechtsschutz gegen Anordnungen nach § 23a Abs. 1 EnSiG (vgl. Fn. 319 aE) ist nach allgemeinen Regeln der Verwaltungsrechtsweg eröffnet, wobei eine Anfechtungsklage nach § 23a Abs. 8 S. 2 EnSiG keine aufschiebende Wirkung entfaltet.

treffen die Energieunternehmen zumeist unmittelbar, sind aber bisweilen (etwa im Hinblick auf die Anordnung einer Treuhandverwaltung oder Kapitalmaßnahme) auch an ein vorheriges Verwaltungshandeln gebunden.

In **steuerungstheoretischer Perspektive** offenbart sich ein Changieren zwischen den Gestaltungsmodi einer staatlich imperativen Steuerung und der hoheitlich regulierten gesellschaftlichen Selbstregulierung.[327] Während etwa die **Entflechtungsvorgaben** durch einen klassisch ordnungsrechtlichen Charakter geprägt werden,[328] zeichnen sich die Regelungen zur **energierechtlichen Compliance** durch die Induzierung selbstregulativer Beiträge aus (→ Rn. 69). Über die gemeinwohlorientierten Organisationsvorgaben werden privatwirtschaftliche Unternehmen in zunehmendem Maße als **Steuerungsressource** aktiviert. Ein daraus resultierendes **kooperatives Zusammenwirken** mit den zuständigen Behörden kann zur Entlastung der hoheitlichen Ebene beitragen (allgemein → § 1 Rn. 30 ff.). Exemplarisch hierfür steht im Energiesektor die scharnierartige Rolle des **Gleichbehandlungsbeauftragten,** der das vom vertikal integrierten Unternehmen bzw. vom Transportnetzbetreiber (→ Rn. 30, 43) festgelegte Gleichbehandlungsprogramm überwacht und der Regulierungsbehörde regelmäßig Bericht erstattet. Dergestalt wird zugleich eine Grundlage geschaffen, um die behördliche Überwachung der Einhaltung des Entflechtungsregimes ein Stück weit zurückzufahren. 80

Phänomenologisch kann mit Blick auf die **Regelungsgegenstände** verwaltungsrechtlicher Vorgaben betreffend das Energieunternehmen zwischen – sich zum Teil überschneidenden – organisations- und verfahrensbezogenen Regelungen 81

- zur Gewährleistung der teilweisen oder vollen **Unabhängigkeit und Neutralität bestimmter Unternehmensbereiche** (zum netzbezogenen Entflechtungsregime → Rn. 15 ff.; zum vertikalen Diskriminierungsverbot → Rn. 61; zur verpflichtenden Gründung von Projektgesellschaften beim Betrieb von Windparks → Rn. 71 f.)
- zur **Einrichtung bestimmter Stellen** (zum Gleichbehandlungs- und Sicherheitsbeauftragten → Rn. 30, 43 und Rn. 56; zur beauftragten Schlichtungsstelle → Rn. 63)
- zur (partiellen) **Ausrichtung der Geschäftsorganisation** auf die Beachtung bestimmter öffentlicher Interessen (zum Informationssicherheits-Managementsystem → Rn. 54; zum Energie-/Umweltmanagementsystem → Rn. 66; zu Compliance-Maßnahmen und -Prozessen → Rn. 68 ff.)
- zur **Einrichtung** von **Organen** und deren **Ausgestaltung** im Hinblick auf Zusammensetzung und Funktionen (zum „Aufsichtsorgan" des ITO → Rn. 43, 45)
- zur **Rechtsformenwahl** (zu den Konsequenzen der Entflechtungsvorgaben samt unionsrechtlichem Numerus clausus zulässiger Rechtsformen des ITO → Rn. 43)
- zu **Investitionen aus Drittstaaten** (zur Zertifizierung von Transportnetzbetreibern und -eigentümern → Rn. 36)
- zur **Beteiligungsstruktur** von Gesellschaften (zur fortbestehenden Möglichkeit einer Minderheitsbeteiligung beim OU → Rn. 38; zur Beteiligung von Anwohner/innen und standortnahen Gemeinden an Projektgesellschaften für Windparks → Rn. 71 f.)
- zur Erstellung **interner Programme** und **Analysen** sowie zur **Durchführung von Planungsprozessen** (zu Gleichbehandlungsprogrammen der Netzbetreiber → Rn. 30,

---

[327] Eingehende Typologisierung bei Rast, Unternehmerische Organisationsfreiheit und Gemeinwohlbelange, S. 245 ff. (mit exemplarischer Einordnung relevanter Phänomene auf S. 297 ff.); grundlegend zu den Grundtypen der Regulierung Hoffmann-Riem in Hoffmann-Riem/Schmidt-Aßmann, Öffentliches Recht und Privatrecht als wechselseitige Auffangordnungen, 1996, S. 261 (300 ff.); siehe auch Schmidt-Preuß VVDStRL 56 (1997), 160 ff.; aus jüngerer Zeit EMV/Eifert, VerwR, § 19 Rn. 23 ff., 52 ff., 144 ff.

[328] Rast, Unternehmerische Organisationsfreiheit und Gemeinwohlbelange, S. 297, mit Verweis auf die hierin geregelten „eindeutigen und umfangreichen Pflichten, welche Unternehmensbereiche auf welche Art und Weise zu trennen sind". Nicht zu verkennen ist allerdings, dass auch im Entflechtungsregime selbstregulative Elemente enthalten sind. Beleg hierfür liefert etwa die den vertikal integrierten Unternehmen überlassene Auswahl zwischen den Entflechtungsvarianten des OU, ISO oder ITO (→ Rn. 35 ff.).

43; zu Sicherheitsplänen der Betreiber europäisch kritischer Anlagen → Rn. 56; zur Erarbeitung von Schwachstellenanalysen → Rn. 57; zur Netzplanung → Rn. 58 ff.)[329] differenziert werden.[330]

82 Den **Vollzug** der verwaltungsrechtlichen Vorgaben gegenüber Energieunternehmen hat der Gesetzgeber in die Hände unterschiedlicher Behörden (→ Rn. 10 f.) gelegt, denen weitreichende Befugnisse zur effektiven Durchsetzung übertragen sind. Sanktionsmöglichkeiten eröffnen zudem die einschlägigen **Bußgeldvorschriften** (→ Rn. 51 f., 65) und das **Verwaltungsvollstreckungsrecht** (→ Rn. 51, 60). Mit Blick auf den **Rechtsschutz** (→ Rn. 12 f., 50 ff.) gegen belastende Maßnahmen der Verwaltungsbehörden ergibt sich die Besonderheit der abdrängenden Sonderzuweisung in §§ 75 Abs. 4 und 86 Abs. 1 EnWG. Neben den regulär zur Entscheidung berufenen **Verwaltungsgerichten** besteht mithin im wichtigen Bereich des Handelns der Regulierungsbehörden eine Zuständigkeit der **zivilen Kartellgerichte**. Der Rechtsschutz gegen **Bußgeldbescheide** bestimmt sich grundsätzlich nach den allgemeinen Vorschriften im OWiG (zu Besonderheiten bei der gerichtlichen Zuständigkeit → Rn. 52).

83 Insgesamt wird deutlich, dass sich die im Eingangskapitel von *M. Burgi* (→ § 1 Rn. 30, 35, 40) getroffenen allgemeinen Aussagen im Hinblick auf den Steuerungsgegenstand, die Rechtsquellen und Regelungskontexte sowie die Regelungsgegenstände verwaltungsrechtlicher Vorgaben für privatwirtschaftliche Unternehmen auch im Energiesektor widerspiegeln. Dergestalt erweist sich das Energierecht als **zentrales Referenzgebiet** für eine Auferlegung organisationsbezogener Gemeinwohlbindungen und die Nutzung der privaten Wirtschaftsteilnehmer als Steuerungsressource (allgemein → § 1 Rn. 30 ff.). Nicht zu verkennen ist dabei, dass organisationsstrukturbezogene Maßnahmen bisweilen mit tiefgehenden Eingriffen in **Freiheitsrechte** verbunden sind (→ § 6 Rn. 7 ff.; § 7 Rn. 3 ff.).[331] Dies im analytischen Blick zu behalten und im Einzelfall auch Grenzen aufzuzeigen (wie bei der Vorgabe einer gesellschaftsrechtlichen Beteiligung an Windparks → Rn. 71 f.) zählt neben einer weiteren systematischen Durchdringung des neuartigen Phänomens zu den zentralen **Herausforderungen** des Öffentlichen Unternehmensrechts.

---

[329] Vgl. noch zum Atomrecht Rast, Unternehmerische Organisationsfreiheit und Gemeinwohlbelange, S. 137, mit Verweis auf Nr. 1.3 der Richtlinie für den Fachkundenachweis von Kernkraftwerkspersonal (Bek. d. BMU v. 21.6.2012 – RS I 6 – 13831/2), wonach „[f]ür jedes Kernkraftwerk […] ein Organisationsplan aufzustellen und der zuständigen Genehmigungs- oder Aufsichtsbehörde vorzulegen [ist] aus dem die Verteilung der wesentlichen Aufgaben und Verantwortlichkeiten auf das Kernkraftwerkspersonal hervorgeht […]".

[330] In übergreifender (nicht auf ein Rechtsgebiet bezogener) Perspektive grundlegend Rast, Unternehmerische Organisationsfreiheit und Gemeinwohlbelange, S. 55 ff.; hieran anknüpfend → § 1 Rn. 40.

[331] Eingehend zu den „Grundrechten als Grenze organisationsstrukturbezogener Vorgaben" jüngst Rast, Unternehmerische Organisationsfreiheit und Gemeinwohlbelange, S. 309 ff., der auch auf die Herausforderungen der Grundrechtsdogmatik verweist, die aus der Verschränkung staatlich gesetzter Gemeinwohlbelange und privater Organisationsstrukturen resultieren.

§ 16 Verwaltungsrechtliche Vorgaben betreffend das Unternehmen mit staatlicher Minderheitsbeteiligung und ihre gesellschaftsrechtliche Umsetzung

Prof. Dr. Jens Koch

Übersicht

	Rn.
I. Einführung	1
II. Verfassungsrechtliche Vorgaben	6
1. Angemessenheit als Einfallstor für verfassungsrechtliche Wertungen	6
2. Zulässigkeit und Anforderungen nach dem Demokratieprinzip	7
a) Erfordernis demokratischer Legitimation	7
b) Fazit	22
3. Pflicht zur Verfolgung eines öffentlichen Zwecks	25
4. Grundrechtsberechtigung und -verpflichtung	27
III. Konkretisierungen der Angemessenheitsvorgabe	28
1. Generalisierender Ansatz	28
2. Vorgaben auf Bundesebene	29
3. Vorgaben auf Landesebene	31
a) Landeshaushaltsrecht	31
b) Kommunalrecht	32
IV. Möglichkeiten zur Einflussnahme aus einer Minderheitsbeteiligung	35
1. Einflussnahme aus einem Aufsichts-/Überwachungsgremium	35
a) Allgemeine Grundsätze	35
b) Einflussnahme in der GmbH	40
c) Einflussnahme in der Aktiengesellschaft	48
2. Informationsversorgung der öffentlichen Hand	66
a) GmbH	66
b) Aktiengesellschaft	68
3. Sonstige Möglichkeiten der Einflussnahme	74
V. Die staatliche Minderheitsbeteiligung im unternehmerischen Alltag	78
1. Privatautonome Bindungen	78
2. §§ 394, 395 AktG	80
3. §§ 53, 54 HGrG	81
4. Informationsfreiheits- und Transparenzgesetze	82
5. Presserechtliche Überlagerungen	84
6. Parlamentarisches Frage- und Informationsrecht	85
7. Public Corporate Governance Kodex	86
VI. Das VW-Gesetz als gesetzliche Ausgestaltung der Minderheitsbeteiligung	87
1. Allgemeine Grundsätze	87
2. Die Entstehungsgeschichte des VW-Gesetzes	89
a) Die Wurzeln des VW-Gesetzes	89
b) Das VW-Gesetz in seiner ursprünglichen Form	90
3. Europäische Kommission vs. Bundesrepublik Deutschland	94
4. Urteilsdeutung und nationale Umsetzung	96
a) Auslegungsstreit und Umsetzungstendenz	96
b) Das VW-Gesetz heute	98
c) Die VW-Satzung	101
5. Fortdauer der juristischen Diskussion	102
a) Vereinbarkeit mit aktienrechtlichen Vorgaben	102
b) Vereinbarkeit mit unionsrechtlichen Bedenken	104

Literatur

Altmeppen, Die Einflussrechte der Gemeindeorgane in einer kommunalen GmbH, NJW 2003, 2561; Helm/Helm/Bischoff, Die Staatshilfe für die Lufthansa im Spiegel des Wirtschaftsordnungsrechts: Finanzierung oder unternehmerisches Engagement des Bundes?, EWS 2022, 61; Gersdorf, Der Staat als Telekommunikationsunternehmer – Zur verfassungsrechtlichen Problematik der sogenannten Rückverstaatlichung im Telekommunikationssektor, AfP 1998, 470; ders., Öffentliche Unternehmen im Spannungsfeld zwischen Demokratie- und Wirtschaftlichkeitsprinzip, Berlin, 2000; Holle, Der „Fall VW" – ein gemeinschaftsrechtlicher Dauerbrenner, AG 2010, 14; Kapteina, Öffentliche Unternehmen in Privatrechtsform und ihre demokratische Legitimation, Hamburg, 2017; Kiethe, Gesellschaftsrechtliche Spannungslagen bei Public Private Partnerships, NZG 2006, 45; Klausmann, Entsendungsrechte in der Aktiengesellschaft, Berlin, 2016; Koch, Die hoheitlich beherrschte AG nach der Deutsche Bahn-Entscheidung des Bundesverfassungsgerichts, ZHR 183 (2019), 7; ders., Öffentlich-rechtliche Informationsrechte versus aktienrechtliche Verschwiegenheitspflichten, FS Schmidt-Preuß, 2018, 367; ders., Aktienrechtsnovelle 2016 – Änderungen für Aufsichtsratsmitglieder in Unternehmen mit öffentlicher Beteiligung, BOARD 2016, 251; ders., Die Bestimmung des Gemeindevertreters in Gesellschaften mit kommunaler Beteiligung am Beispiel der Gemeindeordnung NRW, VerwArch 102 (2011), 1; Korte/Seidel, CureVac und die KfW: Auf Tauchgang in Richtung Unionsrechtswidrigkeit, BB 2021, 2691; Lehnert, Die Befreiung von der Verschwiegenheitspflicht des Aufsichtsrats einer AG mit hoheitlicher Beteiligung, Berlin, 2021; Lieder, Staatliche Sonderrechte in Aktiengesellschaften – Zulässigkeit nach deutschem Aktienrecht und europäischem Gemeinschaftsrecht, ZHR 172 (2008), 306; Mann, Der Staat als Aktionär – Öffentlich-rechtliche Besonderheiten in Deutschland, in Kalss/Fleischer/Vogt, Der Staat als Aktionär, 2018, 39; ders., Die öffentlich-rechtliche Gesellschaft – Zur Fortentwicklung des Rechtsformenspektrums für öffentliche Unternehmen, Köln, 2002; Mehde, Ausübung von Staatsgewalt und Public Private Partnership, VerwArch 2000, 540; Neumann/Ogorek, Das aktienrechtliche Entsenderecht auf dem Prüfstand der Kapitalverkehrsfreiheit – Überlegungen anlässlich der Entscheidung des OLG Hamm v. 31.3.2008 – ThyssenKrupp, NZG 2008, 892; Pfeifer, Möglichkeiten und Grenzen der Steuerung kommunaler Aktiengesellschaften durch ihre Gebietskörperschaften, Heidelberg, 1991; R. Schmidt, Der Übergang öffentlicher Aufgabenerfüllung in private Rechtsformen, ZGR 1996, 345; Schoch, Informationsfreiheitsgesetze, 2. Auflage, München 2016; Schockenhoff, Geheimnisschutz bei Aktiengesellschaften der öffentlichen Hand – Zugleich Besprechung des BVerfG-Urteils vom 7.11.2017 – 2 BvE 2/11, NZG 2018, 521; Seibert, Der Übernahmekampf Porsche/VW und das Schwarze-Peter-Spiel um das VW-Gesetz, AG 2013, 904; Verse, Kapitalverkehrsfreiheit, VW-Gesetz und VW-Satzung – eine unendliche Geschichte?, FS E. Klein, 2013, 701; Werner, Der Streit um das VW-Gesetz – Wie Europäische Kommission und Europäischer Gerichtshof die Unternehmenskontrolle liberalisieren, Frankfurt/Main 2013; Zeis, Die kommunale Minderheitsgesellschaft, KommJur 2020, 407

I. Einführung

1   Im Mittelpunkt der Diskussion um das öffentliche Unternehmen steht das öffentlich beherrschte Unternehmen, bei dem die Beherrschung über eine Mehrheitsbeteiligung vermittelt wird. Hier ist die Zulässigkeit hoheitlicher Betätigung weitestgehend anerkannt, zugleich aber auch die öffentlich-rechtliche Pflichtenbindung eines solchen Unternehmens höchstrichterlich geklärt. Auch im Schrifttum werden diese Grundsätze deshalb zumeist nicht mehr in Frage gestellt.

2   Literarisch eher stiefmütterlich behandelt ist dagegen die hoheitliche Minderheitsbeteiligung, die speziell zu Zwecken der **Krisenbekämpfung** aber in der Praxis keinesfalls selten ist. Gerade in der im Jahr 2020 einsetzenden und bis heute noch nicht vollständig bewältigten Corona-Krise haben sich Bund, Länder und Kommunen dazu veranlasst gesehen, einzelnen Unternehmen, die von den Pandemiefolgen besonders stark betroffen waren, finanziell unter die Arme zu greifen. Ein taugliches Instrument für eine solche Unterstützung ist die staatliche Beteiligung, die keinesfalls immer als Mehrheitsbeteiligung ausgestaltet sein muss, wie etwa das Beispiel der zwischenzeitlichen Beteiligungen der Lufthansa AG belegt.[1] Aber nicht nur im Rahmen der Folgenbeseitigung, sondern auch auf der Kehrseite der Ursachenbekämpfung hat die Pandemie eine staatliche Minderheitsbeteiligung hervorgebracht, nämlich die Beteiligung des Bundes beim Impfstoffhersteller CureVac, der mittlerweile allerdings als niederländische „naamloze vennootschap" (NV) organisiert ist.[2] Dass es auch schon vor Corona Krisen gab, ruft die Bundesbeteiligung an der Commerzbank AG in Erinnerung.[3]

---

[1]   Vgl. dazu Helm/Helm/Bischoff EWS 2022, 61 ff.; zur Erläuterung der Beteiligungsmotive vgl. die Antwort der Bundesregierung auf eine kleine Anfrage – BT-Drucks. 19/20881, S. 1 ff.; mittlerweile wurde diese Beteiligung allerdings wieder verkauft – vgl. dazu https://www.faz.net/aktuell/wirtschaft/unternehmen/lufthansa-bund-verkauft-saemtliche-aktien-mit-gewinn-18315030.html.
[2]   Ausführlich zu den Problemen, die sich um diese Beteiligung ranken, Korte/Seidel BB 2021, 2691 ff.
[3]   Vgl. dazu https://www.reuters.com/article/deutschland-commerzbank-3zf-idDEL84756720090108.

In anderen Fällen dient die staatliche Beteiligung nicht der Krisenbekämpfung, sondern 3
dem **Schutz bestimmter Branchen,** an denen ein besonderes staatliches Interesse besteht.
Zu dieser Fallgruppe ist etwa die Beteiligung des Bundes bei der Airbus SE zu zählen[4] sowie
der Einstieg beim Rüstungsunternehmen Hensoldt AG, wo die Sperrminorität des Bundes
insbesondere eine Übernahme durch den französischen Rüstungskonzern Thales verhindern sollte.[5] In der Deutschen Post AG[6] und der Deutschen Telekom AG[7] ist die Minderheitsbeteiligung dadurch entstanden, dass eine ehemalige Alleineigentümerstellung im
Zuge der **Privatisierung** zunächst zu einer stolzen Mehrheitsbeteiligung, im Anschluss
dann aber zu einer Minderheitsbeteiligung zusammengeschrumpft ist.

Eine besondere Stellung nehmen die Bundesminderheitsbeteiligungen an den Flughäfen 4
Berlin-Brandenburg (GmbH), Köln/Bonn (GmbH) und München (GmbH) ein, mit denen
insbesondere die **Verkehrsinfrastruktur** sichergestellt werden soll. Hier besteht die Besonderheit, dass zwar der Bund nur mit einer Minderheit beteiligt ist, aber auch die übrigen
Eigentümer Hoheitsträger sind, so dass es sich bei ihnen letztlich doch um Gesellschaften
handelt, die im Mehrheitsbesitz der öffentlichen Hand liegen. Diese Konstellation wird in
diesem Abschnitt nicht behandelt.[8]

Diese Beispiele, die allesamt ausschließlich auf Bundesebene angesiedelt sind, in **Ländern** 5
und Kommunen aber zahlreiche Pendants finden (prominentestes Beispiel: VOLKSWAGEN AG → Rn. 87), belegen zur Genüge, wie praxisrelevant das Thema hoheitliche
Minderheitsbeteiligung ist, ohne dass sich diese Relevanz in der literarischen Entschlüsselung hinreichend widerspiegelt. Der folgende Beitrag soll diese Lücke schließen und der
Frage nachgehen, ob solche Beteiligungen überhaupt zulässig sind. Sofern diese Frage zu
bejahen ist, schließen sich die Anschlussfragen an, unter welchen Voraussetzungen dies der
Fall ist und welche Besonderheiten im Umgang mit staatlichen Minderheitsbeteiligungen
zu beachten sind.

II. Verfassungsrechtliche Vorgaben

1. Angemessenheit als Einfallstor für verfassungsrechtliche Wertungen

Öffentlich-rechtliche Vorgaben zur Beteiligung von Hoheitsträgern an privatrechtlich ausgestalteten Unternehmen finden sich auf Bundes-, Landes- und Gemeindeebene. Auf 6
Bundesebene ist insofern **§ 65 BHO** zu nennen, der auf Landesebene etwa in § 65 LHO
NRW, § 65 LHO BW, Art. 65 BayHO eine Entsprechung findet. In den Gemeindeordnungen setzen die Vorschriften über die Zulässigkeit wirtschaftlicher Beteiligung Grenzen
(vgl. etwa § 108 Abs. 1 Nr. 6 GO NRW, § 103 Abs. 2 GO BW, § 87 Abs. 2 GO RhPf).
Eine ausführliche Analyse der einfachgesetzlichen Vorschriften erfolgt in → Rn. 28 ff.
Dieser Analyse vorangestellt werden soll allerdings eine Untersuchung des **Zentralbegriffs**
all dieser Vorschriften: dem **angemessenen Einfluss.** Er wird in den verschiedenen
Kommentaren und sonstigen literarischen Handreichungen zu den vielfältigen Gesetzeswerken sorgfältig vermessen und mit herkömmlichen Auslegungsmechanismen konkretisiert, was aufgrund des vielstimmigen legislativen Ursprungs naturgemäß nicht einheitlich
erfolgen kann. Einen gemeinsamen Nenner finden die Interpretationsansätze aber zwangsläufig in den für jede Form staatlichen Einflusses geltenden **Vorgaben der Verfassung.**

---

[4] Vgl. dazu https://www.bundestag.de/resource/blob/565094/0c3905ae7f35fb337a92571a88c84fee/WD-5-081-18-pdf-data.pdf.
[5] Vgl. dazu https://www.bmvg.de/de/presse/bundesrepublik-deutschland-beteiligung-hensoldt-ag-49183 88.
[6] Vgl. dazu https://www.bundesfinanzministerium.de/Content/DE/Standardartikel/Themen/Bundesvermoegen/Privatisierungs_und_Beteiligungspolitik/Beteiligungspolitik/deutsche-post-ag.html.
[7] Zur Entstehungsgeschichte der Telekom vgl. Koch/Holle in Fleischer/Mock, Große Gesellschaftsverträge aus Geschichte und Gegenwart, 2021, S. 875 ff.
[8] Auch in der Fraport-Entscheidung des BVerfG wird dieser Fall der gemeinschaftlichen Beherrschung durch mehrere öffentliche Eigentümer der hoheitlichen Alleineigentümerstellung gleichgestellt – vgl. BVerfGE 128, 226 (245 f.).

Sie sollen deshalb in einem ersten Schritt vermessen werden, weil damit der strenge Rahmen gezogen wird, was auf Bundes-, Landes- und Kommunalebene als Angemessenheit aufzufassen ist, und ob die Möglichkeit angemessener Einflussnahme bei staatlicher Minderheitsbeteiligung überhaupt gewährleistet werden kann oder ob es dazu letztlich doch schon aus verfassungsrechtlichen Gründen einer beherrschenden Stellung der öffentlichen Hand bedarf.

2. Zulässigkeit und Anforderungen nach dem Demokratieprinzip

7 **a) Erfordernis demokratischer Legitimation. aa) Demokratische Legitimation amtlichen Handelns mit Entscheidungscharakter.** Dass die Frage, inwiefern sich der Staat an privatrechtlich organisierten Unternehmen beteiligen darf, überhaupt eine verfassungsrechtliche Dimension erlangt, findet seine Erklärung in dem in Art. 20 Abs. 2 GG verankerten Demokratieprinzip. Daraus leitet das Bundesverfassungsgericht in ständiger Rechtsprechung ab, dass jedes Handeln des Staates „mit Entscheidungscharakter" einer **Legitimation** bedarf.[9] Alle Staatsgewalt muss auf den Willen des Volkes zurückzuführen sein und ist diesem gegenüber zu verantworten, was einen effektiven Einfluss auf die Ausübung der Staatsgewalt voraussetzt.[10] Neben einer ununterbrochenen personell-organisatorischen Legitimationskette bedeutet dies auch eine inhaltliche Rückkopplung staatlicher Tätigkeit an den Volkswillen durch Einflussnahme auf den Entscheidungsprozess sowie durch umfassende Kontrollmöglichkeiten.[11]

8 Regelmäßig unproblematisch erfüllt ist das Erfordernis demokratischer Legitimation, sofern im Grundmodell des strikt hierarchischen Behördenaufbaus samt umfangreicher Aufsichts- und Weisungsbefugnisse sichergestellt wird, dass sich die einzelne staatliche Betätigung in personeller sowie inhaltlicher Hinsicht mittelbar auf den Willen des Volkes zurückführen lässt.[12] Ungleich vielschichtiger und in Teilen auch undurchsichtiger stellt sich der Problemkreis demokratischer Legitimation allerdings dar, beteiligt sich der Staat oder die Kommune an einem Unternehmen in privater Rechtsform.

9 **bb) Demokratische Legitimation öffentlich beherrschter Gesellschaften.** Entscheidend ist, ob neben der Verwaltung der Unternehmensbeteiligung seitens der Exekutive und der in diesem Kontext ausgeübten Eigentumsrechte auch die Betätigung des Unternehmens legitimationsbedürftig ist. Das setzt voraus, dass die unternehmerische Tätigkeit selbst als staatliches Handeln zu werten, mithin als **Staatsgewalt** im Sinne des Art. 20 Abs. 2 GG einzuordnen ist.[13] In diesem Zusammenhang wird ganz überwiegend auf die **Beteiligungsverhältnisse** des jeweiligen Unternehmens abgestellt.[14] Jedenfalls solche Unternehmen, die der öffentlichen Hand alleine oder mehrheitlich gehören, sind als **öffentliche Unternehmen** der staatlichen Sphäre zuzuordnen und lösen somit das Legitimationserfordernis aus (zu den Anforderungen organisatorisch-personeller Legitimation → § 18 Rn. 38 f., in Bezug auf die sachlich-inhaltliche Legitimation siehe vertiefend → § 18 Rn. 40 f.).[15] Aus dieser Zuordnung folgen verfassungsrechtlich begründete **Einwirkungs-**

---

[9] BVerfGE 83, 60 (73); 93, 37 (68); 107, 59 (87); 130, 76 (123); 147, 50 Rn. 218.
[10] BVerfGE 77, 1 (40); 93, 37 (66 f.); 130, 76 (123); 147, 50 Rn. 218.
[11] Zu den verschiedenen Legitimationsarten samt Anforderungen ausführlich MKS/Sommermann GG Art. 20 Rn. 163 ff., 185 ff.; Jarass/Pieroth/Jarass GG Art. 20 Rn. 8 ff.; Kapteina, Öffentliche Unternehmen in Privatrechtsform und ihre demokratische Legitimation, 2017, 65 ff.
[12] Zum Grundmodell des hierarchischen Verwaltungsaufbaus Dreier GG Art. 20 (Demokratie) Rn. 121.
[13] KFV/Mann, Der Staat als Aktionär, 39 (45 f.); Pfeifer, Möglichkeiten und Grenzen der Steuerung kommunaler Aktiengesellschaften durch ihre Körperschaften, 1991, 19.
[14] Im Kontext der Grundrechtsbindung öffentlicher Unternehmen schon andeutend BVerfGE 128, 226 (247); zuletzt deutlich BVerfGE 147, 50 Rn. 216 ff.
[15] Noch strenger, aber nicht überzeugend Pfeifer, Möglichkeiten und Grenzen der Steuerung kommunaler Aktiengesellschaften durch ihre Körperschaften, 1991, 20: Unternehmen unterfallen nur dann dem Erfordernis demokratischer Legitimation, wenn die öffentliche Hand eine qualifizierte Mehrheitseigentümerstellung aufweist, weil sie sich nur dann auch in Grundsatzfragen das Unternehmen betreffend durchsetzen kann.

und **Kontrollpflichten** der öffentlichen Hand (zu den verfassungsrechtlich begründeten Anforderungen an die Organisation staatlich beherrschter Gesellschaften ausführlich → § 18 Rn. 35 ff.).

Nicht ganz eindeutig ist, ob es allein auf die rechnerischen Mehrheitsverhältnisse ankommen oder die Frage nach einer beherrschenden Stellung der öffentlichen Hand ausschlaggebend sein soll. In der Literatur wird überwiegend auf das Kriterium der **Beherrschung** abgestellt.[16] Dabei orientiert man sich überwiegend am konzernrechtlichen Maßstab für die Ausübung beherrschenden Einflusses nach § 17 AktG, der auch schon unterhalb einer Mehrheitsbeteiligung gegeben sein kann.[17] Ein beherrschender Einfluss ist danach schon dann anzunehmen, wenn dem Gesellschafter ein Einflusspotenzial zur Verfügung steht, das demjenigen eines Mehrheitseigentümers entspricht.[18] Zur Herleitung des Kriteriums aus Art. 2 lit. b EU-Transparenzrichtlinie (RL 2006/111/EG v. 16.11.2006) sowie zum Rückgriff auf § 17 AktG noch ausführlich unter → § 18 Rn. 1 ff.

Unsicherheiten rühren insbesondere daher, dass sich das Bundesverfassungsgericht zu dieser Frage noch nicht eindeutig positioniert hat. Während es im Zusammenhang mit der Frage nach der Grundrechtsbindung von Unternehmen mit staatlicher Beteiligung (dazu und zum Verhältnis zwischen Grundrechtsbindung und Legitimationserfordernis noch eingehend in → Rn. 27) auf das Kriterium der Beherrschung abstellt,[19] hat es in seinem Urteil vom 7. November 2017 ausschließlich für maßgeblich erachtet, ob der Staat alleiniger Eigentümer oder zumindest Mehrheitsgesellschafter ist.[20] Das legt – auch wenn das Gericht diesen Gegenschluss nicht ausdrücklich gezogen hat[21] – die Vermutung nahe, dass es auch nicht auf die Ausgestaltung als Stimm- oder Vorzugsrechte ankommt, sondern allein auf die Höhe der Eigentumsrechte. Dem entspricht, dass das Gericht auch im weiteren Verlauf seines Urteils klarstellt, dass die konkreten Ingerenz- und Einflussbefugnisse für die Reichweite des Informationsanspruchs nicht maßgeblich seien.[22]

Eine solche ausschließliche Verknüpfung mit den Mehrheitsverhältnissen hat den Vorteil, dass auf diese Weise einfache und klare Antworten möglich sind und es keiner Einzelfallbetrachtung bedarf. Letztlich muss aber doch das Kriterium der Beherrschung maßgeblich sein, was zum einen schon der Vergleich mit der Begriffsbestimmung öffentlicher Unternehmen nach der EU-Transparenzrichtlinie nahelegt. Zum anderen geht es bei der Frage der Zuordnung privatrechtlich organisierter Unternehmen zum hoheitlichen Verantwortungsbereich gerade darum, ob zumindest die Möglichkeit steuernder Einflussnahme seitens der öffentlichen Hand besteht. Im Ergebnis können damit auch solche Unternehmen der hoheitlichen Sphäre zugeordnet werden, an denen der Staat oder die Kommune zwar nicht mehrheitlich beteiligt ist, aber doch einen beherrschenden Einfluss ausübt.[23] Folgt man dieser Einordnung, sind sie denselben Regeln zu unterstellen wie die Unternehmen im Mehrheitsbesitz. Auf diese Grundsätze wird im Folgenden nicht näher eingegangen, son-

---

[16] Dreier GG Art. 20 (Demokratie) Rn. 134 f.; GroßKommAktG/Huber/Fröhlich § 394 Rn. 45; Kapteina, Öffentliche Unternehmen in Privatrechtsform und ihre demokratische Legitimation, 2017, 11 ff.; deutlich auch Mann, Die öffentlich-rechtliche Gesellschaft, 2002, 13; KFV/Mann, Der Staat als Aktionär, 39 (41 f.); anknüpfend an BVerfGE 147, 50 abweichend allein auf die Mehrheitsverhältnisse abstellend KFV/Schmolke, Der Staat als Aktionär, 75 (91 f.); ebenso Schockenhoff NZG 2018, 521 (524).
[17] Vgl. dazu statt aller Koch AktG § 17 Rn. 4 ff.
[18] Koch AktG § 17 Rn. 5; MüKoAktG/Bayer AktG § 17 Rn. 25.
[19] BVerfGE 128, 226 (246 f.), ebenfalls unter Bezugnahme auf „entsprechende zivilrechtliche Wertungen", namentlich §§ 16, 17 AktG: Beherrschung liege in der Regel vor, „wenn mehr als die Hälfte der Anteile im Eigentum der öffentlichen Hand stehen." Auf die konkreten Einwirkungsbefugnisse komme es dagegen nicht an; bestätigt in BVerfG BeckRS 2016, 47127 Rn. 5.
[20] BVerfGE 147, 50 Rn. 216 ff.; so der Befund bei Koch ZHR 183 (2019), 7 (11); Schockenhoff NZG 2018, 521 (524).
[21] So KFV/Schmolke, Der Staat als Aktionär, 73 (91 f.); Schockenhoff NZG 2018, 521 (524).
[22] BVerfGE 147, 50 Rn. 220 = NVwZ 2018, 51.
[23] KFV/Mann, Der Staat als Aktionär, 39 (41 f.): „Auch öffentliche Minderheitsbeteiligungen können somit zur Annahme eines „öffentlichen" Unternehmens iwS führen, wenn das Unternehmen faktisch von der öffentlichen Hand beherrscht wird."

dern es sei insofern auf die Ausführungen im vierten Teil des Handbuchs verwiesen, insbesondere s. §§ 18, 19, 21. Geht man dagegen – was die Deutsche Bahn-Entscheidung des Bundesverfassungsgerichts zumindest nahelegt – davon aus, dass andere Formen der Beherrschung nicht genügen, unterstehen sie den im Folgenden für Minderheitspositionen dargelegten Regeln.

13 **cc) Zulässigkeit staatlicher Minderheitsbeteiligungen. (1) Keine Gleichbehandlung öffentlicher und privatwirtschaftlicher Unternehmen.** Geht man den Anforderungen betreffend das Unternehmen mit staatlicher Minderheitsbeteiligung[24] nach, ist freilich maßgeblich, wie sich in diesem Verhältnis das Erfordernis demokratischer Legitimation auswirkt und ob eine Minderheitsbeteiligung überhaupt zulässig ist. Das OVG Lüneburg hat in einem Beschluss vom 8. April 2020 das Erfordernis demokratischer Legitimation auch für den Fall auf das Unternehmen selbst erstreckt, dass die öffentliche Hand lediglich **Minderheitsgesellschafterin** ist, es sich mithin um ein privatwirtschaftliches, also **privat beherrschtes Unternehmen** handelt. Im Kontext einer verfassungskonformen Auslegung des § 137 Abs. 1 Nr. 7 NKomVG und des dortigen Erfordernisses eines angemessenen Einflusses bei kommunaler Beteiligung an Unternehmen führt das OVG aus, das demokratische Legitimationserfordernis setze voraus, dass die Kommune in der Lage sei, auf grundlegende Entscheidungen des Unternehmens maßgeblichen Einfluss auszuüben. Eine Orientierung am Grad der Minderheitsbeteiligung werde der Verfassung dagegen nicht gerecht. Hätten private Anteilseigner maßgeblichen Einfluss, wäre dies mit dem Demokratieprinzip nicht vereinbar.[25] In der Konsequenz bedeutet diese Sichtweise, dass staatliche Minderheitsbeteiligungen an privatbeherrschten Gesellschaften gerade wegen der nur untergeordneten Möglichkeit der Einflussnahme seitens des öffentlichen Anteilseigners als verfassungsrechtlich unzulässig bewertet werden müssten, sofern der öffentlichen Hand nicht auf kautelarjuristischen Wegen ein überproportionaler Einfluss eingeräumt wird.[26]

14 In seinem Beschluss nimmt das OVG Lüneburg zu kommunalen Beteiligungen an privaten Gesellschaften Stellung, ohne dabei zwischen verschiedenen Anteilsstrukturen zu differenzieren. Diese pauschale Herangehensweise erscheint jedoch sehr bedenklich angesichts der nunmehr klaren Rechtsprechung des Bundesverfassungsgerichts, wonach die Anwendung des Legitimationserfordernisses von der beherrschenden Einflussnahme beziehungsweise von der Mehrheitseigentümerstellung des Staates abhängig ist. Unternehmerische Betätigungen unterfallen nur dann dem Erfordernis demokratischer Legitimation mit der Konsequenz, dass sich die öffentliche Hand zur Erfüllung ihrer Ingerenzpflichten Einwirkungs- und Kontrollrechte verschaffen muss, wenn die Tätigkeit des Unternehmens selbst als amtliches Handeln und somit als Ausübung von **Staatsgewalt** zu qualifizieren ist. Eine solche Qualifikation setzt aber gerade eine **beherrschende Stellung** der öffentlichen Hand voraus. Wenn die öffentliche Hand dagegen nur als Minderheitsgesellschafterin an einem privatbeherrschten Unternehmen beteiligt ist, macht sie sich die seitens des Unternehmens verfolgten Aufgaben nicht zu eigen, so dass Art. 20 Abs. 2 GG nicht anwendbar ist und sich das Erfordernis demokratischer Legitimation mangels Ausübung staatlicher Gewalt nicht auf die Tätigkeit des Unternehmens selbst erstreckt (zum Begriff der Verwaltungsaufgabe vertiefend → § 18 Rn. 6).[27] Der Ansatz des OVG Lüneburg ist deshalb abzulehnen.

15 **(2) Keine Pflicht zur Herstellung der Möglichkeit beherrschender Einflussnahme.** Nur in Nuancen von der geschilderten Auffassung des OVG Lüneburg unterscheidet sich

---

[24] Wird nachfolgend von einer staatlichen oder kommunalen Minderheitsbeteiligung gesprochen, ist damit stets die Beteiligung an einer privatbeherrschten Gesellschaft gemeint.
[25] OVG Lüneburg BeckRS 2020, 650 Rn. 23; wohl auch Dürig/Herzog/Scholz/Grzeszick GG Art. 20 Rn. 100.
[26] So zumindest im Ausgangspunkt Dürig/Herzog/Scholz/Grzeszick GG Art. 20 Rn. 100, der allerdings einschränkend anmerkt, dass in Abhängigkeit von der „Bedeutung der Tätigkeit des Unternehmens" auch eine Minderheitsbeteiligung ohne staatliches Letztentscheidungsrecht zulässig sein kann" (Rn. 229 f.).
[27] Zeis KommJur 2020, 407 (409).

der vereinzelt vertretene Ansatz, wonach sich das Legitimationserfordernis im Ausgangspunkt zwar nicht auf das privatwirtschaftliche Unternehmen mit staatlicher Minderheitsbeteiligung erstrecke, aus dem Demokratieprinzip aber folge, dass der staatliche Beitrag an der Unternehmensentscheidung nur dann demokratisch legitimiert sei, wenn die **Möglichkeit einer beherrschenden Einflussnahme** bestünde.[28] Auch danach wären staatliche Minderheitsbeteiligungen unzulässig.[29]

Dieser Ansatz ist jedoch nicht konsistent. Es ist nicht überzeugend, das Unternehmen zunächst aus dem Bereich des demokratischen Legitimationsbedürfnisses herauszunehmen, um sodann aus dem Demokratieprinzip eine Einwirkungspflicht des Staates auf das privatwirtschaftliche, nicht legitimationsbedürftige Unternehmen herzuleiten. Hier werden Ursache und Wirkung vertauscht: Die Einwirkungspflicht ist gerade eine Folge daraus, dass sich das Legitimationserfordernis bei staatlicher Beherrschung auf das Unternehmen selbst erstreckt. Handelt es sich dagegen lediglich um eine Minderheitsbeteiligung, ist allein die **Ausübung der Beteiligungsrechte** demokratisch legitimationsbedürftig.[30] Die Legitimation der Beteiligungsverwaltung ist dabei nicht davon abhängig, wie stark oder schwach sich der Einfluss des Staates als Minderheitsgesellschafter auf die jeweilige Unternehmensentscheidung auswirkt.[31]

Diese Bewertung stützt ein Vergleich mit der Möglichkeit zulässiger staatlicher **Subventionierung**.[32] Hier gibt der Staat Kapital, erhält im Gegenzug jedoch keine unternehmerische Mitwirkungsbefugnis. Erst recht muss vor diesem Hintergrund eine Minderheitsbeteiligung zulässig sein, bei der der Staat als Gegenleistung für die finanzielle Beteiligung Mitwirkungsrechte erhält, auch wenn die dadurch mögliche staatliche Einflussnahme auf die unternehmerische Betätigung sich gegebenenfalls nicht endgültig durchsetzen und in der Tätigkeit des Unternehmens perpetuieren kann.[33]

dd) Erfordernis demokratischer Legitimation in abgeschwächter Form? Das Demokratieprinzip steht einer grundsätzlichen Zulässigkeit staatlicher oder kommunaler Minderheitsbeteiligung damit nicht im Weg. Teilweise wird allerdings vertreten, bei einer Minderheitsbeteiligung greife das Erfordernis demokratischer Legitimation in **abgeschwächter Form** ein, so dass sich daraus wiederum **Einwirkungspflichten** der öffentlichen Hand ableiten ließen.[34] Bliebe das Demokratieprinzip bei einer bloßen Minderheitsbeteiligung ohne Berücksichtigung, könne sich der Staat demokratischer Kontrolle entziehen.[35] Angesichts der überragenden Bedeutung des Demokratieprinzips müsse sich die öffentliche Hand im Vorfeld der Beteiligung Einwirkungsrechte sichern.[36] Ein Vergleich mit § 65 BHO, wonach sich der Bund unabhängig von der Beteiligungshöhe einen angemessenen Einfluss sichern müsse, stütze diese Sichtweise.[37]

---

[28] Gersdorf AfP 1998, 470 (474); ders., Öffentliche Unternehmen im Spannungsfeld zwischen Demokratie- und Wirtschaftlichkeitsprinzip, 2000, 166.
[29] Gersdorf AfP 1998, 470 (474); ders., Öffentliche Unternehmen im Spannungsfeld zwischen Demokratie- und Wirtschaftlichkeitsprinzip, 2000, 166: nur dann verfassungsrechtlich zulässig, „wenn ein Legitimationsgrund mit verfassungsrechtlicher Valenz die öffentliche Hand zu einer solchen Beteiligungspolitik berechtigt".
[30] Kapteina, Öffentliche Unternehmen in Privatrechtsform und ihre demokratische Legitimation, 2017, 60; Mehde VerwArch 2000, 540 (559).
[31] Vgl. Kapteina, Öffentliche Unternehmen in Privatrechtsform und ihre demokratische Legitimation, 2017, 60 f.; so auch Mehde VerwArch 2000, 540 (559).
[32] Mehde VerwArch 2000, 540 (559).
[33] Überzeugend Mehde VerwArch 2000, 540 (559).
[34] Lehnert, Die Befreiung von der Verschwiegenheitspflicht des Aufsichtsrats einer AG mit hoheitlicher Beteiligung, 2021, 36.
[35] Lehnert, Die Befreiung von der Verschwiegenheitspflicht des Aufsichtsrats einer AG mit hoheitlicher Beteiligung, 2021, 36; dies anmerkend auch Zeis KommJur 2020, 407 (408 f.).
[36] Lehnert, Die Befreiung von der Verschwiegenheitspflicht des Aufsichtsrats einer AG mit hoheitlicher Beteiligung, 2021, 37.
[37] Lehnert, Die Befreiung von der Verschwiegenheitspflicht des Aufsichtsrats einer AG mit hoheitlicher Beteiligung, 2021, 37.

19 Diese Position kann insgesamt nicht überzeugen. Zunächst verbietet sich eine Auslegung der Verfassung anhand einfachgesetzlicher Vorschriften des Haushaltsrechts: Dem Gesetzgeber steht es frei, von der öffentlichen Hand zu verlangen, dass diese sich einen angemessenen Einfluss auf Unternehmen sichert, an denen sie Anteile hält. Das sagt aber noch nichts darüber aus, welche Anforderungen sich aus dem verfassungsrechtlichen Demokratieprinzip herleiten lassen.[38] Auch die Befürchtung, die öffentliche Hand könne sich der demokratischen Kontrolle entziehen, erfasse das Erfordernis demokratischer Legitimation nicht zumindest in abgeschwächter Form auch privatwirtschaftliche Unternehmen mit staatlicher Minderheitsbeteiligung, ist zirkelschlüssig. Mangels staatlicher Beherrschung ist das Unternehmen selbst nicht der **staatlichen Sphäre** zuzurechnen, so dass sich schon der Anwendungsbereich des Erfordernisses demokratischer Legitimation nicht auf dieses erstreckt. Der Staat hat sich in diesem Fall nicht der seitens des Unternehmens verfolgten Aufgabe als eigene angenommen, so dass Art. 20 Abs. 2 GG nicht anwendbar ist (zum Begriff der Verwaltungsaufgabe vertiefend → § 18 Rn. 6).[39] Davon, dass sich der Staat der demokratischen Kontrolle entzieht, wenn er die Aufgabenerfüllung einem privatwirtschaftlichen Unternehmen überlässt, das keine Staatsgewalt im Sinne des Art. 20 Abs. 2 GG ausübt, kann keine Rede sein.

20 **ee) Sonderfall der funktionalen Privatisierung.** Im Kontext des Erfordernisses demokratischer Legitimation ist die Konstellation beachtenswert, dass die öffentliche Hand eine Minderheitsbeteiligung an einem privatbeherrschten Unternehmen hält und sie dieses wiederum im Wege **funktionaler Privatisierung** als **Verwaltungshelfer** mit der Wahrnehmung öffentlicher Aufgaben betraut. Das privatwirtschaftliche Unternehmen selbst ist nicht der Sphäre des Staates zuzuordnen, so dass sich das Erfordernis demokratischer Legitimation entsprechend obiger Ausführungen (→ Rn. 9) nicht auf das Unternehmen erstreckt.[40] Dennoch wird aus dem Demokratieprinzip eine Pflicht der öffentlichen Hand abgeleitet, sich **Kontroll- und Einwirkungsrechte** gegenüber dem privatwirtschaftlichen Unternehmen zu sichern, da der öffentliche Träger nach wie vor für die Aufgabenerfüllung verantwortlich ist.[41]

21 Dieser Umstand scheint bei flüchtiger Betrachtung dem in → Rn. 15 ff. gefundenen Ergebnis entgegenzustehen, wonach bei einer Minderheitsbeteiligung grundsätzlich keine gesteigerte Einwirkungspflicht auf das Unternehmen besteht. Entscheidend ist aber, dass die Einwirkungspflicht im Kontext funktionaler Privatisierung gerade nicht aus der staatlichen Beteiligung am ausführenden Unternehmen herrührt, sondern aus der Einbindung des Unternehmens als Verwaltungshelfer zur Erfüllung **öffentlicher Aufgaben.** Die Einstufung des Unternehmens als Verwaltungshelfer hat zur Folge, dass der Staat oder die Kommune weiter für die Aufgabenerfüllung demokratisch verantwortlich ist.[42] Ob zusätzlich auch eine Minderheitsbeteiligung der öffentlichen Hand vorliegt, ist für die Begründung der Einwirkungspflichten dagegen unbeachtlich.[43]

22 b) Fazit. Es bleibt damit festzuhalten, dass der **Zulässigkeit** staatlicher Minderheitsbeteiligungen an privatwirtschaftlichen, also privatbeherrschten Unternehmen keine verfassungsrechtlichen Bedenken entgegenstehen. Mehr noch: Da privatbeherrschte Unternehmen im

---

[38] So bereits Pfeifer, Möglichkeiten und Grenzen der Steuerung kommunaler Aktiengesellschaften durch ihre Körperschaften, 1991, 21.
[39] Zeis KommJur 2020, 407 (409).
[40] Vgl. Kapteina, Öffentliche Unternehmen in Privatrechtsform und ihre demokratische Legitimation, 2017, 61 f.
[41] Kapteina, Öffentliche Unternehmen in Privatrechtsform und ihre demokratische Legitimation, 2017, 62 f.; vgl. auch Brüning VerwArch 2009, 453 (472); Trute DVBl. 1996, 950 (956); Voßkuhle VVDStRL 62 (2003), 266 (296).
[42] Kapteina, Öffentliche Unternehmen in Privatrechtsform und ihre demokratische Legitimation, 2017, 62 f.; vgl. Voßkuhle VVDStRL 62 (2003), 266 (296); zur Herleitung der Legitimationsverantwortung des Staates vgl. Trute DVBl. 1996, 950 (956).
[43] Kapteina, Öffentliche Unternehmen in Privatrechtsform und ihre demokratische Legitimation, 2017, 62 f.

Gegensatz zu öffentlichen Unternehmen **keine Staatsgewalt** ausüben, erstreckt sich das verfassungsrechtliche Erfordernis demokratischer Legitimation auch in abgeschwächter Form nicht auf die unternehmerische Betätigung. Die öffentliche Hand unterliegt bei bloßer Minderheitsbeteiligung keiner Ingerenzpflicht und muss sich daher auch keine Einwirkungs- und Kontrollbefugnisse sichern, die über das angesichts der Beteiligung gesellschaftsrechtlich ohnehin gegebene Maß hinausgehen. Es ist verfassungsrechtlich nicht geboten, dass die öffentliche Hand steuernd auf die unternehmerische Entscheidungsfindung Einfluss nimmt. Allein die Entscheidung über den Beteiligungserwerb sowie die Wahrnehmung der mitgliedschaftlichen Befugnisse sind legitimationsbedürftiges amtliches Handeln.[44] Die **Sphäre des Unternehmens** und die der öffentlichen Hand bleiben voneinander getrennt.

Deutlich wird dieser Umstand, nimmt man eine vergleichende Betrachtung zweier 23 Unternehmensbeteiligungen des Bundes vor. Die **Deutsche Bahn AG** steht im alleinigen Eigentum des Bundes, ist damit ein öffentliches Unternehmen und wird als solches dem Verantwortungsbereich des Bundes zugerechnet. Die Bundesregierung kann einem **parlamentarischen Auskunftsbegehren** deshalb nicht unter Verweis darauf begegnen, die begehrte Auskunft erfasse den Bereich des Unternehmens und entziehe sich deshalb der exekutiven Verantwortung.[45]

Dagegen erstreckte sich ein parlamentarischer Auskunftsanspruch gegenständlich nicht 24 auf unternehmerische Entscheidungen der **Deutschen Lufthansa AG,** an der der Bund im Zuge der Corona-Pandemie für einen begrenzten Zeitraum eine Minderheitsbeteiligung in Höhe von 20,05 % erworben hatte. Entsprechende Anfragen konnte die Regierung daher unter Verweis auf die **Trennung** zwischen staatlichem und unternehmerischem Verantwortungsbereich abweisen. Darauf hat die Bundesregierung zutreffend hingewiesen.[46]

3. Pflicht zur Verfolgung eines öffentlichen Zwecks

In der Verfassung, konkret im **Rechtsstaatsprinzip**, ist der Grundsatz verankert, wonach 25 *„jedes staatliche Handeln […] dem Gemeinwohl verpflichtet"* ist.[47] Das gilt selbstredend auch für den Fall staatlicher Beteiligung an privatrechtlich organisierten Unternehmen. Eine Unternehmensbeteiligung ist folglich nur dann zulässig, wenn hiermit ein über die bloße Gewinnerzielungsabsicht hinausgehender **öffentlicher Zweck** angestrebt wird.[48] Der Begriff des öffentlichen Zwecks ist dabei nicht begrenzt und festgelegt, sondern kann sich im politischen Prozess stets fortentwickeln.[49] Umstritten ist allerdings, ob der öffentlichen Hand hierbei eine **Einschätzungsprärogative** zugestanden wird oder ob die Bewertung

---

[44] Deutlich Dreier GG Art. 20 (Demokratie) Rn. 135; schon Schmidt-Aßmann AöR 1991, 329 (346) trennt zwischen Kooperationsbereich und staatlicher Beteiligungsentscheidung und sieht nur letztere als Staatsgewalt iSd Art. 20 Abs. 2 GG an, propagiert diese Trennung aber pauschal für alle gemischt-wirtschaftlichen Unternehmen.
[45] Vgl. BVerfGE 147, 50 Rn. 214 ff.
[46] BT-Drs. 19/24118, 4: „Im Falle einer staatlichen Minderheitsbeteiligung – wie bei der Deutschen Lufthansa AG – beschränkt sich der Auskunftsanspruch hingegen ausschließlich auf den staatlichen Verantwortungsbereich. Parlamentarische Anfragen zu Sachgebieten, für die das Unternehmen selbständig verantwortlich ist, sind somit nicht vom parlamentarischen Auskunftsanspruch umfasst."
[47] BVerfGE 116, 135 (153); ferner Mann, Die öffentlich-rechtliche Gesellschaft, 2002, 80 f.; KFV/Mann, Der Staat als Aktionär, 39, 43 f.; Kapteina, Öffentliche Unternehmen in Privatrechtsform und ihre demokratische Legitimation, 2017, 15 f.
[48] Kapteina, Öffentliche Unternehmen in Privatrechtsform und ihre demokratische Legitimation, 2017, 17 f.; Mann, Die öffentlich-rechtliche Gesellschaft, 2002, 81: Reiner Finanzierungszweck ist mit Prinzip des Steuerstaates nicht vereinbar; KFV/Mann, Der Staat als Aktionär, 39 (43 f.); sehr großzügig Jarass DÖV 2002, 489 (490), der es bereits ausreichen lässt, wenn der erwirtschaftete Ertrag für öffentliche Zwecke genutzt wird.
[49] Mann, Die öffentlich-rechtliche Gesellschaft, 2002, 83; überblicksartig zu „klassischen" Konstellationen Traut, Die Corporate Governance von Kapitalgesellschaften der öffentlichen Hand, 2013, 5.

der Zweckverfolgung als öffentlich einer vollumfänglichen gerichtlichen Nachprüfung unterliegt.[50]

26   Ein wichtiger Unterschied ergibt sich auch hinsichtlich der Zweckverfolgung wiederum zwischen öffentlichen und privatwirtschaftlichen Unternehmen mit staatlicher Minderheitsbeteiligung. Im erstgenannten Fall ist sicherzustellen, dass das Unternehmen selbst den besagten öffentlichen Zweck verfolgt, und zwar regelmäßig durch vorab erfolgende **Zweckprogrammierung** (dazu noch ausführlich → § 18 Rn. 53).[51] Schließlich ist dieses Unternehmen dem Verantwortungsbereich der öffentlichen Hand zuzurechnen (dazu bereits → Rn. 9). Für den Fall der **Minderheitsbeteiligung** muss lediglich mit dem Beteiligungserwerb und im Zuge der Ausübung der Beteiligungsrechte ein öffentlicher Zweck angestrebt werden. Da die Tätigkeit des Unternehmens selbst nicht als staatliches Handeln zu kategorisieren ist, besteht auch keine Gemeinwohlverpflichtung desselben.

4. Grundrechtsberechtigung und -verpflichtung

27   Nachdem lange Zeit strittig war, nach welchen Kriterien die Grundrechtsberechtigung und -verpflichtung privatrechtlich organisierter Unternehmen mit öffentlicher Beteiligung zu bewerten ist, hat sich das Bundesverfassungsgericht in der **Fraport-Entscheidung** vom 22.2.2011 eindeutig positioniert. Seitdem steht fest: Die Frage nach der Grundrechtsbindung von Unternehmen mit staatlicher Beteiligung ist zumindest im Ausgangspunkt spiegelbildlich zur Bestimmung des Anwendungsbereichs demokratischer Legitimationserfordernisse zu beantworten.[52] Zwischen demokratischem Legitimationserfordernis und Grundrechtsberechtigung besteht regelmäßig ein Alternativverhältnis, so dass sich die Frage der Grundrechtsberechtigung respektive -verpflichtung im Umkehrschluss zu den obigen Ausführungen beantworten lässt: Unternehmen, die von der öffentlichen Hand beherrscht werden, sind **grundrechtsgebunden** und können sich üblicherweise nicht selbst auf Grundrechte berufen.[53] Handelt es sich demgegenüber um ein privatbeherrschtes Unternehmen mit bloßer staatlicher Minderheitsbeteiligung, ist das Unternehmen als **grundrechtsberechtigt** einzustufen.[54] Betrachtet man dagegen nicht das Unternehmen, sondern den öffentlichen Anteilseigner, so ist eindeutig, dass dieser unabhängig von der Höhe seiner Beteiligung im Zuge der Ausübung seiner Beteiligungsrechte stets grundrechtsgebunden ist.[55]

---

[50] Zu der Fragestellung ohne abschließende Klärung Mann, Die öffentlich-rechtliche Gesellschaft, 2002, 84; großzügig BVerwGE 39, 329 (334): öffentliche Zweckbestimmung sei „hauptsächlich den Anschauungen und Entschließungen ihrer maßgebenden Organe überlassen"; mit kritisch eingrenzender Tendenz Kapteina, Öffentliche Unternehmen in Privatrechtsform und ihre demokratische Legitimation, 2017, 19.

[51] Zur Zweckprogrammierung ausführlich Mann, Die öffentlich-rechtliche Gesellschaft, 2002, 183 ff.

[52] BVerfGE 128, 226 (246 f.): „Ein gemischtwirtschaftliches Unternehmen unterliegt der unmittelbaren Grundrechtsbindung, wenn es von den öffentlichen Anteilseignern beherrscht wird." So bereits vorher eindeutig Gersdorf AfP 1998, 470 (474); ders., Öffentliche Unternehmen im Spannungsfeld zwischen Demokratie- und Wirtschaftlichkeitsprinzip, 2000, 55 ff.; Dreier GG Art. 20 (Demokratie) Rn. 132: Bewertung demokratischer Legitimation bei privatrechtsförmiger Verwaltung erfolgt parallel zur Grundrechtsbindung bzw. Grundrechtsträgerschaft. Zur Einordnung der Fraport-Entscheidung in die vorherige Rechtsprechung sowie die bis dahin vorherrschende Literatur ausführlich Traut, Corporate Governance von Kapitalgesellschaften der öffentlichen Hand, 2013, 30 ff. Kritisch noch Mehde VerwArch 91 (2000), 540 (546 f.), der sich allerdings auf die mittlerweile aufgegebene Rechtsprechung des BVerfG bezieht, wonach es bei der Beurteilung der Grundrechtsfähigkeit auf die wahrgenommene Aufgabe ankomme.

[53] Vgl. BVerfGE 147, 50 Rn. 242 f.; zustimmend etwa Gurlit NZG 2012, 249 (251 ff.); KFV/Mann, Der Staat als Aktionär, 39 (46), der allerdings davon spricht, dass die Gesellschaften „mehrheitlich [vom Staat] beherrscht werden"; schon zuvor Gersdorf AfP 1998, 470 (474); kritisch dagegen Schockenhoff NZG 2018, 521 (523 f.).

[54] BVerfGE 115, 205 (227 f.); Schockenhoff NZG 2018, 521 (524); Dreier GG Art. 19 Abs. 3 Rn. 54: „Nur durch den förmlichen Akt der Beleihung kann eine natürliche oder juristische Person des Privatrechts (ohne staatliche oder kommunale Beteiligung) der Grundrechtssphäre entzogen und dem Bereich der Ausübung staatlicher Gewalt zugeordnet werden".

[55] Vgl. Dreier GG Art. 1 Abs. 3 Rn. 71.

III. Konkretisierungen der Angemessenheitsvorgabe

1. Generalisierender Ansatz

Ist damit festgestellt, dass das Grundgesetz einer Minderheitsbeteiligung nicht entgegensteht, kann im nächsten Schritt versucht werden, die Zulässigkeitsvoraussetzungen einer solchen Beteiligung konkreter zu umreißen. Aufgrund der **Hypertrophie bundes- und landesrechtlicher Vorgaben** kann dies im Rahmen dieses Werkes lediglich generalisierend und überblicksartig erfolgen, doch wird diese Aufgabe durch eine weitgehende **Vereinheitlichung der Vorgaben** erleichtert, die sich auch in einer Parallelität der gerichtlichen und literarischen Ausdeutungen widerspiegelt. 28

2. Vorgaben auf Bundesebene

Zentrale Vorschrift für die staatliche Beteiligung an privatrechtlichen Unternehmen auf Bundesebene ist **§ 65 BHO,** wobei für die hier interessierende Fragestellung vornehmlich die Kriterien des § 65 Abs. 1 Nr. 3 BHO einer näheren Beleuchtung bedürfen.[56] Danach soll sich der Bund an der Gründung eines privatrechtlichen Unternehmens oder an einem bereits bestehenden privaten Unternehmen grundsätzlich nur beteiligen, wenn er einen angemessenen Einfluss, insbesondere im Aufsichtsrat oder in einem entsprechenden Überwachungsorgan erhält (zur Frage, wann der Einfluss angemessen ist → Rn. 36; zur rechtsformspezifischen Frage, welcher Einfluss auf hoheitliche Repräsentanten genommen werden kann → Rn. 41, 69). Die gesetzlich statuierten Einflussmöglichkeiten der Repräsentation im Aufsichtsrat oder in einem entsprechenden Überwachungsorgan sind aber nicht abschließend („insbesondere"), so dass der Bund ebenso auf andere Steuerungsmöglichkeiten zurückgreifen kann. Als entsprechende Optionen werden in der Literatur etwa Anteilseignerorgane oder eine durch Vorzugsaktien (§ 139 Abs. 1 S. 1, § 12 Abs. 1 S. 2 AktG) oder Höchststimmrechte (§ 134 Abs. 1 S. 2 AktG) gestärkte Stellung in der Hauptversammlung genannt (zu den Möglichkeiten einer Einflussnahme aus einer Minderheitsbeteiligung IV.).[57] 29

Keine Vorgaben enthält die Bundeshaushaltsordnung zu der Frage, in welcher **Rechtsform** sich der Bund vorzugsweise betätigen sollte. Das ist insofern bemerkenswert, als einige Gemeindeordnungen mit ansonsten ähnlichen Vorgaben für die hoheitliche Betätigung in privater Rechtsform vorschreiben, dass die Kommunen sich **vornehmlich der Rechtsform der GmbH** bedienen müssen. Hintergrund solcher Regelungen ist, dass sich die GmbH namentlich aufgrund der Weisungsbindung des Geschäftsführers nach § 37 Abs. 1 GmbHG als dem öffentlichen Einfluss deutlich leichter zugänglich erweist als die Aktiengesellschaft, in der dem Vorstand keine Weisungen erteilt werden können (§ 76 Abs. 1 AktG). Deshalb ist in einigen Gemeindeordnungen der Länder die Subsidiarität der Rechtsform der Aktiengesellschaft gegenüber der GmbH ausdrücklich festgeschrieben (vgl. § 108 Abs. 4 GO NRW, § 103 Abs. 2 GO BW, § 87 Abs. 2 GO RhPf). § 65 Abs. 1 Nr. 3 BHO lässt sich eine solche Einschränkung jedoch nicht entnehmen. Vielmehr setzt eine zulässige Beteiligung des Bundes (lediglich) einen angemessenen Einfluss sowie eine dem Demokratieprinzip entsprechende Legitimation (dazu → Rn. 7 ff.) voraus.[58] 30

3. Vorgaben auf Landesebene

a) Landeshaushaltsrecht. § 65 BHO findet seine landesrechtlichen Entsprechungen in § 65 bzw. Art. 65 der Haushaltsordnungen der Länder. Da die jeweiligen **Vorgaben inhaltsgleich** ausgestaltet sind, ergeben sich auch in der Auslegung keine Abweichungen, 31

---

[56] Bei Rekapitalisierungsmaßnahmen nach dem StFG wird § 65 BHO durch die spezielleren Vorschriften verdrängt, § 22 Abs. 2 S. 4 StFG.
[57] Gröpl/Wernsmann BHO § 65 Rn. 10.
[58] Gröpl/Wernsmann BHO § 65 Rn. 11.

so dass auf die Ausführungen zu den Vorgaben auf Bundesebene verwiesen werden kann (→ Rn. 29 f.).

32 b) **Kommunalrecht.** Auf kommunaler Ebene enthalten etwa **§ 108 GO NRW, § 103 GO BW, Art. 92 BayGO** Vorgaben für eine staatliche Beteiligung an Unternehmen in Privatrechtsform, wobei die Normen im Hinblick auf die Frage nach dem Staatseinfluss in ihrem Grundsatz weitestgehend nicht voneinander abweichen, was eine verallgemeinernde Beurteilung der einzelnen Voraussetzungen erlaubt. Auch hier entsprechen die **Angemessenheitsvorgaben** im Ausgangspunkt denen des § 65 BHO. So setzt etwa § 108 Abs. 1 Nr. 6 GO NRW für eine öffentlich-rechtliche Beteiligung an einem privatrechtlichen Unternehmen oder dessen Gründung zunächst voraus, dass die Gemeinde einen angemessenen Einfluss, insbesondere in einem **Überwachungsorgan**, erhält. Unter anderem § 103 Abs. 1 S. 1 Nr. 3 GO BW und Art. 92 Abs. 1 S. 1 Nr. 2 BayGO nennen wie § 65 Abs. 1 Nr. 3 BHO zusätzlich den Aufsichtsrat als Beispiel für ein solches Überwachungsorgan. Konkretisiert werden die Vorgaben etwa in § 108 Abs. 1 Nr. 6 Hs. 2 GO NRW, wonach der angemessene Einfluss durch Gesellschaftsvertrag, Satzung oder in anderer Weise gesichert werden muss (sog. Ingerenzpflicht). Der Sicherung „in anderer Weise" kommt insbesondere dann eine Bedeutung zu, wenn die Gemeinde ihre Einflussmöglichkeit über die Besetzung von Aufsichtsratsposten oder über die **Einräumung eines Vorschlagsrechts** bei der Besetzung von Geschäftsführer- bzw. Vorstandspositionen wahrnimmt, da diese Optionen in der Regel in sog. **Konsortialverträgen** festgeschrieben werden.[59] Im Hinblick auf den Normzweck des § 108 Abs. 1 Nr. 6 Hs. 2 GO NRW – die Gewährleistung der Steuerungsmöglichkeit der Gemeinde – erfordert eine Sicherung des Einflusses „in anderer Weise", dass Änderungen an der Festsetzung nur unter Mitwirkung der Gemeinde erfolgen dürfen (zum Kriterium der angemessenen Einflussnahme auf privatrechtliche Unternehmen in kommunaler Trägerschaft ausführlich → § 21 Rn. 68 ff.).[60]

33 Zum Teil gehen diese gemeindlichen Vorgaben noch weiter über die Bundes- und Landeshaushaltsordnungen sowie über das verfassungsrechtlich Gebotene (→ Rn. 6 ff.) hinaus, wenn etwa in § 108 Abs. 1 Nr. 7 GO NRW verlangt wird, dass das Unternehmen oder die Einrichtung überdies durch Gesellschaftsvertrag, Satzung oder sonstiges Organisationsstatut auf den öffentlichen Zweck ausgerichtet wird. Da es sich bei solchen flankierenden Vorgaben aber nicht um Spezifika einer Minderheitsbeteiligung handelt, sollen sie hier nicht weiter untersucht werden (vgl. stattdessen die Darstellung in → § 21 Rn. 61).

34 Im Gegensatz zu der bundesrechtlichen Regelung des § 65 BHO (→ Rn. 29) sowie den korrespondierenden Vorgaben der Landeshaushaltsordnungen (→ Rn. 31) folgt unter anderem aus § 108 Abs. 4 GO NRW, § 103 Abs. 2 GO BW die **Subsidiarität der Rechtsform der Aktiengesellschaft** gegenüber der GmbH. Andere Länder folgen dagegen auch insofern dem Vorbild der Haushaltsordnungen von Bund und Ländern (→ Rn. 30 f.) und verzichten auf eine ausdrückliche Subsidiaritätsklausel (vgl. Art. 92 BayGO, § 137 NKomVG, § 129 KVG LSA).

IV. Möglichkeiten zur Einflussnahme aus einer Minderheitsbeteiligung

1. Einflussnahme aus einem Aufsichts-/Überwachungsgremium

35 a) **Allgemeine Grundsätze.** In der Gesamtschau sind diese bundes-, landes- und kommunalrechtlichen Vorgaben also keinesfalls durchgängig inhaltsgleich ausgestaltet, weisen aber doch so deutliche Parallelen auf, dass eine **in weiten Zügen einheitliche Darstellung** möglich ist, die nur in Einzelpunkten auf die Besonderheiten einzelner Normen überblenden muss, um einen Überblick über das Phänomen hoheitlicher Minderheitsbeteiligungen zu geben.

---
[59] Held/Winkel/Kotzea GO NRW § 108 Rn. 4.4.
[60] Held/Winkel/Kotzea GO NRW § 108 Rn. 4.4.

Dabei ist in einem ersten gedanklichen Schritt zu konstatieren, dass entsprechend den **36** hier herausgearbeiteten Überlegungen hinsichtlich der verfassungsrechtlichen Vorgaben (→ Rn. 22 f.) die Voraussetzung eines angemessenen Staatseinflusses einer Minderheitsbeteiligung grundsätzlich nicht entgegensteht. Der Hoheitsträger muss das Unternehmen damit weder im Sinne einer Mehrheitsbeteiligung beherrschen noch auf eine solche Beherrschung hinwirken.[61] Vielmehr wird sein Einfluss schon dann als angemessen angesehen, wenn sich seine Repräsentanz in einem zentralen Unternehmensorgan an der **Quote seiner Beteiligung** orientiert.[62]

Als dafür geeignetes Organ wird in nahezu sämtlichen Vorschriften der Aufsichtsrat oder **37** ein entsprechendes Überwachungsorgan angesehen, in dem der Hoheitsträger über eine entsprechende Einflussnahmemöglichkeit verfügen soll. Neben dem Aufsichtsrat der Aktiengesellschaft als klassischem Anwendungsfall eines solchen Überwachungsorgans sind auch andere Gremien denkbar, sofern sie nur mit hinreichenden Einflussmöglichkeiten ausgestattet sind (vgl. dazu noch die Ausführungen in → Rn. 42 f.). Für den Hoheitsträger folgt daraus zunächst eine Verpflichtung, auf die **Bildung eines Überwachungsorgans** hinzuwirken, sofern ein solches für die entsprechende Rechtsform des Unternehmens nicht gesetzlich vorgeschrieben ist.[63] Nimmt der Hoheitsträger seine Einflussmöglichkeit hingegen über ein bestehendes Überwachungsorgan wahr, ist sicherzustellen, dass dieses im Unternehmen einen angemessenen Einfluss ausüben kann, und es ist gegebenenfalls auf eine Stärkung dieses Einflusses hinzuwirken.[64]

Problematisch an sämtlichen Besetzungsvorgaben ist der Umstand, dass die Wahl in die **38** entsprechenden Organe nach kapitalgesellschaftsrechtlichen Grundsätzen **keine Verhältniswahl** ist, in der sich das Stimmgewicht der unterschiedlichen Anteilseigner proportional niederschlägt, sondern es entscheidet jeweils die einfache Mehrheit (§ 133 Abs. 1 AktG, § 47 Abs. 1 GmbHG). Wenn danach der Gesellschafter X über 51 % der Stimmen verfügt und das Land über 49 %, so würden – vorbehaltlich einer kautelarjuristisch abweichenden Ausgestaltung – sämtliche Sitze im Aufsichtsorgan allein von X bestellt.

Wenn, wie in diesem Kapitel unterstellt, der Hoheitsträger aus einer Minderheiten- **39** position handelt, kann er seine Kandidaten nach allgemeinen Grundsätzen deshalb nicht im Anteilseignerorgan durchsetzen. Weil damit dem Hoheitsträger aber kein „angemessener" Einfluss eingeräumt würde, wie ihn das Gesetz vorsieht, bedarf dieses Ergebnis einer Korrektur, für die innerhalb der unterschiedlichen Rechtsformen aber abweichende Voraussetzungen gelten.

b) Einflussnahme in der GmbH. aa) Verweis auf allgemeine Grundsätze. (1) Auf- 40 sichtsrat in der GmbH. Die Frage, wie ein Hoheitsträger aus einer Minderheitenposition einen angemessenen Einfluss ausüben kann, knüpft an die allgemeinere Frage an, welche Einwirkungsmöglichkeiten dem Hoheitsträger überhaupt in einer GmbH zustehen. Sie werden in diesem Werk in → § 25 Rn. 75 ff. dargestellt und sollen deshalb hier nicht umfassend rekapituliert werden. In der an dieser Stelle genügenden Verknappung lassen sich diese Grundsätze folgendermaßen zusammenfassen: Die Gesellschafter einer GmbH üben ihren Einfluss auf die Geschäftsführung in der Regel nicht über einen Aufsichtsrat aus, sondern über das ihnen unmittelbar zustehende **Weisungsrecht** nach § 37 Abs. 1 GmbHG. Die GmbH muss deshalb **nicht zwingend einen Aufsichtsrat** haben, sondern nur dann, wenn sie den Regeln unternehmerischer **Mitbestimmung** unterliegt (→ § 2 Rn. 34 sowie → § 25 Rn. 118 ff.). Aufgrund der für die GmbH geltenden **Satzungsfreiheit im Innenverhältnis** (→ § 2 Rn. 18 sowie → § 25 Rn. 26) können aber weitere

---

[61] So aber V. Lewinski/Burbat BHO § 65 Rn. 10.
[62] Bay LT-Drs. 13/1182, 9; Gröpl/Wernsmann BHO § 65 Rn. 11; BeckOK KommR BW/Müller § 103 Rn. 10 f.; Dietlein/Suerbaum/Lück KommR Bayern Art. 92 Rn. 13; Held/Winkel/Kotzea GO NRW § 108 Rn. 4.4; Palmen/Bender GO NRW § 108 II.3; Altmeppen NJW 2003, 2561 (2563); Gruber, Modernes Haushalts- und Gemeindewirtschaftsrecht, 2002, 250.
[63] Gröpl/Wernsmann BHO § 65 Rn. 9.
[64] Gröpl/Wernsmann BHO § 65 Rn. 9.

Gremien vorgesehen werden, was § 52 GmbHG speziell für den Aufsichtsrat noch einmal bekräftigend klarstellt. Entscheiden sich die Satzungsgeber für diese Struktur, wird die grundsätzliche Ausgestaltung in § 52 GmbHG weitgehend an den Aufsichtsrat einer Aktiengesellschaft angeglichen, doch räumt § 52 Abs. 1 GmbHG auch insofern Gestaltungsfreiheit ein (zu deren Grenzen → § 25 Rn. 113 und unten). Auch diese inhaltliche Gestaltungsfreiheit endet aber unter den Voraussetzungen der Mitbestimmung. Sofern die Gesellschaft mitbestimmt ist, muss ein solcher Aufsichtsrat zwingend eingerichtet werden, dem in den jeweiligen Mitbestimmungsvorschriften dann auch **feste Zuständigkeiten** zugewiesen werden (vgl. etwa § 1 Abs. 1 Nr. 3 DrittelbG).

41 (2) **Einwirkungsbefugnisse nach der gesetzlichen Konzeption.** Weitere Grenzen sind der Gestaltungsfreiheit in der GmbH dort gesetzt, wo es um die **Einwirkungsbefugnisse** der jeweiligen Hoheitsträger auf ihre Repräsentanten, etwa im Aufsichtsrat, geht. Diese Frage ist Gegenstand einer schon seit langem geführten Debatte, die insbesondere um die **Schlagwörter Weisungsrechte und Informationsrechte** kreist. Diese beiden Diskussionen sollen hier nicht umfassend nachgezeichnet werden, da sie kein Spezifikum der Minderheitsbeteiligung sind. Sie werden deshalb in diesem Werk bereits umfassend in → § 25 Rn. 115 ff. dargestellt. Auch auf diese Darstellung sei hier hinsichtlich der Grundlagen verwiesen. Geht man mit der herrschenden Meinung davon aus, dass auch Mitglieder eines GmbH-Aufsichtsrats, jedenfalls vorbehaltlich einer abweichenden satzungsmäßigen Gestaltung (vgl. dazu noch → Rn. 47), Weisungsbindungen nicht unterworfen sind (→ § 25 Rn. 115), muss man sich bewusst sein, dass der Einfluss über das Aufsichtsorgan auch hier ein eher schwacher ist. Zumindest nach der gesetzlichen Konzeption kann der Hoheitsträger über dieses Instrument lediglich sicherstellen, dass seine Repräsentanten im Aufsichtsrat vertreten sind; diese Repräsentanz verschafft aber keine unmittelbaren Einwirkungsbefugnisse. Es darf aber natürlich nicht verkannt werden, dass der Einfluss in der **unternehmerischen Praxis** wesentlich größer ist, als es diese rechtlichen Vorgaben vermuten lassen. Nicht nur die Organmitglieder des Aufsichtsrats, sondern auch die der Geschäftsführung werden für die Anregungen eines prominent beteiligten Hoheitsträgers faktisch zumeist ein sehr offenes Ohr haben.

42 (3) **Andere Organe.** Die Gesellschafter sind aber keineswegs auf die Wahl eines Aufsichtsrats beschränkt, sondern können ihren Einfluss auf der Grundlage der Satzungsautonomie auch in **andere Gestaltungsformen** kanalisieren.[65] Die gebräuchlichsten Gestaltungsformen sind insofern der Gesellschafterausschuss und der Beirat; daneben begegnen in der Praxis auch Verwaltungsräte, wobei diese Bezeichnung jedoch als irreführend gilt, weil damit sowohl überwachende als auch beratende und entscheidende Befugnisse assoziiert werden können.[66] Auch diese Organe können im Innenverhältnis umfassend mit Befugnissen ausgestattet und so dem Aufsichtsrat angeglichen werden.

43 Weil diese Organe nicht schon durch die default rule des § 52 GmbHG gesetzlich vorgeprägt sind, stellt sich hier nicht das oben geschilderte Problem, dass mit der Bezeichnung als „Aufsichtsrat" möglicherweise eine gewisse Erwartungshaltung verbunden ist, die etwa eine Einräumung von Weisungsrechten verbietet.[67] Deshalb ist es hier unbedenklich, die Mitglieder dieser Organe einer **Weisungsbindung** zu unterwerfen. Wegen der Einzelheiten sei auch hier auf die Darstellung in → § 25 Rn. 115 verwiesen. Auf die für den Minderheitsgesellschafter geltenden Besonderheiten wird unter → Rn. 47 noch einmal gesondert eingegangen.

44 bb) **Besonderheiten bei Minderheitenbeteiligungen. (1) Wahl der Aufsichtsratsmitglieder.** Wie auch im Falle einer Mehrheitsbeteiligung muss die minderheitsbeteiligte Gebietskörperschaft in einem ersten Schritt darauf hinwirken, dass bei der Gesellschaft ein

---

[65] NSH/Noack GmbHG § 45 Rn. 16.
[66] NSH/Noack GmbHG § 45 Rn. 18.
[67] Vgl. etwa NSH/Noack GmbHG § 52 Rn. 130: „Wo AR draufsteht, muss auch AR drin sein."

Aufsichtsrat eingerichtet wird, sofern er nicht schon vorhanden ist (→ Rn. 37). Das Kernproblem bei der Einflussnahme aus einer Minderheitenposition liegt sodann offenkundig darin, dass dem Träger hoheitlicher Gewalt die Stimmmacht fehlt, um seine Repräsentanten aus eigener Kraft in den Aufsichtsrat zu wählen. Um eine seiner Beteiligung adäquate Repräsentation zu gewährleisten, bedarf es also besonderer satzungsmäßiger Vorkehrungen, um die **unzureichende Stimmkraft des Hoheitsträgers auszugleichen.** In erster Linie wird das durch Entsendungsrechte möglich sein, die das GmbH-Recht – ohne ausdrückliche gesetzliche Verankerung – zulässt, und zwar ohne die etwa im Aktiengesetz enthaltenen strengen Begrenzungen (vgl. dazu noch die Ausführungen in → Rn. 50 ff.).[68] Der auch für die GmbH geltende Gleichheitsgrundsatz steht dem anerkanntermaßen nicht entgegen[69] und auch die für die Aktiengesellschaft bedeutsame Hürde der Kapitalverkehrsfreiheit (→ Rn. 53) ist für die GmbH nicht von Relevanz.

45 Daneben ist es im GmbH-Recht auch unproblematisch, der öffentlichen Gebietskörperschaft ein erhöhtes Stimmgewicht, etwa in Gestalt von Mehrstimmrechten, Höchststimmrechten oder stimmrechtslosen Geschäftsanteilen, zuzuweisen,[70] um es ihr auf diese Weise zu ermöglichen, ihre Repräsentanten in den Aufsichtsrat zu wählen. Man muss sich aber bewusst sein, dass diese Gestaltung – anders als die Einräumung eines Entsendungsrechts – eine überschießende Wirkung hat, weil die Einräumung von Mehrheitsmacht nicht nur ein proportionales Besetzungsrecht gibt, sondern damit letztlich sämtliche Aufsichtsratsmitglieder von der öffentlichen Hand besetzt werden könnten.

46 **(2) Stellung der Repräsentanten einer minderheitsbeteiligten Gebietskörperschaft.** Für die Stellung der Repräsentanten einer minderheitsbeteiligten Gebietskörperschaft gelten hinsichtlich der Frage ihrer Weisungsfreiheit und der Verschwiegenheitspflicht die in → § 25 Rn. 115, 136 ff. dargestellten Grundsätze. Auflockerungen dieser Pflichtenbindung werden – jedenfalls vorbehaltlich einer speziellen Satzungsregel – allenfalls im Rahmen einer Alleineigentümerstellung der öffentlichen Hand ernsthaft diskutiert (Nachw. in → § 25 Rn. 116). In der hier behandelten Konstellation, in der die hoheitliche Beteiligung aber ausschließlich eine Minderheitsbeteiligung ist, sind sie dagegen klar abzulehnen.

47 Es stellt sich sodann aber wiederum die Folgefrage, ob nicht die **Gestaltungsfreiheit der Gesellschafter** es ermöglicht, auch insofern vom gesetzlichen Regelfall abzuweichen, dass Weisungsrechte und Durchbrechungen der Verschwiegenheitspflicht zumindest durch eine Satzungsregelung festgeschrieben werden können. Hinsichtlich der **Weisungsrechte** steht die ganz herrschende Meinung des Gesellschaftsrechts dem ablehnend gegenüber,[71] während nach der Gegenauffassung die Satzung eine Weisungsbindung soll einrichten können.[72] Das **BVerwG** geht sogar noch einen Schritt weiter und liest eine solche Bindung in die Satzung einer kommunalen Gesellschaft hinein.[73] Auch diese Fragen sind nicht speziell ein Problem der Minderheitsbeteiligung, weshalb auf die Darstellung in → § 25 Rn. 114 verwiesen wird. Zu beachten ist aus Sicht des hoheitlichen Minderheitsgesellschafters jedoch, dass das BVerwG diese Auslegung allein an eine kommunale Mehrheitsbeteiligung geknüpft hat, dieses Begründungsmuster demnach bei einer Minderheitsbeteiligung nicht greift.

---

[68] Ausführlich zu Entsendungsrechten in der GmbH etwa RGZ 165, 68 (74); H/C/L/Heermann GmbHG § 52 Rn. 42 f.; NSH/Noack GmbHG § 52 Rn. 42; speziell zugeschnitten auf Entsendungsrecht bei kommunaler GmbH Altmeppen NJW 2003, 2561 (2563).
[69] So die auf die AG zugeschnittenen, aber verallgemeinerungsfähigen Feststellungen bei Klausmann, Entsendungsrechte in der Aktiengesellschaft, 2016, 242 ff.
[70] Vgl. zu den Gestaltungsmöglichkeiten NSH/Noack GmbHG § 47 Rn. 67 ff.
[71] Vgl. etwa H/C/L/Heermann GmbHG § 52 Rn. 145 f.; NSH/Noack GmbHG § 52 Rn. 130; Scholz/Schneider/Seyfarth GmbHG § 52 Rn. 497 f.; Schön ZGR 1996, 429 (452).
[72] Altmeppen NJW 2003, 2561 (2563 ff.); Bachmann, FS E. Vetter, 2019, 15 (17); Kiethe NZG 2006, 45 (49); R. Schmidt ZGR 1996, 345 (354).
[73] BVerwG GmbHR 2011, 1205 mit Hinweis auf § 108 Abs. 5 Nr. 2 GO NRW, wonach eine Weisungsbindung erwartet wird; zust. OVG Sachsen GmbHR 2013, 35; Bachmann, FS E. Vetter, 2019, 15 (17 ff.); krit. NSH/Noack GmbHG § 52 Rn. 130; Laier GWR 2011, 521.

48 c) Einflussnahme in der Aktiengesellschaft. aa) Allgemeine Grundsätze. Auch hinsichtlich der Einflussnahme in einer Aktiengesellschaft gilt es, zunächst in einem ersten Schritt noch einmal die **allgemeinen Grundsätze** zu rekapitulieren, wie die Gebietskörperschaft überhaupt auf das Unternehmen, hier speziell auf die Bildung des Aufsichtsrats, Einfluss nehmen kann (zu sonstigen Einflussnahmemöglichkeiten → Rn. 74 ff.). Das soll hier wiederum nur in Form einer verknappten Zusammenfassung unter Verweis auf die umfassendere Darstellung in → § 2 Rn. 23 sowie in → § 25 Rn. 73 ff. geschehen. Danach ist festzuhalten, dass die AG schon qua Gesetzes über einen Aufsichtsrat verfügt, in den der hoheitliche Einfluss kanalisiert werden kann. Insofern bedarf es hier nicht der besonderen kautelarjuristischen Vorsorge, dass überhaupt erst auf die Einrichtung eines solchen Organs hingewirkt wird.

49 Deutlich schwieriger stellt es sich in der Aktiengesellschaft jedoch dar, den hinreichenden Einfluss des minderheitsbeteiligten Hoheitsträgers zu sichern, weil hier der **Grundsatz der Satzungsstrenge** nach § 23 Abs. 5 AktG Abweichungen vom gesetzlichen Modell im absoluten Regelfall nicht zulässt.[74] Hintergrund ist, dass die Aktie durch das Verbot von Abweichungen zu einem **standardisierten Produkt** gemacht werden soll, das ohne nennenswerten Informationsaufwand an der Börse gehandelt werden kann.[75] Damit ist auch die Stimmverteilung innerhalb der Gesellschaft der Satzungsdisposition weitgehend entzogen. Dennoch gibt es auch hier Möglichkeiten der Flexibilisierung.

50 bb) Entsendungsrecht. (1) Allgemeine Grundsätze. An erster Stelle ist auch hier das Entsendungsrecht zu nennen, das gerade von öffentlichen Gesellschaftern verbreitet genutzt wird.[76] Es besteht jedoch nur in den **engen Grenzen des § 101 Abs. 2 AktG,** der voraussetzt, dass das Entsendungsrecht in der Satzung verankert sein muss. Darüber hinaus ergänzt § 101 Abs. 2 S. 4 AktG, dass die Entsendungsrechte insgesamt höchstens für ein **Drittel** der sich aus dem Gesetz oder der Satzung ergebenden Zahl der Aufsichtsratsmitglieder der Aktionäre eingeräumt werden dürfen. Entscheidend ist insofern nicht die Zahl der tatsächlich vorhandenen Anteilseignervertreter (also die Istzahl), sondern die sich aus Gesetz oder Satzung ergebende Höchstzahl der Aufsichtsratsmitglieder (die Sollzahl).[77]

51 Im öffentlich-rechtlichen Schrifttum nicht erörtert wird – soweit ersichtlich – die Frage, ob die in den Bundes-/Landeshaushaltsordnungen bzw. der den Gemeindeordnungen enthaltene Angemessenheitsvorgabe sich bei **mitbestimmten Gesellschaften** an der Gesamtzahl der Aufsichtsratsmitglieder (also einschließlich der Arbeitnehmervertreter) oder lediglich an den Anteilseignervertretern zu orientieren hat. Die besseren Gründe sprechen dafür, ausschließlich auf die Anteilseigner abzustellen, da ansonsten die privaten Mehrheitsanteilseigner in die Minderheitenposition verdrängt würden, was ihrer wirtschaftlichen Stellung nicht gerecht würde. Es ist im Lichte des **Art. 14 GG** schon nicht ganz unbedenklich, dass sich in dieser Situation die gewählten Kapitalvertreter gegen eine einheitliche Stimmrechtsausübung der entsandten Kapital- und der Arbeitnehmervertreter nicht durchsetzen können. Dies hat jedenfalls die instanzgerichtliche Rechtsprechung noch als zulässig erachtet.[78] Eine noch weitergehende Marginalisierung wäre aber gerade mit Blick auf das verfassungsrechtlich geschützte Eigentumsrecht (Art. 14 GG) nicht mehr akzeptabel.

52 (2) Vereinbarkeit mit höherrangigem Recht. So verbreitet Entsendungsrechte zugunsten von Hoheitsträgern auch sind, so darf doch nicht übersehen werden, dass ihre Vereinbarkeit mit höherrangigem Recht keinesfalls unproblematisch ist. Keine größeren Probleme wirft insofern **Art. 3 Abs. 1 GG** auf, weil die Vorschrift zum Entsendungsrecht

---

[74] Vgl. dazu Koch AktG § 23 Rn. 34 ff.
[75] Vgl. zu diesem Anliegen Koch AktG § 23 Rn. 34.
[76] GroßkommAktG/Hopt/Roth § 101 Rn. 122; Henssler/Strohn/Henssler, Gesellschaftsrecht, AktG § 101 AktG Rn. 7; Hölters/Weber/Simons AktG § 101 Rn. 24; Koch AktG § 101 Rn. 9; Klausmann, Entsendungsrechte in der Aktiengesellschaft, 2016, 93 ff.; Schön ZGR 1996, 429 (446 f.).
[77] MüKoAktG/Habersack AktG § 101 Rn. 54.
[78] OLG Hamm NZG 2008, 914 (915 f.).

keine staatliche Ungleichbehandlung begründet, sondern lediglich eine Ungleichbehandlung durch Private gestattet, der das Grundgesetz aber nicht entgegenwirken muss.[79]

Größere Bedenken bestehen hingegen mit Blick auf die **Kapitalverkehrsfreiheit** nach Art. 63 Abs. 1 AEUV, an der auch das früher bestehende Entsendungsrecht nach § 4 Abs. 1 VW-Gesetz aF gescheitert ist (ausführlich dazu noch → Rn. 90 ff.). Der dazu ergangenen Entscheidung des EuGH[80] lag jedoch ein Sachverhalt zugrunde, bei dem unmittelbar durch ein Gesetz ein Entsendungsrecht eingeräumt wurde. Damit ist nicht gesagt, dass dasselbe auch dann zu gelten hat, wenn nur auf der Grundlage eines Gesetzes ein Entsendungsrecht in der Satzung verankert wird.[81] 53

Zu satzungsmäßig begründeten Sonderrechten des Staates hat der EuGH in seinem Urteil zu den **Goldenen Aktien Niederlande** zwar festgestellt, dass auch sie gegen die Kapitalverkehrsfreiheit verstoßen können,[82] doch hat die Ausdeutung dieser Rechtsprechung und ihre Bedeutung für hoheitliche Entsendungsrechte bislang noch nicht zu einhellig konsentierten Ergebnissen geführt. Aufgrund ihrer hohen Komplexität kann sie auch im Rahmen dieser Untersuchung nicht vertiefend weitergeführt werden, sondern es sollen nur die Grundzüge des Streitstands wiedergegeben werden. Diese stellen sich so dar, dass sich zwei gleichermaßen gewichtige **Meinungsgruppen** gegenüberstehen, von denen die eine die Situation der vom EuGH beurteilten niederländischen Staatspost als Sonderfall einordnet, da die Sonderrechte hier im Zuge der Privatisierung staatlicherseits durchgesetzt wurden. Wo dies nicht der Fall sei, habe auch der EuGH in der Volkswagen-Entscheidung lediglich solche Sonderrechte für unionsrechtswidrig eingestuft, die ein **vom allgemeinen Gesellschaftsrecht abweichendes Sonderrecht allein zugunsten öffentlicher Akteure** darstellten. Deshalb scheide eine Verletzung der Kapitalverkehrsfreiheit aus, sofern sich der Staat nur allgemeiner gesellschaftsrechtlicher Instrumentarien wie § 101 Abs. 2 AktG bediene.[83] 54

Nach der wohl überwiegend vertretenen **Gegenauffassung** ergibt sich dagegen aus der Entscheidung Goldene Aktien Niederlande, dass ein Verstoß gegen die Kapitalverkehrsfreiheit keineswegs eine Einräumung von Sonderrechten qua Hoheitsaktes voraussetze, weshalb auch **staatliche Entsendungsrechte nach § 101 Abs. 2 AktG an der Kapitalverkehrsfreiheit zu messen** seien.[84] Auch damit wird die Einräumung eines Entsendungsrechts aber noch nicht gänzlich untersagt, sondern nur in den Fällen, in denen der Staat maßgeblich **auf die Satzungsgestaltung Einfluss genommen** hat, was insbesondere dann der Fall sein soll, wenn er durch die Ausübung seines Stimmrechts aktiv an der Begründung des Entsendungsrechts mitgewirkt hat.[85] Einzelheiten sind allerdings auch hier streitig und können im Rahmen dieser Untersuchung nicht vertieft werden.[86] Jedenfalls in der AG bleibt die Sicherung des angemessenen Einflusses durch Entsendungsrechte deshalb mit einem Unsicherheitsfaktor behaftet. 55

---

[79] Ausführlich und mit weiteren Nachweisen Klausmann, Entsendungsrechte in der Aktiengesellschaft, 2016, 242 ff.
[80] EuGH v. 23.10.2007 – C-112/05, Kommission./. Deutschland, ECLI:EU:C:2007:623; zusammenfassende Darstellung etwa bei Lutter/Bayer/Schmidt, Europäisches Unternehmens- und Kapitalmarktrecht, Rn. 15.9 ff.; vgl. aber auch noch die Ausführungen unter → Rn. 94 ff.
[81] Vgl. zu diesem Unterschied Klausmann, Entsendungsrechte in der Aktiengesellschaft, 2016, 252 ff.
[82] EuGH v. 28.9.2006 – C-282/04 und C-283/04, Kommission./. Niederlande, ECLI:EU:C:2006:608 Rn. 22 (Goldene Aktien Niederlande); vgl. dazu auch Klausmann, Entsendungsrechte in der Aktiengesellschaft, 2016, 254 f.; Möslein ZIP 2007, 208 ff.
[83] Lutter/Bayer/Schmidt, Europäisches Unternehmens- und Kapitalmarktrecht, Rn. 15.13; Bayer/Schmidt BB 2012, 3 (13); Neumann/Ogorek, NZG 2008, 892 (894); Reichert, FS K. Schmidt, 2009, 1341 (1355).
[84] Holle AG 2010, 14 (20 ff.); Klausmann, Entsendungsrechte in der Aktiengesellschaft, 2016, 256 ff.; Lieder ZHR 172 (2008), 306 (325 f.); Möslein AG 2007, 770 (774); Pießkalla EuZW 2006, 724 f.; Stöber NZG 2010, 977 (979); Verse ZIP 2008, 1754 (1759); Verse, FS E. Klein 2013, 701 (715 ff.).
[85] Vgl. dazu Habersack/Verse, Europäisches Gesellschaftsrecht, § 3 Rn. 56; Klausmann, Entsendungsrechte in der Aktiengesellschaft, 2016, 259 f.; Lieder ZHR 172 (2008), 306 (325 f.); Verse, FS E. Klein 2013, 701 (717).
[86] Umfassende Darstellung bei Klausmann, Entsendungsrechte in der Aktiengesellschaft, 2016, 259 f.

56 cc) Abweichungen von herkömmlicher Stimmverteilung. (1) Mehrstimmrechte.
Als weitere Möglichkeiten der Einflussnahme, die speziell für den minderheitsbeteiligten Hoheitsträger interessant sind, werden im Schrifttum neben dem Entsendungsrecht auch noch die Instrumente der Vorzugs- und Höchststimmrechte genannt (vgl. dazu die Darstellung des Meinungsstands unter → Rn. 57 ff.). Funktional ähnlich wirken Mehrstimmrechte, die allerdings nach § 12 Abs. 2 AktG **mittlerweile unzulässig** sind. Nur früher geschaffene Mehrstimmrechte dürfen aufgrund der **Übergangsregelung** nach § 5 Abs. 1 EGAktG noch fortbestehen, sofern ihnen eine fortdauernde behördliche Genehmigung zugrunde liegt.[87] Sie sollen deshalb für die Zwecke dieser Untersuchung unberücksichtigt bleiben.

57 (2) Vorzugsrechte. Über Vorzugsrechte kann dagegen in der Tat ein überproportionaler Einfluss des Hoheitsträgers, der über die tatsächliche Kapitalbeteiligung hinausgeht, gewahrt bleiben. Inhaber der Vorzugsaktien darf dann aber nicht der Hoheitsträger sein, sondern es müssen Vorzugsaktien an andere Anteilsinhaber ausgegeben worden sein. Man versteht darunter eine besondere Aktiengattung im Sinne des § 11 AktG, die sich dadurch auszeichnet, dass sie mit einem Vorzug bei der Verteilung des Gewinns ausgestattet wird, dafür aber ihr Stimmrecht verliert.[88] Genau genommen wird dem Hoheitsträger damit aber nicht – wie in den öffentlich-rechtlichen Vorgaben bestimmt – ein angemessener, sondern ein **überproportionaler Einfluss** gesichert, was jedoch aus öffentlich-rechtlicher Sicht nicht problematisch sein dürfte. Die Bestimmungen sollen ein Mindestmaß an hoheitlichem Einfluss sicherstellen, aber keinesfalls eine Obergrenze ziehen.

58 Allerdings muss man sich bewusst sein, dass Vorzugsaktien nur dann den Zugriff auf den Aufsichtsrat sichern, wenn dem Hoheitsträger damit letztlich eine **Mehrheitsmacht** gesichert wird, mit der er die Stimmabgabe nach § 133 AktG dominieren kann. In diesem Fall ist die Gesellschaft nach herrschender und auch hier geteilter Schrifttumsauffassung aber schon als öffentliches Unternehmen anzusehen, weil es dafür keine Rolle spielt, ob die Mehrheit auf einer Kapitalmehrheit oder eine Stimmenmehrheit beruht (→ Rn. 12). Genau eine solche Stimmenmehrheit wird durch Vorzugsaktien aber herbeigeführt. Folgt man dieser Einordnung, gelten für ein solches Unternehmen dann nicht die in diesem Kapitel dargestellten Regeln, sondern die im vierten Teil des Handbuchs skizzierten Grundsätze für öffentliche Unternehmen (zur Frage, inwiefern auch die Ausgabe von Vorzugsaktien unionsrechtlich problematisch sein kann, wenn der Hoheitsträger Stammaktien hält → § 25 Rn. 98).

59 (3) Höchststimmrechtsaktien. Höchststimmrechtsaktien erhöhen nicht den Einfluss des Stimmrechtsinhabers, sondern **begrenzen gleichmäßig die Stimmrechtsmacht aller Anteilseigner.** Sie sorgen also letztlich nur dafür, dass das Stimmgewicht der Anteilsinhaber auf dem gleichen Niveau bleibt, können dem Hoheitsträger aber keine Mehrheitsmacht verschaffen, die er braucht, um den Aufsichtsrat zu besetzen. Zur Sicherung eines angemessenen Einflusses auf das Anteilseignerorgan sind sie deshalb auch nur bedingt geeignet. In Deutschland sind sie überdies nur bei nichtbörsennotierten Gesellschaften zulässig (§ 134 Abs. 1 S. 2 AktG). Ihre Vereinbarkeit mit der **Kapitalverkehrsfreiheit** ist nicht abschließend geklärt. Gerade aufgrund der Beschränkung auf nichtbörsennotierte Gesellschaften wird mit einem Höchststimmrecht die Kapitalverkehrsfreiheit im maßgeblichen grenzüberschreitenden Rechtsverkehr in der Regel nicht nennenswert beeinträchtigt. Ob dies allein ausreicht, um eine Verletzung des Art. 63 AEUV auszuschließen, ergibt sich nicht eindeutig aus der Rechtsprechung des EuGH und ist deshalb umstritten.[89]

---

[87] Koch AktG § 12 Rn. 8 f.
[88] Nähere Beschreibung der Funktionsweise bei Koch AktG § 139 Rn. 1 ff.
[89] Tendenziell gegen eine Anwendung des Art. 63 AEUV GroßkommAktG/Grundmann AktG § 133 Rn. 38; Grundmann/Möslein ZGR 2003, 317 (334 f.).

dd) Schuldrechtliche Abreden. (1) Aktionärsvereinbarungen. Sucht man angesichts 60
dieser Unsicherheiten nach alternativen Gestaltungsmöglichkeiten, bietet es sich als weitere
Möglichkeit an, das Entsendungsrecht nicht statutarisch in der Satzung zu verankern,
sondern es zum Gegenstand einer schuldrechtlichen Abrede mit anderen Aktionären zu
machen.[90] Eine schuldrechtliche Abrede zwischen Aktionären, die auf Vorschlags- und
Entsendungsrechte abzielt, bleibt anerkanntermaßen neben den gesetzlich vorgesehenen
Instrumentarien möglich und wird namentlich auch durch § 101 Abs. 2 S. 1 AktG nicht
untersagt.[91] Sie hat gegenüber der satzungsmäßigen Absicherung jedoch den Nachteil, dass
sie **nur die an der Absprache beteiligten Aktionäre** bindet, aber keine Handhabe
bietet, wenn diese ihre Anteile an Dritte veräußern.

Was Gegenstand einer solchen Vereinbarung sein soll, ist im Wesentlichen der kautel- 61
arjuristischen Gestaltung vorbehalten.[92] Da die Aktionäre ihren Einfluss im Wesentlichen
auf der Hauptversammlung ausüben, bietet es sich in erster Linie an, dass die übrigen
Aktionäre sich verpflichten, auf der Hauptversammlung im Sinne des beteiligten Hoheitsträgers abzustimmen, um die Wahl einzelner Repräsentanten des Hoheitsträgers durchzusetzen. Um der Gefahr einer vorzeitigen Auflösung dieser Bindung durch **Weiterver-
äußerung** der Aktien entgegenzuwirken, kann die Vereinbarung durch eine Verpflichtung
ergänzt werden, die Aktien bis zu einem bestimmten Zeitpunkt zu halten.[93] Wenn durch
eine solche Vereinbarung die Repräsentanz des Hoheitsträgers im Aufsichtsrat gestärkt
wird, sind die sich daraus ergebenden Einflussmöglichkeiten weiterhin davon abhängig, wie
weit die Satzung oder der Aufsichtsrat selbst von der in § 111 Abs. 4 S. 2 AktG eingeräumten Möglichkeit Gebrauch gemacht haben, sich die **Zustimmung zu Vorstands-
entscheidungen vorzubehalten.** Je umfassender diese Zustimmungsvorbehalte sind, desto intensiver kann der Hoheitsträger Einfluss nehmen.[94]

Auch bei einer solchen schuldrechtlichen Gestaltung gilt es jedoch zahlreiche **gesell-** 62
schafts- und kapitalmarktrechtliche Klippen zu umschiffen, die an dieser Stelle nur
angedeutet, aber nicht vertiefend dargestellt werden können. Insbesondere besteht bei
derartigen Absprachen unter Aktionären jedenfalls bei börsennotierten Gesellschaften immer die Gefahr, dass die dadurch bewirkte Kooperation als **Acting in Concert** angesehen
wird, was unter kapitalmarktrechtlichen Gesichtspunkten Meldepflichten nach den Regeln
der **Beteiligungspublizität** auslösen kann (§ 34 Abs. 2 WpHG), nach übernahmerechtlichen Regeln gar ein Pflichtangebot nach §§ 35 Abs. 2, 39 iVm § 30 Abs. 2 WpÜG.[95]
Dem kapitalmarktrechtlichen und übernahmerechtlichen Acting in Concert eng verwandt
ist die **konzernrechtliche Mehrmütterherrschaft,** die demnach ebenfalls durch eine
solche Koordination begründet werden kann;[96] dass auch ein Hoheitsträger herrschendes
Unternehmen im Sinne des § 17 AktG sein kann, ist seit der VEBA-/Gelsenberg-Ent-
scheidung des BGH anerkannt.[97] Im Anwendungsbereich des WStBG wird die Anwen-

---

[90] Vgl. zu einer solchen Gestaltung etwa das Shareholders' Agreement zwischen der KfW und der Dievini Hopp BioTech holding GmbH & Co KG und Dietmar Hopp – abrufbar unter https://www.sec.gov/Archives/edgar/data/0001809122/000110465920086354/tm2016252d12_ex3-6.htm (zuletzt abgerufen am 15.7.2022); ausf. dazu auch Korte/Seidel BB 2021, 2691 ff.
[91] Koch AktG § 101 Rn. 9; Kuntz, Gestaltung von Kapitalgesellschaften zwischen Freiheit und Zwang, 2016, 610 ff.; Schatz, FS E. Vetter, 2019, 681 (699 ff.).
[92] Umfassende monographische Darstellung bei Kuntz, Gestaltung von Kapitalgesellschaften zwischen Freiheit und Zwang, 2016.
[93] Vgl. in diesem Sinne etwa das CureVac-Shareholders'-Agreement vom 16.6.2020 (Fn. 93), Rn. 6.2, 9.1.
[94] Vgl. dazu Korte/Seidel BB 2021, 2691 (2692).
[95] Speziell in Sanierungssituationen kann von der Verpflichtung zur Veröffentlichung und Abgabe eines Angebots nach § 37 Abs. 1 WpÜG durch die BaFin befreit werden. Handelt es sich um eine Stabilisie-rungsmaßnahme nach dem WStBG, ist eine solche Befreiung in § 14 WStBG ausdrücklich gesetzlich vorgesehen. Überdies findet in diesen Fällen nach § 14 Abs. 2 WStBG auch keine Zurechnung von Stimmrechten nach § 30 Abs. 2 WpÜG statt, so dass auch ein privater Dritter, der mit dem Hoheitsträger eine Aktionärsvereinbarung abgeschlossen hat, sich nicht die Anteile des Bundes zurechnen und folglich auch kein Pflichtangebot unterbreiten muss.
[96] Vgl. dazu den Überblick bei MüKoAktG/Bayer AktG § 17 Rn. 77 ff.; Koch AktG § 17 Rn. 13 ff.
[97] BGHZ 69, 334 (338 ff.) = NJW 1978, 104; weitere Nachw. bei Koch AktG § 15 Rn. 16 ff.

dung der konzernrechtlichen Vorschriften für Unternehmen des Finanzsektors iSd § 2 Abs. 1 StFG durch § 7d WStBG ausgeschlossen;[98] für Unternehmen der Realwirtschaft iSd § 16 Abs. 2 StFG ist diese Sonderregelung am 30. Juni 2022 ausgelaufen. Auch dort, wo die gesetzliche Ausnahme des WStBG nicht greift, besteht die Möglichkeit, durch Entherrschungsverträge[99] einer Geltung des Konzernrechts doch zu entgehen,[100] die dann aber natürlich den gewünschten öffentlichen Einfluss wieder mindern. Welches Maß an Einflussnahme insofern hinreichend ist, um den haushalts- und kommunalrechtlichen Anforderungen noch zu genügen, zugleich aber die Geltung des Konzernrechts auszuschließen, ist weder in der Rechtsprechung noch im Schrifttum geklärt.

63 Weitere juristische Unsicherheiten ergeben sich daraus, dass bislang nicht abschließend geklärt ist, ob nicht auch solche privatautonomen Gestaltungen an den **Maßstäben der Kapitalverkehrsfreiheit** zu messen sind.[101] In der bisherigen Rechtsprechung des EuGH wird eine solche Erstreckung nicht ausdrücklich ausgesprochen, aber auch nicht ausgeschlossen. Einzelne **Schlussanträge der Generalanwälte** lassen Ansätze erkennen, auch den Inhalt solcher privatrechtlichen Vereinbarungen mit Hoheitsträgern als Vertragspartnern an der Kapitalverkehrsfreiheit zu messen.[102] Im Rahmen dieser Darstellung kann auch diese Frage nicht eingehend untersucht werden. Sie muss den Akteuren aber als mögliche **Stolperfalle** schuldrechtlicher Lösungen bewusst sein.

64 **(2) Vereinbarungen mit der Gesellschaft.** In der Praxis finden sich daneben auch noch weitere Beispiele sog. Rahmenvereinbarungen, die unmittelbar zwischen der öffentlichen Hand und der Gesellschaft abgeschlossen werden.[103] Gegenstand solcher Vereinbarungen ist üblicherweise nicht allein die Besetzung des Aufsichtsrats, sondern es kommt eine breite Palette möglicher Verpflichtungen in Betracht, auf die in → Rn. 75 noch näher einzugehen sein wird. Speziell unter dem Gesichtspunkt der hier allein interessierenden Organbesetzung findet sich aber etwa in der Rahmenvereinbarung zwischen der BRD, dem Wirtschaftsstabilisierungsfonds und der Lufthansa AG auch eine Aussage über die **Besetzung des Aufsichtsrats.** Dort heißt es:

„Der Rahmenvertrag wird vorsehen, dass, soweit rechtlich zulässig, Vorstand und Aufsichtsrat darauf hinwirken werden, dass zwei vom WSF benannte Personen Mitglieder des Aufsichtsrats des Unternehmens werden und eines dieser Mitglieder – ausreichende fachliche Qualifikation vorausgesetzt – Mitglied des Prüfungsausschusses des Aufsichtsrats wird."[104]

65 Zu welchen Maßnahmen diese Zusagen genau verpflichten sollen, bleibt indes dunkel, weil die Gesellschaft selbst auf diese Besetzung grundsätzlich keinen Einfluss hat, sondern der **Aufsichtsrat von den Anteilseignern bestimmt** wird. Die Praxis scheint dazu zu tendieren, die sich daraus ergebenden Fragen in dem anwaltlichen Standardpassus „im Rahmen des rechtlich Möglichen" aufzufangen und im Übrigen auf die informelle Kraft einer solchen Vereinbarung zu hoffen, die auch auf daran nicht gebundene Anteilseigner hinreichende Ausstrahlungswirkung entfalten soll. Gerade im Hinblick auf die **inhaltliche Wirkungslosigkeit** dieses Passus dürften sich insofern keine Fragen hinsichtlich der Vereinbarkeit mit der Kapitalverkehrsfreiheit stellen; enthält die Rahmenvereinbarung noch

---

[98] Zum Hintergrund vgl. BHP/Paudtke WStBG § 7d Rn. 1 ff.
[99] MüKAktG/Bayer AktG § 17 Rn. 100 ff.; Koch AktG § 17 Rn. 22; Kiefner ZHR 178 (2014), 547 (567 f.).
[100] Ausführlich zu möglichen Gestaltungen Schnorbus/Ganzer AG 2016, 565 (567 ff.).
[101] Ausf. – und mit stark restriktiver Tendenz – zu dieser Frage Korte/Seidel BB 2021, 2691 (2693 ff.).
[102] Vgl. etwa GA Maduro Schlussanträge vom 6.4.2006 – verb. Rs. C-282/04 und 283/04, Kommission/Niederlande, EU:C:2006:234, Rn. 22 f.; GA Colomer, Schlussanträge vom 6.2.2003 – C-98/01, Kommission/Spanien/Vereinigtes Königreich, EU:C:2003:71, Rn. 48.
[103] Vgl. dazu etwa Rahmenvereinbarung Lufthansa 2020, S. 9, abrufbar unter https://investorrelations.lufthansagroup.com/fileadmin/downloads/de/hauptversammlung/2020/aohv/DLH_Rahmenvereinbarung_unterzeichnet.pdf (zuletzt abgerufen am 22.9.2022).
[104] Rahmenvereinbarung (Fn. 103), S. 14.

weitere Sonderrechte des hoheitlichen Aktionärs, kann der Befund aber abweichend ausfallen (vgl. dazu noch die Ausführungen in → Rn. 79).

2. Informationsversorgung der öffentlichen Hand

a) GmbH. Damit die haushalts- und kommunalrechtlich gebotene Einflussnahme (→ § 19 Rn. 45 sowie → § 21 Rn. 68) funktionieren kann, ist es eine wesentliche Grundvoraussetzung, dass die auf Seiten des Hoheitsträgers tätigen Akteure darüber informiert werden, wie sich die Entscheidungsprozesse innerhalb des Unternehmens entwickeln. Diese Informationsrechte können in der Weise ausgestaltet sein, dass die Entscheidungsträger lediglich berichten, was getan wurde und getan werden soll, aber auch zu einer vorherigen Konsultationspflicht ausgebaut werden. Auch hier bestimmen die jeweiligen **Rechtsformvorgaben,** inwiefern solche Gestaltungen zulässig sind. 66

Diese Zulässigkeitsfragen sind aber **kein spezifisches Problem der Minderheitsbeteiligung,** sondern stellen sich gleichermaßen für den mehrheitsbeteiligten Hoheitsträger. Deshalb soll hier keine umfassende Darstellung erfolgen, sondern vornehmlich auf die allgemeinen Ausführungen in → § 25 Rn. 125 ff. verwiesen werden. Verknappt lassen sie sich in der Weise zusammenfassen, dass sich die Informationsversorgung jedenfalls in der GmbH relativ unproblematisch darstellt, weil jedem Gesellschafter das umfassende Informationsrecht des **§ 51a GmbHG** zusteht. Noch nicht abschließend geklärt ist, inwiefern darüber hinaus auch die Repräsentanten der Gebietskörperschaft im Aufsichtsrat oder einem vergleichbaren Gremium in den Informationsfluss eingespannt werden können. Dieses Problem wurde bereits oben bei der Rechtsstellung der Aufsichtsratsmitglieder angesprochen (→ Rn. 41). 67

b) Aktiengesellschaft. aa) Allgemeine Grundsätze. Schwieriger stellt sich die Situation in der Aktiengesellschaft dar. Hier ist der Vorstand nach § 93 Abs. 1 S. 3 AktG auch den Aktionären zur **Verschwiegenheit** verpflichtet und schuldet ihnen gegenüber allein eine Auskunftserteilung auf der Hauptversammlung unter den strengen Voraussetzungen des § 131 AktG. 68

Auch die Informationsversorgung des Eigentümers über die **Repräsentanten im Aufsichtsrat** wird in der Aktiengesellschaft grundsätzlich dadurch erschwert, dass die Aufsichtsratsmitglieder, und zwar selbst solche, die vom Anteilseigner in den Aufsichtsrat entsandt werden, ihm gegenüber weder weisungsgebunden noch qua aktienrechtlicher Regelungen zur Auskunft verpflichtet sind. Vielmehr ordnet § 116 S. 1 iVm § 93 Abs. 1 S. 3 AktG grundsätzlich sogar die **Verschwiegenheit** der Aufsichtsratsmitglieder an. Das wird in § 116 S. 2 AktG noch einmal ausdrücklich betont und gilt auch gegenüber den Eigentümern. 69

Hoheitliche Eigentümer werden insofern aber **privilegiert,** und zwar durch die Vorschrift des **§ 394 AktG** (vgl. auch insofern die ausführliche Darstellung in → § 25 Rn. 136 ff.). Nach dieser Vorschrift unterliegen Aufsichtsratsmitglieder, die **auf Veranlassung einer Gebietskörperschaft in den Aufsichtsrat gewählt oder entsandt** worden sind, hinsichtlich der Berichte, die sie der Gebietskörperschaft zu erstatten haben, keiner Verschwiegenheitspflicht. Einen Ausgleich für diese Lücke im Geheimnisschutz der Gesellschaft bietet dann **§ 395 AktG,** wonach die zuständigen Vertreter der Beteiligungsverwaltung, an die Informationen nach § 394 AktG weitergegeben werden, zur Verschwiegenheit verpflichtet sind. 70

bb) Besonderheiten bei einer Minderheitsbeteiligung. Speziell bei Minderheitsbeteiligungen wirft § 394 AktG aber Probleme auf, und zwar bei der Frage, wann ein Aufsichtsratsmitglied auf Veranlassung der Gebietskörperschaft **gewählt oder entsandt** worden ist. In der Tatbestandsvariante der Entsendung ist der Fall klar, aber bei reinen Wahlentscheidungen stellt sich die Lage komplizierter dar. In diesem Fall ist für die Bestimmung, ob eine Wahl auf Veranlassung der Gebietskörperschaft erfolgt, nämlich 71 nicht das Innenverhältnis zwischen dem Vertreter und der Gebietskörperschaft maßgeblich, sondern das **Außenverhältnis** zwischen Gebietskörperschaft und AG.[105] In diesem Verhältnis kann eine Veranlassung immer dann angenommen werden, wenn die Gebietskörperschaft im Wahlgremium Hauptversammlung über die Stimmenmehrheit verfügt, was jedoch bei den hier behandelten Minderheitsbeteiligungen gerade nicht der Fall ist. In dieser Konstellation behilft sich das Schrifttum zum Teil mit widerlegbaren Vermutungen in der Weise, dass die Wahl als von der Gebietskörperschaft veranlasst gilt, wenn ihr das Aufsichtsratsmitglied, etwa als Angestellter einer Kommune, erkennbar „zugeordnet" ist, wobei allerdings an die zugrunde liegende Beteiligungshöhe unterschiedliche Anforderungen gestellt werden.[106]

72 Solche Vermutungen finden aber im Gesetz selbst **keine unmittelbare Grundlage** und sind auch gerichtlich nicht hinreichend abgesichert. Die daraus folgende Rechtsunsicherheit ist im Hinblick auf die weitreichenden zivil-, disziplinar- und strafrechtlichen Folgen einer Fehleinschätzung, die sich für Aufsichtsratsmitglieder im Verhältnis zur Gebietskörperschaft, aber auch im Verhältnis zur AG ergeben können, schwer erträglich,[107] weshalb die vorzugswürdige Gegenauffassung davon ausgeht, dass **an den Ursächlichkeitsnachweis tendenziell hohe Anforderungen** zu stellen sind und eine Veranlassung nur dann anzunehmen ist, wenn die Bestellung auf einer entsprechenden Satzungsmehrheit, auf einer Stimmenmehrheit in der Hauptversammlung beruht oder wenn sie ausdrücklich im Zuge des Wahlaktes zum Ausdruck gebracht wird.[108] Am besten geschieht dies, wenn die Veranlassung der Wahl durch die Gebietskörperschaft in den **Wahlvorschlag nach § 124 Abs. 3 AktG** aufgenommen wird.[109]

73 **cc) Schuldrechtliche Rahmenvereinbarungen.** Weitere Informationsrechte können in den schon oben erwähnten Rahmenvereinbarungen (→ Rn. 67 f.) enthalten sein. Sie wurden bislang allein unter dem Gesichtspunkt der Organbesetzung untersucht und in → Rn. 75 sollen auch die sonstigen Inhalte gewürdigt werden. Unter dem hier allein interessierenden Gesichtspunkte der Informationsversorgung soll der Hinweis genügen, dass die Vereinbarung besonderer Informationsrechte auf schuldrechtlicher Basis grundsätzlich möglich ist und in der aktienrechtlichen Diskussion zunehmend großzügiger gesehen wird. Es handelt sich dabei nicht um ein spezielles Problem der staatlichen Beteiligung, sondern auch private Investoren sichern sich durch sog. **Investorenvereinbarungen, Business Combination Agreements und Relationship Agreements**[110] zum Teil sehr weitgehende Informationsrechte, die aktienrechtlich keinesfalls unproblematisch sind, kautelarjuristisch aber so gestaltet werden können, dass sie als zulässig angesehen werden kön-

---

[105] Ausf. Koch VerwArch 102 (2011), 1 (6 ff.); s. auch Koch AktG § 394 Rn. 34; zust. Kölner Komm AktG/Kersting AktG §§ 394, 395 Rn. 117.
[106] GroßkommAktG/Huber/Fröhlich AktG § 394 Rn. 24; Grigoleit/Rachlitz AktG § 394 Rn. 18; Lehnert, Die Befreiung von der Verschwiegenheitspflicht des Aufsichtsrats einer AG mit hoheitlicher Beteiligung, 2021, 123; ebenso, aber beschränkt auf mittelbare Beteiligungen K. Schmidt/Lutter/Oetker AktG § 394 Rn. 14; MüKoAktG/Schockenhoff AktG § 394 Rn. 19.
[107] Ausf. Koch VerwArch 102 (2011), 1 (11 f.); s. ferner Koch AktG § 394 Rn. 34; Koch BOARD 2016, 251 (252); Kersting/Hauser, FS Grunewald, 2021, 445 (454 f.).
[108] Ausf. dazu Koch, VerwArch 102 (2011), 1 (14 f.); zust. Kölner Komm AktG/Kersting AktG §§ 394, 395 Rn. 118; Kersting/Hauser, FS Grunewald, 2021, 445 (456); K. Schmidt/Lutter/Oetker AktG § 394 Rn. 13; MüKoAktG/Schockenhoff AktG § 394 Rn. 17; Heidel/Stehlin AktG § 394 Rn. 3.
[109] Koch AktG § 124 Rn. 26; Koch BOARD 2016, 251 (254); MüKoAktG/Schockenhoff AktG Vor § 394 Rn. 46; Kölner Komm AktG/Kersting AktG §§ 394, 395 Rn. 147 ff., der allerdings noch weitergehend eine entsprechende Angabepflicht annimmt.
[110] Zu unterschiedlichen Erscheinungsformen und zur Terminologie namentlich der beiden erstgenannten Erscheinungsformen vgl. Koch AktG § 76 Rn. 41 ff.; Heß, Investorenvereinbarungen, 2014, 4 ff.; Reichert ZGR 2015, 1 (3 ff.); Schatz, FS E. Vetter, 2019, 681 ff.; Wiegand, Investorenvereinbarungen, 2017, 9 ff.; zur flankierenden Einsetzung sog Monitoren oder Garantoren, die die Einhaltung dieser Vereinbarungen überwachen, vgl. Seibt/Kulenkamp AG 2021, 1 Rn. 8 ff.; zum neueren Phänomen der Relationship Agreements vgl. Koch AktG § 311 Rn. 48c; Schmidt/Lutter/Vetter AktG § 311 Rn. 116e ff.; Habersack, FS Krieger, 2020, 281 ff.; Koch ZGR 2020, 183 (199 f.); Koch, FS Windbichler, 2020, 817 (832 f.); Seibt, FS K. Schmidt, Bd. II, 2019, 431 ff.

nen.¹¹¹ Auf die zu den genannten Vertragstypen entwickelten Grundsätze kann auch dann Bezug genommen werden, wenn eine schuldrechtliche Rahmenvereinbarung entsprechende Rechte zugunsten eines Hoheitsträgers vorsieht.

3. Sonstige Möglichkeiten der Einflussnahme

74 Neben dem Einfluss im Anteilseignerorgan und Informationsinstrumenten ist noch eine breite Palette sonstiger Einflussmöglichkeiten denkbar, die von Zustimmungsvorbehalten, Konsultations- und Abstimmungsvorgaben bis hin zu Vetorechten reicht. Möglich ist es auch, die stärkere Ausrichtung auf öffentliche Belange als Teil des Unternehmensgegenstands in der Satzung des Unternehmens festzuschreiben und damit eine entsprechende öffentliche „Zweckprogrammierung" herbeizuführen (→ § 18 Rn. 53).¹¹² Speziell dem minderheitsbeteiligten Hoheitsträger wird diese Möglichkeit, die sowohl in der AG als auch in der GmbH eine ¾-Mehrheit voraussetzt (§ 179 Abs. 2 AktG, § 53 Abs. 2 GmbHG) allerdings nur offenstehen, wenn andere Gesellschafter den Einstieg und die satzungsmäßige Neuausrichtung auf öffentliche Belange unterstützen. Dieser reiche Instrumentenkasten wird ausführlich in → § 25 Rn. 36 ff. dargestellt. Wie breitflächig er tatsächlich genutzt werden kann, hängt dabei wiederum von der **konkreten Rechtsform** ab. In der GmbH lässt die dort herrschende Satzungsfreiheit sehr umfassende Einwirkungsmöglichkeiten zu, denen in der AG durch § 23 Abs. 5 AktG eine strenge Grenze gezogen wird.

75 Speziell bei einer **aktienrechtlichen Beteiligung** neigt die Praxis deshalb dazu, auch hinsichtlich dieser sonstigen Einwirkungsrechte auf **Aktionärsvereinbarungen** einerseits und **Rahmenverträge** mit der Gesellschaft andererseits auszuweichen, um sich auf diese Weise den maximalen Einfluss zu sichern. Letztlich handelt es sich auch bei diesen Instrumenten nicht um Spezifika der Minderheitenbeteiligung, sondern auch ein Mehrheitsgesellschafter wird häufig von diesen Möglichkeiten Gebrauch machen, um nicht den eher strengen Regeln einer informellen und umweghaften Einflussnahme nach dem Aktiengesetz ausgesetzt zu sein, die schon deshalb schwerfällig ist, weil sie allenfalls über die Repräsentanten im Aufsichtsrat erfolgen kann, die auf den weisungsungebundenen Vorstand (→ § 2 Rn. 20) nur wenig Möglichkeiten der Einwirkung haben. Mehrheits- und Minderheitsgesellschafter sind daher in einer durchaus vergleichbaren Position. Der **Mehrheitsgesellschafter** ist aber auf diese kautelarjuristischen Möglichkeiten nicht zwingend angewiesen, sondern die reine Mehrheitsmacht gewährt ihm einen Einfluss, der den verfassungs-, haushalts- und kommunalrechtlichen Anforderungen genügt (→ Rn. 28 ff.).

76 Das ist beim **Minderheitsgesellschafter** nicht der Fall, weshalb er die gesetzlichen Vorgaben zum Teil nur durch diese Instrumente erfüllen kann. Die **gesetzlichen Hürden,** die es dabei zu beachten gilt, können hier wiederum nur angerissen werden. Zum einen ist darauf zu achten, dass die Einwirkungsmöglichkeiten nicht eine derartige Intensität annehmen, dass damit letztlich auch die Minderheitsbeteiligung zu einer **Beherrschung des Unternehmens** erwächst und sich dieses deshalb – jedenfalls nach der auch hier vertretenen Schrifttumsauffassung – zum öffentlichen Unternehmen mit umfassender öffentlich-rechtlicher Pflichtbindung wandelt (vgl. dazu schon die Ausführungen unter → Rn. 9). Zum anderen kann in der Aktiengesellschaft eine zu breitflächige Bindung des Vorstands auch dessen **Leitungsmacht** in einer unzulässigen Weise beschränken.¹¹³ Das ist wiederum kein Spezifikum der öffentlichen Beteiligung, sondern es kann auch hier an die schon erzielten Erkenntnisfortschritte zu Investorenvereinbarungen, Business Combination Agreements und Relationship Agreements angeknüpft werden (→ Rn. 73). Aus speziell

---

¹¹¹ Vgl. zu dieser mittlerweile sehr ausufernden Diskussion die Ausführungen und Nachweise bei Koch AktG § 76 Rn. 41 ff. und – speziell zu den Relationship Agreements – § 311 Rn. 48c.
¹¹² Ausf. dazu Mann, Die öffentlich-rechtliche Gesellschaft, 2002, 182 ff.
¹¹³ Vgl. zu dieser Grenze Koch AktG § 76 Rn. 41 ff.

öffentlich-rechtlicher Sicht bleibt weiterhin die Frage nach der Reichweite der Kapitalverkehrsfreiheit unbeantwortet (→ Rn. 63).

77 Besonderheiten gelten schließlich für sogenannte Verpflichtungserklärungen, die für **Rekapitalisierungsmaßnahmen** nach dem Wirtschaftsstabilisierungsbeschleunigungsgesetz in § 25 Abs. 3 S. 1 Nr. 9 StFG vorgesehen sind (dazu ausführlich → § 17 Rn. 10). Sie werden nicht von der Gesellschaft abgegeben, sondern unmittelbar vom vertretungsberechtigten Organ (in der AG also vom Vorstand), das darin mit Zustimmung des Aufsichtsorgans zuzusichern hat, bestimmte Anforderungen des StFG und der WSF-DV sowie mögliche weitergehende Bedingungen einzuhalten (→ § 17 Rn. 20).[114] Speziell für solche Stabilisierungsmaßnahmen sieht das Gesetz zahlreiche Abweichungen von sonst geltenden aktien- und übernahmerechtlichen Regeln vor, die einer solchen Beteiligung sowohl in der Phase der Begründung als auch des weiteren Fortbestands ein ganz eigenes Gepräge geben. Sie werden in diesem Werk in → § 17 Rn. 27 ff. ausführlich dargestellt.

V. Die staatliche Minderheitsbeteiligung im unternehmerischen Alltag

1. Privatautonome Bindungen

78 Gegenstand der bisherigen Untersuchung war in erster Linie die erstmalige Begründung der staatlichen Beteiligung an einem privatrechtlichen Unternehmen. Das ist ein einmaliger Akt, der den unternehmerischen Alltag indes nicht prägt. Hier ist vielmehr entscheidend, inwiefern die hoheitliche Minderheitsbeteiligung dazu führt, dass das Unternehmen auch im weiteren Verlauf seiner Tätigkeit **besonderen öffentlich-rechtlichen Pflichtenbindungen** unterliegt, die für Unternehmen ohne öffentliche Beteiligung nicht gelten.

79 Diese Überlagerungen der herkömmlichen privaten Rechtsform durch besondere Pflichtbindungen gegenüber der öffentlichen Hand zu umschreiben, fällt immer dann schwer, wenn sie – was gerade bei der GmbH der Regelfall sein wird – auf **privatautonomer Basis** statutarisch verankert sind. Solche kautelarjuristischen Gestaltungen entziehen sich notwendigerweise einer verallgemeinernden Darstellung und folgen allein dem **in Satzungs- oder Vertragsform gegossenen Parteiwillen**. Es spiegeln sich damit an dieser Stelle die oben umschriebenen Möglichkeiten der Einflussnahme, die haushalts- und kommunalrechtliche Voraussetzung für eine Beteiligung des Hoheitsträgers sind. Wird dieser Einfluss in der oben beschriebenen Weise durch privatautonome Verpflichtungen begründet, prägt der solchermaßen umrissene Pflichtenkatalog auch den unternehmerischen Alltag der Gesellschaft.

2. §§ 394, 395 AktG

80 Als unmittelbar gesetzliche Vorgaben findet sich jedenfalls für Unternehmen, die in der Rechtsform einer **Aktiengesellschaft** organisiert sind, ein besonderes Regelungsregime vor allem in den bereits oben angesprochenen §§ 394 und 395 AktG. Auch sie sind auf der einen Seite Voraussetzungen der gesetzlich geforderten Einflussnahme und prägen sodann in der Folgezeit den unternehmerischen Alltag der Gesellschaft, weil sie die Aufsichtsratsmitglieder, die auf Veranlassung einer Gebietskörperschaft in den Aufsichtsrat gewählt oder entsandt worden sind, **von der Verschwiegenheitspflicht befreien**. Diese Vorschriften gelten auch für reine Minderheitsbeteiligungen, sofern nur die entsprechende Veranlassung

---

[114] So etwa die Gestaltung bei der Verpflichtungserklärung der Vorstandsmitglieder der Lufthansa AG gegenüber dem Wirtschaftsstabilisierungsfonds – abrufbar unter https://investor-relations.lufthansagroup.com/fileadmin/downloads/de/corporate-governance/WSF-DLH-Verpflichtungserklaerung-Execution.pdf; ähnlich – wenngleich noch auf Grundlage früherer Rechtslage – die Verpflichtungserklärung der Commerzbank AG gegenüber dem Finanzmarktstabilisierungsfonds – abrufbar unter https://www.commerzbank.de/media/aktionaere/nachrichten_1/2009_4/Verpflichtungserklaerung_2009.pdf (zuletzt abgerufen jeweils am 22.7.2022).

auch ohne eine Stimmenmehrheit nachgewiesen werden kann (vgl. dazu die Ausführungen in → § 25 Rn. 136 ff. und die verknappte Zusammenfassung → 71 f.).

3. §§ 53, 54 HGrG

Sonstige Vorschriften, die das öffentlich-rechtliche Pflichtenregime eines Unternehmens mit hoheitlicher Beteiligung prägen, setzen dagegen regelmäßig eine Mehrheitsbeteiligung voraus. Das gilt namentlich für §§ 53, 54 HGrG, die für Gesellschaften mit hoheitlicher Beteiligung **besondere Kontrollrechte zugunsten der Beteiligungsverwaltung** begründen, um die Wahrung der Interessen der öffentlichen Hand effektiv überwachen zu können.[115] Erforderlich ist insoweit nach § 53 Abs. 1 HGrG aber, dass einer Gebietskörperschaft die **Mehrheit der Anteile** eines Unternehmens in der Rechtsform des privaten Rechts gehören oder dass ihr mindestens der vierte Teil dieser Anteile gehört und ihr zusammen mit anderen Gebietskörperschaften die Mehrheit der Anteile zusteht. Anteilsmehrheit ist dabei im Sinne einer **Mehrheit der Kapitalanteile** zu verstehen, so dass eine Stimmenmehrheit weder erforderlich noch genügend ist.[116] Die Vorschriften betreffen daher nur Unternehmen im (gegebenenfalls kumulierten) hoheitlichen Mehrheitsbesitz, nicht aber die hier behandelte Minderheitsbeteiligung. 81

4. Informationsfreiheits- und Transparenzgesetze

Anders stellt sich die Situation bei den bundes- und landesrechtlichen Informationsfreiheits- und Transparenzgesetzen dar. Die darin normierten Informationspflichten werden durch ausdrückliche gesetzliche Anordnung auch auf **natürliche oder juristische Personen des Privatrechts** erstreckt, sofern diese öffentliche Aufgaben wahrnehmen (vgl. etwa § 1 Abs. 1 S. 3 IFG Bund, § 2 Abs. 4 IFG NRW, § 3 Abs. 2 S. 2 LTranspG Rh.-Pf.).[117] Sie sind aus Sicht des Unternehmens weniger belastend als die Vorschriften des Haushaltsgrundsätzegesetzes, weil dort unmittelbar Rechte der Verwaltung gegenüber dem Unternehmen begründet werden, während Informationsfreiheits- und Transparenzgesetze **allein die Behörden verpflichten,** deren Aufgaben von den Privaten erfüllt werden.[118] Trotzdem kann sich auch diese Verpflichtung der Behörde für das Unternehmen als belastend erweisen, weil die Behörde über § 394 AktG Zugang zu Unternehmensinterna hat, die dann in ihrer Sphäre Gegenstand eines Auskunftsanspruchs sein können.[119] 82

Diese behördliche Verpflichtung kann sich auch auf die Tätigkeit eines Unternehmens erstrecken, an dem nur eine hoheitliche Minderheitsbeteiligung besteht. In der Regierungsbegründung wird ausführlich dargelegt, dass es unerheblich sei, ob eine juristische Person des öffentlichen Rechts die absolute Mehrheit von Anteilen der Gesellschaft halte, sondern entscheidend sei allein, dass die Gesellschaft **öffentlich-rechtliche Aufgaben wahrnehme.**[120] Das sind einmal die Fallgestaltungen, in denen Verwaltungshelfer seitens der Behörde in die Aufgabenerledigung einbezogen werden, doch geht der Anwendungsbereich der Gesetze darüber noch hinaus und erfasst solche Unternehmen, die öffentlich-rechtliche Aufgaben erfüllen und dazu von der an sich zuständigen Behörde betraut worden sind.[121] Mit dieser bewusst offenen Formulierung sollen **sämtliche rechtlich zulässigen** 83

---

[115] Vgl. dazu Koch AktG § 394 Rn. 5 ff.; Lutter/Grunewald WM 1984, 385 (386).
[116] Koch AktG § 394 Rn. 7.
[117] Ausführlich dazu J. Koch, FS Schmidt-Preuß, 2018, 367 (371 ff.).
[118] RegBegr., BT-Drs. 15/4493, S. 8; Schoch, Informationsfreiheitsgesetz, § 1 Rn. 235; Blatt/Franßen NWVBl 2014, 412 (413); Haas, Private als Auskunftsverpflichtete nach den Umweltinformations- und Informationsfreiheitsgesetzen, 2013, 103, 153 f.; Koch, FS Schmidt-Preuß, 2018, 367 (374); Püschel AfP 2006, 401 (404); Schmitz/Jastrow NVwZ 2005, 984 (988); Sellmann/Augsberg WM 2006, 2293 (2295 f.).
[119] Zu den dann als gesellschaftsrechtliche Gegenkräfte eingreifenden Verschwiegenheitspflichten vgl. aber J. Koch, FS Schmidt-Preuß, 2018, 367, 373 f.
[120] RegBegr., BT-Drs. 15/4493, S. 8.
[121] Schoch IFG § 1 Rn. 217.

Kooperationsformen zwischen staatlichen Behörden und Privatrechtssubjekten erfasst werden.[122] Nur auf diese kommt es an, so dass auch Minderheitsbeteiligungen erfasst werden.[123]

5. Presserechtliche Überlagerungen

84 Nicht erfasst werden Unternehmen mit hoheitlichen Minderheitsbeteiligungen dagegen von den presserechtlichen Überlagerungen der aktienrechtlichen Verschwiegenheitspflichten, die sich durch die **Entscheidung Peerblog des Bundesgerichtshofs** auf der Grundlage des presserechtlichen Auskunftsanspruchs ergeben haben (im konkreten Fall: § 4 Abs. 1 PresseG NRW).[124] Anders als im Bereich der Informationsfreiheits- und Transparenzgesetze wird nach dieser Rechtsprechung nicht nur die Behörde, sondern unmittelbar das Unternehmen als auskunftsverpflichtet angesehen,[125] doch greift sie nur dann ein, wenn juristische Personen des Privatrechts „von der öffentlichen Hand beherrscht und zur Erfüllung öffentlicher Aufgaben, namentlich im Bereich der Daseinsvorsorge, eingesetzt werden."[126]

6. Parlamentarisches Frage- und Informationsrecht

85 Das Gleiche gilt für die Überlagerung aktienrechtlicher Verschwiegenheitspflichten durch das parlamentarische Frage- und Informationsrecht gem. Art. 38 Abs. 1 S. 2 und Art. 20 Abs. 2 S. 2 GG, die ebenfalls vom Bundesverfassungsgericht nur in Fällen angenommen wurde, in denen sich ein Unternehmen in Privatrechtsform **mehrheitlich oder vollständig in der Hand des Bundes** befindet.[127]

7. Public Corporate Governance Kodex

86 Auch der Public Corporate Governance Kodex ist auf Minderheitsbeteiligungen nicht unmittelbar anwendbar. Nach Ziff. 2.2 PCGK finden diese Empfehlungen allein Anwendung auf Unternehmen in einer Rechtsform des privaten Rechts, an denen der Bund unmittelbar mehrheitlich beteiligt ist. In Ziff. 2.3 PCGK wird aber auch für unmittelbare Minderheitsbeteiligungen die Anwendung des PCGK angeregt, sofern sie nicht schon aufgrund einer Börsennotierung in den Anwendungsbereich des DCGK fallen. In der Praxis öffentlicher Unternehmen wird diese Anregung häufig aufgegriffen und beispielsweise in Rahmenvereinbarungen auch auf die Beachtung des PCGK hingewirkt. Die genauen Inhalte der darin enthaltenen Grundsätze guter Unternehmens- und aktiver Beteiligungsführung im Bereich des Bundes werden in diesem Werk in → § 19 Rn. 12 ff. dargestellt.

VI. Das VW-Gesetz als gesetzliche Ausgestaltung der Minderheitsbeteiligung

1. Allgemeine Grundsätze

87 Die bisherigen Ausführungen betrafen Minderheitsbeteiligungen, die in **herkömmlichen gesellschaftsrechtlichen Gestaltungsformen** entstanden sind, indem sich ein Hoheitsträger an einem Gründungs- oder Kapitalerhöhungsvorgang beteiligte und dabei Gesellschaftsanteile übernahm. Die Besonderheit gegenüber rein privaten Gründungen und Kapitalmaßnahmen bestand allein darin, dass diese Beteiligungen durch besondere **sat-**

---
[122] Überblick über die verschiedenen Modelle zur Einschaltung Privater bei Schoch IFG § 1 Rn. 226 ff.
[123] Schoch IFG § 1 Rn. 233.
[124] BGH NJW 2017, 3153 Rn. 17 ff.; ausf. dazu schon J. Koch, FS Schmidt-Preuß, 2018, 367 ff.; ferner Gödeke/Jördening ZIP 2017, 2284 (2287 ff.).
[125] J. Koch, FS Schmidt-Preuß, 2018, 367 (375 ff.).
[126] BGH NJW 2017, 3153 Rn. 19.
[127] BVerfGE 147, 50 Rn. 216 f. = NVwZ 2018, 51; ausf. dazu Koch ZHR 183 (2019), 7 ff.

zungs- oder vertragsrechtliche Zusatzregeln flankiert werden mussten, um den öffentlich-rechtlichen Pflichtbindungen aus haushalts- oder kommunalrechtlichen Vorschriften zu genügen.

Eine Sonderstellung nahm unter den staatlichen Beteiligungen stets die Anteilseignerschaft des Landes Niedersachsen an der Volkswagen AG ein, weil diese Beteiligung nicht über diese traditionellen Mechanismen des Gesellschaftsrechts begründet wurde, sondern zusätzlich noch **gesetzlich modifiziert** wurde, nämlich durch das VW-Gesetz.[128] Es enthält aktienrechtliche Sondervorschriften, die ursprünglich sehr weitgehend ausgestaltet waren, seit Inkrafttreten aber einen Teil ihrer Wirkungskraft eingebüßt haben. Ausschlaggebend dafür waren unionsrechtlich gezogene Grenzen der legislativen Gestaltung, deren Konturen gerade anhand des VW-Gesetzes in der Rechtsprechung deutlich herausgearbeitet wurden. 88

2. Die Entstehungsgeschichte des VW-Gesetzes

a) Die Wurzeln des VW-Gesetzes. Die Entstehung des VW-Gesetzes ist historisch bedingt.[129] Es geht zurück auf einen Kompromiss, den die Bundesrepublik Deutschland, das Land Niedersachsen, die Arbeitnehmer von Volkswagen und die dort vertretenen Gewerkschaften in der Nachkriegszeit geschlossen haben. **Historischer Hintergrund** war, dass die Volkswagenwerk GmbH[130] in den 1930er Jahren als Staatsunternehmen gegründet wurde und die Nationalsozialisten das Stammkapital aus dem beschlagnahmten Vermögen der zerschlagenen Gewerkschaften aufbrachten.[131] Nach dem Ende des Zweiten Weltkriegs fiel die Verantwortlichkeit für die Volkswagenwerk GmbH in die Hände der British High Commission, die das Unternehmen wiederum zur treuhänderischen Verwaltung an das Land Niedersachsen übertrug.[132] Bei der sodann anstehenden eigentumsrechtlichen Neuordnung kam es vor dem Hintergrund der historischen Wurzeln der Gesellschaft zum Streit, wem die Eigentumsrechte an der Gesellschaft zustehen sollten. Um diesen Streit beizulegen, schlossen die Bundesrepublik Deutschland und das Land Niedersachsen zunächst einen Staatsvertrag, der die Rechtsverhältnisse innerhalb der Gesellschaft regelte.[133] Darauf aufbauend erließ der Bundestag unter Zustimmung des Bundesrates am 21.7.1960 das sog. VW-Gesetz, in dem die Machtverhältnisse bei VW neu geordnet und begrenzt wurden, und legte damit zugleich den Grundstein für die Privatisierung der Gesellschaft.[134] Zugleich wurde mit dem Gesetz aber auch das Ziel verfolgt, die VW-AG[135] vor Übernahmen durch andere Investoren zu bewahren und damit zugleich das strukturschwache Land Niedersachsen zu schützen.[136] 89

b) Das VW-Gesetz in seiner ursprünglichen Form. Von den ursprünglich insgesamt vierzehn Paragraphen bestimmte § 1 Abs. 1 VW-Gesetz aF zunächst, dass die Volkswagenwerk GmbH **in eine Aktiengesellschaft umgewandelt wird**. Jeweils 20 % der dadurch 90

---

[128] „Gesetz über die Überführung der Anteilsrechte an der Volkswagenwerk Gesellschaft mit beschränkter Haftung in private Hand" (VW-Gesetz oder auch VWGmbHÜG) v. 21.7.1960, BGBl. I 585.
[129] Vgl. zum Folgenden die verknappte Darstellung bei Seibert AG 2013, 904 ff. oder die umfassende monographische Darstellung bei Nicolaysen, Der lange Weg zur Volkswagenstiftung, 2002, 13 ff.; Werner, Der Streit um das VW-Gesetz, 2013, 129 ff.
[130] Zunächst als Gesellschaft zur Vorbereitung des Deutschen Volkswagens mbH gegründet.
[131] Werner, Der Streit um das VW-Gesetz, 2013, 129; vgl. auch den Beitrag (ohne Autor) „Die historische Verantwortung" v. 23.7.2009, abrufbar unter www.igmetall.de/imbetrieb/die-historische-verantwortung-fuer-vw (zuletzt abgerufen am 22.7.2022).
[132] Seibert AG 2013, 904.
[133] „Vertrag über die Regelung der Rechtsverhältnisse bei der Volkswagenwerk Gesellschaft mit beschränkter Haftung und über die Errichtung einer „Stiftung Volkswagenwerk" v. 12.11.1959, abgedruckt im Anhang vom „Gesetz über die Regelung der Rechtsverhältnisse der Volkswagenwerk Gesellschaft mit beschränkter Haftung" v. 9.5.1960, BGBl. I 301 (im Folgenden: Staatsvertrag).
[134] Seibert AG 2013, 904.
[135] Nach Umwandlung zunächst Volkswagenwerk AG, ab 1985 Volkswagen AG.
[136] Seibert AG 2013, 904 (905).

entstandenen Aktien fielen der BRD und dem Land Niedersachsen zu. Die restlichen Aktien sollten breit in der Bevölkerung gestreut werden.[137]

91 § 2 Abs. 1 VW-Gesetz aF beschränkte sodann in Gestalt eines **Höchststimmrechts** die Stimmrechtsausübung jedes Aktionärs auf 20 %, so dass der Stimmabgabe unabhängig von dem tatsächlichen Nennbetrag der gehaltenen Stimmanteile kein höheres Gewicht in einer Abstimmung zukommen konnte. Diese Regelung wich von der allgemeinen aktienrechtlichen Vorschrift des § 134 Abs. 1 S. 1 AktG ab, der das Stimmrecht an die Höhe des Nennbetrags bzw. die Stückzahl der Aktien knüpft. Die Stimmrechtsbeschränkung wurde verbunden mit einer **Sperrminorität:** § 4 Abs. 3 VW-Gesetz aF ersetzte die vom Aktiengesetz für bestimmte Hauptversammlungsbeschlüsse geforderten ¾-Mehrheiten durch 4/5-Mehrheiten. Entsprechend konnte kein Aktionär im Alleingang gegen den Willen von Bund und Land agieren.

92 § 3 VW-Gesetz aF zog spezielle **Grenzen für die Vertretung bei der Stimmrechtsausübung.** Auch Vertreter durften nach § 3 Abs. 5 S. 1 VW-Gesetz a.F., parallel zur Stimmrechtsbegrenzung, das Stimmrecht in der Hauptversammlung nur bis zu einer Höhe von 20 % ausüben.[138] Sowohl der Bund als auch das Land erhielten durch § 4 Abs. 1 VW-Gesetz aF **Entsendungsrechte.** Beide durften jeweils zwei Aufsichtsratsmitglieder stellen, solange ihnen Aktien der Gesellschaft gehören. Auch diese Regelung wich vom allgemeinen Aktienrecht ab: Nach § 101 Abs. 2 S. 4 AktG darf die Zahl der entsandten Mitglieder höchstens ein Drittel der gesetzlichen bzw. satzungsmäßigen Soll-Zahl[139] von Aufsichtsratsmitgliedern erreichen. Im Fall der VW-AG wären maximal drei Mitglieder zu entsenden gewesen.[140] Die BRD und das Land erhielten also mit dem **vierten Mandat** gesonderten Einfluss auf den Aufsichtsrat. Diese Abweichung des VW-Gesetzes vom AktG wurde in § 101 Abs. 2 S. 5 AktG aF ausdrücklich bestätigt.

93 Als **arbeitnehmerschützendes Gegengewicht** sah § 4 Abs. 2 VW-Gesetz aF vor, dass der Aufsichtsrat die Errichtung und Verlegung von Produktionsstätten nur mit einer 2/3-Mehrheit beschließen konnte und den Arbeitnehmern ein Mitspracherecht gesichert werde. Der Aufsichtsrat der VW-AG war zu diesem Zeitpunkt paritätisch besetzt, so dass Entscheidungen bezüglich der Produktionsstätten dadurch nicht mehr ohne die Zustimmung der Arbeitnehmervertreter getroffen werden konnten.[141] Diese Regelungen wurden zusätzlich in der Satzung der VW-AG fixiert.[142] Schließlich enthielten §§ 5 bis 12 VW-Gesetz aF Modalitäten zum Kauf und Verkauf der neuen Aktien.

3. Europäische Kommission vs. Bundesrepublik Deutschland

94 Im Zuge des stetigen Ausbaus der europäischen Wirtschaftsgemeinschaft stieß das VW-Gesetz im Laufe der folgenden Jahrzehnte jedoch zunehmend auf **unionsrechtlich begründete Bedenken:** Im Jahr 2003 leitete die Europäische Kommission ein Vertragsverletzungsverfahren gegen die Bundesrepublik Deutschland vor dem EuGH ein mit dem Argument, das VW-Gesetz verstoße gegen die in Art. 56 Abs. 1 EGV aF (heute: Art. 63 AEUV) niedergelegte Kapitalverkehrsfreiheit.[143] Danach sind alle **Beschränkungen des Kapitalverkehrs** zwischen den Mitgliedstaaten selbst und zwischen Mitgliedstaat und

---

[137] Vgl. § 2 des Staatsvertrags; Seibert AG 2013, 904.
[138] In der Fassung von 1960 waren die Stimmrechtsbegrenzungen noch in Höhe jedes zehntausendsten Teils (§ 2 Abs. 1) bzw. jedes fünfzigsten Teils (§ 3 Abs. 5) gezogen; geändert durch „Zweites Gesetz zur Änderung des Gesetzes über die Überführung der Anteilsrechte an der Volkswagenwerk Gesellschaft mit beschränkter Haftung in private Hand" (2. ÄnderungsG) v. 31.7.1970, BGBl. I 1149, so dass Stimmrecht auf jeden fünften Teil beschränkt wurde.
[139] Koch AktG § 101 Rn. 11.
[140] Seibert AG 2013, 904 (906).
[141] Nach §§ 76 ff. BetrVerfG aF 1952, vgl. dazu auch S. 10 des Geschäftsberichts der VW-AG von 1960, abrufbar unter https://www.volkswagenag.com/presence/konzern/images/teaser/history/chronik/geschaeftsberichte/1960-Geschaeftsbericht.pdf (zuletzt abgerufen am 22.7.2022).
[142] Vgl. dazu Holle AG 2010, 14 (19).
[143] Vgl. zu den Einzelheiten der Kommissionsargumentation Holle AG 2010, 14 (15 f.).

Drittstaat verboten. Ausgenommen sind staatliche Maßnahmen, die nicht diskriminierend wirken, auf einen Rechtfertigungsgrund nach Art. 58 Abs. 1 EGV aF (heute: Art. 64 AUV) oder gewichtige Gründe des Allgemeinwohls gestützt werden können und verhältnismäßig sind.[144]

Als Ergebnis dieses Vertragsverletzungsverfahren stellte der EuGH im Jahr 2007 fest, dass 95 einzelne Vorschriften des VW-Gesetzes in seiner ursprünglichen Fassung tatsächlich europarechtswidrig waren, weil die Kombination aus Stimmrechtsbegrenzung, Sperrminorität und Höchststimmrechten einen rechtlichen Rahmen bildete, um wichtige Entscheidungen mit einer geringeren Investition zu blockieren, als es nach allgemeinen aktienrechtlichen Regeln möglich wäre.[145] Diese Wirkung könne Anleger aus anderen Mitgliedstaaten entmutigen, eine Direktinvestition zu tätigen.[146]

4. Urteilsdeutung und nationale Umsetzung

a) Auslegungsstreit und Umsetzungstendenz. Über die Deutung dieses Urteilsspruchs 96 ist in der Folgezeit ein heftiger Streit entbrannt, der bis zum heutigen Tage fortdauert und sich namentlich daran entzündet, dass sich dem Urteil nicht mit letzter Klarheit entnehmen lässt, inwiefern das Gericht die einzelnen gesetzlichen Vorgaben nur in ihrer Kombination und Kumulation für unionsrechtswidrig hielt oder ob jede einzelne von ihnen der unionsrechtlichen Prüfung nicht standhielt.[147]

Unstreitig war jedenfalls, dass das Urteil die Bundesrepublik Deutschland zwang, das 97 VW-Gesetz den europarechtlichen Vorgaben anzupassen, wobei die verantwortlichen Entscheidungsträger darum bemüht waren, das Urteil tendenziell eher restriktiv auszulegen und die Regelungen weitestgehend unberührt zu lassen.[148] Gestrichen wurden aber die Stimmrechtsbegrenzung aus § 2 Abs. 1 VW-Gesetz aF und die Entsendungsrechte des § 4 Abs. 1 VW-Gesetz aF[149] sowie der korrespondierende § 101 Abs. 2 S. 5 AktG aF. Die ebenfalls im Urteil problematisierten erhöhten Mehrheitserfordernisse aus § 4 Abs. 2 und 3 VW-Gesetz gelten dagegen auch noch heute fort.

b) Das VW-Gesetz heute. In dieser überarbeiteten Fassung hat das **VW-Gesetz deutlich** 98 **an Relevanz verloren,** ohne dass sich die Rechtslage der VOLKSWAGEN AG nennenswert verändert hat. Der Grund für diese Kontinuität auf gänzlich neu geordnetem gesetzlichem Fundament ist darin zu sehen, dass die ursprünglich gesetzlichen Regeln weitestgehend **in der Satzung fortgeschrieben** wurden (vgl. dazu noch die Ausführungen in → Rn. 101 ff.). Vom VW-Gesetz selbst ist dagegen nur noch ein schmaler Torso geblieben. Die meisten Vorschriften sind aufgehoben; andere wurden beibehalten, sind aber historisch überkommen. Dazu zählt § 1 Abs. 1 VW-Gesetz, der die Umwandlung in eine AG und den Aktiennennbetrag von nicht mehr als 100 Deutsche Mark festlegt, aber auch § 5 VW-Gesetz, der das historische Inkrafttreten regelt.

Auch **§ 3 VW-Gesetz** ist von eher geringer praktischer Relevanz. Die Vorschrift regelt 99 **Formalitäten der Stimmrechtsvertretung:** Der Stimmrechtsvertreter muss im fremden Namen auftreten, § 3 Abs. 1 S. 1 VW-Gesetz. Außerdem bedarf er nach § 3 Abs. 1 S. 2 VW-Gesetz zur Vertretung einer schriftlichen Vollmacht, die nach § 3 Abs. 4 S. 1 VW-Gesetz den Namen, den Wohnort und den Betrag der Aktien und der Stimmen des vertretenen Aktionärs enthalten muss. Die Vollmacht ist der Gesellschaft vorzulegen, die

---

[144] Calliess/Ruffert/Korte AEUV Art. 63 Rn. 64 ff.
[145] EuGH v. 23.10.2007 – C-112/05, Kommission ./. Deutschland, ECLI:EU:C:2007:623 Rn. 38 ff. (VOLKSWAGEN I).
[146] EuGH v. 23.10.2007 – C-112/05, Kommission ./. Deutschland, ECLI:EU:C:2007:623 Rn. 50–52 (VOLKSWAGEN I).
[147] Ausführliche Analyse dazu bei Lutter/Bayer/Schmidt, Europäisches Unternehmens- und Kapitalmarktrecht, Rn. 15.9 ff.; Holle AG 2010, 14 (16 ff.); Verse, FS E. Klein, 2013, 701 ff.
[148] Holle AG 2010, 14 (16); Seibert AG 2013, 904 (908).
[149] „Gesetz zur Änderung des Gesetzes über die Überführung der Anteilsrechte an der Volkswagenwerk Gesellschaft mit beschränkter Haftung in private Hand" v. 8.12.2008, BGBl. I 2369.

die Urkunde aufzubewahren und den Teilnehmern der Hauptversammlung zugänglich zu machen hat (§ 3 Abs. 4 VW-Gesetz).

100 Inhaltlich bedeutsam sind dagegen auch weiterhin die Vorgaben zur Verfassung der Gesellschaft in § 4 VW-Gesetz. **§ 4 Abs. 2 VW-Gesetz** schreibt wie bisher – abweichend vom allgemeinen Aktienrecht – vor, dass Beschlüsse des Aufsichtsrats hinsichtlich der **Errichtung und Verlegung von Produktionsstätten** weiterhin nur mit einer Mehrheit von zwei Dritteln gefasst werden können.[150] Der Aufsichtsrat der VW-AG ist durch Arbeitnehmervertreter mitbestimmt, so dass Entscheidungen in Bezug auf Produktionsstätten vom Willen der Arbeitnehmer abhängig sind. Nach wie vor im Gesetz enthalten ist überdies die umstrittene **Sperrminorität des § 4 Abs. 3 VW-Gesetz.** Danach kann die Hauptversammlung Beschlüsse, die nach dem allgemeinen Aktienrecht einer Mehrheit von mehr als 75 % bedürfen, nur mit einer Mehrheit von mehr als 80 % des vertretenen Grundkapitals fassen.

101 **c) Die VW-Satzung.** Das **Kernstück der aktienrechtlichen Sonderstellung** der VOLKSWAGEN AG ist nach diesen Neuerungen aber nicht mehr das VW-Gesetz, sondern vielmehr die Satzung der Gesellschaft. Schon zur Geltung des ursprünglichen VW-Gesetzes wurden die gesetzlichen Regelungen weitestgehend auch in der Satzung gespiegelt.[151] Nach der gesetzlichen Neuordnung füllt die Satzung in ihrer aktuellen Fassung (Stand: Mai 2017) zum einen die Lücken, die durch gesetzliche Streichungen entstanden sind, doppelt zum anderen aber auch weiterhin die verbliebenen gesetzlichen Regelungen, was insbesondere vor dem **Hintergrund fortdauernder unionsrechtlicher Bedenken** sinnvoll sein kann. Im Einzelnen regelt § 11 Abs. 1 VW-Satzung das Entsenderecht für das Land Niedersachsen bei einer Mindestbeteiligung von 15 % der Stammaktien, § 15 Abs. 3 VW-Satzung enthält die Sperrminorität für Hauptversammlungsbeschlüsse und § 15 Abs. 4 VW-Satzung erhöht die im Aufsichtsrat erforderliche Beschlussmehrheit betreffend Produktionsstätten auf zwei Drittel. Auch die Formalanforderungen an Stimmrechtsvertretungen aus § 3 VW-Gesetz haben in § 24 VW-Satzung einen Niederschlag gefunden. Einzig die Stimmrechtsbeschränkung aus § 2 Abs. 1 VW-Gesetz aF ist in der VW-Satzung nicht abgebildet. Stattdessen bestimmt § 23 VW-Satzung, dass jeder Stammaktie eine Stimme zukommt – ohne Beschränkung.

5. Fortdauer der juristischen Diskussion

102 **a) Vereinbarkeit mit aktienrechtlichen Vorgaben.** Auch diese teils legislative, teils statutarische Neuordnung hat die juristische Diskussion aber nicht zum Verstummen gebracht. Diese Diskussion kann auf **zwei Ebenen** geführt werden, weil Satzungsbestimmungen zum einen den Vorgaben des Aktiengesetzes, zum anderen den unionsrechtlichen Vorgaben genügen müssen.

103 Die **aktienrechtliche Vereinbarkeit** wird dabei durchgängig als verhältnismäßig unproblematisch angesehen. Zentraler Prüfstein ist insofern **§ 23 Abs. 5 AktG.** Im Lichte dieser Vorschrift erweist sich zunächst die Möglichkeit, die Mehrheitserfordernisse für bestimmte Hauptversammlungsbeschlüsse durch Satzungsbestimmungen zu erhöhen, als unproblematisch, weil das Aktiengesetz selbst diese Möglichkeit vorsieht.[152] Auch die angehobene Mehrheit für Aufsichtsratsbeschlüsse im Hinblick auf Produktionsstätten ist eine zulässige Bestimmung.[153] Im Gegensatz dazu verstieß die Stimmrechtsbegrenzung gegen § 134 Abs. 1 S. 2 AktG und war somit nach § 23 Abs. 5 AktG unwirksam. Die Entsendungsrechte für Bund und Land in Höhe von zwei Mandaten standen im Widerspruch zu § 101 Abs. 2 S. 4 AktG. Da der Bund seine Beteiligung an der VW-AG im Laufe

---

[150] Zur Brisanz dieser Regelung vgl. Jahn AG 2008, R 55.
[151] Holle AG 2010, 14 (19).
[152] Vgl. beispielsweise §§ 52 Abs. 5 S. 3; 103 Abs. 1 S. 3; 133 Abs. 1, 2; 179 Abs. 2 S. 2; 182 Abs. 1 S. 2; 202 Abs. 2 S. 3; 293 Abs. 1 S. 1 AktG.
[153] Koch AktG § 108 Rn. 7.

der Zeit veräußert hatte, spielten die Entsendungsrechte aber ohnehin nur noch für das Land Niedersachsen eine Rolle.[154] Dementsprechend sieht die Satzung mittlerweile ein **Entsendungsrecht in Höhe von zwei Mandaten** vor, was sich im aktienrechtlich zulässigen Rahmen bewegt.[155]

b) Vereinbarkeit mit unionsrechtlichen Bedenken. Von größerem Gewicht sind die unionsrechtlichen Bedenken. Schon unmittelbar nach dem Erlass des Änderungsgesetzes bemängelte die Europäische Kommission, dass die Sperrminorität weiterhin Teil des VW-Gesetzes und die Umsetzung damit unvollständig sei.[156] Die Bundesrepublik stellte sich hingegen auf den Standpunkt, dass sich aus der Auslegung des Urteils ergebe, dass die Sperrminorität nur in Verbindung mit der Stimmrechtsbeschränkung rechtswidrig sei.[157] Daher sei es ausreichend, die Stimmrechtsbeschränkung isoliert zu streichen. Die Kommission ließ sich von dieser Argumentation jedoch nicht überzeugen und leitete im Jahr 2012 ein neuerliches Verfahren gegen die Bundesrepublik ein, allerdings kein Vertragsverletzungsverfahren nach Art. 258 AEUV, sondern ein **Verfahren nach Art. 260 Abs. 1 AEUV**, mit dem die Nichtumsetzung des Urteils gerügt wurde. Prüfungsmaßstab dieses Verfahrens war also lediglich die Frage, ob die Bundesrepublik das **vorangegangene Urteil ordnungsgemäß umgesetzt** hatte, nicht aber, ob die neuen Regelungen als solche gegen das Gemeinschaftsrecht verstießen.[158] Auf der Grundlage dieses nur eingeschränkten gerichtlichen Prüfungsauftrags hat der EuGH der Auffassung der Kommission eine eindeutige Absage erteilt und die Klage abgewiesen mit der Begründung, dass eine abweichende Deutung des Tenors den Urteilsinhalt unvollständig erfasse.[159]

104

Weil damit eine abschließende Klärung noch aussteht, ist die Vereinbarkeit der neuen Regelungen mit dem Unionsrecht weiterhin umstritten. Im Mittelpunkt dieser – hier nicht nachzuzeichnenden – Diskussion stehen **drei Fragen,** nämlich (1) ob die in § 4 Abs. 3 VW-Gesetz fortbestehende Sperrminorität mit der Kapitalverkehrsfreiheit vereinbar ist, (2) ob auch eine Satzungsregelung gegen Art. 63 AEUV verstoßen kann und (3) welche Anforderungen an die staatliche Mitwirkung zu stellen sind, um eine Satzungsvorgabe als mitgliedstaatlichen Eingriff zu werten.[160]

105

---

[154] Seibert AG 2013, 904 (905).
[155] Koch AktG § 101 Rn. 11.
[156] Vgl. zur folgenden Auseinandersetzung die detaillierten und nachweisstarken Darstellungen bei Lutter/Bayer/Schmidt, Europäisches Unternehmens- und Kapitalmarktrecht, Rn. 15.9 ff. und Verse, FS E. Klein, 2013, 701 (704 ff.).
[157] Ebenso LG Hannover ZIP 2009, 666 (667 ff.).
[158] Vgl. dazu Lutter/Bayer/Schmidt, Europäisches Unternehmens- und Kapitalmarktrecht, Rn. 15.10 ff.; Holle AG 2010, 14 (16 ff.); Seibert AG 2013, 904 ff.; Verse, FS E. Klein, 2013, 701 (705 ff.).
[159] VOLKSWAGEN II-Entscheidung (EuGH v. 22.10.2013 – C-95/12, Kommission./. Deutschland, ECLI:EU:C:2013:333.
[160] Ausführliche Analyse dieser Fragen bei Lutter/Bayer/Schmidt, Europäisches Unternehmens- und Kapitalmarktrecht, Rn. 15.9 ff.; Holle AG 2010, 10 (16 ff.); Verse, FS E. Klein, 2013, 701 ff.

§ 17 Sonderregelungen im Zuge von staatlichen Stabilisierungsmaßnahmen in der Krise

Prof. Dr. Jens Koch / Johannes Linnartz

Übersicht

	Rn.
I. Einleitung	1
II. Rechtsrahmen für Stabilisierungsmaßnahmen in der Krise	4
1. StFG und WStBG	4
2. Rechtsnatur des WSF	8
3. Die verschiedenen Stabilisierungsmaßnahmen nach dem StFG	10
a) Überblick	10
b) Insbesondere: Rekapitalisierung	11
4. Vereinbarkeit mit europäischem Beihilferecht	13
III. Anforderungen und Ausgestaltung einer Stabilisierungsmaßnahme	15
1. Anforderungen im Einzelnen	15
a) Unternehmen der Realwirtschaft	15
b) Voraussetzungen und Bedingungen für Stabilisierungsmaßnahmen	16
2. Festsetzung der Bedingungen für den Einzelfall	20
a) Art der Festsetzung und Rechtsschutz	20
b) Ausgestaltungsspielraum im Rahmen der konkreten Umsetzung	25
IV. Modifikationen des Gesellschaftsrechts durch das WStBG	28
1. Aktienrecht	28
2. GmbH-Recht	31
3. Sonstige Modifikationen	32
V. Rechte und Pflichten während einer Stabilisierungsmaßnahme	33
1. Rechte und Pflichten des WSF	33
a) Informationsrechte und Prüfpflichten	33
b) Besonderheiten einer Rekapitalisierung in Gestalt der Unternehmensbeteiligung	36
2. Umsetzung der Auflagen und Bedingungen	38
a) Ausgangslage	38
b) Modifikation durch § 3 WStBG	40
3. Rechtsfolgen eines Verstoßes gegen Auflagen und Bedingungen	44
VI. Beendigung einer Stabilisierungsmaßnahme	46
VII. Stabilisierungsmaßnahmen nach dem Energiesicherungsgesetz (EnSiG)	49
VIII. Ausblick	52

Literatur

Bartsch/Berghofer, Die Covid-19-Beihilfemaßnahmen in Deutschland, EuZW 2020, 453; Becker/Heyder/Paudtke, Wirtschaftsstabilisierungsfondsgesetz (WStFG), 1. Aufl., 2021, München; Ewer, Verwaltungsrechtsschutz bei der Bewältigung der Bankenkrise – Überprüfung von Maßnahmen zur Stabilisierung des Finanzmarktes, AnwBl 2008, 809; Frenz, Coronabedingte Staatsbeteiligung am Beispiel der Lufthansa und Beihilfeverbot, EWS 2020, 192; Gottschalk/Ulmer, Das Gesellschaftsrecht im Bann des Coronavirus, GWR 2020, 133; Hasselbach/Alles, Die Verpflichtungserklärung gegenüber dem Wirtschaftsstabilisierungsfonds – Vorstandshandeln im Grenzbereich zwischen unternehmerischer Verantwortung und staatlicher Regulierung, NZG 2020, 727; Helleberg/Lehrian, Erneute Anpassung des Energiesicherungsgesetzes, UKuR 2022, 339; Helm/Helm/Bischoff, Die Staatshilfe für die Lufthansa im Spiegel des Wirtschaftsordnungsrechts: Finanzierung oder unternehmerisches Engagement des Bundes?, EWS 2022, 61; Holle/Linnartz, Staatliche Kapitalhilfen für Unternehmen in der Energiekrise NJW 2023, 801; Jaletzke/Veranneman, Finanzmarktstabilisierungsgesetz, 1. Aufl., 2009, München; Kment, Erneute Änderung des Energiesicherungsgesetzes – Erweiterung des Instrumentenkastens für den Krisenfall, NJW 2022, 2880; Kuthe/Beck, Kapitalmaßnahmen unter dem Wirtschaftsstabilisierungsfondsgesetz, CB 2020, 325; Langenbucher, Bankaktienrecht unter Unsicherheit, ZGR 2010, 75; Lieder, Unternehmensrechtliche Implikationen der Corona-Gesetzgebung – Präsenzlose Versammlungen und stabilisierende Kapitalmaßnahmen, ZIP 2020, 837; Mann, Das Finanzmarktstabilisierungsgesetz: Eine kritische Analyse, DZWiR 2008, 486; Noack, Gesellschaftsrechtliche Aspekte der Stabilisierung von Unternehmen der Realwirtschaft, DB 2020, 1328; Omlor/Dilek, Corona-Gesellschaftsrecht –

Rekapitalisierung von Gesellschaften in Zeiten der Pandemie, BB 2020, 1026; Roitzsch/Wächter, Gesellschaftsrechtliche Probleme des Finanzmarktstabilisierungsgesetzes, DZWiR 2009, 1.

I. Einleitung

1 Globale Krisen wirken sich zumindest mittelbar auch auf die Wirtschaft aus. So war es zu Beginn der Corona-Pandemie, als innerhalb kürzester Zeit ganze Märkte wie der Tourismussektor wegbrachen und bisher solide Unternehmen plötzlich vor der Insolvenz standen.[1] Ein ähnliches Bild zeichnete sich in der durch den Ukraine-Krieg ausgelösten Energiekrise: Explodierende Preise brachten Gasimporteure wie Uniper ins Wanken;[2] gleiches galt für Unternehmen, die besonders energieintensive Geschäftsmodelle betreiben.[3]

2 Um in solchen Fällen zu verhindern, dass Unternehmen wirtschaftlich kollabieren, muss der Staat in der Lage sein, durch **finanzielle Hilfsmaßnahmen** unterstützend einzugreifen. Die **Rettung** betroffener Unternehmen ist dabei kein altruistischer Akt des Staates. Er hat vielmehr ein veritables Eigeninteresse daran, bedeutsame Unternehmen vor dem Zusammenbruch zu bewahren, um dadurch die Wirtschaft zu stabilisieren und gleichzeitig Arbeitsplätze zu schützen. Als Instrument der Stabilisierung kommt neben der Gewährung von Krediten über die KfW-Bank vor allem die **Stärkung des Eigenkapitals** betroffener Unternehmen in Betracht.

3 In der Corona-Krise hat der Staat mit dem **Stabilisierungsfondsgesetz (StFG)** und dem **Wirtschaftsstabilisierungsbeschleunigungsgesetz (WStBG)** innerhalb kürzester Zeit umfangreiche finanzielle Hilfen für in Schieflage geratene Unternehmen ermöglicht und mit dem **Wirtschaftsstabilisierungsfonds (WSF)** bereitgestellt. Der so geschaffene Maßnahmenkatalog beruht auf den Regelungen zur Finanzmarktstabilisierung, die im Zuge der Bankenkrise im Jahr 2008 erdacht wurden. Der Beitrag nimmt den mit dem StFG und dem WStBG geschaffenen Maßnahmenkatalog in den Blick. Ziel ist es dabei nicht nur, die mit Blick auf die Corona-Krise bereitgestellten Maßnahmen darzustellen. Die nachfolgenden Ausführungen sollen vielmehr auch als Blaupause dafür dienen, wie der Gesetzgeber Unternehmen in künftigen Krisen unterstützen kann. Es ist nämlich davon auszugehen, dass der Gesetzgeber hierbei auf gleichgelagerte oder zumindest ähnliche Mechanismen zurückgreifen wird. Das wird bereits anhand des Umgangs mit der durch den Krieg in der Ukraine ausgelösten Energiekrise deutlich: In Anlehnung an das im StFG enthaltene Modell und mithilfe einer umfangreichen Verweisungstechnik auf die Vorschriften des WStBG hat der Gesetzgeber in § 29 EnSiG die Rechtsgrundlage für die Stützung von Unternehmen des Energiesektors geschaffen (im Einzelnen dazu → Rn. 50 f.).

II. Rechtsrahmen für Stabilisierungsmaßnahmen in der Krise

1. StFG und WStBG

4 Als Reaktion auf die Krise des Finanzmarktes 2008/2009 verabschiedeten Bundestag und Bundesrat im Oktober 2008 innerhalb weniger Tage das Finanzmarktstabilisierungsgesetz.[4] Knapp zwölf Jahre später diente der im Zuge der Finanzmarktstabilisierung konstruierte rechtliche Rahmen als Grundlage zur Schaffung mehrerer Gesetze, mithilfe derer die wirtschaftlichen Folgen der **Corona-Pandemie** abgefedert werden sollten. Im Zentrum des

---

[1] Vgl. beispielsweise die Briefing Note der Internationalen Arbeitsorganisation der UN, https://www.ilo.org/sector/Resources/publications/WCMS_748291/lang–en/index.htm (zuletzt abgerufen am 25.4.2023).
[2] https://www.wiwo.de/unternehmen/energie/forderung-von-betriebsraeten-und-gewerkschaften-100-millionen-euro-verlust-pro-tag-jetzt-soll-der-staat-die-mehrheit-an-uniper-uebernehmen/28636168.html: Uniper macht 100 Millionen Euro Verlust pro Tag (zuletzt abgerufen am 25.4.2023).
[3] https://www.tagesschau.de/wirtschaft/konjunktur/hohe-energie-preise-industrie-produktion-101.html (zuletzt abgerufen am 25.4.2023).
[4] Dazu überblicksartig Mann DZWIR 2008, 496 ff.; zu den gesellschaftsrechtlichen Problemen vertiefend Roitzsch/Wächter DZWIR 2009, 1 ff.

im März 2020 verabschiedeten Gesetzespakets steht das Gesetz zur Errichtung eines Finanzmarkt- und eines Wirtschaftsstabilisierungsfonds (StFG). Das Gesetz weitet den Anwendungsbereich der bereits 2008/2009 geschaffenen Rettungsinstrumente dergestalt aus, dass nunmehr neben Finanzinstituten auch „Unternehmen der Realwirtschaft" erfasst sind.[5]

Das neue Gesetz besteht aus drei Abschnitten, wobei die Normen des ersten Abschnitts (§ 1 bis § 14d StFG) Stabilisierungsmaßnahmen zugunsten von Finanzunternehmen betreffen und die alten Vorschriften des StFG in den neuen rechtlichen Rahmen überführen, ohne dass diese inhaltlich verändert wurden. Neu hinzugekommen sind die im zweiten Abschnitt zusammengefassten Regelungen betreffend die **Stabilisierungsmaßnahmen zugunsten von Unternehmen der Realwirtschaft** (§ 15 bis § 26 StFG). Die Regelungen sind denjenigen im ersten Abschnitt nachempfunden, sodass sich in beiden Abschnitten ein in weiten Teilen deckungsgleicher Aufbau ergibt, der sich grob wie folgt darstellt: Zunächst wird definiert, welche Unternehmen grundsätzlich antragsberechtigt sind, namentlich Unternehmen des Finanzsektors (§ 2 Abs. 1 Satz 1 StFG) und der Realwirtschaft (§ 16 Abs. 2 StFG, vertiefend → Rn. 15). Sodann werden in den §§ 4 ff., 20 ff. StFG die verschiedenen in Betracht kommenden Stabilisierungsmaßnahmen dargestellt (→ Rn. 10 ff.) und anschließend erläutert, unter welchen Voraussetzungen finanzielle Hilfsmaßnahmen erfolgen können (insbesondere §§ 10, 25 StFG; dazu ausführlich → Rn. 16 f.). Im Zentrum des Beitrags stehen die Vorschriften des zweiten Abschnitts, also die Regelungen zur Stabilisierung von Unternehmen der Realwirtschaft. 5

Konkretisierende Vorgaben zu den im StFG beschriebenen Voraussetzungen und Bedingungen enthält die auf Grundlage der §§ 20 Absatz 6 Satz 1, 21 Absatz 2, 22 Absatz 3, 25 Absatz 3 StFG erlassene **Wirtschaftsstabilisierungsfonds-Durchführungsverordnung (WSF-DV,** dazu vertiefend → Rn. 18 f.). Von Bedeutung ist außerdem das **Wirtschaftsstabilisierungsbeschleunigungsgesetz (WStBG,** früher Finanzmarktstabilisierungsbeschleunigungsgesetz), das die Umsetzung von Stabilisierungsmaßnahmen erleichtern soll und zu diesem Zweck in erster Linie Modifikationen des Aktienrechts vorsieht, namentlich Regelungen zur vereinfachten Kapitalerhöhung (ausführlich → Rn. 28 ff.). 6

Im Zuge der Energiekrise wurde der zweite Abschnitt des StFG um einen Teil drei („Abfederung der Folgen der Energiekrise") ergänzt. Der neu eingefügte § 26a StFG sieht in Abs. 1 Satz 1 Nr. 3 unter anderem vor, dass der Fonds **Stützungsmaßnahmen** zugunsten von Unternehmen finanzieren kann, die infolge der **Energiekrise** in Schwierigkeiten geraten sind. Anders als im Rahmen der §§ 4 ff., 20 ff. StFG werden die in Betracht kommenden Stützungsmaßnahmen in § 26a Abs. 1 Satz 1 Nr. 3 StFG allerdings nicht näher definiert; die konkrete Ausgestaltung bleibt vielmehr den Maßnahmen selbst überlassen.[6] Eine solche Konkretisierung hat der Gesetzgeber bisher allein in § 29 EnSiG vorgesehen. Die Vorschrift bildet bereichsspezifisch die Rechtsgrundlage für Stabilisierungsmaßnahmen zugunsten von Unternehmen, die selbst oder durch verbundene Unternehmen Kritische Infrastrukturen im Sinne von § 2 Absatz 10 BSIG im Sektor Energie betreiben (ausführlich dazu → Rn. 50 f.). Für die beschleunigte Umsetzung der Stützungsmaßnahmen enthält § 29 Abs. 2 EnSiG umfangreiche Verweise auf die Vorschriften des WStBG.[7] 7

2. Rechtsnatur des WSF

Die finanziellen Mittel, mit denen Liquiditätsengpässen der Unternehmen begegnet werden sollten, stellte der Bund mit dem WSF bereit.[8] Wie schon der FSF ist auch der WSF ein 8

---

[5] Koch AktG § 182 Rn. 5a; überblicksartig zur Reaktion des Gesetzgebers auf die Corona-Pandemie auf der Ebene des Gesellschaftsrechts Gottschalk/Ulmer GWR 2020, 133 f.
[6] BT-Drs. 20/3937, S. 20; Holle/Linnartz NJW 2023, 801 (806): Konkretisierung durch weiteren Legislativakt.
[7] BT-Drs. 20/2664, S. 21 f.; Koch AktG § 185 Rn. 5a; Kment NJW 2022, 2880 (2885); Holle/Linnartz NJW 2023, 801 (804).
[8] Zum Zweck des Fonds ausführlich BHP/Schümann-Kleber/Lange StFG § 16 Rn. 1 ff.

Sondervermögen des Bundes im Sinne des Art. 110 Abs. 1 GG, das von der im Alleineigentum des Bundes stehenden Finanzagentur Deutschland GmbH verwaltet wird. Als Sondervermögen ist der Fonds ein rechtlich unselbständiger Teil des Bundesvermögens, der ausschließlich dazu genutzt werden kann, die wirtschaftlichen Folgen der Corona-Pandemie und der Energiekrise abzufedern.[9] Dabei gilt eine **haftungsrechtliche Trennung:** Zwar haftet der Bund für die Verbindlichkeiten des Fonds, umgekehrt gilt das für die sonstigen Verbindlichkeiten des Bundes jedoch nicht, § 20 Abs. 7 StFG. Nach § 17 Satz 1, 2 StFG ist der Fonds nicht rechtsfähig, doch kann er unter eigenem Namen im Rechtsverkehr handeln, klagen und verklagt werden.[10] Besteht eine Stabilisierungsmaßnahme darin, dass der Fonds Anteile an einem Unternehmen erwirbt, so ist dieser folglich selbst Gesellschafter beziehungsweise Aktionär.[11] Im Zusammenhang mit der Energiekrise hat sich das Funktionsverständnis des Fonds gewandelt: Anders als zur Abwehr der Pandemiefolgen (vgl. Wortlaut der §§ 21 Abs. 1 Satz 1, 22 Abs. 1 Satz 1 StFG) führt der Fonds Stabilisierungsmaßnahmen nicht mehr selbst aus, sondern stellt allein die dafür notwendigen Mittel bereit, vgl. § 26a Abs. 1 Satz 1 Nr. 3 StFG.[12]

9 Da der Fonds, wie schon der Finanzmarktstabilisierungsfonds, als Maßnahme zur Bekämpfung einer akuten Wirtschaftskrise errichtet wurde, ist er in seinem Anwendungsbereich **zeitlich befristet.** Unternehmen konnten nach § 26 Abs. 1 Satz 2 StFG bis zum 30. April 2022 Anträge auf Gewährung von Stabilisierungsmaßnahmen zur Abwendung der Pandemiefolgen stellen, über die der Fonds bis zum 30. Juni 2022 beschließen konnte, § 26 Abs. 1 Satz 2 StFG. Zugunsten bereits geförderter Unternehmen können nach wie vor zusätzliche Stabilisierungsmaßnahmen aus dem WSF beschlossen werden, § 26 Abs. 2 StFG. Maßnahmen des WSF zur Abfederung der Folgen der Energiekrise sind bis zum Ablauf des 30.6.2024 möglich, § 36g StFG. Hat der Fonds seinen Zweck erreicht, sind also sämtliche Stabilisierungsmaßnahmen abgeschlossen, so ist er, genau wie der Finanzmarktstabilisierungsfonds, abzuwickeln und aufzulösen, § 26 Abs. 3 StFG.[13]

3. Die verschiedenen Stabilisierungsmaßnahmen nach dem StFG

10 **a) Überblick.** Das StFG sieht verschiedene Instrumentarien vor, mit denen Liquiditätsengpässe von Unternehmen überwunden werden können. In der Sache handelt es sich hierbei um Maßstäbe für das Handeln der jeweils zuständigen Stellen der Verwaltung (namentlich BMF, Wirtschaftsstabilisierungsfonds, Bundesanstalt für Finanzmarktstabilisierung, Bundesrepublik Deutschland Finanzagentur GmbH). Überdies enthält das Gesetz im Zusammenspiel mit dem WStBG Modifikationen des Gesellschaftsrechts. Zunächst bietet sich eine Differenzierung zwischen drei Kategorien verschiedener Stabilisierungsmaßnahmen an. Nach § 21 StFG hat der Fonds die Möglichkeit, **Garantien** für Verbindlichkeiten förderungsfähiger Unternehmen zu übernehmen, um so die Aufnahme von Fremdkapital zu fördern.[14] Daneben beinhaltet § 23 StFG mit der Möglichkeit der **Refinanzierung** von Sonderprogrammen der Kreditanstalt für Wiederaufbau ein aus Sicht des Fonds indirektes Förderungsinstrument.[15] Kern der Tätigkeit des Fonds ist aber die Beteiligung an sogenannten **Rekapitalisierungsmaßnahmen** im Sinne des § 22 StFG.

11 **b) Insbesondere: Rekapitalisierung.** Der Begriff der Rekapitalisierung wird nicht legaldefiniert, vielmehr ist seine Bedeutung aus dem Normtext und -zweck heraus zu ent-

---

[9] Zum Begriff des Sondervermögens allgemein Ziffer 2.1 der Verwaltungsvorschrift zu § 26 BHO.
[10] BHP/Heyder/Stautner StFG § 17 Rn. 3.
[11] BHP/Heyder/Stautner StFG § 17 Rn. 3.
[12] BT-Drs. 20/3937, S. 20; Holle/Linnartz NJW 2023, 801 (805): Fonds mutiert zu „bloßem Geldtopf".
[13] Dazu ausführlich BHP/Wagner-Cardenal StFG § 26 Rn. 4 f.
[14] Kuthe/Beck CB 2020, 325, 329; tatsächlich hat der WSF jedoch keine Garantien übernommen, vgl. https://www.deutsche-finanzagentur.de/wsf/wirtschaftsstabilisierungsfonds/massnahmen (zuletzt abgerufen am 25.4.2023).
[15] Vertiefend BHP/Ruland/Neumann StFG § 23 Rn. 2 ff.

wickeln.¹⁶ § 22 Absatz 2 Satz 1 StFG zählt auf, welche Maßnahmen von dem Begriff der Rekapitalisierung erfasst werden, wobei sich ein bunter Strauß aus verschiedenen Hilfsprogrammen ergibt: Neben dem Erwerb nachrangiger Schuldtitel und Hybridanleihen sind insbesondere stille Beteiligungen sowie der Erwerb von Anteilen des jeweiligen Unternehmens erfasst, wobei die im Gesetz vorgenommene Aufzählung nicht abschließend ist und auch die Übernahme sonstiger Bestandteile des Eigenkapitals von Unternehmen in Betracht kommt.¹⁷ Gerade dieser die Aufzählung offenhaltende Zusatz zeigt deutlich, worauf der Gesetzgeber mit dem Begriff der Rekapitalisierung abzielt: Es geht nicht nur um die Bereitstellung weiterer finanzieller Mittel, vielmehr sollen die Maßnahmen in erster Linie der Stärkung der wirtschaftlichen **Eigenkapitalbasis** dienen.¹⁸

Von praktisch herausragender Bedeutung ist die Stabilisierung von Unternehmen durch die Zahlung **stiller Einlagen.** Bei einer stillen Einlage leistet der Fonds eine Vermögenseinlage gegen einen Anteil am Gewinn und Verlust der Gesellschaft (§§ 230 ff. HGB). Regelmäßig erfolgt eine solche Rekapitalisierung des Fonds in Gestalt einer **atypischen stillen Einlage.** Diese geht in ihrer Ausgestaltung über die typische stille Beteiligung nach §§ 230 ff. HGB hinaus und sieht neben **Kontroll- und Informationsrechten** oftmals eine umfassende **Verlustbeteiligung** vor, wobei gerade die Verlustbeteiligung dazu führt, dass die Einlage dem Eigenkapital des geförderten Unternehmens zuzuordnen ist.¹⁹ Der WSF hatte der Lufthansa AG in zwei Tranchen stille Einlagen in Höhe von insgesamt knapp 5,7 Mrd. Euro gewährt, wobei der Löwenanteil in Höhe von knapp 4,7 Mrd. Euro mit einer Verlustbeteiligung verbunden und deshalb als Eigenkapital zu behandeln war.²⁰ Neben der Gewährung stiller Einlagen hatte der Fonds zwischenzeitlich außerdem Anteile des Unternehmens erworben (→ Rn. 36 f.). Auch die TUI AG hat stille Einlagen in Höhe von insgesamt fast 1,1 Mrd. Euro erhalten, wobei ebenfalls die Struktur gewählt wurde, dass der größere Teil der Einlage mit einer Verlustbeteiligung einhergeht. Außerdem hat sich der Fonds das Recht einräumen lassen, einen Teil der gewährten stillen Einlagen in Aktien des Unternehmens umzuwandeln. Nimmt er dieses Recht wahr, kann er maximal 25 % der Anteile des Unternehmens plus eine Aktie erwerben.²¹

4. Vereinbarkeit mit europäischem Beihilferecht

Grundsätzlich fallen die beschriebenen Stabilisierungsmaßnahmen unter das **Verbot staatlicher Beihilfen,** Art. 107 Abs. 1 AEUV.²² Jede einzelne Rettungsmaßnahme muss deshalb so ausgestaltet sein, dass einer der in Art. 107 Abs. 2 und 3 AEUV normierten **Ausnahmetatbestände** eingreift. Die Europäische Kommission hat das Bedürfnis nach umfassenden und schnellen staatlichen Hilfsmaßnahmen zu Beginn der Corona-Krise erkannt und daher mittels des sogenannten **„Befristeten Rahmens für staatliche Beihilfen"** Eckpfeiler markiert, nach denen staatliche Rettungsmaßnahmen der Behebung

---

¹⁶ BHP/Becker StFG § 22 Rn. 1.
¹⁷ BHP/Becker StFG § 22 Rn. 3. Zu Maßnahmen, die unter den Begriff der Rekapitalisierung fallen, siehe auch Kommission, Befristeter Rahmen für staatliche Beihilfen – COVID-19 – idF ABl. 2020 C 164/3 Rn. 52 f.
¹⁸ BHP/Becker StFG § 22 Rn. 1, 3: es kommt gerade auf die Stärkung der wirtschaftlichen Eigenkapitalbasis an, weshalb es dahinstehen könne, dass Rekapitalisierungsmaßnahmen wie nachrangige Schuldtitel oder auch stille Beteiligungen bilanziell nicht als Eigenkapital gelistet würden. Zur Bedeutung des wirtschaftlichen Eigenkapitals vgl. Gerdes BC 2006, 57 ff.; Schmeisser/Clausen DStR 2008, 688 ff.
¹⁹ BHP/Becker StFG § 22 Rn. 11; zur Differenzierung zwischen typischer und atypischer stiller Beteiligung vgl. Hennsler/Strohn GesR/Servatius HGB § 230 Rn. 1.
²⁰ Vgl. Rahmenvereinbarung zwischen der BRD, dem WSF sowie der Deutschen Lufthansa AG, 2020, S. 2, abrufbar unter https://investorrelations.lufthansagroup.com/fileadmin/downloads/de/hauptversammlung/2020/aohv/DLH_Rahmenvereinbarung_unterzeichnet.pdf (zuletzt abgerufen am 25.4.2023).
²¹ Verpflichtungserklärung der Vorstandsmitglieder der TUI AG, 2021, abrufbar unter https://www.tuigroup.com/de-de/investoren/news/2021/regulatorische-mitteilungen/20210125 (zuletzt abgerufen am 25.4.2023), S. 2.
²² Vgl. zur Frage der Vereinbarkeit mit dem europäischen Beihilferecht am Beispiel der Deutschen Lufthansa AG ausführlich Frenz EWS 2020, 192 ff.

einer beträchtlichen Störung im Wirtschaftsleben eines Mitgliedstaats dienen, als solche den Ausnahmetatbestand des Art. 107 Abs. 3 lit. b AEUV erfüllen und damit zulässig sind.[23] Mit der Ergänzung des befristeten Rahmens vom 8.5.2020 hat die Kommission detaillierte Vorgaben für die beihilferechtliche Zulässigkeit staatlicher Rekapitalisierungsmaßnahmen aufgestellt.[24] Der nationale Gesetzgeber hat diese Leitlinien insbesondere in den Regelungen der WSF-DV umgesetzt (→ Rn. 18 f.).[25]

14 Maßgeblich sind zunächst die in der Randziffer 49 des Befristeten Rahmens vorgesehenen **allgemeinen Förderungskriterien.** Danach soll eine Rekapitalisierung nur erfolgen, wenn das Unternehmen anderenfalls in existenzielle Bedrängnis geraten würde und es sich die erforderlichen finanziellen Mittel auch nicht anderweitig beschaffen kann. Gleichzeitig darf sich das Unternehmen nicht bereits vor Ausbruch der Pandemie in Schwierigkeiten befunden haben und das staatliche Eingreifen muss im gemeinsamen Interesse liegen. Weitere Vorgaben betreffen den Umfang der Beihilfe (Wahrung der **Verhältnismäßigkeit**),[26] die **angemessene Vergütung** des Staates[27] sowie die **Beendigung** der Stabilisierungsmaßnahmen (dazu auch noch ausführlich → Rn. 46 ff.).[28] Darüber hinaus macht die Kommission die beihilferechtliche Zulässigkeit von Rekapitalisierungsmaßnahmen insbesondere davon abhängig, dass Quersubventionen und Wettbewerbsverzerrungen verhindert werden, geförderte Unternehmen während der Stabilisierung keine Dividenden ausschütten und die Mitglieder der geschäftsführenden Organe umfangreiche Gehaltsverzichte in Kauf nehmen.[29] Auf dieser Grundlage hat die europäische Kommission mit ihrer Erklärung vom 8.7.2020 den deutschen WSF genehmigt.[30]

III. Anforderungen und Ausgestaltung einer Stabilisierungsmaßnahme

1. Anforderungen im Einzelnen

15 a) **Unternehmen der Realwirtschaft.** Die Stabilisierungsmaßnahmen des WSF können gemäß § 16 Abs. 2 StFG nur Unternehmen der Realwirtschaft zugutekommen. Dafür ist erforderlich, dass das Unternehmen in den letzten beiden bereits bilanziell abgeschlossenen Geschäftsjahren vor dem 1. Januar 2020 eine Bilanzsumme von mehr als 43 Millionen Euro, einen Umsatzerlös von mehr als 50 Millionen Euro sowie mehr als 249 Arbeitnehmer im Jahresdurchschnitt vorzuweisen hat, wobei es genügt, wenn zwei der genannten drei Kriterien erfüllt werden. Vor allem kleine und mittelständische Unternehmen sind damit von vornherein aus dem Kreis potentiell berechtigter Unternehmen ausgeschlossen.[31] Dies geht Hand in Hand mit der Zweckprogrammierung des Fonds gemäß § 16 Abs. 1 StFG,

---

[23] Zur Ursprungsfassung des Befristeten Rahmens siehe die Pressemitteilung der Europäischen Kommission vom 19.3.2020, abrufbar unter https://ec.europa.eu/commission/presscorner/detail/de/IP_20_496 (zuletzt abgerufen am 25.4.2023). Die Befristete Rahmen wurde anschließend noch mehrfach geändert und angepasst, vgl. insbesondere die Pressemitteilungen der Kommission vom 3.4.2020, abrufbar unter https://ec.europa.eu/commission/presscorner/detail/de/IP_20_570 (zuletzt abgerufen am 25.4.2023), vom 8.5.2020 abrufbar unter https://ec.europa.eu/commission/presscorner/detail/de/ip_20_838 (zuletzt abgerufen am 25.4.2023) und vom 29.6.2020, abrufbar unter https://ec.europa.eu/commission/presscorner/detail/de/ip_20_1221(zuletzt abgerufen am 25.4.2023).
[24] Kommission, Befristeter Rahmen für staatliche Beihilfen – COVID-19 – idF ABl. 2020 C 164/3; vgl. Frenz EWS 2020, 192 (200 f.).
[25] Ausführlich dazu BHP/Becker/Lange StFG § 25 Rn. 59.
[26] Kommission, Befristeter Rahmen für staatliche Beihilfen – COVID-19 – idF ABl. 2020 C 164/3 Rn. 54.
[27] Kommission, Befristeter Rahmen für staatliche Beihilfen – COVID-19 – idF ABl. 2020 C 164/3 Rn. 55 ff.
[28] Kommission, Befristeter Rahmen für staatliche Beihilfen – COVID-19 – idF ABl. 2020 C 164/3 Rn. 79 ff.
[29] Kommission, Befristeter Rahmen für staatliche Beihilfen – COVID-19 – idF ABl. 2020 C 164/3 Rn. 71 ff.
[30] Vgl. dazu die Pressemitteilung der Europäischen Kommission vom 8.7.2020, abrufbar unter https://ec.europa.eu/commission/presscorner/detail/de/ip_20_1280 (zuletzt abgerufen am 25.4.2023).
[31] BHP/Schümann-Kleber/Lange StFG § 16 Rn. 17 ff.; Ausnahmen enthalten die § 21 Abs. 1 Satz 2 und § 22 Abs. 2 Satz 3 StFG; dazu ausführlich BHP/Schümann-Kleber/Lange StFG § 16 Rn. 30 ff.

wonach es um die Stärkung der Kapitalbasis solcher Unternehmen geht, die eine **gesamtwirtschaftliche Bedeutung** aufweisen.[32] In negativer Abgrenzung zu Förderungsmaßnahmen des FSF darf es sich nicht um ein Unternehmen des Finanzsektors im Sinne des § 2 Abs. 1 Satz 1 StFG handeln, § 16 Abs. 2 Satz 1 StFG.

b) Voraussetzungen und Bedingungen für Stabilisierungsmaßnahmen. aa) Erforderlichkeit und Nachhaltigkeit. Weitere Voraussetzungen für die Gewährung von Stabilisierungsmaßnahmen seitens des WSF enthält § 25 StFG. Zunächst einmal muss eine staatliche Förderung überhaupt **erforderlich** sein, was voraussetzt, dass keine anderweitigen Finanzierungsmöglichkeiten zur Verfügung stehen, § 25 Abs. 1 Satz 1 StFG.[33] Maßgebliche Stoßrichtung der Stabilisierungsmaßnahmen soll sein, dass nur solche Unternehmen gefördert werden sollen, deren Notlage tatsächlich eine Folge der pandemiebedingten Wirtschaftskrise darstellt.[34] Es darf sich deshalb nicht um ein **„Unternehmen in Schwierigkeiten"** im Sinne des europäischen Definitionsverständnisses handeln (§ 25 Abs. 1 Satz 3 StFG) und für die Zeit nach Überwindung der Pandemie muss eine klare **eigenständige Fortführungsprognose** bestehen, § 25 Abs. 1 Satz 2 StFG.[35] Nach § 25 Abs. 2 Satz 1 StFG ist die Förderung außerdem davon abhängig zu machen, dass das betreffende Unternehmen die Gewähr für eine solide und umsichtige Geschäftspolitik bietet. Diese allgemein gehaltene Anforderung wird im nachfolgenden Satz 2 konkretisiert („insbesondere"): Das zu fördernde Unternehmen soll einen Beitrag zur Stabilisierung von Produktionsketten sowie zur Sicherung von Arbeitsplätzen leisten. Darüber hinaus können weitere Auflagen vereinbart werden, die eine **nachhaltige Geschäftspolitik** im Sinne der Vorschrift fördern, § 25 Abs. 2 Satz 3 StFG.[36]

Soll die Stabilisierung eines Unternehmens in Gestalt der Teilnahme an der Rekapitalisierung erfolgen, steht dies unter der allgemeinen Bedingung der Erforderlichkeit, § 22 Abs. 1 Satz 2 StFG. Für Rekapitalisierungsmaßnahmen ist nach § 22 Abs. 1 Satz 3 StFG eine angemessene Vergütung zu vereinbaren.[37] Außerdem muss ein **wichtiges Interesse des Bundes** an der Stabilisierung des Unternehmens vorliegen und der vom Bund angestrebte Zweck darf sich nicht besser und wirtschaftlicher auf andere Weise erreichen lassen, § 22 Abs. 2 Satz 2 StFG.[38]

bb) Konkretisierung der Anforderungen durch die WSF-DV. Daneben ermächtigt § 25 Abs. 3 StFG den Bund dazu, die seitens des geförderten Unternehmens zu erfüllenden Auflagen weiter zu konkretisieren. Durch eine Auflistung möglicher Bereiche weiterer Auflagen in § 25 Abs. 3 Satz 1 Nr. 1–10 StFG gibt die Norm dem Verordnungsgeber einen klaren Fahrplan auf, den dieser auch umgesetzt hat. In Anlehnung an den befristeten Rahmen der Europäischen Kommission betreffen die in § 25 Abs. 3 StFG vorgegebenen und mittels der WSF-DV konkretisierten Anforderungen vor allem die Verwendung der erhaltenen Mittel (Nr. 1), die Vergütung der Organe des zu fördernden Unternehmens (Nr. 3), die Dividendenpolitik (Nr. 4), die Vermeidung von Wettbewerbsverzerrungen (Nr. 6) sowie Informations- und Rechenschaftspflichten (Nr. 8).[39] Damit bildet die Verordnung die Grundlage für eine **erhebliche Einflussnahme** auf die Geschäftspolitik des

---

[32] Vgl. BT-Drs. 19/18109, S. 28.
[33] Dieses Kriterium wird auch durch den „Befristeten Rahmen" der Europäischen Kommission vorausgesetzt, vgl. Kommission, Befristeter Rahmen für staatliche Beihilfen – COVID-19 – idF ABl. 2020 C 164/3 Rn. 49. c.; dazu auch BHP/Becker/Lange StFG § 25 Rn. 9.
[34] Vgl. Kuthe/Beck CB 2020, 325 (326).
[35] Zum Begriff des „Unternehmens in Schwierigkeiten" ausführlich Kuthe/Beck CB 2020, 325 (326); Kritisch zu diesem Ausschlusstatbestand Bartsch/Berghofer EuZW 2020, 453 (461).
[36] Zu den Anforderungen nach § 25 Abs. 2 StFG ausführlich BHP/Becker/Lange StFG § 25 Rn. 36 ff.
[37] Zum europarechtlichen Erfordernis einer angemessenen Vergütung siehe Kommission, Befristeter Rahmen für staatliche Beihilfen – COVID-19 – idF ABl. 2020 C 164/3 Rn. 55.
[38] Ausführlich dazu BHP/Becker StFG § 22 Rn. 50 ff.
[39] Zur engen Verknüpfung zwischen der WSF-DV und dem „Befristeten Rahmen" der Europäischen Kommission siehe auch BHP/Becker/Lange StFG § 25 Rn. 59.

19 Hervorzuheben sind die §§ 9 und 11 WSF-DV: Nach § 9 Abs. 1 WSF-DV dürfen während der Stabilisierungsmaßnahme keine Boni und sonstige Sonderzahlungen an Organmitglieder oder Geschäftsleiter ausgezahlt werden.[40] Diese **Vergütungsbeschränkung** soll gemäß § 9 Abs. 8 Nr. 3 WSF-DV auch auf Mitarbeiter nachgelagerter Führungsebenen ausgeweitet werden. § 9 Abs. 3 WSF-DV sieht vor, dass **keine Dividenden** oder sonstige Gewinnausschüttungen geleistet werden, um so einen Anreiz für die schnelle Beendigung der Stabilisierungsmaßnahme zu setzen.[41] § 11 WSF-DV enthält Regelungen zur **Verhinderung von Wettbewerbsverzerrungen** durch Rekapitalisierungsmaßnahmen. Vor allem soll die Möglichkeit beschränkt werden, Anteile von Wettbewerbern zu erwerben und es sollen Quersubventionierungen verhindert werden, § 11 Abs. 3, 4 WSF-DV.

2. Festsetzung der Bedingungen für den Einzelfall

20 a) **Art der Festsetzung und Rechtsschutz. aa) Vertrag, Verwaltungsakt oder Verpflichtungserklärung.** Es gilt zu beachten, dass die Ausgestaltung der jeweiligen Stabilisierungsmaßnahme eine Frage des Einzelfalls ist. Zwar sehen das StFG und die dazugehörige WSF-DV umfangreiche Voraussetzungen und Bedingungen vor; klar ist aber auch, dass sich die Anforderungen nach Art und Adressat der einzelnen Stabilisierungsmaßnahme unterscheiden können. Geht es also darum, welche Voraussetzungen das geförderte Unternehmen zu erfüllen hat, welche Einschnitte in die Unternehmenspolitik zu dulden sind und wie sich die Rolle des Fonds während der Stabilisierung darstellt, kommt es in erster Linie auf die jeweils **individuell getroffene Vereinbarung** zwischen Bund, Fonds und Unternehmen an.[42]

21 Nach § 25 Abs. 3 Satz 3 StFG werden die im Einzelfall geltenden Anforderungen durch Vertrag[43], Selbstverpflichtung oder Verwaltungsakt[44] festgelegt, wobei ein Blick in die praktische Arbeit des WSF zeigt, dass als maßgebliche Instrumentarien in erster Linie **Verpflichtungserklärungen** und **Verträge** (sog. Rahmenverträge/Rahmenvereinbarungen) genutzt werden. Diese Instrumente stehen weder in einem Rang- noch in einem Alternativverhältnis zueinander, vielmehr können und werden sie regelmäßig miteinander **kombiniert**.[45] Beispielsweise hat der WSF mit der Deutschen Lufthansa AG und der TUI AG sowohl eine vertragliche Abrede in Gestalt einer Rahmenvereinbarung getroffen, als auch die Abgabe einer Verpflichtungserklärung seitens der Vorstände der Unternehmen verlangt.[46]

22 Die Ausgestaltung der einzelnen Stabilisierungsmaßnahme ist dabei, unabhängig von dem gewählten Instrumentarium, am **Maßstab der Verhältnismäßigkeit** zu messen, § 8

---

[40] Weitere Vergütungsbeschränkungen sieht § 9 Abs. 2 WSF-DV vor, wonach Mitglieder der Geschäftsleitung keine Vergütung erhalten dürfen, die über die Grundvergütung des Mitglieds zum 31.12.2019 hinausgeht, sofern nicht mindestens 75 Prozent der Maßnahme zurückgeführt sind.
[41] Der Wortlaut („grundsätzlich") lässt Ausnahmen zu, vgl. BHP/Becker/Lange StFG § 25 Rn. 67. Da es sich nicht um einen gesetzlichen Ausschlusstatbestand nach § 58 Abs. 4 Satz 1 AktG handelt, müssen sich die Unternehmen zur Einhaltung des Ausschüttungsverbots verpflichten, BHP/Becker/Lange StFG § 25 Rn. 67.
[42] BHP/Becker/Lange StFG § 25 Rn. 86: Anforderungen in StFG und WSF-DV „werden (…) nicht ipso iure Teil der jeweiligen Stabilisierungsmaßnahme".
[43] Vertrag kann privatrechtlicher oder öffentlich-rechtlicher Natur sein, BHP/Becker/Lange StFG § 25 Rn. 87.
[44] In Betracht kommt auch eine Bedingung als Nebenbestimmung, sofern die Stabilisierungsmaßnahme durch einen Verwaltungsakt beschlossen wurde, BHP/Becker/Lange StFG § 25 Rn. 92.
[45] BHP/Becker/Lange StFG § 25 Rn. 85.
[46] Rahmenvereinbarung Deutsche Lufthansa AG (Fn. 20) und Verpflichtungserklärung der Vorstandsmitglieder der Deutschen Lufthansa AG, 2020, abrufbar unter https://investor-relations.lufthansagroup.com/fileadmin/downloads/de/corporate-governance/WSF-DLH-Verpflichtungserklaerung-Execution.pdf (zuletzt abgerufen am 25.4.2023); Verpflichtungserklärung der Vorstandsmitglieder der TUI AG, in der auch auf einen Rahmenvertrag verwiesen wird (bspw. auf S. 3).

Abs. 1 WSF-DV.[47] Dabei gilt es, die Anforderungen vor allem auch an der wirtschaftlichen Situation des jeweiligen Unternehmens auszurichten. Als allgemeiner Grundsatz kann gelten, dass zeitlich und finanziell besonders aufwendige Maßnahmen auch eine hohe Eingriffsintensität rechtfertigen.[48] Sollten einzelne Auflagen aber dennoch unverhältnismäßig sein und will das betroffene Unternehmen dagegen vorgehen, hängt der **Rechtsweg** nach § 30 StFG davon ab, welches Instrument zur Umsetzung der Stabilisierungsmaßnahme ausgewählt wurde. Das **Bundesverwaltungsgericht** ist erst- und letztinstanzlich zuständig für öffentlich-rechtliche Streitigkeiten (§ 30 S. 1 StFG) und entscheidet über den Umfang von Stabilisierungsmaßnahmen und die Gültigkeit einzelner darin enthaltener Auflagen, wenn diese als Verwaltungsakt ausgestaltet, in einer Verpflichtungserklärung festgehalten (zur Rechtsnatur der Verpflichtungserklärung ausführlich → Rn. 23 f.) oder in einem öffentlich-rechtlichen Vertrag vereinbart wurden.[49] Angesichts der besonderen Eilbedürftigkeit von Stabilisierungsmaßnahmen ordnet § 29 StFG die sofortige Vollziehbarkeit an, sodass das Widerspruchsverfahrens ausgeschlossen ist und Anfechtungsklagen gegen Maßnahmen nach diesem Gesetz keine aufschiebende Wirkung haben.[50] Erfolgt die Ausgestaltung der Stabilisierungsmaßnahme hingegen mittels eines privatrechtlichen Vertrages, ist erst- und letztinstanzlich der **Bundesgerichtshof** zuständig, § 30 S. 2, 3 StFG.[51]

bb) Rechtsnatur der Verpflichtungserklärung. § 25 Abs. 3 Satz 1 Nr. 9 StFG in Verbindung mit § 12 Abs. 6 WSF-DV sieht vor, dass der Fonds die Abgabe einer Verpflichtungserklärung seitens der vertretungsberechtigten Organe des Unternehmens mit Zustimmung des Aufsichtsrats verlangen kann.[52] Von dieser Möglichkeit hat der WSF vielfach Gebrauch gemacht,[53] die Verpflichtungserklärung stellt ein **„wesentliches Element"** der Wirtschaftsstabilisierung dar.[54] 23

Unklar ist allerdings die Rechtsnatur einer solchen Verpflichtungserklärung. Als Vorbild diente dem Gesetzgeber wohl die **Entsprechenserklärung** nach § 161 AktG.[55] Ein maßgeblicher Unterschied zwischen Entsprechens- und Verpflichtungserklärung folgt aber schon daraus, dass die Erklärung nach § 161 AktG eine bloße Absichtserklärung ohne verpflichtendes Element darstellt.[56] Teils wird die Verpflichtungserklärung als **öffentlich-rechtlicher Vertrag** bewertet,[57] andere sehen darin ein **Rechtsinstitut sui generis,** wollen teilweise aber ebenfalls die Regeln zum öffentlich-rechtlichen Vertrag darauf anwenden.[58] Auch der Gesetzestext sorgt nicht für Klarheit, sondern verstärkt die Unsicher- 24

---

[47] Ausführlich dazu BHP/Becker/Lange StFG § 25 Rn. 60 f.
[48] BHP/Becker/Lange StFG § 25 Rn. 60; zum wortgleichen § 5 Abs. 1 S. 3 FMStFV siehe Jaletzke/Veranneman/Horbach/Popow/Diehl FMStFG § 10 Rn. 22; Brück/Schalast/Schanz BB 2008, 2526 (2529).
[49] Vgl. zum wortgleichen § 16 FmStFG aF Jaletzke/Veranneman/Jaletzke/Magnussen StFG § 16 Rn. 4; zum Rechtsschutz vor den Verwaltungsgerichten zur Überprüfung von Stabilisierungsmaßnahmen im Kontext der Finanzmarktkrise vgl. Ewer AnwBl 2008, 809, der den Fall des abgelehnten Antrags (S. 810 ff.), die hier interessierende Konstellation der belastenden Bedingung (S. 813) und die Rechtsschutzmöglichkeiten des Konkurrenten (S. 813 f.) eingehend beleuchtet.
[50] Ausführlich zum wortgleichen § 15 FmStFG aF Jaletzke/Veranneman/Jaletzke/Magnussen StFG § 15 Rn. 1 ff.; ebenso zum § 15 FmStFG aF Ewer/Behnsen NJW 2008, 3457, 3461: ist konsequent.
[51] Zum wortgleichen § 16 FmStFG aF Jaletzke/Veranneman/Jaletzke/Magnussen StFG § 16 Rn. 8 f.
[52] Einer Zustimmung der Hauptversammlung bedarf es dagegen nicht, vgl. Hasselbach/Alles NZG 2020, 727 (730 f.).
[53] Verwiesen sei beispielhaft erneut auf die Verpflichtungserklärungen der Vorstände der Deutschen Lufthansa AG (Fn. 46) und der TUI AG (Fn. 21). Weitere Verpflichtungserklärungen sind auf der Internetseite des Bundesanzeigers einsehbar.
[54] Hasselbach/Alles NZG 2020, 727.
[55] So Hasselbach/Alles NZG 2020, 727 (728) in Anlehnung an Spindler DStR 2008, 2268 (2272); ebenso BHP/Pospiech/Glauer WStBG § 3 Rn. 4.
[56] BHP/Becker/Lange StFG § 25 Rn. 77; BHP/Pospiech/Glauer WStBG § 3 Rn. 5; Hasselbach/Alles NZG 2020, 727 (728).
[57] So Hasselbach/Alles NZG 2020, 727 (729), die anmerken, dass eine Einordnung als Rechtsinstitut sui generis nicht weiterhilft. Auch die Einordnung als öffentlich-rechtlicher Vertrag gelänge nicht einwandfrei, insgesamt habe der Gesetzgeber die Dogmatik des Instituts „schlicht nicht durchdacht".
[58] BHP/Pospiech/Glauer WStBG § 3 Rn. 6; Roitzsch/Wächter DZWiR 2009, 1 (7) sprechen von einer „Zauberformel", ohne eine nähere rechtliche Einordnung vorzunehmen.

heit durch eine **unterschiedliche Begriffswahl** zusätzlich. So lässt sich den Vorschriften nicht entnehmen, ob die in § 3 WStBG und in § 25 Abs. 3 Satz 1 Nr. 9 StFG genannte Verpflichtungserklärung mit der „Selbstverpflichtung" eines Unternehmens nach § 25 Abs. 3 Satz 3 StFG übereinstimmt oder ob es sich um zwei unterschiedliche Werkzeuge handelt.[59] Für die Praxis ist der Streit um die rechtliche Einordnung und das Verhältnis zwischen Verpflichtungserklärung und Selbstverpflichtung aber von untergeordneter Relevanz.[60] Vielmehr ist entscheidend, welche Rechtsfolgen mit der Abgabe einer Verpflichtungserklärung einhergehen (→ Rn. 40 ff.).

25 **b) Ausgestaltungsspielraum im Rahmen der konkreten Umsetzung. aa) Mindestanforderungen.** Unternehmen haben keinen Anspruch auf eine staatliche Förderung nach dem StFG, vielmehr entscheidet das Bundesministerium der Finanzen im Einvernehmen mit dem Bundesministerium für Wirtschaft und Klimaschutz nach erfolgter Beantragung staatlicher Hilfen durch das Unternehmen in pflichtgemäßem **Ermessen,** § 20 Abs. 1 Satz 1 StFG.[61] Da es regelmäßig um erhebliche Summen geht und die Ausgestaltung der einzelnen Vorgaben an das Unternehmen vom jeweiligen Einzelfall abhängt, ist die Entscheidung, ob eine solche Förderung erfolgt, welches Instrument zur Anwendung kommt und wie dieses konkret ausgestaltet wird, eine Frage der individuellen Aushandlung. Der Bund macht sein Engagement dabei stets davon abhängig, dass sich das Unternehmen bestimmten Maßnahmen verschreibt, die zur **Überwindung des Liquiditätsengpasses** beitragen und dabei insbesondere die Vereinbarkeit mit dem **europäischen Beihilferecht** sicherstellen, § 20 Abs. 2 StFG. Das betrifft neben der Vergütungs- und Dividendenpolitik vor allem das Verbot der Quersubventionierung sowie Auflagen zur Verhinderung von Wettbewerbsverzerrungen.

26 **bb) Weitergehende Anforderungen im Einzelfall.** Es besteht aber auch die Möglichkeit, neben den durch die WSF-DV in Umsetzung des befristeten Rahmens der Europäischen Kommission klar vorprogrammierten Auflagen und Bedingungen (→ Rn. 18 f.) weitere Anforderungen zu vereinbaren, die über das eigentliche Ziel, die Stabilisierung durch Überwindung von Liquiditätsengpässen beihilferechtskonform auszugestalten, hinausgehen und Ausdruck weitergehender politischer Bestrebungen sind.[62] Angesichts der möglicherweise existenzbedrohenden Lage, in der sich das antragsstellende Unternehmen befindet, und dem daraus resultierenden **Abhängigkeitsverhältnis** hat der Bund eine starke Verhandlungsposition. Trotz oder sogar gerade aufgrund dieser schwachen Position gilt auch hier, dass der Vorstand vor der Abgabe einer Verpflichtungserklärung ebenso wie vor einer vertraglichen Abrede mit dem Fonds die vorgesehenen Auflagen und Bedingungen einzeln prüfen und entscheiden muss, ob diese mit dem Unternehmensinteresse vereinbar sind.[63]

27 Die praktischen Anwendungsfälle zeigen, dass der Bund den Fonds durchaus zur Verfolgung weitergehender **politischer Zwecke** nutzt. So enthält eine Vielzahl der Verpflichtungserklärungen einen Abschnitt zu **ökologischer Nachhaltigkeit** und zur Digitalisierung. Diese Position ist durch den befristeten Rahmen der Europäischen Kommission zumindest vorprogrammiert; dort wird unter anderem in Randziffer 45 darauf hingewiesen, dass die ökologisch nachhaltige Gestaltung der Unterstützungsmaßnahmen das EU-Ziel der Klimaneutralität bis 2050 begünstigen wird und die Stabilisierungsmaßnahmen außerdem

---

[59] Für eine differenzierte Betrachtung Hasselbach/Alles NZG 2020, 727 (728); aA Roitzsch/Wächter DZWiR 2009, 1, Fn. 45: setzen die Begrifflichkeiten gleich und nehmen keine Differenzierung vor; ebenso Jaletzke/Veranneman/Horbach/Popow/Diehl FmStFG § 10 Rn. 106.
[60] So auch BHP/Becker/Lange StFG § 25 Rn. 78.
[61] Sehr ausführlich zu den Kriterien der Ermessensentscheidung BHP/Wagner-Cardenal StFG § 20 Rn. 29 ff.
[62] Diese Gefahr sehen auch Hasselbach/Alles NZG 2020, 727 (731 f.).
[63] Zu dieser Abwägungsentscheidung ausführlich Hasselbach/Alles NZG 2020, 727 (731 f.); dem folgend BHP/Pospiech/Glauer WStBG § 3 Rn. 25; vgl. zur Vorgängerregelung schon Langenbucher ZGR 2010, 75 (82 f.).

die Möglichkeit bieten, den digitalen Wandel voranzutreiben. In Anlehnung an diesen „Hinweis" wird von den begünstigten Unternehmen die Erklärung verlangt, dass diese sich „nachdrücklich bemühen", ihre Aktivitäten entsprechend der europäischen Vorgaben und nationalen Verpflichtungen für eine digitale und grüne Transformation auszurichten.[64] Damit wird aber weniger eine verbindliche Pflicht begründet, sondern es handelt sich vielmehr lediglich um eine **politisch-programmatische Absichtserklärung** ohne rechtsverbindlichen Kern. Dass der Bund teils aber auch bereit ist, einen Schritt weiter zu gehen und konkrete Vorgaben für die Unternehmenspolitik zu machen, zeigt ein Blick auf die mit der Deutschen Lufthansa AG getroffenen Vereinbarung. Diese bleibt nicht bei einer allgemein formulierten Absichtserklärung stehen, sondern begründet konkrete Richtlinien für eine ökologisch nachhaltige Unternehmenspolitik (zu daraus erwachsenden Spannungen bei der Bestimmung des Unternehmensinteresses und der Pflichtenlage der Leitungsorgane noch vertieft → Rn. 40 ff.). So hat das Unternehmen ausdrücklich erklärt, bei einer anstehenden Flottenmodernisierung nur solche Flugzeuge erwerben zu wollen, die den zum Erwerbszeitpunkt höchsten Nachhaltigkeitsstandards entsprechen.[65]

IV. Modifikationen des Gesellschaftsrechts durch das WStBG

1. Aktienrecht

Das **Wirtschaftsstabilisierungsbeschleunigungsgesetz** (WStBG) sieht unter Rückgriff 28 auf die Vorgängerregelungen des FMStBG umfangreiche Modifikationen des Aktienrechts vor. Hintergrund ist, dass eine beschleunigte und vereinfachte Umsetzung von Rekapitalisierungsmaßnahmen ermöglicht werden soll.[66] § 7 WStBG enthält Regelungen, mittels derer **Kapitalerhöhungen** und damit insbesondere staatliche Anteilserwerbe als Stabilisierungsmaßnahmen effektiv umsetzbar sind.[67] Neben einer **vereinfachten Durchführung** der Hauptversammlung durch kürzere Einberufungsfristen und eine freie Wahl des Versammlungsortes (§ 7 Abs. 1 WStBG in Verbindung mit § 16 Abs. 4 WpÜG) genügt für den Beschluss zur Kapitalerhöhung eine **einfache Mehrheit,** § 7 Abs. 2 WStBG.[68] Der **Bezugsrechtsausschluss** zugunsten des Fonds kann mit einer Mehrheit von zwei Dritteln der abgegebenen Stimmen oder sogar mit einfacher Mehrheit beschlossen werden, sofern die Hälfte des Grundkapitals auf der Hauptversammlung vertreten ist, § 7 Abs. 3 Satz 1, 2 WStBG, und ist stets zulässig sowie angemessen, § 7 Abs. 3 Satz 4 WStBG.[69] Einschneidend ist außerdem die Regelung des § 7c Satz 3 WStBG, wonach weder der Beschluss noch die Durchführung der Kapitalmaßnahme selbst zu ihrer Wirksamkeit der Eintragung im Handelsregister bedürfen.[70]

Ein praxisrelevantes Stabilisierungsinstrument ist der Erwerb **stiller Einlagen** seitens des 29 WSF. § 10 Abs. 1 WStBG legt fest, dass es sich hierbei nicht um einen Unternehmensvertrag im Sinne der §§ 291, 292 AktG handelt, sodass die Hauptversammlung nicht beteiligt werden muss und auch auf eine Handelsregistereintragung verzichtet werden

---

[64] Siehe beispielsweise die Verpflichtungserklärung der Vorstandsmitglieder der Deutschen Lufthansa AG (Fn. 46), S. 4 und die Verpflichtungserklärung der Vorstandsmitglieder der TUI AG (Fn. 21), S. 6.
[65] Rahmenvereinbarung Deutsche Lufthansa AG (Fn. 20), S. 12.
[66] Kuthe/Beck CB 2020, 325 (326); Lieder ZIP 2020, 837 (845).
[67] Zum Nachfolgenden ausführlich Koch AktG § 182 Rn. 5d ff.
[68] Zu europarechtlichen Bedenken hinsichtlich der Verkürzung der Einberufungsfristen siehe Koch AktG § 123 Rn. 13; Lieder ZIP 2020, 837 (846); Noack DB 2020, 1328.
[69] Koch AktG § 182 Rn. 5e: Materiell-rechtliche Anforderungen des § 186 AktG greifen nicht ein; ebenso BeckOGK/Servatius § 182 Rn. 11; aA Kuthe/Beck CB 2020, 325 (327): unwiderlegliche Vermutung der erforderlichen sachlichen Rechtfertigung des Bezugsrechtsausschlusses; ebenso Lieder ZIP 2020, 837 (846); die Erleichterungen des Bezugsrechtsausschlusses sind mit Art. 14 GG vereinbar, vgl. zur Vorgängerregelung LG München I WM 2012, 1543, (1546) ff.; Koch AktG § 182 Rn. 5e; eingehend Lieder ZIP 2020, 837, (846 f.).
[70] Koch AktG § 182 Rn. 5h: bedenklich, aber hinzunehmen; vgl. außerdem, mit erheblicher rechtspolitischer Kritik, Noack DB 2020, 1328 (1330); Lieder ZIP 2020, 837 (848); ablehnend Omlor/Dimek BB 2020, 1026 (1029).

kann.[71] Wie beispielsweise im Fall der Rettung der TUI AG vereinbart, kann die stille Beteiligung mit dem Recht des Fonds verbunden werden, die Einlagen in Anteile des Unternehmens zu wandeln (zur Vereinbarung mit der TUI AG ausführlich → Rn. 12). Dieses Wandlungsrecht bedarf zwar der Zustimmung der Hauptversammlung, doch gelten auch hier die oben beschriebenen, herabgesetzten Anforderungen an die Stimmenmehrheit, § 10 Abs. 2 Satz 3, 4 WStBG: Grundsätzlich bedarf es einer Zwei-Drittel-Mehrheit der abgegebenen Stimmen, wobei eine einfache Stimmenmehrheit genügt, wenn die Hälfte des gezeichneten Kapitals anwesend ist.[72]

30 Insgesamt bedeuten die teils erheblichen Modifikationen des Aktienrechts eine deutliche **Beeinträchtigung des Minderheitenschutzes,** was auch der Gesetzgeber erkannt und in der Gesetzesbegründung ausdrücklich angesprochen, dies aber mit einem Verweis auf die besonderen Umstände und die zeitliche sowie sachliche Begrenzung gerechtfertigt hat.[73]

2. GmbH-Recht

31 Der Gesetzgeber hatte bei Erlass des StFG in erster Linie die börsennotierte Aktiengesellschaft im Blick, sodass die Modifikationen des GmbH-Rechts geringer ausfallen, was auch an der im Vergleich zum Aktienrecht geringeren Formstrenge liegt.[74] Relevant ist allerdings die Herabsetzung der Mehrheitserfordernisse für **Kapitalmaßnahmen** (§ 9a Abs. 1 WStBG) sowie die Möglichkeit, Gesellschafter gegen eine Abfindung **auszuschließen,** um Blockaden einzelner Minderheitsgesellschafter gegen Stabilisierungsmaßnahmen aufzulösen (§ 9a Abs. 3 WStBG).[75]

3. Sonstige Modifikationen

32 Darüber hinaus enthält das WStBG noch weitere Modifikationen des Gesellschafts- und Kapitalmarktrechts, die allerdings nicht vollumfänglich dargestellt werden können. Nach § 7d WStBG finden die Vorschriften über verbundene Unternehmen keine Anwendung, was insbesondere auch **§ 311 AktG** betrifft. Damit entfallen organisatorische und minderheitsschützende Pflichten, allerdings greift auch die privilegierende Wirkung des § 311 AktG nicht mehr ein, weshalb diese Regelung teils kritisch gesehen wird.[76] Verwiesen sei außerdem auf § 14 Abs. 1 WStBG, wonach im Falle des Beteiligungserwerbs im Zuge einer Stabilisierungsmaßnahme die Pflicht zur Unterbreitung eines **Übernahmeangebots** gemäß § 35 WpÜG entfällt.[77]

V. Rechte und Pflichten während einer Stabilisierungsmaßnahme

1. Rechte und Pflichten des WSF

33 **a) Informationsrechte und Prüfpflichten.** Der Staat hat nach Gewährung der Beihilfen zu kontrollieren, ob die mit der Stabilisierungsmaßnahme verbundenen Bedingungen, insbesondere die beihilferechtlichen Auflagen, seitens des geförderten Unternehmens eingehalten werden. § 25 Abs. 3 Satz 1 Nr. 8 StFG sieht vor, dass durch eine Rechtsverordnung die Art und Weise näher geregelt werden soll, wie dem Fonds und der beteiligungsver-

---

[71] Nach ganz hM ist stille Beteiligung an Aktiengesellschaft grundsätzlich als Teilgewinnabführungsvertrag zu werten, BGHZ 156, 38, 43 = NJW 2003, 3412; BGH AG 2006, 546 Rn. 20; Koch AktG § 292 Rn. 15. Zur Ausnahmevorschrift ausführlich BHP/Heyder/Stautner WStBG § 10 Rn. 5 ff.
[72] BHP/Heyder/Stautner WStBG § 10 Rn. 12; Kuthe/Beck CB 2020, 325 (328).
[73] Vgl. BT-Drs. 19/18109, S. 26.
[74] Gottschalk/Ulmer GWR 2020, 133 (134).
[75] Ausführlich und kritisch zu beiden Aspekten Noack DB 2020, 1328 (1332 f.); Lieder ZIP 2020, 837 (850 f.); ausführliche Erläuterung der Kapitalmaßnahmen einer GmbH im Zuge einer Stabilisierungsmaßnahme Omlor/Dilek, BB 2020, 1026 (1030 ff.).
[76] So zur Vorgängervorschrift Ziemons NZG 2009, 369 (375); dagegen die Vorteile des § 7d WStBG beleuchtend BHP/Paudtke WStBG § 7d Rn. 6; Holle/Linnartz NJW 2023, 801 (804).
[77] BHP/Reichenberger/Pospiech WStBG § 14 Rn. 5: § 14 enthält zwingenden Befreiungstatbestand.

waltenden Stelle gegenüber **Rechenschaft** abzulegen ist. In Umsetzung dieser Vorgabe enthalten § 12 Abs. 2, 3 WSF-DV konkrete **Transparenzpflichten,** die der Fonds vertraglich fixieren soll, § 12 Abs. 1 WSF-DV. § 12 Abs. 2 WSF-DV sieht ein unbeschränktes Erhebungsrecht für den Bundesrechnungshof bei den betroffenen Unternehmen vor. Nach § 12 Abs. 3 WSF-DV soll die Erfüllung der Auflagen durch den Abschlussprüfer überprüft und in den Prüfbericht aufgenommen werden. Außerdem soll sich der Fonds gemäß § 12 Abs. 5 WSF-DV **angemessene Informationsrechte** einräumen lassen.[78]

Weitere Transparenzpflichten sind in § 9 Abs. 4 bis 6 WSF-DV vorgesehen und betreffen die Offenlegung der tatsächlichen Eigentumsverhältnisse multinationaler Unternehmen im Sinne von § 90 Abs. 3 Satz 4 AO, den Bericht über die Fortschritte bei der Umsetzung des Rückzahlungsplans sowie die Veröffentlichung von Informationen über die Verwendung der erhaltenen Beihilfen.[79] 34

Wieder zeigt ein Blick auf die Rettung der Deutschen Lufthansa AG, wie das gesteigerte Informationsbedürfnis praktisch umgesetzt werden kann. So ließ sich der Fonds „umfangreiche Informations- und Einsichtsrechte" einräumen, während sich die Deutsche Lufthansa AG erheblichen Berichtspflichten in Bezug auf die Umsetzung der Auflagen, die Geschäftspolitik sowie die wirtschaftliche Lage des Unternehmens unterworfen hat.[80] Daneben verpflichtete sich die Deutsche Lufthansa AG dazu, Unterlagen, die an den Aufsichtsrat weitergereicht werden, im Rahmen des Zulässigen auch dem Fonds zur Verfügung zu stellen.[81] 35

b) Besonderheiten einer Rekapitalisierung in Gestalt der Unternehmensbeteiligung. § 22 StFG ermöglicht als Variante der Rekapitalisierung auch die Möglichkeit, dass der Bund Unternehmensanteile erwirbt. Gemäß § 22 Abs. 2 Satz 4 StFG wird bei Maßnahmen der Rekapitalisierung die für Staatsbeteiligungen üblicherweise einschlägige **Ermächtigungsgrundlage** des § 65 BHO verdrängt (zu den Anforderungen nach § 65 BHO, insbesondere zum Kriterium der angemessenen Einflussnahme, siehe ausführlich → § 19 Rn. 35 ff.).[82] Die Anwendung der spezielleren Vorschrift hat deutliche Auswirkungen auf die Bewertung der staatlichen Unternehmensbeteiligung, was vor allem für die Frage der Einflussnahme gilt. Während § 65 Nr. 3 BHO die Zulässigkeit einer staatlichen Beteiligung davon abhängig macht, dass sich der Bund für die Dauer seiner Beteiligung einen **angemessenen Einfluss** sichert und diesen auch ausüben muss, besteht eine vergleichbare Vorgabe für Beteiligungen im Zusammenhang mit der Rekapitalisierung von krisenbedingt in Schieflage geratenen Unternehmen nicht.[83] Der Bund kann sich Möglichkeiten der Einflussnahme einräumen lassen, er muss dies aber nicht, sofern er im Zuge der Stabilisierungsmaßnahme keine beherrschende Stellung erlangt (zur in diesem Fall eingreifenden Ingerenzpflicht siehe vertiefend → § 16 Rn. 9 ff.). Deshalb ist es auch zulässig, wenn der Bund sich schon vorab vertraglich dazu verpflichtet, in bestimmten Fällen auf die Ausübung seines Stimmrechts zu verzichten.[84] Diese Unterscheidung darf aber nicht zu der Annahme verleiten, mit der Staatsbeteiligung auf der Grundlage des § 22 StFG sei keine 36

---

[78] Zu den in § 12 vorgesehenen Informations- und Berichtspflichten vertiefend BHP/Becker/Lange StFG § 25 Rn. 74 f.
[79] Vertiefend BHP/Becker/Lange StFG § 25 Rn. 69.
[80] Rahmenvereinbarung Deutsche Lufthansa AG (Fn. 20), S. 18 f.
[81] Rahmenvereinbarung Deutsche Lufthansa AG (Fn. 20), S. 18.
[82] Für eine ausführliche Gegenüberstellung des § 65 BHO und § 22 StFG siehe Helm/Helm/Bischoff EWS 2022, 61 (63 f., 67 ff.). Danach liege der wesentliche Unterschied darin, dass auf Grundlage des § 65 BHO eine dauerhafte (unternehmerische) Beteiligung des Staates möglich sei, während § 22 StFG lediglich eine befristete Beteiligung des Staates zu Finanzierungszwecken rechtfertige.
[83] Diesen Unterschied stellen auch Helm/Helm/Bischoff EWS 2022, 61 (68) heraus, gehen dabei allerdings fälschlich davon aus, § 65 Abs. 1 Nr. 3 BHO setze eine Mindestbeteiligungsquote in Höhe von 25 % plus einer Aktie voraus. Zum Kriterium der angemessenen Einflussnahme nach § 65 Abs. 1 Nr. 3 BHO → § 16 Rn. 29.
[84] Vergleiche Rahmenvereinbarung Deutsche Lufthansa AG (Fn. 20), S. 10 f., wonach sich der WSF dazu verpflichtet hat, sein Stimmrecht in der Hauptversammlung bei einer Vielzahl konkret benannter Beschlussgegenstände nicht auszuüben.

Einflussnahme auf die Politik des betroffenen Unternehmens verbunden. Die mit der Rekapitalisierung verbundenen **umfangreichen Bedingungen und Auflagen** zeigen gerade das Gegenteil (→ Rn. 18 f.). Diese Einflussnahme ist aber kein Spezifikum des Beteiligungserwerbs, sondern betrifft sämtliche Fälle der Rekapitalisierung.

37 Die Einflussnahme erfolgt im Zusammenhang mit der Vereinbarung der Stabilisierung, indem durch Rahmenvereinbarungen oder Verpflichtungserklärungen Auflagen und Bedingungen festgesetzt werden. Ist die Hilfsmaßnahme in Gestalt des Beteiligungserwerbs beschlossen und hält der Fonds im Zuge der Rekapitalisierung Anteile des Unternehmens, beschränkt er sich regelmäßig auf die **Kontrolle** des Unternehmens, ob dieses die im Zuge der Stabilisierungsmaßnahme eingegangenen Verpflichtungen auch einhält (→ Rn. 33 ff.). Ein steter Einfluss auf den Geschäftsbetrieb ist darüber hinaus nicht erforderlich und oftmals auch gar nicht gewollt.[85]

2. Umsetzung der Auflagen und Bedingungen

38 **a) Ausgangslage.** Der Maßstab für sorgfältiges Verhalten des Vorstands einer Aktiengesellschaft gemäß § 93 Abs. 1 Satz 1 AktG bestimmt sich im Ausgangspunkt zunächst nach der **Legalitätspflicht**, nach der sich der Vorstand regelkonform zu verhalten hat.[86] Dies schließt auch die Einhaltung der **aktienrechtlichen Kompetenzordnung** ein.[87] Mit diesem aktienrechtlichen Grundprinzip kaum in Einklang zu bringen ist das nach § 25 Abs. 3 Satz 1 Nr. 9 StFG vorgesehene und so auch praktizierte Modell, dass der Vorstand eine **Verpflichtungserklärung** abgibt und dabei den Kompetenzbereich der Hauptversammlung beschneidet, indem er sich beispielsweise auch zur Dividendenausschüttung oder zur Höhe der Aufsichtsratsvergütung verhält (zur Verpflichtungserklärung → Rn. 23 f., zum möglichen Inhalt von Auflagen und Bedingungen → Rn. 18 f., 26 f.). Die grundsätzliche Zuständigkeit der Hauptversammlung ergibt sich dabei aus § 174 Abs. 2 Nr. 2 AktG und aus § 113 Abs. 1 Satz 2 Var. 2 AktG.

39 Im Rahmen des rechtlich Zulässigen hat der Vorstand sein Verhalten am **Unternehmensinteresse** auszurichten. Das Unternehmensinteresse ist ein schillernder Begriff, der facettenreich ausgeformt wird, wobei insbesondere auch auf die Interessen der Anteilseigner abzustellen ist.[88] Im Kontext der Umsetzung einer Stabilisierungsmaßnahme kann eine **Kollision gegenläufiger Interessen** auftreten, wenn die Befolgung der mit dem Fonds vereinbarten Auflagen und Bedingungen mit erheblichen Nachteilen für das Unternehmen verbunden wäre.[89]

40 **b) Modifikation durch § 3 WStBG. aa) Leitungsmacht des Vorstands und interne Kompetenzordnung.** Gerade für diese Fälle sieht § 3 WStBG die **Modifikation** der beschriebenen aktienrechtlichen Kompetenzordnung zugunsten der Umsetzung vereinbarter Auflagen und Bedingungen vor und bietet damit einen ebenso drastischen wie praktikablen Ausweg aus der Kollisionslage. Nach § 3 Abs. 1 WStBG stehen die Regeln zur Zuständigkeit der Organe sowie zur eigenverantwortlichen Leitung der Gesellschaft durch den Vorstand der Wirksamkeit und Zulässigkeit einer Verpflichtungserklärung nicht ent-

---

[85] Vgl. beispielsweise die Aussagen des ehemaligen Wirtschaftsministers Peter Altmaier im Zuge der Rettung der Deutschen Lufthansa AG, wonach der Staat kein besserer Unternehmer sei und sich deshalb aus Einzelentscheidungen im operativen Geschäft heraushalten wolle, siehe dazu https://www.bmwk.de/Redaktion/DE/Pressemitteilungen/2020/20200625-altmaier-heute-ist-ein-guter-tag-fuer-die-beschaeftigten-der-lufthansa.html (zuletzt aufgerufen am 25.4.2023); so auch die Antwort der Bundesregierung auf eine kleine Anfrage – BT-Drs. 19/20881, S. 4.
[86] BGH NJW 2010, 3458 Rn. 29; BGH NJW 2011, 88 Rn. 37; BGHZ 194, 26 Rn. 22 = NJW 2012, 3439; Koch AktG § 93 Rn. 9 f.; MüKo AktG/Spindler § 93 Rn. 86 f.; Habersack, FS U. H. Schneider, 2011, S. 429 ff.
[87] Koch AktG § 93 Rn. 9 f.; BeckOGK AktG/Fleischer § 93 Rn. 25 f.
[88] Die genaue Bestimmung des Unternehmensinteresses ist strittig, vgl. zum Meinungsstand die Darstellung bei Koch AktG § 76 Rn. 28 ff. Nach herrschender Meinung ist interessenplurale Zielkonzeption maßgeblich, vgl. Koch AktG § 76 Rn. 28, 30 f.; Kölner Komm AktG/Mertens/Cahn § 76 Rn. 15 ff.
[89] Vgl. dazu die Ausführungen von Hasselbach/Alles NZG 2020, 727 (733).

gegen. Darüber hinaus sieht § 3 Abs. 2 Satz 1 WStBG vor, dass der Vorstand auch gegenüber der Gesellschaft dazu berechtigt und verpflichtet ist, einer im Zuge der Stabilisierung abgegebenen Verpflichtungserklärung zu entsprechen.[90] Beschlüsse der Hauptversammlung, die den Vorgaben der Verpflichtungserklärung zuwiderlaufen, sind nach § 3 Abs. 2 Satz 2 AktG anfechtbar.[91]

Aus einer Gesamtschau des § 3 WStBG ergibt sich ein **„Freibrief" des Vorstands** für sämtliche Handlungen im Rahmen der Verpflichtungserklärung.[92] Setzt der Vorstand Maßgaben der Verpflichtungserklärung um, handelt er nicht pflichtwidrig und eine Haftung scheidet aus. Umgekehrt verhält sich der Vorstand immer dann pflichtwidrig gemäß § 93 Abs. 2 Satz 1 AktG, wenn er die in der Erklärung festgelegten Auflagen nicht beachtet.[93] In der Folge ist der Vorstand berechtigt, Maßnahmen, die eigentlich in den Kompetenzbereich der Hauptversammlung fallen, eigenständig umzusetzen, sofern die Verpflichtungserklärung dies vorsieht. Beispielsweise wird durch eine Klausel zur Dividendenausschüttung die gemäß § 174 Abs. 2 Nr. 2 AktG bestehende Hauptversammlungskompetenz beschränkt oder gar entzogen.[94] Da schon die Abgabe der Verpflichtungserklärung in den Kompetenzbereich des Vorstands fällt und lediglich der Zustimmung des Aufsichtsrats bedarf, besteht zumindest die Gefahr eines weitgehenden Ausschlusses der Aktionäre aus dem Entscheidungs- und Umsetzungsprozess. Abgesehen von dem **Eingriff in die gesellschaftsrechtliche Zuständigkeitsordnung** gibt § 3 Abs. 2 Satz 1 WStBG außerdem vor, dass sich der Pflichtenmaßstab des Vorstands nach dem **Inhalt der Verpflichtungserklärung** auszurichten habe. Das Unternehmensinteresse bestimmt sich damit nicht mehr im Wege einer Gesamtschau der betroffenen Stakeholder, sondern nach den im Zuge der Stabilisierungsmaßnahme vereinbarten Auflagen und Bedingungen.[95]

Zur Vermeidung derart weitgehender Eingriffe in die Corporate Governance deutscher Unternehmen wird im Schrifttum teils für eine restriktive Auslegung des § 3 WStBG plädiert. Der Vorstand müsse seine unternehmerischen Entscheidungen auch nach der Abgabe einer Verpflichtungserklärung an dem allgemeinen Unternehmensinteresse ausrichten und das richte sich in erster Linie nach den wirtschaftlichen Interessen der Aktionäre.[96] Bei der Bestimmung des Pflichtenmaßstabs des Vorstands seien die mit dem Fonds getroffenen Vereinbarungen zwar ein gewichtiger Posten, doch sei eine Überlagerung durch sonstige schwerwiegende Unternehmensinteressen denkbar.[97] Zwar ist dieser Ansatz besser mit dem aktienrechtlichen Kompetenzgefüge vereinbar und erscheint deshalb in einem ersten Impuls vorzugswürdig, doch kann ihm angesichts des **eindeutigen Wortlauts der Norm** nicht gefolgt werden. Die mit der Verpflichtungserklärung geschaffene Möglichkeit, dass der Vorstand im Einverständnis mit dem Aufsichtsrat und dem Bund den eigenen Kompetenzbereich erweitern und sich über die Hauptversammlung hinwegsetzen kann, lässt allerdings Fragen an der verfassungsrechtlichen Zulässigkeit der Regelung aufkommen.[98]

---

[90] BHP/Pospiech/Glauer WStBG § 3 Rn. 17; vgl. zur Vorgängerregelung Roitzsch/Wächter DZWiR 2009, 1 (7).
[91] Dazu ausführlich BHP/Pospiech/Glauer WStBG § 3 Rn. 20 ff.; die Sinnhaftigkeit dieser Regelung anzweifelnd Hasselbach/Alles NZG 2020, 727 (733).
[92] Diese Begrifflichkeit verwenden Roitzsch/Wächter DZWiR 2009, 1 (7).
[93] Roitzsch/Wächter DZWiR 2009, 1 (7) bezeichnen Verpflichtungserklärung als „Zauberformel"; zur Organhaftung wegen Verletzung der auferlegten Bedingungen BHP/Pospiech/Glauer WStBG § 3 Rn. 26; außerdem Noack DB 2020, 1328 (1333): Zuwiderhandlung wäre pflichtwidrig.
[94] BHP/Pospiech/Glauer WStBG § 3 Rn. 14.
[95] In diese Richtung, aber mit anderen Worten, Roitzsch/Wächter DZWiR 2009, 1 (7): unter Verweis auf Verpflichtungserklärung könne sich Vorstand im Innenverhältnis außerhalb der durch Gesetz und Satzung gesetzten Grenzen bewegen. Andere Ansicht dagegen Hasselbach/Alles NZG 2020, 727 (732 f.): ein derart weitgehender Eingriff müsste im Gesetz deutlicher geregelt sein, außerdem fehle eine entsprechende Begründung in den Gesetzesmaterialien.
[96] Hasselbach/Alles NZG 2020, 727 (732 f.).
[97] Hasselbach/Alles NZG 2020, 727 (733).
[98] Vgl. zur Vorgängerregelung Roitzsch/Wächter DZWiR 2009, 1 (7).

43 bb) Problementschärfung in der praktischen Umsetzung. Drei Umstände führen in der praktischen Anwendung dazu, dass die mit der Regelung des § 3 WStBG einhergehenden Eingriffe in die Corporate Governance deutlich entschärft werden: Zunächst finden sich in vielen Verpflichtungserklärungen einschränkende **Formulierungen** wie „im Rahmen des gesetzlich Zulässigen" oder „sofern sinnvoll"; diese Wendungen zeigen eine **Relativierung** des mit § 3 Abs. 2 Satz 1 WStBG intendierten Erfordernisses einer unbedingten Umsetzung durch den Vorstand und nehmen im Übrigen Rücksicht auf die bestehenden Kompetenzordnungen.[99] Weiterhin sind gerade solche Vorgaben in den Verpflichtungserklärungen, die über die konkreten Voraussetzungen zur Stabilisierung des Unternehmens hinausgehende gesellschaftlich-politische Aspekte betreffen, oftmals derart **unbestimmt** formuliert, dass sich aus ihnen **keine durchsetzbaren Verpflichtungen**, sondern vielmehr lediglich allgemeine Programmsätze ableiten lassen. Dabei geht es vor allem um solche Klauseln, die eine Ausrichtung der Unternehmenspolitik auf ökologische Nachhaltigkeit betreffen.[100] Davon abgesehen sind Konstellationen, in denen das Unternehmensinteresse gegen eine Befolgung der vereinbarten Auflagen sprechen würde, wohl ohnehin auf **„besonders gelagerte Einzelfälle"** begrenzt.[101]

3. Rechtsfolgen eines Verstoßes gegen Auflagen und Bedingungen

44 § 25 Abs. 3 Satz 4 StFG ermächtigt das Bundesfinanzministerium im Einvernehmen mit dem Bundesministerium für Wirtschaft und Klimaschutz dazu, in einer Verordnung die Rechtsfolgen einer Nichtbeachtung von mit der Stabilisierungsmaßnahme verbundenen Anforderungen zu regeln. Allerdings sieht § 12 Abs. 7 Satz 1 WSF-DV lediglich vor, dass Verstoßfolgen für den Fall vertraglich vereinbarter Bedingungen ebenfalls zwischen dem Fonds und dem geförderten Unternehmen **individuell vereinbart** werden können.[102] Beispielhaft werden in Satz 2 **Kündigungsrechte, Schadensersatzansprüche** und **Vertragsstrafen** als mögliche Rechtsfolgen benannt, ohne dass diese Aufzählung aber verbindlich oder abschließend ist.[103]

45 Eine weitere Rechtsfolge ist in § 3 Abs. 2 Satz 2 WStBG geregelt. Danach können Hauptversammlungsbeschlüsse, die einer Verpflichtungserklärung zuwiderlaufen, **angefochten** werden.[104] Nach § 3 Abs. 2 Satz 3 WStBG in Verbindung mit § 254 Abs. 2 Satz 3 AktG sind Aktionäre allerdings nur dann anfechtungsbefugt, wenn ihre Anteile zusammen den zwanzigsten Teil des Grundkapitals oder den anteiligen Betrag von 500.000 Euro erreichen.[105]

VI. Beendigung einer Stabilisierungsmaßnahme

46 Zweck der Stabilisierung ist gerade nicht eine unternehmerische Betätigung des Fonds oder des Bundes, sondern es geht allein um die Rettung wirtschaftlich relevanter Gesellschaften

---

[99] Vgl. zu diesen Wendungen bspw. die Verpflichtungserklärungen der Vorstandsmitglieder der Deutschen Lufthansa AG (Fn. 46), S. 5 ff. und der TUI AG (Fn. 21), S. 8 f.
[100] Regelmäßig wird hier ein nahezu wortgleicher Textbaustein verwandt, vgl. dazu bereits die Nachweise in Fn. 64.
[101] So Hasselbach/Alles NZG 2020, 727 (733).
[102] Die Verordnung enthält dagegen keine Angaben zu dem Fall, dass die Bedingungen nicht vertraglich, sondern durch Verpflichtungserklärung oder Verwaltungsakt fixiert werden, vgl. zur Vorgängerregelung Jaletzke/Veranneman/Horbach/Popow/Diehl FmStFG § 10 Rn. 110, die als Verstoßfolgen „auf die gesetzlichen Ansprüche und Rechte" verweisen. In der Praxis wirkt sich diese Unklarheit regelmäßig nicht aus, da üblicherweise sowohl eine vertragliche Vereinbarung getroffen als auch eine Verpflichtungserklärung abgegeben wird.
[103] BHP/Becker/Lange StFG § 25 Rn. 79; vgl. beispielsweise Rahmenvereinbarung Deutsche Lufthansa AG (Fn. 20), S. 19, die unter Verweis auf den Rahmenvertrag Vertragsstrafen und ein außerordentliches Kündigungsrecht des WSF vorsieht, sofern die Gesellschaft gegen vertragliche Verpflichtungen bzw. Bedingungen und Auflagen verstößt.
[104] Siehe dazu bereits die Nachweise in Fn. 91.
[105] BHP/Pospiech/Glauer WStBG § 3 Rn. 21.

in einer existenziellen Krise (siehe dazu → Rn. 2).[106] Schon bei der Entscheidung über die Gewähr und Ausgestaltung staatlicher Beihilfen steht daher die Beendigung der Maßnahmen im Blickfeld. Dazu passend sollen Auflagen so gestaltet werden, dass sie **Anreize für eine zügige Beendigung** der Stabilisierungsmaßnahme setzen, § 8 Abs. 2 WSF-DV.[107]

Dass die **Wirtschaftshilfe nur auf Zeit** erfolgt, ist auch erforderlich, damit die Maßnahme nach Art. 107 Abs. 3 lit. b AEUV überhaupt zulässig ist.[108] § 13 Abs. 2 Satz 1 WSF-DV sieht vor, dass für Rekapitalisierungsmaßnahmen nach § 22 StFG (→ Rn. 11 f.) eine **Laufzeit von sechs Jahren** angestrebt werden soll. Als Höchstgrenze sind in § 13 Abs. 5 Satz 1 WSF-DV zehn Jahre vorgesehen, nach deren Ablauf die gewährten Stabilisierungsmaßnahmen zu beenden sind. § 13 Abs. 5 Satz 2 WSF-DV enthält begrenzte Ausnahmetatbestände, nach denen eine Maßnahme auch zehn Jahre nach ihrer Gewährung insbesondere dann fortgeführt werden kann, wenn die Beendigung unwirtschaftlich wäre oder die Fortführung des Unternehmens unmittelbar gefährden würde.[109] 47

Bereits zu Beginn der staatlichen Hilfen werden Vereinbarungen getroffen, wie die Rettungsmaßnahmen wieder beendet werden sollen. Bei Rekapitalisierungsmaßnahmen im Sinne des § 22 StFG ist das Unternehmen dazu verpflichtet, einen **Rückzahlungsplan** aufzustellen, § 13 Abs. 3 WSF-DV.[110] Auch der befristete Rahmen sieht vor, dass im Zuge einer Rekapitalisierungsmaßnahme eine **Ausstiegsstrategie** des Staates vorzubereiten ist.[111] Sofern der Staat zur Rettung des Unternehmens Anteile erworben hat, wird vereinbart, in welchem Zeitraum und unter welchen Bedingungen diese wieder abgestoßen werden sollen.[112] Damit das Unternehmen es selbst in der Hand hat, sich aus dem staatlichen Abhängigkeitsverhältnis zu befreien, werden oftmals **Exit-Rechte** vereinbart.[113] 48

VII. Stabilisierungsmaßnahmen nach dem Energiesicherungsgesetz (EnSiG)

Nach der Coronakrise stand mit der durch den Angriff Russlands auf die Ukraine hervorgerufenen Energiekrise schon der nächste Härtetest für Wirtschaft und Politik bevor. Lieferdrosselungen, die in dem Abbruch sämtlicher Lieferungen von russischem Gas mündeten, haben deutsche Gasimporteure dazu gezwungen, die entstandene Versorgungslücke anderweitig und zu weitaus höheren Preisen zu schließen.[114] 49

Der Gesetzgeber hat darauf reagiert und im Eilverfahren das Energiesicherungsgesetz erneuert.[115] Dabei wurde unter anderem **§ 29 EnSiG** neu eingeführt, wonach der Staat in 50

---

[106] Vgl. zu den Beteiligungsmotiven des Bundes im Zuge der Rettung der Deutschen Lufthansa AG die Antwort der Bundesregierung auf eine kleine Anfrage – BT-Drs. 19/20881, S. 3.
[107] In der Rahmenvereinbarung Deutsche Lufthansa AG (Fn. 20), S. 4, ist beispielsweise als ausdrücklich so benannter „Rückzahlungsanreiz" vorgesehen, dass die mit der Stillen Einlage I verbundene Gewinnbeteiligung des WSF mit fortschreitender Dauer der Stabilisierungsmaßnahme prozentual ansteigt.
[108] Vgl. Kommission, Befristeter Rahmen für staatliche Beihilfen – COVID-19 – idF ABl. 2020 C 164/3 Rn. 56, 79 ff.
[109] Weitere Ausnahmetatbestände nach § 13 Abs. 5 Satz 2 WSF-DV: Beendigung würde die öffentliche Sicherheit und Ordnung oder die technologische Souveränität in High-Tech-Bereichen unmittelbar gefährden oder hätte erhebliche negative Auswirkungen auf die Gesamtwirtschaft.
[110] BHP/Becker/Lange StFG § 25 Rn. 82.
[111] Kommission, Befristeter Rahmen für staatliche Beihilfen – COVID-19 – idF ABl. 2020 C 164/3 Rn. 79 ff.
[112] Vgl. Rahmenvereinbarung Deutsche Lufthansa AG (Fn. 20), S. 11.
[113] So hatte die Deutsche Lufthansa AG das Recht, die ihr seitens des WSF gewährten stillen Einlagen zu kündigen und zurückzuzahlen sowie, unter der Bedingung der Rückgewähr der gezahlten Einlagen, den WSF zum Ausstieg aus der Gesellschaft aufzufordern, vgl. Rahmenvereinbarung Deutsche Lufthansa AG (Fn. 20) S. 11. Im Detail war die Laufzeit der Stillen Einlage I unbegrenzt, aber mit einem Kündigungsrecht versehen (S. 4), die Laufzeit der Stillen Einlage II war an die Kündigung und Rückzahlung der Stillen Einlage I gekoppelt (S. 7), das Exit-Recht setzte eine Rückzahlung der Stillen Einlagen I und II voraus (S. 11).
[114] Die auf diese Weise hervorgerufene Notlage führte zur Verstaatlichung des Gasimporteurs Uniper, vgl. Sparfeld UKuR 2022, 520.
[115] Die Änderung des EnSiG erfolgte in zwei Schritten: Erste Änderung vom 22.5.2022, mit welcher die §§ 17–23 EnSiG neu eingeführt wurden und die die Treuhandverwaltung und Enteignung von Unter-

Schieflage geratenen Versorgungsunternehmen auf Antrag durch **Stabilisierungsmaßnahmen** unter die Arme greifen kann (zur ebenfalls geschaffenen Möglichkeit der Anordnung einer Treuhandverwaltung nach § 17 EnSiG sowie, als ultima ratio, zur Enteignung nach § 18 EnSiG ausführlich → § 15 Rn. 73 ff.).[116] Das Instrument ist angelehnt an die Rettungsmaßnahmen des Wirtschaftsstabilisierungsfonds, was vor allem durch den umfangreichen Verweis auf die Vorgaben des WStBG und die damit einhergehende Modifikation des Aktienrechts deutlich wird. In erster Linie geht es um die **Beschleunigung und Vereinfachung** von Kapitalmaßnahmen, wodurch eine effektive und zeitsparende Umsetzung von Stabilisierungsmaßnahmen ermöglicht werden soll.[117]

51 Anders als im Zusammenhang mit den Corona-Hilfsmaßnahmen verzichtet der Gesetzgeber im EnSiG dagegen auf eine detaillierte Regelung der Stabilisierungsmaßnahmen und der konkreten Anforderungen ihrer Gewährung[118]. Während das StFG in §§ 21 ff. eine Differenzierung zwischen verschiedenen Stabilisierungsmaßnahmen enthält (→ Rn. 10) und in § 25 ausführlich die Bedingungen und Anforderungen an das begünstigte Unternehmen darlegt (→ Rn. 16), beschränkt sich der Gesetzgeber in § 29 Abs. 1 Satz 1 EnSiG auf die Festlegung, dass nur Unternehmen antragsberechtigt sind, die selbst oder durch verbundene Unternehmen im Sinne von § 15 AktG **Kritische Infrastrukturen** im Sinne von § 2 Abs. 10 BSIG im Sektor Energie betreiben. Stabilisierungsmaßnahmen werden in § 29 Abs. 1 Satz 2 EnSiG als Maßnahmen definiert, die der Sicherung oder Wiederherstellung einer **positiven Fortbestehensprognose** nach § 19 Absatz 2 InsO oder der Durchfinanzierung der Abwicklung des Unternehmens dienen;[119] eine weitergehende Ausdifferenzierung, beispielsweise in Gestalt von Garantien oder Rekapitalisierungsmaßnahmen, hält die Vorschrift dagegen nicht bereit. Nähere Bestimmungen über die von dem begünstigten Unternehmen zu erfüllenden Anforderungen enthält allein der nachträglich eingefügte § 29 Abs. 1a EnSiG, der vorsieht, dass keine Boni an Geschäftsleiter ausgezahlt und keine Dividenden oder sonstige Gewinnbeteiligungen an die Gesellschafter ausgeschüttet werden dürfen, solange nicht zumindest 75 % der Stabilisierungshilfen zurückgeführt wurden. Damit soll sichergestellt werden, dass die Inanspruchnahme staatlicher Hilfen auf das erforderliche Mindestmaß beschränkt bleibt und es sollen Anreize für eine schnelle Rückzahlung der erhaltenen Mittel geschaffen werden.[120]

VIII. Ausblick

52 Auch in **künftigen Krisen** wird der Staat Unternehmen in wirtschaftlicher Not unterstützen müssen. In der pandemiebedingten Wirtschaftskrise hat der Gesetzgeber auf die Instrumente zurückgegriffen, die er bereits im Zuge der Finanzmarktkrise 2008/2009 entwickelt hatte. In beiden Krisen hat sich das Modell bewährt, Hilfsmaßnahmen über einen Stabilisierungsfonds in der Form eines Sondervermögens auszuzahlen. Das austarierte Maßnahmenpaket ist mittlerweile zweifach erprobt. Viel spricht dafür, dass es auch in Zukunft das **Fundament für staatliche Unternehmensrettungen** bieten wird.

---

nehmen der Kritischen Infrastruktur im Krisenfall betrifft, vgl. Kment NJW 2022, 2302; Schmitz/Helleberg UKuR 2022, 129; zweite Anpassung vom 12.7.2022, mit der die §§ 17a, 24–30 EnSiG neu eingeführt wurden und dem Staat verschiedene weitere Instrumente der Krisenbewältigung an die Hand gegeben wurden, vgl. Kment NJW 2022, 2880; Helleberg/Lehrian UKuR 2022, 339.

[116] Helleberg/Lehrian UKuR 2022, 339: Die Norm sei eine Reaktion auf die wirtschaftliche Notlage des Gasimporteurs Uniper. Das Unternehmen habe direkt nach Inkrafttreten einen Antrag auf die Gewähr staatlicher Hilfen gestellt.
[117] BT-Drs. 20/2664, S. 22; Kment NJW 2022, 2880 (2885); Holle/Linnartz NJW 2023, 801 (804).
[118] Vgl. dazu Holle/Linnartz NJW 2023, 801 (802 f.).
[119] Dabei genügt es, wenn die Maßnahme den Zweck zumindest fördert, BT-Drs. 20/2664, S. 21.
[120] BT-Drs. 20/4683, S. 109; siehe auch Holle/Linnartz NJW 2023, 801 (803 f.): weitere Auflagen folgen in der Praxis aus der Notwendigkeit einer beihilferechtskonformen Ausgestaltung.

Teil 4: Organisationsrecht des Öffentlichen Unternehmens

§ 18 Europa- und verfassungsrechtlicher Rahmen des Öffentlichen Unternehmens

Prof. Dr. Martin Burgi

Übersicht

	Rn.
I. Begriff und Problemhorizont des Öffentlichen Unternehmens	1
II. Funktionen und Bedeutung	5
III. Anforderungen an Gründung und Trägerstrukturen	12
1. Relevante Nachteile der Verselbstständigung	12
2. Bei Eigengesellschaften	15
3. Bei gemischt-öffentlichen Unternehmen	21
4. Bei gemischt-wirtschaftlichen Unternehmen (PPP)	22
5. Bilanz	26
IV. Anforderungen an die Wahl der privatrechtlichen Organisationsform(en)	27
1. Stärken und Schwächen der privatrechtlichen Organisationsform(en) aus der Perspektive des Öffentlichen Rechts	27
2. Formenwahlfreiheit innerhalb weniger verfassungsrechtlicher Grenzen	30
3. Bilanz	34
V. Höherrangiger Rechtsrahmen von Einwirkungspflicht und Einwirkungsrechten (Public Corporate Governance)	35
1. Ausgangspunkt: Fortbestehende Bindungen aus dem höherrangigen Recht	37
a) Des staatlichen bzw. kommunalen Trägers	37
b) Des Unternehmens selbst (Überblick)	49
2. Konsequenzen: Zweckprogrammierung und Einwirkungspflicht	53
3. Höherrangiger Rechtsrahmen von Einwirkungsrechten	57
a) Steuernde und kontrollierende Einwirkung	57
b) Erreichung eines hinreichenden Einwirkungsniveaus durch das Gesamtpaket der Einwirkungsrechte	58
c) Verbund von Öffentlichem Recht und ggf. Gesellschaftsrecht, kein „Verwaltungsgesellschaftsrecht"	60
d) Verfassungsrechtlich verankerte Gegenrechte des öffentlichen Unternehmens?	65

Literatur

Berger, Staatseigenschaft gemischtwirtschaftlicher Unternehmen, Tübingen 2006; Burgi, Die Deutsche Bahn zwischen Staat und Wirtschaft, NVwZ 2018, 601; Burgi, Verwalten durch öffentliche Unternehmen im europäischen Institutionenwettbewerb, VerwArch 93 (2002), 255; Burgi, Die Repolitisierung der Staatswirtschaft in europäischer Perspektive, FS Brohm, München, 2002, 35; Burgi, Privatisierung öffentlicher Aufgaben, 67. DJT 2008, Bd. I, Gutachten Teil D, München, 2008; Burgi, Öffentliches Recht und Gesellschaftsrecht im Spannungsfeld, in: Herrler (Hrsg.), Aktuelle gesellschaftsrechtliche Herausforderungen, Bonn, 2016, 49; Dünchheim/Gräler, Verfassungsrechtliche Implikationen der paritätischen Mitbestimmung in kommunalen Unternehmen, NVwZ 2019, 1225; Ehlers, Verwaltung in Privatrechtsform, 1984; Ehlers, Empfiehlt es sich, das Recht der öffentlichen Unternehmen im Spannungsfeld von öffentlichem Auftrag und Wettbewerb national und gemeinschaftsrechtlich neu zu regeln?, 64. DJT 2002, Bd. I, Gutachten E, München, 2002; Hellermann, Örtliche Daseinsvorsorge und gemeindliche Selbstverwaltung, Tübingen, 2000; Hommelhoff, Welche Rechtsform für die Eisenbahn des Bundes?, FS Böcking, München, 2021, 99; Kapteina, Öffentliche Unternehmen in Privatrechtsform und ihre demokratische Legitimation, Hamburg, 2017; Kraft, Das Verwaltungsgesellschaftsrecht, 1982; Mann, Die öffentlich-rechtliche Gesellschaft, Tübingen, 2002; Storr, Der Staat als Unternehmer, Tübingen, 2001; Vollstädt, Public Entrepreneurship. Zur Unternehmerisierung der öffentlichen Verwaltung, dms 2021, 165; Voßkuhle, Beteiligung Privater an der Wahrnehmung öffentlicher Aufgaben und staatliche Verantwortung, VVDStRL 62 (2003), 266; Weiser-Saulin, Public Corporate Governance kommunaler Unternehmen, Baden-Baden, 2021.

I. Begriff und Problemhorizont des Öffentlichen Unternehmens

1 Nach der auch außerhalb ihres unmittelbaren Anwendungsbereichs zutreffenderweise herangezogenen Begriffsbestimmung der EU-Transparenzrichtlinie (RL 2006/111/EG v. 16.11.2006)[1] sind öffentliche Unternehmen all diejenigen Einheiten, auf die die **öffentliche Hand** „aufgrund Eigentums, finanzieller Beteiligung, Satzung oder sonstiger Bestimmungen … einen **beherrschenden Einfluss** ausüben kann" (Art. 2 lit. b).[2] Unternehmen, bei denen lediglich eine staatliche Minderheitsbeteiligung besteht, sind in diesem Handbuch bereits in Teil 3 → § 16 Rn. 6 ff. behandelt worden, dh im Abschnitt über die privatwirtschaftlichen Unternehmen; bei ihnen handelt es sich nicht um öffentliche Unternehmen. Nachfolgend werden wie schon im Abschnitt über die privatwirtschaftlichen Unternehmen lediglich Organisationseinheiten **mit eigener Rechtspersönlichkeit** einbezogen. Lediglich hingewiesen sei darauf, dass insbesondere auf der kommunalen Ebene wirtschaftliche Betätigungen in überschaubarerem Umfang auch vermittels von Regie- bzw. Eigenbetrieben erfolgen.[3] Sie werden mangels Rechtspersönlichkeit nicht einbezogen.

2 Ebenso wie im Teil 3 (dort im Hinblick auf die privatwirtschaftlichen Unternehmen) geht es auch in diesem Teil ausschließlich um die öffentlich-rechtlichen **Vorgaben für die Organisation und die Führung** der Unternehmen. Dies betrifft die Trägerschaft, die gewählte Rechtsform, die gewählte Gesellschaftsform, die Zusammensetzung der Organe und die Verteilung der Kompetenzen unter ihnen sowie die Möglichkeiten der Steuerung und Kontrolle durch die jeweiligen (hier: staatlichen bzw. kommunalen) Träger. Es liegt auf der Hand, dass das Verfassungsrecht im Hinblick auf die öffentlichen Unternehmen von vornherein weniger als Schutzgrundlage, sondern als Quelle von Einwirkungspflichten der öffentlichen Träger relevant ist, während sich im Europarecht verstärkt wettbewerbliche Fragen stellen. Zwecks Umsetzung von Einwirkungspflichten und Bewältigung der wettbewerblichen Aspekte weist das Verwaltungsrecht naturgemäß **deutlich mehr Vorgaben** für diesen Typus von Unternehmen auf.

3 Dabei muss man sich von vornherein klarmachen, dass die öffentlichen Unternehmen (anders als die privatwirtschaftlichen Unternehmen) nicht ausschließlich als Wirtschaftssubjekte, die sich staatlichen Vorgaben gegenübersehen, betroffen sind. Vielmehr sind die öffentlichen Unternehmen als **Instrumente staatlichen Handelns** zu begreifen und daher ebenso wie die anderen Teile der Verwaltung (in einem weiteren Sinne) zugleich als Steuerungssubjekte.[4] Keine Berücksichtigung findet in diesem Abschnitt die darin liegende Problematik, dass der Staat (bzw. eine Kommune) überhaupt als Unternehmer auftritt. Denn hierbei geht es um die Ebene des Handelns nach außen, nicht um die Ebene der Organisation.[5] Die Statthaftigkeit des Handelns im Modus der Wirtschaftlichkeit wird mithin unterstellt, namentlich die Verfolgung eines über die reine Gewinnerzielung hinausgehenden öffentlichen Zwecks. Auch ist heute unstr., dass die Kompetenzverteilungsregel des Art. 30 GG auch bei einer wirtschaftlichen Betätigung gilt,[6] und dass einzelne Regelungen in den Art. 87 ff. GG zum Teil detaillierte Vorgaben für die Gründung von Unternehmen und für deren Trägerstrukturen (III u. IV) sowie für die Wahl der privatrechtlichen Organisationsform(en) enthalten. Mangels „Ausführung der (Bundes)gesetze" spielen hingegen die Art. 83 bis 86 GG keine Rolle.[7]

---

[1] ABl. EG 2006 L 318/17.
[2] Näher hierzu EuGH EuZW 2006, 600.
[3] Zu ihnen vgl. hier nur Mann/Püttner Kommunale Wissenschaft-HdB/Brüning, 149; WSG Komm. Unternehmen/Schneider D I Rn. 1 ff.
[4] Burgi VerwArch 93 (2002), 255; Ehlers/Pünder AllgVerwR/Burgi § 7 Rn. 11 ff.
[5] Bündig WSG Komm. Unternehmen/Wollenschläger B Rn. 3 ff., 41 ff. Zum Erfordernis des öffentlichen Zwecks BVerfGE 61, 82 (107); Burgi KommunalR § 17 Rn. 24. Teilweise knüpfen aber die Kommunalgesetze die Statthaftigkeit von Unternehmensgründungen an die der Statthaftigkeit der wirtschaftlichen Betätigung, so zB Art. 86, 87 BayGO (→ § 20 Rn. 5), die überhaupt nur das Tätigwerden vermittels eines Unternehmens spezifischen Anforderungen unterwerfen.
[6] Vgl. nur Huber, FS Badura, 2004, 897 (204); BeckOK GG/Suerbaum GG Art. 86 Rn. 23.
[7] Näher Huber/Voßkuhle/Burgi GG Art. 86 Rn. 39 f.

Der erste Abschnitt innerhalb des Teils 4 ist dem höherrangigen Rechtsrahmen für 4 öffentliche Unternehmen auf Bundes-, Landes- und kommunaler Ebene gewidmet. Die sich daraus ergebenden Anforderungen gelten auch gegenüber öffentlichen Unternehmen **in der Trägerschaft von Sondervermögen** isd Art. 110 Abs. 1 S. 1 Hs. 2, 115 Abs. 2 **GG und von anderen öffentlich-rechtlichen Körperschaften,** dh für öffentliche Unternehmen von Universitäten, gesetzlichen Krankenkassen oder anderen Teilen der sog. mittelbaren Staatsverwaltung, sofern sie in wirtschaftlichen Austauschverhältnissen agieren und sich am Prinzip der wirtschaftlichen Rationalität ausrichten.[8] Mitbehandelt werden etwaige europa- und verfassungsrechtliche Vorgaben für öffentliche Unternehmen in Public Private Partnership (zur dortigen einfachrechtlichen Ebene → § 22 Rn. 28 ff.), während die spezifischen Nachhaltigkeitsvorgaben gegenüber öffentlichen Unternehmen gebündelt in § 24 behandelt werden und die Anforderungen an sowie die Instrumente zur Gewährleistung von Transparenz in § 23. Um die Ebene der Umsetzung (auch) der verfassungs- und europarechtlichen Vorgaben im Gesellschaftsrecht geht es im abschließenden § 25.

II. Funktionen und Bedeutung

Aus der Perspektive des Öffentlichen Rechts ist ein öffentliches Unternehmen ein **Instru-** 5 **ment** zur Erledigung von Verwaltungsaufgaben. Hierbei handelt es sich wiederum um diejenigen Staatsaufgaben, die innerhalb der Funktionenordnung der Exekutive zugewiesen sind; nach dem ganz herrschenden formalen Staatsaufgabenbegriff wird eine beliebige Aufgabe im öffentlichen Interesse (eine öffentliche Aufgabe) allein dadurch zur Verwaltungsaufgabe, dass der Staat sich vermittels seiner Verwaltung (einschließlich seiner öffentlichen Unternehmen) dieser Aufgabe annimmt. Er wird dadurch zum Zurechnungsendsubjekt, weswegen grundsätzlich sämtliche ihn treffende verfassungs- und einfachrechtlichen Bindungen ausgelöst werden.[9]

Herkömmlich (und überwiegend) erfolgt die **Erledigung von Verwaltungsaufgaben** 6 im hoheitlichen Modus der Über- und Unterordnung im Verhältnis von Staat und Gesellschaft. Der Modus der Aufgabenerledigung durch wirtschaftliche Betätigung ist demgegenüber dadurch charakterisiert, dass sich der Staat mit den Privaten gemein macht, indem er mit ihnen in Austauschbeziehungen tritt und sich ein Stück weit den auf dem Markt geltenden Gesetzen unterwirft.[10] Nicht immer wird hierbei ein öffentliches Unternehmen eingesetzt. Vielmehr können kleiner dimensionierte wirtschaftliche Aktivitäten auf der kommunalen Ebene (zB Weihnachtsbaumverkauf vor dem Rathaus) teilweise auch behördlich organisiert sein.[11] Ab einem bestimmten Umfang ist aber die Gründung und sodann Nutzung eines öffentlichen Unternehmens zur Erfüllung der betreffenden Verwaltungsaufgaben typisch, ja unverzichtbar.[12]

Ob ein bestimmter staatlicher Träger sich vermittels eines öffentlichen Unternehmens 7 wirtschaftlich betätigen möchte, hängt von der jeweiligen ordnungspolitischen Grundeinstellung, noch mehr aber davon ab, welche Einschätzungen dieser Träger im Hinblick auf die jeweils zu verfolgenden Sach- und Formalziele gebildet hat. So geht es wie bei jeglicher wirtschaftlicher Betätigung auch hier um die **Formalziele** der Erzielung von Erlösen, der

---

[8] Näher hierzu bereits Püttner, Die öffentlichen Unternehmen, 2. Aufl. 1985, 30; Mann, Gesellschaft, S. 11.
[9] Vgl. zu diesen Zusammenhängen nur Ehlers/Pünder AllgVerwR/Burgi § 7 Rn. 7 ff.
[10] Prägnant HSV VerwR/Schulze-Fielitz § 12 Rn. 24 ff., 64 ff., 122 ff.
[11] Bemerkenswerterweise stellt die BayGO spezifische Anforderungen an die wirtschaftliche Betätigung von Gemeinden überhaupt erst dann, wenn diese in verselbstständigten Rechtsformen erfolgt (vgl. Art. 86). Das EU-Recht ist hingegen (funktional) auf den Umstand einer wirtschaftlichen Betätigung, und nicht von vornherein auf den Umstand eines Tätigwerdens für selbständige Rechtspersönlichkeiten ausgerichtet (ebenso EFP BesVerwR/Suerbaum § 16 Rn. 7; zutreffend EuGH – C-41/90, Seg. 1991, I-1979, Rn. 21).
[12] Vgl. Mann, Gesellschaft, 14; Burgi VerwArch 93 (2002), 255.

Erhaltung von Liquidität, Generierung von Wachstum und Verbesserung der eigenen Effizienz (auch bei der Gewinnung und im Umgang mit Personal), ganz allgemein gesprochen um ein erhöhtes Maß an Flexibilität, nicht zuletzt auch um ggf. im internationalen Rahmen agieren zu können (was der Staat im Modus der hoheitlichen Betätigung, dh vermittels seiner Behörden ja gerade nicht könnte). Im Vergleich mit anderen potenziellen Steuerungsinstrumenten (va Ge- und Verboten sowie Subventionen zugunsten privatwirtschaftlicher Unternehmen) lassen sich vermittels eines eigenen Unternehmens die angestrebten Ziele uU direkter, ohne den Umweg einer erst herbeizuführenden Mitwirkungsbereitschaft privatwirtschaftlicher Unternehmen erreichen.

8 Mit den Formalzielen wird die Tätigkeit der öffentlichen Unternehmen aber nicht vollständig erfasst, weil sie als Instrumente der Erfüllung von Verwaltungsaufgaben auf bestimmte „**Sachziele**" ausgerichtet sind. Diese Sachziele ergeben sich aus der jeweils infrage stehenden Aufgabe. Typischerweise geht es um die Gewähr einer dauerhaften und bezahlbaren Leistungserbringung, insbesondere im Bereich der sog. Daseinsvorsorge,[13] auch um Ziele wie Wirtschafts- bzw. Mittelstandsförderung und Bewältigung arbeitsmarkt- wie tarifpolitischer Zielsetzungen. Seit jeher werden die öffentlichen Unternehmen auch als Instrument zur Verwirklichung ökologischer Ziele (zB geordnete Abwasserbeseitigung, ÖPNV), verstärkt auch von Zielen des Klimaschutzes eingesetzt (etwa in Gestalt von Betreibergesellschaften im Bereich neuer Mobilitätsformen oder von Wasserstofftankstellen). Diese und andere Sachziele ergeben sich regelmäßig nicht aus im Einzelfall zu vollziehenden Gesetzen, vielmehr werden sie von dem jeweiligen staatlichen bzw. kommunalen Träger autonom (freilich im Rahmen der dabei maßgeblichen Gesetze) formuliert, in erheblichem Maße freilich unter Orientierung am Sozialstaatsprinzip nach Art. 20 Abs. 1 GG, dem Staatsziel Umweltschutz aus Art. 20a GG und den grundrechtlichen Schutzpflichten für ein menschenwürdiges und gesundes Dasein (etwa im Hinblick auf die Versorgung mit Wasser und Strom).

9 Es ist mithin nicht illegitim, wenn ein öffentliches Unternehmen von politischen Überlegungen (und von Politikerinnen und Politikern) gesteuert wird. Ganz im Gegenteil liegt gerade hierin sein Charakter und zugleich der entscheidende Unterschied gegenüber den privatwirtschaftlichen Unternehmen. Was dort die Privatautonomie ist, ist hier die Politik, weswegen es treffender ist, von „**Political Entrepreneurship**" als (wie teilweise vorgeschlagen) von „Public Entrepreneurship"[14] zu sprechen; der entscheidende Unterschied zwischen öffentlichen und privatwirtschaftlichen Unternehmen ist nicht so sehr der jeweils andere Träger, sondern die unterschiedliche Handlungsrationalität. Das Bewusstsein für diese Zusammenhänge ist nach dem Abflauen teilweise übersteigerter Liberalisierungs- und Privatisierungsbestrebungen am Ende des letzten Jahrhunderts gewachsen.[15] Zutreffend war und ist es aber auch in liberalisierten Marktkontexten,[16] denn auch dort besteht der Unterschied zwischen dem die gleiche Leistung (etwa die Lieferung von Strom) anbietenden öffentlichen Unternehmen gegenüber einem privatwirtschaftlichen Unternehmen darin, dass Ersteres ein Instrument der Erledigung von Verwaltungsaufgaben und kein Ausdruck der Privatautonomie Einzelner ist. Es liegt auf der Hand, dass diese Zusammenhänge unmittelbare Auswirkungen auf die im Mittelpunkt dieses Handbuchs stehenden öffentlich-rechtlichen Vorgaben für die Organisation und die Führung des Unternehmens zeitigen.

10 Die Bedeutung der öffentlichen Unternehmen als Instrumente der Erledigung von Verwaltungsaufgaben lässt sich zum einen anhand einiger ausgewählter **Zahlen,** zum anderen

---

[13] Verstanden als die Befriedigung der Bedürfnisse für eine dem jeweiligen Lebensstandard entsprechende Lebensführung (zurückgehend auf Forsthoff Verwaltungsrecht I, 10. Aufl. 1973, 370); aus neuerer Zeit Hellermann Daseinsvorsorge, 1 f.; Kersten Der Staat 44 (2005), 543; zuletzt VEM VerwR/Wißmann § 14 Rn. 115.
[14] Vollstädt dms 2021, 165 f.
[15] Näher Burgi, FS Brohm, 35 ff.
[16] So zutreffend WSG Komm. Unternehmen/Henneke A ff.

anhand der Aufgabenfelder, in denen sie zum Einsatz kommen, belegen. So betrugen im Jahr 2018 die Einnahmen der öffentlichen Haushalte aus wirtschaftlicher Betätigung allein auf der Ebene des Bundes 4,4 Milliarden EUR, auf der Ebene aller Länder zusammen 9,4 Milliarden EUR und auf der Ebene der Gemeinden 12,3 Milliarden EUR.[17] Der Verband der kommunalen Unternehmen (VKU) hat ausweislich seiner Homepage über 1500 Mitgliedsunternehmen mit 283000 Beschäftigten, die Umsatzerlöse im Umfang von 193 Milliarden EUR und Investitionen iHv 13,4 Milliarden EUR zu verzeichnen haben.

An die Seite der klassischen **Aufgabenfelder** der Entsorgung und der Versorgung mit 11 Strom, Gas, Wärme, Wasser sowie ÖPNV sind öffentliche Unternehmen in den Zukunftsmärkten der Telekommunikation und der digitalen Infrastruktur getreten, ferner Messegesellschaften, Flughafen- und Hafengesellschaften, die Deutsche Bahn AG mit ihrer unüberschaubaren Vielfalt verschiedenster Leistungen sowie die öffentlichen Banken und Versicherungen. Neue politische Mega-Herausforderungen wie Klimaschutz, Bereitstellung bezahlbaren Wohnraums, Wissenschafts- und Innovationsförderung sowie die „Dauerbrenner" Gesundheit und Soziales (Krankenhäuser, Pflegedienste etc.) und Kunst, Kultur, Freizeit vervollständigen das Spektrum. Die in rechtspolitischen Diskursen teilweise in pejorativer Absicht genannten Beispiele des Betriebs eines Nagelstudios oder einer Sauna sowie von Nachhilfeangeboten für Schüler spiegeln daher in keiner Weise das tatsächliche Vorkommen des öffentlichen Unternehmens auf allen Ebenen der Staatlichkeit in der Bundesrepublik Deutschland.

III. Anforderungen an Gründung und Trägerstrukturen

1. Relevante Nachteile der Verselbstständigung

Während sich die Vorteile der Nutzung öffentlicher Unternehmen als Instrumente der 12 Erfüllung von Verwaltungsaufgaben aus ihren in → Rn. 5 ff. beschriebenen Funktionen ergeben, liegen die Nachteile im zentralen Charakteristikum der Verselbstständigung gegenüber dem jeweiligen staatlichen bzw. kommunalen Träger begründet. Anders als Behörden im Bereich der unmittelbaren Staatsverwaltung sind öffentliche Unternehmen eigenständige Rechtspersönlichkeiten, denen gegenüber der jeweilige Träger seinen politischen Willen vorab und fortlaufend formulieren und sodann auch durchsetzen muss. Damit sind **Steuerungs- und Kontrolldefizite** gewissermaßen vorprogrammiert.[18] Dazu trägt allein schon die Einbeziehung weiterer Personen (insbesondere auf der Leitungsebene der Unternehmen) bei, die vielfach auch persönlich anders sozialisiert sind und buchstäblich anders „ticken" (was wiederum einer der potenziellen Vorteile, jedenfalls eine mit der Gründung öffentlicher Unternehmen verbundene Erwartung der Träger ist). Neben diese Nachteile bei der Steuerung und Kontrolle des Unternehmens tritt die Gefahr der **größeren Intransparenz.** Sie ergibt sich teilweise ebenfalls aus der erfolgten Verselbstständigung (wie bei jeder Arbeitsteilung), teilweise daraus, dass Verschwiegenheit ein Wesensmerkmal des „Unternehmerischen" ist, worauf in → § 23 Rn. 43 noch zurückzukommen sein wird.

Beide Nachteile bestehen im Grundsatz unabhängig davon, ob ein öffentliches Unter- 13 nehmen privatrechtlich oder öffentlich-rechtlich organisiert ist. Es greift daher zu kurz, wenn die meisten Darstellungen des Öffentlichen Unternehmensrechts ausschließlich nach verfassungsrechtlichen Anforderungen an die Verwendung der Privatrechtsform fragen. Das Grundgesetz selbst kennt demgegenüber Vorschriften, die **unabhängig von der Verwendung der Privatrechtsform** danach differenzieren, ob die jeweilige Verwaltungstätigkeit beispielsweise durch die „Bundeseigene Verwaltung" oder durch „Anstalten des öffentlichen Rechts" erfolgt (vgl. beispielsweise in Art. 87 Abs. 1 S. 1 bzw. Art. 87 Abs. 3 S. 1 GG), während das EU-Recht sich überhaupt nur dafür interessiert, ob ein Mitgliedstaat

---
[17] Statistisches Bundesamt (Hrsg.), Finanzen und Steuern (14), Reihe 2, 1.–4. Halbjahr 2018, 9.
[18] Eine anschauliche Analyse bietet Schuppert, Zur Kontrollierbarkeit öffentlicher Unternehmen, Anlage zur Drs. 9/4545 der Bürgerschaft der Freien und Hansestadt Hamburg.

vermittels eines öffentlichen Unternehmens handelt, hingegen nicht dafür, in welcher Rechtsform dieses organisiert ist (ausweislich des Art. 106 Abs. 1 AEUV).

14 Es verspricht daher zusätzlichen Erkenntnisgewinn, zwischen den in diesem Abschnitt behandelten Anforderungen an die Gründung und die Trägerstrukturen eines Öffentlichen Unternehmens und den im nachfolgenden Abschnitt (IV) erörterten Anforderungen an die Verwendung gerade der Privatrechtsform zu unterscheiden. Dabei geht es jeweils um Anforderungen an das **Ob** und an den **Vorgang** der Gründung eines öffentlichen Unternehmens bzw. der Schaffung bestimmter Trägerstrukturen. Solche Anforderungen können in der Statuierung von Grenzen oder gar Verboten einerseits, in der Entsendung von Impulsen oder gar der Formulierung von Pflichten andererseits bestehen. Denkbar ist auch, dass sich der jeweilige Rechtstext (AEUV oder GG) überhaupt nicht zur Gründung bzw. der Etablierung bestimmter Trägerstrukturen verhält.

2. Bei Eigengesellschaften

15 Befindet sich ein öffentliches Unternehmen ausschließlich in staatlicher bzw. kommunaler Hand, dann handelt es sich bei der Wahl der Privatrechtsform um eine sog. **publizistische Privatrechtsvereinigung.** Zumeist wird eine der Formen des Kapitalgesellschaftsrechts gewählt, wofür sich der Begriff „Eigengesellschaften" eingebürgert hat.[19] Von Verfassungsrechts wegen gelten die gleichen Gründungsanforderungen bei Wahl der (dort wichtigsten) öffentlich-rechtlichen Organisationsform der Anstalt des öffentlichen Rechts (s. zu den Einzelheiten §§ 18 bzw. 20).

16 Das **EU-Recht** statuiert keinerlei Anforderungen für den Einsatz öffentlicher Unternehmen als Instrumente mitgliedstaatlicher Politik, weswegen die Kommission insoweit zu Recht von „Neutralität und Gestaltungsfreiheit" spricht.[20] Die normative Grundlage bilden Art. 106 Abs. 1 AEUV, wonach „öffentliche Unternehmen" als existent vorausgesetzt und grundsätzlich legitimiert werden,[21] ferner Art. 345 AEUV, wonach die „Eigentumsordnung in den Mitgliedstaaten" durch den AEUV „unberührt" bleibt. Worum es dem AEUV geht, ist sicherzustellen, dass ein Mitgliedstaat hinsichtlich seiner öffentlichen Unternehmen keine Besserstellung gegenüber privaten Unternehmen vorsieht. Daraus ergeben sich sowohl zulasten des Mitgliedstaats selbst als auch zulasten seiner öffentlichen Unternehmen bezüglich des Wie ihres Tätigwerdens bestimmte Bindungen (→ Rn. 46 ff.).

17 Im Ausgangspunkt vergleichbar ist die **Situation unter dem GG.** Diesem lässt sich keine aufgabenübergreifende Aussage entnehmen, die das Tätigwerden öffentlicher Unternehmen verbieten oder fördern würde, weswegen auch insoweit von „Neutralität" gesprochen werden kann.[22] An einigen wenigen Stellen lässt das Grundgesetz immerhin erkennen, dass ihm die Anstalten des öffentlichen Rechts als Erscheinungsformen öffentlicher Unternehmen (vgl. zB Art. 87 Abs. 3 S. 1 GG) bzw. „Bundesbetriebe" (Art. 110 Abs. 1 S. 1 GG) bekannt sind. Im Hinblick auf die kommunalen Unternehmen ist anerkannt, dass die Entscheidung für den Einsatz von öffentlichen Unternehmen zur Erledigung der „Angelegenheiten des örtlichen Wirkungskreises" als Bestandteil der sog. Organisationshoheit von der in Art. 28 Abs. 2 GG verankerten sog. Eigenverantwortlichkeitsgarantie umfasst wird.[23]

18 Im Hinblick auf bestimmte Politikfelder und diesen zuzuordnenden Verwaltungsaufgaben ergeben sich teilweise spezifische Anforderungen aus den jeweils einschlägigen Verfassungsnormen der **Art. 87 ff. GG.** Seit langem ist anerkannt, dass diese Vorschriften nicht „nur" einen föderalen Gehalt haben, indem sie die Kompetenzen zwischen dem Bund und

---

[19] Grundlegend Ehlers, Verwaltung in Privatrechtsform, 1984, 7 ff.; Schön ZGR 25 (1996), 439 ff.
[20] Weißbuch zu Dienstleistungen von allgemeinem Interesse vom 12.5.2004 (KOM (2004) 374 endg., sub 4.3.).
[21] So bereits Burgi EuR 1997, 261.
[22] Vgl. WSG Komm. Unternehmen/Wollenschläger B Rn. 42, mit dem Hinweis auf eine teilweise andere verfassungsrechtliche Ausgangslage in der VerfRhPf (siehe VerfGH RhPf NVwZ 2000, 801 (804)).
[23] Vgl. nur Burgi KommunalR § 6 Rn. 67.

den Ländern abgrenzen. Vielmehr enthalten sie teilweise auch Aussagen dazu, ob der Staat überhaupt eine bestimmte Aufgabe wahrnehmen darf bzw. wahrnehmen muss (aufgabenbezogener Gehalt), und noch häufiger sind **Aussagen organisationsbezogenen Charakters,** die teilweise auch den Einsatz öffentlicher Unternehmen als Instrumente der Aufgabenerfüllung betreffen.[24]

In allen in den Art. 87 ff. GG genannten **Aufgabenfeldern** ist demnach die Gründung öffentlicher Unternehmen **nicht ausgeschlossen,** sondern unter Beachtung jeweils bereichsspezifischer Anforderungen grundsätzlich möglich: Bei den Aufgaben des „Auswärtigen Dienstes"[25] und im Hinblick auf Angelegenheiten in der Sach-Gesetzgebungskompetenz des Bundes nach Art. 87 Abs. 3 GG,[26] im Hinblick auf die „unmittelbare Deckung des Sachbedarfs der Streitkräfte" nach Art. 87b Abs. 1 S. 2 GG[27] und bei der „Luftverkehrsverwaltung" nach Art. 87d Abs. 1 S. 1 GG.[28] Die „Eisenbahnen des Bundes" sind nach Art. 87e Abs. 3 S. 1 GG ausdrücklich „als Wirtschaftsunternehmen" zu führen. Entsprechendes gilt gemäß Art. 87f Abs. 2 S. 1 GG für die Dienstleistungen in den Aufgabenfeldern des Postwesens und der Telekommunikation und gemäß Art. 90 Abs. 2 S. 2 GG im Hinblick auf die Verwaltung der Bundesautobahnen bzw. gemäß Art. 90 Abs. 4 bzw. 5 GG für die sonstigen Bundesstraßen des Fernverkehrs.[29] Die größere Bedeutung dieser Vorschriften liegt freilich darin, dass sie teilweise die Einbeziehung Privater in das öffentliche Unternehmen (→ Rn. 24) bzw. die Verwendung der privatrechtlichen Organisationsformen (→ Rn. 33) strengeren Anforderungen unterwerfen. 19

Der **Vorgang** der Gründung von Eigengesellschaften ist europarechtlich überhaupt nicht determiniert. Aus dem Grundgesetz ergibt sich insoweit allerdings das Erfordernis einer gesetzlichen Grundlage (Regel vom Vorbehalt des Gesetzes). Diese folgt im Hinblick auf die öffentlichen Unternehmen in öffentlich-rechtlicher Form, insbesondere den Anstalten, daraus, dass eine eigene juristische Person entsteht und das staatliche Institutionengefüge verändert wird (sog. institutionell-organisatorischer Vorbehalt des Gesetzes).[30] Soll ein öffentliches Unternehmen in der Form des Privatrechts geschaffen werden, gilt im Grundsatz nichts anderes.[31] Hier bezieht sich das Erfordernis einer gesetzlichen Grundlage aber (selbstverständlich) nicht auf die Gründung jedes Einzelunternehmens. Vielmehr genügen die in den Haushaltsordnungen von Bund und Ländern (vgl. jeweils § 65) bzw. in den jeweiligen Gemeindeordnungen vorgesehenen Vorschriften über die Anforderungen an die Schaffung öffentlicher Unternehmen in Privatrechtsform den grundsätzlichen Anforderungen an den Bestimmtheitsgrundsatz.[32] 20

3. Bei gemischt-öffentlichen Unternehmen

Diese Unternehmen sind dadurch charakterisiert, dass beispielsweise der Bund und ein Land oder mehrere Länder, einzelne oder alle Länder untereinander oder auch ein Land mit Kommunen etc. gemeinsam eine Anstalt des öffentlichen Rechts oder ein Unternehmen in Privatrechtsform gründen.[33] Hierher gehören auch Unternehmen, die auf kommunaler Ebene durch Zweckverbände gegründet werden, welche ihrerseits ja das Ergebnis einer Zusammenarbeit verschiedener kommunaler Träger (Gemeinden und/oder Kreise) sind. Die eingangs beschriebenen Nachteile, die sich bereits aus der Verselbstständigung in Gestalt einer Eigengesellschaft ergeben (→ Rn. 12), vergrößern sich hierdurch. Dennoch 21

---

24 Zu den verschiedenen Gehalten dieser Normen vgl. Huber/Voßkuhle/Burgi GG Art. 87 Rn. 17 f.
25 Huber/Voßkuhle/Burgi GG Art. 87 Rn. 21 f.
26 Huber/Voßkuhle/Burgi GG Art. 87 Rn. 99 ff.
27 Sachs/Kokott/Hummels GG Art. 87b Rn. 2.
28 Vgl. Sachs/Windthorst GG Art. 87d Rn. 11 f.
29 Wie sich jeweils aus dem Wortlaut ergibt.
30 Vgl. nur BeckOK GG/Suerbaum Art. 87 Rn. 40.
31 Ebenso Ehlers, Gutachten 64. DJT, S. E 48, 118; Mann, Gesellschaft, 74 ff.; VEM VerwR/Burgi § 18 Rn. 58.
32 Ebenso WSG Komm. Unternehmen/Wollenschläger B Rn. 83.
33 Näher Storr, Staat als Unternehmer, 2001, 49; Mann, Gesellschaft, 12.

lassen sich spezifische Vorgaben für gemischt-öffentliche Unternehmen weder dem EU-Recht noch dem GG entnehmen. Voraussetzung ist allerdings, dass die beteiligten Träger sich innerhalb der ihnen jeweils gezogenen **Kompetenzschranken** nach Art. 30 bzw. 28 Abs. 2 GG bewegen.

4. Bei gemischt-wirtschaftlichen Unternehmen (PPP)

22 Nochmals gesteigert sind die **Nachteile** geringerer Steuerungs- und Kontrollmöglichkeiten sowie der Intransparenz bei institutionellen PPP's, dh bei Wahl einer Trägerstruktur unter Beteiligung „echter" Privater.[34] Aufgewogen werden sie möglicherweise durch **Vorteile** in Gestalt erhöhter Flexibilität und finanzieller Potenz, konkret im Hinblick auf die infrage stehende Aufgabe benötigte Handlungsrationalität bzw. spezifische Problemlösungskompetenzen. Sind innerhalb einer Anstaltsstruktur[35] sowie (dies ist mittlerweile der ganz überwiegende Regelfall) innerhalb einer privatrechtlichen Organisationshoheit neben staatlichen bzw. kommunalen Trägern auch Private beteiligt, spricht man von einem gemischt-wirtschaftlichen Unternehmen bzw. (synonym) von einer institutionalisierten PPP.[36]

23 Neutral hinsichtlich des Ob der Einbeziehung Privater in ein öffentliches Unternehmen sind wiederum sowohl der AEUV als auch (jenseits aufgabenspezifischer Vorschriften) das Grundgesetz. In Gestalt der **Grundrechte** der an einem entsprechenden Tätigwerden interessierten Privaten ergibt sich mE sogar ein zusätzlicher Impuls zugunsten der Verwendung einer gemischten Trägerstruktur, jedenfalls dann, wenn die entsprechende Sachnähe oder Aufgabe die Einbeziehung Privater aufgrund der bei diesen vorhandenen spezifischen Kompetenzen nahelegt.

24 In Bezug auf einige Aufgabenfelder finden sich wiederum in den **Art. 87 ff. GG** spezifische Anforderungen: So sieht Art. 87e Abs. 3 S. 3 GG zwar vor, dass die Eisenbahnen des Bundes, die für den „Bau, die Unterhaltung und das Betreiben von Schienenwegen" verantwortlich sind (also die sog. Infrastrukturunternehmen, dies im Gegensatz zu den Verkehrsunternehmen) zwar grundsätzlich an Private veräußert werden dürfen; nach Hs. 2 des Satzes 3 muss aber „die Mehrheit der Anteile an diesen Unternehmen" beim Bund verbleiben. Im Hinblick auf die Aufgabenfelder des Postwesens und der Telekommunikation findet sich in Art. 87f GG keine vergleichbare Bestimmung, wohl aber in Art. 90 GG (seit der Verfassungsänderung im Jahre 2017) betreffend die Bundesautobahnen. Insoweit sieht Art. 90 Abs. 2 S. 3 u. 4 GG vor, dass das zur Verwaltung der Bundesaufgaben fakultativ geschaffene öffentliche Unternehmen in Privatrechtsform grundsätzlich nicht veräußert werden darf, und dass weder eine „unmittelbare oder mittelbare Beteiligung Dritter" an dieser Gesellschaft und deren Tochtergesellschaften möglich ist.[37] Hierbei handelt es sich mithin um ein Verbot der PPP-Trägerstruktur. Eine Ausnahme ist lediglich möglich zugunsten der Verwirklichung von Einzelprojekten für Streckennetze nach Art. 90 Abs. 2 S. 5 GG. Diese dürfen dann aber wiederum weder „das gesamte Bundesautobahnnetz" noch „das gesamte Netz sonstiger Bundesfernstraßen in einem Land oder wesentliche Teile davon umfassen".

25 In beiden Vorschriften ist hinsichtlich des **Vorgangs** der Begründung einer PPP-Trägerstruktur ausdrücklich die Notwendigkeit einer gesetzlichen Regelung (mit näherer Spezifizierung hinsichtlich der Beteiligung des Bundesrats) vorgesehen, so bezüglich der Eisenbahninfrastrukturunternehmen in Art. 87e Abs. 3 S. 4 GG und bezüglich der Bundesautobahnen in Art. 90 Abs. 2 S. 6 GG. Abgesehen davon besteht von Verfassungsrechts wegen keine Notwendigkeit, an den Vorgang der Begründung einer PPP-Trägerstruktur andere Anforderungen zu formulieren als im Hinblick auf die Gründung einer Eigengesell-

---

[34] Eindringlich bereits Burgi in 67. DJT, 39.
[35] Vgl. Wolfers NVwZ 2000, 765 ff.; Hecker VerwArch 92 (2001), 261.
[36] Dies in Abgrenzung gegenüber einer lediglich die Erbringung einzelner Dienstleistungen auf schuldrechtlicher Grundlage betreffenden Kooperationsstruktur. Zur ersten Orientierung Ehlers/Pünder Allg-VerwR/Burgi § 9 Rn. 14; Habersack ZGR 25 (1996), 544 ff.; Berger, Staatseigenschaft.
[37] Näher aus der Kommentarliteratur Bauer/Meier DÖV 2020, 41.

schaft (dazu → Rn. 15 ff.).³⁸ Etwas anderes gilt im Hinblick auf die Einbeziehung Privater in eine Anstaltsstruktur, wenn die Privaten dort mittelbar auch am Einsatz von hoheitlichen Befugnissen beteiligt sind.³⁹ Die Regeln des europäischen **Vergaberechts** sind für die Begründung einer PPP-Trägerstruktur nicht relevant, weil die Veräußerung von Anteilen an bestehenden Gesellschaften als gesellschaftsrechtlicher Vorgang nicht die tatbestandliche Voraussetzung eines (beispielsweise) Dienstleistungsvertrages erfüllt. Sobald das gemischtwirtschaftliche Unternehmen aber von seinem oder einem anderen staatlichen bzw. kommunalen Träger mit der Erbringung von Dienstleistungen betraut werden sollte, wären insoweit die sich aus dem EU-Vergaberecht (und aus den zu seiner Umsetzung geschaffenen §§ 97 ff. GWB) ergebenden Anforderungen zu beachten (→ § 22 Rn. 50 ff.).⁴⁰

5. Bilanz

Sowohl das Europarecht als auch das GG enthalten bemerkenswert wenige Anforderungen an die Gründung eines öffentlichen Unternehmens bzw. die Schaffung einer gemischtöffentlichen bzw. einer PPP-Trägerstruktur. Den durch die mit der Gründung eines öffentlichen Unternehmens einhergehenden Verselbstständigung ausgelösten Nachteilen wird also (von wenigen Ausnahmen abgesehen) nicht durch die Statuierung von Grenzen oder gar Verboten begegnet. Vielmehr müssen sie auf der Ebene des „Wie", dh über die sog. Einwirkungspflichten innerhalb der Organisation des jeweiligen öffentlichen Unternehmens, abgearbeitet werden. Überhaupt keine Vorgaben lassen sich dem Europarecht bzw. dem Grundgesetz zugunsten etwaiger Impulse in Richtung der Gründung eines öffentlichen Unternehmens (mit oder ohne PPP-Struktur) entnehmen. Die Entscheidung darüber, die Funktionalität eines Öffentlichen Unternehmens mit den damit möglicherweise einhergehenden Vorteilen zu nutzen, ist mithin vollständig der Gestaltungsfreiheit des jeweiligen staatlichen bzw. kommunalen Trägers überlassen. 26

IV. Anforderungen an die Wahl der privatrechtlichen Organisationsform(en)

1. Stärken und Schwächen der privatrechtlichen Organisationsform(en) aus der Perspektive des Öffentlichen Rechts

Entscheidet sich ein staatlicher oder kommunaler Träger für die Gründung eines öffentlichen Unternehmens, so ist ihm von Verfassungsrechts wegen nahezu durchgehend die **Wahl der öffentlich-rechtlichen Organisationsformen,** insbesondere die Schaffung einer Anstalt des öffentlichen Rechts (durch Gesetz) möglich. Welche Organisationsformen des Öffentlichen Rechts im Einzelnen in Betracht kommen, wird ebenso in den §§ 18 u. 20 erörtert wie die alternativ in Betracht kommenden privatrechtlichen Organisationsformen, unter denen in der Praxis die GmbH⁴¹ und sodann die AG überwiegen (s. zu ihnen überdies § 24). Im Hinblick auf **zwei Aufgabenfelder** statuiert das Grundgesetz allerdings ein **Verbot der Wahl der öffentlich-rechtlichen Organisationsform:** Zum einen im Hinblick auf die von den „Eisenbahnen des Bundes" erbrachten Dienstleistungen sowohl der Infrastruktur als auch des Verkehrsbetriebs (vgl. Art. 87e Abs. 3 S. 1, wonach jene Unternehmen „in privatrechtlicher Form" geführt werden müssen).⁴² Entsprechendes gilt 27

---

38 Weitergehende Forderungen konnten sich nicht durchsetzen; zu ihnen WSH PPP/Schäfer § 1 Rn. 1.2. mwN.
39 BerlVerfGH NVwZ 2000, 794; WSH PPP/Schäfer § 1 Rn. 2.2.
40 Bündig/Burgi, Vergaberecht, 3. Aufl. 2019, § 11 Rn. 27 u. 28.
41 Weil dort die gesetzlichen Regelungen eine weitgehende Anpassung an die Bedürfnisse der öffentlichen Unternehmensträger im Gesellschaftsvertrag ermöglichen, wohingegen bei der AG der direkte Durchgriff der Eigentümer auf die Geschäftsführung schwerer fällt, weswegen das Maß der Verselbstständigung noch einmal größer ist (vgl. hier zur Schmidt ZGR 25 (1996), 345 ff.; Mann, Gesellschaft, 173 ff.).
42 Der Gesetzgeber hat sich insoweit für die AG entschieden (vgl. § 1 Abs. 1 DBGrG), was unverändert eine bessere Realisierbarkeit der verfassungsrechtlichen Vorgaben nach der Reform des Eisenbahnwesens bietet (dazu zuletzt Hommelhoff, FS Böcking, 2021, 99). Wiederum sind von Verfassungsrechts wegen andere

ungeachtet des insoweit weniger eindeutigen Wortlauts auch für die Dienstleistungen auf den Feldern des Postwesens und der Telekommunikation nach Art. 87 f. GG, soweit diese „als privatwirtschaftliche Tätigkeiten durch die aus dem Sondervermögen Deutsche Bundespost hervorgegangenen Unternehmen" (also durch deren Nachfolgeunternehmen, insbesondere der Deutsche Post AG) erbracht werden, wie sich aus der Übergangsvorschrift des Art. 143b Abs. 1 S. 1 GG ergibt.[43]

28 Entscheidet sich die öffentliche Hand für die **Wahl einer privatrechtlichen Organisationsform,** nimmt der Grad der Verselbstständigung noch einmal zu, da die gewohnten Bahnen der Rechts- und Fachaufsicht einschließlich der dort unumstritten gegebenen Weisungsbefugnisse (→ § 19 Rn. 72 ff. bzw. → § 21 Rn. 68 ff.) durch im Gesellschaftsvertrag erst zu schaffende Mechanismen der Steuerung und Kontrolle ersetzt werden müssen. Hier wirkt es sich aus, dass die privatrechtlichen Organisationsformen von Haus aus dafür gemacht sind, den Kräften der Privatautonomie zur Durchsetzung ihrer partikularen Interessen zu verhelfen, also in erste Linie das Unternehmensinteresse und nicht ein irgendwie geartetes öffentliches Interesse zu verwirklichen.[44] Diesem Nachteil stehen allerdings mehrere **Vorteile** gegenüber, die sich aus den dem Privatrecht gemeinhin (und zutreffenderweise) zugeschriebenen Stärken der Flexibilität und der größeren Situationsangepasstheit speisen. Aus dem Rahmencharakter des Privatrechts ergibt sich so eine größere Einsatzbreite der Formen und Optionen, auch im Hinblick auf das Personal, den Haushalt, die Finanzierung und die steuerliche Situation, insbesondere aber im Hinblick auf die Aufbau- und Ablauforganisation. Ein nicht zu unterschätzender Aspekt stellt die grundsätzlich gegebene Möglichkeit der Haftungsbegrenzung dar (dazu → § 19 Rn. 41 ff. bzw. → § 21 Rn. 62 ff.). Auch sind typischerweise sämtliche Kooperationsmöglichkeiten in größerem Umfang und auch im internationalen Bereich eröffnet.[45]

29 Eine klare Konsequenz der Wahl der privatrechtlichen Organisationsform(en) besteht schließlich darin, dass fortan auch auf der **Ebene des Handelns** (sei es durch einseitige oder mehrseitige Handlungsformen) nur noch innerhalb des privatrechtlichen Regimes agiert werden kann. Das Öffentliche Unternehmen kann mithin weder Verwaltungsakte iSd § 35 VwVfG erlassen noch öffentlich-rechtliche Verträge nach §§ 54 ff. VwVfG abschließen (sofern nicht der ja aber auch im Hinblick auf privatwirtschaftliche Unternehmen grundsätzlich denkbare Sonderfall der Beleihung mit öffentlich-rechtlichen Befugnissen eingreift).

2. Formenwahlfreiheit innerhalb weniger verfassungsrechtlicher Grenzen

30 Keinerlei Anforderungen an die Wahl der privatrechtlichen Organisationsform(en) statuiert erwartbarerweise das **Europarecht.** Sein Rechtsrahmen beansprucht Geltung sowohl für Mitgliedstaaten, in denen die Unterscheidung zwischen Öffentlichem Recht und privatem Recht eine so zentrale Rolle spielt wie in der Bundesrepublik als auch gegenüber Mitgliedstaaten, in denen diese Unterscheidung allenfalls ansatzweise verwirklicht ist.

31 Auf der Ebene des **Grundgesetzes** ist seit langem anerkannt, dass sich die Verwaltung bei der Erfüllung von Verwaltungsaufgaben durch öffentliche Unternehmen vorbehaltlich einzelner Spezialbestimmungen (zu ihnen gleich) und nach einer Analyse der soeben skizzierten Stärken und Schwächen jenes Regimes grundsätzlich frei entscheiden kann. Hierbei handelt es sich selbstverständlich nicht um ungebundene Freiheit, sondern um

---

Gesellschaftsformen nicht von vornherein ausgeschlossen (zu ihnen Hommelhoff/Schmidt-Aßmann ZHR 160 (1996), 521 (537 ff.)).

[43] Vertiefend Huber/Voßkuhle/Gersdorf GG Art. 87f Rn. 55.
[44] Anschaulich bereits Haverkate VVDStRL 46 (1988), 226 f.; ferner v. Danwitz AÖR 120 (1995), 598 f., und insbes. Ehlers, Verwaltung, 251 ff.; Mann, Gesellschaft, 173 ff.
[45] Zum Ganzen vgl. Mann, Gesellschaft, 149 ff.; im größeren Gesamtzusammenhang der Unterscheidung zwischen Öffentlichem Recht und Privatrecht VEM VerwR/Burgi § 18 Rn. 17 ff., sowie aus der Perspektive der ökonomischen Analyse des Rechts Hoffmann-Riem/Schmidt-Aßmann/Kirchner Öffentliches Recht und Privatrecht, 1996, 63 (70).

verfassungsdeterminierte Kompetenz, die sich auch nicht lediglich auf die Form, sondern in der Folge auf das gesamte Regime (des Privatrechts) bezieht; dennoch hat sich hierfür der Begriff „Formenwahlfreiheit" (statt „Regimewahlfreiheit") eingebürgert.[46] Dass eine solche **Wahlkompetenz** der Verwaltung besteht, wird heute nicht mehr ernsthaft bestritten.[47] Ansätze, ihre Anerkennung ganz oder in weitem Umfang zu bestreiten, konnten sich nicht durchsetzen.[48]

Bei den Kommunen wird die Kompetenz zur Wahl der privatrechtlichen Organisationsform(en) beim Einsatz Öffentlicher Unternehmen zusätzlich dadurch abgesichert, dass Bund oder Land eine dementsprechend agierende Kommune nur innerhalb der ihnen durch die kommunale Selbstverwaltungsgarantie nach **Art. 28 Abs. 2 GG** gezogenen Grenzen an der Wahl privatrechtlicher Organisationsform(en) hindern dürfte.[49] Müßig ist es, aus der wiederholten Verwendung des Begriffs „Behörde" im GG und aus dem sog. Funktionsvorbehalt des Art. 33 Abs. 4 GG, wonach die „Ausübung hoheitsrechtlicher Befugnisse ... als ständige Aufgabe in der Regel Angehörigen des Öffentlichen Dienstes zu übertragen ist" auf einen Grundsatz der quantitativen Begrenzung zu schließen. Danach soll der Einsatz privater Organisationseinheiten die Ausnahme darstellen.[50] Denn jedenfalls bei der hier infrage stehenden Verwendung der privatrechtlichen Organisationsrechtsformen für eine wirtschaftliche Betätigung greift Art. 33 Abs. 4 GG tatbestandsmäßig gar nicht ein und überdies liegt kein Fall der in den Art. 83 ff. GG auf Behörden zugeschnittenen Ausführung von Gesetzen (vgl. bereits → Rn. 3) vor. 32

Übrig bleiben **einige konkrete Vorgaben des Grundgesetzes** für die Verwendung der privatrechtlichen Organisationsrechtsform(en) in bestimmten Aufgabenfeldern. So ist im Hinblick auf die Aufgaben des „Auswärtigen Dienstes" iSd Art. 87 Abs. 1 GG bei Bestehen eines sachlichen Grundes, im Hinblick auf nicht typusprägende Teilaufgaben und bei fortdauernder Anbindung an den Staat der Einsatz privatrechtlicher Organisationsformen, etwa im Dienste der auswärtigen Kultur- oder Entwicklungspolitik, möglich.[51] Auch im Anwendungsbereich des Art. 87 Abs. 3 GG (fakultative Bundesverwaltung für (neue) Gegenstände der Bundesgesetzgebung) ist ausnahmsweise eine Betätigung vermittels öffentlicher Unternehmen in Privatrechtsform statthaft.[52] Im Hinblick auf die in den kommenden Jahren besonders wichtigen Aufgaben der „unmittelbaren Deckung des Sachbedarfs der Streitkräfte" nach Art. 87b Abs. 1 S. 2 GG ist ebenfalls ungeachtet des Wortlauts von S. 1 („in bundeseigener Verwaltung mit eigenem Verwaltungsunterbau") abgesehen von einem „Kernbereich"[53] der Einsatz eines oder mehrerer privatrechtsförmig organisierter öffentlicher Unternehmen möglich. Unter „Bundesverwaltung" iSv Art. 87d Abs. 1 S. 1 GG (betreffend die Dienstleistungen der Luftverkehrsverwaltung) kann auch eine privatrechtliche Gesellschaft des Bundes subsumiert werden, auch nachdem die explizite Ermächtigung in Art. 87d Abs. 1 S. 1 GG aF entfallen ist.[54] Dabei ergeben sich allerdings Anforderungen an die nach erfolgter Entscheidung zugunsten der Organisationsprivatisierung einsetzenden Steuerungs- und Kontrollbefugnisse (→ Rn. 57 ff.). Nach der Reform des Art. 90 GG wird schließlich im Hinblick auf die Dienstleistungen bei der Verwaltung der Bundesautobahnen in Art. 90 Abs. 2 S. 2 GG der Bund ausdrücklich dazu ermächtigt, sich einer „Gesellschaft privaten Rechts" zu bedienen, und zwar in allen Formen des Privat- 33

---

[46] BVerwGE 95, 56 (64); WBSK VerwR I § 23 Rn. 6 ff.; VEM VerwR/Burgi § 18 Rn. 28 u. 29.
[47] BVerwGE 13, 47 (54); NJW 1994, 1169; NJW 1999, 134; Maurer/Waldhoff AllgVerwR § 3 Rn. 15.
[48] Zur Auseinandersetzung mit ihnen VEM VerwR/Burgi § 18 Rn. 29.
[49] Burgi KommunalR § 17 Rn. 73 f., § 6 Rn. 33; WSG Komm. Unternehmen/Wollenschläger B Rn. 50.
[50] So im Anschluss an Huber Wirtschaftsverwaltungsrecht I, 2. Aufl. 1953, 543, insbes. Ehlers, Verwaltung, 117 f.
[51] Ausführlich Huber/Voßkuhle/Burgi GG Art. 87 Rn. 23 ff. mwN.
[52] Huber/Voßkuhle/Burgi GG Art. 87 Rn. 107 mwN.
[53] Wieland NZWehrR 2003, 1 (11); Durner VerwArch 96 (2005), 18 (32, 41); Huber/Voßkuhle/Müller-Franken GG Art. 87b Rn. 10.
[54] Vgl. Sachs/Windthorst GG Art. 87d Rn. 12 mwN.

rechts. Freilich sind hierbei die bereits dargestellten Anforderungen bei etwaiger Etablierung einer PPP-Trägerstruktur (→ Rn. 22 ff.) zu beachten.

3. Bilanz

34 Auch im Hinblick auf die Entscheidung zugunsten der Führung eines öffentlichen Unternehmens in einer der Organisationsformen des Privatrechts lassen sich dem Grundgesetz wenig Anforderungen an die Statthaftigkeit entnehmen. Abgesehen von einzelnen Sonderbestimmungen ermächtigt der Grundsatz der Formenwahlfreiheit die Verwaltung auf der jeweils betroffenen Ebene, die Flexibilitätsvorteile und weitere Stärken des Privatrechts mit den damit einhergehenden Nachteilen einer noch weitergehenderen Verselbstständigung gegenüber dem staatlichen bzw. kommunalen Träger abzuwägen. Die Verhinderung bzw. Bewältigung etwaigenfalls sich hieraus ergebender Nachteile bleibt auch insoweit, allerdings mit gesteigerterem Impuls, den Anforderungen an die Steuerung und Kontrolle des öffentlichen Unternehmens überlassen.

V. Höherrangiger Rechtsrahmen von Einwirkungspflicht und Einwirkungsrechten (Public Corporate Governance)

35 Auf einfachgesetzlicher Ebene ergibt sich aus dem Recht der jeweils gewählten öffentlich-rechtlichen Organisationsform (zB dem Anstaltsrecht) bzw. (bei Wahl der privatrechtlichen Organisationsrechtsform) dem Gesellschaftsrecht, wie die Organisation und die Führung eines öffentlichen Unternehmens ausgestaltet bzw. auszugestalten sind. Zusätzliche Anhaltspunkte liefern der Deutsche Corporate Governance Kodex und der Public Corporate Governance Kodex des Bundes (dazu §§ 28 bzw. 20). Der Begriff **Public Corporate Governance** bündelt sämtliche Aspekte der Steuerung und Kontrolle öffentlicher Unternehmen.[55] Ein Teil dieser Aspekte ist durch das Verfassungsrecht und das Europarecht geprägt. In der Summe ist ihnen eine Einwirkungspflicht des Trägers gegenüber dem Unternehmen zu entnehmen (1 u. 2). Ferner sind die sich aus dem einfachen Recht ergebenden Einwirkungsrechte teilweise europa- und verfassungsrechtlich determiniert (3). Anliegen des so entstehenden Gesamtregelwerks der Public Corporate Governance ist die Bekämpfung der oben (→ Rn. 12 ff.) beschriebenen Steuerungs- und Kontrolldefizite.

36 Unangebracht ist demgegenüber das von *Fritz Fleiner* im Jahre 1928 (!) geprägte, bedauerlicherweise aber bis heute (zumeist unreflektiert) verwendete Schlagwort einer „Flucht in das Privatrecht".[56] Denn der staatliche bzw. kommunale Träger flieht nicht vor bestimmten Bindungen, sondern er bewegt sich (wenn er eine privatrechtliche Organisationsform wählt) in einem seinerseits durch das geltende Recht konstituierten Regime mit eigenen Stärken, und innerhalb dieses Regimes ist das Öffentliche Recht auch nicht vollständig verdrängt, vielmehr entsteht ein **Verbund der beiden Teil-Rechtsregime** (dazu noch → Rn. 60 ff.). Namentlich den verfassungs- und europarechtlichen Bindungen könnte auch gar nicht entflohen werden, weder durch die Schaffung eines öffentlichen Unternehmens noch durch die Wahl der privatrechtlichen Organisationsform.[57]

1. Ausgangspunkt: Fortbestehende Bindungen aus dem höherrangigen Recht

37 **a) Des staatlichen bzw. kommunalen Trägers. aa) Gebot der demokratischen Legitimation (Art. 20 Abs. 2 GG).** Nach ständiger Rechtsprechung des BVerfG bedarf „alles amtliche Handeln mit Entscheidungscharakter der demokratischen Legiti-

---

[55] Gemäß Ziffer 2.1. des DPCG-Musterkodex (https://pcg-musterkodex.de) beansprucht er auch für die öffentlich-rechtlichen Organisationsformen, die im engeren Sinn „Corporates" sind, Geltung.
[56] Fleiner, Institutionen des Deutschen Verwaltungsrechts, 8. Aufl. 1928, S. 326.
[57] Ausführlicher zum Ganzen und unter kritischer Auseinandersetzung mit Trennungsperspektiven VEM VerwR/Burgi § 18 Rn. 5 ff. mwN.

mation" und muss sich daher „auf den Willen des Volkes zurückführen lassen und ihm gegenüber verantwortet werden".[58] Ein solcher demokratischer Legitimationszusammenhang ist auch dann erforderlich, wenn sich der Staat eines öffentlichen Unternehmens bedient. Dabei ist gleichgültig, ob sich dieses vollständig oder mehrheitlich in staatlicher bzw. kommunaler Hand befindet,[59] und ob es in öffentlich-rechtlicher oder privatrechtlicher Form organisiert ist. Stets ist es **Aufgabe des Parlaments bzw. des Rates** der kommunalen Gebietskörperschaft, das Agieren der Regierung bzw. des Bürgermeisters auch hinsichtlich deren Betätigung im Rahmen ihrer Beteiligung an öffentlichen Unternehmen zu steuern und zu kontrollieren.[60] Dabei geht es nicht um eine bestimmte Leistungsfähigkeit des je einzelnen Legitimationsmittels, vielmehr muss insgesamt ein „hinreichendes Legitimationsniveau" erreicht werden. Maßgeblich hierfür sind die infrage stehenden Entscheidungsbefugnisse und auch der Grad von deren demokratisch verantworteter Vorstrukturierung.[61]

(1) Organisatorisch-personelle Legitimation. In organisatorisch-personeller Hinsicht **38** hängt das zu erreichende Maß an demokratischer Legitimation von der Auswahl, Bestellung und Abberufung der entsandten Vertreter in die Organe des jeweiligen öffentlichen Unternehmens ab.[62] Im Hinblick auf diese Personen muss eine „ununterbrochene, auf das Volk zurückgehende Legitimationskette erkennbar sein." Bei gemischt-wirtschaftlichen Unternehmen bedeutet dies, dass die eine Entscheidung tragende Mehrheit in einem Organ des öffentlichen Unternehmens sich ihrerseits aus einer Mehrheit unbeschränkt demokratisch legitimierter Mitglieder des staatlichen bzw. kommunalen Kreationsorgans (zB des Gemeinderats) ergeben muss; **Prinzip der doppelten Mehrheit.**[63]

Bei öffentlichen Unternehmen, die der paritätischen Mitbestimmung nach dem **Mit-** **39** **bestimmungsgesetz** unterliegen, kann die organisatorisch-personelle Komponente des demokratischen Legitimationserfordernisses gefährdet sein, weil die Vertreter der Arbeitnehmerinnen und Arbeitnehmer beispielsweise im Aufsichtsrat einer kommunalen GmbH „weder das Volk noch eine vom Volk legitimierte Vertretung" darstellen und daher keine demokratische Legitimation vermitteln können.[64] Teilweise wird daher bereits die Verfassungsmäßigkeit der paritätischen Mitbestimmung bei öffentlichen Unternehmen verneint[65] bzw. eine diesbezüglich von Verfassungsrechts wegen angeblich erforderliche Modifizierung des dem Privatrecht zuzurechnenden Mitbestimmungs- und Gesellschaftsrechts gefordert.[66] Folgt man (wie in → Rn. 60 ff. ausführlich dargelegt) der Vorstellung von einem im Rahmen der verfassungskonformen Auslegung entfalteten Verbund von Öffentlichem Recht und Privatrecht, ist es zunächst Aufgabe des jeweiligen Haushaltsrechts auf Bundes- oder kommunaler Ebene, verfassungskonforme Lösungen zu ermöglichen. Dies gelingt bei fakultativen Aufsichtsräten, indem teilweise (vgl. zB § 108b GO NRW) vorgesehen ist, dass der Aufsichtsratsvorsitzende nicht zu dem von der Arbeitnehmerseite vorgeschlagenen Personenkreis gehören darf und außerdem der Gesellschaftervertrag für den Fall, dass eine Abstimmung im Aufsichtsrat Stimmengleichheit ergibt, regeln müsse, dass noch in derselben Sitzung des Aufsichtsrats eine erneute Abstimmung über denselben Gegenstand herbeigeführt wird, bei der der Aufsichtsratsvorsitzende (von der kommunalen Seite gestellt) dann zwei Stimmen hat. Bei Unternehmen mit obliga-

---

[58] BVerfG NJW 1988, 890; NJW 1991, 159; NVwZ 1996, 574; NVwZ 2013, 974; NJW 2012, 1563; NVwZ 2018, 51, Rn. 218.
[59] Ausführlich zur Geltung des Gebots der demokratischen Legitimation auch auf der kommunalen Ebene Will VerwArch 94 (2003), 248.
[60] BVerfG NVwZ 1999, 1095; NVwZ 2018, 51, Rn. 219; ferner Mann, Gesellschaft, 56 ff.
[61] BVerfGE 83, 60 (74); näher hierzu WSG Komm. Unternehmen/Wollenschläger B Rn. 89.
[62] Zuletzt BVerfG NVwZ 2018, 51 Rn. 222 f.
[63] BVerfGE 93, 37 (67 f.).
[64] VerfGH NRW NVwZ 1987, 211, 212.
[65] Etwa OLG Bremen NJW 1977, 1153, 1156.
[66] So namentlich Ossenbühl ZGR 1996, 504 (516); ausführlich zum Ganzen Mann/Püttner/Becker Kommunale Wissenschaft-HdB § 50.

torischem Aufsichtsrat, scheitert eine solche landesrechtliche bzw. in ihrer Umsetzung zu schaffende gesellschaftsvertragliche Regelung am vorrangigen Bundesrecht (AG- bzw. GmbH-Recht und Mitbestimmungsgesetz). Nach diesen Vorschriften ist es (in den Worten des OLG Köln)[67] unbedenklich, wenn der Aufsichtsrat durch Mehrheitsbeschluss einen Arbeitnehmervertreter zu seinem Vorsitzenden bestellt. Lassen sich die hiergegen aus dem Gebot der demokratischen Legitimation abgeleiteten verfassungsrechtlichen Bedenken mithin nicht ausräumen, muss der jeweilige staatliche bzw. kommunale Träger eine andere organisatorische Gestaltung für sein öffentliches Unternehmen wählen.[68] Der durchaus zutreffende Hinweis, dass der für die Privatwirtschaft typische und hinter dem Mitbestimmungsgesetz stehende Gegensatz von „Kapital und Arbeit" bei dem per se auf das Wohl der Allgemeinheit bezogenen öffentlichen Unternehmen von vornherein nicht bestehe,[69] ändert hieran nichts.

40 **(2) Sachlich-inhaltliche Legitimation.** Hierbei geht es um die Sicherstellung der „strikten Bindung an die von den Volksvertretern (bzw. dem Rat) erlassenen Gesetze sowie eine sanktionierte demokratische Verantwortlichkeit, einschließlich der dazugehörigen Kontrolle für die Wahrnehmung der zugewiesenen Aufgaben".[70] Im Hinblick auf öffentliche Unternehmen stellt das BVerfG ausdrücklich fest, dass dies nicht bedeutet, dass die Regierung (bzw. die Kommunalverwaltung) in der Lage sein müsse, „Einfluss auf die konkret in Rede stehende Geschäftstätigkeit zu nehmen". Vielmehr genüge das **Vorhandensein von (auch nur mittelbaren) Einwirkungsmöglichkeiten**.[71] Die mit der Schaffung eines öffentlichen Unternehmens gerade bezweckte erhöhte Flexibilität qua Verselbstständigung wird also nicht konterkariert. Vielmehr genügt es, wenn dem jeweiligen Unternehmensträger eine Letztentscheidungskompetenz in allen wichtigen Fragen verbleibt. [72]

41 Neben der Bindung an die Gesetze erfordert das Gebot sachlich-inhaltlicher Legitimation auch die Bindung der Gesellschaft an bestimmte Gemeinwohlbelange. Während aus grundrechtlich-rechtsstaatlichen Vorgaben (→ Rn. 42 f.) folgt, dass jede Staatstätigkeit (auch die vermittels öffentlicher Unternehmen) irgendeinem öffentlichen Zweck genügen müsse, geht es hier – unmittelbar auf die konkrete Organisation bezogen – um die **Kennzeichnung und Definition konkreter Gemeinwohlbelange** (Zwecke) in den Statuten (dh in den Gesellschaftsverträgen bzw. Satzungen) des jeweiligen öffentlichen Unternehmens.[73] Zugleich bilden die solchermaßen fixierten Gemeinwohlbelange (Zwecke) die Grundlage für den Einsatz von Einwirkungsrechten der Steuerung bzw. Kontrolle (näher → Rn. 55), insbesondere von Weisungen.

42 **bb) Grundrechte, Rechtsstaats- und Wirtschaftlichkeitsprinzip.** Während der BGH noch lange Zeit die Grundrechtsbindung des Staates bei wirtschaftlicher Betätigung in Gestalt sog. fiskalischer Hilfsgeschäfte abgelehnt hat,[74] haben das Bundesverwaltungsgericht[75] und die überwiegende Meinung im verfassungsrechtlichen Schrifttum seit langem eine uneingeschränkte Bindung aufgrund der nicht auf bestimmte Funktionen, sondern auf das Handeln als Exekutive abstellenden Vorschrift des Art. 1 Abs. 3 GG angenommen.[76]

---

[67] OLG Köln Beschl. v. 9.5.2029 – 18 Wx 4/19; erläutert von Cranshaw Juris PR-HaGesR 7/219 Anm. 3.
[68] Näher (mit teils unterschiedlichen Akzenten) Dünchheim/Gräler NVwZ 2019, 1225; Ristelhuber NWVBl 2020, 315.
[69] Mann/Püttner Kommunale Wissenschaft-HdB/Becker § 50 Rn. 65.
[70] BVerfG NJW 1991, 159; NVwZ 2015, 1377 Rn. 107; NVwZ 2018, 51 Rn. 222.
[71] BVerfG NVwZ 2018, 51, Rn. 264.
[72] Ehlers DVBl 1997, 137 (145); Mann, Gesellschaft, 67.
[73] Vgl. Spannowsky ZGR 1996, 400, 424 f.; Schön ZGR 1996, 429, 435 f.; Gersdorf, Öffentliche Unternehmen im Spannungsfeld zwischen Demokratie- und Wirtschaftlichkeitsprinzip, 2000, 267.
[74] BGHZ 36, 91 (95 ff.); im Anschluss etwa an Forsthoff, Der Staat als Auftraggeber, 1963, 14.
[75] BVerwGE 113, 208 (211); NJW 2004, 1031.
[76] Vgl. nur Badura, FS Odersky, 1996, 159 (169); Burgi, Funktionale Privatisierung und Verwaltungshilfe, 1999, 316 ff.; Möstl, Grundrechtsbindung öffentlicher Wirtschaftstätigkeit, 1998, 73 ff.

Mit dem Fraport-Urteil des BVerfG ist diese Frage mittlerweile endgültig im letzteren Sinne entschieden, ohne darin explizit behandelt worden zu sein. Wenn aber bereits ein dem Staat zuzurechnendes öffentliches Unternehmen (Fraport) selbst an die Grundrechte gebunden ist (dazu noch → Rn. 50),[77] muss selbstverständlich der staatliche bzw. kommunale Träger selbst der vollständigen Grundrechtsbindung unterworfen sein. Dies gilt nicht nur bei Eigengesellschaften,[78] sondern auch bei der Einbeziehung eines gemischtwirtschaftlichen Unternehmens (wie im Fall Fraport). Freilich ist die Grundrechtsbindung bei staatlicher Wirtschaftsbetätigung nicht von übermäßig großer praktischer Bedeutung, da der Staat vermittels eines Unternehmens selten durch Eingriffe, sondern vielmehr als Teilnehmer am wirtschaftlichen Anbietermarkt agiert. Am ehesten relevant ist der allgemeine Gleichheitssatz nach Art. 3 Abs. 1 GG (etwa bei der Auswahl von Kundinnen und Kunden) und das durchgehend aus der Grundrechtsbindung (flankiert durch das Rechtsstaatsprinzip) resultierende Erfordernis eines zumindest auch verfolgten öffentlichen Zwecks.[79]

Weitere bei unternehmerischer Betätigung relevante Emanationen des **Rechtsstaats-** 43 **prinzips** bilden die Bindung an die Gesetze und den Gewaltenteilungsgrundsatz. Dadurch, dass Abgeordnete in Aufsichtsorganen eines öffentlichen Unternehmens agieren, wird dieser allerdings nicht missachtet, weil die Abgeordneten hierbei in Erfüllung des Gebots der organisatorisch-personalen Legitimation agieren.[80] Auch bei einer Betätigung vermittels öffentlicher Unternehmen ist der Staat schließlich dem aus Art. 114 Abs. 2 S. 1 GG resultierenden **Gebot der Wirtschaftlichkeit** unterworfen.[81]

cc) **Organisationsrechtliche Gehalte aus Art. 87 ff. GG.** Im vorherigen Abschnitt 44 (→ Rn. 18 f. bzw. → Rn. 33) wurde festgestellt, dass im Hinblick auf die in den Art. 87 ff. GG teilweise detailliert geregelten Aufgabenfelder insbesondere der Infrastrukturverwaltung vereinzelt Verbote bzw. Gebote hinsichtlich der Gründung eines öffentlichen Unternehmens bzw. der Verwendung bestimmter Organisationsrechtsformen bestehen. Vor allem aber hat der diesen Vorschriften regelmäßig zuzuschreibende sog. organisationsrechtliche Gehalt zur Folge, dass bestimmte **Einwirkungsrechte** des Bundes beim Einsatz eines Unternehmens bzw. bei der auf dieses bezogenen Verwendung der privatrechtlichen Organisationsform vorgesehen werden müssen. So kann beispielsweise im Bereich der Luftverkehrsverwaltung nach Art. 87d Abs. 1 S. 1 GG ein öffentliches Unternehmen in Privatrechtsform eingeschaltet werden. Verfassungsrechtliche Voraussetzung hierfür ist aber, dass dem Bund eine hinreichende, verwaltungs- wie gesellschaftsrechtlich zu bewirkende Einwirkungsmöglichkeit auf die auch operative Tätigkeit dieses Unternehmens verbleibt.[82]

dd) **Ggf. Staatszielbestimmungen.** Agiert der Staat mit einem öffentlichen Unterneh- 45 men im Bereich sozialer Aufgaben, bleibt er selbstverständlich dem Sozialstaatsprinzip nach Art. 20 Abs. 1 GG unterworfen, verbinden sich mit einem solchen Tätigwerden ökologische Implikationen, bleibt das Staatsziel Umweltschutz nach Art. 20a GG wirkmächtig.[83] Umgekehrt können beide Staatszielbestimmungen einen Legitimationsgrund für ein Handeln vermittels eines öffentlichen Unternehmens bilden, wenn sich der Staat hiervon bessere Ergebnisse zugunsten angestrebter sozialpolitischer bzw. ökologischer oder klimaschützender Ziele verspricht. Hierauf ist im Abschnitt über die Nachhaltigkeit § 22 zurückzukommen.

---

[77] BVerfG NJW 2011, 1201.
[78] Vgl. statt vieler Sachs/Höfling GG Art. 1 Rn. 108; vgl. ferner mittlerweile BVerfG NJW 2016, 3153 (3154); BVerfGE 147, 50 (144).
[79] Ausführlich Mann, Gesellschaft, 93 f.
[80] Mann, Gesellschaft, 72 f.
[81] So bereits Leisner, Staatliche Rechnungsprüfung Privater, 1990, 97 f.; Burgi, Funktionale Privatisierung, 319; BK GG/Engels GG Art. 114 Rn. 195.
[82] Ebenso BeckOK GG/Remmert GG Art. 87d Rn. 17; Sachs/Windthorst GG Art. 87d Rn. 12 u. 14.
[83] Ebenso Mann, Gesellschaft, 86 f.

46 **ee) Grundfreiheiten des AEUV und europäische Grundrechte.** Wie sich bereits aus dem Wortlaut des Art. 106 Abs. 1 AEUV ergibt, wonach die „Mitgliedstaaten … in Bezug auf öffentliche Unternehmen … keine diesem Vertrag und insbesondere dessen Art. 18 u. 101–109 widersprechende Maßnahmen treffen oder beibehalten" dürfen, bleiben staatliche und kommunale Träger auch bei unternehmerischer Betätigung an die **Grundfreiheiten** des AEUV gebunden. Dies betrifft sowohl das hieraus folgende Diskriminierungsverbot als auch die Beschränkungsverbote. Ausnahmen können sich bei Vorliegen der Voraussetzungen des Art. 106 Abs. 2 AEUV dann ergeben, wenn dieses Unternehmen mit der Erbringung von „Dienstleistungen von allgemeinem wirtschaftlichem Interesse" betraut ist.[84]

47 Die Bindung an die **Grundrechte** der europäischen Grundrechte-Charta ergibt sich ebenfalls bereits aus dem Wortlaut, weil nach Art. 51 Abs. 1 S. 1 „die Mitgliedstaaten" ungeachtet der Wahl bestimmter Organisationsrechtsformen oder der Vornahme von Verselbstständigungen innerhalb ihrer Binnenorganisation dann verpflichtet sind, wenn es um die „Durchführung des EU-Rechts" geht.

48 **ff) Ggf. europäisches Beihilferecht.** Die ebenfalls nach Art. 106 Abs. 1 AEUV fortbestehende Bindung des Mitgliedstaats an das europäische Beihilferecht, kann **in zweifacher Hinsicht** organisationsbezogene Konsequenzen haben. Zum einen dann, wenn die Organisation verschiedener öffentlicher Unternehmen innerhalb des Verantwortungsbereichs eines staatlichen bzw. kommunalen Trägers mit den beihilferechtlichen Anforderungen an den sog. Querverbund in Konflikt geraten kann; unmittelbare Quelle organisationsrechtlicher Konsequenzen ist dann freilich das entsprechend anzupassende Steuerrecht bzw. die gewählte steuerliche Gestaltung und mithin eine Materie, die außerhalb des Themenbereichs dieses Handbuchs liegt.[85] Die zweite organisationsrechtlich relevante Konsequenz des europäischen Beihilferechts betrifft die in der Banken- und Versicherungswirtschaft unter bestimmten Voraussetzungen verbotene bzw. reglementierte Verwendung der Form der öffentlich-rechtlichen Anstalt aufgrund der damit verbundenen sog. Anstaltslast (dazu näher → § 20 Rn. 14).

49 **b) Des Unternehmens selbst (Überblick).** Die dem Unternehmen selbst durch das Verfassungs- und das Europarecht auferlegten Bindungen betreffen dessen Handeln nach außen, sind also nicht unmittelbar relevant für die hier zu untersuchende Organisationsstruktur. Sie erweitern inhaltlich die sowieso aus dem jeweiligen Organisationsrecht bzw. (bei Verwendung privatrechtlicher Organisationsformen) aus dem Gesellschaftsrecht folgende Legalitätspflicht (→ § 4 Rn. 33 ff.) der hierfür zuständigen Organe. Hier geht es mithin um **Compliance, nicht um Governance**.[86]

50 Zunächst sind Eigengesellschaften unmittelbar nach Art. 1 Abs. 3 GG (neben ihrem staatlichen bzw. kommunalen Träger) an die Grundrechte gebunden,[87] und seit der Fraport-Entscheidungen des BVerfG steht fest, dass das Gleiche auch für gemischt-wirtschaftliche Unternehmen gilt,[88] was bis dahin Gegenstand heftiger Auseinandersetzungen gewesen ist.[89] Nicht erfasst von der **Grundrechtsbindung** werden selbstverständlich die (ja wesens- und wunschgemäß) autonom erbrachten Beiträge der Privaten innerhalb des gemischt-wirtschaftlichen Unternehmens.[90] Zutreffend hat das BVerfG auch darauf hingewiesen, dass die Rechte der privaten Anteilseigner hierdurch keine ungerechtfertigte Einbuße erfahren, da es diesen freistehe, sich von vornherein nicht an einem solchen staatlich

---

[84] Bündig insoweit EFP BesVerwR/ Suerbaum § 16 Rn. 21 ff.
[85] Ausführlich hierzu WSG Komm. Unternehmen/Gohlke-Neudert G Rn. 187 ff.; Alpha NVwZ 2021, 598.
[86] Traut, Corporate Governance, 11.
[87] BVerfGE 45, 63 (80); BVerfG NVwZ 2018, 51, Rn. 270 ff. (Deutsche Bahn).
[88] BVerfGE 128, 226 (243 ff.); vertiefend Gurlit NZG 2012, 249.
[89] Vgl. ausführlich und mit zahlreichen Nachweisen Burgi in 67. DJT, 97.
[90] Ehlers in 64. DJT, 39; Merten/Papier Grundrechte-HdB/Kempen, 2006, § 54 Rn. 56; anders zuletzt wieder Traut, Corporate Governance, 293 ff.

bzw. kommunal beherrschten Unternehmen zu beteiligen bzw. sie auf eine nachträglich eingetretene Beherrschungslage reagieren könnten.[91]

Im Hinblick auf die **Grundfreiheiten** des AEUV besteht ebenfalls eine unmittelbare 51 Bindung sowohl der Eigengesellschaften als auch von gemischt-wirtschaftlichen Unternehmen,[92] sofern nicht eine Ausnahme unter den Voraussetzungen des Art. 106 Abs. 2 AEUV eingreift. Nach Maßgabe des Art. 51 Abs. 1 GRCh besteht bei Durchführung des Unionsrechts schließlich auch eine Bindung sowohl der Eigengesellschaften als auch der gemischt-wirtschaftlichen Unternehmen (und selbstverständlich jeweils auch der gemischt-öffentlichen Unternehmen) an die **europäischen Grundrechte**.[93]

Wie sehr die im deutschen Verfassungsrecht seit jeher angelegte Vorstellung einer eigen- 52 ständigen Bindung von öffentlichen Unternehmen an im Ausgangspunkt den staatlichen bzw. kommunalen Träger treffende Pflichten auch im Europarecht verankert ist, zeigt sich daran, dass öffentliche Unternehmen im Hinblick auf die Frage einer etwaigen **unmittelbaren Wirkung von Richtlinien** nicht wie „echte" Private angesehen werden (Folge: grundsätzlich keine unmittelbare Drittwirkung), sondern wie die Mitgliedstaaten selbst. Der BGH hat daher zutreffend eine Stadtwerke-GmbH als Adressat einer durch die Bundesrepublik nicht rechtzeitig umgesetzten Richtlinie im Energiebinnenmarktrecht qualifiziert.[94]

2. Konsequenzen: Zweckprogrammierung und Einwirkungspflicht

Während bei privatwirtschaftlichen Unternehmen namentlich im Recht der Aktiengesell- 53 schaft die Umschreibung des Unternehmensgegenstandes zweckneutral ist und bei der GmbH jedenfalls zweckneutral sein kann (→ § 1 Rn. 17 f.), so dass dort der Gesellschaftszweck auf Gewinnerzielung gerichtet ist, sich also Formal- und Sachziele decken, müssen bereits von Verfassungsrechts wegen bei öffentlichen Unternehmen die **Sachziele,** dh die konkret zu verfolgenden Zwecke **vorab festgelegt** worden sein.[95] Dies ist Ausfluss der bei → Rn. 42 beschriebenen grundrechtlich-rechtsstaatlichen Anforderungen an den Einsatz öffentlicher Unternehmen und wird durch das Demokratiegebot nach Art. 20 Abs. 2 GG (→ Rn. 37 ff.) spezifiziert. Während die staatlichen bzw. kommunalen Behörden die Gesetze ausführen, besteht die Funktion der staatlichen bzw. kommunalen Unternehmen darin, jene zuvor durch die staatlichen bzw. kommunalen Träger festgelegten (programmierten) Zwecke umzusetzen, um ihrer Funktion als Instrumente der staatlichen Aufgabenerfüllung gerecht werden zu können. Diese Pflicht ist zusätzlich europarechtlich begründet, wenn zugunsten eines bestimmten öffentlichen Unternehmens von der Ausnahmevorschrift des Art. 106 Abs. 2 AEUV Gebrauch gemacht werden soll; das Eingreifen der Ausnahmemöglichkeit ist nämlich nur möglich, wenn das Unternehmen mit „Dienstleistungen von allgemeinem wirtschaftlichen Interesse betraut" ist, was ua eine Vorabfestlegung der Unternehmenszwecke erforderlich macht.[96]

---

[91] BVerfGE 128, 226 (247).
[92] EuGH 24.11.1982 – C-249/81, Slg. 1982, 4005, Rn. 15; Urt. v. 12.12.1990 – C-302/88, Slg. 1990, I-4625; Urt. v. 15.12.1993 – C-292/92, Slg. 1993, I-6787, Rn. 13 ff.; grundlegend zum Ganzen Burgi EuR 1997, 161 ff.; Wollenschläger NVwZ 2007, 388 (390); Streinz/Kühling AEUV Art. 106 Rn. 30.
[93] EuGH Urt. v. 13.12.1983 – C-222/82, Slg. 1983, 4083, Rn. 17 f.; EFP BesVerwR/Suerbaum § 16 Rn. 26.
[94] BGH Urt. v. 29.1.2020 – VIII ZR 80/18, BGHZ 224, 302; und dazu Walter EnWZ 2020, 250; vgl. Calliess/Ruffert/Jung AEUV Art. 106 Rn. 21 ff.
[95] Ausführlich Mann, Gesellschaft, 183 ff.; VEM Verw/Huber § 43 Rn. 172, 179.
[96] Vgl. Mitteilung der Kommission über die Anwendung von Beihilfevorschriften der EU auf Ausgleichsleistungen für die Erbringung von Dienstleistungen von allgemeinem wirtschaftlichem Interesse v. 20.12.2001 (ABl. EU 2012 C 8,4 Rn. 51) bzw. Beschluss der Kommission v. 20.12.2012 über die Anwendung von Art. 106 II AEUV auf staatliche Beihilfen in Form von Ausgleichsleistungen zugunsten bestimmter Unternehmen, die mit der Erbringung von Dienstleistungen von allgemeinem wirtschaftlichem Interesse betraut sind („Freistellungsbeschluss"); ABl. EU 2012 L 7,3 Rn. 14.

54 Der Anforderung einer Zweckprogrammierung wird allerdings regelmäßig durch vergleichsweise allgemein gehaltene Vorgaben (zB Versorgung der Bevölkerung mit Strom oder Gas bzw. Aufrechterhaltung der Mobilität im Gemeindegebiet etc.) entsprochen werden können, da jedenfalls die verfassungsgerichtliche Rechtsprechung bislang hier keine Konkretisierungen verlangt hat und die Praxis daher ausschließlich danach trachtet, die jeweiligen einfachgesetzlichen Vorgaben zur Zweckprogrammierung (dazu → § 19 Rn. 37 ff., 73 bzw. → § 21 Rn. 61 ff.) einzuhalten, die vergleichsweise großzügig formuliert sind.

55 Um die Orientierung des öffentlichen Unternehmens an den somit vorab festzulegenden Zwecken, vor allem aber, um die Einhaltung sämtlicher anderer im vorherigen Abschnitt beschriebener, trotz erfolgter Verselbstständigung fortbestehender Bindungen des staatlichen bzw. kommunalen Trägers aus höherrangigem Recht sicherstellen zu können, ist diesen eine sog. **Einwirkungspflicht** auferlegt. Mit dem Institut der Einwirkungspflicht soll der wiederholt beschriebenen **Gefahr von Steuerungs- und Kontrolldefiziten** entgegengewirkt werden. Sie richtet sich daher an die jeweils zuständigen Organe auf der Seite des jeweiligen Trägers, dh nach den allgemein geltenden Kompetenzverteilungsregelungen bei Bund und Ländern an die Parlamente und vor allem an die Exekutive. Auf der kommunalen Ebene sind der Gemeinde- bzw. Kreisrat und die Gemeindeverwaltung Adressaten der Einwirkungspflicht. Wie das BVerfG erst wieder in der Entscheidung zur Deutsche Bahn AG betont hat, besteht die Einwirkungspflicht unmittelbar von Verfassungsrechts wegen, also unabhängig davon, ob im konkreten Fall durch das einfache Recht und/oder durch gesellschaftsrechtliche Maßnahmen Einwirkungs- und Kontrollrechte geschaffen worden sind.[97]

56 Handelt der Staat bzw. eine Kommune nicht durch Behörden oder durch nachgeordnete Verwaltungsträger (im Wege der sog. mittelbaren Staatsverwaltung), sondern durch öffentliche Unternehmen, bildet also die Einwirkungspflicht das **Korrelat zu** der im erstgenannten Fall eingreifenden **Staatsaufsicht**.[98] Die Staatsaufsicht bildet im Falle einer Aufgabenwahrnehmung durch Behörden und Träger der mittelbaren Selbstverwaltung den wichtigsten Koordinationsmechanismus im vertikalen Verhältnis. Sie umfasst sowohl Maßnahmen der Steuerung bzw. Leitung als auch Maßnahmen der Kontrolle (ex post) nach Steuerung (ex ante).[99] Zumeist wird die Einwirkungspflicht ausschließlich auf das Gebot der demokratischen Legitimation nach Art. 20 Abs. 2 GG gestützt.[100] Richtigerweise wurzelt sie aufgrund der soeben beschriebenen Funktion als Korrelat der sonst eingreifenden Staatsaufsicht **in sämtlichen verfassungs- und europarechtlichen Grundlagen** für die fortbestehenden Bindungen des jeweiligen staatlichen bzw. kommunalen Trägers, also insbesondere auch aus den grundrechtlichen und den grundfreiheitsrechtlichen Bindungen sowie den ggf. eingreifenden Staatszielbestimmungen.[101]

---

[97] BVerfG NVwZ 2018, 51, Rn. 220 f.; wissenschaftlich: Ehlers, Verwaltung, 129 ff.; Dreier, Hierarchische Verwaltung im demokratischen Staat, 1991, 258 f.; noch früher Ipsen JZ 1955, 593 (598 f.).
[98] Ausführlich zu dieser Ehlers/Pünder AllgVerwR/Burgi § 8 Rn. 39 ff.
[99] Ausführlich Schmidt-Aßmann/Hoffmann-Riem, Verwaltungskontrolle, 2001, 9, 10 ff., 18 ff.; Kahl, Die Staatsaufsicht, 2000, 402 ff.
[100] So etwa Groß, Das Kollegialprinzip in der Verwaltungsorganisation, 1999, 271 f.; Gersdorf, Öffentliche Unternehmen im Spannungsfeld, 2000, 222 ff.; noch anders Püttner, der in der Eignungspflicht primär den Ausgleich für die (vermeintlich fehlende) Grundrechtsgebundenheit öffentlicher Unternehmen in Privatrechtsform gesehen hatte (Püttner, Die öffentlichen Unternehmen, 2. Aufl. 1985, 119). Auch das BVerfG verankert die Einwirkungspflicht ausschließlich im Kontext des Gebots der demokratischen Legitimation (zuletzt wieder BVerfG NVwZ 2018, 51 Rn. 217 ff.), ohne sich allerdings explizit anderen Legitimationsgrundlagen verschließen zu wollen.
[101] So etwa auch Ehlers, 64. DJT, 121; Traut, Corporate Governance, 12 ff.; Weiser/Saulin, Public Corporate Governance, 28 ff.; Burgi, 67. DJT D 94 ff.; Herrler/Burgi, Herausforderungen, 55 f.

3. Höherrangiger Rechtsrahmen von Einwirkungsrechten

a) Steuernde und kontrollierende Einwirkung. Bedauerlicherweise gibt es weder in der Betriebswirtschaftslehre noch in der Organisationssoziologie, der verwaltungswissenschaftlichen oder der verwaltungsrechtlichen Literatur eine einheitliche Begriffsverwendung im Hinblick auf die verschiedenen Befugnisse der Steuerung bzw. Kontrolle.[102] Nachwirkend wird daher allein **in zeitlicher Hinsicht** danach differenziert, ob das Unternehmen von seinem Träger ex ante zu bestimmten Maßnahmen „gesteuert" werden soll oder ob, ex post, die Einhaltung zuvor auferlegter Bindungen kontrolliert werden soll. Es liegt auf der Hand, dass einige der Einwirkungsrechte (zB die Erteilung von Weisungen) sich sowohl zur Steuerung als auch zur Kontrolle eignen, während andere Einwirkungsrechte ausschließlich der Steuerung dienen (etwa die Bestimmung des Bürgermeisters zum Geschäftsführer) oder ausschließlich kontrollierenden Charakters sind, wie etwa im Nachhinein vorzulegende Beteiligungsberichte. Die in § 22 gesondert dargestellten informatorischen Einwirkungsrechte verbessern die Steuerungsfähigkeit des staatlichen bzw. kommunalen Trägers und können zugleich Instrumente der Kontrolle sein. Wie sich zeigen wird, wird die Kontrolle dadurch verstärkt, dass neben dem staatlichen bzw. kommunalen Träger (also neben den Adressaten der Einwirkungspflicht) auch weitere Akteure mit Informationsrechten ausgestattet sein können, so die Medien durch die Pressegesetze, die Öffentlichkeit durch die Informationsfreiheitsgesetze und insbesondere die Rechnungshöfe durch das jeweilige Rechnungshofgesetz.

b) Erreichung eines hinreichenden Einwirkungsniveaus durch das Gesamtpaket der Einwirkungsrechte. Weder das GG noch das Europarecht geben konkrete, inhaltlich beschriebene Einwirkungsrechte vor. Entscheidend ist vielmehr das Gesamtpaket der dem staatlichen bzw. kommunalen Unternehmensträger zur Verfügung stehenden Einwirkungsrechte. Dabei muss ein „hinreichender Gehalt", ein bestimmtes Einwirkungsniveau erreicht werden.[103] Die Vielzahl der sich aus dem einfachen Recht und den in der Praxis üblichen gesellschaftsvertraglichen Gestaltungen ergebenden Einwirkungsrechte lassen sich **systematisch wie folgt gruppieren** (vertiefend → § 19 Rn. 72 ff., → § 21 Rn. 68 ff., sowie im Hinblick auf PPP → § 22 Rn. 47):

- Wahl der konkreten **Organisationsrechtsform,** ggf. Unterlassen bzw. Erfordernis der Darlegung bestimmter Umstände als Voraussetzung für die Wahl einer Organisationrechtsform. Kann den in einer bestimmten Situation bestehenden Anforderungen mit der gewählten Organisationsrechtsform nicht entsprochen werden, so ist deren Einsatz (nicht bereits die Gründung eines öffentlichen Unternehmens oder die Wahl anderer Organisationsrechtsformen) ausgeschlossen;[104]
- Bildung und Zusammensetzung der **Organe** des Unternehmens;
- Schaffung und Nutzung von Informationsbeziehungen gegenüber den Unternehmen (s. § 23);
- **Weisungen** gegenüber den Vertretern in der Anteilseigentümerversammlung und/oder den entsandten Mitgliedern im Aufsichtsrat und/oder dem jeweiligen Leitungsorgan;
- Nutzung der Einwirkungsrechte des **Konzernrechts;**
- Nur der Vollständigkeit halber erwähnt seien Einwirkungsrechte, die nicht auf die Organisation und die Unternehmensführung (und damit die Gegenstände dieses Handbuchs), sondern auf die Finanz- und Wirtschaftlichkeitskontrolle zielen.

Das Gesamtpaket dieser Einwirkungsrechte bestimmt die Public Corporate Governance des konkret handelnden öffentlichen Unternehmens. Typischerweise wird sie innerhalb des

---
[102] An dem diesbezüglichen Fazit von Mann, Gesellschaft, 121, hat sich nichts geändert.
[103] Zuletzt BVerfG NVwZ 2018, 51, Rn. 222, wenngleich terminologisch (verengt) bezogen auf das Gebot der demokratischen Legitimation und daher unter Verwendung des Begriffs „Legitimationsniveau" anstatt (mE treffender) „Einwirkungsniveau"; vgl. auch VEM Verw/Huber § 43 Rn. 183.
[104] Ebenso BVerfG NVwZ 2018, 51 Rn. 225; OVG NRW DVBl. 2011, 45 (47).

jeweiligen staatlichen bzw. kommunalen Trägers mit dem sog. **Beteiligungsmanagement** koordiniert. Hierunter versteht man sämtliche Maßnahmen zur Steuerung und Kontrolle aller Unternehmensbeteiligungen jenes Trägers, es geht also nicht um das jeweils einzelne Unternehmen, sondern um die gesamte staatliche bzw. kommunale Wirtschaftstätigkeit. Hiermit sind typischerweise eigene organisatorische Einheiten innerhalb des jeweiligen Trägers befasst.[105]

60 **c) Verbund von Öffentlichem Recht und ggf. Gesellschaftsrecht, kein „Verwaltungsgesellschaftsrecht".** Wenn ein öffentliches Unternehmen in einer der **Rechtsformen des Öffentlichen Rechts** geführt wird, erfolgt die Umsetzung der Einwirkungspflicht ausschließlich auf der Grundlage der jeweils einschlägigen Haushaltsgesetze (BHO bzw. LHO) bzw. der jeweils einschlägigen Kommunalordnungen. Diesbezüglich sind in den vergangenen Jahren verschiedene Weiterentwicklungen erfolgt. Insbesondere gibt es mittlerweile in den meisten Bundesländern (in der Rechtsform der Anstalt des öffentlichen Rechts) einen öffentlich-rechtlichen Rahmen für sog. „Kommunalunternehmen".[106] Konflikte mit dem Gesellschaftsrecht können insoweit nicht entstehen.

61 Anders sieht es aus, wenn ein öffentliches Unternehmen in einer der Rechtsformen des Privatrechts geführt wird. Dann sind für die Umsetzung der Einwirkungspflicht und für die einzelnen Einwirkungsrechte sowohl die jeweils einschlägigen Vorschriften des Haushalts- bzw. Kommunalrechts als auch das jeweilige Gesellschaftsrecht (das GmbHG, das AktienG etc.) maßgeblich und es können sich **Konflikte** ergeben.

62 Bis heute konnten sich erfreulicherweise Versuche, in dieser Situation einen generellen Vorrang des Öffentlichen Rechts zu begründen,[107] nicht durchsetzen. Diese Versuche zielten in ihrer modernen Form[108] darauf, durch eine **angeblich verfassungsrechtlich gebotene Ausdehnung** bestehende gesellschaftsrechtliche Spielräume zu erweitern oder ein Gesellschaftsrecht für öffentliche Unternehmen kodifizieren zu müssen, insbesondere im Falle von Eigengesellschaften.

63 Im Verhältnis zu den Kommunalgesetzen und den Haushaltsordnungen auf Landesebene steht dem bereits der Umstand entgegen, dass es sich bei den gesellschaftsrechtlichen Vorschriften um vorrangiges Bundesrecht handelt. Bei gemischt-wirtschaftlichen Unternehmen würde die Schaffung von im allgemeinen Unternehmensrecht nicht vorgesehenen Einwirkungsrechten an das Hindernis der Kapitalverkehrsfreiheit des AEUV iSd sog. Golden-Share-Rechtsprechung des EuGH stoßen.[109] Der 67. DJT hat im Jahr 2008 mit großer Mehrheit die vom Verf. dieses Beitrags dort explizit formulierte These, dass es **keiner Modifizierung in Richtung eines „Verwaltungsgesellschaftsrechts" bedürfe,** angenommen. Sie kann heute auch im Schrifttum des Öffentlichen Rechts als ganz herrschend betrachtet werden.[110] Das BVerfG hat in seinem Beschluss zur Deutsche Bahn AG (wenn auch versteckt) explizit dahingehend formuliert, dass die verfassungsrechtliche Einwirkungspflicht nicht bedeute, „dass das Gesellschaftsrecht an die Steuerungsbedürfnisse des Staates als Anteilseigner anzupassen" sei, sondern dass dieser selbst die Rechtsform für die ihm obliegende Aufgabenwahrnehmung zu wählen hat, die die erforderlichen Einwirkungsmöglichkeiten gewährleistet.[111]

---

[105] Vgl. hier nur Cronauge, Kommunale Unternehmen, 6. Aufl. 2016, Rn. 487 f.; Weiser-Saulin, Public Corporate Governance, 113 f.
[106] Vgl. zB Art. 89 ff. BayGO, Art. 76a ff. ThürKO; wissenschaftlich Mann, Gesellschaft, 297 ff.; näher → § 21 Rn. 22.
[107] Etwa Ipsen JZ 1955, 593 (598); Kraft, Das Verwaltungsgesellschaftsrecht, 1982, 231 ff.; teilweise v. Danwitz AöR 120 (1995), 595 (622 ff.).
[108] Vgl. demgegenüber noch die schlichte Behauptung eines Vorrangs durch Quack DVBl. 1965, 345 ff.
[109] Zuletzt EuGH EuZW 2011, 17; vertiefend Calliess/Ruffert/Korte AEUV Art. 63 Rn. 82 ff.
[110] Ehlers, 64. DJT, 147 f.; Burgi, 67. DJT, 106 ff.; Rödel, Öffentlichkeit und Vertraulichkeit im Recht der kommunalen Eigengesellschaften, 2017, 24 ff.; EFP BesVerwR/Suerbaum § 16 Rn. 131; WSG Komm. Unternehmen/Wollenschläger B Rn. 91.
[111] BVerfG NVwZ 2018, 51, Rn. 225.

Erkenntnisleitend beim Umgang mit etwaigen Konflikten zwischen dem Öffentlichen **64** Recht und dem Gesellschaftsrecht betreffend die Public Corporate Governance ist mittlerweile die Perspektive eines **Verbunds** von Öffentlichem Recht und Gesellschaftsrecht. Damit gewinnt das Organisationsrecht auch Anschluss an die heute allgemein vorherrschende Sichtweise zum Verhältnis zwischen jenen beiden Rechtsregimes.[112] Danach kommen die Normen des Gesellschaftsrechts uneingeschränkt zur Anwendung. Die zahlreichen Gestaltungsspielräume, die das Gesellschaftsrecht angesichts der Vielgestaltigkeit an Unternehmenszusammenschlüssen bereits seiner Grundkonzeption entsprechend bietet, müssen aber dazu genutzt werden, um die Unternehmensverfassung erforderlichenfalls den öffentlich-rechtlichen Vorgaben anzupassen. Die entsprechenden kautelarischen Leistungen müssen in Erfüllung der dem staatlichen bzw. kommunalen Träger auferlegten Einwirkungspflicht erbracht werden. Lediglich dann, wenn der grundsätzlich flexible gesellschaftsrechtliche Rahmen im Einzelfall keine adäquaten Gestaltungsoptionen zur Beachtung der öffentlich-rechtlichen Vorgaben zur Verfügung stellt, darf die privatrechtliche Organisationsform nicht zum Einsatz kommen. Die Regimewahlfreiheit (→ Rn. 30 ff.) verengt sich dann (und nur dann) zu einer Pflicht zur Verwendung der öffentlich-rechtlichen Organisationsform; nach wie vor ist die Schaffung eines öffentlichen Unternehmens, dh die Verselbstständigung an sich, aber möglich. Situationen dieser Art werden nur sehr selten eintreten.[113]

d) Verfassungsrechtlich verankerte Gegenrechte des öffentlichen Unternehmens? **65**
Wachsen einem öffentlichen Unternehmen dadurch, dass es eine verselbstständigte Handlungseinheit, typischerweise eine juristische Person mit jedenfalls einfachgesetzlich fundierten eigenen Rechten und Pflichten ist, Abwehrpositionen zu, die es der Geltendmachung von Einwirkungsrechten seitens des staatlichen oder kommunalen Trägers entgegenhalten könnte? Das **Europarecht** sieht jedenfalls nichts dergleichen vor, weil es sich wiederum aus sämtlichen organisationsinternen Angelegenheiten von öffentlichen Unternehmen heraushält. Zwar kann sich ein öffentliches Unternehmen auf die Grundfreiheiten des AEUV berufen;[114] dies bietet ihm Schutz gegen diskriminierende oder beschränkende Maßnahmen bei Aufnahme einer grenzüberschreitenden Tätigkeit in und gegenüber anderen Mitgliedstaaten. Die hier infrage stehenden Einwirkungsrechte des eigenen Mitgliedstaates (bzw. dessen kommunaler oder föderaler Untergliederungen) werden hierdurch aber nicht rechtfertigungspflichtig, weil die europäischen Grundfreiheiten ein Unternehmen nicht gegenüber Maßnahmen seines eigenen Trägers, die gleichsam dem Binnenmarktgeschehen vorausliegen, schützen.[115]

aa) Grundrechte? Die Grundrechte des GG, insbesondere das Grundrecht des Art. 12 **66** Abs. 1 GG iVm Art. 19 Abs. 3 GG, der grundsätzlich die Geltung der Grundrechte auf inländische juristische Person erstreckt, sind ihrem „Wesen nach" nicht auf öffentliche Unternehmen anwendbar. Diesen **fehlt** daher die sog. **Grundrechtsberechtigung.** Dies gilt sowohl für Eigengesellschaften[116] als auch für gemischt-öffentliche Unternehmen[117] und auch für gemischt-wirtschaftliche Unternehmen, und zwar aufgrund der staatlichen Beherrschung. Dies hat das BVerfG in der Fraport-Entscheidung, in der es eigentlich um die Grundrechtsbindung ging, gleich mit entschieden.[118] Etwas anderes gilt auch nicht

---
[112] Ausführlich VEM VerwR/Burgi § 18 Rn. 34 ff.; Kahl/Ludwigs VerwaltungsR-HdB/Wollenschläger § 15 Rn. 27 ff.
[113] Ebenso Pauly/Schüler DÖV 2012, 339 (345); HUR KommunalUnternehmen-HdB/Oebbecke § 8 Rn. 57.
[114] Vgl. Badura ZGR 1997, 291 (299); Burgi, EUR 1997, 261 (286 f.); Weiß EuR 2003, 165 (171); EPF BesVerwR/Suerbaum § 16 Rn. 28.
[115] Der anderslautende Vorstoß von Ehricke, Die Vereinbarkeit des kommunalen Örtlichkeitsprinzips mit dem EG-Recht 2009, 21 ff., konnte sich richtigerweise nicht durchsetzen (ausführlich Burgi, Neuer Ordnungsrahmen für die energiewirtschaftliche Betätigung der Kommunen, 2010, 35 ff.).
[116] BVerfGE 45, 63 (68).
[117] Vgl. EFP BesVerwR/Suerbaum § 16 Rn. 39.
[118] BVerfGE 128, 226 (247 ff.); vertiefend BK GG /Burgi Art. 12 Rn. 97.

für das Unternehmen Deutsche Bahn AG, wie teilweise im Hinblick auf die sonst dort eingreifende Sondervorschrift Art. 87e Abs. 3 S. 1 GG (sogleich → Rn. 67 ff.) behauptet worden ist.[119] Auch die den privaten Mitgesellschaftern eines gemischt-wirtschaftlichen Unternehmens unverändert zustehenden Grundrechtspositionen (→ Rn. 50) vermögen kein irgendwie geartetes Gegenrecht aus Anlass der Ausübung von Einwirkungsrechten des staatlichen oder kommunalen Trägers gegenüber diesem Unternehmen zu begründen.

67 **bb) Die Reichweite der Sonderbestimmung des Art. 87e Abs. 3 S. 1 GG.** Gemäß Art. 87e Abs. 3 S. 1 GG darf der Bund Dienstleistungen der Infrastruktur und des Verkehrs im Eisenbahnsektor seit der Bahnreform nur noch durch **„Wirtschaftsunternehmen in privatrechtlicher Form"** erbringen. Dies bedeutet ein Verbot der Verwendung der öffentlich-rechtlichen Organisationsform (→ Rn. 27), vor allem aber eine Verpflichtung auf den (überdies modifizierten; → Rn. 68) Modus des Unternehmerischen. Vergleichbar formuliert ist **Art. 87f Abs. 2 S. 1 GG** im Hinblick auf die Dienstleistungen der aus dem Sondervermögen Deutsche Bundespost hervorgegangenen Unternehmen im Bereich des Post- und Telekommunikationswesens; aufgrund des weitgehenden Rückzugs des staatlichen Anteilseigners aus dem Unternehmen Deutsche Post AG spielt die Geltendmachung von Einwirkungsrechten dort aber keine praktische Rolle.[120] Anders sieht es im Eisenbahnsektor aus, wo seit jeher verschiedene politische Interessen immer wieder auch in Versuche gesteigerter Einwirkung auf das Unternehmen und seine Teileinheiten münden und nicht zuletzt die seit Ende 2021 regierende neue Bundesregierung in ihrer Koalitionsvereinbarung verschiedene organisationsbezogene Reformoptionen formuliert hat.[121]

68 Die Formulierung „Wirtschaftsunternehmen" modifiziert die allgemein bestehende Berechtigung des Staates, statt im Modus des Hoheitlichen auch im Modus des Wirtschaftlichen handeln zu dürfen (→ Rn. 26). Während dem Staat bzw. der Kommune vermittels eines öffentlichen Unternehmens im allgemeinen verwehrt bleibt, primär die Erzielung von Gewinnen anzustreben, sondern bestimmte Sachziele dominant sein müssen, besteht der sog. modale Gehalt des Art. 87e Abs. 3 S. 1 GG darin, „funktional auf das Marktprinzip und die damit verbundene wettbewerbliche Gleichstellung der Marktteilnehmer" zu zielen (so wörtlich das BVerfG).[122] Für die Eisenbahnen des Bundes bedeutet dies, dass sie über eine Binnenstruktur verfügen müssen, die durch **Autonomie bezüglich Organisation und Personal** gekennzeichnet ist und dass sie nach außen, dh betreffend ihrer Leistungen, Produkte sowie ihrer Investitions- und Wettbewerbsentscheidungen autonom agieren können. Bei all dem sind sie **keiner besonderen Gemeinwohlbindung unterworfen,** dh der Bund nimmt nicht vermittels dieser Unternehmen eine Verwaltungsaufgabe wahr und Primärziel ist nicht die Verfolgung dieses oder jenes Gemeinwohlzwecks, sondern die Erzielung von Gewinn. Hier geht also die Vorstellung des Verfassungsgebers gerade dahin, durch diese explizit gewerbliche Ausrichtung der Tätigkeit des Bundes als Unternehmensträger den größtmöglichen Nutzen für das Gemeinwohl stiften zu können. Die Erbringung von Eisenbahnverkehrs- wie -infrastrukturleistungen bleibt auch hier staatliche Tätigkeit, erfolgt aber in einem anderen Modus als bei behördlicher Aufgabenwahrnehmung – und auch in einem anderen Modus als bei der herkömmlichen Betätigung des Staates als Träger von öffentlichen Unternehmen.[123]

69 Dies bedeutet, dass im Hinblick auf die Deutsche Bahn AG keine Zweckprogrammierung nach den oben (→ Rn. 53 f.) beschriebenen Grundsätzen erfolgen darf (und erst recht nicht muss), dh in die Satzung des Unternehmens darf auch weiterhin keine primäre

---

[119] Vgl. etwa Lang NJW 2004, 3601; Huber/Voßkuhle/Gersdorf GG Art. 87e Rn. 53 f.; Sachs/Windthost GG Art. 87e Rn. 47 f., 49; dagegen Burgi NVwZ 2018, 602 (602) und ausdrücklich BVerfG NVwZ 2018, 501, Rn. 270 ff.
[120] Vgl. Lerche, FS Friauf, 1996, 251 (253); Sachs/Windthorst GG Art. 87f Rn. 27.
[121] Koalitionsvereinbarung 7.12.2021, 50.
[122] BVerfG NVwZ 2018, 51, Rn. 271.
[123] Ausführlich zum Ganzen Burgi NVwZ 2018, 601 (605 ff.).

Gemeinwohlorientierung hinein implementiert werden.[124] Selbstverständlich verfügt der Bund weiterhin über die Einwirkungsrechte, die jedem Unternehmensträger durch das Gesellschaftsrecht eröffnet sind (und muss es auch), ebenso über die Einwirkungsrechte in Erfüllung der allgemeinen verfassungsrechtlich begründeten Einwirkungspflicht. Ein etwaiges „Gegenrecht" lässt sich Art. 87e Abs. 3 S. 1 GG also nicht entnehmen. Insbesondere (und das ist der eigentliche Gegenstand des BVerfG-Urteils vom 7.11.2017)[125] greift der parlamentarische Informationsanspruch als zur Sicherstellung von Transparenz bestehendes Einwirkungsrecht des Trägers gegenüber dem Unternehmen Deutsche Bahn AG ein.

---

[124] Hommelhoff/Schmidt-Aßmann ZHR 160 (1996), 521 (554 ff.); Gersdorf, Entgeltregulierung im Eisenbahnsektor, 2015, 114; Dürig/Herzog/Scholz/Möstl GG Art. 87e Rn. 82.
[125] BVerfG NVwZ 2018, 51.

§ 19 Verwaltungsrechtliche Organisationsvorgaben betreffend das Öffentliche Unternehmen auf Bundes- und Landesebene

Prof. Dr. Thomas Mann

Übersicht

	Rn.
I. Einführung	1
II. Rechtlicher Bezugsrahmen	4
1. Haushaltsgrundsätzegesetz (HGrG)	4
2. BHO/LHO	8
3. PCGK des Bundes und der Länder	11
a) PCGK des Bundes	12
b) PCGK der Länder	26
III. Bundes-/Landesbetriebe, § 26 BHO/LHO	27
1. Einrichtung von Bundes- oder Landesbetrieben	28
2. Wirtschaftsplan	29
3. Landesrechtliche Abweichungen	31
IV. Privatrechtliche Organisationsform	33
1. Zugangsvoraussetzungen für die Privatrechtsform (§ 65 BHO/LHO)	35
a) Wichtiges Interesse und Subsidiarität (Nr. 1)	36
b) Begrenzung der Einzahlungsverpflichtung (Nr. 2)	41
c) Angemessener Staatseinfluss (Nr. 3)	45
d) Aufstellung und Prüfung des Jahresabschlusses (Nr. 4)	46
e) Einwilligungs- und Beteiligungspflicht (Abs. 2)	47
f) Landesrechtliche Besonderheiten	48
2. Rechtsformbezogene Sonderfragen	49
a) Nachrang der Aktiengesellschaft?	50
b) Besonderheiten bei Genossenschaften (§ 65 Abs. 5 BHO)	52
3. Flankierende Bestimmungen des B-PCGK zu Gremienzusammensetzung	55
a) Geschäftsführungsorgan, Ziffer 5.2 B-PCGK	56
b) Überwachungsorgan, Ziffer 6.2 B-PCGK	60
c) Bestimmungen der Länder	71
4. Steuerung des Unternehmens	72
a) Ausgangspunkt: Der angemessenen Einfluss nach § 65 Abs. 1 Nr. 3 BHO	73
b) Ausgestaltung der Steuerungsmöglichkeiten im B-PCGK	76
c) Steuerung durch das beteiligungsführende Ministerium (§ 65 Abs. 6 BHO)	98
d) Steuerung durch das Finanzministerium	111
e) Beteiligung der Legislative (§ 65 Abs. 7 BHO/LHO)	117
f) Rechnungs-Abschlussprüfung (§§ 53, 54 HGrG)	123
5. Compliance	126
a) Der B-PCGK	127
b) Bestimmungen der PCGK der Länder	131
V. Juristische Personen des öffentlichen Rechts	132
1. Einführung	133
2. Verhältnis § 112 Abs. 2 BHO zu § 105 Abs. 1 BHO	134
3. Anwendbare Vorschriften der BHO	135
4. Beteiligung an privatrechtlichem Unternehmen	136
5. PCGK	137
VI. Gemischt-öffentliche Unternehmen	138

Literatur

Birk/Wernsmann, Beteiligungsrechte des Parlaments bei der Veräußerung von Staatsvermögen, insbesondere Unternehmensbeteiligungen, DVBl. 2005, 1; Burgi, Rechtsfolgenregime und Begriff des Unternehmens des öffentlichen Rechts in der BHO, DÖV 2015, 493; Ghassemi-Tabar, DCGK – Deutscher Corporate Governance Kodex, Kommentar, 2. Aufl. 2023 (zit. Ghassemi-Tabar); Habersack, Grund und Grenzen der Compliance-Verantwortung des Aufsichtsrats der AG, AG 2014, 1; Hartmann/Zwirner, PCGK – Public Corporate Governance Kodex des Bundes, Kommentar, 1. Aufl. 2015 (zit. Hartmann/Zwirner); Heuer/Scheller, Kommentar zum Haushaltsrecht und der Vorschriften zur Finanzkontrolle, Kommentar, Loseblatt 67. Aktualisierung 2018 (zit. Heuer/Scheller); K. Hommelhoff, Der Public Corporate Governance Kodex des Bundes, FS Hommelhoff, Köln, 2012, 447; Isensee/Kirchhof, Handbuch des Staatsrechts der Bundesrepublik Deutschland, Handbuch Band 2, 4, 5, 3. Aufl. 2003ff. (zit. Isensee/Kirchhof HStR); König, Ziele des Wirtschaftens in Bundes- und Landesbetrieben, DÖV 2009, 21; Maier, Beamte als Aufsichtsratsmitglieder der öffentlichen Hand in der Aktiengesellschaft, München 2005; Mann, Die öffentlich-rechtliche Gesellschaft, Tübingen 2002; Mann, Steuernde Einflüsse der Kommunen in ihren Gesellschaften, VBlBW 2010, 7; Mann/Schnuch, Corporate Social Responsibility öffentlicher Unternehmen, DÖV 2019, 417; Piduch, BHO – Bundeshaushaltsrecht, Kommentar, Loseblatt 22. Aktualisierung 2020 (zit. Pidurch); Raiser, Konzernverflechtungen unter Einschluss öffentlicher Unternehmen, ZGR 1996, 458; Raiser, Grenzen der rechtlichen Zulässigkeit von Public Corporate Governance Kodizes, ZIP 2011, 353; Schmolke, Vertreter von Gebietskörperschaften im Aufsichtsrat zwischen Verschwiegenheits- und Berichtspflicht, WM 2018, 1913; Schürnbrand, Public Corporate Governance Kodex für öffentliche Unternehmen, ZIP 2010, 1105; Schwintkowksy, Gesellschaftsrechtliche Bindungen für entsandte Aufsichtsratsmitglieder in öffentlichen Unternehmen, NJW 1995, 1316; Traut, Die Corporate Governance von Kapitalgesellschaften der öffentlichen Hand, Köln 2012; v. Lewinski/Burbat, BHO – Bundeshaushaltsordnung, Kommentar, 1. Aufl. 2013 (zit. v. Lewinski/Burbat); Weber-Rey/Buckel, Corporate Governance in Aufsichtsräten von öffentlichen Unternehmen und die Rolle von Public Corporate Governance Kodizes, ZHR 177 (2013), 13; Zenke/Schäfer/Brocke, Corporate Governance, 2. Aufl., Berlin/Boston 2020

I. Einführung[*]

1 Der Grundsatz der **Wahlfreiheit** ermöglicht der Verwaltung eine freie Entscheidung über die Art und Weise ihrer Aufgabenerfüllung. Insbesondere steht es ihr frei, öffentliche Interessen auch im Wege der **wirtschaftlichen Betätigung** zu verfolgen und dabei organisationsrechtlich neben der Einrichtung öffentlicher-rechtlich organisierter Unternehmen auch Unternehmen in Privatrechtsform zu gründen oder sich an ihnen zu beteiligen. Gerade die Wahl einer **kapitalgesellschaftsrechtlichen Rechtsform** geht aber häufig mit verringerten Steuerungsmöglichkeiten und einem Defizit im organisatorisch-personellen und sachlich-inhaltlichen Legitimationsniveau einher. Dies wiederum konfligiert mit dem Demokratie- und dem Rechtsstaatsprinzip und erschwert potenziell die Erreichung des mit der Beteiligung verfolgten öffentlichen Zwecks.

2 Um diesen negativen Folgen effektiv und präventiv begegnen zu können, findet sich auf Bundes-, Landes- und Gemeindeebene ein System **verwaltungsrechtlicher Organisationsvorgaben,** durch welches die Wahrung der verfassungsrechtlichen Anforderungen schon beim Eintritt (→ Rn. 35 ff.) gewährleistet und durch die Steuerungsmöglichkeiten der öffentlichen Hand auch nachhaltig gesichert werden soll (→ Rn. 72 ff.). Die verwaltungsrechtlichen Organisationsvorgaben für kommunale Unternehmen in den Gemeindeordnungen der Länder[1] sind in Rechtsprechung und Literatur in den letzten Jahrzehnten breit aufbereitet worden. Weniger Aufmerksamkeit wurde bislang den für Bundes- und Landesunternehmen maßgeblichen Vorschriften in den **Haushaltsordnungen des Bundes und der Länder** und in dem diesen zum Zwecke der Vereinheitlichung vorgelagerten Haushaltsgrundsätzegesetz (→ Rn. 4 ff.) zuteil. Von besonderer Relevanz in diesem Rechtsumfeld ist **§ 65 BHO/LHO**[2], welcher die Zugangsbedingungen der öffentlichen Hand für Beteiligungen an Unternehmen in Privatrechtsform aufstellt sowie Möglichkeiten der Unternehmenssteuerung durch staatliche Organe von außen vorsieht (→ Rn. 35 ff.). Die Steuerung interner Unternehmensvorgänge und die Wahrung eines angemessenen Staatseinflusses durch entsprechende Zusammensetzung der Gremien, mithin die Einfluss-

---

[*] Für ihre umfangreichen Vorarbeiten, insbesondere bei der Aufarbeitung des B-PCGK, bin ich meinen Wissenschaftlichen Mitarbeitern Jakob Eh und Kevin Otter zu großem Dank verpflichtet.
[1] → § 21 Rn. 16 ff.
[2] Auf den Zusatz LHO wird im Folgenden regelmäßig verzichtet, aufgrund der Harmonisierungsfunktion des HGrG wird nur an gegebener Stelle auf relevante landesrechtliche Abweichungen hingewiesen.

möglichkeiten von innen, werden durch die **Public Corporate Governance Kodizes** des Bundes und der Länder näher ausgestaltet (→ Rn. 11 ff., 55 ff., 76 ff., 126 ff.).

Hingegen ist ein vergleichbar ausgeprägtes Zugangs- und Steuerungsregime für eine **3** Wirtschaftsbetätigung des Staates in **öffentlich-rechtlicher Organisationsform** weniger erforderlich, weil insoweit der öffentlich-rechtliche Regelungsverbund ausreichend Steuerungsmöglichkeiten anbietet. Dennoch trägt das Haushaltsrecht den Besonderheiten der unterschiedlichen öffentlich-rechtlichen Organisationsformen im Rahmen der wirtschaftlichen Betätigung Rechnung und enthält Sonderregelungen sowohl für die Bundes- und Landesbetriebe (→ Rn. 27 ff.) als auch für öffentliche Unternehmen in der Rechtsform einer juristischen Person des öffentlichen Rechts (→ Rn. 132 ff.).

II. Rechtlicher Bezugsrahmen

1. Haushaltsgrundsätzegesetz (HGrG)[3]

Normativer Ausgangspunkt der verwaltungsrechtlichen Organisationsvorschriften für Bun- **4** des- und Landesunternehmen ist das **HGrG**. Denn es legt **gemeinsame Grundsätze** für die Haushaltswirtschaften fest, welche in den Haushaltsordnungen von Bund und Ländern durch verbindliche Regelungen für die Gründung von und Beteiligung an Unternehmen konkretisiert werden.[4] Die Notwendigkeit einer solchen Grundsatzgesetzgebung liegt in dem im Haushaltsrecht geltenden **Trennungsgrundsatz** (Art. 109 Abs. 1 GG) begründet, der in Konkretisierung des Bundesstaatsprinzips die **Selbstständigkeit** und **politische Autonomie** von Bund und Ländern sicherstellen soll.[5] Er lässt sich bis ins Deutsche Kaiserreich zurückverfolgen, war aber in der Verfassung von 1871 ebenso wenig wie später unter Geltung der Weimarer Verfassung mit verfassungsrechtlicher Dignität versehen.[6] Der unter dem Grundgesetz in Art. 109 Abs. 1 GG statuierte Trennungsgrundsatz wurde alsdann Ende der sechziger Jahre durch eine Bundes-Gesetzgebungskompetenz in Art. 109 Abs. 3 GG (heute: Abs. 4) zum Erlass gemeinsamer Grundsätze für eine konjunkturgerechte Haushaltswirtschaft, eine mehrjährige Finanzplanung[7] und das Haushaltsrecht[8] flankiert,[9] deren Zweck es war, das Haushaltsrecht von Bund und Ländern durch Einführung einer neuen **einheitlichen Haushaltssystematik**[10] aus konjunktur-, wirtschafts-, verwaltungs- und finanzpolitischen Gründen vergleichbar zu machen.[11]

Adressaten des HGrG sind Bund und Länder. Sie dürfen in der BHO und den Haushalts- **5** recht der Länder keine dem HGrG widersprechenden Regelungen treffen.[12] Es handelt sich

---

[3] Gesetz über die Grundsätze des Haushaltsrechts des Bundes und der Länder vom 19.8.1969, BGBl. I 1273.
[4] Gegenäußerung Bundesrat, BT-Drs. V/3040, 73.
[5] BVerfGE 86, 148 (264); s. auch Dreier/Heun GG Art. 109 Rn. 15 ff.; Arndt JuS 1990, 343 (343 ff.).
[6] Zum Haushaltsrecht im Kaiserreich und der Weimarer Republik s. Strube Die Geschichte des Haushaltsrechts vom Mittelalter bis zur Gegenwart, 2002, 112 ff.; SHH/Brockmeyer, 11. Aufl. 2008, GG Art. 109 Rn. 5.
[7] 15. Gesetz zur Änderung des Grundgesetzes vom 8.6.1967, BGBl. I 581.
[8] 20. Gesetz zur Änderung des Grundgesetzes vom 12.5.1969, BGBl. I 357.
[9] Grundlage der Finanz- und Haushaltsreform von 1967 bis 1969 war ein Gutachten der von der Bundesregierung eingesetzten sog. Troeger-Kommission, vgl. näher Dreier/Heun/Thiele GG Vorb. Art. 104a–115 Rn. 8; Zur Entstehungsgeschichte und Entwicklung s. Sinewe Die Veränderungen des Art. 109 GG, 1974, 1 ff., 40 ff., 146 ff.
[10] Dazu BT-Drs. 5/3040, 35 ff.; Strube Die Geschichte des Haushaltsrechts vom Mittelalter bis zur Gegenwart, 2002, 210.
[11] Kommission für die Finanzreform – Gutachten über die Finanzreform in der Bundesrepublik Deutschland, 1966, 44; vgl. auch MKS/Kirchhof GG Art. 109 Rn. 16. Zum HGrG als zentrales Ergebnis dieser Reform s. nur Gröpl/Gröpl BHO/LHO Einl. Rn. 1; Leicht Die Haushaltsreform, 1970, 56 f.
[12] Piduch/Nebel BHO § 1 Rn. 3; Heuer/Scheller/Engels BHO Vorb. BHO Rn. 15; von Lewinski/Burbat HGrG Einl. Rn. 22; DHS/Kube GG Art. 109 Rn. 240; Dreier/Heun GG Art. 109 Rn. 57; Isensee/ Kirchhof/Heintzen HStR Bd. V § 120 Rn. 5; Tappe Das Haushaltsgesetz als Zeitgesetz, 2008, 75 ff.; Jarass/Pieroth/Jarass GG Art. 109 Rn. 23; v. Münch/Kunig/Heintzen GG Art. 109 Rn. 52; Kloepfer Finanzverfassungsrecht § 8 Rn. 221; MKS/Kirchhof GG Art. 109 Rn. 121; Tiemann DÖV 1974, 229

mithin um allein im staatlichen Binnenraum geltendes Recht ohne Außenwirkung.[13] Seiner verfassungsrechtlichen Ermächtigung entsprechend hat sich das HGrG auf die Regelung von **Grundsätzen** zu beschränken. Das schließt zwar Detailregelungen im Einzelfall nicht aus, doch sind Normen, die bestimmte Sachverhalte erschöpfend regeln, unzulässig,[14] da Bund und Ländern bei der Umsetzung des HGrG grundsätzlich ein gewisser Spielraum verbleiben muss. Im Regelfall muss es sich um ausfüllungsfähige und -bedürftige Normen handeln. Solche enthalten die §§ 1–48 HGrG. Die §§ 49–57 HGrG gelten hingegen einheitlich und unmittelbar. Hierbei sind die **§§ 53, 54 HGrG** für mehrheitliche Beteiligungen des Bundes und der Länder an Unternehmen in Privatrechtsform von besonderer Relevanz. Ob sie allerdings von der Gesetzgebungskompetenz des Art. 109 Abs. 4 erfasst sind, ist auf den ersten Blick nicht gleich ersichtlich.

6   Konkret geht es um die Frage, ob die Grundsatzgesetzgebungskompetenz nur an die Legislative gerichtete Umsetzungsgebote möglich macht oder auch zum Erlass von Regelungen mit direkter Bindungswirkung für die Exekutive ermächtigt. Der Wortlaut des Art. 109 Abs. 4 GG sieht keine Adressatenbeschränkung allein auf die Legislative vor.[15] Entscheidend ist jedoch, wie der Begriff der „Grundsätze" auszulegen ist. Ist damit nur die Vorgabe von Prinzipien und allgemeinen Leitlinien gemeint,[16] wäre der Erlass von unmittelbar bindenden Regelungen, die keiner Umsetzung bedürfen, nicht vom Art. 109 Abs. 4 GG gedeckt.[17] Dasselbe dürfte gelten, wenn man Grundsätze als Regelungen für eine Vielzahl von Sachverhalten mit hohem Abstraktionsgrad und langer Geltungsdauer ansieht.[18] Dennoch wird der Erlass von unmittelbar geltenden Normen, die keiner Umsetzung bedürfen, unter Verweis auf die **Harmonisierungsfunktion** der Grundsatzgesetzgebung überwiegend als zulässig angesehen und darauf verwiesen, dass unter Berücksichtigung des Wortlauts und Zwecks des Art. 109 Abs. 4 GG die Beschränkung der Grundsätze allein auf allgemeine Leitlinien oder Normen von hohem Abstraktionsgrad nicht sachgerecht sei.[19] Vielmehr solle anhand des jeweiligen Regelungsgegenstandes im Einzelfall beurteilt werden, wie detailliert die Vorschrift ausgestaltet werden muss, um ihre Harmonisierungsfunktion zu erfüllen. Dies wiederum schließt auch unmittelbar bindende Regelungen nicht aus.[20]

7   **Normhierarchisch** nimmt das HGrG eine **Sonderstellung** ein. Es steht als einfaches Bundesrecht grundsätzlich im selben Rang wie die BHO. Allerdings war es eine besondere Bestrebung des Bundesrats, im Wortlaut des Art. 109 Abs. 4 GG den Charakter der Grundsätze als „gemeinsame", also für Bund und Länder verbindliche, Vorschriften hervorzuheben,[21] womit klargestellt werden sollte, dass der **Bundesgesetzgeber** ohne Änderung des HGrG nicht von diesen Grundsätzen abweichen darf. Der lex posterior Grundsatz ist insoweit nicht anwendbar bzw. wird durchbrochen,[22] vielmehr hat der Erlass des HGrG im

---

(234); März Bundesrecht bricht Landesrecht, 1989, 168; Wiedern in Bundesrecht und Landesrecht, 1995, 328.

[13] MKS/Kirchhof GG Art. 109 Rn. 17; Jarass/Pieroth/Jarass GG Art. 109 Rn. 23; Dreier/Heun GG Art. 109 Rn. 56.
[14] Dreier/Heun GG Art. 109 Rn. 55; DHS/Kube GG Art. 109 Rn. 245.
[15] Piduch/Nebel BHO Art. 109 Rn. 23.
[16] So Sachs/Siekmann GG Art. 109 Rn. 98; Glauben ZG 1997, 233 (236).
[17] Gröpl/Gröpl BHO Einl. Rn. 11.
[18] BeckOK GG/Reimer GG Art. 109 Rn. 85; MKS/Kirchhof GG Art. 109 Rn. 119, wobei Kirchhof etwas widersprüchlich auch präzise direktive, ins Detail gehende Regelungen als von Art. 109 Abs. 4 GG erfasst ansieht.
[19] Dreier/Heun GG Art. 109 Rn. 57; DHS/Kube GG Art. 109, Rn. 247; Hömig/Wolff/Kienemund GG Art. 109 Rn. 15; Gröpl/Gröpl BHO Einl. Rn. 11; Piduch/Nebel BHO Art. 109 GG Rn. 23.
[20] Zumal auch bei diesen eine weitergehende Ausgestaltung durch Bund- und Landesgesetzgeber nicht ausgeschlossen ist, wobei Piduch/Nebel BHO Vorb. Rn. 2 darauf verweist, dass die §§ 49 – 57 HGrG Vorschriften enthalten, die aufgrund ihres Regelungsgegenstandes nur vom Bund erlassen werden können.
[21] Vgl. Gegenäußerung des Bundesrats, BT-Drs. V/3040, 73.
[22] von Lewinski/Burbat HGrG Einl. Rn. 22; DHS/Kube GG Art. 109 Rn. 240; Dreier/Heun GG Art. 109 Rn. 57; Isensee/Kirchhof/Heintzen HStR Bd. V § 120 Rn. 5; Tappe Das Haushaltsgesetz als Zeitgesetz,

Einklang mit Art. 109 Abs. 4 GG eine **Selbstbindung** des Bundes an dessen Grundsätze bewirkt.[23] Anders kann der bei der Haushaltsreform intendierten (→ Rn. 4) **Harmonisierungsfunktion** der Grundsatzgesetzgebung, die auch im Wortlaut des Art. 109 Abs. 4 GG ihren Widerhall findet, wenn dort von den „für Bund und Länder gemeinsam geltende(n) Grundsätze(n)" die Rede ist,[24] nicht Rechnung getragen werden.[25] Der Zwischenrang, der dem HGrG damit faktisch zufällt (über Bundesrecht, aber unter Verfassungsrecht) ist im GG auch kein Solitär, sondern etwa auch für die allgemeinen Regelungen des Völkerrechts in Art. 25 GG vorgesehen. Möchte der Bund bestehende Grundsätze streichen oder neue Grundsätze einführen, bleibt ihm damit nur der Weg, das HGrG mit Zustimmung des Bundesrats zu ändern. Das gilt insbesondere auch für die in §§ 53, 54 HGrG niedergelegten Grundsätze über Unternehmensbeteiligungen.

2. BHO[26]/LHO[27]

Neben den §§ 53, 54 HGrG ergeben sich die Organisationsvorgaben für Bundes- und **8** Landesunternehmen ausschließlich aus den das HGrG umsetzenden Haushaltsordnungen. Die Haushaltsordnungen umfassen die verfahrens- und materiell-rechtlichen Vorschriften über den Haushaltskreislauf. Sie gelten periodenübergreifend und legen die Aufstellung und Ausführung des Haushaltsplans sowie die staatliche Personal-, Vermögens- und Schuldenwirtschaft fest.[28] Im Vergleich zu den grundsätzlich jährlich erlassenen Haushaltsgesetzen (vgl. Art. 110 Abs. 2 GG) stellen sie also den konstanten Teil des **systematisch zweigliedrigen** deutschen Haushaltsrechts dar.

Historisch basieren die BHO/LHO auf der Reichshaushaltsordnung vom 31.12.1922 **9** (RHO),[29] die nach 1949 zunächst fortgalt und – bis auf die mittlerweile ausgelagerten Vorschriften zum Bundesrechnungshof[30] – weitreichende systematische Parallelen zur BHO/LHO aufwies. Als Folge der großen Finanz- und Haushaltsreform der ersten großen Koalition Ende der sechziger Jahre (→ Rn. 4) trat auch die BHO zeitgleich mit dem HGrG am 1.1.1970 in Kraft, ebenso rund um dieses Datum auch die dem HGrG entsprechenden Landeshaushaltsordnungen.

2008, 80; Jarass/Pieroth/Jarass GG Art. 109 Rn. 23; Kloepfer Finanzverfassungsrecht § 8 Rn. 221; Tiemann DÖV 1974, 229 (234); März Bundesrecht bricht Landesrecht, 1989, 168; Wiederin Bundesrecht und Landesrecht, 1995, 329 f.; anders nur: MKS/Kirchhof GG Art. 109 Rn. 121.

[23] DHS/Kube GG Art. 109 Rn. 241; Dreier/Heun GG Art. 109 Rn. 57; von Münch/Kunig/Heintzen GG Art. 109 Rn. 52; Kloepfer Finanzverfassungsrecht § 8 Rn. 221; ders. in GS Brandner, 2011, 93 (96, 101 f.); Tiemann DÖV 1974, 229 (234); AA (fehlende Selbstbindung) nur Sachs/Siekmann GG Art. 109 Rn. 100 ff.

[24] DHS/Kube GG Art. 109 Rn. 241; März Bundesrecht bricht Landesrecht, 1989, 168.

[25] Die weitergehende Frage, ob sich die Verfassungswidrigkeit der dem HGrG widersprechenden Regelungen aus Art. 109 Abs. 4 GG direkt ergibt – so DHS/Kube GG Art. 109 Rn. 241; Dreier/Heun GG Art. 109 Rn. 57; Wiederin Bundesrecht und Landesrecht, 1995, 329 f. – oder bei landesrechtlichen Regelungen aus Art. 31 GG folgt – so v. Münch/Kunig/Heintzen GG Art. 109 Rn. 52; Tiemann DÖV 1974, 229 (233) – soll hier nicht weiter vertieft werden.

[26] Bundeshaushaltsordnung vom 19.8.1969, BGBl. I, 1284, zul. geänd. durch Gesetz v. 20.8.2021, BGBl. I, 3932.

[27] LHO-BW vom 19.10.1971, GBl. 1971, 428; BayHO vom 8.12.1971, BayRS IV, 664; LHO-Bln. vom 30.1.2009, GVBl. 2009, 31; LHO-Bbg. vom 21.4.1999, GVBl. I/99, 106; LHO-Brem. vom 11.6.1971, BremGBl. 1971, 143; LHO-Hmb. vom 17.12.2013, HmbGVBl., 503; LHO-Hess. vom 1.4.2022, GVBl., 184; LHO-MV vom 10.4.2000, GVOBl. M-V, 159; LHO-Nds. vom 30.4.2001, Nds. GVBl. 2001, 276; LHO-NRW vom 26.4.1999, GV. NRW 1999, 158; LHO-RhPf vom 20.12.1971, GVBl. 1972, 2; LHO-Saarl. vom 5.11.1999, Amtsbl. 2000, 194; LHO-Sachs. vom 10.4.2001, SächsGVBl., 153; LHO-LSA vom 30.4.1991, GVBl. LSA 1991, 35; LHO-SchlH vom 29.6.1992, GVOBl. 1992, 381; LHO-Thür. vom 19.9.2000, GVBl., 282.

[28] Gröpl/Gröpl BHO Einl. Rn. 3.

[29] Deutsche Reichshaushaltsordnung vom 31.12.1922, RGBl. 1923 II Nr. 2, 17; zur Änderungsgeschichte der RHO Vialon Haushaltsrecht – Haushaltspraxis, 2. Aufl. 1959, 51 ff., 293 ff.

[30] Vgl. das Gesetz über den Bundesrechnungshof (Bundesrechnungshofgesetz – BRHG) vom 11.7.1985, BGBl. I, 1445, zul. geänd. d. Gesetz v. 5.2.2009, BGBl. I, 160.

10 Sachlich regeln die BHO/LHO in Bezug auf die Beteiligung von Bund und Ländern an **Unternehmen in Privatrechtsform** grundsätzlich nur die **Zulässigkeit** dieser Option (§ 65 BHO/LHO) sowie die **Einflussmöglichkeiten staatlicher Organe von außen** auf das Unternehmen. Die interne Organisation, insb. die Gremienbesetzung und interne Willensbildung, die Rechnungslegung und die Abschlussprüfung bestimmen sich, bis auf einzelne Überlagerungen nach den §§ 53, 54 HGrG, allein nach dem **Gesellschaftsrecht**. Bedient sich der Bund oder ein Land zur Aufgabenerfüllung durch wirtschaftliche Unternehmen der **Rechtsform einer bundesunmittelbaren juristischen Person des öffentlichen Rechts,** so erklärt § 112 Abs. 2 BHO/LHO nur bestimmter Normen der BHO/LHO für entsprechend anwendbar. Soweit es um Bundes- oder Landesunternehmen geht, gibt es, anders als im Kommunalrecht der Länder für kommunale Unternehmen, somit nur wenige tatsächlich rechtlich bindende verwaltungsrechtliche Organisationsvorgaben. Die gesellschaftsrechtlichen und auch die haushaltsrechtlichen Vorschriften werden mittlerweile aber durch die PCGK weiter konkretisiert und ausgestaltet.

3. PCGK des Bundes und der Länder

11 Die Bestimmungen der PCGK des Bundes und der Länder beziehen sich jeweils auf die Ausgestaltung und Führung eines öffentlichen Unternehmens des Bundes oder der Länder in privater Rechtsform.

12 **a) PCGK des Bundes.** Der prominenteste Kodex ist der PCGK des Bundes, der als erster Teil der „Grundsätze guter Unternehmens- und aktiver Beteiligungsführung im Bereich des Bundes" von der Bundesregierung beschlossen worden ist. Orientiert an dem DCGK,[31] erstmalig veröffentlicht 2009[32] und zuletzt teilweise reformiert 2020[33] bezweckt er öffentlichen Unternehmen einen Leitfaden an die Hand zu geben, um der besonderen **Verantwortung und Vorbildrolle des Staates** gerecht zu werden.[34] Gemäß dem Leitbild des „ehrbaren" Kaufmanns[35] soll die Beteiligungsführung aus einer ethisch-vorausschauenden und verantwortungsvollen Perspektive erfolgen.[36] Die im PCGK aufgestellten Grundsätze sollen die bestehenden gesetzlichen Bestimmungen, vor allem im Gesellschafts- und Haushaltsrecht, ergänzen und unter der Berücksichtigung rechtsform- und unternehmensspezifischer Bedürfnisse zur Flexibilisierung und Selbstregulierung beitragen.[37] In ihrer Gesamtheit sollen die Grundsätze einen sich kontinuierlich verbessernden Beteiligungs- und Unternehmensführungsprozess des Bundes bewirken, durch Transparenzbestimmungen das Vertrauen der Bürger in Entscheidungen öffentlicher Unternehmen stärken und einen einheitlichen Standard der Beteiligungsverwaltung festigen.[38]

13 Um diese Zwecke zu verwirklichen, bedurfte es eines eigenen, speziell auf die **Besonderheiten der Bundesbeteiligung** reagierenden Kodex. Die entsprechende Anwendbarkeit des DCGK, welcher vorrangig die Attraktivität des deutschen Kapitalmarktes erhöhen sollte und den breiten Streubesitz von Gesellschaftsanteilen im Blick hat,[39] wäre mit dem

---

[31] Bekanntmachung des DCGK in der am 28.4.2022 von der Regierungskommission beschlossenen Fassung im BAnz AT 27.6.2022 B1; Zur Orientierung am DCGK Caruso NZG 2009, 1419; Raiser ZIP 2011, 353; Schürnbrand ZIP 2010, 1105.
[32] Bekanntmachung vom 1.7.2009 im GMBl 2011, 409 ff.
[33] Bekanntmachung vom 16.9.2020 im GMBl 2021, 130 ff.
[34] Vgl. Abs. 2 der Präambel des B-PCGK.
[35] Vgl. Priebe ZInsO 2021, 1256 (1259): „buddenbrook'scher" Kaufmann.
[36] Vgl. Abs. 8 der Präambel des B-PCGK; Zur Kritik einer inhaltsleeren Formulierung beim entsprechenden DCGK s. Fleischer AG 2017, 509 (515); Hauschka CCZ 2017, 97; Wilsing/v. der Linden DStR 2017, 1046.
[37] Weber-Rey/Buckel ZHR 177 (2013), 13 (42); VRW/Papenfuß Handbuch Verwaltungsreform, 319 (327); Ramge/Kerst GWR 2020, 391.
[38] Vgl. Abs. 4 der Präambel des B-PCGK; Marsch-Barner, FS Schneider, 771 (786); Caruso NZG 2009, 1419.
[39] DCGK BT-Drs. 14/8769, 21; Schürnbrand ZIP 2010, 1105 (1107); Hartmann/Zwirner PCGK Kap. A. III. Rn. 12; ZSB Corporate Governance/Brugger Kap. 19 Rn. 4.

Bedürfnis, die öffentliche Akzeptanz durch Transparenz zu stärken und der typischen Situation öffentlicher Unternehmen mit dem Bund als Haupt- oder Alleingesellschafter, in Konflikt geraten.[40]

An diesen Kodex schließen sich in Teil II der Grundsätze „**Richtlinien für eine aktive** **14** **Beteiligungsführung des Bundes bei Unternehmen mit Bundesbeteiligung**" (RL-ABfUB) an. Auch sie dienen dem Ziel einer guten Unternehmensführung durch den Bund,[41] sind aber anders als der B-PCGK nicht an das Unternehmen selbst, sondern primär an die beteiligungsführenden Stellen des Bundes – das ist grundsätzlich das für den jeweils verfolgten öffentlichen Zweck fachpolitisch zuständige Bundesministerium – adressiert. Nur wenige Teile richten sich unmittelbar an die auf Vorschlag des Bundes gewählten oder entsandten Mitglieder in Überwachungsorganen der Unternehmen sowie an die sie konkret (zB durch Sitzungsvorbereitung) unterstützenden Personen der Beteiligungsverwaltung.[42] Die RL-ABfUB haben lediglich die Rechtsqualität von internen **Verwaltungsvorschriften** mit normkonkretisierenden Charakter, die von den in ihnen adressierten Stellen zu beachten sind,[43] ansonsten aber keine Außenwirkung entfalten, insbesondere für die gerichtliche Urteilsfindung grundsätzlich unbeachtlich bleiben.[44]

aa) Rechtsnatur. Anders ist die Rechtsnatur des B-PCGK zu bestimmen. Bereits in der **15** Präambel findet diese Besonderheit ihren Ausdruck, soweit der Kodex lediglich den Anspruch erhebt „**Empfehlungen und Anregungen**" (→ Rn. 17) zu formulieren und allenfalls gesetzliche Regelungen deklaratorisch wiederzugeben. Dementsprechend enthalten die Bestimmungen innerhalb des B-PCGK selbst keine verbindlichen Vorgaben für das öffentliche Unternehmen. Ihr Geltungsanspruch rekurriert allein auf freiwilliger Beachtung. Entgegenstehende Verhaltensweisen, wie etwa eine unterlassene Entsprechenserklärung iSd Ziff. 7.1 B-PCGK ziehen (anders als nach überwiegender Ansicht beim DCGK[45]) grundsätzlich keine rechtlichen Sanktionen nach sich; lediglich auf politischer Ebene können sich Konsequenzen ergeben. Im Falle einer Zuwiderhandlung werden damit auch keine Haftungsansprüche begründet, sei es gesellschaftsrechtlich in Ermangelung einer durch den B-PCGK aufgestellten Pflicht, die verletzt wurde oder sei es – mangels Rechtsnormqualität – als Anknüpfungspunkt einer Schutzgesetzverletzung.[46] Anderes kann sich auf gesellschaftsrechtlicher Ebene für die Gesellschaftsorgane allerdings dann ergeben, wenn im **Gesellschaftsvertrag oder der Unternehmenssatzung** eine Beachtung der Bestimmungen des B-PCGK festgelegt wird, wie es die Empfehlung in Ziff. 3.1 B-PCGK vorschlägt. Auf eine solche Implementierung hat das die Bundesbeteiligung verwaltende Bundesministerium hinzuwirken (Ziff. 2.3.5 Rn. 45 RL-ABfUB), was wegen der internen Bindungswirkung der RL-ABfUB (→ Rn. 14) die Beteiligungsverwaltung gleichsam zur „Hüterin des B-PCGK" macht.[47]

bb) Regelungssystematik. Regelungstechnisch unterteilt sich der B-PCGK in **acht** **16** **Abschnitte.** Nach einführenden Ausführungen in Ziff. 1 schließen sich in Ziff. 2 Begriffsbestimmungen und eine Eingrenzung des Anwendungsbereichs an. Die materiellen Be-

---

[40] RSW Public Corporate Governance/Henke/Steltmann, 27 (30 f.); Weber-Rey/Buckel ZHR 177 (2013), 13 (38); K. Hommelhoff, FS Hommelhoff, 447 (448).
[41] Vgl. Ziff. 1 Rn. 1 RL-ABfUB.
[42] Vgl. Ziff. 1 Rn. 2 RL-ABfUB.
[43] Vgl. Ziff. 1 Rn. 3 RL-ABfUB.
[44] BVerfGE 100, 249 (258); Maurer/Waldhoff AllgVerwR § 24 Rn. 22 ff.
[45] Neben dem „ob" der rechtlichen Folgen sind dort auch die konkreten Folgen umstritten. Hierbei werden im Wesentlichen die Anfechtbarkeit eines Hauptversammlungsbeschlusses, Innenhaftung gegenüber der Gesellschaft gem. §§ 93 Abs. 2 und 116 AktG und die Außenhaftung gegenüber Dritten diskutiert. Näheres bei MüKoAktG/Goette AktG § 161 Rn. 82 ff. Zu möglichen strafrechtlichen Konsequenzen MüKoAktG/Wittig AktG § 161 Rn. 103 ff.
[46] Hartmann/Zwirner PCGK Kap. B. Ziff. 1.4 Rn. 159; ZSB Corporate Governance/Brugger Kap. 19 Rn. 11.
[47] RSW Public Corporate Governance/Ruter, 163 (165); Weber-Rey/Buckel ZHR 177 (2013), 13 (39); Marsch-Barner, FS Schneider, 771 (777); Mann/Schnuch DÖV 2019, 417 (419).

stimmungen beginnen in Ziff. 3 mit Aussagen zur Anteilseignerversammlung und in Ziff. 4 mit Maßgaben zum Zusammenwirken von Geschäftsführung und Überwachungsorgan. Im Anschluss werden der Geschäftsführung (Ziff. 5) und dem Überwachungsorgan (Ziff. 6) eigene Abschnitte gewidmet, bevor Abschnitte zur Transparenz (Ziff. 7) sowie zur Rechnungslegung und Abschlussprüfung (Ziff. 8.) den B-PCGK abschließen.

17   Soweit der B-PCGK nicht nur das geltende Recht deklaratorisch wiederholt, unterscheidet er inhaltlich zwischen **Empfehlungen** („soll") und **Anregungen** („sollte" oder „kann"). In dem nach Ziff. 7.1 der Geschäftsführung und dem Überwachungsorgan empfohlenen jährlichen Corporate Governance Bericht soll dargestellt werden, ob den Empfehlungen entsprochen wurde oder begründet werden, warum das nicht der Fall war (Ziff. 7.1 Abs. 2). Die Beachtung von Anregungen wiederum bedarf keiner Erwähnung, es kann dennoch dazu Stellung genommen werden (Ziff. 7.1 Abs. 3). Damit wird die **Entsprechenserklärung,** die sich offensichtlich am „comply-or-explain-Mechanismus" des § 161 AktG hinsichtlich der Umsetzung des DCGK[48] orientiert, zum Kernelement des B-PCGK (→ Rn. 84 ff.). Weil die Einhaltung der Empfehlungen die gute Unternehmensführung fördern soll, entsteht durch diesen Mechanismus ein Rechtfertigungsdruck für die Bundesunternehmen, der die Unternehmensentscheidungen für die Öffentlichkeit transparenter macht und die Effektivität des angemessenen Einflusses des Bundes, den § 65 Abs. 1 Nr. 3 BHO zur Beteiligungsvoraussetzung macht, erhöht.[49]

18   cc) **Anwendungsbereich.** Erfasst vom Anwendungsbereich des B-PCGK sind nicht sämtliche öffentliche Unternehmen, sondern grundsätzlich nur unmittelbare Mehrheitsbeteiligung des Bundes an Unternehmen in Rechtsformen des privaten Rechts (Ziff. 2.2).[50] Insgesamt müssen daher die nachfolgenden fünf Anwendungsvoraussetzungen erfüllt sein.

19   (1) **Unternehmen.** Zunächst müsste es sich um ein Unternehmen iSd B-PCGK handeln. Anders als bei der insoweit umstrittenen Auslegung dieses Begriffs in der BHO[51] definiert Ziff. 2.1 Abs. 1 einen Unternehmensbegriff, der Ziff. 1.1 VV-BHO zu § 65 entspricht: ‚Unternehmen' im Sinne des B-PCGK sind danach „zunächst die Kapital- und Personengesellschaften unabhängig davon, ob sie einen gewerblichen oder sonstigen wirtschaftlichen Betrieb führen. Sofern ihr Gegenstand ein gewerblicher oder sonstiger wirtschaftlicher Betrieb ist oder einen solchen überwiegend umfasst, fallen darunter auch Vereine, Genossenschaften, juristische Personen des öffentlichen Rechts sowie privatrechtliche Stiftungen." Anders als beim DCGK, der allein Aktiengesellschaften fokussiert,[52] ist der Unternehmensbegriff damit letztlich **rechtsformneutral und gestaltungsoffen** formuliert, was es ermöglicht, einheitliche Grundsätze zur guten Unternehmensführung zu schaffen,[53] die auch auf die in Satz 2 benannten Rechtsformen zur Anwendung kommen können, die – abgesehen von der Genossenschaft – eher untypisch für eine unternehmerische Beteiligung des Bundes sind (→ Rn. 34, 52 ff.).[54]

---

[48] Dazu Tröger ZHR 175 (2011), 746 (752 ff.); Koch/Koch AktG § 161 Rn. 1; BeckOGK AktG/Bayer/Scholz AktG § 161 Rn. 8.
[49] Vgl. Präambel des B-PCGK; Caruso NZG 2009, 1491; Gemkow ZCG 2010, 65 (69); Schürnbrand ZIP 2010, 1105 (1107); Raiser ZIP 2011, 353 (354).
[50] Soweit Unternehmen aufgrund einer Börsennotierung in den Anwendungsbereich des DCGK fallen sind sie allerdings vom Anwendungsbereich des PCGK ausgenommen (Ziff. 2.2 Satz 2).
[51] Näheres dazu bei Burgi DÖV 2015, 493 ff; Heuer/Scheller/Kautzsch BHO § 65 Rn. 7 ff; Hartmann/Zwirner PCGK Kap. A. II. Rn. 5.
[52] Vgl. die Präambel des DCGK oder die fehlende Bezugnahme des DCGK auf andere Gesellschaftsstrukturen.
[53] ZSB Corporate Governance/Brugger Kap. 19 Rn. 7; Marsch-Barner, FS Schneider, 771 (773); Hartmann/Zwirner PCGK Kap. B. Ziff. 1.3 Rn. 128.
[54] Hartmann/Zwirner PCGK Kap. A. II. Rn. 7; Unter Zugrundelegung derselben Definition des „Unternehmens" für die Verwendung in der BHO Piduch/Nöhrbaß BHO § 65 Rn. 5.

(2) Unmittelbare Bundesbeteiligung. Das zweite Erfordernis ist die unmittelbare Bundesbeteiligung. Hiermit wird neben der Frage nach der Beteiligungsnähe auch gleichzeitig der Anwendungsbereich eingegrenzt, soweit damit klargestellt ist, dass der B-PCGK nur Unternehmen mit einer Bundesbeteiligung adressiert und nicht etwa reine Landes- oder Kommunalunternehmen.[55] Zur Erleichterung einer **einheitlichen Beteiligungsverwaltung** definiert der B-PCGK in Ziff. 2.1 Abs. 2 auch den Begriff der Beteiligung entsprechend weit als „jede kapitalmäßige, mitgliedschaftliche (zB Genossenschaft) und ähnliche Beteiligung, etwa bei Stiftungen oder juristische Personen des öffentlichen Rechts, die eine Dauerbeziehung zu dem Unternehmen begründen soll."[56] 20

(3) Privatrechtsform. Auch wenn die weite Definition des Unternehmens noch juristische Personen des öffentlichen Rechts erfasst (→ Rn. 20), wird die Anwendbarkeit des B-PCGK in Ziff. 2.2 Abs. 1 S. 1 allein auf Unternehmen in Rechtsformen des privaten Rechts beschränkt. Für Unternehmen in der Rechtsform einer juristischen Person des öffentlichen Rechts wird die Beachtung des B-PCGK lediglich **angeregt,** sofern dem keine gesetzlichen Bestimmungen entgegenstehen (vgl. Ziff. 2.3 Abs. 3). Hintergrund dieser Eingrenzung ist der Umstand, dass der B-PCGK vorrangig beabsichtigt, die bestehenden gesellschaftsrechtlichen Bestimmungen zugunsten zusätzlicher Standards guter und verantwortungsvoller Unternehmensführung auszugestalten,[57] während für juristische Personen des öffentlichen Rechts bereits strukturell abweichende Regeln gelten.[58] 21

(4) Mehrheitlichkeit. Der Anwendungsbereich des B-PCGK ist zudem nicht bei jeder Bundesbeteiligung, sondern nur bei Mehrheitsbeteiligungen eröffnet. Als eine „mehrheitliche Beteiligung" des Bundes definiert Ziff. 2.1 Abs. 3 eine gesellschaftsrechtliche Konstellation, in der „der Bund allein oder zusammen mit einem oder mehreren dem Bund zurechenbaren Vermögensträgern[59] mehr als 50 Prozent der Kapitalanteile oder Stimmrechte hält". Damit weicht der B-PCGK an dieser Stelle von Ziff. 2.2 S. 2 VV-BHO zu § 65 BHO insofern ab, als dass es nicht allein auf die **Anteile am Grund- bzw. Stammkapital** ankommt, sondern auch die **Mehrheit der Stimmrechte** ausreicht. Diese Ergänzung trägt dem Umstand Rechnung, dass auch stimmrechtslose Anteile ausgegeben werden können und somit die eigentliche Einflussnahme auf das Unternehmen über die Stimmrechtsmehrheit mit der absoluten Kapitalmehrheit auseinanderfallen kann.[60] 22

(5) Ausschlusstatbestände. Letztlich ist der Anwendungsbereich des B-PCGK in zweierlei Hinsicht explizit gesperrt. Zum einen ist er subsidiär gegenüber dem DCGK (Ziff. 2.2 S. 1), was aus dem Vorrang der gesetzlichen Regelung in § 161 AktG folgt, zum anderen fallen Beteiligungen mit dem Zweck der Anlage finanzieller Mittel oder der Bereitstellung von Förderfinanzierungen aus dem Anwendungsbereich des B-PCKG heraus (vgl. Ziff. 2.5 Abs. 1, 2). 23

dd) Erweiterung auf Konzernstrukturen und mittelbare Beteiligungen. Von der grundsätzlichen Begrenzung des Anwendungsbereichs des B-PCGK auf unmittelbare Mehrheitsbeteiligungen des Bundes (→ Rn. 22) gibt es zwei Ausnahmefälle. Zum einen 24

---

[55] Marsch-Barner, FS Schneider, 771 (773).
[56] Diese Definition entspricht der Ziff. 1.2 VV-BHO zu § 65 BHO.
[57] So auch die Begründung in der Präambel der „Grundsätze guter Unternehmens- und aktiver Beteiligungsführung im Bereich des Bundes" (→ Rn. 12).
[58] BeckOK BGB/Schöpflin BGB § 21 Rn. 4; Traut Corporate Governance, 170; Ziekow Öffentliches Wirtschaftsrecht § 7 Rn. 10.
[59] Dazu zählen gem. Ziff. 2.1 Abs. 4 „die Sondervermögen des Bundes, die mehrheitlichen Beteiligungen des Bundes an Kapital- und Personengesellschaften, die mehrheitlichen Beteiligungen des Bundes an sonstigen juristischen Personen des privaten Rechts, insbesondere die Vereine und Genossenschaften mit Mitgliedschaft des Bundes und Stiftungen des privaten Rechts, auf die Bund beherrschenden Einfluss ausüben kann, jeweils unabhängig davon ob diese selbst Unternehmen im oben beschriebenen Sinne sind, sowie die bundesunmittelbaren juristischen Personen des öffentlichen Rechts."
[60] Zu stimmrechtslosen Vorzugsaktien in Öffentlichen Unternehmen näher Mann Gesellschaft, 191 ff.; allgemein MüKoAktG/Heider § 12 Rn. 30 ff.

wird die Anwendung des B-PCGK unter den Voraussetzungen der Ziff. 2.4 Abs. 1 auf **Konzernstrukturen** erweitert, wobei die Reichweite der Regelung danach differenziert, ob es sich um Konzerne handelt, die aus bis zu sechs Gesellschaften bestehen oder um Konzerne, in denen mehr als sechs Gesellschaften verbunden sind. Daran anknüpfend sind in jeweils unterschiedlicher Weise das Konzernmutterunternehmen und daneben (ua gemessen an der Arbeitnehmerzahl) auch die inländischen Konzernunternehmen, an denen eine Mehrheitsbeteiligung besteht, verpflichtet, den B-PCGK zu beachten. Ergänzend ordnet Ziff. 2.4 Abs. 3 die entsprechende Anwendbarkeit des B-PCGK für die über **juristische Personen des öffentlichen Rechts gehaltenen Beteiligungen** und für mittelbare Beteiligungen des Bundes an, die über juristische Personen des Privatrechts ohne eigene Unternehmenseigenschaft vermittelt werden, auf welche der Bund einen beherrschenden Einfluss ausübt.

25 **ee) Orientierungsfunktion des PCKG außerhalb seines Anwendungsbereichs.** Für diejenigen Unternehmen, die von vorstehend unter c. und d. genannten Kriterien nicht erfasst werden, insbesondere für **unmittelbare Minderheitsbeteiligungen** des Bundes und Unternehmen in der Rechtsform einer juristischen Person des Öffentlichen Rechts, wird die Anwendung des B-PCGK in Ziffer 2.3 lediglich angeregt. In Bezug darauf ergibt sich aus der Verwaltungsanweisung in Ziff. 2.3.5 (Rn. 45) der RL-ABfUB ein **abgestuftes Orientierungsregime.** Während im Anwendungsbereich des B-PCGK dessen Regeln „möglichst umfänglich" zu berücksichtigen sind, soll in den genannten Fällen, in denen eine Anwendung des B-PCGK nur angeregt wird, das Regelwerk der betreffenden Unternehmen danach auch nur „möglichst weitreichend entsprechend den Empfehlungen des PCGK ausgestaltet werden." Dies eröffnet Spielraum, um etwa dem Wesen der Gesellschaft oder den Unterschieden in der Organisationsform Rechnung zu tragen. In allen anderen Fällen, in denen eine Anwendbarkeit des B-PCGK noch nicht einmal angeregt wird, soll dieser aber immerhin noch als **„Leitbild"** für den Maßstab guter Unternehmensführung herangezogen werden (Ziff. 2.3.5 (Rn. 45) Abs. 4 der RL-ABfUB).

26 **b) PCGK der Länder.** Bereits mit der Erkenntnis, dass der B-PCGK grundsätzlich nur Anwendung auf Unternehmen in Privatrechtsform mit unmittelbarer Mehrheitsbeteiligung des Bundes findet, lässt sich erklären, welche Stellung die verschiedenen PCGK der Länder einnehmen, die in bislang zwölf Ländern erlassen worden sind.[61] Sie adressieren die Unternehmensorgane und die Beteiligungsverwaltung von Landesunternehmen, wobei ihre Zweckrichtung, die Differenzierung zwischen Empfehlungen und Anregungen und der daran anknüpfende „comply-or-explain-Mechanismus" weitgehend dem **Vorbild des B-PCGK** gleichen.[62] Soweit teilweise Abweichungen zu finden sind, wird überwiegend die Anwendbarkeit des PCGK des Landes auch auf Unternehmen in der Rechtsform einer juristischen Person des öffentlichen Rechts, die der Aufsicht des Landes unterliegt (mittelbare Landesbeteiligungen), erstreckt, deren Anwendung also nicht bloß – wie auf Bundesebene (Ziffer 2.4 Abs. 3 B-PCGK) – empfohlen.[63] Das Spektrum reicht hierbei allerdings von einer abschließenden Aufzählung der ausnahmsweisen Anwendbarkeit[64] bis hin zur uneingeschränkten Anwendbarkeit auf Unternehmen in öffentlich-rechtlicher Rechtsform. Nur ausnahmsweise wird selbst eine Minderheitsbeteiligung von 25% für ausreichend erachtet, um dem Unternehmen Empfehlungen und Anregungen an die Hand zu geben.[65] Überwiegend bleibt es jedoch bei einer Orientierung am Vorbild des Bundes, wonach die

---

[61] Länder mit einem PCGK: BW, Bln, Bbg, Brem, Hmb, Hess, NRW, RhPf, Saarl, LSA, SchlH, Thür (abrufbar unter https://publicgovernance.de/html/de/2382.htm).
[62] ZSB Corporate Governance/Brugger Kap. 19 Rn. 42.
[63] A. III. Rn. 11 PCGK BW; Vorbemerkung Abs. 1 PCGK Bln; Präambel Abs. 4 PCGK Hmb; Ziff. 1.2.1b) PCGK NRW; Ziff. A. III. Rn. 9 PCGK RhPf; Ziff. 1.1.2. Rn. 8 PCGK Saarl; Einleitung Ziff. 2. Abs. 3 LSA; Ziff. 1.2 Abs. 1 PCGK SchlH; Ziff. 1.2 Rn. 5.
[64] A. III. Rn. 9 PCGK RhPf.
[65] Ziff. 1.2.1a) aa), bb) PCGK NRW.

Anwendbarkeit des PCGK bei Minderheitsbeteiligung lediglich angeregt wird (→ Rn. 22). Im Ergebnis überrascht die Parallelisierung der Regelungen nicht, da alle PCGK der Länder auf den DCGK und den B-PCGK als Vorbild zurückgreifen konnten und mit den Abweichungen lediglich ihre **länderspezifischen Interessen** berücksichtigen.[66]

III. Bundes-/Landesbetriebe, § 26 BHO/LHO

Entsprechend der Reihenfolge ihrer Thematisierung in der BHO/LHO sollen die Bundes- und Landesbetriebe auch an dieser Stelle vor den Beteiligungen an Unternehmen in privater Rechtsform behandelt werden. Bei diesen Bundes- und Landesbetrieben handelt es sich um unselbstständige, abgesonderte Teile der Verwaltung (Nr. 1.1 VV-BHO § 26), welche trotz ihrer (nach Nr. 1.1 VV-BHO § 26 erforderlichen) erwerbswirtschaftlichen Ausrichtung keine Unternehmen iSd §§ 65 Abs. 1, 112 Abs. 2 BHO darstellen. Unternehmensmorphologisch sind sie den **Regiebetrieben** in der Unterform der Nettobetriebe zuzuordnen.[67] Die ihnen regelmäßig eröffnete Möglichkeit, nach einem Wirtschaftsplan zu operieren und die damit einhergehenden Freiheiten versetzen die Bundes-/Landesbetriebe in die Lage, sich privaten Unternehmen zumindest partiell anzunähern. Über die Besonderheit des eigenen Wirtschaftsplans (→ Rn. 29) und der kaufmännischen Buchführung[68] hinaus bleiben sie aber ansonsten als Teil der unmittelbaren Bundes- bzw. Landesverwaltung im öffentlich-rechtlichen Regime verhaftet.[69] Obwohl ihnen bisweilen das grundsätzliche Potenzial zugesprochen wird, in den Bereichen Organisation, Finanzen, Personal, Produktion und Marketing der Leistungsfähigkeit privater Unternehmen nahezukommen,[70] entsprechen ihre ökonomischen Bilanzen vielfach nicht den Erwartungen.[71] Insgesamt haben sie keine besondere Verbreitung gefunden.[72] 27

1. Einrichtung von Bundes- oder Landesbetrieben

Die Einrichtung eines Bundes-/Landesbetriebs bedarf zunächst einer Wirtschaftlichkeitsprüfung, in der zu prüfen ist, ob der mit dem Betrieb verfolgte Zweck besser durch Privatisierung verfolgt werden kann (§ 7 Abs. 1 S. 2, Abs. 2 BHO). Bei der Einrichtung eines Bundesbetriebs handelt es sich daher konkludent auch immer um eine **Entscheidung gegen die Privatisierung**.[73] Die eigentliche Gründung erfolgt durch schlichten Organisationserlass, über den gemäß § 102 Abs. 1 Nr. 2 BHO der Bundesrechnungshof zu unterrichten ist. Zudem ist eine Abstimmung mit dem Bundesministerium für Finanzen erforderlich.[74] 28

---

[66] ZSB Corporate Governance/Brugger Kap. 19 Rn. 42; Hartmann/Zwirner PCGK Kap. A. IV. 5. Rn. 36.
[67] Näher Mann Gesellschaft, 100 f.
[68] Die Bundes- und Landesbetriebe nach § 26 BHO/LHO haben gem. § 74 BHO/LHO unter bestimmten Voraussetzungen ihre Buchführung nach den Regeln der kaufmännischen Doppik vornehmen, müssen zur Rechnungslegung dann aber auch einen Jahresabschluss und einen Lagebericht in entsprechender Anwendung des § 264 Abs. 1 S. 1 HGB aufstellen (vgl. § 87 BHO/LHO). Näher Gröpl/Rossi BHO § 26 Rn. 5; Piduch/Nebel BHO § 26 Rn. 2.
[69] König DÖV 2009, 21 (22).
[70] Meinert Grenzen und Chancen der Organisationsform „Landesbetrieb nach § 26 LHO", 2006, 439 ff.
[71] Zu den Gründen König DÖV 2009, 21 (22).
[72] Gab es Ende 1998 noch 16 Bundesbetriebe, von denen nur vier (ua die Kleiderkammer der Bundeswehr) nach § 26 I BHO eingerichtet waren (vgl. Mann Gesellschaft, 101 mwN), gibt es laut Dittrich BHO § 26 Rn. 2.1. aktuell keinen Bundesbetrieb iSd § 26 BHO mehr, ein in Beteiligungsbericht des Bundes wird kein Bundesbetrieb ausgewiesen. Mit der Bundesdruckerei (nun: Bundesdruckerei Gruppe GmbH) und der Kleiderkammer der Bundeswehr (nun: Kleiderkammer nun Bw Bekleidungsmanagement GmbH) wurden die bekanntesten Beispiele mittlerweile privatisiert, vgl. den Beteiligungsbericht des Bundes 2021, 59, 131. Auf der Länderebene sind wurden früher vor allem Lotteriegesellschaften, Landes- und Universitätskrankenhäuser, Domänen und Staatsbäder als Landesbetriebe geführt, vgl. die Übersichten bei Eichhorn, FS Potthoff, 1989, 200 ff. und Kilian, Nebenhaushalte des Bundes, 1993, 169 in Fn. 29–30, doch spielen auch die Landesbetriebe heute praktisch keine Rolle mehr, vgl. auch Fn. 86 ff.
[73] König DÖV 2009, 21 (22).
[74] Piduch/Nebel BHO § 26 Rn. 2.

2. Wirtschaftsplan

29 Die zentrale Sonderbestimmung für Bundes-/Landesbetriebe findet sich im Kontext der Regelungen über die Aufstellung des Haushaltsplans in **§ 26 Abs. 1 BHO/LHO.** Diese Bestimmung **konkretisiert** die Verfassungsmaßgabe in **Art. 110 Abs. 1 S. 1 Hs 2 GG.** Danach haben Bundesbetriebe einen Wirtschaftsplan aufzustellen, wenn ein Wirtschaften nach Einnahmen und Ausgaben des Haushaltsplans nicht zweckmäßig ist. Nach Nr. 1.2 VV-BHO § 26 ist dies der Fall, wenn der Betrieb sich den Erfordernissen des freien Wettbewerbs anzupassen hat. Angesichts der geforderten erwerbswirtschaftlichen Ausrichtung stellt das den Regelfall dar. Der Wirtschaftsplan beinhaltet einen **Erfolgsplan,** in dem die im Wirtschaftsjahr voraussichtlich anfallenden Aufwendungen und Erträge nach Art einer Gewinn- und Verlustrechnung darzustellen sind, sowie einen **Finanzplan,** der eine Darstellung der geplanten Maßnahmen zur Vermehrung des Anlage- und Umlaufvermögens, Schuldentilgungen und Gewinnabführung sowie die zu erwartenden Deckungsmittel (Gewinne, Abschreibungen, Darlehen, Kapitalausstattungen usw.) enthält (Nr. 1.3 VV-BHO § 26).

30 Die Besonderheit liegt darin, dass dieser Wirtschaftsplan selbstständig und unabhängig vom Haushaltsplan ist und im Haushaltsplan, der Maßgabe des Art. 110 Abs. 1 S. 1 Hs. 2 GG folgend, nur die **Zuführungen** oder die **Ablieferungen** auszuweisen sind.[75] Bei Zuführungen handelt es sich um die Ausgaben des Bundes/Landes für den Betrieb, zB Zuweisungen zur Deckung von Betriebsverlusten, bei den Ablieferungen die dem betreffenden Haushalt zufließenden Erträge desselben, zB Gewinnablieferungen und Kapitalrückzahlungen (vgl. Nr. 1.4 VV-BHO § 26). Entsprechend dem Grundsatz der Vollständigkeit des Haushaltsplans ist aufgrund dieser Verzahnung der Wirtschaftsplan dem Haushaltsplan als Anlage beizufügen oder in die Erläuterungen aufzunehmen (§ 26 Abs. 1 S. 2 BHO/LHO). Soweit § 26 Abs. 1 S. 4 BHO darüber hinaus vorsieht, dass auch eine Ausweisung der Planstellen im Haushaltsplan zu erfolgen hat, nimmt der Wortlaut („nach Besoldungsgruppe und Amtsbezeichnung") nur Beamte in den Blick, was als **Redaktionsversehen** angesehen wird.[76] Dies aufgreifend sieht dann auch Nr. 1.6 VV-BHO § 26 erweiternd vor, dass „andere Stellen als Planstellen" in die Erläuterungen aufzunehmen sind.

3. Landesrechtliche Abweichungen

31 Die Organisationsform des Landesbetriebs ist im Gegensatz zum praktisch bedeutungslosen Bundesbetrieb heutzutage noch häufiger anzutreffen.[77] In rechtlicher Hinsicht stellt das von Bund und Ländern unterschiedlich beurteilte Erfordernis **erwerbswirtschaftlicher Ausrichtung** der Betriebe eine seit langem kontrovers diskutierte Frage dar.[78] Indem das BVerwG die erwerbswirtschaftliche Ausrichtung der betrieblichen Tätigkeit zur **zwingenden Voraussetzung** für die Qualifizierung einer Einrichtung als Landesbetrieb erhoben hat,[79] bestätigte es im Grunde die für Bundesbetriebe in Nr. 1.1 VV-BHO § 26 aufgestellte Anforderung, welche auch vom überwiegenden Teil der Länder nahezu wortgleich übernommen worden ist.[80] Darüber hinaus dürfte kein wesentlicher Unterschied in der Sache bestehen, wenn statt einer erwerbswirtschaftlichen Ausrichtung ein „wirtschaftlicher Ge-

---

[75] Sofern für einen Bundesbetrieb Zuführungen und Ablieferungen veranschlagt werden, können beide Beträge im Haushaltsplan ausgewiesen werden. Eine Saldierung ist nicht erforderlich, vgl. Gröpl/Rossi BHO § 26 Rn. 6; Piduch/Nebel BHO § 26 Rn. 2.
[76] Gröpl/Rossi BHO § 26 Rn. 7. Die LHO Brem. und LSA weisen dieses Redaktionsversehen nicht auf.
[77] Eine Übersicht über den Bestand der Landesbetriebe bietet in der Regel das jeweilige Ministerium für Finanzen oder das Organigramm über den Aufbau der Landesverwaltung.
[78] Zum Diskussionsstand: Puhl Budgetflucht und Haushaltsverfassung, 1996, 142 ff.
[79] BVerwG DÖV 2008, 35; für Bundesbetriebe kann insoweit nichts anderes gelten.
[80] Vgl. Nr. 1.1 VV-LHO § 26 Hess., MV, PhPf, LSA., SchlH, Thür.; bzw. Nr. 1.1.1 VV-LHO § 26 Nds., Saarl. In Nds. und im Saarl. erfolgt zudem ein expliziter Verweis darauf, dass Landesbetriebe nur eingerichtet werden können, soweit nicht eine Privatisierung zweckmäßiger erscheint.

schäftsbetrieb"[81] oder eine „öffentlichen Zwecken dienende wirtschaftliche Tätigkeit"[82] verlangt wird. Gleiches dürfte mit Blick auf die Begriffsbestimmungen für Landesbetriebe in Bayern und Sachsen gelten, welche als zentrales Merkmal auf die aufgrund der betriebs- oder erwerbswirtschaftlichen Ausrichtung oder des Absatzes der Erzeugnisse geltenden besonderen Bewirtschaftungsvorschriften abstellen.[83]

Demgegenüber halten trotz der Rechtsprechung des BVerwG aber noch immer **einzelne Länder** an ihren **abweichenden Begriffsbestimmungen** fest. So verzichtet Bremen als einziges Land vollends auf das Kriterium der erwerbswirtschaftlichen Ausrichtung, während Baden-Württemberg und Nordrhein-Westfalen neben der erwerbswirtschaftlichen Ausrichtung auch eine zumindest kostendeckende Tätigkeit ausreichen lassen.[84] Eine Korrelation dieser weiteren Begriffsfassungen zu einer tatsächlichen auch gesteigerten Einrichtung von Landesbetrieben[85] ist aber nicht zu erkennen: Bremen, das vollständig auf das Kriterium der erwerbswirtschaftlichen Ausrichtung verzichtet, hat keinen Landesbetrieb eingerichtet, Baden-Württemberg lediglich zwei[86] und Nordrhein-Westfalen sechs.[87] Demgegenüber wurden in Bayern zehn solcher Betriebe eingerichtet[88] und selbst in Niedersachsen, welches gemeinsam mit dem Saarland die wohl engsten Anforderungen an den Begriff des Landesbetriebs stellt, existieren sechs Landesbetriebe.[89] Die praktischen Auswirkungen der Diskussion um die definitorische Relevanz der erwerbswirtschaftlichen Ausrichtung sollten daher nicht überschätzt werden.

IV. Privatrechtliche Organisationsform

Bund und Ländern kommen bei der Aufgabenerledigung grundsätzlich **Rechtsformenwahlfreiheit** zu.[90] Diese umfasst nicht nur eine Auswahlmöglichkeit zwischen bundes- oder landesunmittelbaren Verwaltungseinheiten in Rechtsformen des öffentlichen Rechts (Bundes-/Landesbetriebe; Regie- oder Eigenbetriebe, Anstalten des öffentlichen Rechts), sondern insbesondere auch die Option, selbstständige Unternehmen mit eigener Rechtspersönlichkeit in Rechtsformen des Privatrechts einzurichten oder sich an solchen zu beteiligen (→ § 18 Rn. 27 ff.).

Solcher privatrechtlichen Organisationsform bedient sich der Bund bei seiner Aufgabenwahrnehmung durch Unternehmen in großer Regelmäßigkeit. 2020 bestanden 116 **unmittelbare** Unternehmensbeteiligungen und 390 **mittelbare Beteiligungen** mit einem Anteil von mindestens 25 % und einem Nennkapital von mindestens 50.000 €.[91] Die Gesellschaftsformen sind hierbei breit gefächert. Dabei überwiegt die GmbH bzw. gGmbH – circa 74 % der Unternehmen, an welchen der Bund unmittelbar beteiligt ist, sind in dieser Form organisiert. Unmittelbare Beteiligungen bestehen aber auch an Aktiengesellschaften und GmbH & Co. KGs. Hinzu kommt die Mitgliedschaft in 16 Genossenschaften sowie

---

[81] Nr. 1.1 VV-LHO § 26 Bln.
[82] Nr. 1.1 VV-LHO § 26 Bbg.
[83] Vgl. Nr. 1.1 VV-LHO Art. 26 Bay. Die Definition der Landesbetriebe findet sich in Sachsen bereits im Wortlaut des § 26 Abs. 1 LHO und nicht in der zugehörigen VV.
[84] Vgl. Nr. 1.1 VV-LHO § 26 Brem., BW, NRW.
[85] So postuliert von König DÖV 2009, 21 (26).
[86] Staatliche Münzen und Staatsweingut Meersburg.
[87] Materialprüfungsamt, Geologischer Dienst, Landesbetriebe Straßenbau, Information und Technik, Wald und Holz sowie Eich- und Messwesen.
[88] Bayerische Landeshafenverwaltung, Landeskraftwerke, Spielbanken, Staatsbrauerei Weihen Stephan, Hauptmünzamt, Staatsbad Bad Brückenau, Immobilien Freistaat Bayern, Staatliches Hofbräuhaus, Staatlicher Hofkeller, Staatsbetrieb Sonderabfalldeponien.
[89] Logistikzentrum Niedersachsen, IT.Niedersachsen, Landesbetriebe für Wasserwirtschaft, Küsten- und Naturschutz, Mess- und Eichwesen sowie zwei weitere für Materialprüfung.
[90] Vgl. statt vieler nur BGHZ 91, 84 (95 f.); Schmidt ZGR 1996, 345 (349, 356 f.); zur verfassungsrechtlichen Herleitung und Einschränkungen der Wahlfreiheit s. Mann Gesellschaft, 39 ff.
[91] Beteiligungsbericht des Bundes 2021, 14.

die Beteiligung an der, im Beteiligungsbericht als „sonstige" ausgewiesenen, Kreditanstalt für Wiederaufbau (KFW).[92]

1. Zugangsvoraussetzungen für die Privatrechtsform (§ 65 BHO/LHO)

35 Die maßgeblichen verwaltungsrechtlichen Organisationsvorgaben für die Beteiligung[93] an Unternehmen in Privatrechtsform enthält § 65 BHO. Dabei ist zu trennen zwischen den **Zugangsbedingungen** zur Privatrechtsform und der **Steuerungsanforderungen** betreffend dieser Unternehmen, die sich wiederum nach den Kategorien **Einwirkung** und **Kontrolle** differenzieren lassen (→ Rn. 72).[94] Die Aussagen zu den Zugangsbedingungen finden sich in den Absätzen 1 und 2 des § 65 BHO. Sie sind als **„Soll-Vorschriften"** ausgestaltet, stellen also ausweislich ihres Wortlauts keine zwingenden Anforderungen für die Beteiligung auf. Diese rechtliche Ausgestaltung lässt sich dadurch erklären, dass die Notwendigkeit einer Bundesbeteiligung bzw. das Fortbestehen des Bundesinteresses gem. § 7 Abs. 1 BHO durch das zuständige Ministerium periodisch überprüft werden muss[95] und eine Unternehmensbeteiligung, welche die Anforderungen des § 65 Abs. 1 nicht (mehr) erfüllt, nicht unmittelbar rechtswidrig werden soll. Stattdessen ist die Beteiligung im Anschluss an die periodische Prüfung zu beenden.[96]

36 **a) Wichtiges Interesse und Subsidiarität (Nr. 1).** Die Beteiligung an einem Unternehmen in Privatrechtsform ist nach § 65 Abs. 1 Nr. 1 BHO nur dann zulässig, wenn ein wichtiges Interesse des Bundes vorliegt und sich der vom Bund angestrebte Zweck nicht besser und wirtschaftlicher auf andere Weise erreichen lässt.

37 **aa) Wichtiges Interesse.** Der Versuch, die wichtigen Interessen im Sine der Nr. 1 im Wege einer allumfänglichen Definition zu erfassen, ist schon deshalb zum Scheitern verurteilt, weil der Regierung bzw. dem zuständigen Ministerium eine **Einschätzungsprärogative** bei der Definition der Interessen zuerkannt wird.[97] Betrachtet man hingegen empirisch die Interessen, welche ausweislich des Beteiligungsberichts 2021 mit unmittelbaren Beteiligungen des Bundes verfolgt werden, so sind dies die Zwecke Wirtschaftsförderung, Infrastruktur, Wissenschaft, Verteidigung, Effizienzsteigerung/Abwicklung, Entwicklungspolitik sowie Kulturförderung.[98] Lediglich im Sinne einer Negativabgrenzung wird man auf die Verbandszuständigkeit abheben können und fordern müssen, dass mit Beteiligungen auf Bundesebene nicht ausschließlich den Ländern oder Kommunen zugewiesene Aufgaben erfüllt werden und umgekehrt auf Landesebene dementsprechend ausschließliche Aufgaben des Bundes und der Kommunen nicht zu den wichtigen Landesinteressen zählen können. Ebenfalls kein wichtiges Bundesinteresse in diesem Sinne ist die bloße Deckung des staatlichen Informationsinteresses.[99]

38 Ein kontrovers diskutiertes Dauerthema ist die Frage, ob Unternehmen, die erwerbswirtschaftlich **allein** mit dem **Ziel der Gewinnerzielung** tätig werden, bereits dadurch ein wichtiges Bundesinteresse verfolgen. Für eine solche These wird geltend gemacht, dass auch Einnahmenerzielung eine Aufgabe des Staates sei und die Steuerzahler entlaste.[100] Allerdings übersieht dieser Ansatz, dass im Verfassungsstaat das Gemeinwohl den Legitimationsgrund aller Staatlichkeit bildet[101] und aus diesem Gemeinwohlgebot deshalb eine Notwendigkeit zur Rechtfertigung auch der öffentlichen Wirtschaftsteilnahme durch ge-

---

[92] Beteiligungsbericht des Bundes 2021, 15.
[93] Zulässig sind sowohl unmittelbare Beteiligungen als auch mittelbare, bei welchen sich ein Unternehmen, an welchem der Bund unmittelbar beteiligt ist, an einem weiteren Unternehmen beteiligt.
[94] Zur Systematik und Terminologie s. Mann Gesellschaft, 120 f.
[95] So Piduch/Nöhrbaß BHO § 65 Rn. 7.
[96] Auf den Charakter als Soll-Vorschrift weist auch die Begr. zum RegE hin, BT-Drs. V/3040 64.
[97] BVerwGE 39, 329; Heuer/Scheller/Kautzsch BHO § 65 Rn. 21.
[98] Beteiligungsbericht des Bundes 2021, 14.
[99] Gröpl/Wernsmann BHO § 65 Rn. 5; Heuer/Scheller/Kautzsch BHO § 65 Rn. 21.
[100] Jarass DÖV 2002, 489 (491).
[101] Isensee/Kirchhof/Isensee HStR Bd. IV, § 71 Rn. 1, § 73 Rn. 5.

meinwohlbezogene Erwägungen erwächst. Ein Recht der öffentlichen Hand zu zweckfreier erwerbswirtschaftlicher Tätigkeit allein zu Finanzierungszwecken kann daher nicht anerkannt werden[102] und konfligiert auch mit der **Teleologie des Steuerstaates,** demzufolge die Einnahmeerzielung des Staates primär über die Steuer und nicht über gewinnmaximierte wirtschaftliche Tätigkeit gesichert werden soll.[103] Gleichwohl ist angesichts der erwähnten Einschätzungsprärogative der Regierung eine wesentliche Einengung der Felder öffentlicher Wirtschaftstätigkeit nicht zu befürchten. Das gilt umso mehr, als eine Gewinnerzielung als Sekundärziel gerade nicht ausgeschlossen ist, wie sich schon verfassungsrechtlich aus Art. 110 Abs. 1 Hs 2 GG ergibt, wonach die Ablieferungen der Bundesbetriebe in den Haushaltsplan aufzunehmen sind (→ Rn. 29).

Fraglich ist auch, ob sich das die Beteiligung rechtfertigende wichtige Interesse des Bundes auch im **Unternehmenszweck** wiederfinden muss.[104] Problematisch sind insbesondere Fälle, in denen die Beteiligung an einem Unternehmen zur Arbeitsplatzsicherung in einer strukturschwachen Region erfolgen soll, das Unternehmen selbst aber keinen öffentlichen Zweck verfolgt, weil es beispielsweise dem produzierenden Gewerbe angehört. Wenn man berücksichtigt, dass der öffentlichen Hand auch andere Handlungsoptionen zur Existenzsicherung von Unternehmen (Subventionen, Kredite, Bürgschaften) zu Gebote stehen, sollte ihr angesichts der vorstehend (→ Rn. 35) aufgezeigten Schranken in solchen Fällen nicht durch die Hintertür der Einstieg in eine rein gewinnorientierte Wirtschaftstätigkeit ermöglicht werden. Im Gegenteil erweist es sich aus der Steuerungsperspektive sogar als vorentscheidend, dass neben dem grundsätzlich zweckneutralem Unternehmensgegenstand auch der öffentliche Zweck als Gesellschaftszweck in der Unternehmenssatzung verankert wird. Denn nur dann wird das öffentliche Interesse, das die Beteiligung rechtfertigt, zu einem Eigeninteresse der Gesellschaft, wodurch den beteiligten privaten Gesellschaftern, auch aus Gründen gesellschaftsrechtlicher Konfliktprävention, die Berufung auf eine primär gewinnorientierte Unternehmensführung verwehrt werden kann.[105] 39

bb) Subsidiaritätsklausel. Im Sinne einer Subsidiarität der staatlichen Beteiligung wird in § 65 Abs. 1 Nr. 1 BHO zudem verlangt, dass sich „der angestrebte Zweck nicht besser oder wirtschaftlicher auf andere Weise erreichen lässt." Diese „andere Weise" kann in rein privatwirtschaftlicher Betätigung ohne staatliches Engagement, in einer Zweckverfolgung durch juristische Personen des öffentlichen Rechts oder durch Behörden sowie in einer bloßen Unterstützung von Privatunternehmen durch Darlehen, Zuwendungen oder Kooperationen bestehen.[106] Zur Feststellung, ob der öffentliche Zweck durch Private besser verwirklicht werden kann, kann ein **Interessenbekundungsverfahren** durchgeführt werden, in dem Privaten die Möglichkeit gegeben wird, darzulegen, dass sie in der Lage sind, den öffentlichen Zweck besser oder wirtschaftlicher zu verwirklichen.[107] 40

---

[102] Badura, FS Schlochauer, 1981, 4 (20); Ehlers Verwaltung in Privatrechtsform, 1984, 93; Mann Gesellschaft, 81; Pitschas/Schoppa DÖV 2009, 469 (471); Heuer/Scheller/Kautzsch BHO § 65 Rn. 21; Gröpl/Wernsmann BHO § 65 Rn. 5; Lammers DÖV 2018, 303 (308); aA (ohne Begr.) Gersdorf, AfP 1998, 470 (472).
[103] Vgl. BVerfG, DVBl. 1981, 139 (140); Ehlers JZ 1990, 1089 (1091); Kirchhof VVDStRL 39 (1981), 213 (215); Löwer VVDStRL 60 (2001), 416 (420 f.); Mann NdsVBl. 2022, 197 (199).
[104] Vgl. nur einerseits (dagegen) Möstl Grundrechtsbindung öff. Wirtschaftstätigkeit, 1999, 113 f., andererseits (dafür) Mann Gesellschaft, 183 f.; vermittelnd Gröpl/Wernsmann BHO § 65 Rn. 6.
[105] Ausführlich dazu Mann Gesellschaft, 84, 183 ff.; iE ebenso Koch, 16. Aufl. 2022, AktG § 394 Rn. 2c; Cannivé NZG 2009, 445 (447 f.); Pauly/Schüler DÖV 2012, 339 (345); Adenauer/Merk NZG 2013, 1251 (1254); Grigoleit/Grigoleit AktG § 76 Rn. 17; Traut Die Corporate Governance von Kapitalgesellschaften der öffentlichen Hand, 2013, 42 ff.; 84 ff.; Pfeifer Möglichkeiten und Grenzen der Steuerung kommunaler Aktiengesellschaften durch ihre Gebietskörperschaften, 1993, 122; Gröpl/Wernsmann BHO § 65 Rn. 6; Ruthig/Storr ÖffWirtschaftsR § 8 Rn. 722; RSW Public Corporate Governance/Müller-Marqués Berger/Srocke, 131 (133). Konkreter Formulierungsvorschlag bei Frankenberger RNotZ 2018, 649 (652). Vgl. inzwischen auch die entsprechende Forderung in Ziff. 3.1.1 B-PCGK und in Ziff. 2.1.1 Rn. 9 RL-ABfUB.
[106] Gröpl/Wernsmann BHO § 65 Rn. 7.
[107] Tappe/Wernsmann Öffentliches Finanzrecht Rn. 692.

41 b) Begrenzung der Einzahlungsverpflichtung (Nr. 2). Durch die Maßgabe in § 65 Abs. 1 Nr. 2 BHO, dass die Einzahlungsverpflichtung des Bundes zu begrenzen ist, soll der Staat vor **nicht quantifizierbaren Haftungsrisiken** geschützt werden.[108]

42 aa) Auswirkung auf die Rechtsformenwahl. Gleichzeitig erfolgt durch diese Anforderung aber auch eine Einengung des verfügbaren Rechtsformenspektrums, denn eine solche Begrenzung der Einzahlungsverpflichtung ermöglichen nicht alle privatrechtlichen Rechtsformen. So geht vor allem die Beteiligung an einer OHG, GbR, KG und KGaA (als Komplementär) mit einer unbegrenzten persönlichen Haftung einher.[109] Möglich bleiben aber die praxisrelevanten Beteiligungen an einer **(g)GmbH, an Aktiengesellschaften, an einer GmbH & Co. KG** sowie **Mitgliedschaften in Genossenschaften**. Darüber hinaus lässt § 65 Abs. 1 Nr. 2 BHO aber auch Beteiligungen an einer SE, UG, als Kommanditist an einer KG, als nicht persönlich haftender Gesellschafter an einer KGaA oder auch als stiller Gesellschafter zu.[110]

43 bb) Relevanz für Beherrschungs- und Gewinnabführungsvertrag. Darüber hinaus unterbindet § 65 Abs. 1 Nr. 2 BHO aber auch **spezifische vertragliche Vereinbarungen** wie etwa das Eingehen von Nachschuss-, Verlustausgleichs- oder sonstigen risikobehafteten Eventualverbindlichkeiten.[111] Umstritten ist die Frage, ob die durch den Abschluss eines Beherrschungs- oder Gewinnabführungsvertrags nach § 291 AktG entstehende Verlustübernahmeverpflichtung aus § 302 Abs. 1 AktG der Maßgabe in § 65 Abs. 1 Nr. 2 BHO widerspricht. Die Bildung eines Vertragskonzerns durch den Bund oder ein Land[112] ist nach allgemeiner Ansicht grundsätzlich möglich,[113] doch wird der Abschluss eines Gewinnabführungs- oder Beherrschungsvertrags zur Gründung eines Vertragskonzerns aufgrund der damit verbundenen **unbegrenzten Verlustübernahmeverpflichtung aus § 302 Abs. 1 AktG** teilweise als haushaltsrechtlich unzulässig eingestuft.[114] Die Gegenauffassung verweist auf die Weisungsbefugnis gegenüber dem beherrschten Unternehmen (§ 308 Abs. 1 AktG), die das Risiko des Entstehen übermäßiger Verluste kompensiere.[115] Der mitunter als Facette dieser Sichtweise vertretene Begründungsansatz, das Unbedenklichkeitstestat mit dem Charakter des § 65 Abs. 1 BHO als Soll-Vorschrift zu begründen,[116] kann allerdings nicht überzeugen, da diese Wendung aus einen anderen Hintergrund erfolgt ist (→ Rn. 35) und gerade nicht bezweckt, die Erfüllung der Anforde-

---

[108] Tappe/Wernsmann Öffentliches Finanzrecht Rn. 693; Gröpl/Wernsmann BHO § 65 Rn. 8.
[109] Vgl. § 128 HGB (unmittelbar für die Gesellschafter der OHG; iVm § 161 Abs. 2 HGB für den Komplementär der KG; analog für die Gesellschafter einer GbR, Saenger Gesellschaftsrecht § 3 Rn. 194.
[110] Gröpl/Wernsmann BHO § 65 Rn. 8; Heuer/Scheller/Kautzsch BHO § 65 Rn. 23 ff.; Mann Gesellschaft, 173; aA zur Beteiligung als Kommanditist an einer KG (allerdings ohne Begr.) von Lewinski/Burbat BHO § 65 Rn. 8.
[111] Tappe/Wernsmann Öffentliches Finanzrecht Rn. 693.
[112] Die Gebietskörperschaft wird bei Erwerb einer Beteiligung selbst als Unternehmen iSd Konzernrechts angesehen; vgl. BGHZ 69, 334 (338 ff.); BGHZ 105, 168 (174 ff.); 135, 107 (113); MüKoAktG/Bayer AktG § 15 Rn. 38 mwN.
[113] Vgl. statt aller nur MüKoAktG/Schockenhoff AktG Vorb. §§ 394, 395 Rn. 60; Grigoleit/Rachlitz AktG §§ 394, 395 Rn. 14.
[114] So zB Gröpl/Wernsmann BHO § 65 Rn. 8; Grigoleit/Rachlitz AktG §§ 394, 395; Rn. 14; MüKoAktG/Kropff AktG, 2. Aufl. 2006, Vorb. §§ 394, 395 Rn. 59; Engellandt Die Einflussnahme der Kommunen auf ihre Kapitalgesellschaften über das Anteilseignerorgan, 1995, 19 f.; Büchner Die rechtliche Gestaltung kommunaler öffentlicher Unternehmen, 1982, 229; Schwintowski NJW 1995, 1316 (1319 f.); Grundlach/Frenzel/Schmidt LKV 2001, 246 (248 f.); Merz Der öffentlich-rechtliche und konzernrechtliche Rahmen für kommunale Tochter-, Enkel- und Urenkelgesellschaften, 2014, 126 ff.
[115] So: MüKoAktG/Schockenhoff AktG Vorb. §§ 394, 395, Rn. 64; Hopt/Wiedemann/Huber/Fröhlich AktG Vorb. §§ 394, 395 Rn. 32; Kiefner/Schürnbrand AG 2013, 789 (791); R. Schmidt ZGR 1996, 345 (361); Maier Beamte als Aufsichtsratsmitglieder der öffentlichen Hand in der Aktiengesellschaft, 2005, 64 ff.; Pfeifer Möglichkeiten und Grenzen der Steuerung kommunaler Aktiengesellschaften durch ihre Gebietskörperschaft, 1993, 129 ff.; Koch Der rechtliche Status kommunaler Unternehmen in Privatrechtsform, 1994, 175 ff.; ders. DVBl. 1994, 667 (671); Raiser ZGR 1996, 458 (474); Habersack ZGR 1996, 544 (558); Ehlers DVBl. 1997, 137 (140).
[116] So: Schmidt/Lutter/Oetker AktG Vorb. §§ 394, 395 Rn. 11.

rungen des § 65 Abs. 1 BHO sämtlich dem Ermessen des zuständigen Ministeriums zu überantworten. Ebenso wenig überzeugt das Argument, dass Bund und Länder doch auch für die Schulden ihrer Eigenbetriebe unbegrenzt einzustehen hätten.[117] Denn es negiert nicht nur die im Gesetz bewusst angelegte Differenzierung nach Rechtsformen (kann insoweit also nur rechtspolitisch verstanden werden), sondern übersieht auch, dass die reduzierten Kontroll- und Einwirkungsmöglichkeiten auf das beherrschte Unternehmen, die durch das Weisungsrecht nach § 308 AktG vermittelt werden,[118] dem Ausmaß an Steuerungsmöglichkeiten bei Eigenbetrieben[119] nicht gleichgestellt werden können. Zur Positionierung in der Frage der Beherrschungsverträge wird man bedenken müssen, dass es sich bei der Nr. 2 im Wesentlichen um eine Norm zur Rechtsformwahl handelt, welche ausgehend von dem Befund, dass die Wahl privatrechtlicher Rechtsformen mit einer Mediatisierung der Steuerung verbunden ist, die Risiken für den öffentlichen Gesellschafter minimieren soll. Die aufgrund der nur mittelbar möglichen Einflussnahme bestehenden Steuerungsrisiken sollen durch eine entsprechende Haftungsbeschränkung kompensiert werden.[120] Weil der Staat durch Nr. 2 also vor unbeherrschbaren finanziellen Risiken geschützt werden soll, können umso stärkere Risiken in Kauf genommen werden, je stärker der staatliche Einfluss auf das verselbständigte Rechtssubjekt ist.[121] Damit ist von einer **grundsätzlichen Zulässigkeit eines Beherrschungs- oder Gewinnabführungsvertrags** auszugehen, wobei jedoch im Einzelfall eine Korrekturmöglichkeit bleibt, die im Kontext mit der Voraussetzung des § 65 Abs. 1 Nr. 3 BHO zu würdigen ist.

Die Praxis begegnet dem aufgezeigten Problem aber vielfach durch die Zwischenschaltung einer **Holding-GmbH**, sodass die Verlustübernahmepflicht nicht den Bund oder das Land direkt, sondern die Holding trifft. Dieses gerade auch auf kommunaler Ebene beliebte Organisationsmodell[122] unterstreicht aber in besonderer Weise die Widersprüchlichkeit der Konstruktion, bei der einerseits durch die Wahl der Privatrechtsform eine effizienzsteigernde Autonomisierung angestrebt wird, andererseits aber über konzernrechtliche Beherrschungsverträge und Holdingstrukturen die Unabhängigkeit der Unternehmensführung wieder rückgängig gemacht werden muss, um den verfassungsrechtlichen Ingerenzanforderungen (→ Rn. 45) Rechnung tragen zu können. 44

c) Angemessener Staatseinfluss (Nr. 3). Als weitere Voraussetzung ist eine Beteiligung des Bundes an einem privatrechtlichen Unternehmen an die Maßgabe geknüpft, dass „der Bund einen angemessenen Einfluss, insbesondere im Aufsichtsrat oder in einem entsprechenden Überwachungsorgan erhält". Hintergrund dieser Bestimmung sind die bei staatlicher Wirtschaftstätigkeit zu beachtenden verfassungsrechtlichen Organisations- und Strukturdirektiven, namentlich die sich aus dem Demokratieprinzip ergebenden Anforderungen an die Legitimität von unternehmerischen Entscheidungen sowie der aus dem Rechtsstaatsprinzip fließende Anspruch, die Letztverantwortung für die Erfüllung öffentlicher Aufgaben übernehmen zu müssen (→ § 18 Rn. 42 f.).[123] Das Merkmal der Angemessenheit versucht 45

---

[117] So MüKoAktG/Schockenhoff AktG Vorb. §§ 394, 395, Rn. 64.
[118] Das Weisungsrecht nach § 308 Abs. 1 AktG umfasst zB nur Weisungen an den Vorstand, nicht aber an den Aufsichtsrat.
[119] Dazu Mann Gesellschaft, 117 f., 122 ff., 131 ff.
[120] Vgl. in diesem Sinne schon die amtl. Begründung zur gleichgerichteten Vorschrift des § 69 I 1 DGO 1935, abgedr. bei Surén/Loschelder, DGO, § 69 Anm. 1.
[121] Raiser ZGR 1996, 458 (473 f.); R. Schmidt ZGR 1996, 345 (361); Pfeifer Möglichkeiten und Grenzen der Steuerung kommunaler Aktiengesellschaften durch ihre Gebietskörperschaften, 1993, 136 f.; Koch Der rechtliche Status kommunaler Unternehmen in Privatrechtsform, 1994, 176 f.; ders. DVBl. 1994, 667 (671); Ehlers DVBl. 1997, 137 (140); Mann Gesellschaft, 220 f.
[122] MüKoAktG/Schockenhoff AktG Vorb. §§ 394, 395, Rn. 64; Kiefner/Schürnbrand AG 2013, 789 (791 f.).
[123] Grundlegend Püttner, Die öffentlichen Unternehmen, 2. Aufl. 1985, 135 ff.; ausführlich Mann Gesellschaft, S. 55 ff.; s. auch Spannowsky ZGR 1996, 400 (412 ff.); Heintzen VVDStRL 62 (2003), 220 (258); Voßkuhle VVDStRL 62 (2003), 266 (285); Fabry/Augsten Unternehmen der öffentlichen Hand/Fabry, 69; Ruthig/Storr ÖffWirtschaftsR Rn. 632; Gröpl/Wernsmann BHO § 65 Rn. 11; Mann NdsVBl. 2022, 197 (198 f.).

den Einfluss in eine Proportionalitätsbeziehung zur Relevanz und Intensität der staatlichen Beteiligung zu stellen. Ganz in diesem Sinne formuliert dann auch die zugehörige Verwaltungsvorschrift, der Einfluss sei angemessen, „wenn er dem mit der Beteiligung verfolgten **Zweck und der Höhe und der Bedeutung** der Beteiligung Rechnung trägt."[124] Hinsichtlich der Art hebt der Wortlaut hervor, dass „insbesondere" der Aufsichtsrat bzw. das Überwachungsorgan der Gesellschaft das zentrale Instrument darstellt, um den staatlichen Einfluss im Unternehmen sicherzustellen. Die Einflusssicherung kann hierbei sowohl auf der personellen Ebene (zB Entsendungsrechte des Bundes bei der Besetzung des Überwachungsorgans) oder auf der institutionellen Ebene (zB Einrichtung eines fakultativen Aufsichtsrats bei der GmbH, Statuierung zustimmungspflichtiger Rechtsgeschäfte) erfolgen (→ Rn. 72 ff.).[125]

46 **d) Aufstellung und Prüfung des Jahresabschlusses (Nr. 4).** Als vierte Voraussetzung für die Beteiligung des Staates an einem Unternehmen verlangt § 65 Abs. 1 BHO, dass die Aufstellung und Prüfung des Jahresabschlusses und des Lageberichts, sofern weitergehend gesetzlich nichts anderes vorgesehen ist, in entsprechender Anwendung der handelsrechtlichen Bestimmungen für große Kapitalgesellschaften erfolgt. Der den Regeln der Doppik folgende kaufmännische Jahresabschluss muss mindestens eine Bilanz (Vermögensaufstellung) und eine Gewinn- und Verlustrechnung enthalten (§ 242 Abs. 3 HGB) und ist bei den hier in Rede stehenden Kapitalgesellschaften noch um einen Anhang (§ 284 ff. HGB) und einen Lagebericht (§ 289 Abs. 1 HGB) zu erweitern. Durch den Verweis der Nr. 4 auf große Kapitalgesellschaften ist somit klargestellt, dass den staatlichen Unternehmensbeteiligungen unabhängig von ihrer tatsächlichen Größe die insoweit bestehenden Erleichterungen[126] für kleine Kapitalgesellschaften iSd § 267 I HGB nicht zu Gute kommen sollen. In der Sache wird durch diese Maßgabe eine detailliertere Kontrollmöglichkeit im Rahmen der Finanz- und Wirtschaftlichkeitskontrolle geschaffen. Im Falle eines Konzernverhältnisses ist ein Konzernabschluss und -lagebericht erforderlich, vgl. §§ 290 ff. HGB. Insgesamt wird durch die in Nr. 4 geforderte Form der Rechnungslegung und der damit einhergehenden Prüfung durch einen Abschlussprüfer gem. § 316 ff. HGB der Zugang der Beteiligungsverwaltung zu geschäftswesentlichen Informationen erleichtert und die Transparenz des unternehmerischen Handelns erhöht.[127] Denn damit findet ein zusätzlicher Prüfungsrahmen Anwendung, wenn eine erweiterte Jahresabschlussprüfung nach § 53 HGrG und eine Betätigungsprüfung nach § 44 HGrG durchzuführen sind.

47 **e) Einwilligungs- und Beteiligungspflicht (Abs. 2).** Ergänzend zu den Zugangsvoraussetzungen des Abs. 1 verlangt § 65 Abs. 2 S. 1 BHO für den Anteilserwerb an Unternehmen und vergleichbar weitreichenden Unternehmensentscheidungen[128] die Einholung der vorherigen Einwilligung des Finanzministeriums, das nach § 65 Abs. 2 S. 3 BHO auch an den Verhandlungen zu beteiligen ist.[129]

48 **f) Landesrechtliche Besonderheiten.** Die vorangehend geschilderten Zugangsbedingungen aus § 65 Abs. 1 Nr. 1 – 4 BHO werden auch auf der Landesebene vollständig abgebildet. Einzelne LHO verzichten auf die Einwilligung des Finanzministeriums

---

[124] Vgl. Ziff. 2.1.1 Rn. 14 RL-ABfUB; dies übernehmend Gröpl/Wernsmann BHO § 65 Rn. 9; v. Lewinski/Burbat BHO § 65 Rn. 9.
[125] Vgl. etwa Gröpl/Wernsmann BHO § 65 Rn. 9; Heuer/Scheller/Kautzsch BHO § 65 Rn. 27, 30; Piduch/Nöhrbaß BHO § 65 Rn. 10; detailliert Mann Gesellschaft, 189–197, 203–209.
[126] Etwa hinsichtlich der Fristen (§ 264 Abs. 1 S. 2 HGB) oder mit Blick auf die Zulässigkeit einer verkürzten Bilanz (§ 266 Abs. 1 S. 2 HGB).
[127] So auch Gröpl/Wernsmann BHO § 65 Rn. 12 f.; Piduch/Nöhrbaß BHO § 65 Rn. 11; Heuer/Scheller/Kautzsch BHO § 65 Rn. 31; Knauff Öffentliches Wirtschaftsrecht § 8 Rn. 12. Näher zur Instrumentierbarkeit der Abschlussprüfung zwecks der Kontrolle öffentlicher Unternehmen durch ihre staatlichen Gesellschafter Mann Gesellschaft, 230 ff.
[128] Änderung des Nennkapitals oder des Gegenstandes des Unternehmens oder Änderung des staatlichen Einflusses, vgl. § 65 Abs. 2 S. 2 BHO.
[129] Zu den Steuerungsmöglichkeiten des BMF (→ Rn. 111).

(→ Rn. 116).¹³⁰ Mitunter stellen einige Landeshaushaltsordnungen aber noch weitere Zugangsvoraussetzungen auf, welche dann in § 65 Abs. 1 Nr. 5 und 6 LHO normiert werden.¹³¹ Diese fordern im Kern die Veröffentlichung der Bezüge der Mitglieder der Gesellschaftsorgane in einer jeweils bestimmten Form. Hierzu werden hinter § 65 LHO gesonderte Vorschriften zur Offenlegung der Vergütung bei verschiedenen juristischen Personen eingefügt (→ § 24 Rn. 43 ff.).¹³²

2. Rechtsformbezogene Sonderfragen

In der Gesamtschau der Zugangsvoraussetzungen des § 65 Abs. 1 BHO wird deutlich, dass **49** die Vorschrift nur teilweise absolute Grenzen setzt, die bestimmte Rechtsformen ausschließen (→ Rn. 42), ansonsten aber eher **Leitlinien** aufstellt, die noch Spielraum für eine Abwägung bei der konkreten Rechtsformenwahlentscheidung belassen. Das eröffnet Raum für die Fragen nach einem Rangverhältnis innerhalb der kapitalgesellschaftlichen Rechtsformen und nach den mit Blick auf Genossenschaften zu beachtenden verwaltungsrechtlichen Anforderungen.

a) Nachrang der Aktiengesellschaft? Insbesondere die Anforderung nach § 65 Abs. 1 **50** Nr. 3 BHO, die einen „angemessenen" Einfluss des staatlichen Trägers verlangt, hat gezeigt, dass der Grad dieses Einflusses dem Zweck, der Bedeutung und der Höhe der Beteiligung Rechnung zu tragen hat (→ Rn. 45). Dennoch wird immer wieder diskutiert, ob sich aus § 65 Abs. 1 Nr. 3 BHO nicht vielleicht das Postulat eines generellen **Vorrangs der GmbH vor der Aktiengesellschaft** entnehmen lässt. Diese Forderung wird erhoben, weil das GmbH-Recht im Vergleich zum Aktienrecht dem öffentlichen Gesellschafter bessere Einwirkungsmöglichkeiten auf das Leitungsorgan bietet (→ § 2 Rn. 20 ff.),¹³³ etwa durch verbindliche Weisungen der Gesellschafterversammlung an den Geschäftsführer¹³⁴ oder durch ein umfassendes Auskunfts- und Einsichtsrecht der Gesellschafter unabhängig von der Höhe der Beteiligung.¹³⁵ Die Frage nach den **maximalen Steuerungsmöglichkeiten** der Gebietskörperschaft ist für das Anliegen des § 65 Abs. 1 Nr. 3 BHO jedoch **nicht maßgeblich.** Der Wortlaut ist insoweit eindeutig: Dieser verlangt gerade keinen höchstmöglichen Einfluss, sondern nur einen angemessenen. Dieser ist nach Relevanz des verfolgten Zwecks und Bedeutung und Höhe der Beteiligung zu bemessen. Wird ein hochrangiges öffentliches Interesse im Wege der Beteiligung an einem Unternehmen in Privatrechtsform verfolgt, so sind entsprechend höhere Anforderungen an den Einfluss des Staates zu stellen. Es ergibt sich aber keine aus § 65 Abs. 1 Nr. 3 BHO/LHO abzuleitende Verpflichtung, im Sinne eines Optimierungsgebots bei jeder Beteiligung stets nach dem größtmöglichen Staatseinfluss zu streben und darum stets die Rechtsform der GmbH zu wählen. Soweit ein der Beteiligung in Gänze angemessener Staatseinfluss gesichert werden kann, steht Bund und Ländern daher **auch die Option der Aktiengesellschaft** zur Verfügung.

Auch der rechtsvergleichende Hinweis auf Kommunalgesetze, die in ihren Abschnitten **51** über die wirtschaftliche Betätigung eine Subsidiarität der AG gegenüber der GmbH vorsehen,¹³⁶ kann nicht als Argument für einen solchen generellen Vorrang auch unter den Voraussetzungen der BHO verwendet werden,¹³⁷ denn die Notwendigkeit einer zusätzli-

---

¹³⁰ BW und Sachs.
¹³¹ So vorgesehen in den LHO von MV, NRW, Saarl., SchlH und Bln.
¹³² Bln.: §§ 65ad; SchlH: § 65a; Saarl.: §§ 65ab; NRW: §§ 65ac; MV: §§ 65bd.
¹³³ Hopt/Wiedemann/Huber/Fröhlich AktG Vorb. §§ 394, 394 Rn. 34; Schmidt ZGR 1996, 345 (358); ebenfalls hierzu tendierend: Bayer AG 2012, 141 (153); Löwer VVDStRL 60, 416 (444); Püttner DVBl. 1986, 748 (751 f.).
¹³⁴ Vgl. § 37 Abs. 1 GmbHG einerseits und §§ 76 Abs. 1, 111 Abs. 4, 119 Abs. 2 AktG andererseits.
¹³⁵ § 51a GmbHG; ausführlich hierzu: Passarge/Kölln NVwZ 2014, 982 (982 ff.).
¹³⁶ ZB § 103 Abs. 2 GemO BW; § 108 Abs. 4 GO NRW; § 87 Abs. 2 GO RhPf.; zu den Hintergründen dieser Regelungen Böttcher/Krömker NZG 2001, 590 ff.
¹³⁷ So aber: Hopt/Wiedemann/Huber/Fröhlich AktG Vorb. §§ 394, 394 Rn. 34.

chen Normierung eines solchen Nachrangs bei ansonsten parallelen Zugangsvoraussetzungen wie in § 65 Abs. 1 BHO legt vielmehr umgekehrt nahe, dass das Erfordernis eines angemessenen Einflusses der Gebietskörperschaft diese Subsidiarität der AG gerade noch nicht beinhaltet.[138]

52 **b) Besonderheiten bei Genossenschaften (§ 65 Abs. 5 BHO).** Der Wortlaut des § 65 Abs. 1 BHO nimmt Genossenschaften ausdrücklich von seinem Anwendungsbereich aus und verweist für diese auf **Absatz 5** der Vorschrift. Ob der Grund hierfür wirklich allein darin liegt, dass eine „Beteiligung" an einer Genossenschaft im Rechtssinne nicht möglich ist,[139] mag angesichts des Umstandes, dass auch Abs. 5 vom „beteiligen" an der Genossenschaft spricht und nicht, wie es § 92 Abs. 2 BHO korrekter formuliert, auf die „Mitgliedschaft" in einer Genossenschaft abhebt, bezweifelt werden. Maßgeblich dürfte vielmehr gewesen sein, dass die Anforderungen des § 65 Abs. 1 BHO sich sachlich klar am Modell der Kapitalgesellschaften orientieren. Gleichwohl ist die Rechtsform der Genossenschaft für staatliche Unternehmensbeteiligungen in der Praxis keine quantité négligeable, ist doch der Bund aktuell Mitglied in immerhin 16 Genossenschaften.[140]

53 Dem Sinn einer Sonderregelung entsprechend decken sich die von § 65 Abs. 5 BHO aufgestellten Zulassungsvoraussetzungen für die Mitgliedschaft in einer Genossenschaft nur in Teilen mit den Anforderungen des § 65 Abs. 1, 2 BHO. Mit den Maßgaben, dass „die **Haftpflicht der Mitglieder für die Verbindlichkeiten** der Genossenschaft dieser gegenüber im Voraus auf eine bestimmte Summe beschränkt" sein muss (Satz 1), und dass eine **Einwilligung des Bundesministeriums für Finanzen** erforderlich ist (Satz 2), werden im Grunde nur die Anforderungen aus § 65 Abs. 1 Nr. 2 und Abs. 2 BHO abgebildet.

54 Weil damit bei Genossenschaften weder ausdrücklich die Verfolgung eines wichtigen Bundesinteresses noch die Sicherstellung eines angemessenen Staatseinflusses gefordert wird, will eine Ansicht in der Literatur die Mitgliedschaft in einer Genossenschaft aus systematischen Gründen auch von der Erfüllung des § 65 Abs. 1 Nr. 1–4 BHO abhängig machen.[141] Diese Übertragung der Anwendbarkeit des Abs. 1 auf Genossenschaften steht nicht nur im Gegensatz zum Wortlaut und der Systematik der Norm, sondern ist rechtstechnisch auch nicht erforderlich, weil die Forderungen nach dem Vorliegen eines öffentlichen Interesses für die Betätigung des Staates in einer Genossenschaft und nach Sicherstellung einer angemessenen Steuerungsmöglichkeit ihrerseits Folgerungen aus verfassungsrechtlichen Strukturdirektiven für die organisatorisch-institutionelle Gestaltung öffentlicher Unternehmen sind[142] und damit bereits kraft Verfassungsrechts Beachtung verlangen (→ § 16 Rn. 7 ff.; § 18 Rn. 37–45, 53).

3. Flankierende Bestimmungen des B-PCGK zu Gremienzusammensetzung

55 Für die Zusammensetzung der jeweiligen Unternehmensorgane ist vorrangig das für die gewählte Rechtsform geltende Gesellschaftsrecht, also primär das GmbHG oder das AktG, maßgeblich. Diese Regelungen werden zusätzlich durch die Bestimmungen der PCGK näher ausgestaltet. Sie zielen darauf, die gesetzlich offen gelassenen Gestaltungsspielräume dahingehend auszufüllen, dass eine **angemessene Kontrolle durch die Beteiligungsverwaltung** gewährleistet werden kann und das Vertrauen der Bürger infolge transparenter Besetzungsbestimmungen gestärkt wird (→ Rn. 17). Die Besonderheit des B-PCGK ist es, dass dieser anders als das Gesellschaftsrecht nicht zwischen den verschiedenen Rechtsformen differenziert, sondern einheitliche Bestimmungen vorsieht, die sowohl für die GmbH als auch für die AG oder die anderen Gesellschaftsformen

---
[138] Vgl. auch Heuer/Scheller/Kautzsch BHO § 65 Rn. 26; iE auch Gröpl/Wernsmann BHO § 65 Rn. 11.
[139] Piduch/Nöhrbaß BHO § 65 Rn. 15; Heuer/Scheller/Kautzsch BHO § 65 Rn. 41.
[140] Beteiligungsbericht des Bundes 2021, S. 15.
[141] Gröpl/Wernsmann BHO § 65 Rn. 20.
[142] Ausführliche Herleitung bei Mann Gesellschaft, 55 ff. mwN.

§ 19 Öffentliche Unternehmen auf Bundes- und Landesebene   **§ 19**

Anwendung finden. Hierdurch sollten rechtsformneutrale Bestimmungen geschaffen werden, die eine einheitliche Beteiligungsführung des Bundes gewährleisten,[143] auch wenn der Fokus der B-PCGK-Konzeption auf der GmbH als der am häufigsten gewählten Rechtsform liegt.[144]

a) Geschäftsführungsorgan, Ziffer 5.2 B-PCGK. Für die Zusammensetzung der Geschäftsführung bei Unternehmen mit Bundesbeteiligung, die in den Anwendungsbereich des B-PCGK fallen, ergeben sich die wesentlichen Bestimmungen aus dessen Ziff. 5.2. In diesem Zusammenhang werden auf zweierlei Ebenen Empfehlungen und eine Anregung statuiert. Einerseits werden abstrakt Organisationsvorgaben unabhängig von den konkreten Eigenschaften der Mitglieder vorgesehen und andererseits werden spezifische Anforderungen an das jeweilige Mitglied aufgestellt. 56

Der erste Aspekt betrifft die Frage, aus wie vielen Mitgliedern die Geschäftsführung bestehen soll. Die gesellschaftsrechtlichen Bestimmungen geben auf diese Frage keine einheitliche Antwort. So hat der Vorstand einer AG gem. § 76 Abs. 2 S. 2 AktG erst ab einem Grundkapital von mehr als drei Millionen EUR aus mindestens zwei Personen zu bestehen, für die Geschäftsführung einer GmbH gibt es hingegen keinerlei vergleichbare Maßgaben, sofern es sich nicht um eine der Mitbestimmung unterliegende Gesellschaft oder um einen besonderen Ausnahmefall handelt.[145] An diesen Unterschied knüpft der B-PCGK an und sieht unabhängig der Beteiligungsgröße vor, dass die Geschäftsführung aus mindestens zwei Personen bestehen soll, vgl. Ziff. 5.2.1. Das hiermit empfohlene „**Vier-Augen-Prinzip**" verbreitert die Verantwortlichkeit für die unternehmerischen Entscheidungen und verringert Missbrauchsgefahren.[146] Um die damit verbundene Aufgabenverteilung nachvollziehbar zu gestalten, wird in Ziff. 5.2.6 empfohlen, eine Geschäftsordnung für die Geschäftsführung zu beschließen, die die Geschäftsverteilung und die Zusammenarbeit in der Geschäftsführung regeln soll. Flankierend wird dort auch die Bestimmung eines Sprechers durch das für die Bestellung zuständige Organ angeregt. Ferner werden Empfehlungen hinsichtlich der Bestellungskriterien und -modalitäten gegeben. Die Gewinnung von geeigneten Personen soll mittels eines transparenten Auswahlverfahren erfolgen, wobei eine **Diversität**[147] der Geschäftsführung – besonders mit Rücksicht auf die sich aus gesetzlichen Bestimmungen oder Zielvorgaben ergebende Quoten – empfohlen wird.[148] Speziell für Unternehmen mit Mehrheitsbeteiligung des Bundes werden strengere Vorgaben statuiert, die eine zwingende Besetzung mit einem Mann und einer Frau vorsehen, sofern die Geschäftsführung aus mehr als zwei Mitgliedern besteht.[149] Um die hieraus resultierende Auswahlentscheidung nachvollziehen zu können, empfiehlt Ziff. 5.2.2, die Erwägungen der Auswahlentscheidung zu dokumentieren. Mit diesen diversitätsfördernden Bestimmungen (→ § 24 Rn. 26) sollen Perspektiven erweitert und die Entscheidungsqualität der Geschäftsführung verbessert werden. Dahinter steckt die Erwägung, dass homogene Gremien anfälliger für einseitige Bewertungen sind und das Risiko erhöhen, wesentliche Aspekte zu übersehen.[150] Diese Auswahlkriterien werden für 57

---

[143] Schürnbrand ZIP 2010, 1105 (1107); ZSB Corporate Governance/Brugger Kap. 19 Rn. 7.
[144] Vgl. in diesem Sinne die Ausführungen in der Präambel des B-PCGK Abs. 12.
[145] Näheres bei MüKoGmbHG/Goette GmbHG § 6 Rn. 7; Hartmann/Zwirner PCGK Kap. B. Ziff. 4.2 Rn. 578 ff.; Mann Gesellschaft, 195 f.
[146] Vgl. Ziff. 2.3.6 Rn. 46 der RL-ABfUB bei Unternehmen mit Bundesbeteiligung; Hartmann/Zwirner PCGK Kap. B. Ziff. 4.2 Rn. 583.
[147] Beispiele zum Begriff der Diversität in der gleichlautenden Formulierung des DCGK in der Begründung zum DCGK in der Fassung vom 16.12.2019, C.1 S. 8: „Alter, Geschlecht, Bildung- oder Berufshintergrund, vgl. § 289f Abs. 2 Nr. 6 HGB, aber auch […] Internationalität." (Abrufbar unter https://www.dcgk.de/de/kodex.html).
[148] Vgl. auch die Empfehlung in B.1 DCGK.
[149] Siehe für die AG § 393a Abs. 2 Nr. 1 AktG und für die Geschäftsführung einer GmbH § 77a Abs. 2 GmbHG.
[150] Ghassemi-Tabar/Busch/Link DCGK B. 1 Rn. 3; KBLW/Kremer DCGK B.1 Rn. 4; Henssler/Strohn Gesellschaftsrecht/Vetter/Peters DCGK B.1 Rn. 2.

die Beteiligungsverwaltung durch Verwaltungsvorschriften in Ziff. 5 Rn. 119 ff. RL-AB-fÜB konkretisiert.

58 Im zweiten Schritt empfiehlt der B-PCGK in Ansehung des Kreises der tauglichen Mandatsträger eine **Sperrfrist von einem Jahr,** sofern ein ehemaliges Mitglied des Überwachungsorgans nach Mandatsbeendigung in die Geschäftsführung wechseln soll (Ziff. 5.2.3.). Zudem soll der Zeitraum der periodischen Wiederwahl auf höchstens fünf Jahre bemessen werden und sich bei einer Erstbestellung sogar auf drei Jahre begrenzen. Mit der verringerten Erstbestelldauer soll im Sinne einer Art „Probezeit"[151] dem Risiko vorgebeugt werden, dass sich ein Geschäftsführungsmitglied als ungeeignet herausstellt und eine Abberufung nur unter schwierigen Bedingungen möglich ist. Eine Wiederbestellung oder Änderung der Bedingungen des Anstellungsvertrags sollen nur aus zwingenden Gründen erfolgen (Ziff. 5.2.4). Diese Empfehlungen stärken die Rolle des Bundes in der Anteilseignerversammlung, ggf. vermittelt über den Einfluss auf das Überwachungsorgan,[152] welche über das Mittel der Wiederwahl sicherstellen kann, dass die Interessen der Gesellschaft und des Bundes angemessen vertreten werden.[153] Letztlich soll die Geschäftsordnung auch eine Altersgrenze vorsehen, die bei der Bemessung der Bestelldauer eines Geschäftsführungsmitglieds beachtet werden soll (Ziff. 5.2.5). Ziel ist insoweit die Gewährleistung der **Leistungsfähigkeit der Geschäftsführungsmitglieder.**[154]

59 Zusammenfassend lässt sich festhalten, dass die Empfehlungen des B-PCGK sowohl auf der Ebene der Geschäftsführungsorganisation als auch auf der Ebene der Mandatsträgerauswahl den im Gesellschaftsrecht noch vorhandenen Spielraum einengen und durch Organisationsvorgaben teilweise die Flexibilität der Geschäftsführung begrenzen.[155] Damit stärken sie den Einfluss des Bundes auf das Unternehmen, verwirklichen den Beteiligungszweck und die Vorbildrolle der staatlichen Unternehmen,[156] ohne die Eigenverantwortlichkeit der Geschäftsführung durch inhaltliche Vorgaben preiszugeben. Mit Blick auf die abstrakten Organisationsvorgaben muss in diesem Sinne anerkannt werden, dass die Kontrollerhöhung durch das „Vier-Augen-Prinzip" zwar die Flexibilität begrenzt, aber zugleich die Missbrauchsgefahr und die Wahrscheinlichkeit sachfremder Erwägungen, die dem Unternehmens- oder Beteiligungsziel entgegenstehen, verringert.[157] Darauf aufbauend wird durch das Erfordernis einer **Geschäftsordnung** gewährleistet, dass die Geschäftsführung ihrer Leitungsfunktion angemessen nachkommen kann und durch eine klare Zuweisung von Zuständig- und **Verantwortlichkeiten** für konkrete Entscheidungen auch die Effektivität der Beteiligungsverwaltung erhöht.[158] Durch die Empfehlungen zu einem transparenten Auswahlverfahren, zu nachvollziehbaren und zu dokumentierenden Entscheidungen sowie zur Vorbestimmung der Kriterien für die Gewinnung eines geeigneten Geschäftsführers minimiert sich die Gefahr sachfremder Erwägungen bei der Besetzung des Geschäftsführungsorgans. Vergleichbar stellt auch der Gleichstellungsauftrag gem. Art. 3 Abs. 2 S. 2 GG – flankiert durch die Bestimmungen zur Beachtung der Diversitätsbestim-

---

[151] Ghassemi-Tabar/Busch/Link DCGK B.3 Rn. 2; KBLW/Kremer DCGK B.3 Rn. 3.
[152] Ob die Anteilseignerversammlung oder der Aufsichtsrat für die Wahl der Geschäftsführung zuständig ist, richtet sich nach Gesellschaftsrecht. Für Geschäftsführerwahl in der GmbH sind die Gesellschafter zuständig (§ 46 Nr. 5 GmbHG), für die Vorstandswahl in einer AG ist es der Aufsichtsrat § 84 Abs. 1 S. 1 AktG).
[153] Zur Auswirkung der Wiederwahl auf den Aufsichtsrat Raiser ZIP 2011, 353 (356 f.). Zu Vorschlags-, Benennungs-, Präsentations- und Entsendungsrechten der öff. Gesellschafters bei der Besetzung der Leitungs- und Aufsichtsorgane s. Mann Gesellschaft, 194 ff.
[154] KBLW/Kremer DCGK B.5 Rn. 1; Ghassemi-Tabar/Busch/Link DCGK B.5 Rn. 1; MüKoAktG/Spindler AktG § 84 Rn. 35.
[155] Hartmann/Zwirner PCGK Kap. B. Ziff. 4.2 Rn. 583.
[156] Marsch-Barner, FS Schneider, 771 (782, 786).
[157] Grigoleit/Grigoleit AktG § 76 Rn. 107.
[158] Hartmann/Zwirner PCGK Kap. B. Ziff. 4.2 Rn. 599 ff.; MüKoAktG/Spindler AktG § 77 Rn. 34; Zur vergleichbaren Wirkung einer Geschäftsordnung beim Aufsichtsrat Ghassemi-Tabar/Busch/Link DCGK D.1 Rn. 5; KBLW/Kremer DCGK D.1 Rn. 3.

mungen – sicher, dass die Kompetenz des Mandatsträgers im Vordergrund steht und ungerechtfertigten Ungleichbehandlungen vorgebeugt wird.[159]

b) Überwachungsorgan, Ziffer 6.2 B-PCGK. Die Bestimmungen des B-PCGK zur Organzusammensetzung des Überwachungsorgans finden sich in dessen Ziffer 6.2. Sie weichen insbesondere in Hinblick auf die für die staatlichen Funktionsträger geltenden Individualanforderungen von den unter Ziff. 5. B-PCGK getroffenen Bestimmungen zur Geschäftsführung ab. Flankierend werden wiederum in Ziff. 5 Rn. 119 ff. der RL-ABfUB konkrete Handlungsvorgaben aufgezeigt, die von der Beteiligungsverwaltung bei der Umsetzung der Empfehlungen des B-PCGK zu beachten sind. 60

In Ansehung der Zusammensetzung des **Überwachungsorgans** wird in Ziff. 6.2.1 B-PCGK empfohlen, dass dessen Mitglieder „**insgesamt** über die zur ordnungsgemäßen Wahrnehmung der Aufgaben des jeweiligen Überwachungsorgans **erforderlichen Kenntnisse, Fähigkeiten und fachlichen Erfahrungen** […] verfügen" sollen. Konkretisierend werden explizit „hinreichende" kaufmännische bzw. finanztechnische Kenntnisse sowie „hinreichende" Kenntnisse in den Bereichen Recht, Compliance und Corporate Governance erwähnt. Die Beschränkung auf lediglich „hinreichende" Kenntnisse in den genannten Bereichen mag auf den ersten Blick überraschen, doch handelt es sich hierbei um eine Konkretisierung der Anforderungen des Gesellschaftsrechts, die sich für Aufsichtsratsmitglieder auch nur auf die für die eigenverantwortliche Ausübung erforderlichen Mindestkenntnisse beschränken und lediglich in Ausnahmefällen gesteigerte Qualifikationen vorsehen, vgl. etwa § 100 Abs. 5 AktG.[160] Wichtig ist auch, dass die vorerwähnten Kenntnisse grundsätzlich nicht bei jedem Mitglied individuell festgestellt werden müssen, sondern dass es (wie auch im DCGK[161]) ausreichend ist, wenn das Überwachungsorgan „insgesamt" über diese aufgabenadäquaten Kenntnisse verfügt. Der dadurch eröffneten Gefahr eines parteipolitischen Nepotismus begegnet der B-PCGK dadurch, dass er in seinem Abschnitt über die individuelle Befähigung der Vertreter der öffentlichen Hand strengere Anforderungen aufstellt (→ Rn. 64). 61

Zunächst aber wird aus allgemeiner Perspektive in Ziff. 6.2.1 B-PCGK noch die Beachtung bestehender **gesetzlicher Quoten** empfohlen.[162] Der Verweis auf bestehende Quoten nimmt auf die gesellschaftsrechtlichen Vorgaben Bezug, die für die Besetzung des Überwachungsorgans bei Gesellschaften des Bundes unter bestimmten Voraussetzungen vorsehen, dass mindestens 30 % Männer und 30 % Frauen im Aufsichtsrat vertreten sein müssen, unabhängig davon, ob es sich um eine mitbestimmte Gesellschaft handelt.[163] Diese den gesellschaftlichen Entwicklungen entsprechende Werteentscheidung zugunsten einer gleichstellungsfördernden Unternehmenskultur soll den öffentlichen Unternehmen eine Vorbildrolle (→ § 24 Rn. 26) zuweisen.[164] Eine heterogene Besetzung des Überwachungsorgans ermöglicht es – entsprechend der diversen Besetzung der Geschäftsführung (→ Rn. 57) – verschiedene Kompetenzen und Erfahrungen in den Arbeitsprozess einfließen zu lassen, wovon man sich eine ausgewogenere und differenziertere Entscheidungsfindung erhofft.[165] 62

Weitere Konkretisierungen hinsichtlich der Einrichtung des Überwachungsorgans finden sich in Ziff. 2.3.3 der RL-ABfUB. Danach sind die Mitglieder des Überwachungsorgans 63

---

[159] Hecker/Peters BB 2010, 2251 (2254); Ghassemi-Tabar/Busch/Link DCGK B.1 Rn. 10; KBLW/Kremer DCGK B.1 Rn. 4; Henssler/Strohn Gesellschaftsrecht/Vetter/Peters DCGK B.1 Rn. 2.
[160] Zu den erforderlichen Mindestkenntnissen BGHZ 85, 293; MüKoAktG/Habersack AktG § 100 Rn. 16, 68 ff; Grigoleit/Grigoleit/Tomasic AktG § 100 Rn. 11; Ghassemi-Tabar/Fleischmann DCGK Grundsatz 11 Rn. 3.
[161] Vgl. den Grundsatz 11 des DCGK.
[162] Eine allgemeine Diversitätsklausel, wie sie in der Empfehlung C.1 DCGK enthalten ist, findet sich hier allerdings nicht.
[163] Für den Aufsichtsrat einer GmbH § 77a Abs. 3 GmbHG iVm § 96 Abs. 2 AktG, für den Aufsichtsrat einer AG § 393a Abs. 2 Nr. 2 iVm § 96 Abs. 2 AktG.
[164] Ramge/Kerst, GWR 2020, 391.
[165] Entsprechend zum DCGK: KBLW/Kremer DCGK C.1 Rn. 5.

auf das Erforderliche zu begrenzen, wobei vorbehaltlich gesetzlich abweichender Regelungen eine **Mindestgröße von drei Mitgliedern** gefordert wird.[166] Mit Blick auf das Auswahlverfahren für die Berufung von Personen in das Überwachungsorgan gelten die entsprechenden Regelungen, wie für die Geschäftsführung (→ Rn. 57).[167]

64 Auf der persönlichen Ebene werden qualitative und zeitliche Anforderungen an das jeweilige Mitglied gestellt, etwa indem empfohlen wird, dass jedes Mitglied über die erforderlichen Kenntnisse, Fähigkeiten und fachliche Erfahrung zur ordnungsgemäßen Wahrnehmung der Aufgaben des Überwachungsorgans verfügen soll (Ziff. 6.2.1 Abs. 2 B-PCGK). Darüber hinaus wird empfohlen, über die gesellschaftsrechtlich erforderlichen Mindestkenntnisse hinauszugehen, damit jedes Mitglied nicht bloß die üblich anfallenden Geschäftsvorgänge nachvollziehen und sachgerecht beurteilen kann,[168] sondern durch entsprechende Kenntnisse, Fähigkeiten und Erfahrungen auch **zur ordnungsgemäßen Aufgabenwahrnehmung in der Lage** ist.[169] In Abweichung zum DCGK, der nur eine Qualifikationsaussage für das Gesamtgremium enthält und es dem Aufsichtsrat zuweist, ein eigenes Zusammensetzungsziel und Kompetenzprofil zu bestimmen (vgl. C.1. DCGK),[170] kommt es im Bereich der öffentlichen Unternehmen also zu einer **zweifachen Qualitätssicherung** hinsichtlich der Mitglieder im Überwachungsorgan. Denn eine Entsendung kompetenter Mitglieder in das Aufsichtsgremium verbessert die Chancen auf eine ordnungsgemäße Kontrolle durch dieses Organ und steigert damit die Einflussnahmemöglichkeiten des Bundes.[171] **Konkretisierungen** finden sich auch insoweit wieder in der **RL-ABfUB**, die ua in Ziff. 3.3.1 (Rn. 60) bestimmt, dass Mandate in einem Überwachungsorgan, für die dem Bund ein Vorschlags- bzw. Entsenderecht zusteht, von Beschäftigten des Bundes oder sonstigen Personen wahrgenommen werden können, wenn diese „die für die Tätigkeit in dem Überwachungsorgan erforderlichen besonderen Kenntnisse und praktische Erfahrungen haben und von denen anzunehmen ist, dass sie die Bundesinteressen angemessen vertreten".[172]

65 In zeitlicher Hinsicht soll der Mandatsträger gemäß § 6.2.1 B-PCGK **ausreichend Zeit für** seine **Mandatsausübung** erübrigen können. Mit dieser Empfehlung kommt die Wirkungsdualität des B-PCGK (→ Rn. 55) zum Ausdruck, denn mit Blick auf den AG-Aufsichtsrat handelt es sich hierbei nur um eine Zusammenfassung der rechtlichen Anforderungen an die zeitliche Verfügbarkeit,[173] wohingegen dieselbe Maßgabe für den fakultativen Aufsichtsrat einer GmbH den dispositiven Gestaltungsspielraum in der GmbH einengt.[174] Mithin handelt es sich bei § 6.2.1 B-PCGK **nur in Ansehung der GmbH** um **eine echte Empfehlung.** Der B-PCGK stellt in dieser Hinsicht die Vermutungsregel auf,

---

[166] Vgl. Ziff. 2.3.3 der RL-ABfUB in Rn. 39.
[167] Vgl. Ziff. 5 RL-ABfUB Rn. 119 ff.
[168] Überwiegende Ansicht BGHZ 85, 293; OLG Stuttgart AG 2012, 298 (300 ff.); MüKoAktG/Habersack AktG § 100 Rn. 9, 16; Koch/Koch AktG § 100 Rn. 4; ErfKo ArbeitsR/Oetker AktG § 100 Rn. 2; Ghassemi-Tabar/Fleischmann DCGK Grundsatz 11 Rn. 4; abweichend etwa Wardenbach, Bestellungshindernisse zum Aufsichtsrat der AG, 262 ff.
[169] Weber-Rey/Buckel ZHR 177 (2013), 13 (48); Hartmann/Zwirner PCGK Kap. B. Ziff. 5.2 Rn. 777 ff.
[170] KBLW/Kremer DCGK C.1. Rn. 2 ff; Ghassemi-Tabar/Fleischmann DCGK C.1 Rn. 9 ff; Henssler/Strohn Gesellschaftsrecht/Vetter/Peters DCGK C.1 Rn. 2.
[171] Piduch/Nöhrbaß BHO § 65 Rn. 10; Zusammenfassend zur Einwirkung im Wege der Einräumung eines angemessenen Einflusses des öffentlichen Gesellschafters bei der Organbildung in GmbH und AG s. Mann Gesellschaft, 189–196.
[172] Zu den zusätzlich geltenden Beschränkungen für Bundesminister, parlamentarische Staatssekretäre vgl. §§ 5 Abs. 1 S. 2, 3 BMinG und § 7 des Gesetzes über die Rechtsverhältnisse der Parlamentarischen Staatssekretäre iVm § 5 Abs. 1 Satz 2 und 3 BMinG. Bei Abgeordneten des deutschen Bundestags steht einer Berufung in Überwachungsorgane von Unternehmen mit Bundesbeteiligung regelmäßig der Gewaltenteilungsgrundsatz entgegen.
[173] BeckOGK AktG/Spindler AktG § 100 Rn. 15 ff.; MüKoAktG/Habersack AktG § 100 Rn. 21, § 116 Rn. 36 f.; Jaspers AG 2011, 154 (157); KBLW/Kremer DCGK Grundsatz 12 Rn. 1.
[174] § 52 Abs. 1 GmbHG enthält für den fakultativen Aufsichtsrat keine Verweisung auf § 100 Abs. 2 Nr. 1 AktG, vgl. MüKoGmbHG/Spindler GmbHG § 52 Rn. 123; BeckOK GmbHG/C. Jaeger GmbHG § 52 Rn. 8.

dass eine Tätigkeit in mehr als drei Überwachungsorganen gleichzeitig dem Mandatsträger nicht mehr die ausreichende Zeit gewährt, um seine Aufgaben ordnungsgemäß wahrzunehmen. Er ist damit zwar einerseits strenger als die für Aufsichtsräte in der AG geltende Rechtslage,[175] doch fehlt der Vermutungsregel andererseits ein zwingender Charakter, wie bereits die vermutungsbegründende Formulierung „in der Regel" in § 6.2.1 Abs. 2 B-PCGK zum Ausdruck bringt. Sollte ein Mandatsträger mehr als drei Überwachungsorganmandate innehaben, entsteht also **nicht unmittelbar eine Erklärungspflicht** im Rahmen der Entsprechenserklärung, sondern ein Abweichen von der Empfehlung liegt erst vor, wenn nicht zu belegen ist, dass seine restliche Zeit weiterhin für die Wahrnehmung des Mandats ausreicht. Diese Konzeption als **Vermutungsregel ohne zwingenden Charakter** ist schon deshalb erforderlich, da die sich aus dem Mandat ergebende zeitliche Belastung erheblich vom Einzelfall abhängt,[176] sodass feste Maßstäbe sich als ungeeignet erweisen, um sachgerechte Bewertungen vornehmen zu können. Vielmehr ist eine Einzelfallbewertung vorzunehmen.[177]

Die Empfehlung zur Implementierung einer **Altersgrenze** für Mitglieder des Überwachungsorgans in Ziff. 6.2.2 B-PCGK entspricht der Empfehlung in C.2 DCGK, die auch keinen festen Maßstab für die Festlegung einer Altersgrenze benennt. Dadurch wird es möglich, den individuellen Anforderungen des Unternehmens Rechnung zu tragen, die der Aufsichtsrat als unmittelbar betroffenes Organ am sachnächsten einschätzen kann.[178] Zwar kann ein gewisser Interessenkonflikt nicht verkannt werden, wenn die von der Altersgrenze Betroffenen über jene zu entscheiden haben, allerdings liegt es im eigenen Interesse jedes Aufsichtsratsmitglieds, dass die übrigen Mitglieder ebenfalls den Anforderungen an die Ausübung des Mandats gewachsen sind. 66

In Ziff. 6.2.3 B-PCGK erfolgt eine deklaratorische Wiedergabe des in § 111 Abs. 6 AktG normierten **Stellvertretungsverbots,** welches auch für den Aufsichtsrat der GmbH entsprechend anwendbar ist (vgl. § 52 Abs. 1 GmbHG), ergänzt durch die Anregung, eine Teilnahme an der Beschlussfassung durch Stimmbotschaft zu ermöglichen. 67

Für den **Wechsel ehemaliger Mitglieder der Geschäftsführung in das Überwachungsorgan** sieht Ziff. 6.2.4 als Empfehlung eine Karenzzeit von fünf Jahren seit der Geschäftsführungstätigkeit vor. Diese Maßgabe schränkt den Wechsel von ehemaligen Mitgliedern der Geschäftsführung weitergehender als durch § 100 Abs. 2 S. 1 Nr. 4 AktG ein, der eine regelmäßige Sperrfrist von zwei Jahren vorsieht. Sie geht auch über die Empfehlung in C.7 Abs. 2 DCGK hinaus, welche in Ergänzung zu § 100 Abs. 2 S. 1 Nr. 4 AktG die Vorstandsmitgliedschaft nur zum Indikator für eine fehlende Unabhängigkeit, nicht jedoch zum Bestellungshindernis macht.[179] Für die GmbH sind entsprechende Beschränkungen im Gesellschaftsrecht gar nicht vorgesehen (vgl. § 52 Abs. 1 GmbHG), sodass der B-PCGK hier erstmals Begrenzungen zur Verhinderung von Interessenkonflikten empfiehlt.[180] 68

Letztlich enthält Ziff. 6.2.5. des B-PCGK noch die Anregung, dass eine **Mitbestimmung** durch Arbeitnehmer auch dann eingeführt werden kann, wenn die Anwendungsbereiche der Mitbestimmungsgesetze[181] nicht eröffnet sind. Diese Anregung ist erneut in Verbindung mit den Ausführungen der Präambel zur Vorbildfunktion der Unternehmen mit Bundesbeteiligung in ihrer Rolle als Arbeitgeber zu betrachten. Die Einbindung der Arbeitnehmer in Entscheidungsprozesse durch das Instrument der Mitbestimmung wird 69

---

[175] Gemäß § 100 Abs. 2 S. 1 Nr. 1 AktG kann nicht Mitglied des Aufsichtsrats sein, „wer bereits in zehn Handelsgesellschaften, die gesetzlich einen Aufsichtsrat zu bilden haben, Aufsichtsratsmitglied ist."
[176] Vergleichbare Begründung bei § 100 Abs. 2 Nr. 1 AktG vgl. Begr. RegE BT-Drs. 13/9712, 15 f.; Dörner/Oser DB 1995, 1085 (1086 f.); Rubner/Fischer NZG 2015, 782 (786).
[177] KBLW/Kremer DCGK Grundsatz 12 Rn. 2.
[178] Deilmann/Albrecht AG 2010, 727 (729).
[179] So auch die Begründung der Kodexkommission zum DCGK in der Fassung vom 16.12.2019 zu C.7 S. 10; Ghassemi-Tabar/Busch/Link DCGK C.8 Rn. 16 ff.; KBLW/Kremer DCGK C.7 Rn. 1.
[180] MüKoGmbHG/Spindler GmbHG § 52 Rn. 120; BeckOK GmbHG/C. Jaeger GmbHG Rn. 8.
[181] Siehe dazu nur Mann Gesellschaft, 177 f., 195 f.

explizit hervorgehoben, obwohl diese Zweckrichtung mit dem Interesse des Bundes an der effektiven Verfolgung des Beteiligungszwecks nicht immer in Einklang steht. Berücksichtigt man, dass die gesetzliche Vorgabe in § 65 BHO für die Zulässigkeit der Bundesbeteiligung nur die besonderen Interessen des Bundes in den Blick nimmt (→ Rn. 36 ff.), ist es verständlich, weshalb Ziff. 6.2.5 B-PCGK lediglich als Anregung formuliert wurde und im Falle der Abweichung keine Berücksichtigung in einer Entsprechenserklärung gem. Ziff. 7.1 finden muss.

70 In der Gesamtschau zeigt sich, dass die Empfehlungen des PCGK auch für das Überwachungsorgan die leistungsfähige und effiziente Aufgabenwahrnehmung im Blick haben. Mit Empfehlungen hinsichtlich Qualifikationsstandards, Zeitkapazitäten und diversen Zusammensetzungen ist eine differenzierte Wahrnehmung der Kontrollaufgaben gewährleistet, was die Effektivität des Bundeseinflusses stärkt, die Transparenz der Unternehmen erhöht und die Akzeptanz unternehmerischer Tätigkeit des Staates befördert. Dass die **Bestimmungen zur Zusammensetzung des Überwachungsorgans im B-PCGK umfangreicher** ausfallen als diejenigen zur Geschäftsführung, kann zum einen darauf zurückgeführt werden, dass im GmbH-Recht die Bestimmungen zum Aufsichtsrat nur knapp bemessen und darüber hinaus noch dispositiver Natur sind. Der dadurch bestehende grundsätzlich große Gestaltungsspielraum birgt die Gefahr von Intransparenz durch vielseitig abweichende Individualbestimmungen in den Gesellschaftsverträgen, die eine Kontrolle durch die Beteiligungsverwaltung erschweren. Die große Zahl von Harmonisierungsvorschlägen im PCGK wirkt insoweit konfliktvermeidend. Zum anderen ist nicht zu übersehen, dass in § 65 Abs. 1 Nr. 3 BHO das Überwachungsorgan als das maßgebliche Organ angesehen wird, auf das sich die Einwirkungs- und Kontrollmöglichkeiten des Bundes fokussieren sollen (→ Rn. 45). Dementsprechend gesteigert ist das Interesse an flankierenden Regelungen im B-PCGK.

71 c) **Bestimmungen der Länder.** Wie bereits in den einleitenden Ausführungen erwähnt, ähneln die Regelungen in den PCGK der Länder den Bestimmungen im B-PCGK. Auch hier finden sich Maßgaben zur Beachtung der Diversität bei der Besetzung von Positionen in den Unternehmensorganen[182] oder zu dem für die Selbstkontrolle der Geschäftsführung wesentlichen „Vier-Augen-Prinzip" (→ Rn. 57, 59).[183] Auch hinsichtlich der gesteigerten Anforderungen an die Mitglieder des Überwachungsorgans in qualitativer und zeitlicher Hinsicht übernehmen die Länder die Empfehlungen des Bundes (→ Rn. 64 f.),[184] sodass von einem bundesweit **einheitlichen Qualitätsmindeststandard** der Mitglieder in Überwachungsorganen gesprochen werden kann. Außerhalb dieser grundlegenden Bestimmungen weichen die Kodizes allerdings im Einzelnen voneinander ab, was sowohl die inhaltliche Ausgestaltung als auch den Umfang der jeweiligen Bestimmungen angeht.

4. Steuerung des Unternehmens

72 Im Anschluss an die vorstehend beleuchteten Vorgaben zur Gremienzusammensetzung soll das weitere Augenmerk nachfolgend den verwaltungsrechtliche Organisationsvorgaben

---

[182] In unterschiedlich starker Ausprägung in Ziff. D. II Rn. 57 PCGK BW; Ziff. III. Rn. 7 PCGK Bln; Ziff. VI. 4.1.5, 4.2.1 und 5.4.1 PCGK Bbg; Ziff. 5.2.1 Abs. 1 PCGK Brem; Ziff. 5.2.1 PCGK Hess; Ziff. 3.1.3 und 4.5.1 Abs. 2 PCGK NRW; Ziff. C. II. Rn. 53 PCGK RhPf; Ziff. A. 3.2 Rn. 50 PCGK LSA; Ziff. 5.4.1 PCGK SchlH; Ziff. A. 4.6 Rn. 73 PCGK Thür.
[183] Ziff. C. II. Rn. 31 PCGK BW; Ziff. VI. 4.1.6 PCGK Bbg; Ziff. 4.1.1 Abs. 2 PCGK Brem; Ziff. 4.2.1 PCGK Hmb; Ziff. 4.2.1 PCGK Hess; Ziff. 3.1 Abs. 1 PCGK NRW; Ziff. C. II. Rn. 30 PCGK RhPf; Ziff. 2.3.2 Rn. 35 PCGK Saarl; Ziff. A. 3.2 Rn. 48 PCGK LSA; Ziff. A. 5.1 Rn. 85, 87 PCGK Thür; abweichend die Empfehlung in Ziff. 4.2.1 PCGK SchlH, der zufolge die Geschäftsleitung nur aus einer Person bestehen soll.
[184] Ziff. D. I. Rn. 54 und II. Rn. 57 PCGK BW; Ziff. III. Rn. 9 ff. PCGK Bln; Ziff. VI. 5.4.1 ff. PCGK Bbg; Ziff. 5.2.1 Abs. 1 und 5.2.3 PCGK Brem; Ziff. 5.4.1 PCGK Hmb; Ziff. 5.2.1 PCGK Hess; Ziff. 4.5.1 Abs. 1 PCGK NRW; Ziff. C. II. Rn. 53 f. PCGK RhPf; Ziff. 2.4.2 Rn. 48 f. PCGK Saarl; Ziff. A. 4.4.1 Rn. 113, 115 PCGK LSA; Ziff. 5.4.1 und 5.4.6 PCGK SchlH; Ziff. A. 4.6 Rn. 71, 74 PCGK Thür.

gelten, die die Steuerungsmöglichkeiten in öffentliche Unternehmen auf Bundes- und Landesebene zum Gegenstand haben. Der Begriff Steuerung soll hier als Oberbegriff für eine bewusste Einflussnahme auf Organisationen verwendet werden, der die Unterfälle der **Einwirkung,** verstanden als ex ante-Einflussnahme mit der Absicht, das Unternehmen in die gewünschte Zielrichtung oder Verhaltensweise zu steuern,[185] und der **Kontrolle,** verstanden als ex post-Überprüfung der Unternehmenstätigkeit auf Übereinstimmung mit den maßgeblichen Zielvorstellungen,[186] umfasst (zur alternativ gleichfalls möglichen Terminologie → § 18 Rn. 57). Die so verstandenen Steuerungsinstrumente ergeben sich für Bund und Länder einerseits aus den Regeln der BHO/LHO und den hierauf bezogenen Konkretisierungen in den RL-ABfUB und mit Blick auf die innerhalb des Unternehmens eröffneten Einwirkungs- und Kontrollmöglichkeiten maßgeblich aus den Vorschriften des Gesellschaftsrechts und deren Ausgestaltung im B-PCGK sowie den PCGK der Länder.

a) Ausgangspunkt: Der angemessenen Einfluss nach § 65 Abs. 1 Nr. 3 BHO. Die 73
Steuerungserwartungen des Haushaltsrechts finden sich zentral in der bereits thematisierten (→ Rn. 45) Zugangsvoraussetzung des § 65 Abs. 1 Nr. 3 BHO niedergelegt, die einen „angemessenen Einfluss, insbesondere im Aufsichtsrat oder in einem entsprechenden Überwachungsorgan" erfordert. Dass als Grundvoraussetzung hierfür eine Zweckprogrammierung des Unternehmens erforderlich ist, die sich durch die Verankerung des Beteiligungszwecks in dem Gesellschaftsvertrag bzw. der Satzung des Unternehmens verwirklichen lässt, ist ebenfalls bereits erläutert worden (→ Rn. 39). So kann gewährleistet werden, dass die Organe der Gesellschaft, die sich in ihrer Aufgabenerfüllung am Gesellschaftszweck zu orientieren haben, auch den Beteiligungszweck berücksichtigen müssen.[187]

Nicht ganz eindeutig ist, ob mit der ausdrücklichen Erwähnung eines Aufsichtsrates in 74
§ 65 Abs. 1 Nr. 3 BHO zugleich eine Steuerungserwartung dahingehend verbunden ist, dass in jedem Falle einer staatlichen Beteiligung ein Aufsichtsrat einzurichten ist. Während ein Aufsichtsrat bei der Rechtsform der AG ohnehin gesellschaftsrechtlich zwingend ist (vgl. §§ 95 ff. AktG), gilt dies bei der GmbH im Regelfall nicht, sondern nur in der Konstellation einer mitbestimmten Gesellschaft.[188] In allen anderen Fällen ist die Frage, ob die freie Entscheidung der Gesellschafter einen fakultativen Aufsichtsrat zu bestellen,[189] durch § 65 Abs. 1 Nr. 3 BHO dahingehend reduziert wird, dass die **Implementierung eines Aufsichtsrates zur zwingenden Beteiligungsvoraussetzung** erhoben wird, durchaus relevant. Hiergegen spricht allerdings bereits der Wortlaut, welcher den Aufsichtsrat als Überwachungsorgan zwar explizit hervorhebt aber mit der Formulierung „insbesondere" nicht zum zwingenden Bestandteil der Einflussnahme macht. Auch ist aus der Formulierung „angemessener Einfluss" erkennbar, dass es nicht auf eine bestimmte Form der Einflussnahme ankommt, sondern darauf, dass die Einflussmöglichkeiten in der Summe ausreichen, um dem Zweck und der Beteiligungshöhe Rechnung zu tragen (→ Rn. 45). Auch vor dem Hintergrund des Normzwecks kann es nicht darauf ankommen, ein bestimmtes Gesellschaftsorgan zu kreieren, sondern allein darauf, den verfassungsrechtlich geforderten (→ Rn. 45, 54) Steuerungsanspruch des Staates einfachrechtlich zu verankern,

---

[185] In Anlehnung an Eichhorn, in Gesellschaft für öffentliche Wirtschaft (Hrsg.), Kontrolle öffentlicher Unternehmen I, 1980, S. 19 (31); Janson, Rechtsformen öffentlicher Unternehmen in der Europäischen Gemeinschaft, 1980, S. 137; Müller, Rechtsformenwahl bei der Erfüllung öffentlicher Aufgaben, 1993, S. 339 f.; Mann Gesellschaft, S. 121.

[186] In Anlehnung an Eichhorn in Gesellschaft für öffentliche Wirtschaft (Hrsg.), Kontrolle öffentlicher Unternehmen I, 1980, S. 19 (31); von Mutius, ebd. Bd. II, 1982, S. 25 (26 f.); Janson, Rechtsformen öffentlicher Unternehmen in der Europäischen Gemeinschaft, 1980, S. 137; Thieme, Verwaltungslehre, 4. Aufl. 1984, Rn. 498; Mann VBlBW 2010, 7 (8).

[187] BGHZ 75, 120 (133); 114, 127 (129 f.); Mann VBlBW 2010, 7 (9); Grigoleit/Grigoleit AktG § 76 Rn. 17; Grigoleit/Tomasic AktG § 111 Rn. 35; Traut, Corporate Governance, 87 ff.

[188] Zum obligatorischen Aufsichtsrat einer mitbestimmten Gesellschaft BeckOK GmbHG/C. Jaeger GmbHG § 52 Rn. 18 ff, 26 f.; MüKoGmbHG/Spindler GmbHG § 52 Rn. 149 ff, 166 ff.; Mann Gesellschaft, 177, 195 f.

[189] BeckOK GmbHG/C. Jaeger GmbHG § 52 Rn. 6; MüKoGmbHG/Spindler GmbHG § 52 Rn. 111.

ohne die gesellschaftsrechtlich gewährte Selbstorganisationsfreiheit der GmbH zu beschränken. Entsprechend dem Grundsatz, dass es für die demokratische Legitimation auf die Summe der einzelnen legitimationsstiftenden Umstände ankommt,[190] können Einflussdefizite auf der Ebene des Überwachungsorgans durch andere Steuerungsmöglichkeiten, etwa durch Weisungen der Gesellschafterversammlung (§ 37 Abs. 2 GmbHG) oder institutionelle Stärkung des Bundes in der Gesellschafterversammlung,[191] kompensiert werden.[192] Ganz in diesem Sinne stellt auch Ziff. 2.3.3 (Rn. 38 und 41) RL-ABfUB ein Regel-Ausnahmeverhältnis auf, nach dem auch in Fällen einer fehlenden gesetzlichen Verpflichtung grundsätzlich ein Überwachungsorgan einzurichten ist, darauf aber in besonderen Einzelfällen mit entsprechender Begründung verzichtet werden kann, wenn die Gesellschafterversammlung die Überwachungsmaßnahmen trifft (vgl. § 46 Nr. 6 GmbHG). Für diese Konstellation sind dann Berichterstattungspflichten vorgesehen und es werden eine Reihe von Vorschriften der RL-ABfUB, die ansonsten für den Aufsichtsrat gelten, auf die Gesellschafterversammlung für entsprechend anwendbar erklärt.[193]

75 Ähnlich gelagert ist bei der Auslegung des unbestimmten Rechtsbegriffs des angemessenen Einflusses das Problem, ob die Sicherstellung dieses angemessenen Einflusses eine **Verpflichtung zur Mehrheitsbeteiligung** begründen kann. Dafür wird angeführt, dass die damit einhergehende Einwirkungsmöglichkeit gegenüber einer Minderheitsbeteiligung deutlich verstärkt ist und die Zweckverfolgung ungleich stärker fördert.[194] Allerdings ist hier die sich aus dem Gewicht des Zwecks und der Höhe der Beteiligung ergebende Relativität zu beachten. Ob das gewählte Maß an Einflussnahme angemessen ist, richtet sich immer danach, wie gewichtig der Zweck und wie hoch die Beteiligung ist (→ Rn. 45).[195] Insbesondere, wenn man die Möglichkeit in Betracht zieht, dass sich auch bei einer Minderheitsbeteiligung aus der Beteiligungshöhe ein hinreichendes Stimmgewicht ergeben kann, dass eine Satzungsänderung durch die übrigen Gesellschafter verhindern kann (Sperrminorität),[196] wird deutlich, dass eine pauschale Pflicht zur Mehrheitsbeteiligung aus der Angemessenheitsformel in § 65 Abs. 1 Nr. 3 BHO nicht hergeleitet werden kann.

76 **b) Ausgestaltung der Steuerungsmöglichkeiten im B-PCGK.** Die Steuerungsmöglichkeiten, die sich für den staatlichen Gesellschafter innerhalb des Gesellschaftsrechts verwirklichen lassen, werden durch den B-PCGK näher ausgestaltet und durch die RL-ABfUB wiederum konkretisiert. Die im B-PCGK thematisierten Einwirkungs- und Kontrollmöglichkeiten adressieren hinsichtlich der Einwirkung primär die Anteilseignerversammlung und hinsichtlich der Kontrolle maßgeblich das Überwachungsorgan.

77 **aa) Anteilseignerversammlung.** Die Anteilseignerversammlung findet im B-PCGK vergleichsweise wenig Beachtung, was daran liegen mag, dass hier der über die Organvertreter des Staates vermittelte direkte Einfluss auf die Gesellschaft am größten ist.[197] Insofern ist es nur folgerichtig, wenn der Anteilseignerversammlung in Ziff. 3.1 Abs. 1 empfohlen wird, im Gesellschaftsvertrag oder in der Unternehmenssatzung die **Anwendung des B-PCGK** in seiner jeweils geltenden Fassung ebenso vorzusehen wie die Pflichten der Geschäfts-

---

[190] Vgl. BVerfGE 83, 60 (72); 89, 155 (182); 93, 37 (67); 109, 59 (87); Isensee/Kirchhof/Böckenförde HStR Bd. II, 3. Aufl. 2004, § 24 Rn. 14, 23.
[191] Gröpl/Wernsmann BHO § 65 Rn. 10; Mann Gesellschaft, 190 f., 198 ff., 210 ff.
[192] Pfeifer, Möglichkeiten und Grenzen der Steuerung kommunaler Aktiengesellschaften durch ihre Gebietskörperschaften, 1993, 120 ff.; Mann Gesellschaft, S. 67; Spannowsky ZGR 1996, 400 (424 ff.).
[193] Vgl. Ziff. 2.3.3. RL-ABfUB in Rn. 41 Abs. 2.
[194] So anscheinend v. Lewinski/Burbat BHO § 65 Rn. 10; Ziekow Öffentliches Wirtschaftsrecht § 7 Rn. 7; Ruthig/Storr ÖffWirtschaftsR Rn. 666.
[195] StGHE Brem 7, 9; Spannowsky DVBl. 1992, 1072 (1074); Osterloh VVDStRL 54 (1995), 204 (234); Gröpl/Wernsmann BHO § 65 Rn. 11.
[196] Isensee/Kirchhof/Ronellenfitsch HStR Bd. IV, § 98 Rn. 29. Detailliert zur Sicherung der Stimmrechtsmacht in den Anteilseignerversammlungen von AG und GmbH s. Mann Gesellschaft, 190–194.
[197] Hartmann/Zwirner PCGK Kap. B. Ziff. 2.1 Rn. 168 ff.

führung und des Überwachungsorgans zur Abgabe der jährlichen **Entsprechenserklärung** zum PCGK gemäß Ziff. 7.1 sowie zur Erstellung eines **Corporate Governance Berichtes.** Hieran knüpft auch Ziff. 2.3.5 (Rn. 45) RL-ABfUB an, der für das beteiligungsführende Bundesministerium eine entsprechende Hinwirkungspflicht statuiert. Durch diese gleichsam strukturgebende Maßnahme soll den Unternehmensorganen bereits im Vorfeld ein Leitfaden an die Hand gegeben werden, um eine interessengerechte Unternehmensführung zu gewährleisten. Weitere konkrete Steuerungserwartungen richtet der B-PCGK nicht an die Anteilseignerversammlung. Es folgen lediglich nähere Maßgaben zur Vorbereitung und Durchführung der Anteilseignerversammlung (3.2) sowie zur Beachtung von Arbeitnehmerbelangen im Rahmen der mitbestimmten Gesellschaft (3.3.).

Anders sieht es in den Richtlinien für eine aktive Beteiligungsführung bei Unternehmen mit Bundesbeteiligung aus, die in Ziff. 2.1.1 (Rn. 9) RL-ABfUB zunächst verlangen, dass die **Beteiligungsziele** des Bundes/Landes möglichst konkret festzulegen und **im internen Regelwerk** des Unternehmens (Gesellschaftsvertrag, Satzung, Geschäftsordnung für die Geschäftsführung) **zu verankern** sind (→ Rn. 39, 73). Darüber hinaus konkretisieren sie die Anforderung des § 65 Abs. 1 Nr. 3 BHO/LHO nach Einräumung eines angemessenen Einflusses dahingehend, dass ein adäquater Katalog zustimmungspflichtiger Geschäfte festgelegt werden soll, die dem Bund einen angemessenen Einfluss sichert (Ziff. 2.1.1. (Rn. 16) RL-ABfUB). Wie die späteren Ausführungen unter 2.3.4. (Rn. 42 ff.) RL-ABfUB zeigen, ist hierbei jedoch nicht an Zustimmungsvorbehalte zugunsten der Anteilseignerversammlung gedacht, wie sie nach GmbH-Recht möglich sind, sondern an solche zugunsten des Überwachungsorgans. Offener ist die Anweisung in Ziff. 2.1.1 (Rn. 17) RL-ABfUB gestaltet: Sollte es das Bundesinteresse im Einzelfall erfordern, so soll – soweit rechtlich möglich – dem Bund in Gesellschaftsvertrag oder Satzung ein stärkerer Einfluss gewährt werden, damit die Verfolgung des Beteiligungszwecks sichergestellt ist. Im Grunde ist damit kein Mehrwert gegenüber § 65 Abs. 1 Nr. 3 BHO/LHO erreicht, nach dem, wie gezeigt (→ Rn. 45), der erforderliche Einfluss ebenfalls in Relation zum Beteiligungszweck zu bestimmen ist. Ist der Beteiligungszweck entsprechend gewichtig, so muss auch ein entsprechend größerer Einfluss des Bundes auf das Unternehmen gewährleistet sein. **78**

Eine ähnlich offene Formulierung findet sich für die Betätigung des Bundes in der Anteilseignerversammlung in Ziff. 3.1 (Rn. 52) RL-ABfUB. Hiernach soll das beteiligungsführende Bundesministerium die **Rechte des Bundes** als Anteilseigner in der Anteilseignerversammlung „aktiv" wahrnehmen, was ein planvolles und vorausschauendes Vorgehen impliziert, etwa indem die Beteiligungsverwaltung die Bundesvertreter in den Unternehmensorganen auf ihre Sitzungen entsprechend gründlich vorbereitet. Das Ziel dieses Agierens muss primär auf die Verwirklichung des Beteiligungszwecks gerichtet sein,[198] weshalb die Möglichkeit einer Abberufung bei interessenwidrigem Handeln der Mandatsträger auch bei der Interessenwahrnehmung in der Anteilseignerversammlung ein Spannungsverhältnis erzeugt.[199] Sofern aber, wie geschildert (→ Rn. 39, 73), der Beteiligungszweck Aufnahme in die statutarischen Regeln der Gesellschaft findet und damit das öffentliche Interesse zu einem Eigeninteresse der Gesellschaft wird, können sich die staatlichen Mandatsträger berufen, ohne sich damit zugleich gegen die Unternehmensinteressen stellen zu müssen.[200] **79**

bb) Überwachungsorgan. Innerhalb der Bestimmungen des B-PCGK zum Zusammenwirken von Geschäftsführung und Überwachungsorgan ergeben sich aus Ziff. 4.1 speziellere Maßgaben zur Kontrolle der Geschäftsführung durch das Überwachungsorgan. Neben einer Empfehlung zur Abstimmung und regelmäßigen **Erörterung der strategischen** **80**

---
[198] Zur Gefahr einer Interessenkollision im Überwachungsorgan s. BeckOGK AktG/Spindler AktG § 116 Rn. 26 ff.
[199] Schürnbrand ZIP 2010, 1105 (1108 f.); Raiser ZIP 2011, 353 (356 f.); K. Hommelhoff FS Hommelhoff, 447 (455 f.); Hartmann/Zwirner PCGK Kap. B Ziff. 4.1 Rn. 492 ff.
[200] Mann NdsVBl. 2022, 197 (202).

Ausrichtung des Unternehmens mit dem Überwachungsorgan (Ziff. 4.1.1) finden sich in Ziff. 4.1.2 Empfehlungen zur **Einrichtung von Zustimmungsvorbehalten** zugunsten des Überwachungsorgans, insbesondere mit Blick auf „Geschäfte von grundlegender Bedeutung",[201] welche als „Entscheidungen oder Maßnahmen, die zu einer erheblichen Veränderung der Geschäftstätigkeit im Rahmen des Gesellschaftsvertrags bzw. zu einer grundlegenden Veränderung der Vermögens-, Finanz- oder Ertragslage oder der Risikostruktur des Unternehmens führen können" exemplifiziert werden.[202] Solche Zustimmungsvorbehalte, deren Zulässigkeit sich aus § 111 Abs. 4 S. 2 AktG[203] ergibt, fungieren im Gesellschaftsrecht als ein Instrument der vorbeugenden Kontrolle durch den Aufsichtsrat, um Maßnahmen, deren Folgen erheblich für das Unternehmen sein können oder nicht rückgängig gemacht werden können, von vornherein vermeiden zu können. Sie entfalten demnach die Wirkung eines „Vetorechts",[204] haben sich aber aus Gründen effektiver Organisation auf die grundlegenden unternehmensbedeutsamen Maßnahmen und Geschäfte zu beschränken[205] und müssen demzufolge eine Ausnahmeregelung bleiben,[206] deren konkreter Zuschnitt im jeweiligen gesellschaftsrechtlichen Ermessen liegt.[207]

81 An diese gesetzlichen Regelungen knüpft der B-PCGK an, wenn er in Ziff. 4.1.2 Abs. 1 empfiehlt, dass solche bedeutsamen Zustimmungsvorbehalte **durch den Gesellschaftsvertrag bzw. die Satzung** – also durch die Anteilseignerversammlung – vorzusehen sind. Die in § 111 Abs. 4 S. 2 AktG daneben vorgesehene Möglichkeit, dass der **Aufsichtsrat selbst** solche Zustimmungsvorbehalte bestimmt, findet sich erst nachgeordnet und allein mit Blick auf „zusätzliche Zustimmungsvorbehalte" in Ziff. 4.1.1 Abs. 1 B-PCGK. Diese Zweiteilung zwischen Zustimmungsvorbehalten für Geschäfte von grundlegender Bedeutung (im Gesellschaftsvertrag oder der Satzung) und solchen für „weitere Geschäfte" (durch das Überwachungsorgan selbst) übernimmt auch die Verwaltungsvorschrift der Ziff. 2.3.4 (Rn. 42) der RL-ABfUB. In der Zusammenschau handelt es sich bei Ziff. 4.1.2 Abs. 1 also lediglich um eine unbedenkliche Konkretisierung der gesetzlichen Vorschriften, die ergänzend zum AktG die „Geschäfte von grundlegender Bedeutung" ausdrücklich präzisiert und die Geschäftsführung an die Beachtung der satzungsmäßigen Zustimmungsvorbehalte bindet.[208]

82 Um dem Ausnahmecharakter der Zustimmungsvorbehalte Rechnung zu tragen, empfiehlt Ziff. 4.1.2 Abs. 3 B-PCGK, den Katalog der zustimmungsbedürftigen Geschäfte so zu bemessen, dass die **Eigenverantwortlichkeit der Geschäftsführung und der Grad der Überwachung** im Interesse der Anteilseigner in einem **ausgewogenen Verhältnis** stehen. Hieran knüpft Ziff. 2.3.4 (Rn. 42 Abs. 3) RL-ABfUB mit der Maßgabe an, dass

---

[201] Eine ähnliche Bestimmung ist im Grundsatz 6 Abs. 2 DCGK zu finden, der die Art der Geschäfte auch auf solche mit grundlegender Bedeutung konkretisiert, vgl. KBLW/Lutter/Bachmann DCGK Grundsatz 6 Rn. 27.
[202] Für Konzerne wird der Kreis der Geschäfte in Ziff. 4.1.2 Abs. 1 S. 3 auch auf die Ebene der Konzerngesellschaft ausgedehnt, sofern diese kein eignes Überwachungsorgan hat, aber ein entsprechendes Geschäft bei der Muttergesellschaft zustimmungsbedürftig wäre.
[203] In der GmbH gemäß § 52 Abs. 1 GmbHG iVm § 111 Abs. 4 AktG. Zu den Besonderheiten in der mitbestimmten GmbH mit staatlicher Beteiligung s. Mann Gesellschaft, S. 213 f.
[204] BGHZ 135, 244 (254 f.); 219, 193 Rn. 17; BeckOGK AktG/Spindler AktG § 111 Rn. 94; MüKoAktG/Habersack AktG § 111 Rn. 114.
[205] Vgl. RegE BT-Drs. 14/8769, 17; Seibert, Das Transparenz- und Publizitätsgesetz, 2003, 40 f.; Goette FS Baums, 475 (482 f.).
[206] Grigoleit/Grigoleit/Tomasic AktG § 111 Rn. 79. Der Ausnahmecharakter ergibt sich insbesondere aus dem Geschäftsführungsverbot in § 111 Abs. 4 S. 1 AktG, s. Hartmann/Zwirner PCGK Kap. B Ziff. 3.1 Rn. 339. Zur Grenze der Aushöhlung der Geschäftsführungsautonomie s. BeckOGK AktG/Spindler AktG § 111 Rn. 83; SSW/Rodewig/Rothley Arbeitshandbuch für Aufsichtsratsmitglieder § 9 Rn. 41.
[207] BGHZ 124, 111 (127); Habersack NZG 2020, 881 (883); Fleischer BB 2013, 835 (839 ff.); Fonk ZGR 2006, 841 (846 ff.); BeckOGK AktG/Spindler AktG § 111 Rn. 80; MüKoAktG/Habersack AktG § 111 Rn. 114; aA Götz NZG 2002, 599 (602 f.); Lange DStR 2003, 376 (380); Lieder DB 2004, 2251 (2253).
[208] Hartmann/Zwirner PCGK Kap. B Ziff. 3.1 Rn. 335; Zur entsprechenden Präzisierung im DCGK Ghassemi-Tabar/Meyer DCGK Grundsatz 6 Rn. 24 ff.; KBLW/Lutter/Bachmann DCGK Grundsatz 6 Rn. 31.

diese Zustimmungsvorbehalte vom Überwachungsorgan regelmäßig auf Zweckmäßigkeit und Praktikabilität zu überprüfen sind.

cc) Berichterstattungspflichten. Eine besondere Rolle bei der Steuerung Öffentlicher Unternehmen kommt den speziellen Berichtspflichten zu, die nach den Maßgaben des B-PCGK zu erfüllen sind. Sie dienen einer angemessenen Unternehmenskontrolle, indem sie die Unternehmensführung transparent machen und einen Nachvollzug der Unternehmensentscheidungen ermöglichen.[209] Denn ohne eine hinreichende Informationsgrundlage kann weder die Beteiligungsverwaltung noch das Überwachungsorgan Maßnahmen treffen, um die Art der Unternehmensführung zu verbessern.[210] 83

(1) Corporate-Governance-Bericht und Entsprechenserklärung. Gleichsam das Herzstück des B-PCGK bilden der Corporate Governance Bericht und die hierin vorgesehene **Entsprechenserklärung** gemäß Ziff. 7.1 B-PCGK, denn sie geben Auskunft darüber, in welchem Umfang die Empfehlungen des B-PCGK im Unternehmen Beachtung finden. Eine Abweichung vom Kodex bedarf der ausdrücklichen Erklärung, sodass es für die Unternehmen einen Anreiz gibt, sich mit den Bestimmungen des Kodex auseinanderzusetzen. 84

Allerdings könnte man den Mechanismus auf den ersten Blick insoweit kritisch betrachten, als der jährliche Bericht, in dem die Abweichungen begründet werden sollen, **aus sich heraus für die Unternehmen nicht verbindlich** ist. Denn anders als im Anwendungsbereich des DCGK findet sich keine dem § 161 Abs. 1 AktG entsprechende gesetzliche Verpflichtung, welche eine verbindliche Entsprechenserklärung vorsieht.[211] Für eine im Ansatz denkbare analoge Anwendung des § 161 Abs. 1 AktG müsste eine planwidrige Regelungslücke bei einer vergleichbaren Interessenlage vorliegen. Mit Blick auf die Vergleichbarkeit der Interessenlage ist jedoch zu bedenken, dass der DCGK der Erhöhung der Attraktivität des deutschen Kapitalmarktes dient,[212] während der B-PCGK eine größere Unternehmenstransparenz anstrebt, um die gesellschaftliche Akzeptanz staatlicher Wirtschaftsteilnahme zu erhöhen und die staatlichen Steuerungsansprüche bei der Durchsetzung öffentlicher Zwecke zu verbessern.[213] Diese Zwecke strahlen auf die Pflicht zu einer Entsprechenserklärung aus, weshalb die Interessenlage nicht vergleichbar ist und eine **analoge Anwendung des § 161 Abs. 1 AktG ausscheiden muss**.[214] 85

Um gleichwohl eine gesellschaftsrechtliche Verbindlichkeit zu erreichen, verpflichtet Ziff. 2.3.5 (Rn. 45) RL-ABfUB das beteiligungsführende Ministerium darauf hinzuwirken, dass der B-PCGK **in das „Regelwerk" der Gesellschaft einbezogen** und so **auf gesellschaftsrechtlicher Ebene bindend** ausgestaltet wird. Die Realisierung dieser Anforderung hängt in der Praxis freilich von der Verteilung der Gesellschaftsanteile und Stimmgewichte in der konkreten Gesellschaft ab,[215] sodass die tatsächliche Einbeziehung des B-PCGK nicht ohne Weiteres sichergestellt ist. 86

Sofern aber eine Einbeziehung des B-PCGK in den Gesellschaftsvertrag oder die Satzung gelingt und damit eine Berichtspflicht verbindlich wird, stellt sich die Frage, ob diese Einbeziehung rechtmäßig und wirksam ist. Mit Blick auf die Kompetenzverteilung in der **GmbH** ergeben sich keine Bedenken, denn die Vorschriften für die Gründung eines 87

---

[209] BeckOGK AktG/Fleischer AktG § 90 Rn. 1; Manger NZG 2010, 1255 (1256); MüKoGmbHG/Spindler GmbHG § 52 Rn. 322; Koch/Koch AktG § 90 Rn. 1.
[210] Pfeifer Möglichkeiten und Grenzen der Steuerung kommunaler Aktiengesellschaften durch ihre Gebietskörperschaften, 1993, 153.
[211] Semler/v. Schenck/Gasteyer Der Aufsichtsrat § 394 Exkurs 3 Rn. 17.
[212] Zur Flexibilisierungswirkung und Transparenzförderung der Entsprechenserklärung gem. § 161 AktG in Bezug auf den DCGK BT-Drs. 14/8769, 21; Schürnbrand ZIP 2010, 1105 (1106).
[213] Schürnbrand ZIP 2010, 1105 (1107); Weber-Rey/Buckel ZHR 177 (2013), 13 (41).
[214] Raiser ZIP 2011, 353 (354), Weber-Rey/Buckel ZHR 177 (2013), 13 (39).
[215] So ist für die Satzungsänderung durch die Anteilseignerversammlung eine Mehrheit von drei Vierteln des bei der Beschlussfassung vertretenen Grundkapitals bzw. der abgegebenen Stimmen erforderlich, sofern die Satzung nicht eine höhere Mehrheit erfordert, vgl. § 179 Abs. 2 S. 1 AktG, § 53 Abs. 2 GmbHG.

fakultativen Aufsichtsrates sind gem. § 52 Abs. 1 GmbHG dispositiv und demnach der **Änderung im Gesellschaftsvertrag zugänglich,**[216] was auch die Statuierung einer Berichtspflicht nach Ziff. 7.1 B-PCGK möglich macht. Die Geschäftsführung der GmbH ist an die Weisungen der Anteilseignerversammlung gebunden, sodass eine entsprechende gesellschaftsvertragliche Pflicht zur Abgabe einer Entsprechenserklärung des Geschäftsführers ebenfalls ohne Weiteres möglich ist.[217]

88 Angesichts des **Grundsatzes der Satzungsstrenge im Aktienrecht** gestaltet sich die in Ziff. 2.3.5 (Rn. 45) RL-ABfUB geforderte Einbeziehung einer Entsprechenserklärung in die Satzung einer AG wesentlich schwieriger. Wird von den Vorschriften des AktG in der Satzung abgewichen, so ist diese Bestimmung nur wirksam, wenn das Gesetz es ausdrücklich zulässt; ergänzende Bestimmungen in der Satzung sind grundsätzlich zulässig, sofern die betroffene Regelung des AktG keinen abschließenden Charakter hat **(§ 23 Abs. 5 AktG).** Der abschließende Charakter der Norm muss allerdings nicht ausdrücklich normiert sein, sondern es genügt, wenn sich dies unter Heranziehung der Auslegungsmethoden ergibt.[218] Dabei können auch die **ungeschriebenen Strukturprinzipien des AktG** im Rahmen der systematischen Auslegung im Einzelfall den abschließenden Charakter begründen.[219]

89 Bei der Implementierung einer Pflicht zur Abgabe eines Corporate Governance Berichts iSd Ziff. 7.1 B-PCGK kommt es für die Frage nach den **Maßstäben für die Rechtmäßigkeit** also darauf an, ob es sich um eine Abweichung von den Vorschriften des AktG handelt oder diese insoweit nur ergänzt werden. Dies richtet sich danach, ob eine aktienrechtliche Regelung durch eine abweichende Bestimmung in der Satzung ausgetauscht wird oder die Satzung sie lediglich ihren Gedanken nach weiterführt, konkretisiert und der in ihr enthaltende Grundsatz unberührt bleibt.[220] Hier ist zu beachten, dass durch die Begründung einer weiteren Berichterstattungspflicht eine Regelung geschaffen wird, die in dieser Form im AktG nicht angelegt ist. Da, wie bereits dargelegt (→ Rn. 85), eine direkte und analoge Anwendung der Erklärung zum DCGK gem. § 161 AktG ausscheidet, geht die Forderung in **Ziff. 2.3.5 (Rn. 45) RL-ABfUB über den bestehenden gesetzlichen Rahmen hinaus** und gestaltet die eigenverantwortliche Geschäftsführung des Vorstandes gem. § 76 Abs. 1 AktG sowie die eigenständige Überwachung durch den Aufsichtsrat gem. § 111 Abs. 6 AktG näher aus. Es handelt sich mithin um eine **Ergänzung** und nicht um eine Abweichung.[221]

90 Demnach ist es gemäß § 23 Abs. 5 S. 2 AktG entscheidend, ob sich aus dem AktG nicht eine abschließende Regelung ergibt. Das wäre der Fall, wenn die genannten Grundsätze der eigenverantwortlichen Geschäftsführung und eigenverantwortlichen Überwachung als **Strukturprinzipien** des AktG keiner konkretisierenden Ausgestaltung zugänglich wären.[222] Immerhin könnte ein öffentlicher Hauptaktionär durch die Aufnahme einer Entsprechenserklärung in die Satzung auf den Vorstand und den Aufsichtsrat **indirekt Druck** ausüben, die Empfehlungen und Anregungen des B-PCGK zu verwirklichen, sodass ein **gesetzesähnlicher Zwang** entstünde, der entgegen der aktienrechtlichen Kompetenz-

---

[216] BeckOK GmbHG/C. Jaeger GmbHG § 52 Rn. 6; MüKoGmbHG/Spindler GmbHG § 52 Rn. 9.
[217] Schürnbrand ZIP 2010, 1105 (1110); Zur Weisungsbindung BeckOK GmbHG/Wisskirchen/Hesser/Zoglowek GmbHG § 37 Rn. 15; MüKoGmbHG/Stephan/Tieves GmbHG § 37 Rn. 47.
[218] BeckOGK AktG/Limmer AktG § 23 Rn. 50; Koch/Koch AktG § 23 Rn. 37.
[219] MüKoAktG/Pentz AktG § 23 Rn. 167; Noack/Zetzsche/A. Arnold AktG § 23 Rn. 154.
[220] BeckOGK AktG/Limmer AktG § 23 Rn. 50 f.; Koch/Koch AktG § 23 Rn. 35, 37; MüKoAktG/Pentz AktG § 23 Rn. 160, 165.
[221] Noack/Zetzsche/A. Arnold AktG § 23 Rn. 154 f.; Weber-Rey/Buckel ZHR 177 (2013), 13 (40).
[222] Dementsprechend eine Möglichkeit der Einbeziehung ablehnend: Raiser ZIP 2011, 353 (357); K. Hommelhoff FS Hommelhoff, 447 (451); Traut Corporate Governance, 82 f.; Koch/Koch AktG § 23 Rn. 3; Pidun, Public Corporate Governance Kodizes, 27 f.; hingegen eine Zulässigkeit der Satzungsbestimmung bejahend: Schürnbrand ZIP 2010, 1105 (1110); Hartmann/Zwirner PCGK Kap. A. I. 2.1 Rn. 7; Semler/v. Schenck/Gasteyer Der Aufsichtsrat, § 394 Exkurs 3 Rn. 17 f.; Marsch-Barner, FS Schneider, 771; Weber-Rey/Buckel ZHR 177 (2013), 13 (40); MüKoAktG/Schockenhoff AktG Vor § 394 Rn. 14.

ordnung eine eigenverantwortliche Aufgabenwahrnehmung unterliefe.[223] Zwar sind die Empfehlungen und Anregungen des B-PCGK nicht bindend (→ Rn. 15), doch bezweckt die Entsprechenserklärung im Falle von Abweichungen ja gerade, eine Befolgung des Regelwerks zu gewährleisten, um dem Leitbild des ethisch fundiertem, verantwortlichem Verhalten verpflichteten „ehrbaren Kaufmanns"[224] zu entsprechen. Die Erklärung steht darüber hinaus der Öffentlichkeit zur Verfügung, sodass neben dem Druck der Beteiligungsverwaltung auch der **öffentliche Druck auf die Organe der AG** einwirkt.[225] Ihre Entscheidungsfindung hängt damit nicht mehr allein von den geschäftlichen Umständen ab, wie es §§ 76 Abs. 1, 111 Abs. 5 AktG eigentlich vorsehen.

Auf der anderen Seite wird man jedoch konstatieren müssen, dass es bei diesen Regelungen nicht darum geht, Vorstand und Aufsichtsrat von negativen faktischen Auswirkungen des eigenen Handelns zu schützen, sondern ihnen die **Entscheidungsbefugnis nach eigenem Ermessen** zuzuweisen.[226] Eine Entsprechenserklärung ermöglicht hingegen keine rechtlichen Einfluss- oder Sanktionswirkungen, sondern legt lediglich die Gründe offen, wie es zu der jeweiligen Entscheidung kam, ohne die Sachbefugnis zur unternehmerischen Entscheidung anzutasten oder deren Inhalt vorwegzunehmen.[227] Eine Abweichung ist nicht nur rechtlich, sondern auch tatsächlich möglich,[228] sodass der satzungsmäßigen Verankerung einer Pflicht zur Entsprechenserklärung **nicht ansatzweise das Gewicht einer materiellen Einschränkung der Entscheidungsfreiheit** zukommt.[229] Eine andere Sichtweise wäre auch inkohärent, denn ein „über die legale Mehrheitsherrschaft in der Hauptversammlung hinausreichender gesetzesähnlicher Zwang [...]",[230] der die Gesellschaftsorgane zum Verstoß gegen ihre gesetzliche Pflicht zum eigenverantwortlichen Handeln drängt, ist auch bei den börsennotierten Aktiengesellschaften im Anwendungsbereich der gesetzlichen Berichterstattungspflicht gemäß § 161 AktG nicht erkennbar. 91

Eine **fehlende Implementierung des B-PCGK in der Satzung**, wie von Ziff. 2.3.5 (Rn. 45) RL-ABfUB gefordert, hat jedoch **keine zwingende Auswirkung auf die Rechtmäßigkeit** der öffentlichen Unternehmensbeteiligung. Die Beachtung wird durch den B-PCGK nur empfohlen und die von der Beteiligungsverwaltung geforderte Hinwirkungspflicht auf eine Einbeziehung in die Satzung adressiert diese nur in Form einer Verwaltungsvorschrift, die als solche gerade keine Außenwirkung entfaltet.[231] Rechtlich maßgeblich bleibt auch insoweit allein § 65 Abs. 1 Nr. 3 BHO, welcher lediglich einen angemessenen Einfluss des Bundes auf die Gesellschaft fordert. Die hierdurch nötige Gesamtbetrachtung kann zwar die einflussstärkenden Bestimmungen des B-PCGK in Rechnung stellen, macht sie aber nicht zum zwingenden Bestandteil der Einflusssicherung. 92

(2) Regel- und Sonderberichterstattung. Ein weiteres Mittel zur Stärkung der Kontrollmöglichkeiten durch das Überwachungsorgan stellt die empfohlene Regel- und Sonderberichterstattung gem. Ziff. 4.1.3 B-PCGK dar. Sie adressiert die Geschäftsführung, welche das Überwachungsorgan aktiv mit ausreichenden Informationen versorgen soll, damit dieses ihrem Kontrollauftrag nachkommen kann.[232] Diese Informationsversorgung 93

---

[223] Raiser ZIP 2011, 353 (357); K. Hommelhoff FS Hommelhoff, 447 (451); Traut Corporate Governance, 82 f.; Koch/Koch AktG § 23 Rn. 3.
[224] So die Präambel Abs. 8 des B-PCGK.
[225] Raiser ZGR 1978, 391 (395 f.); Westermann FS Hommelhoff, 1319 (1326 ff.).
[226] Zum Vorstand: BGHZ 125, 239 (246); BeckOGK AktG/Fleischer AktG § 76 Rn. 68 f.; Koch/Koch AktG § 76 Rn. 28; Zum Aufsichtsrat Grigoleit/Grigoleit/Tomasic AktG § 111 Rn. 108; MüKoAktG/Habersack AktG § 111 Rn. 162.
[227] Semler/v. Schenck/Gasteyer Der Aufsichtsrat, § 394 Exkurs 3 Rn. 17 f; Marsch-Barner FS Schneider, 771 (775); KK-AktG/Mertens/Cahn AktG Vorb. § 76 Rn. 10 ff.
[228] Weber-Rey/Buckel ZHR 177 (2013), 13 (40); MüKoAktG/Schockenhoff AktG Vor § 394 Rn. 14.
[229] Schürnbrand ZIP 2010, 1105 (1110); Hartmann/Zwirner PCGK Kap. A. I. 2.1 Rn. 7.
[230] So die Formulierung von Raiser ZIP 2011, 353 (357).
[231] BVerfGE 100, 249 (258); Maurer/Waldhoff AllgVerwR § 24 Rn. 22 ff.
[232] Näher Manger NZG 2010, 1255 (1256); BeckOGK AktG/Fleischer AktG § 90 Rn. 1; MüKoGmbHG/Spindler GmbHG § 52 Rn. 322; Koch/Koch AktG § 90 Rn. 1.

hat grundsätzlich in Form einer **Regelberichterstattung** zu erfolgen, welche „regelmäßig, zeitnah und umfassend über alle für das Unternehmen relevanten Fragen der Strategien, der Planung, der Geschäftsentwicklung, der Wirtschaftlichkeit, der Risikolage, des Risikomanagements und der Compliance sowie über Geschäfte von besonderer Bedeutung für die Wirtschaftlichkeit oder Liquidität des Unternehmens und für das Unternehmen bedeutende Veränderungen des wirtschaftlichen Umfelds" informieren soll. Handelt es sich bei dem Unternehmen um ein Konzernmutterunternehmen, so schließen die Berichte auch Angaben zu den Konzernunternehmen ein. Der Inhalt und Turnus sollen sich dabei an § 90 AktG orientieren. (Ziff. 4.1.3 Abs. 4 B-PCGK), wodurch eine weitgehende Gleichstellung der Informationsversorgung des Überwachungsorgans bei den verschiedenen Gesellschafsformen sichergestellt wird. Denn während sich die Berichterstattung des Vorstandes gegenüber dem Aufsichtsrat einer AG aufgrund der gesetzlichen Regel- und Sonderberichterstattungspflicht in § 90 Abs. 1 S. 1 Nr. 1 – 4 und § 90 Abs. 1 S. 3 AktG nicht wesentlich verändert, werden für den Geschäftsführer einer GmbH durch den B-PCGK wesentlich umfangreichere Informationspflichten begründet. Dies ist dem Umstand geschuldet, dass § 52 GmbHG gerade nicht auf § 90 Abs. 1 und 2 AktG verweist und dem Geschäftsführer einer GmbH somit keine laufende Berichterstattungspflicht aufbürdet.[233] Lediglich für den montanmitbestimmten Aufsichtsrat verweisen §§ 2, 3 Montan-MitbestG auf alle aktienrechtlichen Vorschriften und damit auch auf § 90 Abs. 1, 2 AktG.[234] Nähere Konkretisierungen der Informations- und Berichtspflichten sollen vom Überwachungsorgan bestimmt werden.

94 Darüber hinaus wird das Instrument der **Sonderberichterstattung** in Ziff. 4.1 Abs. 3 B-PCGK definiert. Diese Form der Berichterstattung kennzeichnet sich dadurch, dass die Geschäftsführung aus **wichtigen Anlässen** dem **Vorsitzenden des Überwachungsorgans unverzüglich zu berichten** hat. Es erfolgt damit eine dem Eilbedürfnis Rechnung tragende doppelte Einschränkung: Einerseits ist eine unverzügliche Berichterstattung nur bei wichtigen Anlässen erforderlich und andererseits wird der Adressatenkreis der Berichte auf den Vorsitzenden des Überwachungsorgans beschränkt. Auch das für Regelberichte geforderte Textformerfordernis entfällt an dieser Stelle, um die sofortige Information zu gewährleisten, vgl. Ziff. 4.1 Abs. 5 B-PCGK.[235]

95 In der Gesamtschau erleichtert die Regel- und Sonderberichterstattung die Aufgabenerfüllung durch das Überwachungsorgan, indem die Informationsgewinnung von der Überwachungsaufgabe entkoppelt wird und die Verantwortlichkeit für den Informationsfluss sich auch auf die informationsnähere Geschäftsführung verlagert. So kann die Kontrolle durch den staatlichen Gesellschafter auch über einen anlasslosen, umfangreichen Informationsfluss gewährleistet werden, die nicht erst eine Initiative des Überwachungsorgan erfordert.[236]

96 **dd) Zwischenergebnis.** Insgesamt kann damit festgehalten werden, dass die Bestimmungen des B-PCGK sowohl Einwirkungs- als auch Kontrollinstrumente vorsehen, die sich weit überwiegend auf die unternehmensinterne Steuerung beschränken. Lediglich die Bestimmungen zur Anteilseignerversammlung nehmen eine Doppelrolle ein, soweit es sich zwar formal um ein unternehmensinternes Organ handelt, jedoch die Beteiligungsverwaltung gerade in Ausübung der Rechte des Bundes als Anteilseigner in dieses Organ unmittelbar eingebunden wird, wodurch sich die Einwirkung auf das Unternehmen mate-

---

[233] OLG Düsseldorf WM 1984, 1080 (1084); MüKoGmbHG/Spindler GmbHG § 52 Rn. 322; MHLS/Giedinghagen GmbHG § 52 Rn. 254; NSH/Noack GmbHG § 52 Rn. 134; ZJP/C. Jaeger GmbHG § 52 Rn. 32; teilweise abweichend wird eine entsprechende Pflicht aus § 43 Abs. 1 GmbHG hergeleitet von HCL/Heermann GmbHG § 52 Rn. 115; Rowedder/Pentz/Schnorbus GmbHG § 52 Rn. 32; Schulze-Osterloh ZIP 1998, 2129 (2130).
[234] MüKoGmbHG/Spindler GmbHG § 52 Rn. 322.
[235] „In der Regel" sind die Regelberichte gem. § 90 Abs. 4 S. 2 AktG in Textform zu erstatten, mit Ausnahme der Sonderberichte gem. § 90 Abs. 1 S. 3 AktG.
[236] MüKoAktG/Spindler AktG § 90 Rn. 1; Koch/Koch AktG § 90 Rn. 1.

riell betrachtet unmittelbar vollzieht. Der an das Unternehmen selbst adressierte B-PCGK bezweckt insofern eine unternehmensinterne Steuerung, als er versucht, die Möglichkeiten gesellschaftsrechtlich vorgesehener Steuerungsmechanismen verstärkt zu nutzen, um ein **sach- und unternehmensinformationsnahes Handeln** zu gewährleisten. Dadurch ermöglicht er die nötige Flexibilität, die eine einheitliche Beteiligungsführung für öffentliche Unternehmen erfordert, die zugleich den Besonderheiten des jeweiligen Unternehmensgegenstands im Einzelfall gerecht zu werden versucht. Letztlich dienen die auf die Unternehmensorgane bezogenen Pflichten des B-PCGK damit auch einer **Entlastung der Beteiligungsverwaltung.**

ee) Bestimmungen der PCGK der Länder. Die Kodizes der Länder folgen in ihren 97 Bestimmungen zur Steuerung des Unternehmens einem ähnlichen Muster. Sie nutzen das Vehikel des Coporate-Governance-Berichtes, verbunden mit der Entsprechenserklärung bezogen auf die Empfehlungen der Kodizes, um den Bestimmungen der Kodizes zur Beachtung zu verhelfen.[237] Es zeichnet sich – ungeachtet der landesspezifischen Unterschiede in den einzelnen Regelungen – ein **einheitliches Bild der flexiblen Steuerung durch das Mittel von Empfehlungen,** die die Rolle des Bundes als Anteilseigner und mittelbar über das Überwachungsorgan durch die modifizierte gesellschaftsrechtliche Stellung verstärken. Dies erfolgt sowohl im Wege der Einwirkung, wie etwa die Ausgestaltung der Gremienzusammensetzung der Gesellschaftsorgane, die eine spätere Kontrolle ermöglichen, beispielsweise das überwiegend angewandte „Vier-Augen-Prinzip" (→ Rn. 57), als auch durch eine verstärkte Kontrolle, im Wege weiterer Berichterstattungspflichten und der Ausdehnung der Rechte des Überwachungsorgans.[238]

c) Steuerung durch das beteiligungsführende Ministerium (§ 65 Abs. 6 BHO). 98 Nachdem die Steuerungsmöglichkeiten des Bundes innerhalb der Gesellschaft, ihrer vertraglichen oder satzungsmäßigen Grundlagen und Organe beleuchtet wurden, soll in den nachfolgenden Abschnitten, gleichsam den Weg von Innen nach Außen antretend, der Blick auf die Einflussmöglichkeiten der außerhalb der Gesellschaft liegenden staatlichen Organe gerichtet werden.

Den engsten Bezug zum Unternehmen weist dabei das **zuständige Fachministerium** 99 auf, welches die Beteiligung verwaltet und nach § 65 Abs. 6 BHO darauf hinzuwirken hat, dass die in das Überwachungsorgan entsandten/gewählten Personen das Bundesinteresse berücksichtigen. Mit dieser Maßgabe wird lediglich die Pflicht des Bundesministeriums statuiert, von den existenten gesetzlichen und tatsächlichen Steuerungsmöglichkeiten Gebrauch zu machen. Besondere Kontrollrechte begründet § 65 Abs. 6 BHO hingegen nicht.[239] Die Wirksamkeit der Kontrolle durch das Bundesministerium hängt somit entscheidend davon ab, inwieweit es über die **inneren Angelegenheiten des Unternehmens** hinreichend informiert ist. Hierzu sehen die §§ 394, 395 AktG (iVm § 52 Abs. 1 GmbHG) Sonderregelungen für die Entbindung von der Verschwiegenheitspflicht der Aufsichtsratsmitglieder vor (→ § 25 Rn. 110), die nachfolgend aus verwaltungsrechtlicher Perspektive erörtert werden. Zum systematischen Gesamtkontext der Informationsbeziehungen bei Öffentlichen Unternehmen → § 23.

---

[237] Entsprechenserklärung: Ziff. A. II. Rn. 5 und IV. Rn. 15 PCGK BW; Vorbemerkungen Abs. 2 PCGK Bln; Ziff. VI. 1. und 6.1 PCGK Bbg; Ziff. 6.1 PCGK Brem; Ziff. 1 Abs. 7 f. und 6.1 PCGK Hmb; Ziff. 1.1 Abs. 11 und 6.1 PCGK Hess; Ziff. 1.2.3 und 5.2 PCGK NRW; Ziff. A. IV. Rn. 14 RhPf; Einleitung Ziff. 3 Abs. 2 und Ziff. A. 5.1 Rn. 129 f. PCGK LSA; Ziff. 1.3 Abs. 2 und 6.1 PCGK SchlH; Ziff. A. 1.4 Rn. 13 ff. PCGK Thür; abweichend der PCGK Saarl, welcher sich lediglich auf die Veröffentlichung der Gesamtvergütung im Jahresabschluss beschränkt, vgl. Ziff. 4.2 Rn. 79 PCGK Saarl.
[238] Stärkung Überwachungsorgan: Ziff. D. I. Rn. 47 f. PCGK BW; Ziff. III. Rn. 1 ff. PCGK Bln; Ziff. VI. 5.1 PCGK Bbg; Ziff. 5.1 PCGK Brem; Ziff. 5.1 PCGK Hmb; Ziff. 5.1 PCGK Hess; Ziff. 4.2 PCGK NRW; Ziff. D. I. Rn. 46 ff. RhPf; Ziff. 2.4.1 Rn. 43 ff. PCGK Saarl; Ziff. A. 4.1 Rn. 77 ff. PCGK LSA; Ziff. 5.1 PCGK SchlH; Ziff. A. 4.1 Rn. 37 ff. PCGK Thür.
[239] Gröpl/Wernsmann BHO § 65 Rn. 21.

100 aa) Entbindung von der Verschwiegenheitspflicht, § 394 AktG. Um die Tätigkeit der entsandten oder gewählten Aufsichtsratsmitglieder auf sinnvolle Weise kontrollieren zu können, ist es erforderlich, dass das beteiligungsführende Bundesministerium hinreichende Kenntnis von den internen Vorgängen im Unternehmen hat. Nur bei ausreichender Information kann eine effektive Steuerung erfolgen und das Bundesministerium die **politische Verantwortung** für die Tätigkeit der AG tragen.[240] Die Erfüllung des staatlichen Informationsbedürfnisses soll über § 394 AktG sichergestellt werden, der die bestehende **Pflichtenkollision** zwischen der aktienrechtlichen **Verschwiegenheitspflicht** der Aufsichtsratsmitglieder (§ 116 S. 2 AktG) und der öffentlich-rechtlichen **Berichterstattungspflicht** partiell zugunsten der letzteren auflöst.[241] Allerdings werden die Adressaten der Berichte durch § 395 AktG wiederum zur Verschwiegenheit verpflichtet.

101 Unmittelbar anwendbar sind die §§ 394, 395 AktG nur auf die AG, die KGaA und die SE über Art. 49 HS 2 SE-VO[242] (zT mit Einschränkungen).[243] Auf die GmbH mit fakultativem Aufsichtsrat finden die §§ 394, 395 AktG (vorbehaltlich entgegenstehender Bestimmungen im Gesellschaftsvertrag) über die Verweisungsnorm des § 52 Abs. 1 GmbHG Anwendung, für die GmbH mit obligatorischem Aufsichtsrat wird überwiegend eine **analoge Anwendung** des § 52 GmbHG vertreten.[244] Nicht ganz eindeutig ist das Verhältnis der §§ 394, 395 AktG zu dem gegen die Geschäftsführung gerichteten **Auskunfts- und Informationsanspruch** der Gesellschafter einer GmbH nach **§ 51a GmbHG**. Da dieser zumindest nach hM auch die Protokolle von Aufsichtsratssitzungen umfassen soll,[245] wird der Entbindung von der Verschwiegenheitspflicht nach § 394 AktG vermehrt die praktische Relevanz abgesprochen.[246] Ob der ungeklärten Reichweite des Anspruchs nach § 51a GmbHG[247] erscheint es sinnvoll, die Informationsrechte aus § 394 AktG bei der GmbH neben den Anspruch aus § 51a GmbHG treten zu lassen.[248]

102 (1) Tatbestand des § 394 AktG. Der § 394 AktG entbindet ausweislich seines Wortlauts Aufsichtsratsmitglieder, die auf Veranlassung der Gebietskörperschaft in den Aufsichtsrat gewählt oder entsandt wurden, hinsichtlich der Berichte, die sie der Gebietskörperschaft zu erstatten haben, von ihrer Verschwiegenheitspflicht. Abseits aller mit der Vorschrift verbundenen Detailprobleme greift die Entbindung von der Verschwiegenheitspflicht **unabhängig davon, ob die Beteiligung mittelbar oder unmittelbar ist;** auch der Umfang der Beteiligung ist irrelevant, solange die Gebietskörperschaft eine Mitgliedschaft im Aufsichtsrat veranlassen kann.[249] Eine solche Veranlassung der Mitgliedschaft im Aufsichtsrat liegt vor, wenn die Gebietskörperschaft für die Bestellung des Aufsichtsratsmit-

---

[240] Hopt/Wiedermann/Huber/Fröhlich AktG § 394 Rn. 9.
[241] MüKoAktG/Schockenhoff AktG § 394 Rn. 1; Hopt/Wiedemann/Huber/Fröhlich AktG § 394 Rn. 9; Martens AG 1984, 212 (213).
[242] Verordnung (EG) Nr. 2157/2001 des Rates vom 8.10.2001 über das Statut der europäischen Gesellschaft, ABl. L 294/1.
[243] Grigoleit/Rachlitz AktG § 395 Rn. 15; MüKoAktG/Schockenhoff AktG § 394 Rn. 9.
[244] Grigoleit/Rachlitz AktG § 395 Rn. 16; MüKoAktG/Schockenhoff AktG § 394 Rn. 12; KK-AktG/Kersting AktG §§ 394, 395 Rn. 99; Mann Gesellschaft, 244; Schmidt/Lutter/Oetker AktG § 394 Rn. 10; Schürnbrand BOARD 2014, 225 (228). Vgl. auch § 25 Abs. 1 S. 1 Nr. 2 MitbestG 1976.
[245] BGHZ 135, 48 (52 f.) mit zust. Anm. Noack LM § 51a GmbHG Nr. 2; Mann Gesellschaft, 245; MüKoGmbHG/Hillmann GmbHG § 51a Rn. 54 mwN.
[246] OVG Berlin-Brandenburg NVwZ 2015, 1229 (1230); Will VerwArch 2003, 248 (265); Hopt/Wiedemann/Huber/Fröhlich AktG § 394 Rn. 14; aA KK-AktG/Kersting AktG §§ 394, 395 Rn. 98.
[247] Einsicht in Aufsichtsratsprotokolle ablehnend: NSH/Noack GmbHG § 51a Rn. 22; MüKoAktG/Schockenhoff AktG § 394 Rn. 10; nur für obligatorischen Aufsichtsrat ablehnend: Stimpel/Ulmer FS Zöllner Bd. I, 1998, 589 (589 ff.); Mann GS Tettinger, 2007, 295 (302 ff.).
[248] So auch Grigoleit/Rachlitz AktG § 395 Rn. 16.
[249] MüKoAktG/Schockenhoff AktG § 394 Rn. 13 f.; Grigoleit/Rachlitz AktG §§ 394, 395 Rn. 17 f.; Hopt/Wiedemann/Huber/Fröhlich AktG § 394 Rn. 19 ff.; BeckOK AktG/Schall AktG § 394 Rn. 6; aA KK-AktG/Kersting AktG §§ 394, 395 Rn. 111 ff., welcher eine ins Gewicht fallende Beteiligung erfordert (wohl min. 5%); kritisch auch Martens AG 1984, 29 (31 ff.).

glieds nach **äußeren Umständen** verantwortlich war, das Mitglied also als Repräsentant der Gebietskörperschaft erscheint.[250] Eine widerlegbare Vermutung besteht, wenn ein Beamter, Angestellter oder Organmitglied der Gebietskörperschaft Mitglied im Aufsichtsrat wird.[251] Demnach kann eine Veranlassung insbesondere bei der Entsendung (§ 101 Abs. 2 AktG), der Wahl mit Hauptversammlungsmehrheit, offensichtlicher Absprache mit anderen Aktionären (§ 101 Abs. 1 AktG) oder einer Bestellung durch Gericht auf Vorschlag der Gebietskörperschaft (§ 104 AktG)[252] angenommen werden.[253] Nicht ausreichend sein soll dagegen der bloße Wahlvorschlag einer Gebietskörperschaft.[254] Bei mittelbaren Beteiligungen ist entscheidend, inwieweit die Gebietskörperschaft bei der Bestellung oder Entsendung Einfluss auf den unmittelbaren Aktionär bzw. dessen innere Willensbildung nehmen konnte.[255]

103 Die Wortwahl „hinsichtlich der Berichte, die sie der Gebietskörperschaft zu erstatten haben" macht deutlich, dass § 394 Abs. 1 AktG selbst keine eigene Berichtspflicht statuiert, sondern eine **anderweitig begründete Berichtspflicht** voraussetzt.[256] Diese kann gem. § 394 S. 3 AktG aus Gesetz, Satzung oder einem Rechtsgeschäft ergeben, welches dem Aufsichtsrat in Textform mitgeteilt werden muss.[257] Anders als die insoweit zum Teil eindeutigen Gemeindeordnungen[258] ist nicht sicher, ob **§ 69 S. 1 Nr. 2 BHO** selbst eine Pflicht zur Berichterstattung begründet oder lediglich eine Handlungspflicht des Ministeriums gegenüber dem Rechnungshof konstituiert.[259] Ähnlich umstritten war die Frage, ob bereits der allgemeinen **beamtenrechtlichen Pflichtenstellung und Weisungsgebundenheit** (§ 62 BBG) eine gesetzliche Berichtspflicht erwachsen kann.[260] Seit der Aktienrechtsnovelle 2016 wird dies allerdings mittels eines Erst-Recht-Schlusses aus der ausdrücklichen Zulässigkeit einer Berichtspflicht kraft Rechtsgeschäfts[261] zu begründen sein.[262] Denn wenn ein bloßes Rechtsgeschäft eine Berichtspflicht auslösen kann, müsste das gesetzlich ausgestaltete beamtenrechtliche Pflichtenverhältnis erst recht als ausreichende

---

[250] MüKoAktG/Schockenhoff AktG § 394 Rn. 15 f.; Grigoleit/Rachlitz AktG § 395 Rn. 18.
[251] Grigoleit/Rachlitz AktG § 395 Rn. 18; Hopt/Wiedemann/Huber/Fröhlich AktG § 394 Rn. 24; häufig wird die Vermutungsregel nur auf mittelbare Beteiligungen erstreckt, so bei Schmidt/Lutter/Oetker AktG § 394 Rn. 14; MüKoAktG/Schockenhoff AktG § 394 Rn. 19.
[252] Kritisch KK-AktG/Kersting AktG §§ 394, 395 Rn. 119.
[253] MüKoAktG/Schockenhoff AktG § 394 Rn. 15 ff.; Grigoleit/Rachlitz AktG § 395 Rn. 18.
[254] MüKoAktG/Schockenhoff AktG § 394 Rn. 17.; Grigoleit/Rachlitz AktG § 395 Rn. 18 (Fn. 46); KK-AktG/Kersting AktG §§ 394, 395 Rn. 118; BeckOK AktG/Schall AktG § 394 Rn. 8; aA Hopt/Wiedemann/Huber/Fröhlich AktG § 394 Rn. 24; BKL/Pelz AktG § 394 Rn. 3 (wenn das Interesse der Veranlassung für die Wahl ursächlich war).
[255] Grigoleit/Rachlitz AktG § 395 Rn. 18; im Detail ist die Veranlassung bei mittelbaren Beteiligungen sehr komplex, vgl. hierzu KK-AktG/Kersting AktG §§ 394, 395 Rn. 120 ff.
[256] RegE BT-Drs. 18/4349, 33; Mann Gesellschaft, 242; MüKoAktG/Schockenhoff AktG § 394 Rn. 20 mwN.
[257] Dabei kann die Berichtspflicht selbst an bestimmte Voraussetzungen geknüpft werden, vgl. BeckOK AktG/Schall AktG § 394 Rn. 12.
[258] ZB Art. 93 Abs. 2 S. 2 BayGO, § 113 Abs. 5 GO NRW; § 138 Abs. 4 NKomVG; diese müssen Bestehen, Umfang, Inhalt, Adressaten und Form der Berichtspflicht regeln, Grigoleit/Rachlitz AktG § 395 Rn. 22.
[259] Im letzteren Sinne Lutter/Grunewald WM 1984, 385 (397); Schmidt-Aßmann/Ulmer, BB 1988, Beil. 13 S. 1 (6, 12); Mann Gesellschaft, 243.
[260] Bejahend BeckOK AktG/Schall AktG § 394 Rn. 11; MüKoAktG/Schockenhoff AktG § 394 Rn. 24; Grigoleit/Rachlitz AktG §§ 394, 395 Rn. 22; Koch/Koch AktG § 394 Rn. 40; Heidel/Stehlin Aktien- und Kapitalmarktrecht § 394 Rn. 5; vgl. ferner Schürnbrand BOARD 2014, 225 (227); Ihrig/Wandt BB 2016, 6 (14); Stöber DStR 2016, 611 (616); Lutter/Grunewald WM 1984, 385 (397); Schockenhoff NZG 2018, 521 (526); Werner NVwZ 2019, 449 (451); Schmolke WM 2018, 1913 (1916); aA KK-AktG/Kersting AktG §§ 394, 395 Rn. 128; Mann Gesellschaft, 242; Gundlach/Frenzel/Schmidt, LKV 2001, 246 (251); Schmidt/Lutter/Oetker AktG § 394 Rn. 19; Zöllner AG 1984, 147 (148 f.).
[261] Vor der Aktienrechtsnovelle 2016 höchst umstritten, vgl. nur Hopt/Wiedemann/Huber/Fröhlich AktG § 394 Rn. 33 ff.
[262] MüKoAktG/Schockenhoff AktG § 394 Rn. 24; Grigoleit/Rachlitz AktG § 395 Rn. 22; Schürnbrand BOARD 2014, 225 (227); Ihrig/Wandt BB 2016, 6 (14).

Grundlage für eine solche angesehen werden können.²⁶³ Zumindest lässt die Anerkennung der rechtsgeschäftlichen Berichtspflicht auf ein gesetzliches Leitbild der weiten Berichtspflicht schließen.²⁶⁴

104 Die **Satzung** als Grundlage der Berichtspflicht meint grundsätzlich nur die Satzung der AG. Dieses Verständnis des Satzungsbegriffs liegt dem gesamten AktG zugrunde.²⁶⁵ Die Berichtspflicht durch **Rechtsgeschäft** erfasst alle denkbaren Formen der Abrede im Rahmen einer vertraglichen Vereinbarung, eines Auftrags oder einer Nebenabrede.²⁶⁶ In Textform zu erfolgen hat dabei ausweislich des Wortlauts nur die Mitteilung an den Aufsichtsrat über die Berichtspflicht, welche vor Erstattung des Berichts erfolgen muss; für das Rechtsgeschäft selbst lässt der Wortlaut des § 394 AktG keine Formvorgaben erkennen.²⁶⁷ Dass die Einhaltung der Textform iSd § 126b BGB auch auf das Rechtsgeschäft zu beziehen ist, könnte höchstens über den Telos des § 394 AktG begründet werden,²⁶⁸ doch steht nach diesseitiger Auffassung der Wortlaut einer Erweiterung des Textformerfordernisses entgegen.²⁶⁹

105 **(2) Umfang der Berichtspflicht.** Der Umfang der Berichtspflicht ergibt sich zunächst aus der konkreten Verpflichtung in Gesetz, Satzung oder Rechtsgeschäft. Bezugspunkt ist die Verschwiegenheitspflicht der Mitglieder im Überwachungsorgan, die nur für vertrauliche Angaben und Geheimnisse der Gesellschaft (Betriebs- und Geschäftsgeheimnisse), § 93 Abs. 1 S. 3 AktG, insbesondere für vertrauliche Berichte und Beratungen gilt, § 116 S. 2 AktG. Unterfällt eine Information nach diesen Maßstäben schon nicht der Verschwiegenheitspflicht, dann darf sie unabhängig von der Sonderregelung des § 394 AktG weitergegeben werden. Darüber erlaubt § 394 S. 2 AktG nur eine partielle Öffnung der Verschwiegenheit. Denn es dürfen innerhalb des von der Verschwiegenheit erfassten Bereichs nur solche Informationen weitergegeben werden, die „für die Zwecke der Berichte" von Bedeutung sind. Für die **Zwecke der Berichte von Bedeutung** sind aber nur solche vertraulichen Informationen, die zur Verwaltung der Beteiligung oder zur Prüfung der Gesellschaft, der Betätigung der Gebietskörperschaft als Aktionär oder der Tätigkeit der bestellten Aufsichtsratsmitglieder geeignet und erforderlich sind (sog. funktionale Bindung der Aufhebung der Verschwiegenheitspflicht).²⁷⁰ § 394 AktG bezweckt für die auf Veranlassung einer Körperschaft in den Aufsichtsrat gewählten oder entsandten Mitglieder also keine generelle Aufhebung der Verschwiegenheitspflicht. Diese Sicht wird durch die Regelung in **§ 53 Abs. 1 Nr. 3 HGrG** bestätigt, die der Gebietskörperschaft ein anderen Aktionären nicht zustehendes Informationsprivileg auf **Zusendung von Prüfungsberichten** einräumt. Wenn nun aber Aufsichtsräte, die ihrerseits gem. § 170 Abs. 3 AktG die Prüfungsberichte erhalten, diese unter Berufung auf § 394 AktG an ihre Entsendungskörperschaft weiterleiten dürften, so wären die begrenzenden Voraussetzungen, die § 53 HGrG an die Erlangung der Prüfungsberichte durch die Gebietskörperschaft aufstellt, faktisch ohne Belang.

106 **(3) Adressaten der Berichtspflicht.** Als Adressat der Berichtspflicht benennt § 394 AktG nur die Gebietskörperschaft. Die Bestimmung des konkreten Berichtsadressaten obliegt

---

²⁶³ Hopt/Wiedemann/Huber/Fröhlich AktG § 394 Rn. 36 ordnet die allgemeine beamtenrechtliche Berichtspflicht vor der Aktienrechtsnovelle daher in die Schnittstelle zwischen gesetzlicher und rechtsgeschäftlicher Berichtspflicht ein.
²⁶⁴ So BeckOK AktG/Schall AktG § 394 Rn. 11; Schmolke WM 2018, 1913 (1916).
²⁶⁵ MüKoAktG/Schockenhoff AktG § 394 Rn. 25; Grigoleit/Rachlitz AktG § 395 Rn. 23; KK-AktG/Kersting AktG §§ 394, 395 Rn. 129.
²⁶⁶ RegE BT-Drs. 18/4349, 33.
²⁶⁷ BeckOK AktG/Schall AktG § 394 Rn. 10; Grigoleit/Rachlitz AktG § 395 Rn. 25; aA KK-AktG/Kersting AktG §§ 394, 395 Rn. 143; MüKoAktG/Schockenhoff AktG § 394 Rn. 27.
²⁶⁸ So KK-AktG/Kersting AktG §§ 394, 395 Rn. 143.
²⁶⁹ Anders MüKoAktG/Schockenhoff AktG § 394 Rn. 27, welcher in „dem *in Textform mitgeteiltem* Rechtsgeschäft" eine unpräzise Formulierung sieht.
²⁷⁰ Grigoleit/Rachlitz AktG § 395 Rn. 28. Nach dem Umfang der Berichtspflicht bestimmen sich auch die vorzulegenden Unterlagen, MüKoAktG/Schockenhoff AktG § 394 Rn. 35.

mithin dem öffentlichen Organisationsrecht, wobei das Zusammenspiel mit dem kompensatorischen körperschaftsinternen Geheimnisschutz nach § 395 AktG zu beachten ist, denn taugliche konkrete Adressaten können lediglich die nach § 395 AktG wiederum zur Verschwiegenheit verpflichteten Personen sein.[271] Dabei handelt es sich um Personen, welche die Beteiligung verwalten oder mit Prüfungsaufgaben betraut sind. Teilweise wird den §§ 394, 395 AktG noch ein zusätzliches, **ungeschriebenes Tatbestandsmerkmal** mit erheblichen praktischen Implikationen zugewiesen. Aus den §§ 394, 395 AktG solle folgen, dass Adressat der Berichte nur sein dürfe, wer die Gewähr dafür biete, die aktienrechtliche Verschwiegenheitspflicht auch tatsächlich einhalten zu können. Dies könnte bei Parlamenten (Bundestag, Landtage) und Gemeindevertretungen nicht unproblematisch angenommen werden, sodass diese nur unter bestimmten Voraussetzungen taugliche Berichtsadressaten sein können.[272] Dementsprechend wird auch eine Beratung oder die Beantwortung einer Anfrage im Plenum des Bundestags als unzulässig eingestuft.[273] Das BVerfG hat sich in Bezug auf Informationsrechte des Bundestags über die Beteiligung an der Deutschen Bahn AG demgegenüber auf den Standpunkt gestellt, nur der Verweis auf die Verschwiegenheitspflichten des Aktienrechts reiche zur Begründung der Verweigerung der Auskunft nicht aus.[274] Im Ergebnis stellte es sich auf den Standpunkt, dass das parlamentarische Informationsinteresse mit dem Geheimhaltungsinteresse des Staates am Schutz vertraulicher Informationen seiner Unternehmen im Wege **praktischer Konkordanz** in Ausgleich zu bringen sei. Zumindest der Ausschluss jeglicher Informationsrechte des Bundestags in öffentlicher Sitzung wäre demnach nicht möglich.[275] Diese Abwägungslösung des BVerfG wird auch von Teilen der Literatur einem pauschalen Ausschluss des Plenums als Berichtsadressat vorgezogen.[276]

Entscheidend für das Verhältnis der Berichtspflicht zur grundsätzlich eigenverantwortlichen und unabhängigen Stellung des berichtspflichtigen Aufsichtsratsmitglieds ist, dass die Berichtspflicht in keinem Fall die Weisungsunabhängigkeit des Aufsichtsratsmitglieds aushebeln darf.[277] Daraus folgt, dass das Aufsichtsratsmitglied sowohl die Frage, ob eine Information der Verschwiegenheit unterliegt als auch die, ob diese mit der öffentlich-rechtlichen Berichtspflicht kollidiert, eigenverantwortlich und unter Berücksichtigung sämtlicher tangierter Interessen zu beantworten hat.[278] Diskutiert werden hierbei insbesondere, inwieweit das Aufsichtsratsmitglied bezüglich dieser Fragen an beamtenrechtliche Weisungen gebunden ist und wie sich dies auf die aktienrechtliche Haftung auswirkt,[279] sowie die Reichweite der gerichtlichen Überprüfbarkeit der Entscheidung des Aufsichts-

107

---

[271] MüKoAktG/Schockenhoff AktG § 394 Rn. 37; Grigoleit/Rachlitz AktG § 395 Rn. 29; Schwintowski NJW 1990, 1009 (1014); Zieglmeier ZGR 2007, 144 (161); von Kann/Keiluweit DB 2009, 2251 (2253); aA Wilting AG 2012, 529 (532 f.).
[272] So Koch/Koch AktG § 394 Rn. 42; MüKoAktG/Schockenhoff AktG § 394 Rn. 38; KK-AktG/Kersting AktG §§ 394, 395 Rn. 177 f.; Semler/von Schenck/Gasteyer Der Aufsichtsrat § 394 Rn. 28; Schmidt-Aßmann/Ulmer BB 1988 Beil. 13, 3 (9 ff.); Pfeifer Möglichkeiten und Grenzen der Steuerung kommunaler Aktiengesellschaften durch die Gebietskörperschaften, 1993, 186 f.; Schwintowski NJW 1990, 1009 (1014); Mann Gesellschaft, 246; Lampert Einflussnahme auf Aufsichtsratsmitglieder durch die öffentliche Hand als Gesellschafterin, 2012, 58 ff.; Will VerwArch 2003, 248 (263); Land/Hallermeyer AG 2011, 114 (120 f.).
[273] Vgl. nur Koch/Koch AktG § 394 Rn. 42; MüKoAktG/Schockenhoff AktG § 394 Rn. 41; KK-AktG/Kersting AktG §§ 394, 395 Rn. 179.
[274] BVerfGE 147, 50 Rn. 296.
[275] BVerfGE 147, 50 Rn. 254 ff.; vgl. dazu MüKoAktG/Schockenhoff AktG § 394 Rn. 43; Schwill NVwZ 2019, 109 (111).
[276] So Grigoleit/Rachlitz AktG § 395 Rn. 31; BeckOK AktG/Schall AktG § 394 Rn. 15; Hopt/Wiedemann/Huber/Fröhlich AktG § 394 Rn. 45; Zieglmeier ZGR 2007, 144 (163).
[277] Land/Hallermeyer AG 2011, 114 (117); Grigoleit/Rachlitz AktG § 395 Rn. 32.
[278] Grigoleit/Rachlitz AktG § 395 Rn. 32; MüKoAktG/Schockenhoff AktG § 394 Rn. 33.
[279] Weisungsbindung ablehnend: Koch/Koch AktG § 394 Rn. 44; Grigoleit/Rachlitz AktG § 395 Rn. 32; MüKoAktG/Schockenhoff AktG § 394 Rn. 33; aA: Hopt/Wiedemann/Huber/Fröhlich AktG § 394 Rn. 52; BeckOK AktG/Schall AktG § 394 Rn. 14.

ratsmitglieds über das Bestehen seiner Verschwiegenheitspflicht[280] bzw. dem Unterfallen einer Information unter die Berichtspflicht.[281]

108 **bb) Ausdehnung der Verschwiegenheitspflicht, § 395 AktG.** Den nach § 395 AktG vorgesehenen Empfängern der Berichte aus den Überwachungsorganen wird durch diese Vorschrift eine Verschwiegenheitspflicht **im selben Umfang** auferlegt, wie sie dem berichtenden Aufsichtsratsmitglied obliegt. Im Ergebnis wird damit die Verschwiegenheit nicht aufgehoben, sondern lediglich der Kreis der Geheimnisträger um weitere Personen erweitert. Erfasst von der Verschwiegenheitspflicht der Berichtsempfänger sind nicht nur die nach § 394 AktG relevanten Berichte selbst, sondern **auch ergänzende Unterlagen** oder Informationen, die im Prüfungsverfahren nach §§ 53, 54 HGrG bekannt werden.[282] In diesen Fällen wird § 395 AktG **analog** angewendet.[283]

109 Zudem dürfen nach § 395 Abs. 2 AktG bei der Veröffentlichung von Prüfungsergebnissen vertrauliche Angaben und Geheimnisse der Gesellschaft nicht veröffentlicht werden – eine Maßgabe, die angesichts der umfassenden Erweiterung der Verschwiegenheitspflicht nach § 395 Abs. 1 AktG eher **deklaratorischen Charakter** besitzt.[284] Demgegenüber ist die Weitergabe von Informationen „im dienstlichen Verkehr" nach § 395 Abs. 1 HS 2 AktG zulässig. Darunter wird man, dem Telos der Vorschrift entsprechend, nur solche Vorgänge verstehen dürfen, bei denen die Informationen an eine mit der Beteiligungsverwaltung oder -prüfung konkret befasste und hierfür zuständige Person weitergegeben werden, die ihrerseits der Verschwiegenheitspflicht nach § 395 AktG unterliegt und der Information für die eigene Tätigkeit bedarf.[285]

110 **cc) Landesrechtliche Abweichungen.** Während § 65 Abs. 6 BHO den Fokus auf die Verantwortung des zuständigen Fachministeriums abstellt, verpflichten einzelne LHO zum Teil auch unmittelbar die auf Veranlassung des Landes gewählten oder entsandten Mitglieder der Aufsichtsorgane zur Berücksichtigung der besonderen Interessen der Länder.[286] In Sachsen wird das zuständige Ministerium zusätzlich dazu angehalten, nur Personen mit der erforderlichen betriebswirtschaftlichen Sachkunde und Erfahrung als Mitglieder der Aufsichtsorgane zu bestellen.

111 **d) Steuerung durch das Finanzministerium.** Die Verwaltung der Beteiligung an einem Unternehmen ist grundsätzlich Aufgabe des fachlich zuständigen Ressortministeriums. Daneben ist auf der Bundesebene aber auch das Bundesfinanzministerium in die Steuerung der Öffentlichen Unternehmen des Bundes eingebunden (vgl. § 65 Abs. 2 – 4 BHO). Auf der Landesebene sind die Befugnisse der Landesfinanzministerien schwächer ausgestaltet.

---

[280] Nach hM ist diese Frage voll justiziabel, vgl.: OLG Stuttgart NZG 2007, 72 (74); Grigoleit/Rachlitz AktG § 395 Rn. 32; MüKoAktG/Schockenhoff AktG § 394 Rn. 33; Koch/Koch AktG § 116 Rn. 11.; Schmolke WM 2018, 1913 (1916); Schockenhoff NZG 2018, 521 (527); differenzierend: Harnos Gerichtliche Kontrolldichte im Gesellschaftsrecht, 2021, 505 f.; für nicht überprüfbaren Beurteilungsspielraum zumindest in engen Grenzen: KK-AktG/Mertens/Cahn AktG § 116 Rn. 50.

[281] Hier räumt die (wohl) hM den Aufsichtsratsmitgliedern einen Ermessens- oder Beurteilungsspielraum ein, vgl. Hölters/Weber/Müller-Michaels AktG § 394 Rn. 32; Schmidt/Lutter/Oetker AktG § 394 Rn. 28; KK-AktG/Kersting AktG § 394 Rn. 187; BKL/Pelz AktG § 394 Rn. 11; Land/Hallermeyer AG 2011, 114 (117); Schmidt-Aßmann/Ulmer BB 1988 Beil. 13, 3 (10); die überwiegende Kommentarliteratur geht mittlerweile von der vollen gerichtlichen Überprüfbarkeit der Entscheidung aus: Grigoleit/Rachlitz AktG § 395 Rn. 32; MüKoAktG/Schockenhoff AktG § 394 Rn. 33; Koch/Koch AktG § 394 Rn. 44; Hopt/Wiedermann/Huber/Fröhlich AktG § 394 Rn. 52; BeckOK AktG/Schall § 394 Rn. 14; Semler/von Schenck/Gasteyer Der Aufsichtsrat § 394 Rn. 27; vgl. auch Schockenhoff NZG 2018, 521 (527).

[282] MüKoAktG/Schockenhoff AktG § 395 Rn. 6 f. mwN; Grigoleit/Rachlitz AktG § 395 Rn. 49; aA BeckOK AktG/Schall AktG § 395 Rn. 4.

[283] So Grigoleit/Rachlitz AktG § 395 Rn. 49; MüKoAktG/Schockenhoff AktG § 395 Rn. 7 möchte den § 395 AktG erweiternd auslegen, was iE wohl einer analogen Anwendung gleichkommt.

[284] MüKoAktG/Schockenhoff AktG § 395 Rn. 11.

[285] Grigoleit/Rachlitz AktG § 395 Rn. 52.

[286] So § 65 Abs. 4 LHO BW, § 65 Abs. 6 LHO Bay., § 65 Abs. 6 S. 1 LHO Hess., wobei sich gem. S. 2 abweichend von der BHO die Hinwirkenspflicht an das Finanz- und nicht das Fachministerium richtet.

aa) Steuerungsmöglichkeiten des Bundesministeriums für Finanzen. Für bedeuten- 112
de unternehmerische Entscheidungen ist gem. § 65 Abs. 2 BHO die **Einwilligung** (vorherige Zustimmung, Legaldefinition in § 36 BHO) **des Bundesministeriums für Finanzen** einzuholen. Darunter fallen nach Abs. 2 der Erwerb, die Erhöhung oder die Veräußerung der Anteile und die Änderung des Nennkapitals, des Unternehmensgegenstands oder des sonstigen Bundeseinflusses. Die letztgenannte Variante wird im Katalog der Ziffer 2.1 VV-BHO zu § 65 weiter spezifiziert, indem dort bei unmittelbaren Beteiligungen beispielsweise auch die Umwandlung, die Verschmelzung, die Änderung der Rechtsform und die Einbringung in andere Unternehmen als einwilligungsbedürftige Geschäfte angeführt werden. Der Antrag auf Einwilligung ist vom beteiligungsführenden Ministerium nach Ziff. 2.2.1 Rn. 27 RL-ABfUB schriftlich zu stellen und zu begründen. Sofern das beteiligungsführende Fachministerium sich zudem statutarisch selbst ein Zustimmungsrecht gesichert hat (vgl. Ziff. 2.3.7 Rn. 47 RL-ABfUB) darf es jedoch erst dann zustimmen, nachdem das Bundesministerium für Finanzen seine Einwilligung in das Geschäft erteilt hat.[287] Weil die nach § 65 Abs. 2 BHO einwilligungsbedürftigen Entscheidungen aber regelmäßig nicht vom zuständigen Fachministerium, sondern von der Beteiligungsgesellschaft selbst getroffen werden,[288] haben die Vertreter der Gebietskörperschaft in den Unternehmensorganen auf die Einhaltung des Einwilligungserfordernisses hinzuwirken und das zuständige Ministerium sofort über die einwilligungsbedürftige Maßnahme zu informieren.[289] Zudem ist nach § 65 Abs. 2 S. 3 BHO das Bundesministerium für Finanzen schon im Vorfeld an den Verhandlungen zu beteiligen.

Auch bei den in § 65 Abs. 3 BHO genannten Geschäften ist das Bundesministerium 113
für Finanzen frühzeitig zu beteiligen und hat seine Einwilligung zu erteilen. Diese Norm soll eine **Mediatisierung des Einflusses** des Bundes durch Erwerb von Beteiligungen „seiner" Unternehmen an anderen Unternehmen **verhindern.**[290] Sie erfasst ausdrücklich nur Geschäfte von Unternehmen, an denen der Bund unmittelbar oder mittelbar mehrheitlich beteiligt ist und nur den Erwerb eines Anteils iHv mindestens 25 % an einem anderen Unternehmen durch die Beteiligungsgesellschaft sowie die Erhöhung oder Veräußerung dieses Anteils. Diese einschränkenden Erfordernisse werden aufgestellt, um eine **wirksame Einflussnahme** auf das (Enkel-)Unternehmen zu ermöglichen.[291] Die auf diese Weise erworbenen Beteiligungen stellen aus Sicht des Bundes mittelbare Beteiligungen dar,[292] für die dann über den Verweis in § 65 Abs. 3 S. 3 BHO auch die für unmittelbare Beteiligungen geltenden Kautelen des Abs. 2 S. 2 Anwendung finden.

Gleichfalls auf die mittelbaren Beteiligungen im Sinne des § 65 Abs. 3 BHO anzuwen- 114
den sind die Zugangsbedingungen aus § 65 Abs. 1 Nr. 3 und 4 BHO (→ Rn. 45 ff.). Obwohl der Zweck des Abs. 3 ausweislich des Regierungsentwurfs eine entsprechende Anwendung der Abs. 1 und 2 in ihrer Gesamtheit ist,[293] erfolgt an dieser Stelle des Gesetzestextes kein Verweis auf die Zugangsbedingungen aus § 65 Abs. 1 Nr. 1 und 2 BHO (→ Rn. 36 ff.). Der fehlende Verweis auf Nr. 2 lässt sich jedoch dadurch zu erklären, dass ein unbegrenztes Haftungsrisiko durch das zwischengeschaltete (haftungsbegrenzte) Tochterunternehmen gerade nicht besteht.[294] Der fehlende Verweis auf das wichtige Bundesinteresse nach § 65 Abs. 1 Nr. 1 BHO ist auch bei mittelbaren Beteiligungen unschädlich, da das Vorliegen eines öffentlichen Interesses, wie bereits im Kontext der Genossenschaften aufgezeigt (→ Rn. 54), als Ausfluss des Rechtsstaatsprinzips bereits **ver-**

---
[287] Vgl. den nicht ganz eindeutigen Wortlaut in Ziff. 2.3.7 Rn. 47 RL-ABfUB („an die Zustimmung [des BMF] geknüpfte" Zustimmung), wie hier Gröpl/Wernsmann BHO § 65 Rn. 18.
[288] Abseits vom Erwerb, der Veräußerung oder der Erhöhung von Anteilen des Bundes an der Gesellschaft.
[289] Gröpl/Wernsmann BHO § 65 Rn. 15.
[290] Gröpl/Wernsmann BHO § 65 Rn. 16.
[291] Piduch/Nöhrbaß BHO § 65 Rn. 13.
[292] Heuer/Scheller/Kautzsch BHO § 65 Rn. 36.
[293] BT-Drs. V/3040, 64, vgl. auch Heuer/Scheller/Kautzsch BHO § 65 Rn. 38.
[294] Gröpl/Wernsmann BHO § 65 Rn. 17.

fassungsrechtlich geboten ist.[295] Es wird für mittelbare Beteiligungen aber ausdrücklich in Ziff. 2.1.2 Rn. 20 RL-ABfUB aufgegriffen, wonach die mittelbaren Beteiligungen selbst unmittelbar durch ein wichtiges Bundesinteresse geprägt sein oder zumindest zu dem vom (Tochter-)Unternehmen verfolgten öffentlichen Zweck beitragen müssen.

115 Nach § 65 Abs. 4 BHO schließlich kann das Bundesministerium für Finanzen, nicht aber das zuständige Fachministerium (vgl. Ziff. 2.2.1 Rn. 28 RL-ABfUB), auf die Rechte aus § 65 Abs. 2, 3 BHO verzichten. Die zusätzliche Verpflichtung in den Abs. 2 und 3, wonach das **für Bundesvermögen zuständige Ministerium** zu beteiligen ist, ist zu vernachlässigen, ist hierfür doch bislang das Bundesministerium für Finanzen zuständig.

116 **bb) Landesrechtliche Abweichungen.** Weil für die Landesfinanzministerien nichts Gegenteiliges gilt, wird im Wortlaut sämtlicher LHO von vornherein auf die Anforderung einer Beteiligung des für Landesvermögen zuständigen Ministeriums verzichtet. Weitere landesrechtliche Abweichungen gibt es bezüglich der Steuerungsmöglichkeiten des Finanzministeriums kaum. Lediglich Baden-Württemberg und Sachsen verzichten gänzlich auf eine Beteiligung des Finanzministeriums. Mecklenburg-Vorpommern hat den § 65 Abs. 3 BHO ausgelagert und die Anforderungen an mittelbare Beteiligungen des Landes in einem neu geschaffenen § 65a LHO normiert. Eine eigens geschaffene Regelung für mittelbare Beteiligungen existiert in sonst keiner LHO.

117 **e) Beteiligung der Legislative (§ 65 Abs. 7 BHO/LHO).** Neben einer Einbindung der Ministerien sieht das Haushaltsrecht auch eine Beteiligung der Parlamente im Falle staatlicher Unternehmensbeteiligung vor.

118 **aa) Beteiligung von Bundestag und Bundesrat.** Normativer Anknüpfungspunkt für eine Kontrollmöglichkeit von Bundestag und -rat ist § 65 Abs. 7 BHO, der einen Zustimmungsvorbehalt für Bundestag und Bundesrat im Falle der Veräußerung von Anteilen an einem Unternehmen statuiert, wenn den Anteilen eine besondere Bedeutung zukommt, die Veräußerung nicht im Haushaltsplan vorgesehen ist und keine zwingenden Gründe eine Ausnahme von dem Zustimmungsbedürfnis gebieten. Weil mittelbare Beteiligungen nicht in den Haushaltsplan aufgenommen werden können und mithin auch ihre Veräußerung nicht,[296] wird erkennbar, dass von der Bestimmung **nur eine Veräußerung unmittelbarer Beteiligungen erfasst** ist.[297] Die hier eingeräumte Kompetenz der Legislativorgane ist **verfassungsrechtlich nicht indiziert**[298] und weicht von der Regel ab, dass eine Veräußerung von Bundesvermögen grundsätzlich Sache der Exekutive ist. Man wird die Norm daher als zulässige **konstitutive Modifizierung** der verfassungsrechtlichen Kompetenzzuweisungen verstehen müssen.[299]

119 Der Begriff der **Veräußerung** ist dabei eher weit auszulegen. Nicht nur der rechtliche Übertragungsakt der Anteile, sondern schon das Geschäft, durch welches die Entscheidung über die Übertragung der Anteile vollständig aus der Hand gegeben wird (zB bei einer unwiderruflichen Anteilserwerbsoption), ist als Veräußerung zu qualifizieren.[300] Die **besondere Bedeutung der Unternehmensanteile** bestimmt sich zB nach der Höhe der Beteiligung und dem verfolgten Interesse, sie kann sich aber auch aus wirtschaftspolitischen Gründen, den bisher eingesetzten Mitteln oder der Größe des Unternehmens ergeben.[301] So dürften etwa Anteile an Energieversorgungsunternehmen angesichts ihrer Bedeutung für die Versorgungssicherheit dieses Merkmal erfüllen. Insgesamt handelt es sich um einen

---

[295] Gröpl/Wernsmann BHO § 65 Rn. 17; zur Bindungswirkung der Verfassungsgrundsätze für juristische Personen des Privatrechts mit mehrheitlicher Beteiligung der öffentlichen Hand s. BVerfGE 128, 226; zur Genossenschaft → Rn. 52 ff.
[296] Piduch/Nöhrbaß BHO § 65 Rn. 17.
[297] Gröpl/Wernsmann BHO § 65 Rn. 23; Piduch/Nöhrbaß BHO § 65 Rn. 17.
[298] Gröpl/Wernsmann BHO § 65 Rn. 22.
[299] Im Anschluss an Birk/Wernsmann DVBl. 2005, 1 (2).
[300] Birk/Wernsmann DVBl. 2005, 1 (7).
[301] Birk/Wernsmann DVBl. 2005, 1 (7); Gröpl/Wernsmann BHO § 65 Rn. 25.

schwer zu konkretisierenden und definierenden Begriff, bei welchem sich insbesondere Abgrenzungsschwierigkeiten zum wichtigen Bundesinteresse nach § 65 Abs. 1 Nr. 1 BHO ergeben können.[302]

Ist die **Veräußerung im Haushaltsplan** vorgesehen, so ist eine vorherige Zustimmung von Bundestag und -rat entbehrlich. Dies ist damit zu rechtfertigen, dass beide Organe bereits bei Erlass des den Haushaltsplan aufstellenden Haushaltsgesetzes beteiligt werden, Art. 110 Abs. 2 GG. Da ein Haushaltsgesetz aber lediglich den Charakter eines Einspruchsgesetzes hat, gewährt § 65 Abs. 7 BHO innerhalb seines Anwendungsbereiches mit seinem Zustimmungserfordernis dem Bundesrat stärkere Befugnisse.[303] **120**

Die **zwingenden Gründe**, etwa Geheimhaltungsinteressen, sind als Ausnahmetatbestand eng auszulegen. Erneut handelt es sich auch hierbei um einen interpretationsoffenen Begriff, welcher kaum Ansatzpunkte für eine einheitliche Definition bietet.[304] Wurde die Zustimmung nicht eingeholt, so sind Bundestag und -rat nach § 65 Abs. 7 S. 2 BHO zumindest alsbald nach der Veräußerung über diese zu unterrichten. Eine nachträgliche Genehmigung heilt die fehlende Zustimmung jedoch nicht,[305] dennoch bleiben Geschäfte, welche ohne die erforderliche Zustimmung vorgenommen werden, **privatrechtlich wirksam**.[306] **121**

bb) Landesrechtliche Abweichungen. Auch in den LHO wird überwiegend eine Beteiligung des Landtags entsprechend § 65 Abs. 7 BHO vorgesehen. Lediglich in Hamburg, Mecklenburg-Vorpommern und Niedersachsen wird auf eine Beteiligung der Legislative verzichtet. In Sachsen-Anhalt ist alternativ zur Einwilligung des gesamten Landtags auch die Einwilligung des für den Haushalt zuständigen Ausschusses ausreichend.[307] **122**

f) Rechnungs-/Abschlussprüfung (§§ 53, 54 HGrG). Abschließend soll noch kurz auf die Steuerung durch die Finanz- und Wirtschaftlichkeitskontrolle eingegangen werden, die hinsichtlich der erforderlichen Prüfung durch Abschlussprüfer nach § 264 ff., 316 ff. HGB an anderer Stelle vertieft behandelt wird.[308] An dieser Stelle ist nur darauf hinzuweisen, dass diese allgemein für Kapitalgesellschaften geltenden Bestimmungen bei öffentlichen Unternehmen durch die für Bund und Länder einheitlich und unmittelbar geltenden (§ 49 HGrG) Bestimmungen der **§§ 53, 54 HGrG erweitert** werden, um ihnen die erforderlichen Informationen zur effektiven Verwaltung ihrer Beteiligungen zu verschaffen.[309] **123**

Sofern eine Gebietskörperschaft allein über die Kapitalanteilsmehrheit an einem Unternehmen privater Rechtsform verfügt oder ihr diese zusammen mit anderen Gebietskörperschaften zusteht und sie selbst mindestens 25 % der Anteile hält, kann sie gem. § 53 Abs. 1 HGrG die Durchführung einer **erweiterten Jahresabschlussprüfung** verlangen, bei der über die nach Handelsrecht vorgesehenen Prüfungsgegenstände hinausgehend die „Ordnungsgemäßheit der Geschäftsführung" (§ 53 Abs. 1 Nr. 1 HGrG) und die wirtschaftlichen Verhältnisse (§ 53 Abs. 1 Nr. 2 HGrG) beurteilt werden.[310] Von diesem rein haushalts- **124**

---

[302] Piduch/Nöhrbaß BHO § 65 Rn. 17; Heuer/Scheller/Kautzsch BHO § 65 Rn. 47, letzterer geht daher davon aus, dass das Kriterium insbesondere bei einer außergewöhnlich hohen finanziellen Bedeutung der Beteiligung erfüllt ist.
[303] Näher hierzu: Gröpl/Wernsmann BHO § 65 Rn. 25.
[304] Heuer/Scheller/Kautzsch BHO § 65 Rn. 47.
[305] Birk/Wernsmann DVBl. 2005, 1 (6).
[306] Heuer/Scheller/Kautzsch BHO § 65 Rn. 48; Piduch/Nöhrbaß BHO § 65 Rn. 18 geht von Regressansprüchen des Bundes gegen die verantwortlichen Entscheidungsträger aus.
[307] Vgl. § 65 Abs. 7 LHO LSA.
[308] S. §§ 23, 25.
[309] Hopt/Wiedemann/Huber/Fröhlich AktG Anh. §§ 53, 54 HGrG Rn. 3; ausführlicher bei Kaufmann Die Prüfung kommunaler Unternehmen, 1995, 53 ff.; Mann Gesellschaft, 230 ff.
[310] Entsprechendes gilt bei mittelbaren Beteiligungen, § 53 Abs. 2 S. 2 HGrG. Zudem gilt § 53 HGrG gem. § 48 Abs. 3 HGrG entsprechend für Unternehmen privater Rechtsform, an denen anstelle der Gebietskörperschaft ein Unternehmen öffentlich-rechtlicher Rechtsform unmittelbar oder mittelbar mit Mehrheit beteiligt ist. Für die Bundes- oder Landesunternehmen in öffentlich-rechtlicher Rechtsform selbst gilt § 53 HGrG unabhängig von der Beteiligungshöhe, sofern die Unternehmen nicht von der Rechnungsprüfung freigestellt sind (§ 55 Abs. 2 HGrG).

rechtlich eröffneten, gleichwohl aktienrechtlich unbedenklichen Sonderrecht[311] zur Intensivierung der Prüfung ist in der Praxis von Bund und Ländern, soweit ersichtlich, durchweg Gebrauch gemacht worden.

125 § 54 HGrG eröffnet ergänzend die Möglichkeit, dass in den vorgenannten Fällen des § 53 HGrG „in der Satzung (im Gesellschaftsvertrag) mit Dreiviertelmehrheit des vertretenen Kapitals bestimmt werden [kann], dass sich die Rechnungsprüfungsbehörde der Gebietskörperschaft zur Klärung von Fragen, die bei der Prüfung nach § 44 auftreten, **unmittelbar unterrichten** und zu diesem Zweck den Betrieb, die Bücher und die **Schriften des Unternehmens einsehen** kann." Bei diesem Recht zur örtlichen Unterrichtung handelt es sich um ein das Gleichbehandlungsgebot des § 53a AktG durchbrechendes mitgliedschaftliches Vorzugsrecht, das damit konstruktiv nur der Gebietskörperschaft als Aktionärin zustehen kann, wobei jedoch der Rechnungsprüfungsbehörde die Wahrnehmungszuständigkeit überantwortet wird.[312] Es bezieht sich allein auf die sog. **Betätigungsprüfung nach §§ 44 HGrG, 92 BHO,** deren Prüfungsgegenstand „die Betätigung" der Gebietskörperschaft im Unternehmen ist. Der Prüfungsansatz richtet sich also nicht auf das Gebaren des öffentlichen Unternehmens selbst, sondern auf die Betätigung der öffentlichen Hand als Gesellschafterin in diesen Unternehmen.[313] Damit weist die Betätigungsprüfung Ansätze einer Aufgabenerfüllungskontrolle auf, soweit sie letztlich darauf abzielt festzustellen, ob die mit dem unternehmerischen Engagement anvisierten öffentlichen Zwecke (noch) erreicht werden.[314]

5. Compliance

126 In Reaktion auf zahlreiche Unternehmenskrisen der letzten Jahre rückt in jüngster Zeit die Compliance immer mehr in den Fokus unternehmerischen Handelns. Es handelt sich dabei um ein unternehmensinternes **System zur Einhaltung von Gesetzen, regulatorischen Bestimmungen und selbst gesetzten ethischen Anforderungen,** von denen Unternehmen betroffen sind, sodass etwaige Risiken, die sich aus strukturellen Rechtsverletzungen ergeben, vermieden werden.[315] Anders als der verwandte Begriff der „Corporate Governance" wird nicht ein Ordnungsrahmen für die Leitung und Überwachung eines Unternehmens beschrieben, der die Perspektive des „Regulierers" einnimmt, sondern die **Reaktion der „Regulierten"** in den Blick genommen, um die Einhaltung des Ordnungsrahmens zu gewährleisten.[316] Die Compliance bewertet damit nicht bestehende Rechtsregeln, sondern versucht lediglich, diesen Regeln zur uneingeschränkten Geltung zu verhelfen. In Anbetracht der Gesetzesbindung jeglicher Verwaltung, auch der Verwaltung durch öffentliche Wirtschaftsaktivität, ist bei öffentlichen Unternehmen ein Interesse der Gesellschafter daran, dass sich die Gesellschaft rechtskonform verhält, essentiell.[317] Dementsprechend ergeben sich gerade für öffentliche Unternehmen auch besondere Anforderungen an ihre Compliance,[318] die sich zum Teil in den PCGK von Bund und Ländern wiederfinden.

---

[311] Lutter/Grunewald WM 1984, 385 (386 f.); Püttner Die Öffentlichen Unternehmen, 2. Aufl. 1985, 196; Schmidt-Aßmann/Ulmer BB 1988, Beil. 13, 1 (11); MüKoAktG/Schockenhoff AktG Vor § 394 Rn. 68; Koch/Koch AktG § 394 Rn. 5.
[312] Koch/Koch AktG § 394 Rn. 16 mwN.
[313] Reus/Mühlhausen Haushaltsrecht in Bund und Ländern, 2014, A Rn. 736; von Lewinski/Burbat HGrG, § 44 Rn. 5; WSG/Breitenbach Komm. Unternehmen, 4. Aufl. 2021, E Rn. 231.
[314] Mühlenkamp Öffentliche Unternehmen, 2016, 78 f.; Ehlers Verwaltung in Privatrechtsform 1984, 168 f.; Mann Gesellschaft, 235 ff.
[315] Hauschka/Hauschka Corporate Compliance § 1 Rn. 2; ZSB Corporate Governance/Schäfer/Holzinger Kap. 4 Rn. 20; Burgi CCZ 2010, 41.
[316] Hauschka/Hauschka Corporate Compliance § 1 Rn. 2; Traut Corporate Governance, 11.
[317] Mann Gesellschaft, 85 f.; Schnuch Compliance-Verantwortung des Staates für gemischtwirtschaftliche Unternehmen, 2022, 123 f.
[318] Burgi CCZ 2010, 41 (42 f.); für die Corporate Social Responsibility Mann/Schnuch DÖV 2019, 417 (425).

a) Der B-PCGK. Die Verantwortung für die Einhaltung der gesetzlichen Bestimmungen 127
und der unternehmensinternen Richtlinien liegt gem. Ziff. 5.1.2 S. 1 B-PCGK bei der
Geschäftsführung. Mit dieser groben **Compliance-Definition** wird vom B-PCGK lediglich die sich bereits aus dem Gesellschaftsrecht ergebende Kompetenzordnung wiedergegeben, vgl. §§ 76 Abs. 1, 91 Abs. 1, 93 AktG, 37 Abs. 1 GmbHG.[319] Diese Compliance-Verantwortung lässt sich allerdings noch präzisieren. So wird sie primär als Legalitätspflicht gedeutet, welche die allgemeine Beachtung der für die Gesetzmäßigkeit des unternehmerischen Handelns maßgeblichen Rechtspflichten fordert und eine Einstandspflicht der Unternehmensleitung begründet.[320] An diese Legalitätspflicht schließt sich die **Legalitätsorganisationspflicht** an, welche die Pflicht beinhaltet, durch entsprechende Unternehmensorganisation für die Einhaltung des Rechts durch die Unternehmensangehörigen zu sorgen.[321]

Bezogen auf die Legalitätsorganisationspflicht werden von Ziff. 5.1.2 B-PCGK im Wesentlichen drei Empfehlungen formuliert, die sich auf die Compliance im Unternehmen 128
auswirken. Erstens wird in S. 2 empfohlen, dass die Geschäftsführung für „angemessene, an
der Risikolage des Unternehmens ausgerichtete Maßnahmen [...]" zu sorgen hat. Damit
wird an § 91 Abs. 2, 3 AktG angeknüpft und eine einheitliche Kontrolle durch interne
Kontrollsysteme gewährleistet.[322] Konkret angesprochen ist hiermit die Errichtung eines
Compliance-Management-Systems, das sich auch auf Maßnahmen zur Korruptionsprävention zu erstrecken hat, vgl. Ziff. 5.1.2 S. 3 B-PCGK. Angesichts dieser nachträglich
eingefügten ausdrücklichen Empfehlung muss die Pflicht zur Einrichtung eines Compliance-Management-Systems nicht mehr, wie früher, aus der Ziff. 4.1.2 aF B-PCGK abgeleitet
werden,[323] sondern ergibt sich nun unmittelbar aus dem B-PCGK selbst, was neben rechtstechnischer Klarheit vor allem den Schutz des an der Gesellschaft beteiligten Bundes vor
Folgen von Gesetzesverstößen stärkt.[324] Als Organisationsmaßgabe schließt sich daran die
Empfehlung an, dass die für die Compliance zuständige Stelle **unmittelbar der Geschäftsführung unterstellt** sein soll (Ziff. 5.1.2 S. 4 B-PCGK). Diese Bestimmung stellt
somit klar, dass zwar einerseits eine organisatorische Delegation einzelner Complianceaufgaben möglich sein soll, dass aber andererseits die Geschäftsführung weiterhin die Gesamtverantwortung trägt, also einen entsprechenden Einfluss auf den konkreten Head of Compliance ausüben können muss.[325]

Die dritte wesentliche Empfehlung findet sich in Ziff. 4.1.3 S. 2 B-PCGK. Sie knüpft an 129
die deklaratorische Klarstellung an, dass die ausreichende Informationsversorgung des Überwachungsorgans insbesondere Aufgabe der Geschäftsführung ist und empfiehlt, im Rahmen
der **Regelberichterstattung** (→ Rn. 93) auch eine zeitnahe und umfassende Information
über die Compliance erfolgt. Dies soll es dem Überwachungsorgan ermöglichen seine
Kontrollaufgaben effektiv wahrzunehmen und zur Vermeidung von Risiken einer Rechtsverletzung durch das Unternehmen auf ein effektives Compliance-System hinzuwirken.[326]

Flankierend zur Regelberichterstattung wird die Rolle des Überwachungsorgans im 130
Bereich der Compliance durch die Empfehlung in Ziff. 6.1.4 B-PCGK gestärkt, nach
welcher der Vorsitzende des Überwachungsorgans – oder falls im Überwachungsorgan ein

---

[319] BGHZ 125, 366 (370, 372); NJW 2008, 2437 (2441); Hoffmann/Schieffer NZG 2017, 401 (402); MüKoGmbHG/Stephan/Tieves GmbHG § 37 Rn. 25; Koch/Koch AktG § 76 Rn. 13 ff.; KBLW/Bachmann/Kremer DCGK Grundsatz 5 Rn. 29.
[320] BGH NJW 2019, 1067 Rn. 15; KBLW/Bachmann/Kremer DCGK Grundsatz 5 Rn. 14; Hoffmann/Schieffer NZG 2017, 401 (402).
[321] Harbarth ZHR 179 (2015), 136 (147 ff.); Verse ZHR 175 (2011), 401 (404); Grigoleit/Grigoleit/Tomasic AktG § 93 Rn. 26; Moosmayer, Compliance, § 2 Rn. 16.
[322] Vgl. Habersack AG 2014, 1 (4); BeckOGK AktG/Fleischer AktG § 91 Rn. 48 ff.; KBLW/Bachmann DCGK Grundsatz 4 Rn. 1; Hartmann/Zwirner PCGK Kap. B. Ziff. 4.1 571 ff.
[323] So etwa noch Hartmann/Zwirner PCGK Kap B. Ziff. 5.2 Rn. 8.
[324] Bunting ZIP 2012, 1542 (1549).
[325] Ghassemi-Tabar/Ghassemi-Tabar DCGK Ziff. A.2 Rn. 18; Koch/Koch AktG § 76 Rn. 12, 23; Bürgers ZHR 179 (2016), 733 (736 ff.); Habersack AG 2014, 1 (4); Hoffmann/Schieffer NZG 2017, 401 (406).
[326] ZSB Corporate Governance/Brugger, Kap. 19 Rn. 15, 26; Koch/Koch AktG § 111 Rn. 4; Habersack AG 2014, 1 ff.; MüKoAktG/Habersack AktG § 111 Rn. 20.

Compliance Ausschuss gebildet wurde, der Ausschussvorsitzende – im regelmäßigen Kontakt mit der Geschäftsführung ua **„die Compliance des Unternehmens beraten"** soll. Dies bietet eine Möglichkeit, um die sich aus der Regelberichterstattung ergebenden Erkenntnisse über die Compliance in Beratung mit der Geschäftsführung zu vertiefen.[327] Innerhalb dieser Empfehlungssystematik spiegelt sich mithin die typische Compliance-Kompetenzverteilung wider. Der Geschäftsführung soll die Compliance – vorzugsweise mittels eines Compliance-Management-Systems – sicherstellen, hinsichtlich der Umsetzung und Fortentwicklung erfolgt dann eine nähere Einbindung des Überwachungsorgans.[328] Damit trägt das **Überwachungsorgan** gleichsam eine **„akzessorische Compliance-Verantwortung"**, die sich auf die Kontrolle der Umsetzung der Compliance durch die Geschäftsführung bezieht.

131 b) **Bestimmungen der PCGK der Länder.** Auch die Länder nehmen in ihren Kodizes Bezug auf die Compliance ihrer jeweiligen öffentlichen Unternehmen. Hierbei orientieren sie sich **sehr eng an den Bestimmungen des B-PCGK.** So wird Compliance nahezu wortgleich definiert als das Sorgetragen für die Einhaltung der gesetzlichen Bestimmungen und der unternehmensinternen Richtlinien.[329] Auch trägt die Geschäftsführung die Verantwortung für die Einhaltung der Compliance, während das Überwachungsorgan gemäß seiner allgemeinen Aufgabe nur kontrollierend, aber auch die Geschäftsführung unterstützend[330] einbezogen wird. Die Geschäftsführung soll hierbei Risikomanagement und Risikocontrolling betreiben[331] und Compliance-Management-Systeme erarbeiten, welche die Einhaltung der rechtlichen Bestimmungen angemessen gewährleisten können.[332] Im Ergebnis lässt sich damit ein weitgehender Gleichlauf zwischen den PCGK der Länder und den Bestimmungen des Bundes konstatieren.

V. Juristische Personen des öffentlichen Rechts

132 Soweit sich Bund und Länder im Rahmen ihrer Formenwahlfreiheit dagegen entschließen, bei der Erfüllung öffentlicher Aufgaben durch öffentliche Unternehmen auf kapitalgesellschaftliche Rechtsformen zurückzugreifen, bleibt ihnen die Möglichkeit einer öffentlich-rechtlichen Organisation. Neben den klassischen Rechtsformen des Regie- und Eigenbetriebs[333] kann dabei, sofern es ein entsprechendes Errichtungsgesetz ermöglicht, auch auf juristische Personen des öffentlichen Rechts zurückgegriffen werden, für welche das Haushaltsrecht eigene Bestimmungen enthält.

1. Einführung

133 Weil die BHO unmittelbar nur für den Bund und seine Organe gilt (Arg. ex. § 2 S. 1 BHO), ist aufgrund der **rechtlichen Selbstständigkeit** juristischer Personen des öffentlichen Rechts eine unmittelbare Anwendbarkeit der Vorschriften der BHO ausgeschlos-

---

[327] Habersack AG 2014, 1 (4); ZSB Corporate Governance/Brugger Kap. 19 Rn. 25.
[328] ZSB Corporate Governance/Brugger, Kap. 19 Rn. 25 f.
[329] Def: Ziff. C. I. Rn. 26 PCGK BW; Ziff. II. Rn. 3 PCGK Bln; Ziff. VI. 4.1.3 PCGK Bbg; Ziff. 4.1.4 PCGK Brem; Ziff. 4.1.4 PCGK Hmb; Ziff. 4.1.2 PCGK Hess; Ziff. 3.3.2 PCGK NRW; Ziff. C. I. Rn. 25 PCGK RhPf; Ziff. 2.3.1 Rn. 27 PCGK Saarl; Ziff. A. 3.1. Rn. 43 PCGK LSA; Ziff. 4.1.3 PCGK SchlH; Ziff. A. 5.2 Rn. 94 PCGK Thür.
[330] Unterstützend Ziff. E. I. Rn. 83 PCGK BW; Ziff. I. Rn. 6 und III. Rn. 4 PCGK Bln; Ziff. VI. 3.6 Abs. 2 PCGK Bbg; Ziff. 3.1.3 Abs. 2 PCGK Brem; Ziff. 3.4 Abs. 1 PCGK Hmb; Ziff. 3.1.3 Abs. 2 PCGK Hess; Ziff. 5.1.4 PCGK NRW; Ziff. E. I. Rn. 79 PCGK RhPf; Ziff. A. 2.2 Rn. 26 PCGK LSA; Ziff. 3.1.3 Abs. 2 PCGK SchlH; Ziff. A. 4.2 Rn. 58 und 6.2 Rn. 122 PCGK Thür.
[331] Ziff. C. I. Rn. 27 PCGK BW; Ziff. II. Rn. 2 PCGK Bln; Ziff. VI. 4.1.4 PCGK Bbg; Ziff. 4.1.5 PCGK Brem; Ziff. 5.3.2 PCGK Hmb; Ziff. 4.1.3 PCGK Hess; Ziff. 3.3.3 PCGK NRW; Ziff. C. I. Rn. 26 PCGK RhPf; Ziff. 2.3.1 Rn. 29 PCGK Saarl; Ziff. A. 3.1. Rn. 44 PCGK LSA; Ziff. 4.1.4 PCGK SchlH; Ziff. A. 5.2 Rn. 94 S. 1 PCGK Thür.
[332] So explizit Ziff. 4.1.4 PCGK Hmb.
[333] Dazu WSG/Schneider Komm. Unternehmen, 4. Auf. 2021, D Rn. 1 ff.; Mann Gesellschaft, 97 ff.

sen.³³⁴ Um einen **einheitlichen Maßstab** für die Haushaltswirtschaft von bundesunmittelbaren juristischen Personen des öffentlichen Rechts zu etablieren, treffen die §§ 105 – 112 BHO für sie daher konkrete Sonderregelungen über die Geltung des Haushaltsrechts, welche den allgemeinen Normen der BHO als leges specialis vorgehen. Dort werden die §§ 1 – 87 BHO vorbehaltlich anderweitiger gesetzlicher Regelung für entsprechend anwendbar erklärt (vgl. § 105 Abs. 1 Nr. 2 BHO), ebenso die meisten Vorschriften über die Rechnungsprüfung (vgl. § 111 Abs. 1 BHO). Speziell für Unternehmen in der Rechtsform einer bundesunmittelbaren juristischen Person des öffentlichen Rechts trifft § 112 Abs. 2 BHO eine ausdrückliche Geltungsanordnung.

2. Verhältnis § 112 Abs. 2 BHO zu § 105 Abs. 1 BHO

Im Verhältnis der beiden Verweisungsvorschriften im 6. Teil der BHO zueinander geht **134** **§ 112 Abs. 2 BHO als lex specialis** der Bestimmung in § 105 Abs. 1 BHO vor. Hierfür sprechen nicht nur der Wortlaut und Systematik innerhalb des 6. Teils („Grundsatz" in § 105, „Sonderregelungen" in § 112), sondern vor allem die Teleologie. Während § 105 BHO für alle Arten von juristischen Personen des öffentlichen Rechts festlegt, welche Vorschriften der BHO Anwendung finden sollen, ist der Anwendungsbereich des § 112 BHO insoweit reduziert, als er lediglich diejenigen juristischen Personen des öffentlichen Rechts adressiert, mit denen der Bund unternehmerisch tätig ist. Diese sollen also einem noch weiter beschränkten Rechtsregime unterworfen werden.³³⁵

3. Anwendbare Vorschriften der BHO

§ 112 Abs. 2 S. 1 BHO erklärt für öffentliche Unternehmen, welche in der Rechtsform **135** einer juristischen Person des öffentlichen Rechts organisiert sind, lediglich bestimmte Vorschriften der BHO für anwendbar, dies aber unabhängig von der Höhe der Beteiligung des Bundes. Es sind dies die bereits behandelten (→ Rn. 45 ff.) §§ 65 Abs. 1 Nr. 3 und 4, Abs. 2, 3, 4, 68 Abs. 1, 69 in entsprechender Anwendung sowie zur Prüfung ihrer Haushalts- und Wirtschaftsführung § 111 BHO unmittelbar. Hinsichtlich der Abschlussprüfung sind über den einheitlich und unmittelbar geltenden § 55 Abs. 2 HGrG die Sonderrechte des oben (→ Rn. 123 f.) thematisierten § 53 HGrG auch auf Unternehmen in der Rechtsform einer juristische Personen des öffentlichen Rechts entsprechend anwendbar.

4. Beteiligung an privatrechtlichem Unternehmen

Beteiligt sich ein öffentliches Unternehmen in der Rechtsform einer juristischen Person des **136** öffentlichen Rechts seinerseits wiederum mehrheitlich mittelbar oder unmittelbar an einem privatrechtlichen Unternehmen, so ordnet § 112 Abs. 2 S. 2 BHO auch für diese Konstellation eine entsprechende Anwendbarkeit der §§ 53, 54 HGrG sowie der §§ 65–69 BHO an. Der hinter dieser Regelung stehende Gedanke dürfte sein, dass bei der Beteiligung einer juristischen Person des öffentlichen Rechts an einem Unternehmen in Privatrechtsform dieselben Risiken bestehen, wie bei einer Beteiligung an diesem Unternehmen unmittelbar durch den Bund oder die Länder.³³⁶ Die Anwendbarkeit sämtlicher Normen, die für die Beteiligung an einem privatrechtlich organisierten Unternehmen relevant sind, ist mithin die logische Konsequenz.

---

³³⁴ Von Lewinski/Burbat BHO Vorb. zu §§ 105 ff, Rn. 9; Gröpl/Gröpl BHO/LHO Vorb. §§ 105 ff., Rn. 1.
³³⁵ Zum Ganzen ausführlich Burgi DÖV 2015, 493 (493 ff.); ebenso Gröpl/Schwarz BHO § 112 Rn. 6; Heuer/Scheller/Eibelshäuser/Wallis BHO § 112 Rn. 1; Piduch/Nebel BHO § 112 Rn. 3; Puhl Budgetflucht und Haushaltsverfassung, 1996, 201 f. plädiert für eine Anwendung des § 110 BHO.
³³⁶ Piduch/Nebel BHO § 112 Rn. 5.

5. PCGK

137 Eine Anwendbarkeit des PCGK auf öffentliche Unternehmen in der Rechtsform der juristischen Person des öffentlichen Rechts ist nicht ausdrücklich vorgeschrieben. Eine entsprechende Anwendung wird jedoch angeregt (→ Rn. 21).[337]

VI. Gemischt-öffentliche Unternehmen

138 Eine weitere Sonderform der staatlichen Unternehmensbeteiligung stellt das gemischt-öffentliche Unternehmen dar, verstanden als Beteiligung **mehrerer Hoheitsträger** an einem **gemeinsam betriebenen Unternehmen**.[338] Die haushaltsrechtliche Zulässigkeit der gemischt-öffentlichen Unternehmen unterscheidet sich nicht wesentlich von den Konstellationen der einfachen Beteiligung eines Landes oder des Bundes. Die Zulässigkeit bestimmt sich für den jeweiligen Träger nach der für ihn geltenden Haushaltsordnung.

139 Probleme können sich allerdings auf der Ebene der PCGK ergeben, die für das Unternehmen empfohlen werden. So ist denkbar, dass der Anwendungsbereich des B-PCGK und zugleich der eines Landes angeregt wird. Es stellt sich dann die Frage, ob das Unternehmen in diesen Fällen die Anwendung eines PCGK wählen kann oder ob diese Entscheidung auf einen bestimmten Kodex reduziert ist. Für die Einschränkung der Wahlmöglichkeit im Sinne einer Anwendung des B-PCGK wird geltend gemacht, dass aus der Perspektive der Beteiligungsverwaltung des Bundes eine einheitliche Verwaltung und Überwachung erforderlich sei. Andernfalls käme es zu einer die angemessene Einflussnahme durch die Beteiligungsverwaltung behindernden Zersplitterung der anzuwendenden Leitlinien der Kodizes.[339] Gegen diese Sichtweise lassen sich insbesondere zwei Gesichtspunkte geltend machen: Zum einen kann der „angemessene Einfluss" bereits nicht pauschal für jegliche Form des anzuwendenden Kodex verneint werden. Die Reichweite bestimmt sich relativ und kann bereits durch eine einfache Sperrminorität gewahrt sein.[340] Zum anderen ist nicht einsichtig, weshalb die Anwendung des PCGK eines Landes eine Beeinträchtigung der Einflussmöglichkeiten des Bundes darstellen sollte. Der B-PCGK regt in diesen Konstellationen die Beachtung nur an und führt bei Missachtung nicht zwingend zum Verstoß gegen gesetzliche Beteiligungsgrundsätze. Daher überzeugt die Schlussfolgerung nicht, dass die Anwendung des PCGK eines Landes, der in weitgehender sachlicher Übereinstimmung mit dem B-PCGK ebenfalls die Transparenzförderung sowie eine Stärkung des Überwachungsorgans vorsieht, zwangsläufig zu einer Schlechterstellung führt. Immerhin werden parallele Zwecke wie im B-PCGK verfolgt und eine innergesellschaftliche Stärkung des Überwachungsorgans führt etwa über die Entsendungsrechte der Anteilseignerversammlung auch mittelbar zur Stärkung des Bundeseinflusses.

---

[337] Vgl. aber Ziff. 2.4 Abs. 3 B-PCGK für die von juristischen Personen des öffentlichen Rechts gehaltenen Unternehmensbeteiligungen.
[338] Angelehnt an Püttner, Die öffentlichen Unternehmen, 2. Aufl. 1985, 26; Mann Gesellschaft, S. 12; Pünder NJW 2010, 263 (264); Ruthig/Storr ÖffWirtschaftsR § 8 Rn. 672.
[339] Vgl. (im Ergebnis aber nicht eindeutig) Hartmann/Zwirner WPg 2016, 1082 (1084): „Derartige Wahlmöglichkeiten [sind] nicht zu rechtfertigen.".
[340] Vgl. Isensee/Kirchhof/Ronellenfitsch HStR Bd. IV § 98 Rn. 29.

§ 20 Verwaltungsrechtliche Organisationsvorgaben für Landesförderbanken, Landesbanken und Sparkassen

Prof. Dr. Florian Becker, LL. M.

Übersicht

	Rn.
I. Öffentliche Kreditinstitute in dem „Drei-Säulen-System"	1
II. Öffentliche Kreditinstitute als Anstalten des öffentlichen Rechts	4
1. Wahlfreiheit und gesetzliche Vorgaben	4
2. Rollenverteilung in der Anstalt des öffentlichen Rechts	9
a) Trägerkörperschaft	10
b) Errichtungskörperschaft	11
c) Gewährträger	13
d) Kapitalträger	15
III. Äußere Organisation und Auftrag	17
1. Sparkassen	18
2. Landesbanken	24
3. Förderbanken	36
a) Trägerstruktur	36
b) Aufgaben	41
IV. Innere Organisation	45
1. Organstruktur	45
2. Leitungs- und Vertretungsorgan	48
a) Sparkassen	49
b) Landesbanken	52
c) Förderbanken	57
3. Aufsichtsorgan	61
a) Sparkassen	64
b) Landesbanken	71
c) Förderbanken	84
4. Träger und Trägerversammlungen	96
a) Sparkassen	98
b) Landesbanken	100
c) Förderbanken	108
5. Beiräte	114
V. Aufsicht und Kontrolle	120
1. Wirtschaftsverwaltungsrechtliche Aufsicht durch BaFin, Bundesbank oder EZB	121
2. Verwaltungsorganisatorische Aufsicht des Landes	124
3. Kontrolle durch den Rechnungshof des Landes	129

Literatur

Becker, Die Vernetzung der Landesbanken, Berlin 1998; Becker, Zu den verfassungsrechtlichen Problemen eines staatlich-kommunalen Kondominiums: Der Sachsen-Finanzverband, SächsVBl. 2001, 109; Becker, Perspektiven für eine organisatorische Verflechtung der Bankgesellschaft Berlin und der Norddeutschen Landesbank, NdsVBl. 2002, 57; Becker, Der Bezeichnungsschutz nach § 40 Abs. 1 KWG und die Privatisierung von Sparkassen durch Fusion, VerwArch 112 (2021), 344; Fischer/Schulte-Mattler, KWG CRR-VO, Kommentar zu Kreditwesengesetz, VO (EU) NR. 575/2013 (CRR) und Ausführungsvorschriften, Band 1 und 2, 6. Aufl., München 2023, zit. als Fischer/Schulte-Mattler; Bredow/Schick/Liebscher, Privatisierung öffentlich-rechtlicher Sparkassen – Gegenwärtige Gestaltungsoptionen, insbesondere das Modell „Stralsund" BKR 2004, 102; Brenncke, Nomen est omen? – Zur Europarechtskonformität des Bezeichnungsschutzes für Sparkassen, ZBB 2007, 1 Brüning, Verfassungs-, sparkassen- und kommunalrechtliche Maßgaben für die Fusion öffentlich-rechtlicher und freier Sparkassen in der Rechtsform der AG, Der Landkreis 2020, 763; Burgard, Wem gehören die Sparkassen?, WM 2008, 1997; Burmeister/Becker, Die Fusion öffentlicher Banken als Akt der Verwaltungsorganisation, Heidelberg 2000; Ellenberger/Bunte (Hrsg.), Bankrechts-Handbuch Band I und II, 6. Aufl., München 2022, zit. als Ellenberger/Bunte BankR-HdB; Geschwandtner/Bach, Bezeichnungsschutz für Sparkassen, quo vadis?, NJW

2007, 129; Gören, Der Einheitliche Aufsichtsmechanismus bei der Europäischen Zentralbank (Single Supervisory Mechanism), Baden-Baden 2019; Henneke, Kommunale Sparkassen, Verfassung und Organisation zwischen Selbstverwaltungsgarantie und Zentralisierungstrends, 2 Aufl., Wiesbaden 2018; Josten, Strukturprinzipien der Sparkassenverfassung, Berlin 2021; Kemmler, Öffentlich-rechtliche Sparkassen, Trägerschaft und Aufsicht im Umbruch?, Die Verwaltung 49 (2016), 397; Oebbecke, Sparkassentätigkeit als kommunale Selbstverwaltungsaufgabe, LKV 2006, 145; Oebbecke, Sparkassenaufsicht und Bankenaufsicht, ZBB 2016, 336; Ossenbühl, Grundfragen zum Rechtsstatus der Freien Sparkassen, Berlin 1979; Quardt, Zur Abschaffung der Anstaltslast und Gewährträgerhaftung, EuZB 2002, 424; Schmidt, Das DSL-Bank-Modell, Privatisierung eines öffentlichen Unternehmens bei fortbestehenden öffentlichen Interessen, Berlin 1992; Siekmann, Die verwaltungsrechtliche Anstalt – eine Kapitalgesellschaft des öffentlichen Rechts?, NWVBl 1993, 361 ff.; Tieben, Das Drei-Säulen-System des Bankenmarktes als regulierungsrechtliche Steuerungsressource, Tübingen 2012; Twiehaus, Die öffentlich-rechtlichen Kreditinstitute, Göttingen 1965.

I. Öffentliche Kreditinstitute in dem „Drei-Säulen-System"

1 Die deutsche Kreditwirtschaft ist durch ihre dreigliedrige Struktur geprägt („**Drei-Säulen-System**"[1]). Private, genossenschaftliche sowie öffentlich-rechtliche, von staatlichen Gebietskörperschaften – von Bund, Ländern und kommunalen Selbstverwaltungskörperschaften – getragene Kreditinstitute stehen in weiten Bereichen des Marktes für kreditwirtschaftliche Dienstleistungen (vgl. § 1 Abs. 1 KWG) miteinander im Wettbewerb.

2 Während indes Errichtung und Betrieb privater sowie genossenschaftlicher Institute durch Grundrechtsträger freiheitsrechtlichen Schutz genießen (v. a. Art. 12 GG), dienen die Institute der öffentlichen Hand ausschließlich der **Erfüllung öffentlicher Aufgaben ihrer Träger**[2] und nicht der Gewinnmaximierung.[3] Sie sind auch bei marktnaher Tätigkeit an Verfassung und Gesetz gebunden. Ihre Geschäftstätigkeit bedarf der demokratischen Legitimation und somit der personellen wie inhaltlichen Rückbindung an die gewählten Organe ihrer Trägerkörperschaften (allg. → § 18 Rn. 37).[4]

3 Die verfassungsrechtliche Notwendigkeit der **Einbindung in staatliche Organisations- und Legitimationszusammenhänge** prägt Funktion und Wirkweise derjenigen Regelungen, die den verwaltungsorganisatorischen Rahmen für die öffentlich-rechtliche Aufgabenerfüllung bilden: Die Regelungen müssen einen hinreichenden Einfluss der staatlichen Trägerkörperschaft(en) auf die Zusammensetzung der jeweiligen Organe sowie auf die Steuerung von Strategie und Geschäft der Institute (ex-ante Steuerung) ebenso wie eine nachgeführte staatliche Aufsicht über deren Geschäftstätigkeit (ex-post Kontrolle) gewährleisten.

II. Öffentliche Kreditinstitute als Anstalten des öffentlichen Rechts

1. Wahlfreiheit und gesetzliche Vorgaben

4 Grundsätzlich darf die öffentliche Hand bei der Errichtung eines Unternehmens wählen, ob dieses in einer öffentlich-rechtlichen oder in einer privatrechtlichen Organisationsform betrieben werden soll.[5] Diese **Wahlfreiheit** kann indes eingeschränkt sein, indem für einige Tätigkeiten bestimmte Organisationsformen durch Gesetz vorgeschrieben werden.[6]

---

[1] Tieben, Das Drei-Säulen-System des Bankenmarktes als regulierungsrechtliche Steuerungsressource, 10 ff.
[2] Zu dem daraus abgeleiteten öffentlichen Auftrag der Sparkassen: Kemmler Die Verwaltung 49 (2016), 397 (399 f.).
[3] Näher dazu Josten, Strukturprinzipien der Sparkassenverfassung, 378 f.
[4] Zu den Sparkassen insoweit Kemmler Die Verwaltung 49 (2016), 397 (398 ff.).
[5] HK-VerwR/Unruh VwGO § 40 Rn. 104 mwN.
[6] Die Sparkassengesetze der Länder zwingen die kommunalen Selbstverwaltungskörperschaften nicht zur Errichtung eines Instituts; wenn sie sich aber für eine Errichtung entscheiden, dürfen sie dies nur in der Form einer Anstalt des öffentlichen Rechts tun (etwa § 1 Abs. 1 S. 2 SpkG Bbg, § 1 Abs. 2 SpkG LSA, § 1 Abs. 1 SpG NRW, § 1 Abs. 1 S. 1 SSpG).

Die öffentlich-rechtlichen, von Gebietskörperschaften getragenen Finanzinstitute sind **5** typischerweise als **Anstalten des öffentlichen Rechts** organisiert[7] – mithin organisatorisch/rechtlich von der unmittelbaren Verwaltung abgesetzte Rechtssubjekte, die in unterschiedlichem Maße rechtlich verselbständigt sein können und – im Anschluss an Otto Mayer – einen „Bestand von sächlichen und persönlichen Mitteln, die in der Hand eines Trägers öffentlicher Verwaltung einem besonderen öffentlichen Zweck dauernd zu dienen bestimmt sind"[8] bilden.

Die Wahl zugunsten der Anstalt des öffentlichen Rechts erfolgt, weil diese Organisations- **6** form den Ruf genießt, eine für die Erfüllung von nicht typisch hoheitlichen öffentlichen Aufgaben gesunde Mischung zwischen **organisatorischer Flexibilität, Staatsdistanz und staatlicher Ingerenz** aufzuweisen.[9]

Weil es nicht „die" Anstalt gibt, deren äußere Gestalt und innere Organisation bestimm- **7** ten gewohnheits- oder gar verfassungsrechtlich fixierten Vorgaben zu genügen hat, genießen die Gesetzgeber von Bund und Ländern bei **Ausgestaltung** der jeweiligen Anstalt einen **erheblichen Spielraum**. Einzelheiten der inneren Organisationsverfassung können die Institute im Rahmen der Errichtungsgesetze dann typischerweise selbst – mit Zustimmung der jeweiligen Aufsichtsbehörde[10] – auf der Grundlage einer Satzungsermächtigung[11] regeln.

Bei Betrachtung der Organisationsnormen, die Legitimation, Steuerung und Kontrolle **8** gewährleisten, muss aber berücksichtigt werden, dass die Motivation des Gesetzgebers für die Ausgliederung bestimmter Verwaltungsaufgaben auf eine Anstalt häufig gerade genau darin liegt, eine gewisse **Distanz zur unmittelbaren Staatsverwaltung** zu schaffen.[12] Es gilt als Funktions- und Erfolgsbedingung einer solchen Anstalt, dass sie ökonomischen Gesetzmäßigkeiten folgt und nicht politisch „instrumentalisiert" wird. Dieses Anliegen und seine Realisierung stehen naturgemäß in einem Spannungsverhältnis zu den dargelegten Desideraten der Steuerung, Zurechnung und Kontrolle.

2. Rollenverteilung in der Anstalt des öffentlichen Rechts

Bei Ausgestaltung der äußeren Organisation sowie der inneren Verfassung einer Anstalt des **9** öffentlichen Rechts sind mehrere **Rollen** zuzuweisen bzw. wahrzunehmen: Trägerkörperschaft, Errichtungskörperschaft, Gewährträger und ggf. auch Kapitalträger[13]:

a) Trägerkörperschaft. Trägerkörperschaft ist diejenige Hoheitsperson, **deren Auf- 10 gaben die Anstalt wahrnimmt** und deren Wille in ihr grundsätzlich über die Anstaltsorgane zur Geltung kommt. Es handelt sich in den meisten Fällen um eine Gebietskörperschaft; eine Anstalt kann aber auch ihrerseits von einer anderen Anstalt,[14] einer Körperschaft, einer Stiftung[15] oder aber von einem anderen privaten Rechtssub-

---

[7] Vgl. für Sparkassen: Art. 3 SpkG Bay, § 1 SpG BW, § 3 NSpG, § 1 Abs. 1 SpkG SchlH, § 1 Abs. 1 SpKG Thür; für Landesbanken: § 1 Abs. 1 S. 1 LBWG, § 1 Abs. 1 BayLaBG, § 1 Abs. 1 Nord/LB-Staatsvertrag, Art. 4 Helaba-Staatsvertrag; für Förderbanken: § 1 Abs. 1 IBG SchlH, § 1 Abs. 2 L-BankG BW, § 1 IBBG, § 1 Abs. 1 ISBLG RhPf. In der vorliegenden Darstellung bleiben diejenigen privatrechtlich organisierten Finanzinstitute ausgeblendet, deren Anteile zum Zweck der Finanzmarktstabilisierung durch den Finanzmarktstabilisierungsfonds mittelbar durch den Bund ganz oder teilweise zeitweise übernommen worden sind (vgl. § 7 StFG; https://www.deutsche-finanzagentur.de/fileadmin/user_upload/Finanzmarktstabilisierung/FMS-Massnahmen_de.pdf; letzter Aufruf am 7.9.2022).
[8] Mayer, Deutsches Verwaltungsrecht Band 2, 1924, 331.
[9] Zur Anstaltsform als der bestmöglichen Organisation für die Erfüllung öffentlicher Aufgaben durch hoheitlich getragene Kreditinstitute: Henneke, Kommunale Sparkassen, 264 ff.
[10] Dazu → Rn. 127.
[11] Für die Sparkassen zB § 6 SpG NRW, Art. 21 SpkG Bay, für die Landesbanken zB § 3 LBWG, Art. 16 BayLaBG; für die Förderbanken zB § 3 BBgInvBG, § 3 NRW.BANK G.
[12] Becker, Die Vernetzung der Landesbanken, 67 ff.
[13] Die folgenden Ausführungen in diesem Abschnitt lehnen sich an Becker DÖV 1998, 97 (99 ff.) an.
[14] Dazu → Rn. 22, 79.
[15] Zu den Stiftungsmodellen Kemmler Die Verwaltung 49 (2016), 397 (422).

jekt[16] getragen werden.[17] Es ist dabei nicht unüblich, dass mehrere Hoheitspersonen gemeinsam Träger einer öffentlich-rechtlichen Anstalt sind,[18] die dann Aufgaben für mehrere Hoheitsträger (Land, kommunale Selbstverwaltungskörperschaften) zugleich wahrnimmt. So gibt es eine ganze Reihe kommunaler Sparkassen, die nicht von einer einzelnen Stadt oder einem einzelnen Kreis, sondern von mehreren kommunalen Selbstverwaltungskörperschaften gemeinsam über einen Zweckverband getragen werden[19]; dann allerdings hat die Anstalt nur einen Träger, der seinerseits wiederum von mehreren Rechtssubjekten getragen wird.[20] Auch die Landesbanken verfügen meist über mehrere Träger (Sparkassenverbände, Land), während die Förderbanken entweder vom Land allein[21] oder aber von einer ihrerseits von einem oder mehreren Hoheitsträgern getragenen Rechtssubjekt[22] getragen werden.

11 **b) Errichtungskörperschaft.** Von dem Anstaltsträger ist die Errichtungskörperschaft zu differenzieren. Dies ist derjenige Hoheitsträger, der über die Errichtung der Anstalt und damit **über die Ausgliederung** der öffentlichen (staatlichen) Aufgabe aus der unmittelbaren Staatsverwaltung **entscheidet;** der die für die Gründung einer rechtsfähigen Anstalt entscheidenden Rechtsakte vornehmen muss. So erfolgt die Konstituierung der Landesbanken unabhängig von ihrer zT. gemischten Trägerstruktur durch Landesgesetz. Nur das Land kann eine rechtsfähige juristische Person errichten oder zumindest die notwendige gesetzliche Grundlage für einen solchen Akt bereitstellen.

12 Anders sind die Fälle gelagert, in denen der Gesetzgeber die Rechtsgrundlage für die Anstaltserrichtung liefert, die tatsächliche Errichtung hingegen von dem Willensakt eines anderen Rechtsträgers abhängt (so zB bei der Errichtung einer Sparkasse). Hier rechtfertigt es die Tatsache, dass die auslösende Willensäußerung nicht vom Gesetzgeber, sondern allein von einem Dritten herrührt, diesen als Errichtungskörperschaft anzusehen. Es liegt dann ein **Fall zusammenwirkender Errichtung** vor; die Bereitstellung einer gesetzlichen Grundlage durch das Land bleibt aber *conditio sine qua non* für die Errichtung der Sparkasse durch die kommunale Gebietskörperschaft.

13 **c) Gewährträger.** Die Haftung aus der mit der Anstaltsträgerschaft einhergehenden Gewährträgerhaftung für die Verbindlichkeiten eines öffentlich-rechtlichen Finanzinstituts war sparkassenhistorisch begründet[23] und galt im Außenverhältnis gegenüber den Gläubigern der Anstalt.[24] Allerdings konnten diese den (bzw. die) Gewährträger erst dann in Anspruch nehmen, wenn sie ihre Ansprüche aus dem Vermögen, vor allem aus dem haftenden Eigenkapital des Kreditinstituts nicht befriedigen konnten. Es handelt sich bei

---

[16] Trägerin der Berliner Sparkasse ist bspw. die Landesbank Berlin AG (§ 3 Abs. 2 SpkG Bln), Art. 3 Abs. 1 BayLaBG sieht die Möglichkeit der Übertragung der Trägerschaft auf eine juristische Person des Privatrechts (Beleihung) vor, dazu → Rn. 28.

[17] So etwa die Norddeutsche Landesbausparkasse Berlin-Hannover (LBS Nord), die als rechtlich selbständige Anstalten des öffentlichen Rechts in der Trägerschaft der Nord/LB und des Sparkassenverbands Niedersachsen sowie der Landesbank Berlin – Girozentrale Berlin steht, §§ 1 Abs. 1, 3 Abs. 1 Satzung der LBS Norddeutsche Landesbausparkasse Berlin-Hannover v. 12.11.2020.

[18] Dazu → Rn. 72, 75.

[19] Vgl. § 1 Abs. 1 SpkG Bbg, § 2 Abs 1 Nr. 3 SpG BW, § 1 Abs. 1 SpkG RhPf, § 1 Abs. 1 SpkG SchlH.

[20] Ein Zweckverband, der eine Zweckverbandssparkasse trägt, kann indes seinerseits wieder von einem Zweckverband getragen werden: Träger der schleswig-holsteinischen Förde Sparkasse ist der Zweckverband Förde Sparkasse, der von der Landeshauptstadt Kiel, dem Zweckverband Sparkasse Kreis Plön, dem Zweckverband Sparkasse Rendsburg-Eckernförde und dem Zweckverband Sparkasse Hohenwestedt gebildet wird; vgl. Geschäftsbericht 2021 der Förde Sparkasse, 2 (auf https://www.foerde-sparkasse.de; letzter Aufruf am 27.9.2022).

[21] Vgl. § 5 Abs. 1 L-BankG, § 4 Abs 1 IBG, § 21 Abs. 1 S. 3 NBankG., § 1 Abs. 1 IFBG, § 5 Abs. 1 S. 1 SächsFördbankG, § 1 Abs. 2 ISBLG.

[22] Vgl. § 3 Abs. 1 IBBG: Trägerin der IBB ist die IBB Unternehmensverwaltung, deren Träger gem. § 2 IBB-Trägergesetz wiederum das Land Berlin ist.

[23] Becker, Die Vernetzung der Landesbanken, 28 ff.

[24] Immenga/Mestmäcker/Binder WettbewerbsR Band 5 2. Teil VIII B I. 2. Rn. 12; Josten, Strukturprinzipien der Sparkassenverfassung, 193 f. mwN.

der Gewährträgerhaftung mithin um eine **öffentlich-rechtliche Haftungsgarantie,** die der privatrechtlichen Ausfallbürgschaft ähnelt. Ihr Kennzeichen bei Mehrfachträgerschaft war, dass nach außen alle Gewährträger als Gesamtschuldner unbeschränkt hafteten.[25]

Zunächst enthielten alle Sparkassen- und sonstigen Errichtungsgesetze Regelungen zur Gewährträgerhaftung. Weil die Institute für diese umfassende Garantie der hinter ihnen stehenden Gebietskörperschaft(en) jedenfalls keine marktgerechte Gegenleistung erbrachten, geriet die Gewährträgerhaftung allerdings in den neunziger Jahren des letzten Jahrhunderts in den Verdacht, eine – womöglich unionsrechtswidrige, jedenfalls aber nicht notifizierte – **Beihilfe** (vgl. Art. 107 AEUV) zu sein. Sie musste letztlich aufgrund einer Vereinbarung zwischen Bundesregierung und Kommission für alle im Wettbewerb stehenden Anstalten abgeschafft und auf die reinen Förderinstitute beschränkt werden.[26]

d) Kapitalträger. Eine weitere Kategorie in der Verfassungsstruktur derjenigen öffentlichen Anstalten, die nach ihrem Errichtungsgesetz Träger-[27] oder Stammkapital[28] bilden dürfen, ist die des Anteilseigners bzw. des Kapitalträgers[29]. Einige Errichtungsgesetze räumen im Zuge der **Kapitalisierung der Anstalt** anderen (zumeist öffentlichen) Rechtspersonen die Möglichkeit ein, sich als Anteilseigner bzw. Kapitalträger an dem Kapital der Anstalt zu beteiligen.[30] Der Anstaltseigner bzw. Kapitalträger besitzt keine zwangsläufige, gesetzlich oder gar verfassungsrechtlich zugewiesene originäre territoriale oder funktionale Beziehung zu der Anstalt und den in ihr wahrgenommenen Verwaltungsaufgaben.[31] Die Anstalt wird auch nicht nach der Beteiligungstransaktion für den neuen Anteilseigner auf dem Hoheitsgebiet seiner Trägerkörperschaft tätig. Der Kapitalträger steuert lediglich einen Teil der sächlichen Verwaltungsmittel (Kapital) bei, um auf diese Weise die Grundlage für die Aufgabenerfüllung der Anstalt mitzuschaffen. Die Gesetzgeber, die dieses Konzept umgesetzt haben, sind davon ausgegangen, die öffentliche Anstalt sei insoweit „kapitalisierbar" als Dritten die Möglichkeit eingeräumt werden kann, sich als Kapitalgeber an der Anstalt und deren Tätigkeit zu beteiligen, wobei für den Übernehmer die mit dem Kapitalanteil regelmäßig verbundenen Steuerungskompetenzen von Bedeutung sind. Kapitaleigner zielen mit der Übernahme von Anteilen an einer öffentlichen Anstalt weniger auf eine Rendite des eingebrachten Kapitals als vielmehr auf ein Mitspracherecht. Bevor dieses Institut abgeschafft wurde, ging mit der Übernahme von Kapitalanteilen an einer fremden Anstalt typischerweise auch ein Eintritt in den Kreis der Gewährträger der Anstalt einher.[32]

In jedem Fall liegt in dieser Ablösung der Kapitalinhaberschaft von der (territorial radizierten) Aufgabenerfüllung ein **kompetenzrechtlich gefährlicher Grenzgang** zwischen dem Recht der Verwaltungsorganisation und dem auf der Grundlage von Art. 74 Nr. 11 GG abschließend vom Bund geregelten Gesellschaftsrecht.[33] Die Parallelität der Figur des Kapitaleigners zu den Formen des privaten Gesellschafts-, vornehmlich des Aktienrechts ist evident: Mit der Kapitalisierung der Anstalt wird zunächst das nominelle Grundkapital dieser juristischen Person in bestimmte Teile zerlegt, dann wird in ihre Organverfassung mit der Zubilligung von Mitspracherechten an den neuen Miteigner ein

---

[25] Kompakt zu Vorwurf, Verfahren und Einigung: Ellenberger/Bunte BankR-HdB/Bunte/Poelzig § 128 Rn. 21 ff.
[26] Ellenberger/Bunte BankR-HdB/Bunte/Poelzig § 128 Rn. 24; Josten, Strukturprinzipien der Sparkassenverfassung, 215 ff.; zur Abschaffung von Anstaltslast und Gewährträgerhaftung insgesamt Quardt EuZW 2002, 424 ff.
[27] Vgl. § 7 Abs. 1 SpkG NRW, das aber hier nicht übertragbar ist (S. 4), § 1 Abs. 4 SparkG Hess.
[28] Vgl. § 4 Abs. 4 SpkG SchlH, § 1 Abs. 3 SpkG RhPf.
[29] Schneider, FS S. Riesenfeld, 237 (253); Schmidt, Das DSL-Bank-Modell, 148; Siekmann NWVBl 1993, 361 ff.; Twiehaus, Die öffentlich-rechtlichen Kreditinstitute, 66 ff.
[30] Vgl. § 4 Abs. 4 SpkG SchlH, § 1 Abs. 4 SparkG Hess, § 4 Abs. 7 LBWG.
[31] Schmidt, Das DSL-Bank-Modell, 148.
[32] Nachweis zu den damaligen Kapitalisierungs- und Öffnungsklauseln in den Landesbankengesetzen, die eine Übernahmen der Gewährträgerhaftung verlangten bei Becker, Die Vernetzung der Landesbanken, 222 ff.
[33] Siekmann NWVBl. 1993, 36 ff.; Becker DÖV 1998, 97 (102 ff.); aA Kemmler Die Verwaltung 49 (2016), 397 (418 ff.).

mitgliedschaftliches Element in die Struktur der Anstalt eingeführt, wodurch aus verwaltungsrechtlicher Sicht aufgabenfremde Rechtspersonen in die Aufgabenerfüllung der Verwaltungseinheit integriert werden. Die Steuerungsbefugnisse folgen damit dem „Kapital", während eigentlich das Innehaben von sächlichen Verwaltungsmitteln deren aufgabenbezogene Notwendigkeit voraussetzt.[34]

III. Äußere Organisation und Auftrag

17 Die hier im Mittelpunkt des Interesses stehenden Institute – Sparkassen, Landesbanken und Förderbanken – stehen nicht unverbunden nebeneinander, sondern sind bisweilen über ihre jeweiligen Träger oder aber organisatorische Verflechtungen **miteinander verbunden**.

1. Sparkassen

18 Die Sparkassengesetze der Länder ermöglichen den kommunalen Gebietskörperschaften (Kreise, kreisangehörige und kreisfreie Städte bzw. entsprechende Zweckverbände[35]) die Errichtung einer Sparkasse von vornherein **allein in der Form einer Anstalt des öffentlichen Rechts**[36] und sehen dabei regelmäßig nicht einmal die Möglichkeit einer Organisationsprivatisierung vor.[37] Eine Organisationsprivatisierung der kommunalen Anstalt ist auch nicht über den Umweg einer Fusion mit einer privatrechtlich organisierten Freien Sparkasse[38] möglich.[39] In diesen Fällen ist Wahlfreiheit der Errichtungskörperschaften mit Blick auf die Organisationsform gesetzlich ausgeschlossen.

19 Jede Organisationsprivatisierung einer kommunalen Sparkasse wäre zudem regelmäßig mit dem Verlust der Berechtigung verbunden, unter dem wirtschaftlich wertvollen Begriff der „Sparkasse" zu firmieren (vgl. § 40 KWG).[40]

20 Dieser gesetzliche Zwang zur Nutzung der Anstaltsform unterscheidet sich von den üblichen Regelungen des **allgemeinen kommunalen Wirtschaftsrechts** in den Ländern. Deren Gemeindeordnungen halten zwar Vorschriften zu der Organisationsform „Anstalt des öffentlichen Rechts" bereit,[41] lassen den kommunalen Selbstverwaltungskörperschaften aber zunächst mehr oder weniger freie Hand bei der Wahl einer passenden Organisationsform ihrer Kommunalunternehmen. Doch stehen die privatrechtlichen Optionen (va AG und GmbH) nicht immer völlig gleichberechtigt neben der Anstalt.[42] Die Gesetzgeber deuten vielmehr bisweilen eine gewisse Bevorzugung der öffentlichen Rechtsform an[43] und/oder stellen an die Zulässigkeit der Nutzung einer privaten Organisationsform zusätzliche Anforderungen.[44]

21 Errichtung und Betrieb einer Sparkasse durch die kommunalen Gebietskörperschaften sind von der **Selbstverwaltungsgarantie** (Art. 28 Abs. 2 GG) geschützt, weil die geld- und kreditwirtschaftliche Versorgung der örtlichen Bevölkerung und Betriebe, mit denen die Sparkassen kraft ihres öffentlichen Auftrags mehr oder weniger detailliert betraut sind,[45] zu den Angelegenheiten der örtlichen Gemeinschaft und damit zu den (freiwilligen) Selbstverwaltungsaufgaben der Gemeinden und Kreise zählt.[46]

---

[34] Vgl. § 63 BHO und die entsprechenden Norme in den LHOn.
[35] Bspw. § 1 Abs. 1 SpkG SchlH; § 1 Abs. 1 SpkG NRW: „Gemeinden oder Gemeindeverbände".
[36] Vgl. Art. 3 SpkG Bay, § 1 SpG BW, § 3 NSpG, § 1 Abs. 1 SpkG SchlH, § 1 Abs. 1 SpkG Thür.
[37] So zB für Schleswig-Holstein: Brüning Der Landkreis 2020, 69 (72); s. a. Hennecke, Kommunale Sparkassen, 264 ff.
[38] Dazu → Rn. 73.
[39] So zB für Schleswig-Holstein Brüning Der Landkreis 2020, 763 (765 f.).
[40] Zu § 40 KWG in Privatisierungs- und Fusionskonstellation: Becker VerwArch 112 (2021), 344 ff.
[41] Vgl. zB § 106 GO SchlH, § 114a GO NRW, Art. 89 GO Bay.
[42] Vgl. § 102 GO SchlH, § 108 GO NRW, § 109 NGO, § 103 GemO BW, § 73 ThürKO.
[43] Vgl. § 102 Abs. 1 S. 1 GO SchlH, § 108 Abs. 1 Nr. 1 GO LSA.
[44] Vgl. zB § 108 GO NRW (näher → § 21 Rn. 87).
[45] Vgl. § 6 SpG BW, § 2 SpkG MV, § 2 SSpG, § 2 SächsSpG, § 2 SpkG SchlH.
[46] BVerfGE 75, 192 (195 ff., 200); Kemmler Die Verwaltung 49 (2016), 397 (398 f.) mwN in Fn. 12.

Sparkassen werden daher typischerweise von den genannten kommunalen **Selbstverwaltungskörperschaften** selbst und unmittelbar, einzeln oder über einen Zweckverband **getragen.** Es gibt aber auch Sparkassengesetze, die die Trägerschaft einer Stiftung,[47] des regionalen Sparkassenverbands[48] oder einer anderen Anstalt bzw. einer AG[49] ermöglichen. 22

Neben den kommunalen, als Anstalt des öffentlichen Rechts organisierten Instituten gibt es noch einige wenige[50] sog. **Freie Sparkassen,**[51] bei denen es sich es sich um juristische Personen des Privatrechts (zumeist Aktiengesellschaften[52]) handelt, die aufgrund ihres Herkommens, ihrer historischen Entwicklung sowie ihrer geschäftlichen Ausrichtung als Teil der Sparkassenorganisation betrachtet werden.[53] 23

2. Landesbanken

Die **regionalen Institute der Sparkassenorganisation** – mithin die zur Zeit noch bestehenden fünf Landesbanken (Landesbank Baden-Württemberg (LBBW)[54], BayernLB[55], Landesbank Hessen-Thüringen (Helaba)[56], Nord/LB[57] und SaarLB[58]) – sind wie die Sparkassen selbst als Anstalten des öffentlichen Rechts organisiert.[59] 24

Ihre **Trägerstruktur** ist **vielfältig:** Sie werden von den Sparkassenverbänden eines oder mehrerer Länder mit oder ohne Beteiligung des jeweiligen Bundeslandes getragen.[60] Mitglieder der Sparkassenverbände sind wiederum die Sparkassen und ihre Träger, dh einzelne kommunale Gebietskörperschaften und/oder von mehreren Gebietskörperschaften gebildete Sparkassenzweckverbände.[61] 25

In Baden-Württemberg wurde die **Landesbank Baden-Württemberg (LBBW)** durch das LBWG errichtet.[62] Ihre Aufgaben sind die einer Universalbank (§ 2 Abs. 1, 3 LBWG), einer Sparkassenzentralbank (§ 2 Abs. 4 LBWG) für die Länder Baden-Württemberg, 26

---

47 So etwa § 1 Abs. 4 SparkG Hess.
48 So etwa § 25a SpkG RhPf, § 2 Abs. 1 Nr. 4 SpG BW, § 38 SpkG NRW.
49 Vgl. § 3 Abs. 2 SpkG Bln, wonach die Berliner Sparkasse als Anstalt des öffentlichen Rechts erst von der Landesbank Berlin (Anstalt des öffentlichen Rechts) und nach deren Umwandlung von der Landesbank Berlin AG getragen wurde bzw. wird.
50 Vgl. http://www.verbandfreiersparkassen.de/ordentliche-mitglieder/.
51 Bredow/Schick/Liebscher BKR 2004, 102 (106); Brenncke ZBB 2007, 1 (3); Fischer/Schulte-Mattler/Fischer KWG CRR-VO § 40 Rn. 8; Geschwandter/Bach NJW 2007, 129 (130); Henneke, Kommunale Sparkassen, 381.
52 Zur Hamburger Sparkasse → Rn. 171.
53 So die Beschreibung des Selbstverständnisses auf der Seite des Verbands der Freien Sparkassen (http://www.verbandfreiersparkassen.de/aufgaben/): Trotz dieser [zuvor beschriebenen] Unterschiede sind die freien Sparkassen Teil der deutschen Sparkassenorganisation, da sie – wenn auch auf anderer organisatorischer Basis und durch autonome Satzungsgestaltung – die gleichen gemeinnützigen Ziele verfolgen. Grundlegend zu den Freien Sparkassen: Ossenbühl, Grundfragen zum Rechtsstatus der Freien Sparkassen; Fischer/Schulte-Mattler/Fischer KWG CRR-VO § 40 Rn. 8.
54 Errichtet durch Gesetz über die Landesbank Baden-Württemberg (Landesbankgesetz – LBWG) v. 11.11.1998, BWGVBl.1998, 589; zur Entstehung → Rn. 76.
55 Gesetz über die Bayerische Landesbank (Bayerisches Landesbank-Gesetz – BayLaBG) v. 1.2.2003, BayGVBl. 2003, 54.
56 Errichtet durch Staatsvertrag über die Bildung einer gemeinsamen Sparkassenorganisation Hessen-Thüringen v. 10.3.1992, HessGVBl. 1992 I, 190, zuletzt geändert durch Staatsvertrag v. 20.6.2008, HessGVBl. 2008 I, 983 (Helaba-Staatsvertrag).
57 Staatsvertrag zwischen dem Land Niedersachsen, dem Land Sachsen-Anhalt und dem Land Mecklenburg-Vorpommern über die Norddeutsche Landesban – Girozentrale vom 6.12.2019, Nds. GVBl. 2019, 398 (Nord/LB-Staatsvertrag).
58 § 32 Abs. 1 SSpG.
59 § 1 Abs. 1 S. 1 LBWG, § 1 Abs. 1 BayLaBG, Art. 4 Helaba-Staatsvertrag, § 1 Abs. 1 Nord/LB-Staatsvertrag, § 32 Abs. 1 SSpG.
60 Ein ausführlicher Überblick der Organisationsgeschichte der jeweiligen Institute bis zum Jahr 1994 findet sich bei Becker, Die Vernetzung der Landesbanken, 164 ff.
61 Bspw. Art. 22 SpkG Bay, § 37 SpG BW, § 28 NSpG, § 35 SpkG SchlH, § 1 Abs. 1 S. 1 ff.
62 Zur Entstehungsgeschichte Burmeister/Becker, Fusion öffentlicher Banken als Akt der Verwaltungsorganisation, 43 ff.

Rheinland-Pfalz und Sachsen sowie – als Folge der damaligen Zusammenführung der verschiedene Institute – auch die einer Sparkasse für Stuttgart (§ 2 Abs. 5 LBWG).[63] Zudem ist sie für die Wirtschaftsförderung zuständig (§ 2 Abs. 2 LBWG).

27 Träger der LBBW sind das Land Baden-Württemberg (direkt sowie mittelbar durch die Landesbeteiligungen Baden-Württemberg GmbH), der Sparkassenverband Baden-Württemberg sowie – dies ist nur mit der Fusionsgeschichte zu erklären[64] – die Landeshauptstadt Stuttgart (§ 4 Abs. 1 LBWG). Die ehemalige Landesbank **Rheinland-Pfalz** (LRP) wurde durch einen Staatsvertrag zwischen den Ländern Baden-Württemberg und Rheinland-Pfalz[65] im Jahr 2008 mit der LBBW vereinigt, so dass diese nunmehr die Aufgabe der Sparkassenzentralbank auch für das Land Rheinland-Pfalz übernimmt (§ 1 Nr. 1 LBBW-Staatsvertrag). Auch die ehemalige Landesbank **Sachsen** (SachsenLB) wurde im Jahr 2008 von der LBBW übernommen und firmierte noch bis zu ihrer endgültigen Vereinigung im Jahr 2018 unter dem Namen „Sachsen Bank". Die LBBW ist in Sachsen insbesondere als Sparkassenzentralbank für die sächsischen Sparkassen tätig.

28 In Bayern ist die durch Gesetz[66] errichtete **Bayerische Landesbank (BayernLB)** mit den Aufgaben einer Universalbank (Art. 2 Abs. 3 S. 1 BayLaBG) sowie einer Sparkassenzentralbank (Art. 2 Abs. 2 Satz 2 BayLaBG) betraut. Zudem gehören die Wirtschaftsförderung (Art. 2 Abs. 1 S. 1 BayLaBG) sowie Unterstützung des Freistaats Bayern bei der Strukturförderung (Art. 2 Abs. 1 S. 1 BayLaBG) zu ihrem Aufgabenportfolio. Nach Art. 3 Abs. 1 S. 1 BayLaBG wird die Anstalt von der BayernLB Holding AG getragen, deren Anteilsinhaber der Freistaat Bayern und der Sparkassenverband Bayern sind. Die AG ist daher mit der Trägerschaft der Anstalt beliehen.

29 Die **Landesbank Hessen-Thüringen Girozentrale (Helaba)** wurde in ihrer heutigen Form durch Staatsvertrag zwischen Hessen und Thüringen[67] als Staats- und Kommunalbank für diese Länder (Art. 8 Abs. 1 S. 1, Abs. 3 Helaba-Staatsvertrag, § 5 Abs. 1 S. 1, Abs. 3 Helaba-Satzung) sowie als dortige Sparkassenzentralbank unter Einschluss von Nordrhein-Westfalen[68] (Art. 8 Abs. 1 S. 1 Helaba-Staatsvertrag, § 5 Abs. 1 S. 1, Abs. 2 Helaba-Satzung) sowie Brandenburg[69] gegründet. Die Helaba wird von dem Sparkassen- und Giroverband Hessen-Thüringen, dem Rheinischen Sparkassen- und Giroverband, dem Westfälisch-Lippischen Sparkassen- und Giroverband, dem Land Hessen, dem Freistaat Thüringen sowie privatrechtlich organisierten Treuhändern des Deutschen Sparkassen- und Giroverbandes bzw. der Sparkassen Regionalverbände getragen (Art. 5 Abs. 1 Helaba-Staatsvertrag, § 4 Abs. 1 Helaba-Satzung). Sie ist ihrerseits in einem eher ungewöhnlichen Fall vertikaler Verbindung[70] Trägerin der Frankfurter Sparkasse; einer aus einer umgewandelten AG entstandenen landesunmittelbaren Anstalt des öffentlichen Rechts.[71]

30 Die Helaba übernahm auch die Aufgabe der Sparkassenzentralbank für die Sparkassen in **Nordrhein-Westfalen,** nachdem das Land die WestLB im Jahr 2002 aufgespalten

---

63 Zu dem Vorgang und den sich aus ihm ergebenden verwaltungsorganisatorischen Schwierigkeiten insgesamt Burmeister/Becker, Die Fusion öffentlicher Banken als Akt der Verwaltungsorganisation.
64 Burmeister/Becker, Fusion öffentlicher Banken als Akt der Verwaltungsorganisation, 43 ff.
65 Staatsvertrag zwischen dem Land Baden-Württemberg und dem Land Rheinland-Pfalz über die Vereinigung der Landesbanken Baden-Württemberg und der LRP Landesbank Rheinland-Pfalz v. 2.5.2008 veröffentlicht als Anlage zum Gesetz v. 17.6.2008, BWGVBl. 2008, 100 (LBBW-Staatsvertrag).
66 Gesetz über die Bayerische Landesbank (Bayerisches Landesbank-Gesetz – BayLaBG) v. 1.2.2003, BayGVBl. 2003, 54.
67 Staatsvertrag über die Bildung einer gemeinsamen Sparkassenorganisation Hessen-Thüringen v. 10.3.1992, HessGVBl.1992 I, 190, zuletzt geändert durch Staatsvertrag v. 20.6.2008, HessGVBl.2008 I, 983 (Helaba-Staatsvertrag).
68 Zwischen der Helaba und den Sparkassenverbänden in Nordrhein-Westfalen bestehen Kooperationsvereinbarungen, s. dazu Jahresfinanzbericht 2020 der Helaba, 4.
69 Zwischen der Helaba und den Sparkassenverbänden in Brandenburg bestehen Kooperationsvereinbarungen, s. dazu Jahresfinanzbericht 2020 der Helaba, 4.
70 Zu den Problemen bei einem solchen Zusammenwirken: Becker SächsVBl. 2001, 109 (110).
71 Vgl. § 1 Abs. 2 Fraspa-Gesetz.

§ 20 Landesförderbanken, Landesbanken und Sparkassen

hatte[72]: Dort trat die Portigon AG (neben der Landesbank NRW[73], die später zu der reinen Förderbank NRW.BANK umgewandelt wurde[74]) teilweise in die Rechtsnachfolge der ehemaligen WestLB (Anstalt des öffentlichen Rechts) ein.[75] Die Erste Abwicklungsanstalt *(EAA)* wurde als „bad bank" in der Form einer organisatorisch und wirtschaftlich selbständigen, teilrechtsfähigen (Bundes-) Anstalt des öffentlichen Rechts innerhalb der Bundesanstalt für Finanzmarktstabilisierung als Abwicklungsanstalt iSv § 8a Abs. 1 S. 1 StFG eingerichtet.[76]

Der **NORD/LB** sind die Aufgaben einer Sparkassenzentralbank für **Niedersachsen,** 31 **Mecklenburg-Vorpommern** und **Sachsen-Anhalt** zugewiesen (vgl. § 4 Abs. 3 Nord/LB-Staatsvertrag[77]). Sie hält diese Dienstleistungen auch für Sparkassen in **Schleswig-Holstein** vor, das nach dem Verlust der Landesbank Schleswig-Holstein[78] über keine „eigene" Sparkassenzentralbank mehr verfügt. Nach dem Staatsvertrag zwischen dem Land Niedersachsen, dem Land Sachsen-Anhalt und dem Land Mecklenburg-Vorpommern über die Norddeutsche Landesbank[79] hat das Institut zudem die Aufgaben einer Universalbank (§ 4 Abs. 2 S. 1 Nord/LB-Staatsvertrag). Es unterstützt die Länder Niedersachsen und Sachsen-Anhalt in ihren öffentlichen Aufgaben durch Übernahme besonderer wirtschaftlicher und finanzpolitischer Aufgaben (§ 4 Abs. 1 S. 1, Abs. 3 Nord/LB-Staatsvertrag). Gem. § 3 Abs. 1 Nord/LB-Staatsvertrag wird die Anstalt von den Ländern Niedersachsen und Sachsen-Anhalt, dem Niedersächsischer Sparkassen- und Giroverband, dem Sparkassenbeteiligungsverband Sachsen-Anhalt sowie dem Sparkassenbeteiligungszweckverband Mecklenburg-Vorpommern getragen.

Zudem hat die NORD/LB die **Bremer** Landesbank Kreditanstalt Oldenburg – Giro- 32 zentrale – (BLB) im Jahr 2016 auf der Grundlage eines Staatsvertrags zwischen der Freien Hansestadt Bremen und dem Land Niedersachsen[80] (vgl. § 3 Abs. 1 BLB-Staatsvertrag) als Trägerin übernommen, die seit dem Jahr 2018 auch unter deren Namen firmiert. Dennoch agiert die BLB als Geschäftsbank (§ 5 Abs. 1 S. 1 BLB-Staatsvertrag) und als Sparkassenzentralbank (§ 5 Abs. 1 S. 1 BLB-Staatsvertrag).

Das **Saarländische** Sparkassengesetz (SSpG) überträgt der Landesbank Saar (SaarLB), die 33 vom Land, der Bayerische Landesbank sowie dem Sparkassenverband Saar getragen wird (§ 32 Abs. 2 SSpG), die Aufgaben einer Universalbank (§ 34 S. 2 SSpG) sowie einer Sparkassenzentralbank (§ 34 S. 1 SSpG).

In **Hamburg** entstand die HSH Nordbank AG im Jahr 2003 durch die Fusion der 34 Hamburgischen Landesbank und der Landesbank Schleswig-Holstein. Aufgrund wirtschaftlicher Schwierigkeiten wurde die hsh-Portfolio-Managment AöR als „bad bank" im Jahr 2016 zur Übernahme der Altschulden der HSH gegründet, damit diese dann im Jahr 2018 verkauft und in die Hamburg Commercial Bank AG umbenannt werden konnte. In

---

[72] Vgl. Pressemitteilung der Helaba v. 18.9.2012: „Helaba startet in Düsseldorf"; die Ermächtigung zur Übertragung dieser Aufgabe ergibt sich aus § 37 Abs. 1 SpkG NRW.
[73] Vgl. § 8 des Gesetzes zur Errichtung der Landesbank Nordrhein-Westfalen und zur Umwandlung der Westdeutschen Landesbank Girozentrale (Art. 1 des Gesetzes zur Neuregelung der Rechtsverhältnisse der öffentlich-rechtlichen Kreditinstitute in Nordrhein-Westfalen; GV NRW 2002, 283).
[74] Vgl. § 1 Gesetz über die Landesbank Nordrhein-Westfalen (Art. 1 des Gesetzes zur Umstrukturierung der Landesbank Nordrhein-Westfalen zur Förderbank des Landes Nordrhein-Westfalen und zur Änderung anderer Gesetze (GV. NRW 2004, 119)).
[75] http://www.portigon-ag.de/acm/cm/content/portigon/i/de/portigon-ag/unternehmensinformationen.html (zuletzt abgerufen am 29.9.2022).
[76] Vgl. § 1 Abs. 1 Statut der Ersten Abwicklungsanstalt.
[77] Staatsvertrag zwischen dem Land Niedersachsen, dem Land Sachsen-Anhalt und dem Land Mecklenburg-Vorpommern über die Norddeutsche Landesbank – Girozentrale – v. 6.12.2019, Nds. GVBl. 2019, 398.
[78] Dazu → Rn. 34.
[79] Staatsvertrag zwischen dem Land Niedersachsen, dem Land Sachsen-Anhalt und dem Land Mecklenburg-Vorpommern über die Norddeutsche Landesbank – Girozentrale – v. 6.12.2019, Nds. GVBl. 2019, 398.
[80] Staatsvertrag zwischen der Freien Hansestadt Bremen und dem Land Niedersachsen über die Bremer Landesbank Kreditanstalt Oldenburg – Girozentrale – v. 14.11.2016, BremGBl. 2016, 798 (BLB-Staatsvertrag).

Schleswig-Holstein existiert nach dem Aufgehen der Landesbank Schleswig-Holstein in die dann später ihrerseits abgewickelte HSH AG lediglich noch die Investitionsbank Schleswig-Holstein (IB.SH) als Förderinstitut des Landes.

35 Die Organisationsgeschichte der **Berliner** Sparkassenorganisation ist komplex und verworren.[81] Die ehemalige Landesbank Berlin-Girozentrale (LBB) wurde im Jahr 2006 in die Landesbank Berlin AG umgewandelt (§ 10 Abs. 1 SpkG Bln) und im Jahr 2007 an die Sparkassen-Finanzgruppe verkauft. Seit dem Jahr 2014 tritt die Landesbank Berlin AG ausschließlich unter dem Namen der Berliner Sparkasse auf. Als Träger der Berliner Sparkasse (§ 3 Abs. 2 SpkG Bln) obliegt der Landesbank Berlin AG die Aufgabe einer Sparkassenzentralbank (§ 3 Abs. 4 SpkG Bln). Die Landesbank Berlin Holding AG ist die Obergesellschaft der Landesbank Berlin AG, wobei die Sparkassen-Finanzgruppe 100 % der Anteile an der Landesbank Berlin Holding AG hält.

3. Förderbanken

36 **a) Trägerstruktur.** Auch soweit die Länder über Förderbanken verfügen, sind diese grundsätzlich als **Anstalten des öffentlichen Rechts** organisiert.[82] Früher waren die hier wahrgenommenen Förderaufgaben in die Landesbanken-Girozentralen integriert,[83] aber deren Übertragung auf eigenständige Institute wurde anlässlich der Abschaffung der Gewährträgerhaftung für die übrigen, wettbewerbsnahen Institute vorgenommen. Förderbanken genießen demgegenüber nach wie vor eine Gewährträgerhaftung[84] aufgrund ihres weitgehend[85] nicht im Wettbewerb stehenden Auftrags.

37 In **Baden-Württemberg** ist die L-Bank die Förderbank des Landes.[86] Die **Sächsische Aufbaubank – Förderbank** – (SAB) wurde im Zuge der Wiedervereinigung gegründet. Später gingen die Förderaufgaben in Sachsen auf die SAB GmbH über. Durch formwechselnde Umwandlung im Jahr 2003 wurde die Sächsische Aufbaubank – Förderbank – unter Trägerschaft des Freistaats Sachsen errichtet.[87] Des Weiteren gibt es als selbständige Anstalten die Investitions- und Strukturbank **Rheinland-Pfalz** (ISB),[88] die **NRW.BANK**,[89] die Investitions- und Förderbank **Niedersachsen** (NBank),[90] die Investitionsbank **Sachsen-Anhalt**,[91] die **Thüringer** Aufbaubank,[92] die Investitionsbank des Landes **Brandenburg** (ILB),[93] die Investitionsbank **Berlin** (IBB),[94] die **Hamburgische**

---

[81] Hierzu Becker NdsVBl. 2002, 57 (58 f.).
[82] Vgl. etwa § 1 Abs. 1 ILBG, § 1 Abs. 2 L-BankG, § 1 Abs. 1 ThürAufbauBG; Ausnahme dazu aber etwa die Saarländische Investitionskreditbank AG (SIKB) und die Bremer Aufbau-Bank GmbH (BAB).
[83] So heute noch das Landesförderinstitut Mecklenburg-Vorpommern als rechtlich unselbständiger Geschäftsbereich der NORD/LB (§ 4 Abs. 6 Nord/LB-Staatsvertrag) und die Wirtschafts- und Infrastrukturbank Hessen als unselbständige Anstalt in der Landesbank Hessen-Thüringen Girozentrale (WIBankG, Gesetz v. 18.12.2006, Hess GVBl. I 2006, 732).
[84] Vgl. etwa § 5 Abs. 1 L-BankG, § 4 Abs. 2 IBG; § 10 Abs. 3 ISBLG.
[85] Vgl. aber bspw. § 12 NRW.BANK G, der erst die Ausgliederung von Wettbewerbsgeschäftsfeldern ermöglicht – was impliziert, dass solche Felder zunächst überhaupt eingegliedert waren.
[86] Gesetz über die L-Bank (L-BankG) v. 11.11.1998, BWGVBl. 1998, 581.
[87] Gesetz zur Errichtung der Sächsischen Aufbaubank – Förderbank – (SächsFördbankG) v. 19.7.2003, SächsGVBl. 2003, 161; zur Historie: https://www.lbank.info/ueber-die-l-bank/unsere-aufgabe/geschichte-der-l-bank.html (zuletzt abgerufen am 29.9.2022).
[88] Landesgesetz über die Investitions- und Strukturbank Rheinland-Pfalz (ISBLG RhPf) v. 20.12.2011, RhPfGVBl. 2011, 423.
[89] Gesetz über die NRW.BANK (NRW.Bank G) v. 16.3.2004, GV NRW 2004, 126.
[90] Gesetz über die Investitions- und Förderbank Niedersachsen (NBankG) v. 13.12.2007, Nds. GVBl. 2007, 712.
[91] Gesetz zur Errichtung der Investitionsbank Sachsen-Anhalt als rechtlich selbständige Förderbank (IB ErrG) v. 15.12.2021, GVBl. LSA 2021, 598.
[92] Thüringer Aufbaubankgesetz v. 21.11.2001, ThürGVBl. 2001, 317 (ThürAufbauBG).
[93] Gesetz über die Investitionsbank des Landes Brandenburg (ILBG) v. 22.8.2017, BbgGVBl. I 2017, Nr. 21.
[94] Gesetz über die Errichtung der Investitionsbank Berlin als rechtsfähige Anstalt des öffentlichen Rechts (IBBG) v. 7.6.2021, BlnGVBl. 2021, 624.

Investitions- und Förderbank (IFB Hamburg),[95] Investitionsbank **Schleswig-Holstein** (IB.SH)[96] sowie die Landesanstalt für Aufbaufinanzierung (LfA Förderbank **Bayern**)[97], der in Bayern (ua neben der in die BayernLB integrierten Bayerischen Landesbodenkreditanstalt) die Aufgabe einer Förderbank übertragen wurde.

Träger dieser Institute ist grundsätzlich das jeweilige **Land**[98] – wenn auch bisweilen mit weiteren Beteiligten. So kann sich zB die NRW.BANK nach § 2 Abs. 1 ILBG an der ILB mit bis zu 50 % beteiligen – und hat dies auch getan.[99] 38

Die Trägerschaft einer Förderbank kann auch **mittelbar organisiert** sein. So wird die IBB als Anstalt des öffentlichen Rechts (§ 1 Abs. 1 IBBG) von der IBB Unternehmensverwaltung – einer Berliner Anstalt des öffentlichen Rechts – getragen (§§ 1 f. IBB-Trägergesetz[100]). 39

Zudem sind **nicht alle** Förderinstitute **rechtlich selbständig** (voll rechtsfähig), sondern bilden bisweilen auch nur unselbständige Teile einer Landesbank,[101] wenn auch mit eigener Geschäftsleitung[102]. 40

b) Aufgaben. Exemplarisch weist § 3 Abs. 1 S. 1 NRW.BANK G der Förderbank „den staatlichen Auftrag [zu], das Land und seine kommunalen Körperschaften bei der **Erfüllung ihrer öffentlichen Aufgaben,** insbesondere in den Bereichen der Struktur-, Wirtschafts-, Sozial- und Wohnraumpolitik, zu **unterstützen** und dabei Fördermaßnahmen […] durchzuführen und zu verwalten"[103]. Dieses Gesetz enthält wie die anderen Errichtungsgesetze einen ausführlichen Katalog der Förderbereiche.[104] Bisweilen wird hierbei die die Gewährträgerhaftung erst ermöglichende notwendige Wettbewerbsneutralität betont,[105] während andernorts offenbar Geschäfte in Wettbewerbsfeldern noch möglich bleiben.[106] 41

Die NRW.BANK orientiert sich bei ihrer Aufgabenerfüllung am **Prinzip der Nachhaltigkeit** (§ 3 Abs. 1 S. 2 NRW.BANK G). Dieser Bezug liegt nahe, weil die Tätigkeit der Förderbanken als Akteure der Leistungsverwaltung zum einen am nächsten an den „klassischen" Verwaltungsagenden liegt, zum andern die Berücksichtigung von Nachhaltigkeitsaspekten in den letzten Jahren auch in der unmittelbaren Staatsverwaltung eine nicht zu unterschätzende Dynamik entwickelt hat. 42

Insbesondere die Investitions- und Förderbanken sind daher mit der Unterstützung bei der Erfüllung öffentlicher Aufgaben im Förderbereich **„Umwelt- und Naturschutzmaß-** 43

---

[95] Gesetz über die Hamburgische Investitions- und Förderbank (IFBG) v. 6.3.1973, HmbGVBl. 1973, 41.
[96] Gesetz über die Errichtung der Investitionsbank Schleswig-Holstein als rechtsfähige Anstalt des öffentlichen Rechts (Investitionsbankgesetz – IBG) v. 7.5.2003, SchlH GVOBl. 2003, 206.
[97] Gesetz über die Bayerische Landesanstalt für Aufbaufinanzierung (LfaG Bay) v. 20.6.2001, BayGVBl. 2001, 332.
[98] Vgl. etwa § 4 Abs. 1 IBG, § 1 Abs. 2 ISBLG RhPf, § 1 Abs. 1 S. 3 NBankG, § 1 Abs. 2 S. 1 IFBG.
[99] Vgl. https://ilbgeschaeftsbericht.de/ilb-auf-einen-blick/.
[100] Gesetz über die Errichtung der IBB Unternehmensverwaltung als rechtsfähige Anstalt des öffentlichen Rechts (IBB-Trägergesetz) v. 7.6.2021, BlnGVBl. 2021, 624.
[101] So etwa die WIBank gem. § 1 Abs. 1 WIBankG, wonach diese in der Landesbank Hessen-Thüringen Girozentrale (Wirtschafts- und Infrastrukturbank Hessen) als eine organisatorisch und wirtschaftlich selbstständige, rechtlich unselbstständige Anstalt des öffentlichen Rechts innerhalb der Helaba fortgeführt wird; auch das Landesförderinstitut Mecklenburg-Vorpommern ist ein rechtlich unselbstständiger Geschäftsbereich der NORD/LB: https://www.lfimv.de/ueberuns/ (zuletzt abgerufen am 29.9.2022).
[102] Vgl. § 10 Abs. 1 WIBankG.
[103] Im Wesentlichen gleichlautend dazu die Aufgabenbestimmungen der anderen Förderbanken: Art. 3 Abs. 1 S. 1 LfAG Bay mit zusätzlicher Erwähnung von Umwelt- und Verkehrspolitik, § 3 Abs. 1 L-BankG, § 6 Abs. 1 IBG, § 9 Abs. 1 S. 1 ISBLG RhPf ebenfalls mit zusätzlicher Erwähnung der Umwelt- und Verkehrspolitik, § 2 Abs. 1 SächsFördBankG, § 5 NBankG, § 2 Abs. 1 ThürAufbauBG, § 4 Abs. 1 ILBG, § 4 IBBG.
[104] Vgl. § 3 Abs. 2 NRW.BANK G, § 3 Abs. 2 L-BankG, § 6 Abs. 2 IBG, § 9 Abs. 1 S. 2 ISBLG RhPf, Art. 3 Abs. 1 S. 2 LfAG Bay.
[105] Vgl. etwa § 7 ILBG.
[106] Vgl. § 12 Abs. 1 NRW.BANK G e contrario.

nahmen" betraut.[107] In Art. 3 Abs. 1 S. 1 LfAG Bay wird der Bayrischen Landesanstalt für Aufbaufinanzierung unmittelbar der Auftrag erteilt, im Rahmen der Finanz-, Wirtschafts-, Verkehrs-, Arbeitsmarkt- und Umweltpolitik Vorhaben gewerblicher Unternehmen sowie sonstige Maßnahmen zur Verbesserung und Stärkung der Wirtschafts-, Verkehrs- und Umweltstruktur finanziell zu fördern.

44 Auch unternehmensinterne **(strategische) Nachhaltigkeitsverpflichtungen** gewinnen zunehmend an Relevanz. Sowohl Förder- als auch Landesbanken haben Nachhaltigkeitsstrategien ausgearbeitet[108], die einen verantwortungsbewussten Umgang mit Menschen, Umwelt und Natur gewährleisten sollen. Teilweise orientieren sich diese an den Principles for Responsible Banking (PRB) der UN Enironmental Program – Finance Initiative[109] teilweise an den sogenannten ESG-Kriterien (Environmental, Social, Governance; → § 9 Rn. 7).[110]

IV. Innere Organisation

1. Organstruktur

45 Die als Anstalten des öffentlichen Rechts organisierten Kreditinstitute verfügen typischerweise über **drei Organe:** ein Leitungs- und Vertretungsorgan, ein Aufsichtsorgan sowie ein Organ, in dem die Träger repräsentiert werden. Letzteres wurde jedenfalls in denjenigen Anstalten etabliert, die über mehrere Träger verfügen. Die – zum Teil sogar durch die gesetzliche Bezeichnung („Aufsichtsrat"[111]; „Hauptversammlung"[112]) unterstrichenen – Parallelen dieser Organstruktur zu der AG liegen auf der Hand. Während die Geschäftsleitungen (Vorstände) in ihren einzelnen Entscheidungen weitgehend gegen externe Einflüsse der Träger abgeschirmt sind, bieten Aufsichtsorgan sowie die Versammlung der Träger bzw. – wo es einer solchen nicht bedarf – die unmittelbaren Einflussrechte der Träger das Einfallstor für deren Steuerung und eine Zurechnung von Verantwortung an die hinter den Anstalten stehenden Gebietskörperschaften.

46 Nicht nur die personelle Besetzung der Organe, sondern auch das kontinuierliche Zusammenwirken von Organwalter und Trägerkörperschaften durch die Weitergabe von **Informationen** sowie die Möglichkeit der **Einflussnahme** der Trägerkörperschaften auf Handlungen und Entscheidungen der Organwalter beeinflussen Art und Maß staatlicher bzw. kommunaler Verantwortung für die Aufgabenwahrnehmung.

47 Obschon alle Errichtungsgesetze eine durchweg ähnliche Struktur bei der Lösung dieser organisatorischen Fragen aufweisen, führen doch einige Abweichungen und die **erhebliche Vielgestaltigkeit im Detail** dazu, dass die folgende Darstellung lediglich einen Überblick über die Regelungen ohne jeden Anspruch darauf bieten kann, tatsächlich bei jeder Anstalt alle Einzelheiten zu erfassen.

2. Leitungs- und Vertretungsorgan

48 Das Leitungsorgan der Anstalt **führt deren Geschäfte** und **vertritt** sie nach außen. Es agiert typischerweise im Einzelfall **unabhängig,** unterliegt aber den allgemeinen Vorgaben sowie der Überwachung des Aufsichtsorgans, das zudem die Mitglieder des Leitungsorgans bestellt und abberuft.

---

[107] § 3 Abs. 2 Nr. 7 L-BankG, § 4 Abs. 2 Nr. 1 lit. e ILBG, Art. 3 Nr. 4 LfAG Bay, § 4 Abs. 1 Nr. 1 lit. c IFBG, § 5 Abs. 2 Nr. 1 lit. l NBankG, § 2 Abs. 1 S. 3 Nr. 12 SächsFördbankG.
[108] Vgl. etwa Nachhaltigkeitsbericht NRW.BANK 2020, 11 ff., Aktualisierte Umwelterklärung 2021, L-Bank, IFB Hamburg Nachhaltigkeitsbericht 2020, Nichtfinanzieller Bericht für das Geschäftsjahr 2021, Sächsische Aufbaubank, 6.
[109] Etwa Nachhaltigkeitsbericht der LBBW, 13 ff.
[110] Etwa Geschäftsbericht 2021 der Helaba, 14 ff.
[111] So zB § 9 LBWG.
[112] So zB § 35 Abs. 1 SSpG für die SaarLB.

a) Sparkassen. Der in der Regel durch das Aufsichtsorgan bestellte[113] Vorstand einer 49
Sparkasse leitet die Sparkasse **„selbstständig"**[114] oder **„in eigener Verantwortung"**.[115]
Diese Vorgabe lehnt sich an § 76 Abs. 1 AktG an. Bisweilen gilt der Grundsatz, dass der
Vorstand „für alle Angelegenheiten zuständig [ist], die nicht dem Verwaltungsrat zugewiesen sind"[116].

Die Sparkassengesetze enthalten typischerweise keine genauen Vorgaben zu der **Zahl** 50
der Vorstandsmitglieder („mehrere"[117]). Sie verweisen hierfür auf die Satzung des
jeweiligen Instituts.

Zudem normieren die Sparkassengesetze selbst kaum substantielle **Anforderungen an** 51
die Qualifikation etc. der jeweiligen Organwalter.[118] Dies ist aber auch nicht unbedingt
erforderlich, weil § 25c KWG umfangreiche Bedingungen an die fachliche Qualifikation
der „Geschäftsleiter" eines Finanzinstituts enthält.

b) Landesbanken. Auch in den Landesbanken vertritt der Vorstand das Institut, **leitet es** 52
„in eigener Verantwortung"[119] und **führt die Geschäfte**.[120] Als ostentative Abgrenzung von „politischer" Einflussnahme kann der gesetzliche Hinweis verstanden werden,
dass dabei neben der Einhaltung der Gesetze „das Unternehmensinteresse"[121] maßgeblich
ist.

Die Gesetze über die Landesbanken verweisen hinsichtlich **Besetzung, Größe, Zu-** 53
sammensetzung und Aufgaben des Vorstands überwiegend auf die jeweiligen Satzungen. Auch dort ist häufig keine genaue Mitgliederzahl für das Organ vorgegeben.[122] Für
einige Landesbanken ist aber eine Mindestanzahl von drei ordentlichen Vorstandsmitgliedern festgelegt.[123]

Die Vorstände der Landesbanken setzen sich aus dem **Vorstandsvorsitzenden,**[124] einem 54
oder mehreren **Stellvertretern**[125] sowie weiteren ordentlichen Vorstandsmitgliedern zusammen. Mit Ausnahme der LBBW sehen die Satzungen der Landesbanken zudem die
Möglichkeit der Bestellung stellvertretender Vorstandsmitglieder vor.[126]

Die **Bestellung** des Vorstandes erfolgt im Regelfall durch das jeweilige **Aufsichts-** 55
organ.[127] Eine Ausnahme dazu bildet die SaarLB, deren Vorstand von der „Hauptversammlung" bestellt und angestellt wird (§ 8 Abs. 1 Nr. 11 SaarLB-Satzung). Die in der
Hauptversammlung vertretenen Träger sind jeweils berechtigt, Vorschläge zur Besetzung
des Vorstandes zu machen, das Vorschlagsrecht für den Vorstandsvorsitzenden steht aber

---

[113] ZB § 9 Abs. 2 NSpG, § 8 Abs 1 SparkG Hess, § 19 Abs. 1 SpkG-LSA, anders aber bspw. nach § 12
Abs. 1 SpkG RhPf, wonach der Träger die Vorstandsmitglieder auf Vorschlag des Aufsichtsorgans bestellt;
näher → Rn. 65.
[114] Vgl. zB § 18 Abs. 1 S. 1 SpkG Bbg, § 10 Abs. 1 S. 1 NSpG.
[115] Vgl. § 20 Abs. 1 S. 1 SpkG NRW, § 18 Abs. 1 S. 1 SpkG-LSA, § 18 Abs. 1 S. 1 SächsSpG.
[116] Vgl. § 18 Abs. 1 S. 2 SpkG Bbg, so auch § 18 Abs. 1 S. 2 SpkG-LSA, § 18 Abs. 1 S. 3 SächsSpG.
[117] Vgl. § 19 Abs. 1 S. 1 SpkG Bbg, § 19 Abs. 1 S. 1 SpkG-LSA, § 19 Abs. 1 S. 1 SächsSpG, § 19 Abs. 1
S. 1 SpkG NRW.
[118] Vgl. zB § 25 Abs. 1 S. 1 SpkG BW: „persönlich und fachlich geeignet".
[119] Vgl. zB § 13 Abs. 1 S. 1 LBWG, so auch § 8 Abs. 2 S. 1 Nord/LB-Staatsvertrag.
[120] Vgl. Art. 7 Abs. 1 BayLaBG, § 1 LBWG, Art. 10 Abs. 5 Helaba-Staatsvertrag, § 8 Abs. 2 Nord/LB-Staatsvertrag, § 35 Abs. 5 SSpG iVm. § 15 Abs. 2 S. 2 SaarLB-Satzung.
[121] Vgl. zB § 13 Abs. 1 S. 1 LBWG, s. auch § 35 Abs. 5 SSpG iVm. § 15 Abs. 2 S. 1 SaarLB-Satzung, der
auch die Beschlüsse der Hauptversammlung und des Verwaltungsrates sowie Geschäftsanweisungen für die
Führung der Geschäfte als maßgeblich erachtet.
[122] § 12 Abs. 1 LBWG und § 16 Abs. 1 S. 1 Helaba-Satzung sprechen etwa von mehreren Mitgliedern.
[123] So explizit etwa § 7 Abs. 2 S. 1 BayLaBG; s. auch § 7 Abs. 1 Nord/LB-Satzung.
[124] Vgl. § 20 Abs. 3 LBBW-Satzung, § 7 Abs. 2 S. 3 BayLB-Satzung, § 16 Abs. 3 Helaba-Satzung, § 7
Abs. 1 Nord/LB-Satzung, § 8 Abs. 1 Nr. 11 SaarLB-Satzung.
[125] Vgl. § 20 Abs. 3 LBBW-Satzung, § 16 Abs. 3 Helaba-Satzung, § 7 Abs. 1 Nord/LB-Satzung, § 8 Abs. 1
Nr. 11 Saar LB-Satzung.
[126] Vgl. § 7 Abs. 2 S. 1 BayLB-Satzung, § 16 Abs. 3 Helaba-Satzung, § 7 Abs. 1 Nord/LB-Satzung,
§ 15 Abs. 1 S. 3 SaarLB-Satzung.
[127] Vgl. § 11 Abs. 1 S. 2 LBWG, Art. 7 Abs. 3 S. 1 BayLaBG, § 12 Abs. 2 Nr. 1 lit. a Helaba-Satzung, § 13
Abs. 2 lit. a NORD/LB-Satzung; bei der LBBW und der Helaba sind die Vorstandsmitglieder darüber
hinaus privatrechtlich angestellt.

dem Saarland zu (§ 15 Abs. 1 S. 1 u. 2 SaarLB-Satzung). Insgesamt werden die Mitglieder des Vorstandes überwiegend für die Dauer von fünf Jahren bestellt, wobei eine Wiederbestellung möglich ist.[128]

56 Für die **fachliche Qualifikation** der Vorstandsmitglieder gilt hier ebenfalls § 25c KWG.

57 **c) Förderbanken.** Die **Bestellung** der Vorstände der Investitionsbanken erfolgt **unterschiedlich**: teils werden die Vorstandsmitglieder durch Beschluss der gesamten Landesregierung oder durch ein einzelnes Ministerium bestellt,[129] teils erfolgt die Bestellung durch den Verwaltungsrat[130] oder durch die Trägerversammlung.[131] Vereinzelt besteht dabei ein Widerspruchsrecht des zuständigen Ministeriums.[132]

58 Eine **Besonderheit** ergibt sich bei der **WIBank**: statt eines Vorstandes gibt es dort eine Geschäftsführung, die durch den Vorstand der Helaba bestellt wird (§ 27 Abs. 3 Helaba-Satzung), wobei die Gesamtverantwortung und die Vertretung der WIBank aufgrund der Eingliederung in die Helaba[133] beim Vorstand der Helaba verbleibt (§ 10 Abs. 2 u. 3 WIBankG).

59 Die Vorstände der Investitionsbanken setzen sich aus einem **Vorstandsvorsitzenden,** (mindestens) einem **stellvertretenden Vorsitzenden** sowie weiteren ordentlichen Mitgliedern zusammen. Teilweise ist auch vorgesehen, dass stellvertretende Vorstandsmitglieder bestimmt werden können.[134]

60 Hinsichtlich der **Größe der Vorstände** machen die Gesetze über die Investitionsbanken unterschiedliche Vorgaben, wobei regelmäßig zwei oder drei Vorstandsmitglieder vorgesehen sind.[135] Auch hier enthalten die gesetzlichen Grundlagen selbst keine Vorgaben für die genaue Zusammensetzung und die fachliche Qualifikation des Vorstands; s. a. hier § 25c KWG.

3. Aufsichtsorgan

61 Das unterschiedlich bezeichnete Aufsichtsorgan (Verwaltungsrat[136]/Aufsichtsrat[137]) der Anstalt ist in vielerlei Hinsicht dem **Aufsichtsrat der Aktiengesellschaft** nachempfunden. Es schlägt die Brücke zu den Trägerkörperschaften, die die Zusammensetzung des Organs maßgeblich beeinflussen.

62 Das Aufsichtsorgan ist auch der maßgebliche Ort, an dem die **unternehmerische Mitbestimmung** in der Anstalt organisiert wird.[138] Die Vertreter der Beschäftigten in den Verwaltungsräten sind entweder Mitglieder kraft Amtes (zB Personalratsvorsitzende[139]) oder aber sie werden durch die Personalvertretung bestellt[140] bzw. von den Beschäftigten gewählt[141]. Die Bestellung der Vertretung kann sich aber auch aus den anwendbaren

---

[128] Vgl. § 12 Abs. 2 LBWG, Art. 7 Abs. 3 BayLaBG, § 16 Abs. 2 Helaba-Satzung; die Regelungen der Nord/LB und der SaarLB machen hingegen keine Vorgaben zur Amtszeit.
[129] Vgl. etwa § 7 Abs. 2 S. 2 L-BankG, Art. 10 Abs. 3 S. 2 u. 3 LfAG Bay.
[130] Vgl. § 9 Abs. 1 S. 2 IBBG, § 12 Abs. 1 ILBG; § 12 Abs. 2 S. 2 Nr. 1 IFBG, § 9 Abs. 2 S. 2 NBank G, § 27 Abs. 2 S. 1 NRW.BANK-Satzung, § 11 Abs. 2 SächsFördbankG.
[131] § 12 Abs. 2 S. 3 ISBLG, § 11 Abs. 2 S. 2 IBG, § 5 Abs. 2 S. 1 ThürAufbauBG.
[132] So § 11 Abs. 3 S. 2 SächsFördbankG.
[133] Dazu → Rn. 40.
[134] So zB § 14 Abs. 2 S. 2 ILB-Satzung.
[135] So etwa § 7 Abs. 1 L-Bank G, Art. 10 Abs. 2 S. 1 LfAG Bay oder § 9 Abs. 1 S. 1 IBBG.
[136] Vgl. etwa § 12 ff. SpG BW, § 8 SpkG Bbg, § 6 ff. SpkG SchlH, § 13 SächsFördbankG, § 5 lit. b NRW.Bank G, Art. 10 Abs. 1 Nr. 2 Helaba-Staatsvertrag.
[137] Vgl. etwa § 8 Abs. 1 Nord/LB-Staatsvertrag, § 9 LBWG, Art. 6 BayLaBG.
[138] ZB § 10 LBWG; Art. 10 Abs. 3 S. 3 Helaba Staatsvertrag, § 8 Abs. 2 SpkG Bbg, § 10 Abs. 2 SpkG SchlH.
[139] § 9 Abs. 3 L-Bank G.
[140] § 10 Abs. 1 lit. b IBBG, Art. 8 Abs. 2 S. 4 BayLaBG, § 10 Abs. 1 Nr. 5 NordLB-Satzung.
[141] § 8 Abs. 1 S. 3 ILB-Satzung, § 11 Abs. 2 S. 1 IFBG, § 5 Abs. 2 S. 2 NBankVO, § 8 Abs. 1 lit. e NRW.BANK G, § 13 Abs. 4 S. 1 SächsFördbankG, § 11 Abs. 4 S. 2 IBG, § 9 Abs. 2 SpkG SchlH, § 5 a f. SparkG Hess, § 16 SpG BW, § 6a SpkG RhPf.

Vorschriften des Betriebsverfassungsgesetzes ergeben.[142] Zu beachten ist, dass die Beschäftigtenvertreter bisweilen nur beratende, dh nicht stimmberechtigte Mitglieder des Verwaltungsrates sind.[143]

Die konkrete Ausgestaltung der unternehmerischen Mitbestimmung muss sich angesichts der Tatsache, dass die Anstalten staatliche Gewalt ausüben, mit dem **Erfordernis demokratischer Legitimation** in Einklang bringen lassen.[144] 63

a) Sparkassen. Der Verwaltungsrat einer Sparkasse **überwacht deren Tätigkeit** bzw. die Tätigkeit des Vorstands und erlässt für die Geschäftsführung allgemeine Vorgaben.[145] Dieses Organ ist – angesichts der grundsätzlichen Unabhängigkeit des Vorstands bei der Entscheidung über einzelne Geschäftsführungsmaßnahmen – das **primäre Instrument für die Einflussnahme** der Trägerkörperschaft(en) auf die Anstalt. 64

Neben der inhaltlichen Einflussnahme sind die **Personalbefugnisse** der wichtigste Hebel des Verwaltungsrats: Er bestellt typischerweise die Mitglieder des Vorstands und beruft sie ab[146]; er stellt den Jahresabschluss fest und entscheidet über die Verwendung des Überschusses (zumindest mit)[147]. 65

Aufgrund der besonderen Bedeutung dieses Organs für die Verbindung zwischen Trägerkörperschaft und Anstalt sehen die Sparkassengesetze oftmals vor, dass je nach Trägerstruktur die Vertreter oder **Hauptverwaltungsbeamten** der kommunalen Selbstverwaltungskörperschaften **„geborene" Mitglieder des Organs** sind.[148] Die übrigen Mitglieder werden von der Vertretung des Trägers – unter „Beachtung" von Gleichstellungsgesichtspunkten[149] – in den Verwaltungsrat gewählt.[150] 66

Sparkassenrechtliche Vorgaben für die **fachliche Qualifikation** der Verwaltungsratsmitglieder enthält etwa Art. 10 SpkG Bay[151]; auch gibt es die Empfehlung einer regelmäßigen Fortbildung[152]. Wie mit Blick auf den Vorstand stellt aber auch hier das KWG (§ 25d KWG) umfangreiche Anforderungen an die Mitglieder des Verwaltungsrats.[153] Sind die entsprechenden Voraussetzungen – zB Sachkunde, Zuverlässigkeit, zeitliche Verfügbarkeit – nicht (mehr) gegeben, kann auch die zuständige Aufsichtsbehörde (zumeist die BaFin) die Abberufung des Organwalters verlangen. 67

Dass die Erfüllung dieser von unionsrechtlichen Vorgaben geprägten persönlichen und fachlichen Voraussetzungen durch die aus der kommunalen Verwaltungsspitze oder aus den Vertretungsorganen kraft Gesetzes oder Bestellung entsandten Mitgliedern zu **Schwierigkeiten** führen kann, liegt auf der Hand. Die weitgehend kommunalpolitisch geprägte Besetzung der Verwaltungsräte führt zu einer weitgehenden Deckungsgleichheit zwischen den Interessen des Trägers und denen des Verwaltungsrats, die aber beide gleichermaßen dem bankfachlich typischerweise (vgl. § 25c KWG) qualifizierten Vorstand unterlegen bleiben müssen.[154] 68

---

[142] So § 7 Abs. 1 S. 4 ThürAufbauBG.
[143] Vgl. § 9 Abs. 1 S. 1, Abs. 3 L-Bank G.
[144] Mann/Püttner Kommunale Wissenschaft-HdB/Becker § 50 Rn. 1 ff.
[145] Vgl. zB Art. 5 Abs. 3 SpkG Bay, § 15 Abs. 1 SpkG NRW.
[146] Vgl. § 15 Abs. 2 SpkG NRW, § 8 Abs. 2 Nr. 1–3 SpkG Bbg, § 10 Abs. 2 Nr. 3 SpkG SchlH, § 8 Abs. 2 Nr. 1 u. 2 SächsSpG.
[147] Vgl. § 15 Abs. 2 SpkG NRW, § 10 Abs. 2 Nr. 10 SpkG SchlH, § 8 Abs. 2 Nr. 7 SächsSpG, § 16 Abs. 4 Nr. 8 NSpG.
[148] Vgl. zB Art. 6 f. SpkG Bay, § 14 Abs. 1 S. 1 SpG BW, § 11 Abs. 1 SpkG NRW, § 10 Abs. 1 S. 1 SpkG Bbg.
[149] So § 12 Abs. 3 SpkG NRW.
[150] Vgl. § 12 Abs. 1 SpkG NRW, § 5b Abs. 1 SparkG Hess, § 9 Abs. 1 SpkG SchlH.
[151] § 12 Abs. 1 S. 2 SpkG NRW: „Die Voraussetzungen für die erforderliche Sachkunde hat der Träger vor der Wahl zu prüfen und sicherzustellen. Sachkunde bedeutet dabei den Nachweis einer fachlichen Eignung zum Verständnis der wirtschaftlichen und rechtlichen Abläufe im Tagesgeschehen einer Sparkasse"; s. a. § 13 Abs. 3 S. 2 SpG BW.
[152] So § 15 Abs. 7 SpkG NRW.
[153] Hierzu mit Blick auf die Verwaltungsräte von Sparkassen Henneke, Kommunale Sparkassen, 385 ff.
[154] Kemmler Die Verwaltung 49 (2016), 397 (408 f.); zu den Schwächen der Trägerkontrolle und einigen Vorschlägen zur Abhilfe ebd., 410 ff.

69 Zentrale Bedeutung für die Steuerung und die Übernahme von Verantwortung ist die Möglichkeit der **Information der Vertretung** der ihrerseits demokratisch legitimierten Trägerkörperschaft einerseits und die Möglichkeit der (oftmals vielleicht auch nur informellen[155]) inhaltlichen Einflussnahme auf die Verwaltungsratsmitglieder andererseits.

70 Indes „handeln [die Mitglieder des Verwaltungsrats] nach ihrer freien, nur durch die Rücksicht auf das öffentliche Wohl und die Aufgaben der Sparkasse bestimmten **Überzeugung**. Sie sind an Weisungen nicht gebunden".[156] ZT unterliegen sie auch einer **Verschwiegenheitspflicht**.[157] Aus dem Blickwinkel des Unternehmensinteresses mögen solche Regelungen richtig und sinnvoll erscheinen. Der Übernahme von Verantwortung durch die hierfür verantwortlichen, demokratisch legitimierten Vertretungsorgane des Trägers erlauben sie hingegen nicht. Diese wird allein durch eine partielle Personenidentität zwischen kommunalem Vertretungsorgan und anstaltlichem Aufsichtsorgan ermöglicht.

71 b) **Landesbanken.** Die Funktion des **Aufsichtsorgans** übernimmt in Landesbanken der Aufsichts-[158] bzw. Verwaltungsrat[159].

72 aa) **Zusammensetzung und Bestellung.** Die **Größe** der Organe variiert: während das Aufsichtsorgan der Bayern LB und der SaarLB elf bzw. zwölf Mitglieder umfasst,[160] ist der Verwaltungsrat der Helaba mit 27 Mitglieder mehr als doppelt so groß (§ 11 Abs. 1 Helaba-Satzung). Im Mittel dazu hat der Aufsichtsrat der LBBW 21 Mitglieder (§ 9 Abs. 1 S. 1 LBWG), der der NORD/LB 18 Mitglieder (§ 10 Abs. 1 Nord/LB-Satzung).

73 Unterschiede ergeben sich auch bei beim Bestellungsverfahren. Die Vertreter der Träger werden zT von der entsprechenden Versammlung der Trägerkörperschaften bestellt bzw. gewählt.[161] Dabei besteht zumeist ein Vorschlagsrecht der Träger.[162] Ferner steht den Trägern eine feste Anzahl an Sitzen zu.[163] Teils werden die Trägervertreter aber auch unmittelbar durch die Träger selbst berufen.[164]

74 Die Satzung der Nord/LB sieht neben den von der Trägerversammlung **gewählten oder unmittelbar von den Trägern entsandten** Mitgliedern eine Mitgliedschaft kraft Amtes für die zuständigen Minister der Landesregierungen der Länder Niedersachsen und Sachsen-Anhalt sowie den Vorsteher des Sparkassenverbandes Niedersachsen vor (§ 10 Abs. 1 Nord/LB-Satzung). Bei der LBBW sowie der Bayern LB besteht zudem die Vorgabe, dass im Aufsichtsrat neben den staatlichen Vertretern auch eine gewisse Anzahl an externen oder unabhängigen Vertretern sitzen müssen.[165]

75 Inhaltliche Anforderungen an die **Qualifikation** der Mitglieder gibt es nur vereinzelt; so etwa, dass die Mitglieder sachkundig sowie zuverlässig zu sein haben[166] und dass mindestens „ein Mitglied des Aufsichtsrats über Sachverstand in Rechnungslegung oder Abschlussprüfung verfügen" muss.[167] Die Anforderungen des § 25d KWG gelten indes auch hier.

---

[155] § 25 Abs. 1 GO SchlH, § 113 GO NRW, wo jeweils das Spannungsverhältnis zwischen Unternehmens- und Gemeindeinteresse zugunsten des letzteren aufgelöst wird.
[156] § 15 Abs. 6 SpkG NRW; s. a. § 19 Abs. 1 S. 2 SpG BW.
[157] Art. 10 Abs. 2 S. 1SpkG Bay, § 19 Abs. 3 S. 1 SpG BW.
[158] Vgl. § 11 Abs. 1 LBWG, Art. 8 Abs. 1 BayLaBG, § 8 Abs. 3 Nord/LB-Staatsvertrag.
[159] Vgl. Art. 10 Abs. 3 Helaba-Staatsvertrag, § 35 Abs. 5 SSpG iVm. § 10 SaarLB-Satzung.
[160] Art. 8 Abs. 2 S. 1 BayLaBG, § 35 Abs. 3 SSpG.
[161] Vgl. § 9 Abs. 1 S. 2 LBWG, Art. 8 Abs. 2 S. 3 BayLaBG, § 35 Abs. 4 S. 1 SSpG.
[162] Vgl. § 9 Abs. 1 S. 4 LBWG, Art. 8 Abs. 2 S. 2 BayLaB-Satzung.
[163] Art. 8 Abs. 2 S. 2 BayLaBG, § 9 Abs. 1 SaarLB-Satzung.
[164] Etwa § 11 Abs. 1 Helaba-Satzung.
[165] Vgl. § 9 Abs. 1 S. 3 LBWG, Art. 8 Abs. 2 S. 2 Nr. 1 lit a. BayLaBG.
[166] § 9 Abs. 1 S. 1 LBWG; s.a. § 9 Abs. 5 SaarLB-Satzung: „Die Mitglieder des Verwaltungsrates müssen zuverlässig und sachkundig sein, der Wahrnehmung ihrer Aufgaben ausreichend Zeit widmen sowie geeignet und bereit sein, die Interessen der SaarLB zu fördern".
[167] § 11 Abs. 1 Nr. 4 S. 2 Helaba-Satzung, § 9 Abs. 4 LBWG.

Gemein ist den Aufsichtsorganen, dass ein Teil seiner Mitglieder den **Träger** der Anstalt 76
repräsentiert und der andere Teil sich aus den Vertretern der **Beschäftigten** rekrutiert.[168]
Die Vertreter der Beschäftigten machen dabei den kleineren Teil der Aufsichts-/Verwaltungsräte aus, wobei sich zwischen den Landesbanken auch hier Unterschiede ergeben: während im Aufsichtsorgan der LBBW, der Helaba, der NORD/LB sowie der SaarLB jeweils ein Drittel der Sitze den Beschäftigtenvertretern vorbehalten ist,[169] steht von den elf Sitzen des Aufsichtsrates der BayernLB nur einer den Beschäftigten zu (Art. 8 Abs. 2 S. 2 BayLaBG). Die bayerische Regelung unterscheidet sich auch – ebenso wie die Regelung der Nord/LB – dahingehend, als die Vertretung der Beschäftigten im Aufsichtsrat – nicht wie bei den anderen Landesbanken– von den Beschäftigten gewählt,[170] sondern von der Personalvertretung entsandt wird[171].

bb) Aufgaben. Die Mitglieder des Verwaltungsrates haben durch ihre Tätigkeit die 77
Interessen der Bank nach besten Kräften zu fördern.[172] Originäre Aufgabe der Verwaltungsbzw. Aufsichtsräte ist die **Überwachung der Geschäftsführung.**[173] Dafür stehen unterschiedliche Kontrollinstrumente zur Verfügung.

Ein wichtiges Einflussinstrument sind die jeweiligen Befugnisse zu **Bestellung und** 78
Abberufung des Vorstandes[174] (zur Ausnahme bei der SaarLB → Rn. 55). Der Aufsichtsrat der Bayern LB muss überdies der Besetzung leitender Stellen in der Bank zustimmen (§ 11 Abs. 3 Nr. 8 BayLB-Satzung).

Daneben geben die Satzungen der Landesbanken den Verwaltungsräten **verschiedene** 79
Instrumente im Hinblick auf eine strukturelle Kontrolle des Vorstandes an die Hand. Dazu gehört die Möglichkeit, (allgemeine) Richtlinien für die Geschäfte der Bank zu erlassen,[175] bestimmte (Kontroll-)Ausschüsse zu bilden,[176] die Geschäftsordnung des Vorstandes, dessen Geschäftsverteilung sowie eine Geschäftsanweisung zu beschließen,[177] sich die (mittelfristige) Wirtschaftsplanung vorlegen zu lassen[178] oder Rahmenbedingungen für die interne Revision zu erlassen[179]. Eine dauerhafte Kontrolle wird auch dadurch gewährleistet, dass den Verwaltungs/Aufsichtsräten jeweils umfassende Auskunftsrechte zustehen (welche zT ausdrücklich – ansonsten wohl implizit – mit einer Berichtspflicht des Vorstandes korrespondieren, s. § 13 BayLB-Satzung)[180].

Des Weiteren sehen die Satzungen der Landesbanken jeweils einen mal mehr (so zB 80
bei der LBBW oder Bayern LB), mal weniger (zB bei der Saar LB) umfangreichen Katalog an **zustimmungsbedürftigen Angelegenheiten** vor.[181] Diese Kataloge umfassen typischerweise solche Angelegenheiten, die für die Bank von grundlegender Bedeutung sind, in etwa die Änderung der Grundsätze der Geschäftspolitik,[182] Erwerb/Ver-

---

[168] Mann/Püttner Kommunale Wissenschaft-HdB/Becker § 50 Rn. 1 ff.
[169] Vgl. § 10 S. 1 LBWG, § 11 Abs. 1 Nr. 4 Helaba-Satzung; § 10 Abs. 1 Nr. 5 Nord/LB-Satzung; § 35 Abs. 4 S. 2 SSpG.
[170] Vgl. § 10 LBWG, § 11 Abs. 1 Nr. 4 Helaba-Satzung, § 9 Abs. 3 SaarLB-Satzung.
[171] Vgl. Art. 8 Abs. 2 S. 4 BayLaBG, § 10 Abs. 1 Nr. 5 NordLB-Satzung.
[172] So explizit § 11 Abs. 1 Nr. 4 S. 3 Helaba-Satzung.
[173] Vgl. § 11 Abs. 1 S. 1 LBWG, Art. 8 Abs. 1 S. 1 BayLaBG, Art. 10 Abs. 3 S. 1 Helaba-Staatsvertrag, § 8 Abs. 3 Nord/LB- Staatsvertrag, § 9 Abs. 3 SaarLB-Satzung.
[174] Vgl. § 11 Abs. 1 S. 2 LBWG, Art. 7 Abs. 3 S. 1 BayLaBG, § 12 Abs. 2 Nr. 1a Helaba-Satzung, § 13 Abs. 2 lit. a Nord/LB-Satzung.
[175] Vgl. § 13 Abs. 2 lit. b Nord/LB-Satzung, § 10 Abs. 4 Nr. 3 SaarLB-Satzung.
[176] Vgl. § 15 Abs. 2 Nr. 2 LBBW-Satzung, § 11 Abs. 2 Nr. 5 Bayern LB-Satzung, § 12 Abs. 4 Helaba-Satzung, § 14 Nord/LB-Satzung, § 12 SaarLB-Satzung.
[177] Vgl. § 15 Abs. 2 Nr. 3 LBBW-Satzung, § 11 Abs. 3 Nr. 1 BayLB-Satzung, § 12 Abs. 2 Nr. 2 Helaba-Satzung, § 13 Abs. 2 lit. d Nord/LB-Satzung, § 10 Abs. 4 Nr. 1 SaarLB-Satzung.
[178] Vgl. § 11 Abs. 3 Nr. 2 BayLB-Satzung, § 13 Abs. 2 lit. c Nord/LB-Satzung.
[179] Vgl. § 11 Abs. 3 Nr. 9 BayLB-Satzung.
[180] Vgl. § 15 Abs. 3 LBBW-Satzung.
[181] Vgl. § 15 Abs. 2 Nr. 5 LBBW-Satzung, § 11 Abs. 3 BayLB-Satzung, § 12 Abs. 3 Helaba-Satzung, § 13 Abs. 2 lit. g Nord/LB-Satzung, § 10 Abs. 5 Nr. 4 SaarLB-Satzung.
[182] Vgl. § 15 Abs. 2 Nr. 5 lit. a LBBW-Satzung, § 13 Abs. 2 lit. a Nord/LB-Satzung, § 10 Abs. 4 Nr. 3 SaarLB-Satzung.

äußerung von Beteiligungen/Grundstücken,[183] die Eröffnung von (Auslands-)Niederlassungen,[184] die Hereinnahme von Kapital in die Anstalt[185] oder die Gewährung von Krediten in nennenswerter Höhe[186]. Mit Ausnahme des Verwaltungsrates der SaarLB haben die Aufsichtsorgane der anderen Landesbanken darüber hinaus die Möglichkeit, bestimmte Angelegenheiten als zustimmungsbedürftig einzustufen.[187]

81 Bei der Bayern LB besteht die weitere Besonderheit, dass der Erwerb oder die Veräußerung von Beteiligungen mit einem Volumen von mehr als 100 Mio. Euro der **Zustimmung des Landtags** bedürfen, Art. 18a BayLaBG.

82 Neben diese ex-ante Steuerung treten Instrumente der **ex-post Kontrolle:** So sehen die Satzungen der Landesbanken Instrumente vor, die eine nachträgliche Kontrolle des Vorstandes und seiner Geschäftsführung ermöglichen. Eine solche ex-post-Kontrolle wird beispielsweise durch die Beauftragung eines Abschlussprüfers,[188] die Feststellung des Jahres- sowie die Billigung des Konzernabschlusses[189] oder die Entlastung des Vorstandes[190] ermöglicht.

83 Einige Gesetze regeln ausdrücklich, dass die Mitglieder des Verwaltungsrats **an Weisungen nicht gebunden**[191] bzw. zur **Verschwiegenheit** verpflichtet sind. Eine im Hinblick auf den wohl erforderlichen Informationsfluss zwischen den immerhin von den Trägern entsandten Verwaltungsratsmitgliedern und jenen differenzierende Regelung gilt bei der NORD/LB, wo die Mitglieder zwar auch grundsätzlich zur Verschwiegenheit verpflichtet sind, aber den Trägern durchaus Bericht erstatten dürfen, wenn die Berichtsempfänger ihrerseits zur Verschwiegenheit verpflichtet sind. Von diesem Mitteilungsprivileg sind indessen „solche vertraulichen Angaben und Geheimnisse der Bank, namentlich Betriebs- und Geschäftsgeheimnisse [ausgenommen], deren Kenntnis für die Zwecke der Berichte nicht von Bedeutung ist"[192].

84 **c) Förderbanken. aa) Zusammensetzung und Bestellung.** Die **Größe** der Verwaltungsräte der Investitionsbanken bewegt sich zwischen fünf (Art. 12 Abs. 2 LfaG Bay) und 18 (§ 9 L-BankG, § 9 Abs. 1 ILB-Satzung) Mitgliedern.

85 Auch die Verwaltungs/Aufsichtsräte der Investitionsbanken setzen sich aus einem Teil, der den **Träger der Banken** (dh, (zumeist) die Länder) repräsentiert, sowie einem Teil, der die **Beschäftigten** der Bank vertritt, zusammen. Dabei ist auch der Anteil der Verwaltungsratsmitglieder, welche die Beschäftigten repräsentieren, unterschiedlich hoch. Hinsichtlich des Bestellungsverfahrens ergeben sich – sowohl bei der Bestimmung der Trägervertreter als auch der Bestellung der Beschäftigtenvertreter – verschiedene Varianten.

86 Die Vertreter der Anstaltsträger in den Verwaltungsräten sind entweder **Mitglieder kraft Amtes** (dh ein oder mehrere zuständige Minister der jeweiligen Landesregierung[193]). Oder sie werden durch die Landesregierung oder durch das zuständige Ministerium[194] bzw. durch

---

[183] Vgl. § 15 Abs. 2 Nr. 5 lit. d u. e LBBW-Satzung, § 11 Abs. 3 Nr. 4 u. 7 BayLB-Satzung, § 12 Abs. 3 Nr. 6 u. 7 Helaba-Satzung.
[184] Vgl. § 15 Abs. 2 Nr. 5 lit. c LBBW-Satzung, § 11 Abs. 3 Nr. 3 BayLB-Satzung.
[185] Vgl. § 15 Abs. 2 Nr. 5 lit. f LBBW-Satzung, § 10 Abs. 6 SaarLB-Satzung.
[186] Vgl. § 12 Abs. 2 Nr. 4 Helaba-Satzung, § 11 Abs. 2 Nr. 6 BayLB-Satzung, § 13 Abs. 2 lit. g Nord/LB-Satzung.
[187] Vgl. § 15 Abs. 2 Nr. 5 lit. h LBBW-Satzung, § 11 Abs. 2 Nr. 7 BayLB-Satzung, § 12 Abs. 2 Nr. 10 Helaba-Satzung, § 13 Abs. 3 Nord/LB-Satzung.
[188] Vgl. § 15 Abs. 2 Nr. 4 LBBW-Satzung, § 11 Abs. 2 Nr. 1 BayLB-Satzung, § 12 Abs. 2 Nr. 5 Helaba-Satzung, § 13 Abs. 2 lit. e Nord/LB-Satzung.
[189] Vgl. § 15 Abs. 2 Nr. 1 LBBW-Satzung, § 11 Abs. 2 Nr. 2 BayLB-Satzung, § 12 Abs. 2 Nr. 4 u. 6 Helaba-Satzung, § 10 Abs. 5 Nr. 1 SaarLB-Satzung.
[190] Vgl. § 10 Abs. 5 Nr. 2 SaarLB-Satzung.
[191] Vgl. Art. 8 Abs. 6 BayLaBG.
[192] § 9 Abs. 1 S. 2 ff. Nord/LB-Staatsvertrag.
[193] Vgl. § 9 Abs. 1 S. 2 u. 3 L-BankG, § 8 Abs. 2 lit. a b-c NRW.BANK G, § 13 Abs. 2 S. 1 SächsFörderbankG.
[194] Vgl. § 9 Abs. 2 L-BankG, Art. 12 Abs. 3 LfaG Bay, § 11 Abs. 1 S. 2 IFBG, § 9 Abs. 3 S. 2 NBankG, § 9 Abs. 1 S. 2 u. 3 ThürAufbauBG.

die Trägerversammlung[195] **bestellt**. Eine weitere Möglichkeit liegt in der Entsendung unmittelbar durch die Träger.[196]

Wer Trägervertreter sein kann, ist teilweise **gesetzlich vorgegeben**. So müssen die 87 Vertreter teils einem Ministerium oder einer staatlichen Stelle angehören,[197] teils sind aber auch Vertreter aus der Privatwirtschaft (Art. 12 Abs. 2 S. 1 LfaG Bay) oder externe Vertreter (§ 11 Abs. 1 S. 2 IFBG) zu bestellen.

Die WIBank verfügt über **keinen Verwaltungsrat** im eigentlichen Sinne; vielmehr 88 bildet der Verwaltungsrat der Helaba einen Wirtschafts- und Strukturbankausschuss, der die Aufgaben eines Verwaltungsrates übernimmt und sich aus vier Vertretern des Landes Hessen sowie zwei Arbeitnehmervertretern zusammensetzt (§ 26 Abs. 1 u. 2 Helaba-Satzung).

Die Vorgaben des **§ 25d KWG** sind auch hier zu beachten. 89

bb) Aufgaben. Zur Wahrnehmung der ihnen zugedachten Funktionen verfügen die Auf- 90 sichtsorgane typischerweise über **personalbezogene Kompetenzen** wie etwa ein Vorschlagsrecht für die Bestellung und Abberufung des Vorstandes[198] sowie für seine Entlastung[199] und die Bestellung von Führungskräften der Bank[200].

Inhaltlich können sie die **Richtlinien für die Geschäftstätigkeit** der Bank bestim- 91 men.[201] Andernorts können sie Empfehlungen[202] und allgemeine/besondere Weisungen erteilen[203]. Die Aufsichtsorgane können eine Geschäftsordnung für den Vorstand[204] oder die Satzung[205] erlassen, und sind für die Beschlussfassung über einen Wirtschaftsplan oder einen mehrjährigen Finanzplan[206] verantwortlich.

Die Rechtsgrundlagen sehen zudem mehr oder weniger umfangreiche **Kataloge zu-** 92 **stimmungsbedürftiger Angelegenheiten** vor[207]: Hier geht es typischerweise um solche Angelegenheiten, die von einer gewissen ökonomischen oder politischen Bedeutung sind; so zB der Erwerb/die Veräußerung von Beteiligungen und/oder Grundstücken,[208] die Gewährung von Darlehen ab einem bestimmten Volumen,[209] die Auflegung von Förderprogrammen[210] oder die Errichtung bzw. die Schließung von Zweigstellen[211]. Zudem

---

[195] Vgl. § 10 Abs. 1 lit. a IBBG (zu beachten ist dabei aber, dass nicht die Trägerversammlung der IBB selbst gemeint ist, sondern diejenige der IBB-Unternehmensverwaltung, § 10 IBB-TrägerG), § 12 Abs. 2 S. 3 ISBLG.
[196] Vgl. § 8 Abs. 1 ILB-Satzung, § 8 Abs. 1 lit. d NRW.BANK G, § 13 Abs. 3 S. 1 SächsFördbankG, § 11 Abs. 3 S. 1 IBG.
[197] Vgl. Art. 12 Abs. 2 S. 1 LfaG Bay, § 8 Abs. 1 lit. a ILB-Satzung, § 11 Abs. 1 S. 3 IFBG, § 11 Abs. 3 S. 1 IBG.
[198] Vgl. § 10 Abs. 2 Nr. 1 L-BankG, § 10 Abs. 5 Nr. 2 IBBG, § 12 Abs. 1 ILBG, § 12 Abs. 2 S. 1 Nr. 1 IFBG, § 9 Abs. 2 S. 2 NBankG, § 9 Abs. 2 lit. a NRW.BANK G, § 14 Abs. 2 S. 1 Nr. 2 SächsFördbankG.
[199] Vgl. § 10 Abs. 2 Nr. 3 L-BankG, § 12 Abs. 2 S. 2 Nr. 6 IFBG, § 6 Nr. 1 NBankVO, § 14 S. 1 Nr. 5 SächsFördbankG.
[200] § 7 Abs. 1 Nr. 9 BayLfA-Satzung.
[201] Vgl. § 10 Abs. 1 S. 1 L-Bank G, Art. 12 Abs. 1 S. 1 LfAG Bay, § 10 Abs. 7 S. 1 IBBG, § 11 Abs. 2 Nr. 7 ILB-Satzung, § 12 Abs. 1 S. 1 IFBG, § 10 Abs. 2 S. 1 NBank G, § 9 Abs. 2 NRW.BANK G, § 14 Abs. 2 S. 1 Nr. 1 SächsFördbankG, § 8 Abs. 1 S. 1 ThürAufbauBG.
[202] Vgl. Art. 12 Abs. 2 LfAG Bay.
[203] Vgl. § 10 Abs. 8 S. 1 IBBG.
[204] Vgl. § 10 Abs. 7 S. 2 IBBG, § 11 Abs. 3 Nr. 6 ILB-Satzung, § 10 Abs. 3 NBankG, § 9 Abs. 2 lit. c NRW.BANK G.
[205] Vgl. § 12 Abs. 2 S. 2 Nr. 3 IFBG, § 14 S. 1 Nr. 9 SächsFördbankG.
[206] Vgl. § 12 Abs. 2 S. 2 Nr. 4 IFBG, § 6 Nr. 2 NBankVO, § 7 Abs. 4 lit. j ISB-Satzung, § 14 S. 1 Nr. 4 SächsFördbankG.
[207] Etwa die detaillierte Regelung in § 7 Abs. 1 BayLfA-Satzung, § 6 NBankVO, § 7 Abs. 4 ISB-Satzung uns § 10 Abs. 3 Thüringer Aufbaubank-Satzung.
[208] Vgl. § 10 Abs. 2 Nr. 5 L-BankG, § 7 Abs. 1 Nr. 3 u. 2 BayLfA-Satzung, § 9 Abs. 1 Nr. 9 IBB-Satzung, § 11 Abs. 2 S. 2 ILB-Satzung, § 10 Abs. 2 Nr. 3 u. 4 IFBG, § 6 Nr. 8 u. 9 NBank G, § 9 Abs. 3 lit. a NRW.BANK G, § 7 Abs. 4 lit. d u. lit. e ISB-Satzung, § 14 Abs. 2 S. 1 Nr. 7 u. 8 SächsFördbankG.
[209] Vgl. § 7 Abs. 1 Nr. 1 u. 2 BayLfA -Satzung; § 9 Abs. 1 Nr. 7 IBB-Satzung.
[210] Vgl. § 11 Abs. 2 S. 2 ILBG; § 12 Abs. 3 S. 2 Nr. 2 IFBG.
[211] Vgl. § 11 Abs. 3 Nr. 4 ILB-Satzung; § 6 Nr. 14 NBankVO; § 9 Abs. 2 lit. b NRW.BANK G.

93 Die Aufsichtsorgane benennen einen Abschlussprüfer[213] und stellen den **Jahresabschluss** fest[214]; zudem treffen sie die Entscheidung über die Gewinnverwendung[215].

94 Die Aufsichtsorgane verfügen zur Unterstützung der Wahrnehmung ihrer Funktion über ein **Auskunftsrecht**[216], das häufig mit einer umfangreichen **Berichtspflicht** des Vorstandes korrespondiert[217]. Weiterhin kann das Aufsichtsorgan Ausschüsse einsetzen.[218]

95 Während einige Errichtungsgesetze sich in dieser Frage ausschweigen, sind doch auch solche Normen nachweisbar, die den Mitgliedern des Aufsichtsrats – oder sogar allen Organwaltern[219] – **Verschwiegenheitspflichten** auferlegen.[220]

4. Träger und Trägerversammlungen

96 Die Träger beschicken in maßgeblichen Umfang das Aufsichtsorgan, das nicht zuletzt aufgrund seiner Personalkompetenzen nennenswerte Einflussmöglichkeiten auf die Anstalt und ihre Geschicke geltend machen kann. Daneben verfügen die Träger aber auch über **direkte sowie über indirekte,** durch eine Trägerversammlung vermittelte **Einflussmöglichkeiten** bei der Entscheidung über fundamentale Fragen des Geschäfts oder der Organisation.

97 Eine „Trägerversammlung" ist indes nur bei einer Anstalt tatsächlich erforderlich, die von **mehreren Rechtssubjekten getragen** wird[221] oder die weitere Kapitalträger aufgenommen hat[222].

98 a) **Sparkassen.** Der nicht erst über eine Versammlung zur kooperativen Wahrnehmung ermöglichte, direkte Einfluss der Träger auf „ihre"[223] Sparkasse ist landesrechtlich heterogen ausgestaltet. Diese **„Trägerkontrolle"**[224] vollzieht sich nicht nur über die Besetzung des Verwaltungsrats als Aufsichtsgremium in der Anstalt, sondern es gibt auch eine ganze Reihe direkter Einflusspfade.[225]

99 Insoweit ist gar nicht in erster Linie an eine **Mitwirkung bei fundamentalen Beschlüssen** zur Errichtung[226] oder Auflösung[227] der Sparkasse – ggf. nach Anhörung des Aufsichtsorgans[228] – zu denken, sondern vielmehr an den Erlass der Sparkassensatzung,[229]

---

[212] Vgl. § 10 Abs. 2 S. 2 L-BankG, § 7 Abs. 1 Nr. 11 BayLfA-Satzung, § 10 Abs. 8 S. 2 IBBG; § 11 Abs. 2 Nr. 6 ILB-Satzung, § 12 Abs. 1 S. 3 IFBG; § 10 Abs. 2 NBankG, § 9 Abs. 2 lit. e NRW.BANK G; § 7 Abs. 4 S. 2 ISB-Satzung, § 14 Abs. 2 S. 2 SächsFördbankG.
[213] Vgl. § 10 Abs. 2 Nr. 4 L-BankG, § 10 Abs. 5 Nr. 4 IBBG, § 12 Abs. 2 S. 2 Nr. 7 IFBG, § 14 S. 1 Nr. 5 SächsFördbankG.
[214] Vgl. § 10 Abs. 2 Nr. 3 L-BankG, § 10 Abs. 5 Nr. 1 IBBG, § 12 Abs. 2 S. 2 Nr. 5 IFBG, § 11 Abs. 3 ISB-Satzung, § 14 S. 1 Nr. 5 SächsFördbankG.
[215] Vgl. § 10 Abs. 2 Nr. 3 L-BankG, § 12 Abs. 2 S. 2 Nr. 5 IFBG, § 6 Nr. 1 NBankVO, § 14 S. 1 Nr. 5 SächsFördbankG.
[216] Vgl. § 10 Abs. 1 S. 2 L-BankG, Art. 12 Abs. 1 S. 3 Bay LfAG, § 10 Abs. 7 S. 3 IBBG, § 11 Abs. 1 S. 2 ISB-Satzung, § 14 Abs. 3 SächsFördbankG, § 8 Abs. 1 S. 2 ThürAufbauBG.
[217] Vgl. § 10 Abs. 9 BayLfAG, § 9 Abs. 3 IBB-Satzung, § 12 Abs. 1 S. 2 IFBG.
[218] Vgl. § 10 Abs. 2 Nr. 6 L-BankG, § 10 Abs. 9 S. 1 IBBG, § 11 Abs. 3 ILBG, § 12 Abs. 2 S. 2 Nr. 9 IFBG, § 9 Abs. 4 NRW.BANK G, § 15 SächsFördbankG, § 11 Abs. 6 Nr. 1 IBG.
[219] Vgl. § 10 ThürAufbauBG.
[220] Vgl. Art. 14 Abs. 1 BayLaBG.
[221] Soweit die Aufgabenträger etwa bei einer Sparkasse in einem Zweckverband zusammenwirken, der dann (einziger) Träger der Sparkasse ist, verfügt allerdings der (Sparkassen-) Zweckverband seinerseits über eine Trägerversammlung; vgl. zB § 9 GkZ SchlH.
[222] ZB § 8 Abs. 6 S. 1 SpkG BW.
[223] Zu der Frage, wem eine Sparkasse eigentlich „gehört", s. Burgard WM 2008, 1997 ff.
[224] Kemmler Die Verwaltung 49 (2016), 397 (403).
[225] ZB die Aufzählung der Beteiligungsrechte der Vertretung des Trägers in § 5 SpkG SchlH.
[226] ZB§ 1 Abs. 2 SpkG SchlH.
[227] ZB § 30 Abs. 1 SpkG SchlH.
[228] Vgl. § 15 Abs. 5 SpkG NRW.
[229] ZB Art. 21 Abs. 1 S. 2 SpkG Bay, § 6 Abs. 2 S. 1 SpkG NRW, § 3 Abs. 1 SpkG SchlH.

die Information über den Jahresabschluss[230]. Auch muss der Träger selbst bisweilen bei einzelnen Geschäften (Aufnahme von Vermögenseinlagen (privater) stiller Gesellschafter[231]) oder Entscheidungen (Bildung von „Stammkapital"[232]) zustimmen.

b) Landesbanken. aa) Zusammensetzung und Bestellung. Die Träger der Landesbanken sind nicht nur im Aufsichtsorgan, sondern auch in der **Hauptversammlung,**[233] der **Generalversammlung**[234] bzw. der **Trägerversammlung**[235] repräsentiert. In der jeweiligen Versammlung werden die Trägerkörperschaften dabei von einer oder mehreren Personen vertreten,[236] wobei die genaue Größe der Trägerversammlung bei der Helaba (27 Personen[237]) sowie der SaarLB (neun Personen[238]) vorgegeben ist. Sind mehrere Gebietskörperschaften an der Anstalt beteiligt, richten sich Stimmrechte in der Trägerversammlung regelmäßig nach dem Anteil der Träger am Stammkapital der Bank.[239] 100

Allein in § 8 Abs. 1 Helaba-Satzung werden **Vorgaben hinsichtlich der Zusammensetzung** der Trägerversammlung gemacht. Vergleichbare Regelungen finden sich in den Rechtsgrundlagen der anderen Landesbanken nicht. Zum Teil sehen die Satzungen jedoch vor, dass Aufsichtsräte zur Vertretung des entsprechenden Trägers berechtigt sind.[240] 101

bb) Aufgaben. Die Kompetenzkataloge für die Trägerversammlungen sind **unterschiedlich stark ausgeprägt.** Im Hinblick auf die Kompetenzen der Trägerversammlung lässt sich feststellen, dass sich hier zT Überschneidungen zum Aufgabengebiet der Aufsichts/Verwaltungsräte ergeben, da der Trägerversammlung einiger Landesbanken Kompetenzen zustehen, die anderorts den Aufsichts/Verwaltungsräten zugeordnet sind. 102

Zu den **üblichen Aufgaben** gehört die Bestellung der Mitglieder des Aufsichtsrats[241] sowie die Zustimmung zur Bestellung und Abberufung der Vorstandsmitglieder.[242] 103

Die Versammlung ist für Erlass oder Änderung der Anstaltssatzung[243] sowie für eine Entscheidung über **grundlegende Richtungsänderungen der Geschäftspolitik**[244] verantwortlich. 104

Sie setzt – soweit dies nicht bereits gesetzlich geschehen ist[245] – das Stammkapital der Bank fest[246] und beschließt über die Errichtung bzw. die Aufhebung von Zweigniederlassungen[247] sowie über die Übernahme von Beteiligungen in bestimmten Fällen.[248] 105

---

[230] ZB § 24 Abs. 4 SpkG NRW, § 26 Abs. 1 S. 6 SpkG SchlH.
[231] § 32 S. 2 SpkG BW.
[232] § 4 Abs. 4 S. 4 SpkG SchlH.
[233] So bspw. § 8 LBWG, § 35 Abs. 1 SSpG.
[234] So Art. 10 BayLaBG.
[235] So Art. 10 Abs. 1 S. 1 Helaba-Staatsvertrag, Art. 10 Abs. 1 Nr. 1 Nord/LB-Staatsvertrag.
[236] Vgl. § 8 Abs. 1 S. 3 LBWG, Art. 10 Abs. 2 S. 1 BayLaBG, § 8 Abs. 1 S. 1 Helaba-Satzung, § 22 Abs. 1 S. 1 Nord/LB-Satzung, § 25 Abs. 2 SSpG.
[237] § 8 Abs. 1 S. 1 Helaba-Satzung.
[238] § 35 Abs. 2 SSpG.
[239] Vgl. § 8 Abs. 4 LBWG, Art. 10 Abs. 3 S. 1 BayLaBG, § 8 Abs. 1 S. 1 Helaba-Satzung, § 22 Abs. 2 Nord/LB-Satzung, § 35 Abs. 2 SSpG.
[240] Für die Aufsichtsratsmitglieder kraft Amtes → Rn. 74 besteht eine solche Regelung etwa in § 22 Abs. 1 S. 2 Nord/LB-Satzung.
[241] Vgl. § 8 Abs. 2 Nr. 1 LBWG, § 8 Nr. 9 SaarLB-Satzung.
[242] Vgl. § 22 Abs. 5 lit. m Nord/LB-Satzung, § 8 Nr. 11 SaarLB-Satzung.
[243] Vgl. § 8 Abs. 2 Nr. 5 LBWG, § 14 Abs. 1 Nr. 1 BayLB-Satzung, Art. 10 Abs. 2 Nr. 4 Helaba-Staatsvertrag; § 8 Abs. 4 S. 2 Nord/LB-Staatsvertrag; § 8 Nr. 5 SaarLB-Satzung.
[244] Vgl. § 9 Abs. 1 Nr. 3 Helaba-Satzung, § 22 Abs. 5 lit. d Nord/LB-Satzung, § 8 Nr. 1 SaarLB-Satzung.
[245] Etwa § 2 Abs. 1 S. 1 BayLB-Satzung, wobei die Generalversammlung gem. § 14 Abs. 1 Nr. 1 BayLB-Satzung über Maßnahmen zur Veränderung des Grundkapitals beschließt, vgl. auch § 2 Abs. 1 L-BankG.
[246] Vgl. § 8 Abs. 2 Nr. 6 LBWG, Art. 10 Abs. 2 Nr. 4 Helaba-Staatsvertrag, § 8 Nr. 6 SaarLB-Satzung.
[247] Vgl. Art. 10 Abs. 2 Nr. 5 Helaba-Staatsvertrag, § 22 Abs. 5 lit. b u. c Nord/LB-Satzung, § 8 Nr. 12 SaarLB-Satzung.
[248] Vgl. § 9 Abs. 2 Helaba-Satzung, § 22 Abs. 5 lit. g Nord/LB-Satzung, § 8 Nr. 13 u. 14 SaarLB-Satzung.

106 Die Versammlungen tragen zudem die Verantwortung für die Verwendung des Bilanzgewinnes bzw. Deckung des Bilanzverlustes[249], sie **entlasten Aufsichtsrats- und Vorstandsmitglieder**,[250] bestellen zT auch die Abschlussprüfer[251] und stellen den Jahres- bzw. den Konzernabschluss[252] fest.

107 Allerdings gibt es auch Fälle, in denen sich das jeweilige **Parlament** als Vertreter eines Trägers trotz des Vorhandenseins einer Trägerversammlung direkte Genehmigungsrechte für besonders gewichtige Geschäfte vorbehält.[253]

108 c) Förderbanken. aa) Zusammensetzung und Bestellung. Einige Förderbanken[254] verfügen aufgrund ihrer Trägerstruktur bzw. ihrer organisatorischen Einbindung über **keine Trägerversammlung**. Bei der IBB besteht lediglich eine Trägerversammlung der IBB-Unternehmensverwaltung, nicht aber der IBB selbst.[255] Allerdings gibt es auch Förderbanken, die nur über einen Träger verfügen und für die das Errichtungsgesetz dennoch eine Trägerversammlung vorsieht.[256]

109 Soweit es eine solche Versammlung gibt, wird sie von den **Trägern bzw. den am Stammkapital Beteiligten** gebildet.[257]

110 Wenn und soweit die Errichtungsgesetze hier konkrete Vorgaben machen, werden die Organmitglieder **typischerweise vom Land entsendet**.[258] § 6 Abs. 1 NRW.BANK G bestimmt etwa, dass diejenigen Mitglieder der Landesregierung, die kraft Amtes dem Verwaltungsrat angehören, auch Teil der Gewährträgerversammlung sind. Bisweilen enthalten die Gesetze auch konkrete Vorgaben zu der Größe der Versammlung.[259]

111 bb) Aufgaben. Die Aufgaben der Trägerversammlungen der Förderinstitute unterscheiden sich **nicht grundlegend** von denen ihres Pendants in den **Landesbanken**.

112 Sie **bestellen die Mitglieder des Verwaltungsrats und ggfs. des Vorstands**.[260] Die Versammlung ist typischerweise für Erlass und Änderung der Satzung[261] sowie ggf. eines Corporate Governance Kodex verantwortlich.[262] Sie legt die Grundsätze der Geschäftspolitik fest[263] und erlässt ggfs. eine Geschäftsordnung für Vorstand und Verwaltungsrat.[264]

113 Sie **beschließt** zudem über den Wirtschaftsplan,[265] eine Kapitalerhöhung[266] sowie über Erwerb und Veräußerung von Beteiligungen[267]. Die Trägerversammlungen bestellen einen Abschlussprüfer[268], stellen den Jahres- und den Konzernabschluss fest[269] und entscheiden

---

[249] Vgl. § 8 Abs. 2 Nr. 2 LBWG, § 14 Abs. 1 Nr. 4 BayLB-Satzung, Art. 10 Abs. 2 Nr. 1 Helaba-Staatsvertrag, § 8 Nr. 10 SaarLB-Satzung.
[250] Vgl. § 8 Abs. 2 Nr. 3 LBWG, § 14 Abs. 1 Nr. 7 u. 8 Bayern LB-Satzung, Art. 10 Abs. 2 Nr. 2 Helaba-Staatsvertrag, § 22 Abs. 5 lit. p Nord/LB-Satzung.
[251] Vgl. § 8 Abs. 2 Nr. 4 LBWG, § 14 Abs. 1 Nr. 5 BayLB-Satzung, Art. 10 Abs. 2 Nr. 3 Helaba-Staatsvertrag, § 8 Nr. 16 SaarLB-Satzung.
[252] So § 22 Abs. 5 lit. n Nord/LB-Satzung.
[253] Art. 18a BayLaBG.
[254] L-Bank, LfA Bay, IFB, WIBank, NBank sowie Sächsische Aufbaubank – Förderbank.
[255] § 10 IBB-TrägerG.
[256] So für die IB.SH § 12 Abs. 7 IBG.
[257] Vgl. § 10 Abs. 1 S. 1 ILBG, § 6 Abs. 1 NRW.BANK G, § 9 Abs. 1 ThürAufbauBG.
[258] Vgl. § 6 Abs. 1 NRW.BANK G, § 12 Abs. 3 ISBLG, § 11 Abs. 7 IBG.
[259] Etwa § 12 Abs. 3 ISBLG, § 11 Abs. 7 IBG.
[260] Vgl. § 12 Abs. 2 S. 2 ISBLG, § 11 Abs. 8 Nr. 2 IBG, § 9 Abs. 4 ThürAufbauBG.
[261] Vgl. § 10 Abs. 2 lit. a ILBG, § 7 Abs. 1 lit. a NRW.BANK G, § 13 Abs. 4 lit. a ISB-Satzung, § 11 Abs. 8 Nr. 10 IBG, § 9 Abs. 4 ThürAufbauBG.
[262] Vgl. § 7 Nr. 8 ILB-Satzung, § 10 Nr. 12 NRW.BANK-Satzung.
[263] Vgl. § 7 Abs. 1 lit. i NRW.BANK G, § 7 Abs. 4 lit. o ISB-Satzung.
[264] Vgl. etwa § 13 Abs. 3 ISBLG.
[265] Vgl. etwa § 11 Abs. 8 Nr. 6 IBG.
[266] Vgl. § 10 Abs. 2 lit. b ILBG, § 11 Abs. 8 Nr. 1 IBG, § 9 Abs. 4 ThürAufbauBG.
[267] Vgl. § 7 Abs. 1 lit. j NRW.BANK G, § 11 Abs. 8 Nr. 13 IBG.
[268] Vgl. § 7 Nr. 5 ILB-Satzung, § 7 Abs. 1 lit. e NRW.BANK G, § 13 Abs. 4 lit. r ISB-Satzung, § 11 Abs. 8 Nr. 7 IBG, § 9 Abs. 4 ThürAufbauBG.
[269] Vgl. § 10 Abs. 2 lit. c ILBG, § 7 Abs. 1 lit. c NRW.BANK G, § 11 Abs. 8 Nr. 4 IBG.

über die Verwendung des Bilanzgewinnes bzw. die Deckung des Bilanzverlustes[270]. Sie entlasten den Vorstand und ggfs. den Verwaltungsrat.[271]

5. Beiräte

Neben den drei Hauptorganen verfügen einige der hier betrachteten Anstalten auch über Beiräte, die **unterschiedlichen Themen** gewidmet sind. 114

Beiräte können im Allgemeinen zum einen der **sachverständigen Beratung der Anstalten** dienen.[272] Dies ist etwa dann der Fall, wenn sie mit gesellschaftlichen Akteuren besetzt wird, die einem für die Tätigkeit der Bank besonderen Lebensbereich entstammen. Während einige Errichtungsgesetze unspezifisch die Einrichtung eines Beirats erlauben,[273] existiert bei der NRW.BANK, zu deren Aufgabe die Unterstützung des Landes bei der Wohnraumpolitik gehört,[274] schon kraft Gesetzes ein „Beirat für Wohnraumförderung" (§§ 9a ff. NRW.BANK G), der sich aus Vertretern der Landesregierung und der kommunalen Selbstverwaltungskörperschaften, Angehörigen des Landtags, Vertretern der Wohnungswirtschaft und Mieter sowie einem Vertreter der Architektenschaft zusammensetzt (§ 9b NRW.BANK G). Der Beirat hat die Organe der Bank zu dem Thema der Wohnraumförderung zu beraten (§ 9c Abs. 1 NRW.BANK G) und kann zu diesem Zweck „vom Vorstand jederzeit Auskunft über das Produktportfolio Wohnraumförderung verlangen" (§ 9c Abs. 2 S. 1 NRW.BANK G). Die Rechte des Verwaltungsrats bleiben davon unberührt (§ 9c Abs. 3 NRW.BANK G). 115

Auch die Organisation der Landesbanken kennt spezifische Beiräte, wie etwa einen **Sparkassen(fach)beirat,**[275] um kooperativ mit den Sparkassen zusammenwirken zu können. Bei anderen Landesbanken ist ein Wirtschaftsbeirat vorgesehen.[276] Art. 21 BayLaBG sieht ferner einen Beirat der Landesbodenkreditanstalt zur Beratung bei wohnungspolitischen Fragen vor. Dessen Mitglieder werden auf Vorschlag des Ministers für Wohnen, Bau und Verkehr berufen (Art. 21 S. 2 BayLaBG), welcher selbst den Vorsitz innehat (Art. 21 S. 3 BayLaBG). 116

Andere Beiräte dienen weniger der Mobilisierung externen Sachverstands als der Etablierung eines weiteren, unmittelbaren **Informationskanals zwischen Staat bzw. Wirtschaft und der Anstalt.** Beiräten wird zu diesem Zweck teilweise die Aufgabe übertragen, die Kontakte zu Parlament, Wirtschaft, der öffentlichen Verwaltung und der Kreditwirtschaft zu fördern.[277] 117

So besteht bei der NRW.BANK ein **„Parlamentarischer Beirat",** dem der Vorstand zweimal im Jahr über die Risiko- und Geschäftslage der NRW.BANK. berichtet (§ 9d Abs. 3 NRW-BANK G). Das gesetzgeberische Motiv für die Einrichtung dieses Beirats war, dass durch die „Einrichtung eines Parlamentarischen Beirats [...] gegenüber dem Landtag in Bezug auf die Lage der NRW.BANK neben den Berichten über Kontrollen durch den Landes-Rechnungshof sowie dem individuellen Auskunftsrecht der Abgeordneten gegenüber der Landesregierung zusätzliche Transparenz mit großem Aktualitätsbezug geschaffen [wird]". Der Gesetzgeber etabliert diesen zusätzlichen Informationsfluss vor dem Hintergrund der im Ernstfall das parlamentarische Budgetrecht berührenden Verantwortung des Landes für die Bank. Jede Fraktion soll in dem spiegelbildlich besetzten Gremium berücksichtigt werden, dessen Größe zum einen Effizienz gewährleisten soll, zum andern „im Interesse des Schutzes der Betriebs- und Geschäftsgeheimnisse der NRW.BANK das 118

---

[270] Vgl. § 10 Abs. 2 lit. c ILBG, § 7 Abs. 1 lit. c NRW.BANK G, § 13 Abs. 4 lit. q ISB-Satzung, § 11 Abs. 8 Nr. 4 IBG.
[271] Vgl. § 10 Abs. 2 lit. d ILBG, § 13 Abs. 4 lit. d u. j ISB-Satzung, § 11 Abs. 8 Nr. 8u 9 IBG.
[272] So § 14 LBWG, § 11 NBankG, § 15 Abs. 1 IFBG.
[273] Vgl. § 6 L-Bank-Satzung, § 13 IBB-Satzung, § 16 ILB-Satzung, § 15 IFBG; § 11 NBankG; § 14 ISBLG.
[274] § 3 Abs. 1 NRW.BANK G.
[275] § 18 f. LBBW-Satzung, § 17 BayLB-Satzung, § 13 SaarLB-Satzung.
[276] § 17 BayLB-Satzung, § 20 Helaba-Satzung; § 20 Nord/LB-Satzung, § 14 SaarLB-Satzung.
[277] So § 13 S. 1 ILBG; ähnlich auch § 6 Abs. 2 L-BankG, § 20 Abs. 1 Helaba-Satzung.

Wissen über vertrauliche Angaben [...] auf wenige Personen, die nach einer entsprechenden Ergänzung der Satzung der NRW.BANK zur Verschwiegenheit verpflichtet sind" beschränken.[278]

119 Dabei bleibt allerdings offen, warum und in welchem Maße eine dem öffentlichen Fördergeschäft – also letztlich der Leistungsverwaltung – verpflichtete staatliche Bank, die allein schon wegen der Gewährträgerhaftung zu ihren Gunsten nicht wettbewerblich tätig werden darf (s. § 12 NRW.BANK G), tatsächlich über (jedenfalls sicher nicht aus grundrechtlicher Sicht) schützenswerte **„Betriebs- und Geschäftsgeheimnisse"** verfügt.

V. Aufsicht und Kontrolle

120 Die Geschäftstätigkeit der Sparkassen unterliegt einer **jährlichen Abschlussprüfung** durch die Prüfstellen der regionalen Sparkassen- und Giroverbände, denen sie durch Zwangsmitgliedschaft angehören.[279] Hier kann in einem gewissen Sinne noch von einer **Selbstkontrolle** innerhalb der Sparkassenorganisation gesprochen werden, die sich aber auf kreditwirtschaftliche Aspekte bezieht. Aber daneben werden auch originär staatliche Kontroll- und Aufsichtsbehörden mit Blick auf die Anstalten tätig.

1. Wirtschaftsverwaltungsrechtliche Aufsicht durch BaFin, Bundesbank oder EZB

121 Sparkassen und Landesbanken unterliegen als Kreditinstitute wegen der von ihnen betriebenen Geschäfte (vgl. § 1 Abs. 1 S. 2 Nr. 1 ff. KWG) einer **wirtschaftsverwaltungsrechtlichen Aufsicht** – typischerweise durch deutsche Behörden (BaFin und Bundesbank).[280] Maßstab dieser Aufsicht ist die Einhaltung der vor allem im KWG, aber auch in einer ganzen Reihe unionsrechtlicher Normen[281] vorgesehenen Regelungen für den Betrieb eines Geldinstituts. Innerhalb des Single Supervisory Mechanism (SSM), durch den die Aufsicht über Finanzinstitute je nach deren Bedeutung[282] zwischen der europäischen und der mitgliedstaatlichen Ebene verteilt ist, unterliegen indes die größeren Landesbanken (BayernLB, LBBW, Landesbank Berlin AG, Helaba, NORD/LB; nicht aber SaarLB) und große – allerdings atypische – Sparkassen (Haspa[283], Frankfurter Sparkasse[284]) der wirtschaftsverwaltungsrechtlichen Aufsicht durch die EZB.[285]

---

[278] Änderungsantrag der Fraktion der SPD und der Fraktion BÜNDNIS 90/DIE GRÜNEN zum Gesetzentwurf der Landesregierung Drucksache 16/743, NRW LT-Drs. 16/1555, 2.
[279] Kemmler Die Verwaltung 49 (2016), 397 (404).
[280] Kemmler Die Verwaltung 49 (2016), 397 (402).
[281] V. a. die Verordnung (EU) Nr. 575/2013 des Europäischen Parlaments und des Rates v. 26.6.2013 über Aufsichtsanforderungen an Kreditinstitute und Wertpapierfirmen; geändert durch Verordnung (EU) 2019/876 des Europäischen Parlaments und des Rates v. 20.5.2019; sa den Überblick über alle unmittelbar (Verordnungen) und mittelbar relevanten unionsrechtlichen Normen bei Ellenberger/Bunte BankR-HdB/Fischer/Boegl § 110 Rn. 86.
[282] Vgl. Art. 6 Abs. 4 der Verordnung (EU) Nr. 1024/2013 v. 15.10.2013 des Europäischen Parlaments und des Rates zur Übertragung besonderer Aufgaben im Zusammenhang mit der Aufsicht über Kreditinstitute auf die Europäische Zentralbank sowie Art. 50 der Verordnung (EU) Nr. 468/2014 der Europäischen Zentralbank v. 16.4.2014 zur Einrichtung eines Rahmenwerks für die Zusammenarbeit zwischen der Europäischen Zentralbank und den nationalen zuständigen Behörden und den nationalen benannten Behörden innerhalb des einheitlichen Aufsichtsmechanismus (SSM-Rahmenverordnung) (EZB/2014/17); zu dem SSM insgesamt vgl. Gören, Der Einheitliche Aufsichtsmechanismus bei der Europäischen Zentralbank (Single Supervisory Mechanism).
[283] Bei der Haspa AG handelte es sich zu keinem Zeitpunkt um eine kommunale Sparkasse in Anstaltsform, sondern um eine „juristische Person des alten Hamburger Rechts" (Präambel Satzung der Hamburger Sparkasse AG (https://www.haspa.de/content/dam/myif/haspa/work/pdf/Unternehmen/ueber_uns/rechtliches/Satzung_AG_20060401.pdf). Diese Klassifizierung geht auf die zur Zeit der Sparkassengründung in Hamburg herrschende Korporationsfreiheit zurück; Stolzenburg zitiert nach Ipsen Öffentliches Wirtschaftsrecht, 1985, 369.
[284] Zu deren Trägerstruktur → Rn. 29.
[285] Vgl. die „List of supervised entities" unter https://www.bankingsupervision.europa.eu/.

Die Frage nach der wirtschaftsverwaltungsrechtlichen Aufsicht über die **Förderbanken** 122
beantwortet sich nicht ganz so einfach[286]: Die Institute betreiben typischerweise ebenfalls
ein Kredit- und ein Garantiegeschäft (§ 1 Abs. 1 S. 2 Nr. 2 bzw. 8 KWG) und unterliegen
daher ebenfalls grundsätzlich der entsprechenden wirtschaftsverwaltungsrechtlichen Aufsicht; hier sind regelmäßig zunächst einmal auch BaFin und Bundesbank zuständig (§ 6
KWG). Zwischenzeitlich war die L-Bank (mit Zustimmung des EuGH[287]) aber wegen
ihrer Bedeutung der Aufsicht der EZB unterworfen. Eine nachfolgende Änderung von
Art. 2 Abs. 4 der Richtlinie 2013/36/EU[288] hat indes die deutschen Landesförderanstalten
ausdrücklich von dem Anwendungsbereich der Richtlinie ausgenommen, so dass die wirtschaftsverwaltungsrechtliche Aufsicht über sie wieder allein durch BaFin und Bundesbank
erfolgt.

Soweit eine Förderbank aber nur den **unselbständigen Teil einer Landesbank** bil- 123
det,[289] die ihrerseits der europäischen Bankenaufsicht unterliegt, erfasst diese auch die
Förderbank.[290]

2. Verwaltungsorganisatorische Aufsicht des Landes

Als Anstalten des öffentlichen Rechts sind die Sparkassen, Landes- und Förderbanken 124
jedenfalls in formeller Hinsicht **Bausteine der mittelbaren Staatsverwaltung**. Die Antwort auf die Frage nach der materiellen Einordnung ihrer Tätigkeit als „Verwaltung" liegt
dort auf der Hand, wo sie – wie die Förderbanken – im staatlichen Auftrag Leistungen an
die Bürger verantworten oder – wie die Sparkassen – Aufgaben der Daseinsvorsorge übernehmen. Weniger klar ist die Einordnung dort, wo eine vollständig im Wettbewerb
stehende kreditwirtschaftliche Leistung erbracht wird. Dies ist ja überhaupt nur dann
zulässig, wenn hierbei die Auftragsorientierung und nicht die Gewinnmaximierung im
Vordergrund steht. Gerade wegen der (notwendigen) Erfüllung eines öffentlichen Auftrags
und der Einordnung der entsprechenden Tätigkeit als grundrechtsgebunden (vgl. Art. 1
Abs. 3 GG[291]) und dem Prinzip demokratischer Legitimation (vgl. Art. 20 Abs. 2 GG[292])
ist aber auch hier anzunehmen, dass die Anstalt „verwaltend" tätig wird.[293]

Die organisatorische Ausgliederung der entsprechenden Tätigkeit aus der unmittelbaren 125
Staatsverwaltung hat zwingend eine Verantwortung des Staates zur Folge, der sicherstellen
muss, dass die Anstalt nach Recht und Gesetz handelt. Aus diesem Grunde enthalten alle
Sparkassengesetze Regelungen zur **„Sparkassenaufsicht"**, die als (bloße) Rechtsaufsicht[294] eine Sonderform der Kommunalaufsicht darstellt.[295] Sie obliegt regelmäßig einer
obersten Landesbehörde, dem Innen-[296] oder dem Finanzministerium[297] oder gar „der
Regierung" unter Leitung des Staatsministeriums[298].

---

[286] Zu dem folgenden: Ellenberger/Bunte BankR-HdB/Langner § 63 Rn. 36 ff.
[287] EuGH ECLI:EU:C:2019:372= EuZW 2019, 559.
[288] Richtlinie 2013/36/EU des Europäischen Parlaments und des Rates vom 26.6.2013 über den Zugang zur
Tätigkeit von Kreditinstituten und die Beaufsichtigung von Kreditinstituten und Wertpapierfirmen zur
Änderung der Richtlinie 2002/87/EG und zur Aufhebung der Richtlinien 2006/48/EG und 2006/49/
EG, geändert durch Richtlinie 2019/878/EU des Europäischen Parlaments und des Rats vom 20.5.2019
zur Änderung der Richtlinie 2013/36/EU im Hinblick auf von der Anwendung ausgenommene Unternehmen, Finanzholdinggesellschaften, gemischte Finanzholdinggesellschaften, Vergütung, Aufsichtsmaßnahmen und -befugnisse und Kapitalerhaltungsmaßnahmen.
[289] Dazu → Rn. 40.
[290] Ellenberger/Bunte BankR-HdB/Langner § 63 Rn. 37.
[291] BVerfGE 75, 192 (196 ff.).
[292] Dazu Dürig/Herzog/Scholz/Grzeszick GG Art. 20 Rn. 228 ff.
[293] Kemmler Die Verwaltung 49 (2016), 397 (398 f. mwN in Fn. 14).
[294] Bspw. Art. 13 Abs. 2 S. 1 SpkG Bay, § 40 Abs. 1 SpkG NRW, § 48 Abs. 2 u. 3 SpG BW; Oebbecke LKV
2006, 145 (146).
[295] VerfGH NRW, Urt. v. 20.5.1986 – 4 A 449/86, juris Rn. 19; dazu Oebbecke ZBB 2016, 336 (339).
[296] Bspw. § 38 f. SpkG SchlH.
[297] Bspw. § 39 f. SpkG NRW, § 12 Abs. 1 S. 2 SpG BW, § 25 Abs. 2 NSpG.
[298] So Art. 13 Abs. 1 SpkG Bay.

§ 20 Teil 4: Organisationsrecht des Öffentlichen Unternehmens

126 Auch die Landes-[299] und Förderbanken[300] werden durch eine oberste Landesbehörde entsprechend im Hinblick auf die **Rechtmäßigkeit ihres Handelns** beaufsichtigt.[301]

127 Die beiden Aufsichtsstränge – der wirtschaftsverwaltungsrechtliche und der verwaltungsorganisatorische – bestehen nebeneinander (vgl. § 52 KWG) und sind durch ihren **Gegenstand** voneinander **abzugrenzen**[302]: Während die wirtschaftsverwaltungsrechtliche Aufsicht durch den Bund oder die EU die Einhaltung der vielfältigen rechtlichen Vorgaben für Errichtung und Geschäftstätigkeit von Kreditinstituten überwacht, die unabhängig von der Rechtsform oder den Inhabern/Trägern des Instituts gelten, richtet sich die verwaltungsorganisatorische Aufsicht des Landes darauf, die Erfüllung des Errichtungszwecks (öffentlicher Auftrag) und die Einhaltung der verwaltungsorganisatorischen und sparkassenrechtlichen Normen (Sparkassengesetze und sonstige Errichtungsgesetze) zu gewährleisten.[303]

128 So kann etwa die **BaFin** einen Geschäftsleiter (Vorstandsmitglied), der nicht die fachlichen oder sonstigen Voraussetzungen des § 25c KWG erfüllt, nach § 36 Abs. 1 KWG abberufen oder gar den Betrieb des von dieser Person geführten Kreditinstituts untersagen (§ 35 Abs. 2 Nr. 3 KWG), auch wenn der Organwalter nach dem im Hinblick auf die fachlichen Voraussetzungen nicht weiter spezifizierten Errichtungsgesetz einwandfrei berufen worden war, die **Anstaltsaufsicht** also gegen die Berufung nicht hätte einschreiten können.

3. Kontrolle durch den Rechnungshof des Landes

129 Für die Landesbanken beantworten die jeweiligen Gesetzgeber die Frage nach der Kontrolle durch den jeweiligen Landesrechnungshofs **unterschiedlich.** So unterliegt ihr die BayernLB kraft ausdrücklicher gesetzlicher Anordnung in ihrem Errichtungsgesetz,[304] während die LBBW in § 112 Abs. 1 Nr. 4 LHO BW ausdrücklich ausgeschlossen wird.

130 Die Zuständigkeiten der Landesrechnungshöfe für Prüfungen bei den Förderinstituten variieren. Ausgehend von Art. 86 Abs. 2 S. 1 LVerf NRW[305] hatte der VerfGH NRW[306] ein **umfassendes,** mit dem parlamentarischen Budgetrecht (mindestens) synchronisiertes **Prüfungsrecht** des Landesrechnungshofs für das vollständige staatliche Finanzvolumen und damit auch das der NRW.BANK abgeleitet, das nicht zur Disposition des einfachen Gesetzgebers steht. Das Gericht begründete seinen umfassenden Ansatz mit der Einbindung der Bank in die staatliche Aufgabenerfüllung einerseits und die finanziellen Risiken für den Haushalt, die sich aus der darauf aufbauenden Gewährträgerhaftung des Landes andererseits ergeben.[307] Hingegen hatten (der danach geänderte[308]) § 112 Abs. 2 S. 2 LHO NRW aF und (der danach aufgehobene[309]) § 13 NRW.BANK G das Prüfungsrecht des Landesrechnungshofs noch sachlich verengt.[310]

---

[299] Bspw. § 18 Abs. 1 S 3 LBWG, Art. 17 Abs. 1 S. 1 BayLaBG, Art. 2 Abs. 1 Helaba-Staatsvertrag, § 10 Abs. 1 S. 2 Nord/LB-Staatsvertrag, § 21 Abs. 2 SaarLB-Satzung.
[300] Bspw. § 12 Abs. 1 S. 2 L-BankG, § 17 Abs. 1 S. 2 IBG, § 17 ISBLG, § 16 Abs. 1 ILBG.
[301] Ein etwas veralteter Gesamtüberblick über die Aufsichtsbehörden findet sich bei Fischer/Schulte-Mattler/Fischer/Krolop KWG, CRR-VO, Einführung Rn. 307 ff.
[302] Zu der Doppelstruktur der Aufsicht Kemmler Die Verwaltung 49 (2016), 397 (412 ff.).
[303] Fischer/Schulte-Mattler/Fischer/Krolop KWG CRR-VO, Einf Rn. 306.
[304] Art. 18 BayLaBG.
[305] Die Norm, die so oder ähnlich in allen Landesverfassungen enthalten ist, entspricht Art. 114 Abs. 2 GG.
[306] NWVerfGH NVwZ 2012, 631 ff.
[307] § 3 und § 4 Abs. 2 f. NRW.BANK G; NWVerfGH NVwZ 2012, 631 (634 f.).
[308] Geändert durch Art. 2 des Gesetzes zur Anpassung des Gesetzes über die NRW.BANK an die Gewährträgerstruktur sowie zum Prüfungsrecht des Landesrechnungshofs bei der NRW.BANK, NRW GVBl. 2012, 637.
[309] Aufgehoben durch Art. 1 des Gesetzes zur Anpassung des Gesetzes über die NRW.BANK an die Gewährträgerstruktur sowie zum Prüfungsrecht des Landesrechnungshofs bei der NRW.BANK, GVBl. 2012, 637.
[310] Nach diesen Vorschriften war die NRW.BANK von denjenigen landesunmittelbaren öffentlichen Unternehmen ausgenommen deren Haushalts- und Wirtschaftsführung durch den Landesrechnungshof geprüft wird. § 13 NRW.BANK G beschränkte Prüfungen auf die Führung der Geschäfte der NRW.BANK im Zusammenhang mit der bestimmungsgemäßen Verwendung aller Fördermittel. Zudem sollte der Landes-

Auch mit Blick auf andere Förderbanken enthalten die jeweiligen Errichtungsgesetze 131
oder Landeshaushaltsordnungen zT **differenzierte Lösungen,** die eine beschränkte Anwendung der Prüfungsrechte aus der jeweiligen LHO vorsehen.[311]

Des Weiteren prüfen Rechnungshöfe der Länder auch die **kommunalen Selbstver-** 132
waltungskörperschaften dahingehend, ob diese im Hinblick auf ihre Sparkassen die Verwaltung rechtmäßig, sachgerecht und wirtschaftlich führen.[312]

Einige Aufmerksamkeit hat der auf dieser Grundlage veröffentlichte Kommunalbericht 133
„Betätigung bei Sparkassen"[313] des Rechnungshofs Hessen erlangt, in dem den Trägerkörperschaften insbesondere eine intensivere Ausnutzung der ihnen zustehenden Unterrichtungsansprüche, Informationsrechte und sonstigen Einflusspfade anempfohlen wurde.

---

rechnungshof die Beteiligungen der NRW.BANK mit Ausnahme der im Wettbewerb stehenden Gesellschaften prüfen.

[311] Vgl. § 112 Abs. 2 LHO Bbg, § 16 IBBG iVm § 111 f. LHO Bln, § 15 L-BankG, § 19 IFBG, § 16 NBankG, § 15 ThürAufbauBG, § 20 SächsFördbankG.

[312] So zB der jeweilige Rechnungshof nach §§ 3 f. des Gesetzes zur Regelung der überörtlichen Prüfung kommunaler Körperschaften in Hessen (ÜPKKG Hess.), § 110 Abs. 5 GO RhPf, §§ 1 f. des Niedersächsischen Gesetzes über die überörtliche Kommunalprüfung (NKPG).

[313] Abrufbar unter: https://rechnungshof.hessen.de/Veroeffentlichungen/Kommunalberichte.

§ 21 Verwaltungsrechtliche Organisationsvorgaben betreffend das Öffentliche Unternehmen in kommunaler Trägerschaft

Dr. Andreas Gaß

Übersicht

	Rn.
I. Einführung: Kommunale Unternehmen im supranationalen und nationalen Regelungsgeflecht, Untersuchungsgegenstand	1
II. Kommunale Selbstverwaltung und ihre Grenzen	3
1. Kommunales Selbstverwaltungsrecht	3
2. Bindung an den öffentlichen Zweck	6
3. Die Wahlfreiheit der Organisations- und Handlungsformen	8
III. Landesrecht als einschlägiges Recht und der Einfluss des Gesellschaftsrechts	12
IV. Verwaltungsrechtliche Organisationsvorgaben	16
1. Gegenstand und Adressaten der Vorgaben	17
a) Begriff des kommunalen Unternehmens	17
b) Organisationsformen kommunaler Unternehmen	18
c) Ausnahme für nichtwirtschaftliche Unternehmen	27
d) Ausschluss von Bankunternehmen	30
e) Adressaten der Vorgaben	31
2. Allgemeine Vorgaben betreffend die Gründung und den Bestand kommunaler Unternehmen	34
a) Marktzutrittsregelung oder Betätigungsprüfung	35
b) Die Schrankentrias	38
c) Örtlichkeitsgrundsatz	55
3. Vorgaben für Unternehmen in Privatrechtsform	60
a) Sicherstellung der öffentlichen Zweckbindung	61
b) Haftungsbeschränkung	62
c) Möglichkeit angemessener Einflussnahme	68
d) Weitere Vorgaben zur Gestaltung der Gesellschaftsverträge bzw. Unternehmenssatzungen	75
4. Vorgaben in Bezug auf mittelbare Beteiligungen	76
5. Vorgaben betreffend die Rechtsformenwahl	80
6. Sonstige Vorgaben	86
a) Anzeige- und Genehmigungspflichten	86
b) Berichts- und Dokumentationspflichten	90
c) Mittelstandsförderungsgesetze	93
V. Verwaltungsrechtliche Vorgaben an die Führung kommunaler Unternehmen	94
1. Vorgaben betreffend die kommunale Vertretung in den Unternehmensorganen	95
a) Kommunale Vertretung in den Unternehmensorganen	96
b) Weisungsbindung der kommunalen Vertreter	101
c) Informationspflichten der Vertreter	107
d) Sonstige Regelungen	115
2. Einrichtung eines Beteiligungsmanagements	118
3. Grundsätze für die Führung kommunaler Unternehmen	120
a) Wirtschaftliche Zweckerfüllung	122
b) Erwirtschaftung von Erträgen	126
c) Verbot des Machtmissbrauchs, Schädigungsverbot	129
d) Anwendung des Haushaltsvergaberechts	131
e) Anwendung sonstiger Vorgaben des kommunalen Haushaltsrechts	133
f) Genehmigungspflichten	135
4. Erweiterte Unternehmensplanung, Rechnungslegung und Prüfung	137
a) Vorgaben betreffend die Unternehmensplanung	138
b) Erweiterte Rechnungslegungspflichten	142

	Rn.
c) Erweiterte Prüfung der unternehmerischen Betätigung und des Unternehmens	146
5. Vorgaben für Öffentlichkeit und Publizität	163
a) Geltung des Öffentlichkeitsgrundsatzes im Unternehmen	163
b) Beteiligungsbericht der Kommune	168
c) Veröffentlichung der Jahresabschlüsse	170
d) Veröffentlichung der Prüfergebnisse	172
e) Veröffentlichung der Bezüge von Mitgliedern der Unternehmensorgane	173
VI. Sanktionen und Rechtsschutz	176
1. Rechtsschutz der Kommunen und kommunaler Anstalten des öffentlichen Rechts gegen aufsichtliche Maßnahmen	177
2. Rechtsschutz kommunaler Unternehmen gegen Steuerungs- und Kontrollmaßnahmen seitens der Kommune	180
3. Rechtsschutz Privater gegen die kommunalwirtschaftliche Betätigung	183
a) Einschreiten der Rechtsaufsicht?	184
b) Rechtsschutz vor den Verwaltungsgerichten	185
c) Rechtsschutz vor den ordentlichen Gerichten	189

Literatur

Altmeppen, Die Einflussrechte der Gemeindeorgane in einer kommunalen GmbH, NJW 2003, 2561; Becker/Kammin, Kommunale Unternehmen im Spannungsfeld von privater Freiheit und verfassungsrechtlicher Bindung, NVwZ – Extra 22/2014, 1; Breuer, Zersplitterung und Bedeutungsverlust des Gemeindewirtschaftsrechts, WiVerw 2015, 150; Britz, Funktion und Funktionsweise öffentlicher Unternehmen im Wandel, NVwZ 2001, 380; Brüning, Zur Reanimation der Staatsaufsicht über die Kommunalwirtschaft, DÖV 2010, 553; ders., Risse im Rechtsrahmen kommunaler wirtschaftlicher Betätigung, NVwZ 2015, 689; Burgi, Neuer Ordnungsrahmen für die energiewirtschaftliche Betätigung der Kommunen, in: Bochumer Beiträge zum Berg- und Energierecht Bd. 55, Stuttgart 2010; ders., Öffentlichkeit bei Ratssitzungen bei Angelegenheiten kommunaler Unternehmen, NVwZ 2014, 609; Dünchheim/Gräler, Verfassungsrechtliche Implikationen der paritätischen Mitbestimmung in kommunalen Unternehmen, NVwZ 2019, 1225; Ehlers, Verwaltung in Privatrechtsform, Berlin 1984; ders., Rechtsprobleme der Kommunalwirtschaft, DVBl. 1998, 497; Gundlach/Frenzel/Schmidt, Das kommunale Aufsichtsratsmitglied im Spannungsfeld zwischen öffentlichem Recht und Gesellschaftsrecht, LKV 2001, 246; Hellermann, Örtliche Daseinsvorsorge und gemeindliche Selbstverwaltung, 2000; Henneke (Hrsg.), Organisation kommunaler Aufgabenerfüllung, Stuttgart 1998; Henneke/Schmidt-Aßmann/Schoch (Hrsg.), Aufsicht und Finanzkontrolle über gebietlich begrenzte kommunale Aufgabenerfüllung, 2015; Hopt, Handelsgesetzbuch, 41. Aufl. 2022; Hösch, Der öffentliche Zweck als Voraussetzung kommunaler Wirtschaftstätigkeit, GewArch 2000, 1; Jarass, Kommunale Wirtschaftsunternehmen im Wettbewerb, Stuttgart 2002; Katz, Demokratische Legitimationsbedürftigkeit der Kommunalunternehmen, NVwZ 2018, 1091; Kment, Energiewirtschaft und kommunale Selbstverwaltung, 2018; Knemeyer, Vom kommunalen Wirtschaftsrecht zum kommunalen Unternehmensrecht, BayVBl. 1999, 1; Köhler, Das neue kommunale Unternehmensrecht in Bayern, BayVBl. 2000, 1; Kunze/Bronner/Katz, Gemeindeordnung für Baden-Württemberg, 30. EL 2021; Lange, Öffentlicher Zweck, öffentliches Interesse und Daseinsvorsorge als Schlüsselbegriffe des kommunalen Wirtschaftsrechts, NVwZ 2014, 616; Leisner-Egensperger, Rekommunalisierung und Grundgesetz, NVwZ 2013, 1110; Ossenbühl, Daseinsvorsorge und Verwaltungsprivatrecht, DÖV 1971, 513; Otting, Öffentlicher Zweck, Finanzhoheit und fairer Wettbewerb – Spielräume kommunaler Erwerbswirtschaft, DVBl. 1997, 1258; Papier, Kommunale Daseinsvorsorge im Spannungsfeld zwischen nationalem Recht und Gemeinschaftsrecht, DVBl. 2003, 686; Pauly/Schüler, Der Aufsichtsrat kommunaler GmbHs zwischen Gemeindewirtschafts- und Gesellschaftsrecht, DÖV 2012, 339; PdK/Autor Praxis der Kommunalverwaltung Beck-Kommunalpraxis Premium Landes- und Kommunalrecht; Püttner, Die Vertretung der Gemeinden in wirtschaftlichen Unternehmen, DVBl. 1986, 748; ders., Daseinsvorsorge und Wettbewerb von Stadtwerken, DVBl. 2010, 1189; Rehn/Cronauge/Lennep/Knirsch, Gemeindeordnung Nordrhein-Westfalen, 54. EL 2022; Ronellenfitsch, Staat und Markt – Rechtliche Grenzen einer Privatisierung kommunaler Aufgaben, DÖV 1999, 705; Ruffert, Grundlagen und Maßstäbe einer wirkungsvollen Aufsicht über die kommunale wirtschaftliche Betätigung, VerwArch 2001, 27; Schmehl, Zur Bestimmung des Kernbereichs der kommunalen Selbstverwaltung, BayVBl. 2006, 325; Schmidt, Rechtliche Rahmenbedingungen und Perspektiven der Rekommunalisierung, DÖV 2014, 357; Schoch, Der Beitrag des kommunalen Wirtschaftsrechts zur Privatisierung öffentlicher Aufgaben, DÖV 1993, 377; ders., Privatisierung von Verwaltungsaufgaben, DVBl. 1994, 962; Schwintowski, Gesellschaftsrechtliche Bindungen für entsandte Aufsichtsratsmitglieder in öffentlichen Unternehmen, NJW 1995, 1316; Spannowsky, Die Verantwortung der öffentlichen Hand für die Erfüllung öffentlicher Aufgaben und die Reichweite ihrer Einwirkungspflicht auf Beteiligungsunternehmen, DVBl. 1992, 1072; ders., Der Einfluss öffentlich-rechtlicher Zielsetzungen auf das Statut privatrechtlicher Eigengesellschaften in öffentlicher Hand, ZGR 1996, 400; Widtmann/Grasser/Glaser, Bayerische Gemeindeordnung, 32. EL 2022; Will, Die besonderen Prüfungs- und Unterrichtungsrechte der Gemeinden gegenüber ihren Kapitalgesellschaften aus §§ 53,54 HGrG, DÖV 2002, 319; *Wolff*, Verfassungs- und europarechtliche Fragen der wirtschaftlichen Betätigung deutscher Kommunen im Ausland, DÖV 2011, 721.

I. Einführung: Kommunale Unternehmen im supranationalen und nationalen Regelungsgeflecht, Untersuchungsgegenstand

Für die Rechtspraxis der Unternehmen in kommunaler Trägerschaft kommt den **europa-** und **verfassungsrechtlichen Vorgaben** eine grundlegende Rolle zu (→ § 18 Rn. 12 ff.). Denn wie bei öffentlichen Unternehmungen auf Bundes- und Landesebene (→ § 19 Rn. 1 ff.) handelt es sich auch bei der unternehmerischen Betätigung von Kommunen um einen Modus staatlicher Aufgabenwahrnehmung[1], der den daraus resultierenden besonderen Bindungen des staatlichen Handelns und Regelungen des Wettbewerbsschutzes unterliegt.[2] Die – ohne Ansehen des Unternehmensträgers und des mit dem Unternehmen verfolgten (öffentlichen) Zwecks – an das *Wie* der unternehmerischen Betätigung anknüpfenden **wettbewerbs- und fachgesetzlichen Regelungen** gewinnen dabei zunehmend an Bedeutung für die Kommunen und ihre Unternehmen. Die verwaltungsorganisationsrechtliche Ausgestaltung der kommunalwirtschaftlichen Betätigung liegt indes in der Gesetzgebungskompetenz der Länder, denen die Kommunen als Selbstverwaltungskörperschaften staatsorganisatorisch zugeordnet sind.[3] Auf dieser Grundlage haben die Länder unter Berücksichtigung des in Art. 28 Abs. 2 GG gewährleisteten kommunalen Selbstverwaltungsrechts und spezifischer landesverfassungsrechtlicher Regelungen **Kommunalverfassungsgesetze** – meist Gemeindeordnungen und (Land-)Kreisordnungen – erlassen, die trägerbezogene Vorgaben in Bezug auf das *Ob* der kommunalwirtschaftlichen Betätigung, die Organisation kommunaler Unternehmen und die Unternehmensführung enthalten. Die Kommunen und ihre Unternehmen sehen sich daher einem **Regelungsgeflecht** ausgesetzt, das auf landesrechtlicher Ebene tendenziell enger bei der Bestimmung der Betätigungsfelder, aber weiter bei der Bestimmung des *Wie* der Betätigung ist, während das Europarecht und verstärkt auch das Fachrecht auf Bundesebene weiter bei den Betätigungsfeldern, aber enger bei den Betätigungsmodalitäten wirkt.[4] Dies bringt vor allem in wettbewerbsorientierten Geschäftsfeldern besondere Herausforderungen für kommunale Unternehmen mit sich.[5]

Gegenstand dieses Kapitals sollen – vom kommunalen Selbstverwaltungsrecht ausgehend – die kommunalrechtlichen Vorgaben an die Organisation und Führung kommunaler Unternehmen sein, nicht hingegen tätigkeitsbezogene Vorgaben oder solche des EU-Beihilfe-, Vergabe-, Steuer- oder Arbeitsrechts. Der Schwerpunkt soll dabei auf den kommunalen Unternehmen in Privatrechtsform liegen, wobei die Neugründung solcher Unternehmen ebenso erfasst ist wie die Vorgänge der **Organisationsprivatisierung,** bei denen die Kommune eine in öffentlich-rechtlicher Rechtsform bestehende Einrichtung, einen Betrieb oder ein solches Unternehmen in eine Privatrechtsform überführt, aber Träger dieses Unternehmens bleibt. Die Voraussetzungen und Grenzen materieller (Teil-)Privatisierung im Sinne einer Aufgabenprivatisierung sind dagegen für den Untersuchungsgegenstand nicht relevant. Zu den spezifischen Organisationsvorgaben in Bezug auf gemischt öffentlich-rechtlich – privatrechtliche Unternehmen → § 22 Rn. 28 ff. Zur Umsetzung der verwaltungsrechtlichen Vorgaben im Gesellschaftsrecht → § 25 Rn. 56 ff. Soweit in der

---
[1] Vgl. dazu → Rn. 6 f. mwN.
[2] WSG Komm. Unternehmen/*Wollenschläger* B Rn. 2 mwN.
[3] BeckOK GG/*Hellermann* GG Art. 28 Rn. 21; BK GG/*Mann* GG Art. 28 Rn. 137; Dreier/*Dreier* GG Art. 28 Rn. 86, jeweils mwN.
[4] So anschaulich Mann/*Püttner* Kommunale Wissenschaft-HdB/*Kluth* § 39 Rn. 29.
[5] Vor diesem Hintergrund sind auch die Reformvorschläge etwa von *Jarass* für ein kommunales Wettbewerbsunternehmen (vgl. *Jarass*, Kommunale Wirtschaftsunternehmen im Wettbewerb) oder von *Burgi* für einen spezifischen Ordnungsrahmen für die energiewirtschaftliche Betätigung (Bochumer Beiträge zum Berg- und Energierecht, Band 55) zu sehen.

Folge der Begriff „Kommune" verwendet wird, sind alle kommunalen Ebenen, insbesondere die Gemeinden (Gemeinden, Märkte, Städte) und Landkreise[6] erfasst. Die Normenzitate beziehen sich auf die gemeindliche Ebene, die Regelungen zur gemeindewirtschaftlichen Betätigung sind aber nach den Kommunalordnungen auf die Landkreise entsprechend anwendbar bzw. die Landkreisordnungen enthalten hierzu in der Regel inhaltsgleiche Regelungen.

II. Kommunale Selbstverwaltung und ihre Grenzen

1. Kommunales Selbstverwaltungsrecht

3   Den verfassungsrechtlichen Rahmen für verwaltungsrechtliche Vorgaben in Bezug auf kommunale Unternehmen bildet die im Grundgesetz (Art. 28 Abs. 2 Satz 1 GG) und auch in den Landesverfassungen[7] verankerte **kommunale Selbstverwaltungsgarantie.** Diese gewährleistet den Gemeinden einen eigenen, wenn auch nicht zwingend für alle Zeiten feststehenden **Aufgabenbestand** sowie die **Eigenverantwortlichkeit der Aufgabenerfüllung.**[8] Ersterer bezieht sich auf „alle Angelegenheiten der örtlichen Gemeinschaft", gibt den Gemeinden also ohne besonderen Kompetenztitel ein Zugriffsrecht auf alle Aufgaben, die als örtliche Angelegenheiten zu verstehen sind (sog. Prinzip der gemeindlichen Allzuständigkeit).[9] Dazu gehören insbesondere die **Leistungen der Daseinsvorsorge,** die dem „überkommenen, typusprägenden Bild der kommunalen Selbstverwaltung" zugerechnet werden (→ Rn. 53).[10] Dies inkludiert die Möglichkeit zur Rekommunalisierung vormals privatisierter gemeindlicher Aufgaben, wenngleich die rechtlichen Leitplanken für Rekommunalisierungsentscheidungen durchaus umstritten sind.[11] Ebenso zulässig ist die materielle Privatisierung gemeindlicher Aufgaben, soweit es sich nicht um gemeindliche Pflichtaufgaben handelt und solange der Kernbereich des Selbstverwaltungsrechts gewahrt ist.[12] Ob allerdings das in Art. 28 Abs. 2 Satz 1 GG angesprochene Örtlichkeitsprinzip eine Grenze für die kommunalwirtschaftliche Betätigung markiert oder lediglich eine Schutznorm im Sinne eines Abwehrrechts darstellt, ist umstritten (→ Rn. 55 ff.). Die Eigenverantwortlichkeitsgarantie umfasst insbesondere die **Organisationshoheit** als das Recht, die innere Verwaltungsorganisation und damit die Art und Weise der Aufgabenerfüllung eigenverantwortlich zu entscheiden.[13] Dies schließt die Befugnis ein, sich bei der Aufgabenwahrnehmung privatrechtlicher Organisationsformen zu bedienen (näher dazu → Rn. 8).[14] Hierzu gehört auch die Befugnis der Gemeinde, selbst darüber zu entscheiden, ob eine bestimmte Aufgabe eigenständig oder gemeinsam mit anderen Verwaltungsträgern wahrgenommen wird (sog. **Kooperationshoheit**).[15]

4   Die verfassungsrechtliche Garantie der kommunalen Selbstverwaltung gilt allerdings nur **im Rahmen der Gesetze** (Art. 28 Abs. 2 Satz 1 GG). Bei der gesetzlichen Ausgestaltung steht dem Gesetzgeber indes keine ungebundene Gestaltungsfreiheit zu. **Absoluter Schutz**

---

[6]   In Bayern kommen die Bezirke als Selbstverwaltungskörper hinzu, vgl. Art. 10 Abs. 1 BayVerf und VerfGH 53, 81 (95).
[7]   ZB Art. 71 LV BW, Art. 11 BayVerf, Art. 137 HessLV, Art. 72 LV MV, Art. 78 LV NRW, Art. 84 SächsV, Art. 91 ThürVerf.
[8]   BVerfGE 138, 1 (17 f.); BVerfG NVwZ 2018, 140 (145).
[9]   Grundlegend BVerfGE 79, 127 (147) = NVwZ 1989, 347 (349). Zum Inhalt der Schutzgarantie Burgi KommunalR § 6 Rn. 26 ff.
[10]   So RhPfVerfGH NVwZ 2000, 801 unter Hinweis auf BVerfGE 66, 248 (258); BVerfG NJW 1990, 1783; BVerwGE 98, 273 (275). Vgl. auch BayVerfGH BayVBl. 1958, 51.
[11]   Bauer DÖV 2012, 329 (335 f.); Schmidt DÖV 2014, 357 (259). Allgemein dazu Brüning VerwArch 100 (2009), 473; Budäus/Hilgers DÖV 2013, 701; kritisch Leisner-Egensberger NVwZ 2013, 1110 (1113 f.).
[12]   Burgi KommunalR § 17 Rn. 85 f. mwN unter zu Recht kritischer Auseinandersetzung mit der die Privatisierung des Betriebs eines Weihnachtsmarkts betreffenden Entscheidung des BVerwG DVBl. 2009, 1382. Vgl. dazu auch Kahl/Weißenberger LKRZ 2009, 425.
[13]   BVerfGE 91, 228 (236, 241); 138, 1 (17); BVerfG NVwZ 2018, 140 (145).
[14]   BVerwG Beschl. v. 26.2.2010 – 8 B 91/09, BeckRS 2010, 47850.
[15]   BVerfGE 83, 362 (382); 119, 331 (362); 138, 1 (17 f.).

kommt dem **Kernbereich** der Selbstverwaltungsgarantie zu. In Bezug auf den Aufgabenbestand zählt hierzu das bereits erwähnte Prinzip der Allzuständigkeit für örtliche Angelegenheiten, wobei die Rechtsprechung die Definition eines bestimmten oder nach feststehenden Merkmalen bestimmbaren Aufgabenkatalogs vermeidet.[16] Nach Auffassung des BayVerfGH und des RhPfVerfGH würde beispielsweise ein Gesetz, das die Gemeinden zwänge, rentierliche (Versorgungs-)Unternehmen oder Unternehmensteile zu privatisieren, und ihnen nur die defizitären beließe, den Wesenskern des kommunalen Selbstverwaltungsrechts beeinträchtigen.[17] Dieses Prinzip der Allzuständigkeit bezieht sich allerdings nicht auch auf die Organisationshoheit. Gerade im Bereich der Binnenorganisation der Kommunen oder der Organisation der Kommunalwirtschaft haben die Gesetzgeber zahlreiche Regelungen getroffen, wie ein Blick in die Kommunalverfassungsgesetze der Länder zeigt. Nach der Rechtsprechung des BVerfG ist der Kernbereich der kommunalen Selbstverwaltung insoweit nur berührt, wenn staatliche Regelungen eine eigenständige organisatorische Gestaltungsfähigkeit der Kommunen im Ergebnis ersticken würden, etwa weil die Regelungsdichte den Gemeinden keinerlei Entscheidungsspielräume bei Erlass einer Hauptsatzung ließe oder die kommunale Organisation durch staatliche Behörden beliebig steuerbar wäre.[18] Für staatliche Organisationsvorgaben **außerhalb dieses Kernbereichs** genügen dagegen Gemeinwohlerwägungen als Rechtfertigung, solange den Gemeinden ein hinreichender organisatorischer Spielraum bei der Wahrnehmung einzelner Aufgabenbereiche offengehalten wird.[19] Die **Organisationshoheit** ist daher von vornherein **nur relativ gewährleistet** und bietet den Kommunen gegen organisatorische Eingriffe nur eingeschränkt Schutz.[20] Dagegen bedürfen staatliche Eingriffe in den Aufgabenbestand der Gemeinden außerhalb des Kernbereichs einer besonderen Rechtfertigung. Dabei sind insbesondere das in Art. 28 Abs. 2 Satz 1 GG angelegte verfassungsrechtliche Aufgabenverteilungsprinzip hinsichtlich der Angelegenheiten der örtlichen Gemeinschaft zugunsten der Gemeinden und der Verhältnismäßigkeitsgrundsatz zu beachten.[21] Von besonderem Interesse ist in diesem Zusammenhang die verfassungsrechtliche Rechtfertigung der kommunalrechtlichen Subsidiaritätsklauseln (→ Rn. 50), die das ordnungspolitische Verhältnis zwischen kommunalen Unternehmen und der Privatwirtschaft regeln.[22]

Auch die **Landkreise** können sich auf das kommunale Selbstverwaltungsrecht und die daraus abgeleiteten Hoheitsrechte wie die Organisationshoheit berufen; der Schutz des Aufgabenbestands der Kreise ist nach dem Wortlaut des Art. 28 Abs. 2 Satz 2 GG und der verfassungsgerichtlichen Rechtsprechung[23] allerdings schwächer ausgeprägt und bezieht sich auf deren gesetzlichen Aufgabenbereich.[24]

---

[16] BVerfGE 79, 127 (146); 138, 1 (21 f.); BVerfG NVwZ 2018, 140 (147).
[17] BayVerfGH BayVBl. 1958, 51 (53); RhPfVerfGH NVwZ 2000. 801 (803).
[18] BVerfGE 91, 228 (239); 138, 1 (17 f.).
[19] BVerfGE 91, 228 (241); SächsVerfGH LKV 2005, 499 (500). Einige Landesverfassungsgerichte nehmen in diesem Zusammenhang auch eine Verhältnismäßigkeitsprüfung vor, vgl. ThürVerfGH NVwZ 2018, 820 (823) zur kommunalen Kooperationshoheit; NWVerfGH NVwZ 2002, 1502 (1503) zur Organisationshoheit.
[20] So zu Recht Schmehl BayVBl. 2006, 325 (327). Beispielhaft genannt sei der in den 1990er Jahren verbreitet in den Kommunalverfassungen geregelte Vorrang öffentlich-rechtlicher Organisationsformen, vgl. dazu Schoch DVBl. 1994, 962 (973).
[21] Grundlegend BVerfGE 79, 127 zur Übertragung der Aufgabe der Abfallbeseitigung von den kreisangehörigen Gemeinden auf die Landkreise; BVerfG KommJur 2015, 54 (56 f.) zum Mitentscheidungsrecht kreisangehöriger Gemeinden bei der Standortplanung für Grund- und Hauptschulen; BVerfG NVwZ 2018, 140 (146 f.) mit Anm. Brüning (155) zur Hochzonung der Leistungsverpflichtung für den Anspruch auf Kinderbetreuung; BVerwG DÖV 1984, 548 zur Übertragung der Aufgabe der Wasserversorgung von den Ortsgemeinden auf die Verbandsgemeinden.
[22] Grundlegend dazu RhPfVerfGH NVwZ 2000, 801 (802 ff.), der in der Verschärfung der Subsidiaritätsklausel zu Lasten der Kommunalwirtschaft keinen Kernbereichseingriff gesehen und diesen Eingriff in das kommunale Selbstverwaltungsrecht als durch das Gemeinwohl gerechtfertigt beurteilt hat.
[23] BVerfGE 79, 127 (150) = NVwZ 1989, 347 (349 f.); 119 (331) = NVwZ 2008, 183 (183 f.).
[24] Statt vieler BK GG/Mann GG Art. 28 Rn. 263 f. mwN. Ein Mindestbestand an freiwilligen Selbstverwaltungsaufgaben steht aber auch den Landkreisen zu, vgl. Burgi KommunalR § 20 Rn. 12.

2. Bindung an den öffentlichen Zweck

6 Privatwirtschaftliches Unternehmertum ist eine Form der Ausübung grundgesetzlich geschützter Freiheitsrechte (→ § 1 Rn. 15 ff.), die Frage nach der Motivation und Zwecksetzung eine individuelle Entscheidung. Dagegen muss die unternehmerische Tätigkeit der Kommunen als staatsorganisatorischer Teil des Staates wie jedes staatliche Handeln **von Verfassungs wegen** durch einen öffentlichen Zweck legitimiert sein.[25] Inwieweit sich aus dem Erfordernis eines öffentlichen Zwecks auf verfassungsrechtlicher Ebene allerdings bereits konkrete Einschränkungen im Hinblick auf das fiskalische Interesse der Einnahmeerzielung zur Finanzierung anderweitiger Aufgaben ergibt, ist nicht unumstritten.[26] Jedenfalls enthalten zahlreiche kommunalwirtschaftlichen Regelungen eine entsprechende Konkretisierung dahingehend, dass alle Tätigkeiten, mit denen Kommunen oder ihre Unternehmen an dem vom Wettbewerb bestimmten Wirtschafsleben teilnehmen, um Gewinn zu erzielen, keinem öffentlichen Zweck entsprechen (näher dazu → Rn. 41).

7 Kommunales Wirtschaftsengagement ist also niemals privatautonomes Handeln, sondern bleibt zweckgebundene Verwaltungstätigkeit.[27] Die unternehmerische Betätigung der Kommunen stellt lediglich einen **Modus kommunaler Aufgabenerfüllung** dar, kommunale Unternehmen sind letztlich eine Erscheinungsform der Erfüllung von Verwaltungsaufgaben auf kommunaler Ebene.[28] Im Umkehrschluss bedeutet dies, dass die Kommunen sich auch durch die Errichtung von Unternehmen nicht außerhalb ihrer Verbandszuständigkeit bewegen und dadurch ihren Aufgabenkreis erweitern können. Eine von öffentlichen Aufgaben gelöste kommunalwirtschaftliche Betätigung fällt nicht mehr unter den Schutz des kommunalen Selbstverwaltungsrechts.[29] Eine gegenständliche Abgrenzung zulässiger Betätigungsfelder bleibt aufgrund der Allzuständigkeit der Gemeinden (→ Rn. 3) und des insoweit bestehenden kommunalpolitischen Beurteilungsspielraums (→ Rn. 44) dem konkreten Einzelfall überlassen.

3. Die Wahlfreiheit der Organisations- und Handlungsformen

8 Dass die Kommunen grundsätzlich frei entscheiden können, ob sie sich zur Erfüllung ihrer Aufgaben öffentlicher oder privater Rechtsformen bedienen, ist mittlerweile in der Literatur[30] und Rechtsprechung[31] allgemein anerkannt. Grundlage hierfür ist die kommunale **Organisationshoheit** (vgl. oben → Rn. 3 f.). Hinsichtlich des hier vorrangig interessierenden Bereichs der kommunalen Unternehmen ist die Wahlfreiheit vor allem in Bezug auf die Entscheidung über die konkrete **Organisationsform** des Unternehmens relevant. Die Auffassung, die zwischen öffentlich-rechtlichen Organisationsformen und solchen des Privatrechts ein Regel- Ausnahme-Verhältnis aus übergeordneten rechtlichen Gesichtspunk-

---

[25] Maurer/Waldhoff AllgVerwR § 1 Rn. 10; Wolff/Bachof/Stober/Kluth VerwR I § 29 Rn. 1; Burgi KommunalR § 17 Rn. 24, 42; Mann/Püttner Kommunale Wissenschaft-HdB/Niehaus § 40 Rn. 27; Brüning NVwZ 2015, 689 (690); Lange NVwZ 2014, 616. Auf die Rechtfertigungsebene in Bezug auf den aus Art. 12 GG folgenden Wettbewerbsschutz abstellend WSG Komm. Unternehmen/Wollenschläger B Rn. 77.
[26] So aber die hM, vgl. RhPfVerfGH NVwZ 2000, 801 (803); Burgi KommunalR § 17 Rn. 24; Schink NVwZ 2002, 129 (133 f.); Ehlers DVBl. 1998, 497 (499 f.). Zweifelnd WSG Komm. Unternehmen/Wollenschläger Kap. B Rn. 77 mwN.
[27] Schulze-Fielitz (in Henneke Organisation kommunaler Aufgabenerfüllung, 223, 241) spricht von einer lokalen Gemeinwohlverantwortung.
[28] So anschaulich Burgi KommunalR § 17 Rn. 24; HSV VerwR/Schulze-Fielitz § 12 Rn. 3, 20 ff.; Brüning NVwZ 2015, 689 (690), jeweils mwN.
[29] Vgl. RhPfVerfGH NVwZ 2000, 801 unter Hinweis auf BVerfGE 61, 82 (107); SächsVerfGH LKV 2005, 499.
[30] Vgl. WSG Komm. Unternehmen/Wollenschläger B Rn. 50 mwN; HUR KommunalUnternehmen-HdB/Hellermann § 7 Rn. 10 mwN; Mann/Püttner Kommunale Wissenschaft-HdB/Pitschas/Schoppa § 43 Rn. 7; Storr, Der Staat als Unternehmer, 473 ff.; Erbguth/Stollmann DÖV 1993, 798 (799). Ausführlich zur Wahlfreiheit und ihren Grenzen Wolff/Bachof/Stober/Kluth VerwR I § 23 Rn. 6 ff.
[31] ZB BVerwG NJW 1993, 2695 (2697); BVerwG NVwZ 2005, 1072 (1073); BGHZ 91, 84 (95 f.).

ten wie etwa der Einheit der Verwaltung oder eines drohenden Verlusts kommunalpolitischer Verantwortung und Steuerungskraft konstruieren will, konnte sich nicht durchsetzen.[32] Maßgeblich ist in erster Linie die Ausformung der Organisationshoheit durch die kommunalwirtschaftlichen Regelungen der Länder.

Eine verfassungsrechtliche **Einschränkung** der Wahlfreiheit in Bezug auf die Privatrechtsformen kann sich – auch mit Blick auf den Funktionsvorbehalt des Art. 33 Abs. 4 GG[33] – ergeben, wenn die kommunale Aufgabenerfüllung mit der **Ausübung hoheitlicher (Zwangs-)Mittel** verbunden ist, wie dies etwa bei der Erhebung von Beiträgen und Gebühren im Bereich der Wasserversorgung, Abwasserbeseitigung oder Abfallentsorgung der Fall ist.[34] Eine Übertragung hoheitlicher Befugnisse ist – abgesehen von den Fällen einer gesetzlich zugelassenen Beleihung – nur auf öffentlich-rechtliche Organisationsformen möglich.

9

Eine Sperrwirkung im Sinne von **Einwirkungs- und Kontrollpflichten** (Ingerenzpflichten) ergibt sich aus dem **Demokratieprinzip** in Bezug auf rechtlich selbstständige kommunale Unternehmen (allg. dazu → § 18 Rn. 37 ff.).[35] Nach der Rechtsprechung des BVerfG erfordert die auch für die kommunale Selbstverwaltung geltende verfassungsrechtlich notwendige demokratische Legitimation (Art. 20 Abs. 2, Art. 28 Abs. 1 GG) eine ununterbrochene Legitimationskette vom Volk zu den mit staatlichen (kommunalen) Aufgaben betrauten Organen und Amtswaltern.[36] Ein solcher demokratischer Legitimationszusammenhang ist auch dann erforderlich, wenn sich die öffentliche Hand bei der Wahrnehmung ihrer Aufgaben eines – vollständig oder mehrheitlich – in ihrer Hand befindlichen Unternehmens in Privatrechtsform bedient.[37] Diese demokratische Legitimation kann zum einen **personell** vermittelt sein, indem sich die Bestellung der Leitungs- und Aufsichtsorgane des Unternehmens auf ihrerseits demokratisch legitimierten Amtsträger oder zumindest deren Zustimmung zurückführen lässt.[38] Eine solche personelle Legitimation lässt sich beispielsweise durch die Festlegung von Entsenderechten zugunsten der Kommune und die Auswahl, Bestellung und Abberufung von Vertretern in Organe eines Unternehmens herstellen. Daraus ergeben sich auch verfassungsrechtliche Grenzen im Hinblick auf die Möglichkeiten der Arbeitnehmermitbestimmung in kommunalen Unternehmen.[39] Zum anderen kann die erforderliche demokratische Legitimation auch **sachlich-inhaltlich** über eine „strikte Bindung an die von der Volksvertretung erlassenen Gesetze oder durch eine sanktionierte demokratische Verantwortlichkeit, einschließlich der dazugehörigen Kontrolle, für die Wahrnehmung der zugewiesenen Aufgaben" – etwa durch Berichtspflichten, Informations- und Weisungsrechte – hergestellt werden.[40] In der Gesamtschau muss jedenfalls ein hinreichend bestimmtes Legitimationsniveau erreicht werden; das BVerfG stellt maßgeblich auf die Effektivität der demokratischen Legitimation,

10

---

[32] Ehlers DVBl. 1997, 137 (141); ders. DÖV 1986, 897 (902 ff.). Inwieweit eine weitgehende Ausgliederung von Selbstverwaltungsaufgaben auf rechtlich selbstständige kommunale Unternehmen und die Reduzierung der Kommune auf eine bloße Holding eine verfassungswidrige Aushöhlung des kommunalen Selbstverwaltungsrechts darstellt, ist bislang nicht geklärt. Auf die Kontinuität der Aufgabenverantwortung der Kommune, aber auch die kommunalverfassungsrechtlichen Probleme einer solchen Diversifizierung kommunaler Aufgabenerfüllung hinweisend Henneke Organisation kommunaler Aufgabenerfüllung/Schulze-Fielitz, 223 (241 ff.).
[33] Vgl. dazu Dreier/Brosius-Gersdorf GG Art. 33 Rn. 151 mwN; WSG Komm. Unternehmen/Wollenschläger B Rn. 51; Mann/Püttner Kommunale Wissenschaft-HdB/Mann § 46 Rn. 3; Ehlers Verwaltung in Privatrechtsform, 121 ff.; Spannowsky DVBl. 1992, 1072 (1075) mwN.
[34] Vgl. BVerwG NVwZ 2005, 1072; BVerwG KommJur 2012, 96 (97).
[35] Ausführlich dazu Ehlers Verwaltung in Privatrechtsform, 124 ff. Vgl. auch HSV VerwR/Wißmann § 15 Rn. 61 f. mwN.
[36] BVerfG NVwZ 2003, 974 (975) mwN.
[37] BVerfG NVwZ 2018, 51 (55 f.), dazu Burgi NVwZ 2018, 601 und Katz NVwZ 2018, 1091.
[38] BVerfG NVwZ 2018, 51 (56) mwN. Dort auch zum „Prinzip der doppelten Mehrheit" bei Bestellung der Unternehmensführung durch den Aufsichtsrat eines öffentlichen Unternehmens.
[39] Vgl. dazu Dünchheim/Gräler NVwZ 2019, 1225 (1227 ff.) unter Berücksichtigung der „Lippeverband-Entscheidung", BVerfG NVwZ 2003, 974 (978).
[40] BVerfG NVwZ 2018, 51 (56) mwN.

nicht deren Form ab.⁴¹ Unzweifelhaft bringt eine organisatorische Ausgliederung kommunaler Aufgaben auf mehrere verselbstständigte Organisationsformen und die damit einhergehende Diversifizierung bzw. Dezentralisierung besondere Herausforderungen mit Blick auf die Verwaltung, die Steuerung dieser Unternehmen und das Selbstverständnis der demokratisch gewählten Kommunalvertretungen mit sich. Unerlässlich ist dabei der Einsatz einer **Beteiligungsverwaltung** als Scharnier zwischen Kommunalorganen und Unternehmen zur Steuerung und Kontrolle der Aufgabenerfüllung (→ Rn. 118 f.).

11 Die Wahlfreiheit der Kommunen gilt auch in Bezug auf die **Handlungsformen,** also die Ausgestaltung der Leistungs- und Benutzungsverhältnisse gegenüber Dritten. Die Ausübung hoheitlicher Befugnisse bleibt allerdings öffentlich-rechtlich organisierten kommunalen Unternehmen vorbehalten (→ Rn. 9). Hat sich die Kommune für eine Aufgabenerfüllung in **Privatrechtsform** entschieden, können die Leistungs- und Benutzungsverhältnisse dieses Unternehmens **nur privatrechtlich** ausgestaltet werden.⁴² In diesem Zusammenhang ist zudem zu beachten, dass auch staatliches – und damit kommunales – Handeln in Privatrechtsform der **Grundrechtsbindung** unterliegt; dies gilt nicht nur für die Kommunen als Unternehmensträger, sondern auch für das Unternehmen in Privatrechtsform (→ § 18 Rn. 42, 50).⁴³ Den Kommunen kommt daher insoweit auch durch die Wahl einer Privatrechtsrechtsform **keine Privatautonomie** zu (keine Möglichkeit zur „Flucht ins Privatrecht").⁴⁴ Dies hat zur Konsequenz, dass sich kommunale Unternehmen – anders als private Wettbewerber – bei der Teilnahme am Wirtschaftsleben am allgemeinen Gleichheitssatz, den Freiheitsrechten der übrigen Marktteilnehmer und dem rechtsstaatlichen Neutralitätsgebot messen lassen müssen.⁴⁵

III. Landesrecht als einschlägiges Recht und der Einfluss des Gesellschaftsrechts

12 Staatsorganisatorisch werden die Kommunen den Ländern zugeordnet. Damit liegt die Gesetzgebungskompetenz für die rechtlichen Vorgaben an die Organisation kommunaler Aufgabenerfüllung bei den Ländern.⁴⁶ Die wesentlichen verwaltungsrechtlichen Vorgaben für Unternehmen in kommunaler Trägerschaft ergeben sich daher aus den **Kommunalgesetzen der Länder.** Ausgangspunkt für die Beurteilung der Zulässigkeit unternehmerischer Betätigungen der Kommunen sind also stets die für die Trägerkommune(n) des Unternehmens einschlägigen landesrechtlichen Kommunalordnungen bzw. Kommunalverfassungen.⁴⁷ Die Frage der Umsetzung dieser Vorgaben zum Beispiel im Rahmen der gesellschaftsrechtlichen Vorgaben stellt sich erst auf der zweiten Stufe (→ § 25 Rn. 14 ff.).

13 Bei der Ausgestaltung der Kommunalgesetze haben die Länder freilich nicht nur die **verfassungsrechtlichen Vorgaben** insbesondere aus Art. 28 Abs. 2 GG (→ Rn. 3 f.), sondern die innerstaatliche Kompetenzordnung an der **Nahtstelle zum Privatrecht** zu beachten. Bedeutsam wird dieser Aspekt bei kommunalen Unternehmen in Privatrechtsform, wenn die Vorgaben des Kommunalwirtschaftsrechts in Widerspruch zu den Bestimmungen des (bundesrechtlichen) Gesellschaftsrechts als Teil des Rechts der Wirtschaft im Sinne von Art. 74 Abs. 1 Nr. 11, Art. 72 Abs. 1 GG geraten, das nicht die öffentlich-

---

⁴¹ Dies zu Recht betonend WSG Komm. Unternehmen/Wollenschläger B Rn. 89 unter Hinweis auf BVerfG NVwZ 2003, 974 (975) mwN.
⁴² Maurer/Waldhoff AllgVerwR § 3 Rn. 25 ff.; Wolff/Bachof//Stober/Kluth VerwR I § 23 Rn. 30 f.
⁴³ BVerfGE 128, 226 (244 ff.) = NJW 2011, 1201 (1202 f.); BVerfG Beschl. v. 10.5.2016 – 1 BvR 2871/13, BeckRS 2016, 47127; BVerfG NVwZ 2016, 1553 (1554).
⁴⁴ Vgl. WSG Komm. Unternehmen/Wollenschläger B Rn. 55 f. mwN.
⁴⁵ WSG Komm. Unternehmen/Wollenschläger B Rn. 80 ff. unter Hinweis auf BVerfGE 128, 226 (248 f.) mwN.
⁴⁶ Vgl. BVerfG NVwZ 2020, 1342 (1344, 1347); BK GG/Mann Art. 28 Rn. 137; Dreier/Dreier GG Art. 28 Rn. 86, jeweils mwN.
⁴⁷ In den meisten Ländern wird zwischen Gemeindeordnung und Kreisordnung (in Bayern zusätzlich: Bezirksordnung) unterschieden. Einige Länder (zB Brandenburg, Mecklenburg-Vorpommern, Niedersachsen, Saarland, Sachsen-Anhalt) fassen die Regelungen für die kommunalen Ebenen in einem Kommunalverfassungsgesetz zusammen.

rechtlichen Belange, sondern die Interessen der Gesellschaft und des Gläubigerschutzes in den Mittelpunkt stellt.[48] Die mittlerweile ganz herrschende Meinung geht hier von einem Vorrang gesellschaftsrechtlicher Regelungen gegenüber kommunalrechtlichen Bestimmungen aus, wenn sich eine Kommune gesellschaftsrechtlicher Organisationsformen zur Aufgabenerfüllung bedient.[49] Der Ansatz einer harmonisierenden Auslegung kollidierender kommunal- und gesellschaftsrechtlicher Regelungen unter Berücksichtigung der verfassungsrechtlichen Vorgaben an die öffentliche Zweckbindung (→ Rn. 6 f.) und kommunale Ingerenzpflichten (→ Rn. 10) hat sich nicht durchsetzen können.[50] Mit anderen Worten: Die Landesgesetzgeber können den Kommunen – neben den Regelungen zur Organisation kommunaler Aufgabenerfüllung (→ Rn. 4) – Vorgaben zur Ausübung ihrer im Rahmen des Gesellschaftsrechts zustehenden Gestaltungsfreiheit bei der Gründung oder Ausgestaltung von Gesellschaften machen, nicht aber die Vorschriften des privaten Gesellschaftsrechts modifizieren oder von diesen suspendieren.[51] So können die Kommunalgesetzgeber etwa die kommunale Formenwahlfreiheit durch Normierung eines Vorrangs öffentlich-rechtlicher Rechtsformen[52] oder eines Ausschlusses bzw. der Nachrangigkeit bestimmter Privatrechtsformen[53] einschränken. Dagegen können landesgesetzliche Verpflichtungen zur Wahrnehmung kommunaler Einfluss- und Kontrollmöglichkeiten nur im Rahmen des gesellschaftsrechtlichen Instrumentariums – etwa durch die inhaltliche Gestaltung von Satzungen und Gesellschaftsverträgen oder durch Organ- und Gesellschafterbeschlüsse umgesetzt werden. Die **Reichweite kommunalrechtlicher Vorgaben** wird also **durch** die einschlägigen **gesellschaftsrechtlichen Regelungen begrenzt**.

Vor diesem Hintergrund haben die Landesgesetzgeber die kommunalwirtschaftlichen **14** Vorschriften zwischenzeitlich durchweg so konzipiert, dass die Vorgaben nicht die kommunalen Unternehmen in Privatrechtsform selbst, sondern die Kommunen als Gesellschafter oder Aktionär verpflichten, explizit unter den Vorbehalt entgegenstehender (gesellschafts-)rechtlicher Vorschriften gestellt werden oder sich auf die Pflicht zur Hinwirkung auf eine bestimmte Gestaltung der Unternehmenssatzung oder des Gesellschaftsvertrags unter Nutzung vorhandener rechtlicher Spielräume beschränken.[54]

Reichen die gesellschaftsrechtlichen Spielräume nicht aus, um die kommunalrechtlichen **15** Vorgaben zu erfüllen, bleibt der Kommune nur, auf eine andere, strukturell flexiblere Gesellschaftsform oder eine öffentlich-rechtliche Organisationsform auszuweichen.

---

[48] Diese Aspekte bei kommunalen Eigengesellschaften herausarbeitend Schwintowski NJW 1995, 1316 (1318 f.); ebenso Jarass Kommunale Wirtschaftsunternehmen im Wettbewerb, 69.
[49] BGHZ 36, 296 (306 f.) = NJW 1962, 864 (866); 69, 334 (340) = NJW 1978, 104 (105); VGH Kassel NVwZ-RR 2012, 566 (568 f.); OVG Bautzen Beschl. v. 3.7.2012 – 4 B 211/12, BeckRS 2012, 58602 Rn. 4. Püttner DVBl. 1986, 748 (751); Schwintowski NJW 1995, 1316 (1317 ff.); Ehlers DVBl. 1997, 137 (139); Jarass Kommunale Wirtschaftsunternehmen im Wettbewerb, 53.
[50] Sog. Verwaltungsgesellschaftsrecht; zum Meinungsstreit Mann/Püttner Kommunale Wissenschaft-HdB/Mann § 46 Rn. 5; Püttner DVBl. 1986, 748 (751); → § 18 Rn. 60 ff., jeweils mwN.
[51] Vgl. BVerfG Beschl. v. 23.3.2022 – 1 BvR 1187/17, BeckRS 2022, 9422 Rn. 61; SächsVerfGH LKV 2005, 499 (499 f.).
[52] So etwa in Mecklenburg-Vorpommern (§ 69 Abs. 1 Nr. 2 KV MV), Niedersachsen (§§ 136 Abs. 4, 148 Abs. 1 S. 1 Nr. 1 NKomVG), im Saarland (§ 110 Abs. 1 Nr. 1 KSVG), in Sachsen-Anhalt (§ 129 Abs. 1 Nr. 1 KVG LSA) oder Schleswig-Holstein (§ 102 Abs. 1 S. 1 GO SchlH).
[53] Einen Nachrang der AG sehen Baden-Württemberg (§ 103 Abs. 2 GemO BW), Brandenburg (§ 96 Abs. 4 BbgKVerf), Hessen (§ 122 Abs. 3 HGO), Nordrhein-Westfalen (§ 108 Abs. 4 GO NRW), Rheinland-Pfalz (§ 87 Abs. 2 GemO RhPf.) und Sachsen (§ 96 Abs. 2 SächsGemO) vor, Mecklenburg-Vorpommern schließt diese Rechtsform für kommunale Unternehmen generell aus (§ 68 Abs. 4 Satz 2 KV MV). Zum Nachrang der Stiftung vgl. OVG Münster Urt. v. 19.12.2012 – 16 A 1451/10, DVBl. 2013, 449.
[54] Vgl. aus der Rspr. etwa SächsVerfGH NVwZ 2005, 1057 zur landesrechtlichen Verpflichtung, den überörtlichen Prüfbehörden Prüfrechte gegenüber gemeindlichen Unternehmen in Privatrechtsform einzuräumen.

IV. Verwaltungsrechtliche Organisationsvorgaben

16 Die wesentlichen verwaltungsrechtlichen Vorgaben an die Organisation kommunaler Unternehmen sind in den landesrechtlichen Regelungen (→ Rn. 12) betreffend die „Kommunalwirtschaft" oder „Wirtschaftliche Betätigung der Kommunen" enthalten. Die **Regelungssystematik** des kommunalen Wirtschaftsrechts ist über die Landesgrenzen hinweg vergleichbar. Die Eingangsnormen regeln die allgemeinen Voraussetzungen für die Zulässigkeit einer kommunalwirtschaftlichen Betätigung, daneben finden sich Bestimmungen zu deren Umsetzung in den einzelnen Organisationsformen und zur inneren Organisation öffentlich-rechtlicher Betriebs- und Rechtsformen. Die Regelung der Zulässigkeit der Gründung von bzw. Beteiligung an Unternehmen in Privatrechtsform erfolgt in gesonderten Vorschriften, die meist eine inzidente Prüfung der allgemeinen Zulässigkeitsvoraussetzungen vorsehen. En détail existieren allerdings – wie nachfolgend aufgezeigt wird – nicht unerhebliche Unterschiede zwischen den einzelnen Landesrechten (vgl. dazu → Rn. 39), sodass eine eingehende Prüfung der für das jeweilige kommunale Unternehmen anwendbaren kommunalrechtlichen Regelungen unerlässlich ist.

1. Gegenstand und Adressaten der Vorgaben

17 a) **Begriff des kommunalen Unternehmens.** Auch wenn in Literatur und Praxis von kommunalen Unternehmen und dem kommunalen Unternehmensrechts die Rede ist, enthalten sich alle Kommunalgesetze einer Definition des Begriffs „Unternehmen". Die kommunalwirtschaftlichen Regelungen der meisten Länder verfolgen in Anlehnung an § 67 DGO (→ Rn. 38) weiterhin einen **tätigkeitsbezogenen Ansatz,** indem die Reichweite der gesetzlichen Vorgaben davon abhängt, ob eine wirtschaftliche oder nichtwirtschaftliche Betätigung vorliegt (→ Rn. 27 ff.). Bei Vorliegen einer wirtschaftlichen Betätigung liegt ein „Unternehmen" vor, im Falle einer nichtwirtschaftlichen Betätigung verwendet der Gesetzgeber oftmals den Begriff der „Einrichtung".[55] Diese Terminologie ist allerdings nicht zwingend, denn öffentliche Einrichtungen können auch wirtschaftliche Unternehmen sein.[56] Die Kommunalordnungen in Bayern und Thüringen knüpfen dagegen an die Organisation des Unternehmens an ua. mit dem Ziel, die Wahlfreiheit der Kommunen in Bezug auf die zulässigen Organisationsformen herzustellen **(formaler Unternehmensbegriff).** Ausgangspunkt der Prüfung ist dort nicht mehr die Art der Betätigung, sondern der Umstand, dass die Kommune sich besonderer Rechtsformen zur Erfüllung ihrer Aufgaben bedienen will.[57] Den unterschiedlichen Begrifflichkeiten liegt aber die gemeinsame Vorstellung zugrunde, dass ein kommunales Unternehmen eine in organisatorischer und haushaltsmäßiger Sicht aus der allgemeinen inneren Verwaltung ausgegliederte, wenn auch nicht zwingend rechtlich selbständige Einheit darstellt, der die Erfüllung einer kommunalen Aufgabe zugewiesen ist und auf die die Kommune einen beherrschenden Einfluss ausüben kann.[58]

18 b) **Organisationsformen kommunaler Unternehmen.** Zum verfassungsrechtlichen Rahmen der kommunalen **Organisationshoheit** vgl. zunächst → Rn. 3 f. Zu den rechtlichen Vorgaben hinsichtlich der Rechtsformenwahl → Rn. 8 ff., 13. Kommunale Unternehmen können öffentlich-rechtlich oder privatrechtlich organisiert sein.

19 aa) **Öffentlich-rechtliche Organisationsformen.** Bei den **öffentlich-rechtlichen** Organisationsformen ist zwischen rechtlich unselbstständigen Betriebsformen und der rechtlich verselbstständigten Anstalt des öffentlichen Rechts zu unterscheiden:

---

[55] Beispielhaft §§ 107 Abs. 1 und 2, 108 GO NRW.
[56] Gern/Brüning Deutsches Kommunalrecht (4. Aufl. 2018) Rn. 996.
[57] Vgl. Bayerischer Landtag Drs. 13/10828 v. 21.4.1998, S. 16. Zur damaligen Reform des kommunalen Wirtschaftsrechts in Bayern allgemein Knemeyer BayVBl. 1999, 1; Köhler BayVBl. 2000, 1.
[58] Vgl. Cronauge Kommunale Unternehmen, 47; Burgi DÖV 2015, 493 (498 f.) mwN.

Der rechtlich unselbstständige **Eigenbetrieb** stellt die „klassische", bis in die 1960er **20** Jahre dominierende Organisationsform kommunalwirtschaftlicher Betätigung dar, die bereits in § 74 der Deutschen Gemeindeordnung (DGO) vom 30.1.1935 gesetzlich verankert war und sich weiterhin in nahezu allen Landesrechten (mit Ausnahme von Hamburg) findet.[59] Der Eigenbetrieb besitzt keine eigene Rechtspersönlichkeit, sondern ist eine Einrichtung der Kommune, die durch Erlass einer Eigenbetriebssatzung entsteht, als Sondervermögen im kommunalen Haushalt nach kaufmännischer doppelter oder vergleichbarer Buchführung mit gesonderter Wirtschaftsplanung geführt wird, und mit eigenen Organen – der Werk- oder Betriebsleitung und dem Werkausschuss – ausgestattet ist, die neben die übrigen kommunalen Organe treten. Die Kommune kann im Rechtsverkehr zwar unter der Bezeichnung des Eigenbetriebs zB als „Stadtwerke …" auftreten, gegenüber Dritten bleibt die Kommune selbst aber Vertragspartner und erlässt gegebenenfalls die für das Nutzungsverhältnis zu den Bürgern maßgeblichen Satzungen.[60]

Im Gegensatz zum Eigenbetrieb sind die ebenfalls rechtlich unselbstständigen **Regie-** **21** **betriebe** vollständig in die kommunale Verwaltung und das kommunale Haushalts-, Rechnungs- und Prüfungswesen eingebunden und verfügen nicht über eigene Betriebsorgane.[61] Es handelt sich also nicht um eine spezifische Organisationsform, sondern um eine Abteilung der Kommunalverwaltung. In manchen Kommunalverfassungen werden sog. Nettoregiebetriebe oder optimierte Regiebetriebe zugelassen, für die die Regelungen zur Wirtschaftsführung der Eigenbetriebe ganz oder teilweise angewandt werden können.[62] Organisatorisch bleiben diese aber in die Kommunalverwaltung integriert.

Im Zuge der Reformen des kommunalen Wirtschaftsrechts seit Mitte der 1990er Jahre **22** haben zahlreiche Landesgesetzgeber[63] sukzessive die **rechtsfähige Anstalt des öffentlichen Rechts** (bezeichnet als **Kommunalunternehmen,** Kommunalanstalt oder kommunale Anstalt; in der Folge: **Kommunalanstalt**) eingeführt, um den Kommunen eine öffentlich-rechtliche Organisationsform für rechtlich selbständige kommunale Unternehmen als Alternative zu den Privatrechtsformen und letztlich zur Verminderung fortschreitender kommunaler Privatisierungstendenzen zur Verfügung zu stellen. Erklärtes Ziel war es, den kommunalen Unternehmen eine Rechtsform des öffentlichen Rechts anzubieten, die eine größere Selbstständigkeit ermöglicht als der Regie- oder Eigenbetrieb und insoweit mit der GmbH vergleichbar ist, die gleichzeitig aber die Vorteile des öffentlichen Rechts erhält, indem sie als öffentlicher Aufgabenträger fungiert und mit hoheitlichen Rechten – insbesondere Erlass von Satzungen und Verwaltungsakten, Verwaltungsvollstreckung, Festlegung eines Anschluss- und Benutzungszwangs – ausgestattet werden kann.[64] Konsequenterweise haben die meisten Landesgesetzgeber nicht nur die Neuerrichtung der Kommunalanstalt, sondern – auf Grundlage des § 1 Abs. 2 UmwG – auch die Umwandlung bestehender Regie- und Eigenbetriebe und darüber hinaus von kommunalen Eigen- und

---

[59] Ausführlich dazu WSG Komm. Unternehmen/Schneider D Rn. 1 ff.; Cronauge Kommunale Unternehmen, 181 ff.; HUR KommunalUnternehmen-HdB/Schneider § 7 Rn. 2 f., 32 ff.
[60] Vgl. BayObLG DB 2002, 370 zur Eintragung des Eigenbetriebs im Handelsregister; VGH München NVwZ-RR 2010, 931 zur Organkompetenz für den Erlass von Gebührenbescheiden; BGH Beschl. v. 18.10.2016 – KZB 46/15, BeckRS 2016, 114505 Rn. 34 ff., wonach der Eigenbetrieb selbst dann nicht parteifähig ist, wenn es um die Konzessionsvergabe durch die „eigene" Gemeinde geht und er sich als Bieter am Vergabeverfahren beteiligt hat.
[61] Vgl. VGH Mannheim NVwZ-RR 2021, 351 (353 f.) zur Heranziehung eines Regiebetriebs Photovoltaikanlagen zu IHK-Beiträgen; VGH München BeckRS 2019, 27487 Rn. 24 zur Eingliederung des Regiebetriebs Klärwerk in die Hierarchie der Kommunalverwaltung.
[62] Vgl. Art. 88 Abs. 6 BayGO, Art. 76 Abs. 6 BayLKrO.
[63] Baden-Württemberg (§§ 102a bis 102d GemO BW), Bayern (Art. 89 bis 91 BayGO), Brandenburg (§§ 92, 94, 95 BbgKVerf), Bremen (BremKUG), Hessen (§ 126a HGO), Mecklenburg-Vorpommern (§§ 70 ff. KV MV), Niedersachsen (§§ 141 ff. NKomVG), Nordrhein-Westfalen (§ 114a GO NRW), Rheinland-Pfalz (§ 86a ff. GemO RhPf), Sachsen-Anhalt (AnstG), Schleswig-Holstein (§ 106a GO SchlH), Thüringen (§ 76a ff. ThürKO).
[64] Exemplarisch dazu Schulz BayVBl. 1996, 129 (129 f.); Katz BWGZ 2016, 365 (365 f.); vgl. auch Cronauge Kommunale Unternehmen, 207; HUR KommunalUnternehmen-HdB/Hellermann § 7 Rn. 63.

Beteiligungsgesellschaften in eine (gemeinsame) Kommunalanstalt zugelassen.[65] Bisweilen wird die Kommunalanstalt auch als „Öffentlich-rechtliche GmbH" bezeichnet, was insofern irreführend ist, als die Rechtsform der Anstalt keine Mitglieder oder Gesellschafter hat, sondern (öffentliche) Anstaltsträger, die regelmäßig im Rahmen der Anstaltslast die Aufgabenerfüllung durch die Anstalt im Innenverhältnis zu gewährleisten haben und im Rahmen der Gewährträgerhaftung unbeschränkt für die Verbindlichkeiten der Anstalt haften, soweit nicht Befriedigung aus deren Vermögen zu erlangen ist.[66] Eine unmittelbare Beteiligung Privater an einer Kommunalanstalt ist ebenfalls nicht möglich.[67] Die Kommunalanstalt ist aber wie eine Kapitalgesellschaft rechtsfähig, im Prozess parteifähig, kann selbst Eigentum und andere (dingliche) Rechte erwerben und sich an anderen Unternehmen beteiligen. Sie entsteht durch Erlass einer Unternehmenssatzung, für deren Ausgestaltung den Kommunen in der Regel ein weiter Gestaltungsspielraum zur Verfügung steht, und ist mit eigenem Stammkapital und eigenen Sach- und Personalmitteln ausgestattet. Die Kommunalanstalt verfügt über eine gesetzlich vorgegebene Vorstandsverfassung mit einem Vorstand und einem Verwaltungsrat, der als Überwachungsorgan mit Entscheidungskompetenzen kraft Gesetzes bzw. Unternehmenssatzung ausgestaltet ist. Die erforderliche Einflussnahme (→ Rn. 10) üben die kommunalen Anstaltsträger im Rahmen der durch die Unternehmenssatzung gesetzten „Leitplanken" über die von ihnen bestellten Mitglieder des Verwaltungsrats aus.[68] Anders als die kommunalen Unternehmen in Privatrechtsform unterliegt die Kommunalanstalt der staatlichen Rechtsaufsicht.

23 Rechtlich selbstständige **Stiftungen** – unabhängig davon, ob es sich um Stiftungen des bürgerlichen oder des öffentlichen Rechts handelt – kommen dagegen als Organisationsform kommunaler Unternehmen in der Regel nicht in Betracht. Dies liegt zum einen an der in den Kommunalgesetzen nahezu aller Länder normierten Nachrangigkeit der Stiftung gegenüber allen anderen zulässigen Organisationsformen[69], zum anderen an den eher unflexiblen stiftungsrechtlichen Anforderungen.[70]

24 Als öffentlich-rechtliche Organisationsform für die **kommunale Zusammenarbeit** steht traditionell und in allen Ländern der **Zweckverband** zur Verfügung, der als Körperschaft des öffentlichen Rechts im Verhältnis zu seinen Mitgliedern ebenfalls rechtlich verselbstständigt ist und Träger öffentlicher Aufgaben nebst hoheitlichen Rechten sein kann. Im Unterschied zur Kommunalanstalt können sich in eingeschränktem Umfang und unter engen Voraussetzungen auch Private an einem Zweckverband beteiligen. Strukturell ist der durch Vereinbarung und Erlass einer in der Regel aufsichtsbehördlich zu genehmigenden Verbandssatzung entstehende Zweckverband stark an die Verfassung der Kommunen angelehnt, wenngleich es einige landesspezifische Besonderheiten zu beachten gibt.[71] Hauptorgane sind der Verbandsvorsitzende, Verbandsvorsteher oder Verbandsgeschäftsführer und die Verbandsversammlung, die sich aus mindestens einem Vertreter jedes Verbandsmitglieds zusammensetzt. Die Finanzierung des Zweckverbands erfolgt vor-

---

[65] Vgl. den Überblick bei WSG Komm. Unternehmen/Schraml D Rn. 143 ff.
[66] In Baden-Württemberg (§ 102a Abs. 8 S. 4 GemO BW), Niedersachsen (§ 144 Abs. 2 S. 2 NKomVG) und Schleswig-Holstein (§ 9 KUVO SchlH) ist eine Gewährträgerhaftung der Kommune ausgeschlossen, in Mecklenburg-Vorpommern ist die Haftung der Kommune auf die Höhe des eingezahlten Stammkapitals begrenzt und wird eine rechtliche Verpflichtung der Kommune im Rahmen der Anstaltslast ausgeschlossen (§ 70 Abs. 6 und 7 KV MV; ebenso § 144 Abs. 1 NKomVG). Vgl. dazu und zur beihilferechtlichen Relevanz der Gewährträgerhaftung Cronauge Kommunale Unternehmen, 228 ff.; WSG Komm. Unternehmen/Schraml D Rn. 124 ff.
[67] Zur Zulässigkeit einer stillen Beteiligung und zu Holding-Strukturen WSG Komm. Unternehmen/Schraml D Rn. 135 ff.
[68] Ausführlich zur Kommunalanstalt Cronauge Kommunale Unternehmen, 207 ff.; WSG Komm. Unternehmen/Schraml D II.
[69] ZB § 101 Abs. 4 GemO BW, Art. 75 Abs. 4 BayGO, § 135 Abs. 4 NKomVG, § 100 Abs. 3 GO NRW, § 94 Abs. 4 SächsGemO, § 127 KVG LSA, § 84 Abs. 2 GemO RhPf, § 67 ThürKO. Vgl. dazu OVG Münster Urt. v. 19.12.2012 – 16 A 1451/10, BeckRS 2013, 46253.
[70] Ausführlich dazu WSG Komm. Unternehmen/Wölfl D VIII.; Werner NVwZ 2013, 1520.
[71] Vgl. dazu WSG Komm. Unternehmen/Rüsing D III.; Cronauge Kommunale Unternehmen, 299 ff.

rangig über eigene Einnahmen (Gebühren und Beiträge, Nutzungsentgelte, sonstige Zuwendungen, Kredite), subsidiär über die Verbandsumlagen, die nach einem in der Verbandssatzung zu bestimmenden Umlageschlüssel jährlich im Rahmen der Haushaltssatzung festgelegt und auf die Verbandsmitglieder umgelegt werden. Nachdem der Zweckverband eher als Form interkommunalen Zusammenarbeit denn als Unternehmensform konzipiert ist, soll er bei den weiteren Ausführungen außer Acht bleiben.

Darüber hinaus haben die Landesgesetzgeber die Organisationsform der Kommunalanstalt für die kommunale Zusammenarbeit geöffnet und eine Trägerschaft durch mehrere Kommunen zugelassen; eine Beteiligung Privater ist nicht zulässig.[72] Das **gemeinsame Kommunalunternehmen** bzw. die **gemeinsame Kommunalanstalt** kann zum einen entstehen durch Vereinbarung und Erlass einer Unternehmenssatzung durch die beteiligten Kommunen, zum anderen durch Ausgliederung bestehender Regie- und Eigenbetriebe mehrerer Kommunen oder Umwandlung bestehender Zweckverbände und Kapitalgesellschaften, an denen ausschließlich kommunale Körperschaften des öffentlichen Rechts beteiligt sind, in eine gemeinsame Kommunalanstalt, Verschmelzung bestehender Kommunalanstalten bzw. Beitritt einer Kommune zu einer bestehenden Kommunalanstalt. Auf die gemeinsame Kommunalanstalt sind im Wesentlichen die für die **Kommunalanstalt geltenden Regelungen anwendbar**, vereinzelt wird auf Regelungen des Zweckverbandsrechts Bezug genommen.[73]

25

bb) Privatrechtliche Organisationsformen. Dem Grunde nach können für die Organisation kommunaler Unternehmen alle Rechtsformen des Privatrechts – Personengesellschaften, Kapitalgesellschaften, sonstige Körperschaften wie Genossenschaften oder Vereine – in Erwägung gezogen werden. Deren Darstellung im Einzelnen würde den Rahmen dieser Abhandlung sprengen. Allerdings stellen die Kommunalgesetze besondere Anforderungen an die wirtschaftliche Betätigung bzw. Unternehmen in Privatrechtsform, die im Einzelfall zu einem Ausschluss bestimmter Rechtsformen führen können (vgl. dazu → Rn. 60 ff.). Einschränkungen in Bezug auf die Organisation in Privatrechtsform können sich auch aus der Differenzierung zwischen wirtschaftlichen und nichtwirtschaftlichen Tätigkeiten für letztgenannte Bereiche ergeben, indem für die Gründung eines privatrechtlich organisierten Unternehmens oder die Beteiligung an einem solchen das Vorliegen eines wichtigen Interesses der Kommune dargelegt werden muss (→ Rn. 28). Nur vereinzelt werden bestimmte Privatrechtsformen für kommunale Unternehmen von vornherein ausgeschlossen.[74] Zur Nachrangigkeit von Stiftungen des Privatrechts → Rn. 23.

26

c) Ausnahme für nichtwirtschaftliche Unternehmen. Die meisten Kommunalordnungen knüpfen bei der Anwendung der kommunalwirtschaftsrechtlichen Vorgaben an den Inhalt der Betätigung an und differenzieren dabei zwischen wirtschaftlichen und nichtwirtschaftlichen Tätigkeiten. Dies macht eine im Einzelfall schwierige Einordnung kommunaler Tätigkeiten in eine der beiden Kategorien erforderlich. Einige Kommunalverfassungen enthalten eine im Wesentlichen gleichlautende **Definition** der wirtschaftlichen Betätigung als das Herstellen, Anbieten oder Verteilen von Gütern oder Dienstleistungen, die ihrer Art nach auch von Privaten mit der Absicht der Gewinnerzielung erbracht werden könnten.[75] Nachdem die positive Begriffsbestimmung auf eine potenzielle Marktgängigkeit

27

---

[72] Baden-Württemberg (§§ 24a und 24b GKZ BW), Bayern (Art. 49, 50 BayKommZG), Brandenburg (§§ 37 bis 40 BbgGKG), Bremen (§ 2 BremKuG), Hessen (§§ 29a f. HessKGG), Mecklenburg-Vorpommern (§ 167a ff. KV MV), Niedersachsen (§§ 3, 4 NKomZG), Nordrhein-Westfalen (§§ 27 f. GkG NRW), Rheinland-Pfalz (§§ 14a f. KomZG RhPf), Sachsen-Anhalt (§ 1a AnstG LSA), Schleswig-Holstein (§§ 19b ff. GkZ SchlH) und Thüringen (§§ 43 f. ThürKGG).

[73] Ausführlich zu dieser Organisationsform Cronauge Kommunale Unternehmen, 317 ff.; WSG Komm. Unternehmen/Schraml D Rn. 239a ff.

[74] Vgl. § 68 Abs. 4 S. 2 KV MV, der die Errichtung einer AG oder die Umwandlung bestehender Unternehmen oder Einrichtungen in eine AG ausschließt.

[75] Brandenburg (§ 91 Abs. 1 S. 1 BbgKVerf), Mecklenburg-Vorpommern (§ 68 Abs. 1 Satz 1 KV MV), Nordrhein-Westfalen (§ 107 Abs. 1 S. 3 GO NRW). Vgl. auch BVerwGE 39, 329 (333).

der Tätigkeit abstellt, ist sie als Abgrenzungskriterium aber wenig geeignet.[76] Die Gesetzgeber der meisten Länder behelfen sich daher nach dem Vorbild des § 67 Abs. 2 DGO (→ Rn. 38) mit einem **Ausnahmekatalog** für bestimmte Tätigkeitsbereiche, die kraft Gesetzes nicht als wirtschaftliche Betätigung gelten.[77] Diese Kataloge enthalten neben den hoheitlichen Tätigkeiten auch wirtschaftliche Tätigkeitsfelder, bei denen die **Nichtwirtschaftlichkeit fingiert** wird[78], und sind je nach Intention der Landesgesetzgeber unterschiedlich ausgestaltet.[79] Regelmäßig erfasst sind Unternehmen, zu deren Betrieb eine gesetzliche Verpflichtung besteht, kulturelle und soziale Einrichtungen sowie Hilfsbetriebe, die ausschließlich der Deckung des Eigenbedarfs der Kommune dienen. Die Auslegung und Reichweite der Ausnahmetatbestände führt in der Praxis immer wieder zu Rechtsunsicherheiten.[80] Die Rechtsprechung legt den Begriff der (nicht-)wirtschaftlichen Betätigung **betriebs- und nicht handlungsbezogen** aus und stellt auf den Unternehmensgegenstand insgesamt, nicht auf jede einzelne unternehmerische Handlung im Rahmen der Verfolgung des Unternehmensgegenstands ab.[81] Dies hat zur Folge, dass die Erweiterung des Tätigkeitsbereichs eines nach Landesrecht „nichtwirtschaftlichen" kommunalen Unternehmens in den „wirtschaftlichen" Bereich hinein unschädlich sein kann, solange der Anteil der ausgeübten wirtschaftlichen Tätigkeit im Verhältnis zur nichtwirtschaftlichen Betätigung von untergeordneter Bedeutung bleibt.

28   Die Einordnung einer Tätigkeit als nichtwirtschaftlich hat weitreichende **Rechtsfolgen.** Zum einen führt sie zu einer vollständigen Freistellung der Einrichtung bzw. des Unternehmens von den beschränkenden Vorgaben des kommunalen Wirtschaftsrechts. Zum anderen gelten je nach Ausgestaltung des Landesrechts andere Maßstäbe für die Rechtsformwahl. Unternehmen mit „wirtschaftlicher Tätigkeit" können dort unter anderen, in der Regel geringeren Voraussetzungen in einer Rechtsform des Privatrechts betrieben werden als solche mit „nichtwirtschaftlichem" Betätigungsbereich.[82]

29   Die Länder Bayern und Thüringen verzichten zur Erhöhung der Rechtssicherheit und Erweiterung der Formenwahlfreiheit – so die amtlichen Begründungen[83] – auf die Unterscheidung zwischen wirtschaftlichen und nichtwirtschaftlichen Unternehmen, haben aber als Kompensation eine Ergänzung der Schrankentrias (→ Rn. 38) dahingehend vorgenommen, dass die dem kommunalen Unternehmen zu übertragenden Aufgaben für die Wahrnehmung außerhalb der allgemeinen Verwaltung geeignet sein müssen. Damit soll einem Substanzverlust der kommunalen Selbstverwaltung durch Übertragung beliebiger kommunaler Aufgaben auf Unternehmen vorgebeugt werden.

30   **d) Ausschluss von Bankunternehmen.** Ausdrücklich verboten ist nach den Kommunalverfassungsgesetzen die Errichtung bzw. der Betrieb von Bankunternehmen im Sinne des

---

[76] Mann/Püttner Kommunale Wissenschaft-HdB/Oebbecke § 41 Rn. 14; Schulz BayVBl. 1997, 518 (519).
[77] ZB Baden-Württemberg (§ 102 Abs. 4 GemO BW), Nordrhein-Westfalen (§ 107 Abs. 2 GO NRW), Sachsen (§ 94a Abs. 3 SächsGemO).
[78] Vgl. VerfGH RhPf. Urt. v. 28.3.2000, NVwZ 2000, 801 (802).
[79] Beispiele: Einrichtungen des Umweltschutzes (Niedersachen, Nordrhein-Westfalen, Rheinland-Pfalz); Messe- und Ausstellungswesen (Nordrhein-Westfalen); Wohnungswesen (Nordrhein-Westfalen); Energieerzeugung, insbesondere erneuerbarer Art (Mecklenburg-Vorpommern), Breitbandversorgung (Hessen); Unternehmensbeteiligungen ohne kommunale Aufgabenerfüllung als bloße Vermögensverwaltung (Brandenburg). Kritisch Burgi KommunalR § 17 Rn. 39, der von im Einzelnen schwer nachvollziehbaren Zuordnungen spricht.
[80] Vgl. OVG Münster Beschl. v. 12.10.2004 – 15 B 1889/04, NZBau 2005, 167 (gebietsübergreifende Abfallwirtschaft der Kommunen); OLG Düsseldorf Urt. v. 28.10.1999 – 2 U 7/88, NVwZ 2000, 111 (kommerzielle Entsorgung und Verwertung alter Kfz) und Beschl. v. 12.1.2000 – Verg 3/99, NVwZ 2000, 714 (überörtliche Betätigung im Entsorgungsbereich; Erzielung von Erträgen im Rahmen der Tätigkeit).
[81] OVG Münster Beschl. v. 13.8.2003 – 15 B 1137/03, NVwZ 2003, 1520 (Vermietung eines Fitness-Studios auf einem städtischen Parkhaus).
[82] So in Hessen (§ 122 Abs. 2 HGO), Mecklenburg-Vorpommern (§ 69 Abs. 1 Nr. 2 KV MV), Niedersachsen (§ 136 Abs. 4 NKomVG) und Nordrhein-Westfalen (§ 108 Abs. 1 Nr. 2 GO NRW).
[83] Bayern: LT-Drs. 13/10828 v. 21.4.1998, 18 f.; Thüringen: LT-Drs. 3/333 v. 15.2.2000, 7.

KWG. Intention der Landesgesetzgeber ist der Schutz der Kommunen vor den mit Bankgeschäften verbundenen wirtschaftlichen Risiken. Dieses Verbot ist teilweise genereller Art,[84] andere hingegen formulieren ein grundsätzliches Verbot des Betreibens mit einem gesetzlichen Erlaubnisvorbehalt, der im Ergebnis leerläuft.[85] Für das **öffentliche Sparkassenwesen** wird in diesem Zusammenhang auf die hierzu bestehenden gesonderten Vorschriften hingewiesen (→ § 20 Rn. 1, 18 ff.). Zugelassen wird teilweise der Erwerb eines Geschäftsanteils an einer eingetragenen Kreditgenossenschaft, wenn eine Nachschusspflicht ausgeschlossen oder die Haftungssumme auf einen bestimmten Betrag beschränkt ist.[86] Dadurch wird den Kommunen ermöglicht, bei einer Kreditgenossenschaft ein Zahlungsverkehrskonto einzurichten oder zu den für Mitglieder geltenden Konditionen Kredite zu erhalten.

e) Adressaten der Vorgaben. Die Frage, ob die Kommunen oder ihre Unternehmen 31 durch die Vorgaben des kommunalen Wirtschaftsrechts verpflichtet werden, ist je nach Organisationsform unterschiedlich zu beantworten. Bei den **rechtlich unselbständigen Organisationsformen** (→ Rn. 20 f.) liegt auf der Hand, dass die Verpflichtungen der Kommune gleichzeitig solche des Unternehmens sind, das mangels eigener Rechtspersönlichkeit Teil der Kommune ist. In Bezug auf die rechtlich selbständigen Organisationsformen ist zwischen öffentlich-rechtlichen Rechtsformen und Privatrechtsformen zu differenzieren.

Für die **rechtsfähigen Anstalten des öffentlichen Rechts** (→ Rn. 22) enthalten die 32 Kommunalgesetze zum einen an die Gemeinde adressierte Vorgaben für die Errichtung des Unternehmens bzw. – auf Grundlage des § 1 Abs. 2 UmwG – für die Umwandlung bestehender Betriebe und Unternehmen in diese Rechtsform sowie die Ausgestaltung der Unternehmensverfassung im Rahmen der Anstalts- bzw. Unternehmenssatzung. Zum anderen ist das Anstaltsunternehmen unmittelbar Normadressat, etwa in Bezug auf die Zulässigkeit der Beteiligung an anderen Unternehmen, die Dienstherrnfähigkeit und hoheitlichen Befugnisse des Unternehmens, die Grundsätze der Führung des Unternehmens und die Wirtschaftsführung. Zudem unterliegen die Kommunalanstalten unmittelbar der staatlichen Rechtsaufsicht. Die umfassende Regulierung der Kommunalanstalten durch die Landesgesetzgeber ist letztlich dadurch begründet, dass Anstalten als selbständiger Teil der Staatsorganisation nur durch Gesetz oder auf Grundlage eines Gesetzes errichtet werden können.[87]

Im Gegensatz dazu sind die kommunalen **Unternehmen in Privatrechtsform** wegen 33 des grundsätzlichen Vorrangs der einschlägigen gesellschaftsrechtlichen Vorschriften **nicht unmittelbar Gegenstand** der Landesgesetzgebung. Um rechtliche Konflikte an der **Schnittstelle zwischen Kommunalrecht und Gesellschaftsrecht** zu vermeiden (→ Rn. 13), beschränken sich die Kommunalgesetzgeber hier im Wesentlichen auf die Festlegung von Pflichten für die Kommunen bei der Errichtung von bzw. Beteiligung an Unternehmen in Privatrechtsformen und im Rahmen der (gesellschaftsrechtlich zulässigen) Ausgestaltung des Gesellschaftsvertrags bzw. der Unternehmenssatzung, von Verhaltenspflichten in Bezug auf die kommunalen Vertreter in den Unternehmensorganen und Vorgaben in Bezug auf das Beteiligungsmanagement und Berichtswesen.[88] Gesetzestechnisch erfolgt dies in der Regel durch Sollvorschriften, Hinwirkungspflichten und materielle Regelungen unter dem ausdrücklichen Vorbehalt entgegenstehender gesetzlicher (insbesondere gesellschaftsrechtlicher) Vorschriften. Landesrechtliche Vorgaben, die

---

[84] Vgl. nur Art. 87 Abs. 4 BayGO, § 92 Abs. 6 BbgKVerf, § 121 Abs. 9 HGO, § 107 Abs. 6 GO NRW, § 85 Abs. 5 GemO RhPf., § 94a Abs. 5 SächsGemO.
[85] Vgl. § 102 Abs. 5 S. 1 GemO BW, dazu Kunze/Bronner/Katz GemO § 102 Rn. 72.
[86] ZB Art. 87 Abs. 4 S. 3 BayGO; § 108 Abs. 7 GO NRW.
[87] Allgemein zum Anstaltsrecht Maurer/Waldhoff AllgVerwR § 23 Rn. 53; Berg NJW 1985, 2294; Krebs NVwZ 1985, 609.
[88] Vgl. exemplarisch Art. 92, Art. 93 Abs. 2, Art. 94 BayGO; §§ 108, 112, 113, 117 GO NRW; §§ 102 Abs. 2, 104, 109a GO SchlH.; §§ 137, 138, 150, 151 NKomVG; §§ 96, 96a, 98, 99 SächsGemO.

sich unmittelbar an die Unternehmen selbst richten, sind regelmäßig als Sollvorschriften ausgestaltet.[89] Vereinzelte kommunalgesetzliche Verpflichtungen kommunaler Unternehmen in Privatrechtsform oder Vorgaben an kommunale Vertreter in Organen dieser Unternehmen werden im Konfliktfall im Lichte des vorrangigen Gesellschaftsrechts auszulegen sein.[90]

2. Allgemeine Vorgaben betreffend die Gründung und den Bestand kommunaler Unternehmen

34 Ausgangspunkt der Prüfung ist in allen Kommunalgesetzen eine Grundnorm, die die allgemeine Zulässigkeit der kommunalwirtschaftlichen Betätigung regelt. Im Grunde betreffen diese Regelungen in erster Linie die Frage, *ob* die Kommunen überhaupt als Unternehmer auftreten können, und nicht die in diesem Handbuch zu behandelnden Organisationsvorgaben. Hier zeigen sich allerdings wesentliche Unterschiede in der Ausgestaltung der Landesrechte. In Bayern und Thüringen etwa ist seit der letzten größeren Reform des kommunalen Wirtschaftsrechts Anknüpfungspunkt für diese gesetzlichen Vorgaben nicht mehr der Inhalt der Betätigung, sondern die Organisation der Aufgabenerfüllung in bestimmten Rechtsformen (vgl. dazu → Rn. 17, 29).[91] Aus den ursprünglich auf die (wirtschaftliche) Betätigung der Kommune nach außen gerichteten Vorgaben wurden damit Organisationsvorgaben. Darüber hinaus sind die allgemeinen Vorgaben an die Zulässigkeit der kommunalwirtschaftlichen Betätigung in manchen Ländern als laufende Betätigungsprüfung angelegt (→ Rn. 37) und wirken sich auf die Führung des kommunalen Unternehmens aus. Vor diesem Hintergrund kommt man auch im Rahmen dieser Abhandlung nicht umhin, die allgemeinen Voraussetzung für die Zulässigkeit kommunalwirtschaftlicher Betätigung in der gebotenen Kürze darzustellen.

35 **a) Marktzutrittsregelung oder Betätigungsprüfung.** Die allgemeinen Zulässigkeitskriterien sind teilweise als **Marktzutrittsregelungen**[92] ausgestaltet, indem sie an die eine unternehmerischen Betätigung begründende Organisationsmaßnahme der **Errichtung, Übernahme oder wesentliche Erweiterung** eines Unternehmens oder auch die Beteiligung an einem solchen anknüpfen, also zu diesem Zeitpunkt vorliegen müssen.[93] Eine permanente oder periodisch wiederkehrende Aufgabenkritik ist bei diesem Regelungskonzept nicht gefordert.[94] Dies hat zur Folge, dass bestehende Unternehmen grundsätzlich weitergeführt werden dürfen, auch wenn sich die gesetzlichen Grundlagen für die kommunalwirtschaftliche Betätigung zu einem späteren Zeitpunkt ändern.[95] Kommunalen Unternehmen bzw. Unternehmensbeteiligungen kommt insoweit **Bestandsschutz** zu. Zum Teil werden diese Marktzutrittsregelungen allerdings flankiert durch periodische Berichtspflichten der Kommunen über das Vorliegen der allgemeinen Zulässigkeitskriterien

---

[89] Etwa zur kostendeckenden Unternehmensführung und Erwirtschaftung von Erträgen, vgl. etwa § 149 NKomVG; § 109 Abs. 1 Satz 2, Abs. 2 GO NRW; § 107 Satz 2 GO SchlH.; § 75 Abs. 1 und 2 ThürKO.
[90] ZB § 104 Abs. 2 GO SchlH, der eine Weisungsbindung für die von der Gemeinde entsandten Mitglieder des Vorstands oder eines Aufsichtsrats vorsieht; vgl. dazu PdK S-H B-1/Borchert § 25 Rn. 8 f.
[91] Art. 86, 87 Abs. 1 BayGO; § 71 Abs. 1 und 2 ThürKO. Vgl. dazu Knemeyer BayVBl. 1999, 1 (5).
[92] So Mann/Püttner Kommunale Wissenschaft-HdB/Oebbecke § 41 Rn. 14 unter Hinweis auf OVG Münster NVwZ 2008, 1031 (1032).
[93] ZB Baden-Württemberg (§ 102 Abs. 1 GemO BW), Bayern (Art. 87 Abs. 1 BayGO), Niedersachsen (§ 136 Abs. 1 S. 2 NKomVG), Rheinland-Pfalz (§ 85 Abs. 1 GemO RhPf.), Sachsen (§ 94a Abs. 1 S. 1 SächsGemO), Schleswig-Holstein (§ 101 Abs. 1 GO SchlH), Thüringen (§ 71 Abs. 2 ThürKO).
[94] PdK Bay B-1/Schulz, Art. 87 BayGO Anm. 1.2.3; Widtmann/Grasser/Glaser BayGO, Art. 87 Rn. 2 mwN. Vgl. auch BVerwGE 39, 329 (332).
[95] Vgl. VerfGH RhPf. Urt. v. 28.3.2000, NVwZ 2000, 801 (802) zu den Auswirkungen einer Verschärfung der sog. Subsidiaritätsklausel auf bestehende kommunale Unternehmen. Sehr weitgehend § 66 Abs. 2 ThürKO zum Bestandsschutz für kommunale Unternehmensbeteiligungen nach Wegfall des öffentlichen Zwecks dieses Unternehmens. Zum Konflikt zwischen Bestandsschutz einerseits und verfassungsrechtlicher öffentlicher Zweckbindung andererseits Mann/Püttner Kommunale Wissenschaft-HdB/Nierhaus § 40 Rn. 38 f.

insbesondere in Bezug auf kommunale Beteiligungen an Unternehmen in Privatrechtsform[96] oder durch allgemeine Vorgaben an die Unternehmensführung[97].

Auslegungsschwierigkeiten bereitet bei diesem Regelungskonzept in der Praxis vor allem der Tatbestand der **wesentlichen Erweiterung** eines Unternehmens, der eine erneute Prüfung der allgemeinen Zulässigkeitsvoraussetzungen auslöst.[98] Nach der Rechtsprechung fallen darunter nicht bereits Rationalisierungsmaßnahmen im Rahmen qualitativer Verbesserungen, ebenso wenig die Übernahme untergeordneter Annexaufgaben zum Unternehmensgegenstand, wenn diese wirtschaftlich gesehen und wegen des Sachzusammenhangs eine bloße Ergänzung oder Abrundung der einem öffentlichen Zweck dienenden Hauptleistung darstellen.[99] Wesentlich soll eine Erweiterung aber dann sein, wenn die fraglichen Maßnahmen den Umfang und die Leistungsfähigkeit des Unternehmens im Sinne einer räumlichen oder funktionellen Ausdehnung erheblich steigern.[100] 36

Einen anderen Weg gehen die Landesgesetzgeber, bei denen Bezugspunkt für die allgemeinen Zulässigkeitsvoraussetzungen die **wirtschaftliche Betätigung** der Kommune ist.[101] Dies erfordert dem Grunde nach eine dauerhafte Beobachtung und Prüfung bestehender kommunaler Unternehmen im Sinne einer **permanenten Betätigungskontrolle,** die gegebenenfalls ein Nachjustieren im Rahmen bestehender Einflussnahmemöglichkeiten auf das betreffende Unternehmen notwendig macht, im Extremfall auch zum Rückzug der Kommune aus einem Betätigungsfeld führen kann. Allerdings sehen die Kommunalverfassungen sehr unterschiedliche zeitliche Intervalle für die diesbezüglichen Nachweis- bzw. Berichtspflichten vor.[102] Über mögliche, aus der Prüfung abzuleitende Konsequenzen sollen die Kommunen selbstständig und in eigener Verantwortung entscheiden können.[103] Ein Privatisierungszwang nach Wegfall einer Zulässigkeitsvoraussetzung besteht dagegen nach ganz herrschender Meinung nicht, allenfalls setzen die Gesetzgeber hier auf einen durch Transparenz und Publizität erzeugten faktischen Privatisierungsdruck.[104] Auch die in Bayern im kommunalen Haushaltsrecht verankerte sog. Privatisierungsklausel, die eine Untersuchung des Privatisierungspotenzials kommunaler Aufgaben vorsieht, begründet weder einen Vorrang privater Aufgabenerledigung noch eine Privatisierungspflicht.[105] 37

b) Die Schrankentrias. Die heutigen kommunalwirtschaftlichen Regelungen der Länder orientieren sich im Kern an der in § 67 Abs. 1 der **Deutschen Gemeindeordnung** 38

---

[96] ZB § 90 Abs. 2 Satz 1, Satz 2 Nr. 4 GemO RhPf.; zur Verfassungsmäßigkeit dieser Regelung VerfGH RhPf. Urt. v. 28.3.2000, NVwZ 2000, 801 (805).
[97] Vgl. Art. 95 Abs. 1 BayGO.
[98] Ausführlich dazu Scharpf BayVBl. 2005, 549; Köhler BayVBl. 2000, 1 (1 ff.), jeweils mwN.
[99] VerfGH RhPf. Urt. v. 28.3.2000, NVwZ 2000, 801 (803), der als Beispiel Stadtwerke benennt, die ihr Energieversorgungsangebot durch Zusatzdienste wie Beratung und Installation zu einer wettbewerbsfähigen Gesamtleistung abrunden.
[100] VerfGH RhPf. Urt. v. 28.3.2000, NVwZ 2000, 801 (802 mwN): Bejaht bei Übernahme der Gasversorgung neben der bisher vom Stadtwerk angebotenen Stromversorgung.
[101] So etwa in Brandenburg (§ 91 Abs. 2 BbgKVerf), Hessen (§ 121 Abs. 1 HGO), Sachsen-Anhalt (§ 128 Abs. 1 KVG LSA). Die vergleichbare Formulierung in § 107 Abs. 1 S. 1 GO NRW wird von der einschlägigen Literatur dagegen eher als an die Kommune gerichtete Verdeutlichung interpretiert, dass die wirtschaftliche Betätigung auf Dauer angelegt ist und daher seitens der Kommune ständiger Begleitung bedarf, vgl. Rehn/Cronauge GO § 107 Anm. II. 1.; PdK-NW B-1/Haßenkamp/Kaspar/Plückhahn ua § 107 GO Anm. 3.1.1.
[102] Brandenburg: Erstmals 2012, danach alle 10 Jahre (§ 91 Abs. 6 BbgKVerf); Hessen: einmal in jeder Wahlzeit (§ 121 Abs. 7 HGO); Saarland: in regelmäßigen Zeitabständen (§ 108 Abs. 6 S. 1 KSVG); Sachsen-Anhalt: Jährlich (§ 130 Abs. 2 KVG LSA).
[103] Für Brandenburg PdK Br B-1/Tomerius § 91 BbgKVerf Anm. 4 unter Hinweis auf LT-Drs. 5/3023, 5; für Hessen vgl. ausdrücklich LT-Drs. 16/2463 S. 60. Sehr weitgehend § 108 Abs. 6 KSVG.
[104] So in Bezug auf die Berichtspflicht nach § 90 Abs. 2 S. 3 Nr. 4 GemO RhPf. VerfGH RhPf. Urt. v. 28.3.2000, NVwZ 2000, 801 (805). Vgl. auch BayVerfGH BayVBl. 1958, 51 (53); Püttner LKV 1994, 193 (194); Schoch DÖV 1993, 377 (380, 383); Hellermann Örtliche Daseinsvorsorge, 220 f.; Hösch GewArch 2000, 1 (7, 11). AA Ronellenfitsch DÖV 1999, 705 (711). Zu den Möglichkeiten und Grenzen der staatlichen Aufsicht über laufende wirtschaftliche Betätigungen Ruffert VerwArch 2001, 27 (47 ff.).
[105] PdK Bay B-1/Mühlbauer/Stanglmayr/Zwick Art. 61 BayGO Anm. 7; Widtmann/Grasser/Glaser BayGO Art. 61 Rn. 15.

(DGO) von 1935 enthaltenen sogenannten **Schrankentrias,** die die Voraussetzungen für die Errichtung oder wesentliche Erweiterung von wirtschaftlichen Unternehmen der Gemeinden – in Abgrenzung zu den nichtwirtschaftlichen gemeindlichen Unternehmen (→ Rn. 27 f.) – reichsweit normierte.[106] Danach durften Gemeinden wirtschaftliche Unternehmen nur errichten oder wesentlich erweitern, wenn

1. der öffentliche Zweck das Unternehmen rechtfertigt,
2. das Unternehmen nach Art und Umfang in einem angemessenen Verhältnis zu der Leistungsfähigkeit der Gemeinde und zum voraussichtlichen Bedarf steht (Relationsklausel), und
3. der Zweck nicht besser und wirtschaftlicher durch einen anderen erfüllt wird oder erfüllt werden kann (Subsidiaritätsklausel).

39 Diese Regelungen haben durch die **Landesgesetzgeber** im Laufe der Zeit zahlreiche **Änderungen und Ergänzungen** erfahren, die die jeweiligen ordnungspolitischen Vorstellungen ihrer Zeit wiederspiegeln, aber auch der finanziell klammen Situation der Kommunen, neuen Anforderungen an die kommunale Aufgabenerfüllung (zB Energiewende, Breitbandausbau, Sicherstellung gleichwertiger Lebensverhältnisse, Klimaschutz) und fundamentalen Veränderungen wirtschaftlicher Rahmenbedingungen durch Liberalisierung und Deregulierung etwa im Bereich der Abfall- oder Energiewirtschaft geschuldet waren und sind.[107] Bisweilen wird in der Literatur die Zersplitterung des kommunalen Wirtschaftsrechts beklagt und ein – wettbewerbsgetriebener – Bedeutungsverlust kommunalwirtschaftlicher Schranken zu Lasten der Privatwirtschaft konstatiert.[108] Andererseits setzen einige Länder in bestimmten Wirtschaftsbereichen gerade auf die kommunalen Unternehmen als wettbewerbsbereicherndes Element. Die bisher auf Länderebene unternommenen Versuche einer Harmonisierung gemeinderechtlicher Vorschriften sind aber aufgrund unterschiedlicher ordnungspolitischer Vorstellungen insbesondere in Bezug auf das Gemeindewirtschaftsrecht und nicht zuletzt wegen landesspezifischer Besonderheiten gescheitert.

40 **aa) Vorliegen eines öffentlichen Zwecks.** Der öffentliche Zweck ist die zentrale kommunalrechtliche Legitimationsgrundlage für die Kommunalwirtschaft und nach ganz hM verfassungsrechtlich vorgegeben (→ § 18 Rn. 5 ff.). Es handelt sich um einen unbestimmten Rechtsbegriff, dessen Auslegung im Einzelnen umstritten ist. Gemeinhin wird darunter **jede gemeinwohlorientierte, im öffentlichen Interesse der Einwohner liegende Zielsetzung** verstanden, also die Wahrnehmung einer sozial-, gemeinwohl- und damit einwohnernützigen kommunalen Aufgabe. Der Begriff ist dabei nicht eng auf die klassische Versorgung der Einwohner mit Elektrizität, Gas und Wasser zu beziehen oder auf den Bereich der Daseinsvorsorge zu beschränken, vielmehr kommen für die Bedürfnisprüfung der Einwohner und der Kommune Leistungen und Lieferungen auf den verschiedensten Lebens- und Aufgabengebieten in Betracht.[109] Die Gemeinwohlbelange lassen sich also nicht umfassend umschreiben, sie können sich auf die Versorgung mit bestimmten Wirtschaftsgütern beziehen, marktbezogen sein im Hinblick auf die Art und Weise der Versorgung (zB ein funktionierender Wettbewerb[110]), die Art und Weise der

---

[106] Zur historischen Entwicklung der Kommunalwirtschaft Cronauge Kommunale Unternehmen, 58 ff.; (→ WSG Komm. Unternehmen/Gaß C Rn. 21 ff.
[107] Zu den Intentionen der Landesgesetzgeber für die jüngeren Entwicklungen des Kommunalwirtschaftsrechts WSG Komm. Unternehmen/Gaß C Rn. 4 mwN. Zur Schrankenquadriga in Bayern und Thüringen → Rn. 29 (Wegfall wirtschaftlich – nichtwirtschaftlich). Auf die Stadtwerke als wettbewerbsbereicherndes Element hinweisend bereits Püttner LKV 1994, 193 (194).
[108] Breuer WiVerw 2015, 150 (170 f.); kritisch auch Brüning NVwZ 2015, 689 (695).
[109] Vgl. BVerwG 22.2.1972 – I C 24.69, VerwRspr 1973, 215 (218); OVG Schleswig 11.7.2013 – 2 LB 32/12, juris Rn. 91, 93; OVG Magdeburg 17.2.2011 – 2 L 126/09, BeckRS 2011, 48533; OVG Münster 1.4.2008, NVwZ 2008, 1031 (1035). Kunze/Bronner/Katz GemO § 102 Rn. 33; Rehn/Cronauge GO § 107 Anm. III. 3.; Cronauge Gemeindehaushalt 1998, 131 (133).
[110] Exemplarisch Landtag NRW, LT-Drs. 15/27 vom 7.7.2010, 1; Burgi, Neuer Ordnungsrahmen, 58 f.; kritisch Brüning NVwZ 2015, 689 (691 f.).

Produktion von Waren und Dienstleistungen betreffen (zB der umweltschonende Einsatz von Ressourcen)[111] oder in gewissem Umfang auch kommunale Wirtschaftsförderungs- und Arbeitsmarktaktivitäten sein.[112]

Teilweise wird die Auffassung vertreten, dass auch die **mittelbare Gemeinwohlver-** 41 **wirklichung** als öffentliche Zwecksetzung anzuerkennen sei, wenn die von einem kommunalen Unternehmen erwirtschafteten **Erträge** für einen solchen Zweck verwendet werden.[113] Dieser Ansatz konnte sich bislang weder in der Rechtsprechung[114] noch in der Literatur[115] durchsetzen. Einige Landesgesetzgeber haben ausdrücklich klargestellt, dass die Teilnahme am Wettbewerb, um Gewinne zu erzielen, keinem öffentlichen Zweck entspricht.[116] Dies bedeutet aber nicht, dass die Kommunen mit ihren auf die Erfüllung eines öffentlichen Zwecks gerichteten Unternehmen nicht auch Gewinne erwirtschaften können.[117]

Die Verfolgung des öffentlichen Zwecks muss jedenfalls im Zusammenhang mit der 42 **Erfüllung einer kommunalen Aufgabe** stehen und damit im Rahmen der Kompetenzordnung stattfinden.[118] Für die gemeindliche Ebene ist dabei das verfassungsrechtlich gewährleistete sog. Prinzip der Allzuständigkeit zu beachten, wonach sich die Gemeinden aller Angelegenheiten der örtlichen Gemeinschaft, die nicht durch Gesetz bereits anderen Trägern öffentlicher Verwaltung übertragen sind, ohne besonderen Kompetenztitel annehmen dürfen.[119] Bedeutung kommt dem Aufgabenbezug insbesondere zu im Hinblick auf die Zulassung einer wirtschaftlichen Betätigung außerhalb des Gemeindegebiets (zum Örtlichkeitsprinzip → Rn. 55 ff.), die Zulässigkeit sogenannter Annextätigkeiten, die für sich genommen keinem öffentlichen Zweck dienen (→ Rn. 45), sowie bei der Frage, ob und inwieweit eine wirtschaftliche Betätigung auf die örtliche Versorgung der Einwohnerschaft gerichtet sein muss.[120]

Relativ neu ist in diesem Zusammenhang das Regelungskonzept einiger Landesgesetz- 43 geber, **Sonderregelungen** insbesondere für die kommunalwirtschaftliche Betätigung in der Energieversorgung[121], aber auch für andere Bereiche der Versorgungs- und Entsorgungswirtschaft[122] zu schaffen, mit denen **kraft Gesetzes** ua. das Vorliegen der öffentlichen Zweckbestimmung widerlegbar vermutet oder fingiert wird.

---

[111] So Köhler BayVBl. 2000, 1 (5 f.); vgl. auch Ehlers DVBl 1998, 497 (498).
[112] Burgi, Kommunalrecht § 17 Rn. 43; Jarass DÖV 2002, 489 (498); Kunze/Bronner/Katz GemO § 102 Rn. 33.
[113] Cronauge Gemeindehaushalt 1998, 131 (133); Moraing Gemeindehaushalt 1998, 223 (224); auch Britz NVwZ 2001, 380 (382); Jarass DÖV 2002, 489 (490, 495); Wolff DÖV 2011, 721 (725); Otting Neues Steuerungsmodell und rechtliche Betätigungsspielräume der Kommunen, 1997, S. 199, 218; Otting DVBl 1997, 1258 (1262).
[114] BVerfG NJW 1982, 2173 (2175); VerfGH RhPf. NVwZ 2000, 801 (803).
[115] Statt vieler Lange NVwZ 2014, 616 (617); Ehlers DVBl 1998, 497 (499 f.).
[116] Bayern (Art. 87 Abs. 1 S. 2 BayGO), Brandenburg (§ 91 Abs. 2 Nr. 1 BbgKVerf), Mecklenburg-Vorpommern (§ 68 Abs. 2 S. 2 KV MV), Saarland (§ 108 Abs. 3 S. 3 KSVG), Sachsen-Anhalt (§ 128 Abs. 1 S. 2 KVG LSA).
[117] Ehlers Verwaltung in Privatrechtsform, 93 ff.
[118] So zu Recht Mann/Püttner Kommunale Wissenschaft-HdB/Oebbecke § 41 Rn. 21, 29; Schmahl LKV 2000, 47 (49); Jarass Kommunale Wirtschaftsunternehmen, 58.
[119] BVerfGE 79, 127 (147); 107, 1 (11 f.); BVerfG NVwZ 2015, 728 /730); BVerfG NVwZ 2018, 140 (145, 146 f.), dort auch zu Unterschied zu den Kreisen als sog. Gemeindeverbände, denen nur im Rahmen ihres gesetzlichen Aufgabenbereichs eine Eigenverantwortlichkeit garantiert ist (BVerfG NJW 1967, 1075 (1076). Vgl. auch VerfGH RhPf NVwZ 2000, 801 (802).
[120] Zur Problematik der Stromerzeugung durch Einspeisung OVG Schleswig Urt. v. 11.7.2013 – 2 LB 32/10, BeckRS 2013, 59141 und die Reaktion des Landesgesetzgebers durch Einführung des § 101a GO SchlH, vgl. amtl. Begr. hierzu in LT-Drs. 18/3152 vom 30.6.2015, 38.
[121] Nordrhein-Westfalen (§ 107a GO NRW), Rheinland-Pfalz (§ 85 Abs. 1 S. 2 bis 4 GemO RhPf), Schleswig-Holstein (§ 101a Abs. 1 GO SchlH). Vgl. dazu Burgi Neuer Ordnungsrahmen für energiewirtschaftliche Betätigung, 46 ff.
[122] Niedersachsen (§ 136 Abs. 1 S. 4 NKomVG), Saarland (§ 108a KSVG), Sachsen (§ 97 Abs. 1 SächsGemO), Sachsen-Anhalt (§ 128 Abs. 2 S. 1 KVG LSA). In Bayern nimmt Art. 87 Abs. 1 Satz 1 Nr. 1 BayGO allgemein Bezug zu den in Art. 57 Abs. 1 BayGO und Art. 83 Abs. 1 BayVerf enthaltenen Aufgabenkatalog.

44 Im Übrigen wird den Gemeinden nach der Rechtsprechung des BVerwG[123] bei der Beurteilung der Zweckbestimmung eine **Einschätzungsprärogative** zuerkannt, die richterlicher Überprüfung und damit letztlich auch einer kommunalaufsichtlichen Beanstandung weitgehend entzogen ist.

45 Umstritten ist, ob und inwieweit sog. Randnutzungen oder **Annextätigkeiten,** deren Erbringung für sich genommen keinem öffentlichen Zweck dient, zulässig sind. Als zulässig erachtet wird mit Blick auf den Wirtschaftlichkeitsgrundsatz, wenn die Gemeinde mit einer Nebentätigkeit zu einer von einem öffentlichen Zweck getragenen Haupttätigkeit Gewinne erzielt, indem sie vorhandene, sonst brachliegende, aber noch benötigte Kapazitäten ausnutzt (Ressourcennutzung). Dauernd entbehrlich gewordene Kapazitäten dürfen jedoch grundsätzlich nicht aufrechterhalten oder gar neue Kapazitäten aufgebaut werden, um außerhalb des öffentlichen Unternehmenszwecks Gewinne zu erwirtschaften.[124] Allerdings sollen wirtschaftliche Tätigkeiten an der Zulässigkeit der von einem öffentlichen Zweck getragenen Haupttätigkeit dann teilnehmen, wenn sie üblicherweise im Zusammenhang mit der Hauptleistung stehen, nach Art und Umfang untergeordnet sind und die sachgerechte Aufgabenerledigung nicht beeinträchtigen.[125] Besondere Abgrenzungsschwierigkeiten ergeben sich insoweit insbesondere im sich äußerst dynamisch entwickelnden Energiesektor in Bezug auf die Reichweite des Begriffs der „Energieversorgung" bzw. „energiewirtschaftlichen Betätigung" und hinsichtlich der Dienstleistungen kommunaler Unternehmen „hinter dem Zähler".[126] Einige Landesgesetzgeber haben versucht, die Erbringung derartiger Annextätigkeiten durch verschiedenartige gesetzliche Regelungen abzusichern und zu begrenzen.[127]

46 In den Fällen, in denen die Landesgesetzgeber nicht nur die **Rechtfertigung**[128] der wirtschaftlichen Betätigung durch einen öffentlichen Zweck, sondern das **Erfordernis** eines öffentlichen Zwecks fordern, bedeutet dies eine gesteigerte Anforderung im Sinne einer Bedürfnisprüfung und Abwägungsentscheidung mit Blick auf entgegenstehende – auch privatwirtschaftliche – Belange.[129] Nach der einschlägigen Rechtsprechung bedeutet der Begriff des Erfordernis aber nicht, dass die wirtschaftliche Betätigung für den öffentlichen Zweck unausweichlich sein muss, vielmehr reicht es aus, dass die Betätigung für den öffentlichen Zweck objektiv erforderlich im Sinne von vernünftigerweise geboten ist.[130] Der Umstand, dass die Bedürfnisse der Bevölkerung durch Private befriedigt werden können, schließt die öffentliche Zwecksetzung eines kommunalen Unternehmens jedenfalls nicht aus.[131] Die in einzelnen Ländern anzutreffende verwaltungsgerichtliche Rechtsprechung, die dem Erfordernis eines öffentlichen Zwecks einen drittschützenden Charakter

---

[123] BVerwG 22.2.1972 – I C 24.69, VerwRspr 1973, 215 (218); ebenso OVG Magdeburg 17.2.2011 – 2 L 126/09, juris Rn. 33. Zustimmend Lange NVwZ 2014, 616 (617).
[124] VerfGH RhPf NVwZ 2000, 801 (803); BVerwG NJW 1989, 2409 (2410); aA OLG Hamm NJW 1998, 3504 (Gelsengrün); vgl. dazu Köhler BayVBl. 2000, 1 (6 f.); Britz NVwZ 2001, 380 (384); Schink NVwZ 2002, 129 (134).
[125] Ehlers DVBl. 1998, 497 (501); Köhler BayVBl. 2000, 1 (7); Britz NVwZ 2001, 380 (385), Lange NVwZ 2014, 616 (617); Brüning NVwZ 2015, 689 (692); kritisch Krämer LKV 2016, 348 ff., jeweils mwN.
[126] Vgl. dazu Oebbecke Der Gemeindehaushalt 2019, 217 (222 ff.); Wolters/Frey KommJur 2018, 205 ff.; Gödeke/Jördening RdE 2019, 109 (111 f.). Der VerfGH RhPf NVwZ 2000, 801 (803) sieht die „Abrundung" des Energieversorgungsangebots durch Zusatzdienste wie Beratung und Installation zu einer wettbewerbsfähigen Gesamtleistung als von der öffentlichen Zweckbestimmung mit umfasst.
[127] Vgl. § 91 Abs. 5 Nr. 2 BbgKV, § 121 Abs. 4 HGO, § 68 Abs. 2 S. 2 KV MV, § 107a Abs. 2 GO NRW, § 108 Abs. 3 S. 1 KSVG, § 128 Abs. 1 Satz 3 KVG LSA, § 101 Abs. 1 Nr. 1 GO SchlH, § 71 Abs. 2 Nr. 4 S. 2 ThürKO.
[128] Zur Auslegung zuletzt OVG Schleswig Urt. v. 11.7.2013 – 2 LB 32/10, BeckRS 2013, 59141; kritisch zu der damit einhergehenden mangelnden Begrenzungskraft des Rechtfertigungserfordernisses Brüning NVwZ 2015, 689 (691).
[129] So Mann/Püttner Kommunale Wissenschaft-HdB/Oebbecke § 41 Rn. 32 f.
[130] OVG Münster 13.8.2003, NVwZ 2003, 1520 (1523) und 1.4.2008, NVwZ 2008, 1031 (1035); PdK Bay B-1/Schulz, Art. 87 BayGO Anm. 1.3.4.
[131] Vgl. BVerwGE 39, 329 (335) = VerwRspr 1973, 215 (219). In diese Richtung aber Hösch DÖV 2000, 393 (400).

zubilligt, ist – jenseits ihrer systematischen Schwächen mit Blick auf das Verhältnis zum Subsidiaritätsgrundsatz – nicht verallgemeinerungsfähig.[132] Zum Drittschutz der kommunalwirtschaftlichen Regelungen vgl. → Rn. 185 ff.

Zusammenfassend wird man feststellen können, dass das Merkmal des öffentlichen **47** Zwecks wohl nur eingeschränkt Begrenzungskraft entfaltet.[133]

bb) Relationsklausel. Durch die in allen Kommunalverfassungen enthaltene Vorgabe, **48** dass die wirtschaftliche Betätigung in einem angemessenen Verhältnis zur **Leistungsfähigkeit der Kommune** stehen muss, sollen die Kommunen von wirtschaftlichen Aktivitäten abgehalten werden, die ihre Verwaltungs- und/oder Finanzkraft übersteigen, dh ihre personellen, sachlichen und finanziellen Kräfte überfordern.[134] Diesem Kriterium kann insbesondere bei Kommunen mit hoher Verschuldung, die beispielsweise nach dem jeweiligen Landesrecht ein Haushaltssicherungskonzept aufstellen müssen, erhebliche Bedeutung zukommen. Mit Wagnissen und Risiken verbundene Wirtschaftsaktivitäten dürften dann ausgeschlossen sein.[135] Im Übrigen steht den Kommunen bei der Prognose der Entwicklung im betreffenden Betätigungsbereich und der langfristigen Fähigkeit zur Unterhaltung und Finanzierung des Unternehmens, jedenfalls aber bei der Entscheidung über die Angemessenheit ein **Beurteilungsspielraum** zu. Die getroffene Entscheidung wird nur bei offenkundiger Fehlentscheidung, bei einem Ermittlungsdefizit oder Abwägungsausfall als rechtswidrig angesehen werden können.[136]

Neben die Leistungsfähigkeit der Kommune tritt als zweites, ebenfalls haushaltsrechtlich **49** intendiertes Relationskriterium der voraussichtliche **Bedarf** für die anzubietende Leistung und den Umfang des Unternehmens. Dies soll gewährleisten, dass dem Unternehmen nicht Aufgaben übertragen werden, für die keine Nachfrage besteht, gleichzeitig sollen dauerhafte Überdimensionierungen vermieden werden. Der Bedarf ist vorab aus der Sicht der Kommune und bezogen auf ihr Versorgungsgebiet, bei kommunaler Zusammenarbeit bezogen auf das Gebiet der beteiligten Kommunen, im Rahmen einer Prognoseentscheidung zu ermitteln.[137] Dieser Gebietsbezug hat einige Landesgesetzgeber in jüngerer Zeit veranlasst, die Bedarfsklausel entweder generell[138], für bestimmte Versorgungsunternehmen[139] oder bezogen auf den Bereich der Erzeugung von Strom aus erneuerbaren Energien[140] zu streichen, um den Kommunen eine wirtschaftliche Betätigung auch über den Bedarf vor Ort hinaus rechtssicher zu ermöglichen.

cc) Subsidiaritätsklausel. Die Subsidiaritätsklausel, die das ordnungspolitische Verhältnis **50** zwischen kommunalen Unternehmen und privater Wirtschaft regelt, gilt als umstrittenste

---

[132] Vgl. OVG Münster NVwZ 2003, 1520 (1521) mwN. Wie hier Jungkamp NVwZ 2010, 546 (546); Ehlers DVBl. 1998, 497 (501); vorsichtig auch Burgi KommunalR § 17 Rn. 65. AA Lange NVwZ 2014, 616 (616 f.).
[133] Vgl. Burgi Kommunalrecht § 17 Rn. 43; Brüning NVwZ 2015, 689 (691); Mann/Püttner Kommunale Wissenschaft-HdB/Oebbecke § 41 Rn. 29.
[134] Statt vieler Rehn/Cronauge GO NRW § 107 Anm. IV. 1.; Kunze/Bronner/Katz GemO BW § 102 Rn. 39; PdK RhPf B-1/Dazert § 85 GemO RhPf Anm. 3.4.
[135] Ehlers DVBl 1998, 497 (503). Vgl. auch das im Auftrag des Landtags NRW im Juli 2013 erstellte (Information 16/134) Rechtsgutachten von Oebbecke, Zur Vereinbarkeit der Beteiligung von Gemeinden in schwieriger Haushaltslage an Unternehmen der Energiewirtschaft mit § 107a GO NRW, insbes. S. 25 ff. Kritisch wegen der Zufälligkeit der Haushaltslage Brüning NVwZ 2015, 689 (692); Cronauge Kommunale Unternehmen, Rn. 415 unter Hinweis auf eine drohende Zwei-Klassen-Gesellschaft.
[136] PdK RhPf B-1/Dazert § 85 GemO RhPf Anm. 3.4; Ruffert VerwArch 2001, 27 (43); Dietl DÖV 2018, 407 (410).
[137] Zur Auslegung vgl. OVG Schleswig 11.7.2013 – 2 LB 32/12, juris Rn. 102 f.; OVG Magdeburg 7.5.2015, NVwZ 2015, 1231 (1234 f.).
[138] Nordrhein-Westfalen (§ 107 Abs. 1 Nr. 2 GO NRW); Schleswig-Holstein (§ 101 Abs. 1 Nr. 2 GO, vgl. dazu auch die amtliche Begründung in LT-Drs. 18/3152 vom 30.6.2015, 33 f.).
[139] Vgl. § 97 Abs. 1 SächsGemO.
[140] Mecklenburg-Vorpommern (§ 68 Abs. 3 S. 1 Nr. 4 KV MV), Niedersachsen (§ 136 Abs. 1 S. 7 NKomVG), Rheinland-Pfalz (§ 85 Abs. 1 S. 2 bis 4 GO RhPf), Sachsen-Anhalt (§ 128 Abs. 3 Satz 1 KVG LSA).

Zulässigkeitsvoraussetzung und hat in einzelnen Ländern eine teils wechselvolle Änderungshistorie hinter sich. In jüngerer Zeit ist eine Tendenz in der Landesgesetzgebung zur Wiederherstellung der bereits in § 67 Abs. 1 Nr. 3 DGO (→ Rn. 38) enthaltenen **einfachen Subsidiaritätsklausel** (auch Funktionssperre genannt) erkennbar, wonach für die Zulässigkeit kommunaler Unternehmen bereits ausreicht, dass der öffentliche Zweck nicht besser und wirtschaftlicher durch einen privaten Dritten erfüllt wird oder erfüllt werden kann.[141] Dagegen wird mit der verschärften oder **echten Subsidiaritätsklausel** ein Vorrang privater Leistungserbringung gegenüber einer kommunalwirtschaftlichen Betätigung normiert.[142] Danach muss die Kommune prüfen, ob sie zu einer besseren und wirtschaftlicheren Erfüllung des öffentlichen Zwecks in der Lage ist. Hält ein privater Wettbewerber die Einschätzung der Kommune hierzu für fehlerhaft und die kommunalwirtschaftliche Betätigung deshalb für unzulässig, trägt er im Rahmen eines aufsichtlichen oder gerichtlichen Verfahrens die Beweislast.[143] Dies gilt erst recht bei der im Rahmen einer einfachen Subsidiaritätsklausel ausreichenden Parität zwischen kommunaler und privater Leistungserbringung.

51 In Bezug auf den **Leistungsvergleich** und insbesondere auch das Tatbestandsmerkmal der „Güte" der betreffenden Leistung wird den Kommunen ein **Beurteilungsspielraum** zugestanden.[144] Als Kriterien können dabei die Dauerhaftigkeit und Zuverlässigkeit der Leistungserbringung ebenso einbezogen werden wie soziale oder ökologische Gesichtspunkte.[145] Nach zutreffender Auslegung des VerfGH Rheinland-Pfalz ist maßgeblicher Bezugspunkt für den Wirtschaftlichkeits- und Qualitätsvergleich das gesamte kommunale Unternehmen, nicht dessen einzelne Sparten oder Teile, da eine gesetzlicher Zwang, rentierliche Unternehmensteile zu privatisieren und der Kommune nur die defizitären zu belassen, mit dem kommunalen Selbstverwaltungsrecht nicht in Einklang stünde.[146] In den Leistungsvergleich sind keine fiktiven Privatunternehmen, sondern nur solche einzubeziehen, die die von der Kommune beabsichtigte Leistung bereits anbieten oder konkret bereit sind, das zu tun.[147] Als gerichtlich nachprüfbar wird aber erachtet, ob die Kommune von einem zutreffend und vollständig ermittelten Sachverhalt ausgegangen ist, ihre Prognose einleuchtend begründet und keine offensichtlich fehlerhafte, insbesondere in sich widersprüchliche Einschätzung getroffen hat.[148]

52 Einige Landesgesetzgeber schreiben den Kommunen in diesem Zusammenhang ausdrücklich die Durchführung eines **Markterkundungsverfahrens** bzw. die Erstellung einer Marktanalyse unter anderem in Bezug auf die durch die unternehmerische Betätigung zu erwartenden Auswirkungen auf die örtliche Privatwirtschaft vor.[149] Teilweise wird den örtlichen wirtschafts- und ggf. berufsständischen Kammern sogar ein gesetzliches Anhörungsrecht im Vorfeld der Aufnahme einer kommunalwirtschaftlichen Betätigung eingeräumt.[150] Auch ohne solche Vorgaben werden die Kommunen zumindest die relevanten

---

[141] So zB in Brandenburg, Mecklenburg-Vorpommern, Nordrhein-Westfalen, Sachsen, Sachsen-Anhalt, Schleswig-Holstein.
[142] Vgl. § 102 Abs. 1 Nr. 3 GemO BW; Art. 87 Abs. 1 Satz 1 Nr. 4 BayGO; § 121 Abs. 1 S. 1 Nr. 3 HGO; § 85 Abs. 1 Nr. 3 GemO RhPf; § 108 Abs. 1 S. 1 Nr. 3 KSVG; § 71 Abs. 2 Nr. 4 ThürKO.
[143] *Cronauge* Kommunale Unternehmen, 350 f.
[144] VerfGH RhPf. NVwZ 2000, 801 (804); OVG Magdeburg Urt. v. 17.2.2011 BeckRS 2011, 48533; OLG Celle NZBau 2009, 394 (395); *Cronauge* Kommunale Unternehmen 350; *Ehlers* DVBl. 1998, 497 (502); *Mann/Püttner* Kommunale Wissenschaft-HdB/*Oebbecke* § 41 Rn. 42.
[145] Vgl. VerfGH RhPf NVwZ 2000, 801 (803); OVG Magdeburg Urt. v. 17.2.2011, BeckRS 2011, 48533.
[146] VerfGH RhPf NVwZ 2000, 801 (803).
[147] VerfGH RhPf NVwZ 2000, 801 (805).
[148] OVG Magdeburg Urt. v. 17.2.2011, BeckRS 2011, 48533 unter Hinweis auf BVerwG NVwZ 2010, 321 (322); vgl. auch VerfGH RhPf NVwZ 2000, 801 (804).
[149] Hessen (§ 121 Abs. 6 HGO), Nordrhein-Westfalen (§ 107 Abs. 5 GO NRW), Saarland (§ 108 Abs. 4 KSVG), Thüringen (§ 71 Abs. 2 Nr. 4 S. 3 ThürKO). Eine solche verfahrensrechtliche Stärkung befürwortend *Ehlers* DVBl. 1998, 497 (502).
[150] Baden-Württemberg (§ 102 Abs. 2 GemO BW), Hessen (§ 121 Abs. 6 S. 2 HGO), Mecklenburg-Vorpmmern (§ 68 Abs. 7 KV-MV), Nordrhein-Westfalen (§ 107 Abs. 5 S. 2 GO NRW), Saarland (§ 108 Abs. 4 S. 2 KSVG) und Sachsen (§ 94a Abs. 1 S. 2 SächsGemO). § 71 Abs. 2 Nr. 4 S. 3 ThürKO schreibt die „Einbindung" der betroffenen örtlichen Betriebe vor.

Marktgegebenheiten im Hinblick auf das Vorhandensein, die Leistungsfähigkeit und die Effizienz privater Anbieter zu untersuchen sowie einen Vergleich zwischen der Leistungserbringung durch ein kommunales Unternehmen oder einen privaten Anbieter anzustellen haben. Im Hinblick auf die praktischen Schwierigkeiten der Sachverhaltsermittlung und zu treffenden Prognoseentscheidung[151] dürften hieran allerdings keine überzogenen Forderungen zu stellen sein.

Für die Wirksamkeit der Subsidiaritätsklauseln von Bedeutung ist neben diesen verfahrensrechtlichen Vorgaben insbesondere deren konkreter **Anwendungsbereich,** der je nach Bundesland **stark differiert.** Die kommunalwirtschaftliche Betätigung in der Energieversorgung ist zwischenzeitlich in allen Ländern in unterschiedlicher Intensität vom Anwendungsbereich der Subsidiaritätsklauseln ausgenommen[152] mit dem Ziel, den Wettbewerb in diesem traditionell eher durch oligopolähnliche Strukturen geprägten Bereich anzufachen.[153] In Niedersachsen, Nordrhein-Westfalen, Rheinland-Pfalz, Sachsen, Sachsen-Anhalt, Schleswig-Holstein und im Saarland werden die von der Subsidiaritätsklausel nicht erfassten Betätigungen konkret aufgezählt, insbesondere – und je nach Ausgestaltung des Katalogs der nichtwirtschaftlichen Betätigungen – die Energie- und Wasserversorgung, der ÖPNV und die Telekommunikation bzw. Breitbandversorgung.[154] Am weitesten gehen die Ausnahmetatbestände bei den (verschärften oder echten, s. → Rn. 50) Subsidiaritätsklauseln in Baden-Württemberg, Bayern und Thüringen, indem Tätigkeiten im Bereich der **kommunalen Daseinsvorsorge** generell ausgenommen sind. Der auf die staatliche (kommunale) Leistungsverwaltung und das Versorgungsbedürfnis der Bevölkerung bezogene Begriff der kommunalen Daseinsvorsorge[155] ist vielschichtig und dynamisch[156], weil dem gesellschaftlichen Wandel unterzogen, sodass auf eine Legaldefinition verzichtet wurde. Trotz der in der Literatur wiederholt geäußerten Kritik an der juristischen Trennschärfe des Begriffs[157] ist die kommunale Daseinsvorsorge als Kernbestandteil der kommunalen Selbstverwaltung anerkannt.[158] In der Gesetzesbegründung zur einschlägigen gesetzlichen Regelung in Baden-Württemberg wird zu den Aufgaben der Daseinsvorsorge beispielsweise – und damit nicht abschließend – gezählt „die Stadtplanung und Stadtentwicklung, der soziale Wohnungsbau, die kommunale Wirtschaftsförderung in Form der Bereitstellung der notwendigen Infrastruktur, Maßnahmen im Zusammenhang mit der kommunalen Sozial- und Jugendhilfe, das Krankenhauswesen, die Förderung von Kultur, Bildung und Sport, der öffentliche Personennahverkehr, die Wasser- und Energieversorgung sowie die kommunale Entsorgungswirtschaft (Abfall und Abwasser)".[159] Letzt-

---

[151] Cronauge Kommunale Unternehmen, 353 kritisiert zu Recht, dass der von der Subsidiaritätsklausel geforderte Vergleich im Grunde Unmögliches verlangt, weil die Privatwirtschaft mit dem ausschließlichen Ziel der Gewinnerzielung und die kommunale Wirtschaft mit der primären Aufgabenstellung der Verwirklichung des öffentlichen Auftrages nicht vergleichbar seien; ebenso HUR KommunalUnternehmen-HdB/Uechtritz/Otting § 6 Rn. 83. Vor diesem Hintergrund plädiert Köhler BayVBl. 2000, 1 (8) für eine wettbewerbsorientierte Auslegung dahingehend, ob der Markteintritt eines kommunalen Unternehmens zu Lasten eines an sich effektiven und funktionierenden Wettbewerbs gehe.
[152] In Hessen beschränkt sich die Ausnahme zB auf die Erzeugung, Speicherung, Einspeisung und den Vertrieb erneuerbarer Energien sowie die Verteilung elektrischer und thermischer Energie (§ 121 Abs. 1a HGO), in Mecklenburg-Vorpommern auf die Erzeugung von Energie, vgl. § 68 Abs. 3 S. 1 Nr. 4 KV MV.
[153] Burgi Neuer Ordnungsrahmen für die energiewirtschaftliche Betätigung, 28; Burgi in Kment Energiewirtschaft und kommunale Selbstverwaltung, 1 (3).
[154] Vgl. die Übersicht in WSG Komm. Unternehmen/Gaß C Rn. 51.
[155] Zur historischen Entwicklung und Bedeutung anschaulich Ossenbühl DÖV 1971, 513 (514 ff.); Heinze BayVBl. 2004, 33.
[156] Papier DVBl. 2003, 686 (686 f.); HUR KommunalUnternehmen-HdB/Ronellenfitsch § 2 Rn. 4.
[157] Burgi KommunalR § 17 Rn. 13 mwN.
[158] BVerfG NJW 1990, 1783; BVerwG LKV 1996, 23 (24); BayVerfGH BayVBl. 1958, 51 (53); VerfGH RhPf NVwZ 2000, 801.
[159] LT-Drs. 12/4055 v. 14.5.1999, 24. Vgl. auch die amtl. Begr. zu Art. 87 Abs. 1 S. 1 Nr. 4 BayGO in LT-Drs. 13/10828 v. 21.4.1998, 16 f. Zur Breitbandversorgung als freiwillige Aufgabe der gemeindlichen Daseinsvorsorge Bay. Landtag, Drs. 16/18211 v. 21.8.2013; VGH München Beschl. v. 15.6.2020 – 4 ZB 20.159, BeckRS 2020, 14684 Rn. 15.

lich ist im Einzelfall eine Auslegung des Begriffs im konkreten Sachzusammenhang erforderlich.[160]

54 Nicht einheitlich beantwortet werden kann auch die Frage, ob der Subsidiaritätsklausel **drittschützende Wirkung** zukommt mit der Folge, dass privaten Unternehmen gegen eine ausufernde kommunalwirtschaftliche Betätigung der Rechtsweg zu den Verwaltungsgerichten eröffnet ist (→ Rn. 185 ff.). Ist dies nicht der Fall, bleibt im Falle eines Rechtsverstoßes lediglich Raum für ein Einschreiten der zuständigen Aufsichtsbehörde.

55 **c) Örtlichkeitsgrundsatz.** Seit der Liberalisierung der Märkte in verschiedenen staatlichen und kommunalen Aufgabenbereichen, dort insbesondere die Energiewirtschaft[161], sehen sich die Kommunen mit ihren Unternehmen einem zunehmenden regionalen und überregionalen Wettbewerb ausgesetzt mit der Folge, dass mögliche Beschränkungen der kommunalwirtschaftlichen Betätigung durch den Örtlichkeitsgrundsatz verstärkt diskutiert werden.[162] Gleiches gilt bei **außergebietlichen Aktivitäten** jenseits der kommunalen Grenzen zur Erzielung von Rentabilitätsgewinnen und Synergieeffekten[163] oder etwa bei der Verknüpfung kommunaler Linienverkehre oder Telekommunikationsnetze[164] mit überörtlichen Linien oder Netzen. Vereinfacht gesagt geht es zum einen darum, ob sich Kommunen mit ihren Unternehmen auch außerhalb ihres Hoheitsgebiets wirtschaftlich betätigen dürfen, zudem, ob die von kommunalen Unternehmen erbrachten **Leistungen ausschließlich oder zumindest überwiegend der Bevölkerung** im Hoheitsgebiet der Kommune dienen müssen.[165] Eine solche Vorgabe wäre sowohl bei der Gründung eines kommunalen Unternehmens als **auch im Rahmen des Betriebs und der Führung** dieses Unternehmens **relevant**. Rechtliche Schwierigkeiten bringt – wegen der Gesetzgebungskompetenz der Länder nur in Bezug auf „ihre" Kommunen (→ Rn. 12) – auch eine Erweiterung kommunalwirtschaftlicher Betätigung auf andere Länder[166] oder eine kommunalwirtschaftliche Betätigung im Ausland[167] mit sich.

56 Nach einer Ansicht ist Art. 28 Abs. 2 GG, der hinsichtlich der Gemeinden auf die Angelegenheiten der örtlichen Gemeinschaft (bei den Kreisen auf den gesetzlichen Aufgabenbereich) abstellt, als **Kompetenznorm** zu interpretieren mit der Folge, dass die kommunalwirtschaftliche Betätigung auf das jeweilige Hoheitsgebiet beschränkt sein soll.[168] Zudem fehle der Wirtschaftsbetätigung einer Kommune auf fremdem Gebiet die demokratische Legitimation durch die diese betreffende Bürgerschaft.[169] Praktische Relevanz für die Gründung und Führung kommunaler Unternehmen hätte diese Rechtsauffassung insbesondere dann, wenn sie im Sinne einer für die Landesgesetzgeber verbindlichen verfassungsrechtlichen Vorgabe interpretiert würde.[170] Die wohl herrschende Meinung hält aber eine **landesgesetzliche Relativierung des Örtlichkeitsprinzips** im Hinblick auf

---

[160] Vgl. zuletzt VGH Mannheim KommJur 2013, 137 (139 f.) und NVwZ-RR 2015, 307 (309); kritisch dazu Lange NVwZ 2014, 616 (620). VG Karlsruhe Urt. v. 29.8.2017 – 11 K 2695/15, BeckRS 2017, 150728 Rn. 59 ff.
[161] Vgl. dazu Burgi in Kment Energiewirtschaft und kommunale Selbstverwaltung, 1 ff.
[162] Auf diesen Zusammenhang hinweisend Püttner DVBl. 2010, 1189 (1191).
[163] Vgl. für den Bereich des Abfallrechts OVG Münster NVwZ 2008, 1031 (1034); OLG Düsseldorf 12.1.2000 NVwZ 2000, 714; kritisch dazu Kühling NJW 2001, 177 (181).
[164] Ausführlich dazu Brüning Der Gemeindehaushalt 2019, 241 (242 f.).
[165] Vgl. etwa OVG Magdeburg NVwZ 2015, 1231 mit Anm. Nebel/Steinbach (1235 ff.).
[166] Vgl. dazu Guckelberger BayVBl. 2006, 293 (298); Burgi Neuer Ordnungsrahmen, 85. Teilweise wird eine Öffnungsklausel des betroffenen Bundeslandes oder ein Staatsvertrag gefordert, vgl. Ehlers NWVBl. 2000, 1 (6); Kühling NJW 2001, 177 (181); Brüning NVwZ 2015, 689 (694 f.).
[167] Dazu Guckelberger BayVBl. 2006, 293 (298 ff.); Wolff DÖV 2011, 721 ff. mwN. Regelungen hierzu enthalten zB § 91 Abs. 4 S. 2 BbgKVerf; § 107 Abs. 3 S. 2 und 3, Abs. 3 S. 3 und 4 sowie § 107a Abs. 3 S. 3 und 4 GO NRW; § 85 Abs. 2a GemORhPf; § 101 Abs. 3 GO SchlH.
[168] Vgl. Ehlers DVBl. 1998, 497 (504); Britz NVwZ 2001, 380 (385); Scharf NVwZ 2005, 148 (150); Schink NVwZ 2003, 129 (135 f.); Guckelberger BayVBl. 2006, 293 (295); Mann/Püttner Kommunale Wissenschaft-HdB/Nierhaus § 40 Rn. 27, 43.
[169] Heilshorn Gebietsbezug der Kommunalwirtschaft, 101 ff., S. 195.
[170] So wohl Löwer NWVBl. 2000, 241 (244); in diese Richtung auch Ehlers DVBl. 1998, 497 (504).

Art. 28 Abs. 2 GG für **zulässig,** wenngleich die dogmatische Herleitung und mögliche Reichweite dieser Regelungen weiter umstritten ist.[171] Von dieser Möglichkeit haben zwischenzeitlich alle Landesgesetzgeber mehr oder weniger weitgehend Gebrauch gemacht.[172] Eine dogmatische Herausforderung stellt dabei die verfassungsrechtliche Vorgabe der Bindung an einen öffentlichen Zweck (→ Rn. 40) dar.[173] Geht man davon aus, dass die reine Gewinnerzielungsabsicht keinen öffentlichen Zweck darstellt und auch eine mittelbare Wirkung für die eigene Kommune dergestalt, dass die aus der gebietsübergreifenden Betätigung erwirtschafteten Gewinne der kommunalen Aufgabenerfüllung im eigenen Hoheitsgebiet zugutekommen, nicht ausreicht (→ Rn. 41), bleibt als verfassungsrechtliche Rechtfertigung zur „Heilung" der örtlichen Legitimation nur der Rückgriff der Landesgesetzgeber auf andere, (auch) überörtliche öffentliche Zwecke[174] und der Hinweis auf die Besonderheiten bestimmter, zwischenzeitlich liberalisierter Märkte wie den Energiesektor, bei denen die Grenzlinien zwischen örtlich und überörtlich aufgehoben sind.[175]

Hinzu kommt, dass auch Vertreter dieser restriktiven Auffassung ein außerörtliches kommunalwirtschaftliches Engagement nicht kategorisch ablehnen. Formuliert wird dies teils als Zulässigkeit erwerbswirtschaftlicher **Randnutzungen außerhalb des eigenen Gebiets,**[176] teils als Zulässigkeit **annexweise wahrgenommener** erwerbswirtschaftlicher **Tätigkeiten,** die nicht zwingend den Gebietsangehörigen oder den Personen zugutekommen müssen, die sich auf dem Gebiet der Kommune aufhalten.[177] **57**

Nach anderer Auffassung ist die verfassungsrechtliche Selbstverwaltungsgarantie in Art. 28 Abs. 2 GG nicht als Beschränkungsnorm, sondern als Gewährleistungs- und **Schutznorm** zu verstehen, zumal es bei der kommunalwirtschaftlichen Betätigung nicht um hoheitliches Handeln gehe, das eine Abgrenzung der Handlungsbefugnisse verschiedener Hoheitsträger erfordere, sondern um eine rein fiskalische Betätigung.[178] Die Meinung, nach der das kommunale Örtlichkeitsprinzip wegen Verstoßes gegen Art. 106 Abs. 1 AEUV und die Grundfreiheiten gar **europarechtswidrig** sei, hat sich zu recht nicht durchsetzen können.[179] **58**

Der Charakter des Art. 28 Abs. 2 GO als **Schutznorm** zugunsten der von der ausgreifenden kommunalwirtschaftlichen Betätigung betroffenen Kommune ist indes unbestritten. Dementsprechend enthalten die Kommunalordnungen Schutzklauseln zur Wahrung der berechtigten Interessen der betroffenen Kommunen, die teilweise auch verfahrensrechtlich abgesichert sind.[180] Unabhängig davon sollte eine extraterritoriale wirtschaftliche Betätigung **59**

---

[171] Britz NVwZ 2001, 380 (385 f.); Kühling NJW 2001, 177 (179); Schink NVwZ 2002, 129 (136 f.); Jarass DÖV 2002, 489 (498 f.); Papier DVBl. 2003, 686 (688); Guckelberger BayVBl. 2006, 293 (296); Wolff DÖV 2011, 721 (722 ff.); Becker/Kammin NVwZ Extra 22/2014, 1 (6 f.); Burgi KommunalR § 17 Rn. 49; Mann/Püttner Kommunale Wissenschaft-HdB/Nierhaus § 40 Rn. 45. So auch OVG Münster v. 1.4.2008, NVwZ 2008, 1031 (1035).
[172] Beispielhaft genannt seien § 102 Abs. 7 GemO BW, § 107 Abs. 3, § 107a Abs. 3 GO NRW und § 101 Abs. 2 und 3, § 101a Abs. 1 S. 2 GO SchlH.
[173] Burgi, Neuer Ordnungsrahmen, 76 spricht von „Verrenkungen" in der Anwendungs- und Rechtsprechungspraxis.
[174] So Brüning NVwZ 2015, 689 (694); Burgi in Kment Energiewirtschaft, 12 f., 18 f. Vgl. nur die Diskussion im niedersächsischen Landtag zur Neufassung des § 136 Abs. 1 S. 5 bis 7 NKomVG, LT-Drs. 17/6747, 6 ff. Konsequenter Weise wird von einigen Landesgesetzgebern gleichzeitig das Vorliegen eines öffentlichen Zwecks unterstellt und das Bedarfskriterium (→ Rn. 49) aufgehoben.
[175] Burgi, Neuer Ordnungsrahmen, 79 ff.
[176] Heilshorn Gebietsbezug der Kommunalwirtschaft, 148, 195.
[177] Ehlers DVBl 1998, 497 (504), der keine Bedenken hat, wenn für die Gemeindeverwaltung entwickelte Software an andere Gemeinden, auswärts wohnende Private oder sogar ausländische Interessenten verkauft wird.
[178] Wolff DÖV 2011, 721 (723 f.); Brüning NVwZ 2015, 689 (693 f.). Kritisch wegen der Nähe zur Fiskustheorie Jarass Kommunale Wirtschaftsunternehmen im Wettbewerb, 38 f.
[179] Vgl. dazu Wolff DÖV 2011, 721 (726 f.); Scharf NVwZ 2005, 148 (152 f.); Henneke/Schmidt-Aßmann/Schoch/Ehlers, Aufsicht und Finanzkontrolle, 11 (16 ff.).
[180] ZB § 136 Abs. 1 S. 5 und 6 NKomVG; § 108 Abs. 5 Nr. 2 KSVG; § 101a Abs. 2 S. 2 GO SchlH; § 71 Abs. 5 ThürKO.

stets im Wege der **Kooperation** oder zumindest in **Abstimmung** der beteiligten Kommunen untereinander und unter Ausgleich der jeweils relevanten Interessen erfolgen.[181]

3. Vorgaben für Unternehmen in Privatrechtsform

60 Über die vorgenannten allgemeinen Vorgaben hinaus enthalten sämtliche Kommunalgesetze besondere Vorgaben für die Errichtung von bzw. Beteiligung an Unternehmen in Privatrechtsform, die von den Kommunen bei der **Rechtsformenwahl** und **Gestaltung der Gesellschaftsverträge** bzw. Unternehmenssatzungen zu beachten sind (→ § 2 Rn. 17 ff. und → § 25 Rn. 13 ff.).

61 a) **Sicherstellung der öffentlichen Zweckbindung.** Nachdem auch die unternehmerische Tätigkeit der Kommunen durch einen öffentlichen Zweck legitimiert sein muss (→ Rn. 6 f.), ist es nur konsequent, dass die Landesgesetzgeber den Kommunen unisono vorschreiben, dass bei der Errichtung von oder Beteiligung an Unternehmen in Privatrechtsform im Gesellschaftsvertrag oder in der Unternehmenssatzung sichergestellt sein muss, dass das Unternehmen den öffentlichen Zweck erfüllt.[182] Dies geschieht in der Regel durch die Formulierung des **Unternehmenszwecks** und des konkreten **Unternehmensgegenstands** im Sinne der vom Unternehmen zu erfüllenden kommunalen Aufgabe(n), die als gesellschaftsvertragliche Leitplanken für die Tätigkeiten der Unternehmensorgane dienen. Im Übrigen lässt nur die konkrete Umschreibung der Tätigkeiten des Unternehmens eine Beurteilung zu, ob im Einzelfall eine die Prüfung der allgemeinen Zulässigkeitsvoraussetzungen auslösende wesentliche Erweiterung des Unternehmens vorliegt (vgl. → Rn. 36). Anders als bei einer öffentlich-rechtlichen Kommunalanstalt hat die Festlegung des Unternehmensgegenstands bei kommunalen Unternehmen in Privatrechtsform allerdings keine Beschränkung der rechtlichen Handlungsfähigkeit des Unternehmens selbst zur Folge.[183] Vielmehr hat die Kommune im Rahmen ihrer Einflussnahmemöglichkeiten auf die Einhaltung der öffentlichen Zweckbindung durch die Unternehmensorgane hinzuwirken.

62 b) **Haftungsbeschränkung.** In den Kommunalordnungen aller Länder ist die Vorgabe enthalten, dass die Kommune ein Unternehmen in Privatrechtsform nur gründen bzw. sich an einem solchen beteiligen darf, wenn die Haftung der Kommune auf einen ihrer Leistungsfähigkeit angemessenen Betrag begrenzt wird. Diese Bestimmungen dient dem **Schutz vor zu hohen, nicht zu vertretenden Haushaltsrisiken** und soll verhindern, dass Kommunen Risiken eingehen bzw. Vermögensverluste erleiden können, die nicht abschätzbar sind und deren finanzielle Leistungsfähigkeit möglicherweise übersteigen. Die privaten Rechtsformen ohne Haftungsbeschränkung (zB OHG) kommen damit für kommunale Unternehmen grundsätzlich nicht in Betracht, ebenso wenig die Beteiligung der Kommune an einer Privatrechtsform als persönlich haftender Gesellschafter (zB Komplementär einer KG). Auch die GbR scheidet aufgrund der rechtlichen Schwierigkeiten, die ein notwendig einzelvertraglich mit dem jeweiligen Vertragspartner zu vereinbarender Haftungsausschluss mit sich bringt[184], in der Regel aus. Als zulässige Rechtsformen verbleiben insbesondere die GmbH und die AG, daneben unter gewissen Voraussetzungen (zB

---

[181] Anschaulich Burgi, Neuer Ordnungsrahmen, 85, 87 f. mwN. Zu den Grenzen derartiger Kooperationsmodelle Becker DÖV 2000, 1032 (1038 f.). Einem Desinteresse einer inzwischen wirtschaftlichen Betätigung auf eigenem Gebiet steht das kommunale Selbstverwaltungsrecht jedenfalls nicht entgegen, so auch die im Übrigen umstrittene Entscheidung des BVerwG NVwZ 2009, 1305 (1307) zum Verbot einer vollständigen Entledigung von kommunalen Aufgaben.
[182] ZB Art. 92 Abs. 1 S. 1 Nr. 1 BayGO; § 69 Abs. 1 Nr. 3 KV MV; § 137 Abs. 1 NRn. 1 und 5 NKomVG; § 108 Abs. 1 NRn. 1 und 7 GO NRW; § 87 Abs. 1 NRn. 1 und 2 GemO RhPf; § 96 Abs. 1 Nr. 1 SächsGemO.
[183] So zu Recht Ehlers JZ 1990, 1089 (1096); PdK Bay B-1/Schulz Art. 92 BayGO Anm. 1.1; aA Morlin NVwZ 2007, 1159 (1161).
[184] Vgl. Grüneberg/Sprau, 80. Aufl. 2021, BGB § 714 Rn. 12, 18; MHdB GesR I/Gummert § 18 Rn. 81, 97 f. mwN.

Ausschluss einer Nachschussverpflichtung der Kommune) vor allem auch die GmbH & Co. KG und die Genossenschaft.

Einige Landesgesetzgeber sehen vor, dass die Aufsichtsbehörde eine **Befreiung** von der 63 Vorgabe der Haftungsbegrenzung erteilen kann.[185]

Ergänzend zur Vorgabe der Haftungsbegrenzung enthalten einige Landesgesetze **weitere** 64 **Regelungen zum Schutz des kommunalen Vermögens,** etwa dass die Einzahlungsverpflichtungen der Kommune (zB Gründungskaptal, Nachschussverpflichtungen) in einem angemessenen Verhältnis zu ihrer Leistungsfähigkeit stehen müssen und sich die Kommune nicht zur Übernahme von Verlusten in unbestimmter oder unangemessener Höhe verpflichten darf.[186]

In diesem Zusammenhang stellt sich unter anderem die Frage, ob Kommunen nach 65 § 291 AktG **Beherrschungsverträge** zur Sicherung der Einflussnahme auf ein Unternehmen oder Gewinnabführungsverträge abschließen dürfen, die nach § 302 AktG (analog) eine gesetzlich normierte Ausgleichspflicht der Verluste des beherrschten Unternehmens zur Folge haben (→ § 2 Rn. 23 ff.). Beherrschungsverträge sind wegen der Unabhängigkeit des Vorstands nach § 76 AktG vor allem in Bezug auf die Rechtsform der Aktiengesellschaft von Bedeutung, aber auch mit einer abhängigen GmbH oder Personengesellschaft möglich, wenngleich weniger praxisrelevant.[187] Teilweise wird die Zulässigkeit des Abschlusses eines Beherrschungsvertrags bereits verneint aufgrund besonderer landesrechtlicher Vorschriften, nach denen sich die Kommune nicht zur **Verlustübernahme** in unbestimmter und unangemessener Höhe verpflichten darf.[188] Im Übrigen ist dies in der Literatur umstritten.[189] Abgesehen davon unterliegt der Abschluss solcher Unternehmensverträge, mit denen ein Einstehen der Kommune für Verbindlichkeiten Dritter begründet wird, nach den kommunalrechtlichen Vorschriften in der Regel der **Genehmigungspflicht** durch die Kommunalaufsichtsbehörde.[190] Der Abschluss solcher Unternehmensverträge ist aber unter Umständen und vorbehaltlich der landesrechtlichen Vorgaben zu mittelbaren Beteiligungen (→ Rn. 76 ff.) zwischen einer von der Kommune errichtetet Holdinggesellschaft und ihren Beteiligungsgesellschaften denkbar.[191]

Auch ohne Abschluss solcher Beherrschungsverträge kann sich eine Wechselwirkung 66 zwischen der kommunalrechtlichen Vorgabe der Haftungsbeschränkung und dem **Konzernrecht** ergeben, wenn die Kommune mit ihrer Eigen- oder Beteiligungsgesellschaft aufgrund der ihr obliegenden Ingerenzpflicht (→ Rn. 10) die Voraussetzungen eines **(qualifiziert) faktischen Konzerns** erfüllt mit der Folge, dass die Kommune als „herrschendes Unternehmen"[192] unter bestimmten Voraussetzungen eine Schadenersatzpflicht oder eine Pflicht zur Übernahme der Verluste des von ihr beherrschten bzw. abhängigen Unternehmens trifft. Hintergrund sind die Gefahren, die für die Gläubiger und eventuelle (private)

---

[185] ZB Art. 92 Abs. 1 S. 1 Nr. 3 Hs. 2 BayGO; § 108 Abs. 1 S. 2 GO NRW; § 71 Abs. 1 S. 1 Nr. 5 Hs. 2 ThürKO.
[186] Etwa § 129 Abs. 1 NRn. 5 und 6 KVG LSA; § 69 Abs. 1 Nr. 6 KV MV; § 137 Abs. 1 NRn. 3 und 4 NKomVG; § 108 Abs. 1 S. 1 NRn. 4 und 5 GO NRW; § 87 Abs. 1 S. 1 NRn. 5 und 6 GemO RhPf.
[187] So HUR KommunalUnternehmen-HdB/Siegels § 13 Rn. 111 ff.
[188] So in Bezug auf die Rechtslage in Niedersachsen PdK Nds B-1/Wefelmeier § 137 NKomVG Anm. 6.4; aA zur gleichlautenden Regelung in Nordrhein-Westfalen Ehlers DVBl. 1997, 137 (140).
[189] Ablehnend → § 25 Rn. 105; Gundlach/Frenzel/Schmidt LKV 2001, 246 (248 f.); WSG Komm. Unternehmen/Weber D Rn. 691 ff.; aA Gaß Umwandlung gemeindlicher Unternehmen, 408 f.; Kuhl/Wagner ZIP 1995, 444; Schmidt ZGR 1996, 360; einschränkend auch Spannowsky ZGR 1996, 423. Zum Streitstand Mann/Püttner Kommunale Wissenschaft-HdB/Mann § 46 Rn. 54 ff.; HUR KommunalUnternehmen-HdB/Siegels § 13 Rn. 117 ff.
[190] ZB § 88 Abs. 2 GemO BW; Art. 72 Abs. 2 BayGO; § 104 Abs. 2 HGO; § 109 KVG LSA; § 83 Abs. 2 SächsGemO; § 86 GO SchlH; Art. 64 Abs. 2 ThürKO.
[191] So Mann/Püttner Kommunale Wissenschafts-HdB/Mann § 46 Rn. 59 f.; HUR KommunalUnternehmen-HdB/Siegels § 13 Rn. 121.
[192] Zur Anwendbarkeit des konzernrechtlichen Unternehmensbegriffs auf öffentliche Körperschaften und ihre Unternehmen BGHZ 135, 107 (113) = NJW 1997, 1855 (1856); BGHZ 175, 365; OLG Celle NVwZ-RR 2000, 754 (757). Ausführlich dazu HUR KommunalUnternehmen-HdB/Siegels § 13 Rn. 27 ff. mwN. Vgl. auch → § 2 Rn. 29 ff.; → § 25 Rn. 99 ff.

Minderheitsgesellschafter des kommunalen Unternehmens bestehen, weil für die Kommune die öffentliche Zweckbindung und nicht das Interesse der von ihr abhängigen und beherrschten Gesellschaft im Vordergrund steht. In Bezug auf die GmbH hat der BGH seine Rechtsprechung zur Haftung aus qualifiziert faktischen Konzernen allerdings bereits 2001 aufgegeben[193], eine Haftung der Gesellschafter kommt nach allgemeinen zivilrechtlichen Grundsätzen unter anderem bei einem existenzvernichtenden Eingriff in das Gesellschaftsvermögen in Betracht.[194] Dagegen greift im Verhältnis zwischen der Kommune und einer von ihr abhängigen **Aktiengesellschaft** (sog. faktischer Konzern[195]) im Falle einer kompensationslosen Nachteils- bzw. Schadenszufügung der Haftungstatbestand nach §§ 317, 311 AktG, möglicherweise – bei Anwendung der Rechtsfigur des qualifiziert faktischen Konzerns[196] – auch ein Verlustausgleich nach § 302 AktG analog. Aus kommunalrechtlicher Sicht ist die Begründung eines faktischen Konzernverhältnisses jedenfalls dort, wo der Landesgesetzgeber die Errichtung von und Beteiligung an Aktiengesellschaften zugelassen hat (→ Rn. 84) nicht per se ausgeschlossen. Für die kommunalrechtliche Zulässigkeit sog. qualifiziert faktischer Konzerne sind nach einer Auffassung wegen des Risikos der unbegrenzten Haftung der Kommune die Ausführungen zur Zulässigkeit des Abschlusses von Beherrschungsverträgen (→ Rn. 65) übertragbar.[197] Nach aA ist die Intention der kommunalrechtlichen Regelung zur Haftungsbegrenzung ausschließlich auf den Ausschluss von Privatrechtsformen ohne Haftungsbegrenzung gerichtet, nicht jedoch auf eine sich aus den tatsächlichen Umständen ergebende Haftung im Zusammenhang mit einem kommunalen Unternehmen, dessen Organisationsform grundsätzlich eine beschränkte Haftung des Unternehmensträgers vorsieht.[198] Jedenfalls lässt sich das Risiko einer Interessendivergenz zwischen Kommune und kommunalem Unternehmen und damit ein Haftungsrisiko deutlich minimieren, wenn es gelingt, den gesellschaftsvertraglichen bzw. satzungsgemäßen Zweck und Gegenstand des Unternehmens auf den öffentlichen Zweck auszurichten (→ Rn. 61).[199]

67 Der Umstand, dass auch die Errichtung von oder Beteiligung an Unternehmen in Privatrechtsform der Erfüllung kommunaler Aufgaben zu dienen bestimmt sein muss (→ Rn. 7), wirft schließlich die Frage auf, ob die Kommune sich im Falle einer drohenden Insolvenz ihres Unternehmens in Privatrechtsform überhaupt der Haftung entziehen kann. Dies wäre dann nicht der Fall, wenn sie eine **Pflicht zur Insolvenzabwendung** oder zur **Haftungsübernahme** träfe, um die Erfüllung der durch das kommunale Unternehmen wahrgenommenen Aufgabe weiterhin zu gewährleisten. Das Bestehen einer solchen Verpflichtung ist jedenfalls dann zu verneinen sein, wenn dem kommunalen Unternehmen freiwillig von der Kommune übernommene Aufgaben zur Erfüllung übertragen worden sind.[200] Daran dürfte auch das in der Literatur auf deutliche Kritik gestoßene Urteil des Bundesverwaltungsgerichts aus 2009 nichts ändern, in dem das Gericht aus dem kommunalen Selbstverwaltungsrecht eine mögliche Pflicht zur kommunalen Aufgabenwahrnehmung ableitete und die Grenzen der Aufgabenprivatisierung auslotete.[201] Allerdings wird die

---

[193] BGHZ 149, 10 = NJW 2001, 3622; BGH NJW 2002, 1803 (1805).
[194] Haftung nach § 826 BGB, vgl. BGHZ 173, 246 = NJW 2007, 2689; BGHZ 179, 344 = NJW 2009, 2127. Zum Sach- und Streitstand bzgl. der Unanwendbarkeit der §§ 311 ff. AktG auf die GmbH Emmerich/Habersack/Habersack AktG Anh. 318 Rn. 2 f., 6, MüKoAktG/Bayer § 18 Rn. 13, jeweils mwN.
[195] So die h.M., vgl. Emmerich/Habersack/Habersack Konzernrecht § 24 Rn. 14; MüKoAktG/Bayer § 18 Rn. 9 ff.; Hüffer/Koch AktG § 18 Rn. 4, § 311 Rn. 6 ff.
[196] Str. Ablehnend HUR KommunalUnternehmen-HdB/Siegels § 13 Rn. 206; Hüffer/Koch § 1 Rn. 29; aA MüKoAktG/Bayer AktG § 18 Rn. 11; Emmerich/Habersack/Habersack AktG Anh. § 317 Rn. 5 f. Offen gelassen von BGH DB 2008, 2247 (2248).
[197] So auch HUR KommunalUnternehmen-HdB/Siegels § 13 Rn. 104, 108.
[198] So PdK-Bay B-1/Schulz Art. 92 BayGO Anm. 1.3.
[199] So zu Recht Mann/Püttner Kommunale Wissenschaft-HdB/Mann § 46 Rn. 65.
[200] So zu Recht OLG Celle NVwZ-RR 2000, 754 (756) zur (fehlenden) Konkursabwendungspflicht einer Gemeinde bei Insolvenz ihrer Kurbetriebs-GmbH.
[201] Vgl. BVerwG NVwZ 2009, 1305 (1306 f.) mit dem Hinweis, dass eine wirtschaftliche Betätigung weniger streng zu beurteilen sei als „öffentliche Einrichtungen mit kulturellem, sozialem und traditionsbildendem

Kommune bei der **Erfüllung kommunaler Pflichtaufgaben** durch das kommunale Unternehmen in Privatrechtsform für die dauerhafte Sicherstellung der Aufgabenerfüllung zu sorgen haben, sei es durch Nachschuss von Kapital (Insolvenzabwendungspflicht)[202] oder im Rahmen eines Insolvenzverfahrens[203]. Diese Pflicht betrifft ausschließlich das Innenverhältnis zwischen Kommune und Unternehmen, eine Durchgriffshaftung der Gläubiger auf die Kommune ist damit nicht verbunden.[204]

c) Möglichkeit angemessener Einflussnahme. Länderübergreifend einheitlich geregelt 68 ist des Weiteren die Vorgabe, dass die Kommune einen angemessenen Einfluss im Aufsichtsrat oder in einem entsprechenden Überwachungsorgan des Unternehmens erhält.[205] Dadurch sollen die **Einwirkungs- und Kontrollmöglichkeiten der Kommune** auf ihre Unternehmen und Beteiligungen in Privatrechtsform und damit der notwendige demokratische Legitimationszusammenhang zwischen der Bürgerschaft und dem staatlichen/kommunalen Handeln sichergestellt werden (→ Rn. 10).

Die Einwirkungsmöglichkeiten ergeben sich zum einen **quantitativ** über die Zahl der 69 von der Kommune in das Gremium zu entsendenden Mitglieder und deren Stimmrechte, zum anderen **qualitativ** über nach den einschlägigen gesellschaftsrechtlichen Regelungen zulässige Informations- und Weisungsrechte kommunaler Organe gegenüber den „kommunalen" Vertretern im Unternehmensorgan und die Gestaltung der Unternehmensverfassung. In der Regel hat der Aufsichtsrat kommunaler Unternehmen kraft Gesetzes oder Gesellschaftsvertrag bzw. Unternehmenssatzung über die Überwachung der Unternehmensleitung hinausgehende weitere Kompetenzen, insbesondere die Entscheidung über bestimmte Rechtsgeschäfte, so dass durch dieses Gremium auch unmittelbar Einfluss auf die Geschäftsführung bzw. den Vorstand genommen werden kann. Die ggf. gesellschaftsrechtlich nur fakultative Einrichtung eines Aufsichtsrates – wie regelmäßig bei der GmbH oder bei Personengesellschaften – wird nicht durch die Bestimmungen des Kommunalverfassungsrechts verpflichtend. Insoweit gilt – wie bei der Normierung von Weisungs- und Informationsrechten gegenüber Aufsichtsratsmitgliedern – der Vorrang des Gesellschaftsrechts vor dem Kommunalverfassungsrecht.[206]

Bei Eigengesellschaften oder Gesellschaften mit Mehrheitsbeteiligung der Kommune 70 kann die **Angemessenheit** des Einflusses grundsätzlich sichergestellt werden, wenn sich die Beteiligungsverhältnisse in der Besetzung des Überwachungsorgans niederschlagen. Allerdings wird die Möglichkeit der Ausübung eines angemessenen Einflusses auf ein Unternehmen in der Rechtsform der **Aktiengesellschaft** in der kommunalrechtlichen Literatur grundsätzlich in Zweifel gezogen, weil die Kommune aufgrund der zwingenden aktienrechtlichen Regelungen zur Organisationsstruktur, der unabhängigen Stellung des Vorstands und der Weisungsungebundenheit der Aufsichtsratsmitglieder letztlich auf eine rein faktische Einflussnahme auf das Unternehmen über die von ihr in den Aufsichtsrat entsandten Vertreter beschränkt ist.[207] Ob die Kommunen über das **Konzernrecht** mittels

---

Hintergrund". Zur Kritik an der Entscheidung Burgi KommunalR § 17 Rn. 85; Kahl/Weißenberger LKRZ 2009, 425, jeweils mwN.
[202] Vgl. WSG Komm. Unternehmen/Gaß/Wurzel K Rn. 58 f.; Ehlers Verwaltung in Privatrechtsform, 321 f.; Kuhl/Wagner ZIP 1995, 433 (436 f.); aA Gundlach LKV 2000, 58 (59). Weitergehend im Sinne einer allgemeinen, aus dem Sozial- und Rechtsstaatsprinzip abgeleiteten Konkursabwendungspflicht Erbguth/Stollmann DÖV 1993, 798 (807); Unruh DÖV 1997, 653 (657).
[203] Die Sanierung im Insolvenzverfahren bevorzugend Tetzlaff KommJur 2006, 81 (82 f.).
[204] Ebenso HUR KommunalUnternehmen-HdB/Uechtritz § 16 Rn. 58, 60.
[205] Vgl. beispielhaft § 103 Abs. 1 S. 1 Nr. 3 GemO BW; Art. 92 Abs. 1 S. 1 Nr. 2 BayGO; § 129 Abs. 1 Nr. 3 KVG LSA; § 69 Abs. 1 Nr. 4 KV MV; § 108 Abs. 1 S. 1 Nr. 6 GO NRW; § 96 Abs. 1 Nr. 2 SächsGemO.
[206] Exemplarisch dazu VGH Kassel NVwZ-RR 2012, 566 (568 f.); OVG Bautzen BeckRS 2012, 58602 = NVwZ-RR 2013, 633.
[207] Cronauge Kommunale Unternehmen, 243 f., 260; WSG Komm. Unternehmen/Gaß C Rn. 199 ff.; HUR KommunalUnternehmen-HdB/Hellermann § 7 Rn. 113; Mann/Püttner Kommunle Wissenschaft-HdB/Mann § 46 Rn. 46; PdK-Bay B-1/Schulz Art. 92 BayGO Anm. 1.2.

Abschlusses eines Beherrschungsvertrags nach § 291 AktG ihren Einfluss auf die Unternehmensleitung einer Aktiengesellschaft erweitern können, ist aufgrund der damit verbundenen Rechtsfolge einer Verlustübernahmepflicht nach § 302 AktG umstritten (→ vgl. dazu Rn. 65). Vor diesem Hintergrund sehen einige Landesgesetzgeber einen **gesetzlichen Nachrang** der Aktiengesellschaft gegenüber anderen Privatrechtsformen vor[208] oder schließen diese Rechtsform aus[209].

71 Einen Sonderfall stellt die Rechtsform der **Genossenschaft** dar, bei der grundsätzlich jedes Mitglied in der Generalversammlung unabhängig vom Geschäftsanteil eine Stimme hat und Mehrstimmrechte sowie das Recht zur Entsendung von Aufsichtsratsmitgliedern kraft Satzung nur sehr eingeschränkt möglich sind.[210] Als Gestaltungsmöglichkeiten kommen unter Umständen Konstruktionen wie der Sekundärgenossenschaft oder doppelstöckige Genossenschaft bzw. der Einbindung von Genossenschaften in Holding-Modelle in Betracht.[211] Problematisch ist auch eine kommunale Beteiligung als **Kommanditist** einer KG, der von der Geschäftsführung grundsätzlich ausgeschlossen ist.[212]

72 Der Mangel an Einflussnahme auf ein Unternehmen in kommunaler Trägerschaft hat zum Beispiel auch Auswirkungen auf die Frage, ob zwischen der Kommune und ihrem Unternehmen **vergaberechtsfreie Inhouse-Geschäfte** möglich sind (vgl. § 108 Abs. 1 Nr. 1, Abs. 2 GWB).[213]

73 Zweifelhaft ist die Erfüllung des Tatbestands der angemessenen Einflussnahme bei **Minderheitsbeteiligungen,** soweit sich die Einwirkungsmöglichkeiten lediglich am Grad der (Minderheits-)Beteiligung der Kommune an dem Unternehmen orientieren bzw. ihm entsprechen. In diesen Fällen wird teilweise unter Hinweis auf die erforderliche demokratischen Legitimation des kommunalen unternehmerischen Handelns und die Sicherung der Erfüllung des öffentlichen Zwecks des Unternehmens gefordert, dass sich die Kommune darüber hinausgehende Möglichkeiten zur Einflussnahme auf die grundlegenden Entscheidungen des Unternehmens im Gesellschaftsvertrag oder in der Unternehmenssatzung sichern muss.[214] Zu denken wäre etwa an die Festlegung qualifizierter Mehrheiten bei wichtigen Abstimmungen, Vetorechte, Mehrfachstimmrechte, Stimmbindungsverträge oder Sonderkündigungsrechte.[215] Sollte dies an den einschlägigen gesellschaftsrechtlichen Regelungen oder den Mitgesellschaftern scheitern, müsste die Kommune von einer solchen Beteiligung absehen. Nach anderer Auffassung ist die Ausrichtung des Grades der Einflussnahme an den Beteiligungsverhältnissen grundsätzlich ausreichend, solange das Unternehmen in Privatrechtform weiterhin – zumindest teilweise – seinen öffentlichen Zweck erfüllt.[216] Jedenfalls sehen auch die Landesgesetzgeber nach dem Umfang der Beteiligung abgestufte Hinwirkungspflichten der Kommunen in Bezug auf die Gestaltung des Gesell-

---

[208] § 103 Abs. 2 GemO BW; § 96 Abs. 4 BbgKVerf; § 122 Abs. 3 HGO; § 108 Abs. 4 GO NRW; § 87 Abs. 2 GemO RhPf; § 96 Abs. 2 SächsGemO.
[209] § 68 Abs. 4 S. 2 KV MV.
[210] Vgl. §§ 36 Abs. 1, 3 und 5, § 43 Abs. 3 GenG. § 105 GO SchlH enthält daher eine Sonderregelung für Genossenschaften.
[211] Vgl. dazu Gaß/Popp Gemeinde als Unternehmer, 3. Aufl. 2021, 229 ff.
[212] Vgl. §§ 164, 170, 166 HGB. Vgl. auch Cronauge Kommunale Unternehmen, 163; WSG Komm. Unternehmen/Weber D Rn. 741, dort in der Folge auch zur Beteiligung der Kommune an einer GmbH & Co.KG.
[213] Ausführlich dazu WSG Komm. Unternehmen/Schröder H Rn. 37 unter Hinweis auf BGH GRUR 2008, 810 (813): Verneint für die Rechtsform der AG.
[214] OVG Lüneburg Beschl. v. 8.4.2020 – 10 ME 61/20, BeckRS 2020, 6560 Rn. 22 ff. Ebenso Ehlers DVBl. 1997, 137 (145); PdK Bay B-1/Schulz Art. 92 BayGO Anm. 1.2; PdK Nds B-1/Wefelmeier § 137 NKomVG Rn. 11 mwN.
[215] Vgl. dazu Pauly/Schüler DÖV 2012, 339 (345); Zeis KommJur 2020, 407 (409 f.). PdK-Bay B-1/Schulz Art. 92 BayGO Anm. 1.3 sieht auch die Möglichkeit des Abschlusses eines Beherrschungsvertrags mit einer gemischt-wirtschaftlichen Gesellschaft zur Sicherung der Einflussnahme des kommunalen Gesellschafters unter Erteilung einer aufsichtlichen Befreiung von der Vorgabe der Haftungsbegrenzung.
[216] WSG Komm. Unternehmen/Gaß C Rn. 197; Rehn/Cronauge GO NRW § 108 Anm. IV. 5; Altmeppen NJW 2003, 2561 (2563); Lohner/Zieglmeier BayVBl. 2007, 581 (582).

schaftsvertrags bzw. der Unternehmenssatzung vor und erkennen damit auch Minderheitsbeteiligungen dem Grunde nach als zulässig an.[217]

Die Vorgabe der Sicherstellung eines angemessenen Einflusses in einem Überwachungsorgan steht zudem im **Spannungsverhältnis zur unternehmerischen Arbeitnehmermitbestimmung** nach den einschlägigen Regelungen des Drittelbeteiligungsgesetzes (DrittelbG) oder (bei mehr als 2.000 Arbeitnehmern) des Mitbestimmungsgesetzes (MitbestG) bzw. auf Grundlage von gesellschaftsvertraglichen Regelungen und entsprechenden Beschlüssen des zuständigen kommunalen Gremiums zur Entsendung von Arbeitnehmervertretern in den (fakultativen) Aufsichtsrat eines kommunalen Unternehmens.[218] Jedenfalls muss das demokratische Letztentscheidungsrecht des kommunalen Gremiums (Rat oder Kreistag) oder seiner Vertreter im Aufsichtsrat gewahrt sein, was insbesondere bei einer paritätischen Besetzung problematisch ist.[219] Vereinzelt bestehen – außerhalb des Anwendungsbereichs des DrittelbG und des MitbestG und damit der Regelungskompetenz des Bundesgesetzgebers – landesrechtlicher Vorschriften zur Arbeitnehmermitbestimmung unter anderem mit dem Ziel, auch bei Vollparität eine verfassungskonforme Legitimation unternehmerischer Entscheidungen zu sichern.[220] Unterliegt das kommunale Unternehmen der paritätischen Mitbestimmung nach dem MitbestG und drohen nicht auflösbare Legitimationsdefizite, kann dies letztlich zur Einschränkung der Rechtsformenwahl führen.[221]

74

d) Weitere Vorgaben zur Gestaltung der Gesellschaftsverträge bzw. Unternehmenssatzungen. Darüber hinaus enthalten die Kommunalordnungen unterschiedliche weitere Vorgaben in Bezug auf die Gestaltung der Gesellschaftsverträge bzw. Satzungen kommunaler Unternehmen in Privatrechtsform, die der Sicherung der Einflussnahme der Kommune auf das Unternehmen und letztlich der Erfüllung der öffentlichen Zweckbestimmung dienen. Danach soll insbesondere die **Zuständigkeit der Gesellschafterversammlung** für wichtige unternehmerische Entscheidungen erhalten und so die Mitwirkungsmöglichkeit des Gesellschafters Kommune gewährleistet werden.[222] Die Organzuständigkeit innerhalb der Kommune ergibt sich aus den jeweiligen kommunalverfassungsrechtlichen Bestimmungen des Landes. Teilweise wird darüber hinaus explizit vorgeschrieben, dass das kommunale Beschlussgremium (Gemeinderat, Kreistag) den von der Kommune bestellten oder auf Vorschlag der Kommune gewählten **Mitgliedern eines fakultativen Aufsichtsrats Weisungen erteilen** können muss[223] oder im Vorfeld bestimmter Entscheidungen zu beteiligen ist[224]. Soweit Aktiengesellschaften als Rechtsform kommunaler Unternehmen zugelassen sind, soll in der Unternehmenssatzung die **Zustimmungspflicht des Aufsichtsrats** für bestimmte Entscheidungen wie etwa der Erwerb und die Veräußerung von Unternehmen und Beteiligungen sichergestellt sein.[225] Die Vorgabe zur Sicherung von **Entsenderechten** bei der Bestellung der Aufsichtsratsmitglieder ergibt sich bereits allgemein aus der Pflicht zur angemessenen Einflussnahme im Überwachungsorgan eines Unternehmens in Privatrechtsform (→ Rn. 10, 68). Bei Minderheitsbeteiligungen werden entsprechende Hinwirkungspflichten der Kommune normiert.

75

---

[217] ZB § 96 Abs. 1 S. 1 Nr. 2, Abs. 3 BbgKVerf; Art. 94 Abs. 1 und 2 BayGO; § 89 Abs. 7 GemO RhPf.
[218] Grundlegend zur verfassungsrechtlichen Zulässigkeit und den Grenzen der Mitbestimmung bei der Ausübung von Staatsgewalt BVerfGE 93, 37 = NVwZ 1996, 574 (567); BVerfGE 107, 59 = NVwZ 2003, 974; NWVerfGH NVwZ 1987, 211.
[219] Ausführlich und aktuell zum Sach- und Streitstand → § 18 Rn. 39, → § 25 Rn. 121 ff. mwN.
[220] Vgl. §§ 108a, 108b GO NRW.
[221] So Dünchheim/Gräler NVwZ 2019, 1225 (1230) unter Hinweis auf die kommunale Anstalt des öffentlichen Rechts, bei der die Mitgliedschaft von Arbeitnehmern des Unternehmens im Verwaltungsrat kraft Gesetzes entweder ausgeschlossen oder auf maximal ein Drittel beschränkt ist bzw. diese nur beratend tätig sind, vgl. WSG Komm. Unternehmen/Schraml D Rn. 203 ff. mwN.
[222] Vgl. etwa § 103a GemO BW; Art. 92 Abs. 1 S. 2 BayGO; § 108 Abs. 5 GO NRW; § 87 Abs. 3 GemO RhPf; § 111 Abs. 1 KSVG; § 96a SächsGemO; § 73 Abs. 1 S. 2 ThürKO.
[223] ZB § 108 Abs. 5 Nr. 2 GO NRW; § 87 Abs. 3 Nr. 3 GemO RhPf. Art. 92 Abs. 2 S. 3 BayGO enthält eine entsprechende Sollvorschrift.
[224] ZB Art. 92 Abs. 3 BayGO; § 108 Abs. 6 GO NRW; § 96a Abs. 1 Nr. 1 SächsGemO.
[225] Vgl. etwa Art. 92 Abs. 1 S. 3 BayGO, § 73 Abs. 1 S. 3 ThürKO.

4. Vorgaben in Bezug auf mittelbare Beteiligungen

76 Die Frage, unter welchen Voraussetzungen ein rechtlich selbständiges kommunales Unternehmen allein oder unter Beteiligung Dritter ein Unternehmen in Privatrechtsform als „Tochterunternehmen" errichten oder sich an einem solchen beteiligen kann, ist für die **Bildung kommunaler Konzerne** durch verbundene Unternehmen oder **Holdingstrukturen** relevant.

77 Vielfach sehen die Kommunalordnungen vor, dass für mittelbare Beteiligungen mittels kommunaler Unternehmen in Privatrechtsform die **Zulässigkeitsvoraussetzungen für eine kommunalwirtschaftliche Betätigung** uneingeschränkt[226] oder teilweise – abgestuft nach der Beteiligungsquote an der Muttergesellschaft[227] bzw. bezogen auf einzelne Tatbestände[228] – auch in diesen Fällen zur Anwendung kommen. Die in der Praxis in Gesellschafts- und Unternehmensverträgen kommunaler Unternehmen anzutreffenden Formulierungen über die pauschale Zulässigkeit der Beteiligung an anderen Unternehmen bzw. der Gründung von Tochterunternehmen greifen daher zu kurz. Interessant ist in diesem Zusammenhang die seit 2019 bestehende Rechtslage in Sachsen, wonach mittelbare Beteiligungen an Unternehmen aus den Bereichen der Strom-, Gas-, Wärme- und Wasserversorgung sowie Telekommunikation von den Vorgaben ausgenommen, allerdings unter Genehmigungsvorbehalt der Rechtsaufsichtsbehörde gestellt wurden.[229]

78 Die Vorgaben knüpfen in der Regel an die **Zustimmung der Kommune** zur Beteiligung ihres Unternehmens an einem anderen Unternehmen an. Dies setzt ein notwendiges Zustimmungserfordernis kommunaler Organe für diese unternehmerische Entscheidung voraus, das sich entweder aus der hierzu erforderlichen Beschlussfassung in der Gesellschafter- oder Hauptversammlung oder einer im Gesellschaftsvertrag bzw. der Unternehmenssatzung vorgesehenen Zustimmung des Aufsichtsrats des kommunalen Unternehmens ergeben kann, soweit die Aufsichtsratsmitglieder gegenüber der Kommune weisungsgebunden sind.[230] Die meisten Kommunalordnungen enthalten hierzu entsprechende Sollvorschriften zur Ausgestaltung der Gesellschaftsverträge bzw. Satzungen ihrer Unternehmen (→ Rn. 75).[231] Die Vorgaben richten sich damit letztlich an die **Vertreter der Kommune** in den Organen der Muttergesellschaft[232], die ihrerseits die nach den einschlägigen kommunalverfassungsrechtlichen Regelungen zuständigen kommunalen Organe einzubinden haben. Ob die kommunalen Vertreter an die Beschlüsse der Kommunalorgane gebunden sind, richtet sich allerdings nach den jeweiligen gesellschaftsrechtlichen Regelungen. Beispielsweise unterliegt der Vorstand einer Aktiengesellschaft ebenso wenig einer Weisungsbindung wie die von der Kommune in den Aufsichtsrat dieser Gesellschaft entsandten Mitglieder. Dies gilt entsprechend bei einer GmbH mit obligatorischem Aufsichtsrat oder bei fehlenden gesellschaftsvertraglichen Regelungen zur Weisungsbindung der Mitglieder eines fakultativen Aufsichtsrats. Auch eine Abstimmung der kommunalen Vertreter entgegen einer Weisung der Kommune berührt die Gültigkeit des im Unternehmensorgan gefassten Beschlusses grundsätzlich nicht.[233] Im Innenverhältnis zwischen Kommune und kommunalen Vertretern kann die Abstimmung entgegen einer Weisung allerdings die

---

[226] So etwa in Bayern (Art. 92 Abs. 2 BayGO), Sachsen (§ 94a Abs. 1, § 96 Abs. 1 SächsGemO) und Thüringen (§ 74 Abs. 2 ThürKO).
[227] Vgl. etwa § 105a GemO BW; § 122 Abs. 5 HGO; § 69 Abs. 2 KV MV; § 137 Abs. 2 NKomVG; § 108 Abs. 6 GO NRW; § 129 Abs. 2 KVG LSA; § 91 Abs. 1 GemO RhPf.
[228] Vgl. § 96 Abs. 1 und 3 BbgKVerf; § 112 Abs. 1 S. 1 KSVG; § 91 Abs. 1 GemO RhPf.
[229] § 97 Abs. 3 bis 5 SächsGemO; vgl. dazu LT-Drs. 6/16713, S. 7.
[230] Vgl. Blumenthal/Dietl BayVBl. 2017, 187 (189 ff.); zur Problematik der Umsetzbarkeit auch PdK Sa B-1/Sollondz § 96 SächsGemO Anm. 1.5.
[231] Vgl. § 103a Nr. 3 GemO BW; Art. 92 Abs. 1 S. 2 und 3 BayGO; § 96 Abs. 1 S. 1 Nr. 8 BbgKV; § 108 Abs. 5 und Abs. 6a GO NRW; § 87 Abs. 3 Nr. 1b GemO RhPf; § 111 Abs. 1 Nr. 2b und c KSVG; § 96a Abs. 1 Nr. 1 SächsGemO; § 102 Abs. 2 Nr. 5 GO SchlH; § 73 Abs. 1 S. 2 und 3 ThürKO.
[232] So ausdrücklich § 108 Abs. 6 GO NRW.
[233] PdK Bay-B1/Schulz Art. 93 BayGO Anm. 3.3; Dombert NdsVBl 2022, 133 (134); Cronauge Kommunale Unternehmen, 251.

Abberufung aus dem Aufsichtsrat rechtfertigen.[234] Insgesamt ist also festzuhalten, dass der rechtliche Status des kommunalen Unternehmens in Privatrechtsform durch die Vorgaben zu mittelbaren Beteiligungen unberührt bleibt.[235] Das Erfordernis einer Zustimmung kommunaler Beschlussorgane verlängert allerdings die Entscheidungswege insbesondere bei Holdings mit mehreren kommunalen Gesellschaftern.

In den Ländern, in denen die Rechtsform einer kommunalen **Anstalt des öffentlichen** 79 **Rechts** zulässig ist, kann die mittelbare Beteiligung auch durch Beteiligung dieses Unternehmens an einem anderen Unternehmen erfolgen. Die Pflicht zur Zustimmung des Verwaltungsrats und zur hierfür erforderlichen vorherigen Zustimmung bzw. Befassung des Kommunalorgans ergibt sich hier – anders als bei Unternehmen in Privatrechtsform – unmittelbar aus den einschlägigen landesrechtlichen Vorschriften bzw. der Anstalts- bzw. Unternehmenssatzung.[236] Voraussetzung für die Zulässigkeit der Beteiligung einer Kommunalanstalt an anderen Unternehmen ist, dass dies dem Anstalts- bzw. Unternehmenszweck dient und die Anstalts- bzw. Unternehmenssatzung dem nicht entgegensteht[237]; darüber hinaus werden regelmäßig die für die Beteiligung der Kommune an Unternehmen geltenden Vorschriften für entsprechend anwendbar erklärt.[238]

5. Vorgaben betreffend die Rechtsformenwahl

Wie bereits aufgezeigt ist es den Landesgesetzgebern möglich, die aus der kommunalen 80 Organisationshoheit folgende Formenwahlfreiheit in Bezug auf die kommunale Aufgabenerfüllung einzuschränken (→ Rn. 4).

Eine **Einschränkung** der Formenwahlfreiheit kann zunächst in den Ländern bestehen, 81 die zwischen wirtschaftlichen Unternehmen und **Einrichtungen** mit landesgesetzlich definierten nichtwirtschaftlichen Betätigungsfeldern unterscheiden (→ Rn. 27 f.). Die Erfüllung der Aufgaben solcher Einrichtungen bzw. nichtwirtschaftlichen Unternehmen in einer privatrechtlichen Organisationsform steht oftmals – teilweise auch abgestuft nach bestimmten Aufgabenfeldern – unter dem Vorbehalt des Nachweises eines wichtigen Interesses an dieser Organisationsform.[239] Die Kommune hat dabei unter Abwägung der Vor- und Nachteile und rechtsaufsichtlich überprüfbar darzulegen, dass die Aufgabe im Vergleich zu den öffentlich-rechtlichen Organisationsformen wirtschaftlicher durchgeführt werden kann.[240]

Einige Landesgesetzgeber normieren generell **besondere Begründungspflichten bei** 82 **der Wahl einer Privatrechtsform** für das kommunale Unternehmen und räumen den öffentlich-rechtlichen Organisationsformen damit einen Vorrang ein.[241]

Weitere Einschränkungen ergeben sich durch die oben skizzierten Zulässigkeitsvoraus- 83 setzungen wie etwa die **Erforderlichkeit einer Haftungsbegrenzung** der Kommune, durch die Privatrechtformen, die eine unbeschränkte Haftung der Gesellschafter vorsehen,

---

[234] VG Köln Urt. v. 10.12.2014 – 4 K 948/14, BeckRS 2015, 43415 mwN. Vgl. auch OVG Münster NVwZ 2003, 494 (494 f.).
[235] Jarass Kommunale Wirtschaftsunternehmen im Wettbewerb, 67.
[236] § 102b Abs. 3 S. 2 Nr. 4, S. 7 GemO BW; Art. 90 Abs. 2 S. 3 Nr. 4 BayGO; § 95 Abs. 2 S. 3 Nr. 2, § 97 Abs. 1 S. 6 BbgKV; 126a Abs. 6 S. 3 Nr. 5 HGO; § 70a Abs. 3 S. 3 Nr. 4, S. 4 KV MV; § 145 Abs. 3 S. 3 Nr. 3, S. 4 NKomVG; § 114a Abs. 7 S. 3 Nr. 2, S. 5 GO NRW; § 5 Abs. 3 S. 3 Nr. 4 AnstG LSA; § 76b Abs. 2 S. 3 Nr. 3, S. 4 ThürKO. In Bayern, Hessen, Rheinland-Pfalz, Sachsen-Anhalt und Schleswig-Holstein bleiben diesbezügliche Regelungen zur Zustimmung des Kommunalorgans bzw. zu Weisungsrechten gegenüber den Mitgliedern des Verwaltungsrats der Ausgestaltung der Anstalts- bzw. Unternehmenssatzung vorbehalten, vgl. Art. 90 Abs. 2 S. 5 BayGO; § 126a Abs. 6 S. 7 HGO; § 86b Abs. 2 S. 3 GemO RhPf; § 5 Abs. 3 S. 5 AnstG LSA; § 106a Abs. 1a S. 4 GO SchlH.
[237] § 126a Abs. 3 S. 3 HGO; § 141 Abs. 3 NKomVG; § 1 Abs. 1 S. 3 AnstG LSA; § 106a Abs. 1 S. 2 GO SchlH.
[238] § 102 Abs. 1 S. 3 GemO BW; Art. 89 Abs. 1 S. 2 BayGO; § 94 Abs. 4 BbgKV; § 70 Abs. 1 KV MV; § 114a Abs. 4 GO NRW; § 86a Abs. 5 GemO RhPf; § 76a Abs. 1 S. 3 ThürKO.
[239] § 122 Abs. 2 HGO; § 69 Abs. 1 Nr. 2 KV MV; § 136 Abs. 3 NKomVG; § 108 Abs. 1 Nr. 2 GO NRW.
[240] So ausdrücklich § 69 Abs. 1 Nr. 2 KV MV; § 136 Abs. 3 S. 4 NKomVG.
[241] Vgl. § 92 Abs. 1 GemO RhPf; § 102 Abs. 1 Nr. 1 GO SchlH.

von vornherein ausgeschlossen werden (→ Rn. 62). Auch die fehlende Möglichkeit der Umsetzung der kommunalrechtlichen Vorgaben an die Ausgestaltung des Gesellschaftsvertrags bzw. der Unternehmenssatzung (→ Rn. 75) kann im Einzelfall dazu führen, dass die Beteiligung an einem Unternehmen in Privatrechtsform ausscheidet.

84 Einen **Nachrang der Aktiengesellschaft** im Verhältnis zu anderen Privatrechtsformen (in der Regel der GmbH) sehen die Kommunalordnungen von Baden-Württemberg, Brandenburg, Hessen, Nordrhein-Westfalen, Rheinland-Pfalz und Sachsen vor.[242] Am restriktivsten ist insoweit die Rechtslage Mecklenburg-Vorpommern, wo die Errichtung einer Aktiengesellschaft oder die Umwandlung von bestehenden Unternehmen oder Einrichtungen in eine solche gänzlich ausgeschlossen ist.[243] Zur Nachrangigkeit der **Stiftung** gegenüber anderen Organisationsformen vgl. → Rn. 23.

85 Die **Auswahlkriterien** für die in Bezug auf die jeweilige Aufgabenerfüllung geeignete Organisationsform sind bereits vielfach beschrieben worden, weshalb an dieser Stelle auf die einschlägige Literatur Bezug genommen wird.[244] Neben den auch für Private relevanten Gesichtspunkten etwa der Gründungs- und Betriebskosten, des Steuerrechts, der Haftungsbeschränkung oder personalrechtlicher Fragen im Zusammenhang mit Unternehmensumwandlungen ist für die Kommunen dabei von besonderer Bedeutung, die richtige **Balance zwischen notwendiger kommunaler Einflussnahme** und **erforderlicher unternehmerischer Freiheit** zur optimalen Erfüllung der mit der Unternehmung verfolgten Aufgabenstellung – respektive des mit der unternehmerischen Betätigung verfolgten öffentlichen Zwecks – zu finden. Eine gewisse Flexibilität innerhalb des für die Organisationsform geltenden Rechtsrahmens erscheint für die Auflösung dieses Zielkonflikts unerlässlich. Darüber hinaus kann die Rechtsformenwahl von Parametern beeinflusst sein, die ausschließlich für die öffentliche Hand als Unternehmensträger bzw. in Bezug auf die Auswahl zwischen öffentlich-rechtlichen und privatrechtlichen Organisationsformen relevant sind. Zu erwähnen sind hier insbesondere die mögliche Bindung des kommunalen Unternehmens an **vergaberechtliche Vorschriften**[245], die sogenannte Inhouse-Fähigkeit des kommunalen Unternehmens[246], die **Kooperationsfähigkeit** der Rechtsform, insbesondere die Zulässigkeit der Einbindung Privater als Mitunternehmer (vgl. zur kommunalen Anstalt des öffentlichen Rechts → Rn. 22) oder auch die **Bindung an das öffentliche Tarifrecht.**[247]

6. Sonstige Vorgaben

86 a) **Anzeige- und Genehmigungspflichten.** Unabhängig von den allgemein für die Errichtung von und Beteiligung an Unternehmen geltenden Eintragungs- und Formvorschriften – zB Eintragung in das Handels- oder Genossenschaftsregister, notarielle Beurkundungen bei Abschluss oder Änderung von Gesellschaftsverträgen bzw. Unternehmenssatzungen oder im Zusammenhang mit Umwandlungsvorgängen – normieren die Landesgesetzgeber besondere Anzeige- oder Genehmigungspflichten, um die zuständigen Aufsichtsbehörden in die Lage zu versetzen, die Einhaltung der kommunalrechtlichen Vorgaben zu prüfen.

---

[242] § 103 Abs. 2 GemO BW, § 96 Abs. 4 BbgKVerf, § 122 Abs. 3 HGO, § 108 Abs. 4 GO NRW, § 87 Abs. 2 GemO RhPf., § 96 Abs. 2 SächsGemO.

[243] § 68 Abs. 4 S. 2 KV MV.

[244] Ausführlich dazu Cronauge Kommunale Unternehmen, 373 ff.; WSG Komm. Unternehmen/Gaß/Wurzel K; Mann/Püttner in Kommunale Wissenschaft-HdB/Pitschas/Schoppa § 43; HUR KommunalUnternehmen-HdB/Uechtritz/Reck § 16, jew. mwN.

[245] Vgl. zum Begriff des öffentlichen Auftraggebers §§ 98 bis 101 GWB. Die Bindung rechtlich selbständiger kommunaler Unternehmen an vergaberechtliche Vorschriften im Unterschwellenbereich richtet sich nach den jeweiligen landesrechtlichen Bestimmungen.

[246] Vgl. § 108 Abs. 1 bis 5, Abs. 7 GWB. Dazu WSG Komm. Unternehmen/Wollenschläger B Rn. 31 ff. mwN.

[247] Vgl. dazu – insbesondere auch mit Blick auf den zunehmenden Fachkräftemangel in vielen Bereichen – WSG Komm. Unternehmen/Gaß/Wurzel K Rn. 39 f.

Die überwiegende Zahl der Länder hat die früher bestehende Genehmigungspflicht für 87
die Gründung, Übernahme und Umwandlung von Unternehmen sowie die Beteiligung an
Unternehmen aufgegeben und sieht nur noch eine **Pflicht zur Anzeige** bestimmter Vorgänge **bei der Kommunalaufsichtsbehörde** innerhalb einer bestimmten Frist vor.[248]
Vereinzelt bestehen aber weiterhin Genehmigungspflichten, etwa in Brandenburg hinsichtlich der Gründung oder gründungsgleicher Vorgänge in Bezug auf die kommunale Anstalt[249], in Niedersachsen vor der Veräußerung von Betrieben, Unternehmen und Beteiligungen oder bei Mehrheitsbeteiligungen Privater bzw. Einbeziehung Privater unter Verlust eines beherrschenden kommunalen Einflusses[250], in Sachsen für die (unmittelbare und mittelbare) Beteiligung an Unternehmen in Privatrechtsform[251] oder in Thüringen bei Gründung von, Beteiligung an oder Änderung der Zweckbestimmung einer Aktiengesellschaft.[252]

Aus der Vorlage muss in der Regel zu ersehen sein, ob die gesetzlichen Vorgaben an eine 88
kommunalwirtschaftliche Betätigung bzw. Errichtung von bzw. Beteiligung an einem
Unternehmen erfüllt sind.

Im Saarland können die zuständigen Ministerien auf Antrag aus Gründen überwiegenden 89
öffentlichen Interesses **Befreiungen** von den Voraussetzungen für die kommunalwirtschaftliche Betätigung erteilen.[253] Andere Länder sehen die Möglichkeit der Befreiung nur
von einzelnen Voraussetzungen für die Beteiligung an Unternehmen in Privatrechtsform
durch die Aufsichtsbehörde vor.[254]

b) Berichts- und Dokumentationspflichten. Einige Länder sehen als weitere Voraus- 90
setzung der Aufnahme wirtschaftlicher Betätigung der Kommune die Durchführung eines
Markterkundungsverfahrens bzw. die Erstellung einer Marktanalyse vor, bei der – mit
Blick auf die Subsidiaritätsklausel (→ Rn. 50 ff.) – insbesondere die Auswirkungen der
kommunalwirtschaftlichen Betätigung auf hiervon betroffene örtliche Betriebe zu prüfen
sind.[255] Im Rahmen dieser Markterkundungsverfahren, in anderen Ländern vereinzelt auch
unabhängig davon im Vorfeld der Entscheidung zu einer wirtschaftlichen Betätigung der
Kommune[256], werden den **örtlichen** wirtschafts- und gegebenenfalls auch berufsständischen **Kammern** sowie **Gewerkschaften** ausdrücklich **Anhörungsrechte** eingeräumt.[257]

Der brandenburgische Landesgesetzgeber verlangt vor Gründung oder wesentlicher Er- 91
weiterung eines rechtlich selbständigen Unternehmens entweder eine öffentliche Bekanntmachung des Vorhabens verbunden mit der Aufforderung an private Anbieter, eigene
Angebote vorzulegen, oder den Vergleich und die Bewertung der Unternehmensgründung
und Privatisierungsmöglichkeiten in einer von unabhängigen Sachverständigen oder von

---

[248] § 108 GemO BW; Art. 96 BayGO; § 100 Abs. 1 BbgKVerf; § 127a HGO; § 77 Abs. 1 S. 1 KV MV; § 152 Abs. 1 NKomVG; § 115 GO NRW; § 92 GemO RhPf; § 118 Abs. 1 KSVG; § 102 Abs. 2 und 3 SächsGemO; § 135 Abs. 2 KVG LSA; § 108 GO SchlH; § 72 ThürKO.
[249] § 100 Abs. 2 BbgKVerf, mit der Begründung, dass hierdurch ein eigenständiger Verwaltungsträger entstehe (vgl. LT-Drs. 5/3023, 15); für die Gründung einer Eigengesellschaft gilt dagegen eine Anzeigepflicht.
[250] § 152 Abs. 2 und 3 NKomVG.
[251] § 102 Abs. 1 SächsGemO.
[252] § 73 Abs. 1 S. 4 ThürKO.
[253] § 118 Abs. 2 KSVG.
[254] Vgl. Art. 92 Abs. 1 S. 1 Nr. 3 Halbs. 2 BayGO (Haftungsbegrenzung); § 122 Abs. 1 S. 2 HGO (Haftungsbegrenzung, angemessener Einfluss, Aufstellung und Prüfung des Jahresabschlusses); § 108 Abs. 1 S. 2 und 3, Abs. 6 S. 2 GO NRW (Haftungsbegrenzung, Verlustübernahme, Aufstellung und Prüfung des Jahresabschlusses); § 73 Abs. 1 S. 1 Nr. 5 Halbs. 2 ThürKO (Haftungsbegrenzung).
[255] Hessen (§ 121 Abs. 6 HGO); Nordrhein-Westfalen (§ 105 Abs. 5, § 107a Abs. 4 GO NRW); Saarland (§ 108 Abs. 5 KSVG); Thüringen (§ 71 Abs. 2 Nr. 4 ThürKO).
[256] So in Baden-Württemberg bei einem Tätigwerden außerhalb der Daseinsvorsorge (§ 102 Abs. 2 GemO BW); Mecklenburg-Vorpommern (§ 68 Abs. 7 KV MV); Sachsen (§ 94a Abs. 1 S. 2 SächsGemO).
[257] Kritisch dazu Rehn/Cronauge GO NRW § 107 Anm. X. 1. und 3 unter Hinweis auf Art. 28 Abs. 2 GO und die Chancengleichheit im Wettbewerb stehender kommunaler Unternehmen; Woitschek Sachsenlandkurier 1/14, 10 (12).

der Kommune erstellten **Wirtschaftlichkeitsanalyse;** allerdings entfällt diese Vorgabe, wenn die Kommunalvertretung die Unternehmensgründung im öffentlichen Interesse für erforderlich hält und dies entsprechend begründet. Der örtlichen Industrie- und Handelskammer beziehungsweise Handwerkskammer ist ebenfalls Gelegenheit zur Stellungnahme zu geben.[258]

92 Im Grunde eine Selbstverständlichkeit im Zusammenhang mit Unternehmensgründungen oder -beteiligungen normieren die Gesetzgeber in Rheinland-Pfalz, Sachsen-Anhalt und Schleswig-Holstein, indem sie für bestimmte Tatbestände, insbesondere die Errichtung von und Beteiligung an Unternehmen in Privatrechtsform, die Erstellung einer **Vorteilsanalyse** fordern, in der die Vor- und Nachteile der öffentlich-rechtlichen und der privatrechtlichen Organisationsformen ebenso beleuchtet und abgewogen werden sollen wie mögliche organisatorische, finanzielle, steuerliche, mitbestimmungs- und gleichstellungsrechtliche Auswirkungen des beabsichtigten Vorgangs sowie gegebenenfalls Folgen für das Nutzungsverhältnis zu den Bürgern.[259] Die Analysen sind in der Regel der Aufsichtsbehörde im Rahmen der Anzeige des Projekts (→ Rn. 87) vorzulegen.

93 **c) Mittelstandsförderungsgesetze.** Über ein Markterkundungsverfahren hinaus (vgl. → Rn. 90) oder stattdessen erfolgt in einigen Bundesländern eine besondere **Berücksichtigung der Belange des Mittelstandes** im Rahmen von Mittelstandsförderungsgesetzen, die auch von den Kommunen im Vorfeld wirtschaftlicher Betätigungen zu beachten sind. Beispielhaft sei insoweit auf das baden-württembergische Gesetz zur Mittelstandsförderung hingewiesen, das in § 3 einen Vorrang der privaten Leistungserbringung normiert – mit dem Wortlaut einer verschärften Subsidiaritätsklausel.[260] Soweit ersichtlich haben diese Regelungen in der Praxis und Rechtsprechung bislang allerdings keine besondere Bedeutung erlangt (vgl. zum Rechtsschutz Dritter → Rn. 183 ff.).

V. Verwaltungsrechtliche Vorgaben an die Führung kommunaler Unternehmen

94 Rechtliche Vorgaben an die Führung eines Unternehmens können sich zum einen richten an die Kommune als Eigentümer des Unternehmens, zum anderen an die Leitung des Unternehmens. Die Kommune führt das Unternehmen im Wesentlichen durch die von ihr in die Unternehmensorgane entsandten Vertreterinnen und Vertreter, die regelmäßig durch ein in der Kommunalverwaltung angesiedeltes Beteiligungsmanagement unterstützt werden. In Bezug auf das kommunale Unternehmen selbst sind vor allem Vorgaben hinsichtlich der Wirtschaftsführung, des Rechnungs-, Berichts- und Prüfungswesens und des Haushaltsrechts relevant. Die Vorgaben zielen insbesondere darauf ab, eine effektive **Steuerung und Kontrolle** des kommunalen Unternehmens zu ermöglichen, um die Erfüllung des mit der Unternehmung verfolgten öffentlichen Zwecks zu gewährleisten (→ Rn. 6 f., 40 ff.), **Transparenz** hinsichtlich der in verselbständigte Unternehmen ausgelagerten kommunalen Aufgabenerfüllung zu schaffen und die **finanziellen Risiken** für die kommunalen Haushalte zu **minimieren.**

1. Vorgaben betreffend die kommunale Vertretung in den Unternehmensorganen

95 Für die Steuerung und Kontrolle kommunaler Unternehmen von entscheidender Bedeutung ist die quantitativ und qualitativ adäquate personelle Besetzung der Unternehmensorgane. Dadurch wird nicht nur der Vorgabe einer angemessenen Einflussnahme auf das Unternehmen (→ Rn. 68 ff.) Rechnung getragen, sondern generell die ordnungsgemäße Erfüllung der kommunalen Aufgabe (respektive des öffentlichen Zwecks, vgl. → Rn. 40 ff.) durch das Unternehmen gesichert und gleichzeitig die erforderliche demokratische Legiti-

---

[258] Vgl. § 92 Abs. 3 BbgKVerf.
[259] Vgl. im Einzelnen dazu § 92 Abs. 1 GemO RhPf; § 135 Abs. 1 KVG LSA; § 102 Abs. 1 S. 2 GO SchlH.
[260] Vgl. auch Art. 7, 18 BayMfG; § 5 MfG NRW; § 6 MfG RhPf; § 4 MfG SchlH; § 5 ThüMfG.

mation des Verwaltungshandelns (→ Rn. 10) gewährleistet. Hier wird das Spannungsfeld zwischen kommunalrechtlichen Vorgaben und gesellschaftsrechtlichen Regelungen besonders augenscheinlich.

a) **Kommunale Vertretung in den Unternehmensorganen.** Während bei den rechtlich unselbständigen kommunalen Eigenbetrieben (→ Rn. 20) die kommunalen Organe unmittelbar – neben der mit eigenen Kompetenzen insbesondere für die laufenden Geschäfte des Betriebs zuständigen Werkleitung – die unternehmerischen Entscheidungen treffen[261], erfolgt die Vertretung der Kommune in einem rechtlich verselbständigtem Unternehmen entweder kraft Gesetzes oder durch die Entsendung von durch ein kommunales Organ bestellte Personen. 96

Bei den rechtlich selbständigen **öffentlich-rechtlichen Organisationsformen** (→ Rn. 22, 24 f.) folgt die Vertretung der beteiligten Kommunen in den Unternehmensorganen den jeweiligen öffentlich-rechtlichen Vorgaben. So führt den Vorsitz im **Verwaltungsrat** einer kommunalen Anstalt des öffentlichen Rechts in der Regel kraft Gesetzes der Hauptverwaltungsbeamte der Kommune (Bürgermeister oder Landrat), die weiteren Verwaltungsratsmitglieder werden vom kommunalen Kollegialorgan (insbesondere Gemeinderat, Kreistag) bestellt, müssen aber nicht zwingend Mitglieder dieses Gremiums sein.[262] Sind mehrere Kommunen an der Rechtsform beteiligt (zB an einem gemeinsamen Kommunalunternehmen oder einem Zweckverband), ist jede der beteiligten Kommunen zumindest mit ihrem gesetzlichen Vertreter (in der Regel der Bürgermeister oder Landrat) im Verwaltungsrat oder in der Verbandsversammlung vertreten, die Möglichkeit der Entsendung weiterer Vertreter richtet sich nach den einschlägigen gesetzlichen Bestimmungen und den Regelungen der Unternehmens- oder Verbandssatzung.[263] Landesrechtlich unterschiedlich ausgestaltet sind die **Inkompatibilitätsregelungen,** insbesondere hinsichtlich der Zulässigkeit einer Personalvertretung im Verwaltungsrat einer Kommunalanstalt.[264] Dies gilt auch für die Regelungen zur Amtsdauer, zum Ende der Amtszeit und zur Abberufung der weiteren Verwaltungsratsmitglieder. Der **Vorstand** der Kommunalanstalt wird vom Verwaltungsrat bestellt und abberufen und darf jedenfalls bei der Kommunalanstalt mit nur einer Kommune als Anstaltsträger nicht gleichzeitig dem Verwaltungsrat als Überwachungsorgan angehören. Der **Verbandsvorsitzende** eines Zweckverbands wird dagegen teilweise von der Verbandsversammlung aus deren Mitte gewählt, teilweise darf er nicht Mitglied der Verbandsversammlung sein.[265] 97

In kommunalen Unternehmen in **Privatrechtsform** vertritt in der Regel der Hauptverwaltungsbeamte (Bürgermeister oder Landrat) als zur Außenvertretung berechtigtes kommunales Organ die Kommune in der **Gesellschafter- oder Hauptversammlung;** er kann sich nach den einschlägigen landesrechtlichen Regelungen durch eine andere Person vertreten lassen.[266] 98

Verfügt das Unternehmen in Privatrechtsform über einen (fakultativen oder obligatorischen) **Aufsichtsrat**, hat die Kommune bei der Ausgestaltung des Gesellschaftsvertrags bzw. der Unternehmenssatzung darauf hinzuwirken, dass ihr entsprechende **Entsende-** 99

---

[261] Ausführlich dazu WSG Komm. Unternehmen/Schneider D Rn. 63 ff.; Cronauge Kommunale Unternehmen, 185 ff.
[262] Vgl. WSG Komm. Unternehmen/Schraml D. Rn. 200 ff.
[263] Ausführlich zum Zweckverbandsrecht WSG Komm. Unternehmen/Rüsing D Rn. 292 ff.; Cronauge Kommunale Unternehmen, 299 ff. Zum gemeinsamen Kommunalunternehmen Cronauge Kommunale Unternehmen, 317 ff.; WSG Komm. Unternehmen/Schraml D Rn. 293a ff.
[264] Diese reichen vom Ausschluss (zB Art. 90 Abs. 3 S. 6 BayGO; § 114a Abs. 8 S. 8 GO NRW) über die Pflicht zur Wahl mindestens eines Personalvertreters (§ 145 Abs. 4 NKomVG) bis zur Wahl von Beschäftigtenvertretern als beratende Mitglieder (§ 5 Abs. 4 AnstG LSA; § 86b Abs. 3 S. 7 GemO RhPf).
[265] Vgl. WSG Komm. Unternehmen/Rüsing D Rn. 309 mwN.
[266] § 104 Abs. 1 GemO BW; Art. 93 Abs. 1 BayGO; § 97 Abs. 1 BbgKVerf; § 71 Abs. 1 KV MV; § 88 Abs. 1 GemO RhPf; § 98 Abs. 1 SächsGemO; § 131 Abs. 1 KVG LSA; § 31 Abs. 1 ThürKO. In Niedersachsen und Nordrhein-Westfalen ist der kommunale Vertreter vom Rat zu wählen bzw. zu bestellen (vgl. § 138 Abs. 1 und 2 NKomVG; § 113 Abs. 2 GO NRW).

rechte eingeräumt werden. Dies ist insbesondere bei Beteiligungsgesellschaften zur Sicherung eines angemessenen Einflusses erforderlich. Erfolgt die Bestellung der Aufsichtsratsmitglieder ausschließlich durch die Gesellschafter- oder Hauptversammlung des kommunalen Unternehmens, kann das kommunale Kollegialorgan über einen zuvor gefassten Beschluss zu den zu bestellenden Personen und die Erteilung einer entsprechenden Weisung an den kommunalen Vertreter in der Gesellschafter- oder Hauptversammlung Einfluss nehmen. Bei der Festlegung der Entsenderechte bzw. im Rahmen der Personalentscheidung sind die für die jeweilige Organisationsform[267] und nach dem Mitbestimmungsrecht[268] geltenden gesetzlichen Beschränkungen zu berücksichtigen. Die zu entsendenden Vertreter werden in der Regel vom kommunalen Kollegialorgan (insbesondere Gemeinderat, Kreistag) bestimmt. Teils wird die Entsendung des Hauptverwaltungsbeamten vorgeschrieben[269], teils werden bei der Bestimmung mehrerer Vertreter die für die Besetzung kommunaler Ausschüsse geltenden Proporzregelungen für anwendbar erklärt[270], wobei auch nicht dem Kollegialorgan angehörende sachkundige Dritte entsandt werden können.[271] Bei **mittelbaren Beteiligungen** der Kommune ist ein Entsenderecht indes allenfalls in Bezug auf eine Enkelgesellschaft in der Rechtsform der GmbH mit fakultativem Aufsichtsrat begründbar.[272] In einigen Landesgesetzen sind zudem **qualitative Vorgaben** dergestalt enthalten, dass die von der Kommune bestimmten (weiteren) Mitglieder des Aufsichtsrats über die für diese Aufgabe erforderliche betriebswirtschaftliche Erfahrung und Sachkunde verfügen sollen.[273] In der hessischen Gemeindeordnung findet sich zudem eine Regelung, nach der darauf hingewirkt werden soll, dass die Kommune im Unternehmensorgan möglichst paritätisch durch Männer und Frauen vertreten wird; ähnliche Sollvorschriften sind in den **Gleichstellungsgesetzen** anderer Länder enthalten (→ näher § 24 Rn. 22 ff.).[274]

100 Teilweise enthalten die Kommunalordnungen zur Vermeidung von Interessenkollisionen **Inkompatibilitätsvorschriften** in Bezug auf die gleichzeitige Vertretung der Kommune und eines Unternehmens mit mehrheitlich kommunaler Beteiligung durch den Hauptverwaltungsbeamten (Bürgermeister, Landrat)[275]; unabhängig davon ist für kommunale Wahlbeamte das Nebentätigkeitsrecht zu beachten.[276] Für die kommunale Anstalt des öffentlichen Rechts bestehen umfassende landesrechtliche Bestimmungen zur Unvereinbarkeit ua. der Zugehörigkeit zum Vorstand (auch von Unternehmen, an denen die Kommunalanstalt mehrheitlich beteiligt ist) und zum Verwaltungsrat[277], in Bezug auf Unternehmen in Privatrechtsrechtsform ist dies nur vereinzelt der Fall.[278] Hier greifen die allgemei-

---

[267] Vgl. § 101 Abs. 2 AktG; § 36 Abs. 5 GenG; § 1 Abs. 1 Nr. 3 DrittelbG.
[268] Drittelbeteiligung nach §§ 1 Abs. 1, 4 DrittelbG bzw. paritätische Besetzung nach §§ 1 Abs. 1, 7 Abs. 1 MitbestG. Vgl. dazu auch → Rn. 74.
[269] § 97 Abs. 2 S. 1 BbgKVerf; § 125 Abs. 1 und 2 HGO; § 138 Abs. 3 S. 3 NKomVG; § 113 Abs. 3 S. 3 und 4 GO NRW; § 88 Abs. 3 GemO RhPf; § 131 Abs. 1 S. 1, Abs. 3 KVG LSA; § 98 Abs. 2 S. 5 SächsGemO.
[270] § 104 Abs. 2 GemO BW; § 97 Abs. 1 S. 4, Abs. 2 S. 1 BbgKVerf; § 88 Abs. 1 S. 5, Abs. 3 GemO RhPf; § 131 Abs. 1 S. 5 KVG LSA; § 98 Abs. 2 S. 2 SächsGemO.
[271] Vgl. Art. 93 Abs. 2 Satz 1 BayGO; § 97 Abs. 2 S. 2 BbgKVerf; § 104 Abs. 1 GO SchlH.
[272] So die hM MüKoGmbHG/Spindler § 52 Rn. 140; aA GmbH-Gesetz/Noack/Servatius/Haas/Noack § 52 Rn. 43 mwN.
[273] § 97 Abs. 4 BbgKVerf; § 131 Abs. 1 S. 3, Abs. 3 S. 1 KVG LSA; § 98 Abs. 2 S. 4 SächsGemO. Generell zu den Anforderungen an das Aufsichtsratsmandat BGH NJW 1983, 991.
[274] Das in Bezug auf das GStG SchlH ergangene Urteil des OVG Schleswig v. 6.12.2017 – 3 LB 11/17, BeckRS 2017, 142757 ist wegen der unterschiedlichen landesrechtlichen Regelungen nicht ohne Weiteres auf andere Länder übertragbar.
[275] ZB Art. 34 Abs. 5 Nr. 1 iVm Art. 31 Abs. 3 S. 1 Nr. 3 BayGO; § 28 Abs. 4 iVm § 23 Abs. 4 NRn. 2 und 2a ThürKO.
[276] Zur Versagung der Nebentätigkeit eines hauptamtlichen Bürgermeisters als Geschäftsführer eines kommunalen Unternehmens wegen drohender Interessenkollision OVG Weimar Urt. v. 9.6.2010 – 2 KO 437/09.
[277] Ausführlich dazu WSG Komm. Unternehmen/Schraml D Rn. 203 mwN.
[278] Vgl. § 131 Abs. 2 KVG LSA.

nen gesellschaftsrechtlichen Inkompatibilitätsbestimmungen wie zB § 105 AktG (iVm § 52 Abs. 1 GmbHG; → § 7 Rn. 73, 76).

b) Weisungsbindung der kommunalen Vertreter. Die kommunale **Vertretung in** 101 **der Eigentümerversammlung** eines kommunalen Unternehmens in Privatrechtsform unterliegt entweder kraft Gesetzes den Weisungen des zuständigen Kommunalorgans (insbesondere Gemeinderat oder Kreisrat)[279] oder ist aufgrund kommunalverfassungsrechtlicher Kompetenzregelungen zur Einholung entsprechender Beschlüsse des zuständigen Kommunalorgans im Vorfeld der Beschlussfassung in der Gesellschafter- oder Hauptversammlung verpflichtet.[280] Dies ist gesellschaftsrechtlich unproblematisch, da es hier um die rechtliche Ausgestaltung der Vertretung der Kommune als juristische Person des öffentlichen Rechts im kommunalen Unternehmen geht.[281]

Dagegen sind die **Mitglieder des Aufsichtsrats** einer Aktiengesellschaft bzw. einer 102 GmbH mit obligatorischem Aufsichtsrat[282] nach ganz herrschender Meinung weisungsungebunden[283], lediglich bei einer GmbH mit fakultativem Aufsichtsrat kann durch Gesellschaftsvertrag eine Weisungsbindung der von der Kommune entsandten Aufsichtsratsmitglieder begründet werden.[284] Dementsprechend sehen die Kommunalgesetze in der Regel eine Bindung der von der Kommune entsandten oder auf ihre Veranlassung gewählten Aufsichtsratsmitglieder an die Beschlüsse bzw. Weisungen des kommunalen Kollegialorgans[285] nur unter dem **Vorbehalt** vor, dass gesetzliche Bestimmungen des Gesellschaftsrechts nicht entgegenstehen.[286] Soweit das Kommunalverfassungsrecht diesen Vorbehalt nicht enthält, wird die Regelung ausschließlich auf das Innenverhältnis zwischen dem kommunalen Kollegialorgan und den von diesem bestellten Aufsichtsratsmitgliedern bezogen.[287] Auch eine gegebenenfalls vorliegende beamtenrechtliche Weisungsbindung wird nach wohl hM durch die gesellschaftsrechtlich normierte Unabhängigkeit des Aufsichtsratsmitglieds überlagert.[288]

In der Folge ist auch die Frage nach den Weisungsrechten der Kommune gegenüber 103 dem **geschäftsführenden Organ** eines kommunalen Unternehmens ausschließlich anhand der für die Organisationsform einschlägigen gesellschaftsrechtlichen Regelungen zu beantworten. Zur Problematik der Erweiterung der Einflussnahmemöglichkeiten über das Konzernrecht insbesondere gegenüber dem Vorstand einer Aktiengesellschaft vgl. → Rn. 65 f.

Für die möglichen **Grenzen der Weisungsgebundenheit** sind die gesellschaftsrecht- 104 lichen Grundsätze zur Treuepflicht der Gesellschafter und zur Verpflichtung der Aufsichts-

---

[279] Vgl. etwa § 104 Abs. 1 S. 3 GemO BW; § 97 Abs. 1 S. 6 BbgKVerf; § 125 Abs. 1 S. 4 HGO; § 71 Abs. 1 S. 4 KV MV; § 137 Abs. 1 S. 2 NKomVG; § 113 Abs. 1 S. 2 GO NRW; § 88 Abs. 1 S. 6 GemO RhPf; § 131 Abs. 1 S. 6 KVG LSA; § 25 Abs. 1 GO SchlH.
[280] So die Rechtslage in Bayern, vgl. IMS v. 4.6.1999, FSt. 1999 Rn. 231 Ziff. 7.2.
[281] Vgl. VGH Kassel Beschl. v. 4.5.2009 – 8 B 304/09, BeckRS 2009, 34996.
[282] Unklar ist dies beim Aufsichtsrat einer Genossenschaft, auch mit Blick auf den mit G v. 17.7.2017 (BGBl. I S. 2443) neu eingeführten § 36 Abs. 5 GenG, vgl. dazu Bundestags-Drs. 18/11506, S. 27 f.
[283] BGH NJW-RR 2007, 1179 (1181); VGH Kassel NVwZ-RR 2012, 566 (568 ff.); OVG Bautzen NVwZ-RR 2013, 63; Altmeppen NJW 2003, 2561 (2564); HUR KommunalUnternehmen-HdB/Oebbecke § 90 Rn. 41; WSG Komm. Unternehmen/Weber D Rn. 533. Zum Streitstand insgesamt Pauly/Schüler DÖV 2012, 339 (340 f.) mwN.
[284] BVerwGE 140, 300 = NJW 2011, 3735 mit Anm. Altmeppen (3737). Ausführlich dazu Pauly/Schüler DÖV 2012, 339 (341 ff.) mwN. Nur für die Einpersonengesellschaft anerkennend GmbH-Gesetz/Noack/Servatius/Haas/Noack § 52 Rn. 140.
[285] Der Fraktion des entsandten Ratsmitglieds steht ein Weisungsrecht nicht zu, vgl. OVG Bautzen Beschl. v. 3.7.2012 – 4 B 211/12 = GmbHR 2013, 35.
[286] Vgl. § 104 Abs. 3 GemO BW; Art. 93 Abs. 2 S. 3 BayGO; § 97 Abs. 2 S. 1 BbgKVerf; § 125 Abs. 2 S. 1 iVm Abs. 1 S. 3 HGO; § 71 Abs. 2 KV MV; § 138 Abs. 3 NKomVG; § 88 Abs. 3 GemO RhPf; § 131 Abs. 3 S. 1 iVm Abs. 1 S. 9 KVG LSA.
[287] So Cronauge Kommunale Unternehmen, 251; kritisch Hüffer/Koch § 394 Rn. 29. Vgl. auch VG Köln Urt. v. 10.12.2014 – 4 K 948/14, BeckRS 2015, 43415.
[288] Vgl. Hüffer/Koch AktG § 394 Rn. 28 f. mwN; MüKoAktG/Schockenhoff Vor § 394 Rn. 58; Mann/Püttner KommunalUnternehmen-HdB/Geerlings § 52 Rn. 20 f.

ratsmitglieder auf die Interessen der Gesellschaft einschlägig.[289] Dem tragen einige Kommunalordnungen durch die Formulierung Rechnung, dass die von der Kommune entsandten oder auf ihren Vorschlag gewählten Mitglieder des Aufsichtsrats bei ihrer Tätigkeit „auch" die besonderen Interessen der Kommune zu berücksichtigen haben.[290] Umso wichtiger erscheint eine klare gesellschaftsvertragliche Ausrichtung des Unternehmens auf den öffentlichen Zweck bzw. die zu erfüllende kommunale Aufgabe, um die Risken divergierender Interessenlagen zu minimieren. Entscheidend für die Möglichkeiten kommunaler Einflussnahme sind darüber hinaus das Kompetenzgefüge innerhalb der Unternehmensorganisation und die Flexibilität der einschlägigen gesellschaftsrechtlichen Regelungen. Dennoch und jenseits des einschlägigen Regelwerks stellen unterschiedliche kommunal(politisch)e und unternehmerische Zielsetzungen in der Praxis bisweilen eine Herausforderung für die betreffenden Mandatsträger dar.

105 Darüber hinaus ist zu beachten, dass die **Ausübung von Einfluss zum Nachteil** einer Gesellschaft[291] auch ohne Abschluss eines Beherrschungsvertrags nach § 291 AktG eine unbeschränkte **Haftung nach den Grundsätzen des Konzernrechts** auslösen können, die es zu vermeiden gilt (vgl. §§ 311, 317 AktG und → Rn. 66).

106 In Bezug auf die **kommunale Anstalt des öffentlichen Rechts** sind die Möglichkeiten der Einflussnahme des kommunalen Gremiums auf unternehmerische Entscheidungen der Unternehmensorgane landesrechtlich unterschiedlich ausgestaltet und bedürfen oftmals der näheren Ausgestaltung durch die Kommunen in der Unternehmenssatzung. Diese reichen von **Weisungsrechten** gegenüber den Mitgliedern des Verwaltungsrats kraft Gesetzes – insbesondere bei Erlass von Satzungen durch das Unternehmen und Beteiligungen an anderen Unternehmen – und/oder kraft von der Kommune zu erlassender Unternehmenssatzung für bestimmte Angelegenheiten bis hin zu **Zustimmungsvorbehalten** für bestimmte, gesetzlich oder durch die Unternehmenssatzung definierte Entscheidungen der Anstaltsorgane.[292]

107 **c) Informationspflichten der Vertreter.** Eine angemessene Einflussnahme auf das Unternehmen kann nur auf Grundlage ausreichender Informationen über unternehmensinterne Vorgänge ausgeübt werden (ausführlich → § 23 Rn. 22 ff., 58 ff.). Ist der Hauptverwaltungsbeamte der Kommune (Bürgermeister, Landrat) deren Vertreter in der **Eigentümerversammlung,** hat er bereits aufgrund der Bindung an die Beschlüsse bzw. Weisungen des zuständigen Kommunalorgans (→ Rn. 101) dafür zu sorgen, dass das kommunale Gremium rechtzeitig über die betreffende Angelegenheit informiert wird und die Möglichkeit zur Beschlussfassung erhält. Wird die Kommune durch eine andere Person in der Gesellschafter- oder Hauptversammlung vertreten, trifft diese eine entsprechende Unterrichtungspflicht gegenüber dem Hauptverwaltungsbeamten als Vorsitzender des zuständigen Kollegialorgans (in der Regel Gemeinderat, Kreistag), der wiederum die Vertreter in dem Unternehmen rechtzeitig und umfassend von dessen Beschlüssen bzw. Weisungen zu informieren hat. Diese Informationspflicht ist dem insoweit bestehenden Weisungsrecht der Kommunalorgane immanent.[293] Dies gilt grundsätzlich auch für die an Weisungen der Kommune gebundenen Mitglieder des Aufsichtsrats eines kommunalen Unternehmens.

108 Ergänzend dazu – und unabhängig von einem bestehenden Weisungsrecht – normieren die meisten Kommunalordnungen eine gesetzliche **Informationspflicht** der von der

---

[289] Vgl. OVG Münster NVwZ 2007, 609; VGH Kassel NVwZ-RR 2012, 566 (568 f.); OVG Bautzen NVwZ-RR 2013, 63; HUR KommunalUnternehmen-HdB/Oebbecke § 9 Rn. 46.
[290] Vgl. § 104 Abs. 3 GemO BW; § 88 Abs. 4 GemO RhPf.
[291] Vgl. dazu MüKoAktG/Altmeppen § 311 Rn. 198 ff., 136 ff. mwN.
[292] Ausführlich dazu WSG Komm. Unternehmen/Schraml D. Rn. 223 ff.; Cronauge Kommunale Unternehmen, 225 f.
[293] Der Rückgriff auf das zugrundeliegende Auftragsverhältnis oder eine allgemeine kommunalrechtliche Treuepflicht ist nach hiesiger Ansicht insoweit nicht erforderlich; so aber HUR KommunalUnternehmen-HdB/Oebbecke § 9 Rn. 34.

Kommune in ein Unternehmensorgan entsandten oder auf ihre Veranlassung gewählten Personen gegenüber der Kommune (Hauptverwaltungsbeamter, Gemeindevorstand oder zuständiges Kollegialorgan) **über alle wichtigen Angelegenheiten**.[294] Darüber hinaus sehen manche Länder ein grundsätzlich uneingeschränktes **Auskunftsrecht** der zuständigen kommunalen Organe[295] gegenüber „ihren" Vertretern in den Unternehmensorganen vor.[296]

Auch diese kommunalrechtlich statuierten Informations- und Auskunftspflichten stehen allerdings im **Spannungsverhältnis zu gesellschaftsrechtlichen Regelungen** (ausführlich → § 23 Rn. 43 ff.), wenn es sich bei den zu kommunizierenden Angelegenheiten des kommunalen Unternehmens um vertrauliche Angaben und Geheimnisse des Unternehmens, namentlich Betriebs- und Geschäftsgeheimnisse, handelt, die der **Verschwiegenheitspflicht** unterliegen.[297] Für die Aufsichtsratsmitglieder einer Aktiengesellschaft – wie auch deren Vorstandsmitglieder – ergibt sich die Verschwiegenheitspflicht aus § 116 S. 1 iVm § 93 Abs. 1 S. 3 AktG; gleiches gilt für die mitbestimmungspflichtige GmbH und auch die Genossenschaft.[298] In Bezug auf die Mitglieder des fakultativen Aufsichtsrats einer GmbH sind die Vorschriften über die Verschwiegenheitspflicht dagegen nach § 52 Abs. 1 GmbHG durch den Gesellschaftsvertrag modifizierbar.[299] Umstritten ist und an dieser Stelle nicht weiter vertieft werden soll die Frage, ob die Verschwiegenheitspflicht insoweit gänzlich beseitigt werden kann oder zumindest ein Kernbereich schützenswerter und damit geheimhaltungsbedürftiger Betriebs- und Geschäftsgeheimnisse verbleiben muss.[300] **109**

Einen Ausweg aus diesem Dilemma weist zunächst § 394 Satz 1 AktG auf, nach dem Aufsichtsratsmitglieder, die auf Veranlassung einer Kommune in den Aufsichtsrat einer Aktiengesellschaft gewählt oder entsandt worden sind, **keiner Verschwiegenheitspflicht hinsichtlich der Berichte** unterliegen, die sie der Gebietskörperschaft zu erstatten haben. Nach hM ist diese Regelung auch auf die GmbH entsprechend anwendbar.[301] Eine gewisse Erleichterung im Hinblick auf das Tatbestandsmerkmal der Berichtspflicht hat der im Rahmen der Aktienrechtsnovelle 2016 ergänzte Satz 3 gebracht, wonach diese „auf Gesetz, auf Satzung oder auf dem Aufsichtsrat in Textform mitgeteiltem Rechtsgeschäft beruhen" kann.[302] Damit können auch Kommunen in den Ländern, deren Kommunalordnungen keine gesetzlichen Informationspflichten vorsehen (→ Rn. 108), im Rahmen des Gesellschaftsvertrags bzw. der Unternehmenssatzung oder durch vertragliche Vereinbarungen Berichtspflichten im Sinne von § 394 Satz 1 AktG begründen. Für die praktische Anwendung der Vorschrift unbefriedigend[303] bleibt allerdings die Auslegung des § 394 Satz 2 AktG, wonach die Aufhebung der Verschwiegenheitspflicht nicht für vertrauliche Angaben und Geheimnisse der Gesellschaft, namentlich Betriebs- oder Geschäftsgeheimnisse, gelten soll, wenn ihre Kenntnis für die Zwecke der Berichte nicht von Bedeutung ist. Hinzu kommt, dass die kommunalrechtlichen Informationspflichten oftmals auf „Angelegenheiten **110**

---

[294] Vgl. § 97 Abs. 7 BbgKVerf; Art. 93 Abs. 2 S. 2 BayGO; § 125 Abs. 1 S. 5 HGO; § 71 Abs. 4 S. 1 KV MV; § 138 Abs. 4 NKomVG; § 113 Abs. 5 GO NRW; § 115 Abs. 1 KSVG; § 98 Abs. 3 SächsGemO; § 131 Abs. 1 S. 7 und 8 KVG LSA.
[295] Das Auskunftsrecht eines einzelnen Ratsmitglieds richtet sich nach den allgemeinen kommunalverfassungsrechtlichen Vorschriften, vgl. OVG Lüneburg DVBl. 2009, 920 (921). Ausführlich zum Sach- und Streitstand Bracht NVwZ 2016, 108 (109 f.).
[296] Art. 93 Abs. 2 S. 2 BayGO; § 125 Abs. 1 S. 5 HGO; § 71 Abs. 4 S. 3 KV MV; § 115 Abs. 1 S. 2 KSVG.
[297] Zum Inhalt der Verschwiegenheitspflicht Schwintowski NJW 1990, 1009 (1010 ff.).
[298] Vgl. § 1 Abs. 1 Nr. 3 DrittelbG, § 25 Abs. 1 S. 1 Nr. 2 MibestG; § 41 iVm. § 34 Abs. 1 GenG.
[299] VGH München NVwZ-RR 2007, 622 (623); Altmeppen NJW 2003, 2561 (2566).
[300] Vgl. dazu VG Regensburg LKV 2005, 365 (368 f.); Burgi NVwZ 2014, 609 (612); Meiski BayVBl. 2006, 300; GmbH-Gesetz/Noack/Servatius/Haas/Noack § 52 Rn. 67, jeweils mwN.
[301] GmbH-Gesetz/Noack/Servatius/Haas/Noack § 52 Rn. 67; MüKoAktG/Schockenhoff § 394 Rn. 11 f. mwN.
[302] Vgl. dazu BR-Drs. 22/15, S. 10, 34.
[303] So zu Recht die Kritik von Thormann DÖV 2016, 991 (994 f.). Zur Prüfpflicht der Aufsichtsratsmitglieder MüKoAktG/Schockenhoff § 394 Rn. 33; Hüffer/Koch AktG § 394 Rn. 44.

von besonderer Bedeutung" oder „wichtige Angelegenheiten" beschränkt sind, was ebenfalls Auslegungsschwierigkeiten bereiten kann. Die Empfänger dieser Berichte sind wiederum nach § 395 AktG zur Verschwiegenheit verpflichtet.[304]

111 Noch nicht abschließend beantwortet ist die Frage, ob das Verhältnis zwischen den vorgenannten kommunal- und gesellschaftsrechtlichen Vorschriften jedenfalls in Bezug auf kommunale Eigengesellschaften und Unternehmen in Privatrechtsform, die mehrheitlich von der Kommune beherrscht werden, aufgrund der jüngeren Rechtsprechung des BVerfG zum Informationsanspruch des Bundestags über Angelegenheiten der Deutschen Bahn AG[305] neu justiert werden muss (ausführlich → § 23 Rn. 59, 61), weil auch im Verhältnis zwischen der Kommune und diesen kommunalen Unternehmen ein weitreichender **parlamentsähnlicher Informationsanspruch** besteht.[306] Nachdem sich die Entscheidung auf das Innenverhältnis zwischen Kommune und Unternehmen beziehen, dürfte sich in der Folge die weitere Diskussion verstärkt auf die Reichweite der Geltung des kommunalrechtlichen Öffentlichkeitsgrundsatzes fokussieren (→ Rn. 163 ff.).

112 Hinsichtlich der Auskunftsrechte und Informationspflichten im Verhältnis zwischen der Kommune (als Gesellschafter) und dem **geschäftsführenden Organ** des kommunalen Unternehmens sind die rechtsformspezifischen gesellschaftsrechtlichen Regelungen zu beachten. Ein unmittelbarer und umfassender Auskunftsanspruch steht der Kommune danach nur gegenüber dem Geschäftsführer einer GmbH zu.[307]

113 Die Verwaltungsratsmitglieder einer **kommunalen Anstalt des öffentlichen Rechts** unterliegen ebenfalls der **Verschwiegenheitspflicht** über vertrauliche Angaben und nichtöffentliche Angelegenheiten des Kommunalunternehmens, namentlich Betriebs- und Geschäftsgeheimnisse. Diese Verschwiegenheitspflicht gilt allerdings uneingeschränkt **nicht gegenüber den kommunalen Organen.**[308] Teilweise enthalten die einschlägigen Anstaltsverordnungen **besondere Berichtspflichten** des Vorstands der Kommunalanstalt gegenüber der Kommune für den Fall, dass über die im Rahmen der Unternehmensplanung vorgesehenen Mindererträge hinausgehende Verluste zu erwarten sind, die Auswirkungen auf den kommunalen Haushalt haben können.[309] Darüber hinaus kann die Kommune in der Unternehmenssatzung weitere Informationsrechte insbesondere des kommunalen Kollegialorgans gegenüber dem Vorstand oder den Mitgliedern des Verwaltungsrats oder Berichtspflichten der Unternehmensorgane gegenüber den kommunalen Organen verankern.[310]

114 Eine andere, in diesem Rahmen nicht näher zu erörternde Frage ist, ob und inwieweit bei der Behandlung der Berichte der Unternehmensorgane oder generell der Angelegenheiten kommunaler Unternehmen im kommunalen Kollegialorgan (Gemeinde- oder Stadtrat, Kreistag) der **Öffentlichkeitsgrundsatz** zu beachten ist[311], der verfassungsrechtlich aus dem Demokratieprinzip abgeleitet wird und an dessen Grundsätze die Kommunen nach Art. 28 Abs. 1 und 2 GG gebunden sind.[312]

115 **d) Sonstige Regelungen.** Die **Haftung** der von der Kommune in ein kommunales Unternehmen in Privatrechtsform entsandten Organmitglieder gegenüber dem Unterneh-

---

[304] Dabei kommt es nicht auf die Rechtmäßigkeit ihrer Einschaltung an, vgl. MüKoAktG/Schockenhoff § 395 Rn. 2; Hüffer/Koch AktG § 395 Rn. 5.
[305] BVerfG NVwZ 2018, 51, insbes. Rn. 213 ff. Kritisch dazu Hüffer/Koch AktG § 394 Rn. 43b; MüKoAktG/Schockenhoff § 394 Rn. 42, 45.
[306] In diese Richtung Katz NVwZ 2018, 1091 (1096); Werner NVwZ 2019, 449 (451 ff.). Vgl. auch Burgi NVwZ 2018, 601 (603).
[307] § 51a GmbHG; ausführlich dazu Passarge/Kölln NVwZ 2014, 982.
[308] Vgl. etwa § 4 S. 3 BayKUV; § 4 S. 3 KUV NRW; § 7 S. 3 AnstVO LSA (dort auch gegenüber der örtlichen und überörtlichen Prüfung); § 5 S. 2 KUVO SchlH; § 4 S. 3 ThürAVO.
[309] So § 21 Abs. 2 S. 2 BayKUV; § 21 Abs. 2 S. 2 KUV NRW; § 18 Abs. 2 S. 2 AnstVO LSA; § 21 Abs. 2 S. 2 KUVO SchlH; § 13 Abs. 3 S. 2 ThürAVO.
[310] WSG Komm. Unternehmen/Schraml D Rn. 230 f.
[311] Vgl. dazu Burgi NVwZ 2014, 609 und → Rn. 163.
[312] BVerwG Urt. v. 27.9.2021 – 8 C 31.20, BeckRS 2021, 38441 Rn. 17 mwN.

men richtet sich nach den jeweils einschlägigen gesellschaftsrechtlichen Bestimmungen.[313] Allerdings enthalten die Kommunalordnungen der Länder aus Gründen der Fürsorgepflicht und vor dem Hintergrund der „doppelten" Treuepflicht der von der Kommune entsandten Vertreter gegenüber dem Unternehmensinteresse einerseits und dem kommunalen Eigeninteresse andererseits[314] entweder eine Pflicht der Kommune zur **Haftungsfreistellung** für einfache und mittlere Fahrlässigkeit[315] oder einen entsprechenden Schadenersatzanspruch des Entsandten gegenüber der Kommune[316] für sich aus dieser Tätigkeit ergebende Schäden. Im Falle einer Handlung auf Weisung ist die Kommune auch für vorsätzliches oder grob fahrlässiges Handeln schadenersatz- bzw. freistellungspflichtig. Kommunale Beamte, die auf Veranlassung ihres Dienstherrn eine Tätigkeit in einem Unternehmensorgan ausüben, haben ggf. entsprechende Ansprüche auf Grundlage beamtenrechtlicher Vorschriften.

Diese Regelungen stehen oftmals im Kontext zu **Abführungspflichten** in Bezug auf die 116 aus der Tätigkeit in einem Unternehmensorgan erhaltenen **Vergütungen** an die entsendende Kommune, soweit sie einen gesetzlich oder durch Satzung bestimmten Betrag übersteigen.[317] Für kommunale Wahlbeamte bzw. Hauptverwaltungsbeamte (berufsmäßige Bürgermeister, Landräte) und kommunale Beamte ergeben sich solche Ablieferungspflichten aus den beamtenrechtlichen Vorschriften und dem einschlägigen Nebentätigkeitsrecht.[318] Teilweise wird in den Kommunalordnungen in Bezug auf die übrigen von der Kommune entsandten Organmitglieder auch auf diese Vorschriften Bezug genommen.[319]

Für die **kommunalen Anstalten des öffentlichen Rechts** dürften diese Ausführungen 117 im Ergebnis ebenfalls gelten, wobei die Rechtsgrundlage für die Haftung der Organmitglieder gegenüber dem Unternehmen umstritten ist.[320]

2. Einrichtung eines Beteiligungsmanagements

Einige Kommunalordnungen enthalten ausdrückliche Regelungen zur Einrichtung einer 118 Beteiligungsverwaltung bzw. eines Beteiligungsmanagements, die teilweise weit in die kommunale Organisationshoheit hineinreichen.[321] Dabei geht es insbesondere um die Verpflichtung der Kommunen, die Unternehmen und Einrichtungen, an denen sie beteiligt sind, effektiv zu steuern und zu überwachen, die auf ihre Veranlassung tätigen Organmitglieder fachlich zu unterstützen[322], sowie um die Gewährleistung ausreichender Informationsrechte der Kommune im Rahmen der einschlägigen gesellschaftsrechtlichen Bestimmungen.[323] Die Beteiligungsverwaltung fungiert daher als Bindeglied zwischen kommunalen Unternehmen, den von der Kommune in die Unternehmensorgane entsandten Vertretern und den zuständigen Kommunalorganen.

---

[313] Insbesondere §§ 116, 93 AktG iVm § 52 GmbHG.
[314] Vgl. insgesamt dazu Pauly/Beutel KommJur 2012, 446 (447 f.).
[315] So Art. 93 Abs. 3 BayGO (Rückgriffsanspruch der Kommune bei vorsätzlicher oder grob fahrlässiger Schädigung); § 138 Abs. 6 NKomVG.
[316] Vgl. § 104 Abs. 4 GemO BW; § 97 Abs. 6 BbgKVerf; § 125 Abs. 3 HGO; § 71 Abs. 3 KV MV; § 113 Abs. 6 GO NRW; § 88 Abs. 6 GemO RhPf; § 98 Abs. 4 SächsGemO; § 131 Abs. 4 KVG LSA; § 25 Abs. 7 § 74 Abs. 3 ThürKO.
[317] Vgl. Art. 20a Abs. 4 BayGO; § 97 Abs. 8 BbgKVerf; § 71 Abs. 5 KV MV; § 138 Abs. 7 NKomVG.
[318] Vgl. BVerwG NVwZ 1998, 1304; OVG Münster Beschl. v. 21.7.2020 – 6 A 26/18, BeckRS 2020, 17953.
[319] ZB § 32 Abs. 5 GemO BW; § 35 Abs. 6 SächsGemO.
[320] Wohl § 280 Abs. 1 BGB/§ 48 BeamtStG analog, vgl. dazu Kahl/Schuster VBlBW 2013, 41 ff.; zur Haftung des Vorstands einer kommunalen Sparkasse nach § 93 AktG analog BGH NJW-RR 2015, 603. Zum Entschädigungsanspruch der Verwaltungsratsmitglieder WSG Komm. Unternehmen/Schraml D Rn. 215 f. mwN.
[321] Dessen sind sich die Gesetzgeber auch bewusst, vgl. zuletzt zur Verankerung einer Beteiligungsverwaltung in SchlH LT-Drs. 18/3152 vom 30.6.2015, 53, wonach auf Vorgaben zur Personalausstattung verzichtet werde, um nicht in die gemeindliche Organisationshoheit einzugreifen.
[322] Vgl. § 98 BbgKVerf; § 75a KV MV; § 150 S. 1 NKomVG; § 99 Abs. 1 SächsGemO; § 130 Abs. 4 KVG LSA; § 109a GO SchlH.
[323] § 130 Abs. 4 KVG LSA; § 109a Abs. 2 GO SchlH; § 150 S. 2 NKomVG.

119 Teilweise findet sich in den Kommunalgesetzen auch die allgemeine Vorgabe, dass die kommunalen Unternehmen und Einrichtungen so zu führen, zu steuern und zu kontrollieren sind, dass der öffentliche Zweck nachhaltig erfüllt wird (→ Rn. 37, 122 ff.). Aus dieser Pflicht zur Steuerung kommunaler Unternehmen wird die Pflicht zur Nutzung bestehender Einwirkungsmöglichkeiten und damit zur Einrichtung eines aktiven Beteiligungsmanagements abgeleitet.[324] Ähnliches dürfte im Ergebnis auch in den Ländern ohne ausdrückliche Regelungen zum Beteiligungsmanagement gelten. Jedenfalls wird die Einrichtung eines Beteiligungsmanagements allgemein empfohlen.[325]

3. Grundsätze für die Führung kommunaler Unternehmen

120 Zahlreiche Kommunalordnungen enthalten grundlegende Vorgaben betreffend die Führung kommunaler Unternehmen, die sich bei rechtlich unselbständigen kommunalen Betrieben bzw. Unternehmen und kommunalen Anstalten des öffentlichen Rechts auch an die Unternehmensorgane selbst richten, bei rechtlich verselbständigten kommunalen Unternehmen in Privatrechtsform dagegen die Kommune und die von ihr in die Unternehmensorgane entsandten Personen verpflichten, diese **im Rahmen ihrer Steuerungs- und Kontrollmöglichkeiten** umzusetzen.[326]

121 Eine Orientierungshilfe bietet darüber hinaus der – rechtlich nicht verbindliche[327] – **Deutsche Public Corporate Governance Musterkodex,** der Grundsätze und Empfehlungen zur verantwortungsvollen Steuerung, Leitung und Aufsicht von und in kommunalen Unternehmen enthält und regelmäßig fortgeschrieben wird (→ § 18 Rn. 35).[328]

122 **a) Wirtschaftliche Zweckerfüllung.** Die im **kommunalen Haushaltsrecht** verankerte Verpflichtung zur **Sicherung einer nachhaltigen Aufgabenerfüllung** unter Beachtung des **Grundsatzes der Wirtschaftlichkeit und Sparsamkeit**[329] bindet unmittelbar nur die Kommunen und ihre rechtlich unselbständigen Betriebe und Unternehmen. In der Regel haben die Länder, die die rechtlich selbständige kommunale Anstalt des öffentlichen Rechts als weitere Organisationsform zugelassen haben, die entsprechende Anwendung dieser Grundsätze auch für diese Unternehmen angeordnet, so dass der Vorstand ebenso wie die Mitglieder des Verwaltungsrats und die Kommune selbst an diese Vorgaben gebunden sind.[330] Eine Konkretisierung dieser Vorgaben erfolgt durch Einzelregelungen zur Wirtschaftsführung in den jeweiligen landesrechtlichen Eigenbetriebs- und Kommunalanstaltsverordnungen.

123 Mangels Gesetzgebungskompetenz können die Länder zwar nicht auch die Unternehmen in Privatrechtsform zur Einhaltung dieser Grundätze verpflichten[331], wohl aber die Kommune im Rahmen der Steuerung und Überwachung ihrer privatrechtlich organisierten

---

[324] Vgl. für Nordrhein-Westfalen § 109 Abs. 1 S. 1 GO NRW und LT-Drs. 11/4983 vom 4.2.1993, 27. Für Bayern Nr. 6.3 der Bek. des Bayerischen Staatsministeriums des Innern vom 10.3.2010 (AllMBl. S. 87), bestätigt durch Nr. 4 der Bek. vom 26.2.2013 (AllMBl. S. 156) unter Bezugnahme auf Art. 95 Abs. 1 S. 2 BayGO.

[325] Nr. 3.3 des Deutschen Public Corporate Governance-Musterkodex (idF vom 14.3.2022); Bericht Nr. 3/2012 der Kommunalen Gemeinschaftsstelle für Verwaltungsmanagement (KGSt) zur Steuerung kommunaler Beteiligungen.

[326] HUR KommunalUnternehmen-HdB/Oebbecke § 9 Rn. 5 spricht von „Einflussnahmerichtlinien".

[327] So DCGK/Kremer ua/Bachmann (8. Aufl. 2021) Teil 2 Rn. 94 ff. Dies gilt jedenfalls in Bezug auf die Mitglieder der Organe der Gesellschaft. In Bezug auf die Beteiligungsverwaltung kann es sich um verbindliche interne Verwaltungsanweisungen handeln, vgl. MüKoAktG/Schockenhoff Vor § 394 Rn. 14.

[328] Abrufbar unter https://pcg-musterkodex.de/. Allgemein zum Thema Public Compliance WSG Komm. Unternehmen/Weber E Rn. 327 ff.

[329] ZB Art. 61 Abs. 1 und Abs. 2 S. 1 BayGO; § 75 Abs. 1 und Abs. 2 S. 1 GO NRW; § 43 Abs. 1 und 4 KV MV; § 110 Abs. 1 und 2 NKomVG; § 93 Abs. 2 GemO RhPf; § 72 Abs. 1 und 2 SächsGemO.

[330] Vgl. etwa § 102a Abs. 6 S. 4 GemO BW; § 95 Abs. 4 BbgKVerf; Art. 91 Abs. 3, Art. 95 Abs. 1 S. 1 BayGO; § 70b Abs. 3 KV MV; § 147 Abs. 1 NKomVG; § 114a Abs. 11 GO NRW; § 86b Abs. 5 GemO RhPf.

[331] So PdK Bay B-1/Schulz Art. 95 BayGO Anm. 1.1.3.

Unternehmen. Die Durchsetzung dieser haushaltsrechtlichen Grundsätze hängt damit maßgeblich von der **Nutzung vorhandener gesellschaftsrechtlicher Spielräume** bei der Gestaltung des Gesellschaftsvertrags bzw. der Unternehmenssatzung und den sich daraus ergebenden Möglichkeiten der Einflussnahme der Kommune auf ihre Unternehmen, aber auch von der Implementierung eines **effektiven Beteiligungsmanagements** ab. Vor diesem Hintergrund enthalten einige Kommunalordnungen die Vorgabe, dass die Kommunen ihre Unternehmen in Privatrechtsform, an denen sie mehrheitlich beteiligt sind, so zu steuern und zu überwachen haben, dass der öffentliche Zweck nachhaltig erfüllt und das Unternehmen wirtschaftlich geführt wird; bei einer geringeren Beteiligung soll die Kommune im Rahmen der ihr zustehenden Möglichkeiten zumindest darauf hinwirken.[332] Ähnlich ausgestaltete landesrechtliche Bestimmungen ohne Differenzierung nach den Beteiligungsverhältnissen[333] sind im Lichte der bestehenden gesellschaftsrechtlichen Rahmenbedingungen entsprechend auszulegen. Schöpft die Kommune nach der (zulässigen) Errichtung von oder Beteiligung an Unternehmen in Privatrechtsform die ihr diesbezüglich zur Verfügung stehenden rechtlichen Möglichkeiten aus, hat sie ihrer Pflicht genüge getan.[334]

Die Sicherstellung der öffentlichen Zweckbindung auch der kommunalen Unternehmen in Privatrechtsform ist bereits von Verfassung wegen erforderlich (→ Rn. 6 f.). Die Orientierung der Unternehmensführung am Grundsatz der **Wirtschaftlichkeit** ist stets im Zusammenhang mit der hierzu vorrangigen öffentlichen Zweckerfüllung zu sehen.[335] Dies wird von einigen Landesgesetzgebern ausdrücklich klargestellt durch die Bestimmung, dass Unternehmen einen Ertrag für den Haushalt der Kommune (nur) abwerfen sollen, soweit dadurch die Erfüllung des öffentlichen Zwecks nicht beeinträchtigt wird.[336] Mit anderen Worten: Die Kommunen dürfen und (im Bereich der Pflichtaufgaben) müssen defizitäre Aufgaben selbst oder durch ihre Unternehmen wahrnehmen, wenn wie etwa beim Betrieb eines kommunalen Hallenbades oder im öffentlichen Personennahverkehr eine Kostendeckung mit Blick auf die öffentliche Zielsetzung der Unternehmung (Förderung Breitensport, örtliche Verkehrs- und Sozialpolitik, Umwelt- und Klimaschutz) nicht zu erreichen ist. Die Defizite sind dann entweder aus dem kommunalen Haushalt auszugleichen oder können unter Umständen mit Gewinnen aus rentablen kommunalen Aufgabenfeldern verrechnet werden.[337] Eine Ausnahme besteht wiederum dann, wenn die landesrechtlichen Kommunalabgabengesetze bei beitrags- und gebührenfinanzierten Aufgabenbereichen wie etwa der Wasserversorgung oder der Abwasserbeseitigung eine kostendeckende Kalkulation vorschreiben. Dies ist allerdings nur für öffentlich-rechtlich organisierte kommunale Unternehmen relevant, denen entsprechende Hoheitsrechte übertragen werden können (→ Rn. 22, 24 f.).

124

Andere Kommunalordnungen enthalten entsprechende Vorgaben zur Steuerung und Kontrolle im Rahmen der Definition der Aufgaben des von der Kommune einzurichtenden Beteiligungsmanagements (→ Rn. 118 f.).

125

b) Erwirtschaftung von Erträgen. Vereinzelt normieren die Länder sehr umfassend den Umfang des anzustrebenden Unternehmensergebnisses. So geben Rheinland-Pfalz und Niedersachsen – teilweise übereinstimmend mit den Regelungen der Kommunalabgabengesetze – als Mindestziel eine Ertragshöhe vor, durch die alle Aufwendungen und kalkulatorischen Kosten gedeckt werden, eine Rücklagenbildung zur Erhaltung des Vermögens des Unternehmens sowie zu seiner notwendigen technischen und wirtschaftlichen Fort-

126

---

[332] Vgl. § 103 Abs. 3 GemO BW; Art. 95 Abs. 1 S. 2 BayGO; § 87 Abs. 4 S. 1 GemO RhPf.
[333] Etwa § 75 Abs. 1 KV MV; § 109 Abs. 1 S. 1 GO NRW; § 116 KSVG; § 94a Abs. 4 SächsGemO; § 107 S. 1 GO SchlH.
[334] So zu Recht HUR KommunalUnternehmen-HdB/Oebbecke § 9 Rn. 9.
[335] Cronauge Kommunale Unternehmen, 356; HUR KommunalUnternehmen-HdB/Oebbecke § 9 Rn. 10 f.; WSG Komm. Unternehmen/Gaß C Rn. 65 ff.
[336] ZB § 75 Abs. 1 S. 2 KV MV; § 109 Abs. 1 S. 2 GO NRW; § 116 S. 2 KSVG; § 94a Abs. 4 SächsGemO.
[337] Zur Anerkennung der bloßen Ertragswirtschaftung als öffentlicher Zweck → Rn. 41.

entwicklung ermöglicht und eine marktübliche Verzinsung des Eigenkapitals erzielt wird.[338] Thüringen nennt darüber hinaus noch angemessene Aufwands- und Gefahrenrückstellungen.[339] Andere Länder beschränken ihre Vorgaben dagegen auf einen anzustrebenden Jahresgewinn zur Bildung der für die technische und wirtschaftliche Fortentwicklung notwendigen Rücklagen und eine mindestens marktübliche Verzinsung des Eigenkapitals[340], formulieren lediglich das Ziel der Erwirtschaftung eines Ertrags für den kommunalen Haushalt ohne weitere Bestimmungen zu dessen Höhe[341] oder enthalten sich ganz einer solchen Regelung. Die Eigenbetriebe und Kommunalanstalten haben diese Vorgaben in der Regel unmittelbar umzusetzen, bei Eigen- und Beteiligungsgesellschaften handelt es sich um Vorgaben an die Steuerung des Unternehmens.

127 Die Vorgaben ändern allerdings nichts am **Vorrang der öffentlichen Zweckerfüllung** vor der Gewinn- oder Ertragserzielung, wie teilweise in diesem Zusammenhang ausdrücklich klargestellt wird (→ Rn. 124). Zudem sind die vorgenannten Regelungen allesamt als Sollbestimmungen ausgestaltet, sodass zur öffentlichen Zweckverfolgung auf eine Ertragserzielung teilweise oder ganz verzichtet werden kann.[342]

128 Wichtig ist in diesem Zusammenhang auch die Feststellung, dass eine Gewinnerzielung für die sogenannten „nichtwirtschaftlichen" kommunalen Einrichtungen und Unternehmen (→ Rn. 27 ff.) nicht zu einem Verlust der Fiktion der Nichtwirtschaftlichkeit führt.[343]

129 **c) Verbot des Machtmissbrauchs, Schädigungsverbot.** In Anlehnung an § 73 der Deutschen Gemeindeordnung 1935 (DGO; → Rn. 38) enthalten einige Kommunalordnungen weiterhin ein **Verbot des Machtmissbrauchs** für kommunale Unternehmen in einer **Monopolstellung** dergestalt, dass diese den Anschluss und die Belieferung nicht davon abhängig machen dürfen, dass auch andere Leistungen oder Lieferungen abgenommen werden.[344] Rechtsfolge eines Verstoßes gegen dieses Koppelungsverbot ist die Nichtigkeit des Rechtsgeschäfts.[345] Auch diese Vorschrift bindet mangels weitergehender Gesetzgebungskompetenz der Länder unmittelbar nur die öffentlich-rechtlich organisierten kommunalen Unternehmen und kann in Bezug auf kommunale Unternehmen in Privatrechtsform allenfalls im Rahmen der Steuerung und Überwachung des Unternehmens durch die Kommune eine **Einwirkungspflicht** normieren. Im Übrigen ist die Vorschrift aufgrund der Liberalisierung ehemals durch kommunale Unternehmen dominierter Aufgabenbereiche, die Entwicklungen im **Kartell- und Wettbewerbsrecht**[346] und den Erlass von Bundesverordnungen über die Rahmenbedingungen in den Versorgungsbereichen Gas- und Strom, Wasser und Fernwärme[347] im Wesentlichen überholt.[348] Teilweise wird noch ein – aus hiesiger Sicht theoretischer – Anwendungsbereich der Regelung bei sogenannten Annextätigkeiten oder dort gesehen, wo ein öffentlich-rechtlicher Anschluss- und Benutzungszwang besteht.[349]

---

[338] Vgl. § 85 Abs. 3 GemO RhPf; § 149 Abs. 2 NKomVG; ähnlich auch Hessen, vgl. § 121 Abs. 8 HGO.
[339] § 75 Abs. 2 u. 3 ThürKO.
[340] Vgl. § 92 Abs. 4 BbgKVerf; § 75 Abs. 2 KV MV; § 109 Abs. 2 GO NRW; § 107 GO SchlH.
[341] Vgl. § 102 Abs. 3 GemO BW; § 116 KSVG; § 94a Abs. 4 SächsGemO.
[342] Vgl. PdK Nds B-1/Wefelmeier § 149 NKomVG Anm. 2.4 und 2.5; PdK RhPf B-1/Dazert § 85 GemO Anm. 6.1.
[343] OLG Düsseldorf NVwZ 2000, 714 (715); Britz NVwZ 2001, 380 ff. (383).
[344] § 102 Abs. 6 GemO BW; § 99 BbgKVerf; § 127b HGO; § 110 GO NRW; § 132 KVG LSA; § 109 GO SchlH; § 77 ThürKO. Vgl. in Bezug auf die Wohnungswirtschaft auch § 94a Abs. 2 SächsGemO.
[345] Vgl. etwa § 111 Abs. 4 BbgKVerf; § 130 Abs. 2 GO NRW.
[346] Ausführlich dazu WSG Komm. Unternehmen/Neandrup I Rn, 2 ff., Rn. 149 ff.
[347] AVBWasserV v. 20.6.1980 (BGBl. I 750,1067); AVBFernwärmeV v. 20.6.1980 (BGBl. I 742); StromGVV v. 26.10.2006 (BGBl. I 2391); GasGVV v. 26.10.2006 (BGBl. I 2391, 2396). Zur Diskussion um die Missbrauchskontrolle im Bereich der öffentlich-rechtlich organisierten Wasserversorgung Bürger/Herbold NVwZ 2012, 1217.
[348] Vgl. LT-Drs. 16/3147, S. 25 zur Aufhebung der Vorschrift in Niedersachsen; ebenso für Nordrhein-Westfalen PdK NW B-1/Decker/Kotzea § 110 GO Anm. 5; HUR KommunalUnternehmen-HdB/Oebbecke § 9 Rn. 16.
[349] So wohl PdK Br B-1/Tomerius § 99 BbgKVerf Anm. 1 und 2.

Bayern und Thüringen normieren zum Schutz der Privatwirtschaft ein **Schädigungs-** 130
verbot dergestalt, dass kommunale Unternehmen „keine wesentliche Schädigung und
keine Aufsaugung selbständiger Betriebe in Landwirtschaft, Handel, Gewerbe und Industrie
bewirken" dürfen.[350] Die Vorschrift wird als Marktverhaltensregelung angesehen und kann
in Bezug auf kommunale Unternehmen in Privatrechtsform ebenfalls nur im Sinne einer
Einwirkungspflicht interpretiert werden. Der Regelung wird zwar eine drittschützende
Wirkung zugesprochen, inhaltlich dürfte der Schutzbereich allerdings nicht weiterreichen
als der durch Art. 12 Abs. 1, Art. 14 Abs. 1 GG vermittelte Konkurrentenschutz, sodass das
Schädigungsverbot in der Praxis bislang keine Rolle gespielt hat.[351] Zu den landesrechtlichen Mittelstandsfördergesetzen → Rn. 93, zum Rechtsschutz Privater gegen die kommunalwirtschaftliche Betätigung → Rn. 183 ff.

d) Anwendung des Haushaltsvergaberechts. Kommunale Unternehmen als rechtlich 131
selbständige juristische Personen des öffentlichen oder privaten Rechts unterliegen oberhalb
der geltenden EU-Schwellenwerte den vergaberechtlichen Bestimmungen des Gesetzes
gegen Wettbewerbsbeschränkungen (GWB), wenn sie die dort definierten Kriterien des
öffentlichen Auftraggebers erfüllen.[352]

Die Auftragsvergaben **unterhalb dieser Schwellenwerte** richten sich dagegen nach den 132
jeweiligen landesrechtlichen Bestimmungen des **kommunalen Haushaltsrechts,** da es
primär um den fiskalischen Zweck der Deckung des für die Aufgabenerfüllung erforderlichen Bedarfs nach den Grundsätzen der Wirtschaftlichkeit und Sparsamkeit geht, sekundär
aber auch um wirtschaftspolitische Zwecke. Die einschlägigen haushaltsvergaberechtlichen
Regelungen gelten für die Kommune und ihre unselbständigen Betriebe bzw. Unternehmen unmittelbar. In Bezug auf die kommunale Anstalt des öffentlichen Rechts haben die
Länder von ihrer Regelungskompetenz zur Anwendungspflicht vergaberechtlicher Vorschriften in unterschiedlicher Weise Gebrauch gemacht.[353] Dagegen sind die kommunalen
Unternehmen in Privatrechtsform grundsätzlich nicht an die Vorschriften des kommunalen
Haushaltsrechts gebunden.[354] Die Landesgesetzgeber können auch hier lediglich die Kommunen als Gesellschafter verpflichten, im Rahmen ihrer Einflussnahmemöglichkeiten auf
die Einhaltung der vergaberechtlichen Regelungen hinzuwirken. In Baden-Württemberg
etwa findet sich dazu eine entsprechende Regelung unmittelbar im kommunalen Wirtschaftsrecht[355], im Übrigen haben die Länder im Rahmen der Landesvergabegesetze oder
Mittelstandsförderungsgesetze teilweise von dieser Möglichkeit Gebrauch gemacht.[356]

e) Anwendung sonstiger Vorgaben des kommunalen Haushaltsrechts. Während auf 133
die kommunalen Anstalten des öffentlichen Rechts einige Vorschriften betreffend die
kommunale Haushalts- und Vermögenswirtschaft – etwa die allgemeinen Haushaltsgrund-
sätze, Grundsätze der Einnahmebeschaffung, Vorschriften zur Kreditaufnahme und zur
vorläufigen Haushaltsführung, mittelfristigen Finanzplanung und zum Erwerb und zur Verwaltung von Vermögen[357] – unmittelbar für anwendbar erklärt werden, richtet sich die
Wirtschaftsführung kommunaler Unternehmen in Privatrechtsform nach den einschlägigen
gesellschafts- und handelsrechtlichen Vorschriften (zu den kommunalrechtlichen Hinwirkungspflichten betreffend die Unternehmensplanung, Rechnungslegung und Prüfung

---

[350] Art. 95 Abs. 2 BayGO; § 71 Abs. 3 ThürKO.
[351] So auch PdK Bay-B-1/Schulz Art. 95 BayGO Anm. 2.2.
[352] Vgl. §§ 98 ff., 106 GWB. Ausführlich dazu WSG Komm. Unternehmen/Schröder H Rn. 120 ff.
[353] Vgl. die Übersicht bei WSG Komm. Unternehmen/Schröder H Rn. 90 ff.
[354] Vgl. Burgi Vergaberecht § 25 Rn. 6 und DÖV 2015, 493 (497).
[355] § 106b GemO BW, vgl. dazu LT-Drs. 12/5615 v. 17.10.2000, S. 23 f. Vgl. auch § 75 Abs. 1 S. 2 KV MV.
[356] ZB § 2 Abs. 3 SächsVergG; § 5 Abs. 5 BbgMfG. Art. 18 Abs. 5 BayMfG verpflichtet dagegen nur zur Hinwirkung auf die Grundsätze des fairen Wettbewerbs, der Transparenz und Gleichbehandlung. Näher dazu WSG Komm. Unternehmen/Schröder H Rn. 103 ff.
[357] ZB § 103a Abs. 6 GemO BW; Art. 91 Abs. 3 BayGO; § 147 Abs. 1 NKomVG; § 114a Abs. 11 GO NRW; § 7 Abs. 3 AnstG LSA.

→ Rn. 137 ff.). Die Vorgaben des kommunalen Haushaltsrechts gelten daher für privatrechtlich organisierte kommunale Unternehmen nicht.

134 Um die finanziellen Risiken für die kommunalen Haushalte zu minimieren, machen einige Länder die **Aufnahme von Krediten** durch kommunale Unternehmen in Privatrechtsform von der vorherigen Zustimmung, zumindest aber Information des zuständigen Kommunalorgans (in der Regel Gemeinderat, Kreisrat) abhängig.[358] Verantwortlich für die Einbindung des kommunalen Gremiums sind die von der Kommune in die Unternehmensorgane entsandten Vertreter. Die Vorschrift bindet diese Vertreter lediglich im Innenverhältnis und lässt die Gültigkeit der Beschlüsse und Entscheidungen der Unternehmensorgane unberührt.[359]

135 f) **Genehmigungspflichten.** Das Örtlichkeitsprinzip (→ Rn. 55 ff.) ist nicht nur bei der Errichtung von oder Beteiligung an Unternehmen von Bedeutung, sondern kann sich auch im Rahmen der wirtschaftlichen Betätigung auswirken, wenn das kommunale Unternehmen außerhalb des kommunalen Hoheitsgebiets, außerhalb des Hoheitsgebiets des für die Kommunalgesetzgebung zuständigen Landes oder gar außerhalb des Bundesgebiets Tätigkeiten entfalten will.[360] Um einer ungezügelten kommunalwirtschaftlichen Betätigung extra muros vorzubeugen, sehen einige Kommunalordnungen eine Genehmigungspflicht für die Aufnahme einer wirtschaftlichen **Tätigkeit kommunaler Unternehmen im Ausland** vor.[361] Diese Genehmigungsvorbehalte erstrecken sich allerdings nicht auf die kommunalen Unternehmen selbst, sondern auf die Zulässigkeit der kommunalen Beteiligung an dem Unternehmen.[362] Adressat der aufsichtlichen Genehmigung bleibt also die Kommune, die im Falle deren Versagung entweder im Rahmen ihrer Einflussnahmemöglichkeiten (erfolgreich) auf einen Rückzug des kommunalen Unternehmens aus diesem Betätigungsfeld hinwirken oder sich von der Unternehmensbeteiligung trennen muss.

136 Nur vereinzelt unterliegt auch die **Beteiligung kommunaler Unternehmen an anderen Unternehmen** dem Vorbehalt einer aufsichtlichen Genehmigung.[363] Auch hier unterliegt allerdings nicht die Entscheidung des Unternehmensorgans, sondern der notwendige Zustimmungsbeschluss des Kommunalorgans zur mittelbaren Beteiligung der Kommune (→ Rn. 77 ff.) der Genehmigung.[364]

4. Erweiterte Unternehmensplanung, Rechnungslegung und Prüfung

137 Aus der Rechnungslegung und Prüfung kommunaler Unternehmen ergeben sich wesentliche Informationen für deren Steuerung und Kontrolle. Das Rechnungswesen umfasst gemeinhin die Buchführung, Kostenrechnung und Bilanzierung im Rahmen von Zwischen- und Jahresabschlüssen und liefert damit die **Grundlagen für unternehmerische Entscheidungen** der Unternehmensorgane, aber auch für **steuernde Eingriffe** der Kommune als Unternehmensträger bzw. Gesellschafter und die **strategische Unternehmensplanung.**[365] Das Prüfungswesen nimmt dagegen eher eine Ex-post-Betrach-

---

[358] § 71 Abs. 4 S. 2 KV MV (Unterrichtung); § 138 Abs. 5 NKomVG; § 74 Abs. 1 ThürKO. Kritisch dazu mit Blick auf Art. 74 GG Cronauge Kommunale Unternehmen, 359 f.
[359] Vgl. PdK Nds. B-1/Wefelmeier § 138 NKomVG Anm. 6.
[360] Dies wirft auch kompetenzrechtliche Probleme auf, vgl. dazu Burgi Neuer Ordnungsrahmen, 85; Guckelberger BayVBl. 2006, 293 (298 ff.); Wolff DÖV 2011, 721 ff. Teilweise wird eine Öffnungsklausel des betroffenen Bundeslandes in einem Staatsvertrag gefordert, vgl. Ehlers NWVBl. 2000, 1 (6); Kühling NJW 2001, 177 (181); Brüning NVwZ 2015, 689 (694 f.).
[361] § 107 Abs. 3 S. 2 und 3, Abs. 4 S. 3 und 4, § 107a Abs. 3 S. 3 und 4 GO NRW; § 85 Abs. 2a GemO RhPf; § 128 Abs. 5 KVG LSA; § 101 Abs. 3 GO SchlH.
[362] So ausdrücklich § 85 Abs. 2a S. 1 GemO RhPf. Für NRW PdK NW B-1/Held/Kotzea § 107 GO NRW Anm. 3.3.4.
[363] Vgl. § 97 Abs. 4 und 5, § 102 Abs. 1 SächsGemO.
[364] PdK Sa B-1/Sollondz § 102 SächsGemO Anm. 1.
[365] Mann/Püttner Kommunale Wissenschaft-HdB/Albers § 48 Rn. 10; WSG Komm. Unternehmen/Breitenbach E Rn. 6.

tung vor im Sinne einer **Kontrolle** der Einhaltung gesetzlicher Vorschriften, unternehmensinterner Richtlinien und strategischer Vorgaben, um einerseits die Verlässlichkeit der über das Unternehmen vorliegenden Informationen – auch zum Schutz des Geschäftsverkehrs – zu erhöhen und andererseits wiederum Ansatzpunkte für die Steuerung und Planung des Unternehmens aufzuzeigen.[366] Nachdem die kommunalen Unternehmen der öffentlichen Zweckbindung unterliegen und sich mittels öffentlicher Gelder finanzieren, sehen die Landesgesetzgeber über die für privatwirtschaftliche Unternehmen geltenden Regelungen hinausgehende Rechnungslegungs- und Prüfpflichten vor, um die Möglichkeiten der Steuerung und Überwachung dieser Unternehmen zu erhöhen. Zugleich sorgen zusätzliche **Publizitätsverpflichtungen** für eine erhöhte Transparenz gegenüber der Öffentlichkeit, die ihrerseits korrigierend auf unternehmensbezogene Entscheidungen der Kommune einwirken kann (vgl. → Rn. 163 ff. und → § 23 Rn. 72 f., 77 ff.).

a) Vorgaben betreffend die Unternehmensplanung. Im Rahmen der Unternehmensplanung werden ausgehend von vorhandenen Unternehmensdaten die kurz- und mehrjährigen Ziele eines Unternehmens und die Maßnahmen zur Zielerreichung festgelegt. Die im Rahmen der **Planungsrechnung** vorgegebenen Werte dienen der Geschäftsführung als strategische Leitplanken und Risikofrühwarnsystem, den Überwachungsorganen sowie der Kommune als Unternehmensträger bzw. Gesellschafter als Grundlage für eine unterjährige **Zielkontrolle** und gegebenenfalls **Steuerung** des Unternehmens oder ein Nachjustieren der Unternehmensziele. **138**

Vor diesem Hintergrund haben die öffentlich-rechtlich organisierten Unternehmen (Eigenbetriebe[367] und Kommunalunternehmen[368]) zum einen für jedes Wirtschaftsjahr einen **Wirtschaftsplan** zu erstellen, in dem das geplante Jahresergebnis und die Finanzierungsrechnung des kommenden Wirtschaftsjahres aufgegliedert in einen Erfolgsplan, Vermögensplan und Stellenplan dargestellt werden und der vom zuständigen Organ (in der Regel Gemeinderat/Kreistag oder bei der Kommunalanstalt der Verwaltungsrat) zu beschließen und bei erheblichen Veränderungen (zB drohende erhebliche Verschlechterung des Jahresergebnisses, erheblich höhere Kreditaufnahme oder Personalmehrung) anzupassen ist. Ergänzt wird der Wirtschaftsplan durch eine jährlich fortzuschreibende **fünfjährige Finanzplanung,** die einen Überblick über künftige Ausgaben und deren Finanzierung geben und vor allem der finanziellen Sicherung von sich über mehrere Jahre erstreckenden Investitionen des Unternehmens dienen soll.[369] **139**

Zur Erleichterung der Überwachung und Steuerung kommunaler **Unternehmen in Privatrechtsform** schreiben die Kommunalgesetzgeber jedenfalls in den Fällen, in denen der Kommune Anteile in dem in § 53 HGrG bezeichneten Umfang zustehen, vor, dass die Kommune im Gesellschaftsvertrag bzw. der Unternehmenssatzung **sicherzustellen** bzw. im Rahmen ihrer Einflussnahmemöglichkeiten **darauf hinzuwirken** hat, dass in **entsprechender Anwendung der für Eigenbetriebe geltenden Vorschriften** für jedes Jahr ein Wirtschaftsplan aufgestellt und der Wirtschaftsführung eine fünfjährige Finanzplanung zugrunde gelegt wird.[370] Teilweise wird eine solche Hinwirkungspflicht auch in Bezug auf Unternehmen in Privatrechtsform mit geringerer kommunaler Beteiligung oder **140**

---

[366] Vgl. Mann/Püttner Kommunale Wissenschaft-HdB/Albers § 48 Rn. 50, 60; WSG Komm. Unternehmen/Breitenbach E Rn. 158, 173.
[367] Vgl. etwa §§ 14, 15 EigBG BW, § 39 Abs. 2 Nr. 14 GemO BW; §§ 13 bis 16 BayEBV, Art. 65 Abs. 1 BayGO; §§ 14 bis 17 EigVO NRW.
[368] ZB §§ 16 bis 18 BayKUV, Art. 90 Abs. 2 S. 3 Nr. 2 BayGO; § 96 Abs. 3 S. 2 BbgKVerf; §§ 10 bis 12, 14 NKomAnstVO, § 145 Abs. 3 S. 3 Nr. 4 NKomVG; §§ 16 bis 18 KUV NRW, § 114a Abs. 7 Nr. 2 GO NRW; §§ 13 bis 15 AnstVO LSA, § 5 Abs. 3 S. 3 Nr. 2 AnstG LSA.
[369] Vgl. WSG Komm. Unternehmen/Breitenbach E Rn. 15, 18 mwN.
[370] § 103 Abs. 1 S. 1 Nr. 5a GemO BW; Art. 94 Abs. 1 Nr. 1 BayGO; § 96 Abs. 1 S. 1 Nr. 6 und 7 BbgKVerf; § 122 Abs. 4 Nr. 1 HGO; § 73 Abs. 1 S. 1 Nr. 1 KV MV; § 108 Abs. 3 S. 1 Nr. 1a und b, S. 2 GO NRW; § 87 Abs. 1 S. 1 Nr. 7a und b GemO RhPf; § 111 Abs. 1 Nr. 3, Abs. 2 S. 1 KSVG; § 96a Abs. 1 Nr. 5 SächsGemO; § 133 Abs. 1 Nr. 1 KVG LSA; § 102 Abs. 2 S. 1 Nr. 7 GO SchlH.

für mittelbare Unternehmensbeteiligungen normiert.[371] Darüber hinaus stellen einige Landesgesetzgeber durch ausdrückliche Regelungen sicher, dass der Kommune der Wirtschaftsplan und/oder die Finanzplanung des Unternehmens (vorab) übersandt werden[372] und die Gesellschafterversammlung des Unternehmens über den Wirtschaftsplan zu beschließen hat[373]. Im Übrigen ist der Informationsfluss über die kommunalen Vertreter in den Unternehmensorganen sicherzustellen (→ Rn. 107 ff.). In Einzelfällen – zB falls die Durchsetzung an den Beteiligungsverhältnissen im Unternehmen scheitert – kann die Aufsichtsbehörde Ausnahmen von diesen Verpflichtungen erteilen.

141 Unabhängig davon wird die Pflicht zur Einrichtung eines Systems zur Früherkennung mindestens bestandsgefährdender Entwicklungen bereits aus den für die Geschäftsführung geltenden **allgemeinen Sorgfaltspflichten** abgleitet.[374]

142 b) Erweiterte Rechnungslegungspflichten. Das Rechnungswesen liefert den Unternehmensorganen, aber auch den Unternehmensträgern bzw. Gesellschaftern und Gläubigern des Unternehmens die für unternehmerische und steuernde Entscheidungen relevanten Daten.[375] Kern des Rechnungswesens ist die Buchführung, auf deren Grundlage die Erstellung der **Jahresabschlüsse** (Bilanz) und Wirtschaftspläne (→ Rn. 139 f.) erfolgt. Für die **öffentlich-rechtlichen Organisationsformen** – Eigenbetrieb und kommunale Anstalt des öffentlichen Rechts – mit Kaufmannseigenschaft[376] gelten die einschlägigen Vorschriften des Handelsgesetzbuchs über die Aufstellung des Jahresabschlusses unmittelbar, einige Länder schreiben insbesondere in Bezug auf die Kommunalanstalt mit Ausnahme einiger (teilweise auch strengerer) Sondervorschriften im Sinne von § 263 HGB die Anwendung der **Vorschriften** des Dritten Buchs des HGB **für große Kapitalgesellschaften** verpflichtend vor.[377] Vereinzelt kann die zuständige Aufsichtsbehörde für kleine Unternehmen Ausnahmen hiervon zulassen.[378]

143 Kommunale **Unternehmen in Privatrechtsform** unterliegen als Handelsgewerbe bzw. Formkaufleute von vornherein den Rechnungslegungsvorschriften des HGB, das hinsichtlich der Anforderungen an die Rechnungslegung nach Größenklassen differenziert und Erleichterungen für kleine und mittelgroße Kapitalgesellschaften vorsieht, etwa in Bezug auf den Inhalt der Gewinn- und Verlustrechnung, die Bilanzgliederung, die im Anhang zum Jahresabschluss erforderlichen Angaben, die Jahresabschlussprüfung und die Offenlegungspflichten.[379] Diese Erleichterungen kommen für kleine und mittelgroße kommunale Unternehmen in Privatrechtsform mit kommunalen Mehrheitsbeteiligungen im Sinne von § 53 HGrG allerdings in der Regel[380] nicht zum Tragen, weil die Landesgesetzgeber auch insoweit für die Aufstellung der Jahresabschlüsse und der Lageberichte die **Vorschriften**

---

[371] § 96 Abs. 3 BbgKVerf; § 73 Abs. 1 S. 1 Nr. 1, S. 2 und 3 KV MV; § 87 Abs. 1 S. 2 GemO RhPf; § 111 Abs. 2 und 3, § 112 Abs. 1 Nr. 2 KSVG; § 96a Abs. 1 Nr. 13, Abs. 2 SächsGemO; § 133 Abs. 2 KVG LSA; § 102 Abs. 1 und 2 GO SchlH.
[372] Vgl. § 103 Abs. 1 S. 1 Nr. 5c GemO BW; § 96 Abs. 1 S. 1 Nr. 7 BbgKVerf; § 122 Abs. 4 Nr. 1b HGO; § 73 Abs. 1 S. 1 Nr. 1 KV MV; § 108 Abs. 3 S. 1 Nr. 1b GO NRW; § 87 Abs. 1 S. 1 Nr. 7b GemO RhPf; § 133 Abs. 1 Nr. 1 KVG LSA; § 96a Abs. 1 Nr. 6 SächsGemO; § 102 Abs. 2 S. 1 Nr. 7 GO SchlH.
[373] § 108 Abs. 5 Nr. 1c GO NRW; § 87 Abs. 3 Nr. 1c GemO RhPf; § 111 Abs. 1 Nr. 2e KSVG.
[374] Näher dazu Hüffer/Koch AktG § 93 Rn. 19; MüKoAktG/Fleischer § 91 Rn. 15 ff.; GmbH-Gesetz/Noack/Servatius/Haas/Beurskens § 43 Rn. 29.
[375] WSG Komm. Unternehmen/Breitenbach E Rn. 6 f.; Mann/Püttner Kommunale Wissenschaft-HdB/Albers § 48 Rn. 10.
[376] Zur Einstufung einer juristischen Person des öffentlichen Rechts als Handelsgewerbe iSd HGB vgl. OLG München Beschl. v. 25.7.2012, NJW-RR 2013, 412; vgl. auch WSG Komm. Unternehmen/Schraml D Rn. 133.
[377] Vgl. etwa § 102d Abs. 1 S. 1 GemO BW (Kommunalanstalt); § 20 BayEBV, Art. 91 Abs. 1 BayGO; § 21 Abs. 2 EigVO NRW, § 114a Abs. 10 S. 1 GO NRW; §§ 20 Abs. 2, 22 Abs. 2, 34, 35 EigAnV RhPf; § 7 Abs. 1 AnstG LSA; §§ 17 Abs. 2, 19 EigVO SchlH, §§ 20, 22, 28 KUVO SchlH; § 20 ThürEBV, § 19 Abs. 2 ThürAVO. In einigen Ländern finden aufgrund der pauschalen Verweisung auf das Dritte Buch des HGB insoweit die größenabhängigen Erleichterungen des HGB Anwendung.
[378] ZB § 102d Abs. 1 S. 2 GemO BW.
[379] Vgl. § 267 HGB. Zu den wesentlichen Erleichterungen HGB/Hopt/Merkt HGB § 267 Rn. 3, 6.
[380] Vgl. aber § 96 Abs. 1 S. 1 Nr. 4, S. 2 BbgKVerf; siehe auch § 137 NKomVG.

für große Kapitalgesellschaften für anwendbar erklären.[381] Vereinzelt sind auch bei Minderheitsbeteiligungen oder mittelbaren Beteiligungen entsprechende (Hinwirkungs-) Pflichten vorgesehen.[382] Teilweise können die Aufsichtsbehörden – unter engen Voraussetzungen – von dieser Vorgabe zB größenabhängige Ausnahme zulassen.[383] Die im Aktengesetz und im GmbHG vorgesehenen weiteren Rechnungslegungsvorschriften sind auch von kommunalen Unternehmen in der Rechtsform der Aktiengesellschaft bzw. der GmbH zu beachten.[384]

Darüber hinaus gelten **aufgabenbezogene besondere Rechnungslegungsvorschrif-** 144
ten etwa für Krankenhäuser, Pflegeeinrichtungen oder im Bereich der Energieversorgung, die **rechtsformunabhängig** zu beachten sind.[385]

Zur Aufstellung eines Konzernabschlusses ist die Kommune selbst mit ihren Unterneh- 145
men nicht verpflichtet.[386] In den Ländern, die für die kommunale Haushaltsführung die **doppelte kommunale Buchführung** eingeführt haben, sind allerdings im Rahmen des kommunalen Gesamtabschlusses die Jahresabschlüsse der kommunalen Betriebe und Unternehmen mit dem Jahresabschluss der Kommune innerhalb einer bestimmten Frist nach Ende des Haushalts- bzw. Wirtschaftsjahres zu einem **konsolidierten Gesamtabschluss** zusammenzuführen.[387] Um dies zu gewährleisten, enthalten die Kommunalordnungen in der Regel die Vorgabe, dass durch entsprechende Regelungen im Gesellschaftsvertrag oder der Unternehmenssatzung die rechtzeitige Vorlage der hierfür erforderlichen Unterlagen und Belege des Unternehmens sicherzustellen ist.[388]

Hinsichtlich der inhaltlichen **Vorgaben zum Lagebericht** als gesonderter Teil der Rechnungslegung[389], der als Informationsquelle einen Überblick über die Lage des Unternehmens einschließlich der Risiken der künftigen Entwicklung geben soll[390], ist die Rechtslage in Bezug auf die einzelnen Organisationsformen ähnlich heterogen. Für Eigenbetriebe wird überwiegend nur der nach § 289 HGB vorgeschriebene Inhalt gefordert[391], teilweise existieren auch eigene landesrechtliche Regelungen hierzu.[392] In Bezug auf die **kommunale Anstalt** des öffentlichen Rechts gelten teilweise auch insoweit und größenunabhängig die für große Kapitalgesellschaften geltenden Regelungen.[393] Dagegen sind bei der Erstellung von Lageberichten für **kommunale Unternehmen in Privatrechtsform** bei kommunaler Mehrheitsbeteiligung – entsprechend den Vorgaben für die Erstellung der Jahresabschlüsse – ganz **überwiegend** die **Vorschriften für große Kapitalgesellschaften** anzuwenden.[394] Dies ist vor allem relevant in Bezug auf die Pflichten zur Erweiterung des

---

[381] § 103 Abs. 1 S. 1 Nr. 5b GemO BW; Art. 94 Abs. 1 S. 1 Nr. 2 BayGO; § 122 Abs. 1 S. 1 Nr. 4 HGO; § 108 Abs. 1 Satz 1 Nr. 8 GO NRW; § 89 Abs. 6 S. 1 Nr. 1 GemO RhPf; § 110 Abs. 1 Nr. 4 KSVG; § 96a Abs. 1 Nr. 8 SächsGemO; § 133 Abs. 1 Nr. 3 KVG LSA; § 102 Abs. 2 S. 1 Nr. 6 GO SchlH; § 75 Abs. 4 Satz 1 Nr. 1 ThürKO.
[382] § 122 Abs. 1 S. 1 Nr. 4, Abs. 5 HGO; § 89 Abs. 7 GemO RhPf; § 96a Abs. 2 SächsGemO; § 133 Abs. 2 KVG LSA; § 102 Abs. 1, Abs. 2 S. 1 Nr. 6 GO SchlH.
[383] Vgl. § 103 Abs. 1 S. 3 GemO BW; Art. 94 Abs. 1 S. 2 BayGO; § 122 Abs. 1 S. 2 HGO; § 89 Abs. 6 S. 2 GemO RhPf; § 102 Abs. 2 S. 2 GO SchlH. Zur engen Auslegung der Vorschrift PdK Bay B-1/Schulz Art. 94 BayGO Anm. 2.2.
[384] Vgl. Mann/Püttner Kommunale Wissenschaft-HdB/Albers § 48 Rn. 18 f.
[385] Vgl. dazu WSG Komm. Unternehmen/Breitenbach E Rn. 58 f.
[386] WSG Komm. Unternehmen/Breitenbach E Rn. 54; Fabry/Augsten Öffentl. Unternehmen-HdB Teil 7 Rn. 70.
[387] WSG Komm. Unternehmen/Breitenbach E Rn. 8, 54; Mann/Püttner Kommunale Wissenschaft-HdB/Albers § 48 Rn. 22.
[388] ZB § 137 Abs. 1 Nr. 8 NKomVG; § 116 GO NRW; § 96a Abs. 1 Nr. 10 SächsGemO.
[389] MüKoHGB/Lange § 289 Rn. 2.
[390] So BGH, Beschl. v. 26.11.2007, NJW-RR 2008, 907, 908.
[391] § 24 BayEBV; § 24 Abs. 1 NdsEigBetrVO; § 25 Abs. 1 EigVO NRW; § 26 EigAnVO RhPf; § 24 ThürEBV; § 19 Abs. 1 EigBG LSA verweist pauschal auf das Dritte Buch des HGB.
[392] Etwa § 23 EigVO SchlH; § 12 EigBG BW.
[393] Vgl. § 102d Abs. 1 GemO BW; Art. 91 Abs. 1 BayGO; § 7 Abs. 1 AnstG LSA. Anders dagegen §§ 26, 36 EigAnVO RhPf; § 26 KUVO SchlH; § 23 ThürAVO (nur § 289 HGB).
[394] Vgl. dazu im Wesentlichen die Nachweise in den Fn. 381 bis 383. Anders zB in Rheinland-Pfalz (§ 89 Abs. 6 Satz 1 Nr. 1 GemO) oder Niedersachsen (§ 137 NKomVG).

Lageberichts um nichtfinanzielle Erklärungen nach § 289b ff. HGB, wenn die dort vorgesehenen größenabhängigen Befreiungstatbestände nicht greifen. Besondere Bedeutung gewinnt dieser Aspekt wegen der künftig erforderlichen Erweiterung des Lageberichts um Erklärungen ua. zu Umwelt-, Arbeitnehmer- und Sozialbelangen in Umsetzung der jüngst geänderten und in ihrem Anwendungsbereich erweiterten sogenannten **CSR-Richtlinie**, die nur für privatrechtliche Rechtsformen gilt und ebenfalls größenabhängige Befreiungen oder Erleichterungen vorsieht (→ § 4 Rn. 56 ff.).[395] Bei Umsetzung dieser Richtlinie in nationales Recht würden die vorgenannten landesgesetzlichen Vorschriften dazu führen, dass die Vorgaben zur **Nachhaltigkeitsberichterstattung** kommunaler Unternehmen in Privatrechtsform (und teilweise auch der Kommunalanstalten) größtenteils weit über die für private Unternehmen geltenden Vorschriften hinausgehen.

146 **c) Erweiterte Prüfung der unternehmerischen Betätigung und des Unternehmens.** Neben dem Rechnungswesen kommt auch dem Prüfungswesen eine **hohe Steuerungsrelevanz** zu.[396] Anders als die Unternehmensplanung und Rechnungslegung dient das Prüfungswesen primär der **Ex-post-Kontrolle** der Einhaltung rechtlicher Vorgaben, aufsichtlicher Auflagen und interner Richtlinien – etwa einem kommunalen Public Corporate Governance Kodex (PCGK) – sowie der Untersuchung von Steuerungsinstrumenten.[397] Auf Grundlage der im Rahmen der Prüfung gewonnenen Erkenntnisse lassen sich Steuerungsmaßnahmen ableiten und entsprechende Empfehlungen aussprechen. Darüber hinaus dient die externe Prüfung von Unternehmen der **Erhöhung der Sicherheit im Rechtsverkehr** durch Beglaubigung der Gesetz- und Ordnungsgemäßheit der Jahresabschlüsse.[398]

147 Nachdem kommunale Unternehmen gleich welcher Organisationsform der **Erfüllung eines öffentlichen Zwecks** zu dienen bestimmt sind (→ Rn. 6 f.) und mit **öffentlichen Geldern** finanziert werden, werden sie über die für privatwirtschaftliche Unternehmen vorgesehenen, handelsrechtlich orientierten Jahresabschlussprüfungen hinaus erweiterten Prüfpflichten unterworfen, um eine effektive Kontrolle dieser besonderen Anforderungen zu gewährleisten. Ein mit diesen erweiterten Prüfpflichten gegebenenfalls verbundener Eingriff in die kommunale Organisationshoheit (vgl. → Rn. 3 f.) wird aufgrund der mit den Regelungen verfolgten gemeinwohlorientierten Ziele – die Schließung einer Lücke bei der Kontrolle der Verwendung öffentlicher Gelder – als verfassungskonform angesehen.[399]

148 Generell wird im Prüfungswesen zwischen interner Prüfung durch die Unternehmensorgane und kommunalen Prüforgane (Rechnungsprüfungsausschuss, Rechnungsprüfungsamt) und externer Prüfung durch kommunale und staatliche Rechnungsprüfungsorgane sowie Wirtschaftsprüfer differenziert. Daraus ergeben sich Unterschiede in Bezug auf den Inhalt und Gegenstand der Prüfung und damit die Befugnisse des Prüforgans.

149 **aa) Betätigungsprüfung im Rahmen der Rechnungsprüfung der Kommune.** Von der Prüfung des kommunalen Unternehmens von vornherein zu unterscheiden ist die im Rahmen der Rechnungsprüfung der Kommune von den zuständigen Prüforganen und Institutionen durchzuführende sogenannte Betätigungsprüfung. Die Rechnungsprüfung der Kommunen dient der öffentlichen Finanzkontrolle und soll die **Rechenschaftslegung über die Verwendung öffentlicher Mittel durch die Kommunen** gewährleisten[400], indem die Prüfer im Rahmen einer Ex-post-Betrachtung die Einhaltung der für die Wirt-

---

[395] Vgl. Art. 1 der Richtlinie (EU) 2022/2464 vom 14.12.2022 zur Änderung ua. der Richtlinie 2013/34/EU hinsichtlich der Nachhaltigkeitsberichterstattung von Unternehmen, ABl. EU L 322/15 vom 16.12.2022.
[396] WSG Komm. Unternehmen/Breitenbach E Rn. 1 f.
[397] Vgl. Mann/Püttner Kommunale Wissenschaft-HdB/Albers § 48 Rn. 50.
[398] So WSG Komm. Unternehmen/Breitenbach E Rn. 173; Mann/Püttner Kommunale Wissenschaft-HdB/Albers § 48 Rn. 60 unter Hinweis auf § 317 Abs. 1 HGB.
[399] So SächsVerfGH NVwZ 2005, 1057 (1059 ff.).
[400] Vgl. WSG Komm. Unternehmen/Breitenbach E Rn. 222 ff.; Mann/Püttner Kommunale Wissenschaft-HdB/Albers § 48 Rn. 52.

§ 21 Öffentliche Unternehmen in kommunaler Trägerschaft § 21

schaftsführung der Kommunen und ihrer (rechtlich unselbständigen) Eigenbetriebe geltenden Vorschriften und Grundsätze nachvollziehen.[401] Die Rechnungsprüfung erfolgt je nach Ausgestaltung des Landesrechts zum einen durch **örtliche (interne) Prüforgane** (Rechnungsprüfungsausschuss, Rechnungsprüfungsamt) und zum anderen durch **überörtliche externe Prüfer** (Landesministerium oder nachgeordnete Behörde, Landesrechnungshof, Kommunale Prüfanstalt oder Kommunaler Prüfungsverband).

In Bezug auf unmittelbare und mittelbare **kommunale Beteiligungen** an rechtlich 150 selbständigen Unternehmen ist die Rechnungsprüfung in der Regel auf die sogenannte **Betätigungsprüfung** beschränkt, bei der die Einhaltung der für die Kommune geltenden Vorgaben für eine kommunalwirtschaftliche Betätigung, insbesondere auch die Sicherung der gesetzlich vorgesehenen Einflussnahme- und Kontrollrechte in Bezug auf das Unternehmen, geprüft werden.[402] Das Unternehmen selbst ist dagegen nicht Gegenstand der Betätigungsprüfung. Um eine mögliche Lücke zwischen der an öffentlichen Interessen ausgerichteten Betätigungsprüfung und der unternehmensbezogenen Jahresabschlussprüfung zu schließen, haben allerdings einige Landesgesetzgeber die kommunale Anstalt des öffentlichen Rechts unmittelbar der Rechnungsprüfung unterworfen[403] und darüber hinaus die Zulässigkeit der mehrheitlichen Beteiligung der Kommune an einem Unternehmen in Privatrechtsform davon abgängig gemacht, dass das Unternehmen selbst unmittelbar Gegenstand der – in der Regel überörtlichen – Rechnungsprüfung ist.[404] Diese an die Kommunen gerichtete Vorgabe für die Beteiligung an privatrechtlichen Unternehmen lässt sich allerdings nur durch entsprechende und von der Kommune durchsetzbare Regelungen im Gesellschaftsvertrag oder der Unternehmenssatzung umsetzen. Die Landesgesetzgeber besitzen dagegen nicht die Gesetzgebungskompetenz, die Rechnungsprüfung unmittelbar auf Unternehmen in Privatrechtsform zu erstrecken.[405]

Um im Rahmen der Betätigungsprüfung die an die Kommune gerichteten Vorgaben an 151 die Organisation und Führung ihrer Unternehmen mit eigener Rechtspersönlichkeit zu prüfen, ist oftmals ein Rückgriff auf beim Unternehmen vorhandene **Informationen und Unterlagen** erforderlich. Aus diesem Grund sieht § 54 des Haushaltsgrundsätzegesetzes (HGrG; → § 19 Rn. 4 ff., 123 ff.) bei Mehrheitsbeteiligungen einer oder mehrerer Gebietskörperschaften an Unternehmen in Privatrechtsform im Sinne von § 53 HGrG vor, dass in der Satzung oder im Gesellschaftsvertrag mit Dreiviertelmehrheit des vertretenen Kapitals bestimmt werden kann, dass sich die Rechnungsprüfungsbehörde der Gebietskörperschaft zur Klärung von Fragen, die bei der Betätigungsprüfung auftreten, unmittelbar unterrichten und zu diesem Zweck den Betrieb, die Bücher und die Schriften des Unternehmens einsehen kann. Die Landesgesetzgeber normieren bei kommunalen Mehrheitsbeteiligungen an privatrechtlichen Unternehmen in dem in § 53 HGrG definierten Umfang die Pflicht, bei der Gestaltung des Gesellschaftsvertrags oder der Unternehmenssatzung sicherzustellen, dass den zuständigen Organen der Rechnungsprüfung die **Befugnisse nach § 54 HGrG** eingeräumt sind.[406] Teilweise ist diese Vorgabe auch als Hinwirkungspflicht ausgestaltet, sodass deren Erfüllung letztlich davon abhängt, ob die Kommune die nach § 54 Abs. 1

---

[401] Vgl. zB Art. 106 Abs. 1 bis 3 BayGO; §§ 102 ff. BbgKVerf; § 155 NKomVG; §§ 102 ff. GO NRW; §§ 104 ff. SächsGemO.
[402] Vgl. zB Art. 106 Abs. 4 BayGO und die entsprechenden Vorschriften über die Prüfung staatlicher Betätigungen in Unternehmen in Privatrechtsform in § 92 BHO und § 92 der Landeshaushaltsordnungen. Ausführlich zu den Prüfungsgegenständen WSG Komm. Unternehmen/Breitenbach E Rn. 241. Vgl. auch Will DÖV 2002, 319 (324 f.); Burgi DÖV 2020, 121 (125 f.) zur Betätigungsprüfung auf Bundesebene unter Berücksichtigung von BVerfG NVwZ 2018, 51.
[403] Vgl. § 102d Abs. 2 und 3 GemO BW; § 1 NKPG (überörtliche Rechnungsprüfung); § 110 Abs. 5 S. 2 GemO RhPf (überörtliche Rechnungsprüfung); § 142 Abs. 1 KVG LSA; § 7a KPG SchlH (überörtliche Rechnungsprüfung).
[404] Vgl. § 103 Abs. 1 Nr. 5e GemO BW; § 87 Abs. 1 S. 1 Nr. 7c GemO RhPf; § 96a Abs. 1 Nr. 11, Abs. 2 SächsGemO (auch örtliche Rechnungsprüfung).
[405] Vgl. SächsVerfGH NVwZ 2005, 1057 (1058 f.).
[406] § 103 Abs. 1 S. 1 Nr. 5d GemO BW; § 96 Abs. 1 S. 1 Nr. 5, S. 2 BbgKVerf; § 123 Abs. 1 Nr. 2 HGO; § 96a Abs. 1 Nr. 12 SächsGemO.

HGrG erforderliche Dreiviertelmehrheit in den Unternehmensorganen für ihren Antrag mobilisieren kann.[407] Liegt keine Mehrheitsbeteiligung im Sinne des § 53 HGrG oder eine mittelbare Beteiligung in bestimmtem Umfang vor, gilt diese Hinwirkungspflicht in der Regel nur, so weit es das Interesse der Kommune erfordert.[408]

152 An dieser Stelle nicht weiter erörtert werden soll die interessante Frage, ob die Kommune auch ohne Verankerung der Befugnisse nach § 54 HGrG im Gesellschaftsvertrag oder in der Unternehmenssatzung gegenüber den Rechnungsprüfungsorganen und -behörden verpflichtet sein kann, deren Auskunfts- und Einsichtsbegehren durch Wahrnehmung der ihr als Gesellschafter zustehenden Informations-, Auskunfts- und Einsichtsrechte und Weitergabe der auf diesem Wege erlangten Daten nachzukommen.[409]

153 Soweit sich die den zuständigen Rechnungsprüfungsorganen und -behörden eingeräumten Informations- und Einsichtsrechte auf die im Rahmen der Betätigungsprüfung zu prüfenden Gegenstände beziehen, entstehen keine **Konflikte mit den gesellschaftsrechtlichen Verschwiegenheitspflichten** der Mitglieder der Unternehmensorgane, zumal § 395 AktG die Verschwiegenheitspflichten unter anderem auf die Rechnungsprüfer ausweitet.[410] In der Praxis ist allerdings mitunter umstritten, ob sich das Auskunfts- und Einsichtsbegehren noch im Rahmen der Betätigungsprüfung hält oder darüber hinausgehend auf eine unmittelbare Prüfung des kommunalen Unternehmens abzielt.[411] In letzterem Fall kann das kommunale Unternehmen die Herausgabe der Information bzw. Einsichtnahme in die gewünschten Unterlagen unter Hinweis auf die zu wahrenden Interessen des Unternehmens verweigern, da § 54 Abs. 1 HGrG den Organen der Rechnungsprüfung kein allgemeines Unterrichtungs- und Einsichtsrecht einräumt.[412] Ein solches kann allenfalls im Rahmen der gesellschaftsrechtlichen Regelungen in den Gesellschaftsvertrag oder die Unternehmenssatzung aufgenommen[413] oder von der Kommune als Gesellschafter geltend gemacht werden.[414]

154 Die genannten Vorschriften des HGrG gelten ausschließlich für Unternehmen in Privatrechtsform, nicht für **Kommunalanstalten** als juristische Personen des öffentlichen Rechts. Durch entsprechende landesgesetzliche Regelungen wurden die Kommunalanstalten – soweit sie nicht ohnehin unmittelbar Gegenstand der Rechnungsprüfung sind – den kommunalen Unternehmen in Privatrechtsform gleichgestellt.[415]

155 **bb) Interne Prüfung des kommunalen Unternehmens.** Für die interne Prüfung durch Organe oder Organisationseinheiten des Unternehmens selbst ergeben sich für Unternehmen in kommunaler Trägerschaft im Grunde keine im Vergleich zu privaten Unternehmen besonderen rechtlichen Vorgaben. Unterliegt das kommunale Unternehmen der erweiterten Abschlussprüfung nach § 53 HGrG (vgl. → Rn. 160), befasst sich der vom IDW hierzu entwickelte Fragenkatalog[416] unter anderem mit der Einrichtung eines **Risiko-Manage-**

---

[407] Vgl. Art. 94 Abs. 1 S. 1 Nr. 4 BayGO und dazu PdK Bay B-1/Schulz, Art. 94 BayGO Anm. 2.2. Ebenso § 158 Abs. 2 NKomVG; § 112 Abs. 1 Nr. 2 GO NRW; § 89 Abs. 6 S. 1 Nr. 2 GemO RhPf; § 11 Abs. 1 Nr. 3 KPG SchlH.
[408] Art. 94 Abs. 2 BayGO; § 96 Abs. 1 Nr. 4 BbgKVerf; § 158 Abs. 3 NKomVG; § 89 Abs. 7 S. 1 Nr. 3, S. 2 GemO RhPf, § 11 Abs. 3 S. 1 Nr. 4, S. 2 KPG SchlH. Von dieser Einschränkung § 123 Abs. 2 HGO; § 96a Abs. 1 Nr. 13, Abs. 2 SächsGemO. § 75 Abs. 4 S. 2 ThürKO sieht in diesem Fällen die Möglichkeit der Zulassung einer Ausnahme durch die Rechtsaufsichtsbehörde vor.
[409] Näher dazu WSG Komm. Unternehmen/Breitenbach E Rn. 249 ff.
[410] WSG Komm. Unternehmen/Breitenbach E Rn. 246; MüKoAktG/Schockenhoff § 395 Rn. 4; Hüffer/Koch AktG § 395 Rn. 2.
[411] Vgl. etwa VG Magdeburg Beschl. v. 15.11.2007 – 9 B 208/07, BeckRS 2008, 34161.
[412] MüKoAktG/Schockenhoff Vor § 394 Rn. 104; Hüffer/Koch AktG § 394 Rn. 20.
[413] So Will DÖV 2002, 319 (324).
[414] WSG Komm. Unternehmen/Breitenbach E Rn. 249.
[415] Vgl. Art. 91 Abs. 2 BayGO; § 126a Abs. 9 S. 6 HGO; § 26 Abs. 1 und 2 NdsKomAnstVO; § 76c Abs. 1 ThürKO.
[416] Berichterstattung über die Erweiterung der Abschlussprüfung nach § 53 HGrG, IDW PS 720, Stand 9.9.2010. Vgl. auch Nr. 7 des Deutschen Public Corporate Governance-Musterkodex idF vom 14.3.2022.

ment-Systems zur Unterstützung der Leitungsorgane.[417] In Bezug auf die Einrichtung eines **Compliance**-Management-Systems, das – anders als das Prüfungswesen – auf präventive Maßnahmen der Leitungsorgane zur Sicherstellung der Einhaltung gesetzlicher Vorschriften und sonstiger Regelungen abzielt, existieren ebenfalls keine spezifischen Vorgaben.[418]

Eine zentrale Rolle hinsichtlich der internen Prüfung nimmt der **Aufsichtsrat** oder Verwaltungsrat des kommunalen Unternehmens ein, die sich auch in der Kommunalgesetzgebung widerspiegelt (→ Rn. 68). Die Sorgfalts- und Prüfungspflichten des Aufsichtsrats ergeben sich aus den einschlägigen gesellschaftsrechtlichen Vorschriften.[419] Neben den gesetzlichen, gesellschaftsvertraglichen und satzungsrechtlichen Vorgaben kann auch ein auf die örtlichen Gegebenheiten zugeschnittener, von der Kommune erstellter und im Unternehmen verankerter **Public Corporate Governance Kodex** (PCGK) einen Beitrag zur Einhaltung vordefinierter Verfahrensabläufe und zur Förderung eines zielgerichteten, effizienten Zusammenwirkens von Aufsichtsorgan und Leitungsorgan leisten (→ Rn. 121).[420] Beispielhaft sei hier auf die auf den jeweiligen Homepages abrufbaren PCGK der Städte Düsseldorf, Frankfurt am Main, Köln, Mannheim, Nürnberg oder Stuttgart hingewiesen. **156**

Zur internen Prüfung im weitesten Sinne kann auch die bereits erwähnte **örtliche Rechnungsprüfung** (→ Rn. 149) gezählt werden, wenngleich sie durch Gremien oder Ämter der Kommune erfolgt. Die örtliche Rechnungsprüfung erstreckt sich in der Regel auf die rechtlich unselbständigen kommunalen Eigenbetriebe, im Übrigen ist sie auf eine Betätigungsprüfung beschränkt. Nur vereinzelt haben die Landesgesetzgeber kommunale Anstalten des öffentlichen Rechts unmittelbar der örtlichen Rechnungsprüfung unterworfen oder die Zulässigkeit einer kommunalen Mehrheitsbeteiligung an Unternehmen in Privatrechtsform von der Einräumung von Prüfrechten zugunsten der örtlichen Prüforgane in Bezug auf die Haushalts- und Wirtschaftsführung des Unternehmens selbst abhängig gemacht (vgl. dazu → Rn. 150 mwN). **157**

cc) Externe Prüfung des kommunalen Unternehmens. Unternehmen in Privatrechtsform sind in der Regel kraft ihrer Rechtsform zur Prüfung des Jahresabschlusses und des Lageberichts durch einen Abschlussprüfer verpflichtet.[421] Gegenstand und Umfang der **Abschlussprüfung** ergeben sich aus § 317 HGB. Der Fokus liegt dabei auf der Prüfung der Ordnungsgemäßheit und Vollständigkeit der Rechnungslegung und des im Lagebericht dargestellten Gesamtbildes des Unternehmens zum Schutz des Rechtsverkehrs, wenngleich keine umfassende Rechts- und Wirtschaftsprüfung des Unternehmens erfolgt.[422] Die Abschlussprüfung gilt als zentrales Hilfsmittel für die Führung und Kontrolle eines Unternehmens (Corporate Governance).[423] **158**

Liegen die Voraussetzungen für eine große Kapitalgesellschaft im Sinne von § 267 Abs. 3 HGB vor, müssen die handels- und gesellschaftsrechtlich vorgegebenen Anforderungen an die Abschlussprüfung in vollem Umfang erfüllt werden. Für Unternehmen, die die in § 267 Abs. 1 und 2 HGB normierten Merkmale einer kleinen oder mittelgroßen Kapitalgesellschaft erfüllen, gelten dagegen größenabhängige Erleichterungen etwa bei der Gewinn- und Verlustrechnung, den erforderlichen Angaben in Bilanz und Anhang, der Offenlegung **159**

---

[417] So WSG Komm. Unternehmen/Breitenbach E Rn. 153, 191 f. Vgl. auch MüKoAktG/Schockenhoff Vor § 394 Rn. 82 mwN.
[418] Ausführlich dazu WSG Komm. Unternehmen/Weber E Rn. 330 ff. mwN.
[419] WSG Komm. Unternehmen/Breitenbach E Rn. 209.
[420] Als Orientierungsgrundlage kann der von einer Expertenkommission entwickelte und regelmäßig aktualisierte Deutsche Public Corporate Governance-Musterkodex dienen (abrufbar unter www.pcg-musterkodex.de).
[421] ZB Kapitalgesellschaften nach § 316 HGB; oHG, KG und GmbH & Co.KG nach § 264a HGB; Genossenschaften nach § 336 Abs. 2 S. 1 Nr. 2 HGB, §§ 53 ff. GenG.
[422] Hopt HGB/Merkt § 317 Rn. 5 unter Hinweis auf BGH NHG 2020, 1030 (1031 f.); WSG Komm. Unternehmen/Breitenbach E Rn. 159, 173.
[423] Hopt HGB/Merkt Vor § 316 Rn. 11; MüKoHGB/Ebke Vorb. Zu §§ 316-324a Rn. 10.

bis hin zur Befreiung von der Abschlussprüfung.[424] Diese **größenabhängigen Erleichterungen** finden auf kommunale Unternehmen in Privatrechtsform in der Regel **keine Anwendung,** vielmehr sehen die Kommunalgesetze bei kommunalen Mehrheitsbeteiligungen im Sinne von § 53 HGrG – teilweise auch generell und bei mittelbaren Beteiligungen – in der Regel vor, dass die Kommune eine Aufstellung und Prüfung des Jahresabschlusses und des Lageberichts nach den für große Kapitalgesellschaften geltenden Vorschriften des HGB im Gesellschaftsvertrag oder in der Unternehmenssatzung sicherzustellen bzw. darauf hinzuwirken hat.[425] Weitergehende oder besondere gesetzliche Regelungen wie etwa die rechtsformunabhängigen Vorgaben für Energieversorgungsunternehmen[426] bleiben davon unberührt. Die Rechtsaufsichtsbehörden können in besonderen Fällen Ausnahmen von dieser Vorgabe erteilen.[427] Die **Kommunalanstalten** und teilweise auch die rechtlich unselbständigen kommunalen Eigenbetriebe wurden den kommunalen Unternehmen in Privatrechtsform insoweit mehr oder weniger **gleichgestellt.**[428]

160   Darüber hinaus schreiben die Landesgesetzgeber[429] den Kommunen bei Mehrheitsbeteiligungen an Unternehmen in Privatrechtsform im Sinne von § 53 HGrG vor, dass eine **erweiterte Abschlussprüfung** stattzufinden hat, die über die handels- und gesellschaftsrechtlichen Prüfungsgegenstände hinaus auch die **Ordnungsgemäßheit der Geschäftsführung** und eine Darstellung der Entwicklung der Vermögens- und Ertragslage sowie der Liquidität und Rentabilität der Gesellschaft, der verlustbringenden Geschäfte und der Ursachen der Verluste sowie der Ursachen eines in der Gewinn- und Verlustrechnung ausgewiesenen Jahresfehlbetrages im Bericht des Abschlussprüfers umfasst und die unverzügliche Übersendung des Prüfungsberichts an die Kommune vorsieht.[430] Die zusätzlichen Informationen sollen die Stellung der Kommune gegenüber dem Unternehmen stärken und die **Kontrolle** der Geschäftsführung und der Tätigkeit der von der Kommune in die Unternehmensorgane entsandten Vertreter **erleichtern,** sind aber auch für die Betätigungsprüfung bei der Kommune selbst relevant.[431] Soweit die Landesgesetzgeber keine gesellschaftsvertragliche oder satzungsrechtliche Verankerung der Rechte nach § 53 Abs. 1 HGrG vorsehen, hat die Kommune diese gegenüber dem Unternehmen auszuüben. Die Umsetzung hat durch das für die Bestellung und Beauftragung des Abschlussprüfers zuständige Unternehmensorgan zu erfolgen.[432] Bei Minderheitsbeteiligungen oder mittelbaren Beteiligungen ab einem bestimmten Umfang besteht insoweit regelmäßig eine Hinwirkungspflicht.[433]

---

[424] MüKoHGB/Reiner § 267 Rn. 1.
[425] Vgl. § 103 Abs. 1 S. 1 Nr. 5b GemO BW; Art. 94 Abs. 1 S. 1 Nr. 2 BayGO; § 122 Abs. 1 S. 1 Nr. 4, Abs. 5 HGO; § 73 Abs. 1 S. 1 Nr. 2 KV MV; § 108 Abs. 1 S. 1 Nr. 8 GO NRW; § 96a Abs. 1 Nr. 7, Abs. 2 SächsGemO; § 102 Abs. 2 Nr. 6 GO SchlH. Weniger streng § 96 Abs. 1 S. 1 Nr. 4, Abs. 3 BbgKVerf.
[426] ZB § 6b EnWG → § 15 Rn. 23 f.
[427] Vgl. § 103 Abs. 1 S. 2 und 3 GemO BW; Art. 94 Abs. 1 S. 2 BayGO; § 122 Abs. 1 S. 2 HGO; § 108 Abs. 1 S. 2 GO NRW; § 102 Abs. 2 S. 2 GO SchlH.
[428] Vgl. etwa zu Kommunalanstalten § 102d Abs. 1 GemO BW; Art. 91 Abs. 2, 107 BayGO; § 95 Abs. 3 S. 3 und 4 BbgKVerf; § 70b Abs. 2 KV MV iVm § 13 Abs. 1 KPG MV; §§ 147 Abs. 1, 157 NKomVG; § 114a Abs. 10 S. 1 GO NRW; § 89 Abs. 1 S. 2 Nr. 2 GemO RhPf. Zu Eigenbetrieben: § 263 HGB und § 111 Abs. 1 GemO BW; Art. 107 BayGO, § 20 BayEBV; § 106 BbgKVerf; §§ 11, 13 Abs. 1 KPG MV; § 157 NKomVG; § 89 GemO RhPf.
[429] ZB § 105 Abs. 1 Nr. 1 GemO BW; Art. 94 Abs. 1 S. 1 Nr. 3, S. 2 BayGO; § 96 Abs. 1 S. 1 Nr. 5 BbgKVerf; § 123 Abs. 1 Nr. 1 HGO; § 73 Abs. 1 S. 1 Nr. 3 KV MV; § 158 Abs. 1 NKomVG; § 112 Abs. 1 Nr. 1 GO NRW; § 89 Abs. 7 S. 1 Nr. 4 GemO RhPf; § 96a Abs. 1 Nr. 7 SächsGemO; § 75 Abs. 4 S. 1 Nr. 3 ThürKO.
[430] § 53 Abs. 1 NRn. 1 bis 3 HGrG.
[431] PdK Bay B-1/Schulz Art. 94 BayGO Anm. 2.2; PdK Nds N-1/Freese § 159 NKomVG Rn. 23 unter Hinweis auf LT-Drs. 10/5520, S. 10; Will DÖV 2002, 319 (319).
[432] Will DÖV 2002, 319 (321).
[433] Vgl. etwa Art. 94 Abs. 2 BayGO; § 96 Abs. 3 BbgKVerf; § 122 Abs. 2 HGO; § 73 Abs. 1 S. 2 KV MV; § 158 Abs. 3 NKomVG; § 112 Abs. 2 GO NRW; § 89 Abs. 7 S. 2 GemO RhPf; § 96a Abs. 2 SächsGemO; § 75 Abs. 4 S. 1 Nr. 3 ThürKO (Erteilung von Ausnahmen durch die Rechtsaufsicht).

Für **öffentlich-rechtliche Organisationsformen** enthalten die Kommunalgesetze in 161
der Regel entsprechende Vorgaben.[434] Zudem ist in diesem Zusammenhang auf § 55
Abs. 2 HGrG hinzuweisen.

Einen im Vergleich zur Jahresabschlussprüfung umfassenderen, auf die öffentliche Fi- 162
nanzkontrolle gerichteten Ansatz[435] verfolgt die **überörtliche Rechnungsprüfung** der
Kommunen durch staatliche oder kommunal getragene Prüfungsanstalten. In den meisten
Ländern beschränkt sich die überörtliche Rechnungsprüfung allerdings auf die Prüfung
der **Betätigung der Kommune** als Träger, Gesellschafter oder Aktionär in Unternehmen mit eigener Rechtspersönlichkeit und erstreckt sich nicht unmittelbar auf das Unternehmen selbst (vgl. → Rn. 150). In Baden-Württemberg, Rheinland-Pfalz und Sachsen
wird die Zulässigkeit der Beteiligung an einem Unternehmen in Privatrechtsform allerdings unter anderem davon abhängig gemacht, dass den überörtlichen Rechnungsprüfungsorganen kraft Gesellschaftsvertrags oder Unternehmenssatzung volle Prüfungsrechte
der Haushalts- und Wirtschaftsführung des Unternehmens eingeräumt werden.[436] Nach
einer Entscheidung des SächsVerfGH vom 20.5.2005 überschreiten die Länder mit dieser
Vorgabe für die Beteiligung an Unternehmen in Privatrechtsform weder ihre Gesetzgebungskompetenzen, noch liegt darin ein Eingriff in den Kernbereich der Organisationshoheit als Ausfluss der verfassungsrechtlich gewährleisteten Selbstverwaltungsgarantie.[437] In
diesen Fällen tritt neben die Abschlussprüfung nach Handels- und Gesellschaftsrecht die
überörtliche Rechnungsprüfung des Unternehmens in Privatrechtsform nach den einschlägigen landesrechtlichen Vorgaben. Gleiches gilt für die rechtlich selbständigen Kommunalanstalten in den Ländern, die sie unmittelbar der überörtlichen Rechnungsprüfung
unterwerfen.[438]

5. Vorgaben für Öffentlichkeit und Publizität

a) Geltung des Öffentlichkeitsgrundsatzes im Unternehmen. Die Kommunalord- 163
nungen schreiben länderübergreifend die Öffentlichkeit der Rats- und Kreistagssitzungen
vor. Ausnahmen bestehen nur in begründeten Einzelfällen, insbesondere wenn öffentliche
Geheimhaltungsinteressen oder berechtigte Ansprüche privater Dritter der Beratung einer
Angelegenheit in öffentlicher Sitzung entgegen stehen.[439] Nach der Rechtsprechung stellt
dieser Öffentlichkeitsgrundsatz einen tragenden Grundsatz der demokratischen Willensbildung in den Kommunen dar und soll der **Publizität, Information, Kontrolle und
Integration** in Bezug auf die Entscheidungen des kommunalen Vertretungsorgans vermitteln.[440] Wird die kommunale Aufgabenerfüllung auf rechtlich selbständige Unternehmen ausgelagert, entsteht zwangsläufig eine Konfliktlage zwischen dem Interesse der
Öffentlichkeit an der Transparenz kommunalen Verwaltungshandelns und den durch
gesellschafts- und teilweise auch kommunalrechtliche Regelungen geschützten Belangen
des kommunalen Unternehmens.

Für kommunale Unternehmen in der Rechtsform einer Aktiengesellschaft ergibt sich die 164
Nichtöffentlichkeit der **Sitzungen des Aufsichtsrats** unmittelbar aus § 109 Abs. 1
AktG, der auch für die mitbestimmungspflichtige GmbH und Genossenschaft Anwendung

---

[434] ZB Art. 107 Abs. 3 BayGO; §§ 95 Abs. 3 S. 5, 106 Abs. 1 BbgKVerf; § 70b Abs. 2 S. 2 KV MV iVm § 13 Abs. 3 KPG MV; § 142 Abs. 1 KVG LSA; § 89 Abs. 3 GemO RhPf.
[435] Ausführlich dazu WSG Komm. Unternehmen/Breitenbach E Rn. 259 ff., der sich für eine Ausdehnung der überörtlichen Rechnungsprüfung generell auf kommunale Unternehmen ausspricht, aber auch auf die Schnittmengen mit der Jahresabschlussprüfung hinweist; kritisch dazu Ruffert VerwArch 2001, 27 (52).
[436] § 103 Abs. 1 Nr. 5e GemO BW; § 87 Abs. 1 S. 1 Nr. 7c GemO RhPf; § 96a Abs. 1 Nr. 11 SächsGemO (auch örtliche Rechnungsprüfung). Vgl. für Niedersachsen die Kann-Bestimmung in § 1 Abs. 2 NKPG.
[437] SächsVerfGH NVwZ 2005, 1057 (1058 ff.).
[438] Vgl. → Rn. 150, 157 mwN.
[439] Zum Öffentlichkeitsgrundsatz bei Privatisierungsentscheidungen Faber NVwZ 2003, 1317; generell zur Öffentlichkeit von Ratssitzungen bei Angelegenheiten kommunaler Unternehmen Burgi NVwZ 2014, 609.
[440] BVerwG Urt. v. 27.9.2021 – 8 C 31.20, BeckRS 2021, 38441 Rn. 17 mwN.

findet.⁴⁴¹ Etwas anderes ergibt sich auch nicht aus den oben (→ Rn. 110) skizzierten Ausnahmen von der Verschwiegenheitspflicht der Aufsichtsratsmitglieder, die ausschließlich das Innenverhältnis zwischen dem Unternehmen und der Kommune als Unternehmensträger betreffen.⁴⁴² Umstritten ist dagegen die Rechtslage in Bezug auf die GmbH mit fakultativem Aufsichtsrat. Nachdem der Gesetzgeber in § 52 Abs. 1 GmbH auf eine Bezugnahme auf § 109 AktG ausdrücklich verzichtet hat und die Rechtsprechung die Möglichkeit einer Einschränkung der Verschwiegenheitspflichten der Mitglieder des fakultativen Aufsichtsrats einer GmbH anerkennt (→ Rn. 109), ist nach der wohl herrschenden Meinung eine Öffnung der Aufsichtsratssitzungen für die Öffentlichkeit nicht vollständig, aber in gewissem Umfang zulässig.⁴⁴³ Die Gegenauffassung weist auf den der Vorschrift des § 109 AktG zugrundeliegenden, auf die fakultative GmbH übertragbaren Schutzgedanken und die Funktion des Aufsichtsrats auch einer kommunal beherrschten GmbH als Überwachungsorgan hin, nähert sich aber teilweise der erstgenannten Rechtsmeinung an, indem eine Aufspaltung in einen öffentlichen und einen nichtöffentlichen Sitzungsteil für möglich erachtet wird, solange in letzterem keine originären Aufsichtsratsfunktionen (Überwachung, Kontrolle, Strategieentscheidungen) ausgeübt und möglichst keine Beschlussfassungen erfolgen.⁴⁴⁴

165   Die **Gesellschafts- oder Hauptversammlung** kommunaler Unternehmen in Privatrechtsform ist ebenfalls grundsätzlich nichtöffentlich. Eine Teilnahme Dritter ist aber nicht grundsätzlich ausgeschlossen, ebenso wenig die Zulassung einer (beschränkten) Öffentlichkeit.⁴⁴⁵

166   Festzuhalten ist, dass die Rechtsprechung auch den vollständig oder mehrheitlich von der öffentlichen Hand getragenen Unternehmen in Privatrechtsform – ebenso wie privaten Unternehmen – einen Schutz ihrer Betriebs- und Geschäftsgeheimnisse gegenüber der Öffentlichkeit zuerkennt.⁴⁴⁶ Darüber hinaus ist zu berücksichtigen, dass das Kommunalrecht ebenfalls keine uneingeschränkte Transparenz kommunaler Verwaltungsentscheidungen vorschreibt, sondern berechtigte Interessen der Kommune selbst, ihres im Wettbewerb stehenden Unternehmens sowie privater Mitgesellschafter oder Geschäfts- und Kooperationspartner als schutzbedürftig und damit vertraulich anerkennt.⁴⁴⁷

167   Interessanterweise sehr unterschiedlich sind die landesrechtlichen Regelungen zur Geltung des Öffentlichkeitsgrundsatzes in Bezug auf Sitzungen des **Verwaltungsrats einer Kommunalanstalt**. Die meisten Länder haben auf ausdrückliche Regelungen hierzu verzichtet, so dass die Kommunen den Geltungsbereich des Öffentlichkeitsgrundsatzes in der Unternehmenssatzung näher ausgestalten können. Teilweise sind die kommunalrechtlichen Grundsätze über die Öffentlichkeit von Sitzungen nur bei der Beratung und Beschlussfassung des Verwaltungsrats über Satzungen und Verordnungen⁴⁴⁸ oder Abgabensatzun-

---

⁴⁴¹ § 1 Abs. 1 Nr. 3 DrittelbG; § 25 Abs. 1 S. 1 Nr. 2 und 3 MitbestG. Vgl. dazu BGH NZG 2012, 347 (348 f.); KüKoAktG/Habersack § 109 Rn. 3 mwN.
⁴⁴² Burgi NVwZ 2014, 609 (612). Kritisch hierzu, aber diesen Umstand anerkennend Thormann DÖV 2016, 991 (999).
⁴⁴³ Zum Streitstand GmbH-Gesetz/Noack/Servatius/Haas/Noack § 52 Rn. 87; sehr weitgehend Altmeppen GmbHG § 52 Rn. 30. Vgl. auch Burgi NVwZ 2014, 609 (612); Katz Gemeindehaushalt 2016, 73 (79 f.); Meiski NVwZ 2007, 1355; Thormann DÖV 2016, 991 (997 f.). Jeweils mwN.
⁴⁴⁴ Vgl. die Antwort des Bayerischen Staatsministeriums des Innern auf eine Schriftliche Anfrage aus der Mitte des Bayerischen Landtags, LT-Drs. 15/7754 v. 24.4.2007, S. 2 unter Hinweis auf VGH München NVwZ-RR 2007, 622 (624), der zwischen der Lockerung der Verschwiegenheitspflichten der Aufsichtsratsmitglieder und der Teilnahme Dritter an Aufsichtsratssitzungen differenziert, und OVG Münster Beschl. v. 21.12.1995 – 15 B 3199/95, BeckRS 1995, 10361. Kritisch auch Cronauge Komm. Unternehmen, 274 f.; HUR Komm.Unternehmen-HdB/Oebbecke § 8 Rn. 77.
⁴⁴⁵ Str. vgl. GmbH-Gesetz/Noack/Servatius/Haas/Noack § 48 Rn. 12; MüKoAktG/Kubis § 118 Rn. 118; Hüffer/Koch AktG § 118 Rn. 28 f., jeweils mwN.
⁴⁴⁶ BVerwG NVwZ 2017, 1775 (1781 f.); BGH NJW 2017, 3153 (3159); OVG Koblenz Urt. v. 10.6.2016 – 10 A 10878/15, BeckRS 2016, 48854, Rn. 46 ff.; OVG Berlin-Brandenburg NVwZ 2015, 1229 (1230).
⁴⁴⁷ So zu Recht Burgi NVwZ 2014, 609 (615).
⁴⁴⁸ § 2 Abs. 4 BayKUV.

gen[449] anwendbar, nur in Hessen wird die Öffentlichkeit der Sitzungen des Verwaltungsrats jedenfalls nach dem Gesetzeswortlaut uneingeschränkt angeordnet.[450]

b) Beteiligungsbericht der Kommune. Alle Kommunalordnungen schreiben den Kommunen grundsätzlich die Erstellung von Informationen **für die kommunalen Gremien und die Öffentlichkeit** über deren Unternehmensbeteiligungen im Rahmen eines jährlichen Beteiligungsberichts vor. Teilweise ist diese Verpflichtung beschränkt auf kommunale Beteiligungen an Unternehmen in Privatrechtsform, unter Umständen auch erst ab einer bestimmten Beteiligungsquote bzw. inhaltlich abgestuft je nach Höhe der kommunalen Beteiligung, teilweise erstreckt sich die Berichtspflicht auch auf mittelbare Beteiligungen und Beteiligungen an kommunalen Anstalten des öffentlichen Rechts.[451] Bei doppischer kommunaler Buchführung ersetzt unter Umständen auch der Gesamtabschluss der kommunalen Körperschaft den Beteiligungsbericht bzw. ist dieser dem Gesamtabschluss als Anlage beizufügen.[452] Regelmäßig werden im Beteiligungsbericht Angaben über die Beteiligungsverhältnisse, die Zusammensetzung der Organe, die Erfüllung des öffentlichen Zwecks, die Ertragslage und die Kreditaufnahme des Unternehmens sowie die Gesamtbezüge der Mitglieder des geschäftsführenden Unternehmensorgans verlangt. Der Beteiligungsbericht ist der Kommunalvertretung zur (grundsätzlich) öffentlichen Behandlung in einer Gremiensitzung[453] zuzuleiten und entweder als solcher öffentlich bekannt zu geben oder öffentlich auf die Möglichkeit der Einsichtnahme in den Bericht hinzuweisen. 168

Erklärter Wille mancher Landesgesetzgeber ist es über das Ziel einer besseren Steuerung und Kontrolle kommunaler Unternehmen und Beteiligungen hinaus, durch Transparenz und Publizität einen **faktischen Privatisierungsdruck** zu erzeugen und die Kommune periodisch zur Überprüfung etwaiger Privatisierungspotentiale anzuhalten.[454] Die Berichtspflicht geht aber **keinesfalls** so weit, dass kommunale Unternehmen zur Veröffentlichung von **Betriebs- und Geschäftsgeheimnissen** gezwungen werden und dadurch Nachteile im Wettbewerb mit anderen Unternehmen entstehen. Der Inhalt des Berichts beschränkt sich daher in der Regel auf allgemeine Angaben zum betreffenden kommunalen Unternehmen bzw. der kommunalen Beteiligung an einem Unternehmen. Die Aufsichtsbehörde wiederum kann auf Grundlage des Beteiligungsberichts gegebenenfalls die Einhaltung der kommunalwirtschaftsrechtlichen Vorgaben, nicht jedoch einen Rückzug der Kommune aus dem bestehenden Wirtschaftsunternehmen erzwingen.[455] 169

c) Veröffentlichung der Jahresabschlüsse. Für die **kommunalen Anstalten des öffentlichen Rechts** (und Eigenbetriebe) sehen die landesrechtlichen Vorschriften in der Regel vor, dass der Beschluss über die Feststellung des Jahresabschlusses und die Ergebnisverwendung ortsüblich bekannt zu machen und der Jahresabschluss nebst Lagebericht öffentlich zur Einsichtnahme auszulegen ist.[456] 170

Für als **Kapitalgesellschaften** organisierte kommunale Unternehmen ergeben sich die Offenlegungspflichten zunächst aus dem HGB, insbesondere sind die in § 325 HGB 171

---

[449] § 4 Abs. 2 S. 4 KUVO SchlH iVm § 35 GO SchlH.
[450] Vgl. § 126a Abs. 6 S. 4 HGO und im Vergleich dazu § 52 Abs. 1 HGO. Kritisch hierzu, weil zu weit gehend WSG Komm. Unternehmen/*Schraml D* Rn. 217.
[451] Vgl. § 105 Abs. 2 GemO BW; Art. 94 Abs. 3 BayGO; § 98 Nr. 3 BbgKVerf; § 123a HGO; § 73 Abs. 3 KV MV; § 151 NKomVG; § 90 Abs. 2 GemO RhPf; § 115 Abs. 2 KSVG; § 99 Abs. 2–4 SächsGemO; § 130 Abs. 2 KVG LSA; § 45c S. 4 KUVO SchlH; § 75a ThürKO.
[452] Vgl. § 95a Abs. 4 S. 3 GemO BW; § 83 Abs. 4 S. 2 Nr. 5 BbgKV; § 73 Abs. 4 KV MV; § 128 Abs. 6 S. 4, 151 S. 4 NKomVG; § 116a Abs. 3, § 116b; § 117 Abs. 1 GO NRW.
[453] Zur Öffentlichkeit von Ratssitzungen bei Angelegenheiten kommunaler Unternehmen *Burgi* NVwZ 2014, 609.
[454] So für Rheinland-Pfalz LT-Drs. 13/2306 v. 24.11.1997, S. 41.
[455] Ausführlich zur Vereinbarkeit der Berichtspflicht mit dem kommunalen Selbstverwaltungsrecht und den Grenzen der Berichtspflicht RhPfVerfGH NVwZ 2000, 801 (805).
[456] ZB § 102d Abs. 4 S. 1 iVm § 105 Abs. 1 Nr. 2, Abs. 2 GemO BW; § 25 Abs. 4 BayEBV, § 27 Abs. 3 BayKUV; § 27 Abs. 3 KUV NRW; § 130 Abs. 1 KVG LSA; § 27 Abs. 3 KUVO SchlH; § 24 Abs. 4 ThürAVO.

genannten Unterlagen elektronisch beim **Bundesanzeiger** zur Bekanntmachung einzureichen, wobei für kleine und mittelgroße Kapitalgesellschaften Erleichterungen bestehen, die auch von kommunalen Unternehmen in dieser Rechtsform genutzt werden können. Darüber hinaus verpflichten einige Landesgesetzgeber die Kommunen bzw. die Gesellschaft zur **Bekanntgabe** des Beschlusses über die Feststellung des Jahresabschlusses und die Ergebnisverwendung sowie die **öffentliche Auslegung** des Jahresabschlusses und des Lageberichts, um in der Kommune **vor Ort** mehr Transparenz über Inhalt und Ergebnis der kommunalwirtschaftlichen Betätigung zu erreichen und damit das Bild über die Haushaltslage der Kommune abzurunden.[457] Je nach Ausgestaltung des kommunalen Haushaltsrechts fließen die Angaben des Unternehmens alternativ auch in den konsolidierten und öffentlich auszulegenden Gesamtabschluss der Kommune ein.[458] Diese Publizitätspflicht ist in der Regel aus Rücksicht auf die Belange der Mitgesellschafter auf Unternehmensbeteiligungen im Sinne von § 53 HGrG beschränkt[459] und korrespondiert gegebenenfalls mit der Pflicht, die Übersendung der erforderlichen Unterlagen durch das Unternehmen an die Kommune im Gesellschaftsvertrags bzw. der Unternehmenssatzung sicherzustellen.[460] In anderen Bundesländern beschränkt sich die Transparenzpflicht insoweit auf den zu erstellenden **Beteiligungsbericht** mit den dort auszuweisenden Kennzahlen des Unternehmens (→ Rn. 168).

172 **d) Veröffentlichung der Prüfergebnisse.** Mit der in einigen Ländern vorgeschriebenen Bekanntgabe des Beschlusses über die Feststellung des Jahresabschlusses und die Ergebnisverwendung sowie öffentlichen Auslegung des Jahresabschlusses und des Lageberichts (→ Rn. 170 f.) muss in der Regel auch das Ergebnis der Prüfung des Jahresabschlusses nebst Lagebericht (→ Rn. 158 ff.) sowohl der Unternehmen in Privatrechtsform[461] als auch der kommunalen Anstalten des öffentlichen Rechts[462] **ortsüblich bekannt gegeben** werden bzw. ortsüblich auf die **Möglichkeit zur Einsichtnahme** in die Prüfergebnisse hingewiesen werden.[463]

173 **e) Veröffentlichung der Bezüge von Mitgliedern der Unternehmensorgane.** Das HGB normiert in Bezug auf die Gesamtbezüge der Mitglieder der Unternehmensorgane eines privatrechtlich organisierten Unternehmens bereits gewisse Pflichtangaben im Jahresabschluss, soweit sich dadurch bei Gesellschaften, die – wie bei kommunalen Unternehmen in der Regel der Fall – keine börsennotierten Aktiengesellschaften sind, anhand dieser Angaben nicht die Bezüge eines einzelnen Organmitglieds feststellen lassen.[464]

174 Um die Transparenz zu erhöhen und dem besonderen Informationsanspruch der Öffentlichkeit bei öffentlichen Unternehmen Rechnung zu tragen[465] schreiben zahlreiche Landesgesetzgeber eine darüber hinausgehende Pflicht zur Veröffentlichung der an die Mitglieder der Organe kommunaler Unternehmen gezahlten Bezüge vor. Die Reichweite dieser Verpflichtung ist länderspezifisch unterschiedlich und reicht von der individuellen und nach bestimmten Komponenten aufzugliedernden Offenlegung der Bezüge der Geschäftsführungs- und Aufsichtsorgane von Kommunalanstalten und kommunalen Unter-

---

[457] Vgl. § 105 Abs. 1 Nr. 2 GemO BW; § 108 Abs. 3 Nr. 1c GO NRW; § 133 Abs. 1 Nr. 2 KVG LSA; § 87 Abs. 3 Nr. 2, § 90 Abs. 1 GemO RhPf; § 75 Abs. 4 Nr. 2 ThürKO.
[458] ZB §§ 137 Abs. 1 Nr. 8, 128 Abs. 4 bis 6, 129 Abs. 2 NKomVG; § 73 Abs. 4 iVm § 61 Abs. 1, Abs. 2 NRn. 2 und 3 und Abs. 4 KV MV (anstelle des Beteiligungsberichts).
[459] § 75 Abs. 4 S. 2 ThürKO sieht insoweit und für mittelbare Beteiligungen die Möglichkeit einer Ausnahme durch die Rechtsaufsicht vor.
[460] Insoweit klarstellend § 103 Abs. 1 Nr. 5c GemO BW; vgl. auch § 137 Abs. 1 Nr. 8 NKomVG.
[461] § 105 Abs. 1 Nr. 2a GemO BW; § 108 Abs. 3 Nr. 1c GO NRW; § 87 Abs. 3 Nr. 2, § 90 Abs. 1 GemO RhPf; § 130 Abs. 1 KVG LSA.
[462] In der Regel der Betätigungsvermerk des Abschlussprüfers, vgl. § 27 Abs. 3 S. 2 BayKUV; § 27 Abs. 3 KUV NRW; § 130 Abs. 1 KVG LSA; § 27 Abs. 3 S. 2 und 3 KUVO SchlH; § 24 Abs. 4 S. 2 ThürAVO.
[463] § 75 Abs. 4 Nr. 2 ThürKO.
[464] Vgl. §§ 285 Nr. 9, 286 Abs. 4 HGB; MüKoHGB/Poelzig § 285 Rn. 159 und 286 Rn. 59.
[465] Statt vieler LT-Drs. 18/2234, 17 zum Entwurf eines Gesetzes zur Veröffentlichung der Bezüge der Organmitglieder öffentlicher Unternehmen in SchlH.

nehmen in Privatrechtsform im Anhang des Jahresabschlusses[466] und darüber hinaus im Internet[467] über eine Hinwirkungspflicht der Kommune zu einer entsprechenden vertraglichen Verpflichtung der Mitglieder des geschäftsführenden Organs[468] bis hin zur Darstellung der Gesamtbezüge der Mitglieder der Geschäftsführung und des Aufsichtsrats eines kommunalen Unternehmens in Privatrechtsform im Beteiligungsbericht.[469] Teilweise kommt eine Darstellung der Gesamtbezüge im Beteiligungsbericht auch erst bei einer Mehrheitsbeteiligung der Kommune und dann in Betracht, wenn die betreffenden Personen trotz „Hinwirkens" der Kommune mit der Veröffentlichung ihrer Bezüge nicht einverstanden sind.[470] In Bezug auf die Kommunalanstalt wird die Darstellung der individuellen Bezüge der Vorstandsmitglieder im Jahresabschluss auch unmittelbar vorgeschrieben.[471]

Während einige Länder also den mit der individuellen Veröffentlichungspflicht einhergehenden **Eingriff in das informationelle Selbstbestimmungsrecht** des betreffenden Mitglieds des Unternehmensorgans als gerechtfertigt ansehen mit dem Hinweis darauf, dass öffentliche Unternehmen in besonderer Weise im Interesse der Öffentlichkeit stünden und Bedienstete in öffentlicher Funktion die Kontrolle ihrer aus öffentlichen Mitteln finanzierten Bezüge durch die Öffentlichkeit hinnehmen müssten[472], sind andere Landesgesetzgeber deutlich zurückhaltender. Die Rechtsprechung der Verwaltungsgerichte scheint bei der Beurteilung von Auskunftsansprüchen Dritter betreffend die Bezüge des Geschäftsführers oder Vorstands eines kommunalen Unternehmens den Wertungen des jeweiligen Landesgesetzgebers zu folgen.[473] Von den hier dargestellten Publizitätspflichten sind Vorgaben für Struktur und Höhe der Vergütungen zu unterscheiden (zu ihnen → § 4 Rn. 8, 66 ff. und → § 24 Rn. 36 ff.). 175

VI. Sanktionen und Rechtsschutz

Die Rechtsschutzmöglichkeiten einerseits der Kommunen gegen aufsichtliche Maßnahmen oder gegen die Verweigerung erforderlicher aufsichtlicher Genehmigungen im Zusammenhang mit ihrer wirtschaftlichen Betätigung und andererseits privater Wirtschaftsteilnehmer gegen Beeinträchtigungen durch konkurrierende kommunale Unternehmen können hier allenfalls skizziert werden. Gerade der letztgenannte Bereich berührt das ordnungspolitische Verhältnis zwischen kommunaler und privater Wirtschaft und ist im Einzelnen umstritten. Wohl mangels einschlägiger Rechtsprechung wenig erörtert werden die rechtlichen Möglichkeiten der kommunalen Unternehmen selbst, gegen (vermeintlich) übergriffige Maßnahmen ihrer Unternehmensträger vorzugehen. Auch hierauf soll nachfolgend kurz eingegangen werden. 176

---

[466] § 108 Abs. 1 Nr. 9, § 114a Abs. 10 GO NRW, dazu LT-Drs. 14/10027, 23, 35 f. und → § 24 Rn. 51.
[467] § 102 Abs. 2 S. 1 Nr. 8, S. 2, Abs. 3, § 106a Abs. 2 S. 3 GO SchlH. Die Pflicht gilt erst ab einer Beteiligung der öffentlichen Hand von mehr als 50 %.
[468] Art. 90 Abs. 1 S. 3, Art. 94 Abs. 1 S. 1 Nr. 5 BayGO; § 5 Abs. 2 S. 3 AnstG LSA.
[469] § 105 Abs. 2 Nr. 3 GemO BW; § 70a Abs. 2 S. 2 KV MV (bzgl. der Vorstandsmitglieder eines Kommunalunternehmens); § 90 Abs. 2 Nr. 3 GemO RhPf; § 130 Abs. 2 S. 2 Nr. 4 KVG LSA; § 75a Abs. 2 Nr. 3 ThürKO.
[470] Vgl. Art. 94 Abs. 3 S. 3 BayGO; § 123a Abs. 2 S. 2 bis 4 HGO (nur bei Mehrheitsbeteiligung).
[471] § 145 Abs. 2 S. 2 NKomVG.
[472] Vgl. Landtag NRW, LT-Drs. 14/10027, 23; Landtag SchlH, LT-Drs. 18/2234, 17 f., jeweils unter Hinweis auf BSG Urt. v. 14.2.2007 – B 1 A 3/06 R, BeckRS 2007, 46379.
[473] Vgl. VGH München NVwZ-RR 2012, 769 zum Bestehen eines presserechtlichen Auskunftsanspruchs. Zum Auskunftsersuchen eines Ratsmitglieds OVG Koblenz Urt. v. 23.7.2021 – 10 A 10076/21, BeckRS 2021, 23538. Vgl. → § 24 Rn. 50.

1. Rechtsschutz der Kommunen und kommunaler Anstalten des öffentlichen Rechts gegen aufsichtliche Maßnahmen

177 Wie aufgezeigt normieren die Kommunalordnungen unterschiedlich ausgestaltete **Anzeige- und/oder Genehmigungspflichten** im Zusammenhang mit der kommunalwirtschaftlichen Betätigung (→ Rn. 86 ff., 135 f.). Ein Verstoß gegen diese Pflichten kann zum einen disziplinar- und haftungsrechtliche Folgen für die handelnden Personen auslösen, die sich nach den jeweils einschlägigen beamten-, arbeits- und landesrechtlichen Regelungen richten. Dies gilt insbesondere für die Hauptverwaltungsbeamten der Kommune, die für die Einhaltung rechtlicher Vorgaben und den ordnungsgemäßen Gang der Verwaltung verantwortlich sind.[474] Die Entscheidung über die Einleitung eines Disziplinarverfahrens gegen Bürgermeister und Landräte liegt allerdings im pflichtgemäßen Ermessen der zuständigen Disziplinarbehörde (in der Regel die Aufsichtsbehörde)[475], die im Rahmen der Beurteilung der Schwere des Dienstvergehens auch die Dauer und Häufigkeit der Pflichtverstöße zu berücksichtigen hat.[476] Eine Haftung gegenüber der Kommune kommt zudem nur für Schäden in Betracht, die durch vorsätzliches oder grob fahrlässiges Handeln verursacht werden.[477] Zum anderen kann die zuständige Aufsichtsbehörde je nach Ausgestaltung des Landesrechts **aufsichtliche Maßnahmen** im Zusammenhang mit der kommunalwirtschaftlichen Betätigung ergreifen und dabei von ihren Informations-, Beanstandungs- und Anordnungsrechten Gebrauch machen.

178 **Objekte aufsichtlicher Maßnahmen** sind aber stets nur die Kommunen selbst, auch die kommunalen Anstalten des öffentlichen Rechts[478], nicht dagegen die kommunalen Unternehmen in Privatrechtsform.[479] Letztere können daher allenfalls mittelbar zum Adressaten aufsichtlicher Maßnahmen werden, wenn die Aufsichtsbehörde die Kommune verpflichtet, im Rahmen der ihr zustehenden rechtlichen Möglichkeiten auf das Unternehmen einzuwirken, um Verstöße gegen öffentlich-rechtliche Vorgaben abzustellen.[480]

179 Gegen diese aufsichtlichen Maßnahmen oder die Versagung einer erforderlichen aufsichtlichen Genehmigung steht den Kommunen und den kommunalen Anstalten des öffentlichen Rechts der **Verwaltungsrechtsweg** offen.[481]

2. Rechtsschutz kommunaler Unternehmen gegen Steuerungs- und Kontrollmaßnahmen seitens der Kommune

180 Den privatrechtlich organisierten kommunalen Unternehmen stehen im Verhältnis zu ihren (kommunalen) Gesellschaftern die gesellschafts- und zivilrechtlichen Rechtsschutzmöglichkeiten zur Verfügung. So haftet etwa der informationsbegehrende Gesellschafter einer GmbH, wenn er von der empfangenen Information gesellschaftsschädigenden Gebrauch macht.[482] Klagen des geschäftsführenden Organs eines kommunalen Unternehmens gegen

---

[474] § 34 Abs. 1 S. 3, § 36 BeamtStG iVm den einschlägigen landesrechtlichen Kompetenzvorschriften und Disziplinargesetzen.
[475] ZB §§ 5 bis 7 LDG BW; § 86 BbgLDG; § 75 HGO, § 86 HDG; § 5 Abs. 3 NDiszG; § 79 LDG NRW; § 117 SächsDiszO. Vgl. aber Art. 18 Abs. 4 BayDG iVm § 5 DVKommBayDG mit der in der Praxis regelmäßig in Anspruch genommenen Möglichkeit der Übertragung des Verfahrens auf die Landesanwaltschaft.
[476] Vgl. etwa OVG Magdeburg NVwZ-RR 2021, 1068; VGH München Urt. v. 7.12.2016 – 16a D 14.1215, BeckRS 2016, 113745.
[477] Vgl. § 48 BeamtStG iVm landesbeamtenrechtlichen Regelungen, etwa Art. 34 BayKWBG. Für Arbeitnehmer der Kommunen enthalten die einschlägigen Tarifverträge entsprechende Regelungen (vgl. § 3 Abs. 6 TVöD).
[478] Ausführlich dazu WSG Komm. Unternehmen/Schraml D Rn. 236, 238 mwN.
[479] Brüning DÖV 2010, 553.
[480] Vgl. dazu Ruffert VerwArch 92 (2001), 27 (51 f.); Brüning DÖV 2010, 553 (556 ff.).
[481] Vgl. etwa VG Halle (Saale) Beschl. v. 22.3.2016 – 6 B 11/16, BeckRS 2016, 53838; OVG Münster KommJur 2011, 11; VG Wiesbaden Beschl. v. 13.1.1999 – 3 G 878/98 (3), juris.
[482] GmbH-Gesetz/Noack/Servatius/Haas § 51a Rn. 53 mwN. Zum Konfliktpotenzial in Bezug auf den kommunalrechtlichen Öffentlichkeitsgrundsatz Burgi NVwZ 2014, 609 (614 f.); Passarge/Kölln NVwZ 2014, 982 (986).

Gesellschafterbeschlüsse dürften sich aufgrund des hohen Verbreitungsgrades der Rechtsform der GmbH in diesem Bereich und der insoweit sehr begrenzten rechtlichen Möglichkeiten sehr in Grenzen halten, erst recht bei kommunalen Eigengesellschaften.[483] Häufiger anzutreffen sind dagegen Klagen der von der Kommune in den Aufsichtsrat eines kommunalen Unternehmens entsandten Vertreter gegen Weisungen, Aufträge oder sonstige Maßnahmen seitens des zuständigen Kommunalorgans vor den Verwaltungsgerichten. Dabei geht es allerdings in der Regel um die Verletzung von Organrechten im Innenverhältnis zwischen der Kommune und den von ihr entsandten Vertretern[484], in der Folge gegebenenfalls auch im Organklagen innerhalb des Unternehmens, nicht um Klagen des Unternehmens selbst gegen die Kommune.

Jenseits gesellschafts- und zivilrechtlicher Abwehr- und Schadenersatzansprüche der Gesellschaft gegenüber den Gesellschaftern – soweit ersichtlich – nicht vertiefend erörtert wird die Frage, ob dem rechtlich selbständigen kommunalen Unternehmen auch der öffentlich-rechtliche Rechtsweg gegen Maßnahmen der Kommune als Gesellschafter oder Unternehmensträger offensteht. Dies dürfte dann der Fall sein, wenn die Kommune Befugnisse – etwa Prüfungs- oder Auskunftsrechte – gegenüber ihren Unternehmen oder Rechte zur Veröffentlichung von Unternehmensdaten aus öffentlich-rechtlichen Regelungen ableitet, deren Inhalt und Reichweite streitig sind, und das Unternehmen durch das Handeln der Kommune in schützenswerten Rechten verletzt sein kann.[485] Anerkannt ist auch ein Abwehrrecht des Unternehmens gegen Maßnahmen der Rechnungsprüfungsbehörde, wenngleich Rechtsweg und Klagegegner umstritten sind.[486] **181**

Ein Anspruch auf aufsichtliches Einschreiten der zuständigen Aufsichtsbehörde gegen ein rechtswidriges Handeln der Kommune gegenüber ihrem Unternehmen existiert jedenfalls nicht (vgl. → Rn. 184). **182**

3. Rechtsschutz Privater gegen die kommunalwirtschaftliche Betätigung

Ansatzpunkte für Rechtsschutzmöglichkeiten Privater können die Pflicht zur Einhaltung der kommunalrechtlichen Vorgaben für die wirtschaftliche Betätigung der Kommune, ein grundrechtlicher Abwehranspruch gegen die Konkurrenz durch kommunale Unternehmen oder das Marktverhalten des kommunalen Unternehmens selbst sein. **183**

a) Einschreiten der Rechtsaufsicht?

Private können sich zwar an die zuständige Aufsichtsbehörde wenden und (vermeintliche) Rechtsverstöße der Kommune melden, es besteht allerdings kein Anspruch Privater auf aufsichtliches Einschreiten, weil die einschlägigen Regelungen über die staatliche Aufsicht allein dem öffentlichen Interesse dienen und generell keine drittschützende Wirkung enthalten.[487] Im Übrigen stehen aufsichtliche Maßnahmen im Ermessen der zuständigen Aufsichtsbehörde.[488] **184**

---

[483] Vgl. dazu GmbH-Gesetz/Noack/Servatius/Haas § 45 Rn. 24; Altmeppen GmbHG § 47 Rn. 88; Emmerich/Habersack/Habersack § 29 Rn. 8. Zur Treuepflicht des Alleingesellschafters Altmeppen GmbHG § 13 Rn. 58 mwN.

[484] BVerwGE 140, 300 = NJW 2011, 3735. Vgl. auch OVG Bautzen Beschl. v. 3.7.2012 – B 211/12, BeckRS 2012, 58602; VGH Kassel NVwZ-RR 2012, 566; VG Köln Urt. v. 10.12.2014 – 4 K 948/14, BeckRS 2015, 43415.

[485] So VG Magdeburg Beschl. v. 15.11.2007 – 9 B 208/07, BeckRS 2008, 34161. Das Gericht hat unter Hinweis auf Art. 2 Abs. 1 iVm Art. 19 Abs. 3 GG einer kommunalen Eigengesellschaft Rechtsschutz zugestanden gegen die Veröffentlichung von ohne Rechtsgrundlage durch die Kommune und ihr Rechnungsprüfungsamt erhobenen und in einem Prüfbericht dargestellten Angaben zum Unternehmen.

[486] Nach wohl hM ist Rechtsschutz gegen die Rechnungsprüfungsbehörde vor den Zivilgerichten zu suchen, vgl. Hüffer/Koch AktG § 394 Rn. 20; MüKoAktG/Schockenhoff Vor § 394 Rn. 93; teilweise anders Grigoleit/Rachlitz § 395 Rn. 44 (Gebietskörperschaft als Prozesspartei).

[487] BVerwG Beschl. v. 19.6.1972 – VII B 64/71, BeckRS 2009, 37191.

[488] Brüning DÖV 2010, 553 (556).

185 **b) Rechtsschutz vor den Verwaltungsgerichten.** Die Zulässigkeit einer verwaltungsgerichtlichen Klage setzt die Geltendmachung der Verletzung eines subjektiv-öffentlichen Rechts voraus, mithin müsste den einschlägigen Regelungen des Kommunalwirtschaftsrechts eine **drittschützende Wirkung** zukommen. Die Rechtslage in den Ländern und damit die Auslegung durch die Gerichte ist sehr unterschiedlich, pauschale Aussagen hierzu sind kaum möglich. Festgehalten werden kann allerdings, dass ausschließlich an die Kommunen als Unternehmensträger bzw. Gesellschafter adressierte gesetzliche Vorgaben betreffend die Organisation und Führung ihrer Unternehmen keine drittschützende Wirkung entfalten. Eine drittschützende Wirkung könnte nur aus kommunalrechtlichen Regelungen abgeleitet werden, die eine gesetzliche Beschränkung der wirtschaftlichen Betätigung der Kommune gegenüber Dritten bezwecken sollen.

186 In Hessen hat der **Gesetzgeber** ausdrücklich klargestellt, dass die (echte) **Subsidiaritätsklausel** (→ Rn. 50) auch dem Schutz privater Dritter dient.[489] Für Sachsen enthält die Gesetzesbegründung zur Einführung der Subsidiaritätsklausel Ausführungen, die in diese Richtung gehen.[490] Der brandenburgische Landesgesetzgeber hat dagegen normiert, dass die Regelungen zur Zulässigkeit wirtschaftlicher Betätigung ausschließlich dem Schutz der Leistungsfähigkeit der Gemeinden dienen.[491] In Niedersachsen wurde in der amtlichen Begründung zur letzten Kommunalrechtsreform klargestellt, dass die (nunmehr) einfache Funktionssperre allein dem öffentlichen Interesse dient.[492]

187 Die **Verfassungs- und Verwaltungsgerichte** der übrigen Länder neigen tendenziell dazu, den kommunalwirtschaftlichen Regelungen eine drittschützende Wirkung zuzuerkennen, wobei die jeweiligen landesrechtlichen Ausgestaltungen zu berücksichtigen sind. So hat der VerfGH Rheinland-Pfalz[493] die dort geregelten Subsidiaritätsklausel als drittschützende Norm ausgelegt, ebenso der VGH Mannheim für Baden-Württemberg.[494] Das VG Meiningen hat sich dem in Bezug auf die thüringische Rechtslage angeschlossen.[495] Das OVG Saarlouis hat eine gewisse Tendenz zu dieser Auslegung erkennen lassen, musste diese Frage aber mangels Entscheidungserheblichkeit nicht abschließend klären.[496] Das OVG Münster leitet den Drittschutz aus dem Erfordernis eines öffentlichen Zwecks in § 107 Abs. 1 S. 1 Nr. 1 GO NRW ab.[497] In Bayern hat dagegen zuletzt das Verwaltungsgericht Würzburg entschieden, dass der (echten) Subsidiaritätsklausel wegen der landesspezifischen Historie und Systematik der einschlägigen Vorschriften keine drittschützende Wirkung zukommt.[498]

188 Eine auf eine Verletzung der **Berufsfreiheit** (Art. 12 Abs. 1 GG) oder **Eigentumsfreiheit** (Art. 14 Abs. 1 GG) gestützte Konkurrentenklage hat nach der Rechtsprechung nur Erfolg, wenn die Wettbewerbsteilnahme der Kommune die private Konkurrenz unmöglich macht, die Wettbewerbsmöglichkeiten des Privaten unzumutbar schädigt oder zu einer unerlaubten Monopolstellung führt.[499]

---

[489] § 121 Abs. 1b HGO.
[490] Vgl. Plenarprotokoll 3/75, S. 5279 f.
[491] § 91 Abs. 1 S. 2 BbgKVerf.
[492] Vgl. LT-Drs. 17/5423, 19, 50; G v. 26.10.2016, NdsGVBl. S. 226.
[493] VerfGH RhPf NVwZ 2000, 801 (803 f.).
[494] VGH Mannheim NVwZ-RR 2006, 714 (715); KommJur 2015, 22. AA OVG Magdeburg KommJur 2009, 468 (469 f.) zur zwischen 2003 und 2011 in Sachsen-Anhalt geltenden echten Subsidiaritätsklausel; zweifelnd, aber offen gelassen von OVG Lüneburg NVwZ 2009, 259 zu § 108 Abs. 1 S. 2 Nr. 3 NdsGO aF.
[495] VG Meiningen 17.3.2015 – 2 K 174/13Me, BeckRS 2015, 45553.
[496] OVG Saarlouis 22.10.2008 – 3 B 279/08, BeckRS 2008, 40151 Rn. 13 ff; zustimmend Jungkamp NVwZ 2010, 546 (549).
[497] OVG Münster NVwZ 2003, 1520 (1521); OVG Münster NVwZ 2008, 1031 (1032) mwN.
[498] VG Würzburg 5.9.2012 – W 2 K 10.1204, BeckRS 2012, 60321; so auch PdK Bay B-1/Schulz Art. 87 BayGO Anm. 1.8.2; Jungkamp NvwZ 2010, 546 (547).
[499] Vgl. BVerwG NJW 1995, 2938; VerfGH RhPf NVwZ 2000, 801 (802); OVG Magdeburg KommJur 2009, 468 (470); VGH Kassel NVwZ 1996, 816; OVG Münster NVwZ 1986, 1045 (1046). Zum aktuellen Stand der Diskussion WSG Komm. Unternehmen/Wollenschläger B Rn. 64 ff.

c) **Rechtsschutz vor den ordentlichen Gerichten.** Der BGH hat in einem Grundsatzurteil vom 25.4.2002[500] einen auf die Verletzung der Bestimmungen des (bayerischen) kommunalen Wirtschaftsrechts gestützten **wettbewerbsrechtlichen Unterlassungsanspruch** nach § 1 UWG aF und § 823 Abs. 2 BGB abgelehnt und zu Recht darauf hingewiesen, dass diese Vorschriften vorrangig den Zutritt zum Markt regeln und als Schutznormen gegen eine die Leistungsfähigkeit der Kommunen überfordernde wirtschaftliche Betätigung konzipiert seien, nicht dagegen dem Wettbewerbsschutz als solchem dienen sollen. Zuvor wurde versucht, die Problemfälle der Drittwirkung in das Wettbewerbsrecht und damit auf die Zivilgerichtsbarkeit zu verlagern. 189

Dagegen sind zivilgerichtliche Klagen gegen das **Marktverhalten** kommunaler Unternehmen zB wegen Unlauterkeit nach Wettbewerbsrecht möglich.[501] Jüngst zu beobachtenden Bestrebungen der Zivilgerichte, die Vorschriften über die Zulässigkeit kommunalen Unternehmen in den vergaberechtlichen Prüfungskatalog einzubeziehen, ist aus gesetzessystematischen Gründen eine Absage zu erteilen.[502] 190

---

[500] BGH NVwZ 2002, 1141; zust. Mann/Püttner Kommunale Wissenschaft-HdB/Oebbecke § 41 Rn. 54, 56; Meyer NVwZ 2002, 1075 (1077 f.); Köhler NJW 2002, 2761 (2762 f.).
[501] BGH NVwZ 2002, 1141 (1143). Ausführlich dazu WSG Komm. Unternehmen/Neandrup I Rn. 151 ff., 186 ff.
[502] OVG Münster NVwZ 2008, 1031 (1032); zustimmend Ennuschat NVwZ 2008, 966; Mann NVwZ 2010, 857 (862); Mann/Püttner Kommunale Wissenschaft-HdB/Oebbecke § 41 Rn. 55. AA OLG Düsseldorf 13.8.2008 – VII-Verg 42/07, BeckRS 2008, 21712.

§ 22 Verwaltungsrechtliche Organisationsvorgaben betreffend das Öffentliche Unternehmen in Öffentlich-Privater Partnerschaft (PPP)

Dr. Felix Siebler, LL. M.

Übersicht

	Rn.
I. Bedeutung von Öffentlich-Privaten Partnerschaften in Deutschland	1
II. Begriff und Ausgestaltungsformen von Öffentlich-Privaten Partnerschaften	5
1. Begriffliche Einordnung	6
2. Differenzierung der Ausgestaltungsformen	9
a) Strukturelle Betrachtungsweise	10
b) Umfang der Leistungsverantwortung	11
c) Grad der Übertragung von Finanzierungs-/Realisierungsrisiken	14
d) Eigentumsverhältnisse hinsichtlich Infrastruktureinrichtung	17
3. Ableitung von praxistypischen Modellen	18
a) Betreibermodell	19
b) BOT-Modell	20
c) Erwerbermodell	21
d) Inhabermodell	22
e) Leasing- bzw. Mietmodell	23
f) Konzessionsmodell	24
g) Betriebsführungsmodell	25
h) Betriebsüberlassungsmodell	26
i) Gesellschaftsmodell	27
III. Rechtsrahmen für die Begründung von Öffentlich-Privaten Partnerschaften	28
1. Gesetzliche Zulässigkeit für Form der Aufgabenwahrnehmung	29
a) Verfassungsrechtliche Vorgaben	30
b) Landesgesetzliche Vorgaben	34
2. Haushaltsrechtliche Anforderungen an die Betätigung	35
a) Wirtschaftlichkeitsuntersuchung als Ausgangspunkt	36
b) Mittelzuweisung zum Vollzug öffentlich-privater Partnerschaften	39
c) Vorgaben zur Refinanzierung der Leistungserbringung	44
d) Berücksichtigung des Veräußerungs- bzw. Nutzungsüberlassungsverbot	45
3. Keine spezifischen strukturellen Vorgaben für die Organisationsausgestaltung	46
4. Steuerungsanforderungen an das Kooperationsverhältnis	49
IV. Ausschreibungspflicht von Öffentlich-Privaten Partnerschaften	50
1. Anwendbarer Vergaberechtsrahmen	51
a) Öffentliche Hand als öffentlicher Auftraggeber bzw. Sektorenauftraggeber	52
b) Kooperation als entgeltliche Leistungsbeziehung	53
2. Vergaberechtliche Einordnung öffentlich-privater Partnerschaften	56
a) Gründungsakt einer Öffentlich-Privaten Partnerschaft	57
b) Aufgabenübertragung an die Öffentlich-Private Partnerschaft	60
3. Projektgesellschaft als öffentlicher Auftraggeber oder Sektorenauftraggeber	73
a) Öffentlicher Auftraggeber nach § 99 Nr. 2 GWB	74
b) Sektorenauftraggeber nach § 100 GWB	82

Literatur

Bundesministerium für Finanzen, Arbeitsanleitung Einführung in Wirtschaftlichkeitsuntersuchungen, Anlage zum Rundschreiben des BMF vom 12.1.2011 (GMBl 2011, S. 76) in der Fassung des Rundschreibens vom 5.5.2019 (GMBl 2019, S. 372); Burgi, Vergaberecht, 3. Auflage 2021; Burgi, Verwaltungsorganisationsrecht in: Ehlers/Pünder (Hrsg.), Allgemeines Verwaltungsrecht,16. Auflage 2022; Knauff/Meier, Beteiligung Privater im Fernstraßenbau, DÖV 2018, 268; Mühlenkamp, Wirtschaftlichkeitsuntersuchungen bei ÖPP, ZögU Beiheft 46 2016, 460; Mühlenkamp, Ziele, Definitionen und ökonomisch relevante Merkmale von Öffentlich-Privaten Partnerschaften, ZögU Beiheft 46 2016, 4; Piduch, Bundeshaushaltsrecht – Kommentar zu den Artikeln 91a, 91b, 104a, 109 bis 115 des Grundgesetzes und zur Bundeshaushaltsordnung mit rechtsvergleichenden Hinweisen auf das Haushaltsrecht der Bundesländer und ihrer Gemeinden, 22. Aktualisierung

(Stand: Mai 2020); Roth, Private Projektgesellschaften als öffentliche Auftraggeber?, NZBau 2013, 685; Röwekamp/Kus/Portz/Prieß, Kommentar zum GWB-Vergaberecht, 5. Auflage 2020; Schäfer/Rethmann, Öffentlich-Private Partnerschaften, 2020; Siebel/Röver/Knütel, Rechtshandbuch Projektfinanzierung und PPP, 2. Auflage 2008; Siebler/Hamm/Möller, Inhousevergabe und interkommunale Zusammenarbeit – Zulässigkeit und Grenzen unter Berücksichtigung der Entwicklung der aktuellen Rechtsprechung, VergabeR 2022, 499; Siebler/Möller, Vergaberechtliche Einordnung von ÖPP-Projekten – aktuelle Anforderungen an eine Ausschreibungspflicht, IR 2022, 137.

I. Bedeutung von Öffentlich-Privaten Partnerschaften in Deutschland

1   Der erhebliche Investitionsbedarf in verschiedenen Bereichen der öffentlichen Infrastruktur einerseits und der Anstieg der Schuldenstände in den öffentlichen Haushalten mit der Folge einer finanziellen Mittelknappheit andererseits haben die öffentliche Hand bereits seit dem 19. Jahrhundert dazu veranlasst, neue Finanzierungsmöglichkeiten unter Einbeziehung privater Kapitalgeber in Betracht zu ziehen[1]. Als Vorreiter für Öffentlich-Private Partnerschaften (ÖPP)[2] gilt Großbritannien, wo mit der britischen Private Finance Initiative (PFI) im Jahr 1992 das erste systematisch konzipierte Vorgehen eines Staates zur **Einbeziehung von privatem Kapital in die staatliche Aufgabenwahrnehmung** gegeben war.

2   Die Dynamik für Öffentlich-Private Partnerschaften hat mit der Verabschiedung des sog. ÖPP-Beschleunigungsgesetzes[3] im September 2005 auch in der Bundesrepublik Deutschland zugenommen. Mit dem Gesetz wurde erstmalig ein regulatorischer Rahmen geschaffen mit der (politischen) Zielsetzung, die Einbeziehung privater Investoren in öffentliche Infrastrukturprojekte zu erleichtern und den Investitionsstau in Deutschland dadurch schneller abbauen zu können. Grundannahme war, dass öffentliche Leistungen durch öffentlich-private Partnerschaften nicht nur mit geringeren Kosten schneller und früher, sondern auch in höherer Qualität bereitgestellt werden können. Indem die Auswahl des privaten Partners in einem fairen und transparenten Wettbewerb zu erfolgen hat, wäre für den Auftraggeber *„best value for money"* sichergestellt[4]. Daher ist mit dem ÖPP-Beschleunigungsgesetz zugleich der wettbewerbliche Dialog als neue Verfahrensart für komplexe Ausschreibungen mit Leistungs- und Finanzierungsanteilen in das Vergaberecht aufgenommen worden. Die organisatorische Ausgestaltung und abschließende Zuweisung von Leistungs- und Finanzierungspflichten bei Öffentlich-Privaten Partnerschaften erfolgt dabei in aller Regel in einem engen und formalisierten Dialog mit den spezifischen Marktteilnehmern, bevor diese dann tatsächlich nach Abschluss des Vergabeverfahrens ab dem Zeitpunkt der Auftragserteilung vollzogen werden[5].

3   Während in Deutschland Öffentlich-Private Partnerschaften zunächst bei Hochbauprojekten für Fernstraßen, Schulen, Krankenhäuser etc. eine wesentliche Bedeutung erlangten, finden sich solche Kooperationsmodelle mittlerweile ebenso in anderen Sektoren wie zB der Telekommunikation oder der Verwaltungsdigitalisierung zunehmend wieder[6]. Die Bedeutung von Öffentlich-Privaten Partnerschaften wird vor dem Hintergrund des politischen Willens zur **Einhaltung der Vorgaben der sog. Schuldenbremse** gemäß Art. 109 Abs. 3, 115 GG und der damit einhergehenden Begrenzung der Neuverschuldung der öffentlichen Haushalte voraussichtlich zukünftig weiter steigen, um die erforderlichen Investitionen in die Modernisierung und die Erweiterung öffentlicher Infrastruktur sicher-

---

[1]   SRK/Siebel, Rechtshandbuch Projektfinanzierung und PPP, S. 4 ff.; Reuter NVwZ 2005, 1246 f.; zuletzt Ehlers/Pünder AllgVerwR/Burgi § 10 Rn. 7 ff.
[2]   Auf Englisch „Public-Private Partnerships" (PPP) genannt.
[3]   Gesetz zur Beschleunigung der Umsetzung von Öffentlich Privaten Partnerschaften und zur Verbesserung gesetzlicher Rahmenbedingungen für Öffentlich Private Partnerschaften vom 1. September 2005, BGBl. I 2676.
[4]   Gerstlberger/Schneider WSI Mitteilungen 10 (2008), 556 f.
[5]   Knauff NZBau 2005, 443 f. sowie Uechtritz/Otting NVwZ 2005, 1105 ff.; Drömann NZBau 2007, 751 (752 ff.).
[6]   Weber/Schäfer/Hausmann PPP/Schäfer Einführung, 1 f., sowie mit einem Überblick zu verschiedenen Infrastruktureinrichtungen, Klemm in Siebel/Röver/Knütel, Rechtshandbuch Projektfinanzierung und PPP, 21 ff.; Ehlers/Pünder AllgVerwR/Burgi § 10 Rn. 7 ff.

stellen zu können. Im Übrigen können Öffentlich-Private Partnerschaften unter Festlegung der richtigen Rahmenbedingungen für die Kooperation einen **Beitrag zur Modernisierung des öffentlichen Sektors** durch Einbeziehung von privatem Wissen nach Maßgabe des sog. New Public Management leisten. Wesentlich für eine zukünftige Akzeptanz von Öffentlich-Privaten Partnerschaften wird allerdings sein, dass keine Überkompensation der privaten Marktakteure erfolgt und zudem keine unumkehrbare Abhängigkeit der öffentlichen Hand von privatem Wissen geschaffen wird, sondern die Verwaltungen das erforderliche Maß an eigener Kernbefähigung zur Aufgabenwahrnehmung weiterhin sicherstellen[7].

Für die Konzeptionierung, Begründung und Durchführung von Öffentlich-Privaten Partnerschaften sind eine ganze Reihe von rechtlichen Rahmenbedingungen zu beachten. Die **spezifischen Organisationsvorgaben sind abhängig von der Ausgestaltungsform** der Öffentlich-Privaten Partnerschaft und bei einer gemischtwirtschaftlichen Gesellschaft als Öffentliches Unternehmen unter Beteiligung der öffentlichen Hand und einem privaten Kooperationspartner als Gesellschafter am weitgehendsten, da in dieser Konstellation eine gemeinsame Projektgesellschaft gegründet wird. 4

II. Begriff und Ausgestaltungsformen von Öffentlich-Privaten Partnerschaften

Unter dem Sammelbegriff „Öffentlich-Private Partnerschaft" werden unterschiedliche Ausprägungen der **langfristigen und arbeitsteiligen Zusammenarbeit** zwischen öffentlichem Auftraggeber und privatem Auftragnehmer verstanden[8]. In der Praxis ist zwischen verschiedenen Intensitätsgraden einer solchen Kooperation der öffentlichen Hand mit privaten Partnern zu unterscheiden. 5

1. Begriffliche Einordnung

Der Begriff der Öffentlich-Privaten Partnerschaft ist weder international, europäisch oder national einheitlich definiert. Zwar wurde im Zuge der Reform der Bundesfernstraßenverwaltung der Begriff durch Art. 90 Abs. 2 S. 5 GG erstmalig ausdrücklich in das Grundgesetz aufgenommen, doch eine weitergehende Definition der Öffentlich-Privaten Partnerschaft findet sich dort ebenso wenig. Letztlich handelt es sich bei dem Begriff um einen **Sammelbegriff für Kooperationsformen zwischen der öffentlichen Hand und privaten Unternehmen** zur Erfüllung öffentlicher Aufgaben[9]. Es handelt sich nicht um einen feststehenden organisationsrechtlichen, sondern ähnlich wie beispielsweise bei dem der funktionalen Privatisierung oder der Erfüllungsprivatisierung um einen heuristischen Begriff[10]. 6

Wesentliches Merkmal ist das Zusammenfallen von Leistungs- und Finanzierungsanteilen im Rahmen solcher auf langfristige Zusammenarbeit angelegter Kooperationen[11]. Die Kooperation kann ausschließlich auf vertraglicher Grundlage, aber auch durch Gründung einer gemeinsamen Projektgesellschaft durch die öffentliche Hand und den privaten Kooperationspartner erfolgen (→ Rn. 10). Regelmäßig unterteilen sich die **einzelnen Stufen** einer Öffentliche-Privaten Partnerschaft in das Konzipieren, Planen, Errichten, Finanzieren, Managen und Betreiben, wobei die Leistungsverantwortung in unterschiedlichem Umfang auf den privaten Kooperationspartner übertragen werden kann (→ Rn. 11). Wesentlich ist zudem nicht lediglich der Umfang der Leistungsverantwortung im Sinne der Anzahl an übertragenen Teilaufgabenbereiche, sondern auch die Überantwortung eines 7

---

[7] Hierzu wird vielfach die Kritik einer „Privatisierung von Gewinnen" angeführt; vgl. zur Einschätzung der Wirtschaftlichkeit auch zB Gemeinsamer Erfahrungsbericht des Bundesrechnungshofs und der Landesrechnungshöfe zur Wirtschaftlichkeit von ÖPP-Projekten vom 14.9.2001.
[8] Uechtritz/Otting NVwZ 2005, 1105.
[9] BeckOK GG/Hillgruber GG Art. 90 Rn. 17 mwN; Meier DÖV 2018, 268 (272f.); Gerstlberger/Schneider, Öffentlich Private Partnerschaften, 19 ff.
[10] BeckOK GG/Hillgruber GG Art. 90 Rn. 19.
[11] Uechtritz/Otting NVwZ 2005, 1105.

gewissen Grades des Risikos für die ordnungsgemäße Erfüllung der Aufgaben (→ Rn. 14). Schließlich ist auch anhand der Eigentumsverhältnisse an die zu errichtenden oder bereits bestehenden Infrastruktureinrichtung zu differenzieren (→ Rn. 17).

8 Öffentliche-private Partnerschaften stellen eine **besondere Art der funktionalen Privatisierung und somit eine Beschaffungsalternative** für die öffentliche Hand zur herkömmlichen Eigenrealisierung dar, indem private Kooperationspartner in die Leistungserbringung mit eingebunden werden. Bei Öffentlich-Privaten Partnerschaften handelt es sich gerade nicht um eine Form der materiellen Privatisierung, da sich die öffentliche Hand in gewissem Umfang auch Steuerungs- und Informationsrechte vorbehalten muss und insofern eine Einflussnahme auf die Leistungserbringung sichergestellt ist (→ Rn. 49).

2. Differenzierung der Ausgestaltungsformen

9 Eine klare Abgrenzung der verschiedenen Ausgestaltungsformen von Öffentlich-Privaten Partnerschaften anhand eindeutiger Kriterien gelingt in der Praxis kaum. Vereinzelt wird mangels einer einheitlichen Begriffsdefinition daher auch von einem „Modell-Dschungel" gesprochen[12]. Eine **Typisierung orientiert sich an verschiedenen Perspektiven auf die Ausgestaltung**, nämlich im Wege einer strukturellen Betrachtungsweise, anhand des Umfangs der Leistungsverantwortung, dem Grad der Übertragung von Finanzierungs- und/oder Realisierungsrisiken und den Eigentumsverhältnissen bezüglich der Infrastruktureinrichtung[13].

10 **a) Strukturelle Betrachtungsweise.** Bei der strukturellen Betrachtung von öffentlich-privaten Partnerschaften wird zwischen **nicht-institutionalisierten und institutionalisierten Formen** differenziert[14]. Bei einer nicht-institutionalisierten Ausgestaltung wird die Kooperation zwischen der öffentlichen Hand und dem privaten Kooperationspartner ausschließlich auf vertraglicher Grundlage geregelt, wobei in aller Regel auf Seiten des privaten Auftragnehmers eine Projektgesellschaft zur Einbeziehung von Investoren wie zB Banken oder Infrastrukturfonds gegründet wird und die für die Wahrnehmung der übertragenen Leistungs- und Finanzierungsanteile verantwortlich ist. Bei einer institutionalisierten Ausgestaltung beteiligen sich sowohl die öffentliche Hand als auch der private Kooperationspartner jeweils als Gesellschafter an einer gemeinsamen Projektgesellschaft[15], die die Aufgaben entweder unmittelbar mit Gründung zur Erfüllung übertragen bekommt oder durch Übertragung in einem zweiten Schritt auf vertraglicher Grundlage durch Beauftragung der öffentlichen Hand erledigt.[16]

11 **b) Umfang der Leistungsverantwortung.** Bei einer Differenzierung anhand von Leistungsmerkmalen kann danach unterschieden werden, welcher Intensitätsgrad die Öffentlich-Private Partnerschaft aufweist. Typischerweise unterteilen sich die Leistungsmerkmale dabei nach **Konzipieren, Planen, Errichten, Finanzieren, Managen und Betreiben.** Es können aber auch lediglich Teilbereiche auf den privaten Kooperationspartner überantwortet werden.

12 Im Gegensatz zur konventionellen Einbeziehung von privaten Dritten zur Aufgabenerfüllung zB zur Erarbeitung von Planungsleistungen oder Durchführung von Baumaßnahmen werden bei einer Öffentlich-Privaten Partnerschaft die Aufgaben in aller Regel umfassend und langfristig bezogen auf den gesamten **Projektzyklus** eines Projekts auf den privaten Kooperationspartner übertragen, dem damit einhergehend eine Gesamtverant-

---

[12] Tettinger DÖV 1996, 764 (765); Uechtritz/Otting NVwZ 2005, 1105.
[13] Mühlenkamp ZögU Beiheft 46 2016, 4 f.
[14] Kommission der Europäischen Gemeinschaften, Grünbuch zu Öffentlich-Privaten Partnerschaften und den gemeinschaftlichen Rechtsvorschriften für öffentliche Aufträge und Konzessionen vom 30.4.2004, KOM(2004) 327 endgültig, 9 ff.; Gerstlberger/Schneider, Öffentlich Private Partnerschaften, 20 f.
[15] Auf Englisch „Joint Venture" genannt.
[16] Ehlers/Pünder AllgVerwR/Burgi § 10 Rn. 14.

wortlichkeit für die einzelnen Teilbereiche und somit auch ein gewisses Projektrisiko zugewiesen ist.

Dieser Grundgedanke ist in aller Regel auch in den Vergütungsregelungen vertraglich abgebildet. In aller Regel sind **Verzögerungen** durch entsprechende Vertragsstrafenregelungen pönalisiert, um eine adäquate Steuerung der Projekte hinsichtlich der Einhaltung von Terminen und Kosten sicherzustellen. Zunehmend sind in den Vergütungsregelungen allerdings zusätzlich auch Bonuszahlungen für eine frühzeitigere Realisierung vorgesehen, um einen wirtschaftlichen Anreiz für die vorzeitige Realisierung von Meilensteinen zu setzen.

c) Grad der Übertragung von Finanzierungs-/Realisierungsrisiken. Eine Betrachtung kann auch anhand des Grads der Übertragung von Finanzierungs- und/oder Realisierungsrisiken erfolgen. Wie bei Konzessionen ist bei den meisten Ausgestaltungsformen von Öffentlich-Privaten Partnerschaften ausschlaggebend, dass in ein **gewisses Finanzierungs- und/oder Betriebsrisiko auf den privaten Kooperationspartner** übergeht.[17]

Das heißt im Kontext von Infrastrukturprojekten, dass der private Dritte im Rahmen der Überantwortung des Betriebsrisikos einerseits für die ordnungsgemäße Aufgabenerfüllung unter Berücksichtigung typischer Unwägbarkeiten bei der Realisierung als auch für den laufenden Unterhalt den Betrieb verantwortlich ist. Andererseits geht neben der Leistungsverantwortung auch ein gewisses **Investitionsrisiko** auf den privaten Dritten mit über, als dass für den privaten Kooperationspartner nicht von vornherein zB durch Ausgleichszahlungen durch die öffentliche Hand unter gewissen Voraussetzungen ausgeschlossen ist, dass das Vorhaben nach Ablauf der Vertragslaufzeit nicht die ursprünglich zugrunde gelegten Renditeerwartungen erfüllt oder sogar defizitär ist.[18]

Dieser Aspekt führt zunehmend zu dem Zielkonflikt, dass sich private Kooperationspartner entweder aus dem Bereich der Öffentlich-Privaten Partnerschaften zurückziehen[19] oder aber signifikante Risikozuschläge bei der Kalkulation abbilden. In beiden Fällen kann das zu **höheren Kosten** für die öffentliche Hand führen, da entweder der Wettbewerb um solche Projekte eingeschränkt ist oder aber trotz hinreichendem Wettbewerb seitens der Marktteilnehmer größere Risikoanteile in den Preiskalkulationen hinterlegt werden. Spürbar ist das ganz aktuell – bezogen auf sämtliche Beschaffungsalternativen der öffentlichen Hand – etwa durch die unsichere Situation beim Bezug von Rohstoffen und Vorleistungsprodukten oder den steigenden Preisen.

d) Eigentumsverhältnisse hinsichtlich Infrastruktureinrichtung. Zuletzt kann danach differenziert werden, ob eine Infrastruktureinrichtung zunächst errichtet werden muss oder ob es sich um eine Bestandseinrichtung handelt. Darüber hinaus ist danach zu unterscheiden, ob die **Infrastruktureinrichtung – unabhängig von Neuerrichtung oder Bestand – Eigentum des privaten Kooperationspartners** ist bzw. wird oder nicht. Diese Differenzierung hat vor allem haushaltsrechtliche Implikationen, da gesetzliche Vorgaben zur Veräußerung bzw. Nutzungsüberlassung von staatlichen Vermögensgegenständen zu beachten sind (→ Rn. 45).

3. Ableitung von praxistypischen Modellen

In der Praxis haben sich verschiedene Modelle für unterschiedliche Anwendungsbereiche herausgebildet, die sich sowohl strukturell als auch vom Umfang der Leistungsmerkmale sowie dem Grad der Übertragung von Finanzierungs- bzw. Realisierungsrisiken unterschei-

---

[17] OLG Düsseldorf Beschl. v. 19.8.2020 – Verg 2/19 unter Verweis auf EuGH Urt. v. 10.3.2011 – Rs. C-274/09 sowie EuGH Urt. v. 10.11.2011 – Rs. C-348/10.
[18] OLG Koblenz Beschl. v. 10.7.2018 – Verg 1/18.
[19] Kritisch zur Frage der Möglichkeit einer mittelstandsfreundlichen Ausgestaltung zur Intensivierung von Wettbewerb etwa Mösinger IR 2009, 290 ff.

den. Eine Übersicht und **Ableitung der Modelle für die Anwendungspraxis** enthält beispielsweise das Gutachten „PPP im öffentlichen Hochbau" vom August 2003[20].

19 a) Betreibermodell. Beim Betreibermodell plant, errichtet, finanziert und betreibt der private Kooperationspartner in aller Regel ein Infrastrukturprojekt als Vorhabenträger, wobei er das wirtschaftliche Risiko trägt. Hierfür wird zumeist eine Projektgesellschaft unter Einbeziehung von Investoren wie zB Banken und Infrastrukturfonds gegründet. Die Betriebskosten und der Kapitaldienst werden durch Gebühren aufgebracht, die die Nutzer für die Inanspruchnahme der Einrichtung zu entrichten haben. Der private Betreiber erbringt seine Leistungen entweder im Namen und auf Rechnung der öffentlichen Hand oder als Konzessionär in eigenem Namen.

20 b) BOT-Modell. Das sog. BOT-Modell ist ein spezielles Betreibermodell, das die schlüsselfertige Erstellung von Infrastruktureinrichtungen einschließlich Finanzierung der Vorlaufkosten und umfassendem Projektmanagement sowie die Betriebsübernahme für eine definierte Anlaufphase vorsieht. Nach Ende der Projektlaufzeit werden die Infrastruktureinrichtungen an die öffentliche Hand übertragen.

21 c) Erwerbermodell. Beim Erwerbermodell übernimmt der private Kooperationspartner auf einem in seinem Eigentum stehenden Grundstück Planung, Bau, Finanzierung und den Betrieb zB einer Immobilie, die dann von der öffentlichen Hand genutzt wird. Zum Vertragsende geht das Eigentum an Grundstück und Gebäude auf die öffentliche Hand über. Das Entgelt besteht in einer regelmäßigen Zahlung an den privaten Kooperationspartner und enthält Komponenten für Planung, Bau, Betrieb, Finanzierung und Erwerb der Immobilie inklusive Grundstück.

22 d) Inhabermodell. Beim Inhabermodell übernimmt der private Kooperationspartner Planung, Bau, Finanzierung und den Betrieb zB einer Immobilie oder Straße, die von der öffentlichen Hand genutzt wird und in ihrem Eigentum steht. Das Entgelt besteht in einer regelmäßigen Zahlung an den privaten Kooperationspartner und enthält Komponenten für Planung, Bau, Betrieb und Finanzierung.

23 e) Leasing- bzw. Mietmodell. Beim Leasing- bzw. Mietmodell übernimmt der private Kooperationspartner Planung, Bau, Finanzierung, Betrieb und optional die Verwertung einer Immobilie. Anders als beim Erwerbermodell besteht jedoch keine Verpflichtung zur Übertragung des Gebäudeeigentums an die öffentliche Hand am Ende der Vertragslaufzeit. Der private Kooperationspartner hat vielmehr ein Optionsrecht, die Immobilie entweder zurückzugeben oder zu einem vorab vereinbarten Restwert zu übernehmen. Neben der Kaufoption sind auch Mietverlängerungsoptionen oder Verwertungsabreden möglich. Als Nutzungsentgelt zahlt der private Kooperationspartner Miet- bzw. Leasingraten an die öffentliche Hand. Das Miet- bzw. Leasingmodell entspricht weitgehend dem Leasingmodell, jedoch ohne Kaufoption.

24 f) Konzessionsmodell. Beim Konzessionsmodell sind die Varianten der Bau- und der Dienstleistungskonzession zu unterscheiden. Bei der Baukonzession im Sinne von § 105 Abs. 1 Nr. 1 GWB verpflichtet sich der private Kooperationspartner in der Regel die Infrastruktureinrichtungen für die öffentliche Hand zu planen, zu errichten und zu betreiben. Bei der Dienstleistungskonzession im Sinne von § 105 Abs. 1 Nr. 2 GWB verpflichtet sich der private Kooperationspartner in der Regel zum Betrieb der Infrastruktureinrichtung, wohingegen die öffentliche Hand die Planungs- und Errichtungsverantwortung trägt – sofern es sich nicht ohnehin um eine Bestandsinfrastruktur handelt, die lediglich „verpachtet" wird. In beiden Varianten finanziert sich der private Kooperationspartner unmit-

---

[20] Gutachten, PPP im öffentlichen Hochbau, Band II, S. 3 ff.; weiterführend etwa Schäfer/Rethmann Öffentlich-Private Partnerschaften S. 14; Dreher NZBau 2002, 245; Aumont/Kaelble NZBau 2006, 280; Drömann NZBau 2007, 751.

telbar über Nutzerentgelte wie zB Eintrittsgebühren, Maut, Parkgebühren etc. Überschätzt der private Kooperationspartner das Nutzungsaufkommen, ist in aller Regel keine Möglichkeit gegeben das Projekt durch Entgelterhebung zu refinanzieren oder Gewinne zu erwirtschaften. Um diese Modelle dennoch zu fördern, können von der öffentlichen Hand Zahlungen wie zB Anschubfinanzierung oder Abschlusszahlungen gewährt werden.

g) Betriebsführungsmodell. Beim Betriebsführungsmodell bleibt die öffentliche Hand selbst Eigentümerin der Einrichtung. Es ist lediglich vorgesehen, dass der private Kooperationspartner als Betriebsführer gegen Entgelt die Infrastruktureinrichtung im Namen des öffentlichen Aufgabenträgers betreibt. Nutzerbeziehungen geht der private Kooperationspartner nicht ein. Typischerweise umfasst die Betriebsführung den Betrieb, die Wartung und die Instandhaltung sowie die technische und kaufmännische Verwaltung. Teilweise wird dieser Ansatz auch als sog. White-Label-Modell bezeichnet, da es zB Stadtwerken ermöglicht, nach außen hin unter eigener Marke gegenüber den Nutzern aufzutreten und Leistungen anzubieten. Die für den Betrieb der Infrastruktureinrichtung erforderlichen Leistungen werden dann von einem privaten Partner letztlich als Vorleistungsprodukt zugekauft. 25

h) Betriebsüberlassungsmodell. Als Zwischenform zwischen dem Betreibermodell und dem Betriebsführungsmodell gilt das sog. Betriebsüberlassungsmodell. Die öffentliche Hand zieht sich mehr aus dem laufenden Betrieb der Anlage zurück. Der private Kooperationspartner als Betriebsführer hat einen weitergehenden Gestaltungsraum, darf zum Beispiel oft außenwirksam handeln und damit auch Kundenbeziehungen eingehen, obschon die Infrastruktureinrichtung weiterhin im Eigentum und unter Kontrolle – zB hinsichtlich der Festsetzung von Nutzerpreisen – der öffentlichen Hand verbleibt. 26

i) Gesellschaftsmodell. Beim Gesellschaftsmodell wird eine gemischtwirtschaftliche Projektgesellschaft von der öffentlichen Hand und dem privaten Kooperationspartner gegründet. Dabei planen, errichten, finanzieren und betreiben die öffentliche Hand und der private Kooperationspartner eine Infrastruktureinrichtung über eine gemeinsame Gesellschaft. Es handelt sich um die institutionalisierte Form einer Öffentlich-Privaten Partnerschaft. 27

III. Rechtsrahmen für die Begründung von Öffentlich-Privaten Partnerschaften

Ein spezieller Rechtsrahmen für die Begründung von Öffentlich-Privaten Partnerschaften existiert in der Bundesrepublik Deutschland nicht. Die spezifischen Organisationsvorgaben sind daher im Wesentlichen aus den für die **Betätigung der öffentlichen Hand in privatrechtlichen Organisationsformen** geltenden rechtlichen Maßstäbe auf den unterschiedlichen Regelungsebenen von Bund und Bundesländern abzuleiten. Letztlich ist eine Öffentlich-Private Partnerschaft eine spezielle Art und Weise der Aufgabenwahrnehmung durch die öffentliche Hand. 28

1. Gesetzliche Zulässigkeit für Form der Aufgabenwahrnehmung

Auch wenn die Zulässigkeitsanforderungen für Öffentlich-Private Partnerschaften gesetzlich nicht ausdrücklich geregelt sind, so ergibt sich jedenfalls kein grundsätzliches Verbot dieser Form der Aufgabenwahrnehmung. 29

a) Verfassungsrechtliche Vorgaben. Der Regelfall für die Wahrnehmung öffentlicher Aufgaben ist, dass diese in Verantwortung der öffentlichen Hand verbleiben (→ § 18 Rn. 27). Gleichwohl kann aus unterschiedlichen Gründen ein Bedürfnis der öffentlichen Hand bestehen, die öffentlichen Aufgaben nicht stets und vollständig durch Stellen staatlicher Verwaltung wahrzunehmen und damit auch private Dritte einzubeziehen.[21] 30

---

[21] BeckOK GG/Hillgruber GG Art. 90 Rn. 17.

Einerseits kann die öffentliche Hand von privaten Dritten erforderliche Leistungen einkaufen, so dass die Aufgabenwahrnehmung sichergestellt werden kann. Darüber hinaus besteht die Möglichkeit der Einbeziehung von privaten Dritten im Rahmen der Aufgabenerfüllung, indem ein arbeitsteiliges Zusammenwirken mit der öffentlichen Hand zur Leistungserbringung erfolgt. Für die Wahrnehmung von Aufgaben durch Hoheitsträger besteht **grundsätzlich Rechtsformfreiheit,** sodass auch die Einbeziehung privater Kooperationspartner im Rahmen von Öffentlich-Privaten Partnerschaften auf vertraglicher Grundlage oder durch Gründung einer gemischtwirtschaftlichen Gesellschaft nicht verwehrt ist.

31   Eingeschränkt wird die Möglichkeit der Einbeziehung privater Untern nehmen allerdings zum einen durch die verfassungsrechtlichen **Grundsätze des Sozialstaats-, Demokratie- und Rechtsstaatsprinzips.** Aus dem Sozialstaatsprinzip folgt die Verpflichtung des Staates zur Sicherstellung der Aufgabenwahrnehmung im Bereich der Daseinsvorsorge. Bei einer Übertragung der Aufgabe auf Private muss der Staat letztlich sicherstellen, dass die Versorgung hinreichend gewährleistet wird, sodass eine gewisse „Garantenstellung" der öffentlichen Hand verbleibt. Aus dem Demokratie- und Rechtsstaatsprinzip folgt des sog. Gebot der Ingerenz, dh es muss ist die Koppelung von Verantwortung und Legitimation zu berücksichtigen, sodass bei der Einbeziehung von privaten Unternehmen zur Aufgabenerfüllung ein hinreichender Einfluss der öffentlichen Hand sichergestellt sein muss[22]. Eine eindeutige Grenze der Einbeziehung von privaten Kooperationspartner besteht für **Aufgaben mit sog. Staatsvorbehalt** von Art. 33 Abs. 4 GG, Art. 72 ff. GG und Art. 83 ff. GG. Gerade im Bereich der typischen Eingriffsverwaltung wie zB der Sicherheitsbehörden, dem Strafvollzug oder der Landesverteidigung ist eine Einbeziehung von privaten Kooperationspartnern im Wege Öffentlich-Privater Partnerschaften ausgeschlossen (ausführlich → § 18 Rn. 32).

32   Die Kooperation zwischen der öffentlichen Hand und privaten Unternehmen wurde im Zuge der Reform der Bundesfernstraßenverwaltung und der Neufassung des Art. 90 Abs. 2 S. 5 GG der **Begriff der „Öffentliche-Privaten Partnerschaften" im Übrigen erstmalig ausdrücklich im Grundgesetz** aufgenommen. Einerseits wurde mit dem Gesetz zur Errichtung einer Infrastrukturgesellschaft für Autobahnen und andere Bundesfernstraßen[23] die bundeseigene Die Autobahn GmbH des Bundes gegründet, um zukünftig die Aufgaben der Bundesfernstraßenverwaltung zu übernehmen. Andererseits wurde der bisherigen Praxis im Bundesfernstraßenbereich letztlich Rechnung getragen, indem Art. 90 Abs. 2 S. 5 GG nunmehr klarstellt, dass Öffentlich-Private Partnerschaften zur Aufgabenerledigung unter gewissen Voraussetzungen zulässig sind – wenn auch zugleich Schranken der Privatisierung aufgenommen wurden.

33   Auch wenn sich die Regelung des Art. 90 GG auf den Bereich der Bundesfernstraßen bezieht, so kann daraus dennoch der Rückschluss gezogen werden, dass die Kooperation im Wege von Öffentlich-Privaten Partnerschaften und damit die **Einbeziehung privater Dritter zur Aufgabenwahrnehmung grundsätzlich nicht verwehrt** und damit im Rahmen der skizzierten verfassungsrechtlichen Grenzen zulässig ist.

34   **b) Landesgesetzliche Vorgaben.** Auch auf landesgesetzlicher Ebene existieren letztlich keine Normen, aus denen sich allgemeine Zulässigkeitsanforderungen für das Öffentliche Unternehmen als Öffentlich-Private Partnerschaften ableiten lassen. Die sich aus der Regelung des Art. 28 Abs. 2 GG abzuleitende **Garantie der kommunalen Selbstverwaltung schließt Öffentlich-Private Partnerschaften nicht aus.** Vielmehr steht es den Kommunen zu, ihre eigenen Angelegenheiten selbst und in eigener Verantwortung zu regeln, wozu auch die Frage der Form der Aufgabenwahrnehmung im Rahmen der

---

[22] Weber/Schäfer/Hausmann PPP/Schäfer § 1 Rn. 7 f.
[23] Gesetz zur Errichtung einer Infrastrukturgesellschaft für Autobahnen und andere Bundesfernstraßen (Infrastrukturgesellschaftserrichtungsgesetz – InfrGG) vom 14.8.2017 (BGBl. I 3122, 3141), das zuletzt durch Artikel 6 des Gesetzes vom 29.6.2020 (BGBl. I 1528) geändert worden ist.

§ 22 Öffentliche Unternehmen in Public Private Partnership (PPP)   § 22

Organisationshoheit zu zählen ist[24]. Allerdings wird – ähnlich wie auf verfassungsrechtlicher Ebene – eine Grenze für eine Aufgabenwahrnehmung in der Form von Öffentlich-Privaten Partnerschaften für den Kernbereich der kommunalen Selbstverwaltung angenommen, auch wenn eine eindeutige Abgrenzung der Aufgabenbereiche nur schwer gelingen dürfte[25].

2. Haushaltsrechtliche Anforderungen an die Betätigung

Für die Begründung von Öffentlich-Privaten Partnerschaften sind allerdings eine ganze 35
Reihe von haushaltsrechtlichen Anforderungen zu berücksichtigen.

a) **Wirtschaftlichkeitsuntersuchung als Ausgangspunkt.** Ausgangspunkt und wesent- 36
liche Entscheidungsgrundlage für die Begründung einer Öffentlich-Privaten Partnerschaft ist eine Wirtschaftlichkeitsuntersuchung[26]. Nach § 7 Abs. 1 BHO sind die Grundsätze der Wirtschaftlichkeit und Sparsamkeit bei der staatlichen Aufgabenerfüllung zu beachten. Das beinhaltet die **Prüfung inwieweit staatliche Aufgaben oder öffentlichen Zwecken dienende wirtschaftliche Tätigkeiten durch Ausgliederung und Entstaatlichung oder Privatisierung erfüllt** werden können. Dabei fallen auch Öffentlich-Private Partnerschaften unter den in § 7 Abs. 1 BHO geregelten Begriff der Privatisierung.[27]

Daher ist gemäß § 7 Abs. 2 BHO eine angemessene Wirtschaftlichkeitsuntersuchung 37
durchzuführen. Die Wirtschaftlichkeitsuntersuchungen für eine Abwägung der Vor- und Nachteile von Öffentlich-Privaten Partnerschaften erfolgen in einem **vierstufigen Prüfsystem**. Von der Stufe 1 ist die Bedarfsfeststellung und Maßnahmenidentifizierung erfasst. In der Stufe 2 erfolgt eine vorläufige Wirtschaftlichkeitsuntersuchung mit einer Schätzung der Investitions-, Finanzierungs-, Betriebs- und gegebenenfalls Verwertungskosten sowie die Risikokosten für jede der zu untersuchenden Realisierungsvarianten. Durch das sog. ÖPP-Beschleunigungsgesetz ist § 7 Abs. 2 BHO eingeführt worden, wonach im Rahmen der Wirtschaftlichkeitsuntersuchung und letztlich auch bei der Konzeptionierung der Öffentlich-Privaten Partnerschaft die mit den Maßnahmen verbundene Risikoverteilung (→ Rn. 47) zu berücksichtigen ist. Im Rahmen der Stufe 3 erfolgt die abschließende Wirtschaftlichkeitsuntersuchung. In der Stufe 4 erfolgt dann eine verifizierende Wirtschaftlichkeitsuntersuchung während des Vertragscontrollings.[28]

Damit ist die Wirtschaftlichkeitsuntersuchung nicht lediglich als punktueller Vorgang zu 38
verstehen, sondern als **iterativer Prozess** zu verstehen. Die Wirtschaftlichkeit muss letztlich auch nach Entscheidung für eine Öffentlich-Private Partnerschaft in den verschiedenen Projektphasen (Lebenszyklus) fortlaufend aktualisiert und überprüft werden[29].

b) **Mittelzuweisung zum Vollzug öffentlich-privater Partnerschaften.** Für die Fi- 39
nanzplanung der öffentlichen Hand und die Mittelzuweisung zum Vollzug von Öffentlich-Privaten Partnerschaften stellt sich maßgeblich die Frage, ob damit eine Kreditaufnahme verbunden ist und wie die staatlichen Ausgaben im haushaltsrechtlichen Sinne zu qualifizieren sind. Werden die Finanzierungsanteile bei Öffentlich-Privaten Partnerschaften einer Kreditaufnahme gleichgesetzt, beeinflusst dies den haushalterischen Spielraum der öffentlichen Hand. Da die **Abgrenzung von Finanz- und Verwaltungsschulden** und damit die Frage einer kreditähnlichen Finanzierung eine Einzelfallbetrachtung ist, muss stets anhand der Formen der Ausgestaltung von Öffentlich-Privaten Partnerschaften geprüft

---
[24] Burgi NVwZ 2001, 602; Battis/Kersten LKV 2006, 445; Tettinger NWVBl. 2005, 5.
[25] Battis/Kersten LKV 2006, 445.
[26] Diederichs NZBau 2009, 547 (551 ff.) und Mühlenkamp ZögU 2016, 60 ff.
[27] Piduch Bundeshaushaltsrecht BHO § 7 Rn. 16; Gröpl BHO § 7 Rn. 29 ff.
[28] Diederichs NZBau 2009, 547; Arbeitsanleitung Einführung in Wirtschaftlichkeitsuntersuchungen, Anlage zum Rundschreiben des Bundesministeriums der Finanzen vom 12. Januar 2011 (GMBl 2011, S. 76) in der Fassung des Rundschreibens vom 5.5.2019 (GMBl 372); Weber/Schäfer/Hausmann PPP/Fischer/Schubert § 8.
[29] Reuter NVwZ 2005, 1246 (1248 f.).

Siebler   559

werden, ob die beabsichtigte Umsetzung aus haushaltsrechtlichen Gesichtspunkten zulässig ist[30].

40 aa) Begrenzung der Kreditaufnahme. Die Höhe der Ausgaben für Investitionen ist maßgeblich für die Bemessung der **sog. Schuldenbremse auf Bundes- und Landesebene.** Die Aufnahme von Krediten bedarf nach der Vorgabe des Art. 115 Abs. 1 GG stets eine der Höhe nach bestimmten der bestimmbaren Ermächtigung durch Bundesgesetz. Eine solche bundesgesetzliche Ermächtigung findet sich in § 13 Abs. 1 HGrG. Gemäß der Regelung des § 13 Abs. 1 HGrG ist das jeweils für Finanzen zuständige Bundes- bzw. Landesministerium zur Aufnahme von Deckungskrediten (§ 13 Abs. 1 Nr. 1 HGrG) oder Kassenverstärkungskrediten (§ 13 Abs. 1 Nr. 2 HGrG) im Rahmen der haushaltsrechtlichen Befugnisse ermächtigt.

41 Auf Bundesebene finden sich in den § 18 ff. der Bundeshaushaltsordnung und auf Landesebene zB die §§ 18 ff. der Landeshaushaltsordnung für Nordrhein-Westfalen oder die Art. 37 ff. der Landeshaushaltsordnung für den Freistaat Bayern weitergehende **haushaltsrechtliche Regelungen zur Zulässigkeit der Kreditaufnahme.** Dabei legen sowohl der Bund als auch die Länder eine haushaltsrechtliche Verschuldungsgrenze fest, indem ein Gesetz über die Feststellung des Haushaltsplans für das jeweilige Haushaltsjahr erlassen wird und dabei die Höhe der Kreditermächtigungen festlegt. Innerhalb dieser Grenzen ist dann eine Kreditaufnahme und damit letztlich eine Neuverschuldung zulässig.

42 bb) Abgrenzung von Finanz- und Verwaltungsschulden. Finanzschulden gehen auf einen schuldrechtlichen Vertrag zwischen der öffentlichen Hand und einem Kreditgeber zurück und führen dem Staat für einen bestimmten Zeitraum Geldmittel zur Finanzierung von Haushaltsaufgaben zu oder ersparen ihm unmittelbar die Leistung von Haushaltsausgaben. Verwaltungsschulden sind demgegenüber staatliche Verpflichtungen, die aus der staatlichen Geschäfts- und Verwaltungstätigkeit entstehen und nicht zur Erzielung von Einnahmen dienen, sondern durch Einnahmen gedeckt sein müssen.

43 Da der **haushaltsrechtliche Begriff des Kredits nicht gesetzlich definiert** ist, muss für eine Abgrenzung auf Rechtsprechung und Literaturmeinungen zurückgegriffen werden. Nach überwiegender Meinung ist vom Begriff der Kreditaufnahme im Sinne des Art. 115 Abs. 1 S. 1 GG und den weiteren haushaltsrechtlichen Bestimmungen die Begründung von Finanzschulden umfasst, nicht dagegen die Verwaltungsschulden[31]. Allerdings können Verwaltungsschulden dann zu Finanzschulden werden, wenn zwischen Empfang der Hauptleistung und Zahlung der Gegenleistung ein längerer, dh den Rahmen eines üblichen Zahlungsziels übersteigender Zeitraum liegt oder der Bund seine Schuld durch Ausgabe eines Schuldtitels verbrieft[32].

44 c) Vorgaben zur Refinanzierung der Leistungserbringung. Sofern für die Öffentlich-Private Partnerschaft keine Entgeltzahlung durch die öffentliche Hand vorgesehen ist oder zusätzlich eine Refinanzierung über Nutzerentgelte vorgesehen ist, sind **anwendungsspezifische Regelwerke für die Bemessung sowie Erhebung** solcher Gebühren zu berücksichtigen.

45 d) Berücksichtigung des Veräußerungs- bzw. Nutzungsüberlassungsverbot. Sowohl die Haushaltsordnungen des Bundes als auch der Bundesländer sehen jeweils in den §§ 63 bis 65 konkrete Voraussetzungen vor, wann **öffentliche Vermögensgegenstände erworben und veräußert** werden dürfen. Für Öffentlich-Private Partnerschaften ist insbesondere von wesentlicher Bedeutung, dass dem privaten Partner im Rahmen der Kooperation öffentliche Vermögensgegenstände nicht bzw. lediglich zum Marktwert veräußert oder zur Nutzung überlassen werden dürfen. Relevant ist das zB für den Betrieb von

---

[30] Gutachten „PPP im öffentlichen Hochbau", Band II, S. 148 ff.; Reuter NVwZ 2005, 1246 (1248 f.).
[31] Sachs/Siekmann GG Art. 115 Rn. 14 ff.; BeckOK GG/Reimer GG Art. 115 Rn. 15 ff.
[32] BeckOK GG/Reimer GG Art. 115 Rn. 18.

Bestandsinfrastruktur, sowohl wenn diese im Eigentum der öffentlichen Hand verbleibt oder auf den privaten Partner übertragen werden. Durch das sog. ÖPP-Beschleunigungsgesetz wurde die Regelung des § 63 Abs. 2 Satz 2 der Haushaltsordnungen des Bundes und der Bundesländer in diesem Zusammenhang geändert, dass nämlich sog. „saleandleaseback"-Modelle ermöglicht werden sollen[33].

3. Keine spezifischen strukturellen Vorgaben für die Organisationsausgestaltung

46 Aus dem Bundes- und Landesrecht ergeben sich ganz wesentliche strukturelle Vorgaben für die Organisationsausgestaltung von Öffentlich-Privaten Partnerschaften mit öffentlicher Mehrheitsbeteiligung – also in den Konstellationen, in denen es sich um eine gemischtwirtschaftliche Projektgesellschaft der öffentlichen Hand und des privaten Kooperationspartners handelt. Über das „Ob" im Sinne der Zulässigkeit der Aufgabenwahrnehmung (zu den Vorgaben auf Bundes- und Landesebene → § 19 Rn. 35 sowie auf Kommunalebene → § 21 Rn. 60) hinaus, gilt es vor allem das **„Wie"** der Organisationsausgestaltung zu berücksichtigen.

47 Dabei muss zum einen eine öffentliche Zweckbindung sichergestellt werden (zu den Vorgaben auf Bundes- und Landesebene → § 19 Rn. 37 bzw. Kommunalebene → § 21 Rn. 61). Darüber hinaus muss für die öffentliche Hand eine **projektspezifische Beschränkung der Haftung** vorgesehen sein, was letztlich die Rechtsformwahlfreiheit auf die Formen der verfügbaren Kapitalgesellschaften mit der Möglichkeit einer Haftungsbegrenzung reduziert (zu den Vorgaben auf Bundes- und Landesebene → § 19 Rn. 41 bzw. auf Kommunalebene → § 21 Rn. 62). Schließlich muss auch die Möglichkeit einer angemessenen Einflussnahme sichergestellt sein, dh es muss **ein hinreichendes Maß an Steuerungs- und Kontrollmöglichkeit** der Projektgesellschaft durch die öffentliche Hand beispielsweise über die Bestellung einer Geschäftsführung oder der Besetzung von Aufsichtsrat und/oder Beirat vorbehalten sein (zu den Vorgaben auf Bundes- und Landesebene → § 19 Rn. 45 bzw. auf Kommunalebene → § 21 Rn. 68). Von großer Bedeutung ist sodann die Ausgestaltung der Informationsbeziehungen der öffentlichen Hand gegenüber der entstandenen Projektgesellschaft (→ § 23 Rn. 18).

48 Bei der Organisationsausgestaltung spielen unter Berücksichtigung des rechtlichen Rahmens regelmäßig verschiedene Strukturmerkmale der einzelnen Rechtsformen eine Rolle, die das Verhältnis zwischen staatlicher Kontrolle einerseits und Spielraum bei der Geschäftstätigkeit der Öffentlich-Privaten Partnerschaft anderseits gesellschaftsrechtlich unterschiedlich akzentuieren lassen (→ § 2 Rn. 15). Zusammenfassend ist festzuhalten, dass das **Haushaltsrecht keine spezifischen Anforderungen an die Öffentlich-Private Partnerschaft** stellt. Vielmehr gelten für diese die gleichen Vorgaben wie für die Eigengesellschaften – und gerade das wirft in erhöhter Intensität die Frage nach der Umsetzbarkeit jener Anforderungen im Gesellschaftsrecht auf. Sie wird ausführlich in → § 25 Rn. 20 behandelt.

4. Steuerungsanforderungen an das Kooperationsverhältnis

49 Die öffentliche Hand – und dabei sowohl Bund, Land als auch Kommune – muss sich über die strukturellen Vorgaben zur Organisationsausgestaltung des Öffentlichen Unternehmens hinaus im Übrigen gewisse **Einflussmöglichkeiten auf die Öffentlich-Private Partnerschaft** vorbehalten. Wesentliche Vorgabe für die institutionalisierte Form einer Öffentlich-Privaten Partnerschaft als gemischtwirtschaftliches Unternehmen ist der Public Governance Kodex des Bundes, der mittlerweile nahezu inhaltsgleich auch in verschiedenen Bundesländern verbindlich vorgegeben wird (→ § 19 Rn. 11). Der Public Governance Kodex des Bundes bzw. der Länder enthält Vorgaben zur Gremienzusammensetzung, der

---

[33] Gröpl BHO § 63 Rn. 7 f.

Sicherstellung einer angemessenen staatlichen Einflussnahme, zur Finanzierung und zu Berichtspflichten.

IV. Ausschreibungspflicht von Öffentlich-Privaten Partnerschaften

50 Unabhängig von der erforderlichen Berücksichtigung der Anforderungen an die Umsetzung von Öffentlich-Privaten Partnerschaften gilt es diese vergaberechtlich einzuordnen, da die Einbeziehung von privaten Kooperationspartnern stets auch eine **wettbewerbliche Dimension** hat. Die Begründung einer öffentlich-privaten Partnerschaft kann in aller Regel nicht durch unmittelbare Einbeziehung eines privaten Kooperationspartners erfolgen, sondern das private Unternehmen muss im Rahmen eines wettbewerblichen Auswahl- bzw. Vergabeverfahrens ausgewählt werden[34].

1. Anwendbarer Vergaberechtsrahmen

51 Die Umsetzung von Öffentlich-Privaten Partnerschaften unterfällt immer dann dem Anwendungsbereich der vergaberechtlichen Bestimmungen der §§ 97 ff. GWB nebst den mitgeltenden Vergabeordnungen für die Beschaffung von Bau-, Liefer- und Dienstleistungen sowie Konzessionen, sofern die Leistungsbeziehung zwischen der öffentlichen Hand und dem privaten Kooperationspartner als **öffentlicher Auftrag oder Konzession** zu qualifizieren ist und zudem kein gesetzlicher Ausnahmetatbestand von der Ausschreibungspflicht befreit.

52 **a) Öffentliche Hand als öffentlicher Auftraggeber bzw. Sektorenauftraggeber.** Die öffentliche Hand selbst ist stets Adressat des Vergaberechts. Der Bund, die Bundesländer und die Kommunen nebst deren Behörden sind als öffentliche Auftraggeber nach § 99 Nr. 1 GWB einzuordnen. Auch öffentliche Unternehmen in der Form öffentlichen oder privaten Rechts sind unter gewissen Voraussetzungen und vor allem bei einer staatlichen Beherrschung nach § 99 Nr. 2 GWB als öffentliche Auftraggeber anzusehen[35]. Zudem kommt eine Einordnung als Sektorenauftraggeber nach § 100 Abs. 1 GWB bei Betätigungen der öffentlichen Hand in den Bereichen Wasser, Elektrizität, Gas und Wärme, Verkehrsleistungen sowie Häfen und Flughäfen in Betracht[36].

53 **b) Kooperation als entgeltliche Leistungsbeziehung.** Die Leistungsbeziehung zwischen der öffentlichen Hand und dem privaten Kooperationspartner im Rahmen einer Öffentlich-Privaten Partnerschaft muss zudem als öffentlicher Auftrag im Sinne des § 103 GWB oder als Konzession im Sinne von § 105 GWB einzuordnen sein.

54 **aa) Einbeziehung von privatem Kapital.** Zunehmend an Bedeutung gewinnt die Begründung sog. strategischer Partnerschaften zwischen der öffentlichen Hand und privaten Investoren zur Finanzierung von Infra-struktur- und Digitalisierungsvorhaben. Die **bloße Einbeziehung von privatem Kapital geht in aller Regel nicht mit einer Überantwortung der Aufgabenwahrnehmung einher,** so dass solche Konstellationen der Einbeziehung privater Dritter nicht als vergaberechtsrelevante Vorgänge zu qualifizieren sind. Es geht gerade um die Kapitalaufnahme und nicht die haushaltswirksame Ausgabe von finanziellen Mitteln für eine Leistungserbringung. Daher stellt die Ausnahmevorschrift des § 116 Abs. 1 Nr. 5 GWB auch klar, dass die Regelungen der §§ 97 ff. GWB in diesen Fällen regelmäßig keine Anwendung finden.

55 **bb) Übertragung der Aufgabenerfüllung als öffentlicher Auftrag bzw. Konzession.** Sofern allerdings über die bloße Finanzierung hinaus – und das ist der Regelfall klassischer Öffentlich-Privater Partnerschaften – auch eine (teilweise) Verantwortung für die Erfüllung

---

[34] Siebler/Möller IR 2022, 137 ff.; Byok/Müller-Kabisch KommJur 2009, 281 ff.
[35] RKPP/Röwekamp GWB § 99 Rn. 14 ff. und Rn. 153 ff.
[36] RKPP/Opitz GWB § 100 Rn. 13 ff. und § 102 GWB Rn. 14 ff.

einer Aufgabe auf den privaten Partner übertragen wird, so erhält der private Kooperationspartner hierfür eine Vergütung entweder in Form eines Leistungsentgelts und / oder als Ausschüttung einer Rendite. Eine solche Leistungsbeziehung ist dann als öffentlicher Auftrag nach Maßgabe von § 103 GWB oder als Konzession nach Maßgabe von § 105 GWB einzuordnen, da es sich um ein **entgeltliches Kooperationsverhältnis** zwischen öffentlichen Auftraggebern oder Sektorenauftraggebern und Unternehmen handelt. Dies gilt grundsätzlich unabhängig davon, ob die Leistung auf vertraglicher Grundlage oder in Form der Beteiligung an der Projektgesellschaft erfolgt, solange das Merkmal einer Entgeltlichkeit für die Leistungserbringung gegeben ist.

2. Vergaberechtliche Einordnung öffentlich-privater Partnerschaften

Während die nicht-institutionalisierten Formen von Öffentlichen-Privaten Partnerschaften letztlich lediglich bezogen auf die Kooperation auf vertraglicher Zusammenarbeit vergaberechtlich zu bewerten sind, stellt sich der Prüfvorgang für die Feststellung einer etwaigen Ausschreibungspflicht bei der institutionalisierten Form einer Öffentlichen-Privaten Partnerschaften als gemischtwirtschaftliches Unternehmen etwas komplexer dar. Denn dabei ist zwischen dem Gründungsakt einerseits und der Aufgabenübertragung andererseits zu differenzieren. **56**

a) Gründungsakt einer Öffentlich-Privaten Partnerschaft. Sofern es sich um eine institutionalisierte Form der Öffentlich-Privaten Partnerschaft handelt, stellt sich die Frage, ob bereits der Gründungsakt der gemischtwirtschaftlichen Projektgesellschaft durch die öffentliche Hand und den privaten Partner ein vergaberechtsrelevanter Vorgang ist. **57**

aa) Unmittelbare Begründung eines Kooperationsverhältnisses. Die Gründung einer gemischtwirtschaftlichen Projektgesellschaft durch Abschluss eines Gesellschaftsvertrages zwischen der öffentlichen Hand und dem privaten Kooperationspartner stellt grundsätzlich noch keinen vergaberechtsrelevanten Vorgang dar[37]. Allerdings betont die Europäische Kommission in ihrem Grünbuch zu Öffentlich-Privaten Partnerschaften zutreffend, dass der **ausschreibungsfreie Gründungsakt nicht als „Deckmantel" für die (spätere) Übertragung von öffentlichen Aufträgen** genutzt wird[38]. Ein solches Vorgehen wäre als bewusste Umgehung der vergaberechtlichen Bestimmungen einzuordnen. **58**

bb) Zeitlich nachgelagerte Kooperationsbegründung durch Privatisierung. Auch die teilweise oder vollständige Veräußerung von Gesellschaftsanteilen durch die öffentliche Hand als bislang alleinigem Gesellschafter an einen privaten Kooperations-partner im Rahmen von Privatisierungen stellt für sich genommen noch keinen vergaberechtlichen Vorgang dar. Allerdings **unterfallen Privatisierungen in der Regel dennoch dem vergaberechtlichen Anwendungsbereich,** da dem bestehenden Unternehmen in sachlichen und zeitlichen Zusammenhang im Vorfeld ein öffentlicher Auftrag erteilt wurde und der hinzutretende private Partner hiervon dann durch Übernahme von Gesellschaftsanteilen profitieren würde. Ganz aktuell wurde gerichtlich festgestellt, dass ehemals im Wege der sog. Inhousevergabe ohne vorherige Ausschreibung an öffentliche Unternehmen vergebene öffentliche Aufträge im Zuge der Privatisierung keinesfalls auf den privaten Partner übergehen können[39]. In diesem Falle knüpft eine Ausschreibungspflicht bereits ausnahmsweise an der gesellschaftsrechtlichen Kooperationsbegründung durch Veräußerung von Gesellschaftsanteilen an ein privates Unternehmen an, da damit letztlich zugleich die Übernahme **59**

---

[37] EuGH Urt. v. 22.12.2010 – C-215/09 IBRS (2010), 4815 und Urt. v. 6.5.2010 – C-149/08 EuZW 2010, 620 sowie VK Westfalen NZBau 2012, 521 (528).
[38] Kommission der Europäischen Gemeinschaften, Grünbuch zu Öffentlich-Privaten Partnerschaften und den gemeinschaftlichen Rechtsvorschriften für öffentliche Aufträge und Konzessionen vom 30.4.2004, KOM(2004) 327 endgültig, 14.
[39] EuGH Urt. v. 12.5.2022 – C-719/20.

einer öffentlichen Leistungsbeziehung verknüpft ist. Die Privatisierung von öffentlichen Unternehmen wird daher nicht ohne vorherige Ausschreibung (mehr) möglich sein.

60 **b) Aufgabenübertragung an die Öffentlich-Private Partnerschaft.** Über den Gründungsakt des gemischtwirtschaftlichen Unternehmens als Öffentlich-Private Partnerschaft hinaus, ist dann in einem nächsten Schritt die Übertragung der Aufgabe auf diese Projektgesellschaft zu bewerten. Für die nicht-institutionalisierten Formen ist diese Bewertung nicht der zweite, sondern vielmehr der erste Prüfungsschritt.

61 **aa) Zusammenfallen von Gründungsakt und Aufgabenübertragung.** Mit der Gründung kann sogleich die unmittelbare Übertragung von Aufgaben einhergehen. Der private Kooperationspartner wird also nicht lediglich Gesellschafter der gemischtwirtschaftlichen Projektgesellschaft, sondern ist zugleich Leistungserbringer gegebenenfalls unter Einbeziehung von Unterauftragnehmern. Eine solche Konstellation stellt als Gesamtkonstrukt einen ausschreibungspflichtigen Vorgang als öffentlicher Auftrag im Sinne von § 103 Abs. 1 GWB bzw. als Konzession im Sinne von § 105 Abs. 1 GWB dar, da die **Gesellschaftsgründung und die Übertragung der Aufgabenwahrnehmung ein unteilbares Ganzes** sind[40]. Dasselbe gilt, wenn ein Unternehmen durch die öffentliche Hand und private Kooperationspartner gegründet wird, um eigene Aufgaben in einem entsprechend definierten Bereich zu übernehmen und die Leistungen dann durch die Gesellschafter erbracht werden. Aber auch die Auswahl und Aufnahme eines neuen Mitgesellschafters unterfällt dem Vergaberecht, wenn der neu eintretende private Gesellschafter unmittelbar an einem neuen oder bestehenden Auftrag der Gesellschaft partizipiert[41].

62 **bb) Zeitlich dem Gründungsakt nachgelagerte Aufgabenübertragung.** Eine dem Gründungsakt zeitlich nachgelagerte Aufgabenübertragung der öffentlichen Hand auf die gemischtwirtschaftliche Projektgesellschaft ist in aller Regel auch nicht als sog. Inhousevergabe nach dem gesetzlichen Ausnahmetatbestand des § 108 Abs. 1 GWB von der Ausschreibungspflicht befreit. Denn die vergaberechtliche Privilegierung gilt lediglich für Beteiligungsverhältnisse, an denen lediglich die öffentliche Hand strukturell beteiligt ist, was bei einer gemischtwirtschaftlichen Projektgesellschaft durch Einbeziehung eines privaten Partners gerade nicht der Fall ist.

63 Für den vergaberechtlichen **Ausnahmetatbestand der sog. Inhousevergabe müssen verschiedene Kriterien erfüllt sein,** die kumulativ vorliegen müssen.[42] Bei Öffentlich-Privaten Partnerschaften in Form einer gemischtwirtschaftlichen Projektgesellschaft wird in aller Regel weder das Kontroll- noch das Wesentlichkeitskriterium vergaberechtlich relevant sein, sondern die ausschreibungsfreie sog. Inhousevergabe daran scheitern, das der private Kooperationspartner mit eigenen Leistungs- und Umsatzinteressen beteiligt ist.

64 **(1) Kontrollkriterium.** Nach dem sog. Kontrollkriterium gemäß § 108 Abs. 1 Nr. 1 GWB muss der öffentliche Auftraggeber über die juristische Person eine ähnliche Kontrolle wie über seine eigenen Dienststellen ausüben. Die Ausübung einer entsprechenden Kontrolle wird nach § 108 Abs. 2 GWB vermutet, wenn der öffentliche Auftraggeber einen ausschlaggebenden Einfluss auf die strategischen Ziele und die wesentlichen Entscheidungen der juristischen Person ausübt.[43]

65 Dabei ist nicht erforderlich, dass eine vollständige und uneingeschränkte Kontrolle gegeben ist. Vielmehr reicht ein ausschlaggebender Einfluss auf die Geschäftstätigkeit bezogen auf die betreffenden Leistungsbeziehungen und ein hinreichendes Niveau der Steuerungsfähigkeit aus.[44] Die Kontrolle muss allerdings **wirksam,** strukturell und funk-

---

[40] OLG Rostock IBRS (2021), 3024; VK Westfalen NZBau 2012, 521 (528).
[41] EuGH Urt. v. 28.5.2020 – C-796/18 und Urt. v. 19.6.2014 – C-574/12.
[42] EuGH Urt. v. 3.10.2019 – C-285/18; VK Rheinland Beschl. v. 6.12.2018 – VK K 52/17; vertiefend Burgi, Vergaberecht, § 11 Rn. 22 ff.
[43] EuGH Urt. v. 21.3.2019 – verbundene Rechtssache C-266/17 und C-267/17.
[44] VK Bund Beschl. v. 18.5.2016 – VK 1–18/16.

tionell sein.⁴⁵ Dies ist unter verständiger Würdigung aller relevanten rechtlichen und tatsächlichen Gesichtspunkte anhand des Einzelfalls zu bewerten.⁴⁶ Maßgeblich kann unter anderem die gesellschaftsrechtliche Ausgestaltung zwischen Auftraggeber und Auftragnehmer⁴⁷ und dabei insbesondere das Vorbehalten von umfassenden Einfluss- und Steuerungsmöglichkeiten auf die Geschäftsführung⁴⁸, die Festlegung der allgemeinen Geschäftsausrichtung⁴⁹ und -strategie⁵⁰ des Auftragnehmers durch den Auftraggeber oder die Finanzierung des Auftragnehmers durch den Auftraggeber⁵¹ sein. Ausreichend soll nach der europäischen Rechtsprechung unter gewissen Voraussetzungen auch die Implementierung eines Lenkungsausschusses mit Kontrollbefugnissen zugunsten des Auftraggebers sein.⁵²

Die Kontrolle kann gemäß § 108 Abs. 4 Nr. 1 GWB auch **von mehreren öffentlichen** **66** **Auftraggebern** gemeinsam ausgeübt werden. Für die Erfüllung des Kontrollkriteriums ist nach § 108 Abs. 5 GWB dann erforderlich, dass sich die beschlussfassenden Organe der juristischen Person aus Vertretern sämtlicher teilnehmender öffentlicher Auftraggeber zusammensetzen, die öffentlichen Auftraggeber gemeinsam einen ausschlaggebenden Einfluss auf die strategischen Ziele und die wesentlichen Entscheidungen der juristischen Person ausüben können und die juristische Person keine Interessen verfolgt, die den Interessen der öffentlichen Auftraggeber zuwiderlaufen.⁵³

Zulässig ist nach § 108 Abs. 2 S. 2 GWB auch eine lediglich **mittelbare Kontrolle,** die **67** auch durch eine andere juristische Person ausgeübt werden kann, die von dem öffentlichen Auftraggeber in gleicher Weise kontrolliert wird. Damit steht auch die Zwischenschaltung einer weiteren Gesellschaft wie zB einer Holding der Ausübung der Kontrolle grundsätzlich nicht entgegen. Gleichzeitig muss jedoch beachtet werden, dass die tatsächliche Kontrolle in mehrstufigen Beteiligungsverhältnissen geschwächt sein kann und gegebenenfalls durch flankierende Maßnahmen wie Beherrschungsverträge sichergestellt werden muss.⁵⁴

(2) Wesentlichkeitskriterium. Nach dem sog. Wesentlichkeitskriterium gemäß § 108 **68** Abs. 1 Nr. 2 GWB müssen mehr als 80 Prozent der Tätigkeiten der zu beauftragenden juristischen Person der Ausführung von Aufgaben dienen, mit denen sie von dem öffentlichen Auftraggeber oder von einer anderen juristischen Person, die von diesem kontrolliert wird, betraut wurde.

Durch diesen hohen Eigenleistungsanteil wird über das Kontrollkriterium hinaus die **69** enge Bindung der beauftragten juristischen Person an den öffentlichen Auftraggeber deutlich.⁵⁵ Der prozentuale Anteil berechnet sich gemäß § 108 Abs. 7 S. 1 GWB anhand des durchschnittlichen Gesamtumsatzes der letzten drei Geschäftsjahre vor Vergabe des öffentlichen Auftrags.⁵⁶ Andernfalls kann ein anderer geeigneter tätigkeitsgestützter Wert herangezogen werden, beispielsweise die Kosten, die der juristischen Person oder dem öffentlichen Auftraggeber in dieser Zeit in Bezug auf Liefer-, Bau- und Dienstleistungen entstanden sind. Soweit keine Angaben über den Umsatz oder einen geeigneten alternativen tätigkeitsgestützten Wert der letzten drei Jahre vorliegen, ist es gemäß § 108 Abs. 7 S. 3 GWB auch ausreichend, wenn der tätigkeitsgestützte Wert insbesondere durch Prognosen über die Geschäftsentwicklung glaubhaft gemacht wird.

---

45 EuGH Urt. v. 29.11.2012 – verbundene Rechtssache C-182/11 und C-183/11.
46 EuGH Urt. v. 10.9.2009 – C-573/07.
47 BGH Beschl. v. 12.6.2001 – X ZB 10/01; BeckOK VergR GWB § 108 Rn. 12.
48 OLG Düsseldorf Beschl. v. 19.2.2020 – VII-Verg 26/17; OLG Celle Beschl. v. 29.10.2009 – 13 Verg 8/09.
49 EuGH Urt. v. 13.10.2005 – C-458/03.
50 BeckOK VergR/Voll GWB § 108 Rn. 12 f.
51 EuGH Urt. v. 13.10.2005 – C-458/03.
52 EuGH Urt. v. 10.9.2009 – C-573/07.
53 VK Rheinland Beschl. v. 20.2.2019 – VK 52/2018.
54 EuGH Urt. v. 11.5.2006 – C-340/04; BeckOK VergR/Voll GWB § 108 Rn. 14.
55 RKPP/Portz GWB § 108 Rn. 71.
56 OLG Düsseldorf Beschl. v. 19.2.2020 – VII-Verg-26/17; VK Rheinland Beschl. v. 6.12.2018 – VK K 52/17.

70 **(3) Keine private Kapitalbeteiligung.** Schließlich darf nach § 108 Abs. 1 Nr. 3 GWB keine **direkte private** Kapitalbeteiligung an der juristischen Person bestehen, die den öffentlichen Auftrag erhalten soll. Unschädlich hingegen sind nicht beherrschende Formen der privaten Kapitalbeteiligung und Formen der privaten Kapitalbeteiligung ohne Sperrminorität, die durch gesetzliche Bestimmungen vorgeschrieben sind und die keinen maßgeblichen Einfluss auf die kontrollierte juristische Person vermitteln.

71 Auch wenn der Wortlaut des § 108 Abs. 1 Nr. 3 GWB nur die direkte private Kapitalbeteiligung als unzulässig festschreibt, kann auch eine **indirekte private** Beteiligung mit Kapital kritisch sein. Eine indirekte Beteiligung kann beispielsweise durch eine private Beteiligung an einer Tochtergesellschaft gegeben sein. Ausschlaggebend ist, dass die Beteiligung nicht beherrschend wirkt[57] und ihr damit keine steuernden Einflussmöglichkeiten zukommen[58] und ihr nicht einen Vorteil gegenüber einem Konkurrenten verschafft.[59] Dem folgend kann eine indirekte private Beteiligung nur schädlich sein, wenn das Unternehmen eine wirtschaftliche Tätigkeit im Wettbewerb mit anderen Wirtschaftsteilnehmern ausüben könnte.[60] Hat hingegen der Private kein eigenes Interesse an dem Auftrag steht er auch in keinem Wettbewerb mit anderen Wirtschaftsteilnehmern und kann keinen Wettbewerbsvorteil erlangen.[61]

72 Ein Beispiel in diesem Bereich ist die indirekte Mitarbeiterbeteiligung, soweit die Beteiligungsgesellschaft nicht auch Fremdkapital aufnimmt.[62] Teile der Literatur gehen sogar noch weiter und halten jede private Kapitalbeteiligung an der Muttergesellschaft des Auftragnehmers für zulässig, soweit es sich bei der Muttergesellschaft nicht selbst um einen Privaten handelt.[63]

3. Projektgesellschaft als öffentlicher Auftraggeber oder Sektorenauftraggeber

73 Sofern mit dem Gründungsakt keine Aufgaben auf eine gemischtwirtschaftliche Projektgesellschaft übertragen werden und zur Vorhabenrealisierung erforderliche Leistungen in einem nachgelagerten Schritt von der Projektgesellschaft an Dritte vergeben werden müssen, stellt sich die Frage, ob die **Projektgesellschaft selbst als öffentlicher Auftraggeber gemäß § 99 Nr. 2 GWB oder als Sektorenauftraggeber gemäß § 100 GWB einzuordnen** ist. Diese Frage ist auch für Projektgesellschaften relevant, die vom privaten Kooperationspartner für die Leistungserbringung gegründet wurden und über die Unterauftragnehmer in die Aufgabenwahrnehmung mit einbezogen werden sollen. Sollte die Projektgesellschaft ihrerseits als öffentlicher Auftraggeber bzw. Sektorenauftraggeber zu qualifizieren sein, unterfällt sie bei den eigenen Beschaffungsvorhaben ebenfalls dem Anwendungsbereich der vergaberechtlichen Bestimmungen der §§ 97 ff. GWB.[64]

74 **a) Öffentlicher Auftraggeber nach § 99 Nr. 2 GWB.** Die Projektgesellschaft kann zum einen als öffentlicher Auftraggeber nach § 99 Nr. 2 GWB anzusehen sein. Danach sind öffentliche Auftraggeber juristische Personen des öffentlichen oder privaten Rechts, die mit dem besonderen Zweck gegründet wurden, im Allgemeininteresse liegende Aufgaben nichtgewerblicher Art auszuführen. Weiter ist ein besonderes öffentliches Beherrschungsverhältnis durch die öffentliche Hand erforderlich. Ein solches kann sich entweder durch eine überwiegende Finanzierung der betreffenden Einrichtung durch die öffentliche Hand, die staatliche Aufsicht über die Unternehmensleitung oder die mehrheitliche Organbesetzung durch Vertreter der öffentlichen Hand ergeben.

---

[57] RKPP/Portz GWB § 108 Rn. 144.
[58] Pünder/Schellenberg, Vergaberecht, § 108 Rn. 37.
[59] EuGH Urt. v. 19.6.2014 – C-574/12; EuGH Urt. v. 11.1.2005 – C-26/03.
[60] EuGH Urt. v. 19.6.2014 – C-574/12.
[61] RKPP/Portz GWB § 108 Rn. 146.
[62] Ziekow/Völlink, Vergaberecht, § 108 Rn. 50; RKPP/Portz GWB § 108 Rn. 146.
[63] BeckOK VergR/Voll GWB § 108 Rn. 43.
[64] Roth NZBau 2013, 685 zum Fall des ÖPP-Projekts „HERKULES" mit den Gesellschaften BWI IT GmbH, BWI Services GmbH und BWI Systeme GmbH sowie Koenig/Hentschel ZfBR 2005, 442.

aa) Rechtsform. Ausgangspunkt für einen öffentlichen Auftraggeber im Sinne des § 99 **75**
Nr. 2 GWB ist, dass es sich um eine juristische Person des öffentlichen und des privaten
Rechts handelt. Dies wird bei einer Projektgesellschaft im Rahmen von ÖPP-Projekten
regelmäßig der Fall sein.

bb) Art der Aufgabenwahrnehmung. Wesentliches Merkmal ist, dass für die Annahme **76**
als öffentlicher Auftraggeber die Projektgesellschaft zudem zum Zwecke der Erfüllung einer
im **Allgemeininteresse** liegende Aufgaben gegründet wurde. In der entsprechenden
Richtlinie 2014/24/EU findet sich keine allgemeine Definition solcher Aufgaben. Auch
der Europäische Gerichtshof hat sich bislang darauf beschränkt den konkreten Einzelfall zu
prüfen, nicht jedoch eine allgemeingültige Definition an die Hand zu geben.[65] Ausgangspunkt für die Beurteilung dieses Kriteriums ist die Satzung der Gesellschaft.[66]

Der Annahme eines Allgemeininteresses steht es nicht entgegen, wenn die Gesellschaft **77**
nicht ausschließlich Aufgaben im Allgemeininteresse wahrnimmt, sondern darüber hinaus
auch anderweitig tätig wird.[67] Allerdings ist dabei zu beachten, dass die Gesamttätigkeit der
Gesellschaft zu betrachten ist und die Wahrnehmung von lediglich teilweise im Allgemeininteresse liegende Aufgaben nichtgewerblicher Art zu einer Einstufung als öffentlicher
Auftraggeber führen kann, sogenannte **Infizierungstheorie**.[68] Anders ist dies nur, sofern
die Tätigkeit einen Umfang umfasst, der unterhalb der Geringfügigkeitsschwelle liegt.
Diese Schwelle ist überschritten, wenn die Erfüllung im Allgemeininteresse liegender
Aufgaben mit Blick auf die Gesamtgeschäftstätigkeit des Unternehmens nicht mehr als
Bagatelle angesehen werden kann.[69]

cc) Nichtgewerbliche Ausrichtung. Das Merkmal der im Allgemeininteresse liegenden **78**
Aufgabe erfährt durch das Kriterium nichtgewerblicher Art eine Einschränkung. Nach
ständiger Rechtsprechung des Europäischen Gerichtshofes stellen Aufgaben, die auf andere
Art als durch das Angebot von Waren- oder Dienstleistungen auf dem Markt erfüllt werden
und die der Staat aus Gründen des Allgemeininteresses selbst erfüllt oder bei denen er einen
entscheidenden Einfluss behalten möchte, in der Regel im Allgemeininteresse liegende
Aufgaben nichtgewerblicher Art dar.[70] Dabei sind insbesondere das **Fehlen von Wettbewerb** auf dem Markt auf dem die fragliche juristische Person sich bewegt, das Fehlen
einer grundsätzlichen Gewinnerzielungsabsicht, das Fehlen der Übernahme der mit der
Tätigkeit verbundenen Risiken und schließlich die etwaige Finanzierung der Tätigkeit aus
öffentlichen Mitteln zu berücksichtigen.[71]

Anknüpfungspunkt für eine Bewertung, ob die Tätigkeit nichtgewerblicher Art ist, bietet **79**
die Überlegung, dass nur wenn es der Einrichtung möglich ist, ihre Beschaffungstätigkeit
von den Bedingungen des Marktes unabhängig zu gestalten, eine erhöhte Gefahr der
Vergabe von Aufträgen nach wettbewerbsfremden oder nichtwirtschaftlichen Erwägungen
gegeben ist.[72] Hingegen sind solche Einrichtungen, die unter normalen Marktbedingungen
tätig werden, Gewinnerzielungsabsicht haben und die mit ihrer Tätigkeit verbundenen
Verluste tragen regelmäßig gewerblich tätig.[73] Dabei muss eine **Gesamtwürdigung** aller
rechtlichen und tatsächlichen Umstände erfolgen.[74] Eine Nichtgewerblichkeit ist dann

---

[65] BeckOK VergR/Bungenberg/Schelhaas GWB § 99 Rn. 49.
[66] OLG Hamburg NZBau 2019, 398 (402); RKPP/Röwekamp GWB § 99 Rn. 37 ff.
[67] OLG Rostock NZBau 2020, 113 (117); OLG Hamburg NZBau 2019, 398 (403); EuGH Urt. v. 15.1.1998 – C-44/98 Rn. 25 sowie Urt. v. 10.4.2008 – C-393/06 Rn. 47.
[68] OLG Rostock NZBau 2020, 113 (117); OLG Brandenburg Beschl. v. 6.12.2016 – 6 Verg 4/16.
[69] RKPP/Röwekamp GWB § 99 Rn. 46.
[70] EuGH Urt. v. 22.5.2003 –C-18/01 Rn. 47.
[71] OLG Hamburg NZBau 2019, 398 (402).
[72] BeckOK VergR/Bungenberg/Schelhaas GWB § 99 Rn. 58.
[73] EuGH Urt. v. 22.5.2003 – C-18/01 Rn. 51; OLG Düsseldorf NZBau 2018, 370 (372); OLG Hamburg NZBau 2014, 659 (660).
[74] VK Südbayern NZBau 2018, 59 (60); VK Thüringen Beschl. v. 7.2.2019 – 250–4003-262/2019-E-001-EIC.

gegeben, wenn die Aufgabenerfüllung durch Zutun des Staates in einer marktbezogenen Sonderstellung erfolgt, welche sie wenigstens teilweise von den Wirkungen des Wettbewerbs unter Gleichen befreit. Wenn beispielsweise eine Verlustausgleichs- oder Gewinnabführungsvereinbarung besteht, ist ein finanzielles Risiko und auch eine gewerbliche Tätigkeit nicht gegeben.[75]

80   Eine Projektgesellschaft für die Realisierung eines ÖPP-Projekts wird regelmäßig gewerblich tätig werden. Die Gesellschaft wird unter normalen Marktbedingungen tätig, ist darauf gerichtet Gewinne zu erzielen und muss ihre eigenen Verluste selbst tragen. Ein Verlustausgleich findet regelmäßig nicht statt. Da dieses Kriterium nicht erfüllt ist, werden gemischtwirtschaftliche Projektgesellschaften für ÖPP-Projekte in aller Regel nicht als öffentliche Auftraggeber gemäß § 99 Nr. 2 GWB einzuordnen sein.

81   **dd) Beherrschung durch öffentliche Hand.** Weitere Voraussetzung für die Annahme eines öffentlichen Auftraggebers ist das besondere öffentliche Beherrschungsverhältnis der öffentlichen Hand über den öffentlichen Auftraggeber. Ein solches ist gegeben, wenn eine Verbindung der jeweiligen Einrichtung mit der öffentlichen Hand dergestalt gegeben ist, dass diese die Entscheidungen der Einrichtung in Bezug auf öffentliche Aufträge beeinflussen kann. Anknüpfungspunkt ist eine potentielle Einflussnahme, eine tatsächliche Einflussnahme ist hingegen unerheblich.[76] Dies hängt wiederum von der konkreten Ausgestaltung der Projektgesellschaft im Rahmen der Öffentlich-Privaten Partnerschaft ab und ist lediglich bei einer gemischtwirtschaftlichen Gesellschaft von Bedeutung, da andernfalls an der Projektgesellschaft des privaten Kooperationspartners die öffentliche Hand in aller Regel nicht beteiligt ist.

82   **b) Sektorenauftraggeber nach § 100 GWB.** Weiter kann eine Einordnung als Sektorenauftraggeber nach § 100 GWB gegeben sein. Eine solche knüpft an zwei Voraussetzungen an, zum einen die Beherrschung durch die öffentliche Hand und zum anderen die Ausübung einer Sektorentätigkeit.

83   **aa) Beherrschung durch die öffentliche Hand.** Entweder ist bereits die Eigenschaft als öffentlicher Auftraggeber nach § 99 Nr. 1–3 GWB gegeben. Andernfalls wird eine natürliche oder juristische Person des privaten Rechts aufgrund der Gewährung besonderer oder ausschließlicher Rechte tätig oder ein öffentlicher Auftraggeber kann einen beherrschenden Einfluss ausüben, der beispielsweise durch Mehrheitsanteile nach § 100 Abs. 3 GWB vermittelt wird. Auch dieser Aspekt ist davon abhängig, ob eine gemischtwirtschaftliche Gesellschaft als Projektgesellschaft gegründet wurde oder die Projektgesellschaft ausschließlich vom privaten Kooperationspartner gehalten wird (→ Rn. 10).

84   **bb) Ausübung einer Sektorentätigkeit.** Weiter muss eine Sektorentätigkeit nach § 102 GWB ausgeübt werden. Eine solche ist insbesondere bei speziellen Tätigkeiten im Bereich Wasser, Elektrizität, Gas und Wärme, Verkehrsleistungen sowie Häfen und Flughäfen gegeben.[77]

---

[75] OLG Hamburg NZBau 2014, 659 (661 f.); BeckOK VergR/Bungenberg/Schelhaas GWB § 99 Rn. 64.
[76] BeckOK VergR/Bungenberg/Schelhaas GWB § 99 Rn. 68.
[77] RKPP/Opitz GWB § 102 Rn. 14 ff.

§ 23 Verfassungs- und verwaltungsrechtliche Vorgaben für Informationsbeziehungen betreffend das Öffentliche Unternehmen

Prof. Dr. Martin Burgi

Übersicht

	Rn.
I. Informationen als Voraussetzung der Einwirkung und als Instrument der externen Kontrolle	1
1. Funktionen	5
2. Akteure	9
a) Ebene der Gebietskörperschaft	10
b) Ebene des öffentlichen Unternehmens	16
II. Einwirkung über Berichterstattung durch das Unternehmen (Überblick)	18
III. Einwirkung über Informationsbeschaffung durch beteiligungsführendes Ministerium bzw. Bürgermeister	22
1. Verfassungsrechtliche Vorgaben	22
a) Informationsbeschaffung im demokratischen Legitimationszusammenhang	22
b) Auch im Falle der Aufgabenerfüllung vermittels eines öffentlichen Unternehmens	29
c) Versubjektivierung durch Informationsanspruch von Parlament und einzelnen Abgeordneten	34
d) Allgemeine Grenzen der Informationsgewährung gegenüber dem Parlament	38
e) Zusätzliche Grenzen der Informationsbeschaffung im öffentlichen Unternehmen	41
2. Verwaltungsrechtliche Vorgaben	47
a) Betreffend die Informationsbeschaffung über die Anteilseignerversammlung bzw. direkt über den Vorstand	48
b) Betreffend die Informationsbeschaffung über die entsandten Mitglieder des Überwachungsorgans	50
3. Kommunalspezifische Besonderheiten	58
a) Besonderheiten bei den verfassungsrechtlichen Vorgaben	59
b) Besonderheiten bei den verwaltungsrechtlichen Vorgaben	63
IV. Externe Kontrolle über Berichterstattung und Auskunftspflichten (Überblick)	72
1. Bundesrechnungshof und Rechnungshöfe der Länder	74
2. Bürger und Presse	77
a) Berichterstattungspflichten	77
b) Informationsfreiheits- und Pressegesetze	79

Literatur

Burgi, Die Deutsche Bahn zwischen Staat und Wirtschaft, NVwZ 2018, 601; Dietlmeier, Rechtsfragen der Publizität im kommunalen Unternehmensrecht, Berlin, 2015; Gröpl (Hrsg.), BHO/LHO, 2. Aufl., München, 2019; Huber/Fröhlich, Sondervorschriften bei Beteiligung von Gebietskörperschaften: Vorbemerkungen zu den §§ 394, 395; Anhang §§ 53, 54 HGrG, in: Hopt/Wiedemann, AktG, 4. Aufl., Berlin, 2015; Koch, Öffentlich-rechtliche Informationsrechte versus aktienrechtliche Verschwiegenheitspflichten, FS Schmidt-Preuß, Berlin, 2018; Koch, Die hoheitlich beherrschte AG nach der Deutsche Bahn-Entscheidung des Bundesverfassungsgerichts, ZHR 183 (2019), 7; Mann, Die öffentlich-rechtliche Gesellschaft, Tübingen, 2022; Ristelhuber, Information und Verschwiegenheit kommunaler Aufsichtsräte, NWVBl 2016, 359; Traut, Die Corporate Governance von Kapitalgesellschaften der öffentlichen Hand, 2013; Weiser-Saulin, Public Corporate Governance kommunaler Unternehmen, Baden-Baden, 2021; Werner, Auskunftsansprüche der Öffentlichkeit gegenüber Aktiengesellschaften unter Beteiligung der öffentlichen Hand, NVwZ 2019, 449.

I. Informationen als Voraussetzung der Einwirkung und als Instrument der externen Kontrolle

1 Der Informationsordnung im Dreieck zwischen Staat, öffentlichem Unternehmen und Externen einen eigenständigen Abschnitt zu widmen, rechtfertigt sich durch die allgemein gewachsene **Bedeutung** von Informationen zum ersten und mit dem gestiegenen Bewusstsein für die Rolle der öffentlichen Unternehmen als Adressaten von Informationspflichten und gegenständliche Träger von Informationen, das vermehrt in juristische Auseinandersetzungen mündet, zum zweiten.

2 Aus der Sicht des Rechts der **Verwaltung** (der die öffentlichen Unternehmen zurechnen; → § 1 Rn. 13 f.) geht es dabei um fortbestehende Steuerung und Kontrolle trotz der mit der Gründung eines öffentlichen Unternehmens einhergehenden Verselbständigung (zumal wenn dieses privatrechtsförmig organisiert ist; → § 18 Rn. 12 ff.). Es liegt auf der Hand, dass die Informationsbeziehungen bei Einschaltung eines öffentlichen Unternehmens jedenfalls teilweise anders gestaltet sind als im Verhältnis zwischen Verwaltungseinheiten herkömmlicher Art, namentlich zwischen Behörden der unmittelbaren bzw. mittelbaren, jedenfalls öffentlich-rechtlich organisierten Staatsverwaltung. Aus der Sicht der **Bürger** steht das Leitmotiv der Transparenz im Vordergrund, hier verstanden als „Partizipation am Wissen der Exekutive".[1]

3 Wie stets, verspricht eine vergrößerte Transparenz auch beim Umgang mit öffentlichen Unternehmen den Abbau bestehender Informationsasymmetrien (zwischen tragender Gebietskörperschaft und Unternehmen sowie zwischen Unternehmen und Bürgern), eine frühere Risikoerkennung, bessere Kontrollierbarkeit der Erfolge und bessere Erfüllung gesetzlicher wie selbstgesetzter Vorgaben. Umgekehrt kann ein zu viel an **Transparenz** die Funktionsfähigkeit des staatlichen wie des unternehmerischen Handelns beeinträchtigen, dadurch eine erfolgreiche Aufgabenerfüllung gefährden oder vereiteln, etwaige Schutzbedürfnisse missachten und letzten Endes die Beachtung rechtlicher oder selbstgesetzter Vorgaben verfehlen.[2]

4 Wiederum interessiert in diesem Handbuch dabei weniger das Finanz- und Wirtschaftlichkeitsgebaren von Staat und Kommunen als Unternehmer, sondern die Aufgabenerfüllung vermittels einer spezifischen Organisationsstruktur, die dadurch ihrerseits (auch) von verfassungs- und verwaltungsrechtlichen Vorgaben erfasst wird. Im Mittelpunkt stehen daher **Informationen** über das Geschäftsgebaren, die Leistungen einzelner Unternehmensbereiche und konkret die Verwirklichung des stets zwingend zugrundeliegenden öffentlichen Zwecks (→ § 18 Rn. 3) und die Beachtung der spezifisch öffentlich-rechtlichen, aber auch der privatrechtlichen (mithin ihrerseits vom Staat geschaffenen) gesetzlichen Vorgaben[3] bei der Aufgabenerfüllung.

1. Funktionen

5 Grundlegend ist wie folgt zu **unterscheiden:** Der Informationsaustausch zum Zwecke der steuernden oder kontrollierenden Einwirkung auf das öffentliche Unternehmen, die sich wiederum entweder durch die Erstattung formalisierter Berichte durch das Unternehmen (→ Rn. 18 ff.) oder durch die Informationsbeschaffung durch das beteiligungsführende Ministerium bzw. auf der kommunalen Ebene durch den Bürgermeister vollzieht (→ Rn. 22 ff.), von der Gewährung von Informationen an Externe, die primär dem Zwecke der Kontrolle des unternehmerischen Tätigwerdens dient (→ Rn. 72 ff.).

---

[1] Zum Ganzen VEM VerwR/Gusy § 23 Rn. 1 ff. mwN.
[2] Vgl. Storr, Staat als Unternehmer, 537 ff.; Weiser-Saulin, Public Cooperate Governance, 130 f.
[3] Allgemein zur Unterscheidung zwischen „Finanz- und Wirtschaftlichkeitskontrolle" einerseits, Aufgabenerfüllungskontrolle andererseits, Mann, Gesellschaft, 230 ff. Freilich lassen sich die in Frage stehenden Informationen nicht immer trennscharf dem einen oder dem anderen Bereich zuordnen, wie sich namentlich an den Gegenständen des Abschlussprüfungsberichtes nach § 53 Abs. 1 Nr. 1 HGrG zeigt, wenn in dessen Rahmen auch auf die „Ordnungsmäßigkeit der Geschäftsführung" einzugehen ist (→ Rn. 19).

Die Informationsbeziehungen im Kontext der **steuernden und kontrollierenden** 6
Einwirkung auf das öffentliche Unternehmen sind durch den Umstand gekennzeichnet, dass die Organe des Unternehmens regelmäßig über einen Informationsvorsprung gegenüber den Organen der für die Erfüllung der jeweiligen staatlichen bzw. kommunalen Aufgaben letzten Endes verantwortlichen staatlichen bzw. kommunalen Gebietskörperschaft verfügen.[4] Da die Gebietskörperschaften aber einer verfassungsrechtlich fundierten Einwirkungspflicht unterliegen (→ ausführlich § 18 Rn. 53 ff.), müssen sie ihrerseits über Informationen verfügen, um über den Einsatz ihrer verschiedenen Einwirkungsrechte (beispielsweise den Erlass einer Weisung) entscheiden zu können; die Beschaffung von Informationen ist damit zugleich Voraussetzung der Erfüllung der Einwirkungspflicht und gleichsam erstes Einwirkungsrecht. Dies dient jeweils der Einhaltung der fortbestehenden Bindung an den zugrunde gelegten öffentlichen Zweck und der Einhaltung der jeder staatlichen Tätigkeit gezogenen rechtlichen Grenzen.[5] Betroffen ist die steuernde ebenso wie die kontrollierende Einwirkung auf das öffentliche Unternehmen.

Im Kontext der Transparenz **nach außen** ermöglichen Informationen die **Kontrolle** der 7
wirtschaftlichen Betätigung des Staates bzw. der Kommune vermittels eines Unternehmens durch die Bürger, die Presse und durch die Rechnungshöfe.[6] Auch dies kann sowohl durch die Erstattung von Berichten durch das Unternehmen als auch durch die Informationsbeschaffung ausgehend von den jeweiligen Externen, insbesondere vermittels von Informationsansprüchen der Bürger, bewirkt werden (→ Rn. 72 ff.).

Das Recht der Informationsbeziehungen betreffend das Öffentliche Unternehmen ist in 8
besonderer Weise durch einen **Verbund** von verfassungs- und verwaltungsrechtlichen Vorgaben (die in diesem Abschnitt dargestellt werden) und den informationsbezogenen gesellschaftsrechtlichen Bestimmungen geprägt. Wie stets, müssen die verfassungs- und verwaltungsrechtlichen Vorgaben (Letzteres verstanden als Verwaltungsrecht im engeren Sinne; → § 1 Rn. 10) im **Gesellschaftsrecht** umgesetzt werden bzw. umsetzbar sein können. Denn das Gesellschaftsrecht enthält seinerseits verschiedene Vorgaben betreffend Pflichten zur Berichterstattung, zur Gewährung bzw. Beschaffung von Informationen im Verhältnis zwischen dem öffentlichen Unternehmen und der es tragenden Gebietskörperschaft bzw. deren Organen, aber auch zu Verschwiegenheitspflichten. All das wird in → § 25 Rn. 125 ff. ebenfalls in einem gesonderten Abschnitt dargestellt. Indem die verfassungs- und verwaltungsrechtlichen Vorgaben im hier vorliegenden Abschnitt hiervon abgesetzt dargestellt werden, wird die Informationsordnung betreffend das öffentliche Unternehmen ihrerseits transparenter.

2. Akteure

Dies setzt zuallererst **Klarheit** hinsichtlich **der überhaupt und in verschiedenen Situa-** 9
tionen involvierten Akteure voraus. Dabei ist zunächst zwischen der Gebietskörperschaft, der das Unternehmen vollständig oder jedenfalls mehrheitlich gehört und dem Unternehmen selbst zu unterscheiden.

a) Ebene der Gebietskörperschaft. Auf der Ebene der Gebietskörperschaft (Bund, Land 10
oder Kommune) agiert diese als juristische Person in der Rolle der Gesellschafterin. Unter ihren Organen ist dasjenige Ministerium von herausgehobener Bedeutung, das als sog. **beteiligungsführendes Ministerium** anzusehen ist. Vielfach (aber nicht immer)[7] ist dies dasjenige Ministerium, in dessen Ressort die von dem Unternehmen zu erfüllenden Aufgaben in fachlicher Hinsicht gehören (bei der DB AG beispielsweise das Bundesverkehrsministerium).

---

[4] Dietlmeier, Publizität, 76 f.
[5] Sydow NVwZ 2006, 986 (987); WSG Komm. Unternehmen/Breitenbach E III Rn. 100.
[6] Vgl. Bröhmer, Transparenz als Verfassungsprinzip, 2004, 18; Schoch IFG/Schoch Einl Rn. 49.
[7] Zu den verschiedenen organisatorischen Optionen und ihren Vor- und Nachteilen vgl. Mann, Gesellschaft, 251.

11　Teilweise obliegt aber auch dem jeweiligen **Finanzministerium** die Beteiligungsverwaltung. In jedem Fall ist dieses gemäß § 65 Abs. 2–4 BHO/LHO im Falle einer Veräußerung hinzuzuziehen.

12　Eine nochmals andere Rolle spielt das in Anlage 8 der „Richtlinien für eine aktive Beteiligungsführung bei Unternehmen mit Bundesbeteiligung" (Teil 2 des B-PCGK) sog. „**entsendende**" **Ministerium**; dieses adressiert Anlage 7 für den Fall, dass Mitglieder in das Überwachungsorgan des Unternehmens (den Aufsichtsrat) von einem Ministerium entsandt werden, das nicht selbst das beteiligungsführende Ministerium ist.

13　Auf der kommunalen Ebene entspricht dem „beteiligungsführenden Ministerium" auf Bundes- und Landesebene der **Bürgermeister,** der aber wiederum seinerseits innerhalb der Kommunalverwaltung die Beteiligungsverwaltung einer anderen Behörde, etwa der Kämmerei, anvertrauen kann. Nichtsdestoweniger bleibt er das nach außen vertretungsberechtigte Organ.

14　Das beteiligungsführende Ministerium bzw. der Bürgermeister ist seinerseits dem **Parlament** (Bundes- oder Landtag) bzw. dem **Gemeinderat** (Kreistag etc.) verantwortlich. Von diesem Kollegialorgan wiederum zu unterscheiden sind seine einzelnen **Mitglieder,** dh die Bundes- bzw. Landtagsabgeordneten bzw. die Ratsmitglieder.

15　Der Bundes- bzw. Landesrechnungshof ist ebenfalls ein Organ des Bundes bzw. des jeweiligen Landes. Ihm obliegt aber nicht die steuernde bzw. kontrollierende Einwirkung, sondern er ist generell als Organ der (sachlich betrachtet) externen Kontrolle (gegenüber den zu kontrollierenden Stellen der Regierung) konstituiert, weswegen die ihm gegenüber bestehenden Informationsbeziehungen im Abschnitt über die „Externe Kontrolle" (→ Rn. 72 ff.) dargestellt werden.

16　**b) Ebene des öffentlichen Unternehmens.** Auf der Ebene des öffentlichen Unternehmens ist dieses selbst (als juristische Person, vertreten durch den Vorstand bzw. den Geschäftsführer) von den einzelnen Unternehmensorganen zu unterscheiden. Die im vorliegenden Zusammenhang relevanten Organe sind der **Vorstand** bzw. der **Geschäftsführer** sowie das sog. **Überwachungsorgan,** nachfolgend (wenn auch vereinfachend) „Aufsichtsrat" genannt.

17　Ebenfalls auf der Ebene des Unternehmens angesiedelt ist (bei der GmbH) die Gesellschafterversammlung; bei der AG wird eine strukturell damit teilweise vergleichbare Mitwirkungsmöglichkeit der Anteilseigner über die Hauptversammlung zur Verfügung gestellt (→ Rn. 48). Zusammenfassend kann hier (im Anschluss an den B-PCGK) die Bezeichnung „**Anteilseignerversammlung**" verwendet werden. Dort agiert als **Anteilseigner** jeweils die Gebietskörperschaft als juristische Person, wiederum vertreten durch das beteiligungsführende Ministerium bzw. den Bürgermeister.

II. Einwirkung über Berichterstattung durch das Unternehmen (Überblick)

18　Das **Verfassungsrecht** lässt keine Differenzierung zwischen der Pflicht zur regelmäßigen Erstattung formalisierter Berichte (Berichterstattung durch das Unternehmen) und der Gewährung von Auskünften auf individuelle Anfrage erkennen. Das einfache Recht kennt hingegen zahlreiche Pflichten zur Berichterstattung im Gesellschafts-, Handels- und Kapitalmarktrecht, die auf das **Finanz- und Wirtschaftsgebaren** des Unternehmens zielen und daher nachfolgend nicht zu vertiefen sind, obwohl sie selbstverständlich (bei Vorliegen der jeweiligen tatbestandlichen Voraussetzungen (→ § 1 Rn. 14)) auch für öffentliche Unternehmen gelten. § 65 Abs. 1 Nr. 4 BHO/LHO verpflichtet die staatlichen bzw. kommunalen Unternehmensträger explizit dazu, dass die Erstellung und Prüfung des Jahresabschlusses und Lageberichts des Unternehmens „in entsprechender Anwendung der Vorschriften des dritten Buchs des HGB für große Kapitalgesellschaften erfolgt, soweit nicht sogar weitergehende gesetzliche Vorschriften eingreifen".[8]

---

[8] Zu den Einzelheiten Gröpl BHO/LHO/Wernsmann BHO § 65 Rn. 12 f.

Auf der Ebene des einfachen Rechts begründet § 53 Abs. 1 HGrG das Recht der ein 19
Unternehmen tragenden Gebietskörperschaft (und zwar bereits dann, wenn ihr „mindestens der vierte Teil der Anteile" und zusammen mit anderen Gebietskörperschaften die Mehrheit der Anteile zusteht) zu verlangen, dass das Unternehmen im Rahmen der Abschlussprüfung „auch die Ordnungsmäßigkeit der Geschäftsführung prüfen lässt" (§ 53 Abs. 1 Nr. 1 HGrG). Wie bereits festgestellt (→ Rn. 18), ergibt sich hier eine gewisse Überschneidung zwischen der (jedoch deutlich dominierenden) Finanz- und Wirtschaftlichkeitskontrolle mit der im vorliegenden Zusammenhang allein interessierenden Aufgabenerfüllungskontrolle. Jedenfalls geht die **„erweiterte Jahresabschlussprüfung"** über die nach Handelsrecht vorgesehenen Prüfungsgegenstände hinaus. Dabei liefert der B-PCGK zusätzliche Empfehlungen und Anregungen, die der Abschlussprüfer hierbei heranziehen kann.[9] Über die sich aus dem B-PCGK ergebende Pflicht zur Erstattung eines „Corporate-Governance-Berichts" und der hierin vorgesehenen sog. Entsprechenserklärung nach Ziffer 7.1 B-PCGK wird in → § 19 Rn. 84 ff. ausführlich berichtet.

Dem zur Seite treten die gemäß Ziffer 4.1.3 B-PCGK zur Statuierung empfohlenen 20
Pflichten zur **„Regel- und Sonderberichterstattung"**. Sie beziehen sich auf die Geschäftsführung, welche das Überwachungsorgan mit ausreichenden Informationen versorgen soll, insbesondere im Hinblick auf die Wahrnehmung von dessen Kontrollauftrag (→ § 19 Rn. 93). In § 69a BHO/LHO ist die Verpflichtung der Regierung zur regelmäßigen Unterrichtung eines mit den (Bundes-)Schulden befassten Gremiums bzw. dem Haushaltsausschuss vorgesehen.

Bei allen in Erfüllung einer sonach ggf. bestehenden Pflicht zur „Berichterstattung" 21
tatsächlich erstatteten Berichten greifen die modifizierenden Vorschriften der §§ 394, 395 AktG über Ausnahmen betreffend die Verschwiegenheitspflichten (→ § 25 Rn. 133 ff.) ein.[10] Missachtet das Unternehmen die ihm durch Gesetz bzw. Unternehmenssatzung/Gesellschaftsvertrag (unter Orientierung am B-PCGK oder den PCGK auf Landesebene) bzw. im kommunalrechtlichen Kontext auferlegte Pflicht zur Berichterstattung, kennen die verwaltungsrechtlichen Vorschriften **kein spezifisches Sanktionsregime.** Vielmehr greifen insoweit die allgemeinen Regeln des Gesellschaftsrechts für etwaiges Fehlverhalten im Verhältnis zwischen den Unternehmensorganen ein.

III. Einwirkung über Informationsbeschaffung durch beteiligungsführendes Ministerium bzw. Bürgermeister

1. Verfassungsrechtliche Vorgaben

a) Informationsbeschaffung im demokratischen Legitimationszusammenhang. 22
aa) Grundlagen. Das BVerfG hat schon längere Zeit vor dem aktuellen Urteil betreffend die Deutsche Bahn AG vom 7.11.2017[11] die Informationsbeziehungen zwischen der Regierung und dem Parlament im „Kontext demokratischer Legitimation" des Regierungshandelns entwickelt.[12] Als normative Grundlagen werden dabei das Demokratieprinzip, der Grundsatz der Gewaltenteilung (Art. 20 Abs. 2 GG) und (soweit es um Ansprüche einzelner Abgeordneter geht; → Rn. 34) Art. 38 Abs. 1 S. 2 GG identifiziert. Die Informationsbeschaffung seitens der Regierung bei ihr nachgeordneten Stellen und die Gewährung dieser Informationen gegenüber dem **Parlament** soll diesem die Ausübung seiner **Kontrollfunktion** ermöglichen, welche ihrerseits Ausdruck der aus dem Demokratieprinzip folgenden Verantwortlichkeit der Regierung gegenüber dem Parlament ist. Neben der Gewährung von Informationen als solchen konstituiert das BVerfG insoweit auch eine

---

[9] Näher Mann, Gesellschaft, 233 f.; ausführlich Fleischer/Beyer IDW wp/online, 2012, 370 ff.
[10] Ausführlich Hopt/Wiedemann/Huber/Fröhlich AktG § 394 Rn. 31.
[11] BVerfG Urt. v. 7.11.2017, 2 BvE 2/11, NVwZ 2018, 51.
[12] BVerfG NVwZ 2018, 51 Rn. 217 ff., im Anschluss an BVerfGE 13, 123 = NJW 1961, 1913; BVerfGE 57, 1 = NJW 1981, 1359; BVerfGE 105, 279 (306) = NJW 2002, 2626; BVerfGE 137, 185 (230 f.) = NVwZ 2014, 1652 Rn. 129.

"Pflicht zur fragestellerfreundlichen Auslegung"[13] und eine „Pflicht zur Begründung der Antwortverweigerung"[14].

23   Eine zweite, langjährige Rechtsprechungslinie besteht auf der Ebene verschiedener Landesverfassungsgerichte, die bereits vor dem BVerfG auch nachgeordnete Stellen bzw. Unternehmen in den Verantwortungsbereich der jeweils informationspflichtigen Regierung einbezogen hatten.[15] Aber **auch in Ländern,** in denen keine eindeutigen Rechtsgrundlagen in der Landesverfassung bzw. keine einschlägigen Judikate des jeweiligen Landesverfassungsgerichts bestehen, folgt die Pflicht zur Informationsgewährung der Regierung gegenüber dem Parlament und das Bestehen darauf gerichteter Ansprüche einzelner Abgeordneter aus der sog. Homogenitätsklausel nach Art. 28 Abs. 1 S. 2 GG. Danach muss die Verfassungsordnung in den Ländern „den demokratischen und rechtsstaatlichen Grundsätzen" entsprechen.[16]

24   Nach der (zutreffenden und innerhalb der Verfassungsrechtswissenschaft unstreitigen) Vorstellung des BVerfG kann nur das vom Volk gewählte Parlament den Organ- und Funktionsträgern der Regierung und der Verwaltung auf allen ihren Ebenen demokratische Legitimation vermitteln. Dabei werde die „sachlich-inhaltliche Legitimation" der Verwaltung (vgl. bereits → § 18 Rn. 37 f.) durch die Gesetzesbindung und die Bindung an Aufträge und Weisungen der Regierung vermittelt. Die Regierung wiederum entfalte Legitimationswirkung aufgrund ihrer Verantwortlichkeit gegenüber der Volksvertretung. **Fehlende Informationen** infolge angeblich bestehender Geheimhaltungspflichten sind vor diesem Hintergrund als Beschränkungen der parlamentarischen Kontrollmöglichkeiten und damit als Beeinträchtigung oder gar Unterbrechung der Herstellung des notwendigen demokratischen Legitimationszusammenhangs zu begreifen.

25   **bb) Vorliegen einer „Entscheidung".** Nicht jegliche Aktivität der Regierung löst eine Pflicht zur Informationsbeschaffung bei nachgeordneten Stellen bzw. zur Informationsgewähr an Abgeordnete aus. Denn nach wiederum ständiger Rechtsprechung des BVerfG bedarf „nur" dasjenige amtliche Handeln der demokratischen Legitimation, das einen **„Entscheidungscharakter"** aufweist.[17] Aktivitäten der Regierung, die lediglich „behördenintern die Voraussetzungen für die Wahrnehmung der Amtsaufgaben schaffen"[18] oder „die Wahrnehmung von Mitentscheidungsbefugnissen und die Ausübung von Vorschlagsrechten"[19], lösen keine Informationspflicht aus.

26   Dieses Erfordernis hat unmittelbar die Konsequenz, dass im Falle einer unternehmerischen Betätigung vermittels eines öffentlichen Unternehmens (näher sogleich) **nicht das Unternehmen selbst,** sondern (wenn überhaupt) die Regierung Adressat der Informationsansprüche ist. Auch deren Maßnahmen müssen eine Intensitätsschwelle überschreiten, die mit dem Begriff der „Entscheidung" erfasst und als „Staatsgewalt im formellen Sinne" bezeichnet wird.[20]

27   Kontrolle dürfe „in der Regel" nicht zu einem „Mitregieren" bei Entscheidungen führen. Dies sei aber der Fall bei Informationen aus dem Bereich der „Vorbereitung von Regierungsentscheidungen ..., dh solange die Entscheidung noch nicht getroffen ist". Die Kontrollkompetenz (und damit auch die Pflicht zur Informationsbeschaffung bei nach-

---

[13] BVerfG NVwZ 2018, 51 Rn. 251 f.
[14] BVerfG NVwZ 2018, 51 Rn. 253 ff.
[15] BayVerfGH 59, 144 = NVwZ 2007, 204 Rn. 421 ff.; BayVerfGH BeckRS 2014, 49978 Rn. 70 ff.; VerfGH NRW Urt. v. 2018, 7/07 Rn. 246; VerfG LSA NVwZ 2000, 671 (672); SächsVerfGH U. v. 5.11.2009 – 133-I-08 Rn. 107 ff.; ausführlich hierzu Teuber, Parlamentarische Informationsrechte, 2007, 194 f.
[16] Dies übersieht Koch, FS Schmidt-Preuß, 386.
[17] BVerfGE 77, 1 (40) = NJW 1988, 890; BVerfGE 93, 37 (66) = NVwZ 1996, 574; BVerfGE 130, 76 (123) = NJW 2012, 1563; BVerfG NVwZ 2018, 51 (55) Rn. 218 f.
[18] BVerfGE 107, 59 (87).
[19] BVerfGE 107, 59 (87); Hopt/Wiedemann/Huber/Fröhlich AktG Vorb §§ 394, 395 Rn. 21.
[20] BVerfGE 83, 60 (73) = NJW 1991, 159; vertiefend Jestaedt, Demokratieprinzip und Kondominialverwaltung, 1993, 257; Burgi NVwZ 2018, 601 (604 f.).

geordneten Stellen sowie die Pflicht zur Weitergabe der Informationen an Abgeordnete) kann sich somit grundsätzlich „nur auf **bereits abgeschlossene Vorgänge**" beziehen und enthält nicht die Befugnis, „in laufende Verhandlungen und Entscheidungsvorbereitungen einzugreifen".[21]

Anders liegen die Dinge, wenn bereits eine „Entscheidung" in diesem Sinne erfolgt ist. 28 Dann erfasst die Pflicht zur Informationsgewährung auch das **Vorfeld jener Entscheidung,** weil in dieser Situation kein „Mitregieren" mehr drohen würde.

b) Auch im Falle der Aufgabenerfüllung vermittels eines öffentlichen Unternehmens. Wie bereits ausführlich festgestellt (→ Rn. 22), besteht das Erfordernis eines demokratischen Legitimationszusammenhangs, in den die Pflicht zur Informationsbeschaffung und etwaige Rechte auf Informationsgewährung nach dem Vorstehenden eingebettet sind, auch dann, wenn sich der Staat eines öffentlichen Unternehmens bedient. Dabei ist gleichgültig, ob dieses sich vollständig oder mehrheitlich in staatlicher bzw. kommunaler Hand befindet, und ob es in öffentlich-rechtlicher oder privatrechtlicher Form organisiert ist. In allen Fällen **ändert sich nichts** an der Aufgabe des Parlaments bzw. des Rates der kommunalen Gebietskörperschaft, das Agieren der Regierung bzw. des Bürgermeisters auch hinsichtlich deren Betätigung in Rahmen ihrer Beteiligung an öffentlichen Unternehmen zu steuern und zu kontrollieren.[22] Entscheidend ist hierbei ein „hinreichendes Legitimationsniveau". 29

Legitimationspflichtig ist zunächst das Handeln des staatlichen bzw. kommunalen 30 Unternehmensträgers in seiner Eigenschaft als Inhaber des Unternehmens. Typische Formen der **Ausübung der Eigentümerrechte** (die mithin legitimations- und informationspflichtig sind) sind die Mitwirkung bei der Bestellung der Aufsichtsräte sowie der Einsatz verschiedener Einwirkungsrechte gegenüber Organen des Unternehmens, etwa der Erlass von Weisungen.

Sodann sieht das BVerfG die **Tätigkeiten der** mehrheitlich oder vollständig in der Hand 31 des Staates befindlichen **Unternehmen** „dem Verantwortungsbereich der Regierung unterfallend".[23] Dies hat die Konsequenz, dass der Staat einer Einwirkungspflicht unterliegt und sich „hinreichender Einwirkungsrechte" auf das Unternehmen vorbehalten muss (ausführlich und mit weiteren Nachweisen → § 18 Rn. 57 ff.). Neben den Einwirkungsrechten bei der Auswahl, Bestellung und Abberufung der entsandten Vertreter insbesondere in den Aufsichtsrat des Unternehmens (näher → § 19 Rn. 60 ff.) und den Weisungsrechten (näher → § 21 Rn. 101 f.) nennt das BVerfG hierbei ausdrücklich auch „Berichtspflichten", denen die in den Aufsichtsrat entsandten Vertreter des Staates unterworfen seien.

Dabei zieht das BVerfG einen **Vergleich** mit der Erfüllung von Aufgaben innerhalb der 32 klassischen, hierarchisch strukturierten **Ministerialverwaltung.** Dort bestünde ein „fachaufsichtliches Instrumentarium aus umfassenden Informations- und unbeschränkten Weisungsrechten". Zwar würde dieses Arsenal hinsichtlich seiner Zusammensetzung und Intensität im Hinblick auf ein öffentliches Unternehmen „zurückbleiben"; die Regierung könne sich aber auch hier „nicht ihrer Verantwortung begeben".[24]

Anders als die bereits oben skizzierten (→ Rn. 18 f.) allgemeinen Pflichten des Unternehmens zur Berichterstattung gegenüber dem Unternehmensträger wird diese Art der Informationspflicht dem Grunde nach mithin **explizit verfassungsrechtlich** verortet und ist der Disposition durch den einfachen Gesetzgeber oder gar der Regierung selbst entzogen. Mit anderen Worten: Wenn sich der Staat des Instruments eines öffentlichen Unternehmens bedient, muss er als Voraussetzung für die Erfüllung seiner Einwirkungspflicht als eines von mehreren Einwirkungsrechten jedenfalls gewährleisten, dass er über aus den Reihen des Parlaments begehrte und von ihm selbst zur Steuerung und Kontrolle des 33

---

[21] BVerfG NVwZ 2018, 51 Rn. 229.
[22] BVerfG NVwZ 1999, 1905; BVerfG NVwZ 2018, 51 Rn. 219.
[23] BVerfG NVwZ 2018, 51 (54) Rn. 216 und 219. Ebenso Koch ZHR 183 (2019), 7 (13).
[24] BVerfG NVwZ 2018, 51 (56) Rn. 225.

Unternehmens benötigte Informationen verfügt. Die im AktG adressierten „Berichtspflichten" (in § 394 AktG; näher → Rn. 45 f.) werden vom BVerfG in diesem Zusammenhang ausdrücklich als Ausfluss jener verfassungsrechtlichen Vorgaben begriffen.[25]

34 **c) Versubjektivierung durch Informationsanspruch von Parlament und einzelnen Abgeordneten.** Im Unterschied zu den anderen Einwirkungsrechten (Entsendung von Vertretern in den Aufsichtsrat, Erlass von Weisungen etc.) geht es bei der Informationsbeschaffung und -gewährung nicht ausschließlich um die Erfüllung verfassungsrechtlicher Pflichten. Vielmehr sind die Informationsbeziehungen dadurch versubjektiviert, dass das BVerfG[26] dem Deutschen Bundestag in Gesamtheit, jedem einzelnen Abgeordneten und den Fraktionen (nach näherer Maßgabe der Ausgestaltung in der Geschäftsordnung des Deutschen Bundestages) als Zusammenschlüssen von Abgeordneten ein **subjektives Frage- und Informationsrecht** einräumt. Dessen Rechtsgrundlage befindet sich ebenfalls in Art. 38 Abs. 1 S. 2 und Art. 20 Abs. 2 S. 2 GG. Dieses Recht kann der Bundestag selbst (was unrealistisch erscheint, da sich hierfür kaum einmal eine Mehrheit im Bundestag finden wird), aber (und praktisch betrachtet) vor allem auch jeder einzelne Abgeordnete bzw. jede einzelne (Oppositions-)Fraktion durchsetzen, und zwar im Organstreitverfahren nach Art. 93 Abs. 1 S. 1 Nr. 1 GG.[27]

35 **Adressat** dieses Anspruchs (wie bereits der ihm vorausliegenden Pflicht) ist **die Regierung** (und dort das beteiligungsführende Ministerium), nicht das Unternehmen selbst.[28] Dieses ist in den vorliegenden Zusammenhängen des Frage- und Informationsrechts das Objekt, auf das sich die Fragen bzw. Informationen beziehen.

36 Die Durchsetzung des Frage- und Informationsrechts gegenüber dem öffentlichen Unternehmen spielt sich somit auf einer **zweiten Ebene von Informationsbeziehungen** ab. Auf dieser zweiten Ebene geht es um die Informationsbeschaffung und -gewähr im Verhältnis zwischen dem beteiligungsführenden Ministerium und dem Unternehmen bzw. den Organen des Unternehmens. Neben einzelnen verwaltungsrechtlichen Vorgaben ist auf dieser zweiten Ebene insbesondere das Gesellschaftsrecht maßgeblich. Die entscheidenden Weichenstellungen sind allerdings durch die verfassungsrechtliche Verankerung der Pflicht zur Informationsbeschaffung im demokratischen Legitimationszusammenhang und durch seine Versubjektivierung bereits erfolgt.

37 Die **Anforderungen an das Wie** der Erfüllung des parlamentarischen Informationsanspruchs können an dieser Stelle nicht vertieft erörtert werden.[29] Grundsätzlich muss die Regierung den Abgeordneten die zur Auswirkung ihrer Kontrollaufgabe erforderlichen Informationen zeitnah, vollständig und zutreffend verschaffen (innerhalb der sogleich noch darzustellenden Grenzen). Umgekehrt müssen die Informationsverlangen der Abgeordneten hinreichend bestimmt, sachlich eingegrenzt oder eingrenzbar sein und die Abgeordneten sind ihrerseits verpflichtet, sich öffentlich zugängliche Informationen selbst zu beschaffen. Möchte die Bundesregierung im Einzelfall die Auskunft verweigern, sich also auf eine der sogleich darzustellenden Grenzen berufen, muss sie nachvollziehbar, dh substantiiert erklären, aus welchem Grunde sie die angeforderten Informationen beispielsweise für geheimhaltungsbedürftig hält. Ein milderes Mittel gegenüber der Annahme einer Grenze des Informationsanspruchs sieht das BVerfG[30] in der Wahl sachlich einschränkender Formen der (aber dann immerhin stattfindenden) Informationsvermittlung. Die Einzel-

---

[25] BVerfG NVwZ 2018, 51 (56) Rn. 225.
[26] Zuletzt und mit zahlreichen Verweisen auf frühere Entscheidungen BVerfG NVwZ 2018, 51 ff., mit Anmerkungen von Hamdorf/Moradi/Karkaj DVBl 2018, 823; Hillgruber JA 2018, 238; Katz NVwZ 2018, 1091; Gersdorf DÖV 2018, 789 (795 ff.); Kerst GWR 2017, 474; Burgi NVwZ 2018, 601; Poschmann NVwZ 2018, 71; Kersting WPg 2018, 392; Schockenhoff NZG 2018, 521; M. Mann AG 2018, 57; Koch, FS Schmidt-Preuß, 378 ff.; Koch ZHR 183 (2019), 7 (8).
[27] Vgl. dazu BeckOK GG/Butzer GG Art. 38 Rn. 873.
[28] Koch ZHR 183 (2019), 7 (10 f.).
[29] Zu den Einzelheiten mit zahlreichen Nachweisen BeckOK GG/Butzer GG Art. 38 Rn. 148 ff.
[30] BVerfG NVwZ 2018, 51 Rn. 200 ff.

heiten sind durch die (aber ihrerseits verfassungskonform auszulegende bzw. weiterzuentwickelnde) Geheimschutzordnung (Anlage 3 der GeschO BT) geregelt.[31] Daran schließt sich die (hier ebenfalls nicht zu vertiefende) Frage an, unter welchen (selten eingreifenden) Voraussetzungen die einmal statthaft erlangten Informationen durch die Abgeordneten bzw. das Parlament nicht in die Öffentlichkeit getragen bzw. dort behandelt werden dürfen.

d) Allgemeine Grenzen der Informationsgewährung gegenüber dem Parlament. 38
Da der parlamentarische Informationsanspruch ua im Gewaltenteilungsgrundsatz wurzelt (→ Rn. 22), ergibt sich eine erste, allgemeine Grenze aus dem sog. **Kernbereich exekutiver Eigenverantwortung.** Er umfasst nach ständiger Rechtsprechung des BVerfG „einen grundsätzlich nicht ausforschbaren Initiativ-, Beratungs- und Handlungsbereich".[32] An dieser Stelle differenziert das BVerfG nicht klar zwischen Vorgängen, die bereits tatbestandlich gar keine Informationspflicht auslösen, weil es sich bei ihnen nicht um eine „Entscheidung" handelt (→ Rn. 25 f.), und der Grenze des Kernbereichs exekutiver Eigenverantwortung. Erst wenn feststeht, dass es sich um eine „Entscheidung" handelt, kommt es auf das Bestehen der Grenze an. Dann betrifft sie den Umgang mit Informationen aus dem Vorfeld von Entscheidungen, dh aus der Phase der Willensbildung und Abstimmung. Insoweit stellt das BVerfG fest, dass Informationen aus dem Vorfeld nach Abschluss der jeweiligen Entscheidung „nicht mehr im selben Maße geschützt" sein können wie in der Phase, in der ihre Kenntnisnahme dem Parlament einen unmittelbaren Einfluss auf die Entscheidung und mithin eine Möglichkeit zum „Mitregieren" verschaffen würde. Diese Grenze kann unter bestimmten Voraussetzungen durchaus auch Informationen zu Gegenständen unternehmerischer Betätigung betreffen.

Eine weitere allgemeine Grenze parlamentarischer Informationsansprüche bildet das 39 „**Staatswohl**". Es ist allerdings erst betroffen bei einer „Bedrohung der Sicherheit oder gar des Bestandes des Bundes" und dürfte im Hinblick auf Informationen, die gegenständlich die unternehmerische Betätigung des Bundes betreffen, eher selten relevant werden.[33] Immerhin hat das BVerfG grundsätzlich für möglich gehalten, dem nicht durch die Grundrechte geschützten öffentlichen Unternehmen DB AG (→ Rn. 41) über diese Grenze einen Schutz vertraulicher Informationen zuzuerkennen, wenn die betreffende Information einen „verfassungsrechtlichen Staatswohlbelang" darstellt.[34] Sodann hat das Gericht aber (mE zutreffenderweise) festgestellt, dass die Grenze des Staatswohls im von ihm zu beurteilenden Fall jedenfalls nicht erreicht worden sei und erst erreicht werden könne, wenn der Staat gehindert würde, die von ihm vermittels des öffentlichen Unternehmens erfüllten Aufgaben „überhaupt noch zu erfüllen".[35] Im subsumierenden Abschnitt über die parlamentarischen Anfragen betreffend die DB AG hat das BVerfG die Grenze des Staatswohls daher erst gar nicht mehr erörtert.

Auch dass nach allgemeinen Grundsätzen das parlamentarische Informationsrecht unter 40 dem Vorbehalt der **Zumutbarkeit** steht, dürfte im vorliegenden Zusammenhang der unternehmerischen Betätigung kaum einmal relevant werden.[36] Denn selbst wenn sich eine Anfrage auf länger zurückliegende Vorgänge erstreckt, träfen die Bundesregierung „Rekonstruktionspflichten" und verlängern sich möglicherweise vom Bundestag bzw. dem einzelnen Abgeordneten gesetzte Fristen. Eine „generelle Beschränkung der Antwortpflicht auf dokumentierte Gegenstände" gebe es aber nicht.[37] Vielmehr müsse die Bundesregierung „alle ihr zu Gebote stehenden Möglichkeiten der Informationsbeschaffung ausschöpfen".[38]

---

31 Weiterführend Holzner DÖV 2016, 668 (671 ff.); Poschmann NVwZ 2018, 71 (73).
32 BVerfG NVwZ 2018, 51 Rn. 227 ff.
33 Vgl. BVerfG NVwZ 2018, 51 Rn. 246 ff.
34 BVerfG NVwZ 2018, 51 Rn. 281 f.
35 BVerfG NVwZ 2018, 51 Rn. 284.
36 Zu dieser Grenze BVerfG NVwZ 2018, 51 Rn. 249 f.
37 So bereits SächsVerfGH Beschl. v. 5.11.2009, BeckRS 2009, 46031; HmbVerfG NVwZ-RR 2011, 425.
38 BVerfG NVwZ 2018, 51 Rn. 250, und bereits NW VerfGH NVwZ-RR 2009, 41.

41 e) Zusätzliche Grenzen der Informationsbeschaffung im öffentlichen Unternehmen. aa) Grundrechtspositionen? Wie in → § 18 Rn. 65 f. ausführlich entfaltet, **fehlt** öffentlichen Unternehmen sowohl als Eigengesellschaften und gemischt-öffentliche Unternehmen als auch in Gestalt von gemischtwirtschaftlichen Unternehmen (institutionalisierte PPP) die **Grundrechtsberechtigung.** Auch die den privaten Mitgesellschaftern eines gemischtwirtschaftlichen Unternehmens unverändert zustehenden Grundrechtspositionen vermögen nichts daran zu ändern, dass das beteiligungsführende Ministerium zur Informationsgewährung gegenüber dem Parlament verpflichtet ist und die einzelnen Abgeordneten einen hierauf gerichteten Anspruch haben.[39]

42 Anders sieht es bei **Unternehmen mit staatlicher Minderheitsbeteiligung** aus. Diese Unternehmen können sich namentlich auf das Grundrecht auf informationelle Selbstbestimmung berufen, das im Hinblick auf hier in Frage stehende Betriebs- und Geschäftsgeheimnisse auf Art. 12 Abs. 1 GG (dem Grundrecht der Berufsfreiheit) beruht.[40] Auch dann ist beim Umgang mit den insoweit die Einzelheiten von Verschwiegenheitspflicht und Informationsgewährung regelnden gesellschaftsrechtlichen Vorschriften aber den verfassungsrechtlichen Anforderungen Genüge zu tragen und „auf die Herstellung praktischer Konkordanz im konkreten Streitfall" zu achten.[41] Allerdings ist hierbei ja auch „nur" das Handeln der staatlichen Akteure, nicht das des Unternehmens selbst legitimationspflichtig.

43 bb) Gesellschaftsrechtliche Verschwiegenheitspflichten. Das Gesellschaftsrecht enthält Verschwiegenheitspflichten sowohl für die Ebene von Geschäftsführung bzw. Vorstand (§ 85 GmbHG bzw. § 93 Abs. 1 S. 3 AktG bzw. § 39 SE-G) als auch für das Überwachungsorgan (vgl. § 52 Abs. 1 GmbHG bzw. § 116 AktG bzw. § 18 SE-G). Diese Vorschriften enthalten ihrerseits teilweise unbestimmte Rechtsbegriffe und eröffnen Auslegungsspielräume (→ § 25 Rn. 125 ff.).[42] Besonderheiten bestehen in Konzernstrukturen. Allerdings finden sich im Gesellschaftsrecht auch **Sondervorschriften für öffentliche Unternehmen,** die Ausnahmen von der Verschwiegenheitspflicht statuieren (§ 394 AktG) bzw. den Kreis der hiervon Erfassten akzessorisch zu den Ausnahmen weiterfassen (§ 395 AktG). Noch mehr Flexibilität bietet im GmbH-Recht der Gesellschaftsvertrag (→ § 25 Rn. 141 f.). Dennoch ist davon auszugehen, dass ein unscharfer Restbereich bleibt, in dem trotz aller kautelarjuristischen und auslegungsbezogenen Anstrengungen die Informationsgewinnung bei Einschaltung eines öffentlichen Unternehmens hinter dem von der Informationsgewinnung gegenüber nachgeordneten Behörden praktizierten (bzw. dort ohne weiteres vorgesehenen) Standard zurückbleibt.[43]

44 Angesichts des Rangs des Grundgesetzes in der Rechtsordnung kann kein Zweifel daran bestehen, dass die soeben dargestellten verfassungsrechtlichen Anforderungen an die Informationsbeziehungen gegenüber einem öffentlichen Unternehmen in vollem Umfang Gültigkeit beanspruchen. Da sie ihren Grund im Verfassungsrecht haben, können **nur solche Grenzen** gezogen sein, die ihrerseits ihren **Grund im Verfassungsrecht** haben. Diese Grenzen sind oben (→ Rn. 41 f.) skizziert worden. Die einfachgesetzlichen Verschwiegenheitsregelungen des Gesellschaftsrechts finden sich als solche selbstverständlich nicht im Rang des Verfassungsrechts. Das BVerfG bescheinigt ihnen aber, dass sie einen „sich möglicherweise innerhalb des Gestaltungsspielraums des Gesetzgebers bewegenden Ausgleich konfligierender (Verfassungs-)Rechte darstellen" können.[44] Ob dies jeweils gelingt (bzw. gelungen ist), wird im Abschnitt über die gesellschaftsrechtliche Umsetzung behandelt (→ § 25 Rn. 125 ff.).

---

[39] AA Schockenhoff NZG 2018, 521 (523 f.).
[40] Seit BVerfGE 115, 205 (230) = NVwZ 2006, 1041; ausführlich BK GG/Burgi Art. 12 Abs. 1 Rn. 258.
[41] BVerfG NVwZ 2018, 51 (59) Rn. 245.
[42] Vgl. hier nur Dietlmeier, Publizität, 406; Koch ZHR 183 (2019), 7 (17 ff.).
[43] Besonders skeptisch Koch, FS Schmidt-Preuß, 367 (386), allerdings ausschließlich bezogen auf das Recht der Aktiengesellschaft.
[44] BVerfG NVwZ 2018, 51 (55) Rn. 212 und 213.

Sollte im Einzelfall die geforderte verfassungskonforme Auslegung nicht gelingen (bzw. 45
bereits dem Gesetzgeber nicht gelungen sein), dann muss der Staat die von ihm jeweils
gewählte gesellschaftsrechtliche **Rechtsform in Frage stellen** und sich ggf. von dieser
Rechtsform verabschieden. Unmissverständlich stellt das BVerfG fest: „Reichen die gesellschaftsrechtlichen Einwirkungsrechte nicht aus, um eine parlamentarische Verantwortlichkeit der Regierung für die Geschäftstätigkeit einer vollständig vom Bund gehaltenen Aktiengesellschaft sicherzustellen, beschränkt sich der verfassungsrechtliche Verantwortungsbereich der Regierung nicht etwa auf die Ausübung der gesellschaftsrechtlichen Befugnisse, die die Regierung aufgrund der Aktionärsstellung des Bundes zustehen, oder auf die Wahrnehmung einer etwaigen Gewährleistungsverantwortung."[45]

Zudem hat es dem beteiligungsführenden Ministerium im DB AG-Beschluss bescheinigt, 46
dass „**die schlichte Berufung auf die Verschwiegenheitspflichten** des Aktienrechts ...
zur Begründung der Antwortverweigerung nicht ausreichend" sei. Wird eine Antwort
gänzlich verweigert, werde erst gar nicht der Versuch einer verfassungskonformen Auslegung der §§ 394, 395 AktG unternommen. Bereits deshalb sei im konkreten Fall daher
der Informationsanspruch anzuerkennen.[46]

2. Verwaltungsrechtliche Vorgaben

In dieser Situation könnten verwaltungsrechtliche Vorgaben an das beteiligungsführende 47
Ministerium eine Präzisierung der verfassungsrechtlichen Vorgaben leisten. Für die Praxis
würden hierdurch die als arg abstrakt empfundenen Vorgaben in ein breiteres Bewusstsein
gerückt, woraufhin entsprechende organisatorische und informatorische Konsequenzen
gezogen werden könnten. Bedauerlicherweise leisten die bislang bestehenden verwaltungsrechtlichen Vorgaben dieses nicht. Daher sei der dringende **rechtspolitische Appell**
formuliert, auf Ebene der BHO bzw. der LHO nachzubessern, um dem durch wiederholte
verfassungsgerichtliche Entscheidungen auf Bundes- wie auf Landesebene innerhalb des
Gesamtportfolios der Einwirkungsrechte stark betonten parlamentarischen Informationsrecht und den damit verbundenen Pflichten des beteiligungsführenden Ministeriums zur
Informationsbeschaffung und -gewährung Rechnung zu tragen. Zu einem dahingehenden
gesetzgeberischen Tätigwerden besteht keine verfassungsrechtliche Pflicht (da keine Grundrechtseingriffe in Rede stehen).[47] Der von Verfassungsrechts wegen geschuldeten effektiven
Erfüllung der Einwirkungspflicht (für die Informationen wiederum eine zentrale Voraussetzung bilden) würde hierdurch aber ein wertvoller Dienst geleistet.

a) Betreffend die Informationsbeschaffung über die Anteilseignerversammlung 48
bzw. direkt über den Vorstand. Im Recht der GmbH (§ 51a GmbHG)[48] und im Recht
der Aktiengesellschaft (§ 131 AktG[49]; dort weitreichender) wird den Gesellschaftern das
Recht eingeräumt, in der **Anteilseignerversammlung** vom Geschäftsführer bzw. Vorstand „Auskunft über Angelegenheiten der Gesellschaft zu verlangen". Dieses Recht ist
allerdings in sachlicher und formeller Hinsicht in mehrfacher Hinsicht konditioniert.[50] Vor
allem aber ist es aufgrund des Bezogenseins auf die nur punktuell stattfindenden Versammlungen von vornherein von begrenzter Bedeutung. Die hierdurch erlangten Informationen
müssen die jeweils entsandten Vertreter der Gebietskörperschaft entsprechend den Bestimmungen ihres jeweiligen Innenverhältnisses (Beamtenrecht, Ministerdienstrecht, Auftragsverhältnisse oä) jedenfalls an das beteiligungsführende Ministerium weiterreichen. Das

---

[45] BVerfG NVwZ 2018, 51 (56) Rn. 225.
[46] BVerfG NVwZ 2018, 51 (64) Rn. 296.
[47] So BVerfG NVwZ 2018, 51 Rn. 212.
[48] Dazu Passarge/Kölln NVwZ 2014, 982.
[49] Dazu Engellandt, Die Einflussnahme der Kommunen auf ihre Kapitalgesellschaften über das Anteilseignerorgan, 1995, 144 ff.; Rödel, Öffentlichkeit und Vertraulichkeit im Recht der kommunalen Eigengesellschaften, 2017, 52.
[50] Zu den Einzelheiten vgl. neben den Kommentierungen Dietlmeier, Publizität, 429.

Haushaltsrecht enthält hierzu keine Vorgaben und im PCGK werden lediglich die gesetzlichen Vorgaben des Gesellschaftsrechts wiederholt bzw. geringfügig präzisiert (in Ziffer 3.2 des B-PCGK sowie in Ziffer 3.4 des Teils 2 (dort Ziffer 81) zum B-PCGK).

49 In Eigengesellschaften ist darüber hinaus selbstverständlich jederzeit der zumindest **informale Kontakt** des beteiligungsführenden Ministeriums mit dem Geschäftsführer bzw. dem Vorstand möglich, im GmbH-Recht auch auf gesellschaftsvertragrechtlicher Grundlage. Hierbei wird der jeweilige Geschäftsführer/Vorstand aber auf all diejenigen Informationsbegehren nicht eingehen dürfen, die von Verschwiegenheitspflichten umfasst sind, und diese ergeben sich wiederum (und ausschließlich) aus dem jeweils einschlägigen Gesellschaftsrecht (→ § 25 Rn. 133 ff.). Folgerichtig ergeben sich allein daraus auch etwaige Durchsetzungsmöglichkeiten und Sanktionen für den Fall der unberechtigten Verweigerung von Informationen.

50 **b) Betreffend die Informationsbeschaffung über die entsandten Mitglieder des Überwachungsorgans. aa) Überblick.** Die Entsendung von Vertretern der jeweiligen Gebietskörperschaft in das Überwachungsorgan (zumeist der Aufsichtsrat)[51] ist ein zentrales Einwirkungsrecht. Hierüber existieren vergleichsweise detaillierte verwaltungsrechtliche Vorgaben (→ § 21 Rn. 96 f.). Der vielleicht wichtigste Vorteil einer Entsendung von Mitgliedern in das Überwachungsorgan besteht darin, über sie Informationen über die Unternehmenstätigkeit erlangen zu können. So hat bei der Aktiengesellschaft der Vorstand nach § 90 Abs. 1 Nr. 3 AktG den Aufsichtsrat kontinuierlich zu unterrichten; § 90 Abs. 3 AktG regelt die Möglichkeit, Informationen durch das Leitungsorgan zu fordern. Die Rechte der Mitglieder des Überwachungsorgans ergeben sich ebenso wie die darauf bezogenen Pflichten von Geschäftsführung bzw. Vorstand somit aus dem **Gesellschaftsrecht.** Dieses regelt auch die Durchsetzung von Informationsansprüchen und die Sanktionierung im Falle von Verstößen (→ § 25 Rn. 125 ff.). Unter den hierfür jeweils aufgestellten Voraussetzungen können durch Gesellschaftsvertrag auch zusätzliche Informationspflichten bzw. -rechte begründet werden.[52]

51 Blickt man nun mit dem Erkenntnisinteresse, nähere Aufschlüsse über die Informationspflichten der entsandten Mitglieder des Überwachungsorgans gegenüber dem beteiligungsführenden Ministerium zu erlangen, in das **Haushaltsrecht,** so stellt man zunächst fest, dass eine dahingehende Vorschrift wie sie einige Kommunalgesetze enthalten (vgl. zB § 93 Abs. 2 S. 3 BayGO: „Personen, die von der Gemeinde entsandt ... wurden [haben] die Gemeinde über alle wichtigen Angelegenheiten möglichst frühzeitig zu unterrichten und ihr auf Verlangen Auskunft zu erteilen.") dort Fehlanzeige sind.

52 **bb) Einzelne Berichtspflichten.** § 394 AktG begründet zwar Ausnahmen von der aktienrechtlichen Verschwiegenheitspflicht (der Mitglieder des Überwachungsorgans), und zwar „hinsichtlich der Berichte, die sie der Gebietskörperschaft zu erstatten haben". Diese Vorschrift **begründet** aber nach allgemeiner Auffassung **nicht selbst eine Pflicht** zur Informationsgewähr, sondern setzt diese voraus.[53] Während also das Gesellschaftsrecht die Informationsbeziehungen zwischen dem Anteilseigner (hier: dem beteiligungsführenden Ministerium) und den von ihm in das Überwachungsorgan entsandten Personen (nachvollziehbarerweise) nicht regelt, finden sich im Verwaltungsrecht hierfür nur einzelne Anhaltspunkte.

53 Eine präzise, die verfassungsrechtlichen Vorgaben übersetzende Ausgestaltung dieser aus der Sicht der Einwirkungspflicht zentralen Informationsbeziehung bildet mithin ein **Desiderat.** Die einzige Vorschrift, in der die Informationsbeziehung in diesem Verhältnis immerhin angesprochen wird, **ist § 69 S. 1 Nr. 2 BHO/LHO.** Danach hat das beteiligungsführende Ministerium dem „Bundesrechnungshof" „die Berichte zu übersenden",

---

[51] Dazu, bei welchen Gesellschaftsformen überhaupt ein Aufsichtsrat vorgesehen ist → § 2 Rn. 33 f.
[52] Zu den Einzelheiten vgl. Hopt/Wiedemann/Huber/Fröhlich AktG Vorb §§ 394, 395 Rn. 28; Koch ZHR 183 (2019), 7 (17).
[53] Vgl. nur Koch AktG § 394 Rn. 36.

welche die auf seine Veranlassung gewählten oder entsandten Mitglieder des Überwachungsorgans unter Beifügung aller ihnen über das Unternehmen zur Verfügung stehenden Unterlagen zu erstatten haben" (dazu noch → Rn. 74 f.). Diese Vorschrift ist nach wiederum einhelliger Auffassung aber nicht selbst Grundlage einer Pflicht zur Erstattung der angesprochenen „Berichte", sondern setzt ihrerseits eine andernorts begründete Berichtspflicht voraus.[54]

Die einzige dem Verwaltungsrecht zuzuordnende Vorschrift über eine Berichtspflicht findet sich im **Beamtenrecht,** und zwar für den Fall, dass diejenige Person, die in den Aufsichtsrat entsandt wird, insoweit in Erfüllung ihrer beamtenrechtlichen Dienstpflichten handeln soll (vgl. § 62 BBG). Teilweise wird auch die allgemeine Beratungs- und Unterstützungspflicht nach § 35 S. 1 BeamtStG, § 62 Abs. 1 S. 1 BBG ins Felde geführt. Auch wird in diesem Fall die gesetzliche Wertung des § 394 S. 1 AktG stark gemacht.[55] Verstößt der Beamte gegen die sich hieraus ergebenden Informationspflichten, greift das allgemeine Sanktionsregime des Beamtenrechts ein. 54

Außerhalb des Beamtenverhältnisses, aber auch parallel und in Konkretisierung der sich daraus ergebenden Vorgaben, kommen **vertragliche Vereinbarungen** zwischen der entsendenden Gebietskörperschaft und den entsandten Personen in Betracht.[56] Mustergültig (im wahrsten Sinne des Wortes) können insoweit die als „Anlage 5" zu den Richtlinien für eine aktive Beteiligungsführung bei Unternehmen mit Bundesbeteiligung (B-PCGK, Teil 2) firmierenden Bestimmungen zitiert werden. Darin wird unter Bezugnahme auf Ziffern 64 ff. der Richtlinien (welche wiederum eine Konkretisierung der allgemeineren Vorgaben in Ziffer 6.1.1 und Ziffer 6.1.4 des B-PCGK darstellen) jedes auf dieser Grundlage entsandte Mitglied des Überwachungsorgans zur „frühzeitigen" Unterrichtung des beteiligungsführenden Bundesministeriums verpflichtet. In Ziffer 3 der Anlage 5 werden die einzelnen vorzulegenden Unterlagen aufgelistet und in Ziffer 4 wird das Mitglied des Überwachungsorgans dazu angehalten, sich bereits „vor Entscheidungen/Beschlussfassungen des Überwachungsorgans" abzustimmen, was wiederum die vorherige Übergabe der „vorbereitenden Sitzungsunterlagen" an das Beteiligungsreferat impliziert. Die Rechtsfolge von Verstößen ergibt sich in all diesen Fällen aus der der jeweiligen vertraglichen Vereinbarung zugrundeliegenden privat- bzw. beamtenrechtlichen Beziehung, etwa dem Auftragsverhältnis nach § 666 BGB. 55

Ergibt sich aus diesen (wenigen) verwaltungsrechtlichen bzw. aus den vertragsrechtlichen Rechtsgrundlagen eine Pflicht zur Informationsgewähr des Mitglieds des Überwachungsorgans an das beteiligungsführende Ministerium, stehen dem allerdings zunächst wieder die **Verschwiegenheitspflichten** des jeweils anwendbaren Gesellschaftsrechts entgegen, von denen wiederum **die §§ 394, 395 AktG** (in ihrem Anwendungsbereich) Ausnahmen bzw. Modifizierungen vorsehen. Die seit langem umstrittene Frage, ob für das Eingreifen des Ausnahmetatbestands nach § 394 AktG als ungeschriebenes Tatbestandsmerkmal zu verlangen ist, dass dasjenige Organ, das letzten Endes über die Informationen (auch) verfügen kann, die Gewähr für die Einhaltung der Verschwiegenheitspflicht gibt,[57] ist spätestens mit dem Beschluss des BVerfG zum parlamentarischen Informationsanspruch gegen die DB AG (→ Rn. 22) überholt. 56

Angesichts der höchstrangigen Verankerung dieser Informationsbeziehung im demokratischen Legitimationszusammenhang und den Organrechten des Bundestags und der einzelnen Abgeordneten einerseits, der fehlenden Grundrechtsberechtigung nicht nur von Eigengesellschaften, sondern auch von gemischtwirtschaftlichen Unternehmen andererseits, kann es ein solches **ungeschriebenes Tatbestandsmerkmal nicht** ge- 57

---

[54] Vgl. Land/Hallermayer AG 2011, 114 (116); Hopt/Wiedemann/Huber/Fröhlich AktG Vorb §§ 394, 395 Rn. 31; Gröpl/Wernsmann BHO § 69 Rn. 7; ferner → § 19 Rn. 103.
[55] Hopt/Wiedemann/Huber/Fröhlich AktG § 394 Rn. 37 f.
[56] Ausführlich zu ihnen Hopt/Wiedemann/Huber/Fröhlich AktG § 394 Rn. 33 ff.; Koch AktG § 394 Rn. 38.
[57] Vgl. zum früheren Meinungsstand noch Hopt/Wiedemann/Huber/Fröhlich AktG § 394 Rn. 41 f.

ben.[58] Nur bei Eingreifen der oben (→ Rn. 41 ff.) unmittelbar dem Verfassungsrecht zu entnehmenden Grenzen der Informationsgewährung nach außen kommen als mildere Mittel Beschränkungen bei der Weitergabe und Publizität im Umgang mit den aber als solche jedenfalls an das beteiligungsführende Ministerium zu gebende Informationen in Betracht.

3. Kommunalspezifische Besonderheiten

58 Die Kommunen sind in der deutschen Verfassungsordnung in die Staatsgewalt der Länder eingeordnet, genießen aber nach Art. 28 Abs. 2 GG ein hohes Maß an Eigenverantwortlichkeit. Ferner verfügen sie über einen eigenen Aufgabenkreis, betreffend die Angelegenheiten der örtlichen Gemeinschaft. Unzweifelhaft ist der Einsatz öffentlicher Unternehmen zur Erfüllung dieser „Angelegenheiten der örtlichen Gemeinschaft" geschützter Bestandteil der Eigenverantwortlichkeitsgarantie (→ § 18 Rn. 32). Die verwaltungsrechtlichen Vorgaben betreffend die kommunale unternehmerische Betätigung finden sich in den Kommunalgesetzen der Länder. Selbstverständlich gilt aber auch insoweit das bundesweit maßgebliche Gesellschaftsrecht, so dass zunächst auf die bisherigen Ausführungen und auf den der gesellschaftsrechtlichen Umsetzung gewidmeten § 25 verwiesen werden kann.

59 **a) Besonderheiten bei den verfassungsrechtlichen Vorgaben. aa) Informationsbeziehungen im demokratischen Legitimationszusammenhang.** Der bei → Rn. 22 f. beschriebene „demokratische Legitimationszusammenhang", in den das BVerfG zuletzt im Jahre 2017 die Informationsbeziehungen zwischen der Exekutive auf Bundesebene, deren Kontrollorgan (dort: dem Parlament) und einem ihm gehörenden öffentlichen Unternehmen eingebettet hat, besteht auch auf der kommunalen Ebene. Auch hier werden **„Entscheidungen"** getroffen, die die Rechtsfolgen des Legitimationsgebots nach Art. 20 Abs. 2 und 3 GG auslösen, auch hier gilt der Gewaltenteilungsgrundsatz. Auch wenn es zutrifft, dass die auf kommunaler Ebene ebenfalls durch Direktwahl konstituierten Gemeinderäte nicht Parlamente vergleichbar dem Bundestag oder dem jeweiligen Landtag sind, weil sie keine Kreationsfunktion haben und insbesondere nicht legislativ tätig sind, sondern als Teil der Exekutive anzusehen sind: Indem das monokratische Gemeindeorgan (der Bürgermeister) mit der Beteiligung an öffentlichen Unternehmen in einem durch die Selbstverwaltungsgarantie eröffneten Raum ähnlich agieren kann, wie die Bundes- oder Landesregierung es in den ihr eröffneten Räumen tut, entsteht die Notwendigkeit der Kontrolle und einer Aufteilung der Befugnisse zwischen dem monokratischen und dem Kollegialorgan, eben dem Gemeinderat. Der BayVerfGH hat dies treffend mit den Worten formuliert: „Der Gemeinderat verkörpert auf der kommunalen Ebene in gleicher Weise das System der repräsentativen Demokratie wie der Landtag auf Landesebene."[59] Dies bedeutet, dass auch insoweit der kommunalen Regierung (dem Bürgermeister) das Handeln der kommunalen öffentlichen Unternehmen zuzurechnen ist. Ferner besteht eine Einwirkungspflicht (dazu bereits → § 18 Rn. 55) und die Notwendigkeit der Informationsbeschaffung und -gewährung als Voraussetzung zur Erfüllung dieser Pflicht und gleichzeitig besonders wichtiges Einwirkungsrecht.[60]

60 Dies hat zur Konsequenz, dass **sämtliche Grundsätze über die objektiv-rechtliche Pflicht** zur Informationsbeschaffung und -gewährung seitens des Exekutivorgans (hier: des Bürgermeisters) auch insoweit gelten (→ Rn. 38 f.): Überragende Gründe des Wohls der Gemeinde können der Informationsgewähr gegenüber dem Gemeinderat entgegenstehen, ebenso eine unter seltenen Umständen anzunehmende Unzumutbarkeit.[61] Selbstverständlich nicht ausgeschlossen sind angeblich „rechtsmissbräuchliche" Informationsbegehren, die

---

[58] Ebenso Schockenhoff NZG 2018, 521 (527 f.); diff. Koch ZHR 183 (2019), 7 (20 f.).
[59] BayVerfGH BayVBl 1984, 621.
[60] Ebenso OVG Rh-Pf DVBl 2022, 179; Katz NVwZ 2018, 1091. Soweit ersichtlich, wird dies spätestens seit dem Beschluss des BVerfG zur DB AG (BVerfG NVwZ 2018, 51) nicht mehr bestritten.
[61] Vgl. OVG Münster NVwZ-RR 2010, 650; Bracht NVwZ 2016, 108 (112).

allein von parteipolitischen Interessen getrieben seien;[62] abgesehen davon, dass ein solches Anliegen bei jedem Informationsbegehren ein Stück weit mitschwingen dürfte, ist nicht ersichtlich, wie (und wer) solche von anderen Interessen scheiden wollte bzw. könnte. Nicht als verfassungsrechtlich anerkannte Grenzen der Informationspflicht des Bürgermeisters gegenüber dem Gemeinderat sind jedenfalls auch auf der kommunalen Ebene die Betriebs- und Geschäftsgeheimnisse des öffentlichen Unternehmens anzusehen (→ Rn. 42). Wiederum müssen die Verschwiegenheitspflichten des Gesellschaftsrechts hinter der verfassungsrechtlich verorteten (und damit höherrangigen) Pflicht zur Informationsbeschaffung und -gewährung zurücktreten. Eher als auf der typischerweise weiter von den einzelnen betroffenen Privatpersonen entfernten Bundes- oder Landesebene können aber Grundrechte Dritter (etwa von Geschäftspartnern des öffentlichen Unternehmens, zB bei einer Veräußerung) betroffen sein; sie bilden dann ein „Gegenrecht", das aber nicht absolut, sondern erst nach einer Abwägung anhand der Maßstäbe praktischer Konkordanz überwunden werden kann.

bb) Kein verfassungsrechtlich verankerter Informationsanspruch zugunsten des Gemeinderats oder seiner Mitglieder. Noch nicht abschließend geklärt ist die Frage, ob auch auf kommunaler Ebene die objektiv-rechtliche Pflicht der Exekutive (des Bürgermeisters) zur Informationsbeschaffung und -gewährung gegenüber dem Gemeinderat zusätzlich durch eine subjektive Rechtsposition entweder des Gemeinderats als Ganzes oder sogar einzelner Ratsmitglieder verstärkt wird.[63] Gegen die Anerkennung eines solchen subjektiven Rechts spricht mE, dass im Unterschied zum Demokratie- und Rechtsstaatsprinzip sowie zum Grundsatz der Gewaltenteilung die Rechtsstellung des „Abgeordneten" eben nur auf der Bundes- und Landesebene (über Art. 38 Abs. 1 S. 2, ggf. mit Art. 28 Abs. 1 S. 1/2 GG) konstituiert wird, wohingegen im Hinblick auf die Gemeinderatsmitglieder eine solche, ihnen den Status eines Parlamentariers im echten Sinne verleihende Bestimmung fehlt. Sie findet sich auch nicht auf der Ebene der Landesverfassungen. Die Verneinung eines verfassungsunmittelbaren Informationsanspruchs aus den Reihen des Gemeinderats hat zur Folge, dass etwaige Verstöße des Bürgermeisters gegen die ihm auferlegte Informationspflicht nicht durch Ratsmitglieder oder Fraktionen gerichtlich verfolgt werden können. 61

Allerdings steht hier (dies im Unterschied zur Bundes- bzw. Landesebene) der **Sanktionsmechanismus** der staatlichen Rechtsaufsicht zur Verfügung[64], denn die objektivrechtliche Pflicht zur Informationsbeschaffung und -gewährung genügt als tatbestandlicher Auslöser für dementsprechende Aktivitäten der staatlichen Rechtsaufsichtsbehörde gegenüber dem Bürgermeister. 62

b) Besonderheiten bei den verwaltungsrechtlichen Vorgaben. Bemerkenswerterweise gibt es in den Kommunalgesetzen der Länder zahlreiche Vorschriften, die im Vergleich mit der BHO/LHO (→ Rn. 47 f.) präziser die Anforderungen an die Beschaffung von Informationen über bzw. aus dem Unternehmen gegenüber dem Gemeinderat bzw. dessen Mitgliedern regeln. Spätestens seit dem Beschluss des BVerfG zur DB AG[65] kann kein Zweifel mehr daran bestehen, dass es sich bei diesen Vorschriften um **„Berichtspflichten" iSd § 394 AktG** handelt. Abgesehen davon, dass in § 394 AktG gar nicht danach differenziert wird, ob es sich um Berichtspflichten auf Bundes- oder auf Landesebene handelt, ist aufgrund der verfassungsrechtlichen Verankerung der Informationsbeziehungen in diesem Verhältnis die durch § 394 AktG bewirkte Ausnahme von der sonst bestehenden Verschwiegenheitspflicht des Vorstands bzw. der Geschäftsführung unabhängig davon einschlä- 63

---

[62] So aber Bracht NVwZ 2016, 108 (112).
[63] Dafür OVG Lüneburg DVBl 2009, 29; OVG Weimar ThürVBl 2015, 166 (169); OVG Koblenz DVBl 2022, 179 (180); Katz NVwZ 2018, 1091 (1905 f.). Ablehnend BayVGH BayVBl 2001, 666; offenlassend BayVGH NVwZ-RR 2014, 566 (567).
[64] Allgemein zu den Befugnissen der Rechtsaufsichtsbehörde Burgi Kommunalrecht § 8 Rn. 40 ff.
[65] BVerfG NVwZ 2018, 51; dazu → Rn. 22.

gig, ob bei der nachfolgenden Beschäftigung mit den erlangten Informationen ein bestimmtes Maß an Vertraulichkeit gewährleistet werden kann.[66] Mithin gelten hier die gleichen Grundsätze wie ausführlich betreffend die Bundes- bzw. Landesunternehmen dargestellt (→ Rn. 43 ff.).

64 **aa) Explizite verwaltungsrechtliche Vorgaben.** Die allermeisten Gemeindeordnungen normieren explizit **Informationspflichten** der von der Gemeinde in das Unternehmen entsandten Vertreter (typischerweise, aber nicht zwingend und stets der Bürgermeister) gegenüber der entsendenden Gebietskörperschaft bzw. dem Gemeinderat. Nach Maßgabe der jeweiligen kommunalverfassungsrechtlichen Vorschriften kann das sich daraus ergebende Recht dann uU auch durch einzelne Ratsmitglieder geltend gemacht werden. Die Organe, deren Vertreter insoweit verpflichtet sind, können sowohl die Anteilseignerversammlung als auch das Überwachungsorgan sein.

65 Inhaltlicher **Gegenstand** der Informationen sind die Recht- und Zweckmäßigkeit des Handelns der kommunalen Gesellschaft einschließlich der Aufgabenplanung und -durchführung sowie die Ordnungsmäßigkeit des Handelns der Geschäftsführung.[67] Teilweise muss sich die Informationspflicht auf „wichtige Angelegenheiten" (so zB Art. 93 Abs. 2 S. 2 BayGO) oder auf „Angelegenheiten von besonderer Bedeutung" (so beispielsweise § 113 Abs. 5 S. 1 GO NRW) beziehen. Dies erfordert jeweils eine einzelfallabhängige Konkretisierung aus der Perspektive der konkret betroffenen Gemeinde. Umfasst sind jedenfalls diejenigen Informationen, deren Kenntnis für den Betrieb des Unternehmens von großem Gewicht ist. Besonders weitergehend sieht § 150 S. 2 NDS KommVG einen umfassenden Anspruch der Gemeinde auf Unterrichtung gegenüber ihren Unternehmen vor, der alle Informationen umfasst, die zur Überwachung und Koordinierung der wirtschaftlichen Betätigung in diesen Unternehmen erforderlich sind.[68] Diese Vorschriften sind als Ausfluss der verfassungsrechtlich verankerten Pflicht zur Informationsbeschaffung und -gewährung zu verstehen und müssen daher verfassungskonform ausgelegt werden.

66 Wie bereits angedeutet, kann dies nicht einen möglichst einschränkenden Umgang mit der die gesellschaftsrechtliche Verschwiegenheitspflicht des Vorstands unter bestimmten Voraussetzungen suspendierenden Vorschrift des § 394 AktG zur Folge haben.[69] Dies bedeutet, dass etwa im Falle der Berührung des Wohls der Gemeinde oder von Grundrechten Dritter nicht vorschnell die Unterrichtungspflicht verneint werden darf. Vielmehr muss nach **Möglichkeiten der Gewährleistung einer etwaigenfalls erforderlichen Vertraulichkeit** gesucht werden, etwa durch die Befassung mit den fraglichen Informationsgegenständen in einer nicht öffentlichen Sitzung[70] des Gemeinderats und/oder nicht im Plenum, sondern in Ausschüssen.[71]

67 **Jenseits der expliziten Vorschriften** besteht eine Informationspflicht der von der Gemeinde in die Organe des Unternehmens entsandten Vertreter überdies als immanenter Bestandteil des ihrerseits als Konsequenz der verfassungsrechtlich bzw. einfachgesetzlich begründeten Einwirkungspflicht bestehenden Weisungsrechts (so bereits → § 21 Rn. 107). Bei alldem darf nicht vergessen werden, dass sämtliche durch diese Vorschriften adressierten Vertreter der Gemeinde ihrerseits Verschwiegenheitspflichten unterliegen, nämlich nach Maßgabe der entsprechenden Vorschriften in den Kommunalgesetzen (vgl. zB Art. 56a GO).

---

[66] Zu den bis dahin vertretenen Sichtweisen Bracht NVwZ 2016, 108 (111 f.).
[67] Ausführlich hierzu Strobel, Verschwiegenheits- und Auskunftspflichten kommunaler Vertreter im Aufsichtsrat öffentlicher Unternehmen, 2002, 142 ff.; Pape, Das kommunale Aufsichtsratsmandat, 2020, 174 f. Zu den einzelnen Vorschriften mit detaillierteren Nachweisen → § 20 bei Fn. 294 und 296; sowie als Überblick Will VerwArch 94 (2014), 248 (253 ff.); Dünchheim KommJur 2016, 441 (446 ff.).
[68] Näher dazu WSG Komm. Unternehmen/Breitenbach E III 108.
[69] So aber noch Ristelhuber NWVBl 2016, 359 (362); diff. Werner NVwZ 2019, 449 (451 f.).
[70] Näher Burgi NVwZ 2014, 609 (613), sowie → § 21 Rn. 163 f.
[71] So bereits Altmeppen NJW 2003, 2561 (2566 f.).

Soweit dem Rat oder einzelnen seiner Mitglieder hierdurch ein organschaftliches Recht 68
verliehen wird, kann dieses im Wege eines prozessualen Vorgehens (sog. Kommunalverfassungsstreitverfahren) **durchgesetzt** werden.[72] Überdies ist jederzeit ein Tätigwerden der staatlichen Rechtsaufsichtsbehörde, insbesondere bei wiederholter und grundsätzlicher Missachtung von Unterrichtungspflichten und insoweit bestehenden Ansprüchen möglich.

bb) Allgemeine Vorgaben betreffend die Unterrichtungspflicht des Bürgermeis- 69
ters. Unabhängig und ggf. neben den soeben dargestellten spezifischen verwaltungsrechtlichen Vorgaben für die Informationsbeziehungen gegenüber einem kommunalen öffentlichen Unternehmen ergeben sich Pflichten und Rechte auch aus den allgemeinen Vorschriften über die Informationsbeziehungen zwischen dem Gemeinderat als Gesamtorgan, ggf. Teilgliederungen (Fraktionen) oder einzelnen Ratsmitgliedern und dem Bürgermeister.[73] Auch bei einem Umgang mit diesen Vorschriften ist wiederum der verfassungsrechtliche Hintergrund im Auge zu behalten. Beispielhaft für diesen Kreis von Vorschriften sei § 24 Abs. 3 GO BW zitiert. Nach dieser Vorschrift kann „eine Fraktion oder ein Sechser der Gemeinderäte … in allen Angelegenheiten der Gemeinde in ihrer Verwaltung verlangen, dass der Bürgermeister den Gemeinderat unterrichtet." Bereits „ein Viertel der Gemeinderäte" kann verlangen, dass dem Gemeinderat oder einem von ihm bestellten Ausschuss Akteneinsicht gewährt wird (§ 24 Abs. 3 S. 2 GO BW). Zu „allen **Angelegenheiten**" **im Sinne dieser Vorschriften** gehören selbstverständlich auch die Angelegenheiten, die mit einem als Instrument eingesetzten öffentlichen Unternehmen verbunden sind. In verschiedenen Bundesländern gibt es hierzu oberverwaltungsgerichtliche Entscheidungen.[74] Präzisierend bzw. ergänzend (und stets noch als „Berichtspflichten" iSd § 394 AktG) können Unterrichtungspflichten bzw. -rechte in kommunalen Satzungen, Geschäftsordnungen sowie in den jeweiligen Gesellschaftsverträgen, dh durch Rechtsgeschäfte, begründet werden. Dies lässt sich unmittelbar § 394 S. 3 AktG entnehmen.

Ein etwaiges Fehlverhalten des unterrichtungspflichtigen Bürgermeisters kann von den 70
hierdurch in ihren organschaftlichen Rechten verletzten Ratsmitgliedern bzw. Gremien innerhalb des Rates oder dem Rat als Ganzes wiederum im Wege des sog. Kommunalstreitverfahrens **durchgesetzt** werden. Überdies bestehen staatliche Rechtsaufsichtsbefugnisse.

cc) Bilanz. Während der einfachgesetzliche Normbestand im Hinblick auf die kommuna- 71
len Unternehmen weitgehend zufriedenstellend erscheint, bestehen in der Praxis teilweise Vollzugsdefizite, vielfach fehlt aber auch das Bewusstsein für die Bedeutung und Möglichkeiten der Einwirkung auf die eigenen Unternehmen. Soweit ist es Aufgabe der Verantwortlichen, durch Satzungen, Geschäftsordnungen und Gesellschaftsverträge nachzubessern, insbesondere zu konkretisieren, wer jeweils was von wem verlangen kann (in Bezug auf Informationen). Gefordert ist in vielen Gemeinden mithin jedenfalls ein verbessertes Informationsflussmanagement.

IV. Externe Kontrolle über Berichterstattung und Auskunftspflichten (Überblick)

Anders als bei der soeben (neben der steuernden Einwirkung) thematisierten kontrollie- 72
renden Einwirkung seitens des Unternehmensträgers obliegt die externe Kontrolle den Bürgern, der Presse oder auch den Rechnungshöfen (bzw. den hier nicht weiter thematisierten kommunalen Rechnungsprüfungsämtern), die zwar in die Verwaltungsorganisation implementiert sind, dort aber explizit mit der Unabhängigkeit und Distanz Externer agieren sollen (vgl. bereits → Rn. 5). Die Existenz externer Kontrollmechanismen ist **nicht von unmittelbarer Bedeutung für die Organisationsstrukturen** des öffentlichen Unternehmens, weshalb hier nur ein kurzer Überblick gegeben wird. Diese Kontrollmecha-

---

[72] Allgemein dazu Burgi Kommunalrecht § 9 Rn. 3 ff.
[73] Als Überblick hierzu Bracht NVwZ 2016, 108 (109 f.).
[74] Genannt seien OVG Lüneburg DVBl 2009, 29; OVG Rh-Pf DVBl 2022, 179.

nismen richten sich teilweise „nur" auf das hier ausgeblendete Finanz- und Wirtschaftlichkeitsgebaren, anknüpfend an den letzteren Maßstab teilweise auch auf die nach außen gerichtete Tätigkeit des Unternehmens (und seines Trägers), jedenfalls soweit die hierfür maßgeblichen Normen einen Haushaltsbezug haben.[75] Bei der externen Kontrolle durch Bürger und Presse geht es sogar primär um die Kontrolle der ordnungsgemäßen (rechtmäßigen, vorteilhaften etc.) Aufgabenerfüllung.

73 Da die Organe des Unternehmensträgers und Organe des Unternehmens selbst ggf. auf etwaige Prüfaktivitäten der Rechnungshöfe bzw. auf Informationsbegehren von Bürgern und Presse nicht nur individuell und ad hoc reagieren müssen, sondern hierfür geeignete Organisationsstrukturen bereithalten müssen (so unterhält zB die DB AG eine Stabsstelle für das Informationsmanagement), besteht jedenfalls ein mittelbarer Bezug zu dem im Mittelpunkt dieses Handbuchs stehenden Thema der Unternehmensorganisation.

1. Bundesrechnungshof und Rechnungshöfe der Länder

74 Anknüpfend an die Unterscheidung zwischen formalisierter Berichterstattung und Informationsbeschaffung bzw. -gewährung im Einzelfall (→ Rn. 18 ff.) ist auch insoweit zunächst kurz auf die regelmäßige **Berichterstattungspflicht** hinzuweisen. Sie ergibt sich aus § 69 BHO/LHO. Danach hat das beteiligungsführende Ministerium dem Rechnungshof jährlich sämtliche Unterlagen, die ihm als Aktionär oder Gesellschafter zugänglich sind sowie die ihm selbst von den Mitgliedern des Überwachungsorgans gewährten Informationen ((→ Rn. 50 ff.); vgl. § 69 S. 1 Nr. 2 BHO) und die Prüfungsberichte nach § 53 HGrG, § 76 BHO/LHO nebst einer Mitteilung über das Ergebnis der Prüfung zu übersenden.

75 Die verwaltungsrechtlichen Vorgaben für die Kontrolle des Finanzgebarens durch Informationsbeschaffung bilden im verfassungsrechtlichen Rahmen des Art. 114 Abs. 2 GG[76] die Vorschriften der §§ 44 HGrG und 92 BHO/LHO. Prüfungsgegenstand ist „die **Betätigung des Bundes**" bei den entsprechenden Unternehmen. Prüfungsadressat sind also nicht die Unternehmen, sondern der Bund, dh wiederum das beteiligungsführende Ministerium. Entsprechendes gilt für Maßnahmen der Vertreter des Bundes im Aufsichtsrat der Unternehmen jenseits des beteiligungsführenden Ministeriums. Von der Prüfung der Betätigung des Bundes zu unterscheiden, ist die Vornahme von Erhebungen in Gestalt von Unterrichtungen und Einsichtnahmen im Unternehmen selbst. Dieses wird auch hierdurch nicht zum Prüfungsadressaten, sondern lediglich zu einem „Erhebungsbetroffenen"[77]. Die Befugnis, auch in privatrechtsförmigen Unternehmen Erhebungen durchzuführen, ist nach § 54 HGrG dann eröffnet, wenn es in der Satzung des jeweiligen Unternehmens vorgesehen ist. Die Befugnis, Erhebungen bei den Unternehmen selbst durchzuführen (also dort Informationen zu beschaffen), trägt rein instrumentellen Charakter, dh sie dient der erfolgreichen Durchführung der Betätigungsprüfung.

76 Im Einzelnen ist freilich **die Abgrenzung** zwischen einer Prüfung der Betätigung und einer Prüfung des Unternehmens selbst **nicht immer einfach** und kann erhebliche Schwierigkeiten, aber auch dagegen gerichtete Rechtsschutzaktivitäten des Unternehmens bzw. des Unternehmensträgers auslösen.[78] Definitiv Prüfungsgegenstände sind die Maßnahmen eines einzelnen entsandten Aufsichtsratsmitglieds aufgrund der verwaltungsrechtlichen Vorgaben, erteilter Weisungen etc. und ebenso definitiv nicht erfasst sind Maßnahmen des Vorstands bzw. der Geschäftsführung des Unternehmens. Im Grenzbereich befinden sich Maßnahmen des Aufsichtsrats aufgrund allgemeinen Aktienrechts, vor allem Überwachungsmaßnahmen betreffend unternehmerische Entscheidungen des Vorstands.

---

[75] Zu den Bestimmungen der Art. 114 Abs. 2 S. 1 GG, § 90 BHO/LHO und vertiefend Burgi DÖV 2020, 121 (122 f.).
[76] Vertiefend zu diesem Burgi DÖV 2020, 121 (122 ff.).
[77] Begriff nach Gröpl, Haushaltsrecht und Reform, 2001, 562.
[78] Vertiefend und mit zahlreichen weiteren Nachweisen Burgi DÖV 2020, 121 (126 ff.).

2. Bürger und Presse

a) Berichterstattungspflichten. Explizit (auch) mit dem Ziel einer verbesserten Transparenz gegenüber den Bürgern soll nach dem PCGK einmal jährlich über die „Corporate Governance" des Unternehmens berichtet werden (→ § 19 Rn. 123 f.). Der **Corporate Governance-Bericht** soll auf der Internetseite des Unternehmens öffentlich zugänglich gemacht werden und ua Angaben über die nachhaltigkeitsbezogenen Aktivitäten betreffend den Anteil an Frauen in Führungspositionen und im Überwachungsorgan (→ § 24 Rn. 35) sowie bei der Vergütung (→ § 24 Rn. 38 ff.) enthalten. 77

Ebenfalls transparenzfördernd sind die auf Bundes-, Landes- und kommunaler Ebene jährlich erstatteten **Beteiligungsberichte**. In ihnen werden sämtliche Beteiligungen an Unternehmen ab einer bestimmten kapitalmäßigen Bagatellgrenze ausgewiesen. Mehrere Angaben betreffen die Erfüllung des öffentlichen Zwecks und uU wiederum die Vergütung der einzelnen Mitglieder der geschäftsführenden Unternehmensorgane.[79] 78

b) Informationsfreiheits- und Pressegesetze. Fast ganz auf die Außentätigkeit öffentlicher Unternehmen bezogene Informationsansprüche können sich überdies (zugunsten jedermann) aus den Informationsfreiheitsgesetzen von Bund und Ländern sowie (bei Vorliegen von dessen Voraussetzungen) aus dem UIG ergeben. Vermehrt dürften sich darauf gestützte Anfragen auch auf den Umgang des öffentlichen Unternehmens bzw. seines Trägers mit nachhaltigkeitsbezogenen Kriterien im Sinne von → § 24 Rn. 9 ff. beziehen. Entsprechendes gilt für die Informationsansprüche nach den Landespressegesetzen. 79

Adressaten dieser Ansprüche sind zum einen die Unternehmensträger, die sich dann wieder im Innenverhältnis zu „ihrem" öffentlichen Unternehmen nach den oben (→ Rn. 22 ff.) dargestellten Grundsätzen die entsprechenden Informationen beschaffen müssen. Unter der Voraussetzung, dass ein öffentliches **Unternehmen** wie eine Behörde der „Erfüllung öffentlich-rechtlicher Aufgaben" dient (§ 1 Abs. 1 S. 3 IFG)[80] bzw. als „Behörde" iSd (zB) § 4 Abs. 1 LandespresseG NRW anzusehen ist,[81] kann dieses aber auch **selbst Adressat** sein. 80

In beiden Situationen können allerdings verschiedene **Ausnahmetatbestände** einschlägig sein. So schließen die Informationsfreiheitsgesetze einen Anspruch auf Information dann aus, wenn die betroffene Information einer insbesondere durch Rechtsvorschrift geregelten Geheimhaltungs- oder Vertraulichkeitspflicht unterliegt; hierbei werden die Verschwiegenheitspflichten des Gesellschaftsrechts eingreifen können. Vergleichbares gilt für die Pressegesetze. In beiden normativen Kontexten wird überdies ein einfachgesetzlicher Schutz von Betriebs- und Geschäftsgeheimnissen normiert, der mithin unabhängig von der den öffentlichen Unternehmen ja fehlenden Grundrechtsberechtigung (→ Rn. 41) eingreifen würde. Die Einzelheiten sind in den vergangenen Jahren mehrfach vertieft worden.[82] 81

---

[79] Hierzu näher → § 21 Rn. 163 f.; ferner HUR KommunalUnternehmen-HdB/Oebbecke § 9 Rn. 66; WSG Komm. Unternehmen/Breitenbach E III Rn. 111.
[80] Dazu OVG Koblenz Urt. v. 10.6.2016 – 10 A 10878/15, BeckRS 2016, 48854 Rn. 33 ff.
[81] Dazu BGH NJW 2017, 3153.
[82] Köhler WRP 2007, 62 (Presse); Sydow/Gebhardt NVwZ 2006, 986; Dünchheim KommJur 2016, 441; Koch, FS Schmidt-Preuß, 367 (371 ff.); Werner NVwZ 2019, 449 (453 ff.).

§ 24 Verwaltungsrechtliche Nachhaltigkeitsvorgaben betreffend das Öffentliche Unternehmen

Prof. Dr. Martin Burgi

Übersicht

	Rn.
I. Spektrum und Entwicklungsperspektiven	1
II. Klimaschutz	9
1. Vorgaben auf Bundesebene	9
a) Bundes-Klimaschutzgesetz	9
b) Public Corporate Governance Kodex des Bundes (B-PCGK)	17
2. Vorgaben auf Landesebene und für kommunale Unternehmen	18
III. Gleichstellung und Diversity	22
1. Vorgaben auf Bundesebene	22
a) Betreffend die Zusammensetzung der Organe	22
b) Betreffend die Einrichtung einer Gleichstellungsbeauftragten und die Ausrichtung der Geschäftsorganisation	27
2. Vorgaben auf Landesebene	31
a) Betreffend die Zusammensetzung der Organe	31
b) Betreffend die Einrichtung von Beauftragten und die Ausrichtung der Geschäftsorganisation	32
3. Zusätzliche Vorgaben betreffend kommunale öffentliche Unternehmen	35
IV. Vergütungsbezogene Vorgaben	36
1. Ausgangslage im Gesellschaftsrecht	36
2. Vorgaben auf Bundesebene (B-PCGK)	38
3. Vorgaben auf Landesebene	42
a) Landes-PCGK	42
b) Vergütungsbezogene Regelungen im Landeshaushaltsrecht	43
4. Vorgaben für die kommunale Ebene	47

Literatur

Burgi, Der Staat als nachhaltiger (ESG-)Unternehmer, DVBl. 2023, 305; Dietlein/Riedel, Veröffentlichung von Managergehältern öffentlicher Unternehmen, NWVBl. 2010, 453; Fellenberg/Guckelberger (Hrsg.), Klimaschutzrecht, 2022; Kreutz, Die Verfassungswidrigkeit und ökonomische Unzweckmäßigkeit der namentlichen Offenlegung von Vergütungen nach dem Transparenzgesetz NRW, DÖV 2012, 89; Mann/Schnuch, Corporate Social Responsibility, DÖV 2019, 417; Rodi (Hrsg.), Handbuch Klimaschutzrecht, 2022; Weiser-Saulin, Public Corporate Governance kommunaler Unternehmen, 2021.

I. Spektrum und Entwicklungsperspektiven

Selbstverständlich sind die öffentlichen Unternehmen ebenso wie die privatwirtschaftlichen Unternehmen an sämtliche nachhaltigkeitsbezogene Vorgaben des Privatrechts gebunden (§ 4), wobei sie in der Praxis am sichtbarsten bereits mit den erweiterten Regeln zur **Nachhaltigkeitsberichterstattung** (sog. nichtfinanzielle Erklärung; → § 4 Rn. 15 f., 55 ff.) konfrontiert sind. Auch sind sie über ihre Finanzierungspartner bereits mit Taxonomieanforderungen (→ § 4 Rn. 58) in Kontakt. Bei Erfüllung der jeweiligen tatbestandlichen Voraussetzungen sind überdies (und ebenso selbstverständlich) etwaige umweltrechtliche Nachhaltigkeitsvorgaben (§ 8) und (künftig ggf. vermehrt eingreifende) soziale und governancebezogene verwaltungsrechtliche Vorgaben (§ 9) zu beachten. Wenn ein öffentliches Unternehmen die in § 1 Abs. 1 LkSG definierte Beschäftigungszahl in Höhe von 3000 (bzw. ab 2024 1000) Arbeitnehmern erreicht, unterfällt es dem Anwendungsbereich des LkSG. Diejenigen öffentlichen Unternehmen, die im Finanz- bzw. Energiesektor (vgl. §§ 14 und 15) tätig sind, haben die dort bestehenden regulatorischen Vorgaben zu beachten

1

und auch die organisationsbezogenen Vorgaben des Datenschutzrechts (§ 13) gelten für sie ebenso wie für alle anderen Unternehmen.

2 In diesem Abschnitt soll entlang der Trias „ESG" auf drei neuere normative Zusammenhänge aufmerksam gemacht werden, in denen spezifische, dh nur und gerade an öffentliche Unternehmen adressierte Nachhaltigkeitsvorgaben bestehen. Diese Nachhaltigkeitsvorgaben gehen über den von allen Unternehmen zu beachtenden Standard hinaus und betreffen den Klimaschutz (→ Rn. 9 ff.), die Gleichstellung von Frauen und Männern bzw., allgemeiner gefasst, die Diversity (→ Rn. 22 ff.) und schließlich die Organvergütung bzw. darauf bezogene Transparenzvorgaben (→ Rn. 36 ff.). Mit diesen **drei Regelungskomplexen** ist das Thema allerdings nicht erschöpft.

3 Vielmehr finden sich in der **Praxis einzelner** kommunaler **Träger** öffentlicher Unternehmen auch Vorgaben im Hinblick auf die zusätzliche Ausrichtung des Unternehmens auf „Service- und Bürgerfreundlichkeit", namentlich durch „Aufbau eines Beschwerdemanagementsystems, eine jährliche Berichterstattung an den jeweiligen Aufsichtsrat und die Bereitschaft, sich im Konfliktfall einem Konfliktlösungsmechanismus unter Einbeziehung eines zu benennenden Beauftragten ... zu unterwerfen."[1] Ein anderes Beispiel bilden organisatorische Vorgaben im Hinblick auf die Compliance sowie den Umgang mit Spenden und Sponsoring.[2]

4 Mit einem von solchen Vorgaben betroffenen öffentlichen Unternehmen werden also nicht nur bestimmte Sachziele (typischerweise der Daseinsvorsorge, va verlässliche Versorgung mit bestimmten Dienstleistungen) auferlegt. Vielmehr werden die **Nachhaltigkeits-Sachziele** hinzugefügt und wird so der zwingend notwendige „öffentliche Zweck" (→ § 18 Rn. 53) erweitert.

5 Es liegt auf der Hand, dass eine solchermaßen veränderte Zweckprogrammierung Konsequenzen für die verfassungsrechtlich geforderte und einfachgesetzlich näher ausgestaltete **Einwirkungspflicht** (sowohl bei der Steuerung als auch bei der Kontrolle der unternehmerischen Tätigkeit; → § 18 Rn. 57 ff.) hat.[3] Ferner stellt sich die Frage, welche Sanktionen sich aus einer Missachtung der Verfolgung jener zusätzlichen, nachhaltigkeitsorientierten öffentlichen Zwecke ergeben können. Und überdies muss die Umsetzung dieser wie aller anderen verwaltungsrechtlichen Vorgaben überhaupt mit Hilfe des Gesellschaftsrechts möglich sein (→ § 25 Rn. 56 ff.). Dass die hier beispielhaft untersuchten Nachhaltigkeitszwecke Klimaschutz, Gleichstellung und Diversity sowie angemessene Organvergütung als solche statthaft sind, steht hingegen außer Frage. Als Teil des Staates sind die öffentlichen Unternehmen unmittelbar an die Grundrechte (Gleichstellung!) und an die Staatszielbestimmung nach Art. 20a GG (Klimaschutzgebot) gebunden und daher zusätzlich bei der Verfolgung von Nachhaltigkeitszielen verfassungsrechtlich legitimiert.[4]

6 Werden spezifische Nachhaltigkeitsanforderungen für öffentliche Unternehmen formuliert, so geht es dabei nicht „nur" um eine verbesserte Nachhaltigkeitsbilanz bei deren unmittelbarem Tätigwerden. Vielmehr schreibt der Staat sich hierbei selbst eine **Vorbildfunktion** zu, in der Hoffnung, Nachahmungseffekte bei den von den jeweiligen Vorgaben rechtlich (noch) nicht erfassten privatwirtschaftlichen Unternehmen auszulösen.[5]

7 Ein zusätzlicher Effekt der nachfolgend dargestellten Regelungen besteht darin, dass sie möglicherweise den **Nukleus** für etwaigenfalls nachfolgende gesetzliche Vorgaben bilden, deren Anwendungsbereich dann auch privatwirtschaftliche Unternehmen einbezieht, dh,

---

[1] Zitiert nach Weiser-Saulin, Public Corporate Governance, 170.
[2] Vgl. hierzu Essener Kodex für gute Unternehmensführung v. 27.4.2016, S. 12 f., https://media.essen.de/media/wwwessende/aemter/0202/Essener_Kodex_fuer_gute_Unternehmensfuehrung~1.pdf (zuletzt abgerufen am 21.4.2023). Zu den beiden Letzteren vgl. auch → § 11 Rn. 28 ff.
[3] Dazu mit ersten empirischen Erkenntnissen Papenfuß, Verwaltungsrechtliche Steuerung und Lenkung der Öffentlichen Unternehmen, 2013, 62 f.
[4] Weiterführend Mann/Schnuch DÖV 2019, 417 (422 ff.).
[5] So ausdrücklich in der Begründung des Regierungsentwurfs zum Gesetz zur Ergänzung und Änderung der Regelungen für die gleichberechtigte Teilhabe von Frauen an Führungspositionen in der Privatwirtschaft und im öffentlichen Dienst (BT-Drs. 19/26689, 86).

jene Regelungen bilden einen potenziellen Fundus für zu entsprechenden politischen Aktivitäten motivierte gesetzgebende Körperschaften.

Die nachfolgend thematisierten Vorgaben gehören entweder zum **Verwaltungsrecht** 8 im engeren Sinne, weil sie öffentlich-rechtliches Sonderrecht setzen (so etwa § 13 KSG oder die Landeshaushaltsordnungen betreffend die Organvergütung). Teilweise hat man es aber auch mit Sondervorschriften gesellschaftsrechtlichen Charakters zu tun, die deshalb, weil sie ausschließlich den Staat als Unternehmensträger bzw. die seiner Verwaltungsorganisation zuzurechnenden öffentlichen Unternehmen betreffen (wie zB § 393a AktG über die Besetzung von Organen bei Aktiengesellschaften mit Mehrheitsbeteiligung des Bundes; → Rn. 23), dem Verwaltungsrecht in einem weiteren Sinne zuzurechnen sind (→ § 1 Rn. 9). Die Darstellung beschränkt sich im Interesse der Übersichtlichkeit und der Kohärenz innerhalb des Handbuchs auf die öffentlichen Unternehmen in Privatrechtsform; für Anstaltsunternehmen und die Banken gilt aber in der Sache jeweils (mindestens) der gleiche Nachhaltigkeitsstandard.

II. Klimaschutz

1. Vorgaben auf Bundesebene

a) Bundes-Klimaschutzgesetz. Das Bundes-Klimaschutzgesetz (KSG) enthält Bestim- 9 mungen über zusätzliche Organisationspflichten im Interesse des Klimaschutzes in § 13 KSG und in § 15 KSG. Beide Vorschriften befinden sich in dem explizit mit „**Vorbildfunktion** der öffentlichen Hand" überschriebenen Abschnitt 5 des Gesetzes.

Durch **§ 13 Abs. 1 S. 1 KSG** werden die „Träger öffentlicher Aufgaben" adressiert. 10 Darunter fallen ohne Zweifel sämtliche öffentliche Unternehmen, da der Staat überhaupt nur im öffentlichen Interesse unternehmerisch tätig werden darf (→ § 18 Rn. 53). Allerdings sind nur Unternehmen erfasst, die durch den Staat beherrscht werden, weil die bloße Verwaltung einer Minderheitsbeteiligung keine Wahrnehmung von öffentlichen Aufgaben im Sinne der gesetzlichen Formulierung ist.[6]

Die öffentlichen Unternehmen des Bundes, der Länder und der Kommunen werden 11 durch diese Vorschrift dazu verpflichtet, „bei ihren Planungen und Entscheidungen" den Zweck des KSG und die zu seiner Erfüllung festgelegten Ziele zu berücksichtigen (sog. **Berücksichtigungsgebot**). Dies bedeutet eine auch organisationsbezogene Pflicht in Gestalt einer entsprechenden Ausrichtung der Geschäftsorganisation, insbesondere soweit es um „Planungen" geht. Durch § 13 Abs. 1 S. 3 KSG wird das Berücksichtigungsgebot näher im Hinblick auf Investitionen und Beschaffungsaktivitäten auf Bundesebene konkretisiert.

Neben verschiedenen Pflichten betreffend die nach außen gerichtete Tätigkeit der 12 Unternehmen[7] ist zu verlangen, dass das Unternehmen sich bei grundlegenden strategischen Entscheidungen („Planungen") mit der Klimarelevanz seiner Aktivitäten dahingehend auseinandersetzt, dass es diese ermittelt und zumindest innerhalb eines groben Rasters gegenüber anderen Zielsetzungen abwägt. Für den Fall einer Missachtung des Berücksichtigungsgebots sind keinerlei Sanktionen vorgesehen, was im Hinblick auf das Fehlen näher bestimmter maßstäblicher Vorgaben auch überraschend wäre. Obgleich es sich also um ein „**weiches Steuerungsinstrument**" handelt,[8] genügt die bloße Existenz des Berücksichtigungsgebots, um jedenfalls innerhalb der Organe (Überwachungsorgan und Geschäftsführungsorgan), vor allem aber auch in den jeweils zuständigen politischen Trägergremien auf Bundes-, Landes- wie Kommunalebene **Diskussionen zu entfachen**, die dann möglicherweise zu spezifizierten Vorgaben führen. Auf diese Weise kann aus dem

---

[6] Ebenso Fellenberg/Guckelberger/Fellenberg KSG § 13 Rn. 9.
[7] Zu ihnen näher Fellenberg/Guckelberger/Fellenberg KSG § 13 Rn. 20 ff.
[8] Kment NVwZ 2020, 1537 (1544); teilweise weitergehend Püstow/Storzer KlimaRZ 2022, 114 (116 f.).

13 Im Gegensatz zu § 13 KSG ist **§ 15 KSG** ausschließlich an die „Bundesverwaltung" adressiert. Hierunter fallen aber nicht nur die Verwaltungseinheiten der Ministerien und Behörden des Bundes, sondern auch die sich „ausschließlich oder zum Teil" im Eigentum des Bundes befindenden juristischen Personen des Privatrechts. In Bezug auf diese Unternehmen (öffentliche bzw. private Unternehmen mit staatlicher Mehrheits- oder Minderheitsbeteiligung) verpflichtet § 15 Abs. 3 KSG den Bund dazu, dass er darauf hinwirken muss, dass auch sie „ihre Verwaltungstätigkeit klimaneutral organisieren". Was das „Hinwirken" im Einzelnen bedeutet, ist nicht geregelt. Es bedeutet, dass der Bund seine bestehenden Einwirkungsrechte (zu ihnen allgemein → § 18 Rn. 55 ff. und → § 19 Rn. 72 ff.) nutzen muss, um die hier durch eine weitere Maßgabe, nämlich das Ziel der Klimaneutralität, angereicherte Einwirkungspflicht erfüllen zu können.

14 Das **Ziel der Klimaneutralität** wird in § 15 Abs. 1 u. 2 KSG inhaltlich näher beschrieben. Neben der nach außen gerichteten Tätigkeit der Unternehmen muss auch die Organisation der Verwaltung selbst gemäß § 15 Abs. 1 KSG auf dieses Ziel hin ausgerichtet sein, und zwar durch die Verabschiedung für jeweils fünf Jahre lang geltender Maßnahmen.

15 Unmittelbar rechtliche **Sanktionen** sind auch insoweit nicht vorgesehen. Die Durchsetzung der Vorgabe des § 15 Abs. 3 KSG beurteilt sich mithin nach den allgemein für die einzelnen Einwirkungsrechte geltenden Regeln des Gesellschaftsrechts.

16 Im Hinblick auf den **Rechtsschutz** enthält das KSG eine eindeutige, sämtliche dort normierten Gebote und Pflichten betreffende Regelung. Sie findet sich in **§ 4 Abs. 1 S. 10 KSG** und lautet: „Subjektive Rechte und klagbare Rechtspositionen werden durch dieses Gesetz oder aufgrund dieses Gesetzes nicht begründet."

17 **b) Public Corporate Governance Kodex des Bundes (B-PCGK).** Der B-PCGK enthält in Ziffer 5.5.1 eine Formulierung dahingehend, dass die Geschäftsführung „für eine nachhaltige Unternehmensführung [sorgen soll], wie sie in der deutschen Nachhaltigkeitsstrategie und den Sustainable Development Goals (SDGs)" formuliert ist. Im normativen Zusammenhang des KSG betrifft dies innerhalb der SDGs den Transformationsbereich „Energiewende und Klimaschutz" und im Hinblick auf die „Deutsche Nachhaltigkeitsstrategie" ist zu beachten, dass damit das Ziel der Treibhausgasneutralität bis 2025 inklusive einer Halbierung des Energieverbrauchs bis zu diesem Jahr postuliert wird.[9] Zu Charakter und Rechtswirkung(en) des PCGK → § 19 Rn. 12 ff.

2. Vorgaben auf Landesebene und für kommunale Unternehmen

18 Zunächst gilt das Berücksichtigungsgebot des § 13 Abs. 1 S. 1 KSG für alle „Träger öffentlicher Aufgaben" im bereits beschriebenen Sinne (→ Rn. 10), und damit auch für öffentliche Unternehmen auf Landes- und auf kommunaler Ebene. Zur Konkretisierung des Gebots konnte der Bundesgesetzgeber insoweit aus kompetenziellen Gründen aber keine näheren Regelungen treffen. Dies betont er ausdrücklich, indem er in **§ 13 Abs. 1 S. 2 KSG** die diesbezüglichen Kompetenzen der Länder und Kommunen für „unberührt" bleibend erklärt.

19 Obgleich in den meisten Ländern in den vergangenen Jahren **Klimaschutzgesetze** geschaffen und dabei zunehmend Zielfestlegungen verschärft und Handlungspflichten konkretisiert werden,[10] sind die öffentlichen Unternehmen bzw. ist die Tätigkeit von Ländern und Kommunen als Träger solcher Unternehmen bislang offenbar noch nicht so richtig „auf dem Schirm" gewesen. So wiederholt beispielsweise § 7 Abs. 1 Klimaschutzgesetz Baden-Württemberg (KSG BW)[11] die Vorbildfunktion der „öffentlichen Hand", die sich

---

[9] https://www.bundesregierung.de/breg-de/suche/nachhaltigkeitsstrategie-2021-1873560 (zuletzt abgerufen am 21.4.2023).
[10] Als Gesamtüberblick auf dem Stand von Anfang 2022: Knauff KlimR 2022, 47.
[11] Vom 23.7.2013 (GBl. 229), zuletzt geändert durch G. v. 12.10.2021 (GBl. 837).

auch auf den „Organisationsbereich" erstrecken würde. Zur Verabschiedung eines Konzepts wird aber durch § 7 Abs. 2 KSG BW ausschließlich die „Landesregierung" verpflichtet und im Hinblick auf die Kommunen wird deren „eigene Verantwortung" betont (§ 7 Abs. 4 KSG BW).

Insgesamt besteht angesichts der großen Bedeutung insbesondere der kommunalen Unternehmen in normativer Hinsicht (bei Vorhandensein des entsprechenden politischen Willens) hier noch **„Luft nach oben"**. An der Garantie der kommunalen Selbstverwaltung nach Art. 28 Abs. 2 GG bzw. den entsprechenden Bestimmungen in den Landesverfassungen würde die Statuierung konkreterer verwaltungsrechtlicher Klimavorgaben betreffend öffentliche Unternehmen jedenfalls nicht grundsätzlich scheitern. 20

Unabhängig von etwaigen landesgesetzlichen Aktivitäten sind die Kommunen und ihre Unternehmen jedenfalls aufgerufen, das seit Jahrzehnten erfolgreich zur Erfüllung insbesondere von Daseinsvorsorgeaufgaben eingesetzte Instrument des öffentlichen Unternehmens im Hinblick auf die Nachhaltigkeit weiterzuentwickeln.[12] Als organisationsbezogene Vorgabe bietet sich hierbei die Aufstellung eines **Klimaplans** für die jeweilige unternehmerische Tätigkeit an, verbunden mit einer **Berichterstattung** gegenüber den zuständigen politischen Gremien und der Öffentlichkeit. Diese sollte gegenständlich und sachlich aber mit den sich im Hinblick auf jedenfalls größere Unternehmen aus den gesellschaftsrechtlichen bzw. handelsrechtlichen Vorschriften ergebenden Anforderungen an die sog. nichtfinanzielle Erklärung (→ § 4 Rn. 56 ff.) abgestimmt werden. 21

III. Gleichstellung und Diversity

1. Vorgaben auf Bundesebene

a) Betreffend die Zusammensetzung der Organe. aa) Sonder-Gesellschaftsrecht. Mit dem Gesetz zur Ergänzung und Änderung der Regelungen für die gleichberechtigte Teilhabe von Frauen in Führungspositionen in der Privatwirtschaft und im öffentlichen Dienst vom 7.8.2021[13] sind nicht nur für alle Unternehmen relevante Änderungen im HGB, AktG, GmbHG etc. erfolgt (zu ihnen → § 2 Rn. 42). Vielmehr sind für die Aktiengesellschaft (in § 393a AktG), die SE (vgl. § 52a SE-Ausführungsgesetz) und die GmbH (vgl. § 77a GmbHG) jeweils strukturell vergleichbare **Sondervorschriften** für den Fall einer **„Beteiligung des Bundes"** geschaffen worden. Dies wurde damit begründet, dass der Bund in diesen Unternehmen „Maßstäbe für die Teilhabe von Frauen" zu setzen habe und es jedenfalls nicht hinzunehmen sei, dass sie auch in den dortigen Organen unterrepräsentiert seien.[14] 22

In allen drei Vorschriften wird zunächst detailliert der **Adressatenkreis** geregelt. So erfasst beispielsweise § 393a Abs. 1 AktG „Aktiengesellschaften mit Mehrheitsbeteiligung des Bundes" mit einem Sitz im Inland, wenn entweder ihre Anteile zur Mehrheit vom Bund gehalten werden oder sie große Kapitalgesellschaften iSv § 267 Abs. 3 HGB sind und ihre Anteile zur Mehrheit von Gesellschaften gehalten werden, deren Anteile ihrerseits zur Mehrheit vom Bund gehalten werden. Schließlich werden einbezogen Aktiengesellschaften mit „in der Regel mehr als 500 Arbeitnehmerinnen und Arbeitnehmern", deren Anteile wiederum zur Mehrheit von Gesellschaften gehalten werden, die letzten Endes mehrheitlich auf den Bund zurückzuführen sind (§ 393a Abs. 1 S. 1 Nr. 3 AktG). Ist der Adressatenkreis eröffnet, so statuiert § 393a Abs. 2 AktG Anforderungen für den Aufsichtsrat (iVm § 96 Abs. 2 AktG) bzw. für den Vorstand (iVm § 76 Abs. 3a AktG). 23

Anders als in den beiden jeweils in Bezug genommenen Vorschriften kommt es hierbei weder auf Börsennotierung noch auf Mitbestimmung an und die vorstandsbezogene Vorschrift greift bereits dann ein, wenn der Vorstand aus mehr als zwei Personen besteht. Im 24

---
[12] Dazu näher Burgi KlimaRZ 2022, 79 (83); Püstow/Storzer KlimaRZ 2022, 114 ff.
[13] BGBl. I 3311.
[14] BT-Drs. 19/26689, 51 f.

Ergebnis wird auf diese Weise sichergestellt, dass im Aufsichtsrat der erfassten öffentlichen Unternehmen die fixe Quote von mindestens 30 % Frauen im Aufsichtsrat und in Geschäftsführungsorganen mit mehr als zwei Personen ein Mindestbeteiligungsgebot von einer Frau und einem Mann besteht. Die **Sanktionen** bei Missachtung dieser Vorgaben entsprechen den in den §§ 76 und 96 AktG (bzw. in den jeweils entsprechenden anderen Gesetzen) vorgesehenen Rechtsfolgen.

25 **bb) Bundesgremienbesetzungsgesetz (BGremBG).** Das im gleichen Zusammenhang erweiterte BGremBG ist im Jahr 2021 dahingehend neu gefasst worden[15], dass in „jedem **Aufsichtsgremium**", für das der Bund im Sinne von §§ 2 und 3 BGremBG Mitglieder bestimmen kann und das mindestens zwei vom Bund zu bestimmende Mitglieder hat, unter diesen „Frauen und Männer zu gleichen Teilen vertreten" sein sollen. Steht dem Bund eine ungerade Anzahl von Sitzen zu, soll das Ungleichgewicht zwischen Frauen und Männern nur einen Sitz betragen. Bei jedem wesentlichen Gremium werden Institutionen des Bundes daraufhin verpflichtet, dass eine **paritätische Vertretung** von Frauen und Männern geschaffen oder erhalten wird (§ 4 Abs. 1 BGremBG). Diesbezüglich wird durch § 5 BGremBG eine jährliche Berichtspflicht eingeführt.

26 Flankiert werden die gesetzlichen Vorgaben durch den **B-PCGK**. So soll bei der Auswahl der Mitglieder der Geschäftsführung nach Ziffer 5.2.2 B-PCGK auch „auf Diversität, insbesondere auf das Erreichen der ggf. bestehenden gesetzlichen Quoten bzw. der freiwillig oder aufgrund gesetzlicher Verpflichtungen gesetzten internen Ziele zur Zusammensetzung hinsichtlich der gleichberechtigten Teilhabe der Geschlechter" geachtet werden. Die Auswahlentscheidung soll überdies „mit den dafür maßgeblichen Erwägungen nachvollziehbar dokumentiert werden". In Ziffer 6.2.1 B-PCGK findet sich eine vergleichbare Vorschrift im Hinblick auf die Zusammensetzung des Aufsichtsrats und in Ziffer 7.1 B-PCGK ist explizit vorgesehen, dass im Corporate Governance Bericht jährlich auch eine „Darstellung der Entwicklung des Anteils an Frauen in Führungspositionen in der Geschäftsführung und den beiden Führungsebenen darunter und im Überwachungsorgan" enthalten sein muss. Zu den Rechtsfolgen einer Missachtung → § 19 Rn. 15.

27 **b) Betreffend die Einrichtung einer Gleichstellungsbeauftragten und die Ausrichtung der Geschäftsorganisation.** Das Bundesgleichstellungsgesetz (BGleiG)[16] enthält neben verschiedenen arbeitsrechtlichen Vorgaben die Pflicht zur Erstellung eines Gleichstellungsplans (§ 11 ff. BGleiG) und die Pflicht zur Bestellung einer Gleichstellungsbeauftragten nebst weiteren verantwortlichen Personen, sowie näher ausgestaltete Verfahrenspflichten einschließlich eines Einspruchsrechts und eines Einspruchsverfahrens (§ 19 ff. BGleiG). Neben den verschiedensten Dienststellen der Bundesverwaltung ist dieses Gesetz seit August 2021 unter bestimmten Voraussetzungen auch auf „juristische Personen, an denen der Bund mittelbar oder unmittelbar beteiligt ist", anwendbar. Dabei werden interessanterweise nicht der Bund (als Unternehmensträger) **adressiert**, sondern **die öffentlichen Unternehmen selbst.**

28 Diesen wird es überlassen, das Gesetz in ihrer „Satzung ganz oder teilweise für sich verbindlich [zu] erklären." Ein dahingehender Beschluss zur **Satzungsänderung** muss gemäß § 2 Abs. 2 S. 1 BGleiG „einstimmig gefasst" werden. Diese Vorschrift gilt nicht nur für mehrheitlich durch den Bund beherrschte Unternehmen, sondern für alle Unternehmen, an denen der Bund mittelbar oder unmittelbar beteiligt ist, also auch für Unternehmen mit staatlicher Minderheitsbeteiligung (zu ihnen § 16). Allerdings wird dort die Herbeiführung einer entsprechenden Satzungsänderung (noch) größere Schwierigkeiten bereiten.

---

[15] G. v. 24.4.2015 (BGBl. I 642), das durch Art. 1 des G. v. 7.8.2021 (BGBl. I 3311) geändert worden ist.
[16] G. v. 24.4.2015 (BGBl. I 642, 643), das zuletzt durch Art. 2 des G. v. 7.8.2021 (BGBl. I 3311) geändert worden ist.

Inhaltlich wird durch das BGleiG ausschließlich die **Gleichstellung** von Männern und 29
Frauen sowie die Vereinbarkeit von Familie, Pflege und Berufstätigkeit (§ 1 Abs. 1 Nr. 3
BGleiG) geregelt. Darüber hinausgehende Bestimmungen in Richtung „Diversity" finden
sich hier nicht. Sanktionen sind nicht vorgesehen, zumal es sich auch um eine bloße Kann-
Vorschrift handelt. Die hierdurch formulierten organisationsbezogenen Anforderungen
gehen in der Sache deutlich über die Gleichstellungsanforderungen des Gesellschaftsrechts
hinaus, weil dort weder die Aufstellung von Gleichstellungsplänen noch die Einrichtung
von Gleichstellungsbeauftragten vorgesehen ist. Ein Konflikt mit den Gesetzgebungskom-
petenzvorschriften nach Art. 70 ff. GG ergibt sich hieraus nicht, da das BGleiG ebenso wie
das AktG, das GmbHG etc. auf der Gesetzgebungskompetenz des Bundes (Art. 74 Abs. 1
Nr. 11 u. 12 GG) beruht und im Hinblick auf die geregelten Gegenstände als Sonder-
Gesellschaftsrecht anzusehen ist.

Der B-PCGK knüpft in seinem Abschnitt „5.5 Nachhaltige Unternehmensführung" 30
zunächst hieran an, geht aber dann hinsichtlich der Regelungsinhalte darüber hinaus. Er
adressiert nicht den Unternehmensträger und auch nicht das öffentliche Unternehmen als
solches, sondern die „**Geschäftsführung**" der öffentlichen Unternehmen. Diese soll
nicht lediglich für die Aufstellung des im Gesetz (nach entsprechender Satzungsbestimmung) vorgesehenen Plans Sorge tragen, sondern darüber hinaus eine „gleichstellungs-
fördernde, tolerante und diskriminierungsfreie Kultur im Unternehmen mit gleichen
Entwicklungschancen ohne Ansehung der ethnischen Herkunft, des Geschlechts, der
Religion oder Weltanschauung, einer Behinderung, des Alters oder der sexuellen Identität" gewährleisten (Ziffer 5.5.2 B-PCGK). Teil der zu fördernden „Arbeitskultur" soll
ferner die bessere Vereinbarkeit von Familie und Beruf sein (Ziffer 5.5.3 B-PCGK). Die
Erreichung all dieser Zielsetzungen wird zwangsläufig mit organisatorischen Anstrengungen einhergehen müssen.

2. Vorgaben auf Landesebene

a) Betreffend die Zusammensetzung der Organe. Die Landesgesetzgeber haben 31
keine Kompetenz für ein Sonder-Gesellschaftsrecht, das beispielsweise bestimmte Quoten
bei der Zusammensetzung von Aufsichtsrat oder Geschäftsführung fordert, wie es zB
§ 393a AktG als Bundesgesetz (→ Rn. 23 f.) verfügt hat. Denn der Bund hat mit seinen
gesellschaftsrechtlichen Kodifikationen, ergänzt durch das BGremBG (→ Rn. 25), erschöpfend von der ihm eingeräumten konkurrierenden Gesetzgebungskompetenz für das
Wirtschaftsrecht nach Art. 74 Abs. 1 Nr. 11 u. 12 GG Gebrauch gemacht. Allerdings
enthält § 393a Abs. 3 AktG (ebenso wie die entsprechenden Bestimmungen für die SE
und die GmbH) eine **Öffnungsklausel** dahingehend, dass die Länder die Vorgaben des
§ 393a Abs. 2 AktG (→ Rn. 23 f.) „auf Aktiengesellschaften erstrecken (können), an
denen eine Mehrheitsbeteiligung eines Landes entsprechend Absatz 1" besteht. Folgerichtig wäre es gewesen, diese Öffnungsklausel auch auf Unternehmen zu erstrecken, an
denen eine Mehrheitsbeteiligung der Kommunen besteht, allerdings dürfte der Wortlaut
von § 393a Abs. 3 AktG mit seiner eindeutigen Adressierung (aber eben auch Beschränkung) auf Mehrheitsbeteiligungen „eines Landes" einer solchen Interpretation entgegenstehen.

b) Betreffend die Einrichtung von Beauftragten und die Ausrichtung der Ge- 32
schäftsorganisation. Einige Bundesländer (ua Baden-Württemberg, Berlin und Hessen)
haben Gleichstellungsgesetze erlassen, die spezifische Nachhaltigkeitsanforderungen jenseits
der Zusammensetzung der Organe für den Bereich der öffentlichen Wirtschaft formulieren.
Allerdings verpflichten diese Gesetze nicht unmittelbar die öffentlichen Unternehmen
selbst, sondern **ihre Träger**. Sollte die Formulierung eines solchen Gesetzes insoweit offen
sein, müssen sie verfassungskonform dahingehend interpretiert werden, dass lediglich das
Land bzw. die Kommunen als Unternehmensträger, nicht aber die Unternehmen selbst

33 Beispielhaft sei hier der wesentliche Inhalt des **Chancengleichheitsgesetzes BW**[18] aus dem Jahr 2016 beschrieben. Dieses Gesetz verpflichtet das Land und die kommunalen Gebietskörperschaften als Träger von „Unternehmen in Rechtsformen des Privatrechts" mit Mehrheitsbeteiligung dazu, die Anwendung der im Gesetz primär für staatliche Dienststellen vorgesehenen Pflichten (wiederum: Erstellung eines Chancengleichheitsplans und Einrichtung einer Beauftragten für Chancengleichheit nebst weiteren organisatorischen Regelungen) „im Gesellschaftsvertrag oder in der Satzung" zu vereinbaren (§ 3 Abs. 3 S. 1 ChancenG BW). Ferner werden auch kommunale Gebietskörperschaften dazu aufgerufen (es handelt sich in beiden Fällen um Soll-Vorschriften), „ihre Gesellschafterrechte in Unternehmen des Privatrechts, auf die sie durch mehrheitliche Beteiligung oder in sonstiger Weise direkt oder indirekt bestimmenden Einfluss nehmen können, so auszuüben, dass die Vorschriften dieses Gesetzes entsprechende Anwendung finden können" (§ 3 Abs. 3 S. 2 ChancenG BW). Hält das Land oder eine kommunale Gebietskörperschaft eine Minderheitsbeteiligung (von mindestens einem Anteil von 25 %), soll es innerhalb der Gesellschaft darauf hinwirken, dass die Vorschriften des Gesetzes entsprechende Anwendung finden (§ 3 Abs. 3 S. 3 ChancenG BW). Sanktionen sind im Hinblick auf sämtliche (wie bereits erwähnt, Soll-Vorschriften) nicht vorgesehen.

34 Daran anknüpfend bzw. vertiefend finden sich auch in den **PCGK** der einzelnen Länder Bestimmungen im Hinblick auf die Führung von Landesunternehmen. Beispielhaft sei hier zum einen genannt der PCGK-NRW. Er sieht in Ziffer 3.1.3 vor, dass bei der Zusammensetzung der „Geschäftsleitung" „auf Vielfalt (Diversity) geachtet und dabei insbesondere eine angemessene Berücksichtigung Angehöriger beider Geschlechter angestrebt" wird. Entsprechendes gilt gemäß Ziffer 4.5.1 PCGK-NRW für die Zusammensetzung des Überwachungsorgans. Im Hinblick hierauf werden noch deutlich detailliertere Vorgaben mit Prozentanteilen gemacht. In Baden-Württemberg enthält der dortige PCGK eine Berichtspflicht im Hinblick auf den Anteil von Frauen in Führungspositionen in Überwachungsorganen (dort Rn. 15) und macht in Rn. 28 Vorgaben zur Besetzung von Führungsfunktionen, wobei „in der Regel eine Berücksichtigung von Frauen und Männern zu gleichen Anteilen" anzustreben sei.

3. Zusätzliche Vorgaben betreffend kommunale öffentliche Unternehmen

35 Wie bereits eingangs festgestellt (→ Rn. 3), können die Kommunen selbst, und zwar entweder auf der Trägerebene oder auf der Ebene der öffentlichen Unternehmen, an sich selbst erhöhte Nachhaltigkeitsanforderungen formulieren. Hierfür gibt es in der Praxis verschiedener, insbesondere größerer bundesdeutscher Städte, auch Beispiele. **Orientierung** bieten hierbei die für Bundes- bzw. Landesunternehmen geltenden Regelungen sowie der B-PCGK bzw. der PCGK des jeweiligen Landes. Viele Kommunen haben mittlerweile einen eigenen Public Corporate Governance Kodex aufgestellt.[19] So formuliert beispielsweise der PCGK der Landeshauptstadt Düsseldorf (Stand 10.3.2017)[20] betreffend die Zusammensetzung des Aufsichtsrats, dass das Landesgleichstellungsgesetz in seiner jeweils gültigen Fassung auch im Hinblick auf die kommunalen Unternehmen zu beachten sei.

---

[17] Zutreffend VG Berlin Beschl. v. 30.11.2018 – 5 K 227.18 mAnm Dombrowsky SAE 2020, 10; aA von Roetteken jurisPR-ArbR 20/2019 Anm. 8.
[18] GBl. 2016, 108.
[19] Übersichtlich (aber natürlich nicht abschließend) zugänglich unter https://publicgovernance.de/html/de/2393.htm (zuletzt abgerufen am 21.4.2023).
[20] https://www.duesseldorf.de/fileadmin/Amt20/finanzen/kodex/Duesseldorfer_Kodex_2017_03_10.pdf (zuletzt abgerufen am 21.4.2023).

IV. Vergütungsbezogene Vorgaben

1. Ausgangslage im Gesellschaftsrecht

Für den (mit Blick auf die Gesellschaft relativ kleinen) Kreis der börsennotierten Kapitalgesellschaften schreibt § 285 Nr. 9 lit. a HGB vor, dass die Bezüge jedes einzelnen Vorstands- und Aufsichtsratsmitglieds personenbezogen (unter Namensnennung) und aufgeteilt nach Komponenten im Anhang des Jahresabschlusses veröffentlicht werden müssen. Im Hinblick auf nicht-börsennotierte Gesellschaften genügt die Angabe der gewährten Gesamtbezüge im Anhang des Jahresabschlusses. Nach § 286 Abs. 4 HGB können nicht-kapitalmarktorientierte Gesellschaften hierauf verzichten und die kleinen Kapitalgesellschaften müssen die Angaben nach § 288 Abs. 1 HGB zu Organbezügen nicht offenlegen. Bereits diese Bestimmungen bewirken entgegen dem ersten Anschein nicht lediglich eine Verbesserung der Transparenz, sondern beeinflussen bereits die Entscheidungen der zuständigen Gremien über die Vergütungsstruktur, dh über Kriterien und Höhe der Organvergütungen. 36

Explizit darauf, und damit auch auf die Stimulierung nachhaltigen Verhaltens (→ § 4 Rn. 65) zielen (wiederum im Hinblick auf börsennotierte Gesellschaften) die Vorschriften des § 87 Abs. 1 S. 2 AktG (Ausrichtung der Vorstandsvergütung auf eine „nachhaltige und langfristige Entwicklung der Gesellschaft") sowie der nach Maßgabe des § 162 Abs. 1 S. 2 Nr. 1 AktG jährlich zu erstellende „Vergütungsbericht" (→ § 4 Rn. 66). Nachfolgend geht es darum, welche vergütungsbezogenen Vorgaben unabhängig und zusätzlich hiervon im Hinblick auf öffentliche Unternehmen, also als verwaltungsrechtliche Vorgaben bestehen. Dass (auch) dort in erheblichem Maße Intransparenz herrscht und sicherlich keine durchgehende (Teil-)Orientierung an Nachhaltigkeitskriterien obwaltet, belegt die von Papenfuß/Schmidt/Hartel veröffentlichte „Public Pay Studie 2022".[21] 37

2. Vorgaben auf Bundesebene (B-PCGK)

Der B-PCGK sieht seit seiner Neufassung im Jahre 2020[22] in Ziffer 5.3.1 vor, dass das für die Anstellung der Geschäftsführung zuständige Unternehmensorgan zunächst für jede Position in der Geschäftsführung die Kriterien für die Vergütung entsprechend des im B-PCGK vorgegebenen Prüfungsschemas abstrakt festlegen soll. Die individuelle Vergütung muss danach entlang dieser Kriterien vereinbart werden. Für den Fall, dass eine variable Vergütung vorgesehen ist, enthält der B-PCGK detaillierte Vorgaben zu deren Komponenten. Hierbei geht es in erster Linie um **Nachvollziehbarkeit** und **Transparenz,** mit sehr detaillierten Vorgaben für die Ausgestaltung in Ziffer 5.3.2 B-PCGK. 38

Daneben werden aber auch bereits Vorgaben für die **inhaltliche Gestaltung** der Kriterien gemacht. So sollen „insbesondere folgende Aspekte berücksichtigt werden": Die Vergleichsgruppe anderer Unternehmen (erster Spiegelstrich) und der Umstand, ob „variable Vergütungsbestandteile als Anreiz zur Förderung insbesondere der nachhaltigen und wirtschaftlichen Verfolgung des wichtigen Bundesinteresses gewährt werden" (vierter Spiegelstrich), jeweils in 5.3.1 B-PCGK. In Ziffer 5.3.3 B-PCGK wird betont, dass diese Ziele „hinreichend ambitioniert, terminiert und im Regelfall eindeutig messbar" sein sollen. 39

Sanktionen sind allerdings nicht vorgesehen, vielmehr handelt es sich durchgehend um **Soll-Bestimmungen** (dazu allg. → § 19 Rn. 15). Allerdings müssen gemäß Ziffer 5.3.1 B-PCGK sowohl die festgelegten Kriterien als auch die maßgeblichen Erwägungen für deren Festlegung „dokumentiert" werden. 40

In Ziffer 7.2 B-PCGK sind die diesbezüglichen **Veröffentlichungspflichten** normiert. Demnach soll die „gewährte Vergütung jedes Mitglieds der Geschäftsführung im jeweiligen Berichtsjahr" gemäß Ziffer 7.2.1 B-PCGK im „Corporate Governance Bericht" dargestellt werden, ebenso die Vergütung jedes Mitglieds des Überwachungsorgans gemäß Zif- 41

---

[21] Papenfuß/Schmidt/Hartel, Public Pay Studie 2022, https://www.doi.org/10.48586/zu/01234 (zuletzt abgerufen am 21.4.2023).
[22] Dazu Ramge/Kerst NZG 2020, 1124 (1127).

fer 7.2.2 B-PCGK „individualisiert und aufgegliedert nach den jeweiligen Vergütungskomponenten in allgemein verständlicher Form". Der Corporate Governance Bericht wiederum muss gemäß Ziffer 7.3 B-PCGK „für mindestens auf die Angabe folgende fünf Geschäftsjahre auch über die Internetseite des Unternehmens zugänglich sein". Zur Bedeutung der mit dem Corporate Governance[23] Bericht verbundenen „Entsprechenserklärung" nach Ziffer 7.1 B-PCGK → § 19 Rn. 84 ff.

3. Vorgaben auf Landesebene

42 a) **Landes-PCGK.** Die PCGK auf Landesebene enthalten **vergleichbare Bestimmungen** zu denen des PCGK auf Bundesebene, deren Unterschiede im Einzelnen hier nicht dargestellt werden können. Als Beispiel seien die Regelungen im PCGK-Baden-Württemberg für die Vergütung der Geschäftsführung (dort Rn. 32 ff.) und für die Vergütung der Mitglieder des Überwachungsorgans (dort Rn. 71) genannt.

43 b) **Vergütungsbezogene Regelungen im Landeshaushaltsrecht.** In den vergangenen Jahren haben **mehrere Bundesländer** in die jeweilige Haushaltsordnung nach § 65 LHO (der Vorschrift, die die grundlegenden Anforderungen an die Statthaftigkeit einer Beteiligung an privatrechtlichen Unternehmen enthält; → § 19 Rn. 35 ff.) Bestimmungen über die Veröffentlichung der Organvergütungen aufgenommen.[24] In Rheinland-Pfalz[25] sowie in Hamburg[26] ist eine Veröffentlichungspflicht im jeweiligen Landestransparenzgesetz geregelt. All diese Vorgaben betreffen lediglich die Veröffentlichung, nicht aber Kriterien bzw. Höhe der Vergütungen.

44 Die Rechtslage lässt sich gut an dem besonders kontrovers diskutierten **Transparenzgesetz NRW** vom 17.12.2009[27] erläutern. Durch dieses Gesetz wurde in die LHO eine neue Vorschrift über die „Offenlegung von Vergütungen bei privatrechtlichen Unternehmen" eingefügt (§ 65a LHO NRW). Diese gilt im Hinblick auf Unternehmen, an denen das Land unmittelbar oder mittelbar „mehrheitlich" beteiligt ist (Abs. 1). Ist das Land nicht mehrheitlich, jedoch mindestens in einer Höhe von 25 % an dem Unternehmen beteiligt, sollen die entsprechenden Vorschriften „entsprechend" gelten. Diese Vorschriften statuieren aber durchgehend nicht unmittelbar eine Veröffentlichungspflicht, dh Unternehmen sind nicht selbst Adressaten der gesetzlichen Regel, sondern das Land als Unternehmensträger. Dieses soll „darauf hinwirken", dass die Bezüge „jedes einzelnen Mitglieds der Geschäftsführung, des Aufsichtsrates ..., aufgeteilt nach erfolgsunabhängigen und erfolgsbezogenen Komponenten sowie Komponenten mit langfristiger Anreizwirkung" im Anhang des Jahresabschlusses bzw. an anderer geeigneter Stelle veröffentlicht werden.

45 Diese Regelung hat in zweifacher Hinsicht den **Vorwurf der Verfassungswidrigkeit** auf sich gezogen.[28] Zum einen, weil der Bund mit den eingangs zitierten Vorschriften des HGB (→ Rn. 36) abschließend von seiner Gesetzgebungskompetenz nach Art. 74 Abs. 1 Nr. 11 u. 12 GG Gebrauch gemacht habe und zum andern wegen eines angeblich nicht zu rechtfertigenden Eingriffs in das Grundrecht auf informationelle Selbstbestimmung der betroffenen Personen aus Art. 2 Abs. 1 GG iVm Art. 1 Abs. 1 GG. Diese Vorstöße haben bis heute keine Resonanz in der Rechtsprechung gefunden, dh sowohl die nordrheinwestfälischen Vorschriften als auch die Regelungen in den anderen Bundesländern sind nach über 12 Jahren unangefochten in Kraft.

46 ME ist der Vorwurf der Verfassungswidrigkeit in beiden Punkten **unberechtigt.** Denn die Regelungen der Landeshaushaltsordnung statuieren nicht (wie die HGB-Vorschriften)

---

[23] Vgl. Lindenlauf NZG 2021, 149 (152).
[24] Vgl. § 65a LHO Bln; § 65b LHO MV; § 65a LHO NRW; § 65a LHO SaarL; § 65a LHO SchlH.
[25] In § 7 Abs. 1 Nr. 13 LTranspG Rh-Pf v. 27.11.2015 (GVBl. 383).
[26] In §§ 2 Abs. 3, 3 Abs. 1 Nr. 15 HmbTG v. 19.6.2012 (GVBl. 271) und dazu VG Hamburg Urt. v. 16.10.2020 – 17 K 3920/19.
[27] GV. NRW 949; zum Inhalt Pommer NWVBl 2010, 459 ff.
[28] Dietlein/Riedel NWVBl 2010, 453 ff.; Kreutz DÖV 2012, 89 ff.; Otto/Quick NWVBl 2013, 271 ff.

eine an das Unternehmen adressierte Veröffentlichungspflicht, sondern zielen ausschließlich auf das Land als Unternehmensträger, der selbstverständlich der Legislativgewalt des nämlichen Landes unterworfen ist. Der in der Tat vorliegende Eingriff in das Grundrecht auf informationelle Selbstbestimmung wird dadurch, dass es sich lediglich um eine „Hinwirkungspflicht" handelt, deutlich abgemildert. Zudem steht es den in den Organen jeweils betroffenen Personen frei, sich hierauf einzulassen oder nicht. ME wirkt sich innerhalb der Abwägung auch aus, dass der Zweck des Gesetzes nicht „nur" darin besteht, „dem besonderen Informationsanspruch der Öffentlichkeit bei öffentlichen Unternehmen Rechnung zu tragen", da diese letztlich mit Mitteln der Allgemeinheit finanziert werden.[29] Hinzu kommt vielmehr, dass die öffentlichen Unternehmen Instrumente bestimmter öffentlicher Zwecke, dh Instrumente der Verwaltungstätigkeit sind (→ § 18 Rn. 3). Dies hat für die dort tätigen Personen zur Folge, dass sie im Hinblick auf einige Aspekte (darunter die erhöhte Transparenzanforderung, schon nicht die Höhe der Vergütung) eher an Maßstäben des Öffentlichen Dienstes als an den für die Privatwirtschaft üblicherweise geltenden Maßstäben zu messen sind.

4. Vorgaben für die kommunale Ebene

Im Bereich der kommunalen Unternehmen bestehen **teilweise** von den kommunalen Trägern oder auch von Unternehmen **selbst formulierte Vorgaben** für Vergütungsstrukturen bzw. für auf Vergütungen bezogene Veröffentlichungspflichten. Diese können sich bei entsprechendem Willen der Verantwortlichen am PCGK oder an den soeben behandelten (→ Rn. 43 ff.) Landeshaushaltsordnungen orientieren. 47

Der weitaus überwiegende Teil der Bundesländer hat in den jeweiligen **Kommunalgesetzen** (Gemeindeordnungen, Kreisordnungen etc.) vergütungsbezogene Regelungen getroffen, die strukturell den Regelungen in den Landeshaushaltsordnungen entsprechen, aufs Ganze gesehen aber bemerkenswerterweise darüber hinausgehen. Ebenso wie bei den Landesunternehmen finden sich auch im Hinblick auf die kommunalen Unternehmen lediglich Vorschriften in Bezug auf die Veröffentlichung, nicht aber in Bezug auf die Kriterien bzw. die Höhe der Vergütungen. 48

Die Landeskommunalgesetze unterscheiden sich im Einzelnen danach, ab welcher Beteiligungshöhe eine kommunale Wirtschaftsbetätigung überhaupt erfasst ist, worauf sich die Pflicht zur Veröffentlichung bezieht und in welcher Weise diese erfolgen muss. Zu veröffentlichen sind teilweise lediglich die Gesamtvergütungen, teilweise aber auch individuelle und nach bestimmten Komponenten aufzugliedernde Individualbezüge von Geschäftsführungs- und Aufsichtsorganmitgliedern. Teilweise wird die Veröffentlichung zusätzlich an das Einverständnis der betroffenen Personen geknüpft (Überblick → § 21 Rn. 173 ff.). 49

Soweit auch gegen diese Regelungen verfassungsrechtliche Bedenken geltend gemacht werden, sind diese ebenso wenig durchschlagend wie bereits im Hinblick auf die Landesunternehmen erläutert (→ Rn. 45 f.). Ausschlaggebend ist letztlich auch hier, dass es sich lediglich um **Hinwirkungs-, nicht um Veröffentlichungspflichten** handelt. Ist die betreffende Vorschrift nicht eindeutig, muss sie dahingehend verfassungskonform ausgelegt werden.[30] 50

Diese an die kommunalen Träger adressierte Hinwirkungspflicht gilt gemäß der wiederum beispielhaft zitierten Vorschrift des § 108 Abs. 1 Nr. 9, Abs. 2 GO NRW im Falle der erstmaligen, unmittelbaren oder mittelbaren Beteiligung an einer Gesellschaft als Alleineigentümer oder als Mitgesellschafter bei einem Anteil von mehr als 50 von 100 der Anteile. Auch bereits bestehende Gesellschaften sind von der Regelung erfasst. Anders als auf der Landesebene besteht hier eine durchaus effektive **Sanktion** darin, dass die Erfüllung der Hinwirkungspflicht (vermittels einer entsprechenden Bestimmung im Gesellschaftsver- 51

---

[29] LT-Drs. 14/10027, 23.
[30] So auch bei VGH München Beschl. v. 14.5.2012 – 7 CE 12.370; aA mit spezifischem Fokus auf die kommunalen Unternehmen Otto/Quick NWVBl 2013, 271 ff.

trag oder der Satzung) zugleich als Voraussetzung dafür nominiert ist, dass die Gemeinde das betreffende Unternehmen überhaupt betreiben darf (vgl. § 108 Abs. 1 GO NRW). Diese Voraussetzung kann auch durch die staatliche Rechtsaufsichtsbehörde gegenüber der betroffenen Gemeinde durchgesetzt werden.[31] Zudem kann die Vergütungssituation auch Gegenstand von Informationsbegehren von Ratsmitgliedern (→ § 23 Rn. 64 ff.) sein.

---

[31] Allgemein zu den Befugnissen von Rechtsaufsichtsbehörden gegenüber Kommunen Burgi Kommunalrecht, 6. Aufl. 2019, § 8 Rn. 26 ff.

§ 25 Umsetzung der verwaltungsrechtlichen Vorgaben betreffend das Öffentliche Unternehmen im Gesellschaftsrecht

Prof. Dr. Christoph Teichmann

Übersicht

	Rn.
I. Grundlagen	1
1. Das öffentliche Unternehmen	2
2. Organisationsformen für öffentliche Unternehmen	5
a) Organisationsformen des öffentlichen Rechts	6
b) Organisationsformen des Privatrechts	7
3. Wahlfreiheit der Organisationsformen	13
II. Entscheidungsparameter bei Auswahl der geeigneten Rechtsform	14
1. Verwaltungsrechtliche Vorgaben	15
2. Gesellschaftsrechtliche Entscheidungsparameter	20
a) Personengesellschaft oder Kapitalgesellschaft	22
b) Gesellschaft mit beschränkter Haftung (GmbH)	25
c) Unternehmergesellschaft (haftungsbeschränkt)	28
d) Aktiengesellschaft (AG)	33
e) Societas Europaea (Europäische Aktiengesellschaft)	35
III. Gründung einer privatrechtlichen Organisationsform	38
1. Subsidiarität der öffentlichen Leistungserbringung	39
2. Unternehmensgründung in Form der Kapitalgesellschaft	41
a) Die Gründung einer GmbH	43
b) Die Gründung einer Aktiengesellschaft	50
c) Ausgliederung nach dem Umwandlungsgesetz	52
3. Verfolgung eines öffentlichen Zwecks	56
a) Breite Palette der Gemeinwohlbelange	57
b) Gesellschaftszweck	59
c) Unternehmensgegenstand	61
d) Rechtsfolgen bei unterlassener oder unklarer Satzungsregelung	64
e) Satzungsgestaltung	71
IV. Einwirkungsmöglichkeiten der Anteilseigner	73
1. Allgemeine Zuständigkeiten der Anteilseigner	74
a) Gesellschaft mit beschränkter Haftung	75
b) Aktiengesellschaft	80
2. Personalhoheit der Anteilseignerversammlung	83
a) Gesellschaft mit beschränkter Haftung	84
b) Aktiengesellschaft	87
c) Besondere Vorschlags-, Bestellungs- oder Entsendungsrechte	90
3. Beschlussfassung in der Anteilseignerversammlung	92
a) Gesellschaft mit beschränkter Haftung	92
b) Aktiengesellschaft	97
4. Konzernrechtlich fundierte Einflussnahme	99
a) Terminologie	100
b) Faktischer Konzern	102
c) Vertragskonzern	103
d) Der GmbH-Konzern	106
V. Überwachung der Geschäftsführung durch den Aufsichtsrat	108
1. Grundmodell des Aktienrechts	109
2. Der Aufsichtsrat in der GmbH	113
3. Weisungsfreie und eigenverantwortliche Mandatsausübung	115
4. Mitbestimmung der Arbeitnehmer im Aufsichtsrat	118
a) Gesetzliche Grundkonzeption	118
b) Beeinträchtigung der demokratischen Legitimationskette	121
c) Mitbestimmung in der Societas Europaea (SE)	124

	Rn.
VI. Informationsordnung	125
1. Weitergabe von Informationen an die Aktionäre	127
a) Fragerecht in der Hauptversammlung	127
b) Aktionärsgespräche mit Vorstand und Aufsichtsrat	129
2. Informationsfluss vom Vorstand zum Aufsichtsrat	131
3. Umgang mit vertraulichen Informationen	133
a) Verschwiegenheitspflichten im Verhältnis zu Aktionären	133
b) Informationsfluss vom Aufsichtsrat zum öffentlichen Anteilseigner	136
4. Informationsordnung in der GmbH	141
VII. Fazit	142

Literatur

Adenauer, Gerichtliche Ergänzung des Aufsichtsrats bei verfassungswidriger Besetzung, NZG 2019, 85; Altmeppen, Die Einflussrechte der Gemeindeorgane in einer kommunalen GmbH, NJW 2003, 2561; Bachmann, Dialog zwischen Investor und Aufsichtsrat, in: VGR, Gesellschaftsrecht in der Diskussion 2016, 2017, 135; Bayer/Hoffmann, 10 Jahre MoMiG – 10 Jahre „Mini GmbH", GmbHR 2018, 1156; dies., 2008–2014: Sechs Jahre Unternehmergesellschaft („Mini-GmbH"), GmbHR 2014, R 359 Burgi, Privatisierung öffentlicher Aufgaben – Gestaltungsmöglichkeiten, Grenzen, Regelungsbedarf, in: Verhandlungen des 67. Deutschen Juristentages, 2008, Gutachten D; ders., Öffentliches Recht und Gesellschaftsrecht im Spannungsfeld, in: Herrler (Hrsg.), Aktuelle gesellschaftsrechtliche Herausforderungen, 2016, S. 49; ders., Die Deutsche Bahn zwischen Staat und Wirtschaft, NVwZ 2018, 601; Ehlers, Interkommunale Zusammenarbeit in Gesellschaftsform, DVBl 1997, 137; ders., Empfiehlt es sich, das Recht der öffentlichen Unternehmen im Spannungsfeld von öffentlichem Auftrag und Wettbewerb national und gemeinschaftsrechtlich neu zu regeln?, in: Verhandlungen des 64. Deutschen Juristentages Berlin 2002; Gutachten E; Emmerich/Habersack, Aktien- und GmbH-Konzernrecht, 10. Aufl., 2022; Fleischer, Investor Relations und informationelle Gleichbehandlung im Aktien-, Konzern- und Kapitalmarktrecht, ZGR 2009, 505; Gaß, Die Umwandlung gemeindlicher Unternehmen, 2003; Gehrlein/Born/Simon (Hrsg.), GmbHG-Kommentar, 5. Aufl., 2021; Gehrlein/Born/Simon (Hrsg.). GmbH-Gesetz, 5. Aufl., 2021; Habersack, Private public partnership: Gemeinschaftsunternehmen zwischen Privaten und öffentlicher Hand, ZGR 1996, 544; Heise, Die Deutsche Bahn AG zwischen Wirtschaftlichkeit und Gemeinwohlverantwortung, 2013; Herzog/Gebhard, Mehrstimmrechte im Aktienrecht, ZIP 2022, 1893; Hirt/Hopt/Mattheus, Rechtsvergleichende und rechtsdogmatische Überlegungen zur Investorenkommunikation in Deutschland, AG 2016, 725; Hirte/Mohamed, Die Wahl zum Aufsichtsratsvorsitzenden zwischen Mitbestimmungsrecht und öffentlichem Recht, FS E. Vetter, 2019, 243; Hommelhoff, Welche Rechtsform für die Eisenbahnen des Bundes? Zum Anteilsinhaber-Einfluss nach Aktien- und GmbH-Recht, FS Böcking, 2021, S. 99; Kalss, Aktionärsinformation, ZGR 2020, 217; Koch, Gesellschaftsrecht, 12. Aufl., 2021; ders., Die hoheitlich beherrschte AG nach der Deutsche Bahn-Entscheidung des Bundesverfassungsgerichts, ZHR 183 (2019), 7; ders., Informationsweitergabe und Informationsasymmetrien im Gesellschaftsrecht, ZGR 2020, 183; Lutter/Krieger/Verse, Rechte und Pflichten des Aufsichtsrats, 7. Aufl., 2020; Mann, M., §§ 394 f. AktG im Geflecht von Individual- und Kollektivinteressen, AG 2018, 57; Mann, T., Die öffentlich-rechtliche Gesellschaft, 2002; Noack/Servatius/Haas (Hrsg.), GmbH-Gesetz, 23. Aufl., 2022; Ossenbühl, Mitbestimmung in Eigengesellschaften der öffentlichen Hand, ZGR 1996, 504; Raiser/Veil/Jacobs, Mitbestimmungsgesetz und Drittelbeteiligungsgesetz, 7. Aufl., 2020; K. Schmidt, Handelsrecht, Unternehmensrecht I, 6. Aufl., 2014; R. Schmidt, Der Übergang öffentlicher Aufgabenerfüllung in private Rechtsformen, ZGR 1996, 345; Schön, Der Einfluß öffentlich-rechtlicher Zielsetzungen auf das Statut privatrechtlicher Eigengesellschaften der öffentlichen Hand: – Gesellschaftsrechtliche Analyse –, ZGR 1996, 429; Spannowsky, Der Einfluß öffentlich-rechtlicher Zielsetzungen auf das Statut privatrechtlicher Eigengesellschaften in öffentlicher Hand – Öffentlich-rechtliche Vorgaben, insbesondere zur Ingerenzpflicht –, ZGR 1996, 400; Stelmaszczyk/Strauß, GmbH digital 2.0 – Onlineverfahren im Gesellschaftsrecht nach dem DiReG, GmbHR 2022, 833; Teichmann, Gestaltungsfreiheit im monistischen Leitungssystem der Europäischen Aktiengesellschaft, BB 2004, 53; ders., Fragerecht und Aktionärsrechterichtlinie, NZG 2014, 401; Vetter, Geschäftsleiterpflichten zwischen Legalität und Legitimität, ZGR 2018, 338.

I. Grundlagen

1 Für die erwerbswirtschaftliche Tätigkeit der öffentlichen Hand in einem öffentlichen Unternehmen (unter 1. → Rn. 2 ff.) stehen verschiedene Organisationsformen bereit (unter 2. → Rn. 5 ff.), zwischen denen grundsätzlich Wahlfreiheit herrscht (unter 3. → Rn. 13 ff.).

1. Das öffentliche Unternehmen

Das deutsche Recht kennt keinen festgefügten Unternehmensbegriff.[1] Auch das Verwaltungsrecht definiert den Begriff nicht (→ § 21 Rn. 17 ff.). In der Handelsrechtsdogmatik wird das Unternehmen als organisatorischer und sozialer Verband angesehen, der auf ein gemeinsames Ziel ausgerichtet ist, als solches aber keine Rechtsfähigkeit genießt.[2] Rechtliches Zuordnungssubjekt ist stattdessen der **Unternehmensträger**,[3] also diejenige natürliche oder juristische Person (oder auch Personengesellschaft), der die einzelnen Bestandteile des Unternehmens rechtlich zugeordnet sind. Der Unternehmensträger ist insbesondere Eigentümer der beweglichen und unbeweglichen Sachen, die für das Unternehmen benötigt werden, und Arbeitgeber derjenigen Personen, die für das Unternehmen tätig werden. Typische Unternehmensträger des Privatrechts sind der Einzelkaufmann, die Personenhandelsgesellschaften und die Kapitalgesellschaften (→ § 2 Rn. 1).

Von einem „**öffentlichen Unternehmen**" spricht man üblicherweise, wenn eine Körperschaft des öffentlichen Rechts selbst die Funktion des Unternehmensträgers übernimmt oder einen Unternehmensträger zwischenschaltet, den sie (typischerweise kraft Anteilsmehrheit) beherrscht.[4] Für das öffentliche Recht gewinnt der Unternehmensbegriff eigenständige Bedeutung, weil er eine Tätigkeit kennzeichnet, die für das Handeln der Verwaltung untypisch ist. Wenn von einem öffentlichen Unternehmen gesprochen wird, schwingt dabei die Aussage mit, dass die öffentliche Hand bestimmte sachliche und personelle Betriebsmittel aus der allgemeinen Verwaltung ausgliedert, um damit einen öffentlichen Zweck im Modus der **erwerbswirtschaftlichen** Tätigkeit zu verfolgen (→ § 21 Rn. 17, 27). Kennzeichen einer solchen Tätigkeit ist die Erbringung von Leistungen **gegen Entgelt** und mit Gewinnerzielungsabsicht.[5] Im Gegensatz zur allgemeinen Verwaltung handelt es sich hier zumeist um Tätigkeiten, die ihrer Art nach auch von Privaten mit Gewinnerzielungsabsicht erbracht werden könnten (→ § 21 Rn. 27).

Für das öffentliche Unternehmen wirft die erwerbswirtschaftliche Betätigung Rechtsfragen auf, die sich bei der Wirtschaftstätigkeit von privaten Rechtssubjekten nicht in derselben Weise stellen. So ist insbesondere zu klären, ob es zum Aufgabenkreis der öffentlich-rechtlichen Körperschaft zählt, Leistungen – vergleichbar einem privaten Unternehmensträger – gegen Entgelt anzubieten, und welchen öffentlich-rechtlichen Bindungen die Wirtschaftstätigkeit unterliegt. Die **Entscheidungsparameter** der öffentlichen Hand ergeben sich daher zum einen aus den verwaltungsrechtlichen Vorgaben, die ihr für die wirtschaftliche Betätigung auferlegt sind, und zum anderen aus den Strukturmerkmalen der privatrechtlichen Organisationsformen, die einzelne von ihnen für eine Verwendung im öffentlichen Interesse besser oder schlechter geeignet erscheinen lassen (→ Rn. 20 ff.).

2. Organisationsformen für öffentliche Unternehmen

Im Bereich der öffentlichen Unternehmen sind verschiedene Organisationsformen zu unterscheiden, die nachfolgend in einem kurzen Überblick dargestellt werden. Eine wichtige Trennlinie verläuft insoweit zwischen den Organisationsformen des öffentlichen Rechts (unter a → Rn. 6) und denjenigen des Privatrechts (unter b → Rn. 7 ff.).

a) **Organisationsformen des öffentlichen Rechts.** Fungiert die öffentlich-rechtliche Körperschaft unmittelbar als Unternehmensträgerin, so handelt es sich entweder um einen

---

[1] K. Schmidt, Handelsrecht, S. 73.
[2] K. Schmidt, Handelsrecht, S. 92.
[3] K. Schmidt, Handelsrecht, S. 95.
[4] Näher zum Begriff des öffentlichen Unternehmens beispielsweise: Burgi in Herrlein, Aktuelle gesellschaftsrechtliche Herausforderungen, S. 49 (52 f.); Ehlers, Gutachten E für den DJT 2002, S. E 30 ff.; Mann, Die öffentlich-rechtliche Gesellschaft, S. 11.
[5] HUR KommunalUnternehmen-HdB/Ronellenfitsch § 4 Rn. 1.

Regiebetrieb oder um einen Eigenbetrieb (→ § 21 Rn. 19 ff.). Der **Regiebetrieb** wird als Abteilung der Verwaltung geführt, ohne rechtlich selbstständig zu sein.[6] Eine größere Autonomie genießt der **Eigenbetrieb,** der organisatorisch und finanzwirtschaftlich selbstständig agiert – auch er jedoch ohne eigene Rechtspersönlichkeit.[7] Haftungsrechtlich muss die öffentliche Hand sowohl bei Regie- als auch bei Eigenbetrieb unmittelbar und unbeschränkt für das Unternehmen einstehen.[8] Die **Anstalt des öffentlichen Rechts** ermöglicht zwar eine rechtliche Verselbständigung des Unternehmens (→ § 21 Rn. 22). Allerdings trifft den Anstaltsträger hier die sog. Gewährträgerhaftung.[9] Im Vergleich dazu lässt sich das Haftungsrisiko durch Verwendung einer privatrechtlich organisierten Kapitalgesellschaft erheblich reduzieren (→ § 2 Rn. 4 ff.).

7 **b) Organisationsformen des Privatrechts.** In der Praxis haben öffentliche Unternehmen sehr häufig einen privatrechtlichen Unternehmensträger. Die Palette reicht von kommunalen Verkehrs- oder Versorgungsbetrieben in der Rechtsform einer Gesellschaft mit beschränkter Haftung (GmbH) bis hin zu den Eisenbahnen des Bundes, die als Aktiengesellschaft (AG) organisiert sind. **Empirische Erhebungen** belegen die Beliebtheit der privatrechtlichen Formen (→ § 19 Rn. 34 für Beteiligungen des Bundes). Insbesondere die von Kommunen gehaltenen GmbH-Beteiligungen liegen weit über der Zahl der kommunalen Eigenbetriebe.[10] Die öffentliche Hand ist in diesen Fällen beherrschender oder alleiniger Anteilsinhaber (zur Minderheitsbeteiligung der öffentlichen Hand → § 16 Rn. 1 ff.). Es liegt somit keine materielle, sondern nur eine formelle Privatisierung (auch: Organisationsprivatisierung) vor.[11]

8 Angesichts der großen praktischen Bedeutung richtet sich das Augenmerk besonders auf die GmbH und die AG (→ § 2 Rn. 2 ff.). Bei ihnen handelt es sich um **Kapitalgesellschaften,** deren Anteilseigner nicht für die Verbindlichkeiten der Gesellschaft haften.[12] Personengesellschaften kommen für die öffentliche Hand schon deshalb nicht in Betracht, weil sie mit einer persönlichen Haftung der Gesellschafter verbunden sind und das öffentliche Recht den Gebietskörperschaften das Eingehen derartiger Haftungsrisiken untersagt (→ § 19 Rn. 41 f. für Bundes- und Landesebene, → § 21 Rn. 62 für kommunale Gebietskörperschaften).[13] Die Kapitalgesellschaft ist juristische Person, genießt also eigene Rechts- und Parteifähigkeit (§ 13 Abs. 1 GmbHG, § 1 Abs. 1 S. 1 AktG). Die rechtliche Eigenständigkeit schafft zugleich die Voraussetzungen dafür, dass für die Verbindlichkeiten der Gesellschaft nur das eingesetzte Gesellschaftsvermögen haftet und nicht dasjenige der Gesellschafter (§ 13 Abs. 2 GmbHG, § 1 Abs. 1 S. 2 AktG).

9 Aus einer **gesellschaftsrechtlichen Perspektive** bestehen gegen Kapitalgesellschaften, deren Anteile von öffentlich-rechtlichen Körperschaften gehalten werden, keine Bedenken. Da jede natürliche oder juristische Person Gesellschafter einer GmbH oder Aktiengesellschaft sein kann, steht einer Gesellschafterstellung von juristischen Personen des öffentlichen Rechts nichts entgegen.[14] Zudem erlauben sowohl das GmbH-Gesetz als auch das Aktiengesetz die Gründung durch nur einen Gesellschafter, sodass die öffentlich-rechtliche Kör-

---

[6] Gaß, Die Umwandlung gemeindlicher Unternehmen, S. 33; Mann, Die öffentlich-rechtliche Gesellschaft, S. 98.
[7] Gaß, Die Umwandlung gemeindlicher Unternehmen, S. 33 ff.; Mann, Die öffentlich-rechtliche Gesellschaft, S. 104.
[8] Mann/Püttner Kommunale Wissenschaft-HdB/Pitschas/Schoppa § 43 Rn. 67 zum Regiebetrieb und Rn. 70 zum Eigenbetrieb.
[9] Gaß, Die Umwandlung gemeindlicher Unternehmen, S. 41. Siehe nur Art. 89 Abs. 4 BayGO.
[10] Mann/Püttner Kommunale Wissenschaft-HdB/Pitschas/Schoppa § 43 Rn. 1 mit Verweis auf eine empirische Erhebung aus dem Jahr 2003. Das wirtschaftliche Engagement von Bund und Ländern war in den vergangenen Jahrzehnten tendenziell rückläufig, so dass der Schwerpunkt der öffentlichen Wirtschaft im kommunalen Bereich liegen dürfte (vgl. Ehlers, Gutachten E für den DJT 2002, S. E 19 ff.).
[11] Zu diesen Privatisierungsbegriffen s. etwa Ehlers DVBl 1997, 137; R. Schmidt ZGR 1996, 345 (347).
[12] Siehe nur § 13 Abs. 2 GmbH sowie § 1 Abs. 1 S. 2 AktG.
[13] Ebenso HUR KommunalUnternehmen-HdB/Hellermann § 7 Rn. 121 ff.
[14] Lutter/Hommelhoff/Bayer § 2 Rn. 13.

perschaft alleiniger Anteilseigner sein und die Gesellschaft somit im Sinne der öffentlich-rechtlichen Zielsetzung steuern kann.[15]

Die vielfältigen Einsatzmöglichkeiten von GmbH und AG liegen weiterhin darin 10 begründet, dass sie zu jedem **gesetzlich zulässigen Zweck** gegründet werden können (→ § 2 Rn. 9). Der wirtschaftliche Zweck der Gewinnerzielung ist zwar die Regel aber keineswegs zwingend vorgegeben; denkbar sind auch gemeinnützige Zwecke oder Aufgaben der öffentlichen Daseinsvorsorge.[16] Wichtig für den Einsatz als öffentliches Unternehmen ist die dogmatische Unterscheidung von **Gesellschaftszweck** und **Unternehmensgegenstand** (→ § 2 Rn. 11).[17] Der Unternehmensgegenstand beschreibt die konkrete Tätigkeit der Gesellschaft, während der Zweck die eigentliche Zielsetzung der Körperschaft meint. Bei einem Wirtschaftsunternehmen liegt der Zweck in der Gewinnerzielung; eine Kapitalgesellschaft kann aber auch einen karitativen oder ideellen Zweck verfolgen.[18] Der Unternehmensgegenstand beschreibt dann den Weg, auf dem das Ziel der Gewinnerzielung (oder der karitativen/ideellen Zielsetzung) erreicht werden soll.

Wird das öffentliche Unternehmen in privatrechtlicher Form betrieben, so ist Unter- 11 nehmensträger im oben genannten Sinne (→ Rn. 2) nicht mehr die öffentliche Hand, sondern die privatrechtlich organisierte Gesellschaft. Dies führt zu einer **Trennung der rechtlichen Sphären.** Der öffentlich-rechtliche Träger ist lediglich Anteilseigner im Innenverhältnis, gegenüber Dritten tritt der privatrechtlich organisierte Unternehmensträger als Zuordnungssubjekt auf. Die Tätigkeit der juristischen Person des Privatrechts unterfällt dem Privatrecht, unabhängig von der öffentlich-rechtlichen Qualität des Anteilseigners; daraus folgt auch eine Zuständigkeit der ordentlichen Gerichte und nicht der Verwaltungsgerichtsbarkeit, wenn Dritte das Unternehmen verklagen.[19] Eine Klage gegen den öffentlich-rechtlichen Träger könnte allenfalls darauf gerichtet sein, dass dieser seine privatrechtlichen Einwirkungsmöglichkeiten nutzen muss, um dem klägerischen Ansinnen zum Erfolg zu verhelfen.[20]

Zur **Terminologie** ist anzumerken, dass die Mitglieder einer GmbH im GmbH-Gesetz 12 „Gesellschafter" genannt werden, während im Aktiengesetz von „Aktionären" die Rede ist. Übergreifend lässt sich von **„Anteilseignern"** sprechen, wenn beide Rechtsformen gemeint sind. Die Rechte und Pflichten der Anteilseigner ergeben sich teilweise aus dem Gesetz, teilweise aber auch – soweit das Gesetz es zulässt – aus der Satzung. Bei der GmbH spricht das Gesetz vom „Gesellschaftsvertrag", während bei der Aktiengesellschaft von einer „Satzung" die Rede ist. Sind beide Rechtsformen gemeint, kann **„Satzung"** als Oberbegriff verwendet werden. Denn auch in der GmbH entfernt sich der Gesellschaftsvertrag, der mit qualifizierter Mehrheit geändert werden kann, vom Vertragsgedanken und nähert sich einem Organisationsstatut an.

3. Wahlfreiheit der Organisationsformen

Für die Entscheidung über die Organisationsform gilt der Grundsatz der Wahlfreiheit der 13 Organisations- und Handlungsformen (→ § 19 Rn. 1, → § 21 Rn. 8 ff.).[21] Er gestattet neben der Organisation in einer öffentlich-rechtlichen Struktur (Regie/Eigenbetrieb oder öffentlich-rechtliche Anstalt) auch die Nutzung einer privatrechtlichen Kapitalgesell-

---

[15] In diesem Sinne auch HUR KommunalUnternehmen-HdB/Hellermann § 7 Rn. 108.
[16] Lutter/Hommelhoff/Bayer § 1 Rn. 6 ff.; Schön ZGR 1996, 429 (444).
[17] Lutter/Hommelhoff/Bayer § 1 Rn. 3; differenzierend MüKoAktG/Pentz AktG § 23 Rn. 70; zusammenfassend Heise, Deutsche Bahn AG, S. 127 f.
[18] Die Unterscheidung hat vor allem insoweit Bedeutung als der Gesellschaftszweck nur einstimmig geändert werden kann (in Anlehnung an § 33 Abs. 1 S. 2 BGB für den Verein), während für eine Änderung des Unternehmensgegenstand die satzungsändernde 75 %-Mehrheit genügt (§ 53 Abs. 2 S. 1 GmbHG, § 179 Abs. 2 AktG). Siehe nur Lutter/Hommelhoff/Bayer § 1 Rn. 20; MüKoAktG/Pentz AktG § 23 Rn. 77.
[19] BVerwG NVwZ 1991, 59.
[20] BVerwG NVwZ 1991, 59.
[21] HUR KommunalUnternehmen-HdB/Hellermann § 7 Rn. 11; R. Schmidt ZGR 1996, 345 (349).

schaft.[22] Die Wahlfreiheit darf allerdings nicht im Sinne einer beliebigen Entscheidung verstanden werden.[23] Die Entscheidung für eine privatrechtliche Organisationsform ist stets begründungsbedürftig und gewissen Schranken unterworfen. Die verwaltungsrechtlichen Vorgaben (→ § 19 Rn. 35 ff. für Bundes- und Landesebene, → § 21 Rn. 16 ff. für kommunale Gebietskörperschaften) betreffen nicht nur das „Wie" der Nutzung einer privatrechtlichen Rechtsform (also insb. die Sicherstellung eines hinreichenden Einflusses), sondern auch das „Ob" (insb. die Vorprüfung, in welcher Rechtsform die öffentliche Aufgabe am besten erfüllt werden kann).

II. Entscheidungsparameter bei Auswahl der geeigneten Rechtsform

14 Bei der Auswahl der geeigneten Rechtsform hat die öffentliche Hand verschiedene verwaltungsrechtliche Vorgaben zu beachten (unter 1. → Rn. 15 ff.), die jeweils in die Auswahl und Ausgestaltung der privatrechtlichen Organisationsform einfließen (unter 2. → Rn. 20 ff.).

1. Verwaltungsrechtliche Vorgaben

15 Die verwaltungsrechtlichen Vorgaben für die Beteiligung der öffentlichen Hand an privatrechtlich organisierten Gesellschaften beruhen auf unterschiedlichen Rechtsquellen. Für die **Gemeinden** ergeben sich die einschlägigen Vorgaben aus den Kommunalgesetzen der Länder (→ § 21 Rn. 12), für die wirtschaftliche Betätigung von **Bund und Ländern** finden sie sich in den jeweiligen Haushaltsordnungen (→ § 19 Rn. 2, 4 f., 8). Ungeachtet der divergierenden Rechtsquellen lassen sich die verwaltungsrechtlichen Vorgaben einer erwerbswirtschaftlichen Betätigung der öffentlichen Hand als Grundlage der nachfolgenden Überlegungen weitgehend einheitlich zusammenfassen:

16 Die Ausgründung einer selbständigen unternehmerisch tätigen Einheit durch eine öffentlich-rechtliche Gebietskörperschaft ist weiterhin staatliches Handeln. Daher bedarf jedes öffentliche Unternehmen der sachlichen Legitimation durch einen **öffentlichen Zweck**.[24] Ein solcher Zweck soll durch ein öffentliches Unternehmen nur dann verfolgt werden, wenn er nicht besser oder wirtschaftlicher auf andere Weise, also insbesondere Leistungserbringung durch Private, erreicht werden kann. Diese in den Haushaltsordnungen des Bundes und der Länder enthaltene **Subsidiaritätsklausel** gilt in einfacher oder verschärfter Fassung (hierzu → § 21 Rn. 50 ff.) auch für die wirtschaftliche Betätigung der Kommunen.

17 Die Wahrnehmung der öffentlichen Aufgabe muss in einem angemessenen Verhältnis zur **Leistungsfähigkeit** der öffentlich-rechtlichen Körperschaft stehen. Diese Vorgabe findet sich explizit in den Kommunalordnungen der Länder (→ § 21 Rn. 62). Für den Bund und die Länder ergibt sich die Rücksichtnahme auf die Leistungsfähigkeit jedenfalls aus dem Hinweis, dass die Einzahlungsverpflichtung begrenzt werden muss (→ § 19 Rn. 41 f.). Daraus folgt eine Präferenz für Kapitalgesellschaften, weil diese eine Haftungsbeschränkung auf das Gesellschaftsvermögen ermöglichen.

18 Aus Gründen der **demokratischen Legitimation** ist es weiterhin unerlässlich, dass jede Entscheidung organisatorisch-personell und sachlich-inhaltlich auf den Willen des Volkes zurückgeführt werden kann (→ § 19 Rn. 45, → § 21 Rn. 10, 68).[25] Auch wenn eine privatrechtliche Organisationsform als Unternehmensträger eines öffentlichen Unternehmens fungiert, darf diese Legitimationskette nicht unterbrochen werden. Die öffentliche Hand muss in der Lage sein, das Handeln ihres Unternehmens zu steuern und zu kon-

---
[22] Gaß, Die Umwandlung gemeindlicher Unternehmen, S. 54 ff.; HUR KommunalUnternehmen-HdB/Hellermann § 7 Rn. 11; R. Schmidt ZGR 1996, 345 (349).
[23] Ehlers DVBl 1997, 137 (141); siehe auch Ossenbühl ZGR 1996, 504 (511).
[24] Die Haushaltsordnungen des Bundes und der Länder sprechen von einem „wichtigen Interesse" des Bundes oder des Landes (→ § 19 Rn. 36 f.), während im Kommunalrecht der Begriff des „öffentlichen Zwecks" verwendet wird (→ § 21 Rn. 6, 40 ff.).
[25] Eingehend Mann, Die öffentlich-rechtliche Gesellschaft, 2002, S. 53 ff.

trollieren.²⁶ Dreh- und Angelpunkt sowohl bei der Auswahl einer bestimmten privaten Rechtsform als auch bei der Ausgestaltung der Satzung ist daher die Sicherung einer hinreichenden **Einwirkungsmöglichkeit** auf die Tätigkeit des Unternehmens (→ § 19 Rn. 45, 73 ff., → § 21 Rn. 68).

Bei diesen Einwirkungsmöglichkeiten ist danach zu unterscheiden, ob die öffentliche 19 Hand aktiv in die **laufende Geschäftsführung** eingreifen kann oder nachgelagert Kontrolle ausübt und Rechenschaft einfordert (→ § 21 Rn. 69 f.).²⁷ Der Verselbständigung als wirtschaftliche Organisationseinheit würde es zuwiderlaufen, wenn die öffentliche Hand jede einzelne Geschäftsführungsmaßnahme im laufenden Betrieb an sich ziehen oder kontrollieren würde. Es reicht daher für den laufenden Geschäftsbetrieb aus, wenn der öffentlich-rechtliche Anteilseigner in wichtigen Fällen eingreifen kann, wozu auch die Möglichkeit der Abberufung des geschäftsführenden Personals gehört.²⁸ Bei der **nachgelagerten Kontrolle** hingegen tritt das Autonomiebedürfnis der Geschäftsführungsorgane gegenüber der Notwendigkeit der demokratischen Legitimation und Kontrolle weitgehend in den Hintergrund (→ Rn. 140).

2. Gesellschaftsrechtliche Entscheidungsparameter

Bei der Entscheidung für eine privatrechtliche Organisationsform geht es nicht allein um 20 die Frage, ob überhaupt eine privatrechtliche Organisationsform gewählt werden soll, sondern auch darum, welche der Rechtsformen für die konkrete öffentliche Aufgabe am besten geeignet ist. Dies entscheidet sich anhand des gesetzlichen Normalstatuts einer Rechtsform (zB Zulässigkeit von Weisungen) in Kombination mit den gesellschaftsrechtsimmanenten Gestaltungsmöglichkeiten für den Gesellschaftsvertrag und die Geschäftsordnungen der Organe. Demgegenüber hat sich die teilweise vertretene Auffassung, wonach gesellschaftsrechtliche Strukturmerkmale im Einzelfall gegenüber den verwaltungsrechtlichen Vorgaben zurücktreten müssten (**„Verwaltungsgesellschaftsrecht"**), zu Recht nicht durchgesetzt (→ näher § 18 Rn. 60 ff.).²⁹ Die Normen des Gesellschaftsrechts kommen auch im öffentlichen Unternehmen ungeschmälert zur Anwendung,³⁰ während sich die verwaltungsrechtlichen Vorgaben an die öffentliche Hand richten und sie bei ihrer Entscheidung über die geeignete Organisationsform binden. Sie muss demnach ihre Wahlfreiheit (→ Rn. 13) dahingehend ausüben, dass sich öffentlich-rechtliche Ingerenzpflichten in der gewählten Organisationsform auch durchsetzen lassen (→ § 21 Rn. 10).³¹

Aus der Kombination verwaltungsrechtlicher Vorgaben mit den Strukturmerkmalen der 21 privatrechtlichen Organisationsformen ergibt sich ein differenziertes Bild der Parameter, die der **Auswahlentscheidung** zu Grunde gelegt werden müssen. Eine erste Weichenstellung ist diejenige zu Gunsten von Kapitalgesellschaften (beschränkte Haftung) und gegen Personengesellschaften (unbeschränkte Haftung). Innerhalb der Kapitalgesellschaften bestehen strukturelle Unterschiede vor allem hinsichtlich der Unternehmensverfassung, in deren Kontext die öffentlich-rechtliche Ingerenzpflicht wahrgenommen werden muss (→ § 2 Rn. 15 ff.). Dies soll nachfolgend für die GmbH, die Unternehmergesellschaft (haftungsbeschränkt), die Aktiengesellschaft und die Societas Europaea (SE) kurz in Erinnerung gerufen werden.

---

[26] Ehlers, Gutachten E für den DJT 2002, S. E 45.
[27] Vgl. § 65 BHO, der einerseits die Einflussmöglichkeit erwähnt, andererseits fordert, dass der Jahresabschluss und der Lagebericht nach den HGB-Vorgaben für große Kapitalgesellschaften aufgestellt und geprüft werden. Ersteres bezieht sich auf den laufenden Betrieb, Letzteres auf die nachgelagerte Kontrolle.
[28] Vgl. hierzu etwa Ehlers DVBl 1997, 137 (145) sowie Mann, Die öffentlich-rechtliche Gesellschaft, S. 67.
[29] Eingehend zu dieser Diskussion Mann, die öffentlich-rechtliche Gesellschaft, S. 269 ff. Grundlegend auch BGHZ 69, 334 (338 ff.): Stellung der Bundesrepublik Deutschland als beherrschender Aktionär einer börsennotierten Aktiengesellschaft.
[30] Burgi in Herrler, Aktuelle gesellschaftsrechtliche Herausforderungen, S. 49 (57).
[31] In diesem Sinne Mann, Die öffentlich-rechtliche Gesellschaft, S. 280.

22 **a) Personengesellschaft oder Kapitalgesellschaft.** Das Gesellschaftsrecht unterscheidet gemeinhin zwischen Personengesellschaften und Körperschaften.[32] Kennzeichen der Körperschaft ist ihre Eigenschaft als juristische Person. Dadurch werden die Sphären der Gesellschaft und ihrer Gesellschafter klar getrennt. Diese Trennung wiederum ist die dogmatische Grundlage für das Institut der **beschränkten Haftung**.[33] Die Personengesellschaft hingegen ist gegenüber ihren Gesellschaftern nur partiell verselbstständigt. Sie kann zwar als solche Rechte und Pflichten erwerben (§ 124 Abs. 1 HGB).[34] Die Gesellschafter haften aber persönlich und unmittelbar für die Verbindlichkeiten der Gesellschaft (§ 128 HGB).

23   Die verwaltungsrechtlichen Vorgaben führen zu einer klaren Präferenz der **Kapitalgesellschaften** gegenüber den Personengesellschaften. Im Kommunalrecht wird die Notwendigkeit einer Haftungsbeschränkung mit der Leistungsfähigkeit der Gemeinde verknüpft (→ § 21 Rn. 62), in der BHO und den Haushaltsordnungen der Länder findet sich explizit die Pflicht, die Einzahlungspflicht der öffentlich-rechtlichen Körperschaft zu begrenzen (→ § 19 Rn. 41). Wegen der unbeschränkten Gesellschafterhaftung werden daher die Gesellschaft bürgerlichen Rechts ebenso wie die Personenhandelsgesellschaften als ungeeignet für öffentliche Unternehmen angesehen.

24   Dass Personengesellschaften unter dem Aspekt der Leistungsfähigkeit als ungeeignet angesehen werden, leuchtet allerdings nicht unmittelbar ein. Denn in einem Regie- oder Eigenbetrieb trägt die öffentlich-rechtliche Körperschaft gleichfalls die unbeschränkte Haftung. Die Frage der Leistungsfähigkeit ist daher von derjenigen der am besten geeigneten Rechtsform zu unterscheiden. Wurde die Leistungsfähigkeit als solche bejaht, verfügt der öffentliche Träger also über genügend Mittel, um eine erwerbswirtschaftliche Aufgabe wahrnehmen zu können, dann bietet die Personengesellschaft keinen echten **Mehrwert** gegenüber dem Eigenbetrieb. Anders verhält es sich bei der Kapitalgesellschaft. Diese verfügt über den komparativen Vorteil der Haftungsbeschränkung, die weder bei Regie- und Eigenbetrieb noch bei der öffentlichen Anstalt gegeben ist (→ Rn. 6). Wenn also überhaupt eine privatrechtliche Organisationsform gewählt werden soll, ergibt dies nur als Kapitalgesellschaft einen Sinn im Vergleich zu den verfügbaren öffentlich-rechtlichen Optionen.

25 **b) Gesellschaft mit beschränkter Haftung (GmbH).** In der Praxis der öffentlichen Unternehmen ist die GmbH die mit Abstand beliebteste privatrechtliche Organisationsform (→ Rn. 7). Die Gründe dafür liegen in den besonderen Strukturmerkmalen dieser Kapitalgesellschaft. Sie gewährt den Gesellschaftern nicht nur den Schutz der beschränkten Haftung, den auch die Aktiengesellschaft bietet. Ihre Kompetenzordnung ist zudem von einer **starken Stellung der Gesellschafterversammlung** geprägt (→ § 2 Rn. 21). Die GmbH-Gesellschafter können über jede Geschäftsführungsangelegenheit entscheiden und den Geschäftsführern hierzu bindende Weisungen erteilen (vgl. § 37 Abs. 1 GmbHG). Damit ist der öffentlich-rechtliche Anteilseigner in der GmbH zugleich der „oberste Unternehmenslenker".[35] Dies entspricht in idealer Weise den verwaltungsrechtlich gebotenen Einwirkungsmöglichkeiten (→ Rn. 13).

26   Hinzu kommt die GmbH-rechtliche **Gestaltungsfreiheit** (→ § 2 Rn. 18). Im Gesellschaftsvertrag können die Kompetenzen der Gesellschafterversammlung näher konkretisiert werden (zB durch die Benennung von Geschäften, die den Gesellschaftern vorab zur Zustimmung vorzulegen sind). Weiterhin können zusätzliche Organe eingerichtet werden,

---

[32] Siehe nur Koch, GesR, S. 8 ff.
[33] Der Zusammenhang wird daran erkennbar, dass sowohl für die GmbH als auch die AG die gesetzliche Regelung der Rechtsfähigkeit derjenigen der beschränkten Haftung unmittelbar vorausgeht (§ 13 Abs. 1 und Abs. 2 GmbHG sowie § 1 Abs. 1 S. 1 und S. 2 AktG).
[34] Diese Regelung wird auf die Gesellschaft bürgerlichen Rechts analog angewandt (BGHZ 146, 341). Mit Inkrafttreten der Reform des Personengesellschaftsrecht (BGBl. I 3436 ff.) am 1. Januar 2024 wird die persönliche Haftung der GbR-Gesellschafter ausdrücklich in § 721 BGB nF aufgenommen. Der bisherige § 128 HGB findet sich dann wortgleich in § 126 HGB nF.
[35] So die Formulierung bei Hommelhoff, FS Böcking, 99 (110).

um die Einwirkung auf die Geschäftsführung und deren nachgelagerte Kontrolle effizient zu gestalten.

Ein **Aufsichtsrat** ist in der GmbH gesetzlich nicht zwingend vorgesehen. Er kann aber 27 fakultativ eingerichtet werden und einen Teil der Funktionen übernehmen, die ansonsten der Gesellschafterversammlung zukommen (→ § 2 Rn. 34). Zudem können im Aufsichtsrat die Mehrheitsverhältnisse des Gemeinderats oder eines anderen parlamentarischen Gremiums der Gebietskörperschaft proportional abgebildet werden. Grenzen setzt dieser Gestaltungsfreiheit allerdings die **unternehmerische Mitbestimmung** (→ § 2 Rn. 36 ff.), deren Anwendung sich auch die öffentlich-rechtliche GmbH bei Überschreiten der mitbestimmungsrelevanten Schwellenwerte (500 bzw. 2.000 Arbeitnehmer) nicht entziehen kann (→ Rn. 118 ff.).

c) Unternehmergesellschaft (haftungsbeschränkt). Als besondere Variante der GmbH 28 ist die Unternehmergesellschaft (haftungsbeschränkt) – kurz: „UG (haftungsbeschränkt)" – erwähnenswert. Sie ist in § 5a GmbHG geregelt und zeichnet sich dadurch aus, dass der Gesetzgeber hier auf das ansonsten zwingende **Mindestkapital** von 25.000 Euro **verzichtet**. Theoretisch kann eine UG (haftungsbeschränkt) mit einem Stammkapital von nur einem Euro gegründet werden. In der Praxis hat sich ein Betrag von etwa 1.000 Euro eingebürgert, damit die Gesellschaft zumindest ihre eigenen Gründungskosten tragen kann.[36]

Angesichts der von Beginn an schwachen Kapitalausstattung hat die UG am Markt eine 29 eher schlechte **Reputation**.[37] Private Unternehmer bevorzugen daher weiterhin in großer Mehrheit die reguläre GmbH.[38] Auch im Bereich der öffentlichen Unternehmen gehört die UG, obwohl sie dieselben Vorteile bietet wie die GmbH, zu den seltener verwendeten Rechtsformen. Sie taucht aber doch gelegentlich auf, etwa wenn es darum geht, im ländlichen Raum mit öffentlicher Unterstützung einen Dorfladen zu erhalten.[39]

Eine Einschränkung, die die Gründer als Kompensation für das fehlende Mindest- 30 kapital auf sich nehmen müssen, liegt in der besonderen **Firmierung**. Die UG muss zwingend den Zusatz „Unternehmergesellschaft (haftungsbeschränkt)" oder „UG (haftungsbeschränkt)" führen (§ 5a Abs. 1 GmbHG). Wird dieser Zusatz weggelassen, liegt darin eine Täuschung des Rechtsverkehrs, die zu persönlicher Haftung der Geschäftsführer oder Anteilseigner führen kann.[40]

In allen übrigen hier interessierenden Belangen besteht ein **Gleichlauf mit dem** 31 **GmbH-Recht**. Die UG (haftungsbeschränkt) hat einen Geschäftsführer und kann zusätzlich einen Aufsichtsrat bilden. Die Geschäftsführung ist den Beschränkungen der Satzung und der Gesellschafterbeschlüsse unterworfen. Sollte die Arbeitnehmerzahl auf über 500 steigen, muss auch in der UG (haftungsbeschränkt) ein mitbestimmter Aufsichtsrat existieren.

Zu bedenken ist schließlich, dass die knappe Kapitalausstattung die ohnehin bestehenden 32 persönlichen **Haftungsrisiken** der Geschäftsführer noch verschärft. Ohne den Puffer des Mindeststammkapitals oder eines höheren von den Gesellschaftern festgelegten Stammkapitals steht die Gesellschaft möglicherweise sehr früh an der Schwelle zur Überschuldung. Die Geschäftsführer sind gesetzlich verpflichtet, bei Zahlungsunfähigkeit oder Überschuldung unverzüglich einen Antrag auf Insolvenzeröffnung zu stellen (§ 15a InsO). Versäumen

---

[36] Bayer/Hoffmann GmbHR 2018, 1156 (1160).
[37] Zur Verbesserung des Rufes trägt es nicht bei, dass die UG (haftungsbeschränkt) wesentlich häufiger masselos in die Insolvenz fällt als die reguläre GmbH (vgl. Bayer/Hoffmann GmbHR 2018, 1156 (1160)).
[38] Bayer/Hoffmann GmbHR 2018, 1156 (1159): In den ersten Jahren nach Einführung der Unternehmergesellschaft (haftungsbeschränkt) wurden zwar bereits mehr als 100.000 UG gegründet, ihnen standen aber konstant mehr als eine Million reguläre GmbHs gegenüber.
[39] Zur Empirie Bayer/Hoffmann GmbHR 2014, R 359.
[40] Der BGH stützt diese Haftung auf eine Analogie zu § 179 BGB. Siehe BGH GmbHR 2012, 953, bestätigt in BGH ZIP 2022, 481 (482).

sie dies, droht ihnen eine persönliche deliktische Haftung gegenüber den Gläubigern der Gesellschaft (§ 15a InsO iVm § 823 Abs. 2 BGB).

33 **d) Aktiengesellschaft (AG).** Die Aktiengesellschaft (AG) hat als Kapitalgesellschaft mit der GmbH insbesondere die Haftungsbeschränkung gemeinsam (→ § 2 Rn. 4 ff.). Wesentliche Unterschiede, die für die Verwendung als öffentliches Unternehmen relevant sind, liegen allerdings in der sog. Satzungsstrenge und der gesetzlich zwingend vorgegebenen Unternehmensverfassung (→ § 2 Rn. 17 ff.). Die Hauptversammlung ist in Geschäftsführungsfragen nicht zuständig; auch der zwingend einzurichtende Aufsichtsrat kann Maßnahmen der Geschäftsführung nicht an sich ziehen (→ § 2 Rn. 20). Stattdessen handelt der Vorstand als Vertretungs- und Geschäftsführungsorgan der AG kraft Gesetzes **weisungsfrei**.[41] Weder die Aktionäre noch der Aufsichtsrat können ihm bindende Vorgaben zur Unternehmenspolitik machen.

34 Angesichts dessen ist öffentlich-rechtlich teilweise ein **Nachrang** der Aktiengesellschaft gegenüber anderen Organisationsformen angeordnet (→ § 21 Rn. 70). Dabei wird möglicherweise nicht ausreichend bedacht, dass ein Alleinaktionär mittelbar erheblichen Einfluss über die „**Personalschiene**" ausüben kann.[42] Wenn die Hauptversammlung dem Vorstand das Vertrauen entzieht, ist dies ein wichtiger Grund für die Abberufung des Vorstands durch den Aufsichtsrat (→ Rn. 88). Auch Aufsichtsratsmitglieder können jederzeit abberufen werden (→ Rn. 89). Dies wird in der Regel dazu führen, dass Vorstand und Aufsichtsrat nicht gegen die Interessen des Hauptaktionärs handeln.

35 **e) Societas Europaea (Europäische Aktiengesellschaft).** Die Europäische Aktiengesellschaft (SE) beruht auf Unionsrecht und erfreut sich in Deutschland durchaus einer gewissen Beliebtheit.[43] Ihre Strukturmerkmale entsprechen weitgehend denjenigen einer Aktiengesellschaft deutschen Rechts (→ § 2 Rn. 50). Die **Gründung** einer SE setzt zwar regelmäßig einen Auslandsbezug voraus (zB eine Tochtergesellschaft im Ausland).[44] Denkbar ist aber auch der Erwerb einer bereits existierenden Vorrats-SE[45]. Der Einsatz der SE ist daher nicht zwingend an einen grenzüberschreitenden Geschäftsbetrieb geknüpft.

36 Vorteile gegenüber der deutschen Aktiengesellschaft ergeben sich insbesondere hinsichtlich der **Leitungsstruktur** der SE (→ § 2 Rn. 51). Anders als die AG, die an die Vorgaben des Mitbestimmungsgesetzes gebunden ist, kann die SE kraft Satzung die Aufsichtsratsgröße flexibel festlegen.[46] Außerdem steht der SE das sog. monistische Modell zur Verfügung, in dem ein Verwaltungsrat die Oberleitung hat und geschäftsführende Direktoren bestellt, die ihm weisungsunterworfen sind.[47] Dies ermöglicht eine engere Führung der Gesellschaft als es bei dem weisungsunabhängigen Vorstand einer deutschen AG möglich wäre.

37 Als Vorteil der SE könnte sich außerdem die Verhandlungslösung bei der unternehmerischen **Mitbestimmung** erweisen (→ § 2 Rn. 53). Auch wenn dies soweit ersichtlich für öffentliche Unternehmen noch nicht erwogen wurde, besteht doch in der SE die Möglichkeit, die gegenläufigen Anliegen der demokratischen Legitimation einerseits und der Mitbestimmung der Arbeitnehmer andererseits zufriedenstellend miteinander zu vereinbaren (→ Rn. 124).

III. Gründung einer privatrechtlichen Organisationsform

38 Die Gründung eines öffentlichen Unternehmens kommt nur dann in Betracht, wenn die entsprechende Aufgabe nicht gleich gut oder besser durch private Träger erfüllt werden

---

[41] Siehe nur Koch, AktG, § 76 Rn. 25.
[42] Siehe nur Hommelhoff, FS Böcking, 99 (103).
[43] Vgl. im Einzelnen die Darstellung in MHdB GesR VI/Teichmann § 43 (S. 898 ff.).
[44] MHdB GesR VI/Teichmann § 43 Rn. 6 ff.
[45] MHdB GesR VI/Teichmann § 43 Rn. 52.
[46] MHdB GesR VI/Teichmann § 43 Rn. 60.
[47] MHdB GesR VI/Teichmann § 43 Rn. 60.

kann. Die Subsidiarität der öffentlichen Leistungserbringung ist daher als erster Prüfungspunkt der Errichtung einer privatrechtlichen Rechtsform vorgelagert (unter 1. → Rn. 39 f.). Ist die Entscheidung zugunsten einer privatrechtlichen Organisationsform gefallen, kommen verschiedene Gründungswege in Betracht (unter 2. → Rn. 41 ff.). In all diesen Fällen ist bereits im Gründungsstadium sicherzustellen, dass die Tätigkeit der künftigen privatrechtlichen Organisation auf den gewünschten öffentlichen Zweck ausgerichtet ist (unter 3. → Rn. 56 ff.).

1. Subsidiarität der öffentlichen Leistungserbringung

Als Vorfrage einer jeden erwerbswirtschaftlichen Betätigung ist – unabhängig von der zu wählenden Rechtsform – die Möglichkeit einer privaten Aufgabenwahrnehmung zu prüfen (→ § 19 Rn. 40; → § 21 Rn. 50). Wenn die betreffende Leistung von **privaten Trägern** besser und wirtschaftlicher erbracht werden kann, sollten diese den Vorrang genießen. Teilweise wird es als ausreichend angesehen, dass die Leistung von Privaten nicht besser aber gleich gut erbracht werden kann.[48]

39

Es erscheint allerdings fraglich, ob solche abstrakt-generellen Präzisierungen die Aussagekraft des Vergleiches erhöhen, da es sich ohnehin um eine Prognose mit erheblichem Beurteilungsspielraum handelt. Der öffentlichen Hand wird daher bei der Beurteilung dieser Frage mit guten Gründen eine **Einschätzungsprärogative** zugestanden.[49] Einige Gemeindeordnungen verlangen zusätzlich ein bestimmtes Verfahren zur Prüfung der Subsidiarität, das schon durch seinen Aufwand eine gewisse Hürde gegenüber dem Einsatz privatrechtlicher Organisationsformen darstellt.[50]

40

2. Unternehmensgründung in Form der Kapitalgesellschaft

Die formelle Privatisierung einer öffentlichen Aufgabe lässt sich auf zwei Wegen erreichen:[51] In Betracht kommt die **Neugründung** einer GmbH (unter a → Rn. 43 ff.) oder einer Aktiengesellschaft (unter b → Rn. 50 f.), die mit dem nötigen Betriebsvermögen ausgestattet wird. Ein bereits existierender Eigenbetrieb kann außerdem im Wege der **Ausgliederung** nach dem Umwandlungsgesetz (unter c → Rn. 52 ff.) auf eine Kapitalgesellschaft übertragen werden (§§ 168 ff. UmwG). Der wesentliche Unterschied liegt darin, dass bei der Neugründung alle Bestandteile des Betriebsvermögens im Wege der Einzelrechtsnachfolge auf die Gesellschaft übertragen werden müssen, während sich der Vermögensübergang bei der Ausgliederung im Wege der Gesamtrechtsnachfolge vollzieht.

41

Für die Einzelheiten des **Gründungsverfahrens** ist auf die Fachliteratur zu verweisen. Nachfolgend werden nur die wesentlichen Schritte dargestellt und dabei vor allem diejenigen Aspekte hervorgehoben, die im Lichte der verwaltungsrechtlichen Vorgaben relevant sind. Aus öffentlich-rechtlicher Sicht wird vielfach auf das Prinzip der Leistungsfähigkeit verwiesen und daraus zu Recht abgeleitet, dass die öffentliche Hand sich grundsätzlich nur an Kapitalgesellschaften beteiligen könne (→ § 19 Rn. 41; → § 21 Rn. 62). Allerdings ist das Privileg der Haftungsbeschränkung bereits im Gründungsstadium von der Einhaltung bestimmter Verfahrensregeln abhängig. In diesem Sinne werden jeweils die **Haftungsrisiken** benannt, die als Ausnahme von der Regel auch in einer haftungsbeschränkten Kapitalgesellschaft zu beachten sind.

42

a) Die Gründung einer GmbH. Die Entstehung einer GmbH setzt konstitutiv die Eintragung im Handelsregister voraus; vorher besteht die GmbH als solche nicht (§ 11 Abs. 1 GmbHG). Zuvor bedarf der GmbH-Gesellschaftsvertrag der **notariellen Beurkundung** (§ 2 Abs. 1 GmbHG). Das Beurkundungsverfahren kann seit dem 1. August

43

---

[48] HUR KommunalUnternehmen-HdB/Uechtritz/Otting/Olgemüller § 6 Rn. 88 ff.
[49] HUR KommunalUnternehmen-HdB/Oebbecke § 8 Rn. 26.
[50] HUR KommunalUnternehmen-HdB/Oebbecke § 8 Rn. 31.
[51] Vgl. HUR KommunalUnternehmen-HdB/Oebbecke § 8 Rn. 78.

2022 auch mittels Videokommunikation durchgeführt werden (§ 2 Abs. 3 GmbHG iVm §§ 16a ff. BeurkG).[52] Bei der Anmeldung der Gesellschaft ist neben dem Gesellschaftsvertrag eine Gesellschafterliste beizufügen (zu den weiteren Anmeldeunterlagen vgl. § 8 Abs. 2 GmbHG).

44 Für die Anmeldung sind die **Geschäftsführer** zuständig (§ 78 GmbHG). Daraus folgt, dass bereits im Gründungsverfahren, noch vor Eintragung der GmbH, einer oder mehrere Geschäftsführer bestellt werden müssen. Deren Aufgabe besteht neben der Vorbereitung und Durchführung der Anmeldung darin, die Einlagen der Gesellschafter entgegenzunehmen, die vor der Anmeldung zumindest teilweise bewirkt sein müssen (vgl. § 7 Abs. 2 und Abs. 3 GmbHG).

45 Die Einlagen können als Bar- oder Sacheinlagen erbracht werden. Der öffentlich-rechtliche Gesellschafter stattet die GmbH auf diesem Wege mit dem Betriebskapital aus, das sie für ihren Unternehmensgegenstand benötigt. In welcher Höhe die GmbH mit eigenem Vermögen ausgestattet werden muss bzw. inwieweit die nötigen Betriebsmittel auch als Fremdkapital zugeführt werden können, ist eine betriebswirtschaftliche Entscheidung. Das GmbH-Gesetz verlangt lediglich ein **Mindeststammkapital** von 25.000 Euro (§ 5 Abs. 1 GmbHG). Soll das Kapital darunter liegen, kommt die Gründung einer „Unternehmergesellschaft (haftungsbeschränkt)" in Betracht (→ Rn. 28).

46 Sollte das Kapital für die wirtschaftliche Betätigung nicht ausreichen, so hat dies gesellschaftsrechtlich keine unmittelbaren Folgen. Zwar plädieren einzelne Autoren für eine Gesellschafterhaftung wegen **Unterkapitalisierung**;[53] diese Auffassung konnte sich aber zu Recht nicht durchsetzen.[54] Die Geschäftsführer müssen allerdings dafür Sorge tragen, dass bei Zahlungsunfähigkeit oder Überschuldung unverzüglich Insolvenzantrag gestellt wird (§ 15a InsO). Versäumen sie dies, droht ihnen eine persönliche Haftung für die dadurch eintretenden Schäden von Gläubigern.[55]

47 Ein für die öffentlich-rechtliche Körperschaft relevantes Haftungsrisiko kann sich ergeben, wenn im Namen der GmbH Geschäfte getätigt werden, bevor die GmbH als solche im Handelsregister eingetragen ist. In der gesellschaftsrechtlichen Dogmatik ist seit langem anerkannt, dass mit der notariellen Beurkundung des GmbH-Vertrages eine sog. **Vorgesellschaft** entsteht.[56] Diese ist bereits rechtsfähig, kann also Rechte erwerben und Verbindlichkeiten eingehen. Sollte durch derartige Geschäfte im Gründungsstadium das Stammkapital der GmbH angegriffen werden, so führt dies zu einer sog. **Unterbilanzhaftung** der Gesellschafter.[57] Diese Haftung kann theoretisch in unbegrenzter Höhe entstehen und widerspricht daher den verwaltungsrechtlichen Vorgaben der Haftungsbegrenzung. Aus diesem Grunde sollte im Gründungsstadium möglichst noch keine Geschäftstätigkeit entfaltet werden.

48 Durch die Verwendung einer sog. **Vorratsgesellschaft** kann die Gefahr der Gründungshaftung weiter reduziert werden. Unter einer Vorratsgesellschaft versteht man eine GmbH, die zunächst keinen Geschäftsbetrieb aufnimmt und später an einen Erwerber übertragen wird, der die Gesellschaft anschließend mit einem Unternehmen ausstattet.[58] Diese Gründungsvariante hat den Vorteil, dass die GmbH als juristische Person bereits im Handelsregister eingetragen ist. Zum Schutz der Gläubiger wendet der BGH die Gründungsregeln des GmbH-Rechts zwar analog an und bejaht eine Unterbilanzhaftung der Gesellschafter, wenn das Stammkapital der Vorratsgesellschaft nicht mehr unversehrt vorhanden ist. Wird die Vorratsgesellschaft von einem seriösen Anbieter erworben, dürfte dieses Risiko allerdings gering sein, da die Gesellschaft typischerweise noch keinerlei Aktivitäten entfaltet

---

[52] Im Überblick hierzu Stelmaszczyk/Strauß GmbHR 2022, 833.
[53] Vgl. den Überblick zur Diskussion bei Lutter/Hommelhoff/Bayer § 13 Rn. 20 ff.
[54] Grundlegend BGHZ 166, 204 (212 ff.) (Gamma).
[55] Zu den Einzelheiten Lutter/Hommelhoff/Kleindiek Anh zu § 64 Rn. 76 ff.
[56] Lutter/Hommelhoff/Bayer § 11 Rn. 5.
[57] Grundlegend BGHZ 80, 129 (140). Zu den Einzelheiten Lutter/Hommelhoff/Bayer § 11 Rn. 41 ff.
[58] Vgl. den Überblick bei Lutter/Hommelhoff/Bayer § 3 Rn. 78 ff.

hat.[59] Der Geschäftsführer muss bei Anmeldung der notwendigen Satzungsänderungen (insb. Firma und Unternehmensgegenstand der GmbH) versichern, dass die nötigen Mindesteinlagen bewirkt worden sind und sich der Gegenstand der Leistungen in seiner freien Verfügung befindet (§ 8 Abs. 2 GmbHG analog).[60] Die analog anzuwendende Unterbilanzhaftung der Gesellschafter bezieht sich auf diesen Zeitpunkt.[61] Anschließend kann ohne Gefahr einer Inanspruchnahme der Gesellschafter mit der Geschäftstätigkeit begonnen werden.

Die **Gründungskosten** einer Kapitalgesellschaft werden teilweise als Argument gegen eine formelle Privatisierung angeführt.[62] Allerdings bilden diese bei einer standardmäßigen GmbH-Gründung, für die zwischen 1.000 und 3.000 Euro zu veranschlagen sind, keine nennenswerte Hürde.[63] Zudem handelt es sich um Einmalkosten, die in mittel- bis langfristiger Perspektive kaum ins Gewicht fallen. Auf der Habenseite steht die Haftungsbeschränkung auf das eingesetzte Gesellschaftskapital, während der öffentlich-rechtliche Träger bei einem Regie- oder Eigenbetrieb ebenso wie bei einer öffentlich-rechtlichen Anstalt dauerhaft und unbeschränkt für eventuelle Verluste einstehen muss (→ Rn. 6). **49**

b) Die Gründung einer Aktiengesellschaft. Die Gründung der Aktiengesellschaft entspricht in den wesentlichen Schritten derjenigen einer GmbH. Die **Satzung** muss notariell beurkundet werden (§ 23 Abs. 1 S. 1 AktG). Das für die GmbH eingeführte elektronische Beurkundungsverfahren (→ Rn. 43) steht allerdings für die AG noch nicht zur Verfügung. Das **Mindestkapital** liegt bei 50.000 Euro (§ 7 AktG). Die weiteren Gründungsschritte sind etwas stärker formalisiert als bei der GmbH. So sind für die AG bereits ein Aufsichtsrat und ein Vorstand zu bestellen, die eine Gründungsprüfung vornehmen müssen (§ 33 Abs. 1 AktG). Bei Sacheinlagen ist zusätzlich eine externe Prüfung vorgeschrieben (§ 33 Abs. 2 Nr. 4 AktG). **50**

Für die Rechtsfragen der Unterkapitalisierung, der Vorgesellschaft und der Verwendung von Vorratsgesellschaften gelten in der AG dieselben Regeln wie in der GmbH (→ Rn. 46 ff.). Eine Besonderheit ist die sog. **Nachgründung** nach § 52 AktG, der für bestimmte Rechtsgeschäfte zwischen der AG und einem Gründer oder einem bedeutenden Aktionär in einem Zeitraum von zwei Jahren nach der Gründung besondere Formalitäten vorsieht. Sollten diese Regeln missachtet werden, ist das Rechtsgeschäft unwirksam (vgl. § 52 Abs. 1 S. 1 AktG). **51**

c) Ausgliederung nach dem Umwandlungsgesetz. Die Ausgliederung ist im Umwandlungsgesetz (UmwG) als Sonderfall der Spaltung geregelt. Ein Rechtsträger („übertragender Rechtsträger") erhält dadurch die Möglichkeit, einen Teil seines Vermögens auf einen anderen Rechtsträger („übernehmender Rechtsträger") zu übertragen. Die zu übertragenden Gegenstände sind in einem Spaltungsplan genau zu bezeichnen (§ 126 Abs. 1 Nr. 9 UmwG). Der Rechtsübergang vollzieht sich dann als **Gesamtrechtsnachfolge** und wird mit Eintragung im Handelsregister wirksam (vgl. § 131 UmwG). Auf diesem Wege kann beispielsweise ein Regie- oder Eigenbetrieb in eine Rechtsform des Privatrechts überführt werden.[64] **52**

Für die Wahl der Zielrechtsform gelten die oben genannten Parameter (→ Rn. 20 ff.). Typischerweise wird sich die öffentliche Hand für die Ausgliederung auf eine Kapitalgesellschaft entscheiden. Die Ausgliederung geht kraft Gesetzes mit einem **Anteilserwerb** am **53**

---

[59] Von der Vorratsgründung ist die Verwendung eines GmbH-Mantels zu unterscheiden, also einer GmbH, die bereits eine Geschäftstätigkeit ausgeübt hat (vgl. Lutter/Hommelhoff/Bayer § 3 Rn. 98 ff.). Da hier die Unversehrtheit des Kapitals kaum verlässlich überprüft werden kann, ist von dieser Gründungsvariante dringend abzuraten.
[60] BGHZ 155, 318, (325).
[61] BGH GmbHR 2012, 630.
[62] Gaß, Die Umwandlung gemeindlicher Unternehmen, S. 65 ff.
[63] Ähnlich die Einschätzung bei Mann/Püttner Kommunale Wissenschaft-HdB/Pitschas/Schoppa § 43 Rn. 27.
[64] Eingehend Gaß, Die Umwandlung gemeindlicher Unternehmen, S. 189 ff.

übernehmenden Rechtsträger einher. Der übertragende Rechtsträger erhält gewissermaßen als „Gegenleistung"[65] für die Vermögensübertragung Anteile am übernehmenden Rechtsträger (§ 122 Abs. 3 UmwG). Die Gebietskörperschaft erwirbt also im Zuge der Ausgliederung die Geschäftsanteile einer übernehmenden GmbH bzw. die Aktien einer übernehmenden AG und kann deren Tätigkeit anschließend nach den allgemeinen gesellschaftsrechtlichen Regeln steuern.

54   Grundsätzlich regelt das UmwG auch das Willensbildungsverfahren im übertragenden Rechtsträger. Bei einer **öffentlich-rechtlichen Gebietskörperschaft** bedurfte es insoweit einiger Sonderregeln (§§ 167 ff. UmwG). Demnach ist für die Gebietskörperschaft kein Ausgliederungsbericht erforderlich (§ 169 S. 1 UmwG), da dessen Funktion üblicherweise in der Information der Anteilseigner liegt. Ein Ausgliederungsbeschluss ist nur dann geboten, wenn das Organisationsrecht der Gebietskörperschaft es vorsieht (§ 169 S. 2 UmwG).

55   Soweit Verbindlichkeiten übertragen werden, unterliegt die Gebietskörperschaft weiterhin der Haftung (§ 172 UmwG). Diese Haftung bezieht sich aber nur auf **Altverbindlichkeiten.** Werden nach der Ausgliederung neue Verbindlichkeiten durch den übernehmenden Rechtsträger im Namen der Kapitalgesellschaft eingegangen, die nunmehr das öffentliche Unternehmen führt, so gilt hierfür die allgemeine Haftungsbeschränkung.

3. Verfolgung eines öffentlichen Zwecks

56   Ein öffentliches Unternehmen muss stets einem öffentlichen Zweck dienen (→ Rn. 16). Ob es sich um einen solchen handelt, unterliegt weitgehend der Einschätzungsprärogative der öffentlichen Hand (unter a → Rn. 57 f.). Soll für den öffentlichen Zweck eine Kapitalgesellschaft errichtet werden, ist die gesellschaftsrechtliche Trennung von Gesellschaftszweck (unter b → Rn. 59 f.) und Unternehmensgegenstand (unter c → Rn. 61 ff.) zu beachten. Sie gilt für alle Kapitalgesellschaften (→ § 2 Rn. 11 ff.), weshalb es vorliegend keiner Differenzierung nach GmbH oder AG bedarf. Bei Gründung der Gesellschaft ist sicherzustellen, dass der öffentliche Zweck in der **Satzung** klar zum Ausdruck kommt. Andernfalls bleibt es bei dem vorrangigen Zweck der Gewinnerzielung (unter d → Rn. 64). Angesichts dessen liegt in der eindeutigen Festlegung des Gesellschaftszwecks (unter e → Rn. 71) eine wichtige Funktionsvoraussetzung für die mittelbare demokratische Legitimation der öffentlichen Unternehmenstätigkeit: Denn die öffentliche Hand kann ihre gesellschaftsrechtlich gegebenen Einwirkungsmöglichkeiten (→ Rn. 73 ff.) nur dann konsequent auf den öffentlichen Zweck ausrichten, wenn die Gesellschaft nicht zum alleinigen Zweck der Gewinnerzielung errichtet wurde.[66]

57   **a) Breite Palette der Gemeinwohlbelange.** Jedes Handeln einer öffentlich-rechtlichen Gebietskörperschaft muss durch einen öffentlichen Zweck legitimiert sein. Diese Vorgabe gilt auch für öffentliche Unternehmen (→ Rn. 16). Das Erfordernis eines öffentlichen Zweckes legt allerdings eine nur sehr niedrige Hürde für die Etablierung eines öffentlichen Unternehmens. Denn die Palette der denkbaren Gemeinwohlbelange ist nahezu unbegrenzt.[67] Neben der klassischen **Daseinsvorsorge** (zB Elektrizität, Gas und Wasser) kommen Leistungen und Lieferungen in den verschiedensten Lebensbereichen in Betracht (→ § 21 Rn. 40). Nach Auffassung des BVerwG können öffentliche Zwecke das wirtschaftliche Unternehmen einer Kommune selbst dann rechtfertigen, wenn damit keine Daseinsvorsorge betrieben wird.[68] Angesichts der Zuständigkeit der Gemeinde für „alle Angelegenheiten der örtlichen Gemeinschaft" (Art. 28 Abs. 2 S. 1 GG) gewährt die Rechtsprechung den Kommunen aus guten Gründen eine **Einschätzungsprärogative**

---

[65] Gaß, Die Umwandlung gemeindlicher Unternehmen, S. 197.
[66] Siehe nur Habersack ZGR 1996, 544 (552).
[67] Ebenso die Einschätzung bei Mann, Die öffentlich-rechtliche Gesellschaft, S. 96.
[68] BVerwGE 39, 329 (344). Im konkreten Fall ging es um Dienstleistungen im Zusammenhang mit Bestattungen.

hinsichtlich der verfolgten Zwecke (→ § 21 Rn. 44). Die Beurteilung des öffentlichen Zwecks sei eine Frage sachgerechter Kommunalpolitik und der Beurteilung durch den Richter weitgehend entzogen, so das BVerwG.[69]

Die Grenze des Zulässigen ist nach weithin vertretener Auffassung allerdings überschritten, wenn die Beteiligung an einer privatrechtlichen Gesellschaft lediglich dem Selbstzweck der **Einnahmeerzielung** dient (→ § 19 Rn. 38, → § 21 Rn. 41). Die bloße Erzielung von Erträgen ist demnach kein öffentlicher Zweck, selbst wenn die Einnahmen an anderer Stelle für einen öffentlichen Zweck eingesetzt werden sollten.[70] Gerade diese verwaltungsrechtlich vorgegebene Einschränkung ist bei der Nutzung von Kapitalgesellschaften bedeutsam, denn diese verfolgen nach ihrem gesetzlichen Normalstatut typischerweise das Ziel der Gewinnmaximierung.[71] Hiervon muss bei einer Verwendung als öffentliches Unternehmen durch entsprechende Satzungsgestaltung explizit abgewichen werden. **58**

b) Gesellschaftszweck. Die Satzung eines als Kapitalgesellschaft betriebenen öffentlichen Unternehmens sollte klarstellen, dass der **Gesellschaftszweck** – in Abweichung vom Regelfall einer Kapitalgesellschaft – nicht in der bloßen Gewinnerzielung besteht.[72] Eine solche Festlegung verringert die Flexibilität des öffentlichen Unternehmens nicht nennenswert,[73] denn sie determiniert nicht die konkrete Tätigkeit. Sie stellt lediglich sicher, dass die Geschäftsleitung nicht unter Vernachlässigung des öffentlichen Zweckes allein dem Ziel der Gewinnmaximierung folgt. Der gewünschte Zweck dürfte regelmäßig in der Erfüllung öffentlicher Aufgaben für die Angehörigen der betreffenden Gebietskörperschaft liegen.[74] Welche Aufgaben dies konkret sind, kann der Unternehmensgegenstand festlegen (zB Verkehrsbetriebe oder Stromversorgung). Denkbar ist auch ein abgestufter Gesellschaftszweck, etwa in dem Sinne, dass neben dem vorrangigen öffentlichen Zweck auch ein Ertrag für den Haushalt erwirtschaftet werden soll.[75] Der Gesellschaftszweck ist ein besonderes Element der Kontinuität in einer Kapitalgesellschaft, da er nur **einstimmig** geändert werden kann.[76] Auf diese Weise verschafft sich die öffentliche Hand ein Veto-Recht gegenüber einer Aufgabe des öffentlichen Zwecks für Fälle, in denen es auch private Gesellschafter geben sollte. **59**

Empfehlenswert ist die Festlegung einer **Berichtpflicht** über die Einhaltung der öffentlichen Zwecksetzung und -erreichung.[77] Dabei sollten Wirtschaftlichkeitsgebot und Zwecksetzung unterschieden werden, um ggf. die aus der öffentlichen Zwecksetzung resultierenden wirtschaftlichen Nachteile erkennen zu können.[78] In der GmbH kann die Gesellschafterversammlung einen solchen Bericht, gestützt auf ihre Allzuständigkeit (→ § 2 Rn. 21, 45), auch ohne ausdrückliche Satzungsregelung verlangen. Eine Regelung ist jedoch empfehlenswert, um die Geschäftsführung proaktiv auf eine Berichterstattung zu verpflichten, damit diese nicht jeweils eingefordert werden muss. In der Aktiengesellschaft entspricht es dem internen Kompetenzgefüge (→ § 2 Rn. 20, 46), dass nicht die Hauptversammlung, sondern der Aufsichtsrat einen solchen Bericht einfordert und entgegennimmt. **60**

---

69 BVerwGE 39, 329 (344). Gleichfalls für Einschätzungsprärogative HUR KommunalUnternehmen-HdB/Uechtritz/Otting/Olgemüller § 6 Rn. 58.
70 Ehlers DVBl 1997, 137 (142); HUR KommunalUnternehmen-HdB/Uechtritz/Otting/Olgemüller, § 6 Rn. 51 ff.; als Grenze der kommunalen Wirtschaftstätigkeit vorausgesetzt in BVerfG NJW 1982, 2173 (2175).
71 Darauf verweisen beispielsweise Ehlers DVBl 1997, 137 (142) und Schön ZGR 1996, 429 (440).
72 Ehlers DVBl 1997, 137 (142).
73 So aber die Einschätzung von HUR KommunalUnternehmen-HdB/Oebbecke, § 8 Rn. 37 (S. 229).
74 Vielfach wird auch die bedarfsgerechte Versorgung als Gesellschaftszweck genannt (Ehlers DVBl 1997, 137 (142); Schön ZGR 1996, 429 (440).
75 Schön ZGR 1996, 429 (441). Formulierungsbeispiel bei HUR KommunalUnternehmen-HdB/Oebbecke § 8 Rn. 41.
76 Grundlage hierfür ist eine analoge Anwendung von § 33 Abs. 1 S. 2 BGB, der für den rechtsfähigen Verein gilt.
77 Ehlers DVBl 1997, 137 (143).
78 Ehlers DVBl 1997, 137 (143).

61 **c) Unternehmensgegenstand.** Der Unternehmensgegenstand bezeichnet das **Tätigkeitsfeld** der Gesellschaft und definiert damit den Tätigkeitsrahmen der Geschäftsführung.[79] Während der Gesellschaftsweck die allgemeine Zielsetzung festlegt, formuliert der Unternehmensgegenstand die Mittel und Wege zur Zielerreichung; in der gesellschaftsrechtlichen Literatur wird er daher auch als „Mittel zum Zweck" umschrieben.[80] Er kann gegebenenfalls eng und konkret formuliert werden und auf diese Weise die Geschäftsleiter an die Zielsetzung der öffentlichen Hand binden.[81] Der Unternehmensgegenstand kann durch reguläre Satzungsänderung neu bestimmt werden, also mit ¾-Mehrheit in der Anteilseignerversammlung (§ 53 Abs. 2 GmbHG, § 179 Abs. 2 AktG).

62 Der Unternehmensgegenstand erlaubt im öffentlichen Unternehmen eine Konkretisierung des Tätigkeitsbereiches, innerhalb dessen sich die **Geschäftsführung** bewegen muss.[82] Auch wenn die organschaftliche Vertretungsmacht im Außenverhältnis unbeschränkbar ist,[83] begründet es doch im Innenverhältnis eine Pflichtverletzung, wenn Geschäftsführer (GmbH) oder Vorstand (AG) Geschäfte abschließen, die außerhalb des Unternehmensgegenstandes liegen.[84] Während privatwirtschaftliche Unternehmen den Gegenstand häufig sehr weit fassen, um der Geschäftsführung einen großen Spielraum zu belassen, kann es für ein öffentliches Unternehmen sinnvoll sein, den Gestaltungsspielraum in der anderen Richtung zu nutzen und die Vorgaben der Geschäftstätigkeit möglichst konkret zu formulieren.[85]

63 In der Aktiengesellschaft darf der Unternehmensgegenstand zwar nicht so kleinteilig formuliert sein, dass die **Leitungskompetenz des Vorstandes** dadurch ausgehöhlt würde.[86] Konkretisierungen des Unternehmensgegenstandes, die das allgemeine Vorstandshandeln dem öffentlichen Zweck gemäß einschränken, sind jedoch zulässig (→ § 2 Rn. 12). Die Wahl der Mittel für die konkrete Umsetzung muss hingegen dem Vorstand überlassen bleiben. In der **GmbH** unterliegt die Geschäftsführung ohnehin der Weisungsbefugnis der Gesellschafter (→ § 2 Rn. 21), so dass hier interne satzungsmäßige Beschränkungen noch weitergehend zulässig sind als in der AG. Gegenüber der GmbH-rechtlichen Gestaltungsfreiheit steht den Geschäftsführern nur ein eng umgrenzter Kernbereich derjenigen Kompetenzen zu, die ihnen gesetzlich zwingend zur eigenverantwortlichen Wahrnehmung zugewiesen sind; Beispiele sind die dem Gläubigerschutz dienenden Vorschriften.[87]

64 **d) Rechtsfolgen bei unterlassener oder unklarer Satzungsregelung.** In der **Rechtspraxis** lassen die Satzungen von öffentlichen Unternehmen häufig die gewünschte klare Trennung von Gesellschaftszweck und Unternehmensgegenstand vermissen. An diesem schon seit vielen Jahren beklagten Befund[88] hat sich offenbar wenig geändert. Eine stichprobenartige Recherche im Handelsregister ergibt, dass kommunale und andere öffentliche Unternehmen nur selten hinreichend klar zwischen Gesellschaftszweck und Unternehmensgegenstand trennen.

65 Die typische Satzung einer **städtischen Versorgungs-GmbH** enthält etwa folgende Klausel: „Gegenstand des Unternehmens ist die Versorgung mit elektrischer Energie, Gas, Wasser und Fernwärme sowie die Erzeugung und Verwertung von Energie einschließlich erneuerbarer Energien und die Erbringung von Dienstleistungen." Eine solche Klausel lässt gerade nicht erkennen, dass bei dieser GmbH die Versorgung wichtiger sein soll als die

---

[79] Schön ZGR 1996, 429 (441).
[80] Lutter/Hommelhoff/Bayer § 1 Rn. 3.
[81] Schön ZGR 1996, 429 (442).
[82] Schön ZGR 1996, 429 (442).
[83] Dieser Grundsatz ist unionsrechtlich vorgegeben (Richtlinie (EU) 2017/1132 zu bestimmten Aspekten des Gesellschaftsrechts) und national in den § 37 Abs. 2 GmbHG sowie § 82 Abs. 1 AktG geregelt (näher EnzEuR VI/Teichmann § 10 Rn. 50).
[84] BGH NZG 2013, 293 (294); BGH NZG 2018, 1350 (1351).
[85] Zutreffend Schön ZGR 1996, 429 (442).
[86] Vgl. den Überblick zur Diskussion bei Koch AktG § 82 Rn. 10.
[87] Lutter/Hommelhoff/Kleindiek § 37 Rn. 12.
[88] Vgl. die Nachweise bei Mann/Püttner Kommunale Wissenschaft-HdB/Mann § 46 Rn. 12.

Gewinnmaximierung. Das zeigt ein Vergleich mit der Satzung der RWE Aktiengesellschaft, die als börsennotiertes Unternehmen (ungeachtet kommunaler Minderheitsbeteiligungen) zweifellos erwerbswirtschaftlich ausgerichtet ist. Auch die RWE nennt in ihrem Unternehmensgegenstand die Erzeugung von und die Versorgung mit Energie. Aus gesellschaftsrechtlicher Sicht ist hier nur eine Regelung zum Unternehmensgegenstand getroffen. Der Gesellschaftszweck, der in Ermangelung einer abweichenden Regelung bei einer Kapitalgesellschaft stets in der Gewinnmaximierung liegt, wurde nicht auf den öffentlichen Zweck umprogrammiert.

Nach gesellschaftsrechtlicher Dogmatik kann der öffentliche Zweck nicht im Wege der **Auslegung** in einen Gesellschaftsvertrag hineingelesen werden, wenn er dort nicht zumindest ansatzweise erwähnt ist.[89] Denn die Auslegung der Satzung einer Kapitalgesellschaft folgt der sog. **objektiven Methode.**[90] Die Satzung wird im Handelsregister offengelegt und richtet sich an eine Vielzahl von Adressaten. Sie ist daher anhand objektiver Umstände aus sich heraus und ohne Rückgriff auf die Absichten der Verfasser auszulegen.[91] Es kann folglich nicht allein aus der Tatsache, dass eine öffentlich-rechtliche Körperschaft die Gesellschaft gegründet hat oder ihr später beigetreten ist, auf eine Einschränkung der Gewinnerzielungsabsicht geschlossen werden. Dies verbietet sich schon deshalb, weil die Anteile zu einem späteren Zeitpunkt ganz oder teilweise an private Anteilseigner veräußert werden könnten. Es kann daher nicht auf die subjektiven Vorstellungen der jeweiligen Anteilseigner ankommen; der Zweck der Gesellschaft muss vielmehr objektiv ermittelbar im Gesellschaftsvertrag zum Ausdruck kommen. 66

Für die beispielshaft genannte städtische Versorgungs-GmbH ist dieser Befund bedenklich. Denn ohne die Festlegung einer öffentlichen Zweckrichtung ist die Gesellschaft strikt nach erwerbswirtschaftlichen Gesichtspunkten zu führen.[92] Die Geschäftsführer begehen möglicherweise eine **Pflichtverletzung,** wenn sie allein aus Gründen der öffentlichen Daseinsvorsorge oder wegen anderer Gemeinwohlbelange einer verlustbringenden Tätigkeit nachgehen. Dasselbe gilt für Aufsichtsratsmitglieder, die einem für die Gesellschaft nachteiligen Handeln im Rahmen ihrer Überwachungspflicht Einhalt gebieten müssen. 67

Allerdings ist hier zwischen GmbH und Aktiengesellschaft zu differenzieren. Für die **Aktiengesellschaft** geht die herrschende Meinung davon aus, dass Gemeinwohlbelange allenfalls punktuell, nicht aber generell den Vorrang vor der Gewinnerzielungsabsicht genießen dürfen.[93] Diese Ausrichtung am Interesse der Gesellschaft ist nicht dispositiv. Sie steht also nicht im Belieben von Vorstand, Aufsichtsrat oder Hauptversammlung. 68

In der **GmbH** stellt sich die Situation flexibler dar, weil die Gesellschafter dort gegenüber den Geschäftsführern weisungsbefugt sind (→ Rn. 86). Insoweit können die Gesellschafter auch wirtschaftlich nachteilige Weisungen erteilen.[94] Dies gilt allerdings nur, wenn alle Gesellschafter mit einer solchen Weisung einverstanden sind; andernfalls verletzt der Mehrheitsgesellschafter möglicherweise seine Treuepflicht gegenüber den Minderheitsgesellschaftern.[95] Diese haben einen Unterlassungs- und Schadensersatzanspruch.[96] In einer GmbH, die zu 100 % der öffentlichen Hand gehört, wären nachteilige Weisungen nach alledem denkbar. Eine Grenze bilden hier nur noch die zwingenden Regeln des Gläubigerschutzes.[97] 69

---

[89] Ebenso Habersack ZGR 1996, 544 (552), Schön ZGR 1996, 429 (440). Rettender Anker können die in einigen Satzungen anzutreffenden Zielbeschreibungen (→ Rn. 70) sein. Vorzugswürdig ist jedoch stets eine klare Regelung.
[90] Koch AktG § 23 Rn. 39; Lutter/Hommelhoff/Bayer § 2 Rn. 19 (für die GmbH).
[91] BGH GmbHR 2012, 92 (93); KG Berlin AG 2016, 550.
[92] HUR KommunalUnternehmen-HdB/Oebbecke § 8 Rn. 40; Schön ZGR 1996, 429 (440).
[93] Zum Diskussionsstand Vetter ZGR 2018, 338 (345).
[94] Lutter/Hommelhoff/Kleindiek § 37 Rn. 18.
[95] Lutter/Hommelhoff/Hommelhoff Anh zu § 13 Rn. 39.
[96] Lutter/Hommelhoff/Hommelhoff Anh zu § 13 Rn. 40 f.
[97] Lutter/Hommelhoff/Hommelhoff Anh zu § 13 Rn. 13 ff.

70 Zusätzlich legen die Satzungen von öffentlichen Unternehmen nicht selten bestimmte **Unternehmensziele** fest, die bei der Geschäftstätigkeit zu beachten sind. Bei einem Versorgungsbetrieb kann dies beispielsweise der vermehrte Einsatz von regenerativen Energieträgern, die hohe Attraktivität des öffentlichen Nahverkehrs oder die qualitativ hochwertige Wasserversorgung der Bevölkerung sein. Derartige Zielbeschreibungen können in die objektive Auslegung der Satzung einfließen und indizieren einen Vorrang der öffentlichen Zwecke gegenüber der Gewinnmaximierung. Zur Vermeidung von Auslegungszweifeln empfiehlt sich ungeachtet dessen eine eindeutig formulierte Satzung.

71 e) **Satzungsgestaltung.** Eine klare Trennung von Gesellschaftszweck und Unternehmensgegenstand, die auch in der Satzung zum Ausdruck kommt, ist nach alledem dringend anzuraten. Beides kann in einer Klausel zusammengefasst werden, solange die Begrifflichkeiten klar getrennt bleiben.[98] Unter der Überschrift „**Gesellschaftszweck und Unternehmensgegenstand**" könnte ein erster Absatz lauten: „Gesellschaftsweck ist nicht die Gewinnerzielung, sondern die bedarfsgerechte Versorgung der Bevölkerung mit Energie. In diesem Rahmen sind verlustbringende Geschäfte zulässig, solange die Rentabilität des Unternehmens insgesamt nicht entfällt."

72 Der zweite Absatz kann anschließend der Umschreibung des eigentlichen Unternehmensgegenstandes dienen: „Gegenstand des Unternehmens ist die Versorgung der Bevölkerung und der Wirtschaft mit elektrischer Energie, Gas, Wasser und Fernwärme sowie die Erzeugung und Verwertung von Energie einschließlich erneuerbarer Energien und die Erbringung damit verbundener Dienstleistungen."

IV. Einwirkungsmöglichkeiten der Anteilseigner

73 Gemäß den verwaltungsrechtlichen Vorgaben und zur Absicherung des demokratischen Legitimationszusammenhanges muss der öffentlich-rechtliche Anteilseigner die Möglichkeit der angemessenen Einflussnahme auf das öffentliche Unternehmen haben (→ § 19 Rn. 45, → § 21 Rn. 68 ff.). Dies muss in den Bahnen des Gesellschaftsrechts geschehen, weshalb die gesetzliche Kompetenzordnung der gewählten Organisationform besondere Aufmerksamkeit verdient, wobei wiederum die Rechtslage in GmbH und AG deutlich zu unterscheiden ist. Die Anteilseigner üben ihre Rechte in der Versammlung der Anteilseigner aus; das GmbH-Recht spricht insoweit von „**Gesellschafterversammlung**" (§ 48 Abs. 1 GmbHG), das Aktienrecht von der „**Hauptversammlung**" (§ 118 Abs. 1 S. 1 AktG). Anknüpfungspunkt für eine Einflussnahme des öffentlich-rechtlichen Trägers ist zum einen der Zuständigkeitsbereich der Anteilseignerversammlung (unter 1. → Rn. 74 ff.), wozu insbesondere die Personalhoheit hinsichtlich der Geschäftsführungs- und Überwachungsorgane gehört (unter 2. → Rn. 83 ff.), und wofür auch die Modalitäten der Beschlussfassung innerhalb der Gesellschaft von Bedeutung sind (unter 3. → Rn. 92 ff.). Besondere Möglichkeiten der Einflussnahme bieten die Instrumente des Konzernrechts, die allerdings auch mit einer gesteigerten Verantwortung des die Gesellschaft beherrschenden Anteilseigners einhergehen (unter 4. → Rn. 99 ff.).

1. Allgemeine Zuständigkeiten der Anteilseigner

74 Die Zuständigkeiten der Gesellschafter- bzw. Hauptversammlung sind in GmbH und Aktiengesellschaft unterschiedlich geregelt (→ § 2 Rn. 20 ff.). Diese Unterschiede erlangen bei der Entscheidung für eine der beiden Rechtsformen besondere Bedeutung.

75 a) **Gesellschaft mit beschränkter Haftung.** Die **gesetzlich geregelten** Zuständigkeiten der GmbH-Gesellschafter finden sich in § 46 GmbHG. Zu den Beschlussgegenständen

---

[98] Vgl. hierzu auch den Formulierungsvorschlag in Anlehnung an Haibt bei HUR KommunalUnternehmen-HdB/Oebbecke § 8 Rn. 41 (S. 230) sowie von Burgi in Herrler, Aktuelle gesellschaftsrechtliche Herausforderungen, S. 49 (60).

gehören: die Feststellung des Jahresabschlusses; die Einforderung von Einlagen; die Teilung, Zusammenlegung oder Einziehung von Geschäftsanteilen; die Bestellung, Abberufung und Entlastung der Geschäftsführer (zur Personalhoheit näher → Rn. 84 ff.) sowie die Geltendmachung von Ersatzansprüchen gegen Geschäftsführer oder Gesellschafter. Weitere Zuständigkeiten finden sich an anderer Stelle des Gesetzes für Satzungsänderungen und Kapitalmaßnahmen (§§ 53 ff. GmbHG) und im Umwandlungsgesetz für Verschmelzungen, Spaltungen und Formwechsel der Gesellschaft.

Die gesetzliche Kompetenzzuweisung in § 46 GmbHG ist **dispositiv.** Dies kommt in § 45 Abs. 2 GmbHG zum Ausdruck, wonach die folgenden Vorschriften nur „in Ermangelung besonderer Bestimmungen des Gesellschaftsvertrages" gelten. Die Gesellschaftsverträge von öffentlichen Unternehmen enthalten daher nicht selten detaillierte Aufzählungen bestimmter Angelegenheiten, die von den Geschäftsführern nicht ohne Zustimmung der Gesellschafterversammlung getroffen werden dürfen. 76

Die Gestaltungsoffenheit des GmbH-Rechts erlaubt darüber hinaus Satzungsregelungen, die einzelnen Anteilseignern bestimmte **Sonderrechte** zugestehen. Dies kann von Bedeutung sein, wenn es private Gesellschafter gibt, deren Einfluss begrenzt werden soll. Einige Satzungen von städtischen Versorgungsunternehmen regeln beispielsweise ein Zustimmungserfordernis des öffentlich-rechtlichen Gesellschafters für bestimmte Geschäftsführungsentscheidungen (zB Preiserhöhungen). Dies ist nicht ganz unbedenklich, denn ein solcher Regelungsansatz tangiert eine ungeschriebene **Gestaltungsgrenze:** Der Gesellschaftsvertrag darf die Gesellschafter nicht vollkommen entmachten, sie müssen in ihrer Gesamtheit das oberste Entscheidungsorgan bleiben.[99] 77

In einer GmbH, deren Anteilsmehrheit von der öffentlich-rechtlichen Körperschaft gehalten wird, ist es daher vorzugswürdig, die Gesellschafterversammlung als zentrales Entscheidungsorgan beizubehalten. Da für die meisten Entscheidungen das Mehrheitsprinzip gilt (§ 47 Abs. 1 GmbHG), kann die öffentliche Hand ihre Interessen durchsetzen, solange sie die Mehrheit der Stimmrechte hält. Sinnvoll kann ein satzungsmäßig konkret gefasster **Zuständigkeitskatalog** der Gesellschafterversammlung sein.[100] Die Gesellschafter genießen zwar ohnehin eine Allzuständigkeit und können der Geschäftsführung auch ohne entsprechende Satzungsklausel bindende Weisungen erteilen (→ § 2 Rn. 21). Andererseits gibt eine Satzungsregelung der Geschäftsführung eine klare Leitlinie, in welchen Angelegenheiten sie die Gesellschafterversammlung einschalten muss.[101] Soll darüber hinaus dem öffentlich-rechtlichen Gesellschafter in der Gesellschafterversammlung größeres Gewicht beigemessen werden, so kann dies durch vertragliche Gestaltungen zum Stimmgewicht geschehen (→ Rn. 92), ohne damit das Organ der Gesellschafterversammlung in seiner zentralen Stellung zu beeinträchtigen. 78

Selbst wenn private Mitgesellschafter auf diese Weise die Abstimmung nicht für sich entscheiden können, bleibt ihnen doch das **Teilnahmerecht** an der Gesellschafterversammlung, das zu den unentziehbaren Rechtspositionen eines jeden Gesellschafters gehört. Die Bedeutung des Teilnahmerechts wird in der Rechtsprechung dadurch unterstrichen, dass selbst ein nicht stimmberechtigter Gesellschafter ein Teilnahmerecht genießt, um seine Auffassung vortragen und Einwände geltend machen zu können.[102] 79

b) Aktiengesellschaft. Die Aktionäre einer Aktiengesellschaft üben ihre Rechte in der Hauptversammlung aus (§ 118 Abs. 1 S. 1 AktG). Die **gesetzlichen Zuständigkeiten** der Hauptversammlung finden sich in § 119 Abs. 1 AktG. Zu ihnen gehören die Bestellung der Aufsichtsratsmitglieder sowie die Entlastung der Vorstands- und Aufsichtsratsmitglieder (zur Personalhoheit näher → Rn. 87 ff.), die Verwendung des Bilanzgewinns, die Bestel- 80

---

[99] HCL/Hüffer/Schäfer § 46 Rn. 4; Gehrlein/Born/Simon/Teichmann § 46 Rn. 3.
[100] Siehe nur Altmeppen NJW 2003, 2561 (2563).
[101] Um dem Eindruck einer abschließenden Liste entgegenzuwirken, sollte die Klausel stets deutlich machen, dass es sich um eine beispielhafte Aufzählung handelt.
[102] BGH NJW 1971, 2225; OLG München GmbHR 1994, 251 (252); Gehrlein/Born/Simon/Teichmann § 48 Rn. 8.

lung des Abschlussprüfers sowie Satzungsänderungen und Kapitalmaßnahmen. Weitere Zuständigkeiten ergeben sich insbesondere aus dem Aktiengesetz (zB § 179a AktG zur Veräußerung des gesamten Vermögens) und aus dem Umwandlungsgesetz.

81 Die Kompetenzordnung der Aktiengesellschaft ist **nicht dispositiv** (→ § 2 Rn. 17). Zwar heißt es in § 119 Abs. 1 AktG, dass die Hauptversammlung in den „in der Satzung bestimmten Fällen" beschließt. Angesichts der andernorts geregelten Satzungsstrenge (§ 23 Abs. 5 AktG) bleibt für Satzungsregelungen aber wenig Gestaltungsspielraum. Insbesondere ist es nicht möglich, die gesetzlich geregelte Kompetenzordnung abzuändern.[103] Eine Ausgestaltung, wie sie für die GmbH beschrieben wurde (→ Rn. 77), wonach die Gesellschafter einzeln oder als Kollektiv Zustimmungsrechte in Geschäftsführungsangelegenheiten erhalten, wäre daher in einer AG unzulässig.

82 Für Ausnahmekonstellationen hat der Bundesgerichtshof rechtsfortbildend **ungeschriebene** Hauptversammlungszuständigkeiten bejaht.[104] Diese betreffen aber nur Maßnahmen von herausragender Bedeutung, insbesondere die Veräußerung großer Teile des Vermögens, die einer Änderung des Unternehmensgegenstandes nahekommen.[105] Dem Interesse eines öffentlich-rechtlichen Aktionärs, auf wesentliche Unternehmensentscheidungen Einfluss nehmen zu können, kommen diese ungeschriebenen Kompetenzen nicht weit genug entgegen. Letztlich kann daher in der Aktiengesellschaft die gewünschte Einflussnahme nur über den Aufsichtsrat erfolgen (→ Rn. 109 ff.).

2. Personalhoheit der Anteilseignerversammlung

83 In einem jeden Unternehmen liegt ein wichtiger Hebel für eine Einflussnahme auf die Geschäftspolitik in der Personalhoheit. Wenn und soweit die Mitglieder des geschäftsführenden Organs von den Gesellschaftern bestellt und abberufen werden können, werden sie typischerweise darum bemüht sein, die Unternehmenspolitik an den Vorstellungen der Gesellschafter auszurichten. Auch hier ist zwischen GmbH und AG zu unterscheiden.

84 **a) Gesellschaft mit beschränkter Haftung.** Die Zuständigkeiten der Gesellschafterversammlung einer GmbH ergeben sich aus § 46 GmbHG. Die verwaltungsrechtlich gebotenen Einwirkungsmöglichkeiten sind dort zumindest teilweise bereits von Gesetzes wegen aufgeführt. Insbesondere entscheidet die Gesellschafterversammlung über die Bestellung und Abberufung der **Geschäftsführer** (§ 46 Nr. 5 GmbHG). Diese gesellschaftsrechtlichen Entscheidungen begründen oder beenden die Stellung als Vertretungsorgan der Gesellschaft.[106] Daneben existiert in aller Regel ein zivilrechtlicher Anstellungsvertrag, der sich nach dem BGB richtet und beispielsweise die Vergütung und andere Rahmenbedingungen der Tätigkeit eines Geschäftsführers regelt. Auch der Abschluss des Anstellungsvertrages unterliegt als Annexkompetenz der Zuständigkeit der Gesellschafterversammlung.[107]

85 Die für jede Unternehmensführung wichtige **Personalhoheit** liegt damit in der GmbH kraft Gesetzes bei den Anteilseignern. Solange der öffentlich-rechtliche Träger die Mehrheit der Stimmrechte hält, hat er die Entscheidungsmacht darüber, welche Personen die Geschäfte des Unternehmens führen und zu welchen Konditionen dies geschieht. Eine Abberufung der Geschäftsführer ist jederzeit möglich (§ 38 GmbHG). Mittelbar ergibt sich daraus ein erheblicher Einfluss auf die Geschäftsführung, weil ein Geschäftsführer, um seinen Posten nicht zu verlieren, üblicherweise die von den Gesellschaftern vorgegebenen unternehmerischen Leitlinien befolgen wird.

86 Ungeachtet dieses eher informellen Anpassungsdrucks sind die Geschäftsführer einer GmbH gesellschaftsrechtlich verpflichtet, die Beschränkungen einzuhalten, die sich aus

---

[103] Koch AktG § 119 Rn. 10.
[104] Grundlegend BGHZ 83, 122 (Holzmüller), fortentwickelt in BGHZ 159, 30 (Gelatine).
[105] Vgl. im Überblick Koch AktG § 119 Rn. 16 ff.
[106] HCL/Hüffer/Schäfer § 46 Rn. 51; Gehrlein/Born/Simon/Teichmann § 46 Rn. 29.
[107] HCL/Hüffer/Schäfer § 46 Rn. 61; Gehrlein/Born/Simon/Teichmann § 46 Rn. 31.

dem Gesellschaftsvertrag oder aus Gesellschafterbeschlüssen ergeben (§ 37 Abs. 1 GmbHG). Obwohl das Gesetz es nicht so klar formuliert, besteht im gesellschaftsrechtlichen Schrifttum doch Einigkeit, dass diese Vorschrift ein **Weisungsrecht** der Gesellschafter gegenüber den Geschäftsführern impliziert.[108] Das Weisungsrecht unterliegt inhaltlich keinen Einschränkungen. Die Gesellschafter können den Geschäftsführern detaillierte Weisungen für die kurz-, mittel- und langfristige Unternehmenspolitik erteilen.[109] Weisungen dürfen auch für die Gesellschaft nachteilig sein;[110] denn das Unternehmensinteresse der GmbH wird – in den Grenzen des Gläubigerschutzes – von den Gesellschaftern definiert (→ Rn. 69). Allerdings erscheint es im Interesse einer effizienten Unternehmensführung wenig sinnvoll, der Geschäftsführung allzu kleinteilige Vorgaben zu machen. Häufig enthalten die Gesellschaftsverträge von öffentlichen Unternehmen daher standardisierte **Zustimmungskataloge**, die konkret oder abstrakt Geschäfte von einiger Bedeutung aufzählen, die der Gesellschafterversammlung zur Beschlussfassung vorzulegen sind.

b) Aktiengesellschaft. In der Aktiengesellschaft genießen die Aktionäre nach der Gesetzeslage eine teilweise nur mittelbare Personalhoheit. Sie bestellen zwar den **Aufsichtsrat** (§ 101 Abs. 1 AktG). Das entscheidende Organ für die Geschäftsführung und Vertretung der Gesellschaft ist jedoch der Vorstand, der die Gesellschaft unter eigener Verantwortung leitet (§ 76 Abs. 1 AktG) und sie gegenüber außenstehenden Dritten vertritt (§ 78 AktG). Eine direkte Einflussnahme auf den Vorstand ist nur dem Aufsichtsrat möglich. Er bestellt den Vorstand (§ 84 Abs. 1 AktG) und überwacht die Geschäftsführung (§ 111 Abs. 1 AktG). Vermittelt über den Aufsichtsrat kann die öffentliche Hand auf die Geschäftsführung Einfluss nehmen (→ Rn. 109 ff.); allerdings teilt sie sich diesen Einfluss im Bereich der unternehmerischen Mitbestimmung mit den Arbeitnehmervertretern (→ Rn. 118 ff.).

87

Ungeachtet dessen kann ein beherrschender oder gar alleiniger Aktionär über die „Personalschiene" erheblichen Einfluss ausüben, der im Einzelfall dem Erfordernis der demokratischen Legitimationskette zu genügen vermag.[111] Die Aktionäre bestellen in der Hauptversammlung mit einem Beschluss, für den die einfache Mehrheit genügt, die Mitglieder des Aufsichtsrats (§§ 101 Abs. 1, 119 Abs. 1 Nr. 1 AktG).[112] Der Aufsichtsrat bestellt seinerseits den **Vorstand** (§ 84 Abs. 1 AktG). Er kann den Vorstand zwar nur aus wichtigem Grund vorzeitig abberufen (§ 84 Abs. 4 S. 1 AktG). Als wichtiger Grund zählt aber auch ein **Vertrauensentzug** durch die Hauptversammlung, soweit das Vertrauen nicht aus offensichtlich unsachlichen Gründen entzogen wurde (§ 84 Abs. 4 S. 2 AktG). Der Vertrauensentzug muss nicht begründet werden.[113] Vielmehr trägt das betroffene Vorstandsmitglied die Beweislast dafür, dass ausnahmsweise unsachliche Gründe vorliegen.[114]

88

Noch geringere Hürden stellt das Gesetz für die vorzeitige **Abberufung von Aufsichtsratsmitgliedern** auf. Diese können vor Ablauf ihrer Amtszeit abberufen werden; notwendig ist dafür eine Beschlussmehrheit von mindestens drei Viertel der abgegebenen Stimmen (§ 103 Abs. 1 AktG). Der Beschluss bedarf keiner sachlichen Begründung.[115] Die Satzung kann die Beschlussmehrheit abweichend regeln und ggf. bis auf eine einfache Mehrheit absenken.[116] Allerdings muss eine solche Satzungsregelung einheitlich für alle Aufsichtsratsmitglieder getroffen werden.[117] Insgesamt verfügt damit ein öffentlich-rechtlicher Groß-

89

---

[108] HCL/Paefgen § 37 Rn. 42; Gehrlein/Born/Simon/Buck-Heeb § 37 Rn. 11.
[109] Teilweise wird eine Satzungsgrundlage gefordert, wenn die Gesellschafter die Geschäftsführung durch allzu detaillierte Weisungen zum rein ausführenden Organ degradieren wollen (so Lutter/Hommelhoff/Kleindiek § 37 Rn. 18a; dagegen etwa HCL/Paefgen § 37 Rn. 47).
[110] HCL/Paefgen § 37 Rn. 44; Gehrlein/Born/Simon/Buck-Heeb § 37 Rn. 16.
[111] Hommelhoff, FS Böcking, 2021, 99 (103).
[112] Zum Sonderfall der unternehmerischen Mitbestimmung sogleich → Rn. 118.
[113] BGH NZG 2017, 260 (261).
[114] BGH NZG 2017, 260.
[115] Koch AktG § 103 Rn. 2.
[116] Koch AktG § 103 Rn. 4.
[117] BGHZ 99, 211 (215).

oder Alleinaktionär über erhebliche Einflussmöglichkeiten auf die Personen, die in Vorstand und Aufsichtsrat für die Erreichung des öffentlichen Zweckes verantwortlich sind.

90 **c) Besondere Vorschlags-, Bestellungs- oder Entsendungsrechte.** Zur Stärkung des Einflusses der öffentlichen Hand werden dieser nicht selten besondere Bestellungs- oder Entsendungsrechte zugestanden. Im **GmbH-Gesellschaftsvertrag** ist es auf Grund der allgemeinen Gestaltungsfreiheit zulässig, einem einzelnen Gesellschafter das Recht zu gewähren, einen oder mehrere Geschäftsführer vorzuschlagen.[118] Das Bestellungsrecht kann auch auf ein anderes Organ verlagert werden, beispielsweise einen Beirat oder Aufsichtsrat.[119]

91 In der **Aktiengesellschaft** scheitern derartige Satzungsklauseln zumeist an der Satzungsstrenge (→ § 2 Rn. 17). Zulässig ist jedoch ein satzungsmäßiges Entsendungsrecht in den Aufsichtsrat, das den Inhabern bestimmter Aktien eingeräumt wird (§ 101 Abs. 2 S. 1 AktG).[120] Solche **Entsendungsrechte** können sich auf maximal ein Drittel der von den Aktionären zu bestellenden Aufsichtsratsmitglieder beziehen (§ 101 Abs. 2 S. 4 AktG). Das entsandte Aufsichtsratsmitglied genießt dieselbe Rechtsstellung wie jedes andere Aufsichtsratsmitglied (→ Rn. 116) und ist dem Entsendungsberechtigten nicht weisungsunterworfen.[121] Es ist bei Ausübung seiner Funktionen den Belangen der Gesellschaft verpflichtet und nicht denjenigen des Entsendungsberechtigten.[122] Allerdings kann der Entsendungsberechtigte das von ihm entsandte Aufsichtsratsmitglied jederzeit abberufen (§ 103 Abs. 2 AktG).

3. Beschlussfassung in der Anteilseignerversammlung

92 **a) Gesellschaft mit beschränkter Haftung.** In der GmbH erfasst die schon mehrfach erwähnte Gestaltungsfreiheit auch das konkrete Stimmrecht eines Gesellschafters. Grundsätzlich orientiert sich das **Stimmgewicht** an der Stammeinlage: Jeder Euro eines Geschäftsanteils gewährt eine Stimme (§ 47 Abs. 2 GmbHG). Auf dieser Basis werden die in § 46 GmbHG angesprochenen Beschlussgegenstände mit einer einfachen Mehrheit der Stimmen gefasst (§ 47 Abs. 1 GmbHG). § 47 GmbHG ist aber nach Maßgabe von § 45 Abs. 2 GmbHG dispositiv. Die Satzung kann daher die gesetzlich geregelten Mehrheiten erhöhen oder einem Gesellschafter bei Stimmengleichheit den Stichentscheid gewähren.[123] Auch eine Regelung, die das Stimmgewicht eines Gesellschafters erhöht oder ihm ein Veto-Recht gewährt, ist zulässig.[124] Der Gesellschaftsvertrag kann auf diese Weise die Vormachtstellung eines Gesellschafters zementieren, bei dem es sich im öffentlichen Unternehmen typischerweise um die öffentlich-rechtliche Gebietskörperschaft handeln wird.

93 Häufig wird darüber hinaus ein Interesse bestehen, bei der Stimmabgabe zugleich die Mehrheitsverhältnisse im Parlament der öffentlich-rechtlichen Gebietskörperschaft widerzuspiegeln. Rechtsdogmatisch betrachtet ist Gesellschafter im Rechtssinne allein die Gebietskörperschaft, die vor einer Betätigung im Außenverhältnis einen einheitlichen Willen bildet, der anschließend vom Vertretungsorgan der Gebietskörperschaft artikuliert wird. Am Beispiel einer Gemeinde würde der Gemeinderat einen Beschluss fassen, den der Bürgermeister anschließend umsetzt (→ § 21 Rn. 98). Es ist allerdings im GmbH-Recht nach weit überwiegender Auffassung auch zulässig, dass ein Gesellschafter seine Stimmrechte aus mehreren Geschäftsanteilen uneinheitlich abgibt (**gespaltene Stimmabga-**

---

[118] HCL/Hüffer/Schäfer § 46 Rn. 86; Gehrlein/Born/Simon/Teichmann § 46 Rn. 33.
[119] Vgl. BGHZ 12, 337; HCL/Hüffer/Schäfer § 46 Rn. 86; Gehrlein/Born/Simon/Teichmann § 46 Rn. 33.
[120] Ein weithin bekanntes Beispiel sind die Entsendungsrechte des Landes Niedersachsen bei der Volkswagen AG (→ § 16 Rn. 91 ff.).
[121] BGHZ 36, 296 (306); Koch AktG § 101 Rn. 12.
[122] BGHZ 36, 296 (306).
[123] HCL/Hüffer/Schäfer § 47 Rn. 21/25; Gehrlein/Born/Simon/Teichmann § 47 Rn. 17.
[124] HCL/Hüffer/Schäfer § 47 Rn. 27/97; Gehrlein/Born/Simon/Teichmann § 47 Rn. 18.

be).¹²⁵ Dem entsprechend wäre eine Satzungsregelung denkbar, wonach diejenige Person, die in Vertretung der Gebietskörperschaft Beschlüsse fasst, die ihr zustehenden Stimmen so abgibt, dass die Stimmenverhältnisse die Verteilung der Stimmen im Parlament der Gebietskörperschaft widerspiegeln.

Im Kommunalrecht sehen einzelne Gemeindeordnungen vor, dass Aufsichtsratssitze **94** nach dem Verhältnis der Ratsfraktionen zu besetzen sind. Daraus folgt eine Bindung derjenigen Person, die in der Gesellschafterversammlung das Stimmrecht ausübt (→ § 21 Rn. 99, 101). Eine gesellschaftsrechtliche Parallele hierzu liegt in **Stimmbindungsvereinbarungen,** die generell als zulässig angesehen werden.¹²⁶ In privat gehaltenen Gesellschaften sind Stimmbindungsverträge keineswegs selten, die außerhalb der Gesellschafterversammlung zwischen einzelnen Anteilseignern abgeschlossen werden und diese anschließend bei ihrer Stimmabgabe in der Gesellschafterversammlung binden.¹²⁷ Eine Stimmbindung gegenüber Dritten wird in der Literatur teilweise kritisch gesehen,¹²⁸ von der Rechtsprechung aber als zulässig erachtet¹²⁹. Selbst die engere Auffassung lässt eine Stimmbindung aber zu, wenn der Dritte ein rechtlich anerkanntes Interesse am Geschäftsanteil hat.¹³⁰ Insoweit sind die genannten Stimmbindungen, die sich aus dem Kommunalrecht ergeben, gesellschaftsrechtlich unproblematisch. Denn hier handelt es sich streng genommen nicht um Dritte, sondern um den Anteilseigner selbst, der für seine Vertreter bestimmte Vorgaben aufstellt.

Allerdings führt eine eventuell **weisungswidrige Abstimmung** nicht zur Unwirksamkeit des Beschlusses.¹³¹ Aus Gründen der Rechtssicherheit schlagen interne Absprachen **95** und Vorgaben nicht auf die Wirksamkeit des Beschlusses durch. Denn die Beschlüsse der Gesellschafterversammlung entfalten nicht selten Außenwirkung gegenüber Dritten, was bei der Bestellung von Organmitgliedern besonders auf der Hand liegt. Daher ist ein Aufsichtsrat, bei dessen Bestellung gegen den gemeindlichen Proporzgedanken verstoßen wird, dennoch wirksam bestellt.¹³² Diejenige Person, die im Namen der Gebietskörperschaft weisungswidrig abgestimmt hat, begeht eine Pflichtverletzung im **Innenverhältnis** gegenüber der Gebietskörperschaft, deren Rechtsfolgen nach den dort geltenden Regeln zu ermitteln sind.¹³³ Gesellschaftsrechtlich kann der Konflikt so gelöst werden, dass der Beschluss rückgängig gemacht und ein neuer Beschluss gefasst wird, der den internen Vorgaben der Gebietskörperschaft entspricht.

Der BGH lässt ausnahmsweise eine direkte **Beschlussanfechtung** zu, wenn bei der **96** Stimmabgabe gegen eine Stimmbindungsvereinbarung verstoßen wurde, an der alle Gesellschafter beteiligt waren.¹³⁴ Einen Verstoß gegen die internen Vorgaben der Gebietskörperschaft wird man dem jedenfalls dann gleichstellen können, wenn diese alle Anteile der Gesellschaft hält. Allerdings ist der Ansatz des BGH in der Literatur erheblicher Kritik ausgesetzt,¹³⁵ weshalb die Lösung über eine erneute Beschlussfassung rechtspraktisch der vorzugswürdige Weg sein dürfte.

b) Aktiengesellschaft. Die Hauptversammlung einer Aktiengesellschaft fasst ihre Be- **97** schlüsse regelmäßig mit einfacher Mehrheit (§ 133 Abs. 1 AktG). Ausnahmen gelten für Satzungsänderungen und andere Grundlagenbeschlüsse, die eine Mehrheit von drei Vier-

---

[125] HCL/Hüffer/Schäfer § 47 Rn. 62; Gehrlein/Born/Simon/Teichmann § 47 Rn. 13; jeweils mwN.
[126] Hierzu auch Mann/Püttner Kommunale Wissenschaft-HdB/Mann § 46 Rn. 26 (S. 223).
[127] Siehe nur BGHZ 48, 163 (167) sowie BGHZ 179, 13 (18 f.).
[128] HCL/Hüffer/Schäfer § 47 Rn. 80.
[129] BGHZ 48, 163 (166 ff.); BGH ZIP 1983, 432.
[130] HCL/Hüffer/Schäfer § 47 Rn. 82.
[131] So die hM bei Verstoß gegen Stimmbindungsvereinbarungen: HCL/Hüffer/Schäfer § 47 Rn. 91; Gehrlein/Born/Simon/Teichmann § 47 Rn. 24.
[132] Lutter/Krieger/Verse, S. 556 (Rn. 1423).
[133] In diesem Sinne auch VGH Kassel BeckRS 2009, 34996: den gemeindlichen Vertretern in der Hauptversammlung dürfen Weisungen „mit interner Bindungswirkung" erteilt werden.
[134] Siehe etwa BGH NJW 1983, 1910 (1911) sowie BGH NJW 1987, 1890 (1892).
[135] HCL/Hüffer/Schäfer § 47 Rn. 92.

teln des bei Beschlussfassung vertretenen Kapitals erfordern (§ 179 Abs. 2 AktG). Das Stimmgewicht einer Aktie richtet sich nach ihrem Nennbetrag, bei Stückaktien nach deren Zahl (§ 134 Abs. 1 S. 1 AktG). **Mehrstimmrechte,** die einem Aktionär ein überproportionales Stimmrecht gewähren, sind **unzulässig** (§ 12 Abs. 2 AktG). Abweichende Satzungsregelungen wären unwirksam.[136] Rechtspolitisch wird allerdings über die Wiedereinführung von Mehrstimmrechten nachgedacht.[137]

98 Die öffentliche Hand muss sich daher an einer Aktiengesellschaft mit einer **Kapitalmehrheit** beteiligen, um dort entsprechenden Einfluss – insbesondere auf die Wahl des Aufsichtsrates – ausüben zu können. Sollen zusätzlich private Aktionäre aufgenommen werden, ohne diesen Stimmrechte zu gewähren, bietet sich dafür das Instrument der Vorzugsaktie an. Gemäß § 139 Abs. 1 AktG können **Vorzugsaktien ohne Stimmrecht** ausgegeben werden. Allerdings ist damit zwingend ein Vorzug bei der Gewinnverteilung verbunden.[138] Dies läuft dem Interesse der öffentlichen Hand tendenziell zuwider, aus der erwerbswirtschaftlichen Tätigkeit ihrerseits Erträge zu generieren.

4. Konzernrechtlich fundierte Einflussnahme

99 Besondere rechtlich abgesicherte Einwirkungsmöglichkeiten auf die Unternehmensleitung bieten die Instrumente des Konzernrechts, die sich im **Aktiengesetz** finden. Das Konzernrecht folgt einer eigenständigen Terminologie, die vorab zu klären ist (unter a → Rn. 100 f.). Die Intensität der Einflussmöglichkeiten hängt sodann davon ab, ob ein lediglich faktischer Konzern vorliegt (unter b → Rn. 102) oder ein Vertragskonzern (unter c → Rn. 103 ff.). Für den **GmbH-Konzern** gibt es keine gesetzliche Regelung. Auf ihn werden die aktienrechtlichen Regeln teilweise analog angewandt, im Übrigen bleibt es bei allgemeinen Grundsätzen des GmbH-Rechts (unter d → Rn. 106 f.).

100 **a) Terminologie.** Von einem **Konzern** spricht das Aktiengesetz dann, wenn ein oder mehrere abhängige Unternehmen unter der einheitlichen Leitung eines herrschenden Unternehmens zusammengefasst sind (§ 18 Abs. 1 S. 1 AktG). Eine **Abhängigkeit** in diesem Sinne wird vermutet, wenn Mehrheitsbesitz vorliegt (§ 17 Abs. 2 AktG). **Herrschendes Unternehmen** im konzernrechtlichen Sinne ist ein Mehrheitsaktionär, der sich auch außerhalb der Gesellschaft wirtschaftlich betätigt; denn in diesem Fall besteht die Besorgnis, dass der Aktionär seinen Einfluss zum Nachteil der Gesellschaft geltend machen könnte.[139] Die öffentliche Hand als Mehrheitsaktionär unterliegt gleichfalls den Regelungen des Konzernrechts.[140] Eine Körperschaft des öffentlichen Rechts ist bereits dann als Unternehmen im konzernrechtlichen Sinne anzusehen, wenn sie lediglich ein in privater Rechtsform organisiertes Unternehmen beherrscht.[141] Denn hier ergibt sich die konzerntypische Gefahr, dass die Eigeninteressen des Unternehmens hintan gestellt werden könnten, bereits daraus, dass die öffentliche Hand neben den unternehmerischen Zielen auch öffentliche Aufgaben und politische Ziele verfolgt.[142]

101 Für die konkrete Unternehmensführung ist die Unterscheidung zwischen dem faktischen Konzern und dem Vertragskonzern von besonderer Bedeutung. Im **Vertragskonzern** wurde zwischen dem herrschenden Unternehmen und der abhängigen Gesellschaft ein Unternehmensvertrag abgeschlossen, typischerweise ein Beherrschungs- und Gewinnabführungsvertrag (§ 291 Abs. 1 AktG). Im **faktischen Konzern** besteht lediglich ein Abhängigkeitsverhältnis, also regelmäßig eine Mehrheitsbeteiligung, ohne dass die Verbindung vertraglich verfestigt worden wäre. Wenn die Abhängigkeit eingesetzt wird, um

---

[136] Koch AktG § 12 Rn. 10.
[137] Zu Reformplänen der aktuell regierenden Koalitionsparteien Herzog/Gebhard ZIP 2022, 1893 ff.
[138] Zu den Einzelheiten Koch AktG § 139 Rn. 5 ff.
[139] Emmerich/Habersack/Emmerich § 15 Rn. 10 (mwN); BGHZ 69, 334 (337); BGHZ 135, 107 (113).
[140] BGHZ 69, 334 (337).
[141] BGHZ 135, 107 (113).
[142] BGHZ 135, 107 (114).

das abhängige Unternehmen einer **einheitlichen Leitung** zu unterwerfen, entsteht ein Konzern iSd § 18 AktG.

b) Faktischer Konzern. Im faktischen Konzern, der lediglich auf Mehrheitsbeteiligung 102 beruht, gewährt das Gesetz keine zusätzlichen Einwirkungsrechte. Die zentrale Norm des § 311 Abs. 1 AktG hält lediglich fest, dass das herrschende Unternehmen seinen Einfluss nicht dazu nutzen darf, die abhängige Gesellschaft zu nachteiligen Maßnahmen zu veranlassen, ohne diese Nachteile auszugleichen. Im Mittelpunkt der Diskussion steht damit die Frage, wie ein **Nachteilsausgleich** geleistet werden kann, wenn der abhängigen Gesellschaft Nachteile zugefügt worden sein sollten.[143] Die **Kompetenzordnung** des Aktienrechts bleibt auch im faktischen Konzern erhalten. Das herrschende Unternehmen genießt daher kein Weisungsrecht gegenüber dem Vorstand oder Aufsichtsrat der abhängigen Gesellschaft.[144] Um die Einhaltung der genannten Grenzen der Leitungsmacht sicherzustellen, erstellt der Vorstand der abhängigen Gesellschaft über die Beziehungen zum herrschenden Unternehmen einen **Abhängigkeitsbericht** (§ 312 AktG), der einer Prüfung durch den Abschlussprüfer (§ 313 AktG) und den Aufsichtsrat (§ 314 AktG) unterliegt.

c) Vertragskonzern. Mit dem Abschluss eines Beherrschungsvertrages lässt sich die 103 aktienrechtliche Kompetenzordnung durchbrechen. Denn der Beherrschungsvertrag bildet die Grundlage für ein **Weisungsrecht** des herrschenden Unternehmens gegenüber dem Vorstand der abhängigen Gesellschaft (§ 308 Abs. 1 S. 1 AktG). Die Weisungen können auch nachteilig für die Gesellschaft sein, wenn sie den Belangen des herrschenden Unternehmens oder der mit ihm verbundenen Gesellschaften dienen (§ 308 Abs. 1 S. 2 AktG).

Dieser Leitungsmacht steht allerdings auch eine gesteigerte Verantwortlichkeit des herr- 104 schenden Unternehmens gegenüber. Zum Schutz der Gläubiger des abhängigen Unternehmens ordnet das Gesetz eine **Verlustübernahmepflicht** des herrschenden Unternehmens an (§ 302 Abs. 1 AktG). Sollte es neben dem herrschenden Unternehmen noch weitere Aktionäre geben, so erhalten diese einen **Ausgleichsanspruch** für den ihnen möglicherweise entgehenden Gewinnanteil (§ 304 AktG); außerdem muss ihnen der Beherrschungsvertrag ein **Austrittsrecht** gegen Abfindung einräumen (§ 305 AktG).

Die genannten zwingenden Rechtsfolgen sind der Grund dafür, dass der Abschluss eines 105 Beherrschungsvertrages für ein **öffentliches Unternehmen** regelmäßig nicht in Betracht kommt. Er gewährt zwar die gewünschten Einwirkungsmöglichkeiten, allerdings wird dies mit einer Haftung für die Verluste erkauft. Dies widerspricht dem Ziel der Haftungsbeschränkung, das Gebietskörperschaften des öffentlichen Rechts bei der Verwendung privatrechtlicher Unternehmensformen auferlegt ist (→ § 19 Rn. 43, → § 21 Rn. 65).

d) Der GmbH-Konzern. Im GmbH-Gesetz finden sich keine konzernrechtlichen Vor- 106 schriften. Es ist allerdings allgemein anerkannt, dass die Regelungen zum Vertragskonzern analog anwendbar sind. Insbesondere kann der beherrschende Gesellschafter mit einer GmbH einen Beherrschungs- und Gewinnabführungsvertrag abschließen.[145] Das praktische Bedürfnis dafür ist allerdings gering. Denn ein **Weisungsrecht** genießen die GmbH-Gesellschafter ohnehin (→ Rn. 86), sie benötigen dafür keinen Beherrschungsvertrag. Weisungen können auch nachteilig für die Gesellschaft sein, jedenfalls wenn sie einstimmig erfolgen (→ Rn. 86).

Die konzerntypischen Konflikte mit Minderheitsgesellschaftern oder Gläubigern werden 107 im GmbH-Konzern mit den allgemeinen Instrumentarien des Gesellschaftsrechts bewältigt. Die **Treuepflicht** verpflichtet den Mehrheitsgesellschafter darauf, seine Herrschaftsmacht nicht zum Nachteil der Minderheit auszuüben.[146] Daneben sind gesellschaftsvertragliche

---
[143] Vgl. hierzu Emmerich/Habersack/Habersack § 311 Rn. 59 ff.
[144] Emmerich/Habersack/Habersack § 311 Rn. 10.
[145] Zu den Einzelheiten Lutter/Hommelhoff/Hommelhoff Anh zu § 13 Rn. 42 ff.
[146] Grundlegend BGHZ 65, 15; vgl. auch Lutter/Hommelhoff/Hommelhoff Anh zu § 13 Rn. 39 (mwN).

Regelungen zum Schutz der Minderheit denkbar.[147] Dem Schutz der Gläubiger dienen die Vorschriften zur Kapitalerhaltung und – im Extremfall – die **Existenzvernichtungshaftung**.[148]

V. Überwachung der Geschäftsführung durch den Aufsichtsrat

108 Der Aufsichtsrat ist zwingendes Organ in der Aktiengesellschaft, in der GmbH hingegen fakultativ (→ § 2 Rn. 33 f.). Da sich das GmbHG zur Regelung der Rechte und Pflichten des Aufsichtsrates auf das Aktienrecht bezieht (§ 52 Abs. 1 GmbHG), soll zunächst die Aktiengesellschaft (unter 1. → Rn. 109 ff.) und erst im Anschluss die GmbH (unter 2. → Rn. 113 f.) betrachtet werden. Im öffentlichen Unternehmen unterliegen Aufsichtsratsmitglieder grundsätzlich denselben Rechten und Pflichten wie in einem privaten Unternehmen, lediglich die Vertraulichkeit gegenüber der Gebietskörperschaft erfährt eine abweichende Regelung (unter 3. → Rn. 115 ff.). Problematisch ist die Anwendung der unternehmerischen Mitbestimmung der Arbeitnehmer im Aufsichtsrat, weil sie die demokratische Legitimationskette zumindest teilweise beeinträchtigt (unter 4. → Rn. 118 ff.).

1. Grundmodell des Aktienrechts

109 Dem Aufsichtsrat fällt in der AG die Aufgabe zu, die Geschäftsführung des Vorstands zu überwachen (§ 111 Abs. 1 S. 1 AktG). Die unternehmerische Initiative liegt hingegen zwingend beim Vorstand. Es ist dem Aufsichtsrat ausdrücklich untersagt, Maßnahmen der Geschäftsführung an sich zu ziehen (§ 111 Abs. 4 S. 1 AktG). Immerhin aber gehört es zum modernen Verständnis der **Überwachungsaufgabe** des Aufsichtsrates, dass er nicht nur retrospektiv die Geschäftsführung bewertet, sondern sich zukunftsorientiert in die Diskussion über die geeignete Unternehmensstrategie beratend einbringt.[149]

110 Ein wesentliches Steuerungsinstrument des mit-unternehmerisch denkenden Aufsichtsrates bildet der **Zustimmungsvorbehalt** nach § 111 Abs. 4 S. 2 AktG. Demgemäß haben die Satzung oder der Aufsichtsrat festzulegen, dass bestimmte Arten von Geschäften nur mit Zustimmung des Aufsichtsrats vorgenommen werden dürfen. Verweigert der Aufsichtsrat die Zustimmung, so kann der Vorstand die Hauptversammlung entscheiden lassen (§ 111 Abs. 4 S. 3 AktG). Der Zustimmungsvorbehalt ermöglicht dem Aufsichtsrat eine Vorwegkontrolle im Sinne eines Vier-Augen-Prinzips.[150] Die **unternehmerische Initiative** bleibt hingegen beim Vorstand, denn der Aufsichtsrat kann nicht seinerseits Geschäfte vorschlagen. Er bleibt darauf angewiesen, vom Vorstand Vorlagen zu erhalten, denen er seine Zustimmung gewähren oder verweigern kann. Enthält die Satzung bestimmte Zustimmungsvorbehalte, so muss der Aufsichtsrat diese beachten; er kann aber darüber hinaus weitere Zustimmungsvorbehalte anordnen.[151] Obwohl das Gesetz den Vorbehalt für „bestimmte Arten von Geschäften" vorsieht, ist es auch zulässig, ad hoc für ein konkretes Einzelgeschäft einen solchen Vorbehalt auszusprechen.[152]

111 Letztlich findet der Einfluss des Aufsichtsrats darin seine Grenze, dass der Vorstand nach allgemeiner Auffassung **weisungsfrei** handelt. Dies wird aus § 76 Abs. 1 AktG abgeleitet, wonach der Vorstand die Gesellschaft „unter eigener Verantwortung" zu leiten hat.[153] Weder die Hauptversammlung noch der Aufsichtsrat sind daher berechtigt, dem Vorstand bindende Direktiven zu erteilen. An dieser Stelle endet auch der Einfluss des öffentlichen Anteilseigners. Selbst wenn er als einziger Aktionär die Entscheidungen in der Hauptver-

---

[147] Lutter/Hommelhoff/Hommelhoff Anh zu § 13 Rn. 28 ff.
[148] Vgl. auch hierzu den Überblick bei Lutter/Hommelhoff/Hommelhoff Anh zu § 13 Rn. 13 ff.
[149] Zusammenfassend Lutter/Krieger/Verse, S. 34 f. (Rn. 57 ff.).
[150] Lutter/Krieger/Verse, S. 62 (Rn. 118).
[151] Koch AktG § 111 Rn. 61; Lutter/Krieger/Verse, S. 60 (Rn. 114).
[152] BGHZ 124, 111 (127).
[153] Siehe nur Koch AktG § 76 Rn. 25.

sammlung trifft und die Mitglieder des Aufsichtsrats bestellt, bleibt ihm der rechtlich zwingende Zugriff auf einzelne Geschäftsführungsmaßnahmen versagt.

Allerdings verfügt der Aufsichtsrat über ein mittelbares Druckmittel gegenüber dem Vorstand, weil es in seiner Kompetenz liegt, den Vorstand gegebenenfalls abzuberufen. § 84 Abs. 4 S. 1 AktG erlaubt zwar nur die **Abberufung** aus wichtigem Grund, wofür Meinungsverschiedenheiten über Geschäftsführungsfragen nicht ausreichen. Ein wichtiger Grund kann aber darin liegen, dass die Hauptversammlung dem Vorstand das Vertrauen entzieht, soweit dies nicht aus offenbar unsachlichen Gründen geschieht (§ 84 Abs. 4 S. 2 AktG). Der wichtige Grund ergibt sich dann aus dem **Vertrauensentzug,** der seinerseits weder eine Pflichtwidrigkeit noch einen anderweit wichtigen Grund voraussetzt.[154] In einer zu 100% öffentlich gehaltenen Aktiengesellschaft stehen daher einer Abberufung aus wichtigem Grund keine allzu hohen Hürden entgegen. 112

2. Der Aufsichtsrat in der GmbH

Die GmbH verfügt nach dem gesetzlichen Normalstatut über keinen Aufsichtsrat. Ein solcher kann aber **fakultativ** eingerichtet werden (→ § 2 Rn. 34). Soweit die Kompetenzen des Aufsichtsrats in der Satzung nicht näher geregelt sind, finden weitgehend die Regelungen des Aktiengesetzes entsprechende Anwendung (§ 52 Abs. 1 GmbHG). **Zwingend** wird die Einrichtung eines Aufsichtsrats, wenn die GmbH die Schwellenwerte für die unternehmerische Mitbestimmung überschreitet (→ Rn. 118). 113

Oberstes Gesellschaftsorgan bleibt auch bei Einrichtung eines Aufsichtsrats die **Gesellschafterversammlung.** Richten die Gesellschafter freiwillig einen Aufsichtsrat ein, so wollen sie damit im Regelfall nicht von der dualistischen Struktur der GmbH abweichen.[155] Soweit der Gesellschaftsvertrag nichts Abweichendes regelt, bleiben daher die Gesellschafter für die Bestellung der Geschäftsführer zuständig; sie sind außerdem weiterhin befugt, den Geschäftsführern Weisungen zu erteilen.[156] Im Gegensatz zur AG wäre in der GmbH sogar eine Satzungsregelung zulässig, die die Aufsichtsratsmitglieder an Weisungen der Gesellschafter bindet.[157] Gegenüber einem mitbestimmten GmbH-Aufsichtsrat tritt die Gesellschafterversammlung stärker in den Hintergrund, bleibt aber immer noch einflussreicher als die Hauptversammlung einer AG (→ Rn. 120). 114

3. Weisungsfreie und eigenverantwortliche Mandatsausübung

Soweit sich die verwaltungsrechtlich gebotene Einwirkung auf die Unternehmenspolitik über den Aufsichtsrat verwirklicht, stellt sich die Frage, auf welche Weise die Handlungen der Aufsichtsratsmitglieder an den Willen der Gebietskörperschaft rückgekoppelt werden können. Ausgangspunkt der Überlegungen ist die Trennung von Verwaltungs- und Gesellschaftsrecht (→ Rn. 20). Gesellschaftsrechtlich sind die von der Gebietskörperschaft bestellten Aufsichtsratsmitglieder auf das **Unternehmensinteresse** verpflichtet; sie führen ihr Amt eigenverantwortlich und frei von Weisungen.[158] Verletzen sie diese Pflicht, so trifft sie gemäß § 116 AktG eine persönliche Schadensersatzhaftung. Dasselbe gilt, wenn Aufsichtsratsmitglieder das Amt übernehmen, ohne die dafür nötige Qualifikation zu besitzen.[159] Das öffentliche Recht regelt zwar nicht selten eine Weisungsgebundenheit der Aufsichtsratsmitglieder, die von der öffentlichen Hand bestellt wurden, stellt dies aber regelmäßig unter den Vorbehalt, dass gesellschaftsrechtliche Bestimmungen nicht entgegenstehen 115

---

[154] BGH, NZG 2017, 261 (262).
[155] BGHZ 187, 60 (68).
[156] Lutter/Hommelhoff/Hommelhoff § 52 Rn. 2.
[157] BVerwG NJW 2011, 3735 (3736); Altmeppen NJW 2003, 2561 (2564 ff.); Lutter/Hommelhoff/Hommelhoff § 52 Rn. 30a.
[158] Lutter/Krieger/Verse, S. 557 (Rn. 1426); Mann/Püttner Kommunale Wissenschaft-HdB/Mann § 46 Rn. 34.
[159] Lutter/Krieger/Verse, S. 556 (Rn. 1424).

(→ § 21 Rn. 102). Eine Bindung an Weisungen ist daher lediglich im fakultativen GmbH-Aufsichtsrat denkbar (→ Rn. 114).

116 Demgemäß tritt auch das **beamtenrechtliche Weisungsrecht** hinter den Grundsätzen der eigenverantwortlichen Wahrnehmung des Aufsichtsratsmandats zurück (→ § 21 Rn. 102).[160] Das Aufsichtsratsmitglied ist verpflichtet, das Amt höchstpersönlich wahrzunehmen.[161] Der Sinn dieser Regelung liegt darin, dass ein Aufsichtsratsmitglied seine Meinung zu einer bestimmten Frage auf Basis der Informationen bilden muss, die dem Aufsichtsrat vorgelegt werden. Weiterhin muss es die Diskussion im Gremium berücksichtigen. Würden einzelne Mitglieder den Weisungen außenstehender Personen unterworfen, wäre die Diskussion im Aufsichtsrat entwertet und er könnte seine Funktion als Beratungsgremium nicht mehr sinnvoll wahrnehmen. Eine Weisungsgebundenheit ist daher auch für solche Aufsichtsratsmitglieder zu verneinen, die von der öffentlichen Hand **entsandt** wurden (→ Rn. 91).[162]

117 Der rechtsdogmatisch existierende Konflikt zwischen Unternehmensinteresse und Weisungsgebundenheit dürfte in der Praxis häufig vermeidbar sein. Regelmäßig wird es bei Weisungen aus der Gebietskörperschaft um Entscheidungen gehen, die im Gemeinwohl sinnvoll erscheinen, betriebswirtschaftlich aber für die Gesellschaft nachteilig sind.[163] Darin liegt keine Kollision mit dem Unternehmensinteresse, wenn die Satzung der Gesellschaft, wie oben erläutert (→ Rn. 56 ff., 71 f.), in eindeutiger Weise den **öffentlichen Zweck** des Unternehmens formuliert.[164] Dann sind Maßnahmen, die zu Lasten der Rentabilität den öffentlichen Zweck verfolgen, nicht per se ein Verstoß gegen das Unternehmensinteresse. Ungeachtet dessen muss das Aufsichtsratsmitglied eine eigenverantwortliche Entscheidung treffen und beispielsweise prüfen, ob die politisch gewünschten Maßnahmen der Daseinsvorsorge die Leistungsfähigkeit des Unternehmens nicht gänzlich überfordern.

4. Mitbestimmung der Arbeitnehmer im Aufsichtsrat

118 a) Gesetzliche Grundkonzeption. Die privatrechtlichen Organisationsformen GmbH und AG unterliegen ab einer Schwelle von mehr als 500 Arbeitnehmern der Mitbestimmung (→ § 2 Rn. 35 ff.). Der Kern der sog. unternehmerischen Mitbestimmung (in Abgrenzung zur betrieblichen Mitbestimmung) besteht darin, dass die Belegschaft des Unternehmens das Recht hat, **Arbeitnehmervertreter** in den **Aufsichtsrat** zu bestellen. Wird die Schwelle von 500 Arbeitnehmern überschritten, bestellen die Arbeitnehmer ein Drittel der Aufsichtsratsmitglieder (Drittelbeteiligungsgesetz), bei mehr als 2.000 Arbeitnehmern wird die Hälfte der Aufsichtsratsmitglieder von den Arbeitnehmern bestellt (Mitbestimmungsgesetz). Selbst bei dieser sog. paritätischen Mitbestimmung behalten die Anteilseigner ein leichtes Übergewicht, weil der Aufsichtsratsvorsitzende in Pattsituationen zwei Stimmen hat (§ 29 Abs. 2 MitbestG). Das Wahlverfahren des § 27 MitbestG sorgt dafür, dass der Vorsitzende regelmäßig von den Vertretern der Anteilseigner bestimmt wird.

119 Für die Wahrnehmung ihrer Aufgaben unterliegen die Arbeitnehmervertreter ebenso wie die Anteilseignervertreter den allgemeinen aktienrechtlichen Vorschriften.[165] Sie üben ihr Mandat also **höchstpersönlich und weisungsfrei** aus (→ Rn. 115). Weiterhin gilt der Grundsatz der Gleichbehandlung.[166] Unzulässig wäre daher beispielsweise eine Satzungs-

---

[160] Vgl. Koch AktG § 394 Rn. 27 ff. (mwN).
[161] Koch AktG § 394 Rn. 29 verweist zutreffend auf § 101 Abs. 3 S. 1 AktG (für Aufsichtsratsmitglieder können keine Stellvertreter bestellt werden) und auf § 111 Abs. 6 AktG (Aufsichtsratsmitglieder können ihre Aufgaben nicht durch andere wahrnehmen lassen).
[162] HM im Schrifttum (vgl. Nachweise bei Koch AktG § 394 Rn. 27) und in der Rechtsprechung (BGHZ 36, 296 (306); im Ausgangspunkt auch anerkannt in BVerwG NJW 2011, 3735, wo es um die anders gelagerte Frage beim GmbH-Aufsichtsrat ging).
[163] Vgl. die bei Lutter/Krieger/Verse, S. 556 f. (Rn. 1425).
[164] Ebenso Mann/Püttner Kommunale Wissenschaft-HdB/Mann § 46 Rn. 35 (S. 227).
[165] Habersack/Henssler/Habersack MitbestG § 25 Rn. 70.
[166] Habersack/Henssler/Habersack MitbestG § 25 Rn. 76 ff.

regelung, wonach der Aufsichtsrat nur beschlussfähig ist, wenn die Hälfte der Anteilseignervertreter anwesend ist.[167]

In der Aktiengesellschaft bleibt es auch im mitbestimmten Aufsichtsrat bei der zwingenden Kompetenzaufteilung, wonach die Aktionäre in Geschäftsführungsfragen grundsätzlich kein Mitspracherecht haben (→ Rn. 81, 111). In der **GmbH** behalten die Gesellschafter indessen auch bei Einrichtung eines mitbestimmten Aufsichtsrats eine gewisse Sonderstellung. Solange das Drittelbeteiligungsgesetz gilt, können sie weiterhin die Geschäftsführer bestellen und abberufen, während dafür im Geltungsbereich des Mitbestimmungsgesetzes zwingend der Aufsichtsrat zuständig ist (§ 31 MitbestG). Selbst in diesem Fall bleiben die Gesellschafter aber **weisungsbefugt** gegenüber den Geschäftsführern (→ § 2 Rn. 40).[168] Teilweise wird zwar angenommen, den Geschäftsführern einer mitbestimmten GmbH müsse ein weisungsfreier Bereich der laufenden Tagesgeschäfte zugestanden werden.[169] Indessen findet sich dafür keine Grundlage im Gesetz, weshalb die herrschende Meinung eine solche Einschränkung zu Recht ablehnt.[170] Das Weisungsrecht der GmbH-Gesellschafter kann ggf. auch einen Zustimmungsvorbehalt des Aufsichtsrats überspielen. Ungeachtet dessen behält der Zustimmungsvorbehalt seinen Sinn, weil er der Gesellschafterversammlung vor Augen führt, wie der Aufsichtsrat zu der betreffenden Maßnahme steht.[171] Eine Weisungsbefugnis gegenüber Aufsichtsratsmitgliedern hingegen scheidet auch in der mitbestimmten GmbH aus.[172] Insoweit bleibt es bei der höchstpersönlichen und allein dem Unternehmensinteresse verpflichteten Wahrnehmung des Mandats. 120

b) Beeinträchtigung der demokratischen Legitimationskette. Für öffentliche Unternehmen in privatrechtlicher Form wird die Anwendung der unternehmerischen Mitbestimmung vielfach kritisch gesehen. Denn sie führt dazu, dass im Aufsichtsrat, dessen Bedeutung für die Einwirkungsmöglichkeiten der öffentlichen Hand kaum überschätzt werden kann (→ Rn. 108 ff.), ein Drittel oder gar die Hälfte der Mitglieder nicht an die Willensbildung der öffentlich-rechtlichen Gebietskörperschaft rückgekoppelt sind. Man kann insoweit hinsichtlich der verfassungsrechtlich gebotenen Rückkopplung an die Gebietskörperschaft von einem „Einflussknick" sprechen.[173] Aus einer öffentlich-rechtlichen Sicht wird daher zumindest der **paritätischen Mitbestimmung** bisweilen die Geltung abgesprochen, wenn die Gesellschaft im Alleineigentum der öffentlichen Hand steht,[174] dies teilweise auch von Stimmen, die ansonsten für eine Trennung von Verwaltungs- und Gesellschaftsrecht plädieren[175]. 121

Die übliche Begründung, dass die Organwalter in der juristischen Person ihr Amt der Gebietskörperschaft verdanken und auf diese Weise eine mittelbare demokratische Legitimation genießen, trägt insoweit nicht. Die **Legitimationskette** wird zumindest teilweise dadurch unterbrochen, dass einzelne Aufsichtsratsmitglieder ihr Mandat der Belegschaft des Unternehmens verdanken und nicht den demokratisch gewählten und kontrollierten Gremien der Gebietskörperschaft. Andererseits kann sich die öffentliche Hand als Anteileigner in aller Regel auf das doppelte Stimmgewicht des Aufsichtsratsvorsitzenden (→ Rn. 118) stützen. Nach dem Prinzip der „doppelten Mehrheit"[176] sind die solchermaßen vom Aufsichtsrat getroffenen Entscheidungen demokratisch hinreichend legitimiert. 122

---

[167] BGHZ 83, 151 (154).
[168] BGHZ 89, 48 (57).
[169] Habersack/Henssler/Habersack MitbestG § 30 Rn. 20 (mwN).
[170] Lutter/Krieger/Verse, S. 452 (Rn. 1115), m.w.Nachw.; Raiser/Veil/Jacobs/Raiser MitbestG § 25 Rn. 91.
[171] In diesem Sinne Lutter/Krieger/Verse, S. 453 (Rn. 1118).
[172] Lutter/Krieger/Verse, S. 453 (Rn. 1118).
[173] Mann/Püttner/Mann Kommunale Wissenschaft-HdB § 46 Rn. 21.
[174] Ossenbühl ZGR 1996, 504 (516).
[175] Mann, Die öffentlich-rechtliche Gesellschaft, 2002, S. 260.
[176] BVerfG NVwZ 2018, 51 (56). Zur „doppelten Mehrheit" gehört, dass die konkret getroffene Entscheidung von einer Mehrheit der demokratisch legitimierten Mitglieder getroffen wird (näher Mann, Die öffentlich-rechtliche Gesellschaft, 2002, S. 62 ff.).

123 Problematisch bleiben diejenigen Fälle, die selten vorkommen, in denen sich einzelne Anteilseignervertreter der Auffassung der Arbeitnehmervertreter anschließen und damit die Mehrheit der Anteilseigner überstimmen. In einem dem OLG Köln vorgelegten Sachverhalt war dies geschehen (dazu bereits → § 18 Rn. 39). Einzelne Vertreter des öffentlichen Anteilseigners hatten der Wahl eines Arbeitnehmervertreters zum Vorsitzenden zugestimmt.[177] Verschiedene Autoren halten eine solche Wahl für unwirksam, weil dabei das Gebot der demokratischen Legitimation missachtet werde.[178] Aus gesellschaftsrechtlicher Sicht ist dem zu widersprechen. Die Wirksamkeit einer Wahl kann nicht davon abhängen, ob einzelne von der Gebietskörperschaft bestellte oder entsandte Aufsichtsratsmitglieder gegen ihre internen Vorgaben verstoßen haben.[179] Machen Aufsichtsratsmitglieder von der Freiheit ihres Mandats Gebrauch, so begründet dies gesellschaftsrechtlich keinen Beschlussmangel. Eine Korrektur kann nur im Innenverhältnis zwischen Mandatsträger und Gebietskörperschaft gesucht werden. Gegebenenfalls ist das unerwünschte Ergebnis durch eine Wiederholung der Abstimmung rückgängig zu machen.

124 **c) Mitbestimmung in der Societas Europaea (SE).** Eine bislang noch wenig beachtete Möglichkeit, das Problem der demokratischen Rückkoppelung zu entschärfen, liegt in der Nutzung einer Europäischen Aktiengesellschaft (→ Rn. 35 ff.). Die Mitbestimmung in der SE richtet sich nicht nach den deutschen Mitbestimmungsgesetzen. Stattdessen gelten eigene, europäische fundierte Regeln, die im SE-Beteiligungsgesetz festgehalten sind. Ausgangspunkt ist die sog. Verhandlungslösung.[180] Bei jeder SE-Gründung müssen Unternehmensleitung und Arbeitnehmer, vertreten in einem Besonderen Verhandlungsgremium, über die Beteiligungsrechte der Arbeitnehmer in Verhandlungen eintreten.[181] Diese Verhandlungen können in eine **SE-Beteiligungsvereinbarung** münden, in der unter anderem die Zahl der von den Arbeitnehmern zu bestellenden Aufsichtsratsmitglieder festgelegt werden kann (§ 21 Abs. 3 Nr. 1 SEBG). Sofern das Unternehmen bei Gründung der SE noch nicht der paritätischen Mitbestimmung unterliegt,[182] kann auf diesem Wege beispielsweise das Niveau der Drittelbeteiligung festgeschrieben werden. Dieses bleibt auch bei späterem Wachstum der Belegschaft in aller Regel unverändert.[183] Die Gefahr, dass durch das Abstimmungsverhalten einzelner Anteilseignervertreter die demokratische Legitimationskette unterbrochen wird, wäre dadurch deutlich verringert.

VI. Informationsordnung

125 Die Steuerung und Kontrolle eines Unternehmens ist stets auch eine Frage der ausreichenden Informationsversorgung. In diesem Sinne besteht ein wesentliches Regelungsanliegen des Gesellschaftsrechts darin, Informationsasymmetrien abzubauen.[184] Mit zunehmender Unternehmensgröße gewinnt die Organisation an Komplexität und ist für die Anteilseigner schwerer zu durchschauen. Dies befördert die ohnehin latent vorhandene Tendenz einer selbstbewussten Geschäftsleitung, sich von den Interessen und Wünschen der Anteilseigner zu entkoppeln. Die effiziente **Unternehmenssteuerung** setzt daher einen Abbau von Informationsasymmetrien voraus. Für öffentliche Unternehmen kommt ein weiterer Aspekt hinzu (→ § 23 Rn. 6, 22 ff.). Hier muss die Bindung der Unternehmenstätigkeit an den

---

[177] OLG Köln ZIP 2019, 1910; zum lokalpolitischen Hintergrund instruktiv Adenauer NZG 2019, 85, sowie Hirte/Mohamed, FS E. Vetter, S. 243 ff.
[178] Adenauer NZG 2019, 85 (87); Hirte/Mohamend, FS E. Vetter, S. 243 (245).
[179] Zutreffend OLG Köln ZIP 2019, 1910.
[180] Siehe nur MHdB GesR VI/Brandes § 51 Rn. 32 ff. (S. 1113 ff.).
[181] Wird eine Vorrats-SE verwendet (→ Rn. 35), müssen die Verhandlungen im Zeitpunkt der wirtschaftlichen Aktivierung der Gesellschaft durchgeführt werden (MHdB GesR VI/Brandes § 51 Rn. 72).
[182] Andernfalls bliebe nach Maßgabe des „Vorher-Nachher-Grundsatzes" die paritätische Mitbestimmung jedenfalls dann erhalten, wenn keine anders lautende Vereinbarung getroffen wird (MHdB GesR VI/Brandes § 51 Rn. 50 ff.
[183] Sog. Effekt des „Einfrierens" der Mitbestimmung (MHdB GesR VI/Brandes § 51 Rn. 66).
[184] Im Überblick Koch ZGR 2020, 183 ff.

öffentlichen Zweck gewährleistet werden. Darüber hinaus ergibt sich aus der verfassungsrechtlich gebotenen **demokratischen Rückkoppelung,** dass der öffentlich-rechtliche Anteilseigner seinem Parlament oder Gemeinderat Rechenschaft über die Wahrnehmung der gesellschaftsrechtlichen Einwirkungsrechte ablegen muss.

Für die Aktiengesellschaft behandelt der Gesetzgeber gemäß der allgemeinen Kompetenzordnung, die Geschäftsführungsfragen gerade nicht der Beurteilung durch die Hauptversammlung zuweist (→ § 23 Rn. 48), das Informationsinteresse der Aktionäre eher stiefmütterlich (unter 1. → Rn. 127 ff.) und legt den Akzent stärker auf den Informationsfluss zwischen Vorstand und Aufsichtsrat (unter 2. → Rn. 131 f.). Bei alledem ist die am Unternehmensinteresse auszurichtende Verschwiegenheitspflicht der Mandatsträger zu beachten (unter 3. → Rn. 133 ff.). Bei der GmbH unterstellt das Gesetz eine aktive Anteilnahme der Gesellschafter an den Geschicken der Gesellschaft und stärkt deren Eigeninitiative, indem es den Informationsfluss weitgehend der privatautonomen Gestaltung überlässt. Als zwingender Mindeststandard schützt das individuelle Informationsrecht des § 51a GmbHG jeden einzelnen Gesellschafter davor, dass die Geschäftsführung (nicht selten in Kollusion mit dem Mehrheitsgesellschafter) ihm wichtige Informationen vorenthält (unter 4. → Rn. 141). 126

1. Weitergabe von Informationen an die Aktionäre

a) Fragerecht in der Hauptversammlung. Das individuelle Informationsrecht der Anteilseigner ist bei der Aktiengesellschaft auf ein Fragerecht in der Hauptversammlung beschränkt (§ 131 AktG). Die tatbestandlichen Einschränkungen dieses Fragerechts lassen erkennen, dass der Gesetzgeber des Aktiengesetzes die Überwachung der Geschäftsführung nicht bei den Aktionären sieht. Deren Fragen müssen sich auf einen konkreten **Tagesordnungspunkt** der Hauptversammlung beziehen (§ 131 Abs. 1 S. 1 AktG). Die Hauptversammlung ist bekanntlich zu Geschäftsführungsfragen nicht entscheidungsbefugt (→ Rn. 81), weshalb solche regelmäßig auch nicht auf der Tagesordnung stehen. Das Fragerecht dient der Ausübung der mit der Hauptversammlung verbundenen Aktionärsrechte, daher sind Fragen nur dann zulässig, wenn sie zur sachgemäßen Beurteilung des Tagesordnungspunktes **erforderlich** sind.[185] Der Vorstand darf die Auskunft unter bestimmten Voraussetzungen **verweigern,** beispielsweise dann, wenn ihre Erteilung nach vernünftiger kaufmännischer Beurteilung geeignet ist, der Gesellschaft oder einem verbundenen Unternehmen einen nicht unerheblichen Nachteil zuzufügen (§ 131 Abs. 3 Nr. 1 AktG). 127

Im **Streitfall** entscheidet das zuständige Gericht, ob eine Auskunft erteilt werden musste (§ 132 AktG). Der wirksamere Hebel liegt allerdings darin, dass einzelne Aktionäre der Gesellschaft das Leben dadurch schwer machen, dass sie den nachfolgenden **Beschluss** mit dem Argument **anfechten,** eine ihrer Fragen sei nicht ausreichend beantwortet worden.[186] Um dies zu vermeiden, bemühen sich die Vorstände zwar um vollständige Beantwortung. Es wird aber andererseits die Tendenz erkennbar, potenziell streitige Themen von vornherein erst gar nicht auf die Tagesordnung der Hauptversammlung zu setzen.[187] Alles in allem ist damit das Fragerecht der Aktionäre in der Hauptversammlung kein ausreichendes Instrument, um sich ein vollständiges Bild von der Geschäftsführung der Gesellschaft machen zu können. 128

b) Aktionärsgespräche mit Vorstand und Aufsichtsrat. Da sich die Hauptversammlung aus rechtlichen und tatsächlichen Gründen (jedenfalls bei einer AG mit tausenden von Aktionären) als Forum des qualitativ hochwertigen Informationsaustausches nicht eignet, gehen viele Gesellschaften dazu über, sich in sog. Investorengesprächen mit **selektiv** 129

---

[185] Kalss ZGR 2020, 217 (222). Zum Verständnis des Erforderlichkeitskriteriums im Lichte der EU-Aktionärsrechterichtlinie Teichmann NZG 2014, 401.
[186] Hierzu siehe nur Koch ZGR 2020, 183 (195).
[187] Koch ZGR 2020, 183 (196).

ausgewählten Aktionären direkt auszutauschen.[188] Diese Weitergabe von Informationen erfolgt freiwillig, um wichtige Investoren bei der Stange zu halten oder für zusätzliche Investitionen zu gewinnen. Auch direkt Gespräche mit dem Aufsichtsrat sind keine Seltenheit, bei denen Investoren einen Eindruck davon gewinnen wollen, ob der Aufsichtsrat richtig besetzt ist und effektiv arbeitet.[189] Zugleich teilen die Investoren dabei dem Aufsichtsrat ihre Eindrücke und Meinungen zur Geschäftspolitik des Unternehmens mit.[190]

130 Eine solche selektive Information einzelner Aktionäre wird im allgemeinen Aktienrecht teilweise kritisch diskutiert. Zum einen geht es dabei um die Kompetenzabgrenzung von Vorstand und Aufsichtsrat.[191] Zum anderen um die vom Gesetz vorgegebene Gleichbehandlung der Aktionäre (§ 53a AktG).[192] In einem **öffentlichen Unternehmen** mit nur einem Anteilseigner stellen sich diese Fragen allerdings nicht in derselben Schärfe. Der Gleichbehandlungsgrundsatz ist nicht tangiert, wenn es überhaupt nur einen Aktionär gibt, wie dies im hier interessierenden Kontext der öffentlichen Unternehmen häufig der Fall ist. Ebenso dürfte es keine allzu großen Schwierigkeiten bereiten, im Dialog mit Vorstand und Aufsichtsrat jeweils deren Zuständigkeiten zu beachten. Der Aufsichtsrat kann naturgemäß nur über seinen Zuständigkeitsbereich berichten, also beispielsweise über die Handhabung von Zustimmungsvorbehalten (→ Rn. 110), während die Festlegung der Unternehmensstrategie primär in die Zuständigkeit des Vorstands fällt.

2. Informationsfluss vom Vorstand zum Aufsichtsrat

131 Während das gesetzliche Normalstatut die Informationsmöglichkeiten des Aktionärs auf sein Fragerecht in der Hauptversammlung beschränkt, sorgt es stattdessen für einen breiten Informationsstrom vom Vorstand zum Aufsichtsrat. Dies entspricht der Kompetenzordnung, die nicht der Hauptversammlung, sondern dem Aufsichtsrat die Überwachung der Geschäftsführung zuweist (→ Rn. 109 ff.). Das Aktiengesetz regelt demgemäß **umfassende Informationspflichten** des Vorstands gegenüber dem Aufsichtsrat.[193] § 90 Abs. 1 und Abs. 2 AktG verpflichten ihn zur regelmäßigen Berichterstattung gegenüber dem Aufsichtsrat. Zusätzlich kann der Aufsichtsrat selbst vom Vorstand weitere Berichte verlangen (§ 90 Abs. 3 S. 1 AktG). Ein einzelnes Mitglied kann gleichfalls ein Informationsverlangen stellen, allerdings ist der Bericht dann dem gesamten Aufsichtsrat zu erstatten (§ 90 Abs. 3 S. 2 AktG).

132 Im Verhältnis zum Aufsichtsrat kann sich der Vorstand **nicht** auf seine ansonsten bestehende **Verschwiegenheitspflicht** berufen.[194] Denn dies würde die Überwachungsaufgabe des Aufsichtsrates konterkarieren. Dieser umfassenden Informationspflicht des Vorstands korrespondiert die Verpflichtung der Aufsichtsratsmitglieder zur Vertraulichkeit, die ihrerseits bei einem öffentlichen Unternehmen aus Gründen der demokratischen Rückkoppelung an die Gebietskörperschaft gewisse Modifikationen erfährt (→ Rn. 136 ff.).

3. Umgang mit vertraulichen Informationen

133 **a) Verschwiegenheitspflichten im Verhältnis zu Aktionären.** Das Informationsbedürfnis der Aktionäre steht im Spannungsverhältnis zur Verschwiegenheitspflicht von Vorstand und Aufsichtsrat. Über vertrauliche Angaben, namentlich über Betriebs- und Geschäftsgeheimnisse haben Vorstandsmitglieder Stillschweigen zu bewahren (§ 93 Abs 1 S. 3 AktG). Dasselbe gilt für die Mitglieder des Aufsichtsrats (§ 116 S. 2 AktG). Ob eine

---

[188] Koch ZGR 2020, 183 (198).
[189] Hirt/Hopt/Mattheus AG 2016, 725 (728).
[190] Bachmann VGR 2016, 135 (141).
[191] Eingehend zum Diskussionsstand Bachmann VGR 2016, 135 (141 ff.).
[192] Dazu Bachmann VGR 2016, 135 (164 ff.), Kalss ZGR 2020, 217 (227 ff.) und Koch ZGR 2020, 183, (208 ff.).
[193] Eingehend Lutter/Krieger/Verse, S. 99 ff. (Rn. 191 ff.).
[194] BGHZ 20, 239 (246); Koch AktG § 90 Rn. 3.

Information „vertraulich" ist, entscheidet sich am Maßstab des Unternehmensinteresses; entscheidend ist, ob die Weitergabe für das Unternehmen nachteilig sein kann.[195] Ein typisches Beispiel ist die Planung einer Firmenübernahme, deren Einzelheiten einer vertraulichen Behandlung bedürfen, um die Durchführung der Transaktion nicht zu gefährden.[196] Umgekehrt kann das **Unternehmensinteresse** im Einzelfall auch für eine Weitergabe der Information sprechen, etwa wenn zu einer im Aufsichtsrat behandelten Angelegenheit Missverständnissen und Gerüchten entgegengetreten werden soll.[197] Demgegenüber unterliegen persönliche Äußerungen einzelner Organmitglieder im Verlauf der Beratungen und Abstimmungen regelmäßig der Vertraulichkeit, da andernfalls die vertrauensvolle Zusammenarbeit ebenso wie die unbefangene Meinungsäußerung und Meinungsbildung in Frage gestellt wären.[198]

Das Bedürfnis nach vertraulicher Behandlung einzelner Gegenstände tritt weitgehend **134** zurück, wenn es um die Information eines Anker- oder Großaktionärs geht.[199] Wurde ein Beherrschungsvertrag abgeschlossen (→ Rn. 103 ff.), so besteht ein umfassendes Informationsrecht über alle Umstände, die für Ausübung der Konzernleitung relevant sind.[200] Im **faktischen Konzern** (→ Rn. 102) gibt es zwar keinen Anspruch auf umfassende Information.[201] Der Vorstand ist aber jedenfalls berechtigt, Informationen weiterzugeben.[202] Die am Unternehmensinteresse zu messende Verschwiegenheitspflicht steht nicht entgegen; denn es liegt nicht im Interesse der Gesellschaft, dass ein herrschender Aktionär sein Einflusspotenzial nutzt, ohne über die Verhältnisse der Gesellschaft ausreichend informiert zu sein.[203]

Grenzen der Informationsweitergabe bestimmen sich danach, ob die Informationsweitergabe **135** an den Groß- oder Alleinaktionär für die Gesellschaft nachteilig sein kann, etwa wenn zu befürchten ist, dass der Informationsempfänger die erhaltenen Informationen für sachfremde Zwecke nutzt.[204] Diese Überlegungen sind für **öffentliche Unternehmen** gleichfalls tragfähig, wenngleich sie mit Blick auf dessen Besonderheiten zu modifizieren sind. Die öffentliche Hand als Anteilseigner wird die Informationen nicht nur als Grundlage für eventuelle Konzernleitungsmaßnahmen verwenden, sondern damit auch ihre aus dem Demokratieprinzip resultierende Rechenschaftspflicht erfüllen wollen. Da dies in der Natur eines öffentlich-rechtlichen Anteilseigners liegt, wird man insoweit nicht von einer zweckwidrigen Verwendung sprechen können.[205] Wurde der **öffentliche Zweck** in der Gesellschaftssatzung festgeschrieben (→ Rn. 53, 71 f.), so lässt sich diese Nutzung der Informationen auch mit dem Unternehmensinteresse in Einklang bringen. Denn der Informationsfluss ist ein notwendiges Korrelat der öffentlichen Aufgabe, zu deren Wahrnehmung die Gesellschaft überhaupt erst gegründet wurde.

b) Informationsfluss vom Aufsichtsrat zum öffentlichen Anteilseigner. Die Verschwiegenheitspflicht **136** der Aufsichtsratsmitglieder (§ 116 S. 2 AktG) wird zusätzlich modifiziert für diejenigen Aufsichtsratsmitglieder, die auf Veranlassung einer Gebietskörperschaft gewählt oder entsandt worden sind (§§ 394, 395 AktG). Sie unterliegen in Bezug auf die Berichte, die sie der Gebietskörperschaft zu erstatten haben, keiner Verschwiegenheitspflicht (§ 394 S. 1 AktG). Voraussetzung der Norm ist allerdings eine tatsächlich existierende **Berichtspflicht,** die auf Gesetz, Satzung oder Textform beruhen kann (→ § 23 Rn. 52). Die Verschwiegenheitspflicht verlagert sich in diesen Fällen auf die

---

[195] Koch AktG § 93 Rn. 63.
[196] Vgl. den Sachverhalt bei OLG Stuttgart AG 2007, 218 (219).
[197] BGHZ 64, 325 (331).
[198] BGHZ 64, 325 (332); Bachmann VGR 2016, 135 (163).
[199] Siehe nur Fleischer ZGR 2009, 505 (521); Koch AktG § 93 Rn. 66; Kalss ZGR 2020, 217 (231).
[200] Fleischer ZGR 2009, 505 (530).
[201] Fleischer ZGR 2009, 505 (533).
[202] Fleischer ZGR 2009, 505 (533).
[203] Emmerich/Habersack/Habersack § 311 Rn. 51a sowie Koch AktG § 311 Rn. 36a (jew. mwN).
[204] Emmerich/Habersack/Habersack § 311 Rn. 51a.
[205] In diese Richtung argumentierend auch Koch ZHR 183 (2019), 7 (20).

Berichtsempfänger, insbesondere auf Personen, die für die Gebietskörperschaft mit der Beteiligungsverwaltung betraut sind (§ 395 Abs. 1 AktG). Hiervon wird wiederum eine Ausnahme gemacht für Mitteilungen im dienstlichen Verkehr (§ 395 Abs. 1, Hs. 2 AktG).

137   In der aktienrechtlichen Literatur wird angenommen, dass der Gemeinderat nicht Berichtsempfänger sein kann, weil in diesem Fall die Vertraulichkeit nicht mehr gewährleistet werden könne.[206] Aus einer öffentlich-rechtlichen Sicht kollidiert dies mit dem Gebot der demokratischen Rückkoppelung. Denn auch wenn Gemeinderäte nicht mit Parlamenten vergleichbar sind, so verkörpern sie doch auf kommunaler Ebene in gleicher Weise das System der repräsentativen Demokratie wie ein Bundes- oder Landesparlament (→ § 23 Rn. 59). Für das **parlamentarische Auskunftsrecht** hat das Bundesverfassungsgericht (im Fall der Deutschen Bahn AG) einen umfassenden Informationsanspruch des Bundestages gegenüber der Bundesregierung angenommen.[207] Einfachgesetzliche Verschwiegenheitsregelungen seien für sich nicht geeignet, das Frage- und Informationsrecht zu beschränken.[208] Andererseits verlangt das Bundesverfassungsgericht keine Anpassung des Gesellschaftsrechts an die Steuerungsbedürfnisse des Staates, sondern erlegt der öffentlichen Hand die Verpflichtung auf, diejenige Rechtsform zu wählen, die die erforderlichen Einwirkungsmöglichkeiten gewährleistet.[209] Die parlamentarische Verantwortlichkeit der Bundesregierung bleibe selbst bei einer defizitären Legitimationskette bestehen.[210]

138   Die Aufsichtsratsmitglieder – bzw. die Berichtsempfänger in der Gebietskörperschaft – scheinen sich damit in einer unauflösbaren **Pflichtenkollision** zu befinden. Einerseits verpflichtet sie das Gesellschaftsrecht zur Verschwiegenheit, andererseits fordert die öffentlich-rechtlich gebotene Rückkoppelung an den Souverän weitgehende Transparenz gegenüber parlamentarischen Gremien. Aus gesellschaftsrechtlicher Warte wird teilweise argumentiert, dies sei das Problem der Gebietskörperschaft; schließlich zwinge niemand die öffentliche Hand, sich einer privatrechtlichen Organisationsform zu bedienen.[211] Diese Position würde aber, konsequent zu Ende gedacht, bedeuten, dass privatrechtliche Organisationsformen für öffentliche Unternehmen generell ausscheiden. Ein solcher Befund widerspricht sowohl dem Grundgesetz, das beispielsweise für die Eisenbahnen des Bundes eine Führung als Wirtschaftsunternehmen in privatrechtlicher Form ausdrücklich vorsieht,[212] als auch den Haushalt- und Gemeindeordnungen, die gleichfalls derartige Beteiligungen explizit regeln und zulassen.

139   Der gegebene Rechtsrahmen ruft daher dazu auf, privatrechtliche und öffentlich-rechtliche Systemvorgaben im Sinne einer **praktischen Konkordanz** aufeinander abzustimmen. In diesem Sinne ist zu bedenken, dass für eine privatrechtliche Kapitalgesellschaft andere Parameter gelten, wenn sie kraft Satzung einen **öffentlichen Zweck** verfolgt und sich gerade nicht der Gewinnmaximierung verschrieben hat. Bei einer Aufgabenwahrnehmung, die im öffentlichen Interesse erfolgt, ist es in gewissem Umfang hinzunehmen, wenn die Offenlegung von betrieblich relevanten Informationen in Parlament oder Gemeinderat geeignet ist, die Gewinnaussichten des Unternehmens zu schmälern. Da Gewinnmaximierung gerade nicht den Gesellschaftszweck darstellt, ist die Lage hier differenzierter zu sehen als in einer Kapitalgesellschaft mit privaten Anteilseignern. Umgekehrt ist das Streben nach **Rentabilität** aus verfassungsrechtlicher Warte durchaus ein Kriterium, das einer allzu weit gehenden Transparenz entgegengehalten werden kann. Das BVerfG konzediert, dass fiskalische Interessen eine reduzierte Weitergabe von Information rechtfertigen

---

[206] Mann AG 2018, 57 (61); Lutter/Krieger/Verse, S. 561 f. (Rn. 1433).
[207] BVerfG NVwZ 2018, 51.
[208] BVerfG NVwZ 2018, 51, Ls. 2.
[209] BVerfG NVwZ 2018, 51 (56), Tz. 225.
[210] BVerfG NVwZ 2018, 51 (56), Tz. 226.
[211] In diesem Sinne etwa Lutter/Krieger/Verse, S. 562 (Rn. 1433).
[212] Darauf verweist auch das BVerfG in der zitierten Entscheidung (NVwZ 2018, 51 (63) Tz. 284).

können.²¹³ Es könne daher im Einzelfall ein öffentliches Interesse daran bestehen, Betriebs- und Geschäftsgeheimnisse effektiv zu schützen.²¹⁴

Neben den Vermögens- und Wettbewerbsinteressen des Unternehmens schützt die Vertraulichkeit auch die Funktionsweise der Unternehmensorgane. Die Beratungen zwischen Vorstand und Aufsichtsrat beziehen ihre Qualität auch daraus, dass die ausgetauschten Informationen zunächst vertraulich bleiben. Insoweit ist bedeutsam, dass die Entscheidung des Bundesverfassungsgerichts nicht in die **Kompetenzordnung der Aktiengesellschaft** eingreifen will, sondern sich an die Bundesregierung richtet, die gegenüber dem Parlament rechenschaftspflichtig ist.²¹⁵ Dem Anteilseigner stehen jedoch in der Unternehmenspraxis durchaus Mittel und Wege zur Verfügung, um gegebenenfalls auch mehr Informationen zu erhalten als gesellschaftsrechtlich geboten ist.²¹⁶ Beispielsweise kann der Vorstand seinen Anteilseigner freiwillig informieren.²¹⁷ Dies erspart dem Aufsichtsrat den Bruch der Vertraulichkeit, die zumindest teilweise auch die Funktion hat, das Vertrauensverhältnis zum Vorstand zu schützen.²¹⁸ Ein Schutz der Kompetenzordnung ergibt sich auch daraus, dass das parlamentarische Informationsrecht einer **nachgelagerten Kontrolle** dient.²¹⁹ Es geht ihr nicht darum, den laufenden Willensbildungsprozess innerhalb des Unternehmens zu beeinflussen; vielmehr bleibt es hier bei der ausgewogenen Balance des Zusammenwirkens von Vorstand und Aufsichtsrat (→ Rn. 109 ff.). Dies bestätigt eine frühere Entscheidung, die es explizit verneint, einzelne wirtschaftliche Entscheidungen unter parlamentarische Kontrolle zu stellen.²²⁰ Das parlamentarische Informationsrecht bezieht sich auf bereits getroffene Entscheidungen. Hier gewinnt das Interesse an Rechenschaft gegenüber dem demokratischen Kontrollgremium die Oberhand gegenüber dem Interesse des Unternehmens an einer vertraulichen internen Willensbildung. Alles in allem lässt sich damit in der statutarisch auf einen öffentlichen Zweck ausgerichteten Aktiengesellschaft eine Informationsordnung etablieren, die den Anforderungen an den öffentlich-rechtlichen Anteilseigner genügt, ohne gegen aktienrechtlichen Grundprinzipien zu verstoßen.

4. Informationsordnung in der GmbH

Wie in vielen anderen Fragen, so ist das GmbH-Recht auch bezüglich der Weitergabe von Informationen an die Gesellschafter weniger restriktiv als das Aktienrecht. GmbH-Gesellschafter genießen ein umfassendes **individuelles Informationsrecht** (§ 51a GmbHG). Die Gesellschafter sollen dadurch in die Lage versetzt werden, die Rechte, die sich aus der Stellung als oberstes Gesellschaftsorgan ergeben, sinnvoll wahrnehmen zu können.²²¹ Das Informationsrecht bezieht sich auch auf die Tätigkeit des Aufsichtsrats, unabhängig davon, ob dieser fakultativ eingerichtet wurde oder aufgrund mitbestimmungsrechtlicher Regeln zwingend ist. Denn die Gesellschafterversammlung behält auch in der mitbestimmten GmbH ihre Stellung als **oberstes Gesellschaftsorgan** (→ Rn. 75 ff.).²²² Zudem verweist § 52 Abs. 1 GmbHG auf die §§ 394, 395 AktG, sodass die dort geregelten Modifikationen der Verschwiegenheitspflicht (→ Rn. 136) hier gleichermaßen greifen.

---

²¹³ BVerfG NVwZ 2018, 51 (62 f.), Tz. 282 ff.
²¹⁴ BVerfG NVwZ 2018, 51 (63), Tz. 282.
²¹⁵ Zu diesem Gedanken beispielsweise Koch ZHR 183 (2019), 7 (16).
²¹⁶ Für die Einordnung der BVerfG-Entscheidung ist auch bedeutsam, dass die Bundesregierung auf parlamentarische Anfragen allzu pauschal geantwortet hatte und keine gesteigerten Bemühungen zur Informationsbeschaffung erkennen ließ; vgl. Burgi NVwZ 2018, 601 (604).
²¹⁷ Hierzu Koch ZHR 183 (2019), 7 (17 ff.).
²¹⁸ Auf den Beitrag der Vertraulichkeit zur Funktionsfähigkeit der AG als Rechtsform verweist Mann AG 2018, 57 (59).
²¹⁹ Vgl. BVerfG NVwZ 2018, 51 (57), Tz. 229: „Die Kontrollkompetenz des Bundestages erstreckt sich demnach grundsätzlich nur auf bereits abgeschlossene Vorgänge." Eingehend zu diesem Punkt Burgi NVwZ 2018, 601 (604).
²²⁰ Siehe Burgi NVwZ 2018, 601 (605) unter Verweis auf BVerfGE 129, 356.
²²¹ BGHZ 135, 48 (54).
²²² BGHZ 135, 48 (55) zur Einsichtnahme in Aufsichtsratsprotokolle; zust. Gehrlein/Born/Simon/Teichmann § 51a Rn. 21; kritisch Noack/Servatius/Haas/Noack § 51a Rn. 22.

VII. Fazit

142 Für die Organisation eines öffentlichen Unternehmens stehen der öffentlichen Hand auch die Rechtsformen des Gesellschaftsrechts zur Verfügung. Die aus verfassungs- und verwaltungsrechtlicher Sicht nötigen Einwirkungsmöglichkeiten lassen sich mit den Instrumenten des Gesellschaftsrechts schaffen. Unabdingbare Voraussetzung dafür, diese Instrumente im Sinne der öffentlich-rechtlichen Gebietskörperschaft nutzen zu können, ist die Festlegung der **öffentlichen Zwecksetzung** in der Gesellschaftssatzung.

143 In der **Aktiengesellschaft** steht die gesetzlich zwingend angeordnete Weisungsfreiheit des Vorstandes und die eigenverantwortliche Mandatsausübung der Aufsichtsratsmitglieder einer direkten Steuerung einzelner Entscheidungen zwar im Wege. Ein öffentlich-rechtlicher Alleinaktionär kann seinen Einfluss jedoch über die Personalschiene (Abberufung von Aufsichtsrats- und Vorstandsmitgliedern) hinreichend geltend machen. Darüber hinaus stehen dem Anteilseigner Informationsmöglichkeiten zur Verfügung, die jedenfalls bei einem öffentlich-rechtlichen Alleinaktionär weiterreichen als im aktienrechtlichen Normalstatut. Entgegenstehende Aspekte der Verschwiegenheitspflicht bilden bei einer auf öffentliche Zwecksetzung programmierten Gesellschaft keine unüberwindbare Hürde.

144 In der **GmbH** sind die Gesellschafter das oberste Organ, das auch in Geschäftsführungsfragen weisungsbefugt ist. Dadurch sind die erforderlichen Einwirkungsmöglichkeiten in ausreichendem Maße gegeben. Zusätzliche Regelungen im Sinne des öffentlichen Anteilseigners kann auf Basis der weitreichenden GmbH-Gestaltungsfreiheit der Gesellschaftsvertrag treffen.

Stichwortverzeichnis

Abfallrecht, *siehe Kreislaufwirtschaftsrecht*
Abwasseranlage 8 28 ff.
Abwicklung von Kreditinstituten 14 93
Aktiengesellschaft (AG), *siehe auch Aufsichtsrat;*
 16 30, 34, 48 ff., 68 ff., 80; **25** 33
– Einflussnahme **16** 48 ff.
– Entsendungsrechte **25** 91
– Gründung **25** 50 f.
– Informationsordnung **16** 68 ff., 80; **25** 125
– Hauptversammlung **25** 80 ff., 97 f.
– Nachrang der Rechtsform **21** 70, 84
– Satzungsgestaltung **25** 71
– Vorstand **25** 88
– Vorzugsaktien **25** 98
– Zulässigkeit der Rechtsform **16** 30, 34
Aktionärsvereinbarung 16 60 ff., 75
– Zur Besetzung des Aufsichtsrats **16** 60 ff.
– Zu sonstigen Inhalten **16** 75
Akzeptanz, *siehe Energiewende*
Allgemeiner Gleichheitssatz 7 65, 70
Änderungsrichtlinie zur Bilanzrichtlinie 4
 15, 56, 60
– Berichtspflichten **4** 56
Angemessener Staatseinfluss 19 10, 45, 50,
 55, 72 ff.
– Demokratieprinzip **19** 45
– Einwirkung **19** 35, 43, 50, 70, 72, 75 f.,
 96 f.
– Kontrolle **19** 35, 55. 70, 72, 76, 80 ff., 95 ff.,
 128
– Regelberichterstattung **19** 93, 129
– Sonderberichterstattung **19** 94 ff.
– Steuerung **19** 1 ff., 35, 43, 50, 52, 72 ff., 98 ff.,
 111 ff.
– Zweckprogrammierung **19** 39, 73, 78, 87
Anlage *siehe auch Betrieb*
– Betreiberpflichten **8** 7, 9, 11, 31
– Anlagenbetreiber **8** 23
– Grundpflicht zu umweltgerechter Eigenüberwachung **8** 10 ff., 19 f.
Anstalt des öffentlichen Rechts 20 4 ff., 18 f.,
 24, 36
– Aufsichtsorgan (Verwaltungsrat/Aufsichtsrat)
 20 61 ff.
– Leitungs- und Vertretungsorgan **20** 48
– Träger und Trägerversammlung **20** 96 ff.
Anteilseigentum 6 65 ff.; **7** 10 f., 20 ff., 30, 33,
 69, 71 ff.
– Herrschaftsrechte **7** 23
– Mitgliedschaftliche Stellung **7** 22
– Vermögensrechtliche Elemente **7** 21
Anwendungsbereich der GRC 6 9 f.

Anzeige- und Dokumentationspflichten 8 7
Arbeitsrecht, *siehe auch Betriebsrat, Betriebsvereinbarung, Mitbestimmung*
– technischer Arbeitsschutz **8** 72 ff.
Auditierung, *siehe EMAS*
Aufsichtsbehörde 13 48 ff.
Aufsichtsrat 2 33 f.; **16** 36, 37, 38, 40, 41, 44,
 46, 51, 61, 65, 69, 71, **25** 87, 108 ff.
– Aktiengesellschaft **25** 108 ff.
– Altersgrenze **19** 66
– Besetzung **16** 36, 38, 48 ff., 65
– GmbH **25** 113
– Fachkenntnis **19** 61
– Fakultativer Aufsichtsrat **2** 34
– Frauenquote **19** 62
– Mindestgröße **19** 63
– Mitglieder **16** 38 f., 46, 51, 71
– Obligatorischer Aufsichtsrat **2** 33;
– Pflicht zur Bildung **16** 37, 44
– Rechte **16** 37, 40, 61
– Stellung der Repräsentanten **16** 41, 46, 69
Auftragsverarbeitung 13 9
Aufzeichnungspflichten 13 34 ff.
Ausgestaltungsvorbehalt 6 15, 27
Auskunftspflicht 10 57 f.
Auskunftsrecht 2 46
Auskunftsverweigerungsrecht 10 58
Ausschreibungspflicht 22 582, 51 ff.
– Einordnung **22** 583, 56 ff.
– Projektgesellschaft **22** 586, 73 ff.
– Vergaberechtsrahmen **22** 582, 51 ff.
Ausschuss für Umweltschutz 8 36
Außenhaftung 2 7 f.
– Kartelldelikthaftung **2** 8

BAFA 1 42; **7** 36; **9** 17, 19, 23
– Anordnungsbefugnisse **10** 41 ff.
– Bußgeldbehörde **10** 62
– Ermittlungsbefugnisse **10** 32, 39 f., 52 ff.
– Verfahrensgrundsätze **10** 34 ff.
Bankdurchleitung 12 3
Bankenaufsicht 20 120 ff.
– als wirtschaftsverwaltungsrechtliche Aufsicht
 20 121, 127
– Maßstab **20** 121
– Problematik bei Förderbanken **20** 122 f.
– Verhältnis zur verwaltungsorganisatorischen
 Aufsicht **20** 127 f.
Bankenaufsichtsrecht 14 8 f.
– Rechtsgrundlagen **14** 9
– Instrumente **14** 74 f., 94
– Rechtsschutz **14** 74 f., 94

637

Stichwortverzeichnis

Banking Package 2021 14 29, 60
Baseler Abkommen 14 29, 86
Beauftragte, *siehe Betriebsbeauftragte*
Beihilfen
– de minimis **12** 27
– Kumulierung **12** 27
– Rechtsfolgen bei Verstößen **12** 40
Beihilferecht 18 48
Beiräte 20 114 ff.
– Parlamentarischer Beirat **20** 118 f.
– Sparkassen(fach)beirat **20** 116
– Zweck **20** 115, 117
Belastungskumulation 6 54; **7** 29 ff., 63, 67 f., 73
– Einheitlicher Sachzusammenhang **7** 30
– Trickle-Down-Effekt **7** 32
Berichterstattung, *siehe auch CSR Berichtspflichten*
– Nachhaltigkeitsberichterstattung **8** 3, 47
– Pflicht **8** 3, 47
Berichtspflichten, *siehe auch CSR Berichtspflichten* **3** 31; **10** 30 f., 63
Berücksichtigungsgebot 24 11 f.
Berufsausübungsfreiheit 7 3 ff., 48 ff.
– Organisationsfreiheit **7** 3 f., 26, 50 f., 81
– Unternehmerfreiheit **7** 3, 51
– Unternehmerische Berufsausübung **7** 50
Berufsfreiheit
– Berufsausübung **7** 3 ff., 48 ff.
– Berufswahl **7** 3
– Juristische Personen **7** 6 ff.
– Kontrolldichte **7** 60 ff.
– Leistungskonstellation **7** 65
– Rechtfertigung **7** 26, 29 ff., 39, 52 ff., 60, 69 ff.
– Schutzbereich **7** 25, 48 ff.
Berufsfreiheit 8 79
Bestimmtheitsgebot 10 63, 44
Betätigungsprüfung 19 46, 124
Beteiligungsführendes Ministerium 23 5, 10 ff., 17, 35 f., 47 ff., 51 f., 74 f.
Betrieb
– betrieblicher Umweltschutz **8** 75 ff.
– Organisation, Mitteilungspflichten **8** 10 ff., 14 ff., 33, 45, 48 ff., 52 f., 64 f.
Betrieb von Energieanlagen 15 53 ff.
– Informationstechnische Sicherheit **15** 54
– Schutz europäisch kritischer Anlagen **15** 56
– Schwachstellenanalyse **15** 57
Betriebs- und Geschäftsgeheimnisse 23 42, 60, 81
Betriebsbeauftragte
– Bestellung **8** 33 ff.
– Fachkunde **8** 42, 62
– für Abfall **8** 43, 45
– für biologische Sicherheit **8** 43
– für den Umweltschutz **8** 33, 44 ff., 77
– Gefahrgutbeauftragte **8** 43
– Gewässerschutzbeauftragte **8** 33, 39 f.
– Stellung **8** 37 f.
– Störfallbeauftragte **8** 33, 41 f.
Betriebsrat 8 75 ff.
Betriebsvereinbarung 8 75
Bezugnahmeklausel 6 14 ff., 67
Big Data 13 33
Binnenmarkt 6 4, 72 ff.,
Boni-Verbot 17 19, 51
Bonus Caps 14 73
Börsennotierte Gesellschaften 4 3, 8, 22
Brundtland-Bericht 3 6
Bundes-/Landesbetriebe 19 27 ff.
– Einrichtung **19** 28
– Erwerbswirtschaftliche Ausrichtung **19** 31
– Wirtschaftsplan **19** 29 f.
Bundesdatenschutzgesetz (BDSG) 13 6
Bundeshaushaltsordnung 19 8 ff., 27 ff., 33 ff., 72 ff., 134 f.
Bundesrechnungshof 23 15, 74 ff.
Bürger- und Gemeindebeteiligung 15 71 f.
Bürger- und Gemeindenbeteiligungsgesetz MV 8 78 f.
Bürgermeister 23 5, 13 f., 29, 59 ff., 69 ff.
Bußgeld 1 43 f.; **9** 11, 14, 17, 25

Chemikalien, *siehe auch Betriebsbeauftragter* **8** 69
Cloud Computing 13 32
Compliance 8 10, 30; **19** 126 ff.
– Compliance-Management-System **12** 24, 28, 35; **19** 128
– Definition **19** 127
– Legalitätsorganisationspflicht **19** 127
– Regelberichterstattung **19** 93, 129
Corporate Governance 23 77, **24** 26, 41
Corporate Social Responsibility 3 14, 34; **4** 4; **5** 1, 3, 21; **8** 5
– Definition **5** 3 4 9
– Konzeption **5** 10
– normative Steuerung **5** 42
Corporate Sustainability Due Diligence-Richtlinie 3 25; **4** 14 f., 28, 31 f.; **9** 20 ff.
Corporate Sustainability Reporting-Richtlinie 3 31; **9** 5
Corporate-Governance-Bericht 19 84 ff.
Credit Default Swaps 14 3
CSR Berichtspflichten, *siehe auch Corporate Sustainability Reporting-Richtlinie* **4** 6, 16, 22, 48, 55 ff.

Daseinsvorsorge 21 3, 53
Datenschutz durch Technikgestaltung 13 30 ff.
Datenschutzbeauftragter 13 44 ff.
Datenschutz-Folgenabschätzung 13 43
Datenschutzgrundverordnung (DSGVO) 13 5 f.

Stichwortverzeichnis

DCGK 4 6, 10, 22 f., 62 ff., **19** 12 ff., 26, 57 ff., 80 ff., 127 ff.
– Entsprechenserklärung **4** 10, 22, 62
Dekarbonisierungspaket 15 6, 48 f.
Demokratieprinzip 16 7–24; **18** 37 ff.; **23** 22 ff.
– Demokratischer Legitimationszusammenhang **23** 22 ff., 36, 57, 59
– Organisatorisch-personelle Legitimation **18** 38 f.
– Sachlich-inhaltliche Legitimation **18** 40 f.; **23** 24
Deutscher Nachhaltigkeitskodex 8 16
Deutsches Institut für Normung (DIN)
– DIN-EN-ISO 14001 **8** 17 f., 49
Dienstleistungsfreiheit 6 82 ff.
Disaggregierter Regulierungsansatz 15 4
Diskriminierungsverbot, vertikales **15** 61
Diversity 4 25; **7** 18, 59; **11** 2, 18 f.; **24** 2, 5, 22 ff.
Dividendenausschüttung, Verbot der 12 22
Dividendenverbot 17 19, 51
Duldungspflicht 10 59

Eco-Management and Audit Scheme (EMAS)
– Auditierungsverfahren **8** 58 ff.
– EMAS-Privilegierungs-Verordnung **8** 65
– EMAS-Register **8** 63
– Privilegierungen für EMAS-Betriebe **8** 64 ff.
– Umweltgutachter, Qualifikation **8** 56, 62, 66
Eigengesellschaften 18 15 ff.
Eigenkapitalanforderungen 14 16, 18 ff.
– Quantitative **14** 18 ff.
– Funktionen **14** 19 ff.
– Verlustausgleichsfunktion **14** 20
– Risikobegrenzungsfunktion **14** 21
Eigenkapitalausstattung 14 22 ff.
– Berechnung **14** 23 ff., 53
– Standard-Ansatz **14** 26
– Internal Ratings Based-Ansatz **14** 27 f.
– Eigenkapitalpuffer **14** 36
– Internal Capital Adequacy Assessment Process (ICAAP) **14** 53
Eigenkapitalklassen 14 22 ff.
– Kernkapital, hartes **14** 22
– Kernkapital, zusätzliches **14** 22
– Ergänzungskapital **14** 22
Eigenkapitalpuffer 14 36 f.
Eigenkapitalquote 14 22
– Berechnung Mindestausstattung **14** 23 ff.
Eigentumsrecht
– Anteilseigentum **7** 10 f., 20 ff., 30, 33, 69, 71 ff.
– Ausgleichspflichtige Inhaltsbestimmung **7** 79 ff.
– Gesellschaftseigentum **7** 10 f., 18 ff., 30, 71, 81
– Inhalts- und Schrankenbestimmung **7** 18, 71 f., 79 f.

– Sozialbindungsklausel **7** 71, 74
– Verhältnis zur Berufsfreiheitsgarantie **7** 14 f.
Eigentumsrecht (Art. 17 GRC) 6 7, 63 ff.
Eigenüberwachung, siehe Überwachung **13** 49
Eigenverantwortlichkeit des Vorstands 4 41 ff.
Eigenverantwortlichkeitsgarantie 18 17, 32; **23** 58; **24** 20
Einflussnahme 2 20 ff.; **16** 6, 8, 9, 15, 18, 20, 29 ff., 36, 38, 40 f., 44 f., 48 ff., 66
– Angemessenheit **16** 6, 36, 38
– Pflicht **16** 9, 15, 18, 20, 29
– Sicherung **16** 29 ff., 40 f., 44 f., 48 ff., 66
Einwilligungs- und Beteiligungspflicht 19 47
Einwirkungspflicht 18 55 f.; **24** 5
– Einwirkungsrechte **18** 44, 57 ff.
– Entsendung von Vertretern in das Überwachungsorgan **23** 50
– Unterrichtungspflicht des Bürgermeisters **23** 69 f.
– Weisungen **18** 28, 41, 57 f.; **23** 30 ff.
Einzahlungsverpflichtung 19 41 ff.
– Begrenzung **19** 41
– Beherrschungs- und Gewinnabführungsvertrag **19** 43 f.
– Holding-GmbH **19** 44
EMAS, siehe Eco-Management and Audit Scheme
Energieaudits 15 64 ff.
Energierechtliche Compliance 15 68 ff.
Energiesicherungsgesetz 15 9, 73 ff.; **17** 50 f.
– Enteignung **15** 76, 78
– Kapitalmaßnahmen **15** 9, 75, 77
– Treuhandverwaltung **15** 9, 73 f.
Energiewende
– Akzeptanz der Betroffenen **8** 78
Entflechtung 7 18, 68, 77 f.; **9** 15; **15** 15 ff.
– Buchhalterische Entflechtung **15** 23 f.
– De-minimis-Ausnahmen **15** 32
– Durchsetzung der Entflechtungsregeln **15** 50
– Eigentumsrechtliche Entflechtung (OU) **15** 37 f.
– Grundrechtsfragen **15** 46
– Informationelle Entflechtung **15** 21 f.
– Operationelle Entflechtung **15** 29 ff.
– Rechtliche Entflechtung **15** 26 ff.
– Rechtsschutz **15** 52
– Sanktionierung von Verstößen **15** 51
– Ökonomische Logik **15** 15 f.
– Unabhängiger Systembetreiber (ISO) **15** 39
– Unabhängiger Transportnetzbetreiber (IT) **15** 40 ff.
– Unionsrechtliche Vorgaben **15** 18 f.
– Verhältnis zu Sektorenkopplung **15** 17
– Vorgaben für alle vertikal integrierten Unternehmen **15** 20 ff.
– Vorgaben für Ladepunkte für Elektromobile **15** 34

Stichwortverzeichnis

- Vorgaben für Transportnetzbetreiber **15** 35 ff.
- Vorgaben für Transportnetzeigentümer und Gasspeicheranlagenbetreiber **15** 33
- Vorgaben für Verteilernetzbetreiber **15** 26 ff.
- Vorgaben für Betreiber von Wasserstoffnetzen **15** 47 ff.

Entsendendes Ministerium 23 12
Entsendungsrechte 16 44, 50 ff., 92, 97
- Aktiengesellschaft **16** 50 ff.
- Gesellschaft mit beschränkter Haftung **16** 44
- VW-Gesetz **16** 92, 97

Entsprechenserklärung 19 17, 77, 84 ff.
- comply-or-explain-Mechanismus **19** 17, 77
- Empfehlungen und Anregungen **19** 15, 17, 77
- Satzungsstrenge **19** 88 ff.

Ergänzungskapital 14 22
Errichtungskörperschaft 20 11 f.
Europäische Grüne Anleihen 14 3
EU-Verständigung II 12 4

Faktischer Konzern 2 29 f.
- Nachteilige Einflussnahme **2** 30

Feuerwehr 8 31
Finanzanlagen 11 25 ff.
- Finanzdienstleister **11** 27
- FINISHG **11** 26
- rechtliche Rahmenbedingungen **11** 33 f.

Finanzaufsichtsrecht 14 8 ff.
- Ziele **14** 12 ff.
- Adressaten **14** 8 ff.
- Rechtsgrundlagen **14** 8 ff.

Finanzinstitute s. *Finanzunternehmen*
Finanzkrise 14 1
Finanzmarktrecht 7 46, 76
Finanzministerium 23 11
Finanzprodukte 14 3
- Regulierung **14** 3

Finanzsektor 5 81; **7** 68
Finanzsystem
- Dynamik und Komplexität **14** 3

Finanzunternehmen
- Abwicklungsfähigkeit **14** 3
- Regulierungslasten **14** 1 ff.
- Verfahrenspflichten **14** 3, 6
- Organisationspflichten **14** 3, 6, 16 ff.
- Governance **14** 3, 6
- Nachhaltigkeit **14** 1, 6, 14
- Leitungsorgane **14** 61 ff.
- Unternehmensleitung **14** 61 ff.
- Vergütungsregelungen **14** 70 ff.
- Meldepflichten **14** 76 ff., 81 ff.
- Offenlegungspflichten **14** 76 ff., 85 ff.

Fit für 55-Paket 15 67
Fit-for-55 3 30
FONA-Strategie „Forschung für Nachhaltigkeit" 8 4

Förderbanken 20 36 ff.
- Aufgaben **20** 41
- Aufsichtsorgan (Verwaltungsrat/Aufsichtsrat) **20** 68 ff.
- Bankenaufsicht **20** 122 f.
- Einfluss von Nachhaltigkeitsaspekten **20** 42 ff.
- Kontrolle durch den Landesrechnungshof **20** 130 f.
- Leitungs- und Vertretungsorgan (Vorstand) **20** 57 ff.
- mittelbare Trägerstruktur **20** 39
- Rechtsaufsicht **20** 126
- Träger und Trägerversammlung **20** 108 ff.
- Trägerstruktur **20** 36 ff.

Förderung 12
Fremdorganschaft 2 14
Fremdüberwachung, behördliche **8** 22 f. 27
Funktionsfähigkeit (eines Unternehmens) 6 34

Gebhard-Formel 6 85
Gefahr- und Schadenspotenzial 6 56
Gemeinderat 23 14, 59 ff., 69
Gemeinwohl 1 13 ff., 30 ff.
- Auferlegung von organisations-bezogenen Gemeinwohlbindungen **1** 30 ff.; **18** 41, 68 f.
- Gemeinwohlverwirklichung durch Öffentliches Recht **1** 13 f.
- Gemeinwohlverwirklichung durch Privatrecht **1** 16 ff.

Gemeinwohlbindung der AG 4 47 ff.
Gemischt-öffentliche-Unternehmen 18 21; **19** 138 ff.
Gemischt-wirtschaftliche Unternehmen 18 22 ff.
Genossenschaft 21 62, 71
Geschäftsführungsorgan 19 56 ff., 82, 87 ff., 127 ff.
- Geschäftsordnung **19** 57 ff., 78
- Sperrfristen **19** 58
- Vier-Augen-Prinzip **19** 57, 59, 71, 97

Geschäftsleitung 13 12 f.
Geschlechterquote 2 42, 44; **4** 6, 12, 19, 24
Gesellschaft mit beschränkter Haftung (GmbH) 2 4 ff., 15 ff.; **16** 30, 34, 40 ff., 46, 66 f., 79; **25** 25 ff.
- Aufsichtsrat **2** 34; **25** 27
- Einflussnahme **2** 20 ff.; **16** 40 ff.
- Geschäftsführer **2** 20 ff.; **25** 84 ff.
- Gesellschafterversammlung **2** 15 ff.; **25** 75 ff., 92 ff.
- Gründung **25** 4 3 ff.
- Informationsversorgung **2** 45; **16** 46, 66 f.
- Satzungsgestaltung **2** 17 ff.; **25** 71
- Stimmgewicht **25** 92
- Vorratsgesellschaft **25** 48
- Weisungsrecht **2** 20 ff.; **25** 86
- Zulässigkeit der Rechtsform **16** 30, 34

Stichwortverzeichnis

Gesellschaftsrecht
– Berichtspflichten **23** 33, 52, 63, 69
– Inkompatibilitätsregelungen **7** 73, 76
– Sonder-Gesellschaftsrecht **24** 22 ff., 31
– Vergütungsbezogene Vorgaben **4** 8 f., 66 ff.; **24** 36 f.
– Verschwiegenheitspflichten **23** 21, 43 ff., 56, 66 f., 81
Gesellschaftszweck 2 11; **25** 10, 59 f.
Gesetz über überwachungsbedürftige Anlagen 8 74
Gesetzgebungskompetenz 24 29, 31 f., 45
Gewährträger 20 13 f.
– -haftung **20** 13, 130
Gewässer, siehe Wasserrecht
Gleichstellung von Frauen und Männern 4 25; **7** 69, 75; **24** 2, 5, 22 ff.
– Bundesgleichstellungsgesetz **24** 27 ff.
– Bundesgremienbesetzungsgesetz **24** 25, 31
– Geschlechterquote **4** 25 ff.; **11** 8 ff.
– Gleichstellungsgesetze der Länder **24** 32
– Organisationsbezogene Vorgaben **24** 22 ff.
– Paritätische Vertretung **24** 25
Governanceanforderungen an Finanzunternehmen 14 38 ff.
– Tätigkeitsspezifische **14** 39 ff.
– Rechtsformspezifische **14** 39
– Ziele **14** 40, 47
– Rechtsgrundlagen **14** 41
– Compliance-Anforderungen **14** 48 ff.
– Unternehmensleitung **14** 61 ff.
Governancebezogene Nachhaltigkeitskriterien 9 7 ff.
Green Bonds 14 3
Green Deal 3 29 ff.
Greenwashing 8 81
Gremienzusammensetzung im PCGK 19 55 ff.
– Altersgrenze **19** 58, 66
– Diversität **19** 57, 62
– Fachliche Eignung **19** 58, 61, 64
– Gremiengröße **19** 57, 63
– Mitgliederwechsel zwischen Organen **19** 58, 68
grenzüberschreitender Sachverhalt 6 75
Großkredite 14 3
Groupthink 14 68
Grundfreiheit 6 72 ff.
Grundrechte 16 27, 51
– Bindung bzw. Berechtigung **16** 27
– Grundrechtsbeschränkung **6** 26 ff.
– Verletzungen **16** 51
– Wirtschaftsgrundrecht **6** 7 ff, 63, 73 ff., 87 ff., 96
Grundrechtecharta
– Recht auf Privatleben (Art. 7) **13** 7
– Recht auf Datenschutz (Art. 8) **13** 7
Grundrechtsberechtigung 18 66; **23** 41, 57
Grundrechtsbindung 18 42, 50

GWB-Vergaberecht 11 3 ff.
– Eignungskriterium Leistungsfähigkeit **11** 4 ff.
– Zuschlagskriterien **11** 8 ff.
– Ausführungsbedingungen **11** 14 ff.

Haftungsbeschränkung 2 4 f.
– Mindestkapital **2** 5
Haftungsrecht 8 4, 20
Haushaltsgrundsätzegesetz 19 4 ff., 46, 105, 123
– Betätigungsprüfung **19** 125
– Erweiterte Jahresabschlussprüfung **19** 124
– Harmonisierungsfunktion **19** 6
– Selbstbindung **19** 7
– Trennungsgrundsatz **19** 4
Haushaltsrecht 16 6, 29 ff., 51, 66, 75, 81; **23** 48, 74 f.; **24** 43
Herausgabepflicht 10 57 f.
Hilfspersonal 8 36

Idealkonkurrenz 6 20, 65, 79
IFG 12 6
Immissionsschutzbeauftragte, siehe Betriebsbeauftragte
Immissionsschutzrecht
– immissionsschutzrechtliche Betreiberpflicht **8** 9, 49 f.
– immissionsschutzrechtliche Zuverlässigkeit **8** 12
Informationelle Selbstbestimmung 13 7
Informationsbeschaffung
– Akteure **23** 9 ff.
– Begriff **23** 4
– Berichterstattung durch das öffentliche Unternehmen **23** 18 ff.
– Einfachgesetzliche Berichtspflichten **23** 52 ff.
– Externe Kontrolle **23** 7, 15, 72 ff.
– Gesellschaftsrechtliche Verschwiegenheitspflichten **23** 21, 43 ff., 56, 66 f., 81
– Kommunalspezifische Besonderheiten **23** 58 ff.
– Verfassungsrechtliche Grenzen **23** 38 ff., 57
– Verfassungsrechtliche Vorgaben **23** 22 ff.
– Versubjektivierung **23** 34 ff.
– Verwaltungsrechtliche Vorgaben **23** 47 ff.
Informationsfreiheits- und Pressegesetze 23 79 f.
Informationsordnung 25 125 ff.
– Aufsichtsrat **25** 129
– GmbH **25** 141
– Hauptversammlung **25** 127
– Vorstand **25** 129
Informationsverwaltungsrecht 8 47 f.
Insiderhandel 14 3
Institutionelle Investoren 4 3, 51
Institutsvergütungsverordnung 14 71 ff.
Integrationsprinzip 8 45
Internal Capital Adequacy Assessment Process (ICAAP) 14 53

641

Stichwortverzeichnis

Internal Ratings Based-Ansatz 14 27 f.
International Governmental Organisations (IGO) 5 47
Internationalen Organisation für Normung (ISO)
– ISO 14001 **8** 16 ff.
– ISO 26000 **5** 7, 25, 30, 66, 73, 74 ff.
Internes Verbraucherbeschwerdemanagement 15 63
Investoren 5 6, 13, 44, 80

Jahresabschluss 19 46, 124
Juristische Person des öffentlichen Rechts 19 132 ff.
– Lex specialis, § 112 Abs. 2 BHO **19** 134
– PCGK **19** 137

Kapitalgesellschaften 2 4 ff.; **25** 8, 22
Kapitalmarktorientierte Gesellschaften 4 3, 15, 16, 55 f.
Kapitalmarktrecht 4 3; **14** 8, 10
– Rechtsgrundlagen **14** 10
– Offenlegung **14** 85 ff.
Kapitalträger 20 15 f.
– Beteiligung anderer Rechtspersonen **20** 15 f.
Kapitalverkehrsfreiheit 16 44, 53 ff., 63, 76, 94 ff., 105
– Vereinbarkeit des VW-Gesetzes **16** 94 ff., 105
– Vereinbarkeit von Entsendungsrechten **16** 44, 53 ff.
– Vereinbarkeit von schuldrechtlichen Abreden **16** 63, 76
Kaufmannseigenschaft 2 10
Kernbereich exekutiver Eigenverantwortung 23 38
Kernkapital 14 22
KfW
– Allgemeines **12** 2 ff., 7, 10
– Aufsicht **12** 5
– Förderauftrag **12** 3
– Nachhaltigkeit **12** 8 f.
– Regulierung **12** 5
KfW-Förderung, Anforderungen an Nachhaltigkeit der Unternehmensführung
– Ausschlüsse **12** 14 f.
– bei unternehmensbezogenen Finanzierungen **12** 18 ff.
– bei vorhabensbezogenen Finanzierungen **12** 29 ff.
– Förderbescheid, Rücknahme und Widerruf **12** 39
– Kündigung des Darlehens **12** 37
– mittelbare **12** 25 ff., 33 ff.
– Quellen **12** 11 ff.
– Rechtsformen **12** 6, 13, 42
– Rechtsschutz gegen KfW-Vorgaben **12** 42 f.
– Rechtsschutz gegen Rückforderungen **12** 44 f.

– Sanktionen bei Verstößen gegen KfW-Vorgaben **12** 36 ff.
– Subventionsbetrug **12** 41
– Unmittelbare **12** 19 ff., 32
KfW-Gesetz 12 2, 3, 4, 5, 7, 8, 11
KG 2 56 f.
KGaA 2 54 f.; **4** 9 ff.
– Vergütungsbezogene Vorgaben **4** 9;
– DCGK **4** 10;
– Mitbestimmung **4** 11;
– Geschlechterquoten **4** 12;
– Zielgrößenbestimmungen **4** 12
Klimaklage 8 4
Klimarisiken für Finanzunternehmen *s. Nachhaltigkeitsrisiken für Finanzunternehmen*
Klimaschutzrechtliche Vorgaben 24 2, 5, 9 ff.
– Berücksichtigungsgebot **24** 11 f., 18
– Bundes-Klimaschutzgesetz **24** 9 ff.
– Klimaneutralität **24** 14
– Klimaschutzgebot **24** 5
– Landes-Klimaschutzgesetz **24** 18 ff.
– Organisationsbezogene Vorgaben **24** 11 f., 20
– Rechtsschutz **24** 16
– Sanktionen **24** 15
KMU 7 32, 63
Kodizes der Länder 19 26, 71, 97, 131
Kommunale Selbstverwaltung 21 3
– Kooperationshoheit **21** 3
– Organisationshoheit **21** 3 f., 8, 118, 147
Kommunale Unternehmen 21 1 ff., 17
– Annextätigkeiten **21** 45
– Arbeitnehmermitbestimmung **18** 39; **21** 74; **25** 121 ff.
– Beteiligungsbericht **21** 168
– Beteiligungsmanagement **21** 118 f., 123
– Einflussnahme der Kommune **21** 10, 68 ff.
– Genehmigungspflichten **21** 86 ff., 135 f.
– Gewinnzielung **21** 41, 126 ff.
– Gleichstellung **21** 99; **24** 22 ff.
– Haftungsbegrenzung **21** 62 ff.
– Haushaltsvergaberecht **21** 131 f.
– Holdingstrukturen **21** 76 ff., 136
– Informationspflichten **21** 107 ff.; **23** 58 ff.
– Nachhaltigkeitsbericht **21** 145a
– nichtwirtschaftliche Unternehmen **21** 27 ff.
– Insolvenzabwendungspflicht **21** 67
– Kommunalanstalt **21** 22, 32
– Konzernrecht **2** 23 ff., **21** 65 f.; **25** 99 ff.
– Kreditaufnahme **21** 133 f.
– Öffentliche Zweckbindung **21** 6 f., 40 ff.
– Öffentlichkeit **21** 163 ff.
– Organisationsformen **21** 18 ff., 135
– Örtlichkeitsgrundsatz **21** 55 ff.
– Privatrechtsformen **21** 26, 33
– Prüfungspflichten **21** 137, 146 ff.
– Publizitätspflichten **21** 168 ff.
– Rechnungslegungspflichten **21** 137, 142 ff.
– Rechtsschutz **21** 177 ff.

– Subsidiarität zur Privatwirtschaft **21** 50 ff.
– Unternehmensplanung **21** 138 ff.
– Vertretung in den Unternehmensorganen **21** 95 ff.
– Verbot des Machtmissbrauchs **21** 129 f.
– Wahlfreiheit der Organisationsform **21** 8 ff.
– Weisungsbindung kommunaler Vertreter **21** 101 ff.
– wirtschaftliche Zweckerfüllung **21** 122 ff.
– Zulässigkeit, Betätigungskontrolle **21** 34 ff.

Komplexität 5 91
Kontrolldichte/-intensität (des EuGH) 6 18, 42, 58
Konventionsgarantie 6 63
Konzern 13 16 ff.
Konzernbesonderheiten 19 24, 43 f., 46, 93
Konzernrecht 2 23 ff.; **21** 65 f.; **25** 99 ff.; **16** 10, 12, 62; **25** 99 ff.
– Anwendung der Kriterien **16** 10, 12
– Aktiengesellschaft **2** 23 ff.; **25** 100
– Faktischer Konzern **2** 29 ff.; **25** 101, 102
– Geltung für den Staat **16** 62
– GmbH **2** 28, 31 ff.; **25** 106
– Vertragskonzern **2** 24 ff.; **25** 101, 103

Kooperationsprinzip 8 1
Kreditinstitute 14
– Governanceanforderungen **14** 43, 47 ff.
– Aufsicht **14** 9, 74 f.
– Organisationsbezogene Pflichten **14** 16 ff.
– Eigenkapitalanforderungen **14** 18 ff.
– Compliance-Anforderungen **14** 48 ff.
– Risikomanagement **14** 48 ff., 51 f.
– Vergütungssysteme **14** 51, 70 ff.
– Leitungsorgane **14** 61 ff.
– Unternehmensleitung **14** 61 ff.
– Systemrelevanz **14** 91

Kreislaufwirtschaftsrecht, *siehe auch Betriebsbeauftragter* **8** 65, 69
Künstliche Intelligenz (KI) 13 33
KWG 12 5

Landesbanken 20 24 ff.
– Aufsichtsorgan (Verwaltungsrat/Aufsichtsrat) **20** 71 ff.
– Bankenaufsicht **20** 121
– Errichtung **20** 26 ff.
– Kontrolle durch den Landesrechnungshof **20** 129
– Leitungs- und Vertretungsorgan (Vorstand) **20** 52 ff.
– Rechtsaufsicht **20** 126
– Träger und Trägerversammlung **20** 100 ff.

Landeshaushaltsordnungen 19 8 ff., 31, 48, 110, 116, 122
Landesrechnungshof 20 129 ff.
– Zuständigkeit **20** 129 ff.
Landesrecht 8 29 f., 64, 78 f.
Landeswassergesetze, *siehe Gewässer*

Leerverkäufe 14 3
Legalitätspflicht 4 20, 32 ff.
– Complianceverantwortung **4** 20, 33;
– Legalitätskontrollpflicht **4** 33
Legalitätsprinzip 12 16
Legitimation 5 11, 34, 48, 51, 90
Legitimität 5 2, 11, 90
Leitungsermessen 4 1, 6, 21, 34, 39 f., 47 ff., 51 f.
– Interessenplurales Konzept **4** 1
– Gemeinwohlbelange **4** 21, 47 ff.;
– Business Judgement Rule **4** 39 f., 48 f.
Leitungsorgane von Finanzunternehmen 14 61 ff.
– Strukturelle Anforderungen **14** 63
– Ausschussbildung **14** 64
– Zuverlässigkeit **14** 65 f.
– Anforderungen an Kenntnisse **14** 67 f.
– Zeitliche Verfügbarkeit **14** 69
Lieferkettenhaftung 8 70
Lieferkettensorgfaltspflichtengesetz 1 23; **3** 25; **4** 13, 25 ff., 38; **5** 17, 66, 86; **7** 32, 67; **8** 67 ff.; **9** 6, 16 ff.; **11** 36 ff.
– Abbruch der Geschäftsbeziehungen **10** 26
– Abhilfemaßnahmen **10** 25, 63
– Anwendbarkeit auf öffentliche Unternehmen **11** 37 ff.
– Anwendungsbereich **10** 10 ff., 71
– Antragsbefugnis **10** 36
– Bußgeldrahmen **10** 66 f.
– Durchsetzungsmechanismen **4** 28
– Mittelbarer Zulieferer **10** 27
– Präventionsmaßnahmen **10** 24, 63
– Private Enforcement **10** 6, 72
– Public Enforcement **10** 7, 28 ff., 72 f.
– Risikomanagement **10** 22
– Sanktionen **10** 61 ff.
– Schutzgesetzcharakter **4** 29
– Sorgfaltsgemäßes Handeln **4** 27
– Sorgfaltspflichten **4** 21, 25, **10** 14 ff.
– Teleologische Reduktion **10** 49
– Ursprung **10** 1 ff.
– Verbote **10** 19 f.
– Vergabesperre als Sanktionsinstrument **11** 39 ff.
– Verwaltungsverfahren **10** 34 ff.
– Vollzugsbehörde **10** 29
– Zivilrechtliche Haftung **4** 27 f.
– Zulieferung **10** 13
Lieferkettenverantwortung 4 4, 13 f.

Meldepflichten 13 38 ff.; **14** 76 ff., 81 ff.
– Periodische **14** 83
– Anlassbezogene **14** 83
Menschenrechte 9 2 ff.
– menschenrechtliche Risiken **9** 6, 16, 18
– menschenrechtliche Sorgfaltspflichten **9** 16, 21 ff.
– Menschenrechtsbeauftragter **9** 16

Stichwortverzeichnis

Messungen 8 21, 24 ff.
Mitbestimmung 2 35 ff.; **4** 6, 11, 19, 23; **8** 72, 75 ff.; **25** 27, 37, 118 ff.
– Societas Europaea **25** 124
Mittelstandsförderungsgesetz 21 93, 130, 132
Mitwirkungspflicht 10 59 f.

Nachhaltigkeit, *siehe auch CSR-Berichtspflichten*
3 5 ff., 27 ff.; **14** 1, 6, 14
– Corporate Social Responsibility (CSR) **1** 24
– durch Gesellschaftsrecht **1** 22 ff.; **24** 15
– Environmental Social Governance (ESG), **1** 4 f., 22 ff.; **9** 2; **24** 2
– governancebezogene Nachhaltigkeitskriterien **9** 7 ff.
– Im Europarecht **3** 27 ff.
– Im Völkerrecht **3** 5 ff.
– Nachhaltigkeitsberichterstattung **24** 1
– Nachhaltigkeits-Sachziele **24** 4
– soziale Nachhaltigkeitskriterien **9** 2 ff.
– verwaltungsrechtliche Nachhaltigkeitsvorgaben **9** 1 ff.
– als Ziel des Finanzaufsichtsrechts **14** 14 f.
Nachhaltigkeit der Unternehmensführung
– Anforderungen aus dem Beihilfenrecht **12** 27 ff.
– Anforderungen aus der KfW-Förderung, unmittelbare **12** 19 ff., 32
– Anforderungen aus der KfW-Förderung, mittelbare **12** 25 ff., 33 ff.
– Anforderungen aus der KfW-Förderung, bei unternehmensbezogenen Finanzierungen **12** 18 ff.
– Anforderungen aus der KfW-Förderung, bei, bei vorhabensbezogenen Finanzierungen **12** 29 ff.
Nachhaltigkeitsberichterstattung, *siehe Berichterstattung, CSR-Berichtspflichten*
Nachhaltigkeitscontrolling 8 10
Nachhaltigkeitsrisiken für Finanzunternehmen 14 6
– Berechnung **14** 31 ff.
– Deep uncertainty **14** 31 ff., 58
– Transformationsrisiken **14** 31 ff.
– Physische Risiken **14** 31
– und Wesentlichkeitsgrundsatz **14** 34
– Risikomanagement **14** 51 ff.
– Leitfaden der EZB **14** 56 ff.
– Stresstests **14** 33, 59
– Offenlegungspflichten **14** 88 ff.
Nachhaltigkeitsvorgaben, privatrechtliche **4** 18 ff.; **8** 3
Nachhaltigkeitsziele 14 6
Netzinfrastrukturen 15 5 f.
Netzplanung 15 58 ff.
– Durchsetzung von Investitionsverpflichtungen **15** 60
– Elektrizitätssektor **15** 58
– Gassektor **15** 59

Nichtigkeitsklage 6 89
Niederlassungsfreiheit 6 82 ff.
NGO 5 22, 26, 29, 44, 75, 83

OECD Leitsätze für Multinationale Unternehmen 5 7, 67, 68 ff
Offenlegungspflichten 14 76 ff., 85 ff
– Baseler Abkommen **14** 86
– Periodische **14** 87
– Anlassbezogene **14** 87
– Betreffend Nachhaltigkeitsrisiken für Finanzunternehmen **14** 88 ff.
Offenlegungs-Verordnung 14 88 ff.
Öffentlich beherrschte Unternehmen 16 1, 9, 11, 12, 14, 23, 27, 76, 81, 84, 85, 86
– Grundrechtsbindung **16** 27
– Parlamentarischer Auskunftsanspruch **16** 11, 23, 85
– Pflichtbindung **16** 81, 86
– Presserecht **16** 84
– Zuordnung zur Staatsgewalt **16** 9, 12, 14, 76
Öffentliche Aufgabe 16 20 f., 82 f.
– Funktionale Privatisierung **16** 20 f.
– Transparenzgesetze **16** 82 f.
Öffentliche Kreditinstitute
– als Teil mittelbarer Staatsverwaltung **20** 124
– Drei-Säulen-System **20** 1 ff.
– Innere Organisation **20** 45 ff.
– Organisationsform **20** 4 ff.
– Organisationsprivatisierung **20** 18 f.
Öffentlich-Private Partnerschaft 22 572, 1 ff.
– Ausgestaltungsformen **22** 574, 9 ff.
– Bedeutung **22** 572, 1 ff.
– Begriff **22** 573, 6 ff.
– Praxistypische Modelle **22** 575, 18 ff.
– Schuldenbremse **22** 572, 3
Öffentliche Unternehmen 8 6
– als Instrumente zur Erfüllung von Verwaltungsaufgaben **18** 3, 5, 8 ff.; **24** 46
– Anteilseignerversammlung **23** 17, 48 f.
– Begriff **18** 1
– Formenwahlfreiheit **18** 30 ff.
– Gemeinwohlverwirklichung durch **1** 13 f.
– Geschäftsführer **23** 16, 48 f.
– Organisationsformen **25** 13
– Organisationsrechtliche Vorgaben des Verfassungsrechts **18** 18 f., 24, 44, 67 ff.
– Public Corporate Governance **18** 35 f., 59
– Public Corporate Governance Kodex (PCGK) **1** 36; 45; **23** 19 ff., 48, 77; **24** 17, 26, 30, 34 f., 38 ff.
– Public Entrepreneurship **18** 9
– Überwachungsorgan **23** 16
– Zweckprogrammierung **18** 41, 53 f., 67; **24** 4 f.
Ordnungsrechtliche Generalklausel 10 39
Ordnungswidrigkeit 8 46, 54

Stichwortverzeichnis

Ordnungswidrigkeitenrecht 10 61
Organ 2 14 ff.; **4** 24 ff.; **6** 23, 49
– Leitungsorgan/Kontrollorgan **6** 51
Organhaftung 12 25
Organisation des Betriebs, siehe Betriebsorganisation
Organisations- und Verfahrensrecht 8 15
Organisationsanforderungen
– an Finanzunternehmen **14** 16 ff.
– an unternehmensinterne Governance **14** 43 ff.
Organisationspflichten 4 21, 37 f.; **6** 23, 27, 34 ff., 65 ff., 79, 89 ff.; **12** 25
– Nutzungsregelung **6** 66
– Organisationsanforderung
– organisations(struktur)bezogene Pflicht/Regelung/Vorgabe **6** 2, 5 f., 27, 48
– organisationsrechtliche Anforderung/Regelung **6** 55 f.
– Organisationsvorgabe **6** 20, 27, 35 ff., 77, 82 ff.
– Risikomanagementsystem **4** 37, 63
Organisationsverfassungsbezogene Vorgaben **4** 19 ff., 23 f.
Organvergütung 4 8, 22, 65 ff.; **24** 2, 36 ff.
– Hinwirkungspflicht **24** 50 f.
– Kommunalrechtliche Vorgaben **24** 47 ff.
– „Say on Pay" **4** 67 ff.
– Transparenzvorgaben **24** 2; 43 ff.
– Veröffentlichungspflichten **24** 41
Output floor 14 29

Parlamentarischer Informationsanspruch 23 34 ff.
– Verfassungsrechtliche Grenzen **23** 38 ff.
Personengesellschaft 2 3, 56 f.; **25** 22
Pillar 3-Reports 14 86
Plaumann-Formel 6 91
Polizeipflicht, materielle **8** 8
Private Enforcement 4 2, 36
Privatrecht
– Publifizierung des Privatrechts **1** 21
– Steuerungs- und Regulierungsfunktion **1** 20
Privatwirtschaftliche Unternehmen
– als Steuerungsressource **1** 31; **7** 64
– Gemeinwohlverwirklichung durch **1** 16 ff.
– gewinnorientierte **1** 15
Public Corporate Governance Kodex (PCGK) 1 36; 45; **18** 35; **21** 121, 146, 156; **23** 19 ff., 48, 77; **24** 17, 26, 30, 34 f., 38 ff.
Public Enforcement 1 41 f.; **9** 16 ff.

Rahmenvertrag 16 64, 73, 75, 86
– Zur Besetzung des Aufsichtsrats **16** 64
– Zur Geltung des PCGK **16** 86
– Zur Informationsversorgung **16** 73
– Zu sonstigen Inhalten **16** 75
Rechtsakt mit Verordnungscharakter 6 92
Rechtsaufsicht KfW 12 5

Rechtsbegriff 5 28, 96 f.
Rechtsformenwahl 21 80 ff.
Rechtsformenwahlfreiheit 19 33, 132
– Aktiengesellschaft **19** 34, 42, 50 f.,101
– Genossenschaft **19** 34, 42, 52 f.
– GmbH **19** 34,42, 44, 50 f., 101
– GmbH & Co. KG **19** 34, 42
– Mittelbare Beteiligung **19** 24, 34, 113, 116,
– Öffentlich-rechtliche Organisationsform **19** 132
– Privatrechtliche Organisationsform **19** 1, 33
– Unmittelbare Beteiligung **19** 20, 34, 113
Rechtsprechungslinien (Art. 16 GRC)
– Substanz („substance même") **6** 31, 59, 61
– Sky Österreich **6** 60 ff.
Rechtsrahmen für Begründung 22 577, 28 ff.
– Haushaltsrecht **22** 578, 35 ff.
– Landesgesetze **22** 578, 34
– Steuerungsanforderungen **22** 581, 49
– Strukturelle Vorgaben **22** 581, 46 ff.
– Verfassungsrecht **22** 577, 30 f.
Rechtsschutz 1 44; **7** 82 f.; **6** 87 ff.
Rechtsstaatsprinzip 16 25 f.; **18** 43
Rechtsunsicherheit 8 70
Regelberichterstattung 19 93, 129
Ressourcenschutz 8 9
Risikoberechnung 14 24 ff.
– und demokratische Legitimation **14** 30
Risikomanagement 4 38; **14** 48 ff.
– Klimarisiken **14** 56 ff.
Risikotragfähigkeit 14 52

Sanierung von Kreditinstituten 14 91 ff.
Sanierungsplanung 14 80, 92 f.
Sanktionen
– Datenschutzrecht **13** 50 ff.
Satzungsautonomie 2 18
Satzungsstrenge 2 17
Schlichtungsstelle 15 63
Schrankenvorbehalt 6 15 f., 28, 70
Schutzbereich (Art. 16 GRC) 6 21 ff.
SE 2 42, 44; **4** 9 f., 12
– Vergütungsbezogene Vorgaben **4** 9;
– DCGK **4** 10;
– Geschlechterquoten **4** 12;
– Zielgrößenbestimmungen **4** 12
Sektorleitlinien KfW 12 9
Sekundärrecht 6 9 f.
Selbstüberwachung, siehe Überwachung
Selbstregulierung 5 84
Selbstverwaltungsgarantie
– kommunale **20** 21 f.
Selbstregulierung 5 84
Smart Mix 5 6, 18, 42, 86, 89
– Mitbestimmung **25** 124
Soft Law 3 12 ff., 25 f., 33; **5** 11, 17, 47, 54, 67, 70, 86, 87 ff., 97 f.; **8** 16
Solvency II 14 11

Stichwortverzeichnis

Sonderberichterstattung 19 94 f.
Sorgfaltspflichten 4 26 ff., 33 ff.; **5** 17, 32, 35, 38, 41, 82
– Angemessenheitsvorbehalt **10** 17, 21
– ESG-Pflichten **9** 27
– iSd LkSG **10** 14 ff.
– menschenrechtliche **9** 16, 21 ff.
– Risiko **10** 18, 24
– Sorgfaltspflichten-Richtlinie **7** 67
– Verletzung **10** 18, 25
Sorgfaltspflichten, umweltbezogene **4** 31 f.; **8** 68
Sorgfaltspflichtenrichtlinie 4 14, 21, 31 f., 38, 45
– Haftung **4** 30;
– Einstandspflicht **4** 31;
– Klimaplan **4** 38
Soziale Nachhaltigkeitskriterien 9 2 ff.
Sparkassen 20 18 ff.
– -aufsicht **20** 125
– Aufsichtsorgan (Verwaltungsrat/Aufsichtsrat) **20** 64 ff.
– Bankenaufsicht **20** 121
– -(fach)beirat **20** 116
– freie **20** 23
– Leitungs- und Vertretungsorgan (Vorstand) **20** 49 ff.
– Träger und Trägerversammlung **20** 98 ff.
– -verbände **20** 25, 27, 120
– -zentralbank **20** 27 ff.
Spielraum 6 32, 35, 46, 58
– Einschätzungs- und Prognosespielraum **6** 42, 62
– Gestaltungsspielraum **6** 17
– Umsetzungsspielraum **6** 91
– Wertungsspielraum **6** 62
Sponsoring 11 28 ff.
– rechtliche Rahmenbedingungen **11** 29 ff.
– Sanktionen und Rechtsschutz **11** 35
Staatswohl 23 39
Staatszielbestimmungen 18 45; **24** 5
Stabilisierungsfondsgesetz 17 3, 4 ff.
Stabilisierungsmaßnahmen 17 10 ff.
– Auflagen **17** 16 ff., 26 f.
– Ausstiegsstrategie **17** 48
– Befristeter Rahmen für staatliche Beihilfen **17** 13 f., 18
– Exit-Recht **17** 48
– Kapitalerhöhung **17** 28
– Rechtsschutz **17** 22
– Rekapitalisierung **17** 11 f., 28 f., 36 f.
– Stille Beteiligung **17** 12, 29
– Unternehmen der Realwirtschaft **17** 15
– Unternehmensbeteiligung **17** 36 f.
– Vereinbarkeit mit Beihilferecht **17** 13 f.
– Verstoßfolgen **17** 44 f.
Steuerungsmöglichkeiten 19 2, 35, 43, 50, 52, 72 ff.
– Angemessener Staatseinfluss **19** 73 ff.

– Anteilseignerversammlung **19** 77 ff.
– Bundestag-/rat **19** 117 ff.
– Corporate-Governance-Bericht **19** 84 ff.
– Entsprechenserklärung **19** 84 ff.
– Fachministerium **19** 98 ff.
– Finanzministerium **19** 111 ff.
– PCGK **19** 76 ff.
– Regel-/Sonderberichterstattung **19** 93 ff.
– Überwachungsorgan **19** 80 ff.
– Verschwiegenheitspflicht, § 394 AktG **19** 100 ff.
Störfallbeauftragte, siehe Betriebsbeauftragte
Störfall-Verordnung 8 31
Strahlenschutzbeauftragte, siehe Betriebsbeauftragte
Strategische Beschaffung 11 1 ff.
Study on Directors' Duties and Sustainable Corporate Governance 9 29 ff.
Subventionsbetrug 12 41
Sustainable Development Goals 1 22; **9** 2
Sustainable Finance 14 1, 6, 14 f., 31 ff., 51 ff., 88 ff., 95
Systematik des PCGK 19 11 ff.
– Orientierungsfunktion außerhalb des Anwendungsbereichs **19** 25
– Rechtsformneutralität **19** 55
– Selbstregulierung **19** 12
– Verknüpfung im Gesellschaftsvertrag **19** 15, 77, 86 ff.
– Verwaltungsvorschriften **19** 14

Taxonomie-Verordnung 3 32; **4** 15, 55; **8** 3 f.; **9** 3 f.; **14** 88 ff.
– Bericht zur sozialen Taxonomie **9** 4
– Nichtfinanzielle Erklärung **4** 15, 55
Technische Anleitung Luft 8 24
technischer Arbeitsschutz, siehe Arbeitsrecht
Transnationaler Ordre Public 5 95
Trägerkörperschaft 20 10
– Einflussnahme und Steuerungsmöglichkeiten **20** 64 f., 69, 78 ff., 90 ff.
– Interessenvertretung in Anstalten **20** 66, 68, 74, 77 ff.
– Kontrollbefugnisse **20** 82, 98 ff.

Überwachung
– behördliche **8** 22 f., 25 f., 48 f., 52 ff.
– Eigen- bzw. Selbstüberwachung **8** 10 ff., 21 ff., 33
– Eigenüberwachungsverordnung **8** 30
– Mitwirkungspflichten **8** 22, 27
Überwachungsorgan 2 33 ff.; **19** 60 ff., 74, 80 ff., 130
– Aufsichtsratszwang **19** 74
– Zustimmungsvorbehalt **19** 80 ff.
Umwandlungsgesetz 25 52 ff.
– Ausgliederung **25** 52 ff.
Umweltbeauftragte, siehe Betriebsbeauftragte

Stichwortverzeichnis

Umweltbetriebsprüfung **8** 60
Umwelterklärung **8** 61 ff., 66
Umweltgerechte Unternehmensführung **8** 1 ff., 56 f., 59, 71, 77
Umweltgesetzbuch **8** 44, 51
Umweltgutachter, *siehe EMAS*
Umwelthaftungsgesetz **8** 20
Umweltinformation **8** 51, 55
Umweltmanagementsystem **8** 16 ff., 49, 57, 60, 62 f.
Umweltrecht, Begriff **8** 6 f.
Umweltschadensgesetz **8** 20
Umweltschutzbeauftragte, *siehe Betriebsbeauftragte*
Umweltvorsorge **8** 9
Unionale Wirtschaftsverfassung **6** 4
Unionsrechtsgericht **6** 94
UN Global Compact **5** 7, 17, 48, 85
UN-Leitprinzipien **10** 2 f.
UN-Leitprinzipien für Wirtschaft und Menschenrechte **5** 54
Unternehmen **5** 20
– Unternehmensbegriff **5** 20, 21, 27 ff.
– Transnational Corporation **5** 21, 22
– Multinational Enterprise **5** 21, 23, 24
– Organisation **5** 4, 6, 12, 22, 25, 26, 28 f. 66, 74 f.
– funktionaler Unternehmensbegriff **5** 28, 30
Unternehmensgegenstand **2** 11 f.; **25** 10, 61 ff.
Unternehmensrecht
– Aufsichtsrecht **1** 26
– Schichten des Unternehmensrechts **1** 25 ff.
Unternehmensträger **25** 2
Unternehmensverbund **5** 32; **13** 16 ff.
– Group Responsibility **5** 35
– Trennungsgrundsatz **5** 33
– Parent Responsibility **5** 35
– Haftungsdurchgriff **5** 35, 41
– wirtschaftliche Einheit **5** 35, 36
Unternehmensverträge **2** 24 ff.
– Beherrschungsvertrag **2** 25; Gewinnabführungsvertrag **2** 26
Unternehmergesellschaft (haftungsbeschränkt) **2** 6; **25** 28 ff.
Unternehmerische Freiheit **6** 11 ff.
– Dispositionsfreiheit **6** 22, 25
– Handlungsfreiheit **6** 22, 40
– Organisationsfreiheit **6** 23, 44

Variable Vergütung, Verbot der **12** 22
Verantwortlicher (Art. 4 Nr. 7 DSGVO) **13** 9 ff.
Verbundene Unternehmen **2** 23 f.
Vereinigungsfreiheit **6** 68 ff.; **7** 19
Verfahrensrichtigkeit **6** 62
Vergaberecht **7** 65; **11** 1 ff.; **8** 4; **21** 72, 131 f., 190
– GWB-Vergaberecht **11** 3 ff.
– Landesvergabegesetze **11** 23 ff.
– Strategische Beschaffung **11** 1 ff.
– und Lieferkettenrecht **11** 36 ff.
– Unternehmensrecht qua Vergaberecht **11** 1
– Vergabe von Finanzanlagen und Sponsoring **11** 24 ff.
Vergabesperre **11** 39 ff.
Verhältnismäßigkeit **6** 18, 29, 36 ff., 60 ff.
Verhältnismäßigkeitsgrundsatz **10** 40, 44
Verhältnismäßigkeitsprüfung
– Angemessenheit **7** 60, 63, 66
– Belastungskumulation **7** 29 ff., 63, 67 f., 73
– Drei-Stufen-Lehre **7** 48
– Erforderlichkeit **7** 43 ff., 60, 62
– Geeignetheit **7** 60 f., 66
– Gestaltungsspielraum **7** 72
– Gewicht der Gemeinwohlbelange **7** 58 f., 67
– Vorrang der (regulierten) Selbstregulierung **7** 39 f.
– Vorrang des Gesellschaftsrechts **7** 54 ff., 68
– Vorrang verfahrensbezogener Pflichten **7** 57, 67, 69
– Vorrang von auf die Außentätigkeit zielenden Gemeinwohlvorgaben **7** 46 f.
– Vorrang von Vorgaben betreffend das Überwachungsorgan **7** 69
Verpflichtungserklärung **17** 21, 23 f., 40 ff.
– Rechtsfolgen **17** 40 ff.
– Rechtsnatur **17** 23 f.
Verschwiegenheitspflicht Aufsichtsrat **19** 100 ff.
– Ausnahmen **19** 101 ff.
– Berichtspflicht nach Beamtenrecht **19** 103
– Beteiligungsverwaltung **19** 106, 108 f.
– Umfang **19** 105 ff.
Versicherungsaufsichtsrecht **14** 3, 8
– Gesetzliche Regelungen **14** 11
Versicherungsunternehmen **14** 11
Vertretbarkeit **6** 62
Verwaltungsgesellschaftsrecht **25** 20
Verwaltungsrecht
– Definition **1** 9
– europäisches **1** 11
– im engeren Sinne **1** 10; **24** 8
– internationales **1** 12
– kein Verwaltungsgesellschaftsrecht **18** 60 ff.
Verwaltungsrechtliche Vorgaben für private Unternehmen **1** 29 ff.
– Aufbau- und Ablauforganisation **1** 2
– Auferlegung von organisations-bezogenen Gemeinwohlbindungen **1** 30 ff.
– im Zusammenhang mit Informationsbeschaffung **23** 47 ff.
– im Zusammenhang mit Leistungen **1** 39
– im Zusammenhang mit staatlichen Eingriffen **1** 38
– Investitionskontrolle **1** 3
– organisationsbezogene Pflichten **1** 40; **7** 66 ff.

647

Stichwortverzeichnis

– rechtliche Entflechtung **7** 68, 77; **9** 15
– rechtliche Grenzen **9** 30
– soziale und governancebezogene verwaltungsrechtliche Vorgaben **9** 1 ff.; **7** 37 f.
– Public Enforcement **1** 42; **9** 15 ff.
– Rechtsquellen **1** 35 f.
– Sanktionen **1** 43
– verfahrensrechtliche Pflichten **1** 41 f.; **7** 70
– Verwaltungsrechtliche Klimavorgaben **24** 20
Verwaltungsvollstreckung 8 32
Verwaltungszwang 8 46
Völkerrecht 3 1 ff.; **8** 67 ff.
– Rezeption von **3** 17 ff.
Vorabentscheidungsverfahren 6 93 ff.
Vorbehalt des Gesetzes 7 33 ff.; **18** 20, 25
– Subventionsgewährung **7** 37 f., 65
– Verwaltungsvorschriften **7** 35
Vorlagefrage 6 95
Vorrang 6 79

Wartung 8 21, 26
Wasserrecht
– Gewässerverunreinigung **8** 40
– Bundes- und Landeswassergesetze **8** 27 ff., 39
Weltumweltgipfel 3 6 ff.

Wesensgehalt (Art. 16 GRC) 6 29, 31 ff., 66
– Kernbereich der Geschäftsführung **6** 32
Wesentlichkeitsgrundsatz 14 34, 58
Wichtiges Bundesinteresse 19 36 ff., 54
– Einschätzungsprärogative **19** 37
– Gewinnerzielungsabsicht **19** 38 f.
– Interessenbekundungsverfahren **19** 40
– Subsidiarität **19** 40
Windkraft 78 f.
Wirtschaftlichkeitsprinzip 18 42
Wirtschaftsstabilisierungsbeschleunigungsgesetz 17 28 ff., 50
Wirtschaftsstabilisierungsfonds 17 8 f., 33 ff.
– Informationsrechte **17** 33 ff.
– Rechtsnatur **17** 8 f.
Wissen, betriebliches **8** 38

Zertifizierung, ökologische **8** 55 ff. *siehe auch EMAS*
Zielgrößenbestimmungen 2 11 f., 24, 42 f.; **4** 12
Zivilrechtliche Haftung 9 17, 22
Zusammenhangsgeschäft KfW 12 3
Zuverlässigkeit, *siehe Immissionsschutzrecht* **14** 65 f.
Zuweisungsgeschäft KfW 12 3
Zweckoffenheit 2 9